JURISPRUDENCE GÉNÉRALE.

SUPPLÉMENT AU RÉPERTOIRE

MÉTHODIQUE ET ALPHABÉTIQUE

DE LÉGISLATION,

DE DOCTRINE ET DE JURISPRUDENCE

EN MATIÈRE DE DROIT CIVIL, COMMERCIAL, CRIMINEL, ADMINISTRATIF,
DE DROIT DES GENS ET DE DROIT PUBLIC

TOME QUINZIÈME

JURISPRUDENCE GÉNÉRALE.

SUPPLÉMENT AU RÉPERTOIRE

MÉTHODIQUE ET ALPHABÉTIQUE

DE LÉGISLATION

DE DOCTRINE ET DE JURISPRUDENCE

EN MATIÈRE DE DROIT CIVIL, COMMERCIAL, CRIMINEL, ADMINISTRATIF,
DE DROIT DES GENS ET DE DROIT PUBLIC.

De MM. DALLOZ,

PUBLIÉ SOUS LA DIRECTION DE MM.

Gaston GRIOLET	Charles VERGÉ
Docteur en droit	Maître des Requêtes honoraire au Conseil d'État

Avec le concours de **M. C. KŒHLER**, Docteur en droit

Et la collaboration de plusieurs magistrats et jurisconsultes.

TOME QUINZIÈME

A PARIS,

AU BUREAU DE LA JURISPRUDENCE GÉNÉRALE

19, RUE DE LILLE, 19

1895

JURISPRUDENCE GÉNÉRALE

SUPPLÉMENT

AU

RÉPERTOIRE MÉTHODIQUE ET ALPHABÉTIQUE

DE LÉGISLATION, DE DOCTRINE

ET DE JURISPRUDENCE

PRUD'HOMMES.

1. Il ne sera pas question ici des *prud'hommes pêcheurs*, dont l'étude a été faite *suprà*, v° *Pêche maritime*, n°s 64 et suiv., mais seulement des *prud'hommes fabricants*, qui ont, par rapport au travail industriel, des attributions judiciaires de l'ordre civil et de l'ordre criminel, et quelques attributions de nature administrative (*Rép.* n°s 1 et 2).

Division.

Sect. 1. — Historique et législation. — Droit comparé (n° 2).
Sect. 2. — De l'institution des conseils de prud'hommes. — Son caractère. — Professions qui doivent concourir à la formation de ces conseils. — Conditions de l'électorat et de l'éligibilité. — Listes électorales (n° 19).
Sect. 3. — Nombre des membres des conseils de prud'hommes. — Mode de leur nomination. — Serment. — Renouvellement. — Organisation intérieure (n° 53).
Sect. 4. — Des attributions des conseils de prud'hommes (n° 81).
Art. 1. — Des fonctions des prud'hommes comme agents de la police administrative ou judiciaire (n° 81).
Art. 2. — Des fonctions des prud'hommes comme conciliateurs et comme juges (n° 86).
§ 1. — De la juridiction et de la compétence des prud'hommes en matière civile (n° 86).
§ 2. — De la juridiction et de la compétence des prud'hommes en matière de police (n° 142).
Sect. 5. — Des conseils de prud'hommes en Algérie et aux colonies (n° 143).

Sect. 1re. — Historique et législation. — Droit comparé (*Rép.* n°s 3 à 10).

2. — I. Historique. — On a indiqué au *Rép.*, n°s 3, 4 et 5, les origines de la juridiction des prud'hommes, et on a vu l'esprit différent des lois qui l'ont régie sous le premier Empire, sous la seconde République, et sous le second Empire (*Rép.* n°s 8 et 9). On a fait ressortir dans une étude récente (Marc Sauzet, *De la juridiction des conseils des prud'hommes*, 1889), la transformation déjà opérée à cette époque dans cette juridiction. Tandis qu'on s'était borné d'abord à y chercher un juge technique pour les questions de malfaçon qui s'élèvent journellement dans la fabrication, on n'y vit bientôt plus qu'une justice élective et

mixte donnant satisfaction à l'antagonisme des deux éléments patron et ouvrier, et pouvant s'étendre à des procès d'une autre nature que ceux de malfaçon. Déjà l'extension de sa compétence au point de vue de la quotité, rendue indéfinie en premier ressort par le décret de 1809, portée à 100 fr. en dernier ressort par celui du 3 août 1810, et à 200 fr. en dernier ressort par la loi du 1er juin 1853 (D. P. 53. 4. 94), indiquait la recherche non plus du juge technique nécessaire pour les malfaçons, mais d'un juge mixte dans les questions de salaires, congés, ou autres dont la solution n'excède pas les lumières d'un juge ordinaire ; et de fait le rapport, quant au nombre de ces deux catégories d'affaires, se renversait désormais dans les statistiques, où les procès de malfaçon n'occupaient plus que la petite part.

3. Depuis 1853, les compléments reçus par la législation des prud'hommes dénotent davantage encore cette tendance. La loi de 1853, succédant à deux législations dont la première (celle de 1806 et de 1809) assurait la prépondérance des patrons, et la seconde (celle de 1848) la prépondérance des ouvriers, avait cherché un rigoureux équilibre entre ces deux éléments, et, pour ne pas le détruire, avait confié la présidence à un personnage indépendant de l'une et de l'autre, choisi par le chef de l'État. Le préfet nommait en outre le secrétaire. — Plus tard, on vit là une mainmise du pouvoir sur les conseils de prud'hommes, et la loi du 7 févr. 1880 (D. P. 80. 4. 77) chargea ces conseils eux-mêmes d'élire deux de leurs membres comme président et vice-président, et de nommer et révoquer leur secrétaire.— Elle permit la rémunération des prud'hommes, même patrons. — Préoccupée de l'équilibre entre les deux éléments rivaux, elle voulut que les deux fonctions de président et de vice-président fussent partagées entre eux et que, dans le bureau de conciliation, la présidence roulât entre le membre patron et le membre ouvrier. Ces mesures égalitaires n'empêchent pas, d'ailleurs, l'un des éléments d'être toujours en prépondérance dans le bureau de jugement présidé et départagé par le président ou le vice-président, patron ou ouvrier, en sorte qu'un soupçon peut toujours s'élever sur l'impartialité de ses décisions ; et le Sénat a dû y remédier, dans le projet qu'il a voté le 11 juin 1894, en rendant pair le nombre des juges, et en appelant le juge de paix à présider en cas de partage.

Cette part assurée aux ouvriers dans la présidence, cette perspective pour un prud'homme patron de se trouver sous l'autorité de son propre ouvrier, devait soulever des protestations et des résistances. Il s'en produisit de très vives à

Lille, à Angers, à Armentières, comme on le verra *infrà*, n° 54, sous la forme de démissions collectives et réitérées des prud'hommes patrons, qui rendirent impossible le fonctionnement de ces conseils, faute d'un de ses deux éléments constitutifs. Une loi du 11 déc. 1884 (D. P. 85. 4. 23) vint alors déclarer légal, dans les cas de ce genre, le fonctionnement des conseils composé uniquement de l'élément acceptant. A ces causes d'antagonisme introduites dans la juridiction des prud'hommes s'en ajoutaient d'autres tirées de mandats impératifs acceptés par les candidats ouvriers et réprimés d'ailleurs par la jurisprudence du conseil d'Etat (V. *infrà*, n° 57).

Le législateur n'avait pas attendu ces faits pour pourvoir à la discipline des prud'hommes, insuffisamment réglée par la loi de 1806. Ce fut l'objet des deux décrets des 16 nov.-4 déc. 1854 (*Rép.*, p. 534) et des 8-22 sept. 1860 (D. P. 60. 4. 140), qui, en raison des doutes que soulevait leur légalité, furent remplacés par la loi des 4-10 juin 1864 (D. P. 64. 4. 80).

Il n'existait pas en Algérie de conseils de prud'hommes lors de la publication du *Répertoire*. C'est une loi des 23-25 févr. 1881 (D. P. 82. 4. 20) qui a rendu applicable à l'Algérie la législation des conseils de prud'hommes sous certaines modifications qui seront étudiées *infrà*, n° 143.

4. De nombreux projets, dont le Parlement a été saisi sous les précédentes législatures, dénotent une tendance marquée à élargir de plus en plus l'institution des prud'hommes. On verra notamment l'extension qu'on a proposé d'en faire : 1° à l'industrie des transports et spécialement des chemins de fer (Propositions du 9 févr. 1872, du 3 août 1874, du 3 mars 1876, du 29 janv. 1878, du 15 janv. 1880, du 6 févr. 1882, du 7 févr. 1882 à la Chambre des députés ; V. *infrà*, n°⁵ 36, 38, 42, 91 et 92) ; — 2° A celle des mines (Propositions des 21 et 23 nov. 1882, à la Chambre des députés ; V. *infrà*, n°⁵ 36, 39, 42, 88, 96) ; — 3° Aux entreprises commerciales quelconques (Propositions du 2 juin 1887, voté par la Chambre, repoussé par le Sénat, et reprise le 19 nov. 1889 devant la Chambre ; V. *infrà*, n°⁵ 36, 37, 42, 89, 96) ; — 4° A l'agriculture (Proposition du 11 avr. 1876 à la Chambre ; V. *infrà*, n° 36, 40, 42 et 96) ; — 5° Aux entreprises de spectacles publics (Proposition du 24 juill. 1890 à la Chambre ; V. *infrà*, n° 41) ; — 6° Et même aux établissements d'enseignement primaire ou secondaire (Amendement proposé à la Chambre le 12 mars 1892. V. *infrà*, n° 41).

5. Quelques-unes de ces extensions ont figuré, en outre, dans des projets de revision et de codification générale dont on trouve le point de départ dans une enquête faite en 1868. Tels sont les projets d'ensemble déposés à la Chambre par le Gouvernement le 29 juill. 1884, le 12 déc. 1885, le 21 déc. 1889. Ce dernier, voté par la Chambre des députés le 17 mars 1892, a été présenté le 31 mars au Sénat par le Gouvernement. Le Sénat, après deux rapports de sa commission (16 déc. 1893 et 27 avr. 1894), l'a adopté le 11 juin 1894, mais en le modifiant sur beaucoup de points importants, comme l'extension de l'institution, les conditions de l'électorat et de l'éligibilité, le fonctionnement à nombre inégal dans les cas d'abstentions collectives, le rôle du juge de paix dans ce cas et dans la présidence du bureau de jugement, la quotité de la compétence en dernier ressort, les cas de pourvoi en cassation et la discipline.

L'importance de ce projet, destiné à codifier les lois antérieures en les abrogeant, sauf les art. 10 à 28 de la loi de 1806, nous obligera à le rapprocher de la législation actuelle au cours de l'étude dont celle-ci va être l'objet. Indépendamment des innovations que propose la Chambre et que repousse le Sénat (comme la prud'homie en matière non industrielle, l'électorat des femmes, l'électorat à vingt et un ans), nous verrons, dans les deux projets, la compétence en dernier ressort portée à un taux plus élevé sauf divergence quant au chiffre, et le tribunal civil substitué au tribunal de commerce comme juge d'appel. Mais le pouvoir de conciliateurs et de juges qu'il s'agit de donner aux conseils de prud'hommes serait toujours restreint aux litiges proprement dits, naissant d'un droit violé ou contesté. Aucun des deux projets ne leur a donné, comme la loi allemande de 1890, et le projet italien de 1892, le rôle de conciliateurs ou d'arbitres dans les différends collectifs, ordinaire-

ment accompagnés de grève, qui divisent le patron et ses ouvriers sur les conditions futures du travail à continuer ou à reprendre. Une loi récente a cherché l'apaisement de ces différends dans d'autres moyens. Cette loi et les autres systèmes qui avaient été présentés sur cette importante question seront étudiés *infrà*, v° *Travail*. — V. notamment, sur le projet de loi voté par la Chambre des députés le 17 mars 1892, les *Observations* publiées par M. Ch. Constant dans le *Journal des prud'hommes*, 1892, pages 49, 73, 97, 121, 173, 195 ; et les *Observations* délibérées par la Chambre de commerce de Lille (*Ibid.*, 1893, p. 73) dont s'est inspirée, sur beaucoup de points, la commission sénatoriale.

6. On a vu au *Rép.*, n° 6, les résultats déjà produits à cette époque par l'institution des prud'hommes. Son importance n'a pas cessé de s'accroître. D'après la dernière statistique officielle, rendant compte de la justice civile et commerciale pendant l'année 1890, les 140 conseils existant alors en France ont été saisis, dans le cours de cette année, de 45 196 affaires (2055 de plus que l'année précédente). Ils en ont concilié 19 182 indépendamment de 8 575 retirées par les parties avant que le bureau particulier eût statué. Sur 17 260 affaires non conciliées, 14 240 seulement ont été déférées au bureau de jugement. Mais 8 339 ont été retirées avant jugement et il n'y a eu que 5 862 jugements, dont 987 seulement susceptibles d'appel. Sur 332 appels interjetés, 132 ont été suivis de confirmation, 146 d'infirmation, 54 de transaction. — Si l'on compare les statistiques des différentes années, on remarque la progression du nombre des affaires, mais une proportion de moins en moins forte d'affaires conciliées ; cette proportion, qui était de 94 pour 100 de 1830 à 1842 (*Rép.* n° 6), est descendue à 52 pour 100 en 1880 et à 42 pour 100 en 1890. — Quant à leur nature, les 45 196 affaires dont les conseils se sont trouvés saisis en 1890 se décomposent comme suit : 32 007 affaires de salaires ; 4 359 affaires de congés ; 983 affaires de malfaçon ; 881 affaires d'apprentissage, le reste, par quantités plus faibles, en affaires très diverses (exécution de conventions, 598 ; pertes de temps, 542 ; expertises d'ouvrage, 510 ; prix de façon, 465 ; travaux à forfait ou à la tâche, 407, etc., etc.).

7. Au *Rép.*, n° 7, on a indiqué l'établissement à Paris de quatre conseils de prud'hommes, l'un pour l'industrie des métaux, s'étendant à tout le ressort du tribunal de commerce du département de la Seine (Ord. du 29 déc. 1844 et du 9 juin 1847) ; le second pour les tissus, le troisième pour les produits chimiques, le quatrième pour les industries diverses (Ord. du 9 juin 1847). La classification des industries soumises à la juridiction de ces quatre conseils a été modifiée par un décret des 26 juill.-28 août 1858 (D. P. 58. 4. 150). Puis un décret des 8-22 mars 1890 (D. P. 91. 4. 78) a supprimé le conseil de prud'hommes des industries diverses en rattachant ces industries, sauf celle du bâtiment, à l'industrie des métaux (art. 1 et 2) ; il a remplacé ce conseil par un conseil de prud'hommes spécial pour le bâtiment (art. 11) ; il a étendu au département de la Seine la juridiction des quatre conseils ainsi formés (art. 5) ; quatre tableaux annexés à ce décret déterminent les catégories entre lesquelles seront réparties les industries ressortissant à ces divers conseils ; le quatrième, concernant le conseil de prud'hommes pour le bâtiment, a été modifié par le décret des 10-12 juin 1890 (D. P. 91. 4, tables, col. 24) qui divise en deux sections, servant de base à deux corps électoraux distincts, les industries comprises dans la troisième catégorie de ce conseil.

8. On a donné au *Répertoire* un tableau des villes où existaient alors des conseils de prud'hommes. Par suite des suppressions et créations ultérieures, ce tableau doit être aujourd'hui remplacé par le suivant où 152 conseils actuellement existants sont indiqués avec les décrets, ordonnances ou arrêtés qui les ont créés ou modifiés d'une manière quelconque :

ABBEVILLE. — 19 mai-11 juin 1819 ; 16 févr. 1832 ; 18 août-17 sept. 1866.

AIX. — 16-29 juill. 1886.

ALAIS. — 12 avr. 1841 ; 8 mai 1854 ; 25 nov.-15 déc. 1869.

ALBI. — 17 janv. 1876.

ALENÇON. — 28 avr. 1843 ; 5-25 juin 1858 ; 25 juill.-20 août 1870 ; 24-29 déc. 1885.

ALGER. — 20-22 févr. 1883.

Amiens. — 26 oct. 1814 ; 12 avr. 1856.
Amplepuis (Rhône). — 6 janv. 1811.
Anduze. — 9 déc. 1854.
Angers. — 16 avr.-19 mai 1870.
Angoulême. — 4-29 sept. 1847 ; 14-20 juin 1872.
Annonay. — 8-20 juill. 1858.
Armentières. — 22 mai-21 juin 1825 ; 5 déc. 1849 ; 16-25 mai 1870 ; 7 févr. 1876.
Aubusson. — 11 mars-1er avr. 1834.
Avignon. — 2 févr. 1808 ; 17 août 1849 ; 3-17 juin 1857 ; 17-28 juill. 1884.
Bapaume. — 8 avr.-1er mai 1832 ; 21-29 nov. 1887.
Bar-le-Duc. — 29 nov. 1814 ; 25 déc. 1822-17 janv. 1823 ; 5-8 oct. 1871 ; 6-10 mai 1887.
Beauvais. — 24-27 août 1891.
Bédarieux. — 15 avr. 1818 ; 16 févr. 1876.
Belfort. — 10-13 nov. 1881 ; 17 mars 1882 ; 10-13 déc. 1885.
Bernay. — 13 juin 1845 ; 22 nov.-4 déc. 1863 ; 27 janv.-8 févr. 1888.
Besançon. — 27 juill.-18 août 1859 ; 30 nov.-30 déc. 1862 ; 1er-19 oct. 1864 ; 10 déc. 1868-5 janv. 1869.
Béziers. — 14-16 avr. 1880 ; 3-7 nov. 1882 ; 14-18 mai 1886.
Blois. — 22 nov. 1893.
Bohain (Nord). — 28 nov.-2 déc. 1872.
Bolbec. — 8 oct. 1813 ; 12-26 déc. 1818 ; 18 avr. 1861 ; 28 nov. 1884-4 mars 1885.
Bône. — 17-28 juill. 1884.
Bordeaux. — 3-19 déc. 1856 ; 16-19 mars 1874.
Boulogne-sur-Mer. — 7-26 juill. 1856.
Bourges. — 28 mars-5 avr. 1881 ; 10-16 juill. 1891.
Brest. — 5-20 déc. 1866 ; 25 nov.-15 déc. 1869 ; 13-16 nov. 1871.
Brionne. — 12 sept.-1er oct. 1851.
Caen. — 24-29 août 1822 ; 28 avr.-14 mai 1851.
Calais. — 19 janv.-14 févr. 1825 ; 3 janv.-1er févr. 1848 ; 22 nov.-14 déc. 1863 ; 31 déc. 1872-10 janv. 1873 ; 26 oct.-1er nov. 1886.
Cambrai. — 21 sept. 1812 ; 24 sept. 1849 ; 31 août-23 sept. 1867.
Cannes. — 19-29 mars 1885.
Carcassonne. — 22 oct. 1808.
Castres. — 16 avr.-10 mai 1823 ; 24-27 août 1891.
Cateau (Le). — 18 juill.-22 août 1844 ; 12 sept. 1851 ; 31 août-23 sept. 1867.
Cette. — 26 juin-9 juill. 1850 ; 1er-14 févr. 1870.
Chalons-sur-Marne. — 9-29 mars 1826 ; 26 oct. 1849 ; 12 août 1878.
Charleville. — 8-15 mai 1888.
Charlieu (Loire). — 21 févr.-16 mars 1855 ; 24 mars-17 avr. 1858 ; 28 nov. 1884-27 févr. 1885.
Chatellerault. — 16 juill.-2 août 1869 ; 23-31 oct. 1886.
Chazelles-sur-Lyon (Loire). — 3-5 oct. 1882.
Cholet. — 4 sept.-30 oct. 1822 ; 8 mai 1854.
Clermont-Ferrand. — 8-24 avr. 1865.
Clermont-l'Hérault. — 6 juill. 1820 ; 24 mars 1875.
Cognac. — 14 avr. 1880.
Condé-sur-Noireau. — 9 janv.-1er févr. 1825 ; 16 févr. 1852 ; 9-25 juill. 1870.
Constantine. — 1er déc. 1882.
Cousolre (Nord). — 1er-5 déc. 1882.
Darnetal. — 13-26 juill. 1883.
Dijon. — 9 mars-16 avr. 1864 ; 10-23 févr. 1882.
Douai. — 13 avr.-11 mai 1825 ; 10 déc. 1849 ; 10-22 avr. 1850 ; 30 juin-11 août 1860 ; 14-16 mai 1886.
Dunkerque. — 17 juin-5 juill. 1865 ; 13-18 mai 1889.
Elbeuf. — 21 avr.-6 mai 1819 ; 24 mai 1855 ; 23 nov.-11 déc. 1857 ; 3-22 févr. 1864.
Epinal. — 17 juill.-4 août 1856 ; 2 août 1878 ; 12-22 août 1886.
Evreux. — 2-17 févr. 1836 ; 2-12 déc. 1850 ; 4-18 févr. 1865.
Falaise. — 27 août-1er sept. 1883.
Fécamp. — 27 sept.-6 oct. 1887.
Ferté-Macé (La) (Orne). — 19 nov. 1855 ; 26 nov.-16 déc. 1856 ; 2 nov. 1875.
Flers (Orne). — 22 juill.-11 août 1847 ; 16 sept. 1850 ; 4-16 mars 1863 ; 2-9 juill. 1873.

Fougères. — 2-4 oct. 1889 ; 21 mars 1893.
Fourmies (Nord). — 14-18 nov. 1881.
Friville-Escarbotin (Somme). — 3-5 oct. 1882 ; 3-10 févr. 1885.
Grenoble. — 16-28 mars 1851 ; 18 juin-2 juill. 1864 ; 6-22 juill. 1870 ; 12-22 août 1886.
Guise. — 16 avr.-25 mai 1864.
Halluin. — 30 nov.-30 déc. 1862 ; 5-22 juill. 1865.
Havre (Le). — 12 oct. 1854 ; 11 août 1859 ; 6-10 mars 1875 ; 27 nov. 1876.
Hazebrouck. — 16 mars-18 avr. 1867.
Laval. — 7 juin-1er juill. 1826 ; 22 oct.-8 nov. 1851.
Lille. — 29 mai 1810 ; 6 juill. 1810 ; 3-17 sept. 1834 ; 5-22 janv. 1870 ; 17-18 mai 1882.
Limoges. — 3 mars-1er avr. 1825 ; 20 févr.-15 avr. 1848 ; 23 oct. 1869 ; 5-20 nov. 1869 ; 17-18 avr. 1880 ; 12-17 févr. 1886.
Limoux. — 15 oct. 1889.
Lisieux. — 27 mars-17 avr. 1858 ; 12 août 1888.
Lodève. — 22 juin 1810 ; 21-24 juin 1888.
Lorient. — 30 juill.-31 août 1885.
Louviers. — 7 août 1810 ; 26 févr.-8 mars 1823 ; 1er févr. 1855.
Lunéville. — 4 mars 1854 ; 27 nov. 1874.
Lyon (soierie). — 18 mars 1806 ; 8 nov. 1810 ; 15 janv.-14 févr. 1812 ; 21 juin-16 juill. 1833 ; 21-27 déc. 1834 ; 4-12 avr. 1850 ; 2-20 mars 1852 ; 14-25 mai 1870 ; 27 avr. 1878 ; 23-26 août 1881 ; 26 janv.-1er févr. 1882 ; 23 déc. 1889-11 janv. 1890.
Lyon (bâtiment et fer). — 6-20 mars 1867 ; 15 janv. 1879 ; 23 déc. 1889-11 janv. 1890.
Mamers. — 4 mai 1812 ; 27 mai-23 juin 1820.
Mans (Le). — 28 août 1862 ; 14-19 oct. 1871.
Marseille. — 5 sept. 1810 ; 12-26 déc. 1848 ; 10-28 juill. 1848 ; 16 sept.-1er oct. 1850 ; 7 févr. 1878.
Maubeuge. — 14-18 nov. 1881.
Mayenne. — 20 mai-15 juin 1840.
Mazamet. — 26 avr. 1856.
Millau. — 16-25 mai 1870.
Montalieu-Vercieu (Isère). — 23 mai-11 juin 1866 ; 16 mars-1er avr. 1867 ; 4-22 août 1874.
Montbéliard. — 19-29 mars 1885.
Montluçon. — 9 juin 1872.
Montpellier. — 23 août 1875 ; 5-13 nov. 1883.
Nancy. — 5-26 avr. 1827 ; 10 févr.-6 mars 1830 ; 26 oct. 1849 ; 3-5 oct. 1882.
Nantes. — 31 juill.-17 août 1840 ; 21 oct.-16 nov. 1848 ; 17 juill. 1854.
Narbonne. — 22 nov. 1885 ; 22-29 nov. 1887.
Nice. — 27 nov. 1874.
Nîmes. — 27 sept. 1807 ; 2-16 févr. 1820 ; 8-30 sept. 1853 ; 16-19 août 1881 ; 29 nov. 1884-25 févr. 1885 ; 9-15 mai 1890.
Niort. — 6 mai 1848 ; 16 sept.-7 oct. 1848 ; 29 nov.-6 déc. 1888.
Oran. — 13-16 avr. 1885.
Orléans. — 12 avr. 1811 ; 24 janv.-23 févr. 1852 ; 10-25 mai 1870.
Paris (métaux et industries diverses). — 29 déc. 1844-7 janv. 1845 ; 9-30 juin 1847 ; 26 juill. 1858 ; 8-22 mars 1890.
Paris (bâtiment). — 9-30 juin 1847 ; 26 juill. 1858 ; 8-22 mars 1890 ; 10-12 juin 1890.
Paris (produits chimiques). — 9-30 juin 1847 ; 26 juill. 1858 ; 8-22 mars 1890.
Paris (tissus). — 9-30 juin 1847 ; 26 juill. 1858 ; 8-22 mars 1890.
Pavilly (Seine-Inférieure). — 13-26 juill. 1883.
Périgueux. — 23-26 avr. 1881.
Péronne. — 15 juill.-14 août 1829.
Philippeville. — 18 sept. 1893.
Poitiers. — 1er-22 oct. 1874.
Pont-Audemer. — 11 déc. 1864-26 janv. 1865.
Privas. — 11 avr.-1er mai 1839.
Puy (Le). — 18 juin-4 juill. 1843 ; 26 avr. 1856.
Reims. — 28 nov. 1809 ; 25 juill.-26 août 1870.
Rennes. — 8-30 déc. 1862 ; 19 déc. 1866-3 janv. 1867 ; 5-20 nov. 1869.
Rethel. — 2 févr.-1er mai 1825 ; 3 nov. 1854.

Roanne. — 23 mai-24 juin 1843 ; 31 juill.-23 août 1851.

Rochefort. — 1er sept. 1893.

Romans. — 17-26 nov. 1887.

Romorantin. — 16 mars-1er avr. 1851.

Romilly-sur-Seine (Aube). — 24 déc. 1864 ; 13 janv. 1865 ; 26-31 juill. 1872.

Roubaix. — 7 août 1810 ; 26 mai-18 juin 1846 ; 13 juill. 1876 ; 10-21 juin 1887.

Rouen. — 20 juin 1807 ; 12-26 déc. 1818 ; 17 juill. 1854.

Saint-Chamond. — 14 juill. 1811 ; 12 oct. 1854.

Saint-Claude. — 31 mars-1er avr. 1892.

Saint-Dié. — 5 mars 1877.

Saint-Dizier-la-Séauve (Haute-Loire). — 27 août-1er sept. 1883.

Saint-Etienne (industries diverses). — 22 juin 1810 ; 4 nov.-10 déc. 1829 ; 2-10 mars 1852 ; 12-31 mars 1859 ; 12 août 1878 ; 31 août-3 sept. 1885.

Saint-Etienne (tissus). — 31 août-3 sept. 1885.

Saint-Junien. — 17 juin-5 juill 1865.

Sainte-Marie-aux-Mines. — 10 août-1er oct. 1825 ; 21 févr.-1er mars 1849.

Saint-Nazaire. — 7-19 avr. et 30 mai 1866.

Saint-Omer. — 10 mai-20 juin 1865.

Saint-Quentin. — 21 déc. 1808 ; 21 avr.-1er mai 1836 ; 2-12 déc. 1850 ; 28 nov.-2 déc. 1872 ; 30 déc. 1884.

Sedan. — 23 août 1808 ; 3 janv.-1er févr. 1848 ; 15-30 avr. 1850 ; 2 mai 1855 ; 10-13 nov. 1881.

Tarare. — 22 déc. 1809 ; 11-27 févr. 1865 ; 20 juill.-3 août 1867.

Thiers. — 19 août 1808 ; 21 mars-5 avr. 1821 ; 17 mars-1er avr. 1851 ; 24 déc. 1864-13 janv. 1865 ; 9-22 juin 1870 ; 31 mai 1877.

Thisy. — 4-12 avr. 1850 ; 8 août-17 sept. 1870 ; 22 juill. 1879.

Tinchebray. — 7 oct. 1863 ; 2-11 juill. 1886.

Toulouse. — 25 nov. 1850 ; 28 nov.-2 déc. 1872.

Tours. — 3-13 juin 1818 ; 10-30 mars 1819 ; 8 mai 1854 ; 5-20 nov. 1869.

Tourcoing. — 4 juill.-6 août 1821 ; 2-12 déc. 1850.

Tour-du-Pin (La) (Isère). — 23 mai-11 juin 1866 ; 16 mars-1er avr. 1867.

Troyes. — 7 mai 1808 ; 15-26 avr. 1820 ; 16 sept.-1er oct. 1850 ; 1er juin 1853 ; 26 août-22 sept. 1865 ; 27 nov. 1874 ; 12-19 août 1886.

Valenciennes. — 30 mai-15 juin 1833 ; 8 sept.-9 oct. 1846 ; 3-24 mai 1850 ; 17 juill. 1877 ; 21-25 févr. 1888.

Vienne. — 26 mai-15 juin 1824 ; 20 janv. 1854 ; 14 juin-2 juill. 1864 ; 6 août 1874.

Vierzon. — 27 mai-9 juin 1891.

Villebois. — 13 mars-11 juill. 1891.

Villefranche (Rhône). — 1er-21 mars 1832 ; 2-12 déc. 1850.

Vire. — 26 oct. 1814 ; 23 oct. 1852.

Voiron. — 16-22 juill. 1886.

Yvetot. — 26 juin-9 juill. 1850 ; 5 janv.-14 févr. 1870.

TABLEAU DE LA LÉGISLATION.

8-22 sept. 1860. — Décret qui complète le régime disciplinaire des conseils de prud'hommes (D. P. 60. 4. 149).

4-10 juin 1864. — Loi sur le régime disciplinaire des conseils de prud'hommes (D. P. 64. 4. 80).

7-12 févr. 1880. — Loi concernant : 1° la présidence et le secrétariat du conseil des prud'hommes ; 2° l'abrogation de l'art. 30 du décret du 18 mars 1806 (D. P. 80. 4. 77).

23-25 févr. 1881. — Loi relative à l'organisation des conseils de prud'hommes en Algérie (D. P. 82. 4. 20).

24-25 nov. 1883. — Loi qui complète l'art. 4 de la loi relative aux conseils de prud'hommes (D. P. 84. 4. 15).

11-12 déc. 1884. — Loi sur les conseils de prud'hommes (D. P. 85. 4. 28).

Les décrets portant création de conseils de prud'hommes ou modifiant l'organisation, la circonscription ou la composition d'un ou plusieurs conseils de prud'hommes sont indiqués en regard de chacun des conseils existants dans le tableau alphabétique qui en est donné ci-dessus.

9. — **II. Droit comparé.** — Les pays étrangers qui possèdent des tribunaux industriels analogues aux conseils de pru-d'hommes ne sont pas très nombreux. Ceux dont l'étude présente le plus d'intérêt à ce point de vue sont : l'Allemagne, l'Autriche-Hongrie, la Belgique et la Suisse.

Il est question d'introduire ces conseils en Italie, sur des bases et avec des attributions très larges, d'après un projet de 1892 qui va jusqu'à donner l'éligibilité aux femmes, et qui étend le rôle de conciliateur des prud'hommes aux différends collectifs concernant les conditions futures du travail (V. Victor Mataja, *Revue d'économie politique*, 1892, p. 250 et suiv.). Ces *collegi di probi viri* ressembleraient pour le reste à nos conseils de prud'hommes avec un bureau de conciliation et un bureau de jugement appelé jury. Mais les présidents de ces conseils ne seraient pas au choix des conseils eux-mêmes, comme en France, mais nommés par le gouvernement et pris en dehors du corps électoral (*ibid.*).

Quant à l'Angleterre, les litiges industriels sont réglés par les *joint committees* des ouvriers et des patrons qui sont des tribunaux arbitraux volontaires de droit civil (Schwiedland, *Organisation de la grande industrie en Autriche*, *Revue d'économie politique*, 1891, p. 1032 et 1033). Ce pays nous offre, au contraire, le type des institutions de conciliation et d'arbitrage pour les différents collectifs concernant la continuation ou la reprise du travail, institutions dont il sera parlé *infrà*, v° *Travail* (V. Lotz, *Les conseils arbitraux et de conciliation dans le nord de l'Angleterre*, *Revue d'économie politique*, 1890, p. 461 et 553).

10. — 1° *Allemagne*. — L'art. 108 du code industriel allemand de 1869, devenu l'art. 120-*a* du même code modifié le 17 juill. 1878, donne compétence aux *autorités communales* pour trancher les différends entre patrons et ouvriers, concernant le travail ou l'apprentissage, à défaut d'*autorités spécialement constituées pour en connaître*, et des *tribunaux arbitraux*, qui peuvent, d'après ce même code, être établis par des statuts locaux. Une loi de 1881 a réservé, en outre, aux *tribunaux constitués dans les corporations professionnelles* une compétence *obligatoire* pour les différends entre les membres de la corporation et leurs apprentis, *facultative* pour les différends entre les membres de la corporation et leurs ouvriers ; et la loi du 7 juin 1887 a étendu même cette compétence aux industriels du district exerçant le métier de la corporation sans en être membres, dans le cas où ils auraient été convoqués aux frais du tribunal de la corporation par l'autorité administrative supérieure.

Les autorités spécialement constituées par des lois récemment, notamment, au nombre de douze, dans les provinces rhénanes et de cinq en Alsace-Lorraine, sur le modèle des anciens conseils de prud'hommes français. Une loi du 23 mars 1881 (*Annuaire de législ. étr.*, 1881, p. 197) pour l'Alsace-Lorraine les a réorganisés, mais en laissant à l'empereur la nomination des présidents et vice-présidents. Brême, Hambourg (L. 10 mai 1875 et 10 oct. 1887), Darmstadt, Meissen ont aussi des tribunaux industriels basés sur leurs lois particulières. — Les tribunaux de corporation sont relativement très peu nombreux, faute par les corporations d'avoir fait usage du droit qu'elles ont de les constituer. — Quant aux tribunaux arbitraux, laissés par la loi de 1869 à l'initiative des autorités locales, on n'en comptait, en 1889, que soixante-quinze environ, nombre fort peu en rapport avec le développement industriel du pays ; et leur organisation, leur procédure, leur compétence même, sont réglées par les statuts locaux de la façon la plus diverse.

11. On s'est beaucoup plaint de l'insuffisance de ces tribunaux et de l'inaptitude des autorités communales au rôle de juridiction industrielle. — De là divers projets législatifs tendant à la réforme de cette juridiction et à la création de tribunaux industriels (*Gewerbegerichte*). — En 1873 et en 1874, après renouvellement du Reichstag, le gouvernement proposa de composer ces tribunaux d'un patron et d'un ouvrier présidés par un juge du tribunal ordinaire et pris sur une liste dressée par la représentation de la commune, ou formée par l'élection si l'administration supérieure le décidait ainsi après avis de la représentation de la commune. A la différence des tribunaux arbitraux existants, ces tribunaux auraient été en harmonie avec toute l'organisation judiciaire ; ils auraient été reconnus comme tribunaux de première instance, dotés de tous les recours de droit, et sur le même pied que la justice de l'Etat. La clôture de la session

empêcha ce projet d'aboutir. — Un nouveau projet, du 23 févr. 1878, proposa des tribunaux composés de quatre assesseurs patrons et ouvriers sous un président étranger à l'un et l'autre élément. Il admettait leur création malgré les communes, sur l'ordre des autorités centrales du pays. Il refusait d'abord, mais concéda ensuite la règle de l'élection par les assesseurs. Il réservait la confirmation du président par le gouvernement. Il ne put aboutir non plus, faute d'accord sur ce dernier point. — Un député reprit la question le 19 nov. 1885 dans une proposition où se manifestaient, quant à la présidence notamment, les tendances socialistes, et qui fut rejetée. Mais le Reichstag, à cette occasion, adopta, le 24 mars 1886, une résolution priant le gouvernement de présenter un projet où seraient consacrés les deux principes des tribunaux obligatoires et de l'élection. Cette invitation fut renouvelée le 12 janv. 1889 et elle eut son effet dans un projet du mois de mai 1890 qui, voté le 28 juin par le Reichstag, a été promulgué le 29 juillet (*Revue d'économie politique*, 1892, p. 231).

12. Cette loi s'inspire à la fois du projet de 1878 et des résolutions du Reichstag. Les tribunaux industriels sont créés par les communes, soit par une, soit par plusieurs collectivement ; ils peuvent l'être aussi, à défaut de leur consentement, par les autorités du pays. Leurs assesseurs sont élus par les ouvriers d'une part, et par les patrons de l'autre, et confirmés par l'administration supérieure, les femmes n'ayant d'ailleurs ni le droit de suffrage ni l'éligibilité. Leur compétence s'étend aux ouvriers à domicile, et aux exploitations de l'État, sauf celles dépendant de l'administration militaire et de la marine. Elle peut être étendue, par les autorités du pays, aux mines, salines et carrières. Leurs décisions sont, à partir de cent marks, susceptibles d'appel devant le tribunal civil du district.

Enfin ils peuvent être appelés, sous certaines conditions, à un rôle conciliateur dans les différends collectifs concernant les conditions de continuation ou de reprise du travail (V. sur la juridiction industrielle en Allemagne et sa réforme un article de M. Stiéda, dans la *Revue d'économie politique*, 1891, p. 373. V. aussi *Annuaire de législation étrangère*, 1874, p. 90 ; 1875, p. 71 à 73 ; 1878, p. 76 ; 1879, p. 84 et 103).

13. — 2° *Autriche*. — Les institutions spéciales appelées à connaître en Autriche des contestations entre patrons et ouvriers sont : 1° les conseils de prud'hommes de la grande industrie composés de patrons et d'ouvriers, mais n'existant en Autriche qu'au nombre de cinq, deux pour l'industrie du fer, et trois pour l'industrie textile. Ces conseils sont régis par la loi du 14 mai 1869, qui admet l'appel de leurs décisions à partir de 50 florins ; — 2° Les « comités arbitraux » de la petite industrie organisée en corps de métier par le code industriel de 1859, § 106, puis par la loi du 15 mars 1883, indépendamment des institutions arbitrales qui doivent, dans chaque corporation, trancher les différends des maîtres entre eux ; — 3° Les « collèges arbitraux » institués par le paragraphe 87 du code industriel pour apaiser les querelles relatives aux contrats de travail, d'apprentissage et de salaires entre les patrons qui n'appartiennent pas à une corporation et leurs ouvriers, ou entre les ouvriers eux-mêmes, collèges qui en réalité, n'existent guère.

Les comités et collèges arbitraux ne sont d'ailleurs compétents que par l'accord des intéressés ; et leurs jugements peuvent être déférés aux juges ordinaires (Victor Mataja, *Revue d'économie politique*, 1892, p. 256).

A défaut de conseil de prud'hommes et de comité arbitral pour une branche d'industrie, les litiges soulevés par le contrat de travail ou d'apprentissage sont jugés par les autorités politiques, si elles sont portées à leur connaissance pendant leur durée, ou dans les trente jours de leur apaisement, par les tribunaux ordinaires après ce délai (V. l'article de M. Schwiedland sur l'organisation de la grande industrie en Autriche, dans la *Revue d'économie politique*, 1891, p. 1024, 1032, 1033). — Sur les *chambres de conciliation* établies, dans un projet du gouvernement autrichien du 17 juin 1891, à aplanir les différends collectifs sur le travail à venir, et à prévenir ou arrêter les grèves, V. *infra*, v° *Travail*.

14. — 3° *Hongrie*. — Dans la capitale de la Hongrie, divisée en districts administratifs, l'autorité de district (un président secondé par le nombre nécessaire de jurés) statue en premier ressort sur les affaires d'industrie.

L'appel de ses décisions est porté devant le *Magistrat*, sorte de commission municipale exécutive et permanente présidée par le maire (L. 23 déc. 1872, art. 84 et 86. V. *Annuaire de législation étrangère*, 1874, p. 280 et 282).

15. — 4° *Belgique*. — En Belgique, les conseils de prud'hommes sont régis par une loi du 31 juill. 1889, qui a codifié en cent trente-cinq articles la législation relative à cette matière, et remplace notamment la loi du 7 févr. 1859 qui la réglait autrefois. — Déjà un point de cette législation s'était trouvé modifié par la loi du 30 juill. 1881 sur les députations permanentes des conseils provinciaux ; à ces députations se trouvait substitué le collège des bourgmestres et échevins pour la revision des listes électorales des conseils de prud'hommes, le gouverneur pour les mesures d'exécution en vue des élections des membres de ces conseils, la cour d'appel, sauf recours en cassation, pour la connaissance des demandes en nullité de ces élections (*Ann. de lég. étr.*, 1882, p. 431, 436, 441). — Mais un projet du 22 déc. 1887 soumit à la chambre des Représentants une réforme plus importante de la loi du 7 févr. 1859, qu'il laissait pourtant subsister, se bornant à la modifier en dix-sept articles. Et ce projet lui-même fut transformé par le Sénat en un projet d'ensemble qui devint la loi organique du 31 juill. 1889.

16. Voici les principales réformes contenues dans cette loi : Au lieu d'un conseil de prud'hommes par ressort, elle admet, dans un même ressort, autant de conseils que d'industries ou groupes d'industries similaires offrant une importance suffisante. — Au lieu de remettre à l'arbitraire administratif la formation des listes électorales, elle déclare électeur et éligible tout patron ou ouvrier belge ayant vingt-cinq ans d'âge, un an de domicile, et quatre ans d'exercice de la profession dans le ressort. — Elle applique à l'élection toutes les mesures prévues par les lois électorales coordonnées en vue de la sincérité des élections, et déjà appliquées aux élections des juges consulaires par la loi du 2 juin 1884. — Elle oblige à prendre le vice-président parmi les ouvriers si le président est un patron, et réciproquement, et ne permet au conseil de siéger qu'avec la présence d'un nombre égal de prud'hommes patrons et de prud'hommes ouvriers. — Enfin elle admet les contremaîtres comme électeurs et éligibles, en les rangeant dans la catégorie des ouvriers. Le gouvernement et le Sénat avaient proposé sur ce dernier point deux solutions différentes. Le gouvernement rangeait les contremaîtres parmi les ouvriers pour l'électorat parce qu'ils appartiennent à la classe ouvrière, mais parmi les patrons pour l'éligibilité, parce qu'ils ont des intérêts de ceux-ci vis-à-vis des ouvriers. Le Sénat voulait qu'ils n'intervinssent ni comme patrons ni comme ouvriers dans la composition des conseils de prud'hommes, et qu'ils n'en fussent pas justiciables, pas plus que les dessinateurs, chimistes, et autres agents du patron. Mais la chambre des Représentants, sur un amendement de M. de Hemptinne, et le Sénat après elle, rétablirent les contremaîtres parmi les justiciables des conseils de prud'hommes, en les assimilant aux ouvriers comme électeurs et comme éligibles, leur influence numérique étant infime et sans danger dans le corps électoral, et leur élection par les ouvriers étant une preuve suffisante de leur aptitude à les représenter. — Pour la présidence et la vice-présidence, il est formé deux listes de candidats appartenant ou non au conseil, l'une par les prud'hommes chefs d'industrie, l'autre par les prud'hommes ouvriers. Un arrêté royal nomme le président, et le vice-président en les choisissant l'un dans une liste, l'autre dans l'autre (art. 69). — L'égalité du nombre entre les prud'hommes patrons et les prud'hommes ouvriers est assurée dans les séances du conseil (art. 76). — Le conseil a un bureau de conciliation composé d'un prud'homme patron et d'un prud'homme ouvrier, et il ne peut être saisi que des affaires préalablement soumises sans succès à ce bureau (art. 73 à 75). — Sa compétence s'étend aux travaux des mines, minières et carrières, et aux entreprises de pêche maritime (art. 2), aux contestations entre ouvriers eux-mêmes pour tout fait d'ouvrage, de travail et de salaire concernant la branche d'industrie exercée par eux (art. 81). — Elle est indéfinie en premier ressort, limitée à 200 fr. en dernier ressort. — L'appel est porté devant le tribunal de commerce sauf pour les affaires de mines dont connaît en appel le tribunal civil de

première instance (art. 86). — Les conseils de prud'hommes peuvent en outre réprimer, par des amendes limitées à 25 fr. tout acte d'infidélité, tout manquement grave et tout fait tendant à troubler l'ordre et la discipline dans l'atelier (art. 82) sauf l'appel devant le tribunal civil (art. 83); et sauf prescription de ces infractions au bout de quinze jours (art. 84). — La procédure ne donne lieu à aucun droit de timbre ou d'enregistrement. Les prud'hommes reçoivent seulement des jetons de présence, qui sont supportés comme les autres dépenses du conseil par les communes comprises dans leur ressort (art. 122 à 130). — V. pour plus de détails le texte de la loi et la notice de M. Chaumat, *Annuaire de législ. étr.*, 1890, p. 522 et suiv. V. aussi une étude de MM. Lemaire et Demonceau sur la compétence judiciaire des conseils de prud'hommes, d'après la loi belge du 31 juill. 1889, dans le *Journal des prud'hommes*, 1893, p. 97.

Les conseils de prud'hommes régis par cette loi n'interviennent comme conciliateurs ou comme juges que dans les litiges proprement dits; il ne faut pas les confondre avec les *conseils de l'industrie et du travail* organisés par une loi du 16 août 1887 pour apaiser les conflits collectifs relatifs à la continuation ou à la reprise du travail industriel (V. *infrà*, v° *Travail*).

17. — 5° *Suisse*. — Plusieurs cantons possèdent, sous des noms variés, des tribunaux industriels spéciaux. Une loi du 26 nov. 1888, pour le canton de Vaud, permet d'instituer des conseils de prud'hommes dans les communes qui, sur leur demande, y sont autorisées par le conseil d'État. Ces conseils connaissent, jusqu'à une valeur de 3 000 fr., des contestations entre patrons d'une part, ouvriers, employés ou apprentis de l'autre, concernant le louage de services, l'exécution du travail ou le contrat d'apprentissage. Ils sont élus moitié par les patrons, moitié par les ouvriers. Ils comprennent, outre un bureau de conciliation et un tribunal de prud'hommes, une chambre d'appel plus nombreuse qui forme un second degré de juridiction pour les litiges supérieurs à 500 fr. (*Annuaire de législ.*, 1889, p. 745).

18. Mais c'est dans le canton de Genève que l'institution des conseils de prud'hommes a été admise le plus récemment et avec le plus d'extension. — La loi constitutionnelle des 4-29 oct. 1882 (*Annuaire de législ. étr.*, 1883, p. 788) en décida la création, laissant à une loi le soin de les organiser. Elle déférait aux tribunaux des prud'hommes les contestations qui s'élèvent entre patrons et ouvriers à l'occasion du louage de services en matière industrielle et commerciale, et posait le principe de l'élection des prud'hommes en nombre égal par les patrons et les ouvriers divisés en groupes d'industries et de professions similaires; elle déclarait électeurs et éligibles les patrons et les ouvriers et employés suisses jouissant de leurs droits politiques. — Cette loi fut modifiée par celle des 24 oct.-25 nov. 1888, de manière à s'étendre non seulement aux travaux industriels et commerciaux, mais encore à l'agriculture et au travail domestique (*Annuaire de législ. étr.*, 1889, p. 702, et 1891, p. 605), à pourvu au mode d'élection, au nombre des groupes, et à l'organisation des conseils de prud'hommes. Elle répartit les groupes d'industries et professions en deux divisions, l'une pour l'industrie et le commerce, l'autre pour l'agriculture, les professions libérales et généralement les emplois étrangers à l'industrie et au commerce. — Elle donne à chaque groupe un conseil composé de quinze prud'hommes patrons élus par les patrons de ce groupe et de quinze ouvriers ou employés élus par les ouvriers et employés du groupe. — Le président, vice-président, secrétaire et vice-secrétaire sont pris dans le conseil et nommés par lui-même pour six mois. — La présidence est alternativement dévolue à un patron et à un ouvrier. Si le président est un patron, le vice-président doit être un ouvrier et réciproquement. Il en est de même pour le secrétaire et le vice-secrétaire. — Chaque conseil se divise comme suit : le bureau de conciliation, le tribunal, la chambre d'appel et la commission de surveillance des apprentissages et de l'hygiène des locaux. — Le bureau de conciliation est composé d'un prud'homme patron et d'un prud'homme ouvrier qui le président à tour de rôle. A défaut de conciliation, il juge

comme tribunal si le litige n'excède pas 20 fr. Au delà de cette somme, il renvoie au tribunal qui se compose de trois prud'hommes patrons et trois prud'hommes ouvriers présidés alternativement par le président et le vice-président du conseil. — L'appel n'est possible qu'au delà de 500 fr.; il est déféré à une chambre d'appel composée d'un président, d'un secrétaire qui n'a pas voix délibérative, de cinq prud'hommes patrons et de cinq prud'hommes ouvriers, sans qu'aucun d'eux ait connu de l'affaire en conciliation ou en première instance. — Les tribunaux de prud'hommes statuent sur les exceptions de compétence ou de litispendance, et peuvent statuer au fond après les avoir rejetées. Tout jugement rendu sur les exceptions est, en ce qui les concerne, susceptible d'appel devant la chambre d'appel du conseil de prud'hommes; et l'arrêt d'appel en ce qui touche l'exception peut être attaqué devant une cour mixte composée chaque année de deux juges de la cour de justice, nommés par elle, et de trois prud'hommes pris dans les chambres d'appel des conseils de prud'hommes, et désignés par celle-ci; cette cour choisit pour six mois comme président un de ses membres, qui doit être alternativement un juge et un prud'homme. — La procédure est gratuite (V. *Annuaire de législ. étr.*, 1891, p. 606 à 620).

SECT. 2. — DE L'INSTITUTION DES CONSEILS DE PRUD'HOMMES. — SON CARACTÈRE. — PROFESSIONS QUI DOIVENT CONCOURIR À LA FORMATION DE CES CONSEILS. — CONDITIONS DE L'ÉLECTORAT ET DE L'ÉLIGIBILITÉ. — LISTES ÉLECTORALES (*Rép.*, n°s 11 à 34).

19. — I. INSTITUTION DES CONSEILS DE PRUD'HOMMES, SON BUT ET SON CARACTÈRE. — Les conseils de prud'hommes sont toujours établis par un décret rendu dans la forme des règlements d'administration publique, après avis des conseils municipaux et des chambres consultatives des arts et manufactures, comme il a été dit au *Rép.*, n° 11. Ce décret détermine le nombre de ses membres, sa circonscription, les industries qu'il comprend et les catégories dans lesquelles elles sont réparties pour élire séparément des prud'hommes distincts, enfin le tribunal appelé à connaître en appel de ses jugements (*Rép.* n° 12). — Il peut ne s'étendre à tous les genres de fabrique existant dans sa circonscription; son silence suffit pour les exclure malgré leur aptitude légale à en faire partie. Il ne peut comprendre que des manufactures, fabriques ou ateliers (*Rép.*, n° 13). — On a vu (*Ibid.*) qu'il décide souverainement ce qu'il faut entendre par *fabrique*. Mais son pouvoir ne va pourtant pas jusqu'à étendre l'institution des prud'hommes à des industries auxquelles la loi ne l'a pas destiné, notamment à une industrie purement civile comme celle des mines (Trib. civ. Douai, 8 janv. 1869, aff. De Boisset. V. *infrà*, n°s 86, 87 et 88).

20. Le projet de loi modifierait cette législation de plusieurs manières : 1° en imposant la création comme étant de droit lorsqu'elle est demandée par le conseil municipal de la commune où il doit être établi, avec avis favorable du conseil général du département et de la majorité des conseils municipaux des communes devant composer la circonscription projetée (de tous ces conseils et en outre du ou des conseils d'arrondissement du ressort d'après la commission sénatoriale); — 2° En rattachant de plein droit à tout conseil créé toutes les professions nommées (*Rép.* n° 14), sans permettre au décret d'en exclure une seule, le chargeant seulement de les répartir par catégories (V. *infrà*, n° 35); — 3° En étendant à l'industrie des mines l'institution des prud'hommes. La Chambre l'étendait même au commerce, à l'agriculture et aux entreprises de transports (V. *infrà*, n°s 36 et suiv.).

21. Une même ville peut avoir plusieurs conseils de prud'hommes distincts non pas par la circonscription mais par la nature des industries rattachées à chacun d'eux (*Rép.* n° 14). Tels sont les quatre conseils institués à Paris et dont les remaniements successifs ont été exposés *suprà*, n° 7. Tels sont les deux conseils existant à Lyon, l'un pour la soierie, l'autre pour le bâtiment et le fer; les deux conseils existant à Saint-Étienne, l'un pour les tissus et l'autre pour les industries diverses.

22. On a vu au *Rép.*, n°s 15 et 16, qu'il convient d'attribuer à la fonction des prud'hommes un caractère mixte,

mi-partie judiciaire et administratif, et que leur fonction de juge, qui produit tous ses effets lorsqu'ils la remplissent, et notamment les soumet à la prise à partie et à la récusation dans les mêmes conditions que les juges de paix, est cependant trop accidentelle pour leur permettre d'invoquer l'art. 479 c. instr. crim., c'est-à-dire pour les rendre justiciables de la cour d'appel à raison de délits commis hors de leurs fonctions, et aussi pour les empêcher d'être jurés. Cette dernière solution a été de nouveau consacrée à plusieurs reprises par la jurisprudence (Crim. cass. 17 sept. 1858; aff. Birsinger, D. P. 58. 5. 109; C. d'ass. des Bouches-du-Rhône, 25 mai 1870, aff. Négrel, D. P. 70. 2. 203. — Contrà : C. d'ass. de la Seine, 16 janv. 1860, aff. Pacon, D. P. 61. 5. 122 ; C. d'ass. des Bouches-du-Rhône, 27 mai 1867, aff. Brémond, D. P. 70. 2. 202).

23. Ce caractère mixte se manifeste encore par le serment qu'ils sont obligés de prêter, mais qu'ils prêtent entre les mains du préfet et non devant la justice (V. infrà, n° 62).

Et c'est encore parce que leur fonction n'est pas purement judiciaire qu'ils relèvent du ministre du commerce et non du ministre de la justice.

24. Cette fonction enfin est gratuite en principe (Rép. n° 17). Mais ce principe, qui déjà n'était absolu dans la loi de 1806 que pour les prud'hommes patrons, a cessé de l'être même pour ces derniers en vertu de la loi du 7 févr. 1880 (D. P. 80. 4. 77) qui abroge l'art. 30 de la loi de 1806. Cette abrogation a pour but de satisfaire le désir d'égalité qui poussait les prud'hommes ouvriers, dans certaines villes, à refuser les indemnités allouées par elles, et les prud'hommes patrons dans certaines autres à demander qu'elles leur fussent étendues. Déjà, depuis longtemps, paraît-il, une ville, celle de Strasbourg, donnait une indemnité aux patrons comme aux ouvriers. Cette pratique aujourd'hui légale existe dans plusieurs communes; les autres continuent à n'indemniser que les prud'hommes ouvriers ou à n'allouer aucune indemnité. — Ce sont les conseils municipaux qui décident cette mesure et les communes qui la supportent.

En 1892, la Chambre, à une voix de majorité, a refusé d'inscrire comme obligatoire dans le projet de loi le principe de l'indemnité des conseillers prud'hommes. Elle s'en est tenue par son silence à la tradition actuellement suivie, c'est-à-dire à la liberté des communes. L'obligation qui entraîne à mettre l'indemnité à la charge de l'État, ce qui eût pu décider beaucoup de conseils municipaux à demander la création de conseils de prud'hommes sans utilité (V. Journ. off. Déb. parl. Ch., 1892, p. 287 et suiv.).

25. Une médaille doit être portée comme insigne par les prud'hommes dans l'exercice de leurs fonctions (V. Rép. n° 18).

26. — II. PROFESSIONS QUI DOIVENT CONCOURIR À L'ÉLECTION DES CONSEILS DE PRUD'HOMMES. — CONDITIONS DE L'ÉLECTORAT ET DE L'ÉLIGIBILITÉ. — On a vu au Rép., n° 20 et suiv., comment le droit électoral, réservé par la loi de 1806 aux négociants fabricants et aux chefs d'ateliers, fut étendu d'abord par le décret de 1809 aux contremaîtres, teinturiers et ouvriers patentés, puis à tous les ouvriers, patentés ou non, par la loi de 1848 qui classait même les ouvriers patentés au nombre des patrons (Rép. n° 20); comment enfin la loi de 1853 déclare électeurs, sous les conditions qu'elle détermine, les patrons, chefs d'atelier, contremaîtres et ouvriers appartenant aux industries dénommées dans le décret d'institution, mais replace les ouvriers patentés dans la classe des ouvriers (Rép., n°s 21 et 22). — On a vu aussi au Rép., n°s 24 et 25, les contremaîtres et chefs d'ateliers mis dans la classe des patrons par le décret de 1848, et replacés en 1853 dans celle des ouvriers. — Enfin on a vu au Rép., n° 26, les conditions particulières dans lesquelles se trouvaient certaines villes industrielles du Midi, telles que Lyon, Saint-Étienne et Nîmes, à raison de la situation et du nombre des chefs d'ateliers et de leurs compagnons; le dédoublement tenté pour ces villes par le décret du 6 juin 1848 en deux conseils, l'un d'ouvriers et de chefs d'ateliers, l'autre de chefs d'ateliers et de fabricants; les difficultés que rencontra pour elles l'application non seulement du décret, mais de celui du 27 mai; la crainte qu'eut le législateur de 1853 d'y voir les chefs d'ateliers, désormais réunis aux compagnons, subir la puissance du nombre et se

trouver exclus des conseils quoique offrant plus de garanties; et la pensée qu'on eut alors de n'admettre dans les conseils de ces villes qu'un nombre limité de compagnons, pensée qu'on laissa au Gouvernement le soin de réaliser en lui en reconnaissant le pouvoir.

27. Quant aux conditions requises de ces diverses catégories d'électeurs pour jouir du droit électoral, on les a indiquées au Rép., n°s 28 et 29, telles qu'elles avaient été successivement déterminées par le décret de 1809, par celui de 1848 et par la loi de 1853 : pour les patrons, vingt-cinq ans d'âge, cinq ans de patente et trois ans de domicile; nécessité d'être fabricant et non seulement marchand (Rép. n° 22) et de l'être encore actuellement, bien que les anciens négociants puissent être élus membres des tribunaux de commerce (Rép. n° 23); — pour les chefs d'ateliers, contremaîtres et ouvriers, vingt-cinq ans d'âge, cinq ans d'exercice et exercice actuel (Cons. d'Et. 20 avr. 1888, aff. Gazin, D. P. 89. 3. 76) de la profession, et trois ans de domicile; sans compter pour les ouvriers l'obligation, actuellement supprimée, d'être munis du livret prescrit par la loi du 22 juin 1854 (art. 15) pour être inscrits sur la liste électorale; — enfin pour les patrons et ouvriers, indistinctement, nécessité d'appartenir aux fabriques mêmes comprises dans le ressort du conseil par l'ordonnance de création (Rép. n° 27), et exclusion des étrangers et des individus désignés dans l'art. 15 de la loi du 2 févr. 1852 sur les élections législatives (Rép. n° 31).

28. En ce qui concerne l'éligibilité, elle est toujours reconnue aux électeurs âgés de trente ans et sachant lire et écrire (Comp. Rép. n° 28 in fine et 29 in fine).

29. Comme application de cette législation, il a été jugé : 1° que la qualité de patron-fabricant donnant le droit électoral appartient à l'industriel qui fait le commerce de bijouterie en boutique, encore bien qu'il n'ait pas d'atelier, s'il emploie des ouvriers à façon travaillant pour son compte sur des dessins et avec des matières qu'il leur fournit (Cons. d'Et. 31 mars 1864, aff. Lambert, D. P. 65. 5. 320); — 2° que le patron patenté en qualité de marchand doit, s'il exerce également la profession de fabricant comprise dans une des catégories d'industries soumises à la juridiction du conseil, être considéré comme électeur et éligible dans cette catégorie (Cons. d'Et. 8 août 1891, aff. Metz, D. P. 92. 3. 126); — 3° que lorsqu'un patron exerce depuis plusieurs années une industrie dans la circonscription d'un conseil de prud'hommes, la circonstance que, pour une des trois dernières années, la patente à laquelle il était imposable aurait été inscrite par erreur sous un autre nom, sans qu'il ait profité de cette erreur pour se soustraire au payement de la patente, ne fait pas obstacle à ce qu'il soit maintenu sur la liste électorale (Cons. d'Et. 27 avr. 1870, aff. Sallandrouze de la Mornais, D. P. 71. 3. 58); — 4° Mais que l'inscription personnelle au rôle des patentés est indispensable pour rendre un patron électeur à moins qu'une disposition de loi spéciale n'en ait disposé autrement; et qu'en conséquence, les associés secondaires des sociétés en nom collectif exerçant les professions rangées dans le tableau C, lesquels ne sont plus inscrits personnellement à la contribution des patentés en vertu de l'art. 21 de la loi du 15 juill. 1880, n'étaient ni électeurs ni éligibles avant la loi du 24 nov. 1883, qui leur a rendu cette qualité (Cons. d'Et. 13 avr. 1883, aff. Élection au conseil des prud'hommes de Lille, et 27 avr. 1883, aff. Élection au conseil des prud'hommes de Lyon, D. P. 84. 3. 123, jugeant comme l'avait fait le conseil de préfecture du Rhône le 8 sept. 1882, et contrairement à ce qu'avait jugé le conseil de préfecture du Nord le 10 oct. 1882).

Cette dernière décision, bien que conforme au texte de la loi de 1853 (art. 4) et de celle du 15 juill. 1880 (art. 21), faisait produire à celle-ci des conséquences qu'il ne comportait pas. Dans ce texte, purement fiscal, le législateur avait obéi à une pensée d'équité en exonérant de la patente les associés secondaires pour les industries rangées dans le tableau C; mais il n'avait jamais entendu attacher à ce dégrèvement la perte de la qualité d'électeur et d'éligible aux conseils de prud'hommes. Il le pouvait d'autant moins que les associés secondaires sont presque toujours ceux qui s'occupent de la partie technique de l'industrie; qu'ils ont en général avec les ouvriers des rapports plus directs

que le premier en nom, et qu'ils sont par suite mieux placés que lui pour juger avec une entière compétence les différends soumis aux conseils de prud'hommes. Ces considérations déterminèrent la présentation par le Gouvernement et l'adoption de la loi des 24-25 nov. 1883 (D. P. 84. 4. 15) complétant l'art. 4 de la loi de 1853 et déclarant électeurs « les associés en nom collectif, patentés ou non, âgés de vingt-cinq ans accomplis, exerçant depuis cinq ans une profession assujettie à la contribution des patentes et domiciliés depuis trois ans dans la circonscription du conseil ».

30. En ce qui concerne les électeurs ouvriers, il a été jugé : 1° que le directeur d'une usine ne peut être considéré comme un contremaître et être inscrit comme tel sur la liste des électeurs appelés à nommer les membres d'un conseil de prud'hommes (Cons. d'Et. 1er mars 1878, aff. Jourdin, D. P. 79. 3. 20); — 2° Que l'exercice de l'industrie pendant cinq années, tel qu'il est requis pour l'électorat ouvrier, doit s'entendre sans aucune condition de circonscription (Cons. d'Et. 12 avr. 1866, aff. Bouclou, D. P. 67. 3. 2); — 3° Mais qu'il doit s'entendre des cinq années qui précèdent immédiatement la demande d'inscription sur la liste, sans qu'il suffise de justifier de l'exercice de l'industrie pendant cinq ans à une époque antérieure (Cons. d'Et. 12 avr. 1866, aff. Lenoir et Dujarrier, D. P. 67. 3. 2).

31. Lorsqu'il s'agit de déterminer la profession d'un individu au point de vue de l'électorat ou de l'éligibilité au conseil des prud'hommes, la jurisprudence s'inspire de ce principe qu'il faut considérer la nature habituelle de ses occupations, sans tenir compte des faits accidentels. Jugé par suite : 1° qu'un ouvrier nommé employé à la mairie, avec un traitement annuel, ne peut se prévaloir de ce qu'il a continué à travailler accidentellement pendant ses heures de liberté pour soutenir qu'il doit être considéré comme ayant continué l'exercice de sa profession et comme jouissant par là du droit électoral (Cons. d'Et. 23 juin 1882, aff. Allègre, D. P. 83. 3. 125); — 2° Qu'un employé d'une société coopérative de consommation n'est pas éligible au conseil des prud'hommes en qualité d'ouvrier menuisier, bien que, dans le courant de l'année, il ait été préposé par cette société à la surveillance de quelques travaux de menuiserie, ou même personnellement occupé à ces travaux; … alors même qu'il est inscrit en cette qualité sur la liste électorale (Cons. d'Et. 27 févr. 1892, aff. Simonet, D. P. 93. 3. 56); — 3° Que celui qui est employé fréquemment par des patrons et ne paye pas patente doit être considéré comme un ouvrier et non comme un patron, bien qu'il travaille quelquefois pour son compte, et est, par suite, éligible au conseil des prudhommes en qualité d'ouvrier (Cons. d'Et. 2 avr. 1892, aff. Denonne, D. P. 93. 3. 83).

32. On a vu au *Rép.*, n° 30, que la loi de 1853 ne faisait pas du livret pour les ouvriers la condition du droit électoral. Mais la loi du 22 juin 1854 (D. P. 54. 4. 118) en instituant l'obligation du livret pour les ouvriers, décida, art. 15) qu'aucun ouvrier soumis à cette obligation ne serait inscrit sur les listes électorales pour la formation des conseils de prud'hommes s'il n'était pourvu d'un livret. Et par application de ce texte, il a été jugé que l'ouvrier ne pourrait être inscrit sans justifier de la possession d'un livret au moment où la liste est dressée, alors même qu'il aurait été inscrit sur des listes antérieures et qu'il remplirait d'ailleurs les conditions de domicile et d'exercice de son industrie (Cons. d'Et. 12 avr. 1866, aff. Lenoir et Dujarrier, D. P. 67. 3. 2).

Mais la loi du 2 juill. 1890 (D. P. 90. 4. 121) concernant l'abolition des livrets d'ouvriers (V. *infrà*, v° *Travail*), ne permet plus de poser cette question et d'imposer la présentation d'un livret aux ouvriers réclamant leur inscription sur les listes électorales des conseils de prud'hommes (Circ. min. com. 12 juill. 1890, *Revue générale d'administration*, 1890. 3. 371, décidant en outre qu'il n'y a plus lieu d'adresser au ministre les états statistiques et le rapport annuel relatif aux livrets d'ouvriers qu'exigeaient les circulaires des 25 févr. 1852 et 12 juill. 1878).

33. Outre les décisions citées plus haut et se plaçant directement au point de vue de l'électorat et de l'éligibilité, il faut, pour qualifier les diverses professions et déterminer celles qui nomment et fournissent des prud'hommes, appliquer par avance les décisions que nous rencontrerons *infrà*, n°s 86 et suiv., en ce qui touche les catégories de justiciables

soumis à leur compétence. Les qualités d'électeur et de justiciable sont corrélatives. — C'est ainsi qu'on rencontrera à propos de la compétence des prud'hommes des décisions fixant la différence entre l'employé et l'ouvrier, et d'autres concernant le personnel des mines, des chemins de fer, et en général des entreprises ayant un objet non commercial ou des entreprises commerciales n'ayant pas pour objet une fabrication; ce personnel doit être écarté de l'électorat et de l'éligibilité, dans la même mesure où il est écarté du prétoire par ces décisions.

On verra aussi, à propos de la compétence, que le décret d'institution de chaque conseil appelé par la loi de 1853 à déterminer les industries qui le composent, et pouvant par son silence éliminer de ce conseil certaines professions que la loi permettrait d'y comprendre, ne peut cependant se mouvoir hors du cercle tracé par la loi et conférer à certaines professions, à ce point de vue, un droit que la loi leur refuse (V. *infrà*, n° 87; Sarrazin, *Code pratique des prud'hommes*, 5e édit., 1890, n° 23 *bis*).

34. — III. Innovations projetées en matière d'électorat et d'éligibilité. — Le projet de loi voté par la Chambre le 17 mars 1892 consacrait, en cette matière, des innovations considérables qu'a repoussées le Sénat. Et d'abord il étendait singulièrement le nombre des professions appelées à nommer et à fournir des prud'hommes, comme nous aurons à le rappeler au point de vue de leur compétence qui se serait trouvée étendue de la même manière.

35. — 1° *Extensions projetées de l'institution des prud'hommes.* — Une première extension résulterait (aussi bien, d'ailleurs, dans le texte sénatorial que dans celui de la Chambre) du rôle assigné aux décrets d'institution. Actuellement, ne sont électeurs que les patrons et ouvriers des professions dénommées dans le décret qui institue le conseil de prud'hommes (Comp. *infrà*, n° 90). Tel décret, comme à Paris, énumère mille deux cent soixante professions, tel autre deux cents seulement, comme justiciables du conseil et participant à sa formation. Or, un des côtés les plus importants de la réforme votée en 1892 serait que toute élimination par omission dans le décret serait désormais impossible, grâce aux diverses formules du projet de loi, qui ont eu précisément ce but comme l'a déclaré le rapporteur M. Lagrange (*Journ. off.*, Déb. parl. Ch., 1892, p. 233, col. 2). D'après l'art. 3 du projet, le décret d'institution détermine, non pas les professions soumises à la juridiction du conseil, mais le nombre des catégories dans lesquelles elles sont réparties et le nombre des prud'hommes affectés à chaque catégorie. De plein droit, seraient donc appelées à former le conseil, toutes les professions rentrant dans le texte de la loi, que le décret d'institution les dénomme ou non.

36. Quant à la détermination légale de ces professions, la Chambre la faisait résulter des formules suivantes, beaucoup plus générales que celles de la loi actuelle; … « à raison du contrat de louage d'ouvrage entre les patrons ou leurs représentants et les ouvriers ou employés qu'ils salarient » (art. 1)… « sont électeurs ouvriers… généralement les salariés de toutes sortes du commerce, de l'industrie et de l'agriculture » (art. 5)… « sont électeurs patrons, les patrons occupant pour leur compte un ou plusieurs ouvriers ou employés ou contremaîtres, les associés en nom collectif, ceux qui gèrent ou dirigent, en qualité de fondés de pouvoir, une fabrique, une manufacture, une maison de banque ou de commerce, un atelier et généralement une entreprise quelconque » (art. 5).

Le projet embrasserait ainsi une foule de professions qui ne peuvent actuellement ni élire les prud'hommes, ni profiter de leur juridiction, fussent-elles dénommées dans le décret d'institution, lequel ne peut se mouvoir hors du cercle tracé par la loi (V. *infrà*, n° 87). — Ainsi en était-il des professions commerciales ayant un autre objet que la fabrication, dont les patrons ne sont pas fabricants, ni les salariés ouvriers. Le projet nommait comme électeurs ouvriers : les « employés, commis, commis voyageurs, comptables,… garçons de bureau et de magasin, hommes de peine » (art. 5). — Ainsi en était-il plus spécialement des entreprises de transport. Et le projet prenait soin de nommer spécialement, comme électeurs ouvriers, les ouvriers et employés de ces entreprises, et comme électeurs

patrons leurs administrateurs et ingénieurs. Il fut même entendu dans la discussion que le mot *transport* comprenait ici la navigation aussi bien que les chemins de fer et tous les autres moyens de transport sous la réserve des lois spéciales qui régissent les inscrits maritimes pour les questions de discipline, de solde et autres (*Journ. off.*, Déb. parl. Ch. 1892, p. 237). — Même innovation pour les exploitations de mines ; le projet prenait soin (art. 5) de nommer comme électeurs patrons « les concessionnaires ou exploitants de mines, les membres des conseils d'administration, les ingénieurs de travaux et chefs de service, les chefs mineurs, gouverneurs et surveillants des mines ». — Même innovation enfin pour les exploitations agricoles ; et bien que le mot « agriculture » n'eût été ajouté dans le projet qu'à propos des salariés et de l'électorat ouvrier, il fut entendu que les propriétaires d'exploitations rurales et les fermiers étaient compris dans la disposition générale sur l'électorat des patrons et des directeurs d'entreprise quelconque (*Journ. off.*, Déb. parl. Ch., 1892, p. 297).

37. En appelant toutes ces professions à nommer des prud'hommes, la Chambre de 1892 suivait un courant d'opinion qui s'était accentué, surtout depuis 1870, en faveur de l'extension de la prud'homie. Mais on a déjà vu le Sénat s'opposer à cette extension, en repoussant le 28 févr. 1889, l'institution des prud'hommes commerciaux proposée le 2 juin 1887 par M. Lockroy (*Journ. off.* Doc. parl. Ch. 1887, p. 798) et adoptée le 17 janv. 1888 par la Chambre, puis par celle qui lui a succédé en 1892.

38. En ce qui touche l'extension projetée au personnel des entreprises de transport, l'idée avait commencé à s'en faire jour dans une proposition de MM. de Janzé, Raoul Duval, Tirard (9 févr. 1872) à l'Assemblée nationale, tendant à établir à Paris, siège social de toutes les compagnies de chemins de fer, une cinquième section du conseil de prud'hommes pour statuer sur les différends qui peuvent s'élever entre les ouvriers employés par les compagnies de chemins de fer et les comités de direction des compagnies. On trouva impossible le fonctionnement de cette juridiction dans laquelle l'élément patron serait juge et partie, et qui aurait son siège à Paris et ses justiciables dans toute la France, impossible aussi la formation du corps électoral destiné à la composer. La proposition ne fut pas prise en considération (24 avr. 1872, sur rapport sommaire défavorable du 9 avr. 1872, Doc. parl. Ch. p. 2443).

Une proposition du 3 août 1874, visant les rapports des compagnies de chemins de fer avec leurs mécaniciens ou chauffeurs, attribuait compétence à la section des métaux du conseil de prud'hommes du dépôt auquel appartient le mécanicien ou le chauffeur et imposait la création de cette section de métaux dans tous les conseils de prud'hommes compétents qui pouvaient en manquer. Pour les dépôts n'ayant pas de conseil de prud'hommes, ils se seraient rattachés au conseil le plus voisin. L'Assemblée se sépara sans statuer sur cette proposition, qui résolvait en partie les difficultés pratiques (un rapport sommaire du 26 nov. 1875 (Doc. parl. Ch. 1875, p. 10288) proposait la prise en considération. — Elle fut reprise, mais étendue aux agents commissionnés des chemins de fer, dans l'art. 3 d'une proposition du 29 janv. 1878 (Doc. parl. Ch. 1878, p. 1349).

Une autre, du 15 janv. 1880 (Doc. parl. Ch. 1880, p. 1550), refusant d'assimiler les agents commissionnés, principalement occupés à des travaux d'écriture, organisait pour ceux-ci un tribunal composé du juge de paix président et de deux arbitres juges nommés par chacune des parties. Ce projet fut repoussé (4 mars 1881, Déb. parl. Ch. 391, col. 2) ainsi qu'une autre proposition analogue du 7 févr. 1882 (Doc. parl. Ch. 1882, p. 330, col. 3) qu'avait admise la commission (Doc. parl. Ch. 1882, p. 1607-1608).

Le 21 déc. 1882, la Chambre repoussa même l'idée, proposée par MM. Raynal et Waldeck-Rousseau (6 févr. 1882) et acceptée par la commission, de proroger ces matières la compétence du juge de paix indéfiniment en premier ressort, jusqu'à 1500 fr. en dernier ressort; elle se borna à voter un amendement aux termes duquel ces sortes d'affaires devant les tribunaux civils et d'appel seraient instruites comme affaires sommaires et jugées d'urgence, disposition qui a passé dans la loi du 27 déc. 1890, modifiant l'art. 1780 c. civ., en matière de résiliation du louage de services fait sans détermination de durée (V. *suprà*, v° *Louage d'ouvrage*).

Malgré ces nombreux échecs, l'idée de la prud'homie en matière de chemins de fer triompha sans difficulté devant la Chambre en 1892.

39. Pour l'industrie minière, l'idée d'une juridiction mixte et arbitrale apparaît pour la première fois dans les deux propositions des 21 et 23 nov. 1882 (*Journ. off.* Doc. parl. Ch. 1882, p. 2446 et 2493). La seconde, ayant plus spécialement cet objet et émanant de M. Waldeck-Rousseau, fut seule discutée par la Chambre et votée par elle, malgré les objections de M. Léon Renault, tirées des difficultés pratiques relatives à la composition du corps électoral. Transmise au Sénat, elle alla se perdre dans les projets généraux sur la réorganisation des prud'hommes, et c'est ainsi qu'on en retrouve l'idée dans le projet de 1892.

40. Quant à l'agriculture, c'est un amendement de MM. Maurice Faure et Antide Boyer qui amena la commission, et la Chambre après elle, à la mentionner dans le projet de 1892 comme devant avoir aussi des prud'hommes (*Journ. off.* Déb. parl. 1892, p. 233, 238). L'institution de prud'hommes agriculteurs avait déjà fait l'objet d'une proposition spéciale de M. Joigneaux (11 avr. 1876) qui n'avait pas abouti.

41. Dans cette voie si largement ouverte, on proposait encore à la Chambre d'autres catégories d'électeurs, d'éligibles et de justiciables pour les conseils de prud'hommes, qu'elle refusa d'admettre : les patrons et salariés des entreprises théâtrales (proposition de M. Le Senne, du 24 juill. 1890, *Journ. off.* Doc. parl. Ch. 1890, p. 1638 ; amendement du même, *Journ. off.* Déb. parl. Ch. 1892, p. 206 et suiv.) ; — Les patrons et salariés de l'enseignement, maîtres de l'enseignement primaire, et maîtres internes de l'enseignement secondaire (amendement de M. Lavy, *Journ. off.* Doc. parl. Ch. 1892, p. 237). — Il fut entendu, au contraire, que les mots patrons, salariés et louage d'ouvrage, employés par les art. 1 et 4 du projet de loi, ne devraient pas être pris dans un sens assez large pour embrasser ces professions ni aucune profession libérale comme celles du barreau, de la médecine ou du journalisme.

42. Ces réserves ont paru fort insuffisantes au Sénat. Fidèle à son vote de 1889 contre l'institution des prud'hommes commerciaux, et convaincu de la nécessité d'éléments techniques comme raison d'être de la prud'homie, il maintint celle-ci dans ses limites actuelles. Pour mieux les accentuer, la commission sénatoriale avait même (art. 1) substitué au mot « patrons » les mots « marchands fabricants » pris dans les lois de 1806-1810 et dans celle du 6 juin 1848, mots auxquels se sont tacitement référées en parlant de patrons les lois du 27 mai 1848 et du 18 juin 1853 relatives seulement à des questions de classement et d'organisation intérieure. Elle préféra ensuite, et le Sénat adopta, les mots « chefs d'industrie », de peur d'exclure les entreprises « de bâtiments, de terrassements, de manutentions », et autres « dont les chefs ne peuvent être qualifiés de marchands et qui cependant sont de véritables industries où le travail se produit généralement dans les chantiers ou ateliers ». Il est à remarquer, d'ailleurs, que le début de le texte sénatorial admettait sur un point l'extension de la prud'homie. L'art. 5, en effet, prévoit des conseils de prud'hommes mineurs ou des catégories spéciales à l'industrie des mines dans les conseils de prud'hommes, pour classer en ce cas comme ouvriers ou patrons les électeurs fournis par cette industrie, qui n'est pourtant ni un commerce ni une fabrication.

43. — 2° *Contremaîtres. — Chefs d'ateliers. — Chefs mineurs, chefs d'ateliers et surveillants des mines.* — La question des contremaîtres et des chefs d'ateliers, que le décret de 1848 rattache aux électeurs patrons et que la loi de 1853 rattache aux électeurs ouvriers, a tenu une place assez importante dans la discussion que la loi des prud'hommes a été l'objet à la Chambre. Le résultat de cette discussion a été le retour dans 1848 pour les contremaîtres, mais non pour les chefs d'ateliers. La Chambre a rattaché les contremaîtres aux patrons bien qu'ils aient, comme justiciables, un intérêt opposé à celui du patron, parce qu'ils exercent l'autorité patronale sur les ouvriers et qu'ils sont ainsi amenés comme électeurs, et comme juges s'ils sont élus, à envisager du point de vue patronal le fonctionne-

ment de cette juridiction. C'est le contremaître, a-t-on dit, qui embauche l'ouvrier; c'est lui qui inflige les amendes; on renforcerait injustement l'élément patronal, en lui permettant d'influer sur les élections ouvrières, et, s'il est élu, de compter comme prud'homme ouvrier. Mais le Sénat a maintenu les contremaîtres dans la classe des ouvriers, pensant que ce serait dénaturer l'élection et porter atteinte à la sincérité du vote que de les faire voter avec les patrons.

Les directeurs d'usine, qui n'ont pu jusqu'ici être assimilés aux contremaîtres, et ne sont par suite ni électeurs patrons, ni électeurs ouvriers, seraient admis au droit électoral et classés parmi les patrons, ce qui s'explique mieux pour eux que pour les contremaîtres. — Cette disposition a été maintenue par le Sénat.

44. Quant aux chefs d'ateliers, la Chambre a cru nécessaire, en les laissant dans la classe des électeurs ouvriers, de les désigner avec plus de précision par ces mots « chefs d'ateliers de famille », afin que les contremaîtres, écartés du corps électoral ouvrier, n'y pussent rentrer sous le nom de chefs d'ateliers et qu'il fût bien entendu qu'on visait uniquement l'ouvrier connu sous le nom de chef d'atelier dans la fabrique lyonnaise, c'est-à-dire façonnant à domicile avec l'aide soit de sa famille, soit même de compagnons étrangers à sa famille, les matières d'un fabricant, et que ceux au contraire qui dirigent comme fondés de pouvoirs l'atelier d'autrui, figurent parmi les électeurs patrons (*Journ. off.* Déb. parl. Ch. 1892, p. 233 et suiv.). — Le Sénat a maintenu cette terminologie ainsi expliquée comme ne posant aucune condition de parenté, et sans y chercher d'ailleurs, comme la Chambre, une barrière contre les contremaîtres qu'il classe comme ouvriers.

45. Un amendement admettant les dessinateurs comme électeurs ouvriers a été retiré comme inutile dans le texte de la Chambre, qui admettait « généralement les salariés de toutes sortes du commerce, de l'industrie et de l'agriculture » (*Journ. off.* Déb. parl. Ch. 1892, p. 233): Il eût présenté plus d'intérêt dans le texte de la commission sénatoriale qui laisse subsister à l'égard des dessinateurs les mêmes doutes que la loi actuelle par la distinction entre l'ouvrier et l'employé (V. *Rép.*, n°s 81 et 83; *infra*, n° 98).

46. En ce qui concerne l'industrie des mines, le projet rend électeurs patrons les concessionnaires ou exploitants, directeurs, membres des conseils d'administration, ingénieurs des travaux et chefs de service; mais la Chambre classait en outre comme électeurs patrons les chefs mineurs, gouverneurs et surveillants de mines, que le Sénat propose, au contraire, de classer comme ouvriers.

47. — 3° *Droit électoral des femmes.* — Une des modifications les plus graves que le projet de la Chambre apportait aux conditions de l'électorat était l'admission des femmes. Elle ne figurait pas d'ailleurs dans le projet de la commission. Elle fut votée sur un amendement de M. Lavy. Un amendement de M. de Gasté demandait même pour les femmes l'éligibilité; mais il fut repoussé.

Déjà en matière d'élections consulaires, la Chambre qui siégeait le 8 déc. 1883 avait pris en considération, un amendement conférant le droit électoral aux femmes, et ne l'avait écarté que pour éviter au Sénat un retard dans l'application de la loi. Mais la Chambre qui lui succéda vota une proposition de M. Ernest Lefèvre donnant l'électorat aux femmes commerçantes pour la composition des tribunaux de commerce. La Chambre de 1892, en ce qui touche les conseils de prud'hommes, fut déterminée par ce précédent et par l'importance considérable qu'a pris le travail des femmes dans l'organisation moderne de l'industrie. Mais le Sénat s'est prononcé contre l'électorat des femmes en matière de prud'hommes, quoique ayant admis (séance du 19 janv. 1894) le droit électoral des femmes commerçantes pour les tribunaux de commerce.

48. — 4° *Age, résidence et exercice de la profession.* — L'âge; le temps de patente ou d'exercice et le temps de domicile actuellement requis pour l'électorat sont remplacés dans le projet de la Chambre (art. 5 et 6) par l'inscription sur les listes électorales politiques, s'il s'agit d'électeurs hommes, et, s'il s'agit d'électeurs femmes, par la qualité de Française, vingt et un ans d'âge et six mois de résidence.

Cette réduction de l'âge à vingt et un ans, de la rési-

dence à six mois et du temps de patente ou d'exercice à une durée quelconque, ont paru au Sénat un système trop dépourvu de garanties; il maintient les conditions actuelles.

Le même désaccord s'est produit au sujet des anciens électeurs ayant cessé d'exercer la profession depuis moins de dix ans, et dont la Chambre proposait l'inscription sur les listes électorales.

Même désaccord sur l'âge de l'éligibilité, réduit à vingt-cinq ans par la Chambre, maintenu à trente ans par le Sénat.

Enfin le Sénat déclare la fonction de conseiller prud'homme incompatible, dans le ressort du conseil, avec le mandat de conseiller général, d'arrondissement ou municipal.

49. — IV. LISTES ÉLECTORALES. — La confection des listes électorales, leur publication et les réclamations dirigées contre elles, ont été étudiées au *Rép.*, n°s 32, 33 et 34. Elles ont donné lieu à la question de savoir si le maire et les deux électeurs composant la commission chargée de la confection ou de la révision de la liste électorale ont qualité pour déférer au conseil d'État un arrêté du conseil de préfecture annulant une décision de cette commission. Le conseil d'État a admis la négative pour le maire agissant en la seule qualité de président de la commission (8 juin 1883, aff. Guillemiard et autres, D. P. 85. 3. 2). Mais il a, dans le même arrêt, admis implicitement l'affirmative pour les deux électeurs. Du libellé de la requête présentée conjointement par eux et par le maire, il semblait pourtant résulter qu'ils défendaient la décision de la commission plutôt comme membres de cette commission que comme électeurs; mais la première de ces deux qualités ne pouvait pouvoir détruire l'effet de la seconde. Il est vrai que l'arrêt ne s'est pas expliqué de la sorte et n'a admis la recevabilité des deux assesseurs qu'implicitement en statuant sur le fond. Il est à remarquer, en outre, qu'en matière municipale la jurisprudence de la cour de cassation est plus radicale contre la recevabilité du maire et des membres de la commission de révision; elle ne reçoit pas le pourvoi du maire, fût-il formé en qualité d'électeur, nul ne pouvant être juge et partie dans la même affaire (V. la note sous l'arrêt précité du 8 juin 1883).

50. L'inscription sur la liste électorale ne peut rendre éligible un individu qui ne remplit pas les conditions exigées pour l'électorat (Cons. d'Et. 27 févr. 1892, aff. Simonet, D. P. 93. 3. 56).

Inversement elle n'est pas une condition essentielle pour l'éligibilité; et il a été jugé qu'un patron ou un ouvrier, qui remplit toutes les conditions exigées par la loi pour être électeur et éligible au conseil de prud'hommes, peut être valablement élu bien qu'il ait été omis sur la liste des électeurs (pour le patron: Cons. d'Et. 4 août 1859, aff. Fournier, D. P. 60. 3. 55; 8 août 1891, aff. Giraudon; D. P. 92. 3. 126; — pour l'ouvrier: Cons. d'Et. 13 juill. 1883, aff. Dubois et ministre du commerce, D. P. 85. 3. 38).

Cette solution pourrait sembler contredite par un autre arrêt du conseil d'État (20 avr. 1888, aff. Cazin, D. P. 89. 3. 76). Mais comme par arrêt du même jour la demande d'inscription était jugée mal fondée faute d'exercice de la profession au moment de cette demande, l'arrêt déclarant le réclamant inéligible faute d'être inscrit, a pu vouloir s'appuyer sur l'absence de droit à l'inscription plutôt que sur une absence d'inscription même contraire au droit de l'électeur. On ne saurait donc y voir l'abandon d'une jurisprudence conforme d'ailleurs à celle qui est journellement appliquée en matière d'élections municipales.

51. Une conséquence naturelle de cette jurisprudence et du droit reconnu à la juridiction contentieuse de vérifier si un candidat élu a été à tort omis sur la liste électorale, c'est qu'un patron inscrit sur la liste électorale dans une catégorie autre que celle où est comprise la profession qu'il exerce est néanmoins éligible dans la catégorie dont fait partie sa profession (Cons. d'Et. 18 juill. 1891, aff. Gaute, D. P. 92. 3. 126). Mais un patron inscrit sur la liste électorale d'une catégorie ne peut être élu dans une autre catégorie alors qu'il n'exerce aucune profession comprise dans cette catégorie (Cons. d'Et. 8 août 1891; aff. Lacroix; D. P. 92. 3. 126).

52. Le projet de loi (art. 10) règle comme la loi actuelle

ce qui concerne la confection et la publication des listes électorales; mais l'art. 13 transporte du conseil de préfecture au juge de paix la connaissance des réclamations que ces listes soulèvent, et exige qu'elles soient formées dans les quinze jours du dépôt des listes au secrétariat du conseil et au secrétariat de la mairie, et qu'elles soient instruites et jugées conformément aux art. 5 et 6 de la loi du 8 déc. 1883 sur les élections consulaires.

Sect. 3. — Nombre des membres des conseils de prud'hommes. — Mode de leur nomination. — Serment. — Renouvellement. — Organisation intérieure (Rép. nos 35 à 62).

53. — I. Nombre des membres des conseils de prud'hommes. — On a vu au Rép. n° 35, comment la loi du 1er juin 1853 a fait cesser les controverses antérieures sur le nombre des conseillers prud'hommes en fixant le minimum de ce nombre à six, non compris le président et le vice-président, sans fixer d'autre part aucun maximum. Le décret d'institution de chaque conseil règle donc souverainement le nombre de ses membres à partir du minimum légal. Il le règle aussi en particulier pour chaque catégorie d'industries séparée par lui. Le projet de loi fait à cet égard une double innovation en déclarant que le nombre total des prud'hommes dans un conseil ne peut être impair ni inférieur à seize (art. 3). Cette élévation du nombre minimum s'explique par l'idée qu'avait eue la commission, et que n'a pas adoptée la Chambre, de soumettre l'appel des jugements de prud'hommes à une autre partie du conseil lui-même composée des prud'hommes n'ayant pas participé à ce jugement. Il fallait un conseil assez nombreux pour fournir une assemblée d'appel assez importante en dehors des juges de première instance (V. infra, n° 137).

L'adjonction de prud'hommes suppléants, supprimée comme on l'a vu (Rép. n° 36) par le décret de 1848 et par la loi de 1853, reste également abolie dans le projet.

L'égalité en nombre des deux éléments patron et ouvrier, substituée par le décret de 1848 à l'ancien principe de la supériorité de l'élément patron, et maintenue virtuellement par la loi du 1er juin 1853 (Rép. n° 37) l'est explicitement par le projet actuel (art. 7) qui exige en même temps par catégorie de professions un minimum de deux prud'hommes patrons et deux prud'hommes ouvriers. Il en est de même de la répartition entre les deux éléments des deux fonctions de président et vice-président, destinées à compléter cette égalité (V. infra, nos 66 et 70).

54. Ce principe d'égalité entre patrons et ouvriers est écarté par la loi des 11-12 déc. 1884 (D. P. 85. 4. 23) en vue de permettre le fonctionnement du conseil, dans certains cas d'agissements collectifs des patrons ou des ouvriers tendant à rendre ce fonctionnement impossible, en privant le conseil d'un des deux éléments qui doivent le composer. Les cas prévus par cette loi sont au nombre de quatre : 1° abstention collective des patrons ou des ouvriers dans les élections; 2° élection par eux de candidats notoirement inéligibles; 3° refus d'acceptation de la part des candidats élus par les patrons ou par les ouvriers; 4° abstention systématique de siéger de la part des membres élus. La loi de 1884, dans ces divers cas, décide qu'il sera procédé dans la quinzaine à des élections nouvelles pour compléter le conseil et que si, après ces nouvelles élections, les mêmes obstacles empêchent encore la constitution ou le fonctionnement du conseil, les prud'hommes régulièrement élus, acceptant le mandat et se rendant aux convocations, constitueront le conseil et procéderont, pourvu que leur nombre soit au moins égal à la moitié du nombre total dont le conseil est composé (art. 1). En outre il est alors dérogé (art. 2) à l'art. 22 du décret du 27 mai 1848 qui veut que l'audience du bureau particulier soit tenue par un patron et un ouvrier (V. infra, n° 64); à l'art. 11 de la loi du 1er juin 1853 qui veut que le bureau général soit composé, indépendamment du président ou du vice-président, d'un nombre égal de prud'hommes patrons et de prud'hommes ouvriers (V. infra, n° 64); à l'art. 2 de la loi du 7 févr. 1880 qui veut que le président et le vice-président du conseil soient pris l'un parmi les prud'hommes patrons, l'autre parmi les prud'hommes ouvriers (V. infra, n° 66); à l'art. 4 de la même loi qui veut que le bureau particulier soit pré-

sidé alternativement par un prud'homme patron et un prud'homme ouvrier suivant un roulement établi par le règlement particulier de chaque conseil (V. infra, n° 68).

Les abstentions ou refus collectifs prévus par la loi de 1884 s'étaient produits dans certaines villes, de la part des patrons, à la suite de la loi du 7 févr. 1880 qui changeait le mode de nomination des président et vice-président, faisant d'eux les élus du conseil, obligeait même à prendre pour vice-président un ouvrier si le président était patron (ce qui exposait les patrons à être sous la présidence d'un ouvrier), enfin prescrivait même la présidence alternative du patron et de l'ouvrier dans le bureau particulier. A Lille, à Angers, à Armentières, les patrons élus donnèrent leur démission collective. Une seconde élection fut suivie d'une démission semblable. Il en fut de même d'une troisième, puis du Nord, MM. Pierre Legrand et Giard, prirent alors l'initiative d'une proposition qui devint la loi du 11 déc. 1884.

55. Dans le projet de loi (art. 16), la Chambre et le Sénat reproduisent à peu près ce système, mais celui-ci avec une condition qui le modifie profondément. L'une et l'autre prévoient les mêmes cas : 1° d'élections sans résultats satisfaisants ; 2° d'un ou plusieurs prud'hommes élus refusant de se faire installer, ou donnant leur démission, ou déclarés démissionnaires pour refus de service sans motifs légitimes; 3° d'une ou plusieurs élections annulées pour cause d'inéligibilité des élus; et ajoutent : « Si l'un de ces divers faits vient à se reproduire dans les élections complémentaires auxquelles il a donné lieu, il n'est pourvu aux vacances qui peuvent en résulter que lors du prochain renouvellement triennal, et le conseil fonctionne alors quelle que soit la qualité des membres régulièrement élus ou en exercice, pourvu que leur nombre soit égal à la moitié du nombre total des membres dont il est composé » : Mais là commence la divergence. D'après la Chambre, « ces divers cas feront exception au partage des deux fonctions de président et de vice-président (art. 18) et à la représentation égale des deux éléments soit dans le bureau particulier (art. 21) soit dans le bureau de jugement (art. 23). Le Sénat, au contraire, exige pour le fonctionnement de ce conseil incomplet, non seulement qu'il ne soit pas réduit de plus de moitié, mais en outre, que les conseillers ouvriers et les conseillers patrons y soient en nombre égal, à défaut de quoi les litiges seraient portés devant le juge de paix (le plus ancien en fonctions, et, à durée égale de fonctions, le plus âgé, s'il y en a plusieurs dans la circonscription du conseil). Il est en effet difficile de concevoir un conseil de prud'hommes où les patrons et ouvriers ne soient pas également représentés. Et c'est comme composés exclusivement de patrons que les tribunaux de commerce ont paru à la Chambre elle-même ne pouvoir subsister comme juges d'appel des décisions des prud'hommes. Mais il faut reconnaître que dans la proposition sénatoriale les agissements collectifs prévus de la part des électeurs ou des élus réussiront toujours à empêcher le fonctionnement du conseil et à lui substituer le juge de paix, car, se produisant toujours de la part d'un seul des deux éléments, ils troubleront toujours l'égalité dans leur représentation. Reste à savoir s'il n'y a une meilleure solution dans l'état de conflit aigu que ces agissements révèlent (V. la discussion sur ce point au Sénat, séances du 30 avril et 18 mai 1894).

56. — II. Mode de nomination des prud'hommes. — La tenue des assemblées électorales, le mode de scrutin et les protestations contre l'élection ont été étudiées au Rép., nos 38 à 46. La jurisprudence a eu depuis cette époque à se prononcer sur les conditions de majorité à obtenir pour être élu prud'homme. Il a été jugé à cet égard : 1° qu'il suffit d'avoir obtenu la majorité absolue pour être élu au premier tour de scrutin, sans avoir un nombre de suffrages égal au quart des électeurs inscrits, le silence de l'art. 9 de la loi de 1853 ne permettant pas d'appliquer ici comme en matière d'élections législatives cette dernière condition (Cons. de préfecture du Nord, 9 août 1883; Revue générale d'administration, 1884, 2; 208 ; Cons. d'Et. 23 nov. 1883, aff. Ollivier et Braud, D. P. 85. 3. 47) ; — 2° Qu'un nombre minimum d'électeurs n'est pas nécessaire pour la validité de l'élection, mais qu'on ne peut valider l'élection faite par un seul électeur, une telle

élection n'étant pas faite à la majorité des suffrages comme l'exige toujours l'art. 9 de la loi de 1853 (Cons. d'Et. 1er avr. 1868, aff. Villot, D. P. 68. 3. 83 et la note ; 13 juin 1891, aff. Élection de Montluçon, conseil de prud'hommes, recours du ministre du commerce, D. P. 92. 3. 117). La nature de ce motif suppose que l'élection serait régulière dès le premier tour de scrutin si elle était faite par deux électeurs votant pour le même candidat ; — 3° Que la démission d'un candidat élu ne permet pas de proclamer à sa place le candidat venant immédiatement après les conseillers élus dans l'ordre des suffrages (Cons. d'Et. 13 juill. 1883, aff. Guilly, D. P. 85. 3. 38).

57. En ce qui concerne la validité des élections, la jurisprudence a eu à se prononcer sur la question des mandats impératifs, qui ne s'était pas posée en matière d'élections politiques et administratives. Elle n'a point hésité, vu le caractère de juge qui appartient aux prud'hommes, à voir dans l'acceptation de pareils mandats un vice essentiel de l'élection. Jugé notamment que les engagements pris par un candidat au conseil des prud'hommes, dont l'accomplissement ne peut se concilier, ni avec le caractère, ni avec les devoirs de la fonction, tels que l'engagement de statuer sur les litiges dans un sens déterminé, d'accorder par exemple aux ouvriers dans tous les cas les prix fixés par un tarif minimum, et la garantie donnée à ces engagements par une démission signée d'avance et remise entre les mains d'un comité, vicient l'élection dans son essence (Cons. d'Et. 18 déc. 1891, aff. Bertrand, Election des prud'hommes de Paris, D. P. 93. 3. 31 ; Bruxelles, 13 févr. 1892, aff. Sas et cons. *Journal des prud'hommes*, 1892, p. 89 ; Cons. d'Et. 19 mai 1893, aff. Elect. au conseil des prud'hommes de Paris, D. P. 94. 3. 48).

Toutefois, dans le cas où un candidat n'a pris ni dans ses affiches, ni dans ses proclamations, aucun engagement illicite ou contraire aux devoirs de la fonction, des présomptions tirées des conditions dans lesquelles il s'est présenté ne suffisent pas pour motiver l'annulation de son élection (Cons. d'Et. 19 mai 1893, aff. Elect. au cons. des prud'hommes de Paris, 2e espèce, sol. impl., D. P. 94. 3. 48).

58. Au point de vue de la régularité des opérations électorales, il a été jugé qu'un électeur n'est pas recevable à se prévaloir du défaut d'annexion au procès-verbal des bulletins déclarés nuls par le bureau, pour demander l'annulation de l'élection, lorsque aucune réclamation ne s'est élevée sur ce point au moment du dépouillement (Cons. d'Et. 23 nov. 1883, aff. Ollivier et Braud, D. P. 85. 3. 47). Le contraire eût été jugé sans doute si les bulletins eussent été détruits malgré les protestations d'électeurs présents au dépouillement du scrutin. Cette distinction, en effet, est consacrée par le conseil d'Etat en matière d'élections communales (Cons. d'Et. 3 juin 1881, aff. Élection du Cendre, et 1er juill. 1881, aff. Election de Castelnau, D. P. 83. 5. 205 et les renvois).

59. En l'absence de dispositions spéciales, les protestations en matière d'élections de prud'hommes doivent être introduites, instruites et jugées dans les mêmes formes et délais qu'en matière d'élections municipales. Cette assimilation n'est exprimée dans la loi de 1853 (art. 8) que pour la compétence attribuée par elle au conseil de préfecture ou aux tribunaux civils suivant les distinctions établies par la loi sur les élections municipales. Mais le silence de cette loi sur la procédure à suivre a fait étendre à cette matière la même assimilation, et appliquer notamment le délai de cinq jours dans lequel la protestation doit se produire (Cons. d'Et. 18 déc. 1891, aff. Bertrand, Election des prud'hommes de Paris, D. P. 93. 3. 31), le droit de se pourvoir sans frais et la qualité pour réclamer.

C'est ainsi que la jurisprudence a reconnu au préfet le droit d'attaquer l'élection devant le conseil de préfecture, le préfet ayant ce droit en matière municipale d'après l'art. 37 de la loi du 5 avr. 1884 comme autrefois d'après l'art. 46 de la loi du 5 mai 1855 (V. *suprà*, v° *Organisation administrative*, n° 577 ; Cons. d'Et. 23 juin 1882, aff. Allègre, D. P. 83. 3. 125, sol. impl. ; 23 nov. 1883, aff. Ollivier et Braud, D. P. 85. 3. 47). Par le même motif, elle a reconnu qualité au ministre du commerce et de l'industrie pour déférer au conseil d'Etat l'arrêté par lequel le conseil de préfecture a rejeté le recours formé par le préfet contre l'élection d'un prud'homme ou annulé cette élection sur la réclamation d'un électeur (Cons. d'Et. 1er avr. 1868, aff. Villot, D. P. 68. 3. 83 ; 23 juin 1882, aff. Allègre, D. P. 83. 3. 125 ; 13 juill. 1883, aff. Dubois et ministre du commerce, D. P. 85. 3. 38 et la note ; 13 juin 1891, aff. Election de Montluçon, D. P. 92. 3. 117 ; 3 juill. 1891, aff. Election au conseil des prud'hommes de Saint-Etienne, D. P. 93. 3. 10. — Comp. *suprà*, v° *Organisation administrative*, n° 602).

Dans un autre arrêt, il est vrai, le conseil d'Etat, rejetant comme mal fondé le recours du ministre, s'est placé dans l'hypothèse de la recevabilité de ce recours sans se prononcer sur elle (Cons. d'Et. 19 déc. 1891, aff. Election du conseil des prud'hommes d'Oran, recours du ministre du commerce, D. P. 93. 3. 30); mais la logique l'impose.

Il n'est pas douteux que l'élection d'un prud'homme ouvrier puisse être régulièrement attaquée par un conseiller patron et réciproquement (Cons. d'Et. 19 mai 1893, cité *suprà*, n° 57).

Mais le président d'une chambre syndicale n'est pas recevable, en cette qualité, à attaquer les élections au conseil des prud'hommes (Même arrêt, sol. impl.).

60. Sur un point, cependant, la jurisprudence écarte la procédure suivie en matière de préfecture municipale. Est-il nécessaire de mettre en cause les candidats élus au second tour de scrutin pour faire déclarer valable par le conseil de préfecture l'élection faite au premier tour en faveur d'autres candidats ? Il a été jugé que l'arrêté rendu par le conseil de préfecture sans cette mise en cause doit être annulé, cet arrêté ne pouvant avoir pour conséquence d'annuler l'élection des candidats élus au second tour sans qu'ils aient été mis en demeure de la défendre, sauf au conseil d'Etat à retenir l'affaire si l'état de l'instruction permet de statuer immédiatement au fond (Cons. d'Et. 23 nov. 1883, aff. Ollivier et Braud, D. P. 85. 3. 47).

Cette décision s'écarte absolument de la solution qui avait été adoptée en matière d'élections municipales. Il avait été jugé en effet que le conseil de préfecture, après avoir déclaré élus au premier tour des candidats que le bureau avait refusé de proclamer, peut annuler, par voie de conséquence, le second tour de scrutin devenu sans objet par cette disposition, sans être tenu à peine de nullité de mettre en cause les candidats élus à ce second tour (Cons. d'Et. 23 déc. 1881, aff. Election de Jemmapes, D. P. 83. 3. 98, 4e espèce) sauf leur droit de se pourvoir au fond devant le conseil d'Etat (Cons. d'Et. 28 avr. 1882, aff. Election de Chargey-les-Grais, D. P. 83. 3. 98, 2e espèce). On peut, en matière municipale, expliquer cette solution par la difficulté, pour le conseil de préfecture, d'ordonner, dans le délai d'un mois, toutes les communications que supposent les conséquences éventuelles de son arrêté, et par la perspective de se trouver dessaisi faute d'avoir statué dans ce délai, ce qui priverait les parties du premier degré de juridiction. En matière de préfecture, il est vrai, est tenu de statuer dans les huit jours en matière de prud'hommes (Rép. n° 46). Mais le conseil d'Etat ne paraît pas le considérer, par analogie, comme dessaisi après ce délai, puisqu'il ne craint pas d'imposer la mise en cause des candidats élus au second tour et qu'il s'appuie, pour évoquer l'affaire, non sur ce que le conseil de préfecture se trouverait dessaisi, mais sur ce que l'état de l'instruction dispense de lui renvoyer l'affaire. Et l'on peut dire, en effet, que la loi spéciale des prud'hommes, ayant réglé le délai pour statuer, dispense sur ce point d'appliquer la loi municipale.

61. Le projet de loi conserve et précise la législation actuelle sauf quelques modifications. Il maintient le principe des deux collèges électoraux distincts pour l'élection des prud'hommes patrons par les électeurs patrons et celle des prud'hommes ouvriers par les électeurs ouvriers (art. 8). Il confie la présidence de ces deux assemblées au juge de paix et à son suppléant, les maires ou adjoints pouvant seulement, sur désignation du préfet, présider un ou plusieurs bureaux de scrutin s'il y en a plusieurs pour la commodité du vote (art. 8) (Comp. Rép. n° 43). Il va de soi d'ailleurs que le maire ou l'adjoint préside en dehors des chefs-lieux de canton.

Le projet charge le préfet de convoquer les électeurs au moins vingt jours d'avance en indiquant le jour et l'endroit

de leur réunion, les heures d'ouverture et de clôture de chaque tour de scrutin (art. 12).

Plus précis que la législation actuelle, il veut que l'élection ait lieu un dimanche ou un jour férié et que le deuxième tour de scrutin ait lieu huit jours après le premier (art. 12). On avait proposé de placer le deuxième tour le même jour que le premier pour éviter un double déplacement aux ouvriers des campagnes. L'intervalle de huitaine parut nécessaire pour empêcher toute surprise dans le second scrutin après dispersion du corps électoral (*Journ. off.* Déb. parl., Ch., 1892, p. 243).

L'élection au lieu d'être faite au scrutin individuel, comme le prescrit le décret de 1809, non modifié à cet égard par la loi de 1853, serait faite au scrutin de liste (art. 9. Comp. *Rép.* n° 45). La majorité absolue des suffrages, nécessaire au premier tour, pourrait être remplacée au second tour par la majorité relative (art. 9) comme le permet déjà la loi de 1853 (*Rép.* n° 45). L'égalité des suffrages au second tour entraînerait l'élection du plus âgé (art. 9), comme le décide déjà le décret de 1848 non modifié sur ce point (*Rép.* n° 46). Les protestations contre les élections seraient formées, instruites et jugées conformément à l'art. 11, § 5, 6 et 7, de la loi du 8 déc. 1883 qui règlent le délai, la procédure et la compétence en matière d'élections consulaires, et à l'art. 12 de la même loi qui règle les causes de nullité (art. 13). La compétence serait ainsi transportée du conseil de préfecture (*Rép.* n° 46) à la cour d'appel.

62. — III. Serment. — Les prud'hommes élus prêtent serment entre les mains du préfet ou du fonctionnaire qui le remplace (*Rép.* n° 47). Le choix de cette autorité pour recevoir leur serment s'explique par le caractère administratif en même temps que judiciaire qui appartient à leurs fonctions. La partie politique du serment a disparu depuis le décret des 11-14 sept. 1870 (D. P. 70. 4. 88).

Le projet de loi élaboré par la commission de la Chambre des députés en 1892 faisait même disparaître le serment professionnel des prud'hommes en le passant sous silence. Mais pour soutenir cette innovation le rapporteur ne put indiquer aucune raison de différence entre les prud'hommes et les juges des tribunaux de commerce. Il s'attaqua à l'utilité du serment par des considérations dont la force ne pouvait être plus grande à leur égard qu'à l'égard des magistrats en général, des jurés et des témoins. Un député, il est vrai, présenta le prud'homme comme un simple mandataire de ses électeurs, et au lieu du serment, demanda la révocation de tout prud'homme à la demande des deux tiers de ses électeurs. Mais la Chambre voulant au contraire accentuer le caractère judiciaire des fonctions de prud'homme, que tendrait à fausser la conception exagérée du mandat, poussée parfois jusqu'au mandat impératif, accueillit un amendement qui introduisait le serment dans l'art. 14 du projet. — Le Sénat compléta seulement la formule du serment, au point de vue du secret des délibérations.

63. — IV. Renouvellement. — La durée des fonctions de prud'homme fixée à six ans, le renouvellement du conseil par moitié tous les trois ans, la rééligibilité indéfinie des prud'hommes sortants, les élections complémentaires auxquelles donnent lieu les vacances survenues dans l'intervalle, ont fait l'objet d'explications suffisantes au *Rép.*, n°s 48 et 49, et sont réglées de la même manière par les art. 11 et 15 du projet de loi.

64. — V. Organisation intérieure. — On a étudié au *Rép.*, n°s 51, 52, 53 et 102, l'organisation intérieure du conseil de prud'hommes en deux bureaux, bureau particulier ou de conciliation et bureau général ou de jugement; le premier composé de deux membres, l'un patron et l'autre ouvrier (Décret du 27 mai 1848, art. 22), le second composé d'un nombre égal de patrons et d'ouvriers, mais d'au moins deux patrons et deux ouvriers, indépendamment du président ou du vice-président. Le premier donne audience au moins une fois par semaine, le second deux fois par mois. L'égalité entre l'élément patron et ouvrier dans ces deux bureaux peut disparaître depuis la loi du 11 déc. 1884 dans les cas prévus par l'art. 1 de cette loi, tels qu'absence, refus d'acceptation ou abstention systématique des patrons ou des ouvriers, se reproduisant après de nouvelles élections, cas dans lesquels les prud'hommes régulièrement

élus, acceptant le mandat et se rendant aux convocations, constituent le conseil et procèdent régulièrement quoique représentant exclusivement l'élément patron ou l'élément ouvrier, pourvu que leur nombre soit au moins égal à la moitié du nombre total dont le conseil est composé (art. 2 de la loi du 11 déc. 1884. V. *supra*, n° 54).

Dans le projet de loi (art. 16), la Chambre admettait encore ce fonctionnement unilatéral à la suite d'abstentions ou refus collectifs renouvelés. Mais le Sénat le rend impossible, car il substitue le juge de paix aux prud'hommes si ces faits y détruisent l'équilibre, aussi bien que s'ils en réduisent de plus de moitié (V. *supra*, n° 55).

65. Bien que l'art. 11 de la loi du 1er juin 1853 n'ait prévu que la présence du président ou du vice-président, et non de tous les deux, dans la composition du bureau général, il pouvait arriver, même sous l'empire de cette loi, et il peut arriver à plus forte raison depuis la loi du 7 fév. 1880, que le vice-président, étant en même temps un prud'homme élu, siège au bureau général en même temps que le président. Il compte alors comme prud'homme élu dans l'un ou l'autre des deux éléments patron et ouvrier qui doivent, en nombre égal, figurer au bureau indépendamment du président; et ce bureau serait irrégulièrement composé si sa présence rendait ces deux éléments inégaux. C'est ce qui a été jugé avant la loi de 1880, c'est-à-dire alors que le président nommé par décret pouvait n'être point un prud'homme élu (Civ. cass. 23 févr. 1870, aff. Robert-Ledieu, D. P. 70. 1. 128). La solution devrait être la même depuis cette loi. Il est vrai que celle-ci oblige à prendre le président et le vice-président dans les deux éléments opposés du conseil, en sorte que le président s'ajoutant seul au nombre pair de prud'hommes requis par la loi, procure à l'un des éléments une prépondérance que l'addition du vice-président aurait l'avantage de faire disparaître. Mais la loi du 7 févr. 1880 n'a rien changé sur ce point à l'art. 11 de la loi de 1853 qui continue d'exiger un nombre égal de patrons et d'ouvriers indépendamment du président ou du vice-président, c'est-à-dire un nombre impair de juges y compris celui qui préside.

Dans le projet de loi (art. 23), l'organisation actuelle du bureau de jugement en nombre rendu impair par la présidence du président ou du vice-président, avec prépondérance pour l'élément auquel il appartient, avait été conservée par la Chambre. Mais le Sénat, voulant faire cesser cette prépondérance, a décidé que le bureau (président compris) serait en nombre pair, également composé de patrons et d'ouvriers, et que sa présidence appartiendrait, soit au président du conseil des prud'hommes, s'il fait partie du bureau, soit au vice-président; à défaut, au conseiller le plus ancien en fonctions; et, s'il y a égalité dans la durée des fonctions, au plus âgé.

Ayant, par suite, à prévoir le cas de partage, le Sénat a décidé qu'alors l'affaire sera renvoyée dans le plus bref délai devant le même bureau de jugement présidé par le juge de paix de la circonscription ou son suppléant; que si la circonscription comprend plusieurs cantons ou arrondissements de justice de paix, cette présidence appartiendra au plus ancien en fonctions, et, à égale durée de fonctions, au plus âgé; mais qu'un roulement pour l'accomplissement de ce service sera établi entre les juges de paix de la circonscription par le président du tribunal civil, dans les cas où le ministre de la justice l'ordonnera; et que ceux des cantons hors desquels se trouve le siège du conseil en seront dispensés sur leur demande.

Le Sénat, en première lecture, avait même voté un texte qui faisait du juge de paix le président permanent du bureau de jugement, mais qui fut écarté comme altérant le caractère familial de la juridiction des prud'hommes et surchargeant à l'excès les juges de paix (Séances des 30 avril, 7 et 11 juin 1894).

66. — VI. Présidence et vice-présidence. — On a vu au *Rép.*, n°s 54 et 55, comment a été réglé le choix des président et vice-président par la décret de 1809 puis par le décret du 1er juin 1853. — Pour éviter dans le choix toute compétition entre les deux éléments patron et ouvrier et pour faire cesser l'instabilité que le décret de 1848 y introduisait par la présidence alternative et trimestrielle d'un patron élu par les prud'hommes ouvriers et d'un ouvrier élu par les prud'hommes patrons, la loi du 1er juin 1853 confiait la

nomination du président et du vice-président à l'empereur avec pouvoir de les choisir en dehors des élus et même des éligibles; elle fixait à trois années la durée de leurs fonctions et permettait de les nommer de nouveau.

Cette disposition fut plus tard critiquée comme une mesure de défiance privant les ouvriers du bienfait de l'égalité, et les patrons de leur ancien droit de nomination. On lui reprocha de donner un chef aux uns et aux autres et d'être en contradiction avec le principe électif qui domine l'organisation des prud'hommes. Ces critiques ont reçu leur satisfaction dans la loi des 7-12 févr. 1880 (D. P. 80. 4. 77). Cette loi remet aux membres des conseils de prud'hommes réunis en assemblée générale le soin d'élire parmi eux, à la majorité absolue des membres présents, un président et un vice-président (art. 1). Elle oblige à choisir le second parmi les prud'hommes ouvriers quand le premier sera choisi parmi les prud'hommes patrons et réciproquement (art. 2), à l'exception des cas prévus par l'art. 1 de la loi du 11 déc. 1884, où le conseil n'est pas composé en nombre égal de patrons et d'ouvriers. Elle fixe à une année la durée de leurs fonctions et les déclare rééligibles (art. 3). Prévoyant le partage des voix, après deux tours de scrutin, cette loi déclare élu le conseiller le plus ancien en fonctions, ou le plus âgé si les deux candidats ont un temps de service égal, ou s'il s'agit de la création d'un nouveau conseil (art. 4); et cette disposition a été déclarée applicable sans qu'il soit nécessaire de procéder à un troisième tour de scrutin, nécessité qu'on ne pourrait admettre, en effet, que si le législateur l'avait énoncée expressément, comme il l'a fait dans l'art. 76 de la loi du 5 avr. 1884 pour l'élection du maire par le conseil municipal (Cons. d'Et. 3 juill. 1891, aff. Election au conseil des prud'hommes de Saint-Etienne, D. P. 93. 3. 10 et la note). Le projet de loi, au contraire, exige ce troisième tour de scrutin (art. 17).

67. Quant aux réclamations auxquelles peut donner lieu l'élection des président et vice-président, elles sont de la compétence du conseil de préfecture ou du tribunal civil suivant les cas, comme celles que soulève l'élection des prud'hommes eux-mêmes (Cons. d'Et. 9 juin 1882, aff. Dujarrier, D. P. 83. 3. 124).

Cette question, qui ne pouvait s'élever sous l'empire de la loi de 1853, et que celle de 1880 n'a pas résolue expressément, avait été tranchée par le ministre du commerce dans le sens de sa propre compétence, par argument du silence de la loi et de sa qualité de juge de droit commun dans les litiges administratifs qu'aucun texte n'attribue aux conseils de préfecture. C'est en cette qualité que le ministre a pu être déclaré compétent relativement à certaines élections, notamment celle des membres des commissions administratives des hospices et bureaux de bienfaisance par les conseils municipaux (Circ. min. int. 14 nov. 1879, D. P. 80. 4. 3). Mais l'art. 8 de la loi du 1er juin 1853, qui assimile, au point de vue des recours, les élections des conseils de prud'hommes aux élections municipales, est un texte spécial dont l'application doit être étendue même à l'élection du président et du vice-président, bien qu'il n'en pût être question à l'époque de sa rédaction; car c'est une élection concernant les conseils de prud'hommes, au même titre qu'une élection du maire est une élection municipale, ce qui lui a toujours fait appliquer les règles de ces élections, même édictées à une époque où les fonctions de maire n'étaient pas électives (V. la note sous l'arrêt précité du 9 juin 1882).

On pourrait, il est vrai, sans prétendre soumettre l'élection des président et vice-président à d'autres règles que celle des prud'hommes, soutenir que l'art. 8 de la loi de 1853 pour les prud'hommes eux-mêmes, ne vise pas les réclamations soulevées par l'élection dont il n'est question qu'aux articles subséquents, mais seulement les réclamations soulevées par les opérations de révision des listes électorales, seules réglées par les articles précédents. Mais le conseil d'Etat n'a pas admis cette interprétation restrictive de l'art. 8 et du renvoi qu'il fait aux règles de compétence en matière d'élections municipales.

68. Enfin la loi de 1880 exige la présidence alternative du bureau de conciliation par le membre patron et le membre ouvrier, suivant un roulement établi par le règlement particulier de chaque conseil (art. 4). Elle a voulu

par là empêcher le renouvellement d'incidents regrettables auxquels cette présidence avait donné lieu dans le silence de la loi de 1853 et en présence d'une circulaire du 22 juin 1854 qui l'attribuait au président ou au vice-président du conseil, ou à leur défaut au prud'homme patron, mais qui, peu connue, et inégalement appliquée, n'était pas unanimement reconnue comme obligatoire (Discours de M. Tolain au Sénat). Toutefois, cette nécessité du roulement de la présidence entre un patron et un ouvrier reçoit exception dans les cas prévus par l'art. 1 de la loi des 11-12 déc. 1884 où le conseil se trouve exclusivement composé de patrons ou d'ouvriers.

69. La loi de 1880 n'a rien changé à la durée des fonctions de président ou de vice-président, qui est toujours de trois années, à la faculté de les nommer de nouveau, et à l'obligation de les remplacer comme prud'hommes (Comp. Rép. n° 55).

70. Le projet de loi continue d'attribuer les fonctions de président ou de vice-président à deux prud'hommes élus par le conseil lui-même, mais limite leur durée à une année et soumet à la cour d'appel les réclamations que ces élections soulèvent (art. 17, 18 et 19). Il maintient la répartition des deux fonctions entre les deux éléments patron et ouvrier et la présidence alternative du bureau de conciliation par l'ouvrier et le patron suivant roulement établi par chaque conseil (21). On a vu supra, n° 65, comment il organise la présidence du bureau de jugement.

71. — **VII. SECRÉTAIRE.** — Les secrétaires des conseils de prud'hommes qui, d'après la loi du 1er juin 1853, devaient être nommés et révoqués par le préfet sur la proposition du président, sont remplacés par la loi du 7 févr. 1880, au point de vue de leur nomination et de leur révocation, sous le régime du décret de 1809 et du décret de 1848, c'est-à-dire nommés par le conseil lui-même à la majorité absolue des suffrages et révocables à volonté par le conseil, mais par délibération signée des deux tiers des prud'hommes (art. 4. Comp. Rép. n° 57).

72. Le conseil d'Etat n'a pas cru pouvoir appliquer à cette élection, comme à celle des président et vice-président, l'art. 8 de la loi du 1er janvier 1853 attribuant compétence au conseil de préfecture ou au tribunal civil, suivant les cas, sur les réclamations relatives aux élections des conseils de prud'hommes (Cons. d'Et. 14 févr. 1890, aff. Chatagner, D. P. 91. 3. 79). Le ministre du commerce serait donc compétent pour connaître d'un recours contre cette élection. Il faut bien, en effet, tenir compte de cette différence entre les présidents et les secrétaires, que ces secrétaires, même depuis 1880, sont de simples employés, pris ordinairement en dehors des prud'hommes, soumis pour leur nomination et leur révocation à des règles spéciales; que d'ailleurs on ne peut tirer parti, en ce qui les concerne, du renvoi aux règles des élections municipales, car les conseils municipaux n'ont pas de secrétaires qui leur soient assimilables et se bornent à charger un de leurs membres de dresser les procès-verbaux de leurs délibérations, sans qu'aucun texte attribue aux conseils de préfecture les contestations que ces désignations soulèvent.

73. La réclamation dont il s'agissait, dans l'espèce qui avait été soumise au conseil de préfecture, tendait à faire décider que le partage des voix entre deux candidats aux fonctions de secrétaire après plusieurs tours de scrutin devait faire proclamer élu le plus âgé d'entre eux, cette règle étant un principe général de la législation en matière d'élections. Le conseil de préfecture, en se déclarant compétent, avait, quant au fond, rejeté cette prétention et refusé d'appliquer aux secrétaires, dont l'élection est réglée par l'art. 5 de la loi du 7 févr. 1880, la préférence accordée à l'ancienneté ou à l'âge par l'art. 1 de cette loi relatif à l'élection des présidents et vice-président seulement (V. Revue générale d'administration, 1890. 1. 449).

74. Rien n'est changé aux attributions des secrétaires des conseils de prud'hommes (V. Rép. nos 58 et 59), qui y font fonction de greffier et sont dépositaires de leurs traditions. Leurs conditions de capacité (V. Rép. n° 60) sont librement appréciées non plus par l'Administration, mais par le conseil. Nulle incompatibilité ne les exclut pour parenté avec l'un des membres du conseil (Rép. nos 61). Nulle immunité spéciale ne les couvre dans les poursuites

qu'on voudrait diriger contre eux, et ils peuvent notamment
être poursuivis en dommages-intérêts devant le tribunal
civil pour refus d'un acte de leurs fonctions alors qu'ils
abriteraient ce refus derrière un ordre du président du conseil de prud'hommes (Trib. civ. Seine, 1er déc. 1863, aff.
Raccord, D. P. 63. 3. 88).

Les droits dus aux secrétaires par les parties pour les actes
qui leur sont demandés sont toujours tarifés par le décret
de 1809, art. 59. Le projet de loi apporte à ce tarif certaines
modifications en rapport avec les tarifs postaux, pour les
avertissements et lettres recommandées que ce projet les
charge de confier à la poste. Le fait d'exiger une taxe plus
forte les expose à être punis comme concussionnaires. —
Indépendamment de ces taxes, ils reçoivent un traitement
mis à la charge de la commune et fixé au moins à mille francs
par l'art. 31 de la loi de 1806. Cet article figurant parmi les
textes qu'abrogerait le projet de loi (art. 74), il semble que
ce projet aurait dû (ce qu'il a omis) mentionner dans son
art. 60 le traitement des secrétaires parmi les dépenses obligatoires des communes comprises dans la circonscription
du conseil.

75. — VIII. DISCIPLINE DES PRUD'HOMMES. — Lors de la
publication du *Répertoire*, il n'existait sur la discipline des
prud'hommes d'autre texte que l'art. 93 de la loi du
18 mars 1806, les soumettant aux mêmes procédures que
les juges en cas de plaintes en prévarication, le décret du
16 nov. 1854, permettant au ministre du commerce de
déclarer démissionnaire, après mise en demeure constatée
par le président du conseil de prud'hommes, tout membre
de ce conseil qui, sans motifs légitimes, refuserait de faire
le service auquel il serait appelé (*Rép.* n° 86), et l'art. 16
de la loi du 1er juin 1853 permettant la dissolution par
décret d'un conseil de prud'hommes dans son ensemble
(*Rép.* n° 19). Aucune mesure disciplinaire ne pouvait frapper un membre individuellement pour manquement grave
à ses devoirs dans l'exercice de ses fonctions, autre que le
refus de service mentionné ci-dessus.

Un décret des 8-22 sept. 1860 (D. P. 60. 4. 149), voulant
combler cette lacune, admit pour ces manquements la censure et la suspension jusqu'à six mois par arrêté ministériel,
et la destitution par décret, sur la plainte du président du
conseil de prud'hommes ou du préfet.

La question s'éleva alors de savoir si les décisions disciplinaires prises par le ministre du commerce en vertu de ce
décret pouvaient être déférées au conseil d'État par la voie contentieuse. Elle fut résolue négativement (Cons. d'Ét. 27 févr.
1862, aff. Marie et Arnoux, D. P. 62. 3. 25). Il n'était pas
douteux, en effet, que le recours fût irrecevable en dehors de
l'excès de pouvoir (V. la note sous cet arrêt).

Mais un doute plus sérieux aurait pu s'élever sur la cons-
titutionnalité et la force légale des deux décrets de 1854 et
de 1860. Car les prud'hommes sont des juges et aucune loi
ne suppose le pouvoir de soumettre par décret les juges à
des peines disciplinaires, si ce n'est pour les juges de paix
que leur mode de nomination et leur amovibilité empêche
de comparer sur ce point à des juges électifs et inamovibles
comme le sont les prud'hommes. V. la note sous l'arrêt précité du 27 févr. 1862.

76. Pour écarter ces doutes et aussi pour prévenir, en
cas de déchéance, une réélection immédiate qui la rendrait
illusoire, la loi des 4-10 juin 1864 (D. P. 64. 4. 80) vint
régler la matière. L'exposé des motifs présenté par M. Josseau (*Ibid.*) en donne le commentaire complet en s'expliquant sur l'opportunité du nouveau régime disciplinaire,
sur la nature des peines dont il se compose, sur l'autorité
chargée de les prononcer, sur les formes et garanties dont
leur application est entourée et sur les conséquences
qu'elles produisent.

Elle admet les mêmes peines, sauf le mot de déchéance
substitué à celui de destitution comme plus conforme au
caractère électif et inamovible des prud'hommes, sauf aussi
l'inéligibilité pendant six ans ajoutée à cette déchéance pour
en assurer l'effet (art. 3). Elle remet l'application de ces
peines aux mêmes autorités. Un décret prononce la déchéance. Un arrêté ministériel prononce la censure ou la
suspension (art. 3). La démission pour refus de service
est déclarée par le préfet, et ce n'est qu'en cas de réclamation qu'il y est statué définitivement par le ministre du

commerce, sauf recours au conseil d'État pour excès de
pouvoir (art. 1).

77. Quelques membres du corps législatif, dans un contre-
projet qui écartait en même temps la peine de la déchéance,
proposaient d'attribuer au conseil lui-même, à l'exclusion de
l'autorité administrative, le droit de prononcer des peines
disciplinaires contre ses membres. Mais la composition
même des conseils de prud'hommes, formés de deux éléments ayant des intérêts opposés, empêchait de les assimiler
à d'autres corps investis d'un pouvoir disciplinaire sur
leurs membres ; l'usage de ce pouvoir eût été la source
de ressentiments nuisibles à l'exercice impartial de leurs
fonctions. Le caractère administratif de ces fonctions, sur
beaucoup de points, achevait de réclamer d'ailleurs le maintien de ce pouvoir à l'autorité administrative.

78. Mais comme garantie, comme tempérament à l'exercice de ce pouvoir, la loi fait intervenir l'avis motivé du conseil de prud'hommes. Le refus par le prud'homme, sans
motifs légitimes et après mise en demeure, du service auquel
il est appelé, est constaté par le président au moyen
d'un procès-verbal contenant l'avis motivé du conseil, le
prud'homme préalablement entendu ou dûment appelé. Si
le conseil n'émet pas son avis dans le délai d'un mois à
dater de la convocation, il est passé outre (art. 1).

Même procédure dans le cas de manquement grave motivant la censure, la suspension ou la déchéance (art. 2). Le
préfet dans le premier cas, le ministre dans le second, est
saisi du président un procès-verbal constatant l'avis motivé
du conseil ou constatant son abstention (Mêmes articles).

79. À ces garanties s'ajoute le recours au conseil d'État,
non pour réformer au fond, mais pour excès de pouvoir. Ce
recours, bien qu'il n'en soit fait mention qu'à l'art. 1, est
ouvert non seulement contre l'arrêté déclarant le prud'-
homme démissionnaire pour refus de service, mais encore
contre l'arrêté prononçant la censure ou la suspension pour
manquement grave, ou contre le décret prononçant la déchéance (Cons. d'Ét. 11 avr. 1866, aff. Dujarrier et Grand-
pierre, D. P. 66. 3. 105).

Il y a excès de pouvoir donnant ouverture au recours
lorsqu'il y a inobservation des formes tracées par la loi,
notamment si l'inculpé n'a pu produire sa défense faute
d'indication préalable des faits qui lui étaient reprochés, et
faute d'un sursis demandé après les avoir connus (Même
arrêt).

Mais il a été jugé par l'arrêt précité qu'en admettant que
l'inculpé n'ait pu se défendre utilement devant le conseil
des prud'hommes appelé à émettre son avis sur la mesure
provoquée contre lui, il suffit qu'il ait été entendu par le
ministre du commerce avant le décret qui l'a frappé de déchéance pour qu'il ne soit pas fondé à soutenir que son droit
de défense a été violé. La note placée sous cet arrêt a fait
valoir certaines objections tirées de ce que l'audition par
le ministre ne saurait couvrir l'irrégularité commise dans
l'avis du conseil, et de ce que la comparution devant le
conseil, sans connaissance préalable des faits reprochés,
n'est pas le refus d'une faveur, mais la violation d'un droit
et par suite une irrégularité caractérisée.

80. Le projet de loi voté devant la Chambre ne faisait, en
matière disciplinaire, que reproduire le système ci-dessus
décrit de la loi de 1864. Il le complétait cependant en déclarant inéligible pendant trois ans le prud'homme déclaré
démissionnaire pour refus de service ou pour refus de se
faire installer après son élection, et inéligible pendant six
ans le prud'homme frappé de déchéance pour manquement grave dans l'exercice de ses fonctions (art. 44 à 48).
— Mais le texte adopté par le Sénat rend perpétuelle l'inéligibilité attachée à la déchéance, et attache à l'acceptation
d'un mandat soit la déchéance du prud'homme,
soit l'annulation de l'élection et l'inéligibilité du candidat,
suivant que le fait est reconnu avant validation ou au cours
de la procédure concernant la validité de l'élection (art. 48).

Le projet vise en outre comme applicables les art. 4 et 5
c. civ., 126, 127 et 185 c. pén., 483 c. instr. crim., sur le
déni de justice, le fait de prononcer par voie réglementaire,
la prise à partie, les coalitions de fonctionnaires, les empié-
tements de l'autorité judiciaire et les crimes et délits des
juges relatifs à leurs fonctions (art. 49 et 50). Mais ni le
projet, ni la législation actuelle n'appliquent aux prud'hom-

mes les art. 479 et suiv. c. instr. crim. pour la poursuite et l'instruction des crimes et délits commis par eux hors de leurs fonctions, ces fonctions ne leur imprimant pas un caractère aussi permanent qu'aux autres juges.

Le projet conserve enfin le droit de dissoudre un conseil de prud'hommes par décret rendu sur la proposition du ministre du commerce, avec obligation de procéder aux élections générales dans le délai d'un mois suivant la Chambre, de deux mois suivant la commission sénatoriale (art. 51). Cette dissolution ne doit pas être confondue avec la suppression, mesure qui porte sur l'institution et non seulement sur son personnel, qui exclut par suite toute nouvelle élection, et qui ne peut être décrétée que dans la forme des règlements d'administration publique (art. 51).

SECT. 4. — DES ATTRIBUTIONS DES CONSEILS DE PRUD'HOMMES (*Rép.* n° 63).

ART. 1ᵉʳ. — *Des fonctions des prud'hommes comme agents de la police administrative ou judiciaire* (*Rép.* n°ˢ 64 à 77).

81. — I. MARQUES ET DESSINS DE FABRIQUES. — La loi du 23 juin 1857 sur les marques de fabrique a fait disparaître les anciennes attributions des conseils de prud'hommes en matière de marques de fabrique, soit comme dépositaires de ces marques, soit comme arbitres de la suffisance ou de l'insuffisance de différence entre elles (V. *suprà,* v° *Industrie et commerce,* n°ˢ 329, 387 et 424 ; *Rép.* eod. v°, n°ˢ 323, 326, 327 et p. 670, 671), soit même juges pour les marques de quincaillerie et de coutellerie (V. *suprà,* eod. v°, n° 387 ; *Rép.* eod. v°, n° 333).

Mais c'est encore dans leurs archives que se fait le dépôt des dessins de fabrique (*suprà,* v° *Industrie et commerce,* n° 258); ce sont eux qui ouvrent les paquets déposés, et certifient la priorité de date en faveur de l'une des parties s'il y a contestation (*Ibid.,* n° 299); ils délivrent même, à titre de simple avis ou rapport d'experts, des déclarations de conformité ou de non-conformité entre les dessins déposés et les dessins saisis (*Ibid.*). On les a même longtemps déclarés compétents pour ordonner la saisie des dessins contrefaits, par application des art. 10, 11, 12 et 13 de la loi du 18 mars 1806 qui les chargent de constater les contraventions aux lois et règlements, d'envoyer aux tribunaux compétents les procès-verbaux et les objets saisis et de faire des visites, en la personne de deux membres assistés d'un officier public, chez les fabricants, chefs d'atelier, ouvriers et compagnons (V. sur cette question controversée, *suprà,* v° *Industrie et commerce,* n° 296).

Le projet de loi (art. 71) n'abroge qu'en partie la loi du 18 mars 1806 et laisse notamment en vigueur les art. 10 à 13 sur les contraventions aux lois et règlements, les art. 14 à 19 sur la conservation de la propriété des dessins.

82. — II. POLICE ET RÈGLEMENT DE COMPTE ENTRE LES MARCHANDS FABRICANTS ET LES CHEFS D'ATELIER. — On peut rattacher à la juridiction contentieuse des prud'hommes, dont nous ferons l'étude au paragraphe suivant, les différends que soulèvent les règlements de compte entre les marchands fabricants et les chefs d'ateliers ou ouvriers recevant d'eux des matières à façonner et ordinairement des avances sur le prix de façon. Pour faciliter ces règlements de compte, des livrets d'acquit spéciaux ont été institués par la loi du 18 mars 1806 pour les fabricants et chefs d'ateliers de la fabrique lyonnaise, et par les lois du 7 mars 1850 et du 21 juill. 1856 pour les patrons et ouvriers en matière de tissage et de bobinage, de coupe du velours de coton, de teinture, de blanchiment et d'apprêt des étoffes. Il en sera parlé *infrà,* v° *Travail.*

Mais on a vu au *Rép.,* n°ˢ 66 à 69, comment les art. 20 à 28 de la loi du 18 mars 1806 règlent les rapports des fabricants et des chefs d'ateliers de la fabrique lyonnaise au point de vue de leurs comptes courants en matières et en argent; la valeur des déclarations inscrites par le fabricant sur le livre d'acquit; le visa des prud'hommes, qui leur donne date certaine ; enfin les obligations du fabricant qui donne de l'ouvrage au chef d'atelier envers le patron pour lequel celui-ci a cessé de travailler. Cette institution des livres d'acquit dans la fabrique lyonnaise subsiste toujours, ainsi que la réglementation contenue dans les art. 20 à

28 précités. Et le projet de loi, qui n'abroge qu'en partie la loi du 18 mars 1806 (V. *suprà,* n° 5), les laisse en vigueur.

Plusieurs députés cependant avaient proposé de les abroger, mais uniquement à cause de la raison d'être que donnent les livrets d'acquit à une association dite *caisse des prêts de la fabrique lyonnaise,* dont la réforme leur semblait nécessaire. Mais n'ayant demandé cette abrogation que pour obtenir la réforme de cette caisse, ils retirèrent leur proposition en expliquant ainsi, par l'organe de M. Lagrange, rapporteur du projet de loi, leur pensée relativement aux livrets d'acquit et à la caisse des prêts : « Nous n'avions certes pas l'intention de faire disparaître le livret de compte et de fabrique, qu'il convient de maintenir et qui d'ailleurs s'impose ; mais nous voulions et nous voulons encore obtenir certaines modifications au fonctionnement de la caisse des prêts... Le taux de l'intérêt exigé de l'ouvrier est trop élevé. Ce taux est de 5 pour 100, ce qui ne correspond plus à la valeur actuelle de l'argent. Il n'était pas exagéré en 1832, mais il dépasse l'intérêt qu'on peut raisonnablement demander aujourd'hui.

« En second lieu, nous désirons aussi voir disparaître l'obligation imposée aux ouvriers et chefs d'ateliers de se rendre à la caisse de prêts pour que cette administration vise le livret et dise si l'ouvrier ne doit rien ou doit à la caisse. Ce privilège qui a été accordé à cette institution nous paraît excessif. Nous en demandons la suppression.

« Enfin nous sollicitons une collaboration plus active de la part des patrons ; car en réalité la caisse des prêts, d'après un de ses derniers comptes, coûte 14 pour 100 de frais d'administration. Elle prête à peu près 50 000 francs et les frais d'administration s'élèvent à 7 000 francs environ. Les frais d'administration sont couverts à l'aide des intérêts des sommes accumulées depuis 1832 et de subventions du conseil municipal et de la chambre de commerce. Pour accroître les ressources qui font face à ces dépenses, nous souhaitons une collaboration plus active de la part des patrons » (*Journ. off.* Déb. parl. Ch. 1892, p. 297).

Les livrets spéciaux dont nous venons de parler n'ont rien de commun avec les livrets d'ouvriers dont l'emploi, prescrit d'une manière générale par la loi du 22 juin 1854, a été supprimé par celle du 2 juill. 1890 (V. *infrà,* v° *Travail*).

83. Les prud'hommes ont encore des pouvoirs (qu'ils sont d'ailleurs très rarement appelés à exercer) pour *la vérification des draps et étoffes* (*Rép.* n° 65), pour *l'inspection et la visite des ateliers* (*Rép.* n°ˢ 70 et 71), pour la *constatation des contraventions aux lois et règlements* (*Rép.* n°ˢ 72 à 75). — Les lois et règlements spéciaux du travail seront étudiés *infrà,* v° *Travail.*

Ils peuvent aussi être appelés à donner des *avis* à l'autorité administrative (*Rép.* n°ˢ 76 et 77).

84. Les conseils de prud'hommes n'ont pas en France, comme ils l'ont en Allemagne (V. *suprà,* n° 12) et comme ils l'auraient en Italie d'après un projet de 1892 (V. *suprà,* n° 9), la mission d'intervenir, soit comme conciliateurs, soit comme arbitres, dans les différends souvent accompagnés de grève, qui surgissent entre patrons et ouvriers et portent sur les conditions futures du travail, non sur l'exécution d'engagements déjà pris. Divers projets ou propositions de lois ont eu pour objet d'obtenir par l'arbitrage la solution de ces conflits. Ils n'ont abouti qu'à une loi des 27-28 déc. 1892 (D. P. 93. 4. 33) qui, sans imposer l'arbitrage, dont on ne conçoit guère la sanction en cette matière, puisqu'il s'agit d'un louage à venir, organise, avec l'intervention du juge de paix et la sanction de la publicité, une tentative de conciliation ou d'entente sur le choix d'un arbitre (V. *infrà,* v° *Travail*). Les prud'hommes n'y sont investis d'aucun pouvoir légal.

85. Lors de la discussion du projet de loi sur les conseils des prud'hommes, en 1892, un amendement fut proposé à la Chambre des députés, aux termes duquel les assemblées générales des conseils de prud'hommes seraient seules chargées de l'homologation des règlements d'atelier. Mais cette atteinte à la liberté des conditions du louage d'ouvrage et au droit du patron de régler la discipline dans ses ateliers fut repoussée par la Chambre, sur les observations de M. Malartre, et sous la réserve de la discussion ultérieure d'une

loi spéciale sur cette question complexe (*Journ. off.* Déb. parl. Ch. 1892, p. 295. V. *infrà*, v° *Travail*).

Art. 2. — *Des fonctions des prud'hommes comme concilia- teurs et comme juges* (*Rép.* n°s 78 à 143).

§ 1er. — De la juridiction et de la compétence des prud'hommes en matière civile (*Rép.* n°s 79 à 128).

86. — I. Compétence. — Un des principes qui limitent la compétence des prud'hommes au point de vue de la qua- lité des justiciables, c'est la nécessité de la qualité de commerçant chez celui des plaideurs qui se présente comme patron (*Rép.* n° 79). Plusieurs arrêts intéressants ont consacré ce principe comme se dégageant de l'esprit et même des termes des divers monuments de législation re- latifs à la matière. L'art. 6 de la loi du 18 mars 1806, les art. 1 et 10 du décret du 11 juin 1809, les art. 1, 2 et 4 du décret du 6 juin 1848, parlent de négociants-fabricants, de marchands-fabricants, et la loi du 1er juin 1853 qui revise le décret de 1848, loin d'innover sur ce point, s'inspire du même esprit en subordonnant l'électorat à la patente.

Par suite, il a été jugé que les conseils de prud'hommes sont incompétents : 1° pour statuer sur la demande d'un ouvrier mineur contre le concessionnaire d'une exploitation houillère en payement de travaux exécutés pour son compte, l'exploitation des mines n'étant pas considérée comme un commerce ni assujettie à la patente (Trib. Douai, 8 janv. 1869) (1); — 2° Pour statuer sur la demande en payement de salaires formée par un ouvrier contre une société pour la- quelle il a fait des constructions sur un terrain appartenant à cette société, lorsqu'il n'est pas établi que cette société fût commerciale (Civ. cass. 18 août 1874, Rouget et comp., D. P. 75. 1. 270); — 3° Pour statuer sur la demande formée contre un médecin-dentiste par son élève, relative- ment aux accords intervenus entre eux, la profession de médecin-dentiste étant à bon droit classée parmi les profes- sions libérales, ce qui empêche d'ailleurs ce contrat d'être un contrat d'apprentissage (V. *infrà*, v° *Travail*) et de tomber à cet autre titre sous la compétence des prud'hommes (Tou- louse 27 nov. 1891, aff. Trazit, D. P. 92. 2. 616, et la note); — 4° Pour statuer sur les contestations qui s'élèvent entre un courtier agricole et son manouvrier, ces professions ne se trouvant pas énumérées dans le décret de 1809 (Trib. com. Bône, 11 nov. 1891, aff. Lard..., *Journal des prud'hommes*, 1892, p. 168).

87. Dans la première de ces décisions, le tribunal civil de Douai a rejeté le moyen tiré en particulier de ce que le décret d'institution du conseil des prud'hommes de Douai (du 30 juin 1860) avait compris les mines de houille dans l'énumération des industries ressortissant à ce conseil; il a vu dans cette disposition du décret un excès de pouvoir, en ce qu'elle modifierait les attributions légales des conseils de prud'hommes (Sarrazin, n° 23 bis). Toutefois, en admet- tant qu'il appartienne au conseil des prud'hommes de se prononcer sur la légalité des dispositions qui comprennent telle ou telle industrie dans sa composition et dans sa com- pétence; cette forme il est vrai, contesté (Mollot, *Conseils des prud'hommes* n° 225), cette légalité ne serait pas douteuse, par rapport à un exploitant qui joindrait à l'extraction de la houille ou du minerai des opérations de fabrication capables d'imprimer leur nature commerciale à l'ensemble de l'exploitation. Mais il ne suffirait pas pour cela, à notre avis, que ces opérations n'eussent qu'une importance accessoire, ni que la compa- gnie, si c'en est une, eût adopté la forme des sociétés com- merciales; cette forme il est vrai, depuis la loi du 1er août 1893, n'influe pas seulement sur le régime social; elle attri- bue à la société le caractère commercial et la soumet aux lois et usages du commerce (V. *infrà*, v° *Société*); mais elle ne va pas jusqu'à faire d'elle un fabricant (qualité aussi es- sentielle que celle de commerçant, V. *infrà*, n° 89), lorsqu'elle se borne à extraire sans rien fabriquer.

88. Il faut reconnaître qu'au point de vue législatif, beau- coup de raisons peuvent justifier l'extension des conseils de prud'hommes aux différends entre patrons et ouvriers mi- neurs, et le projet de loi, même au texte du Sénat, fait figu- rer le personnel patron et ouvrier des mines parmi les électeurs et les éligibles de ces conseils (art. 5). Le texte de la Chambre y comprenait également le personnel agri- cole (même article), et il indiquait (art. 1) comme objet de la compétence des prud'hommes « les différends qui s'élèvent à raison du contrat de louage d'ouvrage entre les patrons ou leurs représentants et les ouvriers ou les em- ployés qu'ils salarient » sans prononcer les mots « mar- chands et fabricants » que la commission sénatoriale pensa à rétablir, ni les mots « chefs d'industrie » qu'adopta le Sénat, pour ne pas exclure les entrepreneurs de bâtiment, de terrassement, de manutention, etc. (V. *suprà*, n° 42).

89. Les patrons commerçants eux-mêmes ne sont pas tous justiciables des conseils de prud'hommes; ceux-là seuls le sont qui sont en même temps fabricants (*Rép.* n° 79). Sur ce point encore, le projet de loi voté par la Chambre en

<hr/>

(1) (De Boisset C. Lenne.) — Le tribunal; — Considérant qu'un décret ne vaut que pour l'exécution des lois; — Que, spécialement en matière de conseils de prud'hommes, si la loi du 1er juin 1853 statue que ces sortes de conseils sont établis par décrets rendus dans la forme des règlements d'adminis- tration publique, et si le nombre des membres qui le composent peut varier selon les faits, à la condition, comme le dit l'art. 35 de la loi du 18 mars 1806, que les attributions de ces conseils ne varieront pas; — Attendu que, de l'esprit et même des termes des monuments de législation qui se rencontrent en la matière, il résulte que cette juridiction exceptionnelle n'a été instituée que pour régler les différends survenus entre patrons négociants et leurs ouvriers, c'est-à-dire qu'elle ne sau- rait s'appliquer qu'aux industries commerciales; qu'en effet, les juges sont, comme en matière commerciale, nommés à l'élection parmi les justiciables, et que, dans toutes les lois et dans tous les décrets antérieurs à la loi de 1853, la qualité de négociant est toujours une condition essentielle, sauf pour les ouvriers et contremaîtres, soit pour être électeur, soit pour être éligible; que cela résulte des mots « négociants manufacturiers, négo- ciants fabricants » de la loi du 18 mars 1806, des expressions *marchands fabricants* du décret du 11 juin 1809, rendu en exécu- tion de ladite loi du 18 mars 1806, des mêmes mots « marchands fabri- cants » du décret du 6 juin 1848; que l'on trouve même dans le décret de 1809, art. 10, cette disposition expresse: « nul ne sera justiciable des conseils de prud'hommes s'il n'est négociant fabri- cant », et dans l'art. 11 : « la juridiction des prud'hommes s'étend sur tous les marchands fabricants, les chefs d'atelier, ouvriers travaillant pour la fabrique du lieu ou du canton de la situation de la fabrique »; que la loi de 1853, dont le but n'est autre que de réviser le décret du 27 mai 1848, quant à la com- position du conseil, dans lequel le décret donnait une part excessive à l'élément ouvrier, reconnaît aussi ce principe en édictant dans son article 4 que les patrons, pour être électeurs,

devront être patentés depuis cinq ans au moins; que le rappor- teur de cette loi en indique bien l'esprit quand il dit : « de même que les tribunaux consulaires sont appelés à juger promptement et sans frais les litiges qui surgissent des tran- sactions commerciales, les conseils de prud'hommes ont pour mission de terminer les contestations qui résultent journelle- ment des rapports du fabricant et de l'ouvrier », le mot fabri- cant, inapplicable du reste à l'extraction de la houille, indiquant suffisamment qu'il s'agit d'un négociant; — Attendu que si le rapporteur reconnaît encore une valeur actuelle à l'art. 29 du décret de 1809, lequel, non seulement limite la juridiction des prud'hommes aux négociants, mais ne permet même qu'en cas d'empêchement ils se fassent représenter par d'autres qu'un de leurs parents négociant ou marchand exclusivement, il a soin d'ajouter qu'il est de jurisprudence qu'un patron peut être remplacé par son employé; — Qu'il est donc certain que la juridiction des prud'hommes doit être limitée aux différends qui surgissent entre patrons négociants et leurs ouvriers; que c'est ainsi que s'explique l'obligation imposée par la loi de 1853 de consulter, préalablement à la création d'un conseil de prud'- hommes, la chambre de commerce ou la chambre consultative des arts et manufactures; que c'est ainsi encore que se justifie la disposition qui investit les tribunaux de commerce du droit de statuer sur les appels des jugements des conseils de prud'- hommes; — Attendu qu'aux termes de l'art. 32 de la loi du 21 avr. 1810, l'exploitation des mines n'est pas considérée comme un commerce et n'est pas sujette à patente; que dans l'énumération des industries ressortissant au conseil des prud'- hommes établi à Douai, le décret du 30 juin 1860 ne pouvait donc comprendre légalement les mines de houille;

Par ces motifs, dit que le conseil des prud'hommes était in- compétent, etc.

Du 8 janv. 1869.-Trib. civ. de Douai.-MM. Lémaire, pr.-Desti- ker, proc.-Legrand et Pellieux, av.

1892 donnait une extension considérable à la compétence de ces conseils par sa formule tout à fait générale que l'on vient de reproduire (*suprà*, n° 88), et que la commission sénatoriale a répudiée pour s'en tenir aux chefs d'industrie et à leurs ouvriers. Les professions purement commerciales, comme les professions industrielles ou manufacturières, auraient profité ainsi de l'institution.

Toutefois, le texte même de la Chambre n'embrasserait pas, malgré leur qualité de commerçants, les entrepreneurs de spectacles publics pour les différends que soulèvent leurs conventions avec les artistes dramatiques. L'extension à cette catégorie de justiciables a été demandée par M. Le Senne dans la discussion de 1892 à la Chambre. Mais l'amendement fut repoussé, ce qui empêche de donner aux mots : louage d'ouvrage, patrons, ouvriers, employés, qui composaient la formule de la Chambre, un sens absolument général et d'y comprendre ce genre de convention malgré le caractère de louage d'industrie qui leur appartient à la rigueur (*Journ. off.* Doc. parl. Ch., 1892, p. 198, 206, 207, 208).

De même, il a été nettement établi dans la discussion que tout en refusant de tracer entre le travail manuel et intellectuel une ligne de démarcation absolue, qui eût écarté beaucoup d'employés ou de commis, contrairement à sa pensée, la Chambre a entendu pourtant exclure les professions libérales comme celles d'avocat et de médecin (*Journ. off.* 1892, Doc. parl. Ch., p. 194).

90. Il est certain d'ailleurs, ainsi qu'on l'a vu au *Rép.*, n°s 13 et 86, que les branches d'industrie appelées par le décret d'institution de chaque conseil à concourir à son élection peuvent seules lui fournir des justiciables, ce qui peut exclure pour chaque conseil en particulier, des professions appelées par la loi, en général, à profiter de cette juridiction (Comp. *suprà*, n° 38).

91. Une autre branche d'industrie qui ne peut, dans la législation actuelle, fournir des justiciables aux conseils des prud'hommes, faute de constituer une fabrication, c'est l'industrie des transports. La question s'est présentée depuis la publication du *Répertoire* pour l'industrie des transports par chemin de fer, mais avec un élément qui contribuait aussi à la solution du côté du salarié. Une compagnie de chemin de fer était assignée par un conducteur-mécanicien en payement d'une indemnité à raison de son renvoi. Le tribunal de commerce de la Seine (25 janv. 1871, aff. Hulot, D, P. 72. 3. 7) a jugé qu'une pareille demande échappe à la compétence des prud'hommes, attendu qu'on doit assimiler, non pas à un ouvrier, mais bien à un sous-aide ingénieur le conducteur-mécanicien chargé de régler la marche des locomotives, et d'assurer leur heureuse arrivée, et dont la fonction, conférée après examen, suppose des connaissances spéciales dont le travail manuel n'est que l'accessoire. Le jugement ajoute qu'elle y échappe du chef même de ce mécanicien, laissant entendre que, dans sa pensée, elle y échappe déjà du chef de la compagnie défenderesse.

Le conseil des prud'hommes de la Seine (16 oct. 1871, aff. Chasseton et autres, D. P. 72. 3. 72) s'est déclaré compétent sur les réclamations formées à raison de leur renvoi par les mécaniciens pourvus de livrets que les compagnies de chemin de fer embauchent pour signaler les grosses réparations dont les locomotives peuvent avoir besoin et pour exécuter manuellement toutes les petites réparations qui surviennent journellement pendant le trajet. L'importance plus grande du travail manuel dans ce second cas, l'admission sans concours à cette fonction, peuvent expliquer cette différence dans l'appréciation du rôle du mécanicien, et sa qualification d'ouvrier. Mais, du côté de la compagnie, on ne trouve pas plus dans ce cas que dans l'autre la qualité de fabricant, nécessaire pour être justiciable des prud'hommes ; car il serait bien subtil de qualifier ainsi une compagnie de chemin de fer à raison des travaux de fabrication et de réparation qu'elle fait faire à ses propres machines.

92. Il est à noter que l'Assemblée nationale, en 1872, refusa de prendre en considération une proposition de loi tendant à créer à Paris une nouvelle classe de prud'hommes concernant les chemins de fer ; elle trouva impossible de donner à des travailleurs dont le lieu de travail change à tout instant une juridiction placée près d'eux pouvant les connaître et les amener à conciliation (Rapport de M. Bastid). Mais à la suite des diverses propositions faites sous les législatures subséquentes (Comp. *suprà*, n° 38), pour élargir cette juridiction, le projet voté par la Chambre en 1892 comprit le personnel des entreprises de transports tant par la formule générale de son art. 1 sur la compétence des prud'hommes que par une indication spéciale de son art. 5 à propos du corps électoral appelé à les nommer. Cette formule et cette indication étaient même de nature à comprendre non seulement le personnel des entreprises de transports par terre et par chemin de fer, mais encore celui des entreprises de navigation maritime ou fluviale, qui, commerciales sans doute, mais étrangères à la fabrication, ne profitent pas de l'institution actuelle (sauf la juridiction plus spéciale des prud'hommes pêcheurs). — Le Sénat, au contraire, par les mots « chefs d'industrie » et « ouvriers », exclut cette catégorie de justiciables.

93. Une autre question que soulèvent la qualité de justiciable des conseils de prud'hommes et la nature des rapports qu'elle suppose entre le patron et l'ouvrier, est celle de savoir si ces conseils connaissent des difficultés nées du contrat d'engagement intervenu entre eux avant que l'ouvrier soit entré dans les ateliers du patron. La question s'est présentée pour l'engagement d'un contremaître : résolue négativement par le tribunal de commerce de Mulhouse, elle l'a été affirmativement par la cour de Colmar (22 janv. 1862) (1). Cette dernière solution paraît bien conforme à l'art. 10 du décret du 11 juin 1809, invoqué par l'arrêt et qui veut que les contestations soient relatives « à la branche

---

(1) (Schlumberger *C.* Folâtre.) — Le sieur Schlumberger, fabricant, avait formé contre le sieur Folâtre, son contremaître, une demande fondée sur l'inexécution, par ce dernier, du contrat d'engagement conclu entre eux. Le tribunal de commerce de Mulhouse s'est déclaré incompétent par un jugement ainsi motivé : « — Attendu, en ce qui touche le déclinatoire proposé, que la juridiction des prud'hommes n'est relative qu'aux ateliers et manufactures et est limitée aux rapports respectifs des chefs d'atelier et de leurs subordonnés ; qu'au cas particulier le défendeur n'est pas employé dans les ateliers du demandeur ; qu'il s'agit dans la cause de l'appréciation d'une convention intervenue avant qu'il ait existé entre les parties aucun rapport de chef à subordonné, et qu'une pareille demande est essentiellement de la compétence du tribunal de commerce, etc. ». — Appel par le sieur Schlumberger.

La cour ; — Considérant que, par acte sous seing privé en date du 5 juill. 1861, le sieur Folâtre s'est engagé, vis-à-vis du sieur Schlumberger, fabricant à Mulhouse, à entrer dans les ateliers de celui-ci comme contremaître de teinture au prix de 2000 fr. par an avec logement ; que cet engagement devait commencer le 5 sept. 1861 et se terminer le 5 mars 1862 ; — Considérant que Folâtre n'ayant pas rempli son engagement, Schlumberger demande aujourd'hui la résiliation du contrat du 5 juillet, ainsi que la condamnation de Folâtre à des dommages-intérêts, et qu'il s'agit de déterminer la juridiction devant laquelle cette demande devait être portée ; — Considérant que Philippe Schlumberger a agi, dans l'acte du 5 juill. 1861, comme fabricant de

teinture, à l'occasion de l'exploitation de son établissement ; que Folâtre, de son côté, a agi comme son contremaître teinturier, à l'occasion de son ouvrage de teinture ; que cet acte a donc créé entre eux des rapports de maître et d'ouvrier tels qu'ils sont indiqués par l'art. 10 du décret du 11 juin 1809 ; — Qu'un conseil de prud'hommes existant pour les fabriques de Mulhouse, et ce conseil ayant, d'après son décret d'institution, compétence à l'égard des teinturiers, il surgissait entre le fabricant de teinture, Philippe Schlumberger, et l'ouvrier teinturier Folâtre un conflit qui ressortait évidemment à la compétence de ce conseil ; — Considérant qu'on objecterait en vain avec les premiers juges qu'il s'agissait, dans l'espèce, non pas d'une difficulté née en quelque sorte dans l'intérieur de l'atelier et alors que Schlumberger exerçait déjà à l'égard de Folâtre l'autorité du maître, mais au contraire d'un acte fait en dehors de la fabrique et avant que Folâtre fût entré dans l'atelier et établissement de Schlumberger ; — Considérant que l'art. 10 du décret du 11 juin 1809, en déterminant la compétence des conseils de prud'hommes, indique que cette juridiction connaîtra des difficultés entre fabricants et ouvriers ; et que pour mieux préciser sa pensée, le législateur ajoute que ces fabricants et ouvriers ne pourront porter devant cette juridiction exceptionnelle que celles de leurs contestations qui sont relatives à la branche d'industrie qu'ils cultivent, et aux conventions dont cette industrie a été l'objet ; — Que cette dernière partie de l'article s'applique de la manière la plus évidente au contrat d'engagement, puisqu'il n'intervient guère de convention entre le fabricant et l'ouvrier que celle qui

d'industrie qu'ils cultivent et aux conventions dont cette industrie a été l'objet » sans exclure le contrat d'engagement lui-même qui est la première de ces conventions et sans exiger que le contrat ait déjà reçu un commencement d'exécution.

94. La dénomination d'ouvrier, au point de vue de la compétence des prud'hommes, a été déclarée inapplicable aux conducteurs-mécaniciens des chemins de fer, non aux ouvriers mécaniciens chargés principalement de travaux manuels (V. *suprà*, n° 94). La dénomination de gens de travail, au point de vue de la compétence des juges de paix, a de même été déclarée inapplicable aux conducteurs-mécaniciens, aux aiguilleurs et en général aux agents commissionnés ou assermentés des chemins de fer (V. *suprà*, v° *Compétence civile des tribunaux de paix*, n°s 64 et suiv.).

95. Mais bien que dans l'esprit de la loi actuelle l'institution des prud'hommes soit spéciale au travail manuel, la qualité de contremaître ne peut être considérée comme exclusive par elle-même de la compétence des prud'hommes faute de rentrer sous la dénomination d'ouvrier. C'est ce qui a été jugé à propos de la compétence des juges de paix pour les localités dépourvues de conseil de prud'hommes (Douai, 14 févr. 1843, aff. Dieu, *Rép.* v° *Compétence civile des tribunaux de paix*, n° 167), et les raisons de décider sont les mêmes pour les conseils de prud'hommes là où il en existe (Colmar, 22 janv. 1862, *suprà*, n° 93).

Le projet de la Chambre qui, s'inspirant du décret de 1848, appelait les contremaîtres à élire les prud'hommes patrons, et non les prud'hommes ouvriers (V. *suprà*, n° 43), ne saurait, d'ailleurs, avoir pour effet de soustraire les contremaîtres à la juridiction des prud'hommes pour leurs contestations avec leurs patrons. Ce serait supprimer leur qualité de justiciable corrélative dans l'esprit du projet à celle d'électeur.

96. Les commis, employés par exemple à la vente ou aux écritures, même par un fabricant, ne sont pas justiciables des prud'hommes, la dénomination d'ouvrier ne pouvant leur être appliquée. Et fussent-ils en même temps ouvriers, la solution serait la même pour les conflits relatifs à leur emploi de commis (*Rép.* n° 83).

On a vu *suprà*, n°s 37, 42 et 89, que la Chambre de 1892 étendait la compétence des prud'hommes aux employés et commis de toutes sortes, comme aux patrons même non fabricants, mais que le Sénat, en 1894, repoussa cette extension comme l'avait fait déjà lors d'une proposition spéciale de M. Lockroy du 2 juin 1887.

On a vu *suprà*, n°s 39, 40 et 42, le même désaccord sur l'extension aux ouvriers et employés de l'agriculture ainsi qu'aux *employés* des mines, tandis que l'accord paraît établi pour l'extension aux *ouvriers*, chefs mineurs, chefs d'ateliers et surveillants des mines, et qu'il est inversement contre l'extension aux artistes dramatiques (Proposition Le Senne, V. *suprà*, n° 41) et contre l'extension aux salariés de l'enseignement, maîtres de l'enseignement primaire et maîtres internes de l'enseignement secondaire, proposée par l'amendement de M. Lavy (*Journ. off.*, Déb. parl. Ch., 1892, p. 237, 3° col.).

97. La distinction faite par la loi actuelle, entre l'ouvrier et le commis ou employé, ne tient pas d'ailleurs au mode de rémunération, mais à la nature du travail ; il importe peu que l'ouvrier soit payé au mois ou qu'il soit engagé pour un temps déterminé, s'il est employé à un travail in-

dustriel, construction de machines ou fabrication d'un produit manufacturé. Spécialement, le gâteur de métiers à velours mécaniques, engagé pour une durée de trois années avec un salaire mensuel de 225 fr., doit être considéré, non pas comme un commis, mais comme un ouvrier de l'industrie, justiciable du conseil des prud'hommes pour le règlement des difficultés pouvant surgir entre lui et son patron, à raison des engagements réciproques intervenus entre eux (Lyon, 15 déc. 1892, aff. Argoud, D. P. 93. 2. 260).

98. En ce qui concerne les artistes, modeleurs, peintres, dessinateurs, etc., qui concourent au travail industriel de la fabrique, on a vu au *Rép.*, n° 81, qu'on ne peut, sans se heurter à des difficultés d'appréciation insolubles, les séparer du personnel ouvrier. Mais sans leur appliquer le titre d'employés, il faut cependant les soustraire à la compétence des prud'hommes si aucune subordination ne les rattache au fabricant, comme il peut arriver d'un artiste inventant et exécutant chez lui des dessins qu'il s'est chargé de fournir au fabricant (V. *infrà*, n° 106). Comp. *suprà*, n° 45). Mais on trouve, par exemple, une décision de prud'hommes qui juge au fond, et par conséquent admet implicitement la compétence du conseil, sur une commande d'exécution de gravure sur bois qui aurait été adressée à une personne pour une publication illustrée (Cons. prud. Seine, ind. div., 27 juin et 1er août 1893, infirmé quant au fond par Trib. com. Seine, 29 sept. 1893, aff. Kempf, V. *infrà*, n° 134).

99. Les prud'hommes sont compétents, comme on l'a vu au *Rép.*, n°s 81 et 82, pour les contestations du patron avec son ouvrier même quand celui-ci travaille à son propre domicile. Mais encore faut-il que les rapports de patron à ouvrier, de chef à subordonné, existent bien entre les deux parties à l'occasion du travail accompli (V. *infrà*, n° 106).

Il faut aussi qu'il s'agisse d'engagements directement contractés entre elles au sujet de l'exercice de leur profession. Un conseil de prud'hommes ne saurait, par exemple, se déclarer compétent sur une demande dirigée contre un entrepreneur par l'ouvrier qui a travaillé pour le compte d'un tâcheron sous-traitant (Trib. com. Seine, 10 janv. 1890, aff. Radenac, *Gazette des tribunaux* du 27 janv. 1890). Il devrait en ce cas se déclarer incompétent, même d'office (Même jugement).

100. Il faut aussi que le travail de l'ouvrier rentre bien dans l'industrie dénommée par le décret d'institution du conseil ; et, par exemple, un voiturier, employé à des charrois par un entrepreneur en maçonnerie, n'est pas justiciable d'un conseil institué pour la maçonnerie (Just. de paix de Reims, 25 avr. 1891, aff. Lemoine, *Journal des prud'hommes*, 1891, p. 173).

101. Une autre condition de la compétence des prud'hommes, c'est que la contestation porte sur des affaires relatives à la branche d'industrie que les deux parties cultivent et aux conventions dont elle a été l'objet. On a cité au *Rép.*, n° 90, plusieurs applications de ce principe. La cour d'Orléans (24 août 1877, aff. Mineau, D. P. 80. 5. 315) en a fait une autre application en jugeant que la demande formée par un patron en réparation du préjudice que lui a causé le quasi-délit de son ouvrier (dans l'espèce, des blessures faites à un cheval) doit être portée devant les tribunaux ordinaires et non devant la juridiction exceptionnelle des prud'hommes.

a pour objet de régler les conditions auxquelles celui-ci entrera dans les ateliers et livrera son ouvrage ; — Qu'on ne saurait distinguer là où la loi ne distingue pas, et qu'on ne verrait pas pourquoi, donnant au conseil de prud'hommes la connaissance de toutes les difficultés qui surgissent entre maître et ouvrier, on en exclurait celles qui s'élèvent à propos du contrat d'engagement, alors que ces dernières difficultés exigent la même promptitude et la même économie dans la décision, et alors qu'elles exigent surtout les connaissances spéciales du métier qui ont été le principal motif de l'établissement de cette juridiction particulière aux maîtres et ouvriers ; — Considérant que qu'on objecterait vainement aussi que Folâtre n'aurait pu être cité devant le conseil des prud'hommes de Mulhouse, parce qu'il aurait habité l'arrondissement de Belfort ; — Qu'à la différence des tribunaux ordinaires, la compétence des conseils de prud'hommes ne se détermine pas par le domicile du défendeur ;

mais bien par la situation de la fabrique au sujet de laquelle sont nés les rapports de maître et d'ouvrier ; — Que c'est ce qui résulte de l'art. 11 du décret du 20 févr. 1810, qui porte que « la juridiction du conseil des prud'hommes s'étend sur tous les marchands, fabricants, chefs d'atelier, contremaîtres, ouvriers, compagnons et apprentis du lieu où du canton de la situation de la fabrique, quel que soit l'endroit de la résidence desdits ouvriers » ; disposition reproduite spécialement pour les fabriques de Mulhouse par le décret du 22 févr. 1832 ; — Considérant que sous tous ces rapports le tribunal de commerce de Mulhouse était évidemment incompétent pour connaître de la difficulté soulevée entre Philippe Schlumberger et le contremaître Folâtre ; — Par ces motifs, annule le jugement comme incompétemment rendu, etc...

Du 22 janv. 1862.-C. de Colmar, 1re ch.-MM. Rieff, 1er pr.-Godelle, subst. proc. gén., c. contr.-Gérard et Koch, av.

De même, le conseil des prud'hommes est incompétent pour connaître de la demande formée par un ouvrier contre son patron pour avoir payement du montant de son compte à la caisse de prévoyance instituée par le patron, alors que le règlement de ladite caisse de prévoyance, à raison de ses dispositions, ne peut être envisagé comme formant une convention accessoire du contrat de louage intervenu entre les parties, mais un acte de pure libéralité, que le patron s'est réservé le droit exclusif d'appliquer, de modifier et même d'annuler, en déclinant par avance toute responsabilité et tout recours à cet égard (Civ. rej. 18 avr. 1893, aff. Dujardin, D. P. 93. 1. 375).

102. Que décider des actions en responsabilité qu'un ouvrier dirige contre son patron pour des blessures reçues dans son travail ? La question présente ici une certaine difficulté, car elle se rattache à la question plus générale de savoir si la responsabilité du patron pour accidents industriels survenus à ses ouvriers est fondée sur l'inexécution du contrat de louage par le patron ou seulement sur un quasi-délit du patron donnant lieu, abstraction faite de tout contrat, à l'application des art. 1382 et 1383 c. civ. Sans aborder ici cette controverse, qui se placera *infrà*, v° *Travail*, et sur laquelle la jurisprudence admet la seconde opinion, nous constaterons que le tribunal de commerce de la Seine (24 mai 1890, aff. Rousseau, *Gazette des tribunaux*, 13 juin 1890) a écarté en cette matière la compétence des conseils de prud'hommes et l'argument tiré de ce que ces actions en responsabilité constitueraient un accessoire du contrat de louage d'ouvrage.

Dans les séances des 7 et 8 mars 1892, la Chambre des députés, en présence du projet qui soumettait aux prud'hommes tous les différends nés à l'occasion du contrat de louage d'ouvrage, vit surgir le conflit entre les deux opinions qui rattachent ou non à ce contrat les procès d'accidents. Bien que la commission eût modifié son texte par les mots « à raison du contrat » substitués aux mots « à l'occasion du contrat », la Chambre, craignant encore de voir la jurisprudence embarrassée par cette formule générale sur l'application qu'on voudrait en faire aux procès d'accidents, vota, avec l'adhésion de la commission, un amendement spécial déclarant « néanmoins » exclure de la compétence des prud'hommes (V. *Journ. off.* Déb. parl., Ch. 1892, p. 196, 197, 205, 209) ; ce texte a été admis par le Sénat.

103. Mais lorsque, à la suite d'un accident survenu en cours de travail, une indemnité de chômage est réclamée en vertu d'une convention par laquelle le patron en avait fait la promesse, moyennant une retenue proportionnelle sur le salaire de l'ouvrier, il n'y a pas là un procès en responsabilité, mais la demande d'exécution d'une clause d'assurance formant un accessoire inséparable du contrat de louage d'industrie ; et cette demande rentre par suite dans la compétence des prud'hommes (Trib. com. Seine, 20 mai 1892, aff. Michelin, *Journal des prud'hommes*, 1892, p. 193 ; 19 août 1892, aff. Lallemand et Tinant, *ibid.*, 1892, p. 210 ; Trib. com. Boulogne-sur-Mer, 6 déc. 1892, aff. Deboffe, *ibid.*, 1893, p. 87).

104. Le conseil des prud'hommes est également compétent pour connaître d'une action en responsabilité contre le patron, comme dépositaire, pour la perte des outils survenue lors d'un incendie dans ses ateliers, lorsque le contrat de louage, obligeant l'ouvrier à apporter à l'atelier et à employer ses propres outils, dont le transport, à chaque absence légitime de l'ouvrier était impossible à raison de leur volume et de leur nature, rendait le patron dépositaire nécessaire de ces outils (Cons. prud. Seine, 27 mars 1872, *Journ. des prud'hommes*, 1872, p. 54 ; 15 mars 1890, *ibid.*, p. 143 ; Trib. com. Seine, 16 août 1892, aff. Ménauge, *ibid.*, 1892, p. 206). Le tribunal de la Seine est ainsi revenu sur sa décision du 28 mars 1890 (aff. Spendler, *ibid.*, 1890, p. 143) qui avait refusé de rattacher semblable litige au contrat de louage et à la compétence des prud'hommes.

105. Il est compétent aussi pour statuer sur une difficulté relative à la rédaction du certificat d'emploi délivré par le patron à l'ouvrier dans les termes de la loi du 2 juill. 1890 (Trib. com. Seine, 8 sept. 1893, aff. Pézier, *Journ. des prud'hommes*, 1893, p. 217).

106. Il est certain, ainsi qu'on l'a vu au *Rép.*, n°ˢ 88 et 89, que les prud'hommes ne peuvent pas connaître des contestations qui divisent *entre eux* deux fabricants ou deux associés d'une même entreprise de fabrication, ou un fabricant et une personne qui lui fournit pour sa fabrication tels ou tels produits sans qu'il en résulte aucune subordination (V. conf. Req. 13 déc. 1893, aff. Détourbet, D. P. 94. 1. 63).

Un ouvrier lui-même cesse d'être justiciable du conseil de prud'hommes s'il n'est pas, pour le travail objet du litige, en état de subordination, mais dans la situation d'un sous-entrepreneur, au regard du patron (Trib. com. Valenciennes, 25 mars 1890, aff. Payez, *Journal des prud'hommes*, 1890, p. 149). Mais on ne cesse pas d'être ouvrier et justiciable du conseil de prud'hommes, si l'on prend simplement la qualité de tâcheron, c'est-à-dire si l'on exécute le travail à la tâche en s'adjoignant d'autres ouvriers (Cons. de prud. Bordeaux, 21 févr. 1890, aff. Escorbiau, Nalis et Urselin, *Journal des prud'hommes*, 1891, p. 169). — Il faut aussi reconnaître que la participation aux bénéfices consentie par un patron en faveur de son ouvrier ne transforme pas cet ouvrier en un associé et n'enlève pas aux prud'hommes la connaissance de leurs différends. C'est ce qui a été jugé par le tribunal civil de Bruxelles le 26 nov. 1884 (*Revue de droit commercial, industriel et maritime*, 1885, t. 2, p. 161), bien que la loi belge n'ait pas d'autres principes en cette matière que la loi française.

107. Mais si les prud'hommes ne peuvent pas connaître des contestations qui divisent les fabricants *entre eux*, ils peuvent, comme on l'a indiqué au *Rép.*, n° 88, connaître des contestations qui divisent les chefs d'ateliers, compagnons, apprentis et autres ouvriers *entre eux*, lorsqu'elles sont relatives à la branche d'industrie que les deux parties cultivent et aux conventions dont elle a été l'objet (V. en ce sens les paroles de M. Lebon à la Chambre, le 7 mars 1892, *Journ. off.* Déb. parl., p. 198, col. 2). On conçoit sans difficulté qu'il en soit ainsi lorsqu'un contrat de louage d'ouvrage unit ensemble un ouvrier et un autre ouvrier tâcheron qui devient patron à son égard, contrat pratiqué encore sous le nom de marchandage, bien que proscrit par deux décrets de 1848 dont la force actuelle est d'ailleurs douteuse (V. *infrà* v° *Travail*). On a plus de peine à se représenter des différends relatifs au travail entre ouvriers qu'aucun louage d'ouvrage ne subordonne l'un à l'autre, et cette difficulté a été invoquée par le rapporteur de la commission le 7 mars 1892 à la Chambre, dans la discussion du projet de loi précité, contre un amendement tendant à comprendre dans la compétence des prud'hommes les différends entre ouvriers. Mais M. Mesureur écarta l'objection par plusieurs exemples récents tirés notamment du fait par un ouvrier de se faire remplacer dans un travail commun par un de ses collègues, moyennant une indemnité dont le règlement, s'il est litigieux, relève des prud'hommes ; l'amendement fut adopté ; il a passé dans le texte du Sénat.

108. Il fut question aussi, dans cette discussion, de soumettre aux prud'hommes les différends entre membres de syndicats professionnels relatifs notamment aux questions de cotisations ou d'administration intérieure. Mais cette proposition de M. Julien Goujon, qui tendait à faire revivre l'art. 4 du décret du 5 juill. 1848 (D. P. 48. 4. 121 ; *Journ. off.* Déb. parl., Ch. 1892, p. 204), fut repoussée parce que ces conflits ne résultent pas du travail lui-même et qu'il y aurait en outre inconvénient à faire intervenir la juridiction des prud'hommes, composée par moitié de patrons, dans les affaires intérieures des syndicats ouvriers (*ibid.*, p. 209).

Il ne fut pas question, d'ailleurs, de soumettre aux prud'hommes les contestations entre membres des sociétés ouvrières de production ou de consommation, contestations dont le jugement soulève l'interprétation de la loi des sociétés (*ibid.*, p. 209), et nous ne pensons pas que la législation actuelle puisse être considérée comme attributive d'une telle compétence.

109. Un point qui ne saurait faire difficulté, c'est que les conseils de prud'hommes, étant une juridiction d'exception, n'ont pas compétence pour connaître des contestations qui s'élèvent sur l'exécution de leurs décisions, notamment d'une demande en revendication par un tiers des meubles saisis sur le débiteur (Cons. de prud. Seine (prod. chimiques) 10 déc. 1878, aff. Fourny, *Journal des prud'hommes*, 1879, p. 136).

110. Comme la compétence du conseil des prud'hommes, au point de vue territorial, est limitée par le décret d'institution de ce conseil, il importe de savoir si c'est le domicile du défendeur qui doit se trouver dans le territoire prévu par ce décret, ou s'il faut s'attacher à la situation de la fabrique au sujet de laquelle sont nés les rapports de maître et d'ouvrier. C'est dans ce dernier sens qu'a été tranchée la question par interprétation de l'art. 11 du décret de 1809 et à cause de la convenance qu'il y a à faire juger les litiges naissant du contrat de louage là où le contrat reçoit son application, pour conformer le jugement à l'usage des lieux et éviter le déplacement des parties (*Rép.* n⁰ˢ 84 et 85 ; Colmar, 22 janv. 1862, *supra*, n⁰ 93 ; Trib. com. Seine, 2 mai 1893, aff. Benoist, *Journal des prud'hommes*, 1893, p. 142). Cette solution est d'ailleurs exprimée dans les décrets d'institution d'un grand nombre de conseils (V. notamment Décr. 27 mars-17 avr. 1858, D. P. 58. 4. 28, pour Lisieux ; 8-20 juill. 1858, D. P. 58. 4. 145, pour Annonay ; 27 juill.-18 août 1859, D. P. 59. 4. 74, pour Besançon ; 9 mars 1864, D. P. 64. 4. 33, pour Dijon ; 8-22 mars 1890, D. P. 91. 4. 78, pour Paris).

Le projet de loi fixe la compétence pour le travail en fabrique par la situation de la fabrique, et pour le travail à domicile, par le lieu où l'engagement a été contracté (art. 38). Cette disposition, comme celle de la loi actuelle, serait de nature à exclure l'art. 420 c. proc. civ. Dans le projet de la Chambre, qui rendait les employés de commerce justiciables des conseils de prud'hommes, elle s'appliquait à eux en remplaçant le lieu de la fabrique par le lieu de la maison de commerce où travaille l'employé, et excluait également, en ce qui les concerne, l'application de l'art. 420 c. proc. civ.

Sur la compétence des juges de paix à défaut de conseils de prud'hommes, V. *supra*, v⁰ *Compétence civile des tribunaux de paix*, n⁰ 68.

111. L'incompétence d'un conseil de prud'hommes au point de vue territorial n'est pas d'ordre public, et le consentement des parties peut la couvrir (*Rép.* n⁰ 87). Elle doit par suite être opposée *in limine litis*, avant toute défense au fond. Mais s'il en peut être ainsi par analogie de l'art. 7 c. proc. civ. pour l'incompétence territoriale, seule visée dans cet article, il en doit être autrement, comme on l'a établi au *Rép.*, n⁰ˢ 87 et 92, pour l'incompétence *ratione materiæ* tenant à ce qu'il s'agit d'autre chose que de fabrication, ou d'autres genres de fabrication que ceux dénommés dans le décret d'institution du conseil (*Contrà*, Sarrazin, n⁰ 23), ou de parties que n'unit pas un rapport direct de patronat. En pareil cas, les parties peuvent opposer l'incompétence en tout état de cause. Le conseil doit même la déclarer d'office (Trib. com. Seine, 10 janv. 1890, aff. Radeau, *Gazette des tribunaux*, 27 janv. 1890), et il ne pourrait être appelé à juger qu'en qualité d'arbitre et en se conformant aux règles de l'arbitrage.

L'incompétence territoriale pourrait d'ailleurs être opposée *in limine litis* devant le bureau de jugement, quoique non opposée devant le bureau particulier, car, ce bureau n'étant pas un tribunal, l'affaire devant lui n'est pas encore à l'état de procès commencé (Lyon-Caen et Renault, *Traité de droit commercial*, t. 1, n⁰ 561 ; Ruben de Couder, *Dictionnaire de droit commercial*, v⁰ *Prud'hommes*, n⁰ 129 ; Sarrazin, n⁰ 38).

112. Sur le caractère absolu ou relatif de l'incompétence des tribunaux civils dans les matières de la compétence des prud'hommes, il faut appliquer ce qui est dit de leur incompétence dans les matières commerciales (V. *supra*, v⁰ *Compétence commerciale*, n⁰ 7. Le caractère civil peut présenter ici le fond de l'affaire fournit seulement un argument de plus au système de l'incompétence purement relative. Pour ce système, V. Trib. com. Marseille, 3 avr. 1867, *Journal de Marseille*, 1867. 1. 164.

113. On a vu au *Rép.*, n⁰ 94, comment le décret de 1809 a élargi la compétence des prud'hommes au point de vue de la quotité, qui, au delà de 60 fr., d'après le décret de 1806 relatif aux fabriques lyonnaises, ne laissait aux prud'hommes que le rôle de conciliateurs, tandis que cette quotité est indifférente aujourd'hui, même lorsqu'il s'agit de juger, sauf l'appel possible d'après le décret de 1809, au delà de 100 fr. et d'après la loi de 1853 au delà de 200 fr. seulement (V. *infrà*, n⁰ 131).

La Chambre des députés, en 1892, a maintenu le droit de juger indéfiniment en premier ressort, bien que la commission eût proposé, en élevant à 300 fr. le taux de la compétence du dernier ressort, de limiter à 1500 fr. le droit de juger en premier ressort. Les demandes supérieures à ce chiffre, outre qu'elles sont infiniment rares dans les matières soumises aux prud'hommes, semblaient à la commission impliquer le moyen de subir le droit commun avec ses charges et ses avantages. Mais la Chambre a trouvé cette limitation incompatible soit avec la compétence illimitée en premier ressort des juges de paix à défaut de prud'hommes, en matière de travail, soit avec l'esprit démocratique manifesté dans le projet de loi par l'extension de l'institution de prud'hommes à de nouvelles catégories de justiciables (V. *Journ. off.* Déb. parl., Ch., 1892, p. 194, 197, 199, 203).

114. — II. Conciliation. — La conciliation forme, ainsi qu'on l'a vu au *Rép.*, n⁰ 95, l'objet capital de l'institution des prud'hommes, et doit être préalablement essayée devant eux sur toute affaire qu'ils seraient appelés à juger. Ce principe, qui les a fait appeler les *juges de paix de l'industrie*, a été maintenu en tête du projet de loi dont nous avons parlé. D'après l'art. 1, modelé sur l'art. 6 de la loi de 1806, les conseils de prud'hommes sont institués pour terminer, par voie de conciliation, les différends visés dans ce texte, et leur fonction de juge n'est mentionnée qu'ensuite, pour les différends à l'égard desquels la conciliation a été sans effet. Le nombre de ces différends ne représenterait qu'une proportion de 20 pour 100 d'après le rapporteur, M. Lagrange (*Journ. off.* Déb. parl., 1892, p. 194), et même 10 pour 100 d'après M. Pierre Legrand (*Ibid.*, p. 257). Mais cette évaluation s'applique sans doute aux affaires terminées par jugement, non à toutes les affaires renvoyées faute de conciliation au bureau de jugement. Car celles-ci, dont plus de la moitié, il est vrai, s'arrangent à l'amiable après ce renvoi, ont atteint une proportion de 25 pour 100 en 1890 au lieu de 6 pour 100 en 1830 (V. *supra*, n⁰ 6, et *Rép.*, n⁰ 6. V. aussi Lyon-Caen et Renault, *Traité de droit commercial*, t. 1, n⁰ 558).

115. La procédure à suivre pour la conciliation, procédure dont les règles, tracées par le décret de 1809, titre 6, doivent être complétées par celle du code de procédure sur la conciliation devant le juge de paix (*Rép.* n⁰ˢ 96 à 100), n'a donné lieu à aucune question nouvelle et intéressante devant les tribunaux.

En 1892, devant la Chambre, à propos de la comparution personnelle, un débat assez vif s'est produit sur les cas où la représentation pourrait être admise et sur les personnes à qui elle pourrait être confiée. La Chambre restreignit ce droit au cas d'absence ou de maladie, comme le décret de 1809, contrairement à un amendement de M. Balsan, qui voulait le généraliser à cause de la difficulté de constater l'excuse d'une façon sérieuse, et de la facilité plus grande qu'aurait le patron de se créer une excuse d'absence (*Journ. off.*, Déb. parl., 1892, p. 257). Le Sénat l'a généralisé, mais seulement pour les chefs d'industrie. Comme représentants, la Chambre a admis, avec la loi *actuelle*, soit un parent du représenté, soit une personne exerçant la même industrie et ouvrier ou patron comme lui. Elle a admis, en outre, pour les chefs d'industrie, le directeur gérant de leur établissement ou un employé fondé de pouvoirs. Le Sénat a admis les mêmes personnes, mais non les parents en cette seule qualité. — L'inégalité entre les patrons et les ouvriers a soulevé des réclamations, mais a paru commandée par une nécessité pratique évidente, et conciliable avec l'esprit de la loi qui est de placer l'ouvrier devant le prud'homme en face de celui-là même qui exerce dans l'établissement industriel ou commercial l'autorité patronale, et d'empêcher celui-ci de se substituer un homme de loi.

L'assistance par un conseil ou avocat est actuellement permise (Lyon-Caen et Renault, *Traité de droit commercial*, t. 1, n⁰ˢ 559 et 560 ; *Revue de droit commercial*, 1885. 1. 139). Elle le serait encore dans le projet de la Chambre, mais celui du Sénat défend de se faire assister.

116. On a vu au *Rép.*, n⁰ 97, que le représentant doit, d'après le décret de 1809, être porteur d'une procuration, mais que, dans le silence de ce décret, quant à la forme de cette procuration, et par dérogation aux principes rigoureux du droit, les prud'hommes se contentent d'une procuration ver-

bale. Le projet de loi se borne sur ce point à exiger que le représentant soit porteur de la lettre du secrétaire visée par le destinataire et que la signature de ce dernier soit légalisée dans les formes ordinaires (art. 25).

117. D'après l'art. 25 du projet, la lettre du secrétaire par laquelle le défendeur est appelé devant le conseil (V. *Rép.* n° 97) jouirait de la franchise postale.

La Chambre (et c'est ce qui l'avait amenée à voter cette franchise) voulait que cette lettre fût recommandée. Le Sénat supprima la recommandation, qui pourrait amener des retards dans la réception. Il n'admit pas non plus, comme l'avait fait la Chambre, que la lettre pût être portée par le demandeur au domicile du défendeur (art. 26). Elle devrait contenir les jour, mois et an, les nom et profession du demandeur, l'exposition sommaire de l'affaire, le jour et l'heure de la comparution (art. 26).

118. Un amendement de M. Isambard demandait de porter à trois jours francs le délai de comparution en conciliation, comme devant le juge de paix. Mais cet amendement n'a point pris place dans le texte du projet, qui se borne à exiger la comparution au jour et à l'heure fixés par la lettre du secrétaire et laisse ainsi subsister le délai d'un jour prescrit par l'art. 34 du décret de 1809. C'est d'ailleurs le délai des citations devant le juge de paix pour les affaires dont il a le jugement, d'après l'art. 5 c. proc. civ. Le projet (art. 40) déclare même cet article applicable, tandis qu'il s'abstient de renvoyer à l'art. 54, qui donne trois jours pour la comparution en conciliation dans les affaires ordinaires.

119. Le projet de loi permet enfin aux parties de se présenter volontairement devant le bureau de conciliation, et d'obtenir alors qu'il soit procédé à leur égard comme si l'affaire avait été introduite par une demande directe (art. 27).

120. Le défaut de comparution du défendeur donne lieu actuellement à une citation par l'huissier attaché au conseil (*Rép.* n° 98). Dans le projet, il donne lieu, comme le cas de non-conciliation, au renvoi de l'affaire à la plus prochaine audience du bureau de jugement, devant lequel le secrétaire convoquerait les parties par lettre recommandée. Cette lettre serait accompagnée d'un talon destiné à consigner le jour et l'heure de la remise et l'indication de la personne entre les mains de laquelle la lettre a été laissée, avec obligation, pour le receveur des postes, de renvoyer ce talon au secrétaire aussitôt après la rentrée du facteur. — La non-comparution du demandeur ferait rayer l'affaire du rôle, sauf reprise dans le délai de huit jours (art. 28 du projet).

121. En substituant, dans le cas de non-comparution, la lettre recommandée du secrétaire à la citation par l'huissier du conseil, le projet supprimerait la question résolue au *Rép.*, n° 99, de savoir s'il faut appliquer l'art. 4 c. proc. civ., c'est-à-dire remplacer cet huissier, en cas d'empêchement, par un huissier commis par le juge, et l'empêcher d'instrumenter pour ses parents en ligne directe, frères, sœurs, et alliés au même degré. Cette seconde partie de l'article pourrait seulement s'appliquer aux significations de jugements. Mais il est à remarquer que cet article ne figure pas parmi ceux que le projet déclare applicables.

122. On a indiqué au *Rép.*, n° 100, les pouvoirs du bureau particulier pour la police de l'audience de conciliation, d'après les art. 32 et suiv. du décret de 1809, calqués sur les art. 10, 11 et 12 c. proc. civ. Le projet se borne sur ce point à comprendre ces derniers articles parmi les textes applicables aux prud'hommes.

123. — III. JUGEMENT DES CONTESTATIONS. — Nous n'avons rien à ajouter à ce qui est dit au *Rép.*, n°s 101 et 103, sur le mode de citation, le mode de comparution et la police de l'audience qui sont réglés devant le bureau de jugement comme devant le bureau de conciliation. En ce qui concerne la capacité des parties (*Rép.* n°s 96 et 103), le projet de loi a consacré (art. 33) l'avis d'après lequel le conseil pourrait, à défaut ou au refus du mari, autoriser une femme à se concilier, à demander ou à défendre devant lui ; de même pour un mineur, qui ne peut être assisté de son père ou de son tuteur (art. 34). Ainsi serait écartée la question posée au *Rép.*, n° 96, sur l'admission des mineurs non pourvus de tuteur. Dans le sens de cette admission, il a été jugé qu'un enfant mineur mis par ses parents dans la nécessité de travailler pour vivre doit être présumé

avoir reçu d'eux tous pouvoirs nécessaires pour réclamer, en tant que de besoin, le prix de son travail devant la juridiction des prud'hommes compétents, et qu'en conséquence la citation délivrée à sa requête est valable et saisit régulièrement le conseil appelé à statuer sur une réclamation de cette nature (Cons. des prud. de Nantes, 18 nov. 1892, aff. Ripoche, *Journal des prud'hommes*, 1893, p. 116).

124. Les actes de procédure, les jugements et les actes nécessaires à leur exécution dans les causes portées devant les prud'hommes, ou en appel, ou devant la cour de cassation, sont visés pour timbre et enregistrés en débet conformément à l'art. 70 de la loi du 22 frim. an 7, sauf condamnation de la partie qui succombe envers le Trésor (L. 7-14 août 1850, D. P. 50. 4. 186, et art. 37 du projet de loi). Quant aux prud'hommes, leurs fonctions sont absolument gratuites vis-à-vis des parties (L. 18 mars 1806, art. 32 ; art. 36 du projet de loi). On a vu *suprà*, n° 24, qu'elles peuvent ne pas l'être vis-à-vis de la commune, même pour les prud'hommes patrons, depuis la loi du 7 févr. 1880, art. 6, qui a abrogé à cet égard l'art. 30 de la loi du 18 mars 1806.

125. On a vu au *Rép.*, n°s 105 et 108, qu'il faut appliquer pour les preuves, et notamment pour les enquêtes et contre-enquêtes, les mêmes règles que devant le juge de paix, l'enquête étant d'ailleurs admissible ou non, sans distinction de chiffre, suivant la nature commerciale ou civile de la contestation. Ainsi, par application des règles du code de procédure civile sur les enquêtes, les témoins doivent prêter serment avant de déposer, à peine de nullité de leurs dépositions et du jugement fondé sur les dépositions de témoins dont le jugement ne constaterait pas la prestation de serment (Civ. cass. 14 févr. 1883, aff. Compagnie des forges et fonderies de l'Horme, D. P. 84. 1. 68). Mais c'est le bureau lui-même, non un membre délégué, qui doit recevoir leur serment et leur déposition (*Rép.* n° 107). En outre, les prud'hommes ne peuvent appliquer les pénalités édictées contre les témoins par le code de procédure civile (art. 263 et 264), les peines étant de droit étroit (*Rép.* n° 106). Enfin, MM. Lyon-Caen et Renault (n° 562) n'appliquent pas devant les prud'hommes l'art. 36 c. proc. civ., selon lequel « les reproches des témoins ne peuvent être reçus après la déposition commencée qu'autant qu'ils sont justifiés par écrit ». L'art. 50 du décret de 1809 oblige à fournir les reproches avant la déposition et à les signer. Le projet de loi mentionne, au contraire, l'art. 36 c. proc. civ. parmi les textes applicables. — Sur la taxe des témoins, V. *Rép.* n° 109.

126. Les prud'hommes sont juges des exceptions soulevées devant eux. Mais l'inscription de faux et la dénégation d'écriture donnent lieu à renvoi devant le tribunal civil par analogie avec ce qui a lieu devant le juge de paix (c. proc. civ., art. 14). Les questions d'état et de qualité sont aussi renvoyées au tribunal civil avec sursis quant au fond.

127. La récusation des prud'hommes se fait dans les mêmes cas et dans les mêmes formes que celle d'un juge de paix (*Rép.* n° 110) sauf qu'elle est jugée par le tribunal de commerce.

Le projet de loi (art. 35) ajoute à ces cas de récusation celui d'un prud'homme qui serait patron ou ouvrier de l'une des parties en cause. Il simplifie la procédure en substituant à la signification par huissier une déclaration motivée et signée remise par la partie au secrétaire du conseil qui lui en donne récépissé. Par suite, il s'abstient de viser les art. 44 et 45 c. proc. civ. Enfin, il fait juger la récusation comme pour les juges de paix par le tribunal civil, en visant comme applicables les art. 46 et 47 c. proc. civ.

128. Sur les jugements avant dire droit et les expertises, V. *Rép.* n°s 114 à 117. — L'art. 39 du projet de loi permet aux conseils de prud'hommes, dans les cas urgents, d'ordonner telles mesures qui seront jugées nécessaires pour empêcher que les objets qui donnent lieu à une réclamation ne soient enlevés, ou déplacés, ou détériorés. — Sur la signature des jugements, V. *Rép.* n° 118. — Sur la composition du bureau pour rendre les jugements, V. *Rép.* n° 102 ; *suprà*, n°s 64 et suiv., et 70.

En ce qui concerne l'exécution des jugements, il n'y a plus à se demander, comme on l'a fait au *Rép.*, n° 119, si le conseil des prud'hommes peut l'assurer en prononçant la contrainte par corps, lorsqu'il s'agit d'actes commercial ou de dommages-intérêts en matière civile au-dessus de 300 fr.,

en vertu de la loi du 17 juin 1832 et de l'art. 126 c. proc. civ. Il ne peut plus être question de ce pouvoir depuis la loi du 22 juill. 1867 qui restreint la contrainte par corps aux matières criminelles, correctionnelles et de police.

L'exécution provisoire nonobstant appel n'est jamais de droit, mais peut être ordonnée jusqu'à concurrence de 200 fr. sans caution, et pour le surplus à charge de fournir caution (Rép. n° 120). — Pour les règles relatives à cette caution, V. Rép. n° 121. — Le projet de loi ne consent à ce sujet qu'un renvoi aux art. 11 et 12 de la loi du 25 mai 1838 qui déterminent autrement les cas où l'exécution provisoire des jugements des juges de paix doit être ordonnée ou peut l'être avec ou sans caution (V. supra, v° Compétence civile des tribunaux de paix, n° 139).

129. — IV. VOIES DE RECOURS. — 1° Opposition. — Les jugements par défaut sont susceptibles d'opposition dans les formes et délais fixés par les art. 41 à 44 du décret de 1809 (Rép. n°s 111 et 112). Ces dispositions, on l'a vu (Rép. n° 112), bien que fixant le délai à trois jours, fournissent l'équivalent de l'art. 158 c. proc. civ., qui permet l'opposition jusqu'à l'exécution, puisqu'elles relèvent de la déchéance en cas d'ignorance par suite d'absence ou de maladie grave, ce qu'on peut justifier au moment de l'exécution.

Les jugements qui ne sont pas exécutés dans les six mois de leur date sont réputés non avenus (L. 1er juin 1853, art. 15; Rép. n° 113). Cette péremption, qui n'est que l'application de celle qu'édicte en termes généraux l'art. 156 c. proc. civ., s'applique aux condamnations prononcées par défaut au profit du Trésor pour le recouvrement des frais en vertu de l'art. 4 de la loi du 7 août 1850 (D. P. 50. 4. 186, V. supra, n° 124), ces condamnations étant de même nature que celles qui interviennent en matière d'assistance judiciaire et pour lesquelles la question est ainsi résolue par une décision du ministre des finances du 3 oct. 1876 (V. supra, v° Organisation judiciaire, n° 442). — Mais cette péremption disparaîtrait forcément d'après le projet de loi qui abroge la loi de 1853 et se borne à renvoyer, non aux art. 136 et suiv. c. proc. civ., mais aux art. 19 à 22 relatifs aux jugements des juges de paix et qui n'en font pas mention.

130. Si l'opposition est ouverte contre une sentence rendue par défaut, si d'autre part la cour suprême peut annuler une sentence condamnant une personne non régulièrement assignée et représentée, on ne saurait se prévaloir d'un tel moyen quand on a été nommé dans l'assignation et qu'on a comparu et conclu au fond. Il a été jugé notamment que lorsqu'un ouvrier a cité devant le conseil des prud'hommes le contremaître d'une compagnie « et la compagnie pour lui », et que celle-ci a comparu et conclu au fond par le ministère d'un avoué régulièrement constitué, elle n'est pas recevable à soutenir devant la cour de cassation qu'elle n'a été ni appelée ni représentée devant le conseil (Civ. rej. 14 févr. 1883, aff. Compagnie des forges et fonderies de l'Horme, D. P. 84. 1. 68).

131. — 2° Appel. — Les jugements des prud'hommes ne sont susceptibles d'appel que s'ils portent sur des différends excédant 200 fr. (Rép. n° 122). Le projet voté par la Chambre en 1892 portait à 300 fr. le taux de la compétence en dernier ressort (art. 30). Le Sénat a préféré le chiffre de 300 fr.

C'est le chiffre de la demande et non de la condamnation qu'il faut considérer (Rép. n° 123), et le projet précité a maintenu ce principe et refusé de prendre pour base la condamnation, comme le faisait autrefois le décret du 3 août 1810, art. 2. On n'a fait devant la Chambre que reproduire de part et d'autre les arguments indiqués au Rép., n°s 123 et 125 (Comp. Journ. off., Déb. parl., Ch., 1892, p. 263).

L'incompétence est un moyen d'appel quelle que soit, quant au fond, la quotité du litige (c. proc. civ. art. 454).

La question de savoir si la disposition d'un jugement de prud'hommes prononçant la contrainte par corps est susceptible d'appel bien que le fond ne le soit pas (Rép. n° 120) ne peut plus se poser aujourd'hui.

132. Ainsi qu'on l'a vu au Rép., n° 124, l'appel est recevable par application du droit commun quand un même jugement statue sur plusieurs demandes dont aucune n'excéderait isolément le taux du dernier ressort, mais qui l'excèdent par leur réunion.

Les demandes reconventionnelles ont soulevé à ce point

de vue une question délicate. Les deux demandes principales et reconventionnelles ne peuvent généralement être tranchées qu'en premier ressort du moment que l'une d'elles excède le taux du dernier ressort (L. 25 mai 1838, art. 7 et 8, pour les juges de paix; 11 avr. 1838, art. 2, pour les tribunaux civils; 3 mars 1840, modifiant l'art. 639 c. com., pour les tribunaux de commerce). Il est dérogé à cette règle, et la modicité de la demande principale soustrait au contraire à l'appel la demande reconventionnelle en dommages-intérêts ou en compensation, lorsque celle-ci est fondée exclusivement sur la demande principale. Mais cette dérogation n'est inscrite que dans les lois relatives aux tribunaux civils et de commerce, et n'est pas applicable aux juges de paix, la loi du 25 mai 1838 ayant pour eux réglé différemment cette matière (V. supra, v° Compétence civile des tribunaux de paix, n° 130). Que décider à cet égard des conseils de prud'hommes? Trancheront-ils sans appel comme les tribunaux civils et de commerce, ou à charge d'appel comme les juges de paix, une demande reconventionnelle en dommages-intérêts supérieure au taux du dernier ressort, mais fondée exclusivement sur une demande principale inférieure à ce taux? par exemple une demande en dommages-intérêts de plus de 200 fr., opposée par un patron à une demande de moins de 200 fr. de salaire, pour trouble et désorganisation causée dans l'atelier par cette demande mal fondée?

Pour déclarer l'appel non recevable, on peut dire que cette règle, admise devant les tribunaux civils, constitue, par cela seul, le droit commun à toutes les juridictions en l'absence de texte contraire. Ce système a prévalu devant la cour de cassation (Civ. cass. 12 août 1889, aff. Letendre, D. P. 91. 1. 119; Req. 30 mai 1892, aff. Porret, D. P. 93. 1. 347; 10 janv. 1893, aff. Desouter, D. P. 93. 1. 64). Dans le même sens (Trib. com. Le Havre, 4 déc. 1882, Revue de droit commercial, 1884. 2. 29; Cons. des prud'hommes de la Seine (industries diverses), 9 sept. 1885, aff. Ramollini, Journal des prud'hommes, 1885, p. 293; Ch. Constant, Des demandes reconventionnelles devant les conseils de prud'hommes au point de vue du taux du ressort, Revue de droit commercial, 1885. 1. 151, et Journal des prud'hommes, 1885, p. 97).

Mais le tribunal de commerce de la Seine (13 juin, 27 juin, 30 oct. 1884, Revue de droit commercial, 1885, 2, 10, 11 et 14; 11 oct. 1887, aff. Letendre, D. P. 91. 1. 119) avait adopté une jurisprudence contraire et admis l'appel. Le tribunal de commerce de Lille (26 mai 1891, aff. Wibaux-Florin, Journal des prud'hommes, 1891, p. 238) avait posé le même principe. On peut dire, pour cette opinion, qu'elle n'est que l'application d'un principe général qui attache le droit d'appel à l'élévation de la demande, et que ce principe, n'ayant reçu d'exception qu'à raison du lien entre les deux demandes, que devant les tribunaux civils et de commerce, reprend toute sa force devant les prud'hommes sans le secours d'un texte spécial, encore bien qu'un texte soit le soin de le rappeler devant les juges de paix; qu'il est rationnel d'ailleurs d'étendre aux prud'hommes, sur les points non prévus, la législation des juges de paix, pour empêcher le plus possible la solution de changer dans les circonscriptions où les juges de paix tiennent lieu de prud'hommes (V. en ce sens, Lyon-Caen et Renault, Traité de droit commercial, t. 1, n° 549).

La Chambre des députés, en 1892, et la commission du Sénat, en 1893, tranchaient la question dans ce dernier sens (art. 40) par un renvoi aux art. 7 et 8 de la loi du 25 mai 1838. Mais le Sénat (sa commission s'étant ravisée) remplaça ce renvoi par un renvoi à l'art. 2 de la loi du 11 avr. 1838 qui écarte l'appel pour les tribunaux civils dans le cas dont il s'agit. Il voulut par là empêcher le défendeur d'imposer à son gré le second degré de juridiction en matière modique par l'introduction d'une demande reconventionnelle fondée sur le prétendu dommage que lui cause la demande principale. On peut déclarer qu'il suffira au défendeur, pour rendre la cause susceptible d'appel, de fonder sa demande reconventionnelle sur des faits étrangers ou antérieurs à la demande principale, et non exclusivement sur cette demande elle-même (V. infra, n° 133).

133. Dans le système de la cour de cassation et du Sénat, qui écarte l'appel quand la demande reconventionnelle

en dommages-intérêts, supérieure au taux du dernier ressort, est fondée exclusivement sur la demande principale inférieure à ce taux, il importe de déterminer dans quels cas la demande reconventionnelle est exclusivement fondée sur la demande principale. Il a été jugé, à cet égard, qu'elle n'a pas ce caractère lorsqu'elle est fondée sur des faits préjudiciables antérieurs à l'assignation, quand même ces faits seraient motivés par celui sur lequel est fondée l'assignation, par exemple lorsqu'un patron auquel un ouvrier réclame une indemnité pour renvoi illégitime, demande reconventionnellement des dommages-intérêts à cause du trouble préjudiciable que cet ouvrier lui aurait occasionné en parcourant les ateliers et en protestant contre le règlement (Req. 30 mai 1892 et 10 janv. 1893, cités *suprà*, n° 132); — mais qu'il en est autrement d'une demande reconventionnelle qui se fonde sur le préjudice causé par les revendications du demandeur, dérangement de toute sorte et trouble provoqué ainsi par lui dans les ateliers du défendeur, sans relever aucun fait antérieur à l'assignation (Civ. cass. 31 oct. 1893, aff. Bertelle, D. P. 94, 1re partie).

134. Le principe que les demandes en dommages-intérêts fondées exclusivement sur la demande principale n'entrent pas en ligne de compte pour déterminer le taux du ressort suppose d'ailleurs que ces demandes sont formées reconventionnellement par le défendeur. Les dommages-intérêts réclamés par le demandeur, même fondés exclusivement sur cette demande et sur la résistance du défendeur, entrent toujours en ligne de compte (V. *suprà*, v° *Degrés de juridiction*, n° 76. *Adde* : Trib. com. Seine, 29 sept. 1893) (1).

135. On ne saurait refuser d'étendre aux prud'hommes le principe général développé *suprà*, vls *Appel civil*, n° 23, *Compétence civile des tribunaux de paix*, n° 135, et *Degrés de juridiction*, n°s 172 et suiv., principe d'après lequel les parties peuvent, devant un juge compétent en premier ressort, déclarer vouloir être jugés par lui définitivement et sans appel et proroger ainsi sa compétence en dernier ressort.

136. Le juge de l'appel est le tribunal de commerce et à son défaut le tribunal civil (*Rép.* n° 127). Son jugement, étant un jugement d'appel, est toujours en dernier ressort, même sur une demande supérieure à 1500 fr., limite de la compétence en dernier ressort des tribunaux civils et de commerce, car cette limite ne peut servir à obtenir un troisième degré de juridiction qui n'existe pas dans notre organisation judiciaire (*Rép.* n° 128; Paris, 13 nov. 1885, aff. Dominigo, *Le Droit*, numéro du 6 déc. 1885).

137. Au point de vue de l'appel, la Chambre, en 1892, a adopté une réforme importante et en a repoussé une autre, plus grave encore, que lui proposait sa commission. Elle a désigné comme juge d'appel le tribunal civil, même dans les ressorts où il existe un tribunal de commerce, lui ordonnant seulement d'instruire et de juger comme en matière commerciale sans assistance obligatoire d'un avoué (art. 31), et de statuer dans les trois mois de

l'acte d'appel. Les actes de procédure seraient rédigés sur papier visé pour timbre et enregistrés en débet.

La réforme que l'on proposait à la Chambre consistait à prendre pour juge d'appel l'assemblée générale du conseil même qui a rendu le jugement, mais à l'exclusion des prud'hommes qui y ont pris part, et en composant cette assemblée de la moitié au moins des membres du conseil, les patrons et les ouvriers devant en outre s'y trouver en nombre égal, non compris le président. On avait soin d'ailleurs d'exiger qu'il y eût au moins seize membres dans tout conseil de prud'hommes. Cette institution de prud'hommes d'appel avait déjà fait l'objet d'une proposition spéciale de M. Félix Faure, le 15 déc. 1885.

Pour enlever aux tribunaux de commerce la connaissance des appels, on faisait remarquer qu'ils sont composés exclusivement de patrons élus par les patrons, et que, les appeler à réformer les décisions des conseils de prud'hommes composés en partie d'ouvriers est une anomalie qui excite la défiance. Mais d'autre part l'appel des décisions des prud'hommes devant les autres prud'hommes du même conseil fut vivement combattu. On craignit que ce système, appelant les prud'hommes d'un même conseil à être alternativement juges d'appel les uns à l'égard des autres, n'amenât la confirmation ou l'infirmation systématique des jugements alors que, d'ailleurs, la majorité dans l'assemblée d'appel appartiendrait fatalement à l'élément inverse de celui qui aurait dominé dans la section de première instance. On craignit aussi qu'il n'amenât pas une application suffisamment uniforme des lois appelées à régir le travail.

Les objections ainsi présentées d'une part contre les tribunaux de commerce, d'autre part contre les prud'hommes d'appel, firent prévaloir l'amendement de M. Sibille en faveur des tribunaux civils, déjà juges en appel des décisions des prud'hommes à défaut du tribunal de commerce, et de celles des juges de paix en matière de travail à défaut de conseil de prud'hommes. L'uniformité de juridiction deviendrait ainsi complète en appel. Au delà d'un certain chiffre, d'ailleurs, il s'agit rarement de malfaçon, d'inexécution ou mauvaise exécution du contrat de louage d'ouvrage, ou de tout autre fait professionnel, mais plus souvent de questions d'un autre ordre appelant la compétence des juges de droit commun.

Le choix des tribunaux civils comme juges d'appel a prévalu aussi devant le Sénat.

138. On a vu *suprà*, n° 6, dans quelle proportion les jugements des conseils de prud'hommes sont susceptibles d'appel, frappés d'appel, confirmés ou infirmés par le juge du second degré.

139. Le délai d'appel est actuellement de trois mois à partir de la signification, en vertu de l'art. 38 du décret de 1809. Le projet de loi abroge ce décret et déclare applicable l'art. 13 de la loi du 25 mai 1838 qui, pour les jugements des juges de paix, fixe le délai à trente jours à partir de la signification pour les personnes domiciliées dans le ressort du premier juge, et qui, pour les autres, applique les délais fixés par les art. 73 et 1033 c. proc. civ.

---

(1) (Kempf C. Dumas.) — Le tribunal : — Sur la recevabilité de l'appel : — Attendu que demoiselle Kempf expose que l'importance de la somme réclamée à Dumas devant le conseil des prud'hommes ne serait pas supérieure à 200 fr.; que si à la vérité le chiffre de sa demande du chef des dommages-intérêts était indéterminé, l'indemnité ainsi réclamée serait basée sur cette demande elle-même et n'en serait, dès lors, que l'accessoire; — Que, par suite, ce serait à bon droit que les premiers juges auraient déclaré statuer en dernier ressort sur le litige qui leur était soumis; — Qu'en conséquence, l'appel formé par Dumas devait être rejeté comme non recevable; — Mais attendu, tout d'abord, qu'il appert de la procédure même de demoiselle Kempf que sa demande d'indemnité pour temps perdu est comprise dans sa demande introductive d'instance dont elle fait partie intégrante et dont elle constitue un des éléments; — Attendu, d'autre part, qu'aux termes de la doctrine et de la jurisprudence la plus récente, les dispositions de l'art. 2 de la loi du 2 avr. 1893 en vertu desquelles les demandes en dommages-intérêts exclusivement fondées sur la demande principale elle-même, ne sont applicables qu'aux demandes formées reconventionnellement par le défendeur; — Qu'il est, dès lors, constant que le chiffre de la demande devant les juges du premier degré n'étant point déterminé, c'est à tort que ceux-ci ont déclaré statuer en dernier ressort; — Par ces motifs; — Reçoit Dumas appelant en la forme des deux sentences contre lui rendues par défaut par le conseil des prud'hommes de la Seine, les 27 juin et 1er août 1893 et statuant au fond sur le mérite de cet appel : — Attendu que si demoiselle Kempf prétend avoir exécuté d'ordre et pour le compte de Dumas une gravure sur bois pour le prix de laquelle celui-ci lui devait 132 fr. il ressort des débats et des pièces produites que la gravure dont s'agit lui a été commandée, non par Dumas, mais par un sieur Devarenne, administrateur d'une revue périodique intitulée : La Grande Dame; — Que s'il est vrai qu'ainsi que le prétend la demanderesse, Dumas soit employé au service dudit sieur Devarenne pour la surveillance de la publication dont s'agit, il est établi par contre, et d'ailleurs non contesté, qu'il n'a adressé aucune commande à demoiselle Kempf ni pour son propre compte, ni même pour celui de la publication en question pour laquelle celle-ci a reçu directement les ordres du sieur Devarenne; — Qu'à tous égards, c'est donc à tort que la demande, à toutes fins qu'elle comporte, a été dirigée contre le défendeur et qu'il échet par suite de la rejeter; — Par ces motifs; — Infirme les sentences des 27 juin et 1er août dont appel et statuant à nouveau; déclare demoiselle Kempf mal fondée en ses demandes, fins et conclusions, l'en déboute et la condamne aux dépens. — Du 29 sept. 1893.-Trib. com. de la Seine.

Par application du même art. 13, il serait défendu d'appeler du jugement avant les trois jours qui suivent celui de sa prononciation, à moins qu'il n'y ait lieu à exécution provisoire. Mais on ne saurait appliquer actuellement cette suspension du droit d'interjeter appel, l'art. 38 du décret de 1809 réglant le délai d'appel sans en faire mention ni renvoyer à aucun autre texte.

140. — 3° *Recours en cassation.* — Dans l'état actuel de la législation et faute de texte spécial restreignant à l'égard des prud'hommes comme à l'égard des juges de paix les pouvoirs de la cour suprême, les jugements des prud'hommes en dernier ressort sont susceptibles de recours en cassation, non seulement pour excès de pouvoir (l'incompétence étant toujours un moyen d'appel), mais encore dans tous les cas où le droit commun y donne ouverture, c'est-à-dire pour simple violation de la loi. C'est ainsi qu'un jugement de prud'hommes a été cassé pour s'être appuyé sur une enquête sans constater que les témoins eussent prêté serment (Civ. cass. 14 févr. 1883, aff. Compagnie des forges et fonderies de l'Horme, D. P. 84. 1. 68), et qu'un autre l'a été pour avoir violé le principe qu'une convention légalement formée tient lieu de loi à ceux qui l'ont faite, en attribuant à un ouvrier un salaire supérieur au salaire convenu (Civ. cass. 20 déc. 1852, aff. Hébert, D. P. 53. 1. 95. Comp. *suprà* v° *Cassation*, n° 43).

Ce dernier arrêt a fourni devant la Chambre, en 1892, un argument pour restreindre les pouvoirs de la cour suprême en cette matière au seul cas d'excès de pouvoir, le maintien du salaire convenu ayant paru, dans l'espèce, injuste comme ce salaire lui-même. Mais de ce que la loi n'annule pas un contrat fait à vil prix, et de ce que la cour suprême doit ramener les tribunaux au respect de cette législation, on ne peut tirer argument pour mettre la violation de la loi à l'abri du recours en cassation. — Un autre argument a été tiré de ce que les sentences des juges de paix en matière analogue ne peuvent être cassées que pour incompétence ou excès de pouvoir ; et la commission a entraîné la Chambre à décider de même pour les conseils de prud'hommes en repoussant l'amendement de M. de Ramel qui demandait ici le maintien du droit commun. — M. de Ramel, partisan d'ailleurs de l'extension du pourvoi pour les sentences des juges de paix, indiquait à l'appui de son amendement la nécessité d'assurer l'uniformité dans l'interprétation des lois relatives au travail, la difficulté de s'accorder sur la définition de l'excès de pouvoir, et l'extension qu'a dû lui donner la jurisprudence à l'égard des juges de paix, faute de pouvoir casser pour simple violation de la loi. Il proposait en outre l'exemption des droits de timbre et d'enregistrement, du ministère d'avocat et de la consignation d'amende ; il maintenait seulement l'amende réduite aux deux tiers pour empêcher la cour d'être encombrée de procès incessants. — Ces considérations n'ont pas prévalu à la Chambre ; mais le contrôle dont elle affranchissait les prud'hommes a été rétabli par le Sénat.

D'après le projet, le pourvoi se ferait dans les trois jours de la signification, par déclaration au greffe du tribunal, notifiée dans la huitaine. Les pièces seraient adressées à la cour de cassation dans la quinzaine de la notification, sans consignation de l'amende et sans obligation de recourir à un avocat. Le pourvoi serait porté directement devant la chambre civile. La cour statuerait dans le mois de la réception des pièces (art. 32).

141. La tierce opposition et la requête civile sont recevables dans les termes du droit commun.

§ 2. — De la juridiction et de la compétence des prud'hommes en matière de police (*Rép.* n°* 129 à 143).

142. Nous n'avons rien à ajouter sur ce point aux numéros précités du *Répertoire*. Nous ferons seulement remarquer que, dans les dix années 1879 à 1888, les conseils de prud'hommes n'ont jugé que dix-huit contraventions à la police des ateliers, six par acquittement, douze par condamnation (*Journal des prud'hommes*, 1892, p. 120).

SECT. 5. — DES CONSEILS DE PRUD'HOMMES EN ALGÉRIE ET AUX COLONIES.

143. L'institution des conseils de prud'hommes n'existait pas encore en Algérie lors de la publication du *Répertoire*, et c'est seulement une loi des 23-25 févr. 1881 (D. P. 82. 4. 20) qui a rendu applicable à l'Algérie la législation des conseils de prud'hommes (L. 1er juin 1853, 4 juin 1864 et 7 févr. 1880 et dispositions des lois antérieures mentionnées par l'art. 19 de la loi de 1853).

Elle ne le fit pourtant que sous certaines modifications : 1° à cause de la mobilité plus grande de la population, elle réduisit la durée requise de la patente ou de l'exercice de la profession pour l'électorat et conséquemment pour l'éligibilité à trois ans au lieu de cinq, et celle du domicile, du moins pour l'électorat, à un an au lieu de deux qui restent nécessaires pour l'éligibilité ; — 2° A cause de la composition hétérogène de la population ouvrière de l'Algérie dans laquelle entrent des étrangers pour une part quelquefois plus forte que les Français, et pour une part aussi les israélites algériens et les indigènes musulmans, elle admet, suivant l'importance de la population musulmane, des prud'hommes assesseurs musulmans, en nombre à déterminer par le décret d'institution de chaque conseil.

Ces prud'hommes, pris en nombre égal dans les deux éléments patron et ouvrier, sont élus dans la même forme que les autres prud'hommes, par les musulmans non naturalisés remplissant les conditions générales de l'électorat et inscrits sur une liste électorale séparée (art. 5, 6 et 7). Ils sont eux-mêmes soumis aux conditions générales des conseils, sauf pour la nécessité de savoir lire et écrire le français : il leur suffit de savoir le français s'ils savent lire et écrire leur langue maternelle (art. 7). Enfin ils sont renouvelés comme les autres prud'hommes par moitié tous les trois ans (art. 8).

Ils sont appelés au nombre de deux, l'un patron, l'autre ouvrier, pour composer le bureau particulier et le bureau de jugement, mais seulement dans les causes où se trouvent un ou plusieurs musulmans non naturalisés (art. 5). — Outre cette différence avec les autres prud'hommes, ils n'ont jamais que voix consultative (*Ibid.*) ; — et enfin ils ne peuvent prendre part à l'élection des présidents et vice-présidents des conseils qui les font partie (Cons. d'Et. 19 déc. 1891, aff. Election du conseil des prud'hommes d'Oran. D. P. 93. 3. 30).

144. Le projet de loi dont nous avons parlé reproduit à peu de chose près, pour l'Algérie, le système de la loi de 1881. L'âge requis se trouverait abaissé par la Chambre, mais non par la commission sénatoriale, à vingt et un ans pour l'électorat, à vingt-cinq ans pour l'éligibilité, comme sur le territoire continental de la France (art. 63). — En ce qui touche les prud'hommes assesseurs musulmans, ils ne pourraient faire partie du bureau, mais ils pourraient prendre part à sa nomination comme les autres prud'hommes (art. 67). Ils siégeraient avec voix consultative d'après la Chambre, avec voix délibérative d'après la commission sénatoriale, dans les causes où se trouvent un ou plusieurs musulmans non admis à la jouissance des droits de citoyen français (art. 65). — De plus, il pourrait être attaché aux conseils des prud'hommes d'Algérie des interprètes nommés dans la même forme que le secrétaire et jouissant d'un traitement fixé par arrêté préfectoral, mais prêtant le serment professionnel avant d'entrer en fonctions. — Enfin le projet déclare applicable aux colonies de la Guadeloupe, de la Martinique et de la Réunion les dispositions relatives aux conseils de prud'hommes de la France.

Table sommaire

des matières contenues dans le Supplément et le Répertoire.

(Les chiffres précédés de la lettre S renvoient au Supplément; les chiffres précédés de la lettre R renvoient au Répertoire.)

Table chronologique des Lois, Arrêts, etc.

An 7.	1847	1855	76 c., 80 c., 143 c.	1876	23 juin. Cons.d'Et. 31 c., 50 c.	1888	27 nov. Toulouse. 36 c.
22 frim. Loi. 124 c.	9 juin, Ordon.; 7 c.	5 mai. Loi. 59 c.		4 oct. Décis. min. fin. 120 c.	8 sept. Cons. préf. Rhône. 29 c.	20 avr., Cons.d'Et.	18 déc.Cous. d'Et. 57 c., 59 c.
1806		1856	1866		10 oct. Cons. préf. Nord. 29 c.	27 c., 50 c.	19 déc. Cons.d'Et. 59 c., 143 c.
18 mars. Loi. 3 c., 5 c., 24 c., 20 c., 42 c., 74 c., 75 c., 81 c., 82 c., 86 c., 124 c.	1848	21 juill. Loi. 89 c.	11 avr. Cons. d'Et. 79 c.	1877	4 déc. Trib. com. Le Havre 132 c.	1890	1892
	27 mai. Décr. 3 c., 26 c., 27 c., 42 c., 43 c., 53 c., 54 c., 61 c., 64 c., 65 c., 74 c.	1857	12 avr. Cons. d'Et. 30 c., 32 c.	24 août. Orléans. 101 c.		40 janv. Trib. com. Seine.09 c., 111 c.	13 févr. Bruxelles. 57 c.
1809		23 juin. Loi. 61 c.	1867	1878	1883	14 févr. Cons.d'Et. 72 c.	27 févr. Cons.d'Et. 31 c., 50 c.
11 juin. Décr. 3 c., 3 c., 26 c., 27 c., 61 c., 66 c., 71 c., 74 c., 80 c., 93 c., 110 c., 116 c., 118 c., 122 c., 125 c.	6 juin. Décr. 42 c., 86 c.	1858	3 avr. Trib. corr. Marseille 112 c.	1er mars.Cons.d'Et. 30 c.	14 févr. Civ. 125 c. 130 c., 140 c.	21 févr.Cons.prud. Bordeaux. 106 c.	20 mai. Trib. com. Seine. 103 c.
	5 juill. Décr. 108 c.	27 mars. Décr. 110 c.	27 mai. C. d'ass. des Bouches-du-Rhône 22 c.	12 juill. Circ. 32 c.	13 avr. Cons. d'Et. 29 c.	8 mars. Décr. 7 c., 110 c.	31 c.
1810		5 juill. Décr. 110 c.	22 juill. Loi. 128 c.	10 déc. Cons. pru- d'hommes Seine prod. chim. 109 c.	27 avr. Cons.d'Et. 29 c.	15 mars. Cons. prud.Seine.104 c.	10 août. Trib.com. Seine. 132 c., 133 c.
3 août. Décr. 2 c., 42 c., 131 c.	1850	26 juill. Décr. 7 c. 17 sept. Crim. 22 c.	1868	1879	13 juill. Cons. d'Et. 50 c., 56 c., 59 c.	25 mars. Trib. com. Valen- ciennes. 106 c.	18 nov.Cons.prud. de Nantes. 123 c.
1832	7 mars. Loi. 82 c. 7 août. Loi. 124 c., 126 c.	1859	4er avr. Cons. d'Et. 56 c., 59 c.	14 nov. Circ. min. int. 67 c.	9 août. Cons.préf. Nord. 56 c.	28 mars. Trib. com. Seine.104 c.	6 déc. Trib.com. de Boulogne- sur-Mer. 108 c.
17 juin. Loi. 128 c.		27 juill. Décr. 110 c.	1869	1880	23 nov. Cons.d'Et. 56 c., 58 c., 59 c.		15 déc. Lyon.97 c.
1838	1852	4 août. Cons.d'Et. 50 c.	8 janv. Trib. civ. Douai. 19 c., 80.	7 févr. Loi. 3 c.	24 nov. Loi. 29 c. 8 déc. Loi. 52 c., 61 c.	24 mai. Trib.com. Seine. 102 c.	28 déc.Loi. 84 c.
11 avr. Loi. 132 c. 25 mai. Loi. 128 c., 132 c., 130 c.	2 févr. Loi. 27 c. 25 févr. Circ. 32 c. 20 déc. Civ. 140 c.	1860	1870	24 c., 54 c., 66 c., 66 c., 67 c., 68 c., 60 c., 71 c., 73 c., 124 c., 143 c.	1884	10 juin. Décr. 7 c. 2 juill. Loi. 22 c.	1893
	1853	16 janv. C. d'ass. Seine. 22 c.	23 févr. Civ. 65 c.		5 avr. Loi. 59 c. 66 c.	82 c., 105 c. 12 juill. Circ.min.	10 janv. Req. 132 c.
1840	1er juin. Loi. 2 c., 3 c., 26 c., 27 c., 29 c., 43 c., 43 c., 53 c., 54 c., 56c., 50 c., 61 c., 65 c., 66 c., 67 c., 68 c., 71 c., 72 c., 75 c., 86 c., 113 c., 120 c., 143 c.	30 juin. Décr. 87 c. 5 sept. Décr. 3 c., 75 c.	27 avr. Cons. d'Et. 29 c. 25 mai. C. d'ass. des Bouches-du- Rhône. 22 c.	15 juill. Loi. 29 c.	13 juin. Trib. com. Seine. 132 c. 27 juin. Trib. com. Seine. 121 c.	com. 32 c.	18 avr. Civ. 101 c.
3 mars. Loi. 132 c.		1862	11 sept. Décr. 62 c.	1881	30 oct. Trib. com. Seine. 132 c.	1891	2 mai. Trib.com. Seine. 110 c.
1843		22 janv. Colmar. 93, 95 c., 110 c.	1871	23 févr. Loi. 3 c. 143 c., 144 c.	26 nov. Trib. civ. Bruxelles. 106 c.	25 avr. Trib. paix. Reims. 100 c.	10 mai. Cons.d'Et. 57 c., 50 c.
14 févr. Douai. 95 c.	1854	27 févr. Cons.d'Et. 75 c.	25 janv. Trib. com. Seine. 91 c.	3 juin. Cons.d'Et. 58 c.	11 déc. Loi. 3 c., 54 c., 64 c., 66 c., 68 c.	26 mai. Trib.com. Lille. 132 c.	27 juin.Cons.prud. Seine, ind. div. 98 c.
		1863	16 oct. Cons. prud. Seine. 91 c.	1er juill. Cons.d'Et. 58 c.		13 juin. Cons.d'Et. 56 c., 59 c.	1er août. Loi. 87 c.
1844	22 juin. Loi. 27 c. 32 c., 82 c.	1er déc. Trib. civ. Seine. 74 c.	1872	23 déc. Cons. d'Et. 60 c.	1885	3 juill.Cons.d'Et. 59 c., 66 c. 18 juill.Cons.d'Et. 51 c.	1er août.Cons.d'Et. Seine, ind. div. 98 c.
29 déc. Ordon. 7 c.	22 juin. Circ. 68 c. 16 nov. Décr. 3 c., 75 c.	9 mars. Décr. 110 c. 31 mars.Cons.d'Et. 29 c.	27 mars. Cons. prud.Seine. 104 c.	1882	9 sept.Cons.prud. Seine. 132 c.	8 août.Cons.d'Et. 29 c., 50 c., 51 c.	8 sept. Trib.com. Seine. 105 c.
		4 juin. Loi. 3 c.	1874	23 avr. Cons. d'Et. 60 c.	18 nov. Paris. 135 c.	19 oct. Trib.corr. Seine. 103 c.	29 sept. Trib.com. Seine. 184.
			18 août. Civ. 86 c.	9 juin. Cons.d'Et. 97 c.		11 nov. Trib.com. Rhône. 66 c.	31 oct. Civ. 133 c. 13 déc. Req. 106 c.

PUISSANCE PATERNELLE ET USUFRUIT LÉGAL.

Division.

CHAP. 1er. — Historique et législation comparée
(Rép. n°s 2 à 16).

1. — I. Historique. — La législation en matière de puissance paternelle a subi d'importantes modifications depuis la publication du *Répertoire ;* elles ont eu pour objet d'apporter à l'exercice de cette puissance les restrictions et li-

TITRE Ier.

Chap. 1er. — *De la déchéance de la puissance paternelle.*

Art. 1er. Les père et mère et ascendants sont déchus de plein droit, à l'égard de tous leurs enfants et descendants, de la puissance paternelle, ensemble de tous les droits qui s'y rattachent, notamment ceux énoncés aux art. 108, 141, 148, 150, 151, 346, 361, 372 à 387, 389, 390, 391, 397, 477 et 935 c. civ., à l'art. 3 du décret du 22 févr. 1851 et à l'art. 46 de la loi du 27 juill. 1872 :
1° S'ils sont condamnés par application du paragraphe 2 de l'art. 334 c. pén.;
2° S'ils sont condamnés, soit comme auteurs, soit comme complices d'un crime commis sur la personne d'un ou plusieurs de leurs enfants, soit comme coauteurs ou complices d'un crime commis par un ou plusieurs de leurs enfants ;
3° S'ils sont condamnés deux fois comme auteurs, coauteurs ou complices d'un délit commis sur la personne d'un ou plusieurs de leurs enfants ;
4° S'ils sont condamnés deux fois pour excitation habituelle de mineurs à la débauche.
Cette déchéance laisse subsister entre les ascendants déchus et l'enfant les obligations énoncées aux art. 205, 206 et 207 c. civ.
2. Peuvent être déclarés déchus des mêmes droits :
1° Les père et mère condamnés aux travaux forcés à perpétuité ou à temps, ou à la reclusion comme auteurs, coauteurs ou complices d'un crime autre que ceux prévus par les art. 86 à 101 c. pén.;
2° Les père et mère condamnés deux fois pour un des faits suivants : séquestration, suppression, exposition ou abandon d'enfants ou pour vagabondage;
3° Les père et mère condamnés par application de l'art. 2, § 2, de la loi du 23 janv. 1873, ou des art. 1, 2 et 3 de la loi du 7 déc. 1874 ;
4° Les père et mère condamnés une première fois pour excitation habituelle de mineurs à la débauche;
5° Les père et mère dont les enfants ont été conduits dans une maison de correction, par application de l'art. 66 c. pén. ;
6° En dehors de toute condamnation, les père et mère qui, par leur ivrognerie habituelle, leur inconduite notoire et scandaleuse ou par de mauvais traitements, compromettent soit la santé, soit la sécurité, soit la moralité de leurs enfants.

mitations qui ont été jugées nécessaires en cas d'indignité ou d'abus de la part de celui qui la détient légalement. — Déjà, postérieurement au code civil, l'art. 335 c. pén. prononçait la déchéance de la puissance paternelle contre les parents coupables d'avoir favorisé la prostitution ou la corruption de leurs enfants. L'art. 66 du même code, et, plus tard, la loi du 5 août 1850, permirent aux tribunaux d'enlever aux parents d'enfants acquittés comme ayant agi sans discernement l'exercice des deux droits les plus essentiels de la puissance paternelle, ceux de garde et d'éducation, en envoyant ces enfants dans une maison de correction. D'autres lois, celles des 22 mars 1841 (*Rép.*, v° *Industrie et commerce*, t. 27, p. 676) et du 19 mai 1874 sur le travail des enfants dans les manufactures (D. P. 74. 4. 88. V. *infrà*, v° *Travail*), et celle du 28 mars 1882, sur l'enseignement primaire obligatoire (V. *suprà*, v° *Organisation de l'instruction publique*, n°s 30 et suiv.), portaient également atteinte à la puissance paternelle, mais sans constituer de déchéance. La loi du 7 déc. 1874 (D. P. 75. 4. 55), la première, édicta deux véritables causes de déchéance contre les parents qui emploieraient leurs enfants à des professions ambulantes ou qui les livreraient à des individus exerçant ces mêmes professions. Mais cette loi reçut peu d'applications dans la pratique, le législateur ayant négligé d'organiser le mode de dévolution des droits enlevés aux père et mère.

2. Cependant l'opinion publique se préoccupait à juste titre de l'insuffisance de cette législation, en présence des abus de toutes sortes auxquels peut donner lieu l'exercice de la puissance paternelle par des parents indignes. D'un autre côté, les administrations ou œuvres qui avaient assumé la tâche d'élever les enfants moralement abandonnés par leurs parents voyaient leurs efforts entravés par les revendications de ces derniers, désireux de ressaisir les enfants au moment où ils pouvaient espérer tirer quelque profit de leur travail. La loi du 24 juill. 1889 (1) est venue combler cette double lacune de la législation antérieure, en édictant

3. L'action en déchéance est intentée devant la chambre du conseil du tribunal du domicile ou de la résidence du père ou de la mère, par un ou plusieurs parents du mineur au degré de cousin germain ou à un degré plus rapproché, ou par le ministère public.
4. Le procureur de la République fait procéder à une enquête sommaire sur la situation de la famille du mineur et sur la moralité de ses parents connus, qui sont mis en demeure de présenter au tribunal les observations et oppositions qu'ils jugeront convenables.
Le ministère public ou la partie intéressée introduit l'action en déchéance par un mémoire présenté au président du tribunal, énonçant les faits et accompagné des pièces justificatives. Ce mémoire est notifié aux père et mère ou ascendants dont la déchéance est demandée.
Le président du tribunal commet un juge pour faire le rapport à jour indiqué.
Il est procédé dans les formes prescrites par les art. 892 et 893 c. proc. civ. Toutefois, la convocation du conseil de famille reste facultative pour le tribunal.
La chambre du conseil procède à l'examen de l'affaire sur le vu de la délibération du conseil de famille lorsqu'il a été convoqué, de l'avis du juge de paix du canton, après avoir appelé, s'il y a lieu, les parents ou autres personnes et entendu le ministère public dans ses réquisitions.
Le jugement est prononcé en audience publique. Il peut être déclaré exécutoire, nonobstant opposition ou appel.
5. Pendant l'instance en déchéance, la chambre du conseil peut ordonner, relativement à la garde et à l'éducation des enfants, telles mesures provisoires qu'elle juge utiles.
Les jugements sur cet objet sont exécutoires par provision.
6. Les jugements par défaut prononçant la déchéance de la puissance paternelle peuvent être attaqués par la voie de l'opposition dans le délai de huit jours à partir de la notification à la personne et dans le délai d'un an à partir de la notification à domicile. Si, sur l'opposition, il intervient un second jugement par défaut, ce jugement ne peut être attaqué que par la voie de l'appel.
7. L'appel des jugements appartient aux parties et au ministère public. Il doit être interjeté dans le délai de dix jours, à compter du jugement s'il est contradictoire, et, s'il est rendu par défaut, du jour où l'opposition n'est plus recevable.
8. Tout individu déchu de la puissance paternelle est incapable d'être tuteur, subrogé tuteur curateur ou membre du conseil de famille.

d'une part la déchéance de la puissance paternelle dans tous les cas où les père et mère se montreraient particulièrement indignes de l'exercer, en réglant d'autre part l'attribution de cette même puissance au profit soit de l'assistance publique, soit même de simples particuliers (V. sur les travaux préparatoires de cette loi, D. P. 90. 4. 15).

3. — II. LÉGISLATION ÉTRANGÈRE. — 1° *Allemagne.* — Dans le projet de code civil allemand, comme dans la loi française, la puissance paternelle (art. 1501 à 1560) a le caractère d'un pouvoir de protection pour l'enfant; elle comporte : 1° le devoir et le droit de prendre soin de la personne de l'enfant; 2° le droit de jouissance sur ses biens. Elle appartient au père, et, après sa mort, à la mère. Cette dernière disposition constitue une innovation remarquable du projet; car dans la plupart des législations actuelles de l'Allemagne, notamment d'après la loi prussienne du 5 juill. 1875, art. 28, l'enfant mineur est placé en tutelle à la mort de son père, et la mère peut n'être pas nommée tutrice. Aux termes du projet, au contraire, le père mort, la puissance paternelle passe à la mère avec toutes ses prérogatives, notamment le droit de jouissance légale.

L'exercice de la puissance paternelle, pour le père comme pour la mère, est toujours soumis à la haute surveillance du tribunal tutélaire, qui est investi du droit de retirer à ceux-ci la garde et l'éducation de leurs enfants, ou même de leur retirer la puissance paternelle, sous réserve de

---

9. Dans le cas de déchéance de plein droit encourue par le père, le ministère public ou les parents désignés à l'art. 3 saisissent sans délai la juridiction compétente, qui décide si, dans l'intérêt de l'enfant, la mère exercera les droits de la puissance paternelle tels qu'ils sont définis par le code civil. Dans ce cas, il est procédé comme à l'art. 4. Les art. 5, 6 et 7 sont également applicables.

Toutefois, lorsque les tribunaux répressifs prononceront les condamnations prévues aux art. 1 et 2, § 1, 2, 3 et 4, ils pourront statuer sur la déchéance de la puissance paternelle dans les conditions établies par la présente loi.

Dans le cas de déchéance facultative, le tribunal qui la prononce statue par le même jugement sur les droits de la mère à l'égard des enfants nés et à naître, sans préjudice, en ce qui concerne ces derniers, de toute mesure provisoire à demander à la chambre du conseil, dans les termes de l'art. 5, pour la période du premier âge.

Si le père déchu de la puissance paternelle contracte un nouveau mariage, la nouvelle femme peut, en cas de survenance d'enfants, demander au tribunal l'attribution de la puissance paternelle sur ces enfants.

CHAP. 2. — *De l'organisation de la tutelle en cas de déchéance de la puissance paternelle.*

10. Si la mère est prédécédée, si elle a été déclarée déchue ou si l'exercice de la puissance paternelle ne lui est pas attribué, le tribunal décide si la tutelle sera constituée dans les termes du droit commun, sans qu'il y ait, toutefois, obligation pour la personne désignée d'accepter cette charge.

Les tuteurs institués en vertu de la présente loi remplissent leurs fonctions sans que leurs biens soient grevés de l'hypothèque légale du mineur.

Toutefois, au cas où le mineur possède ou est appelé à recueillir des biens, le tribunal peut ordonner qu'une hypothèque générale ou spéciale soit constituée jusqu'à concurrence d'une somme déterminée.

11. Si la tutelle n'a pas été constituée conformément à l'article précédent, elle est exercée par l'assistance publique, conformément aux lois des 15 pluv. an 13 et 10 janv. 1849, ainsi qu'à l'art. 24 de la présente loi. Les dépenses sont réglées conformément à la loi du 5 mai 1869.

L'assistance publique peut, tout en gardant la tutelle, remettre les mineurs à d'autres établissements et même à des particuliers.

12. Le tribunal, en prononçant sur la tutelle, fixe le montant de la pension qui devra être payée par les père et mère et ascendants auxquels des aliments peuvent être réclamés, ou déclare qu'à raison de l'indigence des parents, il ne peut être exigé aucune pension.

13. Pendant l'instance en déchéance, toute personne peut s'adresser au tribunal par voie de requête, afin d'obtenir que l'enfant lui soit confié.

Elle doit déclarer qu'elle se soumet aux obligations prévues par le paragraphe 2 de l'art. 364 c. civ., au titre de la tutelle officieuse.

Si le tribunal, après avoir recueilli tous les renseignements et pris, s'il y a lieu, l'avis du conseil de famille, accueille la demande, les dispositions des art. 365 et 370 du même code sont applicables.

En cas de décès du tuteur officieux avant la majorité du pupille, le tribunal est appelé à statuer de nouveau, conformément aux art. 11 et 12 de la présente loi.

Lorsque l'enfant aura été placé par les administrations hospitalières ou par le directeur de l'assistance publique de Paris chez un particulier, ce dernier peut, après trois ans, s'adresser au tribunal et demander que l'enfant lui demeure confié dans les conditions prévues aux dispositions qui précèdent.

14. En cas de déchéance de la puissance paternelle, les droits du père et, à défaut du père, ceux de la mère, quant au consentement au mariage, à l'adoption, à la tutelle officieuse et à l'émancipation, sont exercés par les mêmes personnes que si

---

le père et la mère étaient décédés, sauf les cas où il aura été décidé autrement en vertu de la présente loi.

CHAP. 3. — *De la restitution de la puissance paternelle.*

15. Les père et mère frappés de déchéance dans les cas prévus par l'art. 1 et par l'art. 2, § 1, 2, 3 et 4, ne peuvent être admis à se faire restituer la puissance paternelle qu'après avoir obtenu leur réhabilitation.

Dans les cas prévus aux paragraphes 5 et 6 de l'art. 2, les père et mère frappés de la déchéance peuvent demander au tribunal que l'exercice de la puissance paternelle leur soit restitué.

L'action ne peut être introduite que trois ans après le jour où le jugement qui a prononcé la déchéance est devenu irrévocable.

16. La demande en restitution de la puissance paternelle est introduite sur simple requête et instruite conformément aux dispositions des paragraphes 2 et suiv. de l'art. 4. L'avis du conseil de famille est obligatoire.

La demande est notifiée au tuteur qui peut présenter, dans l'intérêt de l'enfant ou en son nom personnel, les observations et oppositions qu'il aurait à faire contre la demande. Les dispositions des art. 5, 6 et 7 sont également applicables à ces demandes.

Le tribunal, en prononçant la restitution de la puissance paternelle, fixe, suivant les circonstances, l'indemnité due au tuteur, ou déclare qu'à raison de l'indigence des parents il ne sera alloué aucune indemnité.

La demande qui aura été rejetée ne pourra plus être réintroduite, si ce n'est par la mère, après la dissolution du mariage.

TITRE II.

DE LA PROTECTION DES MINEURS PLACÉS AVEC OU SANS L'INTERVENTION DES PARENTS.

17. Lorsque des administrations d'assistance publique, des associations de bienfaisance régulièrement autorisées à cet effet, des particuliers jouissant de leurs droits civils ont accepté la charge de mineurs de seize ans des pères, mères ou des tuteurs autorisés par le conseil de famille leur ont confiés, le tribunal du domicile des pères, mères ou tuteurs peut, à la requête des parties intéressées agissant conjointement, décider qu'il y a lieu, dans l'intérêt de l'enfant, de déléguer à l'assistance publique les droits de puissance paternelle abandonnés par les parents et de remettre l'exercice de ces droits à l'établissement ou au particulier gardien de l'enfant.

Si des parents ayant conservé le droit de consentement au mariage d'un de leurs enfants refusent de consentir au mariage en vertu de l'art. 148 c. civ., l'assistance publique peut les faire citer devant le tribunal, qui donne ou refuse le consentement, les parents entendus ou dûment appelés dans la chambre du conseil.

18. La requête est visée pour timbre et enregistrée gratis.

Après avoir appelé les parents ou tuteur, en présence des particuliers ou des représentants réguliers de l'administration ou de l'établissement gardien de l'enfant, ainsi que du représentant de l'assistance publique, le tribunal procède à l'examen de l'affaire en chambre du conseil, le ministère public entendu.

Le jugement est prononcé en audience publique.

19. Lorsque des administrations d'assistance publique, des associations de bienfaisance régulièrement autorisées à cet effet, des particuliers jouissant de leurs droits civils ont recueilli des enfants mineurs de seize ans sans l'intervention des père et mère ou tuteur, une déclaration doit être faite dans les trois jours au maire de la commune sur le territoire de laquelle l'enfant a été recueilli, et à Paris au commissaire de police à peine d'une amende de 5 à 15 fr.

En cas de nouvelle infraction dans les douze mois, l'art. 482 c. pén. est applicable.

Est également applicable aux cas prévus par la présente loi le dernier paragraphe de l'art. 463 du même code.

Les maires et les commissaires de police doivent, dans le dé-

la jouissance légale, s'ils se montrent indignes, ou incapables de l'exercer (art. 1546). Au surplus, la déchéance de la puissance paternelle est encore encourue de plein droit par l'effet d'une condamnation pour crime ou délit intentionnel commis contre l'enfant et entraînant l'emprisonnement (V. sur tous ces points, *Bulletin de législation comparée*, 1890, étude de M. Bufnoir sur le droit de famille dans le projet de code civil pour l'empire d'Allemagne, p. 701 et suiv.).

4. — *2o Autriche-Hongrie.* — Aux développements déjà donnés sur la législation autrichienne au *Rép.*, no 12, il y a lieu d'ajouter qu'aux termes des paragraphes 172 et 173 du code civil général de 1811, le pouvoir paternel, qui cesse en principe à la majorité de l'enfant, fixée à vingt-quatre ans par le paragraphe 21, peut être cependant prolongé pour une juste cause par le tribunal, sur la demande du père. Sont considérées notamment comme justes causes : la démence ou l'imbécillité de l'enfant, son incapacité de prendre soin de lui-même ou de ses propres affaires, sa prodigalité excessive. Aux termes du paragraphe 175, la fille mineure qui se marie, si elle passe, quant à sa personne, sous le pouvoir du mari, reste cependant, quant à ses biens, sous le pouvoir de son père jusqu'à sa majorité. — Le paragraphe 176 énumère différents cas de suspension du pouvoir paternel, pour obstacle momentané à son exercice (interdiction, emprisonnement, émigration, absence) ; dans tous ces cas il est nommé un tuteur provisoire à l'enfant ; lorsque l'empêchement vient à cesser, le père rentre dans l'exercice de ses droits. Les tribunaux ont, d'ailleurs, les pouvoirs les plus larges à l'effet de priver du pouvoir paternel le père qui néglige absolument le soin et l'éducation de ses enfants, ou qui abuse, d'une manière quelconque, de son autorité.

En *Hongrie*, la loi xx de 1877 et la loi LIX de 1881, ont organisé, de la manière la plus satisfaisante pour les intérêts de l'enfant, les causes de suspension ou de déchéance de la puissance paternelle, qui sont à peu près les mêmes que celles admises par la loi autrichienne (V. l'étude de M. Salomon Mayer sur le pouvoir paternel en Autriche et en Hongrie, *Bulletin de la société de législation comparée*, session extraordinaire de 1889, p. 111 et suiv.).

5. — *3o Belgique.* — La puissance paternelle en Belgique était régie exclusivement, jusqu'en ces derniers temps, par les dispositions de notre code civil. Mais une loi promulguée en 1892 édicte des dispositions semblables à celles

de la loi française du 24 juill. 1889. De même que celle-ci, la loi belge prévoit des cas de déchéance obligatoire et de déchéance facultative ; elle organise, en cas de déchéance, l'attribution de la puissance paternelle, qui a lieu soit au profit de la mère, soit au profit de l'autorité communale du lieu où l'enfant a son domicile. La principale différence qui sépare cette loi de la loi française, c'est que le ministère public a seul le droit de poursuivre la déchéance.

6. — *4o Espagne.* — Le nouveau code civil de 1888 contient, sur la puissance paternelle, des dispositions qui ne diffèrent pas sensiblement de celles du code civil. Il y a lieu seulement de remarquer que, à la différence de ce dernier code, il confère expressément aux tribunaux le pouvoir de priver les parents de la puissance paternelle ou de suspendre seulement l'exercice de cette puissance, lorsque ceux-ci traitent trop durement leurs enfants, ou leur donnent des ordres, des conseils ou des exemples de corruption. Dans ce cas, ils peuvent aussi priver les pères, en totalité ou en partie, de l'usufruit des biens de leurs enfants, ou prendre les décisions qu'ils jugent convenables dans l'intérêt de ceux-ci (art. 171).

7. — *5o Grande-Bretagne.* — D'après l'ancien droit commun anglais, la puissance paternelle était remise exclusivement pendant le mariage aux mains du père, et l'exercice de ce pouvoir exclusif n'était soumis à aucun contrôle de la justice. A ce double point de vue, le législateur moderne a jugé nécessaire d'innover. Une première loi de 1839 (2 et 3 Vict., c. 54) a donné à la cour de la chancellerie le droit de confier à la mère la garde de ses enfants jusqu'à l'âge de sept ans. Elle a été remplacée en 1873 par une loi (36 et 37 Vict., c. 12), actuellement en vigueur, qui autorise la cour à confier la garde de l'enfant à sa mère exclusivement, jusqu'à l'âge de seize ans. D'autre part, d'après une loi de 1886, la mère, à la mort du père, devient de plein droit tutrice de ses enfants, soit seule, soit conjointement avec le père qu'il aura désigné ; réciproquement le père peut désigner un tuteur qui, après sa mort, agira conjointement avec le père. La même loi de 1886, dans son art. 5, donne au tribunal de comté les pouvoirs les plus larges à l'effet de priver le père de son droit de garde sur l'enfant.

8. — *6o Italie.* — Le code civil italien de 1866 a emprunté la plupart de ses dispositions à notre législation, mais en la corrigeant sur divers points. La puissance pater-

---

lai de quinzaine, transmettre ces déclarations au préfet, et dans le département de la Seine au préfet de police. Ces déclarations doivent être notifiées dans un nouveau délai de quinzaine aux parents de l'enfant.

20. Si, dans les trois mois à dater de la déclaration, les père et mère ou tuteur n'ont point réclamé l'enfant, ceux qui l'ont recueilli peuvent adresser au président du tribunal de leur domicile une requête afin d'obtenir que, dans l'intérêt de l'enfant, l'exercice de tout ou partie des droits de la puissance paternelle leur soit confié.

Le tribunal procède à l'examen de l'affaire en chambre du conseil, le ministère public entendu. Dans le cas où il ne confère au requérant qu'une partie des droits de la puissance paternelle, il déclare, par le même jugement, que les autres, ainsi que la puissance paternelle, sont dévolus à l'assistance publique.

21. Dans les cas visés par l'art. 17 et l'art. 19, les père, mère ou tuteur qui veulent obtenir que l'enfant leur soit rendu s'adressent au tribunal de la résidence de l'enfant, par voie de requête visée pour timbre et enregistrée gratis.

Après avoir appelé celui auquel l'enfant a été confié et le représentant de l'assistance publique, ainsi que toute personne qu'il juge utile, le tribunal procède à l'examen de l'affaire en chambre du conseil, le ministère public entendu.

Le jugement est prononcé en audience publique.

Si le tribunal juge qu'il n'y a pas lieu de rendre l'enfant au père, mère ou tuteur, il peut, sur la réquisition du ministère public, prononcer la déchéance de la puissance paternelle ou maintenir à l'établissement ou au particulier gardien les droits qui lui ont été conférés en vertu des art. 17 ou 20. En cas de remise de l'enfant, il fixe l'indemnité due à celui qui en a eu la charge, ou déclare qu'à raison de l'indigence des parents il ne sera alloué aucune indemnité.

La demande qui a été rejetée ne peut plus être renouvelée que trois ans après le jour où la décision de rejet est devenue irrévocable.

22. Les enfants confiés à des particuliers ou à des associations de bienfaisance, dans les conditions de la présente loi, sont sous la surveillance de l'Etat, représenté par le préfet du département.

Un règlement d'administration publique déterminera le mode de fonctionnement de cette surveillance, ainsi que de celle qui sera exercée par l'assistance publique.

Les infractions audit règlement seront punies d'une amende de 25 à 1000 fr.

En cas de récidive, la peine d'emprisonnement de huit jours à un mois pourra être prononcée.

23. Le préfet du département de la résidence de l'enfant confié à un particulier ou à une association de bienfaisance, dans les conditions de la présente loi, peut toujours se pourvoir devant le tribunal civil de cette résidence afin d'obtenir, dans l'intérêt de l'enfant, que le particulier ou l'association soit dessaisi de tout droit sur ce dernier et qu'il soit confié à l'assistance publique.

La requête du préfet est visée pour timbre et enregistrée gratis.

Le tribunal statue, les parents entendus ou dûment appelés.

La décision du tribunal peut être frappée d'appel, soit par le préfet, soit par l'association ou le particulier intéressé, soit par les parents.

L'appel n'est pas suspensif.

Les droits conférés au préfet par le présent article appartiennent également à l'assistance publique.

24. Les représentants de l'assistance publique pour l'exécution de la présente loi sont les inspecteurs départementaux des enfants assistés et, à Paris, le directeur de l'administration générale de l'assistance publique.

25. Dans les départements où le conseil général se sera engagé à assimiler, pour la dépense, les enfants faisant l'objet des deux titres de la présente loi aux enfants assistés, la subvention de l'Etat sera portée au cinquième des dépenses tant extérieures qu'intérieures des deux services, et le contingent des communes constituées pour celles-ci une dépense obligatoire conformément à l'art. 136 de la loi du 5 avr. 1884.

26. La présente loi est applicable à l'Algérie ainsi qu'aux colonies de la Guadeloupe, de la Martinique et de la Réunion.

nelle est dévolue aux deux parents à la fois, et si l'exercice en est confié au père pendant le mariage, la femme conserve cependant certains droits, tels que celui de faire opposition au mariage de l'enfant. Le droit de correction ne peut être exercé que par réquisition : cette règle s'applique aussi bien au père qu'à la mère survivante. Un pouvoir très large est donné aux tribunaux par l'art. 233, à l'effet de restreindre ou de supprimer complètement, entre les mains du père indigne ou incapable, l'exercice de la puissance paternelle.

CHAP. 2. — De la puissance paternelle en ce qui concerne les enfants légitimes (*Rép.* nos 17 à 180).

SECT. 1re. — OBSERVATIONS GÉNÉRALES. — RESPECT DES ENFANTS ENVERS LEURS PÈRE ET MÈRE. — DEVOIRS DE CEUX-CI (*Rép.* nos 17 à 75).

9. On a exposé au *Rép.*, n° 22, que les droits de la puissance paternelle, ayant leur base dans le droit naturel et se rattachant essentiellement à l'ordre public, ne peuvent être modifiés par des conventions particulières; et on a cité, conformément à ce principe, des décisions qui annulent toute convention par laquelle le père aurait fait abandon de tout ou partie de ses droits. Cette règle s'impose non seulement aux pères et mères, mais encore aux tiers. C'est ainsi qu'il a été jugé que l'on doit considérer comme nulle et non écrite la clause d'un testament par laquelle le disposant, par exemple l'aïeule d'un enfant mineur, en instituant celui-ci légataire, enlève au père, pour le confier à un exécuteur testamentaire, le droit de pourvoir à l'instruction et à l'éducation de l'enfant (Orléans, 5 févr. 1870, aff. Pinel, D. P. 70. 2. 49).

ART. 1er. — *Des droits et effets spéciaux de la puissance paternelle et des moyens par lesquels elle s'exerce* (*Rép.* nos 24 à 50).

10. La loi, ainsi qu'on l'a remarqué au *Rép.*, n° 24, ne règle, dans l'art. 372 c. civ., que la durée de l'autorité paternelle sans en déterminer complètement les effets. C'est à l'usage et aux mœurs qu'on a laissé ce soin. Le droit d'élever leurs enfants, que l'art. 372 confère aux parents, entraîne nécessairement pour ceux-ci pouvoir de surveiller et de diriger la conduite de leurs enfants, de déterminer le culte dans lequel ils seront élevés (Aubry et Rau, *Cours de droit civil français*, t. 6, § 550, p. 78; Demolombe, *Cours de code Napoléon*, t. 6, n° 295), de régler leur genre de vie ainsi que le mode de leur éducation, enfin de prendre connaissance des lettres missives adressées à leurs enfants mineurs, de retenir ces lettres et même de les supprimer, dans la mesure de l'intérêt bien entendu de l'enfant (Aubry et Rau, *op. et loc. cit.*; Caen, 11 juill. 1866, *supra* v° *Lettre missive*, n° 10). Ce dernier arrêt ajoute que les parents peuvent même, fût-ce après la majorité de l'enfant, se prévaloir des indications fournies par les lettres qu'ils auront retenues pendant sa minorité, pour intenter une action en dation de conseil judiciaire, mais qu'ils doivent restituer les documents et lettres étrangères à cette instance.

11. L'exercice de ce droit d'éducation et de contrôle est rendu pratiquement réalisable par la défense que fait la loi

à l'enfant, dans l'art. 374, de quitter la maison paternelle sans le consentement de son père. — Quelle est la sanction de l'art. 374? Ainsi qu'on l'a dit au *Rép.*, n° 26, elle consiste dans le droit qui appartient au père de faire ramener au besoin son enfant à la maison paternelle par les agents de la force publique. Mais les auteurs ne sont pas d'accord sur le point de savoir à quelle autorité le père doit s'adresser pour obtenir l'assistance de la force publique : suivant les uns, l'ordre d'arrestation peut être délivré par le président du tribunal (aux autorités déjà citées en ce sens au *Rép.*, n° 26, *adde :* Aubry et Rau, t. 6, § 550, p. 78); suivant les autres, il faut un jugement du tribunal (Ducaurroy, Bonnier et Roustain, *Commentaire du code civil*, t. 1, p. 389, n° 550; Laurent, *Principes de droit civil*, t. 4, n° 272).

12. La règle de l'art. 374 souffre exception, ainsi qu'on l'a dit au *Rép.*, n° 25, pour le cas d'enrôlement volontaire. La loi du 15 juill. 1889 sur le recrutement de l'armée a reproduit à cet égard, dans son art. 59-6°, la disposition des lois du 21 mars 1832 et du 27 juill. 1872, en permettant au mineur âgé de vingt ans au moins de contracter un engagement volontaire sans le consentement de ses parents.

13. L'art. 374 s'impose aux tiers comme à l'enfant. C'est ainsi que, si l'enfant se trouve entre les mains d'une tierce personne qui refuse de le remettre, les parents ont, pour le réclamer, une action analogue à l'action en revendication, et qui est susceptible d'être exercée par voie de référé (Conf. Aubry et Rau, t. 6, § 550, p. 78, texte et note 12; Demolombe, t. 6, nos 306 et 307; Chardon, *Puissance paternelle*, n° 24); et, dans un tel cas, les parents peuvent obtenir, indépendamment de la réintégration de l'enfant, des dommages-intérêts pour le préjudice moral qui leur a été causé de ce chef (Nancy, 25 janv. 1873, aff. Montfeuillard, D. P. 73. 2. 11).

14. Le droit pour le père de diriger l'éducation de ses enfants entraîne également pour lui la faculté de les faire détenir par mesure de correction lorsqu'il a gravement à se plaindre de leur conduite (c. civ. art. 375 et suiv.). — Sur l'étendue de ce droit de correction et les règles qui le régissent, V. *Rép.*, nos 29 et suiv. Ajoutons qu'en dehors du droit de correction proprement dit, qui s'exerce par voie de détention, les parents peuvent encore, suivant l'opinion générale, infliger à leurs enfants, dans un but moral, des châtiments corporels, quand ces châtiments n'excèdent pas les bornes de la modération (Aubry et Rau, t. 6, § 550, p. 78. — *Contra* : Laurent, t. 4, n° 275). Mais lorsqu'ils dégénèrent en violences ou voies de fait, ils cessent d'être licites, et peuvent même tomber sous le coup de l'art. 311 c. pén. (Chauveau et Hélie, *Théorie du code pénal*, n° 1353; Blanche, *Études pratiques sur le code pénal*, t. 4, n° 594). Cette solution s'appliquerait même, d'après un arrêt, au cas où, indépendamment de toute violence corporelle proprement dite, l'enfant, sous prétexte de corrections, aurait été victime de mauvais traitements, consistant, par exemple, à le tenir enfermé pendant plusieurs jours dans un endroit obscur, à ne lui donner qu'une nourriture insuffisante, etc. (Nîmes, 31 janv. 1879) (1). On verra, au surplus, *infra*, nos 44 et suiv., que la loi du 24 juill. 1889, sur la protection des enfants maltraités ou moralement abandonnés, a prévu, dans son art. 2-6°, le cas de mauvais traite-

---

(1) (Veuve Philip.) — LA COUR. — Attendu qu'il résulte de l'information et des débats que, du 3 au 7 nov. 1878, la prévenue a renfermé la jeune Henriette Chambon, âgée de douze ans, enfant infirme et rachitique qui était confiée à ses soins par l'administration des Enfants-Assistés, dans une pièce complètement obscure, située au-dessous de sa cuisine; que pendant ce temps l'enfant est restée couchée sur un lit de feuilles sèches, sans chemise et recouverte d'une simple toile d'emballage; que pendant le même temps elle n'a reçu que deux soupes et deux morceaux de pain que la prévenue lui envoyait par la jeune Séraphine Caillet, et sans la visiter elle-même; que tout indique que ce mauvais traitement se serait prolongé si les voisins n'eussent informé la maire et le maréchal des logis de la gendarmerie, et aurait pu gravement compromettre la santé de la victime; — Attendu qu'un traitement aussi excessif, appliqué à une enfant de cet âge, est susceptible de lui causer des émotions physiques et morales les plus fâcheuses et dépasse les bornes d'une juste et légitime correction; que, sans qu'il y ait eu lieu de décider que le fait ainsi caractérisé constitue la sé-

questration punie par les art. 341 et suiv., c. pén., et par suite, sans examiner si, en ce cas, la cour serait compétente, pour en connaître, il en résulte tout au moins le délit de violence et voies de fait prévu par l'art. 311 du même code; — Attendu, en second lieu, que, depuis moins de trois ans, à plusieurs reprises, la prévenue a volontairement porté des coups à Henriette Chambon et à Séraphine Caillet, et que ces violences ont dépassé les limites du droit de correction; — Attendu que la prévenue a déjà été l'objet de plaintes semblables, notamment en 1868 et 1874; qu'elle est signalée pour ses habitudes de brutalité; qu'elle a déjà été condamnée pour coups et blessures, et que si, jusqu'à ce jour, elle a échappé aux poursuites qu'elle avait justement encourues pour les mauvais traitements de toute nature qu'elle faisait endurer aux petites filles confiées à sa garde et qui ont donné lieu à plusieurs réclamations, plaintes et procès-verbaux, cette longue impunité a eu pour cause que l'appui abusif qu'elle a rencontré dans une personne de sa parenté.

Du 31 janv. 1879. C. de Nîmes, 3e ch.

ments commis par les parents sur la personne de leurs enfants, et qu'elle y attache la déchéance de la puissance paternelle.

Art. 2. — *Des personnes qui exercent les droits de puissance paternelle* (Rép. n° 51 à 64).

15. L'exercice de la puissance paternelle appartient, en principe, au père seul durant le mariage, et ce n'est, en règle générale, qu'au décès de celui-ci que la mère en est investie. On a dit néanmoins au *Rép.*, n° 52, que certains événements peuvent, du vivant même du père, appeler la mère à une participation active de quelques-uns au moins des droits de la puissance paternelle. Pour ne parler ici que des droits de garde et d'éducation (V., en ce qui concerne l'usufruit légal, *infrà*, n° 108 et suiv.), la loi elle-même les attribue à la mère au moins dans deux cas : 1° en cas d'absence du père (art. 141); 2° en cas de divorce prononcé contre le père (art. 302), sous réserve du droit accordé aux tribunaux de laisser les enfants au père pour le plus grand avantage de ceux-ci. De ces deux dispositions, la première a été étudiée au *Rép.*, v° *Absence*, n°s 547 et suiv. V. aussi *suprà*, eod. v°, n° 89, la seconde, *suprà*, v° *Divorce et séparation de corps*, n°s 599 et suiv.). — Mais il est d'autres cas encore où le père peut se trouver, soit en fait, soit en droit, dans l'impossibilité d'exercer le pouvoir paternel; tels sont notamment les cas d'interdiction légale ou judiciaire et de déchéance du père. On a enseigné au *Rép.*, n° 52, que, dans ces différents cas, l'exercice des droits de garde et d'éducation se trouve dévolu de plein droit à la mère. Cette opinion a été adoptée par la majorité des interprètes (Aux autorités citées au *Répertoire*, *adde* : Aubry et Rau, t. 6, § 550, texte et note 5 ; Laurent, t. 4, n° 262). Cependant MM. Demante et Colmet de Santerre, tout en consacrant le même principe, y apportent une restriction, en reconnaissant aux tribunaux, dans ces différents cas, le pouvoir, soit de refuser entièrement à la mère l'exercice de la puissance paternelle, soit de ne le lui confier que sous certaines restrictions ou modifications, lorsqu'ils redoutent qu'à raison de son empire sur sa femme, le mari ne reprenne en fait l'exercice du pouvoir attribué à celle-ci, ou, en cas d'interdiction du père, que la mère n'attende au droit exclusif que celui-ci pourra un jour recouvrer (*Cours analytique*, t. 2, n° 115 *bis*). On verra *infrà*, n° 65, que, pour le cas de déchéance du père, cette restriction n'a pas été étrangère à la disposition de l'art. 9 de la loi du 24 juill. 1889, qui autorise les tribunaux à déléguer l'exercice de la puissance paternelle à une autre qu'à la mère.

16. La question de savoir quels sont les droits des ascendants en présence de ceux du père ou de la mère qui exerce l'autorité paternelle (V. *Rép.*, n° 54) a donné lieu, depuis la publication du *Répertoire*, à un assez grand nombre de décisions judiciaires. Cette question se présente sous un double aspect : ou bien il s'agit de l'éducation de l'enfant, et on se demande si, le père ayant choisi pour l'enfant un mode d'éducation qui paraît aux autres ascendants peu conforme aux véritables intérêts de l'enfant ou à la dignité de la famille, ceux-ci ont le droit d'intervenir ; — ou bien il s'agit des relations de l'enfant avec ses ascendants, ses aïeux et aïeule particulièrement ; la décision du père qui interdit à l'enfant toute communication avec ces derniers est-elle souveraine, ou les tribunaux ont-ils au contraire le droit d'intervenir à l'effet de réglementer ces rapports de famille ? On suppose, bien entendu, que, dans tous ces cas, le père ou la mère qui détient la puissance paternelle ne se trouve dans aucun des cas de déchéance ou d'exclusion prévus, soit par le code civil, soit par la loi du 24 juill. 1889.

17. A ce double point de vue, la théorie qui paraît se dégager nettement de l'ensemble de la jurisprudence est la suivante : relativement aux droits de garde et d'éducation, le père est investi d'une autorité souveraine et absolue ; s'il est vrai que la loi a établi des droits et des devoirs réciproques entre les grands-parents et leurs petits-enfants (art. 150, 151, 153, 154 et 173 c. civ.), il résulte très certainement, des art. 372 et 373 c. civ., que, durant le mariage, l'autorité dont le père est investi sur la personne de ses enfants n'est sus-

ceptible d'aucun partage, qu'il a notamment le droit absolu de choisir le mode d'éducation qui sera donnée à ses enfants et l'établissement dans lequel ils seront élevés. La justice ne peut donc intervenir sous aucun prétexte à l'effet de contrôler à cet égard les décisions du père.

18. Conformément à ces principes, de nombreux arrêts ont jugé que les tribunaux ne peuvent, en dehors des cas spécialement déterminés par la loi ou de nécessité absolue, ordonner que les enfants seront, malgré l'opposition de leur père, confiés pendant un séjour plus ou moins long à la garde de leurs ascendants, et priver ainsi le père du droit absolu qu'il a à garder ses enfants mineurs (Paris, 21 avr. 1853, aff. L.., D. P. 54. 5. 622; Bordeaux, 13 juin 1860, aff. Boulineau, D. P. 61. 2. 92; 16 juill. 1867, aff. Tourneur, D. P. 68. 5. 340; Civ. cass. 26 juill. 1870, aff. Azam, D. P. 71. 1. 217; Bourges, 8 déc. 1884, aff. Hervier, D. P. 86. 2. 78; Lyon, 27 mars 1886, aff. Parent, D. P. 87. 2. 155; Agen, 6 nov. 1889, aff. De la Faye, D. P. 90. 2. 25; Civ. cass. 28 juill. 1891, aff. Durante, D. P. 92. 1. 70; Paris, 26 févr. 1892, aff. Bourreau-Guérinière, D. P. 92. 2. 311 ; 24 juin 1892, aff. Muet, D. P. 93. 2. 81). — Il y a eu cependant des divergences sur ce point, et d'autres arrêts ont permis aux ascendants de retenir leurs petits-enfants chez eux pendant les vacances scolaires, malgré l'opposition du père (Paris, 27 juin 1867, aff. Azam, D. P. 67. 5. 348, cassé par l'arrêt du 26 juill. 1870 précité; Paris, 14 août 1869, aff. Dupuis, D. P. 69. 2. 238; Req. 12 juill. 1870, aff. Girard, D. P. 71. 1. 218). Mais l'arrêt de la chambre civile du 28 juill. 1891 précité semble fixer définitivement la jurisprudence dans le premier sens ; et c'est avec raison, suivant nous, car le droit de garde se rattache très étroitement au droit d'éducation dont le père seul est investi durant le mariage ; et, d'autre part, enlever au père, malgré son opposition, la garde de son enfant, même pendant quelques jours, pour le confier à l'ascendant, n'est-ce pas violer formellement l'art. 374 c. civ. qui défend à l'enfant de quitter le domicile paternel sans le consentement de son père (Conf. dissertation de M. de Loynes, sous l'arrêt du 6 nov. 1889 précité).

19. Toutefois, suivant la même jurisprudence, l'autorité du père ne saurait aller jusqu'à lui permettre d'interdire à l'enfant toute communication, toute relation avec ses ascendants, en lui refusant notamment de faire visite à ces derniers. Ici, en effet, ce n'est plus le droit d'éducation qui est en jeu ; il s'agit seulement d'assurer et de faciliter à l'enfant le libre accomplissement des devoirs de respect et de déférence qui lui sont imposés, non seulement par la loi morale, mais encore par la loi civile, à l'égard de ses ascendants. Le principe de l'art. 371 c. civ., aux termes duquel l'enfant doit honneur et respect à ses père et mère, ne doit pas, suivant l'interprétation générale, être limité à ces derniers ; il est évident qu'il s'applique en général aux ascendants de tous les degrés ; par lui seul, en effet, s'expliquent les différentes dispositions de la loi qui consacrent spécialement certains droits et devoirs réciproques entre les enfants et leurs ascendants, notamment celles des art. 142, 144, 153, 173, 205, 746, 749, 913 et 935 c. civ. (Conf. Aubry et Rau, t. 6, § 552, p. 96, texte et note 2 ; Demolombe, t. 6, n°s 273 et suiv.; Demante et Colmet de Santerre, t. 2, n° 113 *bis*). Ce devoir de déférence et de respect vis-à-vis des grands-parents n'est, d'ailleurs, nullement inconciliable en soi avec le principe supérieur de l'autorité paternelle. — Conformément à cette doctrine, il a été jugé qu'il appartient aux tribunaux, alors que le père a prohibé d'une manière absolue toute visite d'une aïeule maternelle à son petit-fils et interdit toute correspondance entre eux, d'autoriser ces visites et cette correspondance, sous telles conditions qu'ils jugent utiles à l'intérêt de l'enfant (Civ. cass. 8 juill. 1857, aff. Veuve Jaumes, D. P. 57. 1. 273; Nancy, 28 mai 1868, aff. Veuve Renaud, D. P. 68. 2. 176 ; Civ. cass. 28 juill. 1891, aff. Durante, D. P. 92. 1. 70 ; Req. 12 févr. 1894, aff. Mousnier, D. P. 94. 1. 218).

20. Mais le père peut-il subordonner ce droit de visiter des aïeux à la condition que les visites seront faites en sa présence ou sous la surveillance d'une personne désignée par lui ? Il a été jugé que le père pouvait se réserver la faculté d'assister à ces entrevues ou de s'y faire remplacer par une personne de son choix (Bourges, 8 déc.

1884, aff. Hervier, D. P. 86. 2. 78; Paris, 2 juill. 1885) (1). Mais d'autres arrêts ont jugé, au contraire, avec plus de raison suivant nous, que lorsque l'honorabilité des aïeuls et leur affection pour les petits-enfants ne sont pas contestées, une telle condition ne saurait être admise, parce qu'elle constitue un acte de défiance et de suspicion blessant pour ces derniers (Req. 12 juill. 1870, aff. Girard, D. P. 71. 1. 218; Lyon, 27 mars 1886, aff. Parent, D. P. 87. 2. 155).

21. Le père ne saurait être obligé, à cet égard, de conduire ou de faire conduire l'enfant chez ses ascendants; il leur donne toute satisfaction en leur offrant la facilité de les voir librement à son domicile (Bordeaux, 13 juin 1860, aff. Boulineau, D. P. 61. 2. 92; Paris, 26 févr. 1892, aff. Bourreau-Guérinière, D. P. 92. 2. 311). Toutefois, il nous semble, comme à M. de Loynes (dissertation citée *suprà*, n° 18, D. P. 90. 2. 25), que ce principe devrait céder en cas de nécessité, si par exemple les aïeuls se trouvaient, à raison de leurs infirmités ou de leur grand âge, dans l'impossibilité absolue de se déplacer. Dans ce cas, les tribunaux pourraient ordonner que les visites aient lieu chez les grands-parents, sous la conduite du père ou d'une personne de son choix. Mais nous ne saurions admettre, avec le même auteur, que les tribunaux pourraient, dans un cas de ce genre, confier la garde de l'enfant pour un temps limité aux ascendants; il y aurait là, à notre avis, et suivant les principes précédemment exposés, une véritable atteinte aux droits du père à qui seul sont confiés, pendant le mariage la garde et l'éducation de ses enfants mineurs (c. civ. art. 373 et 374).

22. Sur la procédure de l'action intentée par un aïeul contre le père, à l'effet d'être autorisé à visiter ses petits-enfants, il a été jugé qu'il s'agit là d'une action purement personnelle et non une action concernant la tutelle; que dès lors elle doit être portée devant le tribunal du domicile du défendeur, et non devant le tribunal du lieu où s'est ouverte la tutelle (Paris, 8 févr. 1868, aff. Dépensier, D. P. 68. 5. 341).

23. Après la dissolution du mariage, c'est à la mère qu'appartiennent en principe les droits de garde et d'éducation. Mais, si elle se remarie et que la tutelle ne lui soit point conservée, ces droits lui seront-ils enlevés pour être confiés au tuteur? Nous croyons qu'en principe, la garde et l'éducation des enfants doivent rester à la mère, même destituée de la tutelle. Aucun texte n'autorise à prononcer contre elle une telle déchéance, qui d'ailleurs n'est pas nécessairement attachée à la destitution de la tutelle, celle-ci ne concernant que l'administration des biens, tandis que les droits de garde et d'éducation concernent la personne même des enfants (Conf. Laurent, t. 4, p. 356, n° 265; Au-

bry et Rau, t. 6, § 551, p. 95, texte et note 13). Toutefois ces derniers auteurs, tout en consacrant le même principe, admettent que les tribunaux seraient autorisés à prendre, suivant les circonstances, les mesures nécessaires pour assurer les intérêts moraux et pécuniaires des enfants (*op. et loc. cit.*, note 14. Conf. Demolombe, t. 6, p. 294, n° 390). C'est également en ce sens que s'est prononcée la jurisprudence. — Il a été jugé, conformément à cette doctrine, que si, à raison de certaines circonstances dont l'appréciation est laissée aux conseils de famille, l'intérêt des enfants exige que la mère qui convole en secondes noces ne conserve pas la tutelle de ses enfants, notamment l'administration de leurs intérêts pécuniaires, ce n'est que dans ces cas exceptionnels, où il y aurait à craindre pour la direction morale de leur éducation, que la mère peut être totalement privée de cette direction (Paris, 9 mars 1854, aff. Gouverneur, D. P. 55. 2. 247). Décidé, d'autre part, que le droit de surveillance ou d'éducation de l'enfant n'est pas essentiellement attaché à la puissance paternelle, et peut par suite être enlevé à la mère dont la conduite est notoire (Req. 3 mars 1856, aff. Wey, D. P. 56. 1. 290). La privation de ce droit d'éducation pour la mère n'implique pas, d'ailleurs, nécessairement qu'elle soit privée de tout droit de correspondre avec ses enfants et de les recevoir chez elle, ou d'aller les voir à certains jours dans l'institution où ils se trouveraient placés. Le droit de régler ces communications entre la mère destituée de la tutelle et ses enfants peut être délégué par le tribunal au tuteur, et, en cas d'opposition du tuteur, au conseil de famille, la mère conservant le droit de se pourvoir contre les délibérations de ce conseil (Mêmes arrêts).

24. Lorsque au contraire la mère survivante qui se remarie est maintenue dans la tutelle, elle conserve dans toute leur étendue ses droits de garde et d'éducation, auxquels nul ne pourrait porter atteinte, même en se prévalant de l'intérêt des enfants. C'est ainsi qu'il a été jugé : 1° que la mère, investie par son veuvage de la puissance maternelle et maintenue d'ailleurs dans la tutelle, a le droit de reprendre avec elle son enfant mineur, quand même des tiers auraient pourvu pendant plus ou moins longtemps, dans un but de bienfaisance, aux besoins et à l'éducation de l'enfant, et voudraient continuer à le garder (Trib. civ. de la Seine, 13 sept. 1872, aff. Hours) (2); — 2° Que le conseil de famille ne peut, dans la délibération par laquelle il maintient la tutelle à la veuve qui convole en secondes noces, confier la garde de l'enfant à ses grands-parents, lesquels s'obligent à le nourrir et entretenir sans indemnité, et déclarer que la mère ne pourra réclamer la garde de l'enfant qu'à la charge de subvenir, elle aussi, sans indemnité, à son entretien et à sa nourriture, la garde de l'enfant étant un attribut de la

---

(1) (Quenier C. Mathion.) — La cour. — Considérant que les époux Mathion demandent à être autorisés par justice à envoyer chercher, leurs petits-enfants au domicile de Quenier père, les premier et troisième jeudis de chaque mois, à midi, à la charge de les y faire reconduire le soir, à quatre heures; — Considérant que Quenier, sans contester le droit des grands-parents de voir leurs petits-enfants, résiste à cette demande; qu'il offre seulement aux époux Mathion de voir leurs petits-enfants dans l'école maternelle où ils sont maintenant placés, ou dans l'établissement où ils pourront être ultérieurement, auxdits jours et heures, en se réservant d'assister à ces entrevues, ou de s'y faire remplacer par une personne de son choix; — Considérant que les principes de la puissance paternelle ne permettent pas aux tribunaux, hors les cas déterminés par la loi, de soustraire les enfants, pour un temps plus ou moins long, à la garde et à la surveillance de leur père; que la mesure sollicitée par les époux Mathion aurait incontestablement cet effet; que c'est donc à tort que les premiers juges ont cru pouvoir l'ordonner; — Et considérant que, la cause recevant solution définitive par le présent arrêt, les conclusions respectivement prises par les parties sur l'exécution provisoire du jugement dont était appel sont devenues sans objet; — Par ces motifs; — Emendant, — Autorise les époux Mathion à visiter leurs petits-enfants, Lucienne-Adélaïde-Augustine Quenier et Louis-Lucien-Charles Quenier, dans l'école maternelle où ils sont actuellement placés, ou dans tout autre lieu où ils pourraient se trouver ultérieurement, chaque jeudi, de midi à deux heures; — Dit que Quenier aura la faculté d'assister aux visites, ou d'y faire assister une personne par lui désignée, etc. — Du 2 juill. 1885. C. de Paris, 3e ch. — MM. Bresselle, pr. — Bertrand, av. gén. — Michon et Craquelin, av.

(2) (Hours C. Delaire-Pilhoud.) — Le tribunal. — Attendu qu'il est constant que la mineure Mary Hours est la fille légitime de la veuve Hours; que c'est donc avec raison que cette dernière demande à la défenderesse de lui restituer sa fille en pension chez elle; — Attendu que la défenderesse refuse de rendre Mary Hours, sous le prétexte que l'enfant lui a été confiée par des tiers qui ont seuls jusqu'à ce jour pourvu aux dépenses nécessitées par son éducation; qu'elle demande à la mère de produire le consentement des personnes charitables qui lui ont remis l'enfant; — Que cette exigence de la demanderesse, inspirée par des scrupules honorables, paraît excessive; qu'en effet, la mineure Mary Hours est tutrice légale de sa fille; que rien n'est allégué contre sa moralité; que la famille ou les protecteurs de l'enfant n'ont pas tenté de faire destituer la veuve Hours de la tutelle; qu'ils n'auraient pas manqué de le faire si la mère de Mary Hours eût été indigne; — Qu'il résulte de ce qui précède que, dans l'intérêt particulier et bien entendu de la mineure, il n'y a lieu de faire échec au droit naturel de la mère, investie sur veuvage de la puissance paternelle; que les personnes charitables qui se sont occupées jusqu'à ce jour de la mineure n'ont acquis sur elle aucun droit exclusif de ceux de sa mère; que s'il en était autrement, l'œuvre de bienfaisance deviendrait un acte de véritable spoliation; qu'il y a donc lieu de faire droit à la demande de la veuve Hours;
Par ces motifs,
Ordonne que la mineure Mary Hours soit rendue à sa mère dans le présent jour du jugement, etc. — Du 13 sept. 1872. — Trib. civ. de la Seine ch. des vac. — MM. Bernier, pr. — Mariage, subst. — Jourdan et Georges Lechevalier, av.

puissance paternelle, qui ne saurait être subordonné à une pareille condition (Rennes, 24 févr. 1883) (1).

ART. 3. — *Déchéance ou modification de la puissance paternelle.* — *Loi du 24 juillet 1889.*

25. On a vu *suprà*, n° 1, que, jusqu'à la loi du 24 juill. 1889, la déchéance de la puissance paternelle n'était guère encourue par le père ou la mère indigne que dans un cas, celui prévu par l'art. 335 c. pén. Cette législation était absolument insuffisante, car elle laissait dépourvus de sanction les abus les plus criants du pouvoir paternel. Conformément au principe que les déchéances sont de droit étroit, la jurisprudence, d'accord avec la majorité de la doctrine, décidait que les tribunaux ne pouvaient point, par mesure générale, priver le père et mère de la puissance paternelle, ensemble de tous les droits et attributs qui s'y rattachent (Req. 3 mars 1856, aff. Wey, D. P. 56. 1. 290; Aubry et Rau, t. 6, § 551, p. 94-4°; Laurent, t. 4, n° 291; Demante et Colmet de Santerre, t. 2, n° 114 *bis*-I). Mais, d'autre part, cette même jurisprudence reconnaissait aux tribunaux le droit, lorsque les circonstances l'exigeaient, de modifier ou de limiter l'exercice de la puissance paternelle dans l'intérêt de l'enfant; et les arrêts qui consacraient cette doctrine avaient soin de faire ressortir qu'elle n'était nullement en contradiction avec le principe qu'il n'y a pas de déchéance sans texte, que déchéance et restriction ne sont pas synonymes; et que la modification au pouvoir paternel résultant de la privation du droit d'éducation prononcée contre un père indigne « ne va pas jusqu'à lui enlever les autres droits inhérents à la puissance paternelle, que celui de donner ou de refuser son consentement au mariage et à l'adoption de ses enfants, ni le droit de les émanciper » (Arrêt précité du 3 mars 1856. Comp. Trib. Le Puy, 10 déc. 1869, aff. Charzal, D. P. 70. 3. 64).

26. On a vu au *Rép.*, n° 26, une application de cette jurisprudence dans le cas de mauvais traitements exercés par un père sur sa fille; la cour de Caen a admis que, dans ce cas, le pouvoir des tribunaux pouvait aller jusqu'à retirer à ce père indigne la garde de l'enfant. On a vu de même (*suprà*, n° 23) des décisions analogues pour le cas où la mère survivante était destituée de la tutelle pour inconduite notoire; la jurisprudence antérieure à la loi de 1889 avait généralisé cette application de sa théorie à tous les cas où le père et mère compromettent la moralité de leurs enfants par leur inconduite notoire et scandaleuse; conférée pour assurer l'éducation de l'enfant, la puissance paternelle, disent ses arrêts, ne saurait devenir, entre les mains de ceux qui l'exercent, un instrument de corruption et de démoralisation. La loi a confiance dans l'affection paternelle;

mais si sa confiance est trompée, les tribunaux ont le droit d'intervenir (V. en ce sens : Req. 3 mars 1856, cité *suprà*, n° 25; 15 mars 1864, aff. X..., D. P. 64. 1. 301; 27 janv. 1879, aff. Veuve Chevandier de Valdrôme, D. P. 79. 1. 223. — *Contrà* : Trib. Le Puy, 10 déc. 1869, cité *suprà*, n° 25).

27. Allant plus loin encore, la jurisprudence admettait qu'en dehors même de tous excès, sévices ou abus, les parents peuvent se voir retirer la garde et l'éducation des enfants lorsqu'ils n'entourent pas ceux-ci des soins réclamés par leur santé délicate, par leur éducation physique et morale (Trib. Seine, 15 déc. 1869, aff. Comparet, D. P. 69. 3. 104; Paris, 27 juill. 1875, aff. Lesueur, D. P. 77. 1. 61).

28. Cette distinction, en somme assez subtile, entre la déchéance et la simple restriction au pouvoir paternel, entre la privation de l'exercice du droit et la privation du droit lui-même, était généralement approuvée par les auteurs, qui la justifiaient par la nécessité de protéger l'enfant contre les abus de la puissance paternelle (V, en ce sens: Demolombe, t. 6, n°s 365 à 367; Aubry et Rau, t. 6, p. 82, § 550, texte et note 24; Demante et Colmet de Santerre, t. 2, n° 114 *bis*-I). Mais elle était vivement combattue par d'autres interprètes, qui faisaient observer qu'en une telle matière, la jouissance et l'exercice du droit se confondent absolument; que priver le père du droit de garde, qui est le droit le plus essentiel de la puissance paternelle, cela équivaut bien en fait à le déclarer déchu de cette puissance; qu'enfin la loi n'a donné nulle part aux tribunaux le pouvoir de porter de telles atteintes au pouvoir absolu du père de famille (V. en ce sens, Laurent, t. 4, n° 291, p. 386. Conf. Trib. Le Puy, 10 déc. 1869, cité *suprà*, n°s 25 et 26).

29. Quoi qu'il en soit de cette question d'interprétation, qui conserve encore une partie de son intérêt sous l'empire de la législation actuelle (V. *infrà*, n°s 53 et suiv.), la loi du 24 juill. 1889 a répondu au vœu unanime de la jurisprudence et de la doctrine en augmentant considérablement le nombre des cas de déchéance de la puissance paternelle. Ce n'est pas tout : pour rendre pleinement efficace la protection qu'elle a voulu accorder aux enfants de parents indignes, ces mêmes droits qu'elle retirait aux parents, elle les délègue à ceux qui se sont chargés de la garde et de l'éducation de ces enfants; enfin elle a prévu le cas où la réhabilitation des parents indignes justifierait la restitution entre leurs mains de la puissance paternelle. De là la division du titre 1 de la loi en trois chapitres, le premier traitant de la déchéance de la puissance paternelle, le deuxième, de la tutelle en cas de déchéance de la puissance paternelle, le troisième, de la restitution de la puissance paternelle. Le titre 2 de la loi s'occupe spécialement de la protection des mineurs placés avec ou sans l'intervention des parents.

<hr/>

(1) (Cadoret C. Le Peudeven.) — LA COUR; — Considérant que, par délibération du 22 mars 1849, le conseil de famille de Marie Le Coguic, aujourd'hui femme de Jean-Marie Cadoret, a maintenu la qualité de tutrice à sa mère Marie-Anne Le Cloirec, veuve de Jean Le Coguic, après le deuxième mariage de cette veuve, aujourd'hui en troisièmes noces femme Le Peudeven, intimée, avec Louis Le Garnevel; que la même délibération constate que François Le Coguic et Yves Le Cloirec, aïeuls de la mineure Marie-Jeanne Le Coguic, se sont obligés à la nourrir et entretenir en vêtements sans indemnité; que ladite délibération réservait néanmoins le droit à la mère de réclamer sa fille quand bon lui semblerait, mais à la charge de la nourrir aussi sans indemnité; — Considérant qu'en subordonnant ainsi la garde de sa fille mineure à la condition de la nourrir et entretenir sans indemnité, cette dernière clause porte atteinte aux prérogatives que la mère de famille tient de la loi, non seulement dans son propre intérêt et dans celui de sa fille, mais dans l'intérêt supérieur de l'ordre public; que la garde de l'enfant est, en effet, un des attributs de la puissance paternelle, que la loi place en dehors et au-dessus des conventions privées; — Considérant que, sans aucun doute, les époux contractent ensemble, par le seul fait du mariage, l'obligation de nourrir, entretenir et élever leurs enfants; que cette obligation subsiste dans toute sa rigueur sans que le père ou la mère conservent même après la dissolution du mariage la jouissance légale des biens de leurs enfants; mais qu'elle admet certains tempéraments, lorsqu'ils perdent cette jouissance; qu'il est constant, en fait, qu'au moment de la délibération susvisée du 22 mars 1849, Marie-Anne Le Cloirec, veuve de Jean Le Coguic, et devenue alors femme Le Guernevel, avait, en vertu de l'art. 386 c. civ., cessé, par le fait de son deuxième

mariage, d'avoir la jouissance des biens de Marie Le Coguic, sa fille mineure; qu'elle ne devait, par suite, supporter la charge de la nourriture, de l'entretien et de l'éducation de ladite Marie-Jeanne qu'autant que les revenus propres de cette dernière auraient été insuffisants pour remplir ce but; qu'il est au contraire démontré, par les pièces et documents versés au procès, que les biens de la mineure suffisaient pour subvenir, dans une certaine mesure tout au moins, aux besoins de sa nourriture, de son entretien et de son éducation; que c'est donc sans droit que le conseil de famille a imposé à Marie-Anne Le Cloirec, veuve de Jean Le Coguic, alors femme Le Guernevel et aujourd'hui femme Le Peudeven, l'obligation de nourrir et entretenir ses enfants mineurs sans aucune indemnité; que ledit conseil a surtout manifestement violé les principes d'ordre public qui régissent l'organisation de la famille, en faisant de cette obligation la condition à laquelle il subordonnait le droit appartenant à la mère survivante de garder la personne de sa fille mineure; que la délibération du 22 mars 1849, en ce point, entachée d'une nullité absolue, qui peut et doit être, conformément aux conclusions du ministère public, relevée d'office par la cour; — Considérant que, par suite, les époux Cadoret, appelants, ne sont pas fondés à se plaindre de ce que la veuve de Jean Le Coguic aujourd'hui femme Le Peudeven, en rendant compte de la tutelle de sa fille Marie-Jeanne Le Coguic, ait porté en décharge une somme de 1700 fr. pour nourriture et entretien de cette dernière durant sa minorité, puisqu'il est constant que le titre sur lequel s'appuie la prétention des appelants est frappé, au nom de l'ordre public, d'une nullité radicale; — Par ces motifs, etc. — Du 24 févr. 1883.-C. de Rennes, 2e ch.-MM. Derôme, pr.- Levrier, av. gén.

§ 1er. — Chapitre premier de la loi de 1889. — Déchéance de la puissance paternelle.

A. — Cas de déchéance.

30. La loi n'a pas voulu seulement créer de nouveaux cas de déchéance ; elle s'est occupée également de ceux qui existaient déjà et a présenté un ensemble complet des dispositions relatives à la matière. Elle a reconnu deux sortes de déchéance : la déchéance de plein droit, et la déchéance simplement facultative pour les tribunaux.

31. La déchéance de plein droit, spécialement visée par l'art. 1, s'attache à certains actes des parents qui présentent un caractère d'indignité évident. Elle a lieu dans quatre cas, dont trois seulement sont nouveaux, le premier étant celui prévu déjà antérieurement par l'art. 334, § 2, c. pén.

32. L'art. 334, § 2, c. pén. prive effectivement des droits et des avantages attachés à la puissance paternelle le père ou la mère qui s'est rendu coupable de favoriser ou faciliter la prostitution ou la corruption de ses enfants. Mais il ne faut pas croire que, à cet égard, l'art. 1 de la loi nouvelle constitue un simple renvoi au code pénal. Sous l'empire de ce code, la déchéance avait bien lieu alors de plein droit ; mais elle n'était que relative ; elle n'était encourue qu'à l'égard de l'enfant victime du délit, le père ou la mère indigne conservant, à l'égard de ses autres enfants, sa puissance paternelle intacte. La loi du 24 juill. 1889 a corrigé ce résultat, difficile à justifier au point de vue moral, en décidant que, dans le cas de condamnation en vertu de l'art. 334, § 2, c. pén., comme d'ailleurs dans tous les cas de déchéance, les père et mère et ascendants seraient déchus de plein droit de la puissance paternelle à l'égard de tous leurs enfants et descendants. D'autre part, la déchéance prononcée en vertu de l'art. 334, § 2, c. pén. ne dépouillait le parent indigne que des droits énumérés au titre 9, liv. 1, c. civ. (art. 335, § 2, c. pén.). Il conservait ainsi, sans doute contre le gré du législateur lui-même, tous les droits rattachés à la puissance paternelle par d'autres dispositions éparses dans le code civil ou dans les lois, tel que celui de consentir au mariage de ses enfants ou de les émanciper. La loi nouvelle, dans son art. 1, a encore comblé cette lacune, en prononçant la déchéance totale, absolue : et il en est ainsi d'ailleurs de tous les cas de déchéance consacrés par cette loi.

33. La déchéance est prononcée, en deuxième lieu, contre les parents condamnés soit comme auteurs, coauteurs ou complices d'un crime commis sur la personne d'un ou plusieurs de leurs enfants, soit comme coauteurs ou complices d'un crime commis par un ou plusieurs de leurs enfants. Cette disposition, entièrement nouvelle, se justifie d'elle-même.

34. S'agit-il, non plus d'un crime, mais d'un délit commis sur la personne d'un ou plusieurs de leurs enfants, l'art. 1-3° les frappe également de déchéance ; mais, comme ici l'infraction est moins grave, il faut deux condamnations.

35. Enfin l'art. 1-4° attache la même flétrissure au fait d'une double condamnation pour excitation habituelle de mineurs à la débauche.

36. A côté de ces hypothèses, où l'indignité des parents est tellement évidente qu'il n'y a pas lieu d'hésiter à leur appliquer la déchéance, la loi a dû prévoir un certain nombre de cas où, la faute des parents étant moins grave ou n'affectant pas directement la personne des enfants, le soin de prononcer ou non la déchéance devra être abandonné à la sagesse et à la prudence du juge. Ces cas de déchéance facultative sont au nombre de six.

37. Aux termes de l'art. 2-1°, peuvent être déclarés déchus de la puissance paternelle, les père et mère condamnés aux travaux forcés à perpétuité ou à temps, ou à la réclusion comme auteurs, coauteurs ou complices d'un crime autre que ceux prévus par les art. 86 à 101 c. pén. Une telle condamnation rompt pour un temps plus ou moins long la vie de famille ; les enfants, élevés pendant ce temps par d'autres que leurs parents, ont intérêt à ne pas retomber sous l'autorité de ces derniers, lorsque la condamnation dont ceux-ci ont été frappés portait sur des faits contraires à la moralité ou à l'honneur. Tel n'étant pas le cas pour les crimes contre la sûreté de l'État (art. 86 à 101 c. pén.), ils sont exceptés de cette disposition.

38. La séquestration, la suppression, l'exposition et l'abandon sont les divers moyens employés par les parents dénaturés pour se débarrasser de leurs enfants ; toutefois, ils s'expliquent parfois, s'ils ne se justifient pas, par l'extrême misère des parents ou par un accès de découragement momentané ; le législateur n'a donc pas voulu attacher la flétrissure de la déchéance à une première condamnation ; ce n'est qu'à une double condamnation qu'est attachée la déchéance ; encore les juges peuvent-ils ne pas la prononcer. Il en est de même pour le délit de vagabondage (art. 2-2°).

39. Il est un des faits prévus par ce texte, la suppression d'enfant, qui, dans un cas déterminé, paraît visé à la fois par l'art. 2-2° et par l'art. 1-2°. La suppression d'enfant, aux termes de l'art. 345 c. pén., constitue en effet tantôt un crime, tantôt un délit : un crime, si l'enfant a vécu ; un délit, dans le cas contraire. Or, lorsque ce fait est qualifié crime, il semble bien qu'il tombe sous le coup de l'art. 1-2°, qui attache la déchéance à la condamnation des parents pour un crime commis sur la personne d'un de leurs enfants ; mais, d'autre part, l'art. 2-2° ne distingue pas suivant que la suppression d'enfant constitue un crime ou un délit. De là cette grave question : le crime de suppression d'enfant tombe-t-il sous le coup de l'art. 2-2° ? L'intérêt de la question est évident ; si l'on adopte le premier point de vue, la déchéance a lieu de plein droit, et s'attache à une seule condamnation ; si l'on adopte le second point de vue, elle exige une double condamnation, et encore n'est-elle alors que facultative pour le juge.

C'est dans ce dernier sens que s'est prononcée la cour d'assises de la Drôme qui, par arrêt du 26 oct. 1889, déclarait qu'un crime de suppression d'enfant n'ayant été commis qu'une seule fois, il n'y avait pas lieu à déchéance, même facultative. Mais cet arrêt a été cassé, le 8 mars 1890, dans l'intérêt de la loi (Crim. cass. 8 mars 1890, aff. Veuve Montel, D. P. 90. 1. 233). Suivant la cour suprême, le crime de suppression d'enfant tombe sous le coup de l'art. 1-2° de la loi de 1889 ; il entraîne donc déchéance de plein droit, après une seule condamnation. Quant à l'antinomie apparente qui existe sur ce point entre l'art. 1 et l'art. 2, elle disparaît, si l'on admet, avec la cour de cassation, d'une part, que l'art. 1-2° vise exclusivement les faits qualifiés crimes par la loi pénale, tandis que l'art. 2-2° s'applique exclusivement aux faits qualifiés délits ; d'autre part, que l'art. 1-2° suppose le crime commis par le coupable sur la personne de ses propres enfants, tandis que l'art. 2-2° suppose qu'aucun lien de parenté n'existe entre l'auteur et la victime.

Cette interprétation de la cour suprême est adoptée par M. de Loynes, dans la note placée sous cet arrêt. D'après cet auteur, elle a le double mérite de cadrer parfaitement avec les travaux préparatoires et de concilier heureusement deux textes qui, autrement, seraient inconciliables. Il y a lieu cependant, ainsi que le remarque M. de Loynes, lui-même, *loc. cit.*, de faire une réserve sur le mérite de la distinction proposée par la cour. Si, comme elle le dit, l'art. 1 vise exclusivement les faits qualifiés crimes, et l'art. 2, ceux qualifiés délits par la loi pénale, on n'évite une contradiction que pour tomber dans une autre ; le paragraphe 2 de l'art. 2 fait alors double emploi, non plus avec le paragraphe 2, mais avec le paragraphe 3 de l'art. 1, qui attache la déchéance à une double condamnation pour délits commis par les parents sur la personne de leurs enfants. Il faut donc abandonner ce premier *critérium* de la distinction proposée, et s'en tenir au second, en disant que l'art. 1, §§ 2 et 3, vise exclusivement les crimes et délits commis par les parents sur la personne de leurs propres enfants, tandis que l'art. 2, § 2, prévoit au contraire le cas où ces mêmes crimes ou délits sont commis par eux sur la personne d'autres enfants. Cette interprétation, il faut le reconnaître, ne cadre plus aussi bien que la première avec les travaux préparatoires, notamment avec le rapport de M. Brueyre au conseil supérieur de l'Assistance publique, qui dit expressément que, dans l'art. 2, § 2, l'expression *faits* doit être entendue dans le sens de *délits*. Elle doit néanmoins être adoptée, puisque c'est la seule qui concilie pleinement les deux articles.

40. Une autre question se pose, relativement à l'interprétation de l'art. 2, § 2. Faut-il, pour que la déchéance

s'applique, que les deux condamnations soient encourues à raison du même délit, c'est-à-dire deux fois pour suppression d'enfants, ou deux fois pour séquestration d'enfants, etc.; ou bien suffit-il qu'elles le soient pour deux délits quelconques prévus par cet art. 2? Les avis sont partagés sur la question. Suivant une première opinion, il importe peu, pour que la déchéance soit encourue, que les deux condamnations soient prononcées pour délits du même genre ou pour délits de genre différent (Nillus, *Déchéance de la puissance paternelle*, n° 76). — D'autres auteurs voient dans le paragraphe 2 deux classes de délits: d'une part les délits de séquestration, de suppression, d'exposition et d'abandon d'enfant, d'autre part le délit de vagabondage. Il faut, pour qu'il y ait récidive dans le sens de l'art. 2, § 2, que les deux condamnations soient prononcées pour délits de même classe. Ainsi, deux condamnations pour vagabondage suffiraient, mais non deux condamnations dont l'une pour vagabondage et l'autre pour suppression d'enfant, par exemple. Cette opinion s'appuie sur le texte du paragraphe 2, qui met le délit de vagabondage à part des délits précédents, en le séparant de ces derniers par les mots « ou pour » (V. en ce sens, Leloir, *Code de la puissance paternelle*, t. 1, n° 427). — Enfin, suivant une troisième opinion, qui nous paraît préférable, le juge doit profiter de la liberté que la loi lui donne pour prononcer la déchéance toutes les fois que l'intérêt de l'enfant l'exigera; si, dans ces conditions, il se trouve en présence de deux condamnations pour des délits prévus par l'art. 2, § 2, de quelque ordre et de quelque nature qu'ils soient, il pourra prononcer la déchéance (V. en ce sens, Gaston Guény, *De la protection des enfants maltraités et moralement abandonnés*, thèse, p. 54).

41. L'art. 2-3° frappe également de la déchéance facultative les père et mère condamnés par application de l'art. 2, § 2, de la loi du 23 janv. 1873, ou des articles 1, 2 et 3 de la loi du 7 déc. 1874. La loi du 23 janv. 1873, art. 2, § 2, est relative à l'individu qui a été condamné deux fois dans la même année pour ivresse publique; quant à la loi du 7 déc. 1874, elle vise les individus qui auront employé des enfants à la mendicité ou à des professions ambulantes, ou auront livré des enfants à des individus exerçant de telles professions. L'art. 3 *in fine* de cette loi édictait déjà la déchéance facultative de la puissance paternelle pour le cas où le délit aurait été commis par les pères, mères ou tuteurs. Mais cette dernière disposition n'était pas fréquemment appliquée dans la pratique, faute par la loi d'avoir organisé la tutelle. Depuis la loi de 1889 au contraire, de nombreux jugements ont déjà prononcé la déchéance à la suite de condamnations pour excitation habituelle de mineurs à la mendicité.

42. Aux termes du paragraphe 4 de l'art. 2, peuvent être également déclarés déchus les père et mère condamnés une première fois pour excitation habituelle de mineurs à la débauche. On remarquera à ce sujet que ce dernier délit est également visé par le paragraphe 1 et par le paragraphe 4 de l'art. 1. Mais ces trois textes, loin de faire double emploi, établissent une sorte d'échelle de peines d'après le degré de gravité du délit. Ainsi le paragraphe 4 de l'art. 2 suppose une seule condamnation encourue par les père et mère pour ce délit commis sur d'autres que leurs propres enfants, et il y attache la déchéance facultative; l'art. 1, § 4, suppose le délit commis dans les mêmes conditions, mais avec récidive: dans ce cas, il y a déchéance obligatoire. Enfin l'art. 1, § 1, suppose le même délit commis par les père et mère, une seule fois il est vrai, mais sur la personne de leurs propres enfants: dans ce cas encore, il y attache la déchéance obligatoire, à raison du lien étroit de parenté entre l'auteur et la victime du délit.

43. A la différence de toutes les dispositions qui précèdent, les paragraphes 5 et 6 de l'art. 2 édictent la déchéance facultative, en dehors même de toute condamnation. Le paragraphe 5 permet aux tribunaux de prononcer la déchéance contre les père et mère dont les enfants ont été conduits dans une maison de correction, par application de l'art. 66 c. pén., c'est-à-dire après avoir été poursuivis devant le jury, mais acquittés comme ayant agi sans discernement.

Cette disposition, qui peut paraître étrange au premier abord, se justifie aisément. D'une part, en effet, bien qu'il s'agisse ici d'une faute de l'enfant, les parents peuvent en être moralement responsables; d'autre part, il est vrai que

l'enfant, pendant le temps de son internement, est soustrait en fait à l'exercice de la puissance paternelle; mais, outre que la disposition du paragraphe 5 permet de priver également le père de cette puissance sur la personne de ses autres enfants, elle a cet autre avantage, relativement à cet enfant même, de corriger le texte de l'art. 66 c. pén., qui fixe à vingt ans, et non à vingt et un, le maximum de l'internement; de sorte que désormais, la protection accordée à l'enfant le couvre jusqu'à l'époque de sa majorité.

44. Le dernier cas de déchéance facultative, prévu par le paragraphe 6, est celui où les père et mère, par leur ivrognerie habituelle, leur inconduite notoire et scandaleuse, ou par de mauvais traitements, compromettent, soit la santé, soit la sécurité, soit la moralité de l'enfant.

Cette dernière disposition comble heureusement la plus grave lacune de la législation antérieure. Par elle, tous les abus de la puissance paternelle qui, pour ne constituer ni crime ni délit, n'en sont pas moins de nature à compromettre les intérêts matériels et moraux de l'enfant, ne resteront plus impunis. C'est principalement pour réprimer ces abus, que la jurisprudence avait consacré le principe d'intervention des tribunaux à l'effet de restreindre l'exercice de la puissance paternelle. Cette intervention, dont la légalité était encore contestée par certains arrêts (V. notamment Trib. Le Puy, 10 déc. 1869, aff. Charzal, D. P. 70. 3. 64), est aujourd'hui formellement consacrée par le législateur.

45. Si large que soit la disposition de l'art. 2-6°, elle comporte cependant certaines limites, qui se justifient par la volonté du législateur d'éviter des immixtions abusives des tribunaux dans l'exercice de la puissance paternelle. C'est ainsi que l'ivrognerie, pour être une cause de déchéance en dehors de toute condamnation, doit être *habituelle*, de nature à compromettre l'éducation des enfants. Bien évidemment les juges pourraient, pour justifier cette cause de déchéance, s'appuyer sur une ou plusieurs condamnations antérieures pour ivresse publique. — De même aussi, l'inconduite, pour constituer une cause de déchéance, doit être à la fois notoire et scandaleuse, et être également de nature à compromettre l'éducation de l'enfant. Ainsi il a été jugé que le fait par une mère de vivre maritalement avec un tiers pendant plusieurs années ne peut équivaloir aux dérèglements notoires et scandaleux qui, aux termes de la loi du 24 juill. 1889, doivent entraîner la déchéance de la puissance paternelle, alors qu'en fait il est constaté que la liaison irrégulière, loin d'avoir été soupçonnée du public, a été considérée par tous comme une union légitime, n'a jamais causé aucun scandale et a été depuis légitimée par le mariage (Paris, 8 août 1893, aff. R..., D. P. 94. 2. 101). Du reste, les tribunaux peuvent s'appuyer, pour prononcer cette déchéance, sur certaines condamnations, comme celles prononcées pour adultère (Trib. Les Andelys, 8 juill. 1890, Leloir, *op. cit.*, t. 2, p. 404-405), ou certains jugements de divorce (Trib. Versailles, 12 mars 1891, Leloir, *op. cit.*, p. 439).

46. A ces deux premières causes de déchéance en dehors de toute condamnation, la loi assimile les « mauvais traitements » exercés sur les enfants. Que faut-il entendre exactement par là? La loi n'entend certainement pas attacher la déchéance à toutes les rigueurs dont l'enfant serait victime de la part de ses parents. Il a toujours été admis, en effet, que les père et mère peuvent infliger à leurs enfants des châtiments corporels, quand ces châtiments n'excèdent pas les bornes de la modération (V. *supra*, n° 14). Mais, étant admis que l'excès seul est punissable, faut-il que les mauvais traitements dont il s'agit aient consisté en coups et blessures, en violences ou voies de fait telles que les punit l'art. 311 c. pén.? On l'a soutenu (V. notamment : Vingtain, *Des restrictions et déchéances de la puissance paternelle*, p. 148). Mais M. de Loynes (note sous Agen, 6 nov. 1889, D. P. 90. 2. 25) estime au contraire, avec raison suivant nous, que la déchéance de la puissance paternelle peut être prononcée conformément à notre texte, non seulement lorsque l'enfant est victime de coups et blessures, mais encore lorsque le père le laisse manquer des choses nécessaires à la vie : « L'enfant, dit-il, peut être maltraité, du moment où il n'est pas traité comme il devrait l'être, du moment où il ne reçoit pas les soins que réclame sa santé et que la fortune de ses parents permettrait de lui donner ». Le seul inconvénient de ce système, M. de

Loynes le reconnaît, c'est de rendre la tâche du juge très délicate, la limite entre l'abus réprimé et la négligence tolérée étant difficile à préciser, et pouvant varier avec chaque espèce. — Jugé en ce sens : 1° qu'il y a « mauvais traitements » dans le sens du paragraphe 6 de l'art. 2 de la loi du 24 juill. 1889, lorsque des enfants jeunes, hors d'état de se suffire, sont réduits à la misère et à la mendicité, et que le père, impuissant à pourvoir à leur nourriture, leur entretien et leur éducation, refuse de les laisser recueillir par des maisons d'éducation qui leur donneraient les soins nécessaires, et les maintient ainsi dans un état où leur santé physique et leur moralité doivent nécessairement être atteintes; que, par suite, le père peut, dans ces circonstances, être déclaré déchu de la puissance paternelle (Grenoble, 13 juill. 1892, aff. Cochard, D. P. 93. 2. 267); — 2° Qu'il n'est pas nécessaire, pour que la déchéance de la puissance paternelle soit prononcée, que les enfants soient victimes de coups et blessures de la part de leur père ; il suffit que celui-ci, par son inconduite ou sa paresse, les laisse manquer des choses nécessaires à la vie (Riom, 9 mai 1893, aff. Tacher, D. P. 94. 2. 144).

47. L'abandon de l'enfant, lorsqu'il n'a pas donné lieu à une condamnation et ne tombe pas, dès lors sous l'application du paragraphe 2 (V. suprà, n° 38 et suiv.), rentrerait, semble-t-il, dans les « mauvais traitements » prévus par le paragraphe 6. Mais il a été jugé que la mère qui, à raison de son indigence, son enfant à des tiers, sur la demande de ceux-ci, n'encourt pas la déchéance de la puissance paternelle (Paris, 8 août 1893, aff. R..., D. P. 94. 2. 101).

B. — Étendue de la déchéance.

48. Tels sont les cas prévus par la loi nouvelle. Il importe de faire observer que, dans ces différents cas, qu'il s'agisse d'une déchéance de plein droit ou d'une déchéance facultative, cette déchéance est toujours pleine et entière dans ses effets; c'est-à-dire que le juge ne peut retirer au père indigne une partie des droits inhérents à la puissance paternelle, et lui conserver les autres. Cette solution résulterait au besoin des travaux préparatoires : le premier projet de loi donnait, en effet, aux tribunaux le pouvoir de ne prononcer qu'une déchéance partielle ; mais cette disposition a été retranchée sur la demande du conseil d'État, qui a fait observer, par l'organe de son rapporteur, M. Courcelle-Seneuil (Journ. off., p. 726, 2° col.), qu'il n'était pas admissible, « qu'on pût être père à demi, ou au tiers, ou au quart. Pour que la condition de l'enfant soit stable, il faut qu'il soit placé sous l'une ou l'autre puissance, et que celle du père soit entière ou ne soit pas ». Au surplus, le texte même de la loi confirme cette interprétation. L'art. 1 décide formellement que les parents tombant sous le coup de ses dispositions seront déchus de la puissance paternelle, *ensemble* de tous les droits qui s'y rattachent. Voilà pour la déchéance de plein droit; et, pour la déchéance facultative, l'art. 2 se réfère au même principe lorsqu'il dit : « Peuvent être déclarés déchus des *mêmes droits* », c'est-à-dire, ici encore, ensemble de tous les droits qui se rattachent à la puissance paternelle. En un mot, la déchéance ne peut jamais être prononcée pour partie (V. en ce sens : de Loynes, note sous Poitiers, 21 juill. 1890, aff. Guilberteau, D. P. 91. 2. 73; Léon Lallemand, *Notes sur la loi du 24 juill. 1889, Annuaire de législation française*, 1890, p. 272; Toulouse, 3 juill. 1890, *Gazette des tribunaux* du 7 oct. 1890. — *Contra*: Testaud, *Le contrôle de la puissance paternelle par les tribunaux et la loi du 24 juill. 1889*, et *Revue critique de législation et de jurisprudence*, 1891, p. 22 et suiv.).

49. Indivisible quant aux droits dont elle entraîne la privation, la déchéance est encore indivisible à un autre point de vue. Elle est encourue, non seulement à l'égard des enfants qui ont été victimes des abus de la puissance paternelle, mais encore à l'égard de tous les enfants et descendants de l'individu déchu. L'art. 1 le décide formellement pour la déchéance de plein droit, et pour la déchéance facultative, si l'art. 2 ne reproduit pas à cet égard les termes de l'art. 1, il résulte certainement des travaux préparatoires, notamment du rejet d'un amendement de M. Boreau-Lajanadie qui proposait l'admission de la déchéance relative (Journ.

off. du 26 mai 1889, p. 1124), que le législateur a entendu donner à cette disposition une portée générale, et que la déchéance, qu'elle soit obligatoire ou facultative, produit ses effets à l'égard de tous les enfants indistinctement (V. en ce sens: Douai, 8 mai 1893, aff. Gorriez, D. P. 93. 2. 401. V. aussi : de Loynes, note sous cet arrêt; Didier, *Études sur la loi du 13 févr. 1889, et la loi du 24 juill. 1889*, p. 61; Baudry-Lacantinerie, *Précis de droit civil*, 4° édit., t. 1, n° 986 *ter*. Comp. Charmont, *La loi du 24 juill. 1889 et son application, Revue critique*, nouvelle série, t. 20, 1891, p. 514; Gaston Guény, *op. cit.*, p. 72). — Au surplus, l'expression de la loi « tous leurs enfants et descendants » s'applique sans contredit aux enfants à naître (Conf. art. 9 de la loi); et il n'y a pas non plus à distinguer à cet égard entre les enfants mineurs et les enfants majeurs, le père perdant sur ces derniers, par l'effet de la déchéance, les droits de puissance paternelle qui survivent à la majorité, comme celui d'être consulté pour le mariage et l'adoption.

C. — Des personnes qui peuvent encourir la déchéance.

50. Aux termes de l'art. 1, ce sont les père et mère et ascendants. L'art. 2, au contraire, sur la déchéance facultative, ne parle que des père et mère. Il n'y a ici évidemment qu'une lacune de rédaction ; les deux articles prévoyant des hypothèses analogues, les personnes frappées doivent être les mêmes. C'est d'ailleurs à dessein que le législateur a placé les ascendants au nombre de ceux que la déchéance peut atteindre; car, s'ils n'ont jamais la puissance paternelle proprement dite, ils ont cependant, en cas de décès des père et mère, des droits plus étendus que ceux d'un simple tuteur : droit d'éducation, droit de consentir au mariage, droit d'accepter des donations pour leurs petits-enfants mineurs.

51. La déchéance de la puissance paternelle peut être prononcée contre la mère, alors même que le père, vivant et présent, reste investi de cette puissance. Il semble, au premier abord, que l'application de cette pénalité soit ici sans objet, la mère ne pouvant être déclarée déchue d'une puissance qu'elle n'exerce pas encore, qu'elle n'exercera jamais, si elle meurt avant son mari. Il faut reconnaître néanmoins que, du vivant même du père, la mère est appelée par la loi à participer, dans une certaine mesure, à l'exercice de la puissance paternelle, en ce qui concerne notamment le droit de consentement à l'adoption de son enfant. La déchéance, prononcée dans de telles conditions, a donc déjà pour effet de la priver de cette participation à la puissance du père. Mais elle a encore des effets éventuels, en faisant immédiatement disparaître le droit qu'aurait la mère à la tutelle de ses enfants, au cas où son mari viendrait à décéder. La déchéance de la mère, même du vivant du père, peut donc, à ce double point de vue, présenter un grand intérêt de protection pour l'enfant (Conf. Trib. Seine, 10 févr. 1894, aff. Dame Duveau, D. P. 94. 2. 263 et la note).

52. La déchéance s'applique aux père et mère naturels comme aux père et mère légitimes ; car, comme eux, ils ont, vis-à-vis de leurs enfants, le devoir d'éducation, et sont investis à cet effet d'une certaine puissance, dont il importe de les priver lorsqu'ils n'accomplissent pas leur devoir. Mais pour qu'il en soit ainsi, il faut que la filiation naturelle soit légalement prouvée, sans quoi, aucun lien de parenté n'existant, aux yeux de la loi, entre le père et l'enfant non reconnu, les tribunaux ne peuvent prononcer la déchéance d'une puissance qui, légalement, n'existe pas (Trib. Vervins, 17 mars 1893, aff. X..., D. P. 93. 2. 403, et la note de M. de Loynes) ; et la filiation ne peut être légalement prouvée, même vis-à-vis de la mère, par la possession d'état, que la loi n'admet comme moyen de preuve que pour établir la filiation légitime (Même jugement).— Toutefois, si le père ou la mère maltraite son enfant non reconnu, il est impossible cependant de lui laisser la garde de cet enfant; tout l'esprit de la législation nouvelle protesterait contre cette solution. Aussi le tribunal de Vervins, après avoir proclamé le principe ci-dessus, jugé-t-il, en se fondant sur l'absence de tout lien légal entre le parent naturel et son enfant non reconnu, que, dans une telle hypothèse, l'enfant doit être considéré soit comme un orphelin, soit comme enfant abandonné, et qu'il peut être recueilli comme

tel par l'assistance publique en vertu du décret du 19 janv. 1811. M. de Loynes, dans la note placée sous le jugement précité, estime que la loi de 1889 est applicable à cette hypothèse ; on se trouverait alors dans le cas prévu par l'art. 19, celui où un enfant est recueilli sans l'intervention des père et mère ou tuteur ; l'enfant non reconnu, n'ayant légalement ni père ni mère, se trouve ici nécessairement recueilli sans l'intervention de ses père et mère.

53. Le système de la loi de 1889 sur la déchéance, tel qu'on vient de l'exposer, laisse subsister une question très délicate, relative au pouvoir des tribunaux en cette matière. On a vu (*suprà*, n° 48) que, dans l'intention formelle du législateur, la déchéance, lorsqu'elle est prononcée, est indivisible dans ses effets, qu'elle ne peut être édictée pour partie. Mais ce point admis, on peut se demander si, sans prononcer à proprement parler de déchéance, soit que cette mesure soit jugée trop rigoureuse, soit qu'on ne se trouve pas exactement dans un des cas visés par la loi, les tribunaux ne pourraient pas, sous l'empire de la loi de 1889, comme la jurisprudence leur en conférait auparavant le pouvoir, prononcer certaines restrictions à l'exercice du pouvoir paternel, en retirant par exemple au père l'exercice de son droit de garde et d'éducation. Cette solution, a-t-on dit, n'est point incompatible avec la prohibition de la déchéance partielle. La déchéance consiste dans la privation de la puissance paternelle et de tous les droits qui y sont attachés, tandis que la restriction prive seulement le père de l'*exercice* de l'un de ces droits, mais en laissant intact le principe de la puissance paternelle ; il ne s'agit plus ici de frapper le père indigne d'une pénalité, mais de protéger l'enfant contre un pouvoir dont le père ne sait pas user conformément à la loi morale. Refuser désormais au juge toutes d'autres limitations à la puissance paternelle que la déchéance, c'est résoudre la question par la question, et c'est d'ailleurs supposer que la législation, au lieu de progresser, a fait un pas en arrière ; car il s'en faut que la loi nouvelle ait prévu tous les cas d'abus de puissance préjudiciables à l'enfant (V. en ce sens, Maurice Vingtain, *Des restrictions et déchéances de la puissance paternelle*, thèse 1891, p. 162 et suiv.).

Cette opinion n'a pas prévalu dans la jurisprudence. C'est ainsi que le tribunal de Saint-Quentin a rejeté, le 27 déc. 1889, une demande qui avait pour but de priver du droit de garde celui un père qui élevait mal son enfant. « Attendu que la loi du 24 juill. 1889, en comblant la lacune du code, a pour effet de rendre inutiles, et partant, de faire disparaître toutes les distinctions que les tribunaux ont plus ou moins créées ; qu'd'un autre côté les précautions et les garanties minutieusement réglées dont elle a entouré le pouvoir nouveau qu'elle donne aux juges s'imposent à tous les cas ; que les termes absolus qu'elle emploie ne permettent pas de diviser les différents droits de la puissance paternelle ni de distinguer entre eux ». Et la cour de Poitiers, dans un arrêt du 21 juill. 1890 (aff. Guilberteau-Billaud, D. P. 91. 2. 73), déclare également que « la loi de 1889 dénie et retire aux juges le droit de l'exercice de la puissance paternelle pour seulement en le restreindre ou le modifier suivant la diversité des espèces et la variété des intérêts. Ces nouvelles dispositions législatives emportent virtuellement abrogation de toutes dispositions contraires et incompatibles ». — Cette jurisprudence paraît fondée. Comme le dit M. de Loynes, dans la note placée sous cet arrêt, la loi de 1889 a eu précisément pour but de mettre un terme à l'incertitude des interprétations et à la variété des décisions. Vainement on objecte qu'elle ne prévoit pas tous les cas d'abus de la puissance paternelle. Quel était, en effet, le cas ordinaire où la jurisprudence antérieure consacrait le système de la restriction ? C'était celui de mauvais traitements, ou d'inconduite notoire du père ; or ce cas est précisément visé par l'art. 2-6° de la loi. Sans doute, la loi de 1889 a laissé de côté certains abus moins graves, tels que celui qui consisterait dans une éducation défectueuse donnée par le père à ses enfants. Mais, outre que l'on pourrait à la rigueur faire rentrer ce cas sous la qualification de *mauvais traitements*, visés par l'art. 2-6°, il résulte à l'évidence des travaux préparatoires que le législateur n'a pas entendu réprimer ou prévenir tous les abus

possibles de la puissance paternelle ; il a craint que ce pouvoir inquisitorial donné au juge ne jetât le trouble dans les familles. « Quand il s'agit de la privation de la puissance paternelle, dit M. Courcelle-Seneuil dans son rapport au conseil d'État, le législateur ne doit s'occuper que des pères manifestement indignes de l'exercer, et garder une grande réserve ».

D. — Procédure de l'action en déchéance.

54. — 1° *Des tribunaux compétents pour prononcer la déchéance*. — A. *Compétence* « *ratione materiæ* ». — D'après les projets primitifs de la loi, la déchéance ne pouvait jamais être prononcée que par les tribunaux civils ; mais la commission de la Chambre des députés ajouta à l'art. 9 un paragraphe 2 ainsi conçu : « Toutefois, lorsque les tribunaux répressifs prononceront les condamnations prévues aux art. 1 et 2, §§ 1, 2, 3, 4, ils pourront statuer sur la déchéance de la puissance paternelle dans les conditions établies par la présente loi ». Il résulte de cette disposition que les tribunaux répressifs ne peuvent statuer sur la déchéance à titre principal ; il faut que celle-ci soit encourue comme conséquence d'une condamnation pénale.

55. Les tribunaux répressifs, compétents dans cette limite, pour prononcer la déchéance, le sont-ils également à l'effet d'organiser la tutelle ? La rédaction de l'art. 9 permettrait d'en douter, au moins pour le cas de déchéance de plein droit. Le paragraphe 1 en effet décide que la tutelle sera organisée par la « juridiction compétente » ; et il renvoie, pour la procédure à suivre, à l'art. 4, qui suppose l'instance introduite devant le tribunal civil. D'autre part, le paragraphe 2, qui donne également compétence au tribunal répressif à l'effet de statuer sur la déchéance, est muet sur l'organisation de la tutelle. Faut-il en conclure que, sur ce dernier point, le tribunal répressif devra se dessaisir en faveur de la juridiction de droit commun ? Nous ne le croyons pas. Ainsi que nous l'avons dit, le paragraphe 2 a été intercalé après coup dans le texte de l'art. 9, et c'est ce qui explique qu'il cadre mal avec l'ensemble de l'article ; mais il résulte bien du mot « toutefois » par lequel il débute, que le législateur a entendu apporter une exception à la règle posée dans le paragraphe 1, c'est-à-dire à celle qui donne compétence au tribunal civil, non seulement à l'effet de prononcer la déchéance, mais encore pour statuer sur la tutelle (Conf. Gaston Guény, *op. cit.*, p. 80 ; Trib. Le Havre, 24 mars 1890 ; Trib. Evreux, 8 mai et 11 déc. 1890, Leloir, *op. cit.*, t. 2, p. 388, 393 et 432). — Au surplus, le même doute ne saurait subsister en ce qui concerne la déchéance facultative ; le paragraphe 3 de l'art. 9 donne ici le pouvoir de statuer sur la tutelle au tribunal qui prononce cette déchéance, et on a vu que ce tribunal peut être un tribunal répressif comme un tribunal civil. Cette disposition, ajoutons-le, prête un grand appui à l'interprétation que nous venons de donner du paragraphe précédent, car il n'y aurait aucune raison sérieuse pour que les tribunaux répressifs, compétents, à l'effet d'organiser la tutelle en cas de déchéance facultative, n'aient pas cette même compétence en cas de déchéance de plein droit.

56. Il importe toutefois d'ajouter que cette compétence du tribunal répressif ne subsiste qu'autant qu'il est encore saisi de la demande principale ; s'il a prononcé le jugement de déchéance sans statuer en même temps sur la question de tutelle, il est dessaisi, et cette question ne peut plus être portée devant lui *principaliter* ; sa compétence en matière de déchéance n'étant jamais qu'accessoire. C'est donc, dans ce cas, au tribunal civil qu'il faudra s'adresser. Il en sera ainsi nécessairement : 1° pour la demande formée par la seconde femme du père déchu antérieurement au nouveau mariage, afin d'obtenir, en cas de survenance d'enfant, que la puissance paternelle lui soit attribuée sur cet enfant (art. 9, § 4) ; — 2° pour toute demande relative à la constitution de la tutelle ou à son fonctionnement, lorsque la question se posera à la suite d'un premier jugement rendu sur la déchéance ; — 3° Enfin pour la demande en restitution de la puissance paternelle (art. 15 et 16) (V. *infrà*, n°s 77 et suiv.).

57. — B. *Compétence* « *ratione loci* ». — Lorsque le tribunal répressif est compétent, aux termes de l'art. 9, § 2, c'est le

tribunal qui prononce la condamnation qui est également et seul compétent pour statuer tant sur la déchéance que sur toutes les questions qui s'y rattachent accessoirement. Lorsque la demande en déchéance est portée *principaliter* devant le tribunal civil, l'art. 3 dit qu'elle devra être intentée devant le tribunal du domicile du père ou de la mère. C'est l'application pure et simple de l'art. 59 c. proc. civ.

58. — 2° *Marche de l'instance.* — La déchéance étant attachée de plein droit à la condamnation dans les cas visés par l'art. 1 de la loi, il n'y a lieu d'exercer une action spéciale à cet effet que dans les cas de déchéance facultative, prévus par l'art. 2. Cette action, aux termes de l'art 3, est intentée devant la chambre du conseil du tribunal du domicile ou de la résidence du père ou de la mère, par un ou plusieurs parents du mineur au degré de cousin germain ou à un degré plus rapproché, ou par le ministère public. En limitant ainsi le droit d'agir à quelques personnes, aux parents les plus rapprochés de l'enfant, la loi a voulu éviter les interventions qui, trop souvent, ne seraient pas justifiées par un réel intérêt porté à l'enfant. Il est bien évident d'ailleurs, quoique certains interprètes aient fait un grief à la loi de son silence à cet égard, qu'au premier rang de ces parents du mineur se place la mère.

59. L'action s'introduit par un mémoire présenté au président du tribunal, énonçant les faits, et accompagné des pièces justificatives. Ce mémoire est notifié aux père et mère ou ascendants dont la déchéance est demandée. Le président du tribunal commet un juge pour faire le rapport à jour indiqué. Pour le reste de la procédure, l'art. 4 renvoie aux art. 892 et 893 c. proc. civ. qui régissent la convocation du conseil de famille, l'interrogatoire du défendeur et l'enquête dans les demandes en interdiction judiciaire, sous cette réserve toutefois que la convocation du conseil de famille sera facultative pour le tribunal.

60. Ce simple renvoi aux art. 892 et 893 c. proc. civ. a fait naître une question sur laquelle la jurisprudence a eu déjà à se prononcer. L'art. 893 c. proc. civ., comme l'art. 4 de la loi de 1889, exige que la requête à fin d'interdiction judiciaire soit signifiée au défendeur ; mais elle lui est signifiée seulement avec l'avis du conseil de famille, c'est-à-dire à un moment déjà assez avancé de l'instance. Au contraire, l'art. 4, § 2, de la loi de 1889 semble bien exiger que le mémoire à fin de déchéance soit notifié au défendeur dès le début de l'instance ; cela résulte de l'ordre même des dispositions de cet article. Il y a dès lors antinomie entre cette prescription et le renvoi fait à l'art. 893 c. proc. civ. Auquel de ces deux textes doit-on plutôt se référer ? La cour d'Angers a décidé que le mémoire introductif de la demande en déchéance doit être notifié au défendeur dès le début de l'instance, conformément à l'art. 4, § 2, sans qu'il y ait lieu de tenir compte de l'art. 893 c. proc. civ. La cour fait observer avec raison que, si le renvoi aux art. 892 et 893 c. proc. civ. devait être observé à la lettre, la convocation du conseil de famille serait toujours obligatoire, l'art. 892 l'exigeant en matière d'interdiction ; or l'art. 4, § 4, de la loi de 1889 dit, au contraire, formellement qu'en matière de déchéance cette convocation n'est que facultative ; le renvoi au code de procédure civile n'a donc trait qu'aux dispositions des art. 892 et 893 qui ne sont pas contraires à celles de la loi de 1889 ; au surplus, le but même que s'est proposé cette loi indique suffisamment qu'il est désirable que le débat soit contradictoire à chaque phase de la procédure (Angers, 18 mars 1891, aff. De F..., D. P. 92. 2. 57. V. aussi la note de M. Planiol sous cet arrêt).

61. L'art. 4, après avoir donné, dans son paragraphe 5, compétence générale à la chambre du conseil pour procéder à l'examen de l'affaire, termine en disant (§ 6) que le jugement est prononcé en audience publique. Cette disposition a soulevé une autre question, qui se trouve résolue également par l'arrêt de la cour d'Angers cité *suprà*, n° 60. La disposition du paragraphe 6 visant exclusivement le jugement définitif, que faut-il décider relativement aux jugements préparatoires ou interlocutoires qui peuvent intervenir au cours de l'instance, pour ordonner, par exemple, les mesures provisoires relatives à la garde et à l'éducation des enfants ? L'arrêt précité répond à cette question que « toutes les règles de la procédure et du droit commun demeurent pour les parties auxquelles la loi de 1889 n'a point innové, et

cela, tant en ce qui concerne, soit les délais des ajournements et de la comparution, soit la publicité des jugements ». Tous les jugements rendus au cours de l'instance doivent donc être rendus, non en chambre du conseil, mais en audience publique, comme le jugement définitif lui-même. — M. Planiol, dans la note placée sous cet arrêt, n'admet pas cette solution. De ce que la loi a exigé formellement la publicité du jugement définitif, alors que son silence seul eût suffi pour la consacrer conformément aux règles générales de la procédure civile, il résulte, dit-il, que, pour les autres jugements, il a entendu déroger à ces règles, suivant le principe général de l'art. 4 qui veut que tout, jusqu'au jugement définitif, se passe en chambre du conseil. D'ailleurs, ajoute le même auteur, l'art. 5 confirme cette interprétation, lorsqu'il décide que la chambre du conseil peut ordonner, pendant l'instance en déchéance, telles mesures provisoires qu'elle juge utiles, relativement à la garde et à l'éducation des enfants. C'est la chambre du conseil qui ordonne ; c'est donc que le jugement n'est pas rendu en audience publique.

62. Il peut se produire, dans le cours de la procédure, des incidents. Le plus fréquent est prévu par l'art. 6, et a pour but les mesures provisoires relatives à la garde et à l'éducation des enfants ; ces mesures peuvent être ordonnées par la chambre du conseil, sur la demande des parties intéressées, du ministère public, et même d'office. — Un autre incident est prévu par l'art. 13. Il s'agit du cas où un tiers demande au tribunal que l'enfant lui soit confié. Dans ce cas, la demande est formée par voie de requête.

63. Les jugements rendus en matière de déchéance de la puissance paternelle sont susceptibles d'être attaqués par la voie de l'opposition et par celle de l'appel ; mais le tribunal peut toujours les déclarer exécutoires nonobstant opposition ou appel (art. 4, *in fine*), et de plus, les jugements relatifs à des mesures provisoires sont toujours exécutoires par provision (art. 5, *in fine*). — L'opposition et l'appel du jugement qui prononce la déchéance sont réglés d'une manière spéciale par les art. 6 et 7.

2. — Chapitre 2 de la loi de 1889. — De l'organisation de la tutelle en cas de déchéance de la puissance paternelle.

64. Lorsque la déchéance est prononcée, il y a lieu à l'organisation d'une tutelle spéciale. Cette tutelle peut être déférée, par le jugement qui a prononcé la déchéance ou par un jugement postérieur, soit à la mère, soit à un tuteur constitué dans les termes du droit commun, soit à l'Assistance publique, soit enfin à un étranger à titre de tuteur officieux. Il faut examiner séparément ces quatre situations.

A. — Dévolution de la puissance paternelle à la mère.

65. Aux termes de l'art. 9, cette dévolution n'a pas lieu de droit, en cas de déchéance du père, au profit de la mère, et il appartient au tribunal de décider discrétionnairement si les droits de puissance paternelle seront exercés par la mère. Cette disposition, contraire à la règle généralement admise par la doctrine antérieure, suivant laquelle l'attribution de la puissance paternelle, en cas de déchéance du père prononcée en vertu de l'art. 335 c. pén., avait lieu de plein droit au profit de la mère (Rép. n° 52 *in fine*), se justifie cependant par des nécessités pratiques : les époux continuant à vivre ensemble après la déchéance du père, on a craint que la mère étant investie de droits sur l'enfant, le père, à raison de son ascendant sur sa femme, n'exerçât en fait l'autorité déférée à celle-ci. Toutefois, comme il est telles circonstances où cette éventualité n'est pas à redouter, la loi a dû laisser aux tribunaux un pouvoir discrétionnaire à cet égard.

66. Il peut arriver que, l'exercice de la puissance paternelle ayant été refusé à la mère, le père déchu vienne à décéder pendant la minorité de l'enfant. Aux termes du code civil, l'autorité paternelle, en cas de prédécès du père, passe en principe à la mère, avec tous ses attributs. La circonstance que, du vivant du père, l'exercice de la puissance paternelle a été déféré à d'autres que la mère, à

l'Assistance publique, par exemple, doit-elle faire obstacle à l'application de cette règle ? La loi de 1889 est muette à cet égard. Mais nous ne croyons pas qu'elle ait entendu modifier les principes antérieurs sur ce point. L'hypothèse avait été prévue par la commission de la chancellerie, dont le projet contenait un paragraphe 2 ainsi conçu : « Lorsque, par suite de la déchéance du père, un tuteur a été donné aux enfants nonobstant l'existence de la mère, la mère a le droit, si le père vient à mourir, de convoquer le conseil de famille, qui décide si la tutelle continuera de subsister, ou si cette tutelle appartiendra à la mère selon le droit commun ». Si le législateur n'a pas conservé dans la rédaction définitive cette disposition modificative du droit commun, on peut légitimement en induire qu'il a entendu s'en référer à ce même droit commun sur ce point. Cette interprétation est d'autant plus admissible que, par le décès du père, le seul motif qui ait fait refuser de plein droit à la mère, du vivant de ce dernier, l'exercice de la puissance paternelle, à savoir l'ascendant moral du père sur sa femme, ce motif n'existe plus (V. conf. Gaston Guény, p. 116).

B. — Tutelle déférée dans les termes du droit commun.

67. Lorsque la mère aura été elle-même frappée de déchéance, ou que, non déchue, elle n'aura pas été investie de l'exercice de la puissance paternelle, ou enfin qu'elle sera prédécédée, le tribunal pourra organiser la tutelle conformément au droit commun (art. 10). Il prendra de préférence ce dernier parti, plutôt que de confier l'enfant à l'Assistance publique, lorsque, parmi les membres de la famille de l'enfant, il s'en trouvera un qu'il juge digne d'exercer ce pouvoir protecteur. Au reste, aux termes du même art. 10, la personne désignée n'est pas, comme le tuteur ordinaire, obligée d'accepter cette charge.

68. Indépendamment de cette première différence avec la tutelle ordinaire, la tutelle ainsi constituée a le caractère spécial, de ne pas entraîner, en principe, hypothèque légale au profit du mineur sur les immeubles du tuteur (art. 10). C'est que le tuteur de la loi de 1889 est donné à la personne plutôt qu'aux biens, le mineur dont il s'agit ayant encore le plus souvent ses père et mère et n'ayant par conséquent pas de biens personnels. Toutefois, l'hypothèse contraire peut se présenter, et dans ce cas la loi n'a pas voulu priver le mineur de toute protection; aussi décide-t-elle que, lorsque le mineur possède ou est appelé à recueillir des biens, le tribunal peut ordonner qu'une hypothèque générale ou spéciale soit constituée jusqu'à concurrence d'une somme déterminée (art. 10 in fine).

C. — Tutelle déférée à l'Assistance publique.

69. Lorsque l'organisation d'une tutelle de droit commun est impossible, la tutelle est confiée à l'Assistance publique. Cette tutelle a même ceci de particulier qu'elle a lieu de plein droit, à défaut de toute décision du tribunal sur l'attribution de la tutelle (V. rapport de M. Brueyre, Journ. off. des 21 et 24 avr. 1889, p. 706 et suiv.). Mais dans ce dernier cas, elle n'a que des droits provisoires, et elle cesse d'être tutrice lorsqu'un jugement intervient qui organise la tutelle dans d'autres conditions. Au contraire, lorsque la tutelle lui est déférée par le jugement même qui prononce la déchéance, elle est tutrice à titre définitif.

D. — Tutelle officieuse.

70. La loi de 1889, s'inspirant avant tout de l'intérêt de l'enfant, a prévu également le cas où une personne étrangère désirerait, par des considérations très légitimes, s'attacher à l'enfant dont les parents sont frappés de déchéance, l'élever et le mettre en état de gagner sa vie. A cet effet, elle a organisé, dans son art. 13, une sorte de tutelle officieuse, très différente d'ailleurs de la tutelle officieuse du code civil. Celle-ci a pour but de préparer l'adoption; aussi n'est-elle ouverte qu'à ceux à qui leur âge et leur état de famille permettraient l'adoption. De là des conditions rigoureuses, énumérées par les art. 361 et suiv. c. civ., et qui ont réduit

cette institution à l'état de lettre morte. Au contraire, la tutelle officieuse de la loi de 1889 n'a en vue de préparer l'adoption, ni de créer entre l'enfant et le tuteur des liens artificiels de parenté, mais seulement de faire bénéficier le mineur de soins particuliers et de le mettre mieux à même de gagner sa vie. Aussi les conditions de cette tutelle sont-elles beaucoup moins rigoureuses : le tuteur peut être âgé de moins de cinquante ans; il peut avoir des enfants ou descendants légitimes. Quant au mineur, il peut être âgé de plus de quinze ans; le consentement des parents, même de ceux non déchus, n'est pas nécessaire; l'art. 13 prévoit en effet l'intervention du tuteur officieux, non celle des parents; l'avis du conseil de famille n'est même pas nécessaire, il n'est que facultatif pour le tribunal.

71. Quant aux obligations et aux charges de cette tutelle, elles consistent, en premier lieu et essentiellement, dans l'obligation imposée au tuteur de nourrir le mineur, de l'élever et de le mettre en état de gagner sa vie; mais cette obligation, à la différence de ce qui a lieu pour la tutelle officieuse du code civil, n'est pas sanctionnée par la loi; il semble, en effet, difficile, dans le silence de l'art. 13 qui contient un système complet sur cette tutelle spéciale, d'appliquer ici par analogie l'art. 369 c. civ., lequel, à défaut par le tuteur officieux de remplir complètement ses engagements, accorde au pupille une indemnité sur les biens de celui-ci. Le silence de la loi de 1889 s'explique par cette idée que le législateur a craint d'éloigner de la tutelle officieuse, par l'éventualité de ce recours, un grand nombre de personnes charitables.

72. Le tuteur officieux a l'administration des biens du pupille; mais, comme conséquence de son obligation d'entretenir l'enfant, il peut imputer les dépenses de l'éducation sur les revenus de celui-ci, conformément à l'art. 365 c. civ. auquel renvoie expressément l'art. 13 de la loi. De même il est soumis, à la fin de la tutelle, à l'obligation imposée au tuteur officieux par l'art. 370 c. civ. de rendre compte de son administration.

73. Le tuteur officieux a les droits de garde et d'éducation. Quant aux droits de consentement au mariage et d'émancipation, ils sont dévolus, en cas de déchéance, conformément au droit commun, aux mêmes personnes qui les exerceraient si les parents frappés de déchéance étaient décédés (art. 14). D'où il faut conclure que le tuteur n'a jamais le droit de consentir au mariage de son pupille : ce droit est exercé, suivant les cas, par la mère, par les ascendants, ou par le conseil de famille. Quant au droit d'émancipation, il appartient à la mère, tant qu'elle est vivante et maîtresse de ses droits; à son défaut, le tuteur officieux a seulement le pouvoir de requérir la convocation du conseil de famille pour qu'il soit statué sur cette question.

74. Le tuteur officieux de la loi de 1889, pas plus que celui du code civil, n'est tenu d'adopter le pupille parvenu à sa majorité. Mais lorsque telle est au contraire son intention, peut-il, dans la prévision de son décès avant la majorité du pupille, lui conférer l'adoption testamentaire, dans les termes et conditions de l'art. 366 c. civ ? La loi de 1889 ne s'explique pas sur ce point, et on pourrait soutenir, dans le sens de la négative, que l'adoption testamentaire, étant une faculté exorbitante du droit commun, ne peut être étendue par analogie. Néanmoins, nous croyons que l'esprit de la loi de 1889, qui est de favoriser la tutelle officieuse dans l'intérêt de l'enfant, commande la solution contraire.

75. La tutelle officieuse, dont on vient de retracer les règles, peut s'ouvrir de deux manières différentes. Elle peut être attribuée directement, au cours de l'instance, à la personne qui, par voie de requête au tribunal, demande à se charger de l'enfant (art. 13, § 1). Elle peut aussi intervenir après coup, au profit de la personne chez laquelle l'Assistance publique aurait placé l'enfant, aux termes de l'art. 11, in fine de la loi. Mais cette personne ne peut demander utilement l'attribution de la tutelle officieuse qu'après avoir gardé l'enfant trois ans au moins. Ces trois ans constituent, dans la pensée du législateur, une sorte de temps d'épreuve, au bout duquel on peut justement compter que la demande ne sera pas motivée par un caprice momentané, mais par un attachement sérieux pour l'enfant.

76. Telles sont les différentes sortes de tutelle organisées au profit de l'enfant par la loi de 1889. Il reste à observer, à cet égard, que la loi n'a pas voulu que la déchéance du père indigne pût constituer pour lui un profit, en le déchargeant des soins à donner à l'enfant ; aussi décide-t-elle, dans son art. 12, que le tribunal, en prononçant sur la tutelle, fixera le montant de la pension qui devra être payée par les père, mère et ascendants, auxquels des aliments peuvent être réclamés, ou déclarera qu'à raison de l'indigence des parents, il ne peut être exigé aucune pension. — Cette disposition s'applique certainement aux deux cas de tutelle constituée, soit dans les termes du droit commun, soit au profit de l'Assistance publique ; mais elle ne s'applique évidemment pas au cas de tutelle officieuse. Cela résulte, d'une part, de ce que le tuteur officieux est obligé d'élever le mineur à ses frais, et, d'autre part, de la place de l'art. 12, après les articles qui organisent les deux premières tutelles, et avant l'article qui s'occupe de la tutelle officieuse (Conf. Gaston Guény, *op. cit.*, p. 128).

§ 3. — Chapitre 3 de la loi de 1889. — De la restitution de la puissance paternelle.

77. La déchéance encourue par les parents n'est pas irrévocable. Le principe de la restitution de la puissance paternelle, vivement combattu au cours des travaux préparatoires, en raison du trouble que ces changements répétés de direction apporteraient dans l'éducation de l'enfant, a été finalement adopté, sous l'influence de cette considération très morale, qu'il convient de laisser au parent indigne l'espérance de pouvoir se réhabiliter un jour par sa conduite, et de recouvrer alors la puissance paternelle.

78. La restitution de la puissance paternelle ne peut être accordée que sur une demande en justice. Quant aux conditions nécessaires au succès de cette demande, elles varient, aux termes de cette loi, suivant que la déchéance a été prononcée, à la suite d'une condamnation (art. 1, et art. 2, §§ 1, 2, 3, 4), ou au contraire en dehors de toute condamnation (art. 2, §§ 5 et 6). Dans le premier cas, la condition nécessaire pour obtenir restitution de la puissance paternelle est d'être réhabilité ; dans le second cas, il suffit, au moins comme condition préliminaire, qu'il se soit écoulé trois ans depuis que la déchéance est devenue irrévocable (art. 15, § 2). Mais, dans l'un et l'autre cas, il faut, en outre, que le requérant soit jugé digne de recouvrer l'exercice de la puissance paternelle, et l'appréciation du tribunal est souveraine à cet égard. On n'a pas conservé le système du projet primitif d'après lequel la restitution de la puissance paternelle résultait de plein droit de la réhabilitation prononcée suivant les règles du code pénal.

79. Quel est le tribunal compétent pour connaître de la demande en restitution ? Plusieurs solutions ont été proposées : suivant une opinion, ce serait au tribunal qui a prononcé la déchéance qu'il appartiendrait de statuer. Un autre système attribue compétence au tribunal dans le ressort duquel l'ascendant serait domicilié au jour de la demande en restitution (Gaston Guény, *op. cit.*, p. 85). Enfin M. Leloir (*op. cit.*, n° 774) estime que l'action doit être portée devant le tribunal du domicile du tuteur, ou plus exactement, du domicile *de la tutelle*, ou du domicile de l'enfant, si celui-ci est majeur.

80. La procédure de l'action en restitution est à peu près la même que celle de l'action en déchéance elle-même (V. art. 16). Il y a lieu toutefois de noter ici cette différence, que, pour la restitution de la puissance paternelle, l'avis du conseil de famille est obligatoire, tandis qu'il n'est que facultatif pour la déchéance.

81. Lorsque le tribunal admet la demande en restitution, le père reprend, avec la puissance paternelle, tous les droits et avantages qui s'y rattachent. Mais il est évidemment tenu de respecter tous les actes régulièrement faits pendant le temps de sa déchéance.

82. Si, au contraire, le tribunal rejette la demande, le demandeur ne peut plus jamais, en former une nouvelle. On n'a pas voulu que l'état des mineurs en tutelle fût exposé à des menaces continuelles de procès. — Toutefois, l'art. 16 *in fine*, qui pose cette règle, y ajoute aussitôt une exception, au profit de la mère, et après la dissolution du mariage. Le législateur a sans doute prévu le cas où, les père et mère étant l'un et l'autre frappés de déchéance, la mère, revenue à une meilleure conduite, aurait formé au cours du mariage une demande en restitution de la puissance paternelle, et où le tribunal aurait refusé de faire droit à sa demande dans la crainte de lui voir partager en fait cette puissance avec son mari. Cette crainte n'ayant plus d'objet à la dissolution du mariage, la femme peut alors intenter une nouvelle demande avec succès ; mais il est évident que, si cette nouvelle demande était rejetée, elle ne pourrait plus être introduite une troisième fois.

§ 4. — Titre II de la loi de 1889. — De la protection des mineurs placés avec ou sans l'intervention des parents

83. Ce titre a pour objet la protection des mineurs dont les administrations d'assistance publique, les associations charitables ou les particuliers ont accepté la charge avec le consentement des parents, ou qu'ils ont recueillis sans l'intervention de ceux-ci. Avant la loi nouvelle, cette œuvre de sauvetage de l'enfant rencontrait fréquemment un obstacle insurmontable dans les calculs intéressés des parents, qui, après avoir laissé l'enfant pendant sa première enfance aux mains de ses protecteurs sans récrimination, revendiquaient leurs droits dès que sa personne était en état de se livrer à un travail productif. En vain on leur opposait l'engagement qu'ils avaient souscrit de ne pas réclamer l'enfant avant sa majorité. La puissance paternelle est inaliénable, et le juge ne pouvait, dans l'état actuel de la législation, se refuser à faire droit à cette réclamation (V. l'exposé des motifs, *Journ off.* du 21 avr. 1889, p. 708, 3e col.).

84. Le projet voté par le Sénat se contentait de consacrer législativement la validité du contrat de dessaisissement de la puissance paternelle intervenant entre les parents et les établissements ou particuliers. Mais le conseil d'Etat se montra hostile à ce projet et fit prévaloir la nécessité de l'intervention du pouvoir judiciaire (*Journ. off.* du 21 avr. 1889, p. 709, 2e col.).

85. Deux hypothèses peuvent se présenter : 1° les père mère ou tuteur ont confié les enfants à des associations, à des particuliers ; 2° ces enfants ont été recueillis directement sans l'intervention des parents.

Dans le premier cas, le tribunal peut décider, sur la requête des parties intéressées, qu'il y a lieu de déléguer à l'Assistance publique les droits de puissance paternelle, et de remettre l'exercice de ces droits à l'établissement ou au particulier gardien de l'enfant (art. 17). — Si au contraire l'enfant a été recueilli sans l'intervention des parents, la loi exige qu'une déclaration soit faite dans les trois jours au maire de la commune ou au commissaire de police, déclaration qui est transmise au préfet (art. 19). Les parents peuvent alors réclamer leur enfant ; mais, s'ils ne l'ont pas fait dans les trois mois, ceux qui l'ont recueilli peuvent demander l'exercice de tout ou partie des droits de puissance paternelle ; dans le cas où le tribunal ne confère au requérant qu'une partie des droits de la puissance paternelle, il déclare, par le même jugement, que les autres, ainsi que la puissance paternelle, sont dévolus à l'Assistance publique (art. 20).

86. En ce qui concerne la procédure à suivre pour arriver au jugement de dessaisissement, V. les art. 17 et suiv. de la loi.

SECT. 2. — DE L'ADMINISTRATION LÉGALE DES PÈRE ET MÈRE.
(Rép. n°s 76 à 87.)

87. On a vu au *Rép.*, n° 76, que, suivant l'opinion la plus générale, l'administration légale du père durant le mariage doit être considérée bien plutôt comme une conséquence de la puissance paternelle que comme une véritable tutelle, bien que l'art. 389 qui s'y rapporte ait été rangé sous le titre de la tutelle (Conf. Aubry et Rau, 4e éd., t. 1, § 123, p. 499 ; Demante et Colmet de Santerre, t. 2, n° 137 ; Laurent, t. 4, n° 296, p. 393). On a cité, dans le sens de cette doctrine, un certain nombre d'arrêts qui ont refusé d'appliquer à l'administration légale du père toutes les règles de la tutelle ; et ce même principe a été formellement

consacré par la cour de cassation (Req. 3 juin 1867, aff. Pauc et Camjoan, D. P. 68. 1. 27. Mais si l'on est généralement d'accord sur le principe, on l'est moins lorsqu'il s'agit d'en tirer les conséquences, et de déterminer notamment quelles sont, dans le silence de l'art. 389 sur ce point, celles des règles de la tutelle qu'il convient ici d'écarter, celles qu'il convient au contraire de conserver.

88. Un premier point semble tout d'abord acquis aujourd'hui sans conteste; c'est que la subrogée tutelle est étrangère à l'institution de l'administration légale (Conf. Aubry et Rau, 4e éd., t. 1, § 123, p. 500; Demolombe, t. 6, n°421; Demante et Colmet de Santerre, t. 2, n° 137 *bis*-I; Laurent, *Principes de droit civil*, t. 4, n° 310; Req. 3 juin 1867, cité *suprà*, n° 87). — Cette règle admise, on reconnaît cependant qu'il y a lieu de nommer à l'enfant mineur un représentant spécial en cas d'opposition d'intérêts entre son père et lui (Paris, 17 mars 1881, aff. Danelle, D. P. 82. 2. 189). Mais, sur la qualification qu'il convient de donner à ce représentant, on est loin d'être d'accord: est-ce un tuteur *ad hoc* ou un administrateur *ad hoc* qui doit être nommé à cet effet? La question de désignation n'est pas sans présenter ici quelque intérêt pratique, si l'on tient à donner à cette qualification un sens précis et juridiquement exact. Or il semble que la dénomination de tuteur *ad hoc* conduise par voie d'analogie à organiser cette tutelle spéciale de la même façon que la loi a organisé la tutelle ordinaire, et à admettre notamment la nomination de ce tuteur *ad hoc* par le conseil de famille, avec l'adjonction d'un subrogé tuteur *ad hoc*. Si l'on donne au contraire, à ce défenseur provisoire des intérêts du mineur, la qualification d'administrateur *ad hoc*, on décide, par là même, semble-t-il, qu'il faut le laisser agir seul, comme agit le père qu'il remplace, c'est-à-dire sans l'adjonction d'un subrogé tuteur *ad hoc*, et que sa nomination n'est pas nécessairement confiée au conseil de famille, mais qu'elle peut être faite par le tribunal.

Ces deux points de vue ont l'un et l'autre leurs partisans dans la doctrine et la jurisprudence. Dans le sens du premier système, il a été jugé que, lorsqu'un enfant mineur est soumis à l'administration légale de son père et qu'il se trouve en opposition d'intérêts avec celui-ci, il y a lieu de lui nommer un tuteur *ad hoc*, et non un administrateur *ad hoc*, et qu'un subrogé tuteur *ad hoc* doit être adjoint à ce dernier dans tous les actes où la loi exige le concours d'un tuteur et d'un subrogé tuteur; qu'en conséquence, si un jugement est intervenu entre un mineur et son père administrateur légal, le délai d'appel ne court contre le mineur qu'à dater d'une double signification faite à son tuteur *ad hoc* et à son subrogé tuteur *ad hoc* (c. proc. civ. art. 444) (Bordeaux, 19 mars 1875, aff. Ricaud et Barrère, D. P. 77. 2. 25. Conf. Proudhon, *État des personnes*, t. 2, p. 282; de Fréminville, *Minorité*, t. 2, n° 141; Demolombe, *Puissance paternelle*, n°s 421 et 422; Aubry et Rau, 4e éd., t. 1, § 123, p. 500 texte et note 7; Demante et Colmet de Santerre, t. 2, n° 137 *bis*-II; Labbé, note sur l'arrêt précité du 19 mars 1875). On justifie cette doctrine en disant que le titre d'administrateur légal, avec les conséquences qu'il comporte, est absolument personnel au père de famille; que, par suite, lorsque l'opposition d'intérêts prive momentanément le mineur de la protection particulièrement éclairée de son père, il convient plus que jamais de donner à l'enfant les garanties complètes que lui assurent les règles de la tutelle, en exigeant notamment le concours du tuteur et du subrogé tuteur dans les cas prévus par les art. 444, 962 et 972 c. proc. civ. Jugé également que c'est au conseil de famille, et non au tribunal civil, qu'il appartient, dans ce cas, de procéder à la nomination de ce représentant spécial (Douai, 5 juill. 1878, aff. Dupuich, D. P. 79. 2. 116). — Dans le sens du second système, il a été jugé, au contraire, que l'opposition d'intérêts entre un mineur et ses père et mère ne donne pas lieu à la nomination d'un tuteur *ad hoc*, mais seulement à la nomination d'un administrateur *ad hoc*, lequel doit être nommé par le tribunal et non par le conseil de famille, sans qu'il y ait lieu d'ailleurs de lui adjoindre un subrogé tuteur *ad hoc* (Paris, 9 janv. 1875, aff. T...., D. P. 76. 2. 23; 5 avr. 1876, aff. Compagnie Paris-Lyon-Méditerranée, D. P. 77. 2. 34). La cour de Paris motive cette solution sur ce que, la tutelle

n'étant ouverte, aux termes de la loi, qu'après la dissolution du mariage arrivée par la mort des deux époux ou de l'un d'eux, tant que le père et la mère sont l'un et l'autre existants, il ne peut y avoir lieu d'appliquer les règles de la tutelle.

Quant à la cour de cassation, sans attacher d'ailleurs grande importance à la dénomination du représentant provisoire du mineur, qu'elle qualifie tantôt d'administrateur *ad hoc*, tantôt de tuteur *ad hoc*, elle se prononce, quant au fond, pour un système mixte. Elle décide, en effet, d'une part, avec la cour de Paris, qu'il n'y a pas lieu d'adjoindre un subrogé tuteur *ad hoc* au représentant provisoire du mineur, en cas de conflit d'intérêts de celui-ci avec son père (Req. 14 janv. 1878, aff. Demoiselle Barrère, D. P. 78. 1. 227), par ce motif que l'administration légale diffère essentiellement de la tutelle; que le représentant temporaire du mineur en conflit d'intérêts avec son père, agit en la même qualité et dans les mêmes conditions que ce dernier, et qu'il n'y a pas lieu dès lors de lui adjoindre, pas plus qu'à lui-même, un subrogé tuteur. Mais elle décide, d'autre part, contrairement à la pratique constante de la chambre du conseil du tribunal civil de la Seine, sanctionnée, ainsi qu'on l'a vu, par la cour de Paris, qu'il appartient au conseil de famille, et non au tribunal, de nommer l'administrateur *ad hoc* du mineur (Req. 10 juin 1885, aff. Poirault, D. P. 85. 1. 465). — Sur ce point spécial, la chambre des requêtes s'efforce de justifier sa doctrine, qui semble, à première vue, en désaccord avec le principe par elle admis, que l'administration légale diffère essentiellement de la tutelle (V. l'arrêt précité du 14 janv. 1878. *Adde*: Req 3 juin 1867, aff. Pauc, D. P. 68. 1. 27) et qui paraît être aussi difficilement applicable en pratique, puisque, sous le régime de l'administration légale, le conseil de famille n'existe pas et n'est pas constitué. On peut toutefois justifier la doctrine de la cour suprême à ce double point de vue en faisant remarquer, d'une part, que si la loi a affranchi l'administrateur légal du contrôle permanent du conseil de famille, c'est en sa qualité de père, plus apte à ce titre que qui que ce soit à protéger les intérêts de l'enfant, alors surtout qu'à côté de lui se place l'influence morale de la mère; mais que, l'administration légale demeurant en suspens et cessant momentanément d'exister en cas de conflit d'intérêts entre le père et le fils, il convient de revenir à la règle générale qui place les intérêts du mineur sous la sauvegarde de l'assemblée de famille (V. art. 142, 143, 159, 393, 396, 405, 420, 480, 505, 838 c. civ., et 938 c. proc. civ.). D'autre part, peut-on dire, il est bien d'autres cas dans la loi, où la désignation d'un représentant spécial, soit à un mineur, soit même à un majeur, exige la convocation d'un conseil de famille, qui ne se constitue que pour procéder à cette nomination même, sans avoir aucun caractère de permanence (V. notamment, art. 936, 1055 et 1056 c. civ., et la jurisprudence en matière d'action en désaveu, citée en note sous l'arrêt précité du 10 juin 1885). La loi n'a donc pas considéré que la non-permanence de ce conseil fût un obstacle pratique au fonctionnement d'une institution éminemment favorable aux intérêts du mineur, intérêts que le tribunal, avec les éléments d'appréciation moins complets dont il dispose, ne suffirait pas toujours à sauvegarder (Conf. sur les deux points, Chardiny, *De l'administration légale des biens des enfants mineurs*, p. 333, 336).

89. Il est généralement admis aujourd'hui que les biens du père administrateur ne sont pas grevés de l'hypothèque légale dont les mineurs jouissent sur les biens de leurs tuteurs. C'est en grande partie, dit-on, pour écarter ici l'application de l'art. 2121 c. civ. que la loi évite de donner au père, dans l'art. 389, la qualification de tuteur, et cela non sans raison; car il est rare que les enfants qui ont leur père et mère propriétaires d'un patrimoine important, et dès lors, il était inutile de grever d'hypothèque les biens de tous les pères, quand déjà ces mêmes biens sont frappés comme biens de maris (V. *suprà*, v° *Privilèges et hypothèques*, n° 686).

90. Les causes d'exclusion et de destitution de la tutelle sont-elles applicables au père administrateur? On s'est prononcé au *Rép.*, n° 77, pour la solution affirmative, admise par Marcadé, Valette, et Demolombe. MM. Aubry et Rau (t. 1, § 123, p. 502) se prononcent, au contraire, en

principe, pour la négative; mais ils admettent, et par là leur doctrine se rapproche sensiblement en pratique de la doctrine contraire, que si, par incapacité ou par infidélité dans sa gestion, le père lésait ou compromettait les intérêts de ses enfants, les tribunaux pourraient, sur la demande d'un tuteur *ad hoc*, nommé conformément à l'art. 446, lui retirer l'administration légale et la confier à la mère, ou même investir un tiers des fonctions de tuteur provisoire (Conf. Demante et Colmet de Santerre, t. 2, n° 137 *bis*-III; Aubry et Rau, t. 1, § 123, p. 502; Trib. civ. Le Puy, 10 déc. 1869, aff. Chazal et Monteil, D. P. 70. 3. 64).

91. On verra *infrà*, n° 127, que le père survivant destitué de la tutelle de ses enfants pour inconduite notoire, n'est pas pour cela, au moins dans l'opinion générale, privé de l'usufruit de leurs biens. Mais conserve-t-il néanmoins l'administration de ces biens? Suivant un arrêt (Montpellier, 25 août 1864, aff. Carrière, D. P. 65. 2. 25), il ne saurait être privé, par ce seul fait, de l'administration légale, son inconduite n'impliquant pas nécessairement sa mauvaise gestion; il faudrait encore qu'il fût établi que son incurie et sa mauvaise gestion compromettent les intérêts pécuniaires de ses enfants. — Mais il a été jugé, au contraire, que le droit d'administration de la personne et des biens du mineur est de l'essence même de la tutelle, que l'on ne conçoit pas et qui ne peut exister sans cette double prérogative, et qu'en conséquence l'administration appartient, dans ce cas, de plein droit au nouveau tuteur, à l'exclusion du père, sauf au tuteur à faire état à ce dernier des sommes pouvant lui revenir en vertu de son usufruit (Lyon, 4 juin 1878, aff. De F.., D. P. 79. 2. 167).

92. Quant aux causes d'excuses admises en matière de tutelle, il ne semble pas douteux qu'elles soient inapplicables à l'administration légale, qui n'est qu'une conséquence de la puissance paternelle et des avantages qu'elle confère, et qui d'ailleurs est plus onéreuse pour son titulaire que la tutelle (Aubry et Rau, t. 1, § 123, p. 503, texte et note 16. V. cependant, en sens contraire, Valette, sur Proudhon, II, p. 283, note *a*, obs. IV).

93. Relativement aux pouvoirs du père et à ses obligations, en qualité d'administrateur légal, pendant la durée de cette administration, par comparaison avec la tutelle, la doctrine s'accorde aujourd'hui à poser ce principe général, que, parmi les règles de la tutelle, il convient d'appliquer ici celles qui tiennent à la nature de toute administration comptable, et de rejeter au contraire celles qui peuvent passer plutôt pour des garanties spéciales accordées au mineur contre le tuteur (Demante et Colmet de Santerre, t. 2, n° 137 *bis*-III; Aubry et Rau, t. 1, § 123, p. 503 et 504; Laurent, t. 4, n° 303, p. 403), et les décisions de la jurisprudence sont en général conformes à cette distinction.

C'est ainsi, tout d'abord, qu'il est généralement admis que le père administrateur est, tout aussi bien que le tuteur, soumis à l'obligation de faire inventaire, obligation qui n'est pas particulière au tuteur, mais qui est, en général, imposée à tous les administrateurs du patrimoine d'autrui (Aubry et Rau, t. 1, § 123 p. 505, texte et note 24; Demante et Colmet de Santerre, *op. et loc. cit.*; Demolombe, t. 6, n° 483. — *Contrà*: Laurent, t. 4, n° 307, p. 408). Au contraire l'intervention à l'inventaire d'un subrogé tuteur, ainsi que la déchéance encourue par le tuteur faute de la déclaration prescrite par l'art. 451, constituant des garanties spéciales contre le tuteur, ne sont évidemment pas applicables à l'administration légale du père (V. les mêmes auteurs, *op. et loc. cit.*). De même, ainsi qu'on l'a enseigné au *Rép.*, n° 81, le père administrateur n'est pas astreint à l'obligation de vendre les meubles corporels, non plus qu'aux prescriptions de l'art. 453, § 2, c. civ. Les articles 454, 455, 456 et 474, sur le cours des intérêts de plein droit, l'art. 475, qui édicte contre le mineur une prescription spéciale de dix ans, lui sont également inapplicables (Aubry et Rau, t. 1, § 123, texte et note 22; Demolombe, t. 6, n° 483; Demante et Colmet de Santerre, *op. et loc. cit.*). Enfin, conformément à une décision citée au *Rép.*, n° 81, la cour de cassation a jugé que les traités passés entre le père, administrateur légal, durant le mariage, des biens de son enfant mineur, et cet enfant devenu majeur, ne sont pas soumis au compte préalable, avec remise des pièces justificatives, exigé en matière de tutelle par l'art. 472 c. civ. (Req. 30 janv. 1866,

aff. Gabriel, D. P. 66. 1. 172. Conf. Agen, 17 mars 1854, aff. Dugout-d'Albret, D. P. 55. 2. 294; Aubry et Rau, t. 1, § 123, p. 509, texte et note 49; Demolombe, t. 6, n°s 455 et 456; Demante et Colmet de Santerre. *op. et loc. cit.*). Toutes ces décisions s'expliquent par la même idée, à savoir que les dispositions qui précèdent constituent des dérogations au droit commun, qui doivent, à ce titre, être restreintes à la matière de la tutelle.

94. Mais l'application du principe devient beaucoup plus délicate lorsqu'il s'agit de préciser exactement l'étendue des pouvoirs du père administrateur légal, par comparaison avec ceux du tuteur. Parmi les actes auxquels peut donner lieu la gestion du tuteur, il en est que celui-ci peut faire seul, d'autres pour lesquels l'autorisation du conseil de famille lui est nécessaire, d'autres enfin qu'il ne peut faire sans l'autorisation du conseil de famille et l'homologation du tribunal. Ces règles sont-elles également applicables au père administrateur légal? A l'égard des actes que le tuteur peut faire seul, il n'est pas douteux que le même pouvoir appartienne au père. Quant aux autres actes, de grandes divergences se sont produites dans la doctrine et la jurisprudence.

Suivant une première doctrine, du principe que celles des règles de la tutelle qui peuvent passer pour des garanties spéciales accordées au mineur contre le tuteur sont inapplicables à l'administration légale, il faudrait tirer cette conséquence que le père administrateur légal peut faire seul, non seulement tous les actes qui sont permis au tuteur, mais encore les actes que celui-ci ne peut accomplir qu'après avoir consulté le conseil de famille, que l'avis de celui-ci doive ou non être homologué par le tribunal (V. en ce sens: Riom, 9 déc. 1890, aff. Delonchamp, D. P. 92. 2. 233). Cette première doctrine est évidemment beaucoup trop absolue, en présence des termes de l'art. 389 c. civ., qui donne au père le pouvoir d'administrer, mais ne lui confère nullement, pas plus que tout autre texte, le pouvoir de disposer, de faire actes de propriété; d'où l'on doit conclure qu'il ne peut pas consentir seul des actes d'aliénation.

95. A l'inverse de cette première doctrine, plusieurs auteurs enseignent que les restrictions, conditions et formalités spéciales auxquelles le tuteur est soumis, relativement à certains actes, sont également, en règle générale, imposées au père administrateur pour la passation de ces mêmes actes. Ces conditions et formalités constituent en effet bien moins des précautions de défiance, prises contre la personne du tuteur, que des mesures destinées à garantir le patrimoine du mineur contre les dangers que présentent, par eux-mêmes ou dans leurs suites ordinaires, certains actes juridiques. Si ce motif est exact, il n'y a pas de raison pour soustraire le père administrateur légal, plus que le tuteur, à ces formalités (V. en ce sens: Demolombe, t. 6, n° 446; Aubry et Rau, t. 1, p. 506, § 123; texte et note 31; Demante et Colmet de Santerre, n° 137 *bis*-III. Conf. Bordeaux, 19 mars 1875, aff. Ricaud, D. P. 77. 2. 25).

96. Cette seconde doctrine, si justifiée qu'elle soit en raison, paraît cependant en opposition avec l'intention du législateur qui, d'après les travaux préparatoires, a eu soin de ne pas assujettir le père aux conditions et charges (surveillance d'un subrogé tuteur, dépendance d'un conseil de famille) que la loi impose au tuteur (V. Fenet, t. 10, p. 608). — Est-ce à dire que le père pourra faire seul même les actes d'aliénation des biens de son enfant mineur? Cette conséquence ne s'impose nullement, suivant certains auteurs qui, tout en reconnaissant au père un pouvoir d'administration très étendu, lui imposent l'obligation d'obtenir pour les actes qui en excèdent les bornes, spécialement pour les actes d'aliénation ou de disposition des immeubles, une autorisation de la justice, dont l'intervention supplée à l'absence du conseil de famille. Cette solution se justifie, en dehors des textes tout emprunt aux règles de la tutelle, par le texte même de l'art. 389, qui refuse certainement au père le pouvoir d'aliéner, et qui par cela même implique que, pour les actes d'aliénation nécessaires ou avantageux au mineur, actes dont le législateur n'a pas évidemment voulu rendre la réalisation impossible, le père devra être autorisé par les tribunaux, investis déjà, du moins dans le système de la jurisprudence, d'un droit de contrôle général sur l'exercice de la puissance paternelle (V. en ce sens: de Fréminville,

Traité de la minorité, liv. 2, n° 3 ; Marcadé, t. 2, n° 150 ; Seligman, *De l'administration légale des biens des mineurs par les père et mère durant le mariage, Revue critique*, 1875, p. 701 et suiv. ; Lespinasse, *Administration par le père de famille des biens de ses enfants mineurs pendant le mariage, Revue critique*, 1879, p. 24 et suiv. Comp. Laurent, t. 4, n°s 313 et 314 ; Baudry-Lacantinerie, t. 1, n° 995 ; Deloynes, note sous Riom, 9 déc. 1890, cité *supra* n° 94).

97. La jurisprudence, dans son ensemble, paraît bien se rattacher à cette troisième doctrine, dont le principal défaut, il faut le reconnaître, est de ne pas fournir un *criterium* certain pour déterminer le point exact où s'arrête l'administration et où commence l'acte de disposition. Quoi qu'il en soit, il a été jugé, conformément à ce principe général : 1° que le père a qualité pour représenter son fils en justice, qu'il peut répondre à une demande en partage formée contre le mineur (Civ. rej. 5 juill. 1847, aff. Renaudeau, D. P. 48. 1. 148); — 2° Qu'il peut intenter une action immobilière sans avoir besoin de l'autorisation du conseil de famille (Bourges, 11 févr. 1863, aff. Pellé, D. P. 64. 5. 305); — 3° Que le père peut, sans autorisation du conseil de famille, acquiescer au jugement qui a rejeté l'action en rescision pour cause de lésion intentée par lui au nom de son enfant mineur (Req.3 juin 1867, aff. Pauc, D. P. 68. 1. 27); — 4° Qu'il peut transiger seul sur les droits purement mobiliers de son enfant mineur (Bourges, 11 févr. 1863, aff. Pellé, précité ; Besançon, 29 nov. 1864, aff. Frognot, D. P. 64. 2. 195; Amiens, 1er mars 1883, aff. Porquier, D. P. 84. 2. 150. V. cependant en sens contraire : Trib. civ. Marseille, 12 déc. 1864, aff. Charles, D. P. 67. 5. 348, qui exige, dans ce cas, tout au moins l'homologation de justice); — 5° Qu'il a le droit de recevoir pour son enfant mineur une somme d'argent léguée à ce dernier, sans être astreint ni à en faire emploi, ni à en donner caution (Lyon, 9 août 1877, aff. Viossat). De tels actes, en effet, peuvent être considérés comme des actes de libre administration. — V. aussi Douai, 22 janv. 1894, aff. Didry, D. P. 94. 2. 296.

98. Mais il a été jugé d'autre part : 1° qu'il y a lieu d'annuler la convention par laquelle le père, en faisant des acquisitions d'immeubles pour ses enfants, stipule des termes de payement, non dans leur intérêt, mais dans son intérêt personnel, pour conserver la disposition des deniers, et dissimule, sous les apparences d'une semblable convention, un véritable emprunt (Req. 2 mai 1865, aff. Blain, D. P. 65. 1. 365); — 2° Que le père, administrateur légal, ne peut vendre seul les immeubles de ses enfants mineurs (Trib. civ. Villefranche, 12 mars 1887, aff. Chatelan, *Le Droit*, n° du 16 mai 1887); — 3° Que les actes qui sont absolument interdits au tuteur, tels que le compromis et la donation, ne peuvent être accomplis par le père, administrateur légal (Trib. civ. Seine, 29 avr. 1891, aff. Fayard, *La Loi*, n° du 5 juin 1891).

99. Quel que soit le système que l'on adopte sur ce point, il est certain que la loi du 27 févr. 1880, qui impose au tuteur certaines formalités pour l'aliénation des valeurs mobilières appartenant aux mineurs, ne s'applique pas à l'administration légale du père. Cela résulte, sinon du texte même de cette loi, du moins de la discussion dont elle a été l'objet, tant au Sénat qu'à la Chambre des députés. Il ressort, d'ailleurs, du rapport présenté au Sénat par M. Denormandie, qu'en réalité cette loi est faite contre les tuteurs, en sorte qu'elle n'est applicable en principe que là où il y a tutelle (D. P. 80. 4, 48, 2e col., n° 8. V. aussi Circ. min. just. 20 mai 1880, D. P. 80. 4. 72, 2e col., *in fine*. Conf. Demante et Colmet de Santerre, t. 2, n° 137 *bis*-A ; Amiens, 11 juin 1890, aff. François, D. P. 91. 2. 335).

100. On a vu au *Rép.*, n° 86, que l'une des questions les plus controversées, en cette matière de l'administration légale, était celle de savoir si l'on doit considérer comme valable la clause d'un testament par lequel le père serait privé de l'administration légale des biens légués à son enfant mineur. Ainsi qu'on l'a dit, trois opinions se sont produites sur ce point, et elles divisent encore aujourd'hui la doctrine et la jurisprudence.

Suivant certains auteurs, la clause en question est toujours nulle comme contraire à l'ordre public, auquel se rattachent essentiellement les lois qui règlent l'organisation de la famille ou qui constituent les pouvoirs protecteurs des intérêts des incapables ; à cette catégorie appartient l'institution de l'administration légale. Si la loi a autorisé la clause privant le père ou la mère de l'usufruit des biens légués (c. civ. art. 387), c'est parce que le droit d'usufruit légal est un droit principalement établi dans l'intérêt du père et de la mère ; encore a-t-il fallu pour cela une disposition expresse. Le pouvoir d'administrer n'étant établi, au contraire, que dans l'intérêt de l'enfant, il est inadmissible, en l'absence de toute disposition de la loi sur ce point, que l'enfant puisse être privé de cette protection par la seule volonté d'un tiers (Demante et Colmet de Santerre, t. 2, n° 133 *bis*-III ; Laurent, t. 4, n° 298, p. 393).

101. Cette opinion, que nous avons adoptée au *Rép.* n° 87, n'a pas prévalu, et la jurisprudence est aujourd'hui fixée dans le sens de la validité d'une telle clause. Il a été jugé, conformément à cette opinion : 1° que les précautions prises par un testateur pour assurer, non seulement que le revenu des biens par lui légués à un enfant mineur sera exclusivement affecté à la personne de celui-ci, mais encore que ces biens eux-mêmes seront conservés dans le patrimoine de l'enfant et seront soustraits aux dangers de l'administration d'un père incapable ou malhonnête, ne portent aucune atteinte à la puissance paternelle (Orléans, 5 févr. 1870, aff. Pinel, D. P. 70. 2. 49, et sur pourvoi, Req. 9 janv. 1872, D. P. 72. 1. 128), et qu'il n'appartient pas au tribunal, appelé à statuer sur la validité de cette clause, de restreindre les pouvoirs que le testateur a confiés à l'administrateur de son choix... ni de se prononcer, quant à présent, sur la légalité de la disposition testamentaire qui confère à cet administrateur la faculté de se désigner un successeur (Arrêt d'Orléans, précité) ; — 2° Qu'il y a lieu également de valider la clause d'un testament par laquelle l'aïeule lègue à ses petits-enfants mineurs toute la quotité disponible, et en retire l'administration à leur mère tutrice pour la conférer à un tiers jusqu'à la majorité de chacun d'eux ; qu'il en est ainsi alors même que la testatrice ajoute que les revenus de cette portion disponible seront employés aux dépenses d'entretien et d'éducation de ses petits-enfants, avec capitalisation du surplus à leur profit, et que l'administrateur désigné aura sur ces biens les mêmes pouvoirs qu'aurait eus la tutrice dont il prendra la place et remplira les fonctions quant à ces biens seulement (Nancy, 12 nov. 1874, aff. Veuve Lecomte-Launois, D. P. 75. 2. 182. Conf. Besançon, 4 juill. 1864, aff. Droz, D. P. 64. 2. 165; Civ. rej. 3 juin 1872, aff. Baraton, D. P. 72. 1. 241 ; Req. 31 mai 1881, aff. Trésy, D. P. 82. 1. 22). Plusieurs de ces arrêts ont, d'ailleurs, soin de préciser que la clause en question n'est valable qu'en tant qu'elle retire au père l'administration des biens de l'enfant, mais qu'elle devrait être déclarée nulle en tant qu'elle tendrait à le priver également de ses droits sur la personne de l'enfant (V. *supra*, n° 9).

102. Enfin, une troisième opinion distingue : la clause sera valable si elle a été inspirée par l'intérêt des enfants et la crainte des dissipations de leur père ; elle devra être, au contraire, réputée non écrite, si elle n'a été inspirée que par un sentiment de malveillance à l'égard du père (V. en ce sens : Demolombe, t. 6, n° 458 ; Aubry et Rau, 4e édit., t. 1. § 123, p. 302, texte et note 15 ; Massé et Vergé, *Droit civil français*, t. 1, p. 217, note 17). Ce système, comme on l'a vu au *Rép.*, n° 87, a le défaut de laisser aux tribunaux un pouvoir trop arbitraire (*Rép.* n° 87).

Sect. 3. — De l'usufruit légal (*Rép.* n°s 88 à 180).

Art. 1er. — *Caractère de cet usufruit ; personnes auxquelles il appartient ; son étendue* (*Rép.* n°s 88 à 101).

103. L'usufruit accordé par la loi au père, durant le mariage, et, après la dissolution du mariage, au survivant des père et mère, sur les biens de leurs enfants mineurs de dix-huit ans, présente, dans notre droit, ainsi qu'on l'a expliqué au *Rép.*, n° 88, ce caractère essentiel d'être une indemnité, une compensation pour les charges et obligations qu'impose, au parent qui l'exerce, la puissance paternelle (Conf. Aubry et Rau, 4e édit., t. 6, § 550 *bis*, p. 84 ; Demolombe, t. 6, n°s 459 et 480; Demante et Colmet de Santerre, t. 2, n° 129 *bis*-I; Laurent, t. 4, n° 324, p. 425) ; et c'est par ce caractère d'inhérence à la puissance paternelle que s'expliquent et se justifient les nombreuses différences

qui, malgré l'expression d'usufruit employée par la loi (c. civ. art. 601) distinguent ce droit de jouissance d'un usufruit ordinaire.

104. Ce caractère explique pourquoi, dans l'opinion de la majorité des auteurs, enseignée au *Rép.*, n° 101, le droit d'usufruit légal n'est pas susceptible d'être vendu, ni hypothéqué, ni saisi par les créanciers, à la différence de l'usufruit ordinaire (c. civ. art. 595, 2118, 2204), la puissance paternelle, dont il n'est que l'attribut, n'étant elle-même susceptible d'aucune délégation des père et mère (V. *Rép.*, n° 101. Conf. Aubry et Rau, t. 6, § 550 *bis*, p. 84, texte et note 5; Demante et Colmet de Santerre, t. 2, n° 129 *bis*-II). — Cette solution, toutefois, est contestée par M. Laurent (t. 4, n° 328, p. 430). Suivant cet auteur, l'usufruitier légal peut aliéner son droit, aussi bien que l'usufruitier ordinaire, la loi n'ayant déclaré nulle part, ni explicitement ni implicitement, que ce droit de jouissance légale serait inaliénable; dire que l'usufruit légal ne peut pas plus être aliéné que la puissance paternelle à laquelle il est attaché, c'est confondre les droits qui sont de l'essence de la puissance paternelle avec la récompense que la loi accorde à celui qui exerce cette autorité, récompense à laquelle il doit pouvoir librement renoncer.

105. On a admis au *Rép.*, n° 99, qu'une seconde dérogation aux règles de l'usufruit résulte de l'art. 453 c. civ., le père ou la mère qui conserve les meubles en nature pendant la durée de sa jouissance étant tenu, à la différence de l'usufruitier ordinaire (art. 589), de tenir compte, à la fin de l'usufruit, de la détérioration provenant de l'usage ou du temps. Telle est également l'opinion de MM. Demolombe, t. 6, n° 524, et Aubry et Rau, t. 6, § 550 *bis*, p. 85 texte et note 7.

106. Mais, en principe, la jouissance légale est soumise aux dispositions qui régissent l'usufruit ordinaire. Ainsi il a été jugé que lorsque le père, usufruitier légal, a donné à bail les biens de ses enfants pour une durée de dix-huit ans, un tel bail n'est obligatoire vis-à-vis de ces derniers que pour le temps restant à courir, au décès du père, sur la période en cours de neuf ans, conformément à l'art. 595 c. civ. (Douai, 5 juill. 1877, *supra*, v° *Obligations*, n° 80). — Jugé également que le père, usufruitier légal de bestiaux attachés à un domaine, n'a droit qu'au croît, à la charge d'en maintenir la consistance en rapport avec les besoins de l'exploitation, et au besoin par le renouvellement des bêtes mortes; que l'accroissement de valeur acquis par les bestiaux pendant l'usufruit paternel profite exclusivement aux enfants; mais qu'ils n'ont rien à réclamer au sujet de la diminution totale, si elle est compensée par leur plus-value, et si le nombre en est suffisant pour les besoins de l'exploitation (Bourges, 12 juin 1872, aff. Lardeau, D. P. 73. 5, 479).

107. Le père, usufruitier des biens de ses enfants mineurs, a tous pouvoirs pour contracter relativement aux fruits de ces biens. Il a été jugé que la convention par laquelle le père, ayant l'usufruit légal des biens de son enfant mineur, stipule à son profit le payement des intérêts du prix, pour lequel il cède un immeuble indivis entre le mineur et des cohéritiers du mineur à l'un de ceux-ci, en représentation des fruits dudit immeuble, est valable et produit ses effets, même après que l'acte de cession a été annulé à l'égard du mineur (Civ. rej. 5 janv. 1870, aff. Veuve et héritiers Marion, D. P. 70. 1. 58).

108. Relativement aux personnes à qui appartient l'usufruit légal, on a dit au *Rép.*, n° 91, qu'il ne peut appartenir, en principe, qu'au père, durant le mariage, et, à la dissolution du mariage, à la mère survivante; mais on a examiné, au n° 93, la grave question de savoir si la mère aurait droit à l'usufruit légal avant la dissolution du mariage, soit au cas où le père, interdit ou présumé absent, se trouverait dans l'impossibilité d'exercer la puissance paternelle, soit au cas où il se trouverait déchu de la puissance paternelle aux termes de l'art. 335 c. pén. — Dans le cas d'interdiction ou de présomption d'absence, l'opinion qui a prévalu est celle adoptée au *Rép.*, *ibid.*, d'après laquelle le père conserve la jouissance légale, la mère n'exerçant alors la puissance paternelle qu'en qualité de déléguée ou de mandataire de son mari (Conf. Aubry et Rau, t. 6, § 550 *bis*, p. 83; Demante et Colmet de Santerre, t. 2, n° 129 *bis*-IV; Mourlon, *Répétitions écrites*, t. 1, n° 1057).

109. En cas de déchéance du père aux termes de l'art. 335 c. pén., la plupart des auteurs admettent également que la mère, bien qu'elle exerce alors la puissance paternelle en son nom propre, n'acquiert pas davantage le droit d'usufruit légal, qui ne lui est attribué par la loi que lorsqu'elle survit à la dissolution du mariage (c. civ. art. 384), et ils en concluent que, l'usufruit n'existant dès lors pour personne, c'est à l'enfant que profitera la déchéance (V. les autorités citées au *Rép.* n° 94. *Adde:* Aubry et Rau, t. 6, § 550 *bis*, p. 91, texte et note 30; Demante et Colmet de Santerre, *op. et loc. cit.*). Mais cette solution, que nous avons défendue au *Rép.*, n°s 93 et 94, est contestée par quelques interprètes (Laurent, t. 4, n° 346 ; Mourlon, t. 1, n° 1057). Suivant ces auteurs, la jouissance légale, étant un attribut du droit de puissance paternelle, ne peut être refusée à la mère qui exerce ce dernier droit en son nom propre, ainsi qu'il arrive au cas de l'art. 335 c. pén.

A cet égard, il y a lieu d'observer que la loi du 24 juill. 1889, qui a considérablement étendu les cas de déchéance de la puissance paternelle, dispose dans son art. 9, § 1 et 3, que le tribunal décidera « si, dans l'intérêt de l'enfant, la mère exercera les droits de la puissance paternelle tels qu'ils sont définis par le code civil ». Il ne semble pas douteux, surtout en présence de l'art. 1, qui mentionne expressément parmi les droits de la puissance paternelle ceux résultant des art. 372 à 387 c. civ., que l'attribution de la puissance paternelle à la mère, dans les différents cas prévus par cette loi, ne lui confère également le droit de jouissance légale.

110. Sur la question de savoir si le droit d'usufruit légal se rattache au statut réel ou au statut personnel, V. *supra*, v° *Lois*, n°s 338 et suiv.

Art. 2. — *Des biens sur lesquels porte l'usufruit légal* (*Rép.* n°s 102 à 116).

111. On a dit au *Rép.*, n° 103, que l'usufruit légal porte en principe sur tous les biens des enfants. Il s'applique même aux dons et gains de fortune, par exemple à la moitié du trésor découvert, soit par l'enfant dans le fonds d'autrui, soit par un tiers dans le fonds de l'enfant (Aubry et Rau, 4e édit., t. 6, § 550 *bis*, p. 85, texte et note 8; Demolombe, t. 6, n°s 503 et 504); et il a été jugé qu'il s'étend également aux bénéfices réalisés par le mineur, en qualité de commanditaire dans une association commerciale (Paris 10 janv. 1878, aff. Mazurier, D. P. 78. 2. 131, et sur pourvoi, Req. 10 déc. 1878, D. P. 79. 1. 224). Les seules exceptions à cette règle générale résultent des art. 387 et 730 c. civ.

112. La première exception est relative aux biens que les enfants peuvent acquérir par un travail ou une industrie séparés (*Rép.* n° 104 et 105). Il a été jugé que les bénéfices réalisés par l'enfant mineur en sa qualité de commanditaire dans une société commerciale ne peuvent être considérés comme le produit d'un travail et d'une industrie séparés exercés par ce mineur, le commanditaire se bornant simplement à faire un certain emploi de son argent (Req. 10 déc. 1878, cité *supra*, n° 111).

113. La deuxième exception est relative aux biens légués sous la condition expresse que la mère n'en jouiront pas. On a examiné à ce sujet au *Rép.*, n° 113, la question de savoir si une telle condition ne doit pas être réputée non écrite, en tant que la disposition qui en est affectée porterait sur des biens auxquels l'enfant a droit en qualité de réservataire, et on s'est prononcé pour la nullité de la clause, par cette raison que, l'enfant tenant sa réserve de la loi elle-même, et non de la volonté de la personne dont il est l'héritier réservataire, cette personne n'a aucunement le droit de modifier les effets de la transmission des biens qui en forment l'objet (Conf. Aubry et Rau, t. 6, p. 86, texte et note 12; Laurent, t. 4, n° 327, p. 429). MM. Demante et Colmet de Santerre (t. 2, n° 133 *bis*-II) estiment, au contraire, que la condition devra toujours avoir son plein effet, même à l'égard des biens sur lesquels porte la réserve. Suivant ces auteurs, comme ce n'est que dans l'intérêt des enfants qu'a été instituée la réserve, ils peuvent à leur choix, pour en réclamer l'émolument, se prévaloir de leur titre d'héritiers à réserve ou de leur titre de dona-

taires ou légataires des biens qui composent cette réserve. Or ils préféreront certainement ici se prévaloir de ce dernier titre, qui affranchit les biens donnés de l'usufruit paternel.

ART. 3. — Des charges de l'usufruit légal.
(Rép. nos 117 à 130.)

114. Nous n'avons rien à ajouter aux explications données au *Rép.*, nos 118 à 128, sur les deux premières catégories de charges énumérées aux 1° et 2° de l'art. 385 c. civ. Mais relativement à la troisième obligation prévue par cet article, celle de payer les arrérages ou intérêts des capitaux, la controverse signalée au *Rép.*, n° 128, sur l'interprétation de ce texte, divise encore aujourd'hui les auteurs et la jurisprudence. Suivant une première doctrine, les arrérages ou intérêts que l'usufruitier légal est tenu de payer, en vertu de l'art. 385-3°, sont seulement les arrérages ou intérêts des capitaux échus depuis l'ouverture de l'usufruit : ceux échus avant cette ouverture sont à la charge du mineur. Les raisons sur lesquelles s'appuie cette doctrine se trouvent développées dans un arrêt de la cour de Nîmes du 9 juill. 1856 (aff. Roux, D. P. 57, 2. 83. Conf. Nancy, 28 mai 1881) (1). — Mais elles n'ont pas convaincu les partisans de la doctrine contraire, suivant laquelle l'obligation dont il s'agit comprend les arrérages dus antérieurement à l'ouverture de l'usufruit, et non pas seulement ceux échus depuis. Cette opinion, adoptée au *Rép.*, n° 128, se fonde principalement sur ce motif que les intérêts et arrérages à échoir au cours de l'usufruit se trouvent déjà mis à la charge de l'usufruitier légal en vertu du n° 1 du même article. Il eût donc été inutile de mentionner spécialement cette charge dans le numéro 3, si elle ne devait pas recevoir ici une application particulière aux intérêts et arrérages échus antérieurement à l'ouverture de l'usufruit. On ajoute que cette interprétation est conforme à l'art. 267 de la Coutume de Paris, aux termes duquel le gardien était tenu de payer les dettes mobilières du mineur, et qu'il a paru juste au législateur actuel que l'usufruit légal, qui se rattache historiquement à l'ancien droit de garde, demeurât chargé, sinon des dettes de capitaux, au moins des dettes d'intérêts ou arrérages, que le défunt, s'il avait vécu, aurait probablement acquittées au cours des revenus que l'usufruitier va percevoir (Demante et Colmet de Santerre, t. 2, n° 130 *bis*-II. Conf. Aubry et Rau, t. 6, § 550 *bis*, p. 88, texte et note 20 ; Laurent, t. 4, n° 332, p. 436 ; Trib. civ. Arras, 5 juin 1859, aff. Veltard, D. P. 60. 3. 71 ; Trib. civ. Le Puy, 25 mars 1865, aff. Ramousse, D. P. 65. 3. 23).

115. Quant aux frais funéraires et à ceux de dernière maladie, qui incombent également à l'usufruitier légal aux termes de l'art. 385-4°, la doctrine actuelle est unanime à reconnaître, suivant l'opinion admise au *Rép.*, n°129, que la loi a entendu par là les frais funéraires et de dernière maladie, non de l'enfant lui-même, mais des personnes à la succession desquelles il se trouve appelé (Aubry et Rau, t.6, § 550 *bis*, p. 88, texte et notes 21 et 22 ; Demante et Colmet de Santerre, t. 2, n° 130 *bis*-II).

ART. 4. — De l'extinction du droit d'usufruit légal (Rép. nos 131 à 162).

116. — 1° *Age de dix-huit ans accomplis.* — Cette disposition de la loi, qui fait cesser le droit de jouissance des parents avant l'extinction de leur puissance paternelle, a été motivée, ainsi qu'on l'a expliqué au *Rép.*, n° 132, par la crainte que les parents, pour conserver l'usufruit des biens de leurs enfants, ne se refusassent à les émanciper et à consentir à leur mariage. Même ainsi motivée, elle est généralement critiquée par les auteurs ; une supposition aussi injuste, a-t-on dit, n'aurait pas dû entrer dans l'esprit du législateur (Aubry et Rau, t. 6, § 550 *bis*, p. 90, texte et note 25). MM. Demante et Colmet de Santerre ajoutent (t. 2, n° 129 *bis*-VI) que cette cessation de la jouissance avant le terme de l'administration légale n'est pas sans inconvénient pratique, car il faudra un compte de fruits pour les trois dernières années de minorité. Mais on peut faire observer que cet inconvénient sera largement compensé par l'avantage qu'aura le mineur, quand il reprendra l'administration de ses biens, à trouver quelques économies faites sur les revenus des dernières années.

117. — 2° *Emancipation.* — On a admis au *Rép.*, n° 133, que si l'émancipation est révoquée conformément aux art. 485 et 486 c. civ., l'usufruit renaît avec la puissance paternelle. Telle est également l'opinion de Demolombe (t. 6, n° 555) et d'Aubry et Rau (t. 6, § 550 *bis*, p. 91, texte et note 29). L'extinction du droit de jouissance, disent ces derniers auteurs, n'ayant été que la conséquence de l'émancipation, la révocation de celle-ci doit avoir pour effet de la faire revivre, d'autant plus que cette extinction est bien moins à considérer comme le résultat d'une renonciation de la part des père et mère que comme une suite naturelle du droit d'administration qu'ils avaient conféré à l'enfant. — Cette argumentation nous paraît concluante, et nous ne saurions souscrire à la doctrine de MM. Demante et Colmet de Santerre (t. 2, n° 129 *bis*-VIII), suivant laquelle, l'émancipation ne pouvant avoir lieu que par la volonté du père ou de la mère à qui appartient la jouissance, ce fait constitue, de leur part, renonciation définitive à leur droit de jouissance. Ce motif conduirait logiquement à refuser également aux parents le droit de revenir sur l'émancipation elle-même, droit que la loi pourtant leur reconnaît formellement à certaines conditions.

118. — 3° *Divorce.* — La disposition de l'art. 386, aux termes de laquelle la jouissance légale n'aura pas lieu au profit de celui des père et mère contre lequel le divorce aurait été prononcé, a repris tout son intérêt sous la loi du 27 juill. 1884. — Si le divorce est prononcé au profit du père, il ne peut y avoir de difficultés : il garde la jouissance légale qu'il avait antérieurement. Mais si le divorce est prononcé contre lui, l'usufruit dont il est privé va-t-il être attribué à la mère? Certains auteurs le soutiennent (Laurent, t. 4, n° 346 ; Demante et Colmet de Santerre, t. 2, n° 131 *bis*-I), en se fondant sur ce que, la mère se trouvant alors investie régulièrement de la puissance paternelle, doit avoir également la jouissance légale qui en est un attribut.

---

(1) (Héritiers Louis C. Petit.) — LA COUR ; — ...Sur le dixième chef : — Attendu que les intimés entendent faire supporter par la dame Petit, en sa qualité d'usufruitière légale, les intérêts dus par leur père et échus antérieurement à l'ouverture de l'usufruit ; qu'à cet égard, ils se fondent sur le paragraphe 3 de l'art. 385 c. civ. ; — Mais attendu que cette disposition en indiquant comme charges de la jouissance active les revenus passifs a, par cela même, exclusivement en vue les intérêts ou arrérages échus depuis l'époque où la jouissance elle-même a commencé ; que, si elle avait voulu, au détriment de l'usufruitier légal, faire échec à ce principe de corrélation naturelle, elle l'aurait nettement déclaré ; — Attendu que vainement on objecte que le payement des arrérages ou intérêts postérieurs à l'ouverture de l'usufruit est exigé déjà — indépendamment du paragraphe 3 — par le paragraphe 1 de l'art. 385 ainsi conçu : « Les charges de cette jouissance sont... celles dont sont tenus les usufruitiers » ; — Mais attendu, d'une part, que le titre 3, livre 13, du code civil, et notamment l'art. 612, relatif au remboursement des dettes, ont été promulgués seulement une année environ après l'art. 385 ; que d'ailleurs le paragraphe 1, par ses expressions mêmes, se réfère, non pas à une charge particulière de l'usufruit à titre universel, mais évidemment aux charges ordinaires de l'usufruit en

général ; — Attendu, d'autre part, que le paragraphe 3, même en supposant une règle déjà comprise dans le paragraphe 1, aurait encore sa raison d'être, puisque, par exception à l'art. 612, il ne permettrait pas à l'usufruitier légal de s'affranchir du payement des intérêts en vendant des biens sujets à l'usufruit ; — Attendu que, vainement encore, on objecte les traditions coutumières concernant la garde noble ; que si, dans l'ancienne jurisprudence, le gardien était tenu même des dettes mobilières échues avant l'ouverture de son droit, c'est qu'en principe il devenait propriétaire de l'actif mobilier ; qu'aucune analogie n'existe donc entre cette situation et celle de l'usufruitier légal ; — Attendu, enfin, qu'il n'est pas exact de prétendre que, pendant le mariage, les père et mère ont déjà nécessairement profité, d'une manière directe ou indirecte, et dans une mesure plus ou moins large, des sommes destinées à éteindre les intérêts restés dus ; qu'en effet les mineurs peuvent avoir et ont souvent des biens qui, soumis à l'usufruit légal, leur sont advenus, à titre de succession, donation ou autrement, après la dissolution du mariage de leurs parents ; — Confirme sur le dixième chef, relatif au payement des intérêts échus avant l'ouverture de l'usufruit légal, etc.

Du 28 mai 1881.-C. de Nancy, 1er ch.-MM. Ballot-Beaupré, 1er pr.-Doyen et Guiton, av.

Mais cette solution, que nous avons déjà repoussée, dans l'hypothèse d'une déchéance du père en vertu de l'art. 335 c. pén. (V. suprà, n° 109), nous paraît également condamnée ici par le texte de l'art. 384 c. civ., qui ne confère la jouissance légale à la mère que dans le cas de dissolution du mariage par la mort du père. L'extinction de l'usufruit légal profitera donc alors aux enfants, sauf à revivre, s'il y a lieu, au profit de la mère à la mort du père (Conf. Proudhon, De l'usufruit, t. 1, p. 178, n° 141; Demolombe, t. 6, p. 364, n° 482-484; Fernand Le Gendre, Des effets du divorce, chap. 3, § 3).

119. Les auteurs sont d'accord pour admettre, ainsi qu'on l'a enseigné au Rép., n° 135, qu'il n'y a pas lieu d'étendre à la séparation de corps ce que l'art. 386 ne dit que du divorce, les peines étant de stricte interprétation (Conf. Aubry et Rau, t. 6, § 550 bis, p. 93, texte et note 38; Demante et Colmet de Santerre, t. 2, n° 131 bis-II; Laurent, t. 4, n° 337, p. 443).

120. — 4° Convol de la mère survivante. — On a vu au Rép., n° 127, que, suivant l'opinion commune, la mère, déchue du droit de jouissance légale en cas de second mariage, ne reprendrait pas cette jouissance, lors même qu'elle redeviendrait veuve avant que les enfants eussent atteint l'âge de dix-huit ans. L'usufruit, se trouvant éteint, ne pourrait renaître qu'en vertu d'un texte formel. Cette solution est généralement adoptée par la doctrine actuelle (Aubry et Rau, t. 6, § 550 bis, p. 92, texte et note 32; Demante et Colmet de Santerre, t. 2, n° 131 bis-VI. — Contrà, Laurent, t. 4, n° 338, p. 444). Elle a été consacrée par un arrêt (Bourges, 18 juin 1890, aff. De Paumulle, D. P. 91. 2. 443). Cet arrêt ajoute que, le droit d'usufruit légal étant indivisible, cette déchéance s'applique même à l'égard des biens qui seraient advenus aux enfants depuis la dissolution du second mariage.

121. Mais que faut-il décider au cas où ce second mariage serait déclaré nul? On a vu au Rép., n° 138, que la doctrine était divisée sur ce point. L'opinion la plus générale est que cette nullité ne saurait faire revivre le droit de jouissance légale de la mère, parce que celle-ci a été frappée de la déchéance à titre de peine, à raison du fait matériel du convol, fait que l'annulation du mariage ne suffit pas à effacer (Conf. Aubry et Rau, t. 6, § 550 bis, p. 92, texte et note 32; Demante et Colmet de Santerre, t. 2, n° 131 bis-VI). Toutefois, ces mêmes auteurs enseignent qu'il en serait autrement au cas où la nullité du second mariage aurait pour cause la violence exercée contre la femme; car, son consentement n'ayant pas été libre, il ne serait plus vrai de dire qu'elle se fût volontairement soumise à la déchéance.—Suivant M. Laurent, au contraire, la nullité du second mariage, quelle qu'en soit la cause, doit toujours faire revivre l'usufruit de la mère, en vertu de la règle : quod nullum est nullum producit effectum. Cette solution se justifie, d'ailleurs, dans le système de cet auteur, suivant lequel l'extinction prononcée par l'art. 386, in fine, n'est pas à proprement parler une déchéance, établie à titre de peine, mais a été édictée uniquement pour empêcher la mère de porter les revenus des enfants dans une nouvelle famille (t. 4, n° 338, p. 444 et 445).

122. La veuve qui, sans être remariée, vit dans un état d'inconduite notoire, doit-elle aussi être privée de l'usufruit légal? Cette question, qui peut se présenter également pour le père veuf, sera même pendant la durée du mariage, sera examinée infrà, n° 127.

123. — 5° Défaut d'inventaire. — V. sur cette cause de déchéance de l'usufruit légal, Rép. v° Contrat de mariage, n°s 1609 et suiv., et suprà, cod. v°, n°s 592 et suiv.

124. — 6° et 7° Mort du survivant des père et mère. — Mort de l'enfant. — V. Rép. n°s 146 et suiv.

125. — 8° Renonciation. — Relativement à cette cause d'extinction, qui n'est que l'application du droit commun (c. civ., art. 622), on s'est demandé au Rép., n° 155, si l'usufruitier légal pouvait renoncer à cet usufruit avant qu'il fût ouvert; et notamment les époux pourraient stipuler par leur contrat de mariage que le survivant n'aura pas l'usufruit légal, et on a admis que l'art. 1388 c. civ. s'oppose à cette renonciation anticipée (Demolombe, t. 6, n° 491, p. 374). — M. Laurent enseigne, au contraire, que l'art. 1388 est étranger aux droits des parents sur les biens des enfants, et qu'en conséquence il y a lieu d'appliquer ici

le principe général d'après lequel on peut renoncer à un droit éventuel aussi bien qu'à un droit actuel, à moins que la loi ne prohibe la renonciation (t. 4, n° 339, p. 443).

126.—9° Abus de la jouissance.— Cette cause d'extinction s'applique sans contestation aux différents cas prévus, pour l'usufruit ordinaire, par l'art. 618 c. civ. (Aubry et Rau, t. 6, § 550 bis, p. 92; Demante et Colmet de Santerre, t. 2, n° 132 bis-VII; Laurent, t. 4, n° 344, p. 449). Mais peut-on l'appliquer par analogie aux charges spéciales qui grèvent la jouissance légale aux termes de l'art. 385 c. civ., et appliquer, par exemple, la déchéance au père qui ne pourvoit pas à l'éducation des enfants? Dans une première opinion, admise au Rép., n° 157, on se refuse à étendre à cette hypothèse la disposition tout exceptionnelle de l'art. 618, et on admet seulement que les tribunaux pourraient, tout en maintenant le droit de jouissance, prendre les mesures nécessaires pour empêcher les parents de se soustraire à l'acquittement des charges dont ils sont grevés (Conf. Demolombe, t. 6, n°s 599 et 600; Aubry et Rau, t. 6, § 550 bis, p. 92, note 37; Montpellier, 385 c. civ., aff. Carrière, D. P. 63. 2. 25). — Suivant d'autres auteurs, l'art. 618 c. civ., au moins lorsqu'il s'agit de l'usufruit établi à titre gratuit, loin d'être une disposition exceptionnelle, n'est que l'application du droit commun consacré par les art. 954 et 1046 c. civ. : il y a, en pareil cas, révocation des libéralités pour inexécution des charges. Or la jouissance légale est une véritable libéralité de la loi; elle doit donc être révoquée lorsque l'usufruitier légal n'exécute pas les charges qui incombent à sa jouissance aux termes de l'art. 385 c. civ. (Laurent, t. 4, n° 344, p. 449. Conf. Demante et Colmet de Santerre, t. 2, n° 132 bis-VII). Mais ce raisonnement, qui consiste à assimiler la loi elle-même à un donateur, paraît bien subtil.

127. L'usufruitier légal peut-il être privé de la jouissance des biens de ses enfants pour cause d'inconduite notoire? Cette question, qui a été examinée, à l'égard de la mère survivante, au Rép., n°s 140 et suiv., et à l'égard de l'usufruitier légal en général, au n° 160, est généralement résolue par la doctrine et la jurisprudence dans le sens de la négative, par ce motif que l'inconduite notoire, qui a été, il est vrai, considérée par la loi comme une clause d'exclusion de la tutelle, n'a pas été rangée par elle parmi les causes qui font cesser le droit de jouissance légale, et qu'en matière de déchéance, on ne peut suppléer à l'absence d'un texte formel (Conf. Aubry et Rau, t. 6, § 550 bis, p. 91, texte et note 31; Demante et Colmet de Santerre, t. 2, n° 131 bis-IV; Laurent, t. 4, n° 344 bis, p. 451; Montpellier, 25 août 1864, aff. Carrière, D. P. 65. 2. 25; Lyon, 4 juin 1878, aff. De F..., D. P. 79. 2. 167).

128. Dans tous les cas où, pour une cause ou une autre, les père et mère sont privés de la jouissance légale des biens personnels de leurs enfants mineurs, ils n'en restent pas moins assujettis au devoir d'entretien et d'éducation de ces enfants; mais il est généralement admis qu'ils peuvent prélever sur les revenus de ces biens les dépenses d'entretien et d'éducation (Demolombe, t. 4, n° 13; Aubry et Rau, t. 6, § 547, p. 72, texte et note 3; Rennes, 9 nov. 1878, aff. Époux Baudé, D. P. 79. 2. 32). Toutefois ils ne pourraient, pour satisfaire à ces dépenses, entamer le fonds ou le capital de la fortune des enfants, à moins qu'ils ne fussent hors d'état d'y subvenir au moyen de leurs propres revenus (Demolombe, t. 4, n° 15; Aubry et Rau, op. et loc. cit., Rennes, 9 nov. 1878 précité). Ce dernier arrêt ajoute qu'en tous cas, la mère, tutrice légale, ne peut faire admettre une pareille imputation sur le capital de l'enfant, dans son compte de tutelle, que si les avances par elle faites pour le compte du mineur ont été autorisées par le conseil de famille, à titre d'aliénation ou d'emprunt, conformément à l'art. 457 c. civ.

Art. 5. — De l'étendue du droit d'usufruit par rapport aux créanciers.

129. Ainsi qu'on l'a fait observer au Rép., n° 165 et suiv., il ne faudrait pas induire, de la prohibition d'aliéner l'usufruit légal, que les créanciers du père ou de la mère ne soient pas autorisés à saisir les revenus des biens sur lesquels porte ce droit d'usufruit, au moins pour la por-

tion excédant les charges à l'acquittement desquelles ils sont affectés; ce n'est, en effet, qu'en tant qu'il correspond aux charges de l'entretien et de l'éducation des enfants que cet usufruit doit être réputé inaliénable et insaisissable (Conf. Aubry et Rau, t. 6, § 550 bis, p. 84, texte et note 6; Demante et Colmet de Santerre, t. 2, n° 129 bis-II; Chardon, Puissance paternelle, n° 109).

CHAP. 3. — De la puissance paternelle en ce qui concerne les enfants naturels.

A. — Droits des père et mère naturels sur la personne de leurs enfants.

130. Le code civil ne contient pas de disposition générale sur les droits et devoirs des père et mère naturels à l'égard de leurs enfants; il ne s'explique que sur le droit de correction, que l'art. 383 déclare commun aux parents légitimes et aux parents naturels. Aussi les auteurs ne sont-ils pas absolument d'accord sur le principe qui doit guider l'interprète en cette matière. On reconnaît sans discussion que le droit de correction consacré par l'art. 383 n'est que la sanction du devoir d'éducation, qui incombe aux parents naturels comme aux parents légitimes; mais à qui des deux parents de l'enfant incombe le devoir d'éducation? Quels sont exactement les droits de celui qui a ce devoir d'éducation? — Cette double question ne se pose évidemment qu'à l'égard des enfants naturels reconnus, la loi ne reconnaissant pas de lien de parenté entre les enfants naturels non reconnus et leurs père et mère.

131. A qui, en premier lieu, des père et mère naturels, appartient le droit de garde et d'éducation de l'enfant. Suivant certains auteurs, la puissance paternelle appartient, à titre égal, au père et à la mère. En effet, l'exercice exclusif de la puissance paternelle n'est dévolu au père légitime que parce que c'est lui qui a la puissance maritale, parce qu'il est le chef de la famille. Or, là où il n'y a pas de mariage, il n'y a pas de famille, il n'y a pas de chef. A quel titre donc donnerait-on la préférence au père? L'art. 383 confirme cette

solution; car il donne le même pouvoir de correction aux père et mère (V. en ce sens: Laurent, t. 4, n° 348; Demante et Colmet de Santerre, t. 2, n° 128 bis-II, Du Courroy, Bonvier et Roustain, t. 1, n° 562). Mais les partisans de cette opinion, reconnaissant que cette égalité de droits entre le père et la mère naturels peut entraîner entre eux des conflits et des tiraillements regrettables, admettent volontiers que le tribunal pourrait ordonner, sur la réquisition de qui de droit, même du ministère public, telle mesure qu'il jugerait utile pour le plus grand avantage de l'enfant.— Cette opinion ne diffère guère, dans ses résultats pratiques, de la seconde, suivant laquelle la mère naturelle n'est, en général, appelée à exercer l'autorité paternelle sur un enfant qui a été également reconnu par son père, que lorsque ce dernier est décédé, ou qu'il se trouve dans l'impossibilité de manifester sa volonté. En effet, les partisans de ce dernier système, fondé sur l'analogie de l'art. 158 qui, pour le consentement au mariage de l'enfant naturel, donne voix prépondérante au père, reconnaissent également que les tribunaux pourraient apporter à cette règle les modifications qu'ils jugeraient utiles dans l'intérêt de l'enfant (Demolombe, t. 6, n°s 626 à 629; Aubry et Rau, t. 6, § 571, p. 211, texte et note 8).

132. Il a toujours été admis au surplus, même avant la loi du 24 juill. 1889, qui, ainsi qu'on l'a vu supra, n° 52, ne fait aucune distinction, à l'égard de la déchéance, entre les parents légitimes et naturels, que les père et mère d'un enfant naturel reconnu pouvaient être privés l'un et l'autre de la garde de cet enfant, celle-ci étant confiée à un tiers (Req. 3 mars 1856, aff. Wey, D. P. 56. 1. 290; Lyon, 8 mars 1859, aff. Montgirard, D. P. 59. 2. 141; Paris, 10 avr. 1872, aff. X..., D. P. 72. 2. 144; 19 mai 1882) (1). Conf. Aubry et Rau, t. 6, § 571, p. 312, texte et note 9. Mais il a été jugé, d'autre part, qu'une telle mesure n'implique pas, en l'absence d'une juste cause de déchéance ou d'indignité, que les père et mère naturels puissent être privés du droit de voir et de visiter leur enfant dans des conditions déterminées par la justice (Arrêt précité du 19 mai 1882)

---

(1) (D... C. R... et P...) — La mineure Charlotte Th..., enfant naturelle reconnue par ses père et mère, le sieur Th... et la demoiselle D..., était restée, du vivant de son père, sous la garde de celui-ci. Après la mort du sieur Th..., et conformément à la volonté qu'il avait exprimée, un conseil de famille a confié à la demoiselle R..., le soin d'élever l'enfant en même temps qu'il lui nommait un tuteur et un subrogé tuteur. La demoiselle D... a poursuivi la nullité de cette décision, et demandé que sa fille lui fût remise. — Le 15 mars 1888, jugement du tribunal de la Seine ainsi conçu : « ... Sur la demande de la demoiselle D... contre la demoiselle R... et contre P... ès noms, — Attendu que la mineure Charlotte-Jeanne Th..., a été confiée depuis un certain nombre d'années à la demoiselle R... par son père, qui a exprimé en mourant la volonté formelle qu'elle demeurât, sans aucune restriction, à la direction sous laquelle il l'avait placée; que la demoiselle D... n'a jamais eu la garde effective de sa fille, qui ne la connaît pas, et qui semble ignorer jusqu'à son existence; que son genre de vie explique et justifie les précautions prises par Th... pendant le temps qu'il vivait, et pour le temps où il aurait cessé de vivre; qu'à tous égards, il est de l'intérêt de la mineure qu'elle reste confiée aux soins actuels de la demoiselle R... et qu'elle ne soit pas remise aux soins de la demanderesse; — « Attendu qu'il est également de son intérêt qu'il ne s'établisse pas entre sa mère et elle des relations qui seraient de nature à compromettre les résultats de l'éducation qu'elle a reçue jusqu'à ce jour; qu'il n'y a donc pas lieu d'autoriser la demoiselle D... à visiter sa fille, même avec certaines restrictions, déterminées ; — Par ces motifs, etc. ». — Appel par la demoiselle D...

LA COUR; — ...En ce qui concerne la remise de la mineure à la garde et aux soins d'Emma R...; — Adoptant aussi les motifs des premiers juges; — En ce qui concerne le droit, réclamé par Suzanne D... de voir sa fille; — Considérant que, si la loi civile refuse au père et à la mère la tutelle légale de l'enfant naturel qu'ils ont reconnu, elle leur confère cependant, outre les droits réciproques de succession, certains attributs de la puissance paternelle, tels que le droit de correction (c. civ. art. 385) et de consentement au mariage (c. civ. art. 158); que les rapports de filiation et de paternité qui les unissent établissent par eux-mêmes, et de droit naturel à la charge des parents, des devoirs de protection et d'assistance, et à charge de l'enfant, des devoirs de soumission et de respect; que l'accomplissement de ces devoirs naturels suppose lui-même le droit par le père et la mère d'entretenir avec l'enfant qu'ils ont reconnu les relations nécessaires

que la nature a créées, sauf les cas d'indignité que la justice est chargée d'apprécier; — Considérant que le père, Charles Th..., en exprimant, avant sa mort, la volonté formelle que sa fille Charlotte restât soumise à la direction d'Emma R..., n'a pu porter atteinte aux droits dont la mère est, à titre égal, personnellement investie; que si, depuis plusieurs années, Suzanne D..., moins par indifférence de cœur, que dans l'intérêt même de sa fille, l'a laissée à la garde de la personne à laquelle le père l'avait confiée, cette séparation déjà longue ne saurait justifier la rupture absolue de toutes relations, telle que les premiers juges l'ont prescrite pour l'avenir; qu'au-dessus des considérations particulières qui ont pu motiver, dans le passé, cette séparation, se placent les droits et les devoirs imprescriptibles, dont le respect et l'accomplissement sont le lien moral de la famille naturelle, comme ils le sont de la famille légitime; — Considérant qu'il n'est articulé contre la mère aucun fait qui puisse être considéré comme une juste cause de déchéance ou d'indignité; qu'elle a exercé la profession de danseuse sur divers théâtres de province et de l'étranger; qu'elle l'exerce maintenant à Paris, sur le théâtre de l'Opéra; que si ses obligations professionnelles ne lui permettent pas de s'acquitter pleinement de ses devoirs de maternité, et si l'intérêt même de la mineure commande de la laisser à la garde et aux soins d'Emma R..., une part légitime doit néanmoins être faite à l'affection maternelle, en autorisant, entre la mère et la fille, des communications dont il appartient aux tribunaux de régler le mode et les conditions; — Mettant l'appel à néant, confirmant le jugement de première instance sur les chefs relatifs à la garde de la mineure Charlotte Th...; — Réformant sur les autres chefs, autorise Suzanne D..., à voir ladite Charlotte Th... : pour le cas où elle serait mise en pension, une fois par chaque mois, en présence d'une des maîtresses de la maison, en se conformant d'ailleurs au règlement du pensionnat, sauf les vacances réglementaires, pendant lesquelles Charlotte Th... restera confiée à la garde d'Emma R...; — Pour le cas où elle resterait chez Emma R..., une fois aussi, par chaque mois, pendant une heure, aux lieu, jour et heure qui seront convenus et ce, en présence soit du tuteur ou du subrogé tuteur, ou d'Emma R..., ou d'une personne désignée par eux; — Dit, que, si Charlotte Th... est mise en pension, elle ne pourra l'être que dans le département de Seine-et-Oise, etc.

Du 19 mai 1882.-C. de Paris, 1re ch.-MM. Larombière, 1er pr.-Loubers, av. gén., c. conf.-Ployer et Lévesque, av.

133. On a vu au *Rép.*, nᵒˢ 192 et suiv., que, sur le droit de correction des père et mère naturels, l'interprétation de l'art. 383, qui déclare applicables aux enfants naturels les art. 376, 377, 378, 379, mais sans renvoyer également aux art. 380 à 382, a soulevé des dissidences dans la doctrine. Ces derniers articles, qui limitent le pouvoir de correction du père légitime quand il se remarie, ou quand l'enfant a des biens personnels ou exerce un état, et qui refusent à la mère légitime survivante de faire détenir l'enfant par voie d'autorité peuvent-ils être appliqués à l'enfant naturel? Suivant une première opinion, il faut conclure du silence de la loi sur les art. 380 à 382, alors qu'elle renvoie formellement aux art. 376 à 380, qu'elle a entendu soustraire les père et mère naturels aux restrictions résultant des art. 380 et suiv. (V. en ce sens: Aubry et Rau, t. 6, § 571, p. 210, texte et note 3; Laurent, t. 4, nᵒ 357, p. 465). Et cette opinion, à laquelle on s'est rallié au *Rép.*, nᵒ 193, se justifie, indépendamment du texte de la loi, par cette idée que, l'enfant naturel n'ayant pas de famille, il convenait de donner plus d'autorité à ses père et mère. — Ainsi qu'on l'a vu au *Rép.*, nᵒ 193, un autre système soutenu principalement par M. Demolombe, consiste à prétendre, au contraire, que les art. 380 et suiv., sont, en tout et sans distinction, applicables aux père et mère naturels. — M. Demante et Colmet de Santerre adoptent une opinion intermédiaire. Suivant ces auteurs, les art. 380 et 382 seraient applicables à l'enfant naturel; mais non pas l'art. 381, parce qu'il n'est pas admissible que la mère naturelle puisse, plus que la mère légitime, faire détenir l'enfant autrement que par voie de réquisition, le motif de la loi, à savoir la faiblesse du sexe, existant également dans l'une et dans l'autre hypothèse (t. 2, nᵒ 128 *bis*-IX).

B. — Droits des père et mère naturels sur les biens de leurs enfants.

134. La plupart des auteurs admettent, conformément à l'opinion enseignée au *Rép.*, nᵒ 195, que les père et mère naturels n'ont pas l'administration légale des biens de leurs enfants, telle qu'elle est organisée par l'art. 389 c. civ.

(*Contrà:* Laurent, t. 4, nᵒ 359). Mais, comme il faut nécessairement qu'il soit pourvu à l'administration des biens de tous les mineurs sans exception, on décide que les biens de l'enfant naturel seront administrés conformément à l'art. 450. c. civ. Il y aura alors une véritable tutelle, et l'enfant aura une hypothèque légale sur les biens du tuteur, à la différence de ce qui a lieu dans l'administration légale.

Quel sera le tuteur de l'enfant? A cet égard, les avis sont partagés : suivant les uns, c'est toujours aux parents naturels qu'il appartient; savoir au père, lorsque les deux parents qui ont reconnu l'enfant existent l'un et l'autre, à la mère en cas de décès du père (Aubry et Rau, t. 6, § 571, p. 203, texte et notes 13 et 14). Suivant les autres, comme il ne peut y avoir de tutelle légitime en dehors des cas expressément prévus par la loi, il y a lieu ici à tutelle dative (Demante et Colmet de Santerre, t. 2, nᵒ 138 *bis*).

135. Les père et mère naturels ont-ils l'usufruit légal? On s'est prononcé au *Rép.*, nᵒ 196, pour l'affirmative. Mais cette opinion n'a pas triomphé dans la doctrine. Le droit de jouissance consacré par l'art. 384, disent les partisans de l'opinion dominante, n'est point une conséquence du devoir d'éducation imposé aux père et mère; il constitue un avantage accordé à ces derniers, au préjudice de leurs enfants. On ne peut donc étendre aux père et mère naturels les dispositions de cet article, d'autant plus que les termes mêmes dans lesquels il est conçu, rapprochés de l'art. 383, indiquent que l'intention du législateur a été de n'accorder le droit de jouissance légale qu'aux père et mère légitimes (Aubry et Rau, t. 6, § 571, p. 214, texte et note 18 ; Conf. Laurent, t. 4, nᵒ 360, p. 469). — Toutefois on admet, même dans cette opinion, que les père et mère naturels ont, comme les père et mère légitimes, le droit de demander des aliments à leurs enfants, lorsqu'ils sont dans le besoin ; car l'art. 207 consacre, en règle générale, la réciprocité de l'obligation alimentaire, et il n'est pas contesté que l'obligation alimentaire existe au profit des enfants naturels à la charge de leurs parents (Demolombe, t. 4, nᵒ 18 ; Aubry et Rau, t. 6, § 571, p. 214, texte et note 19).

Table sommaire

des matières contenues dans le Supplément et le Répertoire.

(Les chiffres précédés de la lettre *S* renvoient au Supplément; les chiffres précédés de la lettre *R* renvoient au Répertoire.)

Table des articles du code civil et de la loi du 24 juillet 1889.

Table chronologique des Lois, Arrêts, etc.

1886	1889	c., 68 c., 70 c.,	1890	18 juin. Bourges,	1891	1892	8. mai. Douai.49c.
mars. Lyon. 18		71 c., 74 c., 76		120 c.		26 févr. Paris. 18	9. mai. Riom.46c.
c., Lyon. 20 c.	13 juill. Loi.13 c.	c., 132 c. V. en	8 mars.Crim:39 c.	8 juill. Trib. des	12 mars.Trib.Ver-	c., 21 c.	8 août. Paris. 45
	24 juill. Loi 2, 14	outre la table	24 mars, Trib. du	Andelys. 45 c.	sailles. 45 c.	24 juin.Paris.18 c.	c., 48 c.
1887	c., 15 c., 16 c.,	des articles.	Havre. 55 c.	24 juill. Poitiers.	18 mars. Angers.	13 juill. Grenoble.	1894
12 mars. Trib.civ.	26c.,32c.,39 c.,	6 nov. Agen. 18	8 mai. Trib.	53 c.	60 c.	46 c., 47 c.	10 févr. Trib.Seine
Villefranche.98	41 c., 45 c., 46	c., 21 c.	Evreux. 55 c.	9 déc. Riom. 94	29 avr. Trib. civ.	1893	12 févr. Req.19 c.
c.,	c., 52 c., 53 c.,	27 déc. Trib.	11 juin. Amiens.	c., 96.c.	Seine. 98 c.	17 mars. Trib.	
	60 c., 61 c., 66	St-Quentin. 53	99 c.	11 déc. Trib.	28 juill.Civ. 18 c.,	Vervins. 52 c.	
		c.		Evreux. 55 c.	19 c.		

PURGE. — V. supra, vis Avoué, n° 69; Enregistrement, nos 285, 2450 et 3026; Priviléges et hypothèques, nos 1263 et suiv.; — et infra, vo Transcription hypothécaire, et Rép. eod. vo, n° 529.

PRYTANÉE MILITAIRE. — V. supra, vo Organisation militaire, n° 442.

PSEUDONYME. — V. supra, vo Nom-prénom, nos 123 et suiv.

QUAI. — V. supra, vo Octroi, n° 159; — et infra, vis Voirie par eau, et Rép. eod. vo, nos 121 et 332.

QUALITÉS DES JUGEMENTS. — V. supra, vis Degrés de juridiction, n° 209; Enregistrement, n° 3385; Frais et dépens, nos 151, 186 et suiv.; Jugement, nos 149 et suiv., 270 et suiv.

QUASI-CONTRAT. — V. supra, vis Acte de commerce, nos 427 et suiv.; Cassation-cour de cassation, n° 441; Cautionnement, n° 58; Compétence administrative, nos 241 et 256; Compétence civile des tribunaux d'arrondissement et des cours d'appel, n° 130; Compétence commerciale, nos 44, 48 et 127; Lois, nos 184 et suiv., 427; Obligations, nos 398, 1992 et suiv., 2244 et suiv.; — et infra, vis Responsabilité; et Rép. eod. vo, n° 2; Trésor public, et Rép. eod. vo, n° 366.

QUASI-DÉLIT. — V. supra, vis Acte de commerce, nos 430 et suiv.; Adultère, n° 93; Appel civil, n° 132; Chose jugée, nos 123 et 170; Compétence civile des tribunaux d'arrondissement et des cours d'appel, nos 93 et 130; Compétence commerciale, nos 45, 48, 124 et 127; Faillites et banqueroutes, liquidations judiciaires, nos 458 et 758; Frais et dépens, n° 65; Interdiction, conseil judiciaire, n° 157; Lois, n° 428; Mariage, n° 465; Obligations, nos 410, 589 et suiv., 1388, 1992 et suiv., 3269; — et infra, vis Responsabilité; et Rép. eod. vo, nos 86 et suiv.; Voirie par chemin de fer, et Rép. eod. vo, n° 508.

QUESTION D'ÉTAT. — V. supra, vis Appel civil, n° 130; Bigamie, n° 10; Compétence administrative, nos 209 et suiv.; Compétence civile des tribunaux d'arrondissement et des cours d'appel, nos 9 et 159; Compétence commerciale, n° 104; Compétence criminelle, n° 353; Domicile, n° 77; Droits civils, nos 191 et suiv., 231 et suiv., 246; Droit politique, n° 237; Huissier, n° 53; Interrogatoire sur faits et articles, n° 14; Lettre missive, n° 77; Minorité-tutelle-émancipation, n° 389, 723 et 725; — et infra, vis Question préjudicielle-sursis, nos 25 et suiv., et Rép. eod. vo nos 72 et suiv.; Tierce opposition, et Rép. eod. vo, nos 36 et suiv.; Transaction, et Rép. eod. vo, nos 71 et suiv.

QUESTION PRÉJUDICIELLE, SURSIS.

Division.

CHAP. 1er. — Droit comparé.

1. Le code de procédure pénale allemand, du 1er févr. 1877, contient la disposition suivante : « Art. 261. Si le caractère délictueux d'un fait dépend de la décision sur une question juridique de l'ordre civil, le tribunal criminel statuera également sur cette question, en se conformant aux règles en vigueur pour la procédure et la preuve en matière pénale. — Le tribunal sera autorisé néanmoins à suspendre l'instruction de l'affaire et à fixer un délai aux intéressés pour introduire une action civile ; il pourra également attendre que la décision de la juridiction civile soit intervenue ». Les rédacteurs du code allemand se sont inspirés de ce principe que le juge d'un fait délictueux doit être juge de toutes les questions, de quelque ordre qu'elles soient, dont la solution peut influer sur l'appréciation de la culpabilité. Aussi ont-ils permis au tribunal de trancher les questions préjudicielles de droit civil se rattachant à l'affaire criminelle, alors même que ces questions seraient déjà pendantes devant la juridiction civile. Ils n'ont fait, du reste, que confirmer, sur ce point, les règles en vigueur dans la plupart des États allemands (V. notamment : Code pénal bavarois de 1813, part. 2, art. 7 et 8 ; Code d'instruction criminelle hessois, art. 3 ; Code de Thuringe, art. 87). — Dans quelques États, la règle que consacre le paragraphe 1 de l'art. 261 souffrait une exception, en matière de mariage, le civil tenait le criminel en état (V. Code de procédure pénale prussien de 1867, art. 8 ; Code d'instruction criminelle du Wurtemberg, art. 7 ; Code d'instruction criminelle badois, art. 5). Mais aucune disposition de ce genre n'a été inscrite dans le nouveau code. En admettant donc que la décision pénale dépende de l'examen de la validité d'un mariage, le tribunal criminel pourra procéder à cet examen encore que la juridiction civile ait été précédemment saisie (Daguin, Code de procédure pénale allemand, p. 142, note 5).

Lorsque la décision au criminel est subordonnée à la solution d'une question préjudicielle de droit civil, la juridiction pénale peut, à son gré, aux termes du paragraphe 2 de l'art. 261, résoudre cette question ou surseoir à statuer jusqu'à ce que la juridiction civile se soit prononcée. Dans ce dernier cas, le juge criminel fait du jugement intervenu au civil tel usage qu'il croit convenable. Il peut notamment tenir pour constants les faits dont ce jugement a reconnu l'existence et se dispenser d'en ordonner de nouveau la preuve; mais ce n'est là pour lui qu'une simple faculté et il n'est jamais lié par la décision du juge civil (Daguin, op. cit., p. 143, notes 1 et 2).

2. D'après le code d'instruction criminelle autrichien de

1873 (art. 5), la compétence du juge chargé de l'instruction et du jugement au criminel s'étend aux questions civiles préjudicielles. La décision intervenue au civil sur des questions de cette nature ne lie pas le juge criminel en ce qui concerne la répression. Cependant, quand la question préjudicielle intéresse la validité d'un mariage, la chose jugée au civil doit servir de base à la décision du juge criminel. S'il n'est pas encore intervenu de décision au civil et si l'instance est pendante, ou si le juge criminel en a lui-même provoqué une, parce que le fait, objet de l'inculpation, constituait un des empêchements au mariage qui doivent être relevés d'office, il doit être sursis jusqu'à la décision du juge civil compétent, qui devra être hâtée s'il y a lieu.

3. Aux termes de l'art. 6 du code de procédure pénale des *Pays-Bas* de 1838, il peut être sursis, indéfiniment ou pour un temps déterminé, à l'action pour l'application de la peine, si la défense du prévenu présente une question de droit civil préjudicielle à la qualification du fait qui lui a été imputé. Si le prévenu est détenu, le tribunal peut ordonner sa mise en liberté provisoire.

CHAP. 2. — Des questions préjudicielles devant les tribunaux civils. — Principes généraux (*Rép.* n°s 10 à 31).

4. Il ne faut pas confondre, on l'a dit au *Rép.*, n° 12, la question préalable avec la question préjudicielle proprement dite. M. Haus (*Principes généraux du droit pénal belge*, 1869, n° 843 et 889) fait ressortir les caractères qui les distinguent. « Toute question préjudicielle, dit cet auteur, a pour objet un fait qui est une condition essentielle de l'infraction dont il s'agit; elle se rattache, par conséquent, à l'existence même du délit. On ne peut donc compter, parmi les exceptions préjudicielles, les questions qui nécessitent aussi un jugement préalable, mais qui, étrangères au délit même, ne concernent que la recevabilité de l'action publique. On appelle préalables ces sortes de questions, pour les distinguer des questions préjudicielles proprement dites. Les questions que les exceptions dilatoires font surgir sont : les unes préjudicielles ; les autres simplement préalables à l'action publique selon qu'elles se rattachent à l'existence même de l'infraction, ou qu'elles concernent exclusivement

la recevabilité de cette action, et, partant, l'application de la peine » (V. aussi Le Sellyer, *Traité de la compétence et de l'organisation des tribunaux chargés de la répression*, t. 2, n° 609 ; Garraud, *Précis de droit criminel*, p. 810, n° 658).

5. La question criminelle est préjudicielle à l'action civile, lorsque le jugement d'une question civile dépend d'une question de fait qui est l'objet d'une instruction suivie devant la juridiction criminelle. La règle est posée par l'art. 3 c. instr. crim., et on la résume en disant : *le criminel tient le civil en état*. Pour que l'exercice de l'action civile soit suspendu jusqu'au jugement définitif de l'action publique, deux conditions sont nécessaires. Il faut : 1° que les deux actions naissent du même fait. Si elles dérivent de faits distincts, le jugement de l'action publique ne peut exercer son influence nécessaire sur l'action privée (Garraud, p. 517, n° 1404. Comp. *Rép.* n° 27); — 2° Que l'action publique ait été réellement *intentée* : il ne suffit pas que les faits servant de base à cette action aient le caractère de délit, ni même que la partie lésée ait porté plainte postérieurement à l'introduction de l'instance civile. L'action publique est intentée ou plutôt mise en mouvement, si le prévenu est traduit directement devant le tribunal correctionnel ou de police, ou si une instruction préparatoire est provoquée contre lui, soit par le ministère public, soit par la partie lésée (*Rép.* n°s 17 et suiv.; Garraud, n° 434).

6. Le concours des deux conditions ci-dessus indiquées est nécessaire et suffisant. Quelles que soient les personnes contre lesquelles l'action civile est dirigée, quel qu'en soit l'objet, il y a lieu de surseoir lorsque l'action publique a été intentée avant ou pendant l'instance civile. — Ainsi qu'on l'a dit au *Rép.*, n° 20, ce sursis doit être prononcé d'office à peine de nullité de la procédure, la disposition qui le prescrit étant de droit public. En conséquence, comme l'indique M. Garraud, p. 517, n° 404 : 1° l'action intentée par le ministère public contre le prévenu a pour effet de suspendre l'exercice de l'action en dommages-intérêts intentée contre les personnes civilement responsables du délit; — 2° L'exercice de toute action privée, naissant exclusivement du fait délictueux, doit être suspendu, si ce fait est l'objet d'une poursuite répressive (Req. 29 janv. 1877, aff. Philippe, D. P. 78. 1. 132; Rennes, 22 juill. 1880) (1).

7. L'art. 3 c. instr. crim. est-il applicable en matière

---

(1) (Guiroy C. Compagnie *The Peruvian Guano Company limited* — La cour ; — En ce qui touche le sursis demandé par Guiroy en vertu de l'art. 31 c. instr. crim., et rejeté par jugement du tribunal de commerce de Nantes en date du 14 mai 1879 : — Attendu qu'aux termes de l'art. 3, c. instr. crim., l'exercice de l'action civile lorsque cette action n'est pas poursuivie en même temps et devant les mêmes juges que l'action publique doit être suspendu, tant qu'il n'a pas été prononcé définitivement sur l'action publique intentée avant ou pendant la poursuite de l'action civile; — Attendu que suivant exploit de Daix, huissier à Nantes, en date du 20 avr. 1879, La *Peruvian Guano Company limited*, assignée le 3 mars précédent par Huchet, a appelé en garantie Emile Guiroy, en demandant contre lui que la vente de guano dont argumentait Huchet fût déclarée nulle et non avenue, que les conventions du 11 sept. 1878 existantes entre la compagnie demanderesse et Guiroy défendeur fussent résiliées et que Guiroy fût condamné à 500 000 fr. de dommages-intérêts ; que devant le tribunal de commerce saisi de l'affaire, ladite compagnie a conclu à ce que Guiroy fût condamné à des dommages-intérêts que la compagnie aurait à articuler par état; — Attendu que les demandes de la compagnie étaient fondées sur ce que les ventes dont Huchet excipait avaient un caractère simulé, sur ce que ledit Huchet était le prête-nom de Guiroy, et sur ce que ce dernier avait violé les conventions qui l'unissaient à la compagnie, en se constituant illicitement acheteur de guanos dont il était consignataire; — Attendu que, dès le 24 mars précédent, la Compagnie péruvienne avait déposé entre les mains du procureur de la République une plainte contre Huchet et Guiroy ; que cette plainte relevait à la charge de Guiroy comme élément délictueux le fait d'avoir, par une violation frauduleuse des conventions susvisées du 11 sept. 1878, acheté sous le nom de Huchet, son prête-nom, partie des guanos dont il était consignataire et de les avoir revendus à des tiers, sans tenir compte de ces ventes ; — Attendu qu'une seconde plainte, en date du 27 mars 1879, émanée de la Compagnie péruvienne, relevait, en outre, à la charge de Guiroy, le fait de détournement de guano (300 tonnes et plus), mais que cette plainte n'a pas eu pour but d'annihiler celle du 24 mars; que l'une n'est que le complément de l'autre; qu'elles ont été l'une

et l'autre visées dans le réquisitoire introductif d'instance du 7 avr. 1879 ; que le juge d'instruction dès ce jour saisi des deux plaintes par ce réquisitoire a informé sur tous les faits dénoncés dans ces plaintes ; que le tribunal correctionnel de Saint-Nazaire a également statué sur tous les faits dans son jugement du 12 nov. 1879, confirmé sur appel le 21 janv. 1880 ; qu'il a statué notamment, de la manière la plus expresse, sur les faits qui sont l'objet de la plainte du 24 mars; — Attendu qu'il suffit de rapprocher la demande portée devant le tribunal de commerce le 24 mars 1879, entre les mains du procureur de la République, de l'ordonnance du juge d'instruction qui s'en est suivie le 1er septembre de la même année et du jugement rendu sur cette plainte, le 12 novembre suivant, pour reconnaître que la demande à fins civiles et la plainte avaient la même cause et reposaient sur des faits identiques ; que dans l'une comme dans l'autre la Compagnie péruvienne arguait de simulation les ventes faites à Huchet et prétendait trouver dans les ventes une infraction commise par Guiroy aux obligations du contrat qui le liait envers la compagnie ; qu'à raison des mêmes faits, comme plaignante d'abord et plus tard comme partie civile, elle provoquait contre Guiroy, devant la juridiction répressive, l'application des peines encourues pour son délit prétendu ; et en même temps devant le tribunal de commerce, elle réclamait des dommages-intérêts et la résiliation du contrat du 11 sept. 1878 ; — Attendu qu'il importe peu que les deux juridictions commerciales et la juridiction répressive aient été saisies à des fins différentes ; que cette circonstance n'est pas de nature à faire exception au principe de l'art. 3, c. instr. crim., du moment qu'à raison de l'identité des faits, la décision rendue par l'une des deux juridictions saisies ne pouvait manquer d'exercer une influence sur la décision de l'autre ; — Attendu que le principe consacré par l'art. 3 c. instr. est d'ordre public ; que Guiroy, poursuivi alors comme prévenu, ayant, devant le tribunal de commerce de Nantes, conclu au sursis, le tribunal devait faire droit à cette demande ; qu'il l'a repoussée néanmoins ; que par suite le jugement du 14 mai 1879 a été irrégulièrement rendu, qu'il y a lieu d'en prononcer l'annulation et, par voie de conséquence, de mettre à néant ce qui en a été la suite, en particulier le jugement rendu par défaut

disciplinaire? La négative est admise par la jurisprudence (*Rép.* n° 26, et *suprà*, v° *Discipline judiciaire*, n° 21 ; *Rép.* eod. v°, n° 31). M. Garraud (p. 518, n° 1104) professe l'opinion contraire et estime que l'action disciplinaire, fondée uniquement sur les faits incriminés, doit être suspendue en cas de poursuites criminelles.

8. L'action civile reprend son indépendance lorsqu'il a été prononcé définitivement sur l'action publique (Garraud, p. 518, n° 404).

CHAP. 3. — **Des questions préjudicielles devant la juridiction criminelle** (*Rép.* n°s 32 à 196).

9. En matière criminelle, on l'a indiqué au *Rép.*, n° 32, on distingue deux espèces de questions préjudicielles : les unes sont préjudicielles à l'action elle-même, les autres ne le sont qu'au jugement. Ces dernières, ainsi que le fait observer M. Garraud, p. 811, n° 658, n'entraînent qu'un simple sursis à la poursuite, dont le tribunal de répression reste valablement saisi. Les premières, au contraire, créent un obstacle à l'action, qui serait mal intentée, si elle était commencée devant la juridiction répressive, avant la solution de la question préjudicielle par la juridiction compétente. Si donc l'action publique est atteinte dans son indépendance par toute question préjudicielle, ce n'est pas de la même manière : elle ne peut être mise en mouvement, s'il y a question préjudicielle à l'action; elle ne peut aboutir, s'il y a question préjudicielle au jugement.

10. On a exposé au *Rép.*, n° 34, les principes auxquels il faut s'attacher pour reconnaître si un fait donne lieu à une question préjudicielle : 1° la question préjudicielle ne peut résulter que de faits antérieurs au délit, imputé à celui qui l'oppose ; 2° Le fait doit dépendre uniquement d'appréciations de titres et de questions indépendantes du délit (V. Faustin Hélie, *Traité de l'instruction criminelle*, t. 7, liv. 6, chap. 7).

Sect. 1re. — *Des questions préjudicielles dont les juges peuvent connaître.* — *Preuve* (*Rép.* n°s 36 à 71).

11. En règle générale, le juge saisi de la connaissance d'un fait criminel a le droit et le devoir d'apprécier toutes les circonstances constitutives de ce fait, et de résoudre toutes les questions qui s'y rattachent, notamment les questions civiles, alors même que cette appréciation et cette solution, si elles lui étaient soumises par action principale et indépendamment de tout délit, sortiraient de sa compétence (*Rép.* n° 36). « Cette règle, dit M. Garraud, p. 811, n° 659, se justifie par cette considération que les tribunaux de répression ne pourraient pas remplir leur fonction, qui consiste à apprécier le caractère délictueux du fait incriminé, si l'on enlevait à leur connaissance un ou plusieurs éléments de cette infraction. Les limitations même que la loi apporte à leur compétence, en ce qui concerne certaines questions civiles, indiquent assez, au surplus, le principe de cette compétence. Quelque justifiée que soit, du reste, au point de vue rationnel, la règle formulée habituellement par cet adage : *le juge de l'action est juge de l'exception*, cette règle présente l'inconvénient sérieux d'appeler des juridictions, incapables par la nature même de leur composition ou de leurs attributions, à statuer sur des questions en dehors des matières faisant partie de leur compétence habituelle et à imposer leur solution à la juridiction civile. Mais ces inconvénients sont fort atténués, au point de vue pratique, par la réunion du pouvoir judiciaire dans les mêmes tribunaux qui fonctionnent, à la fois, comme juridictions civiles et comme juridictions pénales, et par l'obligation, qui s'impose aux tribunaux de répression, de se conformer, dans le jugement des questions civiles, dont ils sont incidemment saisis, aux règles du droit civil sur les preuves. En principe, en effet,

ces règles sont communes à toutes les juridictions, car c'est d'après la nature du fait à prouver et non d'après la nature de juridiction devant laquelle la preuve est à faire, que ces règles ont été établies ».

M. Ortolan, *Eléments de droit pénal*, n° 1779, enseigne que « tout juge saisi d'une question à résoudre est saisi par cela seul de toutes les opérations de raisonnement nécessaire pour arriver à son but, et par conséquent de toutes les questions qui peuvent s'enchaîner successivement comme autant d'éléments logiques de celle qui lui est soumise ». Il ne regarde comme obligé de s'arrêter et de renvoyer à un autre juge une partie de ces opérations préalables, qu'autant qu'il s'agit de pouvoirs séparés, comme le sont le pouvoir judiciaire et le pouvoir administratif, qu'il ne lui est jamais permis d'entreprendre sur une telle séparation ; ou qu'un texte formel ou un usage ayant autorité législative en impose l'obligation; ce qui, suivant lui, se borne au cas de l'art. 327 du code civil, et à celui de l'art. 182 du code forestier et de l'art. 59 de la loi du 15 avr. 1829, avec l'extension d'application que la donnée à ces deux derniers textes pour la propriété immobilière. M. Ortolan reconnaît d'ailleurs, n° 1781, que le tribunal criminel est, quant aux règles de preuve, tellement soumis au civil (V. aussi Le Sellyer, p. 56, n°s 624 et suiv.).

12. La règle que le juge de l'action est le juge de l'exception ne fléchit que dans les cas formellement exprimés par la loi (*Rép.* n°s 36 et suiv.; Garraud, p. 812, n° 659). Il a été jugé qu'en l'absence de toute exception tirée soit d'un droit de propriété immobilière, soit de tout autre droit réel immobilier, dans les termes et conditions de l'art. 182 c. for., le juge de l'action est le juge de l'exception; qu'il appartient, notamment, au tribunal correctionnel, saisi d'une poursuite pour délit forestier commis par un adjudicataire, d'apprécier le procès-verbal d'adjudication invoqué par le prévenu pour établir que, s'étant conformé à toutes les clauses de ce procès-verbal, il n'a commis aucune contravention ; et que l'interprétation de cet acte échappe à la censure de la cour de cassation (Crim. rej. 4 août 1881, aff. Lenoble, D. P. 82, 1. 186).

13. La compétence du juge criminel pour statuer sur les questions civiles qui se rattachent au délit, existe non seulement quand le délit réside dans le contrat même qui donne lieu aux poursuites, comme en matière d'escroquerie, d'usure habituelle (sa compétence est alors la conséquence nécessaire de l'indivisibilité existant entre le délit et le contrat) (V. *Rép.* n° 34), mais encore quand le délit présuppose l'existence d'un contrat antérieur dont ce délit ne serait que la violation. Cette théorie, enseignée au *Rép.*, n°s 38 et suiv., est adoptée par M. Garraud. « Tantôt, dit cet auteur, p. 824, n° 667, l'infraction, qui fait l'objet de la poursuite, résulte de la convention même qui est contestée par le prévenu ; ainsi, un individu est accusé de banqueroute pour avoir simulé des dettes : il conteste la simulation ; un individu est poursuivi pour avoir habituellement fourni des valeurs à un taux excédant l'intérêt légal : il prétend que les obligations contractées ne renferment pas de stipulations usuraires. Tantôt l'infraction dépend d'un contrat antérieur dont l'existence ou l'interprétation est contestée par l'une ou l'autre partie. Ainsi, s'il s'agit de l'un des délits prévus par l'art. 408 c. pén., de la violation d'un dépôt, de l'abus du prêt à usage, du gage, d'un mandat : le prévenu conteste l'existence du contrat dont dépend le délit. Dans ces deux hypothèses, les juridictions répressives ont certainement qualité pour trancher les questions relatives à l'existence ou à l'interprétation du contrat dont dépend l'infraction ou qui constitue l'infraction, en se conformant aux règles du droit civil sur les preuves » (V. aussi Le Sellyer, p. 54, et suiv., n°s 624 et suiv.).

14. La juridiction répressive est également compétente pour statuer sur les questions de propriété mobilière que

sur le fond le 21 mai 1879, c'est-à-dire avant le jugement correctionnel du 12 novembre de la même année et l'arrêt confirmatif du 21 janv. 1880 ; — Par ces motifs, dont la juridiction correctionnelle de Saint-Nazaire, étant par suite de la plainte de la Compagnie péruvienne et de l'instruction ouverte à sa suite, saisie de la connaissance des faits qui servaient de base à l'action portée devant la juridiction commerciale, cette juridiction devait surseoir

jusqu'à ce qu'il eût été définitivement statué par le tribunal de répression; qu'en ne le faisant pas, elle a commis un excès de pouvoir; — En conséquence, infirme le jugement du 14 mai 1879, et par suite annule la procédure qui a suivi.

Du 22 juill. 1880.-C. de Rennes, 2e ch.-MM. Derôme, pr.-de la Pinelais, av. gén.-Al. Martin et Barboux (du barreau de Paris), av.

soulève la poursuite. La loi, en effet, n'a ordonné le sursis et le renvoi devant les tribunaux civils que lorsque l'exception de propriété est invoquée à l'occasion d'un objet immobilier (*Rép.* n° 48. Conf. Garraud, p. 822, n° 666 ; Le Sellyer, t. 2, n° 643).

15. Les tribunaux de répression sont aussi compétents pour reconnaître l'existence ou déterminer les conditions des baux qu'on oppose incidemment comme justification du fait imputé (*Rép.* n° 52 et suiv. ; Le Sellier, *op. cit.*, t. 2, n° 647). La solution est la même s'il s'agit d'apprécier un fait de possession d'un immeuble lorsque ce fait est un fait distinct de la propriété, et que la possession ne peut avoir d'effet que sur des jouissances de fruits (*Rép.* n° 55 ; Le Sellyer, t. 2, n° 643).

16. Sur le point de savoir si les questions d'état qui se rattachent à un crime ou à un délit ont un caractère préjudiciel et suspendent la poursuite et le jugement de l'action publique, V. *infrà*, sect. 2, art. 1.

17. Les tribunaux criminels, pas plus que les tribunaux civils, ne peuvent connaître de l'interprétation des actes administratifs. Les exceptions que présente une question préjudicielle d'interprétation d'un acte de cette nature doivent donc être portées devant l'autorité administrative (V. *Rép.*, n° 45, et *suprà*, v° *Compétence administrative*, n° 297 et suiv. ; *Rép.* eod. v°, n° 226 et suiv.). Jugé que le tribunal de simple police, saisi d'une contravention résultant de ce que le prévenu, autorisé par un arrêté du maire « à faire couvrir la partie du fossé de la ville qui longeait sa propriété et à se clore à l'aspect du couchant dudit fossé », aurait enceint ce fossé lui-même par son mur de clôture, malgré les défenses à lui adressées par l'autorité municipale, est incompétent pour rechercher si l'arrêté donnait au prévenu le droit d'élever ainsi son mur de clôture, l'interprétation de cet arrêté, dont le sens était sérieusement débattu, ne pouvant être faite que par l'autorité administrative (Crim. cass. 13 août 1853, aff. Jacques Pons, D. P. 53. 1. 280). — Cette règle n'est pas applicable s'il s'agit d'actes administratifs dont la connaissance a été attribuée au pouvoir judiciaire par une disposition spéciale de la loi, comme, les baux et adjudications passés par l'autorité administrative. Le tribunal de répression est compétent pour apprécier l'exception qu'on fait résulter de pareils actes (*Rép.* n° 46 ; *ibid.* v° *Compétence administrative*, n° 258 et suiv. ; *suprà*, eod. v°, n° 237 et suiv.).

18. Lorsque le tribunal de répression est compétent pour statuer incidemment sur une question civile dont la solution se lie à l'appréciation du délit, le jugement qui a été rendu au civil sur la même question n'empêche pas qu'il puisse décider cette question en sens contraire : les deux demandes n'ayant pas le même objet, ne peuvent donner lieu à l'application des principes sur la chose jugée (*Rép.* n° 57, et *suprà*, v° *Chose jugée*, n° 382 et suiv. ; *Rép.* eod. v°, n° 540).

19. La recevabilité de l'intervention dans une poursuite criminelle constitue une question préjudicielle, sur laquelle le juge criminel doit statuer séparément et avant le jugement du fond (*Rép.* n° 59 ; et *suprà*, v° *Intervention*, n° 73 et suiv. ; *Rép.* eod. v°, n° 165 et suiv. V. aussi Garraud, p. 449, n° 352).

20. Les tribunaux de répression appelés à prononcer, incidemment aux questions criminelles, sur les questions civiles qui s'y rattachent par un lien nécessaire, doivent se conformer, dans la recherche et l'admission des preuves, aux règles imposées aux tribunaux civils, ces règles ayant été établies d'après la nature des faits à prouver, et non d'après des juridictions saisies de ces faits. Ainsi, un tribunal correctionnel ne peut admettre la preuve testimoniale d'un contrat civil dont l'objet excède la valeur de 150 fr., s'il n'y a pas un commencement de preuve par écrit. Cette théorie exposée au *Rép.*, n° 60 et suiv., est professée par les auteurs (V. Garraud, p. 811 et suiv., n° 659 et suiv. ; Le Sellyer, t. 2, n° 624). — Il a été jugé que le juge criminel saisi d'une question civile préjudicielle à l'action qui lui est soumise ne peut la juger que conformément aux règles du droit civil ; que, spécialement, le tribunal correctionnel devant lequel le prévenu d'un délit de chasse invoque une convention par laquelle l'adjudicataire l'aurait autorisé à chasser dans le terrain affermé, ne peut admet-

tre la preuve testimoniale de cette convention qu'autant qu'il existe un commencement de preuve par écrit ; on prétendrait à tort que, le délit de chasse pouvant être prouvé par témoins, le fait invoqué comme moyen de défense par le prévenu, c'est-à-dire l'existence du consentement, doit pouvoir aussi être prouvé par témoins (Nancy, 10 déc. 1861, aff. Perrin et Besval, D. P. 62. 2. 23).

21. Lorsque l'action portée devant le tribunal criminel a pour cause une suppression de titre, la preuve testimoniale est admissible indépendamment d'un commencement de preuve par écrit pour établir l'existence et la destruction ou suppression du titre ; car la partie lésée n'a pu évidemment se procurer une preuve écrite de la soustraction commise à son préjudice (*Rép.* n° 65 ; Le Sellyer, t. 2, n° 631).

22. Les tribunaux de répression sont aussi compétents (la jurisprudence avait d'abord décidé le contraire, V. *Rép.* n° 60 et suiv.) pour décider des questions civiles dans les cas où, suivant les règles de droit civil, la preuve par témoins n'est pas admissible (Le Sellyer, *op. cit.*, t. 2, n° 624).

23. La doctrine d'après laquelle le juge de répression est tenu, pour la décision des questions préjudicielles, de suivre les règles de droit civil en matière de preuve, est applicable au cas où les poursuites sont exercées d'office par le ministère public, sans intervention des parties civiles, le jugement rendu au criminel sur ces poursuites ayant pour le civil l'autorité de la chose jugée à l'égard de la partie lésée et du prévenu (*Rép.* n° 65 ; *Rép.* v° *Chose jugée*, n° 531 et suiv., et *suprà*, eod. v°, n° 391 et suiv.).

24. Lorsque l'existence du délit se confond avec celle d'un contrat civil qui forme l'élément constitutif de ce délit, la preuve testimoniale est admissible quelle que soit l'importance du contrat, parce qu'il est besoin d'aucun commencement de preuve par écrit (*Rép.* n° 68 ; Le Sellyer, t. 2, n° 625 ; Faustin Hélie, t. 7, § 559, p. 745 et suiv.).

Sect. 2. — Des exceptions préjudicielles qui donnent lieu a renvoi devant une autre juridiction.

Art. 1er. — *Des questions d'état* (*Rép.* n° 72 à 80).

25. Les dispositions de l'art. 326 c. civ. aux termes duquel « les tribunaux civils sont seuls compétents pour statuer sur les réclamations d'état », et l'art. 337 portant « que l'action criminelle contre un délit de suppression d'état ne pourra commencer qu'après le jugement définitif sur la question d'état », ne concernent, on l'a indiqué au *Rép.*, n° 72, que les questions de filiation. — Celles-ci constituent seulement des questions préjudicielles qui obligent le juge de répression à surseoir au jugement du délit, mais des questions qui doivent être résolues par les tribunaux civils avant toute poursuite criminelle. « Tout délit de suppression d'état, dit M. Garraud, p. 812, n° 661, suppose deux faits distincts : l'existence de l'état prétendu supprimé ; la suppression même de cet état. Une poursuite en suppression d'état soulève donc deux questions, dont l'une est civile et l'autre pénale. Conformément à la règle posée, les juridictions répressives, compétentes pour statuer sur le délit de suppression d'état, ont qualité pour décider la question d'état soulevée par la poursuite, malgré son caractère civil. Mais en matière de filiation, la loi fait exception à la règle : elle réserve aux tribunaux civils le pouvoir de statuer sur les actions en réclamation de filiation ». — Quel est le motif de cette disposition ? Elle a surtout pour objet, dit également M. Garraud, *loc. cit.*, dans la pensée du législateur, d'empêcher la violation indirecte du principe qui défend de prouver la filiation par témoins, sans commencement de preuve par écrit, ou du moins, sans présomptions graves de nature à y suppléer (c. civ. art. 323). L'existence de cette cause de suspension de l'action publique serait, en effet, complètement justifiée, si la preuve par témoins était indistinctement admise en matière répressive. Mais les règles sur les preuves dépendent, en principe, de la nature des faits à prouver et non de la nature des juridictions saisies de ces faits. Les art. 326 et 327 c. civ. n'existeraient pas, les juridictions répressives, saisies d'une poursuite en suppression d'état de filiation, seraient tenues,

pour établir l'existence de l'état prétendu supprimé, de se conformer à l'art. 323 c. civ. Les juridictions d'instruction devraient renvoyer l'inculpé du délit de suppression d'état de filiation, s'il n'y avait ni commencement de preuve par écrit, ni indices graves venant appuyer la réclamation d'état. Dans le cas où l'affaire serait portée devant les tribunaux correctionnels, ceux-ci devraient vérifier préalablement l'existence des conditions exigées par l'art. 323 et déclarer l'action non recevable si ces conditions faisaient défaut. Tel était, en effet, le système primitif du projet du code civil. Les art. 17 et 18 ouvraient la voie civile seulement à l'enfant qui réclamait son état, mais réservaient au ministère public le droit d'intenter d'office l'action criminelle, sur un commencement de preuve par écrit. Si ce système n'a pas prévalu, c'est pour éviter que l'issue de l'action publique ne préjugeât le jugement de la question de filiation, dont le tribunal de première instance et la cour d'appel sont seuls le droit de connaître » (V. *suprà*, v° *Paternité et filiation*, n° 162; *Rép.* eod. v°, n° 363).

26. La suppression d'état de filiation naturelle, comme la suppression d'état de filiation légitime, ne peut être poursuivie devant les tribunaux de répression que lorsque la question d'état a été définitivement jugée par les tribunaux civils. « Les art. 326 et 327 c. civ. sont, ainsi que le fait remarquer M. Garraud, p. 818, n° 662, généraux dans leurs termes, et on ne saurait tirer argument, pour refuser de les appliquer à la filiation naturelle, de la place qu'ils empruntent dans le chapitre 2 intitulé : *Des preuves de la filiation des enfants légitimes*, car les motifs qui ont fait édicter l'exception de l'art. 327 s'appliquent à la filiation naturelle comme à la filiation légitime » (En ce sens, Faustin Hélie, t. 2, n° 844; V. *suprà*, v° *Paternité et filiation*, n° 163; *Rép.* eod. v°, n° 365; Crim. cass. 29 mai 1873, aff. Merlo, D. P. 73. 1. 386). M. Le Sellyer estime, au contraire, que les art. 326 et 327 c. civ. renfermant des dispositions exceptionnelles aux règles générales des art. 1 et 3 c. instr. crim., ces dispositions exceptionnelles ne doivent point être étendues; d'où la conséquence qu'on ne saurait les appliquer au cas de suppression d'état d'un enfant naturel, les art. 326 et 327 n'étant, par la place qu'ils occupent au code civil, relatifs qu'aux questions d'état des enfants légitimes (t. 2, p. 114, n° 670).

27. L'action publique contre un délit de suppression d'état est suspendue, lorsque la chose jugée au criminel aurait pour effet de trancher la question d'état; elle ne l'est pas, au contraire, si la chose jugée au criminel doit laisser intacte cette question même. « Il est un certain nombre d'infractions, dit M. Garraud, p. 818, n° 663, qui impliquent bien une suppression d'état, mais dans lesquelles le fait délictueux n'est pas inséparablement lié à la question de filiation, de sorte qu'elles peuvent être poursuivies, sans que la filiation d'une personne déterminée soit mise en question. Pour ces infractions, l'action du ministère public aura libre cours pourvu qu'il écarte de la poursuite tout ce qui tendrait à établir la relation du fait punissable avec la filiation d'une personne déterminée. Ainsi, la destruction, soit des registres de l'état civil, soit d'un ou plusieurs actes de naissance ou de reconnaissance inscrits sur ces registres, peut être poursuivie, sans qu'on recherche quelle est la filiation de l'enfant ou des enfants dont l'état est supprimé par ce délit. Il en est de même de l'inscription de l'acte de naissance sur une feuille volante, ou du délit des personnes qui, ayant assisté à un accouchement, ont négligé de faire la déclaration prescrite par la loi. Ainsi encore les infractions qui constituent à la fois des attentats contre la personne de l'enfant et une suppression de son état, telles que l'exposition, le délaissement, l'enlèvement, la suppression, le recelé de l'enfant, pouvant être poursuivies et jugées, quel que soit l'état de l'enfant, et à quelques parents qu'il appartienne, seront déférées à la juridiction répressive par le ministère public, sans que celui-ci ait besoin d'attendre que la question de filiation soit jugée par les tribunaux civils. En un mot, pour que l'art. 327 s'applique, il s'agira toujours de savoir, non pas si la poursuite d'un délit de suppression d'état intéresse, de près ou de loin, la question d'état, mais bien si elle la soulève si directement que, en supposant qu'elle réussisse, elle constitue le titre même de l'état supprimé »

(V. en ce sens, Le Sellyer, t. 2, p. 94 et suiv., n°s 657 et suiv.).

28. Il a été jugé que le fait d'un homme marié d'avoir, dans la déclaration de la naissance d'un enfant adultérin, désigné la mère comme sa femme légitime, alors qu'elle était sa concubine, ne constitue pas, à l'égard de l'enfant, le crime de suppression d'état, et peut, dès lors, être apprécié par la chambre d'accusation sans que le juge civil ait préalablement statué sur la question d'état (Crim. rej. 24 févr. 1870, aff. Valette, D. P. 71. 1. 181). Le fait ne présentait, à aucun point de vue, les caractères du crime de suppression d'état; il n'y avait, dans la déclaration du père, rien qui détruisît un état préexistant, ou qui attribuât légalement un état mensonger; dès lors, l'art. 327 était sans application, et il n'y avait pas lieu de surseoir. — La décision est tout autre lorsque l'enfant a été inscrit sous le nom d'une mère supposée. Il y a, en pareil cas, crime de faux; mais, comme ce crime de faux a été le moyen employé pour arriver à consommer le crime de suppression d'état, il est nécessaire, avant toute poursuite, de faire statuer par la juridiction civile sur l'état de l'enfant (Crim. rej. 3 janv. 1857, aff. De Valmy, D. P. 57. 5. 177).

29. Lorsque l'action en réclamation d'état est déjà intentée devant la juridiction civile, tant que cette action n'est pas jugée définitivement, le juge de répression ne peut être saisi soit par le ministère public, soit par la partie lésée par le délit de suppression d'état. Ici c'est le civil qui tient le criminel en état (V. *suprà*, v° *Paternité et filiation*, n° 164; *Rép.* eod. v°, n° 368; Aubry et Rau, *Cours de droit civil français*, t. 6, § 544 *bis*, p. 23; Garraud, *op. cit.*, p. 819, n° 663).

30. Si l'action en réclamation d'état n'a pas été intentée devant le tribunal civil, la partie lésée, pas plus que dans l'hypothèse précédente, n'a le droit de porter son action en dommages-intérêts devant le juge de répression. Ce serait, ainsi que le fait observer M. Garraud, *op. cit.*, p. 820, n° 663, l'autoriser à soumettre à la juridiction criminelle, par voie détournée, la question d'état dont la connaissance appartient exclusivement aux tribunaux civils (V. *suprà*, v° *Paternité et filiation*, n° 165). Mais le ministère public peut-il poursuivre d'office le délit de suppression d'état, lorsqu'il n'y a pas de contestation actuelle ou probable devant les tribunaux civils sur l'état supprimé ou supposé? L'affirmative est admise par plusieurs auteurs qui soutiennent que c'est seulement quand l'action civile est déjà intentée avant la poursuite criminelle ou qu'elle vient à s'élever pendant cette poursuite, que le civil tient le criminel en état (Marcadé, *Explication du code civil*, t. 2, art. 327, n° 2; Rochefort, *Traité de droit des familles*, t. 1, n°s 24 et 151). « Quel est, dit M. Laurent (*Principes de droit civil français*, t. 3, n° 473, p. 597), l'objet de l'art. 327? C'est de décider, par dérogation au droit commun, que le civil tient le criminel en état. Mais pour que l'action civile arrête et suspende l'action criminelle, il faut qu'il y ait une action civile; le criminel ne peut pas être tenu en état par le néant. Tel est aussi le sens naturel du texte. Le ministère public, dit la loi, ne peut commencer son action qu'après le jugement sur la question d'état. Il faut donc qu'il y ait une question d'état, et que le tribunal civil en soit saisi, sinon il ne peut s'agir de la juger. S'il n'y a pas de procès engagé, il n'y a pas de question d'état, donc nous ne sommes plus dans le texte; partant il n'y a pas lieu d'arrêter l'action publique. S'il y avait quelque doute sur le sens du texte, il serait levé par les travaux préparatoires. Bigot-Préameneu dit que le but de l'art. 327 est de prévenir les plaintes frauduleuses qui étaient portées devant les tribunaux criminels, pour faire décider les questions d'état par de simples témoignages; il ajoute qu'il serait à craindre que l'action criminelle ne soit pas intentée de bonne foi, qu'elle n'ait pour but que d'éluder la règle du droit civil, qui, sur les questions d'état, écarte comme très dangereuse la simple preuve par témoins. Il est de toute évidence que l'orateur du Gouvernement n'entend parler que de l'action civile que le réclamant voudrait porter devant le tribunal criminel; car du ministère public on ne peut certes pas dire qu'il fait une plainte, et on ne peut pas dire davantage que sa plainte est frauduleuse, qu'il ait de mauvaise foi pour éluder la loi civile. Toutes les expressions ne reçoivent d'application qu'à l'action civile : preuve que le législateur n'a pas

songé à l'action que le ministère public intenterait, alors qu'il n'y aurait pas de procès civil sur une question d'état. Cependant on prétend que les travaux préparatoires ont décidé la question contre l'opinion de Merlin. Le projet de code civil portait que l'enfant victime d'une suppression d'état ne pouvait réclamer que par la voie civile, même contre les auteurs du crime, sauf au ministère public à intenter l'action criminelle d'office, s'il y avait lieu. Ainsi le projet admettait que l'action publique fût intentée indépendamment de l'action civile, mais il exigeait un commencement de preuve par écrit; l'examen de cette preuve formait une question préjudicielle sur laquelle il devait être statué préalablement. Ce projet ajoutait que le jugement, soit préjudiciel soit sur le fond, ne pouvait être rendu qu'en présence des parties qui auraient des droits acquis au moment de l'accusation. L'action publique, ainsi réglée et restreinte, suspendait toute poursuite commencée au civil. Ce système n'a pas été admis; donc, dit-on, on ne peut pas douter que le législateur n'ait repoussé l'opinion de Merlin. Il nous semble que la conclusion n'est pas logique. Ce projet maintenait l'ancien principe que le criminel tient le civil en état, en y ajoutant des garanties qui rendraient tout abus impossible; tandis que le code civil pose le principe que le civil tient le criminel en état. Mais de là à refuser au ministère public le droit d'agir quand il n'y a aucun procès civil, il y a loin. Il faudrait prouver que le nouveau principe est incompatible avec l'exercice de l'action criminelle, alors même qu'aucune question d'état n'est soulevée par l'enfant ou ses héritiers; il faudrait prouver que telle a été l'intention des auteurs du code. La loi ne concerne donc que le cas où une question d'état est débattue entre des parties civiles; elle ne concerne pas le cas où les parties civiles se taisent; elle ne peut donc pas, lorsque les parties civiles gardent le silence, lier les mains au ministère public ».

Cette théorie est repoussée par la grande majorité des auteurs et condamnée par la jurisprudence, d'après laquelle l'art. 327 n'a pas seulement pour objet d'interdire à l'enfant, ou à toute autre partie intéressée la voie de la plainte, mais s'applique également et plus spécialement à la partie publique, qui a seule le droit d'exercer et de poursuivre l'ac action criminelle. En limiter l'application à l'enfant ou voudrait s'introduire dans une famille, à l'aide d'une action criminelle en suppression d'état, ce serait adopter une interprétation restrictive, contraire aux termes généraux et absolus de la loi. « Si l'action publique était recevable, dit M. Garraud, *op. cit.*, p. 820, n° 663, la question d'état serait décidée implicitement par le tribunal répressif, alors que la loi en réserve la solution aux tribunaux civils. A la vérité, l'art. 327, ainsi interprété, a pour effet, en matière de délit de suppression d'état de filiation, de paralyser l'action du ministère public, tant qu'il plaît à la partie lésée de ne pas saisir les tribunaux civils de la réclamation d'état. Mais le texte de l'art. 327 est absolu, et les motifs qui l'ont inspiré ne laissent guère de doute sur la volonté du législateur de préférer l'impunité de certains crimes au danger d'abandonner à la justice répressive, particulièrement au jury, le soin de résoudre les difficultés que présente la décision des questions qui ont pour objet l'état de filiation » (En ce sens : Le Sellyer, t. 2, p. 87, n° 651 ; Bonnier, *Des preuves*, 4° édit., t. 1, n°° 226 et suiv.; Faustin Hélie, 2° édit., t. 2, n°° 837 et suiv.; Blanche, *Etudes sur le code pénal*, t. 5, n° 260; Demolombe, *De la paternité*, n° 270; Aubry et Rau, *Droit civil français*, 4° édit., t. 6, § 544 *bis*, texte et note 25 ; V. aussi *Rép.*, v° *Paternité*, n°° 368 et suiv., *suprà*, eod. v°, n° 164). — Il a été jugé : 1° que l'art. 327 c. civ., qui subordonne l'action criminelle en suppression d'état au jugement, par le tribunal civil, de la question d'état, s'applique à tous les cas où l'état d'un enfant (qu'il soit demandeur ou défendeur à l'action) doit être préjugé par le résultat des poursuites criminelles; que, spécialement, aucune poursuite criminelle ne peut être intentée par le ministère public, pour crime de supposition de part, lequel implique une question de filiation, avant que les parties intéressées aient fait statuer sur l'état de l'enfant par les tribunaux civils (Paris, 10 janv. 1851, aff. Finte, D. P. 51. 2. 27); — 2° Que le ministère public n'est pas recevable à poursuivre le crime de suppression d'état, tant que l'action civile sur la question d'état reste ouverte aux inté-

ressés; que spécialement, le fait, par une femme mariée, d'avoir substitué à son propre enfant un enfant étranger qu'elle a introduit dans sa famille, impliquant nécessairement la question de l'état civil de ces deux enfants, ne peut pas être l'objet de poursuites criminelles, alors qu'aucune réclamation d'état n'a été jugée par le tribunal civil ni même intentée devant lui (Crim. cass. 30 nov. 1876, aff. Veuve C..., D. P. 77. 1. 459. V. aussi Paris, 26 juin 1883, cité *suprà*, v° *Paternité et filiation*, n° 164).

31. Aux termes d'un arrêt, bien que les faits incriminés constituent des chefs de prévention distincts, la connexité de ces faits et leur relation avec la question d'état ne permet pas de les isoler, de manière à autoriser les poursuites sur quelques-uns, alors, d'ailleurs, que la preuve acquise de l'un de ces faits devrait avoir une influence directe et immédiate sur la question d'état (Paris 10 janv. 1851, cité *suprà*, n° 30). La cour s'appuie sur ces motifs, que les différents faits incriminés, considérés comme constituant des chefs de prévention distincts, auraient tous concouru au même but, et eu pour objet de priver un enfant de l'état qui lui appartient et de lui en procurer un qui ne lui appartenait pas ; qu'ils sont annexes à la question d'état; qu'ils s'y lient d'une manière indivisible, puisque la preuve de chacun de ces faits exercerait une influence directe et immédiate sur cette question ; que l'art. 327, qui a eu pour but d'empêcher que l'on parvint à se procurer une preuve testimoniale de l'état, et que cet état en fût préjugé par le jugement auquel donnerait lieu l'action criminelle, si elle était admise, s'applique, par les mêmes raisons, aux divers moyens employés pour commettre le crime de suppression d'état ; qu'il n'y a donc pas lieu de distinguer entre les chefs de prévention et de restreindre l'effet des poursuites à quelques-uns des faits incriminés ».

32. Toute poursuite criminelle pour crime de suppression d'état, commencée avant le jugement, au civil, de la question d'état, doit être annulée, et les inculpés, s'ils sont en état d'arrestation, doivent être mis en liberté (Paris, 10 janv. 1851, cité *suprà*, n° 30. V. *Rép.* n° 72 ; Le Sellyer t. 2, p. 93, n° 655).

33. Les tribunaux de répression sont-ils compétents pour statuer, d'une manière au moins provisoire et dans l'intérêt de l'action publique, sur les questions d'état de filiation qui se présentent incidemment devant eux : par exemple celle de savoir si un témoin reproché est ou non parent de prévenu ; si l'individu accusé de parricide est l'enfant de la victime? M. Garraud, p. 825, n° 668, admet l'affirmative, à la condition que le juge criminel suive les règles des preuves communes à toutes les juridictions. — V. dans le même sens, M. Le Sellyer, t. 2, p. 100, n° 663. — Si l'on oppose que l'on ne peut décider provisoirement et d'une manière seulement relative une question de filiation, attendu que la chose jugée au criminel a autorité au civil, ce dernier auteur répond : 1° « qu'on ne peut, provisoirement et d'une manière seulement relative, juger une question de filiation, lorsqu'on la juge directement et principalement ; mais rien n'empêche de la faire incidemment : autrement, l'action de la justice répressive se trouverait entravée sans motifs suffisants ; 2° que la chose jugée au criminel n'a d'autorité au civil que sur ce qui a été jugé par le tribunal criminel sur le fait de l'accusation même et sur les circonstances qui se rattachent à ce fait considéré en lui-même ; mais non sur ce qui n'est qu'incident au procès ». Il a été jugé que, dans une accusation de parricide, la filiation est une question de fait que le jury décide souverainement, sans qu'aucune nullité puisse résulter de ce que ni l'acte de naissance de l'accusé, ni un jugement pouvant en tenir lieu, n'auraient été produits aux débats (Crim. cass. 16 janv. 1879, aff. Perrot, D. P. 79. 5. 116).

34. Les questions relatives à l'état d'époux se présentent devant la juridiction criminelle soit comme questions principales supposant une réclamation d'état d'époux, soit comme questions incidentes supposant une contestation de cet état. — Dans le premier cas, lorsque la poursuite a pour objet un délit de suppression d'état d'époux, on a vu au *Rép.*, n° 76, que la loi (c. civ. art. 52, 198 et suiv.) ne subordonne l'exercice de l'action publique à aucune décision préalable des tribunaux civils (V en ce sens : Garraud, p. 825, n° 668).

Dans le second cas, où la question d'état d'époux se présente devant le juge criminel comme question incidente, ce qui a lieu soit lorsque la qualité d'époux, chez le prévenu ou l'accusé, est exclusive du délit même, comme dans le recel de personnes (c. pén., art. 248) et dans le vol (c. pén., art. 380), soit lorsque l'infraction qui fait l'objet des poursuites suppose, chez l'accusé ou le prévenu, la qualité d'époux, comme dans le délit d'adultère (c. pén., art. 337 et 339) ou dans le crime de bigamie (c. pén., art. 340), la question est plus délicate, et elle a été diversement résolue (V. les développements qui ont été fournis sur ce point *suprà*, v^{is} *Adultère*, n°s 53, 54, et *Bigamie*, n° 10. *Adde*, Garraud, p. 827, note 1).

35. L'exception de nationalité présente-t-elle une question d'état qui ne puisse être jugée que par les tribunaux civils? Il faut distinguer: la question d'extranéité peut se présenter incidemment à juger en plusieurs cas, dans les matières civiles et commerciales, comme par exemple: lorsque le défendeur excipe de la qualité d'étranger du demandeur, pour exiger que celui-ci soit tenu de fournir caution ou qu'il oppose l'incompétence des tribunaux français en se fondant sur la qualité d'étranger des deux parties; ou encore, lorsqu'il s'agit de statuer sur les mesures d'exécution provisoire que la loi autorise, en certains cas, contre les étrangers et que la qualité d'étranger est contestée. La question d'extranéité ne pouvant être résolue que par les juges civils, n'appartiendrait pas d'en connaître aux tribunaux d'exception tels que les juges de paix, les tribunaux de commerce, les prud'hommes ou autres juridictions spéciales; ces tribunaux devraient surseoir jusqu'à ce que la question d'extranéité eût été jugée par les tribunaux ordinaires (V. *Rép.* n° 78, et *suprà*, v^{o} *Compétence commerciale*, n°s 102 et suiv.; *Rép.* v^{o}, n°s 347 et suiv.).

36. En matière criminelle, la solution n'est pas la même. Il y a lieu d'appliquer ici la règle générale d'après laquelle le juge saisi de la connaissance d'un fait délictueux a le droit et le devoir d'apprécier toutes les questions qui s'y rattachent, alors même que cette appréciation échapperait à sa compétence s'il en était saisi par action principale (V. *suprà*, n° 11). Cette règle générale ne souffre de dérogation que dans les cas formellement spécifiés par la loi, et notamment en matière de réclamations d'état. Mais les questions de nationalité ne sauraient être assimilées aux réclamations d'état. Le tribunal correctionnel devant lequel se trouve soulevée une question de nationalité, qui est l'un des éléments constitutifs du délit, par exemple, à l'occasion d'une infraction à un arrêté d'expulsion, est donc compétent pour résoudre cette question et n'en doit point renvoyer l'examen aux tribunaux civils (Bertault, *Questions et exceptions préjudicielles*, n°s 55, 77 et suiv.). Il est, d'ailleurs, de principe que le tribunal de répression saisi d'une infraction à un règlement ou à un arrêté administratif, doit examiner la légalité de cet acte. Cette règle, qui reçoit une application fréquente en matière de règlement de police (V. *suprà*, v^{o} *Commune*, n°s 474 et suiv.; *Rép.* eod. v^{o}, n°s 659 et suiv.), est également applicable lorsqu'il s'agit d'infraction à un arrêté d'expulsion (V. Garraud, p. 827 n° 668). Il a été jugé que c'est au juge de répression lui-même qu'il appartient de résoudre la question de nationalité, sans qu'il puisse en renvoyer l'examen au tribunal civil (Crim. cass. 7 déc. 1883, aff. Gillebert, D. P. 84. 1. 211).

37. Mais les tribunaux militaires ne sont pas compétents pour statuer sur l'exception d'extranéité soulevée devant eux. Ainsi il a été décidé, qu'est entachée d'excès de pouvoir, la décision d'un conseil de guerre et d'un conseil de révision ayant passé outre au jugement d'un prévenu poursuivi pour désertion et qui contestait sa qualité de militaire, en soutenant qu'il avait perdu la qualité de Français par un engagement volontaire contracté sans l'autorisation du gouvernement français dans une armée étrangère, et en produisant un acte des autorités étrangères constatant cet engagement (Crim. cass. 25 juin 885, aff. Fivel, D. P. 86. 1. 429).

38. La faillite doit-elle avoir été déclarée préalablement par le tribunal de commerce, pour que la poursuite pour banqueroute puisse avoir lieu devant le juge de répression? La jurisprudence et la doctrine admettent en général la né-

gative (V. sur cette question *suprà*, v^{o} *Faillites et banqueroutes, liquidations judiciaires*, n°s 365 et suiv., 1395 et suiv.; *Rép.* eod. v^{o}, n° 1394). « Si l'on admet, dit M. Garraud, p. 820, n° 664, que la faillite existe sans intervention judiciaire, par le seul fait de la cessation de payement et que le jugement du tribunal de commerce, qui la déclare, n'ait d'autre objet que d'ouvrir une procédure spéciale de liquidation, il faut décider que le fait même de la faillite peut être vérifié et constaté par la juridiction répressive, lorsqu'elle est saisie d'une infraction dont ce fait constitue un élément. En effet, la compétence de la juridiction répressive, pour apprécier les circonstances constitutives de l'infraction, est une règle à laquelle aucun texte ne fait exception en matière de banqueroute. Le ministère public n'ayant pas le droit de saisir d'une demande en déclaration de faillite le tribunal de commerce, il ne se peut pas que des intérêts privés tiennent en suspens la répression d'un crime ou d'un délit » (Conf. Le Sellyer, t. 2, p. 142, n° 688).

Art. 2. — *Des questions concernant les propriétés immobilières et autres droits immobiliers* (*Rép.* n°s 81 à 93).

39. Le principe consacré par les dispositions de l'art. 182 c. for. et l'art. 59 de la loi sur la pêche fluviale, du 15 avr. 1829, que lorsque le prévenu ou l'accusé invoque, comme moyen de défense, devant la juridiction répressive, un droit de propriété immobilière, le juge doit surseoir au jugement de l'action publique jusqu'à ce que la question de propriété ait été jugée par les tribunaux civils, s'applique, comme on l'a vu au *Rép.*, n°s 81 et 82, en toutes matières (Garraud, *op. cit.*, p. 822, n° 666).

La jurisprudence a fait maintes fois l'application de cette règle. Ainsi il a été jugé: 1° que, dans une poursuite fondée sur un procès-verbal faisant foi jusqu'à preuve contraire, le moyen tiré par le prévenu d'un prétendu droit de propriété élève une question préjudicielle de la compétence de la juridiction civile, et ne peut, par suite, être apprécié par le magistrat saisi comme juge de police, ni surtout donner lieu à une déclaration de maintien en possession, alors même qu'elle serait fondée sur une procédure antérieure portée devant le même magistrat jugeant comme juge de paix (Crim. cass. 31 janv. 1859, aff. Ettori, D. P. 61. 5. 401); — 2° Que le juge de simple police, devant lequel le prévenu d'une contravention à l'art. 471, § 4, c. pén. soutient que le terrain litigieux est sa propriété et qu'il a un titre de nature à justifier sa prétention, ne peut, sans excéder ses pouvoirs, passer outre au jugement du fond de la prévention: il doit surseoir à statuer et renvoyer à fins civiles pour le jugement de la question préjudicielle (Crim. cass. 8 févr. 1878, aff. Dame Auzias, D. P. 79. 5. 347).

40. En matière de contravention de voirie, la question préjudicielle de propriété est souvent élevée par les prévenus (V. *Rép.* n° 86. V. aussi *infrà*, v^{o} *Voirie par terre*). Il a été jugé: 1° que le juge de police devant qui le prévenu d'une contravention (d'embarras de la voie publique), où une partie intervenante élève l'exception de propriété, n'est pas compétent pour statuer lui-même sur ce moyen préjudiciel: il doit surseoir à statuer et renvoyer à fins civiles (Crim. cass. 24 janv. 1856, aff. Genet, D. P. 56. 5. 379); — 2° Que le jugement qui renvoie un prévenu d'une poursuite pour jet d'immondices sur une fenêtre sur la voie publique, en déniant le caractère de voie publique au lieu sur lequel le fait a été commis, est nul comme résolvant une question préjudicielle qui sort de la compétence du juge de police (Crim. cass. 8 févr. 1861, aff. Marot et Garcin, D. P. 66. 5. 398. V. aussi Crim. cass. 20 févr. 1862, aff. Garambois, D.P. 64. 5. 305; *suprà*, v^{o} *Contraventions*, n°s 105 et suiv.; *Rép.* eod. v^{o}, n°s 164 et suiv.); — 3° Que le propriétaire traduit devant le tribunal de simple police pour inexécution de travaux de voirie, qui oppose à la poursuite une exception tirée de ce que la rue à réparer a cessé d'être sa propriété et est entrée dans le domaine public communal, soulève une question préjudicielle dont la solution ne peut appartenir qu'aux juges civils; que, par suite, si le juge de police, au lieu de surseoir à statuer, discute les faits articulés par le prévenu à l'appui de cette exception, et décide que, dans les circonstances de la cause, ils ne sauraient être pris en considération, sa décision ne peut échapper à la censure de

la cour suprême (Crim. cass. 3 août 1878, aff. Brouette-Vessely, D. P. 79. 1. 441).

41. Ce ne sont pas seulement, ainsi qu'on l'a indiqué au *Rép.*, n° 87, les questions de propriété immobilière que les tribunaux de répression sont tenus de renvoyer devant la juridiction civile, mais celles qui se réfèrent à tous les droits réels relatifs à des immeubles. Les tribunaux civils sont donc seuls compétents pour prononcer sur les questions d'usufruit ou d'usage immobiliers, de servitude ; et les tribunaux criminels devraient renvoyer devant eux les questions de cette nature que le prévenu ou l'accusé élèveraient pour justifier le fait imputé (Le Sellyer, *op. cit.*, p. 81, n° 648). Il a été jugé : 1° que dans une poursuite pour dépaissance sur un terrain communal, l'allégation par le prévenu que cette dépaissance n'est que l'exercice d'un droit qui appartiendrait à tout propriétaire habitant la commune, élève une question préjudicielle que le juge de police ne peut résoudre, même en faveur du prévenu, sans excéder sa compétence ; sauf à ordonner, si l'exception est appuyée sur des titres suffisants, le renvoi devant le juge civil, conformément à l'art. 182 c. proc. (Crim. cass. 27 sept. 1855, aff. Verdoux, D. P. 55. 5. 373) ; — 2° Que dans une poursuite exercée à l'occasion d'un prétendu délit d'enlèvement de bois vif sur la propriété du plaignant, le moyen tiré par le prévenu de ce qu'il n'aurait fait qu'user d'un droit à lui appartenant et dont il demande à justifier, de prendre du bois mort sur cette propriété pour son usage personnel, est avec raison considéré, alors que le juge reconnaît que l'arbre enlevé avait les apparences d'un arbre frappé de stérilité, comme élevant une question préjudicielle de droit d'usage de la compétence de la juridiction civile (Crim. cass. 8 déc. 1860, aff. Bessier, D. P. 61. 5. 399).

42. La possession légale, comme on l'a indiqué au *Rép.*, n° 89, constitue un véritable droit sur la chose, et par conséquent le possesseur prévenu d'avoir commis un délit sur l'immeuble dont il jouit à ce titre peut, sans avoir besoin d'invoquer la propriété, se borner à repousser par le fait seul de sa possession l'imputation du délit (Garraud, p. 822, n° 666 ; Le Sellyer, p. 151, n° 696). Si la preuve de la possession d'un immeuble alléguée par le prévenu devait, par la prescription, servir de fondement au droit de propriété, ou si cette possession était le résultat d'un titre qui supposât la propriété, la question de possession, dans ces deux cas, se confondant avec la question de propriété et, celle-ci étant essentiellement civile, le tribunal criminel ne pourrait en connaître. Si donc la possession est invoquée pour établir un droit de propriété immobilière, l'appréciation des caractères de cette possession n'appartient qu'aux tribunaux civils (*Rép.* n° 90). Hors ces cas, comme l'indique la note délibérée par la cour de cassation le 5 nov. 1813 (*Rép.* n° 7), « la possession alléguée, ne pouvant avoir d'effet que sur des jouissances de fruits, se détermine toujours à des effets mobiliers, elle n'est qu'un fait étranger à la propriété immobilière, et l'exception, qui est ici opposée, doit, comme celle de la propriété des objets mobiliers, être de la compétence des tribunaux criminels juges de l'action contre laquelle elle est proposée ». — Il a été décidé que le juge de police est incompétent pour reconnaître, en faveur du prévenu, la *possession annale* d'un droit de passage et doit renvoyer à fins civiles pour le jugement de cette question ; qu'ainsi, le juge de police ne peut relaxer l'individu prévenu d'avoir passé avec voiture sur un pré non fauché, en se fondant sur l'exercice d'un droit de passage dont celui-ci serait en possession depuis plus d'un an (Crim. cass. 15 déc. 1855, aff. Asseline, D. P. 56. 5. 378).

43. La jurisprudence assimile au cas où le prévenu invoque un droit de propriété à son profit celui où il oppose à l'imputation du délit une exception de non-propriété. Dans cette seconde hypothèse, le débat soulève une question de propriété immobilière dont la solution ne peut appartenir qu'aux juges civils, sans que l'on ait à se préoccuper de cette circonstance que les inculpés, au lieu de revendiquer un droit de propriété à leur profit, soutiennent, au contraire, que la propriété a cessé de reposer sur leur tête (Le Sellyer, *op. cit.* t. 2, p. 78, n° 645). Il a été jugé, en ce sens : 1° que l'exception par laquelle le prévenu nie la qualité de propriétaire, en laquelle il est poursuivi, soulève, tout aussi bien que celle par laquelle il invoque un

droit de propriété, une question préjudicielle de la compétence de la juridiction civile ; que, par suite, le propriétaire poursuivi pour inexécution de travaux de voirie à lui prescrits en vue de faciliter l'écoulement des eaux dans une rue ouverte sur son terrain, doit, s'il excipe dans sa défense de ce que le sol de la rue dont il s'agit serait devenu la propriété de la ville, être renvoyé devant le juge compétent pour le jugement de cette exception (Crim. cass. 25 janv. 1868, aff. Chauvet et autres, D. P. 68. 1. 461) ; — 2° Que l'exception de propriété proposée, en matière de simple police, oblige le juge à surseoir jusqu'à la solution préjudicielle de ce point par la juridiction civile, aussi bien lorsque le prévenu dénie la qualité de propriétaire, en laquelle il est poursuivi, que lorsqu'il invoque pour sa justification un droit de propriété immobilière ; qu'ainsi, le juge de police excède ses pouvoirs lorsque, dans une poursuite pour résistance à l'injonction de clore un terrain riverain d'une voie publique, il déclare lui-même fondé en fait le moyen de défense tiré par le prévenu de ce que le terrain appartiendrait, non à lui, mais à la commune (Crim. cass. 16 juill. 1870, aff. Pingon, et autres, D. P. 71. 1. 188). — Décidé, par application du même principe, que, dans le cas de poursuite contre un propriétaire pour défaut d'obéissance à l'injonction du maire de fermer une rue ouverte sur son terrain, l'allégation du prévenu qu'il a abandonné à la commune, sans indemnité, le sol de la rue laissée ouverte, et que l'acceptation de cet abandon résulte de ce que ladite rue a été comprise dans un plan approuvé par le préfet, élève une question véritablement préjudicielle que le prévenu doit être mis en demeure de faire juger par le juge compétent dans un délai déterminé (Crim. cass. 2 mai 1862, aff. Lanus, D. P. 62. 1. 496).

44. Les questions relatives aux droits autres que le droit de propriété immobilière ou tout autre droit réel, aux simples tolérances ou permissions que le prévenu allègue, pour sa défense, lui avoir été accordées par le bon vouloir du propriétaire, peuvent être tranchées par la juridiction répressive. L'art. 182 c. for. et l'art. 59 de la loi sur la pêche fluviale du 15 avr. 1829 n'en prescrivent pas le renvoi devant le tribunal civil. Le juge de l'action reste juge de l'exception (*Rép.* n°s 52 et 93). Il a été jugé, par application de ce principe : 1° que le tribunal correctionnel, saisi de la poursuite en contrefaçon d'une marque de fabrique, et devant lequel le défendeur invoque un droit de propriété à la marque contestée, doit statuer sur le mérite de cette exception ; il ne doit pas déclarer la demande non recevable (Besançon, 30 nov. 1861, aff. Lorimier et Bovet, D. P. 62. 2. 43). L'art. 16 de la loi du 23 juin 1857 contient, à cet égard, une disposition spéciale ; — 2° Que le tribunal correctionnel devant lequel un individu est poursuivi, pour avoir chassé sans la permission de l'adjudicataire, est compétent pour statuer sur l'exception tirée par le prévenu d'une prétendue convention par laquelle l'adjudicataire lui aurait concédé le droit de chasser pendant toute la durée de son bail : ce n'est pas là une question préjudicielle de droit réel immobilier, dont le tribunal correctionnel doive renvoyer la connaissance aux tribunaux civils (Nancy, 10 déc. 1861, aff. Perrin et Besval, D. P. 62. 2. 23) ; — 3° Que le prévenu d'un délit de pêche cité en police correctionnelle ne peut demander préjudiciellement son renvoi devant les juges civils que s'il excipe d'un droit de propriété ou de tout autre droit réel, et non pas s'il se borne à se prétendre fermier de la pêche ; cette exception ne rentre pas dans les termes de l'art. 59 de la loi du 15 avr. 1829 (Besançon, 17 janv. 1863, aff. Ministère public et Arsène Bourdin, D. P. 63. 2. 54) ; — 4° Que le juge correctionnel, devant lequel un prévenu poursuivi pour avoir coupé des récoltes sur un domaine dont il a été légalement dépossédé, par suite de saisie immobilière, excipe d'une prétendue créance hypothécaire de son fils sur ce domaine, refuse avec raison de considérer ce moyen de défense comme élevant une question préjudicielle, soit parce que le droit invoqué n'est pas personnel au prévenu, soit parce que ce n'est pas un droit de propriété ou autre droit réel ; alors surtout qu'aucune production n'a été faite, à raison de cette prétendue créance, dans l'ordre ouvert après l'adjudication (Crim. rej. 14 mai 1868, aff. Savès, D. P. 68. 1. 507) ; — 5° Que, dans une poursuite de simple police pour fait de passage sans droit avec voiture sur le terrain d'au-

trui, l'allégation, par le prévenu, d'une nécessité de ce passage pour cause d'enclave ne soulève pas une question préjudicielle de la compétence exclusive de la juridiction civile, mais constitue seulement un moyen du fond, que le tribunal de simple police peut compétemment apprécier (Civ. rej. 10 févr. 1872, aff. Bavier, D. P. 72. 1. 42).

45. Il a été jugé que quand une partie, poursuivie correctionnellement par le propriétaire d'un terrain prétendu en bois, pour y avoir fait dépaître son troupeau, est renvoyée sur sa demande devant la juridiction civile à l'y faire juger préjudiciellement le point de savoir « si l'endroit où paissait ce troupeau n'est pas compris dans les biens et vacants sur lesquels la commune a un droit de pacage », le juge civil doit uniquement statuer sur cette question; qu'il doit, en conséquence, écarter comme irrecevables et soulevant une difficulté réservée au juge correctionnel, les conclusions par lesquelles le propriétaire du terrain veut faire décider que le droit de dépaissance, en admettant qu'il soit reconnu, ne pourra s'exercer tant que les plantations qui ont été faites sur ce terrain ne seront pas déclarées défensables (Req. 24 nov. 1885, aff. Rajan, D. P. 86. 1. 285). Il est de jurisprudence, en effet, que le juge correctionnel n'a pas à renvoyer préjudiciellement devant la juridiction civile, quand celui qui excipe de sa qualité d'usager est accusé d'avoir fait dépaître son troupeau dans un bois non déclaré défensable (V. Rép. v° Forêts, n°s 1942 et suiv.). De là cette conséquence que la question de savoir s'il y a défensabilité, et si le délit peut être excusé en l'absence d'une déclaration à cet égard, relève exclusivement du juge correctionnel. C'est là, en effet, un des éléments du délit ou de l'exception de justification, et il est de principe que le juge de l'action est juge de l'exception, sauf pour le cas où le législateur en a disposé autrement.

46. L'énonciation erronée, dans les motifs d'un jugement, qu'il est inutile, eu égard aux justifications produites, d'ordonner le renvoi à la juridiction civile d'une question de propriété soulevée par le prévenu, n'implique pas violation de l'art. 182 c. inst.; si le dispositif fonde exclusivement le renvoi de l'inculpé sur l'illégalité de l'arrêté municipal invoqué contre lui (Crim. rej. 11 août 1883, aff. D'Hunolstein, D. P. 84. 1. 211). L'incorrection qui a pu se glisser dans un des motifs d'un jugement ne peut, en effet, créer un moyen de nullité, si ce motif, erroné ou surabondant, a été sans influence sur la décision rendue, et si le dispositif, conforme à la loi, se justifie par les autres motifs. A plus forte raison, une simple considération ajoutée à un motif ne saurait-elle vicier un jugement, lorsque ce motif a été à lui seul suffisant pour le déterminer (V. Jugement, n°s 729 et suiv.; Rép. eod. v°, n°s 995 et suiv.).

Art. 3. — Des conditions requises pour que l'exception de propriété soit recevable (Rép. n°s 94 à 138).

47. Trois conditions sont nécessaires pour que le tribunal de répression soit tenu d'accueillir l'exception préjudicielle invoquée par le prévenu. Il faut : 1° que cette exception soit de nature, en la supposant fondée, à faire disparaître le prétendu délit; 2° qu'elle soit personnelle à celui qui l'invoque; 3° qu'elle soit accompagnée d'un commencement de preuve (Rép. n° 94). « Il faut de plus, dit M. Garraud, p. 822, n° 666, que le prévenu oppose formellement l'exception. Le juge de répression qui s'aperçoit qu'un droit de propriété ou un autre droit réel est engagé dans la cause ne peut suppléer l'exception et ordonner d'office le sursis : ultra petita non est judicandum. Mais cette exception constituant au fond un moyen de défense peut être soulevée en appel, bien qu'elle ne l'ait pas été en première instance ».

§ 1er. — L'exception doit être de nature à faire disparaître le délit (Rép. n°s 95 à 113).

48. En droit, il n'y a d'exception préjudicielle, pouvant justifier le sursis accordé à un prévenu, que celle qui est de nature à faire disparaître le délit. Si le fait poursuivi doit conserver le caractère délictueux, quelle que puisse être la solution de la question inexactement qualifiée de préjudicielle, les tribunaux de répression ne sont pas fondés à différer le jugement de l'infraction dont ils ont été saisis. Cette

règle, qui se démontre par son seul énoncé, a reçu de nombreuses applications (Rép. n°s 95 et suiv.; Garraud, p. 823, n° 666). Il a été jugé que la juridiction répressive devant laquelle une question préjudicielle a été soulevée ne doit sursoir à statuer sur la prévention qu'autant que cette question est de nature, si elle est résolue dans un sens favorable au prévenu, à enlever au fait poursuivi tout caractère délictueux; spécialement, que l'instituteur communal remplacé, et non révoqué, par un arrêté préfectoral qu'il a déféré au conseil d'Etat, étant passible des peines portées par l'art. 29 de la loi du 15 mars 1850, pour ouverture d'école libre sans déclaration, s'il n'a pas rempli les formalités de la même loi avant de tenir une école dans un local privé, alors même qu'il aurait protesté de son intention d'agir uniquement en qualité d'instituteur public non frappé de révocation, et l'annulation de l'arrêté préfectoral par le conseil d'Etat au cas où elle serait prononcée, ne devant pas faire disparaître l'infraction, il s'ensuit que la demande en annulation ne soulève pas une question préjudicielle susceptible de justifier un sursis au jugement du délit (Crim. cass. 10 mai 1879, aff. Souchet, D. P. 79. 1. 237).

Il a été aussi jugé que l'existence d'une instance en validité de saisie-arrêt pendante devant la juridiction civile ne met pas obstacle à ce que le débiteur soit poursuivi par le créancier devant la juridiction correctionnelle, pour escroquerie à raison des manœuvres frauduleuses employées pour obtenir la remise de la somme, objet de la saisie (Crim. rej. 18 déc. 1873, aff. Feuillant, D. P. 74. 1. 499).

49. Dans tous les cas où l'exercice illégitime du droit de propriété constitue un délit ou une contravention, le prévenu invoquerait en vain, à titre de justification, sa qualité de propriétaire, puisque la preuve du droit invoqué ne changerait rien au caractère punissable du fait imputé (V. Rép., n°s 96 et suiv.).

50. La loi ayant, par des motifs d'intérêt général et d'ordre public, apporté des restrictions à l'exercice du droit de propriété, notamment, en ce qui concerne l'exploitation des mines et carrières, l'infraction aux règles établies en ces matières donne lieu à des contraventions qui n'en sont pas moins punissables, alors qu'elles seraient commises par des propriétaires mêmes du sol. L'exception de propriété ne saurait, en pareil cas, donner lieu à renvoi (V. Rép. n° 98; supra, v° Mines, n°s 573 et suiv.; 592 et suiv.; Rép. eod. v°, n°s 431 et suiv. V. en ce qui touche l'exception de propriété soulevée par les prévenus d'un délit de pêche, supra, v° Pêche fluviale, n°s 121 et suiv.; Rép. eod. v°, n° 199).

51. Lorsque l'autorité municipale prescrit aux citoyens, dans la limite de ses pouvoirs, de faire ou de ne pas faire certaines choses; il y a lieu de punir les contraventions à ses injonctions, sans qu'il puisse résulter de l'allégation du droit de propriété aucune question préjudicielle (Rép. n° 101; et supra, v° Commune, n°s 474 et suiv.; Rép. eod. v°, n°s 686 et suiv.). Il a été jugé, par application de cette règle : 1° que la circonstance qu'un individu, poursuivi devant le tribunal de police, à raison du refus d'obéir à un arrêté municipal, prescrivant d'arracher des arbres plantés sur le sol d'un chemin rural, aurait la propriété et la possession plus qu'annale de ces arbres, n'étant point de nature à effacer la contravention, l'exception tirée par cet individu de cette propriété et de cette possession ne constitue pas une question préjudicielle qui puisse motiver un sursis au jugement de la prévention (Crim. cass. 14 oct. 1854, aff. Ville de Saint-Rémy, D. P. 56. 1. 420); — 2° Que l'individu qui, prévenu d'avoir, sans autorisation préalable, construit le long de la voie publique, se prétend propriétaire du terrain sur lequel il a élevé la construction, ne soulève pas cette exception, en opposant cette propriété, une question préjudicielle de nature à motiver le renvoi devant la juridiction civile (Crim. cass. 9 janv. 1857, aff. Barrie, D. P. 57. 5. 272).

52. Les mêmes principes s'appliquent à la poursuite et au jugement des contraventions commises en matière de voirie. La jurisprudence a maintes fois décidé que la déclaration de vicinalité ayant pour effet d'attribuer définitivement au sol du chemin le terrain compris dans les limites qui lui sont assignées et de résoudre le droit des propriétaires dépossédés en une simple indemnité, l'anti-

cipation commise sur la largeur attribuée au chemin vicinal doit être réprimée nonobstant l'exception de propriété du prévenu; qu'ainsi un tribunal de simple police ne peut surseoir à statuer sur une contravention commise sur un chemin vicinal, classé comme tel, sous prétexte qu'une instance est engagée sur la propriété du sol du chemin, entre le contrevenant et la commune. — Il a été jugé : 1° que la solution du point de savoir si, à l'époque où un procès-verbal a constaté une prétendue contravention de voirie, la voie sur laquelle cette contravention aurait été commise était déjà devenue urbaine et se trouvait affectée à l'usage du public, ne peut appartenir qu'à l'autorité administrative; que par suite, une poursuite pour construction non autorisée sur un chemin public, il n'y a pas lieu pour le juge de s'arrêter à l'exception par laquelle le prévenu soutient, en invoquant des titres anciens, que le chemin a un caractère privé, si la publicité du chemin est dès à présent établie par un arrêté préfectoral qui le comprend dans la voirie urbaine de la commune; ... alors surtout que cet arrêté donne au chemin une nouvelle largeur, le droit de propriété des riverains se trouvant, dans ce cas, résolu en une indemnité, et ne pouvant par suite faire obstacle à la répression des contraventions à l'alignement prescrit (Crim. cass. 13 juill. 1861, aff. Chicard et Marie, D. P. 61 1. 497); — 2° Que lorsqu'un arrêté préfectoral a fixé la largeur d'un chemin vicinal, le juge de police ne peut pas accorder au propriétaire poursuivi, pour avoir construit un trottoir sur le sol de ce chemin, un sursis à l'effet d'établir qu'il en avait obtenu l'autorisation du maire, et qu'il était devenu propriétaire de cette parcelle de terrain (Crim. cass. 23 nov. 1872, aff. Buyat, D. P. 73. 5. 386. V. Rép., v° *Voirie par terre*, n°s 1438 et suiv.; Crim. cass. 18 janv. 1890, aff. Le Guen, D. P. 90. 1. 287).

53. On a dit au *Rép.*, n°s 105 et suiv., que ces règles ne s'appliquent pas en matière de chemins ruraux. ces chemins étant susceptibles de possession privée; que dès lors, le juge devait avoir égard à l'exception de propriété et accorder un sursis (V. *Rép.*, v° *Voirie par terre*, n° 1427). Il a été jugé, en conséquence : 1° que le juge de police devant lequel un individu poursuivi pour empiètement sur un chemin public communal excipe de la propriété, à son profit, du sol sur lequel aurait eu lieu l'entreprise à lui imputée, ne peut statuer lui-même sur cette exception, mais seulement fixer un délai au prévenu pour faire reconnaître par la juridiction civile le droit de propriété par lui allégué (Crim. cass. 29 mars 1855, aff. De Gaillard, D. P. 55. 5. 373); — 2° Que lorsqu'un individu prévenu d'avoir fait une plantation sur un chemin rural, sans autorisation du maire, élève l'exception préjudicielle de propriété, le juge de police ne peut, si cette exception lui paraît fondée sur des titres ou des faits de nature à ôter au fait poursuivi tout caractère de contravention, y statuer lui-même, et acquitter le prévenu en le déclarant propriétaire du sol de ce chemin ; il doit surseoir à statuer et renvoyer devant le juge civil (Crim. cass. 10 oct. 1856, aff. Le Sérurier, D. P. 56. 5. 379); — 3° Que le jugement par lequel le juge de police fonde le renvoi du prévenu poursuivi pour embarras de la voie publique, sur ce motif principal que le terrain embarrassé était au dehors du chemin et appartenait au prévenu, résout une question préjudicielle sortant de sa compétence, et encourt, dès lors, la cassation, alors même que, subsidiairement, il constate que le chemin sur lequel le dépôt avait eu lieu, n'a jamais été classé comme communal ou rural (Crim. cass. 20 févr. 1862, aff. Garambois, D. P. 64. 5. 308); — 4° Que lorsque le prévenu d'usurpation sur la largeur d'un chemin rural a soulevé une exception de propriété, et à défaut de production d'un titre apparent, articulé avec précision des faits de possession équivalents et à lui personnels, la question de savoir si ces faits, au cas où ils seraient prouvés, seraient de nature à faire disparaître l'usurpation, rentre dans le droit d'appréciation du juge de la poursuite (Crim. cass. 5 avr. 1867, aff. Gibert, D. P. 67. 5. 351); — 5° Que les chemins ruraux n'étant pas compris parmi les chemins publics non susceptibles d'appropriation privée, le juge de police devant lequel le prévenu d'usurpation sur un chemin rural excipe d'un droit de propriété fondé sur des faits de possession à lui personnels et articulés avec précision, ne peut s'abstenir d'accorder un sursis

pour le jugement préalable par le juge compétent de la question préjudicielle ainsi soulevée (Crim. cass. 29 mai 1868, aff. Barit, D. P. 72. 5. 376) ; — 6° Que l'exception préjudicielle de propriété, soulevée par un prévenu, poursuivi devant le tribunal de police pour avoir intercepté un chemin, est recevable, encore que le maire ait pris un arrêté enjoignant d'enlever la construction qui obstruait le passage, si le chemin sur lequel le passage a été intercepté est un chemin rural susceptible de possession privée et de prescription, l'arrêté du maire n'ayant pas dans ce cas la force exécutoire (Crim. cass. 23 juin 1881, aff. De Monval, D. P. 82. 1. 237).

La loi du 20 août 1881 sur les chemins ruraux (D. P. 82. 4. 1) a introduit en cette matière une grave modification. Elle déclare, en effet, que les chemins ruraux deviennent imprescriptibles, lorsqu'ils ont été l'objet d'un arrêté de reconnaissance notifié par voie administrative à chaque riverain, et non suivi de contestation dans l'année qui suit cette notification. Il en résulte que les tribunaux de répression ne doivent plus surseoir à statuer sur les contraventions commises sur les chemins ruraux qui ont été l'objet d'un arrêté de reconnaissance, ces chemins n'étant pas susceptibles d'appropriation privée. La question préjudicielle de propriété ne peut plus être soulevée que s'il s'agit de chemins ruraux non reconnus.

54. Le recours formé par les particuliers contre les décisions administratives, ne pouvant les dispenser de leur exécution, ne saurait constituer une question préjudicielle (*Rép.* n° 108). Jugé que le recours au conseil d'État formé par l'industriel qui, au mépris d'un refus d'autorisation opposé à sa demande par le préfet, a commencé l'exploitation d'un établissement insalubre, ou l'exercice d'une profession soumise à réglementation, ne peut avoir aucune influence sur le jugement de la contravention, qui existe par cela seul que l'exploitation a précédé l'obtention de l'autorisation exigée; que, dès lors, il n'y a pas lieu pour le tribunal de police de surseoir au jugement jusqu'à la décision à intervenir sur ce recours (Crim. cass. 17 déc. 1864, aff. Priou, et 12 mai 1865, aff. Jullien, D. P. 66. 1. 366). Toutefois, le prévenu pourrait soutenir que, bien qu'il ait demandé une autorisation qui lui a été refusée, il n'avait pas besoin de cette autorisation ; mais ce moyen constituerait une défense au fond et non une exception préjudicielle (V. anal., en matière de voirie, Crim. rej. 17 juill. 1863, aff. Raffard, D. P. 64. 1. 500).

55. Le défaut d'observation d'un règlement de police ne peut, pas plus que le défaut de soumission à une décision administrative, être laissé sans répression, sous prétexte d'existence d'une demande en retrait du règlement qui a été violé (Crim. rej. 7 déc. 1861, aff. Conso et autres, D. P. 62. 5. 275 ; *Rép.* n° 109).

§ 2. — L'exception doit être personnelle au prévenu (*Rép.* n°s 114 à 130).

56. L'exception doit être fondée sur un droit personnel au prévenu ; celui-ci ne peut exciper du droit d'autrui, ni de l'absence de droit en la personne du plaignant (*Rép.* n° 114; Garraud, p. 823 n° 666). Il a été jugé que, en matière de délits forestiers, le prévenu ne peut tirer une exception préjudicielle des actes de possession exercés sur le terrain où ont été accomplis les faits incriminés, s'il est établi que ce terrain ne lui appartenait pas (Limoges, 25 nov. 1876, aff. Longueville, D. P. 78. 2. 148).

57. Lorsque la poursuite est exercée à la requête du ministère public, le prévenu ne pourrait pas exciper de ce que le véritable propriétaire ne se plaint pas ou de ce que le plaignant n'est pas le véritable propriétaire; l'action publique ne dépend en rien, quant à son exercice, de la plainte du propriétaire (Garraud, p. 823, note 3).

58. On a soutenu au *Rép.*, n°s 115 et suiv., que lorsque les poursuites ont lieu à la requête des particuliers, il est permis au prévenu, bien qu'il ne prétende aucun droit réel sur l'immeuble, de repousser l'action dirigée contre lui en excipant du défaut de qualité du plaignant, et en se fondant sur ce que le fait imputé aurait eu lieu sur un terrain appartenant à une autre personne. Tel est aussi l'avis de M. Garraud. « L'art. 1 du code d'instruction criminelle,

dit cet auteur, p. 823, note 3, n'accorde l'action civile en réparation du préjudice causé par une infraction qu'à la partie qui a souffert un dommage et aucune réparation ne peut être due à la personne n'ayant aucun droit sur l'immeuble objet de l'infraction. Mais cette exception, invoquée par l'inculpé, n'est pas une exception préjudicielle au sens vrai du mot, car elle n'en a aucun des caractères; elle constitue une fin de non-recevoir tirée de l'absence de qualité de celui qui réclame les réparations civiles, et sur laquelle le tribunal de répression est compétent pour se prononcer ».

59. Le prévenu qui prétendrait n'avoir agi qu'avec la permission ou d'après les ordres du propriétaire du terrain ne serait pas recevable à se faire un moyen préjudiciel du droit de ce tiers pour repousser l'action dirigée contre lui. C'est en effet ce qui résulte des termes de l'art. 182 c. for., et de ce que le prévenu n'aurait, en pareil cas, aucune qualité pour faire décider par les tribunaux compétents une question de propriété qui lui serait étrangère (*Rép.* n° 117).

60. Le fermier lui-même ne peut, du chef de son bailleur, élever la question préjudicielle de propriété (*Rép.* n° 118). Il a été jugé : 1° que c'est à tort que, dans une poursuite dirigée contre un fermier pour contravention à un arrêté du maire, le juge de police, sur l'exception tirée par le prévenu d'un droit de propriété qui existerait au profit de son bailleur, sans que celui-ci ait pris son fait et cause, a accordé un sursis pour faire constater préjudiciellement le droit de propriété prétendu (Crim. cass. 11 janv. 1862, aff. Liret, D. P. 62. 5. 269; 25 déc. 1865, aff. Brun, D. P. 66. 1. 144; qu'il en est ainsi, alors même que le propriétaire serait venu à l'audience affirmer l'existence de ce droit, surtout s'il l'a fait sans prêter serment, ce qui ne permet pas de faire prévaloir sa déclaration sur les énonciations du procès-verbal (c. instr. crim. art. 155) et s'il n'a appuyé son allégation de la production d'aucun titre ni d'aucune justification de faits de possession équivalents, ce qui ne permet au juge d'en tenir compte en aucun cas (Arrêt précité du 25 déc. 1865); — 2° Que l'exception préjudicielle de propriété n'est admissible que lorsqu'elle est basée sur un droit personnel à celui qui la propose; et que dès lors, un fermier, poursuivi pour avoir indûment passé sur le champ d'autrui, ne peut exciper de l'enclave de la propriété qu'il exploite : le propriétaire a seul ce droit (Crim. cass. 25 mars 1882, aff. Davy de Balloy, D. P. 82. 1. 275). Décidé, pour les mêmes motifs, que l'exception préjudicielle de propriété ne peut être opposée par le sous-locataire du prétendu propriétaire (Crim. rej. 18 janv. 1890, aff. Le Guen, D. P. 90. 1. 287).

61. Si, aux termes de l'art. 182 c. for., l'exception préjudicielle ne doit être admise qu'autant qu'elle est fondée soit sur un titre apparent, soit sur des faits de possession personnels au prévenu et par lui articulés avec précision, il faut reconnaître que cette exception est admissible non seulement lorsqu'elle est proposée par le prévenu lui-même, mais encore lorsqu'elle l'est par celui qui prend son fait et cause et déclare assumer seul la responsabilité des conséquences, soit pénales, soit civiles, du fait incriminé. Dans ce cas, les titres du tiers propriétaire, personnels au prétendu propriétaire qui se présente pour garantir le délinquant, peuvent être utilement invoqués; loin d'être un tiers, l'intervenant qui prend le fait et cause du prévenu, c'est-à-dire qui se met en son lieu et place, devient partie au procès. Cette théorie enseignée au *Rép.*, n°s 120 et suiv., a été consacrée par la jurisprudence (Crim. rej. 7 mars 1874, aff. De Tournon, D. P. 74. 1. 278. V. aussi Limoges, 26 nov. 1876, aff. Longueville, D. P. 78. 2. 148). Mais l'exception préjudicielle ne peut être opposée utilement par un tiers intervenant même dans un intérêt général, comme le ferait une commune, qu'autant que son intervention a pour objet l'intérêt actuel et direct du prévenu (*Rép.* n° 123).

62. Aux termes de l'art. 123 de la loi du 5 avr. 1884, tout contribuable inscrit au rôle des contributions directes dans la commune peut exercer les droits et les actions qu'il croit appartenir à la commune. Il est, par conséquent, recevable à invoquer, en son nom personnel, à titre d'exception préjudicielle, un droit qu'il lui appartient comme habitant la commune (*Rép.* n°s 124 et suiv.; *suprà*, v° *Commune,* n°s 826 et suiv.; *Rép. eod.* v°, n°s 1394 et suiv.).

§ 3. — *L'exception doit être accompagnée d'un commencement de preuve* (*Rép.* n°s 131 à 138).

63. Une dernière condition de la recevabilité de l'exception proposée pour qu'elle forme une question préjudicielle qui oblige le juge à surseoir, c'est que l'allégation du prévenu soit vraisemblable. Il appartient donc au tribunal saisi de la plainte d'examiner si cette allégation se présente avec un caractère suffisant de vraisemblance, et, dans le cas contraire, il devra, sans s'arrêter à l'exception proposée, passer outre au jugement de l'action criminelle (*Rép.*, n°s 131 et 132; Le Sellyer, t. 1, p. 149, n° 692; — Garraud, *op. cit.*, p. 823, n°666). — Cette règle a été consacrée par la jurisprudence. Il a été jugé : 1° que le juge de police ne peut prononcer le sursis réclamé par le prévenu, sur l'allégation d'un droit de propriété ou autre droit réel, qu'autant que cette allégation repose sur des titres apparents ou des faits de possession pouvant en tenir lieu (Crim. cass. 5 juin 1856, aff. Veuve Delort, D. P. 56. 1. 309); — 2° Que l'admission de l'exception de propriété, en matière de simple police, est entachée d'irrégularité lorsque le juge a prononcé le sursis sans constater la représentation de titres personnels au prévenu ou la justification de faits de possession équivalents (Crim. cass. 16 avr. 1858 aff. Lousteau, D. P. 65. 5. 323; 27 août 1877, aff. Chevalier, D. P. 78. 1. 142); — 3° Que, par suite, le jugement qui a accordé un sursis sur la seule articulation d'une prétention de propriété encourt la cassation (Crim. cass. 14 juill. 1860, aff. Fontaine, D. P. 60. 5. 313); — 4° Que le refus du juge d'avoir égard à l'exception préjudicielle de propriété, parce que les articulations sur les faits possessoires que le prévenu a proposé lui paraissent insuffisantes, échappe, en ce qu'il est fondé sur une appréciation souveraine, au contrôle de la cour de cassation (Crim. cass. 25 janv. 1861, aff. Vilcoq, D. P. 61. 5. 400); — 5° Que pour que le sursis accordé au prévenu, pour faire juger une question préjudicielle de propriété, soit légalement motivé, il ne suffit pas que le jugement constate que le prévenu a soulevé une question de propriété; il faut encore, à peine de nullité, que le juge y déclare, d'une manière précise et formelle, qu'après vérification des titres produits à l'appui de l'exception, il a reconnu que cette exception lui paraissait fondée sur un titre apparent ou sur des faits de possession équivalents (Crim. cass. 20 juin 1863, aff. Rosolani et autres D. P. 63. 5. 313); — 6° Que le juge de police, saisi d'une infraction en matière de voirie, ne doit surseoir au jugement qu'autant que l'exception de propriété est fondée sur un titre apparent ou sur des faits de possession équivalents, personnels au prévenu et de nature à ôter au fait qui sert de base à la poursuite tout caractère de contravention (Crim. rej. 5 avr. 1872, aff. Charamaule, D. P. 74. 5. 417); — 7° Que le desservant d'une commune poursuivi pour avoir enlevé des drapeaux apposés par l'autorité publique sur le portail de l'édifice communal qui sert de presbytère ne peut soulever une exception préjudicielle fondée sur un droit réel d'usufruit qu'il aurait sur le presbytère, et obtenir par suite qu'il soit sursis à l'action correctionnelle; dans ce cas, les dispositions de l'art. 182 c. for., relatives aux questions préjudicielles, ne peuvent s'appliquer, le droit que le desservant prétend avoir sur le presbytère n'étant fondé ni sur un titre apparent, ni sur une possession équivalente, ainsi que l'exige cet article, mais sur différents articles de la loi du 18 germ. an 10 et du décret du 6 nov. 1813 (Crim. cass. 26 avr. 1883, aff. Ribert et Benoist, D. P. 83. 1. 362; Poitiers, 29 juin 1883, même affaire, D. P. 83. 2. 169).

64. L'existence d'un procès civil dispense-t-elle à elle seule le prévenu de produire des titres ou d'articuler des faits devant le juge de répression pour que celui-ci apprécie le degré de vraisemblance du droit invoqué. Des arrêts rapportés au *Rép.*, n° 134, ont admis que si, en thèse générale, la simple allégation nullement justifiée d'un droit ne suffit pas pour autoriser le juge du délit à suspendre l'action, il en doit être autrement lorsque le droit qui sert de fondement à l'exception est déjà, sinon constant, du moins rendu vraisemblable par l'existence d'une instance civile engagée à l'occasion de ce droit, longtemps avant les poursuites. — Dans un sens opposé à cette théorie, il a été jugé : 1° que dans une poursuite pour construction en empiétement sur la voie

publique, le juge de police ne peut admettre, comme fondement de l'exception préjudicielle de propriété, la simple justification par le prévenu de ce fait qu'il a, depuis le procès-verbal, intenté contre la commune une action tendant à le faire déclarer propriétaire du terrain sur lequel il a construit ; que le juge n'est pas dispensé, en ce cas, d'examiner si les titres dont se prévaut le prévenu réunissent les conditions exigées (Crim. cass. 10 juin 1864, aff. Durazzo, D. P. 65. 5. 322) ; — 2° Que le juge de répression n'est pas tenu de surseoir, parce que le prévenu serait en instance devant le juge civil pour faire reconnaître contre la partie poursuivante le droit de propriété ou d'usage dont il excipe pour sa défense, s'il ne lui est justifié d'aucun titre apparent ni d'aucun fait de possession équivalent (Crim. cass. 19 août 1864, aff. Verdier et autres, D. P. 67. 5. 352). Cette doctrine nous paraît plus juridique. En fait, d'ailleurs, si l'instance devant le juge civil est sérieuse, le prévenu a presque toujours des titres sur lesquels il fonde sa demande : et il lui sera facile de les produire devant le juge de répression. Mais il a été décidé, par application des mêmes principes, qu'en matière de poursuite pour enlèvement de produits forestiers dans un bois particulier, le juge accorde avec raison un sursis au prévenu pour faire statuer sur une question préjudicielle de droit d'usage soulevée pour sa défense, alors qu'en outre de la production d'un titre rendant vraisemblable le droit invoqué, celui-ci justifie que la commune est en procès avec la partie poursuivante relativement à l'existence de ce droit (Crim. cass. 21 juill. 1865, aff. Carretier, D. P. 67. 5. 351).

65. Ainsi qu'on l'a dit au *Rép.*, n° 137, un tribunal ne pourrait renvoyer devant les tribunaux civils pour faire statuer sur la question de propriété si cette question avait été déjà décidée entre le plaignant et le prévenu par un jugement ayant l'autorité de la chose jugée. Jugé, en ce sens, que le juge de simple police refuse avec raison de s'arrêter à l'exception préjudicielle de propriété soulevée par le prévenu, lorsque la question de propriété a déjà été résolue, soit contre lui, soit contre ses auteurs, par des décisions judiciaires passées en force de chose jugée (Crim. cass. 27 mars 1869, aff. Charles, D. P. 69. 5. 326).

Art. 4. — *Du jugement de renvoi à fins civiles.*
(*Rép.*, n°s 139 à 196.)

§ 1er. — Admission ou rejet de l'exception.

66. De ce que l'exception de propriété implique l'idée que celui qui l'oppose est propriétaire ou possesseur de la chose, il suit qu'elle est personnelle au prévenu, et que par suite le juge de répression n'a pas qualité pour la suppléer d'office (Le Sellyer, t. 2, p. 44, n° 621). Mais toutes les fois que le prévenu se prévaut d'un droit réel dont l'appréciation appartient à la compétence des tribunaux civils, et que cette exception porte d'ailleurs avec elle les caractères d'admissibilité exigés par la loi, le juge doit surseoir, encore bien que le prévenu n'ait pas conclu formellement à son renvoi devant la juridiction civile ; car, d'après l'art. 182, que l'exception ait été proposée pour que ce renvoi soit prononcé (*Rép.* n°s 139 et 140). « En effet, dit M. Sellyer, t. 2, p. 45, n° 622, les questions de compétence sont d'ordre public et les art. 182 du code forestier et 59 de la loi du 15 avr. 1829, se bornent à exiger que le prévenu ait excipé d'un droit de propriété ou autre droit réel, pour que le sursis et le renvoi soient prononcés. De plus, le code de procédure civile (art. 170) décide formellement que les tribunaux civils doivent déclarer d'office leur incompétence, lorsqu'elle existe à raison de la matière. Il y a même motif pour que les tribunaux criminels en fassent autant à l'égard des questions préjudicielles soulevées devant eux et qu'ils seraient incompétents pour décider ».

67. Une telle exception est péremptoire ; elle peut être proposée par le prévenu en tout état de cause ; elle peut même l'être pour la première fois en appel (V. *suprà*, v° *Demande nouvelle* n°s 89 et suiv.).

68. On a dit au *Rép.*, n° 148, que lors même qu'un tiers intervient pour prendre le fait et cause du prévenu, en élevant en son propre nom la question préjudicielle de propriété, le tribunal de répression ne peut pas, par cela seul, renvoyer le prévenu de la poursuite. Cette théorie a été

consacrée de nouveau par la jurisprudence (Crim. rej. 7 mar 1874, aff. De Tournon, D. P. 74. 1. 278).

69. Si le tribunal de répression ne peut, en aucun cas, apprécier lui-même le mérite d'une exception de propriété, il lui appartient cependant en certains cas de juger si le terrain qui a été l'objet de la contravention prétendue est ou non un chemin public (*Rép.* n° 152). Il a été jugé que le juge de police, qui est incompétent pour juger la question de propriété, a qualité pour rechercher et déclarer si le terrain dégradé par le prévenu fait ou non partie d'un chemin public ; et c'est à bon droit qu'il relaxe de la poursuite le prévenu, s'il est établi que le terrain dégradé ne dépend pas du chemin (Crim. rej. 3 janv. 1879, aff. Thureau, *Bull. crim.* n° 8). Jugé, au contraire, que la prétention élevée devant le tribunal de police, par un individu poursuivi pour avoir intercepté un chemin public (traversant sa propriété), d'être en droit de modifier les conditions de ce chemin, et notamment d'en restreindre la largeur, constitue une exception préjudicielle dont ce tribunal ne peut connaître et jusqu'au jugement de laquelle, par la juridiction compétente, il doit surseoir (Crim. cass. 17 juill. 1857, aff. Choquet, D. P. 57. 1. 382).

70. Le tribunal de répression devant lequel est élevée une question préjudicielle ne peut se constituer, pour y statuer, en tribunal civil ; il doit ordonner le renvoi devant la juridiction compétente (V. *suprà*, v° *Compétence criminelle*, n°s 240 et suiv. ; *Rép.* eod. v°, n°s 368 et suiv.).

71. Lorsque le droit de propriété invoqué par le prévenu n'est pas contesté, il n'y a lieu à renvoi ; le tribunal doit se borner à examiner si l'existence de ce droit fait disparaître le délit, ou si, au contraire, il reste un délit à réprimer, indépendamment de la vérité de l'allégation (*Rép.* n° 154 ; Le Sellyer, t. 2, p. 150, n° 693). — Plusieurs auteurs estiment qu'il ne devrait point, non plus, être prononcé de renvoi, si le droit réel invoqué par le prévenu, sans être ni reconnu ni nié par la partie adverse, ne paraissait pas sérieusement contestable (Le Sellyer, t. 2, p. 150, n° 194 ; Bertauld, *Questions préjudicielles*, n° 65 ; Hoffmann, *Traité des questions préjudicielles*, t. 2, n° 370. « Pourquoi, en effet, dit ce dernier auteur, le juge de répression ne pourrait-il pas, dans ce cas, accueillir l'exception comme moyen de justification, aussi bien qu'il a le pouvoir de la repousser lorsqu'elle lui paraît ne reposer sur aucune apparence de fondement ? Dans l'un comme dans l'autre cas, il ne décide pas la question de droit civil soulevée, qu'il laisse entière. Il se borne à déclarer les caractères au point de vue de la culpabilité du prévenu. Si, d'une part, le tribunal de répression juge contre le prévenu du non-fondement apparent de l'exception, n'est-il pas juste et rationnel qu'il puisse reconnaître aussi, en faveur du prévenu, le fondement évident de cette exception ? Suffira-t-il qu'un plaignant de mauvaise foi conteste mal à propos le droit allégué par le prévenu, pour que celui-ci soit exposé à devoir aller soutenir contre lui un procès dispendieux devant la justice civile ? Nous ne le croyons pas » (*Contrà* : Haus, *Principes généraux du droit pénal belge*, 1869, n° 885).

72. Il n'y aurait pas lieu d'examiner si l'exception de propriété est ou non admissible dans le cas où le fait imputé ne constituerait ni crime, ni délit, ni contravention, l'exception se trouvant par là sans objet (*Rép.* n° 156). Jugé que le tribunal de répression ne peut point accorder un sursis pour faire statuer sur une exception préjudicielle de propriété soulevée par la partie poursuivie, si le fait ne constitue pas une infraction punissable ; qu'il en est ainsi, spécialement, dans le cas où la prévention de contravention à l'art. 471, n° 4, c. pén. est basée, non sur l'embarras d'une voie publique, mais sur le fait d'établissement d'une barrière devant une fontaine située dans la propriété du prévenu (Crim. rej. 7 mars 1874, aff. Betz, D. P. 74. 1. 180). De même, le juge de répression ne doit pas s'arrêter à l'exception préjudicielle de propriété ni ordonner un sursis quand le fait qui sert de base à la poursuite ne peut donner lieu qu'à une action civile (*Rép.* n° 167).

73. Le tribunal devant lequel le prévenu est traduit et élève une exception préjudicielle ne peut prononcer sur cette exception et accorder ou refuser le sursis demandé, qu'autant qu'il se reconnaît compétent pour statuer sur le fond. Dans le cas où la connaissance de l'infraction

appartient à d'autres juges, il y a lieu d'annuler pour incompétence le jugement par lequel il a accordé un sursis pour faire vider l'exception (Crim. cass. 4 févr. 1860, aff. Veuve Halot, D. P. 60. 5. 312). L'appréciation de la relation qui existe entre l'exception et la question du fond ne peut, en effet, être compétemment faite que par le tribunal appelé à statuer sur cette question.

74. Le jugement par lequel un tribunal de répression a rejeté, comme n'étant pas appuyée de titres suffisants, l'exception de propriété proposée par le prévenu, et l'a condamné comme coupable du délit imputé, ne fait pas obstacle à ce que celui-ci puisse ultérieurement, et en formant une action principale devant les juges civils, faire reconnaître la validité de ses titres (Rép. n° 158). Il a été aussi jugé que le juge correctionnel qui, estimant que le prévenu ne produit à l'appui de sa demande en sursis ni titre apparent de propriété ou d'usage, ni fait de possession équivalent, passe outre au jugement, et prononce une condamnation au profit de la partie civile, n'usurpe pas les pouvoirs du juge civil, sa décision ne portant que sur le caractère apparent des titres et seulement dans ses rapports avec la poursuite correctionnelle, et ne méconnaissant pas dès lors la compétence du juge civil appelé à statuer définitivement sur la propriété ou l'usage revendiqué (Crim. cass. 19 août 1864, aff. Verdier et autres, D. P. 67. 5. 352).

75. Si le jugement qui rejette l'exception est sans influence quant au fond sur le droit même de propriété invoqué par le prévenu, il peut avoir une portée décisive sur l'action pénale dirigée contre lui, et il est recevable, en conséquence, à se pourvoir contre cette décision sans attendre le jugement de condamnation (Rép. n° 159. V. suprà, v° Appel en matière criminelle, n° 33 ; Rép. eod. v°, n° 136).

§ 2. — A la charge de qui doit être mise l'obligation de saisir le juge compétent (Rép. n°s 160 à 167).

76. Lorsqu'il y a lieu pour le juge criminel d'accueillir une exception préjudicielle de propriété, ce juge doit mettre à la charge du prévenu le soin de faire statuer sur cette exception. En ce qui concerne les matières spéciales régies par le code forestier et par la loi sur la pêche fluviale, la règle est formellement consacrée par les art. 182 c. for. et 59 de la loi sur la pêche fluviale. Mais la doctrine et la jurisprudence sont unanimes pour l'étendre à toute autre matière (Rép. n°s 160 et 161). Il en est ainsi du moins, sans aucun doute, dans le cas où la poursuite a eu lieu à la requête du ministère public. « On ne pourrait soutenir, dit M. Le Sellyer, op. cit., t. 2, p. 159, n° 708, que, dans le cas de poursuites exercées par le ministère public, c'est au ministère public ou à la partie civile, quand il y en a une, de prouver, en formant le délit, que l'exception préjudicielle n'est pas fondée. En effet, le ministère public n'a point qualité pour poursuivre devant les tribunaux civils, par exemple, la décision d'une question de propriété ; et, quant à la partie civile, si l'obligation de poursuivre la décision d'une question de même nature lui était imposée, et non point au prévenu, comme elle peut toujours renoncer à son action, il s'ensuivrait que le prévenu, en achetant la renonciation de la partie civile, laisserait éternellement en suspens l'action publique dont le tribunal criminel aurait été saisi ; or, cela ne peut être. Comment, d'ailleurs, le ministère public ou la partie civile pourraient-ils, dans bien des cas, prouver que l'exception préjudicielle n'est pas fondée ? Souvent il leur faudrait faire une preuve négative ; or, factum negantis nulla est probatio. Le prévenu, au contraire, peut toujours facilement établir le droit positif, le fait positif qu'il invoque, et la nécessité des choses lui en impose l'obligation. Enfin, l'obligation de faire preuve de son droit de propriété serait incontestablement à la charge du prévenu, si le tribunal de répression, devant qui il invoque ce droit comme moyen de défense, était compétent pour prononcer sur son existence. La position ne peut être changée parce que la preuve du droit allégué doit se faire devant un autre tribunal. Il n'y a évidemment de changé que la juridiction devant qui la preuve doit être faite ».

77. Dans le cas où le tribunal de répression n'a été saisi que par les poursuites de la partie lésée, quelques auteurs ont soutenu que, sauf le cas où il s'agit des délits prévus par le code forestier et la loi sur la pêche fluviale, on doit, en l'absence de texte spécial, rentrer dans la règle générale suivant laquelle, lorsque dans une matière quelconque un individu est poursuivi comme responsable du délit, et qu'il méconnaît, comme lui appartenant, une qualité nécessaire à l'existence du délit, c'est au poursuivant à établir que cette qualité lui appartient. — On a combattu ce système au Rép., n° 165, et exprimé l'avis que la solution doit être la même en matière ordinaire qu'en matière forestière ou de pêche, et qu'elle doit embrasser également les cas où le tribunal est saisi par le ministère public et ceux où l'action a été intentée par la partie lésée. Cette doctrine est professée par M. Garraud. « A qui, dit cet auteur, p. 823, n° 666, incombe l'obligation de faire décider la question préjudicielle par la juridiction civile ? L'art. 182 est formel : c'est le prévenu, c'est-à-dire celui qui soulève l'exception préjudicielle qui doit saisir la juridiction compétente et cela même lorsqu'il est en présence d'une partie civile : la loi l'oblige à prendre toujours le rôle de demandeur, et par conséquent, à faire la preuve de son droit prétendu » (V. en ce sens Faustin Hélie, op. cit., t. 7, § 511, p. 433). — M. Le Sellyer, t. 2, p. 169, n° 710) soutient que, pour le cas de délits ou contraventions commis sur les propriétés particulières autres que les bois et forêts, ou en matière autres que celle de pêche fluviale, et poursuivis au nom et à la requête des particuliers lésés, il y a lieu de décider : 1° que le prévenu devra saisir le tribunal civil et justifier devant ce tribunal du bien fondé de son exception préjudicielle, toutes les fois qu'un texte particulier lui en imposera l'obligation ; — 2° Qu'il se devra également toutes les fois que la partie lésée ne pourrait être chargée de saisir le tribunal civil et de faire déclarer le mal fondé de l'exception préjudicielle, sans avoir à faire une preuve véritablement négative, c'est-à-dire une preuve impossible : factum negantis nulla est probatio ; alors la nécessité des choses rejette sur le prévenu l'obligation de saisir le tribunal civil ; — 3° Que, dans tous les autres cas, la partie lésée devra saisir le tribunal civil, et établir, devant ce tribunal, la qualité ou le fait déniés par le prévenu et nécessaires pour justifier les poursuites. « Sans doute, dit M. Le Sellyer celui qui invoque une exception devient demandeur : reus excipiendo fit actor, et, comme tel, doit faire sa preuve : onus probandi incumbit ei qui dicit, mais cette règle n'est vraie qu'autant que l'exception seule pourrait faire repousser : or, ici la demande ne peut être justifiée qu'en supposant la qualité même ou le fait que nie le défendeur. C'est donc, en thèse générale, au demandeur, c'est-à-dire à la partie lésée, de prouver cette qualité ou ce fait. Serait-il juste, d'ailleurs, qu'en ayant frauduleusement recours à la voie criminelle pour se faire attribuer directement un droit civil qui ne lui appartiendrait pas, la partie prétendue lésée pût intervertir les rôles et imposer au prévenu la charge d'une preuve difficile peut-être à faire, tandis que, si l'action qui est véritablement de la compétence des tribunaux civils était portée par elle directement devant ces tribunaux, l'obligation de faire preuve lui serait imposée en sa qualité de demanderesse ».

78. Il a été décidé : 1° que le juge qui accueille une exception préjudicielle ne doit pas se borner, en accordant un sursis, à fixer un délai et à renvoyer les parties devant qui de droit ; il doit aussi désigner celle des parties qui doit saisir la juridiction nouvelle ; la charge de saisir le juge qui a compétence pour statuer sur la question préjudicielle incombe à la partie par laquelle l'exception a été soulevée (Crim. cass. 29 févr. 1858, aff. Peytot, D. P. 58. 5. 306) ; — 2° Que le tribunal qui ordonne un sursis pour vider une question préjudicielle, soulevée par le prévenu, doit mettre à la charge de celui-ci, et non à la charge du ministère public, les diligences nécessaires pour saisir dans le délai imparti le juge compétent (Crim. cass. 16 avr. 1858, aff. Lousteau, D. P. 65. 5. 324 ; 17 nov. 1860, aff. Barbieri, D. P. 60. 5. 311) ; — 3° Que dans une poursuite dirigée contre un propriétaire pour un fait de plantation d'arbres à une distance prohibée d'un chemin public dont il est riverain, si le juge croit devoir, à la demande de ce propriétaire, surseoir à statuer jusqu'à ce que la largeur du chemin ait été déterminée par le maire, ce n'est pas au

ministère public qu'il doit imposer l'obligation de rapporter la décision du maire, mais bien au prévenu qui, par cela même qu'il oppose une contradiction au procès-verbal, se trouve demandeur à l'exception préjudicielle dont l'objet est de fournir la preuve contraire (Crim. cass. 21 déc. 1860, aff. Brassart, D. P. 60. 5. 400); — 4° Qu'est nulle la décision dans laquelle, déclarant y avoir lieu de surseoir pendant un délai déterminé pour le jugement d'une exception de propriété élevée par le prévenu, le juge omet de mettre à la charge de celui-ci la poursuite de l'action préjudicielle (Crim. cass. 11 avr. 1861, aff. Laquarrière, D. P. 61. 5. 400).

79. Si, le tribunal de répression ayant mal à propos mis l'obligation de faire la preuve à la charge de la partie plaignante, celle-ci avait laissé acquérir au jugement l'autorité de la chose jugée, le tribunal ne pourrait plus, sans violer la chose jugée, mettre l'obligation à la charge de l'autre partie (V. *suprà*, v° *Chose jugée*, n°s 240 et suiv. ; *Rép.* eod. v°, n°s 400 et suiv.).

§ 3. — Délai qui doit être fixé par le jugement qui ordonne le sursis; obligation pour le prévenu de justifier de ses diligences (*Rép.* n°s 168 à 180).

80. Les art. 182 c. for. et 59 de la loi sur la pêche fluviale décident que les tribunaux correctionnels ou de police devant qui on élève une question préjudicielle doivent, en renvoyant le jugement de cette exception devant les tribunaux civils, fixer un bref délai, dans lequel la partie qui a élevé cette exception devra saisir le tribunal civil de la connaissance du litige et justifier de ses diligences (*Rép.* n° 168).— Le seul défaut de fixation de délai, si le jugement est rendu en matière forestière ou de pêche, entraîne la nullité de ce jugement comme contenant la violation d'une loi positive, même en l'absence de toute réquisition (Le Sellyer, t. 2, p. 171, n° 712). Mais, dans les autres matières, la formalité de fixation de délai n'étant commandée par aucun texte, il n'y a nullité (telle a été, du moins, l'opinion émise au *Rép.*, n° 170), que s'il y a eu réquisition du ministère public, et que le tribunal, ayant été requis de fixer ce délai, a omis de le faire ou s'y est refusé formellement (Conf. Le Sellyer, t. 2, p. 171 n° 713). Les décisions rendues depuis la publication du *Répertoire* ne font aucune distinction entre les matières forestière ou de pêche et les autres matières, et prononcent la nullité des jugements qui ne contiennent pas la fixation du délai, sans rechercher s'il y a eu ou non réquisition du ministère public (Crim. cass. 25 avr. 1856, aff. Watinne, D. P. 56. 5. 378; 16 mai 1857, aff. Coulomb, D. P. 57. 1. 314; 7 mai 1869, aff. Jourdain, D. P. 69. 5. 327; 27 août 1877, aff. Chevalier, D. P. 78. 1. 142; 4 avr. 1879, aff. Bordenave, D. P. 80. 1. 47 ; 25 nov. 1880, aff. L'abbé Degorne, D. P. 81. 1. 139). L'arrêt du 25 avr. 1856, notamment, pose ce principe « que les dispositions de l'art. 182 c. for. renferment des règles générales de droit et de procédure applicables à toutes les matières et conformes aux maximes admises de tous temps ». La plupart des décisions précitées ont été rendues en matière de voirie.

81. Mais, ainsi qu'on l'a indiqué au *Rép.*, n° 170, en toutes matières, même en matière forestière ou de pêche, si, avant tout pourvoi du ministère public, le défaut de fixation de délai avait été réparé par un nouveau jugement, sur la demande des parties, personne n'aurait intérêt à se pourvoir contre le premier jugement et dans une pareille hypothèse, la nullité serait couverte (V. Le Sellyer, t. 2, p. 170, n° 711; Hoffman, *op. cit.*, t. 2, n° 403). Il a été jugé que le juge de répression qui, admettant une exception préjudicielle de propriété, a renvoyé les parties devant les juges qui doivent en connaître, peut régulièrement, lorsqu'il a négligé de fixer dans son jugement la durée du sursis, être saisi postérieurement par le ministère public, le prévenu ayant été cité à cet effet, de conclusions tendant à faire réparer cette omission ; vainement il se déclarerait dessaisi jusqu'au jugement de la question préjudicielle (Crim. cass. 27 févr. 1863, aff. Des Turreaux, D. P. 63. 5. 324). Dans l'espèce sur laquelle a statué cet arrêt, le tribunal de simple police avait déclaré le ministère public non recevable dans sa nouvelle action, sous le pré-

texte que le premier jugement avait dessaisi du procès le tribunal qui l'avait rendu, tant que l'exception préjudicielle qu'il avait admise n'avait pas été jugée, et qu'en cet état le juge ne pouvait y apporter aucun changement. L'arrêt répond que le jugement qui avait sursis à statuer jusqu'à ce que la question préjudicielle ait été examinée et résolue était de sa nature purement interlocutoire et n'avait point épuisé la juridiction du tribunal de simple police puisque la prévention restait devant lui ; qu'il aurait dû satisfaire d'office aux dispositions des paragraphes 2 et 3 de l'art. 182 susvisé, qui ont établi une règle de procédure commune à toutes les matières de police correctionnelle et de simple police ; qu'en procédant comme le ministère public l'avait requis par la citation donnée à sa requête, il n'aurait fait que compléter sa décision antérieure et en assurer l'exécution, ainsi que la loi le prescrit dans l'intérêt de l'ordre public.

82. Ainsi qu'on l'a dit au *Rép.*, n°s 176 et 177, il ne suffit pas que le prévenu renvoyé à fins civiles pour faire juger une question préjudicielle de propriété, saisisse par une citation le juge compétent, dans le délai fixé ; il faut, en outre, qu'il justifie des diligences qu'il a faites pour donner suite à cette citation, en faisant dans un délai moralement nécessaire, dont le tribunal correctionnel est juge, les actes indiqués par le code de procédure et le décret du 30 mars 1808 pour arriver à l'obtention du jugement. Néanmoins, comme il ne peut dépendre des parties que dans une certaine mesure de hâter l'expédition des affaires civiles, il suffit que le prévenu puisse justifier qu'il a fait toutes les diligences en son pouvoir (Le Sellyer, t. 2, p. 172, n° 715). Il a été jugé : 1° que le prévenu renvoyé devant les tribunaux civils par le juge de répression, pour faire statuer sur une exception préjudicielle de propriété, est réputé avoir fait toutes les diligences exigées par l'art. 182 c. for. si, dans le délai qui lui a été fixé, il a présenté au préfet un mémoire à l'effet de faire autoriser la commune, qui est son adversaire, à ester en jugement; dans ce cas, le juge de police ne peut passer outre et statuer au fond sur la contravention (Crim. cass. 3 avr. 1857, aff. Demilly, D. P. 57. 1. 264); — 2° Que l'expiration du délai fixé pour le jugement de l'exception préjudicielle n'autorise pas le juge de répression à passer outre et à tenir l'exception pour non justifiée, si l'autorité compétente se trouve légalement saisie et n'a pu, par suite d'incidents et d'appel, résoudre encore la difficulté à apprécier préjudiciellement (Crim. rej. 1er mai 1863, aff. Comm. d'Heugnes, D. P. 65. 5. 324).

Mais il a été décidé que l'exception préjudicielle de propriété ne peut empêcher le tribunal de répression de statuer sur le délit ou la contravention, après l'échéance du délai par lui accordé, que dans le cas où il est justifié que la juridiction civile a été réellement saisie avant l'expiration de ce délai ; que lorsque ce délai est expiré sans que le prévenu ait fait les diligences nécessaires pour saisir la juridiction civile, le tribunal doit passer outre au jugement du fond, alors même que, la veille du jour fixé pour sa comparution, le prévenu aurait présenté un mémoire au préfet pour faire autoriser une commune à plaider sur la propriété du terrain litigieux (Crim. cass. 5 févr. 1887, aff. Aubertin, D. P. 87. 1. 366).

83. On a critiqué au *Rép.*, n° 178, un arrêt de la cour de Nîmes, du 6 juill. 1854, décidant que l'individu prévenu d'un délit forestier, qui a été renvoyé à fins civiles pour faire statuer sur une question préjudicielle de propriété, ne peut être considéré comme ayant fait les diligences nécessaires pour utiliser le sursis qui lui a été accordé lorsque, pendant le délai fixé pour ce sursis, il s'est borné à obtenir un jugement de maintenue au possessoire. Il a été jugé, dans le même sens, en matière administrative, que lorsque l'autorité administrative, devant laquelle une partie a élevé une exception de propriété, a sursis à statuer, en fixant un délai pour le jugement de cette exception, cette partie ne remplit pas la condition à elle imposée en se bornant à exercer une action possessoire; que, par exemple, lorsque le conseil de préfecture, saisi par une commune d'une demande en délaissement de terrains prétendus communaux, à laquelle le défendeur oppose une exception de propriété, fondée sur des moyens du droit commun, a sursis à statuer jusqu'après l'expiration d'un délai qu'il a donné à celui-ci pour faire juger cette exception par les tribunaux civils, le défendeur

ne peut être considéré comme ayant rempli la condition à lui imposée, par cela seul qu'il a exercé une action possessoire et obtenu du juge de paix une sentence de maintenue en possession des terrains litigieux (Cons. d'Et. 10 janv. 1856, aff. Anglade, D. P. 56. 3. 53). L'arrêt allègue, à l'appui de sa décision, qu'aux termes de la loi du 9 vent. an 12 et de l'avis du conseil d'État approuvé le 18 juin 1809, les conseils de préfecture sont juges des contestations qui s'élèvent sur le fait et l'étendue de l'usurpation des biens communaux que les communes soutiennent n'avoir été l'objet d'aucun partage en vertu de la loi du 10 juin 1793, et dans la possession desquels elles demandent à être réintégrées ; que le détenteur d'un bien communal qui nie l'usurpation et se prétend propriétaire du terrain doit justifier de ses droits, soit devant le conseil de préfecture, s'il invoque un acte de partage, soit devant les tribunaux civils, s'il se fonde sur des titres de propriété ou sur des moyens de droit commun ; qu'il ne peut se prévaloir d'une possession dont l'illégitimité est présumée par le législateur, pour mettre la preuve de la propriété à la charge de la commune et changer la compétence établie par la loi pour statuer sur ces litiges. — La théorie contraire, soutenue au *Rép.*, n° 177, a été de nouveau consacrée par la cour de cassation, qui a décidé que le prévenu renvoyé à fins civiles, pour faire statuer sur la question de propriété par lui soulevée comme exception préjudicielle, n'est tenu de rapporter qu'un jugement de maintenue possessoire et nullement une décision au pétitoire, alors surtout que l'exception a été admise en termes généraux et que la justification d'une possession annale suffit pour enlever au fait poursuivi tout caractère délictueux (Crim. cass. 1er mars 1863, aff. Communes d'Heugnes et Villemon, D. P. 65. 5. 321). L'arrêt pose en principe que le prévenu qui, devant la justice répressive, a soulevé une exception préjudicielle et a été renvoyé à fins civiles pour faire statuer sur un délai déterminé sur la question de propriété, n'est pas par là même dans la nécessité de recourir à la voie pétitoire ; qu'il satisfait à l'obligation qui lui a été imposée par le jugement de sursis, en saisissant le juge de paix d'une demande en maintenue possessoire ; qu'en effet, la possession annale, lorsqu'elle a lieu publiquement et sans trouble, fait présumer propriétaire celui même qui ne représente aucun titre, lui donne tous les droits de la propriété, et enlève ainsi au fait incriminé tout caractère de délit ou de contravention (V. en ce sens, Le Sellyer, t. 2, p. 153, n°s 699 et suiv.).

84. Si le tribunal reconnaît l'insuffisance du délai qu'il a précédemment fixé, il peut évidemment en accorder un nouveau, alors d'ailleurs que le prévenu doit faire toutes les diligences qui ont pu dépendre de lui (*Rép.* n° 179 ; Le Sellyer, *op. cit.*, t. 2, p. 180, n° 727). Mais lorsque le prévenu, auquel le tribunal de police a fixé un délai pour faire statuer sur l'exception préjudicielle de propriété soulevée par lui, ne justifie pas, à l'expiration de ce délai, avoir fait les diligences nécessaires pour saisir de cette exception le juge compétent, le tribunal de police ne peut lui accorder un nouveau délai, et doit passer outre au jugement de la prévention (Crim. rej. 4 déc. 1857, aff. Collier, D. P. 58. 1. 94). Le juge devrait accorder aussi un nouveau délai si le prévenu justifiait de causes légitimes qui l'auraient empêché d'agir (Crim. cass. 6 août 1868, aff. Deléeray, D. P. 69. 1. 165).

85. Il a été jugé que le prévenu qui, ayant obtenu un sursis devant le tribunal de police pour faire juger une exception préjudicielle de propriété, a succombé en ses prétentions en première instance et en appel, a droit à un nouveau sursis s'il justifie d'un pourvoi en cassation remettant en question le point de la solution duquel dépend le sort de la poursuite (Crim. cass. 26 avr. 1860, aff. Rochard, D. P. 60. 5. 314).

86. Décidé encore que, lorsque le jugement ordonnant le sursis a été frappé d'appel, cet appel, bien que non recevable, n'en est pas moins suspensif ; que, dès lors, le tribunal de répression ne peut, à l'expiration du sursis accordé pour faire juger l'exception préjudicielle, statuer au fond sur la contestation (Crim. cass. 1er mai 1863, aff. Commune de Villemon et autres, D. P. 65. 5. 321). — « Le prévenu, dit M. Le Sellyer, t. 2, p. 154, n° 701, pourrait même, après avoir succombé en possessoire, agir au

pétitoire, pour faire reconnaître son droit de propriété. Le tribunal de répression devrait alors lui accorder un nouveau sursis, pour faire prononcer son droit de propriété. Il devrait en accorder un à la partie lésée, dans un cas analogue. A plus forte raison, ne peut-il refuser celui que lui demanderait le prévenu ».

87. Dans le cas où le juge de répression a dû passer outre au jugement du fond, à défaut de justification par le prévenu de diligences faites, dans le délai à lui imparti, pour faire statuer sur une question préjudicielle de propriété qu'il avait soulevée, le juge du second degré, s'il est appel par le prévenu, ne peut lui-même s'occuper que du fond, et non accorder un nouveau sursis ;... alors surtout qu'il constate en fait, comme le juge du premier degré, que le délai accordé pour faire juger l'exception de propriété n'a été mis à profit par aucune démarche (Crim. cass. 6 août 1868, aff. Deléeray, D. P. 69. 1. 165). « Il résulte, dit cet arrêt, des dispositions combinées de l'art. 182 c. for. : 1° que, lorsqu'un délai a été accordé, dans le cours d'une instance en réparation d'un délit ou contravention, pour faire statuer par la juridiction compétente sur une question de propriété, le ministère public rentre dans le libre exercice de son action ; 2° que le tribunal doit alors passer outre, c'est-à-dire procéder immédiatement au jugement de la prévention, si le ministère public le requiert et si le demandeur ne justifie pas de diligences par lui faites pour saisir le juge devant lequel il avait obtenu son renvoi, ou de causes légitimes qui l'en auraient empêché. L'effet dévolutif de l'appel ne peut investir le juge du second degré d'un droit autre que celui conféré par ledit art. 182 au premier juge. Le juge d'appel est donc dans l'obligation de passer outre, à défaut de diligences, et, en confirmant le jugement qui lui est déféré, de se borner à en suspendre l'exécution, et de déclarer que le montant des amendes et restitutions sera versé à la Caisse des dépôts et consignations, pour être remis à qui il sera ordonné par le tribunal qui statuera sur le fond du droit ». — Toutefois si, en appel, le prévenu rapportait la preuve du droit de propriété qu'il avait infructueusement invoqué en première instance, il va de soi que le juge devrait y avoir égard. C'est ainsi, pareillement, que, lorsque la cour de cassation, il est justifié par le prévenu condamné pour contravention à un alignement délivré par le maire que, depuis le jugement, cet alignement a été annulé par le préfet, il y a lieu, d'après la jurisprudence, d'annuler la condamnation comme étant sans objet (V. sur ce point : Crim. cass. 29 juill. 1864, aff. Berryer, D. P. 65. 1. 41, et 15 déc. 1866, aff. Layrolle, D. P. 66. 5. 494).

88. Il a été décidé que le juge de répression qui admet le prévenu à faire juger préalablement l'exception préjudicielle qu'il a soulevée n'a pas à lui fixer un délai lorsque, à ce moment, le juge civil se trouve déjà saisi d'une action relative à la reconnaissance du droit invoqué ;... sauf à la partie poursuivante à obliger le prévenu, s'il y a lieu, à justifier de ses diligences pour faire statuer sur l'exception (Crim. cass. 21 juill. 1865, aff. Carretier, D. P. 67. 5. 350).

§ 4. — Effets du jugement de renvoi. — Jugement définitif. (*Rép.* n°s 181 à 196.)

89. Le juge de répression, ainsi qu'on l'a exposé au *Rép.*, n° 181, nonobstant le jugement de renvoi à fins civiles, n'en demeure pas moins le juge du délit. Ce juge est sans compétence, il est vrai, pour statuer sur la question préjudicielle ; mais il a seul qualité pour apprécier le mérite de la prévention. Il ne lui est donc pas permis de se dessaisir de la plainte sous prétexte d'incompétence. Mais il a été jugé que si, en thèse générale, le tribunal devant lequel s'élève une contestation qui n'est pas de sa compétence, ne doit pas se dessaisir de tout le litige, mais seulement surseoir jusqu'à ce qu'il ait été statué sur cette contestation par les juges compétents, il cesse d'en être ainsi, lorsque cette même contestation se confond nécessairement avec le fond même du procès ; comme dans le cas, par exemple, où un tribunal de commerce a été saisi d'une demande en payement d'une dette commerciale dirigée tout à la fois contre le débiteur, à l'égard duquel ce tribunal est compétent, et contre un tiers que l'on prétend avoir cautionné verbalement cette dette, mais qui dénie ce cautionnement, et qui, en tous cas,

ne l'ayant consentie ni en une forme commerciale, ni dans un but de spéculation, ne peut, à raison d'un tel engagement, être lui-même justiciable de ce tribunal (Caen, 28 janv. 1857, aff. Fortin, D. P. 57. 2. 107).

90. Bien que le tribunal de répression ne soit pas dessaisi par le jugement de renvoi à fins civiles, il ne peut cependant, tant que les tribunaux civils n'ont pas statué sur l'exception et hors le cas de déchéance dont il sera parlé ci-après, passer outre au jugement du délit, puisque ce tribunal, après avoir décidé qu'il y a lieu à sursis, violerait son propre jugement (*Rép.* n° 183; Le Sellyer, t. 2, p. 173, n° 717). — Il a été jugé que le juge de police qui, accueillant une exception préjudicielle de propriété soulevée devant lui par le prévenu, a renvoyé celui-ci à fins civiles en lui fixant un délai pour faire statuer sur sa prétention par le tribunal civil, ne peut, sans violer l'autorité de la chose jugée, rapporter ultérieurement sa décision, sous le prétexte que l'exception préjudicielle ne serait appuyée ni sur un titre apparent, ni même sur des faits de possession suffisamment articulés (Crim. cass. 3 avr. 1857, aff. Demilly, D. P. 57. 1. 264).

91. Le tribunal de répression, comme on l'a dit au *Rép.*, n° 184, violerait non seulement son propre jugement, mais les règles de sa compétence si, malgré le renvoi prononcé, il statuait lui-même sur la question de propriété réservée aux juges civils. Décidé que le juge de police excède ses pouvoirs et empiète sur la compétence de la juridiction civile lorsqu'il admet une preuve de la propriété invoquée à titre d'exception par le prévenu, et cela nonobstant le renvoi de celui-ci devant les juges qui doivent connaître de son exception, un simple certificat délivré par le maire de la commune (Crim. cass. 15 mars 1862, aff. Barge, D. P. 63. 5. 321).

92. Si, pendant le sursis prononcé par le tribunal criminel, le prévenu se livrait à de nouveaux faits de même nature que ceux qui ont motivé les poursuites dirigées contre lui, et que ces faits donnassent lieu à des poursuites nouvelles, le tribunal de répression n'en pourrait connaître et devrait surseoir au jugement de la seconde poursuite comme il a sursis au jugement de la première, puisque, si l'exception est accueillie par le tribunal compétent, les actes qui ont donné lieu à ces deux poursuites se trouveront également justifiés. Si même le prévenu renvoyé à fins civiles s'appropriait de nouveaux faits de même nature que ceux qui ont donné lieu aux poursuites intentées contre lui, en prenant fait et cause pour le prétendu délinquant, auteur de ces nouveaux faits, le sursis prononcé par le jugement de renvoi devrait s'étendre également aux poursuites auxquelles ces derniers faits donneraient lieu, et il ne pourrait être statué sur celles-ci qu'après le jugement de la question préjudicielle de propriété, surtout si le jugement de renvoi était passé en force de chose jugée (*Rép.* n° 185 et 186; Le Sellyer, t. 2, p. 173, n° 718; Faustin Hélie, t. 7, § 511, p. 434).

93. Si le prévenu laisse expirer le délai qui lui a été accordé sans faire les diligences prescrites, il y a lieu de reprendre et de mener à fin les poursuites commencées, car le prévenu est réputé, dans ce cas, avoir renoncé à l'exception qu'il avait proposée, et le cours de la justice ne doit pas rester plus longtemps suspendu. Néanmoins, si le jugement de renvoi n'avait fixé aucun délai, il ne pourrait être passé outre à la condamnation du prévenu, quel que fût le temps écoulé depuis ce jugement, car les déchéances ne peuvent se suppléer (*Rép.* n° 187 et 188. Conf. Le Sellyer, t. 2, p. 175, n° 721; Faustin Hélie, t. 7, § 511, p. 435).

94. Le prévenu ne serait même pas fatalement déchu par le seul fait de l'expiration du délai; il faut que les poursuites aient été reprises, et qu'au préalable, le prévenu ait été cité de nouveau devant le tribunal de répression par le ministère public ou par la partie plaignante à l'effet de justifier de ses diligences; cette citation pourrait, d'ailleurs, être donnée même avant que le délai fût expiré, pourvu que le jour indiqué pour la comparution fût postérieur à l'échéance de ce délai (*Rép.* n° 189; Faustin Hélie, t. 7, § 511, p. 435). — MM. Le Sellyer (t. 2, p. 176, n° 723) et Hoffman (t. 2, n° 411, p. 310) estiment que la fixation du délai accordé pour saisir la juridiction civile et justifier des diligences faites devant elle équivaut évidemment à une

injonction de revenir devant le juge de répression à l'expiration de ce délai, il n'est donc pas besoin, suivant eux, d'une nouvelle citation. « C'est, dit M. Hoffman, *loc. cit.*, comme une simple remise de cause prononcée en présence ou en l'absence des parties et qui tient lieu de citation à l'effet de se représenter au jour fixé, et nous pensons qu'en pratique c'est ainsi que cela se fait généralement. Lors donc qu'au jour indiqué pour revenir devant le tribunal, le prévenu ne comparaît pas, il doit être procédé contre lui par défaut; que s'il comparaît et ne justifie pas d'avoir saisi le tribunal civil et fait les diligences nécessaires, il doit être passé outre et procédé conformément au prescrit de l'art. 143 c. for. Le prévenu pourra donc être condamné sans nouvelle citation, si, d'ailleurs, il est convaincu du délit qui lui est imputé comme il peut être condamné après toute remise de cause qui n'entraîne jamais la nécessité d'une citation nouvelle. Si, au contraire, le prévenu fait les justifications voulues, le tribunal pourra lui accorder un nouveau délai, pour lui permettre de rapporter une décision sur le fond du droit ».

95. Il a été jugé que, lorsqu'un prévenu n'a pas fait statuer sur son exception préjudicielle de propriété, il est présumé y avoir renoncé, et le juge doit, dès lors, statuer sur la contravention sans avoir égard à ladite exception, même dans le cas où il s'agit d'une contravention de voirie dont la répression peut comprendre la démolition de travaux; que, par suite, c'est illégalement qu'en pareil cas le juge se fonde, pour relaxer le prévenu, sur ce que celui-ci serait propriétaire du terrain où se trouvent les constructions dénoncées comme élevées en contravention (Crim. cass. 28 mars 1873, aff. Cordier, D. P. 73. 1. 446). — Mais le prévenu de contravention qui ne justifie pas avoir fait, dans le délai fixé, des diligences pour le jugement par la juridiction compétente de son exception préjudicielle de propriété, ne doit pas nécessairement être condamné à l'amende; il peut encore, suivant les circonstances établies et les documents ou témoignages produits aux débats, être relaxé de la poursuite, pourvu que le tribunal de police s'abstienne de toute décision qui pourrait trancher ou engager la question de propriété. Ainsi il a été jugé que le propriétaire prévenu d'usurpation sur un chemin rural dont il se prétend propriétaire, a pu, bien que n'ayant fait aucune diligence pour saisir le tribunal civil de son exception de propriété, être relaxé de la poursuite par des motifs tirés de la non-publicité du chemin (Crim. cass. 21 avr. 1870, aff. Willot, D. P. 71. 1. 268).

96. Si le prévenu qui n'a pas mis à profit le délai fixé par le jugement de sursis peut encore utilement produire de nouvelles exceptions ou d'autres moyens de défense, il n'y a pas lieu, dans ce cas, de lui accorder un nouveau sursis pour faire statuer sur son exception de propriété, maintenue à titre de moyen subsidiaire (Crim. rej. 4 déc. 1857, aff. Gollier, D. P. 58. 1. 94).

97. Lorsque, au lieu de rapporter une décision déclarant son droit de propriété, le prévenu de contravention de voirie auquel un sursis a été accordé pour faire consacrer la prétention par lui élevée comme exception préjudicielle, produit une délibération du conseil municipal renonçant à la propriété du chemin sur lequel la prétendue contravention a été commise, le juge de police doit s'abstenir de faire état de cette délibération, dont l'Administration supérieure peut seule apprécier la régularité et assurer l'effet; c'est le cas de passer outre et de condamner le prévenu à verser le montant de l'amende à la Caisse des dépôts et consignations, pour être remis à qui il sera ordonné par le tribunal qui statuera sur le fond du droit (V. *infra*, n° 99) (Crim. cass. 4 févr. 1860, aff. Lenferna, D. P. 60. 5. 313). Il en est autrement lorsque la reconnaissance du droit de propriété du prévenu émane d'un plaignant simple particulier (V. *Rép.* n° 155).

98. Il a été jugé que le renvoi à fins civiles, notamment dans une poursuite pour délit de pêche, pour faire statuer sur l'exception de propriété soulevée par le prévenu, n'implique pas que, dans le cas de reconnaissance par le juge civil du droit dont il a été excipé, le délit poursuivi n'existe pas, alors que le juge correctionnel a réservé l'examen du point de savoir s'il a été fait usage de ce même droit conformément aux prescriptions des règlements (Crim. rej.

11 août 1871, aff. Huard et Fresneau, D. P. 71. 1. 362). Le jugement de sursis, aux termes de l'arrêt, n'avait pas dit que si le prévenu était jugé propriétaire par la juridiction civile, il ne resterait plus de place à un délit. Ce jugement avait simplement prononcé, par son dispositif, un sursis à statuer, en déclarant qu'il y avait lieu de rechercher si, le prévenu étant supposé propriétaire de la pêcherie, les faits reprochés perdaient leur caractère délictueux, autrement dit, dans quelles limites le propriétaire avait le droit d'user de sa pêcherie. Le jugement rendu au civil s'était borné à dire que le prévenu était propriétaire de la pêcherie. En lui reconnaissant un droit de pêche, dont le principe ne pouvait être détruit par les lois et règlements, le jugement avait pris soin de déclarer expressément que, quant à l'exercice de ce droit, la juridiction correctionnelle pouvait seule apprécier si cet exercice avait eu lieu en conformité des prescriptions réglementaires ou, au contraire, en contravention à leur texte.

99. Comme il pourrait se faire que, même après la condamnation du prévenu, le droit qui servait de fondement à l'exception proposée fût judiciairement reconnu, les art. 182 et 59 décident qu'il sera sursis à la peine de l'emprisonnement, si elle a été prononcée, et que le montant des amendes, restitutions et dommages-intérêts sera versé à la Caisse des dépôts et consignations, pour être remis à qui il sera ordonné par le tribunal, qui statuera sur le fond du droit (*Rép.* n° 192; Le Sellyer, *op. cit.*, t. 2, p. 477, n° 724). Il a été jugé : 1° que lorsque, à l'expiration du sursis, le prévenu ne justifie pas même que la juridiction compétente ait été saisie de son exception de propriété, le juge de répression doit passer outre; et, si le fait constitutif de la prétendue contravention est établi, il doit condamner le prévenu à verser l'amende encourue à la Caisse des dépôts et consignations, pour être remise à qui il sera ordonné par le tribunal qui statuera sur le fond (Crim. cass. 15 mars 1862, aff. Barge et cons., D. P. 63. 5. 325; 12 févr. 1876, aff. Pagès, D. P. 76. 1. 414); — 2° Qu'en statuant au fond, après l'expiration du délai fixé, le tribunal doit, à peine de nullité, ordonner que l'amende par lui prononcée soit versée à la Caisse des dépôts et consignations, et qu'il soit sursis à l'exécution des travaux de démolition que la répression peut comprendre (Crim. cass. 5 févr. 1887, aff. Aubertin, D. P. 87. 1. 366). — Mais lorsque le juge de répression décide que les conditions dans lesquelles le prévenu a introduit devant le juge civil une action en revendication du droit de propriété ou d'usage, dont il excipe pour sa défense, ne sont pas de nature à faire accueillir la demande de sursis, il n'a pas à ordonner le versement à la Caisse des consignations, jusqu'à la solution de ce procès, du montant des condamnations qu'il prononce au profit de la partie poursuivante (Crim. rej. 19 août 1864, aff. Verdier, D. P. 67. 5. 352).

100. La doctrine adoptée au *Rép.*, n° 195, d'après laquelle les dispositions des art. 182 c. for. et 59 de la loi sur la pêche fluviale ordonnant le sursis de l'exécution des jugements ne sont applicables qu'aux jugements des délits forestiers ou de pêche, est professée par M. Le Sellyer. « Cette disposition, dit cet auteur, p. 477, n° 724, étant exceptionnelle au droit commun, ne saurait s'appliquer à d'autres matières qu'à celles pour lesquelles elle a été formellement établie par la loi, c'est-à-dire le cas de délits forestiers ou de pêche fluviale ». La jurisprudence s'est prononcée en sens contraire, notamment en matière de contraventions de voirie (Crim. cass. 4 févr. 1860, aff. Lenferna, D. P. 60. 5. 313, cité *supra*, n° 97; et Crim. cass. 6 août 1868, aff. Deléeray, D. P. 69. 1. 165, cité *supra*, n° 87), et décide que les tribunaux criminels peuvent, dans les matières autres que les matières forestières ou de pêche fluviale, suspendre l'exécution de la condamnation par eux prononcée, en ordonnant la consignation du montant de l'amende, des restitutions et des dommages-intérêts. — Reste la question de savoir si l'on appliquera des dispositions des art. 182 c. for. et 59 de la loi sur la pêche fluviale suivant laquelle la remise des amendes, restitutions et dommages-intérêts consignés doit être ordonnée en faveur de qui il appartiendra par le tribunal qui statuera sur le fond du droit, c'est-à-dire par le tribunal qui décidera la question préjudicielle. L'affirmative nous paraît devoir être admise. Il s'agit, en effet, de condamnations n'ayant trait qu'à un inté-

rêt purement civil. Aucun doute pour les restitutions et dommages-intérêts. Quant aux amendes, elles ne sont pénales que par rapport au payement qui en est fait par le condamné; une fois le payement effectué, la remise qui en est ordonnée postérieurement, d'après l'art. 182, soit au Trésor, soit au condamné, si la question préjudicielle est jugée en sa faveur, n'est plus que d'un intérêt purement civil. Le tribunal civil peut donc statuer sur ce qui la concerne (Le Sellyer, t. 2, p. 478 et suiv., n° 726).

101. Les prévenus qui, en police correctionnelle, excipent de leur droit de propriété et obtiennent leur renvoi à fins civiles pour faire consacrer ce droit, deviennent demandeurs dans leur exception et sont tenus de faire la preuve de leur prétention (c'est l'application de l'ancienne maxime : *reus excipiendo fit actor*). Il a été jugé, en ce sens : 1° que la partie qui, citée en police correctionnelle comme ayant coupé des arbres sur le terrain d'autrui, obtient préjudiciellement son renvoi devant le juge civil, pour faire décider la question de propriété, devient demanderesse en cette nouvelle instance : c'est donc à elle qu'incombe le fardeau de la preuve (Req. 21 mai 1884, aff. Bourqueney, D. P. 84. 1. 446); — 2° Que celui qui, cité par son voisin en police correctionnelle sous la prévention de destruction d'une haie formant la limite de leurs héritages, excipe qu'il est propriétaire de la haie et du sol qui la porte, et est alors renvoyé à fins civiles pour faire statuer sur cette question préjudicielle, se trouve, devant le tribunal civil, dans la position d'un véritable demandeur; qu'en conséquence, il doit, à peine d'être déclaré mal fondé dans sa demande, faire la preuve de la propriété qu'il invoque, au moyen, soit de son titre, soit de la prescription (Req. 10 juill. 1889, aff. Brault, D. P. 90. 1. 416. Comp. *supra*, v° *Preuve*, n°s 26 et suiv.; *Rép.* eod. v°, n°s 20 et suiv.).

102. En cas de renvoi devant une juridiction devant une autre pour y faire trancher une question préjudicielle, le débat est restreint devant le tribunal de renvoi aux points réservés et sur lesquels il a été sursis à statuer. L'action criminelle ne doit, en effet, demeurer suspendue que le temps nécessaire au jugement de l'exception qui a motivé le sursis. Mais il est évident que le juge de renvoi doit statuer sur tous les incidents qui se rattachent directement à la question principale. Ainsi il a été jugé que le tribunal civil auquel le juge de police a renvoyé l'examen d'une question préjudicielle de propriété peut connaître des difficultés relatives à l'existence d'un droit de servitude sur les terrains litigieux, cette question de servitude étant implicitement comprise dans la question de propriété : que, spécialement, lorsqu'un individu, poursuivi devant le tribunal de police pour avoir entravé la circulation par des travaux faits sur la voie publique, a soulevé une question préjudicielle de propriété à raison de laquelle il a été renvoyé à se pourvoir devant le tribunal civil, ce tribunal a le droit de statuer sur la demande formée par la commune qui, tendant à faire reconnaître l'existence d'un droit de servitude sur le terrain de l'inculpé, constitue une défense à l'action principale dirigée contre elle (Req. 15 janv. 1879, aff. Lambert, D. P. 79. 1. 104).

103. Le tribunal civil devant lequel un prévenu a été renvoyé par le juge de répression pour faire statuer sur une question préjudicielle ne peut condamner, dans le cas où l'exception est justifiée, l'auteur des poursuites à des dommages-intérêts comme ayant pris méchamment la voie correctionnelle et porté atteinte à la considération du prévenu (*Rép.*, n° 196). Le juge civil empiète, en effet, sur les attributions des juges correctionnels, lorsqu'il prend pour base d'une condamnation à des dommages-intérêts l'exercice d'une action encore pendante devant ces derniers juges, et les atteintes que la considération du prévenu a pu en souffrir. Il est manifeste que c'est à la juridiction saisie d'un procès qu'il appartient exclusivement d'apprécier le caractère et les conséquences préjudiciables de ce procès (V. *Rép.*, v° *Responsabilité*, n°s 777 et suiv.).

CHAP. 4. — **Des questions de droit administratif devant la juridiction ordinaire et des questions de droit civil devant les tribunaux administratifs et les tribunaux d'exception** (*Rép.* n°s 197 à 219).

104. Le principe constitutionnel de la séparation des

pouvoirs judiciaire et administratif oblige, en principe, les tribunaux à renvoyer devant l'autorité administrative l'interprétation des actes émanés de l'Administration (*Rép.*, n° 197). Ainsi qu'on l'a indiqué *suprà*, v° *Compétence administrative*, n°s 297 et suiv., la jurisprudence est constante en ce sens que le tribunal saisi n'est pas tenu de surseoir à statuer, lorsque l'acte administratif produit devant lui est clair et formel et qu'il y a lieu, non de l'interpréter, mais de l'appliquer (V. *suprà*, v° *Compétence administrative*, n° 313). Mais, s'il existe en fait une difficulté d'interprétation, le tribunal ne peut échapper à la nécessité de renvoyer à l'autorité administrative la question préjudicielle dont la connaissance appartient à celle-ci, en déclarant qu'à ses yeux le sens de l'acte ne présente pas d'ambiguïté (V. *suprà*, eod. v°, n°s 315. *Adde* : Trib. confl. 25 juin 1887, aff. Malboy et Teyssier, D. P. 88. 3. 100).

105. Les tribunaux sont également tenus de surseoir toutes les fois que la décision de l'action principale dont ils sont saisis dépend d'une question dont la solution appartient au pouvoir administratif. Cette règle, d'une application journalière, et à laquelle sont assujettis les tribunaux civils comme ceux de répression, fait naître une foule de questions préjudicielles et entraîne de nombreuses conséquences qui sont développées *suprà*, v° *Compétence administrative*, n°s 264 et suiv.; *Rép.* eod. v°, n°s 171 et suiv.

106. La règle qui vient d'être formulée est applicable, on l'a exposé au *Rép.*, n°s 199 et suiv., à toutes les juridictions civiles et criminelles, et aux tribunaux de commerce (V. *suprà*, v° *Compétence criminelle*, n°s 214 et suiv., *Rép.* eod. v°, n°s 333 et suiv., et *suprà*, v° *Compétence commerciale*, n°s 102 et suiv., *Rép.* eod. v°, n°s 347 et suiv.).

107. Le pouvoir des tribunaux civils ne peut aller jusqu'à ordonner qu'il sera sursis à l'exécution d'un arrêté émané de l'autorité administrative alors même que l'on opposerait que cet acte n'a pas été rendu dans les formes voulues par la loi ; ou qu'il a été pris en dehors des attributions de l'autorité qui l'a rendu ; ou qu'il est attaqué devant l'autorité supérieure ; ou sous prétexte, soit de l'obscurité de l'arrêté, soit de difficultés d'exécution. C'est devant l'autorité administrative seule que l'on peut demander qu'il soit sursis à l'arrêté. Si l'arrêté est illégal, le juge doit en refuser l'application, mais non surseoir ni se déclarer incompétent (*Rép* n° 211; *suprà*, v° *Commune*, n°s 474 et suiv., *Rép.* eod. v°, n° 719, et *suprà*, v° *Compétence administrative*, n° 281, *Rép.* eod. v°, n° 190).

108. Réciproquement et par suite des mêmes principes, la juridiction administrative n'est pas moins incompétente pour connaître, même incidemment, des questions réservées à l'autorité judiciaire et spécialement des questions de propriété. Lorsqu'une question de cette nature s'élève devant elle, elle doit surseoir à statuer et imposer à la partie qui l'a soulevée un délai pour la faire résoudre par l'autorité compétente (*Rép.* n° 212; V. *suprà*, v° *Compétence administrative*, n°s 209 et suiv., 320; *Rép.* eod. v°, n°s 138 et suiv.).

Il a été jugé, à cet égard, qu'il ne suffit point qu'un individu actionné devant le conseil de préfecture par une commune, en délaissement de terrains revendiqués par celle-ci comme biens communaux usurpés, n'ait pas, dans le délai à lui accordé par ce conseil, fait juger par les tribunaux civils une exception de propriété opposée par lui à la demande de la commune, pour que la qualité communale des terrains litigieux doive être considérée comme établie ; la commune n'en reste pas moins obligée de prouver cette qualité communale ; et, en pareil cas, le conseil de préfecture est compétent pour décider si les terrains revendiqués ont, en effet, une origine communale (Cons. d'Et. 10 janv. 1856, aff. Anglade, D. P. 56. 3. 53).

109. En règle générale, la juridiction saisie d'un litige et devant laquelle une partie soulève une question préjudicielle qui serait de la compétence d'une autre juridiction, n'est pas tenue de surseoir à statuer lorsqu'il est, dès à présent, constant que la solution de cette question préjudicielle ne peut, quelque sens qu'elle intervienne, exercer aucune influence sur le jugement du litige. C'est par application de cette règle que les tribunaux de répression ne doivent surseoir à statuer que dans le cas où, en admettant comme prouvées les allégations dont le prévenu demande que la vérification soit renvoyée devant l'autorité compétente, le fait incriminé perdrait tout caractère délictueux. Conformément au même principe, il a été jugé que le conseil de préfecture auquel il appartient de connaître de l'action en indemnité intentée contre une compagnie de chemins de fer par un particulier dont les animaux ont pénétré à travers une palissade sur la voie ferrée et ont été tués par un train alors que le réclamant fonde sa demande sur le défaut de résistance de cet ouvrage, reste compétent dans le cas même où le réclamant invoque, à l'appui de ses prétentions, un contrat de droit civil par lequel la compagnie, en acquérant un terrain, aurait pris l'engagement d'établir une clôture dans des conditions déterminées, s'il est constant, en fait, que la convention, s'appliquant à un terrain autre que celui où l'accident s'est produit, est sans intérêt dans l'espèce (Trib. confl. 22 avr. 1882, aff. Boulery, D. P. 83. 3. 60).

110. La jurisprudence administrative applique constamment le principe énoncé *suprà*, n° 102, d'après lequel les parties sont renvoyées doit borner son examen à la question préjudicielle qui fait l'objet du renvoi. Jugé notamment : 1° que, dans le cas où un tribunal saisi d'un litige dont la connaissance appartient à l'autorité administrative, au lieu de se déclarer incompétent, a renvoyé les parties à se pourvoir devant cette autorité pour faire statuer, par voie d'interprétation, sur une des questions soulevées par le litige, l'autorité administrative doit donner l'interprétation demandée, sans se prononcer sur la question de savoir si le fond du litige ne lui appartient pas (Cons. d'Et. 8 janv. 1886, aff. Pinturier, D. P. 87. 3. 69) ; — 2° Que l'autorité administrative saisie, par suite d'un renvoi ordonné par l'autorité judiciaire, de la question de savoir si un acte administratif ayant servi de base à un contrat est entaché d'une irrégularité déterminée, ne peut, sans excès de pouvoir, déclarer cet acte est entaché d'une irrégularité autre que celle qui a fait l'objet du renvoi (Cons. d'Et. 18 mai 1888, aff Compagnie des Salins du Midi, D. P. 89. 3. 82) ; — 3° Que la commission départementale saisie, à la suite du renvoi ordonné par le conseil de préfecture, d'une demande d'interprétation d'un arrêté de classement, ne peut donner l'interprétation d'un autre arrêté de classement, auquel ne s'applique pas le renvoi (Cons. d'Et. 12 avr. 1889, aff. Tardif, D. P. 90. 3. 84).

111. Il est de jurisprudence constante, devant les tribunaux de l'ordre judiciaire (V. *suprà*, n°s 80, 93 et suiv. ; *Rép.*, n°s 168 et 194 et suiv.) : 1° que, dans le cas où un prévenu oppose une exception préjudicielle, le juge de répression doit, à peine de nullité, fixer le délai dans lequel il devra justifier des diligences faites pour faire juger, par l'autorité compétente, cette question préjudicielle ; 2° que, si le prévenu ne justifie pas de ses diligences dans le délai fixé, il est présumé avoir renoncé à l'exception qu'il avait produite. Le conseil d'Etat a eu plus rarement à statuer sur des difficultés de ce genre ; mais il s'est toujours prononcé dans le sens des solutions indiquées ci-dessus. Il a jugé : 1° qu'un conseil de préfecture, qui avait imparti un délai à une partie pour saisir l'autorité judiciaire de ses titres de propriété, avait pu, à l'expiration de ce délai, rejeter les conclusions de cette partie (Cons. d'Et. 20 mars 1852, aff. Marthiens, D. P. 53. 3. 2 ; — 2° Que le conseil de préfecture qui a sursis à statuer sur la demande d'une commune en délaissement de terrains prétendus communaux jusqu'après l'expiration d'un délai imparti à cette dernière pour que celui-ci fasse juger par les tribunaux civils une exception de propriété qu'il a opposée à cette demande, n'excède pas ses pouvoirs en statuant au fond après le délai fixé, si le défendeur n'a pas rempli la condition à lui imposée (Cons. d'Et. 10 janv. 1856, aff. Anglade, D. P. 56. 3. 53) ; — 3° Que la compagnie de chemins de fer à laquelle le conseil de préfecture, saisi d'une demande en indemnité, a imparti un délai pour faire décider par l'autorité judiciaire si, ainsi qu'elle le prétend, le dommage à raison duquel est formée cette demande a été compris dans l'indemnité allouée par le jury d'expropriation, doit justifier de ses diligences pendant le délai fixé, faute de quoi le conseil de préfecture peut statuer au fond, sans s'arrêter à l'exception qui avait été soulevée devant lui (Cons. d'Et. 13 mai 1881, aff. Reynaud, D. P. 82. 3. 108).

Ce délai court contre la partie en faveur de laquelle l'exception avait été admise, nonobstant le pourvoi formé par elle devant le conseil d'État, à l'effet de faire décider que les termes de la décision du jury d'expropriation étaient assez clairs pour faire rejeter immédiatement la demande d'indemnité, sans renvoi préalable devant l'autorité judiciaire (Même arrêt). — Cette dernière solution est la conséquence nécessaire du principe que le pourvoi au conseil d'État n'est pas suspensif. Si, d'ailleurs, ce conseil, saisi d'un pourvoi contre un arrêté du conseil de préfecture ordonnant un renvoi devant l'autorité judiciaire, estime que ce pourvoi a des chances sérieuses de succès, il lui est facile de prévenir une procédure frustratoire en ordonnant qu'il sera sursis à l'exécution de l'arrêté attaqué (Décr. 22 juill. 1806, art. 3).

112. Les tribunaux de commerce sont incompétents *ratione materiæ* pour statuer sur les questions de droit civil (V. *suprà*, vº *Compétence commerciale*, nᵒˢ 5 et suiv.). Par suite, lorsqu'une pareille question s'élève incidemment dans une instance dont ils sont régulièrement saisis, ils doivent surseoir à statuer jusqu'à ce que la contestation ait été résolue par l'autorité compétente (*Rép.*, nº 214 ; V. *suprà*, vº *Compétence commerciale*, nᵒˢ 104).

113. Les juges de paix sont également tenus de surseoir lorsqu'il s'élève devant eux une question d'état, de propriété immobilière, en général, une question quelconque excédant les bornes de leur compétence ordinaire (*Rép.* nº 218. V. *suprà*, vº *Compétence civile des juges de paix*, nᵒˢ 8 et suiv.; *Rép. eod.* vº, nᵒˢ 13 et suiv.).

114. Les mêmes règles sont encore applicables à la juridiction arbitrale (*Rép.* nº 219 ; V. *suprà*, vº *Arbitrage*, nᵒˢ 31 et suiv., 40 ; *Rép. eod.* vº, nᵒˢ 301 et suiv., 367 et suiv.).

CHAP. 5. — Des questions préjudicielles dans quelques matières spéciales (*Rép.* nᵒˢ 220 à 232).

115. — 1º *Contributions indirectes* (*Rép.* nº 221). V. aussi *Rép.* vº *Impôts indirects*, nᵒˢ 459-468 ; *suprà*, vº *Compétence civile des tribunaux d'arrondissement et des cours d'appel*, nº 6, et *Rép. eod.* vº, nº 18.

116. — 2º *Octrois* (*Rép.* nº 222). V. *suprà* vº *Octrois*, nᵒˢ 254 et suiv.; et *Rép. eod.* vº, nᵒˢ 345 et suiv.

117. — 3º *Droits de péage* (*Rép.* nᵒˢ 223). V. *suprà*, vº *Commune*, nᵒˢ 376 et suiv., nᵒˢ 507 et suiv.; 759.

118. — 4º *Dénonciation calomnieuse* (*Rép.*, nº 224). V. *suprà*, vº *Dénonciation calomnieuse*, nᵒˢ 23 et suiv., et *Rép. eod.* vº, nᵒˢ 68 et suiv.

119. — 5º *Diffamation* (*Rép.* nº 225). V. *suprà*, vº *Presse-outrage*, et *Rép. eod.* vº, nᵒˢ 1337 et suiv.

120. — 6º *Recel de déserteurs* (*Rép.* nº 227). V. *suprà*, vº *Organisation militaire*, nᵒˢ 475 et suiv.; 492 et suiv. et *Rép. eod.* vº nᵒˢ 754 et suiv.; 892 et suiv.

121. — 7º *Contrefaçon* (*Rép.* nº 228). V. *suprà*, vº *Brevet d'invention*, nᵒˢ 309 et suiv., et *Rép. eod.* vº, nᵒˢ 332 et suiv.

122. — 8º *Garde nationale* (*Rép.* nº 229). V. *Rép.* vº *Garde nationale*, nᵒˢ 501 et suiv.

123. — 9º *Manufactures et ateliers dangereux ou insalubres* (*Rép.*, nᵒˢ 230 et 231). On a indiqué *suprà*, vº *Manufactures et ateliers dangereux*, *etc.*, nᵒˢ 89 et suiv., devant quelles juridictions doivent être portées les contraventions qui s'élèvent en cette matière. L'autorité judiciaire et l'autorité administrative ont chacune leurs attributions distinctes. Lorsqu'il est certain que l'établissement poursuivi est de ceux que les tableaux annexés désignent comme insalubres ou incommodes, lorsqu'il y a seulement contestation sur le point de savoir si cet établissement a été ou non autorisé, si les conditions fixées par la permission ont été observées, si un changement a été opéré dans la nature ou l'emplacement des ateliers, ces questions ne peuvent être résolues que par l'Administration et les tribunaux doivent surseoir jusqu'à sa décision. Les contestations de ce genre, en effet, dépendent toujours de l'interprétation d'un acte administratif, interprétation interdite aux tribunaux par la règle de la séparation des pouvoirs (V. *suprà*, vº *Manufactures, fabriques et ateliers dangereux, etc.*, nᵒˢ 89 et suiv.). Il a été jugé qu'aux termes du décret du 15 oct. 1810, sur les établissements insalubres, rendu

applicable à la partie annexée du département des Alpes-Maritimes par le décret du 17 nov. 1860, l'autorité administrative a seule le droit de statuer sur l'établissement, la conservation ou la suppression des manufactures insalubres ou incommodes ; que par suite, lorsqu'un industriel, établi dans le département annexé et poursuivi devant le tribunal de police pour avoir exploité un abattoir sans y être autorisé, soutient qu'il a une autorisation expresse ou tacite, le tribunal ne peut décider cette question préjudicielle et doit, non pas se déclarer incompétent pour statuer sur la poursuite, mais seulement surseoir à statuer jusqu'à ce que la question préjudicielle ait été résolue par l'autorité compétente ; qu'il en est ainsi, notamment, lorsque le propriétaire d'un abattoir prétend qu'un dépôt d'os est une annexe nécessaire de l'abattoir qui existait antérieurement au décret du 17 nov. 1860, et a été autorisé tacitement par l'art. 2 de ce décret (Crim. cass. 20 nov. 1880, aff. Cazal, D. P. 81. 1. 141-142).

124. L'art. 11 du décret de 1810 porte que ce décret n'a pas d'effet rétroactif, et que les établissements qui existaient avant sa promulgation n'ont pas besoin d'être autorisés. L'art. 13 du même décret porte que, si l'établissement autorisé a cessé de fonctionner pendant six mois, il ne peut être remis en activité qu'après une nouvelle autorisation. Lorsqu'il s'agit de savoir si un établissement est antérieur au décret ou s'il a perdu, par une inaction de six mois, le bénéfice d'une première permission, l'autorité judiciaire est-elle compétente pour juger le litige ou doit-elle surseoir jusqu'à la décision administrative ? Ainsi qu'on l'a vu *suprà*, vº *Manufactures, fabriques et ateliers dangereux, etc.*, nᵒˢ 78 et suiv., c'est cette dernière solution qui a été consacrée par la jurisprudence (*Adde :* Crim. cass. 17 juin 1880, aff. Lecorgne et Macé, D. P. 82. 1. 44. V. dans le même sens : Berriat-Saint-Prix, *Des tribunaux de police*, nº 352; Faustin Hélie, *Instruction criminelle*, 2ᵉ édit., t. 6, nº 2698; Bourguignat, *Des établissements industriels*, t. 1, nº 28 ; Trébutien, *Cours de droit criminel*, t. 2, p. 89; Serrigny, *De la compétence administrative*, 2ᵉ édit., t. 3, p. 72 ; Ducrocq, *op. cit.*, t. 1, p. 309, nº 363 ; Dufour, *Droit administratif*, 3ᵉ édit., t. 3, p. 20). — *Contrà :* Morin, *Répertoire de droit criminel*, vº *Ateliers*; Avisse, *Des établissements industriels*, t. 1, p. 266; Hoffman, *op. cit.*, t. 3, nº 607.)

125. Lorsque le prévenu soutient que son établissement n'était pas soumis à l'obligation d'une autorisation, parce qu'il n'est pas classé et ne rentre pas, dès lors, dans les catégories de ceux pour lesquels l'autorisation est exigée, les tribunaux sont-ils compétents ? Ainsi qu'on l'a vu *suprà*, vº *Manufactures, fabriques et ateliers dangereux, etc.*, nº 98, cette question a été résolue affirmativement par la jurisprudence. — V. en sens contraire : Dufour, *op. cit.*, t. 3, nᵒˢ 9 et 10 ; Morin, *op. cit.*, vº *Ateliers*.

126. — 10º *Mise en jugement des fonctionnaires publics* (*Rép.* nº 232). — Le décret du 19 sept. 1870, ayant abrogé les dispositions d'après lesquelles les fonctionnaires publics ne pouvaient être poursuivis sans une autorisation préalable de l'Administration, il ne peut plus être question du sursis que les tribunaux devaient ordonner jusqu'à ce que cette autorisation eût été obtenue (V. *suprà*, vº *Mise en jugement des fonctionnaires publics*, nᵒˢ 1 et 7).

127. — 11º *Voirie par terre*. — Ainsi qu'on l'a vu *suprà*, nº 52, l'exception de propriété soulevée par les prévenus, en matière de contraventions commises sur les routes nationales et départementales et sur les chemins vicinaux, n'autorise pas le juge à surseoir à statuer jusqu'à ce que l'autorité compétente ait apprécié cette exception, car elle ne saurait empêcher l'application des peines encourues (V. aussi *Rép.* vº *Voirie par terre*, nᵒˢ 247, 325, 1176 et 1180). Il en est de même aujourd'hui en ce qui concerne les chemins ruraux reconnus (V. *suprà*, nº 53).

128. Il a été jugé que lorsque, sur les poursuites dirigées par le ministère public contre le riverain d'un chemin public pour avoir intercepté ce chemin, le maire de la commune intervient comme partie civile en réclamant des dommages-intérêts, avant que la commune ait été autorisée à plaider, le prévenu qui excipe d'un droit de propriété sur le chemin litigieux n'est pas dispensé, par l'intervention de la com-

mune, de l'obligation de fournir ou d'offrir la preuve du droit par lui prétendu, et que pour le mettre en demeure de faire cette preuve dans un délai déterminé, le juge de police n'est pas tenu d'attendre que la situation de la commune ait été régularisée (Crim. rej. 22 juill. 1882, aff. Fourcroy, D. P. 83. 1. 182). La cour de cassation a pensé que l'intervention de la commune ne modifiait pas la situation du prévenu au regard de l'action du ministère public, resté partie principale au procès, et que, vis-à-vis de lui, il n'avait pas cessé d'être contraint de justifier du droit dont il excipe. Il nous aurait paru plus juridique de dire que le juge de police aurait dû laisser toutes choses en l'état jusqu'à ce qu'il eût été statué sur la demande d'autorisation de la commune. En présence d'une partie qui avait besoin d'être autorisée à plaider et qui ne l'était pas, et dont la recevabilité était en suspens, le tribunal ne devait statuer ni pour ni contre elle, et il semble que la décision du juge de police, en mettant *ab initio* à la charge du prévenu, contrairement aux conclusions par lui prises, une preuve qui devait peser sur la commune devenue demanderesse par son intervention, tranche une situation qu'il convenait de réserver.

129. Si le prévenu soulève une question préjudicielle qui soit de nature à faire disparaître la contravention, le devoir du juge saisi est de surseoir à statuer jusqu'à ce que cette question ait été résolue par l'autorité compétente (*Rép.*, v° *Voirie par terre*, n° 325).

130. Le débat sur le caractère d'un chemin, sa direction sa largeur ou ses limites, est préjudiciel en ce qu'il soulève des questions de la compétence de l'autorité administrative (*Rép.* v° *Voirie par terre*, n° 55, et *infrà*, eod. v°).

131. Les règles de compétence et les questions préjudicielles, en matière d'alignement, sont étudiées au *Rép.* v° *Voirie par terre*, n°s 2330 et suiv. Il est de principe, comme on l'a dit *ibid.*, n° 2348, que le juge de police ne peut prononcer sur le maintien ou la démolition des constructions élevées le long d'une rue sans demande préalable d'alignement, qu'après la représentation d'un alignement indiquant la ligne sur laquelle le prévenu pouvait construire. Il a été jugé : 1° que, bien que le maire ne puisse, en l'absence d'un plan général dûment approuvé, délivrer des alignements partiels que sur l'ancienne limite de chaque voie publique, il n'y en a pas moins obligation pour le juge de police, lorsqu'il est saisi d'une poursuite pour construction sans autorisation en usurpation sur la largeur d'une rue, de surseoir à statuer sur la question de démolition, jusqu'à ce que le maire ait indiqué, par un alignement, la ligne séparative de la rue le long de la propriété du prévenu (Crim. cass. 11 déc. 1869, aff. Abidon, D. P. 70. 1. 375); — 2° Que le juge de police, devant lequel un propriétaire est convaincu d'avoir construit le long d'une voie publique sans autorisation et sans alignement, refuse avec raison de prononcer l'amende avant la production d'un alignement régulier, la décision sur le rétablissement des lieux devant être rendue dans le jugement même qui fait application de la peine (Crim. cass. 29 janv. 1870, aff. Corbeau, D. P. 71. 1. 30).

132. Le droit de déclarer la vicinalité d'un chemin n'appartient qu'à l'autorité administrative (*Rép.* v° *Voirie par terre*, n°s 347 et suiv.). Il a été jugé que, lorsque, devant le tribunal de police, l'individu prévenu d'avoir construit le long d'un chemin vicinal sans avoir préalablement demandé et obtenu l'autorisation exigée par un arrêté du préfet, nie la vicinalité du chemin, le tribunal doit surseoir à statuer jusqu'à ce que cette question préjudicielle ait été résolue par l'autorité administrative (Crim. cass. 15 mai 1856, aff. Audebert et Durand, D. P. 56. 1. 371). Mais la jurisprudence décide que l'autorité judiciaire est compétente pour reconnaître la publicité ou la non-publicité d'un chemin, et qu'il n'est pas nécessaire de renvoyer la question devant l'autorité administrative (*Rép.*, v° *Voirie par terre*, n°s 1437 et suiv.).

133. Il n'y a question préjudicielle qu'à la condition qu'il y ait une contestation à résoudre, et non lorsqu'il s'agit de l'exécution d'une décision de l'autorité compétente qui déjà a apprécié la prétention soulevée. Ainsi, il a été jugé que, dans une

poursuite exercée à raison de constructions élevées sans autorisation le long d'un chemin public, la demande du ministère public tendant à l'obtention d'un sursis pour faire préalablement déterminer par le préfet le caractère du chemin, est avec raison rejetée par le tribunal de police lorsqu'il lui est justifié dès à présent, du classement de ce chemin comme chemin rural dans un tableau dressé par le maire et le conseil municipal, et approuvé par arrêté du préfet (Crim. rej. 19 juill. 1862, aff. Laux, D. P. 62. 1. 441).

134. La vérification de la conformité des travaux avec les indications de l'autorisation de construire, ou de l'alignement partiel, donne également naissance en cette matière à des questions préjudicielles de la compétence de l'autorité administrative. De même, le juge de police saisi de la contravention résultant de l'exécution des travaux de réparations faits à un bâtiment sujet à reculement est incompétent pour décider si ces travaux sont ou non confortatifs; cette question, dans les poursuites pour défaut d'autorisation des travaux ou pour inobservation de l'autorisation obtenue, doit être résolue préjudiciellement par l'autorité administrative (*Rép.* v° *Voirie par terre*, n°s 2353 et suiv.; Crim. cass. 3 janv. 1879, aff. Dubois, D. P. 79. 5. 15). Il a été jugé : 1° que lorsque le procès-verbal du commissaire de police ne constate pas son transport sur les lieux et contient seulement une référence au rapport de l'architecte de la ville, le juge peut accorder à l'inculpé un sursis pour soumettre à l'autorité administrative la question de savoir si les travaux sont ou non confortatifs et conformes à l'autorisation du maire, et la question de savoir si la maison, située en retraite, joint la voie publique (Crim. cass. 29 nov. 1872 aff. Muneret-Bavilley, D. P. 73.5.387); — 2° Que le juge de police qui, saisi d'une poursuite pour exécution de travaux confortatifs à une maison sujette à reculement, relaxe l'inculpé par le motif qu'en faisant les travaux poursuivis, il a, loin de consolider sa maison, plutôt diminué sa solidité, empiète sur les attributions de l'autorité administrative, qui seule a compétence pour apprécier le caractère plus ou moins confortatif des travaux (Crim. cass. 7 déc. 1872, aff. Hervu, D. P. 72. 5. 377). — Décidé, toutefois, que lorsqu'un propriétaire, poursuivi pour avoir excédé l'autorisation à lui donnée de faire certaines réparations joignant la voie publique, prétend être resté dans les limites qui lui étaient assignées, si la contravention est constatée par un procès-verbal régulier, le juge de police ne peut pas surseoir au jugement sous prétexte qu'il y a lieu de faire interpréter un acte administratif (Crim. cass. 13 déc. 1872, aff. Bourgeois, D. P. 73. 5. 387). Cette décision, qui ne paraît pas absolument conforme à la jurisprudence antérieure, s'appuie sur ce motif que, dans l'espèce, le prévenu était inculpé de ne s'être pas conformé, pour certains travaux par lui exécutés dans une maison joignant la voie publique, et sujette à reculement, aux autorisations qui lui avaient été accordées par le maire : il ne s'agissait pas d'interpréter, mais seulement d'appliquer un acte administratif (l'autorisation municipale).

135. Sur la question de savoir si le juge de police doit ordonner les démolitions des travaux faits sans autorisation, sans avoir égard à l'exception proposée, ou, au contraire, surseoir à statuer jusqu'à la décision de l'autorité administrative, V. *Rép.*, v° *Voirie par terre*, n°s 2356 et suiv.

136. — 12° *Voirie par eau.* — Les questions préjudicielles qui peuvent s'élever en cette matière ont été étudiées au *Rép.*, v° *Voirie par eau*, n°s 372 et suiv. (V. aussi *infrà*, eod. v°).

CHAP. 6. — Des sursis (*Rép.* n°s 233 à 256).

137. Il suffit de se référer, sur ce point, à ce qui a été dit au *Rép.*, n°s 233 et suiv. — V. toutefois, en outre : *Rép.*, v^{is} *Absence,* n°s 201 à 483, et *Mariage*, n°s 861 et suiv., *supra*, v^{is} *Compte,* n° 36, et *Rép.* eod. v° n° 147; *Conseil d'État*, n°s 303 et suiv., et *Rép.* eod. v°, n°s 265 et suiv.; *Faillites et banqueroutes*, n°s 891, 971 et suiv., et *Rép.* eod. v°, n°s 635 et 892; *Grâce et commutation de peine*, n°s 11 et suiv., et *Rép.* eod. v°, n° 13 et suiv.; *Jugement,* n° 401, et *Rép.* eod. v°, n° 413 et suiv.

Table sommaire

des matières contenues dans le Supplément et le Répertoire.

Les chiffres précédés de la lettre S renvoient au Supplément; les chiffres précédés de la lettre R renvoient au Répertoire

---

Table chronologique des Lois, Arrêts, etc.

QUÊTE. — *V. supra*, v^{is} Culte, n° 510; *Hospices-hôpitaux*, n° 127; — et *infra*, v^{is} Secours publics, et Rép. eod.
v°, n° 329 et suiv., 386; *Vagabondage-mendicité*, et Rép.
eod. v°, n° 107 et suiv.

QUITTANCE. — *V. supra*, v^{ie} Assurances terrestres,
n°s 142 et 380; *Demandes nouvelles*, n° 96; *Douanes*, n° 78;

n° 181 ; — et *infrà*, v^{is} *Rentes constituées*, et *Rép.* eod. v°, n°s 81 et suiv., 110 ; *Saisie-arrêt*, et *Rép.* eod. v°, n° 336 ; *Timbre*, et *Rép.* eod. v°, n°s 6 et suiv., 25, 37, 40, 63 et suiv. ; *Traitement*, et *Rép.* eod. v°, n° 124 ; *Trésor public*, et *Rép.* eod. v°, n° 841 ; *Vente*, et *Rép.* eod. v°, n°s 1790 et suiv. ; *Vente administrative*, et *Rép.* eod. v°, n° 89 ; *Vente publique de meubles*, et *Rép.* eod. v°, n°s 5 et 93 ; *Vol et escroquerie*, et *Rép.* eod. v°, n°s 64, 604, 663, 750, 753, 767, 797, 848 et suiv. ; *Warrants et chèques*, et *Rép.* eod. v°, n°s 75 et suiv.

QUOTITÉ DISPONIBLE. — V. *suprà*, v^{is} *Assurances terrestres*, n° 458 ; *Dispositions entre vifs et testamentaires*, n°s 175 et suiv. ; *Enregistrement*, n° 2234 ; *Lois*, n°s 196 et suiv. ; — et *infrà*, v^{is} *Rente viagère*, n°s 22 et 39 ; *Substitution ; Succession*.

RABBIN. — V. *suprà*, v° *Culte*, n°s 801 et suiv.

RADIATION DES HYPOTHÈQUES. — V. *suprà*, v^{is} *Privilèges et hypothèques*, n°s 1601 et suiv. ; — et *infrà*, v° *Transcription hypothécaire*.

RAFFINERIE-RAFFINEUR. — V. *suprà*, v^{is} *Acte de commerce*, n° 156 ; *Force majeure, cas fortuit*, n° 18 ; *Patente*, n° 518 ; — et *infrà*, v^{is} *Sucre*, et *Rép.* eod. v°, n°s 11, 18, et 30.

RAISON SOCIALE. — V. *infrà*, v° *Société*, et *Rép.* eod. v°, n°s 41, 27, 185 et suiv., 778, 803 et suiv., 896, 1118 et suiv., 1441.

RAPPORT. — V. *suprà*, v^{is} *Assurances terrestres*, n°s 455 et suiv. ; *Contrat de mariage*, n°s 459 et suiv. ; 814 et suiv. ; *Enregistrement*, n°s 258, 547, 609 et suiv., 1256, 1259, 1317 et suiv., 1364, 2071 et suiv., 2086, 2134, 2146 et suiv., 2481 et suiv., 2907 et suiv., 2377 ; *Faillites et banqueroutes, liquidations judiciaires*, n°s 324, 406, 552 et suiv., 582, 666, 721 et suiv., 745 et suiv., 821 et 904 ; *Lois*, n°s 194 et 393 ; *Office*, n° 73 ; — et *infrà*, v^{is} *Responsabilité*, et *Rép.* eod. v°, n°s 44 et 582 ; *Rétention*, et *Rép.* eod. v°, n°s 5, 21 et 37 ; *Société*, et *Rép.* eod. v°, n°s 389, 627, 1342 et suiv., 1385 et suiv. ; *Succession*, et *Rép.* eod. v°, n°s 1011 et suiv. ; *Tierce opposition*, et *Rép.* eod. v°, n° 141 ; *Transcription hypothécaire*, et *Rép.* eod. v°, n°s 130 et 228.

RAPT. — V. *suprà*, v^{is} *Compétence criminelle*, n° 31 ; *Complice-complicité*, n°s 87 et 92 ; *Crimes et délits contre les personnes*, n°s 403 et suiv. ; *Frais et dépens*, n°s 556 et 562.

RATIFICATION. — V. *suprà*, v^{is} *Arbitrage-arbitre*, n°s 55 et 116 ; *Cassation, cour de cassation*, n° 405 ; *Contrat de mariage*, n°s 1383 et suiv. ; *Echange*, n° 15 ; *Enregistrement*, n°s 323 et suiv., 385 et suiv. ; *Faux incident*, n° 38 ; *Lois*, n° 183 ; *Mandat*, n°s 148 et suiv. ; *Mariage*, n°s 279, 481, 546 et 548 ; *Obligations*, n°s 1826 et suiv. ; — et *infrà*, v^{is} *Société*, et *Rép.* eod. v°, n°s 823, 920, 1125, 1340 et suiv. ; *Substitution*, et *Rép.* eod. v°, n° 247 ; *Succession*, et *Rép.* eod. v°, n° 617 et suiv., 2347 et suiv. ; *Tierce opposition*, et *Rép.* eod. v°, n° 229 ; *Tiers ayant cause*, et *Rép.* eod. v°, n° 75 ; *Traité international*, et *Rép.* eod. v°, n°s 103 et suiv. ; *Transaction*, et *Rép.* eod. v°, n° 156 ; *Transcription hypothécaire*, et *Rép.* eod. v°, n°s 100 et suiv., 313 et suiv., 751 ; *Trésor public*, et *Rép.* eod. v°, n° 1432 ; *Vente*, et *Rép.* eod. v°, n°s 96 et suiv., 489, 525 et suiv., 866, 1593 et suiv. ; *Vente publique d'immeubles*, et *Rép.* eod. v°, n°s 472 et suiv. ; *Volonté, intention, connaissance*, et *Rép.* eod. v°, n° 28.

RATURE. — V. *suprà*, v^{is} *Acte de l'état civil*, n° 24 ; *Exploit*, n° 20 ; *Faux et fausse monnaie*, n° 245 ; *Obligations*, n°s 1539 et suiv. ; — et *infrà*, v^{is} *Vente publique d'immeubles*, et *Rép.* eod. v°, n° 831 ; *Vente publique de meubles*, et *Rép.* eod. v°, n° 86.

RÉASSIGNATION. — V. *suprà*, v^{is} *Exceptions et fins de non-recevoir*, n° 124 ; *Jugement par défaut*, n°s 48 et suiv., 68 et suiv.

RÉASSURANCES. — V. *suprà*, v^{is} *Assurances terrestres*, n°s 58, 98, 181 et 254 ; *Droit maritime*, n°s 2145 et 2214 ; *Enregistrement*, n°s 820 et 840 ; *Faillites et banqueroutes, liquidations judiciaires*, n° 425 ; *Patente*, n° 387.

RÉBELLION.

Division.

Sect. 1re. — Historique et législation (*Rép.* n°s 2 à 12).

1. Les dispositions législatives qui se rapportent au crime ou au délit de rébellion n'ont pas été modifiées depuis la publication du *Répertoire*. Elles demeurent formulées dans les art. 209 à 221 c. pén., qui composent le paragraphe 1 de la section 4, au chapitre 1 du livre 3.

Sect. 2. — Caractère de la rébellion (*Rép.* n°s 12 à 45).

2. La *rébellion* a été définie, au *Rép.*, n° 1, « le fait de s'opposer avec violence à l'exécution, soit des lois, soit des actes auxquels procèdent les dépositaires de l'autorité publique », et, pour préciser l'acception légale du mot, on a ajouté (*ibid.*, n° 12) que le code pénal n'entend punir, comme constitution de rébellion, que les violences qui tendent à entraver l'exercice de la puissance publique en paralysant quelques-uns de ses moyens d'action par une agression ou par une résistance locale et momentanée.

3. La rébellion est une infraction qui trouble la paix publique, et, à ce titre, elle peut, lorsqu'elle a été commise dans un lieu soumis à l'état de siège, être déférée aux tribunaux militaires (L. 9 août 1849, art. 8 ; Crim. rej. 30 avr. 1875, aff. Brisson, D. P. 76. 1. 136).

4. L'analyse, faite au *Rép.*, n° 13, des conditions constitutives de la rébellion se fonde sur les termes mêmes de l'art. 29 c. pén., qui n'a subi aucun changement depuis la promulgation de ce code. Les éléments de l'infraction sont toujours les suivants : 1° il faut une attaque ou une résistance avec violence et voies de fait ; 2° l'attaque ou la résistance doit être dirigée contre une des personnes désignées par la loi ; 3° elle doit s'être produite alors que l'agent procédait pour l'exécution de la loi, des ordres de l'autorité ou des mandats de justice.

Art. 1er. — *Attaque, résistance, violences et voies de fait.*
(*Rép.* n°s 17 à 25.)

5. Que la rébellion se manifeste par une attaque ou par une résistance, elle est surtout caractérisée par l'emploi de la violence ou de voies de fait, qui sont une condition nécessaire de l'infraction (*Rép.* n°s 17 et suiv. Conf. Chauveau et Hélie, *Théorie du code pénal*, t. 3, n° 937 ; Blanche, *Études pratiques sur le code pénal*, t. 4, n°s 23 et suiv.). La cour de cassation a consacré le principe, en décidant que la résistance envers un garde champêtre n'est constitutive de la rébellion que si des violences l'ont accompagnée (Crim. cass. 27 déc. 1879) (1).

6. Mais, conformément à la doctrine et à la jurisprudence exposées au *Rép.*, n° 22, il a été jugé que le fait de mettre

---

(1) (Montjoie). — La cour. — Sur le moyen relevé d'office, et pris de la violation de l'art. 209 c. pén. : — Attendu que la résistance envers les personnes désignées dans l'art. 209 c. pén. ne constitue le délit de rébellion prévu par cet article que si elle s'est produite avec violences et voies de fait ; — Attendu qu'il résulte des constatations et des motifs de l'arrêt que le prévenu aurait opposé une vive résistance au garde champêtre, au

moment de son arrestation ; — Attendu que ces énonciations et ces motifs de l'arrêt ne renferment pas tous les éléments du délit de rébellion ; — ... Casse l'arrêt rendu le 5 nov. 1879 par la cour de Bordeaux, chambre des appels de police correctionnelle, etc.

Du 27 déc. 1879.-Ch. crim.-MM. de Carnières, pr.-Saint-Luc-Courborieu, rap.-Petiton, av. gén.

obstacle avec violence à l'accomplissement de la mission légale de l'agent, même sans lui porter aucun coup, peut constituer en droit la rébellion (Crim. rej. 18 juill. 1884, aff. Fouillaud, D. P. 85. 1. 91). Et on en a déduit très juridiquement cette conséquence, que le prévenu peut être poursuivi concurremment pour le délit de coups volontairement portés à un agent dans l'exercice de son ministère et pour le délit de rébellion, du moment où l'acte de violence qui constitue la première infraction ne sert pas de base à la seconde (Besançon, 21 mars 1877, aff. Roussel, D. P. 77. 2. 173; Crim. rej. 18 juill. 1884, précité). — La situation que supposent ces arrêts ne laisse pas d'être délicate et doit être bien précisée. Si le coup porté à l'agent de police avait été retenu tout à la fois comme constituant le délit de rébellion et le délit de violence envers un agent, il est certain qu'il y aurait eu, pour un même fait, un cumul arbitraire de poursuites. Mais il n'en était pas ainsi ; la rébellion était constituée, en droit, en dehors de tout coup porté, par le seul fait de la résistance caractérisée que le prévenu avait opposée à l'exercice des fonctions de l'agent. Dans ces conditions, le coup n'étant plus retenu que comme élément du délit prévu par l'art. 230 c. pén., la double prévention se justifiait pleinement. Les deux délits se distinguent, d'ailleurs, nettement si on les considère soit dans leur objet soit dans leurs résultats. Le délit de rébellion envers des agents de la force publique, alors même qu'il est accompagné de violences et de voies de fait, est commis contre la loi elle-même, contre l'autorité publique envisagée d'une manière abstraite ; le second s'attaque à la personne de l'agent. Les deux délits ne se confondent donc pas ; ils peuvent coexister, et le même individu peut être poursuivi sous les deux inculpations, sauf l'application de l'art. 365 c. instr. crim. (Comp. Chauveau et Hélie, *Théorie du code pénal*, t. 3, n° 936; Blanche, *Études pratiques sur le code pénal*, t. 4, n° 134).

7. Pour achever de caractériser les actes constitutifs de la rébellion, on a fait observer au *Rép.*, n° 22 *in fine*, que le délit ne saurait résulter de violences et voies de fait qui se seraient exercées sur les choses confiées à la surveillance de l'un des agents énumérés en l'art. 299 c. pén., sans s'exercer en même temps contre cet agent. L'autorité de ce principe n'est pas infirmée, et sa portée n'est aucunement restreinte par une décision de jurisprudence aux termes de laquelle, le fait (d'un individu (une femme), présent à une visite domiciliaire, de s'emparer d'objets saisis et de les cacher dans ses vêtements (fait qui rend nécessaire, et par conséquent légitime une perquisition sur sa personne pour la reprise de ces objets, ainsi que l'emploi de la force pour vaincre sa résistance), est avec raison considéré comme constitutif du délit de rébellion (Crim. rej. 16 janv. 1869, aff. Giboz, D. P. 69. 1. 381). L'arrêt relève, en effet, et retient ces circonstances que le prévenu a fait obstacle à l'exécution du mandat confié au magistrat qui procédait à la perquisition, qu'il s'est emparé des objets saisis et a soutenu, pour les conserver, une lutte violente avec les agents de la force publique. Les voies de fait se sont donc exercées, en l'espèce, sur les agents eux-mêmes.

8. La cour de cassation belge et la cour de Gand ont déclaré, d'autre part, qu'il n'est pas nécessaire que la personne de l'agent de l'autorité ait été matériellement touchée pour qu'il y ait rébellion, et, par suite, que le chaisier qui, dans une église, malgré la sommation à lui adressée par un commissaire de police, de restituer une chaise à une institutrice communale, appréhende violemment cette chaise et repousse les efforts de l'officier de police pour la lui arracher, se rend coupable de rébellion (C. cass. de Belgique, 27 mars 1882 (1er arrêt) (1) et Gand (2e arrêt) (2) 28 juin 1882, même affaire). Mais il convient de remarquer que ces deux arrêts se fondent sur un article de loi qui n'est pas identiquement le même que l'art. 209 c. pén., et qu'ils s'appuient, en outre, sur des éclaircissements empruntés aux travaux préparatoires du code pénal belge de 1867. La question ne se pose donc pas dans les mêmes termes devant les cours et tribunaux de Belgique et de France. La jurisprudence française, assez rigoureuse dans l'interprétation qu'elle donne au texte, hésiterait peut-être à suivre la jurisprudence belge dans la voie où elle s'est avancée.

---

(1) (Goffinet.) — LA COUR ; — Au fond, sur les deux moyens de cassation réunis : le premier, accusant la violation des art. 269 et 271 c. pén., en ce que la cour de Liège a acquitté le défendeur par le motif que sa résistance violente n'était pas accompagnée d'autres actes de violence envers la personne de l'agent de l'autorité, et que celui-ci n'avait pas fait connaître à l'auteur de la résistance l'ordre qu'il était chargé d'exécuter; le second moyen, déduit de la violation de l'art. 3, tit. 11, de la loi des 16-24 août 1790, et de l'art. 127 de la loi communale, la même cour d'appel ayant méconnu que le commissaire de police agissait pour l'exécution des lois, parce que le désordre qu'il était chargé d'empêcher ne s'était pas encore produit ; — Attendu que l'arrêt attaqué constate que le commissaire de police de Marche, se trouvant dans l'église de cette ville, d'après les instructions du bourgmestre, pour empêcher le désordre qui pouvait se produire par suite de la prétention de Désiré Goffinet, percepteur du droit de chaises, d'exiger la rétribution des institutrices communales, et celui-ci ayant retiré la chaise d'une institutrice qui refusait de payer le prix de la location, le commissaire a saisi la chaise et a enjoint à Goffinet de la restituer à la personne qui l'occupait, mais que le percepteur a résisté à cette injonction, s'est maintenu de force en possession de la chaise, et est parvenu à ne pas se la laisser enlever malgré les efforts du commissaire; — Attendu qu'à raison de ces faits, le demandeur était poursuivi du chef de rébellion, délit dont l'art. 271 c. pén. détermine la peine; — Attendu que le législateur en rangeant, à l'art. 269 c. pén., l'attaque ou la résistance avec violences ou menaces parmi les conditions auxquelles est subordonnée l'existence de ce délit, a voulu, non pas que l'opposition apportée à l'action des agents du pouvoir fût accompagnée de violences ou de menaces distinctes des actes constituant l'opposition elle-même, mais que celle-ci se manifestât par des violences ou des menaces; que cette interprétation, déjà admise sous l'empire du code pénal de 1810 se justifie de plus près sur le texte du rapport de la section centrale sur le projet du code de 1867, ce rapport considérant les violences et les menaces prévues par la loi comme des moyens à l'aide desquels l'attaque ou la résistance est commise; — Attendu que l'art. 269 ne distingue pas le point exigé, dans la généralité de ces termes, il embrasse les actes de violences atteignant directement les choses, aussi bien que ceux qui sont exercés sur les personnes; qu'il résulte, au surplus, du rapport précité de la section centrale, que les mots violences et voies de fait sont synonymes, et que ce dernier mot comprend les actes qui portent exclusivement sur les choses; qu'en résumé, les violences, éléments de la rébellion, se caractérisent par l'emploi de la force matérielle opposée à l'action de l'autorité; — Attendu qu'en donnant un autre sens à la définition de la rébellion, on rendrait illusoire la protection que le législateur a voulu assurer à certaines personnes investies d'une fonction publique; — Attendu qu'à la vérité, ces personnes sont désignées limitativement à l'article prémentionné, et que leur action, objet de la résistance ou de l'attaque, doit avoir pour but l'exécution des lois, des ordres ou des ordonnances de l'autorité publique, des mandats de justice ou jugements ; mais qu'au nombre des personnes ainsi désignées se trouvent les commissaires de police, officiers de la police administrative locale; et avec raison, puisque, au vœu de l'art. 3, tit. 11 de la loi des 16-24 août 1790, ils sont spécialement chargés de maintenir le bon ordre dans les endroits où se font de grands rassemblements, et notamment dans les églises; que cette charge leur impose le devoir non seulement de réprimer le désordre, mais aussi et surtout de le prévenir en empêchant les actes de nature à le provoquer; — Attendu que le commissaire de police de Marche agissait donc, dans l'occurence, pour l'exécution de la loi, et qu'il n'avait, dès lors, à faire connaître à personne les ordres à lui transmis à cette fin par le bourgmestre; — Casse, etc. —
Du 27 mars 1882.-C. cass. de Belgique.-MM. Vandenpeereboom pr.-le chevalier Hynderick, rap.-Mélot, av. gén.

(2) (Goffinet.) — LA COUR; — En droit : — Attendu que les faits constatés... constituent le délit de rébellion prévu et réprimé par les art. 269 et 271 c. pén.; qu'on y trouve la réunion de tous les éléments qui caractérisent le délit; qu'il y a eu, dans l'espèce, résistance avec violence, par la circonstance même que le prévenu, recevant l'ordre de laisser la chaise à sa place, l'a retirée et maintenue en son pouvoir, de vive force, luttant de vigueur avec l'agent de l'autorité; qu'un tel fait est incontestablement, par lui-même, un acte violent, qui emprunte à l'ordre donné un surcroît de gravité; que c'est bien là un acte de résistance active, différant de l'emploi de la simple force d'inertie; qu'il n'est point exigé, d'ailleurs, pour que le délit de rébellion soit réputé exister, qu'il y ait eu des violences indépendantes de l'opposition ou de la résistance elle-même; qu'ainsi que l'a fort bien décidé la cour de cassation de France dans un arrêt du 15 oct. 1824, les violences, comme élément de la rébel-

ART. 2. — *Agents protégés par la loi* (*Rép.* n°s 25 à 33).

9. La seconde condition nécessaire, pour que la rébellion puisse exister, est que l'officier ou agent à l'égard duquel il y a attaque ou résistance avec violence et voies de fait soit compris dans l'une des diverses classes de personnes indiquées par l'art. 209. Les personnes auxquelles la jurisprudence a reconnu le caractère d'agents protégés par la loi, contre les actes de rébellion, ont été énumérées au *Rép.* n°s 25 à 33. Aux arrêts rapportés *ibid.*, il y a lieu d'ajouter une décision d'un conseil de guerre, aux termes de laquelle une résistance avec violences et voies de fait opposée à un soldat, agent de la force publique, agissant pour l'exécution des ordres de l'autorité publique, constitue le délit de rébellion, et non une simple désobéissance à une consigne donnée par une sentinelle (Décis. du conseil de guerre de Bourges, visée dans un arrêt, Crim. rej. 30 août 1875, aff. Brisson, D. P. 76. 1. 136).

ART. 3. — *Exercice par l'agent de ses fonctions.* — *Résistance à un ordre illégal* (*Rép.* n°s 33 à 45).

10. Pour qu'il y ait rébellion, il faut — et c'est le troisième élément du délit — que les violences et voies de fait aient été dirigées contre l'un des agents que nous avons qualifiés, au moment où il exerce ses fonctions. Les diverses applications de cette règle, signalées au *Rép.*, n°s 33 et suiv., doivent être complétées par quelques documents plus récents.

11. Il a été jugé que les commissaires de police, chargés de veiller au maintien de l'ordre dans les lieux publics, notamment dans les églises, agissent comme officiers de police administrative, quand ils prennent quelque mesure en vue de prévenir le désordre dans ces mêmes lieux. Les violences ou voies de fait dirigées contre eux à ce propos constituent des actes de rébellion (C. cass. de Belgique, 27 mars 1882, aff. Goffinet, et Gand, 28 juin 1882, même affaire, cités *supra*, n° 8). Cette solution ne tient à aucune disposition spéciale de la loi belge, et doit être transportée dans le domaine de la jurisprudence française.

12. De même, il y a lieu de considérer un commissaire de police comme agissant en vertu des ordres de l'autorité publique, lorsqu'il intervient pour procurer l'exécution d'un règlement de police et constater les infractions qui y sont commises. Le citoyen qui lui résiste avec violences et voies de fait se rend coupable du délit de rébellion (Crim. cass. 2e moyen, 22 août 1867, aff. Billot et Fanien, D. P. 68. 1. 286).

13. La question qui, en notre matière, a soulevé le plus nombreuses et les plus vives controverses est celle de savoir si le délit persiste quand l'agent, contre lequel se sont exercées les violences, a procédé irrégulièrement ou a exécuté

un ordre illégal. Sur ce point, la cour de cassation a maintenu sa jurisprudence constante, affirmée dans les nombreux arrêts cités au *Rép.*, n°s 37 et suiv., et d'après laquelle l'irrégularité des actes et l'illégalité des ordres n'est pas une excuse qui fasse disparaître la rébellion. Plus récemment, elle a jugé encore que le citoyen à l'égard duquel une mesure est mise à exécution par des agents de l'autorité administrative, agissant pour l'exécution des lois et des ordres ou ordonnances de l'autorité publique, est, même alors qu'il se croit fondé à en contester la légalité, tenu de s'y soumettre provisoirement, sauf, en cas d'irrégularité de la mesure ou de l'opération, son droit de prise à partie ou de poursuites contre ceux qui en ont la responsabilité. Spécialement, dans un département où les spectacles de combats de coqs sont, par un arrêté du préfet, défendus dans les cabarets, réunions et lieux publics, l'industriel, tel qu'un fabricant de chaussures, dans l'établissement duquel est donné une représentation de ce genre, à supposer que l'arrêté soit illégal ou ne lui soit pas applicable, commet néanmoins un délit, s'il s'oppose par la force aux constatations tentées par le commissaire de police en vue de la poursuite ultérieure de la contravention (Crim. cass. 2e moyen, 22 août 1867, aff. Billot et Fanien, cité *supra*, n° 12).

14. Mais il ne paraît pas, d'autre part, que les cours d'appel aient eu l'occasion de manifester qu'elles se rangeaient à l'opinion de la cour suprême, contre laquelle protestaient les nombreuses décisions citées au *Rép.*, n°s 39 et suiv.

15. La jurisprudence est, toutefois, unanime sur un point : elle décide que la rébellion n'existe pas à l'encontre d'agents qui ne sont pas revêtus de leurs insignes et dont la qualité n'est pas connue du prévenu (V. *Rép.* n°s 43-44).

16. On a invoqué dans une espèce que nous avons eu déjà l'occasion de signaler, un autre motif d'absolution. Un tiers s'étant fait le complice d'un délit de rébellion a cru pouvoir invoquer comme excuse légale la circonstance qu'il était le père du délinquant. Mais il a été jugé que c'est là un simple motif d'atténuation sur lequel, par suite, les juges n'ont pas à s'expliquer, alors même qu'il a été formellement proposé au chef des conclusions (Crim. rej. 16 janv. 1869, aff. Giboz, D. P. 69. 1. 381).

SECT. 3. — PEINES APPLICABLES A LA RÉBELLION (*Rép.* n°s 45 à 70).

17. Le législateur, qui n'a pas modifié les caractères du délit ou du crime de rébellion, n'a pas changé davantage les peines dont la rébellion a été frappée à l'origine. D'un autre côté, la jurisprudence postérieure à la publication du *Répertoire* ne fournit, de ce chef, aucun document qui mérite d'être signalé. Il suffira de renvoyer, à ce sujet, aux développements fournis au *Rép.*, n°s 47 à 70.

lion, se caractérise par la force matérielle opposée à l'action de l'agent de l'autorité, quelle que soit la forme sous laquelle cette force se produit; — Attendu que les termes de l'art. 269, ainsi que les explications qui en ont fait consacrer l'adoption résistent également à toute autre interprétation; qu'en effet, il a été admis, lors des travaux préparatoires du code pénal belge, que les mots « voies de fait » qui servaient de complément aux « violences » dans le texte de 1810, bien que laissés en dehors du texte nouveau, n'y resteraient pas moins implicitement compris; qu'il suffit donc encore qu'il ait été porté obstacle à la mission d'un officier public par une force exercée contre la per-

sonne ou mise en œuvre contre les choses; — Attendu, au surplus, qu'on ne saurait prétendre, dans le cas actuel, que la résistance n'a pas été sérieuse, vu qu'elle a eu pour résultat de rompre la chaise en deux endroits, après une lutte d'une certaine durée, et qu'elle a eu, en outre, pour conséquence finale d'entraver réellement l'action de l'autorité publique, etc... Reçoit l'appel interjeté en cause, et, y statuant, réforme le jugement *à quo*...

Du 28 juin 1882. — C. de Gand. — MM. Tunçq, pr. - Vandenheuvel, av. gén.

Table sommaire
des matières contenues dans le Supplément et le Répertoire.

Table des articles du code pénal.

Table chronologique des lois, arrêts, etc.

REBOISEMENT. — V. *suprà*, v^is *Associations syndicales*, n° 12; *Chasse*, n° 546; *Dunes*, n° 10; — et *infrà*, v^is *Régime forestier*; *Usage-usage forestier*; *Voirie par eau*, et *Rép.* eod. v°, n°s 42 et suiv.

RECEL-RECELÉ. — V. *suprà*, v^is *Brevet d'invention*, n°s 272 et suiv., 308; *Compétence criminelle*, n° 96; *Complice-complicité*, n°s 186 et suiv.; *Contrat de mariage*, n°s 762 et suiv.; *Crimes et délits contre la sûreté de l'État*, n°s 21 et suiv.; *Culte*, n° 967; *Degrés de juridiction*, n° 136; *Evasion-bris-recelé*, n°s 75 et suiv.; *Minorité-tutelle-émancipation*, n° 630; *Prescription criminelle*, n° 75; *Procédure criminelle*, n°s 1968 et suiv., 2051 et 2190; — et *infrà*, v^is *Scellés et Inventaire*, et *Rép.* eod. v°, n° 256; *Société*, et *Rép.* eod. v°, n° 796; *Succession*, et *Rép.* eod. v°, n°s 628 et suiv.; *Usufruit*, et *Rép.* eod. v°, n° 394 et 710; *Vente*, et *Rép.* eod. v°, n° 884; *Vol et escroquerie*, et *Rép.* eod. v°, n°s 67, 244, 695 et suiv.; *Volonté-intention-connaissance*, et *Rép.* eod. v°, n° 54.

RECENSEMENT. — V. *suprà*, v^ic *Affiche-afficheur*, n° 5; *Commune*, n°s 209 et suiv.; *Garde champêtre*, n° 41; *Octroi*, n°s 215 et suiv.; *Organisation militaire*, n°s 246 et suiv., 262 et suiv., 349 et suiv.; *Population*, n°s 13 et suiv., 33 et suiv., 40 et suiv.

RÉCÉPISSÉ. — V. *suprà*, v^is *Avocat*, n°s 153 et suiv.; *Commissionnaire*, n°s 102, 109 et suiv.; *Enregistrement*, n°s 416, 548 et suiv., 720 et 1982; *Faillites et banqueroutes, liquidations judiciaires*, n°s 623 et 635; *Faux et fausse monnaie*, n°s 290 et 369; — et *infrà*, v^is *Timbre*, et *Rép.* eod. v°, n°s 6, 13 et 118; *Trésor public*, et *Rép.* eod. v°, n°s 821 et suiv.; *Valeurs mobilières*; *Vente*, et *Rép.* eod. v°, n° 103; *Vente administrative*, et *Rép.* eod. v°, n° 89; *Voirie par chemins de fer*, et *Rép.* eod. v°, n°s 381 et 526; *Warrants et chèques*, et *Rép.* eod. v°, n°s 13, 34 et suiv., 63 et suiv.

RÉCEPTION DE CAUTION. — V. *suprà*, v^is *Cautionnement*; *Frais et dépens*, n°s 335 et suiv.

RECHANGE. — V. *suprà*, v^is *Effets de commerce*, n°s 332 et suiv.; et *infrà*, v° *Warrants et chèques*.

RECHERCHE DE MATERNITÉ ET DE PATERNITÉ. — V. *suprà*, v° *Paternité et filiation*, n°s 249 et suiv., 263 et suiv.

RÉCIDIVE-RELÉGATION

1. Au *Répertoire*, il a été traité de la récidive v° *Peine* (1re section du chap. 5). L'importance croissante de la matière et aussi l'institution de la nouvelle peine de la *relégation des récidivistes*, nous ont déterminés à consacrer au double objet de la récidive et de la relégation un article spécial sous la rubrique : *Récidive-relégation*.

2. Le présent traité sera divisé en trois chapitres. Dans le premier, intitulé : *De la récidive en général*, il sera spécialement parlé de l'accroissement de la récidive et des mesures par lesquelles le législateur français a tenté, inutilement jusqu'ici, d'y mettre un terme. Le second chapitre sera consacré à *la récidive d'après le code pénal*, et le troisième à *la récidive d'après la loi du 27 mai 1885*, c'est-à-dire à la relégation.

Division.

CHAP. 1. — De la récidive en général (n° 3).

CHAP. 2. — De la récidive d'après le code pénal (n° 26).

SECT. 1. — Tableau de la législation (n° 26).
SECT. 2. — Des conditions de la récidive en général (n° 31).
SECT. 3. — De la récidive en matière de crimes et de délits (n° 54).
ART. 1. — Des divers cas de récidive (n° 54).
§ 1. — Hypothèse d'une peine criminelle, après condamnation à une peine criminelle (n° 55).
§ 2. — Hypothèse d'une peine criminelle, après condamnation à la peine de l'emprisonnement (n° 57).
§ 3. — Hypothèse de l'emprisonnement, après condamnation pour crime à une peine supérieure à une année d'emprisonnement (n° 58).
§ 4. — Hypothèse de l'emprisonnement, après condamnation pour délit à un emprisonnement de plus d'une année (n° 63).
§ 5. — Hypothèse de l'emprisonnement, après condamnation pour délit à un emprisonnement égal ou inférieur à une année (n° 68).
ART. 2. — Questions transitoires (n° 75).
ART. 3. — Preuve de la récidive; caractère obligatoire de l'aggravation attachée à l'état de récidive (n° 78).
ART. 4. — Du concours de la récidive et des circonstances atténuantes (n° 95).
SECT. 4. — De la récidive en matière de contraventions (n° 95).

CHAP. 3. — De la relégation des récidivistes (n° 100).

SECT. 1. — Caractères généraux (n° 105).
SECT. 2. — Des personnes pouvant être soumises à la relégation (n° 120).
SECT. 3. — Des condamnations requises pour entraîner la relégation (n° 130).
ART. 1. — Conditions générales que doivent réunir les con-

CHAP. 1er. — De la récidive en général.

3. — I. Accroissement de la récidive et législation. — L'accroissement incessant et progressif de la récidive est un fait certain, attesté chaque année par les statistiques officielles. Analysant les données de cette statistique dans un discours prononcé le 3 nov. 1888 à la séance solennelle de rentrée des facultés de Lyon, M. le professeur Garraud disait : « Sur 100 accusés, pris au hasard, parmi ceux qui comparaissent devant nos cours d'assises, 54 en moyenne, c'est-à-dire plus de la moitié, sont des repris de justice. Sur 100 prévenus déférés aux tribunaux correctionnels, la proportion des récidivistes est, il est vrai, un peu moindre ; mais elle devient effrayante, quand on tient compte de deux faits : depuis trente ans cette proportion a plus que doublé ; elle n'était que de 21 pour 100, de 1851 à 1855 ; elle s'est élevée à 44 pour 100, de 1881 à 1885. Et cette marche ascendante est absolument régulière, normale ! Si elle ne subit aucun temps d'arrêt, elle ne présente non plus aucune oscillation brusque. C'est un flot qui monte, avec la régularité d'un phénomène naturel ». La proportion n'a cessé de s'élever depuis 1885. Celle des accusés récidivistes est montée à 57 pour 100 en 1890 ; celle des prévenus correctionnels à 48 pour 100. Le nombre des prévenus récidivistes est surtout effrayant. De 32 618, chiffre moyen de la période quinquennale de 1851-1855, il est monté, en moyenne, à 47 162 dans la période de 1861-1866 ; à 60 184 dans la période de 1871-1875 ; à 83 729 dans la période de 1881-1885 ; il a atteint 91 055 en 1886, 92 204 en 1887, 94 137 en 1888, 96 449 en 1889, 99 098 en 1890. Si l'on y comprend les accusés, le chiffre des récidivistes condamnés en 1890 est de 100 781, sur un total de 207 325 individus condamnés, pendant cette même année, par les cours d'assises et les tribunaux correctionnels.

4. L'extension de la récidive paraît plus considérable encore quand on réfléchit que, depuis la loi du 30 mai 1854 sur l'exécution de la peine des travaux forcés, le plus grand nombre des forçats libérés sont retenus dans la colonie pénale, privant ainsi la criminalité d'une abondante source de recrutement, et que d'autre part, par suite de l'exécution de la loi du 27 mai 1885, sur la relégation, la métropole a été débarrassée de plusieurs milliers de récidivistes qui, sans elle, n'auraient pas manqué de commettre de nouveaux méfaits en France, tandis que les crimes et délits par eux commis dans les lieux de relégation ne sont pas compris dans les statistiques du ministère de la justice.

5. Une autre constatation fâcheuse ressort des données de la statistique. Si l'on rapproche les listes des libérés des maisons centrales de celles des récidivistes criminels et correctionnels, on voit que c'est précisément dans *l'année même de la libération* que la récidive s'accentue. Sur 5 495 hommes sortis en 1883 des maisons centrales, 2 196, les deux cinquièmes, ont reparu devant la justice pour y voir encore condamner : 1 074, ou 49 pour 100, dans l'année même de leur libération ; 891, ou 38 pour 100, en 1884, et 291, ou 13 pour 100, en 1885 (*Compte rendu de l'Administration de la justice criminelle*, 1881-1885) ; sur 5 431 individus sortis en 1884 des maisons centrales, 2 130 ont été repris, savoir : 1 049, ou 48 pour 100, en 1884 ; 755,

ou 35 pour 100, en 1885, et 356, ou 17 pour 100, en 1886 (*Compte rendu* de 1886) ; sur 5 149 condamnés libérés en 1886, les deux cinquièmes à peu près d'entre eux, 1 985, ou 39 pour 100, ont été repris et condamnés de nouveau jusqu'au 31 déc. 1888, savoir : 841, ou 42 pour 100, dans l'année même de leur libération ; 819, ou 41 pour 100, en 1887, et 325, ou 17 pour 100, en 1888 (*Compte rendu* de 1888). M. Garraud a fait justement remarquer que cette constatation est la condamnation même de notre système pénitentiaire (*Traité de droit pénal*, t. 2, p. 307, note 12, *in fine*).

6. Il est évident qu'arrivée à un tel degré, la récidive constitue un péril social considérable ; pour pouvoir la combattre utilement, il est logique d'en rechercher d'abord les causes, et celles-ci sont évidemment multiples. Sans doute, le vice et la misère, ces deux grandes causes de la criminalité, sont aussi les causes générales de la récidive. Mais la récidive a des causes spéciales. « Parmi elles, disait M. le garde des sceaux en 1887, on peut dégager quatre qui semblent être les principales : l'indulgence de la loi pénale au point de vue de la répression de la récidive, l'abus des courtes peines, l'emprisonnement en commun et l'insuffisance du nombre des sociétés de patronage des libérés » (Rapport sur l'administration de la justice criminelle pendant les années 1881 à 1885, *Journ. off.* 14 mai 1887). La lutte contre la récidive requiert donc l'action combinée du législateur, de la magistrature et des bons citoyens.

7. C'est seulement depuis moins de vingt ans que des mesures législatives ou administratives ont été prises ou proposées pour arrêter le flot toujours montant de la récidive. La loi du 5 juin 1875 (D. P. 76. 4. 9) a été la première de ces mesures. Votée à la suite de l'enquête parlementaire sur le régime pénitentiaire, la loi du 5 juin a prescrit l'isolement dans les prisons départementales pour les accusés, les prévenus et les condamnés à un an et un jour au plus d'emprisonnement, afin d'épargner aux détenus la promiscuité qui règne dans ces établissements, mais elle n'a pas pu produire les bons effets qu'on en attendait à cause de l'insuffisance des budgets départementaux. L'appropriation des prisons au régime cellulaire nécessite de grandes dépenses. Or la plupart des conseils généraux se sont refusé à voter les subsides nécessaires, de telle sorte qu'au commencement de l'année 1893, sur 380 maisons d'arrêt on n'en comptait que 25 qui eussent été reconnues comme établissements affectées à l'emprisonnement individuel. La loi du 19 janv. 1893 (D. P. 93. 4. 48), en faisant participer l'État à l'appropriation des établissements pénitentiaires au régime cellulaire, hâtera, il faut l'espérer, l'application complète de celle de 1875. — La loi du 14 août 1885 (D. P. 85. 4. 60) sur les moyens de prévenir la récidive a été, comme son titre même l'indique, inspirée par la même pensée ; en organisant la libération conditionnelle, en encourageant le patronage, et en facilitant la réhabilitation, cette loi favorise l'amendement du condamné, lui assure du travail à sa sortie de prison et lui fait entrevoir, comme récompense suprême de sa bonne conduite et de son repentir, la possibilité de reprendre sa place dans la société ; malheureusement la première des trois mesures instituées par la loi du 14 août (la libération conditionnelle) n'a pas été très largement appliquée (du 14 août 1885 au 31 déc. 1890, il n'a été accordé 5 261 libérations conditionnelles seulement) ; l'idée du patronage des libérés fait lentement, trop lentement, son chemin en France (V. *suprà*, v° *Peine* n° 333) ; la réhabilitation est, il est vrai, sollicitée en jour en jour par un plus grand nombre de libérés ; mais, eu égard au chiffre annuel des condamnations criminelles et correctionnelles, la proportion des réhabilitations accordées est encore bien faible, car elle ne dépasse pas 12 sur 1 000.

8. C'est en cette même année 1885 qu'a été promulguée la plus importante des lois sur la récidive, celle du 27 mai 1885 sur les récidivistes (D. P. 85. 4. 45), qui a créé la peine nouvelle de la relégation. Par suite de l'exécution de cette loi, la métropole a été débarrassée de plusieurs milliers de repris de justice (4 682 à la fin de l'année 1891) qui, sans elle, n'auraient pas manqué de commettre de nouveaux méfaits. Mais l'institution de la relégation n'a pas suffi, malheureusement, pour faire reculer le flot montant de la récidive, puisque, comme nous l'avons dit *suprà*, n° 3, celle-ci n'a cessé de progresser de 1885 à 1890.

9. Enfin, la loi du 26 mars 1891 (D.P. 91. 4. 24), dite loi Bérenger, qui autorise le sursis à l'exécution de la peine de l'emprisonnement ou de l'amende pour les condamnés primaires et qui édicte une aggravation de pénalité pour la petite récidive, permet au juge de se montrer indulgent pour une première faute et sévère à l'égard des malfaiteurs d'habitude. On peut espérer que cette loi, qui a remanié le système du code pénal en ce qui concerne la récidive correctionnelle, contribuera à amener une amélioration bien désirable. Mais il est à craindre que cette amélioration ne soit pas très considérable tant que les pouvoirs publics ne seront pas entrés résolument dans la voie de la réforme pénitentiaire.

10. Le garde des sceaux écrivait au chef de l'État, le 19 avr. 1893, en lui présentant son rapport sur l'administration de la justice criminelle pendant l'année 1889 : « En résumé, il ressort clairement de la troisième partie de ce compte que, jusqu'à présent, toutes les mesures prises en vue d'enrayer le mouvement progressif de la récidive sont restées sans effet. La loi du 5 juin 1875 sur l'emprisonnement individuel n'a pu être appliquée que partiellement ; celles du 27 mai 1885 sur la relégation et du 14 août de la même année sur la libération conditionnelle n'ont pas encore produit de bienfaits appréciables. La statistique montrera plus tard si la loi du 26 mars 1891, relative à l'atténuation et à l'aggravation des peines, qui a été inspirée par la même pensée, aura permis d'atteindre le but poursuivi ». Il n'y a rien à ajouter à ces paroles, si ce n'est peut-être que, l'année précédente, dans le rapport sur l'année 1888, le garde des sceaux avait déjà signalé, en termes élevés, l'insuffisance des moyens répressifs pour combattre la récidive. « En présence de l'accroissement continu de la récidive, disait le rapport, on est obligé de reconnaître que la loi du 27 mai 1885 sur la relégation n'a pas encore produit les résultats qu'on pouvait en attendre ; peut-être ses effets seront-ils plus sensibles après quelques années d'application ; quoi qu'il en soit, il semble qu'on peut dès à présent affirmer que les lois répressives sont, à elles seules, impuissantes à combattre efficacement la récidive et que, pour être complète, l'œuvre de moralisation sociale que poursuit le législateur doit comprendre, indépendamment des dispositions qui punissent la récidive, des mesures propres à la prévenir » (*Journ. off.* 31 janv. 1891, p. 499).

11. — II. DES LIMITES ET DU MODE DE RÉPRESSION DE LA RÉCIDIVE. — Quelle que puisse être l'efficacité des moyens préventifs pour diminuer la récidive, il est évident que la société, après avoir recouru à ces moyens, devra toujours intervenir par la pénalité et sévir directement contre les récidivistes. La récidive soulève nécessairement un problème de pénalité. Ce problème a deux aspects. On peut se demander d'abord « quelles sont les *limites* de la répression de la récidive, ou plutôt les conditions que doit remplir la récidive pour qu'il en soit fait état dans le problème de la répression pénale » (Garraud, p. 301) ; ensuite, quel doit être le *mode* de répression de la récidive.

12. On a déjà parlé au *Rép.*, nos 253 et 254, des *limites* de la répression de la récidive, et indiqué sommairement les différentes questions que les criminalistes se posent à cet égard. La première est celle de savoir si le système de la récidive doit être général ou spécial ; en d'autres termes, s'il suffit, pour que la récidive punissable existe, qu'il y ait rechute après condamnation, quelle que soit d'ailleurs la nature des deux infractions, ou si, au contraire, il est nécessaire qu'il y ait, sinon identité parfaite, du moins une certaine analogie entre le premier fait et le fait ultérieur, comme par exemple, celle qui résulte de *l'identité d'impulsion*. Au point de vue théorique, nous croyons avec M. Garraud (*eod. loc.*) que « l'identité ou, tout au moins, l'analogie des deux infractions n'est pas indispensable, si ces infractions ont une certaine gravité, s'il s'agit de ces crimes et délits de droit commun, tels que vol, faux, meurtre, incendie, qui se mêlent, se succèdent dans la vie d'un criminel et forment ainsi la trame même de son existence ». En effet, la perversité humaine n'est pas moins redoutable lorsqu'elle se révèle sous des formes différentes ; on l'a fait remarquer justement : « Il est des natures d'une surprenante mobilité, qui parcourent, tour à tour, dans le mal, des voies en apparence distinctes ; très souvent les grands coupables, avant de perpétrer le forfait suprême,

ont été frappés par la justice, à raison des crimes les plus divers » (Lacointa, *Traduction du code pénal d'Italie*, introduction, p. 62). Or, comment croire qu'un coupable est moins dangereux parce qu'il varie ses moyens criminels? Aussi pensons-nous avec M. Garraud (*eod. loc.*) que « la conception d'un système de récidive général, en ce qui concerne les *crimes* et les *délits*, est préférable à celui qui consisterait à prévoir, soit la réitération du même délit, du vol après le vol, du meurtre après le meurtre, soit les rechutes, non pas d'un délit dans un même délit, mais de délits du même genre dans des délits du même genre, dérivant des mêmes passions et des mêmes instincts, comme seraient par exemple, le vol, l'escroquerie, l'abus de confiance ; ou bien les violences, coups, blessures, meurtres ; ou bien les attentats contre les mœurs : chacune de ces catégories devant être groupée, pour former un système spécial de récidive. L'habitude criminelle ne dépend pas, en effet, d'une analogie plus ou moins complète entre les divers délits, mais de la ténacité de la persistance mise par le délinquant à enfreindre la loi pénale ». Toutefois, la répression de la récidive spéciale nous paraît mieux appropriée aux simples délits de convention sociale et aux contraventions (Laborde, *Cours élémentaire de droit criminel*, n° 997). — Sur cette question de savoir si la récidive doit être générale ou spéciale, V. encore : Rapport de M. Bérenger au Sénat, sur la proposition de loi relative à l'atténuation et à l'aggravation des peines dans *Bulletin de la Société des prisons*, 1893, p. 414.

13. C'est cependant au système de la récidive spéciale que se rattachent la plupart des législations de l'Europe : celles de l'Allemagne (c. pén., § 244, 261, 264), de la Hongrie (c. pén., § 338, 349, 371, 381), de la Hollande (c. pén., art. 421-423), de la Grèce (c. pén., art. 111), de Berne (c. pén., art. 62), de Saint-Gall (c. pén., art. 50), du Valais (c. pén., art. 79), de Vaud (c. pén., art. 67 et 68), du Tessin (c. pén. art. 69, § 1), de Neufchâtel (c. pén. art. 95 et 96). La récidive générale n'est plus guère adoptée que par la législation belge (c. pén. de 1867, art. 54-57) et celle de Genève (c. pén. de 1874, art. 34 à 36). Le nouveau code pénal d'Italie de 1889 a consacré un système mixte. Il retient la notion de la récidive générale pour les graves méfaits. Aux termes de son art. 80, lorsque la durée de la peine antérieurement encourue aura été supérieure à cinq ans, le coupable sera déclaré récidiviste, quelle que soit la nature du méfait précédent. D'autre part, d'après ce même article et les art. 81 et 82 du même code, la peine du récidiviste est toujours augmentée dans une proportion considérable (qui varie d'un sixième à la moitié), si la nouvelle infraction est de même nature que celle qui a motivé la condamnation précédente.

14. Dans notre droit français, la récidive générale ou absolue a, jusqu'en ces derniers temps, servi de règle dans le code pénal, pour les crimes et délits prévus par cet code. Mais, depuis la promulgation de la loi du 26 mars 1891, qui a modifié à cet égard le texte de l'art. 58 c. pén., la récidive a pris un certain caractère de spécialité, puisqu'il ne peut plus aujourd'hui y avoir récidive de délit à délit, que si le second délit est de même nature que le premier (V. *infrà*, n° 63). A l'égard des contraventions de police et des délits prévus par des lois en dehors du code, on ne réprime que la récidive spéciale « probablement parce que ces infractions rentrent dans la classe des délits de convention sociale » (Laborde, *eod. loc.*). Il est à remarquer que le projet de la commission extra-parlementaire de réforme du code pénal revient au principe de la réitération générale ; suivant l'art. 65 de ce projet, il y a récidive de délit ou crime quelconque à délit ou crime même très différents, pourvu qu'il s'agisse toujours d'emprisonnement (V. dans le même sens l'avant-projet du code pénal suisse, élaboré par M. C. Stoos, traduction Gautier, 1893).

15. La loi doit-elle tenir compte de l'intervalle qui s'écoule entre la première condamnation et le nouveau délit ? Oui, en principe, car « la récidive ne saurait être un état permanent ... ; lorsqu'un certain temps s'est écoulé, sans rechute, depuis la première condamnation, il est impossible d'affirmer qu'il y ait eu, de la part de l'agent, cette persistance dans le crime et cette inefficacité de la répression ordinaire, qui motivent l'emploi de mesures exceptionnelles » (Garraud, *eod. loc.*). Cependant, à l'époque de la

publication du *Répertoire*, le code pénal n'admettait aucune prescription libératoire de l'état de récidive, sauf en matière de contraventions de police. Aujourd'hui, dans la double hypothèse des art. 57 et 58 c. pén., modifiés par la loi du 26 mars 1891, il faut, pour que l'aggravation de peine soit encourue, que la seconde infraction ait été commise dans un délai de cinq ans après l'expiration de la première peine, ou après sa prescription (V. *infrà*, n° 63). Il n'en est pas de même pour la récidive de peine criminelle à peine criminelle, l'art. 56 n'ayant pas été modifié en 1891. En cette hypothèse, notre loi n'admet aucune limitation de délai. Ne serait-il pas juste cependant de décider qu'une condamnation, même criminelle, ne comptera plus pour la récidive s'il s'est écoulé, depuis cette condamnation, un temps égal à celui qui est requis pour la prescription de la peine? N'est-il pas singulier qu'une sentence qui ne peut plus être exécutée produise néanmoins un effet aggravant sur une condamnation ultérieure? Le législateur hollandais l'a pensé. D'après les art. 421 à 423 du code néerlandais de 1881, l'aggravation pour cause de récidive ne se produit plus si, au moment du délit, le droit d'exécuter la peine précédente est éteint par la prescription. L'art. 98 du nouveau code pénal de Neufchâtel décide que « il n'y a pas de récidive lorsqu'il s'est écoulé plus de dix ans depuis l'extinction de la peine principale ». Même délai dans le code pénal d'Italie (art. 80), le code allemand (§ 246), de Portugal (art. 85), de Hongrie (§ 338, 349, 371, 381). Le code pénal belge limite à cinq ans l'influence de la récidive, mais seulement quand le premier fait n'a été puni que d'une peine correctionnelle. C'est à peu près la disposition de nos art. 57 et 58.

16. Comment faut-il *punir* la récidive? Le problème est important et difficile. Quelques criminalistes posent en règle que, la récidive n'étant qu'une augmentation de culpabilité dans la même espèce de crime, « on ne devrait jamais changer le genre de la peine, mais seulement en augmenter le taux » (Rossi, *Traité de droit pénal*, t. 3, p. 114. Conf. Chauveau et Hélie, *Théorie du code pénal*, t. 1, n° 499; Haus, *Principes du droit pénal belge*, t. 2, n° 879). C'est là, suivant nous, une idée inexacte, ou tout au moins insuffisante. « L'aggravation du taux de la peine à raison de la récidive peut être suffisante tant qu'il ne s'agit que d'un délit inférieur ou accidentel, qui ne dérivent pas d'une perversion morale, qui ne sont pas susceptibles de passer à l'état chronique et contagieux. Mais du moment qu'il s'agit de ces récidivistes dangereux qui font du crime une sorte de profession et qui ouvrent comme une hostilité permanente contre les lois et les intérêts de la société, l'inefficacité de la peine ordinaire démontre la nécessité de recourir vis-à-vis d'eux à une transformation de mesures qui puisse les mettre dans d'autres conditions de réforme et délivrer la société du péril qu'ils lui font courir » (Ortolan, *Éléments de droit pénal*, t. 1, n° 1192. Conf. Garraud, n° 183). — Nous admettons donc que, si cela est nécessaire, les pouvoirs publics peuvent frapper le récidiviste dangereux de la peine d'un genre plus rigoureux, voire même, s'il est devenu incorrigible, d'une mesure d'exclusion, d'élimination du corps social.

17. Comme on l'a dit au *Rép.*, n° 250, le système consacré par le code de 1810 consiste dans une aggravation de la peine applicable au second fait. La récidive, dans ce système, n'entraîne pas l'application d'une peine spéciale; elle motive simplement l'aggravation de la peine portée contre le délit nouveau, de sorte que le fait d'être déjà condamné est, d'après notre code, un motif pour aggraver une seconde condamnation (Garraud, *loc. cit.*). En matière correctionnelle, l'aggravation consiste dans une augmentation obligatoire du taux de la seconde peine; celle-ci doit être portée au maximum et elle peut être élevée jusqu'au double (c. pén. art. 57 et 58); en matière criminelle elle entraîne le plus souvent condamnation à la peine du degré supérieur (art. 56). On sait, d'ailleurs, que, d'après notre loi française, les circonstances atténuantes pouvant toujours être déclarées même en cas de récidive (c. pén. art. 463), il est loisible au juge, surtout en matière correctionnelle, de se soustraire à l'obligation d'aggraver la peine du récidiviste. — Le système de l'aggravation obligatoire de la nouvelle peine est consacré par la plupart des codes étrangers (codes hongrois, allemand, portugais, italien, de Genève, de Fribourg, de Neufchâtel); l'aggravation est facultative

pour le juge dans les codes de Belgique (art. 54 et suiv.) et de Hollande (art. 421-423). D'après l'art. 338 du code hongrois « le vol constitue *un crime, sans égard à la valeur de la chose volée*, si l'auteur a déjà été condamné deux fois pour crime ou délit de rapine, d'extorsion, de vol, de détournement ou de recel ».

18. L'expérience a démontré, pour notre pays, l'insuffisance du procédé pénal qui consiste à aggraver la seconde peine. On a constaté *supra*, n° 3, l'accroissement de la récidive en France, et on a vu à quel chiffre se monte le nombre annuel des prévenus récidivistes. De 32 618, chiffre moyen de la période quinquennale de 1851-1855, il est passé à 83 729 dans la période de 1881-1885; il a atteint 99 098 en 1890. Certains délits, le vagabondage par exemple, sont constamment renouvelés par les mêmes délinquants avec une sorte de caractère professionnel. Un rapport de la cour de Rennes cite un vagabond, jugé dans son ressort, qui en était à sa quarante-neuvième condamnation. Avant la loi de relégation, la cour d'Aix mentionnait un individu de cinquante ans qui avait subi, rien que pour vagabondage, cent vingt-neuf mois de prison. Que pouvaient faire les tribunaux devant de pareils professionnels de la délinquence? « Condamner sans cesse pour remettre sans cesse en liberté, avec la certitude que, de nouveau, le lendemain, il faudra arrêter et sévir, ce n'est plus qu'un échange de rigueurs absolument stériles et de méfaits incessamment renouvelés » (André, *De la récidive*, p. 41). On a songé à mettre le récidiviste dans l'impossibilité de nuire et de répandre autour de lui sa contagion. L'expatriation s'est présentée comme un moyen sûr et radical à l'égard des irréductibles, et la loi du 27 mai 1885 a été votée. Jusqu'ici l'institution de la relégation n'a malheureusement pas suffi pour faire reculer le flot montant de la récidive. V. *supra*, n° 8. Mais cette institution peut être modifiée et améliorée. La commission extraparlementaire qui travaille à la réforme du code pénal nous paraît être entrée dans une heureuse voie sous ce rapport. Suivant son projet (art. 25), la relégation « sera prononcée contre tout individu qui, après avoir été condamné à cinq ans d'emprisonnement au moins résultant d'un ou plusieurs arrêts ou jugements, sera condamné pour un crime ou un délit à une année au moins d'emprisonnement ». Cette peine, destinée désormais aux récidives graves et surtout aux récidives devenues professionnelles, sera beaucoup plus sévère que la relégation actuelle, car les relégués, d'après l'art. 28, seront placés, à leur arrivée dans la colonie, dans un établissement pénitentiaire où ils achèveront de subir la peine d'emprisonnement qui était en cours d'exécution lors de leur départ de France, et seront maintenus *cinq années en plus*, avec *obligation au travail*. Ce n'est qu'à l'expiration de cette dernière période que les relégués seront mis en liberté; ils devront, d'ailleurs, résider dans une circonscription déterminée de la colonie (art. 29).

19. Pour combattre la récidive, on a recouru, ou l'on veut recourir, en d'autres pays, à certains procédés particuliers de pénalité qu'il convient de signaler ici. La relégation des criminels d'habitude est impossible, faute de colonies, en Suisse par exemple. Le projet de code pénal fédéral suisse, rédigé, à la demande des autorités fédérales, par M. C. Stoos, en 1892, propose d'interner le malfaiteur d'habitude incorrigible pour dix à vingt ans dans un établissement spécial. Cette mesure éliminatoire placera pour de longues années l'incorrigible dans l'impossibilité de nuire. Dans la pensée de l'auteur du projet, l'internement serait ordonné, non pas par le juge qui se bornerait à prononcer la peine du dernier délit, mais par une commission fédérale spéciale composée de sept membres (médecins, ecclésiastiques, instituteurs et directeurs de pénitenciers).

20. En Angleterre, on pratique avec succès, depuis plus de vingt ans, le système de « l'aggravation progressive des peines ». Ce système consiste à aggraver la peine, dans une mesure déterminée et progressive, à chaque nouveau délit. Frappés de l'inefficacité des peines répétées de courte durée, plusieurs juges de paix se réunirent en 1871 sur l'initiative de l'un d'eux, M. Berwick-Baker, et s'engagèrent par une ordonnance rendue en commun à infliger à la récidive le traitement suivant : le premier larcin ne devait donner lieu, à moins de circonstances exceptionnelles, qu'à une peine légère

celle d'un mois de cellule. Si un second délit de même nature venait à être commis dans l'intervalle de cinq années, il serait invariablement puni d'une condamnation à six mois d'emprisonnement après laquelle une nouvelle récidive entraînerait le renvoi devant la juridiction supérieure et l'application de sept années de servitude pénale (V. proposition de loi sur l'aggravation progressive des peines en cas de récidive et sur leur atténuation en cas de premier délit, par M. Bérenger, sénateur, dans le *Bulletin de la société générale des prisons*, 1884, p. 554 et suiv. V. aussi *La récidive*, par M. Desportes, p. 78 et suiv.). D'après M. Bérenger (p. 555), « cette pratique a produit, au bout de peu de temps, de si bons résultats que l'usage s'en est bientôt généralisé, et qu'elle a reçu, depuis quelques années, la consécration d'un *act* du Parlement. Elle a été limitée toutefois jusqu'à présent aux délits de vol, d'escroquerie, et à quelques faits semblables. Les criminalistes anglais les plus autorisés s'accordent à reconnaître qu'elle est une des causes principales de la diminution de la criminalité qui se remarque chez nos voisins; et ce qui semble confirmer leur appréciation, c'est que, tandis que les documents statistiques accusent un abaissement très sensible dans le nombre des délits auxquels s'applique la mesure, ils révèlent, au contraire, une augmentation fort inquiétante de ceux qui n'y participent pas ». — V. *suprà*, v° *Peine*, n° 834, les constatations si favorables des statistiques anglaises de 1892, qui démontrent que la criminalité est, en Angleterre, en décroissance marquée.

21. La pratique judiciaire française n'est pas entrée dans cette voie. Nos tribunaux prononcent, trop souvent, des condamnations légères, même contre les récidivistes. Or, les courtes peines n'ont aucun caractère intimidant et nuisent plutôt qu'elles ne servent à l'amendement. V. ce qui a été dit à cet égard, *suprà*, v° *Peine*, n° 832. Convaincu qu'au point de vue des véritables intérêts de la justice, les magistrats doivent se montrer indulgents pour les délinquants primaires, et sévères pour les malfaiteurs incorrigibles, M. le sénateur Bérenger, en même temps qu'il proposait au Sénat, en 1884, l'institution de la condamnation conditionnelle (L. 26 mars 1891, D. P. 91. 4. 24), avait demandé une aggravation *progressive* des peines en cas de récidive, analogue à celle qu'admet la législation anglaise. L'art. 1 de sa proposition était ainsi conçu : « Tout individu déjà condamné à une peine d'emprisonnement, qui est reconnu coupable d'un délit de même nature ou d'un fait important une peine plus grave, ne peut, *même en cas de circonstances atténuantes*, être condamné à une peine inférieure à six mois d'emprisonnement pour la première récidive, à un an et un jour pour la seconde, et au minimum des peines aggravées prévues par l'art. 58 c. pén. pour les autres, si la condamnation précédemment prononcée a été inférieure à trois mois. Dans le cas où la condamnation antérieure a été de trois mois ou plus, le minimum de la peine ne peut descendre pour la première fois au-dessous de la moitié du maximum de la peine applicable au fait imputé, et pour les autres au-dessous du minimum des peines aggravées prévues par l'art. 58 c. pén. ». Cette disposition, on le voit, imposait rigoureusement au juge, même en cas de circonstances atténuantes, un minimum d'aggravation de peine, lorsqu'il y a récidive; elle entraînait donc une modification de l'art. 463 c. pén. dans le sens de la sévérité. Mais les restrictions proposées, admises par le Sénat, échouèrent devant la résistance de la Chambre des députés, qui se refusa à toucher à l'art. 463. La disposition que nous venons d'analyser n'ayant pas trouvé place dans la loi Bérenger, celle-ci est, à notre avis, insuffisante sous le rapport de l'aggravation des peines. (V. à cet égard *suprà*, v° *Peine*, n°s 539 et 832). — En ce qui concerne l'aggravation des peines édictées par la loi Bérenger, V. *infrà*, n°s 28 et 29.

22. En terminant, nous constaterons que les art. 64 et 65 du projet élaboré par la commission de revision du code pénal déploient contre les récidivistes une sévérité inconnue jusqu'ici. Ces articles sont ainsi conçus : « Art. 64. Si un individu, après avoir été condamné à plus de trois mois d'emprisonnement résultant d'un ou de plusieurs arrêts ou jugements, commet un nouveau crime ou délit entraînant l'emprisonnement, la durée de la peine ne pourra être abaissée, *même en cas de circonstances atténuantes*, au-dessous du maximum fixé par la loi, s'il n'excède pas deux ans, ni au-dessous d'une année, dans le cas où elle serait supérieure à deux ans. La disposition du paragraphe précédent cesse d'être applicable lorsque le nouveau crime ou délit a été commis plus de cinq ans après la libération définitive. — Art. 65. Si un individu, après avoir été condamné à un an d'emprisonnement, commet, dans un délai de dix ans à partir de sa libération, un nouveau crime ou un délit passible au minimum d'une année d'emprisonnement, la peine portée par la loi pourra être augmentée d'un tiers. Elle ne pourra, *même en cas de circonstances atténuantes*, être abaissée au-dessous de la moitié du maximum fixé par la loi, s'il n'excède pas dix ans, ni au-dessous de cinq ans, dans le cas où il serait supérieur à dix ans. Si la peine portée par la loi est la mort ou l'emprisonnement perpétuel, la peine ne pourra, même en cas de circonstances atténuantes, être abaissée au-dessous de huit ans. La disposition des paragraphes précédents cesse d'être applicable, lorsque le nouveau crime ou délit a été commis dans un délai de dix ans depuis la libération ».

23. Dans l'état actuel de notre législation, une dernière observation doit être faite. Le nouveau genre de répression de la récidive institué par la loi du 27 mai 1885 (c'est-à-dire la relégation) n'abroge pas l'ancien système de répression, mais se combine avec lui. Il prend place à côté du système du code pénal, sans qu'on ait, d'ailleurs, songé à harmoniser ces deux législations. Suivant la remarque d'un auteur (André, *La récidive*, p. 220), le législateur de 1885 s'est occupé des repris de justice comme si leur situation n'avait jamais fait l'objet des préoccupations législatives, comme si elle n'était pas déjà réglée par la législation antérieure. Quoi qu'il en soit, il est hors de doute que les dispositions des art. 56 et suiv. c. pén. doivent recevoir leur application soit *parallèlement*, soit *cumulativement* avec celles de la loi de 1885. — Au premier point de vue (application *parallèle*), le repris de justice pourra être récidiviste dans le sens du code pénal, avec l'effet attaché à cette situation, sans l'être dans le sens de la loi sur la relégation : il en sera ainsi, par exemple, de l'individu condamné à une peine d'emprisonnement quelconque qui commettra, dans les cinq ans, un second délit identique (art. 58 c. pén., modifié par la loi du 26 mars 1891). Inversement, un individu pourra être récidiviste aux termes de la loi de 1885, et par conséquent relégable, sans être cependant récidiviste au sens des art. 57 et 58 c. pén. Exemple, le cas de l'homme condamné à la reclusion qui, plus de cinq ans après sa sortie de la maison centrale, vient à être condamné d'abord à plus de trois mois de prison pour vol, puis à plus de trois mois de la même peine pour vagabondage. Mais cet homme n'est pas récidiviste au point de vue du code (André, p. 222). — Au second point de vue (application *cumulative*), si le repris de justice est récidiviste dans le sens de la loi de 1885 et dans celui du code pénal, il y a lieu d'accumuler sur sa tête l'aggravation de peine due à la circonstance légale aggravante des art. 56 et suiv., et la relégation, qui est une suite fatale des condamnations qu'il a encourues (Garraud, n° 184; André, *eod. loc.*; C. d'ass. Loiret, 19 avr. 1887) (1).

24. — III. DOCTRINE. — La récidive a fait l'objet de nombreuses études. Parmi les plus importantes, nous citerons : 1° en ce qui concerne *la récidive en général*, les ou-

---

(1) (Diactorius.) — LA COUR; — Attendu que les faits déclarés constants par le jury constituent les crimes de faux en écritures authentiques et publiques prévus par les art. 147 et 164 c. pén., lesquels sont ainsi conçus :... — Attendu que l'accusé qui a déjà été condamné, le 19 novembre 8 sept de reclusion pour vols, par la cour d'assises du Puy-de-Dôme, et qui reconnaît cette condamnation, se trouve ainsi en état de récidive légale; — Vu l'art. 56, § 5, c. pén.; — La cour condamne Diactorius à vingt ans

de travaux forcés et à 100 fr. d'amende; — Sur la peine accessoire de la relégation : — Attendu que la cour, après avoir, en vertu de l'article précité du code pénal, statué sur la récidive légale qui a pour conséquence d'aggraver la peine principale, doit statuer ensuite sur la récidive, ou plutôt la réitération que la loi du 27 mai 1885 punit de la relégation; qu'il y a là deux opérations qui se succèdent sans se contrarier parce qu'elles sont indépendantes l'une de l'autre; — Attendu que par le pré-

vrages suivants : Bérenger, *De la répression pénale*, Paris, 1855 ; Bertauld, *Revue pratique*, t. 5, p. 278 ; Bonneville de Massangy, *De la récidive ou des moyens les plus efficaces pour constater, rechercher et réprimer les rechutes dans toute infraction pénale*, Paris, 1844 ; Fernex de Montgex, *Étude sur la récidive*, Chambéry, 1868 ; Bourbeau, *De la récidive et des moyens la réprimer*, Besançon, 1879 ; F. Desportes, *La réforme des prisons*, 1862 ; F. Desportes et L. Lefébure, *La science pénitentiaire au congrès de Stockholm*, Paris, 1880 ; F. Desportes, *La récidive*, Paris, 1883 ; Michaux, *Étude sur la question des peines*, Paris, 1872 ; d'Olivecrona, *Des causes de la récidive et des moyens d'en restreindre les effets*, Paris, 1873 ; Tissot, *Étude sur la récidive en matière pénale*, Paris, 1880 ; Yvernès, *De la récidive et du régime pénitentiaire en Europe*, Paris, 1874 ; André, *La récidive*, Paris, 1892. On consultera aussi : le *Rapport de la loi sur le régime des prisons départementales*, par M. R. Bérenger, 7ᵉ volume de l'enquête parlementaire de 1872 sur le régime des établissements pénitentiaires ; et les *Réponses faites par la cour de cassation et les cours d'appel aux 4ᵉ, 5ᵉ et 6ᵉ questions du paragraphe 3 (réformes législatives) du questionnaire de la commission d'enquête sur le régime des établissements pénitentiaires*, dans les volumes 4 et 5 de ladite enquête. Le *Bulletin de la société générale des prisons* contient aussi un grand nombre d'articles importants sur la récidive.

25. 2° Plus spécialement pour la *récidive d'après le code pénal*, nous renverrons le lecteur au commentaire des art. 56-58 c. pén. dans les *Traités généraux sur le droit pénal* des auteurs suivants : Chauveau et Hélie, *Théorie du code pénal*, 6ᵉ édit., revue par M. Villey (1887), t. 1, nᵒˢ 200 et suiv. ; Ortolan, *Éléments de droit pénal*, t. 1, nᵒˢ 214 et suiv. ; Boitard, *Leçons de droit criminel*, 13ᵉ édit., revue par M. Villey (1890), nᵒˢ 117 et suiv. ; Blanche, *Études pratiques sur le code pénal*, première étude, nᵒˢ 349 et suiv. ; Garraud, *Traité théorique et pratique du droit pénal français*, t. 2, nᵒˢ 179 et suiv. ; *Précis de droit criminel*, 4ᵉ édit., nᵒˢ 308 et suiv. ; Villey, *Précis d'un cours de droit criminel*, 3ᵉ édit., p. 489 et suiv. ; Laborde, *Cours élémentaire de droit criminel*, p. 288 et suiv. V. aussi les ouvrages spéciaux ci-après, qui ont commenté la loi du 26 mars 1891, sur l'aggravation et l'atténuation des peines : Henri Capitant, *La loi du 26 mars 1891 sur l'atténuation et l'aggravation des peines (Revue cri-*

tique de législation et de jurisprudence, 1891, p. 282 et suiv.); Typaldo-Bassia, *De la loi du 26 mars 1891, relative à l'atténuation et à l'aggravation des peines (Revue critique de législation et de jurisprudence*, 1892, p. 688 et suiv.); Brégeault, *La loi du 26 mars 1891 sur l'atténuation et l'aggravation des peines (Lois nouvelles analysées et expliquées*, 1891, p. 328 et suiv.); Henri Locard, *Commentaire de la loi du 26 mars 1891*, p. 148 et suiv.; Tardif, *De l'atténuation et de l'aggravation des peines (Revue critique de législation des peines*, 1891, p. 194 et suiv.); Nègre et Gary, *La loi Bérenger et ses applications*, p. 101 et suiv.; Mabille du Chêne, *De l'atténuation et de l'aggravation des peines*, p. 41 et suiv.; Mahoudeau, *Commentaire de la loi du 26 mars 1891 sur l'atténuation et l'aggravation des peines*, p. 37 et suiv.; de Forcrand, *Commentaire de la loi du 26 mars 1891 sur l'atténuation et l'aggravation des peines (Journal du ministère public*, 1892, p. 288 et suiv., 1893, p. 3 et suiv.). V. encore sur le même objet : le rapport de M. Bérenger au Sénat, *Journ. off.* du 29 mai 1890 (Sénat, Doc. parl., annexe nᵒ 27, p. 17 et suiv.), et le rapport de M. Barthou à la Chambre des députés, *Journ. off.* du 30 janv. 1891 (Chambre, Doc. parl., annexe nᵒ 1667, p. 467).

3° Plus spécialement *pour la relégation*, on consultera les traités généraux précités de Garraud, *Traité de droit pénal*, t. 1, nᵒˢ 296 et suiv., et t. 2, nᵒˢ 198 et suiv. ; *Précis*, p. 404 et suiv. ; Villey, *Précis*, p. 504 et suiv. ; Laborde, nᵒˢ 528 et suiv., et les ouvrages spéciaux ci-après : Tournade, *Commentaire de la loi sur les récidivistes*; Garçon, *La loi des récidivistes*; Berton, *De la relégation des récidivistes*; Jambois, *Code pratique de la relégation*; Depeiges, *Commentaire pratique de la loi sur les récidivistes*; Gay, *Commentaire pratique de la loi sur les récidivistes*; Le Poittevin, *Commentaire pratique de la loi du 27 mai 1885 sur la relégation*; Albert Eyquem, *Étude sur la loi de 1885 sur la relégation*; Teisseire, *La transportation pénale et la relégation*. On consultera aussi les articles publiés par M. Albert Desjardins, dans *Le Droit*, 26 et 27 janv. 1886 ; M. A. Sauvajol, dans la *Gazette des tribunaux*, du 19 déc. 1885 ; M. Laborde dans *La Loi* du 22 mai 1886 ; les nombreux articles, communications et documents relatifs à la relégation, insérés dans la *Revue pénitentiaire, bulletin de la société générale des prisons.*

---

sent arrêt, qui portera la date de ce jour, 19 avr. 1887, Diactorius vient d'être condamné à la peine de vingt ans de travaux forcés ; — Qu'antérieurement, le 10 nov. 1874, la cour d'assises du Puy-de-Dôme avait prononcé contre lui, pour vol, la condamnation à sept années de réclusion ci-dessus visée par l'application de la récidive légale ; — Que ces deux condamnations font rentrer maintenant Diactorius dans le premier cas de relégation édictée par l'art. 4 de la loi du 27 mai 1885 ; — Attendu que conformément à l'article précité ces deux condamnations ont bien été encourues, l'une et l'autre dans un intervalle de dix ans non compris la durée de toute peine subie ; — Que le casier de Diactorius relève en effet les quinze condamnations suivantes, dont neuf ont été prononcées contre lui sous son véritable nom et six sous celui de Bonnemoy : 1° 5 août 1872, cour d'assises du Puy-de-Dôme, vol, dix-huit mois ; 2° 19 nov. 1874, cour d'assises du Puy-de-Dôme, vols, sept ans de réclusion ; 3° 31 déc. 1884, tribunal de Clermont-Ferrand, outrage à la pudeur, six mois ; 4° 8 juill. 1882, tribunal de Saint-Étienne, vagabondage, quatre jours ; 5° 31 juill. 1882, tribunal de Lyon, vol, un mois ; 6° 25 janv. 1884, tribunal de Riom, rupture de ban, quatre mois ; 7° 5 juin 1884, tribunal de Thiers, rupture de ban, quatre mois ; 8° 27 nov. 1884, tribunal de Clermont-Ferrand, rupture de ban, un mois ; 9° 9 janv. 1885, tribunal de Cusset, rupture de ban et vagabondage, deux mois ; 10° 18 mars 1885, tribunal de Riom, rupture de ban, trois mois ; 11° 18 août 1885, tribunal de Lyon, vagabondage, un mois ; 12° 2 oct. 1885, tribunal de Lyon, vagabondage, quatre mois ; 13° 13 févr. 1886, tribunal de Lyon, vagabondage, deux mois ; 14° 14 sept. 1886, tribunal de Nevers, vagabondage, deux mois ; 15° 25 nov. 1886, tribunal d'Orléans, vagabondage, trois mois ; — Attendu que toutes ces condamnations antérieures, même celles prononcées contre lui sous le nom de Bonnemoy, ont à la fois reconnues par Diactorius et établies contre lui par la procédure en faux qui vient d'aboutir à sa condamnation ; — Que la cour obligée, aux termes de l'art. 10, de statuer en même temps sur la peine principale et sur la peine accessoire, ne peut attendre pour prononcer sur la relégation que les six condamnations qui ont motivé la poursuite en faux aient été l'objet de rectifications régulières

de la part des différentes juridictions qui ont les appliquées ; — Attendu que Diactorius a intégralement subi les quinze condamnations ci-dessus visées sauf celle (première retenue, seconde du casier) à sept ans de réclusion prononcée contre lui le 19 nov. 1874 par la cour d'assises du Puy-de-Dôme qui a été réduite de six mois par décision gracieuse ; — Attendu dès lors, que si, du 19 nov. 1874, date de la première des deux condamnations retenues pour l'application de la relégation, au 19 avr. 1887, date de la condamnation qui vient d'être prononcée, il s'est écoulé douze années et un chiffre mois, l'on doit en défalquer les neuf ans, trois mois et quatre jours pendant lesquels Diactorius a été effectivement incarcéré pour subir les diverses peines corporelles prononcées contre lui ; qu'en conséquence, les deux condamnations visées par l'application de la relégation ne se trouvent plus séparées l'une de l'autre par un intervalle de temps supérieur à dix années, elles peuvent dès lors Diactorius est relégable ; — Vu l'art. 4 de la loi du 27 mai 1885 sur l'interdiction de séjour ; — Attendu que, la relégation étant une peine accessoire perpétuelle à subir hors de France, il n'y a pas lieu de statuer sur l'interdiction de résidence en certains lieux en France qui a remplacé la peine de la surveillance de la haute police comme accessoire ordinaire de la peine principale des travaux forcés à temps et de la réclusion ; — Que l'application de la première de ces peines accessoires (relégation) exclut en effet forcément l'application de la seconde (interdiction de résidence) ; — Sur la contrainte par corps : — Attendu que, bien que la relégation soit une peine perpétuelle, elle laisse au condamné qui l'a encourue comme accessoire à la peine principale, et après l'expiration de cette dernière, une liberté relative hors de France et une certaine aptitude à posséder des biens personnels qui permettent dès lors contre lui l'exercice de la contrainte par corps pour le recouvrement de l'amende et des frais ;

Par ces motifs ; — Dit qu'à l'expiration de sa peine corporelle Diactorius sera relégué ; — Dit qu'il n'y a pas lieu de statuer sur l'interdiction de séjour ; — Fixe au minimum la durée de la contrainte par corps.

Du 19 avr. 1887.-C. d'assises du Loiret.-MM. Latour, subst.-Varnier, av.

CHAP. 2. — De la récidive d'après le code pénal
(*Rép.* v° *Peine*, n°s 243 à 349).

Sect. 1re. — Tableau de la législation.

26. Le code pénal de 1810, corrigé en 1832, développait dans ses art. 56, 57 et 58, la théorie de la récidive. L'art. 56 édictait les aggravations de peine, différentes selon les cas, qui devaient résulter d'un fait de récidive de crime à crime; l'art. 57 traitait de l'aggravation de peine en cas de récidive de crime à délit, et l'art. 58 prévoyait le cas de récidive de délit à délit, quand le premier fait avait été assez grave pour motiver un emprisonnement de plus d'une année. Le dernier cas possible, celui de récidive de délit à crime, n'était pas et ne devait pas être l'objet d'une aggravation légale de la peine, attendu que la latitude laissée au juge par la loi en matière de grand criminel est assez considérable pour lui permettre d'élever la peine au niveau de la criminalité de l'acte, quand le premier fait coupable a eu un caractère de criminalité relativement aussi peu marqué. La loi des 13 mai-1er juin 1863 a quelque peu modifié les art. 57 et 58, moins pour aggraver la peine au cas de récidive que pour faire disparaître des difficultés d'interprétation sur lesquelles la jurisprudence était vacillante ou partagée. Ainsi la question s'était présentée de savoir s'il y avait récidive de délit à délit, et par conséquent, s'il y avait lieu à l'aggravation de la peine, dans le cas où le second fait qualifié crime par la loi n'était passible que d'une peine correctionnelle, soit parce qu'il était excusable, soit parce que le jury avait admis des circonstances atténuantes, plus s'il y avait récidive de délit à crime, ce qui n'eût pas permis d'appliquer au récidiviste une peine aggravée. La cour de cassation jugeait communément qu'il y avait récidive de délit à crime, attendu que la loi ne s'attachait pas à la peine appliquée, mais à la qualification du second fait, et que, par conséquent, il n'y avait pas lieu à l'aggravation de la peine (Crim. cass. 27 juin 1833, aff. Femme Connes, D. P. 33. 1. 322; 29 juin 1837, aff. Girard, D. P. 37. 1. 530; 11 avr. 1839, aff. Femme Lindel, D. P. 39. 1. 379; 2 juin 1842, aff. Baty, D. P. 42. 1. 361; 4 janv. 1856, aff. Fabre, D. P. 56. 5. 383 ; V. aussi *Rép.* n°s 319 et 323). Mais cette jurisprudence n'était pas admise sans contestation (V. notamment Molinier, *Revue critique*, t. 1, p. 61). Pour faire cesser des controverses de cette nature, la loi des 13 mai-1er juin 1863, tout en maintenant l'art. 56 de l'ancien code pénal, réformait comme suit les art. 57 et 58: « Art. 57. Quiconque ayant été condamné *pour crime à une peine supérieure à une année d'emprisonnement* aura commis un délit *ou un crime qui devra n'être puni que de peines correctionnelles*, sera condamné au maximum de la peine portée par la loi, et cette peine pourra être élevée jusqu'au double. *Le condamné sera de plus mis sous la surveillance spéciale de la haute police pendant cinq ans au moins et dix ans au plus*. — Art. 58. Les coupables condamnés correctionnellement à un emprisonnement de plus d'une année seront aussi, en cas de nouveau délit *ou de crime qui devra n'être puni que de peines correctionnelles*, condamnés au maximum de la peine portée par la loi, et cette peine pourra être élevée jusqu'au double; ils seront de plus mis sous la surveillance spéciale du Gouvernement pendant au moins cinq années et dix ans au plus ». — Nous avons souligné les membres de phrase que le législateur de 1863 a ajoutés aux anciens art. 57 et 58. Dans cette nouvelle rédaction, le nouvel art. 57 c. pén. diffère de l'ancien: 1° en ce que la première condamnation pour crime doit s'être élevée à une peine de plus d'une année d'emprisonnement pour que le coupable soit traité comme récidiviste; 2° en assimilant la récidive de crime à crime puni de peines correctionnelles à la récidive de crime à délit; 3° en soumettant le récidiviste à la surveillance de la haute police. Le nouvel art. 58 diffère de l'ancien par l'adjonction de ces mots *ou de crime qui devra n'être puni que de peines correctionnelles*. Par là, le législateur, contrairement à la jurisprudence de la cour de cassation que nous avons rappelée, considère non la qualification légale du second fait, mais la peine qu'il devra encourir, pour l'application de la théorie de la récidive, et crée un cas de récidive nouveau, celui de délit à crime, quand la peine de ce crime devra subir une diminution.

27. L'augmentation toujours croissante de la récidive appelait encore l'intervention du législateur. — La loi des 26-27 mars 1891 (D. P. 91. 4. 24), due à l'initiative de M. Bérenger, a eu pour but de remédier au mal. D'une part, en effet, elle a essayé de prévenir la récidive par le système des condamnations conditionnelles dont il a été traité *supra*, v° *Peine*, n°s 215 et suiv. ; d'autre part, elle a introduit dans les art. 57 et 58 c. pén. des dispositions nouvelles, les unes plus douces, les autres plus rigoureuses que celles édictées antérieurement, voulant ainsi, tout en écartant les rigueurs inutiles, atteindre avec plus d'efficacité les divers cas de récidive prévus par ces articles. Le projet primitif de M. Bérenger, de beaucoup plus rigoureux que la loi de 1891, restreignait notamment les pouvoirs du juge, en cas de circonstances atténuantes. Cette innovation a été repoussée par le Parlement. Nous avons exprimé notre sentiment sur ce point, *supra*, v° *Peine*, n° 539.

28. Voici du reste le texte des art. 57 et 58 c. pén., modifiés par la loi précitée du 26 mars 1891. Quant à l'art. 56 du même code, il n'y a été fait aucun changement. — « Art. 57. Quiconque, ayant été condamné pour crime à une peine supérieure à une année d'emprisonnement, aura, dans un délai de cinq années après l'expiration de cette peine ou sa prescription, commis un délit ou crime qui devra être puni de la peine de l'emprisonnement, sera condamné au maximum de la peine portée par la loi, et cette peine pourra être élevée jusqu'au double. — Défense pourra être faite, en outre, au condamné de paraître, pendant cinq ans au moins et dix ans au plus, dans les lieux dont l'interdiction lui sera signifiée par le Gouvernement avant sa libération. — Art. 58. Il en sera de même pour les condamnés à un emprisonnement de plus d'une année pour délit qui, dans le même délai, seraient reconnus coupables du même délit ou d'un crime devant être puni de l'emprisonnement. — Ceux qui, ayant été antérieurement condamnés à une peine d'emprisonnement de moindre durée, commettraient le même délit dans les mêmes conditions de temps, seront condamnés à une peine d'emprisonnement qui ne pourra être inférieure au double de celle précédemment prononcée, sans toutefois qu'elle puisse dépasser le double du maximum de la peine encourue. — Les délits de vol, escroquerie et abus de confiance seront considérés comme étant, au point de vue de la récidive, un même délit. — Il en sera de même des délits de vagabondage et de mendicité ».

29. Il ressort de ce qui précède que la loi de 1891 a introduit les modifications suivantes : 1° l'aggravation résultant de la récidive ne peut plus être encourue qu'autant que la nouvelle infraction, crime ou délit, est punie de la peine de l'emprisonnement; 2° la récidive temporaire est substituée à la récidive perpétuelle, quand un jugement prononçant une peine corporelle pour crime ou pour délit est suivi d'une infraction punie de l'emprisonnement; 3° la récidive, dans le cas où, à une condamnation à l'emprisonnement pour délit, succède une autre condamnation à l'emprisonnement pour délit ou crime, devient spéciale, quant aux délits, de générale qu'elle était, lorsque le jugement qui sert de base à l'état de récidive prononce une peine d'emprisonnement supérieure à un an; 4° établissement d'une récidive particulière, dite « petite récidive », pour le cas où l'emprisonnement prononcé précédemment est égal ou inférieur à un an; cette récidive est toujours spéciale; 5° l'interdiction de séjour, instituée par la loi du 23 janv. 1874, reste facultative, tandis que la mise sous la surveillance de la haute police était obligatoire.

30. Tout autre est le système adopté dans le projet de réforme du code pénal. Il revient au régime de la réitération générale et ne connaît que la récidive temporaire. Toute condamnation ou tout ensemble de condamnations dont le montant total ne dépasse pas trois mois de prison ne constitue pas un état de récidive. Mais l'individu condamné, en une ou plusieurs fois, à plus de trois mois de prison, qui commet, dans les cinq ans après sa libération définitive, un nouveau crime ou délit entraînant l'emprisonnement, se trouve en récidive; alors la durée de la peine ne peut être abaissée, même en cas de circonstances atténuantes, au-dessous de la moitié du maximum fixé par la loi, s'il n'excède pas deux ans, ni au-dessous d'une année, dans le cas où il serait supérieur à deux ans (art. 64). — Si le premier terme consiste dans une condamnation à un an d'emprison-

nément, et que, dans un délai de dix ans après sa libération, le condamné commette un nouveau crime ou un délit passible au minimum d'une année d'emprisonnement, la peine portée par la loi peut être augmentée d'un tiers. Elle ne peut, même en cas de circonstances atténuantes, être abaissée au-dessous de la moitié du maximum fixé par la loi, s'il n'excède pas dix ans, ni au-dessous de cinq ans, dans le cas où il serait supérieur à dix ans. — Si la peine portée par la loi est la mort ou l'emprisonnement perpétuel, la peine ne peut, même en cas de circonstances atténuantes, être abaissée au-dessous de huit ans (art. 65).

Sect. 2. — Des conditions de la récidive en général (Rép. vᵒ Peine, nᵒˢ 255 à 272, 293 et 294, 296 à 303, 328 à 330).

31. — I. Du premier terme de la récidive. — 1ᵒ Condamnation pénale. — Pour qu'il y ait récidive, il faut, ainsi qu'il a été dit au Rép., nᵒˢ 257 et suiv., que l'infraction à juger intervienne après une condamnation. Aux arrêts cités loc. cit. adde : Crim. cass. 1ᵉʳ juin 1855, aff. Luneau, D. P. 55. 1. 299 ; 13 juin 1857, aff. Petit, Bull. crim., nᵒ 229 ; 11 oct. 1877, aff. Prêtre, ibid. nᵒ 228. V. conf. Garraud, Traité, t. 2, nᵒ 186 ; Garraud, Précis, nᵒ 309 ; Blanche, t. 1, nᵒ 442 ; Trébutien, t. 1, nᵒ 625 ; Villey, p. 524 ; Locard, nᵒ 123 ; André, nᵒ 223.

32. Or, la condamnation doit consister dans une peine. Cela résulte des termes mêmes des art. 56 à 58 c. pén. D'où cette conséquence que les jugements qui prononcent la culpabilité de mineurs de seize ans et les renvoient dans une maison de correction comme ayant agi sans discernement, ne peuvent servir de premier terme à la récidive (Rép. nᵒ 258 ; Garraud, t. 1, nᵒ 189-b. Comp. Locard, nᵒ 30).

33. — 2ᵒ Condamnation passée en force de chose jugée. — Cette condamnation doit avoir acquis l'autorité de la chose jugée au moment de la nouvelle infraction est commise (Rép. nᵒˢ 260 et suiv.). Si, en effet, elle était encore susceptible d'être rapportée pour une cause quelconque, on ne pourrait pas reprocher à l'agent de n'en avoir tenu aucun compte (Garraud, Traité, nᵒ 189-b ; Garraud, Précis, nᵒ 310 ; Blanche, t. 1, nᵒ 443 ; Trébutien, t. 1, nᵒ 631 ; Villey, p. 526 ; Locard, nᵒˢ 22 et 123 ; André, t. 223 ; Crim. cass. 16 nov. 1830, aff. Bornaud, D. P. 50. 5. 270 ; 2 août 1856, aff. Drevelle, D. P. 56. 1. 379 ; Crim. rej. 7 févr. 1862, aff. Lalbaud, D. P. 62. 1. 252 ; 8 déc. 1865, aff. Passeron, D. P. 66. 5. 401 ; 29 janv. 1885, aff. Duclou du Teillot, D. P. 86. 1. 43 ; Crim. cass. 9 avr. 1887, aff. Faivre, Bull. crim., nᵒ 143). — Ajoutons que le jugement de condamnation fondé à tort sur ce que le condamné était en état de récidive serait cassé, quoique la peine prononcée eût pu être appliquée, même en faisant abstraction de la récidive ; ce n'est pas là une simple erreur de citation de la loi pénale dans le sens de l'art. 411 c. instr. crim. (Crim. cass. 22 janv. 1852, aff. Génin, D. P. 52. 1. 60 ; 7 juill. 1852, aff. Languillaume, D. P. 53. 5. 393 ; 4 janv. 1856, aff. Fabre, D. P. 56. 5. 383 ; 21 déc. 1871, aff. Benabent et Béz, D. P. 72. 1. 334 ; 26 févr. 1880, aff. Dietsch, D. P. 80. 1. 358 ; 13 août 1880, aff. Vignard, D. P. 81. 1. 143 ; 1ᵉʳ sept. 1882, aff. Maupomé, D. P. 82. 1. 488 ; 29 janv. 1885, précité ; 9 mars 1888, aff. Depoix, Bull. crim., nᵒ 107 ; 24 janv. 1889, aff. Prévost, D. P. 89. 1. 269 ; 19 déc. 1891, aff. Naud, D. P. 92. 1. 400, et les autres arrêts cités en note). Mais un prévenu ne peut se faire aucun grief de ce qu'il est à tort désigné comme récidiviste dans les qualités d'un arrêt, si cette mention n'est pas reproduite dans les motifs ni dans le dispositif (Crim. rej. 14 mai 1875, aff. Bourqueney, Bull. crim., nᵒ 154).

34. S'agit-il d'un jugement correctionnel prononcé par défaut ? il est indispensable que ce jugement ait été régulièrement signifié, qu'il ne puisse plus y être fait opposition ou que le délai pour la prescription de la peine soit expiré, suivant les distinctions établies par l'art. 187 c. instr. crim., modifié par la loi du 27 juin 1866 (V. suprà, vᵒ Jugement par défaut, nᵒˢ 245 et suiv. ; Crim. rej. 8 juin 1860, aff. Busselot et autres, D. P. 60. 5. 316 ; Douai, 3 déc. 1867, aff. Charmensat, D. P. 67. 2. 248 ; Crim. cass. 13 août 1880, aff. Vignard, D. P. 81. 1. 143).

35. S'agit-il d'un arrêt rendu par contumace ? cet arrêt ne peut servir de premier terme que tant que la peine est prescrite (Crim. rej. 10 mai 1861, aff. Marniquet, D. P. 61. 1. 239. V. aussi Rép., vᵒ Peine, nᵒ 264, in fine).

36. En matière d'ivresse publique, les condamnations encourues en simple police, qu'elles soient contradictoires ou par défaut, ne peuvent servir de base à la récidive correctionnelle qu'autant que les jugements ont été signifiés, et cela même dans le cas où ils auraient été volontairement exécutés (Trib. corr. Annecy, 1ᵉʳ déc. 1891 (1). V. suprà, vᵒ Acquiescement, nᵒ 117 ; Ivresse publique, nᵒ 29 ; Peine, nᵒ 770 ; et infrà, nᵒˢ 93-94).

37. Mais s'il est indispensable que la condamnation soit devenue définitive, aucune disposition de la loi française n'exige, comme certaines législations étrangères, que la peine ait été exécutée en totalité ou en partie. Ainsi, la prescription, la grâce ou la commutation de peine n'empêche pas le jugement de condamnation de servir de premier terme à la récidive (Rép. nᵒ 271 ; Garraud, Traité, t. 2, nᵒ 189-a ; Précis, nᵒ 310 ; Blanche, t. 1, nᵒˢ 455, 457 ; Villey, p. 527 ; Trébutien, t. 1, nᵒ 633).

38. Quant à l'amnistie, son pouvoir étant d'effacer complètement les crimes et les délits auxquels elle s'applique et de faire disparaître tous les effets des peines prononcées, à l'exception de ceux spécialement maintenus, les condamnations encourues avant l'acte d'amnistie ne peuvent être admises pour constituer l'état de récidive. C'est, du reste, ce qui a toujours été décidé (Aux autorités citées au Rép., nᵒ 272, et suprà, vᵒˢ Amnistie, nᵒ 35, adde : Crim. cass. 6 mars 1874, aff. Raspail, D. P. 74. 1. 277 ; Crim. rej. 18 sept. 1890, aff. Martin et Tennevin, D. P. 91. 1. 186 ; Garraud, Trébutien et Villey, loc. cit.). La même solution serait applicable au cas où la condamnation aurait été annulée par suite de la révision du procès (Garraud, loc. cit.).

39. Ajoutons que, depuis la loi du 4 août 1885, sur les moyens de prévenir la récidive, une condamnation suivie de la réhabilitation du condamné ne peut servir de base à l'application des peines de la récidive. L'art. 634 c. instr. crim., modifié par la loi du 14 précitée, est en effet ainsi conçu : « La réhabilitation efface la condamnation et fait cesser pour l'avenir toutes les incapacités qui en résultent » (V. en ce sens, Garraud, loc. cit. ; Brégeault et Delagarde, De la réhabilitation des condamnés, p. 66 et suiv. ; Locard, nᵒ 25).

40. Quant aux condamnations à l'exécution desquelles les cours ou tribunaux ont ordonné qu'il sera sursis par application de l'art. 1 de la loi du 26 mars 1891, une distinction est nécessaire. Elles doivent servir de premier terme à la récidive, si l'infraction nouvelle se produit dans les cinq ans à dater du jugement ou de l'arrêt, si cette infraction est de droit commun et si elle est suivie tout au

---

(1) (X... C. Min. publ.) — Le tribunal. — Attendu que la récidive correctionnelle prévue par l'art. 2 de la loi du 23 janv. 1873 ne peut être encourue qu'autant que le prévenu a déjà subi, dans le courant de l'année, deux condamnations définitives en simple police ;

Attendu que tout jugement de simple police soumis à appel n'acquiert l'autorité de la chose jugée qu'à l'expiration des délais pour se pourvoir ; qu'aux termes de l'art. 174 c. instr. crim., ces délais ne courant qu'à dater de la signification, cette formalité est indispensable pour rendre le jugement définitif ; attendu, dès lors, que le jugement du 9 septembre dernier, qui constitue le deuxième échelon de la récidive, n'a pas été signifié, bien qu'il ait prononcé une peine d'emprisonnement, qu'il ne peut, dès lors, servir d'élément pour l'application de l'art. 2 précité ;

Attendu, il est vrai, que le prévenu a acquiescé à ce jugement, en exécutant volontairement la peine d'emprisonnement prononcée contre lui, mais que, d'après la jurisprudence constante de la cour de cassation, ni l'acquiescement, ni même l'exécution volontaire, ne mettent obstacle aux voies de recours que la loi accorde aux condamnés ; — Attendu qu'il suit de là que le fait reproché au prévenu constitue la contravention à l'art. 1 et non le délit réprimé par l'art. 2 de la loi du 23 janv. 1873 ; que, la cause étant en état et le fait reconnu, le tribunal peut retenir la cause ;

Par ces motifs :

Condamne le prévenu à la peine de trois jours d'emprisonnement, etc.

Du 1ᵉʳ déc. 1891.-Trib. corr. Annecy.-M. Boulet, pr.

moins d'une condamnation à l'emprisonnement. Dans le cas contraire, il n'y a pas lieu d'en tenir compte (V. *suprà*, v° *Peine*, n° 296. Conf. de Forcrand, *Journal du ministère public*, 1892, p. 297).

41. — 3° *Condamnation émanant d'un tribunal français.* — Il faut en outre, selon l'opinion émise au *Rép.*, n° 265, que la condamnation émane d'un tribunal français (Blanche, t. 1, n° 450; Garraud, *Traité*, n° 189-*c*; Garraud, *Précis*, n° 310; Villey, p. 526; Trébutien, t. 1, n° 633; Locard, n° 23). Jugé, à cet égard : 1° que la condamnation prononcée par un tribunal français contre un étranger pour un délit commis en France doit, en cas de nouvelle et semblable condamnation, entraîner contre l'étranger l'application des peines de la récidive prononcées par l'art. 58 c. pén.; qu'il en est ainsi spécialement dans le cas où la première condamnation a été rendue par un tribunal français contre des individus originaires de Savoie, lorsque ce pays faisait partie du royaume de Sardaigne, et où la deuxième condamnation a été prononcée par un tribunal de la Savoie pour délit commis dans cette province devenue française; qu'on prétendrait en vain que le premier jugement aurait été rendu contre des étrangers, et que la réunion de la Savoie à la France ne pourrait pas, par un effet rétroactif, justifier l'application des peines de la récidive (Crim. cass. 3 avr. 1875, aff. Bellot et Trouel, D. P. 75. 1. 490); — 2° Que le prévenu n'est pas constitué en état de récidive légale par une condamnation précédente prononcée par un tribunal étranger, alors même que cette condamnation a été prononcée par le tribunal d'un pays qui a été ultérieurement réuni à la France (Aix, 14 avr. 1875, aff. Giribaldi, D. P. 76. 2. 108); — 3° Qu'une condamnation prononcée en pays étranger ne peut constituer en état de récidive le prévenu d'un délit postérieurement commis en France (Besançon, 15 janv. 1879, aff. Bich, D. P. 79. 5. 351).

42. — 4° *Condamnation pour infraction de droit commun.* — Enfin, la condamnation précédente doit avoir été encourue pour une infraction de droit commun, quelle que soit la juridiction qui ait prononcé, qu'elle soit civile ou répressive, ordinaire ou d'exception (*Rép.*, n°s 296 et 320; Garraud, *loc. cit.*; Blanche, t. 1, n° 448; Villey, p. 526; Trébutien, t. 1, n° 633); d'où il suit que les condamnations émanant des tribunaux militaires ou maritimes servent à constituer l'état de récidive toutes les fois qu'elles répriment un crime ou un délit punissable d'après les lois pénales ordinaires, et non une infraction purement militaire. On a vu au *Rép.*, n° 302, que cela résulte d'une disposition formelle ajoutée à l'art. 56 c. pén. par le législateur de 1832 (Trébutien, t. 1, n° 634; Blanche, t. 1, n° 491; Garraud, *loc. cit.*).

Il a été jugé, en conséquence : 1° que l'achat d'effets militaires, même par un individu étranger à l'armée, n'étant pas une infraction de droit commun, la condamnation encourue pour un tel délit ne peut compter comme élément de récidive, aux termes de l'art. 56 c. pén., pas plus lorsqu'elle précède que lorsqu'elle suit une condamnation encourue pour un délit réprimé par le code pénal ordinaire (Crim. cass. 30 mars 1861, aff. Lyon-Picard, D. P. 61. 1. 185); — 2° Que la vente d'effets d'habillement militaire, n'étant pas une infraction de droit commun, ne peut servir de base à la récidive; qu'il en est de même de l'évasion d'un atelier de travaux publics; qu'en conséquence, l'individu qui, après avoir encouru, à raison de l'un de ces faits, la peine des travaux forcés ou celle du boulet pour plus d'une année, est réaccusé coupable de vagabondage, ne peut être condamné à la peine de l'emprisonnement pour une durée supérieure au maximum fixé par l'art. 271 c. pén. (Crim. cass. 29 mars 1877, aff. Bornarel, D. P. 78. 1. 42); — 3° Que la

condamnation prononcée pour des faits spécialement qualifiés par la loi militaire (vol d'effets militaires et vol au préjudice d'un autre militaire) ne peut servir de base à la récidive (Alger, 5 juill. 1877, aff. Bousquet, D. P. 78. 5. 394; Crim. cass. 26 août 1880, aff. Pierre Chalard, *Bull. crim.*, n° 170) ; — 4° Qu'une condamnation à cinq ans de reclusion prononcée pour vol par un conseil de guerre, sans que l'arrêt attaqué ni l'extrait du casier judiciaire relatant la condamnation indiquent si elle a été subie pour crime de vol qualifié par application du code pénal, ou pour un des faits de vol punis de la reclusion par la loi militaire, encore qu'ils ne constituent d'après la loi commune que de simples délits ne peut servir de base à la récidive (Crim. cass. 24 janv. 1889, aff. Prévost, D. P. 89. 1. 268).

43. Si la condamnation a été encourue à la fois pour des infractions militaires et pour des infractions de droit commun, et qu'une peine unique ait été prononcée, cette seule circonstance que l'agent a été condamné, indépendamment des faits militaires, pour des délits de droit commun, suffit pour constituer une base à l'état de récidive (Crim. rej. 9 nov. 1878, aff. Mouly, D. P. 79. 1. 388). — M. Garraud, t. 1, n° 189-*c*, estime qu'il faut, en pareil cas, rechercher quel est le crime ou le délit le plus grave et y rattacher la condamnation. C'est ce qu'a fait la cour de Douai, dans un arrêt du 18 juill. 1871 (aff. Vandamme, D. P. 74. 5. 419), en écartant un jugement de conseil de guerre qui avait prononcé la reclusion pour vol simple et vol d'effets militaires, parce que la peine appliquée se référait nécessairement à cette dernière infraction. D'ailleurs, si la peine (celle des travaux publics, par exemple) est exclusivement militaire, la condamnation qui l'a prononcée ne peut servir de premier terme à la récidive (Crim. cass. 1er mars 1888, aff. Vuillaume, *Bull. crim.*, n° 86).

44. Ajoutons que si le fait suivi de condamnation est qualifié par les codes militaires autrement que par le code pénal, la condamnation ne peut servir de terme à la récidive; en effet, si ce ne trouve plus en présence d'une infraction punissable d'après les lois pénales ordinaires. Ainsi, l'accusé reconnu coupable d'un crime, qui précédemment a été condamné à une peine afflictive et infamante pour crime militaire, n'est pas passible de l'aggravation relative à la récidive, si le fait réprimé par la juridiction militaire n'avait, en droit commun, que le caractère de délit (Crim. cass. 10 janv. 1861, aff. Deshayes, D. P. 61. 5. 404; 18 sept. 1873 aff. Gleizer et autres, *Bull. crim.*, n° 249; 26 févr. 1880, aff. Dietsch, D. P. 80. 1. 358-359; 9 nov. 1882, aff. Martin, D. P. 83. 1. 328. Conf. Garraud, *loc. cit.*).

45. — 5° *Condamnation, même en vertu de lois spéciales, sauf exceptions.* — En dehors de l'exception prévue par l'art. 56 c. pén., dit M. Garraud, t. 2, n° 189-*c*, « la loi ne fait pas de distinction suivant la nature des condamnations prononcées et des infractions commises. Son système de récidive embrasse les délits prévus par le code, comme les délits prévus par des lois spéciales, les délits politiques comme les délits non politiques ». C'est ainsi qu'il a été jugé, sous le régime du décret du 29 déc. 1851, qui réglementait la tenue des débits de boissons (Crim. cass. 4 janv. 1861, aff. Veuve Dufay, D. P. 61. 1. 185),... en matière de détention d'armes et de munitions de guerre (Crim. rej. 20 janv. 1882, aff. Burot, D. P. 82. 1. 93),... en matière d'infraction aux règlements sur les voitures publiques (Chambéry, 12 juin 1884) (1), ... en matière de douanes (Crim. cass. 24 sept. 1868, aff. Lépine, D. P. 69. 1. 438; 28 nov. 1868, aff. Jollibert, D. P. 69. 1. 260; Amiens, 16 janv. 1869, aff. Jolibert, D. P. 69. 2. 81; Douai, 11 nov. 1891, aff. Fille Herreng, D. P. 92. 2. 70; Crim. rej. 4 mars 1892, aff.

---

(1) (Contributions indirectes C. Bouvier.) — La cour; — Attendu que le jugement déféré, rendu par le tribunal correctionnel d'Annecy à la date du 24 déc. 1883, a rejeté les conclusions de l'Administration tendant à faire déclarer Bouvier en état de récidive et à le rendre passible de l'aggravation de l'amende édictée par le paragraphe final de l'art. 122 de la loi du 25 mars 1817; — Attendu, en fait, qu'il est établi que ledit Bouvier a déjà été condamné par le tribunal correctionnel d'Annecy, le 4 nov. 1879, en vertu du même art. 122, pour infraction aux règlements sur les voitures publiques (excédent de voyageurs); — En droit, attendu que la loi du 25 mars 1817 n'a fixé aucun laps de temps après lequel la peine encourue pour un

nouveau délit de même nature échappe aux règles de la récidive; que la seule condition dès lors exigée pour qu'il y ait récidive est que la première condamnation soit devenue définitive, sans qu'il y ait lieu de rechercher quel intervalle de temps sépare l'ancienne infraction de la nouvelle; que les dispositions de l'art. 438 c. pén. n'étant relatives qu'aux contraventions de simple police, ne peuvent être étendues aux délits-contraventions prévus par une loi fiscale; — Attendu, en conséquence, que la première condamnation contradictoirement en 1879 contre Bouvier, signifiée et non frappée d'appel, étant définitive, la réitération de l'infraction dûment constatée, devait forcément entraîner l'aggravation de la peine de la récidive; — Par ces

Grisard, D. P. 92. 1. 440),... que les art. 56, 57, 58 c. pén. sont généraux et absolus, et s'appliquent à tous les crimes et délits prévus par les lois particulières, lorsque ces lois n'en ont pas autrement ordonné, ou n'ont pas implicitement dérogé aux prescriptions du droit commun par des dispositions contenant une réglementation nouvelle de la récidive. Les derniers arrêts ajoutent qu'il en est ainsi même depuis la loi du 26 mars 1891, qui n'a pas touché à l'art. 56 et qui n'a apporté, à cet égard, aucune modification aux art. 57 et 58 (Conf. *Rép.*, nos 325 et suiv.; Chauveau et Hélie, édit. Villey, t. 1, no 212; Garraud, t. 2, no 191 ; Garraud, *Précis*, no 321; Blanche, t. 1, no 469; Trébutien, t. 1, no 640).

46. A quoi reconnait-on que les lois particulières ont dérogé au droit commun ? Il n'est guère facile de le déterminer. Toutefois, un arrêt de cassation contient à cet égard des considérations fort justes. Il déclare que « la dérogation peut être expresse ou implicite; qu'elle peut, conséquemment, résulter soit d'un texte précis, soit de l'ensemble des dispositions de la loi nouvelle, d'où peut ressortir la constatation de la volonté du législateur de disposer à nouveau et sans référence avec la loi générale préexistante » (Crim. cass. 21 avr. 1853, aff. Lerebourg, D. P. 55. 1. 222).

47. Il a été jugé, par application de ces principes : 1o que, en matière de chasse, il n'y a de récidive punissable que de délit de chasse à délit de chasse (L. 3 mai 1844, art. 14 et 15); que, par suite, la circonstance qu'un individu poursuivi pour un premier délit de chasse a subi une condamnation antérieure, pour un délit de droit commun, ne peut donner lieu à l'application des peines de la récidive (Crim. cass. 21 avr. 1853, cité *supra*, no 46; Amiens, 31 mars 1892) (1) ; — 2o Que la loi du 23 janv. 1873, sur la répression de l'ivresse, déroge au droit commun sur la récidive; que, par suite, le prévenu antérieurement condamné à l'emprisonnement pour délit de droit commun n'est pas passible des peines de la récidive légale édictée par l'art. 58 c. pén., lorsque, dans l'année après une deuxième condamnation par le tribunal de simple police pour ivresse, il est poursuivi en police correctionnelle, pour le même fait (Douai, 10 juin 1874, aff. Bouche, D. P. 75. 2. 129).

48. Doivent encore, semble-t-il, être considérées comme dérogeant au droit commun, les dispositions législatives suivantes : Décr. 28 sept.-6 oct. 1791, concernant la police rurale, tit. 2, art. 4; — art. 201 c. for.; — L. 15 avr. 1829, relative à la pêche fluviale, art. 69; — et L. 31 mai 1865, sur la pêche, art. 7; — L. 5 juill. 1844, sur les brevets d'invention, art. 43; — L. 15 juill. 1845, sur la police des chemins de fer, art. 21 ; — L. 27 mars 1851, tendant à la répression plus efficace de certaines fraudes dans la vente des marchandises, art. 4; — Décr. 25 mars 1852, sur les bureaux de placement, art. 4 ; — L. 21 juill. 1856, concernant les contraventions aux règlements sur les appareils et bateaux à vapeur, art. 19; — L. 23 juin 1857, sur les marques de fabrique et de commerce, art. 11; — L. 27 juill. 1867, relative à la répression des fraudes dans la vente des engrais, art. 2 ; — L. 12 juill. 1875, relative à la liberté de l'enseignement supérieur, art. 19; — L. 15 juill. 1878, relative aux mesures à prendre pour arrêter les progrès du phylloxera et du doryphora, art. 14 ; — L. 17 juill. 1880, abrogeant le décret du 29 déc. 1851, sur les cafés, cabarets et débits de boissons, art. 8; — L. 21 juill. 1881, sur la police sanitaire des animaux, art. 35 ; — L. 14 août 1885, sur la fabrication et le commerce des armes et des munitions non chargées, art. 12 et 13; — L. 2-4 nov. 1892, sur le travail des enfants, des filles mineures et des femmes dans les établissements industriels, art. 27, 28 et 29; — L. 30 nov.-1er déc. 1892, sur l'exercice de la médecine, art. 18, 19 ; — L. 13 juin 1893, concernant l'hygiène et la

sécurité des travailleurs dans les établissements industriels, art. 9.

49. Mais il peut arriver que la loi particulière, tout en édictant une récidive spéciale, n'ait pas entendu déroger aux dispositions générales des art. 56 et suiv. En d'autres termes, il peut y avoir deux sortes de récidive, par exemple, pour le même délit : la récidive générale, réglée par l'art. 58, existant dans des conditions différentes de celle de l'art. 58. Il a été jugé que, si l'art. 4 de la loi du 24 mai 1834 (sur les détenteurs d'armes ou de munitions de guerre) déclare qu'en cas de récidive, les peines pourront être élevées jusqu'au double, on ne saurait voir dans cette disposition une réglementation nouvelle de la récidive destinée à remplacer les prescriptions générales de l'art. 58 c. pén.; que l'objet de la loi était, non d'atténuer, mais d'aggraver et d'étendre les peines édictées par le code pénal ; et que c'est dans ce but que le législateur, en dehors de la récidive ordinaire, réglée par l'art. 58, a institué une récidive toute spéciale contre les prévenus qui auraient été antérieurement condamnés pour l'une des infractions réprimées par les trois premiers articles de cette loi, dans le cas même où la peine prononcée n'eût été qu'une simple amende ou un emprisonnement inférieur à un an (Crim. rej. 20 janv. 1882, aff. Burot, D. P. 82. 1. 93). Aujourd'hui que la récidive est réprimée quand la première condamnation est inférieure à un an et un jour de prison (V. *infra*, nos 68 et suiv.), la récidive spéciale reconnue par cette décision n'a conservé son intérêt que pour le cas où la première condamnation consiste en une simple amende. — C'est d'ailleurs à bon droit qu'un individu, précédemment condamné à treize mois de prison pour vol et traduit devant la juridiction correctionnelle pour port d'une arme prohibée, est condamné, à raison de son état de récidive, au double de la peine édictée pour le dernier fait; dans ce cas, la durée de la surveillance de la haute police doit être déterminée d'après l'art. 58 c. pén., et non selon la loi du 23 mai 1834 (Arrêt précité du 20 janv. 1882).

50. Quant à la loi sur la presse (L. 29 juill. 1881), elle déclare, en l'art. 63, que l'aggravation des peines résultant de la récidive n'est pas applicable aux infractions qu'elle prévoit; toutefois il est fait exception à l'égard de certaines contraventions (art. 2-2o, 15, 21-3o), et des discours injurieux, outrageants ou diffamatoires prononcés par les avocats ou officiers ministériels (art. 41-4o). V. *supra*, vo *Presse*, no 1441 et suiv.

51. — II. Du deuxième terme de la récidive. — En principe, toute infraction intentionnelle, c'est-à-dire toute infraction autre qu'une contravention de simple police, peut servir de second terme à la récidive. Mais cette règle souffre deux exceptions. La première concerne les lois spéciales qui dérogent au droit commun en matière de récidive (V. *supra*, nos 42 et suiv.); la seconde, les infractions qui impliquent une condamnation précédente, comme l'évasion, la rupture de ban d'un libéré soumis à l'interdiction de séjour : ces sortes d'infractions, en effet, ne constituent pas des délits nouveaux par rapport à la condamnation précédente qui en est en quelque sorte l'élément générateur (Garraud, *Traité*, t. 2, nos 191 et 192; Garraud, *Précis*, no 311 ; Trébutien, t. 1, no 640; Villey, p. 528; Blanche, t. 1, no 470).

52. Jugé, en ce qui concerne la seconde exception au principe que l'on vient de formuler : 1o que l'évasion ou la tentative d'évasion d'un détenu par bris de prison étant, par sa nature d'infraction spéciale, placée en dehors des règles générales du code pénal, ne comporte pas l'application des dispositions de la récidive (Crim. cass. 14 avr. 1864,

motifs; — Confirme le chef du jugement déféré qui a déclaré établie, à l'encontre de Bouvier, l'infraction à l'art. 122 de la loi du 25 mars 1817; — Mais réformant ledit jugement quant à l'application de la peine ; — Déclare ledit Bouvier en état de récidive et le condamne à 200 fr. d'amende.
Du 12 juin 1884.-C. de Chambéry, ch. corr.-MM. Auzias-Turenne, pr.-Molines, av. gén.

(1) (Fagot *C.* Min. publ.) — La cour; —Considérant que Fagot a été condamné, le 14 janv. 1892, par le tribunal de Péronne, à deux mois d'emprisonnement et 50 fr. d'amende pour chasse

sans permis et à l'aide d'engins prohibés; — Que, dans ces circonstances, les premiers juges lui ont fait à tort application des art. 57 et 58 c. pén., inapplicables aux délits pour lesquels le législateur a organisé une récidive spéciale, en dehors des délits de chasse; — Mais qu'il y a lieu de faire application des art. 14 et 15 de la loi du 3 mai 1844, ainsi conçus :

Confirme....
Du 31 mars 1892.-C. d'Amiens, 2o ch.-MM. de Vaulx d'Achy, pr.-Dagoury, subst.-Lefrançois, av.

aff. Delacroix, D. P. 64. 1. 248; Caen, 21 avr. 1875, aff. Brulé, D. P. 76. 2. 108; Paris, 24 mai 1886, aff. Bisetzki et Agnel, D. P. 88. 5. 412); — 2° Que la condamnation pour rupture de ban ne peut se combiner, pour constituer l'état de récidive, avec celle qui a placé le libéré sous la surveillance de la haute police (Bourges, 5 janv. 1860, aff. Gauthier, D. P. 60. 5. 316; Crim. cass. 16 mai 1878, aff. Matisse, *Bull. crim.*, n° 112; 24 juill. 1879, aff. Doidy, D. P. 80. 5. 318; 13 nov. 1884, aff. Gronier, *Bull. crim.*, n° 301); — 3° Que la condamnation pour infraction à l'interdiction de séjour ne peut se combiner, pour constituer l'état de récidive, avec celle qui a prononcé contre le prévenu l'interdiction de séjour (Crim. cass. 17 févr. 1882, aff. Gaillard, *Bull. crim.*, n° 47); et que la loi du 26 mars 1891 n'a pas modifié sur ce point l'art. 58 c. pén. (Arrêt précité du 19 déc. 1891).

53. Mais le droit commun reprend son empire et les peines de la récidive doivent être appliquées, si la rupture de ban a été précédée d'une condamnation pour une première rupture de ban (Crim. cass. 20 juill. 1854, aff. Femme Leclanche, D. P. 54. 1. 304; Bourges, 4 janv. 1855, aff. Mignet, D. P. 55. 5. 377; Chambéry, 1er sept. 1870, aff. Baudran, D. P. 71. 2. 197; Aix, 15 nov. 1871, aff. Houlette, MM. Féraud-Giraud, pr.-Desjardins, 1er av. gén.); ou, avant la loi de 1891, pour toute autre infraction soit antérieure, soit postérieure à la condamnation qui a prononcé l'interdiction de séjour (Crim. cass. 14 nov. 1856, aff. Boucau, dit Bottine, D. P. 56. 5. 384; Angers, 14 juill. 1875, aff. Hédreul, D. P. 76. 2. 108; 25 janv. 1883, aff. Barroy, *Bull. crim.*, n° 20; 1er févr. 1883, aff. Voirin, *ibid.*, n° 29. Conf. Garraud, Trébutien, Villey, Blanche, *loc. cit.*). Cependant plusieurs arrêts de cours d'appel (Rennes, 7 juin 1854, aff. Lechambre, D. P. 56. 2. 103; Bourges, 31 juill. 1856, aff. Pierron, D. P. 58. 2. 109; Chambéry, 10 mars 1864, aff. Périsson, D. P. 64. 5. 312) ont jugé, conformément à de précédentes décisions rapportées au *Rép.*, n° 328, que, la rupture de ban étant un délit spécial, presque une contravention, ne peut en aucun cas servir d'élément à l'état de récidive. Cette doctrine a été réfutée au *Rép.*, n°s 329 et 330.

Sect. 3. — De la récidive en matière de crimes et de délits (*Rép.* v° *Peine*, n°s 273 à 292, 295, 304 et 305, 308 à 327, 335 à 338).

Art. 1er. — *Des divers cas de récidive.*

54. Il résulte des modifications apportées aux art. 56 à 58 c. pén., par les lois de 1832, de 1863 et de 1891, que, dans l'application des règles de la récidive, il faut s'attacher non aux qualifications, mais uniquement aux peines tant prononcées qu'à prononcer (Blanche, t. 1, n° 569; Garraud, *Traité*, t. 2, n° 195; *Précis*, n° 313; Chauveau et Hélie, t. 1, n° 218; Crim. cass. 3 juill. 1863, aff. Philippe, *Bull. crim.*, n° 188). Pour tenir compte à la fois de cette volonté clairement exprimée par le législateur, et aussi des autres innovations de la loi de 1891, il convient de diviser et de libeller ainsi qu'il suit les divers cas de récidive : 1° peine criminelle, après condamnation à une peine criminelle ; 2° peine criminelle, après condamnation à la peine de l'emprisonnement ; 3° peine de l'emprisonnement, après condamnation pour crime à une peine supérieure à une année d'emprisonnement ; 4° peine de l'emprisonnement, après condamnation à un emprisonnement de plus d'une année pour délit ; 5° peine de l'emprisonnement, après condamnation pour délit à un emprisonnement égal ou inférieur à une année.

§ 1er. — Hypothèse d'une peine criminelle, après condamnation à une peine criminelle (*Rép.*, v° *Peine*, n°s 279 à 292, 295, 304 et 305, 308 à 314).

55. Cette matière est régie par l'art. 56 c. pén., et aucune modification n'y a été apportée depuis la revision de 1832. Aussi est-il toujours vrai de dire, comme cela résulte d'ailleurs du texte même de cet article et des explications fournies au *Rép.*, n°s 279 et suiv. : 1° que l'aggravation résultant de la récidive consiste, en principe, dans l'élévation de la peine d'un degré ; 2° qu'on ne passe pas d'une peine

temporaire à une peine perpétuelle, mais que l'aggravation consiste uniquement dans l'application obligatoire du maximum de la peine, laquelle peut être élevée jusqu'au double : par exemple, un crime passible de la peine des travaux forcés à temps, a-t-il été précédé d'une condamnation à une peine afflictive et infamante, c'est tout au moins le maximum des travaux forcés à temps qui est encouru ; 3° que la peine de mort doit être prononcée quand une précédente condamnation aux travaux forcés à perpétuité a été suivie d'un crime puni de la même peine. — Il a été jugé, depuis la publication du *Répertoire :* 1° que c'est à la nature de la peine, et non à la qualification du fait incriminé que se réfère l'art. 56 c. pén., pour prononcer une aggravation de peine contre le récidiviste (Crim. cass. 6 janv. 1881, aff. Odent, *Bull. crim.*, n° 1); — 2° Que l'arrêt qui condamne un individu, passible de la peine des travaux forcés à temps, à un nombre d'années inférieur au maximum de cette peine, alors que cet individu avait été condamné antérieurement à une peine afflictive et infamante, encourt la cassation (Crim. cass. 8 oct. 1874, aff. Miramont, *Bull. crim.*, n° 268 ; 7 juill. 1876, aff. Bouchon, D. P. 78. 1. 95; (int. de la loi) 20 nov. 1879, aff. Lebœuf, *Bull. crim.*, n° 194; Crim. rej. 18 nov. 1880, aff. Vallyaudom, *ibid.*, n° 201; Crim. cass. 13 juin 1891, aff. Raynaud, *ibid.*, n° 132).

56. Quant à la déportation, on sait que la loi du 8 juin 1850 (D. P. 50. 4. 129) a ajouté à la déportation simple la déportation dans une enceinte fortifiée, laquelle remplace la peine de mort en matière politique (V. *suprà*, v° *Peine*, n° 621). En présence de ce changement dans l'échelle des peines, peut-on encore dire avec l'art. 56 c. pén. que de la déportation on passe nécessairement aux travaux forcés à perpétuité ? Ou bien ne faut-il pas décider que l'on doit passer de la déportation simple à la déportation dans une enceinte fortifiée, et seulement de cette dernière peine aux travaux forcés à perpétuité ? On a vu au *Rép.*, n° 281, combien cette question délicate prête à des solutions diverses. Toutefois il est un argument de texte que l'on peut invoquer à l'appui de la gradation qui vient d'être indiquée ; on le tire de l'art. 2 de la loi précitée de 1850, lequel est ainsi conçu : « En cas de déclaration de circonstances atténuantes, si la peine prononcée par la loi est celle de la déportation dans une enceinte fortifiée, les juges appliqueront celle de la déportation simple ou celle de la détention... ». Or, disent les partisans de ce système, la loi, en indiquant comment on doit abaisser la peine, enseigne virtuellement par là quelle est la peine supérieure : elle doit s'élever (V. en ce sens : Garraud, t. 2, n° 195 ; et *Précis*, n° 314). MM. Ortolan (t. 2, n° 1650) et Villey (p. 529), tout en constatant que la loi de 1850 n'a pas modifié l'art. 56 c. pén., se montrent favorables à cette solution. Au contraire, MM. Chauveau et Hélie (t. 1, n° 202), Trébutien (t. 1, n° 293) et Blanche (t. 1, n° 488) s'en tiennent au texte de l'art. 56, et considèrent comme excessive l'interprétation proposée. Cependant cette interprétation, toute favorable à l'accusé, tiendrait compte à la fois de la modification introduite dans l'échelle pénale et des principes d'aggravation en matière de récidive ; de plus, en admettant le passage de la déportation dans une enceinte fortifiée aux travaux forcés à perpétuité, peine supérieure d'un degré (V. *suprà*, v° *Peine*, n° 57), elle rentrerait dans la lettre et dans l'esprit de l'art. 56.

§ 2. — Hypothèse d'une peine criminelle, après condamnation à la peine de l'emprisonnement (*Rép.* v° *Peine*, n°s 284, 286 et 328).

57. Aucune conséquence légale ne résulte de cet état de récidive, qu'on qualifie également de récidive de délit à crime. Aux arrêts cités en ce sens au *Rép.*, n°s 284, 286 et 323, *adde* : Crim. cass. 4 janv. 1856, aff. Fabre, D. P. 56. 5. 383 ; 6 févr. 1858, aff. Guyot, D. P. 58. 1. 187 ; 3 juill. 1863, aff. Philippe, D. P. 65. 5. 327 ; 21 déc. 1871, aff. Nabben et Bez, D. P. 72. 1. 335 ; 6 janv. 1881, aff. Odent, *Bull. crim.*, n° 1. V. aussi Crim. cass. 19 août 1886, aff. Matly, *Bull. crim.*, n° 306). La raison en est que « la peine applicable au crime, comme il est dit en l'arrêt de 1871, laisse au juge une latitude suffisante pour assurer la répression ».

§ 3. — Hypothèse de l'emprisonnement, après condamnation pour crime à une peine supérieure à une année d'emprisonnement (*Rép.*, v° *Peine*, n°s 315 et suiv.).

58. Cette hypothèse est celle de l'art. 57 c. pén. Cet article visait uniquement comme premier terme de la récidive qu'il voulait atteindre une condamnation « pour un crime ». La revision de 1863 a changé cette formule ; elle suppose une condamnation « pour crime à une peine supérieure à une année d'emprisonnement », ce qui comprend à la fois le cas où la première condamnation consiste en une peine afflictive et infamante et celui où celle-ci consiste en une peine d'emprisonnement de plus d'une année.

59. D'après le code pénal, le second terme de la récidive était « un délit de nature à être puni correctionnellement ». Le législateur de 1863 le fait consister dans « un délit ou un crime qui devra n'être puni que de peines correctionnelles ». La loi de 1891 a modifié ce dernier membre de phrase comme il suit : « ou un crime qui devra être puni de la peine de l'emprisonnement ».

Ainsi la dernière loi attache le caractère de la récidive, non à toute infraction punie de peines correctionnelles, mais seulement à l'infraction punie de la peine de l'emprisonnement.

60. L'aggravation pénale attachée à l'état de récidive porte-t-elle sur l'amende comme sur l'emprisonnement ? A cet égard, le texte de l'art. 57 c. pén. manque de clarté. Mais comme dans les travaux préparatoires et au cours de la discussion il a toujours été déclaré qu'en matière de récidive correctionnelle il n'y a qu'une peine, l'emprisonnement (D. P. 91. 4. 28, notes 1 et 2, *in fine*), et que le texte ne contredit pas cette interprétation, d'ailleurs toute favorable au prévenu, il faut tenir pour certain que l'emprisonnement seul doit subir l'aggravation, tandis que le taux de l'amende n'est en rien modifié par le fait de la récidive (Conf. Laborde, 20e *Question* ; de Forcrand, *Journ. du minist. publ.*, 1893, p. 7).

61. L'art. 57 a toujours édicté contre le récidiviste le maximum de la peine portée par la loi, et cette peine peut être élevée jusqu'au double. La revision de 1863 a ajouté la peine de la surveillance de la haute police pendant cinq ans au moins et dix ans au plus. La loi de 1891 a mis cette dernière disposition en harmonie avec l'art. 19 de la loi du 27 mai 1885 sur les récidivistes (D. P. 85. 4. 45) et avec la loi du 23 janv. 1874, relative à la surveillance de la haute police (D. P. 74. 4. 50). La disposition finale de l'art. 57 est donc ainsi conçue : « Défense pourra être faite, en outre, au condamné, de paraître pendant cinq ans au moins et dix ans au plus dans les lieux dont l'interdiction lui sera signifiée par le Gouvernement avant sa libération ». On le voit ; l'interdiction de séjour est facultative, tandis que le renvoi sous la surveillance de la haute police était obligatoire.

62. Jusqu'ici, la récidive se constituait par la répression du fait nouveau, indépendamment de l'époque à laquelle ce fait avait pu se produire. A cet égard, la loi de 1891 a introduit une modification considérable : elle n'attache plus les conséquences de la récidive qu'à l'infraction commise dans les cinq années de l'expiration de la peine première ou de sa prescription. M. Barthou, rapporteur, a justifié ainsi cette innovation : « La présomption qui sert de point de départ et de raison d'être à l'aggravation de la peine n'est-elle pas l'aggravation supposée dans la perversité d'un agent qui, malgré l'avertissement reçu, s'est de nouveau en révolte contre l'ordre social ? Cette présomption est acceptable lorsque l'avertissement est de date récente. Mais lorsqu'un homme, qui n'a subi aucune poursuite durant les cinq années écoulées depuis son premier délit, se rend, depuis cette période de bonne conduite, coupable d'un fait délictueux, peut-on rattacher les deux faits l'un à l'autre et appliquer au second une aggravation dont la raison d'être serait le mépris de l'avertissement reçu ou l'aggravation présumée de la criminalité ? Pourquoi ne pas étendre à la récidive la règle suivie en matière de prescription ? Il y a une prescription pour la poursuite, il y en a une pour la peine : il est raisonnable d'en établir une pour la récidive » (D. P. 91. 4. 28).

§ 4. — Hypothèse de la récidive, après une condamnation pour délit à un emprisonnement de plus d'une année (*Rép.*, v° *Peine*, n°s 318 et suiv.).

63. Le premier terme de la récidive prévue par l'art. 58 c. pén. a toujours consisté dans une condamnation correctionnelle à un emprisonnement. Quant au second terme, l'ancien article ne visait que le cas d'un « nouveau délit » ; la revision de 1863 y a ajouté, comme en l'art. 57, le cas d'un « crime qui devra n'être puni que de peines correctionnelles ». La loi de 1891 (art. 58-1°) exige que le second terme consiste dans « un délit ou un crime devant être puni de la peine de l'emprisonnement ». Le nouvel art. 58 renvoie en outre, pour le surplus, à l'art. 57. Ainsi l'état de récidive est subordonné à la condition que la nouvelle infraction ait été commise dans les cinq années qui ont suivi l'expiration de la première peine ou sa prescription ; et les peines sont les mêmes (V. *supra*, n° 62). — Toutefois, certains auteurs considèrent que la nouvelle rédaction enlève aux tribunaux le droit de prononcer l'interdiction de séjour, comme peine de la récidive (Capitant, n° 33 ; Brégeault, n° 34). Nous ne saurions partager cette opinion : le texte, par ces mots : « Il en sera de même... », renvoie purement et simplement à l'article précédent qui permet d'ajouter à la pénalité aggravée l'interdiction de séjour (En ce sens : Mahoudeau, n° 47 ; Locard, n° 137). Du reste, la question ne présente aucun intérêt pour les infractions auxquelles cette peine est spécialement attachée.

64. L'innovation apportée à l'art. 58-1° consiste donc à exiger, pour les délits, l'identité des infractions. De générale, la récidive, à cet égard, est devenue spéciale. « Il n'y a, en matière de délits, disait M. Bérenger au Sénat, de récidive redoutable et utile à frapper que dans la réitération d'un fait identique. C'est dans ce cas seulement qu'on peut dire avec certitude qu'il y a, d'une part, augmentation d'immoralité et, de l'autre, mépris de l'avertissement reçu » (D. P. 91. 1. 28). La Chambre repoussa d'abord cette innovation, quant aux récidives dont le premier terme consiste dans une condamnation à plus d'une année d'emprisonnement. L'infraction punie de cette peine, lit-on au rapport de M. Barthou (D. P. *ibid.*), « révèle déjà en elle-même un état assez grave de criminalité. Cette criminalité s'accentue par l'accomplissement d'une infraction nouvelle, quelle qu'en soit la nature. D'ailleurs, cette règle est suivie depuis la rédaction du code pénal ; il n'existe aucun motif pour lui en substituer une nouvelle ». De sorte qu'au lieu du texte «... reconnus coupables du *même délit*... », la Chambre vota le texte suivant : « reconnus coupables d'un *délit*... ». Le Sénat vota la première rédaction que la Chambre accepta ensuite sur le rapport de M. Barthou.

65. « Les délits de vol, escroquerie et abus de confiance, dispose ensuite l'art. 58-3° et 4°, seront considérés comme étant, au point de vue de la récidive, un même délit.—Il en sera de même des délits de vagabondage et de mendicité ». Sans doute, les pénalités affectées au vol, à l'abus de confiance et à l'escroquerie diffèrent, et les moyens employés pour perpétrer ces infractions diffèrent aussi ; mais, dans les trois cas, c'est la même improbité, le même but poursuivi : s'approprier le bien d'autrui. D'ailleurs, la loi électorale et la loi militaire consacraient déjà l'assimilation de ces trois sortes d'infractions. Quant au vagabondage et à la mendicité, il y a entre ces deux délits, non seulement des liens d'analogie, mais des liens d'assimilation et d'identité. Ces observations, développées par M. Bérenger et par le rapporteur du Sénat, déterminèrent cette assemblée, puis la Chambre, qui les avait d'abord repoussées, à voter les paragraphes 3 et 4 de l'art. 58 (D. P. 91. 4. 29). — Notons toutefois qu'on ne saurait assimiler au vol, à l'escroquerie et à l'abus de confiance, les délits de vagabondage et de mendicité qui seraient seulement assimilables entre eux (Montpellier, 10 déc. 1891) (1), et réciproquement.

66. Il n'y a pas de difficulté en ce qui touche le vagabondage et la mendicité ; mais il pourrait en être autrement à l'égard de l'abus de confiance, du vol, et de l'escroquerie même. A quoi reconnaîtra-t-on qu'un fait incriminé consti-

---

(1) (Ministère public *C.* Maurouzel.) — La cour ; — Attendu que le délit de vagabondage imputé à Maurouzel est concluant,

tue un vol où un abus de confiance? Est-ce quand l'article qui le prévoit se trouve sous la rubrique de l'un ou de l'autre de ces délits, ou au contraire quand il en présentera les caractères constitutifs? Nous n'hésitons pas à nous prononcer pour la seconde alternative. La question s'est d'ailleurs présentée en vue de l'interprétation de l'art. 4-2° de la loi du 27 mai 1885, sur les récidivistes, dont il sera traité, *infrà*, n°⁸ 156 et 157, et la presque unanimité des auteurs l'a tranchée dans le même sens. Ainsi, on doit considérer comme des abus de confiance les détournements commis par un dépositaire public de valeurs qui n'étaient entre ses mains qu'en raison de ses fonctions (c. pén. art. 171). Il faut en dire autant de l'abus de blanc-seing (art. 407 c. pén.), parce que ces délits présentent les caractères distinctifs de l'abus de confiance. A l'inverse, ne doit pas rentrer dans la catégorie des abus de confiance, l'abus des besoins, des faiblesses ou des passions d'un mineur. Sans doute, l'art. 406 c. pén. qui prévoit et réprime ce dernier délit se trouve sous la rubrique « abus de confiance »; mais il est manifeste qu'il n'existe entre ces deux infractions aucune affinité. On ne saurait non plus assimiler au vol, qui exige l'appréhension frauduleuse : 1° ni le fait de se faire servir des aliments sachant qu'on est dans l'impossibilité de les payer (art. 401, modifié par la loi du 26 juill. 1873. — V. notamment, Crim. cass. 5 juin 1886, aff. Joyeux, D. P. 86. 1. 354); — 2° Ni l'altération par les voituriers et bateliers des liquides ou autres marchandises qu'ils sont chargés de transporter (c. pén. art. 387) ; — 3° Ni l'altération ou la contrefaçon de clefs (c. pén. art. 399); — 4° Ni l'extorsion de signature ou d'écrits, le chantage, le détournement d'objets saisis, etc. (c. pén. art. 400). Mais on doit considérer, au contraire, comme des variétés du « vol » : les larcins et les filouteries (c. pén. art. 401), les vols dans les champs, de bêtes de charge, voitures, bestiaux, instruments d'agriculture, récoltes, etc. (c. pén. art. 388 et 389). Enfin, il est manifeste qu'il n'y a pas identité entre l'extorsion de sommes d'argent (c. pén. art. 400) et la tentative d'escroquerie (c. pén. art. 405), les éléments caractéristiques de ces deux délits étant entièrement différents (Paris, 6 avr. 1891, aff. Paroche, D. P. 91. 2. 297).

67. Il a été jugé, dans cet ordre d'idées, que la loi du 26 mars 1891, n'a apporté aucune modification aux dispositions de l'art. 2 c. pén., qui, au point de vue de la peine, assimile la tentative du délit au délit lui-même ; et que, par suite, il y a identité d'infraction (Paris, 7 avr. 1891, aff. Lévy, D. P. 91. 2. 297).

§ 5. — Hypothèse de l'emprisonnement, après une condamnation pour délit à un emprisonnement égal ou inférieur à une année.

68. « Le code pénal, disait M. Bérenger au Sénat, le 23 mai 1890 (D. P. 91. 4. 28), fait un devoir au magistrat d'aggraver la peine de l'individu qui récidive dans le crime. Elle lui impose la même obligation vis-à-vis de celui qui, ayant été condamné déjà pour délit à plus d'une année d'emprisonnement, commet un nouveau délit. Il en est de même pour la simple contravention... Mais pour ce qui touche les auteurs de délits non encore condamnés à plus d'une année, et le nombre en est grand, car il représente plus des neuf dixièmes de la récidive totale, il n'y a rien. L'inculpé eût-il été dix fois, vingt fois, quarante fois condamné — le cas s'est vu — le juge n'est nullement obligé d'aggraver la peine ». Cette lacune est comblée par le deuxième paragraphe de l'art. 58, ainsi conçu : « Ceux qui, ayant été antérieurement condamnés à une peine d'emprisonnement de moindre durée, commettraient le même délit dans les mêmes conditions de temps, seront condamnés à une peine d'em-

prisonnement qui ne pourra être inférieure au double de celle précédemment prononcée, sans toutefois qu'elle puisse dépasser le double du maximum de la peine encourue ». L'institution de cette nouvelle récidive, appelée communément « petite récidive », est une des innovations les plus importantes de la loi de 1891. Elle supprime, selon l'expression de M. Bérenger, « cette sorte de champ réservé où le malfaiteur pouvait se donner libre carrière sans s'exposer à l'aggravation légale de la récidive ».

69. Comme en matière de récidive correctionnelle (V. *supra*, n° 60), l'aggravation ne porte jamais sur l'amende, mais uniquement sur l'emprisonnement, lequel peut être porté jusqu'au double du maximum. C'est la règle du doublement de la peine qui a été adoptée (Même discours de M. Bérenger, D. P. *ibid.*). Ainsi l'aggravation est progressive. Quand le bénéfice des circonstances atténuantes n'est pas accordé, la peine d'emprisonnement ne peut être inférieure au double de celle antérieurement prononcée. Doit donc être annulé l'arrêt qui condamne un individu à trois mois d'emprisonnement pour outrages à la gendarmerie, alors qu'il est constaté que ce même individu a encouru antérieurement, dans un délai de moins de cinq ans, une condamnation à quatre mois d'emprisonnement à raison d'un délit de même nature (Crim. cass. 6 nov. 1891, aff. Plaine, *Bull. crim.*, n° 213). Voilà pour le minimum de la peine.

70. En ce qui concerne le maximum, il a été jugé par l'arrêt de cassation du 10 févr. 1894 (aff. Jacquot, D. P. 94. 1. 109) que « c'est seulement sur la peine antérieurement prononcée et qui doit être au moins doublée, qu'est calculée l'aggravation édictée par la loi ; qu'en ajoutant que le double du maximum ne pourra être dépassé, le législateur n'a fait que fixer une limite à cette aggravation dans l'hypothèse où la peine antérieure aurait été supérieure au maximum. » On le voit, le pouvoir du juge est singulièrement limité par cette interprétation. Le juge ne peut infliger le maximum afférent à la récidive, c'est-à-dire le double du maximum édicté par la loi, qu'autant que le maximum est atteint par le doublement de la peine antérieurement prononcée ; il ne peut même, tout en restant en deçà du double du maximum et au delà du double de la peine antérieurement prononcée, mesurer la peine au degré de criminalité ; il est seulement autorisé à aller jusqu'au maximum de la peine édictée par la loi. M. Sarrut, avocat général à la cour de cassation, combat cette doctrine dans une note insérée à la suite de l'arrêt précité. Il ne trouve rien dans les travaux préparatoires de la loi du 26 mars 1891 qui révèle l'intention du législateur de consacrer une telle dérogation à une règle fondamentale du droit pénal, et il signale le résultat singulier, auquel la doctrine de la cour suprême aboutit, que la condamnation n'ayant pas pour facteur la gravité du nouveau délit, mais le *quantum* de la peine antérieurement prononcée, quelles que soient les circonstances qui accompagnent le nouveau délit, quel que soit le degré de culpabilité de l'agent, le juge est, par la volonté de la loi, impuissant à édicter une pénalité vraiment répressive. N'est-ce pas, dit-il, énerver la répression et aller ainsi à l'encontre du but que la loi nouvelle se propose d'atteindre : enrayer la récidive dont le développement continu préoccupe à bon droit les criminalistes?

71. Comment doit-on entendre ces mots : « le double de celle antérieurement prononcée », si le récidiviste a juger a encouru précédemment plusieurs condamnations? Il faut, selon nous, répondre avec la cour de Douai (11 nov. 1891, aff. Fille Herreng, D. P. 92. 2. 70) que la condamnation la plus récente doit servir de mesure pour déterminer le taux de la nouvelle peine. On ne saurait admettre, en effet, que

et qu'il a été fait à ce prévenu une juste application de la loi pénale; qu'il n'y a donc pas lieu de s'arrêter à son appel; — Et attendu, sur l'appel *à minima* de M. le procureur général, que les délits de vagabondage et de mendicité, assimilés l'un à l'autre, au point de vue de la récidive, par l'art. 58, § 4, c. pén., modifié par la loi du 26 mars 1891, ne sont nullement assimilés aux délits de vol, escroquerie et abus de confiance, que le paragraphe 3 du même article déclare ne former qu'un même délit au point de vue de la récidive spéciale organisée par ladite loi ; — Que Maurouzel, condamné pour vol à huit jours d'emprisonnement, le 21 avr. 1891, n'encourt donc pas, par l'effet de la

poursuite exercée contre lui pour vagabondage, l'aggravation de peine édictée par la loi du 26 mars 1891, pour les cas de récidive de délit à délit;

Par ces motifs et ceux des premiers juges, sans s'arrêter à l'appel de Maurouzel, non plus qu'à l'appel *à minima* de M. le procureur général, les en démet respectivement et confirme le jugement entrepris pour être exécuté selon sa forme et teneur ; condamne Maurouzel aux dépens et fixe au minimum la durée de la contrainte par corps.

Du 10 déc. 1891.-C. de Montpellier.-MM. Pailhé, pr.-Daniel av. gén.

le législateur ait laissé au juge la liberté de choisir arbitrairement telle des condamnations antérieures à laquelle il lui plairait de se référer. Cette interprétation conduirait à cette conséquence qu'un individu condamné, par exemple, une première fois à deux mois d'emprisonnement, une seconde fois à six mois, se trouverait dans une situation plus favorable que l'individu qui n'aurait subi antérieurement qu'une seule condamnation à trois mois. Jugé, dans le même sens, que, dans le cas de la récidive prévue par l'art. 58, § 2, c. pén., c'est sur la condamnation la plus récente, et non sur la condamnation la plus grave encourue pour le même fait coupable dans la dernière période quinquennale, que doit être calculée la peine nouvelle de l'emprisonnement (Nancy, 10 mai 1893, aff. Carl Homy, D. P. 94. 2. 247. V. conf. Laborde, *Revue critique*, 1892, p. 232-233. — *Contra*, Nègre et Gary, *La loi Bérenger et ses applications*, p. 126 et suiv.).

72. Il faut remarquer, en outre, que l'interdiction de séjour ne fait pas partie des peines appelées à réprimer la petite récidive.

73. De même que dans l'hypothèse précédente, la nouvelle récidive est temporaire et spéciale ; ce sont aussi les mêmes règles d'assimilation entre les délits d'abus de confiance, d'escroquerie et de vol, d'une part ; de mendicité et de vagabondage, d'autre part (V. sur ces divers points, *suprà*, nos 63 et suiv.).

74. Une des conditions de la *petite récidive* consiste dans la réitération du « même délit ». Or, le mot « délit », tel qu'il est ici employé, comprend-il, dans son acception, le crime excusé ? M. Laborde (*Questionnaire pratique*, p. 420) soutient l'affirmative. Cette solution suppose que le crime excusé devient un délit. C'est là une question très controversée, qui a été traitée *suprà*, vo *Peine*, nos 507 et 534 ; et, bien que nous ayons cru devoir admettre qu'après l'admission de l'excuse il ne reste plus qu'un délit, nous n'en repoussons pas moins l'opinion de cet auteur. Si telle était la signification du mot délit employé dans l'art. 58-2o, sa signification serait nécessairement la même au premier paragraphe de l'article même et à l'article précédent. Alors l'expression « crime devant être puni de l'emprisonnement » ne pourrait plus s'appliquer qu'aux crimes dont la peine serait ainsi mitigée par l'admission des circonstances atténuantes. Or, ceux qui, dans la question du concours de la récidive et des circonstances atténuantes, estiment que l'expression « crime devant être puni de l'emprisonnement » embrasse le cas des circonstances atténuantes, admettent cependant, que les partisans de l'opinion contraire, que ces termes visent aussi le crime excusé. Décider autrement que nous ne le faisons, ce serait donner au mot « délit »

une signification qu'il n'a certainement pas dans les art. 57 et 58 (V. en ce sens, Locard, no 139).

Art. 2. — *Questions transitoires.*

75. L'application de la loi du 26 mars 1891 a soulevé la question de savoir dans quel cas elle doit ou non régir les faits non encore jugés définitivement avant sa promulgation ? Pour trancher ces difficultés, il faut s'inspirer des règles développées, *suprà*, vo *Lois*, nos 222 et suiv., lesquelles peuvent se formuler ainsi : 1o toute loi qui punit un fait qui n'avait pas été réprimé jusqu'alors, ou qui aggrave une peine précédemment établie, n'est jamais applicable aux faits antérieurs à sa promulgation ; 2o lorsque, dans l'intervalle écoulé entre le jour où l'infraction a été commise et celui où est rendu le jugement définitif, une loi nouvelle a modifié la pénalité, c'est toujours la loi qui prononce la peine la moins sévère qui doit être appliquée.

76. S'agit-il de la grande récidive visée par les art. 57 et 58-1o ? la loi de 1891, en la rendant temporaire et spéciale, a eu pour effet d'en adoucir la répression ; aussi faut-il en conclure que ses dispositions sont applicables aux faits commis et non jugés définitivement avant sa promulgation (Paris, 6 avr. 1891, aff. Paroche ; 7 avr. 1891, aff. Lévy ; 9 avr. 1891, aff. Gruot ; 16 avr. 1891, aff. Durot, D. P. 91. 2. 297.

77. S'agit-il de la petite récidive ? la loi de 1891, atteignant un état de récidive précédemment impuni, ne saurait avoir d'effet rétroactif. Si donc le dernier délit est antérieur à cette loi, les condamnations inférieures à une année d'emprisonnement ne peuvent être comptées comme éléments de récidive (Paris, 9 avr. 1891, cité *suprà*, no 76, et 21 avr. 1891, aff. Broussaud, D. P. 91. 2. 297). — Faut-il décider de même si le dernier délit est postérieur à la loi ? nous ne le croyons pas. Les condamnations encourues avant la nouvelle loi étaient inopérantes par elles-mêmes : il fallait une rechute, et le récidiviste y est tombé à une époque où il était réputé connaître toutes les conséquences qui devaient en découler. Aussi nous semble-t-il que la loi de 1891 est applicable, sans que pour cela le principe de non-rétroactivité soit violé. C'est ce qu'a jugé la cour d'Amiens, par arrêt du 25 juin 1891 (aff. Valois, D. P. 92. 2. 297), confirmant par adoption de motifs un jugement du tribunal correctionnel de Château-Thierry. Ce jugement fait ressortir, non sans raison, l'interprétation semblable qui se dégage de l'art. 9 de la loi du 27 mars 1885 sur les récidivistes, portant : « les condamnations encourues antérieurement à la promulgation de la présente loi seront comptées en vue de la relégation... ». C'est ce qu'a également jugé la cour de Besançon (Arrêt du 24 juin 1891)(1) et le tribunal correctionnel de Narbonne (Jugement du 9 nov. 1891)(2). V. en sens

---

(1) (Garnier-Olbin.) — La cour ; — Sur la déclaration de culpabilité...; — Sur la récidive légale : — Considérant que Garnier-Olbin, poursuivi actuellement pour filouterie d'aliments, a été condamné, le 30 déc. 1890, à quatre mois d'emprisonnement pour le même fait ; — Considérant que, malgré cette condamnation, le tribunal de Lure a déclaré que le prévenu ne devait pas encourir la récidive légale créée par l'art. 58 de la loi du 26 mars 1891, par ce motif qu'une loi pénale n'a pas d'effet rétroactif quant à celles de ses dispositions qui aggravent la situation du prévenu ; — Considérant que ce principe général ne s'applique pas à l'espèce ; qu'aux termes du paragraphe 2 de l'art. 58 de la loi précitée « ceux qui, ayant été antérieurement condamnés à une peine de moindre durée, commettraient le même délit dans les mêmes conditions de temps, seront condamnés à une peine d'emprisonnement qui ne pourra être inférieure au double de celle précédemment prononcée, sans toutefois qu'elle puisse dépasser le double du maximum de la peine encourue » ; — Considérant que le délit constaté à la charge de Garnier a été commis le 30 mai 1891, c'est-à-dire à une date postérieure à la loi du 26 mars 1891 ; qu'il tombe, dès lors, sous l'application de cette loi, et doit encourir la récidive spéciale qu'elle a créée, puisque le nouveau délit commis depuis sa promulgation rentre dans la catégorie déterminée par le paragraphe 2 de l'art. 58 ; qu'il résulte clairement des termes formels de l'art. 58, de l'exposé des motifs et de la discussion au Sénat que tel est le sens et telle doit être la portée de la loi nouvelle, édictée dans un but de défense et de préservation sociales ; que la loi du 27 mai 1885, sur la relégation, a été constamment interprétée dans le même sens par la cour de cassation ; qu'elle a toujours décidé que tout individu qui, avant la promulgation de cette loi, a subi des condamnations pouvant motiver dès à présent sa relégation, doit y être soumis, dans les conditions prescrites, en cas de condamnation nouvelle prononcée pour un fait perpétré après la promulgation de la loi et lorsqu'elle est devenue exécutoire ; — Considérant que la nouvelle loi ne refuse pas le bénéfice des circonstances atténuantes aux personnes dont les antécédents judiciaires rentrent dans les prévisions des art. 57 et 58 c. pén., modifiés par la loi du 26 mars 1891 ; que les dernières modifications proposées à l'art. 463 ont été définitivement rejetées par les Chambres ; que le juge peut donc, comme précédemment, pour mesurer la peine, se renfermer dans les circonstances intrinsèques du fait imputé : qu'il y a lieu d'accorder au prévenu des circonstances atténuantes ; — Par ces motifs ; — Réforme ; — Et, faisant ce que les premiers juges auraient dû faire, dit qu'il y a lieu de faire application de l'art. 58, § 3, de la loi du 26 mars 1891 ; — Et, faisant au prévenu l'application de l'art. 463 c. pén., le condamne, etc.
Du 24 juin 1891.-C. de Besançon, ch. corr.-MM. Bejanin, pr.-Cottignies, av. gén.

(2) (Min. publ. C. X...) — Le tribunal ; — Attendu que X... a été condamné le 9 déc. 1889 à 50 fr. d'amende, le 27 janv. 1890 à 25 fr. de la même peine, et enfin, le 9 févr. 1891, à huit jours d'emprisonnement pour avoir porté des coups ou fait des blessures au même R...; qu'aux termes de l'art. 58 c. pén., modifié par la loi du 26 mars 1891, X... se trouve en état de récidive spéciale, puisque la dernière peine par lui subie à raison d'un délit identique à celui pour lequel il est aujourd'hui poursuivi remonte à moins de cinq années ; qu'on soutiendrait vainement que la récidive spéciale constitue une aggravation légale de la situation juridique de l'infracteur pour en conclure que la loi du 26 mars 1891 serait impuissante à réprimer en force

contraire, Chambéry, 21 janv. 1892 (1). — La chambre criminelle, dans un arrêt du 31 août 1893 (aff. Parisol, *Bull. crim.*, n° 247), a consacré l'interprétation des cours d'Amiens et de Besançon et des tribunaux de Narbonne et de Château-Thierry. « Attendu, porte cet arrêt, que l'aggravation résultant de la récidive constitue un supplément de peine non pour la première infraction, mais pour la seconde, qu'il dépend de l'agent de ne jamais commettre ; qu'ainsi la loi nouvelle peut, sans effet rétroactif, déterminer, pour l'avenir, les pénalités encourues pour les infractions commises sous son empire, sans que le délinquant puisse exiger qu'on lui applique la pénalité de la loi ancienne pour un fait commis depuis la loi nouvelle, alors qu'il est en l'état de récidive déterminé par cette loi » (V. en ce sens : Mahoudeau, n° 53 ; Nègre et Gary, p. 129 ; de Forcrand, *Journal du ministère public*, 1892, p. 307 et 308. — En sens contraire : Locard ; n° 142 ; Capitant, n° 38).

ART. 3. — *Preuve de la récidive, caractère obligatoire de l'aggravation attachée à l'état de récidive* (Rép. v° *Peine*, n°s 273 à 278).

78. — 1° *Preuve de la récidive.* — La preuve de toute condamnation doit résulter, en principe, de l'extrait officiel du jugement ou de l'arrêt qui l'a prononcé. Toutefois l'inscription d'une condamnation sur les bulletins du casier judiciaire peut suppléer à la production de ces pièces — et c'est ce qui a lieu, dans la pratique — lorsque le prévenu avoue les précédentes condamnations qui lui sont opposées (Crim. rej. 4 févr. 1860, aff. Barroist, D. P. 61. 1. 93 ; Crim. cass. 7 juill. 1876, aff. Bouchon, D. P. 78. 1. 95), ou même lorsqu'il ne les conteste pas (Crim. rej. 7 févr. 1856, aff. Legué, D. P. 56. 5. 384 ; 1er déc. 1859, aff. Brun, D. P. 59. 5. 319 ; 16 août 1872, aff. Augustin Delpit, dit Dussel, *Bull. crim.*, n° 222 ; Crim. cass. 6 mars 1874, aff. Raspail, D. P. 74. 1. 277 ; Crim. rej. 10 avr. 1880, aff. Brun, D. P. 80. 1. 435). Mais l'aveu isolé de tout autre élément de preuve serait insuffisant (Crim. cass. 18 août 1853, aff. Pruzet, *Bull. crim*, n° 413). Si, au contraire, le prévenu conteste ou l'existence de la condamnation, ou son caractère définitif, il faut, au premier cas, recourir à l'extrait officiel du jugement ou de l'arrêt ; au second cas, soit puiser la preuve de la signification dans l'original même de l'exploit; soit, si l'original n'a pu être représenté (par exemple, s'il avait péri par force majeure), relever des circonstances précises de nature à établir, avec une entière certitude, l'existence de cette signification et sa régularité (Crim. cass. 21 sept. 1882, aff. Maupomé, D. P. 82. 1. 488. V. en ce sens : Blanche, t. 1, n° 462 ; Garraud, *Traité*, t. 2, n° 230, et *Précis*, n° 333 ; Trébutien, t. 1, n°s 637 et suiv.).

79. Il peut arriver que le prévenu élève une question d'identité, en prétendant que les condamnations antérieures s'appliquent à un autre. Alors, il est procédé à la reconnaissance de l'identité, après audition des témoins, cités tant par le ministère public que par le prévenu, conformément à l'art. 519 c. instr. crim.; et il a été jugé que, dans ce cas particulier, la cour d'assises saisie de l'accusation à propos de laquelle s'élève la question d'identité, peut déclarer cette identité dans ses rapports avec le fait de récidive, sans qu'il y ait à saisir la cour d'assises qui a prononcé la condamnation, comme l'exigent les art. 518 et suiv., c. instr. crim. (Crim. rej. 23 juin 1853, *supra*, v° *Evasion*, n° 85). De plus, il est de doctrine et de jurisprudence que les articles précités, ainsi qu'on l'a vu *supra*, *eod.* v°, *loc. cit.*, s'appliquent à la juridiction correctionnelle, comme à la juridiction criminelle. — Ajoutons que la méthode de l'identification par les signalements anthropométriques, due au docteur A. Bertillon, est appelée, en raison de la certitude de ses données, à rendre à la justice des services considérables. Cette méthode, d'une application d'ailleurs facile, entre de plus en plus dans la pratique du service pénitentiaire, pour qui une brochure, intitulée *Instructions signalétiques*, a été spécialement rédigée. Les indications des signalements anthropométriques reposent sur la connaissance de diverses longueurs osseuses, relevées sur le sujet examiné, telles que la taille, la longueur et la largeur de la tête, la longueur du médius gauche, la longueur maxima du pied gauche, la grande envergure ou longueur maxima des bras étendus en croix, la couleur de l'œil gauche. La meilleure de ces indications est la longueur du médius, qui est immuable depuis l'âge adulte jusqu'à la vieillesse. — V. dans les *Archives de l'anthropologie criminelle et des sciences pénales*, t. 1, p. 193 et suiv., la conférence faite, le 22 nov. 1886, au congrès pénitentiaire de Rome, par le docteur A. Bertillon.

80. Au grand criminel, il appartient à la cour d'assises seule, après la déclaration affirmative du jury, d'examiner en fait et en droit, ainsi qu'il a été dit *supra*, v° *Procédure criminelle*, n° 1829, si l'accusé est en état de récidive légale et de tenir compte de cette situation du condamné pour l'application de la peine ; il importe peu que l'arrêt de renvoi et l'acte d'accusation n'aient pas mentionné cette circonstance (Crim. cass. 20 sept. 1888, aff. Margotat, *Bull. crim.*, n° 295).

81. L'état de récidive une fois reconnu, l'arrêt ou le jugement doit être suffisamment motivé de ce chef. Ainsi l'expression « repris de justice » n'est pas nécessairement équivalente à celle de « récidiviste » ; elle peut s'appliquer simplement à un prévenu qui a subi des condamnations antérieures (Crim. rej. 14 mai 1875, aff. Bourqueney, *Bull. crim.*, n° 154). De même, l'état de récidive n'est pas légalement constaté lorsqu'il ne résulte ni du verdict du jury, ni de l'arrêt de la cour d'assises, que le fait sur lequel il est statué soit postérieur à la première condamnation (Crim. cass. 11 oct. 1877, aff. Prêtre, *Bull. crim.*, n° 225).

82. Est également nul, pour insuffisance de motifs, l'arrêt qui déclare le prévenu en état de récidive, aux termes de l'art. 58 c. pén., en se bornant à constater qu'antérieurement aux faits de la prévention, l'inculpé avait déjà subi une condamnation à six mois d'emprisonnement « pour des faits à peu près identiques », et en s'abstenant d'indiquer la date de cette condamnation et de faire connaître celle de l'expiration de la peine prononcée (Crim. cass. 21 juill. 1893, aff. Ben-Khaouda-Abdallah-ben-Djelloul, *Bull. crim.*, n° 199). Il en est de même de l'arrêt qui se borne à déclarer que le prévenu a déjà été condamné et qu'il se trouve ainsi en état de récidive (Crim. cass. 17 nov. 1893, aff. Ancel, *Bull. crim.*, n° 312).

83. Mais l'application des peines de la récidive est justifiée par l'arrêt qui déclare, ainsi que le jugement, sans que le contraire ait été allégué en première instance ni en ap-

---

même de l'art. 4 c. pén. des actes accomplis avant le jour où cette loi a été rendue exécutoire ; — Attendu, en effet, qu'en matière de récidive il suffit que la seconde infraction soit postérieure à la promulgation de la loi d'aggravation pour que la peine soit applicable; qu'il importe peu que le premier délit jugé soit antérieur à cette même promulgation, puisque la peine nouvelle réprime uniquement le second fait, postérieur, celui-là, à l'applicabilité de la loi du 26 mars 1891 ; que le prévenu était suffisamment averti des conséquences pénales récemment attachées à la réitération dans certaines conditions du fait incriminé, et que, dès lors, la récidive spéciale existait au moment de la perpétration du fait punissable ; — Par ces motifs, — Déclare X... coupable d'avoir volontairement porté des coups et fait des blessures à R..., en réparation de quoi le condamne par application des art. 311 c. pén. et de l'art. 58 du même code modifié par la loi du 26 mars 1891, à vingt jours d'emprisonnement et aux dépens.

Du 9 nov. 1891.-Trib. corr. Narbonne.-M. Cros-Mayreveille, pr.-Peigné, subst.-Roques, av.

(1) (Rosandal *C.* le Ministère public.) — LA COUR ; — Au fond : — Adoptant les motifs des premiers juges ; — Mais attendu que le jugement déféré a retenu à tort l'état de récidive relevé contre le prévenu ; que celui-ci n'ayant été condamné, le 7 nov. 1889, qu'à une peine de six mois d'emprisonnement, les dispositions de l'art. 58 nouveau du code pénal ne lui sont pas applicables ;...

Par ces motifs,

Reçoit Rosandal Jean-Baptiste en son appel du jugement rendu par le tribunal correctionnel d'Albertville le 31 décembre dernier, et y ayant tel égard que de raison ; — Confirme au fond ledit jugement en tant qu'il déclare le prévenu suffisamment atteint et convaincu du délit de vol qui lui est reproché, mais, émendant pour le surplus ; — Dit que Rosandal n'est pas en état de récidive légale et que, par application des textes de lois dont il a été donné lecture en première instance, il est et demeure condamné à un mois d'emprisonnement ; — Le condamne, en outre, aux frais.

Du 21 janv. 1892.-C. de Chambéry.-MM. Auzias-Turenne, pr.-Noguères, av. gén.-Fusier, av.

pel, que le prévenu a déjà été condamné correctionnellement à un emprisonnement de plus d'un an et qu'il se trouve ainsi en état de récidive légale aux termes de l'art. 58 c. pén. (Crim. rej. 28 janv. 1888, aff. Bathlot, *Bull. crim.*, n° 46).

84. — 2° *Caractère obligatoire de l'aggravation attachée à l'état de récidive.* — Quand l'état de récidive est établi, le tribunal est tenu, ainsi qu'il a été dit au *Rép.*, n° 278, d'élever la peine selon les prescriptions de la loi, à moins cependant que le condamné n'ait obtenu le bénéfice des circonstances atténuantes. Si non, le ministère public serait fondé à se pourvoir (V. notamment : Crim. cass. 7 juill. 1876, aff. Bouchon, D. P. 78. 1. 94; Crim. rej. 12 janv. 1882, aff. Leroy, *Bull. crim.*, n° 16; Crim. cass. 17 févr. 1882, aff. Gaillard, *ibid.*, n° 47).

85. La question s'est posée de savoir s'il y a lieu d'appliquer les peines de la récidive quand le fait qui a servi de base à la première condamnation n'est plus prévu par la loi pénale lors de la seconde poursuite, ou tout au moins quand il est puni d'une peine inférieure. Le *Répertoire* a examiné cette question au n° 293 et s'est prononcé pour l'affirmative avec la cour de cassation, dont la jurisprudence a posé ce principe que, lorsqu'il s'agit d'appliquer les peines de la récidive, la criminalité du fait appelé à servir de base doit être appréciée d'après les lois en vigueur au moment du jugement de condamnation, et non d'après les lois postérieures (V. en ce sens : Garraud, *Traité*, t. 2, n° 189-*b*; Garraud, *Précis*, n° 310-*b*; Trébutien, t. 1, n° 635; Blanche, t. 1, n° 483. — V. en sens contraire : Haus, t. 2, n°ˢ 899 et 900; Laborde, n° 510).

Art. 4. — *Du concours de la récidive et des circonstances atténuantes.*

86. Nous avons supposé jusqu'ici que le récidiviste n'a pas obtenu le bénéfice des circonstances atténuantes; mais il peut en être autrement. Dans ce cas, quelle marche le juge suivra-t-il pour appliquer la loi? Doit-il d'abord faire subir à la peine attachée à l'infraction l'aggravation résultant de l'état de récidive, sauf à appliquer ensuite l'art. 463, ou bien doit-il commencer par mitiger la pénalité encourue en faisant immédiatement l'application de cet article, décider ensuite à quelle peine il condamnerait, s'il n'y avait pas récidive, puis faire subir à cette peine l'aggravation prescrite par les art. 56 et suiv. c. pén.? En un mot, le juge doit-il aggraver avant d'atténuer, ou atténuer avant d'aggraver? La distinction est importante, car les conséquences diffèrent notablement selon la marche suivie. Supposons, en effet, que le second crime soit puni de la dégradation civique ou du bannissement; si l'on aggrave avant d'atténuer, le minimum sera d'un an de prison; le second crime est-il punissable de la reclusion, le minimum sera de deux ans de prison, tandis que si l'on atténue avant d'aggraver, le minimum, dans chacune de ces hypothèses, sera de cinq ans de prison. Si le second crime comporte les travaux forcés à temps, la première méthode, celle qui consiste à aggraver avant d'atténuer, conduit à un minimum de cinq ans de reclusion, tandis que, dans l'autre méthode, le minimum serait de cinq ans de prison.

87. Antérieurement à la revision de 1863, il était de doctrine et de jurisprudence, comme on l'a vu au *Rép.*, v° *Peine*, n° 313, que les circonstances atténuantes doivent toujours agir sur la peine aggravée par la récidive (*Adde* : Ortolan, t. 2, n° 1641; Trébutien, t. 1, n° 646; Crim. cass. 24 mars 1854, aff. Daguin, *Bull. crim.*, n° 81; 15 janv. 1857, aff. Brun, D. P. 57. 1. 129; 24 sept. 1857, aff. Nadaud, *Bull. crim.*, n° 351). Cela résulte, d'ailleurs, de la rédaction des art. 341 c. instr. crim., et 463 c. pén. C'est ce qu'entendait aussi le législateur de 1832 lorsqu'il expliquait par l'organe du rapporteur, M. Dumon, que le système des circonstances atténuantes était appelé à « résoudre dans la pratique la plus forte objection contre... la théorie de la récidive... Qu'importe, ajoutait-il, que la récidive ne procède pas toujours d'un progrès d'immoralité, et par conséquent ne mérite pas toujours une aggravation de peine, si, dans les cas privilégiés, l'admission des circonstances atténuantes écarte cette aggravation » (V. *Rép.* v° *Peine*, n° 520).

88. Ce qui a donné naissance à la difficulté, c'est l'introduction, par la revision de 1863, des mots *ou de crime qui devra n'être puni que de peines correctionnelles*, dans la rédaction des art. 57 et 58 c. pén. Cette formule s'applique évidemment et sans aucune difficulté — chacun le reconnaît — au cas où le crime a été commis avec discernement par un mineur de seize ans, et à celui où, le crime étant excusable, la loi substitue une peine correctionnelle à une peine afflictive et infamante (nous omettons à dessein le cas où il n'est resté du crime incriminé qu'un simple délit par suite du rejet des circonstances aggravantes). Mais s'applique-t-elle aussi au cas où le crime, par l'effet de l'admission des circonstances atténuantes, n'est puni ou ne peut n'être puni que de peines correctionnelles? Si l'affirmative est admise, l'aggravation résultant de la récidive intervient seulement après que les circonstances atténuantes ont mitigé la peine attachée à l'infraction. C'est en ce sens que beaucoup d'auteurs se sont prononcés, convaincus qu'ils étaient liés par certains passages des travaux préparatoires (Dutruc, *Le code pénal modifié*, p. 90; Pellerin, *Commentaire de la loi des 18 avr.-13 mai 1863*, p. 28 et suiv., 284 et suiv.; Faustin Hélie, *Commentaire de la même loi*, p. 27 et 28; Ach. Morin, *Journal de droit criminel*, t. 36, p. 65; Jacques, *Revue pratique*, t. 17, p. 55; Bazot, *De la récidive d'après la loi du 13 mai 1863*, p. 19 et suiv.; Chauveau et Hélie, t. 6, n° 224; Blanche, t. 6, n° 690; Trébutien, t. 1, n° 656); et c'est aussi ce que la cour de cassation a jugé en premier lieu (Crim. cass. 26 mars 1864, aff. Alain Rumen, D. P. 64. 1. 197; Crim. rej. 26 mai 1864, aff. Hoffmann, D. P. *ibid.* Conf. C. d'ass. d'Ille-et-Vilaine; 11 mai 1864, aff. Alain Rumen, D. P. 64. 2. 204. — *Contrà*, C. d'ass. de Saône-et-Loire, 7 déc. 1863, aff. Depêche, D. P. 64. 2. 73). Mais ce système conduisait à des conséquences inadmissibles. Ainsi, par exemple, un individu, déjà condamné pour délit, commettait un crime punissable de la dégradation civique; sans circonstances atténuantes, il ne pouvait encourir que la dégradation civique et cinq ans de prison (art. 35 c. pén.); avec les circonstances atténuantes, il pouvait être condamné à dix ans de prison, sans parler des peines accessoires. Ou encore, le récidiviste passible des travaux forcés à temps pouvait n'être condamné qu'à deux ans de prison; tandis que, si le second crime n'était puni que de la reclusion, le minimum était de cinq ans de prison. En un mot, le récidiviste, dans certains cas, encourait une peine moindre, s'il avait commis un crime plus grave ou si les circonstances atténuantes lui avaient été refusées.

89. Sans doute, les partisans de ce système s'efforçaient d'en corriger les vices en attribuant à la cour le droit d'accorder, de son côté, des circonstances atténuantes, lorsque la nouvelle infraction comportait la peine de la reclusion. Ils raisonnaient ainsi : les art. 57 et 58 c. pén., impliquent l'exercice au premier degré du droit d'atténuation; mais la cour conserve la faculté d'en user à son tour : la peine étant celle de l'emprisonnement, le paragraphe 6 de l'art. 463 permet au juge d'appliquer l'art. 401, sans toutefois pouvoir réduire la peine au-dessous d'un an. Ainsi l'aggravation édictée par les art. 57 et 58 devenait, dans ce cas, facultative. Il en était autrement quand la seconde infraction était punie des travaux forcés à temps : la cour ne pouvait prononcer une peine inférieure à cinq ans de prison parce qu'elle avait épuisé son pouvoir d'atténuation en descendant la peine de deux degrés. Ce tempérament, adopté par l'arrêt du 26 mai 1864, cité *suprà*, n° 88, si ingénieux qu'il fût, ne laissait pas d'être arbitraire. Que penser, en effet, de cette double application du bénéfice des circonstances atténuantes, rendant facultatifs à volonté des textes impératifs? que penser de l'interposition, entre les deux atténuations, de l'aggravation de la récidive; et aussi de l'assimilation établie entre l'abaissement d'un degré et la simple modération d'une peine?

90. Le système tout entier a rencontré d'énergiques réfutations (V. notamment, Bertaud, *Revue critique*, t. 23, p. 386 et suiv.; Labbé, même revue, t. 24, p. 298 et suiv.); et, dès 1866, la cour suprême est revenue sur sa première jurisprudence. Les modifications apportées à la condamnation par l'effet des circonstances atténuantes, a-t-elle déclaré dans plusieurs arrêts, s'appliquent à la peine édictée

par la loi ; or la peine édictée doit s'entendre de celle qu'emporte le fait reconnu constant, aggravée, le cas échéant, par l'état de récidive, lequel constitue un élément pénal préexistant à la déclaration du jury et identifié au titre de l'accusation ; de sorte que la modification résultant des circonstances atténuantes ne s'applique qu'à la peine ainsi déterminée (Crim. cass. 5 janv. 1866, aff. Michot, 5 avr. 1866, aff. Dejust, D. P. 67. 5. 357 ; 24 janv. 1867, aff. Vidal, D. P. 67. 1. 357 ; 18 sept. 1873, aff. Gleizer et autres, *Bull. crim.*, n° 249 ; 15 mai 1874, aff. Horo, *ibid.*, n° 136 ; 17 févr. 1877, aff. Claude, *ibid.*, n° 57 ; 9 juin 1877, aff. Jaudrand, *ibid.*, n° 138 ; 3 juill. 1879, aff. Perrin, *ibid.*, n° 139 ; 6 nov. 1879, aff. Morin, *ibid.*, n° 185 ; 29 avr. 1880, aff. Lafont, *ibid.*, n° 87 ; 29 juill. 1880, aff. Goater, *ibid.*, n° 152 ; 3 juill. 1884, aff. Ameur, D. P. 86. 1. 96 ; 23 août 1888, aff. Nguyen-van-Luong, D. P. 89. 1. 88 ; 19 août 1886, aff. Matly, *ibid.*, n° 306. V. en ce sens : Bertauld, p. 465 et suiv.; Ortolan, t. 2, n° 1666 ; Garraud, *Traité*, t. 2, n° 162, et *Précis*, n° 250 ; Villey, p. 531 et suiv.). En effet, le but du législateur de 1863 n'était pas de modifier la méthode adoptée par la doctrine et la jurisprudence, en cas de concours des circonstances atténuantes et de la récidive, mais seulement de rétablir la concordance entre les articles 56, 57 et 58 c. pén., subordonnant, dans tous les cas, l'application des règles de la récidive non à la qualification des faits, mais au résultat des poursuites.

91. Il faut reconnaître, l'exposé des motifs et le rapport de la revision de 1863 considèrent que la formule *ou de crime qui devra n'être puni que de peines correctionnelles* comprend également le cas des circonstances atténuantes ; mais les explications confuses et contradictoires échangées au cours de la discussion (D. P. 63. 4. 98) démontrent qu'aucune des difficultés inhérentes à une innovation de cette nature n'avait été ni étudiée, ni même entrevue. Or, comme le dit M. Villey (*loc. cit.*), « doit-on nécessairement tenir compte de la pensée législative, lorsque, pleine d'obscurité dans la discussion, elle n'a pas passé dans un texte formel, et qu'elle est contraire à des textes de loi et à des principes certains ? »

92. Ainsi, pour en revenir au côté pratique de la question, l'accusé qui, à raison de son état de récidive légale, était passible du maximum des travaux forcés à temps et même du double de ce maximum, ne peut, en cas d'admission des circonstances atténuantes, être condamné qu'au minimum de cette peine (cinq ans) ou à la peine de la reclusion (Arrêts des 15 mai 1874, 17 févr. et 9 juin 1877 ; 3 juill. et 6 nov. 1879 ; 29 avr., 29 juill. 1880, cités *supra*, n° 90 ; Crim. cass. 16 déc. 1880, aff. Sellier, *Bull. crim.*, n° 236 ; 17 janv. 1884, aff. Redon, *ibid.*, n° 16).

93. Toutefois, deux arrêts de la cour de cassation (Crim. rej. 22 févr. 1877, aff. Botet, *Bull. crim.*, n° 60 ; 3 juill. 1890 aff. Punelle, D. P. 91. 1. 94) semblent montrer que la jurisprudence de 1864 n'est pas abandonnée sans retour. Il y est dit, comme dans les décisions rendues à cette époque, qu'en employant ces mots : « crime qui devra n'être puni que de peines correctionnelles », le législateur a entendu viser tous les cas où le fait qualifié crime par l'accusation ne devient passible de peines correctionnelles, soit que ce résultat ait été obtenu par l'admission d'un fait d'excuse ou par le rejet des circonstances aggravantes, soit qu'il ait été produit par la déclaration des circonstances atténuantes. A la vérité, ces arrêts concernent uniquement l'application des art. 57 et 58 c. pén.; mais comment admettre qu'il y ait deux manières d'appliquer les règles de la récidive : l'une, à l'usage de ces articles ; l'autre, à l'usage de l'art. 56 ? Du reste, c'est en termes généraux et absolus que les arrêts signalés *supra*, n° 90, se sont prononcés, notamment l'arrêt du 24 janv. 1867, dans une espèce où il y avait à appliquer soit l'art. 57, soit l'art. 56, selon que la cour déciderait que l'action des circonstances atténuantes doit précéder ou suivre l'aggravation résultant de la récidive.

94. La loi de 1891 a fait subir au texte une légère modification : au lieu de « crime qui *devra n'être puni que de...* », l'art. 57 porte : « crime qui *devra être puni* », et l'art. 58 : « crime *devant être puni de...* » Nous estimons que ce changement de formules ne peut exercer aucune

influence sur la solution de la question qui vient d'être examinée (Conf. Locard, n° 125 ; Capitant, n° 34).

SECT. 4. — DE LA RÉCIDIVE EN MATIÈRE DE CONTRAVENTIONS
(*Rép.* v° *Peine*, n°s 339 à 349).

95. Ainsi qu'on l'a vu *supra*, v° *Contravention-contravention de police*, n°s 41 et suiv., quatre conditions sont nécessaires pour qu'il y ait récidive en matière de contraventions ; nous les rappelons pour mentionner certaines décisions qui s'y rapportent.

1re Condition. — Il faut que la contravention à l'occasion de laquelle s'élève la question de récidive, c'est-à-dire la deuxième, rentre dans les cas prévus par le livre 4 c. pén.; mais il n'est pas nécessaire que les deux infractions soient de même nature. (*Adde :* Crim. cass. 11 août 1883, aff. Massal, *Bull. crim.*, n° 211).

2e Condition. — Il faut qu'un premier jugement ait été rendu contre le prévenu pour contravention de simple police. Rappelons à cet égard qu'il n'y a récidive que de contravention à contravention, et non de crime ou de délit à contravention (*Rép.* v° *Contravention-contravention de police*, n° 57 *in fine*).

3e Condition. — Il faut que les deux contraventions aient été commises dans le ressort du même tribunal de police. (V. Crim. cass. 22 nov. 1879, aff. Riverau, *Bull. crim.*, n° 208).

4e Condition. — Il faut que le premier jugement ait été rendu dans les douze mois précédents (V. arrêt précité du 22 nov. 1879 ; Crim. cass. 20 avr. 1883, aff. Blanc-Duquesnay, *Bull. crim.*, n° 101). Il faut, de plus, qu'il ait acquis l'autorité de la chose jugée au moment où se commet la contravention qui donne lieu à la seconde poursuite (Crim. cass. 25 mars 1892, aff. Gourreau, *Bull. crim.*, n° 89 ; 20 oct. 1893, aff. Mazella, *ibid.*, n° 278). Or, les délais d'opposition et d'appel ayant, aux termes des art. 151 et 174 c. instr. crim., pour point de départ commun la signification de la sentence, le jugement doit être signifié dans tous les cas, qu'il ait été rendu contradictoirement ou par défaut (Crim. cass. 2 août 1856, aff. Drevelle, D. P. 56. 1. 379 ; 12 nov. 1863, aff. Gimonet, D. P. 67. 5. 356), quand bien même il aurait été pleinement et volontairement exécuté par le condamné (Crim. rej. 24 janv. 1862, aff. Mercery, D. P. 62. 1. 144).

96. Mais, selon ce qui a été dit au *Rép.* v° *Contravention*, n° 57, le juge de police n'est obligé de prononcer les peines de la récidive qu'autant que l'état de récidive lui est révélé; or cette condition n'est pas remplie et il n'a pas légalement connaissance des réquisitions pouvant donner lieu à l'aggravation que cet état entraîne, lorsque le ministère public n'a déposé aucune conclusion écrite tendant à l'application de la récidive, que les qualités ne mentionnent aucune réquisition verbale à cette fin (Crim. rej. 10 juill. 1875, aff. Ducasse, *Bull. crim.*, n° 220).

97. Il ne suffit pas que le jugement constate l'état de récidive, il faut encore qu'il soit motivé et suffisamment motivé de ce chef. Il doit donc énoncer la condamnation antérieure, ainsi que sa cause et sa date (Crim. cass. 20 avr. 1883, cité *supra*, n° 95 ; 11 mars 1887, aff. Bolley, *Bull. crim.*, n° 100 ; 25 mars 1892, cité *supra*, n° 95), et aussi le ressort de police où le jugement antérieur a été rendu (Crim. cass. 13 juill. 1893, aff. Sergeant, *Bull. crim.*, n° 187) ; ... alors même que la peine prononcée est justifiée par les circonstances de la cause, abstraction faite de la récidive (Arrêt précité du 11 mars 1887).

98. Réciproquement, le jugement rendu sur un procès-verbal qui relève la récidive en se bornant à déclarer « qu'il résulte du procès-verbal que la récidive doit être écartée » est nul par défaut de motifs (Crim. cass. 11 août 1883, aff. Massal, *Bull. crim.*, n° 211).

99. En cas d'admission de circonstances atténuantes, le juge n'est pas tenu d'appliquer l'emprisonnement: il peut, comme on l'a vu *supra*, v° *Contravention-contravention de police*, n° 47, réduire la peine à une amende (Crim. cass. 1er juin 1876, aff. Dumont, *Bull. crim.*, n° 130 ; Crim. rej. 4 juin 1886, aff. Barbier, *ibid.*, n° 201).

CHAP. 3. — De la relégation des récidivistes.

100. Créée par la loi des 27-28 mai 1885 (1) en vue de purger le territoire des récidivistes endurcis, et d'exclure à tout jamais de la métropole les malfaiteurs d'habitude, jugés incorrigibles, la peine de la relégation consiste dans l'internement perpétuel de ces malfaiteurs sur le territoire des colonies ou possessions françaises (art. 1 de la loi). Cette peine a déjà été étudiée au point de vue de son régime pénitentiaire (V. *suprà*, v° *Prisons*, n°ˢ 75 et suiv.). Nous traiterons ici de son régime pénal et des conditions de son application.

101. Au point de vue pénal, la loi du 27 mai 1885 a été vivement critiquée, dès sa promulgation, par plusieurs criminalistes (V. notamment : Villey, *Précis d'un cours de droit criminel*, p. 505). — Toutefois, on ne saurait méconnaître que l'idée de débarrasser le territoire des délinquants d'habitude, par leur transportation dans des colonies lointaines, ait été accueillie avec grande faveur dans l'opinion publique dans les années qui ont précédé la promulgation de la loi. Emise, il y a quinze ans environ, par quelques publicistes et quelques hommes politiques convaincus, cette idée, qui n'est qu'un retour aux traditions du code pénal de 1791, a fait rapidement son chemin dans l'opinion effrayée, à juste titre, de l'accroissement des récidives, et celle-ci y a vu une solution simple et facile. Un auteur récent, M. André (*La récidive*, p. 49) a peint avec exactitude, en quelques lignes, le mouvement qui s'est alors produit : « Un vaste pétitionnement en faveur de la transportation des récidivistes et des malfaiteurs d'habitude s'est couvert de millions de signa-

tures. Des conseils généraux, des conseils municipaux se sont associés au mouvement de l'opinion, par des délibérations motivées. Réunions publiques, brochures, journaux, ont répété à l'envi l'urgence de la mesure réclamée. Aux élections de 1881, on a même vu la transportation inscrite par un grand nombre de comités électoraux sur les programmes soumis à l'acceptation des candidats ». Se reconnaissant impuissante à lutter contre la récidive (particulièrement contre la récidive correctionnelle) avec les seules réformes du code pénal, la magistrature se montra, en général, favorable à la loi projetée. Les criminalistes étaient divisés. Les partisans de l'école « pénitentiaire » voyaient avec inquiétude les pouvoirs publics abandonner les voies de la réforme et de l'amendement des détenus pour s'attacher à un système d'élimination et d'exclusion qu'ils qualifiaient de politique de débarras ; d'autres estimaient le mal trop grand pour qu'il y pût être porté remède autrement que par une exclusion du milieu social des criminels que leurs antécédents démontraient incapables d'y vivre. L'école sociologique, qui croit peu ou point à l'amendement des coupables, et qui ne voit dans les criminels que des êtres fatalement poussés au crime, dangereux, mais moralement irresponsables, applaudissait naturellement au projet nouveau ; toutefois, M. Garraud l'a dit avec raison : « C'est sous la pression de l'opinion publique, bien plus que sous l'inspiration des travaux de l'école sociologique, que la loi du 27 mai 1885 a été votée » (t. 2, p. 306).

102. Quoi qu'il en soit, les espérances fondées par les auteurs de la loi sur les effets de celle-ci ne se sont pas jusqu'ici réalisées. Malgré l'application de la législation

(1) **27-28 mai 1885.** — *Loi sur les récidivistes* (V. D. P. 85. 4, 45 et les notes).

Art. 1ᵉʳ. La relégation consistera dans l'internement perpétuel sur le territoire de colonies ou possessions françaises des condamnés que la présente loi a pour objet d'éloigner de la France.

Seront déterminés, par décret rendus en forme de règlement d'administration publique, les lieux dans lesquels pourra s'effectuer la relégation, les mesures d'ordre et de surveillance auxquelles les relégués pourront être soumis par nécessité de sécurité publique, et les conditions dans lesquelles il sera pourvu à leur subsistance, avec obligation du travail à défaut de moyens d'existence dûment constatés.

2. La relégation ne sera prononcée que par les cours et tribunaux ordinaires comme conséquence des condamnations encourues devant eux, à l'exclusion de toutes juridictions spéciales et exceptionnelles.

Ces cours et tribunaux pourront, toutefois, tenir compte des condamnations prononcées par les tribunaux militaires et maritimes en dehors de l'état de siège ou de guerre, pour les crimes ou délits de droit commun spécifiés à la présente loi.

3. Les condamnations pour crimes ou délits politiques ou pour crimes ou délits qui leur sont connexes ne seront, en aucun cas, comptées pour la relégation.

4. Seront relégués les récidivistes qui, dans quelque ordre que ce soit, et dans un intervalle de dix ans, non compris la durée de toute peine subie, auront encouru les condamnations énumérées à l'un des paragraphes suivants :

1° Deux condamnations aux travaux forcés ou à la réclusion, sans qu'il soit dérogé aux dispositions des paragraphes 1 et 2 de la loi du 30 mai 1854 ;

2° Une des condamnations énoncées au paragraphe précédent et deux condamnations, soit à l'emprisonnement pour faits qualifiés crimes, soit à plus de trois mois d'emprisonnement pour :

Vol ;

Escroquerie ;

Abus de confiance ;

Outrage public à la pudeur ;

Excitation habituelle des mineurs à la débauche ;

Vagabondage ou mendicité par application des art. 277 et 279 du code pénal ;

3° Quatre condamnations, soit à l'emprisonnement pour faits qualifiés crimes, soit à plus de trois mois d'emprisonnement pour les délits spécifiés au paragraphe 2 ci-dessus ;

4° Sept condamnations, dont deux au moins prévues par les deux paragraphes précédents, et les autres, soit pour vagabondage, soit pour infraction à l'interdiction de résidence signifiée par application de l'art. 19 de la présente loi, à la condition que deux de ces autres condamnations soient à plus de trois mois d'emprisonnement.

Sont considérés comme gens sans aveu et seront punis de peines édictées contre le vagabondage, tous individus

qui, soit qu'ils aient ou non un domicile certain, ne tirent habituellement leur subsistance que du fait de pratiquer ou faciliter sur la voie publique l'exercice de jeux illicites, ou la prostitution d'autrui sur la voie publique.

5. Les condamnations qui auront fait l'objet de grâce, commutation ou réduction de peine seront néanmoins comptées en vue de la relégation. Ne le seront pas celles qui auront été effacées par la réhabilitation.

6. La relégation n'est pas applicable aux individus qui seront âgés de plus de soixante ans ou de moins de vingt et un ans à l'expiration de leur peine.

Toutefois, les condamnations encourues par le mineur de vingt et un ans compteront en vue de la relégation, s'il est, après avoir atteint cet âge, de nouveau condamné dans les conditions prévues par la présente loi.

7. Les condamnés qui auront encouru la relégation resteront soumis à toutes les obligations qui pourraient leur incomber en vertu des lois sur le recrutement de l'armée.

Un règlement d'administration publique déterminera dans quelles conditions ils accompliront ces obligations.

8. Celui qui aurait encouru la relégation par application de l'art. 4 de la présente loi, s'il n'avait pas dépassé soixante ans, sera, après l'expiration de sa peine, soumis à perpétuité à l'interdiction de séjour édictée par l'art. 19 ci-après.

S'il est mineur de vingt et un ans, il sera, après l'expiration de sa peine, retenu dans une maison de correction jusqu'à sa majorité.

9. Les condamnations encourues antérieurement à la promulgation de la présente loi seront comptées en vue de la relégation, conformément aux précédentes dispositions. Néanmoins, tout individu qui aura encouru avant cette époque des condamnations pouvant entraîner dès maintenant la relégation, n'y sera soumis qu'en cas de condamnation nouvelle dans les conditions ci-dessus prescrites.

10. Le jugement ou l'arrêt prononcera la relégation en même temps que la peine principale ; il visera expressément les condamnations antérieures par suite desquelles elle sera applicable.

11. Lorsqu'une poursuite devant un tribunal correctionnel sera de nature à entraîner l'application de la relégation, il ne pourra jamais être procédé dans les formes édictées par la loi du 20 mai 1864 sur les flagrants délits.

Un défenseur sera nommé d'office au prévenu, à peine de nullité.

12. La relégation ne sera appliquée qu'à l'expiration de la dernière peine à subir par le condamné. Toutefois, faculté est laissée au Gouvernement de devancer cette époque pour opérer le transfèrement du relégué.

Il pourra également lui faire subir tout ou partie de la dernière peine dans un pénitencier.

Ces pénitenciers pourront servir de dépôt pour les libérés qui y seront maintenus jusqu'au prochain départ pour le lieu de relégation.

nouvelle, qui a débarrassé la métropole de plusieurs milliers de repris de justice (5 504 à la fin de 1892), la récidive a continué sa marche ascendante (V. *suprà*, n° 5), et les appréciations officielles les plus autorisées ne laissent guère espérer que cet état de choses puisse se modifier. M. le garde des sceaux écrivait le 19 avr. 1893 (V. *suprà*, n° 10) que la loi sur la relégation n'avait pas encore produit de bienfaits appréciables. De son côté, M. le conseiller d'État Jacquin, président de la commission de classement des récidivistes instituée au ministère de l'intérieur, s'est exprimé en ces termes dans son rapport présenté au ministre sur l'application de la loi de relégation pendant l'année 1891 : « Si les prévisions des auteurs de la loi, qui comptaient sur une moyenne annuelle de 4 500 relégables, ne se sont certainement pas réalisées, il semble bien aussi jusqu'à présent que l'influence de cette réforme se fasse à peine sentir sur la grande criminalité. La jeunesse des coupables, leur audace et leur habileté, paraissent chaque jour augmenter et, s'il est nécessaire pour prononcer un jugement définitif d'attendre encore quelques années d'expérience, nous doutons que les résultats futurs soient meilleurs que ceux déjà obtenus. »

103. Il convient de remarquer aussi que les tribunaux, d'abord favorables à l'idée de la relégation (V. *suprà*,n°101) semblent répugner aujourd'hui à l'application de cette peine. En 1887, le nombre des individus condamnés à la relégation a été de 1 934 ; ce nombre est descendu à 1 628 en 1888; à 1 231 en 1889, à 1 035 en 1890, à 965 en 1891, à 925 en 1892.

104. Et cependant, comme le fait observer le dernier rapport de la commission de classement des récidivistes (*Rapport sur l'application de la loi de relégation pendant l'année 1892, Journ. off.* du 7 févr. 1894), « cette diminution est loin d'accuser une réduction de la criminalité ni même de l'importance des infractions, puisqu'elle coïncide avec

une augmentation du nombre des condamnations à des peines privatives de liberté et qu'en particulier il y a eu en 1892 près de 5 000 individus de plus qu'en 1891 condamnés pour l'un des délits prévus par la loi du 27 mai 1885. On s'expliquerait difficilement, dans ces conditions, que la peine de relégation ait été au contraire moins fréquemment prononcée, si l'on perdait de vue que, comme nous avons eu l'occasion de le noter dans nos précédents rapports, les tribunaux semblent de plus en plus répugner à l'application de cette peine ».

Sect. 1re. — Caractères généraux.

105. Un caractère essentiel de la relégation créée par la loi du 27 mai 1885, c'est qu'elle ne doit être appliquée qu'à l'expiration de la dernière peine à subir par le condamné (art. 12). Elle constitue donc une *mesure de police* contre les *libérés*, elle tend à les mettre dans l'impossibilité de nuire. Mais la relégation n'en est pas moins avant tout une *peine*.

106. Par suite de ce caractère de peine, la relégation ne peut être appliquée qu'en vertu d'une décision de justice, passée en force de chose jugée : il n'y a pas de relégation par simple mesure administrative (Garraud, t. 1, n° 297; André, p. 249). — V. *suprà*, v° *Peine*, n° 166. C'est une peine *commune aux matières criminelles et correctionnelles*, en ce double sens qu'elle peut être la conséquence de condamnations à des peines correctionnelles comme à des peines criminelles, et qu'elle peut être prononcée par les tribunaux correctionnels comme par les cours d'assises (art. 2). — C'est une peine de *droit commun*, en ce sens que la relégation ne peut résulter de condamnations pour crimes ou délits politiques, ou pour crimes ou délits qui leur sont simplement connexes (art. 3). Sur la définition des crimes ou délits politiques, et des crimes et délits qui leur sont connexes, V. *suprà*, v° *Délit politique*, § 2, 3, 4 et 5.

---

13. Le relégué pourra momentanément sortir du territoire de la relégation en vertu d'une autorisation spéciale de l'autorité supérieure locale.

Le ministre seul pourra donner cette autorisation pour plus de six mois ou la réitérer. — Il pourra seul autoriser, à titre exceptionnel et pour six mois au plus, le relégué à rentrer en France.

14. Le relégué qui, à partir de l'expiration de sa peine, sera rendu coupable d'évasion ou de tentative d'évasion, celui qui, sans autorisation, sera rentré en France ou aura quitté le territoire de relégation, celui qui aura outrepassé le temps fixé par l'autorisation, sera traduit devant le tribunal correctionnel du lieu de son arrestation ou devant celui du lieu de relégation et, après connaissance de son identité, sera puni d'un emprisonnement de deux ans au plus. — En cas de récidive, cette peine pourra être portée à cinq ans.

Elle sera subie sur le territoire des lieux de relégation.

15. En cas de grâce, le condamné à la relégation ne pourra en être dispensé que par une disposition spéciale des lettres de grâce.

Cette dispense par voie de grâce pourra d'ailleurs intervenir après l'expiration de la peine principale.

16. Le relégué pourra, à partir de la sixième année de sa libération, introduire devant le tribunal de la localité une demande, tendant à se faire relever de la relégation, en justifiant de sa bonne conduite, des services rendus à la colonisation et de moyens d'existence.

Les formes et conditions de cette demande seront déterminées par le règlement d'administration publique prévu par l'art. 18 ci-après.

17. Le Gouvernement pourra accorder aux relégués l'exercice, sur les territoires de relégation, de tout ou partie des droits civils dont ils auraient été privés par l'effet des condamnations encourues.

18. Des règlements d'administration publique détermineront :

Les conditions dans lesquelles les relégués accompliront les obligations militaires auxquelles ils pourraient être soumis par les lois sur le recrutement de l'armée;

L'organisation des pénitenciers mentionnés en l'art. 12;

Les conditions dans lesquelles le condamné pourra être dispensé provisoirement ou définitivement de la relégation pour cause d'infirmité ou de maladie, les mesures d'aide et d'assistance en faveur des relégués ou de leur famille, les conditions auxquelles des concessions de terrains provisoires ou définitives pourront leur être accordées, les avances à faire, s'il y a lieu, pour premier établissement, le mode de remboursement de ces avances, l'étendue des droits de l'époux survivant; des héritiers ou

des tiers intéressés sur les terrains concédés, et les facilités qui pourraient être données à la famille des relégués pour les rejoindre;

Les conditions des engagements de travail à exiger des relégués;

Le régime et la discipline des établissements ou chantiers où ceux qui n'auraient ni moyens d'existence ni engagement seront astreints au travail;

Et en général toutes les mesures nécessaires à assurer l'exécution de la présente loi.

Le premier règlement destiné à organiser l'application de la présente loi sera promulgué dans un délai de six mois au plus à dater de sa promulgation.

19. Est abrogée la loi du 9 juill. 1852, concernant l'interdiction, par voie administrative, du séjour du département de la Seine et des communes formant l'agglomération lyonnaise.

La peine de la surveillance de la haute police est supprimée. Elle est remplacée par la défense faite au condamné de paraître dans les lieux dont l'interdiction lui sera signifiée par le Gouvernement avant sa libération.

Toutes les obligations et formalités imposées par l'art. 44 c. pén. sont supprimées à partir de la promulgation de la présente loi, sans qu'il soit toutefois dérogé aux dispositions de l'art. 635 c. instr. crim.

Restent en conséquence applicables pour cette interdiction les dispositions intérieures qui réglaient l'application ou la durée, ainsi que la remise ou la suppression de la surveillance de la haute police et les peines encourues par les contrevenants, conformément à l'art. 45 c. pén.

Dans les trois mois qui suivront la promulgation de la présente loi, le Gouvernement signifiera aux condamnés actuellement soumis à la surveillance de la haute police les lieux dans lesquels il leur sera interdit de paraître pendant le temps qui restait à courir de cette peine.

20. La présente loi est applicable à l'Algérie et aux colonies.

En Algérie, par dérogation à l'art. 2, les conseils de guerre prononceront la relégation contre les indigènes des territoires de commandement qui auront encouru, pour crimes ou délits de droit commun, les condamnations prévues par l'art. 4 ci-dessus.

21. La présente loi sera exécutoire à partir de la promulgation du règlement d'administration publique mentionné au dernier paragraphe de l'art. 18.

22. Un rapport sur l'exécution de la présente loi sera présenté chaque année, par le ministre compétent, à M. le président de la République.

23. Toutes dispositions antérieures sont abrogées en ce qu'elles ont de contraire à la présente loi.

107. La relégation est une peine *accessoire* ou plutôt une peine *complémentaire*, en ce double sens : 1° qu'elle doit être prononcée par le juge qui a compétence pour statuer sur la dernière infraction commise, et en même temps que la peine principale ; 2° qu'elle n'est jamais prononcée isolément et qu'elle se rattache, non à une condamnation unique, mais à une série de condamnations qui lui servent de base et dont elle est la conséquence (Conf. Garraud, *loc. cit.*; André, p. 230).

C'est à ce caractère complémentaire de la relégation que se rattache la disposition de l'art. 10 de la loi, aux termes de laquelle le jugement ou l'arrêt prononcera la relégation en même temps que la peine principale. La jurisprudence a fait plusieurs applications intéressantes de cette disposition. Il a été jugé : 1° que lorsqu'un jugement ou un arrêt passé en force de chose jugée a omis de prononcer la relégation dans les termes de l'art. 4 de la loi du 27 mai 1885, une décision ultérieure de justice statuant sur une nouvelle prévention dirigée contre le même prévenu ne peut prononcer légalement la relégation contre lui, si le nouveau fait qui motive la poursuite n'est pas de nature à entraîner une telle peine (Crim. cass. 17 oct. 1891, aff. Le-Van-Quyen, D. P. 92. 1. 40) ; — 2° Qu'un tribunal saisi d'un délit qui ne rentre pas, par sa nature, dans la catégorie de ceux qui rendraient le prévenu rélégable, ne peut ordonner la relégation par ce motif qu'elle aurait dû être prononcée à la suite d'une condamnation antérieure (Paris, 1er févr. 1887, aff. Desprez, D. P. 87. 2. 197) ; — 3° Qu'un prévenu condamné sous un faux nom, dont l'identité reconnue dans la suite révèle une série de condamnations susceptibles d'entraîner la relégation, ne peut, à défaut d'une poursuite relative à un délit spécialement, être déféré aux tribunaux correctionnels aux seules fins de la relégation (Alger, 7 juin 1888, aff. Brahim-ben-M'hamed, D. P. 89. 2. 219-220) ; — 4° Que lorsqu'un accusé est condamné sur une poursuite de faux motivée par des condamnations antérieures qui ont été prononcées contre lui sous un faux nom, la cour, obligée de statuer en même temps sur la peine principale et sur la relégation comme peine accessoire, ne peut attendre pour prononcer sur la relégation que des rectifications régulières soient intervenues (C. d'ass. du Loiret, 19 avr. 1887, *supra*, n° 23).

108. Il est à peine besoin de faire remarquer que, si un tribunal correctionnel avait omis de prononcer la relégation, la cour saisie de l'appel du ministère public pourrait prononcer cette peine, comme auraient dû le faire les premiers juges. Mais sur l'appel seul du prévenu ou de la partie civile, la relégation ne saurait être prononcée pour la première fois, puisqu'il est de principe que la cour ne peut, sur ce seul appel, aggraver la peine prononcée contre l'inculpé (Conf. Depeiges, p. 65; André, p. 113).

109. Un autre caractère important de la relégation, c'est qu'elle est *obligatoire* pour le juge. Cela ne saurait faire doute en présence de ces expressions impératives de l'art. 4, « seront relégués... ». La question de savoir si la relégation serait obligatoire ou facultative pour les tribunaux a, d'ailleurs, été complètement discutée dans les deux Chambres, et tranchée en ce sens que, lorsque cette peine serait encourue par un récidiviste, les tribunaux ne pourraient se dispenser de la prononcer (V. D. P. 85. 4. 49, 2° col. *in fine* et 3° col.). Le rôle du juge, en présence d'un récidiviste, consiste donc simplement à examiner si celui-ci se trouve dans les conditions voulues par la loi pour encourir la relégation ; si le condamné s'y trouve en effet, le juge est tenu de prononcer contre lui cette peine accessoire, sans qu'il puisse l'en exempter, sans qu'il puisse non plus restreindre la durée de ladite peine, toujours perpétuelle.

110. Par application de la règle que la peine de la relégation est obligatoire pour le juge, il a été jugé, avec raison, que l'arrêt qui se borne à dire qu'il n'y a lieu à relégation, sans donner aucun motif, doit être cassé (Crim. cass. 4 juill. 1891, aff. Ngyen-van-Giac, D. P. 92. 1. 254).

111. Plusieurs observations doivent être présentées relativement au caractère obligatoire de la relégation.

En premier lieu, on trouve dans l'art. 2, § 2, de la loi, un cas où cette peine est facultative, ainsi que l'indique le mot « pourront », employé à dessein par le législateur. L'hypothèse prévue est celle dans laquelle, parmi les condamnations qui doivent être comptées pour la relégation, il s'en trouve qui émanent d'un tribunal militaire ou maritime. Dire avec l'art. 2, que « les cours et tribunaux pourront tenir compte des condamnations prononcées par les tribunaux militaires et maritimes en dehors de l'état de siège ou de guerre, pour les crimes ou délits de droit commun spécifiés à la présente loi » c'est, évidemment, dire qu'ils pourront les écarter, s'ils le jugent convenable (André, p. 306. Conf. Depeiges, p. 23; Garraud, *loc. cit.*). Si pareille faculté a été laissée au juge, c'est à raison de l'extrême sévérité des condamnations émanant des juridictions militaires et maritimes (André, *eod. loc.*)

112. En second lieu, bien que la relégation soit, en principe, obligatoire, il est certain que les tribunaux ont des moyens indirects d'écarter cette peine. Ils peuvent, en effet, soit accorder des circonstances atténuantes, soit supprimer des circonstances aggravantes, soit infliger une peine d'emprisonnement d'une durée inférieure au minimum fixé par les paragraphes 2 et 3 de l'art. 4; soit, s'il s'agit d'un récidiviste qui aura bientôt soixante ans, forcer la peine de manière que la libération tombe après le jour où la soixantième année sera révolue.

113. Il faut enfin remarquer que si la relégation est obligatoire, en ce sens qu'il n'appartient pas au juge d'en exonérer le condamné quand celui-ci a encouru les condamnations prévues par la loi, encore faut-il que le juge ait été mis à même de connaître cet état de fait. Aussi a-t-il été jugé par la cour de cassation que l'arrêt de la cour d'assises qui ne statue pas sur la relégation n'encourt pas la cassation quand le ministère public n'a pas pris de conclusions tendant à l'application de cette peine (Crim. rej. 21 janv. 1893, aff. Cottin, D. P. 94. 1. 55). Toutefois, si le juge prononçait d'office la relégation, il n'y aurait certainement pas de sa part excès de pouvoir.

114. Enfin la relégation est *perpétuelle* (art. 1 de la loi); elle dure, en principe, autant que la vie du condamné. Elle peut, toutefois, cesser par l'effet de diverses causes exceptionnelles (V. à cet égard, *infra*, n°s 210 et suiv.).

115. La relégation étant, non seulement une peine, mais encore une mesure de police contre les *libérés* (*supra*, n° 105), la question s'est posée de savoir s'il n'existe pas des peines que la relégation exclut ou qui excluent la relégation pour cause d'incompatibilité de régime, telles que l'interdiction de séjour, et la condamnation aux travaux forcés. — A l'égard de l'interdiction de séjour, de nombreux arrêts ont décidé, aussi bien en matière criminelle qu'en matière correctionnelle, que le juge ne doit appliquer l'interdiction de séjour qu'autant que la relégation n'est pas encourue, et qu'au cas de relégation, il n'y a pas lieu de statuer sur l'interdiction de séjour. Il y a, en effet, incompatibilité et cumul impossible entre la relégation, peine perpétuelle à subir hors du territoire français, et l'interdiction de séjour en certains lieux de France (C. d'ass. du Lot-et-Garonne, 15 mars 1886, aff. Lasseignoux, D. P. 86. 2. 146; Dijon, 16 mars 1887, aff. Hisette, D. P. 87. 2. 197; C. d'ass. du Loiret, 19 avr. 1887, *supra*, n° 23 ; Crim. cass. 25 mars 1887, aff. Beauregard, D. P. 87. 1. 413; 20 sept. 1888, aff. Margottat, D. P. 88. 1. 121 ; 14 janv. 1890, aff. Chametton, D. P. 91. 1. 238 ; 11 sept. 1890, aff. Pfeiffer, D. P. 90. 5. 376 ; 20 déc. 1890, aff. Malanot, D. P. 91. 1. 239 ; 5 nov. 1892, *Bull. crim.*, n° 279 ; 3 déc. 1892, *ibid.*, n° 317 ; Crim. rej. 17 févr. 1893, aff. Wyzogroiki, D. P. 94. 1. 32).

116. Il en est de même de la condamnation aux travaux forcés à perpétuité. En prononçant une condamnation perpétuelle de cette nature, la cour d'assises ne pourrait pas condamner à la relégation le récidiviste se trouvant dans l'un des cas prévus par l'art. 4 de la loi. En effet, toute peine prononcée est censée devoir être intégralement subie, et il y aurait contradiction à prononcer, en même temps qu'une peine principale perpétuelle, une autre peine qui, comme la relégation, ne peut recevoir son application qu'à l'expiration de ladite peine principale (Crim. cass. 26 juin 1886, aff. Gauthier, D. P. 86. 1. 478 ; 6 mai 1892, aff. Giraud, D. P. 93. 1. 560). — Au contraire, d'après la législateur lui-même, il n'y a point incompatibilité entre la relégation et l'obligation de résidence forcée dans la colonie pénitentiaire, qui est imposée aux forçats libérés par l'art. 6 de la loi du 30 mai 1854, sur l'exécution de la peine des

travaux forcés (Crim. rej. 27 oct. 1887, *Bull. crim.*, n° 354 ; Crim. cass. 20 sept. 1888, aff. Margotat, D. P. 89. 1. 121 ; Crim. rej. 26 mars 1891, *Bull. crim.*, n° 74. Conf. Tournade, *Commentaire de la loi sur les récidivistes*, p. 31 et 32, n° 9 ; Le Poittevin, *Commentaire pratique de la loi du 27 mai 1885*, p. 46 ; André, p. 253). L'art. 4, § 1, de la loi du 27 mai 1885 réserve, en effet, formellement, en cas de condamnation d'un forçat à la relégation, l'application des paragraphes 1 et 2 de l'art. 6 de la loi de 1854. M. Garraud (n° 298) a fait justement remarquer que « le maintien de cette disposition donne lieu à des conséquences aussi singulières qu'inattendues : 1° un condamné à huit ans de travaux forcés se trouvera ainsi, après libération, être, pour toute sa vie, sous le régime de la loi de 1854, et, à ce titre, ne sera pas astreint au travail ; 2° un condamné à moins de huit ans restera un temps égal à celui de sa peine comme libéré ayant droit à l'oisiveté. Après l'expiration de ce délai, il redeviendra récidiviste ordinaire et commencera à être astreint au travail ».

117. Il y a évidemment incompatibilité entre la relégation et la peine de mort (Crim. cass. 28 juill. 1892, aff. Sicard, D. P. 93. 1. 509).

118. L'arrêté d'expulsion pris contre un étranger antérieurement à la condamnation qui entraînerait la relégation, empêche-t-il de condamner cet étranger à la relégation ? La négative est admise par la jurisprudence et par la doctrine. « En effet, d'une part, la mesure d'expulsion ne présente pas des garanties suffisantes : chaque jour il arrive qu'un condamné expulsé repasse la frontière et rentre en France recommencer une nouvelle série de méfaits. D'autre part, l'expulsion est une simple mesure administrative sur laquelle le Gouvernement a toujours la faculté de revenir. Donc l'étranger devra être condamné à la relégation, et, à l'expiration de la peine principale, le Gouvernement aura la faculté soit de l'expulser, soit de le reléguer » (André, p. 252). En ce sens : Limoges, 11 févr. 1886, aff. Laplace, D. P. 86. 2. 49 ; Crim. cass. 5 mars 1886, aff. Lobodzynski, D. P. 86. 1. 138. V. aussi dans le même sens : Observations du ministre de l'intérieur à la Chambre des députés, séance du 7 mai 1883 (*Journ. off.*, 8 mai 1883, p. 862). Conf. : Garraud, n° 298 ; André, p. 253 ; Berton, n°° 33 et 51.

119. Enfin, la relégation exclut-elle la contrainte par corps ? Évidemment non. Elle laisse au condamné, à l'expiration de la peine principale, une liberté relative dans le territoire de la colonie et une certaine aptitude à posséder des biens personnels. Cette liberté et cette aptitude sont compatibles avec l'exercice de la contrainte par corps. Donc le juge qui prononce la relégation doit fixer la durée de la contrainte par corps pour le recouvrement des dommages-intérêts, amendes et frais de justice (André, p. 254 ; Garraud, n° 298 ; Berton, n° 464. Conf. C. d'ass. du Lot-et-Garonne, 15 mars 1886, aff. Lasseignoux, D. P. 86. 2. 145 ; C. d'ass. du Loiret, 19 avr. 1887, *suprà*, n° 23)

Sect. 2. — Des personnes pouvant être soumises a la relégation.

120. La nationalité, l'âge, le sexe des condamnés doivent-ils être pris en considération pour prononcer la relégation ? Cette question doit être divisée.

En ce qui concerne la *nationalité*, il n'y a aucune distinction à faire entre les récidivistes de nationalité *étrangère* et les récidivistes de nationalité *française* condamnés par les tribunaux. En effet, la loi du 27 mai 1885 n'établit à cet égard, aucune différence entre français et étrangers ; d'autre part, elle est évidemment une loi de sûreté, et il est de principe que les lois de police et de sûreté obligent tous ceux qui habitent le territoire et les soumettent tous aux pénalités qu'elles édictent ; donc la loi sur la relégation doit être appliquée aux étrangers aussi bien qu'aux Français (Garraud, *Précis*, n° 323 ; André, p. 255 ; Teisseire, p. 196 et suiv. ; Villey, *Précis*, p. 509. Conf. Limoges, 11 févr. 1886, aff. Laplace, D. P. 86. 2. 49 ; Crim. cass. 5 mars 1886, aff. Lobodzynski, D. P. 86. 1. 138 ; Crim. rej. 2 juin 1893, aff., T'Kint, *Bull. crim.*, n° 147).

121. L'application de la loi du 27 mai 1885 n'est pas non plus modifiée par le *sexe* du condamné ; elle est prononcée dans les mêmes conditions contre les femmes et contre les hommes. Seuls les détails d'exécution diffèrent quelque peu. — V. à cet égard les art. 20, 29, 30 du règlement d'administration publique des 26-27 nov. 1885 (D. P. 85. 4. 86).

122. Au contraire, l'*âge* des condamnés influe sur l'application de la loi, puisque, aux termes de l'art. 6 de la loi, « la relégation n'est pas applicable aux individus qui seront âgés de plus de soixante ans ou de moins de vingt et un ans à l'expiration de leur peine ». Elle est remplacée, pour les premiers, par la peine de l'interdiction de séjour à perpétuité, et pour les seconds, par un envoi en correction jusqu'à leur majorité (art. 8). — Jugé, par application du premier de ces articles, que doit être annulé l'arrêt qui prononce la peine de la relégation contre un individu qui, à l'expiration de la peine principale, sera âgé de plus de soixante ans (Crim. cass. 13 août 1891, aff. Moreau. *Bull. crim.*, n° 172).

123. Il résulte du texte de l'art. 6 précité qu'au point de vue de la relégation, le sort du prévenu récidiviste dépend de son âge à l'*expiration de sa peine*. C'est l'âge *précis* du condamné, à l'expiration de sa peine, qui fixe la catégorie à laquelle celui-ci doit appartenir. Donc, « pour déterminer si, oui ou non, la relégation peut être appliquée, le juge doit prendre l'époque de la libération de la peine ; il ajoute à l'âge actuel du vieillard ou du mineur la durée de la peine corporelle qu'il inflige, et il évite de prononcer la relégation toutes les fois que l'addition donne plus de soixante ans pour le vieillard ou moins de vingt et un ans pour le mineur » (André, p. 256). — Jugé, dans ce sens, en ce qui concerne les mineurs, que les condamnés dont la peine doit expirer avant l'époque de leur majorité étant seuls affranchis de la relégation à raison de leurs condamnations antérieures, il suffit, pour que cette peine accessoire s'attache à leur nouvelle condamnation, lorsqu'ils se trouvent dans les conditions de l'art. 4, que la peine principale prononcée à raison de la dernière infraction ne doive expirer qu'après leur majorité accomplie (Crim. rej. 29 déc. 1892, aff. Aveline et Hébert, *Bull. crim.*, n° 348).

124. Puisque le mineur ne peut être condamné à la relégation qu'autant qu'il aura vingt et un ans accomplis à l'expiration de sa peine, il faut nécessairement que l'arrêt de condamnation constate expressément cette circonstance. La cour de cassation a jugé que l'arrêt qui, après avoir énoncé que le prévenu est âgé de vingt ans, ne constate pas que, condamné à la relégation, il aura vingt et un ans accomplis à l'expiration de la peine d'emprisonnement prononcée contre lui, doit être annulé comme manquant de base légale et de motifs (Crim. cass. 26 sept. 1889, aff. Hamou-ben-Saïd, *Bull. crim.*, n° 307).

125. L'application de la règle suivant laquelle c'est l'âge précis du prévenu, à l'*expiration de la peine*, qui détermine si ce prévenu doit être, ou non, frappé de la relégation comporte plusieurs observations.

En premier lieu, pour déterminer la date de la libération, le juge doit exclusivement se préoccuper de la durée qu'il attribue à la peine privative de liberté qu'il prononce ; il ne peut pas savoir, en effet, à l'avance quelle sera la durée effective de la peine subie. » Si donc, par suite d'une mesure gracieuse, ou parce qu'elle est subie en cellule, la peine arrive à l'expiration avant que le condamné ait atteint soixante ans, ou après qu'il a dépassé vingt et un ans, y aura-t-il lieu, pour l'Administration, d'appliquer la relégation au libéré ? Evidemment non, la relégation ne pouvant résulter que d'une décision de justice » (Garraud, t. 2, n° 202. Conf. André, p. 256 ; Berton, n°° 54 et suiv. ; Laborde, n° 530 ; Sauvajol, *Observations sur la relégation, Gazette des tribunaux* du 19 déc. 1885).

126. En second lieu, dans le calcul de la durée de la peine, quel doit être le point de départ ? En d'autres termes, pour calculer la date de la libération, à partir de quel moment le juge doit-il compter la durée de la peine qu'il prononce ? Est-ce le jour où le juge prononce la relégation ? Est-ce le moment où commencera en fait, l'exécution de la peine ? ou bien le moment où, la condamnation étant devenue irrévocable, l'exécution sera possible ? Ces deux dernières solutions sont, suivant nous, à écarter parce qu'il est impossible de prévoir la date exacte de l'un ou de l'autre de ces deux événements. Or, comme le dit très bien M. Laborde (n° 530), il est évident qu'en imposant un

calcul au juge, le législateur n'a pas voulu le charger de résoudre un problème insoluble. Il faut donc se rattacher au jour même où le juge prononce la relégation. On rend ainsi cette peine indépendante de l'exercice même des voies de recours, c'est-à-dire qu'on l'empêche d'être à la discrétion du ministère public ou du prévenu (Laborde, loc. cit.; Garraud, Précis, n° 324. — V. cependant, en sens contraire, André, p. 258; Berton, n° 58; Jambois, p. 17).

127. Il peut se faire, en troisième lieu, que le récidiviste subisse déjà une peine au moment où sera prononcée la condamnation qui doit entraîner la relégation; dans ce cas, le juge, pour calculer la date de la libération et savoir si elle tombe avant vingt et un ans ou après soixante ans, devra ne pas omettre le solde qui reste à subir de la peine en cours. En effet, ce n'est qu'à l'expiration de la peine actuellement subie que commencera à courir la nouvelle peine; or, aux termes de l'art. 12, la relégation ne doit être appliquée qu'à l'expiration de la dernière peine à subir par le condamné (Garraud, t. 2, n° 202, p. 339; André, n° 258).

128. Constatons, en terminant cette matière de l'influence de l'âge sur l'application de la peine de la relégation: 1° que si les condamnations encourues par le mineur de vingt et un ans, quelque nombreuses qu'elles soient, ne peuvent lui faire encourir la relégation (art. 6, § 1), elles comptent, cependant, pour l'application de cette peine si, après sa majorité, il encourt une ou plusieurs condamnations nouvelles (Même article, § 2); — 2° Qu'il a été jugé, avec raison, que la condamnation prononcée contre un individu majeur entraîne la relégation, bien qu'elle corresponde à une infraction commise pendant la minorité (Crim. rej. 26 mars 1891, aff. Harel, D. P. 91. 1. 400); — 3° Que la disposition de l'art. 11 de la loi du 26 mars 1885 qui prescrit, à peine de nullité, la nomination d'office d'un défenseur au prévenu passible de la relégation, doit être étendue, par analogie de motifs, au cas où cette peine est remplacée, suivant les termes des art. 6 et 8 de cette loi, soit par l'interdiction perpétuelle de séjour, soit par la mise en correction, à raison de l'âge du prévenu (Crim. cass. 25 mars 1887; Bull. crim., n° 115).

129. Enfin, il est à peine besoin de dire qu'un tribunal ayant à juger un sexagénaire relégable ne pourrait convertir la relégation en interdiction de séjour pour un temps seulement, puisque, aux termes de l'art. 8, ce sexagénaire est soumis à perpétuité à l'interdiction de séjour. La cour de cassation a annulé, pour violation dudit art. 8, un arrêt de cour d'appel qui, après avoir reconnu et régulièrement constaté que le prévenu était encouru la peine de la relégation en exécution de l'art. 4, s'était abstenu de la prononcer, par ce motif que ledit prévenu serait âgé de plus de soixante ans à l'expiration de la peine principale d'emprisonnement, et n'avait, par suite, appliqué que dix ans d'interdiction de séjour (Crim. cass. 3 mars 1887, Bull. crim., n° 83).

SECT. 3. — DES CONDAMNATIONS REQUISES POUR ENTRAÎNER LA RELÉGATION.

130. Créée en vue d'exclure de la métropole les récidivistes endurcis, présumés incorrigibles, la peine de la relégation ne peut frapper que ceux qui ont encouru les condamnations déterminées par la loi. Or, dans l'art. 4, celle-ci a établi une présomption péremptoire d'incorrigibilité, fondée sur l'existence de condamnations successives à la charge du même individu. Pour être récidiviste dans le sens de la loi de 1885, et par suite passible de la relégation, le condamné doit avoir encouru, dans le délai de dix ans, le nombre de condamnations déterminé par cette loi, nombre variable suivant les cas, qui est tantôt de deux, tantôt de trois, tantôt de quatre, tantôt de sept condamnations (art. 4 précité). Ces diverses condamnations forment les deux termes de la récidive créée par la loi de 1885; le second terme est toujours la dernière condamnation, c'est-à-dire la condamnation nouvelle; le premier terme résulte des condamnations antérieures (une, deux, trois, six, suivant les cas). Il est évident que la constatation de ces diverses condamnations au nombre requis forme la base de tout jugement prononçant la peine de la relégation.

131. Les règles relatives aux condamnations requises

pour entraîner la relégation sont de deux sortes. Les unes concernent les conditions générales que doivent réunir ces condamnations pour entraîner la relégation; les autres concernent les différents cas de relégation. Il sera traité des unes et des autres dans deux articles distincts.

ART. 1er. — Conditions générales que doivent réunir les condamnations susceptibles d'entraîner la relégation.

132. Les condamnations requises pour entraîner la relégation doivent être : 1° définitives; 2° émanées de tribunaux et cours ordinaires français; 3° prononcées pour crimes et délits de droit commun; 4° prononcées dans un délai de dix ans; 5° non effacées par la réhabilitation, l'amnistie ou la revision.

133. — 1° Condamnations définitives. — Pour que la relégation soit prononcée, il faut d'abord qu'on ait affaire à un récidiviste : le texte de l'art. 4 est formel. Or le mot récidiviste a, dans la langue juridique, un sens parfaitement déterminé : il désigne celui qui retombe dans l'infraction après l'avertissement d'une première condamnation devenue définitive. Il suit de là que, pour qu'il y ait lieu à relégation, il faut que toute la série des condamnations formant le premier terme de la récidive soit devenue irrévocable avant la perpétration du dernier délit qui donne lieu à l'application de la relégation. Cette première règle a été consacrée par la jurisprudence la plus récente de la cour de cassation. La chambre criminelle avait d'abord décidé (Crim. cass. 12 nov. 1886, aff. Teyssier, D. P. 87. 1. 145; Crim. rej. 12 nov. 1886, aff. Dautigny, D. P. 87. 1. 145; Crim. cass. 18 nov. 1886, aff. Léon, D. P. 87. 1. 145), qu'il suffit, pour que la relégation soit prononcée, que le nombre de condamnations prévu aux différents paragraphes de l'art. 4 ait été encouru, sans considération de la date des faits qui ont motivé ces condamnations. Les chambres réunies de la cour suprême ont répudié cette jurisprudence et jugé que « si la loi de 1885 s'est écartée des conditions spéciales énumérées aux art. 56 et 57 c. pén., elle a néanmoins maintenu le principe supérieur en vertu duquel on ne saurait être en état de récidive qu'après l'avertissement résultant d'une condamnation antérieure » (Crim. rej. 26 févr. 1889, aff. Barrère de Haut, D. P. 89. 1. 481). La chambre criminelle s'est conformée à la décision des chambres réunies; elle a jugé par de nombreuses décisions (Crim. cass. 16 mars 1889, aff. Jacob, D. P. 89. 1. 481-485; 21 mars 1889, aff. Raguenet, D. P. 89. 1. 481-486; 29 mars 1889, aff. Pasquérault, D. P. 89. 1. 481-486; 4 avr. 1889, aff. Laurent, D. P. 89. 1. 481-486; 16 mai 1889, aff. Dethoor, D. P. 89. 1. 481-487; 29 août 1889, aff. Mallet, D. P. 89. 1. 481-487; 14 juin 1890, aff. Capdepon, D. P. 91. 1. 238; 4 déc. 1890, aff. Ferry-Defranoux, D. P. 91. 1. 239; 20 déc. 1890, aff. Malanot, D. P. 91. 1. 238; 23 mars 1893, Bull. crim., n° 85; 13 avr. 1893, ibid., n° 99; 31 août 1893, ibid., n° 246; 14 sept. 1893, ibid., n° 259; 21 sept. 1893, ibid., n° 265; 26 oct. 1893, ibid., n° 281; 13 mars 1894, Gazette des tribunaux du 16 mars) que, pour qu'une condamnation puisse servir de base à la relégation, il faut que les faits qui l'ont motivée soient postérieurs à l'époque à laquelle les condamnations qui la précédent et qui concourent à faire prononcer cette peine sont devenues définitives (V. sur ce point les notes de M. L. Sarrut, D. P. 87. 1. 145 et 89. 1. 481).

134. Les arrêts de la chambre criminelle qui viennent d'être cités vont plus loin : ils exigent que les condamnations énumérées à l'appui de la relégation se rapportent à des faits perpétrés successivement, de telle sorte que, entre chacun des faits poursuivis, le prévenu ait été averti par un jugement définitif (Arrêts des 16 mars 1889, 21 mars 1889, 16 mai 1889, 14 juin 1890, 4 déc. 1890, 31 août 1893, cités suprà, n° 133). En d'autres termes, d'après ces arrêts, chacun des faits qui ont motivé les condamnations successives doit être postérieur à la condamnation précédente. Il faut, dit M. Garraud (t. 2, n° 205), « que, dans l'anneau des condamnations successives qui forment la base de la récidive, n'entre pas une condamnation prononcée pour un fait antérieur à une condamnation précédente qui est comptée en vue de la relégation ». « Il suit de là, comme l'explique M. Laborde (n° 529), que si le premier terme se compose de plusieurs condamnations, la seconde de ces condamna-

tions doit avoir été prononcée pour un délit commis *après que la première est devenue irrévocable*, la troisième pour un délit commis *après que la seconde est devenue définitive*, et ainsi de suite ». — N'est-ce pas aller bien loin? Pourquoi ne suffirait-il pas que les condamnations formant le groupe constitutif du premier terme de la récidive fussent toutes antérieures au fait qui provoque la nouvelle condamnation? Pourquoi exiger qu'elles occupent en outre, dans leurs rapports respectifs, un rang conforme à la date des faits réprimés? Dès l'instant que chacune d'elles est devenue définitive avant le nouveau délit qui sera la cause efficiente de la relégation, le prévenu a agi, eu égard à la loi sur la relégation, au mépris des avertissements que lui donnaient les condamnations antérieures, sachant bien que la relégation serait la sanction d'une nouvelle chute. Il est bien récidiviste dans le sens de la loi sur la relégation puisqu'il a commis une infraction nouvelle, susceptible d'entraîner la relégation, alors qu'il avait été frappé par des condamnations antérieures toutes définitives, qu'on les considère isolément, par unités, ou *in globo*, en groupe, par rapport à la nouvelle infraction (V. note précitée sous l'arrêt des chambres réunies du 26 *févr.* 1889). On peut ajouter avec M. Villey que « si la loi de 1885 dit qu'il faut que l'agent soit récidiviste, elle ne dit nulle part qu'il faut qu'il soit *deux fois, trois fois*, ou *six fois* en état de récidive légale, et le législateur de 1885 a d'ailleurs dit formellement que la relégation n'était pas soumise aux règles consacrées en matière de récidive par les art. 56 et suiv. c. pén. » (*Précis*, p. 519). M. l'avocat général L. Sarrut a exprimé l'opinion que « cette interprétation de la loi sur la relégation, *qui ne condamne pas l'arrêt des chambres réunies*, prévaudra tôt ou tard » (note précitée). Quoi qu'il en soit, on doit reconnaître que la jurisprudence actuelle de la chambre criminelle donne une importance toute particulière à la constatation précise de la date des délits dans les actes d'information et dans les jugements.

135. Au reste, si, d'après la jurisprudence, on ne peut compter pour la relégation que les condamnations s'appliquant à des faits dont chacun est postérieur à la condamnation précédente, il n'est pas nécessaire que l'arrêt énonce explicitement cette circonstance. Il a été jugé que les exigences de la loi sont suffisamment satisfaites lorsque l'arrêt prononçant la relégation a pris soin d'énumérer une à une les condamnations devant être comptées pour la relégation, et s'il a, de plus, indiqué la date des faits à raison desquels l'accusé les a encourues, alors que, d'ailleurs, du rapprochement de ces dates, il résulte que chacun des faits qui ont motivé les condamnations successives était postérieur à l'époque où la condamnation précédente est devenue définitive (Crim. rej. 14 nov. 1890, *Bull. crim.*, n° 230).

136. Au point de vue de la date des délits qui ont motivé les condamnations antérieures, nous signalerons encore, à cause de leur importance pratique, deux arrêts de la cour de cassation. Le 17 sept. 1891 (*Bull. crim.*, n° 188), cette cour a jugé qu'est sujet à cassation l'arrêt qui, en prononçant la peine accessoire de la relégation, ne spécifie point la *date* des faits qui ont donné lieu aux condamnations antérieures dont il fait état. Plus récemment, un tribunal correctionnel avait appliqué la peine de la relégation en faisant état d'une condamnation antérieure encourue pour des faits dont la date n'avait pas été établie par le jugement de condamnation (*pour vols commis depuis moins de trois ans*, sans que le jugement fixât en termes plus précis la date des faits délictueux). La cour d'appel écarta la relégation en déclarant n'avoir pas le droit de déterminer cette date, et ne pouvoir, en conséquence, tenir compte de la condamnation antérieure. La cour a cassé l'arrêt et décidé que le juge d'appel était tenu de vérifier les faits qui avaient motivé la condamnation antérieure; que, sans doute, il ne lui était pas permis de les faire remonter au delà de la période de trois ans indiquée par le jugement, mais qu'il pouvait se placer à un moment quelconque de cette période sans violer l'autorité de la chose jugée, et que, s'il reconnaissait qu'ils avaient été commis postérieurement à la condamnation précédente devenue définitive, il devait, en supposant d'ailleurs réunies toutes les conditions exigées par la loi, maintenir les peines de la relégation prononcées

par les premiers juges (Crim. cass. 14 sept. 1893, *Bull. crim.*, n° 259).

137. Les condamnations correctionnelles *par défaut* comptent-elles pour la relégation? Oui, incontestablement, si elles sont devenues définitives (Crim. rej. 10 févr. 1887, aff. Ligot, D. P. 87. 1. 236 ; Crim. cass. 8 juill. 1887, aff. Cabal, D. P. 88. 1. 188 ; 18 avr. 1891, aff. Porte, D. P. 92. 1. 254). Or, elles sont définitives à l'expiration du délai d'opposition, lequel est de cinq jours ou de cinq ans à partir de la signification, suivant que celle-ci a été faite ou non à la personne du condamné (c. instr. crim. art. 187) (Conf. André, p. 277; Garraud, p. 346, n° 205, note 13, *in fine;* Teisseire, p. 200). Il a été spécialement jugé, par les arrêts précités des 10 févr. 1887 et 8 juill. 1887, que les condamnations par défaut, devenues définitives par la prescription de la peine, concourent à la relégation. Toutefois, c'est à l'expresse condition que le jugement ait été régulièrement signifié, car la signification seule a pour effet de donner ouverture à la prescription de la peine (Mêmes arrêts, et, de plus, Paris 12 nov. 1886, *Journ. des parquets*, 1886. 2. 185; 18 nov. 1886, *Journ. des parquets*, 1886. 2. 187; André, p. 278; Berton, n°s 214 et suiv. ; Jambois, p. 50 et suiv.). Il a même été jugé que, si le jugement n'avait pas été signifié, il ne pourrait être compté pour la relégation, alors même que le condamné aurait acquiescé à ce jugement et subi intégralement sa peine (Crim. cass. 22 févr. 1890, *Bull. crim.*, n° 44 ; 4 août 1893, *ibid.*, n° 225 ; Paris, 30 oct. 1891, *Journ. min. public*, n° 3384. V. aussi Orléans, 15 juill. 1893, aff. Estève, D. P. 94. 2. 206). En pratique, par suite de cette jurisprudence, les parquets ont soin de faire signifier les jugements correctionnels rendus par défaut, alors même qu'il y aurait acquiescement du condamné (V. en ce sens pour le ressort de la cour de Paris la circulaire de M. le procureur général en date du 10 nov. 1890). — La cour de Lyon est allée plus loin encore en jugeant, le 10 août 1891 (aff. Colas, D. P. 92 2. 400), que, pour qu'une condamnation par défaut constitue l'état de récidive et puisse entraîner la peine de la relégation, il ne suffit pas que le jugement qui la prononce ait été signifié au domicile du prévenu et soit devenu définitif par l'expiration du délai de prescription; qu'il doit être de plus établi que cette condamnation a été portée à la connaissance du condamné antérieurement aux faits qui ont donné lieu aux nouvelles condamnations dont elle a été suivie. L'exactitude de cette décision nous paraît douteuse. Aucun texte n'exige que la condamnation ait été portée à la connaissance du prévenu autrement que par la signification, laquelle peut être faite à domicile aussi bien qu'à personne.

138. Une condamnation criminelle par *contumace* compterait-elle pour la relégation? À cet égard, il faut, croyons-nous, distinguer si, au moment de la représentation forcée ou volontaire du contumax, il s'est écoulé vingt ans ou moins de vingt ans depuis la condamnation. Dans le premier cas, si vingt ans se sont écoulés, la peine étant prescrite (c. instr. crim. art. 635), la contumace ne peut plus être purgée; la condamnation est devenue irrévocable, et, définitivement inscrite au passif du condamné, elle compte en vue de la relégation (Berton, n°s 211 et suiv. ; Jambois, p. 50; André, p. 277). C'est l'application à la relégation d'une règle qui a été établie par la jurisprudence en matière de récidive du code pénal (Crim. 10 mai 1861, aff. Marniquet, D. P. 61. 1. 239). Si, au contraire, moins de vingt ans se sont écoulés depuis la condamnation, la peine n'étant pas encore prescrite, la condamnation par contumace tombe par le fait de la représentation du contumax, et, sans qu'il puisse être fait état de cette condamnation, l'accusé est soumis à de nouveaux débats (André, *loc. cit.*).

139. — 2° *Condamnations émanées des tribunaux ordinaires français*. — Pour que la relégation soit applicable, il faut, en second lieu, que les condamnations émanent d'un tribunal *ordinaire*. En disant dans l'art. 2 que « la relégation ne sera prononcée que par les cours et tribunaux ordinaires *comme conséquence des condamnations encourues devant eux* », et en ajoutant que ces cours et tribunaux « *pourront* toutefois tenir compte des condamnations prononcées par les *tribunaux militaires et maritimes* » aux conditions qu'il indique,

le législateur a clairement manifesté sa volonté. En principe, les condamnations émanées des tribunaux ordinaires comptent seules pour la relégation.

140. A peine est-il besoin d'ajouter que ces condamnations antérieures doivent émaner d'un tribunal français. Il est de principe, en notre droit, que les jugements criminels étrangers ne peuvent être exécutés en France, et, par application de ce principe, il a été jugé à bon droit, avant la loi de 1885, qu'une condamnation prononcée en pays étranger ne peut constituer en récidive le prévenu d'un délit commis postérieurement en France (Aix, 14 avr. 1875, D. P. 76. 2. 108; Besançon, 15 janv. 1879, aff. Bich, D. P. 79. 5. 351). Jugé de même au point de vue de la relégation (Nancy, 11 avr. 1889 (1). Conf. Garraud, t. 2, p. 346 ; André, p. 262; Teissèire, p. 297). Dans l'espèce jugée par ce dernier arrêt, il s'agissait d'une condamnation prononcée par un tribunal d'Alsace après l'annexion de cette province à l'Allemagne. On devrait regarder comme des condamnations émanées d'un tribunal français celles qui auraient été prononcées par des tribunaux qui, au moment où ils ont statué, étaient français, et ont depuis cessé de l'être, comme par exemple, les tribunaux d'Alsace-Lorraine (Mêmes autorités).

141. — 3° *Condamnations prononcées pour crimes ou délits de droit commun.* — Pour entraîner la relégation, les condamnations antérieures doivent avoir pour objet des crimes ou des délits de droit commun. En d'autres termes, les crimes ou délits politiques ne doivent pas être comptés pour la relégation, et il en est de même des crimes ou délits qui sont connexes à des crimes ou délits politiques. Cela n'est pas douteux en présence du texte de l'art. 3 de la loi : « Les condamnations pour crimes ou délits politiques, ou pour crimes ou délits qui leur sont connexes, ne seront, en aucun cas, comptées pour la relégation ». — Sur ce qu'il faut entendre par délits connexes à des délits politiques, V. *supra*, v° *Délit politique*, §§ 2, 3, 4 et 5.

142. — 4° *Condamnations prononcées dans un délai de dix ans.* — Sur ce délai de dix ans, V. *infra*, n°⁵ 178 et suiv.

143. — 5° *Condamnations non effacées par la réhabilitation, l'amnistie ou la révision.* — L'art. 5 de la loi de 1885 porte : « Les condamnations qui auront fait l'objet de grâce, commutation ou réduction de peine seront néanmoins comptées en vue de la relégation. Ne le seront pas celles qui auront été effacées par la réhabilitation ». Cet article contient deux dispositions distinctes.

La première décide que les remises, commutations ou réductions de peine n'ont aucune influence sur le calcul des condamnations motivant la relégation. C'est l'application de ce principe général que la *grâce* laisse subsister la condamnation et n'a d'effet qu'au point de vue de l'exécution de la peine. La *prescription* doit, au point de vue qui nous occupe, être assimilée à la grâce ; elle libère le condamné de la peine principale, mais sans le décharger de la condamnation qui peut toujours servir de base à l'application de la relégation (Garraud, n° 215; André, p. 298; Laborde, n° 529).

Au contraire, la seconde partie de l'art. 5 précité décide que les condamnations effacées par la *réhabilitation* ne

seront pas comptées au point de vue de la relégation. Cette disposition est en harmonie avec la nouvelle théorie qu'a consacrée, en matière de réhabilitation, la loi du 14 août 1885 (D. P. 85. 4. 60); depuis cette loi, la réhabilitation est une véritable *restitutio in integrum* qui, pour l'avenir, *efface* la condamnation, avec toutes les incapacités qui en résultaient (V. c. instr. crim. art. 634, nouveau). Ainsi mise à néant, la condamnation effacée par la réhabilitation ne peut plus compter comme unité de relégation. — Au reste, la mise à néant de la condamnation ne résulte pas seulement de la réhabilitation ordinaire ; elle est produite aussi par la réhabilitation spéciale introduite dans notre législation par la loi du 26 mars 1891, dite loi Bérenger (V. *supra*, v° *Peine*, n°⁵ 284 et suiv.) ; et il n'y a point de doute pour nous qu'une condamnation effacée par la réhabilitation de droit ne saurait compter pour la relégation. Nous en dirons autant de l'*amnistie*, qui abolit, efface la condamnation sur laquelle elle porte, et dont l'effet est complet, absolu ; une condamnation amnistiée ne peut certainement pas compter pour la relégation (Garraud, n° 215 ; André, p. 299; Laborde, n° 529). Enfin la *révision*, effaçant aussi la condamnation, empêche également la condamnation de compter pour la relégation (Mêmes autorités).

Art. 2. — *Des différents cas de relégation.*

144. La loi du 27 mai 1885 a créé et organisé quatre cas de relégation; ce sont les plus importants. Deux autres ont été créés par des lois postérieures : celle du 19 déc. 1893 sur les associations de malfaiteurs, et celle du 28 juill. 1894 sur les menées anarchistes.

§ 1ᵉʳ. — *Des quatre cas de relégation créés par la loi de 1885.*

145. — I. RÈGLES COMMUNES. — Avant d'entrer dans l'analyse détaillée des cas de relégation, il convient de dégager les règles qui leur sont communes.

146. — *Première règle.* — L'ordre dans lequel ont été prononcées les condamnations constituant le cas de relégation est indifférent (art. 4, 1ʳᵉ phrase). A ce point de vue, il y a une différence entre le système de la loi de 1885 et le système du code pénal ; « car un individu qui, après avoir été condamné à un emprisonnement correctionnel, commet un crime puni d'une peine criminelle, n'est pas un récidiviste au sens légal du mot, tandis qu'il serait récidiviste si la condamnation criminelle avait précédé la condamnation correctionnelle (c. pén. art. 57) » (Garraud, p. 341).

147. — *Deuxième règle.* — Pour calculer le nombre de condamnations qui entraînent la relégation, il faut se placer dans une période de dix ans, en remontant dans le passé depuis le jour de la dernière condamnation qui doit faire prononcer la relégation. « En un mot, il ne suffirait pas que, dans la vie du condamné, il se rencontrât une période quelconque de dix ans contenant le nombre de condamnations exigé. Le législateur a voulu atteindre les récidivistes ou malfaiteurs d'habitude, réputés légalement incorrigibles au jour où ils comparaissent devant la justice. La période décennale a donc son point de départ certain, en remontant en arrière, à compter de la condamnation qui

(1) (Kieffer.) — La cour; — En ce qui touche la peine accessoire de la relégation ; — Attendu que, pour pouvoir appliquer à l'appelant Kieffer les dispositions de l'art. 4, § 3, de la loi du 27 mai 1885 sur la relégation des récidivistes, les premiers juges ont dû tenir compte de la peine de douze années de réclusion prononcée contre lui à Strasbourg, en 1876, ou moins de la détention qui en a été la suite; — Attendu que les dispositions de la loi du 27 mai 1885, quelque générales et absolues qu'elles soient, ne peuvent être la conséquence que de condamnations antérieures prononcées par les cours et les tribunaux français, par la considération que les limites du territoire sont celles de la souveraineté ; — Attendu que ce serait donner, contre tous les principes de droit public, une exécution en France à un jugement rendu par un tribunal étranger que de lui imprimer une influence juridique avec une force quelconque pour l'application de la peine de la relégation et pour le calcul de la période décennale parle la loi du 27 mai 1885 ; — Attendu, d'ailleurs, que l'art. 121 de l'ordonnance de 1629 porte que : « les jugements rendus ès royaumes et souverainetés étrangères, pour quelque cause que ce soit, n'auront aucun effet en France »; —

Attendu que cette disposition de droit public n'a point été abrogée par les nouveaux codes ; qu'elle doit s'entendre non seulement des condamnations en elles-mêmes émanant d'un tribunal étranger, mais aussi des conséquences juridiques qui pourraient résulter de ces condamnations si elles avaient été prononcées en France; — Attendu que le jugement de condamnation du 12 déc. 1876, prononcé par la cour d'assises de Strasbourg, contre le nommé Kieffer (Louis), né à Wertisheim (Alsace-Lorraine), a été rendu par un tribunal étranger pour la répression d'un crime commis sur ce territoire et contre un individu étranger à la France; — Attendu que cette condamnation demeure dès lors sans valeur juridique en France ; d'où il suit qu'elle ne peut avoir aucun effet par rapport à la situation pénale du condamné pour l'application de la peine de la relégation, la durée de son exécution ne pouvant être comprise dans la période décennale dont parle la loi de 1885; que c'est donc le cas de relaxer le prévenu du chef de condamnation; par ces motifs, la cour décharge le prévenu, etc.
Du 11 avr. 1889.-C. de Nancy, ch. corr.-MM. Charmeil, pr.-Germain, rap.-Obrin, av. gén.-Dinago, av.

entraîne la relégation » (Garraud, *eod. loc.*). — Sur cette règle, V. *infrà*, n° 181.

148. — *Troisième règle.* — La condamnation même qui prononce la relégation doit entrer en ligne de compte pour la supputation du nombre des condamnations devant entraîner la relégation. Le système contraire, comme le dit très bien M. Garraud, p. 346, aurait pour résultat d'exiger, pour chaque cas de relégation, une condamnation *en plus du nombre légal*, trois au lieu de deux, quatre au lieu de trois, et ainsi de suite (Conf. Villey, p. 517; André, p. 284; Berton, n°s 67 et suiv.; Jambois, p. 21; Laborde, n° 537; note de M. L. Sarrut, D. P. 86. 2. 53-54). La jurisprudence est constante en ce sens (Douai, 20 janv. 1886, aff. Becque, D. P. 86. 2. 57; Poitiers, 12 févr. 1886, aff. Mocaer, D. P. 86. 2. 59; Orléans, 2 mars 1886, aff. Lempereur, D. P. 86. 2. 60; Lyon, 2 févr. 1886, aff. Roche, D. P. 86. 2. 146; Alger, 25 mars 1886, aff. Bernard, et Montpellier, 2 avr. 1886, aff. Marchand D. P. 86. 2. 148; Crim. cass. 23 août 1888, aff. Bisson, D. P. 89. 1. 121).

149. — *Quatrième règle.* — Les condamnations pour *complicité* ou *tentative* comptent pour l'application de la relégation comme celles pour crime ou délit consommé. A la vérité, la loi ne s'en explique pas; mais ce sont là de simples *modalités* de l'infraction. Or, toutes les fois que dans le langage juridique on emploie cette expression : « une condamnation pour telle infraction », on comprend la condamnation intervenue pour toutes les modifications punissables (Laborde, n° 539). Du reste, l'art. 59 c. pén. assimile les complices d'un crime ou d'un délit aux auteurs, et, d'autre part, la tentative de crime, quand elle est punissable, est « considérée comme le crime même » (Même code, art. 2). Toutefois, les tentatives de *délits* n'étant « considérées comme délits que dans les cas déterminés par une disposition spéciale de la loi » (art. 3), et le vol et l'escroquerie étant, parmi les délits que retient la loi sur la relégation (art. 4 de la loi), les seuls pour lesquels la tentative soit punissable, il s'ensuit qu'en fait, les tentatives de vol simple et d'escroquerie comptent (et comptent seules parmi les tentatives de délit) pour la relégation (Conf. André, p. 274; Garraud, p. 350; Jambois, p. 57; Depeiges, p. 99; note de M. L. Sarrut, D. P. 86. 2. 50). Ainsi jugé, en ce qui concerne la complicité (Paris, 4 mars 1886, aff. Houssart, D. P. 86. 2. 49) et en ce qui concerne la tentative de vol (Montpellier, 4 févr. 1886, aff. Cahusac, D. P. 86. 2. 49; Crim. rej. 10 juin 1886, aff. Laplace, D. P. 86. 1. 351).

150. — II. Règles spéciales. — L'art. 4 de la loi du 27 mai 1885 détermine quatre cas distincts de relégation, ou, si l'on veut, quatre groupes de condamnations qui, lorsqu'elles sont encourues, entraînent obligatoirement la peine complémentaire de la relégation.

151. — A. *Premier cas de relégation.* — Ce premier cas résulte de « deux condamnations aux travaux forcés ou à la reclusion, sans qu'il soit dérogé aux dispositions des paragraphes 1 et 2 de l'art. 6 de la loi du 30 mai 1854 » (art. 4-1°). Ainsi, toutes les fois que les tribunaux prononcent les travaux forcés ou la reclusion contre un individu déjà condamné aux travaux forcés ou à la reclusion, ils doivent, en plus de l'aggravation de peine due à la récidive du code pénal, le condamner en même temps à la relégation. — Il est à remarquer que la rédaction de l'art. 4 ne limite pas aux travaux forcés à temps l'application de la relégation. Dès lors l'individu qui a été condamné aux travaux forcés à perpétuité peut être ultérieurement relégué, si, après avoir obtenu une réduction ou une remise de peine, il encourt de nouvelles condamnations susceptibles d'entraîner la relégation. Toutefois, une cour d'assises ne pourrait prononcer en même temps les travaux forcés à perpétuité et la relégation (V. *suprà*, n° 116). Toute peine prononcée est, en effet, censée devoir être subie, et il y aurait contradiction à prononcer, en même temps qu'une peine perpétuelle principale, une autre peine qui, comme la relégation, ne peut recevoir son application qu'à l'expiration de ladite peine principale.

152. Remarquons encore qu'il n'est pas dérogé à la loi du 30 mai 1854, d'après laquelle, sans qu'il y ait récidive : 1° tout individu condamné à huit années de travaux forcés est tenu de résider toute sa vie dans la colonie où il a subi sa peine ; 2° tout individu condamné à moins de huit années

est tenu à la même résidence pendant un temps égal à la durée de sa condamnation (art. 6, § 1 et 2).

153. — B. *Second cas de relégation.* — Le second cas de relégation (art. 4, § 2) suppose réunies trois condamnations, savoir : 1° *une* condamnation aux travaux forcés ou à la reclusion ; 2° *deux* condamnations : soit à l'emprisonnement pour faits qualifiés crimes, soit à plus de trois mois d'emprisonnement pour vol, escroquerie, abus de confiance, outrage public à la pudeur, excitation habituelle de mineurs à la débauche, vagabondage ou mendicité par application des art. 277 et 279 c. pén.

154. Que faut-il entendre par « condamnation à l'emprisonnement pour faits qualifiés crimes » ? L'expression peut s'appliquer à deux situations différentes. La première est celle où le crime est puni d'une peine correctionnelle, par suite de l'admission des circonstances atténuantes. Dans cette situation, — d'ailleurs de beaucoup la plus fréquente, — la peine prononcée ne pourra jamais être inférieure à un an d'emprisonnement (c. pén., art. 463, § 7). Point de doute qu'une pareille condamnation doive compter en vue de la relégation.

En est-il de même en cas de crime puni d'emprisonnement par l'effet d'une excuse légale, par exemple, d'un meurtre ou de coups et blessures provoqués, ou d'un crime commis par un mineur de seize ans ayant agi sans discernement ? En pareil cas, l'admission de l'excuse peut permettre de descendre à six mois de prison (c. pén., art. 326) ; la peine peut même être inférieure à ce chiffre, si l'excuse se combine avec une déclaration de circonstances atténuantes (*suprà*, v° *Peine*, n° 533). Même dans cette hypothèse, la condamnation devra-t-elle compter pour la relégation ? L'affirmative ne nous paraît pas douteuse en présence d'un texte aussi général que possible et ne comportant aucune distinction : « condamnation à l'emprisonnement pour faits qualifiés crimes » (André, n° 291; Le Poittevin, p. 48 et suiv.). — *Contrà* : Garraud, n° 210. Suivant cet auteur, le crime excusé cessant d'être un crime et devenant un simple délit, comme il s'agit d'un délit non spécifié dans l'art. 4, la relégation n'est pas encourue, quelque longue que soit la durée de la peine prononcée. Sans doute le crime excusé devient délit (*suprà*, v° *Peine*, n°s 507, 508 et 534) ; mais il n'en reste pas moins, suivant nous, « un fait qualifié crime », et cela suffit pour qu'il doive concourir à faire prononcer la relégation.

155. Des sept délits spécifiés au paragraphe 2 de l'art. 4, cinq sont « des délits contre la propriété et les bonnes mœurs, qui, par leur fréquence plus encore que par leur gravité, constituent un véritable et pressant danger social » (André, p. 265). Ce sont le vol, l'escroquerie, l'abus de confiance, l'outrage public à la pudeur, l'excitation habituelle de mineurs à la débauche. Deux autres, le vagabondage et la mendicité, acquièrent, par leur nature et leur fréquence, le caractère de délits professionnels. Evidemment la liste de ces délits est *limitative* (Garraud, n° 211; Laborde, n° 543).

156. La détermination exacte des délits spécifiés peut donner lieu à des difficultés, surtout en ce qui concerne le vol et l'abus de confiance. — A l'égard du vol, nous croyons que le législateur de 1885 a voulu comprendre, sous cette expression générale, tous les délits qui rentrent dans la définition du vol donnée par l'art. 379 c. pén. « soustraction frauduleuse de la chose d'autrui », mais seulement ceux-là. Donc la relégation pourra être attachée : 1° aux condamnations prononcées pour les *larcins et filouteries* dont il est question dans l'art. 401, puisque ce sont de véritables vols (Blanche, *Etudes pratiques sur le code pénal*, t. 5, n° 486), qui diffèrent seulement par leur mode d'exécution du vol proprement dit (Garraud, n° 211; Jambois, p. 53; André, p. 266; Teisseire, p. 243) ; — 2° Aux condamnations prononcées pour les délits prévus par les art. 388 et 389 c. pén. : vol dans les champs, vol de récoltes, vol de bois dans les ventes, de pierres dans les carrières, de poissons dans les étangs, vol au moyen de l'enlèvement des bornes servant de séparation aux propriétés. Tous ces faits réunissent les éléments essentiels du vol ordinaire ; ils constituent des soustractions frauduleuses de la chose d'autrui (Garraud, *eod. loc.*; Berton, n° 166; Jambois, p. 55; André, *eod. loc.*; Teisseire, p. 246). Ainsi jugé pour le vol de récoltes (Montpellier 2 avr. 1886, aff. Marchant, D. P. 86. 2. 145).

D'autre part, au contraire, la relégation ne pourra pas être attachée : 1° au délit de *filouterie d'aliments* ou de *grivèlerie* commis au préjudice des restaurateurs, car ce délit, créé par la loi du 26 juill. 1873, ne rentre pas dans les termes du vol, et ne constitue d'ailleurs ni une escroquerie, ni un abus de confiance ; il s'agit là d'un délit *sui generis* (Trib. corr. Seine, 31 déc. 1885, aff. Leprévost, D. P. 85. 5. 399 ; Nancy, 11 févr. 1886, aff. Chevalier, D. P. 86. 2. 49 ; Crim. cass. 5 juin 1886, aff. Joyeux, D. P. 86. 1. 351 ; 9 juill. 1886, *Bull. crim.*, n° 250 ; 15 juill. 1886, *ibid.*, n° 257 ; Toulouse, 12 nov. 1891, aff. Maugras, *Journ. du min. publ.*, n° 3396) ; — 2° Aux délits spécifiés dans les art. 387, 399 et 400 c. pén. (altérations de liquides confiés à des voituriers, contrefaçons de clefs, détournements d'objets saisis ou donnés en gage, etc.), lesquels ne rentrent pas dans la définition générale de l'art. 379, ni par suite, dans les prévisions de l'art. 4 de la loi du 27 mai 1885.

157. *L'abus de confiance* est un terme générique qui embrasse quatre délits distincts (c. pén. art. 406 à 409), « différents les uns des autres par les éléments qui les constituent et qui n'ont de rapports communs que dans leur mode de perpétration : l'abus des besoins d'un mineur, l'abus de blanc-seing, le détournement d'objets confiés à un certain titre, enfin, la soustraction des pièces produites en justice. » (Chauveau et Hélie, *Théorie du code pénal*, t. 5, p. 443). Tous ces faits rentrent-ils dans l'expression « abus de confiance », employée par l'art. 4 de la loi de 1885 ? Le dernier (soustraction de pièces produites dans une instance en justice) n'a pas la gravité de l'abus de confiance véritable ; il n'en réunit pas les éléments essentiels ; il ne peut donner lieu qu'à une simple amende. Le législateur de 1885 n'a pu songer à édicter contre celui qui s'en rend coupable la peine rigoureuse de la relégation (Garraud, n° 211 ; André, p. 268 ; Jambois, p. 56 ; Teisseire, p. 251).—L'abus de confiance proprement dit (c. pén. art. 408) et l'abus de blanc-seing (art. 407), qui n'est qu'une variété de l'abus de confiance, entraînent certainement la relégation (Garraud, *loc. cit.*; André, *loc. cit.*; Berton, n°s 171 et suiv.; Teisseire, *loc. cit.*). — En faut-il dire autant de l'abus des besoins, des faiblesses ou des passions d'un mineur, réprimé par l'art. 406 ? Nous ne le pensons pas. « L'abus consiste à favoriser, dans un intérêt de cupidité, les mauvaises passions de la jeunesse. Il existe alors même que la confiance du mineur n'a pas été trompée, c'est-à-dire alors même que le mineur a pénétré les vues du prêteur et que, volontairement, il a consenti à supporter le préjudice qui lui était causé. Ce délit n'est donc pas, à proprement parler, un abus de confiance ; par suite, il ne doit pas être compté pour la relégation » (André, p. 267). Conf. Garraud, *loc. cit.* V. cependant, *contrà*, Berton, n°s 171 et suiv.; Jambois, p. 56.

158. Aucune difficulté ne peut s'élever en ce qui concerne l'escroquerie (c. pén. art. 405), l'outrage public à la pudeur (art. 330) et le délit d'excitation de mineurs à la débauche (art. 334).

159. En ce qui concerne le vagabondage et la mendicité, il est à remarquer que ces délits ne comptent pour la relégation, dans le second cas de l'art. 4, que lorsqu'ils sont accompagnés des circonstances aggravantes des art. 277 et 279 c. pén. C'est ce qui résulte tant du texte de la loi que du rapport de M. Gerville-Réache, où l'on lit ce qui suit : « La disposition de l'art. 4 aggrave la situation des vagabonds et mendiants qualifiés par les art. 277 et 279 ; elle n'atteint pas ceux que visent les art. 276, 278 et 281 ». Il s'ensuit notamment que la mendicité avec menaces ou en réunion, ou en simulant des infirmités, laquelle fait l'objet de l'art. 276, ne rentre pas dans les cas prévus par la loi spéciale. Jugé, spécialement : 1° qu'on ne peut compter en vue de la relégation le délit de mendicité en simulant des infirmités (Crim. cass. 5 août 1886, aff. Minet, D. P. 87. 1. 233) ; — 2° Que le vagabondage simple, puni par l'art. 271 c. pén., n'entraîne pas la peine de la relégation (Crim. cass. 3 janv. 1890, *Bull. crim.*, n° 4 ; 21 août 1890, *Bull. crim.*, n° 179) ; — 3° Que l'arrêt de la cour d'assises qui, en relevant les antécédents qui entraînaient la peine de la relégation, mentionne une condamnation pour vagabondage, mais ne constate pas si ce délit a été ou non commis dans les conditions spéciales visées par le paragraphe 2, art. 4, de la loi du 27 mai 1885, doit être cassé (Même arrêt du 21 août 1890).

160. — C. *Troisième cas de relégation.* — Le troisième cas exige « quatre condamnations soit à l'emprisonnement pour faits qualifiés crimes, soit à plus de trois mois d'emprisonnement pour les délits spécifiés au paragraphe 2 » (art. 4, § 3). — Sur ce qu'on doit entendre par « faits qualifiés crimes » et sur les délits spécifiés au paragraphe 2 de l'art. 4, V. *suprà*, n° 154 et suiv..

161. — D. *Quatrième cas de relégation.* — Ce cas comporte « *sept* condamnations, dont deux au moins prévues par les deux paragraphes précédents, et les autres, soit pour vagabondage, soit pour infraction à l'interdiction de résidence signifiée par application de l'art. 19 de la présente loi, à la condition que deux de ces autres condamnations soient à plus de trois mois d'emprisonnement » (art. 4, § 4). Il soulève des difficultés particulièrement graves. Avant d'en aborder l'examen, nous constaterons que le cas du paragraphe 4 est constitué par deux groupes de condamnations : l'un comprenant deux (ou trois) condamnations, l'autre en comprenant cinq (ou quatre).

162. La première difficulté est celle de savoir quelles sont les condamnations que la loi entend désigner par ces expressions : « dont deux, au moins, prévues par les deux paragraphes précédents ». Une condamnation aux travaux forcés ou à la réclusion peut-elle rentrer dans cette première catégorie ? Oui, suivant la majorité des auteurs. Il serait absurde, disent-ils, qu'une condamnation aux travaux forcés ou à la réclusion ne comptât pas, au point de vue de la relégation, autant qu'une condamnation à l'emprisonnement pour vol ou escroquerie. D'autre part, l'art. 4, § 4, renvoie aux deux paragraphes précédents, c'est-à-dire aux paragraphes 2 et 3, le paragraphe 2 renvoie au paragraphe 1 (travaux forcés ou réclusion) : par conséquent, au point de vue même du texte, le paragraphe 4 visant les « deux paragraphes précédents », vise implicitement le paragraphe 1. Avec M. Garraud (n° 212), nous ne pensons pas « qu'on puisse soutenir sérieusement que, dans le cas des sept condamnations prévues par la loi, ne figureraient pas les condamnations aux travaux forcés ou à la réclusion » (Conf. André, p. 292 ; Berton, n°s 86 et suiv.; Jambois, p. 26 ; Teisseire, p. 213. V. aussi la note D. P. 86. 2. 50, 2° col. *Contrà* : Tournade, p. 40). Il y a lieu toutefois de remarquer que le premier groupe des sept condamnations du paragraphe 4 ne peut comprendre, au plus, qu'une seule condamnation aux travaux forcés ou à la réclusion, et jamais deux : sinon, le récidiviste serait relégué en vertu du paragraphe premier.

163. Une autre question, plus importante, est celle de savoir si les « autres » condamnations dont parle le paragraphe 4 doivent nécessairement avoir été prononcées pour vagabondage ou infraction à l'interdiction de séjour, ou si elles peuvent, au contraire, être remplacées par des condamnations pour crime ou par des condamnations pour un des délits spécifiés au paragraphe 3. — Un point est hors de doute : il n'est pas nécessaire, pour que la relégation soit appliquée en vertu du paragraphe 4 de l'art. 4, qu'il y ait cinq condamnations pour vagabondage ou infraction à l'interdiction de résidence ; il suffit de *quatre* condamnations, si d'ailleurs il y en a trois prévues par les paragraphes précédents. Les travaux préparatoires (V. notamment les explications de M. Ninard devant le Sénat, à la séance du 13 févr. 1885) et aussi le texte même du paragraphe 4 ne laissent pas de doute sur ce point. En effet, la première partie du paragraphe 4, parlant du premier groupe de condamnation, dit : « Deux condamnations *au moins* prévues par les deux paragraphes précédents ». Il peut donc y en avoir plus de deux ; il peut y en avoir trois. En ce cas la troisième condamnation remplacerait une des deux condamnations à plus de trois mois d'emprisonnement pour vagabondage ou infraction à l'interdiction de résidence. Ce premier point est aujourd'hui constant en jurisprudence et en doctrine (Crim. rej. 13 mars 1886, aff. Thurot, D. P. 86. 1. 139 ; Crim. cass. 25 juin 1886, aff. Kergomard, D. P. 86. 1. 352 ; 6 juill. 1893, *Bull. crim.*, n° 183 ; Montpellier, 4 févr. 1886, aff. Cahusac, D. P. 86. 2. 61. Conf. Garraud, n° 212 ; André, p. 293 ; Berton, n°s 95 et suiv.; Jambois, p. 28 ; Teisseire, p. 218 et suiv.).

164. Examinons maintenant si les trois « autres » condamnations portant peine quelconque doivent être nécessairement prononcées pour vagabondage ou infraction à l'interdiction de séjour. En d'autres termes, ne pourrait-on pas substituer à ces trois condamnations pour vagabondage ou infraction à l'interdiction de séjour, des condamnations pour vol, escroquerie, abus de confiance et autres délits spécifiés ? Cette question a été diversement résolue. Plusieurs cours d'appel (Bourges, 21 janv. 1886, aff. Thurot, D. P. 86. 2. 49 ; Orléans, 19 févr. 1886, aff. Taton, D. P. 86. 2. 49 ; Paris, 8 avr. 1886, aff. Kergomard, D. P. 86. 2. 49 ; 10 avr. 1886, aff. Lefèvre, D. P. 86. 2. 62 ; Nancy, 2 juin 1886, aff. Leluc, D. P. 86. 2. 145) ont estimé que les condamnations pour vagabondage ou infraction à l'interdiction de séjour sont nécessaires et ne peuvent être remplacées par aucune autre. Le texte paraît bien ne se prêter qu'à cette solution : « les autres, *soit pour vagabondage*, *soit pour infraction* à l'interdiction de résidence... », dit l'art. 4. Il n'ajoute pas : soit pour l'un des délits spécifiés ci-dessus. Du reste, cette solution est conforme à l'esprit de la loi, qui a voulu faire tomber sous le quatrième cas de relégation une classe spéciale de délinquants : les vagabonds d'habitude. Cette doctrine a été adoptée par l'unanimité des auteurs (Garraud, n° 212 ; Villey, p. 512 ; André p. 294 ; Jambois, p. 28 ; Teisseire, p. 220 et suiv. ; Laborde, n° 546).

La cour de cassation n'a pourtant pas admis cette interprétation, qu'elle qualifie de judaïque ; elle décide que l'on peut remplacer des condamnations pour vagabondage ou interdiction de résidence par des condamnations pour vol ou autres délits spécifiés aux paragraphes 2 et 3 de l'art. 4. Cette cour a plusieurs fois jugé « qu'il résulte de l'esprit de la loi du 27 mai 1885 et des discussions qui en ont précédé l'adoption : 1° que le paragraphe 4, en exigeant pour son application deux ou moins des condamnations prévues par les paragraphes 2 et 3, a seulement fixé un minimum, et que, si ce minimum est dépassé, les condamnations excédantes doivent *à fortiori* être comptées en vue de la relégation ; 2° que, quant aux *autres condamnations* destinées à parfaire le nombre de sept, il n'est pas indispensable qu'elles aient été prononcées pour vagabondage ou infraction à l'interdiction de résidence, et qu'on peut indifféremment les remplacer par des condamnations encourues pour délits spécifiés aux deux paragraphes précédents, à la condition que sur le total des sept condamnations retenues, quatre au moins, dont deux de celles prévues aux paragraphes 2 et 3, aient été de plus de trois mois d'emprisonnement » (Crim. cass. 11 mars 1887, aff. Blancheri, D. P. 87. 1. 414 ; Crim. rej. 24 nov. 1887, aff. Urtin, D. P. 88. 1. 189 ; 6 juill. 1893, *Bull. crim.*, n° 183. Conf. Crim. rej. 13 mars 1886, aff. Thurot, D. P. 86. 1. 139 ; Crim. cass. 25 juin 1886, aff. Kergomard, D. P. 86. 1. 352). Nous ne souscririons pas volontiers à cette interprétation, qui nous paraît condamnée par le texte même de la loi, et qui a été fortement combattue par M. Garraud (p. 353, note 22) et par M. Villey (p. 512). Mais nous devons reconnaître que les cours et les tribunaux se sont mis à suivre l'exemple de la cour de cassation (Orléans, 4 mai 1886, aff. Thomas, D. P. 86. 2. 145 ; Toulouse, 8 juin 1887, aff. Blanchard, D. P. 87. 2. 197).

165. La cour de cassation décide encore que les condamnation pour infraction à l'interdiction de résidence, prévues par l'art. 4, § 4, peuvent être remplacées par des condamnations pour rupture de ban (Crim. rej. 15 avr. 1886, aff. Mocaër, D. P. 86. 1. 229 ; 26 juin 1886, *Bull. crim.*, n° 226 ; 10 mai 1889, *ibid.*, n° 171 ; 10 mai 1889, aff. Mangin ; 21 juin 1889, aff. Hans, D. P. 90. 1. 139-140. Conf. Montpellier, 4 févr. 1886, aff. Cahusac, D. P. 86. 2. 49) .M. Villey (p. 513) combat avec raison cette solution. « Le texte de l'art. 4, § 4, dit cet auteur, ne mentionne pas le délit de rupture de ban, et cela suffirait ; car on ne peut appliquer une peine par analogie. Cette analogie, d'ailleurs, n'existe pas. Il suffit de lire l'art. 44 c. pén. pour reconnaître qu'il imposait au condamné des formalités et des prohibitions infiniment plus étendues que l'interdiction de résidence de la loi du 27 mai 1885. Et comment compter pour la relégation une condamnation prononcée comme sanction de mesures de police que le législateur de 1885 a abolies, comme tracassières et excessives ? » V. dans le même sens, note

de M. Sarrut, D, P. 86. 2. 50 ; et aussi, en sens contraire à la jurisprudence de la cour de cassation, Paris, 3 févr. 1886, aff. Vanderhaghen ; Orléans, 9 févr. 1886, aff. Taton, D. P. 86. 2. 49-59 ; 16 mars 1886, aff. Gosset, D. P. 86. 2. 145 ; Paris, 8 avr. 1886, aff. Bonhommet, D. P. 86. 2. 62 ; Rouen, 4 avr. 1889, aff. Mangin, D. P. 90. 1. 139 ; 2 mai 1889, aff. Hans, D. P. 90. 1. 140. Toutefois, par un arrêt du 16 avr. 1891 (aff. Durot, *Journal du ministère public*, n° 3341), la cour de Paris s'est ralliée à l'interprétation de la cour de cassation.

166. — II. Des individus assimilés aux vagabonds. — Le dernier paragraphe de l'art. 4 de la loi du 27 mai 1885 est ainsi conçu, *in fine*: « Seront considérés comme gens sans aveu et seront punis des peines édictées contre le vagabondage, tous les individus qui, soit qu'ils aient ou non un domicile certain, ne tirent habituellement leur subsistance que du fait de pratiquer ou de faciliter sur la voie publique l'exercice de jeux illicites, ou la provocation d'autrui sur la voie publique ». Ce n'est pas ici le lieu d'expliquer l'origine et la portée de cette disposition nouvelle qui assimile les « souteneurs » et les « bonneteurs » aux vagabonds (V. *infrà*, v° *Vagabondage*). Nous nous bornerons à constater que le « souteneur » et le « bonneteur » encourront la peine de la relégation dans les mêmes circonstances où cette peine serait applicable aux vagabonds ordinaires. Cela ne peut faire aucun doute en présence des déclarations faites au Sénat par M. Waldeck-Rousseau, ministre de l'intérieur, dans la séance du 13 févr. 1885.

167. — IV. Confusion des peines. — En cas de conviction de plusieurs crimes ou délits, la peine la plus forte doit être seule prononcée (c. instr. crim. art. 365). L'application de cette règle à la matière de la relégation a donné lieu à plusieurs difficultés. La première est relative au cas de poursuites *successives*. Il peut se faire, il arrive même souvent, que l'on rencontre sur le casier judiciaire d'un individu plusieurs condamnations distinctes prononçant, en vertu de l'art. 365, la confusion de leurs peines. En pareille hypothèse, au point de vue de la relégation, considérera-t-on les condamnations confondues comme autant de condamnations distinctes, et, par suite, comptera-t-on autant de condamnations qu'il y en a eu de prononcées, bien que, en réalité, il n'y ait eu qu'une peine appliquée et subie ? Au contraire, ne comptera-t-on qu'une condamnation pour toutes celles dont les peines ont été confondues en une peine unique ? Par exemple : un individu déjà condamné à une certaine peine pour un délit, est poursuivi pour un autre délit antérieur au premier, et les juges saisis de la seconde poursuite décident que la peine qu'ils prononcent se confondra avec la précédente. Qu'arrivera-t-il si, plus tard, le condamné est traduit de rechef en justice répressive ? Au point de vue de la relégation, les deux condamnations dont les peines ont été confondues compteront-elles pour *deux* ? Faudra-t-il, au contraire, vu la confusion des peines, décider qu'il n'y a qu'une *seule* condamnation prononcée ?

La jurisprudence a d'abord considéré que toutes les condamnations prononcées devaient être comptées, sans qu'il y eût lieu de s'occuper de la confusion des peines. Elle jugeait, en conséquence, que chaque condamnation devait entrer en ligne de compte en vue de la relégation, quand elle réprimait un délit qui rentre, par sa nature et la durée de la peine encourue, dans la catégorie de ceux auxquels la relégation est applicable (Crim. cass. 12 nov. 1886, aff. Teyssier, D. P. 87. 1. 145 ; 9 août 1888, aff. Lambotin, D. P. 89. 1. 121 ; Montpellier, 18 mars 1886, aff. Grandjean, D. P. 86. 2. 147 ; Paris, 9 mars 1887, aff. Perdu, D. P. 87. 2. 197). Les arrêts se fondaient sur ce que la loi du 27 mai 1885 attache la relégation aux condamnations « encourues » ; or, si un prévenu n'a subi qu'une peine pour deux condamnations en vertu de l'art. 365 c. instr. crim., il n'en est pas moins vrai qu'il a « encouru » deux condamnations distinctes ; dès lors, n'est-il pas juste de dire que, malgré la confusion ordonnée, il s'agit deux condamnations distinctes qui, l'une et l'autre, doivent être comptées en vue de la relégation ? (Conf. Jambois, p. 62 ; Teisseire, p. 261 ; Berton, n°s 218-228).

Mais, depuis un arrêt du 26 févr. 1889 (aff. Barrère de Haut, D. P, 89. 1. 481), la cour de cassation a modifié sa juris-

prudence, et elle décide aujourd'hui que, la loi de 1885 punissant la récidive et non la réitération, il n'y a pas lieu de faire entrer dans le calcul des condamnations exigées pour la relégation une peine qui a été confondue avec une autre précédemment encourue; d'où la conséquence que les peines ainsi confondues ne doivent, au point de vue de la relégation, être comptées que pour une seule peine. Conformément à cette interprétation nouvelle, il a été jugé, par une série d'arrêts, que les décisions qui prononcent la relégation doivent, pour permettre à la cour de cassation d'exercer son contrôle, indiquer si les peines prononcées ont été ou non confondues, en vertu du principe posé par l'art. 365 c. instr. crim. (Crim. cass. 16 mars 1889, aff. Veuve Jacob, D. P. 89. 1. 485; 21 mars 1889, aff. Raguenet, D. P. 89. 1. 486; 29 mars 1889, aff. Pasquerault, D. P. 89. 1. 486; 16 mai 1889, aff. Dethoor, D. P. 89. 1. 487; 14 juin 1890, aff. Capdepon, D. P. 91. 1. 238; 21 août 1890, Bull. crim., n° 178. Comp. les notes de M. L. Sarrut, D. P. 86. 2. 56 et 87. 1. 145).

168. La deuxième hypothèse à considérer est celle d'une condamnation unique visant plusieurs délits. Il ne s'agit plus, comme dans le cas précédent, de poursuites successives, mais d'une seule poursuite dans laquelle ont été réunis plusieurs délits connexants, punis par un même jugement d'une peine unique, en conformité de l'art. 365 c. instr. crim. Que si, plus tard, l'individu frappé de cette peine unique vient à être traduit de nouveau en justice répressive, sera-t-il permis, au point de vue de la relégation, de faire état de la condamnation prononcée? La question est de nature à se poser si l'on a réuni, dans la première poursuite, un délit spécifié par l'art. 4 de la loi de 1885 et un délit non spécifié (par exemple, un vol et un outrage aux agents), ou encore si l'on a réuni deux délits spécifiés, mais ne rentrant pas dans les mêmes cas de relégation (par exemple, un vol et un délit de vagabondage simple). En présence d'une peine unique, afférente à deux délits, il est difficile de savoir quel est le *quantum* de la peine afférente à chacun d'eux; dès lors, comment pourrait-on affirmer que le juge a prononcé pour le délit spécifié la quantité de peine exigée par la loi pour que la condamnation compte pour la relégation?

169. Il y a lieu d'écarter d'abord certaines hypothèses spéciales dans lesquelles il semble qu'aucune difficulté ne puisse se produire. Si les divers délits rentrent dans le même cas de relégation, c'est-à-dire sont prévus par le même paragraphe de l'art. 4 de la loi, la condamnation comptera évidemment en vue de la relégation. En effet, peu importe que la peine se réfère plus spécialement à l'un ou à l'autre de ces deux délits, puisque tous les deux peuvent, dans les mêmes conditions, motiver la relégation (André, p. 282).

170. Il n'y aura pas de difficulté non plus si, un délit spécifié se trouvant réuni à un délit non spécifié, le juge a expressément indiqué la quantité afférente au délit compté pour la relégation. On sait alors à quoi s'en tenir sur le *quantum* de la peine affectée à ce dernier (Villey, p. 514; Garraud, p. 357).

171. On peut dire aussi que, lorsque la peine appliquée à raison des deux délits excède de plus de trois mois le maximum applicable au délit n'entraînant pas relégation, il sera encore certain que la pénalité applicable au délit spécifié par l'art. 4 satisfait à la condition requise, c'est-à-dire qu'elle est supérieure à trois mois. Soit, par exemple, une condamnation pour vol et vagabondage à treize mois de prison. Le maximum de la peine infligée pour vagabondage est de six mois (c. pén., art. 271); donc les sept mois qui restent sont prononcés pour vol. Or, comme il suffit d'une condamnation à plus de trois mois de prison pour vol pour que la relégation soit encourue, il est évident que cette condamnation à sept mois comptera (Teisseire, p. 266; Villey, p. 514).

172. Enfin lorsque l'un des délits réprimés par une seule pénalité sera un de ceux pour lesquels la loi ne fixe aucune condition de durée, il suffira que le délit ait été déclaré constant pour qu'il puisse entrer en compte pour la relégation (Garraud, p. 357; Villey, p. 514-515). « Supposons, dit M. Villey p. 515, un casier judiciaire auquel manque pour entraîner la relégation, une seule condamnation pour vagabondage, sans condition de durée; survient une condamnation à deux mois d'emprisonnement pour vol et vagabondage; la relégation sera-t-elle applicable?

On a dit : non; c'est la peine du vol seul qui est appliquée; le vagabondage n'est que constaté; car, aux termes de l'art. 365 c. instr. crim., *la peine la plus forte sera seule prononcée*. Nous croyons que c'est mal entendre le principe du non-cumul, qui veut dire seulement que la condamnation ne dépassera pas la peine la plus forte. Si le prévenu n'avait été condamné qu'à huit jours de prison pour vagabondage, il serait relégué; et, parce qu'il a *de plus*, commis un vol, il ne le serait pas? C'est inadmissible! Il est condamné pour vagabondage, bien que la peine soit absorbée dans une autre plus forte, et cela suffit ! »

173. L'hypothèse vraiment délicate est celle où une condamnation unique est prononcée à raison de deux délits dont un seul est compté pour la relégation et à la condition que la peine soit supérieure à trois mois, sans que la peine prononcée par le juge excède de plus de trois mois le maximum applicable au délit qui ne compte pas. Supposons, par exemple, que le double délit de mendicité (c. pén. art. 274) et de vol (c. pén. art. 401) ait été compté de plus de trois mois d'emprisonnement; fera-t-on porter cette condamnation sur le délit de mendicité ou sur celui de vol? Supposons encore, si l'on veut, qu'un casier judiciaire porte deux condamnations à plus de trois mois pour vol, trois pour vagabondage à moins de trois mois, et deux autres à plus de trois mois, mais pour vagabondage et tenue de loterie non autorisée (art. 410 c. pén.) : la relégation est-elle applicable? Trois conditions ont été soutenues.

174. Un premier système n'admet pas que l'on puisse rattacher la peine, en tout ou en partie, au délit frappé de relégation. En présence d'une peine unique, afférente à deux délits, les partisans de ce système estiment qu'il y a doute tout au moins sur le *quantum* de la peine correspondante à l'un ou à l'autre, et que le doute doit profiter au prévenu. Ils refusent donc d'appliquer la relégation (Orléans, 9 avr. 1886, aff. Taton, D. P. 86. 2. 59; Paris, 10 avr. 1886, aff. Lefèvre, D. P. 86. 2. 63; Trib. corr. Périgueux, 5 mai 1886, journal La Loi du 30 mai 1886).

175. Un autre système prétend trancher la difficulté en examinant quel est le délit qui entraîne légalement la peine la plus forte, et en ne tenant aucun compte des autres. Dans ce système, si le délit frappé par la loi de la peine la plus forte est parmi ceux qui comptent pour la relégation, celle-ci devra être prononcée (Orléans, 2 mars 1886, aff. Lempereur, D. P. 86. 2. 60; Montpellier, 11 mars 1886, aff. Moulet, D. P. 86. 2. 147; 18 mars 1886, aff. Grandjean, D. P. 86. 2. 147; 2 avr. 1886, aff. Marchant, D. P. 86. 2. 148. Conf. Garraud, p. 359; Tournade, n° 16). A l'inverse, dans le même système, si la peine la plus forte correspond à un délit inopérant pour la relégation, la condamnation ne doit pas être comptée, quoique l'autre délit, puni en même temps, soit de ceux qui concourent à la relégation, le principe du non-cumul des peines posé à l'art. 365 c. instr. crim. s'opposant à ce qu'on attribue une part quelconque de la peine à ce délit (Orléans, 16 mars 1886, aff. Gosset, D. P. 86. 2. 147; 4 mai 1886, aff. Thomas, D. P. 86. 2. 149).

176. La cour de cassation s'est prononcée pour un troisième système. Lorsqu'une peine unique a été prononcée pour plusieurs infractions, en exécution de l'art. 365 c. instr. crim., elle décide que « la condamnation a un *caractère indivisible*, et s'attache à chacun des délits dont l'inculpé a été convaincu et déclaré coupable » ; cette indivisibilité ne permet pas de rechercher dans quelles proportions la peine s'applique à chaque délit ; en conséquence, on doit compter en vue de la relégation une condamnation prononcée pour plusieurs délits concomitants, quoique l'un d'eux ne soit pas compris dans l'énumération des délits entraînant la relégation, et il y a lieu de faire état de la condamnation, lors même que le délit qui compte pour la relégation serait puni de la peine la moins forte. S'il n'en était pas ainsi, le récidiviste bénéficierait d'une atténuation de peine résultant d'une plus grande culpabilité (Crim. rej. 27 mai 1886, aff. Soulard, D. P. 86. 1. 229; 10 juin 1886, aff. Trin, D. P. 86. 1. 352; Crim. cass. 25 juin 1886, aff. Lefebvre, D. P. 86. 1. 352; 26 juin 1886, Bull. crim., n° 226; 1er juill. 1886, ibid., n° 232. Conf. Poitiers, 12 févr. 1886, aff. Mocaër, D. P. 86. 2. 59; Agen, 26 mai 1886, aff. Prima, D. P. 86. 2. 150; Paris, 8 avr. 1886, aff.

Bonhommet, D. P. 86. 2.63 ; 28 juin 1886, aff. Clément, D. P. 86. 2. 150). — Ce système est assurément le plus simple et le plus pratique ; plusieurs auteurs estiment qu'il n'est pas le plus juridique. Suivant M. Garraud (p. 358, note), « il n'est pas exact de dire, que la condamnation s'attache pour le tout à chacun des délits. Ce qui est vrai, c'est qu'une peine unique est prononcée, la plus forte parmi celle des délits concurrents ». M. Villey, sans critiquer la doctrine de la cour suprême, pense qu'on peut supposer telle hypothèse devant laquelle la cour hésiterait peut être à l'appliquer. « Supposons, dit-il (p. 516-517), qu'il faille, pour compléter le nombre des condamnations entraînant la relégation, une condamnation à plus de trois mois pour vagabondage, et que le prévenu soit condamné à trois mois et un jour pour vagabondage et rébellion avec armes (c. pén., art. 212). Pour appliquer la relégation, il faudra admettre que la peine s'applique pour le tout au vagabondage, et que le délit de rébellion, le plus grave, n'est entré pour rien dans l'application de cette peine ! La seule conclusion à tirer de semblables difficultés c'est que la loi est à refaire ! » (V. dans le même sens la note de M. Sarrut, D. P. 86. 2. p. 56 et 57).

§ 2. — Du cas particulier de relégation créé par la loi du 19 déc. 1893 sur les associations de malfaiteurs.

177. La loi du 19 déc. 1893, dite loi sur les associations de malfaiteurs (D. P. 94. 4. 11) a modifié les art. 265, 266 et 267 c. pén. Cette loi a créé un cas *facultatif* de relégation, introduit dans le nouvel art. 266 c. pén. Après avoir puni de la peine des travaux forcés à temps quiconque se sera affilié à une association formée ou aura participé à une entente établie dans le but de préparer ou de commettre des crimes contre les personnes ou les propriétés, l'article nouveau ajoute : « La peine de la relégation pourra en outre être prononcée, sans préjudice de l'application des dispositions de la loi du 30 mai 1854 sur l'exécution de la peine des travaux forcés ».

§ 3. — Du cas particulier de relégation créé par la loi des 28-29 juill. 1894 contre les menées anarchistes.

178. La loi des 28-29 juill. 1894 « ayant pour objet de réprimer les menées anarchistes » a créé un second cas *facultatif* de relégation. Aux termes de l'art. 3 de cette loi, « la peine accessoire de la relégation pourra être prononcée contre les individus condamnés en vertu des art. 1 et 2 de la présente loi à une peine supérieure à une année d'emprisonnement et ayant encouru, dans une période de moins de dix ans, soit une condamnation à plus de trois mois d'emprisonnement pour les faits spécifiés auxdits articles, soit une condamnation à la peine des travaux forcés, de la reclusion ou de plus de trois mois d'emprisonnement pour crime ou délit de droit commun ». Il résulte de ce texte que trois conditions sont nécessaires pour que la relégation puisse être prononcée par application de la loi nouvelle. Il faut : 1° qu'il soit condamné pour l'un des délits spécifiés dans les art. 1 et 2 de la loi ; 2° qu'il soit frappé d'une peine supérieure à une année d'emprisonnement ; 3° qu'il ait encouru précédemment une condamnation à plus de trois mois d'emprisonnement.

En ce qui concerne la première condition (nécessité d'une condamnation prononcée en vertu des art. 1 et 2 de la loi), il suffira de faire remarquer ici que les art. 1 et 2 visent deux catégories de délits, savoir : 1° la *provocation publique* et directe aux crimes et délits spécifiés dans le paragraphe 1 (modifié par la loi du 12 déc. 1893) de l'art. 24 de la loi du 29 juill. 1881 (D. P. 94. 4. 9), l'*apologie publique* des crimes de meurtre, de pillage ou d'incendie, ou du vol, ou de l'un des crimes prévus par l'art. 435 c. pén. (paragraphe 3 de l'art. 24 précité) et la *provocation publique* adressée à des militaires des armées de terre ou de mer, dans le but de les détourner de leurs devoirs militaires et de l'obéissance qu'ils doivent à leurs chefs (art. 25 de la loi du 29 juill. 1881, aussi modifié par la loi 12 déc. 1893) ; cette première catégorie de délits est caractérisée par la nécessité de la *publicité* ; — 2° les délits (créés par la loi nouvelle) consistant à avoir, *en dehors des cas* visés par l'art. 1 de ladite loi (et par consé-

quent, *sans publicité*), mais dans un but de propagande anarchiste, incité, soit par provocation, soit par apologie (même non publique), une ou plusieurs personnes à commettre soit un vol, soit les crimes de meurtre, de pillage, d'incendie, soit les crimes punis par l'art. 345 c. pén. (art. 2, § 2, de la loi), ou adressé (même non publiquement) une provocation à des militaires dans le but de les détourner de leurs devoirs militaires et de l'obéissance qu'ils doivent à leurs chefs dans ce qu'ils leur commandent pour l'exécution des lois et des règlements militaires et la défense de la constitution républicaine (même art., § 3). Dans tous les cas qui précèdent, pour que la relégation puisse être prononcée en vertu de la loi nouvelle, l'infraction doit avoir été commise « dans un but de propagande anarchiste ». Aucun doute ne peut subsister, à cet égard, en présence des déclarations du rapporteur de la Chambre des députés : « Nous avons toujours entendu réserver exclusivement cette peine, a dit M. Maurice Lasserre, aux individus convaincus d'anarchie » (séance du 23 juill. 1894, *Journ. off.* du 24, p. 1476). Le paragraphe 4 de l'art. 2 a spécifié en termes exprès que, dans le cas où la provocation adressée à des militaires « n'aurait pas le caractère d'un acte de propagande anarchiste, *la pénalité accessoire de la relégation édictée par l'art. 3 de la présente loi ne pourra être prononcée* ».

La seconde condition (condamnation à une peine supérieure à une année d'emprisonnement) ne comporte aucune explication.

La troisième a été introduite dans le texte de l'art. 3 à la demande de la commission de la Chambre des députés. Celle-ci, estimant qu'il était trop rigoureux de permettre de prononcer la relégation pour un premier délit, a demandé que le condamné *récidiviste* seul pût être relégué. Cette proposition a été accueillie. D'après le texte précité, il suffit, pour constituer cette récidive spéciale, d'une seule condamnation encourue dans une période de dix ans ; mais il faut, soit une condamnation à plus de trois mois d'emprisonnement par les faits spécifiés aux art. 1 et 2 de la loi, soit une condamnation à la peine des travaux forcés, de la reclusion ou de plus de trois mois d'emprisonnement pour crime ou délit de droit commun.

A la différence de la relégation ordinaire (L. 27 mai 1885), qui est toujours *obligatoire* pour les tribunaux, la relégation créée par la loi contre les anarchistes est toujours *facultative*. « La peine accessoire de la relégation, dit l'art. 3, *pourra être* prononcée contre les individus... ».

Sect. 4. — Du délai des condamnations.

179. L'art. 4 de la loi du 27 mai 1885 porte que « seront relégués les récidivistes qui, dans quelque ordre que ce soit, *et dans un intervalle de dix ans*, non compris la durée de toute peine subie, auront encouru les condamnation énumérées dans l'un des paragraphes suivants... ». Il résulte de ce texte que le législateur a tenu compte du délai dans lequel sont intervenues les diverses condamnations qui servent de base à la relégation. Suivant la juste expression de M. Garraud, il a établi un *délai d'épreuve*, après lequel les condamnations sont effacées et le récidiviste pour ainsi dire reclassé (n° 204). Ce délai est de dix ans ; il a été emprunté à la durée du droit de poursuite en matière criminelle. — Avant de rechercher comment le délai d'épreuve doit être calculé et quel en est le point de départ, nous présenterons trois observations d'un caractère général.

180. D'abord l'ordre dans lequel les condamnations sont intervenues n'a pas d'influence sur la relégation : « Dans quelque ordre que ce soit », dit le texte. Ainsi un individu qui, après avoir été condamné deux fois à un emprisonnement correctionnel pour vol, par exemple, commet un crime puni de la reclusion ou des travaux forcés, est un récidiviste dans le sens de la loi de 1885 ; il ne l'est pas dans le sens du code pénal, car ce code ne prévoit pas, dans ses art. 56 et suiv., la récidive de peine correctionnelle à peine criminelle.

181. Secondement, le délai de dix ans n'est pas « une sorte de prescription », comme semble l'affirmer un considérant d'un arrêt de la cour de cassation du 11 mars 1886 (aff. Baritel, D. P. 86. 1. 138), mais un délai préfix dans lequel il a plu au législateur de se placer pour apprécier si le condamné est ou non incorrigible, et ne comportant, par

conséquent, aucune prorogation que celle qu'indique l'art. 4
en ordonnant d'en déduire la durée de toute peine subie.
« Si c'était une prescription, a dit à cet égard M. Villey
(p. 509), elle ne pourrait évidemment consister qu'en un
délai de dix ans écoulé *sans condamnation nouvelle*, car la
prescription serait manifestement interrompue par toute
condamnation nouvelle; et il suffit de lire attentivement le
texte de l'art. 4 pour reconnaître que tel n'est pas le système de la loi ; on peut très bien supposer un casier judiciaire dans lequel ne se trouve pas une période décennale
sans condamnation et qui cependant n'entraînera pas la relégation, parce qu'on ne rencontrera pas dans la période
décennale le nombre de condamnations exigé par la loi »
(Conf. Garraud, p. 340, note 8; Laborde, p. 309, note 3 ;
Teisseire; p. 271). De là cette conséquence qu'il n'y a
pas lieu d'appliquer au délai de dix ans la théorie des causes
de suspension de la prescription (Laborde, *eod. loc.*).

182. En troisième lieu, ce n'est pas dans une période
décennale quelconque de la vie du condamné que doit se
rencontrer le nombre de condamnations exigé pour la relégation, mais dans la période qui précède immédiatement le
nouveau délit à la suite duquel la relégation a été prononcée.
En effet, « le législateur a voulu atteindre les récidivistes
ou malfaiteurs d'habitude, réputés légalement incorrigibles
du jour où ils comparaissent devant la justice » (Garraud,
p. 341). C'est ce qu'a décidé la cour de cassation (Crim.
cass. 11 mars 1886, aff. Baritel, D. P. 86. 1. 138). Conf.
Teisseire, p. 279 et suiv.; Villey, p. 506; Jambois, p. 36 ;
Tournade, p. 28 ; Sauvajol, *Gazette des tribunaux* du 18 déc.
1885; note de M. L. Sarrut, D. P. 86. 2. 55. — *Contrà* :
Chambéry, 4 févr. 1886, aff. Baritel D. P. 86. 2. 58).

183. Comment se calcule le délai de dix ans ? Tout d'a-
bord, quel en est le point de départ ? Doit-il être placé à
la date de la dernière *condamnation*, ou à la date du dernier
délit ? Cette question est très discutée, dans la doctrine
surtout. La plupart des auteurs tiennent pour la date de
la dernière condamnation (Garraud, p. 342 ; Villey, p. 507;
Tournade, p. 27 ; Jambois, p. 34-36 ; Gay, *De la relégation
des récidivistes*, p. 90-98; Laborde, n° 533) ; quelques-uns
même placent le point de départ seulement au jour où
la condamnation est devenue définitive (Garçon, *Loi des
récidivistes*, n°s 6 et 7; Teisseire, p. 228 ; Berton, p. 40
et suiv.). Les premiers invoquent surtout le texte de
la loi. Ils font remarquer que les termes de l'art. 4 combinés avec ceux des art. 9 et 10 n'ont trait qu'aux « condamnations », et que le législateur n'a jamais parlé de la
date du délit. Les seconds s'appuient sur cette vérité juridique qu'une condamnation ne peut produire ses effets
que quand elle est devenue définitive et irrévocable.

Mais ces décisions de la jurisprudence s'accordent
généralement à prendre, comme point de départ de la période
décennale, la date du dernier crime ou délit susceptible
d'entraîner la relégation; c'est, suivant les arrêts, au fait
réprimé, non à la condamnation qu'il faut s'attacher pour
remonter dix années en arrière (Crim. cass. 11 mars 1886,
aff. Baritel, D. P. 86. 1. 138; 16 avr. 1886, aff. Le Berre, et
28 mai 1886, aff. Boudin, D. P. 86. 1. 228; 10 juill. 1886,
aff. Savoye et aff. Valette, D. P. 86. 1. 478 ; 9 sept. 1886, aff.
Bernié, D. P. 90. 1. 89; 4 févr. 1887, aff. Chatouillot, et 19 févr.
1887, aff. Duperou, D. P. 87. 1. 234 ; 4 août 1887, aff. Resche, D. P. 90. 1. 92 ; 22 févr. 1889, aff. Grimault, D. P. 90.
1. 93; Alger, 10 janv. 1888, aff. Dermoncourt, D. P. 88. 2.
284. — V. cependant *contrà* : C. d'assises Seine-et-Oise,
30 juill. 1890, *Gazette des trib.*, 21 août 1890. Dans une note
insérée D. P. 90. 1. 89, M. l'avocat général Sarrut a donné
son adhésion explicite et fortement motivée à cette jurisprudence. « Le texte, a-t-il dit, loin de contredire la doctrine
des arrêts, la consacre implicitement ». « Seront relégués,
porte l'art. 4 de la loi du 27 mai 1885, les récidivistes qui,
dans quelque ordre que ce soit et dans un intervalle de dix ans,
non compris la durée de toute peine subie, auront *encouru*
les condamnations énumérées... ». Quiconque commet un
délit *encourt* une condamnation: encourir signifie s'exposer
à..., tomber sous le coup de... Une condamnation est encourue par le seul fait de la perpétration du délit; peu importe qu'elle soit ou non prononcée. Sans doute, la condamnation peut seule constituer la preuve légale de l'infraction,
et les mots « condamnation encourue » équivalent aux

mots « condamnation prononcée » en ce sens que l'existence d'un délit ne peut être affirmée en droit et que les
conséquences qu'il entraîne ne peuvent se produire qu'autant qu'une condamnation est intervenue ; mais il ne s'agit
pas, dans la question discutée, de faire état d'un délit qui ne
reposerait pas sur une condamnation, il s'agit de savoir si
le délit révélé par une condamnation doit compter du jour
où il a été commis ou seulement du jour de la condamnation. Or, c'est évidemment quand il a consommé l'infraction
susceptible d'entraîner la relégation que le prévenu s'est
exposé volontairement, sciemment, à la peine de la réléga-
tion ; c'est par la perpétration du nouveau délit qu'il montre
sa perversité ; c'est donc à ce nouveau délit que doit s'attacher le châtiment de la relégation. Décider autrement, c'est-
à-dire assigner comme point de départ à la période décennale soit la date de la dernière condamnation, soit à plus
forte raison la date du jour où cette condamnation devient
définitive, c'est permettre au prévenu d'éluder parfois la loi
sur la relégation, car telle condamnation antérieure, qui
concourt à la récidive du relégable, quand on calcule la
période décennale du jour du nouveau délit, peut être rejetée en dehors de cette période si le prévenu épuise toutes
les voies de recours à l'encontre de la dernière condamnation. De même, la relégation pourra, dans bien des cas,
dépendre de la célérité ou de la lenteur des poursuites, de
l'encombrement du rôle des chambres correctionnelles. Ainsi
la peine de la relégation, châtiment nécessaire de la réitération de certains délits, dont la loi exige l'application rigoureuse en refusant aux magistrats tout pouvoir d'appréciation, dépendra dans une certaine mesure des agissements
du prévenu, de l'arbitraire du juge d'instruction ou du parquet, de la date de l'inscription au rôle, des incidents d'audience, en un mot de circonstances multiples, toutes étrangères à la criminalité du prévenu... ». — Les avantages
pratiques du système adopté par la jurisprudence de la
cour de cassation ont fait dire à l'un de ses adversaires que,
« malgré qu'il soit contraire à la loi, il est difficile de critiquer cette solution prétorienne » (Garraud, *Précis* p. 407).

184. Le terme initial, le *dies a quo*, étant fixé, comment
se calcule le délai de dix ans? Le texte de l'art. 4 est très
clair : « seront relégués les récidivistes qui, dans quelque
ordre que ce soit et dans un intervalle de dix ans, *non compris la durée de toute peine subie*, auront encouru les condamnations énumérées... ». À compter du dernier délit, on
revient dix ans en arrière. Exemple : le dernier délit, a été
commis le 1er janv. 1890; la période décennale est close en
principe le 1er janv. 1880. À défaut de condamnations figurant par leur date dans cette période, le prévenu n'est pas
relégable, pût-on trouver à une époque quelconque de sa vie
un total de condamnations prononcées dans le délai de dix
ans et comportant, par leur nature et par leur taux, la peine
de la relégation (V. *supra*, n° 181). Ce premier point est certain.

185. Il n'est pas moins certain que la durée de « toute
peine subie » augmente d'autant l'étendue de la période où
le nombre des condamnations doit compter pour la relégation.
En d'autres termes, si, pendant la période décennale, le prévenu a subi une ou plusieurs peines, cette période décennale s'augmente de toute la durée de ces peines subies.
C'est ce qui résulte clairement de ces expressions de l'art. 4:
« dix ans, non compris la durée de toute peine subie ».
Pourquoi en est-il ainsi ? « Le détenu n'a pas grand mérite
à s'abstenir de crimes ou de délits dans l'établissement où
il est gardé, et, puisque la période de dix ans est un temps
d'épreuve jugé tout à la fois suffisant et nécessaire, il faut
que le délai s'écoule en liberté pour que l'épreuve soit absolument probante » (Garraud, p. 343).

186. La disposition de l'art. 4 qui prescrit de défalquer
de la période décennale la durée des peines subies comporte quelques observations, et son application présente certaines difficultés. — En premier lieu, il convient de remarquer
que les juges, en appliquant la loi, doivent rechercher en
fait, non la durée des peines *prononcées*, mais la durée des
peines *subies*. D'où il résulte qu'on ne peut faire entrer dans
le calcul : 1° les peines qui n'ont pas été exécutées, notamment par suite d'évasion du détenu ; 2° les peines ou partie des peines qui ont été remises par voie de grâce; 3° les
peines à l'occasion desquelles le sursis à l'exécution a été
prononcé en vertu de la loi du 26 mars 1891 (loi Bérenger),

et qui, par suite de l'expiration, sans nouvelle condamnation, du délai de cinq ans, se sont trouvées effacées ; 4° les parties de peines d'emprisonnement remises par suite de ce que la peine a été subie en cellule. En résumé, c'est toujours la peine subie effectivement, et elle seule, qu'il faut ajouter au délai de dix ans. Jugé, spécialement, qu'il n'y a lieu de tenir compte que du temps réellement passé en prison, quand le condamné s'est évadé (Angers, 17 oct. 1889, aff. Bernonville, D. P. 90. 2. 204). — Au reste, comme il est présumable que toute peine prononcée aura été subie dans son intégrité, ce sera, en principe, au condamné à établir, en dehors de toute indication du dossier, que, par suite d'une circonstance exceptionnelle, il n'a pas subi en totalité les peines qu'il aurait encourues (Garraud, p. 344).

187. Peu importe, d'ailleurs, que les peines subies aient été prononcées pour des délits qui entraînent ou qui n'entraînent pas la relégation ;... par des tribunaux ordinaires ou exceptionnels. La loi est formelle et ne distingue pas : toute peine privative de liberté subie devra être défalquée. Jugé que la détention subie en vertu de condamnations prononcées par les tribunaux militaires vient en déduction du délai de dix ans qui doit être passé en liberté (Alger, 10 janv. 1888, aff. Dernoncourt, D. P. 88. 2. 284 ; 20 déc. 1890, aff. Ahmed-ben-Miloud. *Journ. min. public*, n° 3342).

188. Mais l'art. 4 parle de *peine*, et il en résulte qu'on doit laisser de côté, sans en tenir aucun compte : 1° le temps de la détention préventive, qui n'est pas une peine ; 2° le temps passé à l'état de liberté, dans la colonie, par le condamné à moins de huit ans de travaux forcés, après sa libération (L. 30 mai 1854, art. 6) (André, p. 287 ; Berton, n° 146 ; Jambois, p. 39 ; Tournade, p. 30 ; Teisseire, p. 293). Par la même raison, nous ne croyons pas que le juge puisse tenir compte du temps de détention passé dans une maison de correction par le mineur qui a été acquitté comme ayant agi sans discernement ; cette détention, en effet (*suprà*, v° *Peine*, n° 464), n'est pas une peine. — V. cependant, en sens contraire, Teisseire, p. 292.

189. Que faudrait-il décider si la peine avait été subie, mais effacée ensuite soit par amnistie, soit par réhabilitation, soit enfin par revision ? Sa durée viendrait-elle, néanmoins, en augmentation de la période décennale ? La cour de cassation et la cour de Grenoble ont jugé que les condamnations effacées par une amnistie sont à considérer comme inexistantes et, dès lors, n'ont pas pour effet de proroger la période décennale de la durée de la peine subie (Crim. cass. 28 oct. 1887, aff. Lemaréchal, D. P. 90. 1. 93 ; Grenoble, 20 févr. 1890, aff. Pecoud, MM. Poilroux, pr.-Duhamel, subst.-Giroud, av.). Il faut décider de même en cas de revision. — V. *Contrà :* Garçon, *Commentaire de la loi sur les récidivistes*, art. 15 et 16 ; Teisseire, p. 294 et 295. — Quant à la réhabilitation, aux termes du nouvel art. 634 c. instr. crim. (L. 14 août 1885, D. P. 85. 4. 60), elle *efface* la condamnation et fait cesser pour l'avenir toutes les incapacités qui en résultaient ; or, une condamnation n'est pas réellement effacée quand on tient compte, au détriment du prévenu, d'une peine qu'il a subie en exécution de cette condamnation. Il s'ensuit, à notre avis, que la peine effacée par la réhabilitation ne sera pas défalquée de la période décennale, bien qu'elle ait été subie.

190. On a dit *suprà*, n° 185, que si, pendant la période décennale, le prévenu a subi une ou plusieurs peines, cette période s'augmente de toute la durée des peines subies ; il en résulte que la date de clôture de la période décennale se trouve ainsi reportée en arrière de tout le laps de temps qui correspond à la durée des peines subies, et qu'elle recule quand d'autres peines se placent dans la période décennale ainsi élargie. Il importe de préciser les conditions de ce mode de calcul.

Suivant quatre arrêts de la cour de cassation, les condamnations qui se meuvent dans la période décennale par leur date ou par l'exécution de la peine prorogent seules le délai de toute la durée des peines subies. Les condamnations antérieures ne concourent pas à l'extension de ce délai (Crim. cass. 10 juill. 1886, aff. Valette, D. P. 86. 1. 478 ; 4 févr. 1887, aff. Chatouillot, D. P. 87. 1. 234 ; 19 févr. 1887, aff. Bonot, D. P. 87. 1. 234 ; 4 août 1887, aff. Resche, D. P. 90. 1. 92). Tel est bien, semble-t-il, l'esprit de la loi. En effet, à la différence de la récidive ordinaire, qui prend son

premier terme à une date quelconque, la récidive du relégable se compose d'un certain nombre de condamnations encourues dans un laps de temps relativement restreint (dix ans) : c'est la rechute à brève échéance, l'état en quelque sorte permanent d'insubordination à la loi, qui révèlent un malfaiteur redoutable, vraiment incorrigible. Mais si, dans cet intervalle, le prévenu a subi une peine, il a été par cela même, dans une certaine mesure tout au moins, dans l'impossibilité de mal faire ; il ne saurait, dès lors, se prévaloir de son inaction, et la période décennale, génératrice des condamnations qui concourent à la relégation, doit s'augmenter de la durée de l'incarcération. D'où il suit, par une conséquence nécessaire, que cette incarcération doit s'être produite dans la période décennale déterminée comme ci-dessus. Reporter dans la période décennale la durée de l'incarcération subie à une époque quelconque, souvent à une date fort ancienne, ce serait aggraver le sort du prévenu, lui refuser le bénéfice des efforts qu'il s'est imposés autrefois pour revenir au bien, et lui faire grief d'une faute passée qui, rationnellement, étant donné le temps écoulé, ne se rattache pas à l'infraction commise en dernier lieu. — Un dernier arrêt cependant (Crim. cass. 22 févr. 1889, aff. Grimault, D. P. 90. 1. 93) semble accuser dans la doctrine de la cour de cassation un certain revirement. L'arrêt nouveau totalise toutes les peines à quelque époque qu'elles aient été subies et quelle que soit la date des condamnations ; ce total, joint à dix années comptées du jour du dernier délit, forme l'espace de temps dont les limites extrêmes ouvrent et ferment la période décennale. Ce système ne nous paraît pas exact. Nous croyons qu'il n'est pas possible de faire état d'une peine subie à une époque quelconque : « la dernière infraction, voilà le point initial ; les condamnations encourues, les peines subies antérieurement ne comptent pour la relégation qu'autant qu'elles se lient les unes aux autres par une sorte d'engrenage dont la première dent mord sur la période décennale calculée théoriquement à partir du premier délit » (D. P. 90. 1. 91, note, col. 2). En résumé, et plus généralement, suivant nous, quand on voudra calculer le délai de dix ans, on commencera par déterminer la période décennale par le report de dix années en arrière, comptées à la date de la dernière condamnation ; puis, à cette période, on ajoutera le temps passé en prison ; soit en vertu de condamnations qui se placent dans cette période, soit en vertu de condamnations antérieures, mais dont la peine qu'elles prononcent. s'accomplit ou! s'achève pendant cette période ; enfin, dans cette nouvelle période ainsi obtenue, on procédera de même, et ainsi de suite indéfiniment jusqu'à ce que l'on soit arrivé à la limite extrême, le *dies ad quem* (V. la note, D. P. 90. 1. 90, col. 1. Conf. Teisseire, p. 273).

191. Quelles sont, dans la période décennale ainsi déterminée, les condamnations qui peuvent former des données de relégation ? Pour décider si cette condamnation appartient à la période décennale, faut-il considérer la date de l'infraction, la date de la condamnation, la date du jour où la condamnation est devenue définitive ? — En ce qui concerne la condamnation dernière, celle qui prononce la relégation, on sait que, suivant la jurisprudence, la date du fait importe seule (V. *suprà*, n° 183). En est-il de même pour les condamnations antérieures ? L'affirmative est difficile à admettre. La date des faits est parfois indéterminée ; d'ailleurs, comment le juge, avec le casier judiciaire sous les yeux, pourrait-il la connaître ? Ce casier porte uniquement la date de la décision ; il ne fournit aucune indication relativement à l'époque de l'accomplissement des faits. Evidemment, le législateur n'a pu charger le juge de résoudre un problème insoluble : il faut, de toute nécessité, que celui-ci s'en tienne à la date de la condamnation, qui seule figure au casier. Ajoutons qu'il doit prendre en considération, dans tous les cas, le jour même de la condamnation : celui du jugement correctionnel, s'il est passé en force de chose jugée ; celui de l'arrêt de la cour s'il a été formé un appel ; celui de l'arrêt de la cour d'assises. Dans la pratique, le casier judiciaire fait nécessairement partie du dossier, et ce casier, nous le répétons, porte uniquement la date de la décision ; il distingue les jugements et les arrêts, pour ne mentionner que ces derniers en cas d'appel ; il ne; fournit aucune indication relativement à la date à laquelle la con-

damnation est devenue définitive. Le législateur n'a pu que se référer à cette pratique. C'est donc par sa date, et par sa date seulement, qu'une condamnation doit être envisagée quand il s'agit de savoir si elle rentre dans la période décennale, en d'autres termes, si elle peut ou non être prise comme appoint pour la relégation (Conf. Garraud, p. 342 ; Laborde, n° 533 ; Gay, p. 103-105 ; Le Poittevin, p. 69, n° 39 ; Teisseire, p. 288). — V. toutefois les arrêts de la cour de cassation cités *supra*, n° 136.

SECT. 5. — DES TRIBUNAUX COMPÉTENTS POUR PRONONCER LA RELÉGATION. — DE LA PROCÉDURE A SUIVRE.

ART. 1er. — *Des tribunaux compétents pour prononcer la relégation.*

192. L'art. 2, § 1, de la loi du 27 mai 1885 s'exprime ainsi : « La relégation ne sera prononcée que par les cours et tribunaux ordinaires, comme conséquence des condamnations encourues devant eux, à l'exclusion de toutes juridictions spéciales et exceptionnelles ». Il résulte de ce texte : 1° que les tribunaux ordinaires, c'est-à-dire les cours d'assises, les cours d'appel, les tribunaux correctionnels sont seuls appelés à prononcer la relégation ; 2° que les conseils de guerre, les tribunaux maritimes, la haute cour de justice ne peuvent, en aucun cas, appliquer cette peine. Mais, en Algérie, par dérogation à cette règle, « les conseils de guerre prononceront la relégation contre les indigènes des territoires de commandement qui auront encouru, pour crimes ou délit de droit commun, les condamnations prévues par l'art. 4 » (art. 20 de la loi).

ART. 2. — *De la procédure en matière de relégation.*

193. Le législateur de 1885, en édictant contre les récidivistes une pénalité aussi grave que la relégation, a jugé bon d'apporter, en cette matière, quelques dérogations aux règles ordinaires de la procédure. Elles constituent des garanties pour l'application de la nouvelle peine. Ces exceptions sont relatives : 1° à la nomination d'un défenseur d'office ; 2° à l'exclusion de la procédure du flagrant délit ; 3° au visa des condamnations antérieures dans l'arrêt ou le jugement prononçant la relégation. — Après avoir examiné successivement ces trois exceptions, on traitera de la preuve des condamnations antérieures.

194. — I. NOMINATION D'UN DÉFENSEUR D'OFFICE. — Lorsqu'une poursuite de nature à entraîner l'application de la relégation est engagée devant un tribunal correctionnel, l'art. 11, § 2, porte : « Un défenseur est nommé d'office au prévenu, à peine de nullité ». Il va de soi que cette nomination d'office d'un défenseur n'a lieu qu'à défaut par le prévenu de n'en avoir choisi lui-même un.

195. Cette disposition relative à l'assistance obligatoire d'un défenseur est générale et doit être observée devant les deux degrés de la juridiction correctionnelle, aussi bien en appel qu'en première instance (Crim. cass. 26 août 1886, aff. Abdelkader-ould-Mohamed, D. P. 86. 1. 478 ; 25 oct. 1890, aff. Murat, D. P. 91. 5. 448 ; 17 sept. 1891, *Bull. crim.*, n° 187). — Elle ne doit pas être restreinte au cas où c'est la relégation proprement dite qui est encourue ; il faut l'étendre, par analogie de motifs, au cas où cette peine est remplacée, aux termes des art. 6 et 8 de la loi de 1885, soit par l'interdiction perpétuelle de séjour, soit par la mise en correction, à raison de l'âge du prévenu (Crim. cass. 25 mars 1887, aff. Billodo, D. P. 87. 1. 414).

196. La nomination d'office d'un défenseur est faite par le président du tribunal ou de la cour qui doit statuer sur la poursuite (art. 294 c. instr. crim. combiné avec l'art. 29 de la loi du 22 janv. 1851 sur l'assistance judiciaire). Elle doit intervenir avant tout débat : si un acte quelconque de l'audience, interrogatoire, déposition, avait lieu sans que cette formalité fût accomplie, la procédure devrait être déclarée nulle (Sauvel, *De la nomination d'un avocat d'office au prévenu en matière de relégation, Journal du droit criminel,* art. 11639 ; André, p. 310 ; Garraud, p. 368).

197. D'après le texte même de l'art. 11, la sanction de la disposition qui prescrit la désignation d'un défenseur est la nullité de la procédure. Jugé que cette nullité est d'ordre

public et ne saurait être couverte par le silence des parties (Crim. cass. 4 nov. 1893, *Bull. crim.*, n° 292). Jugé aussi que la cour d'appel, en prononçant cette nullité, doit évoquer le fond (Amiens, 29 oct. 1888, aff. Cauchois, *Journal du ministère public,* 1889, n° 12046).

198. — II. EXCLUSION DE LA PROCÉDURE DU FLAGRANT DÉLIT. — L'art. 11, § 1, de la loi porte : « Lorsqu'une poursuite devant un tribunal correctionnel sera de nature à entraîner l'application de la relégation, il ne pourra jamais être procédé dans les formes édictées par la loi du 20 mai 1863 sur les flagrants délits ». Une pénalité aussi grave que la relégation ne devait pas pouvoir être appliquée à la suite d'une procédure aussi expéditive que celle des flagrants délits. Mais la loi n'exige pas qu'une instruction préparatoire ait précédé la relégation : le tribunal pourra donc être valablement saisi par une citation directe émanant soit du ministère public, soit même de la partie civile. Ce qui est seulement exclu, c'est la procédure spéciale du flagrant délit (Nîmes, 10 mars 1887, aff. Metge, D. P. 87. 2. 198 ; Alger, 24 févr. 1888, aff. Ahmed-ben-Mustapha, D. P. 89. 2. 219 ; Paris, 23 janv. 1889, aff. Doudet, D. P. 89. 2. 219).

199. Quelle est la sanction de la prohibition édictée par le premier alinéa de l'art. 11 ? A cet égard, il faut distinguer deux situations : ou les prescriptions de l'art. 11 ont été violées par le ministère public, ou elles l'ont été par le tribunal lui-même (V. *supra*, v° *Procédure criminelle*, n°s 1168 et 1169). Un arrêt du 19 oct. 1893 (*Bull. crim.*, n° 274) a confirmé la jurisprudence résumée n° 1169 *in fine*, suivant laquelle, lorsque la procédure de flagrant délit a été suivie à tort en première instance contre un individu passible de relégation, la cour d'appel doit, à peine de nullité, prononcer l'annulation de la procédure et évoquer l'affaire. — V. aussi sur cette question les notes de M. L. Sarrut, D. P. 86. 2. 55 et 86. 2. 145

200. La procédure du flagrant délit serait-elle également exclue si, en raison de l'âge du condamné, la peine encourue devait être remplacée soit par l'interdiction perpétuelle de séjour, soit par la mise en correction (art. 6 et 8 de la loi de 1885) ? L'affirmative semble certaine : le prévenu est en principe relégable, et le jugement ou l'arrêt constate que la peine de la relégation est encourue ; il y a seulement lieu, à cause de l'âge du prévenu, à un mode différent d'exécution de la peine de la relégation. D'ailleurs, l'interdiction de séjour et le renvoi du condamné dans une maison de correction jusqu'à sa majorité sont des condamnations assez graves pour qu'on leur réserve les mêmes garanties qu'à la peine de la relégation (Teisseire, p. 311 ; Jambois, p. 80).

201. — III. VISA DES CONDAMNATIONS ANTÉRIEURES. — Aux termes de l'art. 10, le jugement ou l'arrêt qui prononce la relégation doit « viser expressément les condamnations antérieures par suite desquelles elle sera applicable ». En d'autres termes, dans l'arrêt ou jugement qui prononce la relégation, le juge doit viser les condamnations antérieures en les précisant une à une par : 1° leurs dates ; 2° l'indication de la juridiction qui a statué ; 3° la nature de l'infraction ; 4° la durée de la peine ; 5° le lieu où elles ont été prononcées. La cour de cassation exige rigoureusement, et à juste titre, l'insertion de ces diverses mentions dans les jugements de relégation (Crim. cass. 18 mars 1886, aff. Latourra, D. P. 86. 1. 139 ; 10 juill. 1886, aff. Savoye, et aff. Valette, D. P. 86. 1. 479 ; 23 juill. 1886, *Bull. crim.*, n° 268 ; 26 août 1886, *ibid.*, n° 310 ; 9 sept. 1886, *ibid.*, n° 321 ; 4 févr. 1887, aff. Grange, D. P. 87. 1. 413 ; 11 mars, aff. Marmus ; 22 avr., aff. Ballu et Boursier ; 5 mai, aff. Tessier aff. Luccioni ; 7 juill., aff. Broutin et aff. Durand ; 8 juill. 1887, aff. Cabal, aff. Siadoux et aff. Duclos, D. P. 87. 1. 413 et 233 ; 88. 1. 187 ; 16 mars 1889, aff. Jacob, D. P. 89. 1. 481 ; 21 mars 1889, aff. Raguenet, D. P. 89. 1. 481 ; 3 mai 1890, *Bull. crim.*, n° 97 ; 18 sept. 1890, *ibid.*, n° 193 ; 31 oct. 1890, *ibid.*, n° 216 ; 4 juill. 1891, *ibid.*, n° 147). Un renvoi général à l'extrait du casier judiciaire, même joint au dossier, ne saurait suffire (Crim. cass. 10 juill. 1886, aff. Savoye, D. P. 86. 1. 479 ; 19 août 1886, aff. Doulia, D. P. 87. 1. 233 ; 26 août 1886, aff. Legris, D. P. 87. 1. 233 ; 4 févr. 1887, aff. Grange, D. P. 87. 1. 413 ; 8 juill. 1887, aff. Siadous, D. P. 88. 1. 189 ; 22 févr. 1889, *Bull. crim.*, n° 74). — Jugé aussi qu'est sujet à cassation l'arrêt qui se borne à

transcrire, sans les adopter, les motifs d'un jugement correctionnel condamnant le prévenu à la relégation, et ordonne sans énumérer les condamnations antérieures qui rendaient applicable cette peine accessoire, que le jugement attaqué sortirait effet (Crim. cass. 23 avr. 1887, *Bull. crim.*, n° 157).

202. Bien plus, d'après la jurisprudence la plus récente, le jugement ou arrêt qui prononce la relégation doit spécifier la *date des faits* qui ont donné lieu aux condamnations antérieures dont il fait état (Crim. cass. 17 sept. 1891, n° 188; et 14 sept. 1893, cités *suprà*, n° 136).

203. Et ce ne sont pas seulement les condamnations antérieures entraînant la relégation que le tribunal doit expressément viser. Il doit viser aussi celles qui n'entraînent pas la période décennale ; car si elles n'entraînent pas elles-mêmes cette peine accessoire, elles concourent cependant à la rendre applicable (Crim. cass. 10 juill. 1886, aff. D. P. 86. 1. 479; 10 juill. 1886, aff. Valette, D. P. 86. 1. 479; 19 août 1886, aff. Doulia, D. P. 87. 1. 233, 26 août 1886, *Bull. crim.*, n° 310; 26 août 1886, *ibid.*, n° 311; 2 sept. 1886, *ibid.*, n° 314; 16 sept. 1886, *ibid.*, n° 332; 19 févr. 1887, aff. Bonod, D. P. 87. 1. 236; 12 janv. 1893, *Bull. crim.*, n° 9 ; 25 févr. 1893, *ibid.*, n° 56).

204. A quels éléments le jugement peut-il puiser la preuve légale de l'existence des condamnations qui entraînent la relégation ? V. les numéros qui suivent.

205. — IV. PREUVE DES CONDAMNATIONS. — On a indiqué *suprà*, n° 78, comment se fait, d'une façon générale, la preuve de la récidive. Il ne sera question ici que des règles spéciales établies par la jurisprudence en ce qui concerne le genre de récidive qui nous occupe en ce moment, c'est-à-dire la récidive susceptible d'entraîner la peine de la relégation.

206. En fait, c'est dans le casier judiciaire et dans le dossier de la procédure suivie contre le relégable que les tribunaux trouvent les indications nécessaires pour être renseignés sur les condamnations antérieures encourues par celui-ci. Or, en matière de récidive aboutissant à la relégation, la cour de cassation exige que les juges interpellent le prévenu sur l'existence des condamnations portées à son casier et qui seront retenues à l'appui d'une condamnation à la relégation. Si le prévenu accepte comme exactes les énonciations du casier, il y a preuve suffisante ; si le prévenu les contredit, il y a lieu pour le juge de consulter le dossier des procédures antérieures et de requérir l'extrait des jugements ou des arrêts. Telle est la règle qui se dégage de la jurisprudence de la cour suprême sur la matière.

Spécialement, il a été jugé qu'en matière de relégation le silence du prévenu n'équivaut pas à un aveu, qu'une interpellation directe est nécessaire, et que le prévenu doit avoir été mis en demeure de reconnaître ou de contester les énonciations de son casier judiciaire (Crim. cass. 4 févr. 1887, aff. Dupéron, D. P. 87. 1. 235 ; 24 févr. 1887, aff. Perrée, D. P. 87. 1. 236 ; 24 mars 1887, aff. Kaddour-ben-Osman, D. P. 87. 1. 236 ; 9 juin 1887, aff. Ulrich, D. P. 88. 1. 187 ; 7 juill. 1887, aff. Durand, D. P. 88. 1. 188; 8 juill. 1887, aff. Siadous, D. P. 88. 1. 189 ; 6 sept. 1888, *Bull. crim.*, n° 290 ; 15 nov. 1888, aff. Bordet, D. P. 89. 1. 320 ; 16 mars 1889, aff. Veuve Jacob, D. P. 89. 1. 481 ; 1er juill. 1893, *Bull. crim.*, n° 179). — Mais la preuve des condamnations donnant lieu à la relégation résulte suffisamment de leur mention dans l'extrait du casier judiciaire joint au dossier, alors que le prévenu reconnaît l'exactitude de cette mention (Nimes, 15 juill. 1887, *Journ. du min. public*, 1887. 188).

207. En tous cas, il est nécessaire que l'arrêt ou le jugement qui prononce la relégation spécifie sur quels documents il s'est basé pour affirmer l'existence des condamnations antérieures entraînant la relégation ; la décision qui ne fait pas connaître ces documents doit être cassée (Crim. cass. 15 nov. 1888, aff. Bordet, D. P. 89. 1. 320 ; 18 avr. 1891, aff. Porte, D. P. 92. 1. 254; 24 mai 1892, *Bull. crim.*, n° 160 ; 4 août 1893, *ibid.*, n° 227). — Il ne suffirait pas d'énoncer d'une manière générale qu'il a été statué « après avoir entendu le procureur général en ses réquisitions, l'accusé et son conseil en leurs moyens de défense et observations sur l'application de la peine » (Crim. cass. 9 juin 1887, aff. Ulrich, D. P. 88. 1. 188).

208. Comment le juge établira-t-il la preuve que le prévenu, qui comparaît aujourd'hui devant lui, est bien le récidiviste que visent les condamnations prononcées ? En d'autres termes, comment établira-t-il la preuve de l'*identité* du prévenu actuel avec le condamné d'hier ? — Sur cette question d'identité, V. *suprà*, n° 79.

209. Il a été jugé qu'aucune disposition de la loi de 1885 n'impose aux magistrats le devoir d'avertir les prévenus qu'à raison de leurs condamnations antérieures le fait qui leur est reproché peut entraîner contre eux la peine de la relégation (Crim. rej. 14 nov. 1890, *Bull. crim.*, n° 230).

SECT. 6. — COMMENT PEUT CESSER LA RELÉGATION.

210. La relégation est, en principe, perpétuelle (art. 1 de la loi); mais elle peut cesser par l'effet de diverses causes exceptionnelles, qui sont : 1° la dispense définitive; 2° l'amnistie ou la revision du procès; 3° la remise judiciaire, 4° la grâce ; 5° la libération conditionnelle;

211. — 1° *Dispense définitive.* — Avant le départ des relégués pour la colonie, le ministre de l'intérieur peut, pour cause de maladie ou d'infirmité, les dispenser soit provisoirement, soit même *définitivement* de la relégation (art. 18 de la loi de 1885, art. 11, § 1 et 2, du décret du 26-27 nov. 1885, D. P. 85. 4. 86). Il est évident que la dispense définitive met fin à la relégation. — Sur les conditions de ce premier mode d'extinction, V. *suprà*, v° *Prisons*, n°s 78 et 79.

212. — 2° *Amnistie ou revision.* — L'amnistie et la revision éteignent la relégation, parce qu'elles effacent la condamnation. On sait que l'amnistie efface la condamnation de telle sorte que tous les effets qu'elle a produits sont rétroactivement anéantis. Quant à la revision (c. instr. crim. art. 445) elle consiste essentiellement dans l'annulation, et par conséquent dans l'effacement, d'une condamnation dont l'erreur a été en fait extraordinairement démontrée. — La réhabilitation produit un résultat analogue depuis la loi du 14 août 1885, puisque, aux termes de l'art. 634 c. instr. crim. modifié par cette loi, elle « efface la condamnation ». Mais, suivant la remarque de M. Laborde (n° 357), au moment où la loi du 27 mai fut discutée, elle n'avait pas cet effet ; et, d'ailleurs, les conditions exigées pour rendre la demande en réhabilitation recevable étaient impossibles à remplir dans la plupart des colonies. Comment justifier, par exemple, des conditions de résidence exigées par l'art. 621 c. instr. crim. qui suppose le territoire divisé administrativement en départements, arrondissements et communes ? Pour étendre cette cause d'extinction à la relégation, on créa la *remise judiciaire*, dont il va être ci-après parlé.

213. — 3° *Remise judiciaire.* — L'art. 16 de la loi du 27 mai porte : « Le relégué pourra, à partir de la sixième année de sa libération, introduire devant le tribunal de la localité une demande tendant à se faire relever de la relégation, en justifiant de sa bonne conduite, des services rendus à la colonisation et de moyens d'existence ». Cette disposition a été critiquée au point de vue législatif, en ce qu'elle introduit dans notre système répressif une sorte de grâce judiciaire dont l'exercice est attribué à nos tribunaux coloniaux (Garraud, t. 1, p. 486, note 12). — Les formes et conditions des demandes des relégués ont été déterminées par un décret du 9 juill. 1892 (*Journ. off.* du 21 juillet).

214. — 4° *Grâce.* — Il n'y a point de doute que la relégation peut cesser par suite d'une grâce accordée par le chef de l'État: l'art. 15 de la loi le constate formellement. Ce n'est pas que la remise ou la réduction de la peine principale relève, de plein droit, de la relégation ; mais le condamné peut en être dispensé par une disposition spéciale des lettres de grâce (article précité); il peut même, après avoir subi la peine principale, obtenir, par voie de grâce, une remise directe de la relégation (Même article).

215. — 5° *Prescription.* — La prescription n'a aucun effet sur la relégation, en ce double sens que la prescription de la peine principale ne libère pas le condamné de la relégation à laquelle il est soumis, et que le condamné ne peut pas, en se dérobant à l'exécution de la relégation, prescrire contre cette mesure. Ces solutions résultent du caractère de peine accessoire que la loi donne à la relégation (Garraud, t. 2, p. 487 et note).—D'après une autre opinion, la peine de la relégation pourrait se prescrire parce qu'elle consiste dans une mesure matérielle, à savoir la transportation dans

une colonie pénale (Laborde, n° 357, p. 203 et n° 916, p. 542). La première opinion nous paraît préférable. Elle a déjà été adoptée *suprà*, v° *Prescription criminelle*, n° 16.

216. — 6° *Libération conditionnelle.* — La relégation peut, en vertu de l'art 2, § 5 et 6 de la loi du 14 août 1885 (D. P. 85. 4. 60), cesser par l'effet d'une décision de libération conditionnelle (V. le commentaire de ces dispositions *suprà*, v° *Peine*, n° 329).

Sect. 7. — Des condamnations antérieures à la promulgation de la loi.

217. Les condamnations encourues antérieurement à la promulgation de la loi du 27 mai 1885 comptent-elles en vue de la relégation? Cette question a été réglée d'une façon à la fois très simple et très juste par l'art. 9 de la loi, ainsi conçu : « Les condamnations encourues antérieurement à la promulgation de la présente loi seront comptées, en vue de la relégation, conformément aux dispositions précédentes. Néanmoins, tout individu qui aura encouru, avant cette époque, des condamnations pouvant entraîner dès maintenant la relégation, n'y sera soumis qu'en cas de condamnations nouvelles dans les conditions ci-dessus prescrites ». En décidant que les condamnations antérieures à la loi compteront pour la relégation, l'art. 9 consacre une dérogation au principe de la non-rétroactivité des lois, écrit dans l'art. 2 c. civ. : cette dérogation justifiée, car faire abstraction des condamnations antérieures à la loi, c'eût été reculer indéfiniment l'application de la relégation. — Néanmoins, il ne fallait pas sacrifier absolument le principe de la non-rétroactivité. Il n'eût pas été juste que les récidivistes fussent frappés, sans avertissement, de la peine très grave créée par la loi nouvelle. Aussi le législateur a-t-il décidé que les condamnations antérieures à cette loi ne suffiraient jamais à elles seules pour faire appliquer la relégation ; il exige une « condamnation nouvelle dans les conditions ci-dessus prescrites ». Le récidiviste ne sera donc soumis à la relégation que s'il montre son incorrigibilité absolue en se faisant condamner de nouveau, depuis la promulgation de la loi.

218. La disposition de l'art. 9 a donné lieu à plusieurs questions délicates. Avant de les indiquer et de chercher à les résoudre, nous ferons remarquer que la promulgation de la loi du 27 mai 1885 n'ayant, suivant la disposition de l'art. 21, été complète qu'après celle du décret réglementaire du 26 novembre suivant, inséré au *Journal officiel* du 27 nov. 1885 (D. P. 85. 4. 86), c'est, en fait, à la date de la promulgation de ce décret qu'il faut s'attacher, et non à celle de la promulgation de la loi. Donc aucun crime ou délit ne peut motiver la relégation qu'autant qu'il a été commis postérieurement à la date du 27 nov. 1885 (Crim. cass. 24 déc. 1885, aff. Tusault, D. P. 86. 1. 228). Il suit de là que les cours et tribunaux doivent nécessairement préciser la date du fait qui motive l'application de la relégation.

219. Pour qu'il y ait condamnation nouvelle dans le sens de l'art. 9, suffit-il que la condamnation intervienne depuis la promulgation de la loi du 27 mai (ou mieux depuis la promulgation du décret du 26 nov. 1885), ou bien faut-il que le délit, pour lequel la condamnation nouvelle est prononcée, soit postérieur à cette époque? En d'autres termes, la relégation sera-t-elle attachée à une condamnation prononcée après la promulgation de la loi, mais pour un fait antérieur à cette promulgation? « La ne s'arrêter qu'au sens littéral du texte, dit M. Garraud, n° 216, p. 360, il semble nécessaire, mais suffisant, que la condamnation soit postérieure, sans qu'il y ait à se préoccuper de la condamnation du délit. Mais une telle interprétation donnerait à la loi un effet rétroactif, car le repris de justice serait frappé d'une peine que le loi ne prononçait pas au moment où il a commis le délit. Il faudrait donc que la volonté du législateur apparût bien clairement pour décider la question en ce sens. Or le texte veut une condamnation *nouvelle;* il ne dit pas à quelles conditions elle sera nouvelle, entendant s'en référer, sur ce point, au droit commun de la non-rétroactivité » (n° 216, p. 360). Avec M. Teisseire (p. 340), nous croyons que l'interprétation combattue par M. Garraud est contraire non seulement à l'esprit de la loi, mais encore à l'intention du législateur : « A l'esprit de la loi, puisque l'effet rétroactif serait alors absolu; à l'intention du législateur, puisque l'avertissement qu'il voulait donner serait alors illu-

soire » (Conf. Desjardins, *Annotation sur la loi des récidivistes ;* Tournade, p. 55; Jambois, p. 10 ; Villey, p. 520, Laborde, *La loi du 22 mai* 1886). La jurisprudence s'accorde, sur ce point, avec la doctrine. D'après le système adopté par les arrêts, il faut, pour qu'il y ait lieu à relégation, que non seulement la condamnation, mais encore le délit qui a motivé la poursuite, soient postérieurs à la promulgation (Crim. cass. 25 févr. 1886, aff. Duclert, D. P. 86. 1. 228; *Bull. crim.*, n° 146; 8 juill. 1887, aff. Siadous, D. P. 88. 1. 187; Crim. rej. 27 sept. 1888, aff. Cassagne, D. P. 89. 1. 121; Crim. cass. 2 mars 1889, aff. Bazerque, D. P. 90. 1. 143.

220. Mais de quelle nature doit être la « condamnation nouvelle »? Un premier point est certain. Il ne suffit pas d'une condamnation nouvelle *quelconque* pour que la relégation soit appliquée à l'individu qui avait subi déjà, avant la promulgation de la loi, le nombre de condamnations exigé par l'art. 4, il faut l'une des condamnations visées par l'art. 4. En effet, l'art. 9 porte que le récidiviste ne sera soumis à la relégation qu'en cas de condamnation nouvelle *dans les conditions ci-dessus prescrites*. Donc une condamnation, soit pour un délit non spécifié à l'art. 4, soit pour un délit spécifié, mais qui ne remplirait pas la condition de durée prescrite par cet article, serait sans influence au point de vue de la relégation. Ainsi, une condamnation pour vol, inférieure à trois mois d'emprisonnement, n'entraînera pas la relégation, puisque l'art. 4 ne compte, en vue de la relégation, pour les délits de cette nature, que les condamnations à un emprisonnement de plus de trois mois (Garraud, p. 361; Villey, p. 520; Laborde, p. 316).

221. Ce point acquis, suffit-il que la condamnation nouvelle soit l'une quelconque de celles visées par l'art. 4, pour que la relégation soit applicable ? Un individu a encouru, avant la promulgation de la loi, quatre condamnations à plus de trois mois d'emprisonnement pour vol ; il subit une condamnation nouvelle pour vagabondage simple ; doit-il être relégué ? Des cours d'appel ont répondu affirmativement (Bourges, 21 janv. 1886, aff. Thurot, D. P. 86. 2. 49; Montpellier, 25 févr. 1886, aff. Vabon, D. P. 86. 2. 49). Mais cette théorie méconnaît le véritable sens de la loi : « L'art. 9 est formel et précis : la relégation ne doit être prononcée qu'en cas de *condamnation nouvelle dans les conditions ci-dessus prescrites*. Or, les conditions ci-dessus prescrites sont celles qui fixent les divers cas de relégation. Il faudra donc que la condamnation nouvelle rentre dans le groupe de celles qui rendraient possible, contre l'inculpé, l'application de la relégation au moment de la promulgation de la loi » (Jambois, p. 68). Aussi la cour de cassation a-t-elle décidé que la condamnation nouvelle exigée doit s'entendre non pas d'une condamnation quelconque prévue par l'art. 4, mais de l'une des condamnations spécialement visées par celui des paragraphes de l'art. 4 sous l'application duquel le prévenu se trouvait au moment de la promulgation de la loi, c'est-à-dire d'une condamnation qui, à raison de la nature du fait qui la motive, comme de l'importance de la pénalité qui la réprime, figure dans celle des quatre catégories légales de condamnation à laquelle, par ses antécédents judiciaires, le prévenu se rattachait déjà (Crim. cass. 13 mars 1886, aff. Thurot, D. P. 86. 1. 139 ; 22 avr. 1886, aff. Castouet, *Bull. crim.*, n° 163; 15 mai 1886, *ibid.*, n° 184 ; 24 juin 1887, *ibid.*, n° 245. Conf. Toulouse, 20 janv. 1886, aff. Fabre, D. P. 86. 2. 49; Montpellier, 30 janv. 1886, aff. Le Discorde, D. P. 86. 2. 49; 30 janv. 1886, aff. Remy, D. P. 86. 2. 49; Caen, 11 févr. 1886, aff. Careau, *Recueil de Caen*, 2-3 livr. 1886; Poitiers, 12 févr. 1886, aff. Janson, D. P. 86. 2. 138 ; Caen, 24 févr. 1886, aff. Dubois, *Recueil de Caen*, 2-3 livr. 1886 ; Orléans, 4 mai 1886, aff. Thomas, D. P. 86. 2. 149). Suivant la formule donnée par M. Laborde (*La Loi*, 22 mai 1886), « il faut que la condamnation nouvelle, rapprochée des condamnations antérieures à la loi, soit susceptible de former avec elles un des quatre cas de relégation prévus par l'art. 4 ». La raison de cette solution, ajoute le même auteur, est que l'art. 9, § 2, n'a pas pour objet de créer un cinquième cas de relégation, mais d'étendre, au moyen d'une condition nouvelle, les dispositions de l'art. 4 aux récidivistes qui auraient été immédiatement relégables, qu'en eût porté le texte. Le système de l'art. 9 consiste à considérer le groupe des condamnations antérieures à la loi du 27 mai comme man-

quant d'une *unité* pour former le cas de relégation qu'il suffirait à constituer d'après l'art. 4. Le premier terme de la récidive est seul réputé acquis sous la loi ancienne. Le deuxième terme, c'est-à-dire la condamnation nouvelle, doit être acquis sous la loi nouvelle » (*loc. cit.*).— Conf. André, p. 302; Teisseire, p. 330 et suiv.; Garraud, p. 361; Villey, p. 520; Tournade, p. 56; Berton, nos 326 et suiv.; note de M. L. Sarrut, D. P. 86. 2. 54).

Table sommaire

des matières contenues dans le Supplément et le Répertoire.

(Les chiffres précédés de la lettre S renvoient au Supplément; les chiffres précédés de la lettre R renvoient au Répertoire, t. 35, vo Peine.)

Table des articles du code pénal, du code d'instruction criminelle, et de la loi du 27 mai 1885.

Table chronologique des Lois, Arrêts, etc.

							1894
26 févr. Crim. 133 c. 2 mars. Crim.219 c. 16 mars. Crim. 133 c., 134 c., 167 c., 201 c., 206 c. 21 mars. Crim. 133 c., 134 c., 167 c., 201 c. 29 mars. Crim. 133 c., 167 c. 4 avr. Crim. 133 c. 4 avr. Rouen,165 c. 11 avr. Nancy.140 2 mai. Rouen. 165 c., 10 mai. Crim. 165 16 mai. Crim. 133 c., 134 c., 167 27 mai. Loi. 167 c.	14 juin. Crim. 133 c. 21 juin. Crim. 165 29 août. Crim. 133 c. 26 sept. Crim. 124 c. 17 oct. Angers. 186 c. **1890** 3 janv. Crim. 159 14 janv. Crim. 115 20 févr. Grenoble. 189 c. 22 févr. Crim. 137 3 mai. Crim. 201 14 juin. Crim. 134 c., 167 c. 3 juill. Crim. 93	30 juill. C. d'ass. Seine - et Oise. 183 c. 24 août. Crim. 159 c., 167 c. 11 sept. Crim. 115 18 sept. Crim. 38 25 oct. Crim. 195 31 oct. Crim. 201 c. **1891** 26 mars. Crim.110 c., 128 c.	26 mars. Loi. 9 c., 10 c., 14 c., 15 c., 24 c., 23 c., 25 c., 27 c., 26 c., 29 c., 40 c., 45 c., 52 c., 53 c., 54 c., 59 c., 61 c., 62 c., 63 c., 67 c., 68 c., 75 c., 76 c., 77 c., 94 c. 143 c., 186 c. 6 avr. Paris. 23 c., 66 c., 76 c. 7 avr. Paris. 67 c., 76 c. 9 avr.Paris.76 c. 16 avr. Paris. 76 c., 165 c. 18 avr. Crim. 137 c., 207 c. 13 juin. Crim. 55 c. 24 juin.Besançon. 77. 25 juin. Amiens. 77 c.	4 juill. Crim. 110 c., 201 c. 10 août. Lyon.137 c. 13 août. Crim.122 c. 17 sept. Crim. 136 c.,195 c., 202 c. 17 oct. Crim. 107 c. 30 oct. Paris. 137 c. 6 nov. Crim. 70 c. 9 nov. Trib. corr. Narbonne 77. 13 nov. Douai. 45 c. 1er déc. Trib. Annecy 86. 10 déc.Montpellier 65. 19 déc. Crim 33c., 52 c. **1892** 21 janv. Chambéry. 77.	4 mars. Crim. 45 c. 25 mars. Crim. 95 c., 97 c. 47. 6 mai. Crim. 116 c. 24 mai. Crim. 207 c. 9 juill. Décr. 213 c. 28 juill. Crim.117 c. 2 nov. Loi. 48 c. 5 nov. Crim. 115 c. 30 nov. Loi. 48 c. 3 déc. Crim. 115 c. 29 déc. Crim. 123 c. **1893** 12 janv. Crim. 203 c., 207 c.	19 janv. Loi. 7 c. 21 janv. Crim. 113 c. 17 févr. Crim. 115 c. 25 févr. Crim. 203 c. 23 mars. Crim.133 c. 13 avr. Crim. 133 c. 10 mai. Nancy. 71 c. 2 juin. Crim. 120 c. 13 juin. Loi. 48 c. 1er juill. Crim. 206 c. 6 juill. Crim. 168 c. 13 juill. Crim. 97 c. 15 juill. Orléans, 137 c. 4 août. Crim. 137 c., 207 c.	31 août. Crim. 77 c.,133 c.,134 c. 14 sept. Crim. 133 c., 136 c., 202 21 sept. Crim. 133 c. 19 oct. Crim. 199 c. 20 oct. Crim. 95 c. 26 oct. Crim. 123 c. 4 nov. Crim. 197 c. 17 nov. Crim. 82 c. 12 déc. Loi 178 c. 19 déc. Loi.144 c., 177 c. **1894** 10 févr. Crim. 70 c. 15 mars. Crim.133 c. 28 juill.Loi.144c., 178 c.

RÉCLAMATION D'ÉTAT. — V. suprà, v^is Paternité-filiation, n°s 150 et suiv. ; Question préjudicielle-sursis, n°s 25 et suiv. ; — et infrà, v^is Substitutions; Succession.

RÉCLUSION. — V. suprà, v^is Adultère, n° 40 ; Aliéné, n° 150 ; Divorce et séparation de corps, n° 96 ; Dommage-destruction-dégradation, n°s 73, 99 et 122 ; Peine, n° 57, 632 et suiv. ; Prison, n° 61 ; — et infrà, v^is Organisation de l'Algérie ; Organisation des colonies.

RÉCOLEMENT. — V. suprà, v^is Echelles du Levant et de Barbarie, n°s 62 ; — et infrà, v^is Régime forestier ; Saisie-exécution, et Rép. eod. v°, n°s 100 et suiv., 237, 320 et suiv., 352 ; Vente publique de meubles, et Rép. eod. v°, n°s 101 et suiv., Usage-usage forestier.

RÉCOLTES. — V. suprà, v^is Acte de commerce, n°s 104 et 110 ; Action possessoire, n° 23 ; Assurances terrestres, n°s 116 ; Biens, n° 10 ; Chasse, n° 340 et 909 ; Contravention, n°s 241 et suiv. ; Dommage-destruction-dégradation, n°s 34 et suiv., 66 et suiv., 75, 129 et suiv., 181 ; Droit rural, n°s 13 et 161 ; Enregistrement, n°s 1388 et suiv., 1432 ; Expropriation pour cause d'utilité publique, n°s 592 et 622 ; Privilèges et hypothèques, n°s 79 et suiv. ; — Rép. v^is Transcription hypothécaire, n° 60 ; Vente, n°s 19 et 552 ; Vente publique de meubles, n° 13 ; Vente publique de récoltes, n° 4 et suiv. ; Voirie par chemins de fer, n°s 219, 225 et suiv. ; Vol et escroquerie, n°s 389 et suiv., 419 et suiv., 425 et suiv., 438 et suiv., 451 et 647.

RÉCOMPENSE. — V. suprà, v^is Contrat de mariage, n°s 556 et suiv. ; Enregistrement, n°s 74 et suiv., 237, 1287, 2186 et 2193.

RÉCOMPENSES NATIONALES

1. On se bornera à mentionner ici les lois et décrets non insérés au Répertoire, qui ont un caractère général, en renvoyant, pour ceux qui ont un caractère individuel, aux diverses tables du Recueil périodique.

2. — I. DISTINCTIONS HONORIFIQUES. — Il s'agit ici de la croix de la Légion d'honneur, de la Médaille militaire, des palmes académiques, etc. On se référera, à cet égard, à ce qui a été dit suprà, v° Ordres civils et militaires.

3. — II. VOTE DE REMERCIEMENTS ET DÉCLARATIONS QUE LES CITOYENS ONT BIEN MÉRITÉ DE LA PATRIE. — Il y a lieu de mentionner dans cet ordre d'idées : 1° une loi du 10 août 1870 adressant des remerciements à l'armée (D. P. 70. 4. 75) ; — 2° Un décret du 20 oct. 1870, déclarant que la ville de Châteaudun a bien mérité de la patrie, et allouant un secours à la population (D. P. 70. 4. 120) ; — 3° Une résolution du 4 avr. 1871, ayant pour objet de voter des remerciements aux troupes de terre et de mer qui ont combattu dans les journées des 2, 3 et 4 avr. 1871 (D. P. 71. 4. 36).

4. — III. ALLOCATIONS. — SECOURS PÉCUNIAIRES. — PEN-

SIONS. — Il s'agit ici presque toujours de récompenses ayant un caractère individuel et accordées dans la plupart des cas aux veuves et aux descendants de ceux qui ont illustré le pays par leurs talents ou leurs services, ou ont été victimes des révolutions ou discordes civiles (V. à cet égard les documents insérés, v° Récompenses nationales aux Tables de vingt-deux ans (1845-1867), de dix ans (1867-1877), aux Nouvelles tables de dix ans (1877-1887) et aux volumes du Recueil périodique (4e partie) postérieurs à 1886. Notons cependant comme ayant un certain caractère d'intérêt général : 1° une loi du 14 mai 1856 (faisant suite au décret du 24 juill. 1848 et à la loi du 13 juin 1850, mentionnés au Répertoire) accordant des pensions à des blessés des journées de Juin 1848, et aux ascendants ou orphelins des citoyens tués en combattant dans ces journées (D. P. 56. 4. 56) ; — 2° Deux lois des 18 mai 1858 (D. P. 58. 4. 34) et 16 avr. 1859 (D. P. 59. 4. 25), accordant des pensions aux victimes de l'attentat du 14 janv. 1858 et à leurs familles ; — 3° Un décret du 5 déc. 1865, concernant les étudiants en médecine qui se sont signalés par leur dévouement au soulagement des malades atteints par le choléra et leur accordant, à titre de récompenses nationales, remise totale ou partielle des droits universitaires (D. P. 66. 4. 17) ; — 4° Un décret du 11 janv. 1871, relatif aux victimes du bombardement de Paris (D. P. 71. 4. 2) ; — 5° Une loi du 1er mars 1872, accordant des pensions nationales aux veuves et orphelins des gendarmes, sergents de ville, gardiens de la paix, gardes de Paris, etc., tués comme otages pendant l'insurrection de la Commune de Paris (D. P. 72. 4. 42) ; — 6° Trois lois des 30 juill. et 19 déc. 1881 et 6 août 1882 (D. P. 82. 4. 40-41 et 122), relatives aux indemnités accordées aux victimes du coup d'Etat du Deux-Décembre 1851 et de la loi de sûreté générale du 27 févr. 1858 ; — 7° Enfin une loi du 18 avr. 1888, ayant pour objet d'assurer à titre de récompense nationale, des pensions viagères aux survivants des blessés de Février 1848 et à leurs ascendants, veuves et orphelins (D. P. 88. 4. 40), loi suivie d'un décret du 5 juin 1888 destinée à en assurer l'exécution (D. P. 88. 4. 41).

5. — IV. FUNÉRAILLES AUX FRAIS DU TRÉSOR PUBLIC. — Les lois ou décrets promulgués à cet égard ayant tous un caractère purement individuel, il suffit de se reporter aux tables du Recueil périodique, indiquées suprà, n° 4.

6. — V. MONUMENTS CONSTRUITS AUX FRAIS DE L'ETAT. — Nous ferons ici la même observation et les mêmes renvois qu'en ce qui concerne les funérailles aux frais du trésor public.

7. — VI. ADOPTION D'ORPHELINS. — Un décret du 30 oct. 1870, s'inspirant des dispositions des décrets des 6 févr. et 24 juin 1848 (D. P. 48. 4. 36 et 117), déclare adopter les enfants des citoyens morts pour la défense de la France, et décide qu'il sera pourvu aux besoins de leurs veuves et de leurs familles qui réclameront le secours de l'Etat (D. P. 71. 4. 2).

8. — VII. ENCOURAGEMENTS SCIENTIFIQUES ET LITTÉRAIRES. — Ces encouragements consistent dans les prix qui sont

décernés tant aux inventions utiles qu'aux savants de toute sorte et qui ont presque toujours un caractère général. Un petit nombre des décisions relatives à ces encouragements sont mentionnées *supra*, v^{is} *Organisation économique* et *Organisation de l'instruction publique*, d'autres se trouvent éparses dans les diverses tables du *Recueil périodique*. Il paraît utile de les réunir ici sous forme de tableau chronologique.

23 avr. 1848. — Décision du ministre de l'instruction publique relative aux sommes destinées aux encouragements littéraires et scientifiques (D. P. 48. 3. 65).

24 avr. 1848. — Arrêté du ministre de l'intérieur décidant que les souscriptions aux ouvrages littéraires et d'art auront lieu conformément à la désignation d'un jury d'examen (D. P. 48. 3. 65).

17 juill. 1848. — Décret qui ouvre des crédits extraordinaires pour l'encouragement des beaux-arts et des belles-lettres (D. P. 48. 4. 128).

25 juill. 1848. — Arrêté du ministre de l'instruction publique décidant que les indemnités annuelles prises sur les fonds destinés aux encouragements scientifiques et littéraires ne seront accordées que sur rapport adressé au ministre et appuyé de la liste complète des travaux du postulant. La demande d'indemnité contiendra l'exposition des titres, de la fortune et des antécédents du réclamant. Une indemnité annuelle ne peut être obtenue avant l'âge de quarante ans, si ce n'est par les femmes auteurs, les filles ou veuves de savants (D. P. 48. 3. 84).

15 mai 1850. — Loi dont l'art. 19 est relatif aux impressions et souscriptions d'ouvrages payés sur les fonds mis à la disposition des ministres de l'instruction publique et de la marine (D. P. 50. 4. 85).

23 févr. 1852. — Décret qui institue un prix en faveur de l'auteur de la découverte qui rendra la pile de Volta applicable avec économie, soit à l'industrie comme source de chaleur, soit à l'éclairage, soit à la chimie, soit à la mécanique, soit à la médecine pratique (D. P. 52. 4. 68).

10 avr. 1858. — Décret portant que le concours pour le prix institué en faveur de l'auteur de la découverte des applications les plus utiles de la pile de Volta demeurera ouvert de nouveau pendant cinq ans (D. P. 58. 4. 31). — Ce décret a été remplacé par celui du 8 mai 1858 (D. P. 58. 4. 77).

11 août 1859. — Décret portant fondation d'un prix de la valeur de 20 000 francs, qui sera décerné, tous les deux ans, par l'Institut impérial de France (D. P. 59. 4. 79).

28 mars 1866. — Loi qui institue un prix de 50 000 francs pour une nouvelle application économique de la pile de Volta (D. P. 66. 4. 22).

18 avr. 1866. — Décret qui admet les savants de toutes les nations au concours du prix institué par cette loi (D. P. 66. 4. 48).

30 mars 1869. — Décret qui institue dans chaque ressort académique un prix annuel à décerner à l'ouvrage ou au mémoire jugé le meilleur sur quelque point d'histoire politique ou littéraire, d'archéologie ou de science, intéressant les départements compris dans le ressort (D. P. 69. 4. 87).

29 nov. 1871. — Décret qui proroge le concours pour le prix institué en faveur de l'auteur de l'application la plus utile de la pile de Volta (D. P. 72. 4. 21).

22 juill. 1874. — Loi qui crée un prix de 300 000 francs au profit de l'inventeur d'un moyen efficace pour détruire le phylloxera (D. P. 75. 4. 20).

11 juin 1882. — Décret qui proroge le concours pour le prix institué en faveur de l'auteur des applications les plus utiles de la pile de Volta (D. P. 83. 4. 43).

13 juill. 1882. — Loi qui ouvre au ministère de l'instruction publique et des beaux-arts sur l'exercice 1882 un crédit extraordinaire de 25 000 francs pour la publication aux frais de l'Etat des œuvres de Fermat (D. P. 82. 4. 121).

10 déc. 1887. — Loi ayant pour objet l'institution d'un prix au profit de la personne qui découvrira un moyen pratique et usuel de déterminer, dans les spiritueux du commerce et les boissons alcooliques, la présence et la quantité des substances autres que l'alcool chimiquement pur ou alcool éthylique (D. P. 88. 4. 13).

9. Relativement aux encouragements scientifiques et littéraires, il a été décidé que la somme donnée en prix pour l'encouragement d'une invention utile tombe dans la société formée pour l'exploitation de cette invention, au lieu d'être la propriété personnelle de l'associé sous le nom duquel la récompense a été décernée, alors surtout que celui-ci n'a pas eu le mérite de la découverte et est seulement chargé de la fabrication et de la direction de l'exploitation (Trib. com. Nantes, 24 juill. 1858, aff. Peyre, D. P. 59. 3. 55). — Jugé, d'autre part, que la règle d'après laquelle toute créance contre l'Etat doit, à peine de déchéance, être réclamée dans les cinq ans de la clôture de l'exercice auquel elle se rapporte, s'applique aux demandes en délivrance de récompenses nationales (Cons. d'Et. 1er mars 1860, aff. Corneillant, D. P. 60. 3. 26). Lorsqu'un décret a promis un prix à l'auteur de l'invention qui serait jugée la plus propre à atteindre un but industriel déterminé, le délai pour réclamer la somme promise court, non du jour où il serait reconnu par l'autorité publique que cette invention a rempli le but indiqué, mais du jour où l'inventeur a pu mettre ladite autorité en demeure de se prononcer sur le mérite de sa découverte (Même décision).

Table chronologique des Lois, Arrêts, etc.

1848. 6 févr. Décr. 7 c.	1856. 14 mai. Loi. 4 c.	1859. 16 avr. Loi. 4 c.	1870. 10 août. Loi. 3 c.	— 4 avr. Résol. 3 c.	— 19 déc. Loi. 4 c.
— 24 juin Décr. 7 c.			— 20 oct. Décr. 3 c.	1872. 1er mars. Loi. 4 c.	1882. 7 août. Loi. 4 c.
— 24 juill. Décr. 4 c.	1858. 27 févr. Loi. 4 c.	1860. 1er mars. Cons. d'Et. 9 c.	— 30 oct. Décr. 7 c.		
	— 18 mai. Loi. 4 c.				1888. 18 avr. Loi. 4 c.
1850. 13 juin. Loi. 4 c.	— 24 juill. Trib. com. Nantes. 9 c.	1865. 5 déc. Décr. 4 c.	1871. 11 janv. Décr. 4 c.	1881. 30 juill. Loi. 4 c.	— 5 juin. Décr. 4 c.

RÉCONCILIATION. — V. *supra*, v^{is} *Adultère*, n°s 55 et suiv., 93; *Divorce et séparation de corps*, n°s 363 et suiv.

RECONDUCTION (TACITE). — V. *supra*, v^{is} *Louage*, n°s 328 et suiv.; *Louage à colonage partiaire*, n° 24.

RECONNAISSANCE. — V. *supra*, v^{is} *Mont-de-piété*, n°s 118 et suiv.; *Prescription civile*, n°s 372 et suiv., 401 et suiv.; — *et infra*, v^{is} *Vente publique d'immeubles*, et Rép. eod. v°, n° 1138.

— **DE DETTES.** — V. *supra*, v^{is} *Enregistrement*, n°s 686 et suiv.; *Faillites et banqueroutes, liquidations judiciaires*, n°s 453 et 624; *Obligations*, n°s 6 et suiv.; *Prescription civile*, n° 32; *Prescription criminelle*, n°s 175 et suiv.; — *et infra*, v° *Vente publique d'immeubles*, et Rép. eod. v°, n° 233.

— **D'ÉCRITURE.** — V. *infra*, v^{is} *Société*, et Rép. eod. v°, n°s 911 et 1453; *Vérification d'écritures*, et Rép. eod. v°, n°s 23, 56 et suiv.

— **D'ENFANT.** — V. *supra*, v^{is} *Acte de l'état civil*, n° 29; *Bourse de commerce*, n° 42; *Paternité et filiation*, n°s 202 et suiv., 249 et suiv.

— **D'IDENTITÉ.** — V. *supra*, v^{is} *Evasion, bris, recelé*, n° 85 et suiv.; *Frais et dépens*, n° 636;

— **D'IDENTITÉ.** — V. *supra*, v^{is} *Evasion, bris, recelé*, n° 85 et suiv.; *Frais et dépens*, n° 636;

RECRÉANCE. — V. *supra*, v^{is} *Action possessoire*, n° 117;

RECRUTEMENT DE L'ARMÉE.

1. Plusieurs dispositions de la loi du 15 juill. 1889, sur le recrutement de l'armée (V. *supra*, v° *Organisation militaire*, t. 12, p. 234), commentée *ibid.*, n°s 207 et suiv., ont été modifiées ou complétées par des textes postérieurs (V. *infra*, n°s 2 et suiv.).

2. Une loi du 19 juill. 1892 (D. P. 92. 4. 101) a apporté diverses modifications aux art. 37, 49 et 64 de la loi de 1889: 1° On a vu *supra*, v° *Organisation militaire*, n° 337, que, suivant l'art. 37, tout Français reconnu propre au service militaire faisait partie successivement : de l'armée active, pendant trois ans; de la réserve de l'armée active, pendant sept ans; de l'armée territoriale, pendant six ans; de la réserve de l'armée territoriale, pendant neuf ans. D'après le

nouveau texte, la durée du service est de trois ans dans l'armée active, dix ans dans la réserve de l'armée active, six ans dans l'armée territoriale, six ans dans la réserve de l'armée territoriale. — 2° Il a été ajouté à l'art. 49 un alinéa ainsi conçu : Les hommes de la réserve de l'armée territoriale peuvent être soumis, pendant leur temps de service dans ladite réserve, à une revue d'appel, pour laquelle la durée du déplacement imposé n'excédera pas une journée ». Aux termes du dernier alinéa du même article (nouvelle rédaction), les fonctionnaires désignés au tableau B de la loi de 1889 peuvent être dispensés de ces revues d'appel. — 3° Enfin sont abrogées les dispositions du deuxième alinéa de l'art. 64, d'après lesquelles les hommes appartenant à la cavalerie qui contractent un rengagement d'un an dans le cours de leur troisième année de service étaient dispensés de trois ans de service dans la réserve de l'armée active, et passaient ainsi, d'abord dans l'armée territoriale, puis dans la réserve de cette armée, trois ans avant les autres hommes de leur classe.

3. L'avant-dernier alinéa de l'art. 59 (V. suprà, v° Organisation militaire, n° 372) a été modifié comme suit par une loi du 11 juill. 1892 (D. P. 92. 4. 100) : « L'engagé volontaire qui remplira l'une quelconque des conditions fixées par l'art. 23 pourra bénéficier des dispositions dudit article, après un an de présence sous les drapeaux, à la condition que la demande ait été formulée au moment de l'engagement.

4. Une loi du 14 août 189 (D. P. 94. 4. 43) a substitué au texte de l'art. 7 (V. suprà, v° Organisation militaire, n°s 228 et 229) la rédaction suivante : « Nul n'est admis dans une administration de l'Etat ou ne peut être investi de fonctions publiques électives, s'il ne justifie avoir satisfait aux obligations imposées par la présente loi.

5. Parmi les jeunes gens qui, en temps de paix, sont envoyés en congé, sur leur demande, après un an de présence sous les drapeaux, figurent ceux qui ont obtenu de poursuivre leurs études en vue d'obtenir le diplôme délivré par les écoles supérieures de commerce reconnues par l'Etat (L. 15 juill. 1889, art. 23. V. suprà, v° Organisation militaire, n° 304). Plusieurs écoles ont été reconnues depuis, en exécution de cette disposition (V. Décr. 22-23 juill. 1890 relatifs à la reconnaissance : 1° de l'Ecole des hautes études commerciales ; 2° de l'Ecole supérieure de commerce de Paris ; 3° de l'Institut commercial de Paris ; 4° de l'Ecole supérieure de commerce de Marseille ; 5° de l'Ecole supérieure de Bordeaux ; 6° de l'Ecole supérieure du Havre ; 7° de l'Ecole supérieure de commerce de Lyon ; Journ. off. du

23 juillet ; 12-14 juill. 1892, qui reconnaît l'Ecole supérieure de commerce de Lille ; Journ. off. du 14 juillet).

6. Une loi du 15 avr. 1892 (D. P. 92. 4. 54) a modifié les dispositions de l'art. 5 de la loi du 19 juill. 1884 (D. P. 84. 4. 128) relatives à l'engagement que les élèves des écoles militaires préparatoires sont appelés à contracter quand ils atteignent l'âge de dix-huit ans (V. suprà, v° Organisation militaire, n° 443). La durée de cet engagement a été fixée uniformément à cinq ans.

7. L'art. 10, 2° al., de la loi du 18 mars 1889, relative au rengagement des sous-officiers (D. P. 90. 4. 50. V. suprà, v° Organisation militaire, n° 377), a été modifié par une loi du 25 juill. 1893 (D. P. 94. 4. 42). Contrairement à l'ancienne rédaction, le nouveau texte porte que le sous-officier nommé officier n'a pas droit à la part proportionnelle dont il est question dans le premier alinéa. La même loi porte que la gratification annuelle, qui était de 200 fr. d'après le tarif n° 2 (D. P. 90. 4. 51), est fixée à 100 fr.

8. Une loi du 30 juill. 1893 (D. P. 94. 4. 42) a organisé une armée coloniale. Aux termes de l'art. 1 de cette loi, « l'armée coloniale, en ce qui concerne l'élément français, se recrute exclusivement par des volontaires. Les engagements et rengagements sont contractés dans les conditions suivantes : 1° par voie d'engagements volontaires pour une durée de trois, quatre ou cinq années ; 2° par voie d'incorporation des jeunes gens qui, au moment des opérations du conseil de revision, auront demandé à entrer dans les troupes coloniales et auront été reconnus aptes à ce service ; 3° par voie de rengagements contractés conformément aux dispositions spéciales contenues dans les art. 63 et 65 de la loi du 15 juill. 1889 sur le recrutement de l'armée ; toutefois, les sous-officiers, brigadiers, caporaux et soldats des réserves seront admis à rengager jusqu'à trente-deux ans révolus, dans des conditions déterminées, après entente entre les ministres de la guerre et de la marine ; 4° en cas d'insuffisance, par l'appel fait sous notre d'engagement aux volontaires de l'armée de terre, sous-officiers, brigadiers, caporaux ou soldats, ayant plus d'une année de présence sous les drapeaux. En cas d'expédition, s'il y a insuffisance des engagés et rengagés volontaires, il sera fait appel à la légion étrangère, qui relève du ministre de la guerre ».

9. Enfin la taxe militaire, établie par la loi 15 juill. 1889 (V. suprà, v° Organisation militaire, n°s 326 et suiv.) a fait l'objet d'un règlement d'administration publique en date du 24 févr. 1894 (D. P. 94. 4. 55) qui a remplacé celui du 30 déc. 1890 (D. P. 91. 4. 75).

Table chronologique des Lois, Arrêts, etc.

RECTEUR. — V. suprà, v° Organisation de l'instruction publique, n°s 24, 97 et 380.

RECTIFICATION. — V. suprà, v° Acte de l'état civil, n°s 46 et suiv., 84, 101 et suiv., 113 et 123 ; Compte, n°s 10, 37 et suiv., 52 et suiv., 61 et suiv. ; Demande nouvelle, n°s 45 et suiv. ; Jugement, n°s 357 et suiv., 683.

RÉCUSATION.

Division.

Sect. 1re. — Historique. — Législation. — Droit comparé (Rép. n°s 1 à 6).

1. — I. Législation. — Le projet de revision du code de procédure civile, déposé à la Chambre le 6 mars 1890 (V. suprà, v° Enquête, n° 2), supprime certaines des causes de récusation établies par le code de procédure civile qui semblé inutiles à conserver. Le projet n'admet plus, d'une façon générale, que des causes de récusation basées sur des rapports existant ou ayant existé entre un juge et une partie, soit parce que ce juge ou sa femme sont parents ou alliés de la partie jusqu'au degré de cousins issus de germains inclusivement, soit parce qu'il y a entre eux des rapports de maître à domestique, soit parce qu'ils ont un procès civil relativement récent.

2. Une autre modification, plus importante, est relative à l'appel du jugement intervenu sur la demande en récusation. Actuellement, quelle que soit la sentence rendue, qu'elle soit favorable ou contraire au juge, l'appel est toujours permis au juge comme à la partie demanderesse en récusation ; le projet ne reconnaît le droit d'appel qu'à la partie demanderesse, au cas où la récusation ne serait

pas admise ; il a semblé que, aucune des causes de récusation que laisse subsister le projet ne touchant à l'honneur ou à la considération du juge, celui-ci n'avait aucun intérêt à appeler d'un jugement qui le récuse. L'appel que peut interjeter la partie devra être fait au greffe de la cour par acte motivé (art. 11), après que les pièces auront été hiérarchiquement transmises par le procureur de la République au procureur général : sur ce dernier point, le projet consacre une innovation. La procédure suivra, d'ailleurs, son cours ordinaire et le droit commun s'y appliquera.

3. Aux termes de l'art. 1 la récusation ne peut avoir lieu que pour les causes suivantes : « 1° si le juge, sa femme, les personnes dont il est tuteur, subrogé tuteur, curateur ou conseil judiciaire, les sociétés ou associations à l'administration ou à la surveillance desquelles il participe, ont intérêt dans la contestation ; 2° Si le juge ou sa femme sont parents ou alliés de l'une des parties ou de son conjoint jusqu'au degré de cousin issu de germain inclusivement ; la récusation peut être exercée contre le juge, même au cas de divorce ou de décès de sa femme, s'il a été beau-père, gendre ou beau-frère de l'une des parties. Il n'y a pas lieu à récusation dans le cas où le juge est parent du tuteur, subrogé tuteur, curateur, ou conseil judiciaire d'une des parties, ou d'un administrateur, directeur ou gérant d'une société partie en cause, dans laquelle cet administrateur, directeur ou gérant n'a aucun intérêt personnel ; 3° Si le juge et l'une des parties sont liés par les rapports du louage de service ; 4° Si le juge a connu du procès comme magistrat, arbitre ou conseil, ou s'il a déposé comme témoin sur les faits du procès ; 5° S'il y a eu, dans les cinq ans qui ont précédé la récusation, procès entre le juge, sa femme, leurs parents ou alliés en ligne directe, et l'une des parties, son conjoint ou ses parents ou alliés dans la même ligne ; 6° Si le juge ou sa femme ont un procès devant un tribunal où l'une des parties est juge ; 7° Si le juge, sa femme, leurs parents ou alliés en ligne directe ont un différend sur une pareille question que celle dont il s'agit entre les parties. — Art. 2. Les causes de récusation relatives aux juges sont applicables au représentant du ministère public lorsqu'il est partie jointe, mais celui-ci n'est pas récusable lorsqu'il est partie principale. — Art. 3. Tout juge qui pense qu'il existe une cause de récusation en sa personne doit, alors même qu'aucune récusation n'est proposée contre lui, le déclarer à la chambre du conseil, qui décide s'il doit s'abstenir. — Art. 5. La récusation doit être proposée avant que l'affaire soit en état, à moins que les causes n'en soient survenues postérieurement. — Art. 5. La récusation entre les juges commis aux descentes de lieux, enquêtes ou autres opérations, ne peut être proposée que dans les trois jours à partir : 1° si le jugement est contradictoire, du jour du jugement ; 2° s'il est par défaut, du jour de l'expiration du délai pendant lequel il peut y être fait opposition ; 3° en cas d'opposition au jugement par défaut, du jour où la partie a été, même par défaut, déboutée de cette opposition. — Art. 6. La récusation par acte au greffe, qui en contient les moyens et est signé de la partie ou du porteur de sa procuration authentique et spéciale, laquelle est annexée à l'acte. — Art. 7. Le greffier du tribunal doit, dans les vingt-quatre heures, communiquer l'acte de récusation au magistrat contre lequel il est proposée ; celui-ci consigne, dans les cinq jours, sa réponse par écrit à la suite de l'acte de récusation. Si le magistrat récusé dénie les faits, la chambre du conseil entend la partie récusante et le ministère public ; elle autorise les moyens de preuve admis par la loi. — Art. 8. S'il y a urgence et au cas prévu par l'art. 5, la chambre du conseil ordonne qu'il sera procédé par un autre juge. — Art. 9. Le jugement sur la récusation est rendu à l'audience. — Art. 10. Tout jugement rejetant la récusation, dans les matières où le tribunal juge en dernier ressort, peut être frappé d'appel par la partie récusante. — Art. 11. L'appel est formé dans les dix jours du jugement par un acte motivé et notifié au greffe. — Art. 12. L'expédition de l'acte de récusation, celle de la déclaration du juge, celle du jugement, l'acte d'appel et les pièces jointes sont envoyés, dans les trois jours, par le procureur de la République, au procureur général. — Art. 13. Le procureur général transmet les pièces au premier président, qui commet l'un des conseillers pour l'examen de l'affaire et

fixe le jour où ce magistrat fera son rapport à la chambre du conseil. La cour, après avoir entendu le rapport et les conclusions du ministère public, statue à l'audience publique sans qu'il soit nécessaire d'appeler la partie. — Art. 14. Si, par suite de récusation ou d'abstention, le tribunal ne peut plus se constituer pour statuer sur la récusation, expédition de l'acte de récusation et des déclarations que les juges ont faites est envoyée par le procureur de la République, sur la réquisition de la partie la plus diligente, au procureur général près la cour d'appel à laquelle ressort le tribunal. La cour statue d'urgence sur les conclusions du ministère public, sans qu'il soit besoin d'appeler les parties. — Art. 15. Le demandeur en récusation qui succombe est condamné à une amende de 100 à 1000 francs, sans préjudice, s'il y a lieu, des dommages-intérêts envers l'autre partie et de l'action en réparation et dommages-intérêts que peut former le juge, qui, dans ce cas, ne peut demeurer juge de l'affaire ».

4. — II. DROIT COMPARÉ. — Le titre 4 du *code de procédure civile pour l'Empire allemand* du 30 janvier 1877, est consacré à l'exclusion et à la récusation des magistrats : « Art. 41. L'exercice des fonctions judiciaires est de plein droit interdit au juge : 1° dans les affaires où il est lui-même, ou cointéressé, ou coobligé d'une partie, ou exposé à un recours ; 2° dans les affaires de sa femme, même après la dissolution du mariage ; 3° dans les affaires des personnes auxquelles il est parent ou allié ou uni par adoption en ligne directe, ou de celles dont il est, en ligne collatérale, parent jusqu'au troisième degré ou allié jusqu'au second degré, et ce même après la dissolution du mariage qui a produit l'alliance ; 4° dans les affaires dans lesquelles il est ou a été constitué mandataire (*ad litem*) ou conseil de l'une des parties, ou autorisé à agir comme représentant légal de l'une des parties ; 5° dans les affaires où il a été entendu comme témoin ou comme expert ; 6° dans les contestations au sujet desquelles il a, dans une précédente instance ou dans une procédure arbitrale, concouru à la décision attaquée autrement que comme juge commis ou requis. — Art. 42. Le juge peut être récusé soit dans le cas où l'exercice des fonctions judiciaires lui est interdit de plein droit, soit pour cause de suspicion. La récusation pour cause de suspicion a lieu lorsqu'il existe un motif de nature à faire naître des doutes sur l'impartialité du juge. Dans tous les cas, le droit de récusation appartient à l'une et à l'autre partie. — Art. 43. La partie n'est plus recevable à récuser le juge lorsque, connaissant la cause de récusation, elle a, sans la faire valoir, procédé ou pris des conclusions devant ce juge. — Art. 44. La demande de récusation doit être établie d'une manière vraisemblable ; le serment n'est pas admis comme moyen d'établir cette vraisemblance. On peut, à cet égard, tenir compte de la déclaration du juge récusé. Le juge récusé doit s'expliquer sur la cause de récusation, conformément aux règles du service. Lorsqu'un juge devant lequel la partie a procédé ou pris des conclusions est récusé pour cause de suspicion, il doit être établi d'une manière vraisemblable que la cause de récusation n'a existé ou n'a été connue de la partie que postérieurement aux actes de procédure ou à ses conclusions. — Art. 45. La demande de récusation est jugée par le tribunal dont fait partie le juge récusé ; si, par suite de l'absence de ce juge, le tribunal n'est plus en nombre pour juger, l'affaire est portée devant le tribunal immédiatement supérieur. La récusation dirigée contre un tribunal de bailliage est portée devant le tribunal régional. Il n'y a pas lieu à jugement lorsque le tribunal de bailliage reconnaît que la récusation est fondée. — Art. 46. La décision sur la récusation peut être rendue sans plaidoirie. Aucun recours n'est ouvert contre le décret qui annule la demande, le décret qui déclare la demande mal fondée est susceptible de pourvoi immédiat. — Art. 47. Le juge récusé ne doit, jusqu'au jugement de la récusation, concourir qu'aux actes qui ne souffrent pas de retard. — Art. 48. Le tribunal compétent pour juger la récusation doit prononcer même en l'absence de toute demande, lorsqu'un juge fait connaître une circonstance qui pourrait motiver sa récusation, ou lorsque des doutes s'élèvent sur le point de savoir si un juge est légalement empêché de juger. Le tribunal prononce sans entendre les parties. — Art. 49. Les dispositions de ce titre sont applicables au greffier. La dé-

cision est rendue par le tribunal auquel le greffier est attaché ».

5. Parmi les dispositions des autres législations étrangères, sur la récusation, nous signalerons celles : 1° de la loi sur
l'organisation judiciaire dans le canton de *Genève*, du 15 févr.
1816, modifiée le 5 déc. 1842 (art. 98 à 117); 2° du code de
procédure civile du canton du *Valais*, du 30 mai 1856 (art. 26
à 34 et 38); 3° du code de procédure civile du canton de
Vaud, du 25 nov. 1869 (art. 94 à 101) et de la loi du 24 mai
1876, sur l'organisation des tribunaux dans le même canton (art. 23); 4° du code de procédure civile *italien* (liv. 1,
tit 2, chap. 3 et 5), du code *portugais* (liv. 3, tit. 4, ch. 1).

SECT. 2. — PRINCIPES GÉNÉRAUX. — A QUI APPARTIENT LE DROIT DE
     RÉCUSER. — QUI PEUT ÊTRE RÉCUSÉ (*Rép.* n°s 7 à 26).

6. La récusation, comme on l'a dit au *Rép.*, n°s 8 et
suiv., est essentiellement facultative pour la partie qui a le
droit de l'exercer. Celle-ci peut renoncer à son droit et consentir valablement à ce que le magistrat récusable reste
son juge. Ce consentement et cette renonciation résultent
de son silence, du fait de la non-récusation. D'un autre
côté, le jugement auquel, dans ces conditions, a participé
le juge récusable, n'est pas vicié par le fait du juge lui-
même, qui ne s'est pas abstenu, l'art. 380 c. proc. civ. n'imposant au magistrat qu'un devoir de conscience et ne prononçant pas la nullité des décisions rendues contrairement
à ses dispositions (V. en ce sens, Bioche, *Dictionnaire de
procédure civile*, v° *Récusation*, n°s 6 et suiv.). Il a été jugé,
conformément à cette théorie, que la participation à un arrêt
d'un magistrat qui a concouru au jugement frappé d'appel
n'est pas une cause de nullité, si la récusation de ce magistrat n'a point été proposée (Req. 23 juill. 1860, aff. Fèvre-
Hamel, D. P. 61. 1. 111); — 2° Qu'à supposer qu'un juge admis
comme créancier dans une faillite soit récusable dans les
contestations intéressant cette faillite, son concours au jugement n'en entraîne pas la nullité, s'il n'a été l'objet d'aucune
récusation (Req. 6 août 1867, aff. Ganneron, D. P. 68. 1. 86).

7. Les effets de la récusation sont nécessairement limités à l'instance dans laquelle elle intervient (*Rép.* n° 13). Et
la même règle s'applique à l'abstention. Il a été jugé, en
conséquence, que lorsque, à l'occasion d'une instance en
responsabilité intentée par des syndics de la faillite d'une
société contre les membres du conseil de surveillance, des
juges du tribunal de commerce se sont abstenus, et qu'un
arrêt de la cour est intervenu déclarant, conformément à la
déclaration du tribunal, que les causes de l'abstention étaient
légitimes, cette décision n'a pas l'autorité de la chose jugée
dans un procès ultérieurement intenté par les syndics contre
un débiteur de la faillite ; que, ce procès n'ayant aucune
affinité avec le premier, les juges qui s'étaient abstenus ne
doivent pas nécessairement s'abstenir dans la seconde affaire
(Caen, 1er juill. 1878, *infrà*, n° 78).

8. Aux termes de l'art. 378 c. proc. civ., tout juge peut
être récusé. Cette disposition comprend, on l'a indiqué au
Rép., n°s 14 et suiv., toutes les personnes qui sont appelées
à juger, présidents, conseillers, juges titulaires ou suppléants
avocats et avoués accidentellement appelés à compléter ce
tribunal, qu'il s'agisse de tribunaux civils, de tribunaux de
commerce ou de prud'hommes (Rousseau et Laisney, *Dictionnaire de procédure civile*, v° *Récusation* n° 3 ; Garsonnet,
Traité théorique et pratique de procédure, t. 1, p. 771 ; Bioche, *op. cit.*, v° *Récusation*, n°s 6 et suiv. ; Dutruc, *Supplément
aux lois de la procédure civile*, de Carré et Chauveau, v° *Récusation*, n° 1).

9. Les dispositions des art. 378 et suiv. sur la récusation
sont aussi applicables en matière criminelle, correctionnelle
ou de simple police, en tant qu'elles se concilient avec la
nature des actions portées devant les tribunaux de répression. Tous les auteurs sont d'accord sur ce point (V. Faustin Hélie, *Traité de l'instruction criminelle*, 2e éd., t. 6,
n° 2766 ; Rousseau et Laisney, *op. cit.*, v° *Récusation* n° 8 ;
Dutruc, *op. cit.*, v° *Récusation*. v°, n° 5 ; *Rép.* n° 20) ; et c'est aussi
ce que décide la jurisprudence. Il a été jugé que les dispositions du code de procédure civile concernant la récusation
individuelle des magistrats sont applicables en matière criminelle (Crim. rej. 19 juill. 1873, aff. Sauvage, D. P. 74. 1.
451 ; Nîmes, 8 janv. 1880, aff. Bonnefoux, D. P. 82. 2. 96 ;

Poitiers, 12 févr. 1881, aff. Matignon, D. P. 81. 2. 129 ;
Crim. rej. 12 janv. 1884, aff. Ponet, D. P. 85. 1. 426).

10. Aux termes de l'art. 381 c. proc. civ., les causes de
récusation relatives aux juges sont applicables au ministère
public lorsqu'il est partie jointe ; le ministère public, au
contraire, n'est pas récusable lorsqu'il est partie principale.
Cette règle n'est pas spéciale aux matières civiles, elle doit
s'appliquer aussi en matière criminelle. Il en résulte que le
ministère public, étant toujours partie poursuivante, devant
les tribunaux de répression, ne peut être récusé au criminel
(Faustin Hélie, *Traité de l'instruction criminelle*, 2e éd., t. 2,
p. 37, n° 593 ; Bioche, *op. cit.*, v° *Récusation*, n° 27 ; Garsonnet, *op. cit.*, t. 1, p. 771 ; Boitard, Colmet-Daâge et
Glasson, *Leçons de procédure civile*, 15e édit., p. 609, n° 569 ;
Dutruc, *op. cit.*, v° *Récusation*, n°s 9 et 10). — Jugé, par
application de cette règle qui a été exposée au *Rép.*, n° 17 :
1° que les causes de récusation formulées relativement aux
juges, par l'art. 44 et 381 c. proc. civ., ne s'appliquent
pas aux officiers du ministère public lorsqu'ils requièrent
l'application d'une loi répressive ; que, par suite, c'est à
tort qu'en matière de police le juge déclare d'office se
récuser pour prononcer sur la poursuite d'une contravention dont il est saisi, sous prétexte qu'elle aurait été commise
au préjudice du magistrat remplissant à l'audience les fonctions du ministère public, ce magistrat agissant en pareil
cas comme partie principale (Crim. cass. 18 août 1860, aff.
Burlot, D. P. 60. 1. 470 ; — 2° Que l'officier du ministère
public ne peut être l'objet d'une récusation de la part du
prévenu, notamment sous prétexte qu'il existerait un esprit
d'hostilité entre l'avocat auquel il a confié sa défense et ce
magistrat ; que cette récusation ne saurait être exercée indirectement au moyen d'une demande en renvoi pour cause
de suspicion légitime, alors qu'il n'est pas articulé que
l'esprit d'hostilité dont on excipe ait atteint d'autres membres du tribunal (Crim. rej. 2 mai 1867, aff. Nozabic, D. P.
67. 1. 367) ; — 3° Que, le ministère public n'étant pas récusable en matière criminelle, c'est avec raison que le juge de
répression rejette les conclusions de l'accusé ou du prévenu
tendant à ce que l'officier du ministère public, cité comme
témoin, ne puisse porter la parole dans son affaire, s'il est
constaté, en fait, que la citation en témoignage n'a été, de
la part dudit accusé ou prévenu, qu'un moyen détourné de
récusation (Crim. rej. 1er août 1872, aff. Bonnin, D. P. 72.
1. 212).

11. La citation en témoignage est employée quelquefois
comme moyen indirect de récuser les jurés et d'empêcher
la constitution de la cour d'assises ; il a été décidé que la
cour d'assises, lorsqu'elle constate que la citation n'est pas
sérieuse, agit légalement en décidant qu'il n'en sera pas
tenu compte et que les jurés cités seront rayés de la liste
des témoins (Crim. rej. 18 avr. 1861, aff. Paoli et autres,
D. P. 61. 5. 121). Mais lorsque ce mode indirect et illégal
de récusation est exercé à l'égard des magistrats qui composent la cour d'assises ou le tribunal correctionnel, ceux-
ci peuvent-ils, en déclarant qu'ils sont cités non sérieusement, statuer eux-mêmes sur l'incident ? La cour de cassation
ne l'a pas pensé (V. Crim. cass. 20 janv. 1870, aff. Vidal, D. P.
71. 1. 75).

12. Un juge d'instruction peut être récusé ; mais, dans
ce cas, on applique, quant à la procédure et à la compétence, les règles relatives aux renvois pour cause de suspicion légitime (*Rép.* n° 19 ; Faustin Hélie, *op. cit.*, t. 4,
p. 85, n° 1589, et *infrà*, v° *Renvoi*).

13. Les dispositions sur la récusation sont applicables
aux juridictions administratives (*Rép.* n° 22 ; *suprà*, v° *Conseil d'État*, n° 399, et *Rép.* eod. v° n° 350). Dans une affaire
portée devant le conseil d'État le 5 févr. 1859 (aff. Bâtisse et
Bonat, D. P. 60. 3. 1), affaire qui a pu être jugée sans
que la question qui nous occupe ait dû être tranchée, le
commissaire du gouvernement s'exprimait ainsi : « Nous
ne sommes pas de ceux qui soutiendraient qu'en aucun
cas les membres des conseils de préfecture ne peuvent
être récusés ; nous admettons que les juridictions administratives doivent être entourées de toutes les garanties
d'impartialité qui ne sont pas en contradiction avec les
lois mêmes de leur institution ; nous voulons que leurs
jugements, pas plus que ceux des tribunaux judiciaires,
ne puissent donner lieu aux soupçons même d'une in-

juste malveillance. Au surplus, l'arrêté du 19 fruct. an 9, relatif aux délibérations des conseils de préfecture, a implicitement autorisé la récusation de leurs membres. Prévoyant le cas où des suppléants devront être appelés pour compléter le nombre de conseillers exigé pour la validité des délibérations, il ajoute dans son art. 6 : « Le service « des suppléants au conseil de préfecture sera gratuit, en « cas de récusation, de maladie, de partage ». Ce droit de récusation, dont l'existence est ainsi attestée par cet article de l'arrêté de l'an 9, en ce qui touche les conseils de préfecture, a été, avec raison, étendu par la jurisprudence du conseil d'État aux membres des commissions de dessèchement et des jurys de revision de la garde nationale. Un des arrêts qui forment cette jurisprudence déclare dans ses motifs que « le droit de récusation peut être exercé devant « toute juridiction, à moins que la loi ne l'ait formellement « interdit ». Tel est aussi notre principe. Mais si nous empruntons au droit commun la faculté de récusation et à l'art. 378 c. proc. civ. l'énumération presque entière des cas dans lesquels elle peut s'exercer, il est impossible de ne pas transporter aussi devant la juridiction administrative cette autre règle du code de procédure civile, écrite dans l'art. 382, d'après laquelle celui qui veut récuser doit le faire avant le commencement des plaidoiries, avant l'échange des conclusions entre lui et son adversaire. En imposant à la récusation l'obligation de se produire ainsi *in limine litis*, le législateur a voulu prévenir les abus auxquels elle avait donné lieu ; il a voulu l'empêcher de dégénérer en un moyen de prolonger indéfiniment les procès et en une arme mise à la disposition d'un plaideur irrité du rejet de ses prétentions. Or, dans l'espèce, aucune récusation n'a été proposée, à un moment quelconque, devant le conseil de préfecture ; ce silence absolu constitue aujourd'hui une fin de non-recevoir évidente ».

14. Les arbitres volontaires ou forcés peuvent être récusés. Les causes de récusation sont les mêmes que celles indiquées pour la loi pour la récusation des juges (*Rép.* n° 23; *suprà*, v° *Arbitrage-arbitre*, n°s 61 et suiv.; *Rép.* eod. v°, n°s 642 et suiv.; Bioche, *op. cit.*, v° *Arbitrage*, n°s 278 et suiv.).

15. Sur la récusation des experts, v° *suprà*, v° *Expert-expertise*, n°s 27 et suiv.; *Rép.* eod. v°, n°s 124 et suiv. — Il a été jugé que les personnes, chargées par un testateur de procéder à une estimation dont dépendaient l'existence et l'étendue de legs particuliers, n'étaient pas récusables à raison des longues relations d'affaires qui auraient existé entre elles et le légataire universel, alors qu'c'étaient précisément ces relations qui avaient déterminé le confiance et le choix du testateur; que la même cause de récusation n'était pas non plus admissible contre le tiers que s'étaient adjoint les mêmes personnes en vertu du testament, ces personnes agissant dans les mêmes conditions que ceux qui avaient reçu directement leur mission du défunt, alors, d'ailleurs, que les faits articulés contre lui, étrangers aux cas de récusation prévus par la loi, ne pouvaient, soit par leur nature, soit par la date de quelques-uns d'eux, faire suspecter son impartialité (Req. 16 avr. 1861, aff. Bonhore et consorts, D. P. 61. 1. 433). L'expertise, dans ces conditions, avait le caractère d'une expertise amiable, à laquelle ne s'appliquent pas les causes de récusation établies par l'art. 283 c. proc. civ. (V. *suprà*, v° *Expert-expertise*, n° 27; *Rép.* eod. v°, n° 126). — Quant à la question de savoir si cet article est limitatif, et si, à ce titre, il ne devrait pas, en tout cas, être déclaré inapplicable aux faits articulés, dans l'espèce, contre l'expert (V. *suprà*, v° *Expert-expertise*, n° 30; *Rép.* eod. v°, n° 128).

16. Les questions relatives à la récusation en matière d'expropriation pour cause d'utilité publique sont étudiées *suprà*, v° *Expropriation pour cause d'utilité publique*, n°s 112, 403 et suiv.; 433 et suiv.; *Rép.* eod. v°, n°s 461 et suiv., 473 et suiv.

17. Les règles sur la récusation tracées par le code de procédure civile s'appliquent en matière disciplinaire (*Rép.* n°s 25 et 26; *suprà*, v° *Discipline judiciaire*, n°s 43 et suiv.; *Rép.* eod. v°, n°s 56 et suiv.).

18. Les greffiers ne sauraient être récusés : ce ne sont pas des juges (Bioche, *op. cit.*, v° *Récusation*, n° 28).

19. Sur la récusation en masse d'un tribunal, V. *Rép.*, n° 16, et *infrà*, v° *Renvoi*.

20. La récusation peut, en principe, être exercée indiffé-

remment par l'une ou l'autre des parties principales ou intervenantes. Toutefois, certaines causes de récusation, par leur nature même, ne peuvent être invoquées que par une seule partie (*Rép.* n° 85). « Tout plaideur qui se défie de son juge, dit M. Garsonnet, *op. cit.*, t. 1, p. 771, peut le récuser dans les cas indiqués par la loi. Certains sont de telle nature qu'une seule partie aura intérêt à s'en prévaloir; par exemple, la récusation du juge qui a écrit sur le procès ne viendra jamais du plaideur en faveur duquel il aura consulté, mais d'autres causes pourront être invoquées par les deux parties: si un juge est parent de mon adversaire et que nous soyons en bons termes, c'est mon adversaire qui le récusera; ce sera moi, si nous sommes brouillés » (Conf. Chauveau, *Lois de la procédure*, quest. 1368 ; Nancy, 25 janv. 1862, *infrà*, n° 27; 4 juin 1868, aff. Comptoir d'escompte de Lunéville, D. P. 68. 2. 202). Le renvoi, au contraire, ne peut être demandé que par la partie dont l'adversaire est dans la situation de parenté indiquée par l'art. 368 c. proc. civ., et non par celle qui s'y trouve personnellement (V. *Rép.* v° *Renvoi*, n° 25; Dutruc, *op. cit.*, v° *Renvoi*, n° 6; Garsonnet, *op. cit.*, t. 1, p. 760).

21. Le ministère public peut, comme les parties, exercer le droit de récusation, quand il agit par voie de réquisition. Mais il en est autrement quand il se borne à donner des conclusions (Bioche, *op. cit.*, v° *Récusation*, n° 32).

SECT. 3. — CAUSES DE RÉCUSATION.

ART. 1er. — Membres des tribunaux ordinaires.
(Rép. n°s 27 à 85.)

22. Les art. 378 et 379 c. proc. civ. énumèrent limitativement les causes de récusation admises par la loi. Ils n'ajoutent pas, comme l'ordonnance de 1667, que les juges pourront encore être récusés pour d'autres motifs de fait ou de droit que la justice appréciera. Toutefois ce principe souffre exception, dans le cas où un motif de récusation se puise *à fortiori* dans une disposition de la loi; par exemple, lorsqu'on voit que le juge, parent de la femme d'une partie, peut être récusé, il est évident que le juge est récusable dans la cause de sa propre femme (Garsonnet, *op. cit.*, t. 1, p. 767, note 3; Bioche, *op. cit.*, v° *Récusation*, n° 34; Boitard, Colmet-Daâge et Glasson, *op. cit.*, t. 1, p. 604, n° 564; Rousseau et Laisney, *op. cit.*, v° *Récusation*, n° 12). — Il a été jugé : 1° qu'un juge ne peut être récusé pour des causes autres que celles qui ont été spécifiées par la loi (Lyon, 25 avr. 1864, aff. X., D. P. 64. 2. 203); — 2° Que les causes de récusation contre les magistrats sont limitativement indiquées par la loi; qu'en conséquence, lorsqu'un des membres du ministère public, le procureur général, par exemple, a interjeté appel d'un jugement rendu sur une action en diffamation qu'il avait précédemment intentée en son nom personnel devant le tribunal correctionnel, on ne saurait admettre, dans le silence de la loi, la récusation contre tous les membres du parquet de la même juridiction, sous le prétexte de l'indivisibilité du ministère public (Pau, 1er juin 1889, aff. Quesnay de Beaurepaire, D. P. 90. 2. 164. V. aussi Req. 6 août 1860, aff. Barrafort, D. P. 61. 1. 75).

23. — 1° *Parenté ou alliance.* — Le juge parent ou allié de l'une des parties peut être récusé par la partie même que de semblables liens unissent à lui. Il peut aussi être récusé lorsqu'il est parent ou allié des deux parties à la fois (*Rép.* n°s 29 et 30; Rousseau et Laisney, *op. cit.*, v° *Récusation*, n°s 15 et 16; Garsonnet, *op. cit.*, t. 1, p. 768; Bioche, *op. cit.*, v° *Récusation*, n° 31; Boitard, Colmet-Daâge et Glasson, *op. cit.*, t. 1, p. 603, n° 564; Dutruc, *op. cit.*, v° *Récusation*, n° 11).

24. — 2° *Procès ou différend semblable.* — On a émis au *Rép.*, n° 40, l'opinion que la récusation peut être exercée alors même qu'il n'y a pas un procès soumis au tribunal, si le différend entre le juge (sa femme, leurs ascendants et descendants) ou alliés dans la même ligne) et un tiers sur une difficulté de même nature est actuel, c'est-à-dire, si des prétentions ont été élevées de part et d'autre, que déjà les parties ou leurs conseils se sont vus pour discuter leurs titres. La plupart des auteurs estiment, au contraire, que la récusation ne peut être exercée qu'autant qu'il y a un procès né, soumis à un tribunal (Bioche, *op. cit.*, v° *Récusation*,

n° 45 ; Rousseau et Laisney, *op. cit.*, eod. v°, n° 18 ; Boitard, Colmet-Daâge et Glasson, *op. cit.*, t. 1, p. 604, n° 565 ; Dutruc, *op. cit.*, v° *Récusation*, n° 16).

25. Pour que la récusation soit admissible, il n'est pas nécessaire que le différend dans lequel le juge est intéressé soit identique, dans toutes les circonstances, au procès qui lui est déféré ; il suffit qu'il présente, en fait ou en droit, une question susceptible de recevoir une même solution (*Rép.* n° 43 ; Bioche, *op. cit.*, v° *Récusation*, n° 46 ; Dutruc, *op. cit.*, eod. v°, n° 18).

26. Peut-on prouver par témoins la similitude des questions à juger ? La négative a été adoptée au *Rép.*, n° 44. M. Bioche, *op. cit.*, v° *Récusation*, n° 47, pense que, le code étant muet sur ce point, l'emploi de la preuve testimoniale peut être autorisé ou interdit par les juges suivant les circonstances. Tel est aussi l'avis de M. Chauveau. « On peut inférer du silence du code, dit cet auteur (*op. cit.*, quest. 1372), que la loi laisse aux juges à ordonner ou à refuser la preuve par témoins, suivant les circonstances, c'est-à-dire lorsque l'impossibilité de prouver autrement serait constante, et que les faits articulés seraient vraiment pertinents. C'est ainsi qu'il pourrait y avoir nécessité d'admettre la preuve par témoins, lorsque le juge qu'une partie voudrait récuser ne serait pas en nom direct au procès qui ferait l'objet de la récusation, par exemple, s'il était associé de celui qui aurait ce procès, que la société fût verbale ou sous signature privée, et conséquemment secrète. Alors, la preuve testimoniale qui était interdite, même en cas, par les dispositions générales de l'ordonnance, pourrait être reçue, parce que le code ne contient aucune prohibition, et qu'il serait impossible de prouver par écrit. C'est-à-dire, en deux mots, qu'on ne peut pas prouver par témoins la similitude des questions qui pendent à juger, chose qui n'est pas du ressort des sens, mais qu'on peut prouver par témoins l'existence du différend qu'on allègue, sauf aux juges à en apprécier, par d'autres moyens, le plus ou le moins d'analogie avec le procès que le récusé est appelé à vider ».

27. — 3° *Juge créancier ou débiteur.* — Une dette modique, eu égard à la position respective du juge et de la partie, n'est pas une cause suffisante de récusation ; il appartient aux tribunaux d'apprécier si la créance ou la dette du juge sont assez sérieuses pour que la demande en récusation doive être considérée comme fondée. Cette théorie, enseignée au *Rép.*, n° 46, est adoptée par tous les auteurs (Rousseau et Laisney, *op. cit.*, v° *Récusation*, n° 22 ; Bioche, *op. cit.*, eod. v°, n°ˢ 49 et 50 ; Dutruc, *op. cit.*, eod. v°, n°ˢ 20 et suiv.) et a été consacrée par la jurisprudence. Il a été jugé que

la circonstance qu'un juge est créancier ou débiteur de l'une des parties peut fournir un motif de récusation ; mais qu'il appartient aux tribunaux d'apprécier si cette créance ou cette dette sont assez sérieuses pour que la demande en récusation doive être considérée comme fondée (Nancy, 25 janv. 1862 (1) ; 4 juin 1868, aff. Comptoir d'escompte de Lunéville, D. P. 68. 2. 202).

28. C'est aussi aux tribunaux à apprécier jusqu'à quel point l'existence d'une dette non encore échue, d'une créance à terme ou conditionnelle est de nature à compromettre l'impartialité du juge. On admet généralement que le juge locataire ou fermier de l'une des parties ne peut être récusé comme débiteur, s'il ne doit ni loyers ni arrérages (*Rép.* n° 47 ; Rousseau et Laisney, *op. cit.*, v° *Récusation*, n° 23 ; Bioche, *op. cit.*, eod. v°, n° 49 ; Dutruc, *op. cit.*, eod. v°, n° 20).

29. Les mots *créancier* et *débiteur* doivent être pris dans un sens restrictif. Ainsi ne sont pas considérés comme débiteurs : le dépositaire, le commodataire ; ni comme créanciers : le prêteur à usage, le déposant (*Rép.* n° 48 ; Bioche *op. cit.*, v° *Récusation*, n° 53).

30. Contrairement à l'opinion émise au *Rép.*, n° 48, et adoptée par certains auteurs (V. Dutruc, *op. cit.*, v° *Récusation*, n° 20), suivant laquelle la seule partie qui ait le droit de récuser le juge dans le cas dont il s'agit est la partie adverse du créancier du juge, parce que cette partie seule peut avoir à souffrir de la dépendance où le juge se trouve vis-à-vis de l'autre partie, il a été jugé que la circonstance qu'un juge est créancier ou débiteur de l'une des parties peut fournir un motif de récusation, même à celle-ci, et non pas seulement à la partie adverse (Nancy, 25 janv. 1862, *suprà*, n° 27 ; 4 juin 1868, aff. Comptoir d'escompte de Lunéville, D. P. 68. 2. 202). Cette solution se fonde sur ce que le droit de récusation, dans le second paragraphe du n° 4 de l'art. 378 c. proc. civ., doit appartenir, sans distinction, aussi bien à la partie créancière ou débitrice du juge qu'à la partie adverse, parce qu'il importe de soustraire celui-ci aux scrupules d'une délicatesse exagérée non moins qu'aux suggestions de l'intérêt personnel (En ce sens, Rousseau et Laisney, *op. cit.*, v° *Récusation*, n° 24 ; Garsonnet, *op. cit.*, t. 1, p. 771).

31. L'art. 378, § 4, prévoit le cas où le juge est créancier ou débiteur d'une partie à raison d'une obligation étrangère au procès sur lequel le tribunal dont il est membre est appelé à statuer. A plus forte raison, le juge peut-il être récusé, si l'obligation, ou la créance du juge, fait partie intégrante du litige ; et ce, en vertu du principe

---

(1) (Gallois-Oudin C. Laudié et Guillermé.) — La cour ; — Vu la déclaration de récusation faite au greffe du tribunal de commerce de Bar le 31 déc. 1861 ; vu le jugement du 6 janvier suivant, intervenu ensuite de cette déclaration ; vu l'appel interjeté de ce jugement par déclaration faite au greffe du même tribunal le 10 courant ; — Considérant que le jugement dont est appel constate que le rapport qui a dû être fait en conformité de l'art. 385 c. proc. civ. a été fait en chambre du conseil ; — Considérant qu'il est de principe que les rapports, plaidoiries et conclusions doivent, à moins d'exception formelle, être représentés à l'audience ; — Que ce principe de publicité est consacré par les art. 14 de la loi du 26 août 1790 et 87, 111 et 112 c. proc. civ., que ni l'art. 385, ni aucun autre, n'ont dérogé à ces dispositions ; — Considérant que l'infraction à une prescription aussi essentielle, et qui est d'ordre public, doit faire prononcer la nullité dudit rapport et du jugement qui l'a suivi ; — Mais considérant que la cause est en état de recevoir une décision définitive et que c'est le cas pour la cour d'évoquer la cause, aux termes de l'art. 473 c. proc. civ. ; — Au fond, et en fait ; — Considérant que Gallois-Oudin est le gérant de la *Caisse commerciale de la Meuse* ; qu'obligé de soutenir un procès, devant le tribunal de commerce de Bar-le-Duc, contre Laudié et Guillermé, banquiers à Paris, qui réclament, de l'établissement dont il est le gérant, le payement d'une somme de 250 000 fr. en capital et 100 000 fr. de dommages-intérêts, Gallois-Oudin a cru devoir récuser M. Varin-Bernier, banquier à Bar-le-Duc, président du tribunal, par ce motif que ce dernier étant porteur de quatre actions de la *Caisse commerciale* au capital de 2000 fr., il se trouve ainsi créancier de la société et copropriétaire du fonds social ; — Que cette circonstance a été reconnue par Varin-Bernier lui-même et retenue au jugement dont est appel ; — En droit ; — Considérant qu'on ne saurait repousser dès l'abord la demande en récusation et la déclarer non recevable par ce motif

qu'elle serait sans but, puisque Varin-Bernier, au lieu d'être le créancier de la partie adverse, se trouve être celui du demandeur en récusation, et aurait par conséquent le même intérêt que lui ; — Qu'aux termes de l'art. 378 c. proc. civ., § 4, tout juge peut être récusé, s'il est créancier ou débiteur de l'une des parties ; — Que la disposition de la loi dans ce cas, comme dans celui de parenté, est générale et absolue ; qu'elle ne distingue pas, et attribue indifféremment le droit de récusation à chacune des parties, si le juge se trouve être le créancier ou le débiteur de l'une d'entre elles ; — Que la loi n'a pas voulu seulement soustraire le juge aux suggestions de son intérêt ou de son affection ; mais a voulu encore le protéger, malgré lui que la partie même, contre les scrupules exagérés de sa conscience, et le placer dans une sphère où son impartialité ne pût jamais être l'objet d'une suspicion d'aucun genre ; — Considérant que les tribunaux conservent le droit, il est vrai, d'apprécier souverainement si l'intérêt que peut avoir le juge à la contestation a assez d'importance et de gravité pour exciter les préoccupations des parties ; qu'il pourrait se rencontrer bien des cas où il serait indigne de l'attention de la justice ; — Mais que, dans l'espèce, si l'on considère que la demande peut absorber près de la moitié du capital social de la *Caisse commerciale*, il s'ensuit que Varin-Bernier, créancier, en vertu de ses actions, d'une somme de 2000 fr., a un intérêt sérieux au résultat du procès ; — Que la récusation proposée se trouve dès lors suffisamment fondée ; — Par ces motifs ; — Reçoit l'appel de Gallois-Oudin, en sa qualité ; annule le jugement, en ce que le rapport qui le précède n'a pas été fait en audience publique ; — Évoquant, aux termes de l'art. 473 c. proc. civ., et au fond : — Admet la récusation proposée contre M. Varin-Bernier, président du tribunal de com. merce de Bar, etc.

Du 25 janv. 1862.-C. de Nancy, ch. civ.-MM. Lézaud, 1er pr.-Souëf, av. gén., c. conf.

que nul ne peut être juge dans sa propre cause. Et cette récusation s'impose aux tribunaux, qui n'ont plus, comme dans le cas prévu par l'art. 378, § 4, un pouvoir discrétionnaire pour admettre ou rejeter la récusation. Sans doute, cette hypothèse n'est pas expressément prévue par l'art. 378 c. proc., et il est généralement admis que l'énumération des causes de récusation, faite par le législateur, est limitative (V. suprà, n° 22); mais il n'était pas nécessaire de dire qu'un magistrat ne peut pas juger un procès dans lequel il est partie intéressée : c'est un de ces principes fondamentaux qui, sans être écrits dans les codes, n'ont jamais été contestés ; l'art. 378 n'est lui-même qu'une application de cette règle. Il a été jugé qu'un juge créancier d'une faillite est récusable dans les procès intentés par le syndic contre les débiteurs de la faillite, en vertu de ce principe d'ordre public que nul, dans une contestation litigieuse, ne peut être à la fois juge et partie ; que cette récusation est obligatoire pour le tribunal, qui ne jouit pas, comme dans l'hypothèse prévue par l'art. 378, § 4, d'un pouvoir discrétionnaire d'appréciation (Caen, 1er juill. 1878, infrà, n° 78).

32. — 4° *Procès criminel ou civil.* — L'interprétation donnée au *Rép.*, n° 52, des mots *procès criminel*, de l'art. 378, § 5, n'est pas généralement adoptée par les auteurs. On ne restreint pas la disposition de la loi aux procès qui ont pour but une peine afflictive et infamante et qui ont été poursuivis devant une cour d'assises; on l'étend aux procès relatifs à des délits n'entraînant qu'une peine correctionnelle et déférés aux tribunaux correctionnels. Il est vrai que, lors de la discussion au conseil d'État, un amendement, dont le but était d'autoriser la récusation pour raison de procès de la compétence des tribunaux correctionnels, fut proposé et rejeté ; mais si cet amendement n'a pas été adopté, c'est uniquement parce qu'il a paru superflu. Une dénonciation, une plainte pour vol, escroquerie, abus de confiance, qui n'aboutit qu'à un jugement correctionnel, peut créer des ressentiments aussi puissants qu'un véritable procès criminel (Boitard, Colmet-Daâge et Glasson, *op. cit.*, t. 1, p. 605, n° 565 ; Garsonnet, *op. cit.*, t. 1, p. 769, note 16). — M. Bioche, *op. cit.*, v° *Récusation*, n° 56, estime que la disposition de l'art. 378 peut s'étendre même aux procès ayant pour objet une contravention de nature à être jugée par un tribunal de simple police. « Les mots *procès criminel* dit cet auteur, se trouvent dans l'art. 378 c. proc. civ, en opposition avec ceux *procès civil*, et, par conséquent, doivent être pris dans une acception générique. » Tel n'est pas l'avis de MM. Boitard, Colmet-Daâge, et Glasson. « Quant aux procès relatifs à des contraventions de police, disent ces auteurs, *op. cit.*, p. 605, n° 565, il est difficile de concevoir que leur faible importance fasse suspecter pendant cinq ans l'impartialité du juge. Nous les assimilerons aux procès

civils. Si cependant le ressentiment résultant d'un procès sur une contravention de police laissait des traces assez profondes pour faire suspecter le juge, le n° 9 de notre article nous fournirait un moyen de récuser le juge ; il pourrait y avoir inimitié capitale. Mais ce serait là évidemment un cas exceptionnel : en règle générale, la simple contravention ne fera pas naître d'aussi vifs ressentiments, et ne doit pas motiver la récusation ».

33. L'art. 378, § 6, ne permet pas la récusation si le procès civil est intenté après l'instance, par la partie. Il en est autrement si le procès civil est intenté par le juge lui-même, ou par ses parents ou alliés en ligne directe, depuis l'introduction de l'instance dans laquelle la récusation est proposée. Peu importe à quel moment naît le litige, lorsque le juge est demandeur (*Rép.* n° 53 ; Garsonnet, *op. cit.*, t. 1, p. 770 ; Bioche, *op. cit.*, v° *Récusation*, n° 59 ; Dutruc, *op. cit.*, eod. v°, n° 27).

34. — 5° *Inimitié capitale.* — *Agressions, injures ou menaces.* — L'appréciation des faits pouvant constituer une inimitié capitale est laissée à la discrétion des juges. Ainsi que le fait remarquer M. Garsonnet, *op. cit.*, p. 769, note 15, l'inimitié que la loi appelle capitale, c'est une animosité grave. Le mot *capital* n'a pas le même sens, dans l'art. 378, c. proc. civ., que dans l'art. 727 c. civ., qui énumère, parmi les causes d'indignité de l'héritier, le fait d'avoir porté contre le défunt une accusation capitale jugée calomnieuse : *capital* signifie là une accusation de nature à entraîner une peine afflictive et infamante : mais aussi, il est bien plus grave de dépouiller un héritier d'une succession que de récuser un juge (*Rép.* n° 55 ; Bioche, *op. cit.*, v° *Récusation*, n° 91 ; Boitard, Colmet-Daâge et Glasson, *op. cit.*, t. 1, p. 609, n° 568).—La récusation fondée sur une inimitié capitale ne se couvre par aucun délai, mais cette inimitié n'est plus un motif de récusation si elle a été suivie d'une réconciliation (*Rép.* n° 55 ; Bioche, *op. cit.*, v° *Récusation*, n° 92 et 93).

35. Pour que la récusation fondée sur l'inimitié soit admissible, il faut que la partie articule des faits caractéristiques d'animosité. Des allégations vagues de haine seraient insuffisantes (*Rép.* n° 56 ; Bioche, *op. cit.*, v° *Récusation*, n° 93 ; Rousseau et Laisney, *op. cit.*, eod. v°, n° 40 ; Dutruc, *op. cit.*, eod. v°, n° 52 et suiv.). Il a été jugé que l'appréciation des faits pouvant constituer l'inimitié capitale entre le juge et l'une des parties est abandonnée à l'appréciation du tribunal ; que les faits, pour pouvoir motiver une récusation, doivent avoir un certain caractère de gravité; qu'ainsi cette circonstance que le juge, dans un procès précédent, a omis de suppléer les moyens que la partie elle-même n'avait pas songé à présenter, ne peut être considérée comme la preuve d'une inimitié capitale (Amiens, 5 avr. 1876) (1).

(1) (M...). — LA COUR ; — Considérant que, dans l'acte d'appel du 25 mars dernier, M... présente trois moyens, dont deux concernant la forme et un le fond ; qu'en la forme, il objecte : 1° qu'à défaut du président, le rapport sur lequel a été rendu le jugement aurait dû être fait par le vice-président du tribunal ; 2° que, le jour de l'audience ne lui ayant pas été notifié, il n'a pu s'y trouver pour fournir au tribunal les explications et renseignements destinés à éclairer sa religion ; qu'au fond, il prétend que le tribunal s'est trompé en écartant comme non concluants et dénués de pertinence les faits sur lesquels repose la récusation, et dont il offre la preuve dans l'acte d'appel s'ils étaient déniés; — En la forme, sur le premier grief : — Considérant qu'il est de principe et qu'il résulte, d'ailleurs, de l'art. 380 c. proc. civ. que c'est à la chambre même dont fait partie le magistrat récusé qu'il appartient de statuer sur la récusation; — Que, conséquemment, si c'est le président même qui est récusé, ce n'est pas le vice-président attaché à une autre chambre qui est appelé à faire le rapport prescrit par l'art. 385, mais bien le magistrat qui, dans cette chambre à laquelle appartient le président, est appelé à le remplacer ; — Qu'aux termes des art. 47 et 48 du décret du 30 mars 1808, c'est pour l'exercice des fonctions qui lui sont spécialement attribuées que le président est suppléé par le vice-président ; que pour le service des audiences, au contraire, il est remplacé par le juge présent le plus ancien dans l'ordre des nominations; — Considérant que, dans l'affaire soumise à la cour, la distinction qui précède a été exactement observée ; — Qu'en effet, c'est le vice-président du bureau qu'un avoué a été désigné pour assister M... dans la procédure de récusation; qu'au contraire, c'est le juge d'instruction, magistrat le plus ancien, attaché, dit l'expédition du juge-

ment, à la première chambre, qui a présidé l'audience et fait le rapport ; — Que la composition de la chambre était donc régulière et qu'à ce point de vue le jugement ne saurait être critiqué;

Sur le second grief : — Considérant qu'aucun texte de loi ne prescrit la notification au récusant du jour de l'audience; que l'omission de cette formalité ne saurait, conséquemment, fournir un moyen de nullité; que, d'ailleurs, la notification réclamée ne serait pas seulement surérogatoire, mais même contraire à la loi ; — Qu'en effet, il résulte du rapprochement des art. 384 et 385 c. proc. civ., avec les art. 111 et 112 du même code, que la procédure adoptée par la loi en matière de récusation est celle des instructions par écrit, laquelle est exclusive de tout débat oral; que des explications orales seraient compromettantes pour la dignité du magistrat récusé, non moins contraires à la justice qu'aux convenances, puisque, forcément absent de l'audience, ce magistrat ne connaîtrait pas les attaques dont il aurait été l'objet; que, si la récusation est admissible, le magistrat doit, aux termes de l'art. 386, faire sa déclaration au greffe à la suite de la minute de l'acte de récusation; qu'il en résulte que l'acte de récusation auquel seul il doit répondre et que le récusant peut, d'ailleurs, rédiger à sa convenance, doit porter en lui-même sa propre justification; — Que le second grief n'est donc pas plus fondé que le premier;

Au fond : — Considérant, sur le chef des conseils, que le langage qu'aurait tenu le président X... en sa qualité de rapporteur, dans la réunion du 8 mars, n'était évidemment inspiré que par le désir de faire la lumière dans le débat ; que, quelle que fût, au point de vue juridique, la valeur de l'argument tiré de l'art. 151 au tarif du 16 févr. 1807, dont il rappelait à M... les

36. Pour que l'inimitié capitale constitue une cause de récusation, il faut, en principe, qu'elle soit fondée sur des actes émanés du juge. Des actes d'animosité émanés de la partie peuvent ne pas avoir pour effet d'inspirer au magistrat le sentiment d'une inimitié capitale. Ainsi que l'a dit un arrêt de la cour de Douai du 27 févr. 1855 (aff. N... D.P. 55. 2. 207), l'agression la plus injuste et la plus téméraire peut faire naître dans une âme élevée plus d'un sentiment d'une autre nature. Pour que dans ce cas, la récusation soit admise, il faudrait que le plaideur établît, par des actes émanés du juge, que son agression a eu pour résultat de produire, dans le cœur du magistrat qui en a été l'objet, une inimitié profonde contre lui (Bioche, op. cit., v° Récusation, n° 94 ; Rousseau et Laisney, op. cit., eod. v°, n°⁵ 41 et 42; Dutruc, op. cit., eod. v°, n° 56). Il a été jugé que, pour que l'inimitié capitale entre le juge et l'une des parties soit une cause de récusation, il faut que les faits d'animosité émanent du juge et non de la partie; que notamment la récusation ne peut être basée sur ce motif que précédemment la partie a dénoncé le magistrat à ses chefs (Amiens, 5 avr. 1876, supra, n° 35).

37. La solution est la même en cas d'injures. Si la partie peut récuser les juges qui l'ont injuriée, attaquée ou menacée depuis l'instance ou dans les six mois précédant le procès, elle ne peut récuser les magistrats contre lesquels elle a elle-même proféré ou écrit des injures. Ce serait un moyen trop facile de se débarrasser d'un juge dont on redoute l'appréciation (Rép. n° 58 ; Dutruc, op. cit., v° Récusation, n° 56 ; Rousseau et Laisney, op. cit., v° Récusation, n° 42).

38. L'appréciation des faits qui peuvent constituer une injure de nature à amener la récusation est abandonnée à la sagesse du tribunal. Il convient toutefois de remarquer qu'en cette matière, l'injure n'est indiquée que comme cas d'inimitié, et que le sens ordinaire qu'on peut attribuer à ces mêmes propos ne paraît pas pouvoir, dès lors, être pris en considération, s'il est évident qu'ils n'ont pas été tenus dans un esprit d'hostilité ou d'agression. — Il a été jugé : que le fait du président d'un tribunal correctionnel d'avoir, dans une affaire de cris séditieux, dit à un témoin « qu'il avait bien fait de qualifier de braillards les auteurs de ces cris, et que c'était là, en effet, leur véritable nom », ne peut motiver une récusation contre ce magistrat, sous prétexte qu'un tel propos renfermerait une injure à l'égard des prévenus (Trib. corr. de la Seine, 11 déc. 1867, aff. Humbert et Breuillé, D. P. 68. 3. 39). Dans l'espèce, l'articulation d'injure était mal à propos soulevée, car il s'agissait non pas de propos tenus à l'occasion de faits autres que ceux de l'affaire, mais d'une appréciation des faits poursuivis, qui s'était produite à l'audience et à l'occasion du jugement de l'affaire elle-même. Toute la question était donc de savoir si le juge correctionnel qui apprécie ou qualifie, avant le délibéré, le fait dont il est saisi, est récusable à raison de cette manifestation d'opinion comme le serait un juré en matière de grand criminel. On il résulte du rejet d'une disposition qu'on proposait d'insérer dans l'art. 378, pour en faire un cas de récusation, que cette question doit être résolue négativement (V. Rép. n° 69). Décidé encore : 1° que la récusation n'est pas admissible contre le président qui, rappelant à l'audience l'offense dont il a été l'objet de la part d'une partie, s'est borné, sans y joindre aucune menace, à annoncer que, dans le cas où l'offense se renouvellerait, il pourrait en demander la répression (Req. 12 avr. 1870, aff.

Merle, D. P. 71. 5. 326) ; — 2° Qu'on ne saurait voir une injure pouvant motiver la récusation dans le fait, par un magistrat, d'avoir adressé à l'une des parties, ancien officier ministériel, cette observation qu'il avait commis une infraction à ses devoirs professionnels en ne mentionnant pas sur ses livres une remise de fonds à lui faite, et que cette infraction l'aurait rendu passible d'une peine disciplinaire s'il était encore en exercice (Amiens, 5 avr. 1876, suprà, n° 35).

39. — 6° Juge tuteur, héritier présomptif, maître ou commensal, administrateur. — Se fondant sur le silence de la loi, qui ne parle que du tuteur et du curateur, et sur ce principe que les causes de récusation sont limitatives, on a émis au Rép., n° 61, l'avis que le juge qui est conseil judiciaire d'une partie ne peut être récusé. Telle est aussi l'opinion de M. Bioche, op. cit., v° Récusation, n° 63 (Contrà : Rousseau et Laisney, op. cit., eod. v°, n° 26).

40. La disposition de l'art. 378, § 7, qui déclare récusable le juge héritier présomptif ou donataire de l'une des parties, n'est pas applicable au juge donateur. On ne peut créer arbitrairement des cas de récusation non spécifiés par la loi ; d'ailleurs, les mêmes motifs n'existent pas (V. Rép. n° 67 ; Bioche, op. cit., v° Récusation, n°⁵ 63 et 64).

41. On a indiqué au Rép., n° 65, ce qu'on doit entendre par le mot maître employé au paragraphe 7 de l'art. 378. « Un juge, dit M. Bioche, op. cit., v° Récusation, n° 65, est maître de ses domestiques, de ses commis, de ses secrétaires et autres personnes qu'il salarie, qu'il a chez lui habituellement, et qui font, en quelque sorte, partie de sa famille. Il n'est pas le maître de ses fermiers, de ses locataires, ni même de ses colons partiaires » (En ce sens : Dutruc, op. cit. v° Récusation, n° 30 ; Boitard, Colmet-Daâge et Glasson, op. cit., t. 1, p. 607, n° 567; Rousseau et Laisney, op. cit., v° Récusation, n° 27).

42. Le juge est commensal d'une partie, lorsqu'il mange habituellement à sa table ou qu'il la reçoit habituellement à la sienne. Mais la circonstance que le juge et la partie sont pensionnaires chez une même personne ne donne pas ouverture au droit de récusation. D'ailleurs la récusation, dans ce cas, est purement relative, en ce sens que l'adversaire seul peut l'opposer (Bioche, op. cit., v° Récusation, n°⁵ 66 et 67; Dutruc, op. cit., eod. v° n° 30; Boitard, Colmet-Daâge et Glasson, op. cit., t. 1, p. 607, n° 567; Rép. n° 66).

43. Le juge administrateur d'un établissement, d'une société ou d'une direction qui plaident, est soumis à la récusation. Toutefois, on l'a fait remarquer au Rép., n° 62, si l'établissement dans lequel le magistrat a un intérêt était constitué dans de telles proportions que l'intérêt individuel de ceux qui le composent se trouvât fractionné au point de s'effacer devant l'importance des intérêts réunis, il faudrait rejeter la récusation (Bioche, op. cit., v° Récusation, n° 70). Il a été jugé : 1° que l'intérêt que des membres d'un tribunal de commerce ont comme actionnaires dans les affaires d'une société en commandite par actions ne saurait les faire récuser comme juges d'une contestation existant entre cette société et l'un de ses débiteurs, si, eu égard à l'élévation du chiffre du capital social et à la faiblesse relative de la somme litigieuse, cet intérêt est si minime qu'il peut être considéré comme n'existant pas. Il en est autrement lorsque, à leur qualité d'actionnaire, ils joignent celle de membre du conseil de surveillance (Rennes, 16 juin 1858, aff. Doric, D. P. 59. 2. 176 ; 8 avr. 1862) (1); — 2° Que la récusation d'un juge, fondée sur sa qualité

---

prescriptions et pénalités, il était autorisé à s'étonner qu'un officier ministériel n'eût conservé aucune annotation écrite du versement entre ses mains d'une somme importante, et du fait qui aurait produit sa libération;

Considérant, sur le chef de l'inimitié, qu'à propos d'un procès soutenu par lui contre l'administration de l'Enregistrement, M... ne saurait prétendre que le magistrat rapporteur aurait négligé de signaler les arguments et décisions qui militaient en sa faveur ; que, les affaires de cette nature se jugeant sur mémoires respectivement signifiés, c'était à lui qu'il incombait de formuler par écrit ses moyens de défense ; que, conséquemment, l'omission réparée par lui dans la huitaine ne peut être imputée même à un oubli du juge, mais à sa propre négligence, que rien n'est plus vague, d'ailleurs, que l'allégation de M...; — Considérant qu'il en est de même des autres parties de l'acte de

récusation, où M... reproche au président, soit de lui avoir adressé des observations blessantes, soit d'avoir montré contre lui une grande irritation ; — Que vainement donc M..., offre en appel de prouver des faits qui, manquant de précision et de pertinence, sont par eux-mêmes inadmissibles en preuve ; — Adoptant, au surplus, les motifs des premiers juges ; — Par ces motifs, confirme, etc.

Du 5 avr. 1876.-C. d'Amiens, 1re ch.-MM. Saudbreuil, 1er pr.-Babled, av. gén.

(1). (Rolland C. Thomas et autres.) — LA COUR ; — En ce qui touche la question de savoir si le jugement doit être annulé : — Considérant qu'il est certain qu'on ne peut être à la fois juge et partie, et s'il est vrai que le juge, lors même qu'il n'est pas récusé, doit s'abstenir de connaître d'une affaire où il a un

d'actionnaire d'une société, en faillite, dans un procès intenté par le syndic contre un débiteur, doit être rejetée lorsque, d'une part, le juge, ayant versé le montant de ses actions, n'est pas débiteur vis-à-vis de la société, et que, d'autre part, le capital social ayant disparu, les actionnaires n'auront rien à toucher sur les fonds de la société (Req. 10 août 1868 (1); Caen, 1er juill. 1878, infrà, n° 78).

44. Les communes sont évidemment comprises sous l'un des termes de l'art. 378 (établissement, société ou direction). Aussi peut-on récuser le juge qui exerce des fonctions municipales dans la commune partie au procès (Dutruc, op. cit., v° Récusation, n° 31). Il a été jugé que la seule qualité de conseiller municipal suffit pour frapper un juge de suspicion légale et pour justifier à son égard la récusation, les membres du conseil municipal participant à l'administration des intérêts communaux; qu'il importe peu que le magistrat n'ait pris aucune part aux délibérations relatives au procès; car il peut être ultérieurement appelé à se prononcer sur ses incidents (Dijon, 24 juin 1866, aff. De Galiera, D. P. 67. 2. 131). Mais la seule qualité d'habitant d'une commune ne suffirait pas pour rendre un juge récusable dans les procès intéressant cette commune; il faut que le juge ait au procès un intérêt personnel, ou, par conséquent, le débat ait pour objet des droits appartenant aux habitants ut singuli. — Conformément à cette théorie, exposée au Rép. n° 53, et enseignée par les auteurs (Garsonnet op. cit., t. 1, p. 769, note 13; Bioche, op. cit., v° Récusation, n° 68; Dutruc, op. cit., eod. v°, n° 31), il a été jugé que les habitants d'une commune peuvent être récusés comme juges, dans les procès qui intéressent cette commune, comme y ayant un intérêt réel, direct et personnel, lorsqu'il s'agit de droits d'usage et de parcours dont leur qualité d'habitant leur donne le droit de jouir ut singuli (Dijon, 24 juin 1866, précité. V. aussi Nîmes, 16 juill. 1857, aff. Boissier, D. P. 57. 2. 165).

45. — 7° Juge ayant donné conseil, ou ayant connu du différend, témoin, circonstances analogues. — Le juge qui a donné conseil, écrit ou plaidé sur le différend peut être récusé; mais il faut, pour que cette cause de récusation puisse être proposée, ainsi qu'on l'a indiqué au Rép., n° 69, que le juge ait spécialement donné conseil, plaidé ou écrit sur l'affaire; il ne suffirait pas qu'il eût écrit ou donné conseil sur la question que soulève le procès. Ainsi l'opinion qu'un juge, dans ses ouvrages, a exprimée, en qualité de jurisconsulte, n'entraîne pas sa récusation. On peut, au contraire, récuser le magistrat qui, comme avocat, a donné une consultation sur l'affaire actuellement pendante, avant que l'instance soit commencée (Garsonnet, op. cit., t. 1, p. 774; Boitard, Colmet-Daâge et Glasson, op. cit., t. 1, p. 608, n° 568; Bioche, op. cit., v° Récusation, n° 80; Rousseau et Laisney, op. cit., v°, n° 31 bis).

46. On admet généralement qu'un simple avis donné par un juge à l'occasion du procès n'est pas une cause de récusation, quand cet avis est désintéressé. Ce n'est pas là donner conseil, c'est-à-dire engager à soutenir un procès, diriger les démarches de la partie (Rép. n° 69; Bioche, op. cit., v° Récusation, n° 79; Dutruc, op. cit., eod. v°, n° 39). C'est aux tribunaux, d'ailleurs, qu'il appartient de décider, d'après les circonstances, si un juge s'est contenté de donner un avis désintéressé sur l'affaire, ou s'il a figuré comme conseil d'une partie, ou s'il a écrit sur le différend dans le sens de l'art. 378.

Il a été jugé: 1° que les membres du conseil municipal d'une commune peuvent être récusés comme juges dans les procès intéressant cette commune, en vertu de l'art. 378, § 8, comme ayant donné conseil sur ce différend, ou comme en ayant connu à un autre titre que celui de juges, lorsqu'ils ont concouru à la délibération portant que l'autorisation de plaider sera demandée au conseil de préfecture, puis à une délibération postérieure énonçant l'avis de l'acceptation d'une offre faite à titre de transaction par la partie adverse (Dijon, 24 juin 1866, aff. De Galiera, cité suprà, n° 44); — 2° Que les juges ne sont pas seulement récusables dans le cas où ils ont un intérêt personnel et direct, né et actuel, au procès dans lequel la récusation est exercée; que la récusation est également recevable à l'égard du juge qui a été partie ou qui a seulement plaidé et écrit dans une instance antérieure, lorsque cette instance se continue, sous une autre forme, par le nouveau litige introduit devant le tribunal dont ce juge fait partie, et lorsque les faits du débat antérieur sont un élément décisif et constitutif du second; que spécialement, lorsqu'une chambre de discipline de notaires a été saisie d'un différend entre un notaire de l'arrondissement et les notaires du chef-lieu, par une plainte écrite et signée par ces derniers, au nombre desquels se trouve un membre de la chambre, ce membre peut être récusé dans la poursuite disciplinaire intentée ultérieurement contre le notaire avec lequel existait le différend dont il s'agit. Peu importe que, dans sa délibération sur ce différend, la chambre de discipline ait émis l'avis que les notaires plaignants ne devaient pas, quant à présent du moins, être autorisés à exercer une action en dommages-intérêts contre le notaire inculpé, à raison des faits consignés dans leur demande; ... alors qu'elle a, dans la même délibération, déclaré retenir tous ces faits pour y être statué par elle ultérieurement (Civ. cass. 24 janv. 1881, aff. Baron, D. P. 81. 1. 218).

Décidé, au contraire: 1° que le fait, par l'un des magistrats saisis d'un différend, et notamment par le président, d'inviter une partie à rectifier ses conclusions, non dans un sens déterminé, mais en prenant les conseils de son avocat, n'est pas une cause de récusation, une telle invitation, ayant pu être considérée comme inspirée au magistrat récusé par le juste sentiment de son devoir (Req. 29 déc. 1875, aff. Rubichon, D. P. 76. 1. 448); — 2° Qu'on ne saurait considérer un conseil, dans le sens de l'art. 378 c. proc. civ., l'observation faite à l'un des plaideurs, par un juge chargé de recevoir des explications des parties et d'en faire rapport au tribunal, qu'elle ne produit pas certaines justifications à l'appui de sa demande (Amiens, 5 avr. 1876, suprà, n° 35); — 3° Que le juge qui, avant la faillite d'un société, a été nommé membre d'une commission chargée par les actionnaires d'examiner la situation de ladite société, commission dont il n'était ni le président ni le rapporteur, ne peut être récusé comme ayant donné conseil sur le différend (Caen, 1er juill. 1878, infrà, n° 78); — 4° Que le fait, par le président du tribunal près lequel un avoué postule, d'engager cet officier ministériel à ne point courir la chance d'un

---

intérêt direct, appréciable et sérieux, ce principe n'est pas susceptible d'application dans la cause actuelle; qu'en supposant, en effet, que M. Lahir, qui n'a pas été récusé en première instance, soit propriétaire de quelques actions dans la compagnie d'assurances maritimes Le Finistère, ce qu'on allègue sans en fournir la preuve, l'intérêt qu'il aurait au litige serait trop indirect, trop minime, trop peu appréciable pour qu'il ait dû s'abstenir ou qu'il fût récusable; que refuser d'une manière absolue et sans distinction, à tout actionnaire d'une grande compagnie, le droit de connaître des procès dans lesquels cette compagnie est intéressée ce serait, en donnant à la loi une extension qu'elle n'a pas, entraver l'administration de la justice, et rendre impossible, dans beaucoup de tribunaux de commerce, le jugement de ces sortes de procès;...

Confirme, etc.

Du 8 avr. 1862.-C. de Rennes, 3e ch.-MM. Pouhaër, pr.- Charmoy, Dorange et L. Grivart, av.

(1) (Maillet C. syndic Lemor.) — LA COUR; — ... Sur la

deuxième branche du moyen de cassation, prise de la violation des art. 378 et suiv. c. proc. civ.: — Attendu que, si les sieurs Chatouillat et Rochevaux étaient, le premier actionnaire, le second gendre d'actionnaire, dans la Société Lemor et comp., il est déclaré, en fait, par l'arrêt attaqué : 1° que « ces deux actionnaires ont intégralement versé le montant de leurs souscriptions et ne sont pas débiteurs de la société »; 2° que « la disproportion entre l'actif et le passif est telle que le capital social est absorbé, que les tiers créanciers n'obtiendront même pas, suivant toute probabilité, la moitié de ce qui leur est dû, de telle sorte que le droit éventuel des actionnaires dans les fonds de la société s'évanouit complètement »; — Attendu qu'en cet état de choses, en décidant que les sieurs Chatouillat et Rochevaux n'étaient dans aucun des cas de récusation définis par la loi, l'arrêt attaqué a fait une sage application de l'art. 378 c. proc. civ., aux faits par lui déclarés et appréciés souverainement ; — Rejette, etc.

Du 10 août 1868.-Ch. req.-MM. le cons. Nachet, pr.-Alméras-Latour, rap.-Savary, av. gén., c. conf.-Groualle, av.

procès personnel, ne constitue pas une manifestation d'opinion dans le sens de l'art. 378, § 8, c. proc. civ. (Bourges, 18 févr. 1879, aff. Gravier, D. P. 79. 2. 96).

47. Le juge est aussi récusable s'il a précédemment connu du différend comme juge ou comme arbitre. Cette cause de récusation ne s'applique pas seulement, comme le dit un arrêt de la cour de Poitiers du 12 févr. 1881 (aff. Matignon, D. P. 81. 2. 129), au juge qui est appelé à statuer comme juge d'appel, sur le litige dont il a déjà connu en première instance. Les principes s'opposent, ce semble, à ce qu'on restreigne à ce seul cas l'application de l'art. 378-8° c. proc. civ. Un double motif a inspiré cet article : D'une part, on a craint qu'un préjugé ne se soit formé dans l'esprit du juge ; de l'autre, on a redouté que l'amour-propre de ce magistrat ne soit engagé par la décision qu'il a précédemment rendue. C'est dans ce but que le législateur a permis à la partie de récuser le juge qui a déjà connu de son différend. Sans doute, le plus fréquemment, ces motifs se rencontreront dans le cas où la même affaire est portée successivement devant le même juge appelé à faire partie d'abord d'un tribunal de première instance, puis d'une juridiction supérieure ; mais ne peut-il pas se présenter aussi des cas où ce juge devient légitimement suspect à la partie sans cesser d'appartenir au même degré de juridiction ? Par exemple, qu'adviendra-t-il lorsqu'un tribunal auquel un procès a été renvoyé après cassation comprendra un des juges qui ont concouru à la décision cassée ? D'après la solution ci-dessus, il faudrait dire que ce magistrat ne pourrait être récusé, ce qui serait tout à fait illogique, et ce qu'évidemment personne ne voudrait admettre.

48. La jurisprudence a pendant longtemps admis, avec la doctrine, que la récusation peut être exercée contre le magistrat qui, après avoir participé au jugement d'une affaire criminelle ou correctionnelle, serait appelé à statuer, au civil, sur une demande en dommages-intérêts fondée sur les mêmes faits (V. *Rép.* n° 73). Cette jurisprudence s'est modifiée. Dans un arrêt du 16 avr. 1877 (aff. Montcharmond, D. P. 77. 1. 452), la cour de cassation a posé en principe que les magistrats qui, après avoir statué sur l'action publique intentée par le ministère public pour la répression d'un délit, sont appelés à se prononcer sur l'action civile exercée par la partie lésée pour la réparation du dommage causé par le délit, ne peuvent être récusés comme ayant connu du différend. Cette décision se fonde sur le motif que l'action publique et l'action civile peuvent avoir les mêmes faits pour base commune, sans avoir le même objet ni constituer le même litige. La demande n'est plus, en ce cas, identique devant les deux juridictions successivement saisies.

La règle posée par l'arrêt du 16 avr. 1877 est très rationnelle ; on doit l'appliquer, à plus forte raison, lorsque la récusation est proposée contre un magistrat appelé à statuer au correctionnel sur un fait dont il a déjà connu au civil. Le civil n'exerce pas, en effet, d'influence sur le criminel (V. *Rép.*, v° *Chose jugée*, n°ˢ 532 et suiv. ; *supra*, eod. v°, n°ˢ 382 et suiv.). « L'art. 378, § 8, a dit M. l'avocat général Desjardins, dans ses conclusions sur la question résolue par la cour de cassation le 16 avr. 1877, me paraît reposer sur une double base. On craint d'abord qu'un préjugé ne se soit formé dans l'esprit du juge ; mais quel préjugé craindre ici, alors que tout juge, n'importe lequel, est lié par un titre irréfragable quant à la participation du délinquant au fait, alors que rien, absolument rien, n'est engagé, non seulement quant à la mesure de responsabilité civile, mais encore quant au principe de cette responsabilité ? On craint ensuite que l'amour-propre du juge ne soit engagé ; mais ne voit-on pas qu'il pourra, sans se démentir et même sans paraître se démentir, nier, aussi bien que tout autre juge, l'existence d'un préjudice privé ? Je tiens à signaler encore un inconvénient pratique du système que je réfute. L'action civile ne pourrait pas être, en mainte circonstance, dans la plupart des arrondissements où les tribunaux ne sont composés que de trois juges, portée séparément de l'action publique devant le tribunal naturellement compétent. Il faudrait souvent distraire les justiciables de leurs juges naturels, ce que n'a pu vouloir le législateur. On impute enfin à ce législateur une grave inconséquence. Il admet que, si la personne lésée se constitue

partie civile avant la fin des débats, les juges de répression sont aptes à statuer sur sa prétention. Or, qu'arrive-t-il souvent ? Le juge correctionnel alloue des dommages-intérêts à régler par état. On revient alors plus tard devant lui. Le législateur ne craint donc pas que ce même juge, après avoir statué sur l'action publique, ait à statuer sur l'action civile, soit *hic et nunc*, soit ultérieurement. Peut-être même a-t-il cru trouver un avantage à ce qu'il fût statué simultanément sur les deux actions, puisqu'il a permis exceptionnellement aux tribunaux de répression de statuer sur les intérêts civils. Il est invraisemblable qu'il se soit défié des mêmes juges quand l'action civile est intentée, plus tard, isolément ». Il a été jugé, par application de cette théorie, que la récusation ne peut atteindre le magistrat qui, appelé à connaître de l'action publique dirigée à l'occasion du même fait contre l'une des parties de la première affaire (Poitiers, 12 févr. 1881, aff. Matignon, D. P. 81. 2. 129). Décidé aussi que la récusation ne peut atteindre le juge qui, après avoir statué sur une poursuite disciplinaire dirigée contre un officier ministériel, est ensuite saisi d'une poursuite correctionnelle contre ce dernier à raison du même fait (Arrêt précité du 12 févr. 1881).

49. Pour que l'art. 378, § 8, soit applicable, il faut que le procès dont le magistrat est saisi soit le même que celui dont il a connu précédemment, que la question à juger soit la même, que les parties soient les mêmes (*Rép.* n° 74 ; Bioche, *op. cit.*, v° *Récusation*, n° 86). Il a été jugé que les magistrats qui ont connu d'une action exercée par des héritiers contre l'adjudicataire d'un immeuble de la succession et relative à la validité de la consignation du prix d'adjudication, effectuée par celui-ci, ne peuvent être récusés dans le procès intenté par un autre héritier contre le même adjudicataire et pour la même cause, les parties n'étant pas les mêmes et les moyens qui peuvent être présentés ne devant pas nécessairement être identiques à ceux sur lesquels il a été statué dans le premier procès (Bourges, 18 févr. 1879, aff. Gravier, D. P. 79. 2. 96).

50. Ainsi qu'on l'a dit au *Rép.*, n°ˢ 77 et suiv., ne sont pas récusables lors du jugement définitif : le juge qui a concouru à un jugement interlocutoire, préparatoire ou provisoire ; le juge qui n'a connu de l'affaire que pour se déclarer incompétent ; celui qui a participé à un jugement attaqué depuis par tierce opposition ou par requête civile ou à un jugement par défaut dont il est appelé à connaître ; le juge qui a seulement taxé les frais d'une instance (Bioche, *op. cit.*, v° *Récusation*, n°ˢ 79 et suiv. ; Garsonnet, *op. cit.*, t. 1, p. 771, note 20 ; Dutruc, *op. cit.*, v° *Récusation*, n°ˢ 34 et suiv.).

51. Il a été jugé que le juge-commissaire n'est pas incapable, par cela seul qu'il se serait expliqué dans le procès-verbal d'ordre sur l'une des questions soulevées par la demande en validité de la consignation du prix, de concourir au jugement à rendre sur cette demande (Agen, 28 juin 1870, aff. Sausot, D. P. 70. 2. 216). Ainsi que cet arrêt le fait remarquer avec raison, le juge-commissaire est un des membres nécessaires du tribunal appelé à statuer sur la validité de la consignation ; et l'opinion par lui exprimée ne l'a été, d'ailleurs, que dans l'exercice de ses fonctions de juge-commissaire. Décidé aussi qu'on ne peut pas être récusé le magistrat qui a reçu, comme juge-commissaire, une déposition contestée, en réservant le droit des parties et en consignant dans son procès-verbal les éléments de la contestation (Req. 13 déc. 1871, aff. Jolas, D. P. 72. 1. 186). On ne peut dire que le magistrat a connu du différend parce qu'il a consigné dans son procès-verbal les éléments de la contestation.

52. Le juge est récusable, s'il a déposé comme témoin dans l'instance sur laquelle il est appelé à statuer, ou dans un procès dont l'instance est la continuation. Il a, en effet, pris part. — Il faut qu'il ait réellement déposé ; une partie ne pourrait obtenir la récusation d'un juge en l'assignant comme témoin, quoiqu'il n'eût aucune connaissance de l'affaire. La comparution du juge, qui déclare ne rien savoir des faits articulés, ne constitue pas une déposition pouvant motiver la récusation (Boitard, Colmet-Daage et Glasson, *op. cit.*, t. 1, p. 608, n° 568 ; Dutruc, *op. cit.*, v° *Récusation*, n° 48 ; Rousseau et Laisney, *op. cit.*, v° *Récusation*, n°ˢ 35 et 36).

Il a été jugé, par application de ces principes : 1° que les membres d'un conseil de discipline qui ont déposé comme témoins dans un procès civil en diffamation contre un avocat peuvent être récusés par cet avocat sur la poursuite disciplinaire dirigée contre lui à raison des mêmes faits qui ont donné lieu à l'instance civile (Civ. cass. 11 mai 1847, aff. Marrast, D. P. 47. 1. 124) ; — 2° Que les causes de récusation énumérées dans l'art. 378 c. proc., sont limitatives ; qu'ainsi, la disposition de cet article déclarant récusable le juge qui a déposé comme témoin dans l'affaire portée devant lui, ne peut être étendue au juge que l'une des parties a seulement l'intention de faire entendre comme témoin dans l'enquête (Req. 6 août 1860, aff. Barrafort, D. P. 61. 1. 75); — 3° Que la disposition de l'art. 378 c. proc. civ., déclarant récusable le juge qui a déposé comme témoin dans l'affaire portée devant lui, ne peut être étendue au juge que l'une des parties a cité comme témoin, et que le tribunal a le droit d'annuler la citation comme ayant pour seul objet d'éliminer l'un des magistrats devant connaître de l'affaire (Nîmes, 8 janv. 1880, aff. Bonnefoux, D.P. 82. 2. 96). Ainsi que le dit l'arrêt, on ne saurait voir aucune parité entre ces deux situations parfaitement distinctes, sans quoi il serait trop facile à un prévenu de se débarrasser d'un juge dont il redouterait la décision et de le faire arbitrairement descendre de son siège en le citant comme témoin (Comp. suprà, n° 11).

53. L'art. 378, § 8, admet la récusation contre le juge qui a bu ou mangé avec la partie, dans la maison de cette partie. Le juge n'est donc pas récusable s'il a bu et mangé avec le plaideur, soit chez lui, soit en maison tierce, à moins qu'en maison tierce il n'ait été défrayé par ce plaideur (Rép. n° 49; Rousseau et Laisney, op. cit., v° Récusation, n° 37; Dutruc, op. cit., eod. v°, n°s 49 et 50; Boitard, Colmet-Daâge et Glasson, op. cit., t. 1, p. 608, n° 568; Garsonnet. op. cit., t. 1, p. 769; Bioche, op. cit., v° Récusation, n°s 74 et suiv.).

54. L'opinion émise au Rép., n° 83, d'après laquelle le juge est récusable, si sa femme ou ses enfants ont reçu des présents de la partie, est admise par tous les auteurs (Dutruc, op. cit., v° Récusation, n° 51; Rousseau et Laisney, op. cit., eod. v°, n° 39; Bioche, op. cit., eod. v°, n° 77; Boitard, Colmet-Daâge et Glasson, op. cit., t. 1, p. 609, n° 568).

ART. 2. — Juges de paix (Rép. n°s 86 à 96).

55. L'art. 44 c. proc. civ., qui énumère les cas dans lesquels les juges de paix peuvent être récusés, est, on l'a dit au Rép., n° 86, limitatif ; on ne saurait appliquer à ces magistrats les causes de récusation prévues par l'art. 378, mais sur lesquelles l'art. 44 est muet (Bioche, Dictionnaire des juges de paix, v° Récusation, n°s 2 et 13; Allain, Manuel des juges de paix, t. 2, p. 841, n° 3112; Dutruc, op. cit., v° Justice de paix, n° 263). — Toutefois, il en serait autrement, si le juge de paix avait été délégué par le tribunal de première instance ou par la cour pour remplir une mission particulière : par exemple, pour procéder à une enquête. Il ne fait alors qu'exercer le pouvoir appartenant aux juges qui lui ont confié la délégation ; aussi toutes les causes de récusation opposables à ces juges peuvent-elles être invoquées contre lui (Rép. n° 87; Bioche, op. cit., v° Récusation, n° 14; Allain, op. cit., t. 2, p. 841, n° 3114; Dutruc, op. cit., v° Justice de paix, n° 264).

56. La récusation, on l'a exposé au Rép., n° 88, ne s'étend pas à la jurisprudence gracieuse : par exemple, lorsque le juge ne fait que constater des faits, comme en matière d'apposition de scellés. Pour qu'il y ait récusation, il faut qu'il y ait procès, contestation (Bioche, op. cit., v° Récusation, n° 15. — Contrà : Allain, op. cit., t. 2, p. 841, n° 3113). — Pourrait-il être récusé comme président d'un conseil de famille? On a soutenu l'affirmative au Rép., n° 88 (V. en ce sens, Dutruc, op. cit., v° Justice de paix, n° 253, Contrà, Bioche, op. cit., v° Conseil de famille, n° 248, qui estime que le juge de paix n'est pas juge quand il préside le conseil de famille)..

57. Les juges de paix peuvent être récusés, aux termes de l'art. 44 c. proc. civ. quand ils ont un intérêt personnel dans la contestation. Cet intérêt doit être direct; il

faut que le résultat du procès puisse procurer un avantage ou un préjudice immédiat et certain. « Un intérêt éloigné et éventuel, dit M. Bioche, op. cit., v° Récusation, n° 3, est insuffisant. Autrement on sort des limites de l'art. 44 c. proc. civ. pour se jeter dans les causes de récusation prévues par l'art. 378 ». — On ne saurait récuser le juge de paix, qui préside un établissement de bienfaisance, dont il est administrateur gratuit : il n'a pas un intérêt personnel à la solution du procès dans lequel est partie cet établissement. On peut, au contraire, le récuser s'il s'agit d'un établissement commercial ou industriel dont il est administrateur (Rép. n°s 89 et suiv.; Bioche, op. cit., v° Récusation, n° 5; Allain, op. cit., t. 2, p. 841, n° 3112; Dutruc, op. cit., v° Justice de paix, n° 255).

58. Les mots procès criminel, employés dans le paragraphe 3 de l'art. 44, comprennent les procès correctionnels et de simple police. Même dans ce dernier cas, l'animosité qui doit être présumée exister entre les parties justifie la récusation. Mais il n'y a pas lieu à récusation, s'il y a eu seulement plainte non suivie de poursuite, car il n'y a pas eu procès (Rép. n° 93; Bioche, op. cit., v° Récusation, n° 7; Dutruc, op. cit., v° Justice de paix, n° 258).

59. Le juge de paix peut être atteint par la récusation s'il a donné un avis écrit. Peu importe de quelle manière cet avis a été donné, soit dans une lettre missive ou autrement. L'avis verbal serait insuffisant, on en a expliqué les motifs au Rép., n° 94, pour motiver la récusation (Bioche, op. cit., v° Récusation, n° 9; Allain. op. cit., t. 2, p. 841, n° 3114; Dutruc, op. cit., v° Justice de paix, n° 159). — L'opinion émise au Rép., n° 95, qu'on peut prouver par témoins l'existence de l'écrit dans lequel le juge de paix aurait donné un avis, est adoptée par plusieurs auteurs. « Il arrive souvent, dit M. Bioche, op. cit., v° Récusation, n° 12, que l'écrit contenant l'avis est entre les mains de l'adversaire du récusant; si, dans ce cas, la preuve testimoniale n'était pas admissible, il deviendrait très difficile, sinon impossible, de récuser pour avis donné » (V. en ce sens, Dutruc, op. cit., v° Justice de paix, n° 260).

60. Le juge qui a précédemment plaidé la cause, ou qui en a connu comme arbitre, peut-il être récusé? Plusieurs auteurs enseignent l'affirmative. Il y a plutôt, dans ce cas, une incapacité forcée de juger l'affaire qu'une simple cause de récusation (Bioche, op. cit., v° Récusation, n° 10; Dutruc, op. cit., v° Justice de paix, n° 262).

61. Les juges suppléants des juges de paix sont soumis aux mêmes causes de récusation que les juges de paix. Les juges suppléants deviennent juges, en effet, dès que le juge de paix est légitimement empêché, quelle que soit la cause de l'empêchement; la loi ne distingue pas (Allain, op. cit., t. 2, p. 843; t. 3, n° 123).

SECT. 4. — COMPÉTENCE ET PROCÉDURE.

ART. 1er. — Tribunaux ordinaires (Rép. n°s 97 à 152).

62. — 1° Compétence. — La demande en récusation doit être jugée par le tribunal auquel appartient le magistrat récusé. Lorsque le tribunal saisi de la demande principale a invité un autre tribunal à désigner un de ses membres pour procéder à une enquête ou à un autre acte d'instruction, la récusation dirigée contre le juge commis est déférée au tribunal de qui la délégation émane, c'est-à-dire, au tribunal dont le juge fait partie. Ce tribunal, ainsi que le fait remarquer M. Garsonnet, op. cit., t. 2, p. 384, note 10, a double qualité pour en connaître, puisqu'il a commis ce juge et qu'il le compte parmi ses membres (Rép. n° 98). Si le tribunal saisi de la demande principale a commis lui-même un juge d'un autre siège, la récusation, telle a été l'opinion émise au Rép., n° 99, sera portée non devant le tribunal auquel appartient le juge délégué, mais devant le tribunal délégant. On a indiqué la procédure spéciale à suivre dans cette hypothèse. Cette solution admise par M. Bioche, op. cit., v° Récusation, n° 115, est combattue par M. Dutruc, op. cit., v° Récusation, n°s 100 et 101.

63. Si le tribunal saisi du procès principal est composé de plusieurs chambres, la demande en récusation est jugée par celle à laquelle appartient le juge récusé (Garsonnet, op. cit., t. 2, p. 390; Bioche, op. cit., v° Récusation, n° 114).

Il a été jugé qu'une récusation formée incidemment à une affaire soumise à une cour statuant en audience solennelle, contre des membres de cette cour, doit être jugée en audience solennelle (Req. 6 août 1860, aff. Barrafort, D. P. 61. 1. 75). La cour ne pourrait renvoyer le jugement de la récusation à l'une de ses chambres, comme elle peut renvoyer le jugement des incidents qui s'élèvent devant elle.

64. — 2° *Délai dans lequel la récusation doit être exercée.* — Le délai de la récusation varie, suivant qu'elle est dirigée contre un juge appelé seulement à prendre part au jugement définitif, ou contre un juge chargé de procéder à un acte d'instruction.

65. — A. Dans le premier cas, la récusation doit être formée, porte l'art. 382 c. proc. civ., avant le commencement de la plaidoirie. Au *Rép.*, n° 102, on a interprété ces mots, *avant le commencement de la plaidoirie*, en ce sens que la récusation doit être proposée « avant que les conclusions aient été contradictoirement prises à l'audience », autrement dit, avant que l'affaire soit en état. Cette doctrine, enseignée par la plupart des auteurs (Bioche, *op. cit.*, v° *Récusation*, n° 101 ; Garsonnet, *op. cit.*, t. 2, p. 380, note 7 ; Dutruc, *op. cit.*, v° *Récusation*, n° 79 ; Rousseau et Laisney, *op. cit.*, eod. v°, n° 58), est combattue par Boitard (V. Boitard, Colmet-Daâge et Glasson, *op. cit.*, t. 1, p. 610, n° 570).

Il a été jugé, dans le sens de la première opinion, que la récusation est tardive et partant non recevable lorsqu'elle n'est proposée qu'après que les conclusions ont été contradictoirement prises (Dijon, 25 avr. 1861, aff. X..., D. P. 61. 2. 103).

66. L'art. 382 c. proc. civ. a trait aux plaidoiries qui précèdent le jugement définitif. Lors donc qu'il y a eu un jugement interlocutoire, le juge qui a concouru à cet interlocutoire sans être récusé peut l'être postérieurement et jusqu'aux nouvelles plaidoiries que nécessitera l'évacuation de cet interlocutoire (*Rép.* n° 106 ; Dutruc, *op. cit.*, v° *Récusation*, n° 81 ; Bioche, *op. cit.*, eod. v°, n° 102 ; Rousseau et Laisney, *op. cit.*, eod. v°, n° 59).

67. La récusation doit-elle, à peine de déchéance, être proposée avant les exceptions d'incompétence ? L'affirmative est adoptée par M. Chauveau (*op. cit.*, quest. 1393 *quater*) par ce double motif que la récusation n'est pas une espèce d'instruction, et que, si l'impartialité d'un juge peut être suspectée sur la forme ou sur le fond, il y a identité de motifs pour la suspecter sur une question de compétence qui peut avoir une grande importance. L'avoué de la partie qui présente une récusation agira cependant sagement en déclarant que son intention est de proposer l'incompétence du tribunal ou toute autre exception, dans l'ordre indiqué par le code de procédure civile.

68. La récusation peut être proposée après le commencement de la plaidoirie, aux termes de l'art. 382 c. proc. civ., lorsque les causes de récusation sont survenues postérieurement. On admet généralement que cette disposition est applicable aux causes qui, bien que préexistantes, n'étaient pas connues de la partie. Jugé que la récusation qui ne se produit qu'après le commencement des plaidoiries de la cause est tardive, et par suite non recevable, lorsqu'elle a pour base des faits que le récusant a pu et dû avoir connaissance avant ce moment (Agen, 12 févr. 1858, aff. Haudu et Roudil *Journal des avoués*, 1858, t. 83, p. 641. V. *Rép.* n° 104 ; Dutruc, *op. cit.*, v° *Récusation*, n°s 86 et 87 ; Rousseau et Laisney, *op. cit.*, eod. v°, n° 62 ; Garsonnet. *op. cit.*, t. 2, p. 380, note 9). Il a été décidé, d'autre part, que la récusation est admissible à quelque moment qu'elle se produise, même après les plaidoiries et pendant le délibéré, si le récusant n'a connu qu'alors les faits sur lesquels sa récusation est basée (Alger, 22 oct. 1851, aff. N..., cité par Dutruc, *op. cit.* v° *Récusation*, n° 87.

69. — B. L'art. 383 c. proc. fixe le délai dans lequel doit être proposée la récusation contre les juges commis aux descentes, enquêtes et autres opérations. Le délai de trois jours, si le jugement est par défaut et qu'il n'y ait pas d'opposition, court du jour de l'expiration de la huitaine de l'opposition. On admet généralement qu'il n'y a pas à distinguer, pour l'application de cette disposition, entre le défaut faute de plaider et le défaut faute de constitution d'avoué (*Rép.* n° 107 ; Dutruc, *op. cit.*, v° *Récusation*, n° 90 ; Rous-

seau et Laisney, *op. cit.*, eod. v°, n° 64 ; Bioche, *op. cit.*, eod. v°, n° 107). — Boitard critique cette solution. « Quant aux jugements par défaut faute de comparaître, dit cet auteur (*op. cit.*, t. 1, p. 611, n° 571), beaucoup d'auteurs leur appliquent également le n° 2 de l'art. 383 ; ils se sont probablement déterminés par la difficulté de fixer un autre délai. On ne peut pas dire, en effet, que le délai de trois jours courra, pour les jugements par défaut faute de comparaître, du jour où la partie défaillante aura connaissance ou sera réputée avoir connaissance de l'exécution (c. proc. art. 158 et 159) car l'exécution consiste dans l'opération pour laquelle le juge est commis ; et il ne peut être récusé quand l'opération est commencée. Mais s'il ne faut pas accorder, pour proposer la récusation contre un juge commis par un jugement par défaut faute de comparaître, un délai calculé d'après les termes des art. 158 et 159 du code de procédure, est-ce à dire que le n° 2 de l'art. 383 sera applicable ? D'abord cette hypothèse ne peut rentrer dans les termes de l'article « du jour « de l'expiration de la huitaine de l'opposition » puisque ce n'est pas pendant un simple délai de huitaine que la voie de l'opposition demeure ouverte contre le jugement. D'ailleurs, la loi suppose toujours que celui qui n'a pas comparu peut ignorer non seulement l'existence du jugement, mais même celle de l'instance formée contre lui. Or, est-il raisonnable de déclarer la partie défaillante déchue du droit de former la récusation, peut-être avant qu'elle ait pu connaître ce droit ? Je crois donc qu'il ne faut appliquer, quand le juge est nommé par un jugement par défaut faute de comparaître, ni le délai du n° 2 de l'art. 383, ni un autre délai arbitraire établi par analogie des art. 158 et 159 du code de procédure. C'est une hypothèse que la loi n'a pas réglée, n'a pas voulu régler, afin de laisser à la partie défaillante, qui peut-être ne connaît pas l'instance, une plus grande latitude pour former sa récusation. En un mot, la loi ne prononce pas de déchéance dans cette hypothèse, la récusation pourra être formée tant que les opérations ne seront pas commencées ».

70. Il a été jugé que le délai de trois jours, dans lequel la récusation contre le juge-commissaire nommé à une faillite doit être proposée, court à l'encontre du syndic, même non présent au jugement de nomination, à partir de ce jugement, et non à partir de sa signification (Civ. cass. 2 juill. 1855, aff. Fontanée-Clauzel, D. P. 55. 1. 396).

71. Un juge-commissaire peut être récusé quoiqu'il ait concouru au jugement ordonnant l'opération à laquelle il est chargé de procéder. Ainsi que le fait remarquer Boitard, *op. cit.*, t. 1, p. 612, n° 571, « la partie a pu croire que l'opinion isolée du juge qu'elle avait le droit de récuser n'aurait pas d'influence sur les autres membres du tribunal, mais si l'opération, si l'instruction ordonnée doit être dirigée exclusivement par une main hostile ou partiale, les motifs de récusation prennent plus de force que jamais, et l'art. 383 prouve qu'il est temps encore de les faire valoir ». Cette solution est admise par tous les auteurs (*Rép.* n° 108 ; Dutruc, *op. cit.*, v° *Récusation*, n° 89 ; Bioche, *op. cit.*, eod. v°, n° 104).

72. La doctrine enseignée au *Rép.*, n° 109, suivant laquelle la disposition de l'art. 382 qui relève la partie de toute déchéance « lorsque les causes de la récusation sont survenues, postérieurement » (ou ont été connues postérieurement) s'applique au cas où il s'agit d'un juge commis, est admise par la plupart des auteurs (Garsonnet, *op. cit.*, t. 2, p. 380, note 9 ; Dutruc, *op. cit.*, v° *Récusation*, n° 92).

73. Le délai de trois jours, accordé par l'art. 383 c. proc. civ. pour récuser un juge commis, doit être augmenté à raison des distances. La récusation, comme le dit Boitard, *op. cit.*, t. 1, p. 612, n° 571, est une affaire toute personnelle au client ; l'avoué ne pourrait la proposer en vertu de son pouvoir d'occuper. Il faut donc que le client connaisse le jugement qui ordonne cette voie d'instruction et qui nomme le juge commis pour y procéder (*Rép.* n° 111 ; Dutruc, *op. cit.*, v° *Récusation*, n° 93 ; Bioche, *op. cit.*, eod. v°, n° 110 ; Rousseau et Laisney, *op. cit.*, eod. v°, n° 65).

74. Les dispositions du code de procédure civile sur la récusation sont applicables devant toutes les juridictions, et notamment devant les tribunaux de répression (*Rép.* n° 102 ; Faustin Hélie, *op. cit.*, t. 6, p. 467, n° 2767). Il a été jugé que les règles du code de procédure civile sur la récu-

sation des juges sont applicables en matière criminelle ou correctionnelle; qu'il en est ainsi spécialement de la règle d'après laquelle, la récusation d'un juge ne peut plus avoir lieu lorsque les conclusions ont été prises à l'audience, alors même que le tribunal a renvoyé à un autre jour la continuation des débats (Nîmes, 8 janv. 1880, aff. Bonnefour, D. P. 82. 2. 36).

75. — 3° *Formes de la récusation.* — La récusation intéressant l'ordre public, les magistrats doivent rechercher et relever, même d'office, toutes les irrégularités dont la procédure peut être entachée (Dutruc, *op. cit.*, v° *Récusation*, n° 97; Garsonnet, *op. cit.*, t. 2, p. 379, note 5; Bioche, *op. cit.*, eod. v°, n°s 117 et 118; Rousseau et Laisney, *op. cit.*, eod. v°, n°s 68 et suiv.; Nancy, 4 juin 1868, aff. Comptoir d'escompte de Lunéville, D. P. 68. 2. 202); ... notamment la circonstance que le fondé de pouvoirs de la partie récusante n'aurait pas agi en vertu d'une procuration spéciale (Arrêt précité du 4 juin 1868). D'ailleurs, en matière de récusation, le fondé de pouvoirs qui n'est pas muni d'une procuration spéciale est sans qualité, et le défaut de qualité est une fin de non-recevoir opposable en tout état de cause et même d'office (V. *supra*, v° *Exception et fin de non-recevoir*, n°s 182 et suiv.; *Rép.* eod. v°, n°s 528 et suiv.). De même, il appartient aux juges de relever d'office la nullité résultant de ce que la récusation a été opposée par un mandataire qui n'était pas porteur d'une procuration spéciale et authentique (Bourges, 12 mai 1886, aff. Dame de Maillé, D. P. 87. 2. 26-27).

76. Les dispositions de l'art. 384 sur les formes de la récusation s'appliquent en toute matière, et notamment en matière criminelle (*Rép.* n° 113; Faustin Hélie, *op. cit.*, t. 6, p. 465, n° 2767). Il a été jugé que le prévenu qui veut récuser un membre du tribunal correctionnel ne peut le faire au moyen de la lecture à l'audience de conclusions préjudicielles (en remise de cause) indiquant, en même temps que le fait de la récusation, les motifs sur lesquels elle est fondée; qu'il appartient au président d'empêcher une telle

lecture, dès que l'objet des conclusions lui est connu; qu'en pareil cas, à défaut par le prévenu de produire au tribunal un récépissé du dépôt au greffe de sa déclaration de récusation, il est régulièrement passé outre au jugement de l'affaire (Trib. com. de la Seine, 11 déc. 1867, aff. Humbert et Breuillé, D. P. 68. 3. 39). La prohibition de la récusation *à facie judicis* doit d'autant mieux être appliquée devant les tribunaux de répression qu'on a plus à y redouter des motifs donnés à l'appui puissent renfermer, à l'égard du magistrat récusé, une injure ou une diffamation (V. Crim. cass. 20 mai 1865, aff. Blondeau de Combas, D. P. 65. 1. 407).—Toutefois si, au moment du délibéré sur la prévention, le tribunal a la preuve, par la représentation des actes du greffe, qu'en effet la demande en récusation a été introduite avant les débats, il doit surseoir au jugement jusqu'à ce qu'il y ait été statué (Jugement précité du 11 déc. 1867).

77. — 4° *Procédure et jugements.* — Sur l'expédition de l'acte de récusation, remise dans les vingt-quatre heures par le greffier au président du tribunal, il est, sur le rapport du président et les conclusions du ministère public, rendu jugement sur l'admissibilité de la récusation (art. 385). Si c'est le président qui est l'objet de la récusation, le rapport est fait, non par le vice-président ou l'un des vice-présidents du tribunal, mais par le juge le plus ancien de la chambre à laquelle appartient le président (Amiens, 5 avr. 1876, *supra*, n° 35). C'est, en effet, la chambre saisie de l'affaire qui doit statuer sur la récusation (art. 380 c. proc. civ.).

78. Le rapport est lu, les conclusions données et le jugement rendu en audience publique, et non en chambre du conseil, et cela, à peine de nullité du jugement (*Rép.* n° 116; Dutruc, *op. cit.*, v° *Récusation*, n° 103 et suiv.; Bioche, *op. cit.*, eod. v°, n° 122; Rousseau et Laisney, *op. cit.*, eod. v°, n° 75; Boitard, Colmet-Daâge et Glasson, *op. cit.*, t. 1, p. 612, n° 572; Nancy, 25 janv. 1862, *supra*, n° 27; Crim. cass. 24 déc. 1869, aff. Mirès, D. P. 70. 1. 139; Caen, 1er juill. 1878 (1); Amiens, 5 avr. 1876, *supra*, n° 35).

79. Comment la publicité du rapport sera-t-elle consta-

(1) (Désobeaux). — LA COUR, — Sur la première question : — Attendu qu'il résulte des art. 87, 111 et 112 c. civ. que la publicité des plaidoiries, rapports et conclusions du ministère public est une des conditions inhérentes à la validité des décisions judiciaires; qu'elle est, dès lors, une formalité substantielle dont la violation entraîne, de plein droit, la nullité des jugements et arrêts; que cette règle ne reçoit d'exception que dans les cas indiqués par une disposition expresse de la loi; et qu'en matière de récusation de juges, l'art. 385 c. proc. civ., ni aucun autre ne déroge à ce principe; — Attendu qu'il est de principe, également, qu'un jugement doit contenir la mention de toutes les conditions essentielles qui le constituent; notamment, la preuve qu'il a été prononcé publiquement et que le rapport qui l'a précédé a été fait à l'audience; — Attendu qu'il n'existe point, il est vrai, pour cette constatation, de formule sacramentelle; mais que les expressions employées doivent présenter une clarté et une précision suffisantes, pour qu'il ne puisse exister aucun doute sur l'accomplissement de la formalité dont il s'agit; — Attendu que le jugement dont est appel constate, dans son préambule, qu'il a été rendu en audience publique, sans faire aucune mention du rapport; que c'est seulement dans son dispositif qu'il s'y réfère dans les termes suivants : « Le tribunal, par ces motifs, après en avoir délibéré conformément à la loi, ouï M. le juge rapporteur en son rapport verbal; »; que cette formule vague laisse indécis le point de savoir si le rapport qu'elle vise a eu lieu dans la chambre du conseil ou en audience publique; d'où il suit que la nullité du jugement doit être prononcée; — Mais attendu que l'affaire est en état de recevoir une solution définitive, et que c'est ici le cas, pour la cour, d'évoquer la cause, conformément aux dispositions de l'art. 473 c. proc. civ. — Sur la deuxième question : — Attendu que c'est à tort que l'appelant soutient que le tribunal, ayant par son premier jugement, en date du 8 juin 1878, déclaré les causes de récusation admissibles, n'avait plus, lors du jugement définitif, qu'à constater l'existence et la fausseté des faits allégués, sans pouvoir en peser ni la gravité, ni la portée; que c'est là une mauvaise interprétation de la loi et une appréciation erronée de la mission du juge, lequel, jusqu'à la solution finale du litige, conserve son pouvoir d'appréciation et sa complète indépendance; qu'en effet, le tribunal, lors du premier jugement rendu en conformité de l'art. 385 c. proc. civ., se borne à rechercher si la cause sur laquelle se fonde la récusation est admissible, sans examiner encore si elle est justifiée, et qu'en cas d'affirmative il ordonne la communication au juge récusé; qu'il est impossible d'ad-

mettre qu'un tel jugement puisse, quand le magistrat attaqué n'a pas encore été appelé à donner ses explications, avoir, à un degré quelconque, un caractère définitif; qu'il est, tout au plus, interlocutoire et qu'en principe l'interlocutoire ne lie pas le juge; que le second moyen de Désobeaux est donc sans fondement; — Sur la troisième question : — Attendu qu'il est vrai qu'à l'occasion de l'instance en responsabilité intentée par les syndics contre les membres du conseil de surveillance, le tribunal de commerce de Caen prit une délibération aux termes de laquelle il déclarait que sept de ses membres, au nombre desquels figuraient Colas et Tapper, ne pouvaient, soit comme créanciers, soit comme actionnaires, connaître de la contestation, et que cette résolution fut sanctionnée par un arrêt de la cour, du 9 juin 1875, déclarant que les causes de l'abstention étaient légitimes et justifiées; mais que le procès auquel il est fait allusion n'a aucune affinité avec celui qui s'agite entre la faillite et Désobeaux; de sorte que les conditions qui, aux termes de l'art. 1351 c. proc. civ., sont nécessaires pour constituer l'exception de chose jugée, ne se rencontrent point dans l'espèce; — Sur la quatrième question : — Attendu que le fait par Colas d'avoir, au mois d'août 1874, antérieurement à la déclaration de faillite, été nommé membre d'une commission chargée par les actionnaires d'examiner, dans son ensemble, la situation du comptoir, commission dont il n'était ni le président, ni le rapporteur, est insuffisant pour le placer, eu égard à la créance spéciale réclamée contre Désobeaux, dans la classe de ceux qui ont donné conseil, plaidé ou écrit sur le différend; — Sur la cinquième question : — Attendu qu'il convient de faire une distinction entre la situation de Colas, d'une part, et celle de Tapper et Marie, d'autre part; — Attendu que Colas n'est porteur d'aucune créance contre le *Comptoir d'escompte de Caen*; qu'il est seulement propriétaire de six actions complètement libérées; d'où suit qu'il n'est point, non plus, débiteur dudit établissement; que la disproportion entre le passif et l'actif de la faillite est telle que le capital social est absorbé et que les créanciers n'obtiendront pas, selon toute probabilité, plus de 75 p. 100 de ce qui leur est dû; de telle sorte que le droit éventuel des actionnaires sur les fonds de la société s'est complètement évanoui; que, dans tous les cas, il est, dès à présent, absolument démontré que Colas n'a aucune espèce d'émolument, si minime qu'on le suppose, à espérer dans la répartition de la créance Désobeaux, quand même elle viendrait à être intégralement recouvrée; d'où il résulte qu'à son respect, la récusation doit être rejetée; — En ce qui concerne Tapper et Marie; — Attendu que, s'il est

tée ? Il a été jugé qu'il est de principe qu'un jugement doit contenir la mention des conditions essentielles qui le constituent, et notamment, en matière de récusation, la preuve que le rapport du président a été fait à l'audience ; qu'il n'existe pas, pour cette constatation de formule sacramentelle, mais que les expressions employées doivent être assez claires pour qu'il ne puisse exister aucun doute sur l'accomplissement de la formalité; qu'est insuffisante cette mention dans le dispositif : « Le tribunal, après en avoir délibéré, ouï M. le juge rapporteur en son rapport verbal... » (Caen, 1er juill. 1878, *suprà*, n° 78).

80. S'il est de règle, dans notre droit actuel, ainsi qu'il résulte de l'art. 14, tit. 2, de la loi des 16-24 août 1790 et de toute la législation postérieure, que les affaires doivent être instruites et jugées en audience publique, et que toutes les parties ont le droit d'y faire entendre leur défense orale, cette règle subit des restrictions dans les cas prévus par des dispositions spéciales de la loi. En matière de récusation, les art. 384 et 385 c. proc. civ. prescrivent de formuler ces demandes par acte contenant les moyens de récusation, et ordonnent que le tribunal saisi statue sur l'admissibilité de la récusation, après avoir entendu le rapport du juge et les conclusions du ministère public ; ils assimilent ainsi cette procédure à celle des procès instruits par écrit. Ces articles non seulement ne parlent pas de l'intervention de plaidoiries, mais la volonté du législateur se révèle dans un sens contraire, de façon à dissiper tous les doutes, par les termes formels de l'art. 394, portant « qu'en cas d'appel du jugement qui a statué sur la récusation, la cour impériale prononcera sans qu'il soit nécessaire d'appeler les parties ». Cette réserve a été imposée au législateur à raison de la nature du débat soulevé et pour ne pas livrer à la publicité une discussion relative au caractère et à la dignité du magistrat récusé. Le jugement qui statue sur l'admissibilité ou l'inadmissibilité de la récusation est donc rendu sans plaidoiries ni mémoires écrits. Le récusant n'est pas admis à présenter à l'audience des observations orales. Quant au juge dont la récusation est demandée, il n'est pas entendu. Il ne peut, d'ailleurs, prendre part au jugement (*Rép.* n° 120 et suiv. ; Boitard, Colmet-Daâge et Glasson, *op. cit.*, t. 1, p. 612, n° 572 ; Garsonnet, *op. cit.*, t. 2, p. 382 ; Rousseau et Laisney, *op. cit.*, v° *Récusation*, n°s 77 et suiv. ; Bioche, *op. cit.*, eod. v°, n° 126). — Il a été jugé : 1° que, si la décision sur la récusation d'un magistrat ne peut être rendue qu'après que le tribunal ou la cour a entendu en audience publique le rapport d'un juge et les conclusions du ministère public, le mémoire contenant les motifs de la récusation ne peut être appuyé ni par la plaidoirie d'un

avocat, ni par des observations orales de la partie. Il en est ainsi même devant la cour de cassation (Crim. cass. 24 déc. 1869, aff. Mirès, D. P. 70. 1. 139) ; — 2° Qu'en matière de récusation, la procédure est exclusive de tout débat oral (Amiens, 5 avr. 1876, *suprà*, n° 35 ; Req. 16 avr. 1877, aff. Montcharmont, D. P. 77.1.452) ; — 3° Qu'en matière de récusation, l'exclusion des plaidoiries emporte à plus forte raison celle des mémoires produits en dehors de l'audience (Nîmes, 16 juin 1869, aff. X..., D. P. 70. 2. 72).

81. Si le jugement déclare la récusation inadmissible, l'incident est terminé, sauf l'appel qui peut être formé. Si au contraire, l'admissibilité est reconnue, le jugement d'admission ordonne la communication au juge récusé, pour qu'il s'explique en termes précis sur les faits. Il indique le délai dans lequel ce magistrat doit répondre. Il ordonne aussi la communication au ministère public et fixe le jour où le rapport sera fait par un juge qu'il désigne (art. 385).

82. A compter du jour du jugement qui ordonne la communication, tous jugements et opérations sont suspendus. Cette disposition doit être appliquée à peine de nullité. Les jugements rendus ou les opérations faites au mépris de la prohibition de l'art. 387 peuvent être attaqués, suivant les cas, par les voies d'appel ou d'opposition, de pourvoi en cassation ou de requête civile (*Rép.* n° 125 ; Rousseau et Laisney, v° *Récusation*, n°s 83 et 84 ; Dutruc, *op. cit.*, eod. v°, n° 115 ; Garsonnet, *op. cit.*, t. 2, p. 381, note 14). — Les actes étrangers au ministère du juge ne sont pas suspendus ; les avoués peuvent donc continuer l'instruction (*Rép.* n° 125 ; Garsonnet, *op. cit.*, t. 2, p. 381, note 13).

83. On a émis au *Rép.*, n° 126, l'opinion qu'on peut, s'il est urgent de faire prononcer un jugement interlocutoire ou provisoire, demander au tribunal qu'il fasse remplacer le juge récusé afin de pouvoir rendre le jugement. Cette solution n'est pas admise par MM. Rousseau et Laisney *op. cit.*, v° *Récusation*, n° 85. Ces auteurs s'en tiennent au texte de l'art. 387 qui permet seulement aux parties de demander au tribunal qu'il soit procédé par un autre juge à une *opération* urgente, telle qu'un constat des lieux, l'audition de témoins éloignés, l'enlèvement d'une récolte, etc. (V. Dutruc, *op. cit.*, v° *Récusation*, n°s 113 et 114).

84. Le juge récusé s'explique sur les faits qui le concernent par une déclaration écrite, à la suite de la minute de l'acte de récusation, sans l'assistance d'un avoué (Bioche, *op. cit.*, v° *Récusation*, n° 128 ; Garsonnet, *op. cit.*, t. 1, p. 381). — La réponse du juge communiquée et le ministère public, ayant conclu, le tribunal rend un second juge-

---

vrai que l'art. 378, § 4, c. proc. civ., laisse aux tribunaux un pouvoir discrétionnaire d'appréciation; cette disposition ne saurait trouver sa place dans l'espèce actuelle; qu'en effet, l'art. 378 prévoit le cas où le juge est créancier ou débiteur de l'une des parties, à raison d'une dette autre que celle qui fait l'objet du litige dont il est saisi et le déclare récusable pour ce motif que, s'il est débiteur, il se trouve en quelque sorte sous la dépendance de la partie, et que, s'il est créancier, il a intérêt au maintien ou à l'accroissement de la fortune de son débiteur ; que l'on conçoit que, dans ce cas, eu égard à la situation du débiteur et du créancier, cet intérêt puisse être tellement réduit que toute suspicion à l'encontre du magistrat doive être mise à l'écart et qu'il n'y ait pas lieu de s'en occuper ; — Attendu que tout autre est la position juridique de Tapper et de Marie en regard de l'action intentée par les syndics du *Comptoir d'escompte* à Désobeaux; que cette action a pour but de faire entrer, dans les mains de la faillite, une somme de 14 725 fr. 92 cent., dont celle-ci se prétend créancière sur le défendeur ; que, dans un tel cas, le motif de récusation contre le juge appelé à connaître de l'affaire ne procède pas de l'art. 378, mais d'un principe supérieur d'ordre public tellement élevé et si évident, en même temps, qu'il s'impose impérieusement à toutes les consciences, sans qu'il ait été besoin de l'inscrire littéralement dans la loi positive, à savoir : que nul, dans une contestation litigieuse, ne peut être, à la fois, juge et partie ; — Attendu que, créanciers affirmés et admis à la faillite pour des sommes qui, après les acomptes versés, s'élèvent encore à plusieurs milliers de francs, Tapper et Marie se trouvent porteurs de créances, non pas étrangères au litige dont ils sont saisis, mais s'y rattachant, au contraire, d'une manière directe et précise, et en faisant réellement partie intégrante ; — Attendu, en effet, que les syndics ne plaident point en leur nom personnel, mais au nom et dans l'in-

térêt de la masse qu'ils représentent, et, par suite, de chacun des intéressés individuels qui la composent et dont ils sont véritablement les mandataires pour la réalisation des créances recouvrables; que, sous leur nom et dans leur personne, ce sont les créanciers qui demandent ou défendent dans le litige, dont le résultat nuira ou profitera à la masse, et, par la répartition, à chacun de ceux qui en font partie; qu'il est donc vrai de dire que Tapper et Marie sont directement et personnellement intéressés dans la contestation qu'ils ont été éventuellement appelés à juger et dont, à moins d'être juges et parties, ils ne peuvent connaître ; — Attendu que le principe qui s'oppose à ce que l'on soit juge dans sa propre cause est absolu et ne comporte aucune distinction; qu'il n'y a donc pas lieu d'examiner quel peut être l'intérêt des juges récusés; qu'il suffit que cet intérêt existe à un degré quelconque, pour qu'ils puissent être écartés; — Attendu que cette solution est la seule, d'ailleurs, qui garantisse d'une façon efficace la dignité du magistrat et le respect qui doit s'attacher aux décisions de la justice; qu'il y a donc lieu, en ce qui concerne Tapper et Marie, d'admettre la récusation proposée par Désobeaux ; — Par ces motifs ; — Déclare nul le jugement rendu par le tribunal de commerce de Caen, le 15 juin 1878; évoquant le fond en état de recevoir une solution définitive : rejette comme mal fondée la demande en récusation formée par Désobeaux contre Colas, juge titulaire audit tribunal; dit, au contraire, à bon droit la récusation formée par Désobeaux contre Tapper, juge titulaire, et Marie, juge suppléant; dit, par suite, que ces deux magistrats ne pourront connaître de l'action introduite à la requête des syndics à la faillite du *Comptoir d'escompte de Caen* contre Désobeaux, suivant exploit d'Essillart, huissier, en date du 24 avr. 1878.

Du 1er juill. 1878.-C. de Caen, 1re ch.-MM. Champin, 1er pr.-Soret de Boisbrunet, av. gén.

ment. Si les faits sont avoués ou prouvés, il ordonne que le juge récusé s'abstiendra ; s'ils sont douteux, mais qu'il y ait un commencement de preuve par écrit, la preuve testimoniale est ordonnée. L'art. 389 c. proc. civ. dit seulement : « un commencement de preuve » ; mais on admet généralement que cela doit s'entendre d'un commencement de preuve par écrit (Rép. nᵒ 127 ; Garsonnet, op. cit., t. 2, p. 381, note 16 ; Boitard, Colmet-Daâge et Glasson, op. cit., t. 1, p. 614, nᵒ 572 ; Dutruc, op. cit., vᵒ Récusation, nᵒ 119 ; Rousseau et Laisney, op. cit., eod. vᵒ, nᵒ 89). S'il n'y a ni aveu, ni preuve, ni commencement de preuve par écrit, il est laissé à la prudence du tribunal de rejeter la récusation ou d'ordonner la preuve testimoniale. Dans ce cas, un troisième jugement apprécie les dépositions des témoins et statue définitivement (Garsonnet, op. cit., t. 2, p. 382).— L'enquête se fait à l'audience, sans aucune assignation ni communication à la partie ni au juge. « Ce n'est pas une enquête, dit M. Bioche, op. cit., vᵒ Récusation, nᵒ 434, mais une sorte d'information, à l'égard de laquelle la loi s'en rapporte à la sagesse du tribunal. Toutefois les parties ont la faculté de s'y présenter ». (Rép. nᵒ 129 ; Dutruc, op. cit., vᵒ Récusation, nᵒ 121 ; Rousseau et Laisney, op. cit., eod. vᵒ, nᵒ 90).

85. Le jugement qui déclare la récusation admissible a-t-il un caractère définitif ? L'affirmative a été admise par la cour de Poitiers le 31 janv. 1877 (aff. Cébron, D. P. 77. 2. 98). L'arrêt déclare qu'il résulte du rapprochement des art. 386 et 388 c. proc. civ. que la mission des juges, à cette première phase de la procédure, ne se borne pas à constater ou l'inadmissibilité, dès l'abord démontrée, ou une sorte d'admissibilité provisoire, sauf examen plus approfondi de la déclaration de récusation ; qu'ils doivent, au contraire, prononcer définitivement, sauf appel, sur la régularité de la déclaration et la légalité des causes alléguées, ne laissant plus à examiner que la réalité des faits articulés ; que tel est, notamment, le sens de l'art. 386, portant que, si les faits sont ensuite reconnus ou prouvés, il sera ordonné que le juge s'abstiendra ; que le jugement rendu sur l'admissibilité de la récusation ne saurait donc être considéré comme préparatoire, ni même comme ayant un caractère purement interlocutoire : « Cette manière de voir, ajoute dit M. l'avocat général Soret de Boisbrunet, dans l'affaire jugée par la cour de Caen le 1er juill. 1878, V. suprà, nᵒ 78), paraît contraire à la doctrine et à la jurisprudence et présente de sérieux inconvénients. Le jugement qui déclare admissible une déclaration de récusation statue sur des faits articulés avec plus ou moins de précision, sans preuves et sans contradiction. Les explications qui seront fournies par le juge récusé peuvent modifier le caractère de ces faits, ou justifier la récusation à un point de vue différent. Les causes qui portent le tribunal à déclarer une récusation bien fondée peuvent être autres que celles qui ont motivé l'admissibilité ; c'est ce que décidait la cour de cassation, le 11 févr. 1820 (Rép. nᵒ 128). Pourquoi donc les juges seraient-ils liés irrévocablement par leur premier jugement ? N'est-il pas plus naturel d'appliquer ici les règles qui régissent les décisions judiciaires, en matière d'expertise et d'enquête, et dire que, jusqu'au dernier moment, le juge conserve son pouvoir d'examen et d'appréciation ? » Décidé, en ce sens, que le jugement qui déclare la récusation admissible n'a pas un caractère définitif, qu'il est tout au plus interlocutoire, et ne lie pas le tribunal qui conserve son pouvoir d'appréciation et d'examen et reste maître d'admettre ou de rejeter la récusation (Caen, 1er juill. 1878, suprà, nᵒ 78).

86. La partie dont la récusation a été déclarée non admissible ou finalement rejetée est condamnée à une amende de 100 francs, sans préjudice des dommages-intérêts envers le juge récusé, à raison du tort que cette demande a pu faire à sa réputation, et s'il y a lieu, des poursuites en diffamation (Rép. nᵒˢ 131 et 134 ; Garsonnet, op. cit., t. 2, p. 382 ; Dutruc, op. cit., vᵒ Récusation, nᵒ 122 ; Rousseau et Laisney, op. cit., eod. vᵒ, nᵒ 93 ; Bioche, eod. vᵒ, nᵒˢ 172 et 173). Il a été jugé qu'il y a lieu de condamner le prévenu qui a proposé une récusation motivée sur un propos du président, qualifiant de braillards les auteurs de cris séditieux, à l'amende édictée par l'art. 390 c. proc. civ. (Trib. corr. de la Seine, 11 déc. 1867, aff. Humbert et Breuillé,

D. P. 68. 3. 39. V. suprà, nᵒ 38. V. aussi, Aix, 3 déc. 1864, aff. Blondeau de Combas, D. P. 65. 1. 407).

87. Le récusant qui succombe est-il passible d'autant d'amendes qu'il y a eu de juges distinctement récusés ? L'affirmative enseignée au Rép., nᵒ 133, et qui s'appuie sur cette considération qu'il y a, en réalité, autant de jugements séparés que de récusations proposées, lorsque la sentence qui a statué sur le mérite de ces récusations contient des dispositions distinctes et définitives sur chacune d'elles, est généralement adoptée par les auteurs. Conformément à cette théorie, il a été jugé que la partie qui succombe dans son action en récusation de juges est passible d'autant d'amendes qu'il y a eu de juges distinctement récusés (Poitiers, 12 févr. 1881, aff. Matignon, D. P. 81. 2. 129). — En sens contraire, il a été décidé qu'une seule amende doit être prononcée contre la partie qui succombe dans la récusation qu'elle a formée, quel que soit le nombre des magistrats récusés (Dijon, 7 févr. 1877, aff. Montcharmont, D. P. 77. 1. 452).

88. L'amende ne doit pas être prononcée dans le cas où l'acte de récusation est annulé pour vice de forme, parce que le jugement reconnaît implicitement que la récusation n'existe pas (Rép. nᵒ 135 ; Garsonnet, op. cit., t. 2, p. 382, note 19 ; Dutruc, op. cit., vᵒ Récusation, nᵒ 124 ; Bioche, op. cit., eod. vᵒ, nᵒ 175).

89. Le récusant peut aussi être condamné à des dommages-intérêts envers son adversaire au procès, à cause du préjudice que le retard résultant de la demande de récusation a pu lui causer (Garsonnet, op. cit., t. 2, p. 382).

90. Aux termes de l'art. 390, le récusant qui succombe est condamné à telle amende qu'il plaira au tribunal « laquelle ne pourra être moindre de 100 fr. ». Il n'y a pas, dans notre droit, d'amendes arbitraires, mais seulement des amendes fixes : le minimum, à défaut de maximum fixé, sert de maximum (Garsonnet, op. cit., t. 2, p. 382, note 20. — Contra, Dijon, 25 avr. 1861, aff. X..., D. P. 61. 2. 103).

91. Le jugement qui ordonne l'enquête et celui qui statue définitivement sur la récusation sont, comme le jugement qui statue sur l'admissibilité, rendus publiquement, sur les conclusions du ministère public, sans plaidoiries ni observations orales. Cela résulte implicitement des art. 385 et 394, et telle est la règle consacrée par la jurisprudence, qui a posé en principe, d'une façon générale, qu'en matière de récusation, la procédure spéciale établie par les art. 384 et suiv. exclut les plaidoiries (V. Req. 16 avr. 1877, aff. Montcharmont, D. P. 77. 1. 452, et les arrêts cités suprà, nᵒ 79 ; Boitard, Colmet-Daâge et Glasson, op. cit., t. 1, p. 612, note 1 ; Garsonnet, op. cit., t. 2, p. 382).

92. L'art. 394 c. proc. civ. porte, pour le cas d'appel du jugement rendu sur les récusations de magistrats, que la décision sera rendue à l'audience, sur le rapport d'un juge, et sur les conclusions du ministère public, sans qu'il soit nécessaire d'appeler les parties. La cour de cassation généralise cette disposition, en l'appliquant tant à la procédure de première instance qu'à la procédure d'appel. Jugé : 1ᵒ que le jugement sur la récusation dirigée contre un magistrat peut être rendu sans que le récusant y soit appelé (Req. 6 août 1860, aff. Barrafort et Petitpied, D. P. 61. 1. 75) ; — 2ᵒ Qu'il n'y a pas lieu de faire, à la partie qui veut récuser un juge, la notification du jour fixé par le tribunal pour statuer sur la récusation (Amiens, 5 avr. 1876, suprà, nᵒ 35).

93. Lorsque la récusation est faite devant une cour d'appel, l'arrêt ne peut être attaqué que par la voie du recours en cassation (Rép. nᵒ 138). Il a été jugé que l'arrêt qui statue sur une récusation de juge peut être attaqué au moyen du pourvoi en cassation par l'adversaire du récusant ; que, dès lors, cette partie ayant à sa disposition la voie du recours en cassation, ne saurait agir par la voie de la tierce opposition (Dijon, 19 févr. 1883, aff. Alker, D.P. 86. 2. 277).

94. — 5ᵒ Fins de non-recevoir. — Il a été jugé que le prévenu qui a formé une demande en renvoi devant un autre tribunal peut encore, en cas de rejet, user du droit de récusation contre un ou plusieurs des juges pour des causes individuelles ; on objecterait à tort qu'il y a chose jugée. — Par suite, il ne peut être passé au jugement de l'affaire avec la participation des juges récusés, tant qu'il n'a pas été statué définitivement sur la récusation (Crim. cass. 13 août 1859, aff. Poitevin, D.P. 59. 1. 475).—Il est un cas

où la question de chose jugée pourrait être utilement soulevée : c'est celui où le prévenu, après n'avoir fait autre chose, dans sa demande en renvoi pour cause de suspicion légitime, que formuler à l'égard de tous les membres du tribunal une récusation pour l'une des causes indiquées par la loi, restreindrait cette récusation, dans sa seconde demande, à quelques-uns seulement des membres du tribunal, sans produire de nouveaux griefs. Dans ce cas, en effet, on ne pourrait pas dire que les deux demandes sont distinctes au fond ; car une récusation ne change pas de caractère pour être formée contre un tribunal entier, si d'ailleurs les causes invoquées ne sont que des causes de récusation ; elle oblige seulement à recourir, par analogie, à l'application des règles de procédure qui concernent le renvoi pour cause de suspicion légitime (V. Crim. rej. 8 mai 1856, aff. Favereau, D. P. 56. 5. 447, et 11 févr. 1858, aff. Pla, D. P. 58. 5. 314 ; *Rép.* v° *Renvoi*, n° 78).

95. Il a été décidé que la simple déclaration faite par un juge à l'avoué de l'une des parties qu'il ne siégera pas lors du jugement définitif n'élève pas une fin de non-recevoir contre la récusation ultérieurement proposée par cette partie (Dijon, 25 avr. 1861, aff. X..., D. P. 61. 2. 103). L'exercice du droit de récusation accordé au plaideur, dit l'arrêt, ne peut dépendre de l'intention du magistrat qui croirait devoir se récuser lui-même ; en accordant au plaideur le droit de récuser le juge et au juge le droit de se récuser ou de s'abstenir, la loi a expressément déterminé les règles et les formes suivant lesquelles chacun d'eux devrait procéder, sans qu'il soit permis, dans aucun cas, de substituer à ces règles et à ces formes des dispositions purement personnelles, sans caractère officiel et sans garanties légales. La simple déclaration faite par un juge à l'avoué d'une partie qu'il ne siégera pas lors du jugement définitif dans une instance ne saurait équivaloir à la procédure prescrite par le code ; en vain on voudrait faire considérer comme un engagement d'honneur capable de désintéresser la partie la déclaration dont il s'agit ; il n'y a point de conventions, point d'engagements possibles entre le magistrat et celui qu'il est appelé à juger ; les devoirs de l'un et les droits de l'autre ne peuvent être réglés que par la volonté et l'autorité de la loi.

96. La partie qui a négligé de se prévaloir en première instance d'une cause de récusation n'est pas recevable à s'en faire, en appel, un moyen de nullité du jugement. Elle est censée y avoir renoncé (Agen, 28 juin 1870, aff. Sausot, D. P. 70. 2. 216).

97. — 6° *Appel.* — Tous les jugements rendus en matière de récusation sont susceptibles d'appel, car la dignité du corps judiciaire y est en jeu. Cet appel, on l'a dit au *Rép.*, n° 139, peut être interjeté lors même que le fond du procès devrait être jugé en dernier ressort (Garsonnet, *op. cit.*, t. 2, p. 383 ; Boitard, Colmet-Daâge et Glasson, *op. cit.*, t. 1, p. 615, n° 573).

98. L'appel peut être formé par le récusant, et aussi par son adversaire au procès dans le cas où la demande en récusation a été admise. Celui-ci peut, ainsi qu'on l'a fait remarquer au *Rép.*, n° 140, avoir un grand intérêt à empêcher le succès de la demande en récusation. Il est partie au procès principal, dont la récusation ne forme qu'un incident ; il n'est, dès lors, pas possible de soutenir que sur cet incident il devient un tiers. Il est vrai qu'il est demeuré étranger au débat qui s'est élevé sur cette demande ; mais cette abstention, qui n'était pas volontaire, n'a pas emporté acquiescement au jugement qui pourrait intervenir (Garsonnet, *op. cit.*, t. 2, p. 383 ; Dutruc, *op. cit.*, v° *Récusation*, n° 125, Rousseau et Laisney, *op. cit.*, eod. v°, n° 97 ; Bioche, *op. cit.*, eod. v°, n° 148 ; Boitard, Colmet-Daâge et Glasson, *op. cit.*, t. 1, p. 615, n° 574). Il a été jugé, en ce sens, qu'en matière de récusation de juge ou d'arbitre, l'adversaire du récusant peut appeler tant du jugement qui a déclaré la récusation admissible que de celui qui l'a admise, alors surtout que son intervention a été accueillie dans l'instance même de récusation (Poitiers, 31 janv. 1877, aff. Cébron, D. P. 77. 2. 98). Dans l'espèce, l'adversaire était intervenu, par acte au greffe, et avait conclu à ce que la récusation fût déclarée non recevable et mal fondée. Mais l'arrêt pose en principe que « par cela seul qu'il était partie au procès qui avait donné lieu à la récusation, l'adversaire du récusant avait le droit d'appeler du jugement ».

99. Tous les auteurs admettent que le juge récusé peut appeler, s'il est devenu partie au jugement de récusation, en se portant demandeur en dommages-intérêts. La plupart lui refusent le droit d'appel, s'il n'a fait que s'expliquer sur les faits allégués contre lui, lors même que son honneur est compromis par le jugement qui admet la récusation. Dans ce cas, la seule voie qui lui est ouverte est celle de l'intervention sur l'appel. « Cette exclusion, dit M. Garsonnet, *op. cit.*, t. 2, p. 383, peut sembler regrettable quand le jugement contient des motifs de nature à porter atteinte à l'honneur du magistrat récusé, mais elle est commandée par le principe que, pour appeler d'un jugement, il faut avoir été partie au procès en première instance : d'ailleurs, ce magistrat pourra toujours, s'il est prudent, parer à ce danger en se portant demandeur en dommages-intérêts » (En ce sens : Rousseau et Laisney, *op. cit.*, v° *Récusation*, n° 98 ; Dutruc, *op. cit.*, eod. v°, n° 126. — *Contrà*, Bioche, *op. cit.*, eod. v°, n° 130 ; V. *Rép.* n° 142).

100. L'appel est suspensif. Le tribunal ne peut ordonner l'exécution provisoire du jugement. Si néanmoins la partie soutient que, vu l'urgence, il est nécessaire de procéder à une opération sans attendre que l'appel soit jugé, l'incident doit être porté à l'audience sur simple acte, et le tribunal peut ordonner qu'il sera procédé à l'opération par un autre juge (*Rép.* n° 143 ; Garsonnet, *op. cit.*, t. 2, p. 383 et 375 ; Bioche, *op. cit.*, v° *Récusation*, n° 132 et 167 ; Rousseau et Laisney, *op. cit.*, eod. v° n° 100 ; Dutruc, *op. cit.*, eod. v°, n° 127).

101. Les jugements auxquels le juge récusé aurait participé, les opérations qu'il aurait faites au mépris de l'appel, et hors du cas d'urgence reconnue sont nuls, on l'a dit au *Rép.*, n° 144, lors même que la récusation serait, en définitive, jugée mal fondée (En ce sens : Dutruc, *op. cit.*, v° *Récusation*, n° 128 ; Rousseau et Laisney, *op. cit.*, eod. v°, n° 100 ; Bioche, *op. cit.*, eod. v°, n° 167).

102. L'appel doit être interjeté dans le délai de cinq jours à compter de la prononciation du jugement (c. proc. civ. art. 392 ; *Rép.* n° 145 ; Boitard, Colmet-Daâge et Glasson, *op. cit.*, t. 1, p. 615, n° 574 ; Bioche, *op. cit.*, v° *Récusation*, n° 51). Il a été jugé que le jugement qui déclare la récusation admissible a un caractère définitif ; qu'il n'est, par suite, susceptible d'appel que dans le délai de cinq jours à compter de sa date (Poitiers, 31 janv. 1877, aff. Cébron, D. P. 77. 2. 98). Dans l'espèce, deux jugements avaient été rendus : le jugement déclarant la récusation admissible, le jugement admettant la récusation proposée. Dans le délai de cinq jours à partir du second jugement, l'adversaire du récusant fit appel des deux décisions. La cour, estimant que le jugement rendu sur l'admissibilité devait être considéré non comme préparatoire mais comme définitif, a rejeté comme tardif l'appel formé contre ce jugement : « aucun texte, d'ailleurs, dit l'arrêt, n'autorisant à penser que le sort de ce jugement soit lié, en ce qui touche l'appel, à celui du jugement qui termine l'instance ».

103. Le délai de cinq jours est fatal et emporte déchéance. Cette solution, admise au *Rép.*, n° 146, est généralement adoptée par les auteurs. « Il ne s'agit pas, en effet, ici, dit M. Bioche *op. cit.*, v° *Récusation*, n° 151, d'une nullité d'actes de procédure qui ne peut être suppléer. Si le délai n'était pas rigoureux, l'appel serait recevable pendant trente ans, ce qui est inadmissible, surtout dans une matière pour laquelle on a établi une procédure plus simple que dans les cas ordinaires, afin que l'intégrité du magistrat ne restât pas longtemps sous le soupçon » (En ce sens : Rousseau et Laisney, *op. cit.*, v° *Récusation*, n° 103).

104. Le délai de cinq jours n'est pas susceptible d'augmentation à raison des distances (*Rép.* n° 146 ; Rousseau et Laisney, *op. cit.*, v° *Récusation*, n° 104 ; Bioche, *op. cit.*, eod. v°, n° 153).

105. L'acte d'appel doit être fait par acte au greffe ; signifié par exploit, il serait radicalement nul. La loi n'exigeant pas qu'il soit signé de la partie elle-même ou de son fondé de pouvoirs spécial et authentique, cet acte ne serait pas nul par cela seul qu'il n'aurait été signé que de l'avoué (*Rép.* n°s 148 et 149 ; Rousseau et Laisney, *op. cit.*, v° *Récusation*, n° 105 ; Dutruc, *op. cit.*, eod. v°, n° 133 ; Bioche, *op. cit.*, eod. v°, n° 154).

106. La procédure à suivre en appel a été indiquée au

Rép., nᵒˢ 148 et suiv. La cour prononce sans qu'il soit nécessaire d'appeler les parties (art. 394). L'appelant n'a donc pas besoin de se faire représenter par un avoué. Le ministère du greffier suffit pour instruire la cause (*Rép.* nᵒ 152; Dutruc, *op. cit.*, vᵒ *Récusation*, nᵒ 134).

107. Aux termes de l'art. 394 c. proc. civ., dans les trois jours de la remise des pièces au greffier de la cour, celle-ci *indique* le jour de l'arrêt et commet l'un des juges. — Cet arrêt préparatoire, indiquant le jour où la cour statuera sur la récusation doit-il être rendu en audience publique ou en chambre du conseil? L'art. 394 parle *de l'audience* seulement au sujet de l'arrêt définitif. On pourrait en conclure que l'arrêt préparatoire peut être rendu en chambre du conseil. Cependant ces mots « l'arrêt *indiquera* le jour » semblent marquer l'intention de faire connaître aux intéressés la décision prise; s'il s'était agi d'une simple résolution d'ordre intérieur, le législateur se serait, sans doute, servi d'une autre expression. Dans la pratique, les arrêts préparatoires sont rendus en audience publique (V. Amiens, 5 avr. 1876, *suprà*, nᵒ 35).

108. En appel, comme en première instance (V. *suprà*, nᵒ 80), les parties n'ont pas le droit d'être entendues oralement (Paris, 10 juin 1868) (1).

109. L'arrêt qui statue sur la récusation doit être signifié à la partie seulement. Il ne doit pas l'être au juge récusé; celui-ci a connaissance de l'arrêt par l'entremise du greffier de la cour (*Rép.* nᵒ 151; Bioche, *op. cit.*, vᵒ *Récusation*, nᵒ 162; Dutruc, *op. cit.*, eod. vᵒ, nᵒ 135).

Art. 2. — *Justices de paix* (*Rép.* nᵒˢ 153 à 166).

110. Il est reconnu que, par suite de l'insuffisance des règles énoncées au titre spécial « De la récusation des juges de paix », les tribunaux sont obligés de recourir, pour quelques points essentiels, aux art. 378 et suiv. c. proc. civ., qui réglementent la matière d'une manière générale. L'art. 382 exige que la récusation soit présentée « avant le commencement de la plaidoirie », c'est-à-dire avant que les conclusions aient été contradictoirement prises (V. *suprà*, nᵒ 65). La récusation des juges de paix doit avoir lieu avant toutes défenses au fond; elle ne saurait plus être proposée après une première comparution (Dutruc, *op. cit.*, vᵒ *Justice de paix*, nᵒ 268). Il a été jugé que la récusation d'un magistrat (le suppléant d'un juge de paix) n'est recevable qu'autant qu'elle a été proposée avant tout développement des moyens de la cause; qu'elle ne saurait être accueillie lorsque la déclaration au greffe n'a eu lieu qu'après une première audience, dans laquelle la partie a produit des moyens de défense (Trib. civ. Strasbourg, 27 janv. 1870, aff. Goerner et autres, D. P. 71. 3. 53).

111. L'art. 382 c. proc. relève de la déchéance la partie qui propose la récusation après les plaidoiries commencées, lorsque les causes de la récusation sont *survenues* qu'a-près le délai. Cette disposition est applicable également à la récusation du juge de paix; et il faut assimiler à ce cas celui où une cause préexistante de récusation, que la partie pouvait connaître avant d'engager le procès, n'est, en réalité, venue à sa connaissance que depuis la première audience (V. *Rép.*, nᵒ 153; Dutruc, vᵒ *Justice de paix*, nᵒ 270; Bioche, *Dictionnaire des juges de paix*, vᵒ *Récusation*, nᵒ 21).

112. Dans le cas où il y a lieu de procéder à une opération urgente, que devrait présider le juge de paix récusé, les parties peuvent demander au tribunal que l'opération soit faite par un autre juge (*Rép.* nᵒ 153; Dutruc, *op. cit.*, vᵒ *Justice de paix*, nᵒ 270).

113. Le juge de paix commis à une enquête par un tribu-nal d'arrondissement est soumis aux mêmes causes de récusation qu'un juge faisant partie de ce tribunal, car il n'agit plus en vertu de son propre pouvoir juridictionnel, mais en vertu du jugement qui l'a nommé commissaire (Chauveau, *op. cit.*, t. 1, quest. 184 *ter*; Allain, *Manuel des juges de paix*, t. 2, p. 841, nᵒ 3114).

114. La partie qui veut récuser un juge de paix est tenue, aux termes de l'art. 44, de former la récusation et d'en exposer *les motifs*. Un seul suffit; tous les auteurs sont d'accord sur ce point (Dutruc, *op. cit.*, vᵒ *Justice de paix*, nᵒ 271; Bioche, *op. cit.*, vᵒ *Récusation*, nᵒ 16).

115. L'exploit contenant récusation du juge de paix est signé par la partie ou par son fondé de pouvoirs. L'art. 45 ne dit pas que, si l'un ou l'autre ne sait pas signer, il sera fait mention des causes de refus. L'huissier, dès lors, ne peut suppléer au défaut de signature par la déclaration de l'ignorance ou de l'impuissance du récusant. Celui-ci doit donner un mandat spécial à une personne sachant signer (*Rép.* nᵒ 157; Bioche, *op. cit.*, vᵒ *Récusation*, nᵒ 19; Dutruc, *op. cit.*, vᵒ *Justice de paix*, nᵒ 272; Allain, *op. cit.*, t. 2, p. 842, nᵒ 3116).

116. La récusation ne peut avoir lieu que de la manière indiquée par l'art. 45 c. proc. civ. Elle ne saurait être faite à l'audience (*Rép.* nᵒ 157; Bioche, *op. cit.*, vᵒ *Récusation*, nᵒ 20; Dutruc, *op. cit.*, vᵒ *Justice de paix*, nᵒ 275).

117. Le juge de paix étant récusé, la procédure sur l'instance principale est suspendue. Cette suspension, on l'a dit au *Rép.*, nᵒ 159, court à partir du moment où l'acte de récusation a été communiqué au magistrat (V. en ce sens : Bioche, *op. cit.*, vᵒ *Récusation*, nᵒ 23; Dutruc, *op. cit.*, vᵒ *Justice de paix*, nᵒ 273; Allain, *op. cit.*, t. 2, p. 842, nᵒ 3121).

118. L'envoi au tribunal civil de la récusation et de la réponse du juge, s'il n'est pas requis par la partie récusante dans les trois jours, ne doit pas être fait d'office par le greffier. La partie, en effet, peut vouloir se désister (*Rép.* nᵒ 160; Dutruc, *op. cit.*, vᵒ *Justice de paix*, nᵒ 278; Bioche, *op. cit.*, vᵒ *Récusation*, nᵒ 33; Allain, *op. cit.*, t. 2, p. 842, nᵒ 3119).

119. L'adversaire du récusant peut-il s'opposer à l'acquiescement du juge de paix à la récusation? La négative, enseignée au *Rép.*, nᵒ 158, est adoptée par les auteurs. « Le doute naît, dit M. Bioche, *op. cit.* vᵒ *Récusation*, nᵒ 31, de ce que le juge ne doit pas se dessaisir, sans motif légitime et contre la volonté des parties, d'une juridiction qui lui a été attribuée dans l'intérêt des justiciables. Mais la loi n'a autorisé l'envoi de l'acte de récusation que dans le cas où le juge de paix refuse de s'abstenir. Cette intention résulte de ces expressions: « dans les trois jours de la réponse du juge qui refuse de s'abstenir » ; il est d'ailleurs convenable de restreindre autant que possible les contestations sur la récusation d'un magistrat, et de ne pas le contraindre à devenir juge lorsque sa délicatesse lui fait une loi de s'abstenir » (V. en ce sens, Dutruc, *op. cit.*, vᵒ *Justice de paix*, nᵒ 277).

120. La récusation est jugée sur les conclusions du ministère public, sans qu'il soit besoin d'appeler les parties. Mais il est généralement admis que le tribunal peut, s'il le juge utile, demander aux parties certains renseignements et même les autoriser à présenter leurs moyens à l'audience (*Rép.* nᵒ 161; Dutruc, *op. cit.*, vᵒ *Justice de paix*, nᵒ 279; Bioche, *op. cit.*, vᵒ *Récusation*, nᵒ 34).

121. L'art. 47 dit que la récusation doit être jugée dans la huitaine. Mais, on l'a indiqué au *Rép.*, nᵒ 163, il n'y a pas lieu d'appliquer cet art. 396. La partie adverse qui souffre du retard ne peut que presser le tribunal de statuer (Dutruc, *op. cit.*, vᵒ *Justice de paix*, nᵒ 277; Bioche, *op. cit.*, vᵒ *Récusation*, nᵒ 35).

122. La doctrine enseignée au *Rép.*, nᵒ 164, d'après la-

---

(1) (Longuet et autres). — La cour. — Considérant que ces textes (ceux des art. 392 et 394 c. proc. civ.) établissent pour le jugement de la récusation sur appel une procédure spéciale; qu'il en résulte que la partie qui forme la récusation doit indiquer ses moyens d'appel dans l'acte d'appel même, et déposer au greffe les pièces à l'appui; que le ministère public seul est chargé comme devant prendre des conclusions à l'audience; que cette procédure est complète et n'a rien à emprunter au droit commun; qu'il s'ensuit d'une manière impérieuse que la partie ne doit pas être appelée à l'audience, et qu'elle ne peut être admise à y faire développer ses moyens de récusation et à conclure; — Considérant que la loi, en effet, en prescrivant que le rapport du juge, les conclusions du ministère public et le jugement en matière de récusation auraient lieu en audience publique, a assuré à la partie toutes les garanties conciliables avec les égards dus au magistrat récusé;

Par ces motifs; rejette les conclusions prises par Longuet et autres, et dit qu'ils ne seront pas admis à plaider et à conclure à la barre de la cour.

Du 10 juin 1868.-C. de Paris, ch. corr.-M. Saillard, pr.

quelle on ne doit pas appliquer, en matière de récusation de juge de paix, l'art. 390 c. proc. civ. prononçant une amende contre le récusant qui succombe, une disposition pénale ne pouvant être étendue par voie d'analogie, est admise par les auteurs (Dutruc, op. cit., v° Justice de paix, n° 287; Bioche, op. cit., v° Récusation, n° 37) et consacrée par la jurisprudence. Il a été jugé, en effet, que la peine édictée contre l'auteur d'une récusation de magistrat, reconnue non recevable ou mal fondée, ne s'applique pas au cas de récusation d'un juge de paix (Trib. civ. Strasbourg, 27 janv. 1870, aff. Goerner et autres, D. P. 71. 3. 53). Mais le juge de paix peut réclamer des dommages-intérêts à raison de l'atteinte portée à son honneur (Dutruc, op. cit., v° Justice de paix, n° 287; Bioche, op. cit., v° Récusation, n° 38; Allain, op. cit., t. 2, p. 842, n° 3122).

122. Quand le juge de paix a donné son acquiescement, ou quand la récusation a été judiciairement admise, la cause doit être renvoyée à l'un de ses suppléants. Dans les deux cas, c'est le tribunal de première instance qui prononce le renvoi (Rép. n° 166; Dutruc, op. cit., v° Justice de paix, n°s 285 et 286; Bioche, op. cit, v° Récusation, n° 40).

124. Le juge de paix récusé, n'étant pas partie dans l'instance relative à la récusation, ne peut être condamné aux dépens (Rép. n° 165, et suprà, ibid., v° Frais et dépens, n°s 325 et suiv.).

Sect. 5. — Abstention du juge (Rép. n°s 167 à 179).

125. Quelles que soient à cet égard les traditions d'un certain nombre de tribunaux, il paraît constant qu'aujourd'hui, comme sous l'ancien droit, un juge ne peut se déporter sans faire connaître à ses collègues les causes pour lesquelles il ne peut concourir au jugement, et sans les leur faire approuver. Il ne suffirait pas qu'il déclarât, par acte au greffe, vouloir s'abstenir; il est nécessaire qu'il soumette ses motifs d'abstention à la chambre à laquelle il appartient (Rép. n° 169; infrà, v° Renvoi, art. 2, § 1; Garsonnet, op. cit., t. 2, p. 378; Bioche, op. cit., v° Récusation, n° 10; Rousseau et Laisney, op. cit., eod. v°, n° 51).

126. La délibération intérieure par laquelle la chambre statue sur le déport du juge n'a pas le caractère d'un jugement. Il en résulte : 1° qu'il n'est pas nécessaire de rendre un jugement en forme pour annuler ou rejeter la demande du juge qui désire s'abstenir; 2° qu'il n'est pas nécessaire, pour en décider valablement, d'appeler un autre juge en remplacement de celui qui déclare un motif d'abstention, sous prétexte que le tribunal ne serait pas en nombre pour statuer; 3° que cette décision n'a besoin ni d'être motivée, ni prononcée publiquement, ni signifiée; 4° qu'elle n'est pas susceptible ni d'appel, ni d'opposition, ni de pourvoi en cassation (Rép. n° 175; Garsonnet, op. cit., t. 2, p. 378, note 9; Dutruc, op. cit., v° Récusation, n° 68; Bioche, op. cit., v° Récusation, n° 16; Rousseau et Laisney, op. cit., eod. v°, n°s 54 et 55).

127. Le juge est tenu de se conformer à la décision de ses collègues. « Si les juges, dit M. Garsonnet, op. cit., t. 2, p. 379, ne trouvent pas son déport suffisamment motivé, leur décision n'est que provisoire, car les circonstances peuvent changer, et la situation de leur collègue devenir de plus en plus délicate; s'ils l'autorisent à se déporter, leur décision est définitive, et le magistrat qui s'est d'abord abstenu ne peut revenir sur le parti qu'il a pris avec leur consentement : 1° parce qu'un juge doit assister à toutes les audiences de la cause; 2° parce qu'il ne peut juger décemment une affaire où ses collègues et lui sont tombés d'accord qu'il ne devait pas siéger ».

128. Lorsque plusieurs juges d'un tribunal déclarent s'abstenir, ce tribunal doit-il statuer sur chacune des abstentions par jugement distinct et séparé? La cour de Bastia a décidé, par arrêt du 12 févr. 1855 (aff. Benedetti, D. P. 55. 2. 285), que dans ce cas le tribunal doit statuer par des jugements distincts, sur l'admissibilité de chacune des abstentions proposées (V. Rép. n° 169). M. Chauveau critique, avec raison, cette solution. « D'après la cour de cassation, dit cet auteur (V. Dutruc, op. cit., v° Récusation, n° 71), la déclaration du juge qui s'abstient ne donne point lieu à un véritable jugement de la part de ses collègues, mais bien à un

simple avis; la décision qui intervient n'est susceptible ni d'opposition ni d'appel; il n'est pas nécessaire qu'elle soit motivée ni prononcée publiquement; enfin, pour statuer sur l'abstention, la chambre n'a pas besoin d'être composée du nombre de juges prescrit pour la validité des jugements, et les magistrats qui déclarent ne pas s'abstenir prononcent sur l'admission de l'abstention de leurs collègues. D'un autre côté, il est évident que plusieurs abstentions peuvent se manifester simultanément et ne laisser disponible pour statuer qu'un seul magistrat; on a même vu des circonstances où un tribunal tout entier déclarait s'abstenir. En pareil cas, nulle disposition de loi ne prescrit autant de jugements qu'il y a d'abstentions. Il suffit que l'impuissance de connaître de l'affaire soit constatée par un acte quelconque, jugement ou procès-verbal, comme l'on voudra, pour que les parties soient admises à se pourvoir devant la cour d'appel afin d'obtenir la désignation d'autres juges. Il est difficile de comprendre comment la cour de Bastia veut que le tribunal rende des jugements sur chacune des abstentions, alors que l'admission de ces abstentions peut avoir précisément pour effet de laisser le tribunal sans juges pour prononcer ». — Il a été jugé, dans une espèce où le tribunal avait rendu de véritables jugements sur les abstentions proposées, que dans le cas où plusieurs magistrats déclarent s'abstenir, le tribunal doit statuer à l'égard de chacun d'eux sans le concours de ceux dont l'abstention a déjà été admise (Bastia, 13 mai 1872, aff. Gambini et Pulicani, D. P. 73. 2. 209). L'arrêt s'appuie sur ces motifs « que le magistrat dont le déport a été déclaré valable ne peut être appelé à décider si tel ou tel de ses collègues, tel ou tel membre du barreau, présente toute garantie d'une impartiale justice; que si le déport d'un ou plusieurs magistrats, alors qu'il n'a point pour conséquence l'épuisement du tribunal, peut, sans de trop graves inconvénients, être abandonné à la conscience du magistrat qui veut s'abstenir, à la conscience seule de ses collègues, cette sorte d'arbitraire ne saurait prévaloir lorsque les abstentions doivent avoir pour conséquence le dessaisissement du tribunal que la loi désigne aux parties; qu'alors, en effet, le principe des juridictions doit être sauvegardé, l'intérêt public ne permettant point qu'en dehors des cas prévus par la loi, le justiciable soit distrait de ses juges naturels; que, comme conséquence en la forme et au fond, tout est de droit strict; que le tribunal, donnant à ces décisions une forme juridique, devait d'abord, avant tout, se constituer régulièrement; qu'en admettant même que le déport pût être vidé sans appeler un troisième juge, dans ce cas, comme dans l'autre, le magistrat dont l'abstention avait été admise devait se retirer, les déports ultérieurs être successivement appréciés avec le concours d'autres magistrats, avocats et avoués appelés au vœu de la loi, et jusqu'au moment où, un magistrat seul étant possible, l'épuisement aurait été légalement constaté ».

129. Le juge qui s'est déporté ne peut reprendre la connaissance de l'affaire, quand les causes de son déport ont cessé. Ce serait une cause de nullité du jugement (Rép. n° 178; Dutruc, op. cit., v° Récusation, n° 74; Rousseau et Laisney, op. cit., v° Récusation, n° 56; Bioche, op. cit., eod. v°, n° 17).

130. Le juge n'est pas tenu de s'abstenir par cela seul qu'il est dans le cas d'être récusé; son concours, s'il n'a pas été récusé, ne vicie pas le jugement auquel il a participé (Dutruc, op. cit., v° Récusation, n° 76).

131. Les causes d'abstention ne sont pas déterminées par la loi; elles sont laissées, pour leur appréciation, à la conscience du magistrat et de la chambre à laquelle il les soumet. Le juge peut donc s'abstenir dans des hypothèses où la récusation ne pourrait l'atteindre (Rép. n° 172; Rousseau et Laisney, op. cit., n°s 46 et suiv.; Dutruc, op. cit., eod. v°, n° 63). Jugé, en ce sens, que les causes d'abstention ne sont pas, comme les causes de récusation, déterminées par la loi; l'appréciation en est laissée à la conscience de la chambre à laquelle appartient le magistrat qui déclare s'abstenir (Civ. cass. 9 déc. 1889, aff. Arnaud, D. P. 90. 1. 65).

132. L'abstention du magistrat peut être proposée en tout état de cause; la loi ne fixe à cet égard aucun délai (Rép. n° 177; Rousseau et Laisney, op. cit., v° Récusation, n° 50; Dutruc, op. cit., eod. v°, n° 51).

133. Lors même que le juge a déclaré qu'il sait cause

de récusation en sa personne, et que la chambre a décidé qu'il ne devait pas s'abstenir, les parties n'en ont pas moins le droit d'exercer la récusation (*Rép.* n° 168; Dutruc, *op. cit.*, v° *Récusation*, n° 62).

134. — *Abstention des juges de paix.* — La règle, suivant laquelle le juge qui sait cause de récusation en sa personne doit s'abstenir, s'applique aux juges de paix. On a émis au *Rép.*, n° 179, l'avis que le juge de paix peut s'abstenir d'office, de son propre mouvement, sans consulter le tribunal de première instance (En ce sens : Bioche, *Dictionnaire des juges de paix*, v° *Récusation*, n° 25; Dutruc, *op. cit.*, v° *Justice de paix*, n° 266).—Si le juge de paix ne s'abstient pas, la partie qui ne l'a pas récusé, alors qu'elle aurait pu le faire, ne peut se faire un grief du défaut d'abstention (*Rép.* n° 179; Dutruc, *op. cit.*, v° *Justice de paix*, n° 266; Bioche, *op. cit.*, v° *Récusation*, n° 26).

Table sommaire
des matières contenues dans le Supplément et le Répertoire.

(Les chiffres précédés de la lettre *S* renvoient au Supplément; les chiffres précédés de la lettre *R* renvoient au Répertoire.)

- caractère *S.* 24; *R.* 40.
- conjoint, parenté ou alliance *R.* 45.
- identité *S.* 25; *R.* 43.

— preuve testimoniale *S.* 26; *R.* 44.

Subrogé tuteur *R.* 60.

Suspicion légitime
— délai *R.* 103.

Témoin
— avocat, diffamation,

conseil de discipline *S.* 52.
— citation *S.* 52.
— déposition, instance actuelle ou anté-

rieure *S.* 52; *R.* 81.

Tierce opposition *S.* 50, 193; *R.* 77.

Tribunal de commerce *R.* 18.

— juge, actionnaire *S.* 44.

Tribunal entier *S.* 19; *R.* 16.

Tuteur *S.* 39; *R.* 60 s.

Table des articles du code de procédure civile.

Art. 44. *S.* 10, 55; 57 s., 114; *R.*	154 s. —158. *S.* 69.	52 s., 55, 57, 110; *R.* 14 s.,	167 s. —384. *S.* 10; *R.*	*R.* 107. —384. *S.* 76, 80,	*R.* 97, 125. —382. *S.* 85.	—391. *R.* 97, 139 s. —392. *R.* 140 s.	100 s.; *R.* 148 s. —395. *R.* 148 s.
86 s. —45. *S.* 115 s.;	—159. *S.* 69. —368. *S.* 20.	27 s., 41 s., 46 s., 51 s., 55 s.,	17, 167. —382. *S.* 13, 65,	91. —385. *S.* 77, 80	—389. *S.* 84; *R.* 127 s.	—393. *R.* 148 s.	—396. *S.* 121; *R.* 163.
R. 154 s. —46. *R.* 154 s.	—378. *S.* 8 s., 13, 22, 30 s., 38,	60 s., 68 s. —370. *S.* 22.	68, 72, 110 s.; *R.* 102 s.	s., 91. —386. *S.* 85.	—390. *S.* 86, 90, 122; *R.* 131, s.,	—394. *S.* 80, 91 s.,	—1014. *R.* 23.
—47. *S.* 121; *R.*	40 s., 44, 46 s.,	—380. *S.* 6; *R.* 9,	—383. *S.* 69, 71;	—387. *S.* 82 s.;	164.		

Table chronologique des Lois, Arrêts, etc.

1790. 16 août. Loi. 80 c.	1857. 16 juill. Nîmes. 44 c.	—18 avr. Crim. 11 c.	1866. 24 juin. Dijon. 44 c., 46 c.	—10 août. Req. 43. Bastia. 128 c.	1872. 13 mai. c.	—7 févr. Dijon. 87 c.	mes. 9 c., 82 c., 74 c.
An 9. 19 fruct. Arrêté. 13 c.	1858. 11 févr. Crim. 94 c.	—25 avr. Dijon. 65 c.	1867. 2 mai. Crim. 10 c.	1869. 16 juin. Nîmes. 80 c.	—1er août. Crim. 10 c.	—16 avr. Req. 48 c.	1881. 24 janv. Civ. 46 c.
1847. 11 mai. Civ. 52 c.	—12 févr. Agen. 68 c.	—25 avr. Lyon. 22 c.	—6 août. Req. 6 c.	—24 déc. Crim. 78 c., 80 c.	1873. 19 juill. Crim. 9 c.	—16 avr. Req. 80 c.	—12 févr. Poitiers. 9 c., 47 c., 48 c.,
1850. 6 août. Req. 52 c.	1859. 13 août. Crim. 94 c.	1862. 25 janv. Nancy. 20 c., 27,	—11 déc. Trib. corr. Seine. 38 c.,	1870. 20 janv. Crim. 11 c.	1875. 29 déc. Req. 46 c.	1878. 1er juin. Caen. 31 c.	87 c. 1884. 12 janv. Crim. 9 c.
1851. 22 oct. Alger. 68 c.	1860. 23 juill. Req. 6 c.	30 c., 78 c. —8 avr. Rennes.	76 c., 86 c. 1868. 4 juin. Nancy. 20 c., 27 c.,	—27 janv. Trib. civ. Strasbourg. 110 c., 122 c.	1876. 5 avr. Amiens. 85, 46 c., 77 c., 78 c.,	—1er juill. Caen. 7 c., 43 c., 46 c., 78, 79 c., 85	1885. 19 févr. Dijon. 93 c.
1855. 12 févr. Bastia. 128 c.	—6 août. Req. 22 c., 52 c.	43. 1864. 3 déc. Aix.	30 c., 75 c. —10 juin. Paris.	—12 avr. Req. 38 c.	80 c., 92 c., 107 c.	c. 1879. 18 févr.	1886. 12 mai. Bourges. 75 c.
—2 juill. Civ. 70 c.	—18 août. Crim. 10 c.	86 c. 1865. 27 févr.	108. —16 juin. Rennes.	—28 juin. Agen. 51 c.	1877. 31 janv. Poitiers. 85 c.,	Bourges. 46 c., 49 c.	1889. 1er juin. Pau. 22 c.
1856. 8 mai. Crim. 94 c.	1861. 16 avr. Req. 15 c.	Douai. 36 c. 20 mai. Crim. 76 c.	43 c.	1871. 13 déc. Req. 51 c.	98 c., 102 c.	1880. 8 janv. Nî-	—9 déc. Civ. 131 c.

REDDITION DE COMPTES. — V. *suprà*, v**ᵒˢ** *Frais et dépens*, n**ᵒˢ** 341 et suiv.; *Jugement d'avant dire droit*, n**ᵒˢ** 39 et suiv.; *Mandat*, n**ᵒˢ** 86 et suiv.; *Matières sommaires*, n° 22; *Minorité-tutelle-émancipation*, n° 670; *Prescription civile*, n° 33.

REDEVANCE. — V. *suprà*, v**ᵒ** *Mines*, n**ᵒˢ** 309 et suiv., 342 et suiv., 362 et suiv., 388 et suiv., 592; et *infrà*, v**ᵒ** *Régime forestier*, *Théâtre-spectacle*, *Usufruit*; — Rép. v**ᵒ** *Théâtre-spectacle*, n**ᵒˢ** 96 et suiv.; *Usage-usage forestier*, n**ᵒˢ** 143 et suiv., 414, 436 et 611; *Usufruit*, n° 558.

RÉDUCTION. — V. *suprà*, v**ᵒˢ** *Absence-absent*, n° 60; *Assurances terrestres*, n**ᵒˢ** 170 et 458; *Complice-complicité*, n° 117 et suiv.; *Contrainte par corps*, n**ᵒˢ** 34 et suiv., 90 et suiv.; *Lois*, n**ᵒˢ** 180 et suiv., 195 et 393; *Office*, n**ᵒˢ** 44, 73 et suiv.; — et *infrà*, v**ᵒˢ** *Rente viagère*, et Rép. eod. v**ᵒ**, n**ᵒˢ** 22 et suiv., 75, 171 et suiv. — Sur la réduction des *Dons et legs*, V. *suprà*, v**ᵒˢ** *Dispositions entre vifs et testamentaires*, n**ᵒˢ** 285 et suiv.;... des *Hypothèques*, V. *suprà*, v**ᵒˢ** *Privilèges et hypothèques*, n**ᵒˢ** 1543 et suiv.; et *infrà*, v**ᵒ** *Transcription hypothécaire*, et Rép. eod. v**ᵒ**, n**ᵒˢ** 198 et suiv.

RÉEXPORTATION. — V. *suprà*, v**ᵒˢ** *Douanes*, n**ᵒˢ** 384 et suiv.

RÉFÉRÉ.

Division.

SECT. 1. — Historique, législation, bibliographie (n° 1).
SECT. 2. — Des cas où il y a lieu à référé (n° 2).
SECT. 3. — Qui peut se pourvoir en référé (n° 3).
SECT. 4. — Quel est le juge des référés (n° 4).
SECT. 5. — Procédure (n° 6).
SECT. 6. — Exécution des ordonnances de référé. — Recours contre ces ordonnances (n° 11).
SECT. 7. — Compétence en matière de référé (n° 21).
  Art. 1. — Compétence dans les cas d'urgence (n° 21).
  Art. 2. — Compétence en cas de difficultés sur l'exécution d'un titre authentique (n° 52).
  Art. 3. — Compétence en cas de difficultés sur l'exécution d'un jugement (n° 53).

  Art. 4. — Des cas d'incompétence du président en référé (n° 56).
    § 1. — Interdiction de faire préjudice au principal (n° 57).
    § 2. — Cas où le juge du principal est seul juge du provisoire (n° 62).
    § 3. — Le juge du principal dessaisit le juge des référés (n° 81).

SECT. 1re. — HISTORIQUE, LÉGISLATION, BIBLIOGRAPHIE.
(*Rép.* n**ᵒˢ** 2 et 3.)

1. La pratique des référés a pris, depuis le *Répertoire*, une extension considérable. Elle n'a, d'ailleurs, fait l'objet d'aucune disposition législative. Le véritable code de la matière reste l'ouvrage de M. de Belleyme, qui fut le grand initiateur des référés au tribunal de la Seine (*Ordonnances sur requêtes et sur référés*, 2 vol., 3e édit., 1855); mais d'importants traités ont paru depuis : ce sont ceux de MM. Bazot (*Des ordonnances sur requête et des ordonnances de référé*, 1876); Bertin (*Ordonnances sur requête et référé*, 1879); Gérard (*Des référés sur placets*, 1886). En Belgique, M. Alfred Moreau a donné, en 1890, un traité *De la juridiction des référés*.

SECT. 2. — DES CAS OU IL Y A LIEU A RÉFÉRÉ (*Rép.* n**ᵒˢ** 4 à 10).

2. V. *infrà*, sect. 7.

SECT. 3. — QUI PEUT SE POURVOIR EN RÉFÉRÉ (*Rép.* n**ᵒˢ** 11 à 18).

3. On a vu au *Rép.*, n° 15, que les établissements publics, en général, sont habiles à se pourvoir en référé sans autorisation préalable. Cette règle est applicable, spécialement, aux communes (motifs de l'arrêt ci-après) et aux fabriques (Paris, 17 nov. 1868) (1).

---

(1) (Hugony C. fabrique de l'église de Saint-Ferdinand des Ternes.) — LA COUR; — En ce qui touche le défaut d'autorisation : — Considérant que, dans le cas de péril en la demeure, les fabriques, comme les communes, peuvent se pourvoir en référé sans autorisation préalable; que la nécessité de cette autorisation et des formalités qu'elle entraîne rendrait impossible l'obtention des mesures provisoires et d'urgence en vue desquelles cette juridiction est établie;
En ce qui touche la compétence : — Considérant que, aux

termes de l'art. 80 du décret du 30 déc. 1809, la compétence des tribunaux ordinaires ne s'applique qu'à ce qui concerne les droits de propriété ou le recouvrement des revenus de la fabrique; — Que l'énonciation limitative dudit article et l'ensemble des autres dispositions du décret démontrent que les difficultés relatives à la nomination ou au service des bedeaux et autres serviteurs, au blanchissage, ou à l'exécution des fondations, sont des questions d'ordre et de police intérieurs dont la solution appartient, soit par la nature même des faits, soit par les dispositions du

SECT. 4. — QUEL EST LE JUGE DES RÉFÉRÉS.
(*Rép.* n°s 19 à 35.)

4. Quel est le tribunal dont le président est compétent pour statuer en référé? En d'autres termes, comment doit se régler, en matière de référé, la compétence *ratione personæ* ou *ratione loci?* La question est controversée. Les uns veulent qu'on applique ici le droit commun, c'est-à-dire l'art. 59 c. proc. civ., et qu'on saisisse en général le président du tribunal du domicile du défendeur. Ainsi on a vu au *Rép.*, n° 29, qu'il a été jugé que, dans le cas où le référé le défendeur à la demande en délivrance d'une seconde grosse sont domiciliés dans des arrondissements différents, le référé doit être porté devant le président du tribunal du défendeur et non devant celui du notaire. Un arrêt plus récent de la cour d'Amiens (26 mai 1875, aff. Robert de Massy, D. P. 76. 2. 68) a de même, en matière commerciale, appliqué au référé les principes qui régissent la compétence du tribunal pour un débat au fond.

Cette solution cependant est contestée, notamment par M. de Belleyme (*Rép.* n° 30); et, en effet, il est certain qu'elle présente, dans bien des cas, de graves inconvénients : le référé supposant urgence, il semble qu'on doive préférer le président du tribunal du lieu où est née la difficulté; obliger le demandeur à s'adresser au président du tribunal du défendeur, ce serait lui imposer parfois des retards très préjudiciables. Aussi la majorité des auteurs préfèrent-ils donner compétence au président du tribunal du lieu où la difficulté s'est produite (Bioche, *Dictionnaire de procédure*, v° *Référé*, n°s 236 et suiv.; de Belleyme, *op. cit.*, p. 400; Rodière, *Traité de compétence et de procédure en matière civile*, 4e édit., t. 2, p. 389; Carré et Chauveau, *Lois de la procédure civile et commerciale*, quest. 2674 *bis*; Rousseau et Laisney, *Dictionnaire de procédure*, v° *Référé*, n° 18; Bertin, *Ordonnances sur requête et référé*, n°s 240 et suiv.; Bazot, *Dictionnaire sur requête et des ordonnances de référé*, p. 227). Jugé, en ce sens : 1° que le président du tribunal civil de la situation de l'immeuble loué est compétent pour statuer en référé, dans les cas d'urgence, sur la demande du locataire tendant à faire constater l'état des lieux et exécuter les réparations nécessaires (Paris, 13 juin 1868, aff. De Verthamont, D. P. 68. 2. 178); — 2° Que le juge compétent pour connaître du référé sur l'exécution d'un jugement est le président du tribunal du lieu où se poursuit l'exécution; qu'en conséquence, en matière de liquidation à la suite de séparation de biens, le juge compétent est celui dans le ressort duquel exerce le notaire chargé de la liquidation (Req. 1er déc. 1886, aff. Peigné, D. P. 87. 1. 404 et 427); — 3° Que, hors le cas d'incompétence *ratione materiæ*, le juge compétent (par exemple, pour nommer un expert) est celui du lieu où les constatations doivent être faites; car autrement les parties seraient exposées à des retards préjudiciables, et l'intérêt de célérité qui sert de fondement à cette procédure ne recevrait plus satisfaction (Req. 12 févr. 1889, aff. *La Mutuelle de Valence*, D. P. 92. 1. 382). Ce dernier arrêt, qui peut être considéré comme fixant la jurisprudence, est d'autant plus intéressant qu'il intervenait dans une espèce où le contrat litigieux (un contrat d'assurance) contenait une attribution de juridiction pour le débat au fond : la cour a jugé que la clause d'une police d'assurances portant attribution de juridiction, pour l'exécution du contrat, devant un tribunal déterminé, n'est pas applicable au cas où il s'agit de simples constatations d'un caractère urgent et purement conservatoire.

5. Dans le tribunal compétent, quel est le magistrat qui a qualité pour tenir l'audience des référés? C'est, en première ligne, le président. C'est ensuite le vice-président, sans, d'ailleurs, que la jurisprudence exige dans ce cas une mention expresse de l'empêchement du président (*Rép.* n° 21).

Ce peut être enfin l'un des juges, suivant l'ordre d'ancienneté; mais ici il a été jugé que l'empêchement du vice-président devait être constaté, à peine de nullité (Nancy, 26 févr. 1876, aff. D..., D. P. 76. 1. 313) : « Attendu, dit cet arrêt, que le droit et le devoir de tenir l'audience des référés constituent l'une des prérogatives du président, lequel doit être remplacé, pour cette raison, en cas d'empêchement ou d'absence, dans les tribunaux composés de deux chambres, non par un juge, fût-il le plus ancien, comme le prescrit l'art. 47 du décret du 30 mars 1808, statuant *de eo quod plerumque fit*, mais par le vice-président; que cette règle, comme toutes les règles qui touchent à la juridiction, est l'une de celles dont l'infraction entraîne après elle une nullité radicale et d'ordre public, qui s'impose d'office aux magistrats ».

SECT. 5. — PROCÉDURE (*Rép.* n°s 36 à 60).

6. On distingue dans la pratique, notamment au tribunal de la Seine où la juridiction des référés a une importance exceptionnelle, deux sortes de référés : les uns constituent un incident d'une procédure déjà engagée (procédure de saisie-exécution, procédure d'inventaire ou de scellés); les autres constituent, au contraire, une procédure indépendante et nouvelle. Dans le premier cas, la difficulté est constatée au procès-verbal de l'officier ministériel (huissier, commissaire-priseur, notaire) ou du magistrat (juge de paix), dont l'opération est interrompue par la contestation; puis cet officier ministériel ou ce magistrat ajourne les parties devant le président du tribunal civil : on dit alors qu'il y a *référé sur procès-verbal*. Dans tous les autres cas, il est lancé une assignation proprement dite introductive de l'instance de référé, et, à Paris, cette assignation étant copiée en forme de *placet* remis au président, la procédure a reçu le nom de *référé sur placet* (Gérard, p. 11). C'est là une distinction toute de procédure, et qui ne touche aucunement au fond du droit. Aussi a-t-il été jugé que la distinction établie à Paris entre les référés sur procès-verbaux et les référés sur placet ou assignation, étant purement réglementaire, ne modifie en rien les pouvoirs de juridiction qui sont attribués par la loi au juge des référés; que, dès lors, il n'y a pas nullité d'une ordonnance de référé parce qu'elle a été consignée au pied d'un procès-verbal de constat dans la forme usitée pour les référés sur procès-verbaux, alors qu'elle aurait dû être rendue sur placet ou assignation (Paris, 19 janv. 1880, aff. Bougeault, D. P. 93. 2. 337).

7. L'assignation en référé, lorsqu'elle s'adresse à une commune, n'a point besoin d'être précédée du mémoire préalable prescrit pour les assignations au fond (Req. 10 avr. 1872, aff. Falacès, D. P. 73. 1. 12).

8. Pour l'assignation en référé, aucun délai n'est déterminé. Quelle est la règle à suivre dans le silence de la loi?

Si l'assignation est donnée pour l'audience ordinaire des référés, une jurisprudence aujourd'hui constante décide qu'aucun délai n'est de rigueur, pourvu que les droits de la défense soient respectés (*Rép.* n°s 41 et suiv.; de Belleyme, t. 1, p. 405; Gérard, p. 57). La loi n'ayant pas fixé aucun délai entre la citation en référé et la comparution à l'audience, c'est au juge qu'il appartient d'apprécier, selon les circonstances, s'il s'est écoulé un délai suffisant pour que la partie assignée ait pu préparer sa défense (Caen, 9 nov. 1874, aff. Lepareux, D. P. 76. 2. 48). Spécialement, les citations devant le juge des référés peuvent, même pour l'audience ordinaire, être données d'heure à heure, et sans permission du juge : il suffit qu'elles accordent à la partie citée le temps nécessaire à sa défense; ainsi, la citation délivrée à dix heures et demie, pour comparaître à l'audience des référés commençant à midi, est valable, si elle a été remise à la partie citée, en parlant à sa personne (Paris, 8 mars 1870, aff. Lemar-

décret, à l'autorité administrative; — Que les tribunaux ordinaires, incompétents pour en connaître au principal, le sont également pour statuer au provisoire; — Considérant que, en admettant que ces tribunaux aient compétence pour ce qui regarde les perceptions irrégulièrement faites et ordonnées par le curé, comme se rattachant au gouvernement des revenus de la fabrique, le juge des référés ne pourrait intervenir qu'autant qu'il y aurait urgence; — Considérant que, dans l'espèce, cette urgence n'existait pas; — Que les faits imputés à l'appelant

concernant la rétribution des chaises, les troncs et les quêtes ne peuvent donner lieu qu'à l'établissement d'un compte entre la fabrique et le curé; — Qu'aucune circonstance n'était de nature à motiver le recours au juge des référés; — Sans avoir égard au moyen tiré du défaut d'autorisation, lequel est rejeté,

Dit qu'il n'y avait lieu à référé, etc.

Du 17 nov. 1868.-C. de Paris, 1re ch.-MM. Devienne, 1er pr.-Dupré-Lasale, 1er av. gén.-Victor Lefranc et Magnier, av.

chant, D. P. 70. 2. 63). — Il en serait autrement si le délai était insuffisant pour que le défendeur fût mis en état de faire valoir ses moyens. Jugé en ce sens : 1° que la citation est nulle, si elle a été remise non à la partie citée elle-même, mais à une autre personne, et, par exemple, en parlant à sa femme, cette partie étant alors réputée n'avoir pas eu le temps nécessaire pour comparaître devant le juge et préparer ses moyens de défense (Paris, 8 mars 1870, aff. Pelletier, D. P. 70. 2. 63) ; — 2° Que l'assignation en référé, donnée d'heure à heure sur un procès-verbal de saisie-gagerie, est nulle, lorsqu'elle n'a pas été remise à la personne du défendeur et ne lui a pas laissé un délai matériel suffisant pour comparaître (Paris, 18 juin 1869, aff. Gaury, D. P. 70. 2. 64).

La règle est différente, lorsque l'assignation n'est pas donnée pour l'audience ordinaire ; car ici il existe un texte, l'art. 808 c. proc. civ. (*Rép.* n° 50). Jugé, dans ce cas, qu'une assignation en référé pour comparaître à un jour et une heure autres que ceux des audiences ordinaires des référés n'est valable qu'autant qu'elle a été donnée en vertu d'une permission du juge, et signifiée par huissier commis ; que par suite, si elle manque de l'une et de l'autre de ces conditions, elle est nulle, ainsi que l'ordonnance rendue sur cette assignation (Civ. cass. 6 nov. 1861, aff. Boulanger, D. P. 61. 1. 489).

9. Les règles ci-dessus sont naturellement inapplicables, lorsque les parties comparaissent volontairement, soit au référé devant le président, soit au référé devant le tribunal (V. *Rép.* n° 37, et la note, D. P. 68. 2. 199). Mais il ne peut, semble-t-il, en être de même lorsque les parties sont renvoyées par le président devant le tribunal, non pas en état de référé, mais pour plaider au fond. La cour de Rennes a cependant jugé que, bien qu'une ordonnance de référé, par laquelle le président s'est déclaré incompétent et a renvoyé les parties pour être jugées sur le fond à une audience déterminée du tribunal civil, n'ait pas été signifiée, et qu'il n'ait pas été donné assignation, le tribunal peut juger la cause sans commettre aucun excès de pouvoir, si les parties, qui étaient présentes ou dûment représentées devant le président au moment où il a rendu son ordonnance, se sont présentées volontairement et sans protestation à l'audience indiquée et y ont conclu au fond (Rennes, 2 mai 1868, aff. Legentilhomme, D. P. 68. 2. 199).

10. Le greffier doit, en principe, dresser la minute de l'ordonnance de référé, et déposer cette ordonnance au greffe ; mais ces formalités, qui ne sont jamais observées en matière de référé sur procès-verbal (*Rép.* n° 51), ne sont pas prescrites à peine de nullité (Paris, 19 janv. 1880, aff. Bougeault, D. P. 93. 2. 337-338),... alors surtout que l'ordonnance est rendue par le président en son hôtel (Grenoble, 13 juill. 1872, aff. Pons, D. P. 76. 2. 164).

SECT. 6. — EXÉCUTION DES ORDONNANCES DE RÉFÉRÉ. — RECOURS CONTRE CES ORDONNANCES (*Rép.* n°ˢ 61 à 92).

11. Les ordonnances de référé sont de plein droit exécutoires par provision (c. proc. civ. art. 809) ; elles peuvent être déclarées, par le président qui les rend, exécutoires sur minute (Grenoble, 13 juill. 1872, aff. Pons, D. P. 76. 2. 164).

12. Ces ordonnances ne sont point susceptibles d'opposition (*Rép.* n° 751), non plus que les jugements rendus par le tribunal en matière de référé (Bordeaux, 12 janv. 1888, aff. Gilbert, D. P. 89. 2. 167-168). Quant à l'opposition aux arrêts de référé, V. *infra*, n° 18.

13. Les ordonnances de référé sont susceptibles d'appel, et, lorsqu'elles sont rendues en exécution d'une ordonnance sur requête contenant une réserve de référé, il a été jugé que l'appel peut attaquer à la fois l'ordonnance sur requête et l'ordonnance de référé (spécialement dans le cas où celle-ci rétracte la première) ; c'est ce qui a été décidé en matière d'envoi en possession (Bordeaux, 4 avr. 1835, aff. Laville, D. P. 57. 5. 275);... d'apposition de scellés (Paris, 20 janv. 1877, aff. Philippart, D. P. 77. 2. 67);... de saisie-arrêt (V. Paris, 18 janv. 1886 (1) ; et les arrêts cités *infrà*, n° 37).

14. En ce qui touche la recevabilité de l'appel, on est d'accord pour appliquer ici les règles du dernier ressort, telles qu'elles sont fixées pour les jugements (V. *suprà*, v° *Degré de juridiction*, n° 19). Toutefois, l'appel est toujours recevable, lorsque le juge des référés a excédé ses pouvoirs (Paris, 1er avr. 1854, aff. Chevalier, D. P. 54. 5. 637 ; 29 nov. 1871, aff. Dumont, D. P. 72. 5. 379; 6 août 1891, aff. Breton, D. P. 94. 2; Besançon, 10 févr. 1892, aff. Postansque, D. P. 94. 2. 169 ; *Rép.* n° 82).

15. Le délai d'appel est de quinze jours (c. proc. civ. art. 809), même dans le cas où il s'agit, non d'une ordonnance, mais d'un jugement de référé, rendu par le tribunal entier (*Rép.* n° 84; Pau, 21 déc. 1880) (2). Ce délai doit être entendu

---

(1) (Auguy *C.* Gouvernel.) — LA COUR ; — Sur la recevabilité de l'appel : — Considérant que l'ordonnance dont est appel diffère essentiellement de celle par laquelle le président avait, conformément aux dispositions de l'art. 558 c. proc. civ., autorisé le sieur Auguy à former une saisie-arrêt sur les époux Gouvernel ; qu'elle a été rendue sur assignation, après un débat contradictoire et non plus sur simple requête; qu'elle n'appartient, ni en la forme, ni au fond, à la juridiction gracieuse, puisqu'il y a eu débat entre les parties, et que le juge a statué sur le contentieux porté devant lui ; que, par suite, cette ordonnance a pu être valablement attaquée, comme toute autre décision sur référé, dans les termes de l'art. 809 c. proc. civ.

En ce qui touche la compétence : — Considérant que, le juge du référé ayant le droit d'admettre ou de rejeter les requêtes à fin de saisie, aucune raison légale ne s'oppose à ce que, prenant un parti intermédiaire, il en subordonne l'admission à la réserve qu'il lui en sera référé en cas de difficultés ; que le titre ainsi délivré à celui qui se prétend créancier se trouve alors soumis à une condition résolutoire, condition qui affecte, comme le titre lui-même, les actes de procédure qui en sont la suite ; qu'en conséquence, la dénonciation de la saisie-arrêt et l'assignation en validité ne peuvent empêcher le juge d'user de la faculté qu'il s'est expressément réservée ; que ce droit lui est seulement enlevé, lorsque la partie saisie a implicitement renoncé à l'invoquer, soit en constituant avoué sur la demande en validité et liant ainsi l'affaire au principal, soit en laissant écouler un délai non justifié depuis le moment où la saisie lui a été notifiée; — Considérant que, dans l'espèce soumise à la cour, la saisie-arrêt ayant été dénoncée le 28 juillet, les époux Gouvernel ont, avant toute constitution d'avoué sur la demande en validité, assigné le sieur Auguy en référé, pour voir rapporter l'ordonnance du 22 juillet précédent, qui avait autorisé la saisie-arrêt ; qu'ainsi, ils se sont prévalus de la réserve contenue dans cette ordonnance aussitôt que cela leur a été possible, et que, par suite, aucune présomption de renonciation ne saurait être invoquée contre eux; — Par ces motifs ; — Déclare l'appel recevable ; — Dit que le juge du référé était compétent, etc.

(2) (Larre *C.* Bachou.) — LA COUR ; — Attendu que, aux termes de l'art. 809 c. proc., l'appel des décisions sur référé n'est point recevable, s'il a été interjeté après la quinzaine de leur signification ; que cette disposition s'applique au cas où la décision a été rendue par le tribunal jugeant en état de référé, aussi bien qu'au cas où elle a été rendue par le président seul, le jugement rendu, en ce cas, par le tribunal étant de même nature que les ordonnances de référé, et les mêmes motifs de célérité justifiant l'abréviation de ce délai d'appel ; — Attendu, d'ailleurs, que c'est bien en référé qu'a été jugé par la décision dont est appel ; que la cause, en effet, portée d'abord devant le président du tribunal en référé, a été renvoyée par ce magistrat à l'audience; qu'elle n'a pu y être régulièrement renvoyée qu'en l'état même où elle était devant le président, c'est-à-dire en état de référé; que c'est ainsi, du reste, que les parties ont interprété le renvoi ; que la veuve Bachou, en effet, a conclu devant le tribunal, sur le référé par elle introduit et renvoyé à l'audience; que les époux Larre ont conclu, de leur côté, au rejet des demandes, fins et conclusions résultant de l'exploit du 17 avr. 1880, qui avait introduit le référé ; que le tribunal enfin a déclaré statuer sur le référé introduit par la veuve Bachou contre les époux Larre et renvoyé à l'audience ; — Qu'il n'y a pas lieu de rechercher si la cause excédait la compétence du juge statuant en référé, cette question ne pouvant être examinée que dans le cas où l'appel serait recevable; qu'il suffit de constater que le tribunal a jugé en état de référé, et que l'appel de ce jugement n'a pas été interjeté dans le délai prescrit par l'art. 809 c. proc. ; — Par ces motifs ; — Statuant sur ledit appel, le déclare irrecevable ; — Dit que le jugement du 25 août 1880 sortira son plein et entier effet, sans aucun préjudice au principal ; — Condamne les époux Larre, etc.

Du 21 déc. 1880.-C. de Pau, 1re ch.-MM. Daguilhon, 1er pr.-Pouget, av. gén.-Riquort et Forest, av.

Du 18 janv. 1886.-C. de Paris, 5e ch.-MM. Bertheville, f. f. de pr., pr.-Potier, subst.-Sandrique et Champetier de Ribes, av.

en ce sens que l'appel doit être interjeté au plus tard le quinzième jour (Paris, 30 sept. 1880) (1).

16. Contrairement à la règle qui, en matière de jugements, n'admet pas la signification de l'appel à domicile élu (V. *suprà*, v° *Appel civil*, n°s 153 et suiv.), il a été jugé que l'acte d'appel d'une ordonnance de référé est valablement signifié au domicile de l'avoué que l'intimé avait constitué pour son mandataire (Paris, 20 janv. 1877, aff. Philippart, D. P. 77. 2. 67).

17. L'appel d'une ordonnance de référé est soumis à la consignation d'une amende de fol appel (Civ. cass. 20 août 1867, aff. Gillotte, D. P. 67. 1. 341).

18. On a signalé au *Rép.* (n°s 78 et 79) la controverse qui divisait les cours d'appel sur le point de savoir si les arrêts rendus par défaut en matière de référé sont susceptibles d'opposition. La négative a été proclamée par plusieurs arrêts (Paris, 31 mars 1870, aff. Barbier, D. P. 70. 2. 168; Alger, 28 mai 1877, aff. Delmas, D. P. 80. 1. 128; Bordeaux, 12 janv. 1888, aff. Gilbert, D. P. 89. 2. 167-168). La cour de Bordeaux, dans l'arrêt précité, justifie cette solution en disant que la disposition de l'art. 809 c. proc. civ., qui interdit l'opposition contre les ordonnances de référé doit être étendue aux arrêts qui statuent par défaut sur appel des ordonnances de référé, parce que l'urgence et les nécessités qui en résultent justifient, dans un cas comme dans l'autre, cette dérogation au droit commun. Vainement on objecte que l'art. 809 c. proc. civ. n'interdit l'opposition que pour le premier degré de juridiction ; car, dans leur ensemble, les dispositions de ce texte démontrent que le législateur a voulu proscrire tous les moyens dilatoires de nature à compromettre des intérêts qu'il y avait lieu de sauvegarder. Et l'arrêt remarque, à cet effet, que le législateur a organisé, pour le second comme pour le premier degré de juridiction, une procédure spéciale, caractérisée par la simplicité et la rapidité des formes ; que l'appel peut être interjeté immédiatement ; que le délai en est réduit à quinze jours et qu'il doit être jugé sommairement et sans procédure. Retournant l'argument de texte, la cour de Bordeaux ajoute que, si l'art. 809 ne dit pas expressément que les arrêts par défaut rendus en matière de référé ne seront pas susceptibles d'opposition, il déclare que les appels seront jugés sans procédure ; que, dans sa généralité, cette disposition prohibe toute involution de procédure qui occasionnerait un retard dans la décision ; que l'opposition à un arrêt par défaut, si elle était possible, aurait évidemment ce résultat. — Quelle que soit la valeur de ces arguments, il nous paraît préférable de s'en tenir à l'opinion contraire, soutenue au *Rép.* (n° 78) et consacrée par de nombreux arrêts (Paris, 27 sept. 1860, aff. Crampton, D. P. 61. 5. 407; 20 févr. 1861, aff. Berat, *ibid.*, 408; Bourges, 9 nov. 1870, aff. Mangin, D. P. 72. 2. 212; Amiens, 4 mars 1874, aff. Bourçon, D. P. 76. 2. 48; Civ. cass. 26 août 1879, aff. Delmas, D. P. 80. 1. 128). Elle repose sur cette considération, nettement formulée par la chambre civile, que l'opposition est une voie de droit commun ouverte aux défaillants pour attaquer les décisions de justice rendues à leur préjudice ; que ce principe fondamental du droit de défense ne reçoit d'exception que dans les cas expressément déterminés par la loi ; que, si l'art. 809 c. proc. civ. décide que les ordonnances sur référé ne seront pas susceptibles d'opposition, cet article, qui règle, dans ses deux derniers paragraphes, le mode de procéder en appel, ne prescrit pas cette prescription et se borne à disposer que l'appel des ordonnances sur référé sera jugé sommairement, d'où il résulte que la voie de l'opposition reste ouverte à l'égard des arrêts de défaut rendus en matière de référé.

19. L'intervention est-elle recevable en matière d'appel de référé ? La question dépend, conformément à l'art. 466 c. proc. civ., du point de savoir si la tierce opposition est admissible en cette matière. Pour soutenir la négative, on fait remarquer, d'une part, que la tierce opposition et l'in-

tervention seraient contraires à l'esprit même qui a présidé à l'institution du référé, lequel est exclusif de tout incident de procédure, et, d'autre part, que ces mesures sont superflues, attendu que l'ordonnance de référé ne fait jamais préjudice au principal (Paris, 28 nov. 1868, *suprà*, v° *Expert*, n° 36 ; 29 avr. 1887, aff. Coulon, D. P. 88. 2. 221). — On peut répondre, sur le premier point, que le vœu de célérité qui a guidé le législateur n'est pas tel qu'il doive faire proscrire les procédures utiles (V. ce qui a été dit *suprà*, n° 18, en ce qui touche l'opposition aux arrêts de défaut rendus en matière de référé) ; sur le second point, que la décision, quoique provisoire et susceptible d'être réformée au principal, peut s'exécuter provisoirement, puisqu'elle présente tous les caractères d'une décision définitive avec un droit actuel de commandement et d'exécution (Civ. cass. 23 mars 1864, aff. Caisse des consignations, D. P. 64. 1. 220) et que, par suite, elle peut entraîner un préjudice (De Belleyme, t. 1, p. 440). Aussi la doctrine se prononce-t-elle généralement en faveur de la recevabilité soit de la tierce opposition, soit de l'intervention en matière de référé (De Belleyme, *loc. cit.* ; Thomine-Desmazure, t. 2, p. 398; Chauveau sur Carré, quest. 2773 *bis*).

20. Dès lors que l'appel est recevable contre les ordonnances de référé, faut-il en conclure que l'exécution de ces ordonnances, lorsqu'elles prescrivent *quelque chose à faire* par un tiers, ne peuvent être exécutées qu'autant qu'il a été délivré un certificat de non-appel ? Faut-il appliquer ici l'art. 548 c. proc. civ. ? Pour écarter l'application de cet article, on fait remarquer, non sans raison, que ses dispositions se trouvent sans objet dans le cas où l'opposition ou l'appel ne peuvent empêcher l'exécution. Pourquoi autoriser les tiers à s'assurer qu'il n'y a ni opposition, ni appel, si l'appel ni l'opposition ne sont suspensifs ? ce serait une précaution prise en vue d'effets qu'on ne peut empêcher; autant la disposition de l'art. 548 est sage pour les cas où l'appel est suspensif, autant elle est inexplicable pour les cas où il ne l'est pas ; en effet, elle n'a eu pour objet que d'empêcher qu'on n'exécute contre un tiers un jugement qui, frappé d'opposition ou d'appel, ne pourrait être exécuté contre la partie elle-même ; interprétée d'une autre façon, elle ne se comprend plus. — La cour de Paris (11 juin 1861, aff. Grétillat, D. P. 61. 2. 169) a répondu à cette grave considération que la jurisprudence, dans l'hypothèse très voisine d'un jugement susceptible par provision exige, pour l'exécution contre les tiers, la délivrance d'un certificat de non-exécution ni appel (Req. 25 mai 1841, *Rép.* v° *Jugement*, n° 533-2° ; Grenoble, 8 févr. 1849, aff. Neyret, D.P. 49. 2. 253); et elle insiste sur l'utilité de cette mesure. « Si, dit-elle, on admettait l'exécution contre les tiers des jugements et ordonnances en dehors des précautions prescrites par l'art. 548, il arriverait que les tiers pourraient exécuter non seulement les jugements et ordonnances attaqués par opposition ou appel, mais même ceux qui auraient été mis à néant sur lesdits appel ou opposition ; en effet, les parties en cause connaissent l'issue du recours formé contre les jugements, et elles peuvent ainsi se refuser à l'exécution des décisions réformées; mais il n'en est point ainsi des tiers, qui, étrangers à la procédure suivie entre les intéressés, sont nécessairement dans l'ignorance et des oppositions ou appels et des réformations qui ont pu en résulter ; des inconvénients aussi graves doivent faire maintenir sans hésiter la règle générale posée par l'art. 548 ». C'est en ce sens que s'est fixée la pratique, et on admet généralement, avec l'arrêt précité de la cour de Paris, qu'une ordonnance sur référé qui autorise un payement ou quelque autre chose à faire par un tiers n'est exécutoire contre lui qu'après les délais de l'appel, même quand le juge l'aurait déclarée exécutoire sur minute et nonobstant appel, et que, en conséquence, le tiers, contre qui l'exécution de cette ordonnance est poursuivie, a le droit de s'y refuser jusqu'à ce qu'on lui produise un certificat de non-appel, conformément à l'art. 548 c. proc.

---

(1) (Weble C. Rogniat). — LA COUR ; — Considérant que, aux termes de l'art. 809 c. proc., l'appel des ordonnances de référé n'est pas recevable, s'il a été interjeté après la quinzaine à dater du jour de la signification ; — Qu'il résulte clairement de ces expressions que l'appel doit être interjeté au plus tard le quinzième jour, à partir du jour et non compris le jour de la signification ; —

Que, dans l'espèce, l'ordonnance a été signifiée le 16 août 1880 ; — Que l'appel n'a été interjeté que le 1er septembre suivant ; — Qu'il aurait dû l'être, au plus tard, le 31 août ; — Que cet appel, par conséquent, tardif et non recevable ; — Par ces motifs, etc.

Du 30 sept. 1880.-C. de Paris, ch. vac.-MM. Try, pr.-Coffinhal-Laprade, av. gén., c. conf.-Ch. Lenté et Dufraisse, av.

SECT. 7. — COMPÉTENCE EN MATIÈRE DE RÉFÉRÉ.
(*Rép.* n°s 93 à 237.)

ART. 1er. — *Compétence dans les cas d'urgence.*
(*Rép.* n°s 95 à 164.)

21. D'une manière générale, l'art. 806 c. proc. civ. attribue compétence au juge des référés « dans tous les cas d'urgence ». Cette expression est difficile à définir en termes précis ; mais les auteurs sont unanimes à l'interpréter en ce sens qu'il y a urgence chaque fois qu'un retard entraînerait en fait un préjudice irréparable (Pigeau, *Procédure civile*, t. 2, p. 491 ; Boitard, Colmet-Daâge et Glasson, *Leçons de procédure civile*, 15e édit., n° 1067 ; de Belleyme, t. 1, p. 375 ; Bazot, p. 314 et suiv. ; Gérard, p. 52 et suiv. ; Moreau, n° 22 ; Bruxelles, 19 avr. 1893, aff. Etat belge, D. P. 94. 2. 128). — Il suit de là que le point de savoir s'il y a urgence est uniquement une question de fait. M. Gérard (p. 55-56) ajoute : « une question de milieux », remarquant avec justesse que la pratique des référés, si répandue à Paris, est presque inconnue dans certains petits tribunaux où il est facile de saisir le juge du principal. Aussi décide-t-on généralement que l'urgence est souverainement déclarée par les juges du fond. Il est vrai que, dans quelques arrêts, la cour de cassation s'est abstenue de poser ce principe, en se bornant pour rejeter le moyen tiré du défaut d'urgence, à constater que ce moyen était nouveau (Req. 29 juin 1859, aff. Darblay, D. P. 59. 1. 391), ou qu'il était, suivant sa propre appréciation, mal fondé (Req. 10 avr. 1872, aff. Commune de Gatti-de-Vivario, D. P. 73. 1. 12). Mais, plus récemment, la chambre des requêtes (Req. 14 mars 1882, aff. Ville de Marseille, D. P. 82. 1. 241 ; 20 juill. 1882, aff. Commune de Sanilhac, D. P. 83. 1. 161 ; 20 juill. 1893, aff. Oudaille, D. P. 93. 1. 597) a expressément déclaré que la loi a abandonné à l'appréciation discrétionnaire et souveraine du juge du référé les cas divers d'urgence qui peuvent déterminer sa compétence, sans que sa décision sur ce point tombe sous le contrôle de la cour de cassation. Spécialement, d'après cette jurisprudence, le juge du référé déclare souverainement qu'il y a urgence à autoriser le liquidateur d'une société immobilière à percevoir en sa qualité et, au besoin, en cas de séquestre, les loyers échus et à échoir saisis-arrêtés par un créancier entre les mains des locataires de la société, pendant la durée de l'instance en validité de saisie-arrêt (Arrêt précité du 14 mars 1882) ;... ou que l'urgence nécessaire, pour autoriser le recours par voie de référé, résulte suffisamment de cette circonstance, relevée par l'ordonnance, que le maire d'une commune a troublé un particulier dans les travaux de construction par lui entrepris, et ordonné certaines mesures de nature à porter atteinte aux droits de propriété dont ce particulier excipait en vertu de titres qu'il avait le droit d'invoquer (Arrêt précité du 20 juill. 1882). — Il faut, d'ailleurs, que l'urgence soit expressément déclarée par le juge ; mais sur la forme de cette déclaration, la cour de cassation se montre extrêmement large. Ainsi, il a été jugé que, lorsque la requête présentée au juge du référé expose qu'il y a nécessité de faire procéder, sans aucun retard, à l'expertise sollicitée, parce que les débris des objets incendiés, dont l'examen peut être utile, vont disparaître, l'ordonnance par laquelle il est déclaré, au vu de cette requête, « qu'il y a plus que célérité, mais urgence », contient, par référence, des motifs précis et explicites sur l'urgence en question (Req. 30 oct. 1889, aff. L'Abeille, D. P. 90. 1. 163).

22. Les mesures qui sont sollicitées du juge des référés pour cause d'urgence sont variables à l'infini. Un arrêt (Grenoble, 13 juill. 1872, aff. Pons, D. P. 76. 2. 164) dit avec raison que le juge du référé peut, en cas d'urgence, ordonner toutes les mesures qui ne préjugent pas le fond (V. aussi conf. Req. 20 juill. 1893, aff. Oudaille, D. P. 93. 1. 597). Les plus fréquentes sont le *séquestre* (V. notamment Nancy, 26 févr. 1876, aff. Olivier, D. P. 76. 1. 313 ; 20 déc. 1892, aff. Demoiselle Ferry, D. P. 94. 2. 9, et les nombreux arrêts rendus en matière de bail, de saisie-exécution, etc., *infrà*, n°s 29, 46) et l'*expertise*, laquelle peut être confiée à un seul expert (Grenoble, 13 juill. 1872 précité ; Req. 15 juin 1874, aff. Brunel, D. P. 76. 1. 67) et qui, d'après la jurisprudence de la cour de cassation (Même arrêt du 15 juin 1874), peut être retenue comme élément de décision par les juges du fond appelés ultérieurement à statuer sur les prétentions des parties.

23. Si la jurisprudence autorise ainsi l'expertise tendant à éclairer un procès futur, faut-il permettre au juge des référés d'ordonner, dans les mêmes conditions, toute autre mesure d'instruction *in futurum*? En doctrine, l'affirmative ne saurait guère faire doute, car, ainsi que le remarque M. Glasson (D. P. 94. 2. 103, note), les auteurs sont en général portés à autoriser ces mesures d'instruction à futur (*Rép.* v^o *Expertise*, n° 58 ; Boitard, Colmet-Daâge et Glasson, *Leçons de procédure civile*, 15e édit., t. 1, n° 470 ; Garsonnet, *Cours de procédure*, t. 2, § 345. V. cependant Chauveau sur Carré, *Lois de la procédure*, t. 3, quest. 1157 *bis*). La jurisprudence, au contraire, interdit les mesures d'instruction à futur aux tribunaux d'arrondissement, comme aux autres juridictions ; elle ne leur reconnaît pas le droit, dans ces circonstances, de prescrire une enquête, d'ordonner une expertise, d'admettre une inscription de faux. Cela étant, on concevrait en matière de référé deux systèmes : appliquer à cette juridiction spéciale le système ainsi proclamé pour le juge du fond, ou bien faire à la règle une exception générale, fondée sur l'utilité. La jurisprudence a pris un parti intermédiaire. Elle pose en principe, même en matière de référé, l'interdiction des mesures d'instruction *in futurum* et ne l'admet à titre exception que pour la seule urgence. Certains arrêts présentent cette dernière solution avec une certaine réserve ; ainsi, un arrêt de la cour de Paris du 6 juill. 1866 (1) paraît exiger, pour la régularité d'une expertise, ordonnée en référé, que cette mesure se rattache sinon à un procès actuellement né, du moins à un litige que l'on déclare vouloir engager. Mais la plupart des arrêts ne formulent pas cette restriction. — Un tel système n'implique-t-il pas contradiction ? Assurément l'utilité de l'expertise *in futurum* est évidente. Comme le dit M. Glasson (*loc. cit.*), si certains faits n'étaient pas immédiatement constatés, il serait plus tard absolument impossible d'en faire la preuve. Il y a donc urgence à les relever ; et, dans la suite, s'il y a procès, par exemple, sur l'existence d'un dommage ou sur l'étendue du préjudice causé par ce dommage, on pourra invoquer l'expertise antérieurement faite sur l'ordre du juge des référés. Mais il est bien d'autres cas où la même utilité se rencontrerait : par exemple, pour prescrire dans les cas urgents une enquête à futur. Un témoin essentiel qui est sur le point de s'expatrier ou en danger de mort ; plus tard, lorsque le procès naîtra, il ne sera plus possible d'obtenir la déposition de ce témoin. Cependant la jurisprudence, qui permet au juge des référés l'expertise à futur, ne l'a jamais autorisé à demander une enquête de même nature. De là des contradictions théoriques, non seulement entre différents arrêts suivant qu'ils statuent sur une expertise ou

(1) (Compagnie des *Petites Voitures* C. Hutwold.) — LA COUR ; — Considérant que la juridiction du juge des référés, de même que celle du tribunal entier dont elle n'est qu'un démembrement, est essentiellement contentieuse, d'où il suit que le juge des référés ne peut être appelé à statuer que sur un litige entre un demandeur et un défendeur, et spécialement qu'il ne peut ordonner une vérification ou un constat qu'autant que cette mesure est destinée, soit à servir de défense à une prétention déjà formulée judiciairement ou extrajudiciairement, soit à venir à l'appui d'une prétention qu'on déclare vouloir produire, et dont elle doit être le préliminaire ; — Considérant que Hutwold n'a formulé aucune demande ni élevé aucune prétention contre la Compagnie des *Petites Voitures*, à l'occasion des blessures qu'il a reçues le 1er avril dernier, et que, d'un autre côté, la compagnie n'a formé et ne prétend, d'ailleurs, avoir à former contre Hutwold aucune action principale à raison de l'accident qui a produit ces blessures ; — Qu'il suit de là que, aucun rapport litigieux n'existant entre les parties, la Compagnie des *Petites Voitures* ne saurait être fondée, sous prétexte de l'intention non manifestée que Hutwold pourrait avoir plus tard de l'actionner à raison de ses blessures, à saisir le juge des référés d'une demande à fin de constat, qui, ne se rattachant à aucun litige et à aucun état contentieux, n'aurait pu être portée devant le tribunal tout entier ; — Que c'est, dès lors, avec raison que l'ordonnance attaquée a déclaré qu'il n'y avait lieu à référé ;
Confirme, etc.
·Du 6 juill. 1866.-C. de Paris, 5e ch.-MM. Massé, pr.-Descoutures, av. gén.-de Fallois et Beaupré, av.

sur enquête, mais même entre différentes parties d'un même arrêt. Ainsi la cour de Bordeaux (11 févr. 1890, aff. Monnet, D. P. 91. 2. 103) a jugé que le juge des référés peut, sur la demande d'une partie qui se propose plus tard d'intenter une action, ordonner une expertise à l'effet de constater l'état actuel des lieux ; mais qu'il ne saurait autoriser les experts à recueillir des renseignements, ce mode d'instruction étant inutile pour les vérifications purement matérielles à opérer et étant de nature à préjuger le fond de la contestation. N'y a-t-il pas antinomie entre la première et la seconde de ces solutions ?

24. Cela dit sur les mesures qui sont, en général, permises au juge des référés dans le cas d'urgence, on exposera, à l'exemple du *Répertoire*, par ordre de matières, les principales applications qu'a reçues dans la pratique cette juridiction.

1° Assurance. — Le juge des référés est fréquemment appelé, en matière d'assurance, à ordonner une expertise. Une telle décision rentre dans ses pouvoirs, à la condition qu'il y ait urgence. La chambre des requêtes (12 févr. 1889, aff. Pignard, D. P. 92. 1. 382) a, en effet, formellement déclaré que l'urgence constatée justifie la compétence du juge des référés de la ville où le sinistre s'est produit, pour nommer un expert, les droits des parties réservés, ainsi que le rejet d'une exception fondée sur la prétendue nécessité d'une expertise amiable préalable à toute action judiciaire.

Toutefois, ce droit a été contesté au président dans un cas où il avait déjà été procédé à l'expertise amiable. Dans cette espèce, l'assuré prétendait que cette expertise amiable était nulle, comme pratiquée en vertu d'une clause compromissoire du contrat d'assurance, laquelle devait elle-même être déclarée nulle (V. sur ce dernier point, Req. 15 juill. 1879, aff. *L'Abeille*, D. P. 80. 1. 106, et 22 mars 1880, aff. *Le Soleil*, D. P. 80. 1. 342), et c'est à raison de cette prétendue nullité qu'il concluait à la nécessité d'une expertise judiciaire. L'assureur objectait qu'en admettant une seconde expertise, c'était implicitement reconnaître la nullité de la première. La chambre des requêtes (30 oct. 1889, aff. *L'Abeille*, D. P. 90. 1. 163) a répondu qu'il ne résultait de l'ordonnance prescrivant l'expertise aucun préjudice au principal, c'est-à-dire à la question de savoir quelle était la valeur de l'expertise amiable dont excipait la compagnie et de la clause qui la prescrivait, du moment où le juge du référé prenait soin de constater qu'il ne s'agissait que d'une mesure provisoire dont les dépens étaient réservés, prise d'urgence aux risques de l'assuré, et qui n'impliquait aucune appréciation du droit en vertu duquel avait eu lieu la première vérification du dommage ; en conséquence, la nomination d'expert, faite dans ces conditions, a été déclarée valable.

25. — *2° Baux et locations* (*Rép.* nos 97 à 106). — La juridiction des référés a souvent occasion de s'exercer en cette matière. Trois mesures surtout sont fréquemment sollicitées par la voie des référés : l'expulsion du preneur, le séquestre du mobilier garnissant les lieux, la vente de ce mobilier.

A. — *Expulsion.* — Il est un cas où le droit d'ordonner l'expulsion est reconnu au président d'une manière à peu près unanime : c'est celui d'un abus de jouissance manifeste. Ainsi, le juge des référés peut ordonner l'expulsion d'un locataire, quoiqu'il y ait bail écrit, si ce locataire détourne les lieux loués de leur destination et cause par sa conduite du scandale dans la maison (Paris, 15 janv. 1878, aff. Weber, D. P. 78. 2. 180 ; 8 févr. 1883, aff. Legros, D. P. 84. 2. 32). Il n'y a point de difficulté non plus quand le bail est expiré. Ainsi le juge des référés est compétent, en cas d'urgence, pour ordonner, par provision, l'exécution d'un congé donné à un locataire, quand la validité et la régularité n'en sont pas sérieusement contestées, et alors surtout que ce locataire ne s'est pas pourvu au principal pour en faire prononcer la nullité (Paris, 8 mars 1870, aff. Lemarchant, D. P. 70. 2. 63).

26. Mais l'hypothèse où l'expulsion est demandée le plus fréquemment est celle où les loyers sont impayés. — Aucune difficulté, lorsque l'occupant ne peut pas ou ne peut plus se prévaloir d'un bail. Ainsi, il n'y avait pas de bail écrit, et congé a été régulièrement donné au preneur ; ou bien il y avait un bail écrit qui est expiré ; ou bien, dans cette hypothèse rentre dans la précédente, l'immeuble a été

vendu, et une clause expresse du contrat réservait à l'acquéreur la faculté de rompre le bail. Dans ces situations, l'urgence est manifeste. Vainement le locataire refuse de quitter les lieux. Il faut que, sans délai, le propriétaire puisse le relouer, ou même y introduire le locataire nouveau avec lequel il a déjà traité. En cas de bail écrit, outre l'urgence, provision est due au titre. L'expulsion peut, sans contestation, être prononcée en référé. — Une des applications les plus fréquentes de cette règle est celle où le bail contient une clause résolutoire, à défaut de payement des loyers. Il est de jurisprudence constante que le juge des référés doit prononcer l'expulsion, lorsqu'il a été convenu entre les parties, par une clause expresse du bail authentique ou sous seings privés, qu'à défaut de payement d'un seul terme de loyer et après un commandement de payer resté sans effet, la location serait résiliée de plein droit, et lorsque, en fait, ces conditions se sont réalisées (Paris, 11 févr. 1874, aff. Henniaux, D. P. 75. 2. 145 ; 22 mai 1874, aff. Léopold, D. P. 78. 2. 177 ; 9 déc. 1886, aff. Ropiquet, D. P. 89. 2. 233 ; 10 févr. 1888, aff. Macé, *ibid.* ; 24 févr. 1888, aff. André, *ibid.* ; 6 avr. 1889, aff. Gertuer, *ibid.*). Le juge ne peut alors accorder des délais au locataire (Paris, 11 févr. 1874, aff. Henniaux, D. P. 75. 2. 145 ; 22 mai 1874, aff. Léopold, D. P. 78. 2. 177). Et il en est ainsi, d'après ce dernier arrêt, alors même qu'une instance principale en résiliation du bail serait engagée.

27. La situation est différente, lorsqu'il existe un bail qui ne se trouve encore annulé, ni par une clause résolutoire opérant de plein droit, ni par un jugement. Dans ce cas, on soutient que l'expulsion, résiliant le bail en fait, constitue une mesure définitive qui excède la compétence du juge des référés. Le propriétaire ne peut, dit-on, obtenir en référé, d'une manière indirecte, par l'expulsion du locataire, une résiliation qu'il ne peut demander qu'au principal. Cette opinion, soutenue par M. le conseiller Sallé, alors qu'il remplissait les fonctions d'avocat général près la cour de Paris, avait prévalu dans plusieurs décisions de cette cour, notamment dans deux arrêts du 31 déc. 1864 et du 7 févr. 1872, cités par M. Bertin, no 791, et a été plus récemment consacrée par elle (13 janv. 1886, aff. Hour, D. P. 89. 2. 233) : « Il n'appartient au juge des référés, dit ce dernier arrêt, de résilier le bail, par voie détournée, en ordonnant l'expulsion, car ce serait faire échec au principal ». — Toutefois, cette opinion a rencontré des contradicteurs. M. Bazot (p. 253) fait remarquer que l'expulsion du locataire ne résilie pas le bail, et qu'elle n'est pas une mesure définitive, puisqu'elle n'empêchera pas le locataire, s'il gagne son procès au principal, de reprendre possession des lieux. Il rappelle, à ce sujet, la disposition de l'art. 3 de la loi du 25 mai 1838, qui distingue, au point de vue de la compétence des juges de paix, entre les demandes de résiliation et les demandes d'expulsion. Et il invoque aussi l'art. 2 de la loi belge du 5 oct. 1833, qui tranche la difficulté dans les termes suivants : « Lorsque le juge de paix n'est pas compétent pour en connaître, la demande en expulsion, soit pour cause d'expiration de bail, soit pour défaut de payement, pourra être portée directement en référé devant le président du tribunal de première instance, qui statuera provisoirement sur la demande, sans préjudice au principal, pour lequel les parties pourront se pourvoir à l'audience sans préliminaire de conciliation ».

Au surplus, pour autoriser l'expulsion, la loi fournit un texte, l'art. 1752 c. civ., suivant lequel le locataire *qui ne garnit pas la maison de meubles suffisants* peut être expulsé, à moins qu'il ne donne des sûretés capables de répondre du loyer. Mais ce texte précisément fournit l'occasion d'une divergence. Suivant M. Bazot (*loc. cit.*), l'art. 1752 n'autorise l'expulsion que dans le cas d'insuffisance des meubles, et non dans le cas de simple non-payement des contributions. Cette distinction n'a pas été consacrée par la jurisprudence, et c'est avec raison, croyons-nous. En effet, la disposition de l'art. 1752 n'est pas limitative. Il est, tout le monde en convient, d'autres cas encore, celui, par exemple, d'abus scandaleux de jouissance (V. *suprà*, no 25), où l'expulsion est de droit. Par suite, et dès qu'on admet que l'expulsion n'est qu'une mesure provisoire, ne préjudiciant pas au principal, il semble peu logique d'interdire au juge des référés de l'autoriser, dans le cas où le preneur manque à la plus essentielle

de ses obligations, celle de payer le prix du bail, aux termes convenus. Aussi peut-on considérer la doctrine et la jurisprudence comme fixées sur ce point (V. dans ce sens : de Belleyme, 3ᵉ édit., t. 2, p. 139 et suiv.; Bertin, nᵒˢ 784 et suiv.; Agnel, *Code des propriétaires et des locataires*, nᵒ 992; Paris, 21 avr. 1860, aff. Augustini, D. P. 60. 2. 110; 21 juill. 1860, aff. Queval, D. P. 60. 5. 318; 10 nov. 1871, aff. Rigaud, D. P. 72. 5. 379; 13 juill. 1874, aff. Dinant, D. P. 78. 2. 177; 22 mai 1874, aff. Léopold, *ibid.*; 10 mars 1873, aff. Istace, *ibid.*; 9 avr. 1874, aff. Foulquier, *ibid.*; 2 mars 1875, aff. Mimant, *ibid.*; 22 févr. 1878, aff. Morin, *ibid.*; Bordeaux, 26 juill. 1888, aff. Prévost, D. P. 90. 2. 94).

28. Quelle que soit, d'ailleurs, la tendance de la jurisprudence à élargir le pouvoir du juge des référés, elle n'hésite pas à reconnaître que ce pouvoir n'est pas absolu. La loi en a elle-même fixé la limite, d'une manière générale, en déclarant (c. proc. civ. art. 809) que « les ordonnances sur référé ne feront aucun préjudice au principal ». Il résulte de ce texte que le juge des référés ne peut, sans excès de pouvoir, prendre une mesure qui préjuge le fond du débat entre le bailleur et le preneur. Il doit donc s'abstenir toutes les fois qu'une contestation sérieuse s'élève sur le titre ou le droit du bailleur. Ainsi le juge des référés est incompétent pour ordonner l'expulsion d'un locataire, bien que celui-ci doive plusieurs termes de loyer et n'ait pas suffisamment garni les lieux, s'il appuie sa résistance sur une clause du bail, et, par exemple, sur l'engagement pris par le bailleur de faire, avant l'emménagement, des travaux de réparation et d'appropriation (Paris, 28 août 1874, aff. Heulhard, D. P. 78. 2. 177); il est également incompétent pour ordonner l'expulsion d'un sous-locataire, alors même que le bail interdit toute cession ou sous-location sans le consentement exprès et par écrit du bailleur, si le bail ne contient pas de sanction pour le cas d'inexécution de cette clause, et si le sous-locataire affirme avoir reçu du bailleur l'autorisation verbale d'entrer dans les lieux (Paris, 21 avr. 1877, aff. Sequeira Barreto, *ibid.*).

29. — B. *Séquestre du mobilier.* — L'art. 1961 c. civ. permet le séquestre des meubles *saisis sur un débiteur*. La cour de Paris (24 juill. 1874, aff. Courtinos, D. P. 78. 2. 180) en avait conclu que le séquestre ne pouvait être ordonné avant la saisie. Cette solution est trop rigoureuse, car, on s'accorde aujourd'hui à le reconnaître, le texte de l'art. 1961 est énonciatif, et non limitatif (Paris, 15 avr. 1885, aff. Desportes, D. P. 86. 2. 127). C'est ainsi, par exemple, qu'il a été jugé : 1° que, lorsqu'un locataire commerçant affiche une liquidation générale avec vente au rabais, bien qu'il prétende n'agir ainsi que dans un but de réclame et qu'il ait toujours exactement payé ses loyers, le juge des référés peut, sur la demande du propriétaire, qui exige des garanties supplémentaires pour l'exécution du bail, nommer un séquestre chargé de surveiller les ventes et d'encaisser une somme représentative desdites garanties

(Paris, 23 févr. 1884) (1); — 2° Que le propriétaire d'un immeuble loué pour l'exercice d'un commerce, bien qu'il ne puisse s'opposer à l'enlèvement des marchandises au fur et à mesure de leur vente, peut demander, en référé, la nomination d'un séquestre chargé de contrôler les ventes quotidiennes et d'affecter les rentrées, jusqu'à due concurrence, à l'exécution du bail, lorsque le locataire a manifesté, d'une façon non équivoque, son intention de ne pas remplacer par d'autres les marchandises vendues (V. une ordonnance de référé du président du tribunal de la Seine, rapportée dans la *Gazette des tribunaux* du 12 janv. 1881; Paris, 15 avr. 1885 précité). En cas de non-payement des loyers, la jurisprudence actuelle de la cour de Paris autorise sans distinction le juge des référés à ordonner le séquestre du mobilier (Paris, 10 nov. 1871, aff. Rigaud, D. P. 72. 5. 379; 13 juill. 1874, aff. Dinant, D. P. 78. 2. 177; 22 mai 1874, aff. Léopold, *ibid.*; 12 mars 1874, aff. Huvier, *ibid.*; 9 avr. 1874, aff. Foulquier, *ibid.*; 2 mars 1875, aff. Mimant, *ibid.*; 10 févr. 1888, aff. Macé, D. P. 89. 2. 233; 24 févr. 1888, aff. André, *ibid.*; 6 avr. 1889, aff. Gertuer, *ibid.*; 7 avril 1890, aff. Sussel, D. P. 91. 2. 161).

30. — C. *Vente du mobilier saisi.* — La vente du mobilier saisi paraît difficile à autoriser en référé, tant que la saisie n'a pas été validée, et la plupart des auteurs interdisent au juge des référés d'ordonner cette mesure (V. Bertin, nᵒˢ 1023 et suiv.; Bazot, p. 262 et suiv.; Carré et Chauveau, *Lois de la procédure civile*, quest. 2812 ; Bioche, *Dictionnaire de procédure*, vᵒ *Saisie-gagerie*, nᵒ 29; Bonnier, *Procédure civile*, p. 515 ; Boitard et Colmet-Daâge, *Leçons de procédure civile*, t. 2, nᵒˢ 1087. V., cependant, de Belleyme, *op. cit.*, t. 1, p. 389, et Agnel, *op. cit.*, nᵒ 992). En effet, dit-on, dans ce système, la vente est une mesure définitive, un acte d'aliénation irrévocable, qui dépasse les pouvoirs du juge des référés; d'ailleurs, pour légitimer la vente ordonnée sommairement et accomplie en dehors des formes protectrices de la loi, on ne peut pas invoquer l'urgence : s'il est urgent, en effet, que les meubles soient déplacés, il ne l'est pas qu'ils soient vendus. Quoi qu'il en soit, la jurisprudence se montre sur ce point fort indécise, car on constate des contradictions non pas seulement entre les diverses chambres de la cour de Paris, mais entre divers arrêts de la même chambre. Par exemple, il a été jugé, en principe, qu'il n'appartient pas au juge des référés d'ordonner la vente des meubles saisis-gagés dans les lieux mêmes et sur simples affiches avant que la saisie ait été déclarée valable par le juge compétent (Paris, 1ʳᵉ ch., 21 juill. 1860, aff. Queval, D. P. 60. 5. 318 ; 2ᵉ ch., 2 mars 1875, aff. Mimant, D. P. 78. 2. 177; 3ᵉ ch., 9 avr. 1874, aff. Foulquier, *ibid.*; 22 mai 1874, aff. Leopold, *ibid.*; 4ᵉ ch., 13 janv. 1886, aff. Hour, D. P. 89. 2. 233 ; 5ᵉ ch., 10 nov. 1874, aff. Rigaud, D. P. 72. 5. 379 ; 7 févr. 1873) (2). Mais la solution con-

---

(1) (Delore C. Demont.) — Le sieur Demont avait pris à loyer, dans une maison appartenant au sieur Delore, sise boulevard de Sébastopol, nᵒ 31, divers locaux à usage de magasins. Des affiches apposées par lui annoncèrent son intention de cesser son commerce et de procéder à une liquidation générale. Le sieur Delore, prétendant que, par ce fait, le gage qui lui appartenait à titre de bailleur se trouvait compromis, se pourvut en référé à l'effet d'obtenir la nomination d'un séquestre. Le locataire objecta que l'annonce de sa liquidation n'était pas sérieuse, et qu'il n'y avait eu recours que dans un but de réclame. Sur la demande du sieur Delore, a été rendue une ordonnance de référé ainsi conçue : — « Attendu que Demont, locataire pour une nouvelle période d'au moins six années de divers lieux dépendant de la propriété de Delore, à Paris, boulevard de Sébastopol, nᵒ 31, a annoncé par des affiches, et procédé, depuis quelque temps déjà, à une liquidation générale et au rabais de ses marchandises; qu'il diminue les sûretés promises et données jusqu'alors au propriétaire pour l'exécution du bail; que si ce dernier n'entend pas s'opposer à l'enlèvement des objets et marchandises du commerce de son locataire, qui constituent son gage, au fur et à mesure de leur vente, il est en droit, à défaut par le locataire de les remplacer, d'exiger qu'une garantie effective lui soit assurée à raison de ce dégarnissement des lieux, au moyen de la surveillance d'un séquestre; — Qu'il y a urgence; — Nommons Marin séquestre des marchandises se trouvant encore dans les magasins de Demont, boulevard de Sébastopol, nᵒ 31, avec

pouvoir et mission de, après en avoir constaté la consistance et l'importance, contrôler chaque jour les sorties et les ventes, se faire rendre compte de la recette quotidienne et prélever un dixième de cette recette jusqu'à concurrence d'une somme de 50 000 fr. qu'il conservera à titre de garantie supplémentaire de l'exécution par Demont des conditions de son bail au profit de Delore; ce qui sera exécutoire par provision nonobstant appel ».
Appel de Demont.
La cour; — Considérant que Delore, en présence des agissements de son locataire, annonçant publiquement la cessation de son commerce et sa liquidation, avait de justes inquiétudes de craindre que son droit de créance ne fût en néril; — Considérant, en outre, que le locataire ne justifie pas que le gage du propriétaire fût suffisamment assuré; — Qu'il y avait lieu à référé, puisqu'il y avait urgence et qu'il ne s'agissait pas de l'exécution d'un acte authentique, et qu'en outre le juge des référés était en droit, dans l'espèce, de nommer un séquestre en matière de l'art. 1961 c. civ.; — Adoptant, au surplus, les motifs des premiers juges; — Confirme, etc.
Du 23 févr. 1884.-C. de Paris, 7ᵉ ch.-M. Fauconneau-Dufresne, pr.

(2) Dessement C. de la Moskova.) — La cour; — Considérant que, en ordonnant la vente du mobilier saisi sur simples affiches, le juge du référé a méconnu les prescriptions des art. 819 et suiv. c. proc. civ., qui n'autorisent la vente du mobilier saisi par le

traire a été adoptée par la première chambre (11 mai 1874 (1);
22 févr. 1878, aff. Morin, D. P. 78. 2. 177); par la deuxième
(10 mars 1873, aff. Istace, *ibid.*; 2 mars 1873, aff. Mimant,
ibid.), et par la cinquième (13 juill. 1874, aff. Dinant, *ibid.*). —
Il est vrai que ces deux dernières chambres limitent expressément la dérogation dont il s'agit au cas où le peu de valeur du mobilier ne permet pas de le transporter en un
autre lieu ni de le placer sous séquestre. C'est assurément
là une décision équitable. Alors que les frais absorberaient
le produit du mobilier saisi, la vente est un acte de bonne
et sage administration. Si, en fait, elle a des effets irrévocables, en droit, elle n'est, comme l'expulsion, qu'une mesure provisoire, en ce sens qu'elle n'engage pas le fond et
qu'elle laisse, sur la validité de la poursuite, le débat entier
entre les parties. Si le bailleur fait témérairement saisir et
vendre les meubles du preneur pour une somme qui ne lui
est pas réellement due, il sera condamné à l'indemniser.
Mais c'est là une hypothèse chimérique, lorsque les meubles
ont une si minime valeur que le prix de la vente ne couvrirait pas les frais de déplacement et de séquestre. —
Toutefois si, en fait, cette solution est séduisante, en droit,
la justification du système est plus difficile. Aussi est-il
d'usage, dans la pratique de Paris, de consolider, dans ce
cas, la décision du juge par le consentement du débiteur
saisi. Le créancier lui octroie un délai, en échange duquel
il exige l'acquiescement du débiteur à la vente, en sorte
qu'il se forme un contrat judiciaire, lequel est inattaquable
(Comp. *infra*, n° 60).

31. Lorsque la vente est ordonnée, elle doit être pratiquée à la requête du créancier saisissant; on ne saurait laisser ce soin au débiteur (Paris, 23 déc. 1872) (2).

32. — 3° *Délivrance de grosse* (*Rép.* n° 117). — En matière
de délivrance de seconde grosse, lorsqu'une contestation
s'élève, l'art. 843 c. proc. civ. attribue compétence spéciale
au juge des référés: ce magistrat ne peut, jugeant en état de
référé, renvoyer les parties à se pourvoir au principal (Paris,
8 mai 1857, aff. Parisot, D. P. 59. 5. 322). La délivrance doit,
d'ailleurs, être ordonnée, lorsque le créancier justifie suffisamment que les grosses levées par lui ont été égarées, et
que le débiteur, d'autre part, ne démontre par aucune preuve
aucune preuve à présent certaine; celui-ci demeure, au
surplus, investi du droit d'en justifier devant qui il appartient et par tous les moyens de droit ou de procédure que la
loi met à sa disposition (Même arrêt). Il a été fait application spéciale de cette procédure à un vendeur réclamant la

délivrance d'une seconde grosse d'un jugement d'adjudication
pour poursuivre la folle enchère, en cas d'incendie du greffe
des criées (Paris, 4 mars 1871, aff. Lefranc, D. P. 73. 5. 392).

33. — 4° *Expulsion d'employés* (*Rép.* n° 107). — On a
vu au *Rép.*, *ibid.*, que la compétence du juge des référés pour ordonner l'expulsion d'un employé congédié était
admise sans conteste; et la jurisprudence a fait application
de cette règle soit à un gardien (Bordeaux, 23 août 1867,
aff. Chaigneau, D. P. 67. 5. 359); ... soit à un commis greffier
(Trib. civ. de Chalons-sur-Marne, 6 mai 1887, aff. Ducel,
D. P. 87. 3. 96). — Mais cette compétence ne cesse-t-elle pas,
lorsque l'employé invoque une convention (par exemple, un
contrat de société) qui lui donnerait droit de rester chez son
patron? Suivant la première chambre de la cour de Paris
(28 janv. 1873, aff. Minier, D. P. 76. 2. 163), il n'y a point
de distinction à faire: le juge des référés est compétent
pour ordonner, en cas d'urgence, l'expulsion d'un employé
congédié par son patron, dont il se prétend l'associé; et
cette expulsion est justement ordonnée dans le cas où les
parties sont en contestation devant le tribunal sur la nature
du contrat qui les lie, et où la mésintelligence qui les divise
met en péril des intérêts considérables. La 5° chambre de la
même cour a jugé au contraire (1er févr. 1873, aff. Souliac,
D. P. 73. 2. 166), avec raison, semble-t-il, que la mesure de
l'expulsion ne peut pas être ordonnée par le juge des référés,
lorsqu'il existe, entre le patron et l'employé, des conventions
synallagmatiques, l'interprétation de ces conventions n'appartenant qu'au tribunal.

34. — 5° *Saisie-arrêt* (*Rép.* n° 135 et suiv.). — Cette matière est une de celles où la juridiction des référés est le plus
fréquemment appelée à s'exercer: la gêne qui résulte de la
saisie-arrêt, et qui ne doit cesser que par l'issue de l'instance
en validité, engage souvent le débiteur saisi à recourir au
référé pour rendre disponibles les fonds saisis-arrêtés.

Le recours à la voie du référé soulève, tout d'abord, une
objection inhérente à la procédure même de saisie-arrêt.
Cette mesure conservatoire est nécessairement suivie, à
peine de nullité, d'une demande principale tendant à faire
déclarer valable la saisie-arrêt pratiquée (c. proc. civ., art.
563); or, les ordonnances de référé ne pouvant jamais
faire préjudice au principal (V. *infra*, n° 57 et suiv.), il
en résulte, en principe, que la voie du référé est fermée
dès lors que l'assignation en validité d'opposition a été
lancée (Grenoble, 18 nov. 1856, aff. Borel, D. P. 57. 2.
142; Paris, 20 déc. 1862 (3); 29 janv. 1892, aff. Merce,

---

propriétaire sur son locataire, par suite de saisie-gagerie,
qu'après un jugement qui ait validé la saisie et dans la forme
ordinaire; — Par ces motifs, infirme.
Du 7 févr. 1873.-C. de Paris, 5° ch.

(1) (Duthier C. Coutan.) — Le président du tribunal de la Seine
a rendu, le 11 mai 1874, une ordonnance ainsi conçue: —
« Attendu que des loyers sont dus; que les lieux sont abandonnés
par le locataire depuis le mois d'octobre; qu'il y a urgence
pour le propriétaire à rentrer en possession des lieux loués: —
Ordonnons que, à défaut de payement ou de dépôt à la Caisse des
consignations de la somme de 253 fr. 30 cent., dans les huit
jours de ce jour, les poursuites seront continuées par la vente
dans les lieux, sur simples affiches, des meubles et du lit du défendeur ».
Appel par Duthier.
LA COUR; — Adoptant les motifs, etc.; — Confirme.
Du 11 mai 1874.-C. de Paris, 1re ch.

(2) (Bro de Comères C. Constantin.) — Le président du tribunal de la Seine a rendu, le 7 déc. 1872, une ordonnance ainsi
conçue: — « Donnons acte à la dame Bro de Comères de son consentement à la vente des objets saisis à l'hôtel des commissaires-
priseurs; — Donnons également acte à la demoiselle Constantin
de ses offres de faire toutes diligences et avances de frais relativement à la publicité spéciale par elle réclamée; — Et, statuant
à l'égard de toutes les parties: — Attendu que, en raison de la
nature et de l'importance des objets saisis, il est de l'intérêt de
toutes les parties que leur vente soit faite à l'hôtel des commissaires-priseurs avec une publicité spéciale: — Disons que, aux requête et diligence de la demoiselle Constantin, en présence de
la dame de Comères et des sieurs Dieulafait et Delcroix et consorts, ou ceux dûment appelés, il sera procédé, le 24 décembre
courant, en l'hôtel des commissaires-priseurs, à la vente des
objets mobiliers et meubles dont s'agit; — Et préalablement disons que, aux frais et diligences de la partie saisie, il sera procédé

dans les cinq jours, à compter de ce jour d'hui, à l'apposition des
placards indicatifs de cette vente, dans tous les lieux déterminés
par la loi, et à deux insertions relatives à cette même vente,
dans les *Affiches parisiennes* et les anciennes *Petites-Affiches*; —
Et, faute par la demoiselle Constantin de procéder, ainsi qu'il est
ordonné ci-dessus, disons que les poursuites seront mises à fin,
d'après les derniers errements de la procédure, à la diligence de
la dame Bro de Comères, premier créancier saisissant; — Ordonnons l'exécution provisoire, etc. ».
Appel par la dame Bro de Comères.
LA COUR; — Considérant que, en décidant que les meubles et
objets saisis sur la fille Constantin seront vendus à l'hôtel des
commissaires-priseurs aux requête et diligence de la partie saisie, le juge du référé n'a pas tenu compte suffisant de l'intérêt
du créancier saisissant, et qu'il a méconnu, outre les dispositions
du jugement qui a ordonné la saisie, les règles tracées par la loi
pour la vente des meubles mobiliers saisis; — Qu'en effet, un tel mode
de vente tend à soustraire à l'action du créancier les meubles
saisis par lui et devenus son gage, pour les laisser à l'entière
disposition de la partie saisie; — Considérant qu'il importe de
rendre à la veuve Bro de Comères, créancier saisissante, les garanties que la loi lui assure jusqu'à la réalisation de son gage; —
Met l'appellation et l'ordonnance dont est appel au néant, en ce
qu'elle a dit que la vente aurait lieu poursuite et diligence de la
fille Constantin; — Dit que la vente aura lieu requête et poursuite
de la baronne Bro de Comères, d'après les derniers errements de la
procédure, l'ordonnance sortissant effet en ce qu'elle a ordonné
que la vente aurait lieu, le 24 déc. 1872, à l'hôtel des commissaires-priseurs; — Ordonne, etc.
Du 23 déc. 1872.-C. de Paris, 5° ch.-MM. Puget, pr.-Buffart,
av. gén.-De Cagny, av.

(3) (Promis C. Syndic Baron et comp.) — Le président du tribunal civil de la Seine avait rendu une ordonnance ainsi conçue:
« Nous, président, donnons défaut contre Promis non comparant; et pour le profit: — Attendu que l'opposition d'un créan-

D. P. 92. 2. 420-421). — Il est vrai que la chambre des requêtes a cru pouvoir faire exception à ce principe dans le cas où la saisie-arrêt avait pour effet de faire obstacle à l'exécution d'un jugement; elle a décidé, en effet, que le juge des référés, étant compétent pour statuer sur tous les cas d'urgence ou lorsqu'il s'agit de trancher provisoirement des difficultés relatives à l'exécution d'un jugement (V. *infrà*, n⁰ˢ 53 et suiv.) a le droit de décider qu'il ne sera pas tenu compte d'une saisie-arrêt faite dans le but d'entraver cette exécution (Req. 7 janv. 1885, aff. De Croze, D. P. 85. 1. 192). Mais, outre que cette solution est toute spéciale, et ne saurait être étendue hors du cas où, s'agissant de l'exécution d'un titre authentique, la compétence du juge de référé trouve dans l'art. 806 c. proc. une base exceptionnelle, elle paraît, dans ce cas même, très contestable, comme pouvant entraîner un préjudice en principal. Il y a donc lieu de s'en tenir, en théorie, au principe affirmé par les arrêts précités des cours de Grenoble et de Paris.

35. N'existe-t-il cependant aucun cas où ce principe puisse recevoir échec? Il faut, pour résoudre cette question, envisager les diverses hypothèses dans lesquelles peut intervenir une saisie-arrêt. La loi ne permet de pratiquer une saisie-arrêt que de deux manières: en vertu d'un titre, ou en vertu d'une permission du juge; mais on rencontre très fréquemment, dans la pratique, des oppositions (ou, comme on dit alors, des défenses) signifiées sans titre ni permission, et qui, dans l'usage, ne sont pas dénoncées. Le juge des référés peut-il, dans ces trois cas, autoriser, nonobstant l'opposition, le payement des sommes arrêtées?

Lorsque la défense a été signifiée en dehors des formes légales, c'est-à-dire sans titre ni permission du juge, et sans assignation en validité, on est généralement d'accord pour reconnaître au juge des référés le droit d'autoriser le payement (V. la note D. P. 78. 2. 243, col. 1). C'est ce qu'on jugé, à la cour de Paris, toutes les chambres saisies de la question: la première (17 févr. 1874, aff. Léon, D. P. 78. 2. 241-244; 8 mars 1892, aff. De Jouffroy d'Abbans, D. P. 93. 2. 327); la seconde (27 avr. 1894, aff. Halphen, D. P. 92. 2. 463); la troisième (29 janv. 1892, aff. Bobin, D. P. 92. 2. 420-421); la quatrième (11 août 1876, aff. Vinali, D. P. 78. 2. 241-245); la sixième (24 nov. 1887, aff. Pinet, D. P. 88. 2. 294); la septième (16 févr. 1893, aff. Roussel, D. P. 94. 2. 247). C'est également en ce sens que s'est prononcée la cour de Lyon (18 mars 1864) (1).

L'ordonnance qui prononce mainlevée est surtout inattaquable de la part du saisissant, lorsque, à la suite de cette ordonnance, il a demandé au juge la permission de former à nouveau la même saisie-arrêt (Paris, 22 déc. 1876,

aff. Alber, D. P. 78. 2. 246), ce qui équivaut à un acquiescement.

36. Lorsqu'on est en présence d'une saisie-arrêt régulièrement conduite en vertu d'un titre, on trouve encore, à peu de chose près, l'unanimité, mais en sens inverse. Seule, la chambre des vacations de la cour de Paris a, par trois fois, décidé que le juge des référés était compétent pour apprécier, en cas de contestation, la valeur du titre et son caractère obligatoire (15 sept. 1874, aff. B..., D. P. 78. 2. 241-245; 25 août 1891, aff. Teissier, D. P. 92. 2. 420; 18 sept. 1891, aff. Coget, *ibid.*). Mais les chambres permanentes de la cour se prononcent en sens contraire: non seulement la troisième chambre (22 juin 1867, aff. Legros, D. P. 67. 2. 159; 14 avr. 1877, aff. Bellegy, D. P. 78. 2. 241-245; 13 janv. 1887, aff. Roy D. P. 87. 2. 188; 4 juill. 1888, *La Loi*, n⁰ du 14 sept. 1888; 22 mai 1889, *Gazette des tribunaux*, n⁰ du 20 sept. 1889; 29 janv. 1892, aff. Mercet, D. P. 92. 2. 420-421), dont la tendance est de restreindre la compétence du juge des référés en matière de saisie-arrêt (V. *infrà*, n⁰ 37), mais celles-là même qui, au contraire (V. *ibid.*), tendent à élargir cette compétence: la première chambre (1ᵉʳ avr. 1854, aff. Chevalier, D. P. 54. 5. 639; 30 nov. 1855, aff. Lloyd, D. P. 55. 5. 380; 28 nov. 1876, aff. Desprez, D. P. 78. 2. 241-244; 13 août 1881, *La Loi*, n⁰ du 28 août 1891); la cinquième (16 juin 1866, aff. Roux, D. P. 67. 2. 157); la septième (20 avr. 1886, *Le Droit*, n⁰ du 22 sept. 1886). Cette opinion, d'ailleurs, a récemment été consacrée par la chambre civile (24 févr. 1892, aff. Lehman, D. P. 93. 1. 12).

37. Reste enfin la question de savoir quels sont les pouvoirs du juge des référés, lorsque la saisie-arrêt a été autorisée par une ordonnance sur requête. Les principes généraux conduiraient évidemment ici à une solution identique à celle de la question précédente, n'était une circonstance spéciale, qui introduit ici dans le débat un élément tout nouveau. Dans la plupart des tribunaux, et notamment au tribunal civil de la Seine, le président, lorsqu'il autorise une requête une saisie-arrêt, a coutume de réserver à la partie saisie le droit de lui en référer au cas de difficulté. La validité de cette réserve, d'abord déniée par quelques arrêts, n'est plus aujourd'hui contestée (V. la dissertation de M. Cazalens, D. P. 75. 2. 73, col. 2); elle a même reçu récemment une consécration législative, car elle est prévue dans l'art. 242 c. civ., modifié par la loi du 18 avr. 1886 (D. P. 86. 4. 27).

Le président peut-il donc, en vertu de cette réserve, rétracter en référé la permission de saisie-arrêt par lui octroyée sur requête? Point de difficulté, si le référé survient avant la dénonciation de l'opposition, et, par suite, avant

---

cier du failli ne peut paralyser l'action du syndic de la faillite; — Considérant que, nonobstant l'opposition formée par Promis, le 6 septembre courant, par exploit de Picon, huissier à Paris, ès mains du directeur de la Caisse des consignations, sur les sommes appartenant à la faillite L. Baron et comp., Beaufour, syndic de la faillite, conservera la libre administration des fonds y déposés, et que toutes sommes seront remises à sa réquisition en sadite qualité, quelle qu'en soit l'importance; — à quoi faire M. le directeur de ladite Caisse sera contraint; quoi faisant déchargé; — Ce qui sera exécutoire par provision nonobstant appel ».

Appel par le sieur Promis.

LA COUR; — Considérant que la saisie-arrêt dont s'agit a été formée par Promis ès mains du directeur de la Caisse des consignations, en vertu d'un exécutoire de dépens, par lui obtenu contre le syndic de la faillite de Baron et comp.; — Qu'ainsi, Promis n'est pas créancier du failli, mais créancier de la masse; — Considérant que le juge des référés n'a compétence que pour statuer au provisoire, et ne peut préjudicier au principal; — que l'ordonnance attaquée équivaut à une mainlevée de la saisie-arrêt, mainlevée qui ne peut être prononcée que par le tribunal antérieurement saisi de la demande en validité; — Infirme; — Dit qu'il n'y avait lieu à référé, renvoie les parties au principal, etc.

Du 20 déc. 1862.-C. de Paris, 1ʳᵉ ch.-MM. Devienne, 1ᵉʳ pr. de Vallée, 1ᵉʳ av. gén., c. conf. de Sèze et Pouget, av.

(1) (Des Guidi C. Des Guidi.) — LA COUR; — Considérant que, par exploit d'huissier, en date du 25 févr. 1864, François des Guidi a mis opposition à ce que Guilline et veuve Morin et Pons, banquiers, se dessaisisse de divers titres d'obligations à eux confiés par la veuve des Guidi, sa tante, soit que ces titres appar-

tinssent à cette dernière, soit qu'ils provinssent de la succession de son mari, et a mis opposition pareillement à tout payement d'intérêts ou de dividendes qui seraient à effectuer à ladite veuve des Guidi; — Considérant qu'il est constant que cet acte n'a point été fait pour ouvrir une procédure de saisie-arrêt telle qu'elle est instituée par les art. 557 et suiv., c. proc. civ.; — Qu'en effet, l'opposant a procédé sans titre authentique ou privé, et sans permission du juge; — Qu'il n'a point énoncé de somme pour laquelle fût faite la saisie et qu'il n'a fait suivre son exploit ni d'une dénonciation au saisi, ni d'une assignation en validité; — Que, dans de telles circonstances, aisé que cela, d'ailleurs, résulte des débats, l'opposition dont il s'agit n'a été pour François des Guidi qu'un moyen de séquestrer des titres d'obligations ou de créances possédés par sa tante, et de s'en faire à l'avance une sorte de gage, en vue d'un procès en responsabilité qu'il avait commencé contre celle-ci; — Considérant que notre droit civil ne reconnaît pas une pareille manière de procéder; — Que la saisie conservatoire n'est autorisée que dans les matières d'une opposition et sous la garantie des formalités prescrites par les art. 417 c. proc. civ. et 172 c. com.; — Considérant que la veuve des Guidi ne saurait être astreinte aux lenteurs d'un procès suivi aux deux degrés de juridiction pour se dégager des effets d'une opposition illégale, qui la prive de la jouissance de ses biens et lui enlève tous moyens d'existence; — Qu'il y a urgence pour elle d'en obtenir la mainlevée; — Que cette urgence détermine, selon l'art. 806 c. proc. civ., la compétence du juge de référé, s'étendant, en pareil cas, à tout ce que réclame l'urgence de faire cesser un empêchement qui est mis en dehors de toute voie de poursuite légale à l'exercice des droits civils;

Par ces motifs, etc.

Du 18 mars 1864.-C. de Lyon, 1ʳᵉ ch.-MM. Gilardin, 1ᵉʳ pr. Onofrio, 1ᵉʳ av. gén.-Humblot et Rambaud, av.

que le tribunal soit saisi d'une instance principale en validité. Mais que faut-il décider dans le cas contraire? La cour de cassation, qui a eu plusieurs fois l'occasion de statuer sur cette difficulté, refuse sans hésitation d'admettre que le juge des référés puisse, en présence d'une demande en validité portée devant le tribunal, rapporter l'autorisation qu'il avait donnée (Civ. rej. 10 nov. 1885, aff. Bourgeois, D. P. 86. 1. 209; Civ. cass. 16 déc. 1889, aff. Malapert, D. P. 90. 1. 263; 5 mars 1890, aff. Christian von Hesse, D. P. 90. 1. 477; 1er juill. 1890, aff. Thierrée, D. P. 90. 1. 469). Ce système avait déjà triomphé devant la cour de Lyon (16 déc. 1871, aff. Faure, D. P. 72. 2. 134). Mais, devant la cour de Paris, il est loin d'être admis sans résistance, et les diverses chambres de cette cour sont, sur ce point, en désaccord.

La jurisprudence de la cour de cassation est adoptée par : la troisième chambre de la cour de Paris (16 juin 1866, aff. Roux, D. P. 67. 2. 157; 28 août 1879, aff. Guillot, D. P. 81. 2. 30; 14 déc. 1882, aff. Bourgeois, D. P. 86. 2. 209; 24 mars 1886, La Loi, n° du 6 mai 1886; 17 avr. 1886, ibid.; 19 janv. 1887, ibid., n° du 20 févr. 1887; 9 août 1889, ibid., n° du 31 août 1889; 14 déc. 1892, aff. Sezille, D. P. 93. 2. 1871; la quatrième (18 avr. 1888, La Loi, n° du 10 mai 1888; 14 déc. 1888, ibid., n° du 28 avr. 1889; 11 févr. 1889, ibid., n° du 8 mai 1889; 3 mars 1889, ibid., n° du 25 juill. 1889; 14 mai 1890, aff. Bertrand, D. P. 92. 2. 9); et la sixième (3 août 1887, La Loi du 11 nov. 1887; 26 mars 1888, ibid., n° du 13 avr. 1888; 2 avr. 1889, ibid., n° du 25 juill. 1889), bien que ces trois chambres se fussent autrefois prononcées en sens inverse (15 mars 1856, aff. Landreville, D. P. 56. 2. 138; 23 mars 1867, aff. Mazoyer, D. P. 67. 2. 66).

Au contraire, la première chambre (31 juill. 1871, aff. Courboulius, D. P. 71. 2. 244; 2 mars 1889, aff. Christian von Hesse, D. P. 90. 1. 477; 19 juin 1889, aff. Malapert, D. P. 90. 1. 263; 18 juill. 1889, aff. Ponsolle, D. P. 91. 2. 49; 24 avr. 1891, aff. Lamajoux, D. P. 91. 5. 467; 22 janv. 1892, aff. Minet, D. P. 92. 2. 419); la deuxième (6 août 1886, aff. Dutour, D. P. 67. 2. 65; 27 déc. 1887, La Loi, n° du 22 févr. 1888); la cinquième (18 janv. 1886, suprà, n° 13; 3 nov. 1887, La Loi, n° du 11 nov. 1887); la septième (19 févr. 1886, La Loi, n° du 28 févr. 1886; 5 janv. 1889, aff. Marton Rose, D. P. 91. 2. 49), et la chambre des vacations (9 sept. 1889, aff. Thierrée, D. P. 90. 1. 469) persistent à juger que le président peut, en référé, rapporter son ordonnance sur requête et supprimer ainsi la matière de référé, malgré l'instance engagée au principal. — A l'appui de ce système qui est également adopté par la cour d'Alger (7 nov. 1892, aff. Jérôme, D. P. 93. 2. 529), la première chambre de la cour fait valoir divers arguments. D'une part, elle estime qu'il ne rencontre aucun obstacle juridique si, la partie saisie n'ayant point constitué avoué sur la demande en validité, cette instance principale ne se trouve pas encore liée (18 juill. 1889, aff. Ponsolle, D. P. 90. 2. 49; ... ou si la citation en référé a été délivré avant l'assignation en validité (22 janv. 1892, aff. Minet, D. P. 92. 2. 419). Mais ces deux circonstances paraissent indifférentes. La première n'empêche que, par le fait même de la dénonciation, le tribunal soit déjà saisi de l'instance au fond. Quant à la seconde, elle n'est pas plus concluante. Les deux termes à comparer ne sont point, en effet, la procédure de référé et la procédure au principal. Ce sont, l'ordonnance de référé, d'une part, et l'assignation au principal, de l'autre. Le pré-

sident, au moment où il va rendre son ordonnance, se trouve-t-il en présence d'une assignation au principal? Là est toute la question. Il s'ensuit que la date de l'assignation au principal n'importe que par comparaison avec celle de l'ordonnance, et non avec celle de la citation en référé. Cette règle est précisément ce qui a donné lieu à un détour de pratique usité depuis quelque temps au tribunal de la Seine (V. Paris, 3 oct. 1891, aff. Perez, D. P. 92. 2. 167), et qui consiste à imposer au saisissant l'obligation de signifier l'ordonnance sur requête autorisant la saisie-arrêt, et de surseoir à la dénonciation pendant un certain délai, qui permettra à la partie saisie de se pourvoir en référé; mais cette modification, introduite arbitrairement dans la procédure de saisie-arrêt, n'est pas légale. — Enfin, à l'appui de son système, la première chambre a fait valoir un motif nouveau (V. les arrêts des 24 avr. 1891, aff. Lamajaux, D. P. 91. 5. 467; 22 janv. 1892, aff. Minet, D. P. 92. 2. 419): c'est un argument d'analogie tiré de l'art. 242 (nouveau) c. civ., lequel, en matière de divorce, autorise le président à rendre, quant aux mesures conservatoires, des ordonnances sur requête à charge d'en référer. Cette considération ne parait pas être décisive. En effet, la difficulté ne git pas ici dans le point de savoir si la réserve de référé introduite dans l'ordonnance sur requête est licite (ce qui n'est pas contestable, ainsi qu'on l'a vu ci-dessus), mais si cette réserve de référé peut recevoir effet après qu'une instance est engagée au principal. Or, à cet égard, l'art. 242 n'apporte aucune lumière : il ne vise même pas les mesures conservatoires qu'il autorise; à plus forte raison ne dit-il pas (ce qui serait le point à établir) que, dans ce cas particulier, il est fait exception au principe général suivant lequel l'existence d'une instance au fond empêche que le juge des référés ne soit compétent pour statuer sur la matière. — En réalité, le seul argument qui milite en faveur du système exposé en dernier lieu, c'est que, lorsque l'ordonnance sur requête n'a autorisé la saisie-arrêt que sous condition résolutoire, l'échéance de cette condition (le retrait de l'autorisation en référé) fait évanouir la base légale de la saisie-arrêt, qui se trouve ainsi formée, puisque cette ordonnance est rétractée; on se retrouve donc alors dans la première des trois hypothèses ci-dessus envisagées (V. suprà, n° 35), où nul ne conteste au juge des référés le droit d'autoriser, malgré l'opposition, le payement des sommes saisies-arrêtées.

38. Dans le cas où l'on refuse au juge des référés le droit de mettre à néant l'opposition, et d'en supprimer complètement les effets, ne peut-il au moins les restreindre en cantonnant la saisie-arrêt? Sur un premier point, on est à peu près d'accord : la chambre des requêtes a jugé (17 févr. 1874, aff. Lucas, D. P. 74. 1. 444) que, en cas de saisie-arrêt, le juge du référé peut, sans excéder ses pouvoirs, autoriser le débiteur saisi à toucher provisoirement les quatre cinquièmes de ses appointements, en se fondant sur le caractère alimentaire de ce salaire; cette solution est de pratique constante, notamment à Paris (V. Paris, 3e ch., 17 févr. 1892) (1).

39. Mais, en dehors de cette hypothèse, lorsque les sommes frappées par la saisie-arrêt excèdent la créance du saisissant, quels sont les pouvoirs du juge? Dans une espèce soumise à la cour de Bordeaux (15 mars 1891, aff. Coffre, D. P. 92. 2. 197), le président siégeant

(1) (Dame Piau C. Piau.) — La cour; — Considérant qu'en principe le juge des référés est incompétent pour modifier les effets d'une saisie-arrêt dont la demande en validité a été formée devant le tribunal; — Considérant, néanmoins, que le juge des référés est spécialement compétent pour statuer, à titre provisoire et en cas d'urgence, sur les mesures d'exécution ayant pour objet des choses dont la saisissabilité peut être contestée; — Considérant que, dans la cause, la dame Piau a fait saisir-arrêter les appointements que son mari touche, comme acteur, au théâtre du Palais-Royal; — Que les appointements constituent le seul avoir de Piau et ont un caractère alimentaire; — Que, dès lors, il y a urgence, et, par suite, compétence pour le juge des référés, à autoriser Piau à toucher, sur les sommes saisies-arrêtées, une quotité de ces appointements nécessaires à sa nourriture et à sa vie de chaque jour; — Considérant, en outre, que, en se bornant à autoriser Piau à toucher provisoirement, nonobstant la saisie-arrêt, les quatre cinquièmes de ses appointements, en se fondant sur ce que cette portion

desdits appointements lui est indispensable pour subvenir à ses besoins les plus urgents, le juge du référé n'a pas statué sur le mérite, au fond, de la saisie-arrêt, et n'a fait autre chose qu'ordonner une mesure provisoire nécessitée par l'urgence, et n'a préjugeant pas le principal; — Considérant, d'autre part, que la créance de la dame Piau a, elle-même, un caractère alimentaire, puisqu'elle résulte des arrérages d'une pension alimentaire non payée par Piau à sa femme, ladite pension étant allouée à celle-ci par jugement du 30 avr. 1891; — Que, dans ces circonstances, il y a lieu, tout en maintenant les dispositions de l'ordonnance dont appel, en ce que le juge du référé a reconnu la nécessité de permettre à Piau de toucher une partie de ses appointements nonobstant la saisie-arrêt, d'en modifier la portée en restreignant le montant des sommes laissées à la disposition de Piau; — Que c'est à tort que le juge du référé a permis à Piau de garder les quatre cinquièmes de ses appointements, et que la cour a, dans la cause, des éléments d'appréciation suffisants pour fixer la somme indispensable à l'existence de

en référé avait simplement cantonné la saisie au montant de la créance du saisissant, et il avait ordonné au tiers saisi de payer le surplus au saisi, mais sans prendre aucune mesure spéciale pour garantir les intérêts du saisissant. Avec ce procédé, le saisi avait bien l'avantage de toucher immédiatement ce qui devait lui revenir après le payement du créancier saisissant, mais ce dernier restait exposé à voir de nouveaux créanciers venir en concours avec lui sur la somme encore due. Dans ces conditions, le créancier saisissant devait nécessairement invoquer l'illégalité de l'ordonnance de référé : et cette illégalité ne paraît pas douteuse. Pour que le président du tribunal, en effet, puisse statuer en référé, il faut que la demande ne touche pas au fond du droit (c. proc. civ. art. 806 et 809). Or, dans l'espèce, l'ordonnance de référé touchait bien au fond du droit, puisqu'elle diminuait les garanties du créancier saisissant. Aussi la cour de Bordeaux, par l'arrêt précité, a-t-elle jugé avec raison que le juge des référés n'a pas le droit de cantonner une saisie-arrêt au montant des sommes dues au créancier saisissant et d'ordonner au tiers saisi, sur la simple signification de son ordonnance, de se libérer du surplus entre les mains du débiteur saisi. — L'objection ci-dessus cesse dans la pratique suivie à Paris : le débiteur saisi assigne le créancier saisissant devant le juge des référés, à l'effet d'obtenir une ordonnance qui l'autorise à toucher la différence entre la créance du saisissant et la sienne, à charge par lui d'affecter spécialement au payement du saisissant une somme égale à celle qu'il réclame, somme qui est laissée entre les mains du tiers saisi ou consignée à la Caisse des dépôts et consignations. La légalité de cette manière de procéder est très contestable : admise par certains arrêts (Paris, 1ᵉʳ août 1876, aff. Petitgand, D. P. 78. 2. 241 ; 18 août 1876, aff. Lemaitre, ibid., 16 nov. 1883, aff. Girard, D. P. 84. 2. 145 ; Poitiers, 4 août 1887, aff. Gazeau, D. P. 88. 2. 239. Conf. Roger, De la saisie-arrêt, 2ᵉ éd., nᵒ 530 ; De Belleyme, op. cit., t. 1, p. 237 ; Bertin, op. cit., nᵒˢ 162 et suiv. ; Bazot, op. cit., nᵒ 163, 319 et suiv.), elle a été contestée par d'autres décisions (Paris, 10 janv. 1874, aff. Carabin, D. P. 78. 2. 141 ; 2 janv. 1874, aff. Mirablon, ibid. ; 14 oct. 1874, ibid. ; 8 janv. 1884, aff. Malot, D. P. 84. 2. 146 ; 13 janv. 1887, aff. Roy, D. P. 87. 2. 188. Conf. Rousseau et Laisney, Dictionnaire de procédure civile, vᵒ Référé, nᵒˢ 121 et suiv.). Dans tous les cas, elle présente des avantages pratiques indiscutables : d'une part, en effet, le tiers saisi se trouve ainsi légalement libéré, sans avoir à subir les lenteurs de l'instance en validité de saisie-arrêt ; d'autre part, le saisi touche immédiatement les sommes qui doivent lui revenir après le payement du créancier saisissant ; ce dernier enfin n'a pas à craindre, par suite de l'affectation spéciale qui lui a été faite, que d'autres créanciers pratiquent de nouvelles saisies-arrêts et viennent ainsi en concours avec lui sur le montant des sommes saisies-arrêtées. On comprend que la rigueur du droit ait pu fléchir en présence de ces avantages, d'autant plus que, le plus souvent, cette solution se trouve justifiée même en droit par le consentement des parties échangé devant le juge des référés et formant alors contrat judiciaire (Comp. infrà, nᵒ 61).

40. — 6ᵒ Saisie conservatoire (Rép. nᵒˢ 155 et suiv.). — La question de la compétence du juge des référés en matière de saisie conservatoire soulève une difficulté préjudicielle, relative à la compétence du président du tribunal civil pour connaître d'une semblable saisie. Cette compétence est controversée (V. Rép., vᵒ Saisie conservatoire, nᵒ 25), et la négative a été décidée par la cour de Paris (9 janv. 1866, aff. Torret, D. P. 66. 5. 419). Dans tous les cas, en admettant que le président du tribunal civil ait, comme le président du tribunal de commerce, le pouvoir d'accorder la permission de saisir conservatoirement les biens mobiliers d'un débiteur, il ne le peut que dans les termes de l'art.

172 c. com., lorsque le créancier représente la lettre de change ou le billet à ordre protestés faute de payement, et, dans les termes de l'art. 417 c. proc. civ., lorsque le cas requiert célérité (Paris, 24 juin 1872, aff. Berton, D. P. 75. 2. 151). Aussi la cour a-t-elle déclaré nuls, comme incompétemment rendus, l'ordonnance du président et le jugement du tribunal civil, statuant, en état de référé, en dehors des termes de ces articles (Même arrêt).

41. Mais quid, si le président du tribunal civil avait, en fait, autorisé sur requête une saisie conservatoire ? Pourrait-il, en référé, rétracter cette autorisation ? On a vu au Rép. nᵒ 157, que la cour de Paris lui a, le 11 févr. 1847, dénié ce droit. Un arrêt plus récent de la même cour le lui a ; au contraire, reconnu, par le motif que, si le président avait pu paraître aller au delà de sa compétence en donnant l'autorisation, il reste dans les limites de ses attributions en la retirant (Paris, 24 juin 1872, aff. Berton, D. P. 75. 2. 151).

42. — 7ᵒ Saisie-exécution. — Lorsque la validité d'une semblable saisie est discutée, le juge des référés a, sans nul doute, qualité pour ordonner la discontinuation des poursuites (Riom, 4 janv. 1862, aff. Rancilhac, D. P. 62. 2. 80). Mais il ne saurait valablement prononcer la nullité de la saisie, et ordonner que les objets saisis seront remis au débiteur (Même arrêt).

43. C'est en cas de revendication par un tiers des objets saisis que des difficultés se sont surtout produites, notamment à Paris. L'encombrement des rôles entraînant, en effet, d'inévitables lenteurs, les créanciers saisissants ont dû se préoccuper de couper court aux instances en revendication, qui ont pour effet de paralyser leurs titres durant plusieurs mois. Aussi, suivant un usage à peu près constant, le créancier saisissant se pourvoit en référé pour obtenir, nonobstant la demande en revendication, la continuation des poursuites. En cet état, que peut faire le juge du référé pour satisfaire, sans violer la loi, des intérêts souvent légitimes ? Il se heurte, dès l'abord, à une règle fondamentale de la matière (V. infrà, nᵒˢ 57 et suiv.) : les ordonnances de référés ne sauraient toucher au fond du débat. Aussi de nombreux arrêts ont-ils décidé qu'il est interdit au juge des référés non seulement de statuer expressément sur la demande en revendication, mais même, en ordonnant la vente des objets saisis, de trancher implicitement, d'une manière irréparable, la question de revendication déjà soumise au tribunal (Paris, 11 févr. 1847, aff. Grandperrin, D. P. 47. 4. 413 ; 21 juin 1884, Le Droit, nᵒˢ des 14-15-16 juill. 1884 ; 22 juill. 1884, La Loi, nᵒ des 13-14 oct. 1884 ; 7 nov. 1884, Le Droit, nᵒ du 11 nov. 1885 ; 18 nov. 1884, La Loi, nᵒ du 22 nov. 1884 ; 19 mars 1885, aff. Valérie, D. P. 86. 2. 95 ; 10 avr. 1885, aff. Barberousse, ibid., 5 août 1885, La Loi, nᵒ du 2 oct. 1885 ; 7 nov. 1885, La Loi, nᵒ du 21 nov. 1885 ; 18 mars 1886, Le Droit, nᵒ du 25 mars 1886 ; 29 juin 1886, La Loi, nᵒ du 11 déc. 1886 ; 3 déc. 1886, Gazette des tribunaux, nᵒ du 15 janv. 1887 ; 21 janv. 1887, Le Droit, nᵒ du 11 févr. 1887 ; 16 févr. 1887, Gazette des tribunaux, nᵒ du 15 avr. 1887).

44. Toutefois, si cette solution est rigoureusement juridique, on ne peut nier qu'elle puisse avoir, à l'occasion, de fâcheux résultats, moins encore à cause de la lenteur des procédures qu'à raison du caractère souvent frauduleux des revendications. De là les efforts de la pratique pour accommoder aux faits les décisions de droit. La nécessité de ces distinctions avait déjà frappé M. de Belleyme (Ordonnances sur requête et sur référés, 3ᵉ édit., t. 2, p. 33) : « Si la réclamation, dit cet auteur, est évidemment frauduleuse ou dénuée de toute justification, par exemple, si la vente ou le bail est postérieur aux poursuites et à la saisie ; si le débiteur est resté en possession sans livraison des objets mobiliers, on ordonne la continuation des poursuites, avec d'autant plus de raison que le réclamant peut, après la saisie, se pourvoir

Piau, et limiter la retenue aux trois cinquièmes desdits appointements ;
Par ces motifs ; — Met l'appellation et ce dont est appel à néant, mais seulement en ce que le juge du référé a autorisé Piau à recevoir les quatre cinquièmes de ses appointements ; — Emendant quant à ce : — Dit que Piau n'est autorisé à recevoir que les trois cinquièmes au lieu des quatre cinquièmes de ses

appointements, l'ordonnance dont est appel sortissant au surplus effet ; — Ordonne la restitution de l'amende consignée sur l'appel ; — Et, en raison des circonstances de la cause, condamne Piau en tous les dépens faits tant sur l'appel que sur le référé ;
Du 17 févr. 1892.-C. de Paris, 3ᵉ ch.-MM. Boucher-Cadart, pr.-Jaccny, subst.-Danvilliers et Couche, av.

au principal en revendication (c. proc. art. 608), et, dans ce cas, il est sursis à la vente jusqu'à ce qu'il ait été statué sur l'action principale. Si la réclamation repose sur des titres justificatifs de la propriété, par exemple, un bail, des quittances de loyers, contributions, patentes, et autres documents certains et antérieurs aux poursuites, si le réclamant est seul en possession, on ordonne la discontinuation des poursuites. Si la réclamation présente une contestation sérieuse, on prend une mesure conservatoire, en ordonnant provisoirement que les poursuites seront continuées jusqu'à la vente *exclusivement*, afin de conserver les droits du saisissant et de laisser au réclamant la faculté de faire statuer sur sa réclamation avant la vente ». Ce remède, à vrai dire, est à peu près illusoire, car il n'évite pas les lenteurs d'une instance engagée au fond. Aussi la jurisprudence montre-t-elle une tendance marquée à reconnaître au juge des référés une compétence plus étendue. Elle l'a, d'abord, autorisé à ordonner la continuation des poursuites, lorsque la revendication était nulle en la forme (Paris, 1er août 1882, aff. Ozanne, D. P. 83. 2. 127). Puis, dans le cas même où la demande en revendication était régulière, la jurisprudence de la cour de Paris a permis au juge des référés de prendre certaines mesures rigoureuses destinées à vaincre la mauvaise volonté du revendiquant.

45. La première de ces mesures a consisté à exiger du revendiquant une caution destinée à garantir les dommages-intérêts auxquels, lors du jugement de la demande au fond, il pourrait être condamné vis-à-vis du saisissant (Paris, 12 juill. 1887, *La Loi*, n° du 4 déc. 1887). Mais cela est contraire à l'art. 608 c. proc. civ., qui ne subordonne à aucune condition de ce genre l'introduction de la demande en revendication, et, plus généralement, aux principes généraux de notre droit : une caution *judicatum solvi* ne saurait, dans aucun cas, être exigée d'un Français, et c'est commettre un déni de justice que d'imposer à quelque plaideur que ce soit l'obligation de fournir une garantie quelconque à son adversaire (*Rép.*, v° *Exception*, n° 12). Le juge des référés excède donc ses pouvoirs en imposant une consignation en revendication (Paris, 3 déc. 1886, *Gazette des tribunaux*, n° du 15 déc. 1887; 16 févr. 1887, *ibid.*, n° du 15 avr. 1887).

46. La jurisprudence a aussi eu recours au séquestre des objets saisis (Paris, 10 août 1886, *La Loi*, n° du 28 août 1886 ; 21 janv. 1887, *Le Droit*, n° du 11 févr. 1887 ; 15 févr. 1888, *Gazette des tribunaux*, n° du 6 août 1888; 7 août 1890, aff. Verhaegen, D. P. 91. 2. 161). Cette mesure, pratiquée en matière de saisie-gagerie, ainsi qu'on l'a déjà vu *suprà*, n° 29, n'a rien que de juridique; elle est d'ailleurs efficace.

47. Enfin, dans beaucoup d'arrêts, la cour n'a pas hésité à faire échec au principe qui interdit au juge des référés d'engager le fond; elle lui a permis d'ordonner la continuation des poursuites, nonobstant l'existence d'une demande en revendication lorsque cette demande apparaît comme le résultat d'un dol manifeste (Paris, 19 juill. 1884, aff. Dufreutelle, D. P. 86. 2. 195; 21 mars 1885, aff. Cuvillier, *ibid.*; 29 déc. 1885, *La Loi*, n° des 24-25 mai 1886 ; 31 déc. 1885, *ibid.*; 6 mars 1886, *ibid.*; 17 janv. 1887, *Le Droit*, n° du 11 févr. 1887 ; 24 févr. 1887, *Gazette des tribunaux*, n° du 10 sept. 1887 ; 25 mai 1887, *ibid.*, n° du 29 mai 1887; 7 déc. 1887, *ibid.*, n° du 28 janv. 1888; 19 déc. 1887, *ibid.*; 31 juill. 1888, *Le Droit*, n° du 30 sept. 1888; 24 juin 1890, aff. Collin, D. P. 92. 2. 435; 12 janv. 1891, aff. Roy, D. P. 91. 2. 161; 10 août 1891, aff. Beaufire, D. P. 92. 2. 435; 1er déc. 1891, aff. Lamé, *ibid.*; 23 déc. 1891, aff. Grisel, *ibid.*). Cette solution ne ressort pas moins nettement du dernier de ces arrêts que des

trois autres, puisque, si, dans l'espèce, cet arrêt ordonne la discontinuation des poursuites, il prend soin de manifester, par ses motifs, que c'est seulement à défaut d'une fraude prouvée. — Pour montrer combien un tel système est peu juridique, il suffit de se reporter à l'arrêt précité du 10 août 1891. On y voit le juge des référés ordonner la vente d'un mobilier qui, par un jugement de défaut rendu au fond, antérieurement à l'ordonnance, est déclaré ne point appartenir à la partie saisie, c'est-à-dire que, ce faisant, le président ordonne la non-exécution d'un titre exécutoire émanant du tribunal. Cet excès, auquel conduit nécessairement la jurisprudence dont il s'agit, montre assez quel est, en droit, le vice du système. Tout ce qu'on peut dire, sinon pour la justifier, du moins pour l'expliquer, c'est que, dans le cas d'une fraude manifeste, cette pratique est incontestablement utile. Au surplus, le juge des référés prend, à Paris, une précaution qui en diminue les dangers : il se fait renseigner par un constat de son huissier audiencier (V. les arrêts précités des 24 juin 1890, 12 janv., 10 août, 1er et 23 déc. 1891) ; mais c'est là un palliatif insuffisant, car, avec cette pratique, c'est l'huissier chargé du constat qui se trouve, en fait, le juge de l'affaire.

48. — 8° *Séparation de corps* (*Rép.* n°s 133 et suiv.). — Avant la loi du 18 avr. 1886 (D. P. 86. 4. 27), il avait été jugé que le droit conféré au président du tribunal, en matière de séparation de corps, par l'art. 878 c. proc., de régler la résidence de la femme durant l'instance en séparation, ne mettait pas obstacle à ce que ce magistrat statuât de nouveau sur le même point, et en outre sur le sort des enfants, comme juge des référés, lorsque l'urgence ne permettait pas d'attendre le jugement à intervenir sur la demande en séparation de corps; qu'ainsi le président pouvait prendre, en état de référé, les mesures nouvelles que nécessitait, à l'égard des enfants, la non-présence de la femme au lieu de résidence que le même magistrat lui avait fixé (Orléans, 1er mai 1869, aff. Genet, D. P. 69. 2. 166). La loi précitée, modifiant l'art. 238 c. proc. civ., reconnaît expressément compétence au juge des référés pour statuer même au cours d'une instance pendante, mais seulement en ce qui touche la résidence de la femme.

En dehors d'une demande en séparation de corps formée, la cour d'Aix (22 mars 1884) (1) a déclaré le juge des référés compétent pour ordonner la réintégration de la femme au domicile conjugal avec rapport des objets mobiliers soustraits par elle.

49. — 9° *Servitudes.* — Si la loi défend au juge des référés de porter atteinte au fond du litige, rien ne s'oppose à ce que le juge ordonne, à titre provisoire, et jusqu'au jugement du fond, le rétablissement dans un état primitif des lieux où s'exerce une servitude. En matière possessoire, le juge de paix a cette faculté (Rousseau et Laisney, *Dictionnaire de procédure civile*, v° *Possessoire*, n° 438 ; Civ. rej. 2 déc. 1862, aff. Trouillot, D. P. 63. 1. 17; Req. 6 déc. 1871, aff. Guilbert, D. P. 72. 1. 136) ; et il existe la plus grande analogie, sur ce point, entre les pouvoirs du juge du possessoire et ceux du juge du référé.

Du reste, l'urgence est la raison d'être des décisions rendues sur référé ; dès lors, il faut admettre que le juge saisi par la procédure de référé, de même qu'il a le droit de prescrire des mesures urgentes, telle que la fermeture d'une excavation qui peut causer un accident, ou l'étayage d'un mur menaçant ruine ou entamé par des démolitions voisines (*Rép.* n°s 109 et 110), peut valablement ordonner qu'un passage litigieux sera, à raison de l'urgence, rétabli dans son état primitif jusqu'au jugement définitif du litige (Req. 10 avr. 1872, aff. Falacci, D. P. 73. 1. 12; Civ. rej. 23 mars 1886, aff. Dubois, D. P. 86. 1. 408). — En matière de mitoyenneté,

---

(1) (Meyer C. Meyer.) — LA COUR; — Sur la compétence : — Attendu que la demande du mari en réintégration du domicile conjugal, avec rapport des objets mobiliers soustraits par la femme, réunit tous les caractères de l'urgence, et qu'il y aurait souvent de graves inconvénients à lui faire subir les délais d'une instance ordinaire devant le tribunal ; — Qu'elle rentre donc dans les cas qui, aux termes de l'art. 806 c. proc. civ., sont de la compétence du juge des référés ;

Sur le fond : — Attendu que, aux termes de l'art. 214 c. civ., la femme est obligée d'habiter avec son mari ; — Qu'en ordonnant à la femme Meyer de réintégrer le domicile conjugal, et d'y rap-

porter les objets mobiliers par elle soustraits, le juge des référés n'a fait que suivre les prescriptions de la loi ; — Que l'intérêt de la société et la dignité du mariage en réclament également l'exécution ; ...

Par ces motifs ; — Reçoit la femme Meyer en son appel envers l'ordonnance du président du tribunal civil de Toulon;

Confirme ladite ordonnance, tant sur la compétence qu'au fond ; ...

Du 22 mars 1884.-C. d'Aix.-MM. Chabriniac, pr.-Bujard, av gén.-Emile Roux et Marius Arnaud, av.

le juge peut, dans le cas d'urgence, ordonner la démolition et la reconstruction d'un mur mitoyen insuffisant pour la construction que l'un des voisins veut y adosser, alors, d'ailleurs, que celui-ci fait offre d'indemniser le propriétaire et le locataire de la maison contiguë (Paris, 13 nov. 1862) (1).

50. — 10° *Succession.* — Deux mesures, entre autres, sont fréquemment et très régulièrement prises en matière de succession, par ordonnance de référé. Le président a qualité pour ordonner sous cette forme un inventaire (Bordeaux, 25 juin 1867, aff. Jegher, D. P. 67. 5. 360; Alger, 9 juin 1877) (2); car c'est là une précaution toute provisoire, qui ne touche en rien au fond du droit, et qui présente un caractère indiscutable d'urgence. — D'autre part, le président peut nommer à la succession un administrateur provisoire (Douai, 3 déc. 1867, aff. Brancourt, D. P. 67. 2. 241; Paris, 9 févr. 1892, aff. Desforges, D. P. 92. 2. 229). Toutefois, dans ce dernier cas, le président devra se garder de conférer à l'administrateur des pouvoirs trop étendus; et il est permis de critiquer à cet égard l'arrêt précité de la cour de Douai, suivant lequel, en nommant un administrateur provisoire d'une succession, le juge des référés peut, non seulement lui donner le pouvoir de faire tous actes conservatoires et d'administration, mais, en outre, celui de : 1° recevoir et débattre tous comptes; 2° exercer toutes poursuites pour rentrées; 3° donner mainlevée, moyennant payement de tous privilèges, hypothèques, saisies-arrêts; 4° consentir à toutes distributions ou ordres amiables réglés par les magistrats. Ce sont là de véritables pouvoirs de liquidateur, susceptibles d'engager le fond du droit. — Il a été décidé encore que l'envoi en possession d'un legs, autorisé par l'art. 1008 c. civ., n'ayant qu'un caractère essentiellement provisoire, n'enlève pas aux héritiers légitimes, qui contestent la validité du testament de leur auteur, le droit de provoquer en référé la nomination d'un séquestre des biens compris dans la succession jusqu'au jugement de leur contestation (Nancy, 20 déc. 1892, aff. Ferry, D. P. 94. 2. 9).

51. — 11° *Matières diverses.* — Il a été jugé que : 1° le juge des référés est compétent pour statuer provisoirement sur les difficultés élevées entre deux personnes qui se prétendent destinataires de lettres missives dont l'adresse est incertaine; spécialement, qu'il peut ordonner, à titre provisoire, que les lettres dont l'adresse porte en même temps le nom d'un ancien huissier et l'indication de son ancienne profession, seront déposées entre les mains du juge de paix et ouvertes devant lui par l'ancien titulaire en présence du nouveau, pour être remises à l'un ou à l'autre, suivant qu'elles concerneraient la personne ou la fonction (Amiens, 26 janv. 1869, aff. B..., D. P. 74. 5. 421); — 2° le juge des référés n'excède pas sa compétence en ordonnant la remise à la femme séparée de biens de certaines valeurs par le notaire liquidateur, lorsqu'il est certain que ces valeurs lui appartiennent en propre et qu'elles ne sont pas frappées de saisie-arrêt par le mari (Req. 1er déc. 1886, aff. Peigné, D. P.

87. 1. 404 et 427). En effet, en pareil cas, la mesure ordonnée par le président du tribunal est relative à l'exécution du jugement; en outre, on ne saurait dire qu'elle préjudicie au principal, car, à vrai dire, de ce chef il n'y a pas de principal, puisque les droits de la femme ne lui sont pas contestés; — 3° Lorsqu'un décret a ordonné la suppression d'un office d'huissier qui a été racheté par la corporation tout entière, le juge des référés est compétent pour nommer un administrateur provisoire à l'effet : a. de prendre possession de toutes les affaires terminées ou pendantes après qu'un inventaire en aura été dressé; b. de continuer les poursuites aux lieu et place de l'ancien titulaire et d'en aviser les clients intéressés; c. d'exiger et de recevoir de lui tous les répertoires : ces mesures ne touchent pas au fond du droit, du moment que l'Administration est appelée à gérer, non pas dans l'intérêt exclusif de la corporation des huissiers, mais dans l'intérêt de tous et au profit de qui de droit (Lyon, 22 déc. 1891, aff. Maxe, D. P. 92. 2. 492); — 4° La mission donnée à un expert de procéder à l'inventaire et à l'estimation du matériel et de l'actif d'une société et de régler les comptes des associés ne préjuge point le fond et, dès lors, n'excède pas les pouvoirs du juge statuant en référé (Req. 20 juill. 1893, aff. Oudaille, D. P. 93. 1. 597).

Art. 2. — *Compétence en cas de difficultés sur l'exécution d'un titre authentique* (Rép. nos 165 à 173).

52. La compétence du juge des référés sur les difficultés soulevées en cas d'exécution d'un titre authentique est formellement énoncée par l'art 806 c. proc. civ. Elle suppose avant tout un titre régulier, qui ne soit pas contesté, ou qui, du moins, ne soit pas l'objet d'une contestation sérieuse. Par exemple, lorsque, en vertu d'un acte de vente notarié, l'acheteur demande par voie de référé l'expulsion du vendeur, le juge déclare à bon droit qu'il n'y a pas lieu à référé, si l'acte de vente lui-même est contesté dans ses clauses essentielles ou dans leur exécution (Bourges, 31 juill. 1890, aff. Magrimaud, D. P. 91. 5. 342). — Dès lors qu'il existe un titre, le juge doit en assurer l'exécution (Paris, 27 janv. 1872, aff. Nicard, D. P. 72. 2. 111). Il ne pourrait, sur la seule allégation du débiteur que le créancier a renoncé au droit inscrit à son profit dans le titre lui-même, renvoyer les parties à se pourvoir au principal, sous prétexte de contestation sur le fond. Spécialement, le locataire qui, aux termes d'un bail authentique, a encouru la clause pénale de résiliation, faute d'avoir payé le terme de son loyer dans le délai fixé par la convention, prétendrait vainement, pour arrêter les poursuites en expulsion dirigées contre lui par le propriétaire, qu'en recevant, sans faire de réserves, le payement tardivement effectué, celui-ci aurait renoncé à l'exercice du droit que lui conférait le titre (Req. 18 avr. 1882, aff. De Labenne, D. P. 83. 1. 263. 264). Et c'est à bon droit que le juge du référé, reconnaissant que provision est due à l'exécution

---

(1) (De Lubersac C. Bourgeois et autres.) — La cour; — Considérant que, pour les appelants, il y a urgence à ce que la reconstruction demandée du mur, reconnu mitoyen entre la propriété des appelants et celle de Bourgeois, ne soit pas différée; — Qu'il est constaté qu'il y a lieu de procéder à cette reconstruction, que ne conteste pas le copropriétaire du mur objet du litige; — Que les conditions de reconstruction offertes par les appelants assurent la conservation des droits de tous les intéressés; — Qu'il est juste de charger l'architecte commis pour diriger les reconstructions de constater les dommages qui pourront résulter, pour les locataires, des démolitions et reconstructions autorisées, et de donner son avis sur les réparations qui pourront être dues à ces locataires;

Met l'appellation et les ordonnances de référé dont est appel au néant, etc.

Du 13 nov. 1862.-C. de Paris, 3e ch.-MM. Perrot de Chazelles, pr.-Trolley de Roques et Armand, av.

(2) (Ben-Chimol C. Cohen-Scali.) — La cour; — Considérant qu'un inventaire est un acte essentiellement conservatoire, qui ne saurait nuire aux droits des parties au principal, ni rien préjuger sur leur responsabilité; — Que, si aujourd'hui les parties sont en discussion sur la question de savoir à la responsabilité de qui seraient les objets qui pourraient être inventoriés, cette question, réservée pour la juridiction compétente au principal, ne serait pas engagée dans la confection d'un inventaire; — Que celui-ci

aurait seulement pour objet et en tous cas pour effet de constater la nature, la consistance et la situation des objets inventoriés, et qu'ainsi il aurait son utilité; — Qu'en vain, les époux Ben-Chimol objectent que, par leur refus d'y participer, un tel inventaire ne saurait être contradictoire; — Qu'il n'est pas nécessaire que les intéressés assistent réellement à l'inventaire et qu'il suffit qu'ils y soient appelés; — Que c'est à tort aussi que les époux Ben-Chimol argumentent de l'incompétence de la juridiction de référé, faute d'urgence; — Qu'il y avait urgence pour l'appelant, chargé comme tuteur et par le conseil de famille d'occuper les lieux, à faire inventorier les objets qu'il y rencontrait; Qu'en ne le faisant pas, il aurait engagé sa responsabilité; — Qu'on peut même dire qu'il y avait urgence envers toutes les parties, pour prévenir entre elles des difficultés plus graves, à faire procéder à un inventaire qui pourrait leur profiter à toutes sans nuire à aucune; — Que, par leurs conclusions de première instance, les époux Ben-Chimol ont reconnu que les meubles des lieux confiés à l'appelant contenaient effectivement des titres et actes dépendant de l'hoirie Cohen-Scali; — Par ces motifs, que le notaire sera requis d'inventorier les meubles et que l'inventaire aura lieu en présence ou en l'absence des intéressés qui auront dû être régulièrement appelés et qui pourront présenter devant le notaire leurs dires et déclarations, etc.

Du 9 juin 1877.-C. d'Alger, 3e ch.-MM. Bastien, pr.-de Vaulx, subst.-Chéronnet et Robe, av.

d'un titre authentique incontesté, ordonne la continuation des poursuites (Même arrêt, et Paris 12 déc. 1891) (1).

Ce qui est surtout interdit, c'est d'accorder en référé au débiteur un délai de grâce, et de suspendre ainsi l'exécution d'un titre auquel provision est due (Paris, 25 sept. 1884 (2); Rouen, 18 mars 1892, aff. Forget, D. P. 94. 2. 169; Besançon, 10 févr. 1892, aff. Postansque, D. P. 94. 2. 169).

Art. 3. — *Compétence en cas de difficultés sur l'exécution des jugements (Rép. n°s 173 à 216).*

53. L'art. 806 c. proc. civ. attribue expressément compétence au juge des référés, « lorsqu'il s'agit de statuer provisoirement sur les difficultés relatives à l'exécution d'un jugement ». La condition essentielle d'application de cette règle, c'est qu'il s'agisse réellement d'une difficulté d'exécution. Par exemple, en cas de vente, ordonnée par un jugement (une sentence arbitrale), de la clientèle et de l'achalandage d'une société de commerce en liquidation, l'opposition à cette vente formée par l'un des associés, et fondée sur ce que le droit au bail ne doit pas être compris dans la vente, comme étant personnel à l'opposant, constitue une difficulté sur l'exécution du jugement, et non une contestation nouvelle; par suite, le juge des référés est compétent pour connaître de cette opposition, et en ordonner la mainlevée (Req. 3 déc. 1855, aff. Biétry, D. P. 56. 1. 253). De même, le juge des référés est compétent pour statuer sur un incident de procédure, tel que l'action en dommages-intérêts dirigée par un tiers contre l'huissier saisissant à raison du préjudice que les actes du ministère de celui-ci lui auraient causé, lorsque cet incident se produit à la suite de diverses saisies, par suite du concours de ces saisies, et à l'occasion de l'exécution de titres exécutoires (Req. 24 juill. 1884, aff. Lefrançois, D. P. 85. 1. 371). — Mais, à l'inverse, il a été jugé que la demande en sursis tendant à arrêter les effets d'un commandement signifié au nom du Crédit foncier et à suspendre la procédure de saisie, doit être considérée comme un incident de cette procédure, sur lequel il ne peut, dès lors, être statué par le juge des référés (Bordeaux, 1er mars 1888, aff. Crédit foncier, D. P. 89. 2. 199-200).

54 Lorsque le juge des référés est appelé à statuer sur une difficulté relative à l'exécution d'un jugement ou arrêt, son premier soin doit être d'examiner si ce titre est susceptible d'exécution dans les conditions que prétend le créancier. Il doit, pour prendre les termes d'un arrêt, statuer sur la régularité des actes que suppose cette exécution (Caen, 6 janv. 1872, aff. Thouin, D. P. 73. 5. 390); ... vérifier, par exemple, si l'exécution n'est pas subordonnée à la charge de fournir caution (Besançon, 31 oct. 1888, aff. Jacquier, D. P. 90. 2. 15); ... si elle n'est pas entravée par une instance pendante ou discontinuation de poursuites (Req. 17 déc. 1860, aff. Martin, D. P. 61. 1. 299); ... ou si, s'agissant d'une exécution contre un tiers, les formalités prescrites par la loi pour cette hypothèse ont été remplies (Lyon, 12 mars 1883, aff. Le Monde, D. P. 84. 2. 39). Mais il doit se borner à cette vérification matérielle, et il ne pourrait, ni interpréter le jugement ou l'arrêt (Caen, 6 janv. 1872, aff. Thouin, D. P. 73. 5. 390; Dijon, 28 févr. 1892, aff. Guilleminot, ibid.); ... ni surtout en modifier les dispositions, fût-ce pour rectifier une erreur (Lyon, 12 mars 1883, précité). Il pourrait encore moins statuer sur la non-recevabilité d'un appel, invoqué comme obstacle à l'exécution, si cette question était à ce moment soumise à la cour (Besançon, 31 oct. 1888, aff. Jacquin, D. P. 90. 2. 15).

Lorsqu'il a reconnu la régularité du titre, le président doit examiner les prétentions du défendeur à l'exécution, et, à cet effet, il peut prescrire toute mesure, ordonner toute justification propre à éclairer sa religion (Paris, 24 mai 1887, aff. Barrot, D. P. 88. 2. 187). Par exemple, lorsqu'un débiteur menacé d'une saisie-exécution par le montant d'une condamnation prononcée contre lui par un arrêt, fait opposition en invoquant des offres réelles, et que le juge des référés donne au demandeur un délai pour

---

---

(1) (Champagne C. Besancenet.) — La cour; — Considérant que le bail notarié du 9 oct. 1882 stipule qu'à défaut de payement d'un seul terme de loyer et quinze jours après un simple commandement resté infructueux, le présent bail serait résilié de plein droit, si bon semble au propriétaire et sans qu'il ait besoin de remplir aucune formalité judiciaire; — Que les époux Besancenet reconnaissent être débiteurs de 300 fr. sur le terme d'avril et 1500 fr. sur celui de juillet, au total de 1800 fr.; — Qu'un commandement leur a été signifié à la date du 24 août 1891; — Que ce commandement n'est pas nul par cela seul que le créancier aurait réclamé au delà de ce qui lui était dû; qu'il est valable à concurrence du montant de sa créance; — Que les locataires n'ont pas payé les 1800 fr. et n'ont pas fait d'offres réelles; — Que la clause du bail doit recevoir son exécution; — Par ces motifs, reçoit Champagne appelant de l'ordonnance de référé du président du tribunal de la Seine du 25 sept. 1891; — Met à néant ladite ordonnance; — Ordonne la continuation des poursuites et l'expulsion des époux Besancenet en la forme accoutumée;

Du 12 déc. 1891.-C. de Paris, 7e ch.-MM. Fauconneau Dufresne, pr.-Thibierge, subst.-Léon Lambert et Montéage, av.

(2) (Chabrillat C. Sarah Bernhardt-Damala.) — Le président du tribunal civil de la Seine a rendu le 23 août 1884, une ordonnance de référé ainsi conçue : — « Nous, juge, tenant l'audience des référés par empêchement de M. le président; — Attendu que le demandeur est porteur d'un titre exécutoire auquel provision est due; que la dame Sarah Bernhardt-Damala sollicite un délai; — Disons qu'il sera sursis aux poursuites pendant un délai de trois mois, pendant lequel la dame Sarah Bernhardt-Damala devra se libérer par tiers du montant de la créance du sieur Chabrillat, à compter de ce jour; — Disons qu'à défaut de payement d'un seul terme à l'échéance, la totalité de la somme due sera immédiatement exigible, et les poursuites mises à fin; — Ce qui sera exécutoire par provision, nonobstant appel, etc. ». Appel par Chabrillat.

Devant la cour de Paris, M. l'avocat général Godart a conclu en ces termes :

« Les juges peuvent, en considération de la position du débiteur, et en usant de ce pouvoir avec une grande réserve, accorder des délais modérés pour le payement, et surseoir à l'exécution des poursuites, toutes choses demeurant en état (c. civ. art. 1244). Ce pouvoir appartient aux tribunaux, même en présence d'un titre exécutoire, autre qu'un jugement.

Il résulte, en effet, des dispositions de l'art. 122 c. proc. civ. que les juges n'ont pas le droit d'accorder des délais de grâce, lorsque le titre, en vertu duquel le débiteur est poursuivi, est un jugement. En prononçant une condamnation, le juge a la faculté (et la loi lui recommande d'en user avec une grande modération) d'accorder des délais. La condamnation une fois prononcée est irrévocable dans ses termes. Le juge d'appel lui-même n'a pas le droit de suspendre l'effet d'un jugement de première instance (c. proc. civ. art. 460), définitif ou exécutoire par provision. Il peut seulement, en statuant au fond, et en infirmant, accorder des délais que les premiers juges ont refusés, parce qu'il se trouve alors dans les termes de l'art. 122. Cependant, nous voyons souvent le président des référés accorder terme et délai au débiteur poursuivi en vertu d'un titre exécutoire, et même d'un jugement définitif. L'excès de pouvoir est certain. Lorsqu'il s'agit d'une poursuite en vertu d'un jugement, le juge des référés s'arroge un pouvoir qui ne lui appartient pas même à la cour d'appel; lorsqu'il s'agit d'un acte notarié, le juge des référés usurpe un pouvoir qui appartient qu'au tribunal entier. Il ne peut, aux termes de l'art. 806 c. proc. civ., que statuer provisoirement sur les difficultés relatives à l'exécution d'un titre exécutoire ou d'un jugement, ce qui exclut nécessairement la faculté d'accorder des délais de grâce. Le débiteur qui, comme dans l'espèce, demande terme et délai, ne soulève pas de difficultés sur l'exécution. Il reconnaît sa dette, il ne nie pas le droit du créancier d'exercer des poursuites. C'est même parce qu'il le reconnaît, et qu'il n'a aucune objection à faire, qu'il demande au président des référés d'arrêter ces poursuites d'autorité. Ce n'est pas un contestant, c'est un suppliant : il avoue qu'il doit et que le droit du créancier d'exiger le payement immédiat; mais il implore du président des référés les délais que son créancier lui refuse. Nous sommes donc en dehors des termes de l'art. 806, et de la compétence du président statuant en référé. L'ordonnance doit être annulée pour excès de pouvoir, sans que la cour puisse, plus que le président du tribunal, statuer sur la demande de délai, car, en appel, la cour statue encore en état de référé ».

La cour; — Considérant qu'il y a titre exécutoire auquel provision est due; qu'il n'appartient pas au juge des référés d'en arrêter et d'en paralyser l'effet; — Par ces motifs; — Infirme l'ordonnance de référé rendue le 23 août 1884; — Dit n'y avoir lieu à référé, etc.

Du 25 sept. 1884.-C. de Paris, ch. des vacations, statuant en état de référé.-MM. Bresselle, pr.-Godart, av. gén., c. conf.-Degoulet, av.

---

mettre en état la procédure en validité des offres, ce magistrat n'excède pas les bornes de sa compétence (Req. 3 juill. 1889, aff. Rambaud, D. P. 90. 1, 229).

55. Son opinion une fois faite, le juge peut ordonner la discontinuation des poursuites. Par exemple, le juge du référé, compétent pour statuer, dans les cas d'urgence, sur les difficultés relatives à l'exécution d'un titre exécutoire, est compétent pour décider si des saisies, pratiquées en vertu d'un arrêt, doivent suivre leur cours ou être provisoirement suspendues dans leurs effets alors surtout que ces saisies tendent à paralyser la mission du séquestre judiciaire d'un immeuble, par exemple, d'une mine déjà frappée d'une saisie immobilière transcrite (Lyon, 27 mars 1873, aff. Ruffieux, D. P. 75. 2, 149).

Mais ce droit n'est pas absolu : il comporte certaines limitations. D'une part, il n'existe aucunement en matière de jugements consulaires exécutoires par provision (Paris, 24 avr. 1866, aff. Collart, D. P. 66. 2. 81). — En second lieu, même en matière civile, la discontinuation des poursuites n'est valablement ordonnée qu'à titre provisoire; elle ne peut équivaloir à une suspension indéfinie de l'exécution (Toulouse, 20 janv. 1891, aff. Dorbes, D. P. 92. 2. 71). — Enfin, la discontinuation des poursuites ne peut se fonder sur l'octroi, par le juge du référé, d'un délai de grâce (Comp. *suprà*, n° 52). Spécialement, dans le cas où le créancier, en vertu d'un jugement, a accordé des délais à un débiteur pour sa libération, le juge des référés qui, à l'expiration de ces délais, en accorde de nouveaux, commet un véritable excès de pouvoir (Paris, 24 févr. 1887, aff. Munich, D. P. 88. 2. 99). — Un arrêt de la cour de Bourges du 1er oct. 1870 (1) a, il est vrai, admis la solution contraire; mais c'était dans un cas tout exceptionnel et par application, non pas des principes généraux, mais du décret du 7 sept. 1870.

ART. 4. — *Des cas d'incompétence du président en référé* (Rép. n°⁵ 217 à 237).

56. La compétence du juge des référés, telle qu'elle résulte des trois articles précédents, comporte une restriction formulée par l'art. 809 c. proc. civ. : les *ordonnances de référé ne feront*, dit cet article, *aucun préjudice au principal*. D'autre part, il est certaines matières où, même à titre provisoire, le président du tribunal civil ne saurait exercer sa juridiction de référé : ce sont celles qui sont dévolues par la loi à une juridiction d'exception. Enfin la compétence du président cesse, même en matière civile, lorsque son tribunal est déjà saisi. De là, trois séries de cas d'incompétence, qu'il convient d'examiner successivement.

§ 1er. — Interdiction de faire préjudice au principal (Rép. n°⁵ 217 à 226).

57. Si l'urgence est le principal motif qui permette d'étendre presque à l'infini la compétence du juge des référés, la limitation sans laquelle cette extension irait jusqu'à l'abus réside dans l'interdiction de faire préjudice au principal. C'est là une règle fondamentale ; mais elle est plus facile à analyser qu'à définir. L'interprétation la plus sûre est celle qui résulte d'un arrêt de la chambre des requêtes du 17 févr. 1874 (aff. Lucas, D. P. 74. 1. 444), où on lit « que si l'art. 809 c. proc. civ. porte que les ordonnances du président ne feront aucun préjudice au principal, il faut en conclure qu'elles ne lient en aucune façon le tribunal pour l'appréciation du litige au fond ; mais qu'on ne saurait en induire que le président n'a, dans aucun cas, qualité pour prescrire, à titre provisoire, une mesure de nature à causer peut-être à l'une des parties un dommage irréparable en fait ». Le rapport de M. le conseiller Gouget, qui a précédé cet arrêt, justifiait cette doctrine dans les termes suivants : « Le principe (que les ordonnances sur référé ne feront aucun préjudice au principal) est incontestable ;

mais il faut en déterminer avec soin la portée véritable, et ne pas en étendre l'application au delà des limites qu'il comporte. Les tribunaux ont seuls le droit de résoudre, au fond, les difficultés qui divisent les parties, et le juge des référés n'est institué que pour prendre, au provisoire, les mesures urgentes. Il en résulte que ses décisions ne pourraient lier les tribunaux relativement à la solution du litige ; c'est ce qu'exprime parfaitement la formule usitée dans toutes les ordonnances de référé : « Au principal, renvoyons les parties à se pourvoir, et néanmoins, par provision, disons, etc... ». Il est donc vrai que les décisions rendues en référé n'exercent, en droit, aucune influence sur le principal, qu'elles le laissent complètement intact. Mais peut-on en conclure qu'elles ne peuvent modifier d'une manière irréparable, en fait, les situations respectives des plaideurs ? Evidemment, non. Il faut, au contraire, reconnaître que, dans une foule de circonstances, les conséquences de fait des sentences en référé sont de nature à causer un dommage définitif à l'une des parties. En matière de scellés, par exemple, il s'agit d'autoriser ou d'interdire une opposition ou une mainlevée sans description immédiate ; en matière de saisie-exécution, de surseoir ou passer outre à des poursuites ; en matière d'emprisonnement, de maintenir l'arrestation d'un débiteur ou d'ordonner sa mise en liberté ; en matière de location, de prescrire l'expulsion d'un locataire ou de lui conserver la jouissance des lieux ; dans tous ces cas, et dans une multitude d'autres qu'il est inutile de rappeler, la compétence du juge des référés ne saurait être mise en doute, et l'on est cependant forcé de reconnaître que ces ordonnances peuvent singulièrement compromettre les intérêts des parties, qu'elles peuvent rendre sans utilité pratique pour elles les décisions rendues plus tard en leur faveur par le juge du fond... ».

58. Des exemples sont nécessaires pour préciser la portée de cette règle. Ceux qui suivent sont puisés dans la jurisprudence : 1° le juge des référés, étant incompétent pour trancher les questions de propriété, ne peut décider que le produit d'une représentation théâtrale fasse l'objet d'une saisie-arrêt formée sur le prétendu bénéficiaire de cette représentation, appartient en réalité à un autre artiste, ni attribuer à la recette le caractère d'une libéralité insaisissable (Paris, 28 avr. 1855, aff. Lejeune, D. P. 56. 2. 140); — 2° le juge des référés ne peut, sans excès de pouvoir, dépouiller l'héritier bénéficiaire de son droit d'administration, à défaut par lui de fournir bonne et solvable caution dans un délai déterminé, la loi obligeant seulement l'héritier bénéficiaire qui ne peut fournir caution à vendre les meubles et déposer leur prix, ainsi que la portion non déléguée du prix des immeubles, pour être employés à l'acquit des charges de la succession (Lyon, 26 janv. 1871, aff. Chaberjon, D. P. 74. 2. 48); — 3° Le juge des référés est incompétent pour ordonner la discontinuation des poursuites de saisie-exécution à raison de loyers échus, lorsque la qualité et les droits de celui qui se prétend cessionnaire du droit au bail et propriétaire des objets saisis sont déniés par le poursuivant (Paris, 27 janv. 1872, aff. Nicard, D. P. 72. 2. 111); — 4° Le juge du référé, auquel un mari demande une mesure conservatoire de l'effet de s'assurer de valeurs mobilières appartenant à sa femme, n'a pas à rechercher s'il existe dans l'espèce quelque cause de nullité du mariage, ou si mieux le mariage ne serait pas inexistant, la cérémonie faite en pays étranger n'ayant pas eu un caractère sérieux dans la pensée des parties; mais il suffit que le demandeur produise un acte de mariage fait à l'étranger dans les formes usitées, alors surtout que ce titre apparent est confirmé par les aveux de la femme défenderesse (Bruxelles, 26 nov. 1875, aff. Junqua, D. P. 76. 2. 129); — 5° Le juge des référés est incompétent pour statuer sur la demande en mainlevée d'une opposition à mariage (Angers, 15 janv. 1879, aff. Thénaisie, D. P. 80. 2. 116); — 6° Le juge des référés est incompétent pour connaître de l'interprétation des clauses d'un

(1) (Mengère C. Balleraud.) — LA COUR ; — En ce qui touche la compétence : — Attendu que, en présence des termes généraux du décret du 7 sept. 1870, et malgré les principes admis par la jurisprudence, il apparaît suffisamment que le juge du référé était compétent pour statuer sur la demande formée par Balle-

raud et tendant à obtenir un délai de grâce ; mais qu'il appartient à la cour de prononcer au fond sur le mérite de cette demande, ...
Par ces motifs, etc.,
Du 1er oct. 1870.-C. de Bourges.

bail et déterminer l'étendue des droits des parties. Il ne peut être saisi qu'en cas d'urgence, lorsqu'il s'agit d'une difficulté d'exécution ou de l'application d'un titre clair et certain; spécialement, lorsque, conformément au bail qui l'autorise à changer la distribution des lieux loués, le fermier d'un établissement de bains a transformé en salle de billard un vestibule donnant accès dans un salon dont le bailleur s'est réservé l'usage à certains jours, le juge du référé ne peut ordonner que ce vestibule reprendra pour l'exercice passager des droits du bailleur son ancienne destination; en statuant ainsi, il fait grief au principal (Rouen, 3 mars 1880, aff. Bias, D. P. 80. 2. 135); — 7° Les entrepreneurs de publicité chargés, par le concessionnaire et le comité d'organisation d'une loterie autorisée, du placement des billets de cette loterie, et qui concluent simplement, au principal, à un établissement de leur mandat, sont sans qualité pour demander en référé la substitution d'un séquestre à ce comité dont les attributions et les membres ont été désignés par l'autorité administrative; il n'appartient pas, en ce cas, au juge du référé, qui ne peut connaître du fond du litige, de statuer sur le point de savoir si les défendeurs font ou non partie dudit comité (Nancy, 31 oct. 1885, aff. Bussienne, D. P. 87. 2. 4); — 8° Le juge des référés ne peut ordonner que des mesures provisoires et de nature à ne pas préjuger la solution du litige; en conséquence, si, dans une instance en référé entre sous-locataires et propriétaire, celui-ci demande que les sous-locataires soient tenus d'appeler en cause le locataire principal avant qu'il soit statué sur la nomination d'experts, le juge des référés ne peut pas passer outre, nommer les experts et fixer leur mission, en déclarant la présence du locataire principal inutile, ce serait statuer au fond sur une exception de défaut de qualité, et, par conséquent, commettre un excès de pouvoir (Lyon, 8 janv. 1890, aff. Barboni, D. P. 91. 2. 47).

59. De ce que l'ordonnance du référé ne peut faire préjudice au principal, et ne statue qu'au provisoire, il s'ensuit qu'elle ne saurait jamais avoir autorité de chose jugée. C'est là un principe constant en jurisprudence. Il a été jugé,

en conséquence : 1° que l'ordonnance du référé qui maintient comme réguliers des actes d'exécution d'un jugement, ne fait pas obstacle, quoiqu'il n'en ait pas été interjeté appel, à une demande en dommages-intérêts fondée sur l'irrégularité de cette exécution (Req. 4 nov. 1863, aff. Gautherin, D. P. 64. 1. 36); — 2° Que le particulier autorisé, en référé, à faire, aux frais d'une commune, des travaux urgents que plus tard le juge du principal a déclaré sortir de la compétence des tribunaux civils, n'est pas fondé à demander le remboursement du prix de ces travaux, sous prétexte qu'ils auraient eu lieu en vertu d'une ordonnance de référé passée en force de chose jugée (Nancy, 31 août 1867, aff. Ville de Commercy, D. P. 68. 2. 150); — 3° Qu'une ordonnance de référé prescrivant une expertise ne peut faire obstacle à ce que les juges du fond fixent, sans tenir compte de cette expertise, la valeur de la chose expertisée (Req. 16 févr. 1885) (1); — 4° Que l'ordonnance de référé renvoyant les parties à se pourvoir au principal ne préjuge rien quant aux conditions de l'exercice de l'action principale; spécialement, elle ne fait pas obstacle à ce que la caution *judicatum solvi* soit demandée devant le tribunal (Paris, 27 juill. 1875, aff. Compagnie des engrais, D. P. 77. 2. 117).

60. L'interdiction, pour le juge du référé, de faire préjudice au principal n'a trait qu'aux *décisions* par lui rendues, elle ne saurait faire obstacle aux *constatations* qu'il peut faire; spécialement, il peut constater les déclarations et consentements des parties, lesquelles se trouvent ainsi former contrat judiciaire (de Belleyme, t. 1, p. 419; Gérard, p. 243 et suiv.). Un arrêt de la cour de Paris (6 févr. 1864) (2) a contesté ce principe dans le cas où ces déclarations et consentements seraient de nature à faire préjudice au principal. Cette réserve paraît erronée : ce n'est pas alors le juge des référés, ce sont les parties elles-mêmes qui font ce préjudice au principal. Or, à cet égard, la loi ne contient nulle prohibition.

61. De ce que le juge des référés ne peut faire préjudice au principal, on a conclu qu'il ne pouvait prononcer aucune condamnation, même pour les dépens (*Rép.* n° 224), et cette

---

(1) (Giraud C. Lepage.) — La cour; — Sur le premier moyen, tiré de la violation des art. 1817 et 1351 c. civ. : — Attendu que l'estimation des cheptel, foins, pailles et fumiers du domaine des Troisfonds, appartenant à Giraud, et exploité par Lepage, fermier sortant, avait été prescrite par une ordonnance de référé du président du tribunal de Chambon, sans qu'il apparaisse des pièces produites qu'il y ait eu résistance d'aucune des parties en cause ; que cette ordonnance, qui constituait une mesure préparatoire que ni préjugeait pas le fond, et n'était pas susceptible d'acquérir l'autorité de la chose jugée, ne pouvait mettre obstacle à ce que les juges, écartant une estimation faite dans des conditions qui la frappaient de nullité, fixassent la valeur contestée des cheptel, foins, pailles et fumiers, sans recourir à une nouvelle expertise, jugée inutile, en se fondant sur les documents versés au procès et reconnus décisifs ; que, dès lors, les articles susvisés n'ont pu être violés ; — Rejette, etc. — Du 16 févr. 1885.-Ch. req.-MM. Bédarrides, pr.-Talandier, rap.-Petiton, av. gén., c. conf.-Boivin-Champeaux, av.

(2) (Guyot-d'Arlincourt C. Verteneuil et autres.) — Le 26 déc. 1863, ordonnance de référé ainsi conçue : — « Nous, président ; vu la réquisition de Guyot-d'Arlincourt, exécuteur testamentaire avec saisine et légataire universel de la veuve Deschamps, et l'opposition formée à la levée de scellés dont il s'agit par Verteneuil et consorts ; après avoir entendu C..., avoué de Guyot-d'Arlincourt, ès qualités, et le juge de paix en son rapport : — Donnons acte à toutes les parties, et spécialement à Guyot-d'Arlincourt, de la déclaration faite à l'instant à l'audience par C..., son avoué, que ledit Guyot-d'Arlincourt, en présence de l'héritier de ladite veuve Deschamps, « entend renoncer purement et simplement au legs universel qui a été fait en sa faveur par ladite veuve Deschamps », et, par suite, à l'envoi en possession dudit legs, et seulement conserver la qualité d'exécuteur testamentaire avec saisine ; — En conséquence, au principal, renvoyons les parties à se pourvoir ; et cependant, dès à présent, par provision, ordonnons que les opérations de levée de scellés et d'inventaire, après le décès de Mᵐᵉ veuve Deschamps, auront lieu à la requête de Guyot-d'Arlincourt, « en qualité d'exécuteur testamentaire avec saisine seulement », en présence de Verteneuil et consorts opposants en qualité d'habiles à se dire et porter héritiers de ladite veuve Deschamps. Appel par le sieur Guyot-d'Arlincourt. La cour. — Considérant que le juge du référé avait à statuer sur une opposition formée à la levée des scellés apposés après le

décès de la veuve Deschamps, qui, par son testament olographe déposé chez Bournet-Verron, notaire, a institué Guyot son légataire universel ; — Que l'ordonnance dont est appel, se fondant sur une déclaration dont il est donné acte, faite par l'avoué de Guyot, qu'il entendait renoncer purement et simplement au legs universel, et, par suite, à l'envoi en possession du legs, et conserver seulement la qualité d'exécuteur testamentaire, a ordonné que les opérations de levée des scellés et d'inventaire auraient lieu en présence des intimés habiles à se dire et porter héritiers de la veuve Deschamps et à la requête de Guyot, mais seulement en qualité d'exécuteur testamentaire avec saisine ; — Considérant que cette ordonnance, bien qu'elle ne prescrive, quant aux opérations de scellés et d'inventaires, qu'une mesure provisoire, préjudicie néanmoins aux droits pouvant résulter du testament de la veuve Deschamps en faveur de l'appelant, en décidant qu'il ne pourra agir qu'en qualité d'exécuteur testamentaire et en lui déniant, par suite, celle de légataire universel ; — Que, si le juge des référés peut et doit constater les déclarations faites, ou les consentements donnés en sa présence et qui, par leur objet, rentrent dans les limites de ses attributions exceptionnelles parce qu'il agit alors dans l'exercice de ses fonctions, il en est autrement lorsque les déclarations auraient pour objet de compromettre le fond du droit, qu'il ne peut apprécier et qu'il doit au contraire expressément réserver ; — Qu'il ne pourrait, en effet, les constater et les admettre comme base de sa décision, sans porter atteinte à ce principe posé par l'art. 809 c. proc., que les ordonnances de référé ne feront aucun préjudice au principal ; — Considérant qu'il suffisait, d'ailleurs, dans l'espèce, pour justifier la mesure provisoire sollicitée, de donner acte du consentement donné par Guyot à la présence des intimés aux opérations de scellés et d'inventaire ; — Qu'en allant au delà et en disant que Guyot ne pouvait requérir qu'en qualité d'exécuteur testamentaire, le juge des référés a excédé ses pouvoirs ; — Que les termes dans lesquels Guyot renouvelle devant la cour son consentement à la présence des intimés auxdites opérations réservent tous ses droits au principal et qu'il y a lieu de lui en donner acte ; — Annule l'ordonnance de référé, et, évoquant le fond, attendu que l'affaire est en état de recevoir une décision, donne acte à Guyot de ce que, se prévalant de l'ordonnance d'envoi en possession du 15 déc. 1863, il déclare permettre aux héritiers du sang, nonobstant ledit envoi en possession, d'assister à la levée des scellés et à l'inventaire, etc.. Du 6 févr. 1864.-C. de Paris, 4ᵉ ch.-MM. Tardif, pr.-Jousselin, av. gén., c. conf.-Allou et Gervais, av.

solution est celle du dernier arrêt rendu sur la matière (Riom, 12 nov. 1883, aff. Deplaque, D. P. 85. 2. 64). Cependant le système inverse compte des partisans dans la doctrine (Bertin, n⁰ˢ 262 et suiv.; Bazot, p. 382) et est consacré par plusieurs arrêts (Bourges, 9 nov. 1870, aff. Mengin, D. P 72. 2. 212; Amiens, 4 mars 1874, aff. Bourçon, D. P. 76. 2. 48; Bordeaux, 2 janv. 1882) (1). La pratique de Paris est, à cet égard, invariable; le président en référé ne statue jamais sur les dépens; la cour adjuge ceux de ses arrêts, et y comprend ceux de première instance.

§ 2. — Cas où le juge du principal est seul juge du provisoire.

62. En thèse générale, le président du tribunal civil est incompétent pour statuer en référé sur les matières qui ressortissent à une juridiction d'exception , soit au juge de paix (V. *infrà*, n⁰ˢ 63 à 65), soit au tribunal de commerce (V. *infrà*, n⁰ˢ 66 à 68), soit à la juridiction administrative (V. *infrà*, n⁰ˢ 70 à 78), soit enfin à une juridiction spéciale-ment instituée au sein même du tribunal civil, comme en matière d'ordre et de contribution (V. *infrà*, n⁰ˢ 79 et 80). A vrai dire, cette règle n'est pas universellement admise en doctrine, et spécialement elle. est contestée par M. Bazot (p. 187 et suiv.), en ce qui touche les matières rentrant dans la compétence des juges de paix et des tribunaux de commerce, par M. Thiercelin (*Revue pratique*, t. 3, p. 433, et t. 4, p. 92) et M. Bertin (cité au *Rép.* n⁰ 235), en matière administrative. Aussi, bien que le principe paraisse aujourd'hui définitivement consacré par la jurisprudence, il convient d'en analyser et d'en apprécier l'application dans les diverses hypothèses.

63. — A. — En ce qui touche les matières pour lesquelles la loi attribue compétence au *juge de paix*, M. Bazot (p. 187 et suiv.) s'appuie, pour permettre au juge des référés de statuer, sur des arguments de deux sortes : arguments de texte et arguments d'utilité. A ce dernier point de vue, il remarque, notamment, que le référé présente certains avantages que ne comportent point les sentences des tribunaux de paix. Ainsi, les ordonnances de référé par défaut ne sont pas susceptibles d'opposition, tandis que les jugements par défaut des juges de paix peuvent être attaqués par cette voie de recours, qui arrête alors l'exécution. De même, les ordonnances de référé sont exécutoires par provision sans caution, tandis que l'exécution provisoire des jugements des juges de paix est assez souvent subordonnée à l'obligation de fournir caution (V. L. 25 mai 1838, art. 11). Au point de vue du texte, M. Bazot insiste sur ce point, que les termes de l'art. 806 sont généraux, et que, d'ailleurs, cet article venant dans le code après celui qui est consacré aux justices de paix, couvre l'ensemble de la législation.
Ni l'une ni l'autre de ces considérations n'ont paru concluantes. A l'argument d'utilité on répond, en développant un arrêt de la cour de Paris du 14 nov. 1884 (aff. Paris, D. P. 86. 2. 80), que la procédure des juges de paix est aussi prompte que celle des référés et qu'elle offre sur celle-ci l'avantage d'aboutir à une solution définitive : l'art. 6 c. proc. civ. donnant au juge de paix le droit de permettre les assignations de jour à jour et même d'heure à heure, il s'ensuit que la procédure du référé devient inutile pour les affaires de la compétence des juges de paix ; il y a déjà une procédure spéciale et rapide pour les affaires de la com-

pétence des juges de paix : à quoi servirait alors la procédure des référés? — Quant à l'argument de texte, il est réfuté en ces termes par la cour de cassation (Civ. cass. 18 déc. 1872, aff. De Boisgelin, D.P. 73. 1. 129) : « Attendu que les art. 806 et 809 c. proc., placés sous la rubrique des référés au titre 16, liv. 5, c. proc., ne sauraient s'appliquer aux matières dont les juges de paix doivent connaître, suivant la loi de leur institution; que pour ces matières, en effet, il a été particulièrement pourvu aux cas d'urgence par l'art. 6 du même code, au titre 1 du livre 1, concernant les justices de paix; que c'est cet article seul qui régit la procédure à suivre en pareil cas, et qu'il se borne à permettre alors une abréviation de délais; que le législateur n'a pas voulu ouvrir la voie du référé pour des contestations qui, ressortissant aux justices de paix, peuvent être vidées immédiatement et presque sans frais par le juge du fond ».
C'est en ce sens que se prononcent généralement les auteurs (Carré et Chauveau, *Questions de procédure civile*, t. 6, n⁰ 2763, et *Supplément*, t. 1, p. 39; Rodière, *Traité de procédure civile*, t. 2, p. 368; Gérard, p. 143 et suiv.; Moreau, n⁰ˢ 16 et suiv.), même M. de Belleyme (t. 1, p. 397 ; t. 2, p. 176), dont cependant la tendance est d'élargir le domaine des référés.

64. La jurisprudence est également unanime à consacrer ce système. Il a été jugé : 1⁰ que le juge des référés est incompétent pour ordonner une expertise aux fins de constater et d'évaluer les dommages causés aux champs et aux récoltes par les vapeurs provenant d'usines voisines (Aix, 20 janv. 1872, aff. Rousset, D. P. 76, 2. 68) ou par des animaux (Civ. cass. 18 déc. 1872, aff. De Boisgelin, D. P. 73. 1. 129, et 31 juill. 1889, aff. Théveny, D. P. 91. 1. 323-324); — 2⁰ Que c'est devant le juge de paix, et non devant le juge des référés, que doit être portée la demande en mainlevée provisoire d'une saisie pratiquée par les agents de l'Administration forestière (Civ. cass. 28 juill. 1873, aff. Commune de Gatti-di-Vivario, D. P. 76. 1. 212); — 3⁰ Que le juge des référés est incompétent pour ordonner l'expulsion d'un locataire, ainsi que le séquestre et la vente du mobilier, lorsqu'il y a congé contesté et que le prix de la location annuelle est inférieur à 400 fr., cette dernière circonstance faisant rentrer l'affaire dans les attributions exclusives des juges de paix (Paris, 14 nov. 1884, aff. Paris, D. P. 86. 2. 80). — La même solution résulte, *à contrario*, des arrêts suivants, aux termes desquels : 1⁰ le juge de paix n'ayant compétence pour connaître des expulsions des lieux que lorsqu'il s'agit de locations verbales ou par écrit n'excédant pas 100 fr., le juge des référés est valablement saisi d'une demande d'expulsion quand il n'existe pas de bail (Req. 23 oct. 1888, aff. Régeard, D. P. 89. 1. 190); — 2⁰ La demande tendant à faire cesser l'obstacle apporté à des travaux que le demandeur avait entrepris sur son terrain, et à l'appui de laquelle celui-ci excipe tout à la fois de l'urgence et de son droit de propriété, ne saurait être considérée comme une action possessoire rentrant dans la compétence du juge de paix ; en conséquence, elle peut être soumise au juge du référé (Req. 20 juill. 1882, aff. Commune de Sanilhac, D. P. 83. 1. 161).

65. La jurisprudence pousse si loin l'application de son système qu'elle n'admet pas que le juge de paix, lorsqu'il est appelé à statuer sur une espèce rentrant dans sa compétence, puisse s'appuyer sur une mesure d'instruction incom-

(1) (Marguerite Berger C. Combe.) — La cour; — Attendu que, aux termes de l'art. 130 c. proc. civ., toute partie qui succombe doit être condamnée aux dépens ; que cette disposition générale et absolue s'applique à toutes les juridictions, puisqu'elle a pour but de faire retomber les conséquences d'une injuste contestation sur le plaideur téméraire qui a soulevé des prétentions inadmissibles ou résisté à une demande reconnue fondée; qu'on ne comprendrait pas que le droit de statuer sur les dépens n'appartînt pas aux juges qui ont prononcé sur le litige à l'occasion duquel ces dépens mêmes ont été exposés; — Attendu que l'art. 944 c. proc. à la suite de difficultés qui s'étaient produites au cours d'un inventaire; qu'elle a rendu l'intervention de la justice nécessaire en s'opposant à des mesures d'un caractère essentiellement provisoire qui avaient pour but d'assurer la confection régulière et complète de l'inventaire; qu'elle devait donc supporter les dépens que sa résistance a seule occasionnés ;

[left column footnote continued]
de loi n'enlève aux juges du référé le droit de prononcer une condamnation aux dépens; que la nature de leur juridiction et le caractère des décisions qu'ils prononcent ne justifieraient pas mieux une dérogation au principe général posé par l'art. 130 c. proc., que les frais d'un référé pourront sans doute être réservés lorsque l'incident qui l'a provoqué se rattache à une action principale déjà intentée, ou à une demande que l'incident lui-

[right column footnote]
même a pour but de préparer; mais qu'il n'y a aucune raison sérieuse de ne point statuer sur le sort des dépens lorsque, comme dans l'espèce, les mesures purement provisoires, sollicitées et obtenues en référé, terminent le litige et ne laissent place à aucun débat ultérieur, qu'il serait, en ce cas, peu raisonnable d'obliger les parties à intenter une nouvelle action pour le règlement des frais qu'elles ont exposés; — Attendu que Marguerite Berger avait été assignée en référé dans les termes de

Par ces motifs; — Confirme l'ordonnance de référé;
Du 2 janv. 1882.-C. de Bordeaux, 1ʳᵉ ch.-MM. Dulamon, pr.-Bourgeois, av. gén.-de Sèze et Thomas, neveu, av.

pétemment ordonnée par le juge des référés. Ainsi : 1° sont entachés de nullité comme manquant de base légale, la sentence du tribunal de paix, ainsi que le jugement confirmatif du tribunal civil jugeant en appel, qui s'appuient exclusivement sur une expertise ordonnée par une autre juridiction, et notamment par le juge des référés, pour accorder des dommages-intérêts au propriétaire d'un fonds rural, en raison du préjudice que lui ont fait éprouver les lapins d'un bois voisin (Civ. cass. 26 juill. 1887, aff. Johnston, D. P. 88. 1. 151) ; — 2° Le jugement qui, statuant en appel sur un dommage fait aux champs, prend pour base une expertise ordonnée par le président du tribunal civil statuant en référé et lui reconnaît une autorité légale par l'homologation qu'il lui donne, viole les règles de la compétence et les dispositions de l'art. 5, § 1, de la loi du 25 mai 1838 (Civ. cass. 31 juill. 1889, aff. Théveny, D. P. 91. 1. 323) ; — 3° Si les juges de paix, dans les actions en réparations locatives, n'ont pas qualité pour rechercher si une ordonnance de référé du président du tribunal civil, prescrivant une enquête et une expertise pour la constatation et l'évaluation de réparations locatives, a été ou non compétemment rendue, ils ne peuvent pas non plus, alors qu'il existe une ordonnance émanant d'une autre juridiction, considérer l'enquête et expertise qui s'en sont suivies comme un élément suffisant de preuve, directement et exclusivement appuyer au litige, ni appuyer uniquement leur décision sur cette enquête ou cette expertise, sous peine de rendre une décision manquant de base légale (Trib. de paix de Montmorency, 16 déc. 1891 (1).

66. — B. — *En matière commerciale* (Rép. n° 227), la même question se pose, et divise les auteurs, chez lesquels on trouve trois systèmes. M. Bazot (p. 182 et suiv.) tient ici encore pour la compétence du président du tribunal civil. Il invoque des arguments de texte, puisés notamment dans l'art. 57 du décret du 30 mars 1808, d'après lequel « le président du tribunal civil tiendra l'audience des référés, à laquelle seront portés tous les référés *pour quelque cause que ce soit* » ; il fait valoir, en outre, un argument d'utilité, tiré de la célérité que requièrent les affaires commerciales, et qui est ainsi développé par M. Glasson (D. P. 83. 2. 141) : « En organisant la procédure propre aux affaires commerciales, la loi est partie de cette idée fort juste que les procès de cette nature requièrent célérité et doivent être jugés rapidement. Les affaires civiles requérant célérité jouissent elles-mêmes de certaines faveurs qu'il est inutile de rappeler, et, s'il y a urgence, la loi leur ouvre même la voie du référé. N'est-il pas étrange de refuser ce bénéfice aux affaires commerciales qui en ont tout particulièrement besoin ? En vain, dirait-on que la procédure commerciale offre les avantages dès référés. Ce serait là une bien grave erreur ; et, sans relever, dans un parallèle complet, toutes les différences qui séparent ces deux procédures, nous en signalerons deux fort importantes : les ordonnances de référé par défaut ne sont pas susceptibles d'opposition, tandis que les jugements par défaut rendus en matière commerciale sont susceptibles de cette voie de recours, qui arrête leur exécution ; les ordonnances de référé sont exécutoires par provision sans caution, tandis que l'exécution provisoire des jugements commerciaux est, en principe, subordonnée à la nécessité de fournir caution. Enfin, il est certain que les ordonnances de référé sont exécutoires sur minute, tandis que la question est tout au moins douteuse pour les jugements commer-

ciaux ». — A la première considération, M. Gérard (p. 152) répond par un argument de texte en sens contraire : le même décret de 1808 (art. 60) porte expressément que « les référés renvoyés à l'audience sont réservés à la chambre où le président siège habituellement » ; ce qui ne peut s'entendre que du tribunal civil. Quant à l'argument d'utilité, la cour de cassation (1er déc. 1880, aff. Schneider, D. P. 81. 1. 5) s'est attachée à le réfuter, en montrant que, en matière commerciale, il a été pourvu aux cas d'urgence par les art. 417 et 418 c. proc. civ., aux termes desquels le président du tribunal de commerce peut permettre d'assigner devant le tribunal de jour à jour et même d'heure à heure, et de saisir les effets mobiliers, et par l'art. 439, qui permet aux tribunaux de commerce d'ordonner l'exécution provisoire de leurs jugements. Aussi le système de M. Bazot n'a-t-il guère trouvé d'écho en jurisprudence. Depuis les arrêts des cours de Nancy (6 juill. 1850) et de Douai (20 janv. 1852) cités au *Rép.*, n° 163, et qui d'ailleurs avaient trait à une juridiction supprimée depuis 1856, celle des arbitres forcés en matière de sociétés commerciales (V. *suprà*, v° *Arbitrage*, n°s 15 et suiv.), seule la cour de Rouen (3 déc. 1867, aff. Lenormand, D. P. 81. 1. 5, à la note) reconnaît d'une manière générale au président du tribunal civil le droit de statuer en référé dans les matières de commerce.

67. Un second système a été proposé par M. Bertin (t. 2, p. 150 et suiv.) : il admet la juridiction des référés dans les matières commerciales ; seulement il n'attribue au président, non du tribunal civil, mais du tribunal de commerce. Ce système, que la pratique n'a pas consacré, a été rejeté par la jurisprudence (Aix, 18 déc. 1883, *La Loi*, du 2 févr. 1884).

68. C'est dans un troisième sens que se prononce en majorité la doctrine (Rodière, t. 2, p. 387 ; de Belleyme, t. 1, n° 389 ; Gérard, n°s 151 et suiv. ; Moreau, n°s 9 et suiv.) : elle repousse, en matière commerciale, la juridiction du référé. C'est aussi le système de la jurisprudence. Il a été jugé : 1° que le juge des référés, ne pouvant statuer au provisoire que sur les matières qui rentrent, quant au fond, dans la compétence du tribunal civil, est incompétent pour ordonner une expertise à l'effet de constater l'état de marchandises dont l'acheteur refuse de prendre livraison, les contestations de cette nature ressortissant à la juridiction des tribunaux de commerce (Amiens, 26 mai 1875, aff. Robert de Massy, D. P. 76. 2. 68) ; — 2° Que le juge des référés est incompétent pour statuer provisoirement sur les contestations dont la connaissance appartient aux tribunaux de commerce ; dans ce cas, lorsqu'il y a urgence, la seule procédure à suivre est celle qui est indiquée par les art. 417 et suiv. c. proc. civ. (Civ. cass. 1er déc. 1880, aff. Schneider, D. P. 81. 1. 5) ; — 3° Que le juge des référés est incompétent pour statuer sur les mesures à prendre en ce qui concerne l'administration et la liquidation d'une société commerciale dissoute par un jugement du tribunal de commerce, alors surtout que ces mesures ne se réfèrent pas à l'exécution même de ce jugement (Paris, 2 janv. 1883, aff. Gillet, D. P. 83. 2. 141) ; — 4° Que les questions relatives à l'administration, à la mise en liquidation ou sous séquestre d'une société commerciale, étant de la compétence des tribunaux de commerce, le juge des référés est incompétent, même pour les mesures provisoires et d'urgence, comme le serait le tribunal civil (Paris, 9 mars 1883, aff. Roblin, D. P. 84. 2. 66) ; — 5° Que le juge des

---

(1) (Fournier C. Dupuis.) — Nous, juge de paix,.... — Attendu que, aux termes de l'art. 5, § 2, de la loi du 25 mai 1838, les juges de paix connaissent des actions en réparations locatives des maisons ou fermes, mises par la loi à la charge des locataires, et ce à charge d'appel, à quelque valeur que la demande puisse s'élever ; — Attendu qu'il est de doctrine et de jurisprudence constante que les juges de l'action en réparations sont seuls compétents pour connaître des mesures provisoires qui s'y rattachent ; — Que, notamment, l'art. 6, c. proc. civ. ayant pourvu complètement aux nécessités urgentes pour toutes les matières rentrant dans la compétence des juges de paix, la voie du référé ne peut être ouverte pour les contestations ressortissant à cette juridiction ; — Attendu que les juges du fond ne doivent et ne peuvent former leur conviction que sur des éléments de preuve admis par la loi, qui ont été produits dans l'instance et par

cette instance même dont ils sont saisis ; — Attendu que, si les juges de paix, dans les actions en réparations locatives, n'ont pas qualité pour rechercher si une ordonnance de référé du président du tribunal civil, prescrivant une enquête et une expertise pour la constatation et l'évaluation de réparations locatives, a été ou non compétemment rendue, ils ne peuvent pas non plus, alors qu'il existe une ordonnance émanant d'une autre juridiction, considérer l'enquête et l'expertise qui s'en sont suivies comme un élément suffisant de preuve, directement et exclusivement applicable au litige, ni appuyer uniquement leur décision sur cette enquête ou cette expertise, sous peine de rendre une décision manquant de base légale ; — En fait (sans intérêt).

Du 16 déc. 1891.—Trib. de paix de Montmorency, M. Tuffou, juge de paix.

référés est incompétent pour statuer sur une demande en nomination de séquestre à la requête d'un syndic de faillite (Paris, 5 mai 1888, aff. Allard, D. P. 88. 3. 415) ; — 6° Que le juge des référés est incompétent pour statuer sur une demande à fin d'expulsion formée par un patron contre son employé (Paris, 26 juill. 1892, aff. Cazet, D. P. 92. 2. 544) ; — 7° Qu'un litige existant entre deux sociétés commerciales, et relatif au fait de leur exploitation commerciale, est de la compétence du tribunal de commerce ; que dès lors, le juge du référé, qui n'a compétence pour ordonner des mesures provisoires que dans les matières ressortissant, au principal, aux tribunaux civils, est incompétent malgré l'urgence, pour statuer sur ce litige (Paris, 9 août 1892, aff. Chemin de fer de Paris à Arpajon , D. P. 93. 2. 220).

Mais il est généralement admis que le juge des référés est compétent, en cas d'urgence, pour statuer sur la demande d'un actionnaire tendant à la communication des livres d'une société commerciale(Pont, *Sociétés civiles et commerciales*, t. 2, n° 1318 ; Paris, 15 sept. 1842, *Rép.* n° 230-2° ; Lyon, 17 nov. 1869, aff. Décour, D. P. 71. 2. 133) ;... notamment de l'inventaire et de la liste des actionnaires (Bordeaux, 22 mars 1893, aff. Société des produits chimiques et agricoles, D. P. 93. 2. 528). Cette solution est admise même par les auteurs qui considèrent comme un acte de commerce la souscription d'actions dans une société (V. Lyon-Caen et Renault, *Traité de droit commercial*, t. 2, n° 470, 559 et 856, notes 2-3). — Jusqu'où peut aller la communication ordonnée par le juge des référés ? Il a été décidé que les actionnaires ont le droit de prendre des notes ou de faire des copies des pièces communiqués (Trib. Seine, 20 et 24 mars 1883, *Revue des sociétés*, 1884, p. 385 et 623). Jugé, au contraire, que, en cas de contestation sur l'étendue du droit de communication, le juge des référés, qui n'a point le pouvoir de préjuger le fond, ne saurait autoriser l'actionnaire à prendre copie de l'inventaire et de la liste des actionnaires (Arrêt précité du 22 mars 1893).

69. L'incompétence du président du tribunal civil étant ainsi reconnue, reste à savoir quelle est la nature de cette incompétence ? Il y a sur ce point désaccord non seulement parmi les auteurs, mais parmi les diverses chambres de la cour de Paris. MM. Lyon-Caen et Renault (*Précis de droit commercial*, t. 1, n° 419 *bis*) tiennent pour l'incompétence absolue : « Selon la jurisprudence, déclarent-ils, l'incompétence du tribunal civil pour connaître des procès commerciaux est relative. Il pourrait sembler que la même solution doit être donnée pour l'incompétence du président du tribunal civil appelé à statuer en référé sur des affaires commerciales. Il paraît plus exact d'admettre qu'il y a ici incompétence absolue. En effet, il ne s'agit pas d'une contestation pour laquelle le président du tribunal de commerce est compétent, à l'exclusion du président du tribunal civil, mais d'une contestation pour laquelle aucune juridiction n'est compétente, par cela même que nos lois n'admettent pas le référé en matière commerciale ». Cet argument s'appuie sur les termes formels de l'arrêt de cassation du 1er déc. 1880, cité *suprà*, n° 68, qui proscrit absolument, en matière de commerce, la juridiction du référé, et il a paru décisif à la 7e chambre de la cour de Paris (9 mai 1893, aff. Mège, D. P. 93. 2. 337-338). La doctrine et la jurisprudence belges sont dans le sens de cette opinion (de Paepe, *Etude sur la compétence civile*, t. 1, p. 73 ; C. cass. de Belgique, 23 mars 1882, *Pasicrisie*, 1882, 1. 88), pour statuer d'urgence en matière commerciale ; elle s'y est aussi également prononcée au *Rép.*, n° 225. — Toutefois, l'opinion contraire, soutenue par MM. Boitard, Colmet-Daâge et Glasson (15e édit., t. 2, n° 1067, p. 581-582), a été consacrée par deux chambres de la cour de Paris, la première (19 janv. 1880, aff. Bourgeault, D. P. 93. 2. 337-338 ; 1er avr. 1881, aff. Caisse des rentiers, *ibid.*), et la quatrième (23 janv. 1893, aff. Moreau, *ibid.*).

70. — C. — Les *matières administratives* ont donné lieu à plus de difficultés. Si, en effet, les raisons juridiques sont ici les mêmes pour écarter la compétence de juge des référés, l'utilité commande impérieusement de l'admettre, parce que la juridiction administrative n'a aucune ressource ana-

logue. C'est ce qu'a fort bien démontré M. Bertin, cité au *Rép.*, n° 235 ; aussi cet auteur proposait-il de reconnaître compétence au juge des référés, du moins lorsqu'il s'agirait d'ordonner des constatations urgentes. On a montré au *Répertoire* (*loc. cit.*) que le succès de cette opinion était à désirer, mais qu'il était peu probable, étant donnée la tendance générale de la jurisprudence. De fait, les tribunaux n'ont cessé de se prononcer en sens contraire, et il n'est guère contestable qu'ils soient ainsi d'accord avec les purs principes juridiques (V. Gérard, p. 164 et suiv.). On a vu (*suprà*, n° 65) qu'un tribunal d'exception (et particulièrement un juge de paix) ne peut, à peine de nullité, fonder sa décision sur une mesure d'instruction ordonnée en référé. Il est donc difficile de soutenir que le juge du référé soit compétent pour ordonner une telle mesure. Le principe a été posé, dans les termes les plus formels, par toutes les juridictions : cours d'appel, cour de cassation, tribunal des conflits. Il a été jugé : 1° que la compétence des tribunaux ordinaires ne s'appliquant qu'à ce qui concerne les droits de propriété ou le recouvrement des revenus des fabriques, toutes autres difficultés concernant ces établissements échappent à la juridiction du tribunal civil, au principal, et du président de ce tribunal statuant en référé, pour le provisoire (Paris, 17 nov. 1868, *suprà*, n° 3) ; — 2° Que la compétence du juge des référés repose sur le même principe que celle des tribunaux ordinaires, et que, dans le cas où, à raison de la matière, la connaissance de la cause appartient à l'autorité administrative, leur incompétence est aussi absolue sur le provisoire que sur le principal et au fond (Civ. rej. 13 juill. 1871, aff. Fabrique de Saint-Ferdinand des Ternes, D. P. 71. 1. 83) ; — 3° Que le juge des référés est incompétent pour nommer un séquestre chargé de détenir provisoirement les fonds d'une loterie autorisée et réglementée par le ministre de l'intérieur, car cette désignation d'un séquestre substituerait aux mesures d'exécution ordonnées et surveillées par l'autorité administrative une mesure nouvelle prise sans droit et sans compétence par l'autorité judiciaire, et constituant, dès lors, une intervention abusive de cette autorité dans l'exécution d'un arrêté administratif (Nancy, 31 oct. 1885, aff. Bussienne, D. P. 87. 2. 4) ; — 4° Que le juge des référés doit se déclarer d'office incompétent pour statuer sur une difficulté qui met en question la validité d'un acte administratif (dans l'espèce, d'une décision prise par une commission départementale, dans l'exercice des pouvoirs que la loi lui confère) (Montpellier, 20 juin 1887, aff. Merle, D. P. 88. 2. 303) ; — 5° Que le juge de référé n'est pas compétent pour statuer par provision dans les matières où le jugement du fond appartient, non au tribunal dont il fait partie, mais à l'autorité administrative (Trib. confl. 23 janv. 1888, aff. Serra, D. P. 89. 3. 38).

71. Un des cas où ce principe a reçu le plus souvent son application, est celui où il s'agit de constater un dommage, aux fins d'une réclamation ultérieure d'indemnité. De nombreux arrêts ont jugé qu'il appartient au juge des référés, mais à l'autorité administrative seule, de prescrire les mesures préparatoires (telles qu'une expertise) destinées à constater l'existence, l'importance et la cause réelle des dommages résultant de l'exécution de travaux publics, surtout lorsque la compétence du juge des référés reste douteuse, et qu'il reconnaît lui-même son incompétence, et à prévenir tout péril ultérieur (Montpellier, 17 déc. 1856, aff. Buisson, D. P. 57. 2. 97 ; Paris, 10 févr. 1857, aff. Mahmoud Benallad, D. P. 57. 2. 196 ; 26 déc. 1857, aff. Duc de Trévise, D. P. 59. 2. 44 ; Rennes, 5 janv. 1858, aff. référé, et 1er févr. 1858, aff. Mirès, *ibid.* ; Dijon, 10 août 1858, aff. Sellenet) *ibid.* ; Paris, 16 janv. 1858, aff. Chanudet, D. P. 58. 2, 55 ; Lyon, 27 mai 1858, aff. Chemin de fer de Lyon, D. P. 59. 2. 160 ; Montpellier, 11 mars 1862, aff. Combes, D. P. 63. 2. 28 ; Paris, 15 sept. 1867(1); Limoges, 13 juill. 1869, aff. Goudran, D. P. 74. 5. 421. Décidé notamment : 1° que la partie qui veut faire constater le dommage causé à sa propriété par des travaux publics ne saurait utilement se pourvoir devant le juge des référés à l'effet de voir ordonner une

---

(1) (Gellerat et comp. C. Chemin de fer d'Orléans.) — LA COUR ; — Considérant que le référé introduit par Gellerat et comp. a

pour objet de constater les causes et les conséquences d'un accident survenu dans le cours d'un travail exécuté par un entrepre-

expertise, mais doit s'adresser au préfet (Cons. d'Et. 18 nov. 1869, aff. Mohamed-ben-Cheik, *Rec. Cons. d'Etat*, p. 897; Trib. confl. 13 déc. 1890, aff. Mir-Izenne, D. P. 92. 3. 58) ; — 2° Que la constatation du dommage causé à des particuliers par l'exécution de travaux publics doit, à défaut d'une juridiction de référé en matière administrative, être demandée à un agent administratif, à des hommes de l'art, ou même à de simples particuliers dont les procès-verbaux, les appréciations ou les souvenirs seront, à titre de renseignements ou de témoignages, soumis à la juridiction administrative (Nancy, 19 mars 1870, aff. Guérard, D. P. 70. 2. 164) (cette solution montre à l'évidence les inconvénients pratiques du système, et l'avantage que présenterait la compétence du juge des référés) ; — 3° Que le juge des référés n'est pas compétent pour ordonner la vérification des dommages causés à une maison par le percement d'un tunnel exécuté par une compagnie de chemin de fer (Pau, 20 déc. 1871, aff. Betselère, D. P. 72. 5. 280 ; Lyon, 13 juin 1872, aff. Bonnefoy, D. P. 73. 2. 6) ; — 4° Que le juge des référés n'est pas compétent pour ordonner une expertise à l'effet de faire constater le dommage que des particuliers prétendent leur avoir été causé par les exercices de tir ordonnés par l'autorité militaire, et l'avantage que présenterait la réparation de ce dommage ne pouvant être réclamée que devant la juridiction administrative (Alger, 9 févr. 1881, aff. Vacarises, D. P. 82. 2. 16) ; — 5° Que le juge du référé est incompétent pour constater le dommage causé par des travaux d'utilité publique, alors même que ces travaux sont depuis quelque temps achevés, l'appréciation de ce dommage étant de la compétence exclusive des tribunaux administratifs (Orléans, 4 juill. 1882, aff. Préfet du Loiret, D. P. 83. 2. 56).

72. En dehors du cas d'expertise, la jurisprudence offre plusieurs exemples de mesures provisoires interdites au juge du référé, parce que, les prenant, il empiéterait sur les attributions de l'autorité administrative. Tel est, par exemple, le cas d'une nomination de séquestre. Ainsi, en cas d'inexécution des travaux exigés comme condition d'une concession par un traité dont la résolution ne peut être poursuivie que devant l'autorité administrative, la nomination d'un séquestre, à titre de mesure provisoire et de sûreté, ne peut être complètement portée devant le juge civil des référés par la partie intéressée, alors surtout que le conseil de préfecture se trouve déjà saisi par la même partie d'une demande en résolution dudit traité (Dijon, 25 mai 1868, aff. Fassy, D. P. 69. 2. 222).

Tel est encore le cas de sursis à l'exécution d'un acte administratif. Par exemple : 1° les travaux de démolition des maisons d'une rue dont la suppression a été, par décret impérial, déclarée d'utilité publique, ont le caractère de travaux publics ; dès lors, c'est au conseil de préfecture, à l'exclusion des tribunaux ordinaires, qu'il appartient d'apprécier les dommages qui peuvent résulter de ces travaux pour les intérêts privés, et le président du tribunal civil est incompétent pour ordonner, en référé, sur la demande des propriétaires riverains, la suspension de ces démolitions, à raison des entraves qui en résultent pour la circulation (Paris, 17 févr. 1860, aff. Minot, D. P. 61. 2. 109) ; — 2° Une action est incompétemment introduite devant le président du tribunal civil jugeant en référé, si le but et le résultat de cette action est de mettre obstacle à l'exécution d'un arrêté municipal, car il n'entre point dans les attributions du pouvoir judiciaire de mettre obstacle à ce qu'un arrêté municipal, dont la régularité n'est pas contestée, soit exécuté (Caen, 28 juill. 1866, aff. Lecoq et Letessier, en note sous Req. 20 juill. 1882, D. P. 83. 1. 161) ; — 3° Le juge des référés ne peut ordonner la discontinuation de travaux entrepris en vertu d'un arrêté de l'autorité administrative compétente, sous le prétexte que ces travaux porteraient atteinte aux droits résultant d'un titre exécutoire (Douai, 6 mars 1872, aff. Petyt, D. P. 74. 5. 421) ; — 4° Lorsqu'un arrêté municipal, approuvé par le préfet, ordonne, dans l'intérêt de l'hygiène publique, qu'après leur abatage, « les animaux devront être visités

par les inspecteurs de viandes, qui s'assureront de l'état des chairs et issues ; que, si elles sont reconnues impropres à la consommation, procès-verbal en sera dressé par les inspecteurs, en présence du propriétaire de l'animal, pour être ensuite, s'il y a lieu, statué ce que de droit par les tribunaux compétents ; et que ces viandes, chairs ou issues seront enfouies sous la surveillance de l'autorité et aux frais des propriétaires », le président du tribunal est incompétent pour ordonner en référé que des experts constateraient l'état d'une vache abattue, à l'effet de reconnaître si la viande était ou non, au moment de l'abatage, propre à la consommation, et être ensuite, sur leur rapport, statué ce que de droit (Bordeaux, 24 août 1875, aff. Lagne, en note sous Req. 20 juill. 1882, D. P. 83. 1. 161) ; — 5° Lorsque le commissaire administrateur d'une mense épiscopale (en cas de vacance du siège) a été autorisé par un décret à vendre les immeubles de cette mense, le juge des référés n'a pas qualité pour retarder ou entraver soit directement, soit par voie indirecte, l'exécution d'un semblable décret, et spécialement pour ordonner provisoirement le sursis à la vente desdits immeubles (Limoges, 13 août 1888, aff. De Luze, D. P. 89. 2. 57. — Comp. en ce qui touche les difficultés survenant entre un curé et un conseil de fabrique, Paris, 17 nov. 1868, *supra*, n° 3).

73. Le principe étant ainsi constant, il importe d'en préciser les limites. Or, la compétence du juge des référés cesse où commence celle du juge administratif. Il faut donc, pour que l'ordonnance de référé soit incompétemment rendue, que le fait qui y donne naissance soit la suite directe d'un acte administratif. Ainsi, d'abord, le juge des référés ne saurait être considéré comme incompétent, encore bien qu'il existe un acte administratif, si le fait litigieux n'en est pas la conséquence directe et nécessaire, si, par exemple, il résulte d'un abus. Ainsi il a été décidé : 1° que le juge des référés est compétent pour ordonner la suspension de travaux publics commencés par un entrepreneur en violation des règles concernant l'expropriation pour utilité publique (Cons. d'Et. 15 déc. 1858, aff. Sellenet, D. P. 59. 3. 49) ; — 2° Que le juge des référés est compétent pour ordonner une expertise à l'occasion de dommages causés par des travaux publics, lorsque ces dommages constituent une expropriation partielle à laquelle le propriétaire est en droit de s'opposer à défaut d'indemnité préalable, auquel cas il y a lieu de prescrire même la discontinuation des travaux (Paris, 10 août 1858, aff. Sellenet, D. P. 59. 1. 41) ;... soit l'inexécution d'une obligation constatée par un contrat judiciaire entre une compagnie de chemin de fer et un riverain relativement à l'entretien d'un mur séparant la voie ferrée de la propriété de celui-ci (Paris, 26 févr. 1857, aff. Chemin de fer de Sceaux, D. P. 59. 2. 41) ; que toutefois, dans cette dernière hypothèse, l'intervention du juge des référés ne peut aller au delà de la constatation du dommage, sauf au riverain à se pourvoir devant l'autorité administrative, seule appelée à statuer sur les difficultés élevées en matière de grande voirie (Même arrêt) ; — 3° Que le juge des référés est compétent pour ordonner, en cas d'urgence, une expertise à l'effet de rechercher si des travaux exécutés en vertu d'un arrêté préfectoral qui a autorisé l'occupation temporaire d'un riverain n'ont pas excédé les limites de cet arrêté et porté une atteinte permanente à une propriété privée ;... soit pour donner aux experts la mission de rechercher si une certaine quantité de sable, que les entrepreneurs des travaux étaient autorisés à extraire sur le terrain temporairement occupé, a été employée à une autre destination que celle prévue par l'arrêté ;... soit pour faire défense auxdits entrepreneurs de faire emploi d'aucune partie du sable extrait en dehors des limites que cet arrêté avait tracées (Rennes, 12 déc. 1881, aff. Dubois, D. P. 82. 2. 197) ; que toutefois le juge des référés ne peut, sans excès de pouvoir, leur faire défense de continuer provisoirement les travaux, le résultat de l'expertise ordonnée pouvant seul résoudre la question de savoir si ces travaux constituent, non une occu-

---

neur de travaux publics, pour la confection d'une dépendance de la voie publique, pour statuer sur la responsabilité invoquée contre les intimés, il sera nécessaire d'apprécier des actes administratifs ; — Que cette appréciation appartient exclusivement à l'autorité administrative ; — Que la juridiction ordinaire,

incompétente pour connaître du principal, l'est également pour ordonner des mesures provisoires ; — Confirme, etc.
Du 15 sept. 1867.-C. de Paris, 1re ch.-MM. Devienne, 1er pr.-Oscar de Vallée, 1er av. gén.-Massu, Busson-Billaut et Lauras, av.

pation temporaire, mais une occupation permanente entraînant la compétence du juge civil (Même arrêt); — 4° Que l'arrêté municipal interdisant tous dépôts de matériaux sur la place publique d'une commune ne s'oppose pas à ce que le juge du référé fasse défense au maire d'interrompre les travaux entrepris sur un terrain qui, d'après la commune, ferait partie de cette place publique, mais dont le particulier, auteur des travaux, se prétend propriétaire, alors qu'il n'est justifié d'aucun acte de l'Administration ayant fixé les limites de ladite place, ou décidé qu'elle s'étendrait sur une partie quelconque du terrain litigieux (Req. 20 juill 1881, aff. Commune de Sanilhac, D. P. 83. 1. 161).

74. A plus forte raison, la même solution est-elle applicable s'il n'existe aucun acte administratif, encore bien que la solution puisse intéresser l'Administration. Par exemple, le tribunal civil et, en cas d'urgence, le juge des référés étant seuls compétents pour statuer sur les questions de propriété et de servitude, alors même qu'elles intéressent une commune, ce juge a qualité pour autoriser provisoirement un propriétaire enclavé à passer sur un sol communal (Req. 10 avr. 1872, aff. Commune de Gatti-di-Vivario, D. P. 73. 1. 12).

75. Souvent il existe un acte émané de l'Administration, mais qui n'est pas pour cela un acte administratif : rien ne s'oppose alors à la compétence du juge des référés. Ainsi, une police d'abonnement pour l'éclairage au gaz, étant destinée à établir des obligations réciproques entre une compagnie industrielle et des particuliers, est un contrat essentiellement civil, dont l'appréciation appartient à l'autorité judiciaire, et non à l'autorité administrative alors même que cette police doit être conforme à un modèle approuvé par l'administration municipale; en conséquence, le juge des référés est valablement saisi, dans la limite de ses attributions, des difficultés que peut faire naître l'exécution de la police, et il est compétent pour statuer sur ces difficultés, même dans le cas où la solution du litige au fond nécessiterait l'interprétation préalable du cahier des charges de la compagnie par l'autorité administrative, ce juge ne pouvant prescrire que des mesures provisoires et urgentes qui ne sauraient préjudicier au fond du droit (Bordeaux, 8 août 1877, aff. Compagnie du gaz, D. P. 79. 1. 119, et, sur pourvoi, Civ. rej. 16 déc. 1878, *ibid.*). Cette solution est justifiée : en effet, un acte privé, dont l'application définitive peut exiger l'interprétation d'un autre acte à fournir par l'autorité administrative, ne devient pas pour cela un acte administratif ; il reste, dans son ensemble, un acte privé. On doit donc admettre que le juge des référés peut en ordonner l'exécution provisoire, sans pour cela contredire la doctrine certaine suivant laquelle le juge des référés ne peut statuer sur l'exécution provisoire des actes admi-

nistratifs. — C'est par le même motif qu'il a été jugé qu'un bail administratif ne laisse pas que d'être un acte civil, et non un acte administratif ; que, par suite, le juge des référés est compétent pour statuer sur des mesures provisoires sollicitées en vertu de ce bail (Besançon, 15 mars 1882, aff. Dumont, D. P. 82. 2. 233).

76. Ce dernier principe a donné lieu à des applications fort fréquentes, il y a peu d'années, à l'occasion des mesures de laïcisation prises, soit par l'administration supérieure, soit par les communes, à l'égard des écoles primaires. La plupart des tribunaux et des cours ont, en effet, jugé que les membres des congrégations expulsées saisissaient valablement le juge des référés pour se faire maintenir ou réintégrer dans les locaux qu'ils occupaient, alors que cette occupation avait lieu en vertu d'un contrat. Jugé en ce sens : 1° que, en cas d'urgence, le juge des référés est compétent pour maintenir ou réintégrer provisoirement une congrégation enseignante dans la possession des bâtiments par elle occupés, nonobstant l'expulsion ordonnée par délibération du conseil municipal, alors que la congrégation s'appuie sur des contrats civils (Req. 26 févr. 1873, aff. Dames de Saint-Maur, D. P. 73. 5. 391); — 2° Que le juge du référé est compétent, comme le serait le tribunal lui-même, pour connaître de la demande formée par des frères des Écoles chrétiennes et tendant à être maintenus en possession du local d'une école sur laquelle ils prétendent avoir un droit réel d'usage et d'habitation, alors même qu'un arrêté préfectoral leur a enlevé la direction de cette école pour la confier à des instituteurs laïques (Nancy, 6 déc. 1879, aff. Frères des Écoles chrétiennes, D. P. 81. 2. 167 ; Trib. civ. Lorient, 12 sept. 1888, aff. Ville de Lorient, D. P. 89. 3. 88); — 3° Que le juge des référés est compétent pour ordonner la réintégration d'un membre d'une société civile, muni d'un titre auquel provision est due, dans les immeubles appartenant à cette société, bien que le demandeur en ait été expulsé par suite d'un arrêté du préfet de police, comme faisant partie de la congrégation, non autorisée, dite de Jésus ;... alors, d'ailleurs, que le jugement à intervenir sur la réclamation du demandeur, considéré individuellement et n'agissant pas comme membre de la compagnie de Jésus, n'implique pas la nécessité d'apprécier, au point de vue de sa légalité, l'arrêté du préfet de police, dont l'objet était de disperser l'agrégation formée dans les immeubles en question, et d'assurer l'exécution du décret du 29 mars 1880 ordonnant la dissolution de l'association (Trib. civ. de la Seine, 9 juill. 1880, aff. De Guilhermy, D. P. 80. 3. 61). — A la vérité, cette solution, qui avait déjà été contestée par la cour de Chambéry (11 déc. 1871)(1) dans le cas particulier où il s'était invoqué par la congrégation n'était pas prouvé par titre, a été repous-

---

(1) (Frères de la Doctrine chrétienne C. Commune de Cognin.) — La cour; — Attendu qu'il est constant, en fait, que les frères de la Doctrine chrétienne dirigeaient, depuis de longues années, l'école communale de Cognin; qu'ils occupaient des locaux appropriés à cette destination par la commune, et recevaient de celle-ci une subvention ; — Que, par une délibération du 6 août 1871, approuvée par arrêté de M. le préfet de la Savoie, le 17 du même mois, le conseil municipal de Cognin a décidé que, à partir de la rentrée scolaire, l'enseignement laïque serait substitué à l'enseignement congréganiste ; — Que ces décisions administratives ont été portées à la connaissance des frères de la Doctrine chrétienne par lettre du maire de Cognin du 17 septembre ; — Qu'en cet état, par exploit du 26 oct. 1871, les frères ont assigné en référé, devant le président du tribunal de Chambéry, le maire de Cognin, à l'effet d'obtenir un sursis à l'exécution de la délibération précipitée et, en même temps, leur maintien dans la jouissance des locaux et des subsides ; — Que, par ordonnance du 28 oct. 1871, le président du tribunal s'est déclaré incompétent, et que, le 4 novembre, appel a été interjeté de son ordonnance ; — Que, depuis ladite ordonnance, les frères de la Doctrine chrétienne ont été expulsés des locaux qu'ils occupaient ; — Que les appelants reprennent devant la cour les conclusions posées en première instance, et qu'ils demandent, en outre, à être réintégrés dans les locaux où ils résidaient ;

Attendu que les appelants soutiennent, en premier lieu, que la compétence du magistrat statuant en référé est absolue et que sa juridiction, ne s'exerçant jamais que par des mesures provisoires, a, du moins dans cette sphère particulière, un caractère de plénitude; — Que, suivant eux, cette latitude s'explique par la nécessité de prévenir de graves inconvénients souvent irrépa-

rables, et qu'elle ne compromet d'ailleurs aucun droit, puisqu'elle réserve aux juridictions compétentes les solutions définitives; qu'on ne saurait donc appliquer ici la règle de la séparation des pouvoirs ; — Attendu que la défense faite aux autorités judiciaires de s'immiscer dans les actes administratifs a été élevée par le législateur à la hauteur d'un principe constitutionnel ; — Que le magistrat jugeant en référé est essentiellement une autorité judiciaire, et qu'il serait au moins étrange que le président du tribunal ne fût pas soumis à une règle qui gouverne, non seulement le tribunal dont il fait partie, mais encore toutes les juridictions de l'ordre judiciaire, même la plus élevée; — Qu'une pareille omnipotence, loin de s'appuyer sur la loi, serait en contradiction avec l'ensemble de toute notre législation ; — Que vainement, pour justifier cette extension de pouvoirs conférée au juge des référés, on insiste sur le caractère provisoire de ses décisions ; — Qu'il n'est pas douteux, en effet, que le tribunal entier, saisi d'une instance dans laquelle on pourrait invoquer la règle de la séparation des pouvoirs, devrait proclamer son incompétence, même pour ordonner de simples mesures provisoires ; — Que c'est donc avec raison que, dans l'ordonnance dont est appel, le président du tribunal s'est déclaré incompétent pour surseoir à l'exécution d'actes administratifs;

Attendu, en second lieu, que les appelants prétendent que le juge du référé s'est à tort dessaisi entièrement du litige; — Que, en dehors des questions administratives, il y avait dans la cause des questions de droit civil qui s'imposaient à son appréciation ; — Qu'en effet, les frères de la Doctrine chrétienne, nommés instituteurs communaux, avaient contracté avec la commune de Cognin, et qu'il était intervenu entre eux, soit pour les subsides, soit pour l'occupation des locaux, des engagements respec-

sée, en principe, par le tribunal des conflits (14 janv. 1880, aff. Ville de Brignoles, D. P. 80. 3. 91 ; 13 janv. 1883, aff. Muller, D. P. 84. 3. 73 ; 27 janv. 1883, aff. Cazeneuve, *ibid.* ; 14 avr. 1883, aff. Millard, *ibid.*). Mais, cette dernière jurisprudence a soulevé de vives critiques : elle n'avait triomphé, en 1880, qu'après partage et contrairement aux conclusions du commissaire du gouvernement ; et, dans l'affaire jugée le 13 janv. 1883, les ministres de l'intérieur et de l'instruction publique avaient présenté des observations en faveur de la compétence du juge des référés.

77. Qui déterminera s'il s'agit, en réalité, d'une matière ressortissant à l'autorité administrative ? La chambre des requêtes (29 juin 1859, aff. Darblay, D. P. 59. 1. 394) a jugé avec raison que le juge des référés peut, en vertu de la règle que le juge de l'action est le juge de l'exception, statuer sur la question de savoir si le débat porté devant lui est de la compétence des tribunaux civils ou de celle de l'autorité administrative.

78. Dans tous les cas où l'incompétence du juge des référés résulte de ce que la matière est réservée aux tribunaux administratifs, cette incompétence est d'ordre public (Lyon, 13 juin 1872, aff. Bonnefoy, D. P. 73. 2. 16) ; elle est, dès lors, opposable en tout état de cause et doit même être déclarée d'office (Même arrêt).

79. — D. *Ordres et contributions.* — Enfin il est certaines matières qui, bien que rentrant dans la compétence des tribunaux civils, ont été attribuées par la loi à une juridiction particulière. Tels sont les *ordres* et les *contributions*, pour lesquels la loi attribue compétence spéciale au juge-commissaire (Gérard, p. 201 et suiv.). Il suit de là que, pour toutes distributions de sommes ou prix d'immeubles, le juge des référés est incompétent, et qu'il ne peut régler cette distribution, par exemple, en constituant un privilège au profit de telle ou telle partie. Ainsi il a été jugé : 1° que le juge des référés excède sa compétence en décidant, même d'urgence, que les droits de mutation par décès réclamés par l'administration de l'Enregistrement seront, nonobstant l'opposition des héritiers, qui n'ont pas encore accepté, prélevés sur le prix d'une vente sur saisie de meubles de la succession, au versement duquel ladite administration s'est opposée (Lyon, 9 févr. 1871, aff. Bouvet, D. P. 71. 2. 127) ; — 2° Que le juge des référés ne saurait, sans excéder ses pouvoirs, statuer sur l'existence, ni régler l'effet ou l'étendue, d'un privilège contesté ou d'un prétendu droit de rétention ; il ne lui appartient pas, en conséquence, d'ordonner à l'avoué non payé de ses frais, et qui excipe de son droit de rétention, de se dessaisir des pièces qu'il tient de ses anciens clients pour les remettre, même temporairement, à leur nouveau mandataire (Civ. cass. 6 févr. 1877, aff. Roger, D. P. 77. 1. 79) ; — 3° Que le juge des référés n'a ni pouvoir ni qualité, soit pour ordonner la consignation d'un prix de vente sur aliénation volontaire, soit pour ordonner la radiation des inscriptions prises par le vendeur ou par les créanciers, avec maintien de leur effet sur le montant de la somme consignée (Lyon, 21 avr. 1882, aff. Barbarin, D. P. 83. 2. 72) ; — 4° Que le président du tribunal civil est incompétent pour régler la distribution du prix d'une vente mobilière et spécialement pour ordonner une attribution privilégiée au profit d'un créancier (Paris, 6 août 1891, aff. Breton, D. P. 94. 2. 307).

80. Toutefois la jurisprudence, s'inspirant de la pratique ancienne du Châtelet de Paris, permet au président du tribunal civil, statuant en référé, d'autoriser le bailleur à toucher, nonobstant toute opposition, le reliquat du prix de vente des meubles garnissant les lieux loués (Paris, 5 août 1873, aff. Thiébaut, D. P. 76. 2. 69 ; 6 août 1891, aff. Breton, D. P. 94. 2. 307), mais à la double condition : 1° que la créance privilégiée du bailleur absorbe ce reliquat (Paris, 6 août 1891, précité) ; 2° qu'elle ne soit pas contestée (Rouen, 16 mai 1862, aff. Prunier, D. P. 76. 2. 69, à la note ; Paris, 29 mai 1875, aff. Chanudet, *ibid.*, au texte ; Paris, 6 août 1891, précité). Cette solution peut s'appuyer sur l'art. 661 c. proc. civ., qui permet, dans ce cas, la procédure de référé ; mais, cet article stipulant que le référé doit alors être porté devant le juge-commissaire, il faut reconnaître que la procédure autorisée par la jurisprudence est plutôt fondée sur des motifs d'utilité et des précédents historiques que sur le texte même de la loi.

§ 3. — Le juge du principal dessaisit le juge des référés.

81. C'est un principe universellement admis que, lorsque le tribunal civil est saisi, son président ne peut plus statuer en référé, même à titre provisoire (Gérard, p. 188 et suiv. ; Pau, 27 déc. 1871, aff. Cazaux, D. P. 76. 2. 161 ; Paris, 17 févr. 1872, aff. L'Abeille, *ibid.* ; 9 déc. 1872, aff. Picard, *ibid.* ; 27 août 1874, aff. Camusat, *ibid.* ; 10 déc. 1874, aff. Faure, *ibid.*). Ainsi, le juge des référés ne peut pas ordonner une expertise à l'effet de vérifier le dommage causé par un incendie, alors qu'une demande tendant à l'exécution du contrat d'assurance est engagée devant le tribunal (Paris, 17 févr. et 9 déc. 1872, précités) ; et que, d'ailleurs, il n'y a pas urgence (Paris, 9 déc. 1872, précité) ;... Ni prescrire la vérification par expert de mémoires relatifs à des travaux de maçonnerie, alors que le tribunal est saisi d'une demande en payement de mémoires concernant la même construction, et dont il a renvoyé l'examen à la chambre des entrepreneurs (Paris, 27 août 1874, précité) ;... Ni connaître de la demande d'un cohéritier tendant à faire régler jusqu'au partage la jouissance d'une succession indivise, alors que le tribunal est saisi d'une demande en partage de la même succession (Pau, 27 déc. 1871, précité) ;... Ni ordonner l'expulsion, avec séquestre et vente du mobilier, d'un locataire déjà assigné devant le tribunal en payement des loyers (Paris, 10 déc. 1874, précité). — Jugé, dans le même sens : 1° que le juge des référés est incompétent pour ordonner la remise, entre les mains du concierge, de la clef de l'appartement occupé par un locataire afin de le montrer aux visiteurs, alors qu'il existe entre ce locataire et le propriétaire une instance pendante sur la validité du congé donné par ce dernier (Paris, 18 sept. 1872, aff. Sisos, D. P. 73. 5. 392) ; — 2° Que, lorsque le tribunal est saisi d'une double demande tendant, d'une part, à faire prononcer l'interdiction d'une personne majeure entrée dans un couvent, et de l'autre, à faire déclarer que cette personne a été séquestrée par la supérieure de ce couvent et à faire condamner celle-ci à la relâcher avec dommages-intérêts, le président est incompétent pour ordonner, même provisoirement, que cette personne se retirera, pendant la durée du litige, dans un autre lieu qu'il lui plaira de choisir (Poitiers, 6 août 1879, aff. Beraud, D. P. 79. 2. 262) ; — 3° Que le juge des référés est également incompétent pour ordonner un sursis sur l'exécution d'un jugement frappé de tierce opposition, le droit de suspendre l'exécution de ce jugement appartenant qu'au juge saisi de la tierce opposition (Paris, 2 janv. 1883, aff. Gillet, D. P. 83. 2. 141).

---

tifs dont l'exécution ou la violation appartenait à l'autorité judiciaire ; — Que, tout au moins, si le juge du référé devait se renfermer dans ces limites, il ne lui était pas permis de décliner sa compétence sur ce dernier point ; — Attendu que les frères de la Doctrine chrétienne ne produisent pas de convention écrite, et que la commune dénie toute convention verbale ; — Que, sous ce rapport, il y avait un premier obstacle à la juridiction du juge du référé qui ne peut admettre de simples présomptions dans une matière où la preuve testimoniale ne serait pas admissible ; — Attendu, en outre et surtout, qu'en l'absence de convention écrite, le magistrat jugeant en référé était tenu dans la nécessité, avant d'ordonner toute mesure, de se livrer à la recherche délicate de la nature de la convention verbale intervenue entre les parties, de préciser s'il s'agissait d'un bail, d'un louage de services, d'un mandat, d'une société innomée ; — Que ce sont là autant de points qui appartiennent exclusivement à la juridiction compétente pour connaître de l'action principale, et que le juge de référé, devant éviter avec soin de rien préjuger au fond, trouvait ainsi dans la cause une nouvelle et décisive raison de s'abstenir ; — Attendu, en dernier lieu, que l'urgence est, avant tout, la condition essentielle du référé et que cette urgence doit encore apparaître avec un caractère spécial, c'est-à-dire la nécessité de prévenir un préjudice irréparable ; — Que ces conditions ne se rencontrent pas dans l'espèce ; — Que les frères de la Doctrine chrétienne ont été avertis le 17 septembre, mis à cette date en demeure d'aviser, et qu'aujourd'hui ils se sont pourvus d'un autre local dans lequel ils ont ouvert leurs classes ; — Que des instituteurs laïques ont été installés administrativement dans les locaux précédemment occupés par les frères, et qu'une mesure de réintégration, en la supposant possible juridiquement, n'aboutirait qu'à provoquer un regrettable conflit ; — Sans préjudice pour les appelants de leur droit au fond s'il y a lieu ; — Par ces motifs, etc.

Du 11 déc. 1871.-C. de Chambéry.

Table sommaire
des matières contenues dans le Supplément et le Répertoire.

(Les chiffres précédés de la lettre S renvoient au Supplément ; les chiffres précédés de la lettre R renvoient au Répertoire.)

Table des articles du code de procédure civile.

Table chronologique des Lois, Arrêts, etc.

RÉFÉRENDAIRE. — V. *suprà,* v^is *Noblesse,* n° 8 ; *Présance, honneurs, cérémonie,* n° 15 ; — et *infrà,* v° *Sceau.*

RÉGIE. — V. *suprà,* v^is *Impôts indirects ; Octroi,* n°^s 27, 61, 68 et suiv., 77 et suiv., 83, 258 et 291 ; — et *infrà,* v^is *Travaux publics,* et *Rép. eod.* v°, n°^s 376 et suiv., 517 et suiv.

RÉGIME DOTAL. — V. *suprà,* v^is *Contrat de mariage,* n°^s 1120 et suiv. ; *Contumace,* n° 52 ; *Divorce et séparation de corps,* n°^s 323 et 329 ; *Exploit,* n° 119 ; *Expropriation pour cause d'utilité publique,* n°^s 99 et 315 ; *Vente,* et *Rép. eod.* v°, n° 426.

RÉGIME FÉODAL. — V. *suprà,* v° *Propriété féodale.*

RÉGIME FORESTIER.

1. Pour rendre plus facile l'étude des questions qui se rattachent au régime de la propriété boisée, nous avons cru devoir réunir, dans un même traité, les matières qui ont fait, au *Répertoire,* l'objet du traité des *forêts* et toutes celles qui, dans le traité des *usages,* avaient trait aux concessions de droits dans les forêts connues sous la dénomination d'usages forestiers.

Division.

CHAP. 1. — Historique et législation (n° 2).

CHAP. 2. — Régime forestier en général. — Administration forestière (n° 25).

SECT. 1. — Bois soumis au régime forestier (n° 25).
SECT. 2. — Direction des forêts. — Composition. — Hiérarchie. — Attributions (n° 32).
SECT. 3. — Service forestier dans les départements (n° 40).
ART. 1. — Des emplois et du personnel. — Ecoles forestières (n° 40).
ART. 2. — Règles de service. — Agents, gardes (n° 45).
ART. 3. — Responsabilité des gardes (n° 52).
ART. 4. — Dispositions communes aux agents et préposés. — Age. — Incompatibilité. — Serment (n° 54).
SECT. 4. — Marteaux employés par l'administration des Forêts. — Contrefaçon. — Falsification. — Marteaux des particuliers (n° 60).

CHAP. 3. — Délimitation et bornage des bois soumis au régime forestier (n° 67).

SECT. 1. — Formalités (n° 70).

ART. 1. — Formalités communes aux délimitations générales et partielles (n° 70).
ART. 2. — Formalités spéciales aux délimitations partielles (n° 73).
ART. 3. — Formalités spéciales aux délimitations générales (n° 79).
SECT. 2. — Conséquences de la délimitation : bornage, frais (n° 96).
ART. 1. — Bornage (n° 96).
ART. 2. — Répartition des frais et mode de délimitation et de bornage (n° 101).

CHAP. 4. — Aménagement (n° 109).

CHAP. 5. — Pénalité (n° 115).

SECT. 1. — Application aux matières forestières des règles du droit commun. — Intention, bonne foi, faits justificatifs. — Excuse. — Discernement. — Tentative, complicité, solidarité. — Cumul des peines (n° 115).
SECT. 2. — Dispositions générales relatives à l'application des peines ; emprisonnement, amende, confiscation. — Circonstances atténuantes et aggravantes (n° 130).
SECT. 3. — Dispositions particulières du code pénal applicables en matière forestière : crimes ou délits de fonctionnaires. — Tentative de corruption. — Délits non prévus par le code forestier et portant atteinte à la propriété forestière (n° 143).

CHAP. 6. — Constatation des infractions à la loi forestière (n° 148).

SECT. 1. — Actes de la police judiciaire relatifs à la recherche et à la constatation des délits forestiers. — Visite domiciliaire. — Saisie. — Séquestre. — Arrestation. — Réquisition de la force publique (n° 148).
SECT. 2. — Preuve écrite ou procès-verbal. — Preuve testimoniale (n° 159).

CHAP. 7. — Poursuites (n° 160).

SECT. 1. — Action publique et action privée (n° 160).
ART. 1. — Action publique exercée soit par les membres du parquet, soit par les agents de l'Administration forestière (n° 162).
ART. 2. — Action privée. — Restitution. — Dommages-intérêts — Frais (n° 171).
ART. 3. — Désistement. — Acquiescement. — Transaction (n° 178).
SECT. 2. — Extinction de l'action publique et de l'action privée.

CHAP. 1er. — Historique et législation (Rép. v° Forêts, n°s 4 à 140; ibid., v° Usage, n°s 223 à 243).

2. — I. MODIFICATIONS AU CODE FORESTIER — La propriété boisée en France est toujours soumise, d'une manière générale, au régime qui était en vigueur lors de la publication du Répertoire, c'est-à-dire au code forestier. Mais le code et l'ordonnance d'exécution du 1er août 1827, connue sous la dénomination d'ordonnance forestière, ont subi d'importantes modifications que nous aurons à exposer en détail au cours du présent traité. Nous nous bornerons ici à en donner un aperçu sommaire.

3. La plus importante des modifications apportées au

code forestier résulte de la loi du 18 juin 1859 (D. P. 59. 4. 95). Cette loi est la combinaison de deux projets, l'un relatif au défrichement des bois des particuliers, qui avait été présenté au Corps législatif à la fin de 1856 par le Gouvernement, l'autre qui proposait la modification de plusieurs articles du code forestier, et avait été rédigé par le conseil d'État d'après un contre-projet proposé en 1857 par la commission chargée d'examiner le premier projet du Gouvernement. — Le projet relatif au défrichement des bois des particuliers avait été rendu nécessaire par le caractère provisoire que le législateur de 1827 avait donné aux dispositions des art. 219 à 225 c. for., lesquelles devaient cesser d'être en vigueur le 31 juill. 1847 (Rép. v° Forêts, n° 136). Les motifs qui avaient déterminé les rédacteurs du code forestier à restreindre, vis-à-vis des propriétaires de bois, la libre disposition que comporte le droit de propriété, n'avaient rien perdu de leur valeur, et on avait dû, dès 1847, proroger l'effet des art. 219 à 225 c. for. (L. 22 juill. 1847, D. P. 47. 3. 124). Cette prorogation avait été elle-même renouvelée à plusieurs reprises : L. 22 juill. 1850, D. P. 50. 4. 177 ; 23 juill. 1851, D. P. 51. 4. 147 ; 7 juin 1853, D. P. 53. 4. 98 ; enfin une loi du 21 juill. 1856 (D. P. 56. 4. 119) avait décidé que les dispositions transitoires du tit. 15 c. for. continueraient d'être exécutées jusqu'à ce qu'il eût été statué sur le projet de loi relatif au défrichement des bois des particuliers, présenté au Corps législatif le 20 mai 1856.

4. La loi du 18 juin 1859 a donné un caractère définitif aux dispositions des art. 219 à 225 c. for. Mais le législateur de 1859 n'avait plus à se préoccuper de certaines considérations qui avaient été déterminantes en 1827, notamment, en raison des progrès de la substitution de la houille au bois pour le chauffage industriel et domestique, des besoins de la consommation particulière pour le chauffage, ni de la consommation des grandes industries ; enfin la substitution de plus en plus répandue, dès cette époque, du fer au bois dans les constructions, lui permettaient de laisser de côté toutes considérations autres que celles qui touchent à l'intérêt public.

5. Parmi celles-ci même, on pouvait déjà écarter celle qui résultait auparavant de la nécessité d'assurer les approvisionnements en bois de la marine ; la servitude spéciale qui grevait à cet effet les bois à l'époque de la promulgation du code forestier, avait, en fait, totalement disparu dans les bois des particuliers ; et l'administration de la Marine avait même renoncé à se prévaloir, dans les bois de l'État, du droit de réserver des arbres propres au service des constructions navales.

6. Mais il en était autrement des considérations relatives au maintien des terres sur les montagnes, sur les pentes, à la nécessité de défendre le sol contre les érosions et les envahissements des fleuves, rivières et torrents, ainsi qu'à la conservation des sources. La destruction des boisseurs les montagnes, et même quelquefois en plaine, est une cause d'inondations rapides et violentes qui entraînent avec elles une partie du sol et détruisent en quelques instants la prospérité d'une vallée (V. infrà, n°s 20 et suiv.). Souvent aussi la disparition des forêts a été la cause de la disparition de sources utiles à l'alimentation publique des villes et villages. Dans certaines zones voisines des frontières, la défense du territoire est fréquemment intéressée à la conservation des forêts ; dans d'autres, on ne peut lutter contre les invasions de la mer, et le déplacement des dunes qui la bordent, qu'au moyen de plantations arborescentes et de la création de véritables forêts dont il importe, par conséquent, d'assurer la conservation. Enfin, bien que la question de savoir si l'existence des forêts est ou non favorable à la santé publique soit des plus discutées, il est des cas, notamment celui où une forêt s'élève entre un marais pestilentiel ou au moins infect et une agglomération d'habitations, où la salubrité publique peut être intéressée à la conservation des bois. Il restait donc impossible d'abandonner complètement au gré des propriétaires la propriété boisée sans danger pour l'intérêt général, et de supprimer toute restriction au droit de propriété envisagé dans sa pleine étendue.

7. Dans leur nouveau texte, les art. 219 et suiv. c. for. consacrent le droit du propriétaire de bois de les défricher, tout en subordonnant l'exercice de ce droit à l'absence de tout péril pour l'intérêt public. Ils posent en règle générale que le propriétaire d'un bois a le droit de le défricher, sauf certaines exceptions limitativement formulées, et sous la condition d'une déclaration préalable qui permette à l'Administration de vérifier si le bois ne rentre pas dans un des cas où la loi lui permet de s'opposer au défrichement. Enfin, la loi du 25 juin 1859 modifie, dans un sens favorable aux intérêts des propriétaires de bois, les règles auxquelles l'Administration doit recourir pour s'opposer au défrichement.

8. Tout en maintenant la servitude imposée à la propriété boisée particulière par les art. 219 à 225 c. for., la loi du 18 juin 1859 s'est préoccupée des compensations à accorder à cette propriété pour la mettre, autant que possible, sur un pied d'égalité avec le reste de la propriété cultivée. Dans ce but, elle a modifié les art. 57, 144, 159, 188, 189, 192, 194, 195, 200, 204, 210 et 225 c. for. En même temps, elle poursuivait un but plus général en introduisant dans les pénalités un esprit d'appréciation quelque peu différent de celui qui avait prévalu dans la législation de 1827, en tenant compte, dans une mesure plus ou moins importante, de l'intention du coupable et du dommage occasionné. Elle a cherché à obtenir ce résultat, d'une part, en augmentant le nombre des cas où l'emprisonnement peut être prononcé, d'autre part, en introduisant dans la loi le système des transactions et la conversion des pénalités pécuniaires en prestations.

9. La peine de l'emprisonnement n'était édictée, dans le code de 1827, sauf pour les cas de récidive, prévus par les art. 72, 76 et 78, comme une addition nécessaire à la peine pécuniaire, que dans les cas prévus par les art. 194, § 2, et 195, § 2, où le délit était le plus dommageable. La loi nouvelle a étendu cette peine à d'autres contraventions ; mais, contrairement au vœu de la commission, elle a continué à faire de l'amende la peine fondamentale et s'est bornée à réserver la peine de l'emprisonnement comme une aggravation facultative de la pénalité, sauf dans les art. 194, § 3, et 195, § 3, 200 et 201, où elle est peine principale. Ce dernier système, proposé par le Gouvernement, a paru mieux réserver à la pénalité facultative une sévérité considérée comme nécessaire et proportionner la peine, non seulement à la gravité du dommage, mais aussi à la gravité de l'acte et au degré de moralité de l'agent. On y a vu, en même temps, l'avantage de rendre inutile la modification de la règle de l'art. 203, qui rejette l'application, en matière forestière, de l'art. 463 c. pén. L'application de cet article, en effet, malgré de nombreuses propositions émanées de l'initiative parlementaire, a toujours été repoussée, principalement en raison du caractère collectif de l'amende en matière forestière, au cas de pluralité de délinquants.

10. On a cru également suppléer à l'inadmissibilité des circonstances atténuantes dans l'appréciation de la culpabilité des délinquants, en autorisant l'Administration forestière à transiger soit avant, soit après jugement, comme cela se pratiquait déjà en matière de douanes, de contributions indirectes et de postes. C'était, aux yeux du législateur de 1859, un moyen efficace de proportionner la peine à la culpabilité réelle du délinquant. — Le droit de transaction toutefois ne fut pas conféré à l'administration des Forêts sans de vives résistances. C'était, disait-on, conférer à cette Administration une partie du droit de grâce, attribut du pouvoir souverain, auquel on portait ainsi atteinte. Mais, en admettant qu'on eût ainsi transféré à une administration une partie d'un droit souverain, l'utilité et les avantages de la mesure se justifiaient suffisamment, alors surtout que d'autres administrations en jouissaient déjà sans qu'il parût en être résulté aucune atteinte aux pouvoirs du chef de l'État.

11. Une autre mesure est venue compléter la précédente. La transaction pouvait, dans certains cas, se heurter à un obstacle infranchissable : l'insolvabilité des délinquants, incapables de profiter de la faculté accordée à l'Administration, quelque atténuée que fût leur culpabilité, et d'échapper à l'exécution par corps pour l'exécution des condamnations qui leur seraient infligées. Pour éviter cet inconvénient, on a admis cette catégorie de délinquants à se libérer des peines pécuniaires au moyen de prestations en nature, c'est-à-dire de travail accompli soit à la journée, soit à la tâche.

Ces deux mesures ont été déclarées applicables à tous les délits et contraventions commis dans les bois soumis au régime forestier, c'est-à-dire aussi bien aux délits commis dans les bois des communes et des établissements publics, gérés par l'Administration forestière, que dans les forêts de l'État. Le droit de transaction est, en effet, une conséquence des pouvoirs de surveillance et d'administration conférés aux agents forestiers sur ces bois, sans que l'exercice porte en rien atteinte aux droits des propriétaires. — En cas de délits commis dans les bois non soumis au régime forestier, les délinquants insolvables ont été admis également à se libérer au moyen de prestations en nature, mais seulement pour les amendes et les frais avancés par l'État.

12. Le décret du 22 nov. 1859, rendu en la forme des règlements d'administration publique et prévu par la loi du 18 juin 1859, a modifié le titre 12 de l'ordonnance du 1ᵉʳ août 1827 pour l'exécution du code forestier, relatif aux dispositions sur le défrichement des bois des particuliers (D. P. 59. 4. 114). Un autre décret du 22 nov. 1859 (D. P. 59. 4. 114), ayant pour objet la détermination de la zone frontière dans laquelle il peut être formé opposition au défrichement des bois des particuliers dont la conservation est reconnue nécessaire à la défense du territoire, a été remplacé par un décret du 31 juill. 1861 (D. P. 61. 4. 118) et depuis, par les décrets des 3 mars 1874 (D. P. 74. 4. 71) et 8 sept. 1878 (D. P. 79. 4. 16). Enfin, un décret du 21 déc. 1859 (D. P. 59. 4. 115), qui avait trait aux règles à suivre pour les transactions sur les poursuites des délits et contraventions en matière forestière et pour la prestation en nature, autorisées par la loi du 18 juin 1859, a été modifié par un décret du 22 déc. 1879 (D. P. 81. 4. 40).

13. L'art. 105 c. for., qui règle le mode de partage des bois d'affouage, a été également modifié par une loi du 23 nov. 1883 (D. P. 84. 4. 1), après avoir subi, du fait d'une loi du 25 juin 1874 (D. P. 75. 4. 9), une première modification relative aux droits des étrangers, établis dans une commune, de participer à l'affouage communal. La loi du 23 nov. 1883 règle à nouveau le partage des bois destinés au chauffage, définit d'une manière précise ce qu'il faut entendre par l'expression *feu*, employée par l'art. 105 c. for. et les conditions que doit réunir un individu pour être considéré comme chef de famille ; consacre pour le conseil municipal le droit de décider si les bois de construction doivent être vendus au profit de la commune ou délivrés en nature aux habitants, et restreint, en ce qui concerne les étrangers, comme l'avait d'ailleurs déjà fait la loi du 25 juin 1874, le droit à l'affouage, à ceux-là seuls qui ont été autorisés à établir leur domicile en France ; elle abolit enfin tous les usages particuliers relatifs au partage des bois.

14. Une loi du 14 juill. 1856 (D. P. 56. 4. 84) est relative au remboursement à l'État des frais d'administration des bois des communes et des établissements publics, que le code de 1827 avait réglé dans son art. 106, et qui avait été déjà modifié par les lois des 25 juin 1841 et 19 juill. 1845. Un décret du 19 mars 1891 (D. P. 91. 4. 112) a modifié l'art. 82 de l'ordonnance du 1ᵉʳ août 1827 relatif à la rédaction des cahiers des charges des adjudications dans les forêts.

15. Il convient de signaler, en terminant l'exposé des modifications législatives qui ont été apportées au code forestier, un projet de revision embrassant l'ensemble des dispositions de ce code, déposé sur le bureau du Sénat le 16 juill. 1888 par M. Viette, alors ministre de l'agriculture (*Répertoire de législation et de jurisprudence forestières*, t. 15, p. 12). On n'entrera pas dans l'étude détaillée de ce projet qui n'a pas encore été soumis aux délibérations de la haute assemblée ; il suffira de signaler les principales modifications qu'il propose d'apporter aux règles fondamentales du code forestier.

D'après l'exposé des motifs, le code forestier actuellement en vigueur, malgré les tempéraments que la loi du 18 juin 1859, en conférant à l'administration des Forêts le droit de transaction, a apportés à la rigueur de ses dispositions, n'en contient pas moins un grand nombre de règles qui, par leur sévérité excessive, leur inflexibilité et la protection exagérée dont elles entourent les forêts de l'État et des communes, ne sont plus en harmonie avec l'esprit de nos institutions. Le projet se propose, en conséquence, de modifier les dispositions relatives aux délinquants, aux propriétaires des immeubles voisins ou riverains des forêts soumises au régime forestier et aux adjudicataires de coupe, en même temps que de répondre aux plaintes des communes contre les restrictions apportées à leurs droits sur leurs propriétés boisées.

16. Les principales modifications proposées consistent : en ce qui concerne les adjudicataires, à exonérer les adjudicataires des formalités relatives aux marteaux et de l'obligation de constituer dans tous les cas un garde-vente ; il atténue la responsabilité des adjudicataires en matière de délits, tout en donnant à l'Administration de nouveaux moyens d'assurer l'exécution de leurs obligations. — En ce qui concerne les droits d'usage dans les bois de l'État, il confère à l'Administration la faculté d'opter, pour l'extinction des droits d'usage, à d'accord avec les usagers. — D'autres dispositions permettent de poursuivre le rachat partiel des droits de pâturage qui ne pourraient être supprimés sans une grande gêne pour les populations. — Le projet supprimerait également l'interdiction de partager sur pied et d'abattre individuellement les bois de chauffage délivrés par coupe, et celle d'avoir plus d'un troupeau commun par commune ou section de commune. Ces dispositions deviendraient applicables aux bois des communes.

D'ailleurs, le projet modifie, dans un ordre d'idées tout différent de celui qui a présidé à la rédaction du code de 1827, le titre relatif aux bois des communes et des établissements publics ; l'idée dominante des modifications proposées est que l'action de l'État sur les biens des communes ne doit pas dépasser l'autorité laissée à une simple tutelle ; dès lors, il propose de rendre facultatif le maintien de la réserve du quart et de n'en plus établir dorénavant, en substituant l'obligation, lorsque la forêt aura plus de 10 hectares, de vendre le quart de chaque coupe annuelle ou de ne délivrer ce quart que contre payement de sa valeur au profit de la caisse de la commune, qui appliquerait cette recette aux dépenses extraordinaires ou à des achats de rentes sur l'État à défaut d'emploi immédiat. — En ce qui concerne la conversion des bois en pâturage, le projet met la législation en rapport avec la loi de 1882 sur le reboisement des montagnes. — Quant à la soumission au régime forestier des bois communaux, le projet propose de la faire prononcer, non plus par décret, mais par une simple décision ministérielle sur l'avis conforme, pour les bois communaux du conseil municipal, pour les bois départementaux du conseil général, et pour les bois des établissements publics de la commission administrative. Des décisions ministérielles suffiraient également à autoriser le parcage des moutons dans les bois communaux et les coupes extraordinaires. Enfin le défrichement des bois communaux pourrait avoir lieu dans les mêmes conditions que le défrichement des bois des particuliers.

17. Le projet propose encore de reviser la loi du 22 nov. 1883, qui a modifié l'art. 105 du code relatif au partage des bois d'affouage, en écartant l'autorité laissée par cette loi, aux anciens titres et en laissant aux conseils municipaux le soin de régler comme ils l'entendent la répartition ou la vente des bois de chauffage et de construction ; le se bornerait à disposer qu'en principe les bois de chauffage seraient délivrés par feu et les bois de construction affectés uniquement aux besoins constatés et à la charge d'en payer la valeur, sauf délibérations contraires des assemblées municipales.

La connaissance des difficultés relatives au droit à l'affouage serait attribuée aux conseils de préfecture.

Les servitudes dont sont grevés les immeubles voisins des forêts : prohibitions de construire des fermes, usines, etc., seraient supprimées ; de même, la défense faite aux propriétaires riverains, par l'art. 150 c. for. de réclamer l'élagage des arbres de lisière âgés de plus de trente ans.

18. Apportant d'importantes modifications aux pénalités actuellement en vigueur, le projet autorise l'admission des circonstances atténuantes, qui a toujours été prohibée en matière forestière.

19. Enfin le titre 4, relatif au défrichement des bois des particuliers, est modifié sur deux points essentiels : le pre-

mier a trait à la faculté, qui serait reconnue à l'Administration, d'autoriser les cultures temporaires usitées dans beaucoup de localités ; le second fait courir de la date fixe du 1er mai, en raison des difficultés pratiques que présente dans certaines contrées, pendant la mauvaise saison, la reconnaissance des bois, le délai de quatre mois imparti à l'Administration pour former opposition au défrichement.

20. — II. Conservation des terrains et reboisement des montagnes. — L'existence des forêts présente un intérêt considérable non pas seulement, comme on l'a vu (supra, n° 6), au point de vue de leur action météorologique et de l'influence sur la conservation des sources, que la science leur reconnaît, mais aussi en raison de l'action considérable qu'elles ont, dans les montagnes, sur l'écoulement des eaux. Quand les montagnes sont dénudées, les eaux pluviales ou celles qui proviennent de la fonte des neiges se précipitent avec une extrême rapidité, entraînant dans leur course les pâturages, la terre végétale, des détritus minéraux, creusant et remplissant les ravins, gonflant les torrents ; ceux-ci déversent, en quelques instants, dans les rivières ou dans les fleuves, des masses d'eau que les voies d'écoulement les plus larges ne peuvent débiter dans un temps égal ; de là ces catastrophes qui détruisent tant de richesses, et produisent des misères que les sacrifices du budget, joints aux largesses de la bienfaisance, ne peuvent soulager que bien incomplètement. Quand, au contraire, les pentes sont convenablement boisées, une partie des eaux est absorbée par la perméabilité du sol, l'autre est ralentie par l'obstacle mécanique que la végétation lui oppose, et l'écoulement régularisé ne donne plus lieu aux crues subites qui se transforment en inondations.

Cette action des forêts, constatée par les savants, par les ingénieurs, avait appelé l'attention de l'Administration sur les dangers des défrichements et, dès avant la publication du Répertoire (v° Forêts, n° 136), elle avait tenté d'obtenir une législation qui permît le reboisement des montagnes. Les terribles inondations de 1856 démontrèrent de nouveau l'urgence de cette législation. La superficie qu'il s'agissait de reboiser était appréciée par l'Administration forestière à 1 100 000 hectares, d'autres évaluations portaient cette superficie à 1 200 000 hectares. Une première loi fut votée le 28 juill. 1860 (D. P. 60. 4. 127). Cette loi ne s'occupait que du reboisement des montagnes et laissait de côté la régénération des pâturages, dont l'utilité était cependant incontestable pour obtenir les résultats qu'on voulait atteindre, sans supprimer en même temps une source de richesse indispensable à certaines régions. On ne s'arrêta devant les difficultés financières, les ressources dont on disposait ne pouvant suffire aux travaux de reboisement qu'on jugeait indispensables qu'à la condition de n'en rien détourner pour des travaux d'une moindre efficacité. On espérait, en outre, que le reboisement exécuté d'une façon méthodique, ayant pour effet d'arrêter et de fixer les terres, protégerait, dans une certaine mesure la reconstitution naturelle des pâturages ; on pensait enfin que les communes, auxquelles la dépaissance présentait des avantages immédiats, seraient incitées, par l'exemple de l'Administration, à procéder elles-mêmes à la reconstitution de leurs pâturages. Dès 1864, on fut amené à reconnaître qu'on s'était trompé et que, dans bien des cas, il serait préférable à tous égards de remplacer le reboisement par le gazonnement et la reconstitution des pâturages. En procédant à l'étude des périmètres dont le reboisement était nécessaire, l'Administration avait rencontré des pâturages qu'elle ne pouvait protéger qu'en les convertissant en forêts et en enlevant ainsi à des populations importantes leur principale ressource. Une loi du 8 juin 1864 (D. P. 64. 4. 87) vint compléter, sur le point spécial du gazonnement, la loi du 28 juill. 1860.

21. Cette dernière loi souleva parmi les populations pastorales des résistances très vives. Elle donnait à l'État, lorsque la solidité des montagnes était compromise, l'initiative de toutes les mesures nécessaires et le droit d'exécuter les travaux d'office, à défaut du consentement des communes, des établissements publics ou des particuliers. L'État avait le droit d'occuper les propriétés communales après que l'utilité des travaux avait été reconnue par un décret en conseil d'État, et la commune qui voulait re-

prendre possession de ses terrains était placée dans l'alternative, ou d'abandonner la moitié de sa propriété, ou de rembourser à l'État les avances qu'il avait faites pour les travaux ; vis-à-vis des particuliers, l'État pouvait procéder par voie d'expropriation publique. On ne tarda donc pas à reconnaître la nécessité de modifier cette législation.

22. Les projets présentés de 1874 à 1877, soit par des députés, soit par le Gouvernement, subirent de nombreuses vicissitudes et c'est seulement en 1882 que fut promulguée la loi qui renferme aujourd'hui toute la législation applicable à la restauration et à la conservation des terrains en montagne (L. 4 avr. 1882, D. P. 82. 4. 89). — Cette loi prévoit deux catégories de mesures bien distinctes : l'une relative à la restauration des terrains en montagne, l'autre relative à la conservation de ces terrains. Elle s'est efforcée, tout en poursuivant son but essentiel, c'est-à-dire l'extinction des torrents, la régularisation du régime des eaux et la mise en valeur des terrains instables et improductifs, de supprimer ce qu'il y avait d'exceptionnel dans la législation de 1860 et 1864 ; pour cela, elle a soumis les travaux de reboisement au régime du droit commun et s'est proposé d'en assurer l'exécution, tout en respectant les règles fondamentales consacrées par le code civil et par le droit de 1841. En outre, la liquidation de la dette qui incombait aux communes, dont les propriétés avaient été comprises dans les périmètres de reboisement, présentant des difficultés à peu près insurmontables, l'État fit abandon de ses créances contre les communes.

23. — III. Aliénation des forêts de l'État. — Les deux décrets du gouvernement provisoire du 9 mars 1848, qui autorisaient l'aliénation des forêts de la Couronne et chargeaient le ministre des finances de rechercher dans les forêts de l'État les lots qui pourraient être utilement aliénés jusqu'à concurrence de 100 millions, ont été abrogés par l'art. 3 de la loi du 18 mai 1850 (D. P. 50. 4. 88 ; Rép. v° Domaine de l'État, n° 47). Néanmoins, sous la seconde République et durant le second Empire, on recourut assez fréquemment à des aliénations de forêts domaniales. En 1850, le ministre des finances fut autorisé à aliéner, à partir du 1er janv. 1851 et dans le délai de trois années, des bois de l'État jusqu'à concurrence de 50 millions (Loi de finances du 7 août 1850, art. 12, D. P. 50. 4. 185). Le produit de ces ventes devait être affecté à l'extinction d'une partie de la dette flottante. La loi comportait, pour les acquéreurs, la faculté de défricher, avec l'adhésion des conseils généraux. Le décret du 17 mars 1852 (art. 9, D. P. 52. 4. 72-74) augmenta de 15 millions, et le décret du 27 mars augmenta de 35 millions, la valeur des bois que le ministre des finances était autorisé à aliéner. — Le décret du 22 janv. 1852, qui a réuni au domaine de l'État les biens meubles et immeubles compris dans la donation faite, le 7 août 1830, par le roi Louis-Philippe à ses enfants (art. 1) (D. P. 52. 4. 37-38), ordonna que ces biens (parmi lesquels figuraient des forêts importantes) seraient vendus, en partie, à la diligence de l'administration des Domaines. Le produit de ces ventes devait être affecté, en majeure partie, à la dotation de la Légion d'honneur. Le surplus fut réuni au domaine de l'État, sauf à être ultérieurement vendu (Décret du 27 mars 1852). Depuis, par suite de l'abrogation du décret du 22 janv. 1852 par la loi du 21 déc. 1872 (D. P. 73. 4. 9-14), les biens saisis par l'État et non aliénés ont été restitués à la famille d'Orléans. — En 1860, l'aliénation de bois de l'État, avec faculté de défrichement, jusqu'à concurrence de 2 500 000 fr., fut autorisée pour l'exécution de routes forestières et dans le but de permettre à l'État de fournir des subventions pour l'établissement des routes départementales et des chemins vicinaux pouvant servir à l'exploitation des coupes dans les forêts domaniales (L. 28 juill. 1860, D. P. 60. 4. 125-126). On recourut également à la vente de bois du domaine jusqu'à concurrence de 5 millions de francs pour subvenir à une partie des dépenses nécessitées par la loi du 28 juill. 1860 (D. P. 60. 4. 127) sur le reboisement des montagnes (art. 14 de cette loi). — En 1864, nouvelle autorisation d'aliéner une partie des forêts, des chênes appartenant à l'État et des forêts domaniales jusqu'à concurrence de 2 500 000 fr. pour la construction de routes forestières (L. 13 mai 1863, art. 3 et 4, D. P. 63. 4. 62). Enfin, la loi du 11 juill. 1866

(art. 1) (D. P. 66. 4. 91-95) a affecté les bois de l'Etat à la caisse d'amortissement et (art. 17) (D. P. 66. 4. 129-133) a autorisé des aliénations de bois domaniaux au profit de cette caisse, jusqu'à concurrence de 2 500 000 fr.

24. L'organisation soit de l'administration centrale des Forêts, soit du service forestier dans les départements, a été l'objet de nombreuses modifications depuis la publication du *Répertoire*. On trouvera l'indication des lois et décrets intervenus à cet égard, dans le tableau de la législation que nous donnons ci-dessous.

TABLEAU DE LA LÉGISLATION EN MATIÈRE FORESTIÈRE.

19 avr.-1er mai 1856. — Décret qui accorde aux gardes généraux stagiaires les dispenses d'âge nécessaires pour procéder légalement à toutes les opérations de la compétence des agents forestiers (D. P. 56. 4. 52).

4-21 juill. 1856. — Loi portant que le remboursement à l'Etat des frais d'administration des bois des communes et des établissements publics continue à s'effectuer conformément à l'art. 5 de la loi du 25 juin 1841 et à l'art. 6 de la loi du 19 juill. 1845, sans toutefois que la somme remboursée par chaque commune ou chaque établissement public puisse dépasser 1 fr. par hectare des bois qui lui appartient (art. 14) (D. P. 56. 4. 84).

18 juin-19 nov. 1859. — Loi qui modifie diverses dispositions du code forestier (D. P. 59. 4. 95).

22 nov.-8 déc. 1859. — Décret qui modifie le titre 12 de l'ordonnance du 1er août 1827 pour l'exécution du code forestier (D. P. 59. 4. 114).

22 nov.-8 déc. 1859. — Décret qui détermine la partie de la zone frontière dans laquelle il peut être formé opposition au défrichement des bois des particuliers dont la conservation est reconnue nécessaire à la défense du territoire (D. P. 59. 4. 114).

21-28 déc. 1859. — Décret portant règlement d'administration publique pour les transactions sur la poursuite des délits et contraventions en matière forestière et pour les prestations en nature autorisées par la loi du 18 juin 1859 (D. P. 59. 4. 115).

30 janv. 1860. — Arrêté du ministre des finances pour l'exécution de la loi du 18 juin 1859 et du décret du 21 déc. 1859 en ce qui concerne les transactions en matière de délits forestiers (D. P. 60. 3. 12).

28 juill.-7 août 1860. — Loi relative à l'exécution de routes forestières (D. P. 60. 4. 125).

28 juill.-7 août 1860. — Loi relative au reboisement des montagnes (D. P. 60. 4. 127).

30 déc. 1860. — Décret qui détermine le mode de nomination des fonctionnaires, agents et préposés du service des forêts de la commune (D. P. 61. 4. 36).

2-28 janv. 1861. — Décret qui détermine l'âge où l'on sera admis à concourir pour l'admission à l'Ecole impériale forestière (D. P. 61. 4. 28).

27 avr.-17 mai 1861. — Décret portant règlement d'administration publique pour l'exécution de la loi du 28 juill. 1860 sur le reboisement des montagnes (D. P. 61. 4. 58).

31 juill.-16 sept. 1861. — Décret qui détermine la partie de la zone frontière dans laquelle il peut être formé opposition au défrichement des bois des particuliers dont la conservation est reconnue nécessaire à la défense du territoire (D. P. 61. 4. 118).

10 août-1er sept. 1861. — Décret portant règlement d'administration publique pour l'exécution de l'art. 2 de la loi du 28 juill. 1860 relative à l'exécution de routes forestières et de l'art. 14 de la loi du même jour relative au reboisement des montagnes (D. P. 61. 4. 116).

25 août-1er sept. 1861. — Décret relatif à l'exécution de l'aménagement des bois des communes et des établissements publics ainsi qu'au mode de payement des frais de ces opérations (D. P. 61. 4. 117).

25 août-9 oct. 1861. — Décret qui distrait le département de la Loire de la 21e conservation forestière et le réunit à la 17e conservation (D. P. 61. 4. 121).

27 déc. 1861. — Arrêté du ministre des finances sur les règles à suivre pour les prestations en nature à fournir par les insolvables en échange des condamnations pécuniaires encourues ou prononcées pour délits forestiers (D. P. 62. 3. 61).

2 sept. 1862-27 janv. 1863. — Décret qui crée, pendant la durée des travaux de reboisement des montagnes dans les départements de la Drôme et des Hautes-Alpes, une conservation forestière provisoire et forme pour le même temps la composition des 14e et 17e conservations forestières (D. P. 63. 4. 6).

8-11 juin 1864. — Loi qui complète, en ce qui concerne le gazonnement, la loi du 28 juill. 1860 sur le reboisement des montagnes (D. P. 64. 4. 87).

11 juill.-24 oct. 1864. — Décret portant qu'un vérificateur général des aménagements sera attaché à la direction générale des forêts avec le rang de chef de bureau (D. P. 64. 4. 118).

10 nov.-1er déc. 1864. — Décret portant règlement d'administration publique pour l'exécution combinée des deux lois des 28 juill. 1860 et 8 juin 1864 sur le reboisement et le gazonnement des montagnes (D. P. 64. 4. 122).

6 juill.-3 août 1870. — Loi relative aux mesures à prendre contre les incendies dans la région boisée des Maures et de l'Estérel (D. P. 70. 4. 62).

14-16 févr. 1871. — Décret qui fixe les délais de la prescription pour les délits forestiers (D. P. 71. 4. 8).

25 juin-18 juill. 1874. — Loi, qui modifie l'art. 105 c. for., relative au partage des bois d'affouage (D. P. 75. 4. 9).

10-31 oct. 1874. — Décret relatif à la cession des biens de fascinage par l'Administration forestière au département de la Guerre (D. P. 75. 4. 51).

2-8 avr. 1875. — Décret relatif à l'organisation militaire du corps forestier (D. P. 75. 4. 101).

15-21 déc. 1877. — Décret qui distrait la direction générale des forêts du ministère des finances et la rattache au ministère de l'agriculture et du commerce (D. P. 78. 4. 2).

12-13 janv. 1878. — Décret qui : 1o supprime les fonctions d'administrateur et de vérificateur général près l'administration des Forêts ; 2o crée un corps d'inspecteurs généraux (D. P. 78. 4. 24).

11-15 mai 1878. — Décret qui réorganise l'administration des Forêts (D. P. 78. 4. 100).

22 déc. 1879-24 mai 1880. — Décret qui modifie celui du 21 déc. 1859, portant règlement d'administration publique pour les transactions sur la poursuite des délits et contraventions en matière forestière et pour les prestations en nature autorisées par la loi du 18 juin 1859 (D. P. 81. 4. 40).

3 nov. 1880-21 févr. 1881. — Décret qui réorganise l'École forestière (D. P. 81. 4. 40).

4-5 avr. 1882. — Loi relative à la restauration et à la conservation des terrains en montagne (D. P. 82. 4. 89).

11-12 juill. 1882. — Décret portant règlement d'administration publique pour l'exécution de la loi du 4 avr. 1882 (D. P. 82. 4. 95).

1er août-12 déc. 1882. — Décret concernant l'organisation des conservations forestières (D. P. 83. 4. 54).

25 sept.-12 déc. 1882. — Décret relatif à la division territoriale de la France en conservations forestières (D. P. 83. 4. 54).

13-14 déc. 1882. — Décret qui fixe les traitements des inspecteurs généraux des forêts (D. P. 83. 4. 84).

23-27 déc. 1882. — Décret qui institue un conseil de perfectionnement de l'enseignement forestier (D. P. 83. 4. 84).

15-17 mai 1883. — Décret qui autorise le ministre de l'agriculture à décerner des médailles d'honneur aux préposés forestiers qui se sont signalés par leurs services (D. P. 83. 4. 102).

23-24 oct. 1883. — Décret relatif à l'organisation du service forestier (D. P. 84. 4. 135).

23-24 nov. 1883. — Loi portant modification de l'art. 105 c. for., relatif au partage des bois d'affouage (D. P. 84. 4. 1).

22-27 janv. 1884. — Décret relatif à la division territoriale de la France en conservations forestières (D. P. 84. 4. 135).

5-6 avr. 1884. — Loi portant que les forêts et les bois de l'Etat acquittent les centimes additionnels ordinaires et extraordinaires affectés aux dépenses des communes dans la même proportion que les propriétés privées (art. 144) (D. P. 84. 4. 65).

17 déc. 1884-8 juin 1885. — Décret qui arrête la division territoriale en conservations forestières (D. P. 85. 4. 84).

29 déc. 1884-8 juin 1885. — Décret qui supprime certains postes à la direction des forêts (D. P. 85. 4. 84).

30 mars-6 juill. 1886. — Décret qui modifie les art. 78 et 98 de l'ordonnance réglementaire du code forestier (D. P. 86. 4. 85).

28-29 sept. 1887. — Décret portant règlement d'administration publique pour l'organisation des services du ministère de l'agriculture (*Journ. off.* du 29 sept. 1887, *Bull.* no 18688).

29-30 oct. 1887. — Décret réorganisant l'administration des Forêts (D. P. 90. 4. 33).

26 déc. 1887. — Décret supprimant le corps de l'inspection générale des forêts (*Répertoire de législation et de jurisprudence forestières*, t. 14, no 5).

9-11 janv. 1888. — Décret modifiant les conditions de recrutement de l'Ecole nationale forestière (D. P. 88. 4. 36).

14-15 janv. 1888. — Décret modifiant l'organisation des forêts et réorganisant l'école forestière des Barres (D. P. 88. 4. 37).

15-17 janv. 1888. — Arrêté du ministre de l'agriculture réglementant l'école de sylviculture des Barres (*Journ. off.* du 5 févr.) (D. P. 88. 4. 37).

17-23 févr. 1888. — Décret ayant pour objet l'extension des attributions des conservateurs des forêts (D. P. 88. 4. 14).

25 févr. 1888. — Décret modifiant l'art. 78 de l'ordonnance du 1er août 1827 (D. P. 88. 4. 14).

29 déc. 1888-9 janv. 1889. — Décret relatif à la divi-

sion territoriale de la France en conservations forestières (D. P. 90. 4. 33).

12-13 oct. 1889. — Décret qui rapporte l'art. 4 du décret du 9 janv. 1888 sur le recrutement des élèves de l'École nationale forestière (*Journ. off.* du 13 oct.) (D. P. 90. 4. 102).

12-13 oct. 1889. — Décret qui réorganise l'École forestière (D. P. 90. 4. 102).

8-9 août 1890. — Loi qui proroge pendant deux années la loi du 6 juill. 1870 relative aux mesures à prendre contre les incendies dans les régions boisées des Maures et de l'Estérel (D. P. 91. 4. 105; *Journ. off.* du 9 août; *Bull.* n° 22840).

16 sept. 1890. — Décret concernant les communes assujetties à la réglementation du pâturage (*Bull.* n° 22945).

19 mars-13 juin 1891. — Décret qui modifie l'art. 82 de l'ordonnance du 1ᵉʳ août 1827 concernant le code forestier (D. P. 91. 4. 112).

16 sept. 1891-20 janv. 1892. — Décret concernant les communes assujetties à la réglementation du pâturage (D. P. 92. 4. 59).

3-4 août 1892. — Loi qui proroge la loi du 6 juill. 1870 relative aux mesures à prendre contre l'incendie dans les régions boisées des Maures et de l'Estérel (D. P. 93. 4. 49).

19-20 août 1893. — Loi concernant les mesures à prendre contre les incendies dans les régions des Maures et de l'Estérel (département du Var et des Alpes-Maritimes) (D. P. 94. 4. 44).

CHAP. 2. — Régime forestier en général. — Administration forestière.

SECT. 1ʳᵉ — BOIS SOUMIS AU RÉGIME FORESTIER. (*Rép.*, v° *Forêts*, nᵒˢ 141 à 151.)

25. Depuis la proclamation de la République, en 1870, il n'existe plus de *domaine de la Couronne*; les forêts qui faisaient partie de ce domaine ont été réunies au domaine forestier de l'État (Décr. 6 sept. 1870, D. P. 70. 4. 86; 10 nov. 1870, D. P. 70. 4. 103). D'autre part, il n'existe plus de bois possédés à titre d'*apanage* et de bois possédés à titre de *majorats reversibles* (*Rép.*, v° *Forêts*, n° 148). Les *bois soumis au régime forestier* sont donc actuellement : 1° les bois et forêts qui font partie du domaine de l'État; 2° les bois et forêts des communes et des sections de communes; 3° les bois des établissements publics; 4° les bois et forêts dans lesquels l'État, les communes ou les établissements publics ont des droits de propriété indivis avec des particuliers.

26. Le régime forestier est, en outre, applicable aux terrains qui, bien que non boisés, sont soumis à la surveillance de l'Administration forestière, comme *dépendances* d'une forêt : c'est ainsi que les landes appartenant à l'État et qui sont contiguës à une forêt sont soumises au régime forestier (*Rép.*, v° *Forêts*, n° 613), comme les terrains appartenant au domaine ou sont enclavés dans l'enceinte d'une forêt soumise elle-même au régime forestier (*Rép.*, v° *Forêts*, n° 414) ou qui y confinent (Crim. cass. 5 juill. 1872, aff. Abat, D. P. 72. 1. 285; Ch. réun. cass. 12 mars 1874, même affaire, D. P. 77. 1. 235). Cette règle est applicable à ces bois soumis au régime forestier, qu'ils appartiennent ou non à l'État. Jugé notamment que l'extraction de terre ou de gazon pratiquée dans un fossé mitoyen, qui sépare un bois communal d'un terrain appartenant à un particulier, tombe sous le coup de l'art. 144 c. for., le fossé étant, comme le bois, protégé par les dispositions du code forestier (Paris, 26 nov. 1868, *Répertoire de législation et de jurisprudence forestières*, t. 4, n° 701).—Toutefois, les terres contiguës à une forêt et non complantées en bois ne sont pas, par le fait seul de cette contiguïté, régies par les prescriptions du code forestier; il faut, en outre, pour que ces prescriptions leur soient applicables, qu'il soit reconnu et constaté que ces terres sont une dépendance de la forêt avec laquelle elles font corps; c'est à ce titre seulement qu'elles sont placées, comme la forêt elle-même, sous l'empire des lois forestières, sans qu'il y ait lieu d'avoir égard, soit aux modifications que l'action du temps a apportées à leur situation, soit à leur mode accidentel de culture (Crim. cass. 27 déc. 1889, aff. Peyré-Fumigue, D. P. 90. 4. 285).

27. Les *terrains en montagne* qui sont *restaurés* par l'État après acquisition amiable ou après expropriation, en exécution de la loi du 4 avr. 1882 (*suprà*, n° 22), et ceux qui, appartenant aux communes ou aux établissements publics, sont assujettis à l'aide de subventions de l'État, sont soumis de plein droit au régime forestier (L. 4 avr. 1882, art. 4; Décr. 11 juill. 1882, art. 16, D. P. 82. 4. 95). Au

contraire, les terrains appartenant aux communes et établissements publics, qui sont restaurés ou reboisés sans subvention de l'État, ne sont pas soumis de plein droit au régime forestier; ce régime ne leur devient applicable que dans les conditions prévues par l'art. 90 c. for. Quant aux terrains appartenant à des particuliers, et qui sont restaurés par leurs propriétaires, aucune disposition de la loi de 1882 ne les soumet au régime forestier (V. Tetreau, *Commentaire de la loi du 4 avr. 1882*, p. 79).

28. Sous l'empire de la loi du 28 juill. 1860, les *terrains reboisés* ou à reboiser, appartenant aux communes et aux établissements publics, qui avaient été compris dans les périmètres de reboisement obligatoire, en vertu d'un décret déclaratif d'utilité publique, étaient de plein droit soumis au régime forestier (Décr. 10 nov. 1864, art. 21, D. P. 64. 4. 122). Les terrains qui ont été reboisés sous l'empire de cette loi restent donc soumis à ce régime.

29. Les terrains appartenant à des communes ou à des établissements publics, gazonnés ou à gazonner à l'aide de subventions de l'État, en exécution de la loi du 8 juin 1864 (D. P. 64. 4. 87), étaient soumis, non pas au régime forestier proprement dit, mais à ce que la pratique forestière appelle le *régime protecteur* ou *pastoral*, c'est-à-dire à l'application de celles des dispositions de la 8ᵉ section, tit. 3, c. for. et de la 9ᵉ section du titre 2 de l'ordonnance du 1ᵉʳ août 1827, qui sont relatives à la réglementation des pâturages (Décr. 10 nov. 1864, art. 2, D. P. 64. 4. 122; *Rép. de lég. et de jur. for.*, t. 2, n° 322). Il en était de même des terrains communaux ou d'établissements publics, compris dans les périmètres de gazonnement obligatoire, en vertu d'un décret déclaratif d'utilité publique (Même décret, art. 21).

30. Il faut évidemment ranger parmi les terrains soumis au régime forestier les terrains reboisés sur lesquels l'État, les communes ou les établissements ont des *droits indivis*, par application du paragraphe 6 de l'art. 1 c. for. Mais le droit exclusif et temporaire de jouissance que l'État a sur les produits des *dunes* appartenant à des particuliers et qu'il a plantées en bois, à la suite du refus ou de l'impuissance des propriétaires d'effectuer les plantations prescrites par l'art. 5 du décret du 14 déc. 1810, constitue-t-il un droit indivis au profit de l'État entraînant l'application du régime forestier? La question était assez délicate en présence de la jurisprudence de la cour de cassation qui avait décidé, dans un arrêt du 29 mai 1845 (aff. Commune de Sainte-Eulalie, D. P. 45. 1. 467), que les travaux d'ensemencement, exécutés par l'État, ne pouvaient autoriser l'action en complainte de la part des propriétaires des dunes parce que ces travaux ne conféraient à l'État aucun droit de propriété ou de jouissance sur les terrains. On en avait conclu que le régime forestier n'était pas applicable à ces dunes puisque l'État n'avait sur elles aucun droit de propriété, comme l'exige le paragraphe 6 de l'art. 1, mais seulement un droit de jouissance. Mais un arrêt de la chambre criminelle du 2 août 1867 (aff. Simard de Pitray, D. P. 68. 1. 45), a résolu la question dans le sens de l'application du régime forestier. D'après cet arrêt, les art. 5 et 7 du décret du 14 déc. 1810, tout en ne dépouillant pas les propriétaires de leurs droits sur le sol quand il a été planté en bois aux frais de l'État, n'en investissent pas moins celui-ci de la jouissance exclusive des fruits et produits de la plantation jusqu'à l'entier acquittement des dépenses, ce qui constitue un droit indivis avec celui du propriétaire du sol et fait rentrer, par conséquent, dans les prévisions de l'art. 1 c. for.

31. Les forêts qui dépendent du domaine de l'État sont de plein droit soumises au régime forestier; peu importerait même que l'État n'en fût pas réellement propriétaire : s'il possède *animo domini*, l'Administration forestière a qualité pour rechercher et poursuivre les délits commis dans la forêt, sauf aux prévenus qui se prétendraient propriétaires à élever la question préjudicielle dans les termes prévus par l'art. 182 c. for., et à établir que les actes à eux reprochés ne sont que l'exercice légitime de leur droit de propriété (Crim. rej. 25 janv. 1855, aff. Follacci, D. P. 55. 1. 125).

SECT. 2. — DIRECTION DES FORÊTS. — COMPOSITION. — HIÉRARCHIE. — ATTRIBUTIONS (*Rép.* v° *Forêts*, nᵒˢ 152 à 157).

32. L'administration des *Forêts* a conservé, depuis la publi-

cation du *Répertoire*, l'organisation générale qu'elle avait alors, bien que cette organisation ait été l'objet de plusieurs remaniements. Ses attributions générales qui consistent principalement à veiller à la conservation et à l'amélioration des bois soumis au régime forestier, sont restées également ce qu'elles étaient alors. Elle a toutefois reçu, à la suite des lois du 28 juill. 1860 et du 8 juin 1864 (V. *suprà*, nᵒˢ 20 et suiv.) aujourd'hui remplacées par la loi du 4 avr. 1882, la mission de procéder aux travaux de reboisement et de gazonnement des montagnes et de veiller à la conservation de ces travaux. D'autre part, l'administration des Ponts et Chaussées lui a été substituée, depuis le décret du 29 avr. 1862 (D. P. 62. 4. 41), pour la surveillance, la police et l'exploitation de la pêche fluviale (V. *suprà*, vᵒ *Pêche fluviale*, nᵒ 2).

33. A l'époque de la publication du *Répertoire*, l'administration des Forêts faisait partie des services du *ministère des finances*. En 1877, elle a été rattachée au ministère de l'agriculture et du commerce (Décr. 15 déc. 1877, D. P. 78. 4. 2). Depuis le dédoublement des services de ce ministère, elle dépend du ministère de l'agriculture (Décr. 14 nov. 1881, D. P. 82. 4. 98).

34. La direction générale des forêts avait été supprimée, lors du rattachement de l'Administration forestière au ministère de l'agriculture et du commerce par le décret du 15 déc. 1877, D. P. 78. 4. 2), et les attributions du directeur avaient été transférées au sous-secrétaire d'Etat, président du conseil d'administration des forêts (V. notre *Code forestier annoté*, art. 3, nᵒˢ 15 et suiv.). Les fonctions de directeur des forêts ont été rétablies par un décret du 18 févr. 1882 (D. P. 83. 4. 44).

35. Une conséquence du rattachement de l'administration des Forêts au ministère de l'agriculture avait été de soustraire ses agents, au moins en partie, au contrôle de l'inspection des finances. Les inspecteurs des finances restaient bien chargés, au cours de leur inspection annuelle, d'examiner les procès-verbaux des adjudications de produits forestiers faites en présence des trésoriers généraux et des receveurs de l'enregistrement et des domaines, afin de veiller à l'observation des règles posées par le décret du 31 mai 1862 sur la comptabilité publique (Circ. min. fin. 30 avr. 1881 ; Circ. adm. for. 9 juin 1881, *Nouvelle série*, nᵒ 286) ; mais l'assentiment de l'inspecteur des finances n'était plus nécessaire pour l'obtention de congés par les fonctionnaires des forêts, dans les départements où l'inspection était en tournée. — L'Administration forestière départementale avait été, en revanche, placée, en 1878, sous le contrôle du corps des inspecteurs généraux des forêts alors créé (Décr. 12 janv. 1878, D. P. 78. 4. 24). Ce décret avait supprimé les fonctions d'administrateur vérificateur général des aménagements (V. *Code forestier annoté*, art. 3 (et de l'art. nᵒ 50) et de vérificateur général des reboisements (*Ibid.*, nᵒˢ 51, 52, 53) et avait créé des inspecteurs généraux au nombre de six, puis de neuf. Ces inspecteurs composaient le conseil d'administration des forêts, dirigeaient les bureaux de l'administration centrale, et étaient chargés du contrôle général sur toutes les parties du service dans les régions d'inspection auxquelles ils étaient attachés (V. notre *Code forestier annoté*, art. 3, p. 25 et 26 et *Additions complémentaires*, p. 923). Le corps de l'inspection générale des forêts a été supprimé par décret du 26 déc. 1887 (*Répertoire de législation forestière*, t. 14, nᵒ 5). Le rapport annexé à ce décret constate qu'une expérience de près de deux années a démontré que l'inspection générale des forêts n'était pas indispensable, qu'il y avait donc lieu de la supprimer et de replacer le service forestier sous le double contrôle des inspecteurs des finances et des trois administrateurs institués par l'art. 2 de l'ordonnance du 1ᵉʳ août 1827 et dont les fonctions furent rétablies à la même époque.

36. L'organisation de l'administration centrale des Forêts est actuellement réglée par deux décrets du 14 janv. 1888, dont le premier (D. P. 88. 4. 36) a trait à l'organisation du ministère de l'agriculture, et le second (D. P. 88. 4. 37) à la réorganisation de l'école forestière des Barres. L'administration centrale des Forêts forme une des cinq directions du ministère de l'agriculture ; elle est divisée en trois bureaux : 1ᵉʳ bureau : contentieux, enseignement forestier, secrétariat ; acquisitions ; 2ᵉ bureau : aménagements, exploitations ;

3ᵉ bureau : reboisements, travaux, repeuplements, défrichements. A la tête de chacun de ces bureaux est un administrateur. L'administrateur chef du premier bureau est, en même temps, secrétaire du conseil des forêts ; le chef du deuxième bureau est vérificateur général des aménagements et celui du troisième bureau, vérificateur général des reboisements. Aux administrateurs sont adjoints cinq sous-chefs de bureau, dont un au premier et deux à chacun des deuxième et troisième bureau.

37. Le directeur des forêts est chef de l'administration des Forêts, sous l'autorité du ministre de l'agriculture et dans les limites de la délégation qu'il en reçoit. Il a, concurremment avec le conseil des forêts, présidé en principe par le ministre, la mission d'assister ce dernier dans l'exercice des attributions qui lui sont conférées par les lois et règlements concernant l'Administration forestière (Art. 1 et 3 du décret du 14 janv. 1888, D. P. 88. 4. 37). Ce conseil est composé du directeur et de trois administrateurs ; il est présidé en l'absence du ministre par le directeur des forêts ; ses attributions sont réglées par l'ordonnance du 1ᵉʳ août 1827, sauf en ce qui concerne le personnel (Décr. 14 janv. 1888, art. 3, D. P. 88. 4. 37).

38. Le directeur des forêts est le délégué du ministre pour la direction de l'Administration forestière. Comme on l'a exposé au *Rép.*, vᵒ *Forêts*, nᵒ 153, il soumet les propositions au ministre après délibération du conseil d'administration et, dans certains cas, statue tantôt seul, tantôt après délibération du conseil d'administration. La nomenclature des affaires pour lesquelles le directeur des forêts soumet au ministre des propositions (*Rép.* nᵒ 153) a subi quelques modifications ; actuellement, ces affaires sont les suivantes : 1ᵒ budget général de l'administration forestière ; 2ᵒ création et suppression d'emplois supérieurs ; 3ᵒ destitution, révocation ou mise en jugement des agents forestiers du grade d'inspecteur et au-dessus (Circ. adm. for., 30 oct. 1866, § 11, *Nouvelle série*, nᵒ 39) ; 4ᵒ liquidation de pensions (Ordonn. for., art. 7-4ᵒ) ; 5ᵒ changements dans la circonscription des arrondissements forestiers ; 6ᵒ projets d'aménagements, de partages et d'échanges de bois, de cantonnement ou de rachat de droits d'usage ; 7ᵒ coupes extraordinaires (Ordonn. for., art. 7-7ᵒ) ; 8ᵒ cahier des charges pour les adjudications des coupes ordinaires (Ordonn. for., art. 7-9ᵒ) ; 9ᵒ remboursements pour moins de mesures, lorsqu'ils excèdent la somme de 500 fr. ; 10ᵒ transactions sur la poursuite des délits et contraventions commis dans les bois soumis au régime forestier, lorsque le montant des condamnations encourues ou prononcées, y compris les réparations civiles, excède la somme de 2000 fr. (Décr. 21 déc. 1879, art. 1, D. P. 81. 4. 40 ; Circ. adm. for., 22 janv. 1880, *Nouvelle série*, nᵒ 262, *Rép. de lég. et de jur. for.*, t. 9, nᵒ 27) ; 11ᵒ pourvois au conseil d'Etat (Ordonn. for., art. 7-14ᵒ) ; 12ᵒ dispositions de service qui donneraient lieu à une dépense au-dessus de 500 fr. (Ordonn. for., art. 7-15ᵒ) ; 13ᵒ oppositions à des défrichements ; 14ᵒ instructions générales et questions douteuses sur l'exécution des lois et ordonnances (Ordonn. for., art. 7-17ᵒ) ; 15ᵒ concessions de terrains vagues à charge de repeuplement, lorsque la contenance dépasse 5 hectares, ou que la durée de la concession excède six années (Ordonn. for., art. 106 ; Ordonn. 10 mars 1831, art. 1-7ᵒ).

39. Parmi les affaires qui sont à la décision du directeur général, les unes doivent être préalablement soumises aux délibérations du conseil d'administration. Ces affaires étaient, avant 1888 : 1ᵒ les coupes ordinaires de chaque année ; 2ᵒ la coupe des arbres endommagés, ébranchés, morts ou dépérissants ; 3ᵒ dans les bois des communes et des établissements publics, la délivrance d'arbres vifs sur pied, destinés à être employés en nature à divers travaux de réparation, ou dont l'abatage est nécessité par quelque circonstance imprévue (Décis. min. fin., 15 mai 1862 ; Circ. adm. for., 5 juin 1862, *Ancienne série*, nᵒ 819 ; *Rép. de lég. et de jur. for.*, t. 4, nᵒ 75 ; et dans tous les bois soumis au régime forestier, l'abatage des arbres mitoyens ; les exploitations nécessitées par des travaux d'amélioration, tels que routes, maisons et usines forestières, fossés, pépinières, aménagements et délimitations (Décis. min. fin., 15 mai 1862 ; Circ. adm. for., 5 juin 1862, *Ancienne série*, nᵒ 819, *Rép. de lég. et de jur. for.*, t. 1, nᵒ 75) ; 5ᵒ le recépage des bois incendiés ou abroutis (Ordonn. 10 mars 1831, art.

1-3°); 6° le remboursement des moins de mesure, lorsqu'ils n'excèdent pas la somme de 500 fr.; 7° les extractions de minerai ou de matériaux dans les forêts; 8° la concession de terrains vagues à charge de repeuplement, lorsque la contenance n'excède pas 5 hectares, et la durée de la concession six années; 9° les transactions sur la poursuite des délits et contraventions commis dans les bois soumis au régime forestier, lorsque les condamnations encourues ou prononcées, y compris les réparations civiles, sont supérieures à 1000 fr., sans dépasser 2000 fr. (Décr. 22 déc. 1879, art. 1, D. P. 81. 4. 40; *Rép. de lég. et de jur. for.*, t. 9, n° 26; Circ. adm. for., 22 janv. 1880, *Nouvelle série*, n° 262, *Rép. de lég. et de jur. for.*, t. 9, n° 27). Mais un décret du 17 févr. 1888, qui a étendu les attributions des conservateurs (D. P. 88. 4. 14), a transféré à ces fonctionnaires la décision, en ce qui concerne les coupes d'amélioration (nettoiements et éclaircies), les exploitations de bois morts, le recépage des bois incendiés, les coupes de bois morts, de bois dépérissants et des arbres mitoyens. Il n'y a donc plus à recourir, sur tous ces points, à la décision du directeur général, ni à l'avis du conseil d'administration.

Les affaires pour lesquelles le directeur général peut statuer seul, sans avoir à consulter le conseil d'administration, sont toutes celles qui n'ont pas été comprises dans l'énumération qui vient d'être donnée.

Le directeur général est enfin ordonnateur secondaire du service des forêts (Règl. gén. comptab. 26 déc. 1866, § 287 de la nomenclature; Circ. adm. for. 24 août 1868, *Nouvelle série*, n° 104, p. 66). Il accrédite auprès des trésoriers généraux la signature des conservateurs, considérés également comme ordonnateurs (Circ. adm. for., 3 avr. 1880, *Nouvelle série*, n° 265). Il nomme à tous les emplois forestiers au-dessous de celui d'inspecteur. Il statue sur les projets de mariage formés par les préposés, dans le cas où les conservateurs croient devoir s'y opposer (Décis. min. fin. 27 févr. 1861; Circ. adm. for. 9 mars 1861, *Ancienne série*, n° 800; *Bull. des ann. for.*, t 8, p. 527).

SECT. 3. — SERVICE FORESTIER DANS LES DÉPARTEMENTS.

ART. 1er. — *Des emplois et du personnel (Rép., v° Forêts, nos 158 à 159).* — *Ecoles forestières.*

40. — I. EMPLOIS ET PERSONNEL. — Le silence du code forestier relativement à la division du sol boisé ou non entre des fonctionnaires préposés à sa conservation (*Rép., v° Forêts*, n° 158) laisse au Gouvernement toute liberté d'apporter soit aux divisions du territoire forestier, soit à la composition du personnel, les modifications qu'il juge nécessaires. Aussi les variations dans le nombre des emplois et des circonscriptions territoriales ont-elles été aussi fréquentes, depuis la publication du *Répertoire*, qu'elles l'avaient été auparavant (*Rép., v° Forêts*, n° 158). Les conservations forestières ont varié de 38 à 32, nombre auquel elles ont été ramenées par un décret du 29 déc. 1888 (D. P. 90. 4. 33). — V. sur les modifications successives apportées aux conservations forestières, notre *Code forestier annoté*, art. 3, nos 155 et suiv., et *Additions complémentaires*, art. 3, n° 155 *bis*). Actuellement, chaque conservation est formée d'un ou plusieurs départements, sans morcellement, et divisée en inspections dont la gestion est confiée à un inspecteur assisté d'inspecteurs adjoints (Décr. 23 oct. 1883, art. 1, *Code forestier annoté*, note 2).

41. Il ne subsiste actuellement que deux classes parmi les fonctionnaires du service forestier départemental: les agents et les préposés, par suite de la suppression des arpenteurs institués par les art. 19 et suiv. de l'ordonnance du 1er août 1827, opérée au moyen des lois de finance qui ont reporté sur d'autres chapitres du budget des forêts les sommes affectées au traitement de ces fonctionnaires (V. notre *Code forestier annoté*, art. 3, nos 340 et suiv.). Le cadre des agents des départements se compose aujourd'hui de 32 conservateurs, 200 inspecteurs, 215 inspecteurs adjoints et 300 gardes généraux ou gardes généraux stagiaires; il faut ajouter à ce nombre: 3 conservateurs, 18 inspecteurs, 18 inspecteurs adjoints et 56 gardes généraux pour le service de l'Algérie.

42. Les préposés (*Rép., v° Forêts*, n° 159) sont les fonctionnaires du service forestier occupant les emplois inférieurs: ils se divisent en: 1° préposés du service actif ou service extérieur qui exercent sous l'autorité des agents une surveillance immédiate sur les forêts. Ce sont les *gardes forestiers*, anciennement appelés gardes à pied (Décis. min. 16 août 1862; Circ. adm. for., 23 août 1862, *Répertoire de législation et de jurisprudence forestières*, t. 1, n° 98; Circ. adm. for., 31 déc. 1866, *Nouvelle série*, n° 46, p. 18, note 3); — 2° Préposés du service intérieur ou sédentaire, qui sont employés dans les bureaux. — La hiérarchie des préposés comporte des brigadiers et de simples gardes (*Rép., v° Forêts*, nos 158 et 159, et *Code forestier annoté*, art. 3, nos 88 à 99). Il existe, en outre, des brigadiers et des gardes spéciaux attachés au service du reboisement et du gazonnement des terrains en montagne. Enfin, il avait été institué, dans la région boisée des Maures et de l'Esterel, des brigades ambulantes chargées particulièrement de veiller aux incendies. Les gardes ambulants doivent constater, dans tous les bois, les délits résultant de l'emploi du feu, en infraction de la loi du 6 juill. 1870 et des lois subséquentes spécialement applicables à cette région.

43. — II. ECOLES FORESTIÈRES. — Pour assurer le recrutement d'un personnel instruit et présentant, au point de vue de l'amélioration, de l'aménagement et de la conservation des forêts, toutes garanties de compétence, un enseignement forestier est donné dans des écoles placées sous la surveillance de l'Administration forestière. Outre l'Ecole nationale forestière établie à Nancy, destinée à former les agents supérieurs des forêts, l'enseignement forestier comporte une école secondaire établie au domaine des Barres (Loiret) (Décr. 23 août 1883, *Code forestier annoté*, p. 923, note 2, art. 5). Depuis un décret du 14 janv. 1888 (D. P. 88. 4. 37, *Répertoire de législation et de jurisprudence forestières*, t. 1, n° 8), cette école comprend: 1° une école pratique de sylviculture, destinée à former des gardes particuliers, des régisseurs agricoles et forestiers, et subsidiairement des candidats à l'emploi de préposés forestiers; 2° une école secondaire d'enseignement théorique et pratique, destinée à faciliter aux préposés l'accès au grade de garde général (V. sur les écoles forestières, pour plus amples détails, notre *Code forestier annoté*, art. 3, nos 348 et suiv., et *Additions complémentaires*, art. 3, nos 348 *bis* et suiv.).

44. Depuis le 1er janv. 1889, le caractère de l'école de Nancy a été complètement modifié. Un décret du 9 janv. 1888 (D. P. 88. 4. 36) a transformé cette école en une sorte d'école d'application, dans laquelle les élèves sortis de l'Institut agronomique, établi à Paris, sont spécialement initiés aux questions forestières. L'école de Nancy se recrute donc exclusivement parmi les élèves diplômés de l'Institut agronomique, suivant le mode adopté à l'Ecole polytechnique pour le recrutement des écoles d'application. Une seule exception à cette règle est maintenue en faveur des élèves de l'Ecole polytechnique (art. 1 du décret). Le nombre des élèves admis à l'école de Nancy est de douze. Ces élèves recrutent les gardes généraux; mais ceux-ci peuvent également provenir des préposés du service actif qui ont subi avec succès les examens de l'école secondaire des Barres, ou être choisis parmi les préposés du service actif ayant quinze ans de service et jugés aptes à remplir les fonctions d'agent (Décr. 14 janv. 1888, art. 4). Aucune distinction d'origine n'est faite parmi les gardes généraux pour l'admission aux emplois supérieurs (Même décret, art. 6). — Le décret du 9 janv. 1888 a été modifié par un décret du 12 oct. 1889, qui rapporte l'art. 4, aux termes duquel un certain nombre de bourses étaient annuellement attribuées aux élèves de l'Ecole forestière. Les services de cette école ont en outre été réorganisés par un second décret du 12 oct. 1889 (D. P. 90. 4. 102).

ART. 2. — *Règles de service. — Agents, gardes (Rép., v° Forêts, nos 160 à 177).*

45. Les fonctions des agents et des préposés du service forestier sont restées ce qu'elles étaient à l'époque de la publication du *Répertoire* (v° *Forêts*, nos 160 et suiv.) et sont toujours soumises en principe aux règles établies par l'ordonnance du 1er août 1827, sauf quelques modifications

de détail, qui ont été apportées à ces règles par des décisions et des circulaires ministérielles.

46. — 1° *Conservateurs*. — Le rôle des conservateurs consiste à diriger, dans l'arrondissement qui leur est confié, l'ensemble des opérations relatives à la gestion des forêts (*Rép.* v° *Forêts*, n° 164). Mais leurs pouvoirs ont été considérablement étendus. En vertu des décrets des 21 déc. 1859 (art. 2, D. P. 59. 4. 115) et 22 déc. 1879 (art. 1, D. P. 81. 4. 40), les conservateurs approuvent les transactions sur la poursuite des délits et contraventions commis dans les bois soumis au régime forestier, lorsque le montant des condamnations encourues ou prononcées, y compris les réparations civiles, ne s'élèvent pas au-dessus de 1000 fr. Le décret du 21 déc. 1859 leur a également attribué le droit d'admettre les délinquants insolvables à se libérer au moyen de prestations en nature. — Au point de vue même de la gestion proprement dite des forêts, les attributions des conservateurs ont été considérablement accrues. On a vu *suprà*, n° 39, qu'un certain nombre de questions, qui autrefois étaient soumises à la décision du directeur général, sont, en vertu d'un décret du 17 févr. 1888, résolues actuellement par les conservateurs. On a jugé que, le personnel des agents de tout grade possédant aujourd'hui une instruction technique complète, il était inutile de centraliser au ministère des questions que le service local pouvait trancher plus rapidement et avec une connaissance plus exacte de l'utilité des mesures à prendre. Les conservateurs ont donc été autorisés à statuer directement, pour les forêts domaniales et celles qui appartiennent aux communes et aux établissements publics, sur : 1° les coupes d'améliorations (nettoiement et éclaircies), les exploitations de morts bois, les recépages ; 2° les coupes de bois morts, de bois dépérissants et d'arbres mitoyens ; 3° les coupes de bois incendiés. Dans les forêts domaniales, ils décident si ces coupes seront vendues en bloc sur pied ou par unités de marchandises. Ils peuvent en autoriser l'exploitation par les préposés ou par les concessionnaires. Mais si l'exploitation doit avoir lieu par économie ou par entreprise au compte de l'État, l'autorisation et les crédits nécessaires doivent être demandés à la direction des forêts. Toutefois, les conservateurs peuvent autoriser, dans les forêts domaniales, l'exploitation par entreprise ou par économie des arbres mitoyens, quand les frais à la charge de l'État ne dépasseront pas 200 fr., et celle des bois incendiés quand les mêmes frais ne dépasseront pas 500 fr. Ils autorisent, dans les forêts communales et d'établissements publics, la vente sur pied des coupes énoncées ci-dessus et, quand il y a lieu d'adopter un autre mode de réalisation, l'autorisation en est donnée par le préfet, sur la proposition des communes ou établissements publics et après avis du conservateur. Enfin, les conservateurs peuvent autoriser la non-exécution des coupes de nettoiement et d'éclaircie prévues par les aménagements dont l'inopportunité, au point de vue cultural, serait constatée.

47. — 2° *Inspecteurs*. — Les inspecteurs sont placés à la tête d'une circonscription déterminée des conservations forestières (Décr. 23 août 1883, art, 1 et 2, *Code forestier annoté* p. 923). — En ce qui concerne les règles auxquelles ils sont soumis dans l'exercice de leurs fonctions (*Rép.* v° *Forêts*, n° 165), V. *Code forestier annoté* art. 3, n°ˢ 212 à 234 et *Additions complémentaires*, art. 3, n°ˢ 212 *bis* à 216 *bis*).

48. — 3° *Sous-inspecteurs ; inspecteurs adjoints*. — Le grade de sous-inspecteur a été supprimé et remplacé par le titre d'inspecteur adjoint, donné aux gardes généraux qui n'ont pas encore réuni les conditions voulues pour être nommés inspecteurs et être chargés d'un service d'inspection (Décr. 1ᵉʳ août 1882, art. 3 et 4, D. P. 83. 4. 54). Leur nombre est déterminé par les besoins du service. Ils ont compétence, en dehors de la circonscription qui leur est attribuée soit d'une manière permanente, soit d'une manière temporaire, pour procéder aux opérations forestières dans tout ou partie de l'inspection à laquelle ils sont attachés et pour remplir les missions spéciales qui leur sont confiées par l'Administration. En règle générale, les inspecteurs adjoints sont les auxiliaires de l'inspecteur plutôt que des agents chargés d'une circonscription déterminée.

49. — 4° *Gardes généraux*. — Les fonctions des gardes généraux participent, comme à l'époque de la publication

du *Répertoire* (v° *Forêts*, n° 167), des fonctions des agents supérieurs et des agents inférieurs (V. notre *Code forestier annoté*, art. 3, n°ˢ 249 et suiv. et *Additions complémentaires*, n°ˢ 254 *bis* et suiv.). Les gardes généraux adjoints ont été supprimés par le décret du 1ᵉʳ août 1882, cité *suprà*, n° 48.

50. — 5° *Correspondance*. — Le service de la correspondance des agents forestiers (*Rép.* v° *Forêts*, n° 168) a fait l'objet d'un certain nombre de circulaires et de décisions administratives qui ont trait soit à la forme des correspondances, soit à l'usage de la franchise postale (V. notre *Code forestier annoté*, art. 3, n°ˢ 792 et suiv.). Nous nous bornerons à mentionner la faculté, pour certains fonctionnaires du service forestier, de correspondre en franchise par la voie télégraphique, soit entre eux, soit avec d'autres fonctionnaires, dans le cas d'urgence et dans les limites strictement nécessaires. (Circ. adm. for. 21 mai 1862, *Répertoire de législation et de jurisprudence forestières*, t. 1, n° 72).

51. En ce qui concerne les registres et archives, V. *Rép.* v° *Forêts*, n° 169. On trouvera au *Code forestier annoté*, art. 3, n°ˢ 284 et suiv., toutes les indications relatives aux prescriptions de service applicables aux préposés (*Rép.* n°ˢ 171 et suiv.) et à leurs attributions.

ART. 3. — *Responsabilité des gardes* (*Rép.*, v° *Forêts*, n°ˢ 178 à 190).

52. La disposition de l'art. 6 c. for., qui déclare les gardes responsables des délits commis dans leurs triages, lorsqu'ils ne les ont pas dûment constatés, et passibles des amendes et des indemnités encourues par les délinquants (*Rép.*, v° *Forêts*, n° 178) est exclusive de toute distinction entre les fautes plus ou moins lourdes qui seraient de nature à provoquer l'application de ces amendes et indemnités. L'art. 6 est, en effet, comme on l'a exposé au *Rép.*, n° 181, une application du principe de l'art. 1383 c. civ. Il ne suffirait donc pas à un garde d'exciper de sa bonne foi pour se soustraire à la responsabilité qui lui incombe : il ne pourrait, notamment, se prévaloir de l'ordre qu'il aurait reçu d'un supérieur, quand cet ordre n'était pas donné dans les formes légales et si, par conséquent, en y obtempérant, le garde avait manqué à une obligation que la loi lui imposait (Crim. cass. 23 mars 1850, aff. Trautmann, D. P. 50. 5. 242).

53. La question de savoir si le garde poursuivi comme responsable devant les tribunaux correctionnels, soit par l'Administration forestière, soit par le ministère public, pouvait se prévaloir du défaut d'autorisation des poursuites par l'Administration (Ordonn. for. art. 39), donnait lieu, avant 1870, à des difficultés qui ont été exposées au *Rép.*, v° *Forêts*, n°ˢ 183 et suiv. Dans l'état actuel de la législation, l'autorisation de l'Administration forestière n'est plus nécessaire, en raison de l'abrogation virtuelle de l'art. 39 ord. for. par le décret du 19 sept. 1870 (D. P. 70. 4. 91). Néanmoins, l'Administration recommande à ses agents de ne donner suite que sur son autorisation expresse aux procès-verbaux dressés en exécution de l'art. 6 c. for (Circ. adm. for. 5 févr. 1874, *Nouvelle série*, n° 148) ; les conservateurs doivent transmettre ces procès-verbaux à l'Administration, avec leurs observations et leur avis, aussitôt qu'ils leur parviennent et avant tout acte de procédure (Même circulaire).

ART. 4. — *Dispositions communes aux agents et préposés.* — *Age.* — *Incompatibilité.* — *Serment* (*Rép.*, v° *Forêts*, n°ˢ 191 à 207).

54. — 1° *Age*. — L'âge de vingt-cinq ans est exigé par l'art. 3 c. for., ainsi qu'on l'a exposé au *Rép.*, v° *Forêts*, n° 192, pour toute nomination à un emploi forestier. Cette règle générale s'applique aussi bien aux préposés qu'aux agents. Toutefois, l'art. 3 prévoit, en faveur des élèves de l'École forestière, l'obtention de dispenses qui leur permettent d'exercer l'emploi de garde général avant l'âge de vingt-cinq ans. Elles sont concédées par des décrets (Ordonn. for. art. 30). — Sur les conditions d'aptitude physique et de capacités exigées des candidats aux emplois forestiers et les conditions de nomination, V. notre *Code forestier annoté*, art. 3, n°ˢ 441 et suiv.

55. — 2° *Incompatibilité*. — L'incompatibilité des emplois forestiers avec toutes autres fonctions administratives et

judiciaires, prononcée par l'art. 4 de l'ordonnance forestière, existe toujours même à l'égard des fonctions temporaires non salariées (*Rép.*, vᵒ *Forêts*, nᵒ 195). Les lois spéciales relatives aux conseils généraux et d'arrondissement (L. 10 août 1871, art. 8, D. P. 71. 4. 102), à l'élection des députés (30 nov. 1875, D. P. 76. 4. 4), des sénateurs (L. 2 août 1875, D. P. 75. 4. 117), ont expressément déclaré les agents de l'Administration forestière inéligibles soit aux conseils généraux et d'arrondissement, soit aux chambres législatives. Les préposés et les agents du service actif des forêts de l'État ne peuvent non plus remplir les fonctions de juré (L. 21 nov. 1872, art. 3, D. P. 72. 4. 132). Enfin les agents forestiers ne peuvent être élus aux fonctions de maire et d'adjoint (L. 5 avr. 1884, art. 80), ou de conseillers municipaux (Même loi, art. 32). — Mais l'exercice seul des fonctions d'agent ou de préposé de l'Administration forestière constitue l'incompatibilité. L'inéligibilité n'est pas attachée au fait que celui qui serait élu est investi d'un grade ou d'une fonction dans la hiérarchie forestière, lorsqu'il n'en exerce pas la fonction. Ainsi, ne doit pas être considéré comme inéligible au conseil d'arrondissement, en qualité d'agent de l'Administration, un inspecteur des forêts qui, tout en ayant conservé ce titre, n'en exerce plus les fonctions, et a été détaché de l'administration des Forêts pour être nommé conservateur d'une promenade publique communale, distraite du régime forestier (Cons. préf. de la Seine, 10 nov. 1871, *Rép. de lég. et de jur. for.*, t. 5, nᵒ 72).

56. L'incompatibilité édictée par l'art. 4 c. for. n'atteint que les fonctionnaires du service départemental, ne non pas les fonctionnaires de l'Administration centrale et de l'Ecole forestière, qui ne prêtent pas le serment prescrit par l'art. 222 c. for. (*Rép.*, vᵒ *Forêts*, nᵒ 197). Cependant ces fonctionnaires ne sauraient être élus au Sénat (L. 2 août 1875, art. 20, D. P. 75. 4. 117) et il semble qu'il y aurait également incompatibilité entre leur emploi et la qualité de député.

57. — 3ᵒ *Serment.*—Les règles relatives à la nécessité du serment pour la validité des actes professionnels accompli par les agents et préposés des forêts, et aux conditions dans lesquelles le serment doit être prêté, sont restées celles qui ont été exposées au *Rép.*, vᵒ *Forêts*, nᵒˢ 202 à 205). Aucune formule spéciale n'est prescrite pour ce serment; la formule générale dont il est habituellement fait usage est la suivante : « Je jure et promets de bien et loyalement remplir mes fonctions et d'observer en tout les devoirs qu'elles m'imposent » (Décr. 5 avr. 1832, art. 4, D. P. 52. 4. 102). Il faut ajouter que, depuis le 5 sept. 1870, le serment politique est aboli, et que, par suite, il n'y a plus lieu qu'à la prestation du serment professionnel (Décr. 5 sept. 1870, D. P. 70. 4. 46).

58. Bien que les actes d'un employé de l'Administration forestière soient entachés de nullité s'il n'a pas, au préalable, prêté le serment professionnel devant le tribunal civil, il n'en est pas moins investi, à partir de sa nomination, de la qualité de fonctionnaire; et a droit à l'obéissance et au respect dus à cette qualité. Dès l'instant qu'un citoyen a été promu à un emploi public et l'exerce ostensiblement sous l'autorité du Gouvernement, il est légalement investi de la qualité de fonctionnaire et se trouve protégé par les art. 222 et suiv. c. pén.; les attaques et les violences dont un agent forestier serait victime, même avant qu'il eût prêté serment, tomberaient, en conséquence, sous l'application de cet article. C'est ce qui a été jugé par la cour de cassation, à propos d'un garde-garde des domaines de la Couronne qui, nommé garde forestier dans un nouvel arrondissement, y avait commencé ses fonctions avant d'avoir prêté serment. La cour a jugé que les blessures à lui faites dans l'accomplissement de son service, devaient, malgré l'irrégularité de ce service, être considérées comme constitutives du délit ou du crime réprimé par les art. 228, 230, 231 et 233 c. pén. (Crim. rej. 5 janv. 1856, aff. Lefranc, D. P. 56. 1. 46).

59. — 4ᵒ *Responsabilité de l'Administration.* — On a vu au *Rép.*, vᵒ *Forêts*, nᵒ 207, que l'action civile en responsabilité intentée à l'Administration forestière doit être dirigée contre le directeur général des forêts. Mais cette règle n'est applicable qu'autant que le litige soulève simplement des questions de gestion et d'exploitation (V. Trib. civ. Seine, 5 avr. 1873, aff. Verschaer, D. P. 74. 2. 177). Lorsque le litige se complique de questions relatives à la propriété du sol des forêts ou de leurs produits, le débat porté sur la pro-

priété de biens domaniaux, et ce n'est plus contre le directeur général que l'action doit être dirigée, mais contre le préfet, qui a seul qualité pour défendre aux actions domaniales. Par voie de conséquence, ce n'est plus le tribunal de la Seine, compétent, d'une façon générale, comme tribunal du lieu où siège l'Administration centrale des forêts, lorsque l'action est dirigée contre le directeur des forêts, mais le tribunal du lieu où est située la forêt litigieuse qui doit être saisi de la demande. (Paris, 25 avr. 1874 aff. Verschaer, D. P. 74. 2. 177).

SECT. 4. — MARTEAUX EMPLOYÉS PAR L'ADMINISTRATION DES FORÊTS. — CONTREFAÇON. — FALSIFICATION. — MARTEAUX DES PARTICULIERS (*Rép.* vᵒ *Forêts*, nᵒˢ 208 à 224).

60. En ce qui concerne la forme des marteaux actuellement en usage, V. *Code forestier annoté*, art. 7, nᵒˢ 1 à 33. Circ. du 21 avr. 1887, *Répertoire de législation et de jurisprudence forestières*, t. 13, nᵒ 60.

61. Nous nous référerons aux explications qui ont été fournies au *Répertoire* sur le dépôt au greffe des empreintes des marteaux, les règles prescrites par le code forestier n'ayant pas été modifiées (V. aussi notre *Code forestier annoté*, art. 7, nᵒˢ 33 à 40).

62. — *Contrefaçon ou falsification du marteau national.* — L'art. 140 c. pén. ne punit pas seulement celui qui contrefait le marteau de l'État, servant aux marques forestières, ou qui fait usage du marteau contrefait (*Rép.* vᵒ *Forêts*, nᵒ 215). Il atteint également celui qui contrefait, à l'aide de quelque instrument ou procédé que ce soit, l'empreinte de ce marteau, avec l'intention de faire passer l'empreinte imitée pour la marque de l'État, quel que soit d'ailleurs le plus ou moins d'exactitude dans l'imitation de la véritable empreinte. Mais encore faut-il, pour que cet article soit applicable, qu'il y ait une tentative d'imitation, et qu'on se trouve en présence d'une empreinte qui puisse induire en erreur les agents forestiers lors d'un examen rapide et superficiel. Le fait de tracer sur des arbres une empreinte grossièrement façonnée, ne présentant aucun des signes ou des lettres qui caractérisent la marque forestière et telle qu'elle ne puisse abuser des yeux même peu exercés, ne saurait être considéré comme une contrefaçon des marques ou empreintes forestières (Grenoble, 24 nov. 1870, *Rép. de lég. et de jur. for.*, t. 5, nᵒ 29). La même solution résulte d'un arrêt de la chambre criminelle (Crim. rej. 22 nov. 1861, aff. Corbe, D. P. 63. 5. 191) rendu dans une espèce où l'inculpé avait fait des blanchis sur des arbres réservés qu'il voulait faire passer pour des arbres délivrés, et avait tracé avec un compas sur ces blanchis une circonférence de même dimension que la tête du marteau de l'État, mais sans y figurer, ni essayer d'y figurer les lettres A. F. La cour de Rennes n'avait pas vu dans ce fait une imitation ou une tentative d'imitation, même imparfaite, de la véritable empreinte et la cour de cassation a confirmé sa décision.

63. Faut-il assimiler la contrefaçon des griffes, dont l'usage est autorisé par l'art. 79 de l'ordonnance du 1ᵉʳ août 1827, pour remplacer le marteau national sur les arbres trop faibles pour en recevoir l'empreinte, à la contrefaçon du marteau (*Rép.* vᵒ *Forêts*, nᵒ 217)? L'opinion qui semble avoir prévalu en doctrine et en jurisprudence est conforme aux arrêts des 16 nov. 1832 et 28 janv. 1843, cités au *Rép.*, vᵒ *Forêts*, nᵒ 247 : c'est-à-dire que la contrefaçon des griffes de l'Administration forestière tombe sous le coup, non de l'art. 140, mais de l'art. 142 c. pén. qui punit la contrefaçon des marques destinées à être apposées, au nom du Gouvernement, sur les diverses espèces de denrées ou de marchandises, et l'usage de ces fausses marques (V. Conf. dissertation de M. Meaume, *Répertoire de législation et de jurisprudence forestières*, t. 6, nᵒ 104, et t. 7, nᵒ 80). La cour d'Orléans a notamment jugé, en ce sens, qu'il y a délit prévu par l'art. 142 c. pén., de la part de l'individu qui contrefait la griffe de l'Administration forestière et emploie cette griffe, ainsi contrefaite, pour marquer en délivrance les arbres d'une coupe vendue par unité de produits, alors même que le griffage est grossier et facilement reconnaissable. Peu importerait que le prévenu (dans l'espèce, un bûcheron) n'eût pas l'intention de s'approprier les arbres réservés par l'Administration, mais simplement

de se procurer un plus long travail et de le rendre plus facile (Orléans, 30 avr. 1877, *Rép. de lég. et de jur. for.*, t. 7, n° 80). Toutefois, certaines décisions, rares il est vrai, ont vu simplement dans l'usage d'une fausse griffe le délit de changement dans l'assiette d'une coupe et appliqué les peines portées par l'art. 29 c. for. (Trib. corr. Compiègne, 16 mars 1875, *Rép. de lég. et de jur. for.*, t. 6, n° 104). — On a même été plus loin et jugé que la contrefaçon des griffes de l'administration des Forêts ne tombe sous l'application ni de l'art 142, ni de l'art. 140 c. pén., ni d'aucune autre disposition pénale; qu'il en est ainsi, notamment, du fait, par le garde-vente d'un adjudicataire de coupe, d'avoir griffé, à l'aide d'un outil appelé rouane, un certain nombre de brins de chêne pour les substituer à ceux qui auraient été abattus en trop ou détériorés parmi les arbres réservés par l'Administration ; l'adjudicataire, lui-même, n'encourrait aucune peine à raison du griffage opéré par son préposé (Trib. corr. Compiègne, 2 mars 1883, aff. Dufour, D. P. 84. 5. 283).

64. Le code forestier ne s'est occupé que des marteaux dont les agents de l'Administration forestière font usage ; d'autre part aucune disposition du code pénal ne réprime la contrefaçon ou la falsification des marteaux servant aux marques forestières des particuliers (*Rép.* v° *Forêts*, n° 222). Il y avait là une lacune des plus graves, que la loi du 18 juin 1859 a comblée, en donnant à l'art. 200 c. for. une rédaction entièrement nouvelle, l'ancienne disposition de l'art. 200 relative à la récidive étant transportée à l'art. 201. Le nouvel art. 200 dispose que « ceux qui auront contrefait ou falsifié les marteaux des particuliers servant aux marques forestières ou qui auront fait usage de marteaux contrefaits ou falsifiés, ceux qui, s'étant indûment procuré les vrais marteaux, en auront fait une application ou un usage préjudiciable aux intérêts ou aux droits des particuliers, seront punis d'un emprisonnement de trois mois à deux ans ».

65. L'expression « marteaux des particuliers servant aux marques forestières » comprend, dans sa généralité, les marteaux des propriétaires de bois, ceux des adjudicataires de coupes dans les forêts soumises ou non au régime forestier, ceux des gardes forestiers particuliers. Aucune loi ne prescrivant le dépôt de l'empreinte des marteaux des propriétaires ou des gardes particuliers (Puton, *Législation forestière*, p. 257, et *Répertoire de législation et de jurisprudence forestières*, t. 6, n° 54 ; *Code forestier annoté*, art. 117, n°s 253 et suiv.), l'application de l'art. 200 n'est pas subordonnée à ce dépôt, qui reste purement facultatif.

66. Il est à remarquer que la peine prononcée par l'art. 200 c. for., étant une peine forestière, tombe sous le coup du principe général de l'art. 203 qui interdit aux juges d'appliquer aux matières réglées par le *code forestier* l'art. 463 c. pén., tandis que la contrefaçon ou l'usage frauduleux des marteaux de l'État, qui sont réprimées par le code pénal, peuvent bénéficier des circonstances atténuantes.

CHAP. 3. — Délimitation et bornage des bois soumis au régime forestier (*Rép.* v° *Forêts*, n°s 224 à 241).

67. Les explications du *Répertoire* relatives à la distinction faite par le *code forestier* entre les opérations de délimitation et de bornage (*Rép.* v° *Forêts*, n°s 224 et suiv.) n'exigent aucun complément. Il n'y a rien non plus à ajouter aux explications relatives à l'exécution, en ce qui concerne la délimitation et le bornage des forêts domaniales, de l'ordonnance de 1669 (*Rép.* v° *Forêts*, n°s 227 et suiv.). On sait que cette ordonnance disposait que tous les riverains possédant bois joignant les forêts et buissons du roi, étaient tenus de les séparer par des fossés ayant quatre pieds de largeur et cinq de profondeur, qu'ils devaient entretenir en cet état, à peine de réunion (*Rép.*, v° *Forêts*, n° 226), et que suivant Jousse (*Commentaire* sur l'art. 4, tit. 27, ord. 1669), les fossés que les riverains étaient tenus de creuser devaient se prendre sur leur propre terrain, et la terre en provenant devait être rejetée du côté de la forêt domaniale. Cette opinion, qui prête à la critique, a été consacrée par un arrêt de la cour de cassation (Req. 12 août 1851, aff. Rogère, D. P. 51. 1. 242). D'après cet arrêt, la présomption de propriété établie par les art. 667

et 668 c. civ., relativement au fossé séparatif de deux héritages, en faveur de celui des deux propriétaires qui a le rejet de terre de son côté, est inapplicable aux fossés établis entre des bois domaniaux et des bois appartenant à des particuliers : ceux-ci étant tenus, d'après l'ordonnance d'août 1669, de creuser les fossés séparatifs sur leur propre terrain et à leurs frais, doivent en être déclarés propriétaires, bien que le rejet de terre soit du côté du bois domanial.

68. Le code forestier (art. 8) soumet les forêts de l'État aux règles du droit commun en déclarant que la séparation des bois de l'État et des propriétés riveraines pourra être requise, soit par l'Administration forestière, soit par les riverains. La contiguïté des bois de l'État et des immeubles voisins est, par conséquent, une condition essentielle du droit, pour les riverains, d'exiger le bornage, et la demande serait irrecevable dans le cas où la forêt serait séparée du fonds voisin par une rivière ou un chemin public (*Rép.* v° *Bornage*, n° 16. V. Circ. adm. for. 28 août 1867, § 31 et suiv., *Nouvelle série*, n° 64).

69. Appartenant en principe au propriétaire, l'action en délimitation ou bornage peut être exercée soit par le propriétaire riverain, soit par l'État représenté par le préfet assisté du directeur des domaines (Circ. adm. for. 28. août 1867, § 4 précitée. V. notre *Code forestier annoté*, art. 8 et 9, n° 131). Elle peut être également exercée, dans les conditions qui ont été indiquées au *Rép.* v° *Forêts*, n° 239, par celui qui possède l'héritage riverain de la forêt en vertu d'un droit réel. L'action en délimitation peut donc, au moins à titre provisoire, être intentée par l'usufruitier (Trib. civ. Saint-Dié, 28 févr. 1852, *Bull. des ann. for.*, t. 6, p. 158) ; par l'usager ; par le nu propriétaire, même pendant la durée de l'usufruit (*Rép.* v° *Forêts*, n° 240) ; enfin par l'acquéreur à pacte de rachat (*Rép.* v° *Forêts*, n° 241) ; mais non par le fermier qui ne possède que pour le compte d'autrui et n'a pas un droit réel sur la chose.

SECT. 1re. — FORMALITÉS (*Rép.* v° *Forêts*, n° 242).

ART. 1er. — *Formalités communes aux délimitations générales et partielles* (*Rép.* v° *Forêts*, n° 243).

70. La délimitation d'une forêt de l'État et d'un bois appartenant à un particulier comporte, devant le préfet, une procédure administrative, offrant une certaine analogie avec le préliminaire de conciliation devant le juge de paix (*Rép.* v° *Forêts*, n° 243) et qui est précédée de la remise d'un mémoire remplaçant la citation et la comparution des parties. Cette procédure est aussi bien obligatoire lorsque la délimitation est requise par l'Administration forestière que lorsqu'elle est demandée par un particulier. Le dépôt du mémoire est donc l'acte préliminaire de toute délimitation générale ou partielle. Cette opération donne lieu à trois phases successives : 1° une instruction administrative préparatoire ; 2° les opérations de délimitation ; 3° un procès-verbal de délimitation.

71. La demande en délimitation doit être adressée au préfet du département dans lequel la forêt est située, ce fonctionnaire ayant seul qualité, dans le département qu'il administre, pour prendre l'arrêté qui prescrit la délimitation. Aussi, lorsque la forêt s'étend sur plusieurs départements, chaque préfet doit-il prendre un arrêté applicable à la partie de la forêt située dans son département. Cet arrêté est précédé de l'étude par l'Administration forestière de l'utilité de la mesure et des voies et moyens propres à la remplir (V. notre *Code forestier annoté*, art. 8 et 9, n°s 57 à 61). La demande en délimitation qui serait adressée au conseil de préfecture resterait sans effet, cette juridiction n'ayant aucun titre soit pour représenter l'État, soit pour trancher les difficultés auxquelles l'opération peut donner lieu (Cons. d'Ét. 8 juin 1830, aff. Ardisson, D. P. 30. 3. 73).

72. La procédure qui doit être suivie lorsque la délimitation est demandée soit par un particulier, soit par l'Administration, est toujours celle qui a été exposée au *Rép.*, v° *Forêts*, n° 243 (V. notre *Code forestier annoté*, art. 89, n°s 54 et suiv.).

ART. 2. — *Formalités spéciales aux délimitations partielles.*
(*Rép.* v° *Forêts,* n°ˢ 244 à 260.)

73. — 1° *Délimitation partielle amiable.* — Les formes à observer pour les délimitations amiables sont toujours celles qui devaient être suivies lors de la publication du *Répertoire* et qui y sont exposées v° *Forêts,* n°ˢ 244 et suiv. (V. notre *Code forestier annoté,* art. 8 et 9, n°ˢ 97 et suiv.). Les arpenteurs forestiers ayant été supprimés (*Code forestier,* art. 3, n° 78), sont aujourd'hui remplacés par des géomètres qui sont nommés par un arrêté spécial, prêtent serment devant le tribunal de première instance de leur résidence et sont adjoints aux agents forestiers, désignés comme experts, toutes les fois que les travaux géodésiques que comporte la délimitation nécessitent leur intervention (V. la circulaire du 28 août 1867, citée *supra,* n°68, § 12 et suiv.).

74. Il y a un avantage évident à procéder au bornage, dans les opérations partielles, en même temps qu'il est procédé à la délimitation. Aussi est-il recommandé par l'Administration forestière aux conservateurs, de proposer aux préfets de prescrire, par le même arrêté, les deux opérations lorsqu'il n'apparaît pas qu'un inconvénient puisse en résulter.

75. On a vu au *Rép.,* v° *Forêts,* n°ˢ 252 et suiv., que les riverains peuvent se faire représenter aux opérations par un mandataire de leur choix et même par l'expert désigné par le préfet, mais que la délimitation ne peut conserver le caractère amiable qu'autant que les riverains assistent, en personne, à la délimitation ou qu'ils s'y font représenter. Pour éviter toutes contestations, on exige des riverains qui ne comparaissent pas personnellement la remise à leur représentant d'une procuration authentique ou d'un pouvoir sous seing privé dûment enregistré et légalisé ; cet acte est annexé au procès-verbal (Circ. du 28 août 1867, citée *supra,* n° 73, § 25).

76. Pour produire effet, le procès-verbal qui doit être dressé des opérations (*Rép.* v° *Forêts,* n° 255) doit être accepté par toutes les parties. Si les riverains se refusaient à reconnaître la délimitation qu'il propose ou si le Gouvernement ne l'approuvait pas, il faudrait, pour l'imposer à la partie que la conteste, l'intervention des tribunaux de l'ordre judiciaire. Le procès-verbal, revêtu de l'homologation ministérielle n'a-t-il d'effet qu'à l'égard des riverains qui ont exprimé leur consentement en y apposant leur signature. A l'égard des autres riverains, l'opération cesse d'être administrative, et l'Administration forestière doit rechercher si l'affaire comporte une suite judiciaire et si la délimitation doit être demandée aux tribunaux.

77. Lorsque, conformément au vœu de l'Administration, les deux opérations de la délimitation et du bornage ont lieu simultanément, un seul procès-verbal suffit à les constater. Mais il est évident que les parties ne sont liées par ce procès-verbal qu'autant qu'elles y ont adhéré et l'ont approuvé.

78. — 2° *Délimitation partielle judiciaire.* — On a exposé au *Rép.* v° *Forêts,* n° 258, les éléments de la controverse qui s'est élevée sur la question de savoir quel est le tribunal compétent pour statuer sur l'action en délimitation partielle du sol forestier. Nous persistons à penser que ce tribunal est le juge de paix, compétent en vertu de l'art. 6, n° 2, de la loi du 25 mai 1838 pour toute action en délimitation, toutes les fois que la propriété n'est pas contestée. Au contraire, le tribunal civil nous semble compétent pour statuer sur la délimitation du sol forestier, lorsque la contestation vient à porter sur le droit de propriété des terrains à délimiter, ou sur les titres qui établissent cette propriété (V. *supra,* v° *Bornage,* n° 19, et v° *Compétence civile des juges de paix,* n°ˢ 97 et suiv.; Civ. cass. 28 févr. 1870, aff. Gibert, D. P. 70. 1. 98 ; 3 janv. 1872, aff. Commune d'Avillers, D. P. 72. 1. 141; 10 févr. 1873, aff. Lorel, D. P. 73. 1. 380 ; 20 juin 1877, aff. Dodet, D. P. 77. 1. 392). — Mais la demande en délimitation ne peut être portée directement devant le juge de paix comme une demande en bornage ordinaire, puisqu'elle doit être précédée d'une procédure administrative. Il faut au préalable qu'elle soit présentée au préfet (Lyon, 10 mai 1878, *Rép. de jur. et de lég. for.,* t. 8, n° 34). Toutefois les parties ne resteraient pas désarmées dans le cas où l'Administration

refuserait de procéder à la délimitation ou en contesterait l'utilité ; elles pourraient alors s'adresser directement aux tribunaux (Cons. d'Et. 8 juin 1850, aff. Maire de Mazan, D. P. 50. 3. 72).

ART. 3. — *Formalités spéciales aux délimitations générales.*
(*Rép.* v° *Forêts,* n°ˢ 261 à 284.)

79. — I. FORMALITÉ. — La délimitation générale ne peut pas, comme la délimitation partielle, être provoquée par les particuliers. Elle doit être nécessairement précédée d'une série d'opérations administratives qui sont le préliminaire de toute action des riverains (*Rép.* v° *Forêts,* n° 261). Non seulement elle ne peut être provoquée par ceux-ci, mais elle doit être approuvée par le ministre de l'agriculture, après une enquête à laquelle il est procédé par les agents forestiers, pour en établir l'utilité et apprécier les frais qu'elle peut occasionner. Ce n'est que lorsque la délimitation est autorisée par l'Administration supérieure qu'il est procédé aux formalités de la délimitation proprement dite (*Rép.* v° *Forêts,* n° 262). — Il y a lieu de revenir successivement sur ces diverses formalités

80. — 1° *Mémoire.* — La circulaire de l'Administration forestière du 28 août 1867 (*Nouvelle série,* n° 64) prescrit au conservateur de joindre au mémoire qu'il soumet au préfet le projet de l'arrêté que ce fonctionnaire doit prendre, en exécution de l'art. 59 de l'ordonnance forestière pour désigner les experts et géomètres qui devront procéder aux opérations, etc.

81. — 2° *Nomination des experts ; publication et signification de l'arrêté.* — On a exposé au *Rép.* v° *Forêts,* n° 263, les règles relatives à la nomination des experts par l'arrêté préfectoral et les autres prescriptions que cet arrêté doit contenir sur le jour où les opérations doivent commencer, leur point de départ et la direction suivant laquelle il y sera procédé, etc., etc.; ces règles sont toujours applicables. — L'arrêté préfectoral est ici, comme en matière de délimitation partielle, le préliminaire de toute l'opération. Œuvre d'un fonctionnaire dont la compétence est limitée aux territoires qu'il administre, il ne vaut nécessairement que pour la partie de la forêt située dans le département, de sorte que si celle-ci s'étend sur le territoire de plusieurs départements, chacun des préfets doit prendre un arrêté, pour lequel les formalités préliminaires doivent être observées. Chaque préfet doit, en déterminant, dans son arrêté, le point de départ des opérations, les fixer de telle sorte que la marche des experts ne soit pas interrompue et que la délimitation conserve le caractère d'unité et de continuité qui est nécessaire à sa bonne exécution.

82. Le conservateur adresse des copies certifiées de l'arrêté préfectoral à l'Administration centrale, ainsi qu'au chef de service chargé de le notifier à l'expert et au géomètre et de dresser les significations à donner aux riverains (Circ. préc. 28 août 1867, § 109). Cet arrêté, en effet, doit être, ainsi qu'on l'a vu au *Rép.* v° *Forêts,* n° 264, signifié aux intéressés au nom et à la diligence de l'Administration forestière. L'arrêté doit, en outre, être affiché et publié dans les communes limitrophes. Les opérations ne peuvent commencer que deux mois après l'accomplissement de ces formalités (*Rép.* v° *Forêts,* n° 263) ; et cet accomplissement seul rend l'arrêté opposable aux riverains, de sorte que la délimitation ne pourrait leur être opposée si la signification de l'arrêté ne leur avait été faite (Req. 9 avr. 1883; *Code forestier annoté, Additions complémentaires,* p. 930, art. 10, n° 23 *bis*) et qu'à défaut de signification le procès-verbal de délimitation ne saurait avoir pour effet d'enlever aux riverains le bénéfice d'une prescription acquise par une possession légale de trente ans, antérieure au procès-verbal (Même arrêt).

83. Le délai de deux mois est franc, c'est-à-dire qu'on ne doit y comprendre ni le jour de la signification, ni celui de l'échéance. L'Administration forestière s'est rangée, sous ce rapport à l'opinion de M. Meaume, qui avait été adoptée au *Rép.* v° *Forêts,* n° 264 (Circ. adm. for. 6 juin 1850, *Appendice,* note 3, *Ancienne série,* n° 653 ; *Bulletin des annales forestières,* t. 5, p. 149 ; Circ. adm. for. 28 août 1867, § 104, *Nouvelle série,* n° 64). Mais aucun délai de distance n'est prescrit.

84. La pratique administrative a encore confirmé l'opinion de M. Meaume (*Rép.* v° *Forêts*, n° 268), en décidant que les significations de l'arrêté préfectoral seraient faites conformément aux prescriptions de l'art. 68 c. proc. civ. pour tous les exploits en général, et qu'elles pourraient, par suite, être faites à personne aussi bien qu'au domicile, même à l'égard des représentants du propriétaire (V. Circ. adm. for. du 28 août 1867, § 110 à 117; *Nouvelle série*, n° 64).

85. — 3° *Affiches, certificats, timbre et enregistrement.* — Les règles exposées au *Rép.*, v° *Forêts*, art. 269, relativement à la constatation de l'affichage de l'arrêté préfectoral et aux droits de timbre et d'enregistrement sont toujours en vigueur; elles ont été maintenues par les nouvelles prescriptions administratives.

86. — 4° *Commencement des opérations.* — *Arpenteurs.* — Comme on l'a exposé au *Rép.*, v° *Forêts*, n° 270, les agents de l'Administration forestière et les géomètres désignés par l'arrêté du préfet, procèdent, le jour indiqué par cet arrêté, à la délimitation de la forêt, tant en l'absence qu'en présence des propriétaires riverains. Si, par suite de circonstances fortuites, l'opération ne peut être commencée au jour fixé par l'arrêté, ou si elle doit être suspendue après avoir été commencée, le renvoi est prononcé par l'expert. Celui-ci se présente de nouveau sur les lieux, au jour qu'il a fixé pour la reprise des opérations, et si, à ce moment, il se produit un nouvel empêchement, il est procédé comme pour la première remise (Circ. du 28 août 1867, citée *suprà*, n° 75, § 121). — Il est fait mention au procès-verbal de ces renvois successifs; cette mention est signée par les riverains présents (Circ. adm. for. 6 juin 1850, *Appendice*, note 1, *Ancienne série*, n° 653, *Bull. des ann. for.*, t. 5, p. 119; Circ. adm. for. 28 août 1867, § 120 et 122, *Nouvelle série*, n° 64). On y mentionne également la date des actes qui constatent les délimitations et les bornages partiels de la forêt qui auraient été antérieurement exécutés d'après une procédure régulière, et celle de leur homologation. La séparation entre le surplus du périmètre et les propriétés riveraines n'en a pas moins le caractère de délimitation générale (Circ. 28 août 1867, citée *suprà*, n° 84, § 124).

87. — 5° *Rédaction du procès-verbal.* — On a exposé au *Rép.* v° *Forêts*, n° 271, les règles édictées par l'art. 61 de l'ordonnance forestière pour la rédaction du procès-verbal. Ces règles ont été complétées sur quelques points par la circulaire de l'Administration forestière du 28 août 1867 (*Nouvelle série*, n° 64), qui a précisé les énonciations à fournir par le procès-verbal, aussi bien lorsque les riverains élèvent des contestations sur la délimitation que lorsqu'il n'est fait aucune observation. Nous n'entrerons pas ici dans le détail des instructions administratives, nous bornant à constater que la règle légale à suivre est inscrite dans l'ordonnance forestière (art. 61) (V. notre *Code forestier annoté*, art. 10, n°˙ 57 et suiv.).

88. — 6° *Dépôt et publication du procès-verbal.* — La minute du procès-verbal, qui est déposée par l'expert, dès qu'il est clos, au secrétariat de la préfecture (*Rép.* v° *Forêts*, n° 272), ne peut être déplacée sous aucun prétexte: lorsque la forêt est située sur plusieurs départements, le procès-verbal de délimitation est rédigé en autant de minutes qu'il y a de départements; ces minutes sont déposées aux archives des préfectures de chaque département (Circ. adm. for. 28 août 1867, § 44, *Nouvelle série*, n° 64).

89. Il n'a été rien innové en ce qui concerne les expéditions du procès-verbal dont l'une doit être communiquée au ministre de l'agriculture lorsqu'il s'agit de bois domaniaux, et les autres remises au conservateur et au chef de service. La même observation s'applique aux extraits qui doivent être déposés au secrétariat de chacune des sous-préfectures dans l'arrondissement desquelles la forêt est située.

L'expédition destinée au ministère de l'agriculture est remise au préfet par le conservateur, qui y joint son avis sur les résultats de l'opération; ce fonctionnaire transmet sans délai l'expédition au ministère pour y servir à l'homologation de la délimitation et être déposée aux archives de l'administration des Forêts. Il y joint l'avis du conservateur et le sien en forme d'arrêté, ainsi qu'une copie de son arrêté annonçant le dépôt du procès-verbal, avec l'indication de la date de publication de cet arrêté (Circ. adm. for. 28 août 1867, § 82 et 130, *Nouvelle série*, n° 64).

90. La publication de l'arrêté qui fait connaître le dépôt du procès-verbal doit être constatée dans les formes prescrites par l'art. 60 de l'ordonnance du 1er août 1827 (*Rép.* v° *Forêts*, n° 273); on a vu en effet (*Rép.*, *ibid.*) que l'art. 11 c. for. fait courir les délais d'opposition et d'homologation, à partir de la publication de l'arrêté qui constate le dépôt du procès-verbal; de sorte que si cette publication n'était pas constatée d'une manière positive et officielle, l'opposition à une délimitation ne saurait être écartée sous prétexte qu'elle a été formée plus d'une année après la publication de l'arrêté donnant avis du dépôt du procès-verbal (Grenoble, 28 juill. 1873, *Rép. de lég. et de jur.*, t. 6, n° 2).

91. — 7° *Homologation.* (*Rép.* v° *Forêts*, n°˙ 274-275). *Oppositions.* — Le décret d'homologation, ou le silence du Gouvernement pendant l'année, qui suit la publication de l'arrêté, rendent la délimitation définitive à l'égard des parcelles pour lesquelles aucune contestation n'a été élevée (*Rép.* v° *Forêts*, n°˙ 274 et suiv.). Il importe donc que la décision de l'autorité supérieure, lorsqu'elle juge à propos de refuser l'homologation du procès-verbal, intervienne dans le délai d'une année; intervenant après l'expiration de ce délai, elle serait sans effet à l'égard de tous les riverains qui, présents aux opérations, n'auraient pas contesté la délimitation. Aussi est-il recommandé aux agents forestiers, lorsqu'ils jugent qu'il y a lieu de refuser l'homologation, de mettre la plus grande diligence à transmettre les pièces à l'Administration supérieure, en temps utile pour que la déclaration du Gouvernement puisse intervenir dans le délai fixé par la loi (Circ. adm. for. 28 août 1867, § 131, *Nouvelle série*, n° 64).

92. La délimitation devient définitive par l'expiration du délai d'une année fixé par l'art. 11 c. for., même à l'égard des riverains qui n'ont pas comparu à l'opération (*Rép.* v° *Forêts*, n° 280). Ceux-ci ne peuvent se dispenser, pour la conservation de leurs droits, de formuler leur opposition dans le délai de l'art. 11. — Au contraire, le propriétaire riverain qui a élevé une réclamation au cours des opérations et l'a fait consigner au procès-verbal, est aussi bien préservé de toute déchéance que s'il avait formé opposition à la délimitation entre les mains du préfet, dans le délai imparti par l'art. 11. Il n'est nullement nécessaire qu'il renouvelle sa réclamation dans ce délai, après la publication du procès-verbal (Pau, 11 juill. 1870, *Rép. de lég. et de jur.* t. 5, n° 73). En effet, l'art. 11 c. for. ne dispose que pour le cas où aucune opposition n'a été faite pendant les opérations de délimitation. Cette solution résulte implicitement des dispositions de l'art. 13 qui distingue expressément, il est vrai, le cas de contestation élevé pendant les opérations du cas d'opposition formée au moyen de l'art. 11, mais qui, tout en les distinguant, les place sur la même ligne, leur donne la même portée et les défère à la même juridiction.

93. La délimitation devenue définitive par l'expiration du délai d'une année peut, suivant un arrêt de la cour de Lyon, du 23 mars 1858 (*Bull. des ann. for.*, t. 8, p. 146), avoir pour effet de dépouiller les riverains des droits qu'ils avaient à la propriété des terrains compris dans le périmètre de la forêt (V. en sens contraire un avis du comité de jurisprudence des forêts, *ibid.*, t. 2, p. 557).

94. La délimitation n'est pas susceptible d'être opposée aux tiers; elle n'a d'effet qu'à l'égard des parties qui ont été mises en cause. Le décret approbatif de la délimitation ne peut avoir les effets d'un jugement déclaratif de propriété; c'est un acte de simple administration, qui ne peut empêcher les particuliers, prétendant avoir des droits sur des parcelles de terrains comprises dans cette délimitation, de les faire reconnaître et de les exercer (Cons. d'Et. 26 août 1865 aff. Munier, D. P. 72. 5. 255). La délimitation n'a, à l'égard des tiers, d'autre effet que de soumettre la forêt au régime forestier tant que les tribunaux n'ont pas prononcé sur la question de propriété. — Il en est de même quand la délimitation a dû être approuvée par une loi, comme entraînant l'aliénation de certaines parties du domaine de l'Etat. Cette loi n'a pas pour effet de changer la nature de l'acte de délimitation et de le rendre opposable aux tiers qui n'y ont pas été parties. C'est la solution qui résulte d'un arrêt de la

chambre criminelle du 25 janv. 1855 (aff. Follan, D. P. 55. 1. 125).

95. — II. COMPÉTENCE. — Comme on l'a exposé au *Rép.*, v° *Forêts*, n° 281, il ne peut y avoir de difficulté au point de vue de la compétence qu'au cas de délimitation partielle (*suprà*, n° 78). Les seuls tribunaux compétents pour statuer sur les contestations ou sur les oppositions relatives aux délimitations générales, sont les tribunaux civils. Il faut cependant excepter le cas où les parcelles riveraines auraient fait partie d'immeubles vendus nationalement, et où il s'agirait, par conséquent, de l'interprétation du procès-verbal d'adjudication : ce serait alors au conseil de préfecture qu'il appartiendrait de déterminer l'étendue de la vente, sauf aux tribunaux ordinaires à statuer définitivement sur le bornage (*Rép.* v° *Forêts*, n° 282). — Le conseil de préfecture pourrait encore être appelé à statuer sur les difficultés élevées relativement à l'exécution des travaux de délimitation et de bornage concernant les forêts domaniales (V. Décis. min. fin. 6 juill. 1867; Circ. adm. for. 8 nov. 1867, *Nouvelle série*, n° 74; Circ. adm. for. 14 déc. 1867, *Nouvelle série*, n° 78).

SECT. 2. — CONSÉQUENCES DE LA DÉLIMITATION :
BORNAGE, FRAIS.

ART. 1er. — *Bornage* (*Rép.* v° *Forêts*, n°s 285 à 291).

96. Le bornage est, comme on l'a exposé au *Rép.* v° *Forêts*, n° 286, le but final des opérations de délimitation; il peut être amiable ou judiciaire (*Rép.* n° 287).

97. — 1° *Bornage amiable.* — Dans tous les cas où le bornage est amiable, qu'il soit partiel ou qu'il soit général, il est prescrit par un arrêté du préfet du département de la situation des bois, pris dans les mêmes formes que l'arrêté relatif à la délimitation (Circ. adm. for. 28 août 1867, § 144; *Rép.* v° *Forêts*, n° 288). Il est proposé par le conservateur dans un rapport où ce fonctionnaire fournit tous les renseignements propres à éclairer l'Administration sur l'utilité de la mesure et fait connaître le montant approximatif de la dépense (Circ. adm. for. 28 août 1867, *Nouvelle série*, n° 64, § 141 et 142). Il y est procédé par des experts et géomètres, désignés suivant les dispositions en vigueur pour les délimitations (c. for. art. 12; Circ. adm. for. 28 août 1867, § 144; *Nouvelle série*, n° 64). Les opérations du bornage font l'objet d'un procès-verbal dont la minute est déposée à la préfecture, et dont il est levé le même nombre d'expéditions que du procès-verbal de délimitation, enfin, qui est soumis à l'homologation du ministre de l'agriculture lorsqu'il comporte des modifications au procès-verbal de délimitation (V. notre *Code forestier annoté*, art. 12, n°s 33 et suiv.; Circ. adm. for. du 28 août 1867, *Nouvelle série*, n° 64, § 153, 154, 155, 156 et suiv. — V. également, en ce qui concerne les opérations techniques du bornage, la même circulaire, § 145 à 149 et § 158, 159, 160, 161).

98. Lorsque la délimitation de certaines parties du périmètre est l'objet de contestations, le bornage ne peut être opéré à l'amiable qu'autant que, dans l'intervalle entre la délimitation et le bornage, les riverains se sont désistés de leurs protestations ou que les tribunaux ont consacré la ligne séparative proposée par l'Administration. Aussi lorsqu'il n'est intervenu ni désistement, ni décision judiciaire, les parties contestées doivent-elles être réservées pour être bornées par des experts judiciaires. Dans le cas contraire, il est procédé conformément au procès-verbal de délimitation (Circ. 28 août 1867, citée *suprà*, n° 97, § 150 et 151).

99. Quand le bornage amiable est général, les délais fixés par les art. 11 et 12 pour les délimitations générales sont applicables (*Rép.*, v° *Forêts*, n° 288). De même, les experts, géomètres, agents et préposés se conforment aux règles tracées pour la délimitation générale, en ce qui concerne la rédaction des listes des riverains, leur convocation, les significations ou citations, les rectifications d'erreurs, la publication des arrêtés préfectoraux, les délais, l'ordre de l'opération, le timbre et l'enregistrement des actes (Circ. adm. for. 28 août 1867, § 169, *Nouvelle série*, n° 64. — V., d'ailleurs, pour plus de détails sur tous ces points notre *Code forestier annoté*, art. 12, n°s 53 et suiv.).

100. — 2° *Bornage judiciaire.* — V. sur ce point les explications fournies au *Rép.*, v° *Forêts*, n° 291. V. aussi notre *Code forestier annoté*, art. 12, n°s 67 et suiv., et Circ. adm. for. 28 août 1867, *Nouvelle série*, n° 64, § 162).

ART. 2. — *Répartition des frais et mode de délimitation et de bornage* (*Rép.*, v° *Forêts*, n°s 292 à 300).

101. Les explications qui ont été fournies au *Rép.*, v° *Forêts*, n°s 292 à 295, ont conservé toute leur valeur. — V. en ce qui concerne les dimensions des bornes ou des fossés d'angles, des fossés continus, etc., notre *Code forestier annoté*, art. 14, n°s 9, 11, 12, 20, 21 et Circ. adm. for. 28 août 1867, § 137, 139, 140 et 141.

102. Les frais communs aux délimitations partielles et générales comprennent : 1° les honoraires pour coopération de l'agent forestier, agissant soit comme expert seulement, soit à la fois comme expert et comme géomètre, dans l'intérêt d'une commune ou d'un établissement public (Circ. adm. for. 28 août 1867, § 173, *Nouvelle série*, n° 64) ; — 2° Les honoraires pour coopération du géomètre, dans les forêts de toute catégorie (Circ. précitée du 28 août 1867, § 173) ; — 3° Les salaires des bûcherons et des porte-chaîne, lorsqu'un agent opère comme géomètre (Circ. précitée du 28 août 1867, § 173) ; — 4° Les droits de timbre et d'enregistrement des procès-verbaux (Circ. précitée du 28 août 1867, § 173) ; — 5° Les frais d'expédition, de papier et de reliure des actes constatant les opérations (Circ. précitée du 28 août 1867, § 173) ; — 6° La fourniture et la plantation des bornes (Circ. précitée du 28 août 1867, § 173) ; — 7° Le timbre de l'état de répartition des frais à remettre au receveur (Circ. précitée du 28 août 1867, § 173). — Les honoraires à allouer aux géomètres sont, sauf le cas où il s'agit d'opérations peu importantes, réglés d'après le mètre courant du périmètre qu'il s'agit de borner, suivant une soumission qu'ils souscrivent et dont la formule a été déterminée par la circulaire du 28 août 1867. Cette même circulaire (§ 176 à 187) fixe le prix du mètre d'après lequel les honoraires des géomètres sont établis et qui sert de base à la soumission qu'ils souscrivent (V. cependant, sur ce point, notre *Code forestier annoté*, art. 14, n° 39 et suiv.).

103. Les frais qu'entraînent la délimitation et le bornage sont les uns supportés par le propriétaire seul de la forêt, les autres à la charge exclusive du riverain, d'autres enfin se partagent entre le propriétaire de la forêt et les riverains. Les frais qui sont à la charge du propriétaire de la forêt, c'est-à-dire de l'État, lorsqu'il s'agit de forêts domaniales, des communes ou des établissements publics, lorsqu'il s'agit de bois qui leur appartiennent, sont : la totalité des frais de coopération de l'agent forestier expert, agissant dans l'intérêt de ce propriétaire; les frais d'expédition des procès-verbaux de délimitation et de bornage à déposer à la conservation et à l'inspection (Circ. du 28 août 1867, citée *suprà*, n° 102, § 188). — Les riverains, de leur côté, supportent intégralement les droits de timbre de l'état de répartition des frais d'une délimitation ou d'un bornage d'une forêt domaniale (L. 13 brum. an 7, art. 29 ; Décis. min. fin. 26 oct. 1841; Circ. adm. for. 18 avr. 1850, *Ancienne série*, n° 651, *Bull. des ann. for.*, t. 5, p. 61 ; Circ. précitée du 28 août 1867, § 198). — Enfin, les frais qui se partagent par moitié entre le propriétaire de la forêt, d'une part, et tous les riverains, d'autre part, sont ceux de timbre, d'enregistrement et de signification des arrêtés de convocation. Les riverains contribuent au payement de la moitié de ces frais, par portions égales, quelle que soit d'ailleurs l'étendue de la ligne délimitative qui les concerne (Lett. adm. for. 25 janv. 1828, *Rép.*, v° *Forêts*, n°296). En outre, tous les autres frais communs aux délimitations partielles et générales, tels que les frais de voyage des experts, d'arpentage du périmètre délimité, de rédaction des minutes, copies, etc., se partagent par moitié entre le propriétaire de la forêt, d'une part, et l'ensemble des riverains, d'autre part, dans la proportion du développement de la ligne séparative qui les concerne (for. adm. for. 66 ; Circ. précitée du 28 août 1867, § 189 ; *Rép.*, v° *Forêts*, n° 296). Au cas où il s'agit d'un simple bornage, les riverains contribuent à la moitié de la dépense, proportionnellement à l'utilité pour chacun d'eux des travaux qui en font l'objet (Circ. précitée du 28 août 1867, § 191 ; *Rép.*, v° *Forêts*, n° 296); ils ne

sont tenus qu'à la dépense strictement nécessaire au bornage; par conséquent, lorsque l'usage de la localité est d'employer des pierres autres que celles dont l'Administration a prescrit l'emploi, le propriétaire de la forêt doit supporter l'excédent de la dépense (Circ. précitée du 28 août 1867, § 191, note).

104. Il est à remarquer, d'ailleurs, que les frais de bornage sont simplement la conséquence et le complément de la délimitation et entrent, par conséquent, dans la supputation des frais généraux de cette opération. Il en résulte qu'ils sont à la charge, pour la partie qui incombe au riverain, de ceux qui étaient propriétaires des terrains limitrophes de la forêt domaniale à l'époque où la délimitation a été opérée, et non de ceux qui en sont devenus postérieurement propriétaires (Trib. civ. Saint-Dié, 14 juill. 1855, *Bull. des ann. for.*, t. 7, p. 139).

105. L'état général de répartition des frais de délimitation et de bornage est dressé par le conservateur en double exemplaire, dont l'un est timbré, d'après l'état des riverains et les mémoires des sommes dues aux agents, géomètres et autres, puis soumis au visa du préfet (Ordonn. for. art. 66), qui, suivant que la forêt appartient à l'État, à une commune ou à un établissement public, en transmet l'exemplaire timbré au receveur des domaines ou à celui de la commune ou de l'établissement public. L'exemplaire non timbré est renvoyé au conservateur (Circ. adm. for. 28 août 1867, § 196, *Nouvelle série*, n° 64). Le visa du préfet ne saurait être omis, à peine de nullité des poursuites en recouvrement qui seraient exercées en vertu d'un état de répartition non revêtu de ce visa (Trib. civ. de Saint-Dié, 14 juill. 1855, *Bull. des ann. for.*, t. 7, p. 139).

106. Les frais de délimitation et de bornage sont avancés par le propriétaire de la forêt, c'est-à-dire suivant les cas, soit par l'État, soit par les communes ou établissements publics, soit par les copropriétaires, s'il s'agit de bois indivis, conformément à la décision ministérielle du 10 avr. 1841 (Circ. adm. for. 28 août 1867, § 171, *Nouvelle série*, n° 64). La portion de ces frais due par les riverains est ensuite recouvrée par l'administration des Domaines (Ordonn. for. art. 66 ; Circ. précitée du 28 août 1867, § 172). — On a vu au *Rép.*, v° *Forêts*, n° 297, que, pour recouvrer ces frais, les receveurs des domaines sont autorisés par l'art. 66 de l'ordonnance forestière à employer la voie de la contrainte. Mais, comme nous l'avons exposé *ibid.*, cette disposition ne peut être suivie dans le silence du code forestier, qui n'a pas conféré aux receveurs des domaines le droit de faire usage, en cette matière, des contraintes administratives. L'ordonnance de 1827 n'a pu suppléer à l'absence de cette disposition, et comme aucune loi n'est venue modifier cette situation légale, il faut toujours décider, ainsi que l'a reconnu l'Administration elle-même, qu'un état de frais dressé en exécution des art. 66 et 133 ord. for. ne peut être regardé comme un titre exécutoire en vertu duquel on puisse pratiquer de plein droit le commandement et la saisie, puisque, dans le cas d'opposition et aux termes de l'art. 66 de ladite ordonnance, il doit être statué par les tribunaux (V. en ce sens, Cons. de préf. de l'Isère, 1er févr. 1868, *Rép. de lég. et de jur. for.*, t. 5, n° 178).

107. Le recouvrement des sommes dues par les riverains pour frais de délimitation et de bornage peut être poursuivi aussitôt que l'opération est devenue définitive par l'homologation du Gouvernement (Circ. du 28 août 1867, citée *suprà*, n° 106, § 204). En conséquence, s'il existe des parcelles dont la délimitation et le bornage aient été renvoyés, sur l'opposition des riverains, à une époque ultérieure, les frais afférents à ces parcelles sont établis à la fin de l'état, et le recouvrement en ce qui les touche, est suspendu jusqu'au jugement à intervenir (Circ. précitée du 28 août 1867, § 218).

108. La question s'est élevée de savoir quel est le tribunal compétent pour statuer sur une demande formée par un géomètre, contre une commune, à raison de travaux exécutés sous la surveillance des agents forestiers, pour la délimitation d'une forêt communale. La demande avait été portée devant le conseil de préfecture par le géomètre, auquel la commune réclamait reconventionnellement des dommages-intérêts pour mauvaise exécution du travail. Le conseil de préfecture avait condamné la commune au payement des honoraires et déclaré l'État responsable de l'exécu-

tion défectueuse du travail. Sur recours du ministre de l'agriculture, un arrêt du conseil d'État du 15 janv. 1886 (*Rép. de lég. et de jur. for.*, t. 14, n° 23 aff. Commune de Sailly) a annulé l'arrêté du conseil de préfecture pour incompétence, tant parce que les travaux exécutés par le géomètre n'avaient pas le caractère de travaux publics que parce qu'aucune loi n'attribuait compétence au conseil de préfecture pour déclarer l'État responsable des fautes commises par les agents forestiers, dans la direction des travaux de délimitation d'une forêt communale. Le tribunal civil s'étant, de son côté, déclaré incompétent, le tribunal des conflits, par arrêt du 23 avr. 1887, a confirmé la doctrine suivie par le conseil d'État et renvoyé les parties devant le tribunal civil (*Rép. de lég. et de jur. for.*, t. 15, n° 30).

CHAP. 4. — Aménagement (*Rép.* v° *Forêts*, nos 300 à 315).

109. La gestion des forêts a pour objet leur conservation, leur amélioration et leur exploitation. Elle comporte par conséquent des opérations de différente nature; d'une part l'aménagement proprement dit, c'est-à-dire la division des forêts par coupes et le règlement de l'étendue et de l'âge des coupes (*Rép.* v° *Forêts*, n° 300) : d'autre part certains travaux qui doivent être exécutés dans les forêts. Le code forestier ne s'est occupé que de l'aménagement proprement dit ; quant aux travaux, à l'exception de ceux qui sont imposés aux adjudicataires, il n'a déterminé aucune règle. Ces travaux sont, en conséquence, régis uniquement par des décisions ministérielles et des circulaires de l'Administration (V., en ce qui concerne les règles applicables aux travaux exécutés dans les forêts, notre *Code forestier annoté*, art. 15, nos 48 et suiv.).

110. La définition de l'aménagement donnée, au cours de la discussion du code forestier, par le rapporteur à la Chambre des pairs, M. Roy (*Rép.* v° *Forêts*, n° 300), n'a pas, aujourd'hui que les exploitations par contenance ne sont plus pratiquées d'une manière exclusive, la même précision qu'à l'époque où elle a été donnée ; il est actuellement plus exact de définir l'aménagement : l'opération qui consiste à régler le mode de culture d'une forêt, ainsi que la marche et la qualité des exploitations, de manière à assurer annuellement une succession constante et égale des meilleurs produits possibles.

111. Le code forestier, en déclarant, dans son art. 15, que les bois et forêts du domaine de l'État seront assujettis à un aménagement réglé par des ordonnances royales, a délégué au chef de l'État le soin de régler, par des décrets spéciaux, l'aménagement de chaque forêt. On a vu au *Rép.* v° *Forêts*, n° 301, les difficultés que présente la fixation d'un aménagement spécial à chaque forêt et les lenteurs qu'une semblable opération comporte. Il faut s'en référer le plus souvent, pour l'aménagement des forêts, à l'art. 73 de l'ordonnance forestière, d'après lequel l'assiette des coupes doit, à défaut d'un aménagement établi par décret, être établi suivant les usages suivis pour la forêt. Il existe donc, en définitive, deux sortes d'aménagement : 1° l'aménagement établi par ordonnance ou par décret du chef de l'État ; 2° l'aménagement consacré par l'usage, pour les forêts qui n'ont pas été l'objet d'une ordonnance ou d'un décret d'aménagement. Ainsi qu'on l'a remarqué au *Rép.* v° *Forêts*, n° 305, les agents forestiers ne peuvent modifier l'aménagement décrété par le pouvoir exécutif, ni rien changer à l'usage suivi dans les exploitations. L'administration centrale des Forêts ne peut, elle-même, que provoquer les actes réglementaires destinés à prescrire tel ou tel aménagement, d'après les projets qui lui sont soumis par les agents des services départementaux. L'étude de ces avant-projets et le levé des plans qui doivent y être associés a fait, depuis la publication du *Répertoire*, l'objet de fréquentes instructions de l'Administration (V. notamment Instr. adm. for. 15 oct. 1860; Circ. adm. for. 15 déc. 1871, *Nouvelle série*, n° 126 ; 6 janv. 1873, *Nouvelle série*, n° 133; 20 févr. 1883, *Nouvelle série*, n° 307).

112. On ne reviendra pas ici sur les explications d'ordre administratif qui ont été fournies au *Rép.*, n° 306 et suiv., relatives au mode d'aménagement qui est généralement suivi par l'administration des Forêts ; il suffira de rappeler qu'au point de vue de l'aménagement, les forêts qui existent en France peuvent se diviser en trois classes :... 1° les

forêts de futaies ; 2° celles de taillis simples, qui renferment seulement des taillis ; 3° les forêts de taillis composés ou de taillis-sous futaies, ainsi nommées parce que le taillis s'y trouve mélangé avec la futaie, et que les grands arbres, coupés à de longs intervalles, y dominent les taillis, dont la coupe a lieu à des époques beaucoup plus rapprochées (*Rép.* n° 303). Toutefois, l'administration des Forêts poursuit de plus en plus l'exécution de l'art. 68 de l'ordonnance forestière, qui a pour but de favoriser le développement des futaies, et, en 1883, elle a adressé à ses subordonnés des instructions leur enjoignant de pousser aussi activement que possible la conversion en futaies des forêts domaniales traitées en taillis (Circ. adm. for. 20 févr. 1883, *Nouvelle série,* n° 307. V. aussi Circ. adm. for. 16 juin et 5 sept. 1874 9 avr. 1875, *Nouvelle série,* n° 172). D'ailleurs les taillis simples sont rares actuellement.

113. On a vu au *Rép.* v° *Forêts,* n° 308, que, dans l'application actuelle de la méthode des éclaircies, le traitement d'une futaie pleine, depuis sa naissance jusqu'au moment de sa coupe, renferme deux catégories distinctes d'exploitation : 1° l'une, sous le nom de coupe d'amélioration, qui a pour objet le développement, l'accroissement progressif et le plus rapide possible du massif ; 2° l'autre, sous la désignation de coupe de régénération, qui a pour but la reproduction naturelle, complète et assurée par les semences, du massif de futaies définitivement exploité. Les coupes d'amélioration, *Rép.* n° 309, sont autorisées, depuis le décret du 17 févr. 1888 (D. P. 88. 4. 14), par les conservateurs, sans qu'il y ait lieu de recourir à l'Administration supérieure, à moins que l'exploitation ne doive avoir lieu par entreprise au compte de l'État, cas auquel l'autorisation et les crédits nécessaires doivent être encore demandés à l'administration centrale des Forêts; les conservateurs autorisent encore, d'après le même décret l'abatage des bois dépérissants, des arbres morts, et les coupes de bois incendiés (*Rép.* v° *Forêts,* n° 315).

114. Le droit qui appartient au pouvoir exécutif, de fixer les aménagements, exclut toute intervention de l'autorité judiciaire. Les tribunaux ne peuvent modifier les aménagements, ni en déterminer de nouveaux, alors même que les aménagements ordonnés par décret, ou exécutés conformément aux usages, viendraient à léser le droit des affectataires (*Rép.* v° *Forêts,* n° 313). Ils seraient, par conséquent, incompétents pour statuer sur une demande formée par un affectataire dans le but de faire ordonner le rétablissement d'un ancien aménagement, alors même qu'il serait allégué que celui qui y a été substitué est de nature à nuire à l'exercice de droit d'affectation (Metz, 5 juill. 1854, *Bull. des ann. for.,* t. 7, p. 160).

CHAP. 5. — Pénalité.

115. Comme toutes les lois spéciales, le code forestier ne fait obstacle à l'application des lois générales qu'autant qu'il y déroge, tout au moins d'une manière implicite. L'art. 208 de ce code, en renvoyant aux dispositions du code pénal pour tous les cas qu'il ne spécifie pas, ne fait donc que consacrer un principe général (*Rép.* v° *Forêts,* n° 316). Les difficultés auxquelles a donné lieu la question de savoir quelles sont les dispositions du code pénal auxquelles l'art. 208 a entendu se référer seront examinées suivant la méthode adoptée pour la rédaction de cet ouvrage.

116. — I. Intention, bonne foi, erreur. — La jurisprudence continue à interpréter l'art. 203 c. for. qui interdit aux tribunaux de modérer les peines en raison de l'admission des circonstances atténuantes, en ce sens que cet article défend implicitement de les supprimer en totalité à raison de l'absence d'une intention délictueuse, de la bonne foi ou de l'erreur du prévenu. La constatation du fait matériel, qui constitue l'infraction forestière, suffit donc à rendre ce fait punissable, quelle que soit l'intention qui y a présidé. L'absence d'intention délictueuse est à ce point indifférente,

en matière d'infractions forestières, qu'un fonctionnaire qui aurait commis une de ces infractions, avec l'autorisation ou même sur l'ordre de son supérieur, n'en serait pas moins passible de la peine (Aix, 15 juill. 1881, *Rép. de lég. et de jur. for.,* t. 9, p. 338).

117. On rencontrera, au cours des observations qui suivent, un grand nombre d'applications de la règle qui résulte de l'art. 203 c. for. Nous nous bornerons, pour le moment, à citer, comme on l'a fait au *Rép.* v° *Forêts,* n°s 317 et suiv., quelques-unes des décisions qui ont appliqué cette règle.

Il a été jugé qu'un adjudicataire ne saurait exciper d'une erreur par lui commise, soit pour échapper à la peine encourue, soit au cas de substitution, dans une coupe, d'un arbre réservé à un arbre non réservé de même essence et dimension (Orléans, 11 févr. 1850, aff. Jacquelin, D. P. 50. 2. 189). Décidé, de même, que l'adjudicataire d'une coupe de bois qui a exploité une superficie supérieure à celle désignée au procès-verbal d'arpentage ne peut être excusé sous prétexte de bonne foi, en ce que, par exemple, il résulterait de circonstances matérielles remarquées sur le terrain et des explications des gardes, des doutes sur les véritables limites de la contenance vendue (Crim. cass. 6 sept. 1850, aff. Siégrist, D. P. 50. 5. 239).

118. L'adjudicataire d'une coupe ne pourrait pas davantage exciper de sa bonne foi pour échapper à l'amende édictée par l'art. 37 c. for. en cas d'infraction à l'une des clauses du cahier des charges relatives au mode d'abatage des arbres et au nettoiement de la coupe (Poitiers, 25 avr. 1861, aff. Chapacon, D. P. 61. 2. 196). De même, lorsque l'élagage des arbres de réserve a été imposé à l'adjudicataire comme ne devant porter que sur les branches basses, l'adjudicataire, qui a exécuté cette opération, sans avoir obtenu des agents de l'Administration l'indication précise des branches à abattre, est passible des peines prononcées par l'art. 37 c. for. par cela seul qu'il a coupé des branches que l'Administration forestière déclare classer dans le nombre des branches réservées comme branches *hautes,* sans que, dans ce cas, l'excuse de bonne foi soit admissible (Dijon, 6 mars 1861, aff. Méant, D. P. 61. 5. 243).

119. La bonne foi ne saurait davantage excuser le prévenu en cas de contravention aux art. 151 à 158 c. for. (Nancy, 3 déc. 1861, aff. Remy, D. P. 62. 2. 32), non plus qu'au cas de délits prévus par l'art. 144 (Amiens, 25 janv. 1861, aff. Poupier, D. P. 61. 5. 244), ou par l'art. 147... spécialement dans le cas d'introduction d'une brouette dans une forêt en dehors des routes ordinaires (Caen, 22 févr. 1888, *Rép. de lég. et de jur. for.,* t. 15, p. 85). L'individu convaincu du fait d'enlèvement de bois coupé en délit par un autre ne saurait davantage exciper de sa bonne foi (Crim. cass. 6 juill. 1854, aff. Ranc, D. P. 54. 5. 394). Enfin, il a été jugé que l'auteur de coupes de bois opérées en délit ne peut être excusé sous prétexte qu'il n'avait fait qu'exécuter les ordres d'un garde forestier, la bonne foi qui résulterait de ces ordres illégaux ne pouvant le relever du délit forestier... alors surtout qu'il est constaté, d'une part, que cet individu, élagueur de profession, ne pouvait ignorer l'illégalité des ordres qui lui avaient été donnés, et que, d'ailleurs, l'agent forestier lui avait déclaré que l'autorisation de l'Administration, en vertu de laquelle il disait agir, ne lui était pas encore parvenue (Crim. cass. 13 avr. 1849, aff. Brousson, D. P. 49. 5. 202).

120. — II. Faits justificatifs. — 1° Force majeure. — La force majeure, la contrainte physique irrésistible dont parle l'art. 64 c. pén., et qui dispense de toute condamnation est un fait justificatif en matière forestière (*Rép.,* v° *Forêts,* n° 320). Les tribunaux peuvent donc décharger de la prévention celui qui n'a commis le délit qui lui est imputé que sous l'empire de la force majeure. Mais ils n'ont pas à cet égard un pouvoir illimité ; il est de principe, en effet, que les décisions du juge du fait sur la détermination des caractères légaux de la force majeure sont soumises au contrôle de la cour de cassation. Le juge ne peut non plus admettre la force majeure à l'encontre des constatations du procès-verbal qui fait foi jusqu'à inscription de faux. Si donc il a le pouvoir, en matière de délits forestiers, d'admettre l'excuse tirée de la force majeure, c'est à la condition d'énu-

mérer explicitement les éléments qui lui paraissent la constituer dans l'espèce dont il est saisi, et de ne point se mettre en contradiction avec les énonciations du procès-verbal (Crim. cass. 1er avr. 1854, aff. Caubet, D. P. 54. 5. 393).

121. — 2° *Contrainte morale.* — En principe, la contrainte morale est, comme la contrainte physique, un fait justificatif, bien qu'en matière forestière la crainte révérentielle, l'obéissance filiale, le respect des supérieurs, ne puissent être invoqués comme constitutifs de la force majeure (*Rép.*, v° *Forêts*, n° 321). Mais il est évident que certaines menaces peuvent constituer une contrainte morale suffisante pour faire admettre la force majeure et faire reconnaître l'existence du fait justificatif. On a jugé, notamment, que celui qui a coupé et enlevé du bois dans la forêt d'autrui pour obéir aux réquisitions de troupes ennemies, dans la crainte du pillage et de tous les dangers qui pouvaient être la conséquence directe d'un refus, devait être réputé n'avoir agi que par force majeure et échapper à toute répression (Crim. rej. 2 déc. 1871, aff. Mandat de Grancey, D. P. 71. 1. 366).

122. — 3° *Démence, idiotisme, imbécillité.* — A côté de la démence, de l'idiotisme et de l'imbécillité, qui excluent toute responsabilité lorsqu'elles mettent l'inculpé hors d'état de comprendre la portée de l'acte qu'il commet, on attribue, en matière pénale, une influence sur la criminalité aux passions, au somnambulisme, à l'ivresse, à la surdité, mutité, etc. (V. *suprà*, v° *Peine*, n°s 387 et suiv.). L'existence de ces infirmités ou de ces vices motive, dans une certaine mesure, l'admission des circonstances atténuantes; mais, comme l'art. 463 c. pén. n'est pas applicable en matière forestière, il faudrait, pour qu'on pût en tenir compte aux inculpés, qu'elles fussent assez graves pour permettre d'exclure toute idée de responsabilité.

123. En ce qui concerne les cas d'excuses légales et la tentative en matière forestière, V. *Rép.* v° *Forêts*, n°s 323 et suiv.

124. — III. COMPLICITÉ, CULPABILITÉ, PRÉSOMPTION LÉGALE, DÉTENTION, RECELÉ. — On a vu au *Rép.*, v° *Forêts*, n° 326, que l'application des dispositions du code pénal relatives à la complicité (art. 59 et suiv.) doit avoir lieu, en matière forestière, en vertu du renvoi général à la législation ordinaire, fait par l'art. 208 de la loi de 1827, soit que les faits de complicité consistent dans la provocation à l'infraction, à l'aide des moyens déterminés par l'art. 60 c. pén., ou dans les instructions données pour la commettre, ou dans le fait d'avoir procuré des armes, instruments ou tout autre moyen qui ont servi à l'acte, sachant qu'ils devaient y servir, ou dans l'aide ou assistance donnée aux faits qui ont préparé, facilité ou même consommé l'infraction. Les règles générales de la complicité, telles qu'elles résultent des art. 59 et suiv., du code pénal, sont donc applicables en matière forestière, comme en toute autre matière (Bourges, 14 févr. 1856, aff. Larue, D. P. 56. 2. 160). — Mais la complicité n'y existe qu'autant que les conditions légales, qui la constituent en toute matière se trouvent réunies. Ainsi, on ne saurait condamner comme complice d'un enlèvement de bois commis en délit l'individu qui donne un coup de main au conducteur de la voiture chargée de ce bois, afin de l'aider à gravir une pente, s'il est constaté que cette assistance a été fortuite et de pure complaisance, et n'a pas été fournie avec connaissance, et si, par conséquent, une circonstance indispensable pour imprimer au fait incriminé le caractère légal de complicité fait complètement défaut (Crim. rej. 19 nov. 1880, aff. Mestrallet, D. P. 84. 1. 141).

125. On a vu au *Rép.* v° *Forêts* n° 326, que, en matière forestière, la preuve des conditions légales de la complicité par recel n'est pas tout entière à la charge de la partie poursuivante, et qu'il suffit à celle-ci d'établir la réception des objets enlevés ou détournés, sans avoir à prouver en même temps que le détenteur connaissait leur origine frauduleuse. La détention de bois ou produits des bois, enlevés frauduleusement, fait présumer que le détenteur connaissait l'origine délictueuse de ces objets (*Rép.* v° *Forêts*, n° 327; Thomas des Chesnes, *Droit pénal forestier*, p. 163). Il suffit, notamment, qu'un prévenu ait acheté des bois, pendant la nuit, à des individus notoirement insolvables et qu'il les ait immédiatement cachés dans une écu-

rie, pour qu'il soit réputé avoir connu l'origine frauduleuse de ces bois et poursuivi comme complice de leur enlèvement (Grenoble, 13 nov. 1874, *Répertoire de législation et de jurisprudence forestières*, t. 6, n° 100).Toutefois, il ne s'agit là que d'une présomption qui pèse sur les inculpés, et qu'ils peuvent faire tomber en prouvant qu'ils ignoraient l'origine illégitime des objets recelés.

126. La complicité par recel n'est, d'ailleurs, punissable, aux termes de l'art. 62 c. pén., qu'en cas de crime ou de délit. Cette règle a été appliquée dans un cas de poursuite pour complicité par recel de bois vendus par un usager en contravention à l'art. 83 c. for. Il a été jugé qu'on ne saurait voir les caractères de la complicité dans le fait de celui qui achète d'un usager le bois qui lui a été délivré, cette vente n'étant prohibée qu'à l'égard de l'usager et constituant, d'ailleurs, à la charge de ce dernier, une contravention plutôt qu'un délit (Bourges, 14 févr. 1856, aff. Larue, D. P. 56. 2. 160). Il faut remarquer, toutefois, que la qualification de contravention, donnée à la vente des bois délivrés par l'usager, paraît erronée. L'art. 83 c. for. punit cette vente d'une amende supérieure au taux des amendes de police; c'est donc bien un délit, mais un délit d'une nature particulière et qui ne comporte pas la complicité par recel que définit l'art. 62 c. pén. Cette complicité, en effet, n'existe qu'autant que l'objet recelé a été retenu à l'aide d'un crime ou d'un délit; or le bois vendu par l'usager n'a point une semblable origine, puisque l'acquéreur l'a, au contraire, légitimement obtenu en vertu d'un contrat civil, qu'il a acquis d'un tiers devenu réellement propriétaire, et que par conséquent, l'origine délictueuse n'existait pas.

127. Le juge a, quant à la preuve, offerte par le prévenu, de son ignorance de l'origine délictueuse des objets qu'il détient, un entier pouvoir d'appréciation, toutes les fois que les moyens invoqués ne sont pas en contradiction avec les énonciations du procès-verbal (*Rép.* v° *Forêts*, n° 328). Ainsi le juge pourrait refuser de condamner, comme receleur, le prévenu qui établirait son ignorance de l'origine délictueuse des bois, lorsque le procès-verbal se borne à constater simplement la présence desdits bois dans son domicile : en pareil cas, la preuve offerte ne contredit nullement les constatations du procès-verbal. Jugé, spécialement, que le prévenu ne doit pas être condamné comme receleur quand il est reconnu qu'il était absent de son domicile au moment de l'introduction du bois de délit dans ses bâtiments, lorsqu'aux termes du procès-verbal, la perquisition faite peu de jours après à laquelle il assistait en qualité de maire de la commune, ayant amené la découverte dans sa grange de deux troncs d'un sapin de 90 centimètres de circonférence à 1 mètre du sol, sapin dont le ressouchage a été opéré, il a spontanément et immédiatement déclaré que les agents forestiers que son fermier devait seul avoir introduit ce bois chez lui et que ce fermier a de suite confirmé son dire par sa déclaration. Il en est ainsi alors surtout que la grange du prévenu, bien que faisant partie des bâtiments de son exploitation, n'est pas placée immédiatement sous sa surveillance, en ce sens qu'il n'y va pas nécessairement tous les jours et que ses fermiers y ont accès comme lui; que son âge avancé, ses antécédents et sa position honorable viennent encore ajouter un dernier élément de conviction à ceux que l'instruction et les débats ont pu fournir (Trib. corr. de Nantua, 1er mai 1874, *Rép. de lég. et de jur. for.*, t. 6, n° 37).

128. — IV. CUMUL DES PEINES. — La doctrine consacrée par l'arrêt des chambres réunies du 7 juin 1842, d'après laquelle le principe général du non-cumul des peines est inapplicable en matière forestière, est toujours suivie par la jurisprudence, au moins en ce qui concerne les amendes (*Rép.* v° *Forêts*, n° 336). Ainsi il a été jugé que l'adjudicataire convaincu : 1° de n'avoir pas opéré le nettoiement de sa coupe à l'époque fixée par le cahier des charges ; 2° de n'avoir pas terminé la vidange de cette même coupe dans le délai prescrit, doit être condamné cumulativement aux peines spécifiées par les art. 37 et 40 c. for. (Crim. cass. 24 mai 1850, *Bull. des ann.* for., t. 5, p. 164); — 2° Qu'il y a lieu d'appliquer à la fois les peines des art. 458 c. pén. et 148 c. for. dans le cas où le préfet, ayant autorisé l'écobuage à une distance moindre de 200 mètres des limites

d'une forêt, des fourneaux ont été établis dans le rayon prohibé (Aix, 11 mars 1858, et sur pourvoi, Crim. cass. 17 juill. 1858, aff. Audibert, D. P. 58.1. 479); — 3° Que l'adjudicataire reconnu coupable d'apposition de fausses marques forestières et de déficit de réserve dans une même coupe est passible de l'amende édictée par le code forestier pour ce dernier délit, quoiqu'il ait été déjà, pour le premier fait, condamné à la réclusion (Crim. cass. 20 mars 1862, aff. Gilles, D. P. 62. 1. 443); — 4° Que les peines doivent être cumulées pour infractions multiples à l'art. 192 c. for. (Nancy, 26 août 1862, aff. Comte, D. P. 63. 2. 40; 27 août 1872, aff. Guérin, D. P. 72. 2. 186.) — V. encore Trib. corr. Orléans, 5 mai 1877, Rép. de lég. et de jur. for., t. 7, n° 81; Trib. corr. Saint-Girons, 21 juin 1878, ibid., t. 8, n° 65; Crim. cass. 21 nov. 1878, aff. Surmont, D. P. 79.1. 386; Paris, 7 juill. 1888, Rép. de lég. et de jur. for., t. 14, n° 61.

129. La solution exposée au numéro précédent ne soulève aucune difficulté lorsqu'il s'agit de deux délits punis l'un et l'autre d'une amende, ou comportant, l'un une amende et l'autre la peine de l'emprisonnement : on s'accorde à reconnaître qu'en pareil cas les deux peines doivent être cumulativement prononcées, et non pas seulement la plus forte. Mais lorsqu'il s'agit de deux délits passibles de la peine de l'emprisonnement, la jurisprudence reste partagée sur le point de savoir s'il doit être infligé deux peines distinctes d'emprisonnement ou si, conformément à l'art. 365 c. instr. crim., la peine la plus forte doit seule être prononcée. La cour de cassation s'est prononcée en ce dernier sens (Crim. cass. 21 nov. 1878, aff. Surmont, D. P. 79. 1. 386), dans un arrêt auquel s'est conformé l'arrêt rendu, sur renvoi, par la cour d'Amiens (24 janv. 1879, Rép. de lég. et de jur. for., t. 8, n° 104). D'après ces arrêts, un même prévenu ne saurait être condamné à deux peines d'emprisonnement à l'occasion de deux procès-verbaux dressés le même jour et constatant, dans la même forêt, deux délits distincts. Deux motifs principaux ont été invoqués par la cour de cassation à l'appui de cette décision : le premier est tiré de la généralité du principe posé par l'art. 365 c. instr. crim., principe applicable à toutes les infractions atteintes de peines criminelles ou correctionnelles qui n'en ont pas été implicitement ou explicitement exceptées; or, l'art. 192 c. for. ne repousse ni expressément par une déclaration formelle, ni implicitement par la nature de ses dispositions, le principe du non-cumul des peines. Le second motif de l'arrêt consiste à dire que l'amende, étant la base, aux termes de l'art. 202 c. for., de la fixation des dommages-intérêts, se trouve ainsi étroitement liée aux réparations civiles, participe, dans une certaine mesure, de leur caractère et doit, à ce titre, être cumulée; mais il en est autrement de la peine d'emprisonnement, qui affecte directement la personne du prévenu et le frappe dans sa liberté.

Malgré l'autorité qui s'attache à cet arrêt, nous croyons que le système qui considère, en matière forestière, les peines d'emprisonnement comme soumises, tout comme les amendes, au principe du cumul des peines doit être préféré. La distinction qu'on prétend établir entre les peines pécuniaires et les peines corporelles, qui obligerait le juge à cumuler les amendes et à confondre les peines d'emprisonnement, ne repose sur aucune disposition de la loi. Elle est même contraire et au texte et à l'esprit du code forestier. Il suffit, pour s'en convaincre, de se reporter à l'exposé des motifs de la loi du 18 juin 1859, modificative du code de 1827. Comme l'a constaté la cour de Nancy, dans deux arrêts où elle a rejeté le système qui a prévalu plus tard à la cour de cassation (26 août 1862, aff. Comte, D. P. 63. 2. 40 et 27 août 1872, aff. Guérin, D. P. 72. 2. 186), la distinction entre les peines pécuniaires et les peines corporelles n'a pas été faite par le législateur de 1859, alors que l'exposé des motifs appelait son attention sur la règle d'après laquelle en matière forestière chaque délit emporte sa peine spéciale et particulière. Loin de changer de système, en présence duquel il se trouvait, le législateur de 1859 l'a, au contraire conservé et même fortifié; il n'a introduit dans la loi aucune innovation, ni disposition exclusive du cumul des peines; tout au contraire, pour assurer plus efficacement la protection de la propriété forestière, il a donné à la répression une plus grande et nouvelle énergie, en édictant, pour un

certain nombre de délits réprimés jusqu'alors par de simples amendes, la peine facultative de l'emprisonnement. Quant à l'argument consistant à soutenir que le cumul des peines s'applique aux amendes forestières à raison de leur caractère de réparations civiles, il est des plus contestables, et il a été réfuté au Rép., v° Forêts, n° 336 (V. aussi une dissertation de M. Meaume, Rép. de lég. et de jur. for., t. 8, n° 103). Enfin, on peut remarquer, avec M. Meaume, ibid., que dans l'espèce où est intervenu l'arrêt du 21 nov. 1878, les circonstances de fait de la cause justifiaient l'application d'une seule peine d'emprisonnement. En effet, l'abatage indu de neuf cent vingt-six arbres, reconnu par les gardes, ne constituait qu'un seul délit, bien qu'il eût été l'objet de deux procès-verbaux dressés le même jour.

Dans son arrêt du 26 août 1862 précité, la cour de Nancy a appliqué l'emprisonnement en prononçant trois peines distinctes d'emprisonnement contre un individu coupable d'avoir, dans la même forêt communale, mais à trois dates différentes, coupé et enlevé : 1° une charge à dos de coudriers verts, au-dessous de 2 décimètres; 2° un brin de tremble de 2 décimètres de tour et plusieurs autres bois de moindre dimension ; 3° un certain nombre de brins d'essences diverses au-dessous de 2 décimètres (C. for., art. 192, 194). Dans l'arrêt du 27 août 1872, elle a condamné pareillement à deux peines distinctes d'emprisonnement un individu qui, après avoir acheté de l'autorité allemande, pendant l'occupation de 1870-1871, deux coupes domaniales, les avait exploitées sans délivrance préalable, ni autorisation de l'Administration forestière.

SECT. 2. — DISPOSITIONS GÉNÉRALES RELATIVES A L'APPLICATION DES PEINES, EMPRISONNEMENT, AMENDE, CONFISCATION. — CIRCONSTANCES ATTÉNUANTES ET AGGRAVANTES (Rép., v° Forêts, n°s 338 à 371).

130. Le code de 1827 a donné à la pénalité qu'il édicte en matière forestière, un caractère plutôt réel que personnel : la base de cette pénalité est, en effet, la réparation du dommage, obtenue au moyen de peines pécuniaires infligées sous forme d'amende, de restitution, de dommages-intérêts, de frais, de préférence à l'emprisonnement qui n'est édicté que d'une manière exceptionnelle. L'amende est calculée d'après le dommage éprouvé que le législateur prend toutes sortes de précautions pour évaluer avec une minutieuse exactitude ; il l'apprécie par le mode d'enlèvement des produits, par la nature des essences, par la circonférence des arbres. Au-dessus d'une certaine dimension, cette dernière estimation est faite décimètre par décimètre, et l'amende s'accroît en raison progressive. Les règles de l'imputabilité y revêtent également un caractère spécial : en général, quel que soit le nombre de personnes qui, dans un but commun, ont concouru à une même opération d'extraction, d'enlèvement ou de coupe, une seule amende est prononcée. Enfin, les considérations tirées de la bonne foi et de l'absence d'intention criminelle sont écartées et il est défendu aux juges de modérer les peines. En révisant un certain nombre d'articles du code forestier, la loi du 18 juin 1859 (supra, n°s 8 et suiv.), tout en persistant à faire prévaloir sur tout autre mode de répression celui qui envisage surtout le préjudice résultant du délit ou de la contravention, tient un plus large compte de la responsabilité morale de l'agent et rend la pénalité plus personnelle. « Il est impossible, lisait-on dans l'exposé des motifs, de ne pas faire acception de la moralité des actes ; ils trahissent quelquefois, surtout chez les délinquants d'habitude, une persévérance calculée dans la fraude, une altération des sentiments honnêtes et une perversité d'intentions dont la justice s'alarme. Ici la condamnation pécuniaire est insuffisante ; elle est déclinée, d'ailleurs, par l'insolvabilité des condamnés, et la coercition corporelle est impuissante à la réaliser ». Aussi le législateur de 1859 a-t-il étendu les pouvoirs de la répression, en lui permettant plus fréquemment d'atteindre les personnes. Il a augmenté les cas où la peine de l'emprisonnement est encourue et permis aux tribunaux de l'infliger lorsqu'elle leur paraîtrait nécessaire, ou de l'omettre lorsqu'ils le jugeraient à propos. Toujours préoccupé de proportionner la peine à la culpabilité morale de l'agent du

délit, tout en assurant la réparation pécuniaire du dommage, il a encore inséré dans la loi, et réservé à l'Administration la faculté de transaction. Tout en maintenant le principe de l'inflexibilité de la justice et en persistant à refuser au juge le droit d'admettre les circonstances atténuantes, on a voulu laisser pénétrer en cette matière le principe d'humanité qui est la base de l'art. 463 c. pén. C'est dans ce but qu'on a transféré le pouvoir de tempérer la peine, des tribunaux à l'Administration qu'on suppose mieux instruite de la situation des délinquants, de leurs antécédents, des circonstances matérielles de leurs entreprises et susceptible, par là même, d'en faire un usage plus réfléchi, plus conciliant, plus opportun.

C'est encore dans le même but qu'on a introduit dans la loi de 1859, le pouvoir, pour l'Administration forestière, d'admettre les prévenus et les condamnés insolvables à se libérer au moyen de prestations en nature, dont l'emploi est déterminé par la loi et qui ne peuvent être fournies que dans les forêts ou sur les chemins vicinaux.

131. — 1° *Emprisonnement.* — Aux cas où l'emprisonnement était facultatif sous l'empire du code de 1827, c'est-à-dire au cas de coupe ou d'arrachement d'arbres et plantes (art. 194, § 2, et 195) et au cas de récidive du pâtre ayant laissé en état de divagation des bestiaux appartenant à des usagers (art. 76), la loi de 1859 a ajouté les cas : 1° de l'adjudicataire *de glandée* coupable d'avoir abattu, ramassé ou emporté des glands, faînes ou autres fruits ; 2° d'*extraction ou enlèvement de produits* forestiers autres que le bois ; 3° de *coupe ou enlèvement d'arbres de deux décimètres de tour et au-dessus* ; 4° de *coupe ou enlèvement de bois* ayant *moins de deux décimètres de tour.*

132. L'emprisonnement était obligatoire, avant la loi du 18 juin 1859, contre le *pâtre* en état de *récidive*, dans les cas prévus par les art. 72, § 2, et 78, § 1, c. for. (*Rép.* n° 339); dans les cas d'introduction, hors des cantons désignés pour l'acte d'adjudication ou des chemins indiqués pour s'y rendre, des porcs appartenant à un *adjudicataire de glandée, de coupe ou enlèvement d'arbres semés ou plantés artificiellement* dans les forêts depuis moins de cinq ans (art. 194, § 3), d'*arrachement de plants* dans un *semis* ou une *plantation artificiels* (art. 195, § 3). Il faut ajouter, depuis la loi du 18 juin 1859, les cas de contrefaçon ou de falsification des marteaux des particuliers, d'usage de marteaux contrefaits ou falsifiés ou d'emploi indu de vrais marteaux, nouveaux délits créés par cette loi et sanctionnés au moyen d'un emprisonnement que le juge est tenu de prononcer (*suprà*, n° 64).

133. — 2° *Amende.* — Les caractères de l'amende en matière forestière ont été suffisamment déterminés au *Rép.* v° *Forêts,* n° 340.

134. — 3° *Confiscation.* — La confiscation, ainsi qu'on l'a exposé au *Rép.,* v° *Forêts,* n° 341, peut porter, soit sur les produits forestiers à l'occasion desquels le délit a été commis, soit sur les instruments qui ont servi ou sont présumés avoir servi à commettre le délit, et cela alors même qu'ils seraient restés entre les mains du délinquant (*Rép.* v° *Forêts,* n° 341). La jurisprudence semble toujours se conformer, pour ce dernier cas, à la doctrine suivie par la cour de cassation dans ses arrêts du 11 juin 1840 et du 13 févr. 1847 (V. notamment Chambéry, 22 août 1861, *Rép. de lég. et de jur. for.,* t. 1, n° 63), d'après laquelle le juge peut imposer au prévenu l'*obligation de payer une certaine somme,* dans le cas où il ne déposerait pas au greffe les objets confisqués dont il est resté nanti, lorsque ces objets n'ont pas été matériellement saisis.

135. — 4° *Circonstances atténuantes.* — L'interdiction faite aux tribunaux par l'art. 203 c. for. d'appliquer, aux matières réglées par ce code, les dispositions de l'art. 463 c. pén., sur les circonstances atténuantes, a été maintenue, bien qu'à plusieurs reprises l'introduction des circonstances atténuantes dans la pénalité en matière forestière, ait été demandée au pouvoir législatif. Dès 1851, une proposition en ce sens fut soumise à la commission de l'Assemblée législative qui avait été chargée d'examiner divers projets de revision du code forestier ; il en fut de même en 1859, devant la commission du Corps législatif. On a déjà vu qu'on préféra alors donner à l'Administration forestière le droit de transiger et d'admettre les individus, condamnés à des pei-

nes pécuniaires, à se libérer par des prestations en nature (V. *suprà,* n° 130). — Le projet de loi destiné à remplacer le code forestier et qui a été déposé au Sénat par M. Viette, en 1888 (*suprà,* n° 15), étendait au contraire, l'applicabilité de l'art. 463 c. pén. aux matières forestières (art. 163).

136. Les circonstances atténuantes ne peuvent donc, dans l'état actuel de la législation, être, dans aucun cas, admises en matière forestière, soit qu'il s'agisse de délits commis par des particuliers, soit de délits commis par des agents forestiers ; la qualité des prévenus ne peut, en effet, avoir d'autre résultat que d'*aggraver* la peine encourue, et n'en change pas la nature (Crim. cass. 1er avr. 1848, aff. Bille, D. P. 48. 5. 208).

137. — 5° *Circonstances aggravantes.* — Les art. 200 et 201 c. for. de 1827 énuméraient les trois circonstances aggravantes : 1° la récidive; 2° la nuit; 3° l'usage de scie, qui, en matière forestière, ont pour effet d'élever au double la peine portée contre le délinquant (*Rép.,* v° *Forêts,* n° 347). La loi du 18 juin 1859 a réuni dans un seul article (art. 201) les dispositions des anciens art. 200 et 201. Cette modification a été la conséquence de l'addition faite au code forestier, par le législateur de 1859, de la nouvelle incrimination qui a pour objet les fraudes concernant les marteaux des particuliers et qui a été insérée dans le nouvel art. 200 (*suprà,* n° 64 et suiv.).

138. — 6° *Récidive.* — La récidive en matière forestière offre, avec la récidive en matière ordinaire, une certaine analogie, mais en même temps en diffère dans une mesure importante. Elle se rapproche de la récidive en général, parce que, comme la première, elle exige la pluralité d'infractions; elle en diffère en ce qu'elle ne se réfère qu'aux infractions forestières et qu'une condamnation pour une infraction à toute autre loi que la loi forestière ne constitue pas le prévenu d'un délit forestier en état de récidive.

139. Le nouvel art. 201, § 1, dispose, comme l'ancien art. 200, qu'il y a récidive lorsque, dans les douze mois précédents, il a été rendu, contre le délinquant ou contrevenant, un premier jugement pour délit ou contravention en matière forestière. Ce premier jugement doit être, comme on l'a exposé au *Rép.,* v° *Forêts,* n° 353, un jugement de condamnation devenu définitif; en outre, ni la grâce, ni la commutation de peine qui seraient intervenues, ne sauraient empêcher la condamnation de produire effet au point de vue de la récidive. L'amnistie qui anéantit la condamnation était, avant la loi du 18 juin 1859, seule à produire ce résultat. Aujourd'hui, le même effet s'attache à la transaction, lorsqu'elle intervient après un jugement susceptible d'opposition ou d'appel, avant l'expiration des délais, et qui n'est par conséquent pas encore devenu définitif. En effet, la transaction a pour effet d'éteindre la poursuite et d'anéantir la condamnation quelle qu'elle soit (V. Puton, *Législation forestière,* p. 155 et Circ. adm. for. 31 janv. 1860, *Ancienne série,* n° 786, D. P. 60. 3. 13). Il est évident, au contraire, que la transaction, postérieure à un jugement définitif, qui ne peut avoir d'effet qu'à l'égard des peines pécuniaires, ne saurait empêcher l'existence de la récidive en cas d'infraction nouvelle dans les douze mois.

140. Lorsque la poursuite est intentée par l'Administration forestière, le fait que l'inculpé est en état de récidive reste sans influence, au point de vue de la compétence, qui appartient, dans tous les cas, au tribunal correctionnel. Au contraire, lorsque la poursuite est exercée par le ministère public ou par un particulier qui se porte partie civile, la récidive est susceptible de modifier la compétence relative aux infractions forestières qui ont le caractère de contraventions de simple police, lorsqu'elle a pour résultat de substituer une peine correctionnelle à une peine de simple police, c'est-à-dire de porter l'amende à plus de 15 fr. ou l'emprisonnement à plus de cinq jours (*Rép.,* v° *Forêts,* n° 358).

141. L'aggravation de la peine, au cas de récidive, n'a d'autre effet que de faire porter au double l'amende ou l'emprisonnement. Elle ne rend pas cette dernière peine obligatoire pour le juge dans le cas où le législateur lui a attribué un caractère facultatif (V. en ce sens la dissertation de M. Meaume, *Rép. de lég. et de jur. for.,* t. 8, n° 138).

142. La réunion de deux circonstances aggravantes (*Rép.*, v° *Forêts*, n° 369) qui ont accompagné un délit forestier ne peut donner lieu qu'au simple doublement de la peine, comme si une seule de ces deux circonstances s'était produite. La cour de cassation, dans un arrêt du 16 août 1849, aff. Mannet et Prévost, D. P. 50. 5. 240, a confirmé la doctrine de l'arrêt rendu dans ce sens le 6 févr. 1838 par la cour de Besançon (*Rép.*, v° *Forêts*, n° 369). L'arrêt estime qu'en prononçant le doublement de l'amende applicable au fait principal, lorsque ce fait est accompagné d'une des circonstances considérées comme aggravantes, l'art. 201 c. for. a seulement posé une alternative dont chaque terme limite la pénalité spéciale qui s'y rapporte; par conséquent, le juge qui ajouterait à ce cas, qui, seul, a été prévu taxativement, le cas où les deux circonstances sont réunies, pour faire dériver de leur concours une augmentation de peine, suppléerait au silence du code, aggraverait une disposition de droit étroit et modifierait arbitrairement la base unique de proportion sur laquelle est fondé, dans l'art. 201, le double de l'amende qu'il a édictée. Enfin, dans le système général du code forestier, notamment dans les art. 194 et 195, compris au titre de ce code qui renferme l'art 201, lorsque diverses circonstances du même fait entraînent par leur réunion un surcroît de peine, cette progression et les conséquences pénales qui en résultent sont indiquées avec précision et renfermées dans des limites expressément déterminées.

Sect. 3. — Dispositions particulières du code pénal applicables en matière forestière: crimes ou délits de fonctionnaires. — Tentative de corruption. — Délits non prévus par le code forestier et portant atteinte a la propriété forestière (*Rép.* v° *Forêts*, n°s 372 à 384).

143. On a vu au *Rép.* v° *Forêts*, n° 377, que les gardes forestiers, étant officiers de police judiciaire, doivent être traduits directement devant la première chambre de la cour d'appel, selon les formes spéciales tracées par les art. 479, 483 et 484 c. instr. crim. et l'art. 4 du décret du 6 juill. 1810, en cas de poursuites pour infractions commises dans l'exercice de leurs fonctions, soit qu'il s'agisse de crimes ou de délits (Crim. cass. 30 janv. 1843, aff. Jeannin, D. P. 45. 1. 146), soit qu'il s'agisse de simples contraventions entraînant une peine de simple police (V. également *Rép.* v° *Mise en jugement des fonctionnaires publics*, n°s 307-317). La même procédure doit être suivie à l'égard des simples particuliers qui sont poursuivis comme auteurs de délits commis avec la complicité des gardes forestiers (Nancy, 12 déc. 1867, *Rép. de lég. et de jur. for.*, t. 4, n° 662); et contre ceux qui sont poursuivis comme complices des délits dont les gardes forestiers sont les auteurs principaux.

144. Le privilège de juridiction établi par les art. 479 et 483 c. instr. crim. est acquis au cas seul où le délit reproché aux gardes forestiers a été commis par eux dans l'exercice de leurs fonctions, en tant qu'officiers de police judiciaire (V. Crim. rej. 2 mars 1854, aff. Caillet, D. P. 54. 1. 104 ; Orléans, 19 août 1852, aff. Bochu, D. P. 53. 2. 112 ; Cons. d'Et. 8 nov. 1853, aff. Allard, D. P. 54. 3. 31 ; Besançon, 27 août 1868, aff. Garnier et autres, D. P. 69. 2. 46). Le garde forestier retombe, au contraire, sous l'empire du droit commun lorsqu'il est poursuivi pour un délit étranger à ses fonctions. Mais, en règle générale et jusqu'à preuve contraire, les délits commis par les gardes forestiers dans l'étendue de leur triage sont réputés commis dans l'exercice de leurs fonctions, pourvu que le délit ait quelque rapport avec ces fonctions. Si ce rapport n'existe pas, les art. 483 et 484 c. instr. crim. ne sont applicables qu'autant qu'il est établi que c'est dans l'exercice même des fonctions, que le fait a été commis (*Rép.* v° *Mise en jugement des fonctionnaires publics*, n°s 308-310).

145. Le garde forestier qui, appelé à faire en justice une déposition à l'appui du procès-verbal qu'il a dressé, se rend coupable de faux témoignage, est-il justiciable de la police correctionnelle? L'affirmative a été adoptée par un arrêt de la cour de Grenoble, du 9 mars 1872, aff. Terpan, D. P. 72. 2. 229) par le motif que, si le délit de faux témoignage peut être considéré comme relatif aux fonctions du garde forestier,

ce n'est pas, du moins, un délit commis dans l'exercice même de ces fonctions. Le garde forestier qui, lorsqu'il a dressé un procès-verbal, est appelé devant un tribunal à déposer sur les faits de la procédure à laquelle ce procès-verbal a donné lieu, y comparaît il est vrai, par une suite de l'exercice de ses fonctions ; mais il n'est plus réellement dans l'exercice desdites fonctions qui consistent, d'après l'art. 16 c. for., à dresser des procès-verbaux, à suivre et séquestrer les choses enlevées et à arrêter, dans certains cas, les délinquants. Il n'est donc devant le tribunal qu'un témoin ordinaire, et non l'officier de police judiciaire en faveur duquel le code d'instruction criminelle a institué le privilège de juridiction. Il y aurait, au contraire, délit commis dans l'exercice des fonctions s'il s'agissait de la rédaction d'un faux procès-verbal.

146. Ni l'Administration forestière ni la partie civile ne peuvent citer directement devant la première chambre civile de la cour d'appel le garde forestier, en raison de sa qualité d'officier de police judiciaire. Ce droit, en effet, n'appartient qu'au procureur général en vertu des art. 479 et 483 c. instr. crim. C'est ce qui a été jugé à propos de poursuites intentées par l'administration des Forêts contre un garde champêtre (Montpellier, 12 nov. 1872, aff. Fabre et autres, D. P. 72. 5. 252), et à propos d'une citation donnée par la partie civile contre un garde particulier (Orléans, 28 janv. 1878, *Rép. de lég. et de jur. for.*, t. 8, n° 70).

147. La qualité d'officiers de police judiciaire appartenant aux préposés forestiers a encore cette conséquence que la procédure de prise à partie doit seule être employée au cas de poursuite en dommages et intérêts, exercée contre eux, pour réparation des fautes commises dans l'exercice de leurs fonctions (Trib. civ. Dax, 2 avr. 1879, *Rép. de lég. et de jur. for.*, t. 8, n° 90 ; Civ. cass. 4 mai 1880, aff. Chichiliane, D. P. 80. 1. 460).

CHAP. 6. — Constatation des infractions à la loi forestière.

Sect. 1re. — Actes de la police judiciaire relatifs a la recherche et a la constatation des délits forestiers. — Visite domiciliaire. — Saisie. — Séquestre. — Arrestation. — Réquisition de la force publique (*Rép.*, v° *Forêts*, n°s 385 à 397).

148. Il n'y a pas lieu de revenir sur les indications qui ont été fournies au *Rép.* v° *Forêts*, n° 385, relativement aux pouvoirs des agents et des préposés forestiers pour la constatation des infractions à la loi forestière. Ces indications sont, d'ailleurs, complétées *supra*, v°s *Fonctionnaire public*, *Procédure criminelle* et *Procès-verbal*. On se bornera à signaler quelques lois spéciales, qui confèrent aux préposés forestiers le pouvoir de constater certaines contraventions étrangères à leur mission propre, c'est-à-dire à la constatation des atteintes portées à la propriété forestière. Déjà, avant la publication du *Répertoire*, les agents de l'administration des Forêts concouraient à la répression des infractions en matière de chasse (L. 3 mai 1844, art. 21 et 22), de pêche fluviale (L. 15 avr. 1829, art. 36), de cartes à jouer (L. 28 avr. 1816, art. 169), de sel (Ord. 19 mars 1817, art. 7), de tabac (L. 28 avr. 1816, art. 223). Depuis lors, il faut ajouter les contraventions à la loi sur la police du roulage et des voitures publiques (L. 30 mai 1851, art. 15, 18 et suiv.), au monopole des allumettes chimiques (L. 28 janv. 1875, art. 3 ; Circ. adm. for. 8 mars 1875, *Nouvelle série*, n° 169), les contraventions à la loi du 4 avr. 1882, relative à la restauration et à la conservation des terrains en montagne.

149. Les infractions à la loi forestière peuvent, d'ailleurs, être constatées par d'autres fonctionnaires que les agents et préposés forestiers. Parmi ces fonctionnaires, on a cité au *Rép.* v° *Procès-verbal*, n°s 282 et suiv., 539, 558, 559, 560, les officiers, sous-officiers de gendarmerie et les gendarmes ; les gardes champêtres, bien que la question de savoir si ces derniers agents ont compétence pour constater les délits forestiers autres que ceux qui sont commis dans des bois particuliers, soit controversée ; les commissaires de police ; les maires et adjoints ; enfin les gardes-ventes qui ont pour mission de rechercher et constater les délits com-

mis dans les ventes (ou coupes en exploitation) et à l'ouïe de la cognée, afin de sauvegarder la responsabilité des adjudicataires ou des entrepreneurs de coupes. — En outre, des agents spéciaux avaient été chargés, par la loi du 6 juill. 1870 (I). P. 70. 4. 62), de la recherche et de la constatation des délits prévus par ces lois, relatives aux mesures contre les incendies dans les régions boisées des Maures et de l'Esterel. La loi du 19 août 1893 (D. P. 94. 4. 44), qui a rendu définitif le régime spécial appliqué à cette région par la loi de 1870, confère non seulement à tous les officiers de police judiciaire chargés de rechercher les délits ruraux agents et préposés forestiers domaniaux et communaux, mais encore aux gardes particuliers agréés par le préfet sur l'avis du conservateur, et assermentés à cet effet, la mission de rechercher et constater les délits prévus par cette loi. Leurs procès-verbaux, soumis aux conditions des procès-verbaux des gardes forestiers, font foi jusqu'à preuve contraire (art 6).

150. La jurisprudence relative à la forme et aux effets des procès-verbaux a été étudiée, au *Rép.*, v° *Procès-verbal*, n°s 538 et suiv., où l'on trouve le commentaire des art. 160, 161, 162, 165 et 170 c. for. On s'est borné *ibid.*, v° *Forêts*, n°s 386 et suiv., à indiquer les principes sur lesquels est établie la législation spéciale qui régit les actes de police judiciaire rentrant dans les attributions des fonctionnaires forestiers. On se conformera à cette méthode dans les numéros suivants.

451. — 1° *Visite domiciliaire.* — V. sur ce point, *Rép.*, v^is *Forêts*, n°s 386, et *Procès-verbal*, n° 562. V. aussi notre *Code forestier annoté*, art. 161, n°s 67 et suiv.

152. — 2° *Saisie.* — En matière forestière, ainsi qu'on l'a exposé au *Rép.*, v° *Forêts*, n° 387, la saisie présente ordinairement le caractère d'une saisie conservatoire. Elle tend à assurer au propriétaire de la forêt une garantie contre l'insolvabilité ou le mauvais vouloir du délinquant, en plaçant sous la main de la justice soit un objet qui a servi à commettre le délit ou qui ont été acquis frauduleusement (Puton, *Législation forestière*, p. 136). Telle est la saisie des bois indûment écorcés et des écorces ainsi obtenues ; des bois laissés sur pied ou sur place après les délais de coupe et de vidange ; des bois de construction non employés par les usagers dans le délai de deux ans (Puton, *ibid.*); des bois non abattus revendiqués par l'Administration forestière contre un adjudicataire failli (Puton, *ibid.*); des bois ou autres productions du sol forestier enlevés en délit (Puton, *ibid.*); des voitures et attelages des délinquants (*Rép.*, v° *Procès-verbal*, n° 565 ; Puton, *op. cit.*, p. 161); des bestiaux trouvés en délit (*Rép.*, v° *Procès-verbal*, n° 565).

Dans certains cas, la saisie porte sur des objets dont la confiscation doit être prononcée ; telle est la saisie des bois exploités individuellement ou partagés sur pied par des usagers (Puton, *op. cit.*, p. 130); des instruments propres à couper le bois (Puton, *ibid.*), des bois trouvés dans les ateliers à façonner le bois ou dans les chantiers destinés au commerce de bois, qui sont établis sans autorisation dans les maisons ou fermes à proximité des forêts.

153. La saisie est facultative pour les gardes, lorsqu'elle est purement conservatoire. Dans le cas où elle a pour but de mettre dans la main de la justice des objets dont la confiscation doit être prononcée, elle est tantôt effective tantôt intellectuelle. Ainsi, malgré les termes impératifs des art. 146 et 198 c. for., qui imposent aux gardes l'obligation de saisir les instruments de délit, il est des circonstances dans lesquelles la prudence exige que le garde ne désarme pas le délinquant et se contente de déclarer la saisie de ces instruments tout en les lui laissant entre les mains (V. *Rép.*, v° *Procès-verbal*, n° 566). — Sur le droit qu'a le tribunal, en pareil cas, d'imposer au prévenu, en prononçant la confiscation, le payement d'une somme à défaut de dépôt au greffe des objets confisqués dont il est resté nanti, V. *supra*, n° 134.

154. — 3° *Séquestre.* — V. *Rép.* v° *Forêts*, n° 388, et notre *Code forestier annoté*, art. 164, n°s 45 et suiv.

155. — 4° *Arrestation.* — V. *Rép.* v° *Forêts*, n°s 389 à 394.

456. — 5° *Réquisition de la force publique.* — On a vu au *Rép.* v° *Forêts*, n° 395, que l'art. 164 c. for. autorise les agents et les gardes de l'Administration forestière à requérir

directement la force publique pour la répression des délits et contraventions en matière forestière, ainsi que pour la recherche et la saisie des bois coupés en délit, vendus ou achetés en fraude. Il est à remarquer que les gardes forestiers domaniaux, communaux et des établissements publics sont eux-mêmes au nombre des agents de la force publique qui peuvent être requis. Il en résulte que les gardes forestiers peuvent requérir les gardes de leur région, et que les gardes eux-mêmes peuvent se requérir entre eux, pour assurer l'accomplissement des devoirs de surveillance et de constatation qui leur incombent (Puton, *op. cit.*, p. 153). Les agents forestiers, au contraire, n'étaient pas rangés, lors de la publication du *Répertoire*, ainsi qu'on l'y a constaté (v° *Forêts*, n° 396, parmi les agents de la force publique susceptibles d'être requis. Mais il en est autrement aujourd'hui que les agents entrent, comme les gardes, dans la composition des forces militaires du pays (sur l'organisation militaire du corps forestier, V. notre *Code forestier annoté*, art. 3, n°s 757 et suiv. et *Additions complémentaires*, n°s 757 *bis*). Les agents forestiers sont donc susceptibles d'être requis au même titre que tous ceux qui font partie des forces militaires du pays. C'est également à ce titre que la réquisition peut s'adresser à la gendarmerie (V. Décr. 1er mars 1854, art. 459, D. P. 59. 4. 60; Puton, *op. cit.*, p. 152), et aux douaniers (Décr. 22 sept. 1882, *Journal officiel* du 26 sept. 1882).

157. Le droit de réquisition ne peut, d'ailleurs, s'adresser qu'à des agents de la force publique nationale; il ne pourrait être valablement adressé à la force publique étrangère, dans le cas d'occupation du territoire par cette force. Ainsi on a jugé que la perquisition domiciliaire à laquelle un garde forestier a procédé durant l'occupation allemande, assisté d'agents de la force publique étrangère, pour constater un délit forestier dont il avait suivi la trace, était illégale (Crim. cass. 29 juin 1872, aff. Clément, D. P. 72. 1. 286).

158. La réquisition doit être exercée dans les formes déterminées par les art. 91 et suiv. du décret du 1er mars 1854, sur la gendarmerie (D. P. 54. 4. 44), lesquels sont la reproduction des art. 52 et suiv. de l'ordonnance du 29 oct. 1820 (*Rép.* v° *Gendarme*, p. 480). Elle est adressée au commandant de la force publique du lieu où elle doit recevoir son exécution (V. Décr. précité du 1er mars 1854, art. 92)... c'est-à-dire, en ce qui concerne la gendarmerie, dans les chefs-lieux de département, au commandant de la compagnie ; dans les sous-préfectures, au commandant de l'arrondissement, et, sur les autres points, aux commandants des brigades (V. Décr. précité du 1er mars 1854, art. 461). Elle doit énoncer la loi qui l'autorise (V. même décret, art. 95). Elle est faite *par écrit*, signée, datée et dans la forme ci-après : « Conformément à la loi... en vertu de l'art. 164 c. for. nous requérons le (grade et lieu de résidence) de commander, faire... se transporter... arrêter, etc... Et qu'il nous fasse part (si c'est un officier) et qu'il nous rende compte (si c'est un sous-officier) de l'exécution de ce qui est par nous requis » (V. Décr. précité du 1er mars 1854, art. 96, D. P. 54. 4. 44). Elle ne doit contenir aucun terme impératif, tels que : *ordonnons, voulons, enjoignons, mandons*, etc.

SECT. 2. — PREUVE ÉCRITE OU PROCÈS-VERBAL. — PREUVE TESTIMONIALE (*Rép.* v° *Forêts*, n°s 398 à 408).

159. On a dit au *Rép.*, v° *Forêts*, n° 398, qu'il y a lieu, en matière forestière, de distinguer deux genres de preuve : 1° la preuve écrite résultant des procès-verbaux ; 2° la preuve testimoniale. Pour tout ce qui concerne les conditions de validité des procès-verbaux et les règles relatives à la foi qui leur est due, on a fourni *supra*, v° *Procès-verbal*, les explications complémentaires que la matière comporte. En ce qui touche la preuve testimoniale, il suffira de se référer à ce qui a été dit au *Répertoire* (V. d'ailleurs notre *Code forestier annoté*, art. 175, n°s 24 et suiv.).

CHAP. 7. — Poursuites.

SECT. 1re. — ACTION PUBLIQUE ET ACTION PRIVÉE (*Rép.* v° *Forêts*, n°s 409 à 410).

160. On a vu au *Rép.*, v° *Forêts*, n° 409, que les infrac-

tions à la loi forestière donnent généralement lieu à deux actions : 1° l'action publique ou pénale ; 2° l'action civile ou privée. Tandis que la première a pour objet l'application des peines édictées par le code forestier, la seconde poursuit la réparation du dommage causé par le fait délictueux ou, en d'autres termes, les réparations civiles dues par l'auteur de l'infraction. L'action publique est exercée par les fonctionnaires qui tiennent de la loi le droit de la mettre en mouvement, tant dans l'intérêt de l'État que dans celui des autres propriétaires de bois. Le législateur de 1859, afin de ne laisser planer aucun doute sur ce point, a modifié l'intitulé de la sect. 1, tit. 11, c. forest. qui, dans le texte primitif portait : « Des poursuites exercées au nom de l'Administration forestière. » et y a substitué la rubrique suivante : « De la poursuite des délits et contraventions commis dans les bois soumis au régime forestier ». Ainsi a disparu le caractère privatif et étroit que le texte de 1827 paraissait imprimer à l'action publique en matière forestière. La nouvelle rédaction fait ressortir non seulement l'intérêt supérieur qui appartient à l'État dans la conservation des bois, soit par les agents qu'ils soient, mais aussi l'intérêt encore plus élevé qu'il représente, comme dépositaire de la vindicte publique, et qui domine, par la répression, toutes les violations de la loi pénale, abstraction faite de la qualité de la personne lésée (Exposé des motifs et Rapport, D. P. 59. 4. 96 et 166, note, n° 20 et suiv. V. notre *Code forestier annoté*, art., 188 et 191).

161. On se conformera ici, pour l'étude de l'exercice de l'action publique et de l'action civile, à la méthode suivie au *Répertoire*, et les explications complémentaires qui seront fournies n'auront trait qu'à l'exercice de ces actions par l'Administration forestière et le ministère public ; on traitera au chap. 17 des actions forestières exercées par les particuliers.

Art. 1er. — *Action publique exercée, soit par les membres du parquet, soit par les agents de l'Administration forestière* (Rép. v° *Forêts*, n°s 411 à 424).

162. Aujourd'hui encore l'Administration forestière n'a mission d'exercer les poursuites, en matière de contraventions et délits forestiers, que pour le seul cas où ces infractions sont commises dans les bois soumis au régime forestier (Rép. v° *Forêts*, n° 411) ; elle reste sans qualité pour exercer des poursuites à raison des délits commis dans les bois des particuliers, sauf les exceptions indiquées au Rép. v° *Forêts*, n° 411. Toutefois, les exceptions relatives aux contraventions spécifiées par l'art. 134 c. for. (service de la marine) et 143 du même code (service des travaux du Rhin) sont aujourd'hui sans application. — (V. *infrà*, chap. 19, sect. 1 et 2).

163. Il ne suffit pas, pour autoriser l'action des agents de l'administration des Forêts, que le délit soit prévu et réprimé par le code forestier ; il faut, en outre, qu'il porte atteinte à la propriété forestière ; les agents forestiers n'ont donc pas qualité pour poursuivre les délits qui, bien que punis par le code forestier, ne portent pas atteinte à la propriété forestière et sont commis à l'intérieur des forêts (Rép. v° *Forêts*, n° 1401). Tels sont, par exemple, les délits relatifs aux adjudications de coupes, prévus par les art. 18, 19, 21, 22 et 23 c. for. ; ces délits ne peuvent être poursuivis que par le ministère public.

164. L'Administration forestière ne peut pas non plus exercer l'action publique lorsqu'il s'agit de délits qui ne sont pas punis par les lois forestières et pour la répression desquels il faut poursuivre soit au code pénal, soit à des lois spéciales (Rép. v° *Forêts*, n° 417), tels que le délit de comblement des fossés et de déplacement des bornes, prévu et puni par l'art. 456 c. pén. (Crim. cass. 4 janv. 1855, aff. Munch et autres, D. P. 55. 1. 15), le délit d'incendie prévu par l'art. 458 c. pén., le vol du bois dans les ventes et le vol de productions utiles de la terre spécifié à l'art. 388 c. pén.

165. Comme on l'a vu au Rép. v° *Forêts*, n° 414, le droit de poursuite de l'Administration forestière s'étend aux délits commis sur les terrains non boisés soumis au régime forestier (V. *suprà*, n° 26), notamment sur les dunes plantées en bois par l'État à la suite ou du refus ou de l'impuissance des propriétaires d'effectuer les plantations prescrites par l'art. 5 du décret du 14 déc. 1810 ; sur les terrains en montagne

reboisés, gazonnés, restaurés ou mis en défens conformément aux lois des 28 juill. 1860, 8 juin 1864 et 4 avr. 1882 (V. *infrà*, chap. 21. V. notre *Code forestier annoté* art. 159, n°s 92 et suiv.). De même les délits constatés, du 5 avr. 1882 au 5 avr. 1885, par les gardes préposés à la surveillance des périmètres de reboisement et de gazonnement qui ont été décrétés en exécution des lois des 28 juill. 1860 et 8 juin 1864, étaient poursuivis par l'Administration forestière comme les délits commis dans les bois soumis au régime forestier. — D'une façon générale, cette Administration a qualité pour poursuivre tous délits de nature à préjudicier à la propriété forestière : c'est ainsi qu'il lui appartient d'exercer l'action publique à raison des délits de chasse (Rép. v° *Forêts*, n° 419), des délits prévus par la loi du 19 août 1893 sur les mesures à prendre contre les incendies dans la région boisée des Maures et de l'Esterel, des délits prévus par la loi du 17 juill. 1874, sur les mesures à prendre contre les incendies dans les régions boisées de l'Algérie.

166. Sous le Gouvernement actuel, la poursuite des infractions commises dans les forêts qui faisaient partie du domaine de la Couronne est régulièrement exercée par l'Administration forestière, les forêts dont il s'agit ayant été réunies au domaine de l'État (suprà, n° 25). C'est ce qui avait eu lieu déjà en 1848 (V. Rép., v° *Forêts*, n° 412).

167. Sur la question, devenue sans intérêt, de savoir si l'Administration forestière avait le droit de poursuivre d'office, concurremment avec les particuliers pourvus de majorats reversibles, les infractions constatées dans les forêts détenues à ce titre, V. Rép. n° 143 ; Puton, *Législation forestière*, p. 239.

168. L'Administration forestière a enfin qualité pour poursuivre la répression des délits forestiers commis dans les forêts communales ou d'établissements publics soumises au régime forestier, alors même que les amendes encourues par les délinquants devraient appartenir à la commune dans le bois de laquelle l'infraction a été commise (Crim. cass. 11 juill. 1851, aff. Angelini et Battesti, D. P. 51. 5. 455).

169. On a vu au Rép. v° *Forêts*, n° 416, que tout délit forestier peut être poursuivi indifféremment et concurremment par le ministère public et l'Administration forestière, tant au point de vue de l'action pénale que de l'action civile en réparation du préjudice. L'action du ministère public est, d'ailleurs, plus étendue que celle des agents forestiers, car, son droit de poursuite s'étend non seulement aux délits que les agents forestiers peuvent poursuivre comme commis sur des terrains soumis au régime forestier, mais aussi aux délits commis dans les bois particuliers et aux infractions qui ne peuvent être poursuivies par les agents forestiers, soit parce qu'elles ne portent pas atteinte à la propriété forestière (suprà, n° 163), soit parce qu'elles ne sont pas réprimées par les lois forestières (V. suprà, n° 164).

170. On a vu au Rép. v° *Forêts*, n°s 422 et 423 que les actions en répression des délits forestiers doivent, à peine de nullité, être intentées au nom et à la requête de l'Administration forestière agissant en la personne du directeur des forêts. Ordinairement, la poursuite est intentée à la diligence de l'agent forestier, chef de service de l'arrondissement, c'est-à-dire de l'inspecteur (Circ. adm. for. 13 janv. 1835, *Ancienne série*, n° 358). Elle peut également être exercée régulièrement à la diligence de tout autre agent délégué à cet effet ; mais ne saurait être valablement poursuivie par un simple préposé (Puton, *Législation forestière*, p. 114).

Art. 2. — *Action privée.* — *Restitution.* — *Dommages-intérêts.* — *Frais* (Rép. v° *Forêts*, n°s 425 à 435).

171. L'action privée, intentée par les agents forestiers dans l'intérêt de l'État, des communes ou des établissements publics, a pour objet, comme on l'a exposé au Rép. v° *Forêts*, n° 425, d'obtenir les réparations civiles dues par les auteurs des infractions à la loi forestière. Les réparations sont : 1° la restitution ; 2° les dommages-intérêts ; 3° les frais.

172. — 1° *Restitution.* — On a vu au Rép. v° *Forêts*, n° 426, que la restitution, aux termes de l'art. 198 c. for., doit, dans tous les cas, s'ajouter à la peine, qu'il s'agisse de l'enlèvement de bois ou de l'enlèvement de tous autres pro-

duits du sol forestier. Les termes de l'art. 198 c. for. sont impératifs, et les tribunaux doivent prescrire la restitution des objets frauduleusement enlevés, alors même qu'elle ne leur serait pas demandée (Paris, 27 août 1883, aff. Godart, D. P. 84. 2. 64). Il n'est même pas nécessaire, pour que la restitution doive être ordonnée, que le tribunal ait la preuve de l'enlèvement matériel de la chose : s'il s'agit, par exemple, d'une coupe de bois, le prévenu doit être condamné à la restitution du bois indûment coupé ou de sa valeur, alors même qu'il ne serait pas justifié que ledit bois eût été enlevé (Crim. cass. 17 févr. 1849, aff. Magne, D. P. 49. 5. 204). Cette règle est, d'ailleurs, posée par le code forestier dans l'art. 205, où il est prescrit, en cas d'annulation de ventes ou d'adjudication pour cause de fraude ou de collusion, de condamner l'adjudicataire ou l'acquéreur à restituer les bois déjà exploités.

173. — 2° *Dommages-intérêts.* — L'art. 202 c. for., en disposant que les dommages-intérêts ne peuvent être inférieurs à l'amende simple prononcée contre le délinquant (*Rép.* v° *Forêts,* n° 431), établit une certaine solidarité entre le montant de l'amende et le chiffre des dommages-intérêts. Il en résulte que, si par suite d'une erreur du premier juge, l'amende a été fixée à un chiffre différent de celui que le code forestier a déterminé, la cour d'appel, alors qu'elle n'est saisie que de l'appel de la partie civile, n'est pas liée par la condamnation pénale irrégulièrement prononcée en première instance et doit prendre pour base des dommages-intérêts à allouer à la partie civile, l'amende qui aurait dû être régulièrement infligée (Toulouse, 5 janv. 1883, aff. Fachan, D. P. 84. 5. 283-284). Peu importerait même que la partie civile eût demandé des dommages-intérêts inférieurs au montant de l'amende simple qui devait être prononcée contre le prévenu ; le juge n'en devrait pas moins, en raison du caractère impératif des dispositions de l'art. 202, condamner le prévenu à des dommages-intérêts égaux au montant de l'amende (*Rép.* v° *Forêts,* n° 431). Et si, en première instance, cette règle n'avait pas été observée, c'est-à-dire si le juge du premier degré s'était borné à allouer les dommages-intérêts tels qu'ils avaient été demandés et inférieurs à l'amende, le juge d'appel ne pourrait se dispenser de rectifier sur ce point la condamnation, alors même que la partie civile n'aurait pas modifié ses conclusions. A plus forte raison ne pourrait-il se refuser à élever la condamnation aux dommages-intérêts si la partie civile avait rectifié sa demande sur le chef des dommages-intérêts, sous le prétexte que, ses conclusions lui ayant été adjugées en première instance, ladite partie civile ne pouvait, en appel, les rectifier et les compléter pour obtenir ce qu'elle n'avait pas d'abord demandé (Chambéry, 18 avr. 1861, *Rép. de lég. et de jur. for.,* t. 1, n° 94).

La solution devrait être la même dans le cas où l'amende n'aurait pas été requise devant le premier juge et où celui-ci ne l'aurait pas prononcée ; le juge d'appel ou le juge saisi directement de l'action civile n'en devrait pas moins prendre pour base des dommages-intérêts à allouer l'amende qui aurait dû être édictée (Bourges, 24 févr. 1853, aff. Crombez-Lefèvre, D. P. 53. 2. 73).

174. On a vu au *Rép.* v° *Forêts,* n° 324, que, suivant la jurisprudence, les art. 66 à 69 c. pén. sont applicables aux matières forestières. Lorsqu'il est fait à un mineur application du dernier de ces articles et que l'amende est réduite de moitié en sa faveur, la question se pose de savoir si l'on doit prendre l'amende, ainsi réduite, comme base des dommages-intérêts, où s'il faut au contraire les calculer d'après le chiffre ordinaire de l'amende. Cette dernière solution nous paraît préférable. L'art. 202, en effet, prend d'une manière invariable l'amende simple comme minimum des dommages-intérêts, que l'amende reste ou ne reste pas simple en raison des circonstances aggravantes ; il ne prévoit aucune augmentation du minimum et ne prévoit non plus aucune diminution. En outre, les art. 69 et suiv. c. pén. sont spéciaux à la peine ; leurs dispositions sont exceptionnelles, de droit étroit par conséquent, et on ne saurait les étendre au delà des limites que leurs termes imposent ; ils atténuent la pénalité en faveur des mineurs de seize ans qui sont reconnus avoir agi avec discernement, mais ne parlent pas des réparations civiles qui restent régies, à l'égard des mineurs comme des majeurs, par les règles qui leur

sont spéciales. Enfin on a vu (*supra,* n° 173) que le minimum des dommages-intérêts reste fixé au chiffre de l'amende simple alors même qu'aucune amende n'a été prononcée ; et on peut dire qu'à plus forte raison ce minimum doit rester invariable alors que l'amende est atténuée. Il n'existe donc aucune raison d'abaisser de moitié en faveur du mineur le minimum des dommages-intérêts (V. en ce sens un avis du comité de rédaction du *Répertoire de législation et de jurisprudence forestières,* t. 13, n° 29).

175. Il importe de rappeler que la règle de l'art. 202, bien que générale, reçoit une exception dans le cas prévu par l'art. 40 c. for., c'est-à-dire le cas où l'adjudicataire d'une coupe, dans une forêt soumise au régime forestier, n'a pas terminé l'abatage et la vidange dans les délais fixés par le cahier des charges ; en ce cas, le montant des dommages-intérêts ne peut être inférieur à la valeur estimative des bois restés sur pied ou gisant sur les coupes.

176. L'administration des Forêts peut-elle être condamnée à des dommages-intérêts envers le prévenu quand elle succombe dans la poursuite qu'elle a intentée en raison de délits commis dans les bois soumis à sa surveillance ? La question nous paraît devoir être résolue par une distinction selon le cas où l'administration des Forêts agit dans l'intérêt de la conservation des bois confiés à sa gestion et à sa garde, et celui où elle agit exclusivement dans un intérêt public pour la répression d'une infraction étrangère à la conservation des forêts et qu'elle ne poursuit que parce que cette infraction a été commise dans le périmètre du domaine forestier. Dans le premier cas, elle serait, comme toute partie civile, susceptible d'être condamnée à des dommages-intérêts ; dans le second, au contraire, elle échapperait à toute poursuite. Le principe de cette distinction a été énoncé par un arrêt de rejet de la chambre criminelle du 4 juill. 1861 (aff. Mouraille et autres, D.P. 61.1. 354). «Attendu, dit cet arrêt, que l'art. 436 c.instr. crim. pose en principe que la partie civile qui succombe dans son recours doit être condamnée à l'amende envers le trésor public, puis à l'indemnité et aux frais envers le prévenu acquitté, absous ou renvoyé ; — Que la même article, en dispensant les administrations de l'Etat et les agents publics qui succombent, du payement de l'amende qui serait sans objet, maintient à leur égard la condamnation à l'indemnité et aux frais envers le prévenu ; qu'ainsi, ces administrations et agents publics sont assimilés à la partie civile ; — Mais attendu que, du rapprochement dudit art. 436 c. instr. crim. avec l'art. 420 qui le précède et l'art. 158 du décret du 18 juin 1811, il résulte que cette disposition n'est applicable qu'aux affaires qui concernent directement l'administrateur des domaines ou revenus de l'Etat ; qu'alors, en effet, l'Administration poursuit la réparation d'un préjudice matériel ou pécuniaire ; qu'elle est réellement partie au procès, et que toute partie, Etat ou simple particulier, doit être soumis aux mêmes conditions ; qu'il en doit être autrement lorsqu'un agent public a reçu de la loi la mission de poursuivre un délit ou une contravention qui intéresse exclusivement l'ordre public ; qu'il devient, en quelque sorte, un auxiliaire du ministère public et doit échapper comme lui à toute condamnation ». Cet arrêt, rendu à propos d'une poursuite dirigée contre l'administration de la Marine, à l'occasion d'une action portée devant le tribunal correctionnel par un commissaire de l'inscription maritime, s'applique entièrement à l'administration des Forêts. Nous pensons donc, que l'administration des Forêts, de même que toute autre administration publique, peut être condamnée à des dommages-intérêts envers le prévenu, lorsqu'elle succombe dans des poursuites témérairement et abusivement engagées, toutes les fois qu'elle agit dans l'intérêt du domaine forestier et réclame des restitutions et des dommages-intérêts au prévenu, par exemple, en cas de poursuite pour coupe ou enlèvement de bois sur un terrain qu'elle prétendait à tort soumis au régime forestier (Montpellier, 18 août 1868, *Rép. de lég. et de jur. for.,* t. 4, n° 684). Au contraire, lorsqu'elle agit exclusivement dans l'intérêt de l'ordre public, comme par exemple, lorsqu'elle poursuit la répression d'un délit de chasse commis dans un bois soumis au régime forestier, elle doit être assimilée au ministère public et profiter de ses immunités. Sans doute les délits forestiers ne portent pas seulement préjudice à la propriété

forestière, et constituent, dans une certaine mesure, un trouble à l'ordre public; mais l'Administration forestière, lorsqu'elle en poursuit la répression, a surtout en vue la réparation du préjudice causé à la propriété forestière; si la conservation de cette propriété intéresse l'ordre public, il n'en est pas moins vrai qu'elle recherche la réparation d'un préjudice pécuniaire, et que, devenant par là même une véritable partie au procès, elle est, par suite, soumise à toutes les conséquences de son rôle.

177. Il a été jugé que l'administration des Forêts ne peut être condamnée à des dommages-intérêts au profit du prétendu délinquant, qu'autant qu'elle aurait évidemment agi par esprit de vexation (Caen, 20 juin 1866, *Rép. de lég. et de jur. for.*, t. 4, n° 625). Cet arrêt a été rendu dans une affaire où l'Administration avait intenté, devant le tribunal correctionnel, une action en dommages-intérêts contre un individu qu'elle prétendait coupable du délit de droit commun d'arrachement de borne servant de limite à une forêt domaniale. Cette solution ne nous paraît pas devoir être suivie; elle est, en effet, contraire aux principes posés par la cour de cassation dans l'arrêt du 4 juill. 1864, cité *suprà*, n° 176. D'autre part, le reproche d'avoir agi de mauvaise foi et par esprit de vexation ne peut guère atteindre un être purement moral, tel qu'une administration publique. Si un fait de cette nature se produit, il constitue, à la charge du fonctionnaire chargé des poursuites, un abus de pouvoir, qui donne ouverture contre lui à une action en dommages-intérêts au profit de la partie lésée, mais non une faute de l'Administration dont il est l'agent (*Rép. de lég. et de jur. for.*, t. 4, n° 625, p. 140; note 1).

Art. 3. — *Désistement.* — *Acquiescement (Rép. n°s 436 à 438) Transaction.*

178. — I. DÉSISTEMENT. — Le droit, pour l'Administration forestière, de se désister en première instance des actions qu'elle a intentées, était contesté avant la revision du code forestier par la loi du 18 juin 1859 (*Rép.* v° *Forêts*, n° 436), bien que, suivant l'opinion la plus accréditée, on admit les agents forestiers à se désister avec l'agrément de l'Administration supérieure. Aujourd'hui cette faculté n'est plus contestable en présence des dispositions introduites dans l'art. 159 c. for. par la loi du 18 juin 1859, qui autorisent l'Administration forestière à transiger avant ou après jugement.

179. — II. TRANSACTION. — La faculté de transiger, insérée dans une addition au texte de l'art. 159 c. for., par la loi du 18 juin 1859 (V. *suprà*, n° 10), peut porter : 1° avant jugement définitif, sur la poursuite des délits et des contraventions en matière forestière commis dans les bois soumis au régime forestier; 2° après un jugement définitif, sur les peines et réparations pécuniaires. La loi du 10 juin 1859 a consacré, sous ce rapport, une pratique suivie par l'Administration forestière, qui transigeait fréquemment après jugement; mais cette pratique administrative ne reposait que sur l'art. 11 de l'ordonnance du 1er août 1827 dont la légalité était, à ce point de vue, fort contestable; il a paru utile de la consacrer dans la loi. Comme on l'a vu (*suprà*, n° 10), la faculté de transiger, conférée à l'Administration, est un des moyens que le législateur a employés pour atteindre le but qu'il s'était assigné, celui de mieux assurer la répression des délits forestiers, en tenant un plus juste compte des circonstances du délit, que la défense faite aux juges de modérer les peines ne permettait pas de prendre en considération. « Un plus grand inconvénient que la faiblesse de la loi et l'inactivité des poursuites, disait l'exposé des motifs de la loi du 18 juin 1859, c'est l'impuissance de la justice à se faire obéir et à soumettre le mal. Cet inconvénient se rencontre dans l'application de la loi pénale en matière forestière. Il tient à la nature même de cette législation qui, par une sorte de contradiction, est obligée de multiplier les peines pécuniaires pour rester dans son principe; tandis que, dans ses effets, c'est à la classe la plus indigente de la société que généralement elle s'adresse. L'insolvabilité des condamnés paralyse l'action des tribunaux dont elle défie les rigueurs, et, de l'impunité qu'elle promet, elle mène à ces nombreuses récidives qui, par leur accumulation même, semblent s'élever au-dessus de toute répression.

Sans doute l'emprisonnement, édicté comme peine directe, est en partie, un remède à ces excès, parce qu'ils trahissent une dépravation, et que la faculté de prononcer l'infliction corporelle est attribuée au magistrat pour lui permettre de sonder et d'atteindre plus profondément la moralité des actes qui lui sont déférés. Mais si l'emprisonnement a été introduit dans plusieurs articles du code forestier, il ne remplace jamais les peines pécuniaires qui toutes ont été maintenues. Convertir l'amende en emprisonnement, par ce motif que l'amende est irrécouvrable, c'eût été peser sur la peine, dépasser la mesure de la justice et renverser la théorie du code de 1827. L'exercice de la contrainte par corps est, pour le cas d'insolvabilité absolue, le seul mode d'exécution des jugements qui entrent dans le plan du code forestier. Les désavantages de cette procédure rigoureuse ont été souvent signalés; elle ajoute des accroissements de frais qui augmentent encore l'insolvabilité des condamnés, et qui, presque toujours, restent à la charge des contraignants; elle rend nécessaire une nouvelle intervention de la partie qui a requis la condamnation et l'accomplissement de nouvelles formalités; elle envenime la poursuite, elle excite des animosités et des vengeances ». On permit donc à l'Administration d'exonérer les inculpés des charges qui excéderaient leurs forces, de mesurer la répression à leurs ressources et, en épargnant au Trésor des avances qui ne lui étaient le plus souvent pas remboursées, de diminuer les chances d'impunité.

180. La loi du 18 juin 1859 n'a déterminé les effets de la transaction qu'à l'égard des délits intéressant les bois soumis au régime forestier. Elle n'a rien innové en ce qui concerne les délits commis dans les bois des particuliers. La transaction qui, dans ce dernier cas, peut intervenir, reste soumise aux règles du droit commun. Elle ne peut, par conséquent, avoir d'autres effets que ceux de toute convention civile. Spécialement, tandis que la transaction entre l'administration des Forêts et le délinquant éteint à la fois l'action publique et l'action civile si elle intervient avant un jugement définitif et fait tomber la condamnation lorsqu'elle suit un jugement qui ne peut plus être réformé, la transaction entre particuliers ne produit d'effet qu'à l'égard de l'action civile. Elle n'éteint pas l'action publique, qui peut toujours être exercée par l'Administration forestière ou par le ministère public, et ne décharge pas les condamnés des peines prononcées par les tribunaux de répression, sous réserve du droit de grâce qui appartient au chef de l'État, et de la conversion en prestations en nature des amendes et condamnations aux frais.

181. Le droit de transaction, conféré à l'Administration forestière, peut s'exercer dans tous les cas où il s'agit de contraventions ou de délits forestiers commis dans les bois soumis au régime forestier, sans aucune distinction entre les bois qui appartiennent à l'État, et ceux qui appartiennent aux communes ou aux établissements publics. Pour les bois des deux dernières catégories, le droit de l'Administration fut contesté lors de la discussion de la loi de 1859. Mais on admit que l'administration des Forêts, qui a dans ses attributions la régie, la protection des bois des communes et des établissements publics, et la faculté de poursuivre les infractions qui s'y commettent, doit jouir, dans la répression de ces infractions, des mêmes droits que ceux qui lui sont conférés à l'égard des forêts domaniales. Elle a donc, en ce qui concerne les forêts des communes et des établissements publics, le droit exclusif de transiger, sans avoir à demander l'avis des conseils municipaux ou des commissions administratives. — Rien ne s'oppose toutefois à ce que l'administration des Forêts demande cet avis lorsque des circonstances spéciales le rendent opportun; mais alors même qu'elle l'aurait demandé, elle n'est nullement tenue de s'y conformer. D'ailleurs, l'Administration centrale se réserve de juger les cas où il y a lieu de réclamer l'avis des conseils municipaux ou commissions administratives, et les chefs de service sont invités à s'abstenir de démarches directes; l'Administration centrale restant seule juge des motifs qu'ils peuvent avoir de provoquer ces avis (V. Circ. adm. for. 31 janv. 1860, D. P. 60. 3. 13 ; 22 janv. 1880, *Nouvelle série*, n° 262 ; *Rép. de lég. et de jur. for.*, t. 9, n° 27).

182. Une autre conséquence du caractère général et exclusif du droit de transaction qui appartient à l'Administra-

tion forestière, est que les conseils municipaux, ou les commissions administratives ne peuvent renoncer, en tout ou en partie, aux réparations civiles stipulées au profit des communes ou des établissements publics. Le payement de ces réparations doit toujours être exigé, quand bien même les représentants des corps intéressés auraient émis des délibérations tendant à en faire l'abandon (Décis. min. fin. et min. int. 7 déc. 1875 ; Circ. dir. gén. compt. 28 janv. 1874, *Rép. de lég. et de jur. for.*, t. 6, n° 20 ; Circ adm. for. 22 janv. 1880, *Nouvelle série*, n° 262, *Rép. de lég. et de jur. for.*, t. 9, n° 27).

183. On a vu que le pouvoir de transaction attribué à l'Administration forestière ne s'étend pas aux délits et contraventions commis dans les forêts particulières. Cette Administration ne saurait donc transiger lorsque la poursuite est motivée par le défrichement d'un bois particulier sans l'observation des formes prévues par l'art. 219 c. for. (Av. Cons. d'Etat, 26 nov. 1860, D. P. 61. 3. 62 ; Circ. adm. for. 12 mars 1861, *Ancienne série*, n° 804 ; *Bull. des ann. for.*, t. 8, p. 533). Toutefois, les délits de défrichement peuvent être l'objet de demandes en cessation de poursuites et en remises de condamnations, demandes qui sont soumises à la décision du ministre de l'agriculture après une instruction suivie d'après les règles tracées par la circulaire du 12 mai 1854, *Ancienne série*, n° 734 (V. Instr. du direct. gén. de la compt. publ. du 28 janv. 1874, *Rép. de lég. et de jur. for.*, t. 6, n° 20 ; Circ. adm. for. 12 mars 1861, *Ancienne série*, n° 804 ; *Bull. des ann. for.*, t. 8, p. 533).

184. Comme on l'a vu *suprà*, n° 179, la transaction peut avoir lieu soit avant le jugement, soit après un jugement définitif ; en d'autres termes, elle peut être conclue à toutes les phases de la poursuite. Elle peut donc intervenir : 1° avant jugement et avant citation ; 2° avant jugement et après citation ; 3° après jugement. La transaction avant jugement, qu'elle soit antérieure ou postérieure à la citation, constitue, suivant les termes de l'exposé des motifs de la loi du 18 juin 1859, une sorte d'exécution anticipée du jugement qui interviendrait. Aussi n'est-elle admise que dans les cas où la condamnation est inévitable (V. D. P. 59. 4. 99, note 28 et 59), et à la suite d'un procès-verbal régulièrement dressé (Circ. adm. for. 31 janv. 1860 *Ancienne série*, n° 786, D. P. 60. 3. 13). Elle a toujours pour effet de dégrever les inculpés des frais de justice, ordinairement plus élevés que les amendes encourues, de prévenir les frais de déplacement que supportent les inculpés et qu'accroît la centralisation, au tribunal correctionnel, des poursuites de toute nature intentées par l'administration des Forêts. Enfin, elle permet de modérer les réparations civiles (Exposé des motifs, D. P. 59. 4. 99, note, n° 28).

185. — 1° *Transaction avant jugement et avant citation.* — La transaction consentie avant la citation et avant la signification du procès-verbal s'applique principalement aux délits peu importants et aux délinquants pauvres (V. Circ. adm. for. 31 janv. 1860, *Ancienne série*, n° 786, D. P. 60. 3. 13, n° 5 ; une circulaire de la même administration, du 8 oct. 1883, *Nouvelle série*, n° 318, et notre *Code forestier annoté, Additions complémentaires*, art. 159, n° 307 *bis*). Elle ne peut intervenir qu'après l'accomplissement des formalités d'affirmation et d'enregistrement du procès-verbal. Elle lient l'action publique, à la condition d'être proposée, consentie et exécutée dans les trois mois du jour de l'infraction, délai de prescription du délit, et lorsqu'elle est proposée par l'Administration forestière, à la condition d'être acceptée et exécutée dans les trente jours qui suivent la décision du conservateur. Elle consiste généralement dans l'abandon des poursuites moyennant le payement des frais du procès-verbal ; c'est la limite extrême au-dessous de laquelle la transaction n'est jamais consentie (V. Circ. adm. for. 31 janv. 1860, D. P. 60. 3. 13, n° 5).

186. L'instruction des demandes de transaction est réglée par des instructions ministérielles (V. notre *Code forestier annoté*, art. 159, n°s 311 à 330). Il suffira de constater ici que les transactions soumises à l'approbation du conservateur peuvent être proposées par l'Administration forestière, tandis que celles qui ne deviennent définitives que par l'approbation du directeur des forêts ou du ministre des finances ne sont conclues que sur la demande des parties

(Instr. dir. gén. compt. publ. 28 janv. 1874, *Rép. de lég. et de jur. for.*, t. 6, n° 20). Dans le cas où la transaction est proposée par l'Administration, elle doit, pour produire effet, être acceptée par le délinquant dans le délai de trois mois qui a été indiqué *suprà*, n° 185. A défaut d'acceptation, le délinquant poursuivi ne pourrait se prévaloir de la transaction pour repousser les poursuites (Nîmes, 11 févr 1876, *Rép. de lég. et de jur. for.*, t. 7, n° 42).

187. — 2° *Transaction avant jugement et après citation.* — La transaction, après la signification du procès-verbal, peut être proposée d'office par les agents forestiers, Circ. adm. for. du 31 janv. 1860, cité *suprà*, n° 184, bien que le plus souvent elle ne soit conclue que sur la demande des délinquants. Elle peut intervenir tant que le jugement n'est pas définitif. En effet, dans la discussion de la loi du 18 juin 1859, le Gouvernement a admis que l'Administration peut transiger après que le ministère public a donné ses conclusions et avant que le jugement intervenu soit devenu *définitif* par l'expiration des délais de l'opposition et de l'appel (D. P. 69. 2. 116, note 2. V. l'analyse de cette discussion, D. P. 59. 4. 108, note 6).

A quelque moment qu'elle intervienne, elle a pour effet d'éteindre l'action publique, que les poursuites soient exercées par l'Administration forestière ou par le ministère public, et alors même que ces poursuites pourraient amener une condamnation à des peines corporelles. Par suite, lorsque la transaction a été acceptée par le prévenu et exécutée, toute citation ultérieure donnée par le ministère public et toute condamnation qui en aurait été la conséquence, doivent être annulées (Caen, 7 avr. 1869, aff. Hache, D. P. 69. 2. 116).

188. La signification du procès-verbal et la citation donnée au délinquant constituant des actes de poursuite, l'action correctionnelle n'est prescrite qu'après trois années révolues à dater de ces actes ; il n'est, dès lors, pas nécessaire que la transaction soit proposée, acceptée et exécutée dans les trois mois, comme cela a lieu pour la transaction qui intervient avant la citation. L'Administration a une latitude suffisante pour instruire ces demandes à fin de transaction, et accorder, au besoin, des délais pour l'exécution (Circ. 31 janv. 1860, D. P. 60. 3. 13, n° 5).

189. La transaction, après signification du procès-verbal, intervient généralement dans les affaires qui offrent une certaine importance ou, du moins, dans celles où les sommes réclamées par l'Administration dépassent sensiblement les frais de signification du procès-verbal et de citation. — En ce qui concerne l'instruction des transactions après citation et avant jugement, V. notre *Code forestier annoté*, art. 159, n°s 339 à 347.

190. — 3° *Transaction après jugement.* — La transaction après jugement éteint l'action publique lorsqu'il n'est pas définitif, en d'autres termes, quand il est susceptible d'opposition ou d'appel. Elle fait alors tomber même la condamnation à l'emprisonnement (V. *suprà*, n° 187) et l'efface de telle sorte que la condamnation ne peut plus avoir pour effet, en cas de délit ultérieur, de constituer le prévenu en état de récidive (Puton, *Législation forestière*, p. 155).

Au contraire, la transaction qui intervient après un jugement définitif ne peut plus porter que sur les peines et réparations pécuniaires. Elle ne peut effacer la peine de l'emprisonnement lorsque cette peine est prononcée. Les pouvoirs de l'Administration forestière sont ainsi restreints dans leur étendue, comme le sont, en pareil cas, ceux des administrations fiscales qui dépendent du ministère des finances, telles que les Douanes, les Contributions indirectes, et de l'administration des Postes. — Pour ce qui a trait à l'instruction des transactions après jugement, V. notre *Code forestier annoté*, art. 159, n°s 356 à 371.

191. Le droit de transiger, attribué à l'Administration forestière, est corrélatif au droit de poursuivre et a les mêmes limites que ce droit. En effet, la disposition additionnelle introduite dans l'art. 159 c. for., par la loi du 18 juin 1859, qui autorise l'Administration forestière à transiger sur la poursuite des délits et contraventions commises dans les bois soumis au régime forestier, est conçue dans le même esprit et formulée dans les mêmes termes que la disposition du même article qui la charge de poursuivre la répression et la réparation des mêmes délits et contraventions. Le droit

de transaction s'étend donc, comme le droit de poursuite, à tout ce qui est réputé délit en matière forestière. Mais, de même que le droit de poursuite attribué à l'Administration forestière, ne s'étend pas aux délits de pur droit commun, par cela seul qu'ils auraient été commis dans un bois soumis à sa surveillance, de même le droit de transaction cesse d'appartenir à cette Administration lorsque le délit est un délit non forestier, qui ne peut être poursuivi que par le ministère public (V. Civ. cass. 24 déc. 1868, aff. Hache, D, P. 69. 1. 209 ; Av. Cons. d'Et. 26 nov. 1860, D. P. 61. 3. 62 ; Circ. direct. gén. for. 31 janv. 1860, D. P. 60. 3. 12, et 12 mars 1861, Bull. des ann. for., t. 8, p. 533). — Sur le droit qu'a l'Administration forestière de transiger sur les poursuites concernant les délits de chasse commis dans les bois soumis au régime forestier, V. suprà, v° Chasse, n°s 1288 et suiv.

192. La compétence des autorités appelées à statuer en matière de transactions sur délits forestiers est aujourd'hui réglée par le décret du 22 déc. 1879, qui a remplacé et abrogé les art. 1 et 2 du décret du 21 déc. 1859. Aux termes de ce décret, les transactions sur la poursuite des délits et contraventions commis dans les bois soumis au régime forestier deviennent définitives : 1° par l'approbation des conservateurs des forêts, lorsque les condamnations encourues ou prononcées, y compris les réparations civiles, ne s'élèvent pas au-dessus de 1000 fr. ; 2° par l'approbation du sous-secrétaire d'Etat, président du conseil d'administration des forêts (actuellement, depuis le décret du 10 janv. 1882 et l'arrêté ministériel du 11 du même mois, du directeur des forêts), quand les condamnations sont supérieures à 1000 fr., sans excéder 2000 fr. ; 3° par l'approbation du ministre de l'agriculture, quand les condamnations s'élèvent à une somme supérieure à 2000 fr. — Le décret du 22 déc. 1879 a supprimé la distinction, établie par celui du 21 déc. 1859, entre les délits ou contraventions commis par les adjudicataires de coupes et les autres infractions forestières, les attributions des conservateurs s'étendent, en conséquence, à toutes les contraventions, y compris celles qui sont imputables aux adjudicataires ou entrepreneurs de coupes, pour lesquelles les condamnations encourues ou prononcées ne s'élèvent pas à plus de 1000 fr. (Circ. adm. for. 22 janv. 1880, Nouvelle série, n° 262, Rép. de lég. et de jur. for., t. 9, n° 27).

193. L'Administration forestière est investie par la loi du 18 juin 1859, comme la plupart des administrations financières, de la plénitude du droit de transaction. Elle est maîtresse d'en user ou de s'en abstenir suivant les circonstances, la nature de l'infraction, le caractère, les habitudes, la moralité, la fortune de celui qui l'a commise. La plupart du temps, ce sont ces circonstances qui doivent guider les agents forestiers et dicter leur conduite ; les règles que l'Administration a tracées à ses subordonnés n'ont rien d'absolu et d'invariable ; leur application dépend des circonstances.

194. C'est au point de vue de l'amende et des réparations civiles que la transaction produit les effets les plus étendus ; on a vu déjà (suprà, n° 190) qu'elle n'exonère le délinquant de la condamnation à l'emprisonnement qu'autant qu'elle a lieu avant que le jugement soit devenu définitif. La remise de l'amende, au contraire, peut être consentie par l'Administration, à quelque moment que la transaction intervienne. D'autre part, le dernier paragraphe de l'art. 159 laisse à l'Administration toute latitude pour accorder la remise partielle ou même totale de l'amende ; c'est en cela qu'il lui est possible, selon le vœu de la loi du 18 juin 1859, de tenir compte des motifs d'indulgence qui peuvent exister dans chaque cas particulier. Le sacrifice déjà imposé au délinquant par le payement des réparations civiles et des frais constitue, dans certains cas, une pénalité que l'Administration peut juger suffisante (Circ. adm. for. 22 janv. 1880, Nouvelle série, n° 262, Rép. de lég. et de jur. for. t. 9, n° 27).

Toutefois, lorsqu'elle consent une réduction de l'amende, l'Administration ne peut remettre les décimes afférents aux sommes qu'elle maintient à titre d'amende. Le décime forme, en effet, un accessoire des droits et des amendes qui y ont été assujettis par la loi, et ne peut être supprimé administrativement à l'égard des sommes qui conservent, malgré la transaction, le caractère d'amendes (Circ. adm.

for. 12 mars 1861, Ancienne série, n° 801, Bull. des ann. for., t. 8, p. 133).

195. La transaction sur les réparations civiles, c'est-à-dire sur la restitution et les dommages-intérêts, peut être également consentie par l'Administration, comme celle sur l'amende. Toutefois, l'Administration supérieure ne laisse pas, à ce point de vue, une latitude aussi grande à ses agents que lorsqu'il s'agit de la transaction sur l'amende. Il est de règle que la somme à exiger du délinquant doit assurer au propriétaire de la forêt une juste réparation du préjudice résultant du délit. Elle doit donc comprendre, à la fois, des restitutions se montant à la valeur des produits enlevés et des dommages-intérêts représentant, aussi exactement que possible, le préjudice d'avenir causé à la forêt. Les agents forestiers ne peuvent se départir de ces bases que dans des cas tout à fait exceptionnels, par exemple, quand l'intérêt même du propriétaire est d'abaisser le chiffre des réparations civiles, afin d'en obtenir le payement de la part de délinquants auxquels leur état d'indigence ne permettrait pas d'acquitter une somme plus forte (Circ. adm. for. 22 janv. 1880, Nouvelle série, n° 262, Rép. de lég. et de jur. for., t. 9, n° 27).

Il résulte de la même circulaire qu'aucune distinction n'est à observer à cet égard entre les bois domaniaux et ceux des communes et établissements publics ; et que l'on doit considérer comme abrogée, en ce qui concerne les délits commis dans ces dernières forêts, la règle de proportionnalité entre les réparations civiles et l'amende, prescrite par la circulaire du 31 janv. 1860 (Circ. préc. 22 janv. 1880, Comp. Circ. adm. for. 31 janv. 1860, Ancienne série, n° 786, D. P. 60. 3. 13, n° 2 ; Bull. des ann. for., t. 8, p. 477). Enfin l'art. 202 c. for., suivant lequel les dommages-intérêts ne peuvent être inférieurs à l'amende simple, n'est pas applicable aux transactions (Circ. adm. for. 22 janv. 1880, Nouvelle série, n° 262, Rép. de lég. et de jur. for., t. 9, n° 27).

196. Les frais n'entrent pas, en général, dans la transaction ; le décret du 21 déc. 1859 n'a pas délégué aux conservateurs le droit de transiger sur les frais, lorsque les transactions interviennent avec des délinquants solvables. Les frais considérés comme une avance du Trésor doivent toujours être recouvrés lorsqu'il y a matière à recouvrement ; et même on a jugé que, dans le cas où il refuse la transaction qui lui a été proposée, le délinquant doit être condamné au payement des frais qu'elle a occasionnés (Trib. Verdun, 12 mai 1865, Rép. de lég. et de jur. for., t. 3, n° 417).

197. La transaction peut, dans quelques cas, être subordonnée à l'accomplissement de certaines conditions particulières. Ainsi, à l'occasion des poursuites dirigées contre des adjudicataires ou des entrepreneurs de coupes pour retard dans les travaux d'exploitation, il est recommandé aux conservateurs de faire, de la mise en ordre de la coupe, pour un terme indiqué, une des conditions de la transaction à intervenir ; car, l'action résultant du délit s'éteignant par le payement de la transaction, l'Administration risquerait de se trouver désarmée, si l'adjudicataire, après s'être libéré, refusait de terminer son travail (Circ. adm. for. 22 janv. 1880, Nouvelle série, n° 262, Rép. de lég. et de jur. for., t. 9, n° 27).

De même, lorsqu'un retard d'exploitation ayant été constaté par procès-verbal, l'adjudicataire sollicite une prolongation de délai, on demande ne fait pas l'objet d'une décision séparée, mais simplement d'une clause de la transaction qui peut lui être accordée, sauf à tenir compte, dans le calcul des réparations civiles, des dommages résultant du retard (Circ. précitée du 22 janv. 1880).

SECT. 2. — EXTINCTION DE L'ACTION PUBLIQUE ET DE L'ACTION PRIVÉE. — CHOSE JUGÉE. — DÉCÈS DU PRÉVENU. — AMNISTIE (Rép. v° Forêts, n°s 439 à 450).

198. On a vu Rép. v° Forêts, n° 439, que l'action publique en matière forestière s'éteint : 1° par la chose jugée ; 2° par le décès du prévenu ; 3° par l'amnistie ; 4° par la prescription. L'action privée s'éteint par la chose jugée et la prescription. Les explications qui ont été fournies au Répertoire, sur ces divers modes d'extinction de l'action

publique et de l'action privée, ont conservé toute leur valeur; nous nous bornerons à de courtes observations complémentaires.

199. Les modes d'extinction de l'action publique en matière forestière, qui viennent d'être énumérés, sont de droit commun, ce sont ceux qui sont applicables en toute matière criminelle. Mais il est à remarquer que, à la différence de ce qui a lieu en toute autre matière, l'action publique n'est pas éteinte, en matière forestière, par la condamnation du prévenu à une peine plus forte que celle que lui ferait encourir un délit antérieur à celui pour lequel il a été condamné; c'est une conséquence de la règle que le principe du non-cumul des peines ne s'applique pas en cette matière (*supra*, n° 128). En revanche, l'action publique en matière forestière est susceptible, comme on l'a vu, de s'éteindre par la transaction (*supra*, n°ˢ 179 et suiv.), par l'acquiescement et par le désistement (*supra*, n° 178); ce sont là des conséquences directes ou indirectes des modifications apportées, par la loi du 18 juin 1859, aux dispositions du code forestier de 1827. Il en est de même à l'égard de l'action civile : la transaction (*supra*, n°ˢ 179 et suiv.) et l'acquiescement émané soit des parties civiles lésées par l'infraction, soit de l'Administration forestière relativement aux infractions commises au préjudice des bois soumis au régime forestier, éteignent cette action.
— Enfin le désistement émané, soit de la partie lésée, soit de l'Administration forestière, en ce qui concerne les délits commis au préjudice des bois assujettis au régime forestier, anéantit la procédure suivie jusqu'alors, et peut même entraîner, dans une opinion, l'extinction de l'action civile elle-même (V. *supra*, v° *Désistement*, n° 17).

Sect. 3. — Poursuites contre les personnes civilement responsables (*Rép.*, v° *Forêts*, n°ˢ 451 à 468).

200. Les explications relatives à la responsabilité civile des maris, pères, mères, tuteurs, maîtres, contremaîtres, etc., fournies au *Rép.*, v° *Forêts*, n°ˢ 451 et suiv., n'exigent aucun complément.

Sect. 4. — Tribunaux compétents pour connaître des actions forestières (*Rép.*, v° *Forêts*, n°ˢ 469 à 486).

201. Comme on l'a exposé au *Rép.*, v° *Forêts*, n° 474, le tribunal correctionnel est, aux termes de l'art. 171 c. for., compétent pour connaître des poursuites en réparation des délits et contraventions en matière forestière, dès que ces poursuites sont exercées par l'administration des Forêts. Le ministère public, au contraire, est astreint, lorsqu'il exerce une poursuite en matière forestière, à se conformer aux règles du droit commun. — Il doit, par conséquent, porter les poursuites en matière forestière : devant le tribunal correctionnel, quand elles se rattachent à un délit proprement dit, c'est-à-dire quand la peine applicable excède cinq jours d'emprisonnement et 15 fr. d'amende, et devant le tribunal de simple police, lorsqu'il s'agit d'une contravention de police, c'est-à-dire lorsque la peine applicable n'excède pas cinq jours d'emprisonnement et 15 fr. d'amende (*Rép.*, v° *Forêts*, n° 478; Civ. cass. 29 juill. 1853, aff. Naon et cons, D. P. 53. 1. 238; Crim. cass. 3 mars 1866, aff. Saux, D. P. 67. 5. 221).

Il a été toutefois jugé que, si une contravention avait été improprement qualifiée délit et poursuivie comme telle devant le tribunal correctionnel par le ministère public, ce tribunal ne serait pas tenu de se déclarer incompétent, à défaut d'une demande de renvoi (*Rép.*, v° *Forêts*, n° 476), alors que le juge de police qui serait saisi d'une poursuite comportant une peine correctionnelle excédant les limites de sa compétence ne saurait retenir la cause sans excès de pouvoir (Crim. cass. 3 mars 1866, précité).

202. L'action civile, suivant l'opinion générale, doit être intentée conformément aux règles du droit commun, lorsqu'elle est exercée par la partie civile ou par le ministère public. Elle doit donc être portée, suivant les circonstances, devant le tribunal correctionnel ou devant le tribunal de police, lorsqu'elle est exercée accessoirement à l'action publique; devant la juridiction civile, lorsqu'elle est exercée

séparément (V. notre *Code forestier annoté*, art. 171, n°ˢ 84 et suiv.).

203. Le tribunal correctionnel est seul compétent pour statuer sur l'action civile exercée par l'Administration forestière accessoirement à l'action répressive (*Rép.*, v° *Forêts*, n° 478). Mais il est des cas où l'Administration forestière peut avoir à exercer l'action civile séparément de l'action publique, dans le cas, par exemple, où celle-ci se trouve éteinte par le décès du prévenu, par une amnistie, etc.; ou encore dans le cas où le fait reproché au prévenu ne constitue pas un délit tombant sous l'application de la loi pénale, s'il s'agit par exemple, d'un droit inhérent au sol ou au produit des forêts comme l'action en démolition de maisons ou fermes, établies sans autorisation à distance prohibée des forêts soumises au régime forestier, ou l'action en nullité de ventes irrégulières (Puton, *Législation forestière*, p. 156), etc. Dans ces différents cas, l'Administration des forêts aurait-elle encore l'action civile devant les tribunaux correctionnels, ou doit-elle, au contraire, saisir les tribunaux civils?

204. Dans une opinion qui a été, jusqu'à ces dernières années, suivie non seulement par les auteurs, mais par la jurisprudence, l'Administration des forêts avait toujours le droit de saisir les juges correctionnels. Aux arrêts qui ont été cités au *Rép.* v° *Forêts*, n°ˢ 478 et suiv., et qui admettaient que l'action civile pouvait être portée devant le tribunal correctionnel, même lorsqu'il s'agissait d'une action en responsabilité dirigée contre les gardes, sont venues s'ajouter plusieurs décisions importantes. Il avait été jugé : 1° que l'action civile résultant d'un délit forestier, commis dans un bois communal soumis au régime forestier, peut et doit être portée isolément devant la juridiction correctionnelle par les agents des forêts, lorsque l'action publique est éteinte par une amnistie (Grenoble, 6 janv. 1870, aff. Rognin, D. P. 72. 2. 187) ;... Ou après la prescription de l'action pénale (Chambéry, 18 avr. 1861, *Rép. de lég. et de jur. for.*, t. 1, n° 24) ; — 2° Que le tribunal correctionnel qui, saisi de la connaissance d'un délit forestier sur la poursuite de l'Administration des forêts, acquitte le prévenu à raison de la force majeure, n'en est pas moins compétent pour statuer sur les conclusions à fin civile de l'Administration (Amiens, 18 janv. 1873, *Rép. de lég. et de jur. for*, t. 5, n° 171) ; — 3° Que les agents forestiers doivent porter devant la juridiction correctionnelle l'action en démolition de maisons ou fermes établies sans autorisation à distance prohibée des forêts soumises au régime forestier (Metz, 12 juin 1867, aff. Rappine, D. P. 67. 2. 164) ; ... Ou l'action tendant à faire prononcer la saisie et la restitution de bois de construction non employés par un usager dans le délai de deux ans à partir de leur délivrance (Metz, 12 juin 1867, aff. Mayer, D. P. 67. 2. 164).

205. Mais un arrêt de la cour de cassation, chambre criminelle, du 9 mai 1879, aff. Mariani, D. P. 83. 1. 183, a décidé, contrairement à cette jurisprudence, que l'administration des Forêts ne peut jamais exercer, devant le tribunal correctionnel, l'action civile divisément de l'action publique. « Attendu, dit cet arrêt, qu'il est de principe certain que les tribunaux correctionnels ne connaissent de l'action civile qu'accessoirement à l'action publique ; qu'en cas d'inexistence du délit sur lequel l'action civile était basée, ils ne peuvent plus prononcer sur cette action ; Attendu que l'administration des Forêts soutient à tort que l'art. 171 c. for. créerait sous ce rapport à son profit un droit exceptionnel ; — Attendu que l'art. 171 porte, il est vrai, que « toutes les actions et poursuites exercées au nom de l'administration générale des Forêts, en réparation de délits ou contraventions en matière forestière, seront portées devant les tribunaux correctionnels, lesquels sont seuls compétents pour en connaître » ; — Mais que cette disposition n'a pas eu pour but d'apporter aux principes qui régissent l'exercice des actions publique et civile l'exception dont le pourvoi entend se prévaloir ; que l'art. 171 a seulement édicté une règle spéciale de compétence attribuant aux tribunaux correctionnels, dans tous les cas, même dans les cas de simples contraventions, la connaissance des actions poursuivies à la requête de l'administration des Forêts ; que celle-ci n'y saurait puiser le droit exceptionnel d'exercer l'action civile, divisément de l'action publique ».

La doctrine que la cour de cassation avait suivie jus-

qu'à cet arrêt nous semble préférable, toutes les fois que l'action civile a pour point de départ un délit forestier dont la poursuite appartient à l'Administration forestière concurremment avec le ministère public. La solution consacrée par l'arrêt du 9 mai 1879 restreint à l'action publique la portée de l'art. 171 c. for., alors que les dispositions générales de cet article paraissent s'appliquer à l'action civile aussi bien qu'à l'action publique. En outre, elle ne donne pas complète satisfaction au vœu du législateur, qui, en étendant la compétence du tribunal correctionnel à toutes les actions et poursuites en réparation de délits ou contraventions forestières, exercées au nom de l'administration générale des Forêts, et à la requête de ses agents, a eu pour but de faciliter et simplifier le rôle contentieux de cette administration (*Rép.* v° *Forêts*, n° 474).

206. Toutefois, lorsqu'il ne s'agit pas d'un délit forestier, et c'était là le cas qui s'était produit dans l'espèce de l'arrêt du 9 mai 1879, nous serions portés à admettre la doctrine qu'il consacre. En effet, l'art. 171 c. for. ne prévoit expressément que les actions et poursuites, *en réparation de délits ou contraventions en matière forestière*, et s'il attribue compétence au tribunal correctionnel pour ces actions, lorsqu'elles sont intentées par les agents forestiers, il n'envisage nullement le cas où il s'agit de l'action en réparations civiles que l'Administration exercerait en raison de délits qu'il appartient au ministère public seul de poursuivre, ou d'actions qui n'ont pas le caractère de poursuites en réparation d'un délit ou d'une contravention, comme lorsqu'il s'agit d'obtenir la nullité d'une vente irrégulière, la démolition d'une maison, etc. (*supra*, n° 204). L'art. 171 consacre une dérogation au droit commun, une exception aux règles générales de la compétence, et constitue une disposition de droit étroit qui ne peut être arbitrairement étendue. Enfin le principal motif de cette disposition est, comme on l'a dit au *Rép.* v° *Forêts*, n° 474, la nécessité d'éviter aux agents forestiers les déplacements fréquents que l'obligation de se présenter devant les tribunaux de police de chaque canton de leur ressort leur aurait imposés : on a centralisé au tribunal correctionnel de chaque arrondissement le jugement de toutes les infractions, pour mettre la juridiction compétente en quelque sorte sous la main des agents chargés de la poursuite. Or, partout où se trouve le tribunal correctionnel, il y a un tribunal civil. Reste l'objection tirée de l'augmentation des frais, de l'obligation de recourir au ministère des avoués ; l'administration des Forêts se trouverait sous ce rapport dans la même situation que toutes les autres administrations de l'Etat, et, d'ailleurs, il faut reconnaître que les cas où elle exerce l'action civile, séparément de l'action publique, sont des plus rares.

207. L'art. 171 c. for., on l'a vu au *Rép.* v° *Forêts*, n° 483, reçoit exception lorsqu'il s'agit de délits commis par les officiers de police judiciaire dans l'exercice de leurs fonctions. Cette règle doit être étendue à tous les citoyens auxquels leur qualité confère le droit au privilège de juridiction, c'est-à-dire le droit d'être jugé par la première chambre civile de la cour d'appel. Tels sont les membres des cours et tribunaux, les officiers chargés du ministère public, les juges de paix, les grands officiers de la Légion d'honneur, les généraux commandant une division ou un département, les archevêques, évêques, présidents de consistoire, les préfets.

Le privilège de juridiction n'est pas attribué par la loi constitutionnelle de 1875 aux membres du Sénat et de la Chambre des députés qui, seulement, ne peuvent être poursuivis au cours des sessions sans autorisation de la chambre à laquelle ils appartiennent. Il ne s'étend pas non plus aux agents forestiers, qui ne sont pas, comme les gardes, officiers de police judiciaire (V. notre *Code forestier annoté*, art. 171, n°s 99 et suiv.).

208. On a vu au *Rép.* v° *Forêts*, n° 484, que, dans le silence de l'art. 171, la compétence *ratione loci* des tribunaux correctionnels se détermine d'après les règles du droit commun. Lorsqu'il s'agit d'infractions commises dans des forêts appartenant à des communes ou établissements publics français, mais situées sur le territoire étranger, la poursuite peut être exercée en France contre l'inculpé, s'il est français, dans les conditions déterminées par la loi du 27 juin 1866 (D. P. 66. 4. 78).

CHAP. 8. — Prescription (*Rép.* v° *Forêts*, n°s 486 à 492).

209. L'art. 185 c. for. fixe à trois mois, à compter du jour où les délits et contraventions ont été constatés, la prescription des infractions forestières qui ont fait l'objet d'un procès-verbal, lorsque les prévenus y sont désignés, et à six mois dans le cas contraire (*Rép.* v° *Forêts*, n° 487). On en a conclu que l'action publique, dans l'hypothèse où l'infraction n'a pas été l'objet d'un procès-verbal, se prescrit par le délai de trois ans, s'il s'agit d'un délit correctionnel, c'est-à-dire d'une infraction punie d'une amende supérieure à 15 fr. ou d'un emprisonnement excédant cinq jours (Conf. Limoges, 2 févr. 1854, aff. Piquier, D. P. 55. 5. 234; Trib. corr. Lunéville, 13 juin 1871, aff. Buot, D. P. 71. 3. 92); et par le délai d'un an, s'il s'agit d'une contravention de simple police (Conf. Crim. rej. 24 mai 1850, aff. Jacquelin, D. P. 50. 5. 244; Nîmes, 4 juin 1863, *Rép. de lég. et de jur. for.*, t. 2, n° 295). On a réfuté au Répertoire les objections opposées à ce système, auquel la jurisprudence et la doctrine se sont toujours rangées.

210. L'art. 185 ne fait courir la prescription qu'à compter du jour où le délit a été constaté, de sorte qu'à défaut d'une constatation régulière, c'est encore la prescription du droit commun et non celle de l'art. 185 qui est applicable. La nullité du procès-verbal entraîne en effet l'inexistence juridique de cet acte et par suite le défaut de constatation de l'infraction (Trib. corr. Mende, 17 févr. 1882; *Rép. de lég. et de jur. for.*, t. 10, n° 166). — La prescription de trois mois ou de six mois ne saurait non plus être acquise si le procès-verbal, quoique régulièrement dressé, n'était pas enregistré dans le délai de quatre jours imparti, à peine de nullité, par l'art. 170 c. for. (V. *Rép.* v° *Procès-verbal*, n° 629, Trib. corr. Lunéville, 13 juin 1871, aff. Briot, D. P. 71. 3. 92.)

211. On a prétendu que la prescription de droit commun, applicable, à défaut de celle de l'art. 185, aux infractions forestières, serait uniformément la prescription de trois ans applicable aux délits, alors même qu'il s'agirait d'une infraction qui ne serait punissable que des peines de simple police. A l'appui de ce système, on a invoqué les termes de l'art. 179 c. instr. crim., qui attribue aux tribunaux correctionnels la connaissance de tous les *délits* forestiers poursuivis à la requête de l'Administration, ce qui comprend même les faits punis de moins de 15 fr. d'amende ou de cinq jours d'emprisonnement. L'art. 179 aurait ainsi donné la qualification de délits à toutes les infractions que l'Administration forestière porte devant la juridiction correctionnelle. On a invoqué également l'art. 638 qui soumet à la prescription de trois ans tout délit, de nature à être puni correctionnellement. Ce système a été repoussé, avec raison, par la cour de cassation : en effet, le sens de l'art. 179 c. instr. crim., s'il pouvait paraître douteux avant la promulgation du code forestier, ne l'est plus depuis cette époque. Il est certain, en présence des dispositions de l'art. 171 c. for., que l'art. 179, en employant le mot *délit*, l'emploie dans son sens générique, et que la distinction entre les délits et les contraventions existe aussi bien en matière forestière qu'en matière ordinaire (Crim. rej. 24 mai 1850, aff. Jacquelin, D. P. 50. 5. 244). Mais, d'après un arrêt précédemment rendu dans la même affaire, l'infraction forestière qui est punie de moins de 15 fr. d'amende ou de cinq jours d'emprisonnement doit être considérée comme un délit dont la poursuite, en l'absence de procès-verbaux, se prescrit par trois années, lorsque, en raison de l'état de récidive du prévenu, elle doit être punie de plus de 15 fr. d'amende (Crim. cass. 15 déc. 1849, aff. Jacquelin, D. P. 50. 5. 243).

212. La prescription fixée par l'art. 185 c. for. se règle d'après l'échéance du mois, date pour date, et non à raison d'autant de fois trente jours que la loi indique de mois, sans que le jour où le délit est constaté par procès-verbal compte dans le délai (Crim. rej. 25 juill. 1884, aff. Martin, D. P. 84. 5. 285; Chambéry, 5 janv. 1871, aff. Devigne, D. P. 71. 2. 304. — *Contrà*: Grenoble, 13 janv. 1859, aff. Joubert, D. P. 59. 2. 176). — En ce qui concerne le point de départ de la prescription, V. *Rép.* v¹s *Prescription criminelle*, n°s 188 et suiv., *suprà*, eod. v°, n° 213; *Procès-*

24

verbal, n° 597, et notre *Code forestier annoté*, art. 185, n°s 41 et suiv.

213. Il n'est pas nécessaire, pour que l'auteur de l'infraction soit considéré comme désigné par le procès-verbal, qu'il y soit nominativement indiqué ; il suffit que la désignation soit elle qu'aucun doute ne puisse s'élever sur son identité (V. *Rép.* v^ls *Prescription criminelle*, n° 189, *Procès-verbal*, n° 754-4°). Mais il faut qu'il y ait une désignation positive ; le délinquant n'est réputé connu d'une manière certaine et légale que dans la forme que la loi indique, c'est-à-dire par sa désignation dans le procès-verbal ; on ne pourrait, notamment, faire bénéficier un prévenu de la prescription de trois mois, sous le prétexte qu'il était connu des gardes qui ont dressé le procès-verbal (*Rép.* v° *Prescription criminelle*, n° 189).

214. L'art. 186 c. for. déclare les délais de l'art. 185 inapplicables aux infractions commises par les agents et préposés forestiers dans l'exercice de leurs fonctions ; les délais de la prescription sont donc à leur égard, et à l'égard de leurs complices, ceux du droit commun (*Rép.* v° *Forêts*, n° 488). On a émis (*Ibid.*) l'opinion que la même règle doit s'appliquer aux gardes champêtres et aux gardes particuliers, à raison des infractions qu'ils commettent dans les bois confiés à leur surveillance. Mais on a soutenu, au contraire, que la prescription des infractions forestières commises par les gardes champêtres et les gardes particuliers, dans les bois confiés à leur surveillance était soumise à la prescription de l'art. 185 c. for. On s'est fondé sur ce que l'art. 186 ne mentionne que les agents, préposés et gardes de l'Administration forestière pour les excepter de la règle générale de l'art. 185, et sur ce que cette exception ne saurait être étendue, d'autant plus que la disposition de l'art. 186 constitue une aggravation dans la situation des délinquants auxquels elle s'applique, puisqu'elle repousse la prescription de trois et six mois, et soumet, en toutes circonstances, les délits à la prescription de trois ans, et les contraventions à la prescription d'un an. On conçoit, d'ailleurs, que le législateur ait voulu que les agents forestiers et les préposés domaniaux, communaux ou d'établissements publics, fussent exposés à l'action publique et à l'action civile résultant de leurs infractions plus longtemps que les gardes champêtres et particuliers : soit à raison de leur situation privilégiée qui, par la voie de conséquence, exige d'eux un accomplissement plus rigoureux de leurs devoirs professionnels ; soit à raison de la situation favorable de l'État, des communes et des établissements publics, que la loi entoure de plus de précautions que les simples particuliers. Nous croyons, toutefois, devoir persister dans notre première opinion. Comme on l'a dit au *Rép.* v° *Forêts*, n° 488, l'art. 185 est exceptionnel, et on peut considérer la disposition de l'art. 186 c. for. comme surabondante ; la prescription du code d'instruction criminelle est seule applicable aux infractions prévues par le code pénal, et celles qui sont commises par les gardes champêtres et particuliers tombent sous l'application de l'art. 198 de ce dernier code.

215. On a vu au *Rép.* v° *Forêts*, n° 489, que le nouveau délai qui court après un acte interruptif de la prescription des poursuites intentées en vertu d'un procès-verbal, en matière forestière, est le délai de droit commun déterminé par le code d'instruction criminelle. C'est l'application du principe général, d'après lequel, lorsque la prescription de courte durée, édictée par une loi spéciale relativement à certains délits, vient à être interrompue, ce n'est plus, à défaut d'une disposition particulière de la loi, la même prescription qui recommence à courir, mais la prescription du droit commun. Aussi cette règle, quoique quelques controverses, est-elle consacrée par de nombreux arrêts (V. notamment : Besançon, 23 mars 1850, *Rép.* v° *Forêts*, n° 10 ; Orléans, 25 avr. 1853, aff. Regnard, D. P. 54. 5. 586 ; Crim. cass. 17 mars 1866, aff. Jourdan et autres, D. P. 66. 1. 509 ; Rouen, 19 juill. 1866, même affaire, *Rép. de lég. et de jur. for.*, t. 3, n° 474 ; *Rép.* v° *Prescription criminelle*, n° 169, et *suprà*, eod. v°, n°s 192 et suiv.).

216. Le code forestier est muet sur les causes d'interruption de la prescription ; il faut, dès lors, se référer, pour ces causes, aux règles posées par les art. 637 et 638 du code d'instr. crim., et par l'art. 2246 c. civ. (Crim. cass. 3 avr. 1862, aff. Garnier, D. P. 62. 1. 387). — En ce qui concerne

les causes d'interruption de la prescription, V. *Rép.*, v° *Prescription criminelle*, n°s 106 et suiv. et *suprà*, eod. v°, n°s 93 et suiv., et notre *Code forestier annoté*, art. 185, n°s 74 et suiv. En ce qui concerne la suspension de la prescription en matière criminelle, V. *Rép.* v° *Prescription criminelle*, n°s 153 et suiv., *suprà*, eod. v° n°s 148 et suiv., et notre *Code forestier annoté*, art. 185, n°s 116 et suiv.

217. L'art. 185 est applicable à l'action civile en réparation des infractions à la loi forestière comme à l'action pénale ; c'est la règle du droit commun, c'est-à-dire que laquelle l'action civile résultant d'un délit ou d'une contravention se prescrit par le même laps de temps que l'action publique (V. *Rép.* v° *Prescription criminelle*, n°s 92 et suiv.). En conséquence, l'action civile résultant d'une infraction forestière (*délit* ou *contravention*) se prescrit par *trois mois*, si un procès-verbal constate le fait délictueux et désigne le délinquant ; par *six mois*, si un procès-verbal constate l'infraction, sans désigner le délinquant. Dans le cas contraire, l'action civile se prescrit : par *trois ans*, s'il s'agit d'un *délit*, et par *un an*, s'il s'agit d'une *contravention*. Dans aucun cas, il ne saurait y avoir lieu à la prescription trentenaire.

Du reste, à part la détermination des délais requis pour prescrire, la prescription de l'action civile en matière forestière est soumise aux règles du droit commun. Ainsi, en matière de délit forestier, comme en matière de délit du droit commun, les actes de poursuite, faits à la requête de la partie publique, peuvent être invoqués comme *interruptifs* de la prescription, même au profit de l'action civile, alors que celle-ci est exercée avant le jugement, contre la partie civilement responsable devant la juridiction de répression (Metz, 30 mars 1870, aff. Commune de Fépin, D. P. 70. 2. 111).

218. En ce qui concerne la prescription de la peine et la prescription des condamnations civiles, le code forestier ne contient aucune disposition spéciale ; c'est donc aux règles du droit commun qu'il faut se référer (*Rép.* v° *Forêts*, n°s 490 à 492). On a donné, *suprà*, v° *Prescription criminelle*, n°s 12 et suiv., les explications complémentaires que la matière comporte.

CHAP. 9. — Procédure en matière de contraventions et de délits forestiers.

SECT. 1re. — CITATION, QUALITÉ, FORMES (*Rép.* v° *Forêts*, n°s 493 à 539).

219. Le droit, conféré aux gardes de l'Administration forestière, de faire, dans les actions et poursuites exercées au nom de cette Administration, toutes les citations et significations d'exploit, consacré par l'art. 173 c. for. (*Rép.* v° *Forêts*, n° 493), ne leur est attribué que concurremment avec les huissiers, et seulement lorsque les citations sont données à la requête de l'Administration forestière. Le code forestier leur a enlevé toute compétence pour faire les citations à la requête du ministère public (*Rép.* v° *Forêts*, n° 495). Les citations qui émanent du ministère public doivent donc être signifiées par huissiers, ou par la gendarmerie exceptionnellement et dans le cas d'une nécessité urgente et absolue (V. Décr. 1er mars 1854, art. 105 et 107, D. P. 54. 4. 48). Lorsque la citation émane de la partie civile, elle ne peut être valablement faite que par ministère d'huissier (V. Thomas des Chênes, *Droit pénal forestier*, p. 107).

220. Dès l'instant que les gardes forestiers concourent avec les huissiers, pour les citations données à la requête de l'Administration forestière, il faut les soumettre à toutes les règles auxquelles les huissiers sont eux-mêmes soumis et aux dispositions pénales qui peuvent frapper ces officiers ministériels (Puton, *Législation forestière*, p. 261 et suiv. V. L. 2 juill. 1862, art. 20, D. P. 62. 4. 60, et Décr. 30 juill. 1862, art. 1, D. P. 62. 4. 83).

221. Il résulte encore de l'assimilation des gardes aux huissiers qu'ils encourent une *responsabilité* analogue à celle des huissiers, à raison du dommage qu'ils ont causé dans l'exercice de leurs fonctions en matière de citations et de significations, par leur fait, par leur négligence ou par leur imprudence (Puton, *Législation forestière*, p. 262). En ce qui concerne les rétributions auxquelles les agents forestiers ont droit pour les significations et citations dont ils

sont chargés, V. *Code forestier annoté*, art. 173, nᵒˢ 40 et suiv.).

Dans la pratique, les citations et les significations sont écrites au nom des gardes, dans les bureaux des inspecteurs, par les commis de l'inspection (Puton, *Législation forestière*, p. 262; Thomas des Chesnes, *Le droit pénal forestier*, p. 107). Mais le *parlant à* doit être rédigé par les gardes eux-mêmes (Thomas des Chesnes, *loc. cit.*).

222. On a vu au *Rép.* vᵒ *Forêts*, nᵒ 501, que les art. 182 et 183 c. instr. crim., qui sont applicables en matière forestière en vertu des dispositions de l'art. 187 c. for., doivent être rapprochés des dispositions de l'art. 172 du même code, lequel règle la forme des citations, et qu'il faut, en outre, appliquer aux citations correctionnelles, données à la requête de l'Administration forestière, quelques-unes des dispositions du code de procédure civile. Ainsi, les formalités imposées, à peine de nullité, pour les citations ou assignations délivrées en matière civile par les art. 1, 61, 68, 69 et 70 c. proc. civ., sont applicables aux citations en matière correctionnelle (*Rép.* vᵒ *Forêts*, nᵒ 502) et par conséquent aux assignations données en matière forestière (Crim. cass. 16 juill. 1846, aff., Ponsonnailles, D. P. 46. 4. 280; Civ. rej. 25 nov. 1873, *Rép. de lég. et de jur. for.*, t. 9, nᵒ 10). Néanmoins, comme on l'a vu au *Rép.* vᵒ *Forêts*, nᵒˢ 502 et 503, les formalités essentielles et constitutives de l'acte doivent être observées à peine de nullité. Il a été jugé, notamment, qu'une citation délivrée au prévenu et à son père, civilement responsable, n'est pas nulle, parce que les mots *qu'il n'en ignore* ont été laissés au singulier par le garde citateur, et parce que l'adjoint a simplement signé l'original au lieu de le viser, conformément à l'art. 68 c. proc. civ. (Orléans, 9 avr. 1877, *Rép. de lég. et de jur. for.*, t. 7, nᵒ 72).

223. D'ailleurs, comme on l'a vu au *Rép.* vᵒ *Forêts*, nᵒ 308, les nullités d'exploit ou d'acte de procédure doivent être proposées avant toute défense au fond, le code forestier n'autorisant, par aucune disposition, à déroger à ce principe général (Crim. cass. 21 mars 1851, aff. Quevastre, D. P. 51. 5. 279; Crim. rej. 13 févr. 1876, aff. Pagès, D. P. 76. 1. 414). A plus forte raison, de telles nullités ne pourraient-elles être proposées pour la première fois en appel ou devant la cour de cassation (Civ. rej. 25 nov. 1873, *Rép. de lég. et de jur. for.*, t. 9, nᵒ 10).

224. La citation doit, aux termes de l'art. 183 c. instr. crim., contenir élection de domicile dans la ville où siège le tribunal (*Rép.* vᵒ *Forêts*, nᵒ 512) et énoncer les faits (*Rép.* vᵒ *Forêts*, nᵒ 513). Comme on l'a vu au *Rép.*, *ibid.*, nᵒ 513, cette dernière condition est suffisamment remplie, en matière forestière, par la copie du procès-verbal que doit contenir l'acte de citation. Jugé, notamment, que la copie du procès-verbal délivrée conformément à l'art. 172 c. for. supplée à l'omission, dans l'assignation donnée au père du délinquant, de la mention qu'il était assigné comme civilement responsable (Orléans, 9 avr. 1877, *Rép. de lég. et de jur. for.*, t. 7, nᵒ 72).

225. La nullité de l'exploit qui ne contient pas la copie du procès-verbal et de l'acte d'affirmation, conformément à l'art. 172 c. for., est la conséquence de l'omission de cette formalité (*Rép.* vᵒ *Forêts*, nᵒ 521). Cette règle comporte cependant quelques exceptions.

Tout d'abord il faut prévoir le cas où l'infraction n'a pas été constatée par un procès-verbal; la citation ne peut évidemment en contenir copie. L'absence de la copie ne saurait non plus entacher de nullité la poursuite intentée par le ministère public, lorsque cette poursuite n'est pas seulement fondée sur le procès-verbal, mais qu'elle s'exerce après une instruction criminelle faite contradictoirement avec le prévenu (Orléans, 25 avr. 1853, aff. Reynaud, D. P. 54. 5. 391) ; ... ou lorsque la preuve du délit est fournie non seulement au moyen du procès-verbal, mais par une information au cours de laquelle le juge d'instruction a entendu des dépositions de témoins et a interrogé le prévenu (Paris, 31 août 1871, *Rép. de lég. et de jur. for.*, t. 5, nᵒ 52). Dans les deux espèces sur lesquelles ont statué ces arrêts, le prévenu avait reçu notification, dans la citation, et copie textuelle de l'ordonnance de renvoi, qualifiant les divers délits qui lui étaient imputés. Dès lors, à la suite d'une instruction régulière, le prévenu avait pu trouver des moyens suf-

fisants pour préparer sa défense, soit dans l'ordonnance de renvoi, soit dans les divers actes de l'instruction auxquels il avait comparu.

Sect. 2. — Instruction orale en matière forestière.
(*Rép.* nᵒˢ 540 à 547.)

226. Les règles générales concernant l'instruction orale devant les tribunaux correctionnels sont applicables en matière forestière. Il suffira, sur ce point, de se référer aux explications fournies au *Rép.*, nᵒ 543. V. aussi notre *Code forestier annoté*, art. 174, nᵒˢ 15 et suiv.

Il est admis qu'en appel l'administration des Forêts est toujours recevable à rectifier les erreurs qui se sont glissées dans ses conclusions en première instance : spécialement, elle est fondée à demander que les dommages-intérêts à prononcer contre le prévenu soient fixés à une somme égale à l'amende simple, encore bien qu'elle ait, par erreur, conclu, en première instance, à une allocation plus faible (Chambéry, 18 avr. 1861, *Rép. de lég. et de jur. for.*, t. 1, nᵒ 24).

227. On semble admettre aujourd'hui, contrairement à l'opinion que nous avons adoptée au *Rép.* vᵒ *Forêts*, nᵒ 545, que les agents forestiers peuvent prendre des conclusions jusqu'à la clôture des débats et, par suite, après le résumé et les conclusions du ministère public. Cette opinion se fonde sur ce qu'aucune disposition formelle de la loi n'interdit à l'Administration cette faculté, qui est reconnue, en matière correctionnelle, aux parties civiles sans distinction et que l'art. 190 c. instr. crim. ne refuse pas plus à l'Administration forestière qu'aux parties civiles ordinaires; sauf au ministère public à présenter, sur les conclusions, les observations qu'il jugera convenables.

Sect. 3. — Incidents qui surviennent pendant l'instruction orale (*Rép.* vᵒ *Forêts*, nᵒˢ 548 à 551).

228. Parmi les exceptions qui peuvent être proposées en tout état de cause (*Rép.* vᵒ *Forêts*, nᵒ 549), il faut mentionner, depuis la loi du 18 juin 1859, la *transaction*, qui éteint l'action (*suprà*, nᵒˢ 179 et suiv.).

Sect. 4. — Incidents qui empêchent l'instruction orale.
(*Rép.* vᵒ *Forêts*, nᵒ 552.)

Art. 1ᵉʳ. — *Inscription de faux*.

229. V. *suprà*, vᵒ *Faux incident* et notre *Code forestier annoté*, art. 179.

Art. 2. — *Exception préjudicielle de propriété*.
(*Rép.* vᵒ *Forêts*, nᵒ 555.)

230. V. *suprà*, vᵒ *Question préjudicielle*, et notre *Code forestier annoté*, art. 182.

Chap. 10. — Des voies à prendre contre les jugements correctionnels. — Opposition. — Appel. — Pourvoi en cassation (*Rép.* vᵒ *Forêts*, nᵒˢ 556 à 577).

231. — I. Opposition aux jugements par défaut. — Comme il ne peut intervenir aucun congé-défaut contre l'Administration forestière (*Rép.* vᵒ *Forêts*, nᵒ 557), on ne traitera, comme l'a fait le *Répertoire*, que du défaut du prévenu, soit en première instance, soit en appel, dans le cas où il y figure comme défendeur. — Le prévenu est jugé par défaut quand il ne comparaît pas, ou qu'il n'est pas valablement représenté, ou qu'il refuse de se défendre au fond. Devant la juridiction correctionnelle, le prévenu ne peut se faire représenter que par un avoué, et encore à la condition qu'il s'agisse d'une affaire relative à un délit qui n'entraîne pas la peine d'emprisonnement. Un simple particulier, fût-il muni d'une procuration timbrée et enregistrée, ne saurait valablement représenter le prévenu d'un délit forestier, et le jugement rendu en pareil cas serait un jugement par défaut (Grenoble, 13 nov. 1874, *Rép. de lég. et de jur. for.*, t. 6, nᵒ 100).

232. L'opposition doit être formée par acte d'huissier (*Rép.* v° *Forêts*, n° 560), et notifiée tant au ministère public qu'à la partie civile, c'est-à-dire à l'Administration forestière, lorsqu'il s'agit d'une infraction poursuivie par cette Administration. La jurisprudence, lors de la publication du *Répertoire* décidait déjà que l'opposition n'est valable qu'autant qu'elle est signifiée spécialement et séparément à l'Administration forestière. Il y a, par conséquent, lieu de considérer comme nulle une opposition qui n'a pas été signifiée au ministère public quoiqu'elle l'ait été à l'Administration forestière. En effet, bien que la notification puisse être prononcée sur les conclusions de l'Administration forestière seule, il n'en est pas moins vrai que le ministère public a des intérêts distincts de cette Administration, puisqu'il devient le surveillant de l'exécution de la condamnation et le garant de cette exécution envers la société (Aix, 24 juin 1869 ; Chambéry, 19 févr. 1875, *Rép de lég. et de jur. for.*, t. 4, n° 717 et t. 6, n° 99). D'autre part, l'Administration forestière, dans les poursuites qu'elle intente, est assimilée à une véritable partie civile, puisqu'elle seule peut réclamer des dommages intérêts dans certains cas prévus par la loi, et que, lorsqu'elle succombe, elle est condamnée aux dépens. Elle joue, par conséquent, un rôle distinct et principal. Il est donc nécessaire que l'opposition lui soit signifiée séparément, et qu'elle le soit en temps utile ; peu importerait, dès lors, que l'opposition fût notifiée dans les délais au ministère public ; elle serait irrégulière, si elle n'était signifiée à l'Administration forestière qu'après l'expiration de ces délais (Nîmes, 14 juin 1860, aff. Fromentin, D. P. 60. 2. 147).

233. Les effets de l'opposition sont régis par les art. 187 et 188 c. instr. crim.; le défaut de comparution du prévenu à la première audience la rend non avenue. La première audience est, en principe, la première audience correctionnelle tenue par le tribunal ou la cour après les trois jours qui suivent l'opposition, outre un jour par cinq myriamètres. Mais, lorsque les cours et tribunaux consacrent aux affaires forestières, à certaines époques périodiques, des audiences spéciales, la question se pose de savoir si l'on doit considérer comme la première audience, au sens de l'art. 188 c. instr. crim., la première audience forestière tenue après l'expiration des trois jours à dater de l'opposition, ou si l'opposant doit comparaître à la première audience correctionnelle, alors même qu'elle ne serait pas consacrée aux affaires forestières. Il semble admis qu'on doit considérer comme première audience la première audience forestière, et que l'opposition à un jugement par défaut, en matière forestière, emporte de plein droit citation à la première audience forestière (Grenoble, 25 mai 1878, *Rép. de lég. et de jur for.*, t. 8, n° 68). — Toutefois, comme en droit strict il n'existe aucune différence entre les audiences ordinaires et les audiences forestières, on reconnaît que le prévenu opposant peut se présenter à la première audience ordinaire et demander à être jugé sur son opposition, sauf au tribunal à renvoyer l'affaire à la première audience forestière si le renvoi est sollicité par l'Administration ou requis par le ministère public (V. une dissertation de M. Meaume, *Rép. de lég. et de jur. for.*, t. 8, n° 68). Il nous semble même, en raison du caractère d'ordre intérieur qui appartient à la mesure relative à la tenue d'audiences forestières, que le prévenu agira prudemment en se conformant à l'art. 188 c. instr. crim. et en se présentant à la première audience correctionnelle.

234. — II. De l'appel correctionnel et de ses formes. — 1° *Jugements dont on peut appeler*. — En ce qui concerne les jugements correctionnels dont il peut être appelé (*Rép.* v° *Forêts*, n°s 561 et 562), on a déjà fourni *suprà*, v° *Appel en matière criminelle*, n°s 31 et suiv., des explications auxquelles il suffit de se référer. — Quant aux jugements des tribunaux de simple police, qui ne peuvent être rendus que sur la poursuite soit du ministère public, soit d'une partie civile (V. *suprà*, n° 204), l'appel de ces jugements est soumis aux principes du droit commun sur l'appel des jugements des tribunaux de simple police (V. *suprà*, v° *Appel en matière criminelle*, n°s 16 et suiv.).

235. — 2° *De l'appel du ministère public et de l'Administration forestière.* — Comme on l'a vu au *Rép.* v° *Forêts*,

n° 563, l'appel de l'Administration forestière a les mêmes effets que l'appel interjeté par le ministère public. Il remet donc en question l'existence du fait incriminé, la valeur des éléments de preuve invoqués pour l'établir, sa qualification légale, son plus ou moins de gravité et enfin le point de savoir si une peine lui est applicable (Colmar, 15 mars 1864, *Rép. de lég. et de jur. for.*, t. 5, n° 2).

236. — 3° *Requête d'appel.* — La requête d'appel est un acte facultatif (*Rép.* v° *Forêts*, n° 572). L'Administration forestière reste toujours libre de prendre, en dernière analyse, les conclusions qu'elle juge à propos par l'organe de celui de ses agents qu'elle charge de la représenter à l'audience, sans être liée par les termes de la requête d'appel qui aurait été déposée par l'agent qui a dirigé la poursuite en première instance. L'Administration forestière est, en effet, indivisible comme le ministère public, auquel elle est assimilée en vertu des art. 159, 171, 174 et 183 du c. for. pour la poursuite des infractions forestières. Or, le ministère public, s'il ne peut introduire en appel une demande nouvelle qui n'a pas été soumise au premier degré de juridiction, n'est pas lié par l'attitude que ses organes ont cru devoir prendre en première instance (V. *Rép.* v° *Ministère public*, n° 197). L'Administration forestière peut donc modifier, devant la cour, les conclusions de la requête d'appel, alors que le dispositif de ses nouvelles conclusions est conforme au dispositif de celles qui ont été soumises au premier juge et ne contiennent aucune demande nouvelle (Nancy, 3 déc. 1862, aff. Rémy, D. P. 62. 3. 32).

237. — 4° *Diligences nécessaires pour mettre l'appel en état d'être jugé.* — Dans la pratique, l'Administration forestière fait citer directement les prévenus devant la cour d'appel, (*Rép.* v° *Forêts*, n° 573), par les gardes forestiers, conformément à l'art. 173 c. for. Elle ne fait, d'ailleurs, en procédant ainsi, qu'exercer le droit de citation directe qui appartient à toute partie civile en vertu de l'art. 182 c. instr. crim., (Crim. rej. 28 nov. 1857, aff. Leconte, D. P. 58. 1. 93 ; 24 déc. 1857, aff. Bureau-Deslandes, D. P. 70. 2. 155, note 1).

238. — 5° *Pourvoi en cassation.* — Les formes du pourvoi sont les mêmes en matière forestière qu'en toute matière correctionnelle (V. *Rép.* v° *Forêts*, n° 574). L'Administration forestière se pourvoit par l'intermédiaire de ses agents (*Rép.* v° *Forêts*, n° 576). Le pourvoi peut être également formé pas le ministère public au nom de l'Administration forestière. C'est la conséquence de la règle qui attribue l'action publique, en matière forestière, tant à l'Administration des Forêts, qu'au ministère public (Crim. rej. 24 déc. 1858, aff. X..., D. P. 59. 1. 95). La communauté d'action qui existe entre l'administration des Forêts et le ministère public, pour la répression des délits forestiers, laisse au pourvoi formé par l'une ou par l'autre toute son efficacité, bien que chacune de ces autorités puisse agir avec indépendance par ses représentants légaux; aucun doute n'est, d'ailleurs, possible lorsque l'Administration forestière déclare adopter et s'approprier le pourvoi du ministère public (Même arrêt).

La faculté de se pourvoir, en matière forestière contre les arrêts de condamnation appartient également au prévenu et aux personnes qui sont déclarées civilement responsables. Elle appartient encore à la partie civile.

CHAP. 11. — Exécution des jugements et arrêts.

Sect. 1ᵉ. — Exécution des jugements concernant les délits et contraventions commis dans les bois soumis au régime forestier (*Rép.* v° *Forêts*, n°s 578 à 598).

239. La section 1 du chapitre 11 était intitulée au *Répertoire* : *Exécution des jugements rendus à la requête de l'Administration forestière et du ministère public* : c'était l'intitulé même de la section 1 du titre 13 c. for. La loi de 1859 y a substitué l'intitulé qui lui est donné ci-dessus, afin de faire disparaître toute équivoque quant au rôle du ministère public représentant l'État dans la répression des délits forestiers, qu'ils soient commis dans les bois soumis au régime forestier ou dans les bois des particuliers (V. l'ex-

posé des motifs de la loi du 18 juin 1859, D. P. 59. 4. 95, note 20).

240. Le législateur de 1859, dans le nouvel art. 210, avait laissé aux receveurs de l'enregistrement la mission de recouvrer toutes les amendes forestières ainsi que les restitutions, frais et dommages-intérêts résultant des jugements et arrêts rendus pour délits et contraventions commis dans les bois soumis au régime forestier. Depuis le 1er janv. 1874 (L. de fin. du 30 déc. 1873, art. 25), cette mission est confiée aux percepteurs des contributions directes. En conséquence, la marche à suivre pour l'exécution des art. 209 c. for. et 188 de l'ordonnance forestière n'est plus réglée par la circulaire du 25 oct. 1828 (*Rép.* vo *Forêts*, no 579), mais par une circulaire du directeur général de la comptabilité publique du 28 janv. 1874, rendue en exécution de l'art. 25 de la loi du 30 déc. 1873, et par une instruction du ministre des finances du 20 sept. 1875 (*Bull. min. just.* 1876, p. 159) : les règles prescrites par ces circulaires et instructions sont, d'ailleurs, analogues à celles qui étaient en vigueur à l'époque de la publication du *Répertoire* (vo *Forêts*, no 579), pour la signification des jugements par défaut (V. notre *Code forestier annoté*, art. 209, nos 11 et suiv.). — En ce qui concerne les jugements contradictoires, V. notre *Code forestier annoté, ibid.*, nos 17-18).

241. Le délinquant qui n'acquitte pas volontairement les condamnations pécuniaires prononcées contre lui peut y être contraint par toutes les voies du droit commun, à la diligence de l'administration des Finances (Puton, *Législation forestière*, p. 220), c'est-à-dire au moyen du commandement, de la saisie, de la vente, et de la contrainte par corps (*infra*, no 244 ; Instr. min. fin. 20 sept. 1875). Les contestations auxquelles ces mesures d'exécution peuvent donner lieu, sont jugées par les tribunaux civils et sont instruites dans la forme prescrite par l'art. 17 de la loi du 27 vent. an 9 (*Rép.* vo *Forêts*, no 188).

242. L'hypothèque judiciaire garantit toujours le recouvrement des condamnations pécuniaires prononcées au profit de l'État (*Rép.* vo *Forêts*, no 588. V. notre *Code forestier annoté*, art. 210, nos 105 et suiv.).

243. Le rôle des agents de l'Administration forestière se borne, en ce qui concerne l'exécution des jugements, à faire signifier par les gardes les jugements et arrêts par défaut (*Rép.* vo *Forêts*, no 178). Les agents forestiers n'interviennent ni dans la signification des jugements contradictoires, qui doit être faite par ministère d'huissier ou par les porteurs de contrainte (L. 30 déc. 1873, art. 25, § 2), ni dans les mesures d'exécution proprement dites des jugements. En effet, les poursuites relatives au commandement et à la saisie sont exercées soit par les huissiers dans les formes ordinaires, soit par les porteurs de contraintes d'après le mode de procéder usité en matière de contributions directes (Instr. min. fin., 20 sept. 1875). Elles sont faites au nom du procureur de la République, à la requête des percepteurs et sous la direction du receveur des finances, conformément à la marche suivie pour les contributions indirectes (*Ibid.*).

244. La contrainte par corps est encore aujourd'hui un mode d'exécution des jugements et arrêts rendus en matière forestière, consacré par la législation (*suprà*, no 241). Mais la loi du 18 juin 1859 a conféré à l'Administration un nouveau mode d'exécution, qui peut être substitué à la contrainte par corps à l'égard des condamnés insolvables ; c'est la conversion en prestations en nature des peines et réparations pécuniaires encourues ou prononcées pour délits commis par des insolvables, dans les bois soumis au régime forestier (*suprà*, no 10). Autoriser la conversion des peines pécuniaires en journées de travail, c'était une mesure nouvelle dans notre législation, mais dont le germe se trouvait dans les lois du 6 oct. 1791 et du 3 brum. an 4, qui prennent la journée de travail comme base de l'amende, et dans la loi de 1836, sur les chemins vicinaux, qui admet le rachat en argent des prestations en nature. On vit dans l'adoption de cette mesure un moyen d'apporter un adoucissement à la contrainte par corps vis-à-vis des délinquants insolvables, contre lesquels ce mode d'exécution rigoureux était souvent le seul possible, en même temps qu'un avantage pour le propriétaire lésé par l'infraction, auquel on évitait ainsi les frais de la contrainte par corps. — Un décret du

21 déc. 1859 a tracé les règles générales d'exécution de ces nouvelles dispositions. Quant aux règles spéciales et pratiques, elles sont indiquées dans un arrêté du ministre des finances du 27 déc. 1861.

245. Les seules personnes admises à se libérer au moyen de prestations en nature sont les délinquants insolvables, qui figurent sur l'état des insolvables dressé en conformité de la décision ministérielle du 12 avr. 1836, et dont l'insolvabilité a été constatée à la diligence du percepteur, sur l'avis des agents forestiers. On n'a pas voulu étendre la faculté de libération à tous délinquants, insolvables ou non, dans la crainte des abus auxquels une pareille latitude aurait pu donner lieu. — Mais la conversion en prestations, si elle est restreinte aux délinquants insolvables, s'étend aussi bien aux amendes qu'aux réparations civiles et aux frais (Décr. 21 déc. 1859, art. 1), au cas de condamnations prononcées ou encourues pour délits et contraventions commis dans les bois soumis au régime forestier, et au cas où l'Administration a consenti à transiger.

246. Les prestations en nature à fournir par les délinquants sont acquittées, soit au moyen d'un certain nombre de journées de travail, soit au moyen de l'exécution à la tâche de travaux déterminés (Décr. 21 déc. 1859, art. 5, 6, 7). La valeur de la journée de travail est fixée, comme pour les prestations en nature sur les chemins vicinaux, par le conseil général, avec cette différence toutefois que celui-ci peut établir par commune un taux différent pour la journée de travail. Lorsque le taux de la journée n'est pas le même dans la commune où la prestation doit être fournie et celle où le délinquant réside, c'est ce dernier taux qui est appliqué. — Mais, dans la plupart des cas, le travail à la tâche, qui présente d'incontestables avantages, est préféré par l'Administration forestière au mode de travail à la journée (Circ. adm. for. 4 févr. 1862, art. 2). La tâche imposée au délinquant est déterminée par l'inspecteur d'après le nombre de journées nécessaires à son achèvement (Décr. 21 déc. 1859, art. 7 ; Arr. min. fin. 27 déc. 1861, art. 2), en prenant pour base la valeur de la journée de prestation telle qu'elle a été fixée par le conseil général pour la commune sur le territoire de laquelle le travail est exécuté, en tenant compte, s'il y a lieu, de l'allocation due aux délinquants insolvables pour frais de nourriture (Décr. 21 déc. 1859, art. 7). — V., en ce qui concerne la répartition des prestations entre l'État, les communes, et les établissements publics, et sur la nature des travaux, notre *Code forestier annoté*, art. 210, nos 29 et suiv.

247. Le délinquant peut être déclaré, par l'inspecteur, déchu du bénéfice de la libération au moyen de travaux, en cas d'inexactitude, de désobéissance, de négligence ou de malfaçon, et d'inexécution dans le délai fixé (Décr. 21 déc. 1859, art. 8) sauf, dans cette dernière hypothèse, à tenir compte du travail utilement accompli.

248. L'art. 6 du décret du 21 déc. 1859 autorise l'allocation de frais de nourriture aux délinquants admis à se libérer au moyen de prestations en nature : dans ce cas, il n'est tenu compte au délinquant de la journée de travail que déduction faite des frais de nourriture. L'allocation ne peut être inférieure au tiers ni supérieure à la moitié du prix de la journée fixé par le conseil général ; elle est déterminée par le préfet. Les frais de cette allocation sont supportés par ceux au profit desquels les travaux sont exécutés, proportionnellement à leurs droits (V. notre *Code forestier annoté*, art. 210, nos 49-58).

249. Aux termes de l'art. 5 du décret du 21 déc. 1859, les délinquants admis à se libérer au moyen de prestations en nature reçoivent, à la diligence des agents forestiers, un avertissement indiquant : 1o le nombre des journées de prestation ou la tâche à fournir ; 2o le lieu où le travail doit être exécuté ; 3o le délai dans lequel il doit être exécuté. Ces avertissements, libellés par l'inspecteur, sont transmis au chef de cantonnement chargé de les faire notifier par les brigadiers et gardes (Arr. min. fin. 27 déc. 1861, art. 8 ; Circ. admin. for. 4 févr. 1862).

250. Les receveurs des finances et les percepteurs, étant chargés du recouvrement des amendes, réparations civiles et frais résultant des condamnations prononcées, doivent être mis en mesure d'arrêter ou de continuer les poursuites en temps opportun. Aussi, les décisions du conservateur sur

la conversion en prestations des condamnations prononcées, sont-elles notifiées par l'agent forestier, chef de service, au receveur des finances, qui les porte à la connaissance des percepteurs (Instr. min. fin. 20 sept. 1875. Comp. circ. adm. for. 4 févr. 1862). De même, l'inspecteur doit informer les percepteurs, par l'entremise de la recette particulière, soit de la déchéance encourue par l'insolvable pour cause d'inexécution du travail, de désobéissance ou de malfaçon, soit de la réduction proportionnelle que les condamnations prononcées ou les transactions consenties doivent subir par suite du travail qui aurait été accompli (Instr. min. fin. 20 sept. 1875. Comp. Arr. min. fin. 27 déc. 1861, art. 10 ; Circulaire précitée 4 févr. 1862).

251. L'art. 211 c. for., en autorisant l'exécution des condamnations forestières au moyen de la contrainte par corps, n'a fait, comme on l'a vu au *Rép.* v° *Forêts*, n° 583, qu'appliquer aux matières forestières le principe de l'art. 52 c. pén. La loi du 22 juill. 1867 (D. P. 67. 4. 75), qui a supprimé la contrainte par corps en matière commerciale, civile et contre les étrangers, et l'a conservée pour le recouvrement des amendes, restitutions et dommages-intérêts en matière criminelle, correctionnelle et de simple police a donc laissé subsister cette voie d'exécution des condamnations forestières, sauf certaines modifications qui résultent de la même loi, d'autant plus que le paragraphe 3 de son art. 18 maintient, en ce qui n'est pas contraire à son économie générale, le titre 13 c. for. Il y a donc toujours lieu d'appliquer les art. 211 à 214 c. for., toutes les fois qu'ils ne sont pas en contradiction avec la loi du 22 juill. 1867. — L'art. 211 reste applicable même en ce qui concerne les frais au profit de l'État ; le doute qu'avait pu faire naître à cet égard l'art. 3 de la loi du 22 juill. 1867 a disparu depuis que la loi du 19 déc. 1871 (D. P. 71, 4. 167) a rétabli l'exercice de la contrainte par corps pour le payement des frais de justice.

252. En matière forestière, la contrainte par corps est obligatoire pour le juge ; il ne peut ni en exempter le condamné en dehors des cas spécialement prévus par la loi, car, en cette matière, elle constitue un moyen d'exécution d'ordre public (V. Guyot et Puton, *Contrainte par corps en matière criminelle et forestière*, n° 46), ni se dispenser de la prononcer ou d'en déterminer la durée. En effet, si le code forestier doit être considéré comme ayant dérogé aux règles générales sur la contrainte par corps, c'est seulement au point de vue des dispositions particulières qu'il renferme et de leurs conséquences nécessaires, et non d'une manière absolue. Les art. 211 à 214 c. for. ne constituent pas une réglementation complète de la contrainte par corps en matière forestière ; ils statuent seulement sur certains points, en dehors desquels il y a lieu de se référer aux principes généraux (Conf. Guyot et Puton, *Législation forestière*, n°s 9 et suiv., 244, 245. V. *supra*, v° *Contrainte par corps*, n° 69 et suiv. V. également Guyot et Puton, *Contrainte par corps*, n°s 54 à 62).

253. Les jugements contradictoires doivent être signifiés en extrait en tête du commandement qui doit, aux termes de l'art. 211, être fait au condamné préalablement à l'exercice de la contrainte par corps. L'instruction ministérielle du 20 sept. 1875 prescrit d'indiquer, dans l'extrait du jugement ainsi signifié, la durée de l'incarcération qui a été fixée par le jugement. — La signification du commandement a lieu, depuis la loi du 30 déc. 1873, à la requête du percepteur des contributions directes, substitué au receveur des domaines. — Lorsque la signification du jugement a été déjà faite, il n'est plus nécessaire que le commandement en contienne un extrait ; il suffit qu'il rappelle la date à laquelle cette signification a eu lieu (Guyot et Puton, *Contrainte par corps en matière criminelle et forestière*, n° 77). — Les mêmes règles sont applicables aux jugements par défaut.

254. C'est à l'administration des Finances qu'appartient l'initiative de la mise à exécution de la contrainte, en vertu des condamnations qui résultent d'infractions commises dans les bois soumis au régime forestier (Instr. min. fin. 20 sept. 1875, art. 182, *Bull. min. just.* 1876, p. 181). Cependant, cette initiative n'appartient exclusivement, d'après la pratique administrative, aux fonctionnaires de l'Administration financière qu'à l'égard des condamnés solvables, car en pareil cas, l'emprisonnement à pour objet le recouvrement des condamnations que les comptables du Trésor sont chargés de poursuivre. Au contraire, vis-à-vis des condamnés insolvables, la contrainte par corps est plutôt une sorte de répression qu'un moyen de recouvrement ; aussi le soin de désigner ceux contre lesquels la contrainte doit être employée, est-il confié au ministère public (Instr. min. fin. 20 sept. 1875) ; le percepteur et l'agent forestier sont, d'ailleurs, appelés dans une certaine mesure à participer à cette désignation (V. notre *Code forestier annoté*, art. 211, n°s 92 et suiv.).

255. La contrainte par corps, aussi bien en matière forestière qu'en toute autre matière correctionnelle et de simple police, ne peut être exercée que pour l'exécution des condamnations pécuniaires. Elle ne saurait être un moyen d'exécution des condamnations qui prescrivent à l'auteur de l'infraction certains actes. Ainsi elle ne peut être employée pour obtenir la remise des instruments ou des bois, etc., dont la confiscation est prononcée et qui n'ont pas été matériellement saisis ; ou encore la démolition d'usines ou de maisons établies à distance prohibée d'une forêt soumise au régime forestier (Colmar, 22 nov. 1859, *Bull. ann. for.*, t. 8, p. 231 ; Guyot et Puton, *Contrainte par corps*, n° 39).

256. Comme l'exercice de la contrainte par corps suppose toujours une condamnation prononcée par une juridiction répressive, ou par une juridiction civile lorsque le fait qui sert de base à la condamnation a été antérieurement reconnu par la juridiction répressive, elle ne peut être exercée pour assurer l'exécution des transactions avant jugement (Guyot et Puton, *Contrainte par corps*, n°s 33, 97).

Il semble également qu'elle ne puisse être exercée à l'occasion d'une transaction après jugement, bien que l'Administration autorise l'emploi de la contrainte pour le recouvrement du montant de la transaction. L'inexécution de la transaction dans le délai qui a été fixé par l'Administration la rend non avenue ; l'Administration peut alors exercer la contrainte ; mais ce n'est pas en vertu de la transaction, c'est en vertu du jugement auquel la caducité de la transaction rend ses effets (Guyot et Puton, *Contrainte par corps*, n° 99). En tout cas, l'Administration forestière ne saurait transiger directement sur la contrainte. Elle ne saurait l'empêcher qu'indirectement, en consentant une transaction qui fasse tomber complètement la condamnation pécuniaire (Guyot et Puton, *op. cit.*, n° 98).

257. La demande d'incarcération émane du percepteur et est transmise par le receveur des finances, qui la vise, au procureur de la République ; celui-ci seul peut adresser les réquisitions nécessaires aux agents de la force publique et autres fonctionnaires chargés de l'exécution des mandements de justice (V. quant aux règles qui doivent être suivies pour l'arrestation, notre *Code forestier annoté*, art. 211, n°s 112 à 155).

258. On a vu au *Rép.*, v° *Forêts*, n° 690, que dans le système du code forestier, la contrainte prenait fin par le payement ou par la dation d'une caution. Mais, en principe, la durée de la contrainte était indéfinie ; aucun délai n'était assigné pour la durée de cette mesure d'exécution, et le débiteur restait détenu jusqu'au payement des condamnations mises à sa charge, à moins qu'il ne justifiât de son insolvabilité, auquel cas la durée de la contrainte était limitée à des délais plus ou moins longs, selon l'importance des condamnations (c. for. art. 213). Aujourd'hui, d'après l'art. 10 de la loi du 22 juill. 1867, la contrainte par corps, en cas d'insolvabilité, est réduite à la moitié de la durée fixée par le jugement (V. *supra*, v° *Contrainte par corps*, n° 63). En conséquence, l'individu soumis à la contrainte par corps à raison d'infractions forestières, ne peut être détenu que pendant une période variant entre *quatre jours* et *trois mois* (Guyot et Puton, *op. cit.*, n° 177). On a soutenu, il est vrai, que le maximum de la contrainte par corps ne saurait être, pour l'insolvable, de plus de deux mois. En d'autres termes, le paragraphe 3 de l'art. 213 c. for. devrait être considéré comme étant encore en vigueur, par le motif qu'il est favorable à l'insolvable et que sa disposition n'est pas inconciliable avec la loi de 1867, qui ne s'oppose pas à la limitation de durée de la contrainte en faveur de l'insolvable (Guyot et Puton, *op. cit.*, n°s 178, 252).

259. On discutait, sous l'empire du code forestier, la question de savoir si la justification de l'insolvabilité du débiteur avait pour effet de le libérer définitivement. L'administration des Finances avait admis l'affirmative en décidant que les délinquants insolvables, mis en liberté après avoir subi le temps de détention voulu par l'art. 213 c. for., suivant le montant des condamnations prononcées contre eux, étaient quittes et libérés du montant desdites condamnations, et ne pouvaient être emprisonnés pour la même dette, lors même qu'il leur surviendrait ultérieurement des moyens de libération (Décis. min. fin. 2 nov. 1829, Rép., v° Forêts, n° 595; Décis. min. fin. 4 sept. 1862, Rép. de lég. et de jur. for., t. 1, n° 131). Mais il n'en est plus de même depuis la loi du 22 juill. 1867. La contrainte par corps, exercée dans la limite de l'art. 10 de cette loi, n'est pas libératoire pour le débiteur qui revient ultérieurement à meilleure fortune (Guyot et Puton, Contrainte par corps, n° 158, 175 et suiv., 251). A supposer que les décisions ministérielles de 1829 et de 1862 soient encore en vigueur, ces décisions, qui ne constituent que des mesures purement administratives, lient uniquement les agents forestiers et ceux du Trésor; elles ne peuvent préjudicier aux droits de la partie civile.

260. Une question qui donne encore lieu à controverse, est celle de savoir si la loi de 1867 a laissé subsister le paragraphe 4 de l'art. 213 c. for., aux termes duquel « en cas de récidive, la durée de la détention sera double de ce qu'elle eût été sans cette circonstance ». En faveur de l'abrogation de cette disposition, on fait valoir qu'elle serait contraire au caractère humanitaire de la loi, parce qu'elle constituerait une aggravation dans la situation du condamné. — D'après une autre opinion, le paragraphe 4 de l'art. 213 c. for. est encore applicable, parce qu'il n'est pas inconciliable avec la loi nouvelle, qui n'a pas prévu la circonstance de la récidive, non plus que les conséquences susceptibles d'en dériver au point de vue de la contrainte (Guyot et Puton, op. cit., n°⁸ 178, 250, 252).

261. On a admis au Rép., v° Forêts, n° 596, que lorsqu'un condamné pour délit forestier, porté sur l'état des condamnés insolvables dont le conservateur des forêts demande l'incarcération, se présente sur le commandement qui lui est fait, et offre une caution pour le payement de l'amende, en sollicitant un délai, il y a lieu de suspendre la demande d'incarcération, aux termes d'une instruction ministérielle du 7 mai 1824. Aujourd'hui, la question est tranchée formellement par le texte de l'art. 11 de la loi du 22 juill. 1867, qui reconnaît que le cautionnement a pour effet de prévenir ou faire cesser l'effet de la contrainte par corps. Du reste, la caution ne relève le condamné de la contrainte par corps qu'autant qu'elle est régulièrement acceptée (Guyot et Puton, op. cit., n° 182 et la note 2, n° 183).

262. La loi du 22 juill. 1867 ayant aboli la contrainte par corps en matière civile, cette voie d'exécution n'est plus ouverte ni contre l'adjudicataire de coupes dans les bois soumis au régime forestier, comme garantie, soit de l'accomplissement de toutes les obligations dérivant de l'adjudication, soit du payement des sommes mises à sa charge, faute par lui de fournir, dans le délai prescrit, les cautions exigées par le cahier des charges (Guyon et Puton, n°⁸ 11 et 254); ni, dans le cas prévu par le paragraphe 4 de l'art. 28, contre les cautions des adjudicataires de coupes dans les forêts soumises au régime forestier, comme garantie des obligations résultant de l'adjudication, c'est-à-dire du payement du prix, des accessoires et des frais. De même, elle ne serait plus ouverte contre les personnes civilement responsables, si celles-ci n'y échappaient déjà en vertu de l'art. 206 c. for. (Rép., v° Forêts, n°⁸ 411). Mais elle reste applicable aux personnes qui sont tenues aussi bien des amendes que des condamnations civiles encourues par les délinquants, notamment aux préposés forestiers, à raison des délits forestiers commis dans leurs triages et non constatés par eux; aux adjudicataires de coupes, dans les forêts soumises au régime forestier, à raison des délits forestiers commis soit dans leurs ventes, soit à l'ouïe de la coupe, lorsqu'ils n'ont pas été régulièrement constatés par leur garde-vente; ou lorsque ces délits ont été commis par leurs facteurs, gardes-vente, ouvriers, bûcherons, voituriers et autres employés (Puton, op. cit., n° 13).

S'applique-t-elle aux cautions des adjudicataires de coupes dans les forêts soumises au régime forestier à raison des amendes, restitutions et dommages-intérêts qu'ils encourent? Nous ne le pensons pas. En effet, dans ces hypothèses, la caution s'engage non pas ex delicto mais ex contractu; son obligation a un caractère civil déterminé et, par conséquent, ne saurait, aux termes de la loi du 22 juill. 1867, la soumettre à la contrainte par corps (V, en ce sens, Guyot et Puton, n° 12).

263. Contrairement à ce qui a été exposé au Rép., v° Forêts, n° 592, depuis la loi de 1867, les immunités relatives à la contrainte par corps, introduites par les lois générales en faveur de certaines personnes, sont applicables en matière forestière comme en toute autre matière (V. supra, v° Contrainte par corps, n°⁸ 33 et suiv.).

SECT. 2. — EXÉCUTION DES JUGEMENTS CONCERNANT LES DÉLITS ET CONTRAVENTIONS COMMIS DANS LES BOIS NON SOUMIS AU RÉGIME FORESTIER. — EXÉCUTION DES JUGEMENTS RENDUS DANS L'INTÉRÊT DES PARTICULIERS (Rép. n°⁸ 598 à 600).

264. L'art. 215 c. for. a été modifié par la loi du 18 juin 1859; mais les deux premiers paragraphes n'ont subi aucun changement, et la modification consiste uniquement dans l'extension aux bois qui ne sont pas soumis au régime forestier, des dispositions du nouvel art. 210 relatives à la libération des condamnés insolvables au moyen de prestations en nature. — Il faut ajouter que le paragraphe 2 de l'art. 215 a été lui-même modifié par la loi du 30 déc. 1873, qui a substitué les percepteurs des contributions directes aux receveurs de l'enregistrement et des domaines pour le recouvrement des amendes (supra, n° 240). Les percepteurs sont également chargés du recouvrement des frais avancés par l'Etat; mais leurs pouvoirs ne s'étendent pas au delà, et les particuliers en faveur desquels les condamnations civiles ont été prononcées ont seuls qualité pour prendre contre les délinquants toutes les mesures propres à en obtenir le recouvrement.

265. La faculté, pour les délinquants insolvables, de se libérer au moyen de prestations en nature ne s'applique qu'aux amendes et aux frais avancés par l'Etat par suite de délits commis dans les bois des particuliers. Le législateur de 1859 n'a pas étendu cette mesure aux réparations civiles qui, lorsqu'il s'agit de délits commis dans des bois non soumis au régime forestier, sont du domaine exclusif du droit privé. Rien ne s'oppose sans doute à ce que les propriétaires lésés acceptent, par voie de transaction, la conversion des sommes qui leur sont dues en travaux applicables à l'amélioration de leurs propriétés; mais c'est là matière à convention privée dans laquelle ni l'Administration des forêts ni aucun représentant de l'Etat n'a qualité pour intervenir.

266. En ce qui regarde la conversion en prestations des amendes et frais résultant des délits et contraventions qui sont commis dans les bois particuliers, il y a lieu, en principe, de se reporter à ce qui a été dit ci-dessus quant aux amendes et frais avancés par l'Etat à raison des infractions qui ont été commises dans les bois assujettis au régime forestier, supra, n°⁸ 244 et suiv. V. toutefois Code forestier annoté, art. 215, n°⁸ 23 et suiv.

SECT. 3. — RÉPARTITION DES CONDAMNATIONS ENTRE LE PROPRIÉTAIRE LÉSÉ ET LE DOMAINE (Rép., v° Forêts, n°⁸ 601 à 609).

267. L'art. 204 (Rép. v° Forêts, n° 601) est applicable au cas où les amendes, frais et réparations civiles sont converties en prestations en nature (V. supra, n°⁸ 244 et suiv. V. notre Code for. annoté, art. 210, n° 29 et suiv.) et au cas de transaction (V. supra, n°⁸ 178 et suiv.). — Quand l'Administration forestière a transigé sur des délits commis dans des bois communaux ou appartenant à des établissements publics, le produit de la transaction, correspondant aux réparations civiles, doit toujours être attribué aux communes et établissements propriétaires. — Conformément aux mêmes principes, les restitutions et dommages-intérêts pour contraventions et délits commis dans les périmètres où les travaux de reboisement et de gazonnement

ont été décrétés d'utilité publique et exécutés aux frais de l'État, en exécution des lois des 28 juill. 1860 et 8 juin 1864, appartiennent à l'État jusqu'à réintégration du propriétaire (Instr. dir. gén. compt. publ. 28 janv. 1874 ; Instr. min. fin. 20 sept. 1875. V. *infrà*, chap. 21).

CHAP. 12. — Police et conservation des bois et forêts. — Pénalité (*Rép.* v° *Forêts*, n°s 604).

SECT. 1re. — DISPOSITIONS APPLICABLES A TOUS LES BOIS ET FORÊTS EN GÉNÉRAL.

ART. 1er. — *Enlèvement sans autorisation de produits intérieurs ou superficiels autres que les bois* (*Rép.* v° *Forêts*, n°s 605 à 681).

268. L'art. 144 c. for. qui prévoit et punit toute extraction ou enlèvement non autorisé des produits des forêts, autres que les bois (*Rép.* v° *Forêts*, n° 605), a été modifié par la loi du 18 juin 1859, mais uniquement au moyen de l'addition du dernier paragraphe, qui autorise les tribunaux à infliger une peine d'emprisonnement au délinquant.

269. Les termes de l'art. 144 c. for. et l'énumération qu'il donne des produits dont l'enlèvement est passible des peines qu'il édicte, ne sont pas considérés comme limitatifs, mais comme simplement énonciatifs. On rencontrera dans les numéros qui suivent un grand nombre de cas où la jurisprudence a interprété, dans un sens large, le texte de l'art. 144. C'est ainsi qu'on applique le mot herbage, non seulement à l'herbe qui croît spontanément sur le sol, mais aussi aux semences faites sur le sol forestier, par l'Administration forestière, de graminées, et notamment de sainfoin, en vue de compléter le gazonnement et de maintenir le sol sur les pentes (Nîmes, 11 févr. 1875, *Rép. de lég. et de jur. for.*, t. 7, n° 42).

270. Il importe peu que l'enlèvement des produits, prohibé par l'art. 144 c. for., soit autorisé en vertu de droits d'usage ; l'art. 144 n'en est pas moins applicable lorsque l'autorité forestière a exercé le droit qui lui appartient, en vertu de l'art. 65 c. for., de restreindre les droits d'usage dans la limite de la possibilité des forêts. C'est ainsi que l'enlèvement des feuilles mortes qui, aux termes de l'art. 144, ne peut avoir lieu sans autorisation, tombe sous l'application de cet article, alors même qu'il est l'œuvre d'un usager ayant droit aux produits utiles de la forêt, s'il a eu lieu dans un canton qui n'avait pas été préalablement désigné par l'Administration forestière, alors que celle-ci a subordonné cet enlèvement à la désignation qu'elle aurait faite des cantons où il pourrait être opéré sans nuire au sol forestier (Colmar, 16 avr. 1861, aff. Klopfenstein, D. P. 63. 2. 52).

271. L'art. 144, dans son ensemble, prohibe l'enlèvement de tout ce qui constitue un élément, un fruit ou un engrais du sol forestier, sans distinguer si l'objet enlevé est utile ou non. A ce titre, la cour de Paris a considéré l'enlèvement d'œufs de fourmis comme constituant un délit prévu par l'art. 144 c. for., dans deux arrêts du 3 janv. 1866 (aff. Guérigny, D. P. 66. 2. 193) et 30 nov. 1872 (aff. Roubault, D. P. 73. 2. 47). Ces deux arrêts ont réformé des jugements du tribunal correctionnel de Fontainebleau des 27 oct. 1865 et 3 août 1872, qui avaient refusé de regarder les larves de fourmis soit comme engrais, soit comme un fruit ou un produit des forêts, soit comme une partie du sol forestier. Dans la première affaire, l'Administration forestière soutint que la larve des fourmis rentrait dans l'énumération donnée par l'art. 144 de tout ce qui constitue les produits et le sol des forêts, comme constituant sinon un produit du sol, du moins un de ses éléments constitutifs, ce que l'art. 144 comprend sous le titre d'engrais. Le sol, disait l'administration des Forêts, se compose de détritus de trois sortes : minéraux, végétaux, animaux ; ces derniers surtout ont une importance extrême au point de vue de la végétation ; car, lorsque la larve se transforme en fourmi, l'enveloppe blanche qui la protégeait reste dans le sol ; en les enlevant, on enlève par cela même une matière animale, qui constitue un véritable engrais : s'il s'agissait de l'enlèvement de fourmis, d'animaux vivants, il en serait autrement ; mais l'œuf de fourmi, est une matière animale dont une partie doit nécessairement rester dans le sol, ce qui ne peut pas être autre chose

qu'un engrais ». La cour de Paris a adopté cette manière de voir et l'a confirmée en termes exprès, dans son arrêt de 1872 ; c'est comme constituant un engrais, entrant pour une partie plus ou moins considérable dans la composition du sol forestier, que les larves de fourmis peuvent donner lieu à l'application de l'art. 144 c. for. (V. également dans le même sens : Orléans, 17 janv. 1893, aff. Poulard, D. P. 93. 2. 464 ; Jullemier, *Traité des locations de chasse*, p. 55 ; Leblond, *Code de la chasse*, n° 331). Cette doctrine toutefois nous paraît contestable ; elle ne saurait, dans tous les cas, être poussée à ses dernières limites sans conduire fatalement à considérer tout animal ou végétal comme devant être tôt ou tard une part constitutive du sol forestier sur lequel il vit ; ne serait-ce pas aller trop loin ? Ce qui paraît certain, c'est qu'on se trouve en présence d'une difficulté que le code n'avait pas prévue, et comme, après tout, la loi pénale doit s'interpréter toujours dans le sens le plus restreint, ce n'est pas sans raison, semble-t-il, que le tribunal de Fontainebleau avait refusé de voir dans les œufs de fourmis l'engrais dont parle l'art. 144 c. for. » (V. encore Lajoye, *Question de chasse*, p. 83 et suiv.; Sorel, *Journal des chasseurs*, 1866, p. 216 et suiv.).

Si l'enlèvement des œufs de fourmis ne tombe pas sous l'application de l'art. 144 c. for., il peut toutefois donner ouverture à une action en dommages-intérêts au profit du propriétaire de la forêt, lorsqu'il a pour effet de la priver d'une ressource alimentaire indispensable pour l'élève du faisan ou de toute autre espèce de gibier... Ou au profit du locataire de la chasse, qui justifie que le propriétaire de la forêt lui a garanti, comme une des conditions de son contrat, l'entière possession des fourmilières et des larves de fourmis existant sur son canton, et qui sont indispensables pour l'élevage et pour la conservation du gibier (Paris, 30 nov. 1872, D. P. 73. 2. 47 ; Conf. Jullemier, *op. cit.*, p. 53).

272. Une difficulté analogue s'est élevée à propos des truffes : elle a donné lieu à plusieurs systèmes en jurisprudence. D'après un premier système, consacré dans un jugement du tribunal d'Auxerre du 15 févr. 1855, aff. P..., D. P. 55. 2. 103, l'énumération des produits contenue dans l'art. 144 c. for., bien que non limitative, s'applique uniquement aux éléments constitutifs du sol forestier et aux produits naturels ou industriels du sol forestier considéré comme tel. Dès lors, les pénalités édictées par cet article sont inapplicables aux truffes, qui ont un caractère de produits utiles de la terre et qui rentrent dans la catégorie des produits dont l'enlèvement est puni par l'art. 388 du code pénal. Mais ce système n'a pas prévalu. La cour de cassation, dans un arrêt du 27 nov. 1869 (aff. Poupier, D. P. 70. 1. 139), a déclaré que l'art. 388 est spécial au délit de vol, dans les champs, des produits utiles de la terre non encore détachés du sol, et n'est pas applicable à l'enlèvement de produits du sol forestier ; que ce dernier cas est spécialement prévu par l'art. 144 c. for., lequel, par la généralité de ses expressions, comprend toutes les productions du sol forestier non déterminées par d'autres articles répressifs et, par conséquent, les truffes (V. également, Amiens, 25 janv. 1861, aff. Poupier, D. P. 61. 5. 244). — Cette solution a l'inconvénient grave de n'appliquer qu'une peine fort légère à la soustraction d'une chose d'une valeur exceptionnelle et de faire tomber ainsi l'infraction au-dessous du simple maraudage. Le maraudage s'appliquant à des quantités importantes de produits du sol, qui ne peuvent être enlevées que par plusieurs personnes, à l'aide de sacs, de paniers, de voitures ou de bêtes de charge est, non plus une simple contravention de police, mais un délit puni d'un emprisonnement de quinze jours à deux ans et d'une amende de 16 à 200 fr. L'insuffisance de la répression au moyen de l'art. 144 est manifeste. D'ailleurs, la cour de cassation est elle-même revenue en partie sur cette jurisprudence et a consacré un nouveau système, qui établit une distinction entre le cas où la truffe est une production spontanée du sol forestier et celui où la production en est artificielle et due à un effort de l'homme, à une véritable culture. La truffe, production spontanée du sol forestier, reste rangée au nombre des produits dont l'art. 144 réprime l'enlèvement. Il en est autrement lorsqu'elle fait l'objet d'une culture ; il serait contraire à des

intérêts considérables et à une saine interprétation de la loi d'appliquer aux délits l'enlèvement des produits de cette culture une pénalité destinée seulement à prévenir l'enlèvement de productions parasites ou accessoires, sans valeur sérieuse, et dont la disparition ne porte qu'un insignifiant préjudice aux richesses que la législation forestière a pour but de protéger (Nîmes, 9 mai 1878) (1). L'arrêt rendu par la chambre criminelle le 3 août 1878 (D. P. 79. 1. 389), sur le pourvoi dirigé contre cet arrêt, s'en est entièrement approprié la doctrine.

273. Les arrêts que l'on vient de citer ont été rendus à propos de délits commis dans des bois appartenant à des particuliers. L'art. 144, en effet, comme on l'a vu au *Rép.* v° *Forêts*, n° 613, s'étend aux bois des particuliers, il n'est pas spécial aux bois soumis au régime forestier. Il s'applique, en ce qui concerne ces derniers, à toutes leurs dépendances et notamment dans le cas d'extraction de terre ou de gazon pratiquée dans un fossé mitoyen, entre une forêt communale et une propriété riveraine, fossé que la jurisprudence considère comme une dépendance de la forêt (Paris, 26 nov. 1868; *Rép. de lég. et de jur. for.*, t. 4, n° 701).

274. L'art. 144 règle la pénalité suivant la quantité de matières enlevées, évaluées d'après le mode d'enlèvement employé (*Rép.* v° *Forêts*, n° 614). Ainsi, toutes les fois que le mode d'enlèvement est constaté, c'est d'après ce mode que la pénalité doit être déterminée, sans qu'il y ait à se préoccuper du point de savoir si la quantité de produits du sol forestier qui aura été soustraite est inférieure à la quantité que comportait le mode d'enlèvement employé (Nîmes, 11 févr. 1875, *Rép. de lég. et de jur. for.*, t. 7, n° 42). Décidé, notamment, que le juge ne peut tenir pour équivalant à une bête attelée un attelage de deux bœufs, en se fondant sur ce que les bœufs s'attèlent toujours par paire, alors même qu'il ne serait pas établi que la charge ait été assez considérable pour exiger réellement l'emploi de deux bœufs, dès l'instant que

le procès-verbal a constaté que l'enlèvement des bois ou produits avait eu lieu au moyen d'un attelage de deux bœufs (Crim. cass. 16 août 1855, aff. Gadon, D. P. 59. 5. 195).

275. Lorsque le mode d'enlèvement est tel qu'il exclut l'emploi des bêtes de somme, la seule amende applicable est celle que l'art. 144 édicte pour une charge d'homme (*Rép.* v° *Forêts*, n° 615). La loi n'a pas défini ce que comprend légalement cette charge, et il peut y avoir quelque difficulté à apprécier quelle est, au maximum, la charge qui peut être transportée par un homme. Mais cette difficulté ne se présente pas lorsqu'il s'agit de rechercher quelle est la plus petite quantité qu'un individu isolé peut transporter. Il résulte en effet, tant de l'ensemble des dispositions de l'art. 144 que des diverses prescriptions du titre 10 et du titre 12 c. for., qu'il y a lieu à l'application de l'amende édictée pour l'enlèvement d'une charge d'homme, quelque faible que soit la quantité enlevée, et alors même qu'elle ne serait pas suffisante pour former la totalité de ce qu'un homme peut être chargé (Nîmes, 11 févr. 1875, *Rép. de lég. et de jur. for.*, t. 7, n° 42).

276. Il n'est pas nécessaire, pour que les pénalités édictées par cet article soient encourues, qu'il y ait à la fois extraction et enlèvement des produits visés par l'art. 144 c. for. (*Rép.* v° *Forêts*, n°s 617-618). Le délit existe, soit qu'il y ait enlèvement sans extraction, soit qu'il ait extraction sans enlèvement, sans même qu'on doive distinguer, dans ce dernier cas, si l'extraction a été faite avec ou sans intention d'enlèvement ultérieur (Paris, 26 nov. 1868, cité *suprà*, n° 273; Chambéry, 20 juill. 1871, *ibid.*, t. 5, n° 79; Crim. cass. 28 nov. 1872, aff. Gras, D. P. 72. 1. 429; 29 avr. 1882, aff. Albertini, etc., D. P. 82. 1. 440). Ainsi, le fait de labourer et ensemencer une parcelle de terrain faisant partie d'une forêt constitue une extraction de terre dans le sens de l'art. 144 précité, et tombe sous l'application dudit article (Arrêt précité 29 avr. 1882). De

---

(1) (Béroulle). — LA COUR; — Attendu qu'il est constant aux débats et non dénié d'ailleurs par Béroulle que, dans la nuit du 24 au 25 février dernier, sur le territoire de la commune de Bédoin (Vaucluse), ce prévenu a été trouvé fouillant le sol et ramassant des truffes avec l'aide d'un chien dressé à cette fin de recherche; — Attendu qu'il est constaté par le procès-verbal que ce délit a été commis dans un semis de chênes truffiers âgé de quinze ans, appartenant à la commune, mais amodié, pour la récolte des truffes seulement, à un sieur Carle; — Que, au moment où Béroulle a été surpris, il avait déjà soustrait cinq hectogrammes environ de ces tubercules; — Attendu que, les faits étant ainsi établis, il y a lieu d'examiner si la pénalité qui leur est applicable est celle de l'art. 144 c. forest. ou celle de l'art. 388 c. pén.; — Attendu que, sans doute, la truffe a pu, en certaines circonstances, être considérée comme un produit naturel du sol des forêts, et être rangée dans la catégorie des végétaux et objets divers qu'énumère l'art. 144 c. forest., tels que gazons, tourbes, bruyères, glands, faînes et autres fruits ou semences; — Que c'est dans ce sens et ces limites que diverses décisions judiciaires sont intervenues; mais que les cas auxquels se rapportent ces décisions sont séparés du fait actuel par des différences profondes; — Attendu qu'il serait contraire à des intérêts considérables et à une saine interprétation de la loi d'appliquer aux délits de la nature de celui dont Béroulle s'est rendu coupable une pénalité destinée seulement à prévenir l'enlèvement de productions parasites ou accessoires, sans valeur sérieuse, et dont la disparition ne porte qu'un insignifiant préjudice aux richesses que la législation forestière a pour but de protéger; — Attendu que, dans certaines parties du midi de la France, et en particulier dans le département de Vaucluse, les truffes ont cessé d'être un produit recueilli au hasard, créé par la nature seule, obtenu sans main-d'œuvre préalable, sans dépenses d'aménagement et d'entretien; — Que des écrivains spéciaux, des agronomes éminents ont tracé les règles de ce que, par un néologisme nécessaire, on est convenu d'appeler la trufficulture; — Que la préparation préalable du sol, le choix des plantes ou semences réservées à une destination spéciale, des labours ou binages en nombre convenable, une direction particulière à donner aux plantations, direction fort différente souvent de celle qu'aurait comportée la seule exploitation forestière, tous ces soins, toutes ces précautions sont devenues une branche importante de la science agricole et, pour certaines communes ou certains propriétaires, un élément de croissante prospérité; — Que, dans ces conditions, se trouvait en particulier le tènement sur lequel maraudait Béroulle; que, sans doute, l'affectation dominante imposée au sol de ce tènement n'aurait pas empêché Béroulle, s'il avait pris, par exemple, dans ce lieu, des

bruyères, des glands, des feuilles ou autres produits des bois, d'être puni conformément aux dispositions du code forestier; mais que ce n'est pas là ce que venait chercher Béroulle, et ce dont Carle s'était rendu adjudicataire au prix annuel de 11 500 fr.; — Attendu qu'il faut donc reconnaître qu'à côté et même au-dessus de la richesse forestière constituée par les arbres dont le sol est complanté, il existe aujourd'hui dans certaines localités, et notamment dans la commune où a été commis le délit imputé à Béroulle, une autre richesse impliquant d'autres travaux établis dans de tout autres conditions; — Que la production forestière n'est que l'accessoire; que la production truffière y est, au contraire, la préoccupation du possesseur du sol et le but le plus important de ses efforts; — Attendu que certaines raisons d'analogie permettent de comparer hypothétiquement ce qui se passe à cet égard dans le département de Vaucluse avec ce qui pourrait se passer dans d'autres régions où l'on mêlerait systématiquement aux essences forestières convenablement disposées et espacées certaines productions horticoles ou agricoles (telles que vignes, groseilliers, fraisiers), dont les congénères se rencontrent bien dans les bois à l'état sauvage, mais dont on modifierait les conditions d'existence par des soins éclairés, par la disposition en hautains, cordans, plates-bandes, par la greffe, la taille ou autres procédés; — Que dans l'une comme dans l'autre cas, en dépit des distinctions inhérentes à la nature de ces récoltes, il s'agirait de produits spontanés à l'origine, mais dont les qualités seraient accrues, le rendement régularisé, la valeur étendue, par l'intervention de l'homme et la pratique d'ingénieuses réformes; que, dans l'une comme dans l'autre hypothèse, la substitution de la culture artificielle à la production naturelle devrait, en cas de délit, avoir pour corollaire un changement dans la pénalité encourue; — Attendu, enfin que, dans l'espèce, le vol a été commis au préjudice d'un fermier auquel, moyennant un prix considérable, l'usage de la récolte truffière dans les tènements disposés à cet effet par la commune de Bédoin; — Que l'on n'évalue pas à moins de 3000 fr. la perte moyenne occasionnée à ce fermier par les maraudeurs; et que sa situation serait insuffisamment protégée par les seules peines énoncées en l'art. 144 c. forest., code rédigé en vue et pour la défense d'autres intérêts, à une époque où l'art de cultiver la truffe était ignoré et où le législateur ne pouvait prévoir cette future application des progrès de la science agricole;

Par ces motifs, condamne Béroulle à un mois d'emprisonnement et 16 fr. d'amende par application de l'art. 388, § 5; c. pén., etc.

Du 9 mai 1878.-C. de Nîmes, ch. corr.-MM. Pelon, pr.-Clapier, av. gén.; c. conf.-Bouet, av.

même, le copropriétaire d'un fossé mitoyen qui sépare son terrain d'un bois communal commet le délit prévu par l'art. 144, lorsqu'il fait curer et creuser ce fossé et qu'il y fait pratiquer des excavations sans l'autorisation de l'administration des Forêts, alors même que les terres n'auraient pas été enlevées, mais seulement rejetées sur les deux côtés du fossé (Paris, 26 nov. 1868, précité). Il a été jugé encore que le fait de ramasser des feuilles avec un rateau et de les renfermer dans un sac tombe sous le coup du même article (Crim. cass. 8 déc. 1848, aff. Gallet, D. P. 48. 5. 216). — Toutefois il a été décidé, en sens contraire, que le fait d'avoir creusé, sans autorisation, un fossé dans une forêt en rejetant la terre sur les bords, sans intention d'enlever cette terre, ne constitue pas un délit; l'extraction, dans ce système, ne serait punie que lorsqu'elle est faite en vue de l'enlèvement des matériaux extraits ou qu'il y a eu tentative d'enlèvement (Chambéry, 20 juill. 1871, précité. Comp. Paris, 31 août 1871, Rép. de lég. et de jur. for., t. 5, n° 52).

277. L'art. 144 ne parle pas des dommages-intérêts, bien qu'il en soit dû toutes les fois que l'enlèvement frauduleux, prévu par cet article, a causé un préjudice au propriétaire de la forêt. Comme on l'a vu au Rép. v° Forêts, n° 627, le motif de ce silence est que le cas spécial de l'art. 144 c. for. est régi par les principes généraux et par la règle contenue dans l'art. 198 c. for. En d'autres termes, dans le cas d'enlèvement sans autorisation, dans une forêt, de bois ou d'autres produits, et notamment de bruyères, les dommages-intérêts sont facultatifs pour le juge, suivant les circonstances. Jugé, spécialement, qu'il n'y a pas lieu de prononcer des dommages-intérêts lorsque, le délit d'enlèvement n'affectant que le produit actuel de la forêt, le procès-verbal ne justifie pas d'un préjudice causé appréciable (Paris, 27 août 1883, aff. Godait, D. P. 84. 2. 64). Mais la restitution, soit en nature, soit en argent, des objets enlevés est obligatoire par les tribunaux, même quand elle n'est pas demandée, en raison du caractère impératif de l'art. 198 c. for.

278. L'extraction ou l'enlèvement des produits intérieurs ou superficiels du sol forestier n'est passible des peines édictées par l'art. 144 c. for. que lorsqu'il a lieu sans autorisation. Cette autorisation est accordée, en principe, par le propriétaire de la forêt (Rép. v° Forêts, n° 632); elle doit être formelle et précéder les enlèvements et extractions. On a vu cependant au Rép. v° Forêts, n° 633, qu'elle peut résulter de certaines tolérances. Dans tous les cas, l'autorisation est limitée à l'objet pour lequel elle a été accordée. Spécialement, l'adjudicataire des travaux d'entretien d'un chemin communal, qui est autorisé, en cette qualité, à extraire des pierres d'une forêt, commet le délit prévu par l'art. 144 c. for., lorsqu'il emploie une partie des matériaux sur la propriété privée (Trib. Compiègne, 18 nov. 1873, Rép. de lég. et de jur. for., t. 6, n° 11). De même, lorsque des entrepreneurs ont été autorisés à extraire des pierres dans une forêt communale pour la construction d'un chemin, ils ne peuvent l'extraction lorsque le chemin est achevé. Mais c'est aux tribunaux qu'il appartient d'apprécier si les permissionnaires se sont maintenus dans les limites de l'autorisation qui leur a été accordée; de sorte que, notamment dans le cas qui vient d'être cité, l'arrêt qui renverrait les prévenus des poursuites en se fondant sur ce que l'enlèvement des pierres a eu lieu pour l'achèvement du chemin, renfermerait une appréciation de fait échappant à la censure de la cour de cassation (Crim. cass. 23 juin 1864, Rép. de lég. et de jur. for., t. 3, n° 412).

279. La nécessité de l'autorisation ou de la délivrance préalable par le propriétaire, pour les extractions ou les enlèvements de produits énumérés à l'art. 144, en raison des termes généraux et absolus de cet article, existe aussi bien pour les usagers que pour les tiers qui n'ont aucun droit sur la forêt ou sur ses produits. L'usager dont le titre n'a pas déterminé le mode de jouissance est tenu à une demande préalable en délivrance, non pas seulement dans le cas de droit au bois spécialement prévu par l'art. 79 c. for., mais même dans le cas où le droit d'usage aurait pour objet l'un des produits énoncés dans l'art. 144 du même code (Bourges, 24 févr. 1853, aff. Crombez-Lefèvre, D. P.

53. 2. 73 ; Colmar, 16 avr. 1861, aff. Klopfenstein, D. P. 63. 2. 52; Puton, Législation forestière, p. 200). L'art. 144 est donc applicable, à l'individu qui opère des extractions de terre dans un bois communal soumis au régime forestier, sans avoir obtenu l'autorisation exigée par l'art. 2 de l'ordonnance du 4 déc. 1844, bien que le droit aux extractions soit fondé sur un titre régulier (Colmar, 10 févr. 1863, Rép. de lég. et de jur. for. t. 2, n° 240) ;... à l'usager aux feuilles mortes, qui enlève des produits de cette nature, contrairement à la défense de l'Administration forestière (Colmar, 16 avr. 1861, précité) ;... à l'usager dont le droit porte sur des bruyères, et qui enlève de tels produits sans avoir, au préalable, obtenu la délivrance du propriétaire (Bourges, 24 févr. 1853, précité).

280. Pour certains matériaux de nature spéciale, l'extraction doit, outre l'autorisation du propriétaire de la forêt, être précédée de formalités particulières (Rép. v° Forêts, n° 649). L'art. 67 de la loi du 21 avr. 1810, aux termes duquel la permission d'exploiter des minerais dans les forêts soumises au régime forestier et qui semblait faire double emploi avec l'art. 144 c. for., a été abrogé par l'art. 2 de la loi du 9 mai 1866 (D. P. 66. 4. 42). Mais, l'art. 144 subsistant, l'autorisation d'enlever du minerai dans ces forêts doit toujours être demandée et l'Administration forestière peut insérer dans l'acte d'autorisation les réserves commandées par la bonne gestion de la propriété forestière.

281. La délivrance des bois de bourdaine, nécessaires à l'administration des poudres (Rép. v° Forêts, n° 656), est aujourd'hui réglée par un décret du 10 oct. 1874. Ce décret détermine, tant dans les forêts de l'État que dans celles des communes et des établissements publics, les conditions de délivrance, d'exploitation, de façonnage, de transport, etc., tant des bois de bourdaine que des bois de fascinage destinés aux écoles et directions d'artillerie (V. notre Code forestier annoté, p. 373-374).

282. On a vu au Rép. v° Forêts, n° 457, que l'art. 145 c. for. consacre, à l'égard des bois et forêts, la servitude d'extraction de matériaux pour les travaux publics, reconnue par la législation antérieure en faveur de l'administration des Ponts et Chaussées. On a vu également que les art. 169 et suiv. de l'ordonnance forestière s'appliquent seulement aux bois soumis au régime forestier, et que les atténuations apportées à la servitude rigoureuse de la loi du 16 sept. 1807 ne sont pas applicables aux bois des particuliers. Actuellement, ces bois sont soumis aux dispositions de la loi du 29 déc. 1892 sur les dommages causés à la propriété privée par l'exécution des travaux publics (D. P. 93. 4. 56), qui règle d'une manière complète l'occupation temporaire des terrains, soit pour l'extraction des matériaux, soit pour tout autre objet relatif à l'exécution des travaux publics, et l'évaluation des indemnités qui en sont la conséquence. Cette loi consacre au profit des bois des particuliers des garanties analogues à celles que les art. 170 et suiv. de l'ordonnance du 1er août 1827 édictaient relativement aux bois soumis au régime forestier. Ceux-ci restent toujours, sous ce rapport, protégés par ces articles. La loi du 29 déc. 1892, en effet, ne s'applique qu'aux propriétés privées, et n'a pu, en l'absence d'une disposition formelle, déroger aux art. 170 à 174 précités, qui renferment des règles spéciales aux bois soumis au régime forestier.

283. Le droit d'extraction de matériaux dont peut user l'administration des Ponts et Chaussées doit s'arrêter devant les propriétés attenant aux habitations et closes par des murs ou autres clôtures équivalentes, suivant l'usage du pays (Rép. v° Forêts, n° 657). La loi du 29 déc. 1892, citée suprà, n° 282, consacre cette règle par une disposition formelle (art. 2). — L'exemption ne s'applique, d'ailleurs, qu'aux cours, jardins, vergers et autres possessions de ce genre; elle ne s'étend pas aux terres labourables, herbages, prés, bois, vignes et autres terres de même nature, quoique closes (Arrêt du Conseil, 20 mars 1780; Rép. Travaux publics, n° 789). Jugé, en conséquence, qu'il n'y a pas lieu de considérer comme attenant à une habitation et, par suite, comme affranchie de la servitude d'extraction des matériaux, une forêt close de tous côtés qui est seulement contiguë à un parc clos de murs dans lequel se trouve une

habitation, et qui est séparée de ce parc par un mur (Cons. d'Ét. 31 déc. 1869, aff. De Janzé, D. P. 71. 3. 84).

284. Les servitudes de grande voirie qui concernent l'occupation temporaire de terrains en cas de réparation des routes, et qui ont été déclarées applicables aux propriétés riveraines des chemins de fer par l'art. 3 de la loi du 15 juill. 1845, s'exercent dans les bois soumis au régime forestier comme dans tous autres terrains (*Rép.*, v° *Voirie par chemins de fer*, n°s 155, 199).

285. Les extractions de matériaux pour l'ouverture ou la réparation des chemins vicinaux peuvent avoir lieu dans les bois soumis au régime forestier suivant les règles tracées par l'ordonnance du 8 août 1845 (*Rép.*, v° *Forêts*, n° 666). Dans les bois des particuliers, c'est la loi du 21 mai 1836 (art. 17) qui est applicable (*Rép.*, v° *Voirie par terre*, n° 526). Les mêmes loi et ordonnance sont applicables aux extractions de matériaux et occupation de terrains qui sont nécessaires pour les travaux de réparations et d'entretien des chemins ruraux effectués par les communes (L. 20 août 1881, art. 14, D. P. 82. 4. 5).

286. Il n'y a pas lieu de revenir sur ce qui a été dit au *Répertoire* relativement aux règles posées par les art. 169 et suiv. de l'ordonnance forestière (*Rép.*, v° *Forêts*, n°s 659. et suiv.). L'Administration a fréquemment rappelé ses agents à l'observation de ces règles et leur a recommandé de s'opposer à toute extraction de matériaux qui n'aurait pas été précédée de toutes les formalités qu'elles prescrivent (V. notre *Code forestier annoté*, art. 145, n°s 23 et suiv.).

Art. 2. — *Passage en forêt, hors des routes et chemins ordinaires avec intruments prohibés* (*Rép.*, n°s 682 à 691).

287. Pour compléter les explications du *Répertoire* sur ce point, il suffira de remarquer que, si l'art. 146 c. for., en ajoutant aux serpes, cognées, haches et scies « tous autres instruments de même nature » n'a entendu désigner que les instruments propres à couper le bois, et que si l'on ne doit pas comprendre parmi ces instruments les faux et faucilles (*Rép.*, v° *Forêts*, n° 690; Puton, *Législation forestière*, p. 161), c'est à la condition qu'ils n'auront pas réellement servi à couper du bois. C'est du moins ce qui a été décidé en Belgique, où le code forestier prohibe « dans les bois et forêts, hors des routes et chemins ordinaires, le port, sans motifs légitimes, de serpe, cognée, hache, scie ou autres instruments de même nature » (Liège, 25 févr. 1858, aff. Polard et autres, D. P. 65, 5. 207).

Art. 3. — *Passage en forêt avec voitures, hors des routes et chemins ordinaires* (*Rép.*, n°s 692 à 711).

288. On a indiqué, au *Rép.*, v° *Forêts*, n° 695, ce que l'art. 147 c. for. entend par le mot « voiture »; la jurisprudence persiste à appliquer cette expression à tout ce qui, mû par une ou plusieurs roues et conduit par des hommes ou des animaux, peut servir au transport des bois ou autres

produits des forêts, et notamment aux brouettes (Caen 22 févr. 1888, *Rép. de lég. et de jur. for.* t. 15, p. 21; Liège, 2 nov. 1860, aff. Defoin et autres, D. P. 65. 5. 207).

289. Il ne faut entendre par routes et chemins ordinaires, au sens de l'art. 147 c. for., que les chemins ouverts à tous et consacrés à l'usage du public, par opposition aux chemins forestiers ou privés, établis par le propriétaire sur son propre sol et entretenus à ses frais pour l'exploitation et le service de la forêt (Amiens, 17 déc. 1857, aff. Massard, D. P. 71. 5. 200; Crim. cass. 23 juill. 1858, aff. Oudin, D. P. 59. 1. 380; Colmar, 27 déc. 1862, *Rép. de lég. et de jur. for.*, t. 3, n° 427; 30 déc. 1862, *ibid.*, t. 2, n° 220). Les peines édictées par l'art. 147 sont donc applicables au voiturier qui est trouvé dans une forêt, avec ses attelages, sur un chemin d'exploitation, alors même que ce chemin serait permanent, d'une largeur fixe et uniforme, parfaitement viable et relié à d'autres routes (Crim. cass. 23 juill. 1858, Colmar, 27 déc. 1862, précité), ou sur un chemin de vidange (Colmar, 30 déc. 1862, précité). Il a même été jugé que l'arrêt préfectoral qui classe, comme chemins vicinaux, des voies privées que les propriétaires successifs d'une forêt avaient réservées pour l'exploitation de leur domaine, ne dépouille pas le maître du fonds de son droit de propriété sur le sol de ces voies, alors que ce classement, fait à l'insu de ce dernier, sans mise en demeure, sans notification, sans indemnité, a été le résultat d'une erreur qui plus tard, a été reconnue et spontanément réparée par l'autorité préfectorale; que, par conséquent, le fait de passer avec une voiture et des chevaux sur des chemins de cette nature, sans la permission du propriétaire, constitue la contravention prévue et punie par l'art. 147 c. for. (Paris, 13 août 1868) (1).

290. Comme cela est de règle en matière forestière, la bonne foi du prévenu n'excuse pas l'infraction à l'art. 147 c. for.; les conséquences légales d'un procès-verbal ne peuvent disparaître ou être atténuées par des circonstances alléguées par le contrevenant, à titre d'excuse, et l'affranchir de la peine. Cette règle, déjà consacrée par la jurisprudence avant la publication du *Répertoire*, v° *Forêts*, n° 694, l'a été de nouveau depuis lors. Jugé que les circonstances que le chemin est fréquenté, et que l'Administration en a concédé l'usage à un usinier, ne sont pas de nature à servir d'excuse pour le délinquant (V. Amiens, 17 déc. 1857; Crim. cass. 23 juill. 1858 et Paris, 13 août 1868, cités *suprà*, n° 289).

Art. 4. — *Pâturage* (*Rép.* v° *Forêts*, n°s 712 à 754).

291. Le délit de pâturage est prévu et réprimé par l'art. 199 c. for. Cet article est applicable tant aux bois et forêts soumis au régime forestier qu'à ceux qui appartiennent à des particuliers. Le délit de pâturage dans les bois des particuliers ne tombe donc pas sous l'application de l'art. 475 c. pén., qui a été abrogé, en ce qui concerne les infractions commises dans ces bois, par l'art. 199 c. for., mais bien sous le coup de ce dernier article (Crim. cass. 18 juill. 1874, aff. Clouzet, D. P. 76. 5. 258). — D'au-

---

(1) (De Talhouët-Roy *C.* Lorin). — La cour; — En fait : — Considérant qu'il résulte d'un procès-verbal régulièrement dressé par le garde particulier Bergerat, au service de Talhouët-Roy, que, le 4 mars 1868, Lorin-Gobin a été trouvé et rencontré par divers témoins, conduisant une voiture attelée de quatre chevaux et chargée de bois, suivant la route dite Lune-des-Tirs-à-Chiens jusqu'à l'Arbre-Napoléon, et qu'il a même débardé dans la forêt de Vassy des bois provenant d'une coupe étrangère à ladite forêt; mais que Lorin, cité devant le tribunal correctionnel d'Épernay, a été, par jugement du 30 mai 1868, acquitté par ce motif qu'il n'est pas établi que le prévenu ait passé avec ses chevaux et voiture sur d'autres chemins que celui ordinaire de la forêt de Vassy; — En droit : — Considérant que le procès-verbal servant de base à la poursuite, revêtu des formalités prescrites par les art. 165 et 170 c. for., n'a été combattu ni par l'inscription de faux, ni par la preuve contraire, qu'il fait, des lors, aux termes de la loi, foi de son contenu; — Considérant que le prévenu reconnaît d'ailleurs que le sursis, en se fondant sur l'art. 182 c. for., lequel exige, au reste, pour admettre l'exception préjudicielle, qu'elle soit fondée soit sur un titre apparent, soit sur des faits de possession équivalents, personnels au prévenu; — Considérant que l'intimé se borne à prétendre que le chemin sur lequel il aurait été rencontré avec sa voiture et

ses chevaux aurait été, en 1839, dans la partie dite Lune-des-Tirs-à-Chiens, déclaré vicinal, suivant arrêté du préfet de la Marne, et, dans la partie dite d'Arbre-Napoléon au route de Vassy, déclaré chemin rural en 1845; — Considérant qu'à cette prétention, Talhouët-Roy oppose une série de titres établissant, à son profit ou au profit de ses auteurs, depuis l'an 1651 jusqu'à ce jour, la propriété constante non seulement de la forêt de Vassy, mais des chemins ouverts sur le sol forestier pour le service de cette forêt exclusivement; — Que ces chemins ouverts ainsi dans le parcours de la forêt par Talhouët-Roy ou ses auteurs, ont été par lui seul entretenus; qu'il a toujours acquitté l'impôt sur lesdites routes, aussi bien que sur le reste de la propriété; — Que, de plus, les divers procès-verbaux d'arpentage de la forêt de Vassy, en déterminant le massif forestier, prennent soin d'indiquer les limites de la route à suivre par les exploitants; — Que l'appelant a constaté et réprimé les contraventions commises, à diverses reprises, par les délinquants ayant passé avec des bestiaux sur les chemins traversant la forêt; — Qu'il a ainsi exercé tous les droits résultant d'une possession qui s'ajoutant à la propriété même fondée sur les titres produits; — Considérant, par suite, que les chemins sur le long parcours desquels a été commise et reconnue la contravention imputée à Lorin ne sont pas des chemins ordinaires et publics, consacrés

part, en ce qui concerne les personnes punissables, l'art. 199 a une portée générale ; les peines qu'il édicte peuvent être encourues non seulement par les tiers, mais encore par certaines personnes ayant des droits réels ou autres sur la forêt dans laquelle les animaux sont introduits, tels que les adjudicataires de coupes, de glandée, de panage, les usagers.

292. Comme on l'a vu au *Rép.* v° *Forêts,* n° 718, le fait de l'introduction dans une forêt d'un animal de l'espèce de ceux qui sont désignés par l'art. 199, c. for., suffit pour constituer le propriétaire de ces animaux en délit de pâturage, sans qu'il soit nécessaire que le pâturage ait été matériellement constaté par un procès-verbal. Mais il est évident que cette règle ne s'applique qu'autant qu'il s'agit d'animaux appartenant aux catégories désignées par l'art. 199, et non d'animaux, tels que les volailles ou les chiens (*Rép.* v° *Forêts,* n° 720), dont l'introduction n'a pas été prévue par l'art. 199. L'introduction d'animaux de cette catégorie dans les forêts peut donner lieu seulement à des dommages-intérêts lorsqu'elle a occasionné un préjudice au propriétaire (Puton, *Législation forestière,* p. 163).

293. C'est contre les propriétaires des animaux trouvés en pâturage que l'art. 199 c. for. autorise la poursuite. Cette disposition repose sur un double motif. Tout d'abord, elle est fondée sur ce que le propriétaire profite du délit bien qu'il ne l'ait pas commis personnellement, ensuite sur ce qu'il importe à l'Administration de se trouver en présence d'un répondant sérieux et solvable. On a cependant soutenu, ainsi qu'il a été exposé au *Rép.*, v° *Forêts,* n° 722, que le propriétaire ne serait passible de l'amende qu'autant qu'il aurait été trouvé gardant lui-même ses bestiaux. Cette opinion, quoiqu'elle ait été suivie par certains arrêts (*Rép.* v° *Forêts,* n° 727), n'avait cependant prévalu, lors de la publication du *Répertoire,* ni en doctrine, ni en jurisprudence. Il en a été de même depuis (Crim. cass. 21 juin 1851, aff. Labarthe, D. P. 51. 5. 276).

Mais de ce que le propriétaire des animaux trouvés en délit est passible des peines portées par l'art. 199, alors même qu'il n'a pas participé personnellement au pâturage incriminé, s'ensuit-il que le berger ou le pâtre ne puisse pas être également poursuivi ? D'après l'opinion qui avait prévalu, le pâtre serait passible des peines portées par l'art. 199 c. for. aussi bien que le propriétaire lui-même (V. les arrêts cités au *Rép.*, n° 726). On appliquait ici le principe général que l'auteur d'un fait réprimé par la loi pénale tombe personnellement sous le coup de cette loi (V. Civ. cass. 7 oct. 1847, aff. Bataille, D. P. 47. 4. 134). La cour de Toulouse, dans un arrêt du 8 févr. 1862 (aff. Rouzaud, D. P. 62. 2. 97), s'est conformée à cette jurisprudence. Suivant cet arrêt, bien que l'art. 199 ne parle que des propriétaires d'animaux, il n'a pas entendu exclure de la poursuite le pâtre du troupeau, dont le concours est toujours délictueux, lorsque ce pâtre entre dans un bois interdit à la dépaissance ; la bonne foi ne saurait être admise en cette matière, nul n'étant tenu de violer la loi. Le même arrêt écarte l'application de l'art. 76 c. for., comme spécial au cas où un défaut de surveillance est reprochable au pâtre, et inapplicable au cas où c'est le propriétaire qui est sinon l'auteur, au moins le complice du délit. Au contraire, d'après un arrêt de la cour de cassation (Crim. cass. 13 juill. 1866, aff. Grousset, D. P. 66. 1. 454), le code forestier fait une part distincte au pâtre et aux propriétaires de bestiaux, spécialement au cas où il s'agit de l'introduction, par un usager, d'un nombre d'animaux supérieur à celui qui

est fixé par l'Administration. En pareil cas, il prononce contre eux des peines différentes pour la répression du même acte ; les peines encourues par les propriétaires sont généralement celles de l'art. 199, qui prononce des amendes par têtes de bétail contre les propriétaires d'animaux en délit dans les forêts, tandis que les art. 72, 76 et 78 établissent d'autres amendes, spéciales et peu élevées, contre les gardiens, en y ajoutant l'emprisonnement, en cas de récidive. L'art. 77 est conçu dans le même esprit ; en déclarant que si les usagers introduisent en pâturage des bestiaux en nombre supérieur à celui qu'a fixé l'Administration, il y aura lieu, pour l'excédent, à l'application des peines prononcées par l'art. 199. Cet article atteint les propriétaires du troupeau, qui sont de véritables délinquants ; mais ni l'art. 77, ni aucun autre n'édicte, en ce cas, de peine contre le pâtre ; ce sont donc seulement les usagers qui devraient être poursuivis. — Il semble bien que la doctrine de cet arrêt qui vise un cas d'application de l'art. 199, doive s'étendre à tous ceux où cet article sert de base à la poursuite, et qu'il exonère le pâtre de toute pénalité, pour frapper le propriétaire seul.

294. La jurisprudence d'après laquelle les peines édictées par l'art. 199 c. for. peuvent être prononcées, soit contre le pâtre, soit contre le propriétaire (V. *supra,* n° 293), décidait aussi que le propriétaire pouvait être condamné à ces peines, bien qu'il n'eût été cité devant le tribunal de répression que comme civilement responsable (*Rép.* v° *Forêts,* n° 728). Mais l'arrêt du 13 juill. 1886, cité *supra,* n° 293, décide que, lorsque le gardien a été cité et condamné à tort, comme pénalement responsable de l'infraction, la condamnation à des dommages-intérêts prononcée contre les usagers manque de base légale, si elle est fondée seulement sur ce qu'ils seraient responsables civilement du fait du gardien : « Attendu que des condamnations à des dommages-intérêts, soit contre un inculpé, soit contre la personne civilement responsable, ne peuvent légalement intervenir en police correctionnelle qu'après la constatation de l'existence d'un délit, et accessoirement à la poursuite contre son auteur ».

295. On doit considérer comme propriétaire des animaux, au point de vue de l'application de l'art. 199, celui qui a la possession et la disposition de ces animaux. Aussi l'art. 199 c. for. ne s'applique-t-il pas à celui qui, tout en conservant la propriété des animaux, n'en a ni la possession actuelle, ni la disposition, notamment au bailleur à cheptel. La propriété, en effet, dans les mains du bailleur, est alors suspendue et dénaturée, puisque, pendant la durée du cheptel, il n'a ni le droit de garde sur les bestiaux, ni l'obligation de les nourrir et de les loger. La jurisprudence n'a pas varié sur ce point (*Rép.*, v° *Forêts,* n° 733 ; Orléans, 22 avr. 1850, aff. Marcier-Dehay, D. P. 50. 2. 87 ; Civ. rej. 14 févr. 1862, aff. Dussard, D. P. 66. 1. 366 ; Orléans, 22 août 1870, aff. Cuillat, D. P. 71. 2. 136). Le propriétaire poursuivi en vertu de l'art. 199 c. for. peut donc se prévaloir du cheptel qu'il a consenti, et le tribunal correctionnel est juge de cette exception (Arrêt précité du 14 févr. 1862 ; Crim. rej. 11 mars 1863, aff. Vecchioni, D. P. 66. 1. 366). Peu importe, d'ailleurs, que le cheptel ait été constitué par le propriétaire des bestiaux ou par le preneur de cheptel qui en aurait à son tour cédé une partie à un colon partiaire (Trib. corr. Saint-Amand, 17 janv. 1863, *Rép. de lég. et de jur. for.,* t. 3, n° 550).

296. Ainsi, la responsabilité du délit prévu par l'art.

à l'usage de tous, mais des routes essentiellement privées, réservées par le propriétaire pour l'exploitation et le service de la forêt ; — Considérant que la fréquentation abusive et à titre précaire de la part des habitants des communes voisines ne saurait être utilement invoquée dans la cause, une semblable tolérance ne pouvant conférer aucun droit ; — Qu'il en est de même des divers classements tentés plutôt que reconnus au profit de la commune d'Igny-le-Jard pour les chemins dont il s'agit ; — Qu'en effet, si, suivant arrêtés des 7 janv. 1837 et 5 oct. 1839, le Chemin-aux-Vaches (route d'Igny-le-Jard au Baizil) a été, à l'insu de Talhouët-Roy, sans mise en demeure, sans notification, sans indemnité, momentanément classé comme chemin vicinal, cette erreur a été spontanément reconnue et redressée dans le dernier classement intervenu en 1867, où ledit chemin ne figure plus comme vicinal ; — Que, pour la route de Vassy à Legendre,

également parcourue dans la forêt de Talhouët-Roy par Lorin, le préfet a, sur la réclamation de Roy, précédent propriétaire, sursis à statuer sur le classement, comme chemin rural, proposé, le 10 août 1843, par le conseil municipal d'Igny-le-Jard, lequel classement n'a jamais été admis même temporairement ; — Que Talhouët-Roy est donc bien fondé à poursuivre la contravention relevée au procès-verbal du 11 mars 1868 ;

Par ces motifs,

Émendant, déclare Lorin coupable d'avoir, le 4 mars 1868, avec sa voiture et ses chevaux, passé, hors des routes et chemins ordinaires, dans la forêt de Vassy, sans la permission de Talhouët-Roy, qui en est propriétaire, ce qui constitue la contravention prévue et punie par l'art. 147 c. for., etc.

Du 13 août 1868.-C. de Paris, ch. cor.-MM. le cons. Dufour, pr.-Merveilleux-Duvignaux, av. gén.-Nicolet et Martini, av.

199 c. for. incombe, en réalité, bien plus à ceux qui ont le droit de garder des bestiaux, avec l'obligation de les loger et de les nourrir, qu'à celui qui en est juridiquement propriétaire. On doit, par conséquent, appliquer les pénalités de cet article à tout individu qui, en vertu d'une convention quelconque, possède, pour un temps plus ou moins long, les bestiaux trouvés en délit : l'art. 199 c. for. est, notamment, applicable à un individu dont l'industrie consiste à faire pacager en estivage un troupeau déterminé, dont les animaux ne lui appartiennent pas, mais lui ont été confiés, et dont il a la direction, cet individu n'étant pas, au regard du propriétaire de la forêt, un simple conducteur de bestiaux (Nîmes, 29 août 1867, *Rép. de lég. et de jur. for.*, t. 5, n° 54). Il en est de même de l'individu qui possède momentanément les bestiaux trouvés en délit, en vertu d'un prêt à usage (Besançon, 15 janv. 1868, *Répertoire de Besançon*, v° *Forêts*, n° 27).

297. L'obligation pour le propriétaire, ou plus exactement pour le détenteur des bestiaux, de respecter la propriété d'autrui, subsiste lorsqu'il envoie les bestiaux au pâturage dans les propriétés boisées de celui-là même qui lui a transmis la possession des animaux. Le propriétaire qui a constitué le cheptel est recevable à réclamer des dommages-intérêts au preneur, aussi bien que tout autre propriétaire de forêts, pour réparation des dégâts que les bestiaux lui ont occasionnés (Orléans, 22 août 1870, aff. Caillat, D. P. 71. 2. 136). Il en est de même lorsque le propriétaire a affermé, au prévenu la dépaissance de sa forêt si les bestiaux ont été trouvés en dehors des cantons affermés (Nîmes, 29 août 1867, cité *supra*, n° 296).

298. Mais lorsque celui qui est à la fois propriétaire et détenteur des bestiaux les fait pacager dans un bois lui appartenant, il est évident qu'on ne saurait lui appliquer l'art. 199. La solution est la même lorsque le propriétaire a autorisé le pacage. En thèse générale, en effet, tout propriétaire de forêt a le droit d'y faire ou laisser pâturer ses bestiaux ou ceux d'autrui, sans être soumis à cet égard à aucune restriction. Ce principe souffre cependant exception en ce qui concerne les dunes plantées en bois par l'Etat, dans le cas prévu par l'art. 5 du décret du 14 déc. 1810 (Crim. rej. 2 août 1867, aff. Simart de Pitray, D. P. 68. 1. 45), et les terrains en montagne qui ont été l'objet de mesures de restauration ou de conservation (V. *infrà*, chap. 21).

299. L'art. 199 a élevé l'amende au double lorsque le bois a moins de dix ans, dans le but de proportionner la peine à l'importance présumée du préjudice (*Rép.* v° *Forêts* n° 735). Mais la circonstance que le bois est âgé de moins de dix ans n'est pas, à proprement parler, une circonstance aggravante dans le sens de l'art. 201 c. for. ; le fait d'introduire des bestiaux dans un bois n'ayant pas cet âge constitue un délit distinct du délit d'introduction de bestiaux dans un bois dont l'âge est plus élevé (*Rép.* v° *Forêts*, n° 432). C'est du moins ce qui résulte de la jurisprudence citée au *Rép.*, n° 432, laquelle considère l'amende double, édictée par le dernier paragraphe de l'art. 201, comme une amende simple au point de vue de l'application de la règle de l'art. 202 sur le minimum des dommages-intérêts (*Adde* : Besançon, 1er avr. 1868, *Répertoire des arrêts de la cour de Besançon*, v° *Forêts*, n° 28).

300. La disposition de l'art. 199, relative aux dommages-intérêts, rend l'allocation de ces dommages facultative et la réserve au cas où il y a eu préjudice (*Rép.* v° *Forêts*, n°° 737 et suiv.) et préjudice futur par destruction ou abroutissement de pousses constaté par le procès-verbal (*Rép. ibid.*; Trib. corr. Saint-Amand, 17 janv. 1865, *Rép. de lég. et de jur. for.*, t. 3, n° 550). — Quant à la restitution, elle doit nécessairement être prononcée en vertu des termes généraux de l'art. 198 c. for. (*Rép.* v° *Forêts*, n° 744).

301. Le délit de pâturage ou d'introduction d'animaux en forêt n'est pas susceptible d'être excusé en raison de la bonne foi du prévenu (*Rép.* v° *Forêts*, n° 752). Toutefois, depuis la loi du 18 juin 1859, l'administration des Forêts peut prendre en considération la bonne foi et consentir une transaction ; mais les tribunaux ne peuvent en tenir compte pour écarter l'application de l'art. 199. — La force majeure est, au contraire, toujours considérée comme une excuse légitime (*Rép.* v° *Forêts*, n° 750); il en est ainsi, notamment, de celle qui résulte de ce que les chemins sont

impraticables. Mais il faut que cette force majeure soit bien réelle et résulte de l'impraticabilité absolue des routes ; ainsi lorsque des bêtes à laine, conduites dans une forêt communale, ont été signalées par un procès-verbal comme ayant dépassé les limites des chemins et étant entrées dans des cantons en défens, on ne peut, pour refuser d'appliquer l'amende, à raison de l'ensemble des têtes de bétail trouvées en délit, se fonder sur la simple difficulté qui existerait à ce que les troupeaux pussent suivre les chemins sans s'en écarter, et sur ce que plusieurs bêtes ne se seraient trouvées dans la portion en défens que par une sorte de force majeure, alors que le procès-verbal constate que le bétail était gardé à bâtons plantés (Crim. cass. 1er avr. 1854, aff. Caubet et autres, D. P. 54. 5. 393).

Art. 5. — *Feux allumés dans l'intérieur ou à proximité des forêts* (Rép. v° *Forêts*, n°° 755 à 777).

302. Il suffira de se référer, d'une manière générale, aux explications fournies au *Répertoire*, en ce qui concerne l'application de l'art. 148 c. for. aux termes duquel il est interdit de porter ou allumer, sans autorisation, du feu dans l'intérieur et à la distance de 200 mètres des forêts (*Rép.* v° *Forêts*, n° 755). Il est toutefois une question qui a continué à donner lieu à de sérieuses controverses : c'est celle de savoir si, lorsqu'un incendie a été involontairement occasionné soit par des feux portés ou laissés sans précautions suffisantes pour le prévenir, soit par des feux allumés à moins de 100 mètres, il y a lieu d'appliquer à la fois les peines des art. 458 c. pén. et 148 c. for. (*Rép.* v° *Forêts*, n° 763), étant bien entendu que le feu qui serait allumé à plus de 100 mètres, mais à moins de 200, tomberait sous la seule application de l'art. 148 c. for. (*Rép.* v° *Forêts*, n° 764). L'affirmative, qui était enseignée par M. Méaume (V. *Rép.* v° *Forêts*, n° 763), a été suivie en jurisprudence (V. Trib. corr. Saint-Girons, 24 juin 1878, *Rép. de lég. et de jur. for.*, t. 8, n° 65. Comp. Aix, 11 mars 1858, et sur pourvoi (Crim. cass., aff. Audibert, D. P. 58. 1. 478-479). Cependant la doctrine contraire, que l'on avait adoptée au *Répertoire*, est plus généralement enseignée par les auteurs (V. notamment : Puton, *Législation forestière*, p. 208). Nous persistons dans cette opinion, qui s'appuie sur les expressions de l'art. 148 c. for. « sans préjudice en cas d'incendie... » : il nous semble que, si le fait de porter ou allumer du feu, qui figure comme élément constitutif du délit prévu par l'art. 458 c. pén., devait encore être frappé en tant qu'élément constitutif du délit prévu par l'art. 148 c. for., on arriverait à punir deux fois le même fait, contrairement aux principes fondamentaux du droit pénal. Au reste, dans l'hypothèse où le délit d'incendie involontaire n'est pas suffisamment établi, le tribunal correctionnel est toujours libre de prononcer la peine portée à l'art. 148 c. for., si d'ailleurs les faits prouvés à la charge du prévenu constituent le délit prévu par cette disposition (V. en ce sens : Puton, *loc. cit.*).

303. On a exposé au *Rép.* v° *Forêts*, n°° 769 et suiv., les difficultés auxquelles avait donné lieu, en présence de l'art. 148 c. for., la pratique de l'écobuage. On a vu que des décisions ministérielles ont autorisé cette pratique à proximité des forêts dans divers départements, puis dans toute la France (Arrêté minist. du 14 juill. 1841), en la subordonnant à l'autorisation du préfet, prise d'accord avec le conservateur ; en cas de dissentiment entre ces fonctionnaires, il devait être statué par le ministre des finances sur la proposition de l'administration des Forêts (*Rép.* v° *Forêts*, n° 770). Aujourd'hui, en vertu du décret de décentralisation administrative du 25 mars 1852, art. 3, tableau C, § 8, il appartient, dans tous les cas, au préfet, de statuer sur les demandes à fin d'écobuage, relativement aux forêts de l'Etat, des communes et des établissements publics.

304. Lorsque la permission de pratiquer l'écobuage à moins de 200 mètres des forêts réserve une limite au delà de laquelle les fourneaux ne doivent pas être allumés, l'établissement de fourneaux en dehors de cette limite rend le permissionnaire passible des peines portées par l'art. 148 c. for. (Circ. 11 mars 1858, aff. Audibert, D. P. 58. 1. 478). En pareil cas, la responsabilité du permissionnaire est engagée, alors même qu'il n'aurait pas personnellement

usé de la permission et que les fourneaux auraient été allumés par son fermier, agissant dans son propre intérêt. Peu importerait même que les dommages dussent être attribués au tort personnel du fermier, qui ne se serait pas conformé à une recommandation du propriétaire. En effet, la dispense accordée par le préfet, d'observer les précautions imposées par l'art. 148 c. for. pour la sûreté des forêts voisines, est une mesure personnelle, prise en considération des garanties de bonne gestion et de solvabilité qu'il présente, et qui ne peut être exécutée que par lui ou par des tiers agissant en son nom et place ; par rapport à l'Administration et aux conséquences civiles qu'elle a attachées à l'opération, c'est toujours celui qui a reçu la permission qui est réputé agir (Même arrêt).

305. Il faut prévoir, en outre, le cas où l'écobuage est pratiqué sans autorisation dans le rayon prohibé par l'art. 148 c. for. On a vu au *Rép.* v° *Forêts*, n°ˢ 771 et 772 que lorsque l'écobuage, pratiqué sans autorisation ou sans précautions suffisantes, a occasionné un incendie dans les forêts, la question de savoir si le propriétaire du terrain écobué est responsable du dommage qui en est résulté doit être résolue d'après plusieurs distinctions. Le propriétaire, avons-nous dit, est responsable de l'incendie non seulement lorsqu'il a dirigé et pratiqué l'écobuage par des ouvriers de son choix, ou l'a fait effectuer par des insolvables, mais aussi quand, sans avoir consenti un bail proprement dit, il a autorisé ou simplement toléré un fait qui constitue une infraction à l'art. 148. A plus forte raison, le propriétaire d'un bois contigu à un massif forestier, qui charge un *entrepreneur* de l'écobuage de ce bois, à forfait et pour un prix déterminé, est-il solidairement responsable avec cet entrepreneur du préjudice occasionné aux forêts voisines par l'opération. Il est évident, en effet, qu'on se trouve, en pareil cas, en présence d'une convention illicite, puisqu'elle a pour résultat la consommation d'un fait réprimé par l'art. 148 c. for. (Aix, 9 mars 1865, *Répertoire de législation et de jurisprudence forestières*, t. 4, n° 596. Conf. Req. 20 août 1866 (même affaire), *Le Droit* du 25 août 1866).

306. Mais le propriétaire qui a traité avec un entrepreneur pour le nettoyage à forfait d'un bois lui appartenant, en stipulant que le nettoyage aurait lieu par le fer, avec prohibition de l'emploi du feu, ne peut être déclaré responsable de l'incendie, occasionné à une forêt communale voisine, à la suite de l'établissement, par les ouvriers de l'entrepreneur, de fourneaux à charbon et du transport imprudement opéré de charbon mal éteint (Crim. rej. 10 nov. 1859, aff. Martin, D. P. 60. 1. 49). En effet, la responsabilité des maîtres et commettants à l'égard des délits commis par leurs ouvriers et autres subordonnés, consacrée par l'art. 206 c. for., n'est que l'application forestière aux matières du principe général édicté par l'art. 1384 du code civil. Il s'ensuit que la responsabilité du maître prend sa source dans les rapports de subordination qui existent entre lui et les ouvriers qu'il emploie ; et qu'il ne suffit pas, par conséquent, que l'accident qui a causé le dommage soit survenu durant le cours des travaux entrepris dans l'intérêt et sur le terrain d'un propriétaire, pour que cette responsabilité soit engagée ; il faut, en outre, cette condition essentielle, que les auteurs du délit aient agi sous son autorité. Si le propriétaire a confié l'exécution du travail à un entrepreneur, travaillant avec des ouvriers de son choix, restant maître de l'ouvrage et obligé seulement à la fidèle exécution de son contrat, le propriétaire ne peut être responsable que du dommage qui aurait sa source dans les clauses imposées à l'entrepreneur. Si le propriétaire qui a obtenu une permission d'écobuage (*supra*, n° 304) est responsable du fait de celui qu'il se substitue, c'est en raison du caractère personnel de la permission, qui fait que ceux qui exécutent l'écobuage sont réputés ses agents et ses préposés. Dans les départements du Var et des Alpes-Maritimes, il en est autrement quand le propriétaire agit dans les limites du droit commun. — D'ailleurs, lorsque l'écobuage est pratiqué par un fermier, pour son compte personnel et sans autorisation, à moins de 200 mètres d'une forêt, et que l'écobuage occasionne un incendie, le propriétaire n'est pas responsable (*Rép.* v° *Forêts*, n° 771) puisqu'il s'agit d'un fait auquel il est resté

étranger et qui a été accompli par un individu qui n'est ni son préposé ni sous ses ordres.

307. Dans la région des Maures et de l'Esterel qui s'étend sur le littoral de la Méditerranée, depuis Saint-Nazaire jusqu'au cap de Croizette, la pratique de l'écobuage faisait courir les plus grands dangers à la propriété boisée qui comprend environ cent onze mille hectares. Ces bois, composés d'essences résineuses et de chênes-lièges, présentant une production végétale abondante, des amas de feuilles desséchées, de bruyères et d'aiguilles de pin formant à la surface du sol une couche épaisse de combustible prêt à s'enflammer à la moindre étincelle, offraient une proie facile à des incendies fréquents et désastreux. Des arrêtés préfectoraux avaient bien interdit de procéder à aucun écobuage pendant les mois de juin à octobre, à une distance moindre de deux cents mètres de tous les bois peuplés d'essences résineuses ou de chênes-lièges, ou dont le peuplement était mélangé de ces essences. Mais cette mesure ne pouvait s'appliquer aux bois des particuliers, et, malgré l'arrêté préfectoral, les feux s'allumaient librement et impunément dans la plus grande partie de la région des Maures, où 81,000 hectares de forêts, appartenant aux particuliers et non soumis au régime forestier, échappaient à toute action légale, à toute surveillance. Une loi du 6 juill. 1870 a eu pour but d'étendre la disposition de l'art. 148 c. for. au propriétaire lui-même écobuant dans l'intérieur de son bois à 200 mètres du voisin, et, par suite, de soumettre le propriétaire aux arrêtés du préfet interdisant le feu dans la saison sèche (Rapport, D. P. 70. 4. 62).

Cette loi, qui était édictée pour une période de vingt années, a été l'objet de prorogations successives (L. 8 août 1890, D. P. 91. 4. 105, et 3 août 1892, D. P. 93. 4. 49), et a fait place à une loi du 19 août 1893 (D. P. 94. 4. 44) qui soumet à un régime définitif la région boisée des Maures et de l'Esterel, comprenant les communes et portions de communes situées entre le chemin vicinal de Saint-Nazaire à la gare d'Ollioules (à l'ouest), le chemin de fer vers l'est, à partir de cette gare jusqu'à la station du Muy, le chemin qui se dirige du nord au sud du Muy, vers Bargemont, jusqu'à la route de Draguignan à Grasse, cette dernière jusqu'à la Siagne, le cours de cette rivière jusqu'à son embouchure et la mer.

308. Dans cette région, pendant les mois de juin, juillet, août et septembre, l'emploi du feu est interdit aux propriétaires et aux tiers, même pour les exploitations forestières et agricoles usitées sous les dénominations d'écobuages, taillards, issards et petit feu dans l'intérieur et à moins de deux cents mètres de tous bois, forêts ou landes peuplées de morts-bois. Toutefois les préfets peuvent, après avis du conservateur des forêts, autoriser, pendant tout ou partie de la période ci-dessus indiquée, et sous réserve des dispositions d'ordre à prescrire par leurs arrêtés, les charbonnières, fours à charbon et feux d'atelier, mais sans préjudice, en cas d'incendie, des dommages-intérêts dus aux parties lésées (art. 2). Les arrêtés préfectoraux sont publiés et affichés dans chaque commune au moins quinze jours avant l'époque fixée pour l'interdiction des feux.

En dehors de la période d'interdiction, les charbonnières, fours à charbon, feux d'atelier, écobuages par fourneaux, incinérations de broussailles par tas, ainsi que l'emploi du petit feu dans toutes les parties des bois, forêts et landes peuplées de morts-bois qui sont séparées par des tranchées de protection sont autorisés, quelle que soit la distance de la propriété voisine. Cette autorisation n'est accordée que sous la réserve, en cas d'incendie, des peines portées à l'art. 458 c. pén., et de tous dommages-intérêts, s'il y a lieu, et sous réserve des dispositions de l'art. 148 c. for. en tout ce qu'elles n'ont pas de contraires à celles de la loi du 19 août 1893.

309. Les infractions aux dispositions de l'art. 2 ou aux arrêtés préfectoraux pris en vertu de cet article donnent lieu contre les contrevenants à un emprisonnement d'un à cinq jours et à une amende de vingt à cinq cents francs, ou à l'une de ces deux peines seulement. Les maris, pères, mères, tuteurs et, en général, tous maîtres et commettants, sont civilement responsables des délits et contraventions commis par leurs femmes, enfants mineurs, pupilles, ouvriers, voituriers et autres subordonnés, dans les conditions

prévues par l'art. 206 c. for. (*suprà*, n°s 304 à 306). Les contraventions à la loi du 19 août 1893 peuvent être recherchées et constatées par tous les officiers de police judiciaire chargés de rechercher et de constater les délits ruraux, les agents forestiers et les préposés forestiers tant domaniaux que communaux et par les gardes particuliers agréés par le préfet, sur l'avis du conservateur des forêts, ayant été assermentés à cet effet. Les procès-verbaux dressés par les agents et préposés de l'administration des Forêts, ainsi que par les gardes particuliers agréés, soumis à l'accomplissement des formalités prescrites par le titre 11 c. for., font foi jusqu'à preuve contraire.

L'Administration forestière est chargée des poursuites à exercer en exécution de la loi du 19 août 1893, lorsque les délits constatés auront été commis dans des bois soumis au régime forestier; dans les autres bois, les procès-verbaux sont transmis par l'inspecteur des forêts, dans le délai de vingt jours, au procureur de la République, qui est chargé des poursuites. Toute action relative aux délits et contraventions est prescrite par trois mois, à compter du jour où les délits et contraventions auront été constatés.

310. Tout propriétaire d'un terrain en nature de bois, forêt ou lande peuplés de morts-bois, peut être contraint, par le propriétaire d'un terrain limitrophe de même nature, à ouvrir et entretenir pour sa part, sur la limite des deux fonds contigus, une tranchée débarrassée de toutes broussailles, de tous bois d'essences résineuses, et maintenue en parfait état de débroussaillement d'une largeur pouvant varier de vingt à cinquante mètres, établie par la moitié sur chacun des fonds limitrophes. La largeur de la tranchée est fixée, dans ces limites, d'un commun accord entre les propriétaires intéressés et, en cas de désaccord, par le préfet, le conservateur des forêts entendu. Les actions concernant l'ouverture des tranchées de protection sont exercées, instruites et jugées comme les actions en bornage. Partout où, le long des voies ferrées, il existe des terrains de la nature de ceux qui font l'objet de la loi, il est établi, aux frais et par les soins des compagnies de chemin de fer, des tranchées débarrassées de toutes broussailles et de tous bois d'essences résineuses, toujours maintenues en parfait état de débroussaillement, d'une largeur de vingt mètres, à partir du bord extérieur de la voie.

Exceptionnellement toutefois, les bois d'essences résineuses peuvent ne pas être abattus dans les tranchées et il peut même y avoir dispense, pour les compagnies, de l'établissement des tranchées sur les points où ces travaux sont déclarés inutiles par un arrêté préfectoral, pris sur l'avis conforme d'une commission composée du conseiller général du canton, d'un agent forestier désigné par le conservateur des forêts et d'un ingénieur nommé par l'inspecteur général, directeur du contrôle du chemin de fer. Dans le cas contraire, les propriétaires peuvent seulement réclamer une indemnité, fixée suivant la procédure et les formes de la loi du 21 mai 1836, à raison de l'abatage des bois d'essences résineuses.

311. Dans le cas d'incendie, et notamment quand il est nécessaire d'ordonner le contre-feu, cette mesure ne peut donner lieu à aucun recours en indemnité. La direction des secours appartient toujours au maire de la commune ou à son adjoint et, en l'absence de ces magistrats municipaux, à l'agent ou au préposé forestier le plus élevé en grade présent sur les lieux.

312. Une loi du 17 juill. 1874 a édicté un certain nombre de mesures indispensables pour protéger, en Algérie, les forêts contre les incendies qui les dévastaient, allumés soit par la malveillance des indigènes, soit par l'intérêt de populations longtemps habituées à se procurer par ce moyen des pâturages pour leurs troupeaux. Les mesures adoptées par cette loi sont de deux natures : les unes ont pour objet les précautions imposées à ceux qui habitent les régions boisées en vue d'empêcher la combustion et le développement de l'incendie, les autres sont destinées à prévenir les effets de la convoitise et de la malveillance; telle est la responsabilité collective des tribus (art. 5 et 6) l'interdiction du pâturage sur toute l'étendue des forêts incendiées, etc. En raison du caractère spécial de ces dispositions, la loi du 17 juill. 1874 sera étudiée *infrà*, v° *Organisation de l'Algérie*. V. d'ailleurs notre *Code forestier annoté*, p. 402.

Art. 6. — *Refus de secours de la part des usagers en cas d'incendie.*

313. *Rép.*, v° *Forêts*, n°s 778 à 779.

Art. 7. — *Elagage et plantation des arbres de lisière. — Echenillage. — Essartement* (*Rép.*, v° *Forêts*, n°s 780 à 805).

314. — 1° *Elagage et plantation des arbres de lisière.* — L'art. 150 c. for. constituait une dérogation transitoire à l'art. 672 c. civ., en ce qui concerne l'élagage des arbres ayant plus de trente ans lors de la promulgation du code forestier (*Rép.*, v° *Forêts*, n°s 781 et suiv.). Les arbres des forêts sont donc, sauf cette exception, soumis aux règles du code civil relatives : 1° à la distance à observer pour la plantation des arbres à proximité des héritages voisins, c'est-à-dire des arbres de lisière; 2° à l'élagage des branches des arbres de lisière; 3° à l'élagage des racines de ces mêmes arbres. Ces règles sont aujourd'hui tracées par les art. 671, 672 et 673 c. civ. qui, depuis la loi du 20 août 1881 (D. P. 82. 4. 8) ont remplacé les art. 671 et 672, qui étaient en vigueur lors de la promulgation du code forestier. Ces dispositions sont applicables aux bois et forêts comme à tout autre héritage, sans qu'il y ait à distinguer entre les bois de l'Etat et les bois des particuliers, ni entre les arbres plantés ou semés de main d'homme et ceux qui sont accrus naturellement. (Civ. cass. 28 nov. 1883, aff. Veuve Bureau, D. P. 54. 1. 233 ; 2 juill. 1877, aff. Félix, D. P. 78. 1. 214, *Rép.*, v° *Forêts*, n° 789).

315. Le nouvel art. 673 c. civ. déclare formellement que le droit de couper les racines est imprescriptible; c'est la consécration légale d'une règle de la jurisprudence appliquait d'une manière constante, et à laquelle l'art. 150 c. for. ne dérogeait nullement (*Rép.*, v° *Forêts*, n° 783). Cet article, d'ailleurs spécial à l'élagage des arbres, est sans application aux arbres de lisière, même âgés de plus de trente ans en 1827, qui s'avancent sur les chemins publics. Par suite, les mesures de police prescrites à l'égard de ces chemins par l'autorité administrative, dans un intérêt général, et spécialement l'ordre d'élaguer, doivent recevoir leur exécution, aussi bien lorsque les immeubles riverains sont en nature de bois et forêts que lorsqu'ils sont de toute autre nature. Toutefois, lorsque les bois sont soumis au régime forestier, l'élagage doit être autorisé par les conservateurs, sauf recours au ministre de l'agriculture en cas de dissentiment (V. notre *Code forestier annoté*, art. 3, n°s 185 et suiv.).

316. On a vu au *Rép.*, v° *Forêts*, n° 786, que les juges de paix sont seuls compétents : soit pour ordonner l'élagage des arbres placés sur la lisière des forêts (L. 25 mai 1838, art. 5); soit pour condamner le propriétaire de la forêt à des dommages-intérêts, dans le cas où il se refuserait à effectuer cet élagage, ou à autoriser le riverain à le faire lui-même aux frais du propriétaire, en prenant les précautions convenables. Mais sa compétence cesse lorsqu'il s'élève une question préjudicielle, comme, par exemple, lorsque le propriétaire de la forêt prétend avoir acquis par prescription le droit d'extension des branches, contrairement au nouvel art. 673 c. civ. — Le juge de paix est également incompétent pour statuer sur les contestations relatives aux distances à observer entre les arbres de lisière et les héritages voisins. Il appartient aux seuls tribunaux civils de condamner le propriétaire de la forêt à l'arrachage des arbres de lisière et, s'il y a lieu, à des dommages-intérêts (Puton, *Législation forestière*, p. 206).

317. L'art. 150 c. for. n'ayant dérogé au droit commun qu'en ce qui concerne les arbres de lisière qui avaient plus de trente ans à l'époque de la promulgation du code forestier (*Rép.*, v° *Forêts*, n° 790), et les autres arbres étant soumis au droit commun, la distance des bois et forêts à laquelle les plantations peuvent être faites, est aujourd'hui réglée conformément aux dispositions des nouveaux art. 674 et suiv. c. civ. Dès lors, aux termes du nouvel art. 671, il n'est permis d'avoir des *arbres, arbrisseaux* et *arbustes*, près de la limite de la propriété voisine, qu'à la distance prescrite par les *règlements particuliers* actuellement existants, ou par des *usages* constants et reconnus, et, à défaut de règlements et usages, qu'à la distance de *deux mètres* de la ligne sépa-

rative des deux héritages pour les plantations dont la hauteur dépasse deux mètres, et à la distance d'*un demi-mètre* pour les autres plantations.

Toutefois, les arbres, arbustes et arbrisseaux de toute espèce peuvent être plantés en espaliers, de chaque côté d'un mur séparatif, sans que l'on soit tenu d'observer aucune distance, mais ils ne peuvent dépasser la crête du mur. — Si le mur n'est pas mitoyen, le propriétaire seul a le droit d'y appuyer ses espaliers. La distance se mesure toujours, ainsi qu'il a été dit au *Rép.* v° *Forêts*, n° 588, de la ligne de limitation au centre de l'arbre.

318. Aux termes du nouvel art. 672 c. civ., le voisin peut exiger que les arbres, arbrisseaux et arbustes, plantés à une distance moindre que la distance légale, soient *arrachés* ou *réduits à la hauteur* déterminée dans l'art. 671, à moins qu'il n'y ait *titre* ou *destination du père de famille*, ou *prescription trentenaire*. Sous ce rapport, le nouvel art. 672 consacre la jurisprudence adoptée par la cour de cassation et les cours d'appel. La question de savoir comment on doit calculer l'âge des arbres, pour vérifier l'existence de la prescription trentenaire, a donné lieu à quelques difficultés. Dans un système, l'âge d'un arbre devrait se calculer d'après l'âge de la souche, et la prescription trentenaire serait acquise alors même que l'arbre excru sur la souche aurait moins de trente ans, si celle-ci était elle-même d'un âge supérieur. Nul, dit-on dans ce système, ne conteste au propriétaire le droit de raccourcir l'arbre et d'en couper les branches ; si le propriétaire peut raccourcir l'arbre, il est impossible de fixer la limite à laquelle il doit s'arrêter pour ne pas perdre son droit aux branches qui pousseront sur le tronc ; et quelle différence peut-il y avoir, à ce point de vue, entre le raccourcissement de l'arbre jusqu'à une certaine hauteur ou jusqu'au niveau du sol ? La souche, c'est l'arbre lui-même, et tant que celle-ci garde vie, l'arbre lui-même vit. Mais ce système, s'il est enseigné par certains auteurs, a été constamment repoussé par la cour de cassation (V. *Rép.*, v° *Servitude*, n° 664; Civ. rej. 28 déc. 1857, aff. Beuwand, D. P. 58. 1. 59; Civ. cass. 25 mars 1862, aff. Roca D. P. 62. 1. 174 ; Civ. rej. 24 mai 1864, aff. Roussel-Leroy D. P. 64. 1. 229 ; 31 juill. 1865, aff. Mareau, D. P. 65. 1. 350 ; Civ. cass. 2 juill. 1877, aff Félix, D. P. 78. 1. 215). D'après cette jurisprudence, la prescription, à raison de la condition de publicité sur laquelle elle se fonde, ne commence à courir que du jour où, sorties des souches qui les ont produits, les arbres deviennent visibles ; ce n'est donc pas par l'âge des souches, mais par celui des arbres eux-mêmes, que peut se régler le temps requis pour l'accomplissement de la prescription.

Toutefois, à l'égard des forêts, l'usage étant, dans beaucoup de localités, de laisser croître le taillis et la futaie jusqu'à la ligne délimitative, si cet usage est reconnu constant, il pourra être invoqué pour repousser l'action en arrachement.

319. Le dernier paragraphe du nouvel art. 672 c. civ. tranche, dans le sens de la jurisprudence (*Rép.* v° *Forêts*, n° 789), une difficulté qui s'était élevée sur le point de savoir si, lorsqu'un propriétaire a acquis le droit de conserver des arbres situés à une distance moindre que la distance légale, il peut les remplacer par d'autres arbres, sans observer, à l'égard de ces derniers, la distance légale. Le nouvel art. 672 décide que, si les arbres meurent, ou s'ils sont coupés ou arrachés, le voisin ne peut les remplacer qu'en observant les distances légales.

320. — 2° *Échenillage.* — On a vu au *Rép.* v° *Forêts*, n° 791, qu'aux termes d'une décision ministérielle du 11 avr. 1821, l'obligation de l'échenillage ne s'appliquait pas aux bois et forêts. Cette décision a été confirmée par la jurisprudence, l'exception résultant suffisamment des mots « campagnes et jardins » employés par l'art. 471-8° c. pén. (V. *Rép.* v° *Contravention*, n° 178, et *suprà*, eod. v°, n° 116).

321. — 3° *Plessées-mitoyenneté.* — Les principes du code civil sont applicables, d'une manière générale, à la mitoyenneté dans les forêts. Aux termes du nouvel art. 666 (anciens art. 666, 667, 668, 670 c. civ.), toute clôture qui sépare des héritages est réputée mitoyenne à moins qu'un seul des héritages ne soit en état de clôture, ou s'il n'y a titre, prescription ou marque contraire. Cette règle concerne toute espèce de clôture, les haies comme les fossés, et par consé-

quent les plessées (*Rép.* v° *Forêts*, n° 792). Pour les fossés, il y a marque de non-mitoyenneté lorsque la levée ou le rejet de la terre se trouve d'un côté seulement du fossé (Nouvel art. 666 ; ancien art. 667 c. civ.). Le fossé est censé appartenir exclusivement à celui du côté duquel le rejet se trouve (Nouvel art. 666 ; ancien art. 668 c. civ.).

322. — 4° *Essartement.* — On a vu au *Rép.* v° *Forêts*, n° 796 et suiv., les difficultés auxquelles avait donné lieu l'application de l'ordonnance de 1669, dans ses dispositions relatives à l'essartement de chaque côté des routes nationales traversant les forêts, et les différences qui existaient entre diverses régions en ce qui concerne l'exécution de l'essartement. La pratique administrative s'est, depuis 1830, conformée à l'opinion suivant laquelle l'essartement ne doit être pratiqué, d'après l'art. 3 du titre 28 de l'ordonnance de 1669, que sur les 60 pieds qui devaient, aux termes de l'art. 1, former l'ouverture des routes elles-mêmes (V. *Rép.* v° *Voirie par terre*, n° 49). — L'Administration, libre de ne point ordonner l'essartement qu'elle juge inutile (*Rép.* v° *Forêts*, n° 798), peut y obliger les propriétaires, mais dans la limite d'une ouverture de 60 pieds, quelle que soit la largeur de la route (Av. Cons. d'Ét., du 31 déc. 1849, *Rép.* v° *Voirie par terre*, n° 49).

ART. 8. — *Coupe ou enlèvement d'arbres ayant deux décimètres de tour et au-dessus* (*Rép.* v° *Forêts*, n°s 806 à 830).

323. La loi du 18 juin 1859 a ajouté à l'art. 192 c. for., qui réprime la coupe et l'enlèvement des arbres ayant deux décimètres de tour et au-dessus (*Rép.* v° *Forêts*, n° 806), un paragraphe qui permet aux tribunaux de prononcer un emprisonnement de cinq jours au plus, si l'amende n'excède pas 15 fr., et de deux mois au plus, si l'amende est supérieure à cette somme. Les pénalités qui atteignent aujourd'hui l'infraction à l'art. 192 c. for. consistent donc en amende, emprisonnement, et aussi dans la confiscation des instruments du délit, la restitution et les dommages-intérêts.

324. L'art. 192 c. for. n'est applicable qu'à la coupe ou l'enlèvement d'arbres, pratiqués dans les bois et forêts : mais il n'y a pas, pour l'application de cet article, de distinction à faire entre les bois qui sont soumis au régime forestier et ceux qui ne le sont pas, par conséquent, l'art. 192 c. for. est applicable aux dunes plantées en bois par l'État, conformément à l'art. 5 du décret du 14 déc. 1810, et aux terrains en montagne restaurés ou reboisés en exécution des lois du 28 juill. 1860 et 4 avr. 1882.

325. On persiste à considérer l'énumération des arbres de la première classe, donnée par l'art. 192, comme limitative (*Rép.* v° *Forêts*, n° 808), sauf en ce qui concerne les arbres fruitiers, et à regarder, au contraire, l'énumération des arbres de la seconde classe comme purement énonciative, de sorte que la seconde classe renferme implicitement toutes les essences ligneuses qui ne sont pas comprises dans la première (Puton, *Législation forestière*, p. 165).

326. En ce qui concerne le mode de calcul de l'amende, il suffira de faire observer que celle-ci, bien qu'elle soit déterminée d'une façon fixe et invariable par le tableau annexé à l'art. 192 c. for., d'après les dimensions de l'arbre, ne peut être infligée qu'autant qu'elle est prononcée par un jugement, conformément aux règles générales sur l'application des peines ; de sorte que, dans le cas où le tribunal correctionnel a commis une erreur dans la fixation de l'amende, en infligeant au prévenu une amende inférieure à celle qui aurait dû être prononcée en conformité du tableau annexé à l'art. 192 c. for., le condamné ne saurait être privé du bénéfice de cette erreur, si le ministère public n'a pas interjeté appel *à minimâ* (Chambéry, 22 août 1861, *Rép. de lég. et de jur. for.*, t. 1, n° 63).

327. La peine de l'emprisonnement, ajoutée aux pénalités de l'art. 192 par la loi du 18 juin 1859, est facultative pour le juge, même en cas de récidive (V. dissertation de M. Meaume, *Rép. de lég. et de jur. for.*, t. 8, n° 138). Comme toutes les mesures pénales prises par cette loi, l'addition de l'art. 192 a pour but de permettre au juge de proportionner la peine non seulement à la gravité du dommage, mais encore à la gravité de l'acte et au plus ou moins de

moralité de l'agent. A ce point de vue, l'innovation était d'autant plus nécessaire que, dans le cas prévu par l'art. 192 c. for., l'amende était déterminée d'après le nombre, l'essence et la grosseur des arbres coupés ou enlevés, abstraction faite du nombre des délinquants; en sorte que, si l'infraction avait été commise par un certain nombre de délinquants, la part d'amende qui incombait à chacun d'eux pouvait être minime et inefficace pour assurer une répression suffisante de l'infraction. Aujourd'hui la peine de l'emprisonnement permet d'assurer cette répression, puisque la durée en est mesurée sur la quotité de l'amende et qu'elle n'est pas, comme cette dernière, susceptible de division entre les délinquants. En outre, la durée en est doublée en cas de récidive.

Le tribunal peut prononcer un emprisonnement de *un à cinq jours*, dans le cas de *contravention de simple police*, c'est-à-dire quand la coupe ou l'enlèvement d'arbres donne lieu à une amende qui n'excède pas 15 francs, et de *deux mois*, s'il s'agit d'un *délit correctionnel*, c'est-à-dire si l'amende encourue à raison de la coupe ou de l'enlèvement d'arbres est de 16 francs au moins. Toutefois, dans cette seconde hypothèse, la durée de l'emprisonnement peut être fixée à *moins de six jours*, bien que, en thèse générale, il y ait corrélation entre l'emprisonnement de six jours et au-dessus et l'amende de 16 francs et au-dessus. Cette dérogation au droit commun résulte implicitement des termes du paragraphe dernier de l'art. 192 c. for., qui ne détermine pas le *minimum* de la peine d'emprisonnement. Elle se justifie d'autant mieux que, dans l'espèce, le tribunal pourrait, s'il le voulait, ne prononcer aucune peine d'emprisonnement.

En cas de récidive, la durée de l'emprisonnement peut être portée à dix jours au plus lorsque l'amende est inférieure à 15 francs, et à quatre mois au plus si l'amende est supérieure. Cette durée peut être, suivant M. Meaume, *loc. cit.*, imposée en cas de récidive, alors même que, lors de la première condamnation, la peine de l'emprisonnement n'aurait pas été prononcée.

328. On a vu au *Rép.*, v° *Forêts*, n° 817, que l'art. 192 n'est applicable que lorsque la coupe ou l'enlèvement d'arbres a eu lieu dans une partie de forêt qui n'est pas en cours d'exploitation. Le même délit, commis dans une coupe affouagère (Trib. civ. Sancerre, 25 avr. 1877, *Répertoire de législation et de jurisprudence forestières*, t. 7, n° 112), ou dans une vente, constitue un vol de bois et tombe sous le coup de l'art. 388 c. pén. Les coupes, en effet, qu'elles soient exploitées par un adjudicataire, ou par le propriétaire, ou par un entrepreneur, restent comprises dans l'appellation générale de ventes au sens du paragraphe 2 de l'art. 388 c. pén. (V. notre *Code forestier annoté*, art. 192, n° 121 et suiv.).

329. La loi ne distingue pas, au point de vue de la culpabilité, entre la coupe ou l'enlèvement (*Rép.*, v° *Forêts*, n° 819); de sorte que, lorsqu'un procès-verbal constate qu'un individu a été trouvé transportant en dehors d'une forêt des bois coupés en délit, cet individu est passible des peines portées par l'art. 192 c. for., alors même qu'il serait étranger à la coupe des arbres, que son rôle se serait borné au transport (Crim. cass. 6 juill. 1854, aff. Ranc, D. P. 54. 5. 394-985) et qu'il exciperait de sa bonne foi (Même arrêt). —Mais, pour qu'il y ait délit de coupe ou d'enlèvement, il faut que l'auteur de l'infraction n'ait aucun droit sur les bois coupés ou enlevés. Ainsi le propriétaire de forêt ne saurait être passible des peines portées par les art. 192 et 194 c. for., à raison des abatages et enlèvements d'arbres effectués par lui sur son terrain si ces coupes ne dégénèrent pas en un véritable défrichement (*infrà*, n° 755 et suiv.).

330. Les adjudicataires de coupes peuvent, indépendamment des peines qu'ils encourent pour coupe d'arbres de réserve, outrepasse, etc., être passibles des peines prononcées par les art. 192 à 194 c. for. s'ils abattent indûment des arbres en dehors des limites de la coupe qui leur est adjugée, ou si, lorsqu'il s'agit de l'adjudication d'une coupe dans une forêt soumise au régime forestier, l'abatage a été pratiqué dans cette coupe avant la délivrance du permis d'exploiter.

Les art. 192 à 194 sont encore applicables à l'adjudicataire d'une coupe domaniale marquée en délivrance, qui abat des arbres marqués par erreur du marteau de l'Etat et situés en dehors des limites de la coupe, au delà de l'ouïe de la cognée, dans une autre forêt appartenant également à l'Etat.

Dans les forêts assujetties au régime forestier, l'abatage des arbres de réserve ne tombe pas sous l'application des art. 192 et suiv., mais de l'art. 34 c. for. Au contraire, ces articles sont applicables à l'adjudicataire de coupes particulières qui pratique ou fait pratiquer des abatages d'arbres de réserve (*infrà*, n°s 425 et suiv.).

331. On a dit au *Rép.* v° *Forêts*, n° 821, que l'art. 192 c. for. dérogeait au principe écrit dans l'art. 59 c. pén., suivant lequel chacun des auteurs ou des complices d'un même délit doit être puni de la peine prononcée pour ce délit. Cette proposition est encore vraie aujourd'hui au point de vue de l'amende, qui est toujours fixée d'après le nombre, l'essence et la circonférence des arbres abattus; mais elle ne l'est plus au point de vue de l'emprisonnement, la nouvelle rédaction de l'art. 192 permet au tribunal d'infliger à chacun des prévenus la peine d'emprisonnement qu'il détermine, quel que soit le nombre des délinquants (*suprà*, n° 327).

332. Le délit de coupe ou d'enlèvement n'admet, comme tous les délits forestiers, ni circonstances atténuantes, ni excuses; un délinquant ne pourrait, notamment, échapper à l'application de l'art. 192, pour avoir abattu un arbre de lisière, situé sur la ligne séparative d'un bois lui appartenant et d'une forêt communale (*Rép.* v° *Forêts*, n° 823), en soutenant qu'il se croyait seul propriétaire de cet arbre et était de bonne foi (Colmar, 18 nov. 1856, *Rép. de lég. et de jur. for.* t. 3, 1re p. n° 425).

Les ordres d'un supérieur hiérarchique ne seraient pas plus que la bonne foi une excuse valable, si ce supérieur n'avait pas qualité pour prescrire l'abatage. Ainsi le chef cantonnier des ponts et chaussées qui a coupé des ormes dans une forêt communale, sans autorisation de l'Administration forestière, est passible des peines prescrites par l'art. 192 c. for., bien qu'il ait agi conformément à l'avis de son supérieur hiérarchique, le conducteur des ponts et chaussées, lequel, sans d'ailleurs lui donner aucun ordre direct à cet égard, lui avait déclaré qu'il pensait que les arbres abattus ayant une partie de leurs racines dans le mur de soutènement d'une route nationale, pouvaient être coupés par les agents des ponts et chaussées, chargés de la conservation de cet ouvrage (Aix, 15 juill. 1881, *Rép. de lég. et de jur. for.*, t. 9, n° 87). De même, les ordres donnés par un maire ne sauraient excuser des faits d'abatage d'arbres dans une forêt domaniale (Crim. cass. 24 juin 1851, aff. Labarthe, Lassus et autres, D. P. 51. 5. 276).

333. La force majeure est une cause d'excuse (*suprà*, n° 120) applicable à l'art. 192 c. for. comme à tout autre délit (Crim. rej. 2 déc. 1871, aff. Mandat de Grancey, D. P. 71. 1. 366; Amiens, 18 janv. 1873, *Rép. de lég. et de jur. for.*, t. 5, n° 171). Les ordres d'un chef militaire ennemi occupant une partie du territoire français ont été considérés comme une véritable force majeure excusant le prévenu. Mais il n'en est pas de même du fait, par un sujet français, de s'être rendu adjudicataire d'une coupe mise en vente à son profit par l'ennemi et de l'avoir exploitée sans l'autorisation de l'Administration française; ce fait constitue un délit forestier réprimé par les art. 192 et suiv. c. for. (Nancy, 27 août 1872, aff. Guérin, D. P. 72. 2. 186).

ART. 9. — *Coupe ou enlèvement de bois ayant moins de deux décimètres de tour.* (Rép. n°s 831 à 850.)

334. L'art. 194 c. for. a été, comme l'art. 192, modifié par la loi du 18 juin 1859. Cette modification, de même que celle de l'art. 192, consiste dans l'addition d'un paragraphe (paragraphe 2 actuel) qui autorise les tribunaux à infliger au délinquant une peine d'emprisonnement dans le cas de coupe ou d'enlèvement de bois mesurant moins de deux décimètres, et dans l'aggravation de la peine d'emprisonnement portée par l'ancien paragraphe 2 (devenu le paragraphe 3 actuel) de l'art. 194, dans le cas où il s'agit d'arbres semés ou plantés depuis moins de cinq ans.

335. L'art. 194 c. for. ne s'applique qu'à la coupe ou à l'enlèvement des arbres ayant moins de deux décimètres de tour, mesuré à un mètre du sol, c'est-à-dire du menu bois,

des brins et des arbustes de toute catégorie, des branches, etc. Comme l'art. 192, il proscrit aussi bien la coupe que l'enlèvement, de sorte que les explications qui ont été fournies *suprà*, n° 329, et suiv. s'appliquent au cas prévu par l'art. 194 comme au cas prévu par l'art. 192 c. for. Toutefois l'amende est déterminée par l'art. 194, non pas d'après la dimension et l'essence des arbres, mais d'après le mode d'enlèvement, par charretée, bêtes attelées, charges de bêtes de somme ou charge d'homme. Ce mode de règlement est très simple lorsque le procès-verbal fait connaître les circonstances de l'enlèvement. Les seules difficultés qui puissent se présenter sont relatives à ce qu'il faut entendre par charretées, bêtes attelées, etc. On a déjà vu, *suprà*, n° 274, que, lorsque la loi détermine l'amende par bêtes attelées. c'est au nombre seul des animaux réellement attelés qu'il faut s'attacher et, qu'il n'y a pas lieu de se préoccuper de la question de savoir si la charge enlevée était ou non assez considérable pour exiger l'emploi du nombre de bêtes qui a été constaté (Crim. cass. 16 août 1855, aff. Gardon, D. P. 59. 1. 195).

Mais s'il n'est pas permis au juge d'étendre les termes de la loi et par exemple de tenir pour équivalant à une bête attelée un attelage de deux bœufs, en se fondant sur ce que les bœufs s'attèlent toujours par paire (V. *suprà*, n° 274), il ne s'ensuit pas qu'il faille appliquer rigoureusement les termes de l'art. 194 et qu'on ne doive pas entendre le mot *charretée*, employé par cet article, comme applicable au seul enlèvement au moyen d'une charrette. On reconnaît, au contraire que ce mot, employé par opposition à charge de bête de somme et charge d'homme, doit être entendu dans un sens large et qu'il signifie la charge de toute *voiture attelée*, quelle qu'en soit la nature, et notamment, d'un *tombereau* (V. notre *Code forestier annoté*, art. 194, n° 80 et 81).

336. Un arrêt de la cour de cassation du 1er août 1844 (*Rép.* v° *Forêts*, n° 843) a décidé qu'un traîneau ne pouvait être assimilé à une charrette. Mais cette décision est très contestable. Qu'importe que le traîneau ne soit pas porté sur des roues? Il ne sert pas moins, comme les voitures sur roues, à transporter des charges considérables, et dans certains pays de montagnes, il est, sinon à toute époque, du moins en hiver, substitué aux voitures pour le transport des marchandises et des personnes. Dans le système de l'arrêt du 1er août 1844, on serait conduit à ce résultat que, dans ces régions, pendant toute la période d'hiver, l'art. 194 serait inapplicable, et qu'on pourrait enlever des charges de bois aussi considérables que des charretées sans être autrement punissable que d'une amende de 2 fr. Tel n'est pas assurément le vœu de la loi, et sa lettre même n'impose pas cette solution; car le terme *charretée* dont se sert l'art. 194 c. for. est assez large pour comprendre la charge d'un traîneau aussi bien que celle d'une voiture. La difficulté doit donc se résoudre d'après le mode d'attelage, et non d'après les roues du véhicule. Si l'enlèvement du bois a été pratiqué au moyen d'un *traîneau attelé* d'un ou plusieurs animaux de trait, il convient de prononcer une amende de 10 fr. par chaque bête attelée. Si, au contraire, le délinquant s'est servi d'un traîneau à bras, l'amende doit être calculée en évaluant en charges d'homme la quantité de bois enlevée, car il est de règle que l'amende doit être évaluée par charge d'homme, lorsque le mode d'enlèvement est tel qu'il exclut l'emploi des bêtes de somme (*suprà*, n° 275).

337. On a vu au *Rép.* v° *Forêts*, n° 836 et suiv., que la détermination de l'amende est susceptible de varier selon que le bois a été ou non confectionné en fagots. Lorsque les fagots ont été confectionnés et enlevés, l'amende se détermine d'après le mode de transport ainsi qu'il vient d'être dit. Si les fagots sont restés sur le lieu du délit, l'amende

doit être calculée sur le nombre de ces fagots, et non d'après le mode de transport que, eu égard à ce nombre, le délinquant eût pu employer : le tribunal ne peut réduire l'amende en se fondant sur une considération d'équité tirée de ce que les fagots, vu leur nombre, auraient pu être enlevés à l'aide d'une voiture attelée (Crim. cass. 25 janv. 1856, aff. Ribé, D. P. 56. 1. 141) ou en un certain nombre de charges d'homme (Crim. cass. 17 févr. 1849, aff. Magne, D. P. 49. 5. 203). Enfin si le bois n'est pas confectionné en fagots et est resté sur le terrain, l'amende peut être évaluée non seulement d'après le mode d'enlèvement présumé (*Rép.* v° *Forêts*, n° 837), mais aussi, semble-t-il, d'après le nombre présumé de fagots qui auraient pu être confectionnés avec le bois coupé.

338. Le texte de l'art. 194 c. for. rédigé en 1827, infligeait à l'individu convaincu du délit de coupe ou d'enlèvement d'arbres semés ou plantés depuis moins de cinq ans, un *emprisonnement* de six à quinze jours. La loi du 18 juin 1859 en modifiant l'art. 194, a maintenu à l'emprisonnement prononcé par le paragraphe 3 (ancien paragraphe 2) de l'art. 194, le caractère obligatoire pour le juge qu'il avait eu jusque-là ; mais il en a fixé la durée *à un mois* au plus, sans déterminer de *minimum*. Il en résulte qu'il est loisible aux tribunaux de réduire la durée de cette peine à *un jour*. — Du reste, dans l'hypothèse du paragraphe 3 de l'art. 194, comme dans celle des paragraphes 1 et 2 du même article, la durée de l'emprisonnement est doublée en cas de *récidive* (V. dissertation de M. Meaume, *Rép. de lég. et de jur. for.*, t. 8, n° 138). Il existe donc, entre l'emprisonnement édicté par le paragraphe 3 et celui que prononce le paragraphe 2 de l'art. 194, une ressemblance, en ce que l'un et l'autre sont doublés en cas de récidive, mais ils diffèrent en ce que l'emprisonnement prévu par le paragraphe 2 est facultatif pour le juge, tandis que celui qui est prononcé par le paragraphe 3 est obligatoire.

Art. 10. — *Arrachement de plants* (*Rép.* v° *Forêts* n°s 851 à 856).

339. L'art. 195 c. for. a été modifié par la loi du 18 juin 1859. Cette modification consiste, comme dans les art. 192 et 194, dans l'addition du paragraphe 2, qui autorise le juge à prononcer contre, l'auteur de l'arrachement de plants dans les bois et forêts, un emprisonnement de cinq jours au plus. Le reste du paragraphe 3 a subi un léger changement, ayant pour objet de mettre sa rédaction en harmonie avec le nouveau paragraphe 2. Par suite de ces modifications, l'art. 195 est ainsi conçu : « Quiconque arrachera des plants dans les bois et forêts sera puni d'une amende qui ne pourra être moindre de 10 fr. ni excéder 300 fr. — Il pourra, en outre, être prononcé un emprisonnement de cinq jours au plus. — Si le délit a été commis dans un semis ou plantation exécutés de main d'homme, il sera prononcé, outre l'amende, un emprisonnement de quinze jours à un mois ».

L'emprisonnement édicté par le paragraphe 2 de l'art. 195 est, comme celui qui est prononcé par le deuxième paragraphe de l'art. 194, facultatif pour le juge ; au contraire, celui qui est ordonné par le paragraphe 3 est obligatoire. Cet emprisonnement, en outre, est encouru toutes les fois que l'arrachement porte sur des plants dont la croissance n'est pas absolument spontanée. Le paragraphe 3 est donc applicable non seulement lorsque les plants ont été semés ou plantés de main d'homme, mais encore lorsque ces plants, s'ils n'ont été semés de main d'homme, sont l'objet de travaux et de soins destinés à favoriser leur germination et leur croissance (Amiens, 31 mai 1877) (1).

---

(1) (Guérin.) — La cour ; — Considérant que des procès-verbaux et des débats résulte la preuve que, dans le courant de l'hiver de 1876 à 1877, notamment en février dernier, les époux Guérin ont, conjointement, la nuit, à l'aide d'une voiture et avec le concours de plusieurs individus, arraché et enlevé une grande quantité de plants de bouleaux dans la forêt de Beaulieu, appartenant à M. Balny ; — Considérant que la partie de la forêt où les plants ont été arrachés était primitivement une clairière dans laquelle, à raison de l'état de la superficie, le semis naturel ne pouvait prendre racine et se développer ; qu'au moyen de labours

opérés pendant plusieurs années, le propriétaire était parvenu à la transformer ; qu'en dernier lieu, un ensemencement en seigle avait particulièrement favorisé la germination et la croissance des graines de bouleaux environnants ; — Considérant que, les plants ainsi obtenus étant le prix du travail de l'homme, c'est à juste titre que les premiers juges (le tribunal correctionnel de Compiègne) ont appliqué le troisième alinéa de l'art. 195 c. for. ; — Par ces motifs, confirme, etc.

Du 31 mai 1877.-C. d'Amiens, 2e ch.-MM. de Roquemont, pr.-Noyelles, subst.

ART. 11. — *Mutilation d'arbres* (*Rép.* v° *Forêts*
n°° 857 à 868).

340. L'art. 196 c. for. qui prévoit le délit consistant dans le fait d'avoir éhoupé, écorcé ou mutilé des arbres, ou d'en avoir coupé les principales branches, et le punit comme si les arbres avaient été abattus sur pied (*Rép.*, v° *Forêts*, n° 857), atteint le délinquant abstraction faite du dommage. — On a vu toutefois au *Rép.*, v° *Forêts*, n° 859, que, en ce qui concerne l'écorcement, les auteurs et la jurisprudence estiment qu'il n'y a lieu d'appliquer les peines de l'art. 196 c. for. qu'autant qu'il y a eu intention de nuire. Cette doctrine paraît ne pas avoir été suivie par un arrêt de la cour de Pau (11 févr. 1858, aff. Hourcade, D. P. 59. 2. 26), qui a condamné le délinquant aux peines de l'art. 196, tout en constatant qu'il n'était pas suffisamment justifié que le fait reproché au prévenu eût occasionné aux arbres écorcés un préjudice appréciable.

341. Si l'écorcement n'est pas punissable lorsqu'il a lieu sans intention de nuire, il semble qu'on devrait en conclure que le fait d'écorcer des arbres n'est atteint par l'art. 196 c. for. que s'il constitue un mode de mutilation, et non pas lorsqu'il constitue simplement l'enlèvement, tel qu'il est habituellement effectué, des produits de ces arbres. Mais ce serait supposer que l'art. 196 aurait fait une distinction entre les diverses essences qui composent les forêts, et qu'il ne s'appliquerait pas, notamment, à l'écorcement des chênes-lièges. L'art. 196 cependant ne fait pas cette distinction et on ne saurait la créer sans arbitraire. C'est ce qu'a décidé l'arrêt de la cour de Pau, du 11 févr. 1858, cité *suprà*, n° 340, en jugeant que l'enlèvement en délit de l'écorce de chênes-lièges dépendant d'un bois, tombe sous l'application, non pas de l'art. 144 c. for., qui punit l'enlèvement des fruits et semences des bois, mais des dispositions plus sévères de l'art. 196 du même code.

342. L'art. 196 c. for. s'applique aussi bien aux bois des particuliers qu'aux bois soumis au régime forestier (*Rép.*, v° *Forêts*, n° 854) ; il atteint également les tiers qui n'ont aucun droit sur les arbres mutilés et les adjudicataires de coupes dans les bois particuliers et dans les forêts assujetties au régime forestier : les adjudicataires sont, en effet, passibles des peines de l'art. 196 lorsqu'ils mutilent des arbres en dehors de la coupe, ou des arbres de réserve. L'application de l'art. 196 c. for. ne saurait, en pareil cas, être écartée par celle des art. 33 et 34 du même code, qui, en punissant l'abatage et le déficit de réserves, n'ont pas en vue de simples faits d'éhoupement, d'écorcement, de mutilation ou de coupe de branches principales (V. toutefois, Puton, *Législation forestière*, p. 172, 175). Cet article s'applique encore aux adjudicataires des récoltes de résine dans les forêts de pins et aux adjudicataires du droit d'écorcer des chênes-lièges.

343. On a vu au *Rép.*, v° *Forêts*, n° 858, que l'art. 196 est applicable à l'adjudicataire d'une exploitation résineuse qui a extrait de la résine sur des arbres que le cahier des charges lui enjoignait de respecter. Les dispositions du cahier des charges doivent surtout être observées lorsque l'extraction de la résine, opération connue dans les Landes sous le nom de *gemmage*, doit être effectuée *à vie*, c'est-à-dire quand l'arbre est destiné à croître encore après l'opération et qu'une partie de la résine doit seule être extraite. On conçoit qu'une telle opération exige des soins particuliers qu'il n'y a pas lieu de prendre lorsque l'extraction de la résine a lieu *à mort*, c'est-à-dire quand l'arbre doit être abattu après l'opération (V. dissertation de M. Meaume, *Rép. de lég. et de jur. for.*, t. 10, n° 63). On a appliqué, dès lors, l'art. 196 c. for. dans le cas où les ouvriers de l'adjudicataire ont donné aux quarres pratiquées sur des pins à vie une largeur et une profondeur plus grandes que celles qui étaient autorisées par le cahier des charges : la condamnation a été prononcée contre les ouvriers personnellement (Trib. corr. Dax, 21 juill. 1881, *Rép. de lég. et de jur. for.*, t. 10, n° 63).

344. L'art. 196 c. for. a été également appliqué à l'adjudicataire de l'écorcement de chênes-lièges dans une forêt soumise au régime forestier, qui avait contrevenu aux dispositions du cahier des charges lui interdisant de mutiler les arbres à exploiter (Aix, 23 mai 1867, *Rép. de lég. et de

jur. for., t. 3, n° 548). La mutilation consistait, dans l'espèce sur laquelle a été rendu cet arrêt, en des déchirures notables occasionnées à l'écorce mère par un défaut de précaution des ouvriers, qui n'avaient, d'ailleurs, pas porté cette mutilation à la connaissance de l'agent forestier dans le délai de cinq jours. La cour, dans cet arrêt, a écarté l'application des art. 34 et 37 c. for. : le premier, comme ne réprimant que le déficit ou le déficit d'arbres réservés et ne pouvant, en raison de son caractère spécial, être étendu à des cas autres que ceux auxquels il se réfère. Quant à l'art. 37 c. for. qui ne punit les contraventions aux clauses et conditions du cahier des charges qu'autant qu'elles sont relatives au mode d'abatage des arbres et au nettoiement des coupes, si le cahier des charges fait la loi des parties au point de vue des intérêts civils, il ne saurait avoir pour effet d'attribuer le caractère de délit à des faits que la loi pénale n'a pas prévus.

ART. 12. — *Enlèvement de chablis ou de bois de délit.*
(*Rép.* v° *Forêts*, n°° 869 à 876.)

345. On a vu au *Rép.* v° *Forêts*, n° 869, que si la simple tentative d'enlèvement de chablis et bois de délit semble ne pas tomber sous le coup de l'art. 197 c. for., il n'en est pas de même lorsque la préparation de l'enlèvement a été poussée assez loin pour qu'il puisse être considéré comme commencé. On a cité également un certain nombre de décisions desquelles il résulte que l'art. 197 n'a pas seulement entendu, par l'expression *enlèvement*, le déplacement matériel des bois, mais tout fait constituant un acte d'appropriation. Par exemple l'action de façonner et d'équarrir les arbres et de les transformer en poutres, étant un véritable acte d'appropriation, qui a pour objet évident l'enlèvement, en constitue l'équivalent dans le sens de l'art. 197 sainement entendu (Crim. cass. 16 août 1855, aff. Alata, D. P. 56. 1. 30).

346. L'enlèvement de chablis et de bois de délit peut-il être frappé de la peine d'emprisonnement édictée par les art. 192 et 194 c. for., pour les délits de coupe ou d'enlèvement d'arbres abattus sur pied ? Le silence de l'art. 197 relativement aux peines corporelles avait fait adopter la négative par plusieurs auteurs (*Rép.* v° *Forêts*, n° 875). Toutefois, selon une autre opinion, le silence de l'art. 197 en ce qui concerne l'emprisonnement avait pour but, non point de créer une sorte de privilège, inexplicable d'ailleurs, en faveur du délit d'enlèvement de chablis et bois de délit prévu par cet article, mais simplement d'assimiler cette infraction au délit ordinaire de coupe et enlèvement d'arbres mesurant au moins deux décimètres de tour, lequel, d'après le texte de 1827 et l'art. 192, ne donnait lieu qu'à une amende, à l'exclusion de toute peine corporelle. — Cette dernière opinion nous paraît devoir être suivie de préférence à la première, surtout depuis la loi du 18 juin 1859. En effet, l'art. 197 c. for. constitue une disposition en quelque sorte surabondante, n'ajoutant rien à celles des articles qui le précèdent. Il se borne à rendre applicables à l'enlèvement des chablis et bois de délit les pénalités des art. 192-194 c. for., d'après les dimensions des chablis et des arbres coupés en délit. Or, depuis la loi du 18 juin 1859, la peine de l'emprisonnement a été rendue applicable aux délits prévus par les art. 192 et 194, § 1. L'art. 197 n'a pas été modifié par cette même loi, et ses expressions se réfèrent à l'ancien texte des art. 192 et 194 ; mais il est clair que, dans la pensée du législateur de 1827, on n'a pas entendu traiter plus favorablement les auteurs de l'enlèvement de chablis que ceux qui se seraient rendus coupables de l'enlèvement d'arbres sur pied, et que, si l'art. 197 ne parlait pas de l'emprisonnement, c'est parce que cette peine n'était pas prévue par l'art. 192, auquel il se référait plus spécialement. Dès lors, aujourd'hui qu'elle peut être appliquée, il ne semble pas qu'on puisse se prévaloir du silence de l'art. 197, quant aux peines corporelles, pour écarter l'emprisonnement.

ART. 13. — *Mesures de police propres à prévenir les délits forestiers* (*Rép.* v° *Forêts*, n°° 877 à 879).

347. V. *Rép.* n°° 877.

SECT. 2. — DISPOSITIONS SPÉCIALES APPLICABLES SEULEMENT AUX BOIS ET FORÊTS SOUMIS AU RÉGIME FORESTIER (*Rép.* v° *Forêts*, n° 878 à 970).

ART. 1er. — *Fours à chaux ou à plâtre, briqueteries et tuileries* (*Rép.* v° *Forêts*, n°s 879 à 892).

348. L'autorisation prévue par l'art. 151 c. for., pour l'établissement des fours à chaux, briqueteries et tuileries (*Rép.* v° *Forêts*, n° 880) a un caractère réel, c'est-à-dire qu'elle est attachée à l'immeuble et le suit en quelques mains qu'il passe (Puton, *Législation forestière*, p. 217). Jusqu'en 1852, cette autorisation devait émaner du chef de l'État et résulter de décrets spéciaux, rendus sur la proposition du ministre des finances et après avis du conseil d'administration des forêts. Actuellement, l'autorisation est accordée par le préfet, sur l'avis ou la proposition de l'agent forestier chef de service (Décr. 25 mars 1852, art. 3. tableau C, n° 8, Circ. adm. for. 29 mai 1852, *Ancienne série*, n° 686, *Bull. des ann. for.*, t. 5, p. 498-499). C'est également au préfet, et non plus au ministre, qu'il appartient aujourd'hui de prescrire la démolition des établissements autorisés, lorsque l'Administration le juge à propos (*Rép.* v° *Forêts*, n° 887).

349. On admet généralement, et c'est d'ailleurs l'opinion de l'Administration forestière (*Rép.* v° *Forêts*, n° 887), que l'art. 151 ne s'applique pas aux fours à chaux, dits fours volants, que le propriétaire fait creuser en terre pour une seule cuite, sans aucune construction en maçonnerie (Puton, *Législation forestière*, p. 214). Il semble que cet article ne s'applique pas davantage à la cuisson des briques à la flamande (Puton, *ibid.*). L'art. 151 paraît également inapplicable aux usines et établissements qu'il ne mentionne pas, tels que les forges, fourneaux et verreries (*Rép.*, v° *Forêts*, n° 892), les distilleries, séchoirs fours à puddler (Puton, *Législation forestière*, p. 213). Toutefois, M. Puton, *ibid.*, p. 214, estime que si, suivant l'opinion de M. Meaume signalée au *Rép.* v° *Forêts*, n° 892, l'art. 148 n'est pas applicable à ces établissements, ils n'en sont pas moins soumis à la prohibition, édictée par cet article, d'allumer du feu à moins de 200 mètres des forêts, dans le cas où le feu serait allumé à l'air libre et non dans les bâtiments.

ART. 2. — *Maisons sur perches, loges, baraques ou hangars* (*Rép.* v° *Forêts*, n°s 893 à 899).

350. L'art. 152 c. for. défend d'élever sans autorisation, à proximité des forêts, des maisons sur perches, loges, baraques et hangars. On a vu au *Rép.* v° *Forêts*, n° 895, qu'il est impossible de donner, au point de vue de l'application de l'art. 152, une définition précise et invariable des mots *loges* et *baraques*. Néanmoins, on peut poser en principe que, en dehors des fours à chaux, ateliers et usines, régis par les art. 151, 154 et 155 c. for., la disposition de l'art. 152, qui défend d'établir sans autorisation aucune maison sur perches, loge, baraque ou hangar, à une distance moindre d'un kilomètre des bois et forêts, comprend tous les autres bâtiments, à moins qu'ils ne rentrent dans l'exception consacrée par l'art. 153 en faveur des maisons et des fermes. On ne saurait, notamment, faire bénéficier de cette exception une grange composée au rez-de-chaussée d'une écurie destinée à retirer le bétail à certaines époques de l'année, et placée au-dessus d'un fenil et d'un battoir, alors même qu'un berger devrait y coucher pour garder les bestiaux, car une grange ainsi construite ne peut être considérée comme une habitation formant le siège d'une exploitation rurale (Crim. cass. 24 avr. 1868, aff. Hame, D. P. 68. 1. 463).

351. A la différence des édifices auxquels s'applique l'art. 153 c. for., qui peuvent être réparés, reconstruits et augmentés sans autorisation, les constructions visées par l'art. 152 ne peuvent être l'objet de réparations qui n'auraient pas autorisées (Crim. cass. 26 août 1853, aff. Lardret, D. P. 53. 1. 338; 24 avr. 1868, cité *suprà*, n° 350). Lorsqu'il s'élève à ce sujet, ou à propos de leur édification, des difficultés sur le caractère qu'il faut attribuer aux constructions, et qu'il s'agit de savoir si elles appartiennent aux catégories visées par l'art. 152 c. for., c'est aux tribunaux qu'il appartient de constater et d'apprécier les éléments qui les distin-

guent (Puton, *Législation forestière*, p. 215). Leur décision est, sous ce rapport, soumise au contrôle de la cour de cassation, qui a qualité pour vérifier, eu égard aux circonstances de fait souverainement constatées par le tribunal de répression, si ce dernier a exactement qualifié la construction qui a donné lieu aux poursuites (Crim. rej. 15 nov. 1873, aff. Guillerme, D. P. 74. 1. 93).

352. Dans l'appréciation du caractère de la construction, faite au point de vue de l'application de l'art. 152 c. for., la circonstance qu'elle sert habituellement de résidence au prévenu est d'une grande importance (*Rép.*, v° *Forêts*, n° 896). Elle n'est cependant pas déterminante, « attendu, dit l'arrêt du 26 août 1853, cité *suprà*, n° 351, que le caractère de ces cabanes ne saurait être modifié par cette circonstance, qu'elles sont destinées à l'habitation pendant une partie de l'année, puisque cette destination n'est point exclusive des constructions indiquées par l'art. 152, auxquelles elle peut au contraire appartenir ». L'édifice doit donc être considéré comme rentrant dans les prévisions de l'art. 152 c. for., lorsqu'il n'est destiné à être habité que temporairement et qu'il est de construction légère, comme une baraque en pierres sèches couverte en planches (Crim. cass. 21 sept. 1850, aff. Gambini, D. P. 52. 5. 287) ou une construction en bois destinée à loger des ouvriers pendant la durée de travaux publics (Trib. corr. Epinal, 20 juill. 1878, *Rép. de lég. et de jur. for.*, t. 8, n° 64). — D'ailleurs, lorsqu'il s'agit de baraques élevées par l'administration des Ponts et Chaussées dans l'intérêt des travaux qu'elle exécute, une décision ministérielle du 24 juin 1851 (*Bull. des ann. for.*, t. 51, p. 301) en autorise la construction à distance prohibée des forêts, après qu'il a été donné avis au conservateur des forêts, par l'ingénieur en chef, de la nécessité de leur exécution, de l'emplacement qu'elles devront occuper et de la durée présumée de leur existence. L'Administration forestière a le droit d'en poursuivre la démolition dès qu'elles ont cessé d'être utiles à l'Administration des ponts et chaussées. — Pendant leur existence, les constructions qui sont destinées à servir d'abri aux ouvriers, aux matériaux, etc., peuvent être visitées par les agents et gardes forestiers, sans l'assistance d'officiers publics (Même décision).

353. Le motif principal des dispositions de l'art. 152 c. for. semble être d'entraver la création d'établissements qui, par leur destination, seraient susceptibles de devenir des lieux de recel préjudiciables au sol forestier. La décision ministérielle du 24 juin 1851, citée *suprà*, n° 352, s'est inspirée de ce motif en réservant, pour les représentants, le droit de visite, alors qu'elle croyait devoir faire fléchir la rigueur de la règle de l'art. 152 en faveur des nécessités du service des ponts et chaussées. Il suffirait, d'après cela, qu'une construction ne fût pas de nature à servir de lieu de recel, pour que l'édification pût en avoir lieu sans autorisation à la distance prohibée par l'art. 152 : telles seraient les loges de jardin, les chapelles même fermées, les refuges, et, en général, toutes les constructions ouvertes à l'accès du public (Puton, *Législation forestière*, p. 215). La cour de cassation semble toutefois ne pas admettre cette distinction : dans un arrêt (Crim. cass. 20 juin 1851, aff. Chambeiron et autres, D. P. 51. 5. 278), elle a appliqué l'art. 152 à la construction de cabanes façonnées de terre ou de bruyère et qui n'avaient été édifiées que pour servir d'abri contre les rigueurs de la température. Elle s'est fondée sur ce que l'art. 152 contient une disposition générale, absolue, qui n'a admis et ne comporte aucune distinction ; que cet article interdit l'établissement non autorisé, dans un certain rayon, de toute maison sur perches, loge, baraque ou hangar, quel qu'en soit le prétexte ; que les motifs sur lesquels est fondée cette prohibition sont exclusifs d'une application restreinte qui laisserait subsister une partie des inconvénients qu'elle a eu pour objet de prévenir.

354. L'autorisation à laquelle est subordonnée la légalité des constructions spécifiées dans l'art. 152 c. for. et qui doit être expresse et précéder l'édification (*Rép.* v° *Forêts*, n° 899), est aujourd'hui du ressort des préfets (Décr. 25 mars 1852, art. 3, tabl. C, n° 8). Elle n'est accordée qu'à la condition que l'impétrant s'engage préalablement, par un acte qui doit être remis et enregistré, qui doit être remis aux archives de l'inspection, pour lui, ses héritiers, ou ayants droit, à démolir ladite

construction sur une sommation extrajudiciaire qui lui serait faite, en vertu d'un arrêté préfectoral pris en conseil de préfecture, sur l'avis ou la proposition du chef de service des forêts, et statuant que la construction est devenue préjudiciable au sol forestier (Décis. min. fin. 28 juin 1871 ; Circ. adm. for. 27 juin 1874, *Nouvelle série*, n° 155). D'ailleurs, l'obligation de démolir les constructions indûment élevées résulte virtuellement du jugement qui reconnaît leur irrégularité et condamne le prévenu aux peines édictées par l'art. 152 c. for. (Grenoble, 25 juin 1868, *Rép. de lég. et de jur. for.*, t. 4, n° 600. V. toutefois, *Rép.*, v° *Forêts*, n° 908).

355. La prohibition d'établir, sans autorisation, des baraques dans l'intérieur ou à distance prohibée des forêts est une mesure d'ordre public et de conservation qui ne peut être paralysée par l'allégation de l'existence d'un titre ou d'une possession suffisamment prolongée pour prescrire (Crim. cass. 9 sept. 1847, aff. Septfonds, D. P. 47. 4. 407). On ne saurait, par exemple, relaxer un pâtre communal, prévenu d'avoir allumé du feu dans un bois particulier, par le motif qu'il aurait soutenu que le droit d'avoir une cabane et d'y faire du feu était une conséquence du droit de dépaissance appartenant aux habitants de la commune, et admettre des conclusions tendant à faire renvoyer les parties devant le tribunal civil pour faire statuer sur ce prétendu droit (Crim. cass. 29 mai 1875, *Rép. de lég. et de jur. for.*, t. 7, n° 27, et t. 9, n° 11).

Art. 3. — *Maisons ou fermes* (*Rép.* v° *Forêts*, n°s 900 à 922).

356. L'art. 153 c. for. prohibe la construction sans autorisation, sous peine de démolition, des maisons ou fermes à la distance de 500 mètres des bois et forêts soumis au régime forestier (*Rép.* v° *Forêts*, n° 900). Les mots *bois et forêts* ont un caractère limitatif, que l'esprit de l'art. 153, comme les dispositions de l'art. 152, révèle suffisamment, ces articles ayant pour but principal d'enlever aux délits qui peuvent se commettre dans les bois et forêts l'abri d'un domicile rapproché et inviolable (*suprà*, n° 352). Dès lors, la circonstance qu'un terrain appartenant à l'État se trouve soumis au régime forestier ne donne pas lieu, au détriment des propriétés qui l'avoisinent, à l'application de la servitude *non ædificandi* établie dans l'art. 153 c. for. lorsque ce terrain, dépourvu d'arbres, est resté de temps immémorial à l'état de landes et de bruyères, et que l'Administration elle-même, en faisant concession de ce terrain à une commune pour le pacage des bestiaux, n'a pas cru devoir le désigner comme une dépendance d'une forêt domaniale dont il se trouvait séparé, à une distance d'un kilomètre, par des propriétés particulières (Crim. rej. 21 févr. 1852, aff. Hachette, D. P. 52. 1. 251).

357. Les expressions *maisons* et *fermes*, employées par l'art. 153 c. for., sont plus faciles à interpréter que celles de l'art. 152, et on éprouve moins de difficulté à caractériser les édifices qui rentrent dans les prévisions de l'art. 153 que ceux auxquels l'art. 152 est applicable (*suprà*, n°s 330 et suiv.). Ces expressions s'appliquent aux maisons servant à l'habitation, soit uniquement, soit avec adjonction de granges, écuries ou autres dépendances destinées à une exploitation rurale, dont la réunion constitue seule la ferme. Ainsi on peut qualifier *ferme*, dans le sens de l'art. 153 c. for., la construction en pierres sèches et à fondations, recouverte d'un toit de chaume, ayant une porte fermant à clef, une fenêtre sans châssis mais avec un volet fermant en dedans, munie d'un trou dans le mur pour servir de cheminée, dont le rez-de-chaussée, séparé du galetas par un plancher, est garni d'un buffet et d'ustensiles de cuisine, alors surtout qu'il est constaté que le prévenu possède dans cette localité un petit domaine où la famille se tient pendant la belle saison et couche dans une grange y attenante (Crim. rej. 15 nov. 1873, aff. Guillerme, D. P. 74. 1. 15). — D'ailleurs, au cas de l'art. 153, comme dans celui de l'art. 152, il appartient à la cour de cassation de vérifier l'appréciation que les juges de répression ont faite des caractères de l'édifice (*suprà*, n° 350).

358. L'autorisation prévue par l'art. 153, dans le cas où elle ne résulte pas du silence de l'Administration pendant le délai de six mois (*Rép.* v° *Forêts*, n° 903), est, depuis le décret du 25 mars 1852 (art. 3, tableau A, n° 8), accordée par

le préfet sur la proposition ou l'avis de l'agent chef de service.

Art. 4. — *Ateliers à façonner le bois ; chantiers ou magasins servant au commerce du bois* (*Rép.* v° *Forêts*, n°s 923 à 933).

359. L'art. 154 c. for., qui prohibe l'ouverture sans autorisation, dans les maisons ou fermes sises à moins de 500 mètres des forêts soumises au régime forestier, d'ateliers à façonner le bois ou de chantiers et magasins pour faire le commerce du bois, n'interdit que les ateliers, chantiers et dépôts de bois destinés au commerce (*Rép.* v° *Forêts*, n° 926 ; Puton, *Législation forestière*, p. 213). Ainsi, tandis qu'on a considéré comme un atelier prohibé la maison d'un sabotier dans laquelle on a trouvé du bois à demi façonné en sabots avec les instruments nécessaires à cette fabrication (*Rép.* v° *Forêts*, n° 929), on a au contraire admis que le fait de faire des sabots dans le rayon prohibé ne constitue pas une infraction à l'art. 154, lorsqu'il est établi que les prévenus, cultivateurs ou gardiens de troupeaux, ne se sont livrés à ce travail que pour leur usage personnel (Crim. rej. 14 mars 1850, aff. Rieu, D. P. 50. 1. 300).

360. L'autorisation est accordée par le préfet, depuis le décret du 25 mars 1852 ; elle doit être préalable, et le prévenu qui ne l'aurait pas attendue pour établir le chantier ou l'atelier prohibé, n'échapperait pas à l'application de l'art. 154 c. for., bien que l'autorisation fût intervenue avant le jugement de condamnation (Crim. cass. 4 mars 1848, aff. Mars et Vilars, D. P. 48. 5. 208).

361. On a vu au *Rép.*, v° *Forêts*, n° 932, que l'infraction aux dispositions des art. 151 à 155 c. for. constitue un délit successif, qui ne peut être atteint par la prescription, en ce sens qu'elle ne peut se prescrire qu'à dater du jour où elle a été constatée par un procès-verbal (Lyon, 9 févr. 1863, aff. Maire et Bonneville, D. P. 63. 2. 179). D'après le même arrêt, la prescription ne peut non plus résulter de la tolérance de l'Administration, de sorte que le fonds se trouve, au bout de trente ans, affranchi de la servitude imposée par l'art. 154 c. for. Cette solution repose sur le caractère de mesures d'ordre public et de police dans l'intérêt de la conservation des forêts, appartenant aux dispositions de l'art. 154, caractère qui ne permet d'acquérir aucun droit contraire à la prohibition, soit par un titre, soit par une possession si prolongée qu'elle soit. On admettait cependant, à l'époque de la publication du *Répertoire*, v° *Forêts*, n° 932, que, si l'Administration, après avoir dressé procès-verbal, avait laissé prescrire le délit et n'avait pas renouvelé les poursuites pendant trente ans, le propriétaire aurait prescrit la libération de sa propriété. Ce système a été rejeté, depuis lors, par la cour de cassation. Un arrêt de la chambre criminelle du 5 janv. 1856, aff. Doniès (D. P. 56. 1. 346 et D. P. 57. 1. 30), a décidé que celui qui, le premier, construit l'usine peut prescrire le délit résultant de la construction originaire, mais qu'il n'a pas prescrit la libération de sa propriété et qu'il peut être, lui ou ses successeurs, poursuivi pour un fait de reconstruction.

Art. 5. — *Construction de scieries isolées* (*Rép.*, v° *Forêts*, n°s 934 à 959).

362. L'art. 155 c. for., qui interdit d'établir, sans autorisation, aucune usine à scier le bois à une distance moindre de deux kilomètres des bois et forêts (*Rép.*, v° *Forêts*, n° 934) n'est applicable qu'aux scieries qui constituent de véritables usines, c'est-à-dire à celles qui sont mues par une chute d'eau ou par la vapeur. Les scieries dans lesquelles on n'emploierait que la force humaine rentrent, suivant l'opinion des auteurs, dans la catégorie des ateliers à façonner le bois établis dans un rayon de cinq cents mètres des bois et forêts soumis au régime forestier, dont la création est prohibée sans autorisation par l'art. 154 c. for.

363. Le propriétaire d'une usine légalement établie ou maintenue à la distance prohibée par l'art 155 c. for. peut y faire toutes les réparations qu'il juge nécessaires ; il n'a besoin d'une autorisation spéciale que s'il veut l'agrandir, ou reconstruire une nouvelle usine dans le cas où la première aurait été détruite (*Rép.*, v° *Forêts*, n° 945). Cette règle a été

appliquée en Savoie, après l'annexion de cette province à la France, à des usines existant antérieurement à la mise en vigueur du code forestier. Bien que ces usines aient été maintenues en vertu du principe de la non-rétroactivité des lois, on a jugé que leur existence ne comportait pas pour leurs propriétaires le droit de les reconstruire (Chambéry, 16 mai 1874) (1).

364. Il importe peu, à cet égard, que la destruction de la scierie soit due à un incendie ou qu'elle ait été démolie par le propriétaire lui-même ; la destruction de l'usine rend à l'Administration l'exercice de ses droits ; celui qui la reconstruit fait un nouvel acte, une construction nouvelle qui est, par là même, soumise aux restrictions formulées par l'art. 155 c. for. (Crim. cass, 5 janv. 1856, aff. Domès, D. P. 57. 1. 30 ; Chambéry, 16 mai 1874, suprà, n° 363). Cette règle s'applique, comme on l'a vu (suprà, n° 361) dans le cas même où le propriétaire de la scierie détruite aurait prescrit le délit qui résultait de la première construction ; car, suivant l'expression de l'arrêt du 5 janv. 1856, si le délit de celui qui a, originairement, enfreint la règle de l'art. 155 c. for. se trouve prescrit, il n'en résulte pas pour le propriétaire du sol le droit de le renouveler impunément.

365. L'autorisation prévue par l'art. 155 c. for., qui doit être expresse et préalable, est, depuis le décret du 25 mars 1852, accordée par le préfet, sur l'avis ou la proposition de l'agent forestier chef de service (Rép. v° Forêts, n° 934).

366. Il est évident que les dispositions de l'art. 155 c. for. s'appliquent pas aux scieries, sécheries de graines ou autres établissements concernant l'exploitation, le débit et le transport des produits des forêts domaniales, que l'Administration fait quelquefois construire elle-même ou concède dans les forêts, afin de tirer un parti plus avantageux des bois qu'elles sont susceptibles de produire. Ces établissements, qui peuvent faire l'objet de concessions, avec ou sans jouissance temporaire au profit des constructeurs, avec ou sans redevances, avec ou sans subvention, sont soumis à des conditions d'existence déterminées par des circulaires administratives et que l'Administration forestière règle elle-même (V. notre Code forestier annoté, art. 155, n°s 53 et suiv.).

367. On a vu au Rép. v° Forêts, n° 949, que l'art. 158 c. for. complète les dispositions de l'art. 155, en interdisant l'introduction dans les scieries, mentionnées en ce dernier article, de bois propres à y être sciés sans qu'ils aient été déclarés, reconnus et marqués : cet art. 158 s'étend aux chantiers des mêmes scieries (Rép. v° Forêts, n° 955) qui sont réputés faire partie intégrante de l'usine (Chambéry, 27 avr. 1876, Rép. de lég. et de jur. for., t. 7, n° 41). — L'introduction de billes, arbres, ou troncs dans ces chantiers est donc passible des mêmes peines que si elle avait eu lieu dans l'usine même ; et lorsqu'un procès-verbal faisant foi jusqu'à inscription de faux constate que des billes non marquées ont été trouvées sur le chantier d'une scierie, le prévenu ne peut être admis à prouver que lesdites billes étaient déposées en dehors de ce chantier (Colmar, 12 mars 1861, Rép. de lég. et de jur. for., t. 2, n° 349).

Art. 6. — *Exception en faveur des usines ou maisons faisant partie d'une population agglomérée.* — *Police des établissements autorisés* (Rép., v° Forêts, n°s 960 à 969).

368. — 1° *Exception en faveur des usines ou maisons faisant partie d'une population agglomérée.* — L'art. 156 c. for. excepte des dispositions des art. 153, 154 et 155 les maisons et usines qui font partie de villes, villages ou hameaux formant une population agglomérée. Les tribunaux, on l'a vu au Rép., v° Forêts, n° 961, sont juges de la question de savoir si la maison ou l'usine fait partie d'un centre de population agglomérée au sens de l'art. 156 (Puton, Législation forestière, p. 212). — La jurisprudence, toutefois, est loin d'être unanime sur le sens qu'il convient de donner aux expressions de cet article (Rép., v° Forêts, n° 963), et les décisions qu'elle a rendues sont plutôt susceptibles de servir d'exemples que propres à permettre de formuler une règle invariable. Il a été jugé, notamment, que l'on ne saurait regarder comme faisant partie d'une population agglomérée :... une maison construite à 480 mètres des dernières habitations d'un village, bien qu'elle ne soit séparée que par un chemin d'une maison habitée et des débris d'une autre maison incendiée (Metz, 8 juin 1864, Rép. de lég. et de jur. for., t. 2, n° 328) ; ... une scierie près de laquelle se trouvent deux maisons habitées par le propriétaire de l'usine, sa famille et ses serviteurs ou agents, et en outre, deux autres maisons, distantes, l'une de 300 et l'autre de 900 mètres, d'où chacune desquelles on ne peut apercevoir l'usine. Peu importerait également qu'il existât, à 1500 mètres de la scierie, un hameau ayant vue sur elle, et que, près de cette scierie, passassent des chemins publics présentant à l'Administration forestière des garanties de surveillance (Nancy, 3 déc. 1861, aff. Remy, D. P. 62. 2. 32).

369. D'après le même arrêt, à supposer qu'une déclaration d'agglomération constituât un titre suffisant pour dispenser l'impétrant de prouver l'agglomération, il serait nécessaire que cette déclaration émanât de l'autorité compétente pour accorder la permission de construire : une réponse émanant d'un agent forestier, n'ayant pas qualité pour accorder une telle permission, serait sans aucun effet, en raison de l'incompétence même de celui qui l'aurait faite. — D'ailleurs, la déclaration d'agglomération, même régulière, cesse de produire effet du moment où le fait lui-même a cessé d'exister. Ainsi l'Administration forestière est toujours recevable à prouver devant le tribunal correctionnel, qui serait juge de la réalité du fait allégué, que la scierie établie à distance prohibée n'est plus, comme à l'époque de la déclaration, entourée d'une population agglomérée (Même arrêt).

370. C'est au prévenu qu'incombe l'obligation de prouver que l'établissement incriminé fait partie d'un centre de population agglomérée, et il n'échappe à l'application de l'art. 158 qu'autant qu'il fournit cette preuve (Metz, 8 juin 1864, Rép. de lég. et de jur. for., t. 2, n° 328 ; Nancy, 3 déc. 1861, aff. Rémy. D. P. 62. 2. 32).

371. — 2° *Police des établissements autorisés.* — On a vu au Rép., v° Forêts, n°s 964 et suiv., que l'art. 157 c. for. autorise les agents forestiers et les gardes à faire toutes perquisitions dans les établissements autorisés en vertu des art. 151, 152, 154 et 155, c. for., sans l'assistance d'un officier public, pourvu qu'ils se présentent au moins au nombre de deux, ou que l'agent ou garde forestier soit accompagné de deux témoins domiciliés dans la commune. Cependant un acte que doit souscrire celui qui obtient la mainlevée de l'une des servitudes légales établies par les art. 151 à 155 c. for. (supra, n° 354) peut contenir une clause d'où résulte pour l'impétrant l'obligation de subir de jour et de nuit la visite d'un ou plusieurs agents et préposés forestiers, sans qu'ils soient accompagnés de témoins ou d'un officier public. Cette clause, prescrite par certains arrêtés préfectoraux et insérée à ce

(1) (Administration des forêts C. Martin.) — La cour ; — Attendu qu'un procès-verbal régulier, dressé à la date du 13 mars 1873, a constaté à la charge de la demoiselle Augustine Martin la reconstruction sans autorisation et à distance prohibée de la forêt communale de Beaufort, d'une scierie détruite par l'incendie ; — Attendu, en fait, qu'il résulte du procès-verbal du 13 mars 1873, des rapports faits par les agents supérieurs de l'administration des forêts, de l'enquête administrative à laquelle il a été procédé, que la scierie était, après l'incendie, dans l'impossibilité de fonctionner et qu'elle a été en réalité reconstruite et non pas simplement réparée ; — Attendu, en droit, que si l'existence de la scierie, antérieure à la mise en vigueur du code forestier, a eu pour effet d'en permettre le maintien, malgré la prohibition de l'art. 155, elle ne saurait, pour l'avenir au moins, l'affranchir absolument d'une disposition édictée dans un intérêt d'ordre public ; — Que le droit acquis à la demoiselle Martin a consisté à pouvoir conserver, nonobstant l'interdiction de l'art. 155, une ancienne usine, tant qu'elle demeurerait dans les conditions d'établissement où l'avait trouvée la promulgation du code forestier en Savoie ; — Mais que sa destruction matérielle par un incendie a créé une situation entièrement nouvelle, pour laquelle on ne saurait invoquer le bénéfice transitoire d'un état de choses désormais disparu définitivement ; — Que cette interprétation des art. 155 et 218 peut seule concilier le respect des droits acquis dans le passé avec les légitimes exigences de l'ordre public dans l'avenir ; — Attendu, en conséquence, que la reconstruction sans autorisation d'une scierie établie à une distance prohibée, malgré l'ancienneté de son origine, constitue une contravention à l'art. 155 c. for. ; — Par ces motifs, etc.

Du 16 mai 1874. — C. de Chambéry, ch. corr. — M. Bazot, pr.

titre dans les soumissions, est-elle valable et peut-elle obliger l'impétrant alors qu'elle est contraire à une disposition de l'art. 157 c. for.? Suivant M. Meaume (*Rép. de lég. et de jur. for.*, t. 9, n° 15), il faut distinguer, pour apprécier la valeur de cette clause, entre les usines, hangars et les autres établissements autorisés en vertu des art. 151, 152, 154, et 155 c. for. et les maisons ou fermes autorisées conformément à l'art. 153. Cet auteur estime que, dans le premier cas, la clause est valable, car il est permis à un particulier de renoncer aux dispositions légales introduites en sa faveur, quand cette renonciation ne porte atteinte ni à l'ordre public ni aux bonnes mœurs. Mais la solution doit être différente dans le second cas, car l'acceptation de la clause dont il s'agit constituerait une renonciation à l'inviolabilité du domicile, c'est-à-dire à un principe d'ordre public, et cette énonciation, par suite, ne saurait être valable.

CHAP. 13. — Aliénation des bois et forêts de l'État.

SECT. 1re. — PRESCRIPTIBILITÉ DU DOMAINE FORESTIER (*Rép.* v° *Forêts*, n°s 971 à 973).

372. La question de savoir si l'imprescriptibilité qui frappait, sous l'ancien droit, les forêts du domaine de l'État, a subsisté depuis que la loi du 25 mars 1817 a affecté les bois de l'État à la dotation de la caisse d'amortissement, et lui en a transporté la propriété avec autorisation de les aliéner, était, à l'époque de la publication du *Répertoire*, diversement résolue par la jurisprudence. La cour de Riom, contrairement à la doctrine suivie par plusieurs cours (*Rép.*, v° *Forêts*, n°s 971-972), avait décidé, dans un arrêt du 6 avr. 1838, que les grandes masses de forêts étaient encore frappées d'imprescriptibilité, et la jurisprudence de la cour de cassation était fixée dans le même sens. Jusqu'en 1855, les arrêts de la cour suprême ont interprété l'art. 12 du décret des 22 nov.-1er déc. 1790, qui excepte de la vente et aliénation des biens nationaux, permise ou ordonnée par ce décret, les grandes masses de bois et forêts, en ce sens qu'il n'avait pas eu seulement pour effet de mettre obstacle à ce que la vente, alors ordonnée, comprît ces bois et forêts, mais de les frapper d'inaliénabilité et d'imprescriptibilité. Et l'art. 2227 c. civ., en déclarant les biens de l'État prescriptibles, aurait laissé subsister la prohibition résultant de cette législation spéciale (Civ. cass. 17 juill. 1850, aff. Commune d'Entre-deux-Guiers, et aff. Lefèvre, D. P. 50. 1. 260; Req. 8 août 1853, aff. Commune de Burgalay, D. P. 54. 5. 143; V. aussi Metz, 5 août 1851, aff. Walter, D. P. 53. 5. 237). — Mais la cour de cassation a reconnu depuis que, si le privilège d'inaliénabilité et d'imprescriptibilité, abrogé d'une manière générale par les lois des 9 mai et 22 nov. 1790, a été exceptionnellement maintenu par les art. 12 et 36 de la loi du 22 nov. 1790 pour les grandes masses de bois et forêts nationales, cette exception a été elle-même abrogée par la loi de finances du 25 mars 1817; que cette loi, en disposant que tous les bois et forêts de l'État sont affectés à la dotation de la caisse d'amortissement à laquelle la propriété en était transférée, et pourront être aliénés, par cette caisse, en vertu d'une loi, a eu nécessairement pour effet de replacer cette nature de biens dans les conditions du droit commun et sous l'empire du principe général suivant lequel les domaines nationaux peuvent être aliénés en vertu d'une loi (Civ. cass. 27 juin 1854, aff. Commune de Montigny-lez-Vaucouleurs, D. P. 55. 1. 261; Civ. cass. 1855, aff. Commune de Montigny-lez-Vaucouleurs, D. P. 55. 2. 287, et sur pourvoi, Req. 9 avr. 1856, D. P. 56. 1. 187; Dijon, 20 févr. 1857, aff. Commune de Dracy-le-Fort, et, sur pourvoi, Req. 25 janv. 1858, D. P. 58. 1. 109). On avait soutenu, à l'appui du pourvoi contre l'arrêt précité du 13 févr. 1855, que la loi de 1817 avait été virtuellement abrogée par les lois de finances du 1er mai 1825, 27 mars 1831 et 10 juin 1833, qui ont fait cesser l'affectation spéciale des bois et forêts de l'État à la sûreté de la dette perpétuelle consolidée, cette garantie désormais, sans distinction, par toutes les recettes figurant au budget. Mais la cour de cassation a repoussé ce système par le motif que les lois précitées n'ont, par aucune disposition expresse ou implicite, abrogé la loi de 1817 et qu'elles ont simple-

ment augmenté la portion de rente affectée à la caisse d'amortissement: elles n'ont donc pas fait cesser l'affectation spéciale résultant, à l'égard des bois et forêts de l'État, de la loi de 1817, et n'ont pas eu, dès lors, pour effet, de replacer ces bois et forêts dans le domaine public inaliénable.

Les forêts de l'État, même d'une contenance supérieure à 150 hectares, sont donc aliénables et prescriptibles, comme tous les biens du domaine de l'État. La nécessité d'une loi pour autoriser la vente et l'aliénation des forêts ne fait, d'autre part, nullement obstacle à l'acquisition de la prescription. C'est là une nécessité commune à toutes les parties du domaine aliénable de l'État, et qui constitue un simple mode d'aliénation impliquant l'aliénabilité préexistante des biens pour lesquels elle est exigée (Req. 9 avr. 1856, aff. Commune de Montigny-lez-Vaucouleurs, D. P. 56. 1. 261; Civ. cass. 27 juin 1854, aff. Commune de Montigny-lez-Vaucouleurs, D. P. 55. 1. 261).

373. Les bois et forêts de l'État étant placés, au point de vue de la prescription, dans les mêmes conditions que les biens des particuliers (c. civ. art. 2227), sont susceptibles d'être prescrits dans les mêmes délais que les propriétés privées (*Rép.*, v° *Prescription civile*, n°s 213 et suiv.).

SECT. 2. — EXÉCUTION DES LOIS QUI ONT AUTORISÉ L'ALIÉNATION DU DOMAINE FORESTIER (*Rép.*, v° *Forêts*, n°s 974 à 992).

374. On a vu au *Rép.*, v° *Forêts*, n° 974, qu'une ordonnance du 10 déc. 1817 avait réglé le mode d'aliénation des bois dont la vente devait être effectuée en vertu de la loi du 25 mars précédent. A la suite de la loi du 27 mars 1831, on a rédigé un état des forêts susceptibles d'être aliénées, et des cahiers des charges ont été dressés, déterminant les conditions des ventes. Les règles à suivre pour préparer et effectuer les aliénations qui ont été autorisées depuis lors ont été établies par des décrets ou des arrêtés ministériels pris pour l'exécution des lois d'autorisation. Les règles suivies pour l'aliénation des forêts de l'État sont, d'ailleurs, à peu près constantes.

375. Lorsque l'administration des Forêts a désigné les parties du domaine forestier à mettre en vente, et procédé à leur lotissement et à leur estimation, il est dressé un procès-verbal de reconnaissance et de lotissement, avec plan à l'appui; puis, pour chaque lot, un procès-verbal descriptif, établi en double avec plan, et un procès-verbal estimatif (Arrêté du min. des fin. du 21 sept. 1852, *Bull. des ann. for.*, t. 5, p. 552; Circ. adm. for. 20 août 1852, *ibid.*, p. 520; du 7 oct. 1852, *ibid.*, p. 700). Les ventes ont lieu généralement par adjudication publique, soit au rabais, soit aux enchères, soit sur soumissions cachetées (*Rép.*, v° *Vente administrative*, n° 35), suivant un cahier des charges qui est dressé par l'administration et soumis à l'approbation du ministre des finances. Les bois situés en plaine, ceux qui sont en pente douce et dont le défrichement peut être opéré sans nuire aux propriétés voisines, sont généralement vendus avec faculté de défricher (Circ. admin. for. 22 janv. 1833, *Ancienne série*, n° 328, et 23 août 1853, *Ancienne série*, n° 721), à moins qu'il ne s'agisse de bois vendus aux communes conformément aux dispositions du décret du 10 août 1861 (V. *infrà*, n° 377; Circ. admin. for. 23 nov. 1861, *Ancienne série*, n° 810, *Rép. de lég. et de jur. for.*, t. 1, n° 42).

376. On a vu au *Rép.*, v° *Forêts*, n°s 979 et 980, que les cahiers des charges contiennent généralement des clauses interdisant à l'acquéreur toute demande en diminution de prix, pour quelque cause que ce soit, et disposent que les ventes ont lieu sans garantie de mesure, consistance ou valeur (V. Cahier des charges du 23 avr. 1861, *Code forestier annoté*, art. 1, n° 345, note 1, p. 12). L'acquéreur d'une portion de forêt domaniale est, en pareil cas, non recevable à demander la réduction du son prix ou une indemnité à raison de ce qu'il existerait dans son lot un nombre d'arbres moins considérable que celui qui était indiqué sur les affiches (Cons. d'Ét. 1er août 1867, *Rép. de lég. et de jur. for.*, t. 4, n° 627). Il ne serait pas plus fondé à appeler l'État en garantie contre la revendication, formée par un tiers, de fossés de clôture qu'il considérait comme des dépendances de la forêt par lui acquise (Trib. civ. Compiègne, 31 déc. 1857, *Bull. des ann. for.*, t. 7, p. 380).

377. Des règles particulières ont été établies pour l'alié-

nation des bois domaniaux qui ont été vendus aux communes, conformément aux lois du 28 juill. 1860 (D. P. 60. 4. 125 et 127), relatives à l'exécution des routes forestières et au reboisement des montagnes. Ces lois ont autorisé le Gouvernement à vendre aux communes, à des conditions déterminées par un règlement d'administration publique, les bois dont elles prescrivaient l'aliénation en vue de créer les fonds nécessaires aux dépenses des routes et du reboisement. Les règles spéciales à ces ventes ont été déterminées par le décret du 10 août 1861 (D. P. 61. 4. 116). Les ventes opérées d'après ces règles offrent ce caractère particulier qu'elles ont eu lieu sur estimation et convention amiable; que les communes avaient un droit de préférence sur les bois situés sur leur territoire ou contigus à des bois dont elles auraient été déjà propriétaires, et qu'il n'était recouru à l'adjudication publique qu'à défaut d'accord entre l'Etat et la commune sur les conditions de la vente (V. notre *Code forestier annoté*, art. 1, nᵒˢ 386 et suiv. — V. également *ibid.*, nᵒˢ 401 et suiv., 412, et, en ce qui concerne les aliénations par concession et par échange, 182 et suiv.).

378. — *Compétence.* — On a vu au *Rép.*, nᵒ 987, que c'est à la juridiction administrative c'est-à-dire au conseil de préfecture, sauf recours au conseil d'Etat, qu'appartient la connaissance des contestations relatives à la vente des biens domaniaux. C'est à cette juridiction qu'il appartient d'interpréter les ventes et les actes qui les ont préparées (Trib. confl. 17 nov. 1851, *Bull. des ann. for.*, t. 5, p. 377. V. *supra*, vᵒ *Domaine de l'Etat*, nᵒˢ 44 et suiv.). Mais l'autorité judiciaire est compétente pour déterminer les effets des actes de vente dont le sens ne présente aucune ambiguïté (*Ibid.*, nᵒ 50) et pour statuer sur les questions de propriété (*supra*, *ibid.*, nᵒ 52, V. aussi *supra*, vᵒ *Compétence administrative*, nᵒ 237). Le conseil de préfecture est compétent, en conséquence, pour connaître de l'action en indemnité ou en diminution de prix, formée par l'adjudicataire d'une portion de forêt domaniale, qui prétend que les lots par lui acquis renfermaient moins d'arbres que ne l'indiquait l'affiche annonçant l'adjudication (Cons. d'Et. 1ᵉʳ août 1867, *Rép. de lég. et de jur. for.*, t. 4, nᵒ 627). On a vu, d'ailleurs (*supra*, nᵒ 376), qu'une telle action n'est pas recevable en présence des clauses généralement insérées aux cahiers des charges. Le conseil de préfecture est également compétent pour statuer sur la question préjudicielle résultant de ce que l'individu, prévenu du délit d'abatage d'arbres dans une forêt domaniale, prétend que ce fait a eu lieu sur une parcelle lui appartenant comme ayant été adjugée nationalement à son auteur (Cons. d'Et. 4 juill. 1862, aff. Hérit. Lachau, D. P. 62. 3. 81).

. **379.** Au contraire, les tribunaux de l'ordre judiciaire sont seuls compétents pour trancher les questions de servitudes, lorsque le jugement de ces questions n'entraîne que l'application des règles du droit civil (Trib. confl. 17 nov. 1851, cité *supra*, nᵒ 378), ainsi que les questions de propriété et de prescription (Cons. d'Et. 30 août 1852, *Bull. des ann. for.*, t. 5, p. 438).

CHAP. 14. — Aliénation des produits des bois soumis au régime forestier.

SECT. 1ʳᵉ. — APPLICATION AUX ADJUDICATIONS DE COUPES DES PRINCIPES GÉNÉRAUX DE LA VENTE (*Rép.* vᵒ *Forêts*, nᵒˢ 993 à 995).

380. V. *Rép.* nᵒˢ 993 et suiv.

SECT. 2. — FORMALITÉS RELATIVES AUX ADJUDICATIONS DE COUPES. (*Rép.* vᵒ *Forêts*, nᵒ 996.)

ART. 1ᵉʳ. — *Opérations administratives préparatoires* (*Rép.* vᵒ *Forêts*, nᵒˢ 997 à 1005).

381. — 1ᵒ *Distinction et classification des coupes.* — Les coupes, comme on l'a exposé au *Rép.* vᵒ *Forêts*, nᵒ 997, se distinguent en coupes ordinaires et coupes extraordinaires. L'Administration, toutefois, classe les coupes sous des dénominations nombreuses, suivant leur caractère et leur importance ; on ne] reproduira pas ici la classification détaillée des coupes, qui offre surtout un intérêt au point de vue administratif et qu'on trouvera dans notre *Code forestier annoté* (art. 17, nᵒˢ 5 et suiv.). Les observations complémentaires que nous aurons à ajouter aux explications du *Répertoire*, porteront exclusivement sur le balivage et le martelage, d'une part, et d'autre part sur la rédaction et l'envoi des procès-verbaux. Pour le surplus des règles relatives aux formalités préparatoires des adjudications de coupes, on trouvera au *Code forestier annoté* (art. 17, nᵒˢ 48 et suiv.) l'analyse des principales instructions et circulaires qui y ont apporté, depuis la publication du *Répertoire*, des modifications de détail.

382. — 2ᵒ *Balivage et martelage.* — D'une manière générale et prise dans son acception générique, l'expression *baliveaux* embrasse tous les arbres réservés pour croître en futaie (*Rép.* vᵒ *Forêts*, nᵒ 1002); le plus ordinairement les baliveaux se divisent en trois classes, et on distingue : 1ᵒ les *baliveaux de l'âge*, qui ont précisément l'âge des taillis alors en exploitation; 2ᵒ les *modernes*, qui appartiennent à la dernière coupe et ont ainsi accompli deux révolutions d'âge; 3ᵒ les *anciens*, qui ont accompli trois ou quatre révolutions, ou même plus, sans cependant pouvoir être réputés futaie. Mais, dans le langage habituel comme dans le langage forestier, le mot *baliveaux*, employé seul, ne comprend que *ceux de l'âge*, et nullement les *modernes*, ni les *anciens;* toutes les fois qu'on s'agit de baliveaux d'un autre âge, c'est-à-dire de ceux qui ont définitivement acquis le caractère de *modernes* ou d'*anciens*, on les désigne par leur nom de *modernes* et d'*anciens;* et s'il arrive qu'à leur égard on se serve de l'expression *baliveaux*, cette expression est alors toujours accompagnée du nom qui les qualifie et leur assigne leur véritable caractère, comme on le voit notamment dans les art. 70 et 81 de l'ordonnance forestière du 1ᵉʳ août 1827. Il est utile de tenir compte de ces distinctions dans les difficultés qui peuvent s'élever sur le sens de l'expression *baliveaux* (V. Paris, 25 juill. 1852, aff. D'Aligre, D. P. 52. 5. 286).

383. Les procès-verbaux de martelage et de balivage, qui doivent être déposés au secrétariat de l'autorité administrative chargée de présider à la vente (*Rép.*, nᵒ 1005), font foi du nombre des arbres réservés qu'ils indiquent ; dès lors, ces indications ne peuvent être détruites par les dispositions purement énonciatives de l'acte d'adjudication, alors surtout que les énonciations du procès-verbal de martelage sont d'accord avec celles qui ont été consignées dans les affiches apposées en vertu de l'art. 84 c. for. (*Rép.* vᵒ *Forêts*, nᵒ 1170). — Le procès-verbal de martelage, joint au procès-verbal d'arpentage, fait également preuve, tant contre l'adjudicataire que contre l'administration des Forêts, de l'assiette de la coupe et de ses limites. L'adjudicataire doit y recourir, en cas de doute, pour vérifier jusqu'où s'étend son exploitation; il et ne serait pas fondé à se prévaloir de certaines incertitudes résultant de quelques circonstances matérielles remarquées sur le terrain, ni de prétendues irrégularités données par un garde, pour s'autoriser à exploiter une étendue de bois plus considérable que celle qui est portée au procès-verbal d'arpentage (Crim. cass. 6 sept. 1850, aff. Siegriot, D. P. 50. 5. 239).

ART. 2. — *Cahier des charges* (*Rép.* vᵒ *Forêts*, nᵒˢ 1006-1007).

384. — 1ᵒ *Conditions générales.* — Comme à l'époque de la publication du *Rép.*, nᵒ 1006, les conditions générales des adjudications, applicables à toute la France, sont établies par un cahier des charges, délibéré chaque année par la direction des forêts et approuvé par le ministre de l'agriculture (Décr. 19 mars 1891, D. P. 91. 4. 112). Ces conditions peuvent donc varier annuellement et pour les connaître il faut nécessairement consulter le cahier des charges de l'année courante. D'ailleurs, ces conditions ne changent pas sensiblement d'une année à l'autre. — Le cahier des charges générales, concernant la vente en bloc des coupes sur pied, est, en principe, applicable à toutes les adjudications de produits forestiers opérées par les soins de l'Administration. Toutefois, la vente sur pied et par unité de produits, la vente de bois façonnés, l'adjudication des extractions de résine, etc., sont régies par des cahiers des charges spéciaux, dont les conditions sont différentes, sur

quelques points particuliers, des conditions du cahier des charges générales des ventes en bloc sur pied.

385. — *2° Clauses particulières.* — Les clauses particulières ou spéciales à chaque conservation (*Rép.* v° *Forêts*, n° 1007) arrêtées par le conservateur (Décr. 19 mars 1891, cité *suprà*, n° 384), se trouvent dans les procès-verbaux de balivage et d'arpentage et dans les affiches et actes qui tous sont soumis à l'approbation du conservateur.

Art. 3. — *Mise en vente et adjudication (Rép.* v° *Forêts*, n°s 1008 à 1028).

386. — *1° Formalités destinées à assurer la publicité des adjudications.* — On trouvera, au *Code forestier annoté* (art. 17, n°s 130 et suiv.), les instructions nouvelles, relatives aux affiches et publications qui doivent précéder les adjudications, et qui sont consignées dans un certain nombre de circulaires administratives.

387. — *2° Époque des ventes et lieux dans lesquels elles s'opèrent.* — L'époque à laquelle doivent avoir lieu les adjudications de coupes n'ayant été fixée ni par le code forestier, ni par l'ordonnance réglementaire, on a vu au *Rép.* v° *Forêts*, n° 1012 que ce point est réglé par des circulaires de l'Administration. D'après une circulaire du 28 déc. 1867, § 2 (*nouvelle série* n° 80), les coupes de bois sur pied sont vendues dans l'intervalle du 15 septembre au 30 octobre inclusivement, sauf le droit, pour le directeur général, d'autoriser, sur la proposition du conservateur, les ventes avant le 15 septembre ou après le 30 octobre.

388. En principe, l'adjudication des coupes ordinaires et extraordinaires a lieu par-devant les préfets et sous-préfets ou leurs délégués, dans les chefs-lieux d'arrondissement. Mais il n'est pas indispensable que la vente soit faite précisément au chef-lieu de l'arrondissement où les bois sont situés (*Rép.* v° *Forêts*, n° 1012); elle peut s'effectuer, avec l'autorisation du ministre de l'agriculture, à l'un quelconque des chefs-lieux d'arrondissement selon que l'Administration le juge le plus avantageux (Circ. 28 déc. 1867, § 33). — On a vu également (*Rép.* n° 1012) que le préfet, sur la proposition du conservateur, peut ordonner que les coupes *dont l'évaluation n'excède pas* 500 fr. soient adjugées au chef-lieu d'une des communes voisines des bois, et sous la présidence du maire. La prohibition de faire, dans les communes, des adjudications de bois dont la valeur excède 500 fr. subsiste encore à l'égard des ventes de coupes sur pied, mais elle a été levée à l'égard de certaines ventes de bois abattus ou façonnés (Circ. adm. for. 28 déc. 1867, § 35, *Nouvelle série*, n° 80). Dans tous les cas, la vente doit s'effectuer dans un lieu public, c'est-à-dire librement ouvert à tout le monde (Puton, *Législation forestière*, p. 279).

389. — *3° Composition et attributions du bureau.* — Le bureau d'adjudication se compose, comme on l'a exposé au *Rép.*, v° *Forêts*, n° 1013 : 1° d'un fonctionnaire de l'ordre administratif, président, c'est-à-dire le préfet, le sous-préfet ou le maire délégué; 2° du receveur chargé du recouvrement des produits de la vente, c'est-à-dire, suivant les circonstances, tantôt le trésorier-payeur général, notamment pour les ventes en bloc de coupes, tantôt le receveur des domaines; enfin 3° d'agents forestiers. — En principe, le conservateur assiste à toutes les ventes qui ont de l'importance, et notamment aux ventes en bloc de coupes sur pied (Circ. adm. for. 11 juin 1863, *Ancienne série*, n° 837, *Rép. de lég. et de jur. for.*, t. 1, n° 175; Circ. adm. for. 28 déc. 1867, § 39, *Nouvelle série*, n° 80). Mais en cas d'empêchement, il délègue, pour le suppléer, l'agent forestier chef de service, à moins qu'il n'en soit autrement ordonné par l'Administration (Circ. adm. for. 28 déc. 1867, § 39, *Nouvelle série*, n° 80). L'art. 86 de l'ordonnance forestière exigeait, d'ailleurs, dans tous les cas, la présence d'*agents* forestiers aux adjudications. Mais il a été modifié, à cet égard, par des ordonnances ultérieures qui autorisent les agents à se faire remplacer par un des préposés sous leurs ordres, à la séance d'adjudication des produits accessoires de forêts communales ou d'établissements publics, lorsque ces produits n'excèdent pas 100 fr. (Ordonn. 3 oct. 1841, art. 1); par un chef de brigade sous leurs ordres, dans les ventes sur les lieux des produits principaux et accessoires des bois doma-

niaux, communaux ou d'établissements publics (Ordonn. 13 janv. 1847; Circ. adm. for. 4 avr. 1888, *Rép. de lég. et de jur. for.*, t. 14, n° 33; Décr. 25 févr. 1888, *ibid.*, n° 17).

Indépendamment de ces fonctionnaires appelés à faire partie du bureau, il en est d'autres qui sont appelés à assister aux adjudications, mais sans avoir voix délibérative. Ainsi, les inspecteurs, les chefs de cantonnement, les chefs de brigade, même les gardes forestiers, assistent habituellement à la vente sur pied des coupes de leurs circonscriptions respectives. Mais leur présence, réclamée seulement par l'Administration pour utiliser au besoin les renseignements qu'ils sont susceptibles de fournir sur les produits des bois à leur surveillance, n'est pas prescrite comme une condition de la régularité de l'adjudication. Il en est de même des maires assistant à la vente des coupes de leur commune, et des administrateurs d'établissements publics à celle des coupes de ces établissements.

390. — *4° Formes des adjudications, surenchère, etc.* — Les explications fournies au *Rép.*, v° *Forêts*, n°s 1014 à 1028, suffisent et dispensent d'une nouvelle étude des règles relatives aux formes des adjudications, aux remises, aux déclarations de command, aux élections de domicile, aux minutes et expéditions des procès-verbaux d'adjudication (V. au surplus notre *Code forestier annoté*, art. 28, n°s 6 et suiv., art. 23, art. 27 et art. 28, n°s 1 et suiv.).

Art. 4. — *Suite et effets de l'adjudication relativement aux adjudicataires (Rép.*, v° *Forêts*, n°s 1030 à 1046).

391. — *1° Obligation de fournir des cautions.* — On a vu au *Rép.*, v° *Forêts*, n° 1029, que chaque adjudicataire est tenu de donner, dans les cinq jours qui suivent celui de l'adjudication, une caution et un certificateur de caution reconnus solvables, lesquels s'obligent, solidairement avec l'adjudicataire, à toutes les charges et conditions de l'adjudication, et au payement des dommages, restitutions et amendes que pourra encourir l'adjudicataire. Cette obligation existe alors même que le payement doit avoir lieu au comptant. Les adjudications de coupes, aussi bien dans les forêts communales et les établissements publics que dans les forêts domaniales, ne sont *dispensés* de fournir une *caution* et un *certificateur de caution* qu'à la condition d'effectuer le dépôt d'un cautionnement en numéraire ou en titres nominatifs de rente sur l'Etat, égal au vingtième du montant de l'adjudication. — Cette clause a été introduite dans l'art. 8 du cahier des charges du 2 juin 1882, afin de ne point laisser l'Administration complètement désarmée vis-à-vis des adjudicataires insolvables, qui auraient encouru des condamnations judiciaires par application des art. 45 et 46 c. for., ou qui n'auraient pas exécuté les travaux imposés sur leurs coupes en vertu de l'art. 33 du cahier des charges (Circ. adm. for. 5 juin 1882, *Nouvelle série*, n° 292).

392. — *2° Folle enchère.* — Le défaut, par l'adjudicataire, de fournir les cautions exigées par le cahier des charges entraînait, avant la loi du 22 juill. 1867, la contrainte par corps contre l'adjudicataire (*Rép.*, v° *Forêts*, n° 1030). La loi de 1867 ayant aboli la contrainte par corps en matière civile, l'art. 24 c. for. se trouve, ainsi, indirectement modifié.

393. — *3° Frais et charges accessoires de la vente.* — Les frais de l'adjudication sont réglés à forfait entre l'Etat et l'adjudicataire (*Rép.*, v° *Forêts*, n° 1031 : actuellement le taux du forfait est de 1 fr. 60 cent. pour 100. V. Décis. min. fin. 31 juill. 1872; Circ. adm. for. 31 juill. 1872, *Nouvelle série*, n° 130; *Rép.*, v° *Forêts*, n°s 1031, 1032; *Code forestier annoté*, p. 89 et 90, note 1). Quant aux droits proportionnels de 3 pour 100 destinés à former un fonds applicable aux travaux d'entretien dans les forêts de l'Etat, et de 10 pour 100 formant un supplément du dixième du prix principal, ils ne sont plus exigés par les cahiers des charges (V. *Rép.*, v° *Forêts*, n° 1032). — En ce qui concerne le tarif des frais d'adjudication de produits forestiers de toute nature, V. Arr. min. fin. 29 févr. 1864, *Ancienne série*, n° 846, *Répertoire de législation et de jurisprudence forestières*, t. 2, n° 235; Circ. adm. for. 21 août

1874, *Nouvelle série*, n° 160; Arr. min. fin. 8 juin 1875 ; Circ. adm. for. 18 juin 1875, *Nouvelle série*, n° 181.

394. — *4° Enregistrement.* — Les droits proportionnels d'enregistrement, perçus sur le montant des frais et charges accessoires réunis au prix principal de l'adjudication, sont calculés à raison de 3 pour 100 savoir : 2 pour 100 pour droit d'acte de vente (*Rép.*, v° *Forêts*, n° 1033. V. aussi Cahier des charges du 13 mai 1881, art. 10, *Code forestier annoté*, p. 87, note 1); 1 pour 100 pour droit d'acte de cautionnement. — Une décision du ministre des finances du 7 avr. 1883 prescrit d'ajouter, pour la perception du droit proportionnel d'enregistrement, au montant de l'adjudication, une taxe de 1 fr. 60 cent. pour 100 (*suprà*, n° 393), représentant les divers frais de l'adjudication qui ne rentrent pas dans la catégorie de ceux dont les adjudicataires sont tenus de plein droit. Cette taxe forme un élément du prix passible de l'impôt. D'après l'art. 14 de la loi du 22 frim. an 7, les droits proportionnels d'enregistrement devant porter sur les charges de toute nature, et d'un autre côté, le montant de l'adjudication comprenant, suivant la définition donnée par la circulaire du 17 mai 1881 (*Nouvelle série* n° 283), la valeur des charges, telles que travaux et fournitures, imposées sur les coupes, le dernier paragraphe de l'art. 10 du cahier des charges du 2 juin 1882, pour éviter toute incertitude, a été libellé comme il suit : « Chaque adjudicataire... payera, de plus, les droits proportionnels d'enregistrement, sur le montant de l'adjudication, augmenté de 1 fr. 60 cent. pour 100 » (Circ. adm. for. 5 juin 1882, *Nouvelle série*, n° 292).

Les adjudicataires n'ont à payer aucun droit de cautionnement, s'ils fournissent eux-mêmes le cautionnement, et si l'acte qui le constate fait corps avec le procès-verbal d'adjudication. Ils sont redevables du droit fixe de 3 fr. seulement, si le cautionnement, tout en étant fourni par eux, est constaté par un acte distinct. Enfin, le droit proportionnel ne porte que sur le montant du cautionnement, si la somme ou les titres déposés appartiennent à un tiers (Circ. adm. for. 5 juin 1882, *Nouvelle série*, n° 292).

395. — *5° Payement du prix.* — Les adjudicataires de coupes domaniales vendues sur pied sont tenus de payer le prix principal de l'adjudication, tel qu'il a été fixé par le dernier rabais ou la dernière enchère (Cahier des charges, art. 10). Ce payement est fait par traites ainsi qu'il a été dit au *Rép.* v° *Forêts*, n° 1035. Toutefois, des décisions ministérielles en date des 31 juill. 1875 et 9 mai 1881 autorisent les adjudicataires des coupes de bois domaniaux à se libérer au comptant, dans les cinq jours de l'adjudication, moyennant un escompte dont le taux est ordinairement fixé à 4 et demi pour 100 (Décis. min. fin. 31 juill. 1875, et 9 mai 1881. V. Cahier des charges de 1881, art. 12; *Code forestier annoté*, p. 88; note 1. Comp. Circ. adm. for. 30 juin 1876, *Nouvelle série*, n° 198; 19 juin 1878, *Nouvelle série*, n° 228; 12 juill. 1879; *Nouvelle série*, n° 231).

396. Des explications ont été fournies au *Rép.*, n° 1035, il résulte que les trésoriers-payeurs généraux recouvrent le prix des coupes domaniales vendues sur pied, soit ordinaires, soit extraordinaires, et des coupes extraordinaires dans les forêts communales; ils recouvrent également les sommes provenant d'exploitations accidentelles lorsque l'importance de ces dernières est de nature à modifier l'assiette des coupes annuelles (Arr. min. fin. 31 mars 1863, art. 1; Circ. adm. for. 8 mai 1863, *Ancienne série*, n° 833, *Rép. de lég. et de jur. for.*, t. 1, n° 169; 28 déc. 1867, § 65, *Nouvelle série*, n° 80). Mais le receveur des domaines recouvre : 1° le prix de toutes les coupes vendues après façonnage; peu importe qu'il s'agisse de coupes ordinaires, extraordinaires ou accidentelles (Arr. min. fin. 31 mars 1863; art. 1; Circ. adm. for. 8 mai 1863, *Ancienne série*, n° 833, *Rép. de lég. et de jur. for.*, t. 1, n° 169; 28 déc. 1867, § 65, *Nouvelle série*, n° 80. Cahier des charges du 8 juill. 1868, art. 2, *Code forestier annoté*, p. 90, note 1); — 2° le prix des coupes vendues à l'unité de marchandises; peu importe qu'il s'agisse d'une coupe ordinaire, extraordinaire ou accidentelle (Arrêté précité du 31 mars 1863, art. 1; Circ. précitée du 28 déc. 1867, § 65. V. Cahier des charges du 13 mai 1881, art. 7, *Code forestier annoté*, p. 89, note 1); — 3° Le prix de vente des bois provenant

des exploitations accidentelles, lorsque l'importance de celles-ci n'est pas de nature à modifier l'assiette des coupes annuelles (Arr. min. fin. 31 mars 1863, art. 1 ; Circ. adm. for. 8 mai 1863, *Ancienne série*, n° 833, *Rép. de lég. et de jur. for.*, t. 1, n° 169; 28 déc. 1867, § 65, *Nouvelle série*, n° 80); — 4° Le prix de tous les menus produits spécifiés dans l'art. 1 de l'arrêté ministériel du 22 juin 1838 (Arr. précité du 31 mars 1863, art. 1). — Les sommes payables au receveur des domaines s'encaissent sans traite, au comptant ou à un terme qui ne peut excéder six mois (Puton, p. 269. V. Cahier des charges du 13 mai 1881, art. 7, *Code forestier annoté*, p. 89, note 1).

397. Quant au produit des coupes ordinaires des bois des communes et des établissements publics, il est toujours recouvré par les receveurs de ces communes ou établissements (*Rép.* v° *Forêts*, n° 1035). Ces fonctionnaires ont seuls qualité, à l'exclusion des receveurs particuliers des finances, pour opérer les recouvrements de cette nature, et le payement des sommes dues pour le prix de coupes ordinaires de bois ne peut être fait qu'entre leurs mains (Civ. cass. 30 nov. 1875, aff. Procureur général près la cour de cassation, intérêt de la loi, D. P. 76, 1. 57). En effet, aux termes de l'art. 62 de la loi du 18 juill. 1837, le receveur municipal est seul chargé de la rentrée de tous les revenus de la commune et de toutes les sommes qui lui sont dues; de plus, l'art. 64 interdit à toute personne autre que le receveur municipal de s'ingérer dans le maniement des deniers de la commune, sous peine de responsabilité, et même des condamnations prononcées par l'art. 258 c. pén. Sans doute le receveur municipal est, en ce qui concerne sa gestion, soumis à la surveillance du receveur particulier des finances de l'arrondissement qui, même, lorsque le receveur municipal est en même temps percepteur des deniers de l'État, est responsable de cette gestion; mais il ne s'ensuit pas que le receveur municipal soit le préposé du receveur particulier et qu'on puisse, pour les affaires financières de la commune, le considérer comme son délégué ou son mandataire. La comptabilité des communes forme, au contraire, un service spécial et distinct de celui des revenus publics dont est chargé le receveur des finances. L'instruction générale sur la comptabilité, du 20 juin 1859, que le décret du 11 août 1859 n'a pas modifiée sur ce point spécial, dispose dans son art. 868 que « le prix des coupes doit être recouvré directement par les receveurs des communes », et charge les receveurs municipaux de poursuivre le recouvrement des payements en retard de coupes, en vertu du procès-verbal. Si les traites ne sont pas remises dans le délai de dix jours prescrit par le cahier des charges, les receveurs municipaux sont également chargés de recouvrer les indemnités que l'adjudicataire est tenu de payer à la commune. L'art. 869 dispose, d'autre part, que « lorsqu'il a été souscrit des traites, les receveurs des finances doivent se les faire remettre pour les conserver jusqu'à l'époque de l'échéance et prendre, en *les renvoyant aux receveurs municipaux qui doivent en encaisser le montant*, telles mesures de précaution et de garantie qu'ils croiraient nécessaires à l'égard de ce comptable ». Il résulte de ces textes que le receveur municipal est seul chargé du recouvrement du prix des coupes, et que le receveur des finances, a seulement le droit de prendre des mesures pour sa garantie personnelle quand il renvoie les traites au receveur munipal pour le recouvrement, mais qu'il n'a ni qualité, ni mission pour opérer lui-même ce recouvrement. Peu importe, en outre, que le receveur particulier soit détenteur des traites souscrites par l'adjudicataire qui lui en a versé le montant. Il ne peut, en effet, les détenir que dans un but de conservation et de garde jusqu'à l'échéance, conformément aux prescriptions de l'art. 869 de l'instruction générale de 1859 et dont la détention doit, aux termes du même article, cesser au moment du recouvrement; le receveur particulier ne peut être considéré comme ayant reçu mandat de la commune de les recouvrer. Il n'existe, d'autre part, dans la législation qui régit les adjudications des coupes ordinaires de bois appartenant aux communes, aucune disposition qui déroge aux règles relatives aux pouvoirs conférés, par la loi de 1837, aux receveurs municipaux pour le recouvrement des créances communales.

398. Mais si, au lieu d'être fait au receveur municipal, le payement des traites était effectué entre les mains du receveur particulier qui les détient, le payement serait-il néanmoins libératoire? L'arrêt du 30 nov. 1875, cité *supra*, n° 397, s'est prononcé pour la négative, attendu que la possession matérielle des traites par le receveur particulier ne saurait, eu égard aux prescriptions de la loi et à l'acceptation du débiteur qui souscrit les traites payables à la caisse du receveur municipal, avoir le caractère qu'exige l'art. 1240 c. civ. pour la validité du payement. On sait que, d'après cet article, le payement fait de bonne foi à celui qui est en possession de la créance est valable, encore que le possesseur en soit par la suite évincé. En d'autres termes le payement, pour être valable, exige : 1° la bonne foi du débiteur payant; 2° la possession de la créance par celui qui a reçu le payement. Or la bonne foi n'est pas admissible de la part du débiteur qui a souscrit les traites payables à la caisse du receveur municipal, et qui connaît le cahier des charges dont les clauses prescrivent le payement à ce receveur. En second lieu, la possession de la créance ne résulte pas de la simple détention par un tiers d'un titre nominatif payable à un créancier déterminé ; il faut que la possession soit telle que le possesseur passe pour être créancier légitime ou pour avoir droit aux émoluments attachés à cette qualité. Or, la détention des traites par le receveur particulier n'a pas ce caractère (V. *Rép.* v° *Obligations*, n° 1734; Req. 19 mai 1858, aff. Young, D. P. 58. 1. 287).

399. — 6° *Poursuites en cas de non-payement du prix.* — Les adjudicataires, leurs associés et leurs cautions étaient autrefois, aux termes de l'art. 28 c. for., soumis à la contrainte par corps, pour assurer l'accomplissement de toutes les obligations dérivant de l'adjudication (*Rép.* v° *Forêts*, n° 1039). Mais ce moyen d'exécution a été aboli, en matière civile, par l'art. 1 de la loi du 22 juill. 1867. Dès lors, il est sans intérêt d'examiner les questions que soulevait autrefois l'application de la contrainte par corps, comme garantie du payement du prix, des accessoires et frais d'adjudication de coupes (*Rép.*, v° *Forêts*, n°s 1039 à 1041).

400. On a vu au *Rép.* v° *Forêts*, n° 1042, que les traites souscrites par les adjudicataires n'étant qu'un mode de payement et n'opérant pas novation ni dérogation aux droits résultant pour l'Etat des clauses et conditions du procès-verbal, les trésoriers-payeurs généraux ne sont pas tenus de faire protester les traites non payées à l'échéance, puisque le procès-verbal emporte exécution parée. Aussi la caution de l'adjudicataire d'une coupe de bois de l'Etat ne peut-elle opposer au trésorier-payeur général, chargé du recouvrement du prix, le défaut de protêt des traites souscrites ou endossées par elle, et se soustraire ainsi au payement de la dette (Bordeaux, 24 mai 1854, *Bull. des ann. for.*, t. 6, p. 190 ; Paris, 2 avr. 1853, *ibid.*, t. 6, p. 190). Peu importe que les traites aient été endossées par le receveur général à l'ordre du caissier central du Trésor, qui les lui a contrepassées dans la même forme avant l'échéance ; cette mesure d'ordre et de comptabilité intérieure n'opère, pas plus que la création de la traite elle-même, novation à l'égard du débiteur (Bordeaux, 24 mai 1854, précité).

401. Aux termes des art. 550 et 576 c. com., le vendeur d'effets mobiliers ne conserve le droit de revendication qu'au cas où la tradition n'a pas encore été effectuée dans la maison du failli. Une jurisprudence constante décidait que le parterre de la coupe devait être réputé le magasin de l'acheteur et qu'en conséquence, en cas de faillite de ce dernier, le vendeur n'avait pas le droit de revendiquer ou de retenir les bois déposés sur ce parterre (Civ. cass. 9 juin 1845, aff. Synd. Buffières, D. P. 45. 1. 285 ; Req. 16 janv. 1850, aff. Synd. Lefebvre-Lobbé, D. P. 51. 5. 260 ; Amiens, 12 janv. 1849, aff. Lefebvre-Lobbé, D. P. 49. 2. 150 ; Besançon, 14 déc. 1864, aff. Gassowski, D. P. 64. 2. 231). On avait considéré, d'autre part, comme illicites les clauses qui conféraient au vendeur la faculté de retenir les bois exploités partout où ils se trouveraient (Civ. cass. 4 août 1852, aff. Courroux, D. P. 52. 1. 297 ; Paris, 20 déc. 1849, aff. Lefebvre, D. P. 50. 2. 207). On reconnaissait toutefois à celui-ci le droit de retenir les bois encore déposés sur le parterre, lorsqu'il s'était lui-même chargé de les abattre et de les transporter dans les magasins de l'acheteur (V. notam-

ment : Bordeaux, 22 févr. 1850, aff. Peyronnet-Descombes, D. P. 52. 2. 282 ; Besançon, 16 janv., aff. Michoully, et 27 févr. 1865, aff. Synd. Chomecin, D. P. 65. 2. 14 et 46). L'Etat, les communes et les établissements publics pouvaient donc avoir à redouter le concours des créanciers de l'adjudicataire dont la faillite viendrait à être déclarée. Pour parer à ce danger, on inséra dans les cahiers des charges une clause par laquelle, en laissant à l'acheteur le soin d'abattre les arbres et de les transporter dans ses magasins, le vendeur stipulait que le parterre ne serait pas considéré comme le magasin de l'acheteur et que, en conséquence, il aurait le droit, en cas de faillite de ce dernier, de revendiquer le bois déposé sur le parterre (V. art. 15 du Cahier des charges du 13 mai 1881, *Code forestier annoté*, p. 88 et suiv.). La légalité de cette clause a été contestée, comme contraire aux dispositions de la loi qui excluent tout droit de revendication, en cas de faillite, pour un meuble vendu est entré dans les magasins de l'acheteur (Orléans, 13 avr. 1867, aff. Légal, D. P. 68. 2. 144 ; Bordeaux, 28 févr. 1870, aff. De Bourdeille, D. P. 71. 2. 54 ; C. cass. de Belgique, 25 janv. 1877, aff. Delannoy, D. P. 77. 2. 185 ; 2 nov. 1883, *Rép. de lég. et de jur. for.*, t. 12, n° 78). Mais la cour de cassation en a reconnu la légalité. Une telle clause, en effet, n'a pas pour résultat de créer un droit de préférence, ni de constituer un privilège au profit du vendeur et au préjudice de la masse, en dehors de ceux qui ont été consacrés par la loi. En détruisant la fiction consacrée en jurisprudence, d'après laquelle le parterre de la coupe était considéré comme le magasin ou le chantier de l'adjudicataire, cette clause fixe simplement la condition même de la vente et manifeste la volonté du vendeur de n'opérer la délivrance complète et définitive des bois coupés qu'à la condition d'en être payé. Dans ces conditions, elle n'a rien d'illicite ni de contraire à l'ordre public. De plus, insérée dans le cahier des charges, elle se trouve nécessairement portée, par la publicité des enchères, à la connaissance des tiers et oblige aussi bien que l'adjudicataire qui l'a acceptée, ses créanciers, qui ne peuvent, à cet égard, avoir plus de droits qu'il n'en avait lui-même (Amiens, 20 nov. 1847, aff. Vicomte de Chezelles, D. P. 51. 2. 64 ; Civ. rej. 25 janv. 1869, aff. Vimont, D. P. 69. 1. 135 ; Req. 2 juin 1869, aff. Picourt, D. P. 70. 1. 123 ; Civ. cass. 2 août 1880, aff. Commune de Plancher-les-Mines, D. P. 81. 1. 39).

L'Etat peut donc à l'aide de cette clause, exercer contre l'adjudicataire qui ne l'a pas payé : 1° le privilège du vendeur d'objets mobiliers (la vente de bois sur pied destinés à être coupés constitue, en effet, une vente mobilière) ; — 2° Le droit de revendication prévu par l'art. 576 c. com., en cas de faillite de l'acheteur ; — 3° Le droit de rétention prévu par l'art. 577 c. com., dans l'hypothèse de la faillite de l'acheteur. Il en est de même des communes, des établissements publics et des particuliers.

402. Une stipulation analogue à celle qui est insérée au cahier des charges générales des adjudications de coupes sur pied peut être insérée dans tout contrat de vente de coupes de bois (Trib. com. Seine, 18 déc. 1861, *Rép. de lég. et de jur. for.*, t. 1, n° 101 ; Paris, 2 déc. 1863, *ibid.*, t. 2, n° 284 ; 26 avr. 1867, aff. Briquet, D. P. 67. 2. 175 ; Paris, 7 ou 17 janv. 1878, aff. Princes d'Orléans, D. P. 78. 2. 235. — *Contrà* : Bourges, 11 nov. 1863, *Rép. de lég. et de jur. for.*, t. 2, n° 285).

403. Les difficultés qui peuvent survenir au sujet des voies d'exécution de droit commun, telles que saisie et vente, pratiquées à l'encontre de l'adjudicataire et de ses coobligés, sont déférées au tribunal civil et jugées conformément au code de procédure civile. Lorsque l'administration des Domaines délivre des contraintes pour le recouvrement des sommes que les receveurs de cette Administration sont chargés d'encaisser, en matière d'adjudication de coupes (*supra*, n° 396), l'opposition contre ces contraintes doit être portée devant le tribunal civil de l'arrondissement (Paris 31 janv. et 20 mai 1879, *Répertoire de législation et de jurisprudence forestières*, t. 9, n° 5). Ces oppositions sont instruites et jugées conformément aux règles de procédure établies par les art. 65 de la loi du 22 frim. an 7 et 17 de la loi du 27 vent. an 9, c'est-à-dire sur mémoires. — Toutefois, si le litige intéresse des tiers, s'il porte, notam-

ment, sur le droit de revendication et le privilège du domaine à l'encontre des créanciers de la faillite de l'adjudicataire, il doit être instruit et jugé conformément aux règles ordinaires et suivant les formes du droit commun, c'est-à-dire sur conclusions et plaidoiries, et le tribunal devant lequel ont été portées conjointement l'opposition à une contrainte et une semblable contestation, doit en prononcer la disjonction pour les instruire séparément selon les formes particulières à chacune d'elles (Arrêt précité du 31 janv. 1879). — Ajoutons que l'instance en opposition est soumise à la faculté d'appel, lorsque l'intérêt du litige excède la somme de 1 500 fr., à la différence des affaires concernant les droits d'enregistrement, lesquelles sont jugées en dernier ressort par le tribunal civil (L. 22 frim. an 7, art. 65 ; Arrêt précité 20 mai 1879).

ART. 5. — *Compétence en matière d'adjudication* (*Rép.* v° *Forêts*, nᵒˢ 1047 à 1070).

404. — 1° *Présidents des adjudications.* — Les décisions qui sont prises séance tenante par le fonctionnaire qui préside l'adjudication, aux termes de l'art. 20 c. for. sont souveraines et en dernier ressort (*Rép.* v° *Forêts*, n° 1049). Il en résulte que la décision du président du bureau d'adjudication qui maintient une adjudication nonobstant la déclaration immédiate de l'adjudicataire qu'il s'est trompé de lot, n'est susceptible d'aucun recours et ne peut, notamment, être déférée au conseil d'Etat (Cons. d'Et. 12 avr. 1855, aff. Leclerc, D. P. 55. 3. 86).

405. — 2° *Préfets.* — V. *Rép.*, v° *Forêts*, n° 1051. C'est toujours le préfet qui a mission de prononcer la déchéance résultant pour l'adjudicataire du défaut de présentation d'une caution régulièrement acceptée, dans le délai imparti par le cahier des charges.

406. — 3° *Tribunaux administratifs.* — Les règles de la compétence des tribunaux administratifs sont toujours celles qui ont été exposées au *Rép.* v° *Forêts*, nᵒˢ 1052 à 1057. C'est, notamment, à cette juridiction seule qu'il appartient de statuer sur les difficultés qui peuvent s'élever sur la validité de la vente dans le cas où l'on soutiendrait que l'adjudication n'a pas eu lieu dans les formes et n'a pas été accompagnée de la publicité prescrites par les art. 17, 19 et 100 c. for. (Cons. d'Et. 25 mars 1852, *Bull. des ann. for.*, t. 5, p. 437).

407. — 4° *Tribunaux civils.* — Il résulte des explications qui ont été fournies au *Rép.*, v° *Forêts*, nᵒˢ 1058 et suiv., que les tribunaux ordinaires sont seuls appelés à prononcer sur les contestations relatives à la vente des coupes des bois domaniaux et communaux, qui n'ont pas été formellement et spécialement déférées par un texte législatif à la juridiction administrative. — Ils statuent, d'autre part, sur toutes les contestations qui s'élèvent entre les adjudicataires à raison de leur adjudication. Jugé à cet égard, que les tribunaux ordinaires, et spécialement la juridiction commerciale française étaient compétents pour connaître de la contestation pendante entre deux négociants allemands, à l'occasion de la revente, consentie en France par l'un d'eux à l'autre, de chênes situés dans une forêt domaniale et vendus au premier par le commissaire civil allemand pendant l'occupation de 1870 (Req. 22 nov. 1875, aff. Mohu, D. P. 77. 1. 367). Les tribunaux de l'ordre judiciaire ont été également reconnus compétents, à l'occasion de ventes consenties par l'autorité allemande durant l'occupation, dans les forêts domaniales, pour statuer sur la saisie des arbres abattus par l'acquéreur, saisie pratiquée après la conclusion de la paix par l'Administration forestière (Paris, 25 avr. 1874, aff. Verschau, D. P. 74. 2. 177). Le tribunal compétent est, d'ailleurs, en pareil cas, le tribunal du département où la forêt est située et l'action doit être dirigée contre le préfet (Même arrêt).

408. — 5° *Compétence criminelle.* — V. *Rép.*, v° *Forêts*, nᵒˢ 1066 et suiv.

ART. 6. — *Délits commis par les fonctionnaires publics en matière d'adjudication.* — *Suppression de la concurrence.* — *Défaut de publicité.* — *Complicité des adjudicataires.* — *Participations illégales aux adjudications* (*Rép.*, v° *Forêts*, nᵒˢ 1071 à 1095)

409. Pour toutes les questions qui ont été examinées au *Rép.*, nᵒˢ 1071 et suiv., les explications qui y ont été fournies ne comportent aucun développement nouveau. V., au surplus, notre *Code forestier annoté*, art. 18, nᵒˢ 3 et suiv., art. 19, 21.

ART. 7. — *Association secrète des adjudicataires* (*Rép.*, v° *Forêts*, nᵒˢ 1096 à 1105).

410. Nous nous référons également aux explications du *Répertoire* (V. notre *Code forestier annoté*, art. 22).

SECT. 3. — EXPLOITATION DES COUPES.

ART. 1ᵉʳ. — *Obligations diverses imposées aux adjudicataires* (*Rép.*, v° *Forêts*, nᵒˢ 1106, 1107).

411. V. *Rép.*, nᵒˢ 1186 et suiv.

ART. 2. — *Délivrance* (*Rép.*, v° *Forêts*, n° 1108).

412. V. *Rép.*, n° 1108.

ART. 3. — *Formalités administratives qui doivent précéder la remise du permis d'exploiter.* — *Institution des facteurs ou gardes-ventes.* — *Dépôt de l'empreinte du marteau.* — *Souchetage et recensement des réserves* (*Rép.*, v° *Forêts*, nᵒˢ 1109 à 1142).

413. — 1° *Formalités qui doivent précéder la remise du permis d'exploiter.* — On a vu au *Rép.*, v° *Forêts*, n° 1109 et suiv., que l'adjudicataire ne peut se livrer à l'exploitation de la coupe qu'il a acquise qu'après la remise, par l'agent forestier local chef de service, de l'autorisation écrite appelée par l'art. 30 c. for. permis d'exploiter. L'adjudicataire ne peut donc prendre possession de la coupe aussitôt l'adjudication prononcée, bien qu'il en soit propriétaire à partir de ce moment, et qu'il supporte la perte résultant du cas fortuit intervenant entre l'adjudication et la délivrance consacrée par la remise du permis d'exploiter.

414. Les clauses des anciens cahiers des charges qui obligeaient l'adjudicataire à retirer son permis dans le délai d'un mois (*Rép.* v° *Forêts*, n° 1119) n'ont pas été maintenues. Les dispositions qui limitent rigoureusement le terme des exploitations ont été considérées comme offrant à l'Administration une garantie suffisante, sans qu'il soit nécessaire d'imposer à l'adjudicataire l'obligation de retirer le permis d'exploiter dans un délai déterminé ; depuis 1873, cette obligation n'est plus imposée (Circ. adm. for. 10 juin 1873, *Nouvelle série*, n° 140).

415. — 2° *Institution du facteur ou garde-vente.* — L'obligation imposée à l'adjudicataire par l'art. 31 c. for., d'avoir un facteur ou garde-vente assermenté (*Rép.* v° *Forêts*, n° 1120 et suiv.), est générale et s'applique à toute espèce d'adjudication de produits forestiers. Elle existe aussi bien pour les adjudicataires des chablis et de l'élagage, que pour les entrepreneurs de toute coupe affouagère (Civ. cass. 25 nov. 1852, aff. Momey, D. P. 53. 5. 234), sans que l'entrepreneur puisse lui-même se faire son propre garde-vente. La tolérance de l'Administration, dans le cas où elle consent à ne pas exiger la nomination d'un garde-vente spécial pour chaque coupe, ne peut affranchir l'adjudicataire de la responsabilité résultant de l'art. 45 c. for. Cette tolérance, toute dans son intérêt, s'exerce à ses risques et périls (V. notre *Code forestier annoté*, art. 31).

416. — 3° *Dépôt de l'empreinte du marteau.* — En principe, l'Administration forestière exige, en exécution de l'art. 32 c. for., que l'adjudicataire de plusieurs coupes ait un marteau pour chacune d'elles (*Rép.* v° *Forêts*, n° 1131). Mais, aux termes de décisions récentes, l'adjudicataire de plusieurs coupes du même exercice est autorisé à ne présenter qu'un seul marteau et à n'effectuer qu'un seul dépôt d'empreinte pour les différentes coupes situées dans un même arrondissement communal (Lett. min. just. 20 nov. 1883, Circ. adm. for., 15 mai 1884, *Nouvelle série*, n° 330).

417. — 4° *Souchetage des réserves.* — V. notre *Code forestier annoté*, art. 30, nᵒˢ 44 et suiv.

ART. 4. — *Remise du permis d'exploiter.* — *Formalités qui accompagnent et suivent cette remise* (*Rép.* v° *Forêts*, n°ˢ 1143-1144).

418. V. *Rép.*, n°ˢ 1143 et suiv.

ART. 5. — *Obligations imposées par le cahier des charges.* — *Travaux à exécuter dans les coupes.* — *Remplacement des arbres de réserve* (*Rép.* v° *Forêts*, n°ˢ 1145 à 1151).

419. — 1° *Travaux à exécuter dans les coupes.* — V. les explications fournies au *Rép.* v° *Forêts*, n°ˢ 1145 et suiv. Il faut, d'ailleurs, pour ces travaux, se référer aux cahiers des charges de l'adjudication qui les imposent. On trouvera, au *Code forestier annoté*, art. 41, les nouvelles instructions qui ont été, depuis la publication du *Répertoire* adressées aux agents des forêts pour l'exécution de ces travaux, et qui ont un caractère purement administratif.

420. — 2° *Remplacement des arbres de réserve.* — V. *Rép.* v° *Forêts*, n°ˢ 1149 et suiv. Il y a lieu de constater, toutefois, que les dispositions du cahier des charges qui obligeaient l'adjudicataire à avertir sur-le-champ l'agent forestier chef de service, lorsque des baliveaux ou autres arbres de réserve étaient cassés ou endommagés par le vent (*Rép.* n° 1149) n'ont pas été reproduites dans les cahiers des charges publiés depuis un certain nombre d'années. L'adjudicataire qui négligeait de faire la déclaration immédiate des accidents survenus par force majeure était responsable du déficit des arbres endommagés dans les réserves; et il a été jugé qu'il ne pouvait en être déchargé par la mention qui aurait été faite de l'accident dans un acte non daté ni signé, ni inscrit sur le livre-journal du garde du triage (Conf. motifs) Crim. cass. 1ᵉʳ févr. 1851, aff. Gonnard, D. P. 52. 5. 284). A ce point de vue, la déclaration dont il s'agit, bien qu'elle ne soit plus obligatoire, reste néanmoins fort utile pour permettre à l'adjudicataire d'échapper plus aisément à la responsabilité qui pèse, en principe, sur lui par le seul fait d'un déficit ou d'un abatage de réserves (V. *infra*, n°ˢ 425 et suiv.).

ART. 6. — *Police intérieure des coupes.* — *Délits commis pendant la durée de l'exploitation.*

§ 1ᵉʳ. — *Outrepasse* (*Rép.* v° *Forêts*, n°ˢ 1152 à 1165).

421. L'art. 29 c. for. s'oppose à ce que l'assiette des coupes, qui doit être déterminée d'une manière invariable par le procès-verbal d'arpentage, puisse être changée sous quelque prétexte que ce soit, après l'adjudication. Les exploitations sont restreintes dans les limites des coupes adjugées; s'il existe quelque doute sur ces limites, l'adjudicataire ne peut résoudre la difficulté de son autorité privée. Il doit en demander au vendeur la détermination exacte, sans que celui-ci puisse s'y refuser. L'adjudicataire est libre de s'adresser à cet effet à l'Administration forestière pour obtenir la délimitation exacte de la coupe, ou d'intenter une action judiciaire. Mais dans le cas où l'action est portée devant les tribunaux, ceux-ci n'ont d'autre pouvoir que de condamner l'Etat à des dommages-intérêts en faveur de l'adjudicataire, lorsque l'Administration refuse de faire droit à ses réclamations (Puton, *Législation forestière*, p. 171).

422. Les règles strictes et rigoureuses tracées par la section 4, tit. 3, c. for. ont pour but d'empêcher que, sous aucun prétexte, il ne se produise des abus d'exploitation de la part des adjudicataires, soit au préjudice de l'Etat, soit au préjudice de ceux qui lui sont substitués en partie, tels qu'adjudicataires voisins ou concurrents. Le délit d'outrepasse existe donc dès l'instant que des arbres ont été coupés au delà des pieds corniers et autres servant de bornes à la vente (*Rép.* v° *Forêts*, n° 1153), alors même que les arbres abattus seraient eux-mêmes marqués pour être exploités et appartiendraient à un lot contigu à celui de l'adjudicataire délinquant. Ainsi, l'adjudicataire d'un nombre limité et déterminé d'arbres de haute futaie ne saurait en abattre et s'en approprier un plus grand nombre, au préjudice de l'adjudicataire voisin, sous prétexte que tous les arbres portaient l'empreinte du sceau de délivrance, sans encourir les peines édictées par les art. 29, 34 et 192 et suiv. c. for. (Nîmes, 30 juill. 1868, *Rép. de lég. et de jur. for.*, t. 4, n° 663).

423. Le délit d'outrepasse existe alors même que l'adjudicataire aurait été de bonne foi, qu'il aurait commis lui-même une erreur quant aux limites de la coupe, ou que cette erreur serait imputable à ses ouvriers. Le délit ne serait même pas excusable en cas d'erreur, si celle-ci résultait d'indications inexactes données sur les limites de la vente par le garde du triage (Crim. cass. 6 sept. 1850, aff. Siégris, D. P. 50. 5. 239; *Rép.* n° 1156). La jurisprudence n'a donc pas suivi la doctrine de l'arrêt de la cour de Metz du 24 juin 1840 (*Rép.*, n° 1154) qui avait refusé d'appliquer l'art. 29 à un adjudicataire qui avait excipé de son erreur dans l'abatage des arbres délictueux.

L'adjudicataire ne serait même pas excusable s'il avait trouvé dans la coupe moins d'arbres qu'il ne lui en avait été vendu et n'avait coupé, en dehors des limites de son adjudication, que le nombre d'arbres qui lui manquait (Trib. corr. Nantua, 6 mai 1874, *Rép. de lég. et de jur. for.*, t. 6, n° 36).

424. Le délit d'outrepasse ne doit pas être confondu avec celui de coupe d'arbres réservés; on ne doit pas, par conséquent, considérer comme constituant ce délit le fait, de la part d'un adjudicataire de coupe d'éclaircie vendue par unités de produits, d'avoir marqué d'une fausse griffe des arbres de cette coupe qui ne lui avaient pas été délivrés par l'Administration forestière, bien que cette désignation frauduleuse ait eu pour objet de modifier l'assiette de la coupe (V. dissertation de M. Meaume, *Rép. de lég. et de jur. for.*, t. 6, n° 104).

§ 2. — *Coupe de réserves* (*Rép.* v° *Forêts*, n° 1166 à 1221.)

425. On a vu au *Rép.* v° *Forêts*, n° 1170, que le délit de déficit de réserves, défini par l'art. 33 c. for., existe dès l'instant que le déficit est constaté par le procès-verbal de récolement. Ce procès-verbal faisant foi jusqu'à inscription de faux, l'arrêt d'une cour d'assises qui acquitte un adjudicataire de coupe de bois, poursuivi au criminel sous l'accusation de contrefaçon du marteau de l'Etat, n'a point pour effet de faire considérer comme inexactes les énonciations du procès-verbal par suite duquel il est mis en jugement, et ne dispense pas cet adjudicataire, pour en obtenir l'annulation, de prouver, devant le conseil de préfecture, la fausseté des mêmes énonciations (Cons. d'Et. 20 avr. 1854, aff. Marcq-Delamour, D. P. 54. 3. 56). Par suite, et malgré son acquittement, l'adjudicataire peut encore être poursuivi correctionnellement, à raison des faits constatés par le procès-verbal de récolement dont il s'agit, pour obtenir la restitution des mêmes énonciations (Même arrêt).

426. L'art. 33 c. for. n'admet pas que l'adjudicataire puisse compenser les arbres de réserves abattus en laissant des arbres non réservés sans les abattre (*Rép.* v° *Forêts*, n°ˢ 1169-1172). L'adjudicataire qui aurait abattu par erreur un arbre de réserve ne pourrait donc échapper aux pénalités de l'art. 34, en excipant de son erreur, ni en invoquant la circonstance qu'il aurait laissé un arbre de même essence et dimension au lieu et place de l'arbre réservé (Orléans, 11 févr. 1850, aff. Jacquelin, D. P. 50. 2. 189). On a vu, d'autre part, au *Rép.*, n° 1172, que la défense donc de compenser, édictée par l'art. 33, est générale et qu'elle ne permet pas à l'adjudicataire d'échapper aux dommages-intérêts et aux restitutions qui sont la règle générale en matière de délits forestiers, non plus qu'aux amendes portées par l'art. 34 c. for., en arguant de ce qu'il aurait laissé des arbres en compensation (Bourges, 2 déc. 1850, aff. Mathieu, D. P. 54. 5. 392; Crim. cass. 24 mai 1849, aff. Humbert, D. P. 49. 5. 201). Il a toutefois été jugé que, dans le cas où les arbres réservés par le propriétaire n'ont pas été marqués par lui, on peut compenser la valeur des arbres réservés coupées et celles des arbres non réservés laissés sur pied par l'adjudicataire (Bourges, 2 déc. 1850, aff. Mathieu, D. P. 54. 5. 394).

427. Dans les coupes marquées en réserve, c'est-à-dire dans les exploitations par contenance où les arbres réservés sont désignés soit par une marque spéciale (*Rép.* v° *Forêts*, n° 1174), soit par certaines stipulations du cahier des charges (*Rép.* v° *Forêts*, n° 1175), les peines de l'art. 34 sont

encourues par l'adjudicataire qui a abattu des arbres de réserve, alors même que cette infraction a été commise accessoirement à un crime de droit commun. Ainsi l'adjudicataire reconnu coupable de l'apposition de fausses marques forestières et de déficit de réserves dans une même coupe est passible de l'amende édictée par le code forestier pour ce dernier délit, quoiqu'il ait été déjà pour le premier fait, condamné à la reclusion (Crim. cass. 20 mars 1862, aff. Gille, D. P. 62. 1. 443). De même, un bûcheron, condamné à l'emprisonnement pour avoir contrefait la griffe forestière de l'Etat, peut néanmoins être poursuivi pour l'Administration pour avoir coupé des arbres réservés (Trib. corr. Orléans, 5 mai 1877, Rép. de lég. et de jur. for., t. 7, n° 81).

428. Dans les coupes marquées en délivrance ou coupes jardinatoires, alors que tous les arbres non marqués doivent être respectés, l'abatage de ces arbres constitue le délit prévu par l'art. 33 c. for. (Rép. v° Forêts, n° 1179 ; Rennes, 30 avr. 1874, Répertoire de législation et de jurisprudence forestières, t. 6, n° 80 ; Crim. rej. 14 avr. 1888, aff. Goulet, D. P. 88. 1. 496). L'adjudicataire n'a, dès lors, d'autre moyen de prouver qu'il n'a pas coupé des arbres de réserve, que de présenter, lors du récolement, l'empreinte du marteau sur les souches des arbres exploités.

429. La preuve testimoniale, ainsi qu'on l'a vu au Rép., n° 1181, n'est pas admise pour établir, contrairement au procès-verbal de récolement, que l'empreinte existait sur l'arbre et avait disparu par une cause quelconque (Crim. cass. 5 août 1853, aff. Grillet, D. P. 53. 5. 238), spécialement par l'action du temps qui aurait détaché l'écorce, sur laquelle l'empreinte aurait été apposée sans atteindre le bois (Agen, 18 juill. 1866, Rép. de lég. et de jur. for., t. 3, n° 520). La présomption légale du délit, résultant de l'absence de l'empreinte du marteau, ne peut pas non plus être écartée sous le prétexte qu'il y aurait eu dévastation par des délinquants, ou que l'adjudicataire aurait fait un recepage non prescrit par le cahier des charges (Crim. cass. 11 sept. 1847, aff. Durand, D. P. 47. 4. 266). Cette présomption ne cède que lorsqu'il est reconnu par l'Administration que l'empreinte a existé et qu'elle a été détruite par un accident (Rép. n° 1182), ou devant un procès-verbal constatant l'absence de la marque, dressé par le garde-vente de l'adjudicataire, dans les termes de l'art. 45 c. for. et communiqué aux agents forestiers dans les délais prescrits par cet article (Crim. cass. 29 juin 1843, Rép. n° 1180, note 1, 3° espèce ; 11 sept. 1847, aff. Durand, D. P. 47. 4. 266 ; Crim. rej. 14 avr. 1888, cité suprà, n° 428).

— Il a été décidé toutefois que, bien que l'adjudicataire d'une coupe jardinatoire n'ait pu représenter l'empreinte du marteau de l'Administration sur la souche d'un des arbres exploités par lui, il n'y a pas présomption nécessaire que cet arbre n'a pas été marqué et a été coupé en délit, alors qu'en fait l'adjudicataire n'a abattu que le nombre auquel il avait droit. Par suite, en pareil cas, les juges ont pu se contenter d'appliquer l'art. 37 c. for. pour contravention au mode d'abatage prescrit par le cahier des charges, et non les art. 33 et 34 relatifs à l'abatage d'arbres réservés (Crim. rej. 24 févr. 1854, aff. Dastuyne, D. P. 54. 1. 103). Mais cette doctrine, qui se rapproche de la jurisprudence qui était suivie par la cour de Besançon, lors de la publication du Répertoire (n° 1181), n'a pas prévalu.

430. Le délit résultant de l'abatage de réserves n'est, comme tous les délits forestiers, susceptible d'aucune excuse (Rép. n° 1184) : ni la bonne foi, ni l'erreur ne peuvent donc atténuer la responsabilité de l'adjudicataire (Orléans, 11 févr. 1850, aff. Jacquelin, D. P. 50. 2. 189).

431. Comme on l'a vu au Rép. v° Forêts, n° 1188, l'art. 33 c. for. est étranger au cas où un dommage involontaire a été causé à des arbres réservés dans une coupe de bois soumis au régime forestier, par le fait de l'exploitation, notamment, par la chute des sujets abattus par l'adjudicataire. La mutilation ou le renversement d'arbres réservés peut, en pareil cas, passible des peines de l'art. 34 c. for. (Grenoble, 16 mai 1850, aff. Gonnard, D. P. 51. 2. 47). Ce même fait ne constitue pas davantage un délit d'infraction aux clauses et conditions du cahier des charges relatives au mode d'abatage des arbres (Même arrêt), puisque l'éventualité de tels accidents est prévue par le cahier des charges (art. 27 du cahier des charges de

1881, Code forestier annoté, p. 88-89), qui en règle les conséquences, si l'adjudicataire se conforme aux règles qui y sont tracées pour cette éventualité et avertit sur-le-champ du dommage le chef du cantonnement (art. 27 précité. Conf. Rép. n° 1190). Ce ne serait qu'autant que l'adjudicataire ne se conformerait pas à cette obligation qu'il serait passible de la peine établie par l'art. 37 c. for. pour infraction aux clauses du cahier des charges relatives au mode d'abatage et de nettoiement des coupes (Crim. cass. 1er févr. 1851, aff. Gonnard, D. P. 52. 5. 284 ; Crim. rej. 3 janv. 1852, aff. Gonnard, D. P. 52. 5. 285).

432. L'adjudicataire, en cas de déficit de réserves, est puni d'amendes qui sont calculées d'après celles qui sont édictées par l'art. 192 c. for. lorsque la circonférence de l'arbre peut être constatée (art. 34 c. for.). S'ensuit-il, depuis la loi du 18 juin 1859, qui a ajouté la peine de l'emprisonnement à celles qui étaient édictées par l'art. 192, que l'adjudicataire puisse être atteint par cette dernière peine? La négative ne semble pas douteuse. En effet, l'art. 34 ne renvoie à l'art. 192 que pour déterminer le montant de l'amende, et cela dans le seul cas où l'essence et la circonférence de l'arbre peuvent être constatées. Si l'on admettait, d'autre part, que la peine de l'emprisonnement pût être prononcée, il faudrait en même temps admettre qu'elle ne pourrait être infligée que dans le seul cas où l'essence et la circonférence des arbres auraient pu être constatées et non dans le cas où cette constatation n'a pu avoir lieu, bien que le délit présente, dans ce dernier cas, une gravité plus grande et donne lieu à une pénalité plus élevée. Cette conséquence est inadmissible. En outre, les art. 34 et 192 c. for. ne sont pas faits pour le même cas, et s'appliquent à des catégories de personnes également différentes ; en effet, l'art. 192 réprime la coupe et l'enlèvement volontaire et essentiellement frauduleux, un véritable vol de bois, tandis que l'art. 34, visant plutôt un manque de vigilance et une responsabilité pénale qu'une culpabilité personnelle, suppose l'abatage, le plus souvent fortuit et involontaire, d'un certain nombre d'arbres de réserve par des adjudicataires de coupes, ou par des ouvriers dont ceux-ci répondent, c'est-à-dire par des personnes réputées solvables et, d'ailleurs, tenues de fournir caution ; il suit de là que l'application d'une des dispositions exclut celle de l'autre, et que l'adjudicataire, poursuivi en cette qualité et, partant, passible de l'amende spéciale de l'art. 34, ne doit pas être, en même temps, frappé des pénalités ordinaires et de droit commun édictées par l'art. 192 ; sans doute il n'est pas impossible qu'un adjudicataire de coupes, mû par une pensée de fraude, fasse volontairement abattre, pour s'en approprier la valeur, la totalité ou une notable partie des arbres de réserve ; mais une telle situation est aussi rare qu'exceptionnelle et paraît sortir des prévisions du législateur, qui n'a dû songer qu'aux cas les plus ordinaires, et statuer de eo quod plerumque fit. En admettant que, dans ce dernier cas, l'Administration forestière puisse réquérir contre le délinquant l'application de l'art. 192 et de la peine d'emprisonnement, il faudrait au moins qu'elle renonçât à invoquer l'art. 34, car les règles du droit pénal s'opposent à l'application simultanée et cumulative à un seul et même fait de deux dispositions répressives, édictés dans un but différent. On peut, il est vrai, regretter que la loi du 18 juin 1859 n'ait pas étendu au cas de l'art. 33, et ajouté aux pénalités de l'art. 34, la peine de l'emprisonnement, afin d'atteindre, au moyen d'une répression plus efficace que l'amende, l'adjudicataire convaincu d'un abatage frauduleux ; mais, dans l'état actuel de la législation il est certain que l'application de l'emprisonnement au délit prévu par l'art. 33 c. for. n'est autorisée par aucun texte. (V. en ce sens : dissertation de M. Meaume, Rép. de lég. et de jur. for., t. 7, n° 81 ; Nancy, 3 janv. 1876, aff. Lefort, D. P. 78. 2. 238).

433. Ainsi qu'on l'a vu au Rép., v° Forêts, n° 1201, le paragraphe 2 de l'art. 34 n'est applicable qu'autant que le procès-verbal du délit constate l'impossibilité, pour les agents, de reconnaître l'essence et la grosseur des arbres manquants. Lorsque cette constatation est faite, les juges ne sauraient l'écarter et se dispenser d'appliquer le paragraphe 2 de l'art. 34, en raison de l'allégation des gardes du triage, appelés comme témoins, qu'ils se rappelaient parfaitement que

l'arbre manquant, qu'ils avaient remarqué maintes fois dans leurs tournées journalières, mais sans l'avoir cependant mesuré, ne portait pas plus de cinq décimètres de circonférence (Crim. cass. 2 oct. 1847, aff. Gillet-Boudet, D. P. 47. 4. 266). Si, au contraire, le procès-verbal de récolement ne constate pas l'impossibilité où se sont trouvés ses rédacteurs de déterminer les dimensions des arbres manquants, non plus que les causes de cette impossibilité, on admet que les explications fournies à l'audience par les agents forestiers peuvent suppléer à l'insuffisance du procès-verbal (Rép. n° 1202; Nancy, 3 janv. 1876, aff. Lefort, D. P. 78. 2. 238).

434. On a exposé au Rép., v° Forêts, n° 1206 et suiv., la controverse qui s'est produite sur le point de savoir si, dans le cas prévu par l'art. 34 c. for., la condamnation à des dommages-intérêts est facultative ou obligatoire. La jurisprudence a persévéré dans le système qu'elle avait suivi à partir de 1842 : elle considère, au cas d'abatage ou de déficit de réserves, la condamnation aux dommages-intérêts comme obligatoire pour les tribunaux (Crim. cass. 24 mai 1849, aff. Humbert, D. P. 49. 5. 204; 18 juin 1851, aff. Bareille, D. P. 51. 5. 274; 28 nov. 1851, aff. Pitz, D. P. 51. 5. 275; 30 juin 1853, aff. Fauroux, D. P. 53. 5. 235; Bourges, 14 févr. 1856, aff. Larue, D. P. 56. 2. 161).

§ 3. — Travail dans les coupes avant le lever et après le coucher du soleil (Rép. v° Forêts, n° 1212 à 1214).

435. V. Rép., n° 1212 et suiv.

§ 4. — Ecorcement sur pied non autorisé (Rép., v° Forêts, n° 1215 à 1221).

436. On a vu au Rép., v° Forêts, n° 1220, que dans le cas prévu par l'art. 36 c. for., la condamnation du délinquant aux dommages-intérêts est obligatoire. Jugé que l'obligation de prononcer cette condamnation existe alors même que l'écorcement sur pied, qui a eu lieu sans autorisation, a été opéré au moment même de l'exploitation et ne paraît pas avoir été dommageable (Besançon, 10 janv. 1848, Répertoire des arrêts de la cour de Besançon, v° Forêts, n° 43).

§ 5. — Infraction au mode prescrit par les cahiers des charges générales ou spéciales pour l'abatage des arbres et le nettoiement des coupes (Rép., v° Forêts, n° 1222 à 1245).

437. L'art. 37 c. for., qui punit d'une amende de 50 à 300 fr. les infractions aux clauses du cahier des charges pour l'abatage des arbres ou le nettoiement des coupes, n'est, suivant M. Puton (Rép. de lég. et de jur. for., t. 7, n° 9), applicable qu'aux vices d'une exploitation faite par l'adjudicataire pour son compte, par ses ouvriers ; cet article ne s'applique pas à l'adjudicataire dans le cas où un tiers aurait, à son préjudice, coupé des arbres par des procédés défendus à l'adjudicataire lui-même, sans élagage ou à la scie.

438. Lorsque le cahier des charges impose à l'adjudicataire l'extraction des ajoncs, houx, bruyères, épines et autres arbustes nuisibles, l'énumération que donne ce cahier n'est pas considérée comme limitative des espèces d'arbustes qui doivent être arrachés. Le fait par l'adjudicataire de ne pas avoir arraché tous les arbustes nuisibles constitue donc une infraction aux dispositions relatives au mode d'abatage et de nettoiement de la coupe, et entraîne l'application de l'art. 37, alors même que ces arbustes ne seraient pas spécifiés audit cahier des charges (Poitiers, 25 avr. 1861, aff. Chapacon, D. P. 61. 2. 196). — L'élagage des arbres de réserve rentre également dans les prescriptions relatives au nettoiement de la coupe, dont l'exécution est garantie par l'art. 37 c. for., et l'infraction peut résulter de ce que l'adjudicataire, auquel l'élagage des branches basses était seul imposé, aurait coupé des branches que l'Administration forestière déclare classer parmi les branches hautes qu'elle entendait réserver. L'adjudicataire ne saurait exciper de sa bonne foi alors surtout qu'il n'a fait aucune démarche pour obtenir des agents de l'Administration l'indication précise des branches à abattre (Dijon, 6 mars 1861, aff. Méant, D. P. 61. 5. 244).

439. On considérait encore comme une contravention aux clauses du cahier des charges, passible des peines de l'art. 37 c. for., l'omission par l'adjudicataire de prévenir immédiatement l'agent forestier des accidents de force majeure qui avaient brisé des arbres de réserve, à l'époque où cette obligation était inscrite dans le cahier des charges (supra, n° 431 ; Crim. cass. 1er févr. 1851, aff. Gonnard; Crim. rej. 3 janv. 1852, même affaire, D. P. 52. 5. 284).

440. L'amende prévue par l'art. 37 c. for. peut être prononcée cumulativement avec les peines prévues par d'autres dispositions du même code (Rép. n° 1231). Cette règle, appliquée par plusieurs arrêts antérieurs à la publication du Répertoire, bien que la jurisprudence ne fût pas unanime, est conforme au principe exceptionnellement admis en matière forestière et d'après lequel la règle du non-cumul des peines n'est pas applicable en cette matière (V. supra, n° 128). Il a été jugé, notamment, dans le même sens que par l'arrêt de la cour de Montpellier du 3 mars 1836 (Rép., v° Forêts, n° 1231), que l'adjudicataire convaincu : 1° de n'avoir pas opéré le nettoiement de sa coupe à l'époque fixée par le cahier des charges; 2° de n'avoir pas terminé la vidange de cette même coupe dans le délai prescrit, doit être condamné cumulativement aux peines spécifiées dans les art. 37 et 40 c. for. (Crim. cass. 24 mai 1850, Bull. des ann. for., t. 5, p. 164).

441. En examinant au Rép., n° 1206, la controverse relative au caractère obligatoire ou facultatif des dommages-intérêts en matière de délit commis par les adjudicataires, on a exposé la jurisprudence qui étendait au cas de l'art. 37 l'obligation, pour le juge, de condamner l'adjudicataire à des dommages-intérêts. Mais on a vu, ibid., n° 1230, qu'un certain nombre d'arrêts avaient, au contraire, considéré la condamnation aux dommages-intérêts, dans le cas de l'art. 37, comme facultative, et subordonnée à la constatation d'un préjudice pour l'Administration forestière. Cette jurisprudence a été fréquemment suivie depuis 1851 (Civ. cass. 14 mai 1850, Bull. des ann. for., t. 5, p. 164; Bourges, 21 oct. 1854, aff. Robin, D. P. 56. 2. 161).

§ 6. — Etablissement de loges et ateliers. — Carbonisation et feu allumé aux endroits non désignés par les agents (Rép. v° Forêts, n° 1246 à 1255).

442. V. Rép. n° 1246 et suiv.

§ 7. — Traite des bois par les chemins non désignés (Rép. v° Forêts, n° 1256 à 1261).

443. L'adjudicataire ne peut, sans tomber sous le coup de l'art. 39 c. for., s'écarter des chemins qui lui sont désignés par l'Administration pour la vidange de la coupe, soit dans le cahier des charges (Rép. v° Forêts, n° 1256), soit, comme il arrive fréquemment dans la pratique, par le procès-verbal d'adjudication ou par l'affiche en cahier (art. 31 du Cahier des charges). — Le même article du cahier des charges prévoit cependant le cas où l'adjudicataire demanderait à utiliser d'autres chemins et autorise le conservateur à les lui assigner, moyennant le payement d'une indemnité qui, par le fait même de sa demande, est mise à sa charge à moins qu'il ne renonce au bénéfice de la décision du conservateur. Le refus de l'Administration d'indiquer à l'adjudicataire des chemins de vidange ou de lui en assigner de nouveaux, en cas d'impraticabilité accidentelle des chemins primitivement désignés, donnerait à l'adjudicataire le droit de réclamer à l'Etat des dommages-intérêts devant le tribunal civil (Puton, p. 178). — Mais le mauvais état des chemins désignés ne saurait, suivant la jurisprudence citée au Rép. v° Forêts, n° 1257, l'autoriser à pratiquer de nouveaux chemins dans la forêt, alors surtout que, tenu, aux termes de l'art. 33 du cahier des charges, d'entretenir en bon état les chemins de vidange, il est en faute pour ne l'avoir pas fait, ou, en cas d'impraticabilité accidentelle, pour ne s'être pas adressé à l'Administration forestière afin d'obtenir l'assignation d'autres chemins. Peu importerait même que l'adjudicataire fît usage d'un chemin destiné à la vidange des bois d'une autre forêt; il n'en serait pas moins passible des peines de l'art. 39 (Crim. cass. 13 août 1852, aff. Barth, D. P. 52. 5. 287).

444. La désignation des chemins de vidange appartient

exclusivement à l'Administration forestière. L'autorité municipale ne peut donc pas plus interdire l'usage des chemins qui ont été assignés aux adjudicataires par l'administration des Forêts que leur en désigner d'autres, et cela alors même que la coupe serait une coupe affouagère dans un bois appartenant à la commune (Crim. rej. 30 nov. 1872, aff. Amard, D. P. 73. 1. 320).

§ 8. — Inobservation des délais de coupe et de vidange
(Rép. v° Forêts, n°s 1262 à 1285).

445. L'art. 40 c. for. impose à l'adjudicataire l'obligation d'effectuer la coupe des bois et la vidange des ventes dans le délai fixé par le cahier des charges, à moins d'une prorogation de délais accordée par l'Administration (*Rép. v° Forêts,* n° 1262). L'adjudicataire d'une coupe est donc, par cela même qu'il en devient acquéreur, tenu d'achever cette coupe dans le délai indiqué. Il contracte vis-à-vis du propriétaire de la forêt une obligation de faire, à laquelle il ne peut se soustraire soit en refusant de prendre le permis d'exploiter, soit en payant le prix de l'adjudication (Besançon, 19 févr. 1874, *Rép. de lég. et de jur. for.,* t. 6, n° 32).

446. Un décret du 31 mai 1850 a conféré aux conservateurs le droit de concéder, sans limitation de durée, les prorogations de délai de coupe ou de vidange prévues par l'art. 40 c. for., que l'ordonnance du 4 déc. 1844 ne les autorisait à accorder qu'autant que ces délais n'excéderaient pas quinze jours pour la coupe, et deux mois pour la vidange (*Rép. v° Forêts,* n° 1263).

Les prorogations de délai accordées distinctement pour la coupe ou pour la vidange n'ont d'effet qu'en ce qui concerne celle de ces deux opérations pour laquelle elles sont concédées. Spécialement, la prorogation de délai accordée pour la vidange d'une coupe de bois n'entraîne pas prorogation du délai de la coupe des arbres ; de sorte que la constatation de faits d'abatage, postérieurs à l'expiration du délai primitivement accordé pour l'exploitation de la coupe, motive avec raison l'application au concessionnaire des peines prononcées par l'art. 40 c. for., encore bien qu'il ait pu à ce moment, sans délit, faire procéder au transport des arbres hors de la coupe (Crim. rej. 17 nov. 1865, aff. Lineim, D. P. 66. 1. 95).

447. On a vu au *Rép. v° Forêts,* n° 1284, que le code forestier s'est borné à ordonner la saisie des bois restés sur pied ou gisant sur les coupes, à titre de garantie des dommages-intérêts encourus par l'adjudicataire et n'a pas reproduit la disposition de l'ordonnance de 1669 qui en ordonnait la confiscation. D'autre part, la vidange de la coupe n'est réputée opérée que lorsque le bois qui en fait partie a été emporté, non seulement de la vente, mais du sol forestier lui-même (*Rép.* n° 1285), L'adjudicataire qui, tout en vidant le parterre de la coupe, aurait transporté les bois sur une autre partie du sol forestier, n'en serait pas moins passible des peines de l'art. 40 c. for. et de la saisie des bois (Crim. rej. 27 mai 1854, aff. Picard, D. P. 54. 1. 424).

Toutefois, si le terrain forestier où les bois ont été déposés se trouvait riverain d'un cours d'eau devant servir au transport des bois, et que ceux-ci fussent destinés à l'approvisionnement de Paris, le fait d'en avoir opéré le dépôt sur ce terrain ne rendrait pas la vidange irrégulière, à la condition que l'emplacement eût été désigné par le garde-port établi sur ce point ; sauf, en pareil cas, l'indemnité due à l'État par l'adjudicataire pour occupation d'un terrain domanial (Même arrêt). Il résulte en effet des termes généraux de l'ordonnance de 1672 (*Rép. v° Bois et charbons,* n° 13) que la servitude d'occupation imposée aux terrains riverains des cours d'eau, dans l'intérêt des marchands qui ont à entreposer, en attendant leur embarquement, des bois destinés à l'approvisionnement de Paris, frappe aussi bien les terrains du Domaine que ceux des particuliers. Peu importe que le terrain indiqué sur le bord de la rivière, pour le dépôt momentané des bois, dépende de la forêt même d'où ces bois sont tirés ; l'art. 40 c. for. ne saurait y faire obstacle, puisque la désignation et le choix des terrains sont le fait, non de l'adjudicataire, mais d'un agent dont les attributions dérivent de la loi.

§ 9. — Dépôts de bois étrangers aux ventes (*Rép. v° Forêts,* n°s 1286 à 1287).

448. L'art. 43 c. for., qui a pour objet de prévenir les vols que les adjudicataires ou les ouvriers d'une coupe peuvent commettre dans une coupe voisine (*Rép.* n° 1286), est applicable au dépôt, sur le sol de la vente, de brins de bois verts coupés dans une autre partie de la forêt et destinés à servir de harts pour lier les paquets d'échalas faits dans cette vente (Nancy, 19 nov. 1851, *Bull. des ann. for.,* t. 3, p. 402).

Art. 7. — *Responsabilité des adjudicataires et des cautions* (*Rép. v° Forêts,* n°s 1288 à 1316).

449. — 1° *Responsabilité des adjudicataires.* — La présomption en vertu de laquelle l'adjudicataire est réputé avoir commis, soit par lui-même, soit par ses ouvriers, les délits découverts dans la vente ou à l'ouïe de la cognée, et en est responsable tant pénalement que civilement, à moins qu'ils n'aient été régulièrement constatés par des rapports ou procès-verbaux de son facteur ou garde-vente remis à l'agent forestier dans un délai de cinq jours, a été fréquemment appliquée par la jurisprudence postérieure au *Répertoire.* Il a été jugé, notamment, que l'adjudicataire est responsable de l'incendie qui éclate dans la coupe s'il n'en a pas fait dresser procès-verbal par son garde-vente, dans les formes de l'art. 45 c. for., et doit être condamné à l'amende et aux dommages-intérêts prononcés par l'art. 148 c. for., encore que cet incendie aurait le caractère d'un crime tombant sous l'application de l'art. 434 c. pén. (Crim. cass. 10 janv. 1852, aff. Funte, D. P. 52. 1. 60 ; 8 juill. 1853, aff. Muller, D. P. 53. 1. 320). — Cette responsabilité serait encourue alors même que l'incendie aurait été constaté par les gardes forestiers sans désignation de l'auteur du crime (Arrêt précité du 8 juill. 1853). La cour de cassation a estimé que, même en ce cas, il est dans l'esprit de la loi que le rapport constate le nom du délinquant, ou du moins les recherches infructueusement faites par le facteur pour le découvrir ; que c'est là une obligation personnelle à l'adjudicataire, un devoir particulier de son facteur, de l'exécution desquels ne peut le dispenser un procès-verbal dressé contre un inconnu par un garde de l'Administration forestière qui, en le rédigeant, accomplit un acte de son ministère spécial.

450. La responsabilité de l'adjudicataire se perpétue tant qu'il n'a pas obtenu la décharge prévue par l'art. 51 c. for. (*Rép. v° Forêts,* n° 1288). Et il en est ainsi alors même que, depuis la vidange de la coupe, il a été procédé au récolement, et que ce récolement n'a donné lieu à aucune réclamation de la part de l'Administration, dans le mois qui a suivi la clôture des opérations. L'obtention de la décharge n'est pas, en effet, une simple formalité susceptible d'être suppléée par des équipollents, et elle n'est pas acquise de plein droit par le seul fait qu'il s'est écoulé un mois depuis la clôture des opérations de récolement (Nancy, 5 mars 1862, aff. Cunin, D. P. 62. 2. 60).

451. L'adjudicataire, comme tout délinquant, est passible des peines de la récidive, lorsque, dans les douze mois précédents, il a été condamné soit comme auteur, soit même comme responsable des délits commis dans sa coupe ou à l'ouïe de la cognée (Trib. corr. Niort, 27 nov. 1846, *Bull. des ann. for.,* t. 4, p. 468). D'ailleurs, comme on l'a vu au *Rép.* n° 1292, c'est toujours en qualité d'adjudicataire qu'il doit être condamné, et, de ce chef, il subit des peines plus élevées que celles qui auraient été infligées à l'auteur inconnu du délit. Bien plus, il encourt la pénalité spéciale de l'art. 45 alors même qu'il serait reconnu qu'il n'est pas l'auteur du délit. Ainsi l'adjudicataire qui, traduit devant le tribunal correctionnel comme auteur principal d'un délit d'abatage de réserves coupées à la scie, a été acquitté de ce chef, à raison de l'insuffisance du procès-verbal dressé contre lui, peut, sur l'appel de l'Administration forestière, être condamné en vertu de l'art. 45 c. for. comme responsable du même délit non constaté par son garde-vente (Besançon, 29 déc. 1875, *Rép. de lég. et de jur. for.,* t. 1, n° 5).

452. La responsabilité de l'adjudicataire est la même, quel que soit le mode d'exploitation de la coupe qui lui a été adjugée (*Rép. v° Forêts,* n° 1293 ; Civ. rej. 14 avr. 1888, aff.

Goulet, D. P. 88. 1. 496). Elle est, notamment, encourue par les adjudicataires de l'écorcement dans les forêts de chênes-lièges (Aix, 23 mai 1867, *Rép. de lég. et de jur. for.*, t. 3, p. 33). Mais encore faut-il que l'adjudication porte sur des bois soumis au régime forestier ; l'art. 45 c. for. n'est pas applicable aux acheteurs ou adjudicataires de coupes dans les bois particuliers (Rouen, 24 août 1861, *Rép. de lég. et de jur. for.*, t. 1, n° 107).

453. On a vu au *Rép.*, v° *Forêts*, n° 1295, que les procès-verbaux ou rapports dressés par le garde-vente de l'adjudicataire doivent, pour dégager celui-ci de la responsabilité des délits commis dans sa coupe ou à l'ouïe de la cognée, être revêtus de toutes les formes particulières aux procès-verbaux des gardes forestiers. Il faut donc que ces procès-verbaux et rapports soient soumis à l'affirmation. Il faut également, lorsque le procès-verbal est écrit par un tiers et signé seulement par le garde, que l'acte d'affirmation constate qu'il en a été donné lecture au garde par le fonctionnaire qui l'a reçu. En l'absence de cette constatation, l'affirmation doit être considérée comme inopérante, alors même que le maire aurait attesté, à la suite du procès-verbal, qu'il était conforme à la vérité (Douai, 21 nov. 1882, aff. Duhautoy, D. P. 83. 2. 27 ; *Rép.*, v° *Procès-verbal*, n° 101). — Il faut, en outre, que le procès-verbal soit régulier en la forme et qu'il soit probant, de manière à servir de base sérieuse à une poursuite ; et, pour atteindre ce but, il est indispensable qu'il désigne l'auteur du délit ou qu'il justifie tout au moins des diligences de l'adjudicataire ou de l'entrepreneur pour le découvrir. Ainsi, un rapport du facteur de l'adjudicataire, clos sans être signé, dont l'affirmation n'est pas datée, et qui constate un délit, sans mettre sur la trace des délinquants et sans énoncer aucune recherche à cette fin, ne relève pas l'adjudicataire de la responsabilité de ce délit (Crim. cass. 28 févr. 1852, aff. Bauer, D. P. 52. 1. 96).

454. L'adjudicataire ne pourrait exciper, pour justifier l'absence d'un procès-verbal dressé par son garde-vente, de ce qu'un rapport sur le même délit aurait été rédigé par un agent forestier (*Rép.*, v° *Forêts*, n° 1299. Comp. *suprà*, n° 449) ; ou de ce qu'il aurait lui-même dénoncé le délit (*Rép.*, v° *Forêts*, n°s 1300 et 1301 ; Crim. cass. 5 févr. 1848, aff. Galvain, D. P. 49. 1. 80). Ajoutons que l'adjudicataire ne pourrait échapper à la responsabilité particulière de l'art. 45 c. for., par le motif que l'Administration connaissait le délinquant et était à même de le poursuivre (Douai, 21 nov. 1882, aff. Duhautoy, D. P. 83. 2. 227).

455. L'adjudicataire ne peut être son propre garde-vente ; ces fonctions ne peuvent pas non plus être exercées par l'associé de l'adjudicataire. Il en résulte que lorsque l'adjudicataire a été, par la tolérance de l'Administration, déchargé de l'obligation d'avoir un garde-vente, il ne peut se soustraire à la responsabilité de l'art. 45. La dispense d'avoir un garde-vente lui est accordée à ses risques et périls, et il ne peut s'en prendre qu'à lui-même des conséquences que peut avoir la faveur qui lui est faite (Civ. cass. 25 nov. 1852, aff. Mourey, D. P. 53. 5. 234).

456. Le délai de cinq jours dans lequel les procès-verbaux du garde-vente doivent être remis à l'agent forestier courant du jour où le délit a été commis (*Rép.*, v° *Forêts*, n° 1304), l'adjudicataire ne serait pas déchargé de la responsabilité spéciale de l'art. 45 si le procès-verbal, dressé le jour même du délit, n'avait été remis à l'agent forestier qu'après les cinq jours depuis la perpétration de ce délit (Pau, 11 déc. 1857, *Bull. des ann. for.*, t. 7, p. 396).

457. — 2° *Responsabilité des cautions.* — V. *Rép.*, n°s 1312 et suiv. — Il suffira de rappeler, en outre, que la loi du 22 juill. 1867, dont l'art. 1 a aboli la *contrainte par corps* en matière civile, ayant par son art. 2 maintenu ce moyen d'exécution en matière correctionnelle, l'adjudicataire et sa caution demeurent soumis à la contrainte par corps pour le payement des amendes, restitutions et dommages-intérêts encourus pour délits et contraventions, commis dans la vente ou à l'ouïe de la cognée, par les agents de l'adjudicataire.

Art. 8. — *Poursuite des délits d'exploitation* (*Rép.*, v° *Forêts*, n°s 1317 à 1328).

458. V. *Rép.* n°s 1317 et suiv.

Sect. 4. — Réarpentage et récolement.

Art. 1er. — *But des opérations ; délai dans lequel il doit y être procédé ; formalités communes au réarpentage et au récolement* (*Rép.*, v° *Forêts*, n°s 1329 à 1344).

459. V. *Rép.* n°s 1329 et suiv.

Art. 2. — *Réarpentage* (*Rép.*, v° *Forêts*, n°s 1345 à 1358).

460. V. *Rép.* n°s 1345 et suiv.

Art. 3. — *Récolement* (*Rép.*, v° *Forêts*, n°s 1358 à 1364).

461. V. *Rép.* n°s 1358 et suiv.

Art. 4. — *Procès-verbaux de récolement.* — *Contestations auxquelles ils peuvent donner lieu* (*Rép.*, v° *Forêts*, n°s 1365 à 1389).

462. On a vu au *Rép.*, v° *Forêts*, n°s 1379-1380, qu'en principe, le procès-verbal de récolement fait foi jusqu'à inscription de faux, soit à l'égard des formalités extrinsèques dont il mentionne l'accomplissement, telles que la date de l'opération, la présence de l'adjudicataire, les observations formulées par ce dernier, etc., soit à l'égard des faits matériels constituant l'opération même du récolement. Mais il peut être déféré au conseil de préfecture pour défaut de forme et pour fausses énonciations (c. for., art. 50), ou pour mieux dire, pour énonciations inexactes. — On a vu également (*Rép.*, v° *Forêts*, n° 1381) que l'adjudicataire, qui n'a pas déféré au conseil de préfecture le jugement des prétendues fausses énonciations, ne peut être admis à s'inscrire en faux sur ce chef devant les tribunaux correctionnels. L'inscription de faux ne peut être admise devant ces tribunaux qu'à l'égard des énonciations dont la fausseté volontaire et frauduleuse n'aurait été reconnue qu'après la décision du conseil de préfecture ou l'expiration du délai de recours devant cette juridiction. Il en résulte que le procès-verbal de récolement fait foi du délit qu'il constate lorsqu'il n'a point été attaqué en temps utile devant le conseil de préfecture, et que le tribunal correctionnel, saisi de la poursuite auquel il sert de base, ne peut prescrire des mesures tendant à vérifier ou à contredire les faits qui y sont énoncés ; il ne peut, par exemple, ordonner la comparution et l'audition de l'un des agents forestiers qui ont signé le procès-verbal pour obtenir de lui des renseignements propres à éclairer le tribunal sur l'existence du délit (Crim. cass. 21 sept. 1850, aff. Chabert, D. P. 51. 1. 60).

Art. 5. — *Décharge d'exploitation* (*Rép.*, v° *Forêts*, n°s 1390 à 1392).

463. V. *Rép.* n°s 1390 et suiv.

Sect. 5. — Adjudications des produits accessoires ou menus marchés (*Rép.* v° *Forêts*, n°s 1393 à 1398).

464. Au point de vue des formalités relatives à leur aliénation, les produits forestiers se distinguent en : 1° produits principaux, c'est-à-dire les bois ; 2° et produits accessoires. Parmi les produits accessoires, il en est un certain nombre qui prennent le nom de *menus produits*. Ce sont : 1° les productions du sol autres que les bois (herbes, mousses, sable, plants, etc.), et les menus bois non susceptibles d'être vendus avec toutes les formalités prescrites pour les adjudications de coupes de bois ; 2° toutes les recettes diverses provenant des divers actes de la gestion de l'Administration forestière (redevances, locations, clauses pénales, civiles, etc.), autres que les ventes de coupes de bois (V. Puton, p. 297). — Pour la nomenclature des produits accessoires, V. notre *Code forestier annoté*, art. 53, n°s 5 et suiv.

465. Depuis 1857, l'Administration autorise la vente des menus produits sur estimation ou expertise (Arr. min. for., 25 sept. 1857, *Bull. ann. for.*, t. 7, p. 444 ; Circ. adm. for. 22 oct. 1857, *Ancienne série*, n° 763). Le prix en est payable d'avance toutes les fois que la somme due au Trésor est certaine et liquide. Dans le cas contraire, le prix des

produits est recouvré au vu d'un procès-verbal de délivrance, ayant le caractère d'arrêté de compte et qui sert de titre de recouvrement au receveur (V. notre *Code forestier annoté*, art. 53, n°s 74 et suiv.).

466. On a vu au *Rép.*, v° *Forêts*, n° 1395, que l'Administration peut autoriser des extractions de souches, bruyères, morelles et autres menus produits, lorsqu'ils ne sont pas susceptibles d'être vendus à prix d'argent, en imposant aux concessionnaires certains travaux ou prestations. Les prestations, d'après une circulaire de l'Administration forestière du 14 août 1866 (*Nouvelle série*, n° 22), consistent en fournitures de graines ou en redevance de culture, défoncements, labours, sarclages, binages, plantations, ouverture et curage de fossés, travaux aux routes et aux chemins de vidange, etc., exécutés, soit à la tâche, soit à la journée. Les conservateurs ont mission de déterminer sur la proposition des agents locaux, l'emploi de ces prestations.

467. Sur les adjudications de glandée, panage et paisson; chablis. — V. notre *Code forestier annoté*, art. 53, n°s 31 à 73.

468. Sur les formalités administratives préparatoires aux *concessions à charge de repeuplement*, V. *Code forestier annoté*, Appendice de la section 6.

CHAP. 15. — Droits d'usage dans les forêts.

SECT. 1re. — ORIGINE ET CONSERVATION DES DROITS D'USAGE.

ART. 1er. — *Principes généraux.* — *Exécution des dispositions législatives applicables aux droits d'usage forestier* (*Rép.*, v° *Usage*, n°s 246 à 313).

469. L'origine des droits d'usage qui grèvent les forêts, soumises ou non au régime forestier, a été étudiée au *Rép.*, v° *Usage*, n°s 223 à 245. — L'ordonnance de 1669 avait supprimé les droits de chauffage dans les forêts royales, sauf ceux qui étaient établis au moyen d'une possession antérieure à l'année 1560 ou avaient été acquis à titre onéreux, et des commissaires réformateurs furent envoyés dans les provinces pour dresser état des usagers qui avaient des droits légitimes, états qui devaient être approuvés en conseil du roi (*Rép.*, v° *Usage*, n°s 230 et 231). L'exécution de cette ordonnance a donné lieu à des difficultés multiples dont on s'est occupé au *Rép.* v° *Usage*, n°s 246 à 251). Plus récemment, la cour de cassation a été appelée à déterminer le véritable caractère des aménagements arrêtés par les commissaires réformateurs et approuvés par arrêts du conseil. On soutenait que ces règlements constituaient des actes administratifs, dont les tribunaux civils devaient renvoyer l'interprétation à l'autorité administrative. La cour de cassation n'a pas admis ce système; tout en reconnaissant que les règlements des commissaires réformateurs étaient des actes administratifs, elle a déclaré que ces règlements, en raison de l'approbation royale donnée en conseil, constituaient des actes administratifs d'une nature particulière, de véritables règlements d'administration publique, c'est-à-dire des lois dont l'interprétation appartient à l'autorité judiciaire (Req. 14 juin 1881, aff. Commune de Levier et autres, D. P. 82. 1. 257. V. le rapport de M. le conseiller Lepelletier, *ibid.*).

470. L'ordonnance de 1669 ne portait atteinte qu'aux usages en bois et laissait subsister, outre ceux qui avaient pour objet la nourriture des bestiaux (*Rép.*, v° *Usage*, n° 230), ceux qui seraient légitimes par les commissaires réformateurs et qui auraient été expressément désignés par les états dressés par eux. Une commune à qui, antérieurement à cette ordonnance, des droits de passage et de pâturage sur une forêt domaniale avaient été reconnus par un arrêt du parlement, en est restée investie si elle a été portée, pour ces droits, à l'état dressé en conseil le 2 déc. 1673, conformément aux prescriptions de l'ordonnance de 1669 (Req. 16 nov. 1869, aff. De Galliera (D. P. 71. 1. 308).— Mais la circonstance qu'un droit d'usage n'aurait pas été porté aux états dressés par les soins des commissaires réformateurs ne suffit pas, à elle seule, à enlever aux usagers des droits pour lesquels l'ordonnance de 1669 ne prescrivait pas d'arrêter les états, comme elle l'exigeait pour

les droits de pâturage et de chauffage. Ainsi un droit au bois mort gisant, réduit en vertu de l'ordonnance de 1669 au bois mort, peut avoir été conservé par une commune, bien qu'il n'eut pas été porté aux états dressés par les commissaires réformateurs, s'il est mentionné dans un titre postérieur à l'ordonnance et ayant un caractère récognitif. Jugé, notamment, qu'une commune à laquelle un arrêt du parlement, confirmé par des lettres patentes, reconnaissait des droits au mort-bois et à un bois mort, a conservé ces droits bien qu'ils n'aient pas figuré sur l'état général des chauffages maintenus en espèce ou en argent, si ces droits ont été reconnus de nouveau par un terrier royal dressé en vertu d'un arrêt du conseil du 29 mars 1677; ils ont été simplement réduits au bois mort gisant conformément à l'art. 33, tit. 27 de l'ordonnance de 1669 (Req. 16 nov. 1869, aff. De Galliera, D. P. 71, 1. 308).

471. Les lois des 28 vent. an 11 et 14 vent. an 12 ont mis les usagers, dont les droits n'avaient pas été arrêtés et fixés par les arrêtés pris en conseil à la suite de l'ordonnance de 1669, en demeure de produire leurs titres, à peine de déchéance, dans un délai de six mois à dater de la promulgation de la seconde de ces lois (*Rép.* v° *Usage*, n°s 252 à 272); de sorte qu'au moment de la promulgation du code forestier, les usagers qui n'avaient pas produit leurs titres étaient sous le coup de la déchéance prononcée par la loi du 14 vent. an 12. Aussi l'art. 61 de ce code n'autorise-t-il plus, à l'avenir, l'exercice des droits d'usage au profit de trois classes d'usagers : 1° ceux dont les droits ont été reconnus fondés soit par des actes administratifs, soit par des actes judiciaires ; 2° les usagers qui, à l'époque de la promulgation du code forestier, étaient en instance soit administrative, soit judiciaire, à l'effet de faire reconnaître leurs droits ; 3° les usagers qui, étant en jouissance au moment de la promulgation du code forestier, étaient tenus d'intenter leur action en maintenue dans les deux années qui ont suivi cette promulgation. Ces dispositions ne sont applicables qu'aux droits d'usage grevant les forêts domaniales d'ancienne et de nouvelle origine. Quant aux forêts possédées, soit par des communes ou des établissements publics, soit par des particuliers, elles sont restées, relativement à la maintenue des droits d'usage, sous l'empire du droit commun (*Rép.* v° *Usage*, n°s 273 à 294).

472. Avant d'examiner la nature et l'étendue des droits d'usage, il convient de rappeler brièvement comment on les désigne et les classe, en se référant, pour plus de détails, aux explications du *Rép.* v° *Usage*, n°s 295 à 313. Au point de vue de la nature de leur objet, les usages forestiers se distinguent en : 1° usages au bois; 2° usages ayant pour objet la nourriture des animaux. Au point de vue de l'importance de leur émolument, les usages forestiers se divisent en : 1° grands usages, qui comprennent : *a.* l'affouage, *b.* le marronnage, *c.* le pâturage de toute nature, *d.* le panage, la paisson, la glandée, la faînée; 2° petits usages, qui s'entendent du droit d'enlever le bois mort en estant et en gisant et le mort-bois (V. aussi *Rép.* v° *Forêts*, n°s 1399 et suiv.).

ART. 2. — *Nature du droit d'usage forestier.*

§ 1er. — Principes généraux. — Prescription (*Rép.* v° *Usage*, n°s 314 à 365).

473. — I. PRINCIPES GÉNÉRAUX. — L'usage forestier est un droit d'une nature spéciale, régi par la législation particulière des art. 61 à 85, 111, 112, 118 à 121 c. for. et auquel, par conséquent, les articles du code civil relatifs à l'usage et à l'usufruit, ne s'appliquent que dans les cas non prévus par cette législation (*Rép.* v° *Usage*, n° 80; *Prescription civile*, n° 522). Mais la question de savoir si, parmi les règles du code civil qui peuvent devenir applicables à l'usage forestier, ce sont les dispositions relatives à l'usage personnel ou celles relatives aux servitudes réelles qu'il faut choisir, a donné lieu à une longue controverse qui a été exposée au *Rép.* v° *Usage*, n° 80. Dans l'opinion la plus accréditée, l'usage forestier affecte le caractère de servitude réelle (*Rép.* v° *Usage*, n° 316) et doit être soumis, par conséquent, aux principes qui régissent les servitudes proprement dites; cependant,

comme il participe de la nature de l'usage personnel en raison de la perception de fruits qu'il comporte sur la chose d'autrui, il est soumis, sous certains rapports, aux règles générales applicables à l'usage personnel.

474. A côté des droits d'usage auxquels on reconnaît le caractère de servitude réelle ou qui, au moins, participent de la nature de ces servitudes, on compte des usages de nature mixte, c'est-à-dire qui, bien qu'attachés à un territoire, sont mélangés d'un certain caractère de personnalité (*Rép.* v° *Usage*, n°s 315 et suiv.). — Il existe aussi certains droits d'usage qui ont avec l'usage forestier une certaine analogie (*Rép.* v° *Usage*, n°s 319 et suiv.), mais qui ne doivent pas être confondus avec lui : tel est, notamment, le mode de propriété usité dans les Pyrénées sous le nom de *cayolar*. Le cayolar constitue un mode de propriété particulière, qui se compose généralement : 1° de la propriété pleine et entière de la cabane qui sert à l'habitation des bergers ; 2° du droit exclusif de pâturage pour les bêtes ovines dans les limites d'un territoire déterminé et d'après les conditions fixées par la coutume ; 3° du droit, s'exerçant sous l'autorité de l'Administration forestière, de couper ou de faire délivrer le bois nécessaire à l'entretien de la cabane et aux usages domestiques des bergers. L'ensemble de ces droits compose une propriété homogène et indivisible, qui est susceptible d'être acquise par la prescription trentenaire dans les conditions de l'art. 2229 c. civ. (Pau, 26 mars 1873, aff. Commune de Leune, D. P. 74. 5. 114, et sur pourvoi, Req. 10 avr. 1877, D. P. 77. 1. 273).

475. Il a été, de même, jugé que l'acte de vente, sous forme de partage, par lequel une commune transporte à ses habitants, moyennant un prix déterminé, le droit de couper à perpétuité dans une forêt, les bois crûs et à croître sur leurs lots respectifs, en se réservant la propriété du fonds ainsi que le pâturage, est un acte constitutif, non d'un simple droit de servitude, d'usage ou d'usufruit, mais d'un droit de superficie attribuant aux concessionnaires la propriété du sol (Besançon, 12 déc. 1864, aff. Commune d'Orchamps, D. P. 65. 2. 3, et sur pourvoi, Req. 5 nov. 1866, D. P. 67. 1. 32. V. la dissertation de M. Meaume, D. P. 65. 2. 34). — Il en est de même de l'acte par lequel le propriétaire d'un domaine a aliéné la propriété du sol avec le droit au pâturage, aux herbes et aux bois autres que ceux de haute futaie, dont il s'est réservé la propriété. Ici encore le droit constitué est un droit réel de superficie, et non un droit d'usage ou d'usufruit (Civ. cass. 16 déc. 1873, aff. Domaine de l'État, D. P. 74. 1. 249). — De même encore, il y a droit de superficie, et non droit d'usage, dans la concession du droit de prendre, à perpétuité, dans une forêt communale, sans délivrance préalable et sans justification de besoin, le quart des coupes annuelles et d'en disposer en maître (Toulouse, 29 juin 1865, *Rép. de lég. et de jur. for.*, t. 3, n° 453).

476. Le droit d'usage est attaché aux maisons, et non à la personne de ceux qui les habitent ; de sorte qu'on a pu dire que ce sont les maisons qui sont usagères (*Rép.*, v° *Usage*, n°s 316 et 325) : cela est surtout vrai des usages en bois de construction ou marronnage. On reconnaît que le bois de construction est dû, en dehors de toute condition de demeure, non à l'habitant qui part, mais à l'habitation qui reste (Lyon, 5 déc. 1884, aff. Commune de Cormaranche D. P. 85. 2. 225). — Il résulte du même principe que le droit d'usage dans les forêts appartient à quiconque devient propriétaire du fonds au profit duquel l'usage a été concédé (*Rép.*, v° *Usage*, n° 325), et que l'exercice d'un droit d'usage forestier n'est pas subordonné à la condition que l'usager habite la commune où se trouve situé le fonds servant (V. la dissertation insérée D. P. 76. 1. 305) ; il suffit qu'il y soit propriétaire. Dans le Roussillon, notamment, les droits d'usage appartiennent non seulement aux habitants des anciennes seigneuries, mais encore aux propriétaires forains dits *terres-tenants*, quand ils possèdent des biens dans les mêmes territoires (Montpellier, 9 déc. 1873, aff. Commune de Mosset, D. P. 76. 1. 305) ; et des droits de pacage sur des vacants peuvent être reconnus appartenir aux propriétaires forains des métairies situées sur le territoire de la commune (Même arrêt et, sur pourvoi, Civ. rej. 3 mai 1876, aff. Commune de Mosset, D. P. 76. 1. 305).

477. — II. Prescription, acquisition des droits d'usage.

— La controverse rappelée *suprà*, n° 473, quant à la nature des droits d'usage forestier proprement dits, a donné lieu à une autre controverse, qui est la conséquence directe de la première. Elle porte sur le point de savoir si les droits d'usage peuvent s'acquérir par prescription et donner lieu à une action possessoire. La jurisprudence offre sur ce point des décisions contradictoires (V. *Rép.*, v° *Action possessoire*, n°s 480 et 481, et v° *Usage*, n° 102, et *suprà*, v° *Action possessoire*, n°s 140 et 141). Le système qui considère les droits d'usage dans les bois et forêts comme constituant des servitudes discontinues, ne pouvant s'acquérir que par titre et non par prescription, a été consacré, depuis la publication du *Répertoire*, par plusieurs arrêts, notamment en ce qui concerne le droit de pâturage (Pau, 24 juill. 1866, aff. Commune de la Vallée de Layrisse, D. P. 69. 1. 390)... le droit de couper de l'herbe, de ramasser le bois mort ou les feuilles mortes (C. cass. de Belgique, 22 juin 1866, *Rép, de lég. et de jur. for.*, t. 3, n° 483). Mais la chambre civile de la cour de cassation a persisté dans le système qu'elle avait antérieurement adopté (*Rép.*, v° *Usage*, n° 318), et d'après lequel les droits d'usage dans les forêts ne constituent pas de simples servitudes et peuvent s'acquérir par une possession réunissant les conditions prescrites par la loi (Civ. rej. 24 févr. 1874, aff. Commune de Badouville, D. P. 74. 1. 233 ; Civ. cass. 1er déc. 1880, aff. Perruche, D. P. 81. 1. 124). Elle en a conclu, en dernier lieu (Civ. cass. 9 janv. 1889, aff. Burdin, D. P. 90. 1. 125) que l'offre de faire la preuve de la possession utile d'un droit d'usage ne peut être repoussée par le juge du fond.

478. Si, d'après la jurisprudence qui paraît destinée à prévaloir, les droits d'usage dans les forêts, autres que les forêts de l'État, sont susceptibles de s'acquérir par prescription, ce n'est toutefois qu'à la condition que la possession qui sert de base à la prescription présente les caractères indispensables à toute possession pour être opérante et permettre de parvenir à la prescription. Comme on l'a dit *suprà*, v° *Action possessoire*, n° 141, la possession des droits d'usage ne peut conduire à la prescription de ces droits qu'autant qu'elle consiste dans une jouissance conforme au code forestier. En d'autres termes, il est indispensable que la jouissance de l'usage ait été, pour les usages en bois, précédée d'une délivrance de la part du propriétaire de la forêt et, s'il s'agit d'usages se rapportant à la nourriture des animaux, qu'elle se soit exercée dans les parties de forêts déclarées défensables et en suivant les chemins d'accès désignés par le propriétaire de la forêt (V. *suprà*, v° *Action possessoire*, n° 144, et *infrà*, n°s 499 et suiv. et 526 et suiv.). — Sans doute une possession qui ne se serait pas exercée dans ces conditions serait inopérante pour l'acquisition de la prescription, comme composée d'une succession de délits forestiers ; et le juge, en s'autorisant de condamnations correctionnelles ou de simple police, prononcées contre la partie qui offre de prouver qu'elle a une possession conforme à la loi, peut rejeter légitimement cette offre (Civ. cass. 9 janv. 1889, aff. Burdin, D. P. 90. 1. 125). Mais le juge doit, en pareil cas, constater expressément que les faits qui ont donné lieu à ces condamnations ont été commis sur les terrains mêmes que la partie prétend être asservis à ses droits d'usage ; car, si cette identité n'était pas précisée, le rejet de l'offre de preuve, sous prétexte que la possession est viciée par les condamnations, manquerait de base légale (Même arrêt). — Enfin une possession interrompue et précaire, qui n'aurait pas le caractère de durée, de continuité et de tranquillité nécessaire pour rendre possible la prescription en général, serait également inopérante pour conduire à la prescription des usages forestiers (Lyon, 5 déc. 1884, aff. Commune de Cormaranche, D. P. 85. 2. 225).

479. Lorsqu'il s'agit d'usages en bois, la possession, on vient de le dire (*suprà*, n° 478. V. aussi *infrà*, n° 567 et suiv.), ne peut être utile pour prescrire que si elle a été précédée de la délivrance de la part du propriétaire de la forêt. Toutefois, il n'est pas nécessaire que la délivrance soit constatée par des procès-verbaux réguliers ; on admet généralement que le consentement du propriétaire à l'exercice de l'usage, consentement que la délivrance fait supposer, peut résulter des circonstances, notamment de ce que le propriétaire aurait laissé expirer, sans exercer de pour-

suites, les délais dans lesquels celles-ci pouvaient avoir lieu (Chambéry, 13 juill. 1874, aff. Foussemagne, D. P. 74. 2. 225, V. *infrà*, n° 570). Toutefois, sans exiger, comme paraît le faire un arrêt (Montpellier, 31 déc. 1878, aff. Commune de Saint-Ureize, D. P. 81. 1. 316), que le consentement du propriétaire soit constaté d'une manière expresse, par des procès-verbaux de délivrance, ni même des actes équipollents, il nous paraît indispensable que le consentement du propriétaire à l'exercice de l'usage ne soit pas douteux, et que, par leur nature et leur précision, les actes de possession laissent supposer ce consentement (V. Montpellier, 9 déc. 1871, aff. Commune de Roquefort, D. P. 73. 1. 247).

480. Sur la question de savoir si les droits d'usage dans les forêts sont susceptibles de donner lieu à l'action en complainte possessoire, V. *suprà*, v° *Action possessoire*, n°s 140 et suiv.

481. — III. Prescription extinctive des usages forestiers. — L'extinction par prescription des usages forestiers n'a pas donné lieu, en jurisprudence, à la même controverse que la question de savoir si ces usages peuvent être acquis par prescription. Le principe édicté par l'art. 2262 c. civ., d'après lequel toutes les actions tant réelles que personnelles sont prescrites par trente ans, a été appliqué sans difficulté, à la matière (*Rép.* v° *Usage*, n° 141). En raison de leur caractère de servitudes, les usages forestiers, comme on l'a dit *ibid.*, n° 141, s'éteignent lorsqu'ils n'ont pas été exercés depuis plus de trente ans. Mais c'est la seule prescription qui puisse être opposée au débiteur d'un droit d'usage, alors même qu'il aurait acquis la forêt franche et quitte de toute servitude (*Rép.* v° *Usage*, n° 141) : il ne saurait se prévaloir de la prescription par dix ou vingt ans (Grenoble, 12 févr. 1868, aff. Chalin, D. P. 68. 5. 400).

482. La question de savoir à qui incombe la preuve, lorsqu'il s'agit de savoir si le droit de l'usager s'est éteint ou non par la prescription trentenaire, a donné lieu à des difficultés (*Rép.*, v° *Usage*, n° 142). Mais la jurisprudence s'est conformée sur ce point à l'opinion émise au *Répertoire* : elle admet que c'est à l'usager contre lequel est invoquée la prescription extinctive de son droit à établir qu'il a conservé ce droit en l'exerçant depuis moins de trente ans (Pau, 4 avr. 1870, et 15 mars 1871, aff. Commune de Baudéan, D. P. 71. 2. 205; Pau, 29 juin 1870, aff. Commune d'Ossen et autres, D. P. 72. 2. 6). Le droit d'usage, en effet, en raison de ce qu'il participe de la nature des servitudes, ne se conserve pas par lui-même, mais seulement par la jouissance dont il est l'objet; il périt par la simple inaction de l'usager, et ce dernier, par conséquent, est tenu de prouver qu'il l'a conservé.

483. L'interruption de la prescription d'un droit d'usage forestier ne peut résulter que de faits de possession accomplis dans les conditions prévues par le code forestier. Il faut appliquer ici les règles déjà indiquées (*suprà*, n° 478) pour la possession susceptible de conduire à la prescription des usages forestiers. L'usager qui invoque, comme interruptifs de la prescription, des actes de possession, étant soumis, pour l'exercice de son droit, aux conditions particulières du code forestier, doit prouver que cet exercice a eu lieu dans les conditions imposées, ou dans des conditions analogues et équivalentes, car autrement la possession revêtirait un caractère de violence délictueuse qui la rendrait inefficace (Req. 11 mai 1870, aff. Commune de Régusse, D. P. 71. 1. 61). Les actes d'exercice du droit d'usage doivent notamment, suivant leur nature, être précédés d'une délivrance par le propriétaire ou d'une déclaration de défensabilité, en l'absence desquels ces actes seraient inefficaces et n'interrompraient point la prescription. Ainsi, la preuve, offerte par un usager, de l'exercice du droit d'usage doit être rejetée, lorsque de nombreuses condamnations obtenues par le propriétaire, dans la période de temps où se placent les faits de possession articulés, fussent-elles étrangères à ces faits, attestent que le propriétaire s'est toujours opposé à ce qu'aucun droit d'usage fût exercé dans sa forêt (Req. 25 nov. 1867, aff. Chevalier de la Teillais, D. P. 68. 1. 71). — Toutefois, de même que pour la prescription acquisitive (V. *suprà*, n° 479), les actes d'exercice ne doivent pas nécessairement être précédés d'une délivrance expresse par le propriétaire, et la jurispru-

dence n'exige nullement qu'ils soient accompagnés de procès-verbaux de délivrance. Elle admet, comme elle semblait déjà le faire lors de la publication du *Répertoire* (v° *Usage*, n°s 197 et suiv.), après des hésitations que nous avons exposées, *ibid.*, n°s 189 et suiv., que les procès-verbaux de délivrance ne sont pas absolument nécessaires pour que l'exercice des droits d'usage puisse interrompre la prescription extinctive de ces droits. Il suffit d'actes de possession pourvu que, par leur nature et leur précision, ces actes puissent laisser supposer le consentement tacite du propriétaire et écarter ainsi toute idée de violence ou de délit. D'après la jurisprudence qui paraît aujourd'hui définitivement établie, l'exercice des droits d'usage dans une forêt est suffisant pour interrompre la prescription, s'il résulte d'actes de possession et de jouissance accomplis ostensiblement, d'une manière continue au su et au vu du propriétaire (Orléans, 26 déc. 1866, aff. Caillaud, D. P. 66. 2. 289; Pau, 4 avr. 1870, aff. Commune de Baudéan, D. P. 71. 2. 205; Req. 25 nov. 1867, aff. Chevalier de la Teillais, D. P. 68. 1. 71; Montpellier, 19 déc. 1871, aff. Commune de Roquefort, D. P. 73. 1. 247).

484. Dans ces conditions, la preuve des faits de possession peut être faite par témoins, ainsi que la jurisprudence l'admettait déjà lors de la publication du *Répertoire*, v° *Usage*, n° 206, alors même qu'il n'existerait aucun commencement de preuve par écrit (Pau, 4 avr. 1870, aff. Commune de Baudéan; 15 mars 1871, même affaire, D. P. 71. 2. 205). Mais, comme on l'a exposé au *Rép.*, v° *Usage*, n° 209, la preuve testimoniale n'est admissible qu'autant qu'elle porte sur des faits d'exercice légitime de la servitude accomplis à titre d'usager; elle ne l'est pas lorsqu'elle porte sur des faits matériels inconnus du propriétaire ou qu'il a pu ignorer.

485. On a vu au *Rép.*, v° *Usage*, n° 169, que la prescription des usages forestiers peut être interrompue par une demande en justice, et spécialement par la remise du mémoire qui, dans les actions domaniales, doit précéder l'introduction de l'instance. La prescription ne court pas, notamment, contre une commune usagère pendant tout le temps qu'elle est en instance pour faire reconnaître ses droits par l'autorité administrative et pour obtenir un cantonnement (Grenoble, 17 janv. 1853, *Bull. des ann. for.*, t. 6, p. 136). — La prescription est également interrompue par les actes de reconnaissance des droits de l'usager émanant du propriétaire de la forêt. Spécialement, le fait par une commune, propriétaire de la forêt, d'avoir transformé les délivrances qu'elle devait aux usagers individuellement, et suivant les besoins de chacun d'eux, en une délivrance fixé, faite annuellement à des syndics pour tous les usagers, collectivement, constitue une reconnaissance du droit d'usage, interruptive de la prescription (Pau, 4 avr. 1870, aff. Commune de Baudéan, D. P. 71. 2. 205, et sur pourvoi, Req. 26 mars 1872, D. P. 72. 1. 368). On doit également voir des actes de reconnaissance de la part du propriétaire dans le fait qu'il a toléré les actes d'usage accomplis sous ses yeux, c'est-à-dire avec son consentement au moins tacite.

486. La prescription extinctive des usages forestiers est, en principe, soumise aux causes de suspension prévues par le code civil. Ainsi le délai de trente ans, par lequel s'accomplit la prescription libératoire des droits d'usage dans les forêts, ne peut courir tant que, d'après une clause de titre, la jouissance n'a pu commencer; spécialement, lorsque les propriétaires d'une forêt ont concédé à un tiers certains droits d'usage « pour en jouir, dès ce jour, comme auraient droit de le faire les vendeurs ensuite du partage à intervenir entre eux et le Gouvernement, les tiers possesseurs et les communes et dans les endroits qui seront indiqués par celui-ci », la prescription ne peut commencer à courir qu'à partir du moment où le partage a été consommé et où la jouissance effective a pu avoir lieu (Grenoble, 12 févr. 1868, aff. Chatin, D. P. 68. 5. 400).

487. On a vu au *Rép.*, v° *Usage*, n° 146, que la détermination du point de départ de la prescription trentenaire avait donné lieu à des difficultés particulières lorsqu'il s'agissait du droit de marronnage. Ce droit donne à l'usager la faculté de prendre dans la forêt assujettie des bois de construction ou de réparation, mais seulement lorsque le besoin de construire

ou de réparer ses bâtiments se produit. De là la question de savoir si la prescription extinctive de ce droit doit courir du jour de la dernière délivrance, ou seulement, par application de l'art. 2257 c. civ., qui dispose que la prescription ne court point à l'égard d'une créance dépendant d'une condition jusqu'à ce que cette condition arrive, à dater du jour où l'usager, ayant besoin de bois pour construire, a négligé d'exercer son droit. Or, il semble bien, suivant l'opinion exprimée au *Rép.*, n° 147, que l'art. 2257 c. civ., restreint par ses termes mêmes à la prescription extinctive des créances et des actions en garantie, c'est-à-dire de droits qui ont pour corrélatif des obligations personnelles, ne peut être étendu à la prescription de droits réels revendiqués contre des tiers détenteurs, qui n'enchaîne aucun lien contractuel; il y aurait lieu, par suite, suivant l'opinion de Proudhon (*Rép.*, v° *Usage*, n° 148), de distinguer, quand il s'agit de l'appliquer aux servitudes, le cas où l'immeuble grevé est encore dans les mains du propriétaire qui a constitué la servitude, et le cas où cet immeuble est passé dans les mains d'un tiers possesseur : étranger à ce dernier cas, l'art. 2257 resterait, au contraire, applicable à celui où le propriétaire du fonds assujetti doit la servitude, non seulement comme détenteur de ce fonds, mais encore comme personnellement obligé. L'application de l'art. 2257 entraîne alors l'obligation de tenir compte des diverses modalités de condition ou de terme qui peuvent affecter le droit personnel conféré contre lui-même, par celui qui a constitué la servitude : or si le droit de marronnage n'est pas un droit conditionnel, en ce que l'événement futur auquel est subordonnée la délivrance, c'est-à-dire le besoin de l'usager, n'est pas un événement incertain, il est du moins un droit à terme, vu que cette circonstance, il est vrai, que l'époque de l'échéance est incertaine. D'où cette conséquence que, jusqu'à l'échéance, c'est-à-dire jusqu'au jour où le besoin se produit, la prescription extinctive du droit d'usage est suspendue relativement au débiteur personnellement obligé, et même que c'est à ce dernier qu'incombera l'obligation de prouver la survenance de l'événement qui fait cesser une prescription dérivant de la nature ou des termes du contrat constitutif. C'est en ce sens que s'est prononcée la cour de Pau dans un arrêt du 4 avr. 1870 (aff. Commune de Baudéan, D. P. 71. 2. 205).

488. La prescription pouvant anéantir les droits d'usage forestier peut avoir également pour effet de les réduire (*Rép.*, v° *Usage*, n° 150) et d'en modifier le mode d'exercice *Ibid.*, n° 153). Ainsi le droit de chauffage concédé en termes généraux et sans désigner aucune espèce de bois sur laquelle l'usager pourra prendre son approvisionnement plutôt que sur d'autres, est réputé embrasser tous les bois destinés au chauffage et peut, dès lors, s'exercer sur les bois vifs en taillis, qui sont, ainsi que les bois morts et les morts-bois, des bois de chauffage. L'usager auquel le droit de chauffage a été ainsi concédé a donc droit à tous les bois destinés au chauffage; mais si le propriétaire de la forêt assujettie est, depuis trente ans, toujours refusé à donner du bois vif, l'usage de ce dernier bois est prescrit contre l'usager à moins qu'il ne prouve que, depuis une époque moindre que le temps nécessaire pour la prescription du titre, il avait reçu du bois vif toutes les fois que le bois mort était insuffisant (Req. 27 janv. 1873, aff. Commune de Roquefort, D. P. 73. 1. 247).

489. Mais, comme on l'a exposé au *Rép.*, v° *Usage*, n° 151, l'exercice restreint du droit envisagé dans son ensemble, soit quant à la quantité des produits, soit quant au temps pendant lequel il est pratiqué, le conserve intégralement. Ainsi la prescription extinctive d'un droit d'usage appartenant à plusieurs, et consistant, par exemple, dans le droit de communer sur les landes, est interrompue au profit de tous les usagers par les actes de jouissance de quelques-uns d'eux seulement; et ces actes ont pour effet de conserver le droit même en faveur de ceux qui ne l'ont pas personnellement exercé. La restriction apportée à l'exercice du droit, suivant les convenances du communiste, ne suffit pas à restreindre le droit lui-même (Civ. cass. 29 juill. 1863, aff. Audrouin, D. P. 64. 1. 293; *Rép.*, v° *Usage*, n° 329). De même, dans le cas où les droits d'usage appartenant à une commune sur une forêt ont été fixés par une ancienne décision judiciaire à un nombre déterminé de chars de bois par feu, il suffit que ce nombre de chars ait été exactement délivré tous les ans à quelques-uns des habitants, agissant chacun pour soi mais en vertu du titre commun, pour empêcher la prescription de s'accomplir contre les autres communistes, bien que ces derniers aient négligé, pendant plus de trente années, de se faire faire aucune délivrance (Req. 11 juill. 1888, aff. De Couchies, D. P. 89. 1. 33).

490. La question de savoir si un droit de pâturage, concédé pour diverses espèces de bestiaux, reste conservé pour toutes les espèces, lorsqu'il n'est exercé que pour les bestiaux de l'une d'entre elles, peut donner lieu à certaines difficultés. Dans une opinion, l'usage pourrait être réduit par prescription au seul exercice pour l'espèce de bestiaux qui aurait été conduite au pacage. Mais cette solution ne nous paraît devoir être suivie qu'autant que la concession du droit spécifie les espèces de bestiaux en faveur desquels le pacage est établi. Au contraire, si l'usage a été concédé d'une manière générale pour les bestiaux d'une commune ou d'une généralité d'habitants, il ne nous semble pas que le fait qu'il n'a été exercé que pour certaines espèces, puisse avoir pour effet de le restreindre à ces seules espèces. C'est ce qui a été décidé par un arrêt dans un cas où un droit de pacage avait été concédé d'une façon générale pour tous les bestiaux d'un domaine sans distinction : il a été décidé que l'exercice de ce droit par la généralité des bestiaux l'avait conservé pour les porcs (Orléans, 26 déc. 1866, aff. Caillaud, D. P. 66. 2. 239).

491. Le principe suivant lequel la servitude usagère affecte indivisément tout le fonds qui y est soumis entraîne cette conséquence, que l'exercice de la servitude sur une partie quelconque du fonds asservi suffit à la conserver intégralement sur la totalité de ce fonds (*Rép.*, v° *Usage*, n°s 154 et 329),... à la condition, toutefois, que le fonds appartienne au même propriétaire (*Rép.*, v° *Usage*, n° 155) ou à plusieurs copropriétaires indivis. Au contraire, la division du fonds servant est censée substituer à la servitude primitive autant de servitudes distinctes qu'il y a de lots différents ; dès lors, chacun de ces lots peut se trouver affranchi par le non-usage pendant trente ans, sans qu'il y ait lieu d'examiner si la servitude a été conservée sur les autres lots (Demolombe, *Servitudes*, t. 2, n° 907; Aubry et Rau, *Cours de droit civil français*, 3° édit., t. 2, p. 456, *Rép.*, v° *Usage*, n° 158). Aussi lorsqu'une forêt soumise à des droits d'usage a été vendue séparément à divers particuliers, la reconnaissance des droits d'usage en faveur d'une commune émanée de l'un des acquéreurs, n'interrompt pas la prescription à l'égard des autres acquéreurs (Req., 11 mai 1870, aff. Commune de Régusse, D. P. 71. 1. 11.). Et, d'autre part, cette reconnaissance n'autorise pas la commune à exercer sur les seuls cantons du propriétaire qui a reconnu les droits d'usage tous les droits qu'elle avait autrefois sur la forêt entière (Même arrêt). En effet le principe de l'indivisibilité des droits d'usage est sans application lorsque les droits de l'usager sont conservés, non par l'effet d'actes exercés sur le fonds servant, mais par l'effet de la reconnaissance émanée de l'un des acquéreurs de ce fonds, alors que l'usager avait laissé éteindre ses droits par prescription envers les autres acquéreurs et les avait en quelque sorte restreints lui-même par son inaction.

§ 2. — Nature du droit d'usage forestier considéré au point de vue de la possibilité des forêts particulières. — Droits respectifs des propriétaires et des usagers (*Rép.*, v° *Usage*, n°s 343 à 365).

492. Les droits d'usage se règlent quant à l'étendue, par le titre qui les constitue, à tel point qu'ils peuvent absorber la totalité des produits (*Rép.*, v° *Usage*, n° 343), sous réserve de rester dans la limite de la possibilité de la forêt (*infra*, n°s 522 et suiv.), à laquelle le propriétaire peut les faire réduire (*Rép.*, v° *Usage*, n° 344). — Dans le silence des titres, l'exercice du droit d'usage est limité par les besoins de l'usager, et par la possibilité de la forêt. Et cette limitation ne porte pas seulement sur l'ensemble des droits qui grèvent la forêt, mais sur chacun d'eux considéré individuellement. Ainsi les divers droits d'usage qui grèvent une

forêt ne peuvent être complétés et compensés l'un par l'autre, mais doivent, quand les titres, ne s'expliquent pas sur ce point, se restreindre non seulement dans la limite des besoins des usagers, mais encore dans les limites des ressources forestières affectées spécialement à chaque nature de droits. Une commune, par exemple, ayant des droits de chauffage et de marronnage dans une forêt ne serait pas fondée, en cas d'insuffisance des bois de feu, à réclamer la délivrance de bois de service et d'industrie pour compléter son affouage (Toulouse, 30 mai 1863, *Rép. de lég. et de jur. for.*, t. 2, n° 337).

493. Le propriétaire, s'il peut faire réduire l'exercice des droits d'usage à la possibilité de la forêt, ne peut affaiblir lui-même cette possibilité au moyen d'opérations de sylviculture ou d'aménagements : il ne peut, en effet, rien faire, sans l'assentiment de l'usager, qui soit susceptible de diminuer les avantages de l'usage ou d'en rendre l'exercice moins commode (*Rép.* v° *Usage*, n°ˢ 346 et 347). Toutefois, comme ses intérêts ont droit à être sauvegardés au même titre que ceux de l'usager, on ne saurait lui interdire les travaux d'entretien et de conservation que réclame une sage administration. Le propriétaire a le droit d'exécuter tous ces travaux et de déterminer les époques où ils doivent être faits (*Rép.* v° *Usage*, n° 347), sous le contrôle des tribunaux, auxquels il appartient de décider souverainement jusqu'où peut s'étendre le droit de propriété, dans quelles circonstances il est susceptible d'être paralysé par celui des usagers, et si ces derniers peuvent obtenir une indemnité (*Rép.* v° *Usage*, n° 348). — Le propriétaire, en outre, conserve la jouissance personnelle de la forêt. L'existence du droit d'usage ne lui interdit nullement de tirer parti de son fonds ; et il serait contraire à la nature de ce droit que le propriétaire du fonds asservi fût exclu de toute participation aux produits usagers, alors même que ces produits ne se renouvellent pas périodiquement. C'est ce qui a été décidé spécialement à l'égard des produits d'une carrière (Metz, 29 avr. 1864, *Bull. ann. for.*, t. 2, n° 375). Suivant cet arrêt, on ne saurait inférer de la perpétuité d'un droit d'usage la prohibition, pour le propriétaire, de tirer parti de son fonds, si d'ailleurs il est certain que, eu égard à la richesse de la carrière, deux exploitations peuvent exister concurremment pendant une durée de plusieurs siècles.

494. Le droit, pour le propriétaire, de faire dans la forêt grevée les travaux que comporte une bonne administration implique celui de l'aménager comme il le juge à propos : il lui suffit de ne pas adopter un aménagement abusif et qui ait pour résultat de restreindre les droits des usagers. Ainsi dans une forêt assujettie, où les délivrances doivent se faire en bois d'un âge déterminé par le titre, le propriétaire peut pratiquer des coupes avant que le bois ait atteint l'âge fixé, pourvu qu'il laisse en état de possibilité une étendue suffisante pour assurer la satisfaction des besoins des usagers (Req. 27 oct. 1885, aff. Commune de Beaubray, D. P. 85. 1. 398). Mais si le propriétaire ne réservait pas une partie de la forêt suffisante pour assurer les délivrances en bois de l'âge déterminé par le titre, l'aménagement pourrait être réputé contraire aux droits de l'usager et lui être interdit. Et le propriétaire qui, en changeant les aménagements, devancerait l'âge des coupes, de façon que les délivrances se trouveraient réduites à des quantités inférieures à celles sur lesquelles les usagers, et notamment les usagers au pâturage, ramage et glandée, étaient autorisés à compter, serait tenu de les indemniser (Rouen, 11 juill. 1861, *Rép. de lég. et de jur. for.*, t. 2, n° 335).

A la condition de respecter les droits des usagers, le propriétaire conserve donc sa liberté d'action. Ainsi le propriétaire d'une forêt (l'État, dans l'espèce) grevée d'usages en bois, condamné, sous peine d'indemnité envers les usagers, à rétablir l'ancien aménagement de la forêt et, par exemple à ramener l'âge de ses coupes de trente à vingt-cinq ans, satisfait complètement à cette condamnation en aménageant sa forêt par vingt-cinquième, et n'est pas tenu de n'y couper que des arbres dont l'âge n'excéderait pas vingt-cinq ans (Req. 2 août 1865, *Répertoire de législation et de jurisprudence forestières*, t. 3, n° 497). — D'ailleurs, les modifications que le propriétaire d'une forêt grevée de droit d'usage apporte à l'aménagement de cette forêt ne peuvent donner ouverture à des dommages-intérêts

au profit de l'usager qu'autant qu'elles présentent un caractère abusif et qu'elles ne sont pas motivées par la conservation de la forêt. Ainsi il a été jugé que le propriétaire d'une forêt grevée d'un droit de pâturage et de glandée n'excède pas son droit en convertissant en taillis cette forêt, qui était précédemment exploitée en futaie, alors surtout que, la forêt appartenant à une commune, sa transformation n'a eu lieu qu'à la suite des appréciations de l'Administration forestière qui en a jugé la régénération nécessaire et a pris elle-même l'initiative de la mesure (Colmar, 18 mai 1865, *Rép. de lég. et de jur. for.*, t. 3, n° 443).

495. Les changements apportés à l'ancien aménagement de la forêt ne peuvent donner lieu qu'à des dommages-intérêts au profit des usagers auxquels ils préjudicieraient, sans que ceux-ci puissent contraindre le propriétaire à suivre un aménagement qu'il jugerait désavantageux (*Rép.* v° *Usage*, n° 358). Jugé spécialement que l'usager au bois mort ne peut contraindre le propriétaire à modifier l'aménagement de sa forêt, sous prétexte que cet aménagement a pour effet de diminuer la production du bois mort (Trib. civ. Auxerre, 5 janv. 1875, *Rép. de lég. et de jur. for.*, t. 7, n° 49) ; il ne peut réclamer des dommages-intérêts.

496. On a vu au *Rép.* v° *Usage*, n°ˢ 347 et 348, que l'élagage et les autres travaux d'amélioration peuvent être exécutés par le propriétaire sans que l'usager soit admis à s'y opposer. Mais il n'en est pas de même des défrichements : comme on l'a exposé au *Rép.*, n° 349, le défrichement ne saurait avoir lieu contre le gré de l'usager ; il a, en effet, pour résultat de soustraire définitivement une portion du fonds servant à la servitude. Telle est la jurisprudence de la cour de cassation. Ainsi il a été jugé que : 1° le propriétaire d'une forêt grevée d'un droit d'usage qui l'oblige à fournir chaque année un nombre déterminé d'échalas n'a le droit de défricher aucune portion de la forêt, même sous la condition de faire déterminer par la justice l'étendue du sol forestier dont le défrichement pourra être opéré sans nuire aux droits de l'usager : ce serait faire un changement tendant à diminuer l'assiette de la servitude et les garanties données pour en assurer l'exercice (Civ. cass. 17 mars 1862, aff. Commune de Bourberain, D. P. 62. 1. 294) ; — 2° Que lorsque les terrains vains et vagues ou vacants sont grevés de droits d'usage ou de dépaissance établis par titres, le propriétaire ne peut en défricher aucune partie, même au cas où le surplus de ces terrains serait plus que suffisant pour l'exercice des droits des usagers : il n'a d'autre moyen d'affranchir sa propriété que le rachat ou le cantonnement (Civ. cass. 4 févr. 1863, aff. Commune de Nyer, D. P. 66. 1. 215) ; — 3° Qu'un droit de pâturage s'exerçant pendant l'année entière sur des terrains vagues, dont il est de nature à absorber tous les produits, doit être considéré comme mettant obstacle à la mise en culture et, par suite, au défrichement de ces terrains (Req. 9 mai 1866, aff. Vion, D. P. 67. 1. 293).

Il a été également jugé que les anciennes constitutions de la Catalogne, qui régissaient autrefois la province de Roussillon, et notamment l'art. 72, dit la loi *Stratæ*, qui attribuaient aux habitants des communautés des droits d'usage et de dépaissance sur les terres vacantes du seigneur, n'autorisaient pas celui-ci à en défricher aucune partie et à la soustraire ainsi à la dépaissance ; qu'en tout cas, cette loi, bien qu'elle ne régisse plus aujourd'hui aucune partie de la France, ne permet pas aux propriétaires actuels de réclamer pour l'avenir une faculté de défrichement dont leurs auteurs n'ont pas usé dans le passé ; qu'ils peuvent non plus s'appuyer, pour la réclamer, sur l'art. 630 c. civ., qui peut bien leur donner le droit de faire fixer le nombre de bestiaux nécessaire aux besoins des usagers et admis par suite à la dépaissance sur les vacants, mais non celui de soustraire aucune partie de ces mêmes vacants à cette dépaissance en les défrichant : les lois actuellement en vigueur ne leur donnent d'autre moyen, pour atteindre ce but, que le cantonnement et le rachat (Toulouse, 2 mai 1866, aff. Dussard, D. P. 66. 2. 118).

Cette doctrine se fonde sur la disposition de l'art. 701 c. civ. qui, en matière de servitude, interdit au maître du fonds servant tout changement pouvant porter atteinte aux droits dont ce fonds est grevé. Elle applique

cette disposition sans avoir aucun égard à la question de savoir si le défrichement est ou non préjudiciable à l'usager; et sans admettre que le maître du fonds servant puisse invoquer la disposition finale de l'art. 704 qui, pour toute servitude, lui permet d'en faire changer l'assiette, si l'endroit où elle a été primitivement fixée lui devient trop onéreux; pourvu qu'il offre au créancier de la servitude un autre endroit aussi commode pour l'exercice de son droit.

L'opinion contraire, qui reconnaît au propriétaire la faculté de défricher la forêt s'il ne doit résulter de ce défrichement aucun dommage pour l'usager (*Rép.* v° *Usage*, n° 350) nous paraît préférable. Elle repose sur une plus exacte application de l'art. 701 c. civ., et est plus favorable à la liberté de la propriété, que le législateur du code civil a entendu consacrer aussi complètement que possible (V. la dissertation de M. Meaume, D. P. 64. 2. 116). Elle avait été suivie par la chambre civile elle-même dans un arrêt du 20 juill. 1857 (aff. Perriquet, D. P. 57. 1. 402) qui avait décidé que la convention par laquelle un droit d'usage sur une forêt est remplacé, à titre d'indemnité, par la prestation annuelle et perpétuelle d'une quantité déterminée de bois, avec affectation hypothécaire de cette forêt, pour sûreté de son exécution, ne met pas obstacle aux défrichements partiels de la forêt, qui ne sont pas de nature à amoindrir le gage hypothécaire dont cette forêt est grevée (Civ. cass. 20 juill. 1857, aff. Perriquet, D. P. 57. 1. 402). Elle avait été également adoptée par certaines cours d'appel; un arrêt de la cour de Colmar avait, notamment, décidé, au point de vue d'un droit de pâturage, que le propriétaire d'une forêt grevée de droit de pâturage et de glandée est tenu d'indemniser l'usager du préjudice qu'il lui cause en défrichant une partie de cette forêt.

Quoi qu'il en soit, dans l'état actuel de la jurisprudence, le droit de défricher est refusé au propriétaire; il ne peut, dit-on, amoindrir par des défrichements les garanties réelles qui forment le gage de l'usager. Dans tous les cas, à supposer qu'un défrichement de minime importance ne doive pas être, malgré l'indivisibilité de l'usage, considéré comme portant atteinte aux droits de l'usager, il n'en saurait être ainsi d'un défrichement comprenant le cinquième du sol asservi; et effectué sans accord préalable du propriétaire avec l'usager (Besançon, 15 juin 1864, aff. Commune de Bourberain; D. P. 64. 2. 116, rendu sur renvoi à la suite de l'arrêt de cassation, du 17 mars 1862). Jugé encore qu'un droit de pâturage concédé sans condition de temps sur des terrains vagues enlève au propriétaire de ces terrains le droit de les mettre en culture, et, par suite, de les défricher, sauf à lui à user du droit de cantonnement ou de rachat : la conversion du droit de pâturage en droit de vaine pâture, avec indemnité, ne serait pas obligatoire pour l'usager (Orléans, 28 déc. 1867, aff. Pelerin, D. P. 68. 2. 68).

497. En thèse générale, le propriétaire d'un terrain vague grevé d'un droit de pâturage peut y faire des semis et plantations; mais on distingue, à cet égard, entre le cas où les semis se prennent que d'une partie de la propriété et celui où ils portent sur une étendue telle que les droits de l'usager se trouvent atteints (*Rép.*, v° *Usage*, n° 364. V. également la dissertation insérée D. P. 74. 2. 225, 230). Il a été jugé, notamment, que, par application de l'art. 701 c. civ., le propriétaire ne peut, par des semis ou des plantations, diminuer l'étendue de la servitude ou en rendre l'exercice plus incommode pour l'usager (Chambéry, 13 juill. 1874, aff. Foussemagne, D. P. 74. 2. 225).

498. En ce qui concerne les taxes et redevances à la charge des usagers, V. *Rép.*, v° *Usage*, n°s 90 et suiv., et notre *Code forestier annoté*, art. 61, n°s 1177 et suiv.

§ 3. — Obligation de délivrer. — Application de la règle : « L'usage n'arrérage pas » (*Rép.*, v° *Usage*, n°s 366 à 376).

499. L'obligation imposée aux usagers, en matière d'usage forestier, de n'user de leur droit d'usage qu'après en avoir obtenu la délivrance, implique pour le propriétaire l'obligation de faire cette délivrance à peine de dommages-intérêts (*Rép.*, v° *Usage*, n° 366). Lorsqu'il s'agit de droits de pacage, qui ne peuvent être exercés que dans les cantons reconnus défensables par le propriétaire ou par une

déclaration de l'Administration forestière (*infrà*, n°s 526 et suiv.), le propriétaire ne peut se refuser à désigner les cantons défensables et, dans le cas où l'intervention de l'Administration forestière est requise, il ne peut refuser les indications propres à faire connaître les cantons qui peuvent n'être pas en état de défensabilité; le propriétaire qui refuse ces indications peut, sur la demande des usagers, être condamné à les fournir dans un délai déterminé, à peine de dommages-intérêts, alors, d'ailleurs, qu'il ne déclare pas dispenser ces usagers des conditions de défensabilité (Req., 18 févr. 1864, aff. De la Rochejacquelein, D. P. 68. 1. 428). Les dommages-intérêts ne sont dus, dans tous les cas, qu'à partir de la demande en justice (Bourges, 24 août 1866, même affaire, D. P. *ibid.*).

500. On a vu au *Rép.*, v° *Usage*, n°s 366 et 367, qu'en raison du caractère quérable de l'usage, l'usager doit faire annuellement une demande en délivrance, à défaut de laquelle il y a présomption que ses besoins n'existent pas: à défaut de demande, le propriétaire, autorisé à croire que les besoins de l'usager sont satisfaits, peut disposer d'une manière absolue des produits de la forêt. Comme le dit un arrêt (Req. 4 août 1884, aff. Commune de Brugeron, D. P. 85. 1. 419), il résulte des caractères mêmes des droits d'usage forestier que ces droits doivent être perçus en nature et régulièrement, dès qu'ils sont exigibles. C'est ce qu'exprime l'ancienne règle : *Le droit d'usage n'arrérage pas*. Il résulte de cette règle que le bénéficiaire d'un droit d'affouage ne peut revenir sur son abandon et le non-usage, pour réclamer ultérieurement, au propriétaire de la forêt grevée, le montant de la valeur de l'affouage apprécié en argent, alors qu'aucun obstacle n'a été apporté par le propriétaire à l'exercice annuel de son droit et qu'il n'a pas rempli les formalités nécessaires pour obtenir la délivrance (Même arrêt du 4 août 1884).

501. Mais le refus du propriétaire du fonds grevé d'opérer la délivrance ne doit pas avoir pour conséquence de priver l'usager des arrérages échus. Aussi est-il de jurisprudence que la règle d'après laquelle les droits d'usage ne s'arréragent pas et que la délivrance doit en être demandée chaque année, à peine de déchéance, reçoit exception lorsque la demande en délivrance est tenue en suspens par une instance sur l'existence ou l'étendue du droit. Dans ce cas, l'usager doit obtenir les arrérages échus pendant la durée de l'instance (Pau, 29 janv. 1879, aff. Commune d'Asté et autres, D. P. 80. 2. 216 ; Lyon, 5 déc. 1884, aff. Commune de Cormarange, D. P. 85. 2. 225, et; sur pourvoi, Req. 11 janv. 1886, D. P. 86. 1. 453). L'usager a, en conséquence, le droit de réclamer au propriétaire toutes les annuités de délivrance échues depuis l'assignation; il doit obtenir des dommages-intérêts, quand le propriétaire ne peut plus lui faire en nature les délivrances arriérées (Lyon, 18 juin 1879, *Rép. de lég. et de jur. for.*, t. 8, n° 139). Ainsi, spécialement en ce qui touche les bois de chauffage qui doivent être fournis chaque année, il y a lieu, les prestations non réalisées ne pouvant plus être faites en temps opportun, d'allouer aux usagers une indemnité pécuniaire (Même arrêt). — Toutefois, comme on l'a dit au *Rép.*, v° *Usage*, n° 369, les droits d'usage n'arréragent qu'autant qu'il y a eu refus de délivrance et que l'usager a dû demander en justice la délivrance refusée (*Rép.*, *ibid.*, n° 369). Les arrérages sont dus, en ce cas, jusqu'au jour où les droits de l'usager ont triomphé en justice; l'exploit introductif d'instance reste, en pareil cas, comme une mise en demeure permanente jusqu'à la solution du procès. Mais, à partir de ce moment, la règle que les droits d'usage n'arréragent pas reprend son empire. En effet, le procès au sujet duquel a été déposée la demande en délivrance et la mise en demeure est terminé, et le silence postérieurement gardé par l'usager doit être interprété, selon la règle générale, comme un abandon de son droit, ou, tout au moins, comme un aveu implicite de son défaut de besoin. Il faut qu'il manifeste de nouveau son intention de réclamer l'exercice de l'usage pour que cette présomption de non-besoin disparaisse, et que le propriétaire ne soit plus autorisé à considérer comme satisfaits les besoins de l'usager (Lyon, 5 janv. 1884, aff. Commune de Cormaranche, D. P. 85. 2. 225, et Req. 11 janv. 1886, même affaire, D. P. 86. 1. 453).

Enfin, les délivrances arriérées ne doivent être fournies à l'usager qu'autant qu'il a été fait, à cet égard, une demande judiciaire : les réclamations adressées à l'autorité administrative seraient, à cet égard, sans aucun effet (Lyon, 18 juin 1879, *Revue forestière*, t. 8, n° 139).

502. Lorsque l'action de l'usager est dirigée contre une commune, la question de savoir si les droits d'usage s'arrêragent du jour du dépôt du mémoire à la préfecture, ou de celui de la citation en justice, présente quelques difficultés. On peut dire, dans ce dernier sens, que la mise en demeure est seulement constituée par une interpellation personnelle, et que l'on ne saurait considérer comme telle le dépôt du mémoire fait à la préfecture, et qui est ignoré de la commune. Mais, quoiqu'il ne faille pas rigoureusement assimiler, comme l'ont fait certains auteurs (Aubry et Rau, *Cours de droit civil français*, 4ᵉ édit., t. 2, § 215, p. 353 ; Reverchon, *Autorisation de plaider*, n° 72 ; Foucart, *Droit administratif*, t. 2, n° 839, et t. 3, n° 1755 ; Batbie, *Traité théorique et pratique de droit public et administratif*, 2ᵉ édit., t. 5, n° 313), le dépôt du mémoire soit à une demande en justice, soit à une citation en conciliation, assimilation que la jurisprudence a constamment repoussée (Civ. cass. 25 mars 1874, aff. Ville de Chaumont, D. P. 74. 1. 201 ; Req. 21ᵉ août 1882, aff. Commune de Fromelennes, D. P. 82. 1. 409), ainsi que plusieurs auteurs (Dufour, *Droit administratif*, t. 5, n° 332 ; Serrigny, *Compétence administrative*, t. 1, n° 429 ; Ducrocq, *Cours de droit administratif*, t. 2, n° 1176), il est certain que ce dépôt produit des effets propres dont on doit tenir compte. La loi du 18 juill. 1837 a déterminé ces effets. et les a limités : « La présentation du mémoire, dont l'art. 51 de cette loi, actuellement remplacé par l'art. 124 de la loi municipale du 5 avr. 1884 (D. P. 84. 4. 25-59), interrompra la prescription et toutes les déchéances, si elle est suivie d'une demande en justice dans le délai de trois mois. » Or, il est difficile de ne pas voir une déchéance dans la privation du droit d'usage à défaut de demande en délivrance, puisque, faute par l'usager de faire sa demande en temps utile, il est privé de son droit ; d'où il suit que la présentation du mémoire doit avoir pour effet de maintenir au profit de l'usager le droit de répéter, s'il y a lieu, les annuités dont il n'aura pu jouir. On ne saurait différer, jusqu'au jour où la commune aura eu connaissance du mémoire, le point de départ de l'arrérage des droits d'usage : la loi municipale, en effet, attache au dépôt du mémoire un effet interruptif de toute prescription sans faire aucune mention de sa communication au maire. Décider autrement serait ajouter aux dispositions de la loi (Lyon, 5 déc. 1884, aff. Commune de Cormaranche, D. P. 85. 2. 225).

503. La détermination de l'indemnité due à des usagers pour privation de jouissance d'un droit de pâturage, exigeant une appréciation de fait, rentre dans l'exercice du pouvoir souverain du juge du fond et échappe, dès lors, au contrôle de la cour de cassation (Civ. rej. 18 mai 1886, aff. Damas, D. P. 86. 1. 461). Il en est de même de la fixation du point de départ des intérêts compensatoires alloués en ce cas à titre de supplément de l'indemnité (Même arrêt).

§ 4. — Du droit d'usage forestier portant sur des essences ou des qualités de bois déterminées. — Bois mort et mort-bois. — Marronnage (*Rép.*, vᵒ *Usage*, nᵒˢ 377 à 406.)

504. Il est de règle que, lorsque le titre ne détermine pas d'une manière précise la nature du droit d'usage en bois, ce droit soit réputé être l'affouage (*Rép.*, vᵒ *Usage*, n° 377) ; mais, le plus souvent, le titre est plus explicite, et fréquemment il limite l'usage au bois mort ou au mort-bois, etc.

On a vu au *Rép.* (vᵒ *Usage*, nᵒˢ 378 et suiv.), ce qu'il faut entendre par le *bois mort*, c'est-à-dire celui qui n'est propre qu'à brûler, soit qu'il soit déjà tombé par terre, soit qu'il soit encore sur pied. Mais on ne doit considérer comme bois mort que celui qui est mort naturellement de la cime à la racine, en dehors de tout sinistre et de toute circonstance exceptionnelle. En conséquence, suivant deux arrêts, on ne saurait appliquer l'expression de bois mort au bois gelé de la cime au tronc. (Civ. cass.. 4 août 1885, aff. Cons. de Damas, D. P. 86. 4. 194-195, et sur renvoi, Nancy, 11 févr. 1886, D. P. 86. 5. 443). — Le mort-

bois diffère complètement du bois mort ; il a pour objet des arbres vifs, mais ne comprend, en général, que les essences les moins précieuses de la forêt (*Rép.*, vᵒ *Usage*, n° 388), c'est-à-dire des plantes, arbrisseaux et menus bois destinés à faire des fagots (Besançon, 22 juin 1870, aff. Commune de Chancevigney, D. P. 74. 1. 476). On a vu au *Rép.*, *ibid.*, que nulle difficulté n'était possible, quant au point de savoir quelles sont les essences sur lesquelles porte cet usage, dans les pays soumis à l'ordonnance de 1669, cette ordonnance ayant spécifié, par le rappel de l'ordonnance normande de 1315, les essences assujetties. Mais on a vu également (*Rép.*, vᵒ *Usage*, n° 389) que l'ordonnance de 1669 ne régissait pas les provinces annexées postérieurement à la France et, dans ces pays, les essences comprises dans le mort-bois ne sont pas déterminées d'une manière aussi précise. Il en résulte que les tribunaux ont pu, par application des coutumes locales, y comprendre certaines essences que l'ordonnance de 1315 n'avait pas énumérées, telle que le charme, l'orme et le tremble. D'autres arrêts ont, depuis lors, décidé que l'art. 1309 des anciennes ordonnances de Franche-Comté comprend dans le mort-bois le hêtre. ou foug (*fauga*) (Besançon, 22 juin 1870, aff. Commune de Chancevigney, D. P. 74. 1. 476 ; Nancy, 15 juin 1876, aff. Commune d'Hugier, D. P. 77. 2. 153), mais seulement dans une certaine proportion et dimension (Arrêt du 15 juin 1876 précité).

505. Le *marronnage*, ainsi qu'on l'a exposé (*Rép.*, vᵒ *Usage*, n° 395), doit être fourni en qualité de bois propre à la construction et à la réparation des bâtiments. On a vu au *Rép.*, nᵒˢ 396 et suiv., les difficultés qu'avait fait naître la question de savoir à quels bâtiments s'appliquait le droit au marronnage : certaines décisions, notamment, avaient refusé d'étendre ce droit aux édifices communaux (*Rép.*, n° 398). Mais la solution de semblable question dépend évidemment du titre et de la portée qui peut lui être attribuée ; il a été jugé, notamment, que les droits d'usage accordés à une communauté d'habitants, représentés par leurs syndics, ne peuvent être restreints aux maisons particulières à l'exclusion des édifices communaux (Toulouse, 30 mai 1863, *Rép. de lég. et de jur. for.*, t. 2, n° 337).

506. La question de savoir si le droit de marronnage comprend à la fois les bois de charpente et les bois dits de menuiserie, ou seulement les premiers, avait été, d'abord, résolue dans ce dernier sens (*Rép.*, vᵒ *Usage*, n° 399), de sorte que, dans la formation du capital usager pour le cantonnement d'un droit de marronnage, on n'aurait à tenir compte que des bois de charpente. La solution contraire semble avoir prévalu depuis la publication du *Répertoire*. D'après la jurisprudence la plus récente, l'usage en bois de construction et réparation embrasse, dans la généralité de ses termes, tout ce qui est nécessaire à ce genre de travail, et on ne saurait, dans le silence du titre, le limiter aux bois de charpente et aux planches pour planchers (Toulouse, 30 mai 1863, *Rép. de lég. et de jur. for.*, t. 3, n° 337). Spécialement au point de vue de l'appréciation des besoins généraux des communes usagères qui jouissent d'un droit de marronnage, il y a lieu de tenir compte des bois qui leur sont nécessaires pour terrassements, socles et plafonds, stalles d'écuries, aires de granges et d'écuries, lieux d'aisances, mobilier agricole, clôture de jardins, alors même qu'aux termes d'un règlement d'aménagement, les usagers ne peuvent recevoir que les bois nécessaires pour la charpente des toitures, couvertures de bardeaux, poutres, solives ou plots, planchers de chambres et greniers à grains, cloisons ou séparations, portes et fenêtres, et non pour tous autres usages (Besançon, 9 juill. 1878, aff. Commune de Levier, D. P. 82. 1. 257).

507. Sur la question de savoir si l'usager qui a droit à des bois de construction peut, en cas d'incendie de sa maison, et alors qu'elle est assurée, réclamer, outre le bois qui lui est dû en vertu de son titre d'usager, l'assurance tout entière vis-à-vis de la compagnie (V. *suprà*, vᵒ *Assurances terrestres*, n° 198, *Rép.*, vᵒ *Usage*, n° 405).

§ 5. — Etendue de l'usage d'après les besoins et le nombre des parties prenantes (*Rép.* vᵒ *Usage* nᵒˢ 407 à 440).

508. L'exercice des droits d'usage dans les forêts est limité non seulement par la possibilité de la forêt grevée

mais par les besoins des parties prenantes (*Rép.*, v° *Usage*, n° 407). En d'autres termes, l'art. 630 c. civ. s'applique aux droits d'usage dans les forêts et bois des particuliers; aussi, dans le silence des titres, les usagers ne sont-ils pas fondés à exiger des délivrances fixes et invariables, et celles-ci doivent-elles être réglées d'après leurs besoins réels combinés avec l'état et la possibilité de la forêt grevée (Rouen, 11 juill. 1861, *Rép. de lég. et de jur. for.*, t. 2, n° 335). L'usager, notamment, n'est pas fondé à réclamer, quel que soit le nombre des bestiaux déclarés et marqués pour être conduits au pâturage, la délivrance de la totalité des cantons défensables de la forêt : il peut être décidé que le propriétaire de la forêt ne sera tenu de délivrer que tant d'hectares par chaque tête de bétail (Req. 26 janv. 1864, aff. Commune de Bémécourt, D. P. 64. 1. 337); ... ou qu'une quotité déterminée de la forêt tout entière, telle, par exemple, que les deux cinquièmes de cette forêt (Req. 26 janv. 1864, aff. Roederer, D. P. 64. 1. 358. V. également Lyon, 5 déc. 1884, aff. Commune de Cormaranche, D. P. 85. 2. 225).

509. De la règle que l'usager ne peut exiger de délivrance que dans la limite de ses besoins, certaines cours d'appel ont conclu que l'usager est tenu d'appliquer d'abord et en premier ordre, à la satisfaction de ses besoins, ses ressources personnelles, et qu'il ne peut demander de délivrance que pour le surplus desdites ressources ainsi précomptées. On a exposé au *Rép.*, v° *Usage*, n° 84 et suiv., cette doctrine, qui a reçu dans la pratique le nom de *précomptage* ou de *précompte*, et qui a surtout été adoptée par les cours de Nancy, Colmar et Besançon. Mais l'opinion contraire, qui paraissait déjà devoir prévaloir en jurisprudence lors de la publication du *Répertoire*, semble être aujourd'hui définitivement admise. Ce système, fondé sur ce que le précomptage a pour résultat d'opérer l'extinction partielle ou totale de l'usage par un moyen autre que ceux qui sont prévus par la loi (*Rép.*, v° *Usage*, n° 86), n'est du reste appliqué qu'autant que le titre ne fait pas du précomptage une obligation pour l'usager (Lyon, 18 juin 1879, *Rép. de lég. et de jur.*, t. 8, n° 139). Ajoutons que, la plupart du temps, la question de savoir s'il y a lieu de précompter les ressources personnelles de l'usager est une question d'interprétation de titre qui est souverainement résolue par le juge du fond. Aussi la décision par laquelle les juges du fond, interprétant le titre des usagers et l'exécution qu'il a reçue, déclarent que les produits en bois provenant de leurs propres forêts doivent être précomptés en déduction de l'émolument du droit d'usage, échappe-t-elle au contrôle de la cour de cassation (V. Req. 11 mai 1870, aff. Commune de Régusse, D. P. 71. 1. 62).

510. Il est clair, d'après ce qui précède, que si le titre énonce que les ressources personnelles de l'usager doivent être précomptées, cette mesure doit recevoir son application. Il n'est même pas nécessaire que cette restriction du droit d'usage soit formellement exprimée ; il suffit qu'elle puisse s'induire de l'ensemble des titres (Req. 26 déc. 1865, aff. Commune de Villiers-sous-Chalamont, D. P. 66. 1. 194). Il en est ainsi, notamment, quand il est établi par les titres que l'usager ne peut réclamer, dans la forêt soumise à l'usage, qu'un supplément, dans la mesure de ses besoins, aux ressources que lui fournissent les bois qui lui appartiennent (Besançon, 9 mars 1864, aff. Commune de Villiers-sous-Chalamont, D. P. 64. 2. 49, et sur pourvoi, arrêt précité du 26 déc. 1865). — Dans l'espèce sur laquelle ont statué ces arrêts, le titre affectait spécialement un bois communal à l'entretien des bâtiments appartenant aux habitants de la commune et à la construction des maisons neuves; en outre, il ressortait du même titre que la commune devait recevoir, en qualité d'usagère, les bois nécessaires à la reconstruction des maisons détruites par vétusté ou par accident, mais seulement à titre exceptionnel et en insuffisance des produits de la forêt communale. L'arrêt de la cour de Besançon a décidé que, dans ce cas, pour établir l'imputation des ressources personnelles de l'usager sur les délivrances usagères, de manière à ne faire porter l'imputation des ressources personnelles sur les délivrances usagères, que déduction faite des valeurs affectées taxativement à la satisfaction des besoins que le droit d'usage a pour objet de

remplir, sans que, dans aucun cas, la possibilité de la forêt communale puisse être dépassée.

511. On a examiné, au *Répertoire*, quelle doit être l'étendue de l'usage d'après les besoins et le nombre des parties prenantes, considérée au point de vue des besoins : 1° des habitants d'une maison; 2° des habitants d'une ferme ou métairie; 3° des habitants d'une commune ou section de commune. — Sur le premier point, il suffira de se référer aux explications du *Rép.*, v° *Usage*, n° 408.

512. En ce qui concerne les besoins des habitants d'une métairie (*Rép.*, v° *Usage*, n° 409), on a vu que l'importance des produits usagers doit être déterminée d'après les besoins d'une exploitation agricole. Le droit d'usage s'étend, notamment, aux bâtiments d'exploitation, pourvu qu'ils soient réellement affectés à l'exploitation des terres qui faisaient partie du domaine rural à l'époque de la constitution de la servitude (*Rép.*, *ibid.*). Il faut ajouter, semble-t-il, cette condition que les bâtiments répondent aux nécessités de l'exploitation et qu'on ne saurait étendre l'usage à des bâtiments qui excéderaient, par leur importance et leurs dimensions, les besoins moyens d'une exploitation de l'étendue de celle dont il s'agit; il faut en outre, à notre avis, tenir compte, à ce point de vue, des habitudes locales et du mode employé pour le logement des animaux et du fourrage : ainsi, dans les localités où le bétail est conduit au pâturage pendant une partie de l'année, et où sa nourriture n'exige pas les approvisionnements et les réserves en fourrage qui sont nécessaires dans d'autres pays, il nous semble qu'on devra tenir compte de cette circonstance, lorsqu'il s'agira d'apprécier les besoins réels de la ferme et de vérifier si les bâtiments, en faveur desquels l'exercice de l'usage est réclamé, rentrent dans les dimensions que le mode d'exploitation exige (V. Besançon, 9 juill. 1878, aff. Commune de Levier, motifs, D. P. 82. 1. 257).

513. Lorsqu'il s'agit d'apprécier l'étendue de l'usage au point de vue des habitants d'une commune, la première question est celle de savoir si l'usage concédé est individuel ou communal (*Rép.*, v° *Usage*, n° 411). Si le droit a été accordé à un nombre d'individus limité, il ne saurait s'étendre à tous les habitants de la commune, mais, comme l'a décidé un arrêt du 3 juill. 1828 (*Rép.*, v° *Usage*, n° 442), il doit être maintenu qu'au profit d'un nombre de chefs de famille égal à celui qui a été déterminé par le titre. S'il est communal, il s'étendra soit à la totalité des habitants de la commune, soit à une partie d'entre eux suivant une distinction dont on parlera plus loin. — Quant à la solution de la question de savoir si l'usage est ou non communal, elle dépend, avant tout, de l'interprétation du titre, interprétation qu'il appartient aux tribunaux de donner souverainement. Le *Répertoire* a fourni à cet égard (v° *Usage*, n° 412-418) un certain nombre d'exemples. Il a été jugé, depuis lors : 1° que lorsque la concession embrasse non seulement ceux qui composent actuellement la communauté, mais encore, dans l'acception la plus générale, tous ceux qui viendront dans la suite des temps y prendre place (*habitantes* et *habitaturi*), et que les droits ont été conférés à la communauté représentée par ses syndics, ces droits ne sauraient être restreints aux descendants des concessionnaires, à l'exclusion des nouveaux habitants (Toulouse, 30 mai 1863, *Rép. de lég. et de jur. for.*, t. 2, n° 337); — 2° Que, spécialement dans les pays régis par la coutume de Béarn, les mots *voisins* ou *circonvoisins*, employés dans des actes portant concession à des communes par leurs anciens seigneurs, désignaient, à moins de dispositions contraires, non des individus, mais des corps collectifs tels que des paroisses ou communautés (Pau, 7 mars 1864, *Rép. de lég. et de jur. for.*, t. 3, n° 391).

514. Lorsque, comme dans les espèces qui ont donné lieu aux arrêts cités *suprà*, n° 513, l'usage est reconnu communal, c'est-à-dire appartient à la communauté des habitants considérée comme corps moral, la détermination des parties prenantes a donné lieu à plusieurs systèmes qui ont été exposés au *Rép.* v° *Usage*, n°s 420 et suiv., sous la désignation de systèmes de Proudhon, de Merlin, et de Troplong. — Ce dernier système (*Rép.* v° *Usage*, n° 425), qui voit dans les concessions des droits d'usage un contrat *do ut des*, c'est-à-dire fondé sur un échange d'avantages, intervenu entre les seigneurs et les ha-

bitants qui venaient s'établir sur leurs terres, limite l'exercice de l'usage aux maisons existant au moment où les seigneurs se sont trouvés dépouillés des services résultant des concessions d'usages, c'est-à-dire au 4 août 1789. Il en résulte que les maisons qui existaient au 4 août 1789 seraient seules bénéficiaires de l'usage. — Mais lorsqu'un droit d'usage, concédé aux habitants d'une commune *ut universi*, a été, par application des lois abolitives de la féodalité, limité aux maisons des maisons construites antérieurement à la mise à exécution desdites lois, ce droit d'usage n'en conserve pas moins son caractère originaire, c'est-à-dire qu'il reste communal (Trib. civ. Saint-Dié, 20 avr. 1866, *Répertoire de législation et de jurisprudence forestières*, t. 3, n° 478).

515. Le système enseigné par Troplong n'est, d'ailleurs, applicable qu'aux droits d'usage qui ont une origine féodale ; ceux qui n'ont pas cette origine ne sauraient être restreints à la population existant au 4 août 1789 (*Rép.* v° *Usage*, n° 431). Il n'est pas non plus applicable lorsque le titre contient une disposition contraire (*Rép.* v° *Usage*, n° 435). Ainsi il a été jugé : 1° que les concessions de droits d'usage forestiers faites, moyennant redevances, par les anciens seigneurs, aux communautés d'habitants dans le territoire desquelles se trouvaient les forêts grevées de ces concessions, profitent même aux maisons construites depuis le 4 août 1789, lorsqu'elles ont été faites tant à ces habitants que pour leurs successeurs à toujours (Civ. rej. 19 juill. 1858, aff. Commune de Vandes, D. P. 63. 1. 77. Comp. Metz, 24 août 1863, *Répertoire de législation et de jurisprudence forestières*, t. 2, n° 296) ; — 2° Que la qualité d'usager d'une forêt résulte de la qualité d'habitant d'une commune déterminée, si cette condition est déclarée suffisante par les anciens titres concédant le droit d'usage ; et, lorsque ces titres stipulent pour le présent comme pour l'avenir, l'usager, qui d'ailleurs ne tient son droit d'un seigneur, n'est pas tenu d'établir que ses auteurs habitaient la commune avant le 4 août 1789 (Bordeaux, 6 janv. 1892, aff. Lacombe et Videau, D. P. 92. 2. 67). Décidé encore que lorsqu'une forêt domaniale est grevée, au profit d'une commune, de droits de chauffage constitués à feux croissants, l'art. 105 c. for. doit, à défaut de disposition spéciale de la loi, servir de règle pour déterminer ceux des habitants à admettre aux délivrances (Colmar, 22 janv. 1867, aff. Commune de la Petite-Pierre, D. P. 67. 2. 53). —

* **Art. 3.** — *Des titres établissant l'usage forestier.* — *Etendue du droit d'après les titres.* — *Clause de bon plaisir* (*Rép.*, v° *Usage*, n°s 441 à 460).

516. La preuve de l'existence des droits d'usage ne peut le plus souvent être recherchée dans les titres originaux, qui ont, pour la plupart, disparu (*Rép.*, v° *Usage*, n° 441). Cette preuve se trouve généralement dans des actes récognitifs postérieurs, des jugements, des arrêts du conseil du roi, etc.; et on admet que cette preuve peut résulter de ces actes, sans que le titre original y soit reproduit, pourvu que son existence y soit mentionnée. Ainsi il a été jugé : 1° qu'il y a lieu de reconnaître en faveur d'une section de commune, un droit exclusif d'affouage sur un bois situé sur son territoire, alors qu'elle a joui de ce droit, soit avant la Révolution, depuis un temps immémorial, et, notamment, depuis le 16e siècle, soit après 1789, jusqu'aux dernières années qui ont précédé le procès, alors même que le titre primitif de la concession ne serait pas rapporté, si son existence est rappelée dans plusieurs des titres versés au procès (Dijon, 8 févr. 1883, aff. Section de Beaudrecourt-la-Petite, D. P. 84. 5. 492) ; — 2° Que la preuve de l'existence d'un droit de pâturage, dans une forêt particulière, peut résulter de ce que le vendeur de cette forêt a imposé à son acquéreur l'obligation expresse de souffrir l'exercice de la servitude attachée à une propriété désignée (Chambéry, 13 juill. 1874, aff. Foussemagne, D. P. 74. 2. 225). Il importe peu que le propriétaire qui doit profiter de la servitude n'ait pas été partie au contrat, lequel est, à son égard, un titre récognitif, dans le sens de l'art. 695 c. civ., et vaut, tout au moins, comme un commencement de preuve par écrit qui rend légitime et efficace, au point de vue de l'acquisition de la servitude, la longue possession de l'usager

(Même arrêt). En outre, dès l'instant que l'existence des droits d'usages forestiers est reconnue et constatée par des titres formels et qu'il ne s'agit que de fixer les limites dans lesquelles doit s'étendre leur exercice, c'est-à-dire de constater le mode et l'étendue de cet exercice, les tribunaux peuvent recourir à une enquête pour établir les faits qui permettent d'établir cette constatation et, par conséquent, admettre la preuve testimoniale (Req. 11 mai 1880, aff. De Faultrier, D. P. 80. 1. 375).

517. La variété des expressions usitées dans les actes constitutifs des droits d'usage pour désigner un même droit, les obscurités du langage et l'emploi de termes qui se rapportent à des habitudes perdues, rendent l'interprétation des titres extrêmement difficile. On a formulé au *Rép.*, v° *Usage*, n°s 442 et suiv., quelques règles qui peuvent servir à cette interprétation ; la principale consiste en ce qu'il faut, dans les titres d'usage, s'attacher à rechercher la commune intention des parties contractantes, sans jamais appliquer à la lettre les expressions des titres. On a vu, notamment, au *Rép.*, v° *Usage*, n° 443 et suiv., les différents sens que comporte le mot *usage* ; plusieurs arrêts ont de nouveau considéré ce mot, employé au pluriel, comme désignant la jouissance de terrains communaux. Un arrêt de la cour de Paris a jugé que le mot *usages* avait été employé pour désigner des biens appartenant en propriété à des communes et affectés à l'usage des membres de la communauté considérés individuellement, et que le droit de *nouvel acquêt* s'appliquerait aussi bien aux immeubles appartenant en pleine propriété aux communes qu'à ceux dans lesquels elles n'étaient qu'usagères (Paris, 20 déc. 1867, *Rép. de lég. et de jur. for.*, t. 4, n° 673).

518. Il a été jugé, par une interprétation analogue des titres : 1° que la dénomination de *bois communaux* s'applique aussi bien, dans le langage de la pratique et le langage vulgaire, aux bois possédés par une commune à titre de propriété, qu'à ceux qui le seraient à titre de propriété (Metz, 25 mai 1869, *Revue forestière*, t. 4, n° 732) ; — 2° Que la preuve qu'une commune est simplement usagère, et non propriétaire de bois situés sur son territoire, résulte suffisamment d'une reconnaissance à terrier par laquelle les anciens habitants, stipulant pour eux et leurs hoirs, déclarent que ces bois appartiennent au seigneur et qu'ils n'y ont que des droits d'usage moyennant redevance, alors même que ces bois auraient été désignés sous les noms d'usages et de bois usagers (Bourges, 23 déc. 1861, aff. Commune de Gron, D. P. 63. 2. 59) ; — 3° Que la dénomination dans des actes (chartes-contrats ou décisions judiciaires) de *bois d'usages*, *usages communaux*, donnée aux bois de la commune, ainsi que celle d'usagers, appliquée aux habitants, n'implique pas la non-propriété de la commune : cette dénomination sert à définir les droits des habitants, considérés individuellement, par rapport à la commune, considérée comme propriétaire (Dijon, 10 août 1864, aff. Commune de Bourbonne-les-Bains, D. P. 65. 2. 33) ; — 4° Qu'une commune censitaire d'un marais sous l'ancien régime, propriétaire pure et simple depuis la Révolution, ne peut être considérée comme usagère, alors même que d'anciens actes auraient ainsi qualifié sa jouissance ; qu'en conséquence, l'action en cantonnement du droit d'usage sur un marais, dirigée contre cette commune, doit être repoussée si elle n'est pas fondée sur des titres établissant clairement le droit de propriété du marais en la personne du demandeur en cantonnement (Req. 28 déc. 1874, aff. De Maynard, D. P. 75. 1. 228) ; — 5° Que les mots « bois appartenant à une commune » n'emportent pas nécessairement l'idée d'une propriété pleine et entière, et peuvent s'appliquer également aux bois possédés par les communes à titre d'usagers (Metz, 9 avr. 1867, *Rép. de lég. et de jur. for.*, t. 4, n°s 672). Et si, dans les pays de franc-alleu, en vertu de la maxime : *Nul seigneur sans titre*, les communes sont présumées, au regard de leurs anciens seigneurs, avoir été primitivement propriétaires des bois et pâturages sur leur territoire, cette présomption n'a de force qu'en l'absence de titre contraire (Même arrêt) ; — 6° Qu'une commune doit être réputée simplement usagère des bois provenant d'une abbaye, lorsqu'il résulte d'une déclaration régulièrement faite par le maire et les syndics, en exécution d'un arrêt de l'ancien conseil, « que ladite commune

ne fait aucune vente ni profit dans ces bois, si ce n'est pour ses usages et nécessités » (Motifs, Nancy, 18 déc. 1862, *Rép. de lég. et de jur. for.*, t. 1, n° 210).

519. Si le meilleur moyen de fixer le sens d'un acte est de se reporter à l'exécution qu'il a reçue, cette règle n'est cependant pas absolue (*Rép.*, v° *Usage*, n° 451), et lorsque le titre constitutif d'un droit d'usage en forêt est connu, il y a nécessité d'y conformer la possession de la commune, quelque longue qu'ait été cette possession et quelle que soit aussi l'étendue des produits du sol perçus par la commune usagère (Metz, 25 mai 1869, *Rép. de lég. et de jur. for.*, t. 4, n° 732).

520. Nous citerons enfin, comme exemples d'interprétation, quelques arrêts qui ont eu à se prononcer sur le sens de certaines expressions employées dans les titres. Jugé notamment : 1° que le mot *aysements*, dans les actes du 16e siècle, est essentiellement indicatif d'un droit de servitude sur la propriété d'autrui (Metz, 9 avr. 1867, *Rép. de lég. et de jur. for.*, t. 4, n° 672) ; — 2° Qu'on doit considérer comme renfermant une simple concession de droits d'usage, et non un abandon de propriété, l'acte par lequel un seigneur concède un canton de forêt aux habitants d'un hameau, pour le tenir de lui à titre d'usage, moyennant redevance, et sous la condition de ne pouvoir prendre du bois pour leur chauffage et autres nécessités qu'en se conformant aux règlements forestiers (Bourges, 27 févr. 1861, aff. Commune de Saint-Aubin, D. P. 63. 2. 57) ; — 3° Que lorsque, dans une seule et même convention dont toutes les dispositions sont corrélatives, le seigneur abandonne aux habitants d'une communauté le *forestage*, c'est-à-dire tous les produits d'une forêt, d'abord pour la satisfaction de leurs besoins, puis pour vendre l'excédent à leur profit, tant qu'il n'aura pas établi une scierie, la réserve relative à l'établissement de cette scierie ne peut tomber en prescription tant que l'obligation principale subsiste : cette réserve, procédant du droit de propriété, n'a pas besoin d'une action pour être conservée ; par suite, et dans les mêmes circonstances, les habitants n'ont pu prescrire contre le seigneur, ni contre ses représentants, le droit à la jouissance exclusive des arbres (Pau, 13 août 1861, aff. Héritiers d'Uzès, D. P. 61. 2. 219) ; — 4° Que la maxime : *In antiquis enuntiativa probant* s'applique même aux servitudes discontinues, telles que des droits de pacage, lorsque le titre ancien qui renferme les énonciations est émané du propriétaire du fonds asservi et passé contradictoirement avec lui (Pau, 7 mars 1864, *Rép. de lég. et de jur. for.*, t. 3, n° 391) ; — 5° Que l'acte par lequel un seigneur concède des terres à une commune, avec réserve de droit d'usage au profit d'une commune voisine, peut être invoqué par celle-ci comme un acte récognitif émané du propriétaire du fonds, ou du moins comme une énonciation insérée dans un acte ancien et ayant la force d'une preuve complète, alors qu'il est soutenue par la possession (Pau, 7 mars 1864, *Rép. de lég. et de jur. for.*, t. 3, n° 391).

Art. 4. — *Du triage.* — *Du tiers danger.* — *Du tiers denier dans ses rapports avec l'usage forestier* (*Rép.*, v° *Usage*, n°s 461 à 474).

521. V. *Rép.*, v° *Usage*, n°s 461 à 474, et notre *Code forestier annoté*, art. 63, n°s 95 à 141.

Sect. 2. — Police des droits d'usage (*Rép.*, v° *Forêts*, n°s 1399 à 1401).

Art. 1er. — *Réduction des droits d'usage suivant l'état et la possibilité de la forêt* (*Rép.*, v° *Forêts* n°s 1402 à 1419).

522. On a rappelé à plusieurs reprises (*supra*, n°s 492, 508) la règle qui limite les droits d'usage dans les forêts d'une part aux besoins de l'usager, d'autre part à l'état et à la possibilité de la forêt. Nous n'avons pas à revenir sur les motifs de cette règle, qui ont été exposés au *Rép.* v° *Forêts*, n° 1402 ; il suffira de rappeler que l'art. 65 c. for., dans lequel elle est posée, est d'une application générale, qu'il s'agisse de droits de pacage, pâturage, etc., dont s'occupent spécialement les articles suivants du code forestier, ou qu'il s'agisse d'usages en bois ou autres (Colmar, 16 avr. 1861,

aff. Klópfenstein, D. P. 63. 2. 52). C'est à l'Administration seule qu'il appartient de décider de la possibilité de la forêt dans les bois soumis au régime forestier, sauf aux usagers à contester, devant les tribunaux compétents, l'appréciation de la possibilité faite par l'Administration forestière.

523. Les contestations relatives à l'appréciation de la possibilité des forêts soumises au régime forestier qui émane de l'Administration forestière, doivent être portées devant le conseil de préfecture (*Rép.*, v° *Forêts*, n° 1407 ; Cons. d'Et. 7 déc. 1847, aff. Dietrich, D. P. 49. 3. 20). Cette juridiction est seule compétente, sauf recours au conseil d'Etat, pour contrôler l'acte administratif qui constitue la déclaration de possibilité ; il en est ainsi alors même que la question de possibilité est soulevée à l'occasion d'une instance dont l'objet serait de déterminer l'étendue d'un droit d'usage. Le tribunal civil saisi de cette dernière question est tenu de surseoir jusqu'à ce qu'il ait été statué par la juridiction administrative sur la possibilité. Ce tribunal ne saurait, notamment, conférer à des experts le soin de déterminer, après examen de la forêt, les quantités de bois à délivrer dans l'avenir aux usagers (Lyon, 5 déc. 1884, aff. Commune de Cormaranche, D. P. 85. 2. 225).

524. Mais les tribunaux civils ne sont tenus de renvoyer à la juridiction administrative les questions relatives à la possibilité de la forêt ou à sa défensabilité (*infra*, n°s 531 et suiv.) qu'autant que la question portée devant eux a trait à l'exercice de la servitude, et non lorsqu'elle se réfère à son existence même et à son étendue. Lorsqu'il s'agit, notamment, de rechercher si le propriétaire a, par des innovations abusives, porté atteinte aux droits de l'usager, la déclaration de non-défensabilité émanée de l'autorité administrative ne met pas obstacle à ce que les tribunaux civils apprécient cette atteinte d'après les circonstances du procès, et ordonnent une expertise à l'effet de fixer les limites du droit et de vérifier, spécialement, si les plantations et semis faits par le propriétaire n'ont été qu'un moyen détourné d'arriver à la suppression de la servitude, alors surtout qu'ils déclarent, en prescrivant cette mesure, ne rien préjuger sur le mode d'exercice de la servitude litigieuse (Civ. rej. 31 juill. 1876, aff. Foussemagne, D. P. 77. 1. 131). Les tribunaux en effet, lorsqu'ils ordonnent une semblable mesure, n'apprécient pas la possibilité ou la défensabilité de la forêt au point de vue de l'exercice de la servitude, mais seulement au point de vue des dommages-intérêts encourus par suite d'une exploitation non légitime. En pareil cas, la possibilité ou la défensabilité de la forêt devient un simple moyen d'évaluation de ces dommages intérêts. Leur décision laisse entier le pouvoir réservé à l'Administration de soumettre, pour l'avenir, l'exercice de l'usage aux conditions de possibilité et de défensabilité qu'elle est appelée à régler dans l'intérêt de la conservation des forêts domaniales ou particulières (V. en ce qui concerne les bois des particuliers, *infrà*, n°s 527 et suiv.).

525. La compétence du conseil de préfecture est limitée à l'appréciation en fait de la possibilité de la forêt. Cette juridiction serait incompétente pour connaître d'une demande en dommages-intérêts fondée sur une indue privation de droits d'usage, alors même qu'il s'agirait d'une forêt de l'Etat (Cons. d'Et. 8 juin 1850, aff. Commune de Mazan, D. P. 50. 3. 72). Sa compétence, ici encore, se bornerait à la question de savoir si les agents forestiers ont à bon droit refusé de reconnaître la possibilité de la partie litigieuse. Tant qu'il n'a pas fourni la preuve que la possibilité de la forêt est supérieure à celle que l'Administration lui attribue et fait admettre cette preuve par le conseil de préfecture ou, s'il y a lieu, par le conseil d'Etat (*Rép.*, v° *Forêts*, n° 1408), l'usager ne peut, sous peine de contravention forestière, user d'un droit plus étendu que celui qui lui est reconnu par l'Administration ; mais il n'est pas tenu d'accepter la délivrance restreinte qui lui est offerte par l'Administration (Pau, 9 juin 1863, *Rép. de lég. et de jur. for.*, t. 2, n° 259) ; et la question de savoir si, en ce cas, il a droit à des dommages-intérêts est du ressort exclusif des tribunaux de l'ordre judiciaire.

Décidé, d'après ces principes, que c'est l'autorité judiciaire seule qui peut décider, par appréciation d'anciens titres et d'une sentence judiciaire si, dans une forêt domaniale, la commune usagère a droit aux bois vifs et aux

futaies impropres aux constructions, ou seulement aux bois morts et aux remanents de futaies exploitées (Cons. d'Et. 1er déc. 1852, aff. Abat, D. P. 53. 3. 19)..., ou déclarer que les droits d'usage peuvent être exercés durant la nuit et pendant toute l'année (Req. 6 juin 1855, aff. Goupel, D. P. 55. 1. 316).

Art. 2. — *Règles de police communes à l'exercice des droits de pâturage, panage et glandée.*

§ 1er. — Défensabilité (*Rép.* v° *Forêts*, n°s 1420 à 1471).

526. L'art. 67 c. for. dispose que les droits de pâturage et de panage ne peuvent s'exercer que dans les cantons qui auront été déclarés défensables par l'Administration forestière (*Rép.*, v° *Forêts*, n° 1420). On a vu au *Rép. ibid.*, n° 1421, que cet article est applicable à tous les droits d'usage qui ont pour objet la nourriture des bestiaux, droits de paisson, glandée, faînée, de parcours, bien que l'art. 67 ne parle que des droits de pâturage et de panage.—La défensabilité, qui ne doit pas être confondue avec la mise en défens (*Rép.*, v° *Forêts*, n° 1422), est déclarée par l'Administration forestière seule, en ce qui concerne les bois de l'Etat. Elle consiste dans la désignation d'un canton défensable, c'est-à-dire jugé capable de supporter, sans grave inconvénient, l'introduction du bétail (Puton, *Législation forestière*, p.183). Elle constitue le mode de délivrance prescrit par la loi pour l'exercice des droits d'usage qui ont pour objet la nourriture des bestiaux (*Rép.*, v° *Usage*, n° 83).

527. La défensabilité est étrangère aux terrains qui ne sont pas en nature de bois ou soumis au régime forestier (*Rép.* v° *Forêts*, n° 1433). Cependant, en cas de poursuite pour introduction de bestiaux dans un canton déclaré non défensable, le tribunal ne pourrait ordonner la visite de ce canton, à l'effet de rechercher s'il est ou non en nature de bois, et si c'est à tort ou à raison qu'il a été mis en défens par les agents forestiers ; une telle recherche constituerait un empiètement sur les attributions de la justice administrative. Celle-ci seule pourrait déclarer, contrairement aux énonciations du procès-verbal de défensabilité, que les quartiers mis en défens ne présentent pas une surface boisée (Toulouse, 8 févr. 1862, aff. Rouzeaud, D. P. 62. 2. 27). Mais lorsqu'une décision au possessoire a maintenu les habitants d'une commune dans l'exercice d'un droit de pâturage à eux contesté sur un pâtis qu'elle déclare n'être ni en nature de bois, ni soumis au régime forestier, l'Administration forestière ne peut, après y avoir acquiescé, et tant qu'elle n'a pas obtenu de décision contraire au pétitoire, poursuivre les habitants qu'elle trouve faisant paître leur troupeau sur ce pâtis, encore bien qu'au lieu de contester leur droit de pâturage, elle se borne à opposer que le terrain n'a pas été déclaré défensable; il y a, en pareil cas, chose jugée sur les deux points (Crim. rej. 24 janv. 1854, aff. Dureaud, D. P. 54. 5. 396).

528. On a vu au *Rép.*, v° *Forêts*, n° 1432, que le tribunal de répression saisi d'une poursuite pour infraction à l'art. 67 c. for. doit, depuis comme avant la promulgation de ce code, appliquer la peine, sans pouvoir prononcer le sursis à l'action correctionnelle jusqu'à ce que la question du droit à l'usage ait été résolue par les tribunaux civils. En effet, lorsqu'il y a eu délit de pâturage dans un canton non déclaré défensable, le fait délictueux existe indépendamment de la solution que le litige peut recevoir de la juridiction civile. Cette solution, pour prévaloir, doit précéder et non suivre le fait de pâturage. L'usager ne peut donc opposer comme une exception préjudicielle, de nature à faire disparaître le délit, l'offre par lui faite de porter devant les tribunaux civils la question de savoir si le propriétaire a pu valablement repeupler les vides de sa forêt, alors que le délit, pour lequel l'usager est poursuivi, consiste dans le fait de pâturage en dehors des cantons défensables (Dijon, 26 juill. 1874, aff. Guembaud, D. P. 75. 2. 202).

529. — *Bois des particuliers.* — On a vu au *Rép.*, v° *Forêts*, n° 1443, que si, aux termes de l'art. 119 c. for., les usagers ne peuvent exercer leurs droits de pâturage dans les bois des particuliers s'ils n'ont été déclarés défensables par l'Administration forestière et suivant l'état et la possibilité des forêts reconnus et constatés par la même

Administration, il n'est pas indispensable que cette reconnaissance soit préalablement faite par l'Administration si le propriétaire et l'usager s'entendent pour régler à l'amiable la possibilité de la forêt et la désignation des cantons défensables. L'intervention des agents forestiers ne doit avoir lieu que si elle est requise par les intéressés à défaut d'entente entre eux. L'accord de l'usager et du propriétaire peut, d'ailleurs, être exprès ou tacite : exprès, lorsqu'il est réglé par un acte écrit; tacite lorsque le pâturage est exercé sur les mêmes cantons au vu et au su du propriétaire. Suivant un arrêt de la chambre criminelle du 16 juin 1876 (aff. Lamoureux, D. P. 77. 1. 137), la défensabilité ne pourrait être reconnue légalement que par deux moyens, c'est-à-dire la déclaration de l'Administration forestière rendue conformément à l'art. 119 c. for. sauf recours aux tribunaux en cas de contestation, et la convention entre le propriétaire et les usagers. — Il semble bien qu'il faille également reconnaître au propriétaire le droit de déclarer lui-même la défensabilité de la forêt, en vertu des droits qu'il tient des art. 2 et 120 c. for., c'est-à-dire du droit de propriété (art. 2), droit que lui confère évidemment un pouvoir égal à celui que les agents du Gouvernement ont sur les forêts soumises au régime forestier (V. la dissertation de M. Meaume, D. P. 77. 1. 137, notes 4, 5, 6). Enfin la défensabilité peut être déclarée par décision de justice provoquée par les usagers en l'absence de toute déclaration du propriétaire (art. 122 c. for.).

530. La mission des agents forestiers, lorsque leur intervention est requise, se borne, comme on l'a exposé au *Rép.*, v° *Forêts*, n°s 1444 et suiv., à constater l'état matériel de la forêt et à exprimer, d'après cet état, sa possibilité relativement au droit d'usage, mais en se fondant uniquement sur cet état matériel et non sur les droits et les titres des usagers. On a vu également qu'il n'appartient pas à l'Administration forestière de fixer la durée de l'exercice annuel du pâturage (*Rép.*, v° *Forêts*, n° 1446), ni l'époque d'introduction des bestiaux d'après les titres; les difficultés auxquelles ces questions peuvent donner lieu, sont résolues par les tribunaux de l'ordre judiciaire. En conséquence, lorsqu'un usager est poursuivi par le propriétaire d'une forêt pour avoir exercé son droit de pâturage en dehors du temps fixé par la déclaration de défensabilité, le maire, agissant au nom de la commune, peut intervenir dans l'instance correctionnelle pour opposer un titre d'après lequel les habitants de la commune usagère auraient le droit de faire pâturer leurs bestiaux pendant toute l'année (Rennes, 22 déc. 1880, *Rép. de lég. et de jur. for.*, t. 9, p. 292); et l'exception préjudicielle ainsi élevée doit être admise (V. toutefois en sens contraire, Rennes, 20 févr. 1883, aff. Chotard, D. P. 84. 5. 494).

531. Les difficultés relatives à la défensabilité des forêts particulières, bien qu'elles portent sur le mode d'exercice de l'usage, sont de la compétence des tribunaux ordinaires à l'exclusion des conseils de préfecture (*Rép.*, v° *Forêts*, n° 1449). Il en est ainsi, sans aucun doute, lorsque l'intervention des agents forestiers n'a été requise ni par le propriétaire, ni par les usagers, et que la défensabilité a été reconnue de leur commune volonté (Puton, *Législation forestière*, p. 184). Telle est la solution consacrée par une jurisprudence déjà constante, lors de la publication du *Répertoire*, v° *Forêts*, n° 1449, et qui a été généralement suivie depuis (Chambéry, 13 juill. 1874, aff. Foussemagne, D. P. 74. 2. 225. Comp. Req. 8 juill. 1868, D. P. 69. 1. 191). Toutefois, un arrêt (Toulouse, 8 févr. 1862, aff. Rougeaud, D. P. 62. 2. 297) a décidé que les réclamations contre les procès-verbaux de défensabilité émanés des agents forestiers devaient, dans tous les cas, être portées devant les tribunaux administratifs.

532. Mais la doctrine et la jurisprudence sont divisées sur la question de savoir quelle est l'autorité qui s'attache aux procès-verbaux de défensabilité émanant des agents forestiers, et si les tribunaux civils peuvent passer outre à la déclaration de défensabilité nonobstant ces procès-verbaux.

Dans un premier système qui a été consacré par l'arrêt de la cour de Chambéry du 13 juill. 1874, cité *supra*, n° 531, quand le propriétaire d'une forêt oppose, à l'usager au pâturage, un procès-verbal de défensabilité dressé par un

agent forestier, en exécution de l'art. 119 c. for., cet usager peut néanmoins contester devant l'autorité judiciaire les solutions indiquées par cet acte, et obtenir que des experts soient nommés pour en contrôler l'exactitude. Ce système se fonde sur ce que l'intervention des agents forestiers, pour déclarer la défensabilité des forêts particulières, a un caractère purement facultatif et constitue une simple faveur accordée par la loi aux particuliers qui, sans la disposition de l'art. 119, auraient été sans droit pour requérir cette intervention. — Mais il ne peut résulter de la disposition précitée une attribution de juridiction aux agents forestiers, et on ne saurait admettre que le code forestier ait entendu attribuer à une déclaration de défensabilité, faite à propos d'un bois particulier, un caractère souverain qu'il ne lui attribue pas lorsqu'il s'agit d'un bois soumis au régime forestier, pour lequel la déclaration de défensabilité est soumise au contrôle du conseil de préfecture. En effet, si la déclaration de défensabilité d'un bois particulier ne pouvait être réformée par les tribunaux, elle serait sans aucun recours, puisque les conseils de préfecture ne sont compétents que pour les matières qui leur sont spécialement déférées, et que l'art. 67 c. for. est applicable aux seuls bois soumis au régime forestier. Il faudrait admettre que la compétence pour statuer sur ces déclarations devrait être attribuée au ministre de l'agriculture, et créer ainsi une différence que rien ne justifierait entre les bois soumis au régime forestier et les bois des particuliers. Cette attribution serait, d'ailleurs, contraire à l'art. 121 c. for., qui dispose que les contestations entre le propriétaire et l'usager ressortissent aux tribunaux ordinaires, et ne fait aucune exception pour le cas où la défensabilité a été déclarée par l'Administration forestière et embrasse, par la généralité de ses termes, toutes les contestations qui peuvent s'élever entre le propriétaire et l'usager. — Toutefois, on peut objecter que la déclaration émanée des agents forestiers est un acte administratif que les tribunaux ne peuvent réformer sans méconnaître le grand principe de la séparation et de l'indépendance réciproque des pouvoirs. Mais cette objection ne semble pas décisive. Et d'abord, on peut se demander si, dans le cas qui nous occupe, la déclaration des agents forestiers présente bien les caractères d'un acte administratif. La loi n'a dit nulle part ce qu'il faut entendre par acte administratif; mais ces mots impliquent par eux-mêmes l'exercice d'une certaine portion du pouvoir public. Or les agents forestiers dont l'intervention est requise donnent un simple avis, ils ne font pas acte d'autorité, et la déclaration qu'ils émettent n'a, à aucun degré, le caractère de l'imperium. Dès lors, si la déclaration de la défensabilité ne constitue pas en elle-même un acte administratif, elle n'a pas le pouvoir d'enlever aux tribunaux ordinaires le droit de statuer sur la question de défensabilité.

533. Dans une autre opinion, qui a été développée dans une dissertation de M. Meaume (D. P. 74. 2. 225, note), la déclaration des agents forestiers émanant d'un agent de l'Administration à l'occasion d'une mission légale serait un acte administratif. Sans doute, cet acte appartient à la juridiction volontaire ou gracieuse, et il est susceptible de réformation par les supérieurs hiérarchiques de l'agent, comme tout acte de cette nature; mais, tant qu'il n'aura pas été réformé, soit par un acte spontané du supérieur dont l'agent a été le délégué, conformément à l'art. 151 de l'ordonnance réglementaire, soit à la suite d'une réclamation quelconque, il conservera le caractère d'imperium. Ce ne sera jamais un acte de juridiction, susceptible d'être attaqué par la voie contentieuse, car il n'en est plus aujourd'hui comme sous l'ordonnance de 1669, qui avait conféré, dans plusieurs cas, une véritable juridiction aux maîtres et aux grands maîtres des eaux et forêts. C'est purement et simplement un acte administratif d'autorité active. Dans ce système, la déclaration de défensabilité n'est soumise à aucun recours et ne peut être réformée que par les supérieurs de l'agent qui l'a dressée ou par le conseil d'Etat au cas d'excès de pouvoir. Les tribunaux ne peuvent donc réformer la déclaration de défensabilité qui émane des agents forestiers, ou même l'écarter pour régler eux-mêmes l'exercice du droit d'usage contrairement à cette déclaration. L'objection tirée de ce que l'art. 67 accorde un recours contentieux contre les déclarations de défensabilité relatives

aux bois de l'Etat, et de la différence de traitement qui en résulterait pour les bois des particuliers, s'explique par le silence de l'art. 119 : dans l'art. 67, le législateur a voulu organiser un recours, dans la crainte que les agents forestiers, représentant les intérêts de l'Etat, ne fussent entraînés, par la nature de leurs fonctions, à traiter sans ménagement les usagers; au contraire, dans le cas où ils déclarent la défensabilité d'un bois particulier, leur impartialité absolue est garantie par leur rôle même. Quant à l'argument tiré de l'art. 121 c. for., qui renvoie aux tribunaux la solution de toutes les difficultés en matière d'usage, la généralité des termes de cet article ne peut prévaloir contre ceux de l'art. 119 : ici le droit commun est l'art. 121 c. for.; la loi spéciale est l'art. 119 : c'est donc que l'on doive considérer. Du reste, l'art. 121 peut encore être appliqué concurremment avec l'art. 119. Ainsi, dans le cas où il serait constant que les travaux de repeuplement, exécutés par le propriétaire, auraient été dirigés de manière, non pas à constituer des améliorations utiles, mais à entraver, sans avantage réel pour le propriétaire, l'exercice du pâturage, le propriétaire pourrait être condamné à des dommages et intérêts; mais les plantations à la suite desquelles la mise en défens aurait été prononcée par l'Administration n'en devraient pas moins subsister, parce que les agents forestiers n'ont dû se préoccuper que de l'état matériel de la forêt, et non des titres ni des droits respectifs des propriétaires et des usagers.

534. La cour de cassation ne paraît pas avoir eu à se prononcer entre ces deux systèmes. Celui qui attribue la compétence aux tribunaux civils et leur reconnaît le droit d'écarter la déclaration de défensabilité, lorsque celle-ci est en contradiction avec les titres de l'usager, nous paraît préférable. L'agent forestier ne donne, en effet, qu'un avis basé sur l'état matériel de la forêt, et non pas sur les titres de l'usager : il ne saurait s'appuyer sur ces titres sans trancher une difficulté qui ressortit aux tribunaux, en vertu de l'art. 121 c. for.; et, lui attribuer ce pouvoir, serait évidemment empiéter sur les attributions de l'autorité judiciaire : il se prononcerait, en effet, sur le fond même du droit, c'est-à-dire sur l'étendue de la servitude et sur la résistance du propriétaire à son exercice. Or, il semble bien établi en jurisprudence que l'autorité judiciaire reste seule juge, malgré la déclaration de défensabilité, de la question de savoir si le propriétaire met un obstacle abusif à l'exercice des droits d'usage, et dans quelle mesure l'usager peut se plaindre de cet abus (supra, n° 493). Sans doute, la déclaration de défensabilité émanée de l'Administration conserve toute sa valeur lorsque l'usager n'en a pas tenu compte et n'a pas fait reconnaître son droit par les tribunaux civils; et, dans une poursuite correctionnelle, elle servira de base à la condamnation. Mais admettre qu'elle ne puisse être écartée par les tribunaux, ce serait décider qu'elle peut être contraire aux titres des usagers et devrait prévaloir contre eux. Une telle conséquence n'est pas admissible.

535. Quoi qu'il en soit, la déclaration de défensabilité ne met pas obstacle à ce que les tribunaux civils apprécient, d'après les circonstances, si le propriétaire de la forêt a porté ou non atteinte aux droits de l'usager, notamment au moyen de semis et de plantations ou d'un mode nouveau d'exploitation. Ils peuvent, dans ce but, ordonner une expertise à l'effet non seulement de rechercher si l'usager a éprouvé un préjudice et quelle en est l'importance (Req. 8 juill. 1868, aff. Bosclard-Meudras, D. P. 69. 1. 191), mais aussi de fixer les limites du pâturage, comme de vérifier si les plantations et semis faits par le propriétaire n'ont été qu'un moyen détourné d'arriver à la suppression de la servitude (Civ. rej. 31 juill. 1876, aff. Foussemagne, D. P. 77. 1. 131). En outre, les experts peuvent être chargés par le tribunal de donner leur avis sur le mode de jouissance à observer à l'avenir, et sur le point de savoir s'il y a lieu à la suppression ou à la modification des nouvelles plantations (Chambéry, 13 juill. 1874, aff. Foussemagne, D. P. 74. 2. 225).

536. Dans les bois qui ne sont pas soumis au régime forestier, la déclaration de défensabilité n'a pas besoin d'être renouvelée chaque année; et la délivrance se continue tacitement, tant qu'aucun changement n'est survenu dans l'état

de la forêt ou tant que le propriétaire ne conteste pas l'exercice de l'usage (*Rép.*, v° *Forêts*, n° 1459) et qu'il n'a pas notifié sa volonté aux usagers. Lorsque la déclaration de défensabilité n'émane pas de l'Administration forestière, lorsqu'elle est conventionnelle, elle se perpétue dans les conditions de l'acte qui la constitue si elle est expresse; si elle est tacite, ou si elle résulte d'une déclaration faite par le propriétaire seul, elle cesse d'avoir effet lorsque celui-ci manifeste une volonté contraire. — Elle se perpétue également tant que l'état de la forêt n'a pas été modifié lorsqu'elle émane des tribunaux, appelés à se prononcer soit sur la déclaration du propriétaire considérée comme insuffisante par les usagers, soit sur la demande de l'usager tendant à faire déclarer la défensabilité que le propriétaire se refuse à reconnaître. Il est évident que, dans ces deux cas, la déclaration des tribunaux, si elle lie le propriétaire, ne le lie qu'autant et aussi longtemps que l'état de la forêt n'a pas subi de modification, soit par suite d'accidents tels qu'incendie, ouragan, etc., soit par la volonté du propriétaire qui fait des coupes extraordinaires ou repeuple des parties de la forêt détruites. Le propriétaire peut alors, en dénonçant aux usagers le changement d'état de la forêt, mettre en défens certaines parties, sauf aux usagers à contester devant les tribunaux cette mise en défens et à faire de nouveau reconnaître leurs droits.

Il nous semble qu'il doit en être de même lorsque la défensabilité a été déclarée par l'Administration forestière en exécution de l'art. 191 c. for. et que le propriétaire est en droit de la révoquer lorsqu'il se produit un changement dans l'état de la forêt, aussi bien que lorsqu'elle résulte de la convention ou d'une décision judiciaire. Cette opinion, toutefois, est contredite par un arrêt de la chambre criminelle du 16 juin 1876 (aff. Lamoureux, D. P. 77. 1. 137) d'après lequel la déclaration de défensabilité, émanant de l'Administration forestière, subsiste jusqu'à ce qu'elle ait été remplacée par une déclaration contraire, de sorte que, tant que cette nouvelle déclaration n'aurait pas eu lieu ou qu'il ne serait pas intervenu de convention entre les parties, la défensabilité déclarée subsisterait et conserverait tous ses effets légaux malgré la volonté du propriétaire; ce serait à la partie intéressée, c'est-à-dire au propriétaire, à provoquer une déclaration de l'Administration forestière contraire à la précédente en se pourvoyant devant cette Administration. Il en résulte que l'usager pourrait ne tenir aucun compte de l'avis par lequel le propriétaire mettrait en défens les cantons déclarés défensables, et y faire pâturer ses bestiaux, sans être passible des peines portées par l'art. 199 c. for. (Même arrêt). Mais cette doctrine aurait, semble-t-il, pour effet de compromettre les intérêts de la conservation des forêts, qui est le principal motif de la disposition de l'art. 119 c. for. et qui justifie l'intervention des agents forestiers dans des questions d'ordre privé. Il est à remarquer, d'ailleurs, que la déclaration de défensabilité, formulée par les agents forestiers, est basée sur l'état actuel de la forêt, et que, lorsque cet état se trouve modifié par des circonstances nouvelles, la déclaration de défensabilité devient caduque et contraire aux intérêts que la disposition de l'art. 119 c. for. a entendu protéger.

537. L'exercice des droits de pâturage dans les forêts des particuliers est subordonné à la déclaration de défensabilité nonobstant tous titres ou possession contraire (*Rép.*, v° *Forêts*, n°ˢ 1463 et suiv.). Il n'est pas douteux, en effet, que l'ordonnance de 1669 et, après elle, le code forestier, n'aient dérogé positivement aux édits, déclarations, ordonnances, coutumes et arrêts, qui les avaient précédés, et que leur caractère de lois d'ordre et d'intérêt publics n'ait rendu sans effet tous titres et conventions contraires à leurs dispositions (Paris, 2 déc. 1875. *Répertoire de législation et de jurisprudence forestières*, t. 9, n° 3).

Néanmoins, on a vu au *Rép.*, v° *Forêts*, n° 1467, qu'il peut être dérogé au principe qui assujettit l'exercice du droit de pâturage à la nécessité d'une déclaration préalable de défensabilité, par une convention postérieure au code forestier ou même à l'arrêt du conseil d'Etat du 18 brum. an 14. Du moins, l'opinion des auteurs cités en ce sens au *Rép.*, n° 1467, a été confirmée par un arrêt de la chambre civile du 8 avr. 1857, aff. Fontaine. D. P. 57. 1. 162 (V. *Rép.*, v° *Usage*, n° 633).

§ 2. — Bestiaux destinés au commerce (*Rép.*, v° *Forêts*, n°ˢ 1427 à 1476).

538. V. *Rép.*, v° *Forêts*, n°ˢ 1472 à 1476.

§ 3. — Désignation des chemins (*Rép.*, v° *Forêts*, n°ˢ 1477 à 1487).

539. — 1° *Bois de l'Etat.* — La question de savoir à quelle autorité doivent être soumises les difficultés relatives à la désignation, par l'Administration forestière, des chemins que les bestiaux doivent suivre pour aller au pâturage et en revenir, et même celle de savoir si un recours existe en pareil cas, a donné lieu à des difficultés qui ont été exposées au *Rép.*, v° *Forêts*, n° 1478. Nous persistons dans l'opinion qui nous avait paru la plus juridique et d'après laquelle le recours contre la désignation des chemins devrait être porté devant le ministre de l'agriculture, sauf recours au conseil d'Etat contre la décision du ministre.

540. — 2° *Bois des particuliers.* — En ce qui concerne les bois des particuliers, les mêmes difficultés n'existent pas : la désignation des chemins étant faite par le propriétaire, les tribunaux civils sont seuls compétents pour trancher les difficultés auxquelles elle donne lieu (*Rép.*, v° *Forêts*, n°ˢ 1485-1486). — Du reste, l'exercice du droit de désignation, qui appartient au propriétaire, s'arrête à la limite de la forêt grevée d'usage et ne saurait être étendu aux routes et chemins qui sont en dehors, notamment à un chemin public bordant la forêt (Crim. rej. 7 févr. 1857 aff. Du Joncheray, D. P. 57. 1. 134). En effet, le droit qu'a le propriétaire de désigner les chemins par lesquels les bestiaux de l'usager doivent passer pour aller au pâturage ou pour en revenir n'a d'autre objet que de protéger la forêt elle-même contre les dégâts que pourraient y commettre des bestiaux pendant qu'ils la traversent pour gagner le canton défensable. C'est donc dans ce trajet seulement que le propriétaire est autorisé à désigner aux usagers les chemins qu'il juge devoir lui être le moins dommageables.

541. Bien que le droit appartenant au propriétaire de désigner les chemins implique le droit de propriété sur ces chemins, puisqu'il n'est utile et légal qu'autant que le chemin fait partie du sol forestier, la désignation ne crée cependant aucun titre à son auteur. Elle ne met donc pas obstacle à ce que les chemins qui en sont l'objet soient reconnus comme étant dans la possession de la commune usagère, à titre de chemins ruraux, s'ils sont en communication avec des chemins publics, s'ils sont classés comme ruraux et publics sur les plans cadastraux ainsi que dans des titres anciens et si, d'ailleurs, ils sont fréquentés par le public (Req. 9 déc. 1874, aff. Princesse de Craon, D. P. 75. 1. 225. V. *infrà*, v° *Voirie*).

§ 4. — Formation du troupeau commun (*Rép.* v° *Forêts*, n°ˢ 1488 à 1500).

542. L'art. 72 c. for. (*Rép.*, v° *Forêts*, n° 1488), qui est applicable aussi bien aux bois des particuliers grevés d'usage (art. 120 c. for.) qu'à ceux qui sont soumis au régime forestier, est étranger aux usagers *ut singuli* : l'usager à titre individuel, dans une forêt, peut garder lui-même ou faire garder son bétail dans le canton défensable à garde séparée (Puton, *Législation forestière*, p. 188). Les usagers à titre collectif sont seuls tenus de réunir leurs bestiaux en un troupeau confié à la garde d'un pâtre commun (*Rép.*, v° *Forêts*, n° 1489). Mais tous les habitants d'une commune ou d'une section de commune, qui jouissent d'un droit d'usage dans une forêt, doivent confier leur bestiaux à la garde d'un pâtre commun (Nîmes, 23 janv. 1879, *Rép. de lég. et de jur. for.*, t. 8, n° 85). On allèguerait vainement que la désignation du pâtre commun a été irrégulièrement faite par le maire sans intervention du conseil municipal (Même arrêt). La prohibition de conduire les bestiaux à garde séparée est, en effet, une mesure d'ordre public qui s'impose à tous d'une manière absolue (*Rép.*, v° *Forêts*, n° 1492; Rennes, 5 déc. 1883, *Rép. de lég. et de jur. for.*, t. 11, n° 4).

543. Du caractère absolu de la prohibition de l'art. 72 c. for., il résulte que la constitution du troupeau commun

est obligatoire toutes les fois qu'elle n'est pas complètement impossible. Peu importerait qu'il dût en résulter une certaine gêne pour les habitants, que les cantons déclarés défensables soient éloignés les uns des autres, et que chacun d'eux ait une contenance trop faible pour recevoir à la fois tous les animaux se présentant au pâturage; que les agents forestiers aient restreint l'exercice du pâturage dans une proportion de tant d'animaux par hectare, cette proportion doit être considérée comme établie non sur chacun des cantons pris isolément, mais sur l'étendue totale des cantons défensables, comparée avec l'ensemble du troupeau (Rennes, 1883, cité suprà, n° 542).

544. Le délit de garde des bestiaux à garde séparée dans des cantons défensables fait encourir au contrevenant une amende de 2 fr. par tête de bétail. Dès lors, il y a lieu de condamner à une amende de 96 fr. l'usager propriétaire d'un troupeau de quarante-huit bêtes à laine conduit à garde séparée par un pâtre particulier, dans la forêt grevée, alors d'ailleurs que ce pâtre a déclaré avoir agi ainsi par ordre de son maître (Nîmes, 23 janv. 1879, Rép. de lég. et de jur. for., t. 8, n° 85).

545. L'art. 72 c. for. permet à chaque commune ou section de commune d'avoir un nombre de pâtres suffisant pour la garde du troupeau commun, sans cependant que ce nombre soit tel qu'il constitue un moyen d'éluder la disposition du même art. 72 (Rép., v° Forêts, n° 1497). Dans le cas où le propriétaire de la forêt considérerait le nombre de pâtres désignés par l'autorité municipale comme excessif, le litige devrait être porté devant les tribunaux civils, compétents pour déterminer le nombre de pâtres qui peuvent être désignés, eu égard au nombre de bestiaux devant être conduits au pâturage et aux circonstances particulières de l'espèce. Il a été décidé, notamment, que l'on peut fixer à cinquante le nombre maximum des pâtres chargés de la surveillance des troupeaux communs d'une commune, qui comprennent 1500 têtes de bétail (Trib. civ. Montfort, 18 janv. 1882, Rép. de lég. et de jur. for., t. 10, n° 16. V. également Toulouse, 5 janv. 1883, aff. Fachon, D. P. 84. 5. 493).

546. On a vu au Rép., v° Forêts, que la pénalité édictée par le paragraphe 2 de l'art. 72 atteint uniquement le pâtre et non les usagers. Mais lorsqu'il s'agit de la pénalité édictée pour délit de garde séparée par le paragraphe 1 du même article, il semble bien que la peine ne doive frapper que les usagers propriétaires des bestiaux introduits séparément et non les pâtres (Rennes, 5 déc. 1883, aff. Levesque, D. P. 84. 5. 493). Cependant, suivant une autre opinion, la poursuite peut être exercée, au choix de la partie poursuivante, contre le pâtre ou contre le propriétaire des bestiaux (V. les observations de M. Guyot, Rép. de lég. et de jur. for., t. 11, n° 4).

547. — Responsabilité des communes. — Comme on l'a exposé au Rép. v° Forêts, n° 1500, la responsabilité des communes pour les délits commis par le pâtre, est limitée aux réparations civiles, c'est-à-dire aux dommages-intérêts et aux frais, et ne s'étend pas aux condamnations pénales, notamment aux amendes (Toulouse, 5 janv. 1883, aff. Fachon, D. P. 84. 5. 493). Cependant, dans un arrêt précédent, la même cour avait jugé que la responsabilité des communes s'étendait aux amendes comme aux réparations civiles (Toulouse, 8 févr. 1862, aff. Rouzaud, D. P. 62. 2. 97). La responsabilité que prononce l'art. 72 n'est pas, suivant la cour, celle dont le principe se trouve dans l'art. 1384 c. civ. et dont l'art. 206 est une application ; l'art. 206 dit que les mari, père, mère et tuteur sont civilement responsables, alors que l'art. 72 ne contient pas le mot civilement, voulant ainsi élargir la responsabilité qu'il prévoit. L'art. 206 énonce encore que la responsabilité dont il s'occupe sera réglée conformément à l'art. 1384 c. civ. ; l'art. 72 ne contient pas ce renvoi, comme s'il entendait que la responsabilité qu'il fonde ne doit pas se plier à cette application et être restreinte par cet art. 1384. Le même article 206 dit enfin que la responsabilité s'étendra aux restitutions, dommages-intérêts et frais, tandis que l'art. 72 veut que la responsabilité des communes s'étende aux condamnations pécuniaires, sans spécifier ces condamnations, et paraissant ainsi les embrasser toutes et n'en excepter aucune, même les amendes. L'esprit de la loi confirme cette interprétation ; la loi

ayant imposé aux communes usagères l'obligation d'avoir un pâtre commun, il s'ensuit que le délit de dépaissance devra être toujours commis avec le concours de ce pâtre; et, si ce pâtre seul pouvait être condamné aux amendes portées par la loi, la responsabilité des communes ne pouvant s'appliquer qu'aux dommages-intérêts et aux frais, il en résulterait que, dans la presque totalité des cas, la loi pénale n'aurait pas de sanction et qu'elle aurait ainsi assuré aux communes usagères une immunité qui ne pouvait être conforme à son intention. — Cette doctrine, qui est évidemment contraire aux résultats de la discussion du code forestier (Rép. n° 1500), n'a pas prévalu, et la cour de Toulouse est, comme on vient de le voir, revenue elle-même sur sa jurisprudence.

548. La commune, en raison de la responsabilité qui pèse sur elle en vertu du paragraphe 3 de l'art. 72, est évidemment recevable à intervenir dans l'instance sur la poursuite dirigée contre le pâtre; au contraire, elle n'est pas admise à intervenir dans l'instance correctionnelle dirigée contre un ou plusieurs habitants inculpés d'actes abusifs de jouissance, alors que son droit n'est pas contesté quant au fond, et qu'elle n'encourt aucune responsabilité à raison des faits incriminés auxquels elle est restée étrangère (Rennes, 11 févr. 1864, Rép. de lég. et de jur. for., t. 2, n° 329). — D'autre part, lorsque l'action publique a été intentée en temps utile contre un pâtre communal prévenu de délit de dépaissance dans une forêt, l'action civile que l'Administration forestière a contre la commune, civilement responsable du fait de son préposé, est par là même conservée et ne peut, bien qu'intentée plus de trois mois après la constatation du délit, mais avant le jugement de l'action publique, être repoussée par la prescription (Metz, 30 mars 1870, Rép. de lég. et de jur. for., t. 5, n° 23).

§ 5. — Marque des porcs et bestiaux (Rép., v° Forêts, n°s 1501 à 1506).

549. — 1° Bois de l'Etat. — L'art. 73 c. for. qui prescrit l'application d'une marque spéciale sur les bestiaux et porcs admis, en vertu de droits d'usage, au pâturage et au panage dans les forêts domaniales (Rép. v° Forêts n° 1501), n'est pas applicable aux communes et des établissements publics, aux termes de l'art. 112 c. for., mais il s'étend aux forêts des particuliers (infrà, n° 551). — Lorsque l'Etat est copropriétaire indivis d'un bois avec une commune, il y a également lieu de soumettre à la marque les bestiaux qui sont admis au pâturage en vertu du droit de copropriété de la commune. En pareil cas, en effet, la qualité de l'Etat prime celle des autres copropriétaires et entraîne l'application des règles tracées pour les forêts domaniales (V. Puton, Rép. de lég. et de jur. for., t. 6, n° 98).

L'art. 73 c. for. est encore applicable aux terrains non boisés qui font partie intégrante des forêts (Crim. cass. 7 août 1847, aff. Mourgues, D. P. 47. 4. 270).

550. On admet que la pénalité édictée par l'art. 73 c. for. est applicable à l'usager propriétaire des animaux non marqués, et non au pâtre qui les conduit (V. les observations de M. Puton sur un arrêt de la cour de Riom du 26 nov. 1878, Rép. de lég. et de jur. for., t. 4, n° 89. — En ce qui concerne la marque et la marque et son apposition, V. notre Code forestier annoté, art. 73, n°s 7 et suiv.

551. — 2° Bois des particuliers. — On a vu au Rép. v° Forêts, n°s 1506, que l'art. 73 c. for. est applicable aux bois des particuliers en vertu de l'art. 130 du même code, tandis que le silence de cet article, relativement à l'art. 74, a pour résultat de soustraire les usagers dans les bois des particuliers au dépôt de l'empreinte du fer au greffe du tribunal de première instance, et du fer lui-même au bureau de l'agent forestier local. Il en résulte, d'une part, que toute autre marque que la marque au fer peut être adoptée d'un commun accord entre le propriétaire et les usagers (V. Rép. n° 1506 et notre Code forestier annoté, art. 120, n°s 28 et suiv.), que d'autre part, il appartient aux tribunaux civils de déterminer dans chaque cas particulier, d'après les stipulations du titre et, à leur défaut, d'après l'usage des lieux, la marque qui doit être employée. C'est en effet à la juridiction civile que ressortissent les débats sur le mode de marque ou sur la modification d'une pratique ancienne, car il est

universellement admis que toute contestation sur le mode de délivrance et sur l'exercice des droits résultant d'un contrat d'usage forestier appartient aux tribunaux civils (V. Riom 26 nov. 1874, et les observations de M. Puton sur cet arrêt, *Rép. de lég. et de jur. for.*, t. 8, n° 89). La juridiction correctionnelle serait, au contraire, compétente dans le cas où l'une des parties ne se serait pas conformée, soit à l'accord intervenu sur la marque, soit à la pratique locale qui a, jusque-là, tenu lieu d'accord ; elle aurait qualité pour apprécier si la marque faite par l'une ou l'autre des parties est contraire soit à la convention, soit à l'usage, et constitue une marque illégitime et illégale, équivalente au défaut de marque et donnant lieu à la pénalité de l'art. 73 (V. les observations précitées de M. Puton).

552. En principe, la marque que doivent recevoir les bestiaux est la marque de leur propriétaire et non celle du propriétaire de la forêt : l'art. 74 le fait supposer en obligeant les usagers, dans les forêts de l'Etat, à déposer l'empreinte au greffe. Il en est évidemment de même lorsqu'il s'agit des bois des particuliers. Néanmoins, certains usages locaux, et quelquefois les conventions entre propriétaires et usagers, exigent que les bestiaux soient marqués au moyen de la marque du propriétaire de la forêt. Il a été jugé que la marque du bétail faite uniquement par la commune, sans le concours du propriétaire, est légale, alors que le propriétaire ne justifie pas d'usages locaux ou d'un consentement exprès ou tacite donné par les usagers à l'emploi de la marque du propriétaire, et alors surtout que celui-ci a refusé de suivre les anciens errements (Riom, 26 nov. 1878, *Rép. de lég. et de jur. for.*, t. 8, n° 89).

§ 6. — Divagation des porcs et bestiaux (*Rép.*, v° *Forêts*, nos 1507 à 1511).

553. L'art 76 c. for. punit et réprime la divagation des bestiaux, c'est-à-dire le cas où des bestiaux faisant partie du troupeau commun sont trouvés, avec ou sans le gardien communal, en dehors des cantons défensables ou des chemins désignés pour s'y rendre. Le pâtre qui laisse le troupeau confié à sa garde séjourner en dehors du canton déclaré dépaissable, dans une coupe de moins de dix ans, dépendant de la forêt grevée du droit de dépaissance au profit de la commune, est passible de l'amende de 3 à 30 fr. spécifiée à l'art. 76 c. for. et non des peines prévues par l'art. 199 du même code (Toulouse, 5 janv. 1883, aff. Fachon, D. P. 84. 2. 492). Mais l'art. 199 n'est-il pas applicable aux propriétaires des animaux faisant partie du troupeau commun ? On a vu *Rép.*, n° 1510, que cette question divisait la jurisprudence. Aujourd'hui l'opinion, suivant laquelle l'art. 199 ne serait pas applicable à l'usager propriétaire des bestiaux soumis à la garde des pâtres communaux, paraît abandonnée. On reconnaît, le plus généralement, à l'Administration forestière ou au propriétaire de la forêt, le droit de poursuivre à leur choix le propriétaire des animaux ou le pâtre. Un arrêt de la chambre criminelle du 4 janv. 1849 (aff. Urion, D. P. 50. 5. 246) a consacré le système adopté au *Rép.*, n° 1510, d'après lequel le propriétaire de bestiaux introduits en délit hors des cantons défensables d'une forêt grevée de droits d'usage encourt les peines portées par l'art. 199 c. for., indépendamment de celles encourues par le pâtre qui a conduit ces bestiaux, alors même que ce propriétaire a fait défense au pâtre de mener ses bestiaux dans la partie de la forêt mise en défens., et alors même que le propriétaire qui a commissionné le pâtre serait la commune, propriétaire elle-même de la forêt grevée des droits d'usage (V. également Dijon, 9 août 1854, *Bull. des ann. for.*, t. 6, p. 256). — Enfin, comme on l'a exposé au *Rép.*, n° 1510, le propriétaire des bestiaux ne peut se prévaloir de ce que le pâtre n'est pas de son choix, mais désigné par la commune, pour échapper à la responsabilité des infractions qui sont l'œuvre du pâtre seul (Dijon, 9 août 1854, précité).

§ 7. — Interdiction aux usagers d'introduire des porcs ou bestiaux au delà du nombre fixé par l'Administration (*Rép.*, v° *Forêts*, nos 1512 à 1515).

554. Bien que l'art. 77 c. for. ne soit pas applicable aux

bois qui ne sont pas soumis au régime forestier, *Rép.*, n° 1512, il ne s'ensuit pas que l'introduction dans une forêt particulière grevée de droit d'usage, d'un plus grand nombre de bestiaux que celui qui est indiqué par le titre, échappe à toute répression : indépendamment des réparations civiles qui peuvent être infligées aux contrevenants, on pourrait, suivant une opinion, les frapper des peines portées par l'art. 199 c. for. (V. *Rép. de lég. et de jur. for.*, t. 3, n° 508, p. 252, note 3 ; Puton, *Législation forestière*, p. 192).

555. L'art. 77 est la sanction pénale des dispositions de l'art. 68 c. for. qui charge l'Administration forestière de fixer, d'après les droits des usagers, le nombre de porcs qui peuvent être admis au panage et de bestiaux pouvant être admis au pâturage. La question de savoir si l'art. 77 est applicable au pâtre ou aux usagers a donné lieu à quelques divergences.

Suivant une opinion, le pâtre pourrait être poursuivi en vertu de l'art. 199 c. for., sauf la responsabilité civile de l'usager et de la commune lorsqu'il s'agit d'un droit d'usage collectif et du troupeau commun (Puton, *Législation forestière*, p. 191). Mais l'opinion contraire a prévalu devant la cour de cassation. D'après un arrêt du 13 juill. 1866 (Crim. cass., aff. Grousset, D. P. 66. 1. 454), le délit résultant de l'introduction, dans une forêt soumise à un droit de pâturage, de bestiaux en nombre supérieur à celui que l'Administration a fixé, est à la charge, non du gardien du troupeau communal, mais des habitants de la commune usagère, propriétaires des animaux trouvés en excédent. — Si le bétail appartient à un usager à titre particulier, la même solution doit évidemment prévaloir : la poursuite devra être dirigée contre l'usager, et non contre le gardien, instrument passif et qui est étranger au délit puisqu'il ne dépend pas de lui de n'introduire que partiellement, dans le troupeau qui lui est désigné, le troupeau confié à sa garde. Le délit, en effet, dans le cas de contravention à l'art. 68, ne consiste pas, comme lorsque la forêt n'est pas soumise à aucun droit d'usage, dans le fait de l'introduction du bétail dans la forêt, délit pour lequel le gardien peut être considéré comme spécialement responsable (*suprà* nos 293 et suiv.). Il consiste dans le fait de l'addition au troupeau qui peut être introduit dans la forêt en vertu du droit d'usage, d'un nombre de bestiaux supérieur à celui que les usagers sont en droit d'y introduire, fait qui ne peut être imputé qu'à eux seuls. Au reste, l'art. 77 c. for. ne désigne que les usagers, tandis que l'art. 78, relatif à la prohibition d'introduire dans les forêts des chèvres, brebis et moutons, édicte une amende tout à la fois contre les propriétaires des animaux introduits et contre les gardiens ; or, puisqu'il existe cette différence dans les textes, il n'est pas possible d'admettre, à l'égard des pâtres, dans le cas de l'art. 77, une responsabilité pénale qui n'a été établie que pour le cas différent de l'art. 78. Il est vrai que la jurisprudence a consacré une solution différente pour l'application de l'art. 76, qui prévoit le cas où des bestiaux ont été trouvés en dehors des cantons défensables (V. *suprà*, *loc. cit.*) : bien que ce dernier article ne prononce une peine que contre les gardiens des bestiaux, elle décide que les propriétaires encourent également la responsabilité pénale de l'infraction ; mais alors elle invoque le texte de l'art. 199 c. for. et la nécessité de trouver, en matière où le dommage peut avoir une certaine importance, un répondant plus sérieux qu'un simple pâtre ; or ce motif n'existe pas au cas de l'art. 77.

Art. 3. — *Règles de police spéciales à l'exercice du droit de pâturage* (*Rép.* nos 1516 à 1546).

556. I. Bois de l'Etat.—1° *Clochettes.*—L'amende de 2 francs par chaque bête trouvée sans clochette dans la forêt (*Rép.* n° 1521) est en principe encourue par l'usager, et non par le pâtre (V. les observations de M. Puton, *Rép. de lég. et de jur. for.*, t. 8, n° 89).

557. 2° *Chèvres et moutons.*—L'art. 78 c. for., édicté pour les bois de l'Etat (*Rép.*, v° *Forêts*, nos 1515 et 1539) et rendu applicable à ceux des particuliers par l'art. 120 du même code, défend à tous usagers, nonobstant tous titres et possessions contraires, de conduire et faire conduire des chèvres, brebis ou moutons dans les forêts ou sur les ter-

rains qui en dépendent; mais cette interdiction s'applique exclusivement au pâturage exercé sur des terrains en nature de bois et leurs dépendances. — Le point de savoir quand un terrain est ou n'est pas une dépendance de la forêt est souvent difficile. Il n'existe, en effet, aucun *criterium* certain auquel on puisse s'attacher pour déterminer si un terrain est ou non la dépendance d'une forêt. Ainsi la contiguïté d'un terrain avec une forêt ne suffit pas à établir qu'il en soit une dépendance (*Rép.* v° *Forêts*, n° 1470; Crim. cass. 16 déc. 1889, aff. Peyré-Fumigue, D. P. 90. 1. 285, et Pau, 3 mars 1890, *ibid.*). D'autre part, il a été jugé qu'une terre peut constituer la dépendance d'une forêt, qu'elle soit ou non complantée en bois et sans qu'il y ait lieu d'avoir égard soit aux modifications que l'action du temps a apportées à sa situation, soit à son mode de culture. Ainsi, des vacants ont été considérés comme une dépendance d'une forêt contiguë, lorsqu'ils présentent un caractère de domanialité et sont régis de fait par l'Administration forestière (Crim. cass. 5 juill. 1872, aff. Abat, D. P. 72. 1.285; Ch. réun. cass. 12 mars 1874, aff. Abat, D. P. 75. 1. 480, et le rapport de M. Pont, D. P. 77. 1. 235). Il a été décidé, au contraire, que des terrains vacants ne peuvent pas être soumis à l'application de l'art. 78 c. for., si aucune circonstance n'est relevée qui puisse les faire envisager comme la dépendance d'une forêt (Req. 24 nov. 1885, aff. Rajan, D. P. 86. 1. 285). — En définitive, ce qui doit faire admettre qu'un terrain constitue la dépendance d'une forêt, c'est sa relation avec cette forêt et le rôle qu'il est destiné à remplir en vue de la conservation de cette dernière et du maintien de son intégralité (Req. 5 avr. 1892, aff. Commune d'Orlu, D. P. 92. 1. 241. V. également Agen, 15 nov. 1872) (1). Et il appartient aux juges du fait de déterminer souverainement ces circonstances (Même arrêt du 5 avr. 1892). Spécialement, les art. 78, § 1 et 120 c. for., qui interdisent aux usagers de faire pâturer, tant dans les forêts que dans leurs dépendances, les chèvres, brebis ou moutons, sont applicables aux vacants qui, aux termes d'un rapport d'experts homologué, constituent la zone de protection indispensable à la sauvegarde d'une forêt contiguë et ne pourraient être affranchis des règles établies par le code forestier sans qu'il en résultât un préjudice pour cette forêt (Même arrêt).

558. Il a été jugé que l'art. 78 c. for. est inapplicable aux terrains vagues désignés sous les noms de « vagues de paroisses » ou « pâtures des communes », dont le procès-verbal du commissaire départiteur du roi, en Orléanais, du 12 sept. 1675, a abandonné la jouissance à toujours aux paroisses, pour le pacage de leurs bêtes à laine ou têtes blanches,

en ordonnant que ces vagues seraient préalablement séparés, au moyen de fossés, de la forêt qui les renfermait, comme ayant été distraits de cette forêt (Orléans, 28 déc. 1867, aff. Pèlerin, D. P. 68. 2. 68).

559. De ce qui précède résulte, pour le juge saisi d'une poursuite exercée à raison de faits de dépaissance de bêtes à laine, l'obligation de rechercher si le terrain sur lequel la dépaissance a eu lieu est une dépendance de la forêt et de constater en caractère s'il en reconnaît l'existence. Par conséquent, est nul pour insuffisance et erreur de motifs l'arrêt qui prononce une condamnation contre un usager pour fait de dépaissance de bêtes à laine dans un terrain en nature de pelouse, par le motif unique que ce terrain était contigu à la forêt (Crim. cass. 27 déc. 1889, aff. Peyré-Famigue, D. P. 90. 1. 285).

560. La prohibition édictée par l'art. 78 c. for. est absolue et d'ordre public (*Rép.*, v° *Forêts*, n° 1527) et elle doit être observée nonobstant tous titres et possession contraires, sauf indemnité en faveur des usagers qui auraient joui du pacage supprimé en vertu de titres valables ou d'une possession équivalente (*Rép.*, v° *Forêts*, n° 1527). L'allocation de cette indemnité est, d'ailleurs, subordonnée à l'existence d'un dommage résultant pour les usagers de la suppression du pacage des bêtes à laine. Il résulte, en effet, des termes de l'art. 78, que la suppression du pacage des bêtes à laine ne constitue pas, *ipso facto*, un préjudice donnant droit à l'indemnité : après avoir édicté, dans son premier paragraphe, la prohibition concernant l'introduction, dans les forêts et les terrains qui en dépendent, des moutons, chèvres et brebis, le paragraphe 2 de l'art. 78 s'exprime ainsi : « Ceux qui prétendraient avoir joui du pacage ci-dessus, en vertu de titres valables ou d'une possession équivalente à titres, *pourront, s'il y a lieu*, réclamer une indemnité qui sera réglée de gré à gré, ou, en cas de contestation, par les tribunaux ». C'est exprimer nettement que, dans cette matière comme dans toutes celles, du reste, où il s'agit de la réparation d'un dommage, tout est subordonné aux circonstances et à l'appréciation des tribunaux. L'allocation de l'indemnité prévue par les art. 78, § 2, et 120 c. for., en cas de suppression du droit de pacage dans les forêts et leurs dépendances, est donc subordonnée, non seulement à l'existence, chez l'usager dépouillé, de titres valables ou d'une possession équivalente à titre, mais encore à la justification d'un dommage souffert par ledit usager (Req. 5 avr. 1892, aff. Commune d'Orlu, D. P. 92. 1. 241) de sorte que, s'il est reconnu que l'usager dispose pour le pacage des bêtes à laine de terrains découverts suffisants, il n'y a pas lieu de lui accorder l'indemnité prévue par l'art. 78.

(1) (Abat et autres.) — La cour; — Attendu que, d'un procès-verbal dressé par le garde forestier Gaulcoy, il résulte que le 3 oct. 1869, un troupeau composé de cent vingt bêtes à laine, appartenant à Abat et consorts, a été trouvé, gardé à bâton planté, sur un terrain en nature de pelouse faisant partie des hauts vacants qui dominent la forêt des Hâres, située dans la commune de Miganes; que ce fait de dépaissance ne peut constituer la contravention prévue par l'art. 78 c. for. que si ce terrain est une dépendance de cette forêt; — Attendu que, pour apprécier la portée des expressions « ou sur les terrains qui en dépendent » employées par l'art. 78, il faut rapprocher des termes de l'art. 13, tit. 19, de l'ordonnance de 1669, dont il reproduit les principes, c'est-à-dire avec les précisions formulées par ce dernier que doivent être examinés les documents de la cause; — Attendu qu'il est établi par ces documents, notamment par les plans officiels de la forêt des Hâres, dressés en 1669 et 1738, et par un procès-verbal de description de cette forêt annexé au plan de 1669, qui lui donne pour confront, au sud-ouest, les vacants ou pâturages, que ces vacants ou pâturages ne sont point compris dans le périmètre de la forêt; que leur contiguïté avec elle ne saurait détruire ces précisions indiquant qu'ils constituent un tènement distinct et séparé, alors surtout qu'il est constant, comme l'atteste leur position topographique, qu'ils ne sont point nécessaires pour protéger ladite forêt contre des bêtes à laine qui pourraient porter atteinte à sa conservation; d'autant qu'il appert des pièces susvisées qu'elle présente dans les régions qui les avoisinent des landes non boisées, relativement considérables; — Attendu qu'il importe peu que les hauts vacants de Miganes aient été jusqu'à ce jour régis par l'Administration forestière; qu'il ont dû l'être jusqu'en 1827 en vertu de l'art. 2, tit. 1, de l'ordonnance de 1669; que, dans tous les cas, si la soumission au régime forestier emporte souvent la présomption

que les terrains vagues, appartenant à l'État, situés dans le voisinage d'une forêt, font ou doivent faire un jour partie intégrante de cette forêt, cette présomption ne saurait exister dans l'espèce, puisque des titres créés par l'Administration forestière elle-même, loin d'incorporer les vacants ou pâturages dont s'agit à la forêt des Hâres, posent, au contraire, une délimitation qui ne les fait point entrer dans son périmètre; — Attendu, d'ailleurs, que cette Administration a si bien considérée comme formant un tout entièrement distinct de ladite forêt qu'au moins depuis l'an 4, et postérieurement à la loi de 1827, elle n'a dirigé aucune poursuite contre Abat et consorts ou leurs auteurs, qui ont constamment, par eux ou par leurs fermiers, mené paître des bêtes à laine sur lesdits vacants; qu'elle eût agi autrement si elle les eût assimilés aux parties couvertes de bois; — Qu'il résulte de ce qui précède que les 4252 hectares de pâturages ou vacants que le plan de 1738 a laissés en dehors du périmètre de la forêt de Hâres, comprise de 3302 hectares, ne sont point une dépendance de cette forêt; qu'il est constant, en outre, que le lieu où les bêtes à laine d'Abat et consorts ont été trouvées est distant de plus de 400 mètres de la limite de la forêt telle qu'elle est fixée, du même côté, par les deux plans susindiqués; d'où il suit qu'Abat et consorts n'ont point contrevenu aux dispositions de l'art. 78 c. for., et qu'ils sont conséquemment en état de relaxe;

Par ces motifs, vidant le renvoi prononcé par l'arrêt de la cour de cassation, en date du 5 juill. 1872, et statuant sur l'appel interjeté par l'Administration des forêts, dit qu'il a été bien jugé et mal jugé; ordonne, en conséquence, que le jugement du tribunal de Foix, du 26 févr. 1870, dont est appel, sortira son plein et entier effet, etc.

Du 15 nov. 1872.-C. d'Agen, ch. corr.-MM. Imberdis, pr.-Frézouls, av. gén.-Vidal (du barreau de Foix), av.

C'est ce qui avait été constaté dans l'affaire qui a donné lieu à l'arrêt du 5 avr. 1892 (V. en sens contraire, la note 5 sous cet arrêt). En tout cas, le jugement, non frappé d'appel, qui a subordonné l'allocation de cette indemnité à une expertise, prescrite pour rechercher quel préjudice causerait à l'usager l'impossibilité de faire pacager les troupeaux dans les forêts et leurs dépendances, a force de chose jugée, en ce sens que l'attribution d'une indemnité à l'usager reste subordonnée à la constatation d'un dommage (Même arrêt).

561. Le paragraphe 3 de l'art. 78 autorise toutefois le chef de l'État à permettre le pacage des moutons (mais non des chèvres) dans certaines localités, par des décrets spéciaux. Cette autorisation spéciale a pu seule, depuis la promulgation du code forestier, permettre le pacage des moutons à la fois dans les provinces annexées postérieurement à l'ordonnance de 1669, qui avait prohibé ce pacage, et dans les localités où des actes du Gouvernement, antérieurs au code forestier, l'avaient autorisé. On admet, en effet, que l'art. 78 c. for., en mettant à néant tous titres et possessions contraires, atteint même les actes du Gouvernement qui, avant le code forestier, avaient exceptionnellement permis le pacage des moutons. On objecte, à la vérité, que l'art. 78 ne frappe que les titres, et qu'un acte du Gouvernement n'est pas un titre ; mais c'est là, croyons-nous, une erreur : les actes de l'autorité publique qui accordent une concession ne sont pas, sans doute, des conventions, mais ils constituent de véritables titres. Si l'on admettait que les actes du Gouvernement, antérieurs au code forestier, ne sont pas atteints par l'art. 78, il faudrait aller jusqu'à décider que les anciens actes du Gouvernement, qui auraient accordé des concessions de cette nature, conserveraient leur efficacité depuis 1827, non seulement pour le pacage des moutons, mais aussi pour celui des chèvres, alors que cependant le code forestier l'a interdit d'une façon absolue et sans permettre aucune exception (V. d'ailleurs la dissertation insérée D. P. 77. 1. 273, note 3).

On ne saurait donc se prévaloir d'actes du Gouvernement antérieurs au code forestier pour maintenir le pacage des moutons, soit dans une forêt soumise au régime forestier, soit dans une forêt particulière. Mais dès l'instant qu'une décision postérieure au code forestier est constatée, le droit de l'usager ne peut plus être méconnu. Aussi l'art. 78 c. for. n'est-il pas violé par la décision qui, se fondant sur l'autorité d'un interlocutoire et sur ce fait que le pacage des moutons a été de tout temps autorisé dans le pays sur les domaines communaux et forestiers, par des ordonnances ou des décrets spéciaux, reconnaît au propriétaire d'un *cayolar* le droit de faire pacager ses moutons dans une forêt soumise au régime forestier (Req. 10 avr. 1877, aff. Commune de Lanne, D. P. 77. 1. 273, et la note), cette décision impliquant qu'il existe des décrets spéciaux postérieurs à 1827. (Sur le droit de *cayolar* spécial à l'arrondissement de Mauléon, Basses-Pyrénées, V. notre *Code forestier annoté*, art. 61, n° 342 et suiv.).

562. — II. BOIS DES PARTICULIERS. CHÈVRES ET MOUTONS. — Comme on l'a vu au *Rép.*, v° *Forêts*, n° 1539, et *suprà*, n° 557, les deux premiers paragraphes de l'art. 78 c. for. ont été rendus applicables aux bois des particuliers par l'art. 120 du même code. La prohibition édictée par l'art. 78 est-elle, à l'égard des bois des particuliers, une prohibition d'ordre public contre laquelle ne puissent prévaloir des titres, soit antérieurs, soit postérieurs au code forestier, et une possession même immémoriale ? L'affirmative paraît certaine ; aussi, en général, reconnaît-on à la prohibition de l'art. 78, même à l'égard des particuliers, un caractère d'ordre public : nous ne reviendrons pas sur les motifs de cette opinion qui ont été développés au *Rép.*, v° *Forêts*, n° 1539 et suiv. Elle a été depuis lors suivie en jurisprudence (Orléans, 26 déc. 1866, aff. Epoux Caillaud, D. P. 66. 2. 239). Et il a été jugé que la défense édictée par l'art. 78 c. for., constituant une prohibition d'ordre public, ne permet pas aux propriétaires de s'affranchir de l'indemnité prévue par cet article, en offrant aux usagers de leur maintenir le droit d'usage ainsi interdit (Aix, 18 juill. 1864, aff. Héraud et autres, D. P. 66. 1. 296). — Dans tous les cas, et bien que l'indemnité prévue par l'art. 78 c. for. soit en quelque sorte le prix du rachat du droit de pacage des moutons et

brebis, elle ne constitue en aucune façon un prix de vente. Il en résulte qu'une commune, ancienne usagère, qui a obtenu des tribunaux l'allocation d'une indemnité de cette nature, ne saurait prétendre qu'elle jouit du privilège du vendeur pour le rang à donner à cette créance dans un ordre ouvert sur le prix de la forêt, ultérieurement vendue ; et les anciens usagers ne peuvent exiger qu'une portion du prix de vente leur soit attribuée, comme représentant leur droit de copropriété dans ledit immeuble (Req. 24 juin 1885, aff. Bosy et Anselme, D. P. 85. 1. 278).

563. L'indemnité accordée aux usagers que l'art. 78 c. for. privait du droit de dépaissance des chèvres, brebis et moutons, a été prescrite après trente ans écoulés depuis la promulgation du code forestier (Req. 22 nov. 1865, aff. Commune d'Ossen et autres, D. P. 72. 2. 6) ; ... à moins que les usagers n'eussent jamais cessé, nonobstant la prohibition de l'art. 78 c. for., d'user de ces droits de dépaissance du consentement des propriétaires (Req. 12 juin 1866, aff. Héraud, D. P. 66. 1. 296). Le propriétaire, par sa tolérance, est réputé avoir voulu ajourner la dette de l'indemnité que le code forestier a mis à sa charge, et il est devenu, par là même, juridiquement impossible qu'une prescription libératoire soit intervenue à son profit. Mais la prescription n'a pu être interrompue par la simple reconnaissance des droits de l'usager par le propriétaire (Req. 11 mai 1870, aff. Commune de Regusse, D. P. 71. 1. 62), cette reconnaissance ne portant pas sur l'indemnité.

564. Les titres que les usagers peuvent invoquer pour prétendre à l'indemnité prévue par l'art. 78 c. for. ne sauraient légitimer par eux-mêmes le pacage des chèvres et moutons déjà prohibé par l'ordonnance de 1669 (Bourges, 1er juin 1856, aff. Commune d'Etrechy, D. P. 57. 2. 120 ; Poitiers, 10 janv. 1856, aff. De Beauveau, D. P. 56. 2. 44), lorsque ce pacage a eu lieu contrairement aux prescriptions de cette ordonnance. Il n'en est autrement que dans les pays où la législation coutumière avait prévalu, ou encore lorsque des actes du Gouvernement avaient exceptionnellement autorisé le pacage dans certaines localités ; et l'art. 78, § 2, peut être appliqué partout où le pacage a été exercé par suite d'habitudes anciennes et générales, appuyées sur des titres ou des possessions caractérisées qui avaient prévalu, en fait, contre la prohibition de l'ordonnance. Spécialement, les communes qui, au moment de la promulgation du code forestier, jouissaient du droit de pâturage dans les bois d'un particulier, même pour leur menu bétail, en vertu d'une série de titres constitués dans une province où l'ordonnance n'avait jamais été observée et était frappée d'une désuétude attestée par le parlement même de cette province, peuvent être admises à réclamer l'indemnité autorisée par l'art. 78 c. for. (Req. 12 juin 1866, aff. Héraud, D. P. 66. 1. 296).

Il en est de même lorsque les usagers justifient que, dans la localité où sont situés les bois et forêts soumis à leurs droits d'usage, l'ordonnance de 1669 n'a jamais été observée et qu'ils ont été, bien au contraire, pu continuer, nonobstant cette ordonnance, à y faire paître leurs bêtes à laine, en vertu des titres constitutifs de leur droit de pacage (Req. 26 mai 1852, aff. Vullier, D. P. 57. 1. 38).

565. Quant à la possession équivalente à titres, sur le fondement de laquelle l'art. 78, § 2, c. for. autorise les usagers à réclamer une indemnité à raison de l'interdiction qu'il prononce du pâturage des bêtes ovines dans les bois, elle doit être non délictueuse et non contredite par le propriétaire de la forêt. En conséquence, un usager ne peut être admis à prouver par témoins une semblable possession qu'autant qu'il possède un commencement de preuve par écrit, ou qu'il articule des faits impliquant nécessairement le consentement du propriétaire à l'exercice du droit de pâturage allégué (Poitiers, 10 janv. 1856, aff. De Beauveau, D. P. 56. 2. 44. — V. toutefois *suprà*, n° 483 et suiv., ce qui a été dit au sujet de la prescription extinctive).

ART. 4. — *Panage et glandée* (*Rép.*, v° *Forêts*, n° 1547 à 1550).

566. V. *Rép.*, v° *Forêts*, n° 1547 et suiv.

Art. 5. — *Règles de police applicables aux droits d'usage en bois* (Rép., v° Forêts, n° 1551).

§ 1er. — *Règles communes à l'exercice de tout droit d'usage en bois; délivrance, défense de vendre le bois d'affouage* (Rép. v° Forêts, n°s 1552 à 1592).

567. — 1° *Bois de l'État.* — On a vu au Rép. v° Forêts, n° 1553, qu'aucun droit d'usage ne peut s'exercer légitimement dans une forêt sans délivrance préalable (Conf. Rennes, 11 févr. 1864, Rép. de lég. et de jur. for., t. 2, n° 399). L'exercice d'un droit d'usage, sans qu'il ait été précédé d'une délivrance préalable, tombe sous le coup de l'art. 79 c. for. Peu importe, en cas de poursuites, que l'usager soulève une exception préjudicielle de propriété ; le tribunal correctionnel doit statuer immédiatement, sauf à examiner si, comme le prétend le prévenu, son titre l'autorise à exercer ses droits dans les cantons non défensables de la forêt grevée, sans délivrance préalable (Arrêt précité du 11 févr. 1864). A plus forte raison, l'exception tirée par un individu, actionné pour avoir arraché des souches dans une forêt, d'un droit d'usage dont cette forêt serait grevée à son profit, ne suffit-elle pas pour dessaisir le juge de paix, alors que, le droit d'usage n'étant pas dénié et le propriétaire se bornant à soutenir que l'usager était tenu de demander la délivrance, ce dernier n'excipe d'aucun titre d'où il prétend faire résulter la dispense de cette formalité (Req. 13 nov. 1867, aff. Lapiolle, D. P. 68. 1. 213).

568. Les modes de délivrance varient suivant la nature des bois qui en font l'objet ; ils diffèrent pour le bois mort gisant, le bois de chauffage ou bois d'affouage, autre que le bois mort gisant, et le bois de construction ou bois de marronnage. Le code forestier ne s'occupe formellement que d'un seul mode de délivrance, la délivrance par coupe, concernant le bois de chauffage, de sorte que, dans tous les autres cas, le mode de délivrance est déterminé, soit amiablement entre les parties, soit, en cas de désaccord, par les tribunaux (Puton, *Législation forestière*, p. 193). L'ordonnance du 1er août 1827 complète le code forestier, en ce qui touche la délivrance par stères concernant le bois de chauffage (art. 122), et la délivrance des bois de construction (art. 123). — Mais on admet généralement que les règles de délivrance formulées par les art. 122 et 132 ord. for. s'imposent seulement au service forestier et ne sont légalement obligatoires ni pour les usagers, ni pour les particuliers propriétaires de forêts. Cependant, elles sont tellement conformes à la nature des choses que les tribunaux les appliquent habituellement (Puton, *Législation forestière*, p. 194). V. sur les différents modes de délivrance Rép. v° Forêts, n°s 1555 et suiv. et notre Code forestier annoté, art. 79, n°s 95 et suiv.

569. — 2° *Bois des particuliers.* — On a vu au Rép., v° Forêts, n° 1565, que l'art. 79 c. for. est rendu applicable aux bois des particuliers par l'art. 120 du même code, sauf en ce qui concerne la délivrance par les agents forestiers. Dans les forêts qui ne sont pas soumises au régime forestier, ce sont les propriétaires qui font la délivrance, et l'obligation de l'obtenir est générale dans ces forêts, comme dans les forêts de l'État, des communes et des établissements publics. Elle s'applique aussi bien aux usages en bois, et notamment à l'usage du ramage, particulier à l'ancien comté d'Evreux (Req. 26 janv. 1864, aff. Roederer, D. P. 64. 1. 358), qu'aux droits d'usage qui ont pour objet des produits du sol forestier autres que le bois.

570. Reste la question de savoir si la nécessité de demander la délivrance est d'ordre public dans les forêts particulières et doit prévaloir contre tous titres et possessions contraires (Rép., v° Forêts, n°s 1567 et suiv.). La cour de cassation s'est prononcée, depuis la publication du Répertoire, dans le sens de l'opinion de Proudhon (Rép., v° Forêts, n°s 1568) et a décidé, en se fondant sur l'art. 2 c. for., qui reconnaît aux particuliers sur leurs bois, tous les droits résultant de la propriété, sauf les restrictions spécifiées dans le code, que, si l'usager est soumis à l'obligation de demander la délivrance, aucune disposition n'interdit au propriétaire, dans l'intérêt duquel cette règle générale a été établie, d'y renoncer par convention expresse (Bordeaux, 1er déc.

1856, et, sur pourvoi, Civ. rej. 4 août 1858, aff. Damas, D. P. 58. 1. 411). — La délivrance, d'ailleurs, peut être tacite et résulter des faits d'exercice de l'usage, accomplis au vu et au su du propriétaire (supra, n° 479).

571. — 3° *Interdiction de vendre.* — La prohibition de vendre ou d'échanger les bois qui leur sont délivrés, ou de les employer à aucune autre destination que celle pour laquelle ils sont accordés, faite aux usagers par l'art. 83 c. for., est applicable aux bois des particuliers (Rép., v° Forêts, n° 1576). Mais elle n'était pas généralement considérée, lors de la publication du Répertoire, comme étant d'ordre public (Rép. v° Forêts, n° 1580). Il a été jugé, en ce sens, que la prohibition édictée par l'art. 83 c. for. est de la nature et non de l'essence du droit d'usage (Besançon, 13 juin 1864, aff. Commune de la Grande-Laye, D. P. 64. 2. 113) ; que l'art. 83 c. for., qui interdit aux usagers de vendre les bois à eux délivrés, n'a pu détruire, à cet égard, les droits antérieurement acquis (Colmar, 22 juin 1850, Bull. des ann. for., t. 5, p. 169). Mais la cour de Dijon, dans un arrêt du 21 mars 1866, aff. Bougain et autres (D. P. 66. 1. 214), rendu sur renvoi après cassation par un arrêt de la chambre criminelle du 26 janv. 1866 (D. P. 66. 1. 408), d'un arrêt de la cour de Besançon du 14 juin 1865, a déclaré que la prohibition de l'art. 83 c. for. est générale, absolue, conçue en termes impératifs, n'admet aucune distinction, exception ou exemption, que dès lors elle reste applicable à toute livraison de bois toutes les fois que celle-ci est effectuée à titre d'usage. — La cour de Besançon, dans l'arrêt attaqué, comme dans celui du 13 juin 1864, avait reconnu aux parties le droit de renoncer à la disposition de l'art. 83, et avait fait résulter cette renonciation du fait que la qualité des délivrances avait été, dans l'espèce, fixée une fois pour toutes, d'une manière invariable et sans tenir compte des besoins de l'usager. La cour de cassation, dans l'arrêt du 26 janv. 1866, sans consacrer ce système, ne paraît pas être allée aussi loin que la cour de Dijon. Elle déclare, sans doute, « que l'art. 83 est conçu en termes généraux, qu'il est dans son texte et dans son esprit de rester applicable à toute livraison de bois, tant qu'elle est faite à titre d'usage ; mais elle ne se prononce pas catégoriquement sur la possibilité de la renonciation à la prohibition de l'art. 83. « En la supposant admissible, dit-elle, il faudrait du moins que la renonciation à la protection consacrée par l'art. 83 eût été consentie par les parties ». Or l'arrêt constate qu'on ne trouvait, à cet égard, « aucune stipulation dans les actes de concession ni dans les conventions postérieures ». Il semble donc bien, tout en rejetant les conséquences tirées par la cour de Besançon du mode de délivrance, qu'elle n'ait pas entendu proscrire, comme l'a fait la cour de Dijon, toute possibilité d'un titre ou d'une possession contraire à la prohibition de l'art. 83 c. for.

572. Dans tous les cas, il faudrait tout au moins, suivant l'opinion exprimée au Rép., v° Forêts, n° 1580, que la clause dérogatoire à l'art. 83 fût formelle. C'est ce qu'il faut conclure des décisions analysées supra, n° 571. Il résulte, notamment, des arrêts des 26 janv. et 21 mars 1866 que la dérogation à l'art. 83 ne peut être la conséquence virtuelle d'un acte par suite duquel des délivrances annuelles, fixes et invariables, ont été substituées à forfait à celles qui, antérieurement, avaient lieu chaque année d'après l'étendue des besoins des usagers. L'opinion contraire se retrouve, il est vrai, dans l'arrêt cassé de la cour de Besançon, dans l'arrêt de la même cour du 13 juin 1864 (cité supra, n° 571) et dans l'arrêt de la cour de Colmar du 22 juin 1850 (cité supra, ibid., et Rép., v° Usage, n° 90-2°).

573. — 4° *Bois de construction.* — On a vu au Rép., v° Forêts, n° 1584, que l'art. 83, défend non seulement de vendre et d'échanger les bois délivrés, mais de les employer à une autre destination que celle qui a été stipulée dans la concession du droit d'usage. On a vu également (Rép., ibid., n° 1585) avec quelle rigueur la jurisprudence applique cette règle, édictée surtout en vue des bois de construction, et celles qui ont été spécialement formulées pour ces bois par l'art. 123 de l'ordonnance du 1er août 1827. Lorsque le procès-verbal, dressé en exécution de cette ordonnance, constate que les bois n'ont pas été employés conformément au devis et à la destination qui leur y était donnée, la pénalité de l'art. 83 est encourue sans que le

tribunal puisse accueillir aucune allégation tendant soit à infirmer les énonciations du procès-verbal, soit à faire admettre une excuse que la loi repousse. L'emploi des bois à une construction différente, par ses dimensions ou sa destination, de celle qui était prévue et dont le devis avait servi de base à la délivrance, rend l'usager passible des peines portées par l'art. 83 c. for. Ainsi il a été jugé que l'usager qui, avec les bois à lui délivrés pour la construction d'une écurie, suivant des dimensions déterminées au devis, établit, dans les mêmes dimensions, outre une écurie, une chambre d'habitation, commet le délit prévu par l'art. 83 c. for., sans qu'il y ait lieu de tenir compte de la circonstance qu'il y a eu un simple arrangement d'intérieur et non un changement de destination absolu (Crim. cass. 28 août 1851, aff. Courvoisier, D. P. 51. 5. 282, et, sur nouveau pourvoi, Ch. réun., cass. 3 juill. 1852, D. P. 52. 1. 251).

Toutefois, si c'est par suite d'un cas de force majeure que l'emploi des bois n'a pas été fait par l'usager, la pénalité de l'art. 83 ne lui est pas applicable. C'est ce qui a été admis dans un cas où l'usager, auquel des bois avaient été délivrés pour la reconstruction de sa maison incendiée, les avait mis à la disposition d'un entrepreneur qu'il avait chargé d'exécuter les travaux, et cet entrepreneur était tombé en démence, puis déclaré en faillite, sans avoir rempli ses obligations et restitué les bois (Crim. rej. 21 août 1851, aff. Demesmay, D. P. 51. 5. 283).

574. — 5° *Complicité.* — On a vu au *Rép.*, v° *Forêts*, n° 1588, que l'acquéreur de bois indûment vendus par un usager ne peut être poursuivi comme complice. La jurisprudence n'a pas varié sur ce point (Bourges, 14 févr. 1856, aff. Larue, D. P. 56. 2. 160).

575. — 6° *Frais des délivrances.* — Ces frais sont à la charge de l'usager (*Rép.*, v° *Forêts*, n° 1592); celui-ci supporte les frais de devis et d'expertise, d'abatage, de façonnage, d'enlèvement et de transport, alors que le titre constitutif ne lui donne d'autre droit que celui de prendre dans la forêt grevée les bois nécessaires à ses besoins (Lyon, 18 juin 1879, *Rép. de lég. et de jur. for.*, t. 8, n° 139). Il en est ainsi pour le bois de chauffage, lorsque les délivrances doivent avoir lieu par coupes. Au contraire, lorsque la délivrance doit avoir lieu par stères (*Rép.*, n° 1599, ou pour la délivrance de bois façonnés, il est évident que les frais de façonnage, d'abatage, et autres de même nature, sont à la charge du propriétaire. Du reste, les stipulations particulières des parties peuvent modifier ces règles générales (Puton, *Législation forestière*, p. 195).

§ 2. — Usage au bois mort (*Rép.* v° *Forêts*, n°ˢ 1593 à 1597).

576. La seule question qu'il y ait à examiner ici est celle de l'application de l'art. 80 du code forestier, qui interdit à ceux qui n'ont d'autre droit que celui de prendre le bois mort sec et gisant, de se servir, pour l'usage de ce droit, de crochets ou ferrements d'aucune espèce (*Rép.*, v° *Forêts*, n° 1593). En ce qui concerne la nature du bois mort gisant, du bois mort en estant, en cimes et racines, du mort-bois, etc., V. *Rép.*, v° *Usage*, n°ˢ 377 et suiv. et *supra*, n° 504. La jurisprudence, en cette matière, n'a pas varié depuis la publication du *Répertoire*. Elle a notamment confirmé l'interprétation donnée par les arrêts de la cour de cassation du 9 janv. 1843, et de la cour de Poitiers, du 3 juin 1845 (*Rép.*, n° 1594) au mot *ferrement* employé par l'art. 80, et décidé que l'usager qui n'a d'autre droit que celui de prendre dans les forêts de l'État le bois mort, sec et gisant à terre, ne peut, sans contravention, casser et tirer le bois mort des arbres avec des crochets de bois ou autres, ni même faire usage de ces crochets pour ramasser le bois sec et gisant (Poitiers, 11 juill. 1849, aff. Commune de Montils, D. P. 50. 2. 24). Mais l'art. 40 est spécial au bois mort gisant : l'usager dont le droit consiste à prendre, dans les bois d'un particulier, le bois sec en estant, peut donc se servir d'instruments de fer pour l'exercice de son droit d'usage ; l'emploi de ces instruments n'est interdit qu'à l'usager investi uniquement du droit de prendre le bois sec et gisant (Civ. rej. 4 août 1858, aff. Damas et autres, *Rép.*, v° *Usage*, n°ˢ 380 et 385, et D. P. 58. 1. 411).

§ 3. — Usage au bois de chauffage autre que le bois mort.
(*Rép.*, v° *Forêts*, n°ˢ 1598 à 1620.)

577. V., sur les questions que soulève l'application des art. 81 et 82 c. for., les explications fournies au *Répertoire* (V. également notre *Code forestier annoté*, sur ces deux articles). — Il suffira de rappeler, en ce qui concerne la responsabilité des entrepreneurs (*Rép.*, v° *Forêts*, n°ˢ 1611 et suiv.) que, lorsque l'Administration n'exige pas la nomination d'un garde-vente spécial (*Rép. ibid.*, n° 1615), cette tolérance s'exerce aux risques et périls de l'entrepreneur et ne peut l'affranchir de la responsabilité résultant de l'art. 42 c. for. (V. *supra*, n° 455 et Crim. cass. 25 nov. 1852, aff. Leca, D. P. 53. 5. 234). — En ce qui concerne la responsabilité des usagers, il a été de nouveau jugé, conformément au système qui avait prévalu en jurisprudence (*Rép.*, v° *Forêts*, n° 1616), que la garantie solidaire imposée aux communes usagères, pour les condamnations prononcées contre les entrepreneurs de l'exploitation des coupes affouagères, s'étend aux amendes comme aux dommages-intérêts et frais (Metz, 21 janv. 1852, aff. Commune de Rozérieulles, D. P. 52. 2. 157 ; 13 août 1852, aff. Fortoul, D. P. 52. 5. 289 ; Grenoble, 31 mars 1876, *Rép. de lég. et de jur. for.*, t. 7, n° 39).

§ 4. — Usage au bois de construction (*Rép.* v° *Forêts*, n°ˢ 1621 et 1627).

578. V. en ce qui concerne la police de l'usage aux bois de construction, *Rép.*, v°ˢ *Forêts*, n°ˢ 1621 et suiv., *Usage*, n°ˢ 396 et suiv. et *supra*, n° 573. — Un arrêt de la cour de Metz, du 12 juin 1867 (aff. Mayer, D. P. 67. 2. 164), a décidé, conformément à ce qui a été exposé au *Rép.*, v° *Forêts*, n° 1627, que l'Administration forestière doit porter devant le tribunal correctionnel l'action en validité de la saisie ou en restitution des bois non employés par l'usager, bien qu'il n'y ait lieu de prononcer aucune peine corporelle ou pécuniaire (V. également Puton, *Législation forestière*, p. 156). Les frais de l'instance sont, d'ailleurs, à la charge de l'usager, qui les a nécessités en refusant d'obtempérer à la saisie (Arrêt précité, du 12 juin 1867).

ART. 6. — Dispositions générales relatives à un droit d'usage quelconque (*Rép.*, v° *Forêts*, n° 1628).

579. V. *Rép.*, v° *Forêts*, n°. 1628.

SECT. 3. — EXTINCTION DES DROITS D'USAGE. — CANTONNEMENT, RACHAT.

ART. 1ᵉʳ. — Du cantonnement.

§ 1ᵉʳ. — Historique et législation (*Rép.*, v° *Usage*, n°ˢ 475 à 487).

580. Les explications du *Rép.*, v° *Usage*, n°ˢ 475 et suiv., ont fait connaître les différences qui séparent le cantonnement tel qu'il était pratiqué avant les lois des 20 sept. 1790 et 14 sept. 1792, et sous l'empire de ces lois, du cantonnement tel qu'il est réglé par le code forestier. Le cantonnement, dans la législation actuelle, produit des effets tout différents de ceux qu'il produisait avant la Révolution de 1789. Tandis que le cantonnement moderne éteint la servitude en transférant à l'usager la propriété d'une partie des biens grevés et en libérant le surplus, l'ancien cantonnement, ou aménagement-règlement, n'emportait jamais dévolution du fonds en pleine propriété au profit de l'usager ; il était au contraire de l'essence du contrat d'aménagement que le propriétaire conservât, outre le haut domaine, tous les produits quelconques que l'usager n'absorbait pas en vertu de l'abandon qui lui avait été consenti (*Rép.*, v° *Usage*, n° 479, Bourges, 27 févr. 1861, aff. Commune de Saint-Aubin, D. P. 63. 2. 57 ; Metz, 25 mai 1869, aff. de Francheval, D. P. 73. 1. 345. V. en outre Besançon, 9 juill. 1878, aff. Commune de Levier, D. P. 82. 1. 257, et le rapport sur le pourvoi contre cet arrêt de M. le conseiller Lepelletier, D. P. *ibid.*). En un mot, l'usager n'avait toujours, après comme avant l'aménagement, qu'un droit de servitude, qui

ne se transformait jamais en pleine propriété : peu importait que l'usager eût agi comme propriétaire pendant untemps assez long pour le conduire à la prescription ; il ne pouvait acquérir la propriété par ce moyen, s'il n'avait opposé au propriétaire une contradiction claire et non équivoque qui eût mis celui-ci en mesure de veiller à ses droits (Arrêt précité de la cour de Bourges, du 27 févr. 1861). L'aménagement laissait subsister l'usage dans son entier, mais en concentrait l'exercice sur une partie déterminée de la forêt grevée, de telle sorte que, si le droit venait à s'éteindre ou à diminuer, le seigneur profitait de l'extinction ou de la diminution (*Rép.*, v° *Usage*, n° 479 ; Besançon, 9 juill. 1878, aff. Commune de Levier, D. P. 82. 1. 257, et le rapport de M. le conseiller Lepelletier, *ibid.*, p. 261).

Conformément à ces principes, il a été décidé que la transaction en vertu de laquelle les droits d'usage d'une commune sur une forêt ont été transportés sur une autre forêt pouvait être considérée comme ayant affranchi complètement la première de ces forêts des droits d'usage (Civ. cass. 30 janv. 1856, aff. Commune de Revin, D. P. 56. 1. 339). Jugé également que, dans l'ancienne Lorraine, comme en France, l'apposition d'un quart en réserve dans une forêt grevée de droits d'usage en bois, avait pour effet d'affranchir de la servitude usagère la portion de forêt sur laquelle ce quart en réserve était établi, les usagers étant présumés trouver la satisfaction complète de leurs besoins dans le surplus de la forêt (Nancy, 18 déc. 1862, *Rép. de lég. et de jur. for.*, t. 1, n° 210, et, sur pourvoi, Req. 4 avr. 1864, aff. Commune de Domèvre, D. P. 64. 1. 292). Pour obtenir une dérogation à cette règle, les usagers étaient tenus de prouver que la portion de forêt non comprise dans le quart en réserve était insuffisante pour leur usage, ou que leurs intérêts étaient lésés : dans ce cas, une stipulation spéciale et exceptionnelle était nécessaire pour leur permettre de prendre part aux produits du quart en réserve (Arrêt précité, du 18 déc. 1862). La preuve de l'existence d'une semblable exception ne saurait résulter de quelques délivrances isolées, obtenues par surprise ou erreur, ou de quelques actes abusifs accomplis à la faveur des troubles révolutionnaires. Des faits de cette nature ne sauraient non plus être invoqués par les usagers, comme preuve d'une interversion de titre, pour l'effet de laquelle ils auraient acquis par prescription le droit de participer aux produits du quart en réserve (Même arrêt).

581. D'ailleurs, sous l'ancienne législation, le propriétaire d'une forêt grevée d'usage pouvait recourir au cantonnement tel qu'il est aujourd'hui compris. Si ce dernier mode de règlement des droits d'usage n'était pas, avant le commencement du dix-huitième siècle (*Rép.*, v° *Usage*, n° 480) d'un emploi ordinaire et légal, on trouve, dès le seizième siècle, des conventions intervenues entre les seigneurs et les habitants de sa seigneurie, qui contiennent des dispositions analogues. En effet, le seigneur pouvait, tant que les droits honorifiques et de seigneurie n'étaient point aliénés ou abandonnés, transmettre à ses vassaux, comme à tous autres, le domaine utile de sa propriété, soit par un acte direct de vente, soit par transaction, ou de toute autre manière. Jugé, notamment, qu'on doit considérer comme constituant un cantonnement transmissif du droit de propriété, et non comme un aménagement-règlement, une transaction dans laquelle un seigneur, voulant affranchir ses forêts des droits d'usage dont elles étaient grevées, en abandonne deux cantons aux communes usagères « pour lesdits cantons demeurer en usage aux communes, sans que ce seigneur puisse faire aucune restriction aux habitants ès dites pièces, ni en icelles prendre ou aliéner aucune chose, ni y prétendre aucun droit, sinon les droits de justice, seigneurie d'usage, amendes et confiscations » (Paris, 20 déc. 1867, *Rép. de lég. et de jur. for.*, t. 4, n° 673).

582. La faculté d'affranchir les forêts de tous droits d'usage en bois, moyennant un cantonnement, a été établie par le législateur de 1827, ainsi que cela résulte jusqu'à l'évidence de tous les documents législatifs (V. *Rép.*, v° *Forêts*, n° 118-124), en vue de protéger d'une manière efficace le sol forestier, dont la conservation est l'un des premiers intérêts de l'État. Le législateur n'aurait pas introduit dans nos lois cette faculté, qui donne au propriétaire le

pouvoir de substituer, même malgré l'usager, une convention nouvelle au contrat primitif, sans y être conduit par des vues politiques supérieures et sans s'inspirer de l'intérêt général. La faculté de cantonnement n'est pas de celles auxquelles le propriétaire puisse renoncer comme à certains des droits qu'il tient des règles posées par le code forestier ; il ne s'agit pas là d'une faculté conférée pour son avantage personnel, qu'il puisse, dès lors, abandonner, mais d'une faculté d'ordre public à laquelle il ne lui est pas permis de renoncer. On doit en conséquence déclarer nulle la convention par laquelle un propriétaire a renoncé à l'exercice de cette faculté (Civ. rej. 17 juill. 1867, aff. Commune de Mathes et d'Arvest, D. P. 67. 1. 253).

583. Les formalités administratives à observer pour le cantonnement amiable des usages dans les bois domaniaux sont toujours réglées par le décret du 12 avr. 1854 (D. P. 54. 4. 77) et celui du 19 mai 1857 (D. P. 57. 3. 53), sauf quelques modifications résultant du transfert de l'Administration forestière du ministère des finances au ministère de l'agriculture (V. *supra*, n° 33).

§ 2. — *Du cantonnement sous l'empire de la loi du 28 août 1792. — Différence fondamentale entre cette loi et le code forestier* (*Rép.* v° *Usage* n°s 478 à 499).

584. On a vu au *Rép.* v° *Usage*, n° 489, que la loi du 28 août 1792, qui conférait aux usagers comme au propriétaire le droit d'exercer l'action en cantonnement conférait aux titulaires de droits d'usages réels un véritable droit de copropriété (*Rép.*, v° *Usage*, n° 488). On en avait conclu que le cantonnement constituait un partage. Si cette doctrine était discutable sous l'empire de la seule loi de 1792, elle est complètement erronée sous le régime de l'art. 63 c. for. et, comme on l'a exposé au *Rép.* v° *Usage*, n° 489, la jurisprudence n'avait pas hésité à le rejeter; elle a, depuis lors, persisté dans cette voie (Nancy, 15 juin 1876, aff. Commune d'Hugier, D. P. 77. 2. 153-154; Trib. civ. Foix, 30 août 1876, aff. Commune de Bélesta, D. P. 77. 3. 62). Il en résulte que la fiction de l'art. 883 c. civ. n'est point applicable en matière de cantonnement et que, par suite, le jugement qui ordonne le cantonnement ne fait pas rétroagir la propriété de celui qui l'obtient jusqu'à l'origine de l'instance (Pau, 10 juill. 1871, aff. Syndicat d'Esparros, D. P. 74. 5. 524).

§ 3. — *Du cantonnement amiable ou judiciaire sous le code forestier. — Recevabilité de l'action, ses effets* (*Rép.* v° *Usage*, n°s 500 à 515).

585. Il résulte des termes de l'art. 63 c. for. que l'action en cantonnement est de la compétence exclusive des tribunaux de l'ordre judiciaire (*Rép.*, v° *Usage*, n° 500), et cette compétence embrasse, d'une manière générale, toutes les questions contentieuses qui se rattachent au cantonnement. L'autorité administrative ne peut donc connaître ni des difficultés relatives à l'établissement du cantonnement, ni de celles qui en sont les conséquences. Ainsi c'est aux tribunaux de l'ordre judiciaire qu'appartient la connaissance de l'action par laquelle une commune demande contre l'Etat, pour cause de lésion ou d'erreur, la rescision d'un cantonnement amiable intervenu entre elle et l'Administration (Cons. d'Et. 20 mars 1862, aff. Commune de Goetzembruck, D. P. 62. 3. 82).

Ce sont encore ces tribunaux qui doivent statuer lorsque, à la suite d'un cantonnement exécuté entre une commune et l'Etat, les habitants de cette commune prétendent exercer sur les produits de la portion de la forêt qui lui a été attribuée en toute propriété les mêmes droits que ceux qu'ils exerçaient autrefois sur la totalité de la forêt, et que la commune soutient, au contraire, que le partage de ces produits doit s'opérer sur d'autres bases (Cons. d'Et. 31 janv. 1867, aff. Bonjour, D. P. 67. 3. 36). En pareil cas, en effet, le débat trouve sa solution dans l'appréciation de la nature et des effets légaux du cantonnement. Il a même été jugé que, lorsqu'il a été procédé au cantonnement et au rachat amiables de droits d'usage grevant une forêt domaniale, que le maire a agi comme représentant une section communale, et que les habitants de cette section soutiennent que les actes constatant ces opérations ne sont pas appli-

cables à la commune; il n'y a pas lieu de renvoyer à l'autorité administrative pour interpréter les actes de cantonnement et de rachat; et ce, alors même que l'État soutient que le maire a été désigné par erreur auxdits actes comme représentant non la commune entière, mais seulement une section (Nîmes, 3 avr. 1876, *Rép. de lég. et de jur. for.*, t. 7, nº 85). Il s'agit, en pareil cas, d'interpréter des actes de cantonnement et de rachat, interprétation qui rentre dans la compétence des tribunaux de l'ordre judiciaire (Cons. d'Ét. 20 mars 1862 précité).

586. Les particuliers ne sont pas soumis à la procédure réglée pour les cantonnements amiables par les décrets du 12 avr. 1854 et 19 mai 1857 (*Rép.*, vº *Usage*, nº 501). La loi ne leur impose aucune mesure pour parvenir au cantonnement amiable ; mais l'art. 118 c. for., leur permettant de recourir au cantonnement sous les conditions déterminées par l'art. 63, ils doivent tenter de le réaliser à l'amiable avant de recourir à la voie judiciaire. Il résulte d'un arrêt de la cour de cassation qu'ils doivent d'abord faire aux usagers des offres indiquant les bases d'un cantonnement amiable, et que ce n'est qu'autant que ces offres sont refusées qu'ils doivent recourir aux tribunaux (Civ. cass. 24 août 1869, aff. Duc d'Aumale, D. P. 69. 1. 468). Cet arrêt confirme la doctrine de l'arrêt de la cour de Bourges, du 15 juin 1838 (*Rép.*, vº *Usage*, nº 502), bien que, dans la pratique, on se conforme rarement sur ce point aux prescriptions de l'art. 118 c. for.

587. Le propriétaire qui poursuit le cantonnement doit établir son droit de propriété sur la totalité des biens qu'il prétend y comprendre, et la demande devrait être repoussée si cette justification n'était pas fournie (Req. 28 déc. 1874, aff. De Maynau, D. P. 75. 1. 228). — Mais doit-il prouver, en outre, qu'il en est seul propriétaire ou seul représentant du propriétaire des biens sur la totalité desquels il entend faire porter le cantonnement? Le défendeur peut, en effet, prétendre que le cantonnement, en l'absence de cette preuve, est susceptible de n'être pas définitif à son égard, et qu'il reste exposé à l'action des autres ayants droit qui se révéleraient plus tard et pour lesquels le cantonnement aurait été *res inter alios acta*. La cour de cassation s'est prononcée pour la négative. La seule preuve qui incombe au demandeur en cantonnement est celle de son droit de propriété des biens sur la totalité desquels il entend faire porter le cantonnement. Mais cette justification faite, c'est au défendeur qu'il incombe d'établir l'existence de plusieurs héritiers lors de l'ouverture de la succession du propriétaire ; exiger du demandeur la preuve qu'il n'y a pas d'autre représentant que lui, ce serait mettre à sa charge la preuve d'un fait négatif (Civ. rej. 12 août 1884, aff. Commune de Cram-Chaban, D. P. 85. 1. 111).

588. Tout en conférant au propriétaire seul le droit de provoquer le cantonnement, l'art. 63 ne lui laisse pas la faculté de le faire restreindre à une partie seulement de la servitude ; il est de jurisprudence constante que l'usager peut repousser tout cantonnement partiel (*Rép.*, vº *Usage*, nº 505). Cette solution est une conséquence de l'indivisibilité de la servitude d'usage, qui affecte en totalité chaque partie du fonds grevé. Mais, par réciprocité et par une conséquence du même principe, le propriétaire a le droit de faire comprendre par lui, ce serait mettre la totalité des fonds qui sont soumis à l'usage ; ainsi l'usager n'est pas fondé à demander qu'il soit restreint aux terrains actuellement boisés, et à en excepter soit des parcelles de terrain que, contrairement à son titre de concession, il aurait abusivement défrichées, soit les parcelles qui, par une cause quelconque, seraient sorties de sa possession (Civ. cass. 24 août 1869, aff. Duc d'Aumale, D. P. 69. 1. 468).

589. Le propriétaire qui poursuit le cantonnement des droits d'usage grevant la forêt, n'est pas tenu de transmettre à l'usager une pleine propriété, franche et quitte de toutes charges de servitudes. Aucune loi ne fait du dégrèvement préalable des servitudes la condition nécessaire du cantonnement ; le propriétaire est seulement tenu d'abandonner aux usagers une part de la pleine propriété dans l'état où se trouve la forêt, et avec les servitudes qui la grèvent, à la condition de prendre en considération dans l'estimation du cantonnement (Besançon, 13 juin 1864, aff. Commune de la Grande-Loge, D. P. 64. 2. 113, et, sur pour-

voi, Civ. rej. 16 juill. 1867, D. P. 67. 1. 255 ; Req. 11 janv. 1869, aff. Commune d'Arc et autres, D. P. 72. 1. 126 ; Besançon, 7 juin 1870, aff. Commune de Villers-sous-Chalamont, D. P. 72. 5. 496 ; Req. 27 janv. 1874, aff. Commune de Villeneuve-d'Amont et autres, D. P. 75. 1. 414).

Il résulte de ce qui précède que le juge devant lequel est poursuivi le cantonnement peut refuser de mettre en cause les tiers investis de servitudes sur les bois soumis à l'usage (Arrêts précités des 13 juin 1864, 16 juill. 1867, 11 janv. 1869), et qu'il peut, sans violer aucune loi, décider que l'évaluation des servitudes grevant la forêt n'aura lieu qu'après la fixation de l'assiette du cantonnement, et exclusivement sur les cantons assignés aux usagers (Arrêt précité du 27 janv. 1874).

590. Un certain nombre d'arrêts, rapportés au *Rép.*, vº *Usage*, nº 507, avaient décidé que la demande en cantonnement n'était recevable qu'autant que le propriétaire aurait mis en cause tous les usagers. Mais il est à remarquer que l'arrêt du 11 août 1839, sur lequel cette jurisprudence est fondée, est un arrêt d'espèce : il est fondé surtout sur ce qu'on ne pouvait procéder au cantonnement sans la présence de tous les usagers ; l'arrêt ajoute que la décision prescrivant la mise en cause des autres communes ne violait aucune loi et ne portait aucun préjudice au propriétaire puisque sa demande en cantonnement était seulement ajournée et non rejetée. Les arrêts cités *suprà*, nº 589, sont contraires à cette jurisprudence. Dans tous les cas l'obligation, pour le propriétaire, d'appeler en cause tous les usagers ne devrait être, semble-t-il, admise que dans le cas où il s'agit d'un droit d'usage de même nature. En effet aucune disposition légale n'oblige le propriétaire, qui entend user de la faculté d'affranchissement, de libérer simultanément sa propriété de tous les usages de diverse nature qui peuvent la grever : suivant que son intérêt le lui commande, il est parfaitement libre de racheter tel usage et de laisser subsister tel autre, alors surtout que le mode de rachat ne serait pas le même pour l'usage dont il sollicite l'extinction que pour l'usage qu'il laisse subsister (Colmar 15 févr. 1870, aff. De Sugny, D. P. 71. 2. 116).

591. Les usagers doivent-ils être appelés en cause alors que la possibilité de la forêt est insuffisante pour que, après le cantonnement de certains d'entre eux, les droits des autres soient sauvegardés? L'affirmative a été admise au *Rép.*, vº *Usage*, nº 507 ; au contraire, suivant l'arrêt déjà cité de la cour de Besançon du 13 juin 1864, aff. Commune de la Grande-Loge, D. P. 64. 2. 113, il n'y a pas lieu d'ordonner la mise en cause des autres ayants droit aux servitudes assises sur la forêt grevée, pour faire juger contradictoirement avec eux la possibilité de la forêt, les questions de possibilité étant du domaine exclusif de l'Administration, surtout lorsque ces ayants droit sont eux-mêmes l'objet d'une tentative de cantonnement de gré à gré (c. for. art. 63).

Il est, d'ailleurs, à remarquer que, à supposer même qu'il s'agisse d'un droit d'usage de même nature que celui dont le cantonnement est demandé, la circonstance que les usagers, autres que celui contre lequel le cantonnement est poursuivi, ne seraient pas mis en cause, ne saurait nuire à leurs droits. Par suite du cantonnement, se trouve libéré à l'égard de l'usager cantonné et sur la partie abandonnée, comme s'il avait vendu cette partie ; mais il reste tenu à l'égard des usagers sur la partie qui lui est restée et qu'il a dégrevée ; et d'autre part, l'usager cantonné reste, sur la portion à lui attribuée, tenu des droits d'usage dus à ceux qui n'ont point été cantonnés. Enfin, le cantonnement étant, à l'égard de ceux-ci, *res inter alios acta*, comme le serait une vente, ils sont en droit d'appeler tous les propriétaires, et par conséquent l'usager cantonné, à la détermination de la possibilité de la forêt et peuvent aussi bien exercer leurs droits sur la partie abandonnée par le propriétaire que sur celles qui sont restées entre ses mains.

592. On a vu au *Rép.*, vº *Usage*, nº 510, que la demande en cantonnement a pour effet d'arrêter l'extension de l'usage et de limiter le nombre des parties prenantes à celui des maisons existant au jour de la demande. C'est donc au nombre de feux et ménages existant à l'époque où l'action a été introduite qu'il faut s'attacher, sans avoir égard au plus ou moins grand nombre d'habitants qui peuvent sur-

venir ou quitter la commune dans le cours de l'instruction de la demande en cantonnement (Besançon, 13 juin 1864, *Répertoire de législation et de jurisprudence forestières*, t. 2, n° 357). Jugé, à cet égard que le nombre de feux d'une commune usagère auxquels sont attachés des droits d'affouage doit être déterminé par le nombre des ayants droit au jour de l'assignation introductive d'instance, quelles que soient, d'ailleurs, les indications de la liste préfectorale, les tribunaux ordinaires ayant seuls qualité pour statuer en cas de désaccord sur ce point entre les parties (Besançon, 26 juin 1867, *Rép. de lég. et de jur. for.*, t. 4, n° 584). Au contraire, comme on l'a vu au *Rép.*, v° *Usage*, n° 511, la demande en cantonnement ne met pas obstacle à l'extension du droit du propriétaire, et, comme l'a décidé la cour de Pau, dans l'arrêt du 13 août 1861 (*Rép.*, v° *Usage*, n° 511), le propriétaire d'une forêt dont l'auteur, en constituant des droits d'usage au profit d'une commune, s'est réservé le droit d'établir une scierie et de prendre dans la forêt les arbres nécessaires pour l'alimenter, ne peut être déclaré non recevable à exercer le droit de prendre des arbres pour alimenter cette scierie, par cela seul qu'elle n'existait pas au jour de la demande en cantonnement. Il en est ainsi, alors surtout que la demande tend à ce qu'il soit tenu compte, dans le cantonnement, du droit que le propriétaire possède d'établir une scierie et de prendre des arbres pour l'alimenter.

593. En thèse générale, la demande en cantonnement n'a pas pour effet de suspendre les délivrances usagères (*Rép.* v° *Usage*, n° 512), sauf à tenir compte au propriétaire de la plus-value résultant, pour la partie abandonnée à l'usager, des délivrances opérées dans d'autres parties, soit au moyen d'une réduction du canton attribué à l'usager, soit au moyen d'une indemnité. Jugé, conformément à cette règle : 1° que l'usager qui a continué à jouir de ses droits, pendant la durée de l'instance en cantonnement, doit tenir compte au propriétaire de la plus-value résultant du nombre de feuilles dont le cantonnement s'est accru depuis la date de l'acte qui a définitivement fixé la valeur jusqu'au jour où il en a été mis en possession (Lyon, 18 nov. 1864, *Rép. de lég. et de jur. for.*, t. 2, n° 376) ; — 2° Que, lorsque les délivrances usagères n'ont pas été interrompues pendant une instance de cantonnement, le propriétaire est fondé à faire, lors du retranche ch de forêt à abandonner à l'usager une parcelle d'une valeur égale à la plus-value dont ce canton s'est accru depuis la date du dépôt du procès-verbal des experts judiciaires (Nancy, 28 déc. 1866, *Rép. de lég. et de jur. for.*, t. 4, n° 594), et que cette demande en retranchement, constituant une défense à l'action de l'usager, peut être valablement formée, pour la première fois, devant la cour d'appel (Même arrêt) ; — 3° Que, quand l'usager n'a pas cessé de recevoir des délivrances, l'accroissement, pendant le temps couru depuis l'expertise jusqu'à celui de la détermination précise du cantonnement, doit être évalué et retranché de la portion de forêt attribuée à l'usager (Colmar, 22 janv. 1867, aff. Commune de la Petite-Pierre, D. P. 67. 2. 55-56) ; — 4° Que, lorsque le cantonnement d'une commune usagère a été définitivement réglé à une époque déterminée, et que néanmoins elle a reçu depuis cette époque et pendant un certain temps des délivrances de bois pris sur d'autres portions de la forêt, le juge a pu, sans violer aucune loi, condamner la commune au payement d'une indemnité représentant la plus-value acquise par son cantonnement pendant le temps qu'ont duré ces délivrances (Civ. rej. 10 févr. 1868, aff. Commune de Brénod, D. P. 68. 1. 62). Décidé encore, à cet égard, que les arrêts rendus entre l'État et une commune usagère, sur le mode d'évaluation des portions de forêt destinées au cantonnement de la commune, n'ont pas l'autorité de la chose jugée relativement à la demande formée par l'État, en remboursement de la valeur des délivrances de bois qu'il prétend avoir postérieurement faites aux habitants usagers sur des portions de forêt autres que celles comprises dans le cantonnement (Même arrêt du 10 févr. 1868). — Il a été jugé enfin que la demande en remboursement de la valeur des délivrances de bois faites à des habitants d'une commune en leur qualité d'habitants, et non de simples particuliers, doit être for-

mée contre le maire de la commune (Lyon, 18 nov. 1864, aff. Commune de Brénod, D. P. 68. 1. 63).

§ 4. — Application du code forestier aux droits d'usage qui ont subi l'ancien cantonnement (*Rép.*, v° *Usage*, n°ˢ 516 à 522).

594. L'ancien cantonnement ou aménagement-règlement (*supra*, n°ˢ 580 et suiv.), qui avait pour effet de concentrer les droits d'usage sur une partie des biens grevés, ne fait pas obstacle à l'action en cantonnement autorisée par l'art. 63 c. for. (*Rép.*, v° *Usage*, n° 518). Le surplus des biens grevés ayant été libéré par l'aménagement, il s'ensuit, suivant l'opinion la plus généralement suivie, que le cantonnement d'un usage déjà aménagé, ne peut s'exercer que sur la partie de l'immeuble précédemment affecté par l'aménagement à l'exercice de l'usage. Mais les intéressés ont fréquemment contesté cette conséquence, ce qui a donné lieu à certaines difficultés.

595. En premier lieu, on a contesté le caractère de certains aménagements-règlements, de ceux qui ont été opérés par les commissaires réformateurs en exécution de l'ordonnance de 1669 et d'arrêts du conseil, et qui ont été approuvés par arrêts du conseil du roi ; on a prétendu que ces règlements constituaient des actes administratifs qui ne pouvaient être interprétés par les tribunaux, mais seulement par l'autorité administrative. Cette prétention n'était, d'ailleurs, guère soutenable (V. le rapport de M. le conseiller Lepelletier, D. P. 82. 1. 257-261). Les aménagements faits dans les forêts royales, en exécution de l'ordonnance de 1669, sont bien des actes administratifs, mais des actes administratifs d'une nature particulière, c'est-à-dire, en raison de l'approbation qu'ils ont reçue en conseil du roi, de véritables règlements d'administration publique. Aussi la cour de cassation leur a-t-elle reconnu le caractère de lois, dont il appartient par conséquent à l'autorité judiciaire de donner l'interprétation (Req. 9 juill. 1884, aff. Commune de Levier, D. P. 82. 1. 257).

596. En présence d'une demande en cantonnement formée à l'occasion d'une forêt de l'État, qui avait fait déjà l'objet d'un aménagement, les juges du fond ont pu décider, par interprétation de l'acte d'aménagement, que cet aménagement, ayant eu pour objet et pour résultat de restreindre à un seul canton l'assiette de ces droits et d'en affranchir, pour le présent et pour l'avenir, le surplus de la forêt, le cantonnement ne devait s'opérer que sur la possibilité du seul canton affecté à ces droits, sans qu'il y eût à considérer si cette possibilité était ou non suffisante pour satisfaire les droits et les besoins des usagers (Req. 9 juill. 1884, aff. Commune de Levier, D. P. 82. 1. 257).

597. La possibilité du canton affecté exclusivement aux besoins des usagers étant devenue la mesure des droits de ces derniers et le règlement, dûment approuvé par l'autorité royale, étant réputé en avoir fait une juste appréciation. Dès lors, comme on l'a déjà exposé au *Rép.*, v° *Usage*, n° 520, il n'y a pas lieu de réunir fictivement au canton, sur lequel le droit d'usage a été concentré par l'aménagement, la portion de forêt qui était autrefois grevée de cet usage et dont elle a été affranchie par l'aménagement.

598. Le cantonnement d'un droit d'usage déjà aménagé, s'opère, comme le cantonnement d'un usage non aménagé, c'est-à-dire le plus souvent par capitalisation (*infra*, n°ˢ 613 et suiv.) : c'est à ce système que la jurisprudence s'est généralement ralliée ; elle semble avoir complètement abandonné le système qui avait été adopté par la cour de Dijon, et consistait à estimer directement le droit de nue propriété, le montant de cette estimation constituant la part du propriétaire, système dont on a signalé les inconvénients au *Rép.*, v° *Usage*, n° 519.

§ 5. — Mode suivant lequel le cantonnement doit être opéré (*Rép.*, v° *Usage*, n°ˢ 523 à 564).

599. Le code forestier, dans les art. 63 et 118, n'indiquant aucune règle sur la manière dont le cantonnement doit être pratiqué, le règlement en est abandonné à la prudence des juges (*Rép.*, v° *Usage*, n°ˢ 523-524). Ni le décret de 1854, ni celui de 1857 ne concernent le cas de cantonnement judici-

ciaire, mais seulement les cantonnements amiables réalisés par la voie administrative. Jugé, notamment, que l'art. 10 du décret du 19 mai 1857 qui, en matière de cantonnement de droits d'usage dans les forêts de l'Etat, dispose qu'à la valeur du droit d'usage capitalisée au denier 20 il « sera ajouté, à titre de concession : 1° une somme égale à 15 pour 100 de cette valeur; 2° le capital au denier 20 des frais de garde et d'impôt que les usagers, une fois cantonnés, auront à supporter comme propriétaires », n'est pas obligatoire pour les tribunaux (Req. 26 déc. 1865, aff. Commune de Villers-sous-Chalamont, D. P. 66. 1. 199). Ceux-ci ont donc la faculté de déterminer souverainement, soit la valeur des droits d'usage à cantonner (Nancy, 15 juin 1876, aff. Commune d'Huger, D. P. 77. 2. 153), soit le mode d'évaluation du droit, et, s'ils optent pour la capitalisation, le taux de capitalisation de l'émolument usager (Colmar, 22 janv. 1867, aff. Commune de la Petite-Pierre, D. P. 67. 2. 55).

600. Comme on l'a dit au *Rép.*, v° *Usage*, n° 528, le cantonnement n'est autre chose que le rachat de la servitude d'usage dont le prix, au lieu de consister en une somme d'argent, est représenté par un canton de la forêt d'une valeur équivalente à ce qu'eût été ce prix. On établit cette valeur en évaluant l'émolument usager et en capitalisant cette évaluation; il y a lieu ensuite de procéder à la formation du cantonnement.

601. — I. ÉVALUATION DE L'ÉMOLUMENT USAGER. — 1° *Evaluation en matière*. — Lorsqu'il s'agit d'évaluer les besoins des parties prenantes (*Rép.*, v° *Usage*, n° 531), il y a lieu de tenir compte pour l'établissement de la moyenne annuelle des besoins, des circonstances particulières qui peuvent, dans chaque espèce, influer sur cette moyenne, notamment de la rigueur du climat dans certaines régions, s'il s'agit d'un usage en bois de chauffage. Dans les montagnes de Franche-Comté, on juge qu'il convient, pour la détermination des besoins généraux des communes usagères, de tenir compte de la consommation du bois de chauffage nécessaire aux fromageries (Besançon, 9 juill. 1878, aff. Commune de Levier, D. P. 82. 1. 257).

602. Quand il s'agit d'usages en bois de construction ou marronnage, la durée des maisons, leur état de vétusté, les causes spéciales de destruction auxquelles leur situation les expose, etc. (*Rép.*, v° *Usage*, n° 532) doivent être appréciés. Toutefois il n'y a pas lieu de comprendre, dans le calcul des besoins généraux des communes usagères, ceux qui ne se sont jusqu'alors révélés que par aucun fait préjudiciable et de nature à être pris en considération dans le calcul des éventualités dommageables, telles que les risques de guerre (Besançon, 9 juill. 1878, cité *suprà*, n° 601).

603. L'appréciation de la durée des maisons offre certaines difficultés; M. Meaume proposait une moyenne de cent cinquante à deux cents ans. D'après l'arrêt de la cour de Besançon du 9 juill. 1878, cité *suprà*, n° 601, la durée moyenne des maisons usagères doit être fixée à cent vingt ans pour les constructions en bois, et à deux cent quatre-vingts ans pour les constructions en pierre, alors, du moins, qu'il s'agit de maisons qui ont été l'objet d'un bon entretien et de réparations partielles. Au reste, en pareille matière, on ne saurait poser une règle absolue; la durée moyenne des maisons est nécessairement subordonnée à la nature des matériaux employés et aux procédés de construction qui ont été suivis, c'est-à-dire à des éléments variables suivant les localités. Dans la détermination de la durée moyenne des bâtiments usagers, il faut donc s'attacher moins à l'état apparent et réel de vétusté, qu'à la durée qu'ils auraient atteinte, en les supposant convenablement entretenus et réparés en temps opportun.

604. Pour déterminer le nombre de maisons détruites par vétusté, lorsque l'usage porte sur des bois nécessaires à la reconstruction des maisons, il y a lieu d'établir une moyenne d'après le nombre des maisons détruites dans une certaine période (V. Motifs, Besançon, 11 juin 1878, cité *suprà*, n° 601). Il importe que cette période ait une durée suffisante pour permettre d'établir une moyenne aussi certaine que possible : l'arrêt précité de la cour de Besançon a pris pour base une période de cinquante ans, qui, d'ailleurs, avait été acceptée par les parties et avait été consacrée par un jugement ayant acquis force de chose jugée. — Mais il

importe, en outre, de définir ce qu'il faut entendre par vétusté. Généralement, la vétusté s'entend d'une maison, non pas écroulée en tout ou en partie, mais offrant un danger prochain de chute totale, sans que sa durée, au point de vue de la possibilité d'habitation, puisse être prolongée par des réparations partielles. Dans ce cas, l'émolument usager doit s'évaluer d'après la durée de la plus longue des corps de bâtiment, eu égard à la durée moyenne de leurs éléments essentiels et constitutifs, tels que les gros murs, les toitures et les bois de gros œuvre, en supposant un entretien convenable par l'usager (Besançon, 9 mars 1864, aff. Commune de Villers-sous-Chalamont, D. P. 64. 2. 49). En pareil cas, les bois pour cloisons de séparation, portes et fenêtres ne doivent pas être compris dans l'évaluation (Besançon, 9 mars 1864, aff. Commune de Villers-sous-Chalamont, D. P. 64. 2. 49, et sur pourvoi, Req. 28 déc. 1865, D. P. 66. 1. 199).

605. Pour l'évaluation de l'émolument du droit de marronnage, on doit s'attacher à l'état des maisons et des toitures au jour de la demande en cantonnement, alors même que les usagers, pour se conformer aux progrès du temps, auraient substitué des couvertures en tuiles aux toitures en chaume existant à l'époque de la concession (Nimes, 14 juin 1867, *Rép. de lég. et de jur. for.*, t. 4, n° 585)... et alors même que la substitution des toitures en tuiles aux toitures en bardeaux et en chaume aurait été prescrite par un arrêté préfectoral (Besançon, 9 mars 1864, aff. Commune de Villers-sous-Chalamont, D. P. 64. 2. 49). L'usager ne serait pas, en pareil cas, fondé à prétendre que le préfet, représentant l'Etat débiteur de la servitude, n'a pu modifier les conditions du titre par un règlement de police, alors que ce règlement a été pris dans un intérêt général, sans préoccupation des droits d'usage et dans la limite des attributions du préfet (Même arrêt). Jugé, en conséquence que, dans les localités où les couvertures en tuiles sont seules autorisées par les règlements administratifs, il n'y a pas lieu, pour l'évaluation des besoins des communes usagères, de tenir compte des couvertures en bois des maisons, ces couvertures ne constituant pas un besoin réel et légitime (Même arrêt);... ni des délivrances de bardeaux faites par l'Etat à certains habitants, dans le cas où ces délivrances n'ont été que des mesures temporaires destinées à favoriser les couvertures en tuiles, alors surtout qu'il n'est pas établi que des délivrances de cette nature aient été effectuées pour des bâtiments déjà recouverts en tuiles (Besançon, 9 juill. 1878, aff. Commune de Levier, D. P. 82. 1. 257).

606. Pour apprécier les chances de destruction en raison de cas fortuits, telles que les avalanches, tourbillons, etc. il convient, comme pour apprécier la durée des maisons, de supputer les probabilités d'après les faits accomplis et les données de l'expérience, en prenant pour base les événements de même nature survenus dans la commune usagère pendant une période assez longue pour déterminer les besoins éventuels des usagers (Besançon, 9 mars 1864, aff. Commune de Villers-sous-Chalamont, D. P. 64. 2. 49).

607. En ce qui concerne les cantonnements relatifs aux bois domaniaux, le décret du 19 mai 1857, art. 3, § 3, pour tenir compte des chances d'incendie, ajoute à la valeur en argent de l'émolument annuel en marronnage, la somme à laquelle les bâtiments usagers ont été ou peuvent être annuellement taxés à titre de prime d'assurance. Dans le cantonnement judiciaire, cette règle a été quelquefois appliquée par les tribunaux, ainsi la cour de Besançon, dans l'arrêt du 9 mars 1864, cité *suprà*, n° 605, mais seulement pour les parties en bois de ces bâtiments. L'arrêt de la même cour du 9 juill. 1878 (aff. Commune de Levier, D. P. 82. 1. 257), jugeant que le propriétaire d'une forêt grevée d'un droit d'usage restreint au bois de service pour la reconstruction de maisons détruites par incendie, cas fortuits et vétusté, ne doit du bois de construction aux usagers que dans la mesure des besoins réels de ces derniers et d'après les dimensions de leurs maisons au moment de leur destruction, en conclut que, en cas de cantonnement, il y a lieu de prendre pour base de l'émolument usager les dimensions des maisons à l'époque du sinistre, et non celles qu'on a pu leur donner ultérieurement en les reconstruisant, et que, dès lors, il importe de déterminer cet effet, la maison moyenne usagère, en recherchant aussi exactement que possible le

nombre, l'état et les proportions des maisons existant à l'époque de la demande en cantonnement, et de déterminer, d'après ces bases, le volume des bois d'usage dus par le propriétaire de la forêt et nécessaires aux reconstructions (Même arrêt).

Le mode d'évaluation qui consiste à ajouter à la valeur de l'émolument le montant de la prime d'assurance contre l'incendie n'est, dans tous les cas, applicable qu'à l'incendie, et non aux autres événements fortuits qui ne sont pas compris dans les polices d'assurances; pour ceux-ci, il faut évidemment suivre le mode indiqué ci-dessus, et établir une moyenne d'après les données de l'expérience et les faits accomplis au cours d'une période donnée.

608. — 2° *Évaluation en argent.* — Dans l'évaluation en argent de l'émolument usager, il y a lieu de tenir compte de la jouissance usagère. En premier lieu, doit-on faire état du précomptage des ressources personnelles de l'usager? Dans le cantonnement amiable des forêts domaniales, le précomptage n'est pas exercé (art. 8 du décret du 19 mai 1857; Circ. adm. for., 6 juin 1857, D. P. 57. 3. 52), sauf dans le cas de réserve expresse du titre, ou de possession établie. Dans le cantonnement judiciaire des bois domaniaux et autres, la jurisprudence subordonne le précomptage à la question de savoir si les ressources de l'usager doivent ou non être précomptées pour les délivrances (*supra*, n° 509). Aussi, suivant l'arrêt de la cour de Besançon du 9 juill. 1878, aff. Commune de Levier, D. P. 82. 1. 257), dans le cas où il y a lieu de précompter les ressources particulières des usagers, et notamment des communes usagères, jusqu'à concurrence de leurs besoins généraux et d'appliquer les excédents éventuels aux besoins usagers, on doit rechercher et déterminer : 1° la possibilité des forêts particulières des communes usagères, c'est-à-dire leurs *ressources personnelles;* 2° tous leurs *besoins généraux* en bois de construction et d'utilisation, abstraction faite de l'état et de l'importance des usages existantes. Au point de vue de l'appréciation des besoins généraux de communes usagères qui jouissent d'un droit de marronnage, il y a lieu de tenir compte des bois qui leur sont nécessaires pour terrassements, socles et plafonds, stalles d'écuries, aires de granges et d'écuries, lieux d'aisances, mobilier agricole, clôture de jardins; alors même qu'aux termes d'un règlement d'aménagement, les usagers ne peuvent recevoir que les bois nécessaires pour la charpente des toitures, couvertures de bardeaux, poutres, solives ou plots, pour planchers de chambres et greniers à grains, cloisons ou séparations, portes et fenêtres, et non pour tous autres usages.

609. La faculté de vendre les bois délivrés doit, suivant un arrêt, être comptée au sixième en sus de la portion qui devrait leur être accordée si cette faculté n'existait pas (Besançon, 28 févr. 1840, *Rép.*, v° *Usage*, n° 536). Suivant une autre opinion, qui paraît préférable, la circonstance que l'usager a le droit de vendre ou qu'il ne l'a pas ne doit jamais exercer d'influence sur la détermination du prix des bois. Un stère de bois de chauffage, pris en forêt, ne change pas de prix à raison de sa destination. Ce prix reste toujours le même pour le propriétaire aussi bien que pour l'usager, toutes choses égales d'ailleurs. En supposant que les usagers n'aient pas le droit de vendre les bois non employés à leurs besoins, ce n'est pas par voie de diminution du prix du stère qu'on doit opérer, mais le chiffre exprimant la quantité de bois nécessaire à la satisfaction des besoins. Jugé, en ce sens, que, surtout dans un cantonnement ayant pour objet un droit consistant en bois de chauffage ne s'étendant pas à tous les besoins des usagers, mais restreint à des prestations fixes et annuelles, on ne doit pas tenir compte, pour l'estimation du prix des stères du bois à délivrer, des prohibitions de vendre, etc., imposées aux usagers par l'art. 85 c. for. (Besançon, 13 juin 1804 aff. Commune de la Grande-Loge, D. P. 64. 2. 113).

610. L'évaluation en argent du droit d'usage se fait d'après le prix courant des bois dans la localité, au jour du cantonnement, et en faisant subir aux prix des mercuriales certaines rectifications rendues nécessaires par la nature spéciale des produits usagers (*Rép.*, v° *Usage*, n°ˢ 536 et 537). Il y a lieu, notamment, de tenir compte des frais d'abatage, de façonnage et de transport, qui sont généralement à la charge des usagers en bois et diminuent d'au-

tant la valeur des produits comparés à ceux qui sont l'objet des mercuriales. Les frais de garde et la contribution ne sont, suivant la règle posée par le décret du 19 mai 1857, (art. 10), pour les cantonnements amiables des bois domaniaux, comptés à la charge des usagers, que dans le cas où ils étaient réellement payés par eux avant le cantonnement (*Rép.*, v° *Usage*, n° 539). Mais, on sait que les dispositions du décret du 19 mai 1857 ne sont pas obligatoires pour les cantonnements judiciaires (V. *supra*, n° 599); aussi la jurisprudence présente-t-elle, en ce qui concerne les cantonnements judiciaires des bois domaniaux, pour lesquels seuls la question se pose, des solutions divergentes.

611. Que les usagers payent ou ne payent pas les frais de garde et les contributions avant le cantonnement, il n'en est pas moins certain qu'ils auront à supporter cette charge pour le canton qui leur sera attribué, lorsqu'ils en seront devenus propriétaires. C'est pour cela que l'art. 10 du décret du 19 mai 1857 ajoute à la valeur du droit d'usage, déterminée par la capitalisation du revenu net, le capital au denier vingt de l'impôt fourni et des frais de garde que les usagers auront à supporter comme propriétaires, après le cantonnement. En général, les cours d'appel et les tribunaux ont considéré les frais de garde et les contributions comme les charges matérielles de la propriété et des dépenses d'administration, et comme une conséquence naturelle de l'acquisition du droit de propriété (Trib. de Schlestadt, 3 nov. 1858, *Bull. des ann. for.*, t. 8, p. 265; Orléans, 6 déc. 1851, aff. Préfet du Loir-et-Cher, D. P. 53. 2. 103; Colmar, 15 janv. 1867, *Rép. de lég. et de jur. for.*, t. 4, n° 584). D'après un arrêt, les usagers, acquérant un droit plus ample en devenant propriétaires, doivent en subir les charges, quoiqu'elles diminuent le revenu (Chambéry, 27 août 1867, *Rép. de lég. et de jur. for.*, t. 4, n° 584, p. 20, note 6). Il n'y aurait même pas, suivant l'arrêt de la cour de Colmar, à se préoccuper de la question de savoir si l'usager était, avant le cantonnement, exempt des contributions et frais de garde.

612. La cour de Besançon établit, au contraire, une distinction et jugé généralement que lorsqu'une commune usagère a été exonérée, par le titre constitutif de son droit, du payement des impôts et des frais de garde, on doit lui tenir compte de cette double charge, en la capitalisant en sa faveur lors du cantonnement (Besançon, 13 juin 1864, aff. Commune de la Grande-Loge, D. P. 64. 2. 113; 26 juin 1867, aff. Commune d'Arc et autres, D. P. 72. 1. 126), et qu'il y a lieu d'ajouter au capital de l'émolument usager, le capital de l'impôt et des frais de garde. La cour de Grenoble a également statué dans le même sens, jugeant que les charges ne peuvent pas diminuer la part de propriété déterminée par la somme des avantages sans rendre cette part incomplète et insuffisante; que, dès lors, il est indispensable que l'usager cantonné trouve dans la part à lui attribuée sur la propriété, non seulement la représentation de ses avantages, mais aussi l'indemnité des charges à supporter, indemnité sans laquelle les avantages ne seraient que partiellement représentés et ne recevraient pas leur légitime équivalent (Grenoble, 22 juill. 1872, *Rép. de lég. et de jur. for.*, t. 5, n° 130).

Toutefois, la cour de Besançon a jugé qu'on ne doit pas tenir compte à une commune usagère de la taxe de mainmorte qu'elle devra payer, en vertu de la loi du 16 janv. 1849, sur la portion de forêt dont elle devient propriétaire par l'effet du cantonnement (Besançon, 26 juin 1867, aff. Commune d'Arc et autres, D. P. 72. 1. 126).

613. — 3° *Capitalisation.* — Le système de la capitalisation, adopté par le décret du 19 mai 1857 pour le cantonnement amiable des droits d'usage dans les forêts de l'État, est à peu près universellement suivi. Quant au taux de la capitalisation, fixé au denier vingt par l'art. 9 du décret de 1857, les tribunaux l'adoptent généralement bien qu'ils ne soient liés, à ce point de vue, par aucun texte et jouissent, sur ce point spécial, du pouvoir souverain d'appréciation qui leur est reconnu en matière de cantonnement (*supra*, n° 599; *Rép.*, v° *Usage*, n° 544; Metz, 14 août 1866, *Rép. de lég. et de jur. for.*, t. 4, n° 583; Req. 11 janv. 1869, aff. Commune d'Arc et autres, D. P. 72. 1. 126).

614. On ne saurait donc considérer le taux du denier vingt comme invariable. Dans son arrêt du 26 juin 1867,

(aff. Communes d'Arc et autres) D. P. 72. 1. 126, la cour de Besançon, qui l'adopte d'une manière constante, déclare que « si la capitalisation au denier vingt n'a rien d'obligatoire pour les tribunaux, l'application qui en a été constamment faite dans les arrêts précédents de la cour est fondée sur de justes motifs; qu'en effet, le cantonnement tenant de la nature du rachat et l'usager devant recevoir une propriété d'une valeur égale à celle de son usage, il est raisonnable qu'il obtienne cette propriété au taux où elle se vend ordinairement dans le pays; que, sans doute, l'usager devient propriétaire malgré lui, mais que telle est la conséquence de la loi qui permet le cantonnement; que l'esprit général de la loi sur le taux du rachat se manifeste dans celui de la rente constituée et de la rente foncière en argent, taux qui est du denier vingt, comme celui du rachat du pâturage et du pacage ». Il est évident, dès lors, que le taux de capitalisation peut varier suivant le taux de vente des biens fonds dans le pays, sans que la décision des tribunaux, qui choisiraient une autre base d'évaluation, soit sujette à la censure de la cour de cassation.

615. Il a été décidé, sur ce point, que le juge ne prononce pas par voie de disposition générale et réglementaire lorsque, après avoir rappelé qu'en matière de cantonnement la capitalisation des droits d'usage se fait le plus habituellement au denier vingt, il déclare adopter ce mode d'évaluation, parce qu'il ne se rencontre dans la cause aucune circonstance exceptionnelle de nature à en faire préférer un autre (Civ. rej. 16 juill. 1867, aff. Commune de la Grande-Loge, D. P. 67. 1. 255; Req. 11 janv. 1869, aff. Commune d'Arc et autres, D. P. 72. 1. 126).

616. La capitalisation à un taux supérieur au denier vingt, par exemple au denier vingt-cinq, peut dépendre de circonstances particulières et de considérations d'équité. Ainsi la cour de Colmar (22 janv. 1867, aff. Commune de la Petite-Pierre, D. P. 67. 2. 55) avait capitalisé l'émolument usager au denier vingt-cinq, pour tenir compte à la commune des difficultés de réalisation et d'emploi du capital qui serait obtenu par la vente de la portion de forêt attribuée à l'usager, réalisation que la cour jugeait, dans l'espèce, illusoire, et de la circonstance qu'il s'agissait d'une commune située sur le haut d'une montagne, exposée à tous les vents, sans le moindre abri et n'ayant d'autres moyens d'existence que l'agriculture et l'élève des porcs, industrie qui élève sensiblement les besoins en bois. De même, la cour de Metz a capitalisé l'émolument usager au denier vingt-cinq, eu égard à la position de l'usager dans le passé, de celle qui devait lui échoir et des avantages que le cantonnement devait procurer au propriétaire (Metz, 14 août 1866, Rép. de lég. et de jur. for., t. 4, n° 583).

617. Un autre arrêt (Toulouse, 30 mai 1863, Rép. de lég. et de jur. for., t. 2, n° 337) a décidé en fait, et par appréciation des circonstances particulières de la cause, que, dans une forêt dont le revenu s'élevait à 3 pour 100, l'émolument usager annuel devait être capitalisé au denier vingt-six.

618. — II. Formation du cantonnement. — Le cantonnement n'étant pas un rachat pur et simple, et le législateur ayant voulu que le propriétaire pût, sans bourse délier, se libérer de la servitude usagère en abandonnant à l'usager une partie de la forêt grevée, d'une valeur égale au capital représentant la valeur des délivrances usagères, il y a lieu de procéder à une troisième opération. Elle consiste à former cantonnement, c'est-à-dire à désigner la partie de la forêt abandonnée en pleine propriété à l'usager pour lui tenir lieu de son droit d'usage (Rép., v° Usage, n° 549). — Cette opération exige l'estimation séparée du fonds et de la superficie abandonnés. L'évaluation du sol se fait d'après les règles exposées au Rép., v° Usage, n° 549, c'est-à-dire d'après la valeur du sol boisé similaire dans la localité. Il faut, en outre, déterminer tous les produits dont le fonds est susceptible, notamment, la superficie boisée, le produit du pâturage, la valeur des droits de pêche et de chasse, etc. On doit également avoir égard au délai nécessaire pour la réalisation de la superficie abandonnée à l'usager. Jugé, qu'en conséquence, il y a lieu d'admettre la mesure de l'escompte autorisée par l'art. 13 du décret du 19 mai 1857, et d'opérer cet escompte au taux de 5 pour 100 par an, sauf déduction de la valeur de l'accroissement annuel des bois, des frais généraux de l'exploitation et du bénéfice de la spéculation (Colmar, 22 janv. 1867, Rép. de lég. et de jur. for., t. 4, n° 595). Jugé encore que, dans le calcul de la valeur vénale de la portion de forêt à abandonner à l'usager, il y a lieu de tenir compte du droit de chasse, et de capitaliser la valeur de l'émolument annuel de ce droit (Metz, 14 août 1866, Rép. de lég. et de jur. for., t. 4, n° 583). — Mais il a été décidé en sens contraire, au point de vue de l'enregistrement, que le droit de chasse inhérent à la qualité de propriétaire, en ce qu'il ne peut être exercé que par lui ou avec son autorisation, ne peut être considéré comme un fruit du fonds (Trib. civ. Melun, 20 juill. 1866, aff. Commune d'Hugonneau, D. P. 68. 1. 260. V. sur cette question Rép. de lég. et de jur. for., t. 4, n° 583, note).

619. — III. Frais. — La question de savoir par qui doivent être supportés les frais d'expertise judiciaire et d'instance en matière de cantonnement a donné lieu à des solutions divergentes qui ont été examinées au Rép., v° Usage, n° 560 à 561. La cour de Metz avait persisté dans sa jurisprudence qui, considérant que l'effet du cantonnement est de libérer la propriété d'une servitude, autrement dit d'une dette qui la grève, mettait à la charge du propriétaire tous les frais de cette opération autres que ceux de l'instance judiciaire (Metz, 9 avr. 1867, aff. Duc d'Aumale, D. P. 69. 1. 468). Mais cette jurisprudence a été condamnée par la cour de cassation, saisie d'un pourvoi contre cet arrêt. Partant du principe que le cantonnement ne doit être réglé par les tribunaux qu'à défaut d'accord amiable, l'arrêt de cassation décide que, comme c'est seulement en cas de refus des offres du propriétaire qu'il y a lieu de recourir au cantonnement judiciaire par la voie de l'expertise, il est possible, en comparant le résultat de cette expertise avec les offres faites et refusées, d'apprécier, en définitive, laquelle des deux parties a succombé dans la contestation et doit supporter des frais qu'elle a injustement occasionnés, ou dans quelle proportion ils le devront être répartis, s'il y a lieu, entre les parties (Civ. cass. 24 août 1869, aff. Duc d'Aumale, D. P. 69. 1. 468). Et il a été jugé, conformément à cette règle : 1° que les frais du cantonnement, y compris ceux d'expertise, doivent être supportés par chacune des parties au prorata de son émolument; mais que les frais occasionnés par des contestations reconnues mal fondées doivent être supportés par les parties qui succombent, dans la proportion de l'intérêt que chacune d'elles avait au procès (Nancy, 15 juin 1876, aff. Commune d'Hugier, D. P. 77. 2. 153); — 2° Que les principes qui régissent la répartition des frais en matière de partage sont applicables en matière de cantonnement; qu'en conséquence, les frais d'expertise judiciaire doivent être partagés proportionnellement à l'étendue des cantons de la forêt usagère qui restent au propriétaire, et de ceux qui sont attribués à l'usager (Colmar, 22 janv. 1867, Rép. de lég. et de jur. for., t. 4, n° 595); — 3° Que si les offres de cantonnement amiable sont refusées, les dépens de l'expertise judiciaire et de l'instance qui s'ensuivent doivent être supportés par l'une des parties ou répartis entre elles d'après le résultat du procès comparé aux offres du propriétaire (Civ. cass. 24 août 1869 précité); — 4° Que lorsqu'un usager a proposé et fait accueillir en première instance une fin de non-recevoir repoussée en appel, et a ainsi mis obstacle à ce que les bases de l'expertise fussent posées et discutées devant les premiers juges, il y a lieu de mettre les frais d'appel à sa charge (Besançon, 26 juin 1867, aff. Commune d'Arc et autres, D. P. 72. 1. 127, Rép. de lég. et de jur. for., t. 4, n° 584).

620. — IV. Enregistrement. — L'administration de l'Enregistrement admet généralement que l'acte de cantonnement doit être soumis au même droit que le partage (Rép., v° Usage, n° 563), non parce que ce contrat constituerait, au sens civil du mot, la liquidation d'une copropriété qui n'a jamais existé, mais parce que, dans le sens fiscal, on fait cesser une indivision de jouissance, on liquide des droits réels qui portaient sur les fruits. L'acte de cantonnement, qui était autrefois passible d'un droit fixe de 5 fr., devrait, depuis la loi du 28 févr. 1872, soumis à un droit gradué de 1 pour 1000 fr. — Il a été jugé, contrairement à cette opinion, que l'usage forestier ne constituant pas, quelque étendu qu'il

puisse être, une copropriété du fonds, le cantonnement ne doit pas être considéré comme un partage et ne peut être assujetti au droit gradué d'enregistrement qui remplace l'ancien droit fixe établi pour les partages (Trib. civ. Foix, 30 août 1876, aff. Commune de Belsta, D. P. 77. 3. 62). Il est, en effet, difficile d'admettre qu'une convention, à laquelle le caractère de partage est formellement dénié par la doctrine et la jurisprudence en droit civil, puisse néanmoins être considérée, pour la perception du droit d'enregistrement, comme un partage, alors que, d'ailleurs, il n'existe dans la loi fiscale aucune disposition particulière qui puisse être invoquée à l'appui de cette doctrine. Dans cet ordre d'idées, il est vrai, le cantonnement serait translatif et devrait être assujetti, à ce titre, au droit proportionnel de mutation, tout au moins à celui de 3 fr. 50 cent. pour 100 établi pour les échanges. Un pareil droit est assurément excessif, eu égard à la nature de la convention et à la faveur qui s'y attache. Mais cette raison ne saurait justifier une solution contraire aux principes.

§ 6. — Questions particulières soulevées par l'exercice de l'action en cantonnement (Rép., v° Usage, n°s 565 à 579).

621. Dans le cas où le cantonnement porte sur un droit d'usage conféré à une communauté de personnes considérées comme les successeurs d'individus auxquels le droit avait été conféré indivisément et *ut singuli*, mais sans indication de part, il peut se présenter une difficulté sérieuse lorsque les intéressés veulent sortir de l'indivision et réclament chacun une part des bois attribués en cantonnement : le partage doit-il avoir lieu par portions égales ou proportionnellement à la part que chacun prenait dans la jouissance ? Ce dernier mode de partage avait été adopté par le tribunal de Nantua (jugement du 12 févr. 1861) dans une espèce où un cantonnement d'une forêt de l'État, avait attribué certaines parties de cette forêt aux habitants d'un hameau, considérés *ut singuli* et envisagés comme héritiers de deux concessionnaires auxquels avait été conféré, ainsi qu'à leurs descendants, le droit de prendre, dans la forêt, tout le bois nécessaire aux besoins actuels et futurs de leurs personnes et de leurs maisons. Le tribunal avait ordonné qu'il fût procédé à un partage du canton forestier cédé à titre de cantonnement et qu'il fût divisé en onze lots représentant chacun la valeur proportionnelle des droits d'usage dus à chaque usager. La cour de Lyon, sur appel (25 mars 1862, aff. Maugier, Piron et autres, D. P. 64. 2. 131), décida, au contraire, que le cantonnement devait être réparti entre les anciens usagers par portions égales, et non dans la proportion des besoins actuels de chacun. — Cette dernière solution paraît incontestable. En effet, les besoins qui servent de mesure à la jouissance usagère n'ont rien de permanent ou d'immeuble ; ils varient, croissent et décroissent incessamment avec les circonstances qui, en modifiant la composition et la situation des familles, augmentent ou diminuent l'étendue de leurs besoins. Il ne serait ni juste ni rationnel de prendre un fait passager, un état de choses soumis à d'incessantes fluctuations, pour règle d'une attribution qui doit être définitive et irrévocable. Et comme, dans l'incertitude qui plane sur l'avenir, il n'existe pas de raison pour attribuer à l'un des ayants droit une part plus forte qu'aux autres, la conclusion à laquelle on est conduit naturellement, c'est que la répartition doit se faire par portions égales (V. D. P. 64. 2. 131 et la note).

622. Comme on l'a exposé au Rép., v° Usage, n° 576, les tribunaux, dans le cantonnement judiciaire, ne sont ni tenus de recourir à l'expertise, ni liés par l'avis des experts. Appréciant souverainement la valeur des droits d'usage à cantonner, ils peuvent déterminer, sans expertise préalable, les bases du cantonnement, alors surtout qu'ils fondent leur décision sur une expertise antérieure qui, bien qu'incomplète, contient cependant des éléments suffisants pour déterminer le cantonnement (Nancy, 15 juin 1876, aff. Commune d'Hugier, D. P. 77. 2. 153). Spécialement, la valeur de l'usage au bois mort et au mort-bois peut être fixée, sans expertise préalable, au cinquième de la valeur de cette forêt, et au quart, lorsqu'il s'y joint un droit d'usage à la fonte (Même arrêt).

623. En Belgique, il a été décidé, à un point de vue, que,

quand les difficultés soulevées, d'une part, par une demande en cantonnement et, d'autre part, par une demande reconventionnelle, fondée sur les abus de jouissance reprochés aux propriétaires, sont telles que, si elles étaient judiciairement résolues, les parties seraient entraînées à des frais considérables et à des expertises nouvelles, les magistrats peuvent interposer leur médiation pour engager les parties à modifier leurs conclusions et à transiger sur les bases indiquées par la cour (Liège, 7 août 1865, Rép. de lég. et de jur. for., t. 6, n° 41).

Art. 2. — *Extinction, par voie de cantonnement, ou de rachat, des droits d'usage autres que l'usage en bois* (Rép., v° Usage, n°s 580 à 643).

624. Les droits d'usage qui portent sur les produits du sol forestier, autres que les usages en bois, ne peuvent, aux termes de l'art. 64 du code forestier, pour les bois de l'État, des art. 112 et 120 du même code, pour les bois des communes, des établissements publics et des particuliers, être convertis en cantonnement ; mais ils sont rachetables à prix d'argent (Rép., v° Usage, n°s 580 et 581). A ce mode d'extinction on peut rattacher la clôture de tout ou partie de la forêt ; la clôture, en effet, peut être considérée comme la manifestation, par le propriétaire, de sa volonté de soustraire la forêt aux droits d'usage qui la grèvent. Les usagers sont alors recevables à réclamer une indemnité à partir du jour où la clôture a empêché définitivement l'exercice de leurs droits (Req. 31 mars 1862 ; Rép. de lég. et de jur. for., t. 2, n° 334) et à demander le rachat de ces droits. S'ils ne demandent pas ce rachat, les tribunaux doivent se borner à leur allouer des indemnités annuelles correspondant aux périodes pendant lesquelles les parcelles soustraites à l'exercice du droit d'usage devaient, d'après les titres, être soumises à ce droit (Rouen, 18 févr. 1861 Rép. de lég. et de jur. for., t. 2, n° 334). D'après cet arrêt, l'indemnité devrait alors être calculée non pas sur le droit absolu des usagers et sur les produits qu'il donnerait s'il était exercé dans sa plénitude, mais d'après la moyenne du nombre de bestiaux réellement envoyés au parcours.

625. La règle exposée, *supra*, n° 590, d'après laquelle le propriétaire n'est pas tenu d'affranchir simultanément la forêt de tous les droits d'usage qui la grèvent, est aussi bien applicable aux usages qui ne sont pas susceptibles de cantonnement qu'à ceux qui peuvent être l'objet de ce mode de libération. Le propriétaire, dont la forêt est grevée d'usages en bois et de droits de pacage et autres, peut cantonner les premiers et laisser subsister les autres, ou réciproquement racheter les usages autres que les usages en bois sans cantonner ces derniers. Spécialement, un propriétaire peut racheter un droit d'usage aux feuilles mortes, sans cantonner un droit d'usage au bois, bien que ces droits appartiennent à la même commune (Colmar, 15 févr. 1870, aff. De Sugny, D. P. 71. 2. 117).

626. La question de savoir si l'art. 5 de la loi du 28 août-14 sept. 1792, qui donne aux usagers le droit, jusqu'alors réservé aux propriétaires, de demander le cantonnement, avait été abrogée par le code civil, a été soulevée récemment, sur une demande en cantonnement formée par des usagers. La négative a été successivement déclarée par la cour de Poitiers (10 déc. 1883, aff. Princesse de Craon, D. P. 84. 2. 53 et sur pourvoi par la chambre des requêtes (24 févr. 1885, D. P. 85. 1. 288). Il résulte de ces arrêts, conformes d'ailleurs à la jurisprudence antérieure (Rép., v° Usage, n° 499), que l'art. 5 de la loi des 28 août-14 sept. 1792, abrogée en matière forestière par les art. 63 et 118 c. for., continue d'être en vigueur pour les droits d'usage autres que ceux en forêt, et notamment pour les droits d'usages en marais ; que cet article n'a été abrogé, soit expressément, soit tacitement, par aucune disposition du code civil ; qu'en conséquence le cantonnement peut toujours être demandé aussi bien par les usagers que par les propriétaires, sauf en matière forestière, où le droit de demander le cantonnement est exclusivement réservé au propriétaire.

627. Le droit de vaine pâture, s'il porte sur un terrain forestier, est rachetable (Rép., v° Usage, n° 588). Les doutes qui pouvaient naître à cet égard du texte de la loi de 1791 ne sont plus possibles en présence des lois du 9 juill. 1889,

D. P. 90. 4. 20, et 22 juin 1890, D. P. 90. 4. 115. V. *suprà*, v° *Droit rural*.

628. Comme le cantonnement des usages en bois, le rachat des droits d'usage dans les forêts peut être amiable ou judiciaire. Le rachat amiable dans les bois domaniaux est poursuivi, conformément aux dispositions du décret du 12 avr. 1854 (*Rép.*, v° *Usage*, n° 616). La formation du capital usager des droits rachetables s'opère suivant les principes applicables à la formation du capital usager des droits cantonnables (*Rép.*, v° *Usage*, n° 602). On doit donc, pour former le revenu usager, rechercher quel est l'émolument net, déduction faite des charges (*Rép.*, v° *Usage*, n°s 612 et suiv.), les tribunaux ayant, comme en matière de cantonnement, un pouvoir souverain d'appréciation qui échappe à toute censure de la cour de cassation.

629. Le mode le plus généralement adopté par les tribunaux est celui de la capitalisation, qui comporte alors trois opérations principales : 1° l'évaluation en matière ; 2° l'évaluation en argent ; 3° la capitalisation de l'émolument usager. Il n'y a pas lieu, comme au cas de cantonnement, de procéder à la formation du cantonnement, c'est-à-dire d'appliquer le capital obtenu à une partie de la forêt.

630. L'*étendue de l'usage* à racheter s'apprécie : 1° d'après les stipulations particulières énoncées dans les *titres* ou résultant de l'interprétation des titres ; 2° d'après la *nature du droit* ; 3° d'après la *durée de l'exercice* du droit ; 4° d'après l'espèce et la quotité des *produits* qui en sont l'objet ; 5° d'après le *nombre des parties prenantes* ; 6° quand il s'agit d'un droit de pâturage, d'après le *nombre des bestiaux* admis au pâturage ; 7° d'après l'*état* et la *possibilité* de la forêt usagère ; 8° d'après la *défensabilité* (*Rép.*, v° *Usage*, n°s 602 et suiv.).

631. Lorsqu'il s'agit d'apprécier le nombre des parties prenantes, le propriétaire de la forêt, qui prétend exercer le rachat, doit être compté : il ne saurait prétendre que la valeur totale du droit à racheter doit être diminuée de la valeur des terres qu'il possède dans la commune et à raison desquelles il exercerait le droit de pâturage, non en vertu de la servitude dont le rachat est demandé, mais en la qualité de propriétaire, par application de la règle *res sua nemini servit*. Le droit de pâturage appartient, en effet, aux habitants de la commune ut *universi*, et ces habitants ne peuvent l'exercer que *collectivement*, sous peine d'être constitués en délit (*Rép.*, v° *Forêts*, n°s 1489 et suiv.). Le propriétaire de la forêt grevée de ce droit en jouit donc, non comme conséquence de son droit de propriété, mais en sa qualité de membre du corps moral de la commune, la prohibition d'en user *ut singuli* s'appliquant à lui comme aux autres habitants. Dès lors, le droit de pâturage existe sur sa tête au même titre que sur celle de ces derniers, et se distingue ainsi de son droit de propriété sur le fonds asservi. La maxime *res sua nemini servit* ne lui est pas applicable, et lorsqu'il rachète ce droit de pâturage, il en fait le rachat vis-à-vis de lui-même comme vis-à-vis de l'ensemble des habitants qui en sont investis collectivement avec lui. Ce en sens, que le prix de rachat d'un droit de pâturage exercé dans une forêt, par les habitants d'une commune, *pro modo jugerum*, c'est-à-dire proportionnellement aux terres cultivées de chacun d'eux, doit être calculé sans déduction des terres appartenant au propriétaire de la forêt qui réclame le rachat, ce propriétaire jouissant du droit de pâturage, non en vertu de son droit de propriété, mais au même titre que les autres habitants de la commune, et, par conséquent, en vertu de la servitude à racheter (Req. 4 juin 1862, aff. Layet, D. P. 63. 1. 83).

632. Le taux de capitalisation adopté en matière de rachat, comme en matière de cantonnement, est généralement le denier vingt (*Rép.*, v° *Usage*, n° 504 ; Aix, 8 août 1867, *Rép. de lég. et de jur. for.*, t. 4, n° 646).

633. Contrairement à ce qui a lieu en matière de cantonnement (*Rép.*, v° *Usage*, n° 506, et *suprà*, n° 588), l'indivisibilité de l'usage ne s'oppose pas à ce qu'il soit l'objet d'un rachat partiel (*Rép.*, v° *Usage*, n° 618). Le droit peut également être racheté par l'un des propriétaires de la forêt sur lequel il porte sans qu'il le soit par l'autre, lorsque cette forêt a été morcelée depuis la constitution du droit d'usage. Il peut quelquefois en résulter, pour le propriétaire qui n'a pas exercé le droit de rachat, une aggravation de servitude ;

c'est lorsque le droit a été constitué sans limitation, ni pour le présent, ni pour l'avenir, et par exemple, au cas de droit de pacage lorsque le titre ne limite pas le nombre des animaux qui pourront être conduits au pacage ; le propriétaire qui n'a pas exercé le droit de rachat pourra alors avoir à supporter le pacage de tous les animaux sur sa part de la forêt. — Il a été jugé cependant qu'il n'y a pas là une aggravation de la servitude, puisque le propriétaire des héritages dominants n'est pas limité dans l'exercice de son droit et peut, à son choix, conduire ses bestiaux dans toute l'étendue des bois ou seulement dans la partie la plus abondante en herbe ou le plus à sa convenance ; qu'en conséquence, lorsque deux forêts ont été grevées du même droit de pacage par le même acte de concession, sans réserve ni restriction, le rachat de ce droit par le propriétaire de l'une de ces forêts n'autorise pas le propriétaire de la seconde forêt à demander à l'usager une réduction proportionnelle sur le droit de pacage que ce dernier a conservé dans cette seconde forêt (Orléans, 26 déc. 1866, aff. Caillaud, D. P. 66. 2. 239).

634. En ce qui concerne les frais de l'instance judiciaire en rachat, il semble qu'ils doivent être supportés par les parties dans les rapports des offres faites par le propriétaire et du capital arbitré par le tribunal (V. *suprà*, n° 619, c Civ. cass. 24 août 1869, aff. Duc d'Aumale D. P. 69. 1. 468).

635. La faculté accordée par le paragraphe 1 de l'art. 64 c. for., au propriétaire d'une forêt, de racheter les droits d'usage autres que l'usage en bois qui grèvent cette forêt, ne souffre exception que dans le cas où l'exercice du droit de pâturage est devenu d'une absolue nécessité pour les habitants d'une ou de plusieurs communes (*Rép.*, v° *Usage*, n° 623). Pour que cette exception soit recevable, il faut donc qu'il s'agisse de droits de *pâturage* proprement dits appartenant à une ou plusieurs *communes* et non à des particuliers et que le droit de pâturage soit devenu d'une *absolue nécessité* pour les habitants de la commune ou des communes usagères (*Rép.*, v° *Usage*, n° 624).

636. La jurisprudence du conseil d'État interprète les mots *absolue nécessité*, employés dans l'art. 64 c. for., en ce sens que la faculté de rachat de la servitude de pacage n'est refusée aux propriétaires qu'au cas où l'exercice de cette servitude est nécessaire pour que les habitants de la commune puissent subsister. Ainsi le conseil d'État a reconnu qu'il y avait absolue nécessité pour des communes situées dans de hautes montagnes et dont les habitants auraient été obligés d'émigrer s'ils n'avaient eu, pour subvenir à la nourriture de leurs bestiaux, la ressource du pâturage dans les forêts (Cons. d'Et. 2 janv. 1857, aff. Commune d'Ombleze, *Rec. Cons. d'Et.*, p. 1 ; 13 janv. 1875, aff. Commune de Riverenert, *ibid.*, p. 31). Au contraire, il n'y a pas absolue nécessité au sens de l'art. 64 c. for. : lorsque l'élevage des bestiaux n'est pas la seule industrie des habitants, ni même la principale (Cons. d'Et. 18 mai 1854, aff. Commune de Senneçé, *Rec. Cons. d'Et.*, p. 459 ; 4 juill. 1862, aff. Commune de Plagnolle, *ibid.*, p. 524); ... lorsque le territoire de la commune contient une notable étendue de prairies naturelles et de terres labourables qui peuvent produire des fourrages artificiels (Cons. d'Et. 15 juin 1850, aff. Commune de Laneuville, *Rec. Cons. d'Et.*, p. 577 ; 4 juill. 1862, aff. Commune de Plagnolle, *ibid.*, p. 524);... lorsque les habitants peuvent suppléer à l'insuffisance du pâturage et des récoltes en se procurant dans les communes voisines, les fourrages nécessaires à la nourriture de leurs bestiaux (Cons. d'Et. 15 juin 1850, aff. Commune de Laneuville, *Rec. Cons. d'Et.*, p. 577 ; 2 juin 1876, aff. Habitants d'Anglard, *ibid.*, p. 507 et D. P. 77. 5. 453);... lorsque la commune possède des ressources fourragères et des pâturages suffisants pour la nourriture des bestiaux nécessaires à ses habitants (Cons. d'Et. 24 nov. 1882, aff. Commune de Lacourt et autres, D. P. 84. 3. 54);... lorsque la commune possède une notable étendue de terres pouvant produire des fourrages et des céréales qui permettent d'entretenir la quantité de bestiaux nécessaire à l'agriculture, et que la suppression du pâturage, tout en diminuant le nombre des animaux qu'elle entretient actuellement, ne la placera pas dans une situation plus défavorable que

celle des communes environnantes (Cons. d'Et. 11 mai 1883, aff. Levesque, D. P. 84. 3. 54).

637. La compétence des conseils de préfecture, à l'effet de décider s'il y a nécessité absolue pour une commune à conserver le droit de pâturage que le propriétaire voudrait racheter, n'est plus douteuse aujourd'hui, même lorsqu'il s'agit d'un bois particulier. Le conseil d'État, dans les arrêts des 2 juin 1876, 24 nov. 1882 et 11 mai 1883, cités *suprà*, n° 636, s'est prononcé à l'occasion de bois appartenant à des particuliers et a, par conséquent, confirmé d'une manière implicite la compétence des tribunaux administratifs.

638. Il a été jugé, dans une espèce où, au cours d'une instance judiciaire relative au rachat d'un droit de pâturage exercé par une commune dans un bois particulier, la commune excipait de ce que le droit d'usage serait d'une absolue nécessité pour ses habitants, que le conseil de préfecture saisi, sur renvoi, de la question de savoir si l'exception était fondée, devait, s'il résolvait négativement cette question, condamner immédiatement la commune aux frais, et non réserver ces frais pour être joints au fond (Cons. d'Et., 4 juill. 1862, *Rép. de lég. et de jur. for.*, t. 1, n° 201).

639. On a dit au *Rép.*, v° *Usage*, n° 636, que le rachat du droit de culture et de récolte sur le fond d'un étang enclavé dans une forêt, lorsqu'il est à sec, ne peut être imposé à l'usager; s'il s'agit d'un droit de vive pâture sur un étang, le droit du propriétaire de demander le cantonnement est subordonné à la possibilité de l'assécher. En effet, en permettant au propriétaire de se libérer par un cantonnement, le législateur a voulu qu'il abandonnât au créancier du droit la libre, utile et entière propriété d'une partie du terrain. Or, cet abandon ne pourrait avoir lieu si des circonstances de force majeure empêchaient l'assèchement de l'étang. Ainsi jugé qu'on doit repousser la demande en cantonnement formée par le propriétaire d'un étang contre les créanciers d'un droit de vaine pâture sur la totalité de cet étang, si l'assèchement lui en a été interdit par des motifs d'intérêt et de salubrité publics (Caen, 29 janv. 1867, *Rép. de lég. et de jur. for.*, t. 5, n° 57).

CHAP. 16. — **Affectations à titre particulier dans les bois de l'État** (*Rép.*, v° *Forêts*, n°s 1629 à 1636).

Sect. 1re. — Reconnaissance des droits des affectataires.
(*Rép.*, v° *Forêts*, n°s 1637 à 1663.)

640. — V. *Rép.*, v° *Forêts*, n°s 1637 et suiv.

Sect. 2. — Cantonnement des affectations (*Rép.*, v° *Forêts*, n°s 1664 à 1667).

641. V. *Rép.*, v° *Usage*, n°s 475 et suiv., chap. 4, sect. 9.

Sect. 3. — Police des affectations non cantonnées (*Rép.*, v° *Forêts*, n°s 1668 à 1673).

642. On a exposé au *Rép.* n° 1668, qu'aux termes de l'art. 59 c. for. l'affectation établie pour le service d'une usine est éteinte de plein droit et sans retour, si le roulement de l'usine est arrêté pendant deux années consécutives, à moins que cette interruption ne provienne d'une force majeure, telle que l'incendie partiel ou total. Il en est de même lorsqu'il est établi que le défaut de roulement est la conséquence d'un procès qui a entraîné la suspension des délivrances (Pau, 9 juin 1863, *Rép. de lég. et de jur. for.*, t. 2, n° 259).

CHAP. 17. — **Bois des particuliers.**
(*Rép.*, v° *Forêts*, n° 1674.)

Sect. 1re. — Administration et jouissance, nomination des gardes (*Rép.*, v° *Forêts*, n°s 1675 à 1688).

643. Les restrictions apportées à l'exercice des droits de propriété des particuliers se réduisent aujourd'hui à l'interdiction du défrichement, dans les cas où l'Administration peut s'y opposer (*infrà*, n°s 750 et suiv.). Les autres restrictions que le code forestier apportait à l'exercice de ces droits et qui étaient relatives au martelage des bois destinés à la marine et aux travaux d'endigage et de fascinage sur le Rhin, n'ont aujourd'hui plus d'objet (*infrà*, n°s 742 et suiv., 745). Les propriétaires de bois non soumis au régime forestier sont donc les maîtres de l'aménagement et de l'exploitation de leurs bois (*Rép.*, v° *Forêts*, n°s 1675 et suiv.).

644. Ils sont également libres de déterminer les conditions des ventes de coupes qu'ils consentent. Mais, s'ils peuvent imposer aux acquéreurs de leurs coupes des conditions analogues à celles qui sont insérées dans les cahiers des charges de l'État, ces stipulations, licites et obligatoires, ne comportent que la sanction générale des dommages-intérêts résultant des principes du droit civil et ne peuvent donner lieu à l'application d'aucune pénalité, à la différence des obligations imposées aux adjudicataires de coupes dans les bois soumis au régime forestier (*Rép.* n° 1679). Les ventes de coupes dans les forêts particulières sont en effet des contrats d'ordre privé, soumis aux principes du code civil. C'est à ce titre qu'en cas d'inexécution, par le vendeur d'une coupe de bois, de l'engagement par lui pris de marteler, dans un délai fixé, un certain nombre de baliveaux qu'il s'était réservés, l'acquéreur peut demander la résolution de la vente, sans avoir signifié aucune mise en demeure préalable, alors qu'il s'est trouvé placé, par le défaut de martelage, dans l'impossibilité d'exploiter la coupe en temps convenable (Req. 17 févr. 1869, aff. Cottenest, D. P. 70. 1. 112; *Rép. de lég. et de jur. for.*, t. 4, n° 706).

V. sur le caractère des ventes de bois des particuliers notre *Code forestier annoté*, art. 117, n°s 35 et suiv.;... sur les règles de police et les délits d'exploitation, *ibid.*, n°s 68 et suiv.

645. La faculté d'avoir des gardes particuliers pour la conservation de leurs bois, reconnue aux propriétaires par l'art. 117 c. for., s'étend au nu propriétaire, alors surtout que l'usufruitier, auquel appartient la garde et la conservation des bois soumis à l'usufruit, néglige de préposer un garde à la surveillance de ces bois (Bourges, 13 août 1863, *Rép. de lég. et de jur. for.*, t. 2, n° 278). Mais le garde du nu-propriétaire ne peut constater que les délits qui portent une atteinte directe et appréciable au fonds même de la propriété (Même arrêt). Le droit d'avoir un garde appartient également à l'usufruitier, comme on vient de le voir, et à l'usager, au *fermier* ou *locataire* (Giraudeau, Lelièvre et Soudée, *Chasse*, n°s 1460, 1462), à l'*adjudicataire* ou *locataire* de la chasse.

646. La nomination des gardes particuliers doit, en raison de leur participation à l'exercice de l'autorité publique, être agréée par l'Administration (*Rép.* n° 1682). Pour être exercé utilement, leur droit d'agréer suppose celui d'apprécier la moralité et le caractère de l'individu présenté : le contrôle que le sous-préfet exerce à cet égard échappe, par sa nature, à tout recours contentieux, alors même qu'il n'est pas motivé, et ne peut être déféré au conseil d'État pour excès de pouvoir (Cons. d'Et. 13 déc. 1878, aff. Rogerie, D. P. 79. 3. 105. Conf. Giraudeau, Lelièvre et Soudée, *op. cit.*, n°s 1472, 1482; Leblond, *Code de la chasse*, n° 310).

647. Les gardes particuliers sont tenus de prêter serment devant le tribunal du ressort dans lequel sont situés les bois confiés à leur surveillance. La prestation de serment seule les investit du caractère d'officier de police judiciaire nécessaire à l'exercice de leurs fonctions et leur confère seule le bénéfice de juridiction, c'est-à-dire le droit d'être jugés par la première chambre de la cour d'appel, au cas où un délit leur est imputé (Dijon, 21 août 1878, *Rép. de lég. et de jur. for.*, t. 5, n° 66).

648. Lorsque le triage d'un garde particulier comprend des bois situés dans des arrondissements différents, doit-il prêter serment devant chacun des tribunaux de ces arrondissements ? Suivant une opinion, il lui suffit de prêter serment devant le tribunal d'un de ces arrondissements, par exemple celui de sa résidence, et de faire enregistrer sa commission et l'acte de prestation de son serment au greffe du

tribunal de chacun des autres arrondissements (Arg. c. for. art. 5 ; *Journal des communes*, *Répertoire*, v° *Garde particulier*; et *Rép. de lég. et de jur. for.*, 1, 9, n° 4; Rousset, *Garde particulier*, n° 9; Giraudeau, Lelièvre et Soudée, *Chasse*, n° 1480; Leblond, *Code de la chasse*, n° 310).

D'après une autre opinion, qui paraît préférable, le garde particulier doit prêter serment devant le tribunal de chacun des arrondissements sur le territoire desquels sont situés les bois confiés à sa surveillance. L'art. 117 c. for. exige, en effet, d'une manière absolue, que le garde particulier prête serment « devant le tribunal de première instance », c'est-à-dire, selon l'avis de tous les auteurs, devant le tribunal de la situation des bois, sans d'ailleurs faire de distinction entre le cas où ces bois sont situés dans le même arrondissement et le cas où ils s'étendent sur plusieurs arrondissements. On ne saurait établir, à ce point de vue, aucune assimilation entre les gardes de l'Administration forestière et les gardes particuliers. Aux termes de l'art. 5. c. for., les premiers sont bien autorisés à prêter serment seulement devant le tribunal de leur résidence, et à faire enregistrer leur commission et l'acte de prestation de leur serment au greffe des divers tribunaux dans le ressort desquels ils sont appelés à exercer leurs fonctions; mais c'est là une disposition exceptionnelle et spéciale, qui tient au caractère des gardes de l'Administration forestière; ils sont de véritables fonctionnaires, soumis à l'Administration et surveillés par elle. Au contraire, les gardes particuliers ne sont que des mandataires de simples particuliers, auxquels une délégation de la puissance publique est conférée, il est vrai, mais dont l'investiture doit, par ce motif, être soumise à un contrôle d'autant plus grand qu'ils n'ont pour chef que des particuliers et ne sont pas incessamment soumis à la surveillance d'un représentant de l'État. Si l'on admettait que la disposition de l'art. 5 précité, qui autorise la prestation d'un seul serment par le garde de l'administration des Forêts, dans quelque arrondissement qu'il ait à exercer ses fonctions, doive être étendue aux gardes particuliers, il faudrait également appliquer à ces gardes le paragraphe 2 de l'art. 5, et décider qu'après avoir une fois prêté serment en cette qualité devant un tribunal, il pourrait exercer dans un arrondissement quelconque, sans nouvelle prestation de serment, les fonctions de garde particulier pour le compte du propriétaire qui l'a commissionné lors de sa prestation de serment, et même pour le compte de tout autre propriétaire qui lui conférait un emploi de cette nature; or cette conséquence est inadmissible. Bien plus, le système opposé serait incompatible avec la disposition de l'art. 117, qui impose au propriétaire l'obligation de faire agréer le garde particulier par le sous-préfet de l'arrondissement. La commission qui est donnée au garde particulier est essentiellement subordonnée à l'agrément du sous-préfet ou du préfet de la situation des bois à surveiller ; et il se peut que tel individu soit agréé comme garde dans un arrondissement, sans l'être dans un autre arrondissement à raison de circonstances particulières dont le sous-préfet de cette dernière circonscription est seul juge. S'il suffisait qu'il prêtât serment pour pouvoir exercer ses fonctions dans n'importe quel arrondissement, il pourrait en même temps se passer de l'agrément du préfet. Il semble donc bien que le garde doive être agréé dans tous les arrondissements sur lesquels s'étend son triage et doive y prêter serment (V. en ce sens M. Puton, *Rép. de lég. et de jur. for.*, t. 7, n° 22; Meaume, *ibid.*, t. 9, n° 4, note I).

649. Le ministère public, auquel il appartient de requérir l'admission du garde au serment, peut-il refuser de le présenter? Suivant une opinion, le ministère public n'étant chargé par la loi ni de nommer, ni d'agréer les gardes, doit se borner à en référer officieusement au préfet, si le garde ne lui semble pas en règle ou est l'objet de renseignements défavorables (Giraudeau, Lelièvre et Soudée, *Chasse*, n° 1478). — D'après une autre opinion, qui paraît mieux fondée, la question doit se résoudre par une distinction. Le ministère public, ayant mission de veiller à l'observation de la loi, peut refuser de présenter au serment le garde dont les pièces ne sont pas régulières, par exemple, si la commission n'est pas enregistrée, ou qui ne réunit pas les conditions exigées pour l'exercice régulier de ses fonctions, par exemple, s'il n'a pas l'âge de vingt-cinq ans. Dans le cas,

au contraire, où le garde, tout en satisfaisant aux conditions légales requises pour la régularité de sa nomination, est seulement l'objet de renseignements défavorables au point de vue de son caractère ou de sa moralité, le ministère public ne saurait se refuser d'une manière absolue à le présenter au serment. Il pourrait qu'en référer officieusement au sous-préfet ou au préfet, à qui seul appartient le droit d'agréer le candidat, et, par suite, d'apprécier son mérite ou son indignité. Dans tous les cas, il a été jugé que quand un garde particulier se présente avec une commission régulière, revêtue de l'agrément du sous-préfet, le tribunal ne peut, sans excès de pouvoir, refuser de l'admettre au serment (Crim. cass. 27 nov. 1863, cité par Martin, *Code de la pêche fluviale*, n° 323).

650. — 1° *Enregistrement.* — Le droit fixe d'enregistrement qui était de 1 fr. à l'époque de la publication du *Répertoire*, a été élevé à 3 fr. avec deux décimes et demi en sus, soit 3 fr. 75 cent. (L. 23 août 1871, art. 1 ; 30 déc. 1873, art. 2). L'enregistrement de la commission peut n'avoir lieu qu'après que l'agrément de l'Administration a été obtenu (Giraudeau, Lelièvre et Soudée, n° 1471). — V. en ce qui concerne les droits d'enregistrement, de timbre et de greffe auxquels donne lieu la prestation de serment, notre *Code forestier annoté*, art. 245 et suiv.

651. — 2° *Age.* — L'âge de vingt-cinq ans (*Rép.*, v° *Forêts*, n° 1685) est toujours exigé pour l'exercice des fonctions de garde particulier.

652. Ainsi qu'on l'a vu au *Rép.*, v° *Forêts*, n° 1687, rien ne s'oppose à ce que les gardes champêtres soient en même temps gardes particuliers. La loi, d'ailleurs, n'a formulé aucune cause d'incompatibilité spéciale aux fonctions de garde particulier ; mais plusieurs arrêts proclament, dans leurs motifs, l'incompatibilité de ces fonctions avec l'état de domestique ou serviteur à gages (*Rép.*, v° *Forêts*, n° 688, et notre *Code forestier annoté*, art. 117, n°s 173 et suiv.). Il semble toutefois que cette incompatibilité doive être restreinte à l'état de domestique, ce mot étant pris dans son sens vulgaire et restreint, c'est-à-dire le sens d'un individu attaché au service de la personne du maître. Ainsi un régisseur, même habitant chez son maître, pourrait être en même temps garde particulier de celui-ci (Giraudeau, Lelièvre et Soudée, *Chasse*, n° 1469).

Pour tout ce qui concerne les insignes des gardes particuliers, la cessation de leurs fonctions, leur révocation, etc., V. notre *Code forestier annoté*, art. 117, n°s 257 et suiv.

SECT. 2. — CONSTATATION DES DÉLITS ; POURSUITES (*Rép.*, v° *Forêts*, n°s 1689-1705).

653. — I. CONSTATATION DES DÉLITS. — On a vu au *Rép.*, v° *Forêts*, n° 1689, que les gardes des particuliers peuvent, comme les gardes des bois soumis au régime forestier, dresser des procès-verbaux et faire tous les actes de police judiciaire indiqués par les art. 61 et 62 c. for. Depuis la loi du 18 juin 1859, le nouveau texte de l'art. 188 c. for., en consacrant formellement, pour les gardes particuliers, les gardes champêtres, les gendarmes et tous les officiers de police judiciaire chargés de rechercher les délits ruraux, le droit de constater les infractions forestières commises dans les bois non soumis au régime forestier, a attaché aux procès-verbaux dressés par ces divers gardes ou fonctionnaires, sans distinction, le privilège de faire foi jusqu'à preuve contraire (Rapport, D. P. 59. 4. 107, note, n° 71 ; Circ. min. just. 5 déc. 1859, D. P. 60. 3. 12). La différence qui avait été signalée au *Répertoire* n'existe donc plus sous ce rapport.

654. Sous l'empire de l'ancien texte de l'art. 188, on discutait la question de savoir si les infractions forestières commises dans les bois particuliers pouvaient être constatées par d'autres personnes que les gardes particuliers de ces bois (V. *Rép.*, v° *Procès-verbal*, n° 144). Le législateur de 1859 a fait cesser toute hésitation à cet égard en appelant expressément à la surveillance des bois particuliers, indépendamment des gardes des propriétaires, la plupart des officiers et agents de police judiciaire qu'énumère la loi de 1844 sur la chasse et qui ont le devoir de rechercher et de constater les délits ruraux.

655. — II. Poursuites. — 1° *Citation, qualité, compétence.*
— L'art. 189 c. for. déclarait applicable aux poursuites
exercées à raison des infractions commises dans les bois
particuliers, l'art. 172 du même code, qui exige, à peine
de nullité, que la citation contienne la copie du procès-verbal et de l'acte d'affirmation (*Rép.*, n° 1692.) Mais, aujourd'hui,
cette formalité n'est plus prescrite pour les citations relatives à des infractions commises dans les forêts non assujetties au régime forestier, depuis que la loi du 18 juin 1859
a supprimé la mention de l'art. 172 c. for. dans l'art. 189
du même code. Les décisions intervenues sous l'empire de
l'ancien art. 189 c. for. ne sauraient donc plus faire autorité,
et il faut se référer, en cette matière, aux principes du droit
commun, c'est-à-dire aux art. 145 et suiv. c. instr. crim.,
sur les citations et les avertissements, quand il s'agit d'une
contravention de simple police, et aux art. 182 et suiv. c.
instr. crim., sur les citations, lorsqu'il est question d'un
délit correctionnel.

656. L'initiative des poursuites, qui appartient au propriétaire dont la qualité n'est pas contestée (*Rép.*, v° *Forêts*,
n° 1692), appartient également à l'usufruitier qui est
chargé, en vertu des règles générales de l'usufruit, de la
conservation des bois grevés de son droit (Bourges, 13 août
1863, *Rép. de lég. et de jur.*, t. 2, n° 278). Quant au nu-
propriétaire de la forêt, il n'a le droit de poursuivre la
répression des délits qui y sont commis qu'autant que ces
délits portent une atteinte directe et appréciable au fond
même de la propriété; il n'aurait, dès lors, aucune qualité
pour poursuivre la réparation d'un délit de dépaissance qui
n'a occasionné à la nue propriété aucun dommage déterminé distinct de celui qui peut avoir été causé à la coupe
(Arrêt précité du 13 août 1863).

657. Le propriétaire de forêt, dans laquelle un délit d'a-
batage a été commis, peut, sans violer la règle : *Electa una
via, non datur recursus ad alteram*, et la maxime : *Non bis
in idem*, agir devant le tribunal correctionnel en réparation
du délit consommé, et introduire une action en référé tendant à faire ordonner des mesures conservatoires propres à
empêcher la continuation du délit et à faire statuer provisoirement sur la disposition des bois coupés, sauf à tenir
compte, au profit de qui de droit, de la somme versée à
titre de caution (Crim. rej. 24 juill. 1863, *Rép. de lég. et
de jur. for.*, t. 2, n° 293).

658. Celui auquel le droit de poursuite appartient peut
incontestablement transiger avec le délinquant relativement
aux réparations civiles résultant de l'infraction. Mais la transaction ne peut intervenir que dans les conditions du droit
civil, et ne saurait porter sur les peines proprement dites ;
la loi du 18 juin 1859 n'a, en effet, modifié en aucune façon,
les règles générales en cette matière et le système de transaction qu'elle a créé est spécial à l'Administration forestière et aux infractions commises dans les bois soumis à
sa surveillance (*suprà*, n° 180). La transaction consentie par
le propriétaire ne peut donc pas paralyser l'action publique
ouverte au ministère public.

659. — 2° *Ministère public.* — Le droit du ministère public de poursuivre d'office les infractions forestières, commises dans les bois des particuliers, était généralement
reconnu, avant 1859, par la jurisprudence et la doctrine
(*Rép.*, v° *Forêts*, n° 1693). Mais l'action du ministère public
s'exerçait rarement et les infractions forestières restaient le
plus souvent impunies, soit en raison de l'inaction des parquets, soit parce que les dépenses considérables que les
poursuites occasionnaient aux propriétaires de bois leur
faisait préférer l'abstention. Le législateur de 1859 a voulu
mettre un terme à l'inégalité de fait qui existait ainsi entre
les bois assujettis au régime forestier et les bois qui ne
sont pas soumis à ce régime. Sans modifier en rien les
textes, ce qui a été jugé inutile, il a manifesté, dans toute
la discussion de la loi, sa volonté de stimuler l'action du
ministère public pour la répression des contraventions constatées dans les bois des particuliers. La pensée du législateur sur les droits et les devoirs du ministère public, au
point de vue de la poursuite de ces infractions, ressort nettement de la modification apportée à la loi du 18 juin 1859
aux rubriques des sections 1 et 2, titre 11, c. for., et surtout
de l'esprit général de la révision de 1859, dont l'un des
principaux objets a été de ranimer l'action publique dans

la police des bois appartenant aux particuliers. Du reste,
le ministère public, s'il lui est recommandé d'agir avec plus
de vigueur, n'en conserve pas moins, sous sa responsabilité, toute son indépendance relativement à l'opportunité
de la poursuite.

660. En ce qui concerne la répression des délits commis
dans les bois des particuliers, soit par des délinquants ordinaires, soit par les acheteurs de coupes, V. *Rép.*, n°s 1695
et suiv. (V. également notre *Code forestier annoté*, art. 117,
n°s 60 et suiv.).

CHAP. 18. — Bois des communes et des établisse-
ments publics.

Sect. 1re. — Soumission au régime forestier des bois appartenant aux communes et aux établissements publics (*Rép.*,
v° *Forêts*, n°s 1706 à 1734).

661. On sait que les bois des communes et des établissements publics sont soumis au régime forestier lorsqu'ils
sont reconnus susceptibles d'un aménagement et d'une exploitation régulière (*Rép.*, v° *Forêts*, n° 1706). Cette soumission peut être consacrée par une décision ministérielle, lorsque aucune contestation n'est élevée par la commune (Crim.
rej. 19 mars 1864, aff. Munier, D. P. 70. 5. 200) ou par un
décret, dans le cas contraire (*Rép.*, v° *Forêts*, n°s 1713-
1714). Le décret qui soumet un bois communal ou d'établissement public, malgré le propriétaire, au régime forestier,
est un acte discrétionnaire d'administration ; il n'est donc
susceptible d'aucun recours au conseil d'Etat, excepté au cas
d'excès de pouvoirs ou d'omission essentielle des formalités
prescrites par la loi (Puton, *Législation forestière*, p. 240).

662. On admet que la soumission d'un bois communal
au régime forestier peut encore résulter d'actes équipollents au décret spécial rendu après l'accomplissement des
formalités prescrites par l'art. 128 de l'ordonnance forestière, comme par exemple, de décrets autorisant des coupes
extraordinaires sur la demande de la commune (Grenoble,
31 mars 1876, *Rép. de lég. et de jur. for.*, t. 7, n° 39). —
Sur les formalités qui doivent précéder la soumission des
bois des communes et des établissements publics au régime forestier, V. notre *Code forestier annoté*, art. 90, n°s
63 et suiv.

663. Le caractère d'acte administratif qui appartient au
décret de soumission entraîne, au point de vue de la compétence des tribunaux devant lesquels cet acte est invoqué,
l'application de toutes les règles qui doivent être suivies
lorsque les tribunaux de l'ordre judiciaire sont en présence
d'un acte administratif. Le tribunal correctionnel est donc
compétent pour appliquer une ordonnance ou décret qui
soumet un bois au régime forestier, alors que le sens de
cet acte ne présente aucune ambiguïté (Crim. rej. 19 mars
1864, aff. Munier, D. P. 70. 5. 200 ; Grenoble, 27 mars 1866,
Rép. de lég. et de jur. for., t. 4, n° 597 ; Grenoble, 20 déc.
1886 (2 arrêts), *ibid.*, t. 4, n° 598). Au contraire, lorsqu'il y
a contestation sur le point de savoir si une parcelle, sur
laquelle un délit a été commis, fait partie d'un bois communal soumis au régime forestier et que les termes du décret ne sont pas suffisamment explicites, le tribunal correctionnel doit surseoir à statuer et renvoyer les parties à se
pourvoir devant l'autorité administrative pour obtenir l'interprétation du décret (Crim. cass. 3 mars 1865, aff. Moine
et autres, D. P. 70. 5. 319).

664. D'après la jurisprudence, lorsque l'ordonnance ou
le décret qui ont soumis une forêt au régime forestier en
indiquent la contenance, la question de savoir si l'intégralité de la forêt, et non pas seulement la partie comprise dans
la contenance exprimée, est soumise au régime forestier,
n'est pas de celles qui donnent lieu à interprétation du décret. La jurisprudence considère l'indication de la contenance comme purement énonciative et applicable à la
forêt entière. Dès lors, le tribunal appelé à réprimer une
contravention, commise dans cette forêt, ne doit pas ordonner
la vérification de la contenance indiquée, à l'effet de s'assurer si le délit a été commis en un canton assujetti au
régime forestier et peut statuer immédiatement (Crim. cass.
23 sept. 1847, aff. Astier, D. P. 47. 4. 407 ; Grenoble, 27 mars

1866, et 20 déc. 1866, *Rép. de lég. et de jur. for.*, t. 4, nᵒˢ 597 et 598).

665. Le décret qui soumet au régime forestier un bois communal, en raison même de son caractère, ne peut être infirmé par une délibération du conseil municipal de la commune et prévaut contre cette délibération, alors même qu'il aurait été irrégulièrement pris, tant qu'il n'a pas été annulé par l'autorité compétente. Aussi la délibération d'un conseil municipal qui, au mépris du décret soumettant un bois au régime forestier, y autoriserait le pâturage moyennant une redevance, ne saurait constituer une excuse pour les habitants qui auraient profité de cette autorisation (Grenoble, 27 mars 1866, *Rép. de lég. et de jur. for.*, t. 4, nᵒ 597). La régularité du décret ne peut être contestée devant le tribunal lorsqu'il n'a été l'objet d'aucun recours au conseil d'État dans les délais légaux : il fait par lui-même preuve de sa régularité, et l'Administration des forêts qui l'invoque, dans le cours d'une poursuite correctionnelle, n'est point tenue de justifier de l'accomplissement des formalités exigées par la loi pour sa validité (Grenoble, 20 déc. 1866 (3 arrêts), *Rép. de lég. et de jur. for.*, t. 4, nᵒ 598).

666. En matière de soumission des bois des communes ou des établissements publics au régime forestier, les préfets sont de simples agents de transmission, appelés à donner leur avis, mais n'ayant aucun pouvoir de décision (*Rép.*, vᵒ *Forêts*, nᵒ 1713). Jugé, toutefois, qu'on doit considérer comme soumis au régime forestier le bois communal qui a été maintenu sous ce régime par un arrêt préfectoral pris par délégation du ministre de l'agriculture, agissant avec l'assentiment du chef de l'État (Grenoble, 31 mars 1876, *Rép. de lég. et de jur. for.*, t. 7, nᵒ 39), alors du moins qu'il n'y avait aucun dissentiment entre le conseil municipal et l'administration des Forêts.

667. Les décrets ou ordonnances qui soumettent un bois communal au régime forestier ne peuvent créer aucune atteinte aux droits des tiers, alors même qu'ils ne les réserveraient pas formellement comme cela a lieu dans la pratique. Le décret de soumission ne s'oppose donc nullement à ce que les particuliers fassent valoir, devant l'autorité compétente, les droits qu'ils prétendraient avoir à la propriété de ces bois ; mais ils ne sont pas recevables à demander à l'autorité administrative contentieuse le retrait de l'ordonnance ou du décret (Ord. du Cons. d'État, 12 mars 1846, D. P. 46. 3. 132).

668. Les terrains appartenant aux communes ou aux établissements publics sont parfois soumis au régime forestier de plein droit, sans l'accomplissement des formalités prescrites par les art. 90 c. for. et 128 ord. for. Cette soumission peut résulter de certaines lois spéciales, comme pour les terrains appartenant aux communes et aux établissements publics, sur lesquels des travaux de reboisement sont entrepris à l'aide de subventions de l'État. (Décr. 11 juill. 1882, art. 16, *infrà*, nᵒ 847 et suiv.), et les bois cédés aux communes par l'État, conformément aux dispositions du décret réglementaire du 10 août 1864. On considère également comme soumis au régime forestier le canton compris, comme partie intégrante des forêts soumises au régime forestier appartenant à une commune, dans un procès-verbal de délimitation générale desdites forêts, régulièrement approuvé par le conseil municipal et homologué par le chef de l'État, alors surtout que l'Administration forestière a fait surveiller ce canton par ses gardes, l'a fait clore de murs et y a assis des coupes dont la délivrance et l'exploitation ont eu lieu selon les formes prescrites pour les bois soumis au régime forestier (Besançon, 12 mai 1859, *Bull. des ann. for.*, t. 8, p. 236). La soumission au régime forestier, en pareil cas, résulte de ce que le canton dont il s'agit est reconnu appartenir à la commune, et on peut dire qu'il se trouve soumis au régime forestier par le fait de l'acte qui y a soumis la forêt dont il fait partie. C'est à ce titre également que l'Administration considère, comme restant soumis au régime forestier les vides compris dans les portions de forêts attribuées à une commune en cantonnement de ses droits d'usage (Lett. adm. for. 11 juill. 1850).

669. Dans la Savoie et le comté de Nice, après l'annexion, on a admis que l'extension des pouvoirs administratifs conférés au chef de l'État par le sénatus-consulte du 12 juin 1860, autorisait le Gouvernement à procéder à la soumission des bois des communes au régime forestier sans être astreint aux conditions exigées par l'art. 90 c. for. (Crim. cass. 3 mars 1865, aff. Moine, D. P. 70. 5. 319 ; Grenoble, 27 mars 1866, *Rép. de lég. et de jur. for.*, t. 4, nᵒ 597).

670. La soumission au régime forestier d'un bois appartenant à une commune ou à un établissement public entraîne des différences importantes entre l'administration de ce bois et celle des autres propriétés de la commune ou de l'établissement public. On a énuméré sommairement au *Rép.*, nᵒ 1708, ces différences. D'une manière générale, la commune ou l'établissement public n'ont plus à intervenir toutes les fois qu'il s'agit de la conservation et de l'administration de la forêt (Puton, *Législation forestière*, p. 66). Mais ils restent propriétaires de leurs bois, l'administration seule en est confiée au service forestier qui reste étranger à toutes les questions de propriété qui peuvent s'élever, et n'est pas, pour le sol et le fonds des propriétés forestières, le représentant, l'administrateur ou le tuteur des communes. On en a conclu que les archives de l'Administration ne doivent pas être assimilées aux archives de la commune et qu'on ne saurait considérer, au point de vue de la requête civile, l'existence d'une pièce dans ses archives comme l'équivalent de l'existence de cette pièce dans les archives communales (Toulouse, 1ᵉʳ févr. 1864, aff. Héritiers de Méritens, D. P. 64. 2. 57).

671. Les bois des communes et des établissements publics peuvent être distraits du régime forestier par un décret rendu sur la demande de la commune ou de l'établissement public (*Rép.*, vᵒ *Forêts*, nᵒ 1724), et après l'accomplissement de formalités analogues à celles qui sont prescrites pour la soumission de ces bois au régime forestier (V. de la Grye, *Régime forestier*, p. 12, et notre *Code forestier annoté*, art. 178, nᵒˢ 178 et suiv.). — La distraction du régime forestier peut aussi être, pour les bois des communes et des établissements publics, la conséquence de jugements passés en force de chose jugée qui dépouillent la commune ou l'établissement public de la propriété qu'il prétendrait lui appartenir. Cette distraction peut enfin résulter d'une expropriation pour cause d'utilité publique, de décrets qui autorisent l'aliénation des forêts communales, lorsque la vente est consommée, ou qui homologuent des projets de cantonnement de droits d'usage assis sur les forêts communales au profit des particuliers, ou qui autorisent le défrichement de forêts communales, quand le défrichement est effectué (de la Grye, *ibid.*, p. 12-13). Mais le partage judiciaire d'une forêt appartenant à plusieurs communes ne peut avoir pour résultat d'affranchir du régime forestier, en vertu de l'art. 883 c. civ., le lot dévolu à l'une de ces communes (Grenoble, 31 mars 1876, *Rép. de lég. et de jur. for.* t. 7, nᵒ 39).

672. La conversion en bois des terrains en nature de pâturage et de friches, prévue par le paragraphe 4 de l'art. 90 (*Rép.*, vᵒ *Forêts*, nᵒ 1729) ne peut plus, en fait, avoir lieu, suivant les prévisions de ce paragraphe, que pour les terrains situés en plaine ou sur des coteaux peu élevés. La loi du 4 avr. 1882, relative à la restauration des terrains en montagne et au reboisement des montagnes, donne à l'Administration la faculté de faire reboiser les terrains situés dans les régions montagneuses, même contre le gré des propriétaires et sans que ceux-ci puissent recourir, comme sous l'empire du paragraphe 4 de l'art. 90, au conseil de préfecture et au conseil d'État (V. *infrà*, nᵒ 817 et suiv.). — Sur les règles à suivre dans les cas où le paragraphe 4 de l'art. 90 est encore applicable, V. notre *Code forestier annoté*, art. 90, nᵒˢ 222 et suiv.

673. La compétence attribuée au conseil de préfecture par le paragraphe 4 de l'art. 90 c. for. est restreinte au cas où il s'agit d'un terrain qui n'est pas, par sa nature, susceptible d'être soumis au régime forestier, mais que l'Administration propose de convertir en bois. La question de savoir si un bois est ou non susceptible d'aménagement et d'exploitation régulière n'offre, au contraire, rien de contentieux et échappe à tout recours (V. *suprà*, nᵒ 661). Il appartient donc, sans doute, au conseil de préfecture d'apprécier si le terrain que l'Administration prétend soumettre au régime forestier est un pâturage ou un bois ; mais, s'il lui reconnaît ce dernier caractère, il doit se déclarer incompétent (Cons. d'État 12 déc. 1851, aff. Commune de Gréoux,

17 déc. 1853, aff. Commune de Glerès, et aff. Commune d'Indevillers, D. P. 54. 3. 82). Dans le cas où il reconnaît au terrain le caractère de pâturage, il lui appartient, au contraire, d'apprécier, sauf recours au conseil d'Etat, l'opportunité de la mesure proposée par l'Administration forestière, de l'ordonner ou de la refuser (*Rép.*, v° *Forêts*, n° 1727; De la Gryge, *Régime forestier*, p. 8 et 9).

674. Le conseil de préfecture est encore compétent pour statuer sur les contestations élevées en matière de conversion de pâturages en bois, lorsque le débat s'engage, non entre une commune et l'Administration des forêts, mais entre deux communes copropriétaires de ces pâturages. Dans une contestation qui s'était produite entre deux communes copropriétaires indivises de pâturages, sur le point de savoir s'il y avait lieu de les convertir en bois soumis au régime forestier, le déclinatoire proposé par l'Administration forestière et fondé, notamment, sur ce que le débat, ne s'étant point élevé entre l'Administration forestière et une commune, mais entre deux communes copropriétaires, constituait une simple question de jouissance à laquelle l'Etat était étranger, et qui devrait être soumise aux tribunaux, a été rejeté par le conseil de préfecture et le conseil d'Etat (Cons. d'Etat, 12 févr. 1849, aff. Commune de Villard-Raymond, D. P. 50. 3. 12).

Sect. 2. — Défrichement des bois communaux et des établissements publics (*Rép.*, v° *Forêts*, n°s 1735 à 1744).

675. La prohibition faite aux communes et aux établissements publics par l'art. 91 c. for. de défricher sans une autorisation expresse les bois qui leur appartiennent s'applique indistinctement à tous les bois, qu'ils soient ou non soumis au régime forestier (Crim. cass. 28 mai 1851, aff. Gru, D. P. 51. 5. 279; *Rép.* n° 1737). Il faut, en ce qui concerne les communes et les établissements publics, comme à l'égard des particuliers, assimiler au défrichement les actes qui sont considérés, par interprétation de l'art. 219 c. for., comme constituant un défrichement indirect (V. *infrà*, n° 754). On a même considéré comme un délit de défrichement le fait, par les habitants d'une commune, de mettre en culture après se les être partagés, des terrains communaux dont le reboisement avait été déclaré obligatoire par un décret rendu en exécution de l'art. 5 de la loi du 28 juill. 1860 sur le reboisement des montagnes, alors d'ailleurs que les terrains dont il s'agit étaient à l'état de friches, avec cultures plus ou moins anciennes, en voie de gazonnement, recouvertes de plantes herbacées et de quelques végétaux ligneux (Nîmes, 16 août 1867, aff. Habitants de Blandas, D. P. 68. 2. 186).

676. Au contraire on ne doit pas considérer comme des défrichements les actes qui n'ont pour objet que l'amélioration de la forêt ou ceux qui sont effectués pour l'exécution de travaux publics, tels que les extractions d'arbres, opérées pour l'exécution des chemins de vidange, les défrichements opérés pour l'ouverture de carrières désignées pour le service des ponts et chaussées, ou de carrières concédées par l'autorité préfectorale. Du reste, dans ces diverses hypothèses, l'Administration forestière conserve son droit de surveillance sur les terrains partiellement défrichés, et est chargée de les faire repeupler après la cessation des extractions de matériaux (de la Gryge, *Régime forestier*, p. 129-130). — Sur les formalités propres à l'obtention de l'autorisation de défricher, V. notre *Code forestier annoté*, art. 91, n°s 34 et suiv.

Sect. 3. — Partage des bois indivis entre plusieurs communes (*Rép.*, v° *Forêts*, n°s 1742 à 1744).

677. V. notre *Code forestier annoté*, art. 92, n°s 3 à 36.

Sect. 4. — Quart en réserve (*Rép.*, v° *Forêts*, n°s 1745 à 1748).

678. V. *Rép.*, n°s 1745 et suiv.

Sect. 5. — Vente des produits des bois communaux ou d'établissements publics (*Rép.*, v° *Forêts*, n°s 1749 à 1760).

679. Les communes ne règlent pas elles-mêmes l'exploi-

tation de leurs bois (*Rép.*, v° *Forêts*, n° 1751). Mais rien ne s'oppose à ce que les conseils municipaux fixent la *destination* qui doit être donnée aux *produits des coupes régulièrement autorisées*. Ils peuvent décider que ces coupes seront vendues au profit de la caisse communale, ou que leurs produits seront partagés entre les habitants (de la Gryge, *Régime forestier*, p. 36). Pour le cas où il s'agit de coupes exécutées dans des bois appartenant à des sections de commune, V. *suprà*, v° *Commune*, n° 399.

680. On a vu au *Rép.*, v° *Forêts*, n°s 1753, que l'art. 134 de l'ordonnance forestière, qui rend applicable à la vente des coupes communales l'art. 86 de la même ordonnance, avait reçu un certain nombre de modifications relativement aux lieux dans lesquelles les ventes doivent avoir lieu. De nouvelles modifications ont été apportées à ces textes en ce qui concerne le lieu de l'adjudication et l'obligation de la présence des agents forestiers. Aux termes d'un décret du 25 févr. 1888 (*Rép.* de *lég.* et de *jur.* for., t. 14, n° 17), les adjudications de bois morts, de bois dépérissants provenant des forêts domaniales, communales ou d'établissements publics, ainsi que celles des coupes vendues par unités de marchandises, peuvent être faites dans les chefs-lieux de canton ou dans les communes riveraines des forêts (art. 1); d'autre part, les inspecteurs des forêts peuvent se faire remplacer, ou autoriser les agents sous leurs ordres à se faire remplacer par un chef de brigade dans les adjudications sur les lieux des produits forestiers dont l'évaluation ne dépasse pas 500 fr. (art. 3). Ce décret abroge les dispositions contraires des ordonnances des 23 juin 1830, 15 oct. 1834, 20 mai 1837, 15 sept. 1838, 24 août 1840 et 13 janv. 1847. — V. sur les dispositions applicables aux coupes des bois des communes et établissements publics, notre *Code forestier annoté*, art. 100, n°s 83 et suiv.

Sect. 6. — Affouage communal.

Art. 1er. — *Définition et nature de l'affouage, droits respectifs de la commune et des habitants* (*Rép.*, v° *Forêts*, n°s 1761 à 1774).

681. V. *Rép.*, v° *Forêts*, n°s 1761 et suiv.

Art. 2. — *Des bois auxquels s'applique le droit d'affouage* (*Rép.*, v° *Forêts*, n°s 1775 à 1779.)

682. On a vu au *Rép.* v° *Forêts*, n° 1776, que le quart en réserve ne peut être compris parmi les produits forestiers auxquels s'applique le droit d'affouage. Une instruction de l'Administration forestière du 11 déc. 1867 a cependant décidé que, si la commune le demandait, en payant les charges afférentes aux ventes des coupes du quart en réserve, il n'y aurait pas de raison pour refuser de le délivrer comme affouage. Le préfet peut autoriser cette délivrance, sauf imposition d'une taxe égale à l'estimation de la coupe.

683. L'art. 105 c. for., modifié par la loi du 23 nov. 1883 (*infrà*, n° 684), a enlevé toute valeur aux usages qui permettaient la délivrance de la *futaie* comme bois d'affouage aux habitants (*Rép.* n° 1777). La futaie ou bois de construction n'est plus délivrée en nature aux affouagistes qu'autant que le conseil municipal n'en décide pas la vente au profit de la caisse communale. Les affouagistes n'ont donc droit en principe aux bois communaux qu'en coupe ordinaire de taillis, et ce n'est qu'autant que le conseil municipal décide que le bois de futaie sera délivré en nature aux habitants que ceux-ci peuvent y prétendre.

Art. 3. — *Des personnes qui ont droit à l'affouage. — Conditions requises. — Nationalité, domicile, chef de famille, mineur, femme séparée, domestique, fonctionnaires, curés, militaires, employés, réunion de communes.*

684. Le texte de l'art. 105 c. for. qui, dans la législation de 1827 (*Rép.*, v° *Forêts*, n° 1774), réglait le partage des bois d'affouage à défaut de titres ou d'usages, a été profondément remanié depuis la publication du *Répertoire*. Une première addition avait été faite au texte de cet article par la loi du 25 juin 1874, pour déterminer les conditions d'ad-

mission des étrangers au partage de l'affouage ; la loi du 23 nov. 1883 l'a complètement modifié. On étudiera ci-après les profonds changements qui ont été apportés par cette loi au mode de partage des bois d'affouage.

685. — 1° *Nationalité.* — Avant la loi du 25 juin 1874 (D. P. 75. 4. 9) la question de savoir si la qualité de Français était indispensable pour participer à l'affouage était l'objet d'une vive controverse (*Rép.*, v° *Forêts*, n° 1781). La loi du 25 juin 1874, dont les dispositions sont reproduites dans le texte du nouvel art. 105 par la loi du 23 nov. 1883, admet l'étranger comme le Français au droit d'affouage, à la condition qu'il ait été autorisé à fixer son domicile en France; c'est là pour l'étranger une condition préalable. On a vu, dans la nécessité pour l'affouagiste étranger d'obtenir l'autorisation d'établir son domicile en France et dans la faculté pour le Gouvernement de retirer cette autorisation, un moyen d'écarter de l'affouage les étrangers vagabonds et les nomades et d'empêcher de leur part des abus lésant les intérêts des habitants français. A part la nécessité d'obtenir du Gouvernement l'autorisation de s'établir en France, l'affouagiste étranger est soumis aux mêmes conditions d'aptitude que les affouagistes français. Ainsi, l'étranger a droit à l'affouage, alors même qu'il persisterait, si longtemps que ce fût, à ne pas se faire naturaliser, et il n'est astreint à aucun stage particulier de résidence dans la commune. Du reste, l'étranger, de même que le Français, n'est admis aux répartitions affouagères qu'autant qu'il a dans la commune un domicile réel et fixe.

686. — 2° *Domicile.* — Sous l'empire du nouvel art. 105 c. for. comme d'après la rédaction adoptée en 1827, la participation au bénéfice de l'affouage exige un domicile réel et fixe dans la commune. Cependant il résulte de la discussion de la loi du 23 nov. 1883 que ce domicile n'est soumis à aucune condition particulière de résidence ou de stage; la controverse qui existait antérieurement sur ce point est donc aujourd'hui sans objet. Le paragraphe 1 de l'art. 105 adopté, le 28 déc. 1882, par la Chambre des députés, portait que le partage se ferait par feu, c'est-à-dire par chef de famille ou maître de maison ayant domicile réel et fixe dans la commune depuis six mois au moins, avant la publication du rôle. Ces mots : *depuis six mois au moins*, ont été supprimés sur la proposition de la commission du Sénat. On estima qu'il était inutile de prescrire un séjour de six mois pour empêcher les abus pouvant résulter de l'admission à l'affouage de tout individu justifiant de sa résidence au moment de la publication du rôle, et qu'il suffirait aux administrations municipales de veiller à ce qu'aucun individu n'ayant pas un domicile réel et fixe dans la commune ne fût porté sur les rôles. L'obligation d'un stage pouvait, au contraire, présenter des inconvénients dans beaucoup de régions où la publication du rôle se fait moins de trois mois après l'époque où commencent et finissent ordinairement les baux à ferme et où la nécessité d'une résidence de six mois aurait eu pour résultat de priver des fermiers nouveaux des avantages dont jouissaient leurs prédécesseurs. La Chambre des députés se rangea à cet avis.

687. La translation du domicile dans une commune doit d'ailleurs avoir lieu en temps utile et être légalement connue dans cette commune (*Rép.*, v° *Forêts*, n° 1786) avant la publication du rôle; cette publication est évidemment, depuis la loi du 23 nov. 1883, le point de départ de l'année affouagère; ainsi cesse toute controverse sur ce point (*Rép.*, n° 1786).

688. — 3° *Chef de famille ou de maison.* — Le nouvel art. 105 précise ce qu'il faut entendre par l'expression *chef de famille ou de maison*; il s'est inspiré des deux arrêts de la cour de Dijon qui ont été cités au *Rép.*, v° *Forêts* n° 1793, et que nous avions considérés *ibid.*, n° 1792, eod. v° comme précisant de la manière la plus juridique le sens des expressions employées par l'ancien art. 105. D'après la loi du 23 nov. 1883, on doit considérer comme chef de famille ou de maison « tout individu possédant un ménage ou une habitation à feu distinct, soit qu'il y prépare la nourriture pour lui et les siens, soit que, vivant avec d'autres à une table commune, il possède des propriétés divisées, qu'il exerce une industrie distincte ou qu'il ait des intérêts séparés ». Le rapporteur de la loi à la Chambre des députés s'exprimait,

pour justifier cette formule, dans les termes suivants : « Que faut-il entendre par ces mots *chef de famille ou de maison?* La doctrine, les tribunaux, ont varié à l'infini sur cette définition. Il serait trop long d'aborder ici la discussion de toutes les décisions contradictoires rendues à ce sujet. Il nous a paru, après les avoir mûrement étudiées, qu'il suffirait à la Chambre que sa commission proposât pour l'avenir une règle générale, uniforme, claire en même temps que précise et conforme à l'esprit d'équité? Nous avons cru la rencontrer dans les considérants de deux arrêts rendus les 22 févr. et 17 mai 1837 par la cour de Dijon, l'une de celles qui se sont le plus occupées de la matière. Nous croyons utile d'en mettre les conclusions sous les yeux de la Chambre : En droit il n'est pas indispensable pour avoir droit à l'affouage, d'avoir un feu séparé et de vivre isolément ; mais au contraire on peut ne point avoir de feu de cuisine et manger soit hors de chez soi, soit avec un autre ménage résidant sous le même toit, sans perdre la qualité de chef de maison. Mais pour avoir cette qualité, il faut, de toute nécessité, être non seulement maître de sa personne, mais encore avoir une habitation à soi, une industrie ou des propriétés particulières, des intérêts distincts de ceux avec lesquels on occupe une même maison. Si l'on vit avec eux en communauté d'intérêts, de travail, de nourriture et d'habitation, on n'est réellement que membre et non chef d'une famille. Cette réunion dès lors n'a droit qu'à un seul lot. Cette théorie, nous a servi à fixer dans le projet nouveau les conditions du droit à l'affouage ». Cette doctrine avait d'ailleurs été suivie d'une manière à peu près constante par la jurisprudence postérieure à la publication du *Réper-* *toire* (Metz, 24 mai 1866, *Rép. de lég. et de jur. for.*, t. 3, n° 507 ; 26 nov. 1867, aff. Frantzen, *ibid.*, t. 4, n° 643, et aff. Schmitt, *ibid.*; Besançon, 20 avr. 1875, aff. Veuve Moutenet, D. P. 75. 2. 202; Req. 8 mai 1883, aff. Commune d'Angerey, D. P. 83. 1. 393).

Le législateur de 1883 a donc adopté un système mixte : il n'a pas voulu prendre pour base la circonstance toute matérielle de l'existence d'un foyer; et réciproquement il n'a pas voulu appeler à l'affouage tout individu maître de sa personne et en considération seule de ses qualités civiques, abstraction faite du foyer et du ménage. Cette nouvelle législation a pour conséquence de faire cesser toute controverse sur le point de savoir si le mot *feu* est synonyme du mot *ménage* et s'il est vrai ou n'est pas nécessaire que l'habitant, pour avoir droit à l'affouage, ait dans la maison qu'il habite un foyer propre à faire cuire les aliments. Il faut et suffit que celui qui prétend participer personnellement à l'affouage ait une habitation personnelle distincte et ne soit pas en communauté complète d'existence et d'intérêt avec d'autres habitants de la commune.

689. Aujourd'hui, comme on le décidait d'ailleurs déjà avant la loi du 23 nov. 1883, le fait que plusieurs pères de famille habiteraient la même maison, mangeant même ensemble, ne leur enlèverait pas leur droit individuel à l'affouage, pourvu que chacun d'eux ait non seulement une habitation personnelle, mais une industrie ou une profession particulière et distincte et qu'il paye séparément la contribution personnelle ou la patente (*Rép.*, v° *Forêts*, n° 1743). Il en est de même de l'habitant, domicilié dans une commune, qui y vit de ses revenus, y paye sa cote personnelle mobilière et foncière, lors même qu'il vivrait sous le même toit et mangerait à la même table que les membres de sa famille, s'il a conservé des intérêts distincts, et notamment une habitation séparée. (Req. 8 mai 1883, aff. Commune d'Angerey, D. P. 83. 1. 393). Telle est la situation de la veuve qui a chez son gendre un appartement séparé : un mobilier particulier, un feu distinct, un fourneau sur lequel elle prépare ses aliments ; qui tue chaque année un porc pour sa consommation, qui a ses légumes plantés et récoltés pour elle; qui se procure à ses frais et fait moudre le grain destiné à son pain de chaque jour; qui fait travailler ses champs pour son compte; qui fait façonner et rentrer à ses frais son bois de chauffage provenant de la portion affouagère dont elle jouit depuis quarante ans, alors même qu'elle prendrait ses repas chez son gendre (Metz, 26 nov. 1867 aff. Frantzen, *Rép. de lég. et de jur. for.*, t. 4, n° 643) ;.. du fils majeur, occupant un appartement séparé et complètement indépendant de celui de son père, ayant un

mobilier à lui, des intérêts distincts de ceux de son père, des ressources personnelles, des bestiaux et des terres qu'il cultive ou fait cultiver pour son propre compte; qui suffit seul à ses besoins, alors même que cet individu a son appartement situé dans la maison de son père, qu'il prend ses repas chez ses parents, et qu'il n'est pas imposé au rôle de la contribution mobilière (Metz, 26 nov. 1867, aff. Schmitt, *Rép. de lég. et de jur. for.*, t. 4, n° 643).

690. Au contraire, on ne doit pas considérer comme un chef de famille ayant droit à l'affouage le fils majeur d'une veuve inscrite sur la liste affouagère, qui tient ménage avec sa mère et sa sœur dans une maison qui leur appartient par indivis (Metz, 24 mai 1866, *Rép. de lég. et de jur. for.*, t. 3, n° 507). La qualité de chef de famille n'appartient pas davantage à une personne qui, bien qu'occupant dans le logement commun une chambre séparée, a cependant, à raison de sa vieillesse, abandonné les soins du ménage pour se mettre au pot et feu de son neveu, en qualité de commensal permanent (Toulouse, 8 mars 1886, aff. Commune de Martres-Tolozane, D. P. 86. 2. 235-236).

691. — 4° *Mineurs.* — La loi du 23 nov. 1883 paraît trancher, dans le sens de l'opinion de Proudhon et de Curasson, la controverse signalée au *Rép.*, v° *Forêts*, n° 1797, sur la question de savoir si des mineurs, orphelins de père et de mère, qui continuent d'habiter la maison de leur père et d'exploiter son domaine, sans résider chez leur tuteur, doivent être admis à l'affouage comme chefs de famille. Le mineur, en effet, rentre bien dans les conditions prévues par le nouvel art. 105, c'est-à-dire qu'il a, en pareil cas, une habitation à feu séparée et que, alors même qu'il prend ses repas chez son tuteur, il n'en a pas moins des intérêts distincts de ceux de ce dernier. Toutefois les considérations sur lesquelles on s'était fondé au *Rép.*, n° 1797, pour adopter l'opinion qui refuse au mineur non émancipé toute participation à l'affouage, subsistent entièrement. On a vu, en effet, *suprà*, n° 688, que d'après les expressions mêmes du rapporteur de la loi, il faut, pour avoir la qualité de chef de famille, au sens du nouvel art. 105, comme au sens du texte de 1827, non seulement avoir une habitation à soi, une industrie ou des propriétés particulières, des intérêts distincts de ceux avec lesquels on est domicilié, mais encore être maître de sa personne : or le mineur n'est maître ni de sa personne ni de ses biens, et il n'est pas, lorsque son tuteur est domicilié dans une autre commune, domicilié *dans la commune*. — Toutefois, comme les *mineurs émancipés* ont la faculté de se choisir un domicile, de gouverner leur personne et d'administrer leurs biens, ils peuvent être traités comme chefs de famille, et être admis aux distributions d'affouage.

692. — 5° *Femme séparée.* — Il y a toujours lieu d'appliquer les règles qui ont été exposées au *Rép.* v° *Forêts*, n° 1798. Il est à remarquer, toutefois, qu'en dehors du cas où elle est judiciairement séparée, la femme peut avoir droit à l'affouage bien que le mari n'habite plus la commune : c'est celui où elle est administratrice provisoire de la personne et des biens de son mari placé dans un établissement d'aliénés, ou lorsque la tutelle du mari, interdit judiciairement, lui a été attribuée (Trib. de Chaumont, 17 avr. 1867, aff. Davilliers, D. P. 67. 3. 56).

693. — 6° *Filles majeures.* — Quant aux filles majeures et veuves sans enfants, elles doivent évidemment être considérées comme chefs de famille, lorsqu'elles réunissent, d'ailleurs, les conditions de domicile séparé et d'intérêts distincts exigées par l'art. 105 c. for.

694. — 7° *Domestiques.* — Les règles posées au *Rép.*, v° *Forêts*, n° 1799, doivent être encore suivies, le nouvel art. 105 ne reconnaissant pas, plus que l'ancien, le droit à l'affouage aux personnes qui sont placées dans une situation de dépendance vis-à-vis d'un chef de famille.

695. — 8° *Fonctionnaires, curés, employés.* — Il s'agit uniquement aujourd'hui, comme à l'époque de la publication du *Rép.*, v° *Forêts*, n° 1800, d'une question de domicile. Les fonctionnaires ont droit à l'affouage lorsqu'ils sont domiciliés dans la commune au moment de la publication du rôle d'affouage.

696. — 9° *Gendarmes.* — L'opinion qui reconnaît aux gendarmes casernés dans une commune, lorsqu'ils y ont transféré leur domicile réel, le droit de participer à l'affouage dans cette commune, paraît avoir définitivement prévalu. Le ministère, après leur avoir dénié le droit aux distributions affouagères, est revenu sur cette opinion, et a considéré comme fondées les réclamations des gendarmes par une solution qui a été insérée au *Bulletin officiel du ministère de l'intérieur*, année 1863, et qui est ainsi conçue : « Aux termes de l'art. 105 c. for., il suffit, en l'absence de titre ou usage contraire, pour être admis à l'affouage, d'avoir un domicile réel et fixe dans la commune et d'y posséder la qualité de chef de famille ou de ménage. Or, les brigades de gendarmerie sont établies d'une manière permanente dans les communes, chefs-lieux de leurs circonscriptions; les militaires qui les composent peuvent, par suite, être considérés, en règle générale, comme ayant un domicile fixe et réel dans ces communes. D'un autre côté, il est difficile de leur refuser la qualité de chef de ménage car ils ont des intérêts distincts, et, le plus souvent, ils sont mariés et obligés de pourvoir aux besoins d'une famille. Il est, en outre, à remarquer qu'ils veillent plus particulièrement à la sécurité des communes où ils sont casernés. Il semble donc que les administrations municipales de ces communes devraient, sauf les exceptions prévues par la loi, les inscrire sans objection au rôle de l'affouage... ». D'ailleurs le caractère civil et sédentaire des fonctions de la gendarmerie est considéré comme dominant, en ce qui concerne la soumission aux charges dérivant de la qualité d'habitant. La loi du 21 avr. 1832 a décidé, en ce qui concerne les officiers, « qu'ils sont imposables à la contribution personnelle et mobilière d'après le même mode et dans la même proportion que les autres contribuables » (art. 21), que, lorsqu'ils sont logés gratuitement dans des bâtiments appartenant à l'État ou au département, ils doivent être imposés « d'après la valeur locative des parties de ces mêmes bâtiments affectés à leur habitation personnelle » (art. 15); qu'ils doivent aussi être « imposés nominativement pour les portes et fenêtres des parties de ces mêmes bâtiments affectées à leur habitation personnelle » (art. 27). Par voie de conséquence, les officiers de gendarmerie sont considérés comme soumis, en qualité de chefs de famille, à l'impôt des prestations en nature (*Rép.*, v° *Voirie par terre*, n° 731), et à celui du logement des militaires de passage (*Rép.*, v° *Organisation militaire*, n° 713 et *infra*, v° *Réquisitions militaires*). Sans doute, une interprétation bienveillante a fait considérer les simples gendarmes comme affranchis de ces mêmes impôts. Mais ce n'est là qu'une interprétation controversable, qui ne saurait faire méconnaître ce fait que, comme habitants et chefs de famille, ils sont dans la même position que leurs officiers (V. *Rép.*, v° *Impôts directs*, n° 242). On a reconnu que cette égalité devant les charges comportait l'égalité devant les avantages qui sont attachés à la qualité d'habitant, notamment en ce qui concerne le droit électoral, qui était reconnu aux gendarmes avant la loi du 27 juill. 1872 (Req. 6 mai 1862, aff. Gendarmes de Marseille, D. P. 64. 5. 118; 30 mars et 26 avr. 1870, aff. Béquet et Petronelli, D. P. 70. 1. 216). Pourquoi ne pas les admettre dès lors au bénéfice de l'affouage? Un arrêt de la cour de Dijon s'est prononcé pour l'affirmative (19 févr. 1873, aff. Commune de Beaurepaire, D. P. 73. 2. 25). D'après cet arrêt, le gendarme qui fait partie du service des brigades, pouvant transférer son domicile réel dans le lieu où il exerce ses fonctions, est réputé avoir entendu opérer cette translation lorsque, étant établi dans ce lieu avec sa famille, il n'a conservé ailleurs aucun centre d'affaires ou d'intérêts et, dès lors, a droit, dans ce lieu, aux distributions affouagères, pour les besoins de son ménage, comme les autres habitants.

697. — 10° *Douaniers.* — Comme on l'a vu au *Rép.*, v° *Forêts*, n° 1801, les mêmes considérations peuvent être invoquées à l'égard des préposés des douanes et la question a été tranchée en leur faveur par un arrêt de la cour de Nancy du 16 déc. 1893 (aff. Jacques, D. P. 94. 2. 118).

698. L'art. 105 c. for., modifié par la loi du 23 nov. 1883, n'admet plus d'autre dérogation au mode de partage qu'il établit que celles qui peuvent résulter de titres contraires; il refuse désormais toute autorité aux usages contraires : il n'y a donc plus lieu de tenir compte de ces usages.

699. — 11° *Section de communes.* — Le partage des bois

d'affouage dans les forêts appartenant aux sections de commune, ou sur lesquelles celles-ci ont un droit au bois, doit être effectué dans les conditions prévues par le nouvel art. 105 entre les habitants de ces sections.

700. — *12° Réunion de communes.* — La loi du 5 avr. 1884 (D. P. 84. 4. 25) a laissé subsister dans leur ensemble les règles consacrées par l'ancienne législation et l'ancienne jurisprudence, en ce qui concerne la propriété des biens appartenant aux communes ou sections de communes réunies à d'autres communes, et la jouissance de ceux de ces biens dont les fruits sont perçus en nature (V. *suprà*, v° *Commune*, n° 52). Les principes exposés au *Rép.*, v° *Forêts*, n°s 1803 et suiv., restent donc applicables. Les habitants d'une commune, d'une section de commune, d'un hameau, réunis à une commune, continuent à exercer le droit d'affouage dans la commune dont ils ont été distraits, et n'y ont pas droit dans la commune à laquelle ils sont rattachés (Trib. Beaume-les-Dames, 3 juill. 1889, *Rép. de lég. et de jur. for.*, t. 15, n° 36). Jugé en ce sens que lorsque les habitants d'un hameau ont, sur les bois de la commune dont ce hameau fait partie, un droit d'affouage privatif et spécial, distinct et indépendant de celui appartenant à la généralité des habitants de la commune, dérivant par exemple d'un titre ancien ou d'un usage immémorial, ils le conservent malgré que ce hameau ait été distrait de la commune et rattaché à une autre commune; qu'au contraire, quand les habitants du hameau exercent l'affouage sur les bois de la commune, non pas en vertu d'un droit privatif et comme habitants du hameau, mais en qualité d'habitants de la commune et en vertu du droit commun à ces habitants, ils perdent le droit à l'affouage si, après la distraction du hameau et son rattachement à une autre commune, ils quittent la commune dont le hameau a été détaché (Besançon, 8 mars 1893, aff. Commune d'Arguel, D. P. 94. 2. 30); — Que celui qui vient habiter un hameau, après que ce hameau a été distrait de la commune dont il faisait partie et rattaché à une nouvelle commune, ne peut prétendre droit à l'affouage sur les bois de la commune, dont le hameau dépendait primitivement, qu'autant que l'affouage sur ces bois appartenait aux habitants du hameau en vertu d'un droit privatif, et comme habitants de ce hameau; il ne saurait, au contraire, prétendre droit à l'affouage si les habitants du hameau avaient exercé cet affouage seulement à titre d'habitants de la commune dont le hameau est aujourd'hui séparé (Même arrêt).

701. Les agglomérations qui viennent à se former, dans une commune, autour d'une usine ou manufacture, donnent droit aux ouvriers qui les composent, à l'affouage communal (*Rép.*, v° *Forêts*, n° 1807); il n'y a pas d'analogie entre ce cas et celui où il y a réunion à la commune d'un hameau distrait d'une autre commune, puisqu'il n'y a pas agrégation d'un nouveau territoire à l'ancien, mais simplement augmentation de la population. Dès l'instant que les ouvriers qui font partie de l'agglomération réunissent les conditions déterminées par l'art. 105 c. for., ils ont droit à l'affouage. La seule difficulté que la question puisse soulever, est celle de savoir s'ils réunissent ces conditions, spécialement au point de vue du domicile. Il a été jugé à cet égard, avant la loi du 23 nov. 1883, que les ouvriers d'une forge, payés par mois et dépendant exclusivement de la volonté du propriétaire de cette usine, qui a la faculté de les renvoyer quand il le veut, ne peuvent être regardés comme ayant un domicile réel et surtout un domicile fixe, au point de vue de l'application de l'art. 105 c. for. (Trib. Arbois, 1er févr. 1856, *Rép. de lég. et de jur. for.*, t. 2, n° 272).

702. Lorsque les ouvriers sont logés dans l'usine même ou ses dépendances, la question semble devoir être résolue par un edistinction. On a envisagé au *Rép.*, v° *Forêts*, n° 1807, le cas où les ouvriers logés dans les bâtiments de l'usine où ils sont employés, et placés sous la dépendance du propriétaire de l'usine, n'y ont pas un logement personnel et distinct. Dans ce cas, évidemment, les ouvriers ne sauraient, sous l'empire du nouvel art. 105, être considérés comme chefs de famille, et ne peuvent prétendre davantage avoir droit à l'affouage, pas plus que les domestiques d'une ferme. Mais il en est autrement lorsque, bien que logés dans l'usine, ils sont locataires des logements aménagés par le propriétaire en vue de fournir à ses ouvriers une habitation

que souvent la localité n'aurait pu leur fournir, et pour lesquels ils payent un loyer proportionné à l'importance de ces logements. Chaque ouvrier qui réside dans un de ces logements, distinctement et séparément, est bien un chef de famille au sens du nouvel art. 105, et a droit à l'affouage, lorsqu'il est domicilié dans la commune. C'est, d'ailleurs, ce qui avait été jugé, avant la loi du 23 nov. 1883 (Trib. Besançon, 24 août 1861, *Rép. de lég. et de jur. for.*, t. 2, n° 272; Trib. Vesoul, 26 déc. 1881, et sur appel, Besançon, 8 nov. 1882, aff. Rouzé et consorts, D. P. 83. 2. 6).

703. Reste la question de domicile; les communes, en pareil cas, ont souvent essayé de faire rejeter les demandes des ouvriers à fin d'inscription au rôle d'affouage en soutenant, conformément au système admis par le jugement du tribunal d'Arbois du 1er févr. 1856 (*suprà*, n° 701), que le domicile des ouvriers dans la commune ne pouvait être considéré comme le domicile réel et fixe prévu par l'art. 105 c. for., attendu qu'ils peuvent quotidiennement être renvoyés de l'usine et des locaux qu'ils y occupent, ces locaux ne leur étant loués qu'accessoirement au contrat de louage d'ouvrage. Cette prétention a été successivement rejetée, et avec raison, dans les deux espèces citées au numéro précédent. L'art. 105, en effet, dans son nouveau texte comme dans l'ancien, n'exige nullement des habitants ayant la qualité de chefs de famille, la justification d'une installation dénotant le dessein de se fixer à perpétuelle demeure dans la localité où ils résident depuis un temps suffisant pour avoir droit à l'affouage. Tout ce qu'il exige, c'est que le domicile réel et fixe soit acquis au moment où le rôle d'affouage est publié.

Art. 4. — *Du mode de partage et de la distribution de l'affouage* (*Rép.*, v° *Forêts*, n°s 1808-1813).

704. Le législateur de 1883 a cru le moment venu de supprimer tous les usages anciens qui diversifiaient, suivant les régions de la France, le mode de partage de l'affouage. Le nouvel art. 105 c. for. ne laisse plus subsister que les titres contraires au mode de partage qu'il établit.

§ 1er. — Titres et usages anciens (*Rép.*, v° *Forêts*, n°s 1814-1831).

705. Comme on vient de le voir, les modes de partage réglés par d'anciens usages ne peuvent plus être appliqués depuis la loi du 23 nov. 1883; il n'y a donc plus à se préoccuper aujourd'hui des questions que soulevait l'application des usages (V. d'ailleurs sur notre *Code forestier annoté*, art. 105, n°s 339 à 396). Les conseils municipaux n'ont plus qu'à se conformer soit au nouvel art. 105 c. for. (*Rép.* v° *Forêts*, n° 1828), soit aux titres qui doivent, dans tous les cas, prévaloir d'après les termes mêmes de l'art. 105, à la condition qu'ils aient force probante (Dijon, 27 déc. 1893, aff. Commune de la Charmée, D. P. 94. 2. 111). Spécialement, alors que, d'après l'art 105, le droit d'affouage appartient, en règle générale, à tous les chefs de famille réunissant les conditions d'aptitude et de domicile précisées par cet article, il peut résulter des titres que le droit à l'affouage n'appartient qu'à un certain nombre d'habitants de la commune à l'exclusion des autres (Arrêt précité du 27 déc. 1893).

§ 2. — Partage d'après le code forestier. — Bois de chauffage (taillis). — Bois de construction (futaies). — La vente de la portion affouagère est-elle permise? (*Rép.*, v° *Forêts*, n°s 1832 à 1841).

706. Le nouvel art. 105 c. for. établit, comme l'ancien texte, une distinction entre le taillis et la futaie au point de vue du mode de partage; seulement, pour éviter toute confusion, il a substitué l'expression *bois de chauffage* à l'expression *taillis* et les mots *bois de construction* au mot *futaie* (*Rép.*, v° *Forêts*, n° 1833).

707. *1° Bois de chauffage.* — « S'il n'y a titre contraire, dit le paragraphe 1 de l'art. 105, le partage de l'affouage, en ce qui concerne les bois de chauffage, se fera par feu, c'est-à-dire par chef de famille, etc. ». Ce texte, ne permet pas plus que l'ancien le partage par tête; le mode de partage par feu, préféré au mode de partage par tête inauguré par la loi du 10 juin 1793 et rejeté par le code de 1827, à

été maintenu dans la loi du 23 nov. 1883, malgré un amendement présenté au Sénat par M. Oudet et qui consistait à ajouter au paragraphe 1 de la proposition : « Dans les feux ou ménages comprenant plus de trois personnes, parents ou alliés, de l'un ou de l'autre sexe, la portion d'affouage sera doublée. Dans les ménages composés de plus de six personnes, elle sera triplée ». L'auteur de l'amendement faisait valoir que la suppression des anciens usages par la loi nouvelle rendait impossible aux communes le maintien d'une proportion équitable entre les besoins des affouagistes et les délivrances. Les motifs qui furent opposés à cet amendement et en ont déterminé le rejet reproduisent en partie les arguments qui ont été exposés au *Rép.*, v° *Forêts* n° 1835. Le rapporteur, M. Chaumontel, fit observer au Sénat que la quantité de bois nécessaire pour chauffer une famille et cuire ses aliments ne dépendait pas du nombre de ses membres. « En effet, disait-il, dans son rapport, le droit d'affouage, appliqué comme un mode d'usage d'une partie des revenus communaux, devient un droit plus réel que personnel. Il appartient au foyer, comme l'indique son étymologie, sans se préoccuper du nombre de personnes qui s'y chauffent. Le répartir par tête serait le dénaturer, le rendre injuste, en rendre la valeur illusoire par une division à l'infini. Les enfants en bas âge, les personnes qui vivent en famille autour du même feu n'auraient une part, alors que les veuves et les célibataires n'auraient plus une portion suffisante pour satisfaire à leurs besoins personnels. Le partage proportionnel par catégorie ne serait qu'une source de difficultés de toutes sortes, ne serait-ce que pour en fixer le point de départ. Soumis à des variations incessantes, il prêterait trop à l'arbitraire pour n'être pas injuste ». Actuellement donc, sauf titre contraire, chaque feu ou chef de famille a droit à une portion et à une seule portion affouagère, c'est-à-dire que la répartition se fait par ménage distinct et exclut l'attribution de plusieurs parts à un seul et même ménage (V. en ce sens, avant la loi du 23 nov. 1883, Metz, 24 mai 1866, *Rép. de lég. et de jur. for.*, t. 3, n° 507).

708. — 2° *Bois de construction.* — La loi du 23 nov. 1883 a profondément modifié les règles du partage des bois de construction que l'ancien texte de l'art. 105 désignait sous la dénomination de *futaies*: le nouvel art. 105 a non seulement aboli les usages contraires à ses dispositions, mais n'a pas reproduit et a abrogé, par conséquent, la disposition de l'ancien article aux termes de laquelle, s'il n'y avait titre ou usage contraire, la valeur des arbres délivrés pour constructions ou réparations devait être estimée à dire d'experts et payée à la commune. D'après la loi nouvelle, chaque année, le conseil municipal, délibérant dans sa session ordinaire du mois de novembre, statue sur l'emploi qui devra être fait du bois de construction compris dans la coupe affouagère de l'exercice suivant. Il a l'option entre : 1° la délivrance partielle ou totale en nature de ces futaies, et 2° leur vente. On a voulu, en établissant ce mode de partage, permettre aux conseils municipaux de pourvoir aux besoins de la caisse communale et à des travaux d'intérêt général au moyen du produit de la vente des bois de futaies lorsque la nécessité s'en imposerait ; en revanche, on leur a donné la possibilité, lorsque ces besoins n'existeraient pas, de satisfaire, dans des conditions plus complètes d'égalité, aux droits de chacun des habitants de la commune (V. le rapport de M. Lelièvre, D. P. 84. 4. 1).

709. D'après les dispositions du nouvel art. 105, le partage, dans le cas où le conseil municipal opte pour la délivrance en nature, se fait par feu dans les mêmes conditions que le partage du bois de chauffage. Lorsque le conseil municipal décide que les bois de construction seront vendus, la vente a lieu aux enchères publiques par les soins de l'Administration forestière. On doit, pour ces ventes, se conformer aux règles relatives aux adjudications des coupes communales.

710. Le mode de partage par feux qui est la règle établie, tant pour le partage du bois de chauffage que pour le partage du bois de construction, art. 105 c. for., ne subit d'exception que s'il y a titre contraire. Encore faut-il que ce titre établisse, d'une manière nette et précise, un autre mode de partage que celui qui est déterminé par l'art. 105. Un titre qui se bornerait à consacrer le droit des

habitants d'une commune à l'usage en bois ne saurait prévaloir contre la disposition de la loi s'il est muet sur le mode de partage, alors même que l'usage se serait introduit parmi les habitants de partager les bois suivant un mode différent du partage par feux (Lyon, 24 janv. 1891, aff. Commune d'Arbent, D. P. 91. 2. 372).

§ 3. — *Usage propre à l'ancienne province de Franche-Comté pour le partage de la futaie (*Rép.*, v° *Forêts*, n° 1842-1852).*

711. Les observations présentées au *Rép.*, v° *Forêts*, n° 1842 à 1852, n'ont plus qu'un intérêt historique en raison de l'abolition des usages contraires aux dispositions du nouvel art. 105. L'abrogation de tous les usages anciens par cet article fut même principalement motivée par la volonté de faire cesser la répartition par toisé de bâtiments, qui était commandée par l'usage dans les départements qui avaient fait partie de l'ancienne province de Franche-Comté (V. le rapport de M. Lelièvre, D. P. 84. 4. 1, note 1).

§ 4. — *Vente des portions affouagères (*Rép.*, v° *Forêts*, n° 1853 à 1855).*

712. On a vu au *Rép.*, v° *Forêts*, n° 1853, que la prohibition de vendre les portions affouagères n'existe plus aujourd'hui pour les habitants qui bénéficient de ces portions ; l'art. 83 c. for., qui défend aux usagers ordinaires de vendre le bois qui leur est délivré, est, en effet, excepté formellement par l'art. 112 c. for., lequel déclare applicables à la jouissance des communes dans leurs bois, toutes les dispositions de la sect. 8 du tit. 3 du même code, relatives aux bois de l'État. La distinction qui est ainsi faite entre les usagers dans les bois de l'État et les affouagistes dans les bois communaux, se justifie par la différence des droits. Dans les forêts de l'État, le droit d'usage est un droit sur la chose qui n'appartient pas aux habitants ; le droit d'affouage n'est, au contraire, qu'un mode de jouissance des habitants sur leur propre chose. V. Besançon, 8 mars 1893, aff. Commune d'Arguel, D. P. 94. 2. 30-31. Un arrêté municipal ou préfectoral ne pourrait donc non seulement interdire aux affouagistes de vendre leurs portions affouagères (*Rép.*, v° *Forêts*, n° 1854), mais leur défendre de sortir de la commune sans l'autorisation du maire, le bois provenant de l'affouage communal (Crim. rej. 6 avr. 1865, aff. Arnaud, D. P. 65. 1. 195).

713. Lorsque les portions affouagères n'ont pas été réclamées ou enlevées en temps utile par les habitants auxquels elles sont échues, soit par suite de négligence ou d'impossibilité, dans le cas notamment où les habitants n'ont pu enlever leur part à raison du défaut de payement de la taxe, les communes ont le droit de vendre les portions ainsi délaissées. On admet généralement que cette vente peut avoir lieu sans intervention des agents forestiers (Déc. min. fin. 14 juill. 1848 ; Circ. adm. for. 11 août 1848, *Ancienne série*, n° 622, *Bull. des ann. for.*, t. 4, p. 281 ; Bouquet de la Grye, *Régime forestier*, p. 68 ; Meaume, *Rép. de lég. et de jur. for.*, t. 10, n° 127), par les soins du maire et, au cas spécial où l'enlèvement n'a pas eu lieu par défaut de payement de la taxe d'affouage, par le receveur municipal (Circ. min. fin. et int. 10 janv. 1839 ; Circ. adm. for. 27 févr. 1839, *Ancienne série*, n° 441, *Rép.*, v° *Commune*, n° 475). Cette opinion s'appuie sur ce que les ventes dont il s'agit ne sont pas prévues par le conseil forestier et sont dès lors régies par les principes généraux en matière d'administration communale.

S'il en est ainsi dans le cas où la commune vend un certain nombre des lots d'affouage qui composaient la coupe affouagère, il est difficile d'admettre une solution différente dans l'hypothèse où tous les lots, ayant été refusés par les affouagistes, font partie de la vente effectuée par la commune ; leur nature ne saurait se trouver modifiée à raison de cette circonstance (V. Observations précitées de M. Meaume). C'est ce qu'a encore jugé le 27 avr. 1882 le tribunal de Bagnères ; mais en appel la cour de Pau (20 juill. 1883, aff Bazesque, D. P. 83. 2. 325), tout en admettant que les parts affouagères qui sont abandonnées par les affouagistes peuvent être vendues sans l'assistance des agents forestiers,

a nié la légalité de ce mode de procéder lorsque tous les affouagistes ont refusé la part à laquelle ils avaient droit. L'arrêt a vu une infraction à l'art. 100 c. for, dans la vente opérée par le maire seul, après une délibération du conseil municipal régulièrement approuvée, de la totalité des portions affouagères. Suivant la cour de Pau, la délibération du conseil municipal, demandant l'autorisation de vendre la coupe aurait transformé cette coupe en une coupe ordinaire ou extraordinaire, qui ne pouvait dès lors être effectuée que selon les prescriptions de l'art. 100. Décider le contraire, ce serait ouvrir la porte aux abus que la loi a voulu empêcher, puisqu'il suffirait d'une entente avec les affouagistes d'une commune pour permettre à celle-ci de se soustraire à la surveillance tutélaire de l'Administration forestière et de vendre elle-même, par ses administrateurs seuls, les produits de ses bois domaniaux. — Le système contraire, adopté par le tribunal, nous paraît préférable : on ne saurait, en effet, assimiler à une vente de coupe communale affouagère la vente de portions affouagères non réclamées par les habitants auxquelles elles sont échues. Du moment que la coupe affouagère a été exploitée par l'entrepreneur communal, que les lots ont été formés et tirés au sort, l'ensemble des bois qui les composent ne constituent plus une coupe proprement dite ; il n'y a plus que des lots ou portions d'affouage, plus ou moins nombreux et qui peuvent comprendre la totalité de la coupe sans que pour cela leur caractère soit modifié. L'arrêt de la cour de Pau invoque la facilité que ce système offrirait aux malversations des officiers municipaux, aux collusions entre le maire et les adjudicataires ; mais ce danger est d'autant moindre que le nombre des affouagistes renonçants est plus considérable. A supposer même que le conseil municipal d'une commune se concerte avec le maire et des tiers pour simuler une distribution fictive d'affouage, que les affouagistes refusent tous de prendre livraison de leurs lots, l'Administration forestière n'est pas désarmée ; elle peut, alors même qu'elle ne serait pas en mesure de prouver les manœuvres dolosives pratiquées contre les intérêts de la commune, signaler au préfet les inconvénients graves susceptibles de résulter des délibérations du conseil municipal, afin que ce fonctionnaire en prononce l'annulation. La vente n'en serait pas moins entourée des mesures que le législateur a considérées comme suffisantes pour garantir la bonne gestion des deniers municipaux (V. au surplus, sur ces questions, notre Code forestier annoté, art. 105, n°⁵ 537 et suiv.).

ART. 5. — Délivrance de l'affouage, par qui et à qui elle se fait. — Rôles. — Taxes (Rép., v° Forêts, n°⁵ 1856 à 1870).

714. — 1° Délivrance de l'affouage. — V. Rép., v° Forêts, n°⁵ 1856 et suiv. et notre Code forestier annoté, art. 103, n°⁵ 7 et suiv.

715. — 2° Rôles. — On a vu au Rép., v° Forêts, n° 1862, que, dans les communes où la répartition par feu était applicable au bois de construction comme au bois de chauffage, il n'était dressé qu'un seul rôle pour la taxe d'affouage. Cette règle est aujourd'hui générale toute les fois que la coupe affouagère porte sur des bois de construction délivrés en nature, conformément au nouvel art. 105, en même temps que sur des bois de chauffage. Il n'y a plus lieu à un double rôle que dans le cas où un mode de partage différent est suivi, en vertu d'un titre contraire à l'art. 105 c. for.

716. Les réclamations qui s'élèvent contre la taxe affouagère elle-même ne sont pas susceptibles d'un recours contentieux (Rép., v° Forêts, n° 1663) ; les habitants ne sont pas admis à contester devant le conseil de préfecture le montant de la taxe d'affouage déterminé par le conseil municipal (supra, v° Commune, n° 354). Au contraire, lorsqu'il s'agit de la répartition de la taxe entre les affouagistes, le conseil de préfecture est compétent pour statuer sur les réclamations des habitants toutes les fois que la demande n'a pas pour objet ou pour résultat d'attaquer la fixation même de la taxe opérée par le conseil municipal. Les taxes d'affouage sont, en effet, assimilées aux contributions directes pour ce qui concerne leur recouvrement et, par conséquent, le conseil de préfecture est compétent pour statuer sur les demandes en décharge et réduction, dans les cas où ces demandes portent uniquement sur le montant de la taxe imposée à l'affoua-

giste réclamant et non sur le montant total déterminé par le conseil municipal. Spécialement, le conseil de préfecture est compétent lorsque la demande en décharge ou modération est fondée sur l'irrégularité des rôles (Cons. d'Et. 13 mai 1865, aff. Chateau, D. P. 67. 3. 28). Et lorsque des habitants actionnés, devant le juge de paix, par l'entrepreneur d'une coupe affouagère, en remboursement de sommes avancées par celui-ci pour l'acquittement de taxes d'affouage mises à leur charge, soutiennent ne rien devoir parce que le rôle où ces taxes sont inscrites serait irrégulier, l'entrepreneur a qualité pour saisir le conseil de préfecture du jugement de la question préjudicielle relative à l'irrégularité prétendue du rôle (Même arrêt).

717. Le conseil de préfecture est également compétent pour statuer sur la demande en décharge de la taxe formée par un habitant qui n'a jamais participé à l'affouage et n'a pas déclaré son intention d'y participer, alors qu'il a été indûment porté au rôle (Cons. d'Et. 21 févr. 1879, supra, v° Commune, n° 355, note 1).

718. — 3° Taxes. — On a vu au Rép., v° Forêts, n° 1870, que, si le produit des coupes n'est pas suffisant pour assurer le payement des dépenses mises à la charge des communes par l'art. 109 c. for., il faut recourir à une imposition additionnelle pour faire face à ces frais. Mais les communes ne sont autorisées à recourir à une imposition extraordinaire que dans le cas d'insuffisance des ressources principalement affectées par l'art. 109, c. for. au payement des frais de garde, de contribution foncière et de régie (Cons. d'Et. 11 juin 1870, aff. Commune de Vérel-Pragondran, D. P. 71. 3. 74). Spécialement, lorsque le conseil municipal d'une commune s'est borné à imposer aux affouagistes, pour une année, sur le produit des portions de coupes qui leur étaient délivrées, une taxe dont le total s'est élevé seulement à la somme de 65 fr. et que la valeur de la coupe délivrée durant cette année était de 500 fr. au moins, ce conseil aurait dû, conformément aux dispositions de l'art. 109 c. for., ordonner la distraction et la vente aux enchères de tout ou partie de cette coupe, pour le produit en être employé à l'acquittement des frais de garde, de la contribution foncière et des prélèvements à effectuer au profit de l'État, et ne pouvait recourir à une imposition extraordinaire pour subvenir à ces dépenses (Même arrêt). Dans ces circonstances, c'est à bon droit que le conseil de préfecture accorde à un affouagiste décharge de la quote-part à laquelle il avait été imposé dans une contribution extraordinaire établie, par le conseil municipal de sa commune, pour le payement des frais de garde des bois appartenant à cette commune.

ART. 6. — Mode d'exploitation de la coupe affouagère. — Entrepreneur (Rép., v° Forêts, n°⁵ 1871 à 1882).

719. V. Rép., v° Forêts, n°⁵ 1871 à 1882.

ART. 7. — Contestations en matière d'affouage. — Compétence (Rép., v° Forêts, n°⁵ 1883 à 1905).

720. — 1° Délai. — On a vu au Rép., v° Forêts, n° 1885, que les réclamations relatives à la liste affouagère doivent, à peine de forclusion pour l'année, être présentées avant que la liste soit définitivement close et approuvée par le préfet. En effet, comme l'a exprimé la cour de Dijon dans un arrêt du 1er mars 1877 (aff. Commune de Reynel, D. P. 78. 5. 22), et qui confirme l'opinion du Répertoire, « on ne comprendrait point que la loi eût ordonné la publication de la liste arrêtée par le conseil municipal, si cette publication n'équivalait pas à une mise en demeure, adressée aux habitants de la commune, d'avoir à présenter leurs réclamations qu'ils se croiraient en droit de formuler ; qu'un délai eût été fixé pour cette publication s'il n'était loisible de n'en pas tenir compte ; que la délibération réglant l'affouage eût été déclarée exécutoire après un délai de trente jours, quand elle n'a pas été annulée par le préfet, si cette délibération ne devait pas, dès lors, avoir un caractère définitif et irrévoble. Il importe essentiellement à la bonne administration des communes, d'une part, que les ressources et les charges annuelles soient déterminées de manière à faire une situation budgétaire nettement précisée, et, d'autre part, que les contributions et profits à répartir entre un certain nombre

d'habitants soient fixés de façon que les agissements ou les caprices de quelques-uns ne puissent y apporter de modification, il en serait autrement si, postérieurement à la publication, à la clôture de la liste d'affouage, à son approbation par le préfet, à la distribution même de l'affouage, on pouvait encore actionner la commune en inscription sur la liste ou en dommages-intérêts pour cause d'omission. En effet, si aucun délai n'était imposé au réclamant, celui-ci, non seulement pourrait prendre pour agir un jour quelconque de l'année d'affouage, fût-ce le dernier, mais conserverait même son droit d'action au delà de cette période et tant qu'il n'aurait pas été atteint par la prescription, de telle sorte qu'on serait conduit à des conséquences qui seraient véritablement la négation des règles et des principes qui devaient régir la gestion communale » (V. également Larziliière, *De l'administration et de la jouissance des foréts communales*, p. 179 et suiv.). — On a soutenu cependant que les réclamations sont recevables jusqu'au moment de la distribution effective de l'affouage. C'est là, croyons-nous, donner une extension exagérée au délai raisonnable qui peut être laissé à l'affouagiste. La liste une fois approuvée, soit explicitement par le préfet, soit par suite du silence que ce fonctionnaire garde pendant le délai légal de l'approbation, est considérée comme définitive, et toute réclamation postérieurement accueillie aurait pour effet de la remettre en question (V. Observations de M. Meaume, *Rép. de lég. et de jur. for.*, t. 9, n° 33).

721. — 2° *Compétence.* — Sur la compétence de l'Administration active à l'égard des difficultés auxquelles la matière de l'affouage peut donner lieu, V. *Rép.* n° 1886 et suiv. — En ce qui concerne la compétence de l'autorité administrative statuant par voie contentieuse, on a exposé au *Rép.*, v° *Foréts*, n° 1895 et suiv., les difficultés qui se sont élevées. Lorsqu'il s'agit d'une contestation soulevée par un habitant contre une délibération du conseil municipal qui, en modifiant le mode de partage jusqu'alors suivi dans la commune, a lésé ses droits, le conseil d'Etat, dans deux arrêts des 7 mai 1863 (aff. Commune de Nantilly, D. P. 63. 3. 58) et 7 juill. 1863 (*Rép. de lég. et de jur. for.*, t. 2, n° 257), s'est prononcé pour la compétence du conseil de préfecture, revenant ainsi sur la jurisprudence qu'il avait suivie jusque-là. D'après ces arrêts, si les conseils municipaux ont le droit de régler par leurs délibérations les affouages, en se conformant aux lois forestières, et sauf le contrôle du préfet, il appartient au conseil de préfecture de statuer sur les contestations auxquelles peut donner lieu ce règlement de la part des habitants d'une commune qui prétendent que le conseil municipal a excédé ses pouvoirs en modifiant l'usage anciennement suivi, et cela alors même que le préfet aurait été déjà saisi de la même réclamation contre cette délibération et y aurait statué (V. également De la Grye, *Régime forestier*, p. 70). — Il est à remarquer, d'ailleurs, que cette difficulté ne saurait plus se présenter aujourd'hui, en présence du nouveau texte de l'art. 105 c. for., qui a supprimé tous les anciens usages (*suprà*, n° 683 et 705), qu'autant que le conseil municipal ferait un règlement contraire à un titre déterminant le mode de partage dans la commune.

722. Quant aux contestations qui ont leur origine, non plus dans un changement apporté par le conseil municipal au mode de partage, mais dans le fait que le conseil municipal a refusé d'inscrire certaines personnes sur la liste affouagère, elles sont de la compétence exclusive des tribunaux civils. La compétence de la juridiction administrative, qui avait été admise par plusieurs auteurs (*Rép.*, v° *Foréts*, n° 1898), a été écartée par le tribunal des conflits, le conseil d'Etat et la cour de cassation. En effet, les questions relatives à la nationalité, au domicile, à la qualité de chef de famille ou de maison, dont dépend l'aptitude à l'affouage, présentent le caractère de questions d'état des personnes qui sont de la compétence exclusive des tribunaux civils. Ce sont eux qui doivent décider si le réclamant habite la commune, ou la section de commune dont dépendent les bois soumis à l'affouage et s'il réunit les conditions de domicile prescrites par l'art. 105 c. for. (Cons. d'Et. 18 janv. 1851, aff. Pracros, D. P. 51. 3. 41 ; 5 avr. 1851, aff. Commune de Gillancourt, D. P. 51. 3. 33 ; 8 déc. 1853, aff. Commune de Selaincourt, D. P. 54. 3. 66. Conf. Cons. d'Et. 28 déc. 1854, aff. Commune de Pérrousse;

Bull. des ann. for., t. 6, p. 315. Comp. Cons. d'Et. 30 nov. 1850, aff. Triste, D. P. 51. 3. 24 ; 19 avr. 1851, D. P. 72. 3. 41, note 1 ; 1er févr. 1871, aff. Commune de Fozzano, D. P. 72. 3. 41 ; Trib. des confl. 10 avr. 1850 (deux décisions) aff. Caillet et aff. Georges, D. P. 50. 3. 49 ; 12 juin 1850, aff. Pierret et Fosty, D. P. 50. 3. 68, Comp. Req. 19 avr. 1880, aff. Commune de Liesville, D. P. 80. 1. 379 ; 25 juill. 1881, aff. Epoux Trapon-Petit, D. P. 82. 1. 463);... s'il a la qualité de chef de famille ou de maison (Mêmes arrêts: V. *Rép.*, v° *Foréts*, n° 1900).

723. La question de nationalité présente plus de difficultés depuis comme avant la loi du 25 juin 1874, dont les dispositions ont été d'ailleurs reproduites dans la loi du 23 nov. 1883, qui a consacré le nouveau texte de l'art 105 c. for. D'une manière générale, les tribunaux civils sont compétents pour résoudre, dans une affaire en particulier, la question préjudicielle de savoir si le prétendu affouagiste est Français ou étranger (*Rép.*, v° *Foréts*, n° 1902). Mais, depuis la loi du 25 juin 1874, qui a reconnu formellement, aux étrangers autorisés à établir leur domicile en France, le droit de prendre part aux distributions d'affouage (V. *suprà*, n° 685), il s'agit de savoir, lorsque les tribunaux reconnaissent que le prétendant à l'affouage est étranger, s'il a été ou non admis au domicile en France ; cette question, lorsqu'il y a doute, est du ressort de l'autorité administrative puisqu'il s'agit d'un acte administratif que les tribunaux ne peuvent interpréter. Il y a donc lieu de recourir à la juridiction administrative pour faire décider si l'étranger a ou non été admis au domicile en France, lorsque cette admission est douteuse. Mais les tribunaux civils peuvent statuer, sans renvoyer à l'autorité administrative, lorsque l'admission au domicile n'est pas contestée ou ne l'est pas d'une manière sérieuse.

724. On a vu au *Rép.*, v° *Foréts*, n° 1901, que la question de compétence donnait lieu à de sérieuses divergences en doctrine et en jurisprudence lorsqu'il s'agissait de vérifier l'existence d'un usage contraire à l'art. 105. Cette controverse a perdu tout intérêt pratique, aujourd'hui que le nouvel art. 105 n'admet plus les anciens usages. Il suffira de constater que sur les anciens usages la jurisprudence postérieure au *Répertoire* était restée divisée (V. notre *Code forestier annoté* art. 105. n° 782 et suiv.).

725. L'interprétation des titres peut encore donner lieu à des difficultés au point de vue de la compétence. Il semble que si les critiques d'un affouagiste venaient à être dirigées contre la délibération du conseil municipal qui aurait fixé le partage du bois d'affouage conformément aux règles du nouvel art. 105, et que l'affouagiste prétendit que ce partage, réglé par un titre, doit être fait conformément à ce titre, la question devrait être soumise au conseil de préfecture. Il y aurait en effet un changement apporté au mode de partage suivi jusqu'alors (*suprà*, n° 721). Au contraire, s'il s'agissait d'une réclamation portant sur le droit même de l'affouagiste, question qui ressortit aux seuls tribunaux civils, ceux-ci resteraient seuls juges du litige, si le titre invoqué n'était un acte administratif, ou si, rentrant dans cette catégorie d'actes, il n'offrait ni obscurité, ni ambiguïté. Au cas contraire, ils devraient surseoir à statuer jusqu'à interprétation (Civ. cass. 5 avr. 1865, aff. Jeanney, D. P. 65. 1. 427).

ART. 8. — *Questions diverses relatives à l'affouage* (Rép., v° Foréts, n° 1906-1920).

726. — 1° *Fermier rentrant.* — La question de savoir, lorsqu'un fermier vient à quitter une ferme dans une commune où il y a lieu au partage des bois d'affouage et est remplacé par un nouveau fermier, quel est celui des deux qui a droit à la portion affouagère, paraît d'une solution plus facile depuis la loi du 23 nov. 1883 et la nouvelle rédaction qu'elle a donnée à l'art. 105 c. for. L'affouage doit, à notre avis, être attribué au fermier qui sera en possession de la ferme au moment de la publication du rôle. Le fermier qui aura quitté la ferme à ce moment n'aura pas droit à l'affouage, et le droit sera acquis au fermier entrant, s'il est établi à ce même moment. On a vu en effet *suprà*, n° 686, que le nouvel article 105 n'exige aucune condition de stage pour l'admission au domicile et que la disposition du pro-

jet, qui exigeait une résidence de six mois pour que l'affouagiste fût réputé domicilié, a été supprimée dans la rédaction définitive de l'article, dans le but précisément de permettre aux nouveaux fermiers de prendre part à l'affouage.

727. — 2° *Action possessoire.* — On a vu au *Rép.*, v° *Forêts*, n° 1911, qu'un arrêt avait admis un affouagiste à exercer l'action possessoire pour se faire maintenir dans la possession du droit de participer à l'affouage. La même doctrine a été suivie par la cour de cassation dans un arrêt du 24 févr. 1874, aff. Commune de Badouille, D. P. 74. 1. 233 (V. la dissertation de M. Meaume, en note sous cet arrêt). Cependant, il ne faudrait pas poser comme une règle invariable l'admissibilité de l'action possessoire en matière d'affouage : la jurisprudence est en effet divisée sur la question de savoir si l'action possessoire est recevable en cette matière (V. sur cette question, *suprà*, v° *Action possessoire*, n°s 139 et 141).

728. — 3° *Transport des portions affouagères.* — *Largeur des roues.* — La loi du 7 vent. an 12 (*Rép.*, v° *Forêts*, n° 1913) ayant été abrogée par la loi du 30 mai 1851 (D. P. 51. 4. 78), c'est aux dispositions de cette loi, qui sont relatives aux voitures servant à l'agriculture, complétées par les décrets des 10 août 1852 (D. P. 52. 4. 192) et 24 févr. 1858 (D. P. 58. 4. 19), qu'il y a lieu de se référer en ce qui concerne les dimensions des roues des voitures que les affouagistes peuvent employer au transport de leurs parts.

729. — 4° *Cantonnement.* — On a vu au *Rép.*, v° *Forêts*, n° 1914, que la question de savoir comment doivent être partagés les produits d'une forêt attribuée en cantonnement à une commune, donnait lieu à de graves difficultés. Suivant une opinion, les nouveaux habitants de la commune qui s'y seraient établis postérieurement à l'attribution de la forêt en cantonnement ne participeraient pas à l'affouage. Une autre opinion ne fait aucune distinction : la forêt étant un bien communal, tous les habitants anciens et nouveaux de la commune seraient appelés à profiter de ses revenus ; l'affouage, dès lors, devrait être partagé conformément à l'art. 105 c. for. — On se demandait d'autre part, avant la revision de l'art 105 c. for. par la loi du 23 nov. 1883, si l'on devait néanmoins se conformer aux anciens usages suivis pour les autres forêts appartenant à la commune, ou si l'on devait suivre la règle du partage par feu, telle que l'avait posée l'art. 105, à défaut d'usage. Certains arrêts avaient jugé que les usages établis pour la répartition des produits des anciennes forêts patrimoniales de la commune devaient être appliqués au partage des produits de la forêt attribuée en cantonnement (Trib. Arbois, 27 mai 1868, *Rép. de lég. et de jur. for.*, t. 9, n° 9 ; Besançon, 3 mai 1869, *Répertoire de Besançon*, v° *Affouage*, n° 15). Cette jurisprudence était contestée par la doctrine qui enseignait généralement que, la forêt acquise à titre de cantonnement étant entrée nouvellement dans le patrimoine de la commune, aucun titre ni aucun usage, quant au mode de partage, ne lui était applicable, et que par suite, ses produits ne pouvaient être délivrés aux habitants que suivant les règles tracées par l'art. 105 c. for. (V. en ce sens : les observations sous le jugement précité du tribunal d'Arbois ; les conclusions de M. Aucoc devant le conseil d'Etat. 31 janv. 1867, aff. Bonjour, D. P. 67. 3. 36 ; Puton, *Revue des eaux et forêts*, t. 3, p. 123). Cette dernière solution est aujourd'hui la seule applicable, puisque le partage des bois d'affouage n'a plus lieu que conformément aux dispositions du nouvel art. 105 c. for., nonobstant tous usages contraires (*suprà*, n° 705).

SECT. 7. — GARDES DES BOIS COMMUNAUX ET DES ÉTABLISSEMENTS PUBLICS (*Rép.*, v° *Forêts*, n°s 1917 à 1920).

730. On a vu au *Rép.*, v° *Forêts*, n° 1917 et suiv., les inconvénients que présentaient les art. 94 et suiv. c. for. relatifs à la nomination des gardes des bois des communes et des établissements publics, à la fixation de leur nombre, etc. L'art. 94 est toujours en vigueur. L'art. 5, n° 20, du décret du 25 mars 1852 sur la décentralisation a conféré aux préfets le pouvoir de nommer les gardes forestiers des communes et des établissements publics ; mais il n'a porté aucune atteinte aux droits des maires et des administrateurs des établissements publics, de fixer le nombre de ces gardes dans les conditions prévues par l'art. 94. c. for. (Av. Cons. d'Et.

6 août 1861 *Rép. de lég. et de jur. for.*, t. 1, n° 19). — D'après une décision du ministre de l'intérieur insérée au *Bull. off. min. int.*, 1856, p. 113, le nombre des gardes ne peut être modifié par le préfet sans l'assentiment des communes ou des établissements publics. Peu importerait que les changements projetés par l'Administration forestière ne fussent pas de nature à aggraver les charges des communes ; ces changements n'en constitueraient pas moins une atteinte au droit de surveillance spéciale et exclusive qui a été établi dans leur intérêt. Cependant le nombre des gardes ne peut être augmenté ou diminué sur la proposition du conseil municipal qu'avec l'autorisation du préfet, qui peut s'opposer à toute création ou suppression d'emploi, en refusant d'approuver les délibérations municipales qui prennent ces mesures.

731. La nomination des gardes est aujourd'hui, comme on l'a dit au numéro précédent, faite par les préfets sur la présentation du conservateur (Décret du 25 mars 1852, cité *suprà*, n° 730 ; Arr. min. 3 mai 1852, *Bull. des ann. for.*, t. 5, p. 491 ; Circ. adm. for. 14 mai 1852, *Ancienne série*, n° 684, *ibid.*, p. 684 ; 4 juill. 1866, § 2, *Nouvelle série*, n° 21). Les gardes sont ensuite commissionnés par le conservateur (Décr. adm. for. 27 mai 1853, *Bull. des ann. for.*, t. 6, p. 375 ; Circ. précitée du 4 juill. 1866). Ils peuvent être suspendus par l'Administration forestière ; mais ils ne peuvent être destitués que par le préfet, après avis du conseil municipal ou des administrateurs de l'établissement propriétaire et de l'Administration forestière. — Leur traitement est réglé également par le préfet sur la proposition du conseil municipal ou des administrateurs de l'établissement public. — V. d'ailleurs, sur les différentes questions relatives aux gardes forestiers des communes et des établissements publics, notre *Code forestier annoté* art. 94 à 99.

732. Les traitements des gardes des communes et des établissements publics sont à la charge de ces communes et établissements ; ils constituent, pour les communes, une dépense obligatoire (L. 5 avr. 1884, art. 136) qui peut être inscrite d'office à son budget par l'autorité compétente (L. 5 avr. 1884, art. 149) au cas où le conseil municipal refuserait de l'y inscrire (V. *suprà*, v° *Commune* n°s 429 à 430).

733. Pendant plusieurs années après la promulgation du code forestier, et plus tard de 1856 à 1863, les gardes étaient payés directement, sur les mandats des maires, par les receveurs municipaux. Mais des instructions ministérielles ont généralisé le procédé qui avait été suivi par certains préfets (*Rép.*, v° *Forêts*, n° 1920) ; ce procédé, s'il est moins légal, permet aux préposés forestiers communaux de toucher plus promptement et plus régulièrement leur traitement ; les fonds nécessaires au traitement de ces préposés sont centralisés entre les mains du trésorier général et mandatés par le préfet au profit des préposés, au dos d'un état de liquidation, établi pour chacun d'eux à l'expiration de chaque trimestre par les agents forestiers chefs de service (Décis. min. fin. 28 janv. 1863 ; Circ. min. fin. 28 févr. 1863, *Rép. de lég. et de jur. for.*, t. 1, p. 145 ; Circ. adm. for. 13 mars 1863, *Nouvelle série*, n° 829, *Rép. de lég. et de jur. for.*, t. 1, n° 146 ; 3 juill. 1866, § 10, *Nouvelle série*, n° 21). Ces dispositions sont applicables aux préposés forestiers d'établissements publics (Circ. dir. gén. compt. publ. 16 déc. 1863, n° 777 ; Circ. adm. for. 4 juill. 1866, § 11, *Nouvelle série*, n° 21. — V. d'ailleurs, sur les dispositions qui résultent des décisions et circulaires précitées, notre *Code forestier annoté*, art. 108, n°s 13 et suiv).

SECT. 8. — DISPOSITIONS SPÉCIALES AUX BOIS DES ÉTABLISSEMENTS PUBLICS (*Rép.*, v° *Forêts*, n°s 1921 à 1924).

734. V. *Rép.*, v° *Forêts*, n° 1921 à 1924.

SECT. 9. — REMBOURSEMENT A L'ÉTAT DES FRAIS D'ADMINISTRATION DES BOIS, DES COMMUNES ET DES ÉTABLISSEMENTS PUBLICS (*Rép.*, v° *Forêts*, n°s 1925 à 1933).

735. On a vu au *Rép.*, n° 1925, que l'art. 106 c. for. a été, depuis 1827, plusieurs fois remanié. Une loi du 14 juill. 1856 dispose (art. 14) que le remboursement à l'Etat des frais d'administration des bois des communes et des établissements publics continuera à s'effectuer conformément à l'art. 5 de la loi du 25 juin 1841 et à l'art. 6 de la loi du

19 juill. 1843 (*Rép.*, v° *Forêts*, n° 1925), sans toutefois que la somme remboursée par chaque commune ou chaque établissement public puisse dépasser 1 fr. par hectare des bois qui lui appartiennent. Dans l'état actuel de la législation, l'État est donc indemnisé des frais d'administration des bois des communes et des établissements publics au moyen de la taxe du vingtième, c'est-à-dire d'un prélèvement de 5 pour 100 sur les produits principaux de ces bois, vendus ou délivrés en nature, sans toutefois que la somme remboursée par chaque commune ou établissement public puisse dépasser 1 fr. par hectare de bois. Les produits sur lesquels porte la taxe sont les produits des coupes ordinaires et extraordinaires, des exploitations accidentelles qui ont assez d'importance pour affecter la possibilité de la forêt et qui comprennent des arbres ou des cantons destinés à faire partie des coupes ordinaires, et les produits des exploitations autorisées d'urgence par les préfets en vertu de la décision ministérielle du 15 juill. 1845 (*Rép.*, v° *Forêts*, n° 1745; Circ. adm. for. 4 juin 1862, *Ancienne série* n° 819).

736. Le mode de perception de la taxe du vingtième est réglé aujourd'hui par des instructions ministérielles des 11 juill. 1837, 10 nov. 1863 et 13 nov. 1874, qui ont remplacé celle du 11 juill. 1842 (*Rép.*, v° *Forêts*, n° 1927. V. notre *Code forestier annoté*, art 106, n° 22 et suiv.; et, en ce qui concerne l'affectation de la taxe, *Rép.*, v° *Forêts*, n° 1928 et suiv., et notre *Code forestier annoté*, art. 107).

SECT. 10. — PATURAGES DANS LES BOIS DES COMMUNES ET DES ÉTABLISSEMENTS PUBLICS (*Rép.*, v° *Forêts*, n° 1934 à 1941).

737. L'art. 110 c. for. s'occupe de l'exercice du pâturage dans les bois des communes et des établissements publics et reproduit, avec quelques modifications, les dispositions prohibitives de l'art. 78 du même code concernant le pâturage des chèvres, brebis ou moutons. L'exercice du pâturage a été, en outre, soumis, par les art. 7 et suiv. de la loi du 4 avr. 1882, à certaines règles qui seront étudiées en détail *infrà*, n° 853 et suiv. Nous n'aurons d'ailleurs, sur les diverses questions que soulève le pâturage des chèvres et bêtes à laine, qu'à nous référer aux explications du *Répertoire*, qui ont conservé toute leur valeur, et aux explications complémentaires qui ont été fournies *suprà*, n° 557 et suiv. sur l'application de l'art. 78 c. for.

SECT. 11. — DISPOSITIONS RELATIVES AUX DROITS D'USAGE DANS LES FORÊTS DE L'ÉTAT QUI SONT APPLICABLES A LA JOUISSANCE DES COMMUNES ET DES ÉTABLISSEMENTS PUBLICS DANS LEURS PROPRES BOIS (*Rép.*, v° *Forêts*, n° 1942 à 1952).

738. On a vu au *Rép.*, v° *Forêts*, n° 1948, que la question se posait de savoir si une commune, propriétaire de forêts soumises au régime forestier, avait le droit d'y louer le pâturage sans le consentement de l'Administration forestière, ce qui permettrait au locataire d'y introduire des bestiaux, non pas seulement destinés à son usage, mais aussi au commerce. M. Puton (*Rép. de lég. et de jur. for.*, t. 6, n° 89) enseigne la négative. A ses yeux, l'art. 70 c. for., en interdisant aux habitants d'introduire dans les forêts de leur commune ceux de leurs bestiaux destinés au commerce, prohibe de même manière absolue la location du pâturage dans les forêts communales soumises au régime forestier. Tout au moins, le bail ne pourrait-il être fait que du consentement du service forestier et dans les conditions prescrites par les lois municipales. Sinon, les agents forestiers pourraient s'opposer à l'exécution du bail, en exerçant des poursuites correctionnelles conformément aux dispositions de l'art. 70 c. for. Cette opinion est conforme à celle de MM. Louis Delisle et Frédérich, qui a été citée au *Répertoire*; il s'agit d'un changement dans le mode de jouissance, que la commune ne peut effectuer seule.

SECT. 12. — PRODUITS ACCESSOIRES DES COUPES COMMUNALES. (*Rép.*, v° *Forêts*, n° 1953 à 1958.)

739. V. notre *Code forestier annoté*, art. 100, n° 165 et suiv.

SECT. 13. — DÉLIMITATION ET BORNAGE DES BOIS DES COMMUNES ET DES ÉTABLISSEMENTS PUBLICS (*Rép.*, v° *Forêts*, n° 1959 à 1964).

740. V. *Rép.*, v° *Forêts*, n° 1959 à 1964.

CHAP. 19. — **Affectations spéciales des bois à des services publics** (*Rép.*, v° *Forêts*, n° 1965).

741. Le code forestier (*Rép.*, v° *Forêts*, n° 1965) mentionne deux sortes d'affectation des forêts à des services publics : 1° l'une, concernant le martelage des bois destinés au service de la marine; 2° l'autre, concernant les bois destinés au service des ponts et chaussées pour les travaux d'endigage ou de fascinage sur le Rhin. Il convient de mentionner aussi l'affectation des forêts à la fourniture des bois destinés au service de la Guerre, qui n'est pas prévue par le code forestier, mais qui résulte d'une ordonnance du 24 déc. 1830, et d'un décret du 10 oct. 1874, *infrà*, n° 747 et suiv.

SECT. 1re. — BOIS DESTINÉS AU SERVICE DE LA MARINE. (*Rép.*, v° *Forêts*, n° 1966 à 1970.)

742. On a vu au *Rép.*, n° 1970, que, depuis 1838, le service de la marine avait renoncé à se prévaloir des dispositions des art. 122 et suiv. qui lui conféraient, dans les forêts soumises au régime forestier, le droit de martelage, droit qui, d'abord applicable à tous les bois, avait cessé pour les forêts particulières le 31 juill. 1837, par l'expiration du délai de dix ans prévu par l'art. 124 c. for. De 1838 à 1858, le département de la marine a demandé exclusivement au commerce l'approvisionnement des bois qui lui étaient nécessaires. En 1858, un décret a rétabli le martelage des bois de marine, mais seulement dans les forêts de l'État, et dans des conditions différentes de celles déterminées par le code forestier (V. Décr. 16 oct. 1858, n° 5972). Les art. 122 à 125 c. for. restent sans application, mais n'ont pas été abrogés. A côté du système de martelage de la marine, organisé par le code forestier, dont l'application est réservée pour des circonstances exceptionnelles, le décret du 16 oct. 1858 a établi un mode plus simple et d'une exécution plus facile, pour assurer à la marine une partie des approvisionnements que le commerce n'avait pu auparavant lui procurer que d'une manière imparfaite : il réserve à la marine une faculté de préemption sur certains bois, distraits des coupes ordinaires par les soins des agents forestiers, dans les forêts domaniales exclusivement (Circ. adm. for., 2 nov. 1858, *Ancienne série*, n° 773, *Bull. des ann. for.*, t. 8, p. 379).

Le système organisé par le décret du 16 oct. 1858 a été complété et même modifié par plusieurs décisions ministérielles. Il convient de se reporter, à cet égard, au cahier des charges dressé pour la vente en bloc des coupes sur pied dans les forêts de l'État dont le titre 4 renferme les dispositions spéciales aux bois réservés pour la marine (Circ. adm. for. 2 nov. 1858, *Ancienne série*, n° 773, *Bulletin des annales forestières*, t. 8, p. 379; Instr. adm. for. 5 févr. 1859, *ibid.*, t. 8, p. 388 ; Circ. adm. for. 18 févr. 1859, *Ancienne série*, n° 777 ; Lett. circ. adm. for. 28 févr. 1859, *Bulletin des annales forestières*, t. 8, p. 399 ; 16 mai 1859, *ibid.*, t. 8, p. 409 ; Circ. adm. for. 4 juin 1859, *Ancienne série*, n° 780, *ibid.*, t. 8, p. 409; 10 déc. 1859, *Ancienne série*, n° 783, *ibid.*, t. 8, p. 439 ; Règl. min. fin. 19 févr. 1862 ; Circ. adm. for. 12 mars 1862, *Ancienne série*, n° 816, *Répertoire de législation et de jurisprudence forestières*, t. 1, n° 52 ; 14 avr. 1862, *Ancienne série*, n° 817, *ibid.*, t. 1, n° 67 ; 24 févr. 1866, *Nouvelle série*, n° 7 ; 24 févr. 1872, *Nouvelle série*, n° 128 ; 7 févr. 1879, *Nouvelle série*, n° 241 ; 11 juin 1880, *Nouvelle série*, n° 267).

743. Aux termes de l'art. 2 du décret du 16 oct. 1858, la direction des forêts fait connaître au ministre de la marine, par départements et arrondissements, les forêts domaniales renfermant des arbres de marine dans lesquelles des coupes devront avoir lieu. Le département de la marine, dans le délai d'un mois, est tenu d'indiquer à la direction générale des forêts, par départements et arrondissements, les coupes dans lesquelles il désire que des arbres lui soient réservés, en faisant connaître les espèces et signaux dont le service des constructions navales a le plus spécialement besoin et

ceux qu'il est inutile de réserver. Les arbres réservés à la demande de la marine sont martelés, en même temps que les arbres de la coupe, par les agents forestiers (Règl. min. fin. 19 févr. 1862, art. 4; Circ. adm. for. 24 févr. 1866, § 6, *Nouvelle série*, n° 7), à l'aide d'un marteau spécial; il est dressé un procès-verbal séparé de cette opération contenant toutes les indications propres à faire juger de l'importance des arbres, procès-verbal qui est transmis au ministère de la marine (art. 3). Les arbres ne sont compris dans les ventes que pour les houpiers et parties non réservées (art. 4). Le service de la marine n'intervient qu'après que les arbres ont été abattus écorcés et transportés en un endroit désigné par les soins des adjudicataires de la coupe; à ce moment, les ingénieurs de la marine procèdent, parmi les arbres réservés, à un choix définitif (art. 5 et 6), et prennent possession de ceux qu'ils jugent propres au service des constructions navales (art. 7).

744. Il résulte des dispositions de ce décret une responsabilité spéciale dans les adjudicataires de coupes dans lesquelles il existe des bois réservés pour la marine. Tenu de donner accès dans la coupe aux ouvriers de la marine chargés de procéder aux sondages, à l'éboutement, à l'équarrissage et au transport des pièces propres aux constructions navales, l'adjudicataire est responsable des délits que ces ouvriers pourraient commettre dans la vente ou à l'ouïe de la cognée (Circ. adm. for. 4 juin 1859, § 2, *Ancienne série*, n° 780, *Bull. des ann. for.*, t. 8, p. 409-411). Il demeure également responsable des pièces dont la marine a fait choix, jusqu'à leur transport hors de coupe, effectué par les entrepreneurs de la marine (Cahier des charges, art. 43. V. notre *Code forestier annoté*, p. 369, note. Conf. Circ. adm. for. 4 juin 1859, *Ancienne série*, n° 780, *Bull. des ann. for.*, t. 8, p. 409); des tiges et portions de tiges, ainsi que des copeaux d'équarrissage à vendre par forme de menus marchés, jusqu'à l'expiration d'un délai de quinze jours après l'adjudication de ces bois (Cahier des charges, art. 43 précité. Comp. Circ. précitée).

SECT. 2. — DES BOIS DESTINÉS AU SERVICE DES PONTS ET CHAUSSÉES POUR LES TRAVAUX DU RHIN (*Rép.*, v° *Forêts*, n°s 1971 à 1984).

745. Les art. 136 à 143 c. for., et 162 à 168 de l'ordonnance forestière ne reçoivent plus d'application depuis l'année 1871, par suite de la nouvelle délimitation de la frontière franco-allemande, qui a éloigné le territoire français des bords du Rhin.

SECT. 3. — BOIS DESTINÉS AU SERVICE DE LA GUERRE.

746. L'Administration forestière est chargée de faire délivrer au service de la guerre : 1° les bois destinés à la défense des places fortes et au fascinage pour les écoles et directions d'artillerie; 2° les bois de bourdaine destinés aux poudreries de la guerre.

747. — 1° *Bois destinés à la défense des places fortes.* — L'ordonnance du 24 déc. 1830 autorise des coupes de bois dans les forêts de l'Etat pour la défense des places fortes (V. *Rép.*, v° *Place de guerre*), elle est toujours en vigueur.

748. — 2° *Bois destinés aux écoles d'artillerie.* — La délivrance des bois destinés au fascinage dans les écoles et directions d'artillerie est réglée par un décret du 10 oct. 1874. Ce décret concerne exclusivement le service de l'artillerie et n'est pas applicable aux délivrances à faire au service du génie pour les travaux de défense des places fortes auxquelles s'applique l'ordonnance du 24 déc. 1830 citée *supra*, n° 747. Les délivrances sont autorisées par les conservateurs dans les forêts les plus voisines des lieux de destination (art. 3 du décret). Sur l'exploitation de ces coupes et le règlement de la valeur des bois, V. notre *Code forestier annoté* p. 373-374.

749. — 3° *Bois de bourdaine* pour les poudreries de l'Etat. — V. notre *Code forestier annoté ibid.*

CHAP. 20. — Défrichement des bois des particuliers (*Rép.*, v° *Forêts*, n° 1976-1984).

750. Ainsi qu'on l'a exposé *supra*, n°s 2 à 6, la loi du 18 juin 1859 a rendu définitif le régime de restriction que le code de 1827 avait temporairement imposé à la propriété particulière au point de vue du défrichement, et qui avait été prorogé par plusieurs lois successives. Les art. 192 et suiv. de l'ordonnance du 1er août 1827, qui avaient pour objet d'assurer l'exécution des art. 219 et suiv., ont été modifiés par un décret du 22 nov. 1859, qui règle à nouveau les questions relatives à l'instruction des demandes en défrichement. On a vu également (*supra, ibid.*) que les instructions apportées à la matière des défrichements par le législateur de 1859 ont eu pour but de régler, d'une manière plus libérale et plus favorable au droit des particuliers que ne l'avait fait le code de 1827, les restrictions qu'il est nécessaire d'imposer, dans l'intérêt public, à l'exercice du droit de propriété sur les forêts particulières (Rapport, D. P. 59. 4. 105, note, n° 55). Ces innovations ont pour objet : 1° la réduction de six à quatre mois du *délai* accordé à l'administration des Forêts pour former opposition; 2° le caractère contradictoire de la reconnaissance de l'état de bois à défricher; 3° la substitution de l'avis du préfet, en conseil de préfecture, à la faculté de statuer sur l'opposition, qui lui était attribuée par l'ancien art. 219 c. for.; 4° la décision confiée directement au ministre, le conseil d'Etat entendu, au lieu de lui être réservée seulement en cas de recours contre la décision du préfet; 5° la détermination limitative des causes légales d'opposition au défrichement; 6° l'exemption de l'interdiction de défrichement pour les bois non clos d'une étendue de moins de 10 hectares, tandis que le code de 1827 n'accordait cette exemption qu'aux bois ayant moins de 4 hectares; enfin, 7° l'exemption de tout impôt pendant trente ans en cas de semis et plantations de bois sur le sommet et le penchant des montagnes, que le code forestier limitait à vingt ans.

751. Le nouvel art. 226 c. for., qui remplace l'ancien art. 225 (*Rép.*, v° *Forêts*, n° 1982), en reproduit les dispositions en les étendant aux landes et en portant, comme on vient de le voir, à trente ans (n° 749), la durée de l'exemption des impôts. Cette prorogation s'explique facilement, alors qu'on se préoccupait déjà de la nécessité de reboiser les montagnes, par le désir du législateur d'encourager les reboisements dans les cas où ces opérations présentent une plus grande utilité. La commission du Corps législatif de 1857, conformément à la proposition du Gouvernement en 1846, avait même porté à cinquante ans le terme de cette exemption. Mais le laps de trente ans a paru suffisant, puisqu'il permet au bois d'être en plein rapport avant d'être frappé d'impôt. L'extension de l'immunité aux landes fut admise sur la proposition de la commission du Corps législatif. L'exemption d'impôt s'applique donc pendant trente ans aux semis et plantations de bois sur le sommet et le penchant des montagnes, sur les dunes et dans les landes.

752. L'exemption d'impôts consacrée par le nouvel art. 226 c. for. n'est applicable qu'aux semis et plantations postérieures à la loi du 18 juin 1859; mais, pour y avoir droit, il n'est pas nécessaire que le propriétaire ait rempli les formalités prescrites par l'art. 117 de la loi du 3 frim. an 7, c'est-à-dire qu'il ait fait, préalablement aux travaux, la déclaration des terrains à améliorer qui, aux termes de cette dernière loi, doit être faite pour conserver le droit du propriétaire aux réductions d'impôt qu'elle prévoit (Cons. d'Et. 24 juill. 1881, *Rép. de lég.*, et *de jur. for.*, t. 1, n° 92). La réduction d'impôt accordée par cette loi pour les semis et plantations de terrains autres que ceux qui sont situés sur le sommet ou le flanc des montagnes, les dunes et les landes, est d'ailleurs toujours applicable (V. *supra*, v° *Impôts directs*; Cons. d'Et. 8 févr. 1865, aff. Landry, D. P. 66. 3. 32-33).

SECT. 1re. — INTERDICTION DE DÉFRICHER. — PEINES. — COMPÉTENCE (*Rép.*, v° *Forêts*, n°s 1985 à 2006).

753. « Aucun particulier ne peut user du droit d'arracher ou de défricher ses bois... » dit le nouvel art. 219 c. for., consacrant ainsi, en principe, le droit pour tout particulier, de jouir et de disposer de ses bois et même de les arracher ou de les défricher, tout en continuant à subordonner l'exercice de ce droit à celui qu'a l'Administration forestière de s'opposer au défrichement lorsque l'intérêt

public paraît exiger la conservation de tout ou partie de la forêt. Ce dernier droit, d'ailleurs, ne peut s'exercer, ainsi qu'on le verra *infrà*, n°s 775 et suiv., que dans des cas limitativement déterminés.

754. Le texte du nouvel art. 219 n'a pas plus que l'ancien texte, défini ce qu'il faut entendre par l'expression *défricher*, et on ne trouve rien, ni dans l'exposé des motifs, ni dans le rapport de la loi du 18 juin 1859, qui précise les opérations auxquelles doivent s'étendre les dispositions des art. 219 et 220 c. for. Il faut donc se reporter aux explications qui avaient été fournies lors de la discussion, en 1827 (*Rép.*, v° *Forêts*, n° 1985); de sorte qu'on doit considérer aujourd'hui encore comme un défrichement prohibé tout fait qui a pour résultat de transformer une forêt en un autre genre de culture, et d'en empêcher le repeuplement, soit par l'arrachement des souches, soit par la destruction de jeunes pousses.

755. Au nombre des actes équivalant au défrichement, la jurisprudence avait, sous l'empire du code de 1827, rangé la coupe à blanc étoc, suivie de pâturage empêchant la reproduction du bois (*Rép.*, v° *Forêts*, n° 1991.) La coupe à blanc étoc est celle dans laquelle tous les arbres d'une forêt, sans exception, sont coupés dans leur tronc, leur souche, à peu près au niveau du sol, sans conservation d'aucun baliveau. Elle ne constitue donc pas, par elle-même, un défrichement prohibé, puisqu'elle laisse subsister la souche et permet le rejet de bois; et elle ne tombe sous l'application des art. 219 et suiv. c. for. que dans le cas où, en raison des circonstances, elle aboutit à un anéantissement du bois, c'est-à-dire à un défrichement indirect. En principe, donc, lorsqu'un propriétaire de forêt exécute des coupes à blanc étoc, il ne fait qu'user de son droit. Si, à la suite de ces coupes, aucun acte émanant du propriétaire ou de ses représentants ne vient empêcher la reproduction naturelle du bois, le fait ne saurait être considéré comme un délit. Pour qu'il en fût autrement, il aurait fallu une disposition prohibitive des coupes à blanc étoc, et cette disposition n'existe pas. Il en est de même du pâturage qui, pratiqué par le propriétaire dans un bois qui lui appartient, ne constitue pas un délit (*suprà*, n° 298); pris isolément le pâturage n'est pas plus que la coupe, interdit au propriétaire. Mais s'il succède à une coupe à blanc, le concours de ces deux faits et la pratique permanente du pacage amènent fatalement la destruction de la forêt, la dent des bestiaux détruisant les pousses qui auraient pu repeupler ce que la coupe a détruit. Ce n'est même pas, en pareil cas, la coupe qui produit le résultat prohibé par la loi, mais le pâturage qui l'opère indirectement. Dès lors le pâturage qui suit une coupe à blanc, et qui est pratiqué d'une manière continue, doit être considéré comme un défrichement, sans autorisation et réprimé comme tel (Grenoble, 14 déc. 1865, *Rép. de lég. et de jur. for.*, t. 3, n° 569; Chambéry, 18 janv. 1877, aff. Burtin, D. P. 78. 5. 283 : Alger, 3 sept. 1877, aff. Ben Cassen et autres *ibid.*).

756. La question de savoir si la coupe à blanc étoc équivaut au défrichement est plus délicate lorsqu'il s'agit d'une forêt peuplée d'essences résineuses. Dans le projet de revision de 1859, on avait inséré un article qui disposait expressément que les coupes à blanc étoc, dans les bois résineux, seraient considérées comme des défrichements et soumises aux dispositions des art. 219 et suiv. Cet article était fondé sur cette raison générale, que cette sorte de coupe dans les bois résineux, lesquels ne produisent pas de rejets et ne repoussent que de graine, est une destruction à peu près sans remède, une sorte de défrichement. Dans ce cas, on peut dire que, souvent, à la suite d'une telle coupe, il n'y aurait plus de forêt. En effet, les circonstances peuvent être telles que la reconstitution naturelle du terrain en nature de bois soit presque impossible, et que, par conséquent, la coupe à blanc étoc des forêts résineuses constitue un défrichement indirect. Mais il est des cas, au contraire, où la situation du canton de bois résineux, exploité à blanc étoc, peut être telle que sa régénération naturelle soit facile, si l'état du sol et le voisinage des autres bois permettent d'espérer que les semences forestières portées par le vent pourront y prospérer. D'ailleurs, dans certaines localités, la coupe à blanc étoc des pins est le seul mode d'exploitation possible et, à ce titre, il était difficile de l'interdire d'une

manière absolue; en outre, la coupe peut ne pas avoir lieu dans le but de changer le mode de culture du sol, mais le plus souvent, pour être suivie d'un réensemencement. Aussi le législateur de 1859 n'a-t-il pas cru devoir accueillir la mesure qui lui était proposée et il a préféré laisser aux tribunaux le soin de résoudre la question selon les circonstances, en s'éclairant au besoin au moyen d'expertises (V. D. P. 59. 4. 112, note 23). La coupe à blanc étoc dans les bois d'essences résineuses ne constitue donc, comme dans les autres bois, une infraction à l'art. 219, qu'autant qu'il résulte nettement des circonstances que le propriétaire a eu l'intention de modifier la nature de sa propriété.

757. Le pacage, avons-nous dit *suprà*, n° 755, n'est pas par lui-même un délit, lors même qu'il est exercé accidentellement par le propriétaire dans une coupe à blanc étoc; l'introduction des bestiaux dans une coupe non défensable ne constitue pas non plus un délit, c'est une des conséquences du droit de propriété. Mais, si l'exercice de ce droit a lieu dans des conditions telles qu'il en résulte un défrichement indirect, si l'abroutissement réitéré des jeunes pousses conduit à l'anéantissement du bois, le fait rentre alors dans les prohibitions portées en vue de l'intérêt public, et qui ont pour objet la conservation des propriétés en nature de bois. Par suite, la pénalité de l'art. 221 c. for. devient applicable. L'abandon de la disposition insérée en 1857 dans la commission du Corps législatif dans son contre-projet, et aux termes de laquelle « aucun particulier ne pourra, sous les peines portées à l'art. 199 c. for., faire entrer des troupeaux dans un taillis non défensable qui lui appartient, sans en avoir fait préalablement la déclaration au maire de la commune, déclaration transmise au préfet, lequel aurait pu, suivant les circonstances et la nature du délit, provoquer contre le propriétaire l'application des peines relatives au défrichement non autorisé » (D. P. 59. 4. 112, note 23), ne fait aucun obstacle à ce que, au cas d'abus du pâturage, le propriétaire puisse être poursuivi.

758. L'essartage opéré sur des portions de bois pour tracés de routes, chemins, allées, etc., dès l'instant qu'il ne s'étend pas à toute la forêt ou qu'il n'a pas lieu à des époques assez rapprochées pour empêcher le repeuplement, n'est pas considéré comme un défrichement par voie détournée (*Rép.*, v° *Forêts*, n° 1991; Circ. adm. for. 4 déc. 1866, *Nouvelle série*, n° 43). On ne doit pas, en effet, étendre la prohibition de défricher à des opérations qui n'auraient pas pour effet de changer la nature même de la propriété boisée. C'est la *transformation d'une forêt* en prés ou en terres arables, que la loi a voulu atteindre, et non les *opérations de sylviculture et d'amélioration*, ou même de simple *embellissement*, qui exigeraient l'arrachement partiel de quelques arbres ou cépées (Circ. adm. for. 4 déc. 1866, § 7, *Nouvelle série*, n° 43). Spécialement, il n'y a pas délit de défrichement dans le fait d'avoir creusé, dans une pensée de pur embellissement, une pièce d'eau de faible dimension dans une forêt d'une étendue considérable (dans l'espèce, 700 ou 800 hectares) (Paris, 16 juin 1860, *Rép. de lég. et de jur. for.*, t. 4, n° 586), ou d'avoir effectué des défrichements dans le but d'élargir des routes anciennes et de percer des routes nouvelles (Paris, 16 juin 1860 2e espèce, *ibid.*); alors surtout que, l'ensemble des travaux, considérés comme travaux d'amélioration ou d'embellissement, il ne résulte pas une *diminution réelle du sol forestier* (Mêmes arrêts).

759. L'opération qui consiste à substituer dans une forêt une essence à une autre rentre évidemment dans la catégorie des opérations de sylviculture ou d'amélioration qui ne peuvent être considérées comme un défrichement (Av. Cons. d'Et. 13 nov. 1860, *Code forestier annoté*, p. 604, note 4); elle ne pourrait devenir une contravention à l'art. 219 c. for. que si elle venait à prendre réellement le caractère de défrichement par voie détournée (*Rép.*, n° 1990, Circ. adm. for. 4 déc. 1866, citée *suprà*, n° 758), si, par exemple, le propriétaire arrivait à un véritable défrichement sous le prétexte de supprimer les mauvaises essences, et qu'il fût nécessaire de mettre le terrain en culture pour la replantation plus ou moins immédiate de bonnes essences. En effet, aucune disposition de loi n'autorise la culture temporaire sans déclaration préalable, des terrains boisés (Trib. corr. Brignoles, 11 juin 1878, *Répertoire de législation*

et de jurisprudence forestières, t. 8, n° 49). Dès l'instant qu'il y a substitution d'une culture à la production forestière, il y a contravention à l'art. 220 (Paris, 16 juin 1860, 3° espèce, cité *suprà*, n° 758). A plus forte raison y a-t-il délit de défrichement, lorsque l'allégation du prévenu qu'il n'a entendu faire qu'une culture temporaire est démentie par le triple circonstance : 1° qu'il a arraché des souches d'arbres forestiers; 2° qu'il a établi dans sa propriété un mur destiné à soutenir les terres et qu'il y a planté des oliviers; 3° qu'il n'a pas demandé à l'administration des Forêts, et qu'il a même refusé formellement de demander, bien qu'il y ait été invité, l'autorisation qu'il est d'usage, dans le pays, de solliciter, quand on veut faire une culture temporaire (Jugement précité du tribunal de Brignoles).

760. Les modifications apportées aux art. 219 et suiv. laissent toute leur valeur aux observations qui ont été présentées au *Rép.*, v° *Forêts*, n° 1987, sur la nature des propriétés auxquelles ces articles sont applicables.

761. — 1° *Foi due au procès-verbal.* — Le procès-verbal qui constate un acte de défrichement fait foi des faits matériels qu'il constate (*Rép.*, v° *Forêts*, n° 1995), lorsqu'il est régulièrement dressé conformément à l'art. 176 c. for. Jugé qu'il faut considérer comme des faits matériels et comme faisant, dès lors, foi jusqu'à inscription de faux : 1° l'affirmation des gardes que le terrain est en nature de bois et que le bois est essence de chêne; 2° l'indication de la *contenance* défrichée, en ares et centiares, par tenants et aboutissants; 3° l'indication des *années* pendant le cours desquelles le défrichement s'est effectué, et l'affirmation qu'il a eu lieu *de suite en suite* (Crim. cass. 14 mai 1859, aff. Plumel, D. P. 64. 5. 195).

762. Les maires sont appelés à surveiller les bois des particuliers au point de vue du défrichement (*Rép.*, v° *Forêts*, n° 1996). Lorsqu'ils ont dressé des procès-verbaux pour constater des défrichements effectués en contravention au titre 15 c. for., ils sont tenus de les remettre au procureur de la République et d'en adresser une copie certifiée à l'*inspecteur des forêts* (Circ. adm. for. 4 déc. 1866, citée *suprà*, n° 758, § 93).

763. L'art. 221 c. for., qui a remplacé l'ancien art. 220, n'a apporté aucune modification aux pénalités dont ce dernier article frappait la contravention à l'art. 219 c. for. Dans le cas où le sol défriché indûment est d'une contenance inférieure à un hectare, l'amende doit être évaluée proportionnellement à cette contenance, sur le pied de 5 fr. au moins, et de 15 fr. au plus, par *are*. Cette solution résulte, d'une part, de ce que l'art. 221 c. for. a omis de déclarer que l'amende ne pourrait jamais descendre au-dessous de 500 fr., et, d'autre part, du principe qu'en matière pénale la loi doit s'interpréter favorablement au prévenu. Il a été jugé, notamment, en cas de défrichement indu de 70 ares de bois, qu'il y avait lieu de fixer l'amende à 320 fr. (Lyon, 4 avr. 1864, aff. Maisonseule, D. P. 64. 2. 224).

764. Les poursuites pour délits de défrichement ne sont pas susceptibles d'être éteintes par une transaction conclue par l'Administration des Forêts avec le délinquant. On a vu en effet *suprà*, n° 183, que le droit de *transaction* attribué à l'Administration forestière par la loi du 18 juin 1859 ne s'étend pas aux délits prévus par les art. 219 et suiv. c. for., comme relatifs à des bois non soumis au régime forestier (Circ. adm. for. 4 déc. 1866, § 112, *Nouvelle série*, n° 43). Toutefois, ces délits peuvent faire l'objet de demandes soit en *cessation de poursuites*, soit en *remise de condamnations* (Circ. précitée du 4 déc. 1866, § 113).

765. Aux termes de l'ancien art. 220 c. for., les tribunaux devaient, toutes les fois qu'un défrichement illicite leur était déféré, condamner le contrevenant, non seulement à l'amende, mais encore à *rétablir* les lieux *en nature de bois* dans un délai fixé par le jugement (*Rép.*, v° *Forêts*, n° 1998). La loi du 18 juin 1859 n'a pas maintenu cette dernière disposition avec le caractère absolu que lui avait imprimé le code de 1827; elle fait, du rétablissement en nature de bois des bois défrichés, une partie accessoire de la peine laissée à la décision du ministre. Le système du code de 1827 à cet égard consacrait, en effet, dans beaucoup de cas, alors que la valeur du bois défriché était insignifiante, une véritable iniquité qui n'était justifiable qu'autant que l'intérêt public pouvait exiger le reboisement. Le ministre peut actuelle-

ment discerner, d'après l'avis des agents forestiers, si cette mesure est ou non nécessaire. D'ailleurs, le nouvel art. 222, qui a remplacé l'art. 221 et dont le texte est identique, sauf la substitution des mots « décision ministérielle », au mot « jugement », a conservé à l'Administration forestière le droit de faire exécuter d'office le reboisement ordonné par le ministre aux frais du propriétaire, si celui-ci ne l'exécute pas dans le délai prescrit par le ministre. Comme précédemment, l'action de l'administration des Forêts est subordonnée à l'autorisation préalable du préfet, qui arrête le mémoire des travaux faits et le rend exécutoire contre le propriétaire (*Rép.*, v° *Forêts*, n° 1998).

766. — 2° *Prescription.* — L'art. 225 c. for. (ancien art. 224) reproduit sans aucune modification le texte de cet article (*Rép.* n° 2001). La durée de la prescription de l'action qui a pour objet les délits de défrichement commis en contravention à l'art. 219 est donc, aujourd'hui encore, de deux ans à dater de l'époque où le défrichement a été consommé. C'est à partir de ce moment que la prescription de l'action court, au cas même où un propriétaire a reçu l'autorisation de défricher sous condition de reboiser dans un délai donné, et non au jour de l'autorisation (Lyon, 4 avr. 1864, aff. Maisonseule, D. P. 64. 2. 224).

767. En ce qui concerne la prescription de la peine, on a vu au *Rép.*, v° *Forêts*, n° 2003, que l'action de l'Administration pour faire repeupler en bois le terrain indûment défriché ne pouvait être prescrite dans le même délai que l'action en répression du délit. Cette solution nous paraît certaine aujourd'hui où le reboisement ne peut plus être ordonné que par le ministre et où, par conséquent, il ne s'agit plus d'une action proprement dite.

768. — 3° *Responsabilité.* — Les propriétaires de forêts doivent être directement poursuivis à raison des défrichements opérés dans leurs bois par les ouvriers qu'ils emploient; ils ne sont pas seulement civilement responsables des actes de ces derniers (*Rép.*, v° *Forêts*, n° 2005). Un propriétaire ne pourrait être relaxé de la prévention sous le prétexte que le défrichement a été opéré par des ouvriers malgré son opposition suivie d'une plainte au ministère public, s'il ne justifie d'aucunes poursuites contre les délinquants (Crim. cass. 11 mai 1849, aff. Picard, D. P. 49. 1. 179; Circ. adm. for. 4 déc. 1866, § 100, *Nouvelle série*, n° 43). Mais il ne saurait, à aucun titre, être poursuivi si le défrichement a été effectué par suite du droit qui appartient à l'autorité administrative de désigner les terrains dans lesquels des matériaux doivent être extraits pour le service des travaux publics, alors qu'il ne pouvait s'y opposer (Paris, 16 juin 1860, 1° espèce, *Rép. de lég. et de jur. for.*, t. 4, n° 586).

Sect. 2. — Autorisation de défricher. — Formes, conditions (*Rép.*, v° *Forêts*, n° 2007 à 2029).

769. — I. Formalités auxquelles est subordonné le défrichement. — Depuis la loi du 18 juin 1859, les bois des particuliers, à l'exception de ceux qui sont désignés dans le nouvel art. 224 (*infrà*, n° 793 et suiv.), ne peuvent, comme autrefois, être défrichés sans une déclaration préalable, suivie d'une instruction régulière. Mais cette loi, en maintenant définitivement à l'Administration le droit de s'opposer au défrichement des bois de particuliers, a soumis l'exercice de ce droit à des règles qui constituent des garanties sérieuses pour les propriétaires, et qui consistent, d'une part, dans la limitation des cas d'opposition (V. *infrà*, n° 775 et suiv.); d'autre part, dans l'organisation d'une procédure contradictoire, qui exige notamment la signification de tous les actes de l'instruction à la partie intéressée.

770. — 1° *Déclaration de défrichement.* — D'après l'exposé des motifs de la loi du 18 juin 1859, les propriétaires de bois exemptés de l'interdiction de défrichement ne sont pas libérés du devoir de faire leur déclaration à la sous-préfecture avant d'effectuer le défrichement; car il faut toujours que l'Administration forestière soit mise en demeure de vérifier si les bois qu'ils ont l'intention de défricher sont bien réellement en dehors des catégories pour lesquelles elle est en droit de former opposition. Toutefois, cette proposition ne doit pas être entendue comme impliquant dans tous les cas, sous peine de délit de la part des

propriétaires de bois, l'obligation de faire une déclaration de défrichement. Il leur est permis, à leurs risques et périls, de se dispenser de la déclaration, s'ils estiment que le défrichement de leurs bois n'est pas susceptible d'opposition de la part de l'Administration, sauf le risque qu'ils courent d'être poursuivis, au cas d'erreur de leur part (Conf. Puton, *Législation forestière*, p. 339; Circ. adm. for. 4 déc. 1866, § 1, *Nouvelle série*, n° 43. V. *infrà*, art. 221, n° 55).

771. La déclaration du propriétaire doit toujours être déposée en double minute à la sous-préfecture (*Rép.*, v° *Forêts*, n° 2011). Les prescriptions de forme relatives à cette déclaration, qui ont été déterminées par l'art. 192 de l'ordonnance du 1er août 1827, sont aujourd'hui encore en vigueur (*Rép.*, v° *Forêts*, n° 2011. V. notre *Code forestier annoté*, art. 219, n° 143 et suiv.). Toutefois, le législateur de 1859 a réduit à quatre mois le délai de six mois que le propriétaire devait observer entre sa déclaration et l'époque où il se propose de commencer les travaux (art. 219).

772. — 2° *Reconnaissance de l'état des lieux*. — L'Administration forestière doit faire procéder à la reconnaissance de l'état et de la situation du bois qui a été l'objet d'une déclaration de défrichement, après avertissement donné huit jours à l'avance à la partie intéressée (*Rép.*, v° *Forêts*, n° 2013. V. notre *Code forestier annoté*, art. 219, n°s 190 et suiv.). Aux termes du deuxième paragraphe de l'art. 219 c. for., modifié par la loi du 18 juin 1859, cette reconnaissance de l'état et de la situation du bois à défricher doit faire par l'inspecteur, le sous-inspecteur (aujourd'hui l'inspecteur adjoint) ou un des gardes généraux de la conscription (Circ. adm. for. 26 nov. 1859, *Ancienne série*, n° 784, D. P. 59. 4, 114, note 2). Cette disposition a été introduite dans le texte de l'art. 219 c. for., sur la proposition de la commission du Corps législatif, afin que la reconnaissance présentât des garanties plus sérieuses (Rapport, D. P. 59. 4. 102, note, n° 43). Lorsque le bois à défricher a une importance exceptionnelle, l'inspecteur doit faire lui-même la reconnaissance; il y procède aussi, quand il y a empêchement de la part de l'agent local, ou quand il n'y a pas lieu de déléguer l'un des chefs de cantonnement le plus rapproché de la situation du bois (Circ. précitée du 4 déc. 1866, § 26. Comp. Circ. adm. for. 28 nov. 1859, *Ancienne série*, n° 782, D. P. 59. 4. 115, note, *Bulletin des annales forestières*, t. 8, p. 436). L'agent chargé de la reconnaissance doit se transporter sur les lieux dans un très court délai et, au plus tard, dans les six semaines de la date du visa de la déclaration à la sous-préfecture, à moins de circonstances exceptionnelles dont il doit justifier (Circ. précitée du 4 déc. 1866, § 28).

773. Le procès-verbal qui est dressé par les agents forestiers chargés de cette reconnaissance (*Rép.*, v° *Forêts*, n° 2014) doit fournir des renseignements détaillés sur le bois, sa situation, sa contenance, son nom, l'étendue des bois contigus, la configuration du terrain, son altitude, en mot sur tous les faits qui peuvent permettre d'apprécier s'il y a lieu ou non à opposition (V. notre *Code forestier annoté*, art. 219, n°s 208 et suiv.). L'agent forestier doit joindre au procès-verbal un plan ou croquis visuel avec les cotes du terrain (Circ. adm. for. 4 sept. 1869, *Nouvelle série*, n° 115 et 26 nov. 1879, *Nouvelle série*, n° 256, V. *Code forestier annoté*, art. 219, n°s 226-228) et un avis où il fait connaître : 1° les circonstances de nature à motiver une opposition ; 2° celles qui ne sont pas de nature à motiver une opposition ; 3° les terrains boisés compris dans les territoires réservés de la zone frontière (Circ. adm. for. 4 déc. 1866, § 36, *Nouvelle série*, n° 43. V. notre *Code forestier annoté*, art. 219, n°s 229 et suiv.).

774. — 3° *Avis et décision du service forestier*. — Le procès-verbal de reconnaissance est transmis avec toutes les pièces à l'appui, telles que la déclaration du propriétaire, le plan ou croquis annexé et l'original de l'avertissement prescrit par l'art. 219 c. for., à l'inspecteur, qui formule son avis à la suite de celui de l'agent rédacteur du procès-verbal et en inscrit le résumé ainsi que la date de la reconnaissance sur le registre des déclarations (Circ. préc. 4 déc. 1866, § 42), puis transmet le dossier au conservateur, qui en inscrit également le résumé sur son registre des déclarations. — Trois cas peuvent se présenter : 1° si le bois se trouve dans l'un des cas prévus par l'art. 224

c. for., le conservateur informe simplement le déclarant qu'il est libre de procéder au défrichement (Circ. adm. for. 4 déc. 1866, § 43, *Nouvelle série*, n° 43) ; — 2° Si le défrichement, quoique assujetti à la déclaration, ne paraît au conservateur présenter aucun inconvénient, il formule alors son avis à la suite de celui de l'inspecteur et, après en avoir inscrit le résumé sur le registre des déclarations, il transmet le dossier au directeur des forêts (Ord. for. art. 196; Circ. préc. 4 déc. 1866, § 44 et 45) qui, après avoir pris l'avis du conseil d'administration, provoque une décision du ministre de l'agriculture (Ord. for. art. 196). Quand la décision du ministre est favorable, le directeur des forêts la notifie au préfet et au conservateur. Ce dernier en informe l'inspecteur et le déclarant (Circ. précitée 4 déc. 1866, § 56, *Nouvelle série*, n° 43 ; Circ. adm. for. 29 oct. 1867, *Nouvelle série*, n° 71). Quand, au contraire, l'avis favorable du conservateur n'est pas adopté, le directeur des forêts donne immédiatement à cet agent les instructions nécessaires pour faire signifier au propriétaire au défrichement (Circ. préc. 4 déc. 1866, § 48) ; — 3° Si le conservateur estime que le bois ne doit pas être défriché, il fait signifier au propriétaire une opposition au défrichement (Ord. for. art. 196 ; *Rép.* n° 2013). Cette opposition ne peut avoir lieu qu'après que le conservateur a signifié au propriétaire, par un préposé forestier ou par un huissier, la copie du procès-verbal de reconnaissance (Circ. adm. for. 7 mai 1878, aff. Bonneau du Martroy, D. P. 78. 3. 89) et l'a invité à présenter ses observations (Circ. adm. for. 26 nov. 1859, *Ancienne série*, n° 784, D. P. 59. 4. 114, note 2; Bull. des ann. for., t. 8, p. 434; 28 nov. 1859, *Ancienne série*, n° 782, D. P. 59. 4. 115, Bull. des ann. for., t. 8, p. 436; 4 déc. 1866, § 49, *Nouvelle série*, n° 43 ; Féraud-Giraud, *Police des bois, défrichements et reboisements* n°s 247-248).

775. — 4° *Opposition au défrichement*. — L'Administration forestière, depuis la loi du 18 juin 1859, ne peut plus faire opposition au défrichement que dans les cas où cette opposition est fondée sur une des causes énoncées en l'art. 220 c. for. La disposition de cet article, entièrement nouvelle, a pour objet de concilier, autant que possible, l'intérêt des propriétaires de bois et l'intérêt public. À la différence de l'ancien art. 219 c. for., qui attribuait à l'Administration un pouvoir en quelque sorte discrétionnaire pour l'appréciation des motifs d'opposition au défrichement, elle détermine limitativement les causes d'opposition et fait cesser toute incertitude sur le droit du propriétaire. Les bois qui ne rentrent pas dans les cas d'opposition définis par l'art 220 c. for. sont libres dans les mains de ceux qui les possèdent, et peuvent, à volonté, être défrichés quatre mois après la déclaration qui est faite à la sous-préfecture ou même, en l'absence de toute déclaration, aux risques et périls du propriétaire (V. *supra*, n° 770).

776. Lorsque le bois n'est pas de ceux pour lesquels l'art. 220 c. for. laisse à l'Administration le droit de former opposition, et que l'Administration s'oppose au défrichement tout en reconnaissant que le bois ne rentre dans aucune des catégories de l'art. 220, la décision du ministre qui, même après l'accomplissement des formes prescrites, déclarerait cette opposition valable, serait susceptible d'être attaquée pour excès de pouvoir devant le conseil d'État. Mais si, contrairement à la prétention du propriétaire, l'Administration, considérant le bois comme rentrant dans les définitions légales, avait, sur ce fondement, formé une opposition que le ministre, *statuant administrativement*, aurait, après l'accomplissement des formes prescrites, déclarée valable, sa décision serait de tout point inattaquable. Il résulte, en effet, de la discussion de la loi du 18 juin 1859 qu'en donnant au ministre le droit de statuer administrativement sur l'opposition, le projet entendait que sa décision pût être attaquée pour vice de forme ou pour excès de pouvoir exclusivement (V. D. P. 59. 4. 102, note, n° 43). Le recours pourrait être formé, notamment, s'il n'y avait pas eu d'avis du préfet, si cet avis n'avait pas été donné en conseil de préfecture, si la section de l'agriculture du conseil d'État n'avait pas été entendue; mais il ne pourrait l'être quant à l'appréciation même de la cause d'opposition (Féraud-Giraud, n° 263; Cons. d'Ét. 17 mai 1878, aff Bonneaud du Martroy, D. P. 78. 3. 89). — Il semble toutefois que le recours pourrait être admis en cas d'une erreur manifeste sur la condition du

bois, par exemple, si le ministre déclarait compris dans la zone frontière un bois qui se trouve en dehors de cette zone. Constater une erreur de ce genre, c'est constater, sans se livrer à aucune appréciation de fait ou de circonstances, que le ministre a statué en dehors des cas prévus par la loi (Dufour *Droit administratif*, 3ᵉ éd., t. 3, nᵒ 185).

777. — II. Causes d'opposition au défrichement. — L'Administration ne peut s'opposer aux défrichements, aux termes de l'art. 220 c. for., que pour les bois dont la conservation est reconnue nécessaire : 1ᵒ au maintien des terres sur les montagnes ou sur les pentes; 2ᵒ à la défense du sol contre les érosions et les envahissements des fleuves, rivières ou torrents; 3ᵒ à l'existence des sources et cours d'eau; 4ᵒ à la protection des dunes et des côtes contre les érosions de la mer et l'envahissement des sables; 5ᵒ à la défense du territoire, dans les limites de la zone frontière; 6ᵒ à la salubrité publique.

778. — 1ᵒ *Maintien des terres sur les montagnes ou sur les pentes.* — La première des causes d'opposition au défrichement, *le maintien des terres sur les montagnes et sur les pentes*, est d'une grande importance aujourd'hui qu'on a reconnu l'action considérable des forêts sur le régime des eaux et qu'une législation spéciale a pour objet la reconstitution des bois dans les terrains de montagne. Il importe au plus haut point de ne pas laisser se reproduire un mal qu'on a voulu combattre par des mesures exceptionnelles. — Le législateur, en ajoutant le mot « pentes » au mot « montagnes » dans l'art. 220, paraît avoir voulu donner à l'Administration forestière le droit de s'opposer au défrichement des terrains boisés situés en pente sur les collines ou coteaux dont la conservation, malgré une faible élévation qui ne peut permettre de les qualifier de montagnes, peut cependant importer à la protection des plaines voisines (Tétreau, *Commentaire de la loi du* 4 *avr.* 1882, p. 31). Cependant, d'après une autre opinion, l'administration des Forêts ne peut s'opposer au défrichement que des *terrains en montagne*, cette expression étant entendue dans son sens naturel et grammatical. La disposition de l'art. 220 doit être interprétée au moyen de son rapprochement avec celle de l'art 224, qui a le même but, celui d'empêcher la formation des torrents et les inondations. Dès lors, dans l'un comme dans l'autre cas, il s'agit de l'interdiction de défrichement sur le *sommet des montagnes* et sur *leurs pentes*, à l'exclusion des collines et coteaux.

779. — 2ᵒ *Défense du sol contre les érosions et les envahissements des fleuves, rivières, ou torrents.* — Cette seconde cause d'opposition n'est, en quelque sorte, qu'un corollaire de la première; elle a plus particulièrement pour objet la plaine et sa conservation, comme la première a pour but la conservation de la montagne (Rapport, D. P. 59. 4. 102, note, nᵒ 47).

780. — 3ᵒ *Existence des sources et cours d'eau.* — La présence des forêts, quelque difficulté qu'il y ait quelquefois à constater le fait, a évidemment d'étroites relations, non seulement en montagne, mais en plaine, avec la conservation des sources et celle des cours d'eau qu'elles alimentent. Aussi cette cause d'opposition au défrichement a-t-elle été maintenue malgré le vœu de M. Curé, qui voulait qu'on n'eût à s'occuper des cours d'eau et de la conservation des forêts qu'au sommet des montagnes et sur les pentes, et malgré l'opinion de M. Dumiral, qui demandait la suppression absolue de cette condition (V. D. P. 59. 4. 102, note, nᵒ 47).

781. — 4ᵒ *Protection des dunes et des côtes contre les érosions de la mer et l'envahissement des sables.* — La nécessité du droit d'opposition au défrichement, en vue de la protection des dunes et des côtes contre les érosions de la mer et l'envahissement des sables, est évidente. L'utilité des forêts, dans ce double but, ressort clairement des résultats que donnent à cet égard les plantations de pins maritimes, dans les parties du littoral qui, jusque-là, avaient été la proie de la mer (D. P. 59. 4. 102, note, nᵒ 47).

782. — 5ᵒ *Défense du territoire de la zone frontière.* — Dans le projet de révision du code forestier, parmi les conditions déterminées desquelles seules le Gouvernement pouvait refuser l'autorisation, figurait la défense du territoire dans les limites de la zone frontière. Cette proposition n'a été admise que sous une certaine restriction, par la

commission du Corps législatif de 1859, qui a substitué à cette expression générale : « limites de la zone frontière », cette rédaction plus restrictive : « la partie de la zone frontière qui sera déterminée par un règlement d'administration publique ». L'opposition au défrichement peut donc être formée pour les bois dont la conservation est reconnue nécessaire à la défense du territoire dans la partie de la zone frontière qui est déterminée par des règlements d'administration publique. Des décrets successifs du 22 nov. 1859 (D. P. 59. 4. 114) et du 31 juill. 1861, qui avaient établi pour le défrichement des bois des particuliers une catégorie de polygones réservés, ont été abrogés ou modifiés par un décret du 3 mars 1874. — Aux termes des art. 2 du décret du 31 juill. 1861 et 4 et 5 du décret du 3 mars 1874 (*Code forestier annoté*, p. 618, note 3), les parties de la zone frontière dans lesquelles il peut être formé opposition au défrichement des bois de particuliers dont la conservation est reconnue nécessaire à la défense du territoire, se composent : 1ᵒ de polygones ou territoires réservés, dont les limites sont fixées par les états descriptifs joints aux décrets du 31 juill. 1861 et du 3 mars 1874 ; 2ᵒ du rayon des enceintes fortifiées et des postes militaires qui s'étend à un myriamètre autour de ces enceintes et postes, à partir des ouvrages les plus avancés (Décr. 3 mars 1874, art. 2). — Sur les départements où existent les polygones réservés, V. notre *Code forestier annoté*, art. 220, nᵒˢ 38-42.

783. L'instruction des demandes de défrichement, dans les polygones réservés, appartient à la commission mixte de travaux publics (Décr. 31 juill. 1861, art. 3). Elle est réglée par diverses circulaires ministérielles (Circ. adm. for. 26 nov. 1859, *Ancienne série*, nᵒ 781, *Bull. des ann. for.*, t. 8, p. 435 ; 4 déc. 1866, *Nouvelle série*, nᵒ 43 ; 23 juill. 1879, *Nouvelle série*, nᵒ 523. V. notre *Code forestier annoté*, art. 220, nᵒˢ 43 et suiv.).

784. — 6ᵒ *Salubrité publique.* — Cette cause d'opposition au défrichement peut paraître un peu large et elle a soulevé de nombreuses objections. Il ne faut pas, dans tous les cas, l'entendre autrement que ne l'ont entendue les commissions de 1857 et 1859, sous peine de lui donner trop d'élasticité. Selon les termes de rapport de M. Lélut, cette condition ne devrait être invoquée par l'Administration que dans le cas où le défrichement serait manifestement préjudiciable à la salubrité (Rapport, D. P. 59. 4. 103, note, nᵒ 47 ; D. P. 59. 4. 113, note 27); on peut notamment, avec le rapporteur, citer pour exemple le cas où l'existence d'une forêt, entre un marais pestilentiel ou au moins infect et une localité quelconque, peut importer à la salubrité ou à la santé de cette localité. La commission de 1859 s'en est, d'ailleurs, rapportée à l'Administration et au conseil d'Etat pour que, dans l'application, la mesure n'ait point de mauvais effets (D. P. 59. 4. 113, note 27).

785. — III. Formes de l'opposition. — L'opposition au défrichement, qui peut émaner du conservateur ou du ministre de l'agriculture, doit être signifiée au propriétaire à la requête du conservateur qui a seul qualité à cet effet (*Rép.*, vᵒ *Forêts*, nᵒ 2022). Elle doit faire connaître celui ou ceux des motifs énoncés dans l'art. 120 sur lesquels elle se fonde. C'est là une règle générale qui s'impose alors même que, par suite de retards occasionnés par des cas de force majeure, le conservateur se verrait dans la nécessité de faire une opposition purement dilatoire (V. notre *Code forestier annoté*, art. 219, nᵒˢ 262 et suiv.). D'un autre côté, la signification de l'opposition au défrichement reste une formalité substantielle dont l'omission entraîne la nullité de toute procédure subséquente et qui ne peut être suppléée par aucun équivalent. Les conséquences du défaut de signification de l'opposition sont restées ce qu'elles étaient d'après l'arrêt du 15 mai 1830 rapporté au *Rép.*, vᵒ *Forêts*, nᵒ 2022, note 1.

786. L'opposition au défrichement ne peut être signifiée que dans les quatre mois qui suivent le visa de la déclaration faite à la sous-préfecture (c. for. art. 219, § 1), délai qui, rarement atteint dans la pratique, a paru suffisant pour la première partie de l'instruction, celle qui aboutit à une autorisation de défrichement non contestée, ou à l'opposition provisoire du conservateur. Comme on l'a vu au *Rép.*, vᵒ *Forêts*, nᵒ 2020, il n'est pas augmenté en raison des distances, et il ne peut être interrompu que par un cas de force majeure ou par un événement personnel au déclarant

tares. On a vu au *Rép.*, v° *Forêts*, n°s 2039 et 2040, que les bois sont considérés comme faisant partie d'une masse de plus de 10 hectares, alors même qu'ils seraient séparés du reste de la masse par un ruisseau ou un fossé. Il faut ajouter, par un *chemin* public ou privé ; les chemins traversant un massif de bois n'ont pas pour effet d'isoler de ce massif les diverses portions qu'ils séparent et dont la réunion constitue un ensemble de dix hectares et au-dessus (Civ. cass. 28 août 1847, aff. Taillefer, D. P. 47. 4. 269; Circ. adm. for. 4 déc. 1866, § 2, *Nouvelle série*, n° 43). On doit, par conséquent, considérer comme délictueux le défrichement, sans autorisation, d'une parcelle de bois qui n'est séparée d'une quantité considérable d'autres bois que par deux chemins communaux d'une largeur moyenne de 4 mètres (Même arrêt). Au contraire, il y a solution de continuité entre deux bois séparés par des *terres labourées* sur une distance de 30 mètres (Décis. min. fin. 14 août 1865; Circ. préc. 4 déc. 1866, § 4).

800. C'est au prévenu qu'incombe la charge de prouver que le bois défriché était d'une contenance inférieure à 10 hectares, et qu'il ne faisait point partie d'un massif forestier de plus de 10 hectares. Cette preuve est d'ailleurs non recevable, quand le contraire est constaté formellement par un procès-verbal faisant foi jusqu'à inscription de faux (c. for. art. 176 ; Riom, 11 juin 1883, aff. De Clerval et autres, D. P. 84. 5. 282). — Dans la pratique, c'est surtout au point de vue de la contiguïté du bois à défricher, avec d'autres complétant une contenance de 10 hectares, que s'élèvent les difficultés relatives à l'application du paragraphe 3 de l'art. 224. Lors de la revision de 1859, M. Curé avait proposé de déterminer dans la loi les conditions de réunion ou de séparation d'un bois ou d'une parcelle de bois relativement à une autre. On a jugé préférable de s'en rapporter à l'appréciation de l'Administration (Rapport, D. P. 59. 4. 104, note, n° 51). Cependant, cette appréciation n'appartient à l'Administration que relativement à l'exercice du *droit de poursuite* qui lui est dévolu en matière de délit de défrichement. L'Administration forestière est libre de ne pas poursuivre les délits forestiers qui sont portés à sa connaissance, si elle estime que l'infraction n'est pas suffisamment caractérisée parce que le bois n'appartient pas d'une manière certaine à une masse de 10 hectares et au-dessus. Mais quand le tribunal de répression est saisi de la poursuite, c'est à lui qu'il appartient, à l'exclusion de l'autorité forestière ou autre, d'apprécier souverainement les éléments constitutifs de la contiguïté prévue par l'art. 224 c. for.

801. Les *bois non clos*, même d'une étendue au-dessous de 10 hectares, sont soumis à la déclaration prescrite pour les défrichements, lorsqu'ils sont *situés sur le sommet ou la pente d'une montagne*. La difficulté qui se présente le plus fréquemment à cet égard porte sur le point de savoir ce qu'il faut entendre par *montagne* au point de vue de l'application du paragraphe 3 de l'art. 224 c. for. On a vu au *Rép.* v° *Forêts*, n° 2041, qu'aucune règle fixe ne résulte à cet égard de la jurisprudence, et qu'il semble que l'art. 224, § 3, ait entendu interdire le défrichement des bois garnissant des terrains fortement inclinés, qu'ils soient ou non situés en pays de montagne; c'est ce qui semble résulter également d'un arrêt de la chambre criminelle du 13 déc. 1884 (aff. Duport, D. P. 86. 1. 183), aux termes duquel la dispense de l'obligation de faire, quatre mois à l'avance, à l'Administration, la déclaration des projets de défrichement, accordée aux propriétaires de bois non clos d'une étendue de moins de 10 hectares, non situés sur le sommet ou la pente d'une montagne, ne peut s'appliquer à des bois situés sur le flanc d'une élévation ayant au plus culminant à 510 mètres au-dessus de la mer, à 125 mètres au-dessus de la vallée, et présentant une pente moyenne de 45 pour 100, alors même que l'élévation sur laquelle les bois existaient devrait être considérée comme constituant, relativement aux terrains avoisinants, plutôt une colline ou un coteau qu'une montagne proprement dite, et ne présenterait qu'une masse restreinte ne pouvant fournir qu'une faible quantité d'eau. Dans tous les cas, un bois non clos, alors même qu'il serait d'une contenance inférieure à 10 hectares, ne saurait être défriché, sans autorisation, quand il est situé sur la pente d'une montagne et compris dans un périmètre de reboisement obligatoire, en exécution de la loi du 28 juill. 1860

(Riom, 11 juin 1883, aff. De Clerval, D. P. 84. 5. 283) ou en exécution de la loi du 4 avr. 1882.

CHAP. 21. — Restauration et conservation des terrains en montagne.

SECT. 1re. — CARACTÈRES GÉNÉRAUX DE LA LÉGISLATION SPÉCIALE AUX TERRAINS EN MONTAGNE.

802. On a déjà exposé (*suprà*, n°s 20 et suiv.) les causes qui ont motivé les mesures spéciales édictées en 1860 et 1864 d'abord, en 1882 ensuite, pour assurer la conservation et la restauration du sol dans les régions montagneuses. Le but principal que le législateur s'est proposé a été d'obtenir un aménagement tel des eaux qui tombent sur les montagnes, qu'on pût éviter, ou tout au moins atténuer, les inondations désastreuses qui se produisaient dans certaines vallées. Pendant longtemps, on avait cherché les moyens de les combattre dans la construction de travaux d'art, confection de digues, de barrages, etc. Un décret du 4 therm. an 13, notamment, d'abord spécial au département des Hautes-Alpes, puis étendu, par un décret du 16 sept. 1806, aux départements de la Drôme et des Basses-Alpes, avait prescrit des mesures de ce genre pour empêcher les irruptions et les débordements des rivières ou torrents. Les résultats obtenus ne répondirent pas à ce qu'on avait espéré et on fut conduit par l'expérience à reconnaître que la présence sur le sol d'une armature végétale forestière, gazonnante ou autre, pouvait seule empêcher la formation des torrents et retarder suffisamment l'écoulement des eaux provenant des pluies ou de la fonte des neiges pour rendre les inondations plus rares et moins désastreuses dans la plaine. Ce moyen de salut a été signalé pour la première fois par M. Surrel, dans son *Étude sur les torrents des Hautes-Alpes*, publiée en 1841. Ce ne fut cependant que près de vingt ans après qu'on aboutit, ainsi qu'il a été exposé *suprà*, n° 20, à une législation spéciale sur la matière et que furent promulguées les lois de 1860 et de 1864. On a vu également que cette législation amena des résistances de la part des communes, dont elle ne respectait pas les droits de propriété. Elle était injuste, à ce point de vue, car elle faisait supporter à la propriété en montagne toutes les charges (allant jusqu'à dépouiller les propriétaires de la moitié de leurs terrains) d'opérations dont le résultat reconnu était la protection des vallées inférieures traversées par les cours d'eau prenant naissance dans la montagne. Les vallées recueillaient donc tout le bénéfice de la mesure, sans participer aux charges. Il était équitable que la propriété en montagne ne fût pas seule à supporter toutes les charges d'une œuvre d'intérêt général, et que les dépenses à effectuer fussent supportées par la masse des intéressés, c'est-à-dire par le budget de l'État. C'est ce que s'est proposé de faire le législateur de 1882.

803. L'art. 1 de la loi du 4 avr. 1882, qui indique l'objet général de la loi et l'ensemble des mesures qui ont paru propres à obtenir la conservation et la restauration des montagnes, est ainsi conçu : « Il est pourvu à la restauration et à la conservation des terrains en montagne, soit au moyen de travaux exécutés par l'État, soit par les propriétaires avec subvention de l'État, soit au moyen de mesures de protection, conformément aux dispositions de la présente loi. » L'expression de « terrains en montagne », employée par ce texte, embrasse, par sa généralité même, aussi bien les terrains situés sur les sommets des montagnes que ceux qui s'étendent sur les pentes des montagnes. Quant à l'expression « montagne », elle doit être entendue dans son sens grammatical, c'est-à-dire dans le sens d'une grande masse de terre ou de rochers très élevée au-dessus des terrains environnants ; il ne s'applique pas aux collines, coteaux ou simples pentes des terrains d'une déclivité peu considérable et qui ont peu d'influence sur la formation des torrents et la production des inondations (V. Tétreau, *Commentaire de la loi du 4 avril 1882*, p. 31).

Le sens du mot « montagne » ne doit évidemment pas être étendu au delà des termes mêmes de la loi et du but qui a inspiré le législateur, puisqu'il s'agit d'appliquer des mesures exceptionnelles, qui portent une atteinte grave au droit de propriété et ne se justifient que si elles sont commandées

par l'intérêt public. Il ne faudrait cependant pas restreindre cette expression au seul cas d'une masse considérable de terres ou de roches fort élevée au-dessus des terrains environnants. Dans les régions montagneuses, une masse relativement peu considérable, d'une pente rapide et d'une altitude moins importante que celle des hauteurs qui l'environnent, doit cependant, semble-t-il, être considérée comme une montagne. On a vu, *suprà*, n° 804, que, suivant un arrêt de la cour de cassation (Crim. cass. 13 déc. 1884) rendu à propos de l'interdiction de défricher, faite par le code forestier aux propriétaires de bois, même de moins de 10 hectares, situés sur le sommet ou la pente des montagnes, on doit considérer comme constituant une montagne, une élévation en forme d'éperon dont le point culminant est de 510 mètres au-dessus de la mer et de 125 mètres au-dessus de la vallée, ayant une pente moyenne de 45 pour 100. La loi du 4 avr. 1882 nous paraîtrait applicable dans un cas analogue.

804. Les moyens qu'adopte la loi du 4 avr. 1882 pour atteindre le but que le législateur s'est proposé sont de deux sortes : 1° la restauration des terrains en montagne qui fait l'objet du titre 1, et qui s'opère au moyen du *reboisement*, du *gazonnement*, et d'*œuvres d'art*, exécutés soit par l'Etat, soit par les propriétaires (communes, établissements publics ou particuliers), avec ou sans subvention de l'Etat; 2° la *conservation* des terrains en montagne, qui fait l'objet du titre 2, et qui comporte, d'une part, la *mise en défens*, réglée par le chapitre 1 du titre 2; d'autre part, la *réglementation des pâturages communaux*, à laquelle s'applique le chapitre 2 du même titre.

805. Il est à remarquer que l'art. 1 de la loi du 4 avr. 1882 ne définit pas les mesures qui devront être prises et qu'elle laisse à l'Administration le choix des moyens pratiques de réaliser la restauration ou la consolidation des terrains en montagne. Celle-ci a une entière liberté d'action pour adopter telle ou telle méthode qu'elle juge le mieux répondre au but à atteindre dans les limites déterminées par la loi. « Elle pourra donc, dit M. Tétreau (p. 30), exécuter ou faire exécuter tous les ouvrages dont l'expérience a constaté l'efficacité, à la condition que ces ouvrages aient pour but unique la restauration ou la conservation des terrains, les travaux destinés à faciliter la végétation ligneuse ou herbacée figureront naturellement en première ligne parmi ceux dont l'Administration devra poursuivre l'exécution ». Mais ce sont là questions purement techniques, qui ne sauraient trouver place dans le commentaire de la loi du 4 avr. 1882 (V. au surplus, sur ces questions : Surrel et Cézanne, *Etude sur les torrents des Hautes-Alpes*; Demontzey, *Procédés employés pour la correction des torrents*; Marchand, *Les torrents des Alpes et le pâturage*; Costa de Bastelica, *Les torrents, leurs lois, leurs causes, leurs effets*; Mathieu, *Etude sur le reboisement et le regazonnement des Alpes*; Bouquet de la Grye, *Le régime forestier appliqué aux bois des communes et des établissements publics*; Noël, *Essai sur les repeuplements artificiels*).

Sect. 2. — Restauration des terrains en montagne.

806. Les travaux de restauration des terrains en montagne comportent, tantôt le reboisement, tantôt le gazonnement, tantôt l'exécution de travaux d'art qui ont pour objet de régler l'écoulement des eaux et de consolider certains terrains qui, par leur nature et leur situation, seraient facilement entraînés par les pluies ou la fonte des neiges. Les travaux de restauration sont tantôt obligatoires, lorsqu'ils sont déclarés d'utilité publique, tantôt facultatifs lorsqu'ils sont exécutés sur des terrains situés en dehors des périmètres obligatoires, par les propriétaires eux-mêmes à l'aide de subventions de l'Etat. Les règles applicables à ces deux catégories de travaux seront étudiées séparément.

Art. 1er. — *Travaux de restauration obligatoire.*

§ 1er. — Formalités préalables à la déclaration d'utilité publique.

807. L'art. 2 de la loi du 4 avr. 1882 dispose que la dé-

claration d'utilité publique est précédée : 1° d'une enquête ouverte dans chacune des communes intéressées ; 2° d'une délibération des conseils municipaux de ces communes; 3° de l'avis du conseil d'arrondissement et de celui du conseil général ; 4° de l'avis d'une commission spéciale, dont il détermine la composition. Lorsque le périmètre dans lequel les travaux doivent avoir lieu s'étend au territoire de plusieurs départements, les mêmes formalités doivent être accomplies simultanément dans chacun des départements intéressés (Décr. 11 juill. 1882, art. 7).

Ces formalités doivent elles-mêmes être précédées d'études préparatoires faites par les soins de l'Administration forestière (art. 1 du décret du 11 juill. 1882). C'est, en effet, cette Administration qui a l'initiative des travaux et du choix des terrains à restaurer. Cependant la loi, tout en lui abandonnant cette initiative, n'a pas entendu laisser une liberté sans limites à l'administration des Forêts : celle-ci ne peut proposer des travaux qu'autant que les terrains à restaurer sont situés en montagne, et que les travaux qu'elle indique sont nécessaires par suite de la dégradation du sol et des dangers nés et actuels qui en résultent. Cette dernière restriction, qui constitue une notable garantie pour les intérêts particuliers, ne compromet nullement l'intérêt de la sécurité publique et le but que le législateur se proposait d'atteindre. En effet, si l'utilité publique ne peut être déclarée qu'autant que le sol offre un état de dégradation tel qu'il y ait un danger né et actuel pour la sécurité publique, l'Administration n'en est pas moins libre de demander l'application des mesures de conservation qui sont prévues par le titre 2 de la loi et de prévenir ainsi les dangers qui pourraient ultérieurement se produire (V. *infrà*, n° 853 et suiv.).

808. — I. Études préparatoires. — Les études préparatoires auxquelles l'Administration doit se livrer portent, autant que possible, sur l'ensemble d'un bassin et sont suivies de proche en proche, commune par commune, de manière à embrasser successivement, sans lacune, toute l'étendue du même bassin ou de la même portion de bassin, pour la prendre dans un même périmètre. Elles ont lieu, après désignation, par l'administration centrale des Forêts, sur la proposition des conservateurs, des bassins de torrents ou de rivières torrentielles dans lesquelles il paraît nécessaire d'entreprendre des travaux de restauration. Une instruction de l'Administration forestière du 12 déc. 1882, qui s'applique à l'exécution de la loi de 1882 et que l'on aura fréquemment l'occasion de citer, en a réglé tous les détails (V. notre *Code forestier annoté*, p. 644, n° 18 et suiv.).

Lorsque les études sont terminées, le directeur des forêts arrête définitivement le périmètre et renvoie le dossier au conservateur pour l'établissement du projet définitif. Ce projet doit constituer, pour répondre au vœu de l'art. 2 de la loi du 4 avr. 1882, un dossier spécial par commune. Il doit nécessairement comprendre les pièces qui, aux termes de cet article, restent déposées à la mairie pendant toute la durée de l'enquête ; ces pièces sont le procès-verbal de reconnaissance, le plan des lieux et un avant-projet des travaux.

809. — 1° *Procès-verbal de reconnaissance*. — La forme de cet acte et les énonciations qu'il doit contenir sont déterminées par l'art. 2 du décret du 11 juill. 1882 et l'art. 10 de l'instruction du 12 décembre suivant. Il doit exposer la configuration des lieux, leur altitude moyenne, les conditions dans lesquelles ils se trouvent au point de vue géologique et climatérique, l'état de dégradation du sol, les circonstances qui ont amené cet état, les dommages qui en sont résultés et les dangers qu'il présente; indiquer : 1° la situation administrative, les limites et la contenance totale du territoire de la commune; 2° la répartition de la contenance totale par catégories de propriétaires (Etat, communes, établissements publics et particuliers); 3° la répartition de cette même contenance par nature de terrains d'après le cadastre (cultures diverses, bois, pâturages, vagues, arides); 4° la répartition, au même point de vue de la contenance, des terrains à comprendre dans le périmètre, et être accompagné d'un tableau parcellaire conforme à la matrice cadastrale. Il doit enfin faire une mention détaillée et précise des droits d'usage, ou de servitudes quelconques, régulièrement reconnus au profit soit d'une ou plusieurs communes, soit d'un ou de plusieurs particuliers.

810. — 2° *Plan des lieux.* — Le plan des lieux est dressé d'après le cadastre et porte l'indication des sections et les numéros des parcelles (Décr. 11 juill. 1882, art. 2, § 3). Instr. adm. for. 12 déc. 1882, art. 13 (V. notre *Code forestier annoté* p. 614, n°s 42 et suiv.).

811. — 3° *Avant-projet.* — L'avant-projet fait connaître la nature et l'importance des travaux, ainsi que l'évaluation approximative de la dépense totale (Décr. 11 juill. 1882, art. 2, § 4). Dans ce but, il est divisé en trois chapitres, qui font connaître le détail des travaux de reboisement, des travaux à exécuter dans le lit des torrents et dans les divers ravins et les travaux de fournitures avec l'évaluation sommaires des dépenses pour chaque catégorie, dépenses qui sont d'ailleurs récapitulées par chapitre (V. Instr. 12 déc.1882, art. 14). — L'Administration peut, en outre, prescrire à ses agents la rédaction des rapports spéciaux qu'elle juge nécessaires pour éclairer sa religion ; mais ces documents ne figurent pas à l'enquête et ne font pas partie du dossier (V. sur ce point notre *Code forestier annoté*, p. 645, n°s 51-66). L'Administration prescrit, d'ailleurs, à ses agents, lorsque le périmètre s'étend sur le *territoire de plusieurs communes*, de fournir, pour faciliter au Parlement l'examen de l'ensemble des mesures proposées, un *dossier général* comprenant : un *procès-verbal général de reconnaissance*, un *plan d'ensemble*, un *avant-projet général des travaux* (Instr. adm. for. 12 déc. 1882, art. 17), et bien que la production à l'enquête du dossier général ne soit pas exigée par la loi, elle fait, dans l'intérêt du succès des propositions, mettre ce dossier sous les yeux du conseil d'arrondissement et du conseil général ainsi que de la commission spéciale.

812. — II. Enquête. — Les études terminées, il est procédé à l'accomplissement de la première des formalités préliminaires prescrites par l'art. 2 de la loi du 4 avr. 1882, c'est-à-dire à l'enquête. Aux termes de l'art. 3 du décret du 11 juill. 1882, dans le délai d'un mois au plus, à partir de la réception du dossier qui lui est transmis par l'Administration forestière, le préfet ouvre l'enquête dans chacune des communes intéressées. Le même article porte que l'*arrêté* prescrivant l'ouverture de l'enquête et la convocation du conseil municipal est signifié au maire de la commune intéressée et, en même temps, porté à la connaissance des habitants par voie de publications et d'affiches. Toutes les pièces restent déposées à la mairie pendant trente jours à partir de ladite signification. Passé ce délai, un commissaire enquêteur, désigné par le préfet, reçoit à même lieu, pendant trois jours consécutifs, les déclarations des habitants sur l'utilité publique des travaux projetés. Il est justifié de l'accomplissement de cette formalité, ainsi que de la publication et de l'affichage de l'arrêté du préfet, par un certificat du maire. Après avoir clos et signé le registre des déclarations, le commissaire le transmet immédiatement au préfet avec son avis motivé et les pièces qui ont servi de base à l'enquête.

L'inobservation par le préfet du délai d'un mois imparti pour l'ouverture de l'enquête n'entraîne pas la nullité de cette formalité. En effet, comme le remarque M. Tétreau (p. 39), le retard apporté dans l'ouverture des opérations ne lèse aucun intérêt privé. Mais, comme il s'agit presque toujours de travaux urgents, l'Administration supérieure doit veiller à ce que le préfet ouvre l'enquête dans le délai prescrit.

813. — III. Délibération du conseil municipal. — L'arrêté qui ordonne l'ouverture de l'enquête contient en même temps convocation du conseil municipal qui, aux termes de l'art. 4 du décret du 11 juill. 1882, dans la huitaine après la clôture de l'enquête, exprime son avis sur l'opportunité des mesures proposées dans une délibération dont le procès-verbal est adressé immédiatement au préfet, pour être joint au dossier. Le conseil municipal désigne, en outre, deux délégués chargés de représenter la commune dans la commission spéciale instituée par l'art. 2 de la loi du 4 avr. 1882 ; ces délégués doivent être choisis en dehors des propriétaires de parcelles comprises dans le périmètre. Il résulte de la discussion de la loi que ces deux délégués peuvent n'être pas propriétaires dans la commune, si le conseil municipal estime ce choix plus avantageux pour les intérêts de ladite commune (Rapport de M. Maigne, D. P. 82. 4. 101).

814. Bien que la convocation du conseil municipal doive, en principe, être faite par l'arrêté préfectoral qui ordonne l'ouverture de l'enquête, on admet cependant que le préfet n'est pas tenu de prendre ces deux mesures par un seul et même arrêté. Mais s'il convoque, par un arrêté séparé, le conseil municipal, cet arrêté doit recevoir la même publicité que celui qui a prescrit l'ouverture de l'enquête (Tétreau, op. cit., p. 41).

815. L'art. 2 de la loi du 4 avr. 1882 ait suivre la délibération et l'avis du conseil municipal de l'avis du conseil d'arrondissement et du conseil général. Si l'on s'en tenait rigoureusement au texte de cet article, ces deux avis devraient précéder celui de la commission spéciale. Mais, lors de la préparation du décret du 11 juill. 1882, on a jugé préférable de modifier cet ordre, l'énumération faite par l'art. 2 de la loi du 4 avr. 1882 n'impliquant pas l'obligation de prendre les avis dans l'ordre qu'il énonce. On a, en conséquence, fait précéder l'avis du conseil d'arrondissement et du conseil général par l'avis de la commission spéciale, de manière à permettre à ces corps électifs de se prononcer sur une instruction complète (Tétreau, p. 42).

816. — IV. Avis de la commission spéciale. — La commission spéciale appelée à donner son avis sur le projet de restauration est composée, aux termes de l'art. 2 de la loi du 4 avr. 1882 : 1° du préfet ou de son délégué, président, avec voix prépondérante ; — 2° D'un membre du conseil d'arrondissement et d'un membre du conseil général, autres que ceux du canton où se trouve le périmètre à restaurer. Ces membres sont nommés par leurs conseils respectifs, dans le cours des sessions, et, dans l'intervalle des sessions, par la commission départementale. Ils sont toujours rééligibles (Décr. 11 juill. 1882, art. 3) ; — 3° De deux délégués de la commune intéressée, désignés par le conseil municipal, dans la délibération par laquelle il exprime son avis sur l'utilité des travaux à exécuter (Même décret, art. 4) ; — 4° D'un ingénieur des ponts et chaussées ou des mines, nommé par le préfet ; — 5° D'un agent forestier nommé également par le préfet. Cette commission, convoquée par un arrêté spécial du préfet, se réunit dans la quinzaine de la date de cet arrêté. Elle examine séparément pour chaque commune les pièces de l'instruction, les déclarations consignées au registre de l'enquête, et, après avoir recueilli tous les renseignements nécessaires, elle donne son avis motivé tant sur l'utilité publique de l'entreprise que sur les mesures d'exécution indiquées dans l'avant-projet (Même décret, art. 6, § 2). L'avis de la commission spéciale doit être formulé sous forme de procès-verbal, dans le délai d'un mois à partir de l'arrêté de convocation (Même décret, art. 6, § 3).

817. Le mot « séparément », dont se sert le décret du 11 juill. 1882, répond à la prescription de l'art. 2 de la loi du 4 avr. 1882. Puisque une enquête doit être ouverte dans chacune des communes intéressées, il convient de procéder à un examen séparé des pièces de l'instruction et à une délibération distincte en ce qui concerne chacune d'elles. Lorsque les projets intéressent plusieurs communes, la commission délibère donc successivement et séparément sur l'utilité de l'entreprise et sur les mesures d'exécution projetées par rapport à chacune d'elles. D'ailleurs sa composition varie pour chaque commune, puisque les délégués municipaux n'ont qualité que pour représenter la commune dont le conseil municipal les a choisis, et que, aux termes de l'art. 2 de la loi du 4 avr. 1882, la commission ne comprend que deux délégués municipaux. « Ce serait, dit M. Tétreau (p. 45), méconnaître le vœu de la loi que de donner dans cette commission la prépondérance à l'élément municipal dont les avis pourraient être dictés quelquefois par les préoccupations toutes puissantes de l'intérêt local ».

818. — V. Avis du conseil d'arrondissement et du conseil général. — L'avis de la commission spéciale obtenu, il reste au préfet à prendre l'avis du conseil d'arrondissement et du conseil général. L'art. 7 du décret du 11 juill. 1882 se bornant à dire que le préfet prend l'avis du conseil général et du conseil d'arrondissement, il faut en conclure que ces assemblées sont appelées à donner leur avis au cours de leur session ordinaire, à moins d'urgence, cas où elles pourraient être convoquées en session extraordinaire.

819. — VI. Envoi des pièces au ministre. — Préparation du projet de loi. — Enfin le préfet adresse au ministre de l'agriculture, avec son avis motivé, toutes les pièces de l'instruction relatives à chaque commune. Le ministre, sur le vu de l'ensemble de l'instruction, prépare le projet de loi statuant sur la déclaration d'utilité publique (Décr. 11 juill. 1882, art. 7, § 3).

§ 2. — Déclaration d'utilité publique. — Fixation des périmètres. — Publicité.

820. La déclaration d'utilité publique a été réservée au pouvoir législatif, contrairement au projet primitif du Gouvernement qui confiait au président de la République le soin de la prononcer par décret rendu en conseil d'Etat. L'intervention du pouvoir législatif fut introduite dans la loi par le Sénat après une longue discussion (Journ. off. des 7 et 9 juill. 1881). La commission de la Chambre des députés, après examen, adopta la même rédaction pour l'art. 2. On reconnut que le caractère de la loi du 11 avr. 1882, et celui qu'elle imprime aux travaux qu'elle régit, justifiaient complètement l'intervention de la loi. L'inondation est un désastre ou un danger public; les travaux entrepris pour parer à ce danger portent évidemment le caractère de travaux d'utilité publique, et l'esprit général du droit commun qui régit ces travaux, celui de la loi fondamentale qui régit la matière, la loi du 3 mai 1841, est bien que le caractère de l'utilité publique leur soit reconnu par une loi.

Le principal argument qui était invoqué pour faire attribuer la déclaration d'utilité publique au pouvoir exécutif était tiré de la distinction faite, au point de vue de la déclaration d'utilité publique, par la loi du 3 mai 1841, entre les grands travaux publics et les travaux de moindre importance. Les travaux de restauration de périmètres, qui portent sur des étendues souvent de 15, 20 ou 30 hectares ne peuvent être considérés, disait-on, comme de grands travaux publics; ne devrait-on au moins restreindre l'intervention du pouvoir législatif au cas où il s'agirait de périmètres d'une étendue considérable? On répondit avec raison qu'il ne fallait pas apprécier l'importance d'une expropriation seulement d'après l'étendue et la valeur vénale du terrain à exproprier, mais aussi eu égard aux inconvénients qui en résultent et à la gravité des intérêts qu'elle lèse. Or, l'expropriation de terrains en montagne, en vue de travaux de reboisement, peut équivaloir à un ordre d'expatriation pour les populations dont l'élevage du bétail constitue l'unique ressource. On a ajouté que l'Administration forestière, naturellement portée à préférer les travaux de reboisement à tous autres procédés, mettrait plus de circonspection à proposer l'expropriation des terrains pour lesquels de simples mesures de conservation seraient suffisantes, si ses propositions devaient être soumises à la discussion publique devant les Chambres et exposées aux critiques des représentants particuliers des populations intéressées (Discussion au Sénat, Rép. de lég. et de jur. for., t. 9, p. 159 et suiv.).

821. La loi déclarative de l'utilité publique peut comprendre l'ensemble des terrains à restaurer dans un même bassin de rivière torrentielle (Décr. 11 juill. 1882, art. 7, al. 3). C'est pour cela que l'Administration fait, sauf exceptions, porter les études préparatoires sur la totalité d'un bassin (V. suprà, n° 808).

822. L'art. 3 de la loi du 4 avr. 1882 dispose que « la loi est publiée et affichée dans les communes intéressées; un duplicata du plan du périmètre est déposé à la mairie de chacunes d'elles. Le préfet fait, en outre, notifier aux communes, aux établissements publics et aux particuliers, un extrait du projet et du plan contenant les indications relatives aux terrains qui leur appartiennent ». Le préfet est chargé par l'art. 8 du décret du 11 juill. 1882 de faire procéder à l'apposition des affiches et à la publication de la loi dans les communes intéressées, ainsi qu'à la notification aux communes, aux établissements publics et aux particuliers, de l'extrait du projet et du plan contenant les indications relatives aux terrains qui leur appartiennent. Dans ce but, les plans et extraits nécessaires lui sont transmis immédiatement par l'administration des Forêts (Décr. 11 juill. 1882, art. 8). L'instruction de l'Administration forestière du 12déc.

1882 (art. 21 et suiv.) enjoint au conservateur de faire au préfet cette transmission. Les pièces sont préparées et les notifications établies par les agents forestiers; les notifications sont faites par les préposés des forêts ou, à défaut de ces agents, par ministère d'huissier, sous la direction et la surveillance du conservateur qui se concerte à cet effet avec le préfet.

§ 3. — Exécution des travaux de restauration par l'Etat. — Acquisition des terrains. — Expropriation.

823. L'art. 4 de la loi du 4 avr. 1882 règle l'exécution des travaux de restauration, lorsqu'ils ont été déclarés d'utilité publique. En règle générale, dans le périmètre fixé par la loi, les travaux de restauration sont exécutés par les soins de l'Administration et aux frais de l'Etat. Ces travaux peuvent aussi être exécutés par les propriétaires sous certaines conditions qui seront ultérieurement exposées; mais c'est là une exception.

824. L'Etat doit acquérir, soit à l'amiable, soit par voie d'expropriation, les terrains reconnus nécessaires à l'exécution des travaux. — L'Administration forestière recommande à ses agents de faire d'abord les tentatives nécessaires pour réaliser l'acquisition des terrains par voie amiable. Le ministre fixe, sur la proposition du service forestier, le montant des offres qui peuvent être faites à chaque propriétaire pour l'acquisition amiable de son terrain, séparément des offres qui devront lui être notifiées en cas d'expropriation. Ces dernières sont généralement plus élevées, parce qu'on y tient compte du résultat probable de l'expropriation, de sorte que les agents forestiers ont toute latitude pour traiter dans les limites des offres légales et des offres amiables (Instr. adm. for. 12 déc. 1882).

825. Si l'accord s'établit, l'adhésion des propriétaires est immédiatement constatée par écrit, et la promesse de cession est libellée en double exemplaire, préalablement visé pour timbre; l'un des doubles est remis, séance tenante, au propriétaire, l'autre est provisoirement conservé dans les archives du conservateur, après enregistrement. — Les contrats définitifs concernant les cessions amiables ne sont réalisés, autant que possible, qu'après l'intervention du jugement d'expropriation, de manière qu'ils contiennent adhésion à ce dernier et puissent être publiés et affichés en même temps que lui (Instr. adm. for. 12 déc. 1882, art. 42). Toutefois, si, dans l'intérêt des travaux ou pour tout autre motif, il est reconnu nécessaire d'entrer à bref délai en possession des immeubles, et si, d'autre part, un temps assez long doit s'écouler avant le jugement d'expropriation, le conservateur peut provoquer, en ce qui concerne seulement les propriétés pour lesquelles les promesses de cession amiable ont été consenties, l'arrêté préfectoral prescrit par l'art. 11 de la loi du 3 mai 1841 (Instr. adm. for. 12 déc. 1882, art. 43). A cet effet, le projet d'arrêté est préparé par les agents forestiers et adressé au préfet avec un état parcellaire des propriétés à acquérir (Instr. adm. for. 12 déc. 1882, art. 43). Il y a lieu, d'ailleurs, de suivre, en pareil cas, les règles qui sont déterminées pour les cessions amiables par la loi du 3 mai 1841: en ce qui concerne notamment les biens des mineurs, des interdits, l'aliénation amiable est valablement faite par leur représentant légal après autorisation du tribunal. Il en est de même en ce qui concerne les terrains qui appartiennent à l'Etat, aux départements, communes et établissements publics. Enfin, les mêmes règles seront applicables à la rédaction des contrats de cession et à la publicité qu'ils doivent recevoir.

826. Lorsque les agents de l'Administration forestière ne réussissent pas à obtenir un traité amiable et qu'il faut recourir à l'expropriation, le préfet prend immédiatement l'arrêté de cessibilité prévu par l'art. 11 de la loi du 3 mai 1841. La deuxième enquête qui, dans la procédure ordinaire de l'expropriation pour cause d'utilité publique, suit la déclaration de l'utilité publique, n'a pas lieu lorsque l'expropriation est poursuivie en vertu de la loi du 4 avr. 1882 (art. 4, § 1). « Les intéressés trouvent, dit M. Tétreau, p. 51, dans les formes établies par les art. 2 et 3 de la loi, et 3 et suivants du règlement d'administration publique, les mêmes garanties que celles que leur offrait en cette partie la loi du 3 mai 1841. On retrouve, en réalité, dans les formes indiquées par l'art. 4 de la loi de 1882 et le règlement d'admi-

nistration publique, les garanties accordées à la propriété privée par la double enquête organisée par la loi de 1841 et l'on comprend très bien qu'il ne soit plus nécessaire de procéder à une nouvelle enquête après la déclaration d'utilité publique, puisque toutes les précautions sont prises pour que, dès la première enquête, tous les intéressés soient mis à même de faire valoir leurs droits ».

827. Lorsque le périmètre comprend des terrains domaniaux, il n'y a évidemment pas lieu de les soumettre à l'expropriation. L'affectation nouvelle qu'ils reçoivent se règle conformément à l'ordonnance du 14 juin 1833 (*Rép.* v° *Domaine de l'État*, p. 99), aux termes de laquelle il est statué sur ces sortes d'affaires par un décret concerté entre le ministre des finances et le ministre qui réclame l'affectation, c'est-à-dire, dans l'espèce, le ministre de l'agriculture. Le décret n'est même pas nécessaire, si l'administration des Forêts opère sur des terrains déjà soumis au régime forestier, et sur lesquels elle a, par conséquent, le droit d'exécuter les travaux destinés à en assurer la restauration (Tétreau, p. 54).

Toutefois, au cas où les terrains domaniaux sont grevés de droits d'usage ou de servitudes dont le maintien ferait obstacle à la restauration, ces droits doivent être expressément compris dans le jugement d'expropriation. Et la circonstance que l'État n'a pas à se procurer les terrains par voie d'expropriation ne peut le dispenser de remplir les formalités de l'expropriation à l'égard des tiers auxquels appartiennent, sur ces terrains, quelques-uns des droits prévus par les art. 21 et 39 de la loi de 1841, et qui ne consentiraient pas à l'abandon volontaire de leurs droits (Tétreau, *op. cit.*, p. 55. Conf. Av. Cons. d'Ét. 24 janv. 1849, cité *ibid.*; Daffry de la Monnoye, *Traité de l'expropriation publique*, t. 1, p. 283).

828. Les formalités à suivre pour le jugement d'expropriation, la publicité qu'il doit recevoir, les notifications qu'il y a lieu d'en faire, etc., sont celles qui sont déterminées par la loi du 3 mai 1841 (Instr. adm. for. 12 déc. 1882, art. 58 et suiv.). Il en est de même en ce qui concerne la procédure des offres (Même instr. art. 74 et suiv.). Lorsque ces offres sont acceptées, il en est passé acte dans les formes également prévues par la loi du 3 mai 1841 (Même instr. art. 75). En cas de refus, il est procédé devant le jury en vertu de la même loi (Même instr. art. 76 et suiv.).

829. Sur les règles administratives applicables aux travaux exécutés par l'État, alors qu'il est devenu propriétaire des terrains soit en vertu de l'expropriation, soit en vertu de conventions amiables, V. notre *Code forestier annoté*, p. 651 et suiv., n°s 114 et suiv.

§ 4. — Exécution des travaux par les propriétaires. — Indemnités.

830. Dans les périmètres de restauration, les particuliers, les communes et les établissements publics peuvent, aux termes du paragraphe 2 de l'art. 4 de la loi de 1882, conserver la propriété de leurs terrains, s'ils parviennent à s'entendre avec l'État avant le jugement d'expropriation, et s'engagent à exécuter dans le délai à eux imparti, avec ou sans indemnités, aux clauses et conditions stipulées entre eux, les travaux de restauration qui leur seront indiqués, et à pourvoir à leur entretien, sous le contrôle et la surveillance de l'Administration forestière. Aux termes du paragraphe 3 du même article, les particuliers, les communes et les établissements publics, propriétaires de terrains compris dans les périmètres fixés en exécution de cette loi, peuvent constituer des associations syndicales, conformément aux dispositions de la loi du 21 juin 1865 (D. P. 65. 4. 77).

831. L'application simultanée des lois du 21 juin 1865 et du 4 avr. 1882, qui résulte de ce dernier paragraphe, donne lieu à une difficulté sérieuse. Les associations syndicales qui se forment en vue des travaux de restauration des montagnes peuvent être ou libres ou autorisées (Décr. 11 juill. 1882, art. 9 et 10). Lorsque ces associations se constituent et qu'elles obtiennent le bénéfice de l'art. 4, § 2, de la loi du 4 avr. 1882, c'est-à-dire, qu'elles conservent la propriété de leurs terrains en y exécutant, avec ou sans indemnité, les travaux que l'Administration juge utiles, il

peut se produire tels cas où elles pourront, soit exécuter ces travaux, soit ultérieurement les entretenir, sans acquérir de nouveaux terrains. Elles devront d'abord, au cas où elles ne peuvent les acquérir à l'amiable, se transformer en associations autorisées, si elles ont été primitivement constituées sous la forme d'associations libres. On sait, en effet, que les associations libres ne sont, à proprement parler, que des réunions de propriétaires et qu'elles n'ont pas le droit de recourir à l'expropriation pour cause d'utilité publique (V. *suprà*, v° *Associations syndicales*, n°s 21 et suiv., n°s 57 et suiv.). Mais, même cette transformation accomplie, il reste à savoir si, dans le cas où une association syndicale se trouverait obligée d'exproprier des parcelles non comprises dans les périmètres de la restauration du terrain en montagne, fixés par la déclaration d'utilité publique, cette expropriation doit avoir lieu conformément aux dispositions de l'art. 16 de la loi du 21 mai 1836 après déclaration d'utilité publique, par *décret* rendu en conseil d'État, ainsi que l'autorise l'art. 18 de la loi du 21 juin 1865 sur les associations syndicales, ou au contraire, s'opérer conformément aux formes prescrites par la loi du 3 mai 1841, après déclaration d'utilité publique par une *loi*, ainsi que l'exigent les art. 2 et 4 de la loi du 4 avr. 1882, sur la conservation des terrains en montagne.

La difficulté ne semble nullement avoir été prévue par le législateur. Rien dans la discussion de la loi, ni dans les rapports, ne permet de juger dans quelles conditions le législateur a entendu appliquer la loi du 21 juin 1865. Il est à remarquer qu'à l'époque où la disposition concernant les associations syndicales, qui forme actuellement le paragraphe 3 de l'art. 4 de la loi du 4 avril 1882, a été insérée dans le projet relatif à la restauration des terrains en montagne, ce projet n'exigeait qu'un décret pour déclarer l'utilité publique des travaux de restauration; et, à cet égard, il y avait harmonie entre cette disposition et la loi sur les associations syndicales. Plus tard, lorsque, sur la proposition du Sénat, la nécessité d'une loi a été admise pour les travaux de restauration des montagnes, on ne s'est point préoccupé de la difficulté susceptible de résulter en ce qui regardait les associations syndicales. Il faut, dès lors, s'attacher à l'esprit général de la loi de 1882 pour rechercher dans quelles limites la loi du 21 juin 1865 s'applique en matière de restauration des terrains en montagne. Elle s'y applique évidemment en tout ce qui concerne la constitution des associations syndicales et des droits attribués à ces associations; mais il semble évident que l'exercice de ces droits reste soumis, aussi bien entre leurs mains qu'entre celles de l'État, aux règles que la loi de 1882 a édictées pour le cas spécial qu'elle prévoit. On ne peut admettre, en effet, que les associations syndicales soient plus favorablement traitées que l'État représenté par l'Administration forestière, et que les garanties que le législateur de 1882 a entendu créer au profit de la propriété privée soient moindres, lorsque l'expropriation est poursuivie par une association syndicale que lorsque celle-ci est poursuivie par l'État. Il convient donc d'appliquer aux associations syndicales le principe formulé, d'une manière générale et sans distinction, par l'art. 2 de la loi du 4 avr. 1882, d'après lequel l'utilité publique des travaux de restauration doit être déclarée par une loi (Tétreau, p. 62 et suiv.).

832. Lorsque les propriétaires veulent bénéficier du droit que leur reconnaît le paragraphe 2 de l'art. 4, ils doivent faire connaître leur intention dans le délai d'un mois, à partir de la notification qui leur est faite, conformément à l'art. 3 de la loi du 4 avr. 1882, de l'extrait du projet et du plan contenant les indications relatives aux terrains qui leur appartiennent. — Le délai de trente jours s'applique indistinctement à tous les propriétaires; mais la forme dans laquelle ils doivent faire connaître leur intention varie suivant leur qualité. Aux termes de l'art. 9 du décret du 11 juill. 1882, les propriétaires et les associations syndicales libres doivent adresser une déclaration écrite au conservateur des forêts; aux termes de l'art. 10 du même décret, les communes et établissements publics, propriétaires de terrains compris dans les périmètres fixés par la loi déclarative de l'utilité publique, ainsi que les associations syndicales autorisées, font connaître au préfet, par une déclaration motivée, leur intention de bénéficier des dispositions de l'art. 4 de la loi

du 4 avr. 1882; le préfet transmet cette déclaration au conservateur (Instr. adm. for. 12 déc. 1882, art. 98).

833. Les déclarations formulées par les propriétaires de toute catégorie sont transmises à l'administration centrale des Forêts, accompagnées des propositions du conservateur concernant les travaux à mettre à la charge des déclarants et de l'indication du montant des indemnités qui pourraient leur être accordées par l'Etat, ainsi que les clauses, conditions et délais d'exécution à leur imposer (Instr. adm. for. 12 déc. 1882, art. 99). Lorsque ces propositions ont été approuvées par l'administration des Forêts, le conservateur les notifie directement aux propriétaires et associations syndicales libres (Décr. 11 juill. 1882, art. 9), et, par l'intermédiaire du préfet, aux communes, établissements publics et associations syndicales autorisées (Même décret, art. 10).

834. Les particuliers et les associations syndicales libres ont, à partir de cette notification, un délai de quinze jours (Décr. 11 juill. 1882, art. 9) pour remettre au conservateur, en double minute, l'engagement prévu par le paragraphe 2 de l'art. 4 de la loi de 1882, contenant la justification des moyens d'exécution. Cet engagement est soumis à l'approbation du ministre de l'agriculture. En cas d'approbation, mention en est faite sur l'une des minutes, qui est rendue au propriétaire (Décr. 11 juill. 1882, art. 9 précité).

Les communes, les établissements publics et les associations syndicales autorisées jouissent, pour remplir la même formalité, d'un délai de trente jours. Dans ce délai, ces propriétaires doivent faire connaître au préfet, par une délibération motivée du conseil municipal ou de la commission administrative, qu'ils acceptent les conditions qui leur sont imposées par l'Administration forestière (Décr. 11 juill. 1882, art. 10; Instr. adm. for. 12 déc. 1882, art. 102). Cette délibération est rendue définitive par l'approbation du préfet, qui la transmet au conservateur (Ibid).

835. L'absence de déclaration dans les délais prescrits par les art. 9 et 10 du décret du 11 juill. 1882 implique, de la part des propriétaires, la renonciation au droit qu'ils tiennent du paragraphe 2 de l'art. 4 de la loi du 4 avr. 1882. Il en est de même lorsque, dans les délais que le règlement d'administration publique leur impartit, les propriétaires n'ont pas fait connaître leur acceptation des conditions que l'Administration forestière leur impose. L'Etat est libre, dès lors, aussitôt les délais expirés, de poursuivre l'acquisition soit amiable, soit par voie d'expropriation publique, des terrains, et d'y procéder à l'exécution des travaux conformément au premier paragraphe de l'art. 4 de la loi du 4 avr. 1882.

836. Lorsqu'il s'agit de travaux exécutés sur des terrains appartenant soit à des communes, soit à des établissements publics, soit à des associations syndicales autorisées, le conseil municipal ou la commission administrative alloue chaque année les crédits ou les journées de prestation, fixés par les conventions comme nécessaires, tant pour l'exécution des travaux neufs que pour l'entretien des travaux effectués (Décr. 11 juill. 1882, art. 11). Le refus d'allouer en temps utile les crédits ou les journées de prestation fixés par les conventions, tant pour l'exécution des travaux neufs que pour leur entretien, entraîne de plein droit la déchéance de la faculté de conserver la propriété des terrains (Décr. 11 juill. 1882, art. 11; Instr. adm. for. 12 déc. 1882, art. 111).

837. Les indemnités qui peuvent être accordées aux propriétaires pour l'exécution des travaux nécessités par la restauration des terrains dont ils conservent la propriété ne sont payées qu'autant que ces propriétaires ont exécuté les travaux, sur le vu d'un procès-verbal de réception dressé par l'agent forestier local, et sur l'avis du conservateur (Décr. 11 juill. 1882, art. 12, § 2). De plus, l'allocation de l'indemnité peut être subordonnée à certaines conditions auxquelles le propriétaire est tenu de se soumettre. Ainsi l'Administration a décidé qu'il ne serait alloué d'indemnité, pour exécution de travaux par les propriétaires, dans les périmètres de restauration, que si lesdits propriétaires s'engagent, à peine de déchéance du droit de conserver leurs terrains, à ne jouir de ceux-ci que dans les limites déterminées par l'Administration (Instr. adm. for. 12 déc. 1882, art. 110. V. infra, n° 849).

838. Les travaux exécutés par les communes, les établissements publics et les associations syndicales sont soumis au contrôle et à la surveillance des agents forestiers, qu'il s'agisse de travaux neufs ou de travaux d'entretien, qu'ils soient exécutés avec ou sans indemnité. Ce contrôle et cette surveillance ne sont pas dépourvus de sanction. Aux termes du dernier paragraphe de l'art. 12 du décret du 11 juill. 1882, en cas d'inexécution dans les délais fixés, de mauvaise exécution ou de défaut d'entretien, constatés par le conservateur des forêts ou son délégué, contradictoirement ou en l'absence des propriétaires dûment convoqués, une décision du ministre de l'agriculture ordonne qu'il sera procédé conformément au paragraphe 1 de l'art. 4 de la loi du 4 avr. 1882 (Instr. adm. for. 12 déc. 1882, art. 107). L'inexécution des travaux entraîne, en d'autres termes, la déchéance du droit inscrit dans le paragraphe 2 de l'art. 4. La décision ministérielle est, en pareil cas, susceptible d'un recours devant le conseil d'Etat (Tréteau, p. 69).

839. L'Administration, toutefois, n'est pas nécessairement tenue de procéder à l'acquisition des terrains lorsqu'il y a simple retard dans l'exécution des travaux. Le ministre reste libre d'accorder, à la demande des propriétaires, des prorogations de délai soit pour l'achèvement des travaux en retard d'exécution, soit pour la réfection des ouvrages dont l'exécution aurait été considérée comme défectueuse.

840. La déchéance du propriétaire n'est prononcée qu'après une procédure spéciale de reconnaissance, laquelle est réglée dans les clauses qui afférent les conditions imposées pour l'exécution des travaux (Instr. adm. for. 2 déc. 1882, art. 108). Le propriétaire, maire, administrateur ou président d'association, est mis en demeure, par un avertissement administratif, d'assister à la vérification qui doit être faite des travaux non terminés dans le délai imparti, ou non susceptibles d'être reçus. L'original de l'avertissement est annexé au procès-verbal de l'opération. Ce dernier acte est soumis à la signature du propriétaire et constate sa présence ou son absence, son adhésion aux conclusions de l'agent forestier ou son refus. En cas d'absence ou de refus, le propriétaire est invité à déduire par écrit ses motifs dans les dix jours qui suivent la présentation à lui faite du procès-verbal, à défaut de quoi il est réputé en avoir accepté les conclusions. — La même procédure est suivie par l'Administration dans le cas où le propriétaire, après l'achèvement des travaux, ne les entretient pas ou commet des abus de jouissance de nature à en compromettre l'existence.

Art. 2. — *Travaux facultatifs, subventions, exécution des travaux.*

841. Aux termes de l'art. 15 de la loi du 4 avr. 1882, « dans les pays de montagne, en dehors même des périmètres établis conformément aux dispositions qui précèdent, des subventions continueront à être accordées aux communes, aux associations pastorales, aux fruitières, aux établissements publics, aux particuliers, à raison des travaux entrepris par eux pour l'amélioration, la consolidation du sol et la mise en valeur des pâturages. Ces subventions consisteront soit en délivrance de graines ou de plants, soit en argent, soit en travaux ». — Le principe de la subvention en vue d'encourager les travaux de restauration des terrains en montagne, avait été posé déjà par la loi du 28 juill. 1860 et celle du 8 juin 1864. La loi du 28 juill. 1860, art. 1, 2 et 3, prévoyait même l'allocation des subventions aux communes, aux établissements publics et aux particuliers, comme le mode ordinaire à employer pour le reboisement des montagnes. On a voulu, dans la loi du 4 avr. 1882, maintenir ce principe et inviter, autant que possible, les propriétaires à concourir à l'œuvre de la restauration des montagnes, en dehors des périmètres établis par la loi et alors que l'utilité des travaux, tout en n'offrant pas le degré de nécessité, exigé pour qu'ils dussent être exécutés par l'Etat, n'en serait pas moins manifeste au point de vue de l'intérêt général.

842. L'art. 5 du projet du Sénat fixait un terme de vingt ans à la durée pendant laquelle des subventions pourraient être accordées. Cette disposition s'expliquait par le désir d'exciter à une prompte action ceux que l'espoir de la subvention promise pourrait porter aux travaux dont il s'agit. Mais la

commission de la Chambre des députés, pensant qu'il pouvait n'être pas bon d'engager ainsi le budget pour une aussi longue période, et que l'incitation dont il s'agit rentrait dans les moyens d'exécution et ne devait pas trouver sa place dans une disposition législative, n'a pas cru pouvoir accepter l'amendement fait à l'article par le Sénat. On supprima donc la limite de vingt ans imposée à la période durant laquelle l'Administration pourrait accorder des subventions ; mais, au lieu de mentionner seulement dans l'article l'amélioration et la consolidation du sol, la Chambre des députés ajouta les mots « et la mise en valeur des pâturages ».

843. Les formalités que doivent remplir les propriétaires de terrains qui désirent y exécuter des travaux et avoir part aux subventions accordées par l'État différent, suivant qu'il s'agit de particuliers, de communes, d'établissements publics, d'associations pastorales ou fruitières (Décr. 11 juill. 1882, art. 14). — Les particuliers adressent leur demande sur timbre au conservateur des forêts. Bien que le décret du 11 juill. 1882 ne parle pas des associations syndicales libres, il nous semble certain que les associations de cette nature, qui se constitueraient en vue d'exécuter des travaux prévus par l'art. 5 de la loi du 4 avr. 1882, pourraient également s'adresser directement au conservateur et ne seraient pas tenues, comme les associations pastorales ou fruitières, d'adresser leur demande au préfet. En effet, si les communes, les établissements publics, les associations pastorales doivent adresser leur demande au préfet, c'est uniquement pour permettre à l'Administration supérieure d'exercer le droit de tutelle et de surveillance qu'elle possède sur ces établissements, et qu'elle n'a pas sur les associations libres. Les demandes, remises au préfet par les communes, associations pastorales ou fruitières, et établissements publics, sont transmises par le fonctionnaire au conservateur avec avis motivé.

Le conservateur est chargé d'instruire les demandes de subventions et de les transmettre au ministre de l'agriculture qui seul a le droit de les accorder. Ces subventions, aux termes de l'art. 5 de la loi du 4 avr. 1882, consistent soit en graines ou plants, soit en argent, soit en travaux.

844. D'une manière générale, les travaux, entrepris à l'aide de subventions accordées par l'État, sont exécutés sous le contrôle et la surveillance des agents forestiers ; ceux-ci en ont même la direction lorsque la subvention est accordée sous forme de travaux. Mais l'Administration peut soumettre et, en fait, soumet l'allocation des subventions à certaines conditions. Ainsi, en règle générale, il n'est accordé de subventions pour mise en valeur de pâturages aux communes, associations pastorales, fruitières, établissements publics et particuliers, que lorsque les pétitionnaires ont justifié préalablement de la propriété ou de la libre disposition de ces pâturages, et se sont engagés à les soumettre à la réglementation prescrite par l'art. 12 de la loi du 4 avr. 1882, sous la surveillance de l'Administration forestière (Instr. adm. for. 12 déc. 1882, art. 230). Il n'est dérogé à cette règle que lorsqu'il s'agit de favoriser indirectement et d'une manière générale l'amélioration des pâturages dans une région déterminée, par le moyen d'encouragements donnés au développement de l'industrie fromagère et à la vulgarisation de ses procédés (Instr. adm. for. 12 déc. 1882, art. 231). De même, préalablement à tout payement de subvention accordée pour la construction ou l'agrandissement des bâtiments d'une fruitière, le président de l'association ou du syndicat doit, par un acte authentique, s'engager, au nom de l'association, à restituer à l'État, sur la réquisition de l'administration des Forêts, l'intégralité de la subvention reçue si, dans une période de dix ans à partir de la réception des travaux, la fruitière cessait de fonctionner régulièrement. Une expédition de cet acte est remise au conservateur, pour être déposée dans ses archives (Instr. adm. for. 12 déc. 1882, art. 233). Enfin, lorsque la subvention consiste en travaux, il peut être imposé en même temps à l'impétrant l'obligation de fournir, pour l'exécution de ces travaux, soit des journées d'ouvrier en nombre déterminé, soit une somme d'argent qui est alors dépensée par les soins des agents forestiers, et dont l'emploi est justifié suivant les règles tracées par le règlement sur la comptabilité

publique du ministère des finances (Instr. adm. for. 12 déc. 1882, art. 228).

845. L'allocation des subventions est encore entourée de mesures propres à assurer leur exact emploi et à empêcher les impétrants de les détourner de leur objet (Décr. 11 juill. 1882, art. 15). Les subventions en argent, notamment, ne sont payées qu'après l'exécution des travaux au vu d'un procès-verbal de réception dressé par l'agent forestier local et sur l'avis du conservateur. Quant aux subventions en graines ou plants, il en est fait une estimation en argent qui est notifiée aux intéressés avant la délivrance et acceptée par eux ; de sorte que, en cas d'inexécution des travaux, de détournement d'une partie des graines ou des plants, ou de mauvaise exécution des travaux, constatés par le conservateur ou son délégué, contradictoirement ou en l'absence des propriétaires dûment convoqués, le montant de cette estimation peut être répété par l'État sur arrêté préfectoral (Instr. adm. for. 12 déc. 1882, art. 226).

846. Dans le cas où des terrains communaux ou appartenant à des établissements publics, qui ont été restaurés à l'aide de subventions de l'État, viennent à être distraits du régime forestier, la restitution des subventions peut être requise par l'administration des Forêts (Décr. 11 juill. 1882, art. 16 ; Instr. adm. for. 12 déc. 1882, art. 229). Le droit ainsi accordé à l'administration des Forêts et qu'elle peut exercer ou non, selon les circonstances, est destiné à prévenir les spéculations en opposition avec le but et l'esprit de la loi (Tétreau, *op. cit.*, p. 74).

ART. 3. — *Soumission au régime forestier des terrains restaurés ou améliorés.*

§ 1er. — Terrains restaurés par l'État ou par les propriétaires dans les périmètres reconnus d'utilité publique. — Surveillance, constatation des délits.

847. Les terrains qui sont restaurés par l'État au moyen du reboisement, après acquisition amiable ou par voie d'expropriation publique, sont soumis de plein droit au régime forestier, par application de l'art. 1 du code forestier (V. *supra*, n° 27).

Quant aux terrains qui sont restaurés au moyen du gazonnement ou de travaux d'art, ils sont bien, dans la pratique, administrés par le service forestier ; mais il faut reconnaître qu'aucun texte ne les soumet au régime forestier et qu'il y a là, au point de vue de la répression des délits qui peuvent y être commis, une lacune importante dans la loi. La loi du 28 juill. 1860 (art. 11) déclarait expressément que les délits constatés dans l'étendue des périmètres seraient poursuivis comme des délits commis dans les bois soumis au régime forestier. Mais cette loi a été abrogée, sans aucune restriction, par l'art. 16 de la loi du 4 avr. 1882 ; elle ne peut donc être invoquée comme permettant de poursuivre les infractions commises dans les périmètres de restauration. D'autre part, bien qu'il soit certain que le législateur n'a pas entendu laisser sans protection des travaux exécutés à grands frais dans l'intérêt de la sécurité publique, aucune disposition de la loi du 4 avr. 1882 ne leur applique les lois forestières. Cette lacune s'explique par les modifications successives du projet primitif ; le projet qui avait été présenté au Sénat par le Gouvernement, le 26 mai 1879, contenait un article (titre 1, art. 6) statuant sur la constatation et la poursuite des délits commis dans l'étendue des périmètres sur lesquels des travaux de restauration étaient exécutés, de même que l'art. 10 du titre 2, relatif à la conservation des terrains en montagne, statuait sur les délits commis dans les terrains mis en défens. Dans les remaniements que subit la loi, l'art. 6 disparut et l'art. 10 du titre 2, devenu l'art. 11 de la loi, ne vise que les délits commis dans les terrains mis en défens.

On s'est demandé si l'art. 22 de la loi de 1882, portant que les gardes domaniaux, appelés à veiller à l'exécution et à la conservation des travaux dans les périmètres de reboisement ou de gazonnement, sont chargés de la surveillance des terrains appartenant aux communes et mis en défens, etc., ne constituait pas une disposition générale soumettant au régime forestier les terrains restaurés par l'État. Cet article suppose évidemment que les terrains restaurés sont soumis

au régime forestier ; il n'est pas douteux que le législateur a considéré ces terrains comme soumis à ce régime et que la lacune de la loi est purement involontaire. Mais la disposition de l'art. 22 a simplement pour objet d'affranchir les communes des frais de garde qui leur incombaient jusque-là et qui avaient soulevé de vives récriminations sous l'empire de la législation précédente ; elle ne peut avoir une portée plus étendue. Il faut donc reconnaître que, dans l'état actuel de la législation, il n'existe aucun texte formel qui permette d'appliquer les pénalités du code forestier aux délits commis sur les terrains compris dans les périmètres de restauration, alors que ces terrains, appartenant à l'Etat, ont été simplement gazonnés (Tétreau, *op. cit.*, p. 79 et suiv.). Dès lors, les délits commis sur ces terrains ne pourraient être poursuivis que conformément aux règles du droit pénal et de la procédure criminelle, toutes les fois qu'ils ne seraient pas contigus à un terrain reboisé ou enclavés dans un terrain également reboisé.

848. La difficulté qui vient d'être exposée n'existe qu'à l'égard des terrains qui, compris dans les périmètres de restauration, déclarés d'utilité publique, appartiennent à l'Etat. Les terrains des communes et des établissements publics, dont les propriétaires ont conservé la propriété en vertu du paragraphe 2 de l'art. 4 de la loi du 4 avr. 1882, ne sont pas soumis de plein droit au régime forestier ; ils peuvent seulement être soumis à ce régime moyennant l'accomplissement des formalités tracées par l'art. 90 c. for. (V. toutefois, *infrà*, n° 849, pour le cas où il s'agit de restaurations exécutées avec subvention). Mais il en est autrement des terrains qui ont été reboisés en exécution de la loi du 28 juill. 1860 (V. notre *Code forestier annoté*, art. 1, n°s 537 et suiv.). Les terrains qui appartiennent à des particuliers, d'autre part, ne sont jamais assujettis au régime forestier ; peu importe qu'il s'agisse de travaux obligatoires ou facultatifs opérés avec ou sans subvention de l'Etat (V. *suprà*, n°s 841 et suiv.). — Il suit de là que les terrains restaurés par les communes et les établissements publics sont protégés par les dispositions pénales du code forestier, lorsqu'ils sont soumis au régime forestier, soit en vertu de l'art. 90 c. for., soit en raison de ce que les travaux y ont été exécutés avec subventions de l'Etat. Vis-à-vis des particuliers, l'administration des Forêts, si elle ne peut invoquer les pénalités forestières, ne reste pas désarmée : contre le défrichement, elle peut invoquer les dispositions de l'art. 221 c. for. (*suprà*, n° 763) ; elle peut également recourir à l'expropriation prévue par le paragraphe 1 de l'art. 4 de la loi de 1882, à l'égard des propriétaires des terrains quelconques compris dans les périmètres de restauration obligatoire, qui auraient pratiqué ou toléré sur ces terrains des actes préjudiciables aux travaux de restauration par eux entrepris sous le contrôle et la surveillance du service forestier. Si cette menace d'expropriation n'a pas été spécialement prévue par le législateur, elle n'en découle pas moins des termes et de l'esprit de l'art. 4 de la loi de 1882, et elle peut constituer une sanction d'une certaine efficacité. — Quant aux délits commis par des tiers, leur sanction et leur poursuite sont régies par les règles ordinaires du droit pénal et de la procédure criminelle, auxquels les particuliers lésés peuvent recourir.

§ 2. — Terrains restaurés ou améliorés à l'aide de subventions.

849. L'art. 16 du décret du 11 juill. 1882 déclare soumis de plein droit au régime forestier les terrains appartenant aux communes et aux établissements publics, sur lesquels des travaux de reboisement sont entrepris à l'aide de subventions de l'Etat (Instr. adm. for. 12 déc. 1882, art. 229). — Cette disposition, empruntée à l'art. 2 du décret du 10 nov. 1864, a pour but d'assurer la conservation des jeunes bois, en permettant à l'Administration forestière de les garantir contre les abus de pâturage (Conf. Tétreau, *op. cit.*, p. 73). — Elle ne s'étend pas aux propriétés privées, les *particuliers* ayant, aux termes de l'art. 2 c. for., sur leurs bois, l'exercice de tous les droits résultant de la propriété, sauf les restrictions spécifiées par la loi, et la loi du 4 avr. 1882 ne renfermant aucune restriction de cette nature relativement aux terrains reboisés par les particuliers (Conf. Tétreau, *loc. cit.*).

§ 3. — Interdiction de défricher. — Exemption d'impôts.

850. L'art. 6, § 1, de la loi du 4 avr. 1882 dispose que le paragraphe 1 de l'art. 224 c. for., qui autorise le défrichement des jeunes bois, pendant les vingt premières années après leur semis ou plantation, n'est applicable dans aucun cas aux reboisements effectués en exécution de ladite loi. Les règles tracées par l'art. 219 c. for. sont donc applicables, même pendant les vingt premières années après leur semis ou plantation, au défrichement des bois qui ont été semés ou plantés en exécution de la loi du 4 avr. 1882, sans qu'il y ait à établir de distinction entre : 1° les terrains reboisés par les propriétaires eux-mêmes, dans les périmètres de restauration obligatoire, conformément au paragraphe 2 de l'art. 4 de la loi de 1882 ; 2° et les terrains reboisés par les propriétaires, en dehors des périmètres établis, avec subventions ou primes accordées par application de l'art. 5 de cette même loi.

851. On sait, d'autre part, que la situation des bois sur le sommet ou le penchant des montagnes est, aux termes de l'art. 220 c. for., une cause d'opposition au défrichement (V. *suprà*, n° 778).

852. En vertu du paragraphe 2 de l'art. 6 de la loi du 4 avr. 1882, l'exemption d'impôt prévue par l'art. 226 c. for. est applicable à tous les bois créés en exécution de cette loi sans aucune distinction, quelle que soit la qualité des propriétaires.

Sect. 3. — Conservation des terrains en montagne.

Art. 1er. — De la mise en défens.

§ 1er. — Etudes préparatoires, décret de mise en défens.

853. Aux termes de l'art. 7 de la loi du 4 avr. 1882, l'administration des Forêts peut requérir la mise en défens des terrains et pâturages en montagne appartenant aux communes, aux établissements publics et aux particuliers, toutes les fois que l'état de dégradation du sol ne paraît pas encore assez avancé pour nécessiter des travaux de restauration. Cette mise en défens est prononcée par un décret rendu en conseil d'Etat.

Le système de la mise en défense, considéré comme un moyen de régénération des terrains en montagne, introduit dans la loi sur l'initiative de la commission du Sénat, permet à l'administration des Forêts d'agir, bien que l'état des terrains ne constitue pas le danger ni actuel qui nécessite la restauration. Souvent, sans recourir à des travaux de restauration, il est possible de maintenir des terrains en bon état de conservation, en interdisant simplement le pâturage et l'introduction des bestiaux pendant un certain temps. Si, dans les terrains fortement dégradés, les travaux de restauration sont indispensables pour remettre le sol en bon état, de manière à empêcher la formation des torrents et par voie de conséquence les inondations, dans les terrains légèrement atteints, les forces de la nature suffisent souvent à réparer le mal, quand leur action n'est point annulée dans ses résultats par le piétinement et la dent des troupeaux. On voit souvent, en effet, la forêt renaître ou se peupler et le gazon couvrir de nouveau le sol, pourvu que les terrains où l'armature végétale se reconstitue ainsi soient interdits à la dépaissance (Rapport de M. Maigne, D. P. 82. 4. 92, note 1). On peut donc, en employant ce système, arriver plus rapidement à conjurer les dangers qui résultent de la destruction des terrains en montagne, et à satisfaire, sans frais considérables, aux nécessités de la sécurité publique. La mise en défens constitue une restriction au droit de propriété ; l'interdiction du pâturage cause aux propriétaires, individus ou communes, un préjudice réel, dont il eût été injuste de ne pas tenir compte ; aussi, le système de la mise en défens, adopté par la loi du 4 avr. 1882, comporte-t-il, d'une part, l'allocation aux propriétaires auxquels s'applique l'interdiction du pâturage, d'indemnités représentant autant que possible le préjudice qu'ils éprouvent, d'autre part, la limitation de la durée de l'interdiction, et, au cas où cette durée devrait excéder un délai de dix ans, l'acquisition des terrains par l'Etat, soit amiablement, soit par voie d'expropriation.

854. L'Administration forestière est juge des circonstances qui sont de nature à provoquer la mise en défens ; elle a seule qualité pour en prendre l'initiative. La rédaction de l'art. 7 du projet du Sénat, qui lui faisait une obligation de requérir la mise en défens des terrains et pâturages en montagne soit d'office, soit à la demande des communes, toutes les fois que le ravinement ou la dégradation du sol nécessiteraient cette mesure, a été repoussée par la Chambre des députés, qui y a substitué le texte actuel, laissant à l'administration forestière l'initiative des mesures à prendre et l'entière liberté d'y recourir de son propre mouvement.

855. L'étude des projets de mise en défens est faite par les agents des forêts dans des conditions qui sont déterminées par les art. 17, 18 et 19 du décret du 11 juill. 1882 et l'instruction du 12 déc. 1882 (V. notre *Code forestier annoté* p. 660, nᵒˢ 17 et suiv.). L'art. 8, paragraphe 1, de la loi du 4 avr. 1882 ayant soumis les projets de mise en défens aux mêmes enquêtes, délibérations et avis que les projets de restauration, les formalités à remplir sont les mêmes que celles qui ont été exposées (*supra*, nᵒˢ 808 et suiv.). — Les articles du décret du 11 juill. 1882 qui sont applicables à l'instruction des projets de mise en défens sont ainsi conçus :
« Art. 17. L'administration des Forêts procède à la désignation des terrains dont elle estime que la mise en défens est nécessaire dans l'intérêt public. A cet effet, elle dresse un procès-verbal de reconnaissance des terrains et un plan des lieux. » — Art. 18. Les documents mentionnés ci-dessus sont établis conformément aux dispositions de l'art. 2 du présent décret. Le procès-verbal de reconnaissance indique, en outre, la nature, la situation et les limites des terrains à interdire au parcours, la durée de la mise en défens, sans qu'elle puisse excéder dix ans, et le délai pendant lequel les parties intéressées peuvent procéder au règlement des indemnités à accorder aux propriétaires pour privation de jouissance. — Art. 19. Les documents énoncés en l'article précédent sont transmis par l'administration des Forêts au préfet, qui fait procéder, dans la forme et les délais prescrits par les articles 3, 4, 5, 6 et 7 du présent décret, à l'accomplissement des formalités mentionnées dans le paragraphe 1 de l'art. 8 de la loi du 4 avr. 1882. Le préfet renvoie ensuite les pièces de l'instruction, avec son avis motivé, au ministre de l'agriculture ».

856. La mise en défens est prononcée par un décret rendu en conseil d'Etat. Le projet du Sénat, qui confiait le soin de prononcer la mise en défens au préfet en conseil de préfecture, combattu sur ce point par le Gouvernement, n'a pas été adopté (*Journ. off.* du 25 juin 1879, annexe nᵒ 190 ; *Journ. off.* du 21 juin 1880, annexe nᵒ 335). On a pensé avec raison que les avantages résultant de la simplicité du système de l'arrêté et de la promptitude des solutions qu'on pouvait en attendre, par suite de la proximité de l'autorité compétente pour statuer, seraient plus que compensés par les garanties dont le décret entoure l'intérêt des citoyens et celui de l'Etat (Rapport de M. Maigne du 21 juill. 1881, D. P. 82. 4. 92, note).

857. Le conseil d'Etat examine la demande de l'Administration ; si elle est régulière en la forme, il recherche si les propositions qu'elle contient sont justifiées au fond ; il peut les admettre telles qu'elles sont formulées ou les modifier suivant les circonstances de fait ou de droit particulières à chaque espèce (Tétreau, p. 92). Le décret qui intervient ensuite détermine (L. 4 avr. 1882, art. 8, § 2) : la nature, la situation et les limites des terrains à interdire ; la durée de la mise en défens, sans qu'elle puisse excéder dix ans ; le délai pendant lequel les parties intéressées pourront procéder au règlement amiable de l'indemnité à accorder aux propriétaires pour privation de jouissance.

Ce décret, aux termes de l'art. 20 du décret du 11 juill. 1882, une ampliation est transmise au préfet, est publié et affiché dans la commune de la situation des lieux, puis notifié, sous forme d'extrait, aux divers propriétaires (Décr. 11 juill. 1882, art. 20 ; Instr. adm. for. 12 déc. 1882, art. 247) et aux usagers des biens domaniaux, en ce qui concerne les parcelles sur lesquelles ils exercent leurs droits d'usage. A cet effet, les extraits nécessaires sont préparés, en original et copie, par les soins des agents forestiers, puis transmis par le conservateur au préfet (Instr. adm. for. 12 déc. 1882, art. 248). Ces extraits

contiennent les indications spéciales relatives à chaque parcelle ; ils font connaître le jour initial et la durée de la mise en défens, ainsi que le délai pendant lequel il pourra être procédé au règlement amiable de l'indemnité annuelle due pour privation de jouissance (Décr. 11 juill. 1882, art. 20 ; Même instruction, art. 248). Il est procédé immédiatement à une délimitation sommaire et à un bornage économique, dans les formes prescrites pour les périmètres à restaurer (Instr. adm. for. 12 déc. 1882, art. 113 et 249).

§ 2. — Durée de la mise en défens. — Acquisition des terrains par l'Etat.

858. Aux termes de l'art. 8, § 2 et 5, de la loi du 4 avr. 1882, les propriétaires de terrains mis en défens ne peuvent être tenus de subir cette restriction à leur droit de jouissance pendant un délai supérieur à dix ans. Ce délai est un maximum qui ne peut être dépassé, et la durée de la mise en défens ne peut être prolongée au delà, ni renouvelée, sans donner aux propriétaires le droit de requérir l'acquisition par l'Etat de leurs terrains. La durée de la mise en défens, qui a été ordonnée, par le décret en conseil d'Etat, pour une période de moins de dix ans, peut, d'ailleurs, être prolongée jusqu'à ce terme extrême par un nouveau décret rendu sur la proposition de l'Administration forestière. Mais, si la durée a été fixée dès l'abord à dix ans, ou si, à l'expiration de la période primitivement fixée, elle a été prorogée jusqu'à cette limite, elle ne peut plus être l'objet d'une nouvelle prorogation. Il avait d'abord été admis, dans les projets de loi soumis aux Chambres, que, après l'expiration d'une première période de dix ans, l'Etat aurait encore le droit de prolonger la mise en défens pendant une période égale. Mais on a pensé avec raison qu'un interdit de dix ans était déjà énorme, et qu'une mise en défens de vingt ans équivaudrait en réalité à une véritable expropriation. D'ailleurs, si un terrain n'est pas reconnu pour être en bon état après dix ans de mise en défens, c'est que ce terrain n'est pas capable de se relever à l'aide de simples mesures de *conservation*, et qu'il doit être *restauré* (Rapport de M. Maigne, du 21 juill. 1881, D. P. 82. 4. 93, note 1).

859. Lorsque le décret a fixé la durée de la mise en défens à une durée moindre de dix ans, et que l'Administration forestière juge nécessaire de la proroger, elle doit notifier la décision qui est prise, à ce sujet, par le directeur des forêts, aux propriétaires des terrains qu'il s'agit de maintenir en défens avant la fin de la dernière année du délai fixé par le décret qui a prononcé la mise en défens (Instr. du 12 déc. 1882, art. 261).

860. Aux termes de l'art. 10 de la loi du 4 avr. 1882, pendant la durée de la mise en défens, l'Etat pourra exécuter, sur les terrains interdits, tels travaux que bon lui semblera, pour parvenir plus rapidement à la consolidation du sol, pourvu que ces travaux n'en changent pas la nature, et sans qu'une indemnité quelconque puisse être exigée du propriétaire, à raison des améliorations que ces travaux auraient procurées à sa propriété. Cette faculté s'explique par l'intérêt qu'il y a à assurer le plus rapidement possible la consolidation du sol. Mais il est indispensable que les travaux n'aient pas pour résultat de changer la nature des terrains ; autrement, il ne s'agirait plus de l'application d'une mesure prévue par le titre 2, mais d'actes qui rentreraient dans les prévisions du titre 1 de la loi du 4 avr. 1882, et il faudrait recourir aux mesures édictées pour la restauration des terrains, c'est-à-dire que le propriétaire aurait le droit de requérir l'acquisition de son terrain par l'Etat, comme cela a lieu lorsque la mise en défens doit être prolongée au delà de dix ans (Tétreau, *op. cit.* p. 103).

861. La loi n'a pas voulu enlever à l'Administration forestière le droit de prolonger au delà de dix ans la mise en défens ; mais elle a, comme on l'a vu *supra* nᵒ 858, considéré comme une véritable expropriation toute prolongation de ce délai. La décision du directeur des Forêts est, en pareil cas, notifiée aux propriétaires avant la fin de la dixième année (Décr. 11 juill. 1882, art. 22). La notification leur fait connaître qu'ils doivent déclarer, dans le délai d'un mois, s'ils entendent se prévaloir du dernier paragraphe de l'art. 8 de la loi du 4 avr. 1882 et requérir l'acquisition de leurs terrains par l'Etat (Décr. 11 juill. 1882, art. 22 ;

Instr. adm. for. 12 déc. 1882, art. 263). Il est, sur cette réquisition, procédé conformément aux dispositions des art. 9 à 13 du décret du 11 juill. 1882 (*suprà*, nᵒˢ 826 et suiv.).

§ 3. — Indemnités pour privation de jouissance — Affectation des indemnités attribuées aux communes.

862. La loi du 4 avr. 1882 a voulu que le sacrifice imposé aux propriétaires des terrains en montagne, dans l'intérêt de tous, fût, dans tous les cas, réparé. Lorsqu'elle n'exproprie pas les terrains, qu'elle laisse aux propriétaires leur droit de propriété et ne les dépouille que momentanément de la jouissance par la mise en défens, elle leur accorde une indemnité. Cette indemnité doit être évaluée d'après la perte réelle éprouvée par les intéressés, en tenant compte de tous les éléments de préjudice, de quelque nature que ce soit, qui seront la conséquence de la mise en défens, tels que la privation de jouissance pour les particuliers et, pour les communes, la suspension du droit d'amodier les pâturages ou de les soumettre à des taxes locales (Tétreau, *op. cit.*, p. 92).

863. Le règlement de l'indemnité se fait par annuités : celles-ci sont payées sur un mandat délivré par le conservateur aux intéressés ou à leurs ayants droit, pour l'année écoulée, dans le courant du mois de janvier de l'année suivante (Décr. 11 juill. 1882, art. 21). L'indemnité court à partir du jour initial de la mise en défens et se calcule d'après le montant de l'annuité fixée, au prorata du nombre de mois et de jours écoulés (Décr. 11 juill. 1882, art. 21; Instr. adm. for. 12 déc. 1882, art. 225).

864. La fixation de l'indemnité peut avoir lieu à l'amiable : lorsque les propriétaires acceptent les propositions de l'Administration dans les délais impartis par le décret qui a institué le périmètre de mise en défens, le ministre de l'agriculture en fixe définitivement le montant annuel (Instr. 12 déc. 1882, art. 250-251). Mais lorsque, à l'expiration du délai fixé par le décret prononçant la mise en défens, l'accord ne s'est pas établi entre les propriétaires et l'Administration, il appartient au conseil de préfecture de statuer sur le chiffre de l'indemnité (L. 4 avr. 1882, art. 8, § 3; Décr. 11 juill. 1882, art. 21; Instr. adm. for. 12 déc. 1882, art. 251). En principe, c'est au propriétaire qu'incombe le soin de saisir cette juridiction; mais l'Administration forestière jouit du même droit et peut en user, lorsqu'elle le juge nécessaire dans l'intérêt de l'Etat.

865. Il est procédé à l'instruction et au jugement du litige dans les formes ordinaires, conformément aux dispositions de la loi du 28 pluv. an 8, et de la loi du 22 juill. 1889 sur la procédure devant les conseils de préfecture, D. P. 90, 4, 1. — La loi du 4 avr. 1882, art. 8 laissait au conseil la faculté de recourir à une expertise contradictoire, s'il le jugeait nécessaire d'après les circonstances, et, dans cette hypothèse, de ne nommer qu'un seul expert, de manière à éviter aux parties des frais inutiles, sans cependant lui faire une obligation de l'expertise ou de la nomination d'un seul expert; mais il semble, en présence des dispositions de l'art. 14 de la loi du 22 juill. 1889, qui n'autorise le conseil de préfecture à ordonner l'expertise à un seul expert qu'autant que les parties y consentent, et de l'art. 68 de la même loi, qui abroge les dispositions contraires des lois et règlements, que le droit pour le conseil de préfecture de ne désigner qu'un seul expert soit subordonné au consentement exprès des parties. — La décision du conseil de préfecture est susceptible de recours au conseil d'Etat, aussi bien de la part du ministre de l'agriculture que des propriétaires qui réclament l'indemnité. Ce recours est jugé comme les recours en matière de contributions directes, c'est-à-dire sans frais et sans que le ministère des avocats au conseil d'Etat, dont l'intervention est indispensable, en principe, aux termes du règlement du 22 juill. 1806, dans toutes les affaires portées par les particuliers, les départements, les communes et les établissements publics, devant le conseil d'Etat, soit nécessaire ici, conformément aux dispositions des art. 29 de la loi du 26 mars 1831, et 30 de la loi du 21 avr. 1832 (*Rép.* vᵒ *Impôts directs*, nᵒ 269 et 270. Conf. Tétreau, *op. cit.*, p. 95).

866. La loi du 4 avr. 1882 n'a pas laissé aux communes la libre disposition des indemnités qui leur sont accordées à raison de la privation de leur jouissance sur les pâturages

leur appartenant à la suite de la mise en défens de ces pâturages. La loi, en effet, selon les expressions du rapport de M. Maigne, accorde une indemnité à ceux qu'elle dépossède, mais elle ne veut pas que cette indemnité s'égare et n'aille pas soulager les privations qu'elle impose, là où elles se trouvent réellement. C'est pourquoi l'art. 9 dispose que l'indemnité annuelle sera versée à la caisse municipale. La somme représentant la perte éprouvée par les communes à raison de la suspension de l'exercice de leur droit d'amodier les pâturages ou de les soumettre à des taxes locales, doit être affectée aux besoins communaux, et le surplus, et même le tout, s'il y a lieu, distribué aux habitants par les soins du conseil municipal. — L'art. 9 du projet adopté par la Chambre des députés, le 29 juill. 1881, portait : « L'indemnité annuelle sera versée à la caisse municipale. Deux parts en seront faites; l'une, représentant la perte éprouvée par les communes, en raison de la suspension de l'exercice de leur droit d'amodier les pâturages, sera affectée aux besoins communaux; l'autre sera distribuée aux habitants par les soins du conseil municipal ». Bien que cette rédaction n'ait pas prévalu, il n'est pas inutile de reporter aux explications auxquelles elle a donné lieu, la modification introduite dans le texte par le Sénat ne changeant pas l'esprit général qui a inspiré cet article (Tétreau, *op. cit.*, p. 101). Le Sénat a pensé que ces dispositions, relatives à la division de l'indemnité en deux parts, pourraient préjudicier au budget de la commune si la mise en défens n'imposait des privations qu'à elle. Pour obvier à ce danger, il les a modifiées et a donné à la commune le droit de prélever sur l'indemnité, pour l'affecter à ses besoins, la somme représentant la perte par elle éprouvée, le surplus seulement étant distribué aux habitants par les soins du conseil municipal (Rapport de M. Eugène Michel du 20 mars 1882). M. Maigne, dans son rapport, a résumé ainsi qu'il suit les différentes hypothèses qui peuvent se présenter, et le mode de répartition qui doit être alors suivi. « Trois cas se présentent par rapport aux pâturages communaux: ou la commune afferme ses pâturages et verse dans la caisse communale le prix de la ferme; ou elle laisse ses habitants conduire leurs bestiaux dans ses pâturages, moyennant une taxe plus ou moins légère; ou, enfin, chaque famille de la commune fait pacager gratuitement son bétail sur les pâturages communaux. Dans le premier cas, c'est la caisse communale qui est lésée par la mise en défens, et il est juste, — étant admis son droit d'affermer, — qu'elle touche l'indemnité. Dans le second, deux parts sont faites dans l'indemnité payée par l'Etat: l'une qui représente les taxes perçues par la caisse communale; l'autre qui représente le dommage souffert par chaque famille en raison de l'interdit des pâturages; la première de ces parts revient de droit à la caisse communale; la seconde est distribuée aux habitants. Cette distribution porte sur l'indemnité entière lorsque les pâturages communaux étaient ouverts au bétail de tous les habitants, car alors c'est sur eux tous que porte la privation de l'exercice d'un droit, le dommage causé par la mise en défens, et on peut être sûr que le dommage ne sera jamais complètement couvert par l'indemnité chez la partie la plus pauvre de la population ».

§ 4. — Constatation et poursuite des délits. — Régime forestier.

867. On a déjà vu (*suprà*, nᵒ 847), que l'art. 11 de la loi du 4 avr. 1882, soumet au régime forestier les terrains mis en défens au point de vue de la constatation et de la poursuite des délits et de l'exécution des jugements, alors que cette loi est restée muette en ce qui concerne les terrains restaurés. Dans la discussion de la loi, le Gouvernement et la commission du Sénat ont également reconnu que la mise en défens, pendant sa durée, équivaut à la soumission au régime forestier, et doit entraîner, en cas d'infraction, les mêmes peines que pour les délits commis dans les bois (Rapport de M. Eug. Michel, du 8 juin 1880, D. P. 82, 4. 93, note 3).

868. L'expression *délits* dont se sert l'art. 11 de la loi du 4 avr. 1882 est, comme cela a lieu ordinairement en matière forestière, employée dans son sens large, et comprend, par suite, les contraventions (V. Tétreau, p. 104).

869. La mise en défens ayant pour but de placer la

terre interdite sous la protection de la loi et la surveillance de l'Administration et, par suite, de suspendre, pendant sa durée, l'exercice de tous les attributs de la propriété, il en résulte que toute introduction de bestiaux et d'animaux de trait, de charge ou de monture, pendant cette période de temps, constitue un délit passible de la même peine que ceux commis dans les bois soumis au régime forestier, alors même que cette introduction serait imputable au propriétaire même des terrains (V. le rapport de M. Eug. Michel, D. P. 82. 4. 93, note 3).

ART. 2. — Réglementation des pâturages communaux.

870. A côté de la mise en défens, qui constitue en quelque sorte un premier degré de la restauration des terrains en montagne, la loi du 4 avr. 1882 a jugé nécessaire d'ajouter une mesure qu'on peut qualifier de mesure préventive : la réglementation des pâturages communaux. Une des causes les plus actives et les plus énergiques de la dégradation du sol des montagnes est l'abus de la dépaissance. Cet abus consiste à mettre dans un pâturage plus de bêtes qu'il ne peut normalement en nourrir, à les y mettre avant le temps où l'herbe et le sol sont en état de les recevoir. Le remède contre cet abus consiste donc à ne mener paître dans les pâturages que la quantité et l'espèce de bêtes qu'ils peuvent nourrir, sans excéder leur possibilité, et à ne les y mener que lorsque l'herbe est assez grande et le sol assez ferme pour qu'aucun dommage n'en puisse résulter (Rapport de M. Maigne, du 21 juill. 1881, Journ. off. du 14 août 1881, annexe n° 3981, p. 1552; D. P. 82. 4. 94, note 4. Conf. Rapport de M. Eugène Michel du 26 mai 1879, Journ. off. du 16 juin 1879, annexe n° 188; Rép. de lég. et de jur. for., t. 9, p. 140 et suiv.). On empêche ainsi la dégradation des terrains qui nécessiterait ultérieurement la mise en défens et les travaux de restauration.

871. Bien avant 1882, tout le monde était d'accord sur la cause du mal et sur le remède; mais il était loin d'en être de même en ce qui concernait l'application et l'opportunité de la réglementation des pâturages. On craignait de demander aux populations trop de sacrifices à la fois : réglementation de pâturage, mise en défens, exécution des travaux obligatoires, trois sources de restrictions et de privations très pénibles pour les populations des montagnes. Ces préoccupations se manifestaient non seulement dans le parlement, mais aussi dans les délibérations des commissions extraparlementaires auxquelles le Gouvernement avait confié le soin des enquêtes sur les diverses questions du régime de l'aménagement des eaux. Néanmoins, ces considérations ne prévalurent pas et, sur la proposition de la commission du Sénat, le Parlement a adopté le principe de la réglementation des pâturages, qui forme le chap. 2, tit. 2, de la loi de 1882.

872. La loi de 1882 ne réglemente, d'ailleurs, que les pâturages communaux ; ne porte aucune atteinte aux droits des particuliers. Cette atteinte ne saurait être justifiée qu'autant qu'elle serait commandée par l'intérêt public; vis-à-vis des particuliers, l'intérêt public n'est pas suffisamment engagé, car les pâturages possédés en montagne par des particuliers sont en général peu étendus, et ceux-ci sont eux-mêmes stimulés par leur propre intérêt à en assurer la conservation : l'Administration d'ailleurs garde à leur égard, comme moyen d'action, la mise en défens ; elle n'est donc pas complètement désarmée.

Il en est autrement vis-à-vis des communes. Celles-ci sont placées sous la tutelle de l'Administration pour la gestion de leurs biens. Cette tutelle s'exerce directement sur les bois ; pourquoi ne s'étendrait-elle pas à tous les terrains qui en dépendent, et en particulier aux pâturages, qu'en général, en dehors de tout contrôle efficace de l'autorité supérieure, elles ne protègent pas suffisamment contre les abus provenant de leurs habitants? — D'ailleurs, les communes ne sont assujetties à la réglementation prescrite par l'art. 12 de la loi de 1882 qu'autant qu'elles figurent sur le tableau prévu par cet art. 12, annexée au règlement d'administration publique du 11 juill. 1882, et les communes n'y figurent qu'autant que des périmètres de restauration obligatoire ou

de mise en défens ont été établis sur leur territoire par des lois ou des décrets (Décr. 11 juill. 1882, art. 23).

873. Le tableau qui a été annexé au décret du 11 juill. 1882 comprend un certain nombre de communes appartenant aux départements des Basses et Hautes-Alpes, des Alpes-Maritimes, de l'Ardèche, de l'Aude, de la Drôme, du Gard, de l'Hérault, de l'Isère, de la Loire, de la Haute-Loire, de la Lozère, du Puy-de-Dôme, des Basses et Hautes-Pyrénées, des Pyrénées-Orientales, du Var. Il est révisé annuellement par l'Administration forestière et modifié, s'il y a lieu, par décret rendu dans la forme des règlements d'administration publique (Décr. 11 juill. 1882, art. 23), après une instruction préalable, dans laquelle les communes intéressées ont été mises à même de fournir leurs observations (Tétreau, p. 108). Les modifications introduites dans la liste sont notifiées par le préfet à chaque commune intéressée, en ce qui la concerne, comme a dû l'être le premier tableau (Décr. 11 juill. 1882, art. 23).

874. Les projets de règlement, aux termes des art. 12 de la loi du 4 avr. 1882 et 24 du décret du 11 juill. 1882, pour l'exercice du pâturage sur les terrains appartenant à la commune et situés sur son territoire, soit sur le territoire d'autres communes, sont délibérés par le conseil municipal. En chargeant le conseil municipal des communes intéressées du soin de présenter un règlement qui fixât les différentes conditions du pâturage dans la commune, le législateur a pensé qu'il rendrait la loi nouvelle plus populaire et qu'il préviendrait les résistances que la législation antérieure avait rencontrées parmi les populations pastorales. Ce mode de procéder est, d'ailleurs, conforme aux principes de la législation antérieure, qui a toujours confié aux communes le soin de régler le mode de jouissance et la répartition des pâturages et fruits communaux, sous la condition que les délibérations prises à ce sujet par les conseils municipaux soient sanctionnées par l'approbation du préfet. Toutefois, le législateur de 1882 fait, au cas particulier, une obligation aux communes de la réglementation de leurs pâturages.

875. Aux termes de l'art. 12 de la loi du 4 avr. 1882, complété par l'art. 24 du décret du 11 juill. 1882, le projet de règlement indique notamment : la nature, les limites et la superficie totale des terrains communaux soumis au pâturage ; les limites, l'étendue des cantons qu'il y a lieu d'ouvrir aux troupeaux dans le cours de l'année, les chemins par lesquels les bestiaux doivent passer pour aller au pâturage ou au pacage et en revenir ; les diverses espèces de bestiaux et le nombre de têtes qu'il convient d'y introduire; l'époque à laquelle commence et finit l'exercice du pâturage suivant les cantons, et la catégorie des bestiaux; la désignation du pâtre ou des pâtres communs choisis par l'autorité municipale pour conduire le troupeau de chaque commune ou section de commune, et toutes autres conditions d'ordre et de police relatives à l'exercice du pâturage. Ces diverses conditions, qui, d'ailleurs, sont purement énonciatives, sont empruntées au code forestier et prescrites pour l'exercice des droits de pâturage dans les forêts domaniales, communales ou d'établissements publics.

876. Le projet ainsi dressé est transmis en double minute au préfet par le maire avant le 1er janvier de chaque année (L. 4 avr. 1882, art. 12; Décr. 11 juill. 1882, art. 24), et communiqué par le préfet au conservateur. La même procédure doit être suivie pour les projets de cahier des charges et baux concernant les pâturages communaux à affermer, qui sont assimilés aux projets de règlement. Les uns et les autres sont publiés et affichés dans la commune, de telle façon que les intéressés puissent en prendre connaissance et adresser, dans le mois qui suit la publication, leurs réclamations au préfet. La publication du règlement est constatée par un certificat du maire.

877. La loi devait prévoir la résistance des communes soit à soumettre un projet de règlement, soit à y apporter les modifications que l'Administration avait jugées nécessaires. Aussi, l'art. 13 de la loi du 4 avr. 1882 confère-t-il au préfet le pouvoir de dresser lui-même d'office le règlement pour l'exercice du pâturage sur les terrains communaux... 1° lorsque les communes n'ont pas soumis à son approbation le projet de règlement à l'expiration du délai xé par l'art. 12 de la même loi ; 2° lorsque les communes

n'ont pas consenti à modifier le règlement proposé par elles conformément aux observations de l'Administration.

878. Dans ces deux cas, la loi substitue le préfet au conseil municipal pour la préparation du règlement tout entier, sans limiter son action aux modifications précédemment repoussées par la commune (Tétreau, *op. cit.*, p. 113). Mais, dans les deux cas également, le préfet doit, avant d'arrêter le règlement, prendre l'avis d'une commission spéciale qui, aux termes même de l'art. 13 de la loi du 4 avr. 1882, se compose : 1° du secrétaire général de préfecture ou du sous-préfet, président ; 2° d'un conseiller général ; 3° du plus âgé conseiller d'arrondissement du canton, dans le cas où il y a plus d'un conseiller d'arrondissement dans le canton ; 4° d'un délégué du conseil municipal ; 5° de l'agent forestier. — La loi ne s'est pas expliquée sur le mode de nomination du conseiller général ; mais il convient d'admettre qu'il doit être désigné soit par le conseil général, soit par la commission départementale. De même, comme l'art. 13 ayant employé l'expression « l'agent forestier », et non les mots « un agent forestier », il semble qu'elle a eu en vue l'agent forestier local. Il paraît, en effet, évident que la loi n'a nullement entendu laisser au préfet le choix des membres de la commission et a, au contraire, voulu soustraire cette commission à tout soupçon de dépendance vis-à-vis du préfet ; il faut, dès lors, admettre qu'elle n'a entendu lui confier le choix d'aucun des membres qui la composent.

879. Lorsque l'Administration préfectorale approuve le règlement proposé par le conseil municipal ou que ce règlement a été modifié par le conseil municipal conformément aux observations de l'Administration, le préfet le rend exécutoire si, dans le mois qui a suivi l'accusé de réception du conseil municipal, il n'a donné lieu à aucune contestation. Les deux minutes transmises par le maire sont visées par le préfet, qui retourne l'une de ces minutes à la commune et remet l'autre au conservateur des forêts (Décr. 11 juill. 1882, art. 26). — Quant aux règlements établis d'office ou modifiés par le préfet, conformément à l'art. 13 de la loi de 1882, ils constituent des arrêtés préfectoraux soumis au droits commun, et sont exécutoires après notification au maire de la commune intéressée (Décr. 11 juill. 1882, art. 26, Tétreau, p. 121).

880. Il y a lieu de se reporter aux règles du droit commun en ce qui regarde le jugement des contestations susceptibles de s'élever à l'occasion des règlements établis ou modifiés par le préfet, lesquels ne peuvent être pris que sous réserve des droits des tiers (Tétreau, *op. cit.*, p. 122).

881. A la différence des infractions commises sur des terrains mis en défens, que la loi assimile aux délits forestiers, les infractions aux règlements de pâturage constituent des contraventions de simple police soumises aux principes généraux du droit commun, au point de vue de la constatation et de la poursuite (L. 4 avr. 1882, art. 15). C'est-à-dire : que les contraventions en cette matière sont constatées par tous les officiers de police judiciaire, spécialement par les gardes champêtres et les préposés forestiers, à l'exclusion des agents forestiers, qui ne sont pas officiers de police judiciaire (*supra*, n° 150) ; que les procès-verbaux sont, quant à leurs formes, soumis au droit commun (V. *supra*, v° *Procès-verbal*) et que la poursuite appartient exclusivement au ministère public près le tribunal de simple police. On ne saurait, en effet, tirer argument de la rédaction de l'art. 15 aux termes duquel « les contraventions aux règlements de pâturage peuvent être constatées et poursuivies dans les formes prescrites par les art. 137 et suiv. c. instr. crim., et, au besoin, par tous les officiers de police judiciaires », pour soutenir que les agents forestiers auraient qualité pour exercer les poursuites. En effet, la disposition de l'art. 15 contient une erreur de rédaction manifeste (Tétreau, p. 124). Rien n'expliquerait, une telle dérogation aux principes les plus élémentaires en matière de poursuites, alors qu'il ne s'agit pas d'une matière forestière que le législateur a clairement voulu soustraire à la pénalité spéciale du code forestier et que ni les rapports, ni l'exposé des motifs, ni la discussion, ne révèlent de la part du législateur l'intention d'organiser une compétence particulière pour la poursuite.

882. Le tribunal compétent est le tribunal de simple police. La pénalité est celle des art. 471 et 474. c. pén. Remarquons enfin que l'art. 463 du même code est applicable à la matière, contrairement à ce qui a lieu en matière forestière.

SECT. 4. — DISPOSITIONS TRANSITOIRES.

883. Les dispositions transitoires, qui font l'objet du titre 3 de la loi du 11 avr. 1882, n'ont plus aujourd'hui qu'un intérêt historique ; leur application a en effet pris fin par l'expiration des délais de trois et cinq ans, que la loi du 4 avr. 1882 avait impartis pour la revision des anciens périmètres et l'acquisition par l'État des parcelles maintenues dans les périmètres de gazonnement et de reboisement. Nous nous bornerons donc à en analyser rapidement les principales dispositions.

884. Le paragraphe 1 de l'art. 16 de la loi du 4 avr. 1882, sur la restauration et la conservation des montagnes, abroge la loi du 28 juill. 1860, sur le reboisement des montagnes, et celle du 8 juin 1864, sur le gazonnement des montagnes. Mais cette abrogation, si elle eût été pure et simple, eût fait naître des difficultés à peu près insurmontables et présenté de graves inconvénients. Tout d'abord, les populations ne pouvaient rester indéfiniment dans l'incertitude touchant la question de savoir si elles resteraient ou non propriétaires de leurs terrains compris dans les anciens périmètres ; il y avait, en outre, à régler la dette des communes dont les terrains auraient été reboisés ou gazonnés par l'État qui, aux termes des lois de 1860 et de 1864, en conservait la jouissance jusqu'à ce qu'il fût remboursé, si les communes n'aimaient mieux lui abandonner une partie de leurs propriétés. De là, deux sortes de mesures.

885. En premier lieu, l'art. 16 de la loi du 4 avr. 1882 maintient les périmètres décrétés jusqu'au jour de sa promulgation en prescrivant leur revision dans le délai de trois ans. Cette revision opérée par les agents forestiers, l'Administration des Forêts devait notifier aux propriétaires la liste des parcelles qu'elle se proposait d'acquérir en former de nouveaux périmètres. Il est évident que l'Administration ne pouvait comprendre parmi ces parcelles que les terrains se trouvant dans les conditions déterminées par l'art. 2 de la loi du 4 avr. 1882, c'est à-dire les terrains dans lesquels des travaux de restauration étaient rendus nécessaires par la dégradation du sol et des dangers nés et actuels (Conf. Tétreau, *op. cit.*, p. 130).

886. A partir de l'expiration du délai de trois ans fixé par la loi pour la revision des anciens périmètres, les sommes représentant, dans les règlements à intervenir, le prix des parcelles que l'administration des Forêts se proposait d'acquérir, portaient intérêt au taux légal au profit des propriétaires (L. 4 avr. 1882, art. 116).

887. Les communes, les établissements publics et les particuliers, propriétaires de terrains compris dans les anciens périmètres de reboisement ou de gazonnement obligatoires, devaient donc rentrer dans la pleine propriété et jouissance de ces terrains : soit au vain d'une revision de ces anciens périmètres, auquel cas la réintégration s'effectuait aussitôt après la revision ; soit par le seul fait de l'expiration du délai de trois ans accordé à l'Administration des Forêts pour opérer la revision, si les terrains ne figuraient pas sur la liste des parcelles que cette Administration se proposait d'acquérir (L. 4 avr. 1882, art. 17) ; et les propriétaires ne pouvaient plus être de nouveau dépossédés de leurs terrains qu'après l'accomplissement des formalités prescrites par la loi de 1882 (L. 4 avr. 1882, art. 17).

888. Quant aux parcelles qui, à la suite de la revision des anciens périmètres, étaient comprises dans les nouveaux périmètres de restauration obligatoire, elles devaient être acquises par l'État, soit à l'amiable, soit par voie d'expropriation publique, dans le délai de cinq ans (art. 18 et 19). Mais, afin de faciliter au Trésor le payement des créances, forcément assez nombreuses et quelquefois assez considérables, qui pouvaient résulter contre lui des transactions amiables ou des expropriations, l'art. 21 de la loi lui accordait la faculté de payer le montant des indemnités par annuités, dont chacune ne pouvait être inférieure au

dixième de la valeur totale attribuée aux terrains acquis. Les annuités non payées portaient intérêt à 5 pour 100. L'Etat, toutefois, conservait le droit de se libérer en tout ou en partie par anticipation. Le décret du 11 juill. 1882 a généralisé cette mesure à tous les périmètres institués depuis le 4 avr. 1882.

889. La liquidation des créances que l'Etat avait contre les communes, par suite des travaux de reboisement ou de gazonnement qu'il avait exécutés en vertu des lois de 1860 et de 1864, présentait des obstacles insurmontables, tant en raison de la difficulté d'établir avec une précision suffisante le montant des avances de l'Etat et d'arriver à un règlement de compte qui ne donnât pas lieu à des contestations et des procès sans nombre, qu'en raison de l'impossibilité où se seraient trouvées la plupart des communes, fort pauvres, des régions montagneuses, de réunir les ressources nécessaires aux remboursements d'avances souvent très considérables. Il restait, il est vrai, comme moyen de liquidation, le partage par moitié de la propriété reboisée. Mais ce mode de règlement parut arbitraire et dépourvu de proportion exacte avec le chiffre total des dépenses faites par l'Etat, lesquelles variaient à l'infini, suivant la diversité du sol, d'aspect, de travaux, de distance, de viabilité. Aussi, le législateur de 1882 préféra-t-il consacrer l'abandon par l'Etat des créances qu'il avait à faire valoir contre les communes et les établissements publics, en vertu des lois du 28 juill. 1860 et du 8 juin 1864. Mais, la plus-value résultant de travaux effectués en vertu de ces mêmes lois devait être prise en considération par le jury dans l'évaluation du montant du prix des terrains à exproprier (L. 4 avr. 1882, art. 20, § 2). Cette dernière disposition, empruntée à la loi du 3 mai 1841, sur l'expropriation pour cause d'utilité publique, a pour but de prévenir les difficultés de toute espèce qu'on voulait faire disparaître en 1841, en supprimant la compensation admise par la loi du 16 sept. 1807 entre la valeur de la propriété et la plus-value qui pouvait résulter pour elle de l'exécution des travaux, et qui amenait souvent les résultats les plus inattendus et les plus excessifs (Rapport de M. Eugène Michel, du 20 mars 1882, Journ. off. du 30 mars 1882, annexe n° 104, p. 95).

890. Aux termes de l'art. 22 de la loi du 4 avr. 1882, dans les communes assujetties à l'application de la loi, les gardes domaniaux, appelés à veiller à l'exécution et à la conservation des travaux dans les périmètres de reboisement et de gazonnement, étaient chargés en même temps de la constatation des infractions en défens, aux règlements sur les pâturages et de la surveillance des bois communaux, de manière que, pour le tout, il n'y eût désormais qu'un seul service commandé et soldé par l'Etat. Cette disposition a été introduite dans la loi par la commission du Sénat pour assurer l'application de la loi nouvelle en n'admettant que des agents éprouvés dans les communes qui y sont assujetties et en les exonérant des dépenses mises à leur charge pour la surveillance de leurs bois. Elle s'appliquait, d'ailleurs, aux anciens périmètres, tant qu'ils ont été maintenus.

Table sommaire

des matières contenues dans le Supplément et le Répertoire.

(Les chiffres précédés de la lettre S renvoient au Supplément; les chiffres précédés de la lettre R renvoient au Répertoire, t. 25 v° Forêts, ; les chiffres précédés des lettres R. U. renvoient au Répertoire, t. 42, 2e partie, v° Usage, usage forestier.

Table des articles du code forestier, des décrets des 19 mai 1857 et 11 juill. 1882, de la loi du 4 avr. 1882 et de l'ordonnance du 1er août 1827.

—76. R. 1001.
—77. R. 1001.
—78. R. 1003.
—79. S. 63; R. 217, 1003, 1174.
—80. R.1003, 1177 s.
—81. S. 382; R. 1005.
—82. S. 14; R. 1006 s.
—83. R.1001,1010.
—84. R. 1011, 1037,1074.
—85. R. 1011.
—86. S. 680; R. 1012.
—87. R.1004,1014.
—89. R. 1020.
—91. R.1027.
—92. R. 1180 s., 1143.
—93. R. 1139.

—94. R. 1127 s.
—95. R. 1181 s., 1144.
—96. R. 1266 s.
—97. R. 1345 s.
—98. R.1321,1362 s., 1365 s.
—100. R. 1396.
—101. R.172,1397.
—102. R. 1397.
—103. R. 1397.
—104. R. 1954.
—105. R. 1398.
—106. S. 38; R. 1898.
—107. R. 1398.
—108. R. 1398.
—110. R. 1672.
—111. R. 1673.
—117. R. 1405 s., 1436.
—118. R. 1472 s., 1547 s.

—119. R. 1419.
—120. R. 1488 s.
—121. R. 1504 s.
—122. R. 1007, 1355 s., 1599.
—123. S. 573. R.
—138. S. 668. R. 1713.
—129. R. 238.
—130. R. 238, 1708, 1960.
—131. R. 238, 1067.
—132. R. 238.
—133. R. 238.
—134. S. 680; R. 288, 1753.
—135. R. 1706.
—136. S. 745; R. 1708, 1949.
—139. R. 1954 s.

—140. R. 1750.
—141. R. 1007, 1760.
—142. R. 1007, 1924.
—151. S. 533; R. 1442 s., 1536.
—152 à 161. R. 1969 s.
—162. S. 745.
—169. S. 282; R. 632 s., 956 s., 1958.
—170. S. 282; R. 659 s.
—171. S. 659.
—172. R. 659 s.
—173. R. 659 s.
—174. R. 659 s.
—179. R. 937 s.
—181. R. 399.
—185. R. 541 s.
—186. R. 498.

—188. S. 240; R. 579.
—191. R. 597.
—192. S. 750, 774.
—193. R. 2013.
—194. R. 2013.
—195. R. 2013, 2023.
—196. S. 774.

Décret du 19 mai 1857.

Art. 3. S. 607; R. U. 523 s.
—5. R. U. 530 s.
—7. R. U. 538 s.
—8. S. 608.
—9. S. 613; R. U. 540 s.
—10. S. 509, 610 s.

—12. R. U. 355 s.
—13. S. 618; R. U. 549 s.
—14. R. U. 549 s., 553.

Loi du 4 avr. 1882.

Art. 1er. S. 803, 805.
—2. S. 807 s., 813, 815 s., 531 s., 885.
—3. S. 822.
—4. S. 823, 826, 830 s., 824 s., 838, 848.
—5. S. 843.
—6. S. 850, 852.
—7. S. 853 s.
—8. S. 856, 864 s.
—10. S. 860.

—11. S. 847, 867 s.
—12. S. 844, 847, 896 s., 900 s.
—13. S. 877 s.
—15. S. 841, 881.
—16. S. 847, 884 s.
—17. S. 887.
—18. S. 888.
—19. S. 888.
—20. S. 889.
—21. S. 888.
—22. S. 890.

Décret du 11 juill. 1882.

Art. 1er. S. 807.
—2. S. 809 s., 812.
—3. S. 812.
—4. S. 813, 810.

—5. S. 816.
—6. S. 816.
—7. S. 807, 818 s.
—8. S. 822.
—9. S. 831 s., 861.
—10. S. 831 s., 861.
—11. S. 836, 861.
—12. S. 837 s., 861.
—13. S. 861.
—14. S. 845.
—15. S. 846, 849.
—17. S. 855.
—18. S. 855.
—19. S. 855.
—21. S. 863 s.
—23. S. 872 s.
—24. S. 874 s.
—26. S. 879.

Table chronologique des lois, arrêts, etc.

1315
...Ordonn. 504 c.

1689
...Ordonn. 322 c., 447 c., 469 c.,470c.,471 c., 504 c., 561 c., 564 c., 595 c.

1677
29 mars.Arr.Cons. 470 c.

1780
20 mars. Arr. conseil. 283 c.

1790
9 mai. Loi. 372 c.
20 sept. Loi. 580 c.
22 nov. Décr. 372 c.

1791
6 oct. Loi. 244 c.

1792
28 août. Loi. 584 c.,636 c.
14 sept. Loi. 580 c.

1793
10 juin. Loi. 707 c.

An 4
3 brum. Loi. 244 c.

An 7
13 brum. Loi. 103 c.
8 frim. Loi.752 c.
22 frim. Loi. 594 c., 403 c.

An 8
28 pluv.Loi.865 c.

An 9
27 vent. Loi. 241 c., 403 c.

An 11
28 vent.Loi.471 c.

An 12
14 vent.Loi.471 c.

An 13
4 therm. Décr. 802 c.

An 14
18 brum. Cons. d'Et. 587 c.

1806
16 sept. Décr.802 c.

1807
16 sept. Loi. 282 c., 889 c.

1810
21 avr. Loi. 280 c.
16 juill. Décr. 148 c.
4 déc. Décr.30 c., 165 c., 298 c., 324 c., 795 c.

1811
18 juin. Décr. 176 c.

1816
28 avr. Loi. 145 c.

1817
19 mars. Ordonn. 148 c.
25 mars.Loi. 372 c.
10 déc. Ordonn. 374 c.

1820
29 oct. Ordonn. 158 c.

1824
7 mai. Inst. min. 261 c.

1825
1er avr. Loi. 372 c.

1827
1er août. Ordonn. 2 c., 12 c., 14 c., 29 c., 35 c., 63 c., 90 c., 105 c., 106 c., 179 c., 282 c., 382 c., 568 c., 573 c., 750 c., 771 c. V. en outre la table des articles.

1828
25 janv. Lett. adm. for 103 c.
3 juill. Bourges. 513 c.
25 oct. Circ. 240 c.

1829
15 avr. Loi. 148 c.
23 juin. Ordonn. 680 c.
2 nov. Décis. min. fin 259 c.

1830
15 mai.Crim.785c.
24 déc. Ordonn. 741 c., 747 c., 748 c.

1831
10 mars. Ordonn. 35 c., 39 c.
25-27mars.Loi.372 c., 374 c.
26 mars. Loi. 865 c.

1832
21 avr. Loi. 696 c., 865 c.
16 nov. Nancy. 63 c.

1833
22 janv. Circ.adm. for. 375 c.
10 juin. Loi. 373 c.
14 juin. Ordonn. 827 c.

1834
15 oct. Ordonn. 680 c.

1835
13 janv. Circ. adm. for. 170 c.

1836
3 mars. Montpellier. 440 c.
12 avr. Décis.min. 245 c.
21 mai. Loi. 244 c. 285 c., 310 c., 631 c.

1837
22 févr. Dijon. 688 c.
11 mai. Dijon. 686 c.
20 mai. Ordonn. 680 c.
13 juill. Loi. 397 c., 502 c.

1838
6 févr. Besançon. 142 c.
6 avr. Riom. 372
25 mai. Loi. 78 c.
15 juin. Bourges. 586 c.
22 juin.Arr. min. 396 c.
15 sept. Ordonn. 680 c.

1839
10 janv. Circ.min. fin. et int.713 c.
27 févr.Circ.adm. for. 713 c.
11 août. Req. (V. 13 août).
13 août. Req. 590

1840
28 févr. Besançon. 609 c.
11 juin. Crim. 184
24 juin. Metz. 423 c.
24 août. Ordonn. 680 c.

1841
10 avr. Décis. min. 106 c.
3 mai. Loi. 22 c., 820 c., 825 c., 826 c., 827 c., 828 c., 831 c.
25 juin. Loi. 14 c.
14 juill. Arr. min. 303 c.
3 oct. Ordonn. 389 c.
26 oct. Décis. min. fin. 193 c.

1842
7 juin. Ch. réun. 128 c.
11 juill. Instr. min. 736 c.

1843
9 janv. Civ. 376 c.
29 juin. Nancy.53c.
29 juin. Crim. 429 c.

1844
3 mai. Loi. 149 c.
4 déc. Ordonn. 279 c., 446 c.

1845
30 janv. Crim. 143
29 mai. Req. 30 c.
29 mai. Arrêté. 30
3 juin. Poitiers. 575 c.
15 juill. Civ.401 c.
15 juill.Loi. 284 c.
19 juill. Loi. 14 c.
8 août. Ordonn. 285 c.

1846
12 mars. Ordon. Cons. d'Et. 667
16 juill. Crim. 222 c.
27 nov. Trib. corr. Niort. 451 c.

1847
13 janv. Ordonn. 389 c., 680 c.
18 févr.Crim.134c.
22 juill. Loi. 3 c.
7 août.Crim.cass. 549 c.
25 août. Civ.790 c.
30 sept. Crim. 855 c.
11 sept. Crim. 429 c.
28 sept. Crim. 664 c.
2 oct. Crim.433 c.
7 oct. Civ. 293 c.
20 nov. Amiens. 401 c.
7 déc.Cons. d'Et. 523 c.

1848
10 janv. Besançon. 436 c.
29 févr. Crim. 454 c.
4 mars.Crim. 360 c.
9 mars. Décr. 23 c.
1er avr. Crim. 436 c.
14 juill. Décis. min. fin. 713 c.
11 août. Circ.adm. for. 713 c.
9 déc. Crim. 276 c.

1849
4 janv. Crim. 553
12 janv. Amiens. 401 c.
24 janv. Av. Cons. d'Et. 627 c.
12 févr.Cons.d'Et. 674 c.
17 févr. Crim. 172 c., 836 c.
13 avr. Crim. 119 c.
11 mai.Crim.768 c.
24 mai. Crim. 426 c., 434 c.
11 juill. Poitiers. 576 c.
16 août,Crim.142c.
25 déc.Crim.310 c.
20 déc. Paris. 401 c.
31 déc. Av. Cons. d'Et. 622 c.

1850
16 janv. Req. 401 c.
11 févr. Orléans. 577 c.
20 juin. Crim. 293 c., 332 c.
24 juin.Décis.min. 352 c., 359 c.
23 juill. Loi. 3 c.
5 août. Metz. 212 c.
21 août. Crim. 573 c.
28 août. Crim. 573 c.
17 nov. Trib.corr. 378 c., 379 c.
19 nov. Nancy.448 c.
28 nov. Crim. 434 c.
12 déc. Cons.d'Et. 673 c.

1851
18 janv.Cons.d'Et. 722 c. Crim. 420 c., 431 c., 439 c.
21 mars. Crim. 223 c.
5 avr. Crim. 18 c. -722 c.
19 avr. Crim. 18 c. 722 c.
25 mai. Req. 564 c.
25 mai.Crim.675 c.
30 mai.Loi.148 c., 725 c.
2 juin. Crim. 434 c.
20 juin. Crim. 353 c.

1852
3 janv. Crim 431 c., 439 c.
10 janv. Crim. 449 c.
8 juin.Cons.d'Et. 71 c., 78 c., 525 c.
12 juin.Trib.conf. 722 c.
15 juin.Cons.d'Et. 674 c.
22 juin. Colmar. 571 c. 572.
11 juill. Lett. adm. for. 668 c.
22 juill. Loi. 3 c.
7 août.Loi. 23 c.
6 sept. Crim. 117 c., 388 c., 423 c.
21 sept. Crim. 352 c., 462 c.
30 nov. Cons. d'Et. 722 c.
2 déc. Bourges. 426 c.
25 mars.Cons.d'Et. 406 c.
27 mars.Décr.23 c.
3 mai. Arr. min. 731 c.
14 mai.Circ.adm. for. 731 c.
29 mai. Circ. adm. for. 348 c.
25 juill. Paris. 382 c.
4 août.Civ.401 c.
10 août. Décr. 728 c.
16 août. Crim. 443 c.
16 août.Metz.577c.
19 août. Orléans. 144 c.
9 sept.Circ.adm. for. 275 c.
30 août.Cons.d'Et. 722 c.
21 sept. Arr. min. fin. 575 c.
7 oct. Circ. adm. 455 c.
25 nov.Civ.415 c., 455 c.
25 nov. Crim. 577 c.
1er déc. Cons. d'Et. 525 c.

1853
17 janv. Grenoble. 485 c.
24 févr. Bourges. 473 c., 370 c.
2 avr. Paris. 400 c.
25 avr. Orléans. 215 c., 225 c.
16 mai.Décis.min. 731 c.
27 mai. Circ. adm. for. 375 c.
30 juin. Crim. 434 c.
8 juill. Crim. 449 c.
29 juill. Civ. 201 c.
5 août. Crim. 429 c.
23.août. Circ. adm. for. 375 c.
16 août. Crim. 351 c.
8 nov.Cons.d'Et. 722 c.
28 nov. Civ. 814 c.
8 déc. Crim. 275 c.
11 déc. Cons. d'Et. 673 c.

1854
21 janv. Crim. rej. 527 c.

2 févr. Limoges. 209 c.
24 févr. Crim. 429 c.
24 févr. Bourges. 279 c.
1er mars. Décr. 156 c., 156 c., 219 c.
2 mars. Crim.144 c.
1er avr. Crim. 120 c., 301 c.
12 avr. Décr. 583 c., 580 c., 628 c.
20 avr. Cons. d'Et 425 c.
12 mai. Circ. 183 c.
18 mai. Cons. d'Et. 636 c.
24 mai. Bordeaux. 400 c.
27 mai. Crim. 447 c.
27 juin.Civ. 372 c.
5 juill. Metz. 114 c.
6 juill. Crim. 119 c., 329 c.
9 août. Dijon. 553 c.
21 oct. Bourges. 441 c.
28 déc. Cons. d'Et. 722 c.

1855
4 janv. Crim. 164 c.
25 janv. Crim. 31 c., 94 c.
18 févr.Metz.372 c.
15 févr. Trib. Auxerre. 272 c.
22 avr. Cons. d'Et. 404 c.
6 juin.Req.525 c.
14 juill. Trib. civ. Saint-Dié. 104 c., 105 c.
16 août. Crim.274 c., 334 c., 345 c.

1856
5 janv. Crim. 58 c., 361 c., 364 c.
10 janv. Poitiers. 564 c., 565 c.
25 janv. Crim. 336 c.
30 janv. Civ. 580 c., 794 c.
1er févr. Trib.d'Arbois. 701 c., 703 c.
14 févr. Bourges. 124 c., 126 c., 434 c., 574 c.
9 avr. Req.372 c.
1er juin. Bourges. 564 c.
14 juill. Loi.14 c., 735 c.
21 juill. Loi. 3 c.
16 nov. Colmar. 332 c.
1er déc. Bordeaux. 570 c.

1857
2 janv.Cons.d'Et. 636 c.
7 févr. Crim. 540 c.
20 févr. Dijon. 372 c.
8 avr. Civ. 537 c.
12 mai. Décr. 383 c., 586 c., 610 c., 608 c., 610 c., 611 c., 613 c., 618 c. V. en outre la ta-des articles.
6 juin.Circ.adm. for. 608 c.
18 juin. Loi. 228 c.
11 juill.Instr.min. 736 c.

20 juill.Civ. 496 c.
25 sept. Arr. min. 465 c.
22 oct. Circ. adm. for. 465 c.
26 nov. Crim. 237 c.
17 déc. Amiens. 289 c., 290 c.
24 déc. Crim. 237 c.
28 déc.Civ. 318 c.
31 déc. Trib. de Compiègne, 376 c.

1858
25 janv.Req.372 c.
11 févr. Pau. 340 c., 341 c.
24 févr. Décr. 728 c.
25 févr. Liège. 287 c.
11 mars. Aix. 128 c., 302 c.
11 mars. Circ. 304 c.
16 mars. Lyon. 93 c.
19 mai.Req.398 c.
17 juill. Crim. 128 c., 303 c.
19 juill. Civ.515 c.
23 juill. Crim. 289 c., 290 c.
4 août. Civ. 570 c., 576 c.
16 oct. Décr. 742 c., 743 c.
2 nov. Circ. adm. for. 742 c.
3 nov. Trib. de Schlestadt, 611 c.
24 déc. Crim. 238 c.

1859
13 janv. Grenoble. 212 c.
5 févr.Instr.adm. for. 742 c.
18 févr. Circ.adm. for. 742 c.
28 févr. Lett. circ. adm. for.742 c.
12 mai. Besançon 668 c.
14 mai. Crim. 761 c., 794 c.
16 mai.Lett. circ. adm. for.742 c.
4 juin.Circ.adm. for. 742 c., 744 c.
18 juin. Loi. 3 c., 4 c., 8 c., 12 c.
15 c., 64 c.
129 c., 180 c.
131 c., 132 c.
139 c., 178 c.
179 c., 180 c.
187 c., 194 c.
199 c., 244 c.
204 c., 301 c.
338 c., 389 c.
340 c., 422 c.
653 c., 658 c.
752 c., 754 c.
764 c., 765 c.
769 c., 770 c.
771 c., 775 c.
776 c., 788 c.
789 c., 790 c.
791 c., 793 c.
20 juin.Instr.gén. comptab. 867 c.
25 juin. Aix.324 c.
11 août. Décr. 397 c.
10 nov. Crim. 306 c.
22 nov.Colmar 255 c., 750 c., 782 c.

22 nov. Décr. 12 c.
26 nov. Circ. adm. for. 772 c., 774 c., 783 c.
26 nov. Circ. adm. for. 772 c., 774 c.
5 déc. Circ. min. just. 453 c.
10 déc. Circ.adm. for. 742 c.
21 déc.Décr. 12 c., 46 c., 192 c., 196 c., 244 c., 245 c., 246 c., 247 c., 248 c., 249 c.

1860
31 janv.Circ.adm. for. 139 c., 181 c., 184 c., 185 c., 187 c., 188 c., 191 c., 195 c.
12 juin.Sén.-Consult. 669 c.
14 juin. Nimes.232 c.
16 juin. Paris. 758 c., 759 c., 768 c., 797 c.
20 juill. Loi. 23 c.
28 juill. Loi, 20 c., 28 c., 32 c., 165 c., 267 c., 324 c., 377 c., 675 c., 795 c., 851 c., 841 c., 847 c., 848 c., 884 c., 889 c.
15 oct. Instr. adm. for. 111 c.
2 nov. Liège. 283 c.
13 nov. Av. Cons. d'Et. 759 c., 701 c.
26 nov. Av. Cons. d'Et. 183 c., 191 c.
4 déc. Circ. adm. for. 790 c.

1861
22 janv. Amiens. 119 c.
25 janv. Amiens. 272 c.
1er févr. Trib. Nantua, 621 c.
18 févr.Rouen. 624 c.
27 févr. Bourges. 520 c., 580 c.
6 mars. Dijon.118 c., 438 c.
8 mars.Circ.adm. for. 39 c.
12 mars. Colmar 367 c.
12 mars.Circ.adm. for. 183 c., 194 c.
16 avr.Colmar.370 c., 209c.,522 c.
18 avr. Chambéry. 173 c., 204 c., 226 c.
23 avr. Poitiers. 118 c., 438 c.
4 juill. Crim. 176 c., 177 c.
11 juill. Rouen. 494 c., 508 c.
21 juill.Décr.12 c., 782 c., 783 c.
6 août. Av. Cons. d'Et. 730 c.
10 août. Décr. 375 c., 377 c.,666 c.
13 août. Pau. 520 c., 522 c.
22 août. Chambéry.134 c.,326 c.
24 août.Rouen.452 c.
26 août. Décr. for. 396 c.
30 mai. Loi. 32 c.
22 août. 405 c., 506 c., 513 c., 617 c.
23 nov. Circ adm.

for. 375 c.
3 déc. Nancy. 119 c., 368 c.,370 c.
13 déc. Trib. com. Seine. 402 c.
23 déc. Bourges. 518 c.
27 déc. Arr. min. 244 c., 246 c., 249 c., 250 c.

1862
4 févr. Circ.adm. for. 246 c., 249 c., 250 c.
8 févr. Toulouse. 293 c., 527 c., 531 c., 547 c.
14 févr. Civ. 295 c.
19 févr.Régl. min. fin. 742 c., 743 c.
5 mars. Nancy. 450 c.
12 mars.Circ.adm. for. 742 c.
20 mars. Crim. 128 c., 427 c.
20 mars. Cons. d'Et. 585 c.
25 mars.Civ.816 c.
25 mars.Lyon. 651 c.
31 mars. Req. 624 c.
3 avr. Crim. 216 c.
14 avr. Circ. adm. for. 742 c.
29 avr. Décr. 32 c.
6 mai.Req.688 c.
15 mai.Décis. min. fin. 39 c.
21 mai.Circ.adm. for. 50 c.
31 mai.Décr. 35 c.
4 juin.Req.681 c.
4 juin.Circ.adm. for. 785 c.
5 juin.Circ.adm. for. 39 c.
2 juill.Loi. 220 c.
4 juill.Cons.d'Et. 378 c., 636 c., 638 c.
30 juill. Décr. 220 c.
16 août. Décis. min. 42 c.
24 août.Circ.adm. for.42 c.
26 août. Nancy. 126 c., 129 c.
4 sept.Décis.min. fin. 259 c.
30 oct. Circ. adm. for. 33 c.
18 déc.Nancy. 518 c.
27 déc.Colmar.289 c.
30 déc.Colmar.289 c.

1863
28 janv.Décis. min. fin. 733 c.
4 févr. Civ. 496 c.
9 févr.Circ.adm. for.
10 févr.Colmar.379 c.
13 juin. Loi. 831 c.
28 févr.Décis.min. fin. 733 c.
13 mars.Circ.adm. for. 733 c.
31 mars. Arr. min. fin. 396 c.
4 avr. Lyon.792 c.
7 mai. Cons. d'Et. 721 c.
11 mai. Circ. adm. for. 396 c.
13 mai. Loi. 32 c.
20 mai. Crim.Ver-dun. 196 c.
13 mai. Cons. d'Et. 716 c.

9 juin.Pau. 525 c., 642 c.
11 juin. Circ. adm. for. 389 c.
7 juill. Cons. d'Et. 721 c.
24 juill. Crim. 657 c.
29 juill. Civ. 489 c.
13 août. Bourges 645 c., 656 c.
24 août. Metz. 515 c.
10 nov. Instr. min. 736 c.
11 nov. Bourges. 402 c.
2 déc. Paris. 402 c.
16 déc. Circ. dir. gén. compt. publ. 733 c.

1864
26 janv. Req. 508 c., 569 c.
1er févr. Toulouse. 670 c.
11 févr. Rennes. 548 c., 567 c.
19 févr.Req.499 c.
7 mars. Pau. 513 c., 520 c.
9 mars.Besançon. 510 c., 604 c., 605 c., 606 c.
15 mars. Colmar. 235 c.
18 mars. Crim. 661 c., 053 c.
4 avr. Req. 580 c., 766 c.
29 avr. Metz. 493 c.
24 mai. Civ. 314 c.
4 juin. Nimes. 209 c.
6 juin. Metz. 368 c., 370 c.
6 juin. Loi. 20 c., 29 c., 32 c., 165 c., 284 c.
13 juin.Besançon. 571 c., 572 c., 589 c., 591 c., 592 c., 609 c., 612 c.
15 juin.Besançon. 406 c.
23 juin. Crim. 278 c.
18 juill. Aix. 562 c.
30 août. Dijon. 518 c.
10 nov. Décr. 28 c., 29 c., 849 c.
18 nov. Lyon. 593 c.
2 déc. Besançon. 475 c.
14 déc. Besançon. 401 c.

1865
16 janv. Besançon. 569 c.
17 janv.Trib. corr. Saint - Amand. 295 c., 300 c.
21 août. Bourges. 499 c.
30 oct. Circ. adm. for. 38 c.
5 nov. Req. 475 c.
4 déc. Circ. adm. for. 758 c., 759 c., 752 c.
27 févr. Besançon. 401 c.
3 mars. Crim.663 c., 669 c.
9 mars. Aix. 803 c.
14 mars. Crim.295 c.
20 déc. Grenoble. 664 c., 665 c.
26 déc. Orléans. 483 c., 490 c., 362 c., 633 c.
26 déc. Régl. gén. comptab. 39 c.

18 mai. Colmar. 494 c.
14 juin.Besançon. 571 c.
21 juin. Loi. 830 c., 865 c.
29 juin. Toulouse. 475 c.
12 juill. Décr. 865 c.
31 juill. Civ. 318 c.
2 août.Req.494 c.
7 août. Liège. 623 c.
14 août. Décis. min. fin. 799 c.
28 août.Cons.d'Et. 94 c.
7 oct. Trib. corr. Fontainebleau. 271 c.
17 nov.Crim.446 c.
27 nov.Crim.649 c.
14 déc. Grenoble. 755 c.
26 déc.Req. 510 c., 399 c.
28 déc.Req. 604 c.

1866
3 janv. Paris. 271 c.
16 févr. Req.499 c.
26 janv. Crim. 571 c., 520 c.
24 févr.Circ. adm. for. 742 c., 743 c.
3 mars. Crim. 201 c.
15 mars. Colmar. 215 c.
21 mars. Dijon. 571 c., 572 c.
27 mars.Grenoble. 653 c., 664 c., 669 c.
20 avr. Trib. civ. de Saint-Dié. 514 c.
2 mai. Toulouse. 496 c.
9 mai. Req.496 c.
5 mai. Loi. 280 c.
24 mai. Metz. 675 c.
690 c., 707 c.
11 juin. Loi. 23 c., 564 c.
20 juin. Caen. 177 c.
22 juin. C. cass. Belgique.477 c.
27 juin. Loi. 206 c., 294 c.
3 juill.Circ. adm. for. 733 c.
13 juill.Crim. 296 c., 294 c.,555 c.
17 juill. Agen. 429 c.
19 juill. Rouen. 315 c.
24 juill.Pau. 477 c.
14 août. Metz. 613 c., 616 c., 618 c.
16 août.Circ.adm. for. 466 c.
20 août. Req. 305 c.

28 déc. Nancy. 593 c.
31 déc. Circ.adm for. 42 c.

1867
15 janv. Colmar. 611 c.
22 janv. Colmar. 515 c., 593 c., 599 c., 616 c., 618 c., 619 c.
29 janv. Caen. 689 c.
31 janv.Cons.d'Et. 585 c., 729 c.
9 avr. Metz. 518 c., 520 c., 619 c.
13 avr. Orléans. 401 c.
17 avr. Trib. Chaumont. 692 c.
26 avr. Paris. 402 c.
23 mai. Aix.344 c., 452 c.
12 juin Metz. 204 c., 578 c.
14 juin. Nimes. 605 c.
26 juin. Besançon. 612 c., 614 c., 619 c.
6 juill. Décis. min. fin. 95 c.
16 juill. Civ. 589 c., 615 c.
22 juill.Loi.582 c., 258 c., 259 c., 260 c., 201 c., 261 c., 263 c., 399 c., 399 c., 457 c.
1er août.Circ.d'Et. 376 c., 378 c., 298 c.
8 août.Aix.344 c.
27 août. Nimes. 675 c.
28 août.Circ.adm. for. 68 c., 69 c., 73 c., 75 c., 80 c., 82 c., 86 c., 84 c., 86 c., 87 c., 95 c., 96 c., 99 c., 100 c., 101 c., 103 c., 103 c., 105 c., 106 c., 107 c.
29 août. Nimes. 296 c., 297 c. for. 774 c.
8 nov. Circ.adm. for. 95 c.
13 nov.Req. 587 c.
26 nov.Req. 483 c.
26 nov. Metz. 688 c.
11 déc. Instr.adm. for. 662 c.
14 déc. Circ. adm. for. 95 c.
20 déc. Paris. 517 c., 584 c.
28 déc. Orléans. 558 c.
28 déc. Décr. for. 387 c., 388 c., 389 c., 396 c.
28 déc. Orléans. 496 c.

1868
15 janv. Besançon. 655 c.
1er févr. Cons. préf. Isère. 106 c.
10 févr. Civ.593 c.
12 févr. Grenoble. 481 c., 486 c.

1er avr. Besançon. 299 c.
24 avr. Crim. 350 c., 351 c.
27 mai. Trib. Arbois. 729 c.
25 juin. Grenoble. 354 c.
8 juill. Req. 531 c.
30 juill.Nimes. 432 c.
13 août.Paris.289, 290 c.
8 août. Montpellier. 176 c.
26 août.Circ.adm. for. 89 c.
27 août.Besançon. 144 c.
26 nov. Paris. 26 c., 278 c., 276 c.
24 déc. Civ. 191 c.

1869
11 janv. Req. 589 c., 612 c., 615 c.
25 janv. Civ. 419 c.
17 févr. Req. 644 c.
7 avr. Caen. 187 c.
3 mai. Besançon. 729 c.
25 mai. Metz. 518 c., 519 c., 580 c.
2 juin. Req.401 c.
24 août. Civ. 586 c., 588 c., 619 c., 634 c.
4 sept. Circ. adm. for. 773 c.
16 nov.Req.470 c.
27 nov.Crim.272 c.
21 déc.Décr.46 c.
31 déc. Crim. 30 283 c.

1870
6 janv. Grenoble. 104 c.
15 févr. Colmar. 500 c., 525 c.
25 févr. Civ. 78 c.
28 févr. Bordeaux. 401 c.
30 mars. Req. 698 c.
30 mars. Metz. 247 c., 548 c.
4 avr. Pau.482 c., 483 c., 484 c.
4 avr. Req.696 c.
11 mai. Req. 483 c., 491 c., 500 c.
7 nov. Req. 563 c.
11 nov. Cons. d'Et. 718 c.
22 juin. Besançon. 504 c.
29 juin. Pau. 482 c., 563 c.
13 juill. Loi. 42 c., 140 c.
21 juill.Pau. 92 c.
22 août. Orléans. 295 c., 297 c.
5 sept. Décr. 57 c.
6 sept. Décr. 25 c.
19 sept. Décr. 25 c.
10 nov. Décr. 25 c.
24 nov. Grenoble. 62 c.

1871
5 janv. Chambéry. 212 c.
1er févr. Cons. d'Et. 212 c.
15 mars. Pau. 482 c., 484 c.
13 juin. Trib.corr.

RÉGIME PÉNITENTIAIRE. — V. outre les renvois indiqués au *Répertoire, suprà,* vº *Prisons,* nᵒˢ 39 et suiv., 53 et suiv.

REGISTRES. — V. outre les renvois indiqués au *Répertoire, suprà,* vⁱˢ *Acte de commerce,* nº 46 ; *Acte de l'état civil,* nº 22 et suiv., 31, 37 et suiv., 110 ; *Aliéné,* nº 60 ; *Arme,* nᵒˢ 28 et 35 ; *Associations syndicales,* nº 67 ; *Avocat,* nᵒˢ 228 et suiv. ; *Avoué,* nº 17 et suiv. ; *Bois et charbons,*

nº 10 ; *Commune,* nᵒˢ 301, 667 et suiv., 736 et 748 ; *Contraventions,* nᵒˢ 165 et suiv. ; *Dommage-destruction-dégradation,* nᵒˢ 109 et suiv. ; *Enregistrement,* nᵒˢ 619 et 3008 ; *Faux et fausse monnaie,* nᵒˢ 202 et suiv., 225, 299 et 336 ; *Forfaiture et délits commis par les fonctionnaires publics,* nº 96 ; *Greffe-greffier,* nᵒˢ 27 et suiv. ; *Obligations,* nᵒˢ 1644, 1742 et suiv., 1752 et suiv., 1811 et suiv. ; *Octroi,* nᵒˢ 215 et 269 ; *Office,* nᵒˢ 36 et suiv. ; *Organisation militaire,* nº 334 ; *Population,* nº 123 et suiv. ;

— et infrà, v^{is} Scellés et Inventaire, et Rép. eod. v°, n°s 59 et 72 ; Secours publics, et Rép. eod. v°, n°s 160, 164 et 244 ; Société, et Rép. eod. v°, n°s 775 et 1630 ; Substances vénéneuses, et Rép. eod. v°, n°s 23 et 30 ; Timbre, et Rép. eod. v°, n°s 33 et suiv., 70 et suiv., 164 ; Transcription hypothécaire, et Rép. eod. v°, n°s 431, 493 et suiv., 519 et suiv., 662 ; Vagabondage-mendicité, et Rép. eod. v°, n°s 44 et suiv., 155 et suiv. ; Voirie par chemin de fer et Rép. eod. v°, n° 376 ; Voiture, voiture publique, et Rép. eod. v°, n°s 168 et suiv., 193, 243, 298 et suiv., 351 et 369 ; Warrants et chèques, et Rép. eod. v°, n°s 32 et 36.

RÈGLEMENT D'ADMINISTRATION PUBLIQUE.

— V. outre les renvois indiqués au Répertoire, suprà, v^{is} Commune, n°s 453 et suiv. ; Compétence administrative, n°s 116, 299 ; Conseil d'Etat, n°s 48 et suiv., 106 ; Impôts indirects, n°s 33 ; Lois, n°s 18, 118 et 451 ; Organisation administrative, n° 20 ; Peine, n° 68 ; — et infrà, v^{is} Règlements administratifs et de police, n°s 29 et suiv., et Rép. eod. v°, n°s 7, 23 et suiv., 32 et suiv., 178 ; Société, et Rép. eod. v°, n°s 1487 ; Travaux publics, et Rép. eod. v°, n°s 937, 959, 964 et suiv., 1004 et suiv., 1037 ; Voirie par terre ; Voirie par eau, et Rép. eod, v°, n°s 181 et suiv. ; Voirie par chemin de fer ; Voiture, voiture publique.

RÈGLEMENTS ADMINISTRATIFS ET DE POLICE.

Division.

Art. 1. — Dispositions générales (n° 2).
§ 1. — Caractères généraux et objet des règlements administratifs (n° 2).
§ 2. — Interprétation des actes administratifs. — Sanction pénale. — Force obligatoire (n° 5).
§ 3. — Voies générales de recours contre les actes règlementaires. — Refus de concours des tribunaux (n° 14).
Art. 2. — Décrets et ordonnances règlementaires d'administration publique (n° 29).
§ 1. — Formes constitutives des règlements d'administration publique (n° 29).
§ 2. — Interprétation des décrets et ordonnances (n° 36).
Art. 3. — Des actes ministériels réglementaires (n° 39).
Art. 4. — Des arrêtés réglementaires des préfets et sous-préfets (n° 45).
§ 1. — Pouvoir réglementaire des préfets (n° 45).
§ 2. — Formes extrinsèques. — Publication (n° 67).
§ 3. — Formes et effets du recours (n° 72).
§ 4. — Attributions exceptionnelles des sous-préfets en matière réglementaire (n° 76).
Art. 5. — Des règlements municipaux (n° 77).
§ 1. — Attributions réglementaires du pouvoir municipal (n° 78).
§ 2. — Forme extrinsèque des règlements municipaux. — Publication (n° 86).
§ 3. — Pouvoir de suspension et d'annulation des préfets (n° 88).
§ 4. — Obligation pour les tribunaux d'assurer l'exécution des règlements municipaux (n° 90).
§ 5. — Force exécutoire des règlements municipaux. — Votes et effets du recours (n° 91).
Art. 6. — Des ordonnances du préfet de police et de la Seine (n° 92).
Art. 7. — Des anciens règlements (n° 93).

1. Selon la remarque déjà faite au Rép., n° 1, l'expression « règlement administratif » est employée ici dans son sens le plus général, comme désignant tous les actes généraux pris par les autorités, auxquelles le pouvoir réglementaire a été délégué, à l'effet de compléter les lois ou d'en assurer l'exécution. Ainsi entendus, les règlements administratifs, ou actes réglementaires, participent des caractères de la loi et constituent des actes de législation. Ils se distinguent des actes administratifs proprement dits, qui constituent des actes individuels d'autorité et de commandement (V. Ducrocq, Cours de droit administratif, 6° éd., t. 1, n° 247 ; Aucoc, Conférences, 3° éd., t. 1, p. 123, 139, 179 et 296. V. également, Laferrière, Traité de la jurisprudence administrative, t. 1, p. 9 et suiv. ; C. Bazille, Du pouvoir réglementaire, Revue générale d'administration, 1881, t. 1, p. 271 et suiv. ; J. Dejamme, Du pouvoir réglementaire, Paris, 1893 ; Berger-Levrault, p. 1 et 2).

Art. 1er. — Dispositions générales.

§ 1er. — Caractères généraux et objet des règlements administratifs (Rép. n° 2).

2. Les règlements administratifs présentent certains caractères communs avec la loi. Comme elle, ils ont la généralité de disposition, la réglementation de l'avenir, la force obligatoire, la sanction pénale (celle de l'art. 471, n° 15, c. pén.. à défaut d'une pénalité spéciale) ; comme la loi enfin, les règlements ne commandent que dans l'intérêt général et sont d'ordre public (Ducrocq, Cours de droit administratif, 6° éd., t. 1, n° 62). La différence essentielle entre la loi et le règlement, c'est que l'acte réglementaire émane du pouvoir exécutif et non du pouvoir législatif et surtout qu'il ne doit tendre qu'à l'exécution de la loi sans pouvoir se mettre en contradiction avec elle. « Les lois, a dit Portalis (Discours préliminaires du code civil), sont des actes de souveraineté et les règlements des actes de magistrature. C'est aux lois à régler dans chaque matière les règles fondamentales et à déterminer les formes essentielles. Les détails d'exécution, les précautions provisoires ou accidentelles, les objets instantanés ou variables, en un mot, toutes les choses qui sollicitent bien plus la surveillance de l'autorité qui administre que l'intervention de la puissance qui institue, ou qui crée, sont du ressort des règlements ». Enfin autre différence importante avec la loi, les actes réglementaires qui ne procèdent pas d'une délégation spéciale du législateur sont susceptibles d'être attaqués par le recours pour excès de pouvoir (V. infrà, n°s 14 et suiv.).

3. Ainsi qu'on l'a observé au Rép. n° 4, le pouvoir de faire les règlements et décrets nécessaires pour l'exécution des lois appartient en propre au chef de l'Etat. La plupart des constitutions lui ont expressément attribué ce pouvoir (V. notamment, Constitution du 4 nov. 1848, art. 49 ; Constitution du 14 janv. 1852, art. 6). L'art. 3 de la loi constitutionnelle du 25 févr. 1875 dispose que le président de la République surveille et assure l'exécution des lois. Au fond, ce texte ne modifie nullement la nature des pouvoirs antérieurs reconnus au chef de l'Etat (Comp. Aucoc, op. cit., p. 123-124 ; Laferrière, Traité de la juridiction administrative, t. 2, p. 9). En outre du pouvoir réglementaire qui est ainsi attribué d'une manière générale au président de la République, diverses lois ont, comme on l'a expliqué au Rép., n°s 5 et 6, confié aux ministres et aux préfets le pouvoir de faire des règlements sur certaines matières. D'autres ont confié aux maires un pouvoir réglementaire assez étendu sur les matières de police municipale. A la différence du chef de l'Etat, la loi a limité pour ces agents inférieurs l'objet et les conditions d'exercice du pouvoir réglementaire.

4. A la différence des anciens parlements, qui, ainsi qu'on l'a rappelé au Rép., n° 8, avaient le droit de rendre des arrêts de règlements portant interprétation des lois, le pouvoir réglementaire ne s'exerce aujourd'hui que pour faciliter ou assurer l'exécution de la loi et jamais pour l'interpréter. Une disposition d'un règlement d'administration publique, qui aurait un caractère interprétatif de la loi auquel ce règlement fait suite, empiéterait sur le pouvoir législatif et devrait être réputée non avenue (V. notamment, Civ. rej. 6 juin 1893, aff. Ministère de la guerre, D. P. 94. 1. 73, Solut. impl.). Mais la réciproque n'est pas vraie et le législateur pourrait, à l'occasion, par un texte spécial, faire passer dans le domaine législatif ce qui en principe relève du pouvoir réglementaire. M. l'avocat général Baudouin (Conclusions sur Crim. cass. 6 août 1892, aff. Vigié, D. P. 93. 1. 185) en a donné la raison dans les termes suivants : « Déterminé par l'importance du sujet, par la gravité des événements, le législateur peut vouloir que ce droit réglementaire qu'il a, en principe, délégué au pouvoir exécutif, ne soit

plus exercé par celui-ci ou soit exercé par lui sous certaines conditions qu'il précise lui-même. Il est évident qu'en présence d'une disposition expresse de la loi, le pouvoir exécutif ne pourrait plus se dégager de sa prescription sous prétexte qu'elle touche à une mesure réglementaire. Car le pouvoir réglementaire n'est qu'une concession de la souveraineté qui peut toujours la rétracter ».

§ 2. — Interprétation des actes administratifs. — Sanction pénale. — Force obligatoire (Rép. nos 9 à 15).

5. — I. INTERPRÉTATION DES ACTES ADMINISTRATIFS. — Par dérogation à la règle rappelée au Rép., n° 9, que l'interprétation des actes administratifs appartient exclusivement à l'autorité administrative, les tribunaux judiciaires, lorsqu'ils sont appelés à faire l'application des règlements administratifs, peuvent en interpréter les dispositions et en apprécier la légalité (Comp. supra, v° Compétence administrative, n° 299 ; Aucoc, 3° éd., t. 1, p. 501 ; Laferrière, Juridiction administrative, t. 1, p. 432 et 433 ; Dejamme, op. cit., p. 164). La compétence qui est ainsi exceptionnellement reconnue à l'autorité judiciaire comprend l'interprétation de tous les actes dits réglementaires et, notamment, l'interprétation des règlements faits par le chef de l'Etat pour assurer l'exécution des lois, que celui-ci agisse en vertu d'une délégation spéciale du législateur, ou en vertu des pouvoirs généraux inhérents à sa fonction.

6. L'autorité judiciaire serait, de même, compétente pour interpréter : 1° les règlements faits par les ministres dans les cas où ce droit leur est exceptionnellement conféré par la loi ; 2° les règlements préfectoraux relatifs à la police du domaine public et aux autres objets dont la surveillance a été conférée aux administrateurs de département par la loi du 22 déc. 1789 (sect. III, art. 2) ; 3° les règlements de police municipale qu'il appartient aux maires de faire en vertu des lois 16-24 août 1790 (tit. XI, art. 3) et du 5 avr. 1884 (art. 97).

7. Si l'on est d'accord pour reconnaître que la défense faite à l'autorité judiciaire d'interpréter les actes administratifs ne s'applique pas aux arrêtés réglementaires, les auteurs n'en donnent pas tous la même explication. D'après l'opinion la plus générale, qui est celle de M. Aucoc (3° éd., t. 1, p. 501), la compétence judiciaire en matière d'interprétation des règlements administratifs dériverait de la nature de ces actes qui participent du caractère des lois qu'ils sont destinés à compléter. M. Ducrocq observe, dans le même ordre d'idées, « que le principe de l'indépendance des deux autorités ne fait pas plus obstacle à ce que l'autorité judiciaire interprète les règlements que celui de la séparation des pouvoirs législatif et exécutif ne s'oppose à ce que l'autorité judiciaire interprète la loi qu'elle applique (Cours de droit administratif, 6° éd., t. 1, n° 655). M. Laferrière (op. cit., t. 2, p. 434-435) repousse cette explication, en faisant ressortir les différences essentielles qui séparent les règlements administratifs des actes législatifs, notamment en ce qui touche l'ouverture du recours pour excès de pouvoir que nous avons signalé plus haut (supra, n° 2). Selon M. Laferrière, les actes réglementaires sont des actes administratifs d'une nature particulière, dont l'annulation ne peut appartenir qu'à l'autorité, ou à la juridiction administrative, mais dont les tribunaux peuvent exceptionnellement déterminer le sens et apprécier la légalité, lorsqu'ils sont appelés à leur assurer une sanction pénale. « La compétence judiciaire, dit-il (op. cit., p. 435), dérive alors, non de la nature de l'acte, mais des droits qui sont inhérents à l'exercice de la justice pénale et en vertu desquels les tribunaux de répression ont en principe plénitude de juridiction sur toutes les demandes et exceptions tendant à l'application ou à la non-application des peines ». Toutefois, il convient de remarquer, et cette observation va à l'encontre de l'explication proposée par M. Laferrière, que le pouvoir d'interprétation de l'autorité judiciaire, à l'égard des règlements administratifs, s'exerce en matière civile aussi bien qu'en matière répressive (Comp. Dejamme, op. cit., p. 164). Il a été jugé en ce sens que les tribunaux civils sont compétents : 1° pour interpréter le règlement édictant les tarifs des droits à percevoir par les courtiers pour l'accomplissement de leur ministère (Cons. d'Et. 26 juin 1874, aff. Lacampagne, D. P. 75. 3. 50 ; Bor-

deaux, 2 déc. 1875, aff. Lafitte, D. P. 76. 2. 183 ; Civ. rej. 14 août 1877, aff. Lafitte, D. P. 78. 1. 9) ; — 2° Pour interpréter les dispositions des règlements concernant les taxes d'inhumations (Trib. des confl. 7 mai 1892, aff. Faré, D. P. 93. 3. 81).

8. L'autorité judiciaire a non seulement le droit, mais le devoir d'interpréter les règlements administratifs qu'elle est appelée à appliquer. Les tribunaux ne pourraient, sous prétexte d'obscurité, s'abstenir de statuer immédiatement et renvoyer les parties à se pourvoir en interprétation devant l'autorité de laquelle émanent les règlements (Crim. rej. 20 janv. 1888, aff. Deleuze, D. P. 88. 1. 329). Jugé en ce sens : 1° que le juge de simple police légalement saisi d'une contravention à un arrêté municipal ne peut, sous prétexte de l'obscurité de cet arrêté, surseoir à statuer jusqu'à ce que l'interprétation en ait été faite par l'autorité administrative (Crim. cass. 28 sept. 1855, aff. Rambaud, D. P. 56. 1. 347 ; 15 août et 10 juin 1864, aff. Guerre et Gide, D. P. 65. 1. 402) ; — 2° Que le droit reconnu aux tribunaux de simple police d'apprécier la légalité des arrêtés municipaux, lorsqu'ils sont appelés à prononcer contre les contrevenants les peines édictées en l'art. 471 c. pén., entraîne l'obligation de rechercher le sens de ces arrêtés (Crim. cass. 29 janv. 1885, aff. Duclou du Teillot, D. P. 86. 1. 43) ; — 3° Que l'interprétation des arrêtés préfectoraux, relatifs à la police des cours dépendant des gares de chemins de fer, ainsi que des règlements ou des ordres de service pris par les commissaires de surveillance administrative pour l'exécution de ces arrêtés, appartient à l'autorité judiciaire chargée de réprimer les contraventions à ces arrêtés ou règlements (Civ. cass. 24 juin 1890, aff. Draud, D. P. 91. 1. 439). De même, le juge de police ne saurait, sous prétexte d'obscurité, déclarer qu'il y a lieu pour lui d'appliquer, en place du règlement général du préfet, invoqué par le ministère public, un règlement local antérieur, qui n'a pu conserver de force obligatoire qu'autant qu'il est conciliable avec le règlement général (Crim. cass. 22 nov. 1872, aff. Giraud, D. P. 72. 1. 429). — Quoique le cas doive se présenter rarement pour les raisons qui viennent d'être exposées, cependant on peut concevoir que l'autorité administrative soit appelée à déterminer le sens d'actes réglementaires. On suit alors la règle : ejus est interpretari, cujus est condere. L'interprétation appartient à l'autorité de qui l'acte émane ou, s'il s'agit d'actes anciens, à l'autorité qui a remplacé celle de qui l'acte émane (Aucoc, t. 1, 3° éd., p. 505, 506 ; Laferrière, t. 2, p. 586). Lorsque l'interprétation fournie par l'auteur de l'acte ne donne pas satisfaction à la partie qui l'a demandé, celle-ci peut porter son recours soit devant les supérieurs hiérarchiques de l'auteur de l'acte et ensuite devant le conseil d'Etat statuant au contentieux, soit même directement devant cette juridiction omisso medio (Dejamme, op. cit., n° 123 p. 164 ; Laferrière, t. 2, p. 588 et suiv.). Par dérogation aux principes qui viennent d'être indiqués, les actes réglementaires émanant du chef de l'Etat sont interprétés par le conseil d'Etat directement, en premier et dernier ressort (V. infrà, n° 37 et suiv.).

9. — II. SANCTION PÉNALE. — Les actes réglementaires, c'est un de leurs traits caractéristiques, ont une sanction pénale (Rép. n° 13). A défaut de l'indication d'une autre pénalité, ils sont sanctionnés par l'art. 471, § 15, c. pén., disposition qui, selon la remarque faite au Rép., n° 14, a été spécialement édictée et eut effet lors de la révision du code pénal en 1832. La sanction de l'art. 471, § 15, s'applique indistinctement à tous les arrêtés réglementaires, qu'ils émanent du chef de l'Etat, des préfets ou des administrations municipales. Toutefois les règlements administratifs pris en vertu d'une délégation spéciale à l'effet de faire exécuter les dispositions d'une loi emportent en principe l'application des peines édictées par ladite loi (V. infrà, n° 12).

10. La sanction de l'art. 471, § 15, c. pén. n'est pas attachée qu'aux actes réglementaires proprement dits. Aucune peine ne serait donc encourue pour infraction aux règlements d'organisation, qui déterminent les conditions d'admission ou d'avancement dans les cadres des services publics, ou encore les obligations des divers agents vis-à-vis soit du public, soit de leurs supérieurs hiérarchiques (Dejamme, op. cit., n° 105, p. 121). De même, les cahiers des charges imposées aux entrepreneurs constituent des actes contractuels et non des règlements ; ils ne sauraient donc, en principe, donner lieu

à l'application d'une pénalité. Jugé en ce sens : 1° que la disposition inscrite dans le cahier des charges de l'entreprise du lestage et du délestage d'un port de commerce, aux termes de laquelle personne autre que l'entrepreneur ne peut s'immiscer dans le service du lestage, ne peut donner lieu vis-à-vis des tiers à l'application d'une peine de police, le cahier des charges n'ayant pas un caractère réglementaire (Crim. rej. 29 juill. 1865, aff. Jehan, D. P. 67. 5. 315, note 2); — 2° Qu'en l'absence d'un arrêté municipal réglant l'éclairage d'une ville, l'infraction, commise par l'entrepreneur de l'éclairage aux obligations de son cahier des charges, ne donne lieu à aucune responsabilité pénale (Crim. rej. 24 mars 1876, aff. Laisney, D. P. 77. 1. 288). — Il en serait autrement, si une disposition formelle du cahier des charges attribuait à celui-ci force de règlement de police. En vertu d'une disposition de ce genre, la sanction de l'art. 471, § 3, c. pén., a été appliquée à un concessionnaire de l'enlèvement des boues et immondices, pour inobservation de la clause du cahier des charges lui prescrivant d'opérer ledit enlèvement à des heures déterminées (Crim. cass. 13 déc. 1890, aff. Durand, Le Droit des 5 et 6 janv. 1891). De même, lorsqu'un règlement pris par le maire en vertu des lois de 1790 et 1791 a déterminé l'emplacement des marchés et prescrit à l'adjudicataire de percevoir les droits de place sur ces marchés et non ailleurs, ce dernier est justement condamné, s'il contrevient aux dispositions de ce règlement (Crim. rej. 14 févr. 1874, aff. Petit, D. P. 77. 5. 254).

11. Les peines de l'art. 471 c. pén. ne sont pas non plus attachées aux arrêtés pris par le maire en qualité d'administrateur des biens de la commune. Ainsi le refus de payer les droits fixés par un arrêté municipal pour droits de place dans les halles, foires ou marchés, ne constitue pas une contravention passible des peines de l'art. 471-15° c. pén. (Crim. cass. 22 mars 1863, aff. Baraton, D. P. 84. 1. 47). De même, la délibération par laquelle un conseil municipal établit une perception relative à l'introduction des bestiaux sur le territoire de la commune par des personnes étrangères à cette commune ne constitue pas un règlement de police dont la violation puisse entraîner l'application de l'art. 471-15° c. pén. (Crim. rej. 23 févr. 1888, aff. Urruty, D. P. 90. 1. 139). De même encore, l'arrêté par lequel un maire rend exécutoires les tarifs de l'entreprise des pompes funèbres ne constitue pas un règlement de police ayant une sanction pénale (Crim. cass. 28 avr. 1892, aff. Routiou, D. P. 93. 1. 512). — Exceptionnellement, il est une prescription administrative, dont le caractère réglementaire n'est point contestable, qui cependant est dépourvue de toute sanction pénale. Nous voulons parler des règlements relatifs aux sonneries de cloches. Ainsi qu'on l'a expliqué (suprà, v° Cultes, n°s 116 et suiv.), la loi du 5 avr. 1884, art. 100, dispose que ces sonneries feront l'objet d'un règlement concerté entre l'autorité épiscopale et le préfet. A raison de leur caractère de conventions transactionnelles, il a été jugé que ces règlements ne pouvaient être considérés comme des arrêtés préfectoraux sanctionnés par l'art. 471, § 15 (Crim. cass. 13 mai 1887, aff. Ponsard, Bull. crim., n° 187).

12. Ce n'est pas le lieu d'examiner ici la manière dont l'application des peines est poursuivie et prononcée pour les règlements qui comportent une sanction pénale. Cette matière a déjà été traitée suprà, v° Contravention, n°s 32 à 51 et v° Commune, n°s 474 et suiv.). V. aussi M. Dejamme (op. cit., n°s 109 et suiv.). Mais nous avons à examiner spécialement les règlements qui sont pourvus d'une sanction plus grave que la peine édictée par l'art. 471, § 15, c. pén. L'autorité législative pouvant seule édicter une pénalité, il va de soi que les règlements dont s'agit procèdent d'un texte de loi prévoyant une peine spéciale pour le cas d'infraction aux dispositions réglementaires. Certains de ces règlements sont très anciens. Tels sont notamment les règlements, en forme d'édits ou d'arrêts du conseil, relatifs à la grande voirie, édition de décembre 1607, arrêt du conseil du roi, du 17 juin 1721, ordonnance du 4 août 1731, arrêt du 16 déc. 1759, qui ont trait à la servitude de reculement et à la police des routes (V. infrà, v° Voirie par terre). Dans la même matière, la loi du 30 mai 1851, relative à la police du roulage, prévoit des sanctions spéciales pour les contraventions aux règlements d'administration publique rendus en exécution de son art. 2. La loi

du 15 juill. 1845, sur la police des chemins de fer (art. 21), punit d'une amende de 16 à 3 000 francs les contraventions aux ordonnances royales portant règlement d'administration et aux arrêtés pris par les préfets en exécution desdites ordonnances. La même sanction a été étendue aux arrêtés réglementaires pris sur la même matière par le ministre des travaux publics, en vertu de la délégation contenue dans l'ordonnance du 15 nov. 1846 (Crim. rej. 2 mai 1873, aff. Bizetsky, D. P. 73. 1. 172) et même aux règlements d'exploitation proposés par les compagnies et approuvés par le ministre (Crim. rej. 23 juin 1864, aff. Pigneau, D. P. 64. 1. 496). — Parmi les lois récentes, qui ont attaché des pénalités spéciales aux règlements pris en exécution de leurs dispositions, on peut citer la loi du 8 mars 1875 (D. P. 75. 4. 97) sur la poudre dynamite, qui déclare passible d'un emprisonnement d'un mois à un an et d'une amende de 100 à 10 000 francs tout contrevenant aux dispositions des règlements rendus pour son exécution. Cette peine est donc applicable aux infractions au décret du 28 oct. 1882 (D. P. 83. 4. 56) réglementant la vente et le transport de la dynamite. De même la loi du 15 juill. 1878 (D. P. 79. 4. 1) sur le phylloxera, modifiée par la loi du 2 août 1879 (D. P. 79. 4. 87), punit (art. 12) d'une amende de 50 à 500 francs les contraventions aux décrets et arrêtés pris pour son exécution. L'art. 34 de la loi du 21 juill. 1881 (D. P. 82. 4. 32) sur les épizooties, édicte pour les infractions aux dispositions du règlement d'administration publique rendu pour son exécution une amende de 1 franc à 200 francs. Aux termes de l'art. 3 de la loi du 15 nov. 1887 (D. P. 87. 4. 10) régissant les funérailles, toute contravention au règlement d'administration publique qui sera pris pour déterminer les conditions applicables aux divers modes de sépulture sera punie des peines édictées par l'art. 5 de la loi. Le même article 5 renvoie aux peines contenues dans les art. 199 et 200 c. pén. Toutefois, à raison de la gravité de ces peines, le règlement d'administration publique intervenu le 27 avr. 1889 (D. P. 89. 4. 56) a cru devoir en limiter l'application à certaines infractions (V. art. 22 du règlement précité). Les autres infractions ne sont punissables que des pénalités de l'art. 471, § 15, c. pén. Il y a là une combinaison intéressante des peines du droit commun avec des pénalités spéciales, en même temps qu'un exemple de la faculté pour l'autorité réglementaire de n'user que partiellement des sanctions pénales mises à sa disposition par le pouvoir législatif.

13. — III. Force obligatoire. — Nous examinerons plus loin (infrà, n°s 67 et suiv.) à quel moment et à quelles conditions les règlements préfectoraux et municipaux deviennent obligatoires pour les citoyens. Nous rappellerons seulement ici le principe général qui domine la matière. Le règlement, pour être obligatoire, doit avoir été porté à la connaissance de ceux à qui il est imposé. L'art. 2 du décret du 5 nov. 1870 détermine spécialement la manière dont les actes réglementaires émanant des chefs de l'État seront portés à la connaissance des citoyens. Aux termes de ce texte, les décrets deviennent obligatoires dès l'expiration d'un jour franc après que le Journal officiel qui les contient est parvenu au chef-lieu de l'arrondissement. Toutefois, l'article précité prévoit dans son second paragraphe que le Gouvernement pourra, par une disposition spéciale, ordonner l'exécution immédiate d'un décret. C'est aux maires qu'il incombe le soin de publier d'urgence les actes prévus par ce texte et de leur donner ainsi force exécutoire (Dejamme, op. cit., p. 104).

§ 3. — Voies générales de recours contre les actes réglementaires. — Refus de concours des tribunaux (Rép. n°s 16 à 22).

14. Ainsi qu'on l'a indiqué au Rép., n° 16, les règlements administratifs peuvent d'abord être l'objet d'un recours par la voie gracieuse auprès de l'autorité de laquelle émane le règlement. Cette voie de recours est générale et s'applique indistinctement à tous les actes administratifs. Mais en outre, et à la différence des actes administratifs d'ordre gouvernemental ou politique, les actes réglementaires peuvent être attaqués par la voie contentieuse (Aucoc, 3ᵉ éd. t., 1, n° 57, p. 128-129).

Ce n'est pas à dire, ainsi qu'on l'a observé au Rép.,

n° 13, que les actes réglementaires soient soumis pleinement à la compétence de la juridiction administrative. Le recours contentieux proprement dit, tendant à la réformation de l'acte attaqué, n'est pas ouvert contre les règlements. M. Dejamme (op. cit., n° 124) en donne la véritable raison. « Réformer un règlement, dit-il, ce serait remplacer les dispositions du règlement attaqué par un autre ; or le pouvoir réglementaire n'appartient pas aux autorités de l'ordre juridictionnel ; elles ne peuvent donc qu'annuler les actes de ce genre ; l'autorité administrative seule peut substituer des nouvelles dispositions à celles dont l'annulation aura été prononcée ». Le contentieux de l'annulation, autrement dit le recours pour excès de pouvoir, est seul susceptible d'être employé à l'égard des actes réglementaires.

15. Mais tous les actes réglementaires eux-mêmes ne comportent pas l'application du recours pour excès de pouvoir. Nous devons signaler immédiatement une exception en ce qui concerne les règlements d'administration publique faits en vertu d'une délégation. M. Laferrière indique très exactement la raison pour laquelle le recours pour excès de pouvoir n'est pas admis contre ces règlements. C'est que la délégation qui provoque un règlement d'administration publique a le caractère d'un mandat donné par le législateur, communiquant au mandataire une partie de la puissance législative. Il suit de là que les règlements d'administration publique faits en vertu d'une délégation législative participent dans une mesure variable à la puissance législative et à l'exécutive. Ce caractère mixte suffit pour qu'ils échappent à tout recours par la voie contentieuse (Laferrière, op. cit., t. 2, p. 11. Comp. également Dejamme, op. cit., p. 150, n° 125). La jurisprudence a consacré cette opinion. Il a été jugé que les règlements d'administration faits en vertu d'une délégation du pouvoir législatif, et spécialement en vertu de la loi du 15 avr. 1829 sur la pêche fluviale, n'étaient pas susceptibles d'être déférés au conseil d'Etat au contentieux (Cons. d'Et., 20 déc. 1872, aff. Fresneau, D. P. 74. 3. 42 ; 1er avr. 1892, aff. Commune de Montreuil ; 8 juill. 1892, aff. Ville de Chartres, D. P. 93. 3. 80).

16. Toutefois, si le recours pour excès de pouvoir n'existe pas contre le règlement lui-même, les intéressés ont la faculté d'en contester la légalité devant le tribunal compétent toutes les fois qu'il leur en est fait application (Laferrière, op. cit., t. 2, p. 11 ; Dejamme, op. cit., p. 151). Cette réserve indiquée par l'arrêt du 20 déc. 1872, supra, n° 15, a reçu plusieurs applications en jurisprudence (Cons. d'Et., 13 mai 1872, aff. Brac de la Ferrière, D. P. 72. 3. 74 ; Trib. confl., 11 janv. 1873, aff. Veuve Colgnet, D. P. 73. 3. 1 ; Cons. d'Et., 6 janv. 1888, aff. Salle, D. P. 89. 3. 37).

17. Tous les autres actes réglementaires sont susceptibles d'être réformés par la voie du recours pour excès de pouvoir. C'est ainsi notamment qu'à la différence des règlements d'administration publique proprement dits, les décrets rendus dans la forme des règlements d'administration publique, mais qui touchent à des intérêts et à des droits privés, peuvent être déférés au conseil d'Etat dans les conditions ordinaires du recours pour excès de pouvoir (Cons. d'Et. 10 mai 1851, aff. D'Inguimbert, D. P. 52. 3. 20 ; 27 mai 1863, aff. Brillet de Lamignon, D. P. 63. 3. 63).

18. Nous n'avons pas à examiner ici les conditions soit de recevabilité, soit de fond du recours pour excès de pouvoir. Les questions qui se rattachent à cette matière ont déjà été étudiées supra, v° Conseil d'Etat, n°s 90 et suiv., et les règles générales qui ont été indiquées à cette place sont aussi applicables au recours pour excès de pouvoir dirigé contre les actes réglementaires. Nous nous bornerons donc à compléter les explications sur certains points.

19. Pour être recevable à attaquer par la voie du recours contentieux un règlement administratif, il faut justifier d'un intérêt direct et personnel. Il n'est pas nécessaire qu'il y ait violation d'un droit acquis ; il suffit que l'acte attaqué lèse un intérêt (Laferrière, op. cit., t. 2, p. 406). Comme conséquence de ce qui vient d'être dit, ont été déclarés irrecevables faute d'intérêt : 1° le recours pour excès de pouvoir dirigé contre un acte administratif qui a été modifié par un acte postérieur dans un sens conforme à la demande du requérant (Cons. d'Et. 9 févr. 1883, aff. Evêque de Versailles, D. P. 84. 3. 68) ; — 2° le recours contre un acte administratif qui depuis a été rapporté (Cons. d'Et. 21 juin

1878, aff. Gorias, D. P. 78. 3. 93 ; 9 août 1880, aff. Ville de Bergerac, Rec. Cons. d'Etat, p. 771 ; 26 déc. 1885, aff. Commune des Fins, ibid., p. 995) ; — 3° le recours contre un arrêté qui, à raison d'une loi postérieure au pourvoi, a cessé de produire effet (Cons. d'Et. 17 mai 1878, aff. Journal La République, D. P. 78. 3. 93). — Une association ou corporation peut, au même titre qu'un simple particulier, être recevable à déférer au conseil d'Etat, pour excès de pouvoir, les règlements qui portent atteinte à son intérêt personnel. Jugé en ce sens : 1° que les facteurs de la halle de Paris sont recevables à attaquer les dispositions d'un décret supprimant leur monopole en autorisant toute personne inscrite sur un registre ouvert à cet effet à faire des ventes à la criée (Cons. d'Et. 30 juill. 1880, aff. Brousse, D. P. 81. 1. 73) ; — 2° Qu'un syndicat professionnel, constitué en vertu de la loi du 21 mars 1884, a qualité pour déférer au conseil d'Etat par la voie du recours pour excès de pouvoir un règlement de police relatif à l'exercice de la profession exercée par ses membres (Cons. d'Et. 25 mars 1887, aff. Syndicat professionnel des propriétaires des bains de Paris, D. P. 88. 3. 57). — Mais les membres d'une société d'agriculture ont été déclarés irrecevables à attaquer des règlements imposant certaines précautions à des agriculteurs dans un département où ils ne sont eux-mêmes ni propriétaires, ni domiciliés (Cons. d'Et. 30 mars 1867, aff. Société centrale d'agriculture, D. P. 68. 3. 1). De même, le maire d'une commune n'a pas qualité pour déférer au conseil d'Etat le règlement municipal d'une commune voisine établissant une taxe à raison du préjudice que ce règlement causerait à ses administrés (Cons. d'Et. 24 mai 1889, aff. Maire de Levignen, D. P. 90. 3. 98). De même, encore, des habitants d'une commune qui ne justifient d'aucun intérêt direct et personnel leur donnant qualité pour demander l'annulation d'une décision du ministre de l'instruction publique, supprimant l'école de garçons et l'école de filles existant au chef-lieu de la commune pour les remplacer par une école mixte, ne sont pas recevables à déférer cette décision au conseil d'Etat par la voie du recours pour excès de pouvoir (Cons. d'Et. 23 mai 1890, aff. Siméon et autres, D. P. 91. 5. 128). Enfin nous rappellerons qu'une autorité administrative n'est pas recevable à attaquer, pour excès de pouvoir, l'arrêté d'un supérieur hiérarchique annulant un arrêté qu'elle aurait pris, ni l'acte de ce supérieur rendant une décision en son lieu et place (Cons. d'Et. 18 nov. 1881, aff. Ville d'Issoudun, D. P. 83. 3. 28 ; 29 janv. et 21 mai 1886, aff. Maires de Vassy et de Mazamet, D. P. 87. 3. 77 ; 17 janv. 1890, aff. Commune de Verosvres, D. P. 91. 3. 62).

20. Ainsi qu'on l'a déjà enseigné au Rép., n° 20, la personne poursuivie pour infraction à un règlement administratif est toujours recevable à en discuter la légalité devant le tribunal auquel elle est déférée (Laferrière, op. cit., t. 2, p. 455). Toutefois, selon la jurisprudence qui prévaut aujourd'hui, la faculté d'exciper, devant la juridiction répressive, de l'illégalité d'un règlement ne ferme pas à l'intéressé la voie du recours pour excès de pouvoir. Il ne s'applique pas la fin de non-recevoir, dite du recours parallèle, qui a été définie supra, v° Conseil d'Etat, n° 138. Selon la remarque déjà faite (eod. loc.), on ne saurait considérer comme un recours parallèle et direct le droit qu'ont les parties de contester la légalité d'un règlement administratif lorsqu'elles sont poursuivies pour contravention. Ce n'est là qu'une exception, qu'un moyen de défense et non pas une action qui permette aux intéressés de détourner les effets de l'acte administratif (Aucoc, op. cit., 3e édit., t. 1, n° 299, p. 543 ; Dejamme, op. cit., p. 154 et 155 ; Cons. d'Et. 29 nov. et 20 déc. 1872, aff. Borel et aff. Billette, D. P. 73. 4. 45 ; 18 janv. 1884, aff. Belleau, D. P. 85. 4. 73 ; 9 avr. 1886, aff. Arglelier, Rec. Cons. d'Etat, p. 309).

21. Le recours pour excès de pouvoir serait encore recevable même s'il était introduit après le réclamant a été condamné ou tout au moins poursuivi devant le tribunal de répression (Laferrière, op. cit., p. 455-456 ; Cons. d'Et. 3 avr. 1877, aff. Chardin, Rec. Cons. d'Etat, p. 751).

22. Toutefois, la poursuite devant le tribunal de répression vaudra tout au moins comme une notification faisant courir l'intéressé le délai après l'expiration duquel le recours pour excès de pouvoir ne sera plus recevable. L'ar-

rêt du conseil d'Etat du 19 déc. 1879 (aff. Briet, D. P. 80. 3. 67) n'a pas d'autre signification. Cet arrêt déclare irrecevable un recours pour excès de pouvoir contre un règlement de police en visant une condamnation prononcée pour contravention qu'il considère comme constituant le point de départ du délai.

23. Les causes d'annulation pour excès de pouvoir ont été indiquées *suprà*, v° *Conseil d'Etat*, n°s 91 et suiv. Elles sont au nombre de quatre : 1° l'incompétence ; 2° le vice de forme ; 3° la violation de la loi ou des droits acquis ; 4° le détournement de pouvoir. Nous donnerons quelques exemples, pris parmi les décisions les plus récentes, de chacune de ces causes d'annulations. Ainsi ont été annulées pour *incompétence*, c'est-à-dire pour usurpation des attributions d'une autre autorité : 1° le règlement édicté par le ministre des travaux publics en vue de prévenir les éboulements dans l'exploitation des mines de sel d'un département, la réglementation de ces mesures rentrant dans l'exercice du pouvoir réglementaire qui appartient au chef de l'Etat (Cons. d'Et. 4 mars 1881, aff. Société de Laneuville, D. P. 82. 3. 70) ; — 2° L'arrêté par lequel le maire autorise la destruction des animaux nuisibles à l'aide de moyens différents de ceux qui ont été déterminés par un arrêté préfectoral (Cons. d'Et. 8 août 1890, aff. Breton, D. P. 92. 3. 39).

24. Il y a excès de pouvoir lorsque les formes imposées par le législateur, en vue de prévenir les décisions hâtives ou mal étudiées, n'ont pas été observées. Ainsi, un règlement d'administration publique, qui aurait été rendu sans que le conseil d'Etat eût été appelé à émettre un avis en assemblée générale, serait entaché d'excès de pouvoir. Toutefois, ainsi que nous l'avons déjà fait observer, les intéressés ne seraient pas recevables à poursuivre de ce chef au contentieux l'annulation des règlements d'administration publique ; ils ont seulement la faculté d'en contester la légalité lorsque l'application en est poursuivie contre eux (*suprà*, n° 16). Au contraire, sont susceptibles d'être annulés pour vice de forme : 1° l'arrêté préfectoral fixant les limites d'un chemin vicinal, sans avoir été précédé d'une enquête et de l'avis du conseil municipal (Cons. d'Et. 12 févr. 1875, aff. Barge, *Rec. Cons. d'Etat*, p. 122) ; — 2° L'arrêté préfectoral, revisant le règlement d'un barrage servant à l'irrigation de prairies situées sur le territoire de plusieurs communes, sans procéder à l'enquête dans toutes les communes (Cons. d'Et. 1er mars 1889, aff. Syndicat de la Viette, *Rec. Cons. d'Etat*, p. 282) ; — 3° L'arrêté ministériel autorisant, sans nouvelle enquête, la déviation du tracé d'un tramway en dehors de la route sur des terrains non préalablement classés comme annexes de la route (Cons. d'Et. 8 avr. 1892, aff. Chemin de fer de Bayonne-Biarritz, *Rec. Cons. d'Etat*, p. 386).

25. *La violation de la loi*, ou des droits acquis à des particuliers, les autorise à poursuivre de ce chef l'annulation des règlements administratifs. Ont été annulés pour cette cause : 1° l'ordonnance de police imposant une autorisation pour l'élevage des abeilles dans l'intérieur de Paris (Cons. d'Et. 13 mars 1885, aff. Vignet, D. P. 86. 3. 115) ; — 2° L'arrêté du préfet de la Seine prescrivant la suppression des bannes établies au-devant des magasins de la rue de Rivoli en vertu d'autorisations anciennes régulièrement obtenues et subordonnant les autorisations nouvelles à l'adoption d'un modèle uniforme déterminé par l'Administration (Cons. d'Et. 11 mai 1888, aff. Chevallier, D. P. 89. 3. 84) ; — 3° L'arrêté par lequel un maire consacre un ancien usage autorisant toutes personnes à cueillir l'herbe dans les prairies artificielles en fixant l'époque à laquelle cessera cette cueillette (Cons. d'Et. 23 mai 1890, aff. Ferron, D. P. 92. 3. 2). Cet arrêté porte atteinte au droit de propriété ; il est donc entaché d'excès de pouvoir. Il a encore été jugé qu'un maire ne peut, sans excès de pouvoir, enjoindre à un particulier de transporter un dépôt de pulpes de betteraves à une distance déterminée des habitations et de la voie publique (Cons. d'Et. 27 févr. 1891, aff. Jarlet. D. P. 92. 3. 83), ni prescrire à un industriel de faire cesser les causes d'insalubrité résultant des conditions dans lesquelles il exerce son industrie (Cons. d'Et. 26 juill. 1889, aff. Galy, D. P. 91. 3. 16).

26. Enfin, il y a *détournement de pouvoir* lorsqu'une autorité administrative, tout en restant dans la limite de sa com-

pétence et en suivant les formes prescrites par la législation, use de son pouvoir discrétionnaire dans un but et pour des motifs autres que ceux en vue desquels ce pouvoir lui a été attribué (Aucoc, *op. cit.*, t. 1, n° 298, p. 531 ; Laferrière, *op. cit.*, t. 2, p. 523 ; Dejamme, *op. cit.*, n° 132, p. 161). De nombreux règlements de police ont été annulés pour cette raison. Ainsi est entaché d'un détournement de pouvoir : 1° l'arrêté par lequel le maire règle la circulation et le stationnement des voitures publiques en vue de protéger contre la concurrence un loueur déterminé concessionnaire de la ville (Cons. d'Et. 2 août 1870, aff. Bouchardon, D. P. 72. 3. 27 ; 9 août 1889, aff. Ribbon, D. P. 91. 3. 30) ; — 2° L'arrêté édictant un ensemble de prescriptions concernant la forme et la disposition des voitures en vue de mettre les habitants à l'abri des incommodités inhérentes à certains transports industriels (Cons. d'Et. 12 févr. 1892, aff. Royer, D. P. 93. 4. 53).

27. Le conseil d'Etat, saisi d'un recours pour excès de pouvoir, ne peut que le rejeter ou prononcer l'annulation de l'acte attaqué. Mais il ne peut ni réformer cet acte, ni ordonner aucune des mesures qui pourraient être la conséquence de l'annulation (Laferrière, *op. cit.*, t. 2, p. 541. Conf. Cons. d'Et. 25 janv. 1889, aff. Héritiers Courty, D. P. 90. 3. 30). Toutefois, le conseil d'Etat peut ne prononcer qu'une annulation partielle, soit que le demandeur ait lui-même limité sa demande d'annulation à quelques-unes des dispositions de l'acte réglementaire, soit que toutes ces dispositions ne soient pas illégales. L'annulation partielle pourra, dans certains cas, ressembler à une réformation ; elle s'en distingue cependant, selon la remarque de M. Laferrière (*op. cit.*, p. 542), en ce que l'annulation se borne à supprimer certains éléments de décision sans créer aucun élément nouveau.

28. Théoriquement, à raison de l'effet relatif de la chose jugée, le rejet de la demande en annulation ne met pas obstacle à ce qu'un nouveau recours pour excès de pouvoir soit dirigé contre le même acte, soit par une autre partie, soit par la partie elle-même qui a succombé, mais en se fondant alors sur un autre moyen. En pratique, le nouveau recours sera le plus souvent rendu irrecevable par l'expiration du délai de trois mois suivant avant que le premier recours ait été jugé (Comp. Laferrière, *op. cit.*, p. 544-547). Si le recours aboutit à une annulation de l'acte, cette annulation produit ses effets *erga omnes* parce qu'elle fait disparaître l'acte administratif (Laferrière, *op. cit.*, p. 547 ; Dejamme, *op. cit.*, n° 134, p. 163). Jugé en ce sens que l'annulation d'un règlement de police municipale profite à tous les habitants de la commune, même à ceux qui n'ont pas formé le recours pour excès de pouvoir ; cette annulation fait tomber de plein droit les poursuites engagées pour infractions à ce règlement, antérieurement à l'arrêté du conseil d'Etat (Crim. cass. 25 mars 1882, aff. Darsy, D. P. 82. 1. 486).

Art. 2. — *Décrets et ordonnances réglementaires d'administration publique (Rép. n°s 23 à 45).*

§ 1er. — Formes constitutives des règlements d'administration publique (*Rép.* n° 24).

29. Sous cette rubrique, on a étudié au *Répertoire* les actes accomplis par le chef de l'Etat, aujourd'hui le président de la République, en vertu de son pouvoir réglementaire. Ainsi que nous l'avions déjà observé (*supra*, n° 3), le pouvoir réglementaire qui appartient au chef de l'Etat a deux origines différentes. D'une part, le chef du pouvoir exécutif, est investi par la nature même de ses attributions et de la manière la plus large et la plus générale, du droit de faire les règlements nécessaires en vue d'assurer l'exécution des lois (Constitution du 22 frim. an 8, art. 14 ; Charte const. 4 juin 1814, art. 14 ; Charte du 6 août 1830, art. 13. Constitution du 4 nov. 1848, art. 49 ; Constitution du 14 janv. 1852, art. 6 ; Loi constitutionnelle du 25 févr. 1875, art. 3). D'autre part, le chef de l'Etat reçoit, dans certaines circonstances, une délégation spéciale du législateur, en vue de préciser les mesures d'exécution d'une loi, ou même de la compléter sur certains points. Dans ce dernier cas, le chef de l'Etat jouit d'un pouvoir plus étendu que celui qu'il aurait s'il

agissait simplement en vertu de la loi constitutionnelle. La délégation peut permettre au président de la République d'ordonner des mesures d'ordre législatif, d'établir des pénalités ou le tarif d'un impôt. A ce point de vue, le régime français se distingue de la constitution anglaise. En Angleterre, on considère qu'il y a là un élément de la puissance législative et les dispositions relatives à l'exécution des lois émanent toutes du Parlement (Conf. Bazille, *Du pouvoir réglementaire, Revue générale d'administration*, 1881, t. 1, p. 271 et suiv.). Cependant le système français a des avantages qui ont été signalés par M. Aucoc (*Des règlements d'administration publique, etc., Revue critique de législation et de jurisprudence*, 1872, p. 75 et suiv.). Ils consistent, d'une part, à permettre au législateur de laisser de côté les détails qui ne pourraient pas être étudiés avec assez d'attention et qui compliqueraient ou prolongeraient les débats. D'autre part, si les règles fondamentales sont souvent remises en question, il en est ainsi à plus forte raison des règles de détail, surtout dans les lois qui touchent aux rapports des citoyens avec l'Administration, et il importe que les modifications dont l'expérience montre la nécessité puissent être faites sans mettre en mouvement le mécanisme législatif.

30. Aux deux origines différentes du pouvoir réglementaire appartenant au président de la République, correspondent deux sortes de règlements émanés du chef de l'Etat : décrets réglementaires *ordinaires* ou *proprement dits*, rendus en vertu de l'art. 3 de la loi constitutionnelle du 25 févr. 1875, et décrets *portant règlement d'administration publique*, qui interviennent à la suite de la délégation spéciale résultant de lois particulières. Une différence importante caractérise ces deux catégories d'actes : tandis que les décrets réglementaires proprement dits sont rendus simplement sur le rapport d'un ministre, les décrets portant règlement d'administration publique doivent être soumis au conseil d'Etat (L. 24 mai 1872, art. 8). Ces derniers présentent donc une garantie toute particulière au point de vue de la maturité des décisions et de la bonne rédaction.

31. La distinction que nous venons d'indiquer s'appuie sur les textes ; aussi est-elle admise par tous les auteurs (Aucoc, *op. cit.*, 3ᵉ éd., t. 1, p. 124 et suiv., n° 54 ; Laferrière, *op. cit.*, t. 2, p. 9 et 10 ; Dejamme, *op. cit.*, p. 6 et suiv.). Cependant M. Aucoc (*op. cit.*, p. 125) fait observer qu'en théorie tous les règlements émanés du chef de l'Etat devraient être qualifiés règlements d'administration publique. Le sens naturel du mot n'admet pas de distinction. Le chef de l'Etat fait un règlement sur une matière d'administration publique : c'est un règlement d'administration publique. Telle est aussi l'acception suivant laquelle la dénomination de règlement d'administration publique a été employée au *Rép.*, n° 24, et les précédents historiques autorisent cette interprétation. La constitution du 22 frim. an 8 qui a, la première, dans un article 52, employé le mot de « règlements d'administration publique », en chargeant le conseil d'Etat de les rédiger, ne contenait aucune allusion à une délégation du pouvoir législatif ; elle entendait certainement que tous les règlements destinés à régir les différentes branches de l'Administration et prescrivant des mesures de détail obligatoires pour tous les citoyens seraient faits avec le concours du conseil d'Etat, et c'est en ce sens que cette disposition a été appliquée sous le premier Empire. Mais sous la Restauration, le Gouvernement fit, sans consulter le conseil d'Etat, des règlements considérables, notamment l'ordonnance du 1ᵉʳ août 1827, pour l'exécution du code forestier. A partir de cette époque, on s'habitua à considérer que l'intervention du conseil d'Etat n'était obligatoire qu'au cas où une loi aurait expressément renvoyé à un règlement d'administration publique le soin de déterminer certaines mesures complémentaires ou d'exécution. La constitution de 1848 et la loi du 3 mars 1849 établirent un système nouveau dont la durée fut d'ailleurs éphémère. Sous ce régime, la qualification de règlement d'administration publique était appliquée indistinctement à tous les règlements généraux ayant pour but l'organisation des services publics ou régissant la totalité du territoire ; le conseil d'Etat était appelé dans tous les cas à les rédiger. Cependant, là distinction entre les règlements ordonnés par une disposition législative particulière et les règlements pris en vertu des pouvoirs généraux du chef de l'Etat conservait sa raison d'être. Dans le pre-

mier cas, le conseil d'Etat était chargé d'un pouvoir de décision propre pour faire le règlement ; dans le second, le conseil d'Etat était seulement appelé à donner son avis sur la rédaction (Comp. Dejanne, *op. cit.*, p. 7 et 8). Lors de la discussion de la loi du 24 mai 1872, sur la réorganisation du conseil d'Etat, un amendement fut proposé par MM. Savoye et Louis La Caze (Séances des 2 et 3 mai 1872, *Journ. off.*, p. 2960 et 2982), afin d'exiger l'avis du conseil d'Etat, non seulement sur les règlements d'administration publique faits en vertu d'une délégation de la loi, mais sur tous les règlements permanents émanés du Gouvernement. Il est regrettable que cette proposition n'ait point été adoptée par l'Assemblée nationale. M. Aucoc a très bien montré que les raisons pour lesquelles le conseil d'Etat est appelé à concourir à la préparation des règlements d'administration publique, c'est-à-dire le maintien des bonnes traditions, de l'unité d'esprit, enfin de l'ordre et de la clarté dans la rédaction, sont générales et s'imposent avec autant de nécessité dans l'une et l'autre catégories de règlements (Aucoc, *Revue critique de législation et de jurisprudence*, 1872, p. 75 et suiv., et *Conférences*, 3ᵉ éd., t. 1, p. 125-126).

32. Cependant M. Dejamme (*op. cit.*, n° 11) observe assez justement que l'intervention du conseil d'Etat, même limitée à la préparation des règlements d'administration publique, peut se justifier par l'étendue des pouvoirs qui sont souvent conférés dans ce cas particulier au chef de l'Etat, en vertu de la délégation spéciale du législateur. « On peut dire que les règlements ordinaires ne font qu'assurer l'exécution des lois, tandis que les règlements d'administration publique viennent compléter la loi en vertu de la délégation du législateur. On ne s'est pas préoccupé des abus de pouvoir qui pourraient être commis dans la confection des premiers ; on a exigé l'avis du conseil d'Etat pour les seconds parce qu'en droit, le chef de l'Etat peut être appelé à exercer des attributions plus étendues ».

33. Quelque avantage qu'il y eût à consulter le conseil d'Etat sur tous les décrets généraux, il est certain qu'en l'état de la législation, l'intervention du conseil d'Etat n'est obligatoire que pour le cas où le législateur a disposé expressément que certaines mesures d'exécution seraient déterminées par un règlement d'administration publique (Aucoc, *op. cit.*, 126 ; Dejamme, *op. cit.*, p. 7, note 1). Il ne suffirait donc pas que le législateur ait expressément délégué au chef de l'Etat le soin de déterminer réglementairement certaines mesures ; il faut que la délégation ait imposé l'intervention d'un règlement d'administration publique. C'est ainsi que les actes réglementaires pris en exécution de la loi du 3 mars 1822, et notamment le décret du 22 févr. 1876, n'ont pas été soumis au conseil d'Etat, le législateur ayant employé cette formule : « Le roi détermine par des ordonnances ». Jugé, en ce sens, que le chef de l'Etat est tenu de consulter le conseil d'Etat seulement sur les projets de règlements d'administration publique, ou sur les projets de décrets qu'une disposition législative spéciale prescrit de rendre dans la forme de ces règlements. En dehors de ces cas, il n'est pas tenu de consulter cette assemblée pour abroger des décrets antérieurs, alors même qu'en fait ces décrets auraient été rendus sur l'avis du conseil d'Etat (Cons. d'Et. 30 juill. 1880, aff. Brousse, D. P. 81. 3. 73).

34. Au contraire, le conseil d'Etat est appelé nécessairement à donner son avis sur les règlements d'administration publique. L'art. 8 de la loi du 24 mai 1872, qui édicte à nouveau cette prescription, ajoute que le même avis doit être pris pour les décrets en forme de règlement d'administration publique. Bien que ces deux sortes de décrets soient ainsi assujettis à une formalité identique en vertu d'un même texte, il faut se garder de les assimiler. Le décret rendu en forme de règlement d'administration publique n'a des règlements d'administration publique que la forme ; il n'en a pas la nature. Au lieu d'être général, il est spécial et individuel ; il ne s'applique qu'à une personne dénommée ou à une affaire déterminée (Conf. Ducrocq, *Une rectification nécessaire, Revue générale d'administration*, 1878, t. 1, p. 232 et suiv.). En un mot, le décret en forme de règlement d'administration publique ne constitue pas à proprement parler un acte réglementaire ; à ce point de vue, il est étranger à la matière que nous étudions. Il convient cependant d'insis-

ter sur les différences qui séparent ces sortes de décrets du règlement d'administration publique, parce que, comme nous le verrons dans un instant, le législateur a quelquefois employé improprement l'une de ces qualifications pour l'autre. Une première différence, c'est que les décrets rendus en la forme des règlements d'administration publique peuvent être attaqués par la voie contentieuse (V. Cons. d'Et. 23 févr. 1861, aff. Dubuc, D. P. 61. 3. 83 ; 13 mars 1867, aff. Guiringaud, D. P. 68. 3. 13). Au contraire, comme nous l'avons expliqué (*suprà*, n° 14), le recours pour excès de pouvoir n'est même pas ouvert contre les règlements d'administration publique. En outre, ces derniers règlements (c'est là une deuxième différence) sont revêtus, comme tous les actes des règlements d'administration publique, de la sanction pénale, tout au moins de la sanction *minima* de l'art. 471, § 15, c. pén. Les décrets spéciaux rendus en forme de règlements d'administration publique n'emportent aucune sanction pénale (Comp. Ducrocq, *op. et loc. cit.*).

35. M. Dejamme (*op. cit.*, p. 13 et suiv.) rapporte un certain nombre d'exemples où le législateur a commis la confusion dont on vient de parler entre les deux sortes de décrets. Ainsi dans l'art. 24 de la loi du 16 sept. 1807 sur le desséchement des marais, il est dit que la cession de terrain sera ordonnée par un règlement d'administration publique. Il s'agit là d'une mesure spéciale et individuelle qui n'a pas un caractère réglementaire et qui, par conséquent, doit être l'objet d'un décret « en la forme des règlements d'administration publique ». Inversement, la qualification de « décret en forme de règlement d'administration publique », a été appliquée à de véritables règlements. Ainsi l'art. 16 de la loi de finances du 29 déc. 1882 porte que « l'organisation centrale de chaque ministère sera réglée par un décret rendu dans la forme des règlements d'administration publique ». L'organisation d'un service public comme un ministère a un caractère d'acte réglementaire ; aussi les décrets rendus en exécution de la loi précitée ont-ils été intitulés exactement « décret portant règlement d'administration publique pour l'organisation de l'administration centrale du ministère... ». Une confusion du même genre a été commise par la loi du 11 janv. 1892 sur le tarif général des douanes. Aux termes de l'art. 3, § 4, des décrets en forme de règlements d'administration publique détermineront les produits qui, à l'entrée des colonies, seront l'objet d'une tarification spéciale par dérogation au tarif métropolitain. Or un tarif de douanes rendu applicable dans une colonie est l'œuvre de l'Etat, comme d'une véritable délégation du législateur, a un caractère réglementaire. Les rédacteurs de la loi de 1892 l'ont eux-mêmes reconnu en qualifiant ces décrets de règlements d'administration publique, dans d'autres passages de la même loi (art. 4. V. également art. 3, § 5).

§ 2. — Interprétation des décrets et ordonnances (*Rép.* n° 43).

36. En vertu de la maxime : *Ejus est interpretari, cujus est condere*, l'interprétation des décrets et actes réglementaires du chef de l'Etat appartient en propre à celui-ci. Il est en effet conforme aux principes constitutionnels que le chef de l'Etat retienne pour lui seul le droit d'interpréter ses actes et ne permette pas que leur véritable portée soit altérée par l'interprétation d'une autorité inférieure. Ainsi qu'on l'a expliqué au *Rép.*, n° 43, sous le régime antérieur à la loi du 24 mai 1872, le chef de l'Etat rendait ses décisions interprétatives en son conseil d'Etat et dans les formes établies pour les affaires contentieuses ; c'est-à-dire dans les mêmes formes que les autres décisions émanées de sa justice retenue.

37. Mais depuis la loi du 24 mai 1872, qui a conféré au conseil d'Etat une juridiction propre, il semble que pour respecter la règle *ejus est interpretari*, il serait nécessaire que le président de la République prît directement un décret administratif d'interprétation, lequel serait susceptible de recours au conseil d'Etat statuant au contentieux. Telle est l'opinion qui a été émise par M. Aucoc (*op. cit.*, t. 1, 3° édit., p. 507), mais elle n'a point prévalu et le conseil d'Etat, depuis comme avant la loi de 1872, a continué de donner directement l'interprétation de divers décrets, ou ordonnances royales, qui étaient des actes d'autorité.

38. Cette dérogation à la règle *ejus est interpretari*, en ce qui touche l'interprétation des actes émanant du chef de l'Etat, peut toutefois se justifier et l'explication qu'en donne M. Laferrière (*op. cit.*, t. 2, p. 584-585), paraît exacte : « La loi du 24 mai 1872, dit cet auteur, a eu pour résultat de transformer la justice retenue en justice déléguée et par suite de transférer au conseil d'Etat toutes les attributions contentieuses qui appartenaient au souverain et parmi lesquelles figurait le droit d'interpréter ses propres décrets ; un texte spécial aurait été nécessaire pour réserver ce droit au chef de l'Etat. Cette réserve n'a pas été faite : bien plus, l'art. 9 de la loi du 24 mai 1872 a chargé le conseil d'Etat de statuer souverainement sur les recours en matière contentieuse parmi lesquels figurent les recours en interprétation ; il faut en conclure que le droit d'interpréter les actes du chef de l'Etat par la voie contentieuse continue d'appartenir au conseil d'Etat.

ART. 3. — *Des actes ministériels réglementaires.*
(*Rép.* n°s 46 à 62.)

39. Il est généralement reconnu que les ministres ne doivent pas être mis au nombre des autorités investies du pouvoir réglementaire (Ducrocq, *Cours de droit administratif*, n° 73 ; Bazille, *Du pouvoir réglementaire, Revue générale d'administration*, 1881, t. 1, p. 277 ; Dejamme, *op. cit.*, p. 2). En effet, le pouvoir réglementaire pour la France entière appartient au président de la République, le préfet réglemente pour le département, le maire pour la commune ; il n'y a donc pas de place, à côté, pour le pouvoir réglementaire du ministre. Ce qui est certain, c'est que, selon la remarque déjà faite au *Rép.*, n°s 49 et suiv., on ne saurait considérer comme une émanation du pouvoir réglementaire les instructions et circulaires adressées par les ministres à leurs subordonnés pour l'exécution ou l'interprétation des lois. Ces actes n'ont rien d'obligatoire pour les citoyens, ni pour les tribunaux appelés à juger les contestations soulevées par l'application desdites lois (Aucoc, *op. cit.*, t. 1, 3° édit., p. 136).

40. De même, ne rentrent pas dans l'exercice du pouvoir réglementaire, les décisions individuelles prises par les ministres, soit comme représentants de l'Etat pour les services des ministères (V. *suprà*, v° *Organisation administrative*, n° 22 ; *Rép.* eod. v°, n° 148) ; soit comme exerçant un pouvoir de juridiction dans les cas spéciaux où ce droit leur est reconnu (V. *suprà*, v° *Compétence administrative*, n° 405 et suiv. ; *Rép.* eod. v°, n°s 489 à 501). Cependant, il existe certains cas exceptionnels où le pouvoir de faire des règlements appartient aux ministres en vertu d'une délégation spéciale. On peut citer notamment le règlement d'administration publique du 15 nov. 1846, sur la police des chemins de fer, qui confie au ministre des travaux publics le droit de fixer le nombre des voitures qui peuvent composer un convoi, le nombre des freins dont chaque convoi doit être muni (art. 18), de prescrire les mesures nécessaires pour assurer l'exécution du chemin de fer (art. 2 et 16) etc. (V. art. 3, 4, 25, 29, 30 et 40 de l'ordonnance du 15 nov. 1846). Le règlement d'administration publique du 10 août 1852 sur la police du roulage autorise le ministre des travaux publics et le ministre de l'intérieur à prendre les mesures nécessaires pour le passage sur les ponts suspendus (art. 8, § 4).

41. La loi du 15 juill. 1878, art. 2 (D. P. 79. 4. 1), autorise le ministre de l'agriculture à régler par des arrêtés les conditions dans lesquelles peuvent entrer et circuler, en France, les plants, sarments, feuilles et débris de vigne, etc., provenant des pays étrangers ou des parties du territoire français déjà envahies par le phylloxera auxquels ne s'appliquent pas les décrets d'interdiction absolue prévus par l'art. 1.

42. De même encore, le ministre de l'agriculture puise dans les art. 26 et 29 de la loi du 21 juill. 1881 (D. P. 82. 4. 32), sur les épizooties, le droit de prohiber l'entrée en France ou de mettre en quarantaine des animaux susceptibles de communiquer une maladie contagieuse, de même que le droit de prescrire l'abatage et de prendre les mesures nécessaires pour empêcher l'exportation des animaux atteints de maladies contagieuses.

43. La légalité des règlements ministériels faits en vertu des délégations données par des règlements d'administration ou par des lois n'a jamais été contestée par l'autorité judiciaire. Ainsi de nombreux arrêts ont reconnu, comme ayant force de loi, les tarifs et règlements généraux relatifs à l'exploitation des chemins de fer après qu'ils ont été revêtus de l'approbation ministérielle nécessaire pour leur mise en vigueur (Crim. cass. 16 déc. 1882, aff. Biscobi, D. P. 83. 1. 177. V. également : Crim. rej. 23 juin 1864, aff. Pigneau, D. P. 64. 1. 496 ; 12 mars 1875, aff. Couturier, D. P. 75. 1. 392). De même, le fait de conduire sur une route une locomotive dont les bandes des roues étaient garnies de plaques transversales formant saillie, contrairement aux conditions imposées par l'arrêté du ministre des travaux publics du 20 avr. 1866, pris pour assurer l'exécution de l'art. 2 du règlement d'administration publique du 10 août 1852, a été déclaré punissable par application de l'art. 9 de la loi du 30 mai 1851 (Cons. d'Et. 5 juill. 1889, aff. Lusseaux, D. P. 90. 3. 59).

44. Dans les cas exceptionnels où le législateur a confié aux ministres le pouvoir de faire des règlements sur certaines matières, il n'appartient pas au président de la République, malgré sa qualité de supérieur hiérarchique du ministre, de se substituer à l'autorité de ce dernier en vue du règlement à établir (Civ. rej. 26 juin 1890, aff. Consorts Flavigny, D. P. 90. 1. 297, V. aussi les conclusions de M. l'avocat général Desjardins rapportées *ibid.*). Aux termes de l'arrêt précité, les lois des 10 avr. 1867 et 1er juin 1878 ayant subordonné l'ouverture d'une école publique à une approbation du ministre de l'instruction publique, ce ministre est ainsi investi, par voie de délégation législative, d'un pouvoir qui lui appartient en propre et qui ne peut être exercé que par lui ; en conséquence, un décret du chef de l'Etat, contresigné du ministre de l'intérieur, ne saurait tenir lieu de l'approbation du ministre de l'instruction publique.

ART. 4. — *Des arrêtés réglementaires des préfets et sous-préfets (Rép., n°s 62 à 98).*

§ 1er. — *Pouvoir réglementaire des préfets (Rép. n°s 62 à 85).*

45. Ainsi qu'on l'a expliqué au *Rép.*, n° 62, le pouvoir réglementaire appartient au second degré aux préfets pour l'étendue de leur département. Comme le chef de l'Etat, dont ils sont les représentants, mais dans des limites beaucoup plus restreintes, les préfets sont investis du pouvoir réglementaire en vertu d'une délégation générale (22 nov. 1789-8 janv. 1790, sect. 3, art. 2, § 5, 6 et 9 ; L. 28 pluv. an 8, art. 2). En outre, certaines lois ont délégué le pouvoir réglementaire aux préfets tantôt en subordonnant l'exercice de ce pouvoir à l'approbation de l'autorité centrale, tantôt sans exiger cette approbation (Aucoc, *op. cit.*, t. 1, 3e éd., p. 179).

46. On se bornera à mentionner ici quelques-unes des matières spéciales pour lesquelles les lois particulières ont chargé les préfets de faire des règlements. On en trouvera l'étude complète dans les traités spéciaux consacrés à ces matières. Aux termes de l'art. 1 de l'ordonnance du 15 nov. 1846, portant règlement d'administration publique sur la police, la sûreté et l'exploitation des chemins de fer, il appartient au préfet, dans chaque département, de régler par des arrêtés qui deviendront exécutoires en vertu de l'approbation du ministre des travaux publics, l'entrée, le stationnement et la circulation des voitures publiques ou particulières, destinées soit au transport des personnes, soit à celui des marchandises, dans les cours dépendant des stations de chemins de fer (V. *infrà*, v° *Voirie par chemins de fer*). Il a été jugé que les arrêtés préfectoraux relatifs à la police des cours qui dépendent des chemins de fer ont, comme l'ordonnance du 15 nov. 1846, le caractère de loi (Civ. rej. 24 juin 1890, aff. Draud, D. P. 92. 1. 439). L'art. 21 de la loi du 15 juill. 1845 permet également aux préfets de prendre, sous l'approbation du ministre des travaux publics, des arrêtés pour l'exécution des règlements d'administration publique sur la police, la sûreté et l'exploitation des chemins de fer.

47. Les art. 21 et 39 de la loi du 11 juin 1880 (D. P. 81. 4. 20) soumettent au contrôle et à la surveillance des préfets, sous l'autorité du ministre des travaux publics, les

constructions, l'entretien et les réparations des voies ferrées d'intérêt local et des tramways. En conséquence, est légal et obligatoire l'arrêté préfectoral interdisant l'usage des voies ferrées établies par un concessionnaire de tramways à tous les véhicules étrangers au service ; et la contravention à cet arrêté tombe sous le coup de l'art. 37 de la loi du 11 juin 1880 (Aix, 31 déc. 1884, aff. Diard, sous Crim. rej. 26 juin 1885, D. P. 86. 1. 279).

48. La loi du 21 mars 1836, art. 21, charge les préfets de faire un règlement, sauf avis du conseil général et approbation du ministre de l'intérieur, pour fixer le maximum de largeur des chemins vicinaux, les époques de prestations en nature, le mode de leur emploi, etc. (V. *Voirie par terre*, n° 368). L'art. 8 de la loi du 20 août 1881 (D. P. 82. 4. 1) sur les chemins ruraux contient des dispositions analogues (V. *infrà*, v° *Voirie par terre*). Les préfets ont également le droit de réglementer la police du roulage (Décr. 10 août 1852, art. 7, 13 et 15 ; 24 févr. 1858, art. 2 et 3).

49. Les préfets exercent des attributions réglementaires en matière de chasse (art. 3 et 9 de la loi du 3 mai 1844 sur la chasse, modifiés par la loi du 22 janv. 1874). V. *supra*, v° *Chasse*, n°s 191, 211, 672, 679, 688, 200, 722 et suiv. ; en matière de pêche fluviale (Décr. 10 août 1875, art. 2, 10, 16, 19 et 20 ; 18 mai 1878). D'accord avec l'évêque, le préfet réglemente l'usage des sonneries de cloches (L. 18 germ. an 10, art. 48, et 5 avr. 1884, art. 100. V. *supra*, v° *Cultes*, n°s 119 et suiv. Aux termes de l'art. 1 de la loi du 24 déc. 1888 (D. P. 89. 4. 32), le préfet, après avoir pris l'avis du conseil général, prescrit les mesures nécessaires pour arrêter et prévenir les dommages causés à l'agriculture par les insectes, etc. La loi du 4 avr. 1889 (D. P. 89. 4. 34) sur le titre 6 du code rural, charge encore le préfet de déterminer les conditions de pâturage de chèvres, l'époque d'ouverture et de clôture des colombiers, la distance des ruches d'abeilles.

50. Nous arrivons à l'examen des attributions réglementaires exercées par les préfets en vertu de la délégation générale contenue dans la loi des 22 nov. 1789-8 janv. 1890 (sect. 3, art. 2, § 5, 6 et 9). Ce texte charge les administrations de département, aujourd'hui les préfets, « de veiller à la conservation des propriétés publiques, à celles des forêts, rivières, chemins et autres choses communes, au maintien de la salubrité, de la sûreté et de la tranquillité publiques ». Se fondant sur cette disposition, les préfets font des règlements pour protéger contre les détériorations les routes, les chemins de halage bordant les rivières, les canaux de navigation et les ouvrages qui en dépendent, les ports de commerce (Aucoc, *op. cit.*, t. 1, 3e édit., p. 179, n° 91). Ils peuvent encore prendre des arrêtés pour le maintien de la salubrité et de la tranquillité publiques ou de la sûreté générale (Comp. Dejamme, *op. cit.*, p. 17). Toutefois, dans ces matières, l'exercice du pouvoir réglementaire des préfets a soulevé des difficultés à raison des attributions analogues qui appartiennent aux maires dans l'étendue de leurs communes. L'art. 99 de la loi du 5 avr. 1884 a eu pour but de lever ces difficultés en déterminant les conditions dans lesquelles le préfet peut prendre des règlements dans les matières ressortissant de l'autorité municipale.

51. Avant la loi de 1884, la jurisprudence ne reconnaissait la légalité des arrêtés pris par le préfet en matière de police qu'à une double condition : 1° Il fallait d'abord que ces arrêtés fussent applicables à toutes les communes du département. Ainsi le préfet ne pouvait réglementer la police des cabarets que par arrêtés s'appliquant à toute l'étendue de leur département ; ces arrêtés s'appliquaient même aux communes ayant déjà un règlement municipal sur le même objet (Crim. cass. 17 mai 1864, aff. Boileau, D. P. 64. 5. 412). Exceptionnellement, et jusqu'à la loi du 24 juill. 1867, les préfets ont exercé dans les villes d'une population de plus de 40 000 âmes les attributions municipales de police (Crim. rej. 2 août 1862, aff. Naudin, D. P. 63. 5. 320 ; Circ. min. int. 3 nov. 1867, D. P. 68. 3. 21). C'était la conséquence de l'art. 50, § 1, de la loi du 5 mai 1855, mais cette anomalie a disparu avec la loi du 24 juill. 1867, qui a rendu aux maires des villes susindiquées leurs attributions réglementaires.

2° La seconde condition était que l'arrêté préfectoral eût pour objet des mesures de sûreté ou de salubrité

générales et non des mesures de police essentiellement municipale n'intéressant que les habitants de chacun des communes auxquelles elles s'appliqueraient. La jurisprudence reconnaissait le caractère de mesure de salubrité publique ou de sûreté générale : 1° aux arrêtés préfectoraux défendant aux cabaretiers et débitants de boissons de donner à boire jusqu'à l'ivresse (Crim. cass. 30 nov. 1860, aff. Lentilhac, D. P. 60. 5. 321 ; 8 janv. 1864, aff. Bouffort; 2 juin 1864, aff. Blind; 23 mars 1865, aff. Veuve Kuntz, D. P. 65. 1. 313); 2° — A l'arrêté préfectoral subordonnant à une autorisation spéciale du maire l'ouverture de tout bal public dans le département (Crim. rej. 6 juill. 1867, 1re esp., aff. Auriel, D. P. 68. 1. 284); — 3° A l'arrêté préfectoral subordonnant l'exercice de la profession de joueur d'orgue de barbarie dans le département à une autorisation du préfet (Riom, 15 avr. 1863, aff. Dumas, D.P. 63. 2. 90); — 4° Aux arrêtés préfectoraux interdisant dans les cafés et cabarets les jeux de hasard et tous autres jeux où l'argent sert d'enjeu (Crim. cass., 21 mars 1885) (1); — 5° A l'arrêté préfectoral qui, antérieurement à la loi du 15 juill. 1878, relative aux mesures à prendre contre le phylloxera, a interdit l'importation directe, ou indirecte, dans un département, des plants de vigne provenant de pays où la présence du phylloxera a été reconnue (Crim. cass. 9 nov. 1878, aff. Coiguard, D. P. 79. 1. 385); 6° aux arrêtés par lesquels un préfet, en vue de pourvoir à la sécurité des voyageurs ou touristes, a réglementé pour toute l'étendue de son département, la profession de guides (Crim. rej. 28 déc. 1866, aff. *Bulletin criminel*, n° 276 ; Crim. cass. 10 janv. 1874, aff. Jacquet, D. P. 74. 1. 452).

52. Toutefois, la distinction entre les pouvoirs du préfet et les droits de l'autorité municipale est quelquefois très difficile à établir ; on peut en juger par les arrêts suivants : D'une part, il a été décidé : 1° que les préfets ne peuvent, sans empiéter sur les attributions de l'autorité municipale, réglementer la police des engrais (Crim. rej. 18 août 1862, aff. Lozach, D. P. 63. 1. 56 ; Crim. cass. 6 nov. 1863, aff. Guyet, D. P. 63. 5. 41) ; — 2° Ni imposer aux chevriers l'obligation de munir de clochettes et de muselières les chèvres conduites au pâturage (Crim. rej. 6 juill. 1866, aff. Khalifa, D. P. 66. 5. 37); — 3° Ni réglementer le nettoiement des rues dans l'ensemble des communes du département (Crim. rej. 28 juin 1861, aff. Barras, D. P. 61. 5. 36) ; alors même que l'arrêté préfectoral aurait pour but de rendre uniformes dans le département ou de compléter des arrêtés municipaux insuffisants (Crim. rej. 14 déc. 1867, aff. Crassus, D. P. 68. 1. 285) ; — 4° Ni imposer aux détenteurs des voitures de place dans le département, comme conséquence du droit de stationnement et de circulation, de se tenir à la disposition des voyageurs pour un prix arbitrairement fixé (Crim. cass. 27 févr. 1875, aff. Sylva, D. P. 76. 1. 283) ; — 5° Ni interdire la circulation des chiens dans les champs et dans les bois en vue d'assurer la conservation des produits du sol, la police rurale rentrant exclusivement dans les attributions des maires (Crim. rej. 23 janv. 1892, aff. Léon, D. P. 92. 1. 447). Le conseil d'Etat jugeait de même qu'il y avait excès de pouvoir dans les arrêtés préfectoraux prescrivant des mesures de police rurale telles que l'éloignement des ruches d'abeilles de la voie publique et des habitations (Cons. d'Et. 30 mars 1867, aff. Corbillers et Grillon, D. P. 68. 3. 1). Mais, d'autre part, la jurisprudence reconnaissait la légalité des arrêtés préfectoraux réglementant dans toutes les communes du département les dépôts de fumier et d'immondices à proximité des habitations (Crim. cass. 19 janv. 1856, aff. Normand, D. P. 56. 1. 140) ou encore des arrêtés portant défense de laisser errer des chiens sans muselière, lorsque cette mesure avait pour objet de prévenir les accidents calamiteux (Crim. cass. 17 janv. 1868, aff. Prat, D. P. 68. 1. 363).

53. Il reste à dire un mot des innovations apportées en cette matière par la loi du 5 avr. 1884, art. 99. Bien que cette question ait déjà été examinée *suprà*, v^{is} *Commune*, n° 457 et suiv., et *Organisation administrative*, n°s 56 et suiv., il n'est pas inutile de rappeler ici les dispositions essentielles de l'article précité. D'après ce texte, « les pouvoirs qui appartiennent au maire, en vertu de l'art. 91, ne font pas obstacle au droit du préfet de prendre, pour toutes les communes du département ou plusieurs d'entre elles et dans tous les cas où il n'y aurait pas été pourvu par les autorités municipales, toutes mesures relatives au maintien de la salubrité, de la sûreté et de la tranquillité publiques. Ce droit ne pourra être exercé par le préfet à l'égard d'une seule commune qu'après une mise en demeure au maire restée sans résultat ». Il suit de là, tout d'abord, que la restriction anciennement imposée au pouvoir réglementaire du préfet de ne prendre que des arrêtés applicables à toutes les communes du département a disparu. A la seule condition d'une mise en demeure préalable demeurée sans résultat, le préfet peut prendre un arrêté applicable à une seule commune. Sur ce point, aucune difficulté. Mais la loi de 1884 a-t-elle en outre élargi les attributions réglementaires préfectorales en ce sens que le préfet aurait qualité pour édicter des mesures de police n'intéressant que les habitants de l'unique commune ou des quelques communes auxquelles elles s'appliqueraient? Sur ce point, il y a controverse. En faveur de l'affirmative, on fait observer que les droits attribués au préfet par l'art. 99 embrassent toutes les mesures relatives au maintien de la salubrité, de la sûreté et de la tranquillité publiques. C'est la définition même de la police municipale, telle qu'elle est donnée par l'art. 97 de la même loi. On ne voit pas dès lors pourquoi, dans cette police municipale, qui est définie de la même manière par ces deux articles, il y aurait lieu de créer une distinction tout à fait étrangère au texte et de faire un classement entre les mesures que le maire pourrait prendre en vertu de l'art. 97 et qu'il n'appartiendrait pas au préfet d'édicter en vertu de l'art. 99. Il semble au contraire que la loi de 1884 ait eu pour but de permettre au préfet de se substituer au maire négligent et de pourvoir à sa place à la police municipale. Tel est le système qui est enseigné par M. Ducrocq (*Etude sur la loi municipale*, p. 78) et par M. Morgand (t. 2, p. 110, note 1).

54. L'opinion contraire se fonde sur certains passages des travaux préparatoires de l'art. 99. Ce texte dans sa première rédaction attribuait au préfet le droit de prendre au lieu et place du maire « les mesures de police municipale et rurale ». A ces mots, la commission substitua ceux de mesures relatives au maintien de la salubrité, de la sûreté et de la tranquillité publiques ». Cette nouvelle rédaction, a dit M. le ministre de l'intérieur, est la consécration des droits définis par les lois de décembre 1789, août 1790 et de 1791 ; elle ne donne au préfet le pouvoir d'intervenir que dans le cas où, sur le territoire d'une commune, il s'est passé un fait dont l'intérêt dépasse de beaucoup ses limites et qui concerne le bien, la salubrité et la sûreté générales. La circulaire ministérielle du 15 mai 1884, relative à l'application de la loi du 5 avr. 1884, développe cette même interprétation. D'après le système de la circulaire, le législateur de 1884 n'aurait pas entendu confondre les droits du maire chargé de la police municipale avec ceux du préfet chargé de la police générale du département. L'art. 99 n'aurait pas conféré au préfet le pouvoir de se substituer au maire pour les attributions de police municipale n'intéressant que les habitants d'une commune. Il aurait innové seulement en lui conférant le droit de prendre des mesures de police applicables soit à plusieurs communes, soit même à une seule, mais il ne s'agirait que de mesures générales susceptibles d'intéresser en même temps les habitants d'autres com-

---

(1) (Poggé). — LA COUR; — Sur le moyen tiré de la violation des art. 8 de l'arrêté du préfet de la Corse, en date du 24 oct. 1873, et 471, n° 15, c. pén.; — Vu lesdits articles; — Attendu qu'indépendamment des jeux de hasard que les art. 475, n° 5, et 410 c. pén., comprennent dans leurs prohibitions, il appartient à l'autorité administrative, pour assurer le bon ordre dans les cafés et cabarets, d'y interdire expressément tous les jeux où l'argent servirait d'enjeu; qu'une pareille défense est obligatoire,

quelle que soit la modicité de la mise, et entraîne contre les contrevenants l'application de la peine édictée par l'art. 471, n° 15, c. pén.; qu'en refusant d'appliquer l'art. 8 de l'arrêté préfectoral susvisé, le tribunal de simple police de Vescovato a formellement violé ledit article, ainsi que l'art. 471, n° 15, c. pén.; — Casse, etc.

Du 21 mars 1885.-Ch. crim.-MM. Ronjat, pr.-Poulet, rap.-Roussellier, av. gén.

munes (Comp. Dejamme, *op. cit.*, p. 87-88). Il semble que la cour de cassation ait voulu consacrer ce système par l'arrêt précité (Crim. rej. 23 janv. 1892, aff. Léon, D. P. 92. 1. 447) en déclarant illégal l'arrêté préfectoral qui prohibe, de mars à octobre, la divagation des chiens dans les champs pour empêcher les dommages au sol.

55. Même en supposant résolue la controverse ci-dessus indiquée, le texte de l'art. 99 de la loi du 5 avr. 1884 soulève encore plusieurs questions délicates. L'article précité dispose que le préfet aura droit d'intervenir « dans tous les cas où il n'y aurait pas été pourvu par les autorités municipales ». On peut se demander s'il faut que la matière ait été laissée par le maire sans aucune réglementation, ou s'il suffit que le préfet estime insuffisantes les mesures prises par le maire. Avec M. Dejamme (*op. cit.*, p. 90, n° 85) nous croyons que la deuxième interprétation doit être préférée. L'autorité préfectorale aura le droit de prendre, au lieu et place du maire, un règlement venant compléter ou modifier celui qu'aurait rendu ce dernier (Comp. également Morgand, 4° édit. t. 1, p. 574, note 1).

56. L'art. 99 de la loi de 1884 ne vise que les pouvoirs de police exercés par le maire. Ce texte n'autoriserait donc pas le préfet à se substituer à l'autorité municipale dans les matières spéciales où le pouvoir réglementaire appartient au conseil municipal. Comme on le verra plus loin (*infrà*, n° 78), des lois particulières ont confié au corps municipal tout entier des attributions réglementaires : 1° pour les pâturages communaux dans les terrains de montagne (L. 4 avr. 1882) ; 2° pour la vaine pâture (L. 9 juill. 1889 et 5 avr. 1884, art. 68-6°). Ces mêmes lois ont également déterminé dans quelle mesure pourrait s'exercer l'intervention du préfet.

57. En ce qui concerne les pâturages dans les terrains en montagne, la loi du 4 avr. 1882 (D. P. 82. 4. 89) confère expressément au préfet le pouvoir de faire des règlements au lieu et place des conseils municipaux. Aux termes de l'art. 13, si, à l'expiration du délai fixé, les communes n'ont pas soumis à l'approbation préfectorale le projet de règlement, il y sera pourvu d'office par le préfet, après avis d'une commission spéciale composée du secrétaire général ou du sous-préfet président, d'un conseiller général et du plus âgé des conseillers d'arrondissement du canton, d'un délégué du conseil municipal de la commune et d'un agent forestier. Il serait procédé de même au cas où les communes refuseraient de modifier le règlement par elles proposé dans le sens des observations de l'Administration. Les règlements ainsi établis, ou modifiés, par le préfet sont exécutoires après notification au maire de la commune intéressée (Décr. 11 juill. 1882, art. 26, § 2).

58. En matière de vaine pâture, le préfet a des pouvoirs moins étendus. Aux termes de l'art. 69-6° de la loi du 5 avr. 1884 (D. P. 84. 1. 25), le préfet, statuant en conseil de préfecture, a qualité pour donner ou refuser son approbation à la décision du conseil municipal. Mais à défaut d'un texte spécial, il ne peut substituer sa décision à celle de l'assemblée municipale. Ici doit s'appliquer la règle d'après laquelle il n'appartient pas en principe à l'autorité supérieure de prendre une décision dans une matière attribuée par la loi à une autorité inférieure (Laferrière, *op. cit.*, t. 2, p. 483 ; Dejamme, *op. cit.*, p. 92). Conformément à ce principe, le conseil d'État a décidé : 1° que le préfet ne peut modifier, en y introduisant des dispositions nouvelles, la délibération prise par un conseil municipal relativement à la vaine pâture (Cons. d'Ét. 18 avr. 1861, aff. Commune de Kœur-la-Grande, *Rec. Cons. d'Etat*, p. 277) ; — 2° Qu'il n'est pas permis au préfet de retirer l'approbation donnée à un règlement et d'enjoindre au conseil municipal de se réunir pour délibérer sur un nouveau règlement (Cons. d'Ét. 10 juill. 1885, aff. Commune de Romilly-sur-Seine, *Rec. Cons. d'Etat*, p. 652).

59. Selon une observation faite au *Répertoire*, il est certain que le préfet ne saurait puiser dans ses attributions réglementaires de police le pouvoir de restreindre arbitrairement les droits que les particuliers tiennent de la loi. V. *Rép.* n° 73 et les arrêts cités. Ainsi l'arrêté préfectoral qui prescrit aux propriétaires d'oliviers d'enlever dans le délai d'un mois les produits de la taille et de l'élagage de ces arbres et de brûler sur place ou d'enfermer dans un local clos les brindilles, feuilles, branches et bois provenant des oliviers arrachés, a été à bon droit déclaré illégal (Crim. rej. 19 août 1882, aff. Hugues, D. P. 83. 1. 440). L'art. 2 de la loi des 28 sept.-6 oct. 1791 assure, en effet, aux propriétaires la libre disposition de leurs récoltes et le droit de cultiver et exploiter leurs terres à leur gré.

60. Enfin, selon la remarque faite au *Rép.*, n° 74, si le pouvoir réglementaire ne doit jamais s'exercer dans un intérêt privé, il peut néanmoins, dans un intérêt général, édicter des prohibitions qui ne s'adressent qu'à un individu ou des dispositions qui sont spéciales à un établissement déterminé. Jugé en ce sens que l'autorisation accordée à un industriel de distiller de la houille et de produire du gaz ne met pas obstacle à ce que, dans un intérêt de salubrité publique, le préfet lui enjoigne de procéder à l'exécution d'un aqueduc destiné à faire cesser l'écoulement à ciel ouvert des eaux de l'établissement (Crim. cass. 29 janv. 1885, aff. Duilon du Teillot, D. P. 86. 1. 43).

61. Cet exemple nous conduit à rechercher dans quelles conditions un acte préfectoral réglementaire peut être modifié par un acte postérieur. Ainsi qu'on l'a indiqué au *Rép.*, n° 77, les préfets ont en principe le pouvoir de modifier ou même de rapporter non seulement leurs propres arrêtés, mais encore ceux de leurs prédécesseurs. Il va de soi, d'ailleurs, qu'un règlement ne peut être abrogé ou modifié par l'autorité compétente qu'avec l'observation des formes exigées pour l'édicter. Les règles de forme seraient en effet illusoires si les actes accomplis conformément aux textes qui les prescrivaient pouvaient être rapportés ou modifiés sans qu'elles soient à nouveau suivies (Dejamme, *op. cit.*, p. 166). Application de cette règle a été faite par les arrêts rapportés au *Rép.*, n° 77, et aux termes desquels un règlement préfectoral sur les chemins vicinaux dérogeant à un premier règlement fait dans les formes prescrites par l'art. 21 de la loi du 21 mai 1836 ne peut être considéré comme légal et obligatoire qu'autant qu'il a été communiqué au conseil général et approuvé par le ministre de l'intérieur.

62. Toutefois, ainsi qu'on l'a déjà observé (*Rép.* n° 76), le droit pour l'autorité réglementaire de modifier et de rapporter ses décisions doit être combiné avec le principe du respect des droits acquis que l'a été formulé par M. Laferrière (*op. cit.*, t. 2, p. 518) en ces termes : « Les décisions administratives ne peuvent plus être rapportées, non seulement lorsqu'elles ont par elles-mêmes créé des droits, mais encore lorsqu'elles se sont bornées à autoriser ou à approuver des actes ou contrats dont ces droits sont résultés ». Mais si le principe est certain, son application reste assez délicate lorsqu'il s'agit de déterminer en quels cas on se trouve en présence de droits acquis. Ainsi il est permis de se demander avec M. Dejamme (*op. cit.*, p. 115), s'il existe des droits acquis mettant obstacle à ce que des mesures plus rigoureuses soient édictées dans l'intérêt de la sécurité et de la salubrité publiques.

63. Cette question met en jeu le principe de la non-rétroactivité des règlements administratifs, et nous avons à déterminer la portée exacte de ce principe. Un premier point indiscutable, c'est que les règlements ne peuvent atteindre les faits antérieurs à l'époque où ils sont devenus exécutoires (Dejamme, *op. cit.*, p. 113), alors d'ailleurs que ces faits ne tombaient, jusqu'à cette époque, sous le coup d'aucune prohibition. Jugé en ce sens que les prohibitions contenues dans un arrêté municipal ne peuvent s'appliquer à des faits antérieurs à sa publication (Crim. cass. 7 janv. 1888, aff. Perrain, D. P. 88. 1. 335). Il en serait autrement s'il s'agissait, non pas de faits instantanés, mais de faits continus, tel que l'exploitation d'un établissement industriel. Il a été reconnu que l'arrêté municipal subordonnant le fonctionnement des maisons de tolérance à une autorisation préalable peut s'appliquer même aux établissements ouverts avant sa mise en vigueur (Crim. cass. 25 févr. 1858, aff. Gallon, D. P. 58. 5. 302).

64. Mais quand les règlements, au lieu d'édicter des prohibitions ou suppressions, ordonnent l'exécution de certains travaux modifiant plus ou moins l'économie des constructions existantes, la jurisprudence refuse en général d'en faire l'application aux édifices antérieurement construits. Ainsi, bien qu'il rentre dans les pouvoirs des autorité muni-

cipale d'interdire, dans l'intérêt de la salubrité publique, d'établir des écuries le long de la voie publique, il a été jugé que la suppression des écuries déjà existantes ne pouvait être légalement ordonnée (Cons. d'Et. 12 mai 1882, aff. Palazzi, D. P. 83. 3. 121 ; Crim. cass. 26 mars 1887, aff. Casteras, D. P. 88. 1. 240).

65. De même on a déclaré illégal, comme ayant un effet rétroactif et portant atteinte aux droits acquis, l'arrêté ordonnant que les murs, non seulement des chais à construire dans l'avenir, mais les chais existants et les murs donnant sur des cours et ruelles ayant moins de trois mètres de largeur, seront élevés d'un mètre au-dessus de la partie correspondante de toitures joignant lesdits murs (Crim. cass. 5 août 1882, aff. Bachet, D. P. 82. 1. 485).

66. Enfin un règlement, bien que visant uniquement des faits à venir, sera considéré comme ayant un effet rétroactif, lorsqu'il portera atteinte à des droits reconnus aux particuliers par un acte contractuel antérieur. On trouve un exemple d'un règlement de ce genre dans un arrêt du conseil d'Etat du 27 mai 1892 (aff. Pétichet, D. P. 93. 3. 82) aux termes duquel un arrêté municipal, interdisant rétroactivement l'inhumation dans les concessions trentenaires pendant les cinq dernières années de la concession, est illégal.

§ 2. — Formes extrinsèques. — Publication (*Rép.* nᵒˢ 86 à 91).

67. Ainsi qu'on l'a observé au *Rép.*, nᵒ 86, les règlements préfectoraux, à la différence des actes réglementaires émanant du chef de l'Etat, ne sont soumis par la loi à aucune forme sacramentelle. Par application de ce principe, il a été décidé que le préfet, après avoir par un premier arrêté autorisé un industriel à établir une usine sur un point déterminé d'un cours d'eau, pouvait, sur une demande du même industriel tendant au déplacement de son usine, se borner à adopter l'avis de l'ingénieur ou chef des ponts et chaussées concluant au rejet de la demande : cette approbation donnée à l'avis de l'ingénieur tenant lieu d'une décision sanctionnée par l'art. 471, nᵒ 15, c. pén. (Crim. cass. 10 juin 1869, aff. Gehin, D. P. 70. 1. 238). De même, aucun texte n'indique le moment où les arrêtés préfectoraux sont obligatoires. Aussi tient-on pour constant, comme on l'a dit au *Rép.*, nᵒ 86, que les règlements préfectoraux n'ont d'existence réelle qu'à partir de leur publication. Mais, la loi n'ayant tracé pour cette publication aucune forme particulière, le mode de publicité est abandonné à l'usage et varie selon les localités (V. les décisions citées au *Rép.*, nᵒ 86). Quelle qu'en soit le mode, la publication dans chaque commune par les soins du maire est absolument nécessaire. A cet égard, aucun équivalent ne saurait être admis. Ainsi ne pourrait tenir lieu de la publication régulière du règlement ni la connaissance personnelle, qu'auraient donnée à des citoyens certains agents ou préposés de l'Administration (V. arrêts cités au *Rép.* nᵒ 91, notamment, Crim. rej. 28 févr. 1847, aff. Benac, D. P. 47. 4. 416);... ni l'insertion de l'arrêté préfectoral au *Recueil des actes administratifs* de la préfecture (*Rép.*, nᵒ 89-2ᵒ). Ce recueil, établi en vertu d'une circulaire du ministre de l'intérieur du 21 sept. 1815, est destiné, ainsi qu'on l'a expliqué au *Rép.*, nᵒ 88, à faciliter les rapports du préfet avec les fonctionnaires qui lui sont subordonnés, sous-préfets et maires, auxquels des exemplaires du recueil sont envoyés gratuitement. L'insertion audit recueil ne peut suppléer à la publication (Crim. cass. 12 avr. 1861, aff. Vidon-Gris, D. P. 61. 5. 411 ; Cons. d'Et. 20 déc. 1889, aff. Biette, D. P. 91. 3. 58).

68. Mais si l'insertion d'un arrêté préfectoral dans le *Recueil des actes administratifs* ne constitue pas une publicité suffisante, ce fait, joint à l'énonciation dudit arrêté portant qu'il sera publié et affiché dans toutes les communes du département, vaut présomption légale que cette publicité a eu lieu dans la forme régulière (Crim. rej. 8 févr. 1877, aff. Martin, D. P. 79. 1. rej. 12 avr. 1861, aff.

Vidon-Gris, D. P. 61. 5. 411). Toutefois ce n'est là qu'une présomption ordinaire contre laquelle la preuve contraire est recevable. Dès lors, la déclaration du tribunal, après enquête, que la publication de l'arrêté n'a pas eu lieu dans la commune où a été commis le fait poursuivi comme contravention justifie l'acquittement du prévenu et échappe au contrôle de la cour de cassation (Crim. rej. 12 avr. 1861, précité). Le juge peut, par une appréciation souveraine des circonstances, décider que la formalité de la publication a été omise ; et cela alors même que des condamnations auraient été précédemment prononcées pour faire respecter l'application du règlement (Crim. rej. 5 mars 1870, aff. Pozzo di Borgo, D. P. 70. 1. 188).

69. Lorsque, indépendamment de l'affichage dans les communes, le préfet a ordonné que le règlement pris par lui, spécialement un arrêté sur la police des débits de boissons, serait affiché dans chaque établissement soumis à ses dispositions, cette formalité doit être considérée comme surabondante. Dès lors, on déciderait à tort qu'à défaut de l'accomplissement de cette formalité, le règlement préfectoral est dépourvu de force obligatoire (Crim. cass. 26 mars 1863, aff. Berthollet, D. P. 63. 1. 128). A plus forte raison, l'affichage du règlement sur la police des lieux publics ne saurait-il être considéré comme obligatoire dans les auberges, lorsque ladite formalité a été prescrite seulement dans les cafés, cabarets et débits de boissons (Crim. rej. 30 déc. 1865, aff. Seringer, D. P. 66. 1. 144). Mais lorsque le maire a commis une erreur dans la publication d'un arrêté préfectoral, en indiquant, par exemple, inexactement, l'heure fixée par le préfet pour la fermeture des débits de boissons, cette erreur enlève le caractère de contravention au fait de ne pas s'être conformé aux véritables prescriptions de l'arrêté (Crim. rej. 4 avr. 1862, aff. Roudier, D. P. 62. 5. 33).

70. Ainsi qu'on l'a indiqué au *Rép.*, nᵒ 87, les actes de l'autorité administrative concernant une personne déterminée ne sont obligatoires pour cette personne qu'autant qu'ils ont été l'objet d'une notification individuelle. Spécialement, l'arrêté préfectoral prescrivant la fermeture d'un cabaret, conformément aux dispositions du décret du 29 déc. 1851, ne devient exécutoire qu'après la remise au débitant d'une copie complète et authentique du contenu de cet acte (Rennes, 30 janv. 1878, aff. J.., D. P. 78. 2. 221). Aux termes de cet arrêt, la remise de la copie ne pourrait être suppléée, ni par une notification verbale, ni même par la lecture de l'arrêt faite à la partie intéressée. Cette décision est conforme à la jurisprudence de la cour de cassation qui n'admet pas que la notification par écrit d'un acte administratif puisse être remplacée par un acte équivalent (Crim. cass. 11 août 1854, aff. Marchand, *Bull. crim.*, nᵒ 256). Mais le conseil d'Etat paraît au contraire tenir pour suffisant qu'une communication complète ait été donnée à l'intéressé (Cons. d'Et. 5 févr. 1875, aff. W..., D. P. 75. 3. 103 ; 12 janv. 1877, aff. Labarte, D. P. 77. 3. 25. Comp. Aucoc, *op. cit.*, t. 1, nᵒ 375, 3ᵉ éd., p. 672-673).

71. Quoi qu'il en soit, il est certain que la notification individuelle ne saurait être exigée dès lors que l'arrêté réglementaire n'intéresse pas une personne déterminée, mais un ensemble d'individus. Jugé en ce sens que la publicité donnée à un arrêté réglementant l'entrée, la circulation et le stationnement des voitures dans les gares et stations de chemins de fer, est suffisante, lorsque l'arrêté a été affiché dans les cours, gares et salles d'attente des stations, n'est pas nécessaire, en outre, que l'arrêté ait été porté directement à la connaissance des entrepreneurs de voitures publiques qu'il intéresse (Crim. rej. 6 déc. 1862, aff. Lesbat, D. P. 63. 1. 390). Dans le même ordre d'idées, il a été décidé, par application de l'art. 3 de la loi du 15 juill. 1878, modifié par la loi du 2 août 1879, que la délégation donnée par le préfet en vue de faire visiter des vignes signalées comme phylloxérées n'avait pas besoin d'être l'objet d'un arrêté notifié aux propriétaires (Poitiers, 6 févr. 1880) (1).

(1) (Affaire Huet et Galipeau.) — LA COUR ; — ...Sur la contravention aux lois sur le phylloxera : — Attendu qu'il est incontestable que, par lettre du 1ᵉʳ oct. 1879, M. le préfet de la Vienne autorisait Fumeron à parcourir les vignobles du département et à faire les recherches nécessaires pour découvrir le phylloxera ;

qu'il le prévenait qu'il le déléguait ainsi sur la proposition de M. l'inspecteur d'agriculture et usant des pouvoirs que confère au préfet l'art. 3 des lois des 15 juill. 1878 et 2 août 1879 ;... — Attendu que Huet et Galipeau, pour motiver leur opposition, soutiennent que les lois des 15 juill. 1878 et 2 août 1879 ne per-

Il en serait autrement s'il s'agissait de faire subir un traitement aux vignobles contaminés (Même arrêt, sol. impl.).

§ 3. — Formes et effets du recours (*Rép.* n° 92 à 97).

72. Sous ce paragraphe, on a examiné au *Répertoire* les modes de réformation dont sont susceptibles les arrêtés réglementaires des préfets. En laissant de côté le cas où le préfet, faisant droit à une pétition, aurait lui-même rapporté son arrêté dans des conditions qui ont été déterminées plus haut (*supra*, n° 61) ou encore l'hypothèse de l'abrogation de l'arrêté en vertu, soit d'un arrêté postérieur modifiant le premier, soit de l'expiration du délai en vue duquel il avait été édicté, les règlements préfectoraux peuvent être annulés par le ministre saisi d'un recours hiérarchique, ou par le conseil d'État dans les cas d'excès de pouvoir. Il n'y a pas lieu de revenir ici sur les conditions de forme ou de fond auxquelles est subordonné l'exercice du recours pour excès de pouvoir; elles ont été indiquées précédemment (*supra*, n°s 13 et suiv.).

73. Tant qu'il n'a pas été annulé, le règlement administratif demeure en principe obligatoire. En conséquence, le tribunal correctionnel, saisi d'une contravention à un arrêté réglementaire, ne serait pas tenu de surseoir à statuer à raison de ce que le règlement aurait été l'objet, de la part du prévenu, d'un recours au conseil d'État (Crim. rej. 10 févr. 1876, aff. Millet, D. P. 77. 1. 189). Le tribunal répressif a d'ailleurs le pouvoir d'apprécier lui-même la légalité du règlement et, suivant le résultat de cet examen, il peut relaxer le prévenu. Par contre, l'annulation par l'autorité supérieure d'un arrêté réglementaire, reconnu illégal, entraîne, ainsi qu'on l'a observé au *Rép.*, n° 95, la nullité de tous les actes d'exécution faits antérieurement en vertu de cet arrêté. Jugé en ce sens que l'annulation pour excès de pouvoir par le conseil d'État d'un arrêté préfectoral, dont la violation a donné lieu à une poursuite, a pour effet d'enlever toute base légale à la poursuite et aux condamnations qui sont intervenues même avant la décision du conseil d'État (Crim cass. 25 mars 1882, aff. Darsy, D. P. 82. 1. 486).

74. Il en serait autrement si l'arrêté motivant la poursuite eût été légalement pris. Dans ce cas, l'annulation postérieure de l'arrêté n'effacerait pas une contravention antérieurement commise (Crim. cass. 9 avr. 1868, aff. Cannes, D. P. 69. 1. 534; 14 nov. 1868, aff. Roux, D. P. 69. 1. 382). Il y a lieu, en effet, d'ériger en principe que les règlements cessent seulement d'être exécutoires lorsqu'ils ont été, soit régulièrement rapportés, soit annulés par l'autorité compétente. De même que les lois, ils ne peuvent être considérés comme abrogés par cela seul que la non-observation en a été tolérée. Un usage contraire à leurs dispositions, la possession même immémoriale ne sauraient faire échec à leur application (Dejamme, *op. cit.*, p. 167, n° 140). La jurisprudence s'est maintes fois prononcée en ce sens. Ainsi il a été décidé que les tribunaux ne peuvent refuser d'appliquer des dispositions réglementaires en invoquant la tolérance de l'Administration (Crim. cass. 5 juill. 1873, aff. Gille, D. P. 74. 1. 42; 3 déc. 1880, aff. Villaret, D. P. 81. 1. 280) ni sur le fondement de la désuétude (Crim cass. 17 janv. 1868, aff. Prat, D. P. 68. 1. 363) ou d'un usage local contraire (Crim. cass. 3 déc. 1880, aff. Villaret, D. P. 81. 1. 280). Spécialement, un règlement de navigation subsiste et doit produire ses effets tant qu'il n'a pas été rapporté

expressément par l'autorité compétente, alors même que l'Administration ne tiendrait plus la main à son exécution et s'en rapporterait aux usages de la navigation (Civ. cass. 30 nov. 1891, aff. Compagnie d'assurances générales maritimes, D. P. 92. 1. 122). Il a été également décidé que le maire est sans pouvoir pour dispenser un citoyen de se conformer aux prescriptions d'un règlement de police générale permanent et approuvé par le préfet (Crim. cass. 27 avr. 1866, aff. Cucchi, D. P. 67. 5. 361). Et même une circulaire invitant le maire à déroger à un arrêté préfectoral ne peut avoir aucun effet légal à défaut d'un arrêté régulier modifiant ce règlement (Crim. cass. 3 déc. 1880, aff. Villaret, D. P. 81. 1. 280).

75. Toutefois, l'abrogation d'un règlement n'exige pas nécessairement l'intervention d'un arrêté formel. L'abrogation peut être simplement tacite et résulter de l'incompatibilité des dispositions nouvelles avec les dispositions antérieures. Jugé, en ce sens, que l'abrogation d'un arrêté préfectoral peut être partielle et virtuelle et résulter de ce que des dispositions contraires sont contenues dans un arrêté préfectoral postérieur (Crim. cass. 7 janv. 1888, aff. Chenel, D. P. 88. 1. 333). Mais si le principe est certain, son application rencontre parfois certaines difficultés touchant le point de savoir si les dispositions de deux règlements sont réellement inconciliables. M. Dejamme (*op. cit.*, p. 168) observe avec raison que dans le cas où une matière est réglementée à nouveau d'une manière complète, l'ancien règlement doit être considéré comme abrogé. Tel est le cas où, en édictant un nouveau règlement général de la voirie vicinale dans un département, le préfet a procédé à une refonte complète d'une section de ce règlement. Tout article qui figurait dans la section refondue de l'ancien règlement et qui n'a pas été reproduit dans le règlement nouveau se trouve virtuellement abrogé (Crim. cass. 29 janv. 1891, aff. Dufresne de Beaucourt, D. P. 92. 1. 311).

§ 4. — Attributions exceptionnelles des sous-préfets en matière réglementaire (*Rép.* n° 98).

76. Comme on l'a indiqué au *Rép.*, n° 98, le pouvoir réglementaire n'appartient pas en principe au sous-préfet. Cependant, ce fonctionnaire peut prendre d'urgence les mesures nécessaires à l'exécution des actes préfectoraux, mais toujours sous l'approbation du préfet (Bazille, *op. cit.*, *Revue générale d'administration*, 1884, t. 1, p. 280). A titre d'exemple de l'action réglementaire des sous-préfets, on a cité au *Rép.*, n° 98, l'art. 3 du décret du 29 flor. an 10, aux termes duquel le sous-préfet a le droit d'ordonner, par provisions et sauf recours au préfet, les mesures nécessaires pour faire cesser les dommages résultant des contraventions aux lois sur la grande voirie.

ART. 5. — *Des règlements municipaux* (*Rép.* n° 99).

77. La matière des règlements communaux a été étudiée d'une manière complète *supra*, v° *Commune*. A raison du peu de temps écoulé depuis la publication de ce traité, nous n'avons à revenir sur l'examen de cette matière que pour noter les décisions plus récentes qui n'ont pu y être analysées. Certains règlements communaux peuvent émaner du préfet dans les conditions qui ont été indiquées plus haut (*supra*, n°s 53 et suiv.). Mais en

---

mettent pas de faire procéder sans un arrêté destiné à prévenir les propriétaires de la recherche du phylloxera; qu'ils prétendent encore qu'ils étaient autorisés à croire qu'on allait procéder au traitement de leurs vignes et que l'opposition et la résistance étaient permises alors que les propriétaires n'avaient pas été entendus; — Attendu qu'aux termes de l'art. 3 de la loi des 15 juill. 1878 et 2 août 1879, en vertu duquel Fumeron avait été délégué « dès que le préfet d'un département a reçu avis, soit par le maire d'une commune, soit par le propriétaire d'une vigne, soit par la commission départementale d'études et de surveillance, que le phylloxera a fait son apparition dans une localité, il charge un délégué de visiter la vigne signalée comme malade et, en cas de besoin, les vignes environnantes; le délégué peut faire dans lesdites vignes les opérations nécessaires pour constater l'existence du phylloxera »; — Attendu que, pour l'accomplissement de ce préalable dans les conditions indiquées,

la loi ne demande et n'impose aucune autre formalité aux fins de la délégation; qu'il ne s'agit ici ni d'une expropriation, ni d'une dépossession, ni même de mesures extrêmes, mais d'une simple vérification pour laquelle la délégation suffit...; — Attendu qu'au cas de nécessité d'un arrêté, la loi la formule et l'indique dans des conditions spéciales parfaitement distinctes en dehors desquelles se détache la délégation avec limitation de la sphère à parcourir; — Attendu qu'à ce silence de la loi, on ne peut substituer une disposition qui fait défaut, qui ne peut être suppléée et introduite que par un pouvoir autorisé; — Attendu que, s'il y a lieu de faire subir un traitement à la vigne, aussitôt apparaît la nécessité de l'arrêté du ministre de l'agriculture, après l'accomplissement des formalités préalables et l'audition des propriétaires; ...

Par ces motifs, etc.

Du 6 févr. 1880.-C. de Poitiers.

principe, le pouvoir d'édicter des règlements applicables à la seule étendue du territoire d'une commune appartient au maire. Dans quelques cas exceptionnels, ces règlements doivent être adoptés par le conseil municipal lui-même.

§ 1er — Attributions réglementaires du pouvoir municipal.

78. Ainsi qu'on l'a observé au *Rép.*, n° 101, le conseil municipal a le droit, à l'exclusion du maire, de réglementer certaines matières. En dehors des cas où cette assemblée doit être consultée par le maire, notamment lorsqu'il s'agit de fixer la distance à observer entre les débits de boissons et les églises ou les écoles, ou encore pour décider, s'il y a lieu, de réglementer le ban de vendanges, le conseil municipal exerce en propre le pouvoir réglementaire : 1° pour les réglementations des pâturages communaux dans les terrains de montagne (L. 4 avr. 1882, art. 12 et 14; Décr. 11 juill. 1882, art. 24); — 2° Pour la réglementation de la vaine pâture dans les communes où ce droit a été maintenu (L. 9 juill. 1889 et 22 juin 1890; 5 avr. 1884, art. 68-6°).

79. Les attributions réglementaires des conseils municipaux sont exceptionnelles et doivent être étroitement circonscrites aux cas limitativement prévus par la loi. Au contraire, les maires sont investis en principe du droit de faire des règlements municipaux (L. 5 avr. 1884, art. 94-1°, 91 et 97). En outre, des lois spéciales confèrent au maire des attributions réglementaires notamment en matière de police rurale. Toutes les questions se rattachant aux attributions réglementaires du maire ont été étudiées *suprà*, v° *Commune*, titre 3, chap. 4, n°s 455 et suiv. Nous nous bornerons à rappeler ici les principes généraux qui ont motivé les décisions les plus récentes.

80. Ainsi qu'on l'a rappelé au *Rép.*, n° 104, le pouvoir réglementaire des maires ne peut légalement s'exercer que dans un intérêt général. Il a été décidé, en ce sens, que les arrêtés municipaux, généraux de leur nature, ne pouvaient contenir des prohibitions particulières applicables à certaines personnes déterminées (Crim. rej. 19 avr. 1890, aff. Ricard, D. P. 90. 1. 451). Dans le même ordre d'idées, il a été reconnu qu'un règlement municipal qui n'a pour objet que l'intérêt privé de la commune et spécialement l'augmentation des recettes communales, est dépourvu de toute sanction. Jugé en ce sens : 1° que l'arrêté municipal prescrivant que, pendant la fête patronale, il ne sera tenu qu'un seul bal public, en confiant son organisation à une personne déterminée, est illégal (Crim. rej. 23 févr. 1889, aff. Remy Rendu, D. P. 90. 1. 187); — 2° Que le maire ne peut, sous la forme d'un règlement de police, imposer à des particuliers des prescriptions ayant pour objet d'assurer l'exécution des conventions passées par la commune soit avec eux (Cons. d'Et. 29 janv. 1892, aff. Syndicat des agriculteurs du Loiret, D. P. 93. 3. 52), soit avec un tiers (Cons. d'Et. 9 août 1889, aff. Ribbon, D. P. 91. 3. 30), — 3° Que de même, le maire ne peut insérer, dans un règlement sur le transport des corps et les inhumations, des dispositions ayant pour effet d'imposer à l'entrepreneur des obligations qui ne résultent pas de son traité et de porter ainsi atteinte aux droits qui lui sont conférés par ledit traité (Cons. d'Et. 24 mars 1893, aff. Routiou, D. P. 94. 3. 44).

81. Toujours dans le même sens, on a refusé de considérer comme un règlement de police dont la violation serait sanctionnée par l'art. 471, § 15, c. pén. : 1° la délibération par laquelle un conseil municipal établit une perception relative à l'introduction des bestiaux sur le territoire de la commune par des personnes étrangères à cette commune et en fixe le tarif (Crim. rej. 23 févr. 1888, aff. Urruty, D. P. 90. 1. 139); — 2° L'arrêté pris par un maire pour faire respecter un droit de servitude revendiqué par la commune (Crim. cass. 22 févr. 1889, aff. Veuve Fremeau, D. P. 90. 1. 191).

82. Un règlement municipal est encore illégal et non obligatoire, lorsqu'il porte atteinte aux principes de liberté, d'égalité civile et de propriété, consacrés et garantis par les lois (Comp. *suprà*, v° *Commune*, n° 483). C'est ainsi que le maire ne pourrait, sans porter atteinte au droit de propriété, consacrer un ancien usage autorisant toutes personnes à cueillir l'herbe dans les prairies artificielles, et fixer par un arrêté l'époque à laquelle cessera la cueillette (Cons. d'Et.

23 mars 1890, aff. Ferron, D. P. 92. 3. 2). Le maire ne pourrait de même édicter un nouveau règlement portant atteinte aux droits d'inhumation dans les cimetières communaux résultant des traités de concession (Cons. d'Et. 27 mai 1892, aff. Petichet, D. P. 93. 3. 82). Dans le même ordre d'idées, le fait de tirer des pétards ou fusées dans un jardin privé ne tombe pas sous le coup de l'arrêté municipal interdisant de tirer des pétards ou fusées dans les rues et places de la commune (Crim. rej. 8 févr. 1889, aff. Lespinasse, D. P. 90. 1. 48).

83. On a considéré encore comme portant illégalement atteinte aux droits de liberté et de propriété individuelles : 1° l'arrêté municipal enjoignant à un particulier de transporter dans un lieu déterminé un dépôt de pulpes de betteraves, en vue de faire cesser toute cause d'insalubrité (Cons. d'Et. 27 févr. 1891, aff. Jarlet, D. P. 92. 3. 83); — 2° L'arrêté municipal prescrivant à un industriel de cesser immédiatement ses opérations pour cause d'insalubrité et de ne les reprendre qu'après l'exécution de certains travaux spécialement déterminés (Cons. d'Et. 26 juill. 1889, aff. Galy, D. P. 91. 3. 16) ; — 3° L'arrêté interdisant le maintien des fosses mobiles partout où l'établissement des fosses fixes est possible (Cons. d'Et. 23 déc. 1892, aff. Augier, D. P. 94. 3. 18).

84. Mais le maire agit dans la limite de ses pouvoirs en vue de la sûreté et de la commodité du passage dans les voies publiques : 1° en prescrivant aux riverains des voies publiques d'établir et d'entretenir les gargouilles destinées à recevoir les eaux pluviales et ménagères qu'ils ont le droit d'écouler sur la voie (Cons. d'Et. 13 déc. 1889, aff. Minot, D. P. 91. 3. 51) ; — 2° En interdisant aux marchands ambulants de débiter leurs marchandises sur la voie publique (Cons. d'Et. 3 juin 1892, aff. Ville de Mustapha, D. P. 93. 3. 75) ; — 3° En interdisant à toute personne de stationner sur aucun point de la ville pour y étaler des marchandises sans être muni d'une permission municipale (Crim. cass. 6 févr. 1890, aff. Miquelis, D. P. 90. 1. 288).

85. En vue d'assurer la tranquillité publique, le maire peut prendre des mesures très nombreuses et très variées, qui ont été énumérées *suprà*, v° *Commune*, n°s 636 et suiv.). Il a le droit notamment d'interdire aux sociétés musicales de jouer sans autorisation dans les lieux publics (Cons. d'Et. 5 avr. 1889, aff. Société philharmonique de Marans, D. P. 90. 3. 76 ; 26 juill. 1889, aff. Armonier, D. P. 91. 3. 22 ; 13 janv. 1893, aff. Potiron, D. P. 94. 3. 26). Mais cette prohibition ne saurait toutefois s'appliquer aux exécutions musicales qui ont lieu dans l'église de la commune (Crim. cass. 15 déc. 1888, aff. Saint-Grégoire, D. P. 89. 1. 169). Le maire agit encore dans la limite de ses pouvoirs en interdisant les expositions d'emblèmes et de châssis transparents de nature à compromettre la tranquillité publique (Cons. d'Et. 6 juill. 1888, aff. Armand, D. P. 89. 3. 105) ou en réglementant l'exercice de la profession de crieurs publics chargés d'annoncer les ventes mobilières et tous objets autres que les écrits, journaux et imprimés (Crim. rej. 31 déc. 1891, aff. Courtois, D. P. 92. 1. 436).

§ 2. — Forme extrinsèque des règlements municipaux. — Publication (*Rép.* n°s 127 et 128).

86. Ainsi qu'on l'a expliqué *suprà*, v° *Commune*, n°s 467 et suiv., la loi du 5 avr. 1884, art. 96 a comblé une lacune de la législation antérieure en organisant la publication et la notification des arrêtés municipaux. Les formalités prescrites par ledit art. 96 doivent être observées à peine de nullité. Ainsi pour les arrêtés intéressant la généralité ou une collectivité de citoyens, la loi prescrit la publication et l'affichage. Désormais la publication au son du tambour ne saurait suffire (Crim. rej. 12 nov. 1887, aff. Cadieu, *Bull. crim.*, n° 388, p. 611, sol. impl.).

87. En ce qui concerne les arrêtés visant une personne déterminée, la notification individuelle est nécessaire. Spécialement un arrêté municipal qui prohibe la tenue d'un bal n'est obligatoire qu'autant qu'il a été régulièrement notifié au prévenu poursuivi pour y avoir contrevenu (Crim. cass. 31 janv. 1891, aff. De May, D. P. 91. 5. 453). La notification implique nécessairement remise d'une copie. Cette remise constitue une formalité substantielle dont l'inobser-

vation ne permet pas de poursuivre pénalement les infractions à l'arrêté. Et la preuve de la notification ne peut résulter, en cas de contestation de la part du prévenu, que du récépissé délivré par la partie intéressée, ou, à son défaut, de l'original de la notification (Crim. cass. 10 mars 1893, aff. Domergue, 29 juill. 1893, aff. Papot, et 20 oct. 1893, aff. Dassy, D. P. 94. 1. 255-256).

§ 3. — Pouvoir de suspension et d'annulation des préfets
(Rép. n°s 129 à 143).

88. Ainsi qu'on l'a expliqué au *Rép.*, n° 129, les préfets exercent un pouvoir de suspension et d'annulation des arrêtés municipaux dans des conditions qui varient selon qu'il s'agit d'arrêtés temporaires ou d'arrêtés permanents. Cette distinction a été maintenue par la loi du 5 avr. 1884. Aux termes de l'art. 95, « les arrêtés pris par le maire sont immédiatement adressés au sous-préfet, ou, dans l'arrondissement du chef-lieu du département, au préfet ». Cette formalité, s'il s'agit d'un arrêté temporaire, ne constitue pas une condition de sa validité. L'arrêté municipal est par lui-même exécutoire du jour où il a reçu une publication régulière (Cons. d'Et. 7 févr. 1890, aff. Berdoulat, D. P. 91. 3. 72). Mais le préfet a le droit de l'annuler ou d'en suspendre l'exécution (Cons. d'Et. 8 avr. 1892 (2° espèce), aff. Maire de Rennes, D. P. 93. 3. 75 ; 19 févr. 1892, aff. Commune de Gaillac, D. P. 93. 3. 75 ; 3 juin 1892, aff. Ville de Mustapha, D. P. 93. 3. 75). Toutefois, le pouvoir qui appartient au préfet d'annuler ou de suspendre l'arrêté municipal n'implique pas pour lui le droit d'en modifier les dispositions. (V. Déjamme, *op. cit.*, p. 108. V. cependant, *contra* : Morgand, *op. cit.*, t. 2, p. 31, note 2). Il en est certainement ainsi tout au moins à l'égard des arrêtés rentrant dans l'exercice

des pouvoirs de police que la loi confère en propre à l'autorité municipale (Comp. Cons. d'Et. 23 mai 1890, aff. Commune du Champ, D. P. 91. 3. 110).

89. Quant aux règlements permanents, ils ne sont exécutoires, aux termes de l'art. 95 de la loi de 1884, « qu'un mois après la remise de l'ampliation, constatée au moyen des récépissés délivrés par le sous-préfet et le préfet ». La raison de cette exigence est de donner au préfet le temps nécessaire pour examiner la légalité et l'opportunité du règlement. Néanmoins, toujours en vertu de l'art. 95 précité, le préfet peut autoriser l'exécution immédiate de l'arrêté (V. *suprà*, v° *Commune*, n° 477).

§ 4. — Obligation pour les tribunaux d'assurer l'exécution des règlements municipaux *(Rép. n°s 144 à 149).*

90. V. *suprà*, v° *Commune*, n°s 493 et suiv.

§ 5. — Force exécutoire des règlements municipaux. — Voies et effets du recours *(Rép. n°s 150 à 157).*

91. V. *suprà*, v° *Commune*, n°s 501 et suiv.

Art. 6. — *Des ordonnances du préfet de police et de la Seine* *(Rép. n°s 158 à 161).*

92. V. *suprà*, v° *Commune*, n° 465 et *infrà*, v° *Ville de Paris*.

Art. 7. — *Des anciens règlements* *(Rép. n° 162).*

93. V. *suprà*, v° *Commune*, n° 491.

Table sommaire
des matières contenues dans le Supplément et le Répertoire.

Table chronologique des Lois, Arrêts, etc.

31 déc. Aix. 47 c.	9 avr. Cons.d'Et.	7 janv. Crim. 63	1er mars.Cons.d'Et.	20 déc. Cons.d'Et.	26 juin. Civ. 44 c.	23 janv. Crim. 52	8 juill.Cons.d'Et.
15 mai. Circ. min.	20 c.	c., 75 c.	24 c.	67 c.	8 août.Cons.d'Et.	c., 54 c.	15 c.
54 c.	21 mai. Cons.d'Et.	20 janv.Crim.11 c.	4 avr.Loi.49 c.		28 c.	29 janv.Cons.d'Et.	6 août. Crim.4 c.
	19 c.	23 févr.Crim.11 c.	3 avr.Cons.d'Et.	**1890**	18 déc. Crim.10 c.	80 c.	23 déc. Cons.d'Et.
1885		81 c.	85 c.			12 févr.Cons.d'Et.	83 c.
29 janv.Crim. 8 c.,	**1887**	11 mai.Cons.d'Et.	27 avr. Décr. 12	8 janv. Loi. 50 c.	**1891**	26 c.	
60 c.		25 c.	c.	17 janv.Cons.d'Et.		19 févr. Cons.d'Et.	**1893**
18 mars.Cons.d'Et.	25 mars.Cons.d'Et.	6 juill.Cons.d'Et.	24 mai.Cons.d'Et.	19 c.	29 janv.Crim.75 c.	86 c.	
25 c.	19 c.	85 c.	19 c.	6 févr.Crim.84 c.	31 janv.Crim.87 c.	1er avr. Cons.d'Et.	13 janv.Cons.d'Et.
21 mars. Crim. 51,	26 mars. Crim. 64	45 déc. Crim. 85 c.	9 juill.Loi.50 c.,	7 févr. Cons.d'Et.	27 févr. Cons.d'Et.	15 c.	10 mars. Crim. 87
26 juin. Crim.47 c.	13 mai. Crim.11 c.	24 déc. Loi. 49 c.	75 c.	88 c.	25 c., 83 c.	8 avr. Cons.d'Et.	24 mars.Cons.d'Et.
10 juill.Cons.d'Et.	12 nov. Crim. 86 c.		26 juill.Cons.d'Et.	23 mars.Cons.d'Et.	30 nov. Civ. 74	24 c., 88 c.	
58 c.	15 nov. Loi. 12 c.	**1889**	25 c., 83 c.; 85	82 c.	c.	7 mai.Trib. confl.	6 juin. Civ. 4 c.
26 déc.Cons.d'Et.			c.	19 avr. Crim.80 c.	31 déc. Crim. 85	7 c.	29 juill.Crim.87 c.
19 c.	**1888**	25 janv.Cons.d'Et.	9 août.Cons.d'Et.	23 mai.Cons.d'Et.	c.	27 mai.Cons.d'Et.	20 oct. Crim. 87
		27 c.	26 c., 80 c.	19 c., 25 c., 88		66 c., 82 c.	c.
1886	6 janv.Cons.d'Et.	3 févr.Crim.82 c.	22 nov. Loi. 50	22 juin. Loi. 78 c.	**1892**	3 juin.Cons.d'Et.	
29 janv.Cons.d'Et.	16 c.	22 févr.Crim.81 c.	c.	24 juin.. Civ. 8 c.,		84 c., 88 c.	
19 c.		23 févr. Crim.80 c.	13 déc. Cons.d'Et.	46 c.	11 janv. Loi. 35 c.		
			84 c.				

RÈGLEMENT D'AVARIES. — V. outre les renvois indiqués au *Répertoire, suprà*, v^{is} *Acte de commerce*, n° 365; *Droit maritime*, n°s 1315, 1317, 1340 et suiv.

RÈGLEMENT D'EAU. — V. outre les renvois indiqués au *Répertoire, suprà*, v^{it} *Action possessoire*, n° 120; *Eaux*; — et *infrà*, v° *Voirie par eau*.

RÈGLEMENT DE JUGES.

Division.

Sect. 1. — Historique et législation. — Droit comparé (n° 1).
Sect. 2. — Du règlement de juges en matière civile (n° 6).
Art. 1. — Dans quels cas il y a lieu à règlement de juges (n° 6).
§ 1. — Conflit positif (n° 6).
§ 2. — Conflit négatif (n° 23).
§ 3. — Incompétence (n° 24).
§ 4. — Cas où un tribunal est supprimé ou ne fait plus partie du territoire, ou bien est empêché (n° 33).
Art. 2. — De l'autorité devant laquelle doit être portée la demande en règlement de juges (n° 35).
Art. 3. — Procédure et jugement. — Sursis aux poursuites (n° 44).
Art. 4. — A quels juges la cause est renvoyée, et effet du renvoi (n° 60).
Sect. 3. — Du règlement de juges en matière criminelle (n° 69).
Art. 1. — Dans quels cas il y a lieu à règlement de juges (n° 69).
Art. 2. — De l'autorité compétente pour statuer sur la demande en règlement de juges (n° 81).
Art. 3. — Procédure, jugement et sursis aux poursuites (n° 85).
Art. 4. — A quels juges la cause est renvoyée, et effet du renvoi (n° 90).
Sect. 4. — Du règlement de juges en matière administrative (n° 99).

Sect. 1re. — Historique et législation. — Droit comparé — (Rép. n°s 1 à 7).

1. — I. Historique et législation. — Le projet de révision du code de procédure civile, du 6 mars 1890 (V. v° *Enquête* n° 2), laisse subsister le principe admis par le code: c'est toujours le tribunal commun supérieur aux deux tribunaux en conflit qui tranchera le conflit. Dans un but de simplification, on a supprimé l'autorisation qu'exige l'art. 364 du code de procédure pour assigner en règlement de juges, car cette mesure était une cause de frais et de lenteurs; la demande en règlement de juges s'instruira désormais comme toute autre; seulement, il a paru bon de ne pas permettre qu'une décision rendue par une juridiction quelconque, en matière de règlement de juges pût être susceptible d'opposition ou d'appel, et ceci d'autant mieux que, le plus souvent, il devra importer peu aux parties que ce soit tel ou tel tribunal qui soit saisi: ce qui leur importe, c'est qu'il n'y en ait qu'un de saisi. — Les dispositions du projet sont ainsi conçues: « Article premier. Il n'y a lieu à règlement de juges que si la même contestation est soumise en même temps à plusieurs tribunaux ou juridictions. Si la même contestation est portée devant deux ou plusieurs tribunaux de paix ressortissant au même tribunal, le règlement de juges est porté à ce tribunal. Il est porté à la cour d'appel lorsque les tribunaux de paix ressortissent à des tribunaux différents, et à la cour de cassation lorsque ces tribunaux ne ressortissent pas à la même cour. Si une contestation est portée à deux ou plusieurs tribunaux de première instance, soit civils, soit de commerce, ressortissant à la même cour, le règlement de juges est soumis à cette cour. Il est déféré à la cour de cassation lorsque les tribunaux ne ressortissent pas tous à la même cour, ou lorsque le conflit existe entre deux ou plusieurs cours. — Art. 2. Toute demande en règlement de juges est formée par assignation donnée à l'autre partie devant la juridiction supérieure compétente, dans les délais ordinaires des ajournements. Elle emporte de plein droit sursis à la continuation des procédures devant les tribunaux saisis de l'action principale, et est jugée d'urgence. Les jugements rendus par le tribunal de première instance ne sont susceptibles d'opposition ni d'appel; les arrêts des cours ne sont point susceptibles d'opposition. — Art. 3. La partie demanderesse en règlement de juges, qui succombe, peut être condamnée envers l'autre partie en tels dommages-intérêts qu'il appartiendra ».

2. — II. Droit comparé. — Le code de procédure civile pour l'Empire d'Allemagne, du 30 janv. 1877, contient relativement au règlement de juges les dispositions suivantes: « Le tribunal compétent est désigné par le tribunal immédiatement supérieur dans l'ordre des instances:... 5° lorsque, dans un même litige, plusieurs tribunaux se sont déclarés compétents par des jugements qui ont force de chose jugée; ... 6° quand plusieurs tribunaux, dont l'un est compétent sur le litige, se sont déclarés incompétents par des jugements qui ont force de chose jugée (art. 36). La décision sur la demande en règlement de juges peut être rendue sans débat oral préalable. Aucun recours n'est admis contre le décret (décision de justice) qui désigne le tribunal compétent (art. 37) ».

3. Le code de procédure civile revisé du canton de Berne du 3 juin 1883 ne prévoit pas l'hypothèse du règlement de juges. Aux termes de l'art. 19, si la compétence de l'autorité judiciaire est contestée, celle-ci statue elle-même sur le déclinatoire. Dans les cas susceptibles d'appel, le jugement peut être déféré à la cour d'appel et de cassation.

4. La loi sur la procédure civile du canton de Genève du 29 sept. 1819 n'organise pas une procédure spéciale pour le règlement de juges. L'art. 37 de la loi organique des tribunaux du canton de Genève, du 4 mars 1848, dit seulement qu'en cas de règlement de juges, la cour de cassation désigne le tribunal devant lequel la cause devra être reportée.

5. Le code de procédure civile du canton du Valais, du 30 mai 1856, ne contient aucune disposition relative au règlement de juges. La loi sur les conflits de compétence, du 25 mai 1877, est relative aux conflits entre le pouvoir administratif et le pouvoir judiciaire, conflits qui sont jugés par la cour des conflits de compétence.

Sect. 2. — Du règlement de juges en matière civile.

Art. 1er. — *Dans quels cas il y a lieu à règlement de juges.*
(Rép. nos 8 à 78.)

§ 1er — Conflit positif (*Rép.* no 9 à 45).

6. Deux conditions principales sont nécessaires pour qu'il y ait lieu à règlement de juges en cas de conflit positif. — **7.** — *Première condition.* — Il faut que deux ou plusieurs tribunaux se trouvent saisis de la même contestation entre les mêmes parties, ou tout au moins de demandes connexes. La connexité, on l'a exposé au *Rép.*, no 18, ne suppose pas, comme la litispendance, l'identité des personnes, il y a donc lieu à règlement de juges alors même que les demandes connexes n'existent pas entre les mêmes parties (Rousseau et Laisney, *Dictionnaire de procédure civile*, t. 7, vo *Règlement de juges* nos 3 et suiv.; Dutruc, *Supplément aux lois de la procédure civile*, de Carré et Chauveau, t. 3, vo *Règlement de juges*, no 4; Bioche, *Dictionnaire de procédure civile*, 4e édit., t. 5, nos 14 et suiv.; Boitard, Colmet-Daâge et Glasson, *Leçons de procédure civile*, 15e édit. t. 1, p. 589, no 549. V. aussi *supra*, vo *Exceptions et fins de non-recevoir*, nos 77 et suiv.). On a fréquemment essayé de soutenir devant la cour de cassation que, pour qu'il y ait connexité donnant lieu à règlement de juges, il était indispensable qu'il y eût identité complète des parties, dans les deux instances introduites devant les deux tribunaux différents. Cette théorie a été constamment repoussée. Si quelques arrêts (V. notamment : Req. 22 juill. 1875, aff. Legallais, D. P. 76. 5. 380, et 17 juill. 1882, aff. Compagnie *L'Assurance française*, D. P. 83. 1. 475) ont rejeté des demandes de règlement de juges, en invoquant la non-identité des parties, ce n'était là qu'un des éléments de la décision rapprochée d'ordinaire de la non-identité d'objet dans les deux litiges.

8. Il n'est pas non plus nécessaire, pour qu'il y ait connexité donnant lieu à règlement de juges, que l'objet des deux demandes soit absolument identique; il suffit que l'un et l'autre différends reposent en sens contraire, sur le même fondement, et que leur succès soit subordonné à la décision de cette même question (*Rép.* no 15; Rousseau et Laisney, *op. cit.*, vo *Règlement de juges*, no 15).

9. Par application de ces principes, il a été jugé : 1o que

lorsque la vente judiciaire d'un immeuble est en même temps poursuivie devant deux tribunaux, par des créanciers différents, il y a lieu à règlement de juges malgré la non-identité des parties, encore que, sur l'une des poursuites, un arrêt définitif ait ordonné que la vente serait faite devant le tribunal où elles ont été portées; il suffit, en ce cas, pour constituer le conflit et la nécessité du règlement de juges, de la coexistence des deux poursuites, de l'identité de l'immeuble à mettre en vente et de celle de la partie poursuivie (Req. 28 mai 1867, aff. Société des ports de Brest, D. P. 67. 1. 335); — 2o Qu'il y a lieu à règlement de juges, lorsque deux demandes tendant, l'une à l'exécution d'un contrat, l'autre à la résolution de ce même contrat, ont été portées devant deux tribunaux qui se sont déclarés compétents, et que deux cours se trouvent en même temps saisies des appels interjetés contre les jugements de compétence rendus par ces tribunaux (Req. 4 mai 1869, aff. Aubin et Deshomme, D. P. 70. 5. 304); — 3o Qu'il y a lieu à règlement de juges par la cour de cassation lorsque la cour d'appel, qui a prononcé une condamnation, est saisie de la question de savoir s'il a été satisfait aux prescriptions de l'arrêt, et qu'une autre cour a été saisie postérieurement de la question de validité d'une saisie-arrêt pratiquée pour sûreté de la créance résultant du même arrêt; en pareil cas, les deux causes doivent être renvoyées devant la cour d'appel qui a été saisie la première du litige principal (Req. 11 déc. 1872, aff. Sabot, D. P. 74. 1. 29); — 4o Qu'il n'est pas nécessaire, pour que deux actions soient renvoyées à un même tribunal, par voie de règlement de juges, qu'il y ait identité absolue de but et de moyen entre ces deux actions; il suffit que le lien qui les rattache rende opportun leur renvoi devant une même juridiction; qu'en conséquence, la demande en règlement de juges est admissible, et il y a lieu au renvoi des deux instances devant le même tribunal, si le vendeur agit en payement du reliquat du prix de vente, et l'acheteur en dommages-intérêts à raison du retard apporté à la livraison de la chose vendue (Req. 6 déc. 1875, aff. Syndic Scott, D. P. 77. 1. 178); — 5o Qu'il peut y avoir lieu à règlement de juges lorsque deux instances, dont l'une est introduite par voie d'action en garantie, l'autre par voie d'action principale, exigent l'examen des mêmes questions pour apprécier les obligations mutuelles des parties (Req. 23 févr. 1876) (1); — 6o Que la demande en règlement de juges est

(1) (Buette, Vidal C. Satre et Averly.) — La cour : — En ce qui touche la recevabilité : — Attendu, en droit, qu'une demande en règlement de juges est admissible aussi longtemps qu'il n'est pas intervenu sur le fond une décision passée en force de chose jugée, et que la contestation au fond est encore pendante devant les deux tribunaux saisis ; — Attendu, en fait, que le tribunal de commerce de la Seine et celui de Lyon, saisis des deux instances, n'ont pas statué sur le fond du litige; — Que si Buette, Vidal et comp. ont, devant le tribunal de commerce de Lyon, conclu au principal à un sursis et subsidiairement, au débouté de la demande, ces conclusions n'ont été prises que sous la réserve expresse de se pourvoir en cassation contre l'arrêt de la cour d'appel de Lyon ayant repoussé l'exception d'incompétence; — Que, d'ailleurs, par son jugement du 4 oct. 1875, le tribunal de commerce de Lyon s'est borné, avant de faire droit au fond, à acorder une provision à Satre et Averly, et, par une disposition formelle, a réservé à statuer sur la demande au fond ; — Attendu que le tribunal de commerce de la Seine a renvoyé les parties devant un arbitre rapporteur ; — D'où il suit que la contestation au fond est encore pendante devant les deux tribunaux saisis, et que la demande en règlement de juges est recevable ;
Sur les exceptions et moyens du fond : — Attendu que, par exploit des 1er et 5 mars 1875, Genet et Mourichon ont assigné devant le tribunal de la Seine Buette, Vidal et comp., et Satre et Averly, pour exécuter dire qu'ils seraient tenus solidairement de leur livrer dans les vingt-quatre heures les deux dragues commandées et de leur payer 500 fr. par chaque jour de retard ; — Que, par exploit des 6 et 8 mars 1875, Buette, Vidal et comp. ont dénoncé cette demande à Satre et Averly, avec assignation à comparaître devant le tribunal de commerce de la Seine, aux fins de les garantir de toutes condamnations qui pourraient être prononcées au profit de Genet et de Mourichon ; — Que dès le 1er mars 1875, Satre et Averly avaient assigné Buette, Vidal et comp. devant le tribunal de commerce de Lyon pour entendre exposer que le retard dans la livraison était le résultat de la force majeure qui était à tort déniée par les assignés, et par Genet et Mourichon, et pour s'entendre condamner à leur payer

les termes échus du prix des dragues, se réservant de réclamer contre eux toutes condamnations qui pourraient être prononcées contre eux au profit de Genet et Mourichon ; — Que les deux instances intentées, à Paris, par Buette, Vidal et comp., et, à Lyon, par Satre et Averly, soulèvent la question de savoir quelles sont les causes et les conséquences du retard de la livraison des deux dragues ; — Que les deux instances sont connexes et exigent l'examen des mêmes questions pour apprécier les obligations mutuelles des parties ; — Que le lien qui les rattache l'une à l'autre rend opportun, dans l'intérêt d'une bonne justice, le renvoi de ces deux instances devant la même juridiction ; — Attendu que le tribunal de commerce de la Seine est compétent pour statuer sur l'action en garantie intentée par Buette, Vidal et comp. ; — Qu'en effet, aux termes de l'art. 181 c. proc., ceux qui sont assignés en garantie sont tenus de procéder devant le tribunal où la demande originaire est pendante, encore qu'ils doivent être garants ; — Attendu que si le tribunal de commerce de Lyon n'est pas celui du domicile de Buette, Vidal et comp., il est prétendu que Lyon était le lieu où était payable le prix des deux dragues ; qu'en considérant cette prétention comme fondée, il en résulterait que le tribunal de commerce de Lyon serait compétent comme celui de la Seine pour prononcer sur le débat qui divise les parties ; — Que, de plus, le tribunal de commerce de Lyon a été saisi quelques jours avant le tribunal de la Seine ; — Attendu qu'en admettant la compétence simultanée des deux tribunaux saisis, aucune loi n'attribue au tribunal premier saisi, en matière de connexité, une préférence absolue, et, que dans l'espèce, le choix du tribunal de commerce de la Seine doit être déterminé par cette considération que le même tribunal est et doit rester saisi de la demande principale intentée par Genet et Mourichon ; — Qu'il est, dès lors, conforme à l'intérêt des parties et à une bonne administration de la justice de renvoyer au tribunal de commerce de la Seine toutes les contestations pendantes entre elles ; — Vu l'art. 363 c. proc., réglant de juges ; — Annule l'arrêt rendu par la cour d'appel de Lyon le 19 août 1875, etc.
Du 23 févr. 1876.-Ch. req.-MM. de Raynal, pr.-Dumon, rap.-Reverchon, av. gén.-Bidoire et Mazeau, av.

recevable, bien que la formule de l'instance portée devant les diverses juridictions ne soit pas identique, si le procès est le même et présente à juger, par exemple, uniquement la question de savoir si un marché conclu entre les parties doit être ou non résilié (Req. 24 mai 1880) (1) ; — 7° Qu'il y a connexité entre deux demandes portées devant deux tribunaux différents, et que, par suite, il y a lieu à règlement de juges, lorsque, devant l'un de ces tribunaux, l'assuré demande le payement de l'indemnité stipulée par le contrat d'assurance et la résiliation de ce contrat pour l'avenir, et que, devant l'autre, l'assureur poursuit la résiliation du même contrat à raison d'une réticence imputable à l'assuré (Req. 25 févr. 1884, aff. Compagnie *L'Assurance française*, D. P. 85. 1. 144) ; — 8° Qu'il y a lieu au règlement de juges prévu par l'art. 363 c. proc. civ., lorsque deux tribunaux de commerce, ne ressortissant pas à la même cour d'appel, sont saisis de la question de l'apurement d'un même compte courant, le premier par voie de demande directe et principale, le second par voie reconventionnelle et du chef d'un défendeur qui, poursuivi en remboursement d'une somme même non comprise audit compte, prétend trouver dans l'apurement immédiat de ce compte une source de compensation ; qu'il en est ainsi, alors même que, dans la deuxième instance, qui tend à un remboursement de somme, figure, en outre du premier défendeur, un autre obligé solidaire, étranger à la première instance, si la demande reconventionnelle formée par le premier défendeur n'engage la question d'apurement de compte qu'entre celui-ci et le défendeur, lesquels sont déjà parties adverses sur ce même apurement, dans la première instance (Req. 1er mars 1887, aff. Macarry, D. P. 87. 1. 161) ; — 9° Que la connexité existe entre deux instances, alors même qu'il n'y a pas identité de parties, notamment de demandeurs, si les deux actions dont il s'agit, réunies par un lien étroit, sont dirigées contre les mêmes défendeurs et ont le même objet et la même cause ; qu'il en est spécialement ainsi quand lesdites instances, bien qu'intentées par des demandeurs différents, tendent, contre deux défendeurs conjoints, à l'annulation d'une constitution d'hypothèque, sous le prétexte qu'elle aurait été consentie, par l'un des défendeurs à l'autre, en fraude des droits des créanciers du premier (Req. 19 juill. 1887, aff. Des Garets, D. P. 88. 1. 147) ; — 10° Qu'il y a lieu à règlement de juges par la cour de cassation, en vertu de l'art. 363 c. proc. civ., lorsqu'une demande en liquidation et partage de succession est portée simultanément devant deux tribunaux civils, qui ne ressortissent pas de la même cour d'appel (Req. 19 déc. 1887, aff. Dame de Solage, D. P. 88. 1. 459) ; — 11° Que la demande en règlement de juges, prévue par l'art. 363 c. proc. civ., est recevable lorsqu'il y a connexité entre les deux instances qui sont pendantes devant deux tribunaux différents ; et la connexité existe alors même qu'il n'y a pas identité de demandeur, si les deux actions dont il s'agit, dirigées contre les mêmes défendeurs, ont le même objet et la même cause (Req. 13 févr. 1888, aff. Raynaud et consorts, D. P. 88. 1. 150) ; — 12° Qu'il y a lieu à règlement de juges en matière commerciale et à raison de la connexité ou de la litispendance,... soit lorsqu'un tribunal de commerce est saisi de la demande en exécution d'un contrat et qu'un autre tribunal également compétent est saisi par exploit, en date du même jour, de la demande en résolution de ce même contrat, soit lorsqu'une affaire est portée à la fois devant le tribunal du lieu où la promesse a été faite et la marchandise livrée et devant le tribunal du lieu où le

payement devait être effectué (Req. 27 févr. 1888, aff. Le Glouahec et Toussaint Samat, D. P. 89. 1. 241) ; — 13° Qu'il y a connexité donnant lieu à règlement de juges, lorsque deux instances sont dirigées contre les mêmes défendeurs et à l'occasion de la même créance (Req. 4 déc. 1888, aff. Bertrand frères, D. P. 89. 1. 384) ; — 14° Qu'il y a connexité entre la demande tendant à l'exécution d'un contrat passé pour la gérance d'un dépôt et la demande en résiliation dudit contrat, alors surtout que les deux demandes ont pour objet au fond de ces tribunaux a été porté ; qu'en conséquence, lorsque les deux tribunaux saisis chacun de l'une de ces demandes se sont déclarés compétents et que le jugement de chacun de ces tribunaux a été confirmé par deux arrêts de cours d'appel, sans qu'il ait été statué au fond par aucune décision contradictoire et définitive, il y a lieu à règlement de juges par la cour de cassation, à raison du conflit soulevé par les deux arrêts des cours d'appel. Si les deux tribunaux de première instance (dans l'espèce, les deux tribunaux de commerce) étaient réellement compétents, chacun pour l'affaire dont il était saisi, il y a lieu de prononcer le renvoi au profit du tribunal auquel avait été portée la demande la plus générale et la plus compréhensive (Req. 30 nov. 1891, aff. Perrusson père et fils, D. P. 93. 1. 310).

10. Mais il a été jugé, d'autre part : 1° que l'exercice, devant des tribunaux différents, de deux demandes entre les mêmes parties, et pour le même objet, ne donne pas lieu à règlement de juges, lorsque ces deux demandes ne sont pas fondées sur la même cause, et que les parties n'y ont pas les mêmes qualités ; qu'ainsi, le souscripteur d'effets de commerce qui, actionné en payement devant le tribunal de son domicile, par le comptoir d'escompte porteur de ces effets, a conclu incidemment à ce que le comptoir fût condamné à lui communiquer les livres et les pièces de comptabilité du sous-comptoir, prétendant y trouver la preuve que le sous-comptoir avait reçu de lui le montant de ses effets et l'avait versé au comptoir, peut demander contre le même comptoir d'escompte, devant le tribunal du domicile de celui-ci, la même communication, si, d'une part, il la réclame, non plus en son nom personnel, mais comme exerçant les droits du sous-comptoir, et si, d'autre part, il excipe des livres à communiquer pour établir l'existence d'un payement directement opposable au comptoir, quoique fait au sous-comptoir, par suite d'une fusion entre les deux sociétés (Req. 29 janv. 1867, aff. Comptoir d'escompte de Paris, D. P. 67. 1. 335) ; — 2° Qu'il n'y a pas lieu à règlement de juges dans le cas où deux juridictions, saisies d'instances susceptibles de soulever des questions connexes, peuvent avoir à statuer sur des questions distinctes, alors surtout que l'une des parties n'est en cause que devant l'une des juridictions (Req. 22 juill. 1875, aff. Legallais, D. P. 76. 5. 380) ; — 3° Qu'il n'y a pas litispendance entre une instance de saisie immobilière et une instance de saisie-arrêt, ces deux instances, fussent-elles fondées sur la même cause, différant essentiellement d'objet et ayant chacune ses règles propres de compétence (Req. 27 févr. 1877, aff. Compagnie immobilière, D. P. 79. 1. 109) ; — 4° Qu'il n'y a pas lieu à règlement de juges dans le cas où un légataire particulier assigne le légataire universel devant deux tribunaux différents, en délivrance de legs et en validité de saisie-arrêt faite à fin de payement de la somme léguée : ce n'est pas le même différend qui est porté devant les deux juridictions ; les deux demandes, bien que se rattachant au même titre, n'ayant

---

(1) (Schaefolt *C.* Constantinidès). — La cour ; — Attendu que le tribunal de commerce de la Seine, par divers jugements, et notamment à la date du 17 août 1878, d'un côté, le tribunal de commerce de Marseille, le 10 janv. 1878, puis la cour d'Aix, le 14 décembre suivant, d'un autre côté, ont retenu la connaissance du différend existant entre Schaefolt et Constantinidès ; que, si la formule de la demande portée devant ces diverses juridictions n'était pas identique, le procès est le même et présente à juger uniquement la question de savoir si un marché conclu entre les parties doit être ou non résilié ; qu'il existe donc un conflit de juridiction donnant ouverture à l'action en règlement de juges, par application de l'art. 363 c. proc. ; — Attendu que, s'agissant d'un différend entre négociants, aux termes de l'art. 420, c. proc., Constantinidès ne pouvait assigner Schaefolt que devant le tribunal du domicile du défendeur, ou devant celui dans l'arron-

dissement duquel la promesse avait été faite et la marchandise livrée, ou enfin devant le tribunal dans l'arrondissement duquel le payement devait être effectué ; que le domicile de Schaefolt est à Paris ; qu'il résulte de la correspondance, telle qu'elle est produite par le demandeur, que c'est à Paris que la promesse aurait été faite et que la marchandise devait être livrée, que c'était également là que le payement devait être effectué ; que, dès lors, en l'état des productions faites, c'est à tort que le tribunal de commerce de Marseille, et la cour d'Aix après lui, ont retenu la connaissance d'une affaire qui n'était pas de leur compétence ; — Réglant de juges ; — Statuant par défaut contre Constantinidès, non représenté, déclare que le tribunal de commerce de la Seine est seul compétent...
Du 24 mai 1880.-Ch. req.-MM. Bédarrides, pr.-Féraud-Giraud, rap.-Lacointa, av. gén., c. conf.-Hérisson, av,

pas le même objet (Civ. rej. 28 juin 1880) (1) ; — 5° Que la demande en règlement de juges n'est recevable qu'autant qu'il y a litispendance ou connexité, ce qui ne se présente pas lorsque ni l'objet des demandes ni les parties ne sont les mêmes (Req. 17 juill. 1882, aff. Compagnie L'Assurance française, D. P. 83. 1. 475).

11. — *Deuxième condition.* — Pour que la demande en règlement de juges soit recevable, il faut que les juges soient saisis, c'est-à-dire que la demande ait été formée par exploit introductif d'instance. Mais aussitôt les instances engagées, cette voie est ouverte, encore bien que les juges soient incompétents, encore bien que leur compétence n'ait pas été proposée, et que, par conséquent, les juges n'aient pas retenu la contestation (Garsonnet, *Traité de procédure civile*, t. 2, p. 359 ; Rép. n°s 19 et 20 ; Dutruc, *op. cit.*, v° *Règlement de juges*, n° 2 ; Rousseau et Laisney, *op. cit.*, eod. v°, n° 19 ; Bioche, *op. cit.*, eod. v°, n°s 85 et suiv. ; Boitard, Colmet-Daâge et Glasson, *op. cit.*, t. 1, p. 589, n° 549). Jugé que, dans le cas où un même différend est pendant devant deux tribunaux relevant de la même cour d'appel, sans que ni l'un ni l'autre ait statué sur sa compétence, les parties, qui pourraient employer la voie du déclinatoire auprès des juges saisis, peuvent, si elles le préfèrent, recourir à la voie du règlement de juges auprès de la cour d'appel (c. proc. civ. art. 363 ; Req. 23 janv. 1888, aff. Société de Maas, D. P. 88. 1. 405).

12. Il faut, en outre, que les tribunaux saisis n'aient pas encore statué sur le fond de la contestation par décisions passées en force de chose jugée. Deux hypothèses sont à considérer :

A. — *Les deux tribunaux ont statué l'un et l'autre.* — Des distinctions sont nécessaires ici. On peut supposer d'abord que les deux jugements sont en dernier ressort, ou sont passés en force de chose jugée. Si leurs décisions sont identiques, le litige est définitivement terminé (*Rép.* n° 26 ; Rousseau et Laisney, *op. cit.*, v° *Règlement de juges*, n° 20). Si les décisions sont contraires, on doit se pourvoir en cassation pour contrariété de jugements, conformément à l'art. 504 c. proc. civ. (*Rép.* n° 26 ; Garsonnet, *op. cit.*, t. 2, p. 360). — Lorsque les jugements identiques sont ou contraires sont en premier ressort, et que les deux tribunaux se trouvent dans le ressort de la même cour d'appel, on formera contre les deux jugements un appel sur lequel il sera statué par le même arrêt (Garsonnet, *op. cit.*, t. 1, p. 360). Si les tribunaux appartiennent à des ressorts différents, la voie du règlement de juges est ouverte, pour la fixation de la juridiction compétemment saisie, la suite et l'exécution du jugement, tant que les délais d'appel ne sont pas expirés. C'est ce qui a été décidé, notamment, pour le cas où la faillite d'un commerçant a été déclarée par deux tribunaux différents (Req. 28 avr. 1880, aff. Sauvalle, D. P. 80. 1. 327 ; 17 août 1881, aff. Confuron, D. P. 83. 1. 314 ; 1er févr. 1881, aff. Faillite du chemin de fer du Tréport, D. P. 81. 1.

314). — M. Garsonnet, *op. cit.*, t. 1, p. 360, indique comme seul moyen de faire substituer un jugement unique à ces décisions contradictoires, en premier ressort, l'appel aux deux cours dont relèvent les deux tribunaux ; si ces deux cours rendent arrêt en sens contraire, on se pourvoira en cassation suivant l'art. 504. Nous croyons qu'il est inutile d'imposer aux parties les lenteurs et les frais de cette double procédure d'appel. Dira-t-on que, le jugement sur le fond ayant été rendu, il n'y a plus de tribunaux saisis ? Cette objection n'est pas toujours vraie ; et il est un certain nombre de jugements sur le fond qui ne dessaisissent pas complètement le tribunal qui les a rendus ; tels sont ceux qui déclarent une faillite, qui ordonnent une liquidation, la reddition d'un compte, etc. D'autre part, il peut y avoir lieu à interprétation de cette décision. La cour de cassation, en tout cas, ne s'est pas arrêtée à cette objection, car, par un arrêt en date du 16 juin 1856, cité *infrà*, même numéro, elle a décidé que la voie du règlement de juges est ouverte, quoique l'un des tribunaux ait jugé sur le fond, alors même qu'il n'y a pas appel de ce jugement, si les délais d'appel ne sont pas expirés.

B. — *Un seul des tribunaux a statué au fond.* — Il faut distinguer trois cas : (a. Si le jugement a acquis l'autorité de la chose jugée, il n'y a pas lieu à règlement de juges. Il résulte, en effet, des art. 171 et 363 c. proc. civ. que, pour qu'il y ait lieu à règlement de juges par la cour de cassation, il faut qu'il existe un conflit, soit entre des tribunaux ne ressortissant pas à la même cour, soit entre une ou plusieurs cours d'appel. Or, quand il y a conflit entre deux juridictions, si l'une d'elles ayant statué par une décision définitive et contradictoire sur la compétence et le fond, a été, par là même, dessaisie du litige, il est clair qu'un seul tribunal restant désormais saisi, il n'y a plus de place à ce moment pour le conflit qui a nécessairement cessé. Dans ce cas et à ce moment, la demande en règlement de juges ne sera pas recevable, et elle ne sera pas recevable même quand le recours en cassation serait ouvert à l'instant où elle est engagée. Cette circonstance n'empêche pas, en effet, qu'il n'y ait plus qu'un seul juge du fond saisi du litige, que le dessaisissement de celui que nous supposons avoir statué définitivement soit chose faite. Dès lors, la condition indispensable pour qu'il y ait lieu à règlement de juges, dans le cas prévu par l'art. 363, c'est-à-dire l'existence actuelle d'un conflit entre deux juridictions appelées à connaître du fond, n'est pas réalisée. La partie aura la ressource du recours en cassation (*Rép.* n° 28 ; Rousseau et Laisney, *op. cit.*, v° *Règlement de juges*, n° 21 ; Garsonnet, *op. cit.*, t. 2, p. 360). Par application de ce principe, il a été jugé : 1° qu'il n'y a pas lieu à règlement de juges par la cour de cassation, lorsque, antérieurement à l'arrêt de renvoi communiqué, l'un des deux tribunaux saisis s'est déclaré incompétent, ou a statué sur le fond (Req. 26 avr. 1839, aff. Petitjean, D. P. 60. 1. 312) ; — 2° Qu'il n'y a pas lieu à règlement de juges par

---

(1) (De Béarn-Viana C. Communes de Moisenay et de Maincy.) — La cour ; — Vu la connexité, joint les deux causes, et statuant par un seul et même arrêt ; — Sur la demande en règlement de juges formée en vertu de l'art. 363 proc. civ. : — Attendu que la commune de Maincy a pu assigner le prince de Béarn-Viana devant le tribunal de la Seine, en délivrance de legs, et devant le tribunal de Moissac, en validité de saisie-arrêt, sans créer un conflit de juridiction donnant lieu à règlement de juges ; qu'en effet, ce n'était pas le même différend qui était porté devant ces deux tribunaux, puisque les deux demandes, bien que se rattachant au même titre, n'avaient pas le même objet ; — D'où il suit que la demande, à ce point de vue, n'est pas recevable ; — Sur la demande en règlement de juges formée en vertu de l'art. 19 de l'ordonnance de 1737 : — Attendu que cet article autorise la partie déboutée d'un déclinatoire proposé par elle devant les tribunaux de première instance et d'appel à se pourvoir en règlement de juges devant la cour de cassation : — Déclare la demande formée par le prince de Béarn-Viana recevable, et y statuant ; — Attendu que si, en principe, le défendeur doit être assigné devant le tribunal de son domicile, d'après l'art. 59, § 1, c. proc., le paragraphe 6, n° 3, du même article décide que tribunal du lieu où la succession s'est ouverte, jusqu'au jugement définitif, toutes les demandes relatives aux dispositions à cause de mort, qu'elles aient pour objet, soit l'exécution par voie de délivrance, soit l'annulation ou la réduction de ces dispositions ; que par ces mots « jusqu'au jugement définitif », il faut nécessairement entendre jusqu'au jugement qui clôt les contestations

auxquelles ces dispositions ont donné lieu ; que cette compétence spéciale, instituée dans le but de soumettre au même tribunal désigné par l'intérêt des parties toutes les contestations concernant la dévolution des biens héréditaires et la propriété de la succession, n'est pas limitée au cas où il existe plusieurs héritiers et s'étend même à celui où il n'existe qu'un seul ; — Attendu, en fait, que la succession du marquis de Calvière s'est ouverte et a été liquidée à Paris, où les époux avaient leur domicile, et qui est resté le lieu du domicile de la marquise de Calvière ; qu'elle y a toujours conservé son appartement dont elle a plusieurs fois renouvelé le bail, et qu'aucun des actes produits par le demandeur ne constate chez elle l'intention non équivoque d'abandonner le domicile acquis depuis longues années ; que c'est à Paris que la marquise de Calvière a rédigé son testament, et que le demandeur lui-même a fait au bureau de l'enregistrement la déclaration de fortune mobilière, en indiquant que la défunte y demeurait ; que l'ensemble de ces circonstances détermine le tribunal de la Seine comme celui de l'ouverture de la succession, et qu'il est compétent sur les demandes en délivrance de legs formées par les communes de Moisenay et de Maincy contre le prince de Béarn-Viana, légataire universel ; — D'où il résulte qu'en rejetant le déclinatoire, il a été fait une juste application des art. 59 c. proc., 822 et 110 c. civ. ; — Rejette la demande en règlement de juges.

Du 28 juin 1880.-Ch. civ.-MM. Mercier, 1er pr.-Puget, rap.-Rivière, av. gén., c. conf.-Chambareaud, av.

la cour de cassation, lorsque, avant l'arrêt de *soit communiqué*, l'un des deux tribunaux saisis a définitivement statué sur le fond du litige (Req. 7 mai 1878, aff. Ehrard, D. P. 81. 5. 317; 7 juin 1880, aff. Syndic de la faillite de la Compagnie *Le Salut*, D. P. 81. 1. 224; 10 déc. 1884, aff. Pariente, D. P. 85. 1. 117-118; 8 mai 1889, aff. Lacroix, D. P. 89. 1. 376).. ; cette décision fût-elle frappée d'un pourvoi (Arrêt précité du 10 déc. 1884). Et encore bien qu'un pourvoi subsidiaire ait été formé contre la décision rendue au fond, sauf à statuer sur ce pourvoi ainsi qu'il appartiendra, notamment, s'il y a lieu, par voie d'admission (Arrêt précité du 8 mai 1889). — (*b.* Si le jugement rendu au fond est encore susceptible d'appel, la jurisprudence admet, contrairement à l'opinion émise au *Rép.*, n° 29, et soutenue par M. Garsonnet, *op. cit.*, p. 361, que le règlement de juges peut être demandé. Jugé que la voie du règlement de juges est recevable, quoique l'un des tribunaux saisis de la même contestation ait statué au fond, si son jugement n'est point passé en force de chose jugée (Req. 16 juin 1856, aff. Bienaimé, D. P. 56. 1. 300). — (*c.* Si le jugement sur le fond a été l'objet d'un appel, il faut distinguer. S'agit-il d'un cas de litispendance, les deux demandes portées devant plusieurs juridictions sont-elles identiques? Il y a lieu, on l'a dit au *Rép.*, n° 30, au règlement de juges, quoique les instances ne soient pas au même degré de juridiction. Tel est aussi l'avis de M. Garsonnet (*op. cit.*, t. 2, p. 361). « On peut demander le règlement de juges, dit cet auteur, car il y a conflit entre les deux tribunaux saisis l'un comme premier, l'autre comme second degré de juridiction; et l'art. 363 ne dit pas que la procédure en règlement de juges suppose nécessairement une affaire pendante devant deux juridictions du même degré ». Au contraire, le double degré de juridiction doit être observé à l'égard des causes connexes; pour qu'il y ait lieu de réunir, à raison de leur connexité, et de renvoyer devant un même tribunal deux causes pendantes devant des tribunaux différents, il faut qu'elles y soient au même degré de juridiction, et que le tribunal de renvoi puisse connaître du litige tout entier (*Contrà :* Garsonnet, *op. cit.*, t. 2, p. 370, note 6, qui invoque les mêmes raisons qu'en matière de litispendance). Il a été jugé : 1° que lorsque, deux tribunaux étant saisis d'une demande identique, l'un a rendu un jugement au fond, la demande en règlement de juges est recevable si ce jugement a été frappé d'appel et s'il n'a pas encore été statué sur cet appel (Req. 5 avr. 1880) (1); — 2° Que lorsque deux instances sont connexes, la demande en règlement de juges doit être repoussée, si l'une d'elles est encore pendante au tribunal de première instance et l'autre est portée devant le juge d'appel (Req. 27 févr. 1877, aff. Compagnie immobilière, D. P. 79. 1. 109).

De même le renvoi d'un tribunal à un autre pour cause de connexité ne peut être ordonné que lorsque les deux tribunaux saisis sont investis des mêmes attributions et appartiennent au même degré de juridiction (Bastia, 28 janv. 1856, aff. Rossi, D. P. 56. 2. 87; Req. 11 mars 1871, aff. Epoux Genevay, D. P. 72, 1. 304; V. *suprà*, v° *Exceptions et fins de non-recevoir*, n° 102).

13. Dans le cas de connexité, comme dans celui de litispendance, les parties peuvent, tant qu'aucun des tribunaux saisis n'a statué, opposer le déclinatoire d'incompétence (*Rép.* n° 22).

Si le déclinatoire proposé par l'une des parties est admis, le conflit cesse, et il n'y a pas lieu à règlement de juges, bien que le jugement sur l'exception soit susceptible d'appel ou même soit frappé d'appel. Le conflit, et, par suite, la nécessité d'un règlement, ne renaîtrait qu'autant que le jugement d'incompétence viendrait à être infirmé (*Rép. ibid.*; Rousseau et Laisney, *op. cit.*, v° *Règlement de juges*, n° 34; Dutruc, *op. cit.*, eod. v°, n° 18). Il a été jugé qu'il n'y a pas lieu à règlement de juges par la cour de cassation lorsque, antérieurement à l'arrêt de soit communiqué, l'un des deux tribunaux saisis s'est déclaré incompétent, ou a statué sur le fond (Req. 26 avr. 1859, aff. Petitjean, D. P. 60. 1. 312).

14. Si l'un des deux tribunaux saisis s'est déclaré compétent par un jugement qui n'est pas encore passé en force de chose jugée, la voie du règlement de juges est ouverte aux parties. Le conflit est encore en germe, puisque le jugement par lequel le tribunal a affirmé sa compétence n'est pas encore définitif. Il en sera de même, à plus forte raison, si les deux tribunaux se sont déclarés compétents par deux jugements en premier ressort (*Rép.* n°s 23 et suiv.; Garsonnet, *op. cit.*, t. 2, p. 359).

15. Si les deux tribunaux se sont déclarés compétents par des jugements passés en force de chose jugée, le conflit est formé. Il y a lieu de se pourvoir en règlement de juges (Garsonnet, *op. cit.*, t. 2, p. 359). Jugé que la demande en règlement de juges, portée devant la cour de cassation en vertu de l'art. 363 c. proc. civ., est recevable quand deux tribunaux, ressortissant de deux cours différentes, se sont déclarés compétents, et qu'aucun d'eux n'a encore statué au fond du litige (Req. 9 juin 1885, aff. Weiller et Lévy. D. P. 87. 1. 384).

16. On a émis au *Rép.*, n° 23, l'avis que le fait que l'un des tribunaux saisis s'est déclaré compétent, par un jugement passé en force de chose jugée, ne crée pas une fin de non-recevoir contre la demande en règlement de juges. « La demande en règlement de juges, dans cette hypothèse, dit M. Garsonnet, *op. cit.*, t. 2, p. 359, me paraît

---

(1) (Aubert C. Barthez.) — La cour; — Vu la requête des sieurs Aubert et Brunello, tendant à ce qu'il soit réglé de juges sur le conflit existant entre les tribunaux de commerce de Toulouse et de Marseille, et entre les cours de Toulouse et d'Aix, saisis du différend pendant entre lesdits sieurs Aubert et Brunello et le sieur Barthey; — Sur la recevabilité : — Attendu que la demande en règlement de juges est admissible aussi long-temps qu'il n'est pas intervenu sur le fond de décision passée en force de chose jugée; que, dès lors, il ne saurait suffire, pour l'écarter, d'invoquer des décisions simplement rendues sur la compétence, lesquelles n'ont pu d'ailleurs trancher définitivement ce point du litige, puisqu'il s'agit de tribunaux ne ressortissant pas aux mêmes cours ou de cours différentes; — Attendu que le sieur Barthez ne peut non plus prétendre qu'il a été définitivement statué sur le fond; qu'en effet, le jugement du 12 août, rendu par le tribunal de commerce de Toulouse, a été, par la voie de l'appel, déféré à la cour de Toulouse, qui n'a point encore statué; que, en ces conditions, on ne saurait voir dans la décision invoquée, une décision sur le fond passée en force de chose jugée et mettant fin au différend; — Attendu que vainement encore le sieur Barthez voudrait soutenir que la demande des sieurs Aubert et Brunello est irrecevable par ce motif que ceux-ci ont conclu au fond devant le tribunal de commerce de Toulouse, et, par suite, ont accepté sa compétence; qu'en formant leur opposition au jugement du 8 juill. 1879, les sieurs Aubert et Brunello ont pris soin de déclarer qu'ils n'agissaient que comme contraints et forcés, sous réserves expresses de l'appel par eux relevé du jugement par lequel le tribunal de commerce de Toulouse s'était déclaré compétent dans l'instance engagée entre eux et le sieur Barthez; qu'ils n'ont pas comparu pour soutenir ces conclusions ainsi limitées; que, dans l'appel dont ils

ont frappé le jugement du 12 août 1879, ils ont pris soin de formuler les mêmes réserves dans leur exploit d'opposition; qu'en ces conditions, au lieu d'une acceptation de compétence, il faut simplement voir la volonté du plaideur d'écarter l'acquiescement qui pourrait résulter de son silence, de retarder une exécution qui est de droit en matière commerciale, mais sans renoncer aucunement à contester la compétence du juge qui l'a condamné; — Attendu, en résumé, qu'aucune décision définitive n'ayant tranché le fond sur lequel Aubert et Brunello n'ont pas conclu, la demande de ces derniers doit être tenue pour recevable, puisque les tribunaux de commerce de Toulouse et de Marseille ont été saisis du même différend; que les cours de Toulouse et d'Aix sont saisies des jugements rendus par ces tribunaux, ce qui constitue le conflit prévu par l'art. 363 proc. civ. — Sur la question de savoir auquel des tribunaux saisis doit être attribuée la connaissance du litige; — Attendu qu'il n'est pas dénié que le marché a été conclu et que la marchandise a été livrée à Marseille; qu'à ce point de vue, la compétence du tribunal de commerce de cette ville ne saurait être contestée; que, d'un autre côté, lorsque la facture adressée au sieur Brunello indiquait Marseille comme lieu de payement, il apparaît point que l'acheteur qui, tout en refusant la marchandise, demandait le maintien et l'exécution du marché, ait élevé de protestation contre les conditions de payement; — Reçoit la demande formée par les sieurs Aubert et Brunello, et, réglant de juges, annule les jugements rendus par le tribunal de commerce de Toulouse, les 3 juill. et 12 août 1879, ainsi que l'arrêt de la cour de Toulouse, ensemble; — Dit que le tribunal de Marseille et la cour d'Aix sont seuls compétemment saisis, etc. — Du 5 avr. 1880.-Ch. req.-MM. Bédarrides, pr.-Crépon, rap.-Lacointa, av. gén., c. conf.-Housset et Bellaigue, av.

fondée : 1° parce qu'elle est conforme au texte de l'art. 363 c. proc. civ. qui l'admet sans distinction quand un différend est porté à deux tribunaux ; 2° parce que le conflit peut encore se produire, si l'autre tribunal se déclare à son tour compétent et que son jugement vienne à passer 'en force de chose jugée ; le règlement de juges y coupera court en attribuant définitivement la compétence au tribunal qui s'est déjà saisi de l'affaire par un jugement définitif » (V. Req. 5 avr. 1880, *suprà*, n° 12).

17 La signification des conclusions au fond constitue une fin de non-recevoir contre la demande en règlement de juges ; ces conclusions équivalent, si elles sont signifiées sans réserves, à une acceptation de la juridiction saisie et à une renonciation à exciper de l'incompétence de cette juridiction (*Rép.* n° 31). Mais il a été jugé : 1° que lorsque deux tribunaux sont saisis d'une même affaire, si le défendeur conclut devant l'un d'eux, qui s'était déclaré compétent par un jugement confirmé par un arrêt de la cour d'appel, à un sursis en principal et subsidiairement au débouté de la demande, la voie du règlement de juges lui est néanmoins ouverte si ses conclusions ne sont prises qu'à une réserve expresse de se pourvoir en cassation contre l'arrêt de la cour qui a repoussé l'exception d'incompétence (Req. 23 févr. 1876, *suprà*, n° 9) ; — 2° Que la demande en règlement de juges est recevable lorsque le demandeur en renvoi a conclu au fond s'il a déclaré qu'il n'agissait que comme contraint et forcé, sous réserves expresses de l'appel qu'il a formé contre le jugement de compétence (Req. 5 avr. 1880, *suprà*, n° 12). Décidé aussi, et avec raison, que le débat n'est pas engagé au fond et que, dès lors, le droit de se pourvoir en règlement de juges est conservé par la partie défenderesse qui a conclu devant le tribunal, soit à un sursis, alors que ce sursis était fondé sur l'art. 3 c. instr. crim. et sur l'ouverture d'une poursuite correctionnelle, soit à une communication de pièces, alors que cette communication devait servir à justifier les conclusions ultérieures à fin d'incompétence, soit à la non-recevabilité de la demande, alors que les causes de cette irrecevabilité n'ont pas été autrement précisées (Req. 1ᵉʳ mars 1887, aff. Macarry, D. P. 87. 1. 161).

La reconnaissance de la juridiction ne saurait résulter non plus d'une demande en sursis fondée, conformément à l'art. 3 c. instr. crim., sur l'existence d'une plainte concernant les faits de la cause. Bien au contraire, cette demande en sursis tend simplement à faire décider que le juge civil n'a aucune qualité, en l'état et par le motif unique que le juge criminel est saisi, pour s'occuper en quoi que ce soit de la cause. Quand plus tard, le sursis étant levé, le juge civil sera autorisé à faire appeler la cause à sa barre, on pourra toujours soutenir qu'il est incompétent pour en connaître, par des raisons tirées de la nature propre de l'affaire, nature propre qu'il ne lui était pas permis jusque-là d'examiner. Quant à la demande de communication de telles ou telles pièces, dans certains cas déterminés, elle peut paraître impliquer que la partie qui la sollicite accepte le débat sur le fond, et veut. s'y préparer. Dans d'autres cas, au contraire, la demande en communication peut avoir précisément pour but de fournir au défendeur les documents qui lui sont nécessaires pour soutenir l'incompétence même du tribunal. Il est bien certain qu'alors cette demande de communication ne peut emporter aucune forclusion quant au débat sur la compétence (Comp. dans ce sens, Garsonnet, *op. cit.*, t. 2, p. 350 ; Paris, 11 août 1877, aff. David, D. P. 78. 2. 152). L'arrêt précité du 1ᵉʳ mars 1887 a estimé qu'il en était ainsi dans les circonstances de la cause. — Enfin les conclusions tendant à faire déclarer une demande *irrecevable* sans autre précision, elles sauvegardent le droit de conclure ultérieurement à l'incompétence. En effet, l'irrecevabilité dont la cause n'est pas précisée est une chose générique, qui embrasse implicitement l'incompétence ; car l'incompétence n'est en définitive qu'une espèce particulière d'irrecevabilité, puisqu'elle met obstacle à ce que l'affaire soit examinée au fond (Conf. Civ. cass. 22 déc. 1873, aff. Compagnies hollandaises, D. P. 74. 1. 86).

18. On a dit au *Rép.*, n° 37, que les expressions de l'art. 363 c. proc. civ., *tribunaux de première instance*, comprennent les *tribunaux de commerce*, et que la demande en règlement de juges est recevable lorsque le conflit s'élève entre plusieurs tribunaux de cette juridiction. Tout conflit doit être réglé par la juridiction supérieure la plus proche à laquelle ressortissent à la fois les deux tribunaux en désaccord. Si donc les deux tribunaux de commerce ressortissent à la même cour d'appel, c'est celle-ci qui règlera les juges ; s'ils dépendent de cours d'appel différentes, le règlement de juges sera porté à la cour de cassation (Bioche, *op. cit.*, vᵒ *Règlement de juges*, n° 4 ; Rousseau et Laisney, *op. cit.*, vᵒ *Règlement de juges*, n° 24). Il a été jugé : 1° qu'il y a lieu à règlement de juges par la cour de cassation lorsqu'un même différend est porté à deux tribunaux de commerce ne ressortissant pas à la même cour d'appel ; tel est le cas où un tribunal de commerce est saisi par des compagnies d'assurances maritimes françaises d'une demande en nullité de la police souscrite par elles, à raison de ce que les risques seraient couverts par deux polices antérieurement souscrites par d'autres compagnies, et où un second tribunal de commerce est saisi par l'assuré étranger d'une demande contre toutes les compagnies en exécution des deux dernières polices, et, subsidiairement, pour le cas où la première serait reconnue efficace, en remboursement des primes payées en vertu de la troisième (Req. 4 janv. 1875, aff. Hargrove et consorts, D. P. 75. 1. 61) ; — 2° Qu'il y a lieu à règlement de juges par la cour de cassation entre deux tribunaux de commerce qui ont déclaré la même faillite, s'ils relèvent de deux cours d'appel différentes (Req. 17 août 1881, aff. Confuron D. P. 83. 1. 336 ; 28 avr. 1880, aff. Sauvalle, D. P. 80, 1. 327 ; 13 juin 1887, aff. Canavy, D. P. 89. 1. 24) ; — 3° Que lorsque deux tribunaux de commerce différents, mais du ressort de la même cour d'appel, ont déclaré la faillite d'un commerçant, il y a lieu à règlement de juges pour déterminer quel est celui des deux tribunaux qui doit rester saisi de la connaissance des opérations de la faillite ; ce règlement de juges doit être porté non pas à la cour de cassation, mais à la cour d'appel à laquelle ressortissent les deux tribunaux de commerce en conflit (Orléans, 17 mai 1889, aff. Syndic Guillot, D. P. 90. 2. 294). — V. aussi : Rousseau et Laisney, vᵒ *Faillite*, n° 43 ; Bravard et Demangeat, *Traité de droit commercial*, t. 5, p. 43 ; Boistel, *Précis de droit commercial*, 2ᵉ édit., n° 899 ; *Rép.*, vᵒ *Compétence civile des tribunaux d'arrondissement*, nᵒˢ 139 et suiv. ; *suprà*, eod. vᵒ, n° 77 ; *ibid.* vᵒ *Faillite*, n° 79, *suprà*, eod. vᵒ.

19. On a exposé au *Rép.*, n° 38, quela voie du règlement de juges est ouverte dans le cas où un même différend a été porté à la fois devant un tribunal civil et un tribunal de commerce. Elle ne peut être suivie, au contraire, lorsque les causes portées devant ces deux juridictions différentes ne sont pas connexes (Dutruc, *op. cit.*, vᵒ *Règlement de juges*, nᵒ 14. V. Bioche, *op. cit.*, eod. vᵒ, n° 5). — La même solution est applicable au cas où la contestation serait portée devant un tribunal de première instance et un juge de paix, devant un tribunal d'arrondissement et une cour d'appel (V. *Rép.* n° 30 et 39. Comp. Garsonnet, *op. cit.*, t. 2, p. 361).

20. Le conflit entre un tribunal français et un tribunal étranger ne peut donner lieu à un règlement de juges, lors même que, d'après les traités, les jugements seraient respectivement exécutoires dans les deux pays. Il n'y a pas, en effet, de tribunal supérieur ayant pouvoir sur les deux juridictions en conflit (*Rép.* nᵒ 41 ; Rousseau et Laisney, *op. cit.*, vᵒ *Règlement de juges*, nᵒˢ 24 et suiv. ; Bioche, *op. cit.*, eod. vᵒ, n° 7). « Le conflit de juridiction qui s'élève entre un tribunal français et un tribunal étranger, dit M. Garsonnet, *op. cit.*, t. 2, p. 356, est insoluble, faute d'une loi internationale pour le régler et d'une autorité supérieure pour prononcer entre les deux juridictions en présence : il a d'ailleurs peu de gravité. La justice française et la justice étrangère suivront séparément leur cours, les deux tribunaux jugeront chacun sur son territoire et alors de deux choses l'une : ou ils jugeront de même, ce qui supprimera toute difficulté ; ou ils jugeront différemment. Leurs jugements s'exécuteront alors, l'un en France, l'autre à l'étranger, et la partie qui, ayant perdu son procès en France, l'aurait gagné à l'étranger, n'obtiendra certainement pas d'un tribunal français qu'il déclare le jugement exécutoire en France ».

21. Les décisions d'une même cour ne peuvent faire naître ni conflit ni règlement de juges (*Rép.* n° 42 ; Chauveau sur Carré, *op. cit.*, t. 3, p. 288, note 1).

22. Le conflit n'a pas lieu en matière de juridiction gracieuse (*Rép.* n° 45; Dutruc. *op. cit.*, v° *Règlement de juges*, n° 26).

§ 2. — Conflit négatif (*Rép.* n°s 46 à 53).

23. Les conditions constitutives du conflit négatif sont, ainsi qu'on l'a exposé au *Rép.*, n° 50, les suivantes; il faut : 1° que les tribunaux, saisis d'une même contestation ou d'une contestation connexe, aient de part et d'autre déclaré leur incompétence (Bioche, *op. cit.*, v° *Règlement de juges*, n° 50; Garsonnet, *op. cit.*, t. 2, p. 367); — 2° Que les voies ordinaires pour faire cesser le conflit soient épuisées; mais le règlement doit être admis bien que les parties soient encore dans les délais du pourvoi en cassation (*Rép.* n° 51; Bioche, *op. cit.*, v° *Règlement de juges*, n° 52; Rousseau et Laisney, *op. cit.*, eod. v°, n° 47; Dutruc, *op. cit.*, eod, v°, n° 30). M. Garsonnet combat cette théorie : « Des auteurs enseignent, dit-il, *op. cit.*, t. 2, p. 368, et la cour de cassation a jugé que la voie du règlement de juges n'est ouverte, en cas de conflit négatif, que si le demandeur n'a pas d'autre moyen de trouver des juges, et qu'il n'y a lieu qu'à l'appel si les deux jugements d'incompétence ne sont pas encore passés en force de chose jugée. J'admets cela quand les deux tribunaux ressortissent à la même cour d'appel; car on obtiendra le même résultat que par le règlement de juges en appelant des deux jugements d'incompétence à la cour qui prononcera : ou bien qu'un de ces deux tribunaux est compétent, et mettra fin, de cette manière, au conflit qui les divise; ou bien qu'aucun d'eux n'est compétent, et mettra ainsi le demandeur en demeure d'en chercher un troisième. Mais cette différence avec le conflit positif ne me paraît pas justifiée dans le cas où les deux tribunaux en présence appartiennent à des ressorts différents; que le conflit soit positif ou négatif, le règlement de juges, qui l'arrête instantanément, est toujours plus avantageux que l'appel aux deux cours, qui peuvent confirmer séparément les deux jugements d'incompétence et prolonger ainsi le conflit. Il faudrait, d'ailleurs, pour être logique, interdire le règlement de juges, même après que les deux jugements d'incompétence sont passés en force de chose jugée, attendu que la voie du recours en cassation demeure encore ouverte au demandeur, or, aucun auteur n'a encore été jusque-là »; — 3° Que les deux tribunaux qui ont proclamé leur incompétence ne soient pas du même ressort (*Rép.* n° 52); — 4° Que l'un des tribunaux dessaisi soit compétent (*Rép.* n° 53; Bioche, *op. cit.*, v° *Règlement de juges*, n° 50; Rousseau et Laisney *op. cit.*, eod. v°, n° 47; Boitard, Colmet-Daâge et Glasson *op. cit.*, t. 1, n° 550, p. 590).

§ 3. — Incompétence (*Rép.* n°s 54 à 65).

24. L'art. 363 c, proc. civ., qui détermine les divers cas de règlement de juges, suppose toujours l'existence d'un *conflit* entre deux tribunaux saisis d'un même différend. Il ne prévoit pas l'hypothèse où le tribunal qui a rejeté l'exception d'incompétence se trouverait seul saisi. La voie du règlement de juges était, pour ce cas, formellement ouverte par l'art. 19, tit. 2, de l'ordonnance d'août 1737, concernant les évocations et les règlements de juges (V. *Rép.* n° 4, note 1) qui porte : « La partie qui aura été déboutée du déclinatoire par elle proposé, dans la cour ou dans la juridiction qu'elle prétendra être incompétente, et de sa demande en renvoi dans une autre cour ou dans une juridiction d'un autre ressort, pourra se pourvoir en notre grande chancellerie ou en notre conseil, en rapportant le jugement rendu contre elle et les pièces justificatives de son déclinatoire ». Suivant une jurisprudence et une doctrine constantes, cette disposition, sauf la substitution de la cour de cassation à la juridiction du conseil du roi, n'a pas été abrogée par le code de procédure, lequel ne s'occupe que des règlements de juges attribués aux tribunaux et aux cours d'appel, et laisse sous l'empire de l'ordonnance de 1737 ceux à porter devant la cour de cassation. Il serait puéril de contraindre la partie qui a proposé le déclinatoire à saisir d'abord le tribunal qu'elle croit compétent, au seul effet de faire naître le conflit. D'un autre côté, dans certains cas, il lui serait même difficile d'in-

tenter une action dans ce but. Les avantages du recours en règlement de juges sur le pourvoi en cassation sont, d'ailleurs, assez notables : le règlement de juges peut être demandé contre une décision en premier ressort; la chambre des requêtes statue sur cette demande, sans nécessité d'un renvoi à la chambre civile; elle désigne le tribunal compétent; enfin il n'y a pas lieu à consignation d'amende (*Rép.* n° 54; Bioche, *op. cit.*, v° *Règlement de juges*, n°s 31 et suiv.; Rousseau et Laisney, *op. cit.*, eod. v°, n°s 30 et suiv.; Dutruc, *op. cit.*, eod. v°, n°s 37 et suiv.; Boitard, Colmet-Daâge et Glasson, *op. cit.*, t. 1, n° 550; Garsonnet, *op. cit.*, t. 2, p. 354). Il a été jugé : 1° que l'art. 19, tit. 2, de l'ordonnance du mois d'août 1737, d'après lequel la partie qui a été déboutée du déclinatoire par elle proposé devant la juridiction qu'elle prétendait être incompétente, a le droit de se pourvoir en règlement de juges, est encore en vigueur; que, par suite, l'amende consignée sur le pourvoi en cassation, formé subsidiairement pour le cas où la demande en règlement de juges serait déclarée non recevable, doit être restituée (Req. 5 janv. 1859, aff. Reusse, D. P. 59. 1. 405; 12 déc. 1864, aff. Lemaître, D. P. 65. 1. 282); — 2° Que la partie qui a été déboutée du déclinatoire d'incompétence par elle proposé, en première instance et en appel, peut se pourvoir en règlement de juges devant la cour de cassation (Civ. rej. 28 juin 1880, *supra*, n° 10; Req. 9 juin 1881, aff. Chêne, D. P. 82. 1. 61); — 3° Que, lorsqu'un tribunal d'arrondissement a rejeté l'exception déclinatoire proposée par le défendeur, celui-ci peut se pourvoir directement en règlement de juges devant la cour de cassation, conformément aux art. 19 et 20 du titre de l'ordonnance d'août 1737 (Req. 11 juin 1888, aff. Maillard, syndic de la faillite du *Crédit parisien*, D. P. 89. 1. 293).

25. Il n'y a lieu à règlement de juges, en vertu de l'art. 19 du titre 2 de l'ordonnance de 1737, d'après lequel la partie déboutée du déclinatoire, par elle proposé devant la juridiction qu'elle prétendait être incompétente, a le droit de se pourvoir en règlement de juges, que dans le cas où une seule instance a été suivie devant un seul tribunal. L'ordonnance de 1737, en effet, admet la voie du règlement de juges dans deux hypothèses absolument différentes, et qui n'ont de commun entre elles que la procédure même du règlement. Dans les art. 1 à 18, elle a pour objet de faire cesser les conflits de juridiction; dans les art. 19, 20 et 21, elle ne s'occupe que des cas où, sur le déclinatoire proposé par l'une des parties, le tribunal saisi s'est reconnu compétent. « Lorsque, dit l'art. 1, deux de nos cours ou juridictions indépendantes l'une de l'autre et non ressortissantes en même cour, seront saisies d'un même différend, les parties pourront se pourvoir en règlement de juges ». Les articles subséquents ne font qu'organiser la procédure. Tout autre est l'art. 19 : « La partie, dit-il, qui aura été déboutée du déclinatoire par elle proposé, dans la cour et dans la juridiction qu'elle prétendra être incompétente, et de sa demande en renvoi dans une autre cour ou dans une autre juridiction d'un autre ressort, pourra se pourvoir en notre grande chancellerie ou en notre conseil ». Comme on le voit, les deux hypothèses sont opposées et s'excluent réciproquement. Dans l'une, il y a deux tribunaux saisis, deux instances engagées et un conflit de juridiction entre les deux tribunaux sur le même différend; dans l'autre, un seul tribunal a été saisi, une seule instance a été engagée, et il n'y a aucun conflit de juridiction. Dans l'une, il a été où il a pas été proposé de déclinatoire, et il suffit que la même contestation soit pendante à deux juridictions différentes pour qu'il y ait ouverture à règlement de juges; dans l'autre, il faut, pour qu'il y ait lieu à règlement de juges, qu'un déclinatoire ait été proposé, et que la partie qui l'a présenté ait succombé dans son exception d'incompétence. Ainsi, là où il y a conflit entre deux juridictions par la coexistence du même litige porté à chacune d'elles, l'art. 19 est inapplicable; et là où il n'y a point de conflit, parce qu'il n'existe qu'une seule instance, l'art 1 est sans application (*Rép.* n° 54). Jugé en ce sens, que l'ordonnance de 1737, tit. 2, art. 19, encore en vigueur, qui autorise la partie dont le déclinatoire a été rejeté à former une demande en règlement de juges, n'est applicable qu'au cas où une seule instance a été engagée et un seul

tribunal saisi-(quant aux dispositions de cette ordonnance relatives au conflit de juridiction, elles sont aujourd'hui abrogées); que lorsque deux tribunaux sont simultanément saisis de causes identiques ou connexes, la demande en règlement de juges, formée par une partie déboutée de l'exception de litispendance ou de connexité, est régie par les principes de la législation actuelle, et non par l'art. 19 de l'ordonnance de 1737; qu'en conséquence, les causes pendantes devant deux tribunaux différents ne peuvent être réunies par voie de règlement de juges, à raison de leur connexité, qu'autant qu'elles sont devant ces deux tribunaux au même degré de juridiction, et que le tribunal de renvoi peut connaître de tout le litige porté au tribunal qu'on veut dessaisir (Req. 27 févr. 1877, aff. Compagnie immobilière, D. P. 79. 1. 109; 17 juill. 1882, aff. Compagnie L'Assurance française, D. P. 83. 1. 475).

26. Le défendeur à l'exception de déclinatoire (le demandeur qui a saisi le tribunal) n'a pas qualité pour se pourvoir en règlement de juges. Il n'a le droit que d'interjeter appel (Rép., n° 55; Rousseau et Laisney, op. cit., v° Règlement de juges, n° 32).

27. Pour que le rejet d'un déclinatoire puisse donner lieu à un règlement de juges, il faut, telles sont les conditions formelles exigées par l'art. 19 de l'ordonnance d'août 1737, que la partie conclue au renvoi devant une autre juridiction, et que la juridiction devant laquelle la partie demande à être renvoyée et celle qui a repoussé le déclinatoire se trouvent situées dans des ressorts différents; autrement, on doit se pourvoir par la voie de l'appel (Rép., n° 58; Bioche, op. cit., v° Règlement de juges, n° 34; Rousseau et Laisney, op. cit., eod. v°, n° 34; Garsonnet, op. cit., t. 2, p. 354). — Il a été jugé que la demande en règlement de juges formée en vertu de l'art. 19 du titre 2 de l'ordonnance d'août 1737 est recevable devant la cour de cassation, alors même que la partie qui a décliné la compétence du juge saisi n'a pas expressément demandé son renvoi devant le tribunal du lieu où elle soutenait avoir son domicile, si ladite partie a cependant basé son déclinatoire sur la prétention, nettement exprimée, qu'elle était domiciliée en ce lieu (Req. 31 janv. 1888, aff. De Polignac, D. P. 88. 1. 244). Si la recevabilité du pourvoi en règlement est subordonnée au rejet de la demande en renvoi de la partie qui forme aucune forme sacramentelle n'est indiquée, quant à la manière dont aura dû se formuler cette demande en renvoi à une autre juridiction. D'ordinaire, la partie qui décline la compétence du juge devant lequel elle a été citée conclut expressément à être renvoyée devant le juge du lieu où elle se prétend domiciliée. Mais il doit évidemment y avoir équivalence, quand elle y conclut implicitement, pourvu qu'il n'y ait à cet égard aucun doute sur le sens de ses conclusions. Or, la partie qui allègue et soutient, dans les termes les plus précis et les plus circonstanciés, comme dans l'espèce sur laquelle a statué la chambre des requêtes, qu'elle est domiciliée à Paris, qu'elle y occupe un hôtel patrimonial, y réside presque toute l'année, y a le centre de toutes ses affaires d'intérêt, et qui, en raison de ce domicile à Paris, décline la compétence du tribunal devant lequel elle a été assignée, doit être considérée comme ayant par là implicitement et clairement demandé à être renvoyée devant les juges de son domicile. D'où il suit que, si son déclinatoire d'incompétence a été repoussé, sa demande en règlement de juges devant la cour de cassation devient recevable. — Décidé d'autre part : 1° que la partie, déboutée du déclinatoire par elle proposé devant la juridiction qu'elle prétend être incompétente, ne peut se pourvoir en règlement de juges devant la cour de cassation, conformément à l'art. 19, tit. 2, de l'ordonnance d'août 1737, qu'autant que la juridiction devant laquelle elle demande à être renvoyée et celle qui a repoussé son déclinatoire se trouvent situées dans des ressorts différents (Req. 15 mars 1858, aff. Coeffier, D. P. 58. 1. 201); — 2° Que la demande en règlement de juges formée devant la cour de cassation, en vertu des art. 19 et 20, tit. 3, de l'ordonnance d'août 1737, n'est recevable qu'autant que cette demande tend au renvoi de la cause devant une autre cour ou devant un tribunal dépendant d'une autre cour (Req. 20 avr. 1868, aff. Curtil, D.P. 69.1. 160); — 3° Que lorsqu'il y a eu rejet de deux exceptions déclinatoires, l'une à raison de l'incompétence relative, l'autre à raison de l'incompétence absolue, et que le tribu-

nal devant lequel le renvoi est demandé ressortit à une cour d'appel différente de celle dont l'arrêt est attaqué, la cour de cassation, en réglant les juges, peut et doit indiquer la juridiction compétente (Req. 8 févr. 1892, aff. Syndic de la faillite Darmoy, D. P. 93. 1. 371); — 4° Que la demande en règlement de juges devant la cour de cassation n'est recevable qu'autant que la juridiction devant laquelle une partie demande à être renvoyée et celle qui a repoussé son déclinatoire sont situées dans des ressorts différents; qu'ainsi la partie qui a été démise d'un déclinatoire proposé par elle devant le tribunal civil d'une ville déterminée, et tendant au renvoi devant le tribunal de commerce de la même ville, n'est pas recevable à se pourvoir en règlement de juges devant la cour de cassation (Req. 20 déc. 1893, aff. Roussel, D. P. 94. 1. 210).

28. La procédure en règlement de juges, ouverte par l'art. 19 du titre 2 de l'ordonnance de 1737 à la partie déboutée du déclinatoire proposé par elle devant une juridiction qu'elle prétend être incompétente, n'a d'autre objet que d'assurer l'application des règles de compétence tracées par le législateur (Rép. n° 57). Si donc, il s'agit de rechercher, dans les clauses d'une convention intervenue entre deux particuliers, par interprétation du sens de ces clauses et de l'intention des contractants, la compétence qui résulte d'une stipulation spéciale de la convention, l'art. 19 de l'ordonnance de 1737 cesse de s'appliquer, parce que l'interprétation des contrats appartient exclusivement aux tribunaux ordinaires. La cour de cassation ne peut, pas plus par une demande en règlement de juges que par tout autre pourvoi, être appelée à se prononcer sur une question de fait. Il faut donc, pour que la demande de règlement de juges portée devant elle soit recevable, qu'elle se fonde sur la violation des principes de la compétence, soit à raison des personnes, soit à raison de la matière et non sur une fausse interprétation de la convention des parties (Bioche, op. cit., v° Règlement de juges, n° 47; Dutruc, op. cit., eod. v°, n° 38; Rousseau et Laisney, op. cit., eod. v° n° 46; Req. 6 août 1867, aff. Gillain et Dethan, D. P. 68. 1. 35). Jugé, en ce sens : 1° que le rejet d'un déclinatoire fondé sur une incompétence ratione personæ ne peut donner lieu à un règlement de juges lorsque ce rejet est motivé sur l'interprétation des conventions des parties et des faits de la cause; il importe peu que cet examen des faits ait été provoqué par le demandeur ou le défendeur à l'exception d'incompétence, s'il a été la base réelle de la décision (Req. 6 mars 1877, aff. Sarlin, D. P. 77. 1. 103). Dans l'espèce, le demandeur prétendait n'avoir invoqué à l'appui de son déclinatoire aucune convention, mais seulement les principes en matière de compétence et l'art. 59 c. proc. civ. et il argumentait de ce que la jurisprudence paraît avoir toujours statué dans des hypothèses où la convention était invoquée à l'appui de l'exception. Mais il importe peu que la convention soit invoquée par l'une ou l'autre des parties, si c'est elle qui forme la base de la décision. Or, dans la cause, les juges du fond ne s'étaient déclarés compétents qu'en interprétant un acte d'association et les circonstances de l'affaire; — 2° Que le rejet d'un déclinatoire de compétence ne peut donner lieu à un règlement de juges, lorsqu'il n'a soulevé aucune question d'ordre public en matière de juridiction, et qu'il est uniquement motivé sur l'interprétation de la convention intervenue entre les parties; que, spécialement, une demande en règlement de juges n'est pas recevable, lorsque le tribunal de commerce du lieu du payement, saisi d'une action en résolution de la vente de marchandises, en vertu de l'art. 420, § 3, c. proc. civ., a rejeté l'exception d'incompétence en se fondant exclusivement, en fait, sur l'interprétation des clauses de la vente relatives au lieu du payement et dont la conséquence légale ne pouvait être contestée en droit (Req. 27 nov. 1882, aff. Bergeyron frères et comp., D. P. 83. 1. 384); ... lorsque le tribunal de commerce et la cour saisis ont eu exclusivement à rechercher, d'après les clauses du marché dont l'existence n'était pas méconnue, où avait domicile le payement de la marchandise devait avoir lieu, et à apprécier également les circonstances dans lesquelles une facture, portant certaines mentions à cet égard, avait été envoyée et reçue sans protestation (Req. 9 nov. 1885, aff. Oustalet, liquidateur de la société Deségaulx, D. P. 86. 1. 8). Il est à remarquer que

l'arrêt du 27 nov. 1882 porte : « Attendu que la cour d'appel n'a pas eu à statuer sur une question d'ordre public en matière de juridiction ». L'arrêt du 9 nov. 1885 exprime la même idée sous cette forme : « Attendu que l'arrêt de la cour d'appel n'a pas statué sur une question de droit en matière de juridiction ». Cette substitution paraît intentionnelle, la deuxième formule étant plus large et embrassant tout à la fois ce qui touche à l'incompétence *ratione personæ* comme à l'incompétence *ratione materiæ* ; — 3° Que le rejet d'un déclinatoire fondé sur une incompétence personnelle ne peut donner lieu à un règlement de juges par la cour de cassation, lorsque ce rejet est motivé uniquement sur l'interprétation d'un contrat intervenu entre les parties ; que spécialement, il en est ainsi lorsque le jugement a rejeté une exception d'incompétence *ratione personæ* par une interprétation d'une clause d'élection de domicile (Req. 13 avr. 1886, aff. Arnaud, D. P. 87. 5. 379). ... Lorsqu'une cour d'appel, pour rejeter le déclinatoire proposé par une compagnie d'assurances contre les accidents, appelée en garantie devant la juridiction saisie de l'action en responsabilité dirigée par la victime d'un accident contre l'assuré, s'est fondée exclusivement, en fait, sur ce que la compagnie, par une clause de sa police, avait, par avance, virtuellement accepté la compétence de cette juridiction et, par là même, renoncé à se prévaloir, soit de la nature de son contrat, soit du caractère de l'action qui en découle, notamment en ce qui concerne la compétence que ce contrat et cette action comportent(Req. 18 oct. 1891, aff. Compagnie d'assurance *Le Soleil*, D. P. 92. 1. 570. ...Lorsque la cour qui a rejeté l'exception d'incompétence a eu exclusivement à rechercher en fait, d'après l'intention des parties et les clauses du marché, à quel domicile le payement du prix du marché devait avoir lieu, et à apprécier également les circonstances dans lesquelles une facture, portant certaines mentions à cet égard, avait été envoyée et reçue sans protestation (Req. 5 déc. 1892, aff. Bonneau, D. P. 93.1.200). — Au contraire, le rejet d'un déclinatoire de compétence peut donner lieu à un règlement de juges, lorsqu'il est motivé non sur une interprétation souveraine des conventions des parties, mais sur les règles de compétence tracées par le législateur. Spécialement une demande en règlement de juges est recevable, lorsque le tribunal de commerce du lieu du payement, saisi d'une action en payement d'un prix stipulé, a rejeté l'exception d'incompétence en se fondant exclusivement sur le texte de l'art. 420 c. proc. civ. (Req. 21 févr. 1887, aff. Compagnie algérienne, D. P. 88. 1. 38). Jugé aussi que l'arrêt décidant que le juge du lieu où les primes d'une assurance ont été stipulées payables est par cela même compétent, aux termes du paragraphe 3 de l'art. 420 c. proc. civ., pour connaître de toutes les difficultés relatives à l'exécution du contrat d'assurance,statue en droit sur la question de compétence et ne se livre à aucune interprétation de l'intention des parties ; qu'en conséquence, ledit arrêt peut être attaqué par la voie du recours en règlement de juges de l'ordonnance d'août 1737 (Req. 1er déc. 1884, aff. Compagnie *L'Assurance française*, D. P. 85.1.195).

29. La troisième condition pour que la partie dont le déclinatoire a été rejeté par l'unique tribunal saisi puisse se pourvoir devant la cour de cassation et y demander un règlement de juges c'est, ainsi qu'on l'a exposé au *Rép.*, n°s 63 et suiv., que les choses soient entières et qu'il y ait encore une contestation pendante dont le juge ait à déterminer. Lors donc que le tribunal devant lequel aura été soulevée l'exception d'incompétence aura en même temps statué sur l'exception et sur le fond, le pourvoi fondé sur les art. 19 et 20 de l'ordonnance d'août 1737 sera-t-il admissible ? Il faut distinguer : oui, si le tribunal a statué sur le fond sans qu'il y ait été conclu, car il ne peut dépendre du juge ni du défendeur cette voie de recours ; non, si le défendeur, en même temps qu'il excipait de l'incompétence, a conclu au fond même subsidiairement, car il a ainsi autorisé le tribunal à statuer au fond et s'est, par voie de conséquence, privé de la faculté de réclamer ensuite un règlement de juges, les conclusions de la partie étant considérées comme une adhésion au jugement(Bioche, *op. cit.*, v° *Règlement de juges*, n° 35 ; Boitard, Colmet-Daage et Glasson, *op. cit.*, t. 1, n° 550, p. 591 ; Garsonnet, *op. cit.*, t. 3, p. 355, note 39). Jugé : 1° que la voie du règlement de juges devant la cour de cas-

sation est ouverte, non seulement en cas de conflit de juridiction, mais aussi en cas de rejet d'une simple exception d'incompétence proposée, sans conclusions au fond, et avec demande en renvoi, devant un tribunal d'un autre ressort ou devant une autre cour : l'ordonnance d'août 1737 est, en ce point, toujours en vigueur ; que, par suite, l'arrêt qui a rejeté ce déclinatoire et cette demande en renvoi peut, au gré de la partie contre laquelle il a été rendu, être frappé d'un pourvoi en cassation ou d'une demande en règlement de juges (Req. 9 mars 1858, aff. Maënol, D. P. 58, 1. 303) ; — 2° Que la partie dont le déclinatoire d'incompétence a été rejeté peut se pourvoir en règlement de juges devant la cour de cassation, sans avoir saisi le tribunal d'un autre ressort qu'elle prétend compétent ; mais qu'il faut pour cela que le tribunal qui s'est déclaré compétent n'ait pas en même temps statué sur le fond (Req. 13 janv. 1869, aff. Arman, D. P. 72. 1. 60 ; 15 déc. 1874, aff. Veuve de Champagny, D. P. 75. 1. 384 ; 13 juill. 1881, aff. Trentignan cousins, D. P. 82. 1. 447) ; — 3° Que le recours en règlement de juges devant la cour de cassation peut être exercé par la partie qui a été déboutée de son déclinatoire et de sa demande en renvoi devant une autre cour d'appel ou un tribunal d'un autre ressort, tant que la juridiction saisie n'a pas statué tout à la fois sur la compétence et sur le fond par une décision définitive et contre laquelle il n'existerait aucune voie légale de réformation ; que, spécialement, la partie qui, après un premier jugement rejetant le déclinatoire qu'elle avait proposé sans conclure au fond, a été condamnée aufond par un second jugement du même tribunal rendu par défaut, est recevable à se pourvoir en règlement de juges devant la cour de cassation, alors qu'elle a formé opposition au jugement par défaut, et qu'il existe ainsi un litige encore pendant (Req. 17 déc. 1879,aff. Caisse générale des familles, D. P. 80. 1. 202) ; — 4° Que la partie déboutée de son déclinatoire d'incompétence par le tribunal est recevable à se pourvoir en règlement de juges, en vertu de l'ordonnance d'août 1737, quand elle n'a pas conclu au fond et se trouve dans le délai de cassation (Req. 26 nov. 1884, aff. Compagnie d'assurances *La Caisse paternelle*, D. P. 85. 1. 460) ; — 5° Que la demande en règlement de juges est recevable, alors même que le déclinatoire a été rejeté en première instance et en appel, si d'ailleurs le demandeur en règlement de juges n'a conclu au fond ni devant la première ni devant la seconde juridiction (Req. 11 mai 1887, aff. Coussirat, D. P. 88. 1. 408 ; 17 févr. 1885, aff. George et comp. D. P. 86. 1. 14 ; 29 déc. 1885, aff. Méléague, D. P. 86. 1. 418 ; 22 nov. 1886, aff. Compagnie d'assurances *La Foncière*, D. P. 88. 1. 63) ; — 5° Que lorsque, sans conclure au fond, la partie assignée oppose un déclinatoire d'incompétence qui soulève, non pas uniquement une difficulté portant sur l'interprétation d'un contrat, mais des questions de droit tombant sous le contrôle de la cour de cassation, le rejet de ce déclinatoire laisse la cause pendante au fond, et la requête en règlement de juges est recevable, conformément à l'art. 19, tit. 2, de l'ordonnance d'août 1737 (Req. 12 févr. 1889, aff. Compagnie d'assurances terrestres *La Mutuelle*, de Valence, D. P. 92. 1. 382) ; — 6° Que la demande en règlement de juges devant la cour de cassation est recevable lorsque l'arrêt attaqué n'a pas acquis l'autorité de la chose jugée et que le demandeur n'a pas conclu au fond (Req. 3 mai 1892, aff. Levasseur, D.P. 93. 1. 278 ; 1er août 1892, aff. Baudouin, D. P. 92. 1. 560). — Décidé aussi que le seul rejet de l'exception déclinatoire autorise la demande en règlement de juges, bien qu'aucun autre tribunal ne soit actuellement saisi, si d'ailleurs il n'a pas été conclu au fond, et cela ainsi dans le cas même où un autre tribunal a été précédemment saisi du litige par une autre partie, lorsque ce tribunal s'est déclaré incompétent par la raison qu'il n'était pas celui du domicile du défendeur. Si plus tard ce défendeur se porte lui-même demandeur, le nouveau défendeur, demandeur au premier procès, peut à son tour demander son renvoi, sous prétexte qu'il n'a pas été assigné devant le tribunal de son domicile et sans que son adversaire ait le droit de lui opposer le jugement précédemment rendu (Req. 8 févr. 1892, aff. Syndic de la faillite Darmoy, D. P. 93. 1. 371).

30. La demande en règlement de juges est recevable

alors même que la partie déboutée de son déclinatoire d'incompétence a conclu au fond, si elle ne l'a fait que sous la réserve expresse de se pourvoir en cassation du chef de la compétence. Mais il a été jugé que la demande en renvoi pour cause d'incompétence devant être formée préalablement à toutes autres exceptions, la partie qui a proposé, avant l'exception d'incompétence, un moyen tiré de la nullité de l'exploit d'ajournement, n'est pas recevable à se pourvoir en règlement de juges (Req. 30 janv. 1882, aff. Compagnie d'assurances *La Protection* et *La Mélusine*, D. P. 83. 1. 200).

31. La règle d'après laquelle le règlement de juges autorisé par l'ordonnance de 1737 n'est pas recevable, de la part de celui qui a pris des conclusions sur le fond du litige, n'est pas applicable lorsqu'il s'agit d'incompétence *ratione materiæ*. En effet, l'incompétence à raison de la matière est d'ordre public; à ce titre, elle n'est pas susceptible d'être couverte par le consentement des parties et peut, dès lors, être opposée même après les défenses au fond (c. proc. civ., art. 170 et 424). Jugé que la partie dont le déclinatoire, fondé sur l'incompétence, tant *ratione loci* que *ratione materiæ*, du tribunal saisi, a été rejeté par un jugement de première instance, est recevable à se pourvoir en règlement de juges devant la cour de cassation, nonobstant l'opposition qu'elle a formée contre le chef du même jugement qui la condamnait par défaut sur le fond, alors surtout qu'elle a en même temps interjeté appel sur le chef relatif au déclinatoire, et que, dans ses conclusions à l'audience, elle a refusé de plaider au fond, se bornant à solliciter un sursis (Req. 15 juill. 1884, aff. Compagnie d'assurance *La Mutuelle* de Valence, D. P. 85. 1. 173).

32. La quatrième condition, pour que le règlement de juges soit admissible, c'est qu'il n'y ait pas chose jugée sur la compétence et sur le fond. Le règlement de juges suppose nécessairement un litige à juger et, par suite, ce recours n'est plus admissible lorsque la juridiction saisie a statué tout à la fois sur la compétence et sur le fond d'une manière définitive, par une décision contre laquelle il n'existe aucune voie légale de réformation. Il en est ainsi dans le cas où le défendeur a laissé acquérir au jugement rendu contre lui l'autorité de la chose jugée ; mais tant que le délai d'appel, si ce jugement est en premier ressort, ou le délai du pourvoi en cassation, si le jugement est en dernier ressort ou il s'agit d'un arrêt de cour d'appel, n'est pas expiré, la demande en règlement de juges est régulièrement portée devant la cour de cassation (*Rép.*, n° 60; Bioche, *op. cit.*, v° *Règlement de juges*, n°s 35 et suiv.; Rousseau et Laisney, *op. cit.*, n°s 38 et suiv.; Req. 15 déc. 1874, aff. Veuve de Champagny, D. P. 75. 1. 384 ; 13 juill. 1881, aff. Trintignan cousins, D. P. 82. 1. 447; 3 janv. 1882, aff. Fontenelles, D. P. 83. 1. 120 ; 1er déc. 1884, aff. Compagnie *L'Assurance française*, D. P. 85. 1. 195; 18 mars 1890, aff. Compagnie *La Préservatrice*, D. P. 90. 1. 443. V. aussi Req. 17 déc. 1879, aff. Caisse générale des familles, D. P. 80. 1. 262; 19 oct. et 30 nov. 1891, aff. Compagnie générale transatlantique, D. P. 93. 1. 9).

§. 4. — *Cas où un tribunal est supprimé ou ne fait plus partie du territoire ou bien est empêché (Rép. n°s 66 à 78).*

33. Lorsqu'un tribunal vient à être supprimé ou à ne plus faire partie du territoire français, c'est par la voie du règlement de juges, on l'a dit au *Rép.*, n° 66, que les parties intéressées doivent demander l'indication du juge compétent. Ce principe, reconnu par les auteurs, a été de nouveau consacré par la jurisprudence. Il a été jugé, en effet, que lorsqu'un tribunal saisi d'une contestation a été séparé du territoire français, il appartient à la cour de cassation de désigner, par voie de règlement de juges, le tribunal devant lequel les parties porteront leurs actions (Req. 14 avr. 1880, aff. Villot, D. P. 80. 1. 331; Rousseau et Laisney, *op. cit.* v° *Règlement de juges*, n° 49; Dutruc, *op. cit.*, eod. v°, n° 27). La même règle est applicable lorsqu'il s'agit de déterminer quel tribunal sera porté l'appel d'un jugement rendu devant le tribunal d'un département tombé au pouvoir de l'ennemi (*Rép.* n° 69).

34. Le règlement de juges est encore nécessaire toutes les fois qu'un tribunal saisi d'une demande se trouve

empêché de siéger, par suite de maladie, de mort, d'absence, de récusation ou d'abstention de ses membres, de demande de renvoi pour parenté ou alliance, de l'insuffisance des avoués pour représenter les parties en cause (*Rép.* n°s 73 et suiv.; Rousseau et Laisney, *op. cit.*, v° *Règlement de juges*, n° 50).

Art. 2. — *De l'autorité devant laquelle doit être portée la demande en règlement de juges (Rép. n°s 79 à 95).*

35. Lorsque le différend a été porté à deux justices de paix ressortissant au même tribunal, le règlement de juges est porté à ce tribunal (*Rép.* n° 79).

La demande en règlement de juges doit être portée devant la cour d'appel, lorsque le conflit existe : 1° entre deux tribunaux de première instance de son ressort; 2° entre deux tribunaux de commerce de son ressort; 3° entre un tribunal de première instance et un tribunal de commerce de son ressort; 4° entre deux juges de paix ne ressortissant pas au même tribunal mais placés dans son ressort; 5° entre un tribunal de première instance et un juge de paix, de son ressort (*Rép.* n° 82). Il a été jugé (Rouen, 3 févr. 1818, V. *Rép.*, n° 86) que la demande en règlement de juges, sur un conflit négatif entre un tribunal de paix et un tribunal civil ressortissant à la même cour d'appel, doit être portée à la cour de cassation, et non devant la cour d'appel dont les deux juridictions ne relèvent pas également d'une manière immédiate. Cette doctrine ne nous paraît pas exacte. L'art. 463 c. proc. civ. ne prévoit pas explicitement le cas où le conflit existe entre un tribunal de première instance et une justice de paix du même ressort, mais il suffit de se reporter au principe d'après lequel le législateur a désigné les juridictions appelées à statuer sur les conflits pour reconnaître que, dans cette hypothèse, c'est toujours à la cour d'appel qu'il appartient de statuer sur le règlement de juges. En effet, il résulte des dispositions mêmes de l'art. 363 que le législateur en les édictant, s'est proposé uniquement de faire statuer sur ces règlements de juges, la juridiction immédiatement supérieure à celle des divers tribunaux ayant rendu les jugements cause du conflit, tout en maintenant le juge le plus rapproché possible du justiciable, mais sans se préoccuper du point de savoir si cette juridiction était celle qui, d'après la loi, devait connaître de l'appel des jugements rendus. Ce point est surtout démontré par la disposition qui attribue aux cours d'appel la connaissance du conflit entre deux justices de paix d'arrondissements différents, quoique cette cour ne soit jamais appelée à statuer sur l'appel des jugements émanant de cette juridiction. Dans le sens de cette opinion, qui est professée par la plupart des auteurs (Garsonnet, *op. cit.*, t. 2, p. 362; Boitard, Colmet-Daäge et Glasson, *op. cit.*, t. 1, p. 591, n° 551), il a été jugé que la demande en règlement de juges sur un conflit négatif entre un tribunal de paix et un tribunal de première instance, situés dans le ressort de la même cour d'appel, doit être portée devant cette cour (Caen, 3 juill. 1871, aff. Pépin, D. P. 73. 2. 206).

36. Il importe peu, comme on l'a dit au *Rép.*, n° 82, que l'affaire soumise au tribunal ne soit pas sujette à appel. Le conflit n'en doit pas moins être porté devant la cour. Ce n'est pas d'appel qu'il s'agit; et l'art. 363 c. proc. civ. ne distingue pas (Garsonnet, *op. cit.* t. 2, p. 362).

37. Le conflit doit être porté devant la cour de cassation lorsqu'il s'élève : 1° entre deux tribunaux de première instance ou de commerce ou un tribunal de commerce et un tribunal de commerce de ressorts différents ; 2° entre un tribunal de première instance et un juge de paix de ressorts différents; 3° entre deux juges de paix relevant de deux cours d'appel différentes ; 4° entre un tribunal de première instance et une cour d'appel; 5° entre deux cours d'appel (*Rép.* n° 85 ; Boitard, Colmet-Daäge et Glasson, *op. cit.*, t. 1, p. 592, n° 552; Garsonnet, *op. cit.*, t. 2, p. 362). — Jugé que lorsque deux tribunaux ne ressortissant pas à la même cour d'appel sont saisis de la même demande (dans l'espèce, une demande en liquidation et partage d'une succession), il y a lieu à règlement de juges devant la cour de cassation (Req. 10 juill. 1892, aff. Mazuyer, D. P. 93. 1. 14).

38. Lorsque le conflit s'élève entre deux juridictions

d'ordre différent, dont l'une est juge d'appel de l'autre, par exemple, entre un tribunal de première instance et un juge de paix de son arrondissement, entre une cour d'appel et un tribunal de première instance de son ressort, ce n'est pas le tribunal d'appel qui peut statuer sur le règlement de juges, mais le tribunal supérieur commun des deux juridictions saisies, c'est-à-dire, dans la première hypothèse, la cour du ressort, dans la seconde, la cour de cassation. « Procéder autrement, dit, avec raison, M. Garsonnet, *op. cit.*, t. 2, p. 362, ce serait confondre deux situations très différentes. Le tribunal de première instance, qui affirme le jugement rendu par un juge de paix de son ressort dans une affaire dont il n'est lui-même saisi que par voie d'appel, n'est pas en conflit avec ce juge de paix : 1° sa propre compétence n'est pas en jeu, il n'a donc pas à la déclarer, et il laisse aux parties le soin de chercher elles-mêmes le tribunal compétent ; 2° le juge de paix est dessaisi par le jugement qu'il a rendu ; et il manque, par conséquent, dans l'espèce, l'élément essentiel du conflit, à savoir deux tribunaux saisis en même temps. Ce même tribunal serait, au contraire, juge et partie dans sa propre cause si, la même affaire étant portée simultanément et au premier degré de juridiction devant le juge de paix et devant lui, il tranchait la difficulté de son autorité privée en se déclarant compétent à l'exclusion du juge de paix ».

39. La demande en indication de juges, lorsqu'un seul tribunal a été saisi, est toujours, aux termes de l'ordonnance du mois d'août 1737, portée devant la cour de cassation (*Rép.* n° 85 ; Boitard, Colmet-Daâge et Glasson, *op. cit.*, t. 1, p. 590, n° 530).

40. Lorsque le règlement de juges est formé en raison de la suppression d'un tribunal, il doit être porté devant la cour de cassation (*Rép.* n° 89 ; Dutruc, *op. cit.*, v° *Règlement de juges*, n° 27).

41. S'il est motivé sur l'empêchement du tribunal, par suite de maladie, d'absence, d'abstention ou de récusation de ses membres, on applique l'art. 363 c. proc. civ. (*Rép.* n° 90. V. aussi *infrà*, v° *Renvoi*).

42. Si l'abstention émane d'un tribunal de commerce, l'affaire doit-elle être renvoyée devant le tribunal civil de l'arrondissement, ou devant un autre tribunal de commerce du ressort de la cour ? L'opinion émise au *Rép.*, n° 91, suivant laquelle la cause doit être portée devant le tribunal civil, est combattue par M. Chauveau (*op. cit.*, t. 3, quest. 1321), qui estime que la position particulière des juges de commerce ne peut priver les parties du bénéfice de cette juridiction ; qu'il faut donc les renvoyer devant le tribunal de commerce le plus voisin (V. en ce sens : Caen, 4 déc. 1834, *Recueil des arrêts des cours d'appel de Rouen et de Caen*, 1855, p. 357).

43. Entre deux chambres de la même cour ou du même tribunal, il n'y a pas lieu à règlement de juges. Le premier président de la cour ou le président du tribunal statue sans frais sur la distribution ou la jonction des instances (*Rép.* n° 92 ; Boitard, Colmet-Daâge et Glasson, *op. cit.*, t. 1, p. 592, n° 551 ; Dutruc, *op. cit.*, v° *Règlement de juges*, n° 22).

ART. 3. — *Procédure et jugement.* — *Sursis aux poursuites.*
(*Rép.* n°⁸ 96 à 132.)

44. — 1° *Tribunaux de première instance.* — *Cours d'appel.* — Le règlement de juges n'est pas soumis au préliminaire de conciliation (*Rép.* n° 100 ; Garsonnet, *op. cit.*, t. 2, p. 363 ; Rousseau et Laisney, *op. cit.*, v° *Règlement de juges*, n° 60). — La demande doit, à peine de nullité, être formée par requête avec constitution d'avoué. Cette requête n'est pas notifiée aux parties, mais elle est communiquée au ministère public, qui est appelé à donner ses conclusions sur la demande (*Rép.* n° 101 ; Garsonnet, *op. cit.*, t. 2, p. 364 ; Dutruc, *op. cit.*, v° *Règlement de juges*, n° 43 ; Rousseau et Laisney, *op. cit.*, eod. v°, n° 63 et suiv.). La requête est déposée au greffe ou entre les mains du président (*Rép.* n° 100). Le tribunal peut refuser la permission d'assigner, s'il est convaincu, à l'inspection des deux exploits, qu'il ne s'agit pas, soit d'un même litige, soit d'une cause essentiellement connexe à la cause voisine. Le jugement qui refuse l'autorisation peut être attaqué soit par la voie d'appel, s'il s'agit d'un jugement du tribunal d'arrondissement, soit par la voie du

recours en cassation, s'il s'agit de l'arrêt d'une cour d'appel (*Rép.* n° 102 ; Dutruc, *op. cit.*, v° *Règlement de juges*, n° 44 ; Rousseau et Laisney, *op. cit.*, eod. v°, n° 69 ; Boitard, Colmet-Daâge et Glasson, *op. cit.*, t. 1, p. 592, n° 552 ; Bioche, *op. cit.*, v° *Règlement de juges*, n° 75).

45. Si le tribunal donne l'autorisation d'assigner en règlement de juges, il peut ordonner le sursis à toutes procédures devant les deux tribunaux entre lesquels existe le conflit. Ainsi qu'on l'a dit au *Rép.*, n°⁸ 103 et suiv., le sursis est facultatif et laissé à l'arbitrage des juges, qui peuvent le refuser s'il y a lieu de présumer que la demande en règlement est susceptible d'être contestée par la partie adverse (Dutruc, *op. cit.*, v° *Règlement de juges*, n° 44 ; Rousseau et Laisney, *op. cit.*, eod. v°, n°⁸ 67 et 68 ; Bioche, *op. cit.*, eod. v°, n° 78 ; Garsonnet, *op. cit.*, t. 2, p. 364, note 13). — L'effet du sursis est d'empêcher les parties de faire d'autres actes de procédure que des actes conservatoires et ce à peine de nullité. Il se produit dès que l'arrêt qui l'accorde a été prononcé, en ce qui concerne le demandeur en règlement de juges ; quant au défendeur, il n'est tenu de surseoir qu'à partir de la signification du jugement (Garsonnet, *op. cit.*, t. 2, p. 364, note 14 ; Bioche, *op. cit.*, v° *Règlement de juges*, n°⁸ 81 et suiv.). Mais il a été jugé que, lorsqu'une cour d'appel statue par voie de règlement de juges, en cas de conflit négatif, elle ne peut pas ordonner qu'il soit sursis aux poursuites pratiquées en vertu de jugements qui sont passés en force de chose jugée (Nancy, 7 déc. 1887, aff. Gergenheim, D. P. 89. 2. 133). Lorsque le sursis n'est pas accordé, les procédures engagées continuent, mais seulement jusqu'au jugement, qui ne peut être valablement rendu tant que la compétence n'est contestée (Bioche, *op. cit.*, v° *Règlement de juges*, n° 85 ; Garsonnet, *op. cit.*, t. 2, p. 364).

46. Le jugement qui accorde la permission d'assigner doit être rendu en audience publique ; mais il n'est pas nécessaire qu'il contienne l'énoncé des points de fait et de droit ainsi que les motifs. Il en est autrement du jugement qui refuse la permission, car ce jugement est définitif (*Rép.* n° 105 ; Dutruc, *op. cit.*, v° *Règlement de juges*, n° 47 ; Rousseau et Laisney, *op. cit.*, eod. v°, n°⁸ 71 et 72 ; Bioche, *op. cit.*, eod. v°, n° 77).

47. Le délai pour signifier le jugement ou l'arrêt qui autorise la demande en règlement est de quinze jours. Il doit être observé à peine de déchéance. Cette déchéance est de plein droit (*Rép.* n° 108). « L'arrêt qui n'est pas signifié dans la quinzaine, dit M. Garsonnet, est non avenu, sans qu'on ait besoin de le faire déclarer, c'est-à-dire : 1° que l'avoué qui formerait une nouvelle requête pour le faire déclarer nul ferait des frais frustratoires et serait tenu de les supporter ; 2° que l'assignation donnée après ce délai serait nulle quoique la déchéance n'eût pas été préalablement prononcée ; 3° que l'instance peut être immédiatement reprise devant le tribunal saisi par le défenseur en règlement de juges. Cette déchéance ne s'appliquera donc pas, et le demandeur pourra solliciter une nouvelle permission d'assigner, si le défendeur s'est adressé simultanément aux deux tribunaux en présence, car il n'y a pas de raison pour que l'un demeure saisi plutôt que l'autre ; mais, si le demandeur n'a pas suivi en temps utile sur cette seconde permission, sa déchéance est définitive, et les deux tribunaux saisis peuvent juger séparément, sauf à appliquer l'art. 504 s'ils statuent en sens contraire (V. aussi Boitard, Colmet-Daâge et Glasson, *op. cit.*, t. 1, p. 593, n° 553 ; Dutruc, *op. cit.*, v° *Règlement de juges*, n° 50 ; Rousseau et Laisney, *op. cit.*, eod. v°, n° 77 ; Bioche, *op. cit.*, eod. v°, n° 92).

48. La déchéance de la demande en règlement pour défaut de signification du jugement qui autorise à assigner ne s'applique pas, on l'a indiqué au *Rép.*, n° 108, aux conflits négatifs. Il n'y a pas lieu, en effet, à *continuer les poursuites* devant l'un ou l'autre des tribunaux qui sont tous deux dessaisis. Le demandeur en règlement de juges devra obtenir un nouveau jugement d'autorisation (Boitard, Colmet-Daâge et Glasson, *op. cit.*, t. 1, p. 594, n° 553 ; Dutruc, *op. cit.*, v° *Règlement de juges*, n° 51 ; Rousseau et Laisney, *op. cit.*, eod. v°, n° 80 ; Bioche, *op. cit.*, eod. v°, n° 93 ; Garsonnet, *op. cit.*, t. 2, p. 367).

49. S'il y a plusieurs défendeurs en règlement qui aient saisi des tribunaux différents, le demandeur, malgré la déchéance, conserve le droit de faire déterminer auquel des

tribunaux saisis par les défendeurs appartiendra le jugement de la cause (*Rép.* n° 109 ; Dutruc, *op. cit.*, v° *Règlement de juges*, n° 52 ; Rousseau et Laisney, *op. cit.*, eod. v°, n° 78).

50. La matière n'étant pas sommaire, les défendeurs peuvent défendre par écrit à l'assignation (*Rép.* n° 110 ; Bioche, *op. cit.*, v° *Règlement de juges*, n° 98).

51. Le demandeur qui succombe sur la demande en règlement de juges peut être condamné à des dommages-intérêts pour le préjudice causé par sa demande, par exemple pour le retard apporté à la solution de l'affaire principale (*Rép.* n° 112 ; Boitard, Colmet-Daage et Glasson, *op. cit.*, t. 1, p. 594, n° 554). Il doit être condamné aux frais. Si, au contraire, le demandeur a eu raison de se pourvoir en règlement de juges, et si le défendeur n'a pas soulevé de mauvaises contestations (auquel cas les dépens devraient être mis à sa charge), il convient de les réserver, pour y être statué par les juges à qui la connaissance du procès est déférée (*Rép.* n° 113 ; Dutruc, *op. cit.*, v° *Règlement de juges*, n° 54). — Il a été jugé que les dépens de la procédure en règlement de juges doivent être mis à la charge de la partie qui, par son fait, a rendu cette procédure nécessaire, et qui, par exemple, a saisi de l'affaire un autre tribunal, au lieu d'interjeter appel du jugement rendu par le tribunal qui s'était à tort déclaré incompétent (Nancy, 11 déc. 1887, aff. Gugenheim, D. P. 89. 2. 133).

52. La décision en règlement de juges est en dernier ressort, même quand elle émane d'un tribunal de première instance. Le seul recours possible est le pourvoi en cassation (*Rép.* n° 114 ; Bioche, *op. cit.*, v° *Règlement de juges*, n° 106).

53. — 2° *Cour de cassation.* — On suit devant la cour de cassation les règles tracées par l'ordonnance de 1737, qui est restée en vigueur dans tous les points auxquels le code de procédure n'a pas dérogé (*Rép.* n°s 115 et suiv. ; Bioche, *op. cit.*, v° *Règlement de juges*, n°s 107 et suiv.). La question s'est posée de savoir si les art. 1 et 2 du règlement de 1738 sont encore aujourd'hui en vigueur, et si, devant la chambre des requêtes, saisie du recours en règlement, conformément à l'ordonnance, le demandeur, sommé par le défendeur de produire l'arrêt de « soit communiqué » est forclos faute de faire cette production dans le délai imparti par le règlement de 1738. L'affirmative ne nous paraît pas douteuse. La loi du 2 juin 1862, contenant les délais des pourvois en matière de cassation (D. P. 62. 4. 47. V. *suprà*, v° *Cassation*, n° 2), déclare, son art. 11 et dernier, que « sont abrogés, dans leurs dispositions contraires à la présente loi, l'ordonnance d'août 1737, le règlement du 28 juin 1738, etc. ». La commission de la Chambre des députés avait exprimé le regret de trouver dans cet article une « formule en quelque sorte stéréotypée », qui rend assez difficile au légiste de distinguer les lois abrogées de celles qui ne le sont pas. Néanmoins la loi ne précisa pas davantage les points sur lesquels elle abrogeait les dispositions législatives antérieures, et on pouvait se demander si celles des ordonnances de 1737 et de 1738, qui concernaient la forclusion pour les demandes en règlement de juges et pour les pourvois en cassation, étaient encore aujourd'hui en vigueur. Avant la loi de 1862, on pensait que les art. 1 et 2, tit. 5, 2° part., du règlement du 28 juin 1738, relatifs à cette forclusion, ne pouvaient recevoir leur application que devant la chambre civile ou la chambre criminelle de la cour de cassation, et qu'ils ne pouvaient être invoqués devant celle des requêtes, où il n'y a ni défaut ni forclusion (*Rép.* v° *Cassation*, n° 1093). Mais cette opinion, généralement admise, omettait le cas où une demande en règlement de juges est présentée à cette dernière chambre. Or, il est certain que le titre 5, 2° part., du règlement du 28 juin 1738, traite des productions à faire devant la cour suprême (autrefois le conseil) par les parties à peine de forclusion, soit dans les instances introduites par arrêt de soit communiqué, soit dans celles qui ont pour objet un règlement de juges (art. 1, 12, 19 et 23). La loi du 2 juin 1862 n'ayant été contraire aux dispositions de ce titre, pas plus qu'à celles du titre 5 de l'ordonnance précitée, et ces dispositions n'étant incompatibles ni avec notre ordre judiciaire, ni avec le mode de procéder actuel de la cour de cassation, il y a lieu de décider qu'elles sont restées en vigueur. En ce sens, il a été jugé : que les dispositions de l'ordonnance du 28 juin 1738 sur la procédure à suivre devant le conseil, notamment celles qui concernaient la forclusion, s'appliquaient non seulement aux pourvois en cassation, mais encore aux demandes en règlement de juges introduites en vertu de l'ordonnance d'août 1737 ; que les art. 1 et 2, tit. 5, 2° partie, de cette ordonnance n'ont pas été abrogés par la loi du 2 juin 1862, et sont encore en vigueur, non seulement devant la chambre civile pour les pourvois en cassation, mais aussi devant la chambre des requêtes pour les règlements de juges ; que par suite, le demandeur en règlement de juges, sommé de produire la grosse de l'arrêt de soit communiqué, n'encourt la forclusion, faute de produire, qu'à l'expiration du délai de deux mois après cette sommation (Req. 20 juill. 1886, aff. Crawfort, D. P. 87. 1. 100).

54. La règle générale de l'art. 1033 c. proc. civ., d'après laquelle le jour de l'échéance n'est pas compté dans le délai, ne s'applique point aux délais fixés par des lois spéciales contenant une formule inclusive indiquant que l'acte ne peut être fait le lendemain de l'échéance elle-même. En conséquence, lorsque la sommation de produire signifiée par le défendeur au demandeur en règlement de juges porte, par exemple, la date du 27 mai, la forclusion est de plein droit acquise le 27 juillet, à quatre heures du soir, heure réglementaire de la fermeture du greffe (Req. 4 août 1886, aff. Crawfort, D. P. 87. 1. 101. V. *Rép.* v° *Délai*, n°s 46 et suiv. ; *suprà*, eod. v°, n°s 18 et suiv.). La partie au profit de laquelle est acquise la forclusion, pouvant obtenir arrêt « huitaine après l'expiration de ce délai de deux mois », et le délai franc de huitaine ayant à couru du 27 juillet, à quatre heures du soir, étant, dès lors, expiré le 4 août à la même heure, la chambre des requêtes peut, ce dernier jour, après ce moment, rendre un arrêt de forclusion (Arrêt précité du 4 août 1886).

55. L'arrêt de soit communiqué, les choses demeurant en l'état, emporte de droit sursis à toutes procédures ultérieures. « Toutes poursuites demeureront sursises », porte l'art. 14 du titre 2 de l'ordonnance d'août 1737 (*Rép.* n° 123). Il a été jugé que si, postérieurement à l'arrêt de soit communiqué de la requête en règlement de juges, le tribunal qui était incompétent, comme n'étant pas celui du domicile, pour connaître de la demande de liquidation et partage, en détachant un chef accessoire, a homologué la délibération du conseil de famille nommant un subrogé tuteur aux enfants mineurs du *de cujus*, la cour de cassation, réglant de juges, doit annuler cette décision (Req. 19 déc. 1887, aff. Dame de Solages, D. P. 88. 1. 459). — Le tribunal, déclaré incompétent par la cour de cassation pour connaître du partage de la succession, avait cru pouvoir faire une distinction. Il était saisi d'une demande ayant à la fois pour objet, en la forme, l'homologation de la délibération du conseil de famille nommant un subrogé tuteur aux enfants mineurs du *de cujus*, au fond, la liquidation et le partage de la succession. Laissant toutes choses en état, quant au chef principal, la liquidation et le partage, les juges avaient détaché le chef accessoire, et accordé l'homologation qui leur était demandée. Cette distinction ne pouvait être admise. Évidemment c'est à l'instance tout entière ; telle quelle était contenue dans l'assignation, qu'il devait être sursis pour répondre à la prescription de la loi et au respect dû à l'arrêt de soit communiqué. Il y avait, sur la cause, d'autant plus lieu de surseoir sur le chef d'homologation, comme sur le reste, que le tribunal, pour homologuer la délibération dont il s'agissait, était obligé de toucher la question même du domicile du *de cujus*, la délibération présentée à l'homologation n'étant valable que si elle avait été prise par un conseil de famille réuni au lieu du domicile des mineurs (c. civ. art. 406), c'est-à-dire au lieu du domicile de leur père décédé. Il était donc du devoir du tribunal de ne pas préjuger cette question de domicile, dont la requête en règlement de juges avait saisi la cour suprême, et d'attendre une décision qui pouvait être et a été, en effet, contraire aux appréciations de ce même tribunal.

56. Il ne faut pas comprendre sous le nom de *poursuites* et *procédures* les actes purement conservatoires (*Rép.* n° 125). Ces actes, et notamment les saisies en vertu de titres exécu-

toires, sont valablement faits durant l'instance en règlement (Ord. 1737, tit. 2, art. 15 et 16). Il a été jugé qu'en cas de règlement de juges devant la cour de cassation, cette procédure ne suspend pas les saisies opérées en vertu de titres exécutoires à la condition que ces saisies aient été régulièrement faites et en particulier qu'elles reposent sur un commandement régulier (Pau, 6 févr. 1884, aff. Sous-Comptoir des entrepreneurs, D. P. 85. 2. 133).

57. En principe, la chambre des requêtes ne peut apprécier le fait; il lui appartient seulement de rectifier les conséquences erronées que les juges du fond ont tirées de tel ou tel fait mentionné dans la décision attaquée. Il semble qu'il doive en être autrement lorsque la cour statue sur une demande en règlement de juges, car la nature des choses l'oblige, en ce cas, à rechercher elle-même, l'existence des faits allégués : en effet, elle se trouve alors en présence d'affirmations de fait contradictoires qui résultent des décisions par lesquelles les tribunaux saisis ont l'un et l'autre retenu la connaissance du litige. Comment pourrait-elle tenir pour constants des faits contraires? Il est indispensable qu'elle recherche elle-même, dans les documents produits par les parties qui sollicitent le règlement de juges, où se trouve la vérité. Mais l'appréciation des faits doit être faite au seul point de vue exclusif de la compétence, et ne peut préjudicier à l'examen des documents du procès que le tribunal auquel elle aura renvoyé l'affaire fera ultérieurement pour résoudre le litige au fond. En ce sens, il a été jugé qu'en matière de règlement de juges, la cour de cassation doit, pour résoudre la question de compétence, apprécier les faits de la cause, tels qu'ils résultent, non des déclarations de la juridiction incompétente, mais des documents produits par les parties (Req. 2 août 1882, aff. Milliotti, D. P. 83. 1. 470); — 2° Qu'en matière de règlement de juges, la cour de cassation a le droit d'apprécier les faits et d'interpréter les contrats produits devant elle pour résoudre la question de compétence, sans préjudice de l'examen que le tribunal compétent pourra postérieurement faire de ces documents pour statuer au fond sur le litige (Req. 25 févr. 1884, aff. Comp. L'Assurance française, D. P. 85. 1. 144).

58. La cour de cassation, saisie par un pourvoi dans la forme ordinaire, peut, si elle reconnaît qu'il y a lieu à règlement de juges, convertir le pourvoi en une demande en règlement de juges, et renvoyer l'affaire devant la juridiction compétente (Comp. infrà, n° 77). Mais il a été jugé que, lorsqu'une demande en règlement de juges a été formée, la cour de cassation, saisie subsidiairement d'un pourvoi au point de vue de la compétence, doit le déclarer non avenu, lorsque, statuant sur le règlement de juges, elle attribue la compétence à la juridiction qui a rendu la décision attaquée (Req. 7 juill. 1885) (1).

59. Le recours en cassation est non recevable tant que la décision qui en est l'objet est susceptible d'être attaquée par la voie ordinaire; il en est ainsi, notamment, lorsque le pourvoi est formé contre les jugements rendus en premier ressort et susceptibles d'appel. De même, un jugement par défaut n'est point susceptible de pourvoi tant

que l'opposition est recevable (V. infrà, v° Cassation, n°s 34 et 50; Rép. eod. v°, n°s 140 et suiv.). Par application de cette règle, il a été jugé qu'il n'appartient pas à la cour de cassation, saisie par voie de règlement de juges, d'annuler pour vice de forme un jugement susceptible d'être attaqué par la voie ordinaire qui ne lui est pas déféré (Req. 12 juin 1883, aff. Sentex et Bozano, D. P. 83. 1. 281).

ART. 4. — *A quels juges la cause est renvoyée, et effet du renvoi* (Rép. n°s 133 à 153).

60. — 1° *Conflit positif.* — Si l'un des tribunaux qui ont été saisis est seul compétent, c'est devant lui que le renvoi doit avoir lieu. Par application de ce principe, formulé au Rép., n° 133, et admis par tous les auteurs (V. Rousseau et Laisney, op. cit., v° Règlement de juges, n° 90; Boitard, Colmet-Daâge et Glasson, op. cit., t. 1, p. 394, n° 354), il a été jugé : 1° que, lorsque la faillite d'une société anonyme formée pour l'exploitation d'un chemin de fer a été déclarée par deux tribunaux ressortissant à des cours d'appel différentes, les opérations de cette faillite doivent être renvoyées, par voie de règlement de juges, devant le tribunal du lieu désigné par l'acte constitutif de la société et le cahier des charges comme le siège et le domicile social, où fonctionnait le conseil d'administration, où étaient centralisés les comptes et les fonds de l'exploitation et où se réunissait l'assemblée générale des actionnaires; il importe peu, en ce cas, que l'exploitation du chemin de fer ait eu lieu hors du siège de la société, et que cette exploitation qui pouvait s'étendre à divers arrondissements ait pu donner naissance à des actions judiciaires portées devant les tribunaux différents, le tribunal du siège social demeurant compétent pour statuer sur les contestations relatives à l'existence de la société, et notamment à sa mise en faillite (Req. 1er févr. 1881, aff. Faillite du chemin de fer du Tréport, D. P. 81. 1. 314); — 2° Que la règle d'après laquelle le défendeur doit être assigné, en matière de faillite, devant le tribunal du domicile du failli, crée une compétence exceptionnelle qui ne doit pas être étendue au préjudice des tiers, en dehors des nécessités de la faillite; qu'en conséquence, la cour de cassation statuant sur une demande en règlement de juges, au point de vue exclusif de la compétence, doit renvoyer les parties devant le tribunal du domicile du défendeur, s'il résulte de la production jointe à la demande que l'action dirigée par le syndic contre ce défendeur en matière personnelle est relative à des faits antérieurs à l'ouverture de la faillite (Req. 2 août 1882, aff. Milliotti, D. P. 83. 1. 470); — 3° Que c'est le tribunal du domicile du défendeur qui est compétent en principe, et en vertu de la règle générale de l'art. 59 c. proc. civ., pour connaître de la demande tendant à l'apurement d'un compte courant et au payement du solde provenant de la balance, sans qu'il y ait à faire exception, pour la compétence, du lieu où ont été réalisées les opérations commerciales comprises dans ledit compte courant; qu'en conséquence, quand une demande de cette nature se trouve portée, tout à la fois, devant le tribunal du domicile du dé-

<hr>

(1) (De Chambrun C. Malvano.) — LA COUR; — Vu l'art. 59 c. proc. civ. et 108 et 111 c. civ.; — Attendu que, par exploit du 13 déc. 1882, les époux Malvano, domiciliés à Nice, ont fait assigner la dame de Chambrun en son mari devant le tribunal de première instance de cette ville pour s'entendre condamner à leur payer la somme de 6 530 fr., montant de diverses fournitures et confections livrées à la dame de Chambrun dans le courant de la saison hivernale de 1882; que la dame de Chambrun s'est bornée à soutenir l'irrecevabilité de cette action, par le motif que, le sieur de Chambrun étant domicilié à Paris, c'elle devait être assignée devant le tribunal civil de la Seine; — Attendu qu'il résulte des documents produits que les époux de Chambrun, demeurant à Paris, où le sieur de Chambrun avait son domicile d'origine, ont, en 1875, fait l'acquisition de deux villas contiguës au prix total de 650.000 fr.; que, le 27 mars 1876, ils ont adressé au tribunal de cette ville une requête dans laquelle, se disant domiciliés et demeurant à Nice, l'exposaient qu'y ayant transféré leur domicile et voulant faire des deux villas réunies le lieu de leur résidence habituelle, ils avaient dû se préoccuper de l'appropriation des bâtiments existants, et demandaient en conséquence l'autorisation d'aliéner la dot mobilière de la dame de Chambrun, mariée sous le régime dotal, jusqu'à concurrence de

430.000 fr., nécessaires à cet objet, et que cette autorisation fut accordée; que, depuis lors, le sieur et la dame de Chambrun passent la saison d'hiver à Nice; — Attendu que, dans ces circonstances, la dame Malvano, couturière à Nice, a pu être, en livrant à crédit ses fournitures, suffisamment autorisée à penser qu'en cas de difficultés pour le payement, la contestation serait soumise au tribunal de cette ville où sa cliente avait un domicile apparent; que c'est donc avec raison que le tribunal, par son jugement du 24 mars 1884, confirmé en appel par arrêt de la cour d'Aix, du 13 août suivant, s'est déclaré compétent; — Procédant conformément aux art. 19 et 20 de l'ordonnance d'août 1737, déclare la demande en règlement de juges formée par les époux de Chambrun recevable, la rejette comme non fondée;

En ce qui concerne le pourvoi subsidiairement formé par lesdits époux de Chambrun contre l'arrêt de la cour d'appel d'Aix, du 13 août 1884, et tiré de la violation des art. 102, 103, 104, 108, 214, 215, 217 c. civ., et 59 c. proc. ; — Attendu que la demande en règlement de juges était recevable, mais qu'elle a été rejetée par des moyens tirés du fond; — Dit qu'il n'y a lieu de prononcer sur ce pourvoi qui sera considéré comme non avenu, etc.

Du 7 juill. 1885.-Ch. req.-MM. Bédarrides, pr.-Hérisson, rap.-Chevrier, av. gén., c. conf.-Chauffon et Moret, av.

fendeur, et devant celui du demandeur pris comme lieu de la réalisation des opérations commerciales comprises dans le compte courant, la cour de cassation, statuant par voie de règlement de juges, doit dessaisir le second tribunal, et renvoyer la cause et les parties devant le premier (Req. 1er mars 1887, aff. Macarry, D. P. 87. 1. 161).

61. Le renvoi doit avoir lieu devant le tribunal compétent, lors même qu'il se serait déclaré incompétent. « Il est vrai, dit M. Garsonnet, *op. cit.*, t. 2, p. 365, note 28), qu'aux termes de l'art. 472, l'exécution du jugement infirmé sur l'appel appartient à la cour, mais ici la situation est différente: la cour ne se prononce pas sur un appel, mais sur une demande en règlement de juges; elle n'infirme pas le jugement par lequel le tribunal de première instance s'est déclaré compétent; elle prononce sur le conflit de juridiction qui existe entre lui et un autre tribunal ».

62. Si les deux tribunaux sont compétents, c'est le premier saisi qui doit connaître de la cause (*Rép.* n° 133). Cette règle s'applique aussi bien en cas de connexité qu'en cas de litispendance. Cependant la doctrine et la jurisprudence paraissent, en général, d'accord pour ne pas appliquer cette règle avec rigueur au cas de connexité; elles décident que le renvoi ne doit pas nécessairement être ordonné devant le tribunal premier saisi, et que la juridiction chargée du règlement de juges jouit d'un pouvoir discrétionnaire; de sorte qu'elle pourrait, au contraire, joindre les deux causes devant le tribunal second saisi si celui-ci, à raison des circonstances, paraissait en état de rendre une justice plus prompte ou plus sûre (Thomines-Desmazures, *Commentaire du code de procédure*, t. 1, n° 206; Joccoton, *Traité des exceptions*, n° 49; Bioche, *op. cit.*, v° *Exception*, n° 128; Boitard, Colmet-Daâge et Glasson, *op. cit.*, t. 1, n° 554, p. 594; Rousseau et Laisney, *op. cit.*, v° *Exception*, n°s 98 et 112). Il a été jugé : 1° que lorsque l'instance en séparation de corps, tenue provisoirement en suspens, du consentement de deux époux, est reprise par le demandeur et portée devant un tribunal autre que celui qui avait été primitivement saisi, il y a lieu, par voie de règlement de juges et à cause de la connexité, de renvoyer l'affaire devant le premier tribunal (Req. 8 déc. 1880, aff. Rousselin, D. P. 81. 1. 260); — 2° Qu'aucune loi n'attribuant au tribunal premier saisi, en matière de connexité, une préférence absolue, la cour de cassation peut ordonner le renvoi devant le tribunal qui a été saisi le second, si ce renvoi lui paraît conforme à la bonne administration de la justice (Req. 23 févr. 1876, *suprà*, n° 9; 19 juill. 1887, aff. Des Garets, D. P. 88. 1. 147; 13 févr. 1888, aff. Raynaud, et consorts, D. P. 88. 1. 150); — 3° Que lorsque la question soulevée dans les deux instances est celle de savoir si, relativement à une somme à percevoir sur le débiteur d'une société, deux séries d'obligataires de ladite société ont des droits égaux, il peut convenir de désigner comme tribunal de renvoi celui qui a été saisi de la prétention d'attribution privilégiée à l'une des séries d'obligataires, ce point étant comme préjudiciel à la répartition des deniers; qu'il y a un motif de plus pour renvoyer les deux litiges à ce tribunal, quand toutes les parties y sont présentes, alors que l'autre tribunal, l'un des demandeurs ne se trouve pas en cause (Arrêt précité du 13 févr. 1888); — 4° Que si la contestation porte sur les stipulations du contrat, la qualité de la marchandise ou les conditions de publicité locale, le tribunal du lieu où la promesse a été faite doit être préféré, même en supposant qu'il ait été saisi le second (Req. 27 févr. 1888, aff. Le Glouhec, D. P. 89. 1. 24). — Mais il a été jugé, dans une affaire où deux tribunaux de commerce étaient saisis de demandes connexes en nullité et en exécution de police d'assurances, que les deux causes devaient être renvoyées devant le tribunal de commerce qui avait été saisi de premier de la demande principale en nullité de la police, et qui était celui du lieu où cette police avait été souscrite et où le délaissement du navire avait eu lieu (Req. 4 janv. 1875, aff. Hargrove et consorts, D. P. 75. 1. 61). Ce n'est pas, d'ailleurs, parce que le tribunal avait été le premier saisi que l'affaire lui a été renvoyée, mais, porte l'arrêt, à raison des circonstances particulières de la cause.

63. Pour déterminer quel est, des deux tribunaux, celui qui a été saisi le premier, il faut uniquement s'attacher à la date des exploits introductifs d'instance (Req. 4 déc. 1888 aff. Bertrand frères, D. P. 89. 1. 384).

64. Si le même différend est porté devant un tribunal de première instance et une cour d'appel, c'est la juridiction supérieure qui doit être saisie (*Rép.* n° 134).

65. Si les deux tribunaux saisis étaient incompétents, il n'y a pas lieu à règlement de juges. La cour se borne à le déclarer, et c'est au demandeur à chercher la juridiction qui peut connaître de l'affaire (Boitard, Colmet-Daâge et Glasson, *op. cit.*, t. 1, p. 594, n° 554; Garsonnet, *op. cit.*, t. 2, p. 365).

66. — 2° *Conflit négatif.* — V. *Rép.* n° 47.

67. — 3° *Suppression ou empêchement d'un tribunal.* — Lorsqu'un tribunal saisi d'une contestation a été séparé du territoire français, ou est empêché, la cour désigne le tribunal devant lequel l'affaire sera renvoyée (V. *Rép.* n° 148, et *suprà*, n° 33). Il a été jugé que, lorsqu'un tribunal saisi d'une contestation a été séparé du territoire français ou est empêché, le renvoi doit être de préférence ordonné devant le tribunal indiqué d'un commun accord par les parties et dans le ressort duquel celles-ci, sauf une, sont domiciliées (Req. 14 avr. 1880, aff. Villot, D. P. 80. 1. 331).

68. — 4° *Effets du renvoi.* — V. *Rép.* n°s 150 et suiv.

SECT. 3. — DU RÈGLEMENT DE JUGES EN MATIÈRE CRIMINELLE.

ART. 1er. — *Dans quels cas il y a lieu à règlement de juges* (*Rép.* n° 154 à 201).

69. En matière criminelle, la première condition du règlement de juges est que des cours, tribunaux ou juges d'instruction se trouvent saisis de la même infraction ou d'infractions connexes ou de la même contravention. Il n'y a jamais lieu à règlement de juges en cas de rejet d'un déclinatoire (*Rép.* n° 156; Rousseau et Laisney, *op. cit.*, v° *Règlement de juges*, n° 101). « Lorsque le tribunal correctionnel, dit M. Faustin Hélie, *Traité de l'instruction criminelle*, 2° édit., t. 8, p. 547, n° 4058, saisi par citation directe, se déclare incompétent, ou lorsque la cour d'appel, saisie par l'appel *à minima* du ministère public, déclare elle-même son incompétence, il n'y a pas lieu à règlement de juges, puisqu'une seule juridiction a été saisie; il y a lieu seulement d'ordonner, suivant les termes de l'art. 214 c. instr. crim., le renvoi de l'affaire devant le juge d'instruction compétent. Il en est encore ainsi lorsque, sur l'appel d'un prévenu condamné en première instance pour escroquerie, le juge d'appel l'acquitte sur ce chef et le renvoie devant un juge d'instruction à raison d'une prévention de banqueroute frauduleuse résultant du débat, car, quant à ce dernier chef, une seule juridiction a été saisie ».

70. Il n'y a pas non plus de conflit si les deux juridictions ne sont pas ou n'ont pas été saisies de l'affaire (*Rép.* n° 159; Faustin Hélie, *op. cit.*, t. 8, p. 547, n° 4058). Jugé que la demande formée par le ministère public pour faire désigner par la cour de cassation un tribunal de simple police appelé à connaître de certaines affaires dont la connaissance appartient à un autre tribunal qui ne pourrait se constituer faute d'officier apte à remplir auprès de lui les fonctions du ministère public, ne peut être accueillie, le règlement de juges ne devant intervenir qu'à propos d'une instance déjà engagée devant le tribunal à dessaisir (Crim. cass. 4 mars 1869, aff. Procureur impérial de Montauban, D. P. 69. 5. 338).

71. Les règles sur les conditions nécessaires pour qu'une cause donne lieu à règlement sont les mêmes qu'au civil (V. *suprà*, n°s 6 et suiv.). Il est toujours facile de constater l'identité de deux ou plusieurs faits incriminés. Quant à la connexité des délits ou contraventions, l'art. 227 c. instr. crim. en a défini les caractères (V. *suprà*, v° *Compétence criminelle*, n° 106 et suiv.; *Rép. eod.* v°, n°s 146 et suiv. V. aussi Faustin Hélie, *op. cit.*, t. 8, p. 552, n° 4062). Il a été jugé qu'il n'y a pas connexité de nature à donner lieu à règlement de juges entre deux poursuites de même nature exercées contre deux individus à l'égard desquels des décisions différentes peuvent intervenir sans former une contradiction légale (Crim. cass. 24 août 1854, *Bull. crim.*, p. 436, n° 264). — Décidé également qu'il n'y a pas lieu à règlement de juges lorsqu'un même individu est renvoyé devant

deux chambres des mises en accusation différentes à raison de deux crimes séparés, commis à des époques différentes, dans des arrondissements dépendant de ressorts distincts, si, quoique commis par la même personne, et dans des conditions identiques, ces crimes ne présentent aucune connexité; l'art. 365 c. instr. crim., relatif au non-cumul des peines, ne peut servir de base à une demande de règlement de juges. Dans l'espèce, il s'agissait de faits différents, et qui ne se rattachaient l'un à l'autre par aucun lien de connexité aux termes de l'art. 227 c. instr. crim. Sans doute l'énumération de ce dernier article n'est pas limitative et la jurisprudence admet que la connexité, lien plus ou moins étroit entre deux faits que la loi ne crée pas et qu'elle se borne à constater, existe toutes les fois que les faits se trouvent intimement réunis par des circonstances qui les enchaînent : identité de caractère, simultanéité d'action qui les confond l'un dans l'autre. Mais encore faut-il qu'ils se trouvent, sinon dans l'un des cas mêmes de l'art. 227, au moins dans un cas analogue : car si cet article n'est que démonstratif, il indique cependant les caractères généraux de la connexité. Il ne peut suffire que le tribunal, pour ordonner la jonction des deux procédures distinctes auxquelles ils ont donné lieu dans des ressorts différents, se borne à dire que la mesure lui paraît utile : il faut encore qu'il déclare que les faits qu'il joint sont connexes et qu'il constate par quel rapport ils le sont (Faustin Hélie, *Instruction criminelle*, t. 5, n° 2365; Garraud, *Précis de droit criminel*, n° 896; Trébutien, *Cours élémentaire de droit criminel*, t. 2, n° 403; Haus, *Principes généraux du droit pénal belge*, t. 2, n° 411. Comp. Crim. cass. 9 sept. 1852, *Bull. crim.*, n° 314). Or, il ne suffit pas, pour que les délits soient déclarés connexes, qu'ils soient identiques, ni même qu'ils aient été commis par une même personne, s'ils ont été commis à des époques éloignées l'une de l'autre, dans des lieux différents et s'ils ne sont reliés ensemble par aucun autre rapport. Et, d'autre part, c'est en vain qu'on invoquerait l'art. 365 c. instr. crim. à l'appui de la requête en règlement de juges. Sans doute, en cas de conviction de plusieurs crimes ou délits, la peine la plus forte sera prononcée; mais la cour d'assises ou le tribunal qui sera saisi en second appliquera cette disposition, sans qu'il soit besoin pour cela de troubler l'ordre établi des juridictions et d'enlever l'accusé ou le prévenu à ses juges naturels.

72. Le code d'instruction criminelle s'est borné, dans les art. 526 et 527, à indiquer les cas principaux dans lesquels s'exerce le règlement de juges, mais sans prétendre circonscrire cette voie de recours. Aussi, bien que ce code n'ait pas expressément prévu l'hypothèse du conflit négatif de juridiction, la jurisprudence et la doctrine n'ont jamais hésité à admettre qu'en matière criminelle le conflit négatif, comme le conflit positif, donne lieu à un règlement de juges. C'est donc un point aujourd'hui certain qu'il y a conflit négatif de juridiction, nécessitant un règlement de juges, toutes les fois que, par suite d'une contrariété de décisions passées en force de chose jugée, une affaire se trouve sans juges qui croient devoir en connaître. Le plus souvent, les décisions d'où résulte le conflit sont des décisions d'incompétence. Le cours de la justice se trouve arrêté parce qu'une ou plusieurs juridictions refusent de connaître de l'affaire. C'est ce qui arrive dans les trois cas suivants, sous lesquels peuvent être rangées la plupart des espèces fournies par la jurisprudence : 1° par suite de la déclaration d'incompétence d'un seul juge, par exemple du tribunal correctionnel saisi par le juge d'instruction; 2° par suite de la déclaration d'incompétence d'un deux juridictions successivement saisies du même fait; 3° par suite de deux déclarations d'incompétence émanant, l'une d'une juridiction ordinaire, l'autre d'une juridiction exceptionnelle. On a cité au *Rép.*, n°s 173 et suiv., de nombreuses décisions rendues sur ce point. Depuis, il a été jugé : 1° qu'au cas où un tribunal correctionnel s'est, par jugement passé en force de chose jugée, déclaré incompétent pour connaître d'une prévention dont il est saisi par ordonnance du juge d'instruction du conseil, non également attaquée en temps utile, il y a lieu à règlement de juges par la cour de cassation (Crim. cass. 30 août 1855, aff. Ordioni, D. P. 55. 1. 415; 20 sept. 1855, aff. Pain, D. P. 55. 1. 428); — 2° Que lorsque le tribunal correctionnel, saisi par ordonnance du juge d'instruction

d'une prévention de vol simple, s'est déclaré incompétent en reconnaissant au fait poursuivi le caractère de vol qualifié, il y a lieu, à défaut de recours dans les délais contre l'une et l'autre de ces décisions, de faire cesser, par voie de règlement de juges, le conflit négatif qui résulte de leur contrariété (Crim. cass. 12 déc. 1861, aff. Leguen, D. P. 63. 5. 321); — 3° Que le tribunal de police correctionnelle, saisi d'une prévention de coups et blessures, qui excède sa compétence en ce qu'il s'agirait de coups portés par une fille à sa mère légitime, excède ses pouvoirs et méconnaît les règles de la compétence, en renvoyant la prévenue à nouveau devant le juge d'instruction; qu'en pareil cas, il y a lieu, pour la cour de cassation, sur la demande en règlement de juges nécessitée par ce conflit négatif, de casser le jugement dans le chef prononçant le renvoi irrégulier, et de saisir de l'affaire la chambre des mises en accusation (Crim. cass. 18 sept. 1862, aff. Veuve Chaurin-Chauvinière, D. P. 62. 5. 275); — 4° Qu'un tribunal correctionnel, saisi de la connaissance d'un crime par une ordonnance du juge d'instruction passée en force de chose jugée, ne peut, au cas où il reconnaît son incompétence, renvoyer les pièces de la procédure devant un autre juge qu'il désigne : il y a, dans ce cas, conflit négatif de juridiction, et la cour de cassation a seule pouvoir de statuer sur le règlement de juges (Crim. cass. 3 mai 1877, aff. Causse, D. P. 77. 1. 403); — 5° Que lorsqu'un jugement correctionnel, passé en force de chose jugée, a, sur l'appel du prévenu seul, décidé, contrairement à l'appréciation des premiers juges, que les faits objet de la poursuite constituent, non un délit, mais un crime, et que, par suite, il s'est déclaré incompétent et a renvoyé le prévenu devant qui de droit, il résulte de la contrariété existant entre une telle décision et l'ordonnance de la chambre du conseil, également passée en force de chose jugée, qui a saisi le tribunal de première instance, un conflit négatif donnant lieu à un règlement de juges par la cour de cassation (Crim. cass. 20 mars 1856, aff. Bertrand, D. P. 56. 5. 390); — 6° Que lorsqu'une ordonnance de la chambre du conseil qui, statuant sur la prévention dirigée contre deux individus, a renvoyé l'un en police correctionnelle et a déclaré n'y avoir lieu à suivre à l'égard de l'autre, est passée en force de chose jugée vis-à-vis du premier et que, sur l'opposition du ministère public restreinte à la décision concernant le second, un arrêt de la chambre d'accusation, également inattaquable par les voies ordinaires, a renvoyé celui-ci devant la cour d'assises par le motif que le fait poursuivi a le caractère d'un crime, le tribunal correctionnel et la cour d'assises étant saisis de la connaissance du même fait, il y a lieu à règlement de juges par la cour de cassation (Crim. cass. 10 avr. 1856, aff. Merlot, D. P. 56. 5. 389); — 7° Que lorsque, par ordonnances passées en force de chose jugée, deux juges d'instruction ne ressortissant pas de la même cour impériale, et entre lesquels devait se décider la compétence pour l'instruction d'une affaire, se sont l'un et l'autre déclarés incompétents, il y a lieu à règlement de juges par la cour de cassation (Crim. cass. 3 mai 1861, aff. Bessac, D. P. 61. 5. 443); — 8° Qu'il y a conflit négatif donnant lieu à règlement de juges par la cour de cassation lorsque, d'une part, une ordonnance du juge d'instruction, passée en force de chose jugée, a saisi le tribunal de police correctionnelle, et que, d'autre part, la cour d'appel, chambre correctionnelle, se fondant sur ce que les prévenus étaient, à raison de la qualité d'officier de police judiciaire appartenant à l'un d'eux, justiciables de la première chambre civile de la cour, s'est déclarée incompétente par un arrêt définitif (Crim. cass., 5 nov. 1874, aff. Procureur général de Bastia, D. P. 76. 1. 510); — 9° Qu'il y a règlement de juges lorsqu'une cour d'assises, en ordonnant un supplément d'information, a renvoyé l'affaire devant un juge d'instruction qu'elle a désigné, et que ce juge d'instruction se déclare incompétent par une ordonnance non attaquée par le procureur général (Crim. cass., 14 juin 1883, aff. Lohier et autres, D. P. 84. 1. 144. V. aussi Crim. rej. 9 janv. 1875, aff. Vaugon, D. P. 75. 1. 183).

73. Mais, pour qu'il y ait conflit négatif, il faut que les décisions qui établissent le conflit soient passées en force de chose jugée (*Rép.* n° 171); car, tant que l'une de ces décisions est susceptible, soit d'opposition, soit d'appel, le

cours de la justice n'est pas suspendu, et il y a lieu d'user d'abord de l'une ou l'autre de ces deux voies de recours. Il importe peu, d'ailleurs, que les tribunaux dont émanent ces décisions ne soient pas égaux en juridiction (Faustin Hélie, *op. cit.*, t. 8, p. 553, n° 3064). — Il a été décidé : 1° qu'il n'y a pas lieu à règlement de juges lorsque, sur l'ordonnance du juge d'instruction renvoyant en police correctionnelle, est intervenu un jugement d'incompétence passé en force de chose jugée et ayant pour résultat l'acquittement du prévenu, et que, à l'occasion d'un fait nouveau résultant seulement du débat oral, le tribunal correctionnel s'est déclaré incompétent au lieu de laisser au ministère public le soin de suivre comme il le jugerait convenable (Req. 10 avr. 1876, aff. Gilly-Blanc, D. P. 76. 1. 390) ; — 2° qu'il n'y a pas lieu à règlement de juges lorsque, sur l'ordonnance du juge d'instruction renvoyant en police correctionnelle, est intervenu un jugement d'incompétence par défaut qui n'a pas été signifié au prévenu, ce jugement n'ayant pu acquérir l'autorité de la chose jugée et pouvant être attaqué par la voie de l'opposition ou de l'appel ; que la solution est la même si le jugement par défaut a été irrégulièrement signifié, la signification qui n'est pas faite suivant les prescriptions de la loi étant considérée comme non avenue ; spécialement, quand le jugement a été signifié au parquet et par voie d'affiches, alors que la demeure du prévenu était indiquée d'une façon exacte par l'instruction et par sa déclaration (Crim. rej. 2 janv. 1879 (1) et 6 mars 1879) (2) ; — 3° Qu'il n'y a lieu à règlement de juges qu'autant que les deux décisions en conflit ont acquis force de chose jugée ; qu'en conséquence, l'arrêt de défaut, par lequel une cour d'appel a déclaré la juridiction correctionnelle incompétente pour connaître d'un fait dont elle avait été saisie par une ordonnance du juge d'instruction devenue définitive, ne peut servir de base à une demande en règlement de juges, si cet arrêt, faute de signification régulière, est encore susceptible d'opposition (Crim. rej. 23 janv. 1879, aff. Godin, D. P. 80. 1. 46).

74. Relativement aux conflits qui naissent par suite de deux déclarations d'incompétence émanant l'une d'une juridiction ordinaire, l'autre d'une juridiction exceptionnelle, dont il a été parlé au *Rép.*, n°s 193 et suiv., il a été jugé : 1° que dans le cas où, sur le seul appel du ministère public, une condamnation prononcée par le tribunal correctionnel a été annulée par le motif que la connaissance du délit appartiendrait à l'autorité militaire, s'il arrive que cette autorité déclare à son tour son incompétence, le conflit qui en résulte peut être vidé par voie de règlement de juges (Crim. cass. 28 avr. 1859, aff. Molinari, D. P. 59. 1. 237) ; — 2° Que lorsque après un jugement par lequel un conseil de guerre s'est déclaré incompétent pour connaître d'un délit de vol de munitions commis par des militaires avec le concours d'acheteurs non militaires, il intervient une ordonnance du juge d'instruction qui, se fondant sur ce que ces derniers ont été condamnés par les tribunaux ordinaires, déclare l'incompétence de l'autorité judiciaire à l'égard des militaires restés seuls soumis à l'action publique, il y a lieu à règlement de juges et à renvoi des militaires devant leurs

juges naturels, alors d'ailleurs qu'aucune pièce n'établit la complicité de vol imputée aux acheteurs en dehors du délit d'achat qui leur était reproché (Crim. cass. 16 févr. 1860, aff. Augé et Badar, D. P. 60. 5. 323) ; — 3° Qu'il résulte un conflit négatif de juridiction de la contrariété existant entre un jugement par lequel le tribunal de simple police, saisi d'une poursuite pour enlèvement de graviers sur un chemin communal, s'est déclaré incompétent par le motif que l'inculpé a agi comme entrepreneur de travaux publics et est, par suite, justiciable des tribunaux administratifs, et l'arrêté du conseil de préfecture, statuant à son tour sur la cause, qui, après avoir reconnu qu'il n'y avait pas lieu à une condamnation en dommages-intérêts, le préjudice ayant été réparé, déclare renvoyer le prévenu devant le tribunal de police précédemment saisi, seul compétent pour statuer sur la condamnation à l'amende (Crim. rej. 29 mai 1880, aff. Valette, D. P. 81. 1. 46) ; — 4° Qu'il y a lieu à règlement de juges lorsque, après une ordonnance de dessaisissement rendue à l'occasion de certains faits par l'autorité militaire, la cour d'appel saisie déclare la juridiction correctionnelle incompétente pour connaître de ces faits (Crim. cass. 6 mars 1884, aff. Ahmed-ben-Abdallah et autres, D. P. 84. 1. 381) ; — 5° Qu'il y a lieu à règlement de juges par la cour de cassation, conformément à l'art. 527 c. instr. crim., lorsqu'un conflit négatif se forme entre une juridiction ordinaire et une juridiction d'exception (dans l'espèce une cour d'appel et un tribunal maritime commercial), à la suite de deux déclarations d'incompétence rendues à raison du même fait et à l'égard des mêmes prévenus, et passées en force de chose jugée (Crim. cass. 12 août 1887, aff. Maisons, D. P. 88. 1. 44).

75. Si les décisions contradictoires qui arrêtent le mécanisme judiciaire en cas de conflit négatif de juridiction sont le plus souvent des décisions d'incompétence, cette proposition ne doit pas être érigée en règle absolue : d'autres causes, très diverses, peuvent avoir ce résultat, et la jurisprudence de la cour de cassation exige seulement, pour qu'il y ait lieu à règlement de juges, l'impossibilité d'agir. L'espèce suivante en fournit un exemple : un prévenu avait été traduit directement par le parquet, sans instruction préalable, devant le tribunal correctionnel et condamné, pour abus de confiance simple, par application de l'art. 408, § 1, c. pén. Sur son appel, la cour se déclara incompétente, le fait constituant le crime prévu par le paragraphe 2 de l'art. 408, et renvoya le prévenu devant le juge d'instruction compétent. Ce dernier ne partagea pas l'opinion de la cour ; dans l'instruction, il ne releva contre le prévenu, aucune des circonstances aggravantes qui transforment l'abus de confiance simple en abus de confiance qualifié et il rendit une ordonnance portant renvoi devant le même tribunal correctionnel qui avait déjà jugé et admis la prévention. Le procureur de la République ne pouvait pas exécuter cette ordonnance, puisque le tribunal de renvoi avait déjà statué sur la même affaire et épuisé sa juridiction. Il restait, il est vrai, à ce magistrat, la faculté de former opposition à l'ordonnance du juge d'instruction et de saisir des questions de qualification et de compétence la

---

(1) (Mellon.) — LA COUR ; — Statuant sur la requête formée par M. le procureur général près la cour d'appel d'Aix, à fin de règlement de juges ; — Attendu que si l'ordonnance de M. le juge d'instruction, qui renvoyait le nommé Mellon devant le tribunal de police correctionnelle comme prévenu d'escroquerie, n'avait pas été attaquée en temps de droit et avait conséquemment l'autorité de la chose jugée, le jugement par lequel le tribunal s'est déclaré incompétent a été rendu par défaut contre le prévenu ; qu'il apparaît que des pièces de la procédure qu'il lui ait été signifié ; qu'il peut donc l'attaquer par la voie de l'opposition et de l'appel ; qu'il n'a pas, dès lors, l'autorité de la chose jugée ; — Attendu que, dans ces circonstances, il n'y a pas, en l'état, conflit de juridiction ;

Par ces motifs, déclare non recevable le pourvoi formé par M. le procureur général.

Du 2 janv. 1879.-Ch. crim.-MM. de Carnières, pr.-Bertrand, rap.-Benoist, av. gén.

(2) (Desplas.) — LA COUR ; — Vu la demande en règlement de juges formée par le procureur de la République près le tribunal de première instance de Tarbes (Hautes-Pyrénées), dans le procès instruit contre les nommés : 1° Desplas (Laurent-André), dit

Henri ; 2° Desplas (Dominique) ; 3° Brun (Henri) ; 4° et fille Lambert (Louise), inculpés de vol et de complicité de vol ; — Attendu que, par ordonnance du juge d'instruction de Tarbes, en date du 21 janv. 1879, les quatre susnommés ont été renvoyés devant le tribunal de police correctionnelle de ladite ville, comme prévenus d'avoir, comme auteurs, coauteurs ou complices, frauduleusement soustrait au préjudice du sieur Vilon divers coupons de drap, délit prévu par l'art. 401 c. pén. ; — Attendu que, par jugement du 31 janvier du même mois, ce tribunal s'est déclaré incompétent par le motif que le vol imputé aux prévenus aurait été commis pendant la nuit et dans une maison habitée, et serait, par suite, de nature à être puni d'une peine afflictive et infamante ; — En ce qui concerne Desplas (Laurent-André), dit Henri, non détenu, en fuite ; — Attendu que ce jugement a été rendu par défaut ; qu'il n'appert d'aucune pièce du dossier que ledit jugement lui ait été signifié ; que, dès lors, il n'a pas acquis à son égard force de chose jugée, et que la demande en règlement de juges est, en ce qui le touche, prématurée ; — Attendu qu'il n'y a lieu de statuer, quant à présent, sur la demande en règlement de juges, en ce qui touche Desplas (Laurent-André).

Du 6 mars 1879.-Ch. crim.-MM. de Carnières, pr.-Etignard de Lafaulotte, rap.-Petiton, av. gén.

chambre des mises en accusation de la cour d'appel du ressort. Si le procureur de la République eût suivi cette voie, le cours de la justice n'eût pas été interrompu et aucun conflit négatif ne se serait produit. Mais, après avoir laissé l'ordonnance du juge d'instruction devenir définitive, le procureur de la République s'était trouvé dans une impasse dont il ne pouvait sortir que par la voie du règlement de juges. Deux décisions avaient été rendues, l'une, l'arrêt de la cour, niant la compétence du tribunal correctionnel, l'autre, l'ordonnance du juge d'instruction, affirmant cette compétence. Ces deux décisions étaient bien en contradiction et témoignaient du conflit entre les deux juridictions ; mais ce conflit ne suffisait pas pour qu'il y eût lieu à règlement de juges, et la circonstance essentielle qui rendait cette procédure indispensable, c'était que le tribunal correctionnel, devant lequel l'affaire était renvoyée, n'avait plus le droit de connaître de la prévention. L'arrêt et l'ordonnance constituaient donc, à raison de cette situation spéciale, deux décisions contraires, non attaquées, qui interrompaient le cours de la justice, et un règlement de juges pouvait seul le rétablir (Comp. Faustin Hélie, op. cit., t. 8, p. 545, n° 4056). Aussi a-t-il été jugé qu'il appartenait, dans ce cas, au procureur de la République près le tribunal correctionnel de demander à la cour de cassation un règlement de juges ; qu'il y avait lieu, pour la cour, de considérer comme non avenue l'ordonnance du juge d'instruction et de renvoyer le prévenu devant la chambre des mises en accusation de la cour d'appel du ressort pour y être statué tant sur la compétence que sur la prévention (Crim. cass. 19 févr. 1886, aff. Gaillard, D. P. 86. 1. 341).

76. Il y a lieu à règlement de juges par la cour de cassation à raison de la compétence *ratione loci* comme dans le cas d'incompétence *ratione materiæ* et *ratione personæ*, les art. 526 et 527 ne faisant aucune distinction (Faustin Hélie, op. cit., t. 8, n° 4059, p. 549). Jugé qu'il en est ainsi, spécialement, dans le cas où une ordonnance du juge d'instruction, non attaquée par opposition, a renvoyé des prévenus devant un tribunal correctionnel qu'un arrêt postérieur de la chambre des appels correctionnels, passé en force de chose jugée, a déclaré incompétent à raison, soit du lieu du délit, soit de la résidence des prévenus, soit du lieu où ils ont été trouvés (Crim. rej. 18 juin 1874, aff. Autran, D. P. 75. 1. 192; Crim. règl. de juges, 10 juill. 1886, aff. Baudot et autres, D. P. 87. 1. 191).

77. En matière criminelle, comme en matière civile (V. *suprà*, n° 58), la cour de cassation saisie d'un pourvoi pour incompétence peut le convertir en une demande en règlement de juges, si les circonstances de la cause sont telles qu'il y a lieu à règlement, et désigner le tribunal qui doit connaître de l'affaire (Rép. n° 200). Ce droit lui a été reconnu de nouveau par plusieurs décisions (Crim. cass. 1er févr. 1856, aff. Lasserre, D. P. 56. 1. 176; 14 nov. 1856, aff. Ménange, D. P. 57. 1. 26; 20 sept. 1860, aff. Ghistain, D. P. 60. 1. 469; Crim. rej. 9 janv. 1875, aff. Vaugon, D. P. 75. 1. 185; Crim. cass. 10 juill. 1886, aff. Baudot et autres, D. P. 87. 1. 191; Crim. rej. 18 déc. 1873, aff. Langlois, D. P. 75. 1. 192).

78. S'il est formé dans la même affaire une demande en règlement de juges et un pourvoi, la chambre criminelle joint les deux demandes et y statue par un même arrêt (Faustin Hélie, op. cit., t. 8, n° 4068, p. 561).

79. Lorsque l'expiration des délais du pourvoi ne permet plus de saisir la cour de cassation d'une demande d'annulation du jugement incompétemment rendu, cette cour peut encore prononcer cette annulation sur le recours en règlement formé par le procureur général, par l'ordre du garde des sceaux (Rép., n° 200; Faustin Hélie, op. cit., t. 8, p. 558, n° 4066).

80. Ce qui a été dit *suprà*, n°° 33 et 34, sur le cas où un tribunal vient à être supprimé ou détaché du territoire, ou se trouve empêché, reçoit son application en matière criminelle (Rép. n° 158; Faustin Hélie, op. cit., t. 8, p. 548, n° 4058).

Art. 2. — *De l'autorité compétente pour statuer sur la demande en règlement de juges* (Rép. n°° 202 à 210).

81. C'est devant la cour de cassation, on l'a dit au Rép. n° 202, que doivent être portées toutes les demandes en

règlement de juges que la loi n'a pas attribuées d'une manière spéciale à une autre juridiction. Cette cour est juge des conflits qui s'élèvent entre deux juridictions, lorsque ces deux juridictions ressortissent à des juges d'appel différents. C'est ce qui résulte de l'art. 526 c. instr. crim., bien que les termes employés ne le disent pas expressément (Rousseau et Laisney, op. cit., v° *Règlement de juges*, n° 121 ; Faustin Hélie, op. cit., t. 8, p. 542 et suiv., n° 4055; Garraud, *Précis de droit criminel*, 2e édit., p. 563, n° 439). Exceptionnellement, les tribunaux de première instance et les cours d'appel sont juges du conflit lorsqu'il s'élève soit entre deux tribunaux de simple police ressortissant au même tribunal, soit entre deux juges d'instruction ou deux tribunaux de première instance établis dans le ressort de la même cour (Rép., n° 263 ; Rousseau et Laisney, op. cit., v° *Règlement de juges*, n° 122).

82. Les art. 526 et 527 c. instr. crim. ne mentionnent pas le cas où deux contraventions connexes sont soumises à des juges différents et ne ressortissent pas au même tribunal d'appel. On a émis au Rép., n° 208, l'avis que le règlement de juges, dans cette hypothèse, doit être fait par la cour de cassation.

83. Sous l'ancienne législation, l'art. 541 c. instr. crim. colonial ne donnait à la cour de cassation le droit de statuer par voie de règlement de juges qu'autant que le conflit existait « entre le juge d'instruction, un officier de police militaire ou l'un des tribunaux de la colonie, d'une part, un juge d'instruction, un officier de police militaire ou un des tribunaux de France ou d'une autre colonie française, d'autre part ». C'était au conseil privé de la colonie, aux termes de l'art. 526 même code, qu'il appartenait de régler de juges, lorsque deux tribunaux de la colonie étaient saisis de la connaissance du même délit ou de délits connexes ou de la même contravention. Le décret du 21 juin 1858 (D. P. 58. 4. 141), qui régit la justice militaire aux colonies, a, par son art. 10, donné compétence à la cour de cassation pour statuer sur les conflits dont le conseil privé connaissait précédemment. Cet article se réfère à l'art. 112 c. just. marit., qui maintient expressément l'art. 527 c. instr. crim. métropolitain. Il est certain que si, dans le décret de 1858, spécial à la justice maritime dans les colonies, le législateur avait voulu attribuer au conseil privé la connaissance d'un conflit entre les tribunaux militaires et les tribunaux ordinaires, il n'aurait pas négligé de s'en référer à l'art. 526 c. instr. crim. colonial, plutôt qu'à l'art. 527 de notre code d'instruction criminelle (Faustin Hélie, op. cit., t. 8, p. 546, n° 4057). — Il a été jugé : 1° qu'il appartient à la cour de cassation de connaître de tous les conflits survenus dans les colonies françaises, entre toute juridiction militaire ou maritime d'une part, et toute juridiction civile d'autre part (Crim. rej. 9 août 1873, aff. Procureur général à la cour de cassation, D. P. 74. 1. 276) ; — 2° Que c'est à la cour de cassation que doit être déféré le conflit négatif survenu entre le juge d'instruction d'un tribunal de première instance de la Cochinchine française et le gouverneur de cette colonie, faisant fonction de préfet maritime ; et qu'on doit considérer comme une décision implicite d'incompétence la décision par laquelle une juridiction (un préfet maritime) déclare, sur un réquisitoire concluant à l'incompétence et après qu'une autre juridiction s'est déclarée incompétente, qu'il n'y a pas lieu de prononcer la mise en jugement, et ordonne la transmission des pièces pour être réglé de juges par la cour de cassation (Crim. cass. 5 juin 1875, aff. Van der Noot, D. P. 75. 1. 387). En effet, de même que le décret du 21 juin 1858, le décret du 21 mars 1868, portant organisation de juridictions militaires permanentes dans les possessions françaises de la Cochinchine, se réfère à l'art. 112 c. just. marit., qui maintient expressément l'art. 527 c. instr. crim. métropolitain. D'autre part, bien que l'art. 527 ne parle du règlement de juges qu'à l'égard d'une juridiction ordinaire d'un côté et d'une juridiction exceptionnelle de l'autre, saisies de la connaissance du même crime ou délit, il est de principe que ces dispositions reçoivent également leur application lorsque, dans les mêmes circonstances, chacune de ces juridictions vient, de son côté, de connaître du crime ou du délit dont elles ont été saisies.

84. Quand il y a lieu à régler de juges entre un tri-

bunal administratif et un tribunal judiciaire qui se sont déclarés tous deux incompétents, ce n'est point à la cour de cassation qu'il appartient de statuer. La solution de ce conflit négatif appartenait autrefois au conseil d'Etat ; elle appartient aujourd'hui au tribunal des conflits, depuis que ce tribunal a été rétabli et que le règlement du 26 oct. 1849 a été remis en vigueur par la loi du 24 mai 1872 (V. *suprà,* v° *Conflit,* n°s 91 et suiv.). Il a été jugé que la contrariété existant entre le jugement d'un tribunal de police et un arrêté du conseil de préfecture déclarant leur incompétence constitue un conflit négatif de juridiction, qu'il n'appartient pas à la cour de cassation de régler, les tribunaux dont il s'agit n'étant pas tous deux de l'ordre judiciaire (Crim. rej. 29 mai 1880, aff. Valette, D. P. 81. 1. 46).

Art. 3. — *Procédure, jugement et sursis aux poursuites.*
(*Rép.* n°s 211 à 226.)

85. La demande en règlement de juges peut être formée par toute partie qui y a intérêt : le prévenu, la partie civile, le ministère public. Jugé que dans le cas de conflit négatif sur une poursuite pour vol intenté à un matelot, résultant, d'une part, de ce que le juge d'instruction s'est dessaisi à raison de la qualité du prévenu, et de ce que, d'autre part, le préfet maritime a déclaré n'y avoir lieu à renvoi devant le conseil de guerre, parce qu'il s'agirait de délits commis en état de désertion, le procureur de la République a qualité pour se pourvoir en règlement de juges, si les pièces de la procédure lui ont été renvoyées par l'autorité maritime (Crim. cass. 19 juin 1872, aff. Bottin, D. P. 72. 1. 204).

86. Contrairement à l'opinion émise au *Rép.,* n°s 211 et 212, plusieurs auteurs estiment que les juges entre lesquels le conflit existe ne peuvent pas provoquer le règlement de leur compétence, l'autorité judiciaire n'agissant jamais spontanément (Garraud, *op. cit.,* n° 563 n° 439).

87. Aux termes de l'art. 533 et 535 c. instr. crim., le prévenu ou l'accusé et la partie civile peuvent former opposition à l'arrêt de règlement de juges dans le délai de trois jours et dans les formes prescrites pour le recours en cassation. Le prévenu qui n'est pas en arrestation, l'accusé qui n'est pas retenu dans la maison de justice, ne sont point admis au bénéfice de l'opposition s'ils n'ont, antérieurement ou dans le délai fixé par l'art. 533, élu domicile dans le lieu où siège l'une des autorités judiciaires en conflit. A défaut de cette élection, ils ne peuvent non plus exciper de ce qu'il ne leur aurait été fourni aucune communication dont le poursuivant est dispensé à leur égard (c. instr. crim. art. 535). — Il a été jugé : 1° que l'opposition à l'arrêt de règlement de juges rendu par la chambre criminelle de la cour de cassation doit, à peine de nullité, être formulée au greffe de la juridiction dont la décision a provoqué le règlement de juges, ou de celle devant laquelle la cause a été renvoyée ; et, si le prévenu est en liberté, il doit élire domicile dans le lieu où siège une des deux juridictions en conflit ; en conséquence, est non recevable l'opposition que le prévenu en liberté a simplement notifiée au procureur général à la cour d'appel, par un acte extrajudiciaire contenant élection de domicile en sa propre demeure (Crim. rej. 31 déc. 1874. aff. Clément, D. P. 75. 1. 397); — 2° Que l'opposition à un arrêt de règlement de juges est recevable lorsqu'elle a été faite dans les formes et délais prescrits par l'art. 417 c. instr. crim., et lorsque le demandeur a fait l'élection de domicile exigée par l'art. 533 du même code (Crim. rej. 28 oct. 1886, aff. Nuégeville, D. P. 88. 1. 48. V. Faustin Hélie, t. 8, p. 560, n° 4066).

88. Il a été jugé que le demandeur n'est pas recevable à invoquer, à l'appui d'une opposition à un arrêt de règlement de juges, la nullité de l'arrêt par lequel la première chambre de la cour d'appel s'est déclarée compétente sur la poursuite, alors que la chambre des appels de police correctionnelle avait antérieurement retenu la connaissance de l'affaire, s'il a comparu devant la première chambre sans invoquer ce moyen, et ne s'est point pourvu contre l'arrêt qui a suivi (Crim. rej. 28 oct. 1886, cité *suprà,* n° 87). Par suite de l'absence de pourvoi formé en temps utile, l'autorité de la chose jugée avait été acquise à l'arrêt ainsi rendu ; sa validité ne pouvait donc plus être contestée.

89. L'art. 541 c. instr. crim. porte que « la partie civile, le prévenu ou l'accusé qui succombe dans la demande en règlement de juges qu'il a introduite, pourra être condamné à une amende n'excédant pas 300 fr., dont moitié sera pour la partie ». Cette amende est purement facultative (*Rép.* n° 226 ; Rousseau et Laisney *op. cit.,* v° *Règlement de juges,* n° 126 ; Faustin Hélie, *op. cit.,* t. 8, p. 560, n° 4066).

Art. 4. — *A quels juges la cause est renvoyée, et effet du renvoi* (*Rép.* n°s 227 à 336).

90. En cas de conflit positif, le renvoi dépend des circonstances. En général, c'est devant le juge du lieu du délit qu'il est ordonné. Mais des motifs d'administration de la justice ou d'économie de frais peuvent commander à la cour régulatrice une autre désignation (*Rép.* n° 234 ; Rousseau et Laisney, *op. cit.,* v° *Règlement de juges,* n° 127 ; Faustin Hélie, *op. cit.,* t. 8, p. 562, n° 4070).

91. Le renvoi, en cas de conflit positif, a pour effet de dessaisir l'une des juridictions et d'annuler en même temps tous les actes faits devant cette juridiction. Le juge auquel la cause est renvoyée reste donc seul saisi ; mais le renvoi n'est qu'une désignation qui ne préjuge pas sa compétence ; et s'il se déclare incompétent, sa décision donne lieu à un règlement de juges par la cour de cassation (*Rép,* n°157 ; Rousseau et Laisney, *op. cit.,* v° *Règlement de juges,* n° 130, Faustin Hélie, *op. cit.,* t. 8, p. 562, n° 4070).

92. En cas de conflit négatif, s'il y a doute sur la qualification légale du fait incriminé, s'il n'est pas possible de reconnaître si ce fait constitue un crime ou un délit, il y a lieu, comme on l'a dit au *Rép.,* n° 227, à renvoi devant une chambre de mises en accusation pour continuer l'instruction en la complétant et être statué ensuite sur la prévention et sur la compétence comme il appartiendra (Rousseau et Laisney, *op. cit.,* v° *Règlement de juges,* n° 131 ; Faustin Hélie, *op. cit.,* t. 8, p. 562, n° 4070). Il a été jugé qu'en cas de conflit négatif entre une cour d'appel et un tribunal maritime commercial, le caractère des faits n'est pas assez déterminé pour qu'il soit possible de leur assigner leur qualification légale, la cour de cassation doit se borner à renvoyer devant une chambre d'accusation, pour, sur le vu des pièces et de telle information qu'elle jugera convenable, être statué ce qu'il appartiendra tant sur l'instruction que sur la compétence (Crim. cass. 12 août 1887, aff. Maisons, D. P. 88. 1. 44. V. aussi 9 janv. 1875, aff. Vaugon, D. P. 75. 1. 185).

93. Si les faits criminels sont clairement précisés dans la procédure, la cour de cassation le proclame et renvoie devant la juridiction compétente (*Rép.* n° 231). Sa décision lie les juges qu'elle saisit par le renvoi ; car elle a reçu la mission de régler le règlement de juges et, par conséquent, le renvoi qu'elle prononce a force de chose jugée. « Elle est investie, dit Faustin Hélie, *op. cit.,* t. 8, p 562, n° 4070, d'une autorité souveraine pour faire dans tous les conflits de juridiction l'indication du juge compétent ; le juge saisi par son renvoi ne peut donc plus, sauf le cas où les faits changeraient de face, se déclarer incompétent. S'il en était autrement, les évolutions et les circuits de procédure n'auraient pas de terme. La cour a manifesté ce pouvoir dans quelques cas où la juridiction saisie s'était de nouveau déclarée incompétente ; elle a circonscrit la nouvelle chambre d'accusation à laquelle elle renvoyait l'affaire, à prononcer, sur les faits auxquels elle assignait leur qualification légale, le renvoi prescrit par l'art. 231 c. instr. crim. ».

94. Le renvoi doit être fait devant une juridiction autre que celles qui ont connu de l'affaire et se sont déclarées incompétentes. Toutefois, si la question nouvelle à trancher n'a pas été examinée par l'une de ces juridictions, l'affaire peut lui être soumise (*Rép.* n° 228 et suiv.; Faustin Hélie, *op. cit.,* t. 8, p. 563, n° 4071).

95. Il a été jugé : 1° que dans le cas de cassation, sur règlement de juges, d'une décision d'incompétence rendue par un conseil de guerre, il y a lieu, si la justice militaire est déclarée compétente, de renvoyer, non devant un jugement commandant une autre division, mais devant un autre conseil de guerre de la même division, seul compétent pour statuer sur la poursuite (Crim. cass. 16 févr. 1860, aff. Augé et Badar, D. P.60.5.323) ; — 2° Que lorsque, sur une ordonnance

d'un juge d'instruction renvoyant un prévenu devant le tribunal correctionnel, la cour d'appel se déclare incompétente, par le motif que le délit avait été commis par un fonctionnaire dans des circonstances qui le rendaient justiciable de la première chambre civile de la cour, la cour de cassation, si elle reconnaît que ces faits sont certains, réglant de juges, ne doit pas renvoyer la procédure devant la chambre des mises en accusation de la cour d'appel, mais bien délaisser le procureur général près ladite cour à se pourvoir ainsi qu'il avisera (Crim. cass. 7 nov. 1874), aff. Procureur général de Bastia, D. P. 76. 1. 510).

96. La cour de cassation, par deux arrêts (Crim. règl. de Bruges, 24 avr. 1835 et 30 mars 1837, *Rép.* n° 233), avait décidé par application du principe que l'appel seul du condamné ne peut avoir pour conséquence d'aggraver sa position (V. *suprà*, v° *Appel en matière criminelle*, n° 99 et suiv.), que, lorsque le ministère public a irrévocablement acquiescé à un jugement du tribunal correctionnel prononçant sur un fait dont ce tribunal était saisi par une ordonnance de renvoi, et que, sur le seul appel du prévenu, la cour d'appel s'est déclarée incompétente à raison de ce que ledit fait constituerait un crime, il y a lieu, pour la cour de cassation, appelée à régler de juges, de renvoyer l'affaire, non devant une chambre d'accusation, mais devant une autre cour, pour statuer uniquement sur l'appel du condamné. Par un arrêt du 18 déc. 1858, elle a modifié sa doctrine, et jugé que, dans le cas où le prévenu a, quoique seul appelant, laissé acquérir l'autorité de la chose jugée à une déclaration d'incompétence du juge d'appel motivée sur le caractère criminel du fait poursuivi, il y a lieu, sur le recours du ministère public en règlement de juges, et bien que la position du prévenu puisse s'en trouver aggravée, de renvoyer l'affaire devant une chambre d'accusation, lorsque, tel qu'il a été constaté par l'ordonnance de renvoi et par l'arrêt d'incompétence, présente effectivement les éléments d'une accusation criminelle (Crim. règl. de juges 18 déc. 1858, aff. Colin, D. P. 59. 1. 186). La cour de cassation belge a consacré le premier système et décidé que la règle que la situation du prévenu ne peut être aggravée sur son seul appel, notamment par une déclaration d'incompétence, doit prévaloir même dans le règlement du conflit auquel a donné lieu la contrariété existant entre cette déclaration, passée en force de chose jugée, et l'ordonnance qui avait renvoyé le prévenu devant la juridiction correctionnelle; que par suite, la cour de cassation n'a pas à tenir compte de ce que le fait poursuivi avait effectivement un caractère criminel; par cela seul que ce fait, à défaut de recours du ministère public, se trouve définitivement déféré à la juridiction correctionnelle, il ne peut que renvoyer l'affaire à cette même juridiction, pour la décision à rendre sur l'appel du prévenu (C. cass. de Belgique, 19 juill. 1869, aff. Brackman, D. P. 71. 2. 91).

97. Lorsque la cour de cassation, saisie tout à la fois d'une demande en règlement de juges et d'un pourvoi en cassation contre l'une des décisions contraires, a fait cesser le conflit en se bornant à faire droit à ce pourvoi, il n'y a pas lieu, si l'arrêt du juge de renvoi rendu conformément à la solution de l'arrêt de cassation est attaqué pour incompétence, de renouveler la demande en règlement de juges; en pareil cas, la décision du juge de renvoi ne fait pas renaître le conflit (Crim. rej. 27 sept. 1866, aff. Lénard et autres, D. P. 66. 1. 510).

98. Dans le cas où, sur le seul appel du ministère public, une condamnation prononcée par le tribunal correctionnel a été annulée par le motif que la connaissance du délit appartiendrait à l'autorité militaire, s'il arrive que cette autorité déclare à son tour son incompétence, le conflit qui en résulte peut être vidé par voie de règlement de juges (Crim. 28 avr. 1859, aff. Molinari, D. P. 59. 1. 237). En pareil cas, et la compétence de la juridiction ordinaire étant reconnue par la cour de cassation, la cour de renvoi,

appelée à prononcer sur l'appel du ministère public, doit-elle se borner à résoudre la question de compétence soulevée par cet appel? Dans son réquisitoire sur l'affaire jugée le 28 avr. 1859, le procureur général Dupin a résolu affirmativement cette question et considéré la décision sur le fond comme acquise au prévenu. « Le conflit, dit-il, se présente dans des circonstances particulières; ce n'est pas un de ces conflits qui naissent au seuil même de l'instruction entre deux juridictions qui refusent de connaître de l'affaire; dans l'espèce, un degré de juridiction a déjà été parcouru: le tribunal de Marseille a statué au fond en prononçant une condamnation contre le prévenu. Le condamné n'a pas frappé d'appel ce jugement de Marseille. Il n'existe au dossier qu'un acte d'appel du procureur général près la cour d'Aix qui n'a attaqué le jugement que pour vice d'incompétence. La cour ne statue que sur ce chef. Or devait-elle, comme elle l'a fait, se déclarer incompétente? Elle eût pu le faire sans doute si le condamné avait lui-même interjeté appel sur le fond; mais, en l'absence de l'appel du condamné, la cour était véritablement compétente pour statuer sur le point qui lui était soumis, et la preuve, c'est qu'elle a pour ce chef annulé le jugement dont était appel. Quoi qu'il en soit, nous devons rechercher, pour cet état de choses, quel doit être le caractère de l'annulation qui sera prononcée par la cour. Si la cour juge que l'inculpation rentrait dans les attributions de la juridiction militaire, le renvoi par la cour devant cette juridiction, en considérant comme non avenue l'ordonnance du général commandant la 9e division militaire, ne peut soulever aucune difficulté. C'est un véritable règlement de juges. Mais si, comme il est permis de le croire, c'est la juridiction ordinaire qui devait connaître de l'affaire, l'effet de l'annulation nous paraît avoir un autre caractère. L'arrêt de la cour d'Aix aurait, dans ce cas, violé, en annulant le jugement du tribunal de Marseille, les règles de la compétence, puisque le tribunal de Marseille aurait régulièrement statué sur le fond. Cet arrêt annulé, que devra faire la cour en présence du jugement du tribunal de Marseille? Renvoyer, selon nous, conformément à l'art. 420 c. instr. crim., devant une autre cour impériale pour statuer sur l'appel du procureur général près la cour d'Aix; et alors, ou la nouvelle cour admettra le système de la cour d'Aix, ou elle déboutera le procureur général de son appel. Dans le premier cas, l'affaire reviendra devant la cour de cassation, chambres réunies. Dans le second cas, l'appel étant rejeté, le jugement du tribunal de Marseille, dont le bénéfice est acquis au condamné qui n'a pas appelé, reprendra toute sa force, et il n'y aura évidemment aucun renvoi à faire devant une juridiction quelconque pour statuer sur le fond. Ce n'est pas le cas, en effet, pour éviter un circuit de procédures nouvelles, de décider que, l'arrêt de la cour d'Aix étant annulé et le bénéfice du jugement du tribunal de Marseille étant acquis au condamné, il n'y a pas lieu de prononcer aucun renvoi, car l'arrêt annulé, reste toujours l'appel du procureur général près la cour d'Aix qui n'est pas évacué. Dans le cas où la cour croirait devoir annuler l'arrêt de la cour d'Aix, il n'y aurait aucun renvoi pour prononcer sur le fond, mais simplement une question de compétence à juger par la cour de renvoi, on peut dire qu'il serait plus régulier que la cour eût été saisie en tant que de besoin de l'ordre formel du garde des sceaux, en vertu de l'art. 441; mais, en dernière analyse, il est certain que le cours de la justice est interrompu à raison de l'existence de décisions contradictoires émanant de juridictions différentes; la cour pensera peut-être qu'il y a dans la réalité un véritable conflit et qu'elle est, dès lors, suffisamment saisie ».

Sect. 4. — Du règlement de juges en matière administrative (*Rép.* n° 237 à 241).

99. V. *Rép.*, n° 88, 237 et suiv.

Table sommaire

des matières contenues dans le Supplément et le Répertoire.

(Les chiffres précédés de la lettre S renvoient au Supplément; les chiffres précédés de la lettre R renvoient au Répertoire.)

Table des articles du code de procédure civile et du code d'instruction criminelle.

Table chronologique des Lois, Arrêts, etc.

RÈGLEMENT DE POLICE. — V. outre les renvois indiqués au *Répertoire, supra,* v^{is} *Commune,* n°s 491 et suiv., 508 et 644 ; *Lois,* n°s 130 et 455; *Prescription criminelle,* n°s 47 et suiv. ; — et *infrà,* v^{is} *Voirie par terre; Voirie par eau; Voirie par chemin de fer; Voiture, voiture publique ; Vol et escroquerie; Volonté, intention, connaissance,* et *Rép.* eod. v°, n° 132.

RÈGLEMENT PROVISOIRE. — V. *supra,* v° *Distribution par contribution,* n°s 32 et suiv., 59 et suiv., et *Rép.* eod. v°, n°s 103 et suiv. ; *Ordre entre créanciers,* n°s 79 et suiv.

RÉHABILITATION.

1. La réhabilitation des condamnés en matière criminelle et en matière correctionnelle a été étudiée dans deux traités du *Répertoire :* celui du *Droit civil,* n°s 747 et suiv. (publié en 1850), et celui de la *Réhabilitation* (publié en 1858). Nous réunissons dans le présent traité (sect. 1 à 5) toutes les données nouvelles de la doctrine et de la jurisprudence, relatives à cet objet. De plus, il nous a paru convenable d'ajouter, au commentaire de notre législation de la réhabilitation ordinaire quelques explications sur diverses réhabilitations spéciales instituées par des lois plus ou moins récentes. La section 6 aura pour intitulé : *De la réhabilitation de droit,* créée par la loi du 26 mars 1891 (*Loi Bérenger*); on y renverra au commentaire de cette loi donné *supra,* v° *Peine,* n°s 284 et suiv. Dans la section 7, nous traiterons de la *réhabilitation administrative en faveur des condamnés qui subissent leur peine aux colonies.* La section 8 contiendra quelques explications sur la *réhabilitation commerciale.*

Division.

Sect. 1re. — Généralités. — Législation. — Doctrine.

2. « La réhabilitation, dit M. Georges Vidal, dans son *Cours résumé de droit pénal* (Paris, 1894), est aujourd'hui un acte judiciaire effaçant pour l'avenir, avec tous ses effets, la condamnation subie ou remise par voie de grâce ; elle a pour but de récompenser et de constater officiellement la bonne conduite et l'amendement du condamné libéré ; elle constitue le complément du système pénitentiaire et de la grâce destinée à faciliter la rentrée et le reclassement du condamné dans la société » (p. 224). Ces quelques lignes précisent exactement, suivant nous, les caractères nouveaux et le but de l'institution. Naguère nous définissions (*Rép.* v° *Droit civil*, n° 747) la réhabilitation en disant qu'elle était un acte émané du souverain, avec le concours d'autorités administratives et judiciaires, qui rétablit un condamné dans tous ses droits civils pour l'avenir. La loi du 14 août 1885 sur les moyens de prévenir la récidive (D. P. 85. 4. 60) (1) a considérablement modifié l'institution en ce double sens que la réhabilitation est devenue un acte du pouvoir judiciaire, et qu'elle a pour résultat d'effacer la condamnation elle-même. Cette loi a aussi simplifié les formes de la procédure. La matière est d'ailleurs, aujourd'hui comme à l'époque de la publication du *Répertoire*, réglée par les art. 619 à 634 c. instr. crim. ; seulement sept de ces articles (art. 621, 623, 624, 628, 629, 633 et 634) ont été modifiés par la loi précitée, et trois (art. 630, 631, 632), complètement supprimés. — Un député, M. Michelin, a déposé, le 20 févr. 1894, une proposition de loi ayant pour objet : 1° de rendre la réhabilitation applicable aux condamnés contradictoirement qui ont prescrit contre l'exécution de la peine ; 2° de déclarer que la réhabilitation sera de droit après un certain délai. Cette proposition a été prise en considération par la Chambre, dans sa séance du 10 mai 1894.

3. Avant la loi du 14 août 1885, la réhabilitation était incontestablement une *faveur* du chef de l'État, du souverain (*Rép.*, v° *Droit civil*, n° 748). Maintenant que le droit de la prononcer n'est plus un attribut de la souveraineté, est-il vrai de dire avec M. Gomot, rapporteur de la loi à la Chambre des députés, que la réhabilitation a « cessé d'être une faveur pour devenir un droit » ? Il est certain que la réhabilitation n'est pas un acte de clémence, et par là même d'arbitraire et de bon plaisir, mais un acte de justice subordonné à des conditions légales parfaitement déterminées. Il est certain aussi que la chambre des mises en accusation n'a plus, comme autrefois, à donner un simple avis au chef de l'État, libre de le suivre ou non, mais qu'au contraire, c'est cette chambre qui statue, par une appréciation définitive et sommaire, sur la demande. Tout cela prouve bien que la réhabilitation est désormais un acte du pouvoir judiciaire, mais nullement, à notre avis, qu'on puisse la regarder comme un droit qui ne peut être dénié au condamné qui remplit les conditions légales et que celui-ci puisse revendiquer par la voie contentieuse. La cour peut, en effet, les conditions légales étant remplies, accueillir ou rejeter la demande, malgré les avis favorables ou défavorables des autorités consultées pour l'instruction de ladite demande. L'impétrant est-il, ou non, digne d'être réhabilité ? Telle est la question qui se pose devant elle après qu'elle a vérifié l'accomplissement des formalités requises ; cette question,

---

(1) ... TIT. 3. — Réhabilitation.

10. Les art. 630, 631 et 632 c. instr. crim. sont supprimés.

Les art. 621, 623, 624, 628, 629, 633 et 634 du même code sont modifiés ainsi qu'il suit :

Art. 621. Le condamné à une peine afflictive ou infamante ne peut être admis à demander sa réhabilitation s'il n'a résidé dans le même arrondissement depuis cinq années, et, pendant les deux dernières années, dans la même commune.

Le condamné à une peine correctionnelle ne peut être admis à demander sa réhabilitation s'il n'a résidé dans le même arrondissement depuis trois années, et, pendant les deux dernières, dans la même commune.

Les condamnés qui ont passé tout ou partie de ce temps sous les drapeaux, ceux que leur profession oblige à des déplacements inconciliables avec une résidence fixe, pourront être affranchis de cette condition s'ils justifient, les premiers, d'attestations satisfaisantes de leurs chefs militaires, les seconds, de certificats de leurs patrons ou chefs d'administration constatant leur bonne conduite.

Ces attestations et certificats sont délivrés dans les conditions de l'art. 624.

Art. 623. Il doit, sauf le cas de prescription, justifier du payement des frais de justice, de l'amende et des dommages-intérêts, ou de la remise qui lui en a été faite.

À défaut de cette justification, il doit établir qu'il a subi le temps de contrainte par corps déterminé par la loi, ou que la partie lésée a renoncé à ce moyen d'exécution.

S'il est condamné pour banqueroute frauduleuse, il doit justifier du payement du passif de la faillite en capital, intérêts et frais, ou de la remise qui lui en a été faite.

Néanmoins, si le demandeur justifie qu'il est hors d'état de se libérer des frais de justice, la cour peut accorder la réhabilitation, même dans le cas où ces frais n'auraient pas été payés ou ne l'auraient été qu'en partie.

En cas de condamnation solidaire, la cour fixe la part des frais de justice, des dommages-intérêts ou du passif qui doit être payée par le demandeur.

Si la partie lésée ne peut être retrouvée, ou si elle refuse de recevoir, il est fait dépôt de la somme due à la Caisse des dépôts et consignations, dans la forme des art. 812 et suiv. c. proc. civ. ; si la partie ne se présente pas dans un délai de cinq ans, pour se faire attribuer la somme consignée, cette somme est restituée au déposant sur sa simple demande.

Art. 624. Le procureur de la République provoque des attestations des maires des communes où le condamné a résidé, faisant connaître :

1° La durée de sa résidence dans chaque commune, avec indication du jour où elle a commencé et de celui où elle a fini ;

2° Sa conduite pendant la durée de son séjour ;

3° Ses moyens d'existence pendant le même temps.

Ces attestations doivent contenir la mention expresse qu'elles ont été rédigées pour servir à l'appréciation de la demande en réhabilitation.

Le procureur de la République prend, en outre, l'avis des juges de paix des cantons et celui des sous-préfets des arrondissements où le condamné a résidé.

Art. 628. La cour, le procureur général et la partie ou son conseil entendus, statue sur la demande.

Art. 629. En cas de rejet, une nouvelle demande ne peut être formée avant l'expiration d'un délai de deux années.

Art. 633. Si la réhabilitation est prononcée, un extrait de l'arrêt est adressé par le procureur général à la cour ou au tribunal qui a prononcé la condamnation, pour être transcrit en marge de la minute de l'arrêt ou du jugement.

Mention en est faite au casier judiciaire. Les extraits délivrés aux parties ne doivent pas relever la condamnation.

Le réhabilité peut se faire délivrer une expédition de la réhabilitation et un extrait du casier judiciaire sans frais.

Art. 634. La réhabilitation efface la condamnation et fait cesser pour l'avenir toutes les incapacités qui en résultaient.

Les interdictions prononcées par l'art. 612 c. com. sont maintenues, nonobstant la réhabilitation obtenue en vertu des dispositions qui précèdent.

Les individus qui sont en état de récidive légale, ceux qui, après avoir obtenu la réhabilitation, auront encouru une nouvelle condamnation, ne seront admis au bénéfice des dispositions qui précèdent qu'après un délai de dix années écoulées depuis leur libération.

Néanmoins, les récidivistes qui n'auront subi aucune peine afflictive ou infamante et les réhabilités qui n'auront encouru qu'une condamnation à une peine correctionnelle seront admis au bénéfice des dispositions qui précèdent, après un délai de six années écoulées depuis leur libération.

11. La présente loi est applicable aux colonies, sous réserve des dispositions des lois ou règlements spéciaux relatifs à l'exécution de la peine des travaux forcés.

12. Un rapport sur l'exécution de la présente loi, en ce qui touche la libération conditionnelle, sera présenté chaque année par le ministre de l'intérieur à M. le président de la République.

toute de fait et d'appréciation, la cour y statue en pleine et entière liberté, souverainement, sans recours. On ne peut donc jamais dire que l'impétrant a droit à être réhabilité, puisqu'il n'a pas le droit d'exiger sa réhabilitation.

4. En simplifiant les formes de la procédure, la loi du 14 août 1885 a eu pour résultat de rendre les réhabilitations plus nombreuses. Pendant la période quinquennale 1881-1885 et sous le régime des anciens articles du code d'instruction criminelle, il n'en avait été accordé que 736, année moyenne; l'application de la loi précitée en a fait monter subitement le nombre à 1,432 en 1886; depuis, le chiffre s'est successivement élevé à 1,518 en 1887, à 1,974 en 1888, à 2,106 au 1889, à 2,848 en 1890.

5. On recourra, pour l'étude de la réhabilitation, aux ouvrages suivants: Garraud, *Traité théorique et pratique de droit pénal français*, t. 2, nos 94 et suiv.; *Précis de droit criminel*, p. 331 et suiv.; Villey, *Précis d'un cours de droit criminel*, 5e édit., p. 533 et suiv.; Laborde, *Cours élémentaire de droit criminel*, nos 699 et suiv.; Billecoq, *De la réhabilitation en matière criminelle, correctionnelle et disciplinaire* (Paris, 2e édit., 1886); Sarraute, *Traité théorique et pratique de la réhabilitation des condamnés*, Paris, 1884; H. Prud'homme, *De la réhabilitation, France judiciaire*, 1886, p. 249 et suiv.; Brégeault et Delagarde, *Traité théorique et pratique de la réhabilitation des condamnés*, Paris, 1887; André, *De la récidive*, 1892, p. 186 et suiv.

6. Dans presque toutes les législations étrangères, la réhabilitation est un acte *mixte*, à la fois *de juridiction et de grâce*, émanant du souverain, après avis de l'autorité judiciaire. En Belgique (c. pén. de 1867, art. 87), c'est un acte purement gracieux du pouvoir souverain. L'art. 41 du projet de réforme de notre code pénal, élaboré par la commission instituée en 1887 au ministère de la justice, conserve la réhabilitation, tout en généralisant le droit de grâce. L'article précité autorise la remise par voie de grâce de la plupart des incapacités; mais la réhabilitation conservée aura toujours cet avantage de supprimer la condamnation au point de vue du casier judiciaire.

SECT. 2. — DES CAS DANS LESQUELS LA RÉHABILITATION EST POSSIBLE.

7. La réhabilitation peut, en principe, être demandée par tout condamné à une peine criminelle ou correctionnelle (c. instr. crim., art. 619 nouveau). Elle suppose donc tout d'abord un *condamné*. Et par conséquent, il n'y a pas lieu à réhabilitation: 1° pour l'individu qui, après avoir été impliqué dans une poursuite, a bénéficié d'une ordonnance de non-lieu ou a été absous (Brégeault, p. 24; André, p. 189); 2° pour le mineur de seize ans qui a été acquitté comme ayant agi sans discernement, mais qui, par application de l'art. 66 c. pén., a été envoyé dans une maison de correction, puisque, ainsi qu'on l'a expliqué *suprà*, v° *Peine*, n° 464, l'envoi en correction, n'est pas une peine à proprement parler (Billecoq, p. 20; Brégeault, p. 25; André, p. 189).

8. En second lieu, la réhabilitation suppose une condamnation à une peine criminelle ou correctionnelle (mais non à une peine de simple police, V. *infrà*, n° 11). Elle peut, suivant la disposition expresse de l'art. 619, être accordée à *tout* condamné criminel ou correctionnel. La formule dont se sert la loi étant générale, il faut en conclure: 1° que la réhabilitation peut être demandée et obtenue par le condamné à une simple amende; 2° qu'elle est ouverte même à l'individu frappé d'une condamnation n'entraînant aucune incapacité (Garraud, n° 97; Laborde, n° 700; Brégeault, p. 17; André, p. 190). C'est ce que décidait déjà la cour de cassation (Crim. cass. 27 avr. 1865, aff. Georg, D. P. 65. 1. 393); mais la doctrine était généralement contraire (Faustin Hélie, *Instruction criminelle*, t. 9, p. 379; Chauveau et Hélie, *Théorie du code pénal*, t. 1, n° 141; Morin, *Répertoire du droit criminel*, v° *Récidive*, n° 19; Blanche, *Études sur le code pénal*, t. 1, n° 456). La question ne peut plus faire doute aujourd'hui en présence de la généralité des termes de l'art. 634: la réhabilitation *efface* la condamnation. D'ailleurs, le rapporteur de la loi de 1885 au Sénat a dit à cet égard: « D'après le code d'instruction criminelle, la réhabilitation, une fois obtenue, n'a pas d'autre caractère

que d'effacer les incapacités résultant de la condamnation. Je crois pouvoir dire que la conscience publique a souvent protesté contre les effets si restreints que le code donnait ainsi à la réhabilitation... C'était tout simplement priver de la possibilité de la réhabilitation un très grand nombre de condamnés...; c'était assurément proscrire les plus intéressants et les plus dignes » (Séance du 22 mars 1885, *Journ. off.* du 23 mars, Débats parlem., Sénat, p. 772). En présence de ces explications très nettes, aucune hésitation ne peut plus subsister: tous les condamnés, sans exception, sont admis à la réhabilitation; — 3° Que la réhabilitation doit être accordée même aux étrangers (Garraud, *loc. cit.*; Brégeault, p. 29; André, p. 190; Billecoq, p. 20; Sarraute, p. 28); — 4° Que le droit à la réhabilitation doit être étendu aux condamnés par les tribunaux militaires ou maritimes. Décider le contraire, ce serait faire une distinction absolument arbitraire, en contradiction non seulement avec l'esprit, mais même avec le texte de la loi (Brégeault, p. 31; André, *loc. cit.*; Sarraute, p. 28). Antérieurement à la loi de 1885, un arrêt de la cour de Colmar cité par Brégeault et Delagarde, p. 31, note 1, avait déjà jugé dans ce sens; — 5° Que la réhabilitation efface les peines accessoires aussi bien que les peines principales.

9. Sous la législation antérieure à la loi de 1885, une double restriction était apportée, pour cause d'indignité, au droit de se faire réhabiliter. Aux termes de l'ancien art. 634 c. instr. crim. étaient exclus du bénéfice de la réhabilitation: 1° les individus frappés de deux peines afflictives ou infamantes, c'est-à-dire les récidivistes de crime à crime de l'art. 56 c. pén.; 2° les individus qui, après avoir été réhabilités, encouraient une condamnation nouvelle, quelle qu'elle fût. Ces exceptions ont disparu: la loi nouvelle s'est bornée à rendre plus rigoureuses, dans ces deux cas, les conditions de recevabilité de la demande (V. *infrà*, n° 35).

10. Pourrait-il être procédé à la réhabilitation après la mort du condamné? La question était controversée avant la loi de 1885; elle l'est encore aujourd'hui. Pour la négative on disait, avant la loi nouvelle, que la réhabilitation aurait été inutile après le décès du condamné puisqu'elle avait pour objet unique de faire cesser dans l'avenir les incapacités qui l'atteignaient (Billecoq, p. 23). De plus, un amendement présenté dans les travaux préparatoires de la loi de 1852, en vue d'autoriser la réhabilitation de la mémoire du condamné, avait été repoussé (D. P. 52. 4. 168). Cette solution nous paraît devoir être maintenue sous la législation nouvelle, bien que les effets de la réhabilitation aient été élargis. « La mémoire, survivant à l'individu et héritant de ses droits, est une fiction qu'on ne peut admettre sans texte; or ce texte n'existe pas pour la réhabilitation. Réhabiliter la mémoire, ce serait en réalité réhabiliter les héritiers du condamné; la loi n'admet pas ce genre de réhabilitation. D'ailleurs, toute la procédure de la réhabilitation suppose la présence du condamné; et son résultat, bien que pouvant être poursuivi dans son intérêt purement moral, est présenté dans les textes et dans les travaux préparatoires, comme s'appliquant uniquement à un condamné vivant » (Laborde, n° 704. Conf. Prudhomme, n° 25. — *Contra* : Garraud, n° 97 et note 13; André, p. 191).

11. La réhabilitation n'est pas admise en matière de simple police: cela résulte des termes mêmes de l'art. 619 c. instr. crim., qui ne prévoit que les condamnations à des peines afflictives ou infamantes, et les condamnations à des peines correctionnelles. Cette restriction est fondée : les condamnations de simple police n'entraînent, après l'exécution de la peine, aucune conséquence, et elles ne sont même pas constatées au casier judiciaire (Brégeault, p. 26; André, p. 192).—A ce propos, plusieurs questions se sont posées: 1° la réhabilitation est-elle ouverte aux individus condamnés par des tribunaux correctionnels pour *délits-contraventions?* La cour de Toulouse a jugé l'affirmative à l'occasion d'une demande formée par un individu qui avait été condamné à 10 fr. d'amende pour avoir négligé de séquestrer des animaux atteints de maladie contagieuse (Toulouse, 21 déc. 1887, aff. L..., D. P. 88. 2. 274). La cour s'est appuyée sur ce motif que le demandeur avait intérêt à obtenir sa réhabilitation, parce que son nom figurait au casier judiciaire. Ce motif ne nous paraît pas suffisant. Le texte de l'art. 619 montre bien que c'est intentionnellement que le législateur

s'est attaché à *la peine prononcée* et non à la *qualification* du fait réprimé. Il nous semble plus juridique de décider que la condamnation pour délit contraventionnel ne pourra donner matière à réhabilitation qu'autant qu'elle aura prononcé une peine correctionnelle, 16 fr. d'amende par exemple; — 2° La réhabilitation est-elle ouverte aux individus poursuivis pour délit et frappés d'une peine de simple police par un tribunal qui a jugé que le fait ne constituait qu'une contravention, ou qui, par application de l'art. 463 c. pén., a abaissé la peine jusqu'au niveau des peines de simple police? M. Brégeault, p. 26, et M. André, p. 192, résolvent la question par une distinction. Dans le premier cas, ces auteurs regardent la réhabilitation comme impossible : « le tribunal, disent-ils, a été mal à propos saisi; il ne statue que comme tribunal de police, sa décision ne figure pas au casier judiciaire, et par conséquent, la situation est identiquement la même que s'il s'agissait d'un jugement du tribunal de simple police ». Ils accordent, au contraire, le droit à la réhabilitation dans le second cas, parce qu'il y a bien véritablement délit, culpabilité reconnue, condamnation portée au cahier, et dès lors intérêt pour le condamné à se faire réhabiliter. Ces dernières considérations pourraient fonder en législation la doctrine des auteurs précités; mais elles ne nous paraissent pas pouvoir l'emporter sur le texte de l'art. 619, qui n'autorise la réhabilitation que pour les peines *correctionnelles*, et la refuse *a contrario* pour les peines *de simple police*.

12. Une loi postérieure à la publication du *Répertoire*, en date du 19 mars 1864 (D. P. 64. 4. 32), a étendu aux notaires, aux greffiers et aux officiers ministériels destitués, le bénéfice de la loi du 3 juill. 1852 sur la réhabilitation; c'est ce qu'on appelle la *réhabilitation disciplinaire*. L'art. 1 est ainsi conçu : « Les notaires, greffiers et officiers ministériels destitués, peuvent être relevés des incapacités et déchéances résultant de leur destitution ». L'art. 2 décide que « toutes les dispositions du code d'instruction criminelle relatives à la réhabilitation des condamnés à une peine correctionnelle sont applicables aux demandes formées en vertu de l'art. 1 ».

La réhabilitation disciplinaire relève les notaires, greffiers et officiers ministériels destitués : 1° des déchéances électorales prononcées par l'art. 15 du décret du 2 févr. 1852 (D. P. 52. 4. 51); 2° de celle de la loi du 24 nov. 1872 (D. P. 72. 4. 174), qui déclare (art. 2) « incapables d'être jurés :... 3° les notaires, greffiers et officiers ministériels *destitués* ». — La loi du 19 mars 1864 a eu en vue les officiers ministériels destitués par voie disciplinaire, et non ceux qui l'ont été à la suite de condamnation de droit commun. Pour ces derniers, c'est sur la condamnation que doit porter la réhabilitation. — Cette loi n'a pas été abrogée ni modifiée par celle du 14 août 1885 : les notaires ou officiers ministériels destitués continuent donc, trois ans après la cessation de leurs fonctions, à pouvoir solliciter la réhabilitation (Garraud, p. 161, note 14; Brégeault, p. 58; Sarraute, p. 44).

Sect. 3. — Conditions de la réhabilitation.

13. Quatre conditions sont nécessaires pour rendre la demande en réhabilitation recevable. Il faut que le condamné ait : 1° expié sa faute et satisfait à la justice; 2° acquitté les frais du procès et les dommages-intérêts dus à la partie lésée; 3° mené une conduite irréprochable pendant le délai d'épreuve fixé par la loi; 4° rempli certaines conditions de résidence pendant ce délai d'épreuve.

---

(1) (Giraud). — La cour: — Vu la demande en réhabilitation formée par le nommé Giraud (Jean-Joseph), condamné le 2 mai 1876 par le tribunal correctionnel de Grasse, pour tromperie sur la nature des marchandises vendues, à six jours de prison et 16 fr. d'amende; — Attendu qu'il résulte du certificat délivré par le gardien-chef de la maison d'arrêt de Grasse que Giraud n'a point subi la peine d'emprisonnement à laquelle il avait été condamné; — Attendu qu'on pourrait assurément prétendre que, d'après les principes généraux du droit, la prescription étant un mode de libération, Giraud n'a point payé sa dette et ne peut être réhabilité; que pour repousser cette conséquence, il serait nécessaire que l'art. 619 c. instr. crim. ait expressément exclu ce mode de libération; qu'on alléguerait vainement

14. — I. Expiation de la faute. — L'art. 619 exige que le condamné « ait subi sa peine ou qu'il ait obtenu des lettres de grâce ». La réhabilitation est en effet une récompense accordée au condamné qui a expié sa faute et qui s'est « reclassé ». A la vérité, la grâce n'est pas un mode d'exécution de la peine, « mais ce n'en est pas moins un hommage rendu à la justice, car le condamné qui sollicite la clémence du chef de l'Etat reconnaît, par là même, qu'il a été justement frappé » (Brégeault, p. 35).

15. Puisque le condamné doit prouver qu'il a subi sa peine, il s'ensuit que la réhabilitation ne peut jamais être accordée : 1° au condamné qui s'est évadé après avoir subi une partie de sa peine; il faut qu'il se constitue de nouveau et achève de la subir (André, p. 194); 2° au condamné qui a prescrit sa peine au lieu de la subir. La prescription ne s'acquiert que par une révolte contre la loi : on ne récompense pas l'individu qui s'est mis en révolte contre la loi. On verra cependant *infrà*, n° 20, que le législateur a fait une exception pour le cas de condamnation pécuniaire.

16. La première condition de la réhabilitation étant l'exécution intégrale de la peine (sauf le cas exceptionnel de la grâce), il n'y a point de doute que, si le demandeur en réhabilitation a été condamné à une peine corporelle, il devra prouver qu'il l'a subie entièrement; à une amende, qu'il l'a payée tout entière; à une peine accessoire telle que l'interdiction de résidence, qu'il ne s'est pas soustrait à son exécution, par exemple qu'il n'a point subi de condamnations postérieures pour infractions à l'interdiction de résidence. — En ce qui concerne l'amende, V. *infrà*, n° 20.

Et il en est ainsi, en principe, aussi bien dans le cas de condamnation par défaut que dans celui de condamnation contradictoire. Il a été jugé, à cet égard, que par la disposition impérative de l'art. 619, la loi ne fait aucune distinction entre l'individu condamné contradictoirement et celui qui a été condamné par défaut; entre celui qui a connu et celui qui a ignoré sa condamnation; entre le délinquant avisé des poursuites exercées et celui qui s'est soustrait aux recherches de la justice; que son texte absolu écarte *à priori*, sans laisser aucune place à l'arbitraire du juge, la demande de tout condamné, qui n'ayant pas subi sa peine, n'a pas acquitté cette dette (Douai, 9 nov. 1893, *Gazette des tribunaux* du 8 janv. 1894).

17. La règle suivant laquelle le condamné qui a prescrit sa peine n'est pas admis à demander sa réhabilitation comporte, d'après la jurisprudence, une exception au profit du condamné qui a ignoré sa condamnation et qui, par suite de cette ignorance, a laissé s'accomplir la prescription de la peine. Il a été jugé que celui qui, ne connaissant pas la condamnation par défaut dont il a été l'objet, n'a point formé opposition et a prescrit sa peine, peut être réhabilité (Orléans, 14 avr. 1886, aff. Clouet, D. P. 86. 2. 269). Cette solution, bien qu'elle s'écarte de l'application littérale des termes de l'art. 619 c. instr. crim., n'en est pas moins juridique. On ne peut faire grief à un condamné d'avoir prescrit sa peine quand il ignorait la condamnation prononcée contre lui; et il est équitable de ne pas lui enlever le seul moyen qui lui reste, le jugement n'étant susceptible d'aucun recours, d'effacer la condamnation et de faire cesser, pour l'avenir, toutes les incapacités qui en résultaient. Un autre arrêt a été plus loin : il a jugé que le condamné qui, par suite d'un oubli ou d'une erreur du ministère public, n'a pas été requis de subir la peine d'emprisonnement prononcée contre lui, peut être réhabilité bien qu'il n'ait pas subi cette peine si celle-ci a été prescrite (Aix, 8 nov. 1888) (1). Dans l'espèce, le demandeur

---

que l'individu qui s'est soustrait à l'exécution de sa peine est indigne d'intérêt, que cette inexécution peut tenir à une foule de circonstances dont on ne saurait rigoureusement lui demander compte; — Qu'on ne saurait davantage admettre que l'individu coupable des plus grands crimes puisse poursuivre sa réhabilitation, tandis que celui qui, par des circonstances souvent indépendantes de sa volonté, ou tout au moins par des motifs humainement excusables, s'est dérobé à l'exécution d'une peine minime, ne puisse jamais effacer la flétrissure qu'il a encourue; qu'on comprendrait cette décision s'il lui était encore possible de payer sa dette; mais que les notions de justice les plus élémentaires répugnent à le repousser pour toujours, s'il lui est désormais impossible de se libérer; — Que la loi du

avait été condamné contradictoirement, et avait ensuite laissé prescrire sa peine sans avoir rien fait pour se soustraire à son exécution, mais sans avoir, ainsi qu'il l'aurait pu, rappelé sa situation à l'autorité compétente. La cour a estimé qu'il n'avait à s'imputer aucune faute, et l'a réhabilité. Cette décision nous paraît singulièrement indulgente. Sans doute, humainement, on ne pouvait faire grief au condamné de son abstention ; mais il ne faut pas l'oublier : la réhabilitation est une faveur, la loi ne l'accorde qu'à certaines conditions, et la première de ces conditions c'est que le condamné ait « subi sa peine ». Or si l'équité paraît autoriser une exception à la règle en cas d'ignorance en quelque sorte invincible quand il y a un véritable cas de force majeure, comme dans l'espèce jugée par la cour d'Orléans, il n'en est sûrement pas de même lorsque le jugement a été contradictoire. En cette seconde hypothèse, le condamné laisse volontairement et sciemment prescrire sa peine, il n'est pas exempt de faute, il n'y a donc pas de motif pour lui accorder une faveur que la loi réserve aux condamnés qui payent leur dette à la justice.

Ainsi qu'on l'a vu *suprà*, n° 2 *in fine*, M. Michelin, député, a proposé à la Chambre de rendre la réhabilitation applicable aux condamnés *contradictoirement* qui ont prescrit contre l'exécution de la peine. Cette proposition a été prise en considération dans la séance du 10 mai 1894.

18. Le contumax qui a prescrit sa peine pourrait-il être admis, aussi bien que le défaillant en police correctionnelle, à alléguer qu'il a ignoré la condamnation qui l'a frappé, et à solliciter sa réhabilitation ? Nous le croyons. M. Laborde a fait justement remarquer, à cet égard (p. 408, note 3), que les mesures de publicité dont est entourée la condamnation par contumace rendent sans doute peu vraisemblable l'ignorance alléguée par le condamné ; mais ce n'est là qu'une présomption de fait qui doit tomber devant la preuve contraire, pour laquelle on devra évidemment se montrer sévère.

19. — II. PAYEMENT DES AMENDES, FRAIS ET DOMMAGES-INTÉRÊTS. — L'art. 623 c. instr. crim. a été considérablement modifié par la loi du 14 août 1885. Les deux premiers paragraphes de cet article sont aujourd'hui ainsi conçus : « Il (le condamné) doit, sauf le cas de prescription, justifier du payement des frais de justice, de l'amende et des dommages-intérêts, ou de la remise qui lui en a été faite. — A défaut de cette justification, il doit établir qu'il a subi le temps de contrainte par corps déterminé par la loi, ou que la partie lésée a renoncé à ce moyen d'exécution ». Ces dispositions et les autres paragraphes de l'art. 623 seront étudiées dans l'ordre ci-dessus indiqué : amendes, frais, dommages-intérêts.

20. — 1° *Amende*. — L'amende est une peine, et, en principe, cette peine doit avoir été subie, soit pécuniairement par le payement effectif, soit corporellement par la contrainte par corps. Il faut ajouter que, par une innovation de la loi de 1885, innovation dont le mérite peut, d'ailleurs, être contesté, la prescription est admise comme mode de libération : « sauf le cas de prescription », dit le premier paragraphe ci-dessus. Un auteur a contesté cette dernière solution. M. Laborde (n° 703) soutient que, malgré les termes généraux des paragraphes 1 et 2 de l'art. 623, la prescription n'est pas susceptible d'être invoquée pour l'*amende*, parce que les confiscations qui ont un caractère pénal. Il s'appuie sur la disposition générale de l'art. 619 qui n'admet à la réhabilitation que le seul condamné qui « subi sa peine » (ou qui a obtenu des lettres de grâce). Mais cette opinion est restée isolée. Comme

à MM. Garraud, n° 98 *in fine*; Brégeault, p. 38 et suiv.; André, p. 193, il nous paraît évident que la volonté du législateur de 1885 s'est manifestée à cet égard d'une manière non douteuse dans le paragraphe 1 de l'art. 623. En présence de ces expressions : « il doit, sauf le cas de prescription, justifier du payement des *frais de justice*, de l'*amende* et des *dommages-intérêts* » est-il possible de faire une distinction quelconque au point de vue de la prescription entre l'amende d'une part, les frais et les dommages-intérêts de l'autre ? Or, qui peut douter que la prescription équivaille au payement des frais et des dommages ? Donc elle équivaut au payement de l'amende. Sans doute il y a dans l'assimilation de la prescription au payement de l'amende une atteinte grave portée au principe même de la réhabilitation, puisque dorénavant, un condamné qui se sera soustrait à l'exécution de sa peine par la prescription pourra obtenir sa réhabilitation, mais, pour nous, la loi est formelle. Cette interprétation a été admise par la chancellerie. Dans sa circulaire du 14 oct. 1885, M. le garde des sceaux a dit à cet égard : « Quant à l'amende, la règle est identique ; cependant la prescription, considérée comme un moyen de libération, équivaudra au payement et, dans ce cas, la demande en réhabilitation sera recevable sans obligation pour le demandeur de justifier de son insolvabilité à l'époque où la prescription s'est accomplie ».

21. A défaut de justification du payement de l'amende, le condamné doit (art. 623, § 2) établir qu'il a subi le temps de contrainte par corps déterminé par la loi et, ajoutons-nous, par le jugement. On sait, en effet, que la loi du 22 juill. 1867 sur la contrainte par corps (D. P. 67. 4. 75) a indiqué seulement par *maximum* et *minimum*, variant selon la durée de l'amende, la durée de l'incarcération, et que c'est aux tribunaux qu'il appartient de la fixer d'une façon précise, en se renfermant dans les limites de la loi.

22. Il y a lieu de remarquer enfin que la loi, contrairement à ce qu'elle décide en ce qui concerne les dommages-intérêts (art. 623, § 4), n'autorise pas la cour à affranchir le demandeur en réhabilitation des conséquences de la solidarité quant au payement de l'amende. Cette même cour ne pourrait pas davantage accorder la réhabilitation dans le cas où l'amende n'aurait été payée qu'en partie. La cour, en effet, n'a pas le droit de grâce, et aucun texte ne lui accorde la faculté de se contenter de la justification d'un payement partiel.

23. — 2° *Frais*. — Le demandeur en réhabilitation doit justifier du payement, non seulement de l'amende, mais aussi des frais de justice (art. 623, § 1). Cette exigence de la loi est légitime : avant de faire effacer les conséquences juridiques de sa faute, n'est-il pas juste que le condamné en subisse les conséquences pécuniaires et rende l'État indemne des avances que la répression lui a occasionnées ? (Brégeault, p. 41.)

24. La condamnation aux frais étant une condamnation civile, il ne peut en être fait remise par voie de grâce, la grâce ne s'appliquant qu'aux peines. En principe, le payement des frais ne peut être remplacé, en point de vue de la réhabilitation, que par la contrainte par corps (art. 623, § 2), ou par la prescription (§ 2), et il est à noter que, précisément parce qu'il s'agit ici d'une condamnation civile, la prescription est, non pas celle des peines, mais la prescription trentenaire de l'art. 2262 c. civ. (Brégeault, p. 42; André, p. 196).

25. En cas d'insolvabilité, on a pensé qu'il serait trop dur d'exclure du bénéfice de la réhabilitation un condamné qui remplit, d'ailleurs, toutes les conditions exigées et qui se

15 août 1885 a modifié en ce sens l'art. 623 c. instr. crim., qui, pour les condamnations pécuniaires, écartait en termes formels ce mode de libération, mais que l'art. 619 n'étant pas aussi impératif dans ses termes, n'avait pas besoin sans doute de recevoir une semblable modification ; — Attendu, au surplus, que, dans l'espèce, il résulte des renseignements fournis par le parquet que Giraud ne s'est pas *volontairement* soustrait à l'exécution de la peine et que c'est par suite d'un oubli, ou d'une confusion de noms, que M. le procureur de la République de Grasse a omis de requérir contre lui l'exécution de la peine corporelle ; que si on peut à la rigueur comprendre que le bénéfice de la réhabilitation échappe au condamné qui a refusé de payer sa dette, on ne pourrait du moins s'expliquer qu'une même fin de non-recevoir fût opposée à celui qui, sous ce rapport, n'a à s'imputer aucune faute, si légère fût-elle ; — Attendu que la cour d'Orléans, par son arrêt du 14 avr. 1886, a déjà consacré cette doctrine dans une espèce analogue ; — Attendu d'ailleurs que Giraud a complètement satisfait aux autres conditions exigées par la loi pour obtenir sa réhabilitation ; — Par ces motifs, la cour, faisant droit à la demande de Giraud (Jean-Joseph), le déclare réhabilité des conséquences légales de la condamnation prononcée contre lui par le jugement correctionnel de Grasse précité.

Du 8 nov. 1888.-C. d'Aix, ch. d'accusation.-MM. Lorin de Reure, pr.-Furby, subst. du proc. gén.

trouve dans l'impossibilité d'acquitter des frais parfois fort élevés : De là, la disposition nouvelle du paragraphe 4 de l'art. 623 : « Néanmoins, si le demandeur justifie qu'il est hors d'état de se libérer des frais de justice, la cour peut accorder la réhabilitation, même dans le cas où ces frais n'auraient pas été payés, ou ne l'auraient été qu'en partie ». La loi ne dit pas à l'aide de quels documents se fera cette justification ; nous pensons donc que la cour a un pouvoir absolu d'appréciation à cet égard.

26. Au cas de plusieurs condamnés et de condamnation solidaire de ces divers condamnés au payement des frais du procès, la cour fixe la part des frais de justice qui doit être payée par le demandeur en réhabilitation : en ce cas, celui-ci est tenu de justifier du payement de cette part, mais de cette part seulement (c. instr. crim. art. 623, § 5). C'est là encore une disposition nouvelle, introduite par la loi de 1885. La fixation de la quotité est tout entière laissée à l'appréciation de la cour.

27. — 3° *Dommages-intérêts.* — Le condamné qui demande à être réhabilité doit aussi justifier du payement des dommages-intérêts dus à la partie lésée (art. 623, § 1). L'ancien texte était ainsi conçu : « Il doit justifier du payement des dommages-intérêts auxquels *il a pu être condamné*, ou de la remise qui lui en a été faite ». Suivant la remarque de M. Brégeault (p. 45), les expressions un peu vagues de la loi avaient amené un résultat qui dépassait certainement ses prévisions. La chancellerie exigeait (Circ. du garde des sceaux du 17 mars 1853), toutes les fois qu'il y avait eu une ou plusieurs personnes lésées par le délit, que le condamné supportât la preuve de la réparation du préjudice causé. Rien de plus naturel lorsque la victime du délit avait obtenu des dommages-intérêts en justice. Si aucune condamnation de ce genre n'était intervenue, il était prescrit d'exiger cependant une déclaration de la partie lésée (ou de ses héritiers), aux termes de laquelle elle reconnaissait avoir été désintéressée complètement par l'auteur du fait délictueux, ou tout au moins ne lui rien réclamer. Enfin, lorsque la nature même du délit ne comportait pas de préjudice envers qui que ce fût (s'il s'agissait, par exemple, d'un outrage public à la pudeur), on était allé jusqu'à obliger dans ce cas le demandeur en réhabilitation à verser une certaine somme au bureau de bienfaisance de son domicile, à titre de « réparation morale ». (Brégeault, *eod. loc.*) Cette pratique avait de graves inconvénients. La partie lésée pouvait, en effet, abuser de l'avantage que lui offrait la situation, formuler tardivement des prétentions exagérées ; en d'autres termes, elle pouvait se livrer à une espèce de chantage. Il n'en est plus ainsi depuis la loi de 1885. Comme l'a écrit M. Bérenger dans son second rapport au Sénat, « le condamné n'a plus désormais à justifier que du payement ou de la remise des *condamnations réellement prononcées contre lui* au moment de sa demande ». M. le garde des sceaux a dit de même dans sa circulaire du 14 oct. 1885 : « D'après les discussions qui ont précédé le vote de la loi, il convient, pour se conformer à l'intention du législateur, de renoncer à la pratique suivie jusqu'à ce jour et en vertu de laquelle le demandeur en réhabilitation devait produire un certificat constatant le complet désintéressement de la partie lésée, alors même qu'aucune condamnation à des dommages-intérêts n'était intervenue ». Aussi doit-on tenir pour certain, que le demandeur n'est tenu de justifier que du payement des dommages-intérêts résultant de condamnations *réellement prononcées au moment de la réhabilitation* (Conf. André, p. 197 ; Laborde, n° 707 ; Leloir, *La France judiciaire*, 1885-1886, I, p. 132. — V. cependant, en sens contraire, Garraud, t. 2, n° 98, p. 165, et note 19, qui estime que rien n'a été changé, à ce point de vue, par la loi du 14 août 1885, à l'état de la législation antérieure).

28. Au reste, la libération du demandeur en ce qui concerne les dommages-intérêts peut résulter de plusieurs causes différentes et s'établir par différents modes de preuve, qui sont les suivants :

29. — A. *Payement effectif.* — A cet égard, il y a lieu de remarquer que lorsqu'une condamnation solidaire est intervenue contre plusieurs inculpés, la cour fixe la part de dommages-intérêts afférente au demandeur en réhabilitation, ainsi que cela a lieu pour les frais (art. 623, § 5).

30. — B. *Remise ou transaction.* — La partie lésée peut renoncer à se prévaloir du jugement qui lui attribue une indemnité ou n'exiger qu'une partie de cette indemnité. Dans ce cas (art. 623, § 1, *in fine*), la libération résultera de la preuve de la renonciation de la partie lésée, ou du payement à titre transactionnel effectué entre ses mains (Brégeault, p. 47 ; André, p. 198).

31. — C. *Prescription.* — En présence des termes du paragraphe 1 de l'art. 623 : « Il doit, *sauf le cas de prescription*, justifier du payement des frais de justice, de l'amende et des *dommages-intérêts* », il n'est pas douteux que la prescription ne suffise pour libérer le condamné au point de vue de la réhabilitation. Avant la loi de 1885, on n'admettait pas que l'impétrant pût invoquer la prescription pour se dispenser d'acquitter les dommages-intérêts. « Ce moyen peu délicat, dit M. Laborde, n° 703, était exclu par cette idée que la réhabilitation est une récompense accordée à un condamné redevenu digne de la considération et de l'estime de ses concitoyens ». A tort ou à raison, le législateur de 1885 a accueilli ce mode de libération, sans doute par suite d'une erreur de droit commise dans la discussion et qui n'a pas été relevée : « La prescription, a dit M. Mazeron, député, a un caractère absolu et d'ordre public. Il n'est plus possible au condamné de payer..... S'il ne pouvait l'invoquer, il en résulterait pour lui l'impossibilité absolue de se faire réhabiliter » (séance du 18 mai 1885). M. Laborde a fait remarquer que « ce raisonnement serait juste si la prescription applicable aux condamnations à des dommages-intérêts était la prescription criminelle ; mais ces créances sont soumises à la prescription civile (c. instr. crim. art. 642). Or, en droit civil, la dette persiste, bien que le délai fixé par la prescription soit écoulé, tant qu'elle n'est pas invoquée par le créancier (c. civ. art. 2223). Aucun obstacle légal n'empêcherait donc un payement qu'on a fort inexactement considéré comme impossible » (p. 409, note 1). Au reste, la prescription étant, comme on vient de le dire, une prescription civile, il s'agit ici, comme pour les frais, de la prescription de trente ans (c. instr. crim. art. 642 ; c. civ. art. 2262).

32. — D. *Contrainte par corps.* — « A défaut de cette justification, il doit établir qu'il a subi le temps de contrainte par corps déterminé par la loi, ou que la partie lésée a renoncé à ce moyen d'exécution » (art. 623, § 2). C'est la reproduction intégrale de l'ancien texte du code.

33. — 4° *Dépôt à la Caisse des consignations.* — L'ancienne législation présentait une lacune grave. Si la partie lésée ne pouvait être retrouvée, ou refusait de recevoir les dommages-intérêts alloués, comment devait se faire la justification prescrite? Dans le silence de la loi, l'embarras était grand. Le nouvel art. 623, § 6, s'exprime ainsi : « Si la partie ne peut être retrouvée, ou si elle refuse de recevoir, il est fait dépôt de la somme due à la Caisse des dépôts et consignations dans la forme des art. 812 et suiv. c. proc. civ.; si la partie ne se présente pas dans un délai de cinq ans, pour se faire attribuer la somme consignée, cette somme est restituée au déposant sur sa demande ».

34. En terminant sur ce point, nous constaterons que la loi du 14 août 1885 a maintenu la disposition du texte de 1832, relative à la réhabilitation demandée par un condamné pour banqueroute frauduleuse. Il doit « justifier du payement du passif de la faillite en capital, intérêts et frais, ou de la remise qui lui en a été faite (art. 623, § 3). — Au cas de condamnation solidaire de plusieurs associés pour banqueroute frauduleuse, devra-t-on exiger du pétitionnaire, se présentant seul pour solliciter sa réhabilitation la justification du payement total? Non : la cour pourra user de la faculté qui lui est donnée par la loi (art. 623, § 5) de fixer la part du passif qui doit être payée par le demandeur.

35. — III. Délai d'épreuve. — Nul ne peut être admis à demander sa réhabilitation avant un certain délai d'épreuve. Ce délai, fixé par l'art. 620, qui n'a pas été modifié par la loi nouvelle, est en principe de cinq ans pour tout condamné à une peine criminelle, de trois ans pour tout condamné à une peine correctionnelle. Exceptionnellement ce délai a été porté, par les paragraphes 3 et 4 du nouvel art. 634, à dix ou à six années pour tous individus en état de récidive légale, de même que pour les réhabilités qui ont encouru une condamnation nouvelle.

On sait que la législation antérieure à 1885 excluait absolument du bénéfice de la réhabilitation les récidivistes de crime à crime et les condamnés qui, après avoir obtenu leur réhabilitation auraient encouru une nouvelle condamnation (ancien art. 634). La loi nouvelle s'est montrée plus large : elle n'exclut plus personne. Elle donne au libéré qui, après avoir été réhabilité, encourt une nouvelle condamnation, le droit de former une nouvelle demande en réhabilitation, mais à la condition d'attendre *dix ans* en cas de condamnation à une peine afflictive ou infamante, et *six ans* seulement en cas de condamnation à une peine correctionnelle. La même règle s'applique désormais à *tout récidiviste*. A ce dernier point de vue, M. Garraud fait remarquer avec raison que « la nouvelle législation est tantôt plus favorable, tantôt plus défavorable que l'ancienne : 1° elle permet au récidiviste de peine criminelle à peine criminelle d'obtenir une réhabilitation qui lui était absolument refusée par la loi de 1852 ; c'est en ce point seulement qu'elle est plus favorable ; 2° mais les récidivistes de peine criminelle à peine correctionnelle ou de peine correctionnelle à peine correctionnelle, qui restaient dans le droit commun avant 1885, en sont sortis depuis cette époque. Le délai d'épreuve est, pour eux, plus long que pour les condamnés primaires (p. 161, note 15).

36. Quel est le point de départ du délai ? Diverses hypothèses sont à considérer : 1° s'il s'agit d'une condamnation à une peine privative de liberté, le point de départ du délai est le jour de la libération du condamné (art. 620, § 1) ; 2° s'il s'agit d'une condamnation à la dégradation civique, le délai court « du jour où la condamnation est devenue irrévocable, ou de celui de l'expiration de la peine de l'emprisonnement, si elle a été prononcée (même article, § 2) ; 3° s'il s'agit d'une condamnation à l'interdiction de résidence prononcée comme peine principale, le délai court « du jour où la condamnation est devenue irrévocable » (même article, § 3) ; 4° s'il s'agit d'une peine d'amende, le point de départ est-il le jour du payement de celle-ci ? Dans le silence de la loi, plusieurs auteurs l'ont soutenu (Sarraute, p. 36 ; Garraud, n° 98 ; Prudhomme, p. 19). La chancellerie, au contraire, soit que la peine d'amende ait été prononcée par les juges, soit qu'elle ait été substituée par une décision gracieuse à la peine de l'emprisonnement, décide que le point de départ du délai est le jour où la condamnation est devenue définitive ou bien celui où la décision gracieuse a été acquise (Décis. min. just. 31 déc. 1878, *Recueil officiel*, t. 2, p. 221, note 11. Conf. Brégeault, p. 51).

37. En cas de libération *conditionnelle*, accordée au condamné dans les termes de l'art. 2 de la loi du 14 août 1885, le délai d'épreuve imposé pour la réhabilitation commence-t-il à la date de cette libération ? Nous ne le croyons pas. Jusqu'à la libération *définitive*, en effet, la peine est toujours en cours ; puisque, à tout instant, un arrêté peut être pris, par le ministre de l'intérieur, pour révoquer la libération anticipée. Le point de départ sera donc, même en cette hypothèse, la date de la libération *définitive* (Garraud, n° 98). V. cependant, en sens contraire, Brégeault, p. 50, et André, p. 200, qui admettent comme point de départ la date de la libération conditionnelle, non suivie de révocation.

38. Mais la résidence obligée dans la colonie pénale, après l'expiration de la peine des travaux forcés (art. 6 de la loi du 30 mai 1854), n'empêche pas le délai de courir. Cette solution, qui n'est qu'une application judiciaire des principes, est exprimée par la formule obscure de l'art. 11 de la loi du 14 août 1885 : « La présente loi est applicable aux colonies, sous réserve des dispositions des lois ou règlements spéciaux relatifs à l'exécution de la peine des travaux forcés » (Laborde, n° 709, p. 411, note 1). V. discours de M. Bérenger, Sénat, séance du 1er avr. 1885.

39. Lorsqu'un condamné à mort a obtenu la commutation de cette peine en une peine correctionnelle, faut-il exiger le délai de cinq ans, ou se contenter de trois ans ? Avec M. Billecocq, p. 35, et M. Brégeault, p. 52, nous estimons que, la loi s'attachant exclusivement à la peine prononcée sans s'inquiéter de la peine subie, il faudra, en pareil cas, exiger l'épreuve la plus longue.

Il a été jugé, dans le même ordre d'idées, que la détention dans une maison de correction, prononcée contre un mineur acquitté pour avoir agi sans discernement, n'ayant pas le caractère d'une peine, ce temps passé dans une maison de correction compte comme temps d'épreuve et le mineur peut s'en prévaloir pour obtenir sa réhabilitation (Orléans 29 nov. 1887, aff. Mestre, D. P. 88. 2. 274). Cette décision est juridique. On a toujours refusé le caractère de peine à une détention de cette nature (V. *suprà*, v° *Peine*, n° 464) ; dès lors, le mineur détenu dans une maison de correction doit, en droit, être considéré comme libre, et après trois ou cinq ans, selon le cas, il doit être admis à solliciter sa réhabilitation.

Rappelons en terminant ce qui est relatif au délai d'épreuve que, suivant la proposition de la loi déposée à la Chambre par M. Michellin, et prise en considération dans la séance du 10 mai 1894, la réhabilitation sera de droit après un certain délai (dix ans pour les condamnés à une peine afflictive ou infamante, six ans pour les condamnés à une peine correctionnelle).

40. — IV. RÉSIDENCE. — Le législateur a voulu que, pendant le temps d'épreuve, le condamné ne pût, par des déplacements continuels, soustraire sa conduite au contrôle des autorités judiciaires et administratives. Le demandeur doit donc avoir rempli, depuis sa libération, une double obligation de résidence, imposée par l'art. 621 c. instr. crim. modifié par la loi du 14 août 1885 : 1° il doit avoir résidé dans le même arrondissement pendant cinq ans, s'il a été frappé d'une peine criminelle ; pendant trois ans, s'il a été frappé d'une peine correctionnelle ; 2° il doit, en outre, avoir résidé dans la même commune pendant les deux dernières années. — Il résulte de la disposition qui précède que, lorsque le condamné transporte sa résidence d'un arrondissement dans un autre, il perd le bénéfice du délai écoulé, et une nouvelle période de cinq ou de trois ans doit être accomplie par lui. Mais un simple déplacement de quelques jours, ou de quelques semaines, un voyage nécessité par des intérêts de famille, ou par des affaires, ne saurait constituer une interruption de résidence. Il y a là une question de fait et d'appréciation pour la chambre d'accusation chargée de statuer sur la demande (Brégeault, p. 54 ; André, p. 201).

41. Deux questions se présentent au sujet de l'interprétation de l'art. 621. Le séjour de cinq ans ou de trois ans dans le même arrondissement doit-il précéder immédiatement l'introduction de la demande ? L'affirmative paraît résulter du texte. L'art. 621 dit en effet : « s'il n'a résidé *depuis* cinq (ou trois) années..... », et non pas seulement « *pendant* cinq (ou trois) années ». Cependant il a été jugé qu'une demande en réhabilitation peut être accueillie bien que, à l'expiration du séjour de cinq ou de trois années dans un même arrondissement, le condamné ait changé de résidence et que la demande en réhabilitation soit postérieure à ce changement de résidence (Paris, 25 janv. 1889, aff. Z... D. P. 90. 2. 310).

42. L'autre question est de savoir ce que signifient ces expressions de la loi : « s'il n'a résidé... pendant les *deux dernières* (années) dans la même commune ». Quelles sont ces deux dernières années ? S'agit-il de celles qui précèdent immédiatement la demande en réhabilitation, ou seulement des deux dernières années avant celles de cinq ou trois ans ? La réponse n'est pas douteuse. D'après l'esprit de la loi et son texte même, il s'agit évidemment des deux dernières années qui précèdent immédiatement la demande (André, p. 202 ; Brégeault, p. 54).

43. Déjà sous l'empire du code d'instruction criminelle, l'usage s'était établi d'apporter certains tempéraments aux prescriptions de l'art. 621. La loi de 1885 a pris soin d'inscrire ces tempéraments dans la loi. C'est ainsi que, pour les condamnés appelés sous les drapeaux à l'expiration de leur peine, le séjour sous les drapeaux est admis comme une résidence pouvant conduire à la réhabilitation ; mais ils devront justifier d'attestations satisfaisantes de leurs chefs militaires (art. 621, § 3). Il est à remarquer que autrefois on n'admettait pas que la réhabilitation pût être accordée si le condamné était resté au service pendant toute la durée du délai (Billecocq, p. 50 ; Sarraute, p. 37) ; aujourd'hui la loi nouvelle admet sans restriction le séjour sous les drapeaux comme équivalant à la résidence dans les mêmes arrondissement et commune : « Les condamnés qui ont passé *tout*

ou partie de ce temps sous les drapeaux... pourront être affranchis de cette condition... » dit le texte nouveau. Il convient évidemment d'assimiler au séjour sous les drapeaux le service à la mer (Brégeault, p. 55; André, p. 202). On le faisait déjà sous l'empire de la loi de 1852 (Billecocq, p. 50).

44. Un second tempérament a été apporté par la loi de 1885 au profit de « ceux à qui la profession impose des déplacements inconciliables avec une résidence fixe » (art. 621, § 3). Ceux-ci peuvent être affranchis de la continuité de la résidence si leurs patrons, interrogés par le parquet, attestent leur bonne conduite (même article). Le motif même de cette disposition favorable a déterminé la jurisprudence à en étendre l'application : 1° aux domestiques; des causes multiples peuvent, en effet, les amener à changer de patron (Poitiers, 18 juin 1889, aff. X..., D. P. 90. 2. 310); 2° à ceux qui résident chez leur père, dont les fonctions sont incompatibles avec une résidence fixe (Poitiers, 3 juin 1891) (1); 3° aux clercs de notaires et employés stagiaires des greffes (Bourges, 30 juill. 1891, *Gazette des tribunaux,* 1er août 1891).

45. La loi de 1885, pas plus que celle de 1852, n'a prévu le cas où le condamné a résidé à l'étranger. Voici quelle est, à cet égard, la jurisprudence de la chancellerie : peu importe que les condamnés aient résidé à l'étranger pendant les années qui ont précédé immédiatement la demande en réhabilitation; on se renseignera sur leur conduite, durant ce séjour, par l'intermédiaire des agents diplomatique ou consulaires de la France; mais il est indispensable que, depuis leur libération, ils aient résidé en France au moins pendant cinq ou trois années consécutives, c'est-à-dire qu'ils aient subi en France, à une époque quelconque, l'épreuve imposée par l'art. 621 c. instr. crim. (Circ. du garde des sceaux du 27 mars 1853; Billecocq, p. 30; Brégeault, p. 56; Garraud, t. 2, p. 63, note; André, p. 203). — Quant à la résidence dans les colonies ou dans les pays de protectorat, elle devrait être assimilée à la résidence dans la métropole.

Sect. 4. — Procédure.

46. — I. Requête et pièces a l'appui. — Le condamné qui désire être réhabilité doit adresser, au procureur de la République de l'arrondissement où il réside, une *requête* faisant connaître la date de sa condamnation, ainsi que les lieux où il a résidé depuis sa libération (art. 622). Outre les indications prescrites par la loi, la demande doit contenir l'état civil complet du demandeur, elle doit indiquer le tribunal qui a prononcé la condamnation, les motifs qui l'ont amenée, le lieu où la peine a été subie, les décisions gracieuses dont ce condamné a pu être l'objet; enfin tous renseignements utiles à l'instruction de la demande (Brégeault, p. 83 et 84; André, p. 204 et 205).

47. Régulièrement, la requête doit être écrite et signée par le demandeur. S'il ne savait signer, on rédigerait pour lui une requête dans laquelle le maire ou le juge de paix mentionnerait l'incapacité où se trouve le demandeur et attesterait, en même temps, que la supplique est bien l'expression de la volonté du condamné (Circ. du garde des sceaux du 17 mars 1853, note, dans le *Recueil officiel des circulaires et instructions du ministère de la justice*). La de-

mande, conformément aux prescriptions de l'art. 12 de la loi du 13 brum. an 7, doit être rédigée sur papier *timbré*.

48. Un condamné ne serait pas recevable à demander la réhabilitation uniquement à l'occasion de l'une seulement des condamnations qu'il a subies et qui a entraîné des déchéances ou des incapacités; il doit se faire réhabiliter pour toutes les condamnations qui figurent à son casier judiciaire, même pour celles qui n'ont entraîné aucune incapacité (Orléans, 19 juill. 1887, aff. Desbaix, D. P. 88. 2. 273).

49. Lorsque le demandeur allègue qu'il a payé l'amende et les frais de justice, il doit produire, à l'appui de sa requête, la *quittance* qui lui a été délivrée par le percepteur au moment où il s'est acquitté, ou un duplicata de cette quittance (art. 623, § 1). Une circulaire du ministère de la justice en date du 16 janv. 1889 a décidé « que les parquets devraient se contenter à l'avenir, en ce qui concerne les condamnations recouvrées par les percepteurs des contributions directes, des quittances à souches revêtues du timbre de 25 cent., et n'exiger la production d'une quittance sur papier timbré de dimension que lorsqu'il s'agit des condamnations recouvrées par les receveurs de l'enregistrement avant la mise à exécution de la loi du 29 déc. 1873, art. 25 ». D'après la même circulaire « la forme même des quittances étant une garantie de leur sincérité, il n'y a pas lieu, en principe, d'exiger la légalisation de la signature du percepteur, alors même que la quittance est produite hors de la circonscription où le comptable signataire exerce ses fonctions. Dans les cas exceptionnels où la légalisation paraîtrait indispensable, il y aurait lieu de faire procéder à cette formalité non, par les maires, mais par les supérieurs hiérarchiques des comptables ».

50. Si le condamné n'a pas payé les frais et l'amende, justification doit être faite qu'il a subi la contrainte par corps pendant le temps fixé par la loi (art. 623, § 2). Cette justification se fera par un extrait du registre d'écrou de la maison d'arrêt où le condamné a subi la contrainte, délivré à la requête du procureur de la République (Brégeault, p. 87; André, p. 207).

51. En ce qui concerne les *dommages-intérêts* dus à la partie lésée, la preuve à fournir consiste, en règle générale, en un certificat délivré par la partie ou par ses héritiers, constatant qu'il y a eu payement, remise ou transaction (art. 623, § 1 et 2). Si la partie lésée n'a pu être retrouvée, ou si elle refuse de recevoir les dommages-intérêts, le demandeur devra produire un certificat du receveur particulier ou du trésorier général, attestant que le dépôt à la Caisse des dépôts et consignations a été effectué conformément aux prescriptions du dernier alinéa de l'art. 623. Les deux certificats dont il vient d'être parlé doivent être sur papier timbré. Au reste, on sait que la quittance des dommages-intérêts n'est exigée qu'autant qu'il y a eu condamnation à ces dommages par le tribunal (V. *supra*, n° 27).

52. Si le demandeur a été condamné pour banqueroute frauduleuse, il devra justifier du payement du passif de la faillite en capital, intérêts et frais, ou de la remise qui lui en aurait été faite (art. 623, § 3). Ces justifications résultent de certificats établis sur timbre, délivrés par les créanciers de la faillite.

53. — II. Instruction par le procureur de la République. — L'instruction de la demande en réhabilitation est confiée au procureur de la République de l'arrondissement où l'impétrant est domicilié. Ce magistrat se fait délivrer : 1° une

---

(1) (X...) — La cour; — Attendu que X..., depuis sa condamnation, a résidé à C..., de décembre 1887 à septembre 1888, chez son père qui était receveur des postes; que, pendant ce temps, il a été employé chez le sieur P... brasseur, où il s'est bien conduit; que le sieur X... père ayant été, en septembre 1888, nommé receveur des postes à R..., le sieur X... fils a suivi son père et qu'il a résidé à R... depuis son départ de C... jusqu'au 3 janv. 1891; que, pendant son séjour à R..., il a travaillé comme commis chez Me S..., avoué, et dans les bureaux du receveur principal des contributions indirectes; que pendant tout le temps de son séjour à C... et à R..., sa conduite a été bonne; que les renseignements fournis sur son compte sont bons et les avis émis par les autorités judiciaires et administratives favorables; — Attendu, il est vrai, qu'il ne remplit pas les conditions de résidence exigées par l'art. 621, § 2, c. instr. crim.; — Mais attendu qu'aux termes du même art. 621, § 3 : « Peuvent être affranchis de cette condition ceux que leur profession oblige à

des déplacements inconciliables avec une résidence fixe »; que cette disposition favorable doit être étendue à ceux qui résident chez leur père dont les fonctions sont inconciliables avec une résidence fixe; — Attendu que vainement il est objecté que, pendant le temps susénoncé, le sieur X... fils n'a pas exercé la même profession; qu'en effet la loi n'exige pas l'exercice de la même profession; que ce que le législateur a voulu, c'est, pendant le temps d'épreuve, le condamné, par des déplacements continuels, ne puisse soustraire sa conduite au contrôle des autorités judiciaires et administratives; que, dans l'espèce, X... fils n'a changé de résidence que parce que son père, avec lequel il demeurait, avait été lui-même obligé de se déplacer; que ce changement de résidence, dans les circonstances de la cause, ne peut donc lui être imputé à faute; — Par ces motifs, — Déclare le sieur X... réhabilité.

Du 3 juin 1891.-C. de Poitiers.-MM. Poulle, pr.-Volf, subst. du proc. gén.-Mousset, av.

expédition de l'arrêt de condamnation ; 2° un extrait des registres de la maison de détention où la peine a été subie, constatant la date de l'écrou et la date de la radiation, et mentionnant en même temps la conduite du condamné pendant le séjour dans la prison (art. 625, § 1). Il provoque ensuite des attestations des maires des communes où le condamné a résidé, faisant connaître : 1° la durée de sa résidence dans chaque commune, avec indication du jour où elle a commencé, et de celui où elle a fini ; 2° sa conduite pendant la durée de son séjour ; 3° ses moyens d'existence pendant le même temps (art. 624, § 1). On le voit, ces attestations demandées aux maires sont à la fois des *certificats* sur l'époque et la durée de la résidence dans la commune, la conduite, les moyens d'existence du condamné, et des *avis* sur le mérite de sa demande. Autrefois, l'attestation était délibérée par le conseil municipal. Suivant la remarque de M. Garraud, l'intervention d'un corps nombreux et surtout d'un corps élu, dans une procédure qui demande de la discrétion la plus absolue, était de nature à décourager les demandes en réhabilitation. Aussi, la loi de 1885 a mis en relations directes, à ce sujet, le procureur et le maire, et le conseil municipal n'intervient plus. — Le procureur de la République prend enfin l'avis des juges de paix des cantons et celui des sous-préfets des arrondissements où le condamné a résidé (art. 624, *in fine*). — Si le demandeur prétend avoir été en situation d'invoquer la dispense de la résidence pendant le délai d'épreuve (*suprà* n°s 43 et 44), le procureur de la République provoque les attestations des chefs militaires et les certificats des patrons dont il est parlé en l'art. 624, § 4.

54. Toutes les pièces étant rassemblées, le procureur de la République les transmet avec son avis au procureur général (art. 625, *in fine*).

55. — III. Procédure devant la cour d'appel. — C'est une section de la cour d'appel, la chambre des mises en accusation, qui, souverainement, statue, par arrêt, sur la demande en réhabilitation (art. 627 et 628). Autrefois, la cour était appelée seulement à émettre un avis sur la requête, et c'est le pouvoir exécutif qui statuait. Désormais, et c'est une des innovations capitales de la loi du 14 août 1885, la cour hérite des pouvoirs réservés jusqu'ici au chef de l'État : « La cour, dit l'art. 628, le procureur général et la partie ou son conseil entendus, statue ».

56. Par les soins du procureur général, les pièces sont déposées au greffe de la cour d'appel, et, par son intermédiaire, la cour d'appel est saisie (art. 626). Dans des mois du dépôt du dossier au greffe de la cour, l'affaire doit être rapportée à la chambre d'accusation ; le procureur remet à la cour ses conclusions motivées et par écrit (art. 627, § 1). Ce magistrat peut requérir en tout état de cause, et la cour peut ordonner, même d'office, de nouvelles informations, sans qu'il puisse en résulter un retard de plus de six mois (art. 627, § 2).

57. La chambre des mises en accusation statue à *huis clos* : c'est le caractère même de la procédure devant la chambre d'accusation. Mais, par exception aux règles de la procédure suivie ordinairement devant elle, en matière de réhabilitation elle statue contradictoirement : « le procureur général et *la partie ou son conseil entendus* » (art. 628).

58. La cour peut accorder ou rejeter la demande. Si elle rend un arrêt de réhabilitation, un extrait de l'arrêt est adressé par le procureur général à la cour ou au tribunal qui a prononcé la condamnation. L'art. 632, § 2, de la loi du 27 mai 1885, le dit en termes formels : « Ne seront pas transcrit en marge de la minute de l'arrêt ou du jugement ». Mention en est faite, en outre, au casier judiciaire, et, désormais, les extraits du casier judiciaire, délivrés aux parties, ne devront plus relever la condamnation (art. 633). Les extraits

délivrés aux administrations publiques, autres que les parquets, devront être également négatifs (Garraud, t. 2, p. 168 ; André, p. 212). La condamnation ne subsistera donc, avec la mention de la réhabilitation, que dans les extraits délivrés aux parquets.

59. Afin d'avoir en sa possession la preuve de sa réhabilitation, le réhabilité pourra se faire délivrer, sans frais, une expédition de l'arrêt intervenu et un extrait du casier judiciaire (art. 633, § 2).

60. Si la cour rejette la demande de réhabilitation, quels que soient les motifs de cette décision, le pétitionnaire devra attendre deux ans avant d'introduire une nouvelle demande (art. 629). — Toutefois il a jugé que le délai de deux ans de l'art. 629 ne s'applique pas au cas où la demande a été rejetée pour insuffisance de la durée de résidence dans le même arrondissement, sans statuer au fond (Bourges, 20 févr. 1890) (1). Conf. Dutruc, *Journal du ministère public*, 1890, p. 93.

61. Les arrêts des cours d'appel en matière de réhabilitation sont-ils susceptibles d'être déférés à la cour de cassation ? Sous l'empire des lois antérieures, les avis émis par les chambres d'accusation en matière de réhabilitation n'étaient susceptibles d'être déférés à la cour de cassation que d'ordre du garde des sceaux, conformément à l'art. 441 c. instr. crim. Mais, depuis la loi de 1885, ces chambres rendent, en matière de réhabilitation, de véritables arrêts ; aussi désormais, suivant nous, les décisions de la cour en cette matière pourraient être déférées dans les cas, les formes, les délais et les conditions ordinaires, par pourvoi des parties, à la cour de la cassation (Garraud, p. 169 ; Laborde, n° 713 ; André, p. 213).

Sect. 5. — Effets de la réhabilitation.

62. C'est surtout au point de vue des effets de la réhabilitation que la loi du 14 août 1885 a innové. Un seul mot introduit dans le texte de l'art. 634 : « La réhabilitation *efface* la condamnation » a suffi pour en transformer le caractère de la façon la plus complète. Cet article est aujourd'hui ainsi conçu : « La réhabilitation efface la condamnation et fait cesser pour l'avenir toutes les incapacités qui en résultaient ».

63. — 1° *Effets quant à la condamnation*. — La réhabilitation anéantit, efface absolument la condamnation. Elle a le caractère d'une *restitutio in integrum* (Circ. du garde des sceaux du 14 oct. 1885) ; elle rend à celui qui en a été reconnu digne l'intégrité de son état ancien. Ce caractère nouveau a été bien mis en lumière par l'arrêt de la cour d'Orléans du 19 juill. 1887 (cité *suprà*, n° 48). Quatre conséquences en découlent : 1° la réhabilitation fait disparaître la condamnation du casier judiciaire (V. *suprà*, n° 58) ; — 2° Elle fait disparaître la condamnation au point de vue de la récidive. Cette seconde conséquence résulte clairement des travaux préparatoires, où elle a été affirmée (V. notamment le discours de M. Bérenger à la séance du 22 mars 1884, 3° 23 mars, Sénat, Déb. parlem., 1884, p. 773) ; — 3° La condamnation effacée par la réhabilitation ne compte pas pour la relégation. L'art. 5, § 2, de la loi du 27 mai 1885, le dit en termes formels : « Ne seront pas comptées en vue de la relégation les condamnations qui auraient été effacées par la réhabilitation » ; — 4° Le conjoint de l'individu condamné à une peine afflictive ou infamante ne pourra plus, après la réhabilitation de ce dernier, baser, sur cette condamnation, une demande en divorce ou en séparation de corps » (Garraud, t. 2, p. 171).

64. Au reste, c'est seulement *pour l'avenir* que la réhabilitation efface la condamnation. L'effet n'est pas rétroactif ;

(1) (Aff. D.). — La cour ; — En la forme : — Considérant que D... a fait une précédente demande en réhabilitation que la cour a ajournée et non rejetée par son arrêt du 12 juin 1888 ; que le motif de cet arrêt dit que D... n'avait pas la résidence prescrite par l'art. 624, § 2 c. instr. crim. ; — Considérant qu'aujourd'hui, la période de résidence étant accomplie, D... a fait une nouvelle demande en réhabilitation ; — Considérant que, par son arrêt du 12 juin 1888, la cour n'a pas rejeté au fond la demande de D..., en lui imposant un nouveau temps d'épreuve pour sa régénération morale, mais l'a ajournée en la forme, le délai prescrit par l'art. 624 c. instr. crim. n'étant pas écoulé ; — Que la demande

nouvelle par lui formée ne saurait donc être écartée en vertu de l'art. 629 c. instr. crim., cet article n'ayant pu être édicté en prévision d'un ajournement de la demande pour défaut de résidence, mais plutôt en prévision d'un rejet fondé sur la conduite de l'impétrant qui n'aurait pas été bonne, comme l'exige l'art. 621 c. instr. crim. ;

Au fond, etc. ;

Par ces motifs, reçoit, en la forme, la demande en réhabilitation de D... ; — Mais, au fond, dit qu'il n'y a pas lieu, quant à présent, d'accueillir la demande de D...

Du 20 févr. 1890.-C. de Bourges, ch. d'accusation.

il se produit uniquement à dater de la réhabilitation (André, p. 214). Suivant la remarque de Faustin Hélie « le condamné n'est pas replacé, comme le faisait la loi romaine, dans l'état où il était avant sa condamnation. Tous les effets encourus au moment de l'exécution sont acquis soit à la société, soit aux tiers, et deviennent irrévocables : ce n'est que pour l'avenir qu'il reprend toute sa capacité et tous ses droits » (*Traité de l'instruction criminelle*, t. 8, n° 4103 *in fine*). Ainsi il est bien évident qu'il ne saurait être question de restitution de l'amende et de frais de justice. De même les conséquences civiles de la condamnation, une fois acquises aux tiers, sont irrévocables (Brégeault, p. 63. Conf. Laborde, n° 714). De même encore, la séparation ou le divorce obtenu antérieurement à la réhabilitation par le conjoint de l'époux condamné, et ayant eu pour motif la condamnation à une peine afflictive et infamante, continue à subsister (André, p. 215).

65. — 2° *Effets quant aux incapacités.* — La réhabilitation fait cesser toutes les incapacités résultant de la condamnation (art. 634 c. instr. crim.). Cet effet se produisait avant la loi de 1885; il était même alors le seul effet de la réhabilitation.

66. Les incapacités qui peuvent résulter de condamnations pénales sont nombreuses. Nous citerons : 1° celles qui sont produites par la dégradation civique (c. pén., art. 28 et 34); 2° l'incapacité de disposer et de recevoir par donation ou testament édictée contre les condamnés à des peines afflictives perpétuelles par l'art. 3 de la loi du 31 mai 1854 (D. P. 54. 4. 91); 3° l'interdiction de résidence qui a remplacé la surveillance de la haute police (L. 27 mai 1885, art. 19, D. P. 85. 4. 58); 4° les incapacités énumérées en l'art. 42 c. pén.; 5° l'exclusion de l'armée prononcée par l'art. 4 de la loi du 17 juill. 1889 (D. P. 89. 4.78); 6° l'incapacité de tenir une école publique ou d'y être employé, portée contre les condamnés désignés en l'art. 26 de la loi du 15 mars 1850 (D. P. 50. 4. 59), et celle d'ouvrir un cours et de remplir les fonctions d'administrateur ou de professeur dans un établissement libre d'enseignement supérieur contre les condamnés désignés en l'art. 8 de la loi du 27 juill. 1875 (D. P. 75. 4. 137); 7° celle d'être inscrit sur les listes électorales (Décr. 2 févr. 1852, art. 15 et 16, D. P. 52. 4. 49); 8° l'exclusion de la tutelle emportée de plein droit par toute condamnation à une peine afflictive ou infamante (c. civ. art. 443); 9° l'exclusion de la tutelle et la privation de l'usufruit légal des biens des enfants mineurs édictée par l'art. 335 c. pén.

67. A l'égard de la déchéance de la puissance paternelle, la loi du 24 juill. 1889 sur la protection des enfants maltraités ou moralement abandonnés (D. P. 89. 4. 15) contient une disposition spéciale. Aux termes de l'art. 3 de cette loi, « les père et mère frappés de déchéance dans les cas prévus par l'art. 1 et par l'art. 2, § 1, 2 et 4, ne peuvent être admis à se faire restituer la puissance paternelle qu'après avoir obtenu leur réhabilitation ». La réhabilitation ne suffit donc pas pour faire cesser cette déchéance; mais elle est le préliminaire et la condition indispensable de toute demande en restitution de la puissance paternelle.

68. La réhabilitation fait cesser les incapacités *pour l'avenir* (art. 634, § 1), sans produire d'effet rétroactif. Ainsi le père qui, par suite de l'application de l'art. 335 c. pén., a été privé de l'usufruit légal des biens de ses enfants mineurs, en recouvrera la jouissance à partir de la réhabilitation, mais il n'aura droit à aucune répétition pour les fruits perçus, et même seulement reçus pendant la durée de l'interdiction (André, p. 216; Garraud, p. 171; Brégeault, p. 76). Ainsi le testament fait en état d'incapacité, par le condamné à une peine afflictive perpétuelle, restera nul, bien que son auteur ait été, depuis, l'objet d'une mesure de réhabilitation (Garraud, p. 171). Ainsi encore, l'acte à la rédaction duquel le condamné a concouru comme témoin, reste nul malgré la réhabilitation de celui-ci (*Ibid.* p. 172). — Il faut noter, de plus, que l'arrêt de réhabilitation fait cesser les incapacités seulement à partir du jour où il a été rendu et non à partir de la condamnation; il est, en effet, de sa nature, attributif de droits (Laborde, n° 715).

69. Si la réhabilitation fait disparaître les incapacités, il est cependant une conséquence de certaines condamnations qu'elle est inefficace à détruire, c'est l'obstacle qu'elles apportent à la réhabilitation commerciale. Aux termes des art. 612 c. com., et 634 c. instr. crim. combinés, ne sont pas admis à la réhabilitation *commerciale*, les banqueroutiers frauduleux, les personnes condamnées pour vol, escroquerie ou abus de confiance, etc. (V. *infrà*, n° 85).

70. — 3° *Effets quant aux fonctions, grades, honneurs et dignités.* — Les condamnations pour crimes et pour un certain nombre de délits rendent ceux contre qui elles ont été prononcées incapables d'exercer des fonctions publiques, et privent les condamnés de leurs titres, grades ou dignités. Ces incapacités cessent pour l'avenir par l'effet de la réhabilitation, c'est-à-dire que le condamné réhabilité peut de nouveau être investi de fonctions publiques, revêtu de certains grades ou dignités. Mais la réhabilitation, n'ayant pas d'effet rétroactif, ne réintègre pas de plein droit le condamné dans les fonctions, grades et honneurs qui lui avaient appartenu avant sa condamnation. Ainsi un fonctionnaire public ou un officier ministériel, condamné pour fait le rendant incapable d'exercer une fonction ou un office public, pourra être de nouveau, après sa réhabilitation, être de nouveau investi à des fonctions de ce genre; mais il ne recouvrera pas celles qu'il occupait avant sa condamnation (Brégeault, p. 77), Ainsi jugé, avant la loi du 14 août 1885, à l'égard d'un courtier maritime (Trib. corr. Toulon, 30 nov. 1869, aff. M..., D. P. 70. 3. 86). Jugé de même, sous l'empire de l'art. 634 c. instr. crim., modifié par la loi du 14 août 1885, que la réhabilitation n'a pas pour effet d'anéantir la peine de la destitution prononcée contre un officier par un conseil de guerre, et que, par suite, cet officier ne peut être réintégré dans son grade (Cons. d'Et. 8 août 1888, aff. Louis, D. P. 89. 3. 117).

71. En ce qui concerne la Légion d'honneur, deux décisions du conseil d'Etat, rendues l'une avant la loi de 1885, l'autre postérieurement à cette loi, ont reconnu que la réhabilitation ne réintègre pas le condamné dans le grade qu'il y occupait. Le principe de la non-rétroactivité s'y oppose (Cons. d'Et. 20 févr. 1885, aff. Delahourde, D. P. 86. 3. 17; 1er mars 1889, D. P. 90. 3. 52).

Sect. 6. — De la réhabilitation de plein droit, créée par la loi du 26 mars 1891, dite loi Bérenger.

72. Lorsque le condamné, en faveur duquel a été prononcé, en vertu de la loi du 29 mars 1891 (D. P. 91. 4. 24), dite loi Bérenger, le sursis à l'exécution de la peine, n'a été, pendant les cinq ans qui forment la durée du sursis, l'objet d'aucune condamnation nouvelle à l'emprisonnement ou à une peine plus grave pour un crime ou pour un délit de droit commun, la condamnation qui lui avait été infligée, et toutes les conséquences légales qu'entraînait cette condamnation, se trouvent comme non avenues, dès l'expiration du sursis, par le seul effet de cette expiration (loi précitée, art. 1, § 2). C'est ce qu'on peut appeler la réhabilitation de plein droit (Premier rapport de M. Bérenger au Sénat, du 6 mars 1890, D. P. 91. 4. 25, col. 2, n° 9; et discours de M. Bérenger du 23 mars 1890, D. P. 91. 4. 26, col. 3, n° 2). — Il a été traité de cette réhabilitation de droit, *suprà*, v° *Peine*, n°s 284 et suiv.

Sect. 7. — De la réhabilitation administrative des condamnés dans les colonies.

73. On donne le nom de réhabilitation *administrative* à la faculté qui appartient à l'Administration de relever les condamnés, mais seulement dans les *colonies pénitentiaires*, de quelques-unes des déchéances ou des incapacités qui les frappent. Il a déjà été parlé de cette faculté, *suprà*, v° *Droits civils*, n°s 365 et suiv., mais seulement en ce qui concerne les condamnés à des peines afflictives perpétuelles. Il convient d'en traiter ici d'une manière générale. — Sur cette matière, on consultera principalement les ouvrages suivants : Garraud, *Traité de droit pénal français*, t. 1, n°s 344 et suiv.; Laborde, *Cours élémentaire de droit criminel*, n°s 311 et suiv.; Nusse, *Etudes sur les droits civils des condamnés aux peines du grand criminel*, n°s 386 et suiv.

74. L'origine de la réhabilitation administrative se trouve dans l'art. 18 c. pén., aujourd'hui abrogé, ainsi conçu : « Les

condamnations aux travaux forcés à perpétuité et à la déportation emporteront la mort civile. Néanmoins, le Gouvernement pourra accorder au condamné à la déportation l'exercice des droits civils ou de quelques-uns de ces droits ». Son but est de permettre à l'Administration, soit d'organiser, avec les transportés et les déportés, le premier noyau d'une colonie, soit de moraliser les condamnés en leur montrant, dans l'avenir, la restitution de leurs droits ou de leur capacité comme récompense de leur bonne conduite (Garraud, *Traité de droit pénal*, t. 1, n° 344). Les lois qui s'y rapportent sont les suivantes : 1° loi du 30 mai 1854, sur l'exécution des travaux forcés, art. 11 à 14 (D. P. 54. 4. 90) ; 2° loi du 31 mai 1854, portant abolition de la mort civile, art. 4 (D. P. 54. 4. 91) ; 3° loi du 25 mars 1873, qui règle la condition des déportés à la Nouvelle-Calédonie, art. 7 à 17 (D. P. 73. 4. 49) ; 4° loi du 27 mai 1885, sur les récidivistes, art. 17 (D. P. 85. 4. 45).

75. Avant d'exposer les règles de la législation sur la matière, il convient de faire cette remarque générale que les effets de la faveur administrative, qui rend au condamné l'exercice de certains de ses droits, sont limités au territoire de la colonie. Le capacité rendue à ce condamné est toute territoriale et essentiellement limitée à la colonie pénitentiaire où il subit sa peine. A cet égard, M. Laborde a dit avec raison : « Le caractère commun de toutes les remises dont il va être question, c'est de s'appliquer seulement aux condamnés *transportés ;* ces mêmes condamnés, restés sur le territoire continental de la France, ne sont pas appelés à en jouir » (n° 311). Au reste, le mot « transportés » ne doit pas être pris ici dans son sens spécial, car la faveur administrative ne s'applique pas seulement aux condamnés aux travaux forcés qui ont été transportés, elle peut aussi profiter aux déportés et aux relégués ; mais les reclusionnaires, les condamnés aux travaux forcés sexagénaires, les détentionnaires n'y pourront jamais prétendre.

76. Les incapacités dont les condamnés peuvent être relevés aux colonies par le Gouvernement sont les suivantes : 1° l'interdiction légale ; 2° l'incapacité de disposer et de recevoir à titre gratuit créée par la loi du 31 mai 1854 ; 3° la dégradation civique. Il va être traité successivement de la remise des diverses incapacités.

77. — 1° *Remise de l'interdiction légale.* — On sait que l'interdiction légale, qui prive les condamnés de l'exercice de leurs droits civils pendant la durée de leur peine (c. pén. art. 29), est aujourd'hui l'accessoire obligé de toute condamnation contradictoire à une peine afflictive et infamante temporaire (c. pén., art. 29) ou perpétuelle (L. 31 mai 1854, art. 2). Elle est donc spécialement entraînée par la déportation, par les travaux forcés à perpétuité et à temps, et par la reclusion. Ses effets ont été expliqués *supra,* v° *Droits civils,* n°s 380 et suiv.). — Dans quelle mesure la faculté de relèvement individuel des effets de l'interdiction légale a-t-elle été attribuée à l'Administration en faveur des condamnés qui subissent leur peine aux colonies ? Il convient de distinguer, à cet égard, les déportés, les transportés, et les reclusionnaires relégués.

78. En ce qui concerne les *déportés,* les déportés simples sont *ipso jure,* et par le fait de l'arrivée dans la colonie pénitentiaire, affranchis de l'interdiction légale (L. 25 mars 1873, art. 16). S'ils s'évadent, ils retrouvent cette interdiction. Les déportés dans une enceinte fortifiée ne peuvent atteindre ce résultat qu'en l'obtenant du Gouvernement, souverain appréciateur de leur demande (même article, et art. 4, § 2, de la loi du 31 mai 1854, à laquelle il renvoie). — De même les forçats, à temps ou à perpétuité, peuvent obtenir du Gouvernement l'exercice, dans le lieu d'exécution de la peine, des droits civils ou de quelques-uns de ces droits (L. 30 mai 1854, art. 12, et L. 31 mai 1854, art. 4, § 2). — Enfin, aux termes de l'art. 17 de la loi du 27 mai 1885, le Gouvernement « pourra accorder aux *relégués* l'exercice, sur les territoires de relégation, de tout ou partie des droits civils dont ils auraient été privés par l'effet des condamnations encourues ». On sait que la relégation, par elle-même, n'emporte pas la privation de la jouissance ou de l'exercice des droits civils, mais elle peut être encourue à la suite et comme conséquence d'une condamnation principale qui aura cet effet, par exemple d'une condamnation à la reclusion. C'est évidemment dans cette hypothèse que se

place le texte précité. Mais, ainsi que M. Garraud le fait justement remarquer (p. 565), sa portée est fort restreinte, puisque, d'une part, le condamné n'est sous le coup de l'interdiction légale que pendant la durée de la peine, et que, d'autre part, la relégation frappe un libéré et non un condamné, de sorte que l'individu qui est sous le coup de cette mesure n'aura pas besoin d'une faveur administrative pour jouir pleinement de l'exercice de ses droits civils. M. Laborde a supposé un cas qui peut se présenter : « Si le Gouvernement transporte aux colonies un reclusionnaire, condamné à la relégation, *avant l'expiration de la peine principale,* il pourra lui faire remise partielle ou totale de l'interdiction légale (n° 318) ».

79. Les actes faits dans le lieu de l'exécution de la peine, par les condamnés admis à exercer leurs droits civils, engagent-ils tous leurs biens? Non, en principe. Il résulte des art. 4 de la loi du 31 mai 1854, 12, § 3, de la loi du 30 mai 1854, et 16 de la loi du 25 mars 1873 que ces actes ne peuvent engager les biens qu'ils possédaient au jour de la condamnation, ou qui leur sont échus à titre gratuit depuis cette époque. Les effets de la faveur administrative, qui rend au condamné l'exercice des droits civils, sont ainsi limités au territoire de la colonie. « Capable dans la colonie, ce condamné est incapable partout ailleurs. Il ne reprend pas l'administration des biens de France qui restent confiés au tuteur. Il a donc deux patrimoines, comme il a deux capacités » (Garraud, p. 563).

80. Toutefois, la loi permet au Gouvernement de faire à certains condamnés la remise des biens possédés avant la condamnation ou échus depuis à titre gratuit. Cette remise leur permet de disposer librement de ces biens et de les engager, mais seulement pour l'avenir. Nous disons *certains* condamnés ; cette faveur peut être accordée : 1° aux déportés simples (L. 25 mars 1873, art 16) ; 2° aux forçats à temps subissant leur peine (L. 30 mai 1854, art. 12). Elle est refusée : 1° aux forçats à perpétuité, car l'art. 4 de la loi du 31 mai 1854 est muet sur cette faculté, et ce ne peut être une omission du législateur qui l'a, au contraire, voulu ; la veille, l'avait concédée aux forçats à temps ; 2° aux déportés dans une enceinte fortifiée (V. L. 25 mars 1873, art 16).

81. — 2° *Remise des incapacités spéciales de l'art 3 de la loi du 31 mai 1854.* — La loi du 31 mai 1854, qui a aboli la mort civile, a organisé, pour les condamnés à des peines afflictives perpétuelles, un régime spécial d'incapacités qui rend, au point de vue des droits civils, leur condition inférieure à celle des autres condamnés. Indépendamment de l'interdiction légale et de la dégradation civique, elle les frappe d'une triple déchéance : 1° annulation du testament fait antérieurement à la condamnation ; 2° interdiction de donner à titre gratuit ; 3° interdiction de recevoir au même titre, si ce n'est pour cause d'aliments (art. 3 de la loi précitée). Il a été traité de cette triple déchéance *supra,* v° *Droits civils,* n°s 350 et suiv. L'art. 4 de la loi du 1854 permet au Gouvernement de relever le condamné de tout ou partie des incapacités prononcées par l'art. 3. V. sur cette remise, v° *Droits civils,* n°s 365 et 366. De plus, par un bienfait *légal* inscrit dans l'art. 13, § 4, de la loi du 25 mars 1873, le déporté a capacité pour, dans les limites autorisées par les art. 1094 et 1095 c. civ., disposer de ses biens, dans quelque lieu qu'ils soient situés, soit par acte entre vifs, soit par testament, en faveur de son conjoint habitant avec lui.

82. — 3° *Remise de la dégradation civique.* — La dégradation civique atteint tout condamné à une peine criminelle ; elle est perpétuelle (Sur cette peine, V. *supra,* v° *Peine,* n°s 650 et suiv.). — La remise des droits perdus par l'effet de la dégradation civique aux déportés, transportés et relégués a été étudiée eod. v°, n°s 661 à 663.

Sect. 8. — De la réhabilitation commerciale.

83. On sait que le failli, indépendamment de toute condamnation pénale, encourt certaines incapacités qui dérivent du jugement déclaratif de faillite lui-même, sans se rattacher au dessaisissement ; elles peuvent cesser par l'effet de la *réhabilitation commerciale,* qui a été organisée par les art. 604 à 614 c. com. La réhabilitation commerciale a été étudiée *supra,* v° *Faillites et banqueroutes,* n°s 1485 et suiv.

84. La réhabilitation commerciale est accordée par la cour d'appel, comme aujourd'hui la réhabilitation ordinaire. Elle en diffère en ce que : 1° la cour d'appel n'intervient, en matière de réhabilitation commerciale, que pour vérifier l'accomplissement des conditions imposées au failli par la loi, et qu'elle ne peut refuser cette réhabilitation lorsque ces conditions se trouvent remplies. La réhabilitation commerciale est un droit pour le failli qui a payé ses dettes. Telle est du moins l'opinion généralement admise (V. *suprà*, v° *Faillite*, n° 1506). Au contraire, la cour, en matière de réhabilitation pénale, a un pouvoir d'appréciation souverain (*suprà*, n° 55); — 2° Tandis que la réhabilitation pénale est précédée d'une enquête sur la conduite du prévenu, une pareille mesure n'a jamais lieu en matière de réhabilitation commerciale.

85. Sont exclus du bénéfice de la réhabilitation commerciale, les faillis condamnés pour banqueroute frauduleuse, vol, escroquerie, abus de confiance, et pour certains délits civils (c. com. art. 612). Mais les faillis énumérés dans l'art. 612 peuvent se faire réhabiliter au point de vue pénal (c. instr. crim. art. 634, § 2). On a déjà rappelé *suprà*, n° 33, que les banqueroutiers frauduleux, pour obtenir leur réhabilitation pénale, doivent justifier du payement du passif de la faillite en capital, intérêts et frais, « ou de la remise qui leur en a été faite », aux termes de l'art. 623, § 3, c. instr. crim. Mais, après avoir été ainsi réhabilité comme condamné, le banqueroutier frauduleux reste incapable d'obtenir la réhabilitation comme failli (c. com. art. 612; c. instr. crim. art. 634, § 2).

Table sommaire

des matières contenues dans le Supplément.

Table des articles du code d'instruction criminelle.

Table chronologique des Lois, Arrêts, etc.

RÉINTÉGRANDE. — V. outre les renvois indiqués au *Répertoire*, *suprà*, v° *Action possessoire*, n°s 5, 21, 28 et suiv., 34 et suiv., 165 ; *Demande nouvelle*, n° 112.

RELÉGATION. — V. *suprà*, v° *Récidive*.

RELIGIEUX. — V. outre les renvois indiqués au *Répertoire*, *suprà*, v° *Culte*, n°s 271 et suiv. ; — et *infrà*, v° *Société*, et *Rép.* eod. v°, n° 98 ; *Uniforme, costume*, et *Rép.* eod. v°, n°s 14 et 50.

RELIGION. — V. outre les renvois indiqués au *Réper-* toire, *suprà*, v° *Culte*; *Divorce et séparation de corps*, n° 32.

RELIGION RÉFORMÉE. — V. *suprà*, v° *Culte*, n°s 694 et suiv., et *Rép.* eod. v°, n°s 704 et suiv.

REMÈDE SECRET. — V. outre les renvois indiqués au *Répertoire*, *suprà*, v° *Affiche-afficheur*, n° 32; *Enregistrement*, n°s 144 et 147 ; *Médecine*, n°s 144 et suiv. ; *Presse-outrage-publication*, n°s 561 et 1608; — et *infrà*, v° *Société*, et *Rép.* eod. v°, n° 152 ; *Vente de substances falsifiées, trom-*

perie, et *Rép.* eod. v°, n°s 118 et 120 ; *Volonté-intention-connaissance*, et *Rép.* eod. v°, n° 109.

RÉMÉRÉ. — V. outre les renvois indiqués au *Répertoire*, *suprà*, v¹ˢ *Enregistrement*, n°s 593, 1353 et suiv. ; *Priviléges et hypothéques*, n°s 205 et 793 ; — et *infrà*, v¹ˢ *Rentes constituées*, n° 32, et *Rép.* eod. v°, n° 132 ; *Transcription hypothécaire* ; *Vente*, et *Rép.* eod. v°, n° 15, 52 et suiv., 1438 et suiv. ; *Vente publique d'immeubles*.

REMISE DE CAUSE. — V. outre les renvois indiqués au *Répertoire*, *suprà*, v¹ˢ *Appel civil*, n° 40 ; *Prescription criminelle*, n°s 112 et suiv. ; — et *infrà*, v° *Témoin*, et *Rép.* eod. v°, n°s 1242 et suiv., 359.

... DE DETTES, V. *Rép.*, eod. v°. V. aussi *suprà*, v¹ˢ *Cautionnement*, n°s 81 et suiv. ; *Faillites et banqueroutes*, *liquidations judiciaires*, n°s 844, 949 et suiv., 1493 ; *Obligations*, n°s 1064 et suiv. ; — et *infrà*, v¹ˢ *Saisie-arrêt*, et *Rép.* eod. v°, n° 407 ; *Société*, et *Rép.* eod. v°, n° 478 ; *Vente*, et *Rép.* eod. v°, n°s 341, 358 et suiv.

... DE PIÈCES, V. *Rép.*, eod. v°. V. aussi *suprà*, v° *Agréé*, n° 7 ; *Désaveu*, n°s 8 et suiv. ; — et *infrà*, v¹ˢ *Responsabilité*, et *Rép.* eod. v°, n° 466.

... DE TITRES, V. *Rép.*, eod. v°. V. en outre *infrà*, v¹ˢ *Vente*, et *Rép.* eod. v°, n°s 607 et suiv., 696, 1837 ; *Volonté-intention-connaissance*, et *Rép.* eod. v°, n° 34.

REMORQUAGE-REMORQUEUR. — V. outre les renvois indiqués au *Répertoire*, *suprà*, v¹ˢ *Commissionnaire*, n°s 180 et suiv. ; *Droit maritime*, n°s 345 et 1254 ; *Lois*, n° 416.

REMPLACEMENT MILITAIRE. — V. outre les renvois indiqués au *Répertoire*, *suprà*, v¹ˢ *Acte de commerce*, n°s 231 et 308 ; *Compétence administrative*, n°s 201, 209 et 435 ; *Contrainte par corps*, n° 2 ; *Enregistrement*, n°s 944 et 955 ; *Industrie et commerce*, n° 62 ; *Lois*, n°s 225 ; *Minorité-tutelle-émancipation*, n° 332 ; *Obligations*, n°s 152 et 215 ; — et *infrà*, v¹ˢ *Société*, et *Rép.* eod. v°, n°s 80, 156, 222, 1621 et 1691 ; *Vol et escroquerie*, et *Rép.* eod. v°, n°s 742, 789, 811, 817 et 873.

REMPLOI. — V. outre les renvois indiqués au *Répertoire*, *suprà*, v¹ˢ *Contrat de mariage*, n°s 507 et suiv., 1410 et suiv. ; *Enregistrement*, n°s 248, 467, 623, 1795 et suiv., 1849 et suiv. ; *Expropriation pour cause d'utilité publique*, n° 99 ; — *Rép.* v¹ˢ *Rentes foncières*, n°s 39 et suiv. ; *Société*, n° 311 ; *Transcription hypothécaire*, n°s 189 et suiv., 713 et suiv. ; *Vente*, n°s 428 et suiv.

RENONCIATION. — V. outre les renvois indiqués au *Répertoire*, *suprà*, v¹ˢ *Action*, n° 69 ; *Adoption et tutelle officieuse*, n°s 65 et 77 ; *Amnistie*, n° 37 ; *Appel civil*, n°s 23, 79 et 81 ; *Appel en matière criminelle*, n° 48 ; *Appel incident*, n° 5 ; *Arbitrage-arbitre*, n°s 27, 40 et 120 ; *Avoué*, n° 36 ; *Cautionnement*, n°s 42, 51 et suiv. ; *Chose jugée*, n°s 207 et suiv., 231 ; *Compte courant*, n°s 36 et suiv. ; *Conclusions*, n° 24 ; *Contrat de mariage*, n°s 748 et suiv. ; *Dispositions entre vifs et testamentaires*, n°s 180 et suiv. ; *Domaines engagés et échangés*, n°s 10 et suiv. ; *Domicile élu*, n° 25 ; *Echange*, n° 27 ; *Enregistrement*, n°s 179 et suiv., 258 et suiv., 267 et suiv. ; 586 et suiv., 2172 ; *Faillites et banqueroutes*, *liquidations judiciaires*, n° 100 ; *Frais et dépens*, n° 498 ; *Obligations*, n°s 1227 et suiv. ; *Prescription civile*, n°s 10 et suiv., 36 et suiv., 71 ; *Puissance paternelle et usufruit légal*, n° 9 ; *Priviléges et hypothéques*, n°s 538 et suiv., 614 et suiv., 632 et suiv., 673, 1465 et suiv., 1511 et suiv. ; — et *infrà*, v¹ˢ *Responsabilité*, et *Rép.* eod. v°, n° 241 ; *Rétention*, et *Rép.* eod. v°, n° 71 ; *Saisie-arrêt*, et *Rép.* eod. v°, n°s 258, 280 et suiv. ; *Saisie-exécution*, et *Rép.* eod. v°, n° 199 ; *Scellés et inventaire*, et *Rép.* eod. v°, n° 25 ; *Servitude*, et *Rép.* eod. v°, n°s 569, 870, 1260 et suiv. ; *Société*, et *Rép.* eod. v°, n°s 739 et suiv., 918 et 976 ; *Substitution*, et *Rép.* eod. v°, n°s 300 et 476 ; *Succession*, et *Rép.* eod. v°, n°s 576 et suiv., 625 et suiv., 646 et suiv., 692 et suiv., 764 et suiv., 1736 ; *Surenchère*, et *Rép.* eod. v°, n° 62 ; *Témoin*, et *Rép.* eod. v°, n°s 410, 479 et suiv., 516 et suiv., 626 et suiv. ; *Traité international*, et *Rép.* v° n° 467 ; *Traitement*, et *Rép.* eod. v°, n°s 11 et 84 ; *Transaction*, et *Rép.* eod. v°, n° 16 ; *Transcription hypothécaire*, et *Rép.* eod. v°, n°s 198 et suiv., 227, 289 et suiv., 304 et suiv. ; 322 et suiv. ; *Usufruit*, et *Rép.* eod. v°, n°s 63, 529 et suiv.

696 et suiv. ; *Vente*, et *Rép.* eod. v°, n°s 151 et suiv., 236, 283, 727 et suiv., 1167, 1223 et suiv., 1321 et suiv., 1336 et suiv., 1507 et suiv., 1925 ; *Vente publique d'immeubles*, et *Rép.* eod. v°, n°s 266, 275 et suiv., 1062, 1846 et suiv., 2122 et suiv., 2161 ; *Vérification d'écritures*, et *Rép.* eod. v°, n° 78 ; *Vices rédhibitoires*, et *Rép.* eod. v°, n° 142 ; *Volonté-intention-connaissance*, et *Rép.* eod. v°, n°s 25 et suiv., 34 ; — *Rép.* v° *Usage forestier*, n°s 58 et 255.

RENTES CONSTITUÉES.

Division.

CHAP. 1er. — **Historique et législation. — Droit comparé** (*Rép.* n°s 2 à 5).

1. — I. HISTORIQUE ET LÉGISLATION. — BIBLIOGRAPHIE. — On a examiné au *Rép.*, n° 3, la question de savoir s'il faut rechercher dans le droit romain l'origine du contrat de constitution de rente en perpétuel. On a indiqué *ibid.*, n° 3, comment, dans l'ancien droit français, la rente perpétuelle dut d'abord être constituée *sur un fonds produisant des fruits*, suivant les canonistes, dont la doctrine, sanctionnée par plusieurs bulles ou décrétales pontificales (notamment par une décrétale du pape Pie V, du 19 janv. 1569, qui ne fut d'ailleurs ni publiée ni reçue en France), fut approuvée par le concile de Bordeaux en 1583. — V. sur ces divers points et sur les résistances du droit coutumier à cette doctrine des canonistes : H. Beaune, *Droit coutumier français*, *Les contrats*, p. 380 à 383 (1889).

2. Tant que les rentes constituées furent nécessairement foncières, elles ne furent pas rachetables, sauf en cas de stipulation expresse. Mais, dès le 15e siècle, des décrétales de Martin V et de Calixte III déclarèrent essentiellement rachetables toutes les rentes constituées en deniers, puis, au siècle suivant, plusieurs ordonnances royales interdirent dans diverses provinces de constituer des rentes irrachetables, et la même interdiction fut prononcée par des arrêts de divers parlements (V. H. Beaune, *op. cit.*, p. 383-384).

3. La constitution de rente a joué un rôle considérable dans l'histoire économique de l'ancienne France, parce que ce contrat avait le double avantage de remplacer en fait le prêt à intérêt, qui était interdit, par la prétendue *vente* d'un capital inexigible, mais toujours rachetable, moyennant une redevance périodique et, d'autre part, d'être en harmonie avec un des principes fondamentaux du régime féodal en immobilisant, lorsque la rente ne fut plus nécessairement foncière, une somme d'argent productive de fruits annuels comme le fonds lui même (V. H. Beaune, *op. cit.* p. 380 et 385 *in fine*).

4. La législation sur les rentes constituées n'a pas été modifiée en France depuis la publication du *Répertoire*.

Les textes relatifs à la matière sont donc encore composés de cinq articles (art. 1909 à 1913) placés dans le chapitre 3 du livre 10, titre 3, du code civil (*Rép.* n° 5).

5. Les règles relatives aux rentes constituées ont été principalement développées dans les ouvrages généraux sur le droit civil français de MM. Paul Pont, *Petits Contrats*, t. 1, n°° 322 à 365, p. 149-165 (1863); Aubry et Rau, *Cours de droit civil français*, 4° édit., t. 4, §§ 397 et 398, p. 614-617 (1871); Laurent, *Principes de droit civil français*, t. 27, n°° 1 à 37, p. 5-49 (1877); Demante et Colmet de Santerre, *Cours analytique de code civil*, t. 8, n°° 117 à 124, p. 102-112 (1884); Guillouard, *Traités du prêt, du dépôt et du séquestre, Traité du prêt*, n°° 169 à 215, p. 216-273 (1892).

6. Quelques questions intéressantes concernant la rente constituée ont été traitées dans des articles de revues ou des publications périodiques:

Journal du notariat, 22 oct. 1844: Anonyme, « Le débiteur d'une rente quérable qui a été mis, par un commandement, en demeure de payer deux années d'arrérages échus est-il tenu de payer sur-le-champ sous peine d'être contraint au rachat, ou bien peut-il prétendre à un délai moral pour se libérer? »

Revue critique de législation et de jurisprudence, 1857, 1ᵉʳ sem., t. 10, p. 30-57 : Ferd. Jacques, « Recherches historiques sur les rentes pour arriver à l'explication de l'art. 1912, § 1, du code civil ».

Recueil de l'académie de législation de Toulouse, 1862, t. 11, p. 324-348 : Jacques, « L'article 1912-1° du code civil doit-il être considéré comme une déchéance, une condition résolutoire ou une application de l'art. 1244 du même code? »

7. — II. DROIT COMPARÉ. — 1° *Italie*. — Le code civil italien de 1865, exécutoire dans toute l'Italie à partir du 1ᵉʳ janv. 1866, n'envisage pas comme une simple variété du prêt la constitution de rente, et, à la différence du code civil français, lui consacre un titre spécial, le titre 13 du livre troisième (art. 1778 à 1788). L'art. 1778, plus compréhensif pour cette raison même que l'art. 1909 c. civ. français, est ainsi conçu : « On peut stipuler une rente ou prestation annuelle en argent ou en denrées, moyennant la cession d'un immeuble ou le payement d'un capital que le cédant s'interdit d'exiger ». Aux termes de l'art. 1782, dont les dispositions n'ont pas leur équivalent dans le code civil français, « la rente constituée moyennant un capital est appelée rente simple ou cens, et doit être assurée par une hypothèque spéciale sur un fonds déterminé : autrement le capital peut être réclamé ». L'art. 1783, qui consacre les mêmes principes que l'art. 1911 c. civ. français, mais en s'expliquant sur certains points à l'égard desquels ce dernier article garde le silence, dispose : « La rente constituée... est essentiellement rachetable au gré du débiteur, nonobstant toute stipulation contraire. On peut toutefois stipuler que le rachat ne sera pas effectué pendant la vie du cédant ou avant un terme fixé, lequel pour les rentes foncières ne peut excéder trente ans, et pour les autres rentes dix ans. — On peut aussi stipuler que le débiteur n'effectuera le rachat qu'après en avoir avisé le créancier, et seulement après l'expiration d'un délai convenu à dater de cet avis, lequel délai ne peut dépasser une année. — Lorsque de plus longs délais sont convenus, ils seront réduits à ceux ci-dessus fixés ». De même, l'art. 1785, inspiré de l'art. 1912 c. civ. français, mais plus complet que ce dernier article, est ainsi conçu : « Outre les cas exprimés dans le contrat, le débiteur d'une rente annuelle peut être contraint au rachat de la rente : 1° si, après une interpellation régulière, il n'a pas payé la rente pendant deux années consécutives; 2° s'il manque de donner au créancier les sûretés promises dans le contrat; 3° si, les sûretés fournies venant à manquer, il ne les remplace pas par d'autres d'une valeur égale; 4° si, par l'effet d'aliénation ou de partage, le fonds sur lequel la rente est constituée ou assurée vient à être partagé entre plus de trois possesseurs » (V. Huc et Orsier, *Le code civil italien et le code Napoléon*, t. 2, traduction du code civil italien, 1868, p. 369 à 372).

8. Dans le titre qui a pour rubrique « de la constitution de rente », le code civil italien de 1865 traite de la rente foncière comme d'une variété de la rente constituée en perpétuel : « La rente constituée pour prix d'aliénation, ou comme condition de cession d'immeubles, soit à titre oné-

reux, soit à titre gratuit, se nomme rente foncière » (art. 1780). Et l'art. 1781 dispose : « La cession d'immeubles mentionnée dans l'article précédent en transfère au cessionnaire la pleine propriété, nonobstant toute clause contraire. — Si la cession est faite à titre onéreux, elle est soumise aux règles établies pour le contrat de vente : si elle est faite à titre gratuit, elle est soumise aux règles établies pour les donations » (V. Huc et Orsier, *op. et loc. cit.*).

9. — 2° *Espagne*. — Le code civil espagnol, promulgué le 24 juill. 1889, consacre le titre 7 du livre quatrième aux cens ou rentes foncières (art. 1604 à 1664). Sous cette rubrique, il ne traite pas exclusivement des rentes foncières telles qu'elles existaient dans l'ancien droit français (V. *infrà*, v° *Rentes foncières*, n°° 4 à 7), mais de toutes les rentes que vise le code italien dans le titre de la constitution de rente et qui sont des créances mobilières hypothécaires ou privilégiées. L'art. 1604 c. civ. espagnol est ainsi conçu : « On constitue un cens lorsqu'on assujettit certains immeubles au payement d'un canon ou rente annuelle en échange d'un capital reçu en argent, ou de la propriété des mêmes immeubles transmise plus ou moins complètement » (V. *Code civil espagnol*, traduit et annoté par A. Levé, 1890, p. 302 et suiv. Comp. Lehr, *Éléments de droit civil espagnol*, seconde partie, 1890, n°° 391 à 407, p. 215-222).

10. — 3° *Portugal*. — Le code civil portugais promulgué le 1ᵉʳ juill. 1867, mis en vigueur le 1ᵉʳ janv. 1868, après avoir traité (deuxième partie, livre deuxième, titre 2, chap. 11) de l'usure, traite, dans le chapitre suivant (chap. 12), de la rente ou cens délégué (art. 1644 à 1652). L'art. 1644 définit le contrat de cens délégué ou de rente « le contrat par lequel une personne fournit pour toujours à une autre une somme déterminée ou capital, à charge pour le débiteur ou censitaire de payer une rente annuelle déterminée en denrées ou en argent dont sont grevés certains immeubles déterminés » (V. *Code civil portugais*, traduit, annoté, précédé d'une introduction, par Fernand Lepelletier, 1894, p. 311 et suiv.).

11. — 4° *Suisse*. — Le code fédéral des obligations adopté par le Conseil fédéral le 10 juin 1881, décrété par le Conseil national le 14 juin 1881, et exécutoire à partir du 1ᵉʳ janv. 1883, dont le titre 10 est consacré au « prêt de consommation ou simple prêt », art. 329 à 337 (V. *suprà*, v° *Prêt*, n° 2, *Prêt à intérêt et à usure*, n° 14), et dont le titre 22 est consacré au « contrat de rente viagère », art. 517 à 5238 (V. *infrà*, v° *Rente viagère*, n° 8), ne traite ni des rentes constituées, ni des rentes foncières (V. *Code fédéral des obligations* (édition officielle en allemand et en français), Berne, 1881 ; Ch. Soldan, *Code fédéral des obligations et loi fédérale sur la capacité civile*, ouvrage annoté indiquant pour chaque article la concordance avec la législation française, Lausanne, 1881).

CHAP. 2. — Nature et caractères distinctifs des rentes constituées (*Rép.* n°° 6 à 31).

12. Il résulte des explications données *suprà*, n° 3, et au *Rép.*, n° 3, que la doctrine de l'ancien droit qui consistait à considérer la constitution de rente perpétuelle ou viagère comme une vente, avait son origine et sa raison d'être dans la prohibition du prêt à intérêt. En réalité, la constitution de rente se rapproche beaucoup plus du contrat de prêt, dont elle diffère uniquement par l'interdiction pour le créditrentier d'exiger le remboursement du capital fourni, qu'elle ne se rapproche du contrat de vente, dont elle diffère en ce qu'elle est un contrat réel, non consensuel, et unilatéral, non synallagmatique, et c'est à bon droit que le code civil l'a envisagée comme une variété du prêt (Pont, *op. cit.*, t. 1, n° 326; Aubry et Rau, *op. cit.*, t. 4, § 398, note 6, p. 615).

13. En ce qui concerne spécialement le contrat de constitution de rente perpétuelle, il peut être défini « un contrat par lequel l'une des parties s'engage envers l'autre, moyennant le versement d'une somme d'argent ou d'une certaine quantité de choses fongibles, à payer une redevance annuelle et perpétuelle..., mais avec la faculté de s'affranchir de cette redevance en remboursant le capital ou les choses fongibles par elle reçus » (Guillouard, *op. cit.*, n° 175 *in fine*, p. 222-223).

Il résulte de cette définition, et tous les auteurs admettent, conformément à l'opinion enseignée au *Rép.*, n° 13, que le capital fourni par le crédi-rentier peut consister en argent, en denrées ou en autres choses fongibles.

14. D'autre part, la rente constituée au crédi-rentier peut elle-même consister soit en une somme d'argent, soit en denrées (*Rép.*, n° 18); et l'édit de novembre 1563, portant que les rentes constituées en blé seraient « réduites à prix d'argent, à la raison du denier douze » n'est plus en vigueur sous l'empire du code civil (*Rép.*, *ibid.*) : des variations dans le cours du blé, si considérable qu'en puisse être l'amplitude, ne permettraient pas d'appliquer aujourd'hui aux rentes constituées en blé ce système de conversion en argent (Troplong, *op. cit.*, n° 393 ; Guillouard, *op. cit.*, n° 231).

Toute différente est, d'ailleurs, la question de savoir si la loi du 3 sept. 1807 est applicable ou non aux rentes constituées en denrées à un taux qui, si l'on ramène les prestations en denrées à leur valeur en argent d'après les mercuriales, doit être considéré comme usuraire (V. *infrà*, n° 19).

15. L'inexigibilité du capital fourni, qui distingue la constitution de rente perpétuelle du prêt, doit être clairement exprimée, *Rép.*, n° 24, ou résulter manifestement de l'ensemble des clauses de l'acte, et la clause portant que le débiteur « rembourserait à sa volonté » doit, à défaut de circonstances particulières, s'interpréter en ce sens que les parties ont voulu faire un prêt à terme incertain plutôt que constituer une rente perpétuelle (V., outre les autorités citées au *Rép.*, n° 27, Laurent, *op. cit.*, t. 27, n° 5 ; Guillouard, *op. cit.*, n° 177 *in fine*, p. 224. V. aussi *suprà*, v° *Prêt*, n° 39).

16. Aux termes de l'art. 529 c. civ., les rentes « perpétuelles ou viagères, soit sur l'État soit sur des particuliers, sont meubles ». On a vu au *Rép.*, n° 28, que le droit du crédi-rentier ne perd pas son caractère mobilier lorsque la rente constituée est garantie par une hypothèque (V. Guillouard, *op. cit.*, n° 179 *in fine*, p. 228).

CHAP. 3. Règles auxquelles est soumis le contrat de constitution de rente (*Rép.* n°s 32 à 114).

Art. 1er. — *Du taux des rentes constituées* (*Rép.* n° 22 à 44).

17. La prohibition de placer de l'argent au delà du taux légal n'est pas restreinte au contrat de prêt à intérêt proprement dit : elle s'applique aussi à la constitution de rente perpétuelle (*Rép.* n° 32). Les différences entre la constitution de rente et le prêt à intérêt avaient fait anciennement douter que les règles prohibitives de l'usure fussent applicables à ce contrat. Mais, lorsque le prêt à intérêt eut été proscrit par le droit canonique et par la loi civile, et que l'opération réalisée auparavant au moyen de ce contrat s'abrita sous l'apparence de la constitution de rente, le taux des arrérages dut être limité (V. à cet égard les décisions énumérées au *Rép.*, n° 32). La loi des 3-12 oct. 1789 ayant autorisé le prêt à intérêt et la loi du 3 sept. 1807 ne portant, d'après sa rubrique même, que « sur le taux de l'intérêt de l'argent » (V. le texte de ces deux lois au *Répertoire*, v° *Prêt à intérêt*, p. 803, note 1, et p. 805, note 1), on revint d'abord à douter que la constitution de rente fût soumise aux règles de droit commun en matière d'usure. « La loi du 3 septembre, dit M. Favard de Langlade dans son *Répertoire de la nouvelle législation civile, commerciale et administrative* (v° *Intérêts*, n° 7), ne s'applique pas aux arrérages des rentes constituées à un taux plus élevé que l'intérêt légal, parce qu'elle ne parle que du *prêt à intérêt* proprement dit, et non du *contrat de constitution*, où le capital étant aliéné, le prêteur a définitivement renoncé au droit d'en exiger le remboursement. C'est aussi ce qu'avait décidé l'édit du mois de février 1770, qui, en fixant les intérêts au denier vingt, avait ajouté : ... *n'entendons rien innover aux contrats de constitution, ni aux billets portant promesse de passer contrat de constitution.* » Le code civil a clairement confirmé cette distinction, en classant à part ces deux contrats par les art. 1905, 1907 et 1909 ». Mais on pouvait répondre que la loi du 3 sept. 1807 a eu pour effet d'atteindre le prêt usuraire, sous quelque forme qu'il ait été dé-

guisé; et il a été jugé que la prohibition de placer de l'argent au delà du taux légal s'applique à la constitution de rente perpétuelle lorsqu'il apparaît que les parties ont dissimulé l'usure sous cette forme (Req. 26 août 1846, aff. Bourdeix, D. P. 46. 1. 357. V. Troplong, *op. cit.*, n° 446 ; Pont, *op. cit.*, t. 1, n° 328 ; Aubry et Rau, *op. cit.*, t. 4, § 398, texte et note 3, p. 614 ; Laurent, *op. cit.*, t. 27, n° 5 ; Demante et Colmet de Santerre, *op. cit.*, t. 8, n° 120 *bis*-I-III ; Guillouard, *op. cit.*, n° 180, p. 228).

18. Lorsqu'une rente a été constituée au-dessus du taux légal, non seulement elle peut être réduite, mais le débi-rentier, plus favorisé à cet égard que l'emprunteur ne l'est en règle générale (V. *suprà*, v° *Prêt à intérêt*, n° 152), peut atteindre le résultat auquel aboutirait l'exercice du droit de faire annuler le contrat en exerçant la faculté de remboursement, qui est inséparable de la constitution de rente. Et, conformément à l'arrêt cité au *Rép.*, n° 36, il a été jugé que les arrérages excessifs que le débiteur de la rente a payés depuis le contrat de constitution de rente doivent être restitués par le crédi-rentier ou imputés par le débi-rentier sur ce qu'il doit au crédi-rentier (Req. 26 août 1846, cité *suprà*, n° 17).

19. Si la rente constituée a pour objet, non pas des arrérages en argent, mais des redevances en denrées, la limitation édictée par la loi du 3 sept. 1807 est également applicable, une fois ramenées les prestations en denrées à leur valeur en argent d'après les mercuriales (*Rép.* n° 38 ; Req. 26 août 1846, cité *suprà*, n° 17; Aubry et Rau, *op. cit.*, t. 4, § 398, texte et note 4, p. 615 ; Laurent, *op. cit.*, t. 27, n° 7 ; Guillouard, *op. cit.*, n° 184, p. 229-230). L'opinion contraire, exprimée par M. Garnier, *Traité de l'usure dans les transactions civiles et commerciales*, n° 12 (et non p. 12), dans des termes rapportés au *Rép.*, n° 38 *in fine*, ne paraît avoir été adoptée, depuis lors, par aucun auteur.

20. Conformément à la doctrine enseignée par Pothier, *Du contrat de constitution de rente*, n° 16, et admise au *Rép.*, n° 44, il faut admettre que c'est la loi du temps de la convention qui détermine le taux des rentes et qu'en conséquence, si le taux des rentes est modifié par une loi postérieure, cette loi n'influe pas sur le taux de celles qui ont été constituées sous l'empire de l'ancienne loi (Guillouard, *op. cit.*, n° 191-I, p. 240-241).

Art. 2. — *De la capacité pour constituer une rente. — Des formes de l'acte. — Des clauses qui peuvent y être insérées* (*Rép.* n°s 45 à 68).

21. V. *Rép.*, n°s 45 à 68.

Art. 3. — *Preuve du contrat de constitution de rente. — Prestation des arrérages* (*Rép.* n°s 69 à 114).

§ 1er. — Preuve du contrat de constitution de rente (*Rép.*, n°s 70 à 90).

22. L'existence de la rente peut s'établir, à défaut du contrat de constitution, soit par des titres récognitifs (*Rép.* n°s 71 à 77), soit par la preuve testimoniale au-dessous de 150 fr., et même au-dessus s'il y a un commencement de preuve par écrit (*Rép.*, n°s 78 et 79), conformément aux principes généraux sur la preuve des obligations (V. *suprà*, v° *Obligations*, n°s 1952 et suiv. ; *Rép*, cod. v°, n°s 4741 et suiv.).

23. D'autre part, la constitution de rente, n'étant qu'une forme du prêt, est soumise à la règle de l'art. 1907 c. civ. d'après laquelle « le taux de l'intérêt conventionnel doit être fixé par écrit » (Laurent, *op. cit.*, t. 27, n° 8 ; Guillouard, *op. cit.*, n° 183, p. 231). Mais on a vu *suprà*, v° *Prêt à intérêt*, n° 25, en quel sens il y a lieu d'entendre cette règle, et comment elle signifie seulement que l'existence d'une convention relative aux intérêts (et, pour les rentes constituées, aux arrérages) ne peut pas être *établie* au moyen de la preuve testimoniale, même au-dessous de 150 fr.

24. Contrairement à l'opinion soutenue par Delvincourt, *Cours de code civil*, t. 3, p. 201, note 3 ; par Toullier, *Le droit civil français suivant l'ordre du code*, t. 9, n° 100, p. 178 à 181 ; par Troplong, *Commentaire du prêt*, n° 451, et adoptée au *Rép.*, n° 81, les auteurs plus

récents refusent d'admettre que la partie qui prouve qu'elle a reçu périodiquement et consécutivement pendant trente ans une certaine somme à titre d'arrérages soit dispensée de toute autre preuve et qu'elle ait acquis par prescription le droit à la rente (Pont, *op. cit.*, t. 1, n° 334; Laurent, *op. cit.*, t. 27, n° 9; Guillouard, *op. cit.*, n° 184, p. 233-234). On ne saurait, dit-on, invoquer l'autorité de Dumoulin et de Pothier dans l'ancien droit, où la rente constituée était un droit réel et immobilier, tandis qu'elle est aujourd'hui un simple droit de créance; quant à l'art. 2262 c. civ., aux termes duquel « toutes les actions, tant réelles que personnelles, sont prescrites par trente ans, sans que celui qui allègue cette prescription soit obligé d'en rapporter un titre, ou qu'on puisse lui opposer l'exception déduite de la mauvaise foi », il ne s'applique pas à la prescription acquisitive, mais seulement à la prescription libératoire (V. *suprà*, v° *Prescription civile*, n°s 514 et suiv.; *Rép.* cod. v°, n°s 839 et suiv.).

La solution de l'arrêt rapporté au *Rép.*, n° 82, n'est pas en contradiction avec la doctrine que l'on vient d'exposer; il s'agissait, en effet, dans l'espèce, d'une rente constituée antérieurement au code civil et qui, dès lors, devait rester soumise, quant au mode d'acquisition, aux règles établies par la législation sous l'empire de laquelle elle avait pris naissance.

25. Il résulte d'un des arrêts rapportés au *Rép.*, n° 88 (Civ. cass., 1er juill. 1829), que la preuve de payements d'arrérages volontairement faits à plusieurs reprises différentes et à de longs intervalles suffit, à défaut de titre original, à établir l'existence d'une rente due à un émigré, puis à l'Etat. — Cette solution peut, de même que celle citée *suprà*, n° 24, *in fine*, se concilier avec l'opinion rapportée dans le même numéro; il s'agissait, en effet, de l'application d'une loi (celle du 28 flor. an 3 ; V. *Rép.*, n° 87) qui a établi, pour certaines rentes, un moyen de preuve spécial, et de la question de savoir si les payements d'arrérages pouvaient être considérés comme constituant cette preuve spéciale (V. Pont, *op. cit.*, t. 1, n° 335).

26. Il a été jugé, dans un sens analogue à celui des arrêts cités au *Rép.*, n° 88, que la délibération d'un conseil municipal portant reconnaissance d'une rente dont l'Etat, substitué à une congrégation religieuse supprimée, serait créancier vis-à-vis de la commune en vertu d'une ancienne sentence, qui est visée dans ladite délibération, supplée au titre original de la rente, quoiqu'elle n'ait point été approuvée par l'autorité compétente et que la sentence qu'elle rappelle, et qui a imposé à la commune la charge de cette rente, n'ait point été rendue avec la commune, alors d'ailleurs que celle-ci a, pendant de longues années, avant et depuis la délibération précitée, payé la rente dont il s'agit à l'Etat: l'ensemble de ces faits implique la *déclaration* du débiteur prévue par la loi du 28 flor. an 3 et suffit à prouver légalement l'existence d'une rente due par la commune (Civ. cass. 13 juin 1865, aff. Préfet de la Moselle, D. P. 65. 1. 474).

§ 2. — De la prestation des arrérages (*Rép.* n°s 91 à 114).

27. La prestation des arrérages, constituant une dette d'argent, ne doit pas être divisée entre le créancier et le débiteur, mais se divise de plein droit entre les héritiers du débiteur de la rente, par application des art. 1220 et 1244-1° c. civ. (*Rép.* n° 91, *in fine*; Aubry et Rau, *op. cit.*, t. 4, § 398, p. 615; Laurent, *op. cit.* t. 27, n° 13 *in fine*; Guillouard, *op. cit.*, n° 194, p. 245). Toutefois, plusieurs anciennes coutumes du nord de la France attribuaient au *crédi-rentier* le droit d'agir solidairement contre les héritiers du débiteur (Laurent, *op. et loc. cit.*).

28. La constitution de rente étant une variété du prêt (V. *suprà*, n° 12), les arrérages sont assimilés aux intérêts au point de vue de la date de leur exigibilité (*Rép.* n° 91) et du lieu du payement (*Rép.* n°s 96 à 102). Il a été jugé, dans le sens des arrêts cités *ibid.*, n° 97, que les arrérages d'une rente constituée doivent, jusqu'à preuve contraire, être présumés quérables (Rennes, 23 août 1879, aff. Maire de Rennes, D. P. 81. 2. 158), et que cette preuve contraire ne peut résulter de l'habitude qu'aurait eue le débiteur de

la rente de porter les arrérages au domicile du crédi-rentier (même arrêt).

29. Mais on a vu au *Rép.*, n° 109, que les arrérages de rentes, à la différence des intérêts échus des capitaux, produisent intérêt du jour de la demande ou de la convention, même lorsqu'ils sont dus pour moins d'une année entière (c. civ. art. 1155). — Sur la raison de cette différence, V. *suprà*, v° *Prêt à intérêt*, n° 112; Demolombe, *Cours de code civil*, t. 24, n° 661; Guillouard, *op. cit.*, n° 178, p. 225.

CHAP. 4. — **Modes d'extinction des rentes constituées** (*Rép.* n°s 115 à 242):

ART. 1er. — *Rachat ou remboursement des rentes constituées.* (*Rép.* n°s 116 à 149.)

30. « La rente constituée en perpétuel est essentiellement rachetable » (c. civ. art. 1911). M. Guillouard, *op. cit.*, n° 186, p. 235, remarque très justement que puisque, dans la législation actuelle, la constitution de rente n'est qu'une variété du prêt, les expressions traditionnelles : *rachat, rachetable*, qui se justifiaient lorsque le débi-rentier était considéré comme vendeur du droit d'exiger une rente contre lui-même, devraient être remplacées par les expressions : *remboursement, remboursable* (V. aussi Demante et Colmet de Santerre, *op. cit.*, t. 8, n° 121 *bis*-I).

31. Il résulte des termes de l'art. 1911 que le débiteur ne peut être admis à exercer le rachat, c'est-à-dire à rembourser le capital à sa volonté, qu'autant qu'il y a constitution de rente en perpétuel. Par conséquent, non seulement les rentes viagères ne sont point rachetables, mais aussi, lorsqu'une rente est constituée à terme et que, par exemple, le capital en est stipulé exigible au bout d'un certain temps, le débiteur de la rente n'aurait pas la faculté de rembourser le capital contre le gré du créancier avant le terme fixé par la convention, car le contrat, malgré sa dénomination, répondrait exactement à l'idée de prêt (Pont, *op. cit.*, t. 1, n° 341). — Il y a lieu, toutefois, de faire exception et d'appliquer l'art. 1911 dans le cas où le terme stipulé est tellement éloigné qu'en fait le résultat doit être le même que si le créancier s'était absolument interdit d'exiger le capital : on peut tirer argument à cet égard de l'art. 1 du titre 1 de la loi des 18-29 déc. 1790, relative au rachat des rentes foncières (V. le texte de cette loi au *Rép.*, v° *Rentes foncières*, n° 35, note 1), qui interdit pour l'avenir, comme ayant un caractère de perpétuité, les baux à rentes ou emphytéoses pour plus de quatre-vingt-dix-neuf ans, ainsi que les baux à vie sur plus de trois têtes.

32. Lorsque le débiteur de la rente meurt en laissant plusieurs héritiers, chacun d'eux peut-il exercer individuellement le remboursement pour sa part héréditaire? Cette question, résolue au *Rép.*, n°s 131 et 132, dans le sens de la négative, conformément à l'opinion soutenue par Dumoulin et par Pothier dans l'ancien droit, est tranchée, au contraire, dans le sens de l'affirmative par la plupart des auteurs les plus récents (Pont, *op. cit.*, t. 1, n° 345 ; Aubry et Rau, *op. cit.*, t. 5, § 398, texte et note 6, p. 615 ; Laurent, *op. cit.*, t. 27, n° 13 ; Demante et Colmet de Santerre, *op. cit.*, t. 8, n° 121 *bis*-IV; Guillouard, *op. cit.*, n° 194, p. 246-248). — *Contra : Larombière, Théorie et pratique des obligations*, édition de 1885, t. 3, p. 577, sur l'art. 1224, n° 37). Puisque l'expression *rachat* n'exprime plus, dans le droit moderne, que l'idée d'une faculté de remboursement, les règles relatives au rachat doivent, dans le silence du législateur, être conformes aux principes ordinaires sur le remboursement en matière de prêt ; quant à l'art. 1670 c. civ., relatif au réméré et à l'impossibilité, pour l'un des héritiers du vendeur, d'exercer dans la mesure de sa part héréditaire seulement la faculté de retrait, il ne saurait fournir aucun argument d'analogie dans une législation où la rente constituée n'est plus qu'un droit mobilier et où le débiteur qui la *rachète* n'est débiteur que d'une somme d'argent.

33. Si, contrairement à la règle posée par l'art. 1911-2° (*Rép.* n° 137), le délai pendant lequel les parties sont convenues que le rachat ou remboursement de la rente n'aurait pas lieu excède dix ans, la stipulation n'est pas nulle, et par suite, peut être opposée au débiteur de la rente qui pré-

tendrait exercer le rachat immédiatement, mais elle doit être réduite au terme légal, à l'expiration duquel la rente devient rachetable à la volonté du débiteur (Pont, *op. cit.*, t. 1, n° 342; Laurent, *op. cit.*, t. 27, n° 11 *bis*; Guillouard, *op. cit.*, n° 190-I, p. 239).

34. Au point de vue de l'existence de la faculté, pour le débiteur d'une rente perpétuelle, de se libérer en remboursant le capital de la rente, il n'y a pas lieu de distinguer entre les rentes perpétuelles à titre gratuit et les rentes perpétuelles à titre onéreux : si l'on discute la question de savoir si l'art. 1912 est applicable aux rentes constituées à titre gratuit (V. *infrà*, n° 41), il a toujours été reconnu que l'art. 1911, quoique figurant dans un chapitre qui traite du prêt à intérêt et qui est étranger aux actes de libéralité, leur était applicable (*Rép.*, n° 138. V. aussi *Rép.*, v° *Dispositions entre vifs et testamentaires*, n° 1944, et *Enregistrement*, n° 1610).

35. Quant aux conditions du remboursement, elles peuvent être réglées dans l'acte de constitution, et le crédi-rentier peut même stipuler que le remboursement sera opéré au moyen d'un capital supérieur à la somme qui est nécessaire pour produire l'intérêt annuel formant la rente à servir. Toutefois, lorsqu'il s'agit de rentes constituées à titre onéreux, il faut que l'excédent ne soit pas assez considérable pour présenter un caractère usuraire, tandis que, si la rente a été constituée à titre gratuit, le donateur ou le testateur peut fixer à son gré, même au-dessus de 5 pour 100; le taux du remboursement, puisque la loi du 3 sept. 1807 ne concerne que le prêt à intérêt, c'est-à-dire le prêt à titre onéreux, et qu'elle est étrangère aux actes à titre gratuit, qui restent sous l'empire du droit commun et sont régis par le principe de la liberté des conventions (Guillouard, *op. cit.*, n° 191 et 192, p. 240 et 241).

36. En l'absence de clause relative aux conditions du remboursement, on admet, pour les rentes constituées à titre onéreux, que le taux de ce remboursement doit être calculé au denier vingt, par analogie avec la règle de l'art. 2 du titre 3 de la loi des 18-29 déc. 1790, qui déclare remboursables sur le pied du denier vingt les rentes et redevances foncières en argent originairement créées irrachetables et sans aucune évaluation de capital (Guillouard, *op. cit.*, n° 191, p. 240). Au contraire, pour les rentes constituées à titre gratuit, le taux du rachat ne doit pas être nécessairement calculé au denier vingt, et il y a lieu, en l'absence d'une disposition spéciale insérée sur ce point dans le titre par lequel la rente perpétuelle a été constituée, de rechercher si le constituant n'a pas implicitement imposé au débi-rentier des conditions particulières pour l'exercice éventuel de la faculté de rachat, et si ces conditions ne résultent pas notamment du caractère strict et précis de l'obligation que le débi-rentier doit exécuter (V. Guillouard, *op. cit.*, n° 192, p. 241-244). Il a été jugé en conséquence : 1° que, lorsqu'une rente perpétuelle a été constituée par testament et que le constituant a clairement exprimé la volonté que son légataire universel, chargé du service de la rente léguée, remît *chaque année* et *à perpétuité* une somme déterminée au ministre de la guerre, pour être répartie pour moitié aux officiers blessés et nécessiteux, et pour moitié aux sous-officiers et soldats dans les mêmes conditions, le légataire universel ne peut exercer son droit de rachat qu'en remettant au ministre de la guerre un titre de rente de somme égale sur l'État français ou, s'il le préfère, un capital suffisant pour acheter pareil titre au cours de la Bourse au jour du rachat (Paris, 19 févr. 1884, aff. Ministre de la guerre et colonel Hepp, D. P. 85. 2. 41).

37. Il a été jugé en sens contraire, par un arrêt dont la doctrine peut être critiquée à plusieurs points de vue, que le rachat de toute rente perpétuelle doit s'opérer au taux du denier vingt, fixé par l'art. 2 du titre 3 de la loi des 18-29 déc. 1790, à moins que les parties ne se mettent d'accord pour fixer autrement le taux du rachat ou que le titre constitutif de la rente, par exemple un testament, ne contienne une disposition spéciale sur ce point; mais que, pour mettre obstacle à l'exercice régulier du droit d'opérer le rachat au taux fixé par la loi précitée, il faut que les dispositions du testament ne laissent aucune incertitude sur l'intention du testateur à cet égard; qu'à défaut de dispositions testamentaires réglant un mode exceptionnel

de rachat, c'est la loi seule qui doit recevoir son application sans qu'il y ait lieu de se préoccuper des fluctuations du cours des valeurs de bourse; que, d'ailleurs, dans le doute sur la volonté du testateur relativement au mode et au taux du rachat, le testament doit être entendu dans le sens le moins onéreux au débi-rentier (Besançon, 23 déc. 1891, aff. Macherey, D. P. 92. 2. 303, et la note).

Art. 2. — *Résolution du contrat pour inexécution des conditions* (*Rép.* n° 150 à 218).

38. Aux termes des art. 1912 et 1913 c. civ., le débiteur d'une rente constituée en perpétuel peut être contraint au rachat : 1° s'il cesse de remplir ses obligations pendant deux années; 2° s'il manque à fournir au prêteur les sûretés promises par le contrat; 3° s'il tombe en faillite ou en déconfiture.

Presque tous les auteurs récents admettent que ces diverses dispositions contiennent des applications du principe posé dans l'art. 1184 c. civ., relativement à la condition résolutoire tacite (V. notamment : Pont, *op. cit.*, t. 1, n° 348; Demante et Colmet de Santerre, *op. cit.*, t. 8, n° 122 et 123 *bis*-I; Guillouard, *op. cit.*, n° 195, p. 249. V. aussi, au sujet du rachat ou remboursement pour non-payement des arrérages pendant deux années, *Rép.*, n° 151). — M. Laurent (*op. cit.*, t. 27, n° 14 à 17) soutient, au contraire, que les art. 1912 et 1913 c. civ. édictent simplement une déchéance du « terme illimité » que le débiteur de la rente constituée avait pour payer le capital; cet auteur se fonde, d'une part, sur ce que la condition résolutoire tacite ne peut être sous-entendue que dans les contrats synallagmatiques (V. sur ce premier point, *supra*, v° *Obligations*, n° 459), et, d'autre part, sur ce que le rachat ou remboursement prévu par l'art. 1912 n'a pas pour effet, comme la condition résolutoire tacite, de remettre les choses au même état que si le contrat n'avait jamais existé. — Comp. sur cette question, la note de M. Planiol, insérée D. P. 92. 1. 282.

§ 1er. — Non-payement des arrérages pendant deux ans (*Rép.* n° 151 à 186).

39. La première disposition de l'art. 1912, aux termes de laquelle le débiteur d'une rente constituée en perpétuel peut être contraint au rachat « s'il cesse de remplir ses obligations pendant deux années », a soulevé diverses questions, indiquées au *Rép.*, n° 153 et suiv., sur la plupart desquelles le désaccord persiste toujours dans la doctrine (V. sur les origines de cette disposition dans les textes coutumiers, la jurisprudence et la pratique de l'ancien droit français, H. Beaune, *op. cit.*, p. 384-385).

40. La question de savoir si l'art 1912-1° est applicable aux rentes constituées avant la promulgation du code civil n'a pas cessé d'être discutée. Dans le sens de la négative (Proudhon, *Traité sur l'état des personnes et sur le titre préliminaire du code civil*, annoté par Valette, t. 1, p. 64-67; Demolombe, *Cours de code civil*, t. 1, n° 55; Pont, *op. cit.*, t. 1, n° 355; Aubry et Rau, *op. cit.*, § 30, texte, II-3°, et note 53, p. 73; Laurent, *op. cit.*, t. 1, n° 226, et t. 27, n° 30), on allègue que la disposition de l'art. 1912-1°, qui suppose une clause sous-entendue dans le contrat de constitution de rente et auquel pourrait déroger une clause contraire, n'a point un caractère impératif et d'ordre public, sur ce que cette disposition est simplement déclarative de la volonté des parties, et on ajoute que, si la disposition de l'art. 1912 n'a pas un caractère pénal, il serait contradictoire de la soumettre à une règle différente de celle qui est appliquée au pacte commissoire tacite, établi par l'art. 1184, lequel, d'après la cour de cassation, ne peut être invoqué à l'occasion de contrats passés à une époque où la loi n'admettait le pacte commissoire qu'autant qu'il avait été expressément stipulé (V. aussi *supra*, v° *Lois*, n° 181. V. dans le même sens, contrairement à la jurisprudence rapportée au *Rép.*, n° 155 : Trib. Vannes, sous Rennes, 23 août 1879, aff. Maire de Vannes, D. P. 81. 2. 158. La solution affirmative, admise au *Rép.*, n° 155, se fonde sur ce que l'application de l'art. 1912-1° aux rentes constituées avant la promulgation du code civil a pour effet, non de

faire produire à une loi nouvelle un effet rétroactif, mais de faire régler les conséquences de l'inexécution d'une convention par la loi sous l'empire de laquelle cette inexécution s'est produite (Duvergier, *Du prêt*, n°s 355 à 359; Guillouard, *op. cit.*, n° 206, p. 263-266).

Il convient, d'ailleurs, d'observer que, dans l'ancien droit, la résistance, mentionnée au *Rép.*, n° 154 *in fine*, à la disposition de l'art. 149 de l'ordonnance de janvier 1629 avait eu pour effet non seulement d'empêcher l'enregistrement de cette disposition dans un parlement, celui de Toulouse, mais aussi de faire introduire généralement l'usage de stipuler d'une manière expresse, dans le contrat de constitution, que la rente devrait être remboursée faute de payement des arrérages pendant un délai qui variait de deux à cinq ans (Pont, *op. cit.*, t. 1, n°s 349 et 354). Dès lors, malgré l'existence d'un grand nombre de rentes perpétuelles dont la constitution est antérieure au code civil, la question offre moins d'intérêt pratique qu'on ne le prétendu.

41. Quant à la question de savoir si l'art. 1912-1° est applicable aux rentes constituées à titre gratuit, elle ne se pose que dans le cas où la rente a été constituée avec indication d'un capital déterminé. L'opinion, adoptée au *Rép.* n° 157, d'après laquelle la disposition de cet article doit être restreinte aux rentes constituées à titre onéreux, tend à prévaloir (Duvergier, *Du prêt*, n° 364; Pont, *op. cit.*, t. 1, n° 355; Laurent, *op. cit.*, t. 27, n° 31; Demante et Colmet de Santerre, *op. cit.*, t. 8, n° 123 *bis*-XV; Guillouard, *op. cit.*, n° 205, p. 261-263. — V. en sens contraire, outre l'arrêt de la section civile de la cour de cassation du 12 juill. 1813, rapporté au *Rép.* sous le n° 157 : Aubry et Rau, *op. cit.*, t. 4, § 398, note 9, p. 616). — L'arrêt précité se fonde seulement sur ce « qu'il n'existe dans le code civil aucune disposition qui établisse une distinction, quant aux engagements et à leurs effets, entre les rentes constituées en perpétuel à titre gratuit et celles constituées en perpétuel pour cause de prêt; que l'art. 1912 c. civ. n'établit non plus aucune distinction entre ces deux espèces de rentes, que sa disposition est générale ». Mais, outre les raisons données par M. Troplong, *Commentaire du prêt*, n° 486, et rapportées au *Rép.*, n° 157, on peut répondre, d'abord que l'art. 1912 figure dans un chapitre qui traite *du prêt à intérêt*, et qui est, par conséquent, étranger aux actes de libéralité, puisqu'on ne comprendrait pas pourquoi le débiteur de la rente pourrait être contraint au rachat pour un crédi-rentier qui, n'ayant fourni aucun capital, ne saurait exiger le remboursement de ce qu'il n'a point déboursé. Il a été jugé, en ce sens, que l'art. 1912-1° est inapplicable lorsque la constitution de rente a eu lieu à titre gratuit, à moins que l'intention du donateur de la rente n'apparaisse clairement et que, par les termes de l'acte constitutif, il n'ait explicitement ou implicitement prévu et accepté l'éventualité d'un rachat forcé (Rennes, 23 août 1879, aff. Maire de Vannes, D. P. 81. 2. 153).

Il n'y a pas contradiction entre cette opinion et l'opinion soutenue *supra*, n° 34, sur l'art 1911 : on comprend, en effet, qu'on applique aux rentes constituées à titre gratuit les règles essentielles du droit moderne sur les rentes constituées, notamment la règle de l'art. 1911, mais qu'on restreigne aux rentes constituées à titre onéreux les règles particulières qui, comme celles de l'art 1912-1°, ne s'expliquent que par le caractère onéreux de part et d'autre de la convention (Guillouard, *op. cit.*, n° 205 *in fine*, p. 263).

42. Conformément à l'opinion exprimée au *Rép.*, n° 159, on admet que le délai de deux années, indiqué dans l'art. 1912-1°, peut être modifié par la volonté des parties, qui ont la faculté soit de fixer un délai moindre, soit de convenir, au contraire, que le remboursement ne pourra être demandé qu'après le non-payement de plus de deux annuités (Laurent, *op. cit.*, t. 27, n° 19; Guillouard, *op. cit.*, n° 198, p. 253).

43. Pour trancher la question de savoir si la résolution prévue par l'art. 1912-1° est encourue de plein droit par le débiteur de la rente à l'expiration de deux années, ou s'il faut que le crédi-rentier qui demande le remboursement justifie qu'il a mis le débiteur en demeure de payer, la jurisprudence admettait, lors de la publication du *Répertoire*, une distinction, exposée *ibid.*, n°s 163 à 178, entre le cas où la rente est portable et celui où elle est quérable. Or, cette distinction a été combattue à deux points de vue opposés et critiquée dans l'une et l'autre de ses deux branches.

44. Suivant M. Pont, *op. cit.*, t. 1, n° 351, et MM. Demante et Colmet de Santerre, *op. cit.*, t. 8, n° 123 *bis*-IV à X, pour la rente portable comme pour la rente quérable, la résolution du contrat n'aurait pas lieu de plein droit, et, contrairement à la règle formulée au *Rép.*, n° 164, en ce qui concerne les rentes portables, la nécessité d'une mise en demeure serait imposée par les principes de la matière des contrats.

45. Inversement, suivant M. Laurent, *op. cit.*, t. 27, n°s 20 à 25, pour la rente quérable comme pour la rente portable, et contrairement à la règle formulée au *Rép.*, n° 168, en ce qui concerne la rente quérable, aucune mise en demeure ne serait nécessaire, par la raison que l'art. 1912-1° édicte, non une condition résolutoire, mais une déchéance, qui est encourue par la seule force de la loi, sans qu'il y ait à appliquer les principes de la mise en demeure.

46. Sur le premier point, on peut répondre que la rédaction même de l'art. 1912 prouve nettement que la loi n'exige aucun fait de la part du crédi-rentier, mais seulement l'inaction du débi-rentier pendant deux années (V. en ce sens, les auteurs mentionnés au *Rép.*, n° 164, et les nombreux arrêts cités ou rapportés *ibid.*, n° 165, dont l'arrêt de la chambre des requêtes du 6 mai 1823, qui a décidé en réalité que l'art. 1912 n'était pas applicable aux héritiers d'un émigré qui, à raison de la confiscation des biens de leur auteur, étaient demeurés étrangers aux affaires de sa succession, et n'avaient eu connaissance des obligations de celui-ci que par l'action des crédi-rentiers en remboursement du capital pour défaut de payement des arrérages depuis plus de deux ans. *Adde* : Aubry et Rau, *op. cit.*, t. 4, § 398, texte et note 8, p. 616; Laurent, *op. cit.*, t. 27, n° 20; Guillouard, *op. cit.*, n° 199, p. 255-257). La jurisprudence ne paraît pas avoir eu à se prononcer, depuis la publication du *Répertoire*, sur cette hypothèse où la rente est portable, et non quérable.

47. Il y a, d'ailleurs, manifestement lieu de réserver, ainsi qu'on l'a dit au *Rép.*, n° 165 *in fine*, le cas où ce serait *par le fait du crédi-rentier* que le payement des arrérages n'aurait pas été effectué aux époques convenues : dans ce cas, la résolution de la rente ne pourrait pas être poursuivie en remboursement, car l'art. 1912-1° n'atteint que le retard de payement imputable au débiteur de la rente (V., dans le sens des arrêts cités au *Rép.*, n° 166 : Pont, *op. cit.*, t. 1, n° 352 *in fine*; Aubry et Rau, *op. cit.*, t. 4, § 398, note 8 *in fine*, p. 616; Laurent, *op. cit.*, t. 27, n° 29; Guillouard, *op. cit.*, n° 204, p. 261).

48. Quant au second point, et dans l'hypothèse où la rente est quérable, il importe de préciser l'opinion de M. Laurent, indiquée *supra*, n° 45. Si cet auteur soutient qu'une mise en demeure proprement dite n'est pas nécessaire, il ne prétend point que le débiteur d'une rente dont les arrérages sont quérables puisse être contraint au remboursement sans que le crédi-rentier ait à démontrer que ce n'est pas sa propre négligence qui a empêché le payement ou a empêché la débiteur de la rente de se libérer des arrérages : « Il faut, dit M. Laurent, *op. cit.*, t. 27, n° 21, que le créancier prouve qu'il s'est présenté chez le débiteur, en personne ou par un mandataire, pour toucher les arrérages, et que la rente n'a pas été payée »; et plus loin, n° 22 : « Il faut, qu'en cas de contestation, le créancier prouve que le débiteur n'a pas rempli ses obligations; il faut donc qu'il prouve, la rente étant quérable, qu'il s'est présenté chez le débiteur et que celui-ci a refusé de payer; s'il ne peut pas faire cette preuve, le contrat subsiste dans toute sa force, le créancier ne peut pas exiger le capital; il ne le pourra que lorsque le fait de l'exécution des engagements du débiteur sera légalement constaté ». — Sans doute, cette opinion est en contradiction avec la doctrine de certains auteurs et de certains arrêts, qui exigent une sommation faite par un huissier porteur de la quittance et soutiennent que toute demande en remboursement du capital doit être repoussée tant que le crédi-rentier n'a pas fait de

sommation (Pont, *op. cit.*, t. 1, n° 352 ; Aix, 10 déc. 1836, rapporté au *Rép.* sous le n° 169). Mais elle est conforme à l'opinion d'autres auteurs qui, sans exiger une sommation par huissier, admettent que le crédi-rentier, avant de pouvoir contraindre au remboursement le débiteur de la rente, doit *justifier d'une manière régulière* qu'il s'est présenté au domicile de celui-ci pour recevoir les arrérages (V. dans ce sens Aubry et Rau, *op. cit.*, t. 4, § 398, note 9, p. 616. V. aussi sur le but et l'effet de la sommation, les explications données au *Rép.*, n° 178 *in fine*, où la sommation est envisagée comme destinée uniquement à constater le défaut de payement, et non à mettre le débiteur de la rente en demeure). — De plus, l'opinion de M. Laurent n'est en contradiction avec aucun des deux arrêts de la chambre civile de la cour de cassation qui ont eu à résoudre cette question, ni avec l'arrêt du 28 juin 1836, rapporté au *Rép.*, n° 169, qui porte « qu'en cas de négligence de la part du créancier, on ne saurait dire que les débiteurs soient en faute, qu'ils aient cessé de remplir leurs obligations, et que la contrainte prononcée par l'art. 1912 c. civ., à raison de cet inaccomplissement de leurs devoirs, puisse leur être appliquée ; que de tels débiteurs, à qui le créancier n'a rien demandé, doivent avoir été mis en demeure pour que la contrainte, par exigibilité du capital, soit prononcée contre eux », mais qui n'exige pas une mise en demeure par sommation, ni avec l'arrêt du 29 août 1860 (Civ. rej. 29 août 1860, aff. Veuve Hédouin, D. P. 60, 1. 428), qui, se fondant d'abord sur ce qu'il était « constaté, en fait, que plus de deux ans d'arrérages de la rente constituée n'avaient pas été payés, et qu'aux termes de l'art. 1912 c. civ., en semblable cas, le débiteur peut être contraint au rachat », ajoute « que, quant à la mise en demeure, sur le défaut de laquelle se fonde le pourvoi, le moyen manque en fait, puisque réellement cette mise en demeure existe dans la cause, d'abord par suite de la demande des arrérages et du titre nouvel formé par l'exploit introductif d'instance, et encore par la demande incidente des arrérages et du capital exigible introduite dans le cours de l'instance par les défendeurs ». V. aussi Rennes, 11 avr. 1815, cité au *Rép.*, n° 173, et Riom, 4 août 1826, rapporté *ibid.*, sous le n° 172. Toutefois, un arrêt plus récent a jugé que le créancier d'une rente perpétuelle non portable ne peut exiger le remboursement pour défaut de payement des arrérages pendant deux années qu'après une mise en demeure préalable, conformément aux art. 1138 et 1184 c. civ. (Rennes, 23 août 1879, aff. Maire de Vannes, D. P. 81. 2. 158).

49. L'opinion précitée de M. Laurent n'est même en contradiction que dans la forme, et non au fond, avec celle des auteurs et arrêts qui exigent que la mise en demeure soit faite par un huissier porteur de pièces et ayant mandat pour recevoir les arrérages qu'il demande (Guillouard, *op. cit.*, n° 201, p. 258 ; Aix, 10 déc. 1836, cité *supra*, n° 48). En réalité, sinon pour *mettre en demeure*, du moins pour constater que le débiteur d'une rente quérable n'a pas payé les arrérages, il faut que le crédi-rentier se présente chez le débiteur soit en personne, soit par un fondé de pouvoirs, et c'est pour cette raison que le débi-rentier ne pourrait pas être contraint au remboursement si l'huissier qui s'est présenté chez lui n'avait pas mandat pour recevoir les arrérages (Laurent, *op. cit.*, t. 27, n° 24).

50. On a vu au *Rép.*, n° 178, que plusieurs arrêts anciens de la cour de cassation ont refusé au débiteur d'une rente quérable, à qui une sommation a été faite, un délai suffisant pour se procurer les deniers nécessaires. L'opinion contraire, admise par les arrêts de cours d'appel rapportés au *Rép.* n° 175 (V. aussi Caen, 20 mars 1839, *Rép.* n° 170) et par plusieurs auteurs (Pont, *op. cit.*, t. 1, n° 353 ; Guillouard, *op. cit.*, n° 202, p. 258-261), ne saurait, même dans la théorie généralement admise, en ce qui concerne le principe sur lequel repose l'art. 1912, s'appuyer sur la disposition finale de l'art. 1184, aux termes de laquelle « il peut être accordé au défendeur un délai selon les circonstances » : car, si ce que l'art. 1912 repose sur le principe de la condition résolutoire tacite formulé dans l'art. 1184, il ne s'ensuit pas que toutes les règles édictées par l'art. 1184 soient applicables en matière de rentes constituées, et on comprend qu'il y ait des raisons spéciales de décider que le débiteur d'une rente perpétuelle qui a manqué une première

fois à ses engagements peut être, après une année écoulée contraint sans rémission à rembourser le capital de la rente lorsqu'il s'abstient de nouveau de remplir ses obligations (V. en ce sens : Duvergier, *Du prêt*, n° 351 ; Laurent, *op. cit.*, t. 27, n° 26).

51. La solution que l'on vient de donner en ce qui concerne le délai à refuser au débiteur de la rente entraîne la solution d'une autre question, également controversée, celle de savoir si le débiteur de la rente peut purger la mise en demeure. En réalité, dans l'opinion que nous avons admise, cette question est sans portée, puisque le débiteur de la rente, même lorsqu'il reçoit une sommation, n'est jamais à proprement parler mis en demeure (V. en ce sens *Rép.*, n° 178 *in fine*, et les arrêts rapportés au *Rép.* même numéro et déjà visés *supra*, n° 50 ; V. aussi Laurent, *op. cit.*, t. 27, n° 27. — *Contrà*, Guillouard, *op. cit.*, n° 203, p. 261).

52. A plus forte raison ne saurait-on admettre la doctrine de l'arrêt de la cour de Paris, du 23 juill. 1831, rapporté au *Rép.* sous le n° 176, aux termes duquel la disposition de l'art. 1912 « n'est qu'une faculté dont l'application est subordonnée aux circonstances, et laissée à la prudence du juge », de sorte que celui-ci pourrait refuser de contraindre au remboursement le débiteur de la rente qui a cessé, sans que le fait soit contesté, de remplir ses obligations pendant deux années.

53. Après deux années passées sans que le débiteur de la rente en ait payé les arrérages, la résolution du contrat peut être prononcée contre lui, sur la demande du crédirentier. Tel est certainement le délai prévu par l'art. 1912, quoique le texte de cet article parle du débiteur qui « cesse de remplir ses obligations pendant deux années » : l'arrêt de la cour de Caen, visé au *Rép.*, n° 180, qui avait induit de ces mots que le point de départ des deux années était l'échéance de la première annuité non payée, et qui a d'ailleurs été cassé, n'a été suivi ni dans la doctrine, ni dans la jurisprudence (V. outre les auteurs cités au *Rép.*, n° 180 *in fine* : Pont, *op. cit.*, t. 1, n° 350 ; Aubry et Rau, *op. cit.*, t. 4, § 398, texte et note 7, p. 615 ; Laurent, *op. cit.*, t. 27, n° 18 ; Guillouard, *op. cit.*, n° 196, p. 253).

54. Quant à la question, examinée au *Rép.*, n° 183, de savoir si les deux années de retard doivent être consécutives, elle est restée controversée, mais présente peu d'intérêt pratique. La seule raison qui puisse être invoquée dans le sens de la négative, c'est-à-dire qu'on ne saurait ajouter au texte de l'art. 1912, qui n'exige que le non-payement des arrérages « pendant deux années », sans ajouter que ces deux années doivent être consécutives (Guillouard, *op. cit.*, n° 1201, p. 254-255). Mais on peut répondre que le législateur n'a pas eu à prévoir une hypothèse aussi peu vraisemblable que celle d'un crédi-rentier qui consentirait à recevoir les arrérages d'une seconde année alors que les arrérages échus pendant la première ne sont pas encore acquittés (Pont, *op. cit.*, t. 1, n° 351, cité à tort par M. Guillouard, *loc. cit.*, comme un partisan de l'opinion contraire ; Aubry et Rau, *op. cit.*, t. 4, § 398, p. 615 ; Laurent, *op. cit.*, t. 27, n° 18 *in fine*).

55. Au cas où le débiteur de la rente constituée en perpétuel est décédé en laissant plusieurs héritiers, dont les uns servent régulièrement leurs parts d'arrérages, et dont les autres négligent de payer les arrérages qui leur incombent, le crédi-rentier ne peut exiger le remboursement que contre ces derniers, dans la mesure de leurs parts héréditaires (Aubry et Rau, *op. cit.*, t. 4, § 398, p. 616-617 ; Guillouard, *op. cit.*, n° 209, p. 268).

56. La partie qui, dans l'exploit introductif d'instance, demande le payement des arrérages d'une rente constituée ne saurait, en cours d'instance, conclure à la résolution de la rente pour défaut de payement de ces arrérages pendant plus de deux années : si, en effet, les parties sont libres de modifier leurs conclusions ou d'en prendre de nouvelles en cours d'instance, cette faculté ne va pas jusqu'au droit de remplacer une demande par une autre (V. sur le cas où la demande nouvelle doit être considérée comme réellement distincte de la demande originaire, *suprà*, v° *Demande nouvelle*, n°s 12 et suiv. ; *Rép. eod.* v°, n°s 32 et suiv.). Relativement à la demande en résolution d'un contrat de rente constituée, la question a été posée devant la cour de cassation, mais non tranchée par elle, parce que le moyen qui la soulevait, non

opposé devant les juges du fond, a été déclaré nouveau, et, dès lors, non recevable (Civ. rej., sur ce moyen, 29 août 1860, aff. Veuve Hédoin, D. P. 60. 1. 428).

§ 2. — Manquement du débi-rentier à fournir les sûretés promises (*Rép.* nᵒˢ 187 à 214).

57. La deuxième disposition de l'art. 1912, aux termes de laquelle le débiteur d'une rente constituée en perpétuel peut être contraint au rachat « s'il manque à fournir au prêteur les sûretés promises par le contrat », édicte, en matière de constitution de rente, une règle semblable et presque identique à celle qui est posée pour tous les contrats dans l'art. 1188, qui traite de la déchéance du terme (Pont, *op. cit.*, t. 1, nᵒ 358; Laurent, *op. cit.*, t. 27, nᵒ 33; Guillouard, *op. cit.*, nᵒ 195, p. 249-251, et nᵒ 210, p. 268-269). — V., sur l'art. 1188, *suprà*, vᵒ *Obligations*, nᵒˢ 515 à 531; *Rép.* eod. vᵒ, nᵒˢ 1283 à 1312.

58. Malgré les termes en apparence restrictifs de l'art. 1912-2ᵒ, et par analogie avec la disposition de l'art. 1188 précité, le débi-rentier qui diminue par son fait les sûretés qu'il a fournies, peut être contraint au remboursement aussi bien que le débi-rentier qui manque à fournir les sûretés qu'il a promises, *Rép.* nᵒ 191 (Duvergier, *Du prêt*, nᵒ 340; Aubry et Rau, *op. cit.*, t. 4, § 398, p. 617; Laurent, *op. cit.*, t. 27, nᵒ 35; Guillouard, *op. cit.*, nᵒ 210 *in fine*, p. 269). V. par analogie la solution donnée sur l'art. 1188, *suprà*, vᵒ *Obligations*, nᵒ 521; *Rép.* eod. vᵒ, nᵒ 1292.

59. Dans le cas où les sûretés fournies ont été diminuées ou même ont été détruites en dehors du fait du débiteur de la rente, celui-ci doit être admis à compléter les sûretés diminuées ou à en fournir de nouvelles en remplacement de celles qui ont péri, et il ne peut être contraint au remboursement qu'autant qu'il néglige de le faire. Cette doctrine, enseignée au *Rép.*, nᵒ 212, est généralement admise (Aux auteurs cités *ibid.*, *adde* : Aubry et Rau, *op. cit.*, t. 4, § 398 texte et note 12, p. 617; Laurent, *op. cit.*, t. 27, nᵒ 36; Guillouard, *op. cit.*, nᵒ 214, p. 270) : on s'accorde à décider, contrairement à un arrêt de cassation du 17 mars 1818, cité au *Rép.*, nᵒ 214, rapporté *ibid.*, vᵒ *Priviléges et hypothèques*, sous le nᵒ 1333, et critiqué en ces deux passages, que l'art. 2131 c. civ. relatif au cas où un immeuble hypothéqué a péri ou a éprouvé des dégradations le rendant insuffisant pour la sûreté du créancier, et qui est applicable ici par analogie, doit être entendu en ce sens que le débiteur a, dans l'hypothèse prévue, la faculté d'offrir un supplément d'hypothèque au créancier, lequel ne peut exiger alors son remboursement (V. aussi à cet égard, *suprà*, vᵖˢ *Cautionnement*, nᵒ 33 ; *Obligations*, nᵒ 520 *in fine*; *Priviléges et hypothèques*, nᵒ 896; *Rép.*, vᵒ *Priviléges et hypothèques*, nᵒ 1333).

60. Sur la question de savoir si le débiteur d'une rente constituée peut être contraint au remboursement du capital, pour diminution des sûretés fournies, lorsqu'il aliène l'immeuble hypothéqué au service de cette rente, V. les arrêts rapportés au *Rép.*, nᵒˢ 192 à 204. Ces arrêts admettent des solutions diverses, suivant que l'immeuble est vendu en totalité à un même acquéreur, pour un prix supérieur au capital de la rente, ou pour un prix inférieur à ce capital, ou qu'une partie seulement de l'immeuble affecté au service de la rente a été vendue. — V. aussi l'opinion soutenue *suprà*, vᵒ *Obligations*, nᵒ 523, touchant l'art. 1188, au sujet duquel la question se pose dans les mêmes termes. *Adde* : Laurent, *cp. cit.*, t. 27, nᵒ 35.

61. La question de savoir si les tribunaux peuvent accorder un délai au débiteur de la rente pour qu'il fournisse les sûretés promises par le contrat de constitution de rente doit être tranchée dans le sens de l'affirmative (Duvergier, *Du prêt*, nᵒ 339; Guillouard, *op. cit.*, nᵒ 212, p. 271) ou dans le sens de la négative (Laurent, *op. cit.*, t. 27, nᵒ 34), suivant que l'on admet que la disposition de l'art. 1912-2ᵒ est ou n'est pas une application du principe de la condition résolutoire tacite écrit dans l'art. 1184.

62. Par analogie avec la solution admise *suprà*, nᵒ 41, sur l'art. 1912-1ᵒ, il y a lieu de décider que la disposition de l'art. 1912-2ᵒ doit, elle aussi, être restreinte aux rentes constituées à titre onéreux (V. dans ce sens *Rép.* nᵒ 208, et Guillouard, *op. cit.*, nᵒ 213, p. 271-272. — V. cependant les réserves rapportées au *Rép.*, nᵒˢ 209 et 210. V. aussi, en sens contraire, Pont. *op. cit.*, t. 1, nᵒ 357 *in fine*).

§ 3. — Faillite ou déconfiture du débiteur (*Rép.* nᵒˢ 215 à 218).

63. La disposition de l'art. 1913, aux termes de laquelle « le capital de la rente constituée en perpétuel devient aussi exigible en cas de faillite ou de déconfiture du débiteur », prévoit, en matière de constitution de rente, celle des deux hypothèses visées par l'art. 1188 que ne prévoit pas l'art. 1912-2ᵒ (Pont, *op. cit.*, t. 1, nᵒ 358; Laurent, *op. cit.*, t. 27, nᵒ 37). Mais, plus complet que l'art. 1188 (V. *suprà*, vᵒ *Obligations*, nᵒ 526), l'art. 1913 assimile expressément la déconfiture, qui est l'état d'insolvabilité d'un non-commerçant, à la faillite.

64. La faillite ou la déconfiture du débiteur d'une rente constituée rend exigible le capital de la rente aussi bien à l'encontre de la caution qu'à l'encontre du débiteur principal lui-même (Caen, 10 nov. 1857 (1); Aubry et Rau, *op. cit.*, t. 4, § 398, texte et note 13, p. 617; Guillouard, *op. cit.*, nᵒ 215, p. 273).

65. L'acceptation sous bénéfice d'inventaire de la succession du débiteur de la rente autorise-t-elle le crédi-rentier à réclamer le remboursement du capital? En dehors même de l'hypothèse réservée au *Rép.*, nᵒ 218, où l'acceptation bénéficiaire est négative, la solution négative peut être soutenue malgré les autorités citées au *Rép.*, nᵒ 216, et un arrêt de la chambre des requêtes du 27 mai 1829, rapporté au *Rép.*, vᵒ *Obligations*, sous le nᵒ 1414, paraît, sans être formel, pouvoir être cité en ce sens, puisque, si le crédi-rentier ne semble avoir invoqué à l'appui de son action en remboursement contre l'héritier bénéficiaire du débi-rentier, accueillie par les premiers juges et repoussée en appel, que la diminution des sûretés et le retard de deux années dans le service des arrérages, un des moyens du pourvoi, qui a été rejeté, se fondait sur la violation des art. 1912 et 1913 c. civ. V. aussi, dans le même sens, Guillouard, *op. cit.*, nᵒ 215, p. 272.

---

(1) (Duval et Duroutel C. Lecanu.) — La cour; — Attendu que, par le contrat notarié du 6 oct. 1836, le sieur Duval s'est constitué débiteur, envers les sieur et dame Lecanu, d'une rente perpétuelle annuelle de 150 fr., au capital de 3 000 fr., et que le sieur Duroutel s'est constitué, par le même acte, garant et caution solidaire de toutes les obligations du sieur Duval; — Attendu qu'aux termes de l'art. 1913 c. civ., le capital de la rente constituée en perpétuel devient exigible en cas de faillite ou de déconfiture du débiteur; — Attendu que le sieur Duval, qui l'a déniée devant la cour, n'a produit aucune justification de nature à établir qu'il soit à même d'offrir une garantie de solvabilité quelconque; qu'il a été articulé, d'autre part, par la dame Lecanu, que le prix de l'office du sieur Duval a été distribué entre les créanciers et qu'il ne lui reste aucune valeur, soit mobilière, soit immobilière, pour répondre de ses engagements; que les sieurs Duval et Duroutel n'ont précisé aucun fait qui fût de nature à combattre l'articulation de la dame Lecanu; que, dès lors, l'insolvabilité ou l'état de déconfiture du sieur Duval doivent être tenus pour constants, et que c'est à bon droit que les premiers juges ont reconnu l'exigibilité du capital de la rente, au regard du sieur Duval, le débiteur principal de ladite rente; — Attendu que le sieur Duroutel, par les termes et la nature de son engagement, s'est obligé comme le débiteur principal lui-même, et s'est soumis aux conséquences juridiques du contrat spécial qu'il a solidairement cautionné; que la déconfiture du sieur Duval a rendu le capital de la rente exigible envers ce dernier, aussi bien qu'envers le sieur Duroutel, sa caution solidaire ; que la créancière de la rente a été privée, par l'état d'insolvabilité de son débiteur principal, de la garantie qu'elle trouvait dans l'engagement contracté par celui-ci lorsqu'il était *in bonis*, pour le service des arrérages de la rente et pour le capital de cette même rente, et que l'on ne saurait, sans méconnaître le droit que la dame Lecanu puise dans son titre et dans les principes qui le régissent, l'obliger à se contenter de la garantie qu'elle peut trouver dans l'engagement du sieur Duroutel, son coobligé solidaire;
Par ces motifs,
Dit à tort l'opposition formée par les sieurs Duval et Duroutel à l'arrêt par défaut du 6 juill. 1857; — Ordonne que ledit arrêt sortira son plein et entier effet, etc.
Du 10 nov. 1857.-C. de Caen, 1ʳᵉ ch.-MM. Mégard, 1ᵉʳ pr.-Edmond Olivier, 1ᵉʳ av. gén.-Trolley et Bayeux, av.

66. De même que les deux dispositions de l'art. 1912 (V. *suprà*, nᵒˢ 41 et 62), celle de l'art. 1913 doit être restreinte aux rentes constituées à titre onéreux (Guillouard, *op. et loc. cit.*).

Art. 3. — *Modes ordinaires d'extinction des obligations* (Rép. nᵒˢ 219 à 242).

67. V. Rép., nᵒˢ 219 à 242

Table sommaire

des matières contenues dans le Supplément et le Répertoire.

(Les chiffres précédés de la lettre S renvoient au Supplément ; les chiffres précédés de la lettre R renvoient au Répertoire.)

Table des articles du code civil.

Table chronologique des Lois, Arrêts, etc.

RENTES SUR L'ÉTAT. — V. outre les renvois indiqués au *Répertoire*, *suprà*, v^{is} *Bourse de commerce*, n°s 87 et suiv., 108, 187 et suiv. ; *Cautionnement*, n° 31 ; *Contrat de mariage*, n°s 183, 381, 540 et suiv., 1425 et suiv. ; *Contumace*, n° 50 ; *Culte*, n°s 581, 589 et 667 ; *Enregistrement*, n°s 19, 159, 2162, 2199, 2250 et suiv. ; 2296, 2590, 2743 et suiv., 2768 et suiv. ; 3243, 3288 ; *Etablissements d'épargne et de prévoyance*, n°s 1, 2, 32 et suiv., 39 et suiv., 43, 67, 93 et suiv. ; *Faillites et banqueroutes, liquidations judiciaires*, n°s 415 et suiv., 716 et 734 ; *Nantissement*, n°s 67 et 101 ; *Obligations*, n°s 977, 1420 ; *Privilèges et hypothèques*, n° 425 ; — et *infrà*, v^{is} *Organisation de l'Algérie* ; *Organisation des colonies* ; *Responsabilité*, et *Rép.* eod. v°, n°s 152, 338 et suiv. ; *Saisie-arrêt*, et *Rép.* eod. v°, n° 199 ; *Saisie des rentes*, et *Rép.* eod. v° ; *Timbre*, et *Rép.* eod. v°, n° 75 ; *Trésor public* ; *Valeurs mobilières* ; *Vente publique de meubles*, et *Rép.* eod. v°, n° 15.

RENTES FONCIÈRES.

Division.

Art. 1. — Du bail à rente foncière dans la législation ancienne (n° 4).

Art. 2. — Des rentes foncières sous la législation intermédiaire (n° 7).

Art. 3. — Des rentes foncières sous la législation moderne (n° 16).

1. Ainsi qu'on l'a indiqué au *Rép.*, n°s 9, 35 et 65, si la même expression de *rentes foncières*, qui était usitée dans l'ancien droit, a été employée dans la législation intermédiaire et reste employée dans la pratique moderne afin de désigner les rentes créées pour prix de l'aliénation d'un immeuble, de profondes différences existent entre les rentes foncières proprement dites de l'ancien droit et les rentes foncières qui, déclarées rachetables par le décret des 18-29 déc. 1790, puis mobilisées implicitement par la loi du 11 brum. an 7 et expressément par la loi du 22 frim. an 7, sont actuellement régies par les dispositions de l'art. 530 c. civ.

2. Les règles relatives au bail à rente foncière de l'ancien droit sont développées dans l'ouvrage de M. Henri Beaune, *Droit coutumier français, La condition des biens*, p. 283 à 293 (1886). Les règles concernant les rentes foncières dans la législation moderne sont exposées, notamment, dans les ouvrages de MM. Demolombe, *Cours de code civil*, t. 9 (*Traité de la distinction des biens*, t. 1), n°s 422 à 436 (1852); Aubry et Rau, *Cours de droit civil français*, 4e éd., t. 2, § 224 *ter*, p. 456-461 (1869) ; Laurent, *Principes de droit civil français*, t. 27, n°s 38 à 67, p. 50-86 (1877) ; Demante et Colmet de Santerre, *Cours analytique de code civil*, 2e édit., t. 2, n° 359, p. 384-391 (1881). Quelques-unes de ces règles ont été également étudiées, à propos des rentes constituées, par les auteurs et dans les passages cités *suprà*, v° *Rentes constituées*, n° 5.

3. On a vu *suprà*, eod. v°, n°s 8 et 9, que le code civil italien de 1865 et le code civil espagnol de 1889 considèrent la rente foncière comme une variété de la rente constituée en perpétuel.

Art. 1er. — *Du bail à rente foncière dans la législation ancienne* (*Rép.* n°s 2 à 34).

4. Les rentes foncières de l'ancien droit, parfois appelées rentes réservées, n'avaient pas toujours un caractère féodal *Rép.* n° 2), et le bail à rente foncière n'assurait pas nécessairement la suzeraineté d'un fonds sur un autre. « Il ne

comportait ni droits honorifiques, ni retenue du domaine direct, ni lods et ventes, ni retrait seigneurial, ni reconnaissance quelconque d'une seigneurie, mais seulement le payement d'une redevance qui représentait le revenu de l'immeuble... Aucune condition n'était imposée en ce qui concernait la nature de la chose concédée ; il suffisait qu'elle fût un immeuble, corporel ou incorporel tel qu'une justice ; le détenteur d'un alleu noble ou roturier et celui d'un fief ou d'une censive pouvaient bailler le fonds à rente foncière » (Beaune, *op. cit.*, p. 283-284).

5. Il a été jugé, dans le sens des arrêts cités au *Rép.*, n° 2, que la rente seconde foncière moyennant laquelle le preneur à cens a sous-aliéné l'héritage acensé, encore bien qu'il ait imposé à l'acquéreur, par le même acte, l'obligation de servir en nature les cens, rentes et redevances par lui dues au seigneur direct, ne saurait être considérée ni comme féodale, ni comme mélangée de féodalité, et par conséquent comme abolie par la loi du 17 juill. 1793, alors d'ailleurs que ledit preneur n'a stipulé à son profit aucun devoir seigneurial (Poitiers, 28 août 1862, *suprà*, v° *Propriété féodale*, n° 31).

6. Le bail à rente foncière était un contrat par lequel un propriétaire aliénait un héritage ou un droit immobilier à la charge d'une rente annuelle consistant soit en argent, soit en une certaine quantité de fruits, et payable tant que le preneur posséderait l'immeuble. Cette rente était plus qu'un droit réel retenu sur l'immeuble et, sans conférer au bailleur à rente un véritable droit de copropriété, créait au moins une sorte de *communauté entre le bailleur et le preneur*, car « le bail à rente investissait le preneur, sur l'immeuble, d'un droit de propriété aussi étendu que celui dont avait joui le bailleur, à l'exception de la portion idéale de la chose représentée par la rente et réservée par celui-ci » (Beaune, *op. cit.*, p. 285) : la chose, sinon la propriété, était partagée entre le bailleur et le preneur à rente. — V. sur les autres caractères du bail à rente foncière et sur les autres règles qui le régissaient, *Rép.* n°s 10 à 34.

Art. 2. — *Des rentes foncières sous la législation intermédiaire* (*Rép.* n°s 35 à 64).

7. C'est la législation intermédiaire (V. *suprà*, n° 1, et *Rép.* n° 35) qui a profondément altéré le caractère des rentes foncières, d'abord en autorisant leur rachat par le décret des 18-19 déc. 1790, contrairement au principe essentiel de l'ancienne rente foncière, que le bailleur à rente constituait sur son immeuble précisément pour conserver un droit sur cet immeuble, puis en mobilisant les rentes foncières par les lois des 11 brum. an 7 (1er nov. 1798) et 22 frim. an 7 (12 déc. 1798).

8. — 1° *Rachat ou remboursement.* — Aux termes de l'art. 2 du titre 3 du décret des 18-29 déc. 1790, « (en ce qui concerne) le rachat des rentes et redevances foncières originairement créées irrachetables et sans aucune évaluation du capital, seront remboursables, savoir : celles en argent, sur le pied du denier vingt ; et celles en nature de grains, volailles, denrées, fruits de récolte, service d'hommes, chevaux ou autres bêtes de somme et de voitures, au denier vingt-cinq de leur produit annuel... ». Il résulte, d'une part, du texte même de cet article qu'il ne s'applique qu'aux rentes foncières antérieures au décret des 4-11 août-21 sept.-3 nov. 1789, puisque l'art. 6 de ce décret portait que « toutes les rentes foncières perpétuelles, soit en nature, soit en argent, de quelque espèce qu'elles soient, quelle que soit leur origine,... seront rachetables » ; et il résulte, d'autre part, de l'art. 1 du titre 3 du décret précité des 18-29 déc. 1790 que l'art. 2 ci-dessus rapporté ne détermine les règles et le taux du rachat des rentes, ou redevances foncières que pour le cas où « les parties, auxquelles il est libre de traiter de gré à gré, ne pourront point s'accorder sur le prix du rachat ». Il a été jugé, en conséquence : 1° que la loi (décret) des 18-29 déc. 1790 n'est applicable qu'aux rentes

foncières créées ou devenues irrachetables avant sa promulgation et laisse toutes les rentes postérieures nécessairement rachetables sous l'empire du droit commun (Montpellier, 29 déc. 1855, aff. Villa, D. P. 56. 2. 296); — 2° Que si, loin qu'il soit justifié qu'une rente foncière est antérieure à 1789, il résulte au contraire des pièces produites qu'elle n'a été créée que postérieurement, et si une stipulation formelle du contrat porte que l'évaluation à forfait du capital de cette rente ne pourra donner lieu à aucune réclamation, il importe peu que ladite évaluation, qui rentre dans les conditions d'un prix de vente, soit supérieure au denier déterminé par l'art. 2 du titre 3 de la loi de 1790, et qu'un héritier à réserve ne saurait trouver dans ce fait une base sérieuse à son action en nullité contre le contrat par lequel la rente a été stipulée (Req. 28 févr. 1887, aff. Charpentier, D. P. 88. 1. 127).

9. On a vu au *Rép.*, n° 43 *in fine*, que les dispositions de l'art. 2 du titre 3 de la loi des 18-29 déc. 1790 sont également inapplicables aux rentes, stipulées rachetables, antérieures à ladite loi, pour lesquelles le taux du rachat, quand il n'a pas été déterminé entre les parties, reste, d'après la jurisprudence ancienne, fixé au denier vingt (V. Paris, 5 août 1851, aff. De Sacy-Delisle D. P. 52. 2. 236, cité au *Rép., ibid.*).

10. — *2° Mobilisation.* — En déclarant, dans son art. 7, que « les rentes foncières... ne pourront plus, à l'avenir, être frappées d'hypothèque », la loi du 11 brum. an 7 a enlevé implicitement aux rentes foncières leur caractère immobilier, et on peut dire que, depuis la loi du 11 brum. an 7, il n'y a plus en France de rentes *foncières* dans l'ancienne signification de ce mot, c'est-à-dire de rentes constituant, au profit du rentier, un droit réel inhérent au fonds aliéné (*Rép.*, v° *Biens*, n° 201).

11. On avait indiqué toutefois au *Rép.*, eod. v°, n° 202, que l'opinion suivant laquelle la mobilisation des rentes foncières date de la loi du 11 brum. an 7 n'était pas unanimement admise. Cette opinion était combattue par Merlin, dans son *Répertoire* (v° *Rente foncière*, § II, art. 4, n° 2), et dans ses *Questions de droit* (v° *Emphytéose*, § V, n° 4, en note); suivant cet auteur, la mobilisation des rentes foncières n'aurait pas été accomplie que par le code civil. MM. Foelix et Henrion (*Traité des rentes foncières*, chapitre préliminaire, § 5, et n° 38) se prononçaient également contre la même opinion : suivant eux, les rentes foncières auraient été, au contraire, mobilisées antérieurement à la loi des 18-29 déc. 1790.

Mais un arrêt de la chambre civile de la cour de cassation, du 27 déc. 1848 (aff. Auvray, D. P. 49. 1. 90), cité au *Rép.*, v° *Rentes foncières*, n° 56, et *supra*, v° *Biens*, n° 48, qui avait été rendu conformément aux conclusions de M. l'avocat général Nicias-Gaillard, et qui a été suivi, dans la même affaire, en un sens identique, d'un arrêt de renvoi (Rouen,

13 juin 1849, aff. Comp. du Cotentin, D. P. 50. 1. 29) et d'un arrêt de rejet de la chambre des requêtes (Req. 4 déc. 1849, D. P. 50. 1. 29), paraît avoir définitivement fixé la jurisprudence (V. les autres arrêts cités *ibid.*, et notamment Req. 20 août 1849, aff. Quillet, D. P. 49. 5. 342). Quant à la doctrine, elle est restée plus indécise (V. dans le sens de la jurisprudence : Demolombe, *Cours de code civil*, t. 9, n° 424; Aubry et Rau, *op. cit.*, t. 2, § 165, note 16, p. 28, et § 224 *ter*, texte et note 3, p. 456-457, note 10, p. 457-458. — *Contrà* : Laurent, *op. cit.*, t. 27, n°s 55 et 56; Demante et Colmet de Santerre, *Cours analytique de code civil*, t. 2, n° 359 *bis*-VI, *in fine*, 2° édit., p. 389). Suivant ces derniers auteurs, la loi du 11 brum. an 7 a enlevé aux rentes foncières leur caractère de *réalité*, sans les mobiliser, par la raison qu'une rente, foncière ou non, n'étant de sa nature ni meuble ni immeuble et ne pouvant être rangée dans l'une ou dans l'autre catégorie que *par la détermination de la loi*, les rentes sont restées, sous ce rapport, ce qu'elles étaient jusqu'à la détermination faite par l'art. 529 c. civ.

12. Tant que les rentes foncières ont conservé leur caractère mobilier, elles étaient dues par le fonds et n'avaient pas, à proprement parler, de débiteur personnel. Leur mobilisation ayant eu pour effet d'enlever au crédi-rentier tout droit dans le fonds, on y substituant une simple créance mobilière, ceux qui détenaient, lors de la promulgation de la loi du 11 brum. an 7, les immeubles arrentés au profit desquels s'est opérée cette transformation, sont nécessairement devenus débiteurs de ces rentes, puisqu'on ne comprend pas de créance sans un débiteur (Aubry et Rau, *op. cit.*, t. 2, § 224 *ter*, texte et note 10, p. 457).

13. Réciproquement, ceux qui sont devenus, depuis la loi du 11 brum. an 7, détenteurs de biens anciennement grevés de rentes foncières, n'ont plus été assujettis, par le seul effet de leur détention, à l'obligation de servir ces rentes (V. *Rép.*, n° 57, et Aubry et Rau, *op. cit.*, t. 2, § 224 *ter*, p. 458).

14. Mais le créancier d'une rente foncière peut s'inscrire sur l'immeuble pour la conservation de ses droits (*Rép.* n° 58), et la jurisprudence a admis que l'hypothèque ainsi inscrite étant privilégiée, en restant, d'ailleurs, régie, quant à sa conservation, ses effets et son extinction, par les règles du droit commun (Aubry et Rau, *op. cit.*, t. 2, § 224 *ter*, texte et note 13, p. 458).

15. Une autre conséquence, signalée au *Rép.*, n° 63, de la mobilisation des rentes foncières, c'est qu'elles ont cessé d'être soumises à la prescription de quarante ans établie par les diverses coutumes dont elles étaient devenues, à partir de la loi du 11 brum. an 7, prescriptibles par trente ans (V., outre les arrêts cités au *Rép. ibid.*, Agen (motifs), 11 juill. 1859 (1), et, dans le même sens : Aubry et Rau, *op. cit.*, t. 2, § 224 *ter*, texte et note 9, p. 457).

---

(1) (Ducasse C. Montagnard.) — LA COUR; — Attendu qu'aux termes du contrat notarié du 7 mars 1776, le curé et la fabrique de l'église de Mondébat consentirent au sieur Desparbès et autres un bail à locatairie perpétuelle de deux pièces de terre appartenant à ladite église, moyennant une rente annuelle de 12 livres; — Attendu que cet acte ne constitue pas un bail ordinaire, ni simple droit de jouissance pour les possesseurs, mais emporte à leur profit une véritable aliénation de la propriété; — Qu'en effet le décret du 4 août 1789 déclare les rentes rachetables; que celui du 18 déc. 1790 porte que ce principe est applicable aux rentes créées par bail à locatairie perpétuelle; que le bailleur y est qualifié de crédi-rentier, et le preneur de propriétaire; que c'est à ce titre qu'on l'autorise à racheter les rentes, que celles-ci, dit le décret du 2 prair. an 2, n'appartient aussi qu'au preneur et non au bailleur; que Tronchet, dans un rapport qu'il fit sur la question même, établit que le bail à locatairie perpétuelle transfère complètement la propriété au preneur; qu'il est si vrai que le preneur acquérait un pouvoir absolu sur les biens dont il s'agit, qu'il est certain que les créanciers du bailleur ne pouvaient exercer aucun droit sur les immeubles ainsi concédés; — Attendu qu'il suit de là que la loi du 18 déc. 1790 ayant décidé que la redevance à laquelle se trouvait assujetti le preneur, serait désormais remboursable, comme toutes les autres rentes foncières, on ne peut disconvenir, en supposant que, d'après la jurisprudence de certains parlements, le bail à locatairie perpétuelle n'eût point jusqu'alors transféré la propriété au preneur, que la loi précitée du 18 déc. 1790 n'eût produit cet effet et métamorphosé le droit du bailleur en

une simple créance remboursable à volonté; — Attendu que, depuis cette loi complétée par celle du 2 prair. an 2 et par la législation de l'an 7 qui mobilisa les rentes foncières, les détenteurs des fonds abandonnés à locatairie perpétuelle ont été, par la puissante interprétation ou déclaration de cette nouvelle législation, de véritables détenteurs à titre de propriété, et de même que les anciens bailleurs ou leurs successeurs se sont vus réduits à de simples droits de crédi-rentier, c'est-à-dire à un simple droit de créance rachetable et prescriptible; que, par conséquent, les défendeurs au procès, au moins depuis les lois dont nous venons de parler, n'ont pu posséder au titre précaire d'usufruitiers ou de fermiers, mais à titre de propriétaires; qu'ils étaient sans doute débiteurs d'une rente, mais que cette rente elle-même, ainsi que l'action en résolution ou en titre nouvel, se prescrivent par trente ans, s'ils n'ont fait aucune demande ou aucun payement; — Que sous nos lois, la prescription court contre les particuliers, l'État, les établissements publics, parmi lesquels sont comprises les fabriques; que le droit revendiqué aujourd'hui par la fabrique de Mondébat n'a pas cessé de reposer sur quelque tête; qu'avant de réclamer et tardivement son envoi en possession, elle était représentée par l'État; — Attendu qu'on reconnaît que les preneurs du 7 mars 1776, ou leurs successeurs, n'ont fait depuis 1789 aucun payement, et n'ont pas été inquiétés; que par suite, on doit prescrit à la fois et la propriété des immeubles donnés à titre de locatairie perpétuelle dans l'acte du 7 mars 1776, et la rente, et l'action résolutoire; — Par ces motifs, etc.
Du 11 juill. 1859. — C. d'Agen, ch. civ. — M. Sorbier, p. pr. pr.

ART. 3. — *Des rentes foncières sous la législation moderne.*
(*Rép.* n°ˢ 65 à 102.)

16. Il résulte de l'art. 530 c. civ. que « la convention par laquelle le propriétaire d'un immeuble l'aliène à la charge d'une rente ne constitue pas, sous le droit nouveau, un contrat d'une nature spéciale. Cette charge peut être attachée à tout acte d'aliénation. soit à titre onéreux, soit à titre gratuit, et ses effets se déterminent d'après les règles relatives au contrat par lequel elle a été établie et d'après les principes qui régissent les engagements conventionnels » (Aubry et Rau, *Cours de droit civil français*, t. 2, § 224 *ter*, p. 459. Comp. Laurent, *op. cit.*, t. 27, n° 59. V. aussi *Rép.* n° 82).

17. On sait dans quelles conditions, et à la suite de quelles discussions, l'art. 530 c. civ. fut intercalé dans le code par la loi même du 30 vent. an 12, qui réunit en un seul corps de lois les lois civiles successivement votées. La question, posée devant le conseil d'Etat dans les termes suivants : « Le consul Cambacérès charge la section de législation d'examiner s'il convient de rétablir l'usage des rentes foncières », fut discutée dans la séance, visée au *Rép.*, n° 65, du 15 ventôse an 12-6 mars 1804, où le rétablissement de l'ancien contrat de rente foncière, défendu par Cambacérès, Maleville, Pelet, fut combattu par Tronchet, Regnaud (de Saint-Jean-d'Angely) et le premier consul (V. le procès-verbal de la séance du 15 ventôse an 12 de la section de législation du conseil d'Etat, Locré, t. 8, p. 78-93, et Fenet, t. 11, p. 56-69. V. aussi Merlin, *Répertoire*, v° *Rente foncière*, § II, art. 5, 5° édit., t. 14, p. 724 à 726; Laurent, *op. cit.*, t. 27, n°ˢ 39 et 40; Demante et Colmet de Santerre, *op. cit.*, t. 2, n° 359 *bis*-II, 2° édit., p. 386).

18. La rente établie moyennant l'aliénation d'un immeuble, constituant une dette à la charge de celui au profit de qui l'immeuble a été aliéné, et non à la charge de l'immeuble, n'est donc pas due par les détenteurs de cet immeuble en leur qualité de détenteurs, alors même qu'elle est qualifiée par les parties de rente foncière, *Rép.* n° 65 (V. Laurent, *op. cit.*, t. 27, n° 38 *in fine*; Demante et Colmet de Santerre, *op. cit.*, t. 2, n°ˢ 359 et 359 *bis*-VI, 2° édit., p. 385 et 388).

19. L'art. 530 c. civ. ne distingue pas entre la rente établie à perpétuité *comme condition de la cession à titre onéreux ou gratuit d'un fonds immobilier* et la rente établie à perpétuité *pour le prix de la vente d'un immeuble* (*Rép.* n° 68). Toutefois, les auteurs ne sont pas d'accord sur le sens de ces mots, ni par conséquent sur la question de savoir en quelles circonstances s'applique l'une ou l'autre des deux hypothèses dudit article. D'après M. Duranton, *Cours de droit français*, t. 4, n° 147, 4° édit., p. 147-148, la rente est établie pour le prix de la vente d'un immeuble lorsque le prix, d'abord déterminé en capital par les parties, a été converti ensuite, d'ailleurs par un seul et même contrat, en une rente annuelle et viagère que l'acquéreur du fonds s'oblige à servir, et la rente est établie comme condition de la cession à titre onéreux ou gratuit d'un fonds immobilier lorsque la rente forme le prix direct de la vente ou cession, qu'il n'y a pas d'autre prix convenu entre les parties : dans le premier cas, d'après le même auteur (*op. cit.*, n° 148), la rente doit être régie, non par les principes applicables aux rentes foncières, mais par ceux qui sont applicables aux rentes constituées pour aliénation d'un capital mobilier. Le principe de la distinction a été approuvé par M. Guillouard, *op. cit.*, n° 207, à propos de la question, examinée *infra*, n° 30, de savoir si les art. 1912 et 1913 c. civ. doivent être appliqués aux rentes foncières.— Suivant M. Demolombe, *Cours de code civil*, t. 9, n° 434 *bis*, p. 287, les deux hypothèses prévues par l'art. 530 c. civ. sont : 1° celle d'une vente d'immeuble pour le prix de laquelle la rente a été établie; 2° celle d'un contrat d'aliénation quelconque autre que la vente, dont l'établissement de la rente a été, non point le prix (car il n'y a, à proprement parler, de prix que dans la vente), mais la condition, et, en admettant même que les mots « pour le prix de la vente d'un immeuble » signifient que le prix a été déterminé en capital, puis converti en rente, il faut appliquer à la première hypothèse les mêmes principes qu'à la seconde, puisque l'art. 530 c. civ. les place sur la même ligne. Selon

MM. Demante et Colmet de Santerre, *op. cit.*, t. 2, n° 359 *bis*-X, 2° édit., p. 391, la rente est établie « pour le prix de la vente d'un immeuble » toutes les fois qu'elle est stipulée par le contrat même de vente, soit en remplacement immédiat du prix énoncé d'abord en un capital, soit directement comme formant elle-même le prix, et, au cas même où, le prix ayant été fixé dans le contrat en un capital, la conversion en rente n'aurait lieu que par acte postérieur, la rente serait, s'il n'apparaît pas d'intention contraire, censée établie comme condition de l'aliénation (ce serait la seconde hypothèse prévue par l'art. 530).—Enfin, d'après M. Laurent, *op. cit.*, t. 27, n° 43, la rente est établie « pour le prix de la vente d'un immeuble », dans le sens de l'art. 530, et doit être traitée comme rente foncière, non comme rente constituée, toutes les fois que, dans l'intention des parties contractantes, c'est une rente qui a été vendue, quoique le prix ait été fixé en capital, et la novation ne se présume pas.

Suivant l'opinion exposée au *Rép.*, v° *Biens*, n° 205, où est d'ailleurs proposée une autre explication des termes de l'art. 530 c. civ., c'est dans les travaux préparatoires et dans les amendements au texte primitif votés, le 19 ventôse an 12, par la section de législation du conseil d'Etat, puis dans les observations présentées, le 22 ventôse an 12, par la section de législation du Tribunat, qu'il faut chercher l'explication de ces termes (Locré, t. 8, p. 94 à 96, et Fenet, t. 11, p. 70 à 72). V. aussi l'extrait de l'exposé des motifs fait par Portalis sur le projet portant réunion des lois civiles en un seul corps (Locré, t. 8, p. 97-99).

20. La rente créée au profit du prêteur d'une somme d'argent destinée au rachat d'une rente foncière n'a pas, en principe, le caractère attaché au droit racheté et ne rentre dans aucune des deux hypothèses prévues par l'art. 530 c. civ., car elle n'est qu'une rente constituée moyennant un capital mobilier. Mais il en est autrement lorsqu'une pareille rente est créée avec déclaration de subrogation dans tous les droits du créancier de la rente foncière ; il a été jugé, en conséquence, que la rente perpétuelle que l'emprunteur d'une somme à lui prêtée pour le rachat d'une rente foncière dont il est débiteur a créée au profit du prêteur *avec subrogation à tous les droits attachés à la rente rachetée*, renferme elle-même, par l'effet de cette subrogation, les caractères d'une rente foncière, comme celle en continuation de laquelle elle a été établie, et non ceux d'une rente constituée (Req. 9 janv. 1865, aff. d'Eyssautier, D. P. 65. 1. 234).

21. Si la rente établie à perpétuité, moyennant l'aliénation d'un immeuble, est essentiellement rachetable, « il est néanmoins permis au créancier de régler les clauses et conditions du rachat » (art. 530-2°).

Il suit de là qu'une rente foncière constituée au denier vingt peut être stipulée remboursable au denier vingt-cinq, même sous l'empire de la législation qui limite l'intérêt conventionnel à 5 pour 100 en matière civile (Pont, *op. cit.*, t. 1, n° 362 ; Laurent, *op. cit.*, t. 27, n° 67). C'est une différence entre les rentes foncières et les rentes constituées (V. *suprà*, v° *Rentes constituées*, n° 35).

22. En l'absence de stipulation à cet égard, il a été jugé qu'une rente foncière établie depuis le code civil et sous l'empire de la loi du 3 sept. 1807, sur le taux de l'intérêt de l'argent, est toutefois rachetable qu'au denier vingt ; que la loi des 18-29 déc. 1790, qui avait décidé que les rentes foncières en nature seraient rachetables au denier vingt-cinq, n'est plus en vigueur, et que les parties ne sauraient, en règle générale, être réputées avoir entendu, pour la fixation du taux du rachat, se référer aux dispositions de cette loi (Trib. civ. Alais, 18 avr. 1872, aff. Compagnie des canaux de Beaucaire, D. P. 72. 3. 81. V. dans le même sens : Aubry et Rau, *op. cit.*, t. 2, § 224 *ter*, p. 460-461 ; Laurent, *op. cit.*, t. 27, n° 51). — V. en sens contraire, et en faveur de la distinction établie par la loi de 1790 entre les rentes foncières en argent et les rentes foncières en nature : Demolombe, *op. cit.*, t. 9, n° 424 *bis*). Le denier vingt est le taux qui était fixé par l'ancienne jurisprudence.

23. La cour de cassation a décidé, d'autre part, que l'art. 2 du titre 3 de la loi des 18-29 déc. 1790, qui fixe au denier vingt-cinq le taux des rentes foncières en nature, peut être appliqué comme raison écrite et pris à titre de base, sinon obligatoire, du moins équitable, du rachat

des rentes créées postérieurement à cette loi (Req. 12 févr. 1866, aff. Érard, D. P. 66. 1. 171). Et il a été jugé, dans le même sens, que le juge peut, pour le rachat des rentes foncières en nature postérieures à la loi de 1790, emprunter à cette loi, comme étant le plus conforme à l'équité, le mode de computation des annuités de la rente destiné à produire l'annuité normale devant servir de base au remboursement (Montpellier, 29 déc. 1855, aff. Villa, D. P. 56. 2. 296). — Il n'y a aucune contradiction entre la doctrine de ces arrêts et celle du jugement du tribunal d'Alais, cité *supra*, n° 22, d'autant plus que l'arrêt de la cour de Colmar contre lequel un pourvoi était formé devant la chambre des requêtes avait eu à statuer sur le rachat d'une rente foncière créée avant le code civil, dans la période du droit intermédiaire qui s'est écoulée depuis la loi des 18-29 déc. 1790 jusqu'à la loi du 11 brum. an 7 (V. D. P. 72. 3. 81, notes 1-2). Cependant l'arrêt précité du 12 févr. 1866 a été critiqué par M. Laurent, *op. cit.*, t. 27, n° 51 ; mais cet auteur ne paraît pas avoir tenu compte des circonstances de fait qui révélaient l'intention des parties de voir traiter la rente foncière, objet du contrat, comme les rentes irrachetables, et de lui faire appliquer, si elles ne pouvaient échapper au rachat, le taux consacré pour les rentes foncières en nature par la loi de 1790, laquelle régissait le contrat.

24. L'offre de rachat d'une rente foncière, faite dans le cours d'une instance, constitue le premier acte d'une procédure spéciale. Il en résulte, et il a été jugé en conséquence, que la partie condamnée en première instance au payement d'une rente foncière est non recevable à offrir pour la première fois en appel le rachat de cette rente, en prévision du cas où le jugement de condamnation prononcée contre elle serait confirmé, et que cette offre de rachat ne constitue pas une défense à l'action principale dans le sens de l'art. 464 c. proc. civ. (Civ. rej. 17 août 1859, aff. Légaré-Morilhat, D. P. 59. 1. 344). V. *supra*, v° *Demande nouvelle*, n° 116 *in fine*, et, sur les principes relatifs aux moyens nouveaux et aux demandes du défendeur que la jurisprudence considère comme n'étant pas présentables en appel, *ibid.*, n°s 114 et suiv., *Rép.* eod. v°, n°s 242 et suiv.). Il a été également jugé que l'offre de rachat faite par le défendeur à l'action en résolution d'un contrat de rente foncière intentée pour défaut de payement de la redevance, est irrégulière si elle est signifiée à l'avoué du demandeur, et qu'elle doit, comme toute demande introductive d'instance, être faite par acte signifié à la partie elle-même (Req. 23 févr. 1859, aff. Gauthier-Morel, D. P. 59. 1. 386). V., sur le principe relatif à la signification des demandes introductives d'instance, *supra*, v° *Exploit*, n° 57 ; *Rép.* eod. v°, n°s 24 et 193 à 196.

25. Si le taux de remboursement fixé par les parties avait été exagéré au point de rendre à peu près illusoire la faculté de rachat, la clause devrait être écartée, en tendant à éluder la disposition de la loi qui a établi cette faculté (Demolombe, *op. cit.*, t. 9, n° 428, p. 281 ; Aubry et Rau, *op. cit.*, t. 2, § 224 *ter*, texte et note 18, p. 460).

26. Non seulement il est permis au crédi-rentier de régler les clauses et conditions du rachat, mais « il lui est aussi permis de stipuler que la rente ne pourra lui être remboursée qu'après un certain terme, lequel ne peut jamais excéder trente ans » (art. 530-3°), *Rép.*, n° 87. Le texte ajoute

que « toute stipulation contraire est nulle », mais, conformément à la doctrine soutenue au *Rép.*, n° 88, et par analogie avec les dispositions des art. 815 et 1660 c. civ., il est unanimement admis aujourd'hui que si, contrairement à la disposition de l'art. 530, il avait été stipulé que le rachat ne pourrait avoir lieu avant un terme excédant trente années, cette stipulation ne serait frappée d'inefficacité que pour le temps dépassant les trente années (Demolombe, *op. cit.*, t. 9, n° 430, p. 282 ; Aubry et Rau, *op. cit.*, t. 2, § 224 *ter*, texte et note 21, p. 461 ; Laurent, *op. cit.*, t. 27, n° 53).

27. Ainsi qu'on l'a indiqué au *Rép.*, n° 89, les modes d'extinction des rentes foncières sont, en principe, les mêmes que ceux des rentes constituées (V. *supra*, v° *Rentes constituées*, n°s 30 et suiv.).

28. Les art. 1912 et 1913 c. civ., qui prévoient, l'un deux hypothèses, et l'autre une troisième hypothèse, dans lesquelles « le débiteur d'une rente constituée en perpétuel peut être contraint au rachat », sont-ils applicables aux rentes foncières ? D'après un arrêt de la cour de cassation (Req. 9. janv. 1865, aff. D'Eyssautier, D. P. 65. 1. 234), la négative, soutenue par les nombreux auteurs et arrêts cités au *Rép.*, n°s 90 et suiv. et n° 100 (Pont, *op. cit.*, t. 1, n° 356), serait unanimement admise. Depuis l'arrêt précité de 1865, un arrêt de cour d'appel (Caen, 5 août 1874, aff. Porte, D. P. 76. 2. 123) s'est prononcé dans le même sens, dans une espèce où il s'agissait de l'application de l'art. 1913, et a jugé qu'il importe peu que les clauses et conditions, et spécialement le taux du rachat, aient été fixés par la convention qui a créé la rente, alors surtout que l'immeuble a été vendu aux enchères après la faillite du débiteur, et que le créancier a laissé insérer, sans opposition, au cahier des charges un article laissant à l'adjudicataire la faculté de racheter la rente ou d'en continuer le service. MM. Aubry et Rau, *op. cit.*, t. 2, § 224 *ter*, texte et note 16, p. 459, et M. Guillouard, *op. cit.*, n° 208, p. 267-268, et n° 215, p. 273, ont adhéré à la même doctrine, le dernier en restreignant, d'ailleurs, le sens de l'expression « rente foncière » plus que ne le comportent les termes de l'art. 530 c. civ. (V. *supra*, n° 19). Mais un autre auteur, M. Laurent, *op. cit.*, t. 27, n°s 61, 62 et 67, s'est prononcé en sens contraire, en se fondant sur ce que la nature de la rente ne peut avoir aucune influence sur la déchéance du terme que le débi-rentier encourt dans les cas prévus par les art. 1912 et 1913 en vertu du principe général formulé par l'art. 1188 pour toute créance.

29. D'ailleurs, lorsqu'une rente foncière a été stipulée comme prix de la transmission à titre onéreux d'un immeuble, le vendeur jouit du privilège établi par l'art. 2103-1° c. civ. Il peut aussi provoquer la résolution du contrat en cas de non-payement des arrérages de la rente, et aussitôt que le débiteur de la rente cesse de remplir ses obligations (Nîmes, 25 mai 1852, aff. Rousseau, D. P. 55. 2. 262 ; Pont, *op. cit.*, t. 1, n° 365 ; Aubry et Rau, *op. cit.*, t. 2, § 224 *ter*, p. 459 ; Laurent, *op. cit.*, t. 27, n° 60).

30. Comme toute rente, les rentes foncières s'éteignent par la prescription, *Rép.* n° 102. L'art. 2263 c. civ., relatif au « titre nouvel » à fournir « après vingt-huit ans de la date du dernier titre », et l'art. 2277, relatif à la prescription des arrérages, sont applicables aux rentes foncières (Laurent, *op. cit.*, t. 27, n° 65).

Table sommaire

des matières contenues dans le Supplément et le Répertoire.

(Les chiffres précédés de la lettre S renvoient au Supplément; les chiffres précédés de la lettre R renvoient au Répertoire.)

Table chronologique des Lois, Arrêts, etc.

1789.4août.Décr. 8 c.	1790. 18 déc. Décr. 1 c., 7 c.,	An 7. 11 brum. Loi. 1 c., 7 c.	An 12. 30 vent. Loi. 17 c.	1849. 13 juin. Rouen. 11 c.	1852. 25 mai. Nîmes, 29 c.	—11 juill.Agen 15.	1872.18 avr. Trib. civ. Alais. 22 c.,
—11 août. Décr. 8 c.	c., 8 c., 9 c., 11	10 c., 11 c., 12	1807. 3 sept.Loi.	—20 août. Req. 11	1855. 29 déc.	1862.28 août. Poitiers. 5 c.	23 c.
—21 sept. Décr. 8 c.	c., 22 c., 23	c., 13 c., 15 c.,	22 c.	c.	Montpellier. 23	1865.9 janv.Req.	1874. 5 août. Caen. 28 c.
—3 nov. Décr. 8 c.	c.	23 c.	1848.27 déc. Civ.	—4 déc. Req. 11 c.	c.	20 c., 28 c.	1887.28 févr.Req.
	1793.17juill.Loi. 5 c.	—22 frim.Loi.1 c., 7 c.	11 c.	1851. 5 août. Paris. 9 c. Req. 24 c.	1859. 23 fév. 23 c.	1866.12 fév. Req. 8 c.	8 c.

RENTE VIAGÈRE.

Division.

CHAP. 1. — Historique et législation. — Droit comparé (n° 1).

CHAP. 2. — Nature de la rente viagère (n° 10).

CHAP. 3. — Conditions de validité de la constitution de rente viagère (n° 20).

ART. 1. — Sur quelles têtes et au profit de qui la rente peut être constituée (n° 26).

ART. 2. — Taux auquel la rente viagère peut être constituée (n° 49).

CHAP. 4. — Des clauses que peut contenir l'acte de constitution de rente viagère (n° 62).

CHAP. 5. — Droits et obligations du crédi-rentier (n° 82).

ART. 1. — Résolution du contrat lorsque le débiteur ne fournit pas les sûretés promises (n° 82).

ART. 2. — Saisie et vente des biens du débiteur en cas de non-payement des arrérages (n° 96).

ART. 3. — Obligations du crédi-rentier (n° 124).

CHAP. 6. — Obligations du débiteur de la rente (n° 128).

CHAP. 7. — De l'extinction des rentes viagères (n° 134).

CHAP. Ier. — Historique et législation. — Droit comparé (Rép. nos 2 à 5).

1. — I. HISTORIQUE ET LÉGISLATION. BIBLIOGRAPHIE. — La législation sur la rente viagère n'a pas été modifiée en France depuis la publication du Répertoire.

2. La théorie de la rente viagère a été principalement développée dans les traités généraux sur le droit civil français de MM. Paul Pont, *Petits Contrats*, t. 1, nos 665 à 790, p. 336-400 (1863); Aubry et Rau, *Cours de droit civil français*, 4e édit., t. 4, §§ 387 à 390, p. 581-593 (1871); Laurent, *Principes de droit civil français*, t. 27, nos 256 à 331, p. 292-372 (1877); Demante et Colmet de Santerre, *Cours analytique de code civil*, t. 8, nos 181 à 199, p. 160-188 (1884), et dans le *Traité des contrats aléatoires*, de M. Guillouard nos 120 à 217, p. 193-322 (1893).

3. Plusieurs thèses de doctorat ont été soutenues sur ce sujet : Chavet, *De la rente viagère d'après l'ancienne jurisprudence et sous la législation actuelle* (Paris 1861) ; André Boulloche, *De la rente viagère en droit français* (Paris, 1878); Hatiez, *De la rente viagère spécialement dans ses rapports avec le régime de communauté légale* (Paris 1885); Rémondière, *Des réversions de propriété, d'usufruit et de rentes viagères devant la loi fiscale en droit français* (Poitiers 1886) ; Desribes, *Des rentes viagères constituées sur plusieurs têtes* (Paris 1892).

4. Enfin, plusieurs questions intéressantes concernant la rente viagère ont été traitées dans des articles de revues. *Revue critique de législation et de jurisprudence.* 1851, p. 444-448 : Marcadé, *De l'usufruit des rentes viagères*, 1852, p. 136-139 ; Pont, *La donation entre vifs, faite conjointement par deux époux, d'un immeuble de la communauté constitue-t-elle un fait qui les oblige à récompense envers la communauté lorsqu'elle a été faite à charge de rente viagère au profit des deux époux, réversible sur la tête du survivant?* 1853, p. 851-856 ; Mimerel, *Sous le régime de la communauté, l'époux dont le propre a été aliéné moyennant une rente viagère a-t-il droit à une récompense?*

Revue pratique de droit français. 1866, 1er sem., t. 21, p. 281-311 ; Bouniceau-Gesmon, *De la réversibilité des rentes viagères au point de vue de la loi de frimaire an 7* (publié ultérieurement dans un ouvrage du même auteur intitulé *Essais et controverses de droit pratique*, 1872); 1866, 2e sem., t. 22, p. 333-355 ; Paul Bidart, *De l'application de l'art. 1975 à une rente viagère créée sur plusieurs têtes*, 1876, 1er sem., t. 41, p. 5-63 ; F. Verdier, *Communauté entre époux, Rente viagère, Réversibilité.*

5. — II. DROIT COMPARÉ. — 1° *Italie.* —Le code civil italien de 1865 reproduit presque textuellement, dans le titre 14 du livre troisième (art. 1789 à 1801), les dispositions du code civil français, mais en supprimant les règles édictées par nos art. 1975 et 1976, qui figuraient tous deux, avec les modifications indiquées au *Rép.*, n° 5, dans le code sarde (V. Huc et Orsier, *Le code civil italien et le code Napoléon*, t. 2, traduction du code civil italien, 1868, p. 372 à 374).

6. — 2° *Espagne.* — Le code civil espagnol promulgué le 24 juill. 1889 consacre à la rente viagère, dans le livre quatrième, un chapitre (art. 1802 à 1808) du titre 12, qui traite des contrats aléatoires ou de hasard. Ce chapitre reproduit aussi presque textuellement les dispositions de notre code civil, mais sans contenir expressément les règles des art. 1976 et 1977, qui sont conformes aux principes généraux de toutes les législations (V. *Code civil espagnol*, traduit et annoté par A. Lehr, 1890, p. 337. Comp. Lehr, *Éléments de droit civil espagnol*, première partie, 1880, nos 633 à 636, p. 393-394, et seconde partie, 1890, nos 606 à 609, p. 316-317).

7. — 3° *Portugal.* — Le code civil portugais promulgué le 1er juill. 1867, et mis en vigueur le 1er janv. 1868, contient un chapitre relatif aux contrats aléatoires (deuxième partie, livre deuxième, titre 2, chap. 7); mais, dans ce chapitre, aucune disposition n'est relative aux rentes viagères (V. *Code civil portugais*, traduit, annoté, précédé d'une introduction par Fernand Lepelletier, 1894, p. 292 et 293).

8. — 4° *Suisse.* — Le code fédéral des obligations de 1881, exécutoire à partir du 1er janv. 1883, consacre à '°

rente viagère l'un de ses trente-trois titres : le titre vingt-deuxième, ayant pour rubrique « Du contrat de rente viagère », qui comprend sept articles (art. 517 à 523). L'art. 517-1° formule d'une manière plus complète la même règle que l'art. 1971 du code civil français : « La rente viagère peut être constituée sur la tête du créancier, du débiteur ou d'un tiers ». D'après l'art. 518, « le contrat de rente viagère n'est valable que s'il a été fait en la forme écrite... ». D'après l'art. 519-1°, « sauf convention contraire, la rente viagère est payable par semestre et d'avance ». L'art. 522 contient une disposition remarquable pour le cas de faillite du débi-rentier : « Si le débiteur tombe en faillite, le créancier peut faire valoir ses droits en réclamant un capital équivalent à celui qu'exigerait, au moment de l'ouverture de la faillite, la constitution d'une rente égale auprès d'une compagnie d'assurances solidement établie ». Enfin, aux termes de l'art. 523, « les dispositions concernant le contrat d'entretien viager demeurent réservées au droit cantonal » (V. Code fédéral des obligations (édition officielle en allemand et en français), Berne, 1881 ; Ch. Soldan, Code fédéral des obligations et loi fédérale sur la capacité civile, ouvrage annoté indiquant pour chaque article la concordance avec la législation française, Lausanne, 1881).

9. — 5° Allemagne. — Le projet de code civil allemand, dont les rédacteurs, au lieu de chercher à régler tous les cas particuliers, se sont attachés à poser des principes aussi compréhensifs que possible, consacre seulement quatre articles à la rente viagère, étudiée dans la section II du livre deuxième, laquelle a pour titre : « Des obligations résultant des actes juridiques entre vifs ». Ces quatre articles ou paragraphes sont ainsi conçus : « 660. Lorsqu'une rente viagère a été stipulée par contrat (contrat de rente viagère), la rente doit, à moins de convention contraire, être servie pendant le temps de la vie du crédi-rentier. — 661. La rente viagère se paye d'avance. — Le délai pendant lequel ce service d'avance doit s'effectuer est de trois mois quand il s'agit de payement en espèces ; s'il s'agit d'autres prestations, le délai se détermine d'après la nature de l'objet à fournir et d'après le but de la prestation. — Le droit à la rente payable d'avance est considéré comme acquis au commencement du temps pour lequel la prestation d'avance est due. — 662. En cas de doute, on doit présumer que le montant convenu d'une rente viagère doit s'entendre du montant annuel. — 663. Les dispositions des paragraphes 660 à 662 sont applicables quand l'obligation de fournir la rente viagère prend sa source dans une disposition à cause de mort, dans un jugement, ou dans la loi » (V. Projet de code civil allemand, traduit, avec introduction, par Raoul de la Grasserie, 1893, p. 138-139).

CHAP. 2. — **Nature de la rente viagère.**
(Rép. nos 6 à 23.)

10. Au Rép., n° 6, on a insisté sur le caractère essentiellement aléatoire du « contrat de rente viagère ». L'observation se limite elle-même aux rentes viagères constituées à titre onéreux : quand elles sont constituées à titre gratuit, les rentes viagères ne sont pas nécessairement créées par contrat, puisqu'elles peuvent être insérées dans un testament, et elles n'ont jamais rien d'aléatoire (Pont, op. cit., t. 1, n° 684), ainsi que le décidait déjà l'ancien droit pour la rente de dons et legs (Rép. n° 2 in fine).

11. L'assurance sur la vie, qui est toujours un contrat aléatoire, et qui a pris depuis trente ans un développement considérable, se rapproche de la rente viagère, l'une et l'autre étant des opérations, non seulement aléatoires, mais viagères. Toutefois, elles forment, au point de vue juridique, deux espèces distinctes d'un même genre. La différence est évidente entre la rente viagère et l'assurance en cas de mort, où le risque contre lequel on s'assure est l'éventualité du préjudice, appréciable en argent, qui résulterait d'une mort prématurée. La rente viagère diffère aussi de l'assurance en cas de vie, à capital différé ou à annuités différées, soit que l'on considère cette assurance comme une variété d'assurance sur la vie (V. supra, v° Assurances terrestres, n° 281), soit que l'on y voie une catégorie spéciale et indépendante d'opérations viagères (de Montluc, Des assurances sur la vie, chap. 2). D'une part, suivant la remarque rappelée plus haut (V. supra, v° Assurances terrestres, n° 285), la constitution de rente viagère « est en quelque sorte l'inverse de l'assurance en cas de vie », au moins de l'assurance à capital différé, puisque dans le premier cas le crédi-rentier acquiert, moyennant le versement immédiat d'un capital, le droit à une rente sa vie durant, tandis que dans le second cas, l'assuré acquiert, moyennant le versement d'un certain nombre de primes annuelles, le droit à un capital déterminé s'il vit encore à l'époque convenue. D'autre part, dans toute combinaison d'assurance en cas de vie, il y a un risque, que les parties ont considéré, contre lequel l'assuré veut se prémunir par des sacrifices répétés plus ou moins longtemps (V. Rép., eod. v°, n° 314) ; rien de pareil n'existe dans la rente viagère, où le crédi-rentier vise à augmenter ses revenus, mais non pas à se prémunir contre un risque proprement dit, car l'éventualité de la prolongation de la vie ne peut être qualifiée de risque, et le capital qu'il a fallu aliéner pour obtenir une rente viagère aurait conservé la même valeur, sinon le même effet utile, si longtemps qu'eût vécu celui à qui il appartenait, si largement qu'eussent augmenté ses besoins à mesure qu'il vieillissait. D'une manière générale, on ne saurait confondre le risque et l'aléa, ni admettre qu'il y a un risque dans tout contrat aléatoire.

12. Du contrat de rente viagère il faut distinguer un autre contrat aléatoire, le bail à nourriture, ou, comme l'appelle le Code fédéral des obligations, le contrat d'entretien viager (V. supra, n° 8). Les règles générales des contrats aléatoires sont applicables à ce contrat ; mais les règles spéciales à la rente viagère ne doivent pas lui être étendues (V. Guillouard, op. cit., n° 176, p. 263-265). — Après avoir posé le second principe, on a rapporté au Rép., n° 7, une décision rendue en vertu du premier et de laquelle il résulte que aux termes mêmes de la règle, commune à tous les contrats aléatoires, posée pour la rente viagère par l'art. 1976, les charges viagères peuvent, dans le bail à nourriture, être constituées au taux qu'il plaît aux parties de fixer (Civ. cass. 16 avr. 1822, aff. Audry, Rép., n° 7). — La jurisprudence a fourni aussi des applications du second principe : d'une part, il a été décidé que la disposition de l'art. 1975, qui refuse tout effet au contrat portant création d'une rente viagère sur la tête d'une personne atteinte de la maladie dont elle est morte dans les vingt jours de la convention, ne peut être étendue au bail à nourriture (Rennes, 21 mai 1883, aff. Crinon, D. P. 84. 2. 130 ; Liège, 25 juin 1846, aff. Chaudy, Pasicrisie belge, 1849. 2. 148. — Contra : Guillouard, op. cit., n° 178, p. 266 ; V. infra, n° 38). D'autre part, plusieurs arrêts ont repoussé la disposition de l'art. 1978, qui n'admet pas l'action en résolution pour le défaut de payement des arrérages d'une rente viagère (Bruxelles, 13 mars 1845, aff. Cammaert, Pasicrisie belge, 1846. 2. 9, et sur pourvoi, C. cass. belge, 7 févr. 1846, ibid., 1846. 1. 157 ; Liège, 11 janv. 1850, aff. Guillaume, ibid., 1850. 2. 268).

13. S'il ne peut y avoir constitution de rente sans prestation périodique, cette prestation peut consister soit en argent, soit en denrées (Laurent, op. cit., t. 27, n° 262 ; Guillouard, op. cit., n° 124, p. 194).

14. Lorsque la rente viagère est constituée à titre gratuit, la nature de l'acte qui la crée ne soulève pas de doute : cet acte ne peut être qu'une donation ou un testament ; l'art. 1969, qui le dit formellement, est en ce point une application pure et simple de l'art. 893 c. civ. (V. Laurent, op. cit., t. 27, n° 260 ; Colmet de Santerre, op. cit., t. 8, n° 183).

15. Lorsque la rente viagère est constituée à titre onéreux, il est beaucoup plus délicat de déterminer la nature de l'acte qui la crée. Un seul point est certain : cet acte est toujours un contrat. Mais dans quelle catégorie doit-on faire rentrer le contrat de rente viagère ? est-il unilatéral ou synallagmatique ? réel ou consensuel ? est-ce un prêt ? est-ce une vente ? Le Rép., n°s 12, 13 et 14 in fine, résout ces questions par une distinction : si le crédi-rentier a fourni une somme d'argent, il y a contrat unilatéral en ce sens que le constituant seul est obligé, contrat réel en ce sens que l'obligation du constituant naît de l'aliénation du capital par lui reçu, et ce contrat est un prêt ; si le crédi-rentier a fourni, non pas une somme d'argent, mais toute autre chose mobilière ou un immeuble, « le contrat est consen-

suel, car il est une vente » (*Rép.* n° 12) et « synallagmatique » (*Rép.*, n°. 14 *in fine*). Cette distinction a été reprise par MM. Aubry et Rau. *op. cit.*, t. 4, § 388, texte et notes 2 et 3, p. 582, par M. Laurent, *op. et loc. cit.*, et par M. Guillouard, *op. cit.*, n°s 135 à 137, p. 211 à 215. — On peut cependant déduire des art. 1905 et 1909 combinés, au titre *du prêt*, que la stipulation d'une rente moyennant des denrées ou autres choses mobilières, est une variété du prêt, de même que la stipulation d'une rente moyennant une somme d'argent. La rente « constituée... pour un immeuble », suivant l'expression de l'art. 1968, serait elle-même assimilée à un prêt toutes les fois que, *dans l'intention des parties*, l'immeuble représenterait un capital en argent et que les arrérages de la rente viagère se composeraient pour partie des intérêts de ce capital, l'autre partie étant la représentation d'une fraction du capital lui-même. Quand, au contraire, les parties auraient entendu faire une convention dans laquelle le payement de la rente par le débirentier fût indépendant de l'exécution par le crédi-rentier de la promesse de livrer le capital (*argent, chose mobilière appréciable en argent* ou *immeuble*), le contrat serait consensuel, synallagmatique, et, comme il se rapprocherait beaucoup plus de la vente que du prêt, il serait régi par les règles de la vente, sauf les modifications résultant de son caractère aléatoire.

16. C'est à un point de vue semblable que M. Pont, *op. cit.*, t. 1, n° 677, et surtout M. Colmet de Santerre, *op. cit.*, t. 8, n° 182 *bis*, se placent pour repousser toute distinction absolue fondée sur ce que la rente a été constituée moyennant une somme d'argent, une chose mobilière, ou un immeuble. Toutefois, on peut objecter que la convention que supposent ces auteurs, transformée par l'intention même des parties, n'est plus le contrat ordinaire de rente viagère, celui que prévoient les art. 1968 et suiv. c. civ., mais un contrat innomé qui est valable en vertu du principe de la liberté des conventions et qui est gouverné par les règles générales des contrats.

17. Si, aux termes de l'art. 1909 c, civ., la constitution de rente n'est en principe qu'une variété du prêt, il résulte aussi du même article 1909 qu'il y a une grande différence entre le prêt, qui donne au prêteur une créance de capital, et la constitution de rente, dans laquelle le crédi-rentier s'interdit d'exiger le capital. Or, il est souvent fort difficile de distinguer l'une de l'autre les deux conventions. La cour de cassation a décidé qu'une convention qualifiée par les parties de « constitution de rente viagère » avait pu, à raison de l'ambiguïté de ses termes, et en vertu d'une interprétation souveraine d'intention, être considérée par les juges du fait comme renfermant un simple prêt à intérêt (Req. 29 déc. 1836, aff. Renaud, D. P. 57. 1. 261).

18. L'art. 1968 c. civ., permettant la constitution d'une rente viagère à titre onéreux « pour une chose mobilière appréciable », autorise par cette expression même une constitution pour des services appréciables en argent (Paris, 20 avr. 1893, aff. J..., veuve A..., *Gazette des tribunaux* du 6 oct. 1893).

19. L'acte de constitution de rente n'est assujetti aux règles de forme des donations ou des testaments qu'autant que c'est un acte de pure libéralité (*Rép.* n° 18 *in fine*), et la constitution de rente viagère est onéreuse toutes les fois que la cause de cette constitution réside dans un avantage que le constituant entend se procurer, et qui peut, d'ailleurs, consister, soit dans une prestation certaine ou éventuelle à fournir par l'autre partie, soit dans la libération d'une obligation préexistante, *même naturelle* (V. Aubry et Rau, *op. cit.*, t. 4, § 345, texte et note 5, p. 321). Il a été jugé, en ce sens, qu'une rente viagère consentie indépendamment du prix d'une vente, mais comme condition accessoire de cette vente, doit être considérée comme constituée à titre onéreux, et non à titre gratuit, et dès lors n'est pas assujettie à la forme des donations (Req. 5 nov. 1856, aff. Auty et Le Petit, D. P. 57. 1. 112); — V. pour les rentes viagères qui seraient constituées avec charges, ou à titre de récompense de services rendus, ou en acquit d'une dette naturelle, *supra*, v° *Dispositions entre vifs et testamentaires*, n°s 337 à 339; *Rép.*, eod. v°, n°s 1304 et 1305; Laurent, *op. cit.*, t. 12, n°s 333 à 362; Guillouard, *op. cit.*, n°s 129 et 130, p. 206-207. V. aussi l'arrêt cité au *Rép.*, n° 19 (Civ. rej. 3 févr. 1846, aff. De Mésange, D. P. 46. 1. 159 *et non* 59). *Adde*, Paris, 8 nov. 1892, aff. Berrier-Drouin, D. P. 94. 2. 191 : il résulte de cet arrêt que, lorsqu'une rente viagère est destinée à récompenser les longs et bons services rendus au constituant par la crédi-rentière, sa domestique, elle est valablement contractée par un acte sous seing privé.

20. Mais il a été jugé, en sens inverse, que, si l'on peut considérer comme rentrant dans la classe des actes à titre onéreux plutôt que dans celle des actes de pure libéralité les engagements qui ont eu pour mobile le désir de récompenser des services susceptibles d'une rémunération pécuniaire ou le désir de réparer un dommage, alors même que les bénéficiaires de ces engagements seraient sans action d'après le droit civil, on ne saurait attribuer d'autre caractère que celui d'une libéralité à l'acte par lequel un homme, obéissant seulement à un sentiment de délicatesse, s'oblige à servir une rente viagère à une femme qui a été sa maîtresse, et pour qui la liaison avec lui, loin d'avoir été une cause de dommage, a été une source de bénéfices ; que, par suite, la constitution de cette rente viagère n'est pas valable si elle résulte d'un acte sous seing privé (Trib. civ. Seine, 21 nov. 1893(1). Et il a été aussi jugé que l'obligation imposée à une personne de ne pas divulguer des lettres compro-

---

(1) (Dame G... *C.* X...). — Le tribunal ; — Attendu que la veuve G... a assigné X... en payement d'une somme de 3051 fr. pour les arrérages, échus du 1er juill. 1891 au 1er mai 1892, d'une rente annuelle et viagère, payable mensuellement en l'étude de Cottin, notaire à Paris; — Attendu qu'elle invoque, à l'appui de sa demande, un acte sous seings privés en date à Paris du 23 oct. 1890, par lequel X... s'engage à lui servir une rente annuelle et viagère de 3000 fr. et à lui payer mensuellement, par douzièmes, le montant de la prime de l'assurance sur la vie qu'il s'oblige à contracter pour assurer le service de la rente jusqu'au décès de la crédi-rentière ; — Attendu que X... soutient que ledit acte doit être annulé : 1° parce que, constituant de sa part un acte de pure libéralité, il n'a pas été passé en la forme requise pour les donations entre vifs; — 2° Parce que son consentement a été extorqué par violence; — Attendu que la dame G.,.. répond que l'engagement pris par X... a été librement consenti; qu'il ne constitue, ni en la forme, ni au fond, un acte de pure libéralité, et a pu dès lors être constaté par un acte sous seings privés ; — Attendu qu'il importe de rechercher tout d'abord si la constitution d'une rente viagère au profit de la dame G... n'a été, de la part de X..., qu'un moyen d'acquitter une obligation naturelle qu'il avait contractée envers elle ; — Attendu, en droit, que si l'on peut considérer comme rentrant dans la classe des actes à titre onéreux plutôt que dans celle des actes de pure libéralité, tant au point de vue de la forme qu'au point de vue du fond, les engagements qui ont eu pour mobile le désir de récompenser des services susceptibles d'une rémunération pécuniaire ou de réparer un dommage, alors même que les bénéficiaires de ces engagements seraient sans action d'après

le droit civil pour exiger une rémunération ou un dédommagement, on ne saurait attribuer d'autre caractère que celui d'une libéralité à l'acte par lequel un homme, obéissant seulement à un sentiment de reconnaissance ou de délicatesse, s'oblige à servir une rente viagère à une femme qui a été sa maîtresse, et pour qui sa liaison avec lui, loin d'avoir été une cause de dommage, a été une source de bénéfices; — Attendu, en fait, que X..., pendant plus de seize ans, a entretenu des relations intimes avec la dame G..., et a fait face, pendant ce temps, à la majeure partie de ses dépenses; — Attendu qu'il a cessé de la fréquenter au mois de février 1890, et que, le 8 mars suivant, à la suite d'un règlement intervenu entre eux, la dame G... a renoncé avoir reçu de X... tout ce dont il était débiteur envers elle, lui a donné décharge pleine et entière, et a déclaré en outre qu'elle n'avait aucune réclamation d'aucune sorte à lui faire; — Attendu, d'autre part, qu'il résulte des débats que la liaison qui a existé entre X... et la dame G... a eu pour conséquence d'améliorer la situation pécuniaire de la dame G... pour laquelle X... a acheté de ses deniers une maison sise à Asnières ; — Attendu, par conséquent, que les rapports ayant existé entre X... et la dame G... antérieurement à l'acte du 23 nov. 1890, suffisants pour expliquer une libéralité, ne sont pas de nature à faire considérer cet acte comme un acte à titre onéreux ; — Attendu, d'autre part, que les circonstances dans lesquelles X... a pris l'engagement de servir une rente viagère à la demanderesse sont exclusives de toute idée de libéralité de sa part ; — Attendu en effet que, depuis la cessation des relations communes ; la dame G... n'a cessé de poursuivre X... de réclamations acrimonieuses ; que le 12 oct. 1890

mettantes pour l'honneur d'autrui doit être considérée comme illicite, et ne saurait conférer le caractère de contrat à titre onéreux à une constitution de rente viagère ; que, dès lors, est nul l'acte sous seing privé qui renferme une pareille convention (Trib. civ. Seine, 19 mai 1890, aff. Duvel, *La Loi* du 3 août 1890).

21. D'autre part, l'art. 1969 ne vise que le cas où les parties procèdent par voie de donation directe, et non celui où elles procèdent par voie de donation déguisée ; et il résulte de la jurisprudence, aujourd'hui constante, sur la validité des actes à titre onéreux qui renferment une donation déguisée (V. *suprà*, v° *Dispositions entre vifs et testamentaires*, n° 460 et suiv.), qu'une rente viagère constituée à titre gratuit, mais déguisée sous la forme d'un acte à titre onéreux, est valable pourvu que le contrat dont elle emprunte la forme soit rédigé suivant les prescriptions de la loi. Il a été jugé en ce sens que l'acte sous seing privé dont le signataire déclare *devoir* à une personne dénommée telle somme de *rente* jusqu'à sa mort, revêtant tous les caractères d'un contrat à titre onéreux, est valable, alors même que le souscripteur aurait eu l'intention de faire une libéralité, parce que cet acte est dispensé des formalités prescrites par l'art. 931 c. civ. (Civ. cass. 11 juill. 1888, aff. Demoiselle Malapert, D. P. 89. 1. 479). V. Guillouard, *op. cit.*, n° 125, p. 200-201.

22. Mais le principe en vertu duquel les donations faites sous l'apparence de contrats à titre onéreux ne sont soumises, quant à la forme, qu'aux règles des contrats dont elles empruntent l'apparence ne saurait s'appliquer aux actes qui, dans la forme aussi bien qu'au fond, ont le caractère de pures libéralités, et, dans ce cas, il ne peut être valable sans l'accomplissement des formalités prescrites par la loi pour les donations entre vifs. Il a été jugé, en ce sens, qu'une rente viagère qu'une fille constitue à sa mère, par acte sous seing privé, « comme témoignage de sa reconnaissance pour les soins qu'elle avait prodigués à sa personne et à ses biens », doit être déclarée nulle (Req. 23 mars 1870, aff. Brion, D. P. 70. 1. 327. V. *suprà*, v° *Dispositions entre vifs et testamentaires*, n° 46).

23. Il appartient, d'ailleurs, aux juges du fond, en présence d'un acte de constitution de rente viagère, de déclarer, par interprétation de l'intention des parties et des termes de l'acte, qu'il renferme un contrat à titre onéreux, et non une donation déguisée (Req. 15 janv. 1890, aff. Baboz, D. P. 91. 1. 30) ; et la présence, dans l'acte de constitution, d'une clause en vertu de laquelle ladite rente a été stipulée incessible et insaisissable ne prouve pas nécessairement que les parties aient voulu faire une convention à titre gratuit (Même arrêt).

24. La constitution de rente viagère à titre gratuit est soumise aux règles de fond posées par le code civil au titre *Des donations entre vifs et des testaments*. L'art. 1970 ne contient une application expresse de ce principe que quant à la réduction et à la capacité de recevoir. Mais il n'exclut aucune des règles susdites, et notamment n'est pas en contradiction avec la disposition de l'art. 917 ; en mentionnant que la rente viagère constituée à titre gratuit est *réductible*, il ne fait que renvoyer, pour les rentes viagères ainsi constituées, au chapitre intitulé : *De la portion de biens disponible et de la réduction*, et c'est dans ce chapitre que l'art. 917 indique comment la réduction s'opère (Colmet de Santerre, *op. cit.*, t. 8, n° 184 *bis*-I ; Guillouard, *op. cit.*, n° 126, p. 202).

25. Par application du principe suivant lequel c'est à la véritable portée juridique d'un acte, et non point à la

qualification donnée à cet acte par les parties, que les juges doivent s'attacher pour déterminer les droits d'enregistrement dont il est passible (V. *suprà*, v° *Enregistrement*, n°s 81 et suiv.), il a été jugé que, lorsque, sous le nom de pension alimentaire, un fils a, en réalité, constitué au profit de sa mère une véritable rente viagère, l'acte qui consacre cet engagement doit, à ce titre, être soumis au droit proportionnel qui frappe les donations viagères de biens meubles, et qu'il en est ainsi notamment lorsque, d'après les clauses combinées dudit acte, le chiffre de la rente doit, jusqu'au décès de la bénéficiaire, demeurer invariable, sans égard aux changements qui surviendraient dans la position respective des parties, tandis que, d'autre part, le service de la pension doit, après la mort du fils qui s'engage par l'acte, incomber à ses héritiers, quels qu'ils soient, ce double caractère d'invariabilité et de transmissibilité étant incompatible avec les traits essentiels de l'obligation alimentaire (Civ. rej. 29 nov. 1893, aff. Garot, D. P. 94. 1. 299). V. plusieurs applications du même principe, également relatives à des constitutions de rentes viagères, *suprà*, v° *Enregistrement*, n° 84.

CHAP. 3. — **Conditions de validité de la constitution de rente viagère** (Rép. n°s 26 à 77).

ART. 1er. — *Sur quelles têtes et au profit de qui la rente peut être constituée.*

26. S'il est de l'essence de la rente viagère d'être établie pour un temps calculé sur la durée d'une ou plusieurs vies humaines, elle peut être constituée sur la tête du créditrentier, d'un tiers ou du débiteur lui-même. Il a été jugé, en vertu de la combinaison de ces deux principes, que, lorsqu'un testament a mis à la charge du légataire universel en usufruit une pension « qui durera tout le temps de l'usufruit », la rente passe aux héritiers du créditrentier en cas de décès de celui-ci avant l'extinction de l'usufruit, envisagée ici, par interprétation de la volonté de la testatrice, comme se confondant avec le décès de l'usufruitier (Bordeaux, 15 févr. 1872, aff. Dame Barry, D. P. 73. 2. 16).

27. Lorsqu'une rente viagère est constituée sur la tête d'un tiers, il importe peu que le tiers désigné ait ou non la capacité de recevoir, Rép. n° 28 (V. Pont, *op. cit.*, t. 1, n° 687 ; Laurent, *op. cit.*, t. 27, n° 270 ; Guillouard, *op. cit.*, n° 142, p. 219). Mais une rente viagère qui, constituée au profit d'une personne désignée, est établie « sur la tête du légataire, et, après lui, sur la tête de ses enfants légitimes, s'il en laisse après lui », doit-elle être considérée comme constituée, non seulement *sur la tête*, mais aussi *au profit* du légataire dénommé et des enfants légitimes qu'il laisserait ? et, par suite, ceux-ci doivent-ils être nés ou au moins conçus lors du décès du testateur pour pouvoir recueillir le bénéfice d'une rente viagère constituée par testament ? Il a été jugé, dans le sens de la négative qu'une rente viagère ainsi léguée peut être recueillie par les enfants du bénéficiaire nommément désigné même dans le cas où ils n'étaient pas encore conçus à l'époque du décès du testateur, s'il résulte de l'intention du disposant, souverainement appréciée par les juges du fait, que ces enfants sont appelés à recueillir le bénéfice de la rente, non pas comme étant eux-mêmes légataires et en vertu d'une clause de réversibilité, mais comme héritiers du crédi-rentier, auquel cette rente a été exclusivement léguée avec fixation d'une durée calculée sur la vie et sur celle de ses enfants (Paris, 14 mars 1864, et sur pourvoi, Req. 29 mai 1865, aff. Fleurian de Ponfol, D. P. 65. 1. 363). V. *infrà*, n° 81. — M. Guillouard, *op. cit.*, n° 145 *in fine*,

---

notamment, c'est-à-dire onze jours seulement avant la signature de l'acte dont s'agit, elle lui a écrit une lettre de menaces, où elle lui disait : « Evite surtout pour toi, je t'en prie (car moi, je n'ai plus rien à craindre ; j'ai depuis longtemps fait sacrifice de tout), une démarche que te perdrait à jamais... tu me fais perdre la tête, la raison, au point de ne reculer devant aucune extrémité..., évite-moi d'écrire à cette femme (celle que X... était sur le point d'épouser), et de lui envoyer les lettres, où tu me parles d'elle avec le mépris qu'elle mérite. Tu ne voudrais pas me forcer, n'est-ce pas, à m'adresser au président de la chambre des avoués pour lui montrer tes lettres, où tu me dis d'aller au plus vite chez la sage-femme pour me faire débarrasser... » ; — Attendu qu'il n'est pas douteux, en présence de cette lettre, que

c'est sous le coup de menaces de nature à faire une vive impression sur lui, et à lui inspirer la crainte d'exposer sa personne et sa situation à un mal considérable et présent que X... s'est décidé à souscrire l'engagement du 23 oct. 1890 ; — Attendu par conséquent, qu'il y a lieu d'annuler cet engagement, par application des art. 1111 et 1112 c. civ., comme ayant été contracté sous l'empire de la violence, en vue d'empêcher la veuve G... de mettre à exécution les menaces contenues dans sa lettre du 12 oct. 1890 ; — Par ces motifs, annule l'engagement du 23 nov. 1890 ; déboute en conséquence la dame G... de sa demande en payement de 3051 fr. et la condamne en tous les dépens. — Du 21 nov. 1893.-Trib. civ. Seine, 7e ch.-MM. Poncet, pr.-Bonneville de Marsangy et de Bigault du Granrut, av.

p. 223, critique cette interprétation : suivant lui, une rente viagère stipulée par acte entre vifs ou léguée *sur la tête du père et des enfants* est nécessairement une rente qui a deux ordres de bénéficiaires, le père d'abord, les enfants ensuite, et on ne saurait concevoir une rente viagère qui, créée *au profit du père seul*, devrait durer d'abord pendant sa vie, puis pendant la vie de ses enfants. Mais, à notre avis, on comprend, au contraire, qu'un testateur prolonge la durée de la rente au delà de la vie du légataire pour lui permettre d'en faire profiter, *s'il le veut*, ses enfants à naître : ceux-ci pourront jouir jusqu'à leur propre décès de la rente ainsi léguée à leur auteur, mais c'est là, en ce qui les touche, une éventualité subordonnée à leur titre d'héritiers et à l'absence de toute disposition contraire de la part de leur auteur, ce n'est point un droit acquis, et ils ne sont pas tenus de justifier des conditions de capacité prescrites en matière de dispositions testamentaires.

28. Sur la question de savoir si, en l'absence de toute manifestation de la volonté des parties, une rente viagère constituée sur la tête et au profit de plusieurs personnes est éteinte pour partie lorsque l'une d'elles vient à mourir MM. Pont, *op. cit.*, t. 1, n° 692 ; Aubry et Rau, *op. cit.*, t. 4, § 390, texte et note 2 ; Colmet de Santerre, *op. cit.*, t. 8, n° 186 *bis*-VII, et Guillouard, *op. cit.*, n° 189, se prononcent dans le sens de l'opinion soutenue au *Rép.*, n° 32, c'est-à-dire de la réversibilité intégrale : il est, en effet, conforme à l'intention probable des parties qui ont constitué une rente viagère sur plusieurs têtes, que cette rente ne soit pas réduite au décès du prémourant, et c'est l'intention probable des parties qui doit servir de règle dans le silence du contrat. Quant à M. Laurent, *op. cit.*, t. 27, n° 275, il voit dans cette question « une question d'intention, par conséquent de fait plutôt que de droit », et semble ne pas prévoir l'hypothèse où ni les clauses de l'acte, ni l'examen des circonstances dans lesquelles il a été passé ne révèlent l'intention probable des parties contractantes et où, par conséquent, il y a lieu de rechercher quelle est, *en droit*, la solution la plus juste (V. aussi *op. cit.*, t. 27, n° 304).

29. A l'inverse, l'extinction partielle paraît devoir être admise, à défaut de clause formelle de réversibilité, dans le cas où une rente annuelle et viagère d'une certaine somme aurait été constituée au profit de *chacun* des crédi-rentiers : quoiqu'il n'y ait encore là qu'un seul et même acte de constitution, on ne peut plus dire qu'il n'y ait qu'une seule rente, qu'un seul objet dû à plusieurs créanciers, et, *stricto sensu*, il n'y a pas d'obligation conjointe. Telle paraît être l'opinion de M. Colmet de Santerre, *op. et loc. cit. in fine*.

30. Quelle est la nature de l'avantage acquis à celui qui profite d'une réversion implicite ou stipulée? Depuis un arrêt des chambres réunies de la cour de cassation (Ch. réun. rej. 23 déc. 1862, aff. Gontard, D. P. 63. 1. 64), la jurisprudence est fixée dans le sens de la distinction suivante : lorsque celui qui profite de la réversion avait qualité pour intervenir à la convention par laquelle la rente a été constituée, il tient son droit, non d'une libéralité qui lui aurait été faite par le prédécédé, mais d'un engagement éventuel des débiteurs de la rente et, par conséquent, de sa propre stipulation, implicite ou explicite, et la réversion a pour cause une disposition accessoire et dépendante de la convention principale ; lorsque celui qui profite de la réversion est un tiers, il tient son droit d'une disposition, celle-ci toujours formelle, qui, constituant une donation éventuelle, ne dérive pas nécessairement de la constitution de rente, n'a été insérée dans la convention qu'accidentellement et reste étrangère au débi-rentier en ce sens que les obligations de celui-ci ne sont pas dépendantes du sort de ladite disposition, laquelle n'a de valeur au regard du débi-rentier que « pour déterminer l'époque précise où l'obligation du service de ladite rente prendra fin » (V. aussi, sur la première branche de la distinction, Guillouard, *op. cit.*, n° 131, p. 207-208).

31. La distinction a été posée à propos d'une question d'enregistrement, et c'est en cette matière que réside toujours son principal intérêt. En effet, avant l'arrêt des chambres réunies de 1862, la chambre civile avait décidé à plusieurs reprises que la réversion ne donne jamais lieu, au moment où elle se réalise, à la perception du droit propor-

tionnel de mutation par décès, même si elle se produit au profit d'un tiers qui n'avait aucun droit sur la chose aliénée en échange d'une créance de rente viagère (V. notamment Civ. cass. 19 août 1857, aff. Garnier de Silly, D. P. 57. 1. 330 et note). En vertu de la distinction établie par l'arrêt de 1862, la réversion ne donne lieu, au moment où elle se réalise, à la perception du droit proportionnel de mutation par décès que si elle se produit au profit d'un tiers, comme résultant alors d'une libéralité indépendante de la constitution de rente, et par application de l'art. 11 de la loi du 22 frim. an 7 (V. *suprà*, v° *Enregistrement*, n°s 236 et 237). Il a été jugé, en conséquence : 1° qu'en cas d'aliénation, par deux époux, de capitaux et d'immeubles dépendant de leur communauté, moyennant une rente viagère constituée sur la tête de l'un et de l'autre, et stipulée non réductible au décès du prémourant, cette clause de non-réductibilité constitue, non pas une donation réciproque et éventuelle de la moitié de la rente au profit du survivant, mais un élément du prix, et dès lors le survivant en faveur duquel se réalise le bénéfice de la clause dont il s'agit, n'est pas assujetti au droit de mutation par décès (Civ. rej. 15 mai 1866, aff. Ménard, D. P. 66. 1. 201) ; — 2° Que lorsque deux copropriétaires vendent à un tiers une chose indivise entre eux par portions égales moyennant une rente viagère stipulée payable pendant leur vie moitié à l'un, moitié à l'autre, et, après la mort du prémourant, au survivant sans réduction, le survivant ne doit aucun droit de mutation par décès à raison de la réversibilité opérée à son profit (Civ. rej. 26 janv. 1870, aff. Siruguet, D. P. 70. 1. 160). Comp., sur la différence que l'administration de l'Enregistrement prétendait établir entre les deux espèces, D. P. 69. 3. 47, note 2.

32. Il a été jugé, en vertu du même principe, qu'il n'y a pas lieu d'appliquer la règle de révocation pour cause d'ingratitude au cas où l'un des crédi-rentiers a été condamné pour homicide volontaire sur la personne de l'autre crédi-rentier (Poitiers, 1er févr. 1881, aff. Besson, D. P. 81. 2. 179). Mais le même arrêt a décidé que l'auteur de l'homicide était déchu du droit de se prévaloir de la clause de réversibilité, « que la convention... ne devait recevoir son exécution en faveur du stipulant que s'il se maintenait dans les termes de la stipulation, en laissant l'événement prévu (le prédécès de l'autre crédi-rentier) exclusivement soumis aux éventualités communes, que la partie qui a substitué à ces éventualités son fait personnel ne peut être admise à recueillir le bénéfice de cette violation du contrat ». Et, sur le pourvoi formé contre l'arrêt précité, la cour de cassation a reconnu que cette interprétation donnée par les juges du fond rentrait dans leur pouvoir souverain d'appréciation (Req. 6 nov. 1882, D. P. 83. 1. 472).

33. Enfin, puisqu'il y a lieu d'envisager comme une rente constituée à titre onéreux la rente viagère créée sur la tête de deux personnes au moyen de l'abandon d'un fonds dont elles sont copropriétaires, ou au moyen de la remise d'un capital qu'elles payent par moitié, et avec clause de réversibilité totale au profit du survivant, il en résulte qu'on doit considérer comme un acte à titre onéreux, et non comme une donation de l'un des époux vis-à-vis de l'autre, la constitution de rente viagère faite aux dépens des deniers de communauté, avec clause de réversibilité totale au profit du survivant des époux (V. *suprà*, v° *Contrat de mariage*, n° 388 *in fine*, et les autorités citées, notamment Guillouard, *Traité du contrat de mariage*, t. 1, n° 376). Il résulte, d'ailleurs, d'une jurisprudence aujourd'hui constante que l'époux survivant, qui profite de la réversion, est tenu d'indemniser la communauté à raison du profit personnel qu'il retire de l'emploi qui a été fait des biens communs (V. les nombreux arrêts cités *suprà*, v° *Contrat de mariage*, n° 388).

34. Aux termes de l'art. 1974, « tout contrat de rente viagère créée sur la tête d'une personne qui était morte au jour du contrat, ne produit aucun effet ». « Il en est de même, porte l'art. 1975, du contrat par lequel la rente a été créée sur la tête d'une personne atteinte de la maladie dont elle est décédée dans les vingt jours de la date du contrat ». Quel est le fondement de la nullité édictée par ces articles?

Tous les auteurs admettent, comme on l'a fait au *Rép.*,

n° 45, que la nullité de l'art. 1974 est fondée sur ce que, l'obligation du constituant manquant d'objet, l'obligation pour le crédi-rentier de fournir le prix de la rente est sans cause (Pont, *op. cit.*, t. 1, n°s 703 *in fine* et 705 ; Aubry et Rau, *op. cit.*, t. 4, § 388, notes 10 et 12 ; Laurent, *op. cit.*, t. 27, n° 276 ; Demante et Colmet de Santerre, *op. cit.*, t. 8, n°s 188 et 188 *bis* ; Guillouard, *op. cit.*, n° 147 ; Bidart, *De l'application de l'art. 1975 à une rente viagère constituée sur plusieurs têtes*, Revue pratique de droit français, t. 22, p. 340).

35. Il y a, au contraire, divergence en ce qui concerne la nullité de l'art. 1975. — MM. Demante, t. 8, n° 189 ; Pont, t. 1, n° 719, Labbé, dans une dissertation sur les arrêts des 23 mars et 23 mai 1865, rapportés *infrà*, n° 44, Bidart et Laurent, t. 27, n° 280, expriment l'avis que cette nullité est fondée sur une *erreur* qui, parce qu'elle est substantielle, vicie le consentement. C'était la théorie que Pothier, *Traité du contrat de constitution de rente*, n° 225, et Merlin, *Répertoire*, v° *Rente viagère*, n° 3, appliquaient au contrat par lequel une rente avait été constituée sur la tête d'une personne atteinte, au moment du contrat, d'une maladie dangereuse dont elle était morte « peu de temps après » ; c'est la théorie que Portalis a reprise dans l'exposé des motifs (V. *Rép.*, p. 136, note 1, n° 6). On ajoute, en faveur de cette théorie, que ni l'absence de cause, ni la fausse cause ne sauraient être invoquées pour expliquer la nullité dont il s'agit, parce que la cause de l'obligation de celui qui fournit le prix de la rente, c'est-à-dire la chance attachée à l'existence de la personne sur la tête de laquelle la rente est constituée, existe toujours, quelque diminuée que soit cette chance. De là il faudrait conclure que, si celui qui a fourni l'équivalent de la rente connaît la maladie de la personne sur la tête de laquelle la rente était constituée, le contrat est valable, et valable comme convention à titre onéreux et aléatoire. M. Labbé paraît admettre implicitement (V. *infrà*, n° 41) cette conséquence logique de la théorie qu'il a adoptée ; mais M. Pont, t. 1, n° 719, la repousse en termes exprès et reconnaît seulement que le contrat peut « valoir comme donation déguisée faite sous une condition casuelle, la mort de la personne dans les vingt jours » (V. *infrà*, n° 47). — Peu importe encore, pour l'application de la théorie, qu'il s'agisse d'une rente constituée sur la tête du crédi-rentier lui-même ou sur la tête d'un tiers, car celui qui, atteint d'une maladie mortelle, crée une rente sur sa propre tête a pu se faire illusion sur la gravité du mal dont il est atteint et avoir été victime d'une véritable erreur (Pont, n° 720 ; Laurent, n° 286. Conf. *Rép.*, n°s 51 *in fine* et 53).

36. MM. Aubry et Rau, *loc. cit.*, texte et note 12 ; M. Laurent, n° 285, 286 *in fine* et 287 ; M. Colmet de Santerre, n° 189-*bis*, et M. Guillouard, n° 149, rattachent la nullité de l'art. 1975, comme celle de l'art. 1974, à l'absence de *cause*. D'une part, les termes dont se servent ces deux articles indiquent qu'ils prononcent deux nullités de même nature, et, puisque l'erreur sur la substance ne rend pas la convention nulle et sans effet, puisqu'elle n'entraîne qu'une nullité *relative* sans supprimer aucun des éléments essentiels à la formation de la convention, ce n'est pas l'erreur sur la substance qui rend nul le contrat dans l'hypothèse de l'art. 1975. D'autre part, l'argument que l'on peut tirer d'une phrase de Portalis en faveur de l'opinion contraire est détruit par cette phrase du rapport du tribun Siméon : « *Par le même principe*, si la personne sur la tête de laquelle la rente est constituée est atteinte, au moment du contrat, d'une maladie dont elle est morte dans les vingt jours, le contrat est annulé *comme n'ayant pas eu une base suffisante.* » (*Rép.* p. 136, note 2, n° 20).

37. Reste le point de savoir si la nullité prononcée par l'art. 1975 dérive de la théorie de la cause par une décision arbitraire du législateur, qui « a considéré une cause comme inexistante, parce que l'objet de l'obligation du débiteur de la rente existe et peu qu'on doit l'assimiler à un objet qui n'existe pas » (Colmet de Santerre, *op. cit.*, t. 8, n° 189 *bis*-III), ou si la cause de l'engagement du crédi-rentier fait réellement défaut, dans le cas de l'art. 1975 comme dans le cas de l'art. 1974, au point de vue des principes qui régissent la cause et l'erreur (Guillouard, *op. cit.*, n° 149 *in fine*, p. 231). — La seconde solution nous paraît

la plus exacte : en effet, même dans le cas de l'art. 1975, on peut dire que l'aléa en vue duquel le constituant a traité et qui est la cause de son engagement n'existe pas, puisque la mort de celui sur la tête de qui la rente a été constituée est certaine à brève échéance : « il y a une *certitude de perte* pour celui qui a fourni le prix de la rente, et cette certitude est incompatible, avec la chance, avec la certitude, avec la chance de perte ou de gain qui est de l'essence des contrats aléatoires » (Guillouard, *op. cit.*, n° 156 *in fine*, p. 240).

38. Cette seconde opinion entraîne les conséquences suivantes : 1° le contrat ne produit aucun effet, soit que le stipulant ait connu, soit qu'il ait ignoré la maladie mortelle dont meurt dans les vingt jours la personne sur la tête de laquelle la rente était constituée ; 2° il est impossible de renoncer dans le contrat à l'application de l'art. 1975 et aussi de couvrir postérieurement par une ratification la nullité qu'il prononce ; 3° enfin l'expiration du délai indiqué par l'art. 1304 c. civ. ne prescrit pas cette nullité. Ces diverses solutions sont en harmonie avec les principes exposés au *Rép.*, n°s 51 et 52 (V. aussi Aubry et Rau, *op. cit.*, t. 4, § 388, texte et note 10, p. 584 ; Demante et Colmet de Santerre, n° 189 *bis*-V, p. 173 ; Guillouard, *op. cit.*, n° 154, p. 237-238).

D'autre part, si l'on admet que la nullité prononcée par l'art. 1975 provient du défaut de cause et que ce texte, loin de pouvoir être considéré comme contenant une règle exceptionnelle, n'est qu'une application des principes de droit commun sur la cause dans les contrats, il en résulte que la disposition écrite dans cet article doit être étendue au bail à nourriture (V. en ce sens Guillouard, *op. cit.*, n° 178, p. 266, et en sens contraire, les arrêts cités *suprà*, n° 12).

39. Parmi les questions que soulèvent les art. 1974 et 1975, il en est une qui a donné lieu, depuis la publication du *Répertoire*, à de longues controverses : c'est celle de savoir si, par application des art. 1974 et 1975, le contrat de rente viagère « ne produit aucun effet » dans le cas où, la rente viagère ayant été constituée sur plusieurs têtes, l'une des personnes désignées est morte « au jour de la date du contrat ».

La formule que l'on vient d'employer exclut l'hypothèse où toutes les personnes sur la tête desquelles la rente viagère a été constituée sont mortes au moment de la conclusion du contrat ou dans les vingt jours. Les auteurs s'accordent à admettre que, dans cette hypothèse, qui ne paraît pas s'être présentée devant les tribunaux, les art. 1974 et 1975 seraient applicables (V. notamment Labbé, dissertation précitée, et Guillouard, *op. cit.*, n° 157, p. 240-241). L'argument de texte qu'on a voulu tirer, en sens contraire, du rapprochement entre les art. 1974 et 1975 d'une part, et l'art. 1972 d'autre part (*Rép.* n° 54 ; Bordeaux, 10 févr. 1857, motifs, aff. Talon, D. P. 58. 2. 7) doit, suivant eux, rester étranger à la discussion de toutes les hypothèses où se pose la question précitée ; en réalité, la question n'a été envisagée par le législateur sous aucun de ses aspects (V. en ce sens : Aubry et Rau, *op. cit.*, t. 4, § 384, texte et note 12, p. 584 ; Bidart, *loc. cit.*, p. 342).

40. La solution ne saurait être différente, suivant que la rente viagère a été constituée ou non *au profit* des personnes sur la tête desquelles elle a été créée. Mais, quand la rente a été constituée à la fois sur la tête et au profit de plusieurs personnes, il y a lieu de distinguer deux hypothèses : celle où la rente, en l'absence de clause contraire, doit passer entière au survivant ; celle où la rente a été stipulée réductible au décès de l'un des crédi-rentiers.

41. — 1° La rente viagère a été constituée sur la tête de *personnes qui ne sont pas crédi-rentières, ou, étant constituée sur la tête et au profit de plusieurs personnes, elle doit passer intégralement au survivant.* — Dans une première opinion, la constitution de rente serait nulle, dans les deux hypothèses prévues par les art. 1974 et 1975, comme étant sans cause ou reposant sur une fausse cause. On fait valoir, à l'appui de cette solution, que la cause de l'obligation du crédi-rentier et, par conséquent, l'objet de l'obligation du débiteur de la rente, c'est la prestation d'une rente durant la vie de *plusieurs* personnes déterminées : quand l'une d'elles est morte ou mourante, l'obligation créée par le

contrat à la charge du débiteur de la rente n'a plus ou est censée n'avoir plus l'objet auquel s'était appliqué le consentement des parties, puisque l'une des existences envisagées par les parties est éteinte ou considérée comme éteinte, et par suite, la cause de l'obligation du crédi-rentier, celle du moins qui a déterminé la conclusion du contrat, n'existe pas (Laurent, n° 287). — MM. Labbé et Bidart, qui fondent la nullité édictée par l'art. 1975 sur l'idée d'erreur substantielle, admettent également, dans cette hypothèse, l'application de l'art. 1975, comme celle de l'art. 1974 : la chance, dans l'hypothèse du décès de l'une des personnes, n'a pas été courue comme elle avait été considérée par les parties, et « le contrat, qui consiste dans une estimation des chances à courir, est vicié dans sa substance », dit M. Labbé; « l'aléa qui reste, dit M. Bidart, n'est plus celui que les parties ont eu en vue, il a subi une modification dans ce qui le constituait essentiellement ». Mais, pour faire tomber le contrat par application de l'art. 1975, il faut, quand on fonde sur l'idée d'erreur substantielle la nullité édictée par cet article, supposer, comme le faisait Pothier, que la maladie était « ignorée des parties lors du contrat » Aussi M. Labbé, *loc. cit.*, ne parle-t-il également que du « contrat fait *dans l'ignorance* que l'une des personnes sur la tête desquelles la rente allait être établie était atteinte d'une maladie mortelle ». Quant à M. Bidart, il ne s'explique pas sur ce point : il déclare que « le juge, s'il reconnaît que le décès se rattache à une maladie préexistante (seule question qu'il ait désormais à examiner), est obligé de prononcer la nullité » (p. 338); il parle de la « fixation arbitraire d'un délai de vingt jours, en dedans duquel le décès est une preuve suffisante d'erreur, au delà duquel il n'y a plus d'erreur » (p. 340); mais il ne va pas jusqu'à prétendre que, là où il n'y a pas ignorance, il peut y avoir erreur dans les termes des art. 1109 et 1110 c. civ. : aussi bien, l'affirmation serait-elle en contradiction directe avec le passage de l'exposé des motifs, où Portalis justifie, après Pothier, l'admission de la nullité du contrat dans le cas prévu par l'art. 1975 en remarquant que, « si les contractants eussent connu la maladie de la personne sur la tête de laquelle on se proposait d'acquérir la rente, l'acquisition n'eût pas été faite » (V. *Rép.* p. 136, note 1, n° 6 *in medio*).

42. Suivant un autre système, les art. 1974 et 1975 sont ici sans application. M. Colmet de Santerre, n° 189 *bis*-I, fait remarquer, en ce sens, « qu'on ne peut pas dire que l'obligation du débiteur manquait d'objet, puisqu'il s'obligeait pour toute la vie d'une ou plusieurs personnes autres que le décédé, et que par conséquent il se liait par le contrat, il promettait quelque chose de sérieux, une prestation onéreuse pour lui et utile pour le créancier ». Cet argument paraît décisif : l'obligation du débiteur de la rente n'a plus le même objet, mais elle a encore un objet sérieux, et aléatoire en même temps que sérieux, et *cela suffit pour que l'obligation du crédi-rentier ne soit pas sans cause*; sans doute, le législateur aurait pu, par une décision plus arbi-

traire encore que celle qui est écrite dans l'art. 1975, considérer dans l'hypothèse la cause comme inexistante, mais il ne l'a certainement pas fait, puisqu'il n'a pas prévu la question dont il s'agit, et l'interprète ou le juge n'a pas le pouvoir de prendre cette décision arbitraire, quelque équitable qu'elle puisse être. La même solution est adoptée par MM. Aubry et Rau (*loc. cit.*, texte et note 12). M. Pont, n'admet pas davantage l'application de l'art. 1975 au cas où l'une des personnes sur la tête desquelles la rente a été constituée meurt dans les vingt jours du contrat (n° 721); mais il n'écarte l'application de l'art. 1974, au cas où l'une des personnes sur la tête desquelles la rente a été constituée est morte déjà au jour du contrat, que si la rente était constituée au profit de cette personne en même temps que sur sa tête (n° 709 *in fine*), et il se prononce au contraire en faveur de l'application de l'art. 1974 si la rente a été « établie sur la tête de plusieurs personnes *étrangères au contrat* » (n° 709 *in principio*). Mais cette distinction ne paraît pas fondée (V. *suprà*, n° 40).

43. Une autre question peut, d'ailleurs, être soulevée. Étant donné que la double hypothèse du décès, antérieur à la date du contrat ou survenant dans les vingt jours de la date du contrat, de l'une des personnes sur la tête desquelles la rente viagère était constituée ne rentre pas dans le domaine d'application des art. 1974 et 1975 et que le contrat de rente viagère ne doit pas être déclaré *nul et sans effet* par application de ces articles, le contrat ne doit-il pas, du moins, être déclaré *annulable* par application de l'art. 1110 dans les cas où l'on pourrait soutenir qu'il y a eu, de la part de l'acquéreur de la rente, erreur sur la substance même de la chose qui est l'objet de la convention? M. Guillouard, le seul auteur qui, à notre connaissance, ait prévu cette question, la résout affirmativement par les motifs suivants : « La qualité substantielle en vue de laquelle le prix est fourni, dans le contrat de rente viagère, c'est la durée probable de la vie de celui sur la tête duquel la rente est créée: le prix est fourni à raison d'un calcul de probabilités, et, si la rente est constituée sur la tête de plusieurs personnes, ce calcul comprend la durée probable de la vie de chacune d'elles. Or, s'il est *certain* que l'une d'elles, ou plusieurs d'entre elles, ne vivront pas, le calcul est faussé, le constituant est victime d'une erreur substantielle, et le contrat doit être annulé à sa demande » (*op. cit.*, n° 159, p. 243). Cette solution paraît juridique.

44. Quant à la jurisprudence, elle ne semble pas avoir eu à se prononcer sur l'application de l'art. 1974 à une rente viagère constituée sur plusieurs têtes. Au contraire, la question que l'on vient d'examiner s'est souvent présentée, depuis la publication du *Répertoire*, dans des espèces se rapportant à l'art. 1975. Plusieurs arrêts ont décidé que le contrat doit être maintenu et qu'il n'y a pas lieu d'appliquer cet article (Bordeaux, 10 févr. 1857, aff. Talon, D. P. 58. 2. 7; Lyon, 1er juill. 1858, aff. Gaîté, D. P. 59. 2. 27; Paris, 23 mai 1865 (1);

---

(1) (Clétaire C. Monchanin.) — Le 30 mars 1864, jugement du tribunal civil de la Seine ainsi conçu : — « Attendu que la rente viagère dont s'agit a été constituée tant sur la tête de la veuve Lebon que sur celle de Clétaire; — Que le contrat était régulier et valable, puisque la chance aléatoire existait au moment de la passation de l'acte à savoir l'époque incertaine du décès, tant de la veuve Lebon que de Clétaire; — Qu'à la vérité, et par dérogation au droit commun, si le rentier viager décède dans les vingt jours d'une maladie dont il était atteint au moment du contrat la chance aléatoire est considérée comme n'ayant jamais existé, et le contrat ne peut avoir d'effet; — Mais attendu que l'on ne peut étendre cette exception; — Que le décès du crédi-rentier annule le contrat parce qu'avec lui disparaît l'aléa qui était la cause de l'essence de ce contrat; — Qu'il ne peut en être ainsi lorsqu'une rente est constituée sur deux têtes, puisque le décès d'un des crédi-rentiers ne peut avoir cette conséquence, et que tant que la chance aléatoire existe soit pour le tout, soit pour partie, le contrat a toujours sa raison d'être et doit subsister; — Que peu importe de rechercher si la position du débiteur s'est trouvée modifiée, que cette circonstance ne peut modifier le principe en vertu duquel le contrat aléatoire doit toujours recevoir son exécution quelles que soient les éventualités qui peuvent survenir; — Par ces motifs, etc. ». — Appel par la veuve Clétaire.

La cour. — Considérant que le décès de la veuve Lebon, arrivé quatre jours après l'acte de constitution de la rente,

paraît avoir eu pour cause une maladie déjà existante au moment de la signature de cet acte, mais que cette circonstance n'est pas de nature à entraîner la nullité du contrat; qu'en effet, le contrat de constitution de rente viagère est essentiellement aléatoire, qu'il suffit, en principe, pour la validité que le débiteur de la rente ait encouru pendant un laps de temps quelconque, la chance d'en payer les arrérages; — Que si l'art. 1975 c. civ. dispose que le contrat de la rente viagère créée sur la tête d'une personne atteinte de la maladie dont elle est décédée dans les vingt jours de la date du contrat ne produit aucun effet, cette disposition forme une exception au droit commun et doit par conséquent être renfermée dans les limites qui lui ont été assignées; qu'elle ne saurait s'étendre au cas, où, conformément à l'art. 1972, lequel ne contient aucune restriction ni modification, la rente a été constituée sur plusieurs têtes et que l'un des crédi-rentiers a succombé dans les vingt jours du contrat à une maladie dont il était antérieurement affecté; que les motifs qui ont dicté l'art. 1975 repoussent aussi énergiquement que son texte cette application; que le défaut absolu de chance aléatoire peut seul déterminer la nullité du contrat, et que la mort de l'un des crédi-rentiers laisse subsister un aléa lorsque la rente a été créée sur plusieurs têtes; — Qu'on dispose vainement que les parties ont contracté en prévision d'une rente devant être servie successivement à deux personnes, tandis qu'il n'en reste qu'une pour profiter de cette rente; qu'en admettant qu'il y ait eu erreur, cette erreur n'a porté que

Douai, 30 nov. 1866 (1). D'autres décisions ont, au contraire, été rendues dans le sens de la nullité du contrat et de l'ap-

plication de l'art. 1975 à l'hypothèse dont il s'agit (Paris, 23 mars 1865 et, sur pourvoi, Req. 6 févr. 1866 (2); Bordeaux,

sur l'étendue probable des risques mis à la charge du constituant mais non sur la substance même du contrat, et qu'elle ne saurait dès lors l'invalider ; — Qu'il importe peu que la rente n'ait été stipulée réversible que pour une portion seulement sur la tête du crédi-rentier survivant, que dans cette hypothèse, comme dans celle où la rente a été constituée sur deux têtes sans réduction, le contrat est indivisible, et qu'on ne saurait l'annuler dès qu'il subsiste une chance aléatoire qui lui sert de base; que la chance aléatoire d'un contrat de rente viagère consiste autant dans la durée de la rente que dans sa quotité; que la rente, même réduite, peut devenir onéreuse pour le constituant, si la vie du rentier se prolonge au delà des limites ordinaires ; — Que, dans l'espèce, l'obligation imposée à Monchanin de payer une rente de 1800 fr. à Clétaire, âgé de quarante-cinq ans, a dû être considérée par les parties comme plus onéreuse que celle de servir une rente de 2400 fr. à la veuve Lebon, âgée de plus de quatre-vingts ans; que par suite du décès de cette dernière, il y a eu diminution mais non extinction des chances aléatoires mises à la charge de Monchanin, et que celles qui ont persisté pouvaient être regardées comme l'équivalent du capital de 24000 fr. à lui abandonné ; — Confirme, etc.
Du 23 mai 1865.-C. de Paris, 2e ch.-MM. Guillemard, pr.-Senart, av. gén., c. conf.-Durier et Cliquet, av.

(1) (Marmouzet C. Hecquet.) — Un jugement du tribunal civil d'Arras avait statué en ces termes : — « Considérant qu'en droit les conventions loyalement formées tiennent lieu de loi à ceux qui les ont faites; que si l'art. 1975 c. civ. annule le contrat de rente viagère constituée sur la tête d'une seule personne, lorsque cette personne est décédée, dans les vingt jours de la date du contrat, d'une maladie dont elle était déjà atteinte à cette époque, c'est qu'alors la convention est viciée dans son principe par l'absence d'une de ses conditions essentielles; — Qu'en effet, il est de l'essence de cette convention qu'elle soit aléatoire et soumise aux chances de vie plus ou moins prolongée du crédi-rentier, et que le décès de celui-ci, prévu et survenu dans un très court délai, fait disparaître l'aléa, par conséquent l'obligation qui résulterait de l'acte; — Qu'il en est autrement lorsque la rente viagère est constituée sur la tête de plusieurs personnes; que, dans ce cas, la chance aléatoire n'a pas cessé d'exister par le décès de l'un des crédi-rentiers, qu'elle est seulement modifiée; — Considérant en fait, que, par acte authentique du 27 sept. 1865, reçu par Me Daix, notaire à Vitry, les époux Hardelin-Hecquet, agissant solidairement, ont aliéné, au profit du défendeur, divers corps de terre ainsi que le mobilier, à la charge d'une rente viagère de 600 fr. jusqu'au décès du premier mourant des vendeurs, et de la moitié dès ce décès jusqu'à celui du survivant; — Que la dame Hardelin est décédée dans les vingt jours de cet acte d'une maladie dont elle était atteinte au moment où il a été passé; — Que ce décès, en modifiant la chance aléatoire créée par le contrat entre les parties, ne l'a pas fait cesser; que par conséquent la convention a une cause loyale et doit avoir son effet; — Par ces motifs, etc. ». — Appel par Marmouzet.
La cour; — Attendu que ce qui forme la base substantielle du contrat de rente viagère, c'est la chance aléatoire résultant de l'incertitude dans la durée de la vie du crédi-rentier; — Que c'est donc avec raison que la loi dispose que tout contrat de rente viagère créée sur la tête d'une personne morte au jour du contrat, ou décédée, dans les vingt jours de sa date d'une maladie dont elle était atteinte, ne produit aucun effet, puisque, dans l'un et l'autre cas, il y a défaut absolu de chance aléatoire et absence de toute espèce de cause nécessaire à la validité de la convention; — Mais on ne saurait être de même lorsque la rente viagère, ayant été créée sur deux têtes, avec solidarité, et pour le prix de biens meubles et immeubles qui leur appartiennent en commun, l'une d'elles est décédée dans les vingt jours de la date du contrat; — Que la chance aléatoire, bien que modifiée, ne continue pas moins d'exister pendant la vie du survivant; — Que l'obligation, pour le débiteur de la rente, d'en servir les arrérages, en tout ou en partie, et de laisser jouir le survivant de l'usufruit réservé sur deux têtes, constitue l'élément essentiel du contrat de rente viagère; — Que quel que soit le sens qu'on veuille donner aux dispositions de l'art. 1975, défaut de cause ou erreur sur la substance de la chose, ni l'une ni l'autre de ces considérations ne se rencontrent au cas d'une rente viagère constituée sur deux personnes dont l'une a survécu, puisque son droit et son intérêt à recueillir tous les avantages prévus par la convention ont des causes suffisantes du contrat et une base raisonnable de consentement; — Qu'on ne saurait donc prétendre que l'acte du 27 septembre manque une des conditions requises pour sa validité; — Attendu, d'ailleurs, qu'il résulte des circonstances de la cause que la femme Hardelin, traitant en pleine connaissance de son état, n'a pas été déter-

minée par une considération purement personnelle, mais par le désir d'assurer une plus grande aisance à son mari; — Que, dès lors, son décès prématuré ne saurait constituer, dans aucun cas, une cause de nullité du contrat du chef d'erreur; — Par ces motifs et en adoptant au surplus ceux des premiers juges ; — Confirme, etc.
Du 30 nov. 1866.-C. de Douai, 2e ch.-MM. Binet, pr.-Bagnéris, av. gén.-Paris (du barreau d'Arras) et Dupont, av.

(2) (Rousseau C. Renault.) — Le 31 juill. 1863, jugement du tribunal civil de Melun, ainsi conçu : — « Considérant que le contrat de rente viagère est, de sa nature, essentiellement aléatoire; que constitue, aux termes des art. 1972 et 1973 c. civ., sur une ou plusieurs têtes, au taux qu'il plaît aux parties contractantes de fixer, il entre dans les principes de sa constitution dans le fait comme dans ses conditions, ledit contrat repose sur l'éventualité réelle et sérieuse qui seule l'a déterminé ; — Considérant que c'est ainsi, en rangeant sur la même ligne le cas de mort dans les conditions de l'art. 1975 et la mort même dans les termes de l'art. 1974 du même code, que la loi a entendu déclarer indistinctement, pour les deux circonstances, le contrat de rente viagère sans effet, comme ne pouvant s'appuyer sur la condition aléatoire qui a déterminé le consentement; — Considérant qu'il en doit être ainsi encore que le contrat repose sur plusieurs têtes, si l'une d'elles, frappée à mort au jour du contrat, disparaît dans les vingt jours de sa signature; qu'alors le caractère aléatoire retenu par l'acte ne subsiste plus entier dans les termes qui l'ont déterminé; que le décès, arrivé dans les vingt jours selon l'art. 1975, d'une ou plusieurs têtes (la rente fût-elle stipulée réductible ou non) apporte au contrat signé dans cette circonstance une altération ou une transformation telle, quant aux bases de l'acte, que les crédi-rentiers ne l'auraient pas consenti le cas imprévu qui s'est ainsi réalisé; — Considérant que, dans l'espèce, le contrat de rente viagère consenti devant Me Vian, notaire à Perthes le 3 déc. 1862, sur les deux têtes des époux Rousseau, n'aura été qu'une véritable donation, alors que, la rente étant stipulée payable seulement le 11 nov. 1863, l'état de maladie grave dont la femme Rousseau est atteinte fait pressentir son décès prochain, et que le coup funeste reçu par le sieur Rousseau avant le 3 déc. 1862 est reconnu par l'expertise avoir produit la mort de l'un des crédi-rentiers dans les vingt jours du contrat; — Considérant qu'on ne saurait admettre que, dans ces menaçantes et si prochaines éventualités, les époux Rousseau eussent, en connaissance de cause, contracté l'acte précité; qu'avec plus de raison il y a lieu de décider qu'ils ne l'ont souscrit que dans la pensée d'un bien-être plus prolongé, assuré par le service de la rente sur deux têtes, que la réduction n'a été stipulée qu'en vue de deux existences, quand l'une, celle du sieur Rousseau, suivant les art. 1974 et 1975 combinés, ne devait déjà plus légalement compter, etc. ».
Appel par les époux Renault.
La cour; — Considérant qu'aux termes de l'art. 1975 c. civ., le contrat par lequel la rente viagère a été créée sur la tête d'une personne atteinte de la maladie dont elle est décédée dans les vingt jours de la date dudit contrat ne produit aucun effet ; — Considérant que cette règle est applicable alors même que la rente viagère a été, conformément à l'art. 1972 du même code, constituée sur deux ou plusieurs têtes, s'il est certain, par le décès de l'un des crédi-rentiers survenu dans le délai et dans les conditions déterminés par l'art. 1975 précité, que l'élément essentiel du contrat de rente viagère, c'est-à-dire la chance aléatoire qui a formé la base même de la convention et sur laquelle ont traité les parties, n'existait pas au moment où la convention a été arrêtée; — Considérant, en fait, qu'il résulte de toutes les circonstances et de tous les documents de la cause que la chance aléatoire en vue de laquelle les parties ont contracté dans l'espèce était la durée de la vie de l'un et de l'autre des époux Rousseau, dans les conditions ordinaires de l'existence humaine; qu'en cas de mort de l'un des crédi-rentiers, il était dit que la rente ne serait servie au survivant d'eux que sous la réduction d'un quart, qu'il est constant que le décès de l'une des deux personnes sur la tête desquelles la rente était constituée, ledit décès survenu dans les conditions de l'art. 1975, ne laissait pas subsister la chance aléatoire sur laquelle les parties ont basé leur convention; — Considérant que les mêmes documents du procès, et notamment les enquête et contre-enquête et le rapport des médecins experts, établissent qu'au 3 déc. 1862, jour de la constitution du contrat de rente viagère dont il s'agit, Rousseau, l'une des deux personnes sur la tête desquelles a été constituée ladite rente, était atteint de la maladie dont il est décédé le 13 décembre suivant ; que cette maladie a eu pour cause directe la chute grave que Rousseau avait faite le 5 novembre précédent; que les conclusions du rapport des médecins experts se terminent par ces mots : « ce qui nous démontre et nous fait affirmer, sans qu'il puisse y avoir de doute dans nos esprits, que le sieur Rousseau est mort le 13 dé-

16 août 1872 (1); 2 janv. 1874, aff. Despujols, D. P. 75. 2. 180. Les arrêts des 23 mars 1865, 6 févr. 1866 et 16 août 1872 sont intervenus, il est vrai, dans des espèces où la rente constituée sur plusieurs têtes était stipulée réductible au décès du premier mourant; mais la réductibilité n'est relevée, dans l'énoncé des faits, que pour rappeler comment la cause se présentait, car aucun des motifs de ces trois arrêts ne fait de la clause de réductibilité une condition de la nullité du contrat; aucun motif n'implique l'adoption d'une solution contraire pour le cas où la rente viagère est réversible en totalité, et les trois arrêts contien-

nent l'exposé de raisons également déterminantes pour les deux hypothèses.

45. — 2° *La rente viagère, ayant été constituée sur la tête et au profit de plusieurs personnes, a été stipulée réductible au décès du premier mourant.* — La stipulation de réductibilité a pour effet de modifier la solution, d'après plusieurs auteurs qui écartent dans la première hypothèse l'application des art. 1974 et 1975 : MM. Aubry et Rau se prononcent formellement en ce sens, *op. cit.*, texte et note 13, et telle paraît être également l'opinion de M. Pont. C'est du moins ce que l'on peut induire *à contrario* des ter-

---

cembre dernier des suites de la chute qu'il a faite le 5 novembre »; — Considérant que, dans ces circonstances dûment constatées, c'est le cas de faire application à la cause de l'art. 1975 c. civ.; — Confirme, etc.

Pourvoi en cassation par les époux Renault pour violation de l'art. 1972 c. civ., et fausse application de l'art. 1975 dumième code.

LA COUR; — Attendu que la disposition de l'art. 1975 c. civ. doit s'appliquer aussi bien au cas où la rente viagère est créée sur plusieurs têtes qu'à celui où elle n'est créée que sur une seule; — Que, notamment, elle s'applique alors que la rente créée sur deux ou plusieurs têtes contient une clause d'extinction partielle dans le cas de prédécès de l'un des crédi-rentiers; — Attendu, en effet, que, dans ce cas, qui est celui de l'espèce, ce décès intervenu dans le délai de l'article précité aurait pour effet de faire bénéficier les débiteurs de la rente d'une quotité du capital aliéné, alors qu'ils n'auraient encouru, quant à ce, aucune chance aléatoire; — Attendu qu'un tel résultat serait en contradiction manifeste avec la pensée du législateur, qui a voulu que le contrat de rente viagère ne fût valable qu'autant qu'il renfermerait des éléments sérieux d'incertitude, et qu'il ne serait pas entaché de la présomption d'erreur ou de fraude spécialement édictée par ledit art. 1975; — Rejette, etc.

Du 6 févr. 1866.-Ch. req.-MM. le cons. Taillandier, pr.-de Carnières, rapp.-Savory, av. gén., c. conf.-Albert Gigot, av.

(1) (Delhomme C. Peyrat.) — Le 10 août 1871, jugement du tribunal de la Réole, ainsi conçu : — « Attendu que, suivant acte reçu Genet, notaire à la Réole, le 25 mai 1871, le sieur Jean Peyrat âgé de soixante et onze ans, la dame Catherine Lanjac, épouse en troisièmes noces du sieur Peyrat, âgée de soixante-treize ans, et le sieur François Peyrat, né du premier mariage du sieur Peyrat âgé de trente-sept ans, ont vendu solidairement, aux époux Delhomme, certains immeubles indivis entre eux, moyennant une rente annuelle et viagère de 1200 fr., réductible à 800 fr. au décès du prémourant et un logement viager d'une valeur locative de 50 fr.; — Attendu que, le 2 juin suivant, c'est-à-dire dans les vingt jours, le sieur François Peyrat fils est mort d'une maladie dont il était atteint lors du contrat; — Attendu qu'on ne peut pas soutenir que cet événement, était entré dans la prévision des parties, puisque la rente viagère était stipulée réductible d'un tiers au décès du prémourant et que cette circonstance démontre, au contraire, que, dans l'intention commune, chacun des constituants devait retirer plus ou moins longtemps un profit de l'aliénation solidairement consentie; — Attendu, en droit, que le consentement et, par conséquent, la convention n'existe pas s'il y a erreur sur l'identité de la chose, par exemple si l'un entend vendre une pièce de terre et l'autre en acheter une autre; — Attendu qu'aux termes de l'art. 1110 c. civ., l'erreur n'est une cause de la nullité de la convention, lorsqu'elle tombe sur la substance de la chose qui en est l'objet, et qu'on doit entendre par substance de la chose la qualité que les contractants ont eue principalement en vue, ainsi que Pothier, le guide habituel des rédacteurs du code, surtout en cette matière, l'explique dans le passage suivant : « L'erreur annule la convention, non seulement lorsqu'elle « tombe sur la qualité de la chose que les contractants ont eue « principalement en vue et qui fait la substance de la chose » (*Traité des obligations*, n° 18); — Attendu que, si une rente viagère est constituée sur la tête d'une personne décédée, le contrat est nul, parce qu'il manque de cause et d'objet, la chose promise n'ayant jamais existé; que telle est la disposition de l'art. 1974; — Attendu que l'art. 1975 assimile à cette hypothèse le cas où la personne sur la tête de laquelle repose la rente meurt, dans les vingt jours, d'une maladie dont elle était atteinte lors du contrat; que, pour le législateur, elle était si près de sa fin qu'on doit la considérer comme déjà morte; — Attendu que, si la rente est constituée sur plusieurs têtes, et que l'une des personnes sur la tête desquelles on l'a constituée soit décédée lors du contrat, la convention est nulle lors de l'art. 1110; qu'en effet, l'objet sur lequel les volontés ont concouru, c'est une rente constituée, par exemple, sur trois têtes, comme l'espèce; que si la rente ne demeurait assise que sur deux têtes, il y aurait eu erreur sur un élément, une qualité principale aux yeux des parties, c'est-à-dire qu'il y aurait en erreur sur la substance, dans le sens de l'art. 1110; — Attendu qu'on pourrait même aller

jusqu'à dire que le contrat ne s'est pas formé, parce qu'il n'y a pas eu consentement sur l'objet du contrat, une rente viagère sur trois têtes n'étant pas la même chose qu'une rente sur un nombre de têtes différent; que, si le contrat à interpréter est un contrat aléatoire, les constituants n'ont pas entendu aliéner leurs immeubles en retour d'un aléa quelconque, d'une rente viagère quelconque, mais d'un aléa résultant d'une rente viagère assise sur la tête de chacun d'eux; — Que, sans doute, la rente viagère qui subsiste pourrait être l'objet ou la cause d'un contrat, mais d'un contrat nouveau distinct de celui auquel les parties ont adhéré et qu'on ne saurait leur imposer; — Attendu qu'on objecte vainement que l'art. 1975 contient une disposition exceptionnelle qui doit être restreinte dans ses termes, et que l'art. 1975 ne prévoit que l'hypothèse d'une rente constituée sur une seule tête; — Attendu qu'on a remarqué avec raison que l'art. 1975 devrait être appliqué sans difficulté s'il s'agissait d'une rente constituée sur la tête de plusieurs personnes, et si toutes étaient mortes dans les vingt jours; — Attendu que, si l'art. 1975 contient une disposition exceptionnelle, l'exception consiste à assimiler à une personne déjà morte une personne encore vivante, mais qu'une fois cette assimilation admise par le législateur, il importe peu qu'il s'agisse d'une personne seule ou d'une personne prise entre plusieurs sur la tête desquelles la rente reposait, et que, *ubi est eadem ratio, ibi debet esse idem jus*; — Attendu que, cela étant reconnu, on n'a plus d'exception à invoquer, et qu'il suffit de déduire les conséquences de la règle générale posée par l'art. 1110 pour annuler le contrat de rente viagère, lorsque l'une des personnes sur la tête desquelles la rente est constituée meurt dans les vingt jours, d'une maladie dont elle était atteinte lors de la convention; — Attendu que les motifs précédents acquièrent plus de force quand on se place au point de vue du constituant prédécédé ou des héritiers qui le représentent; que le transport de propriété auquel il a consenti avait pour cause la rente viagère assise tout à la fois sur sa tête et celle de ses consorts, et non pas seulement une rente profitable aux seuls époux Peyrat; qu'en ce qui le concerne, ce transport serait évidemment sans cause ou n'aurait qu'une fausse cause, que tout au moins, on aurait commis une erreur sur la qualité principale de l'objet qu'il se proposait d'acquérir, et que, le contrat étant nul à son égard, il ne permettait de déterminer la portion de rente viagère qui correspond à l'aliénation faite par chacun des constituants, et, d'ailleurs, tous ayant agi solidairement, le contrat est nul à l'égard de tous; — Attendu que le sieur Peyrat est recevable en qualité d'héritier à exercer les droits de son fils; que les époux Peyrat seraient même recevables à agir en leurs noms personnels; qu'étant nulle à l'égard de toutes les parties, la convention ne produit légalement aucun effet, et spécialement n'engendre pas, à l'encontre des époux Peyrat, des obligations de garantie permettant de leur opposer la maxime : *Quem de evictione...*; — Par ces motifs, etc. ». — Appel par les époux Delhomme.

LA COUR; — Attendu que, le 25 mai 1871, le sieur Jean Peyrat père, la dame Catherine Laujac, son épouse en troisièmes noces, et François Peyrat, ont solidairement vendu, aux époux Delhomme certains immeubles indivis entre eux, moyennant une rente annuelle et viagère de 1200 fr. réductible à 800 fr. au décès du prémourant et un logement viager aussi d'une valeur locative de 50 fr.; — Attendu qu'il est reconnu que, le 2 juin suivant, c'est-à-dire dans les vingt jours, François Peyrat est mort d'une maladie dont il était atteint au moment du contrat; — Attendu que, dans l'ignorance où étaient les vendeurs que l'un d'eux était atteint d'une maladie si promptement mortelle, leur consentement au contrat a été donné sous l'empire d'une erreur substantielle; — Que, d'un autre côté, le contrat à rente viagère n'est valable qu'autant qu'il renferme des éléments sérieux d'incertitude et tous les éléments sérieux d'incertitude en considération desquels les parties ont contracté; — Attendu que, dans de telles circonstances, c'est avec raison que le tribunal de la Réole a déclaré nul et de nul effet, le contrat du 25 mai 1871 comme vicié dans sa substance par l'erreur et comme contraire aux vrais principes de la loi en matière de rente viagère; — Adoptant, au surplus, les motifs du jugement dont est appel; — Confirme, etc.

Du 16 août 1872.-C. de Bordeaux, 4e ch.-MM. du Périer de Larsan, pr.-Fortier-Maire, av. gén.-Girard et Méran, av.

mes dans lesquels s'exprime cet auteur au n° 709, in fine. Quant aux auteurs qui appliquent à la première hypothèse les art. 1974 et 1975, ils considèrent à bon droit l'existence d'une clause de réductibilité comme une nouvelle et plus puissante raison de se prononcer dans le même sens: « Pour une partie de la rente, celle qui s'éteint au décès du prémourant, il n'y a pas eu de chance... cette partie de la rente n'a pas été due et ne pouvait pas l'être; donc une partie du prix a été payée sans cause, et, comme la division n'est pas possible, le contrat doit être annulé en entier... il y a erreur, et l'erreur survenue affecte *immédiatement* le taux de la rente.» (Labbé, dissertation citée; Bidart, *loc. cit.*, p. 353; Laurent, *op. cit.*, n° 287 *in fine*). Les arrêts des cours de Paris du 23 mars 1865, de la chambre des requêtes du 6 févr. 1866, et de la cour de Bordeaux du 16 août 1872 (*suprà*, n° 44), sont dans le même sens. — V. enfin, en faveur de l'application de l'art. 1110 c. civ. et de l'annulation de la constitution de rente pour cause d'erreur substantielle, Guillouard, *op. cit.*, n° 245.

Au contraire, les arrêts des cours de Bordeaux du 10 févr. 1857, de Paris, du 23 mai 1865, de Douai, du 30 nov. 1866 (*suprà*, n° 44), ont maintenu le contrat de rente viagère dans des cas où la rente avait été stipulée réductible au décès du premier mourant, en déclarant expressément que cette stipulation devait être sans influence sur la solution. Quant à l'arrêt de la cour de Lyon du 1er juill. 1858, cité *suprà*, n° 44, il a maintenu le contrat par d'autres raisons, en adoptant, d'ailleurs, les motifs des premiers juges, qui tendent aussi à démontrer que la clause de réduction était indifférente dans le débat. C'est là une affirmation qui peut paraître contestable, quel que soit le fondement que l'on donne aux nullités des art. 1974 et 1975.

46. On a signalé au *Rép.*, n°s 49 et 50, la controverse sur l'application de l'art. 1975 au cas où la rente est constituée à titre gratuit. M. Pont (*op. cit.*, t. 1, n° 717) admet que l'art. 1975 n'est pas applicable, qu'il s'agisse d'une donation faite sous la charge d'une rente viagère au profit du donateur ou de la libéralité prévue par l'art. 1973 (n° 718). M. Colmet de Santerre, *op. cit.*, t. 8, n° 189 *bis*-IX, envisage à propos de cette question que la première des deux hypothèses, mais vise les art. 1974 et 1975 pour donner une solution semblable à celle de M. Pont. C'est encore la même opinion qu'expriment MM. Aubry et Rau, *op. cit.*, t. 4, § 388, texte et note 14, M. Laurent, *op. cit.*, t. 27, n° 284, et M. Guillouard, *op. cit.*, n° 161; mais ces deux derniers auteurs ajoutent une réserve conforme à la doctrine de l'arrêt de la chambre des requêtes qui est cité au *Rép.*, n° 50 *in fine*.

47. Quand les parties connaissent la maladie de la personne sur la tête de laquelle la rente est constituée, l'acte de constitution de rente viagère est-il nul? et, s'il est nul comme convention à titre onéreux et aléatoire, peut-il valoir comme donation? Relativement à la première question, l'affirmative s'impose dans la théorie que nous avons admise sur le fondement de la nullité édictée par l'art. 1975 (Colmet de Santerre, n° 189 *bis*-V).

En ce qui touche la seconde question, qui pourrait être posée aussi, *mutatis mutandis*, dans l'hypothèse de l'art. 1974, la négative tend à prévaloir, mais il importe de préciser en quel sens. D'après MM. Aubry et Rau, *op. cit.*, t. 4, § 388, texte et notes 10 et 11, Laurent, *op. cit.*, t. 27, n°s 285 et 286, et Guillouard, *op. cit.*, n° 154, le contrat ne peut valoir comme donation déguisée, lors même que les parties auraient manifesté l'intention de déroger à cet égard, aux dispositions de la loi : en effet, pris avec son caractère apparent, il ne réunirait pas les conditions requises pour son efficacité, puisque l'existence, à la date où il est intervenu, de la maladie dont est morte dans les vingt jours la personne sur la tête de laquelle la rente était constituée a rendu nul ce contrat. Cela n'empêche pas d'ailleurs, d'après M. Laurent, n° 285, d'admettre la possibilité d'un don manuel, en dehors du contrat, qu'il ne s'agit plus de valider, si c'est une somme d'argent ou une chose mobilière qui a été livrée moyennant une rente viagère. — M. Pont admet la validité du contrat à titre de donation, en posant la distinction suivante : si la rente est constituée sur la tête d'un tiers, la connaissance qu'a le crédi-rentier de l'état de maladie de cette personne permet de valider le contrat comme donation déguisée quand les parties ont for-

mellement annoncé l'intention de déroger à la disposition de l'art. 1975 et fait même présumer, dans le silence des parties, l'existence d'une donation déguisée (n° 719); si la rente est constituée sur la tête du crédi-rentier, le contrat ne devra être validé comme donation déguisée que lorsque le crédi-rentier aura formellement manifesté l'intention de déroger à la disposition de l'art. 1975 en montrant par là qu'il ne se faisait aucune illusion sur la gravité de son mal (n° 720). Outre que le principe de cette distinction est difficile à justifier, les solutions indiquées pour l'une et l'autre hypothèses se heurtent à l'argumentation de MM. Aubry et Rau rapportée plus haut.

48. Depuis la publication du *Répertoire*, s'est élevée la question de savoir si la nullité prononcée par l'art. 1975 est applicable au contrat de rente viagère créé sur la tête d'une personne qui, atteinte de la monomanie du suicide à la date du contrat, se donne la mort dans les vingt jours. La jurisprudence s'est prononcée à deux reprises pour la négative (Orléans, 28 avr. 1860, aff. Hérit. Lavergne, D. P. 60. 2. 98; Caen, 22 nov. 1871, aff. Lesueur, D. P. 72. 5. 383) : en édictant l'art. 1975, le législateur n'a eu en vue que les maladies physiques; même si l'on assimile la monomanie du suicide à une maladie, la personne qui se tue ne peut être considérée comme étant *morte de cette maladie*, qui aurait altéré, puis tari chez elle les sources de la vie, puisque, à cette pensée maladive, a dû forcément se joindre « un acte extérieur dont l'époque et la réalisation étaient également incertaines » (Arrêt précité du 22 nov. 1871). V. dans le même sens : Laurent, *op. cit.*, t. 27, n° 281; Guillouard, *op. cit.*, n° 152.

ART. 2. — *Taux auquel la rente viagère peut être constituée.*

49. L'art. 1976, d'après lequel « la rente viagère peut être constituée au taux qu'il plaît aux parties contractantes de fixer », doit être entendu en ce sens que les parties peuvent étendre plus ou moins leurs chances réciproques de perte ou de gain (*Rép.* n°s 69 à 71). Il a été jugé, conformément aux décisions citées au *Rép.*, n° 70, que le contrat de rente viagère n'est soumis à aucune des règles qui limitent le taux de l'intérêt des capitaux prêtés (Riom, 12 déc. 1883, aff. Bertout, D. P. 85. 2. 102).

50. Mais si, pour l'une des parties, il n'y a que des chances de gain sans aucune chance de perte, le caractère aléatoire du contrat disparaît manifestement. Suivant l'opinion exprimée au *Rép.*, n° 76, il en est ainsi, et par conséquent (V. *suprà*, n° 10) il n'y a pas constitution de rente viagère si le taux de la rente, toutes les fois que le taux de la rente ne dépasse pas l'intérêt légal du capital pour lequel elle a été constituée. — Dans les cas où la rente a été constituée pour un capital autre qu'un capital en argent, la règle précitée ne suffit plus : on peut admettre qu'il n'y a pas constitution de rente viagère à titre onéreux, lorsque le taux de la rente ne dépasse ni les revenus actuels du bien aliéné en échange de la rente, ni même les revenus que produirait encore ce bien en supposant les chances les plus défavorables; ou bien on peut admettre qu'il n'y a pas constitution de rente viagère si le taux de la rente ne dépasse pas l'intérêt légal de la somme représentative de la valeur vénale du bien pour lequel la rente a été constituée (Req. 13 nov. 1867, aff. Fabre, D. P. 68. 1. 344), les intérêts de cette somme étant considérés comme le véritable revenu avec lequel le taux de la rente viagère doit être comparé.

51. De quelque manière que soit complétée la règle formulée au *Répertoire*, on a établi (D. P. 71. 2. 211, note 4) qu'elle ne trouve pas son application lorsque la rente viagère dont le taux ne dépasse pas l'intérêt légal du capital aliéné n'est point l'objet principal du contrat, mais simplement la somme à laquelle est évalué l'engagement pris par l'acquéreur du bien vendu de donner au vendeur, sa vie durant, la nourriture, les soins et le logement, et que la faculté d'échanger ce droit à la nourriture, aux soins et au logement contre une rente annuelle ainsi fixée appartient exclusivement au créancier : un pareil contrat peut présenter un caractère onéreux et aléatoire, dont il faut laisser aux tribunaux le soin de reconnaître l'existence ou l'absence, sans poser comme principe absolu que l'aléa n'existe pas à raison de ce seul fait que la nourriture, les soins et le lo-

gement ont été évalués dans l'acte à une somme inférieure ou seulement égale au montant de l'intérêt légal du capital aliéné. Il en serait ainsi, à plus forte raison, lorsque, comme dans l'espèce sur laquelle a statué l'arrêt rapporté au *Rép.*, n° 7, les parties ont expressément stipulé que l'évaluation par elles faite ne pourrait dispenser l'acquéreur du capital de remplir en nature les obligations qui lui ont été imposées. Dans le premier cas comme dans le second, il y a bail à nourriture, s'il n'y a pas contrat de rente viagère, et comme il est « presque impossible — suivant les expressions de la cour de cassation — de déterminer les dépenses qu'entraînent de toute nécessité le traitement, les remèdes, la garde et les soins d'un homme qui peut avoir des maladies graves, devenir infirme et vivre de longues années dans cet état » (Arrêt précité), les chances de perte ne sont pas d'un seul côté, et le contrat reste aléatoire.

Par cela seul qu'il est aléatoire, le contrat cesse-t-il de pouvoir être attaqué et la nullité cesse-t-elle de pouvoir être prononcée pour inexistence d'un prix sérieux ? C'est une question qu'il n'y a pas lieu d'examiner dans son ensemble (V. *Rép.* v° *Vente*, n° 355, et *infrà*, eod. v°). D'après l'arrêt précité, il semble qu'un certain pouvoir d'appréciation doive être reconnu aux tribunaux pour annuler ou maintenir, suivant les circonstances, les contrats analogues à celui qu'il suppose (*Contra* : Laurent, *op. cit.*, t. 27, n° 264 *in fine*).

52. D'autre part, si celui qui a aliéné un capital moyennant une rente viagère dont le taux ne dépasse pas l'intérêt légal de ce capital avait l'intention de faire une libéralité, il y a lieu de maintenir le contrat comme donation, *Rép.*, n° 75. — M. Colmet de Santerre, après avoir justement critiqué une analyse juridique de l'opération présentée par Pothier et reprise par M. Pont, *op. cit.*, t. 1, n° 731, soutient que, même quand le capital aliéné est une somme d'argent, le maintien du contrat doit s'appuyer uniquement sur la validité, admise par la jurisprudence, des donations déguisées sous la forme de contrats à titre onéreux, et non sur l'idée de don manuel, parce que « la donation, étant une donation à terme », n'a pas pu être faite sous forme de don manuel », *op. cit.*, t. 8, n° 190 *bis*-III. Outre que cette idée de « donation à terme » semble ne correspondre qu'à l'hypothèse où les arrérages représentent une somme exactement égale à l'intérêt légal du capital aliéné, et ne trouve plus sa place lorsqu'ils représentent une somme inférieure, puisque, dans ce dernier cas, l'existence d'un avantage immédiat est évidente, il semble plus exact de dire que, dans les deux cas, il y a un don manuel avec charge, c'est-à-dire une libéralité qui s'accomplit par la tradition de la somme, l'acte intervenu servant seulement à établir la charge, à savoir l'obligation pour le donataire de payer au constituant, pendant la vie de celui-ci ou d'un tiers, la rente fixée : aujourd'hui, en effet, la doctrine et la jurisprudence reconnaissent la validité des modalités, conditions et restrictions jointes aux dons manuels, et admettent que ces modalités, conditions et restrictions peuvent être prouvées au moyen d'actes sous seing privé ordinaires (V. *suprà*, v° *Dispositions entre vifs et testamentaires*, n°s 433, 434 et 435).

53. Quand le capital aliéné est un immeuble, et que les arrérages de la rente fixée ne dépassent pas, soit les revenus de l'immeuble, soit l'intérêt légal de la somme d'argent représentant la valeur estimative de cet immeuble, le maintien du contrat à titre de donation ne pourrait résulter que de la doctrine qui valide les donations déguisées et n'est possible que si l'on admet que le contrat remplit les conditions nécessaires à son existence comme convention à titre onéreux, sinon comme convention aléatoire, et notamment n'est pas nul faute de prix (V. cependant, sur ce dernier point, Douai, 14 juin 1852, an Codevelle, D. P. 53. 2. 89 : cet arrêt a validé comme donation déguisée un contrat portant aliénation d'un immeuble moyennant une rente viagère inférieure de plus de moitié au revenu de cet immeuble, après avoir jugé que le contrat ne pouvait subsister comme acte à titre onéreux, puisqu'il manquait de l'une des conditions constitutives de la vente, que le prix n'était pas sérieux ou plutôt qu'il n'y avait pas de prix). Plus récemment, la cour de Douai a jugé que l'acte par lequel des immeubles ont été aliénés moyennant une rente dont les arrérages étaient à peine supérieurs à la valeur estimative du loyer et inférieurs au revenu que

l'acquéreur allait en retirer en exploitant lui-même ces immeubles, doit être considéré non comme une vente, mais comme une donation déguisée sous la forme d'un contrat à titre onéreux, alors surtout que le but évident des parties a été d'assurer gratuitement à l'acquéreur, frère du prétendu vendeur, la propriété des biens de celui-ci après son décès et de conserver ces biens dans la famille (Douai, 12 mars 1879, aff. Lenoir, au pourvoi, Req. 9 juill. 1879, aff. Lengrand, D. P. 81. 1. 27) : dans l'espèce, la cour de Douai avait simplement déclaré que l'acte litigieux ne renfermait pas un contrat aléatoire, sans dire, au moins d'une manière explicite, qu'il ne réunissait pas les conditions nécessaires à sa validité comme convention à titre onéreux. Enfin il a été jugé que la cession d'un immeuble à charge d'une rente viagère inférieure, soit à l'intérêt du capital fixé dans l'acte comme représentant la valeur de l'immeuble, soit aux revenus de cet immeuble, ne constitue ni une vente, faute d'un prix réel, condition essentielle de ce contrat, ni une donation déguisée sous la forme d'un contrat à titre onéreux, parce que le caractère de libéralité pure d'un pareil contrat se révèle au premier examen (Req. 26 avr. 1893, aff. Lapannerouly, D. P. 93. 1. 359). Les juges du fond apprécient, d'ailleurs, souverainement les faits d'où ils induisent la nullité de l'acte (Même arrêt).

54. A défaut de tout élément aléatoire et en l'absence de toute intention libérale, le contrat est-il nul ? La question ne s'est présentée en jurisprudence et n'a été prévue par la doctrine qu'à propos de contrats de constitution de rente assimilables à des ventes. Elle peut se poser aussi lorsque, par interprétation de la volonté des parties, le contrat est envisagé comme un prêt ; en effet, dans le prêt à intérêt, contrat à titre onéreux aussi bien que la vente, il doit y avoir un *prix*, stipulé comme équivalent de la jouissance, et qui est perçu périodiquement ; or, pour que le contrat soit valable, ce prix, élément essentiel, doit être sérieux.

55. Pour les contrats assimilables à des ventes, la jurisprudence était, au moment de la publication du *Répertoire* (n°s 72, 73, 74) et est restée divisée sur ce point, *Code civil annoté*, n°s 8 à 32. Cependant le système qui tend à prévaloir est celui d'après lequel le contrat est nul pour défaut de prix, dès et par cela même que les arrérages de la rente viagère ne dépassent pas l'intérêt légal du capital pour lequel elle a été constituée ou de la somme d'argent représentant la valeur estimative du bien aliéné par le crédi-rentier (Montpellier, motif, 5 févr. 1866, aff. Fabre, D. P. 68. 1. 343; Limoges, 5 mai 1880, aff. Bercut, D. P. 81. 2. 50; Pascaud, examen doctrinal, *Rev. crit. de législat. et de jurispr.*, 1882, p. 148; Guillouard, *Traités de la vente et de l'échange*, t. 1, n° 97, p. 113), et à plus forte raison quand les arrérages ne dépassent pas les *revenus* du bien vendu (*Rép.*, n° 72, 1° et 2°; *Rép.* v° *Vente*, n° 355, et arrêts indiqués, notamment Req. 23 juin 1841 et Douai, 30 nov. 1847). Il s'agit d'une nullité absolue : elle peut être invoquée même pour les ventes mobilières; elle n'est couverte ni par aucune autre prescription que la prescription trentenaire, ni par une ratification, expresse ou tacite, qui serait impuissante à valider un contrat qui n'a pu se former à défaut d'un des éléments nécessaires à son existence » (Douai, 30 nov. 1847, aff. Montborne, D. P. 48. 2. 71). D'après un arrêt (Bordeaux, 9 août 1870, aff. Greneau, D. P. 71. 2. 211), l'élément principal qui fait défaut en pareille hypothèse, c'est l'aléa, et cela suffit pour que le contrat soit absolument nul. — MM. Pont, *op. cit.*, t. 1, n° 732 *in fine*, et Laurent, *op. cit.*, t. 27, n° 291, repoussent ce système. Suivant ce dernier auteur, ce qu'il n'y a pas, dans une condition de rente, de chance aléatoire il ne résulterait point que cette constitution de rente fût sans cause, parce que la cause de l'obligation du vendeur est l'obligation, pour le débi-rentier, de payer le prix sous la forme d'arrérages, et ce qu'il faudrait démontrer, c'est que cette obligation de payer le prix est inexistante parce que le prix n'est pas sérieux. — V. cependant, sur la cause dans les contrats de constitution de rente viagère, *supra*, n° 37.

56. Le système contraire, d'après lequel le contrat ne peut pas être déclaré nul pour défaut de prix, si minime que soit la rente, du moment qu'elle a été stipulée avec l'intention de l'exiger, ne paraît pas avoir jamais été admis en jurisprudence. Ce système, soutenu par M. Troplong, *De*

la vente, tome 1, n° 150, se rattache à une conception spéciale du caractère auquel on reconnaît, dans toute espèce de vente, un prix non sérieux (V. *Rép.*, v° *Vente*, n° 352).

57. D'après un troisième système, qui paraît être le plus conforme aux principes, la vente faite moyennant une rente viagère dont les arrérages ne dépassent pas le revenu du bien vendu *peut, d'après les circonstances,* être déclarée nulle pour défaut de prix sérieux, mais n'est pas nulle par le fait même (Arrêts cités au *Rép.*, n° 73 ; Dijon, 24 févr. 1865) (1).

D'ailleurs, toutes les fois que la question est posée dans les termes d'une simple évaluation de la rente viagère comparée au revenu du bien vendu, elle soulève une pure thèse de droit, que la cour de cassation ne peut s'abstenir de trancher elle-même (V. cependant, en sens contraire, trois arrêts de la chambre des requêtes, notamment (Req. 7 août 1849, aff. Bocave, D. P. 49. 1. 245, rejetant le pourvoi contre l'arrêt de la cour de Douai du 30 nov. 1847, cité *suprà*, n° 55. V. aussi *Rép.*, v° *Vente*, n° 355-9°).

58. On a examiné aussi au *Rép.*, n° 74 et 75, la question de savoir si les ventes d'immeubles faites moyennant une rente viagère dont les arrérages ne dépassent pas les revenus des immeubles vendus, ni même l'intérêt légal de la somme d'argent représentant la valeur estimative de ces immeubles, sont rescindables pour cause de lésion des sept douzièmes (V. aussi *Rép.*, v° *Vente*, n° 1575 à 1577).

Le système d'après lequel l'action en rescision n'est pas recevable, à cause de la difficulté d'évaluer la lésion, ne paraît pas avoir été admis depuis l'arrêt de la cour de Toulouse du 22 nov. 1831 (*Rép.*, n° 74). Il n'a pas été sanctionné par l'arrêt de la chambre civile qui, dans son arrêt du 31 déc. 1855, aff. Salomon, D. P. 56. 1. 19) a pris soin de constater que la rente viagère au sujet de laquelle il refu-

sait au vendeur l'action en rescision « *dépassait* les revenus de l'immeuble vendu » : par cet arrêt, la cour de cassation déclare seulement que, l'évaluation du prix fixé en rente viagère étant, lors de la vente, nécessairement conjecturale, les tribunaux ne pourraient pas la faire au moyen d'une appréciation de la durée probable de la vie du crédi-rentier, mais il n'écarte point l'action en rescision qui serait fondée sur l'existence d'une lésion indépendante de la durée de la rente.

59. A l'inverse, il a été jugé que le contrat est rescindable pour lésion dès lors, et par cela même, que les arrérages de la rente viagère ne dépassent pas l'intérêt légal de la somme d'argent qui représente la valeur estimative, « réalisable à la volonté de l'acquéreur », du bien aliéné par le crédi-rentier, encore que les mêmes arrérages fussent *supérieurs aux revenus* de ce bien (Req. 13 nov. 1867, aff. Fabre, D. P. 68. 1. 344, et note). Il a été également jugé que l'action en rescision pour cause de lésion peut être exercée, à l'égard des ventes consenties à charge de rentes viagères, lorsque à raison, soit de l'état de maladie ou de l'affaiblissement du vendeur, soit de la modicité de la rente comparée au revenu de l'immeuble, l'acheteur n'a aucune chance de perte à courir (Pau, 29 déc. 1886, aff. Junca, D. P. 87. 2. 194).

60. Mais il a été décidé que la vente d'un immeuble moyennant une rente viagère dont les arrérages sont inférieurs à l'intérêt légal de la somme d'argent représentant la valeur estimative de l'immeuble vendu n'est pas rescindable pour cause de lésion, quand les mêmes arrérages sont supérieurs aux revenus de l'immeuble « et qu'il est, en outre, évident que la valeur capitalisée de cette rente serait supérieure aux cinq douzièmes du capital indiqué dans l'exper-

(1) (Veuve Perrin *C.* Martin-Prieur.) — LA COUR ; — Considérant que, suivant acte reçu Leriche, notaire à Arnay-le-Duc, en date du 4 juin 1857, Martin-Prieur a acquis, moyennant une rente annuelle et viagère de 400 fr. et à charge de payer les impôts à partir du 15 septembre, jour fixé pour l'entrée en jouissance, tous les immeubles appartenant à la veuve Perrin, sa belle-mère, tant en pleine propriété qu'en usufruit, lors même qu'un ou plusieurs d'entre eux n'auraient pas été désignés dans l'acte, la nue propriété de moitié des immeubles appartenant déjà à l'acquéreur aux termes du testament du 3 juin 1854, par lequel Alexandre Perrin, son beau-père, lui avait légué l'universalité de ses biens meubles et immeubles en nue propriété seulement ; — Qu'il s'agit de savoir, dans ces circonstances, si, après un silence de sept années, la veuve Perrin est fondée à revenir contre sa volonté à demander la nullité de la convention, sous prétexte que la rente viagère stipulée est inférieure au revenu des immeubles, et que la vente ne contient pas de prix, condition essentielle de sa validité ; considérant que l'acte présente tous les caractères du contrat de vente, puisque l'une des parties s'oblige à livrer la chose et l'autre à la payer moyennant un prix convenu (c. civ. art. 1582 et 1583) ; — Qu'il n'est pas nécessaire pour sa validité que le prix soit absolument égal à la valeur de l'objet dès que le consentement a eu lieu sans dol ni fraude et en pleine connaissance de cause ; — Que, dans l'espèce, le revenu des immeubles appartenant à la veuve Perrin tant en propriété qu'en usufruit étant estimé 500 fr., l'infériorité du prix n'est pas telle qu'elle doive enlever à la vente le caractère de contrat commutatif, si l'on considère surtout qu'outre le service de la rente, et contrairement au texte de l'art. 608 c. civ., Perrin était chargé de payer les impôts, qu'il possédait déjà moitié des immeubles en nue propriété, et que la veuve Perrin a même fait son profit exclusif du mobilier commun aux parties ; — Que ce prix n'a d'ailleurs rien de fictif et de simulé, et que l'intention des contractants s'est nettement exprimée à cet égard ; — Considérant, au surplus, qu'il résulte des faits produits au procès que la veuve Perrin a volontairement exécuté l'obligation qu'elle a contractée, et qu'aux termes de l'art. 1338 c. civ., cette exécution volontaire emporterait renonciation aux moyens et exceptions qu'elle pouvait proposer contre l'obligation ; — Qu'elle a, notamment le 15 janv. 1864, fait citer son gendre en conciliation devant le juge de paix du canton de Nolay sur la demande qu'elle entendait former contre lui pour le faire condamner à lui rembourser la somme de 334 fr. 34 cent. pour impôts payés par elle au nom et pour le compte dudit Martin-Prieur, pendant les sept années qui ont suivi la convention du 4 juin 1857, et conformément aux conditions stipulées dans cette convention ; — Qu'elle a même fait les réserves les plus expresses de se pourvoir devant le tribunal compétent pour faire déclarer que, dans la vente consentie, ne seraient pas compris divers immeubles en nature de bâtiment, jardin et chènevière, non portés ni désignés dans l'acte ; — Qu'en présence de ces

faits, elle ne peut arguer de nullité un contrat accepté et reconnu par elle et qui a eu pour but de régler les droits des parties et de liquider la communauté d'entre elle et son mari ;

Considérant enfin, qu'alors même que la vente de 1857 serait entachée de nullité comme ne contenant point un prix sérieux, ce qui n'est point suffisamment établi, elle ne conserverait pas moins sa valeur comme donation déguisée sous la forme d'un contrat onéreux ; — Qu'il est de doctrine et de jurisprudence que les donations ainsi déguisées sont valables, lorsque les formes propres au contrat qui a servi à la simulation ont été régulièrement observées ; qu'il suffit que ces libéralités soient faites au profit de personnes capables, et ne fassent fraude à aucune loi prohibitive ; — Qu'il est constant, dans la cause, que la veuve Perrin n'avait pas la volonté de vendre, elle aurait eu la volonté de donner ; — Que son intention résulte manifestement des faits établis ; — Qu'après la perte de leur fille unique, on voit Alexandre Perrin et, après lui, sa veuve, reporter leur affection sur Prieur, leur gendre, d'abord en l'instituant légataire universel de la moitié de la nue propriété par le testament de 1854, ensuite en lui transférant la propriété incommutable et définitive de tous les immeubles par l'acte de 1857 ; que ces deux actes ne sont que l'exécution persévérante et réfléchie de la même pensée et de la même volonté ; que les relations d'intérêt et d'attachement étaient alors si peu douteuses, d'une part que la veuve Perrin a vendu de son propre mouvement et sans que jamais Prieur lui en ait demandé compte, le mobilier dont la moitié appartenait incontestablement à ce dernier, et d'autre part qu'elle a, pendant plus de cinq ans entourée de sa tendresse et conservé à son foyer la fille de Prieur née d'un second mariage ;

Que vainement elle prétend aujourd'hui que la donation serait également nulle comme renfermant des dispositions à cause de mort prohibées par la loi ; que cette nouvelle prétention n'est pas plus sérieuse que la première ; — Qu'en effet, loin de se réserver la liberté de disposer de la chose vendue, la donatrice l'a complètement et irrévocablement aliénée ; — Que lors même qu'elle en aurait conservé la jouissance sous le bon vouloir de son gendre, l'époque seule de la tradition se trouverait retardée ; mais que le droit actuel et certain dont le donataire a été immédiatement saisi n'en subsisterait pas moins ; — Qu'au surplus dans l'espèce l'entrée en jouissance des immeubles n'était même pas suspendue par un terme ; qu'elle était fixée au 15 sept. 1857 par la convention elle-même, et qu'à partir de ce jour il n'appartenait plus à la donatrice de révoquer l'acte par lequel elle avait volontairement disposé de ses biens ; — Qu'ainsi soit que l'on envisage l'acte de 1857, formé dans un but utile et destiné à régler le sort des parties, comme vente ou comme donation, il n'en doit pas moins recevoir sa pleine exécution ; — Par ces motifs, confirme, etc.

Du 24 févr. 1865.-C. de Dijon, ch. civ.-MM. Neveu-Lemaire, 1er pr.-Roignot et Lombart, av.

tise » (Caen, 3 mai 1870, aff. Blaizot, D. P. 71. 2 213). Cette solution est en harmonie avec les décisions rapportées au *Rép.* n° 74, et v° *Vente*, n° 1576, 2°, 3°, 4°, 5° (V. notamment : Req. 16 juill. 1856, aff. Gaudin, D. P. 57. 1. 283), et elle se rattache, comme elles, à un système qui peut se formuler de la manière suivante : la vente faite moyennant une rente viagère dont les arrérages ne dépassent ni les revenus du bien vendu, ni l'intérêt légal de la somme d'argent représentant la valeur estimative de ce bien, *peut*, *d'après les circonstances*, et si le vendeur établit l'existence d'une lésion de plus des sept douzièmes indépendante de la durée de la rente, être rescindée pour lésion (Conf. Pont, *op. cit.*, t. 1, n° 732 *in fine*; Laurent, *op. cit.*, t. 27, n° 291 *in fine*; Guillouard, *Traités de la vente et de l'échange*, t. 1, n° 98, p. 114-115).

61. Par cela seul que le contrat est aléatoire, en ce sens que le montant des arrérages de la rente viagère dépasse les revenus du bien vendu, sans qu'il soit démontré que ces arrérages sont inférieurs à l'intérêt légal de la somme d'argent représentant la valeur estimative dudit bien, la rescision pour lésion de plus des sept douzièmes cesse-t-elle de pouvoir être prononcée? La question a été examinée au *Rép.* v° *Vente*, n° 1574, V. aussi *infrà*, eod. v°).

CHAP. 4. — **Des clauses que peut contenir l'acte de constitution de rente viagère** (*Rép.* n° 78 à 108).

62. — 1° *Clause d'insaisissabilité.* — Les principes posés au *Rép.*, n° 83 à 90, sur la clause d'insaisissabilité et sur l'interprétation des art. 1881 c. civ. et 581-4° c. proc. civ., ont été consacrés par la doctrine et par la jurisprudence.

(1) (Guillot *C.* Deschamps.) — La cour; — Attendu que la saisie-arrêt pratiquée à la requête de Milliand, le 1er févr. 1861, portait sur toutes les sommes que Guillot devait ou pouvait devoir à Guméry, son beau-père ; qu'elle comprenait aussi la pension viagère et l'usufruit réservés à ce dernier par le traité passé le 9 mars 1860 ; que les arrérages échus et à échoir desdits pension et usufruit se trouvaient également saisis et frappés d'indisponibilité par l'effet du saisissant ; qu'il est, en effet, de principe et de jurisprudence qu'une saisie-arrêt formée entre les mains d'un débiteur de rentes sur toutes sommes qu'il doit ou devra, atteint non seulement les arrérages, mais encore le capital, non seulement les arrérages échus, mais encore ceux à échoir postérieurement à la saisie, et qu'il est inutile de renouveler une pareille mesure conservatoire à chaque échéance ; — Attendu, quant au caractère de la pension, qu'elle se composait de deux éléments, aux termes de l'acte du 9 mars 1860 : 1° de la jouissance, pendant la vie de Guméry, du second étage de sa maison, sise à Cevins, et des meubles le garnissant ; 2° de l'obligation imposée à Guillot de nourrir ledit Guméry ainsi que ses enfants mineurs, ce qui a été évalué par les parties à une somme annuelle et moyenne de 1000 fr. dans le traité susdaté, et à une somme bien supérieure dans l'acte du 20 mars 1861 postérieur à la saisie ;
Attendu, en ce qui touche le droit d'habitation ou la jouissance du deuxième étage de la maison, qu'on peut bien admettre qu'il a échappé aux effets de la saisie ; que, bien que constitué à titre onéreux, il se trouvait insaisissable, puisqu'il est de sa nature incessible, mais qu'il n'en est pas de même de la pension alimentaire et viagère stipulée au profit de Guméry ; que cette pension imposée à Guillot représentait réellement une partie de la valeur et du prix des immeubles, meubles et autres objets à lui abandonnés par son beau-père; que, corrélativement aux choses passées entre ses mains, il doit évidemment tenir compte de leur représentation aux créanciers de celui qui les lui a transmises ; — Attendu que si la loi sarde, comme la loi française, obéissant à des considérations d'utilité publique et d'humanité, a déclaré insaisissables les sommes ou pensions données pour aliments (c. proc. sarde de 1854, art. 748 ; c. de 1860, art. 776 ; c. proc. franç., art. 581), cela ne peut s'entendre évidemment que des pensions léguées ou accordées à titre purement gratuit par des tiers au débiteur ; que le texte et l'esprit des articles précités ne laissent aucun doute à cet égard ; que, s'il en était autrement, un débiteur de mauvaise foi pourrait aisément se dispenser de payer ses dettes, en abandonnant ses biens, soit à rente viagère, soit moyennant une pension plus ou moins élevée ayant le caractère privilégié de l'insaisissabilité; — Confirme, etc. Du 8 mars 1862.-C. de Chambéry, 2° ch.-MM. Perdrix, pr.-Diffre, av. gén.-Perrier de la Bathie et Ougier, av.

(2) (Mahé *C.* Cailleux.) — La cour; — Considérant qu'aux termes de l'art. 1981 c. civ., les rentes viagères ne peuvent être stipulées insaisissables que lorsqu'elles ont été constituées à titre

Ainsi, il est unanimement reconnu (V. Pont, *op. cit.*, t. 1, n° 777 ; Aubry et Rau, *op. cit.*, t. 4, § 388, texte et note 23 ; Laurent, *op. cit.*, t. 27, n° 297 ; Guillouard, *op. cit.*, n° 168 ; Chambéry, 8 mars 1862) (1) que, lorsqu'une rente viagère a été constituée à titre onéreux, ce ne sont pas seulement les arrérages échus, mais aussi les arrérages à échoir et le droit à la rente, qui sont saisissables en vertu de l'art. 1981, n° 87.

63. Ainsi encore, il a été jugé, par application de la règle indiquée au *Rép.*, n° 88, et dans un sens identique à celui de l'arrêt cité *ibid.*, n° 89 (Rennes, 25 juill. 1840, aff. Carrée, D. P. 41. 2. 233), que la rente viagère stipulée comme condition de l'abandon qu'une mère fait à ses enfants de valeurs reprises et immeubles à elle propres est une rente constituée à titre onéreux et qu'à ce titre elle est saisissable, quoique qualifiée alimentaire par les parties (Amiens, 29 nov. 1876) (2). D'ailleurs, à ce point de vue, la rente viagère qu'une personne constitue à son profit, comme condition d'une donation qu'elle fait à un tiers, doit être traitée comme une rente constituée à titre onéreux, et un donateur ne pourrait pas déclarer insaisissable la rente viagère qu'il stipulerait à son profit comme charge de la donation par lui faite (V. Pont, *op. cit.*, t. 1, n° 780; Aubry et Rau, *op. cit.*, t. 4, § 388, note 21; Guillouard, *op. cit.*, n° 172 *in fine*).

64. Mais, au contraire, la rente viagère allouée à un père et à une mère en réparation du préjudice que leur cause la mort accidentelle de leur enfant majeur peut être déclarée incessible et insaisissable comme équivalent des secours alimentaires qu'ils étaient en droit d'en attendre (Lyon, 18 mars 1865) (3).

gratuit ; que ce principe est rendu applicable aux rentes alimentaires elles-mêmes par l'art. 584 c. proc. civ., qui ne déclare insaisissables que les sommes ou pensions accordées par testament ou donation ; — Considérant que la rente de 500 fr. consentie par les enfants de la veuve Cailleux, au profit de leur mère, par acte du 24 mars 1869, reçu devant Me Barré, notaire à Breteuil, forme l'une des conditions sous lesquelles celle-ci a fait l'abandon à ses enfants de valeurs, reprises et immeubles à elle propres, d'une importance de beaucoup supérieure aux charges stipulées dans le contrat, en y comprenant la rente viagère dont il s'agit; — Que, dans de telles conditions, cette rente est évidemment constituée à titre onéreux, qu'à ce titre, elle est saisissable, quoique qualifiée alimentaire par les parties; qu'à bon droit, dès lors, les causes et la régularité de la saisie étant justifiées, Mahé a fait faire une saisie-arrêt à la date du 30 juill. 1875, entre les mains des époux Thuillier, et que cette saisie doit être validée ; — Par ces motifs, etc.
Du 29 nov. 1876.-C. d'Amiens, 1re ch.-MM. Saudbreuil, 1er pr.-Gesbert de la Noé-Seiche, 1er av. gén.

(3) (Richard *C.* Chaize et Plasson). — Le 17 déc. 1864 jugement du tribunal civil de Lyon ainsi conçu : « Attendu que, le 10 juillet dernier, à Lyon, un grand nombre de personnes ont été précipitées dans la Saône, du pont d'un bateau à vapeur dit *La Mouche* n° 4, et que vingt-sept personnes ont péri dans cette catastrophe ; — Que le sieur Boyer, patron dudit bateau, et les sieurs Plasson et Chaize, associés pour l'exploitation des *Mouches*, le reconnaissent eux-mêmes, et qu'ils ne sauraient d'ailleurs décliner leur responsabilité civile au sujet de ce déplorable événement ; — Attendu qu'au nombre des victimes s'est trouvé le sieur Richard fils, âgé d'environ vingt-huit ans, commis architecte à Lyon, que ses père et mère et sa sœur demandent des dommages-intérêts ; — Attendu, à l'égard des ascendants, que le meilleur mode de les indemniser consiste à leur allouer une rente viagère qui soit, autant que possible, l'équivalent des soins et des secours alimentaires qu'ils étaient en droit d'attendre de leur enfant, qu'ainsi considérée, cette rente présente réellement un caractère alimentaire, et qu'elle doit être déclarée incessible et insaisissable ; — Attendu, à l'égard de la sœur, que vainement on conteste la recevabilité de sa demande, sous prétexte que la dette alimentaire n'existait pas entre elle et la victime ; — Qu'elle puise son droit, indépendamment des considérations morales et des liens d'étroite parenté et d'affection naturelle, dans sa qualité d'héritière ; que le fait délictueux ou la simple faute civile qui cause une mort accidentelle crée une action en dommages-intérêts ; que cette action fait partie de l'hérédité et passe de plein droit aux frères et sœurs, héritiers légitimes, et qu'elle est indépendante de celle qui appartient aux personnes auxquelles les victimes peuvent devoir des aliments ; mais que, dans l'espèce, le dommage pour la sœur demanderesse est à peine appréciable ; — Attendu qu'il importe d'assurer par de sérieuses garanties l'exécution des présentes condamnations ; que,

65. Il résulte de l'art. 1981 que la clause d'insaisissabilité serait nulle si la constitution de rente viagère qui la contient était un acte à titre onéreux. La stipulation d'une telle clause peut donc avoir une influence sur l'esprit du juge chargé d'apprécier si l'acte de constitution de rente viagère est un contrat à titre onéreux ou une donation déguisée. Mais ce n'est là qu'un élément de fait, qui n'a pas pour effet de lier le juge, et un arrêt de la cour de cassation a jugé en ce sens que l'existence d'une clause d'incessibilité et d'insaisissabilité ne prouve pas nécessairement que les parties aient traité à titre gratuit (Req. 15 janv. 1890, aff. Baboz et cons., D. P. 91. 1. 30).

66. — 2° *Clause d'incessibilité.* — La question de savoir si, et dans quels cas, une rente viagère peut être déclarée incessible, n'a pas été tranchée par le législateur. Au *Rép.*, n° 91, on a adopté une distinction entre les rentes constituées à titre onéreux, qui est en harmonie avec la solution donnée par l'art. 1981 pour la clause d'insaisissabilité, puis, précisé, n° 92, la portée que peut avoir la clause d'incessibilité en déclarant que cette clause n'empêche que la cession des intérêts à échoir. La distinction a été reprise par M. Pont, *op. cit.*, t. 1, n° 782 : toutefois, suivant cet auteur, la clause d'incessibilité, valable dans les constitutions de rente à titre gratuit, n'empêche ni la cession des intérêts échus, ni même celle des intérêts à échoir, mais seulement la cession du droit à la rente. A l'inverse, deux décisions, l'une rapportée au *Répertoire*, sous le n° 90 (Orléans, 6 août 1841), l'autre citée *ibid.*, n° 90 *in fine* (Trib. Brives, 12 juill. 1843, aff. Eynard, D. P. 45. 3. 175), avaient, dans leurs motifs, présenté la clause d'incessibilité comme contraire à l'ordre public et, par conséquent, toujours nulle.—M. Laurent adopte cette doctrine, et, d'après lui (*op. cit.*, t. 27, n° 301), « il faudrait une loi pour permettre de stipuler les rentes incessibles, comme il a fallu une loi pour permettre de les stipuler insaisissables ». Mais M. Guillouard, *op. cit.*, n° 173, p. 261, réfute cette argumentation en faisant valoir que « l'insaisissabilité, sans l'incessibilité de la rente viagère, serait une précaution à peu près inutile contre la faiblesse ou la prodigalité du débiteur ; et dont supposer que le législateur, en permettant l'une, a permis l'autre ». En

d'une part, il est juste d'assujettir les défendeurs à fournir à leurs frais, aux ayants droit, des coupons de rente sur l'Etat ; que d'autre part, la contrainte par corps est requise contre eux, et qu'elle doit être accordée, puisqu'il s'agit de dommages-intérêts, et même de la réparation d'un fait délictueux ; — Le tribunal condamne, etc. — Appel par les époux et la demoiselle Richard. — Appel incident par la société Plasson.

La cour ; — Sur l'appel principal des mariés Richard ; — Adoptant au fond les motifs qui ont déterminé les premiers juges : — Considérant sur la quotité des dommages, qu'il n'a pas été fait une appréciation suffisante du préjudice causé ; qu'il est établi que Richard fils, vivant en commun ménage avec ses père et mère, non seulement s'était chargé de la location de l'appartement, mais encore aidait à toutes les dépenses ; qu'ainsi la rente de 400 fr. est insuffisante et doit être élevée dans une juste proportion pour laquelle la cour possède des éléments suffisants d'estimation ; — Sur l'appel principal de la demoiselle Richard et l'appel incident de la société Plasson : — Considérant que la demoiselle Richard vivait en commun ménage avec sa famille et profitait des libéralités de son frère et de la part des dépenses dont il s'était chargé, soit en payant le loyer, soit autrement ; que la mort de son frère lui a causé un préjudice effectif, et qu'elle trouve le principe de son action en indemnité dans l'art. 1382 c. civ.; mais que l'évaluation faite par les premiers juges est suffisante ; — Par ces motifs, confirme; ... ordonne toutefois que la rente viagère attribuée aux époux Richard sera élevée à 1000 fr. par an, sans réduction dans le cas de prédécès d'un des époux, etc.—Du 18 mars 1865.-C. de Lyon, 2° ch.-MM. Valois, pr.-Ménard et Bonnet, av.

(1) (Soulbost *C.* Jouffret.) — La cour ; — Considérant que l'acte de constitution de rente viagère des 5 et 9 mai 1878 porte qu'à défaut de payement d'un seul terme de ladite rente aux époques et de la manière convenues, le capital aliéné deviendra immédiatement et de plein droit exigible, si bon semble, aux crédi-rentiers, un mois après un simple commandement de payer signifié aux époux Jouffret et demeuré infructueux, sans que des offres tardives puissent empêcher l'effet de cette clause ; — Considérant que la constitution de la rente viagère dont s'agit eut lieu moyennant l'aliénation d'un capital de 7000 fr. en retour duquel les époux Jouffret solidairement se sont engagés à servir aux époux Soulbost une rente annuelle de 650 fr., payable de

Belgique, il a été jugé à deux reprises que la rente viagère constituée à titre gratuit peut être déclarée incessible (Trib. Bruxelles, 19 mars 1875, aff. Desoer, *Pasicrisie belge*, 1875, 3. 234; Liège, 25 mai 1887, aff. Cartuyvels, D. P. 88. 2. 78), et la cour de Lyon, par son arrêt du 18 mars 1865 (*supra*, n° 64), s'était prononcée dans le même sens).

67. — 3° *Clause de résolution ou pacte commissoire.* — La validité du pacte commissoire, soutenue au *Rép.*, n° 96, a été admise par tous les auteurs (Pont, t. 1, n° 763 ; Aubry et Rau, t. 4, § 390, texte et note 22, p. 592 ; Colmet de Santerre, t. 8, n° 193 *bis*-VII; Guillouard, n° 214), sauf par M. Laurent, t. 27, n° 325. D'après ce dernier, « il eût fallu une disposition formelle qui permît aux parties contractantes de faire expressément ce que la loi n'admet point en vertu de leur volonté tacite » : la proposition de Cambacérès devant le conseil d'Etat, rapportée au *Rép.*, n° 97, était conçue en ce sens et destinée à devenir cette « disposition formelle », mais elle ne saurait être considérée comme l'expression de la volonté du législateur, car, si elle a été renvoyée à la section de législation, ce renvoi n'a été suivi d'aucun changement dans la rédaction de l'art. 1978; d'autre part, si la clause résolutoire expresse n'est contraire ni aux bonnes mœurs ni à l'ordre public, elle est contraire à l'essence du contrat de rente viagère comme incompatible avec le caractère aléatoire de ce contrat. — Malgré la force de ces raisons, la validité du pacte commissoire dans les contrats de rente viagère ne fait aujourd'hui aucun doute en jurisprudence, soit que les parties aient mis leur droit de résolution à l'abri de toute contestation en le plaçant sous l'empire de l'art. 1977, comme dans l'espèce citée au *Rép.*, n° 98-3° (Civ. cass., 2 déc. 1856 (et non 1846), aff. Lagarde, D. P. 56. 1. 443), soit qu'elles aient directement formulé une clause résolutoire expresse (Req. 26 mai 1868, aff. Saujon, D. P. 68. 1. 492; 9 juin 1869, aff. Picard, D. P. 70. 1. 82; Trib. civ. Nancy, 2 août 1880, aff. Veuve Leroux, D. P. 81. 3. 86; Riom, 17 mai 1887 (1). Comp. Grenoble, 31 janv. 1887, et, sur pourvoi, Req. 13 mars 1888 (sol. impl.), aff. Chevillot, D. P. 88. 1. 357).

68. Dans le cas où la rente viagère a été constituée pour

six mois en six mois et d'avance, à partir du 9 mai 1878 jusqu'au décès de l'un ou de l'autre des époux Soulbost, époque à laquelle ladite rente serait réduite à 400 fr. sur la tête du survivant ; qu'il a été également stipulé audit contrat qu'en cas de remboursement du capital les arrérages alors courus demeureraient définitivement acquis aux époux Soulbost ; — Considérant que le pacte commissoire susvisé est licite et fait la loi des parties ; — Considérant que, par acte d'huissier du 30 mai 1885, Soulbost, alors veuf de Marie Mathivet, a fait donner commandement à ses débiteurs d'avoir à lui payer la somme de 200 fr., montant du terme échu le 9 dudit mois ; que par ledit exploit il a prévenu les consorts Jouffret qu'il entendait user de la clause de résolution stipulée audit contrat ; que le délai d'un mois à partir dudit commandement étant expiré sans que le payement eût été effectué, les époux Jouffret ont, aux termes d'un autre exploit qui leur fut signifié le 1er juill. 1885, à la requête de Soulbost, reçu commandement de payer à ce dernier le capital de la rente, ses arrérages et les frais alors dus ; — Considérant que le 3 dudit mois de juillet les époux Jouffret ont, suivant procès-verbal de Gillet, huissier, fait offre à l'appelant : 1° de la somme de 200 fr., montant du terme échu ; 2° des frais jusqu'alors exposés ; que ces offres ont été refusées par Soulbost qui a ensuite saisi le tribunal de première instance d'une action tendant à les faire déclarer nulles, au remboursement de la somme de 7000 fr., ainsi qu'au payement des arrérages échus ; — Considérant que, devant les premiers juges, les débi-rentiers, après avoir conclu à la validité de leurs offres, ont subsidiairement offert de prouver, dans la forme ordinaire : 1° que depuis le 9 mai jusqu'au 1er juill. 1885, ils se sont rendus à trois reprises différentes au domicile de Soulbost, à Clermont-Ferrand, pour lui porter les arrérages de sa pension, sans pouvoir le rencontrer ; 2° que lors de ces voyages infructueux ils ont montré à différentes personnes les fonds qu'ils apportaient, et fait ainsi constater que l'absence de Soulbost de son domicile était la seule cause de son non-payement ; que les premiers juges ont autorisé les intimés à administrer cette preuve; qu'appel de leur décision a été interjeté par le sieur Soulbost ; — Considérant que devant la cour les intimés offrent de prouver, indépendamment des faits interloqués dans ladite sentence, que « dans leurs trois voyages à Clermont, au mois de mai, pour payer le sieur Soulbost, ils n'ont pu obtenir des voisins ou du propriétaire de celui-ci l'indication du lieu où il se trouvait, Soulbost étant parti sans laisser son nom et

prix d'un immeuble, le crédi-rentier peut-il stipuler qu'à défaut de payement des arrérages il aura le choix de rentrer en possession de son immeuble ou d'exiger le remboursement d'un capital déterminé? Un arrêt a contesté la validité de cette clause par des motifs qui vont au delà de la solution qu'ils sont destinés à justifier : d'après ces motifs, le crédi-rentier « ne peut demander le remboursement d'un capital qui n'existe pas en réalité », car « une rente viagère ne peut être constituée en même temps et alternativement moyennant une somme d'argent et pour un immeuble » (Riom, 24 août 1863, aff. Synd. Bouchet et Bonnet, D. P. 63. 2. 161). Le principe ainsi formulé nous paraît exact : quand une rente viagère a été constituée par un immeuble, le pacte commissoire ne peut prévoir, *à titre de restitution ou de remboursement*, que la restitution de l'immeuble ou bien le remboursement du capital qui en représente la valeur vénale ou est considéré au moins par les parties comme l'équivalent dudit immeuble. D'autre part, si le crédi-rentier peut stipuler le remboursement d'un capital considéré comme l'équivalent de l'immeuble aliéné, il a été jugé qu'une semblable clause serait nulle, comme faisant disparaître le caractère aléatoire du contrat de rente viagère et entraînant ainsi (V. *suprà*, n° 55) la nullité même de ce contrat, au cas où le capital en question serait fixé à une somme telle que la rente servie ne dépasserait pas l'intérêt de ce capital au taux légal (Arrêt du 24 août 1863 précité).

69. Mais il a été jugé que les parties peuvent valablement insérer dans un contrat de rente viagère une clause d'après laquelle, à défaut de payement d'un terme d'arrérages, et quinze jours après un commandement resté sans effet, la rente sera éteinte et le débiteur tenu de verser au crédi-rentier, *à titre d'indemnité*, une somme fixée à forfait et supérieure au capital qu'il avait reçu lors de la constitution de la rente viagère (Rouen, 6 févr. 1874, aff. Motte, D. P. 75. 2. 199). Même si, comme dans l'espèce, cette somme fixée est telle que la rente servie ne représenterait que l'intérêt de cette somme au taux légal, la stipulation doit être considérée comme une clause pénale d'autant plus licite qu'elle laisse à l'opération son caractère aléatoire, puisque le crédi-rentier a consenti à recevoir une somme inférieure (V. *infrà*, n° 78 ; Laurent, t. 27, n° 331 *in fine*).

70. Lorsque les parties conviennent qu'en cas de non-payement des arrérages le crédi-rentier pourra, un certain nombre de jours après un commandement resté sans effet, rentrer dans la propriété des biens par lui vendus, elles ne font qu'user de la faculté, qui leur est reconnue au *Rép.*, n° 99, de stipuler une résolution sans demande en justice (V. Pont, t. 1, n° 764 ; Aubry et Rau, t. 4, § 390, texte et note 23). — Un arrêt, après avoir posé en principe que toute stipulation de résolution insérée dans un contrat de rente viagère doit être plutôt restreinte qu'étendue, a jugé que, par conséquent, la clause dont il s'agit laissait au juge un pouvoir d'appréciation pour pro-

son adresse ; » — Au fond : — Considérant qu'il n'est pas argué dans les faits, dont la preuve est offerte, d'aucune manœuvre dolosive, d'aucun artifice à l'aide desquels Soulbost aurait cherché à abuser ses débiteurs et à leur rendre impossible sa rencontre en son domicile ; que, n'ayant pas été prévenu par eux de leur intention de s'y présenter à telle ou telle date annoncée, il ne peut lui être fait grief de s'être trouvé momentanément absent ; — Considérant que, pour conjurer la résolution dont ils étaient menacés, les époux Jouffret pouvaient déposer les fonds, soit dans les mains de l'huissier chargé des poursuites, soit dans celles de l'avoué constitué par le commandement du 30 mai 1885 ; qu'au surplus ils avaient la faculté, qu'il était même rigoureusement de leur devoir, de faire signifier en temps utile des offres satisfactoires à leur créancier ; que la preuve par eux offerte est donc non pertinente et inopérante ; — Considérant que la clause de résolution de plein droit insérée au contrat de rente viagère dont s'agit n'était pas simplement comminatoire ; que les débi-rentiers ayant été mis régulièrement en demeure, la résolution dudit contrat a été définitivement encourue par eux pour ne pas s'être libérés ou n'avoir pas fait offre du montant de leur dette dans le délai fatal stipulé audit pacte commissoire ; qu'il y a lieu, dès lors, de déclarer légalement acquis contre eux les effets de la clause résolutoire qui, à l'expiration dudit délai, a opéré de plein droit ; — Sur les conséquences de la résolution dudit contrat : — Considérant que Soulbost ne peut prétendre au remboursement intégral du capital de 7000 fr. aliéné, qu'en effet la rente viagère de 650 fr., constituée au profit des deux époux Soulbost, était réductible à 400 fr. au décès du premier mourant d'eux ; que cette réduction a eu lieu par suite du décès de Marie Mathivet survenu le 11 oct. 1882 ; — Considérant que, du jour de cet événement, l'aléa attaché à ladite rente viagère s'est réalisé pour partie et a profité aux débi-rentiers dans la mesure prévue au contrat ; qu'à l'extinction de ladite fraction de rente, le capital nécessaire et désormais afférent au service de celle qui lui a succédé, s'est trouvé, par voie de directe conséquence, réduit d'après une exacte proportionnalité à la somme de 4307 fr. 70 cent. le bénéfice du premier aléa dont les débi-rentiers avaient couru les chances, étant représenté par le capital de 2692 fr. 30 cent. éteint à leur profit au même moment que la quotité de rente à laquelle il correspondait ; — Considérant qu'aucune clause des 5 et 9 mai 1878 ne s'oppose à ce résultat, d'ailleurs conforme aux principes qui sont de l'essence de la rente viagère ; qu'il est vainement argué, à l'appui de la demande de remboursement de la somme de 7000 fr., de ce qu'il a été convenu que le capital aliéné deviendrait exigible à défaut de payement d'un seul terme de ladite rente ; que cette clause doit, au contraire, s'entendre en un sens permettant à celle qui a stipulé une réduction éventuelle de la rente de 650 fr., de produire son effet naturel et légal, c'est-à-dire une décroissance du capital aliéné proportionnelle à la portion de rente éteinte ; qu'une condition aussi exorbitante du droit commun que le serait celle dont argue Soulbost ne peut s'être supplée en l'absence de toute stipulation expresse d'une pareille pénalité ; — Considérant que, de la saine interprétation des termes du contrat dont s'agit, ressort la preuve que la commune intention des parties a été de faire bénéficier les

débi-rentiers de la fraction du capital corrélative à la quotité annuelle d'arrérages, dont ils ont été dégrevés par la mort d'une des têtes sur lesquelles la rente primordiale avait été constituée ; — Considérant enfin qu'il résulte de l'économie dudit acte qu'en réalité il y a eu deux rentes viagères distinctement créées, dont l'une, celle de 650 fr., s'est éteinte le 11 oct. 1882, pour faire place à celle de 400 fr. qui devait lui succéder ; que cette dernière étant la seule restée due, la résolution du contrat ne peut aboutir qu'au remboursement du capital resté proportionnellement affecté au service des arrérages ; — En ce qui touche les arrérages échus depuis le 1er juill. 1885 : — Considérant que le pacte commissoire, stipulé en l'acte des 5 et 9 mai 1878, a eu pour conséquence d'emporter de plein droit la résolution du contrat, *ipso facto*, par cela seul que dans le délai convenu et imparti dans la sommation du 30 mai 1885 les époux Jouffret n'ont pas satisfait à leur engagement ; que de ce jour il n'y a plus eu de contrat de rente viagère entre les parties, mais un capital dû par les intimés et productif d'intérêt au taux légal seulement ; — Considérant que la clause de l'acte dont est parti portant : qu'en cas de remboursement du capital, tous arrérages alors courus demeureront définitivement acquis par les époux Soulbost », ne stipule pas la charge de payer, à titre de dommages-intérêts, les arrérages courus jusqu'au jour du remboursement ; qu'elle doit être entendue en ce sens seulement que ceux courus jusqu'à l'événement, qui donnera lieu de plein droit au remboursement, resteront acquis aux crédi-rentiers ; que, pour continuer à faire courir les arrérages postérieurement à l'expiration du délai qui a emporté la résolution *ipso facto*, il aurait fallu la stipulation formelle d'une clause pénale qui ne se trouve pas au contrat dont s'agit ;

Par ces motifs ; — Dit mal jugé par la sentence du 8 juill. 1886 du tribunal civil de Riom, en ce que les premiers juges ont autorisé la preuve offerte par les époux Jouffret, bien appelé, émendant et faisant ce que les premiers juges auraient dû faire ; — Déclare ladite offre de preuve non pertinente, inadmissible, aussi bien que celle complémentairement offerte aux conclusions d'appel desdits époux Jouffret ; — En conséquence, rejette lesdites offres de preuve ; — Et, statuant au fond, sans avoir égard aux offres du 3 juill. 1885, lesquelles sont tardives, nulles et de nul effet, déclare résolu de plein droit, et en conformité des conventions des parties, et ce à dater de l'expiration du mois qui a suivi la mise en demeure du 30 mai 1885, le contrat de rente viagère des 5 et 9 mai 1878 ; — Mais, ayant égard à la clause dudit acte, en vertu de laquelle la rente viagère de 650 fr. stipulée a été réduite à celle de 400 fr. par suite du décès de Marie Mathivet, dit les époux Jouffret débiteurs de la somme de 4307 fr. 70 cent. représentant le capital réduit, sur lequel ladite rente de 400 fr. est restée assise depuis le décès de ladite dame ; — En conséquence, condamne solidairement les époux Jouffret à payer et porter à Soulbost ladite somme de 4307 fr. 70 cent., avec intérêts à partir du 1er juill. 1875 ; — Déclare tous arrérages courus jusqu'audit jour acquis à Soulbost ; — Condamne les intimés à lui payer le terme échu le 9 mai 1885, avec intérêts depuis la demande qui en a été faite en justice.

Du 17 mai 1887.-C. de Riom, 1re ch.-MM. Allary, 1er pr.-Haffner, av. gén.-Everat et Charles Salvy, av.

noncer ou refuser la *résolution* (Besançon, 5 janv. 1870, aff. Petitcol, D. P. 73. 2. 98). D'après M. Laurent, t. 27, n° 327, le principe est inexact, parce que les conventions, formant la loi des parties, ne doivent être ni restreintes ni étendues; mais M. Guillouard, n° 212, observe avec raison, en sens inverse, que, la clause résolutoire étant contraire à la nature du contrat de rente viagère et, d'ailleurs, très rigoureuse dans ses effets vis-à-vis du débi-rentier, il est conforme aux règles ordinaires d'interprétation de l'entendre restrictivement lorsqu'il y a doute. Ce qui est certain, c'est que, dans l'espèce de l'arrêt de Besançon précité, les expressions employées révélaient manifestement l'intention des parties de faire dépendre la résolution de la volonté du crédi-rentier, sans intervention de l'autorité judiciaire.

71. Lorsqu'il a été stipulé qu'à défaut de payement d'un ou de plusieurs termes d'arrérages la résolution aurait lieu de plein droit, à la volonté du crédi-rentier, celui-ci peut déclarer sa volonté sous une forme quelconque. S'il a été convenu, en outre, que ladite volonté se manifesterait par une sommation ou un commandement au débiteur, cette sommation ou ce commandement n'a besoin d'être accompagné ni d'un certificat de vie, ni d'aucune autre justification de l'existence du crédi-rentier (Req. 26 mai 1868 et 9 juin 1869, cités *suprà*, n° 67 *in fine*). Il en serait différemment s'il ne s'agissait plus exclusivement d'une sommation préalable à la résolution conventionnelle du contrat, et si le crédi-rentier demandait en même temps le payement d'arrérages (V. *infrà*, n° 76).

72. Dans l'hypothèse, examinée par le *Rép.*, n°s 103 à 106, où le crédi-rentier meurt avant d'avoir fait valoir ses droits à la résolution, tous les auteurs s'accordent à refuser aux héritiers du crédi-rentier le droit de former ou de continuer l'action en résolution dans le cas où, en vertu du pacte commissoire, la résolution doit être prononcée par jugement (Pont, *op. cit.*, t. 1, n° 765; Laurent, *op. cit.*, t. 27, n° 330; Guillouard, *op. cit.*, n° 214, p. 319. Comp. Aubry et Rau, *op. cit.*, t. 4, § 390, note 24, p. 593).

73. En sens inverse, il est également incontestable que, si le pacte commissoire porte que la résolution aura lieu par le fait seul du non-payement des arrérages, de plein droit *et sans aucune manifestation de volonté*, les héritiers du crédi-rentier sont recevables, malgré le silence gardé par leur auteur jusqu'à sa mort, à invoquer le pacte commissoire, car ils peuvent l'invoquer sans prétendre un droit propre de résolution et en déclarant simplement vouloir faire constater la résolution accomplie (Laurent, *op. et loc. cit.*; Guillouard, *op. et loc. cit.*). — Mais, si le pacte commissoire porte que la résolution aura lieu par le fait seul du non-payement des arrérages, de plein droit *et à la volonté du crédi-rentier*, la question est discutée de savoir si les héritiers du crédi-rentier qui meurt avant d'avoir manifesté sa volonté (d'une manière quelconque ou, lorsque la clause a précisé la forme dans laquelle cette volonté devra être manifestée, avant de l'avoir fait dans la forme convenue) sont recevables à invoquer la résolution du contrat de rente viagère. M. Laurent, *loc. suprà cit.*, se prononce dans le sens de la négative : un droit qui dépend d'une manifestation de volonté est un droit attaché à la personne du crédi-rentier et ne passe pas à ses héritiers plus qu'à ses créanciers, parce que, la rente viagère s'éteignant à la mort du crédi-rentier, le contrat qui n'était pas résolu avant cet événement ne peut pas l'être postérieurement. M. Guillouard, *loc. suprà cit.*, soutient, au contraire, l'affirmative, en se fondant sur ce qu' « il s'agit de l'exercice d'un droit purement pécuniaire : les héritiers le trouvent dans le patrimoine de leur auteur, et ils peuvent l'exercer au même titre que les autres droits et actions qui lui appartenaient » (V. aussi Pont, *loc. suprà cit.*). La première opinion nous paraît préférable : puisque le contrat de rente viagère prend fin par la mort du crédi-rentier, le droit à la résolution de ce contrat est anéanti par cela même qu'il n'a pas été exercé du vivant du crédi-rentier, et par conséquent les héritiers de celui-ci ne le trouvent pas dans son patrimoine. Il a été jugé, en un sens analogue, que, lorsque le prix de vente d'un immeuble a été converti en une rente viagère avec stipulation que, en cas de non-payement des arrérages, le prix primitivement fixé deviendra exigible si le vendeur en exprime la volonté, cette intention,

nécessaire pour résoudre le contrat, doit être manifestée par le vendeur lui-même, et ne peut l'être utilement, après sa mort, par son héritier ou légataire universel (Req. 15 nov. 1892, aff. Montlaur, D. P. 94. 1. 40).

Les arrérages payés ou échus antérieurement à la résolution sont-ils définitivement acquis au crédi-rentier, ou doivent-ils être restitués par lui par application de l'art. 1183 c. civ.? Un arrêt de la cour de Bordeaux du 30 août 1814 (*Rép.* n° 99) et un arrêt de la chambre civile du 23 août 1843 (*Rép.* n° 128) avaient adopté la seconde solution. Mais cette doctrine n'a pas été suivie par la jurisprudence (V. arrêts cités au *Rép.*, n° 129 ; Trib. civ. Nancy, 2 août 1880, aff. Veuve Leroux, D. P. 81. 3. 86 ; Grenoble, 31 janv. 1887, aff. Chevillot, D. P. 88. 1. 358), et les auteurs l'ont unanimement critiquée (Pont, t. 1, n° 746 ; Aubry et Rau, t. 4, § 390, texte et note 13 ; Colmet de Santerre, t. 8, n° 193 *bis*-II), à l'exception de M. Laurent, t. 27, n° 316 : « Le pacte commissoire, dit ce dernier auteur, est une condition résolutoire expresse ; il faut donc appliquer le principe de l'art. 1183 : le contrat est résolu comme s'il n'avait jamais existé ; le débi-rentier doit restituer le capital ou le fonds qu'il a reçu, ainsi que les intérêts ou les fruits, et le crédi-rentier doit restituer les arrérages » (n° 331). — Cette théorie doit être repoussée par la raison qu'indiquait la cour de Caen (arrêt du 16 déc. 1843, *Rép.* p. 157, note 3) : « la disposition de l'art. 1183 portant que l'effet de la condition résolutoire, lorsqu'elle s'accomplit, est de remettre les choses au même état que si elle n'avait pas existé, cesse là où son application est impossible », et c'est ici le cas ; « il est évident que la révocation d'un contrat de rente viagère, dont l'existence plus ou moins longue, ne peut pas replacer les choses dans leur état primitif », car « pendant tout le temps qu'il (le contrat) a duré, le débiteur a eu en sa faveur les chances favorables d'extinction de la rente, dont il eût profité si elles eussent tourné pour lui ;... les arrérages qu'il a payés ou dû payer ont été le prix de ces chances ». C'est la raison qu'on reproduit, depuis lors, le jugement du tribunal de Nancy, l'arrêt de la cour de Grenoble, les auteurs précités, MM. Paul Pont, Aubry et Rau, Colmet de Santerre, *loc. cit.*, enfin M. Guillouard, n° 212, en parlant des « chances d'extinction de la rente » qui ont existé au profit du débi-rentier et ne peuvent être rétroactivement anéanties, puis aussi, comme l'avaient fait Pothier et Merlin (V. *Rép.* n° 128), du « risque » couru par le crédi-rentier ; mais on a vu, *suprà*, n° 11, pourquoi nous n'envisageons pas les arrérages antérieurs à la solution comme le prix du *risque* qu'aurait couru le crédi-rentier.

Une autre raison est énoncée dans un arrêt de la cour de cassation, aux termes duquel, lorsque c'est le fait du débi-rentier qui donne lieu à la résolution, le crédi-rentier n'est pas tenu de restituer les arrérages qui lui ont été précédemment servis, parce que ces arrérages « ont eu le caractère de fruits reçus de bonne foi » (Req. 13 mars 1888, aff. Chevillot, D. P. 88. 1. 357). Mais l'extension de la règle de l'art. 549 c. civ. au cas où un contrat qui avait entraîné une attribution de propriété est résolu en vertu d'une condition résolutoire expresse ou tacite est très contestée, quelque équitable que soit cette extension et quoiqu'elle aboutisse à une solution conforme à la volonté des parties contractantes (V. Demolombe, *Traité de la distinction des biens, de la propriété,...* t. 1, n° 609 *bis*; Aubry et Rau, *op. cit.*, § 206, texte et note 4, t. 2, p. 268 ; Laurent, *op. cit.*, t. 6, n° 243, p. 320). Quoi qu'il en soit, la chambre des requêtes, dans l'arrêt précité, a jugé que cette considération suffisait pour justifier la décision des juges du fond dispensant le crédi-rentier de restituer les arrérages. Mais s'il était jugé, en outre, que c'est la seule considération qui puisse faire attribuer au crédi-rentier les arrérages antérieurs à la résolution, une conséquence importante en résulterait au point de vue de la question examinée *infrà*, n° 81.

75. Quand la rente viagère a été constituée moyennant l'aliénation d'un immeuble, le débi-rentier tenu de la restituer garde tous les fruits qu'il perçus jusqu'au jour de la résolution : sans quoi le crédi-rentier s'enrichirait à ses dépens (Pont, t. 1, n° 747 *in fine*).

76. Le crédi-rentier a-t-il droit à tous les arrérages échus antérieurement à la résolution, même aux arrérages arriérés dont le non-payement a été la cause de cette résolution? Si l'on justifiepar le motif indiqué *suprà*, n° 74, 2° al., le droit du crédi-rentier aux arrérages antérieurs à la résolution, il faut décider que le crédi-rentier peut réclamer le payement des arrérages arriérés, car les chances d'extinction de la rente viagère ne disparaissent pour le débi-rentier qu'à partir du jour où la résolution est un fait accompli (Aubry et Rau, t. 4, § 390, texte et note 24, p. 593; Guillouard, n° 212 *in fine*). On objecterait vainement que le crédi-rentier ne peut pas demander tout à la fois l'exécution et la résolution du contrat : il demande simplement l'exécution jusqu'au jour de la résolution, qui n'anéantit pas quant au passé la situation juridique que le contrat de rente viagère avait créée (V. cependant D. P. 68. 1. 492, note 2). Si, au contraire, on fonde exclusivement sur la règle relative aux fruits perçus de bonne foi le droit de crédi-rentier aux arrérages antérieurs à la résolution, on peut soutenir que ce droit se limite aux arrérages payés : en effet, d'après une opinion qui peut être sérieusement soutenue (V. *suprà*, v° *Propriété*, n° 156), le possesseur de bonne foi n'acquiert les fruits civils que par la perception, comme les fruits naturels. D'ailleurs le doute n'est plus possible et le crédi-rentier peut certainement réclamer tous les arrérages échus antérieurement à la résolution lorsqu'il résulte de la convention, souverainement interprétée par les juges du fait, que les arrérages seront acquis au crédi-rentier jusqu'au jour de la résolution (Req. 26 mai 1868, aff. Saujon, D. P. 68. 1. 492).

77. Que faut-il entendre par arrérages échus ou fruits perçus *au moment de la résolution* ? Et, spécialement, si la résolution n'a pas lieu de plein droit, faut-il considérer la date de la demande ou la date du jugement définitif qui prononce la résolution? On décide généralement qu'il faut s'attacher à la date du jugement définitif (Pont, t. 1, n° 747; Aubry et Rau, t. 4, § 390, texte et note 14, p. 591), par cela même que la résolution n'est pas irrévocable auparavant, et que la mort du crédi-rentier, si elle survenait au cours de l'instance, aurait pour effet de faire tomber la demande en résolution (V. *suprà*, n° 72). Mais, conformément à la doctrine d'un arrêt de la chambre civile, en date du 23 août 1843 (*Rép.*, n° 128), il a été décidé, au contraire, qu'il faut s'attacher à la date de la demande en résolution, et que le crédi-rentier a droit aux arrérages courus jusqu'au jour de la demande, puis aux intérêts seulement de ces arrérages et du capital à partir de la demande (Trib. civ. Nancy, 2 août 1880, aff. Veuve Leroux, D. P. 81. 3. 86).

78. Les arrérages échus entre le jour de la résolution et le jour du remboursement du capital ne sont pas acquis au crédi-rentier : le contrat de rente viagère a pris fin pour faire place à une condamnation en payement d'une somme d'argent qui est ou qui représente le capital de la rente viagère ; et, par application de l'art. 1153 c. civ., il n'est dû que les intérêts de ce capital au taux légal (*Rép.*, n° 130 ; Pont, t. 1, n° 747; Riom, 17 mai 1887, *suprà*, n° 67). Mais les parties peuvent stipuler, ou il peut résulter de l'esprit de la convention, que les arrérages payés ou échus jusqu'au jour du remboursement du capital seront acquis au crédi-rentier à titre d'indemnité (Arrêt précité du 17 mai 1887). Une pareille clause doit être considérée comme une compensation, fixée à l'avance, du dommage causé au crédi-rentier par l'inexécution de l'obligation principale ; il a été jugé en conséquence qu'il y a lieu d'appliquer à l'indemnité, librement stipulée par les parties, les principes qui régissent les dommages encourus pour inexécution d'une convention, et non la règle de l'art. 1153 c. civ., qui limite le taux des intérêts moratoires (Civ. rej. 24 déc. 1884, aff. Duclos, D. P. 85. 1. 69).

79. Lorsqu'il a été stipulé que le contrat de rente viagère serait résolu à défaut de payement d'un ou de plusieurs termes d'arrérages, l'état de faillite du débi-rentier au moment où cette condition résolutoire s'accomplit enlève-t-il au crédi-rentier le droit de résolution? On l'a soutenu en invoquant les art. 550 et 576 c. com., qui, privant le vendeur d'effets mobiliers de son privilège et de son droit de résolution, le réduisent à l'état d'un simple créancier chirographaire, et retiennent ainsi dans le patrimoine du failli,

au profit de la masse, les biens qui y sont entrés avant la faillite. Mais d'une part, « la disposition des art. 550 et 576 c. com. est une dérogation rigoureuse aux règles du droit commun, et il serait contraire aux principes de l'étendre au delà du cas qu'elle a expressément indiqué ; elle n'a eu en vue que la vente des objets mobiliers, et il n'y a pas lieu d'en faire l'application par voie d'analogie à un contrat » comme le contrat de rente viagère, dans lequel, d'ailleurs, le crédi-rentier serait l'acheteur et la rente viagère la chose achetée, « si l'on voulait absolument (y) découvrir une vente ». D'autre part, « s'il est vrai en principe général que tous les créanciers d'une faillite doivent avoir le même sort, et qu'une fois entré dans le patrimoine du failli tout élément d'actif doit y être maintenu, la loi s'est chargée de tracer la mesure et la limite dans laquelle ces grandes règles doivent être appliquées, et, lorsque les textes font défaut, ce n'est pas en procédant par voie d'assimilation qu'il pourrait être permis de priver un contractant du bénéfice d'une stipulation aussi légitime qu'équitable ». Il a été jugé en conséquence qu'il y a lieu de prononcer, malgré l'état de faillite de la société débitrice de la rente viagère, la résolution du contrat par suite du non-payement du nombre prévu d'arrérages (Grenoble, 31 janv. 1887, aff. Chevillot, D. P. 88. 1. 358). Dans l'espèce, la faillite devait d'autant moins priver le crédi-rentier du droit de résolution que la rente viagère avait été constituée moyennant un capital qui ne devait être payé qu'au décès du crédi-rentier, et que, par conséquent, même si l'on envisageait le contrat de rente viagère comme une vente et le capital moyennant lequel la rente avait été constituée comme la chose vendue, le crédi-rentier ne s'était pas dessaisi de la chose vendue.

80. Lorsque l'acte constitutif d'une rente viagère stipulait une réduction de cette rente lors du décès de l'un des crédi-rentiers et que cet événement s'est réalisé antérieurement à la résolution du contrat prononcée en vertu d'un pacte commissoire, ladite résolution a pour effet d'obliger le débi-rentier au remboursement, non pas du capital intégral de la rente viagère, mais seulement de la partie de ce capital correspondant à la quotité des arrérages restés à sa charge (Riom, 17 mai 1887, *suprà*, n° 67).

81. — 4° *Clause de réversibilité.* — Les explications données *suprà*, n°s 28 à 33, préjugent la validité des clauses de réversibilité écrites au profit de personnes qui avaient ou qui n'avaient pas qualité pour intervenir à la convention par laquelle la rente a été constituée. Mais on a vu aussi *suprà*, n° 27, que, lorsque la rente n'est pas limitée à la vie du crédi-rentier et passe à ses enfants, ceux-ci peuvent être appelés à la recueillir comme héritiers du crédi-rentier, et non pas à titre de réversibilité. Dans ce dernier cas, la rente ayant été constituée non seulement sur leur tête, mais *à leur profit*, ils sont investis d'un droit direct, qu'il ne leur est permis d'invoquer que s'ils étaient capables de recevoir du disposant, et par conséquent la validité de la clause est subordonnée à l'existence des conditions de capacité prescrites en matière de dispositions entre vifs ou testamentaires : il a été jugé dans ce sens que la clause par laquelle une rente viagère constituée sous l'empire de l'ordonnance de 1731 au profit d'un donataire a été déclarée réversible sur la tête des enfants de ce dernier « et sur tous ceux de cette branche, côté et ligne, tant qu'elle subsistera », renferme, non pas une substitution fidéicommissaire, mais autant de donations distinctes soumises à la règle générale qui exige l'acceptation de ceux qui sont appelés à en profiter, et que par conséquent cette disposition est nulle et sans effet à l'égard des enfants à naître (Dijon, 26 nov. 1856, aff. Delachapelle, D. P. 58. 2. 93).

CHAP. 5. — Droits et obligations du crédi-rentier.
(*Rép.* n°s 109 à 138.)

Art. 1er. — *Résolution du contrat lorsque le débiteur ne fournit pas les sûretés promises* (*Rép.* n°s 110 à 130).

82. Lorsque la rente viagère a été constituée à titre onéreux, le crédi-rentier a le droit de demander la résiliation du contrat, et, par suite, la restitution du prix de la rente,

si le constituant ne lui fournit pas les sûretés stipulées pour l'exécution du contrat (c. civ. art. 1977).

Cette règle est-elle une application du principe général consacré par l'art. 1184 c. civ. relativement à la condition résolutoire tacite? Pour le soutenir (V. Pont, t. 1, n° 734; Colmet de Santerre, t. 8, n° 192 bis-I; Guillouard, n° 194), il faut admettre d'abord que, malgré les termes de l'art. 1184, la condition résolutoire est sous-entendue non seulement dans les contrats synallagmatiques, mais encore dans tous les contrats à titre onéreux, pour le cas où l'une des parties ne satisfait point à son engagement, et plusieurs auteurs se refusent à cette extension (V. notamment Aubry et Rau, t. 4, § 302, texte et note 79, p. 82; Laurent, t. 17, n° 123, et aussi t. 26, n° 467, t. 27, n° 309; V. aussi suprà, v° Obligations, n° 459 ; Rép. eod. v°, n° 1196). De plus, les rédacteurs du code civil ont emprunté la disposition de l'art. 1977 à Pothier, qui n'admettait pas le principe de la condition résolutoire tacite. De là on a conclu (Laurent, t. 27, n° 309 in fine) qu' « il y a, en matière de rente viagère, une théorie spéciale qui, loin d'être l'application de l'art. 1184, y déroge ». Mais on peut répondre : d'une part que l'existence d'une dérogation formelle et directe dans l'art. 1978 crée plutôt une présomption en ce sens que la règle générale de l'art. 1184 reste applicable, en matière de rente viagère, dans tous les cas qui sont en dehors des termes de l'art. 1978, et qu'elle est notamment appliquée dans la disposition de l'article précédent; d'autre part, que les exemples cités par Pothier, et rapportés au Rép., n° 110, à l'appui de la règle que formule l'art. 1977, prouvent que Pothier lui-même la fondait sur l'interprétation de la volonté des parties, qui n'auraient pas traité sans la garantie par elles stipulée, c'est-à-dire sur l'idée qui est aussi le fondement et le principe de la condition résolutoire tacite.

83. Il importe peu que les sûretés aient été promises purement et simplement, ou qu'elles n'aient dû être fournies que dans telle ou telle éventualité (Aubry et Rau, t. 4, § 390, note 5 in fine, p. 589 ; Guillouard, n° 196). C'est ainsi qu'il a été jugé que le crédi-rentier est fondé à poursuivre la résiliation du contrat, en vertu de l'art. 1977, quand, les parties ayant convenu comme condition expresse et sans laquelle le contrat ne serait pas conclu, que le crédi-rentier aurait le droit, en cas de non-payement de deux termes d'arrérages, d'exiger de nouvelles sûretés solvables, ces nouvelles sûretés sont, ledit cas échéant, vainement requises. (Civ. cass. 2 déc. 1856, aff. Epoux Lagarde, D. P. 56. 1. 443).

84. Lorsque le crédi-rentier s'est réservé le droit d'exiger, à défaut de prestation des sûretés stipulées, une somme d'argent déterminée, à titre de dommages-intérêts fixés à forfait, cette stipulation ne constitue qu'une clause pénale purement facultative pour le crédi-rentier, et qui n'exclut pas le droit de demander la résolution du contrat (Civ. cass. 2 déc. 1856, cité suprà, n° 83).

85. On a cité au Rép., n° 124, des décisions d'après lesquelles l'adjudicataire d'un immeuble vendu moyennant une rente viagère qui n'a pas fait transcrire l'acte de vente dans le délai fixé par le cahier des charges ne peut pas être, par cela seul, considéré comme n'ayant point fourni les sûretés promises (Orléans, 6 févr. 1835, et, sur pourvoi, Req. 13 juin 1837, ce dernier arrêt rapporté au Rép., v° Faillite, n° 548-4°.) Sans doute, la transcription, valant inscription, aurait conservé le privilège du vendeur, mais, en fait, l'obligation de transcrire le contrat dans un certain délai avait été insérée au cahier des charges pour accélérer la purge des hypothèques et non pour fournir aux vendeurs une sûreté dans le sens de l'art. 1977 c. civ., puis, en droit, outre que cette clause ne privait pas les vendeurs du droit de prendre inscription pour assurer le service de la rente, la conservation d'un droit, comme le privilège du vendeur, qui existe indépendamment de toute convention, ne peut être considérée comme une sûreté stipulée par le contrat (V. Pont, t. 1, n° 735 ; Laurent, t. 27, n° 310 ; Guillouard, n° 196 in fine).

86. La « résiliation » peut-elle être demandée par le crédi-rentier toutes les fois que les sûretés stipulées ne lui sont pas fournies, alors même que cela est indépendant du fait du constituant, par exemple, quand l'immeuble sur lequel une hypothèque allait être constituée a péri par cas fortuit? Le texte ne distinguant pas, M. Laurent, t. 27, n° 311,

se refuse à admettre aucune distinction, et on peut remarquer dans le même sens que, d'après la plupart des auteurs, l'art. 1184 s'applique, et la condition résolutoire tacite fonctionne alors même que l'inexécution n'est pas imputable au fait du débiteur (V. suprà, v° Obligations, n° 466). Mais, d'une part, ce dernier argument est sans portée si l'on se refuse à voir dans l'art. 1977 une application de la règle de l'art. 1184. Et, d'autre part, M. Laurent lui-même, loc. cit., admet, comme M. Pont, t. 1, n° 736, que le crédi-rentier ne peut pas demander la résolution lorsque le débiteur de la rente fournit des garanties équipollentes à celles qu'il avait promises, sauf aux tribunaux à décider s'il y a équipollence : un arrêt de la cour de Bruxelles, du 21 avr. 1810 (Rép., n° 125), s'est prononcé en ce sens ; et il n'en serait autrement que si, la garantie ayant été stipulée sous la forme d'une caution, il résultait des circonstances et des termes du contrat que le crédi-rentier avait traité en considération de la caution désignée (Pont, t. 1, n° 736), sans que cette intention doive être présumée (Contrà: Duranton, Cours de droit français, t. 18, n° 163).

87. L'insuffisance originaire des sûretés stipulées par le constituant (Pont, t. 1, n° 736) et l'absence même de sûretés (Aubry et Rau, t. 4, § 390, note 5) ne donnent pas lieu à l'application de l'art. 1977, alors même que le constituant serait dans l'impossibilité de servir les arrérages (Rép. n° 114. — V. Civ. cass. 18 déc. 1822, Rép. v° Lois, n° 273).

88. Mais le crédi-rentier a le droit de demander la résolution, malgré le silence de l'art. 1977, si le constituant diminue, par son fait, les sûretés qu'il a fournies (Rép. n° 111. V. Pont, t. 1, n° 737; Aubry et Rau, t. 4, § 390, texte et note. 6, p. 589; Colmet de Santerre, t. 8, n° 192 bis-II; Laurent, t. 27, n° 312; Guillouard, n° 197).

89. La diminution des sûretés qui provient d'un cas fortuit ou d'une force majeure n'entraîne pas la résolution (Rép. n°s 112 et 113. V. Pont, t. 1, n° 738 ; Aubry et Rau, t. 4, § 390, texte et note 10, p. 590; Guillouard, n° 198). Il n'y a aucune raison pour appliquer ici la règle de l'art. 2131, en vertu de laquelle, lorsque les immeubles hypothéqués périssent ou éprouvent des dégradations par cas fortuit, le créancier à terme peut poursuivre son remboursement ou obtenir un supplément d'hypothèque: la résolution est beaucoup plus grave que la simple déchéance du terme, et, quant à reconnaître au crédi-rentier le droit de demander des sûretés supplémentaires, ce serait ajouter au contrat sans l'assentiment de l'une des parties.

90. Le point de savoir dans quels cas il y a diminution de sûretés provenant du fait du constituant est une question qu'il appartient aux juges d'apprécier d'après les circonstances. Il est demeuré incontesté que l'aliénation par le constituant de l'immeuble hypothéqué au service de la rente viagère ne doit pas être considérée comme une diminution des sûretés promises lorsque l'acquéreur s'oblige au payement de la rente (Rép., n° 118. V. Pont, t. 1, n° 739; Aubry et Rau, loc. infra cit., à contrario; Guillouard, n° 197, p. 294 in fine). — Pour le cas où le vendeur n'a pas imposé à l'acheteur l'obligation de servir la rente, les solutions indiquées au Rép., n°s 119, 120, 121 et 122, ont été reprises par M. Pont, t. 1, n° 739, sont résumées et approuvées en ces termes par MM. Aubry et Rau, t. 4, § 390, p. 589 in fine : « Le débiteur doit être considéré comme ayant diminué par son fait les sûretés données pour l'exécution du contrat, lorsqu'il a aliéné une partie de l'immeuble ou des immeubles hypothéqués, sans interdire à l'acquéreur la faculté de purger. La vente intégrale du seul immeuble hypothéqué à la garantie de la rente, que le débiteur aurait consenti sans imposer à l'acquéreur l'obligation de la servir, pourrait aussi, selon les circonstances, constituer une diminution des sûretés données » (V. aussi Guillouard, n° 197, p. 294-295. — Adde, pour l'hypothèse d'une aliénation intégrale accompagnée de circonstances de nature à diminuer les sûretés fournies, Civ. cass. 16 avr. 1839, aff. Veuve Letellier, D. P. 39. 1. 158).

91. En ce qui concerne l'effet, au point de vue de l'application de l'art. 1977, de la constitution de nouvelles hypothèques sur les immeubles affectés à la garantie de la rente, la solution indiquée au Rép., n° 123, a également prévalu : il n'y a pas là une diminution de sûretés qui

puisse entraîner la résolution (Pont, t. 1, n° 739; Aubry et Rau, t. 4, § 390, texte et note 9, p. 590; Guillouard, n° 197 *in fine*).

92. Le débiteur de la rente, poursuivi en résolution du contrat de rente viagère conformément à l'art. 1977, peut, jusqu'au jugement définitif, arrêter les effets de la demande en fournissant les sûretés stipulées ou en reconstituant celles qu'il a diminuées (Pont, t. 1, n° 741; Aubry et Rau, t. 4, § 390, texte et note 11, p. 590; Laurent, t. 27, n° 314): en effet, le droit à la résolution n'est pas, avant le jugement définitif, un droit acquis pour le crédi-rentier, puisque l'art. 1977 lui donne seulement le droit de demander la résolution et que c'est le tribunal qui la prononce. — M. Guillouard, *op. cit.*, n° 200, propose à cet égard une distinction entre le cas où le débiteur de la rente viagère *a diminué* les sûretés qu'il avait promises et fournies et le cas où *il n'a pas fourni* les sûretés qu'il avait promises: dans le premier cas, le débi-rentier pourrait arrêter les effets de l'action résolutoire en offrant des sûretés nouvelles équivalentes à la diminution qui provient de son fait, parce que les juges ont alors qualité pour admettre ou rejeter, suivant l'importance de la diminution des sûretés, le supplément de garantie offert par le débiteur de la rente; dans le second cas, celui-ci ne pourrait pas arrêter les effets de l'action résolutoire en fournissant les sûretés qu'il avait promises, parce qu'il n'appartient pas aux tribunaux de substituer une nouvelle convention de garantie à la convention primitive et de déclarer, par exemple, que la garantie offerte sous telle forme vaut la garantie qui avait été promise sous telle autre.

93. Lorsque la personne sur la tête de laquelle la rente était constituée meurt avant la demande ou pendant l'instance en résolution du contrat, soit pour refus des sûretés promises, soit pour diminution des sûretés fournies, la demande en résolution ne peut plus être formée, ni l'instance être poursuivie, *Rép.*, n°⁵ 126 et 127 (Pont, t. 1, n°⁵ 742 et 743; Aubry et Rau, t. 4, § 390, texte et note 12, p. 590; Laurent, t. 27, n° 313; Guillouard, n° 200 *in fine*): une résolution du contrat survenant après que le contrat a pris fin ne se conçoit pas plus qu'une résolution survenant après que la cause même de la résolution a disparu (Conf. *suprà*, n° 73).

94. Quant aux effets de la résolution prononcée par application de l'art. 1977, les mêmes questions se présentent et les mêmes solutions s'imposent que celles indiquées *suprà*, n° 74 et suiv., sur les effets de la résolution prononcée en vertu d'un pacte commissoire (V. Pont, t. 1, n°⁵ 745 à 747; Aubry et Rau, t. 4, § 390, texte et notes 13 et 14, p. 590-591; Colmet de Santerre, t. 8, n° 192 *bis*-III; Laurent, t. 27, n° 316; Guillouard, n°⁵ 201 et 202).

95. D'après la formule employée *suprà*, n° 82, l'action en résolution n'est accordée au crédi-rentier, en vertu de l'art. 1977, que lorsque la rente a été constituée à titre onéreux. La restriction résulte du texte même de cet article, qui parle de rente « constituée moyennant un prix », et, par conséquent, elle doit être admise, soit que l'on voie ou non dans l'art. 1977 une application de l'art. 1184 (V. Pont, t. 1, n° 748; Aubry et Rau, t. 4, § 390, texte *à contrario*, p. 589; Colmet de Santerre, t. 8, n° 192 *bis*-I; Laurent, t. 27, n° 318). — Il est vrai que, lorsqu'une rente viagère représente la charge d'une donation que la crédi-rentier a faite au débiteur de cette rente, le crédi-rentier peut, si le débiteur ne lui fournit pas les sûretés promises, demander la « révocation » de la donation en vertu de l'art. 953, sinon la « résolution » en vertu de l'art. 1977. Le résultat paraît, au premier abord, devoir être le même (Pont, *loc. cit.*), et M. Guillouard, n° 195, propose de dire que la résolution pour défaut de sûretés peut être prononcée de la même manière pour les rentes viagères constituées par donation entre vifs et pour les rentes viagères constituées par acte à titre onéreux, dans le premier cas en vertu de l'art. 953 c. civ. et dans le second cas en vertu de l'art. 1977 c. civ., qui ne sont l'un et l'autre que des applications de l'art. 1184 du même code. On peut cependant se demander si le crédi-rentier ne sera pas tenu de restituer au donataire évincé les arrérages déjà touchés, ici où le caractère gratuit de la disposition, que l'on ne saurait décomposer en deux contrats, empêche de faire intervenir la notion d'aléa, et si le

donataire n'aura pas en conséquence le droit de répéter, *conditione sine causâ*, le montant des charges qu'il a acquittées sous forme de payement d'arrérages (V. Aubry et Rau, t. 7, § 705, note 6, p. 399-400).

Art. 2. — *Saisie et vente des biens du débiteur en cas de nonpayement des arrérages* (*Rép.* n°⁵ 131 à 151).

96. L'art. 1978 déroge au principe de la condition résolutoire tacite écrit dans l'art. 1184: il n'y déroge qu'en tant que le contrat de rente viagère est synallagmatique, si l'on admet que le principe lui-même est applicable aux contrats synallagmatiques seulement.

C'est la nature aléatoire du contrat de rente viagère qui s'oppose à la résolution pour défaut de payement des arrérages, *Rép.* n° 136 (Pont, t. 1, n° 750; Laurent, t. 27, n° 317). On verra, *infrà*, n°⁵ 99 et 100, comment la jurisprudence s'est ralliée à cette explication et quelles conséquences elle en a tirées. M. Guillouard, n° 204, explique aussi la prohibition de l'action résolutoire, écrite dans l'art. 1978, par l'existence d'un autre moyen plus équitable de sauvegarder les intérêts des deux parties.

97. La règle formulée par l'art. 1978 ne met pas obstacle à ce que le contrat de rente viagère soit résolu pour d'autres causes que le défaut de payement des arrérages. Il a été jugé que la mort violente du crédi-rentier, résultant d'un crime qu'a commis le débiteur de la rente, a pour effet juridique la résolution du contrat, par le motif que « celui qui donne la mort à son crédi-rentier, hors le cas de légitime défense ou d'homicide par imprudence, viole l'une des conditions substantielles du contrat de rente viagère, en abrégeant par son fait la vie dont le cours naturel réglait la durée de la rente, et en s'affranchissant ainsi des risques et des chances qu'il devait subir » (Montpellier, 2 juin 1888, aff. Delaris, D. P. 89. 2. 188). V. aussi Poitiers, 1ᵉʳ févr. 1881, aff. Besson, D. P. 81. 2. 179, cité *suprà*, n° 32.

98. L'art. 1978 c. civ., qui déclare non résoluble pour défaut de payement des arrérages le contrat de rente viagère, doit-il être étendu aux contrats passés sous une législation qui autorisait au contraire la résolution pour cette cause? La question a été examinée et tranchée dans le sens de la négative au *Rép.*, n°⁵ 133 à 135, et *suprà*, v° *Lois*, n° 274, où plusieurs arrêts en divers sens sont rapportés (V. aussi *suprà*, cod. v°, n° 181).

99. Fondée sur la nature aléatoire du contrat de rente viagère, la règle formulée dans la première partie de l'art. 1978 n'est pas applicable aux contrats qui, tout en portant constitution d'une rente viagère, ne sont pas aléatoires, en ce sens qu'ils n'exposent le débi-rentier à aucune chance de perte (*Rép.* n° 139).

Ainsi, la première règle de l'art. 1978 n'est pas applicable à la vente moyennant une rente viagère dont les annuités sont inférieures ou même égales à la moyenne annuelle, des revenus du capital ou du fonds aliéné (Pont, t. 1, n° 752; Laurent, t. 27, n° 319; Guillouard, n° 206, p. 306, note 1 *in fine*; Civ. cass. 16 mai 1866, aff. Guyo, D. P. 66. 1. 211). Mais, pour que l'application de l'art. 1978 puisse être écartée, il faut que l'absence d'aléa *à l'époque du contrat* soit constatée en fait, il ne suffit pas qu'au jour de la demande en résolution la moyenne des revenus du fonds aliéné soit supérieure aux annuités de la rente (Même arrêt). Et, quand il s'agit non de la vente d'un immeuble déterminé, mais d'une cession de droits successifs, on ne peut reconnaître quel est le rapport de valeur entre la rente stipulée et l'importance effective des droits cédés sans avoir vérifié au préalable s'il existe un passif et quelle en est la proportion relativement à l'actif (Même arrêt).

100. Ainsi encore, la première règle de l'art. 1978 n'est pas applicable à la rente viagère dont le payement forme la charge d'une donation (*Rép.* n° 140; Demolombe, *Traité des donations entre vifs et des testaments*, t. 3, n° 582; Pont, *op. cit.*, t. 1, n° 751; Aubry et Rau, *op. cit.*, t. 4, § 390, texte et notes 20 et 21, p. 592, et t. 7, § 707 *bis*, texte et note 1, p. 410; Laurent, *op. cit.*, t. 27, n° 318; Guillouard, *op. cit.*, n° 206, p. 306, note 1). Il a été jugé que le donateur crédirentier peut, en vertu de l'art. 953 c. civ., demander la révocation de la donation pour défaut de payement des arrérages (V., outre les arrêts cités au *Rép.*, n° 141, Nancy,

22 févr 1867, aff. Ledard, D. P. 67. 2. 101. Comp. Montpellier, 29 nov. 1880 et, sur pourvoi, Req. 6 déc. 1881, aff. Belleville père et fils, D. P. 83. 1. 303).

101. Inversement, l'art. 1978 devrait être appliqué, en ce sens que la révocation ne pourrait pas être demandée, si l'importance de la charge était telle que l'opération perdît son caractère de disposition à titre gratuit, car, en pareil cas, les motifs sur lesquels est fondé l'art. 1978 retrouveraient leur place. Il en est ainsi quand la rente viagère dépasse « d'une manière notable » les revenus ou intérêts des biens donnés (Aubry et Rau, t. 7, § 707 *bis*, note 1, p. 410), Et la même solution devrait être admise en matière de donations-partages quand, à raison du chiffre élevé de la rente stipulée par l'ascendant donateur, l'acte qualifié donation-partage doit être considéré comme un acte à titre onéreux.

102. Pour la rente viagère directement constituée à titre gratuit, c'est-à-dire pour la donation ou le legs de rente viagère, on ne conçoit même pas l'application de la première partie de l'art. 1978, puisque le crédi-rentier n'a aliéné alors ni « capital », ni « fonds » (Pont, t. 1, n° 751 *in fine*; Colmet de Santerre, t. 8, n° 193 *bis*-VI).

Toutefois, il a été jugé que, si la première partie de l'art. 1978 s'applique seulement aux rentes constituées à titre onéreux, il en est autrement de la disposition finale du même article qui autorise le crédi-rentier à faire vendre les biens de son débiteur et à faire ordonner, sur le produit de la vente, l'emploi d'une somme suffisante pour le service des arrérages (Pau, 6 août 1861) (1). Sans doute, le donataire crédi-rentier pourrait saisir les biens du donateur, mais, s'il agissait ainsi, ce serait, non pas en vertu de cette disposition de l'art. 1978, mais par application du principe général énoncé dans l'art. 2092 (Pont, t. 1, n° 751 *in fine*). Et il n'aurait pas le droit de demander le capital comme chose due, alors même que ce capital devrait être placé : ce serait sortir des termes de la convention, car le donateur débi-rentier n'a jamais promis que des prestations périodiques; or les juges n'ont pas le pouvoir de transformer une obligation alors qu'elle n'est pas exécutée (Colmet de Santerre, t. 8, n° 193 *bis*-VI). Par conséquent, au cas où le donateur aurait aliéné volontairement certains biens, le donataire crédi-rentier n'aurait le droit de saisir-arrêter le prix de ces biens que pour assurer le payement des arrérages échus, et non pas pour obtenir l'emploi autorisé par l'art. 1978 en ce qui touche les arrérages à venir (*Contra :* Pau, 6 août 1861, précité).

103. L'emploi que la seconde règle de l'art. 1978 autorise, c'est « l'emploi d'une somme suffisante pour le service des arrérages ». Le but auquel tend le législateur est double : assurer le payement des arrérages au profit du crédi-rentier, et conserver le capital au débi-rentier, qui en retrouve la pleine propriété à l'extinction de la rente (Colmet de Santerre, t. 8, n° 193 *bis*-III). C'est pourquoi le système consistant à mettre le payement de la rente en adjudication, indiqué et déjà combattu au *Rép.*, n° 147, n'a pas prévalu ; la doctrine a presque unanimement préféré à ce système la combinaison qui consiste à prendre sur l'actif du débi-rentier, pour en faire emploi, un capital productif d'une somme d'intérêts égale aux arrérages de la rente, *Rép.* n° 146. (V. notamment : Pont, t. 1, n° 757 ; Laurent, t. 27, n° 321). Cependant, d'après M. Guillouard, n° 207, p. 309, l'un ou l'autre de ces deux procédés peut être admis en présence des termes de l'art. 1978, et, si les créanciers hypothécaires qui viennent en ordre d'inscription après le crédi-rentier s'entendent pour procéder à l'adjudication du service de la rente viagère, le crédi-rentier est tenu d'accepter ce mode de service de la rente. Quant à la jurisprudence, on verra *infrà*, n° 114 et 120, qu'elle admet exclusivement l'autre procédé en cas de concours du crédi-rentier muni d'une hypothèque avec d'autres créanciers hypothécaires, mais qu'elle adopte une troisième combinaison en cas de production du crédi-rentier à la faillite du débi-rentier.

104. Lorsque la vente des biens du débiteur a produit une somme inférieure à celle qu'exigerait l'achat d'un titre produisant annuellement des intérêts égaux au montant des arrérages de la rente viagère, et que, par conséquent, l'intérêt du créancier et celui du débiteur sont inconciliables, le créancier peut néanmoins exiger l'exécution de l'obligation du débi-rentier, si onéreuse qu'elle soit pour celui-ci : il a le droit de faire ordonner l'emploi en viager qui assurera le payement intégral de la rente viagère (Colmet de Santerre, *ibid.*), ou bien, s'il préfère ne pas se trouver en présence d'un nouveau débiteur, lequel peut tomber en état d'insolvabilité, il a encore le droit de faire ordonner qu'il prélèvera chaque année une portion du capital restant, représentant la différence entre les intérêts de ce capital et les arrérages de la rente viagère, et ce jusqu'à l'extinction de la rente ou du capital (*Rép.* n° 149). Le droit du crédi-rentier ne se trouvant, par hypothèse, en conflit avec aucun autre droit, et seulement en présence de l'intérêt du débi-rentier, les solutions précédentes s'imposent (V. *infrà*, n° 113).

---

(1) (Bonnefoi C. Crotte.) — LA COUR ; — Attendu que, par testament olographe en date du 24 mars 1848, Alexandre Pessan institua Dorothée Lajus pour sa légataire universelle, à la charge de payer à Louise Lajus une pension annuelle et viagère de 600 fr.; — Qu'Olympe Bonnefoi, qui a succédé à Dorothée Lajus, comme son héritier unique, est devenu le débiteur personnel de ladite rente; qu'en outre, il y a hypothèque légalement, aux termes de l'art. 1017 c. civ. sur les immeubles délaissés par Alexandre Pessan ; — Attendu qu'il est établi que Bonnefoi a négligé d'acquitter à son échéance la pension léguée à Louise Lajus; que celle-ci a été, dès lors, fondée à faire pratiquer une saisie-arrêt entre les mains de la supérieure de la congrégation des filles de la Croix, débitrice envers Bonnefoi d'une somme de 12 000 fr. pour prix de la vente consentie par ce dernier d'une maison dépendant de la succession Pessan ; — Qu'il y a lieu de valider cette saisie-arrêt et de donner mainlevée à Louise Lajus des sommes saisi-arrêtées jusqu'à concurrence des arrérages échus; — Attendu, quant aux arrérages à-échoir, que, d'après l'art. 1978 c. civ., le défaut de payement de la rente viagère donne au créancier le droit de saisir et faire vendre les biens du débiteur, afin de faire ordonner, sur le produit de la vente, l'emploi d'une somme suffisante pour le service des arrérages; qu'une saisie-arrêt de deniers, remplissant le même but que la vente des biens, est également autorisée par la loi ; — Que si la première partie dudit article, qui n'admet pas que le seul défaut de payement des arrérages de la rente autorise la résolution du contrat, est seulement applicable aux rentes viagères constituées à titre onéreux, il en est autrement de la disposition finale de l'article qui, ayant pour objet d'assurer le service de la rente dans l'avenir, doit, par identité de raison et en vertu des principes généraux du droit, s'appliquer aux rentes viagères provenant de libéralités, comme à celles qui résultent de contrats à titre onéreux; — Attendu que Louise Lajus, ayant un droit hypothécaire sur la maison dont il s'agit, aurait pu, antérieurement à la vente qui en a été consentie par Bonnefoi,

poursuivre l'expropriation de cet immeuble, à l'effet d'obtenir l'emploi autorisé par l'art. 1978 précité; — Qu'il est également fondée dans la saisie-arrêt qu'elle a fait pratiquer, dans le même objet, entre les mains de l'acquéreur, débiteur du prix de la maison ; — Que cette mesure n'a rien de vexatoire; que Louise Lajus a été obligée d'y recourir, en raison de la position, périlleuse pour ses intérêts, que lui a faite Bonnefoi lui-même, en aliénant tous les immeubles dépendant de la succession d'Alexandre Pessan, et en faisant ainsi disparaître les garanties hypothécaires existant pour le payement de la pension viagère; — Qu'il suit de là qu'il y a lieu de valider la saisie-arrêt et d'ordonner, conformément à la demande de Louise Lajus, que la somme de 12 000 fr., nécessaire pour assurer le service de la rente restera entre les mains de l'acquéreur ou sera colloquée, pour l'intérêt en être payé, sa vie durant, à Louise Lajus, conformément au testament du 24 mars 1848; — Qu'en modifiant dans ce sens la décision des premiers juges, les intérêts de toutes les parties seront suffisamment sauvegardés ; — Attendu que les offres de l'appelant ne peuvent être accueillis, puisqu'il y a mis pour condition que Louise Lajus renoncerait à la saisie-arrêt et aux utilités du jugement qui a prononcé la validité ; — Par ces motifs, dit avoir été bien jugé, mal appelé, dans la disposition qui a validé la saisie-arrêt; l'infirme dans ses autres dispositions; et procédant par nouveau jugé, donne mainlevée aux parties de Touzet des sommes qui seront déclarées par le tiers saisi, jusqu'à concurrence des arrérages dus ; ordonne que la somme de 120 000 fr.; ou bien ce qui restera sur cette somme après le payement des arrérages échus, demeurera en mains de l'acquéreur de la maison, ou sera colloqué, pour l'intérêt de cette somme être servi à Louise Lajus, sa vie durant, conformément au testament du 24 mars 1848 ; si mieux n'aime Bonnefoi fournir caution ou une hypothèque suffisante sur ses biens; le tout pour assurer le service de la rente, etc. — Du 6 août 1861.-C. de Pau, 1re ch.-MM. Brascou, pr.-Lamotte-d'Incamps, 1er av. gén.-Delfosse et Forest, av.

105. Le crédi-rentier qui saisit les immeubles du débiteur de la rente peut, sinon dès que cette saisie est pratiquée, du moins aussitôt après la transcription de la saisie, demander qu'il soit fait emploi d'une somme suffisante pour le service des arrérages. Il en est ainsi, notamment, lorsque la saisie porte sur des immeubles qui ont été hypothéqués à la rente viagère, et le débiteur de la rente s'opposerait vainement à l'emploi dont il s'agit en offrant le payement des arrérages échus (Caen, 12 mars 1864) (1).

106. Lorsque le crédi-rentier a fait vendre un immeuble hypothéqué au service de la rente et ordonner l'emploi, sur le prix, d'une somme suffisante pour le service des arrérages, l'acquéreur de l'immeuble, s'étant volontairement substitué au débiteur primitif, reste tenu hypothécairement du payement des arrérages. Il a même été jugé qu'il ne saurait être admis à se libérer en consignant cette somme (Cour d'appel de Savoie, 12 mai 1856, aff. Duverger, D. P. 57. 2. 200). Mais il a été jugé, au contraire, qu'il a le droit de se libérer en consignant son prix, encore bien que le jugement homologatif du procès-verbal d'ordre dont le prix a été l'objet ait ordonné que l'acquéreur garderait ès fonds entre ses mains et en servirait l'intérêt, à 5 pour 100 l'an, au crédi-rentier (Angers, 28 févr. 1855, aff. Aubert et Leclerc, D. P. 55. 2. 130), sauf au crédi-rentier à prévenir ou à faire cesser les effets de la consignation en offrant un placement hypothécaire sûr et convenable pour le prix envisagé comme capital destiné à assurer le service de la rente viagère (Même arrêt). V. dans le même sens Aubry et Rau, t. 3, § 285, note 7, 3°, p. 419. — Le crédi-rentier se mettrait, du reste, à l'abri de toute difficulté en stipulant dans le contrat de rente viagère qu'en cas de vente de l'immeuble hypothéqué à son profit l'acquéreur serait tenu de lui faire intégralement le service de la rente.

107. Le crédi-rentier qui, à défaut de payement des arrérages, a fait ordonner par jugement l'emploi d'une somme suffisante pour assurer le service de la rente peut, en vertu de ce jugement, prendre inscription hypothécaire pour sûreté de ladite somme, et, après qu'il aura fait saisir et vendre les biens sur lesquels il a ainsi pris inscription, il sera colloqué, dans l'ordre ouvert, tant pour les arrérages échus que pour cette somme (Req. 5 nov. 1862, aff. Blenart, D. P. 63. 1. 299).

108. A plus forte raison, le crédi-rentier peut-il obtenir du juge, sans placement de capital, le droit de prendre inscription hypothécaire sur les biens du débiteur pour le service de la rente (Lyon, 28 avr. 1875, aff. Reydellet, D. P. 77. 2. 179). Dans cette hypothèse, les tribunaux « constatent l'existence de l'obligation de payer des arrérages, sans exiger immédiatement le placement d'un capital pour en assurer le payement, mais, par cette constatation de l'obligation, ils créent l'hypothèque judiciaire destinée à la garantir » (Colmet de Santerre, t. 8, n° 193 bis-V).

109. Après que le crédi-rentier a saisi et fait vendre les biens de son débiteur, il se trouve généralement en présence d'autres créanciers de celui-ci. Pour fixer sa situation, il faut distinguer suivant qu'il a un droit purement chirographaire ou que la rente viagère est garantie par une hypothèque sur un ou plusieurs immeubles.

110. Lorsque le crédi-rentier n'a qu'une créance chirographaire, il est tenu de se contenter de la distribution au marc le franc et de subir la même condition que les autres créanciers, car il n'y a aucune raison pour que sa situation soit privilégiée. On prend comme base de la quote-part afférente au crédi-rentier un capital productif d'une somme d'intérêts égale aux arrérages de la rente (un capital de 20 000 fr. si la rente est de 1000 fr.), le dividende calculé sur ce capital est employé (10 000 fr. si les créanciers ne touchent que 50 pour 100 de leurs créances), sauf aux autres créanciers à se partager après l'extinction de la rente la somme ainsi employée ; vainement opposerait-on au crédi-rentier que le capital par lui fourni est inférieur au capital pour lequel il prétend être admis à la distribution (V. Pont, t. 1, n° 761 ; Aubry et Rau, t. 4, § 390, texte, p. 591 ; Laurent, t. 27, n° 322 ; Guillouard, n° 210). — D'après M. Colmet de Santerre, t. 8, n° 193 bis-II in fine, toutes les fois que le créancier chirographaire d'une rente viagère est en concours avec d'autres créanciers chirographaires, il faut estimer ce que vaudrait en capital la rente viagère, et c'est pour cette somme, dont il sera payé au marc le franc, que le crédi-rentier sera colloqué ; mais cette combinaison, qui est conçue en dehors des termes de l'art. 1978, de quelque manière qu'on les interprète, aboutit à une transformation du contrat qu'il paraît impossible de justifier, et on peut invoquer à l'encontre, mutatis mutandis, les observations présentées par M. Colmet de Santerre lui-même, n° 193 bis-IV.

111. Les créanciers chirographaires qui viennent en concours avec le crédi-rentier sur le prix d'un bien que celui-ci a fait vendre en vertu de l'art. 1978 peuvent, d'ailleurs, exercer leurs droits sur la totalité du prix en se chargeant eux-mêmes du service de la rente et en donnant, à cet effet, des garanties au crédi-rentier (Pont, t. 1, n° 757 in fine).

112. Il a été fait application, en matière de faillite, du principe d'après lequel la créance chirographaire du crédi-rentier est sur la même ligne que celle des autres créanciers chirographaires : il a été jugé que, quoique la rente viagère n'ait pas de capital, la créance du crédi-rentier n'est pas une créance d'arrérages et n'a rien qui puisse la soustraire, plus que toute autre créance, aux conséquences de la faillite du débiteur, spécialement aux conditions du concordat, même quant aux annuités postérieures au jour de la faillite (Trib. de la Seine, 8 mars 1842, aff. Demangenet, D. P. 47. 4. 253 in fine ; Civ. cass. 22 mars 1847, aff. Hervieux, D. P. 47. 1. 236) ; D'un côté, ainsi que l'exprime ce dernier arrêt, « par le seul fait de la conclusion du contrat le débiteur est déjà tenu, par tous les droits, au payement de tous les termes qui deviendront successivement exigibles pendant l'existence de (la) personne » sur la tête de laquelle la rente est constituée ; et, d'un autre côté, en l'absence d'un texte formel qui dispense le crédi-rentier de subir la loi commune en matière de faillite, il est com-

---

(1) (Synd. Bottin C. Guérin). — Les époux Guérin étaient créanciers d'une rente viagère de 200 fr. garantie par une hypothèque. La dame Guérin, débitrice de cette rente, étant tombée en faillite, les immeubles hypothéqués au profit des époux Guérin ont été vendus et adjugés à une dame Adeline. Celle-ci était autorisée par le cahier des charges à retenir une somme de 2000 fr. pour le service ou l'amortissement de ladite rente. Les arrérages n'étant pas payés, les époux Guérin ont fait saisir les immeubles adjugés à la dame Adeline. Au cours de la procédure, le syndic de la faillite Bottin a fait aux créanciers poursuivants offres réelles des arrérages à eux dus. Le 19 nov. 1863, jugement qui dit les offres comme insuffisantes et comme étant faites sous une condition qui ne pouvait être acceptée. Ce jugement est ainsi conçu : « Considérant que les offres faites aux époux Guérin par le sieur Cariot, syndic de la faillite Bottin, sont insuffisantes ; — Considérant, en effet, que le sieur Cariot aurait dû offrir, non pas seulement les arrérages échus de la rente viagère due aux époux Guérin, mais encore somme suffisante pour le service des arrérages futurs ; — Considérant que cette obligation pour le sieur Cariot résulte du texte et de l'esprit de l'art. 1978 c. civ., qui ne peut pas se montrer moins favorable pour le créancier d'une rente viagère que pour le créancier d'une rente constituée, lequel, aux termes de l'art. 1912 du même code, peut exiger le remboursement du capital, lorsque le débiteur ne remplit pas ses engagements ; — Considérant qu'en supposant que la saisie des biens du débiteur de la rente via-

gère ne donne pas au créancier, du moment qu'elle est pratiquée, le droit d'exiger l'emploi d'une somme suffisante pour le service à toujours des arrérages, elle lui confère évidemment ce droit lorsque la saisie pratiquée est une saisie immobilière qui a été transcrite, ce qui a lieu dans la cause actuelle, la transcription de la saisie ayant pour effet, conformément aux art. 685 et suiv. c. proc. civ., de réaliser le gage des créanciers et de donner ouverture à l'exercice complet et rigoureux de leurs droits ; — Considérant, d'un autre côté, que les offres du sieur Cariot étaient conditionnelles et soumises à la remise des pièces de la poursuite, ce qui ne pouvait être accepté par ces époux Guérin, qui, à la hauteur à laquelle la saisie était arrivée, étaient les mandataires légaux de tous les créanciers ; — Dit à bon droit le rejet fait par les époux Guérin des offres du sieur Cariot, lesdites offres étant insuffisantes ; dit et juge que le sieur Cariot pourrait néanmoins éviter les suites de l'expropriation en consignant dans la huitaine, à la Caisse des dépôts et consignations de Saint-Lô la somme de 4000 fr. nécessaire pour assurer le service des arrérages de la rente viagère de 200 fr. due aux époux Guérin, mais sous la condition que les créanciers ayant privilège ou hypothèque sur les biens saisis donneront à ce leur assentiment, etc. — Appel du sieur Cariot, syndic.

La cour ; — Adoptant les motifs, etc. ; — Confirme, etc. Du 12 mars 1864.-C. de Caen, 2e ch.-MM. Lemenuet de la Jugannière, pr.-Boivin-Champeaux, av. gén.-Paris et Carel, av.

pris dans la masse, et le concordat lui est applicable comme il l'est à tous les créanciers, même à ceux qui n'ont pas été portés au bilan (V. *suprà*, v° *Faillites*, n° 958 *in fine*; *Rép.* eod. v°, n° 790).

113. Il a été jugé en sens contraire que l'état de déconfiture du débiteur d'une rente viagère (constituée sans hypothèque) n'a pas pour effet de soumettre le crédi-rentier à la réduction proportionnelle que subissent en pareil cas toutes les créances chirographaires; que le crédi-rentier doit continuer à toucher intégralement les arrérages échus et à échoir; qu'en conséquence, une somme affectée au service de la rente jusqu'à son extinction doit être réservée sur l'actif du débi-rentier, et que, dans le cas où, par l'effet de la contribution entre les créanciers de celui-ci, le crédi-rentier ne pourrait obtenir l'emploi d'un capital suffisant pour subvenir au service intégral des arrérages, il aurait le droit de recevoir chaque année, afin de compléter le payement des arrérages échus, une portion du capital employé, et ce jusqu'à l'extinction de la rente ou de ce capital (Grenoble, 4 déc. 1855, aff. Brosse, D. P. 56. 2. 278). En réalité, l'art. 1978 n'autorise une pareille combinaison, et nous ne l'avons admise *suprà*, n° 104, que dans le cas où le crédi-rentier ne se trouve pas en conflit avec d'autres créanciers : ce conflit n'est pas prévu par l'art. 1978 et doit, lorsqu'il s'élève entre créanciers chirographaires, être réglé par l'art. 2093 (V. Laurent, t. 27, n° 322).

114. La question s'est posée aussi de savoir, lorsque le débiteur de la rente viagère est tombé en faillite, pour quelle somme le crédi-rentier doit être colloqué et quelle est la nature de sa collocation (V. *suprà*, v° *Faillites*, n°s 565 et 566). Dans un premier système, le crédi-rentier doit être colloqué pour la somme qui, placée au taux légal, produira des intérêts égaux aux arrérages de la rente; mais cette collocation ne constitue pas une attribution définitive, et le capital fera retour à la masse après le décès du crédi-rentier (Lyon-Caen et Renault, *Précis de droit commercial*, t. 2, n° 2701 *infine*; Boistel, *Cours de droit commercial*, n° 936). — Dans un second système, le crédi-rentier ne doit être colloqué que pour la somme, beaucoup moins élevée, qui, placée à fonds perdu au jour de la faillite, en égard à l'âge du crédi-rentier à cette époque et aux autres éléments d'après lesquels les compagnies d'assurances établissent le taux des arrérages d'une rente viagère, lui procurera un revenu égal aux arrérages dont il s'était constitué débiteur; mais cette somme, par cela même qu'elle aura été placée à fonds perdu, sera définitivement enlevée à la masse. Cette dernière solution a prévalu à deux reprises devant le tribunal de commerce de la Seine (Trib. com. Seine, 14 nov. 1884, aff. Legrand et Tourneret, *Le Droit*, 13 déc. 1884; 1er. sept. 1886, *suprà*, v° *Faillites*, n° 566). On peut cependant concevoir des doutes sur sa légalité : c'est toujours aller contre l'esprit de l'art. 1978 que de ne pas laisser subsister, malgré le défaut de payement des arrérages, le contrat aléatoire primitif; puis, l'emploi en viager, que nous avons admis en tant que moyen d'assurer le payement intégral de la rente viagère, ne constitue plus simplement dans l'espèce une combinaison onéreuse pour le débi-rentier, et, sans assurer d'ailleurs le payement intégral de la rente, est de nature à léser les droits des autres créanciers du débi-rentier, en les privant des chances favorables qui résulteraient, dans le premier système, de la possibilité d'une extinction prochaine de la rente viagère.

115. L'adoption du second système laisse encore incertain le point de savoir d'après quels tarifs le tribunal fixera le chiffre du capital pour lequel le crédi-rentier sera admis à produire à la faillite et sera colloqué. Le tribunal de commerce de la Seine a décidé que ce capital doit être calculé d'après les tarifs qu'appliquait la compagnie débi-rentière lors de la constitution de la rente, et non pas d'après les tarifs, plus onéreux par hypothèse, que d'autres compagnies appliqueraient pour accorder une rente égale à celle dont la faillite a arrêté le payement (Trib. com. Seine, 1er sept. 1886, cité *suprà*, n° 114). Cette solution s'appuie sur ce que le crédi-rentier, ayant traité avec la société en faillite sur la base du tarif établi par elle, est lié par une décision de cet organisme; mais le raisonnement, fondé peut-être s'il s'agissait pour le crédi-rentier de réclamer la reconstitution de son capital, ne paraît point topique, ici où il est question, aux

termes mêmes de l'art. 1978, de *l'emploi* d'une somme *suffisante* pour le service des arrérages; c'est pour cette somme, abstraction faite des conditions dans lesquelles le contrat a été conclu, que le crédi-rentier doit être colloqué, et il n'y a là en quelque sorte qu'une collocation fictive, puisque la somme qui en représente le montant sera placée par les soins et sous la responsabilité du débi-rentier, qui reste obligé au payement de la rente.

116. Lorsque le droit du crédi-rentier est garanti par une hypothèque sur un ou plusieurs immeubles, il est colloqué à son rang. A ce rang il doit être colloqué pour la somme suffisante pour le service des arrérages. On a prétendu, au nom de créanciers hypothécaires postérieurs, faire réduire la collocation au montant du capital mentionné dans l'inscription, c'est-à-dire du capital aliéné : supposons une rente de 1 000 francs, constituée par un capital de 10 000 francs et garantie par une hypothèque; l'hypothèque ne garantirait qu'une créance de 10 000 francs, parce que c'est cette créance seule que les créanciers hypothécaires postérieurs au crédi-rentier ont pu connaître. Mais il a été constamment jugé que les tiers sont suffisamment avertis du caractère et de l'importance des droits du crédi-rentier dès que celui-ci a déclaré prendre inscription en vertu d'un titre de constitution de rente et mentionné le montant des arrérages en même temps que le chiffre du capital moyennant lequel elle a été constituée (Nîmes, 11 avr. 1807, aff. Martin, *Rép.* sous le n° 143; Caen, 7 déc. 1828, aff. Époux Dufour, *Rép.* sous le n° 146; Riom, 18 janv. 1844, aff. Chevalier, D. P. 51. 2. 206; Caen, 24 janv. 1851, aff. Martin, D. P. 51. 2. 207 ; Poitiers, 7 déc. 1885, aff. Chaigneau, D. P. 87. 2. 60); aux termes de ce dernier arrêt, aucune disposition de loi n'oblige le crédi-rentier à évaluer, dans l'inscription prise par lui pour sûreté de la rente viagère, le capital qui, en cas d'aliénation de l'immeuble hypothéqué, doit être réservé pour le service de la rente, capital qu'il est possible de déterminer d'après les arrérages, et, lorsque le montant des arrérages est énoncé dans l'inscription, les tiers sont suffisamment avertis, par cette énonciation, de l'existence de la rente et, par voie de conséquence légale, des droits assurés au crédi-rentier par l'art. 1978 (V. dans le même sens : Pont, t. 1, n° 789; Guillouard, n° 208. — *Contrà* : Laurent, t. 27, n° 323). D'après cet auteur, le seul moyen de sauvegarder les intérêts du crédi-rentier, tout en satisfaisant aux prescriptions du régime hypothécaire, est de stipuler une hypothèque pour la somme nécessaire au service de la rente en cas de non-payement des arrérages et de prendre inscription pour cette somme (V. *suprà*, v° *Privilèges et hypothèques*, n° 1421; *Rép.*, eod. v°, n° 2315).

117. On s'accorde aujourd'hui à considérer en cette matière que la « somme suffisante pour le service des arrérages », c'est un capital productif d'une somme d'intérêts égale aux arrérages de la rente (V. les arrêts cités *suprà*, n° 116, et Pau, 5 nov. 1862, aff. Blénart, D. P. 63. 1. 299). D'autre part, on a vu *suprà*, n° 103, que le principe de la combinaison consistant à prendre sur l'actif du débi-rentier ce capital pour en faire emploi avait définitivement triomphé en jurisprudence (V. les mêmes arrêts) et presque unanimement en doctrine (V. les auteurs cités *suprà*, *ibid.*).

118. D'ailleurs, les créanciers hypothécaires postérieurs peuvent, en offrant de se charger solidairement du service de la rente et en fournissant au crédi-rentier des sûretés hypothécaires équivalentes à celles qui lui avaient été données, exiger que la somme nécessaire au service de la rente leur soit remise par l'acquéreur ou l'adjudicataire sur surenchère (Aubry et Rau, t. 3, § 285, texte 2° et note 7, p. 419, et t. 4, § 390, note 19, p. 592; Cour d'appel de Savoie, motifs, 12 mai 1856, aff. Duverger, D. P. 57. 2. 200). Et, si la créance qui vient dans l'ordre immédiatement après la rente viagère est égale ou supérieure au capital à affecter au service de la rente, le titulaire de cette créance peut exiger, sous les mêmes conditions, la délivrance dudit capital, malgré la présence d'autres créanciers postérieurs (V. sur ces divers points, *suprà*, v° *Privilèges et hypothèques*, n° 1424; *Rép.* eod. v°, n°s 2306 à 2308).

119. Toutes les fois que les créanciers hypothécaires postérieurs au crédi-rentier ne veulent pas se prévaloir de

la faculté dont on vient de parler, soit qu'ils se trouvent dans une position telle qu'il ne leur est pas possible de fournir les sûretés voulues, soit pour toute autre raison, l'acquéreur doit faire emploi de la somme nécessaire au service des arrérages ou bien consigner un capital tel que les intérêts payés par la Caisse des dépôts soient égaux aux arrérages de la rente (V. *suprà*, n° 99). Que si les créanciers postérieurs souffrent de la consignation, ils ont le droit de l'empêcher, sans offrir de se charger eux-mêmes du service de la rente et en procurant seulement un placement hypothécaire sûr et convenable qui, produisant des intérêts plus élevés que ceux payés par la Caisse des dépôts, dispenserait de mettre en réserve une somme aussi considérable. V. *suprà*, v° *Privilèges et hypothèques*, n° 1422.

120. Dans le cas où la vente des biens hypothéqués ne fournit qu'un capital productif d'une somme d'intérêts inférieure au montant des arrérages, il a été jugé que le crédi-rentier est en droit de prélever chaque année sur ce capital, et jusqu'à épuisement dudit capital, la somme nécessaire pour parfaire le montant des arrérages (Bourges, 25 mai 1827, *Rép.* n° 149; Grenoble, 4 déc. 1835, aff. Brosse, D. P. 56. 2. 278; Riom, 24 août 1863, aff. Synd. Bouchet et Bonnet, D. P. 63. 2. 161). Cette solution, approuvée par MM. Aubry et Rau, t. 4, § 390, texte et note 19, p. 592, et par M. Guillouard, n° 209, est critiquée par MM. Pont, t. 1, n° 760, et Laurent, t. 27, n° 324. D'après M. Pont, elle aboutirait d'une manière indirecte à la résolution proscrite par la première règle de l'art. 1978, puisque le crédi-rentier toucherait tous les ans une partie du capital; mais, d'une part, cette argumentation confond le capital qui a été fourni par le crédi-rentier et le capital dont emploi est fait pour le service des arrérages, et, d'autre part, il y a d'autant moins résolution que la possibilité du décès, en un temps plus ou moins rapproché, de la personne sur la tête de laquelle la rente est constituée laisse ouverte au profit des créanciers postérieurs la chance de l'extinction de la rente viagère. D'après M. Laurent, le crédi-rentier est dans la position de tout créancier hypothécaire dont la créance n'est garantie que par une hypothèque insuffisante et qui, pour l'excédent, n'a qu'une créance chirographaire à le soumettant à la contribution avec les autres créanciers chirographaires; mais la question est précisément de savoir si la garantie hypothécaire n'est pas suffisante pour assurer le service intégral des arrérages au moyen d'une combinaison qui, tout en diminuant le capital fourni par la vente des biens hypothéqués, et en menaçant même de l'absorber, ne procure au crédi-rentier que les arrérages qui lui sont dus et, par cela même, ne saurait être critiquée par les créanciers postérieurs en rang : l'inscription a pu révéler à ces créanciers postérieurs que le crédit du débi-rentier était absorbé jusqu'à concurrence de la somme nécessaire au payement des arrérages, ils n'ont donc aucun droit sur le capital mis en réserve pour le service de la rente tant que les arrérages ne sont pas intégralement payés (Aubry et Rau, *op. et loc. cit.*; Guillouard, *op. et loc. cit.* V. *suprà*, v° *Privilèges et hypothèques*, n° 1423; *Rép. eod.* v°, n° 2316).

121. Lorsque le crédi-rentier se trouve en présence d'un tiers acquéreur qui veut purger, et qu'il n'y a pas de surenchère, le prix offert par le tiers acquéreur est distribué aux créanciers inscrits sur l'immeuble dans l'ordre de leurs hypothèques, et, par conséquent, on retombe dans l'hypothèse examinée n°s 132 et suiv., celle où le crédi-rentier est en concours, sur le prix d'un bien hypothéqué à sa créance, avec d'autres créanciers hypothécaires (Colmet de Santerre, t. 8, n° 195 *bis*-IV).

122. Le crédi-rentier n'a pas le droit d'exiger le placement en rentes sur l'Etat du capital nécessaire au service de la rente (Poitiers, 7 déc. 1885, aff. Chaigneau, D. P. 87. 2. 60). Et il a été jugé qu'il suffit d'employer une somme dont l'intérêt légal, de 5 pour 100, représente les arrérages de la rente viagère, c'est-à-dire un capital formé de vingt fois la valeur d'une annuité de rente (Même arrêt). Mais, les capitaux employés ne rapportant pas toujours 5 pour 100, cette dernière solution, dans les termes où elle est formulée, paraît trop absolue, et le crédi-rentier peut faire ordonner l'emploi du capital qui garantira effectivement le service de la rente (V. D. P. 87, *ibid.*, note 1-2).

123. Il a été aussi jugé par la cour de Poitiers, dans le sens des arrêts cités au *Rép.*, n° 151, que le créancier d'une rente viagère a, comme tout autre créancier, d'après les termes généraux de l'art. 2151 c. civ., le droit d'être colloqué au même rang que pour son capital pour deux années d'arrérages seulement et pour l'année courante (Poitiers 7 déc. 1885 cité *suprà*, n° 122. V. Pont, *Privilèges et hypothèques*, t. 2, n° 1029; Aubry et Rau, t. 3, § 285. texte et note 16, p. 422; Laurent, t. 31, n° 71, p. 61; Colmet de Santerre, t. 9, n° 131 *bis*-XIII). V. aussi *suprà*, v° *Privilèges et hypothèques*, n° 1490.

Art. 3. — *Obligations du crédi-rentier* (*Rép.* n°s 152 à 158).

124. Le crédi-rentier est tenu, aux termes de l'art. 1983, de justifier de l'existence de la personne sur la tête de laquelle la rente viagère a été constituée quand il demande le payement des arrérages. Mais cette preuve peut être fournie par tous les moyens admis de droit commun pour la preuve des faits purs et simples. Par conséquent, la preuve de l'existence, à un moment donné, de la personne dont s'agit peut être faite soit au moyen d'un certificat de vie, soit par un acte de décès postérieur, soit à l'aide de tout autre mode de preuve (Aubry et Rau, t. 4, § 389 *in fine*, p. 588; Guillouard, n° 185).

125. Cependant, le principe formulé dans l'un des motifs d'un arrêt de la chambre des requêtes du 18 juin 1817, et rappelé au *Rép.*, n° 153, a été critiqué à juste titre, au moins dans son énoncé (Laurent, t. 27, n° 296). Aux termes de cet arrêt, et de ce que « l'art. 1983 c. civ., en exigeant la justification de l'existence de la personne sur la tête de laquelle la rente a été constituée, ne détermine pas le mode d'après lequel cette justification doit être faite », il résulterait que « l'article précité s'en est rapporté sur ce mode à la prudence des juges »: or, si l'appréciation des preuves est abandonnée à la prudence des juges, les preuves elles-mêmes sont déterminées par la loi, puisque, dans le droit civil français, c'est le système des preuves légales qui est adopté, et non point le système de l'intime conviction (V. *suprà*, v° *Preuve*, n° 11).

126. D'après M. Pont, t. 1, n° 789, le certificat de vie délivré par un des notaires certificateurs qui ont compétence exclusive lorsqu'il s'agit des rentes viagères ou pensions dues par l'Etat peut aussi faire preuve quand il s'agit de rentes entre particuliers, alors même qu'il ne serait pas dressé en la forme ordinaire des actes notariés. Cette doctrine, contraire à l'arrêt de rejet de la chambre civile du 19 nov. 1817, cité au *Rép.*, n° 158; est en harmonie avec deux arrêts de rejet de la chambre des requêtes reproduits au *Rép.* v° *Certificat de vie*, n° 15 : l'un, du 18 juin 1817, dont un des motifs vient d'être rapporté, *suprà*, n° 125, a jugé qu'un certificat de vie signé par le maire et visé par le préfet, au lieu d'être délivré par le président du tribunal conformément à la règle de l'art. 11 de la loi du 6 mars 1791, peut valablement servir à justifier l'existence du crédi-rentier, sur la tête de qui, dans l'espèce, la rente était constituée; le second, du 19 août 1824, a jugé que la représentation d'un certificat de vie n'était même pas nécessaire (*Rép.* n° 155-1°). Ces solutions et l'opinion de M. Pont peuvent s'appuyer sur les deux propositions suivantes, l'une et l'autre incontestables. D'une part, la loi du 6 mars 1791 n'exige pas *à peine de nullité* que les certificats de vie nécessaires pour toucher les arrérages d'une rente viagère soient délivrés par les autorités que cette loi désigne; d'autre part, l'art. 1983 ne prescrit aucune forme spéciale pour la preuve de l'existence de la personne sur la tête de laquelle la rente a été constituée.

127. Mais, lorsque le crédi-rentier ou ses héritiers veulent procéder à des voies d'exécution, par exemple à une saisie, ils doivent, pour la validité de leurs poursuites, faire signifier par l'huissier avec le commandement, un certificat de vie en bonne et due forme ou un acte de décès (Pont, t. 1, n° 789; Aubry et Rau, t. 4, § 389 *in fine*, p. 588. V., cependant Besançon (motifs), 16 juill. 1868, aff. Picard, D. P. 70. 1. 83). — Les arrêts de la chambre des requêtes du 26 mai 1868 et du 9 juin 1869, analysés *suprà*, n° 71, ne contredisent pas cette opinion : s'il y avait eu commandement, ce commandement n'avait pas été suivi d'actes d'exécution dont la validité fût contestée; dans la première affaire,

la seule question à trancher était celle de savoir si la notification de la preuve de l'existence des crédi-rentiers était nécessaire pour la régularité de l'acte de mise en demeure destiné à faire courir le délai à l'expiration duquel la résolution stipulée serait acquise (question examinée au chap. 4); dans la seconde affaire, il s'agissait d'abord de résoudre la même question, en l'espèce à propos d'un commandement, la clause résolutoire ayant imposé un commandement, et non plus une simple sommation, puis de savoir si, étant donné qu'un commandement à fin de payement des arrérages d'une rente viagère n'est accompagné ni d'un certificat de vie, ni d'aucune autre justification légale de l'existence du crédi-rentier, la condition exigée par l'art. 1983 pour que le crédi-rentier puisse demander le payement des arrérages est remplie quand le débiteur de la rente n'a pu avoir aucun doute sur l'existence du crédi-rentier qui faisait notifier ce commandement (question qui se rattache au présent chapitre, mais que l'arrêt du 9 juin 1869 a pu résoudre affirmativement sans contredire la proposition énoncée à la première ligne de ce numéro, puisque, dans l'espèce de l'arrêt, le commandement à fin de payement des arrérages n'avait pas été suivi d'actes d'exécution dont la validité fût contestée).

CHAP. 6. — Obligations du débiteur de la rente.
(Rép. nº 159 à 174.)

128. Lorsqu'une rente viagère a fait l'objet d'un legs particulier, les arrérages ne courent qu'à partir de la demande en payement formée par le légataire, à moins que la rente viagère n'ait été léguée à titre d'aliments : cela résulte implicitement de l'art. 1015-2° c. civ. (V. Aubry et Rau t. 7, p. 487, § 721, note 4 *in fine*; Demolombe, *Traité des donations entre vifs et des testaments*, t. 4, nºˢ 650 à 654). Mais, si le testateur a expressément déclaré sa volonté que les arrérages courent à partir d'une époque déterminée, le débiteur de la rente viagère est tenu de payer les arrérages à dater de l'époque fixée, et non pas seulement à dater de la demande. La cour de cassation a rendu une décision en ce sens par application de l'art. 854 c. civ. sarde (Civ. rej. 3 août 1863, aff. De Fortis, D. P. 63. 1. 363). Et on devrait décider de même, sous l'empire de la législation française. V. *supra*, vº *Dispositions entre vifs et testamentaires*, nº 978; *Rép.* eod. vº, nº 3841.

129. D'autre part, les règles relatives à la demande en délivrance des legs ne doivent pas être étendues aux charges ou obligations imposées à un légataire en faveur d'un tiers. Il a été jugé, en ce sens, que le légataire particulier chargé de payer une rente qui a été constituée par le testament au profit d'un tiers doit les arrérages de cette rente à partir du jour où son legs lui a été délivré, sans que le crédi-rentier ait à lui demander aucune délivrance (Grenoble, 7 mai 1872) (1).

130. Il résulte de l'art. 1979 que le débiteur d'une rente viagère ne peut, sous aucun prétexte, s'affranchir de l'obligation de payer les arrérages, et que la rente viagère n'est pas rachetable (*Rép.* nºˢ 161 à 163. V. Pont, t. 1, nºˢ 767 et suiv.; Aubry et Rau, t. 4, § 390, texte et note 26, p. 593; Laurent t. 27, nº 292; Colmet de Santerre, t. 8, nº 194; Guillouard, nº 213).

131. On a ajouté au *Rép.* nº 164, que les créanciers du débi-rentier, qui ne font qu'exercer ses droits, n'ont pas plus que lui le droit de s'exonérer de la rente en la rachetant. Il

en est ainsi même en cas de faillite ou de déconfiture (Pont, t. 1, nº 768; Guillouard, nº 215). D'ailleurs, on a vu, *supra*, nº 112, qu'en cas de faillite, le crédi-rentier vient au marc le franc avec tous les autres créanciers de la masse quand sa créance est chirographaire, et que, si la faillite se termine par un concordat, les arrérages à échoir comme les arrérages échus sont soumis à la réduction consentie par la majorité des créanciers dans le concordat accordé au failli.

132. Les parties, dérogeant à la disposition de l'art. 1979, peuvent convenir que le débi-rentier aura le droit de rachat (*Rép.* nº 165). La validité d'une pareille clause n'est plus contestée (V. Pont, t. 1, nº 770; Aubry et Rau, t. 4, § 390, texte et note 25, p. 593; Laurent, t. 27, nº 293; Colmet de Santerre, t. 8, nº 194 *bis*; Guillouard, nº 215 *in fine*).

133. Toutes les fois que le chiffre de la rente a été fixé dans l'acte de constitution de la rente viagère, le débi-rentier reste tenu de l'obligation de payer intégralement les arrérages, bien que le revenu du capital placé se trouve diminué par une conversion (*Rép.* nº 174). Il a été jugé, en ce sens : 1° que, dans le cas où, par suite de la conversion de la rente française 5 pour 100 en rente 4 1/2, le placement affecté à la garantie d'une rente viagère incessible et insaisissable constituée par un testateur est devenu insuffisant, le légataire universel est tenu de faire emploi du supplément de capital nécessaire pour assurer le service intégral de la rente viagère (Orléans, 4 juill. 1885, aff. Veuve Bodin et demoiselle Torterue, D. P. 86. 2. 195); — 2° Qu'il en est encore ainsi, alors même que le testament dans lequel a été léguée une rente viagère incessible et insaisissable a imposé le placement en rentes sur l'État français qui sont ultérieurement converties (Lyon, 18 mars 1885, aff. Ollat, D. P. 54. 2. 93; Nancy, 24 oct. 1885, aff. Gauthier, D. P. 86. 2. 195; Paris, 27 janv. 1888, aff. Chevalier-Marescq, D. P. 88. 2. 302). Il suffit, en effet, que la mention relative à un titre de rentes sur l'État ne figure dans l'acte de constitution que comme indication d'un « mode d'exécution » destiné à assurer le payement de la rente viagère pour que cette mention ne transforme pas en legs de l'usufruit d'une rente sur l'État le legs d'une rente viagère *de somme déterminée*.

CHAP. 7. — De l'extinction des rentes viagères.
(Rép. nºˢ 175 à 189.)

134. L'obligation de servir la rente viagère s'éteint par la mort de la personne sur la tête de laquelle elle est constituée. On a rappelé *supra*, nº 28, que, à moins de convention contraire, la rente constituée sur la tête et au profit de plusieurs personnes n'est pas éteinte pour partie par la mort de l'une d'elles.

135. D'après le *Rép.*, nº 176, dans l'hypothèse où le débi-rentier donne la mort à la personne sur la tête de laquelle la rente avait été constituée, il n'y a pas extinction, il y a résolution du contrat de rente viagère. L'une et l'autre de ces deux propositions ont été contestées.

D'une part, a-t-on dit, la mort, même violente, de la personne sur la tête de laquelle la rente était constituée éteint toujours la rente, ou plus exactement l'obligation de la servir, car on ne conçoit pas de rente viagère sans la vie de cette personne et le coupable sera seulement tenu, en vertu de l'art. 1382 c. civ., de réparer le préjudice causé par sa faute (Laurent, t. 27, nº 305). — Cette argumentation est certainement erronée : l'obligation est un lien de droit

---

(1) (Hospice du Bourg-du-Péage C. Bonnardel.) — LA COUR; — Sur les arrérages des rentes de 300 fr. et de 150 fr., payables à l'hospice; — Attendu que ces deux rentes ont été, non pas une libéralité directe constituant un legs particulier à l'hospice, mais une condition et une charge du legs fait à la dame Bonnardel du domaine de Bayonne; que la délivrance volontaire de ce legs par l'abbé Clément, dans l'acte du 6 août 1852, comprenait la libéralité faite à l'hospice qui en était l'accessoire inséparable; — Attendu que la dame Bonnardel, en acceptant purement et simplement le legs, s'engageait implicitement à exécuter la charge dont il était grevé, sans qu'il fût besoin pour l'hospice de faire une demande spéciale de délivrance, qui de légataire particulier à légataire particulier n'est pas exigée par la loi; — Attendu que l'acte du 6 août 1852 a donc réalisé pour l'hospice la délivrance volontaire prévue par l'art. 1014 c. civ., et qu'on

lui opposerait vainement que son droit est demeuré suspendu jusqu'à l'autorisation du Gouvernement intervenue en 1863, la délivrance volontaire comme la demande en délivrance constituant un acte conservatoire qui faisait courir les intérêts; qu'il y a donc lieu, contrairement à la décision des premiers juges, d'accorder à l'hospice, avec les intérêts du jour de la demande, les intérêts de la période quinquennale qui l'a précédé, les intérêts antérieurs se trouvant prescrits par application de l'art. 2277 dont la dame Bonnardel demande l'application; — Par ces motifs, dit que les arrérages des rentes de 300 fr. et 150 fr. seront payés à l'hospice par la dame Bonnardel non seulement du jour de la demande, mais encore pour la période de cinq ans qui la précède, etc.
Du 7 mai 1872.-C. de Grenoble, 1re ch.-MM. Bonafous, 1er pr.-Berger, av. gén.-Michal, Gueymard et Giraud, av.

qui peut être rompu de différentes manières déterminées par la loi ou par le titre de l'obligation, mais que le fait seul du débiteur ne saurait rompre, et si, par son fait, le débiteur empêche que l'obligation ne subsiste dans les conditions antérieurement convenues, elle se transforme au lieu de s'éteindre, par conséquent elle subsiste, sauf au juge à déterminer comment elle sera exécutée.

D'autre part, a-t-on ajouté, l'idée de résolution doit être écartée, car le code civil n'admet la résolution du contrat de rente viagère que dans le cas où les sûretés stipulées n'ont pas été fournies et l'écartent expressément dans le cas où le débi-rentier ne paye pas les arrérages : or, quand le débiteur de la rente donne la mort à la personne sur la rente de laquelle la rente était constituée, c'est précisément pour se dispenser du payement des arrérages (Laurent, t. 27, n° 305). — On peut répondre que le mobile auquel a obéi le débi-rentier importe peu, que celui-ci a porté atteinte par son fait à l'essence du contrat de rente viagère, dont la durée est subordonnée à des chances incertaines qu'il n'appartient pas aux parties de modifier, qu'ainsi, d'après les principes généraux qui régissent la matière des conventions, la résolution du contrat est possible et que l'unique question est de savoir si la nature spéciale du contrat de rente viagère doit faire admettre une dérogation à ces principes généraux. Cela posé, le motif qui explique la règle dérogatoire de l'art. 1978 se retrouve-t-il ici? Faut-il encore écarter le droit à la résolution pour respecter la volonté qu'ont eue les parties de soumettre le contrat aux chances du hasard? La réponse ne doit être : le débi-rentier, qui a directement méconnu cette volonté de courir un aléa, ne saurait s'opposer à la résolution, à laquelle le crédi-rentier ou ses représentants peuvent avoir intérêt. C'est dans ce sens que se sont prononcés, à l'exception de M. Laurent, tous les auteurs postérieurs à la publication du *Répertoire* (Larombière, *Théorie et pratique des obligations*, édit. de 1885, t. 3, p. 112-113, sur l'art. 1184, n° 23; Pont, t. 1, n° 784; Aubry et Rau, t. 4, § 390, texte et note 3, p. 589). V. dans le même sens Guillouard, n° 191, p. 286-287.

136. L'application du principe de la résolution au contrat de rente viagère présente les mêmes difficultés que celles qui ont été examinées *suprà*, n°s 74 et suiv. Il s'agit, spécialement, de savoir si le crédi-rentier ou ses représentants doivent, en conséquence de la résolution, restituer les arrérages qu'ils ont perçus avant le jour de la mort de la personne sur la tête de laquelle la rente était constituée (Laurent, t. 27, n° 305), ou bien s'ils ont, au contraire, le droit de garder ces arrérages et même de réclamer le payement de tous ceux qui étaient échus et non perçus audit jour (Pont, t. 1, n° 784; Guillouard, n° 192). Les observations présentées *suprà*, n°s 74 à 77, sont applicables ici.

137. Dans le cas où la rente a été constituée moyennant l'aliénation d'un immeuble, la résolution du contrat entraîne la résolution de tous les droits réels consentis par le débi-rentier (Amiens, 10 déc. 1840, *Rép.*, n° 178; Troplong, *Des contrats aléatoires*, n° 354; Laurent, t. 27, n° 305, *in fine*; Guillouard, n° 192, p. 288-289) : on n'a invoqué en faveur de l'opinion contraire que des considérations d'équité et une prétendue analogie avec la révocation des donations pour cause d'ingratitude (Pont, t. 1, n° 784 *in fine*).

138. D'ailleurs, la résolution n'est admissible que si le contrat a été fait à titre onéreux (Pont, t. 1, n° 784 ; Aubry et Rau, t. 4, § 390, *ubi suprà*), on peut même soutenir qu'elle n'est admissible que si le contrat de rente viagère est synallagmatique.

139. Enfin, la résolution est souvent impossible à cause de la nature irrestituable de l'objet ou du droit reçu par le débi-rentier (*Rép.*, n° 178; Pont, t. 1, n° 786).

140. Quand, en fait, le crédi-rentier ou ses représentants ne poursuivent pas la résolution, soit qu'ils ne le puissent pas, soit qu'ils ne le veuillent pas, ils ont le droit de demander des dommages-intérêts, que les tribunaux accorde-

ront tantôt en condamnant le débi-rentier à fournir une somme une fois payée, tantôt en fixant, eu égard aux circonstances et aux chances de longévité qu'avait la personne sur la tête de laquelle la rente était constituée, une période de temps pendant laquelle sera continué le service des arrérages (V. Larombière, *op. et loc. cit.*; Laurent, t. 27, n° 305. V. aussi Pont, t. 1, n° 786).

141. Il résulte de l'art. 1980-1°, qui fait aux arrérages des rentes viagères l'application du principe posé dans l'art. 586 pour les fruits civils, que la rente n'est pas due pour le jour du décès de la personne sur la tête de laquelle elle était constituée, puisque les fruits civils s'acquièrent par jour, et non par heure, *Rép.*, n° 184 (Pont, t. 1, n° 773; Aubry et Rau, t. 4, § 389, note 1, p. 587; Laurent, t. 27, n° 294 *in fine*; Guillouard, n° 182 *in fine*).

142. Faut-il conclure de là que, dans le cas où, en vertu de l'art. 1980-2°, la rente a été stipulée payable d'avance, le crédi-rentier ou ses représentants n'ont droit au terme qu'autant que la personne sur la tête de laquelle la rente a été constituée survit au jour fixé pour l'échéance de ce terme? La solution affirmative, adoptée par *Rép.*, n° 185, a été repoussée par la jurisprudence et n'a pas prévalu en doctrine. Puisque, a-t-on dit, « le terme est acquis du jour où le payement a dû en être fait » (art. 1980-2°), le droit à la rente est ouvert dès le premier jour du terme, par cela seul que la personne vivait encore au commencement de ce jour. Et, si le débiteur a tout le jour de l'échéance pour s'acquitter et ne peut être poursuivi que le lendemain, c'est là un délai de grâce qui retarde l'exercice du droit, mais qui, n'ayant aucun rapport avec l'acquisition même du droit, n'empêche point, dans l'hypothèse, le droit à un nouveau terme d'être acquis dès le commencement du jour fixé pour l'échéance (Pont, t. 1, n° 775; Aubry et Rau, t. 4, § 389, note 1 *in fine*, p. 587-588; Laurent, t. 27, n° 295; Guillouard, n° 184; Trib. civ. Marmande, 2 déc. 1857, aff. Clerc, D. P. 57. 5. 281 ; Trib. civ. Nancy, 12 mai 1873, aff. Antoine, D.P. 74. 5. 426. — V., en sens contraire, les auteurs cités au *Rép.*, n° 185, et Taulier, *Théorie raisonnée du code civil*, t. 6, p. 510).

143. Les parties peuvent aussi, sans stipuler que le terme sera payé d'avance, convenir que le terme qui courra lors de l'extinction de la rente sera dû en entier et payable à l'époque ordinaire (Pont, t. 1, n° 776).

144. Conformément à l'opinion émise au *Rép.*, n° 187, la doctrine a continué à admettre que le droit d'exiger le service d'une rente viagère est éteint, comme toute créance en général, par la prescription de trente ans : en effet, ce droit, s'il est incertain quant à sa durée, n'en constitue pas moins une créance pure et simple tant qu'il existe (Pont, t. 1, n° 787; Aubry et Rau, t. 4, § 390, texte et note 27, p. 593; Laurent, t. 27, n° 306; Guillouard, n° 217). La cour de Toulouse s'était prononcée dans le même sens (Toulouse, 23 janv. 1828, aff. Manaud, *Rép.*, v° *Prescription civile*, n° 847).

145. Le délai de trente ans court à dater du jour même de la constitution s'il n'a été fait aucun payement d'arrérages et, au cas contraire, à dater du jour du dernier payement (Marcadé, sur l'art. 2263; Pont, t. 1, n° 787; Aubry et Rau, t. 4, § 390, texte et note 28, p. 593; Laurent, t. 27, n° 307; Guillouard, n° 217 *in fine*). Au cas où la rente viagère a été constituée par testament, le délai court à dater du jour du décès du testateur quand le légataire n'a demandé ni la délivrance du legs ni le payement des arrérages (Toulouse, 23 janv. 1828, cité *suprà*, n° 144).

146. Quant aux arrérages échus, le texte même de l'art. 2277 édicte qu'ils se prescrivent par cinq ans (*Rép.*, n° 189). Et la solution, rapportée au *Rép.*, n° 189 *in fine*, d'après laquelle le décès du crédi-rentier avant l'expiration des cinq ans à partir de l'exigibilité des arrérages n'interrompt pas cette prescription, s'impose également (Pont, t. 1, n° 787 *in fine*).

Table sommaire

des matières contenues dans le Supplément et le Répertoire.

(Les chiffres précédés de la lettre *S* renvoient au Supplément; les chiffres précédés de la lettre *R* renvoient au Répertoire.)

Table des articles du code civil.

Art. 586. *S.* 141.
— 872. *R.* 161.
— 893. *S.* 14.
— 917. *S.* 24.
— 931. *S.* 21.
— 952. *S.* 95.
— 953. *S.* 95, 100.
— 1015. *S.* 128.

— 1109. *S.* 41.
— 1110. *S.* 41, 43, 45.
— 1121. *R.* 86 s.
— 1153. *S.* 78.
— 1183. *S.* 74 ; *R.* 128.
— 1184. *S.* 82, 85, 95 s.

— 1168. *R.* 176 *R.* 18 s.
— 1304. *S.* 36.
— 1382. *S.* 135.
— 1905. *S.* 15.
— 1909. *S.* 16, 17.
— 1968. *S.* 15 s., 18, 90 ; *R.* 9 s.

— 1969. *S.* 14, 21 ;
— 1970. *S.* 24 ; *R.* 22 s.
— 1971. *R.* 27 s.
— 1972. *S.* 30 ; *R.* 30 s.
— 1973. *R.* 35 s.

— 1974. *S.* 34, 36 s., 39, 41 s., 44 s. ; *R.* 45 s.
— 1975. *S.* 12, 34 s., 38 s., 41 s.
— 1976. *S.* 12, 49 ; *R.* 09 s.

— 1977. *S.* 67, 82 s., 85 s., 91 s., 94 s. ; *R.* 110
— 1978. *S.* 12, 67, 82, 96 s., 100 s., 110 s., 113 s., 120, 135 ; *R.*
— 1980. *S.* 141 s.
— 1981. *S.* 62, 65

95 s., 131 s.
— 1979. *S.* 130, 132 ; *R.* 160 s., 175.
s. ; *R.* 83 s.

— 1982. *R.* 175, 179 s.
— 1983. *S.* 124 s., 127 ; *R.* 152 s.
— 2092. *S.* 102.
— 2151. *S.* 89.
— 2151. *S.* 123.
— 2277. *S.* 146.

Table chronologique des Lois, Arrêts, etc.

1731
...... Ordonn. 81 c.

1791
6 mai. Loi. 126 c.

An 7
22 frim. Loi. 31 c.

1807
11 avr. Nimes. 116 c.

1810
21 avr. Bruxelles. 86 c.

1815
30 août. Bordeaux. 74 c.

1817
18 juin. Req. 125 c., 126 c.
19 nov. Civ. 126 c.

1822
16 avr. Civ. 12 c.
18 déc. Civ. 87 c.

1824
19 août. Req. 126 c.

1827
25 mai. Bourges. 120 c.

1828
23 janv. Toulouse. 144 c., 145 c.

7 déc. Caen. 116 c.

1831
22 nov. Toulouse. 55 c.

1835
6 févr. Orléans. 85 c.

1837
13 juin. Req. 85 c.

1839
16 avr. Civ. 90 c.

1840
25 juill. Rennes. 53 c.
10 déc. Amiens. 137 c.

1841
23 juin. Req. 55 c.
6 août. Orléans. 66 c.

1842
8 mars. Trib. Seine. 112 c.

1843
12 juill. Trib. Brives 66 c.
23 août. Civ. 74 c., 77 c.
16 déc. Caen. 74 c.

1844
18 janv. Riom. 116 c.

1845
13 mars. Bruxelles. 12 c.

1846
3 févr. Civ. 19 c.
7 févr. C. cass. Belgique. 12 c.
25 juin. Liège, 12 c.

1847
22 mars. Civ. 112 c.
30 nov. Douai. 55 c., 57 c.

1849
7 août. Req. 57 c.
30 nov. Douai. 57 c.

1850
11 janv. Liège, 12 c.

1851
24 janv. Caen. 116 c.

1852
14 juin. Douai. 53 c.

1853
18 mars. Lyon. 133 c.

1855
28 févr. Angers. 106 c.

4 déc. Grenoble. 113 c., 120 c.
31 déc. Civ. 58 c.

1856
12 mai. C. de Savoie. 106 c., 118 c.
16 juill. Req. 69 c.
5 nov. Req. 19 c.
26 nov. Dijon. 81 c.
2 déc. Civ. 67 c., 83 c., 84 c.
29 déc. Req. 17 c.

1857
10 févr. Bordeaux. 39 c. 44 c., 45 c.
19 août. Civ. 31 c.
2 déc. Trib. civ. Marmande. 142 c.

1858
1er juill. Lyon. 44 c., 45 c.

1860
28 avr. Orléans. 48 c.

1861
6 août. Pau. 102.

1862
8 mars. Chambéry. 62.
5 nov. Req. 107 c., 117 c.

23 déc. Ch. réun. 30 c., 31 c.

1863
3 août. Civ. 128

1864
24 août. Riom. 68 c., 120 c.

1864
12 mars. Caen. 105.
14 mars. Paris. 27 c.

1865
24 févr. Dijon. 57.
18 mars. Lyon. 64, 66 c.
23 mars. Paris. 35 c., 44 c., 45 c.
29 mai. Req. 27 c.

1866
5 févr. Montpellier. 55 c.
6 févr. Req. 44, 45 c.
15 mai. Civ. 31 c.
16 mai. Civ. 99 c.
30 nov. Douai. 44, 45 c.

1867
22 févr. Nancy. 100 c.
23 mai. Req. 50 c., 59 c.

1868
25 mai. Req. 67 c., 71 c., 76 c., 127 c.
16 juill. Besançon. 127 c.

1869
9 juin. Req. 67 c., 71 c., 127 c.

1870
5 janv. Besançon. 70 c.
26 janv. Civ. 31 c.
3 mai. Caen. 69 c.
9 août. Bordeaux. 55 c.

1871
22 nov. Caen. 48

1872
15 févr. Bordeaux. 26 c.
7 mai. Grenoble. 129.
16 août. Bordeaux. 44, 45 c.

1873
12 mai. Trib. civ. Nancy. 142 c.

1874
2 janv. Bordeaux. 44 c.
6 févr. Rouen. 69

1875
19 mars. Trib. Bruxelles. 66 c.
28 avr. Lyon. 108 c.

1876
29 nov. Amiens. 63.

1879
12 mars. Douai. 53
9 juill. Req. 53 c.

1880
5 mai. Limoges. 55 c.
2 août. Trib. civ. Nancy. 67 c., 74 c., 77 c.
29 nov. Montpellier. 100 c.

1881
1er févr. Poitiers. 32 c., 97 c.
6 déc. Req. 100 c.

1882
6 nov. Req. 32 c.

1883
21 mai. Rennes. 12 c.
12 déc. Riom. 49 c.

1884
14 nov. Trib. com. Seine. 114 c.
24 déc. Civ. 78 c.

1885
4 juill. Orléans. 133 c.
24 oct. Nancy. 133 c.
7 déc. Poitiers. 116 c., 122 c., 123 c.

1886
1er sept. Trib. com. Seine. 114 c., 115 c.
29 déc. Pau. 50 c.

1887
31 janv. Grenoble. 67 c., 74 c., 79 s.
17 mai. Riom. 67, 78 c., 80 c.
25 mai. Liège. 66 c.

1888
27 janv. Paris. 133 c., 74 c.
2 juin. Montpellier. 97 c.
11 juill. Civ. 21 c.

1890
15 janv. Req. 23 c., 65 c.
19 mai. Trib. civ. Seine. 20 c.

1892
8 nov. Paris. 19
15 nov. Req. 73 c.

1893
20 avr. Paris. 18 c.
26 avr. Req. 53 c.
21 nov. Trib. civ. Seine. 20.
22 nov. Trib. civ. Seine. 20 c.
29 nov. Civ. 25 c.

RENVOI.

Division.

ART. 1er. — *Historique et législation.* — *Droit comparé* (Rép. nos 1 et 2).

1. Le projet de révision du code de procédure civile, déposé à la Chambre des députés le 6 mars 1890 (V. v° *Enquête*, n° 2), n'apporte au titre 20 (*Du renvoi à un autre tribunal pour parenté ou alliance*), que des modifications de détail. — On a tout d'abord conservé la cause de renvoi pour parenté ou alliance au degré de cousins issus de germains ; mais on a ajouté (art. 2), comme cause de renvoi, le cas où un tribunal ne serait pas en nombre pour une cause quelconque, car ce fait ne doit pas empêcher les plaideurs d'avoir prompte justice. Ils pourront, si l'une des parties craint que cette cause de retard ne nuise à ses intérêts, être renvoyés devant un autre tribunal. La demande en renvoi se fera par requête et non plus par acte au greffe. Au lieu d'un jugement pour ainsi dire préparatoire, actuellement nécessaire, et qui ordonne les mesures de communication édictées par l'art. 371, le projet décide que, sur la demande en renvoi à lui présentée par requête, le tribunal désignera de suite un juge qui devra faire un rapport en

chambre du conseil, le ministère public entendu (art. 4), et l'affaire suivra ensuite son cours. Telles sont les simplifications apportées à ce titre, par le projet qui contient huit articles : — « Art. 1er. Lorsqu'une partie a deux parents ou alliés, jusqu'au degré de cousin issu de germain inclusivement, parmi les juges ou juges suppléants d'un tribunal de première instance, ou trois parents ou alliés au même degré parmi les juges et juges suppléants du tribunal de première instance, ou deux parents dans la cour, et qu'elle-même est membre du tribunal ou de cette cour, l'autre partie peut demander le renvoi. — Art. 2. Le renvoi peut être demandé par l'une ou l'autre des parties lorsque, par suite de récusation ou de toute autre cause, le tribunal ne peut être composé de juges en nombre suffisant. — Art. 3. Toute demande en renvoi est formée par une requête qui contient les moyens à l'appui et qui est signée de la partie. Elle est notifiée à la partie adverse. — Art. 4. Le président commet un juge qui fait un rapport à la chambre du conseil : le ministère public y est entendu. Le jugement est rendu en audience publique. — Art. 5. Le renvoi ne peut être demandé lorsque l'affaire est en état, à moins que les causes de renvoi ne soient survenues postérieurement à la mise en état. — Art. 6. Si les causes de la demande en renvoi sont avouées ou justifiées devant un tribunal de première instance, le renvoi est fait à l'un des autres tribunaux ressortissant en la même cour ; et si c'est dans une cour, le renvoi est fait à l'une des cours les plus voisines. — Art. 7. Si la demande en renvoi est rejetée, le demandeur est condamné à une amende de 50 à 300 fr., sans préjudice de dommages-intérêts envers la partie. — Art. 8. En cas de renvoi, la contestation est portée devant la cour et le tribunal désigné, par simple assignation, et la procédure est continuée sur les derniers errements ».

2. — DROIT COMPARÉ. — Le code de procédure civile pour l'empire d'Allemagne, promulgué le 30 janv. 1877, ne contient aucune disposition relative au renvoi à un autre tribunal pour cause de parenté ou d'alliance. L'art. 36 décide seulement que le tribunal compétent est désigné par le tribunal immédiatement supérieur dans l'ordre des instances, lorsque, dans un cas particulier, le tribunal auquel la compétence appartient est, de droit ou de fait, empêché de juger ; et l'art. 42, au titre 12 (De l'exclusion et de la récusation des magistrats), permet de récuser le juge pour cause de suspicion, lorsqu'il existe un motif de nature à faire naître des doutes sur son impartialité. La demande de récusation est jugée par le tribunal dont fait partie le juge récusé. Si, par suite d'absence de ce juge, le tribunal n'est plus en nombre pour juger, l'affaire est portée devant le tribunal immédiatement supérieur (art. 45).

3. Le code de procédure civile du canton de Vaud, du 25 nov. 1869, permet aux parties de récuser un tribunal cantonal en corps, ou tous ses membres individuellement : lorsque les relations qu'ils ont avec l'une des parties (parenté, alliance, domesticité, intérêt moral ou matériel au procès) sont de nature à compromettre leur impartialité. La récusation est jugée par un tribunal neutre, composé de cinq présidents des tribunaux de district tirés au sort. Le président du grand conseil est chargé du tirage au sort et de la convocation du tribunal neutre. Le tribunal neutre nomme son président et son greffier. Il statue d'abord sur la question de récusation, puis prononce, s'il y a lieu, sur la question au fond, en lieu et place du tribunal récusé (art. 94 et 95). — Un tribunal de district peut être récusé : 1° lorsqu'il existe dans le district une prévention locale au sujet du procès ; 2° lorsque le tribunal a comme corps un intérêt moral ou matériel au procès ; 3° lorsque tous ses membres sont individuellement récusables. Cette récusation est faite par écrit déposé au greffe. — Elle est communiquée à la partie. Le greffe la transmet au tribunal cantonal. Chaque partie peut envoyer un mémoire. Le tribunal récusé peut envoyer ses observations. Le tribunal cantonal juge. Le jugement qui admet la récusation désigne celui des tribunaux voisins devant lequel la cause est renvoyée.

4. Le code de procédure civile du canton de Valais, du 30 mars 1856, ne prévoit ni le renvoi tel qu'il est organisé par notre code, ni même la récusation du tribunal entier. Lorsque, par suite d'empêchement ou des récusations individuelles, il ne reste pas de juges en nombre suffisant pour former le tribunal du premier ou du second arrondissement, ils sont complétés par les juges instructeurs de l'autre arrondissement. Si le même cas se présente devant les tribunaux du troisième ou du quatrième arrondissement, le tribunal se complète par le quatrième juge instructeur du même arrondissement, ou par son suppléant, ou, à leur défaut, par les juges instructeurs de l'autre arrondissement ou par leurs suppléants, en suivant l'ordre de proximité (L. 24 mai 1876, sur l'organisation des tribunaux, art. 23).

ART. 2. — Des renvois en matière civile.

§ 1er. — Du renvoi pour cause de parenté ou d'alliance.
(Rép. nos 3 à 62.)

5. — I. CAS DANS LESQUELS IL Y A LIEU A RENVOI POUR CAUSE DE PARENTÉ OU D'ALLIANCE. — L'art. 368 c. proc. civ., qui indique les cas dans lesquels le renvoi pour cause de parenté ou d'alliance peut être demandé, comprend, dans cette expression *tribunal de première instance*, les tribunaux de commerce, mais non : les justices de paix ; les conseils de prud'hommes pour lesquels il n'existe aucun texte analogue et auxquels ne s'appliquent pas, en principe, les formes de procéder des tribunaux civils ; la cour de cassation, juridiction unique et suprême, qui n'a au-dessus ni même à côté d'elle aucun tribunal auquel puissent être renvoyées les parties en instance devant elle (Rép. n° 11 ; Garsonnet, *Traité de procédure*, t. 1. p. 762 ; Boitard, Colmet-Daäge et Glasson, *Leçons de procédure civile*, t. 1, p. 596, n° 556 ; Dutruc, *Supplément aux lois de la procédure* de Carré et Chauveau, v° *Renvoi à un autre tribunal pour parenté ou alliance*, n° 12 ; Bioche, *Dictionnaire de procédure civile et commerciale*, v° *Renvoi (Demande en)*, n° 3 ; Rousseau et Laisney, *Dictionnaire de procédure civile*, v° *Renvoi d'un tribunal à un autre*, nos 2 et 4).

6. On a émis au Rép., n° 12, l'opinion que le mot *juge* dans l'art. 368 c. proc. civ. ne comprend pas les juges suppléants ; qu'une partie, par suite, ne peut obtenir son renvoi lorsque la parenté ou l'alliance n'existe qu'avec un juge suppléant. Tel est aussi l'avis de M. Bioche : « L'influence des juges suppléants, dit cet auteur, *op. cit.*, v° *Renvoi*, n° 9, est moins à redouter que celle des titulaires dont les relations sont fréquentes et intimes. La récusation est la seule voie à suivre lorsqu'un juge suppléant est appelé à prendre part au jugement » (V. en ce sens, Rousseau et Laisney, *op. cit.*, v° *Renvoi d'un tribunal à un autre*, n° 9). — Cette doctrine est combattue par plusieurs auteurs, qui estiment que l'art. 368 c. proc. civ. s'applique aux juges suppléants, lesquels sont régis, en principe, par les mêmes règles que les juges titulaires, et ont avec ces derniers des rapports fréquents (Garsonnet, *op. cit.*, t. 1, p. 760, note 12 ; Boitard, Colmet-Daäge et Glasson, *op. cit.*, t. 1, p. 596, n° 557).

7. La disposition de l'art. 368 s'applique-t-elle au ministère public ? La négative admise au Rép., n° 14, est adoptée par MM. Bioche, *op. cit.*, v° *Renvoi*, n° 11 ; Rousseau et Laisney, *op. cit.* eod. v°, n° 10. Le système contraire est professé par MM. Boitard, Colmet-Daäge et Glasson. « La section du Tribunat, disent ces auteurs, *op. cit.*, t. 1, p. 596, n° 556, avait demandé que les mots *dans un tribunal* (qui figuraient dans le projet) fussent remplacés par ceux-ci *parmi les juges* ; que le mot *juge* remplaçât le terme de *membre du tribunal*, afin qu'on ne crût pas qu'il pût y avoir cause de renvoi dans la personne des magistrats du ministère public, qui sont membres de la cour ou du tribunal. Sa section croyait là, mais à tort, maintenir les anciens principes. A-t-on fait droit à cette observation ? Il est permis d'en douter si l'on remarque qu'on a substitué, il est vrai, les mots : *parmi les juges* à ceux-ci : *dans un tribunal de première instance*, mais qu'on a maintenu les expressions *dans un tribunal d'appel... dans le tribunal... membre du tribunal*. Il me semble que la parenté et l'alliance d'une partie avec les magistrats du ministère public font naître les mêmes soupçons que la parenté et l'alliance de la partie avec les juges et doivent motiver également le renvoi dans les limites tracées par notre article » (V. dans le même sens Garsonnet, *op. cit.*, t. 1, p. 760).

8. Les termes généraux dont la loi s'est servie ne permettent pas de distinguer suivant que les magistrats, parents ou alliés d'une partie, siègent dans la chambre saisie du pro-

cès ou dans une autre ; dans les deux cas, leur influence sur leurs collègues est également à craindre. Il n'y a donc pas lieu seulement au renvoi d'une chambre à une autre, mais au renvoi à un autre tribunal (*Rép.* n° 15 ; Bioche, *op. cit.*, v° *Renvoi*, n° 8 ; Dutruc, *op. cit.*, eod. v°, n° 11 ; Rousseau et Laisney, *op. cit.*, eod. v°, n° 8 ; Garsonnet, *op. cit.*, t. 1, p. 760 ; Boitard, Colmet-Daâge et Glasson, *op. cit.*, t. 1, p. 596, n° 556).

9. Sur la question de savoir si les règles de renvoi pour parenté ou alliance s'appliquent en matière disciplinaire V. *suprà*, v° *Discipline judiciaire*, n°s 47 et suiv.

10. On a indiqué au *Rép.*, n°s 47 et suiv., quelle doit être la nature de la parenté et de l'alliance. La parenté existant entre le père et les enfants naturels légalement reconnus peut servir de base à la demande en renvoi. — Les liens qui existent entre frères naturels légalement reconnus ne constituent pas, au point de vue de la loi, des liens de parenté et, par suite, ne rentrent pas dans les prévisions de l'art. 368 c. proc. civ. — Il en est de même des liens résultant de l'adoption (Dutruc, *op. cit.*, v° *Renvoi à un autre tribunal*, n° 2 ; Bioche, *op. cit.*, eod. v°, n° 5).

11. Quant à l'alliance, elle se détermine suivant les règles posées par l'art. 378 c. proc. civ. (*Rép.* n° 21 ; Bioche, *op. cit.*, v° *Renvoi*, n° 6 ; Rousseau et Laisney, *op. cit.*, eod. v°, n° 7).

12. On admet que la disposition de l'art. 379 c. proc. civ., relative à la récusation, doit être appliquée, par analogie, en matière de renvoi. La parenté ou l'alliance des juges avec l'un des membres d'une société partie dans la cause, ou avec un tuteur, un syndic agissant en cette qualité, n'est donc un motif de renvoi que si ces personnes ont un intérêt distinct ou personnel dans la cause (*Rép.* n°s 22 et suiv. ; Garsonnet, *op. cit.*, t. 1, p. 760 ; Bioche, *op. cit.*, v° *Renvoi*, n° 7 ; Rousseau et Laisney, *op. cit.*, eod. v°, n° 6 ; Dutruc, *op. cit.*, eod. v°, n° 3). Il a été jugé, en ce sens, qu'il n'y a pas lieu à renvoi, dans le cas de parenté ou d'alliance d'un juge avec l'associé d'une des parties en cause ; ou avec une personne qui a figuré dans l'instance en qualité de syndic de la faillite d'une des parties (Civ. rej. 1er août 1877, aff. Hulin, D. P. 77. 1. 428).

13. Dans les instances d'ordre de saisie, où il y a une masse de créanciers, la parenté des juges avec l'un d'entre eux peut-elle fonder une demande en renvoi ? La solution négative, adoptée par M. Pigeau, *Procédure civile*, t. 1, p. 641, est fondée sur le peu d'importance de l'intérêt personnel de chaque créancier. Il a été jugé que l'art. 379 c. proc. civ., d'après lequel la parenté d'un juge avec un ou plusieurs des membres d'une société ou union n'est pas une cause de récusation, à moins que ceux-ci n'aient un intérêt distinct ou personnel, est applicable, par parité et même par supériorité de raison, aux demandes en renvoi pour cause de parenté ; que, spécialement, la parenté de deux magistrats

d'un tribunal avec des créanciers d'une faillite, qui n'ont aucun intérêt distinct ou personnel dans le procès, n'est pas une cause suffisante pour demander le renvoi à un autre tribunal de l'instance introduite contre le syndic de la faillite représentant la masse (Bordeaux, 8 juin 1849) (1). — M. Chauveau combat cette solution. « Il nous semble, dit cet auteur, sur Carré, *Lois de la procédure civile*, 4e édit., quest. 1344 *bis*, qu'il suffit que l'intérêt personnel existe, quelque minime qu'il soit, pour que les art. 368 et 378 soient applicables ; et que l'exception de l'art. 379 n'a trait qu'aux administrateurs qui seraient uniquement les agents de la masse ou de l'union, mais qui ne seraient pas au nombre des associés ; c'est bien alors, en effet, qu'on peut assimiler au tuteur qui n'est dans la cause que comme administrateur des biens de son pupille, et nullement pour lui-même ».

14. En dehors des cas de parenté ou d'alliance, le renvoi ne peut être demandé soit à raison des rapports d'affection qui unissaient les juges, soit parce que l'un des plaideurs était donataire de l'une des parties, soit parce qu'un juge avait sollicité une partie ou avait été son conseil (*Rép.* n°s 9 et 10 ; Rousseau et Laisney, *op. cit.*, v° *Renvoi*, n° 21).

15. La partie qui a un parent parmi les juges ne peut elle-même, par ce motif, demander le renvoi. Cette doctrine, enseignée au *Rép.*, n° 25, est celle de la plupart des auteurs. « On comprend, disent MM. Boitard, Colmet-Daâge et Glasson, *op. cit.*, t. 1, n° 557, p. 597) qu'une pareille demande en renvoi ne serait plus fondée sur les motifs d'affection, qui font craindre que les juges parents n'emploient leur influence sur leurs collègues au profit de leur parent ou de leur allié ; elle s'appuierait sur l'inimitié qui existe entre la partie et les juges ses parents ou alliés. Mais l'inimitié présente beaucoup moins de danger que l'affection. On peut craindre, en effet, que les juges ne fassent partager à leurs collègues leur bon vouloir pour leurs parents ; il est beaucoup moins probable qu'ils parviendront à leur communiquer leurs haines et leurs préventions. Aussi, la partie parente n'a pas le droit de demander le renvoi si son adversaire garde le silence. Seulement la récusation pourra être proposée contre les juges par leur propre parent ou allié, mais le tribunal ne sera pas dessaisi » (V. en ce sens : Rousseau et Laisney, *op. cit.*, v° *Renvoi*, cod. v°, n° 14 ; Bioche, *op. cit.*, eod. v°, n° 14 ; Dutruc, *op. cit.*, n° 6 ; Garsonnet, *op. cit.*, t. 1, p. 761).

16. Par les mêmes motifs, celui qui a des intérêts communs avec la partie qui a des parents parmi les juges, ne peut pas non plus demander le renvoi ; on ne le peut considérer comme partie adverse (*Rép.* n° 10 ; Rousseau et Laisney, *op. cit.*, v° *Renvoi d'un tribunal à un autre*, n° 15 ; Dutruc, *op. cit.*, eod. v°, n° 6 ; Bioche, *op. cit.*, eod. v°, n° 15).

---

(1) (Veuve Boitard). — LA COUR ; — Vu l'expédition d'un acte fait au greffe du tribunal de première instance de Libourne, le 27 mars 1859, par lequel Marie Drilhole, veuve de Louis Boitard, a demandé le renvoi à un autre tribunal de l'instance par elle formée, suivant exploit du 23 du même mois, contre Joseph Beauvais et César Beluse, pris comme syndics de l'union des créanciers de la faillite de la maison de commerce ayant existé sous la raison sociale de la veuve Boitard et comp., ladite demande fondée sur la parenté qui existerait entre deux magistrats du tribunal et deux créanciers portés au bilan ; — L'expédition d'un jugement en date du 20 avril dernier, qui ordonne la communication à MM. du tribunal de la demande en renvoi ainsi qu'à ministère public, ensemble les déclarations de MM. Ducasse, président ; Brisson, juge ; — L'expédition en forme d'un jugement rendu par le tribunal civil de Libourne le 25 mai dernier ; — L'expédition de la déclaration d'appel de ce jugement fait au greffe du tribunal civil de Libourne le 30 mai aussi dernier par la veuve Boitard laquelle déclare constituer M. Léopold Pascauet pour son avoué ; — Ouï à l'audience de ce jour M. Prévot Leygonie, président rapporteur à ces fins commis par arrêt du 6 du présent mois en son rapport de l'affaire et la lecture des pièces notamment du jugement dont les motifs et le dispositif sont ainsi conçus :

Attendu que la demande en renvoi d'un tribunal à un autre pour cause de parenté n'est autre chose que la récusation du tribunal entier, qu'il est de principe généralement consacré que l'art. 379 c. proc. civ., bien que placé au titre de la récusation, est applicable aux demandes en renvoi ; — Attendu qu'aux termes de cet article il n'y a pas lieu à récusation dans le cas où les juges seraient parents des membres d'une société direction ou union, partie dans la cause à moins que ces derniers n'aient un intérêt distinct et personnel ; — Attendu, en fait, qu'il s'agit d'une instance introduite par la veuve Boitard dans le but de faire invalider l'acte de société contracté entre elle et les frères Aubert le 12 déc. 1845 ; que cette instance est dirigée, non contre ces derniers que leur état de faillite empêche de mettre en cause, mais contre les syndics qui représentaient la masse et les faillis ; — Que la parenté de deux magistrats du tribunal avec deux créanciers portés au bilan n'existe donc en réalité que vis-à-vis des membres d'une société ou union et justifie son applicabilité ; — Que l'exception posée par cet article d'un intérêt distinct ou personnel des intéressés ne se rencontre point dans l'espèce ; — Qu'il est évident que la contestation n'offre aux créanciers d'autre intérêt que celui qui dérive de l'acte social lui-même ; — Que la récusation ne pourrait être exercée, et qu'il en doit être ainsi, par parité et même par supériorité de raison, ainsi que l'a jugé la cour *suprême*, de la demande en renvoi pour parenté ; — Attendu que l'admission du moyen tiré de l'art. 379 rend inutile l'examen des questions que peut présenter l'art. 368 également invoqué ;

Déboute Marie Drulhole, veuve Boitard, de la demande en renvoi devant un autre tribunal de l'instance par elle introduite, exploit du 23 mars 1849, etc...

Confirme, etc.

Du 8 juin 1849.-C. de Bordeaux, 1re ch.-MM. de la Seiglière, pr.-Dupérier de Lassan, subst.

17. Mais la demande en renvoi doit être admise si les parties ont, soit des parents ou alliés communs, soit des parents ou alliés appartenant à chacune d'elles seulement (*Rép.*, n° 26). « L'art. 368 c. proc. civ., dit M. Bioche, *op. cit.*, v° *Renvoi*, n° 16, ne distingue pas le cas où une seule partie aurait des parents de celui où toutes les deux en auraient; il semble même que, lorsque les deux parties ont des parents différents, cet article doit, à plus forte raison, recevoir son application » (V. en ce sens : Rousseau et Laisney, *op. cit.*, v° *Renvoi*, n° 16; Dutruc, *op. cit.*, eod. v°, n° 5).

18. Lorsqu'une partie, dit l'art. 368 c. proc. civ., a des parents et alliés, etc..., *l'autre partie* pourra demander le renvoi. Il n'y a pas à distinguer si cette partie est demanderesse ou défenderesse au procès. Si elle est demanderesse, on ne saurait lui reprocher d'avoir volontairement saisi le tribunal. Elle y était obligée, le renvoi ne pouvant être demandé que sur une instance engagée, et les règles de la compétence ne lui permettant pas d'assigner son adversaire devant un autre tribunal (*Rép.* n° 27; Bioche, *op. cit.*, v° *Renvoi*, n° 13; Rousseau et Laisney, *op. cit.*, eod. v°, n° 13; Garsonnet, *op. cit.*, t. 1, p. 761).

19. Parmi les parties qui peuvent demander le renvoi, il faut comprendre les garants et les intervenants. La question est controversée à l'égard de ceux qui interviennent volontairement dans une instance. MM. Bourbeau, *Théorie de la procédure civile*, t. 1, p. 423 et suiv., et Bioche, *op. cit.*, v° *Renvoi*, n° 17, estiment que la présence de celui qui intervient volontairement, et qui par cela même accepte la juridiction du tribunal saisi, ne peut modifier la compétence contre le gré des parties; il a dû peser les avantages et les inconvénients de plaider devant le tribunal saisi de la demande originaire. Mais la plupart des auteurs enseignent, et telle a été la théorie adoptée au *Rép.*, n° 28, que, les termes de l'art. 368 étant généraux, il n'y a pas lieu de distinguer entre l'intervention volontaire et l'intervention forcée, pas plus qu'entre l'intervention en première instance, et l'intervention en cause d'appel, et que dans tous les cas le garant et l'intervenant peuvent demander le renvoi. « Lorsque l'intervention est admise et, par conséquent, reconnue bien fondée, disent MM. Boitard, Colmet-Daâge et Glasson, *op. cit.*, t. 1, p. 597, n° 558, l'intervenant a un intérêt dans l'affaire, et, s'il y a danger pour lui d'être jugé avec partialité, aux termes de l'art. 368, pourquoi serait-il interdit de demander et d'obtenir le renvoi à un autre tribunal? On objecte que l'intervenant a accepté par son intervention même la composition du tribunal. Que doit-il faire? S'abstenir? Rester en dehors de l'instance? Mais le jugement peut lui préjudicier puisqu'on reconnaît que son intervention est juste et bien fondée. Est-il possible d'admettre qu'il n'interviendra qu'à la condition d'être jugé ou du moins d'avoir lieu de craindre d'être jugé avec partialité? Qui sait s'il n'est pas le plus sérieusement intéressé dans la contestation, si ce n'est pas à dessein que le demandeur et le défendeur originaire ne l'avaient point appelé dans l'instance? Objectera-t-on que, si le jugement lui préjudicie, il aura le recours de la tierce opposition et même de l'intervention en appel, qui est ouverte à ceux qui pourraient former tierce opposition? Mais l'affaire peut-être jugée en dernier ressort par le tribunal d'arrondissement et il peut avoir intérêt à intervenir sans avoir plus tard le droit de former tierce opposition » (V. en ce sens: Garsonnet, *op. cit.*, t. 1, p. 761; Rousseau et Laisney, *op. cit.*, v° *Renvoi d'un tribunal à un autre*, n° 18).

20. — II. Devant quels juges est portée la demande. Procédure et jugement. — Le tribunal compétent pour statuer sur la demande en renvoi est celui qui est saisi de l'affaire (*Rép.*, n° 30; Bioche, *op. cit.*, v° *Renvoi*, n° 24; Garsonnet, *op. cit.*, t. 1, p. 761). Le renvoi doit être demandé par des conclusions expresses. Le tribunal n'a pas le droit de l'ordonner d'office (*Rép.* n° 31; Garsonnet, *op. cit.*, t. 2, p. 373).

21. Il n'est pas nécessaire de proposer le renvoi pour parenté ou alliance, comme le déclinatoire d'incompétence, avant toute exception et défense, *in limine litis*. Mais il faut qu'il soit demandé avant le commencement de la plaidoirie, c'est-à-dire, avant que les conclusions au fond aient été prises à l'audience et déposées sur le bureau du tribunal; et si l'affaire est en rapport avant que l'instruction soit achevée et que les délais soient expirés (art 369, c. proc. civ.; *Rép.* n° 32; Garsonnet, *op. cit.*, t. 2; Boitard, Colmet-Daâge et Glasson, *op. cit.*, p. 598, n° 559). — Exceptionnellement, la demande en renvoi peut être formée après l'époque fixée par l'art. 369, c. proc. civ. dans le cas où les causes sur lesquelles est fondée la demande en renvoi sont survenues postérieurement. On ne peut, en effet, opposer à une partie une déchéance qu'il lui était impossible de prévenir. Tous les auteurs sont d'accord sur ce point (V. Garsonnet, *op. cit.*, t. 2, p. 374, note 3; Bioche, *op. cit.*, v° *Renvoi*, n° 34; Dutruc, *op. cit.*, eod. v°, n° 47). Plusieurs enseignent aussi, contrairement à l'opinion émise au *Rép.*, n° 32, que le renvoi peut être demandé après le délai de l'art. 369, si les circonstances qui le motivent (c'est-à-dire les liens de famille) bien qu'existant antérieurement, n'ont été connues de la partie intéressée qu'après les conclusions au fond. La raison, dit-on, est la même; et il n'y a pas de différence entre le cas où les causes de renvoi n'existent pas encore et celui où elles ne sont pas connues. La preuve de l'ignorance, d'ailleurs, sera plus facilement admise (Garsonnet, *op. cit.*, t. 1, p. 374, note 2; Bioche, *op. cit.*, v° *Renvoi*, n°s 34 et 35; Rousseau et Laisney, *op. cit.*, eod. v°, n° 51).

22. La partie condamnée par défaut peut, sur son opposition, former sa demande en renvoi. Celle qui a obtenu le défaut peut aussi demander le renvoi sur l'opposition de son adversaire. L'opposition, en effet, remet les choses dans l'état où elles étaient avant le jugement, et cela dans l'intérêt du demandeur aussi bien que du défendeur (*Rép.* n° 33; Bioche, *op. cit.*, v° *Renvoi*, n°s 36 et 37; Rousseau et Laisney, *op. cit.*, eod. v°, n° 52).

23. La partie qui, pour s'engager de plaidoirie au fond, s'est bornée à proposer un déclinatoire, peut encore demander le renvoi (*Rép.* n° 34; Rousseau et Laisney, *op. cit.*, v° *Renvoi d'un tribunal à un autre*, n° 50).

24. La demande en renvoi est dispensée du préliminaire de conciliation (c. proc. civ., art. 49, § 7). Le renvoi est proposé par acte au greffe. La partie, ou son fondé de pouvoir, s'y transporte, assistée de son avoué; le greffier rédige l'acte. Il n'y a pas lieu de déposer au greffe une requête contenant la demande en renvoi. L'acte doit être signé de la partie ou de son fondé de procuration spéciale et authentique. L'attestation du greffier et celle de l'avoué que la partie ne sait ou ne peut pas signer ne supplée pas à sa signature; il faut dans ce cas un pouvoir notarié. L'original ou l'expédition du pouvoir reste annexé à l'acte (*Rép.* n° 37; Bioche, *op. cit.*, v° *Renvoi*, n°s 39 et suiv.; Dutruc, *op. cit.*, eod. v°, n° 24; Boitard, Colmet-Daâge et Glasson, *op. cit.*, t. 1, p. 598, n° 559).

25. L'acte à fin de renvoi, on l'a dit au *Rép.* n° 40, n'est pas signifié. Le greffier en remet une expédition au président qui saisit le tribunal. Celui-ci rend un jugement préalable dont il est parlé en l'art. 371, en chambre du conseil, sans intervention des parties intéressées. Les juges à raison desquels le renvoi est demandé ne peuvent prendre part à ce jugement. S'il est impossible de compléter le tribunal et de réunir le nombre de juges qui est indispensable, il faut se pourvoir en règlement de juges (*Rép.* n° 41; Garsonnet, *op. cit.*, t. 2, p. 374, note 5; Bioche, *op. cit.*, v° *Renvoi*, n° 65; Dutruc, *op. cit.*, eod. v°, n° 25; Boitard, Colmet-Daâge et Glasson, *op. cit.*, t. 1, p. 599, n° 559).

Il reste minute du jugement au greffe. Un droit d'assistance est dû à l'avoué (Rousseau et Laisney, *op. cit.*, v° *Renvoi d'un tribunal à un autre*, n°s 65 et 66).

26. Le jugement préalable ne préjuge en rien la recevabilité de la demande (*Rép.*, n° 43; Bioche, *op. cit.*, v° *Renvoi*, n° 52).

27. La communication aux juges à raison desquels on requiert le renvoi se fait par la voie du greffe, sans signification préalable (*Rép.* n° 42; Bioche, *op. cit.*, v° *Renvoi*, n° 54). Le jugement au bas de l'expédition duquel les juges ont fait leurs réponses, l'acte à fin de renvoi et les pièces y annexées sont signifiés après la communication aux parties et aux autres parties, par acte d'avoué à avoué. Si l'un des défendeurs ne comparaît pas, on joint le défaut, et on lui fait les significations prescrites par l'art. 372. Le jugement, qui

viendra à être rendu contre lui, ne sera pas susceptible d'opposition. Les adversaires peuvent défendre à la demande en renvoi en signifiant une requête à laquelle peut répondre le demandeur en renvoi (*Rép.* nᵒˢ 44 et suiv.; Rousseau et Laisney, *op. cit.*, vᵒ *Renvoi d'un tribunal à un autre*, nᵒˢ 70 et suiv.; Bioche, *op. cit.*, eod. vᵒ, nᵒˢ 55 et suiv.).

28. Au jour indiqué par le jugement, le rapporteur est entendu ; le ministère public donne ses conclusions. L'art. 371 ne dit rien de la plaidoirie des parties. Néanmoins, on admet généralement que des observations orales peuvent être présentées à l'appui des demandes en renvoi pour parenté ou alliance (V. *Rép.* nᵒ 48). La cour de cassation a décidé, il est vrai, en matière de récusation, que le mémoire contenant les motifs de la demande ne peut être appuyé ni par la plaidoirie d'un avocat, ni par les observations orales de la partie demanderesse (Civ. cass. 24 déc. 1869, aff. Mires, D. P. 70. 1. 139 ; Req. 16 avr. 1877, aff. Montcharmont, D. P. 77. 1. 452, et *suprà*, vᵒ *Récusation* nᵒ 80), et les textes qui règlent la procédure applicable aux demandes soit en renvoi, soit en récusation, étant conçus en termes identiques (art. 371 et 385 c. proc. civ.), on pourrait soutenir que la solution donnée pour le cas de récusation doit être étendue au cas de renvoi. Mais l'interdiction des plaidoiries, en matière de récusation, s'explique par des motifs spéciaux : on n'a pas voulu, comme l'a dit l'arrêt précité du 24 déc. 1869, « livrer à la publicité une discussion relative au caractère et à la dignité du magistrat récusé ». — Il a été jugé, mais cette décision ne résout pas expressément la question, que la partie qui, après avoir formé une demande en renvoi, ne s'est présentée à l'audience ni en personne, ni par mandataire, ne peut se plaindre de n'avoir pas été admise à produire oralement les moyens à l'appui de sa demande (Civ. rej. 1ᵉʳ août 1877, aff. Hulin, D. P. 77. 1. 428).

29. On a admis au *Rép.*, nᵒ 51, que, pour les preuves à administrer, lorsque les causes de renvoi ne sont pas avouées, on doit suivre par analogie les règles de l'art. 389 c. proc. civ. en matière de récusation. « Il suit de là, disent MM. Rousseau et Laisney, *op. cit.*, vᵒ *Renvoi d'un tribunal à un autre*, nᵒ 78, que si le demandeur ne fournit pas un commencement de preuve par écrit des causes qu'il sollicite, il est laissé à la prudence du tribunal de rejeter la demande sur la seule déclaration du juge, ou d'ordonner la preuve testimoniale. Spécialement, en matière de renvoi pour parenté ou alliance, les parties ne peuvent recourir à ce dernier mode de preuve que dans le cas où il leur est impossible de représenter les actes de l'état civil ». D'après MM. Boitard, Colmet-Daâge et Glasson, *op. cit.*, t. 1, p. 599, nᵒ 560, la justification, en cas de contestation, doit se faire par les moyens ordinaires de prouver la parenté ou l'alliance, c'est-à-dire par les actes de l'état civil. La preuve testimoniale ne serait admise que dans les cas spéciaux où le code civil l'autorise pour établir l'état des personnes.

30. Les juges visés par la demande ne peuvent pas prendre part au jugement qui statue sur le renvoi. Cette doctrine, enseignée au *Rép.*, nᵒ 52, est adoptée par tous les auteurs, (Bioche, *op. cit.*, vᵒ *Renvoi*, nᵒ 65 ; Rousseau et Laisney, *op. cit.*, eod. vᵒ, nᵒ 79 ; Dutruc, *op. cit.*, eod. vᵒ, nᵒ 33 ; Garsonnet, *op. cit.*, t. 2, p. 375, note 10).

31. Celui qui succombera dans sa demande en renvoi, dit l'art. 374, sera condamné à une amende qui ne pourra être moindre de 50 fr., sans préjudice des dommages-intérêts s'il y a lieu. La condamnation à l'amende fixe de 50 fr. (la loi indique le minimum et pas de maximum) est forcée, que la demande soit déclarée nulle, non recevable ou mal fondée. Les dommages-intérêts qui sont alloués à raison du retard que la demande en renvoi a apporté à la solution du procès, sont, au contraire, facultatifs (*Rép.* nᵒ 32 ; Rousseau et Laisney, *op. cit.*, vᵒ *Renvoi d'un tribunal à un autre*, nᵒ 80 ; Bioche, *op. cit.*, eod. vᵒ, nᵒ 66 ; Garsonnet, *op. cit.*, t. 2, p. 375 ; Boitard, Colmet-Daâge et Glasson, *op. cit.*, t. 1, p. 600, nᵒ 561).

32. Le demandeur en renvoi qui succombe doit aussi être condamné aux dépens. Lorsque au contraire le renvoi est prononcé, les dépens sont, en général, réservés et joints au principal ; mais ils peuvent aussi être mis à la charge des défendeurs s'ils ont élevé des contestations téméraires et de mauvaise foi (Bioche, *op. cit.*, vᵒ *Renvoi*, nᵒˢ 67 et 68 ; Rousseau et Laisney, *op. cit.*, eod. vᵒ, nᵒˢ 80 et 81).

33. Le jugement qui statue sur la demande en renvoi est taxé comme jugement sur délibéré ; il n'est signifié ni à avoué ni à partie (Bioche, *op. cit.*, vᵒ *Renvoi*, nᵒ 71 ; Rousseau et Laisney, *op. cit.*, eod. vᵒ, nᵒˢ 82 et 83 ; Boucher d'Argis et Sorel, vᵒ *Renvoi d'un tribunal à un autre*, p. 504).

34. Le jugement qui statue sur le renvoi n'est pas, on l'a indiqué au *Rép.*, nᵒ 34, susceptible d'opposition. En ce sens : Bioche, *op. cit.*, vᵒ *Renvoi*, nᵒ 71, et vᵒ *Récusation*, nᵒ 143 ; Rousseau et Laisney, *op. cit.*, eod. vᵒ, nᵒ 88 ; Boitard, Colmet-Daâge et Glasson, *op. cit.*, t. 1, p. 616, nᵒ 576).

35. Le jugement de renvoi est susceptible d'appel alors même que la matière où le tribunal prononce serait en dernier ressort. Le renvoi étant rangé parmi les exceptions d'incompétence, il faut appliquer l'art. 454 c. proc. civ., qui permet l'appel contre tous les jugements statuant sur des déclinatoires (Bioche, *op. cit.*, vᵒ *Renvoi*, nᵒ 74 ; Rousseau et Laisney, *op. cit.*, eod. vᵒ, nᵒ 84 ; Garsonnet, *op. cit.*, t. 2, p. 375, note 15).

36. L'appel ne peut être interjeté que par les parties, et non par les juges à raison desquels le renvoi a été demandé pour cause de parenté ou d'alliance, la décision ne portant aucune atteinte à leur honneur (Bioche, *op. cit.*, vᵒ *Renvoi*, nᵒ 75 ; Rousseau et Laisney, *op. cit.*, nᵒ 85 ; Garsonnet, *op. cit.*, t. 2, p. 376, note 21. V. aussi *Rép.*, vᵒ *Récusation*, nᵒ 142).

37. L'appel doit être interjeté dans les cinq jours du jugement, à peine de déchéance (*Rép.* nᵒ 56 ; Bioche, *op. cit.*, vᵒ *Renvoi*, nᵒ 76 ; Garsonnet, *op. cit.*, t. 2, p. 375).

38. L'appel est suspensif, c'est-à-dire, que le tribunal ne peut ordonner l'exécution provisoire de son jugement (*Rép.* nᵒ 58). L'art. 376 c. proc. civ., ainsi que le fait remarquer M. Garsonnet, *op. cit.*, t. 2, p. 375, note 18, n'autorise même pas le tribunal, comme l'art. 391 le fait en cas de récusation (V. *Rép.*, vᵒ *Récusation*, nᵒ 143), à ordonner qu'il sera procédé, malgré l'appel, à une opération urgente. La différence s'explique : le magistrat récusé peut, sans inconvénient, être remplacé par un autre dans l'opération à laquelle il devait présider, tandis que le tribunal dont l'impartialité est suspecte ne peut exercer le droit de juger qui lui est contesté tant que ce droit ne lui est pas définitivement reconnu.

39. Si pendant l'instance d'appel il était rendu jugement, soit par le tribunal qui aurait refusé le renvoi, soit par celui auquel il aurait renvoyé, le jugement serait nul, encore bien que sur l'appel la cour ait reconnu la compétence des juges dont il émane, car l'instance en renvoi frappe le tribunal d'une interdiction momentanée et, pendant la durée de cette instance, il demeure sans pouvoir (*Rép.*, vᵒ *Récusation*, nᵒ 144 ; Chauveau sur Carré, *op. cit.*, p. 1409 *bis* ; Bioche, *op. cit.*, vᵒ *Renvoi*, nᵒ 79 ; Rousseau et Laisney, *op. cit.*, eod. vᵒ, nᵒ 87 ; Garsonnet, *op. cit.*, t. 2, p. 375).

40. L'adversaire du demandeur en renvoi peut intervenir en appel comme en première instance. Aussi, l'art. 394, qui suppose que la procédure d'appel se passe tout entière hors de la présence de l'adversaire du récusant, ne s'applique-t-il pas en matière de renvoi (Arg. *a contrario*, art. 377 ; Garsonnet, *op. cit.*, t. 2, p. 376, note 24 ; *Rép.*, vᵒ *Récusation*, nᵒ 152).

41. Lorsque le renvoi est demandé en cour d'appel, la seule voie de recours contre l'arrêt est le pourvoi en cassation. Ce pourvoi n'est pas suspensif ; la loi ne fait pas d'exception (Bioche, *op. cit.*, vᵒ *Renvoi*, nᵒ 80 ; Dutruc, *op. cit.*, eod. vᵒ, nᵒ 43).

42. Si le renvoi est prononcé, et qu'il n'y ait pas eu appel, ou que l'appelant ait succombé, la contestation est portée devant le tribunal qui doit en connaître sur simple assignation. Cette assignation est faite à personne ou domicile et non à avoué ; le tribunal étant dessaisi, les avoués constitués cessent d'être investis du pouvoir des parties. L'exploit doit contenir constitution d'un avoué près le nouveau tribunal. Il n'y a pas lieu au préliminaire de conciliation (*Rép.* nᵒ 61 ; Bioche, *op. cit.*, vᵒ *Renvoi*, nᵒ 82 ; Dutruc, *op. cit.*, eod. vᵒ, nᵒ 36).

43. La procédure, porte l'art. 375, est continuée sur les anciens errements. Il en résulte que le jugement qui serait

rendu par défaut devant ce tribunal ne serait pas susceptible d'opposition de la part de la partie qui aurait été déjà condamnée par défaut et aurait formé opposition. Il y a lieu d'appliquer ici la règle : « Opposition sur opposition ne vaut » (Rousseau et Laisney, *op. cit.*, v° *Renvoi d'un tribunal à un autre*, n° 93; Bioche, *op. cit.*, eod. v°, n° 83).

§ 2. — Du renvoi pour cause de suspicion légitime.
(Rép. n°s 63 à 107.)

44. Bien que le code de procédure ne le dise pas, la jurisprudence et la doctrine reconnaissent que le renvoi peut être demandé pour cause de suspicion légitime en matière civile, par la raison que, en dehors de la parenté ou l'alliance, d'autres circonstances peuvent faire douter de l'impartialité du juge (*Rép.* n° 63). « L'art. 542 c. instr. crim., disent MM. Boitard, Colmet-Daâge et Glasson, *op. cit.*, t. 1, p. 601, n° 562, permet le renvoi, en matière criminelle, pour cause de sûreté publique ou de suspicion légitime. Or, les motifs qui font admettre ces soupçons de partialité, au criminel, se présentent avec la même force, quand il s'agit des tribunaux civils. D'ailleurs, la loi du 27 nov. 1790, art. 9, à l'égard du renvoi pour cause de suspicion légitime, la loi du 27 ventôse an 8, art. 79, à l'égard du renvoi pour cause de sûreté publique, et l'art. 254 de la constitution de l'an 3, à l'égard de ces deux causes, ne faisaient aucune distinction entre les matières civiles et criminelles, et il est permis de considérer les articles précités comme faisant partie des dispositions de ces lois qui sont encore en vigueur » (V. en ce sens : Garsonnet, *op. cit.*, t. 1, p. 762; Rousseau et Laisney, *op. cit.*, v° *Renvoi d'un tribunal à un autre*, n° 24; Bioche, *op. cit.*, eod. v°, n°s 94 et 95).

45. — I. DANS QUELS CAS LE RENVOI POUR CAUSE DE SUSPICION LÉGITIME PEUT ÊTRE PRONONCÉ. — Les caractères de la suspicion légitime n'ont pas été et ne pouvaient être définis; il y a lieu à renvoi pour cette cause quand on peut craindre qu'un tribunal juge avec partialité ou suivant l'intérêt personnel de ses membres. On en a cité des exemples au *Rép.*, n°s 64 et suiv. Il a été jugé, depuis, qu'il y a lieu à renvoi pour cause de suspicion légitime dans le cas où le procès à juger intéresse la généralité des habitants de la ville où siège le tribunal auquel il est soumis (comme si, par exemple, il a pour objet la jouissance des eaux qui alimentent cette ville), et a produit une émotion profonde parmi ces habitants; et il en est surtout ainsi lorsque, tous les magistrats de ce tribunal, moins deux, ayant été récusés comme intéressés, soit personnellement, soit en leur qualité de membres du conseil municipal, parents des parties intéressées, le tribunal, après avoir épuisé la liste des juges suppléants, le tableau des avocats et celui des avoués, n'a pu se constituer qu'avec le concours du dernier avoué inscrit sur le tableau (Nîmes, 16 juill. 1857, aff. Boissier, D. P. 57. 2. 165). — Mais il a été décidé qu'une demande de renvoi d'une cour à une autre pour cause de suspicion légitime ne doit pas être accueillie lorsqu'elle est fondée, non sur des motifs graves, mais sur des allégations vagues et sans portée (Req. 4 juill. 1893, aff. Momet, D. P. 93. 5. 491).

46. L'appréciation des faits sur lesquels repose la demande en renvoi pour suspicion légitime, et qui sont variables à l'infini, est abandonnée au pouvoir discrétionnaire et à la conscience des magistrats, dont la décision à cet égard est souveraine (*Rép.* n° 64; Rousseau et Laisney, *op. cit.*, v° *Renvoi*, n° 25; Bioche, *op. cit.*, eod. v°, n° 101; Garsonnet, *op. cit.* t. 1, p. 763). Il a été jugé : 1° que les juges du fait apprécient souverainement s'il y a lieu à renvoi pour cause de suspicion légitime, et que leur décision sur ce point échappe au contrôle de la cour de cassation (Civ. rej. 1er août 1877, aff. Hulin, D. P. 77. 1. 428) ; — 2° Que la cour d'appel qui est saisie de la demande en renvoi d'une affaire, d'un tribunal à un autre, pour cause de suspicion légitime, apprécie souverainement les faits invoqués devant elle, à l'appui de la requête, et que le rejet qu'elle prononce, par suite de cette appréciation, ne tombe pas sous le contrôle de la cour de cassation (Req. 29 nov. 1887, aff Bossière, D. P. 88. 1. 260).

47. La jurisprudence assimile à la suspicion légitime :

1° la récusation, pour *d'autres causes que celles qu'énumère l'art.* 378 *c. proc. civ.*, d'un tribunal entier, ou d'un assez grand nombre de juges pour qu'il ne puisse plus se constituer; 2° l'abstention volontaire de tous les juges ou d'un assez grand nombre d'entre eux pour que les autres ne puissent juger. « Dans le premier cas, dit M. Garsonnet, *op. cit.*, t. 1, p. 763, c'est une véritable demande en renvoi pour suspicion légitime qui est formée sous un autre nom ; dans le second, c'est le tribunal lui-même, ou la plus grande partie de ses membres, qui se reconnaît incapable de juger sans encourir le soupçon de partialité ou de vues intéressées » (*Rép.*, n° 83). Jugé que, lorsque le nombre des récusations rend impossible la constitution du tribunal, il y a lieu de procéder comme au cas de demande en renvoi devant un autre tribunal pour parenté ou alliance (Montpellier, 23 mars 1859, aff. Fortagu, D. P. 59. 5. 321).

48. La récusation d'un tribunal entier, ou d'un assez grand nombre de juges pour que le tribunal ne puisse plus se constituer, lorsqu'elle est fondée sur les causes déterminées dans l'art. 378, nécessite le renvoi devant un autre tribunal; mais ce renvoi, à la différence du renvoi pour cause de récusation pour *d'autres motifs que ceux* mentionnés dans l'art. 378 c. proc. civ., est soumis, non pas aux règles du renvoi pour suspicion légitime, mais au mode d'instruction et de défense et aux règles de la récusation. Il en résulte que, dans l'hypothèse du renvoi pour des motifs non indiqués dans l'art. 378, les juges apprécient souverainement l'opportunité du renvoi; dans l'autre cas, ils sont tenus de le prononcer par cela seul que le motif sur lequel est fondée la demande est prouvé, et rentre dans un des cas énumérés par l'art. 378 (*Rép.*, n° 83 ; Garsonnet, *op. cit.*, t. 1, p. 763, note 7 et p. 772).

49. Les récusations générales d'un tribunal, fondées sur les causes déterminées par l'art. 378, ne se composent, d'ailleurs, que de récusations partielles. Si donc les moyens de récusation atteignent une partie seulement des juges, il ne peut y avoir lieu à une récusation en masse, et il faut se borner, en ce cas, à des récusations individuelles. Toutefois, si ces récusations étaient de nature à exercer leur influence sur les magistrats non récusés, à faire suspecter leur impartialité, il y aurait lieu à renvoi pour cause de suspicion légitime. L'appréciation de ces causes d'influence appartiendrait, alors, bien entendu, souverainement aux juges devant lesquels la demande de renvoi serait portée (*Rép.*, n°s 79 et 84). Il a été jugé que, lorsque l'acte de récusation contre tous les membres d'un tribunal (dans l'espèce, un tribunal de commerce) ne contient aucun moyen à l'encontre de ces membres, considérés individuellement ou collectivement, sauf en ce qui concerne le président, la récusation proposée doit être écartée, comme inadmissible, en tant que récusation collective (Req. 29 juil. 1885, aff. Hambre et fils, D. P. 86. 1. 311).

50. Les demandes en renvoi d'un tribunal à un autre formées en matière civile pour cause de suspicion légitime, par suite de récusations, que ces récusations soient fondées sur des causes déterminées par le code ou sur des causes différentes, ou enfin par suite d'abstention, sont portées devant le tribunal supérieur à celui qu'il s'agit de dessaisir. Cela résulte des dispositions combinées des titres 19, 20 et 21 du code de procédure, et spécialement de l'art. 363 (*Rép.* n° 88). Ainsi la partie s'adressera à la cour d'appel du ressort pour faire dessaisir un tribunal d'arrondissement, à la cour de cassation, s'il s'agit de dessaisir une cour d'appel. La cour de cassation serait encore compétente si le tribunal primitivement saisi, la cour d'appel et tous les tribunaux de son ressort étaient frappés de suspicion légitime, pour renvoyer le litige devant un tribunal appartenant à un autre ressort. Il a été jugé que lorsque, par suite d'abstention ou de récusation, un tribunal ne peut se constituer légalement, c'est à la cour d'appel dans le ressort duquel il se trouve, et non à la cour de cassation, qu'il appartient d'indiquer l'autre tribunal du même ressort qui devra connaître du litige : ici s'appliquent, par analogie, les règles tracées, en matière de règlement de juges, par les art. 363 et suiv. c. proc. civ. (Dijon, 24 juin 1866, aff. De Galiera, D. P. 67. 2. 131 ; V. conf. Angers, 19 août 1857, aff. Riffanet, D. P. 58. 2. 96 ; Req. 16 avr. 1877, aff. Mont-Charmont, D. P. 77. 1. 452 ; Bourges, 18 févr. 1879, aff. Gra-

vier, D. P. 79. 2. 96 ; Pau, 1er août 1877, aff. Dufaux, D. P. 79. 2. 108 ; Req. 29 juill. 1885, aff. Hambre et fils, D. P. 86. 1. 311 ; Civ. cass. 9 déc. 1889, aff. Arnaud, D. P. 90. 1. 65 ; Paris, 20 déc. 1892 et 3 févr. 1893, aff. Consorts Gambaud, D. P. 93. 2 224).

51. Lorsqu'une récusation, au lieu d'être partielle, s'applique à tous et à chacun des membres du tribunal, force a été de décider que ce serait à la cour d'appel d'en connaître, puisque le tribunal ne peut être juge en sa propre cause. Mais si la cour déclare la demande de récusation, en tout ou en partie, inadmissible, et si, par suite de sa décision, les magistrats susceptibles de connaître de l'affaire sont en nombre suffisant pour qu'avec eux, le tribunal primitivement récusé en masse puisse se constituer, elle doit renvoyer à ces juges, mis hors de cause, le jugement de la récusation afférente à leurs collègues. Jugé que lorsque, à l'occasion d'un procès intenté contre un industriel en raison du tort que causerait son usine à un fonds voisin, cet industriel a récusé tout le tribunal sous le prétexte d'une protestation faite quelques années auparavant par le président, dans l'intérêt du palais de justice, contre l'établissement de cette usine, la cour d'appel, saisie de la récusation en masse, la déclare à juste titre inadmissible, au regard des magistrats qui, lors de la protestation sus-indiquée, ne faisaient pas partie du tribunal ; que c'est également avec raison que ladite cour renvoie devant ces magistrats le jugement de la récusation, en tant qu'elle s'applique au président et à un juge, qui étaient membres du tribunal à l'époque de la protestation (Req. 29 nov. 1887, aff. Bossière, D. P. 88. 1. 260)..

52. Le renvoi pour cause de suspicion légitime peut être demandé contre les juges de paix, la disposition de l'art. 65 de l'acte constitutionnel du 22 frim. an 8 étant générale et ne faisant aucune distinction. La demande doit être portée au tribunal d'arrondissement (*Rép.* nos 63 et 88 ; Garsonnet, *op. cit.*, t. 1, p. 762; Boitard, Colmet-Daâge et Glasson, *op. cit.*, t. 1, p. 601, n° 562).

53. Le renvoi pour cause de suspicion légitime peut être demandé en matière disciplinaire, lorsqu'il est statué sur les poursuites intentées contre les avocats et officiers publics par jugement à l'audience publique (V. *suprà*, v° *Discipline judiciaire*, n°48 ; *Rép.* eod. v°, n° 59). Mais la jurisprudence refuse d'accueillir les demandes de renvoi pour cause de suspicion légitime lorsqu'un tribunal est appelé, en chambre du conseil (non en audience publique, ni pour des faits découverts à l'audience), à statuer disciplinairement sur une infraction imputée à un officier ministériel, par ces motifs que la décision rendue en ce cas n'est pas un jugement, qu'elle ne rentre pas dans les attributions exclusives du pouvoir judiciaire, dont les diverses juridictions ne conservent plus respectivement leurs rapports de supériorité et de dépendance hiérarchiques, et qu'il appartient au garde des sceaux seul de statuer souverainement sur le fond de ces poursuites. — Il a été jugé : 1° que lorsqu'un officier ministériel est poursuivi disciplinairement devant la chambre du conseil du tribunal en vertu de l'art. 103 (Décr. 30 mars 1808), la cour d'appel est incompétente pour ordonner le renvoi devant un autre tribunal pour cause de suspicion légitime(Bordeaux, 25 mai 1859, aff. G..., D.P. 61. 5. 418) ; — 2° Que les mesures disciplinaires prises en vertu de l'art. 103 du décret du 30 mars 1808 n'étant sujettes ni à l'appel ni au recours en cassation, une cour d'appel est incompétente pour statuer sur une demande de dessaisissement d'un tribunal, à raison de suspicion légitime, lorsque cette demande est un incident à une poursuite disciplinaire intentée en vertu de cet article, et dont l'appréciation souveraine appartient exclusivement au garde des sceaux (Civ. cass. 24 nov. 1884, aff. Houdas, D. P. 85. 1. 121. V. aussi v° *Discipline judiciaire*, n° 115). On a critiqué cette théorie au *Rép.* v° *Discipline judiciaire*, nos 60 à 62 (Comp. Req. 24 juin 1872, aff. Me O..., D. P. 72. 1. 419).

54. Sur les causes qui peuvent motiver l'abstention du juge, et sur leur admission, V. *infrà*, art. 2, § 1.

55. — II. Quand doit être formée la demande en sursis. — Procédure. — Le renvoi pour suspicion légitime a pour objet le dessaisissement de la juridiction d'abord saisie. On ne peut donc former une demande de renvoi de ce genre que vis-à-vis d'un tribunal déjà mis en demeure de juger

(*Rép.* n° 95 ; Crim. rej. 4 oct. 1855, aff. N..., D. P. 55. 1. 454 ; 3 oct. 1867, aff. Meurs-Masy, D. P. 68 5. 351; 4 mars 1869, aff. Proc. imp. de Montauban, D. P. 69.5. 338; Bioche, *op. cit.*, v° *Renvoi*, n° 109). Jugé qu'aucune demande de renvoi d'un tribunal à un autre, pour cause de suspicion légitime, ne peut être introduite avant que le tribunal dont le dessaisissement est sollicité ait été saisi ; que l'on ne saurait attribuer le caractère d'acte saisissant le juge à l'ordre donné par le garde des sceaux au procureur général de déférer disciplinairement un officier ministériel (un avoué) à un tribunal civil, alors que cet ordre n'a pas été exécuté (Civ. cass. 24 nov. 1884, aff. Houdas, D. P. 85. 1. 121).

56. La demande en renvoi pour cause de suspicion légitime n'est plus recevable lorsque la cause est en état : on observe la règle de l'art. 369 relative au renvoi pour cause de parenté ou d'alliance. Il en serait différemment si la cause légitime de suspicion était postérieure à la mise en état (*Rép.* nos 96 et 97 ; Garsonnet, *op. cit.* t. 2, p. 376, note 3). Il a été jugé qu'une demande en renvoi d'un tribunal à un autre, pour cause de suspicion légitime, doit être formée avant que les conclusions. aient été contradictoirement prises à l'audience, à moins que les causes sur lesquelles s'appuie cette demande ne soient survenues postérieurement (Req. 26 janv. 1881, aff. Chevassu-Périgny, D. P. 81. 1. 424).

57. La jurisprudence, comme on l'a vu au *Rép.*, n° 99, décide que la demande en renvoi pour cause de suspicion légitime n'oblige pas le tribunal saisi à surseoir au jugement de la cause ; que, notamment, la demande formée devant la cour de cassation n'a point, par elle-même, un effet suspensif ; que la cour d'appel n'est pas tenue de surseoir, bien qu'il soit justifié par un certificat du greffier de la cour de cassation qu'une pareille demande a été faite, tant que la cour de cassation n'a rien prononcé qui puisse autoriser le sursis. On a critiqué cette théorie : il est naturel qu'une simple déclaration de la partie qu'elle va se pourvoir en règlement de juges ne puisse être suffisante pour obliger le tribunal à s'abstenir de passer outre au jugement ; mais lorsque la demande a été régulièrement formée, le sursis ne s'impose-t-il pas? (Bioche, *op. cit.*, v° *Renvoi*, n° 113).

58. La jurisprudence, on l'a indiqué au *Rép.*, n° 100, n'est pas fixée sur la forme dans laquelle le renvoi pour suspicion légitime doit être demandé devant les cours d'appel. Ces cours appliquent la procédure de règlement de juges ; d'autres celle du renvoi pour parenté ou alliance. Ce dernier mode de procéder paraît le plus rationnel. Quoi qu'il en soit, le silence de la loi ne permet pas de prononcer la nullité de la demande, à raison de l'inobservation de telle ou telle formalité. La seule formalité essentielle de cette procédure, c'est l'assignation à la partie adverse (Garsonnet, *op. cit.*, t. 2, p. 376, note 2). — Il a été jugé qu'il n'est pas nécessaire que la procédure soit précédée d'une permission d'assigner, conformément à l'art. 364 c. proc. civ. ; il suffit que l'une des parties, si elles sont d'accord, présente directement requête à la cour pour obtenir la désignation d'un autre tribunal (Pau 1er août 1877, aff. Dufaur, D.P. 79. 2. 168). Mais il a été décidé, en sens contraire, que la désignation du tribunal par la cour d'appel ne peut être faite que contradictoirement avec toutes les parties ou elles dûment appelées (Paris, 20 déc. 1892 et 3 févr. 1893, aff. Consorts Gombauld, D. P. 93. 2. 224).

59. Les parties ont le droit, croyons-nous, de faire présenter une défense orale, s'il s'agit de renvoi pour suspicion légitime; elles ne le peuvent pas, au contraire, si le renvoi est demandé par suite de récusations (les art. 384 et 385 c. proc. civ. s'y opposent (V. *suprà*, v° *Récusation*, n° 80).

60. La partie qui a formé la demande en renvoi peut-elle exiger communication des explications qui sont fournies par les juges? V. sur cette question *Rép.*, n° 102.

61. Il a été jugé que la demande en renvoi pour suspicion légitime formée à l'occasion d'une poursuite disciplinaire contre un officier ministériel est un incident de cette poursuite; que, par suite, elle doit être présentée et débattue en chambre du conseil sans publicité (Civ. rej. 24 nov. 1884, aff. Houdas, D. P. 85. 1. 121). On soutenait, dans cette affaire, à l'appui du pourvoi, que la procédure des demandes de renvoi pour suspicion légitime doit être complètement assimilée à celle des règlements de

juges; qu'elle doit avoir lieu publiquement et non en chambre du conseil, quoiqu'elle se rattache à une poursuite disciplinaire considérée comme matière civile et réglée par l'art. 103 du décret du 30 mars 1808. La question est délicate. Il est difficile de voir dans une demande en renvoi pour cause de suspicion légitime un incident de la poursuite disciplinaire, quoique la cour de cassation l'ait ainsi jugé (V. *Rép.*, v° *Discipline judiciaire*, n° 175). Les motifs d'en douter sont développés au *Rép.* eod. v°, n° 60, et paraissent justes, car, la demande en renvoi étant formée devant la cour et la poursuite disciplinaire ayant lieu devant la juridiction de première instance, il y a là deux instances distinctes, dont la première ne semble pas un incident de la seconde (Rousseau et Laisney, *op. cit.*, v° *Discipline judiciaire*, n° 106; Bertin, *Chambre du conseil*, t. 1, p. 72, n° 59, et *Rép.* v° *Organisation judiciaire*, n° 209).

D'autre part, il a été décidé que la demande en renvoi pour suspicion légitime formée à l'occasion d'une poursuite disciplinaire contre un officier ministériel par le ministère public peut être introduite par simple requête, sans assignation à la partie poursuivie; les droits de la défense étant d'ailleurs sauvegardés par la notification de la décision par défaut et le droit d'opposition réservé à la partie (Civ. rej. 24 nov. 1884, aff. Houdas, D. P. 85. 1. 121).

62. Suivant un arrêt, il appartient à la cour d'appel, saisie d'une demande en renvoi devant un autre tribunal, fondée sur ce que l'abstention de la plus grande partie des juges titulaires ou suppléants rend impossible la constitution régulière du tribunal, d'examiner les motifs allégués par chaque juge à l'appui de son abstention (Besançon, 19 juill. 1875, aff. Muneret, D. P. 76. 2. 221). Aussi est-il nécessaire, en pareil cas, qu'un procès-verbal soit dressé, dans lequel doivent être exposés les motifs invoqués par chaque juge pour légitimer son abstention (Même arrêt).

63. La juridiction saisie de la demande renvoie l'affaire à un tribunal de même ordre que le tribunal suspect. Il a été jugé que, lorsque le renvoi est demandé contre un tribunal de commerce, c'est le tribunal d'arrondissement qui devient compétent, comme s'il n'existait pas de tribunal de commerce dans le ressort (*Rép.* n° 91). M. Garsonnet, *op. cit.*, t. 1, p. 764, note 11, estime qu'il est plus sûr, même en ce cas, de s'attacher au principe et de renvoyer l'affaire devant un autre tribunal de commerce.

64. Lorsque c'est la cour de cassation qui doit statuer sur le renvoi, la demande est portée devant la chambre des requêtes (L. 27 nov. 1790, art. 9). Elle est jugée sur simples mémoires par formes d'administration, et à la pluralité des voix (V. *Rép.*, v° *Cassation*, p. 22). Il n'y a pas lieu, on l'a dit au *Rép.*, n° 105, à consignation préalable de l'amende. Il n'y a pas lieu non plus à l'indemnité à laquelle doit être condamné envers son adversaire le demandeur qui succombe, en vertu de l'art. 35 du règlement du 28 juin 1738, en effet, pour que cette indemnité, qui constitue une véritable pénalité, puisse être prononcée, il faut qu'il y ait une partie appelée à venir défendre au pourvoi. Il a été jugé que l'art. 35, tit. 4, du règlement du 28 juin 1738, d'après lequel le demandeur en cassation qui succombe en sa demande doit être condamné à une indemnité envers l'autre partie, n'est pas applicable au cas d'une demande en renvoi pour cause de suspicion légitime (Req. 26 janv. 1881, aff. Chevassu-Perigny D. P. 81. 1. 424).

§ 3. — Du renvoi pour cause de sûreté publique.
(*Rép.* n° 108 à 111.)

65. L'art. 65 de la constitution de l'an 8 pose le principe du renvoi d'un tribunal à un autre pour cause de sûreté publique. Aux termes de la loi du 27 vent. an 8, art. 79, ce renvoi ne peut être demandé ni par les parties, ni même par le ministère public établi auprès du tribunal saisi de la contestation, mais seulement par le procureur général près de la cour de cassation. — Il y a lieu d'appliquer les mêmes règles qu'en cas de suspicion légitime, tant sous le rapport de la compétence des juges appelés à prononcer le renvoi qu'au point de vue de leur pouvoir discrétionnaire d'appréciation (*Rép.* n°s 108 et suiv.; Garsonnet *op. cit.*, t. 1, p. 764; Boitard, Colmet-Daâge et Glasson, *op. cit.*, t. 1, p. 601, n° 562).

§ 4. — Du renvoi pour insuffisance du nombre de juges ou d'avoués.
(*Rép.* n° 112.)

66. Cette hypothèse est régie par les dispositions relatives au règlement de juges. On s'adresse donc, comme dans les renvois pour cause de suspicion légitime, à la juridiction supérieure pour qu'elle désigne un autre tribunal du même ordre, et on observe toutes les formalités requises en cette matière (*Rép.* n° 108; *suprà*, v° *Règlement de juges*, et *Rép.* eod. v°; Garsonnet, *op. cit.*, t. 1, p. 765; Bioche, *op. cit.*, v° *Renvoi*, n°s 84 et suiv.; Boitard, Colmet-Daâge et Glasson, *op. cit.*, t. 1, p. 601, n° 562).

Art. 3. — Des renvois en matière criminelle.

§ 1er. — Des cas de renvoi pour suspicion légitime ou sûreté publique.
(*Rép.* n°s 114 à 152.)

67. En matière criminelle, les demandes en renvoi n'ont lieu que pour cause de suspicion légitime ou de sûreté publique. Les règles édictées par les art. 368 et suiv. c. proc. civ., relativement au renvoi pour cause de parenté et d'alliance, ne sont pas applicables en matière criminelle. Le renvoi pour cette cause n'est pas obligatoire. Les circonstances de parenté ou d'alliance de magistrats avec une partie pourront seulement constituer un cas de suspicion légitime. La demande de renvoi sera instruite et jugée conformément aux dispositions des art. 542 et suiv. c. instr. crim. (*Rép.* n°s 114 et suiv.; Rousseau et Laisney, *op. cit.*, v° *Renvoi d'un tribunal à un autre*, n° 94; Trébutien, *Cours de droit criminel*, t. 2, p. 613). — Il a été jugé que, si les dispositions du code de procédure civile concernant la récusation individuelle des magistrats sont applicables en matière criminelle, il en est autrement des demandes en renvoi pour parenté ou alliance : celles-ci doivent, comme les demandes en renvoi pour cause de suspicion légitime, être portées devant la cour de cassation, et être instruites et jugées conformément aux art. 542 et suiv. c. instr. crim. (Crim. rej. 12 janv. 1884, aff. Ponet, D. P. 85. 1. 426).

68. L'appréciation des faits qui peuvent motiver le renvoi pour la cause de suspicion légitime ou de sûreté publique est abandonnée à la prudence des cours (Faustin Hélie, *Traité de l'instruction criminelle*, 2e édit., t. 8, n° 4074). On a cité au *Rép.*, n°s 118 et suiv., de nombreuses décisions de la jurisprudence, les unes accueillant, les autres rejetant des demandes tendant à dessaisir des tribunaux en matière criminelle, basées notamment : sur la parenté ou l'alliance des juges avec le prévenu; sur la haine et l'inimitié du tribunal à l'égard de la partie; sur la circonstance qu'un tribunal a déjà connu de l'affaire soit comme tribunal civil, soit comme chambre d'accusation. — Il a été jugé par la cour de cassation de Belgique (1er déc. 1873, aff. Lameer, D. P. 74. 5. 427), qu'il y a lieu à renvoi pour cause de suspicion légitime si le tribunal correctionnel saisi après cassation se trouve dans le ressort de la cour d'appel qui avait une première fois jugé le fait avant la cassation.

69. Il n'y a pas lieu à renvoi par cela seul que l'outrage qui est l'objet de la poursuite a été commis envers les juges saisis (*Rép.* n° 119; Rousseau et Laisney, *op. cit.*, v° *Renvoi*, n° 101; Faustin Hélie, *op. cit.*, t. 8, n° 4075). Il a même été jugé, mais cette décision ne nous paraît pas à l'abri de la critique, qu'il n'existe pas de motifs suffisants de renvoi dans le fait par des magistrats composant un tribunal d'avoir pris une délibération à l'effet de poursuivre en diffamation un individu, et d'avoir transmis au procureur général cette délibération dans laquelle ils faisaient ressortir les motifs d'inculpation et réfutaient les moyens présumés de la défense (Crim. rej. 3 mai 1870) (1). En tous cas, la délibération prise par un tribunal pour requérir le ministère public de poursuivre des injures qui ont été dirigées contre ses membres dans un placard exposé aux yeux du public, n'a point pour effet de faire cesser sa

---

(1) (Paysant et Bazy.) — La cour de cassation a été saisie d'une demande en renvoi par le procureur général près la cour d'Alger, dont le réquisitoire était ainsi conçu : — « Le procu-

reur général près la cour impériale d'Alger à l'honneur d'exposer : — Que les magistrats composant le tribunal d'Alger ont collectivement signé et transmis au soussigné des réquisitions adoptées à

compétence relativement à la connaissance de ce délit; en cas pareil le prévenu ne peut faire dessaisir le tribunal que par la voie d'un pourvoi en cassation pour cause de suspicion légitime (Limoges, 25 juin 1852, aff. Bardon, D. P. 53. 2. 7).

70. La jurisprudence de la cour de cassation a, depuis longtemps, assimilé au cas de suspicion légitime celui où un tribunal, soit par suite de récusations exercées contre les membres qui le composent, soit par suite de leur abstention spontanée, ne peut se constituer pour juger une affaire dont il est compétemment saisi. Dans ce cas, il y a lieu à renvoi devant un autre tribunal, conformément à l'art. 542 c. instr. crim. (*Rép.* n°s 117 et 126; Faustin Hélie, *op. cit.*, t. 8, n° 4075; Rousseau et Laisney, *op. cit.*, v° *Renvoi d'un tribunal à un autre*, n° 103; Le Sellyer, *Traité de l'organisation et de la compétence des tribunaux de répression*, t. 2, n° 806). C'est ce qui a été décidé : 1° à l'égard des tribunaux de simple police (*Rép.* n° 126). Il a été jugé que l'impossibilité où un tribunal de police se trouve de se constituer pour le jugement d'une affaire équivaut au cas de récusation pour suspicion légitime, et que, par suite, il appartient à la cour de cassation, sur le recours du ministère public, d'ordonner, dans ce cas, le renvoi de l'affaire à un autre tribunal (Crim. cass. 27 avr. 1855, aff. Razoult et Anna, D. P. 55. 5. 431); — 2° A l'égard des tribunaux de police correctionnelle (*Rép.* n° 126). Décidé que l'impossibilité où se trouve un tribunal correctionnel de se composer, pour connaître d'une affaire dont il est saisi, équivaut à une cause de suspicion légitime, et qu'il y a lieu, dès lors, en pareil cas, pour la cour de cassation à ordonner, sur la réquisition du ministère public, le renvoi de l'affaire devant un autre tribunal (Crim. cass. 8 mai 1855, aff. Favereau et Berthet, D. P. 56. 5. 447; 11 févr. 1858, aff. Pla, D. P. 58. 5. 344; 4 nov. 1875, aff. Procureur général de Toulouse, D. P. 76. 5. 382; 25 nov. 1875, aff. Femme Chagneau, D. P. 76. 1. 143; 25 juill. 1879, aff. Tribunal de Château-Thierry, D. P. 79. 1. 433 ; Crim. rej. 11 juin 1880, aff. Dupuy, D. P. 81. 1. 240; 26 juin 1884, aff. Badillé et Chauvet, D. P. 86. 1. 48); — ... 3° A l'égard des cours d'assises. La question s'est présentée pour la première fois devant la cour de cassation le 23 mai 1885 (aff. Jules Vic, D. P. 86. 1. 95), et la cour, bien qu'elle n'ait pas admis le renvoi dans l'espèce, a reconnu implicitement qu'il aurait été prononcé si les circonstances avaient été différentes. Cette solution s'impose, en théorie, car si des causes de suspicion légitime existent contre les membres d'une cour d'assises, l'ordre public, la bonne administration de la justice, exigent le dessaisissement aussi bien lorsqu'il s'agit de juges de simple police ou de tribunaux correctionnels. Elle peut, en pratique, recevoir plus souvent son application, depuis la loi du 30 août 1883 sur l'organisation judiciaire (D. P. 83. 4. 58), qui a réduit dans une notable proportion le personnel des cours et tribunaux, et qui a spécialement supprimé une chambre dans la plupart des tribunaux des chefs-lieux judiciaires. Le plus grand nombre de ces tribunaux ne sont plus composés que d'un président, un juge d'instruction, deux juges titulaires et deux juges suppléants. Le juge d'instruction sera le plus souvent dans l'impossibilité légale de siéger comme assesseur, à raison des affaires instruites par lui (c. instr.

crim. 257). Si le président et les juges titulaires ont déjà, à un titre quelconque, connu de l'affaire, il y aura impossibilité de composer la cour d'assises dans la forme ordinaire. Toutefois, le renvoi devant la cour d'un autre département ne doit être ordonné qu'en cas de nécessité absolue, parce qu'il porte atteinte au principe que nul ne doit être distrait de ses juges naturels. La force majeure seule peut justifier une dérogation à cette règle fondamentale (V. Crim. rej. 11 juin 1880, aff. Dupuy, D. P. 81. 1. 240) Or, l'art. 253 c. instr. crim. permet de former autrement la cour d'assises, en faisant assister le président par deux membres de la cour d'appel, délégués à cet effet. La réduction du personnel des cours rendra parfois difficile l'emploi de ce moyen. Mais au moins faut-il que la cour d'appel ait été appelée à délibérer sur l'opportunité de cette délégation. C'est seulement après qu'elle aura rejeté que l'impossibilité absolue de constituer la cour d'assises sera démontrée, et que le renvoi devant une cour d'assises pourra être légitimement ordonné par la cour de cassation. Dans le cas où la cour d'appel juge convenable de déléguer deux de ses membres pour assister le président par deux membres dans un lieu autre que celui où elle siège, c'est au premier président qu'il appartient de désigner les conseillers assesseurs, sauf le droit réservé au ministre de la justice de faire lui-même ces désignations (Faustin Hélie, *op. cit.*, 2° édit., t. 7, n° 3102 ; Crim. rej. 10 déc. 1857, aff. Lemaire et autres, D. P. 58. 1. 95, et la note. V. aussi *Rép.*, v° *Organisation judiciaire*, n°s 673 et suiv.). — Il a été jugé que nul ne peut être distrait de ses juges naturels, sauf au cas de nécessité absolue; qu'une telle nécessité n'existe pas lorsque la cour d'assises, au chef-lieu judiciaire d'un département qui n'est pas le siège d'une cour d'appel, ne peut être composée par suite de l'empêchement légitime des magistrats du tribunal de l'arrondissement, la cour d'appel pouvant, dans un tel cas, déléguer deux de ses membres en qualité d'assesseurs; par suite, jusqu'à ce que la cour d'appel ait été mise en demeure de se prononcer sur la convenance de cette délégation, il n'y a pas lieu à renvoi devant une autre cour d'assises pour cause de suspicion légitime (Crim. rej. 23 mai 1885, aff. Jules Vic, D. P. 86. 1. 95).

71. Trois conditions sont nécessaires pour que le renvoi à un autre tribunal puisse être prononcé par la cour de cassation, par suite de l'abstention des juges. — Il faut, en premier lieu, que l'abstention ait une cause légitime (*Rép.*, n°s 128 et suiv.). Les causes de récusation sont évidemment des causes d'abstention; mais le juge peut s'abstenir pour d'autres motifs, qui sont appréciés par le tribunal (Faustin Hélie, *op. cit.*, t. 4, n° 1592).

72. En second lieu, il faut que le tribunal ait apprécié et admis la cause d'abstention invoquée par chaque juge. L'art. 380 c. proc. civ. doit être observé en matière criminelle aussi bien qu'en matière civile (Faustin Hélie, *op. cit.*, t. 125, n° 1590; t. 6, n° 2768; *supra*, v° *Récusation*, n° 4; *Rép.* eod. v°, n° 169). — Il a été jugé : 1° que le cas d'impossibilité pour un tribunal correctionnel de se constituer, par suite de récusations ou d'abstentions, ne doit être assimilé au cas de renvoi, pour cause de suspicion légitime, que si cette impossibilité est légalement établie conformément à l'art. 380 c. proc. civ.; qu'en conséquence,

---

l'unanimité, par délibération prise en assemblée générale le 22 octobre dernier, à l'effet de poursuivre en diffamation le gérant du journal l'*Akhbar* et l'auteur d'un roman-feuilleton publié dans cette feuille. — Ne se bornant pas à provoquer, conformément à l'art. 4 de la loi du 26 mai 1819, la mise en mouvement de l'action publique, les signataires de cette plainte (pièce cotée 5 au dossier) ont fait ressortir, en se les appropriant, les motifs d'inculpation, et en même temps, ont réfuté les moyens présumés de la défense. La conclusion de leur irrésistible argumentation est de reconnaître, dans la publication par eux dénoncée, tous les caractères constitutifs du délit. — Si les magistrats, réputés, à juste titre, impassibles comme la loi, conservent juridiction pour statuer sur l'injure faite à la société en leurs personnes, un motif d'abstention ou de récusation peut toutefois résulter d'un écrit émané d'eux et faisant partie de la procédure dont il est le point de départ, quand il engage leur opinion au point de faire connaître ou du moins pressentir l'issue des poursuites. — Les préoccupations locales, vivement surexcitées par les procès retentissant auquel le gérant de l'*Akhbar* et l'auteur du roman-feuilleton sont inculpés d'avoir fait d'offensantes allusions, expli-

quent sans doute les légitimes susceptibilités du tribunal, son insistance et les développements inusités qu'a reçus la plainte par lui délibérée. Mais cette même situation implique aussi qu'il convient de renvoyer à un autre siège la connaissance d'une affaire qui réveille à Alger de trop émouvants souvenirs. — En conséquence, le procureur général soussigné a l'honneur de soumettre à la chambre criminelle de la cour de cassation, avec les copies des délibérations susmentionnées, toutes les pièces de la procédure instruite, à la réquisition du tribunal d'Alger, contre les sieurs Paysant François, gérant du journal l'*Akhbar*, et Bezy Jean-Guillaume, sous-lieutenant au 1er zouaves, prévenus d'avoir, l'un comme auteur, l'autre comme complice, publiquement diffamé les membres dudit tribunal. — Il demande, par les motifs exposés ci-dessus, et conformément aux art. 542, 544 et 545 c. instr. crim., la connaissance de l'affaire soit renvoyée à un autre tribunal ».

LA COUR : — Attendu qu'il n'existe pas de motifs suffisants de renvoi pour cause de suspicion légitime ; — Rejette, etc.
Du 5 mai 1870.-Ch. crim.-MM. Legagneur, pr.-Salneuve, rap.-Bédarrides, av. gén.

l'abstention proposée par un juge et non admise par la chambre à laquelle il appartient est non avenue et ne saurait constituer une cause légale d'empêchement, ni, par suite, une impossibilité pour le tribunal de se constituer ; que spécialement, la demande en renvoi n'est pas recevable lorsque le procès-verbal produit à l'appui de la requête du procureur de la République énonce que le président du tribunal, un avocat juge suppléant unique, et, à défaut d'autres avocats, les avoués appelés dans l'ordre de leur réception, ont déclaré vouloir s'abstenir de juger un procès correctionnel, mais qu'il résulte du même procès-verbal que le tribunal n'a ni apprécié ni admis les motifs d'abstention présentés par ces magistrats et avoués (Crim. cass. 25 nov. 1875, aff. Femme Chagneau, D. P. 76. 1. 143); — 2° Que l'art. 380 c. proc. civ., portant que tout juge qui saura cause de récusation en sa personne est tenu de s'abstenir, est applicable en matière criminelle aussi bien qu'en matière civile, et qu'il appartient au tribunal correctionnel d'apprécier les motifs d'abstention formulés par quelques-uns de ses membres ; alors même que ces membres représentent la majorité du tribunal, et, dans le cas où, par suite d'abstentions régulièrement admises, un tribunal ne peut se constituer, il y a lieu à renvoi devant un autre tribunal comme en matière de suspicion légitime (Crim. cass. 26 juin 1884, aff. Badillé et Chauvet, D. P. 86. 1. 48). — Il n'est pas, croyons-nous, indispensable qu'un jugement ou un procès-verbal constate les motifs d'abstention et leur admission ; on peut se contenter d'en faire mention dans le jugement qui se prononce sur cette récusation spontanée, des formalités spéciales (Faustin Hélie, op. cit., t. 6, n° 2768, et l'arrêt précité du 25 nov. 1875).

73. La troisième condition pour que le renvoi par suite de l'abstention des juges puisse être prononcé, c'est qu'il y ait impossibilité réelle pour le tribunal de se constituer. Ainsi il a été jugé lorsque, par suite de récusations, la chambre correctionnelle d'une cour d'appel se trouve réduite pour le jugement d'une affaire à trois conseillers au lieu de cinq, qui est le nombre exigé, c'est le cas, non de recourir au renvoi devant un autre tribunal par analogie avec celui de la suspicion légitime, mais d'appeler deux conseillers d'une autre chambre pour compléter le tribunal (Crim. cass. 1ᵉʳ avr. 1858, aff. Poisson, D. P. 58. 1. 336). Si l'impossibilité de juger a pris fin, et qu'il soit démontré à la cour de cassation que le tribunal, juge naturel des parties, peut, avec sa composition nouvelle, se constituer désormais, il n'y a plus aucune raison de déroger à l'ordre légal des juridictions, et dès lors, la demande en renvoi n'a plus d'objet. Il a été jugé, conformément à cette théorie : 1° que lorsque, depuis la formation de la requête du ministère public en renvoi d'une affaire correctionnelle devant un autre tribunal, à raison de l'impossibilité où le tribunal saisi se trouverait de se constituer par suite de la récusation de plusieurs de ses membres, il est justifié devant la cour de cassation que l'impossibilité a cessé, en ce que, notamment, plusieurs des juges auraient changé de siège, il n'y a pas lieu de prononcer le renvoi demandé (Crim. rej. 29 juin 1871, aff. Taupiac, D. P. 72. 5. 384); — 2° Que la demande en renvoi d'un tribunal correctionnel à un autre, formée par une partie, à raison de l'impossibilité de se constituer où s'est trouvé le tribunal saisi de l'affaire, par suite de l'abstention de plusieurs des magistrats qui le composent doit être rejetée si, dans l'intervalle de temps écoulé entre le jugement qui, en raison des abstentions, a remis la cause sans fixation de délai, et l'audience où la cour de cassation doit prononcer sur le renvoi, il y a eu dans le personnel du tribunal dont il s'agit des changements tels que l'impossibilité de se constituer a pris fin (Crim. rej. 11 juin 1880, aff Dupuy, D. P. 81. 1. 240).

74. Sur le cas où il y a lieu de renvoi pour cause de sûreté publique, V. Rép. n°ˢ 150 et suiv.

§ 2. — Par qui et à quelle autorité le renvoi pour cause de suspicion légitime ou de sûreté publique peut être demandé (Rép. n°ˢ 153 à 157).

75. Le renvoi pour cause de sûreté publique ne peut être provoqué que par les officiers du ministère public : ceux-ci adressent leurs réclamations, leurs motifs et les pièces à l'appui, au ministre de la justice, qui les transmet, s'il y a lieu, à la cour de cassation (Faustin Hélie, op. cit., t. 8, n° 4076).

76. Le renvoi pour cause de suspicion légitime peut être demandé tant par le ministère public que par les parties intéressées (Rép. n° 153).

77. Les parties intéressées sont le prévenu ou l'accusé, et la partie civile. Le plaignant ne peut demander le renvoi que lorsqu'il s'est constitué partie civile (Rép. n° 156). Jugé que le plaignant qui s'est porté partie civile dans le procès correctionnel à l'occasion duquel une demande en renvoi pour cause de suspicion légitime a été formée, est recevable à intervenir sur cette demande devant la cour de cassation (Crim. cass. 15 juill. 1882, aff. Véran, D. P. 82. 1. 392).

78. A la cour de cassation seule, on l'a indiqué au Rép., n° 164, appartient le droit de connaître de la demande en renvoi pour cause de suspicion légitime ou de sûreté publique. — L'impossibilité pour un tribunal de se constituer par suite d'abstention des membres qui le composent équivaut, ainsi qu'on l'a exposé supra, n° 69, au cas de récusation pour cause de suspicion légitime ; le recours doit donc être porté devant la cour de cassation. Jugé que l'impossibilité où se trouve un tribunal correctionnel de se constituer équivaut au cas de récusation pour cause de suspicion légitime, et, par suite, donne lieu à renvoi de l'affaire par la cour de cassation devant un autre tribunal (Crim. cass. 11 févr. 1858, aff. Pla, D. P. 58. 5. 314; 4 nov. 1875, aff. Procureur général de Toulouse, D. P. 76.5. 382).

79. La cour a-t-elle le droit, après le tribunal lui-même (V. supra, n° 72), d'apprécier à son tour les motifs d'abstention et de contrôler leur légitimité, quand, par le nombre des juges qui s'abstiennent, il devient indispensable de renvoyer l'affaire devant un autre tribunal ? L'affirmative a été soutenue par le procureur général près la cour de cassation dans une affaire jugée le 25 juill. 1879 (Crim. cass. 25 juill. 1879, aff. Trib. Château-Thierry, D. P. 79. 1. 433). « Si, lit-on dans le réquisitoire, l'appréciation des motifs des abstentions individuelles peut, sans péril, être laissée aux tribunaux que l'admission de ces abstentions ne réduit pas à l'impossibilité de se constituer, il en est autrement quand, par le nombre des juges qui s'abstiennent, il devient indispensable de déplacer la juridiction en privant les justiciables de celle sur laquelle ils avaient le droit de compter. Si elles pouvaient se dérober au contrôle de la cour de cassation, des abstentions plus ou moins arbitraires, plus ou moins systématiques, pourraient se produire et ressembler à des dénis de justice ». Ainsi, dans plusieurs de ses arrêts, spécialement dans ceux des 24 nov. 1842 (Rép. v° Renvoi, n° 126), 11 févr. 1858 (D. P. 58. 5. 314), 19 mai 1870 (Bull. crim., n° 112), 4 nov. 1875 (D. P. 76. 5. 382), 22 nov. 1877 (Bull. crim., n° 239), la cour a constaté que la légitimité des motifs d'abstention avait été vérifiée par elle.

Cette opinion ne nous paraît pas devoir être admise. Le texte de l'art. 380 ne s'y prête pas, et les arrêts cités par le réquisitoire ne leur donnent aucun appui, à l'exception de celui de la cour de Besançon du 19 juill. 1875. Quant à la cour de cassation, dès 1819, elle affirmait dans des termes généraux, qui paraissent exclure complètement la distinction proposée, que l'article précité avait remis à la sagesse de la chambre dont fait partie le magistrat qui veut s'abstenir l'appréciation des motifs de l'abstention, et que c'était là l'exercice d'un pouvoir discrétionnaire (Crim. cass. 8 nov. 1819, Bull. crim., n° 110). Un arrêt du 25 nov. 1875 (aff. Chagneau, D. P. 76. 1. 143), qui statuait précisément dans une espèce où, par suite du nombre des abstentions, le tribunal ne pouvait pas se composer, a répété en termes exprès « que les raisons pour lesquelles le juge non récusé par les parties peut être, sur sa propre demande, autorisé à s'abstenir, ont été remises à la loi, que les dispositions de l'art. 380 ont confié à la conscience et à la sagesse de la chambre à laquelle appartient le juge qui se récuse lui-même l'appréciation des motifs d'abstention, leur admission ou leur rejet ». Dans l'intervalle de ces deux décisions, la chambre criminelle a eu l'occasion de

rendre en cette matière d'assez nombreux arrêts, et quoi-qu'ils n'aient pas eu à discuter la question dont il s'agit, il est aisé de reconnaître que, sur la nature des pouvoirs conférés à la chambre qui apprécie l'abstention, ils sont d'accord avec les idées exprimées en 1819 et en 1875 (V. notamment, 25 avr. 1855 (*Bull. crim.*, n° 115) ; 8 mai 1856 (D. P. 56. 5. 447) ; 11 févr. 1858 (D. P. 58. 5. 314) ; 22 nov. 1867 (*Bull. crim.*, n° 233) ; 19 mai 1870 (*Bull. crim.*, n° 112) ; 4 nov. 1875 (D. P. 76. 5. 382). *Adde*, 22 nov. 1877 (*Bull. crim.*, n° 239). On a vu, d'autre part (*suprà*, n° 72), que la loi n'a imposé aucune forme pour la présen-tation par le juge, et pour l'appréciation par la cham-bre à laquelle il appartient, des causes d'abstention ; qu'il suffit que l'admission se trouve affirmée sans détails plus explicites, soit par le jugement qui statue au fond sur le procès pendant, avec le concours d'autres magistrats, soit par le jugement qui, en cas d'abstention de tous les magistrats du siège, déclare que le tribunal ne peut se constituer et renvoie les parties à se pourvoir. S'il en est ainsi, comment la cour de cassation pourrait-elle être appelée à contrôler la légitimité de motifs qui peuvent ne pas être consignés par écrit et n'avoir été portés qu'à la connaissance exclusive des membres de la chambre juge de l'abstention ? Dans beaucoup de cas, les causes d'abstention peuvent être intimes et absolument person-nelles. N'est-il pas raisonnable au tribunal, qui connaît les hommes et les choses du pays où il a son siège, l'appréciation souveraine et définitive des faits et des cir-constances qui peuvent justifier le déport du magistrat. La délibération du tribunal n'est pas un jugement, c'est un acte de haute et salutaire surveillance, tout d'administra-tion intérieure, que la cour de cassation, appelée à désigner un tribunal, n'est pas toujours en mesure de contrôler ni de reviser. Cette haute juridiction elle-même ne rend pas, en ce cas, un arrêt dans le sens juridique du mot. Informé par les réquisitions du procureur général qu'un incident s'est produit qui interrompt le cours de la justice, elle prend une mesure qui fait cesser un état de choses régulièrement constaté par la délibération du tribunal ; pour elle aussi, c'est un acte d'administration qu'elle accomplit sous forme d'arrêt sans doute, parce que c'est ainsi qu'elle exerce ses pouvoirs, mais dans un intérêt d'ordre public et dans la sphère purement administrative de ses attributions.

Cette théorie a été formellement consacrée en dernier lieu par la cour suprême. Il a été jugé que la cour d'appel, à laquelle est soumise la délibération par laquelle le tribunal approuve les causes d'abstention invoquées par plusieurs des juges, commet un excès de pouvoir, si elle se livre à l'examen des causes d'abstention admises par le tribunal, et refuse, à la suite de cet examen, de faire la désignation d'un autre tri-bunal, requise par le procureur général (Civ. cass. 9 déc. 1889, aff. Arnaud, D. P. 90. 1. 65). La question se posait, dans l'espèce, à raison de l'abstention des membres d'un tribunal appelé à statuer en matière disciplinaire. Les rai-sons de décider sont identiquement les mêmes en matière criminelle.

80. C'est aussi à la cour de cassation qu'il appartient de prononcer le renvoi devant un autre tribunal, lorsque le tri-bunal saisi est dans l'impossibilité de se constituer par suite des récusations des magistrats qui le composent (*Rép.* n° 165). Dans cette hypothèse, la cour de cassation ne prononce pas sur les récusations ; elle renvoie seulement devant un autre tribunal qui a pour seule, pour unique mission de statuer sur les récusations. Si ce tribunal les déclare mal fondées, le fond de l'affaire est réservé au tribunal originairement saisi (La solution est la même s'il en admet quelques-unes, mais que, par suite du rejet des autres, les premiers magistrats se trouvent en nombre suffisant pour juger). — Si, au con-traire, le tribunal de renvoi admet les récusations, le pro-cureur de la République près le tribunal des juges récusés adresse à la cour de cassation une nouvelle demande à fin de dessaisissement définitif de ce tribunal. Cette théorie, exposée au *Rép.*, n° 130 et suiv., a été de nouveau consacrée par la jurisprudence (V. Crim. cass. 22 sept. 1881) (1) ; Trébu-tien, *Cours de droit criminel*, t. 2, p. 616).

81. La récusation d'un juge d'instruction proposée par une partie constitue une véritable demande en renvoi pour cause de suspicion légitime. Dès lors, c'est à la cour de cas-sation qu'il appartient de prononcer sur cette demande (*Rép.* n° 166 ; Faustin Hélie, *op. cit.*, t. 4, n° 1589).

§ 3. — Procédure, jugement, sursis aux poursuites.
(*Rép.* n°s 168 à 183.)

82. La demande en renvoi, pour cause de suspicion légi-time, formée par une partie intéressée, doit être adressée à la cour de cassation par une requête (*Rép.* n° 168).

83. Les demandes en renvoi, on l'a dit au *Rép.*, n° 170, n'ont pas besoin d'être revêtues de la signature d'un avocat près la cour de cassation. Aucune disposition n'exige en effet, en matière de renvoi pour cause de suspicion légi-time, l'intervention d'un avocat à la cour de cassation, et on ne saurait l'imposer sans ajouter à la loi, et gêner le libre exercice d'un droit qu'elle reconnaît (Faustin Hélie, *op. cit.*, 2e édit., t. 8, n° 407). — La jurisprudence ne s'était prononcée que relativement aux demandes de renvoi formées par des prévenus ou accusés (Crim. cass. 7 févr. 1867, aff. Even, D. P. 67. 1. 191 ; *Rép.* n° 170). On pouvait hésiter sur le point de savoir si la même règle devait s'appliquer aux demandes émanant des parties civiles. Quand il s'agit, en effet, de la requête qui contient les moyens de cassation déposée conformément à l'art. 422 c. instr. crim., on recon-naît que les parties civiles sont dans l'obligation de recourir au ministère d'un avocat près la cour, si la requête, au lieu d'être déposée au greffe du tribunal ou de la cour d'appel, est transmise directement à la cour de cassation. N'en doit-il pas être de même en matière de demande en renvoi pour cause de suspicion légitime ? N'y a-t-il pas, dans un cas

---

(1) (Affaire Ormières.) — La cour ; — Vu la demande de ren-voi devant un tribunal correctionnel autre que celui de Limoux, formée par le procureur de la République près le tribunal de première instance de l'arrondissement de ce nom, à l'occasion du procès instruit contre Ormières (Antoine), prévenu d'abus de blanc-seing ; — Vu les art. 542 et suiv. c. instr. crim., 378 et suiv. c. proc. civ. ; — Attendu que, par ordonnance du juge d'instruction près le siège de Limoux, du 24 juin 1881, Ormières avait été renvoyé devant le tribunal correctionnel de cette ville « comme prévenu d'avoir commis un abus de blanc-seing, en écrivant frauduleusement sur une quittance, dans l'espace laissé en blanc au-dessus de la signature, une décharge pouvant com-promettre la fortune de Bezombes, signataire de ladite quittance, fait prévu et puni par l'art. 407 c. pén. » ; que, par un acte reçu au greffe du tribunal de Limoux, à la date du 28 juillet dernier, Ormières a récusé le président et deux juges de ce tribunal, pour avoir, « connu du différend », dans le sens de l'art. 378, § 8, c. proc. civ., en prononçant précédemment sur l'action civile intentée par Bezombes contre Ormières, pour obtenir condam-nation contre ce dernier au payement des fermages dont la décharge était mentionnée dans l'acte qui renfermerait l'abus de blanc-seing, et en constatant, dans le jugement de condamnation conforme aux conclusions prises par Bezombes, l'existence des éléments constitutifs du délit actuellement imputé à Ormières ; — Attendu que, aux termes des art. 385 et suiv. c. proc. civ., le

jugement sur récusation doit être rendu par le tribunal devant lequel elle s'est produite ; que conséquemment la cour de cassa-tion ne doit pas, en l'état de la procédure, statuer sur la récu-sation ; — Attendu que l'acte du 28 juillet a été dirigé contre tous les membres du tribunal de Limoux, à l'exception d'un juge suppléant ; que, par suite, ce tribunal ne peut rendre juge-ment sur la récusation proposée contre trois de ses membres ; — Attendu que l'impossibilité pour un tribunal de se constituer par suite de récusation est assimilée au cas de conflit négatif et de suspicion légitime ; que conséquemment, il convient de restreindre la mission du tribunal de renvoi à faire ce que le tribunal de Limoux ne saurait faire, c'est-à-dire à prononcer sur la récusation, conformément aux art. 385 et suiv. c. proc. civ., sauf au procureur de la République près le siège de Limoux, au cas où la récusation, après avoir été déclarée admissible, serait reconnue fondée, à adresser à la cour de cassation une nou-velle demande de dessaisissement définitif du tribunal de cette ville ;

Renvoie Ormières (Antoine), en l'état où il se trouve, et les pièces de la procédure, au tribunal correctionnel de Car-cassonne, pour être par lui statué sur les récusations proposées par le susnommé contre le président et deux juges du tribunal de Limoux.

Du 22 sept. 1881.-Ch. crim.-MM. de Carnières, pr.-Saint-Luc Courborieu, rap.-Ronjat, av. gén.

comme dans l'autre, des garanties à prendre pour certifier l'identité du demandeur? Mais ces raisons ne sont pas décisives : du moment où le législateur a pris soin de déterminer, dans un chapitre spécial, les formalités auxquelles les demandes de renvoi d'un tribunal à un autre doivent être assujetties, il ne convient pas de rien y ajouter. Jugé en ce sens que les demandes en renvoi pour cause de suspicion légitime adressées à la cour de cassation par des accusés, prévenus ou parties civiles, n'ont pas besoin d'être revêtues de la signature d'un avocat près de cette cour (Crim. cass. 11 mai 1882, aff. Epoux Baudet, D. P. 82. 1. 484).

84. Les demandes en renvoi, pour cause de suspicion légitime ne sont pas non plus assujetties à la consignation préalable de l'amende (*Rép.* n° 170 ; Crim. cass. 11 mai 1882, cité *suprà*, n° 83 ; 3 oct. 1867, *Bull. crim.* n° 218).

85. La requête en renvoi pour cause de suspicion légitime en matière civile ou correctionnelle est non recevable, si elle n'est pas enregistrée. En effet, aux termes de l'art. 47 de la loi du 28 avr. 1816, lequel ne fait que reproduire les dispositions de la loi du 21 pluv. an 11, et de l'art. 68, § 6, n° 3, de la loi du 22 frim. an 7, tout premier acte de recours au tribunal de cassation, quel qu'en soit l'objet, soit par requête, mémoire ou déclaration, en matière civile de simple police, ou de police correctionnelle, doit être enregistré, et les seuls actes de recours qui en sont dispensés, sont ceux qui sont formés en matière criminelle. D'autre part, l'art. 47 de la loi du 22 frim. an 7 interdit aux juges de rendre aucun jugement par un acte non enregistré. Jugé qu'en matière correctionnelle, la requête en renvoi pour suspicion légitime doit être rédigée sur papier timbré et enregistrée (Crim. cass. 15 juill. 1882, aff. Véran, D. P. 82. 1. 392 ; Crim. rej. 21 août 1884, aff. Claudius Morel, D. P. 85. 1. 480). — En matière criminelle, au contraire, la requête est exempte de la formalité du timbre et de l'enregistrement (Faustin Hélie, *op. cit.,* t. 8, n° 4077).

86. Aux termes de l'art. 545 c. instr. crim., sur le vu de la requête et des pièces, la chambre criminelle statue définitivement, sauf l'opposition, ou ordonne que le tout soit communiqué. Si la cour statue définitivement, un arrêt est notifié, soit au ministère public ou au tribunal dessaisi, soit à la partie civile, soit au prévenu ou accusé.

Le droit de former opposition à cet arrêt appartient à la partie défenderesse, mais non au demandeur (*Rép.* n° 171 ; Faustin Hélie, *op. cit.,* t. 8, n° 4066). L'opposition doit être formée dans le délai de trois jours et dans les formes prescrites par les art. 417 et suiv. c. instr. crim. (art. 549 c. instr. crim.). — Il a été jugé que l'opposition formée par les accusés à l'arrêt de la chambre criminelle de la cour de cassation qui a statué sur une demande de renvoi pour cause de sûreté publique ou pour suspicion légitime est non recevable lorsqu'elle n'a pas été formulée au greffe, mais notifiée par acte extrajudiciaire au procureur général près la cour de cassation (Crim. cass. 7 mai 1875, aff. Gaudin, Emmanuelli et Ollagnier, D. P. 76. 1. 143).

87. Lorsque la demande est formée pour la sûreté publique, la cour n'ordonne jamais la communication ; elle s'en tient aux allégations du Gouvernement dont elle apprécie la valeur (*Rép.* n° 180 ; Faustin Hélie, *op. cit.,* t. 8, n° 407). Lorsque, au contraire, la demande est faite pour cause de suspicion légitime, la cour, au lieu de statuer immédiatement, peut ordonner que le tout soit communiqué. L'arrêt de soit communiqué emporte de plein droit sursis au jugement du procès (*Rép.* n° 172 et suiv.). La communication est faite, lorsque la demande est formée par l'une des parties, à l'autre partie et au ministère public ; si elle est formée par le ministère public, elle est faite à toutes les parties intéressées (Faustin Hélie, *op. cit.,* t. 8, n° 4078).

L'existence d'une demande en renvoi seule, alors qu'il n'a pas été rendu d'arrêt de soit communiqué, n'oblige pas le tribunal saisi à surseoir au jugement de l'affaire (*Rép.* n° 176). Il a été jugé, en ce sens, qu'une cour d'appel n'est tenue d'accueillir des conclusions à fins de sursis fondées sur l'existence d'une demande en renvoi pour cause de suspicion légitime, qu'autant qu'un arrêt de soit communiqué a été rendu par la cour de cassation (Crim. rej. 23 juin 1882, aff. Paul Genay, D. P. 82. 1. 392).

88. Lorsque les documents produits à la cour sont insuffisants pour permettre d'apprécier une demande en renvoi pour cause de suspicion légitime, il y a lieu de la communiquer au procureur général près la cour du ressort auquel appartient le tribunal saisi, et aux parties contre lesquelles la plainte a été dirigée, pour provoquer les observations des parties et l'avis du procureur général (Crim. cass. 11 mai 1882, aff. Epoux Baudet, D.P. 82. 1. 484).

89. La cour de cassation, dans les cas de renvoi pour suspicion légitime, ou d'impossibilité pour un tribunal de se constituer par suite de récusations, est libre de renvoyer devant le tribunal qu'elle juge à propos de saisir. Dans le cas où l'impossibilité pour le tribunal de se constituer provient de toute autre cause que celle de récusations, elle doit se conformer, toutes les fois que cela sera possible, aux règles de compétence *ratione loci* (*Rép.*, v° *Compétence criminelle*, n° 100 ; Le Sellyer, *Traité de la compétence et de l'organisation des tribunaux chargés de la répression des contraventions des délits et des crimes*, t. 2, n° 806).

Art. 4. — *Du renvoi en cas d'infirmation de jugement ou de dessaisissement de juges en matière civile et criminelle.* — *De l'exécution des jugements en cas de confirmation* (*Rép.* n°° 184 à 205).

90. — 1° *Matière civile.* — On a étudié *suprà*, v° *Jugement*, n°° 470 et suiv., les questions relatives au *Renvoi en cas de confirmation ou infirmation de jugement.* Nous nous bornerons à compléter ce travail, en indiquant et en commentant quelques décisions de la jurisprudence qui n'y ont pas été rapportées.

91. Les difficultés d'exécution des jugements ressortissent toujours aux tribunaux civils, quelle que soit la juridiction d'où émane le jugement à exécuter. Les tribunaux de commerce ne peuvent en connaître. Cette incompétence, toutefois, on l'a dit *suprà*, v° *Jugement*, n° 478, doit être entendue strictement. Il a été jugé que lorsqu'un jugement interlocutoire infirmé émane d'un tribunal de commerce, la cour qui refuse d'évoquer le fond doit renvoyer l'affaire devant un autre tribunal de commerce, la défense faite aux tribunaux de commerce de connaître de l'exécution de leurs jugements ne concernant que l'exécution des jugements définitifs, et non l'instruction à suivre après un jugement préparatoire ou interlocutoire (Req. 6 juill. 1863, aff. Synd. Dury, D. P. 64. 1. 27).

92. Aux termes de l'art. 472 c. proc. civ., si le jugement est confirmé, l'exécution au tribunal dont le jugement a été frappé d'appel (V. *suprà*, v° *Jugement*, n° 483). Mais il a été jugé que l'arrêt confirmatif d'un jugement prononçant une condamnation à des dommages-intérêts à donner par état, peut, sans que la cour soit réputée s'être immiscée dans l'exécution du jugement, contrairement à l'art. 472 c. proc. civ., prescrire des mesures simplement destinées à faciliter la liquidation de ces dommages-intérêts ; et, par exemple, la cour a le droit de prolonger la durée d'un bail que le jugement confirmé avait résilié, avec dommages-intérêts au profit du preneur, si, pour leur évaluation, il est nécessaire que les choses restent en l'état jusqu'à ce que les éléments en aient été recueillis et constatés (Civ. rej. 12 juin 1861, aff. Mauguin et Gérard, D. P. 61. 1. 259). — Décidé aussi que lorsqu'un arrêt, confirmatif d'un jugement ordonnant une enquête, fixe le délai dans lequel il doit être procédé à cette enquête, la cour qui l'a rendu est compétente pour proroger ce délai, une telle prorogation se rapportant à l'exécution, non du jugement confirmé, mais de l'arrêt confirmatif (Req. 20 août 1862, aff. Salomon et cons., D. P. 63. 1. 65).

93. Si le jugement est infirmé au fond, l'exécution appartient à la cour, ou au tribunal qu'elle a indiqué (*Rép.* n° 187, *suprà*, v° *Jugement*, n° 486). Il a été décidé que les juges d'appel peuvent, en vertu du droit qui leur appartient de connaître des difficultés relatives à l'exécution de leurs décisions infirmatives, ordonner le dépôt entre les mains d'un notaire de valeurs litigieuses, et se réserver le droit d'en ordonner autrement, suivant les circonstances (Civ. cass. 3 juin 1874, aff. Oget, D. P. 75. 1. 30. V. *suprà*, v° *Dépôt-séquestre*, n° 82 ; *Rép. eod.* v°, n° 220).

94. Lorsque le premier juge n'a pas statué au fond et que l'affaire n'est pas en état, la cour ne peut statuer elle-

même, l'évocation n'étant pas alors permise (V. *suprà*, v°
Jugement, n° 488; Dutruc, *op. cit.*, v° *Appel des jugements
des tribunaux civils*, n°s 518 et suiv.). Mais il a été jugé
que l'appel d'un jugement qui prononce le rejet d'une
demande par une fin de non-recevoir liée au fond, saisit
la cour de la cause en entier, le tribunal ayant épuisé
sa juridiction ; que, par suite, la cour peut, après infirmation du jugement, retenir le fond, et se réserver l'exécution de son arrêt, quoique aucunes conclusions au fond
n'aient été prises devant les premiers juges : ici s'applique
l'art. 472 c. proc. civ., et non l'art. 473 relatif aux conditions de l'évocation; qu'ainsi, en cas d'appel d'un jugement
qui a rejeté une demande d'inscription de faux pour défaut
de qualité, la cour peut, après avoir écarté cette fin de non-
recevoir par un arrêt infirmatif, admettre l'inscription de
faux, et s'en réserver la procédure, en exécution de son
arrêt (Req. 26 juin 1860, aff. Burette et autres, D. P. 60. 1.
440).

95. Lorsque le premier juge avait jugé au fond, le juge
d'appel se trouve saisi du procès tout entier par l'effet dévolutif de l'appel ; s'il infirme le jugement, il doit statuer sur
le fond du procès et ne peut renvoyer l'affaire devant un juge
du premier degré (V. *suprà*, v°s *Jugement*, n° 487, et *Degrés
de juridiction*, n°s 192 et suiv.). Il a été jugé que le tribunal,
en infirmant une sentence de juge de paix qui rejetait, en
matière d'action possessoire, l'offre faite par le demandeur
de prouver sa possession, et déclarait, dès lors, l'action mal
fondée, peut renvoyer les parties devant le premier suppléant du même juge de paix, pour qu'il soit procédé à cette
preuve : il ne fait en cela qu'user de la faculté qui lui est
réservée par l'art. 1035 c. proc. civ., et n'est réputé ni se
dessaisir de l'affaire contrairement à l'effet dévolutif de
l'appel;... ni en saisir un suppléant de juge de paix, en violation des principes qui président à l'organisation des justices
de paix (Civ. rej. 13 mars 1866, aff. Robert, D. P. 66. 1. 184).

96. Si le premier juge n'a pas statué au fond, mais que
l'affaire soit en état, le premier juge peut soit retenir l'affaire,
soit la renvoyer devant un autre tribunal, ou devant le
même tribunal composé de magistrats différents (V. *Rép.*
n°s 188 et suiv.; *suprà*, v° *Jugement*, n° 197 ; Rousseau et
Laisney, *op. cit.*, v° *Appel*, n° 497). Il a été jugé que la
cour d'appel qui infirme le jugement par lequel un tribunal
de commerce s'est déclaré incompétent à raison de la matière, peut renvoyer l'affaire devant le même tribunal composé d'autres juges ; par suite, si ce tribunal refuse de se
constituer conformément à l'arrêt infirmatif, et se déclare
de nouveau incompétent par le motif, d'une part, que l'injonction relative à sa composition nouvelle équivaut à une
récusation exercée contre plusieurs de ses membres, dans
des formes autres que celles déterminées par le code de
procédure, et, d'autre part, que s'agissant d'une incompétence matérielle, il est tenu de se dessaisir d'office, sa décision
est nulle pour atteinte à l'autorité de la chose jugée, aux
règles de la hiérarchie judiciaire et pour excès de pouvoir
(Civ. cass. 24 déc. 1862, aff. Lahousse, D. P. 63. 1. 28).
M. Glasson (sur Boitard et Colmet-Daage, *op. cit.*, t. 2,
p. 14, note 1) ne croit pas que la cour puisse renvoyer à
une autre chambre du même tribunal : « Le texte formel de
l'art. 472, dit-il, s'y oppose. Ensuite ne pourrait-il pas
arriver que, par suite du roulement, quelques-uns des magistrats qui ont pris part à la sentence infirmée fussent maintenant attachés à cette autre chambre chargée de connaître
des difficultés d'exécution? »

97. D'après l'art. 472 c. proc. civ., « si le jugement est
infirmé, l'exécution appartient à la cour ou à un autre tribunal indiqué par le même arrêt, *sauf les cas de la demande
en nullité d'emprisonnement, en expropriation forcée, et autres
dans lesquels la loi attribue juridiction* ». — Pour l'interprétation des derniers mots de l'article : « sauf les autres cas
dans lesquels la loi attribue juridiction », deux systèmes se
sont formés.

98. — A. — Suivant un premier système consacré par la
jurisprudence (V. *Rép.*, v° *Jugement*, n° 490), pour que, après
infirmation, il y ait lieu à renvoi devant le même juge,
il ne suffit pas que ce juge ait reçu de la loi une attribution spéciale à l'effet de procéder en *première instance* sur
la matière en litige ; il faut, de plus, qu'une disposition
expresse lui attribue encore juridiction, même après que

l'infirmation aura été prononcée. On a cité, v° *Jugement*,
n°s 491 et suiv., les cas dans lesquels il y a compétence
d'attribution, au sens spécial de l'art. 472.

L'art. 528 c. proc. civ. décide que, s'il y a appel d'un
jugement qui a rejeté une demande en reddition de compte,
l'arrêt infirmatif doit renvoyer, pour la reddition et le jugement du compte, au tribunal où la demande a été formée,
ou à tout autre tribunal de première instance. Dans cette
matière, le législateur n'a pas voulu priver les parties de
l'avantage des deux degrés de juridiction. La cour est tenue
de renvoyer devant un tribunal, mais elle peut, à son gré,
choisir le tribunal de renvoi (V. *suprà*, v° *Compte*, n°s 18 et
suiv. ; *Rép.* eod. v°, n°s 71 et suiv. ; Req. 2 juin 1858, aff.
Berthier, D. P. 58. 1. 451). Il a été jugé qu'en cas d'arrêt infirmatif ordonnant une restitution de fruits, la cour n'est pas
tenue, comme en matière de demande à fin de reddition de
compte, de renvoyer immédiatement les parties devant les
juges de première instance : elle peut décider que, si des
difficultés surviennent sur l'exécution de l'arrêt, il y sera fait
droit par elle ; une telle décision n'impliquant pas qu'elle
gardera la connaissance du compte de fruits auquel ces difficultés peuvent donner lieu, et lui laissant, au contraire,
toute liberté pour régler sa compétence conformément à la
loi (c. proc. civ. art. 472 *et* 528) (Req. 22 avr. 1861, aff.
Lemerle, D. P. 61. 1. 438). La décision qui ordonne une
restitution de fruits n'emporte pas, en effet, la nécessité d'un
compte judiciaire de ces fruits ou, en d'autres termes, d'une
instance en reddition de compte dans le sens de l'art. 528
c. proc. civ. Cet article ne peut devenir applicable que s'il
s'élève plus tard entre les parties des difficultés donnant
lieu à la procédure spéciale établie par les art. 527 et suiv.

99. La jurisprudence, par application de la théorie
qu'elle a adoptée, décide qu'en matière de partage de succession ou de communauté, les art. 822 c. civ. et 59. c. proc.
ne renferment pas, en faveur du tribunal du lieu de l'ouverture de la succession, relativement aux difficultés nées à
propos de l'exécution des arrêts qui ont infirmé ses décisions, cette attribution de juridiction qui peut et doit faire
renvoyer devant lui ces difficultés, en vertu de la disposition finale de l'art. 472; aucune disposition de loi n'attribuant, en matière de partage, au tribunal civil de première
instance du lieu de l'ouverture de la succession, juridiction,
même après un arrêt infirmatif rendu sur la demande en
partage; et les art. 822 c. civ. et 59 c. proc. n'ayant pour
but que de déterminer, d'une manière générale, le tribunal devant lequel il y a lieu de procéder en première
instance, mais n'excluant pas l'application de la règle fondamentale établie par l'art. 472 c. proc. (V. *Rép.* n° 187;
suprà, v° *Jugement*, n° 496). Il a été jugé que l'art. 472
c. proc., qui veut que l'exécution d'un arrêt infirmatif appartienne à la cour qui l'a rendu, ou à un tribunal par elle
indiqué, autre que celui qui a rendu le jugement, s'applique en matière de partage : l'attribution de compétence
faite par les art. 822 c. civ. et 59 c. proc. au tribunal du lieu
de l'ouverture de la succession ne s'applique pas aux difficultés relatives à l'exécution des arrêts infirmatifs qui peuvent intervenir en cette matière (Req. 11 août 1856, aff.
Treillet, D. P. 57. 1. 21; 30 juill. 1856, aff. Rigal, D. P.
56. 1. 409; Civ. cass. 27 juin 1859, aff. Grimard, D. P.
59. 1. 289; Civ. rej. 31 janv. 1872, aff. Gilles, D. P. 73. 1. 70;
Toulouse, 3 déc. 1883, aff. Anastasie Touzac, D. P. 84. 2. 81).
— Mais il a été décidé: 1° que le renvoi devant le tribunal qui
a rendu le jugement infirmé peut être prononcé, lorsque le
jugement infirmé n'a eu à résoudre ni à préjuger aucune
question concernant le partage, et que, par exemple, il n'a
statué que sur une question de validité de testament, à la
solution de laquelle était subordonnée, seulement par voie
de conséquence, la nécessité du partage (Civ. rej. 25 janv.
1858, aff. Borel de Bottemont, D. P. 58. 1. 63); — 2° Qu'en
matière de partage de succession, le tribunal de l'ouverture n'a pas une compétence exclusive, et que dès lors,
la cour doit renvoyer pour l'exécution, devant un tribunal
autre que celui dont la décision est infirmée ; mais que ce
renvoi n'est pas obligatoire quand l'infirmation ne porte
que sur les sursis de statuer prononcés par le tribunal et
les moyens d'instruction qu'il a ordonnés (Toulouse 31 déc.
1883, aff. Anastasie Touzac, D. P. 84. 2. 81). Il n'y a pas,
dans ce cas, à proprement parler, infirmation, et les juges

ne sauraient être sérieusement soupçonnés de résister à l'exécution d'un arrêt qui ne le contredit pas ouvertement leur décision.

100. Il a été jugé qu'en cas de renvoi, par un arrêt infirmatif, des opérations d'un partage devant un tribunal autre que celui qui a rendu le jugement infirmé, la cour ne peut, sans excès de pouvoir, désigner le juge chargé de procéder à ces opérations : la nomination de ce juge appartient exclusivement au tribunal devant lequel le partage a été renvoyé (Civ. cass. 27 juin 1859, aff. Grimard, D. P. 59. 1. 298). En cas de renvoi, en effet, l'exécution de l'arrêt infirmatif ne peut appartenir qu'aux juges devant lesquels l'affaire a été renvoyée ; — Mais, au contraire, l'arrêt infirmatif qui modifie les bases des comptes, liquidation et partage de la succession de la femme et de la société d'acquêts ayant existé entre elle et son mari, sans renvoyer la cause devant le tribunal, peut valablement désigner un juge de ce tribunal pour la surveillance des opérations du partage. (Civ. rej. 31 janv. 1872, aff. Gilles, D. P. 73. 1. 70). La cour, restant saisie de la cause pour connaître de l'exécution de son arrêt, avait toute liberté de confier à un magistrat du tribunal le soin de surveiller les opérations du partage.

101. — B. — Un second système étend l'exception prévue par l'art. 472 in fine à tous les cas dans lesquels la loi assigne une juridiction différente de la juridiction ordinaire, telle que la déterminerait la nature de l'action, sans qu'il soit nécessaire, du reste, que le texte attributif de juridiction ait expressément envisagé l'hypothèse d'un arrêt infirmatif. On applique les derniers mots de l'art. 472 non seulement aux cas indiqués dans les art. 528, 670 et 765, mais encore aux cas prévus par les art. 59 c, proc. civ., 822, 1476 c. civ., 567, 608 c. proc. civ., c'est-à-dire en matière de société, de faillite, de garantie, de partage de succession ou de communauté, de mainlevée de saisie-arrêt, de revendication de meubles saisis et aussi en matière d'ordre et de distribution par contribution (V. supra, v° Jugement, n° 490). « Ce système, dit M. Sarrut (note, arrêt de la cour de Toulouse du 31 déc. 1883, cité supra, n° 99), paraît seul conforme à la lettre et à l'esprit de la loi. Limiter l'exception édictée par la disposition finale de l'art. 472 aux textes qui statuent sur le renvoi après arrêt infirmatif, et spécialement aux art. 528, 670 et 765 c. proc. civ., c'est tracer une limite arbitraire, l'art. 472 se bornant à parler des cas dans lesquels la loi s'occupe expressément de renvoi après arrêt infirmatif. C'est en outre supposer l'inutilité de la disposition finale de l'art. 472, car cet article, posant une règle générale, ne pouvait mettre obstacle à l'application des textes spéciaux : qu'on insérât ou non dans l'art. 472 les mots « sauf les cas dans lesquels la loi attribue juridiction », les art. 528, 670, 765, par cela seul qu'ils stipulaient expressément pour certaines hypothèses spéciales, devaient évidemment faire loi. Enfin, on établit entre les cas pour lesquels l'art. 472 in fine déroge à la règle générale une antinomie inexplicable : en effet, il y a nommément exception pour l'emprisonnement et l'expropriation forcée, et cependant les art. 794 c. proc. civ. et 2210 c. civ. ne prévoient pas expressément l'hypothèse d'un renvoi après arrêt infirmatif : pourquoi les autres cas visés par la même exception seraient-ils soumis à des conditions d'application toutes différentes? En matière de partage, la jurisprudence, en permettant le renvoi devant un tribunal autre que celui de l'ouverture de la succession, se heurte tout particulièrement à un ensemble de dispositions qui impliquent la compétence de ce tribunal (Comp. notamment, les art. 969, 970, 971 et 973 c. proc. civ.). Toute instance en partage peut entraîner une licitation, la licitation n'est, évidemment, possible que devant le tribunal de l'ouverture de la succession (c. civ. 827) : ce tribunal doit donc retenir tous les incidents de la procédure. Permettre que tel ou tel incident s'en éloigne, n'est-ce pas, d'ailleurs, aller manifestement contre le vœu de la loi qui, dans l'intérêt des héritiers et d'une bonne justice, centralise au lieu de l'ouverture la procédure en matière de succession » (V. en ce sens, Rousseau et Laisney, op. cit., v° Appel, n° 499 et suiv.).

102. Pour ce qui concerne le renvoi en cas d'infirmation pour incompétence, V. Rép., n° 185; supra, v° Degrés de juridiction, n° 211 et suiv.; Rép. eod. v°, n° 602 et suiv.

103. Lorsque le jugement dont est appel est infirmé et confirmé partiellement, l'exécution, on l'a dit supra, v° Jugement, n° 497 et suiv. (Rép. eod. v°, n° 581 et suiv.), appartient, en principe, au tribunal pour les parties confirmées, à la cour pour les parties infirmées. Si la contestation porte uniquement sur le chef infirmé, elle est de la compétence de la cour ; si elle porte uniquement sur les dispositions du jugement qui ont été confirmées, elle est de la compétence du tribunal. Toutefois, l'exécution de l'arrêt peut être renvoyée devant le tribunal qui a rendu le jugement même quant aux mesures ordonnées comme conséquence de l'infirmation dans deux cas : 1° si le jugement n'a été infirmé que sur des points accessoires ; 2° lorsqu'il y a indivisibilité ou connexité entre les différents chefs du jugement (V. Boitard, Colmet-Daâge et Glasson, op. cit., t. 2, p. 84, note 1 ; Rousseau et Laisney, op. cit., v° Appel, n° 493). — Conformément à cette théorie, il a été jugé : 1° que l'art. 472 c. proc. civ., qui ne permet pas de renvoyer l'exécution d'un arrêt infirmatif au tribunal qui a rendu le jugement infirmé, ne s'applique pas au cas d'infirmation partielle, et à celui, notamment, où le jugement, confirmé en tant qu'il ordonne la liquidation d'une succession, n'a été infirmé que sur des chefs intéressant les bases de cette liquidation, et par exemple, sur une question relative à l'existence ou à l'étendue de rapports à opérer entre les cohéritiers ; en conséquence, le tribunal duquel émane ce jugement peut être saisi des opérations de la liquidation, d'après les bases nouvelles fixées par l'arrêt (Civ. rej. 8 mars 1858, aff. Lecoûturier de Saint-James, D. P. 58. 1. 97); — 2° Que l'art. 472 c. proc. civ. qui dispose que l'exécution d'un arrêt infirmatif doit, si la cour n'en retient pas la connaissance, être renvoyée au tribunal autre que celui duquel émane le jugement infirmé, n'est pas applicable au cas d'infirmation partielle, et notamment au cas où les juges d'appel, en ordonnant, comme les premiers juges, la reddition d'un compte, ont infirmé le jugement, en ce qu'il avait admis la preuve de faits de dol et de fraude articulés par l'ayant compte contre le rendant compte (Req. 2 juin 1858, aff. Berthier, D. P. 58. 1. 451); — 3° Qu'en cas d'infirmation d'un jugement sur quelques-uns de ses chefs seulement, et notamment sur des chefs accessoires, l'exécution de l'arrêt peut être renvoyée devant le tribunal qui a rendu le jugement partiellement infirmé (Req. 12 nov. 1862, aff. Mac-Nab, D. P. 63. 1. 244); — 4° Qu'au cas d'infirmation partielle d'un jugement, l'exécution entière peut être renvoyée au tribunal qui l'a rendu, si cette infirmation n'atteint pas les chefs essentiels de ce jugement, et surtout si les chefs confirmés et infirmés sont indivisibles entre eux (Toulouse, 27 août 1864, aff. Commune de Labroquère, D. P. 64. 2. 162); — 5° Que l'exécution d'un arrêt qui confirme le jugement sur la demande originaire, et l'infirme sur une demande formée par le défendeur contre un tiers, peut être renvoyée devant le tribunal qui a rendu le jugement, même quant aux mesures d'instruction ordonnées par suite de l'infirmation, si la demande que concernait le chef infirmé n'est que qu'une conséquence et qu'une annexe de celle sur laquelle a statué le chef confirmé (Civ. cass. 20 nov. 1866, aff. Chemin de fer de Paris à Lyon, D. P. 66. 1. 439); — 6° Qu'en cas d'infirmation partielle d'un jugement, sans que la cour ait retenu l'exécution de son arrêt, le tribunal qui a rendu ce jugement est, dans le silence de l'arrêt, compétent pour connaître à la fois de l'exécution des chefs confirmés et de celle des chefs infirmés, surtout quand il y a connexité entre ces divers chefs, comme lorsqu'il s'agit d'une instance en bornage s'appliquant à plusieurs parcelles de terre qui ont été l'objet, les unes des chefs confirmés, les autres de ceux infirmés (Req. 29 avr. 1861, aff. Husson d'Oisy, D. P. 61. 1. 461).

104. — 2° Matière criminelle. — V. Rép. n° 493 et suiv.; supra, v° Appel en matière criminelle, n° 95 et suiv. et Rép. eod. v° n° 336 et suiv.; Compétence criminelle, n° 310 et suiv. et Rép. eod. v°, n° 534 et suiv.; Degrés de juridiction, n° 229 et suiv. et Rép. eod. v°, n° 653 et suiv.

ART. 5. — Du renvoi après cassation (Rép. n° 206 à 212).

105. Cette matière est traitée supra, v° Cassation, n° 470 et suiv. et Rép. eod. v°, n° 2112 et suiv.

106. On a indiqué supra, v° Cassation, n° 497 et suiv., les cas où la cassation est prononcée sans renvoi. Ces cas

exceptionnels sont notamment : celui où l'annulation n'a été prononcée que dans l'intérêt de la loi ; et, en matière criminelle, celui prévu par l'art. 429-6° c. instr. crim. où l'arrêt est annulé parce que le fait qui a motivé la condamnation n'est pas, selon la cour de cassation, un délit qualifié tel par la loi. Il a été jugé que lorsque la cour de cassation annule un jugement de conseil de guerre, sur le motif qu'il a reconnu aux faits de la prévention le caractère de tel crime ou de tel délit, sans énoncer, dans la question y relative, les éléments constitutifs de ce crime ou de ce délit, il y a lieu à renvoi devant un autre conseil de guerre, si la procédure indique qu'il soit possible d'arriver, devant de nouveaux juges, à la reconnaissance de l'existence de ces éléments, ou si les faits de la prévention constituent un autre crime ou délit (Crim. cass. 20 août 1857, aff. Fescourt et autres, D. P. 57. 1. 411).

Table sommaire

des matières contenues dans le Supplément et le Répertoire.

(Les chiffres précédés de la lettre S renvoient au Supplément ; les chiffres précédés de la lettre R renvoient au Répertoire.)

Table des articles du code de procédure civile et du code d'instruction criminelle.

Table chronologique des Lois, Arrêts, etc.

REPRISE D'INSTANCE.

Division.

§ 1. — Historique. — Législation. — Droit comparé (n° 1).
§ 2. — Dans quels cas il y a lieu à reprise d'instance (n° 6).
§ 3. — Par qui et contre qui l'instance peut être reprise (n° 35).
§ 4. — Procédure et jugement (n° 48).

---

§. 1er. — Historique. — Législation. — Droit comparé
(Rép. n°s 1 à 5).

1. Le projet de revision du code de procédure civile déposé sur le bureau de la chambre par le ministre de la justice le 6 mars 1890 (V. *suprà*, v° *Enquête*, n° 2) apporte quelques modifications aux règles qui gouvernent actuellement les reprises d'instances. « Le titre 17 du code de procédure, art. 342-351, qui s'occupe des reprises d'instance, dit-on dans l'exposé des motifs, ne reconnaît aucune cause d'interruption de l'instance lorsqu'une affaire est en état ; si elle n'est pas en état, l'instance est interrompue par la notification de la mort d'une des parties, — ou encore de plein droit par la mort, la démission, l'interdiction, la destitution d'un des avoués. La règle établie par le code, quand l'affaire est en état, n'a pas été changée ; et l'affaire est en état lorsque les parties ont respectivement pris et déposé leurs conclusions, principe qui existe déjà sous l'empire du code actuel et qui est fixé dans l'article 2 du projet sous une forme plus simple que dans l'art. 343 du code. — L'affaire n'est-elle pas en état ? le projet innove sur le code, en supprimant une des causes d'interruption d'instance et en donnant à l'autre cause plus d'extension. Comme on vient de le voir, en effet, la cessation des fonctions d'un avoué occupant pour une des parties interrompt actuellement de plein droit l'instance, en sorte qu'il faut, pour que l'affaire reprenne son cours, constitution de nouvel avoué ; or ce sont là des frais et des lenteurs inutiles ; pourquoi ne pas admettre que, de plein droit (à moins, bien entendu, que les parties n'en constituent un autre), le successeur de l'avoué dont les fonctions ont cessé sera chargé de suivre l'affaire ; il n'y a à cela que des avantages. Toutefois comme il peut y avoir un intervalle entre la cessation des fonctions de l'ancien avoué et la nomination de son successeur (si c'est par la mort ou la destitution par exemple que les fonctions de l'avoué ont cessé), il est nécessaire que, pendant ce temps, quelqu'un soit chargé d'occuper pour l'ex-avoué dans toutes les instances en cours, et on peut laisser au président du tribunal le soin de nommer à cet effet un administrateur provisoire ; de là, le principe général posé dans l'art. 1 du projet, qui doit s'appliquer quand l'affaire est en état que quand elle n'y est pas, et qui innove dans ce sens qu'il n'est est ainsi sous l'empire du code actuel que si l'affaire est en état. Cette cause d'interruption d'instance supprimée, le projet étend la seconde qui est actuellement la notification de la mort d'une des parties (art. 344). A la mort d'une des parties le projet assimile son changement d'état ou la cessation des fonctions dans lesquelles il procédait ; dans ces deux derniers cas, l'art. 345 du code actuel décide qu'il n'y aura pas interruption d'instance. Il a paru bon que cette règle fût renversée. Il est difficile d'admettre, en effet, qu'un mineur devenu majeur, par exemple, se trouve obligé d'avoir l'avoué que son tuteur avait choisi, et aussi que cet avoué soit de plein droit tenu de continuer à occuper pour le majeur. Aussi l'art. 3 du projet assimile à la notification de la mort d'une des parties la notification de la cessation des fonctions dans lesquelles il occupait ou de son changement d'état. Cette cause d'interruption d'instance ainsi élargie n'offre, d'ailleurs, aucun inconvénient, car l'art. 4 du projet permet de faire une nouvelle constitution d'avoué dans la notification même qui porte la cause de l'interruption à la connaissance de la partie adverse, et il en sera ainsi alors même que le défendeur (lorsque la cause de l'interruption viendra du demandeur) n'aura pas encore constitué avoué. Enfin une dernière innovation du projet consiste à simplifier et à réduire les frais du procès en supprimant le jugement actuellement nécessaire pour que l'instance interrompue soit reprise, si la partie assignée en reprise ne comparait pas. L'art. 6 décide que l'instance est reprise dans tous les cas de plein droit, soit par la notification même emportant constitution d'avoué qui est prévue au paragraphe 1 de l'art. 4, soit dans le délai normal des assignations nouvelles nécessitées par l'interruption de l'instance ». Dans le projet, six articles sont consacrés aux reprises d'instance. Ils sont ainsi conçus : « — Art. 1er. En cas de décès, de démission ou de destitution de l'avoué de l'une ou l'autre partie, le successeur dudit avoué est de plein droit constitué pour cette partie, à moins qu'elle n'en constitue un autre. Jusqu'à la nomination du successeur, le président du tribunal désigne d'office, ou sur requête, un administrateur provisoire, qui est constitué de plein droit dans toutes les instances en cours. — Art. 2. Lorsque les parties ont respectivement pris et déposé leurs conclusions, l'affaire est en état, et le jugement n'est pas différé. — Art. 3. Dans les affaires qui ne sont pas en état, la notification de la mort, du changement d'état de la partie, ou de la cessation de fonctions dans lesquelles elle procédait, interrompt l'instance, et toutes les procédures postérieures à cette notification sont nulles. — Art. 4. Si la notification contient constitution et est faite à la requête d'une partie ayant capacité et qualité pour ester en justice, elle emporte de plein droit reprise de l'instance, qui est continuée sur les derniers errements de la procédure. Si la notification ne contient pas constitution d'avoué, la procédure ne peut être continuée qu'après assignation en reprise d'instance, donnée à la requête de la partie qui a reçu la notification, soit aux héritiers de la partie décédée, soit à la partie en ses nouvelles fonctions et qualités ; dans tous les cas, les héritiers jouiront des délais qui leur sont accordés par l'art. 795 du code civil pour faire inventaire et délibérer. — Art. 5. Si le décès, le changement d'état ou la cessation des fonctions du demandeur sont survenus avant que le défendeur ait constitué avoué, notification lui en est faite avec assignation nouvelle et sans qu'il soit besoin d'une citation préalable en conciliation. — Art. 6. La reprise de l'instance a lieu de plein droit sans jugement préalable, soit après la notification, conformément au paragraphe premier de l'art. 4, soit à l'expiration des délais des assignations nouvelles données aux parties intéressées ».

2. — DROIT COMPARÉ. — Le code de procédure civile pour l'Empire d'Allemagne, du 30 janv. 1877, admet des causes d'interruption de l'instance, qui ne sont pas écrites dans le nôtre, notamment la guerre, le changement d'état. En outre, en Allemagne, le décès survenu de la partie, indépendamment de toute notification, interrompt l'instance. Le titre 5, intitulé *De l'interruption et de la suspension de l'instance*, contient les dispositions suivantes : « Art. 211. — En cas de décès d'une partie, l'instance est interrompue jusqu'à sa reprise par les successeurs universels. S'ils tardent à reprendre l'instance, les successeurs universels peuvent être ajournés en reprise d'instance et en même temps pour plaider au fond ;... — Art. 219. Lorsqu'une partie perd la capacité d'ester en justice ou lorsque le représentant légal d'une partie meurt ou cesse d'avoir qualité pour la représenter, sans que la partie elle-même soit devenue capable d'ester en justice, l'instance est interrompue jusqu'à ce que le représentant légal ou le nouveau représentant légal ait notifié sa constitution à l'adversaire, ou jusqu'à ce que l'adversaire ait notifié au représentant son intention de continuer l'instance ;... — Art. 221. Dans les procédures par ministère d'avocat-avoué, si l'avocat-avoué d'une partie décède ou devient incapable de la représenter, l'instance est interrompue jusqu'à ce que le nouvel avocat-avoué constitué ait notifié sa constitution à l'adversaire ; — Art. 222. Si le tribunal cesse de fonctionner par suite d'une guerre ou d'un autre événement, l'instance est interrompue tant que dure cet état de choses ;... — Art. 224. Lorsqu'une partie se trouve sous les drapeaux en temps de guerre, ou réside dans un lieu dont les communications avec le tribunal saisi de la contestation sont interrompues par suite de décisions de l'autorité, ou par suite de guerre ou autres cas fortuits, le tribunal peut, même d'office, ordonner la suspension de l'instance jusqu'à la cessation de l'empêchement ;... — Art. 226. L'interruption et la suspension de l'instance ont pour effet d'arrêter le cours de tout délai, le délai entier recommence à courir après cessation de l'interruption ou

de la suspe[...]es actes de procédure concernant le
fond de l'affa[...]ccomplis par une partie pendant l'interruption ou la [...]nsion de l'instance restent sans effet à
l'égard de l'a[...]rtie. L'interruption survenue après la
clôture du déb[...]ne fait point obstacle à ce que la décision à rendre [...]ite de ce débat soit prononcée;... —
Art. 228. Les [...] peuvent convenir que l'instance sera
suspendue. Cet[...]ention n'a aucun effet sur le cours des
délais de rigueu[...] les deux parties ne comparaissent pas
au jour fixé pou[...]e débat oral, l'instance est suspendue
jusqu'à ce que l'u[...]e des parties fasse signifier une nouvelle
citation.

3. Le code de procédure civile du canton du *Valais*, du
30 mai 1855, ne contient qu'une seule disposition relative à
la reprise d'instance. Aux termes de l'art. 640, le délai accordé par la loi, le juge ou la convention, pour faire un acte
de procédure, est suspendu pour l'une et l'autre des parties
par le décès de l'une d'elles. Il ne reprend son cours que
huit jours après la signification par laquelle l'une des parties aura donné connaissance à la partie adverse des derniers errements ou du dernier acte de la procédure. Si ce
sont les représentants du défunt qui donnent suite au procès, la signification sera à l'instance de l'un des héritiers ou
du curateur de la succession. Dans le cas contraire, la signification se fera à l'un des héritiers qui aura accepté purement
et simplement, ou au représentant de la succession vacante
ou acceptée sous bénéfice d'inventaire.

4. Le titre XXI de la loi sur la procédure civile du canton
de *Genève* du 29 sept. 1819 est consacré à la suspension et à la
reprise d'instance. — Art. 272. L'instance est suspendue si
toutes les parties le requièrent. — Art. 273. Elle sera encore
suspendue: par le défaut de comparution de toutes parties;
par le décès de l'une d'elles; par son interdiction; par la
cessation des fonctions en vertu desquelles elle agissait; par
le décès, la démission, la suspension ou l'exclusion du procureur constitué dans la cause. — Art. 274. Les circonstances
énoncées dans l'article précédent n'arrêtent ni les conclusions du ministère public, ni la prononciation du jugement,
si le plaidoirie est terminée, ou si l'instruction par écrit,
qui doit en tenir lieu, est complète. — Art. 275. L'instance sera
reprise par un exploit d'ajournement si elle ne l'est entre
les parties d'un commun accord.

5. L'art. 126 du code de procédure civile du canton de
Vaud, du 25 nov. 1868, porte qu'en cas de mort, d'absence
présumée ou déclarée, ou de changement d'état de l'une
des parties, l'instance est suspendue. Elle est continuée,
s'il y a lieu, contre ou par celui qui est appelé à représenter
la partie qui fait défaut.

§ 2. — Dans quels cas il y a lieu à reprise d'instance.
(Rép. n°s 6 à 61.)

6. Le jugement de l'affaire qui est en état n'est différé,
aux termes de l'art. 342 c. proc. civ., ni par le changement
d'état des parties, ni par la cessation des fonctions dans lesquelles elles procédaient, ni par leur mort, ni par les décès,
démissions, interdictions ou destitutions de leurs avoués.
L'affaire est en état, on l'a dit au *Rép.* n° 6, lorsque la plaidoirie est commencée; et la plaidoirie est réputée commencée quand les conclusions ont été respectivement
prises à l'audience. Il s'agit ici des conclusions au fond, les
seules qui puissent lier l'instance contradictoirement. — Il a
été jugé que l'affaire ne peut être considérée comme étant
en état, par cela seul qu'il a été signifié des conclusions
incidentes tendant à ce que le demandeur, en raison de sa
qualité d'étranger, fût assujetti à la caution *judicatum solvi*
(Paris, 8 mai 1874, *Journal des avoués*, t. 99, p. 237; Dutruc,
Supplément aux lois de la procédure civile et commerciale de
Carré et Chauveau, v° *Reprise d'instance*, n° 5; Garsonnet,
Traité théorique et pratique de procédure, t. 2, p. 285,
note 2; Rousseau et Laisney, *Dictionnaire de procédure
civile*, v° *Reprise d'instance*, n° 7).

7. L'affaire s'instruit-elle par écrit? la cause est en état
quand l'instruction est complète, c'est-à-dire après les premières productions faites par les parties, les productions
nouvelles que la loi autorise étant purement facultatives;
ou lorsque les délais des productions et des réponses sont
expirés (*Rép.* n°s 9 et suiv.; Boitard, Colmet-Daâge et

Glasson, *Leçons de procédure civile*, 15e édit., t. 1, p. 566,
n° 534; Dutruc, *op. cit.*, v° *Reprise d'instance*, n° 12;
Bioche, *Dictionnaire de procédure civile et commerciale*,
4e édit., v° *Reprise d'instance*, n° 5; Rousseau et Laisney,
op. cit., v°, n° 10).

8. Devant les tribunaux de commerce et de paix, la
cause étant ou devant être jugée au jour indiqué par l'assignation, la cause n'est en état que de ce jour indiqué, et le
décès d'une partie arrivé avant le jugement annulerait le
jugement pris contre elle ou en son nom. Il y a donc lieu de
reprendre l'instance par une assignation nouvelle dans le
cas de décès de l'une des parties (Rousseau et Laisney,
op. cit., v° *Reprise d'instance*, n° 25).

9. Devant la cour de cassation, l'affaire est en état
lorsque les différentes parties ont déposé au greffe les
mémoires autorisés par la loi (*Rép.* n° 15; Dutruc, *op. cit.*,
v° *Reprise d'instance*, n° 9; Bioche, *op. cit.*, eod. v°, n° 7;
Rousseau et Laisney, *op. cit.*, eod. v°, n° 23). Dans le cas
où le défendeur ne comparaît pas, l'affaire est en état
lorsque le certificat de défaut a été délivré par le greffier
et que le demandeur a saisi la chambre civile par le dépôt
au greffe de l'arrêt d'admission (Rousseau et Laisney, *op.
cit.*, v° *Reprise d'instance*, n° 23).

10. Si le tribunal, au lieu de statuer sur le fond, a
ordonné un avant dire droit, par exemple, une enquête ou
une expertise, l'instance ne sera plus considérée comme
étant en état que lorsque les parties auront conclu sur le
fond. Il y a alors lieu à reprise d'instance, si l'un des
événements prévus par l'art. 342 se produit depuis le jugement interlocutoire et avant les conclusions sur le fond
(Bioche, *op. cit.*, v° *Reprise d'instance*, n° 10 et suiv.;
Dutruc, *op. cit.*, eod. v°, n° 7),

11. Lorsque la cause est en état, aucun des événements
indiqués par l'art. 342 c. proc. civ. ne peut interrompre l'instance ni empêcher le jugement. Mais il peut arriver, comme
on l'a indiqué au *Rép.*, n° 18, qu'une affaire cesse d'être en
état: par exemple, le partage d'avis du tribunal, le décès
du juge rapporteur lorsque l'instruction est faite par écrit,
une modification du personnel de la chambre, ou du tribunal, telle que des conclusions nouvelles soient nécessaires
(Rousseau et Laisney, *op. cit.*, v° *Reprise d'instance*, n° 26;
Dutruc, *op. cit.*, eod. v°, n°s 10 et 11; Bioche, *op. cit.*, eod.
v°, n°s 8 et 9). Il a été jugé: 1° que le décès de l'une des
parties donne lieu à reprise d'instance même lorsqu'il est
arrivé après que les conclusions respectives ont mis la cause
en état, si des conclusions nouvelles deviennent nécessaires,
à raison des changements survenus dans la composition de
la chambre saisie de l'affaire, ces conclusions nouvelles
ne pouvant être posées au nom de la partie décédée qu'après
reprise de l'instance avec ses représentants (Civ. cass.
8 août 1859, aff. Veuve de Lery, D. P. 59.1.345); — 2° qu'une
affaire n'est réputée en état, quand les conclusions posées
à une première audience ont été prises de nouveau à une
audience ultérieure, à raison d'un changement dans la composition du tribunal ou de la cour, qu'à l'époque de ces
dernières conclusions qui, seules, ont saisi valablement les
juges; qu'en conséquence, le décès de l'avoué de l'une des
parties, survenu dans l'intervalle des deux audiences,
donne lieu à constitution de nouvel avoué (Civ. cass. 25 avr.
1864, aff. Ceccaldi, D. P. 64. 1. 182).

12. Quand un procès a pour objet un droit personnel à
l'une des parties, et par suite, non transmissible à ses héritiers, l'instance se termine par le décès de cette partie. Si
l'affaire est en état au moment du décès, doit-on appliquer
l'art. 342 c. proc. civ., et le tribunal peut-il prononcer jugement pour les accessoires, les dépens? Oui, en principe
(V. *Rép.* n° 19; Rousseau et Laisney, *op. cit.*, v° *Reprise
d'instance*, n° 27; Dutruc, *op. cit.*, eod. v°, n° 15; Bioche,
op. cit., eod. v°, n° 16). Mais il a été jugé que l'instance à fin
d'interdiction n'est pas susceptible d'être reprise, après la
mort du défendeur, par ses légataires universels; qu'ils ne
peuvent justifier cette reprise d'instance par la nécessité de
faire statuer sur les dépens d'appel, la cour n'ayant plus le
pouvoir de statuer sur ces dépens, qui ne sont qu'un accessoire de l'instance principale éteinte par le décès de l'intimé
(Douai, 2 juin 1875, aff. Fauquenoy, D. P. 76. 2. 231).

13. Dans une espèce soumise à la cour de cassation,
l'une des parties étant décédée après les conclusions prises

et signifiées, ses héritiers avaient constitué avoué et pris des conclusions tendant à ce qu'ils fussent déclarés recevables dans leur demande en reprise d'instance. Alors que les débats étaient engagés sur cette recevabilité, leur avoué, sur une observation du président, prit des conclusions au nom de la personne décédée, tendant à ce qu'il fût dit que la cause était en état, qu'elle serait jugée, en conséquence, et qu'il y avait lieu d'adjuger les conclusions prises avant le décès. La cour a décidé que, la cause se trouvant en état lors de la mort de la partie, il n'y avait lieu à reprise d'instance et que le fait que les héritiers avaient pris des conclusions ne pouvait l'empêcher de statuer sur les conclusions prises par les parties avant le décès, lesquelles avaient mis l'affaire en état (Civ. cass. 27 juill 1871, aff. Delespine d'Andilly, D. P. 71. 1. 81).

14. En ce qui concerne l'effet du décès de l'époux demandeur en divorce ou en séparation de corps, sur l'instance engagée, V. *suprà*, v° *Divorce et séparation de corps*, n°s 382 et suiv.

15. Dans les affaires qui ne sont pas en état, deux causes seules sont interruptives d'instance : 1° la mort de l'une des parties; 2° les décès, démission, interdiction ou destitution des avoués (*Rép.* n° 36).

16. Le décès de la partie doit être notifié pour qu'il y ait lieu à reprise d'instance. A défaut de notification, la procédure postérieure au décès et le jugement rendu sont réguliers (*Rép.* n° 37; Boitard, Colmet-Daàge et Glasson, *op. cit.*, t. 1, p. 568, n° 535; Dutruc, *op. cit.*, v° *Reprise d'instance*, n° 22; Bioche, *op. cit.*, cod. v°, n° 31). « Les procédures faites et les jugements obtenus après le décès de la partie, dit M. Garsonnet (*op. cit.*, t. 2, p. 618, note), un mois avant sa notification, sont valables, et il n'y a pas de distinction à faire à cet égard, suivant que les procédures ont été faites et les jugements obtenus par l'avoué de la partie adverse ou par celui du défunt; ceux-ci sont également valables par l'application de l'art. 2008 c. civ.: « Si le mandataire ignore la mort du mandant ou l'une des causes qui font cesser le mandat, ce qu'il fait dans cette ignorance est valable. — Si cependant, connaissant le décès de son client, l'avoué continuait à procéder, il encourrait des dommages-intérêts ». Il a été jugé que le décès d'une des parties survenu avant que la cause soit en état n'interrompt légalement l'instance qu'à la condition d'être notifié à l'adversaire de cette partie (Req. 18 avr. 1877, aff. Epoux Nelly, D. P. 77. 1. 293).

17. La signification de l'acte de décès n'est pas obligatoire (*Rép.* n° 41; Garsonnet, *op. cit.*, t. 2, p. 618; Dutruc, *op. cit.*, v° *Reprise d'instance*, n° 27). Il a été jugé, en ce sens, que la notification du décès de l'une des parties avant que l'affaire soit en état donne lieu à reprise d'instance, sans qu'il soit besoin de communication de l'acte de décès (Paris, 8 mai 1874, *Journal des avoués*, t. 99, p. 237).

18. Le décès, aux termes de l'art. 344 c. proc. civ., doit être notifié. La plupart des auteurs estiment qu'une simple déclaration de l'avoué faite par acte d'avoué à avoué est suffisante, sauf l'action en dommages-intérêts contre cet officier ministériel ou sa partie, si la déclaration est fausse (Bioche, *op. cit.*, v° *Reprise d'instance*, n° 32; Dutruc, *op. cit.*, eod. v°, n° 27; Rousseau et Laisney, *op. cit.*, eod. v°, n° 32; Comp. *Rép.* n° 40).

19. Dans le second cas prévu par l'art. 344, c'est-à-dire lorsqu'il s'agit des décès, démission, interdiction, destitution des avoués, l'instance est interrompue de droit. Aucune notification n'est nécessaire (*Rép.* n° 40; Garsonnet, *op. cit.*, t. 2, p. 617; Rousseau et Laisney, *op. cit.*, v° *Reprise d'instance*, n° 34). Par le mot ﬔémission, la loi indique l'acte par lequel l'avoué se démet de sa charge, par lequel il cesse d'être avoué. La démission donnée par l'avoué n'interrompt l'instance que lorsqu'elle a été acceptée (Boitard, Colmet-Daàge et Glasson, *op. cit.*, t. 1, p. 569, n° 536).

20. La disposition de l'art. 334 c. proc. civ., ainsi qu'on l'a exposé au *Rép.*, n° 54, ne doit être interprétée ni au cas de révocation de l'avoué, ni au cas où il renonce à son mandat ou refuse de l'exécuter. « Sur le premier point, disent MM. Boitard, Colmet-Daàge et Glasson, *op. cit.*, t. 1, p. 568, n° 536, l'art. 75 est formel; une fois que chaque partie a constitué son avoué, elle ne peut plus le révoquer sans en constituer un autre; les procédures faites contre l'avoué révoqué, mais

non remplacé, sont complètement val[...]oi, qui autorise l'interruption de l'instance dans le[...]orce majeure indiqués par l'art. 344, n'a pas voulu[...]dans la main de l'une des parties un moyen si c[...]d'interrompre une instance dont elle redouterait l[...]at. Vainement révoquera-t-elle son avoué, vainem[...]ifiera-t-elle la révocation, les procédures de l'adv[...]eront valablement notifiées à l'avoué révoqué; l'a[...]voqué restera passivement représentant de son clie[...]nt qu'il n'aura pas été constitué un autre avoué. Quan[...]cas de renonciation de la part de l'avoué constitué, l[...]n'en a rien dit; elle n'exclut pas formellement pour ce cas, comme pour celui de révocation, la faculté d'interruption de l'instance; cependant il faut décider de même que, ni par la renonciation de l'avoué, ni par la révocation du client, l'instance n'est interrompue; que l'avoué qui renonce, comme l'avoué révoqué, reste positivement le représentant de son client, tant que la constitution d'un autre avoué n'a pas été notifiée. En effet, il ne faut pas permettre à l'avoué, par collusion avec le client, d'interrompre une instance qu'il peut avoir grand intérêt de retarder. De plus, l'art. 344 ne nous indique comme cause d'interruption d'instance que le décès, démission, interdiction, destitution de l'avoué, et nullement le cas de renonciation de l'avoué au mandat judiciaire. Or, les cas d'interruption sont absolument limitatifs, il ne nous appartient pas d'en ajouter un seul » (V. en ce sens : Garsonnet, *op. cit.*, t. 2, p. 617).

21. Les procédures faites et les jugements pris postérieurement à la notification du décès de l'une des parties, et à la mort ou à la cessation des fonctions des avoués, sont nulles. C'est par une erreur de rédaction que l'art. 344 c. proc. civ. ne déclare nuls les jugements qu'au cas de cessation des fonctions de l'avoué; ils ne le sont pas moins après le décès d'une partie (*Rép.* n° 55; *op. cit.*, Garsonnet, t. 2, p. 619). — Cette nullité n'est pas une nullité d'ordre public que le ministère public puisse requérir et prononcer d'office. Elle ne constitue pas non plus une nullité absolue en ce sens que toutes les parties puissent s'en prévaloir. La nullité de l'art. 344 est purement relative et ne concerne que les intéressés, à savoir : la partie où les héritiers ou ayants cause de la partie contre qui l'on a continué de procéder, alors que l'instance était interrompue de son chef. Leur adversaire ne peut s'en prévaloir ni en appel, ni en première instance. Cette théorie, enseignée au *Rép.*, n° 55, admise par tous les auteurs (Garsonnet, *op. cit.*, t. 2, p. 619; Rousseau et Laisney, *op. cit.*, v° *Reprise d'instance*, n° 37; Dutruc, *op. cit.*, eod. v°, n° 25; Bioche, *op. cit.*, eod. v°, n° 34), a été de nouveau consacrée par la jurisprudence. Il a été jugé que la nullité prononcée par l'art. 344 c. proc. civ., à l'égard des poursuites faites postérieurement à un décès, n'est pas absolue; qu'elle ne produit ses effets que relativement aux héritiers de la partie décédée, qui pourraient éprouver un préjudice par suite d'actes qu'ils n'auraient pu surveiller (Metz, 6 juin 1866, aff. Commune de Châtel-lez-Cornay, D. P. 66. 2. 133; Conf. Liège, 16 nov. 1883, aff. Hardy, D. P.85. 2. 53).

22. Les règles relatives à l'interruption de l'instance, étant d'intérêt purement privé, les parties intéressées peuvent renoncer à s'en prévaloir, et bien que cette renonciation ne doive pas se présumer, elle peut être tacite aussi bien qu'expresse. Il a été jugé que la nullité des procédures faites des jugements obtenus, sans qu'il y ait eu assignation en reprise d'instance contre les héritiers d'une partie décédée depuis la demande, dont le décès a été notifié à son adversaire, est couverte du moment que ces héritiers intimés ont pris en cette qualité des conclusions devant la cour, et n'ont pas excipé de l'inaccomplissement des formalités prescrites pour la reprise de l'instance engagée contre leur auteur (Req. 18 avr. 1877, aff. Epoux Nelly, D. P. 77. 1. 293).

23. La mise au rôle peut être valablement faite après le décès de la partie adverse (*Rép.* n° 57; Garsonnet, *op. cit.*, t. 2, p. 618, note 3).

24. On a émis au *Rép.*, n° 56, l'opinion que le jugement qui a été rendu postérieurement à la notification de la mort de l'une des parties ou au décès et à la cessation de fonctions des avoués, ne peut être attaqué que par les voies ordinaires, par appel si le jugement est en premier ressort, par requête civile s'il est en dernier ressort, par la voie de cas-

sation dans les cas déterminés par la loi. La voie du désaveu serait encore ouverte, en cas de prévarication de la part de l'avoué de la partie décédée. Tel est aussi l'avis de M. Garsonnet. « La nullité des jugements rendus au mépris de l'interruption de l'instance, dit cet auteur, *op. cit.*, t. 2, p. 619, note 5, ne se demande ni par une action en nullité, ni par une demande en rapport de jugement introduite devant le tribunal qui l'a rendu. Cette espèce d'opposition, dont usait en pareil cas l'ancienne jurisprudence, est aujourd'hui sans exemple et même sans analogie : elle ne pourrait ressembler qu'à la tierce opposition; or, la tierce opposition n'est ouverte qu'aux tiers comme son nom l'indique, et une partie n'est jamais admise à la former. On se bornera donc à introduire contre le jugement une procédure de recours ordinaire ou extraordinaire, et à faire valoir, à l'appui, la nullité dont il s'agit » (V. en ce sens : Rousseau et Laisney, *op. cit.*, vᵒ *Reprise d'instance*, nᵒ 38; Bioche, *op. cit.*, eod. vᵒ, nᵒ 35). — Mais il a été décidé que le jugement rendu contre une personne qui était décédée lors de la signification de l'exploit introductif d'instance est nul, et qu'il n'est pas besoin de prendre la voie de l'opposition, de la tierce opposition ou de la requête civile, pour faire tomber un pareil jugement, mais qu'il suffit d'en demander la nullité, lorsqu'on l'exécution en est poursuivie (Rouen, 10 févr. 1855, *Journal de cette cour*, 1855, p. 78; Dutruc, *op. cit.*, vᵒ *Reprise d'instance*, nᵒ 36). Dans ce cas, il ne s'agit pas de reprise d'instance. L'instance n'a jamais été engagée, puisque le défendeur était mort, lors de l'assignation.

25. La nullité des simples actes de procédure faits au mépris de l'interruption de l'instance se demande par voie d'incident devant le tribunal saisi de la contestation (*Rép.*, nᵒ 56; Bioche, *op. cit.*, vᵒ *Reprise d'instance*, nᵒ 35; Garsonnet, *op. cit.*, t. 2, p. 619, note 5).

26. Le changement d'état des parties ou la cessation des fonctions en lesquelles elles procédaient, survenus avant que la cause soit en état, n'interrompt pas légalement l'instance, lors même qu'ils ont été notifiés. Cette doctrine exposée au *Rép.*, nᵒˢ 23 et suiv., est admise par tous les auteurs (Garsonnet, *op. cit.*, t. 2, p. 615 et 616, note 2; Bioche, *op. cit.*, vᵒ *Reprise d'instance*, nᵒˢ 39 et suiv.; Rousseau et Laisney, *op. cit.*, eod. vᵒ, nᵒˢ 64 et suiv.; Dutruc, *op. cit.*, eod. vᵒ, nᵒ 38). « Pourquoi la loi, disent MM. Boitard, Colmet-Daage et Glasson, *op. cit.*, t. 1, p. 369, nᵒ 537, n'a-t-elle pas voulu que l'instance fût interrompue par le changement d'état des parties et la cessation des fonctions dans lesquelles elles procédaient, comme elle l'est par les deux circonstances prévues par l'art. 344? La raison en est simple; et, croyons-nous, assez juste : c'est que les deux circonstances de l'art. 344, la mort de l'une des parties ou la perte de son avoué, laissent les intérêts de cette partie absolument sans défenseur; c'est qu'il y a impossibilité absolue, matérielle, de plaider ou de bien plaider dans les deux cas indiqués par l'art. 344. Au contraire, qu'une fille majeure vienne à se marier, il n'y a pas pour elle impossibilité de se défendre par elle-même, ou d'avertir son mari du procès entamé par elle ou contre elle. De même, qu'un tuteur vienne à cesser ses fonctions, il peut donner au tuteur qui lui succède, ou au mineur devenu majeur, connaissance du procès entamé pour ou contre lui ». Conformément à cette théorie, il a été jugé : 1ᵒ que le changement d'état des parties et la cessation des fonctions dans lesquelles elles procédaient n'empêchent pas la continuation des procédures; qu'un arrêt est donc valablement rendu contre le tuteur d'un mineur qui avait introduit l'instance, bien que ce mineur soit devenu majeur avant que la cause se soit trouvée en état (Req. 1ᵉʳ févr. 1876, aff. Robert, D. P. 76. 1. 323); — 2ᵒ Que si, au cours d'une instance dans laquelle une fille est engagée, celle-ci contracte mariage et ne notifie pas son changement d'état à l'adversaire, celui-ci n'est pas tenu d'appeler le mari en cause ni plus tard de signifier le jugement (Paris, 31 janv. 1888, aff. Manfredi, D. P. 89. 2. 200).

27. La question de savoir si ces principes s'appliquent en matière de liquidation a été examinée *suprà*, vᵒ *Faillites et banqueroutes, liquidations judiciaires*, nᵒ 449. On a indiqué que, d'après la jurisprudence dominante, l'instance est légalement interrompue quand l'une des parties est déclarée en faillite, avant que la cause soit en état; et qu'il y a nécessité, pour l'autre partie, de former contre les syndics

une demande en reprise d'instance, conformément aux art. 346 et suiv. c. proc. civ. Cette solution ne paraît pas conciliable avec le texte de la loi; l'art. 345 c. proc. civile dispose, en effet, expressément que le changement d'état des parties et la cessation des fonctions dans lesquelles elles procédaient, n'empêcheront pas la continuation des procédures, lors même qu'elles se produiraient avant que la cause soit en état. On peut critiquer cette disposition de la loi, contraire à l'ancienne jurisprudence; mais on ne peut se soustraire à son application. Il est vrai que le jugement déclaratif de faillite emporte, aux termes de l'art. 443 c. com., le dessaisissement du failli, et qu'à partir de ce jugement, toute action mobilière ou immobilière ne peut plus être poursuivie que contre les syndics; mais c'est là précisément un de ces changements d'état qui, aux termes formels de la loi, n'empêche pas la continuation de l'instance. Si, du reste, l'opinion contraire devait l'emporter, une autre difficulté se présenterait; la cour de Bordeaux y a fait allusion dans l'arrêt du 20 févr. 1860 (aff. Syndic Dupuis, D. P. 60. 5. 327): « La faillite d'une partie survenue avant que l'affaire soit en état ne peut, dit-elle, donner lieu à reprise d'instance, *alors surtout qu'elle n'a pas été notifiée* ». Faudrait-il, pour que la faillite interrompît l'instance, qu'elle fût notifiée à l'adversaire, comme la loi l'exige pour le décès d'une partie, ou bien l'instance serait-elle interrompue de plein droit et sans notification, comme elle l'est par la mort ou la cessation de fonctions d'un avoué? Le texte de l'art. 345, aux termes duquel le changement d'état d'une partie n'opère pas interruption de l'instance, supprime cette difficulté. Il n'est donc pas exact de dire, avec la cour de Paris (Paris, 18 mars 1875, aff. Blanc, D. P. 78. 2. 49), que « ne pouvant plus suivre le procès contre le failli personnellement, le demandeur est, par la force des choses, tenu de mettre le syndic en cause ». D'une part, cette affirmation est contraire à l'art. 345, en ce qu'elle crée un nouveau cas de reprise d'instance; d'autre part, il y a un moyen simple pour l'adversaire du failli d'obtenir justice, en conciliant les art. 345 c. proc. civ. et 443 c. com. : c'est de prendre un jugement par défaut contre le syndic qui ne pose pas de conclusions au fond; c'est au syndic qu'il appartiendra d'y former opposition, s'il ne veut pas que le jugement devienne définitif.

28. L'instance est interrompue par le décès de la partie qui agissait à la fois en son propre nom et comme représentant d'une autre partie; ainsi on doit reprendre l'instance contre les héritiers du mari qui procédait comme administrateur des biens de sa femme et en son nom personnel (Bioche, *op. cit.* vᵒ *Reprise d'instance*, nᵒ 43; Garsonnet, *op. cit.*, t. 2, p. 616, note 2). L'instance engagée contre une section de commune est aussi interrompue par le décès du syndic spécial qui la représente, parce qu'une section de commune n'existe juridiquement que par le syndic qui la représente, et meurt, pour ainsi dire, avec lui (*Rép.* nᵒ 39; Garsonnet, *op. cit.*, t. 2, p. 616, note 2).

29. Lorsqu'un maire agissant pour sa commune est remplacé, ou quand un adjoint est substitué à son collègue, il n'y a pas lieu à reprise d'instance (Bioche, *op. cit.*, vᵒ *Reprise d'instance*, nᵒ 41; Rousseau et Laisney, *op. cit.*, eod. vᵒ, nᵒ 70). Il a été cependant jugé que lorsqu'un maire a été remplacé, il y a lieu de reprendre l'instance dans laquelle la commune ou le bureau de bienfaisance est partie (Paris, 3 mai 1872; aff. Dutreuil et autres, D. P. 72. 2. 199).

30. Le changement de qualité n'interrompt point les poursuites. Ainsi l'instance relative à la propriété d'un immeuble est valablement continuée, malgré la vente de cet immeuble contre le vendeur, sauf au possesseur nouveau à intervenir dans le procès (*Rép.* nᵒ 31; Bioche, *op. cit.*, vᵒ *Reprise d'instance*, nᵒ 46; Dutruc, *op. cit.*, eod. vᵒ, nᵒ 41).

31. Le changement d'état ou la cessation des fonctions, une fois dénoncé à l'adversaire, celui-ci doit y avoir égard, dans les significations qu'il peut avoir à faire ultérieurement. Ainsi les exploits doivent être signifiés au mineur devenu majeur et non plus au tuteur (*Rép.* nᵒ 32; Bioche, *op. cit.*, vᵒ *Reprise d'instance*, nᵒ 45; Rousseau et Laisney, *op. cit.*, eod. vᵒ, nᵒ 71).

32. Les significations postérieures au jugement doivent être faites, comme on l'a indiqué au *Rép.*, nᵒ 33, à la personne

qui a réellement capacité pour les recevoir ; il s'agit là, en effet, d'instances nouvelles, « Lorsque le jugement a été rendu et que l'instance engagée est terminée, disent MM. Rousseau et Laisney, *op. cit.*, v° *Reprise d'instance*, n° 75, la cessation de fonctions et le changement d'état produisent tous leurs effets légaux, sans qu'il soit nécessaire de les notifier ; la partie qui fait faire des significations doit s'enquérir de la qualité de la partie adverse. Ainsi la signification d'un jugement rendu contre une femme célibataire doit être faite à son mari en cas de mariage ; de même un jugement rendu contre un tuteur doit être signifié au mineur devenu majeur ». Il a été jugé qu'est nul l'appel signifié à un tuteur en cette qualité, si le mineur qu'il a représenté devant les premiers juges a été émancipé depuis l'introduction de l'instance et avant le jugement : l'assignation doit être donnée tant au mineur émancipé qu'à son curateur (Bordeaux, 4 août 1870, aff. Consorts Eymeri, D. P. 71, 2. 254).

33. L'opinion émise au *Rép.*, n°s 58 et 59, suivant laquelle la disposition du paragraphe 2 de l'art. 345 c. proc. civ., qui prescrit « d'assigner de nouveau à un délai de huitaine le défendeur qui n'a pas constitué avoué avant le changement d'état ou le décès du demandeur, pour voir adjuger les conclusions et sans qu'il soit besoin de conciliation préalable », est toute dans l'intérêt du défendeur ; cette opinion, disons-nous, est adoptée par la plupart des auteurs (Garsonnet, *op. cit.*, t. 2, p. 615 ; Dutruc, *op. cit.*, v° *Reprise d'instance*, n° 42 ; Rousseau et Laisney, *op. cit.*, eod. v°, n° 42). Il suit de là : 1° que l'application de l'art. 345 étant requise à peine de nullité seulement dans l'intérêt du défendeur, celui-ci peut passer outre, et suivre l'instance bien qu'il n'ait pas été réassigné, sauf aux héritiers à invoquer le bénéfice du délai pour faire inventaire et délibérer ; — 2° Que les intérêts de la créance courent du jour de la première assignation ; — 3° Que la prescription est interrompue par la première assignation (Rép. n° 59 ; Rousseau et Laisney, *op. cit.*, v° *Reprise d'instance*, n° 42 ; Dutruc, *op. cit.*, eod. v°, n°s 42 et suiv.; Garsonnet, *op. cit.*, t. 2, p. 615 ; Boitard, Colmet-Daage et Glasson, *op. cit.*, t. 1, p. 569, n° 537 ; *Contra*, Bioche, *op. cit.*, v° *Reprise d'instance*, n° 51).

34. Le paragraphe 2 de l'art. 345 vise uniquement le décès et le changement d'état du demandeur, mais presque tous les auteurs l'appliquent, par identité de motifs, à la cessation des fonctions dans laquelle le demandeur agissait, et surtout au cas où sa constitution d'avoué se trouve non avenue par la mort, la démission ou la destitution de l'avoué qu'il avait choisi. « Ce mandat, dit M. Garsonnet, *op. cit.*, t. 2, p. 615, prend fin, comme tout autre, par la mort du mandataire et par les changements qui le rendent incapable de remplir la mission qui lui a été confiée, et le défendeur ne saurait à qui signifier sa constitution d'avoué si le demandeur ne le réassignait en constituant lui-même un autre avoué : cette formalité est indispensable pour que l'instance puisse s'engager contradictoirement » (V, en ce sens : Bioche, *op. cit.*, v° *Reprise d'instance*, n°s 49 et 52 ; Rousseau et Laisney, *op. cit.*, eod. v°, n° 41 ; Dutruc, *op. cit.*, eod. v°, n° 46. Comp. Boitard, Colmet-Daage et Glasson, *op. cit.*, t. 1, p. 571, n° 537).

§ 3. — Par qui et contre qui l'instance peut être reprise.
(Rép. n°s 62 à 73.)

35. L'instance légalement interrompue est reprise par la partie du chef de laquelle elle est interrompue : par elle-même (ou par les créanciers agissant de son chef, en vertu de l'art. 1166 c. civ.) si l'interruption vient de la cessation des fonctions de son avoué ; par ses successeurs, si l'interruption est causée par son décès.

36. On a émis au *Rép.*, n° 62, l'opinion que les légataires particuliers peuvent reprendre l'instance, lorsqu'ils ont obtenu la délivrance du legs à eux fait. Cette doctrine est enseignée par la plupart des auteurs. « J'entends ici par successeurs, dit M. Garsonnet, *op. cit.*, t. 2, p. 620 : 1° les successeurs universels qui trouvent dans son patrimoine le droit de poursuivre les actions par lui intentées : héritiers, légataires et donataires universels et à titre universel saisis ou ayant obtenu la délivrance ; 2° les successeurs particuliers, acheteurs, cessionnaires, donataires ou légataires du

droit litigieux, qui recueillent avec lui le droit de continuer les instances engagées à son sujet. Pothier le leur refusait, ne leur laissant que le droit d'intervenir dans ces instances quand les héritiers les auraient reprises, mais je n'hésite pas à rejeter cette opinion, visiblement inspirée par les principes très anciens qui faisaient reposer sur la tête des seuls héritiers tous les droits et toutes les actions du défunt. Aujourd'hui les successeurs, même particuliers, héritent des droits et actions afférents à l'objet qui leur appartient : il n'y a pas de raison pour les empêcher de reprendre les actions qui s'y rapportent : ils le peuvent comme défendeurs, attendu qu'ils ont succédé à la possession du défunt, et que les actions interrompues par la mort de leur auteur peuvent et doivent se continuer contre eux ; ils le peuvent comme demandeurs, en vertu de l'art. 1122 c. civ., qui n'investit pas seulement les successeurs universels de l'ensemble des droits et actions du défunt, mais encore les successeurs particuliers, « de tous les droits et actions que leur auteur avait acquis dans l'intérêt direct de la chose corporelle ou incorporelle, à laquelle ils ont succédé, c'est-à-dire des droits et actions qui se sont identifiés avec cette chose comme qualités actives, et qui en sont devenus des accessoires » (V. en ce sens : Rousseau et Laisney, *op. cit.*, v° *Reprise d'instance*, n°s 45 et suiv.; Bioche, *op. cit.*, eod. v°, n°s 56 et suiv.).

37. Les créanciers du défunt peuvent aussi, en vertu de l'art. 1166, reprendre l'instance interrompue par le décès de leur débiteur, mais ils doivent mettre en cause ses représentants, à moins qu'il ne veuillent que le jugement à intervenir soit commun avec eux, à moins qu'elle n'ait pour objet un droit exclusivement personnel (Rép. n° 63 ; Garsonnet, *op. cit.*, t. 2, p. 624 ; Rousseau et Laisney, *op. cit.*, v° *Reprise d'instance*, n° 49 ; Bioche, *op. cit.*, eod. v°, n° 64).

38. Il a été jugé que le titulaire d'une charge d'agent de change a qualité pour exercer toutes les actions qui compétaient à son prédécesseur, et spécialement pour reprendre une instance en règlement de compte introduite par le prédécesseur, mort depuis (Paris, 20 mars 1867, *Journal des tribunaux de commerce*, 1868, t. 17, n° 6044 ; Rousseau et Laisney, *op. cit.*, v° *Reprise d'instance*, n° 38).

39. Lorsqu'une action appartient concurremment à plusieurs personnes et que l'une d'elles est morte, après l'avoir intentée, les autres ayants droit peuvent reprendre l'instance au lieu et en introduire une autre sur nouveaux frais (Garsonnet, *op. cit.*, t. 2, p. 624 ; Rousseau et Laisney, *op. cit.*, v° *Reprise d'instance*, n° 54). Il a été jugé que l'instance en interdiction interrompue par le décès du demandeur peut être reprise par un autre parent ou par le conjoint du défendeur (Caen, 31 juill. 1878, aff. Veuve Guéroult et dame Pannier, D. P. 79, 2. 269). L'action en interdiction appartient concurremment et solidairement à chaque membre de la famille. Celui qui a intentée ayant agi au nom de tous, il est naturel qu'après sa mort, la procédure qu'il a faite soit utilisée par son ayant droit (V. *supra*, v° *Interdiction*, n° 35).

40. En matière de saisie immobilière, les art. 702 et 721 c. proc. civ. autorisent les créanciers à se faire subroger aux poursuites commencées puis abandonnées par l'un d'eux (V. Rép., v° *Vente publique d'immeubles*, n°s 1070 et suiv.).

41. La reprise d'instance doit avoir lieu avant que l'instance soit éteinte. Ainsi que le dit M. Garsonnet, *op. cit.*, t. 2, p. 622, on ne continue que ce qui existe ; on ne reprend donc pas une procédure prescrite, périmée, ou éteinte par le désistement. Jugé qu'une reprise d'instance ne peut être faite devant le tribunal, alors que sur l'appel, l'affaire est pendante devant la cour (Civ. rej. 12 déc. 1860, aff. Guérin, D. P. 61. 1. 12).

42. La cessation des poursuites par le décès de l'une des parties, le décès ou la cessation des fonctions de son avoué, autorise l'autre partie à demander la péremption de l'instance après trois ans et six mois. Tant que la péremption de l'instance ne sera pas provoquée, la partie à qui il appartient de demander la reprise de l'instance, ou de la reprendre elle-même, pourra le faire aussi longtemps que l'action originaire ne sera pas prescrite (Rép. n° 61 ; *ibid.* v° *Péremption*, n°s 157 et suiv.; *supra*, eod. v°; Rousseau et Laisney *op. cit.*, v° *Reprise d'instance*, n°s 85 et 93 ; Dutruc, *op. cit.*, eod. v°, n° 53 ; Bioche, *op. cit.*, eod. v°, n° 55).

42. L'instance peut être reprise contre tous ceux qui, ayant le droit de reprendre l'instance, ne le font pas. Il faut excepter cependant les créanciers de la partie qui n'a plus d'avoué et des successeurs de la partie décédée; ils ont le droit de reprendre l'instance en vertu de l'art. 1166 c. civ.; mais c'est pour eux une pure faculté, et ils ne peuvent être contraints d'en user (Garsonnet, *op. cit.*, t. 2, p. 623). Si le légataire universel n'est pas connu ou n'a pas obtenu délivrance, c'est l'héritier qui doit être assigné en reprise d'instances. Si le légataire a obtenu la délivrance, il convient de reprendre l'instance contre lui et contre l'héritier. Ce dernier, ainsi que le fait remarquer M. Bioche, *op. cit.*, v° *Reprise d'instance*, n° 69, reste seul saisi de la portion indisponible vis-à-vis des créanciers de la succession; il est seul tenu de toutes les charges, sauf son recours contre le légataire (*Rép.* n° 69; Rousseau et Laisney, *op. cit.*, v° *Reprise d'instance*, n° 50).

43. La reprise d'instance ne peut avoir lieu que contre les parties en cause ou leurs représentants; elle ne peut être exercée à l'égard de personnes qui ne figuraient pas dans l'instance originaire, et n'étaient les ayants droit d'aucune des parties. Jugé que la reprise d'instance ne peut avoir lieu que contre les parties en cause ou leurs représentants; qu'ainsi, l'action en partage formée par un héritier contre ses cohéritiers ne peut, lorsque ces derniers sont décédés pendant le cours de l'instance, être reprise contre des tiers détenteurs de biens de la succession (Civ. rej. 12 déc. 1860, aff. Guérin, D. P. 61, 1. 12).

44. La reprise d'instance est divisible. Il en résulte : 1° qu'elle peut être déclarée valable à l'égard de l'une des parties et nulle à l'égard d'un autre; 2° que malgré le décès de l'une des parties, il peut être statué à l'égard des autres, bien qu'il n'y ait pas eu de reprise d'instance à l'égard du décédé, et on n'est pas recevable à se plaindre de cette manière de procéder, alors que tous droits ayant été réservés vis-à-vis de ce dernier, il n'en est résulté aucun préjudice. Cette règle ne serait pas applicable, si la demande était indivisible (*Rép.* n° 70; Bioche, *op. cit.*, v° *Reprise d'instance*, n°° 37 et 70; Rousseau et Laisney, *op. cit.*, eod. v°, n° 35). — Il a été jugé que la nullité prononcée par l'art. 344 c. proc. civ., à l'égard des poursuites faites postérieurement à un décès, n'est pas absolue; qu'elle ne produit ses effets que relativement aux héritiers de la partie décédée qui pourraient éprouver un préjudice par suite d'actes qu'ils n'auraient pu surveiller; qu'en conséquence, s'il est possible de mettre l'affaire en état à l'égard des autres parties en cause, l'instance pourra, hors le cas d'indivisibilité de la demande, être poursuivie et jugée contre ces parties, alors que tous les droits des héritiers de la personne décédée seront expressément réservés (Metz, 6 juin 1866, aff. Commune de Châtel-lez-Cornay, D. P. 66. 2. 133). Décidé, dans le même sens, que le décès d'une personne appelée en garantie n'interrompt pas l'instance entre les autres parties au procès, alors que ce décès ne peut leur porter aucun préjudice (Liège, 16 nov. 1883, aff. Hardy, D. P. 85. 2. 53).

45. En cas de décès de l'une des parties, est-il nécessaire que l'instance soit reprise simultanément contre tous les héritiers du défunt? La négative a été adoptée au *Rép.*, n° 72 (V. en ce sens : Dutruc, *op. cit.*, v° *Reprise d'instance*, n° 52; Montpellier, 18 août 1851, cité par Dutruc, *ibid.*). Il a été jugé qu'une instance en partage, régulièrement introduite, n'est pas éteinte par cela seul que le poursuivant a négligé d'assigner en reprise de cette instance les représentants d'un cohéritier décédé (Bordeaux, 27 juill. 1854, aff. Couperie, D. P. 55. 2. 187. V. *Rép.* v° *Succession*, n°° 1578 et suiv; *infrà*, eod. v°).

47. On ne peut pas agir en reprise d'instance contre les héritiers du défendeur lorsqu'il s'agit d'une action qui ne se transmet pas contre eux. Tel serait le cas où un donateur, ayant commencé des poursuites à l'effet d'obtenir la révocation de la donation pour cause d'ingratitude, le donataire viendrait à décéder avant que la cause fût en état : le donateur ne pourrait pas agir contre les héritiers de ce donataire en reprise d'instance (art. 957 du code civil). Mais si le donataire était mort à une époque où l'affaire était déjà en état, la situation serait tout autre; l'instance n'étant pas interrompue, rien ne s'opposerait à ce qu'il obtînt, malgré le décès du donataire, un jugement contre lui prononçant la révocation de la donation pour cause d'ingratitude (Glasson sur Boitard et Colmet-Daâge, *op. cit.*, t. 1, p. 572, note 1).

§. 4. — *Procédure et jugement* (*Rép.* n°° 74 à 110).

48. La reprise d'instance est une demande incidente, la continuation de la demande originaire, dispensée du préliminaire de conciliation et des formes ordinaires de l'exploit d'ajournement. De ce que la reprise d'instance est une action incidente, il résulte : 1° que le demandeur n'est pas tenu d'y appeler des parties qui n'étaient pas encore en cause; — 2° Que la partie dûment habilitée au début du procès n'a pas besoin d'une nouvelle autorisation pour assigner en reprise d'instance (*Rép.* n° 74; Garsonnet, *op. cit.*, t. 2, p. 623, note 7; Dutruc, *op. cit.*, v° *Reprise d'instance*, n° 57; Rousseau et Laisney, *op. cit.*, n° 94; Bioche, *op. cit.*, eod. v°, n° 75; Demolombe, *Cours de droit civil*, t. 7, n° 712; Aubry et Rau, t. 1, p. 463. Comp. *supra*, v° *Faillites et banqueroutes, liquidations judiciaires*, n° 447).

49. On a dit au *Rép.*, n° 76, qu'il n'est pas nécessaire que l'assignation en reprise d'instance au nouvel avoué contienne copie des pièces de la procédure, ni même copie ou mention du dernier acte de la procédure. Cette doctrine est enseignée par tous les auteurs (Rousseau et Laisney, *op. cit.*, v° *Reprise d'instance*, n° 88; Garsonnet, *op. cit.*, t. 2, p. 624, note 9. Comp. Bioche, *op. cit.*, eod. v°, n° 79).

50. Il n'est pas non plus nécessaire de faire dans l'assignation l'exposé des moyens de la demande, l'art. 346 c. proc. civ. exigeant seulement que l'assignation en reprise contienne l'indication des noms des avoués qui occupaient et du rapporteur s'il y en a. Et on n'a pas à signifier les jugements déjà rendus dans la même affaire, bien qu'ils ne l'aient pas encore été (*Rép.* n°° 76 et suiv; Bioche, *op. cit.*, v° *Reprise d'instance*, n° 80; Rousseau et Laisney, *op. cit.*, eod. v°, n° 88; Garsonnet, *op. cit.*, t. 2, p. 624, note 9; Dutruc, *op. cit.*, v° *Reprise d'instance*, n° 59). Il a été jugé que l'exploit d'assignation en reprise d'instance, après changement d'état d'une partie originairement défaillante, n'a pas besoin d'être motivé, et qu'il n'est pas nécessaire de signifier à nouveau le jugement par défaut profit-joint : l'énonciation seule de ce jugement suffit à faire connaître à cette partie assignée en reprise d'instance le litige à l'occasion duquel il est procédé contre elle (Paris, 13 janv. 1883, aff. Heuzey D. P. 83. 2. 98).

51. L'omission dans l'assignation des mentions que prescrit l'art. 346 n'entraîne pas nécessairement la nullité (*Rép.* n° 78; Bioche, *op.*, v° *Reprise d'instance*, n° 78; Rousseau et Laisney, *op. cit.*, eod. v°, n° 89). M. Garsonnet, *op. cit.*, t. 2, p. 624, estime avec raison que l'énoncé de l'objet de l'assignation est requis à peine de nullité.

52. L'assignation donnée à huitaine ou à bref délai, suivant ordonnance du président, est signifiée au domicile indiqué dans le dernier acte de procédure, à moins que le demandeur n'ait été officiellement averti d'un changement de domicile (*Rép.* n° 81; Garsonnet, *op. cit.*, t. 2, p. 624; Dutruc, *op. cit.*, v° *Reprise d'instance*, n° 58; Rousseau et Laisney, *op. cit.*, eod. v°, n° 87; Bioche, *op. cit.*, eod. v°, n° 83).

53. La demande en reprise d'instance doit être portée devant le tribunal saisi de l'action principale. L'assignation doit être donnée à la chambre même où l'instance originaire était pendante, et ce, à peine de nullité de l'exploit et du jugement qui en serait la suite (*Rép.* n° 83; Dutruc, *op. cit.*, v° *Reprise d'instance*, n° 60; Bioche, *op. cit.*, eod. v°, n° 84).

54. Le défendeur en reprise d'instance doit constituer avoué. S'il consent à reprendre l'instance, il suffit qu'il le déclare par un simple acte d'avoué à avoué. Le jugement qui interviendrait pour constater la reprise, n'entrerait point en taxe. L'instance peut être même réputée reprise, sans qu'il ait été préalablement signifié un acte spécial de reprise, si les deux parties ont procédé volontairement depuis l'assignation (*Rép.* n°° 88 et 89; Rousseau et Laisney, *op. cit.*, v° *Reprise d'instance*, n° 86 et 94; Bioche, *op. cit.*, eod. v°, n°° 85 et 86; Garsonnet, *op. cit.*, t. 2, p. 625). — Il a été jugé que la reprise d'une instance interrompue par le décès de l'une des parties résulte suffisamment de ce que l'héritier de cette partie a constitué avoué et procédé d'après

les derniers errements, sans qu'il soit besoin d'une déclaration formelle de reprise d'instance, alors, d'ailleurs, que postérieurement la partie adverse a elle-même continué de participer à la procédure; qu'en conséquence, l'arrêt rendu sur une instance ainsi poursuivie ne peut être attaqué par la voie de la requête civile pour défaut de reprise d'instance (Req. 18 févr. 1880, aff. Sassoun-ben-Kemoun et Ben-Olliel, D. P. 80. 1. 351-352). La solution consacrée par cet arrêt est juridique. Elle est conforme à l'opinion des commentateurs de l'ordonnance de 1667, notamment de Jousse (sur l'art. 2 du tit. 26), qui enseignaient déjà que la reprise d'instance résulte de cela seul que l'héritier de la partie décédée a constitué avoué et procédé ensuite d'après les derniers errements, et tous les auteurs remarquent que l'art. 347 c. proc. civ., en disant que l'instance sera reprise par acte d'avoué à avoué n'attribue pas exclusivement à cet acte le pouvoir d'opérer la reprise d'instance, mais qu'il suffit de tout acte démontrant clairement l'intention des parties de faire cesser l'interruption de la procédure. Dans l'espèce, d'ailleurs, il n'y avait pas même lieu à reprise d'instance; car l'arrêt de la cour d'Alger contre lequel était dirigé le pourvoi constate que le décès de l'une des parties par lequel l'instance s'était trouvée interrompue n'avait pas été notifié; et il est constant qu'à défaut de cette notification, exigée par l'art. 344 c. proc. civ., la reprise d'instance est inutile, et la procédure postérieure au décès, ainsi que le jugement dont elle est suivie, sont réguliers.

55. La reprise d'instance, par acte d'avoué à avoué, faite par un héritier ayant capacité, suffit-elle pour que le tribunal soit régulièrement saisi de l'action qui avait été intentée par l'auteur incapable, et pour qu'il puisse statuer sur cette action? La question a été résolue affirmativement par un arrêt aux termes duquel la reprise d'instance par acte d'avoué à avoué, faite par un héritier ayant capacité, suffit pour que le tribunal soit régulièrement saisi de l'action qui avait été intentée par l'auteur incapable (Riom, 4 juin 1856, *Journal des avoués*, t. 81, p. 537). — Cette solution nous paraît très contestable. Les vices qui rendent la demande non recevable à l'origine doivent affecter nécessairement l'action en reprise d'instance, qui n'est que la continuation de la première. La partie qui reprend une instance se substitue à celui dont elle est l'ayant cause; elle ne peut se prévaloir que des droits et actions qu'il a mis en mouvement, et toute exception qui est opposable à ce dernier lui est opposable. « Dans l'espèce de l'arrêt de la cour de Riom, dit M. Chauveau (Dutruc, *op. cit.*, v° *Reprise d'instance*, n° 64), il était reconnu, par toutes les parties, que la femme dotale était non recevable, et qu'à sa mort l'instance avait été reprise par acte d'avoué à avoué. La cour elle-même, dans les motifs et les dispositions de son arrêt, a annulé virtuellement l'action introduite par cette femme, puisqu'elle n'a fait partir la demande que du jour de la reprise d'instance par acte d'avoué à avoué, et qu'elle n'a condamné le tiers détenteur à restituer les jouissances qu'à dater de cette époque. Cette date, reconnue par la cour elle-même, était donc, à son propre égard, la date réelle et sérieuse de l'introduction de l'action en vertu de laquelle le tiers détenteur a été condamné à délaisser les immeubles

et à restituer les fruits de ces immeubles. Or, comment a-t-il pu être décidé qu'une action était régulièrement introduite par acte d'avoué à avoué? La demande était nulle dans son principe; il ne dépendait ni de la femme, ni de ses héritiers, de lui donner la régularité qu'elle n'avait pas *ab initio*. Si, dans son droit, au moment de l'action, ils en acquéraient un à un moment quelconque, ils pouvaient, non pas donner de la vie à ce qui était mort-né, mais agir de nouveau pour obtenir justice ».

56. Si la partie assignée en reprise conteste, l'incident, aux termes de l'art. 348, est jugé sommairement. On a émis, au *Rép.*, n° 95, l'opinion qu'il ne résulte pas de ces mots « jugé sommairement » que la cause doive être portée à l'audience sur un simple avenir, et sans qu'il soit besoin de signifier aucun moyen par écrit (V. en ce sens: Rousseau et Laisney, *op. cit.*, v° *Reprise d'instance*, n° 95; Dutruc, *op. cit.*, eod. v°, n° 67. V. *suprà*, v° *Frais et dépens*, n° 299; *Rép.* eod. v°, n° 475).

57. Les héritiers assignés en reprise d'instance ou en constitution de nouvel avoué sont recevables à opposer l'exception dilatoire résultant du délai donné par les art. 797 et 789 c. civ., et 174 c. proc. civ., pour faire inventaire et délibérer. Ils ne sont tenus alors de reprendre l'instance qu'à l'expiration de ce délai, et c'est alors seulement que, faute par eux de la reprendre, un jugement par défaut peut déclarer l'instance reprise (*Rép.* n° 92; Garsonnet, *op. cit.*, p. 626; Dutruc, *op. cit.*, v° *Reprise d'instance*, n° 69; Bioche, *op. cit.*, eod. v°, n° 90; Rousseau et Laisney, *op. cit.*, eod. v°, n° 100).

58. Si, à l'expiration du délai pour comparaître, la partie assignée en reprise d'instance ou en constitution ne comparaît pas, il sera, aux termes de l'art. 349, rendu jugement qui tiendra la cause pour reprise. On a examiné, au *Rép.*, n°s 97 et suiv., la question de savoir s'il peut être statué par un seul et même jugement, et sur la reprise et sur le fond, ou si, au contraire, il doit y avoir, à peine de nullité, deux jugements distincts: l'un sur la reprise, l'autre sur le fond. Des auteurs distinguent entre la demande en reprise d'instance et la demande en constitution de nouvel avoué. Dans le premier cas seulement, deux décisions différentes sont nécessaires (Bonnier, *Éléments de procédure civile*, t. 2, n° 1226; V. *Rép.* n° 99). — Une seconde opinion décide que, dans les deux hypothèses, le tribunal peut joindre l'incident au fond. « L'art. 349 c. proc. civ., dit Garsonnet, *op. cit.*, t. 2, p. 626, note 28, n'exige pas, en termes impératifs que la reprise d'instance et la décision sur le fond soient l'objet de deux jugements séparés, et le fait que le jugement du fond ne sera jamais rendu que par défaut rend tout à fait inoffensive cette jonction, d'ailleurs, entièrement conforme au droit commun ». Il a été jugé qu'une procédure en reprise d'instance ne peut être déclarée nulle parce que le jugement par défaut rendu sur l'assignation en reprise de l'instance, au lieu de tenir la cause pour reprise, et d'ordonner qu'il sera procédé suivant les derniers errements, statue directement et uniquement sur le fond, alors surtout que le jugement définitif rendu sur l'opposition au jugement par défaut a réparé l'omission dont il s'agit (Agen, 26 mai 1864) (1). — Dans un troisième système, adopté au *Rép.* n° 97, il ne peut, en aucun cas, être

---

(Liauzur C. Liauzur et Laferayrie.) — LA COUR; — Sur le grief pris de la nullité de la procédure faite après le décès de feu Liauzur: — Attendu que, par exploit du 29 nov. 1862, les intimés, agissant comme cohéritiers de Guillaume Liauzur, ont assigné Marie Cépède, en son nom personnel et comme tutrice de ses enfants mineurs issus de son mariage avec Jean Liauzur, en reprise de l'instance en partage de la succession dudit Guillaume Liauzur et en constitution de nouvel avoué; — Attendu qu'au moment du décès de Jean Liauzur, l'instance en partage était à l'état d'instruction devant M° Vacquié, notaire, qui avait été chargé de faire la liquidation des droits respectifs et de prendre des renseignements sur les diverses prétentions des parties; — Que, le décès de Jean Liauzur n'ayant pas été notifié, le notaire s'est cru autorisé à continuer ses opérations, commencées seulement le 4 nov. 1859, huit jours avant ce décès, et les mener à fin; qu'il déclare dans son procès-verbal qu'il avait connaissance de ce décès, et que la veuve s'est présentée volontairement devant lui pour défendre ses droits et ceux des mineurs; — Attendu que, dans cet état de choses, la demande en reprise d'instance doit être examinée sous un double point de vue: 1° sa

régularité en la forme; 2° son efficacité par la validité des poursuites engagées personnellement contre Marie Cépède et contre les mineurs;

Attendu, quant à la régularité, que le jugement rendu par défaut, le 17 déc. 1862, à la suite de l'assignation en reprise d'instance, au lieu de statuer sur cette demande, n'en dit pas un mot et juge directement le fond; ce qui est contraire au texte de l'art. 349 c. proc.; — Que, toutefois, cette irrégularité a été réparée dans le jugement définitif du 12 juin 1863, lequel, statuant sur l'opposition de Marie Cépède contre le jugement par défaut, déclare l'instance reprise et juge en même temps le fond; — Attendu que ces irrégularités regrettables ne suffiraient pas pour entraîner une nullité de procédure qui n'est pas prononcée par la loi;

Mais attendu, sous ce second point de vue, qu'en assignant Marie Cépède, en son nom personnel et comme tutrice de ses enfants mineurs, les intimés ont placé les mineurs en présence de leur mère dans une instance où sont discutés incidemment les droits que la tutrice peut avoir contre la succession de son mari, père des mineurs; — Qu'en effet, l'intérêt majeur du pro-

statué par un seul et même jugement sur la reprise et sur le fond (V. en ce sens : Dutruc, *op. cit.*, v° *Reprise d'instance*, n° 72 ; Rousseau et Laisney, *op. cit.*, eod. v°, n° 99 ; Bioche, *op. cit.*, eod. v°, n° 88).

Il a été jugé, dans ce dernier sens, que le jugement qui, sur une assignation en constitution de nouvel avoué, déclare l'instance reprise, ne peut statuer en même temps sur le fond du droit ; il ne peut y avoir de décision au fond, au moins par défaut, tant que le jugement sur la reprise d'instance n'aura pas acquis l'autorité de la chose jugée ; et cette règle est prescrite à peine de nullité ; en conséquence, doit être cassé l'arrêt qui, faute de comparution de la partie assignée en constitution de nouvel avoué, tient la cause pour reprise et en même temps statue au fond sur un incident de saisie immobilière (Civ. cass. 11 juill. 1892, aff. Epoux Tavernier, D. P. 92. 1. 461). L'arrêt s'appuie sur ces motifs : que l'art. 349 c. proc. civ. prévoyant le cas où une partie assignée en constitution de nouvel avoué ne comparaît pas, dispose que le jugement qui sera rendu tiendra la cause pour reprise et ordonnera qu'il sera procédé suivant les derniers errements ; que ces expressions impliquent que le jugement dont il s'agit statuera exclusivement sur la reprise d'instance, et qu'on ne pourra procéder à la décision sur le fond au moins par défaut, tant que ledit jugement n'aura pas acquis l'autorité de la chose jugée ; que cette interprétation se trouve confirmée par les deux articles suivants, où la loi, témoignant l'importance qu'elle attache au jugement de reprise d'instance au point de vue du droit de défense et de la décision à rendre sur le fond, prend soin à la fois, dans l'art. 351, de consacrer le droit d'opposition du défaillant et, dans l'art. 350, de prescrire que le jugement par défaut lui sera signifié par un huissier commis ; qu'il ne faut donc pas qu'en aucun cas ce droit de former opposition soit enlevé au défaillant.

59. Lorsque sur l'opposition formée contre un jugement par défaut, déclarant l'instance reprise, intervient un jugement contradictoire, dans quel délai le demandeur originaire peut-il procéder sur le fond ? M. Chauveau (Dutruc, *op. cit.*, v° *Reprise d'instance*, n° 79), estime « qu'il peut agir immédiatement, avant la signification du jugement, sans attendre l'expiration du délai d'appel. Tout ce que la loi exige, dit cet auteur, c'est que l'incident soit vidé avant le fond, parce qu'il n'y a rien de commun entre cet incident et le fond, mais lorsqu'un jugement a déclaré l'instance reprise, la procédure se continue immédiatement, rien n'empêche le tribunal d'ordonner aux avoués de poser qualités. Les art. 449 et 450 n'ont rien à faire dans cette circonstance. Sans doute, un appel immédiatement interjeté peut mettre obstacle à la continuation de la procédure ; mais, sauf ce cas, l'instance suit son cours comme s'il n'y avait pas eu lieu à reprise. Pour produire cet effet, il n'est pas nécessaire que le jugement de reprise soit signifié » (V. *suprà*, v° *Jugement*, t. 4, *Rép.* eod. v°, n° 485, § 3 ; Garsonnet, *op. cit.*, t. 3, p. 348, n° 490).

60. L'art. 349, a-t-on dit au *Rép.*, n° 100, ne s'applique pas au cas où le demandeur étant décédé avant que le défendeur ait constitué avoué, ses héritiers ont assigné en reprise d'instance ledit défendeur. Si celui-ci n'a pas constitué avoué sur cette assignation, le tribunal peut, en donnant défaut contre lui, statuer immédiatement sur le fond si l'instance est prête à être jugée. Cette solution est admise par tous les auteurs (V. notamment Garsonnet, *op. cit.*, t. 4, p. 614, note 12). « Il ne faut pas, dit M. Chauveau (Dutruc, *op. cit.*, v° *Reprise d'instance*, n° 45), confondre le cas dont s'occupe l'art. 349 avec celui qui fait

l'objet de l'art. 345. Dans cette dernière hypothèse, si la cause n'est pas contradictoirement liée, il ne serait pas exact de soutenir qu'il n'existe pas d'instance. L'instance existe dès que le juge est saisi par l'exploit qui introduit l'action en justice. Le défaut du défendeur n'affecte aucunement la demande en justice, qui constitue essentiellement l'instance. On pourrait sans cela logiquement soutenir que le jugement rendu par défaut contre le défendeur statue sur une instance qui n'existe pas, ce qui ne saurait s'admettre. Mais si, dans l'espèce prévue par l'art. 345, l'instance existe, il n'existe pas encore de procédure. Le législateur ne pouvait donc prescrire pour ce cas, comme il l'a fait dans l'art. 349, qu'un premier jugement tiendrait la cause pour reprise, en ordonnant qu'elle serait poursuivie suivant les derniers errements de la procédure. La nouvelle assignation donnée au défendeur par l'héritier du demandeur implique la reprise de l'instance ; le défendeur, averti par la double assignation qu'il a reçue, est mis à même de présenter ses moyens ou exceptions contre la demande ; il peut, dès lors, être condamné par défaut au fond s'il ne comparaît pas ».

61. L'interprétation donnée au *Rép.*, n° 103 de la disposition finale de l'art. 349 « sans qu'il puisse y avoir d'autres délais que ceux qui restaient à courir » est généralement adoptée par les auteurs. « L'art. 349, dit M. Garsonnet, *op. cit.*, t. 2, p. 625, note 22, doit être entendu en ce sens que, si un délai avait été accordé pour accomplir quelque formalité ou pour satisfaire à quelque obligation, la reprise d'instance n'aurait d'autre effet que de faire courir ce qui restait de ce délai au moment où l'instance a été interrompue » (En ce sens : Dutruc, *op. cit.*, v° *Reprise d'instance*, n° 74 ; Bioche, *op. cit.*, eod. v°, n° 93). Le tribunal pourrait accorder une prorogation de délai (Rousseau et Laisney, *op. cit.*, v° *Reprise d'instance*, n° 100 ; Bonnier, *op. cit.*, t. 2, n° 1255).

62. Le jugement qui tient l'instance pour reprise est susceptible de péremption. Mais comme il ne contient aucune condamnation, pas même une condamnation aux dépens, il est suffisamment exécuté par cela seul qu'il est signifié et que l'on donne suite à l'instance principale (*Rép.* n° 104 ; Bioche, *op. cit.*, v° *Reprise d'instance*, n° 97 ; Rousseau et Laisney, *op. cit.*, eod. v°, n° 101).

63. L'opinion, émise au *Rép.*, n° 105, qu'on doit appliquer l'art. 153 c. proc. civ., joindre le profit du défaut et ordonner la réassignation du défaillant, lorsque, de plusieurs parties assignées en reprise ou en constitution, l'une fait défaut et l'autre comparaît, a été consacrée par la jurisprudence (V. *suprà*, v° *Jugement par défaut*, n° 59 ; Rousseau et Laisney, *op. cit.*, v° *Reprise d'instance*, n° 103 ; Bioche, *op. cit.*, eod. v°, n° 98). « L'art. 153, dit M. Dutruc, *op. cit.*, v° *Reprise d'instance*, n° 74, pose incontestablement un principe général qui doit réfléchir même sur les procédures spéciales, lorsque son application n'est pas incompatible avec des règles propres à celles-ci. Or, est-il permis de prétendre qu'il y ait incompatibilité entre la formalité du défaut profit-joint et les formalités que prescrivent les art. 349 à 351, dans le cas de défaut d'une partie assignée en reprise d'instance ? Il est évident que ces articles ne prévoient pas l'hypothèse à laquelle s'applique l'art. 153, mais uniquement celle où il n'y a qu'un seul défendeur. Pour la première de ces hypothèses, on ne saurait, selon nous, douter qu'ils s'en réfèrent au principe général, que leurs termes n'excluent en aucune façon, et dont l'application peut avoir, dans ce cas même, son utilité ; car la contrariété de jugements, qui n'est pas à craindre sur le fond, est possible sur l'incident

---

ces poursuivi par les intimés consiste à faire déclarer nuls des actes passés entre la veuve et son mari ; que Marie Cépède ne peut défendre ces actes qu'en soutenant contre les cohéritiers de Guillaume Liauzur, au nombre desquels sont les mineurs, qu'ils ne sont pas entachés de fraude ni dissimulation ; et, dans le cas où ils seraient annulés vis-à-vis des tiers (les intimés), en obtenant la garantie contre les mineurs, ainsi qu'elle y a conclu formellement dans le jugement définitif du 12 juin 1863 ; — Que, dans cette situation, les mineurs, ayant des intérêts contraires à la tutrice, n'ont pas été valablement représentés ; qu'ils devaient l'être par leur subrogé tuteur, suivant les dispositions de l'art. 420 c. civ. ; — Attendu que les prescriptions de cet article sont d'ordre public, et que leur inobservation entraîne la nullité

des procédures faites à leur mépris ; — Attendu que les intimés, parties poursuivantes dans l'instance en partage, sont responsables des irrégularités procédant de leur fait, et que leur première obligation, à ce point de vue, consistait à procéder légalement contre les mineurs ; — Attendu que les mariés Laferayrie ont procédé comme demandeurs, conjointement avec Louis Liauzur, soit dans l'assignation en partage, soit dans l'assignation en reprise d'instance ; que, bien qu'ils aient conclu à leur mise hors d'instance, ils n'en sont pas moins tenus des frais vis-à-vis de l'appelante, conjointement avec Louis Liauzur ; — Par ces motifs, etc.

Du 26 mai 1864.-C. d'Agen, ch. corr.-MM. Joly, pr.-Donnodovie, av. gén.-Jointon fils et Ducos, av.

lui-même, comme si, par exemple, le défaillant présentait et faisait admettre, sur son opposition, un moyen que le comparant aurait négligé de faire valoir et qui entraînerait la nullité de l'assignation en reprise d'instance ».

64. L'opposition au jugement sur la reprise d'instance est portée à l'audience. C'est un incident particulier que le tribunal ne peut joindre au principal, mais sur lequel il doit statuer par un jugement séparé (*Rép.* n° 107; Rousseau et Laisney, *op. cit.*, v° *Reprise d'instance*, n° 99; Dutruc, *op. cit.*, eod. v°, n° 76; Bioche, *op. cit.*, eod. v°, n° 96). Il a été jugé que l'arrêt rendu par défaut, qui déclare une instance reprise, et qui a été valablement signifié, a l'autorité de la chose jugée, et ne peut, dès lors, être contesté s'il n'a été attaqué par voie d'opposition dans les délais fixés par la loi (Paris, 18 mars 1875, aff. Blanc, Maillard et Beaugé, D. P. 78. 2. 49).

65. La partie qui a laissé passer les délais de l'opposition n'en conserve pas moins le droit de se présenter dans l'instance et de conclure au fond. Elle peut toujours, lors du jugement, contester la qualité qui lui a été attribuée. Le seul effet de la déchéance du droit d'opposition, c'est qu'elle ne peut plus attaquer la signification quant à sa forme, mais on peut toujours se prévaloir, soit de la péremption, soit du désistement (Bioche, *op. cit.*, v° *Reprise d'instance*, n° 100; Rousseau et Laisney, *op. cit.*, eod. v°, n° 102).

66. Le jugement de défaut rendu sur le fond après un jugement de défaut sur l'incident de reprise, on l'a dit au *Rép.*, n° 108, est susceptible d'opposition. « Si, après le jugement par défaut qui déclare l'instance reprise, dit M. Garsonnet, *op. cit.*, t. 2, p. 625, le défaillant continue à faire défaut, un second jugement statue sur le fond, sans nouvel ajournement. Il est par défaut comme le premier et attaquable comme lui, quoiqu'on l'ait contesté, car il est impossible d'attribuer les effets d'une décision contradictoire au jugement rendu contre une partie qui, on doit le présumer, s'est trouvée dans l'impossibilité de se défendre » (En ce sens, Dutruc, *op. cit.*, v° *Reprise d'instance*, n° 77).

Table sommaire

des matières contenues dans le Supplément.

(Les chiffres précédés de la lettre S renvoient au Supplément; les chiffres précédés de la lettre R renvoient au Répertoire.)

Table des articles du code de procédure civile.

Table chronologique des Lois, Arrêts, etc.

REPROCHES. — V. outre les renvois indiqués au *Répertoire, supra,* v^{is} *Enquête,* n°s 176 et suiv.; *Expert-expertise,* n°s 29 et suiv.; *Faux incident,* n° 90 et suiv.; *Interdiction, conseil judiciaire,* n° 85; — et *infra,* v^{is} *Serment,* et Rép. eod. v^{o}, n° 156; *Témoin,* et Rép. eod. v^{o}, n°s 90 et suiv., 363 et suiv.; 514 et suiv.

RÉPUBLIQUE. — V. *infra,* v^{o} *Souveraineté.*

REQUÊTE. — V. outre les renvois indiqués au *Répertoire, supra,* v^{is} *Exceptions et fins de non-recevoir,* n° 135; *Expropriation pour cause d'utilité publique,* n°s 97, 241 et suiv., 369 et suiv., 803 et suiv.; *Interdiction, conseil judiciaire,* n° 70 et suiv.; *Interrogatoire sur faits et articles,* n°s 24 et suiv., 33 et suiv.; *Intervention,* n°s 52 et suiv.; *Jugement,* n°s 566 et suiv.; *Prise à partie,* n°s 43 et suiv.; *Renvoi,* n°s 83 et suiv., et Rép. eod. v^{o}, n°s 38, 46, 100 et 168; — et *infra,* v^{is} *Requête civile; Saisie-arrêt,* et Rép. eod. v^{o}, n° 113; *Saisie-revendication,* et Rép. eod. v^{o}, n° 25; *Signification,* et Rép. eod. v^{o}, n°s 11, 18, 37 et 68; *Surenchère,* et Rép. eod. v^{o}, n° 242; *Tierce opposition,* et Rép. eod. v^{o}, n°s 25 et suiv., 204 et suiv.; *Vente publique d'immeubles,* et Rép. eod. v^{o}, n°s 200, 1010, 1039, 1281 et suiv., 1395.

REQUÊTE CIVILE.

Division.

Art. 1. — Historique. — Législation. — Droit comparé (n° 1).

Art. 2. — Caractères de la requête civile, quels jugements sont susceptibles de cette voie de recours (n° 9).

Art. 3. — Par qui et contre qui peut être formée la requête civile (n° 23).

Art. 4. — Quelles causes donnent lieu à la requête civile (n° 25).

§ 1. — Dol personnel (n° 25).

§ 2. — Violation des formes (n° 40).

§ 3. — Prononciation sur choses non demandées (n° 43).

§ 4. — Adjudication de plus qu'il n'a été demandé (n° 48).

§ 5. — Omission de prononcer sur l'un des chefs de la demande (n° 56).

§ 6. — Contrariété de jugements (n° 63).

§ 7. — Contrariété de dispositions dans un même jugement ou arrêt (n° 69).

§ 8. — Défaut de communication au ministère public (n° 70).

§ 9. — Pièces fausses (n° 74).

§ 10. — Rétention de pièces décisives (n° 78).

§ 11. — Défaut de défense ou non valable défense (n° 82).

Art. 5. — Devant quels juges la requête civile est-elle portée (n° 98).

Art. 7. — Procédure (n° 99).

§ 1. — Consultation préalable (n° 99).

§ 2. — Consignation de l'amende et des dommages-intérêts (n° 100).

§ 3. — Requête et assignation (n° 102).

§ 4. — Instruction et jugement sur le rescindant (n° 105).

§ 5. — Formes à suivre sur le rescisoire (n° 114).

§ 6. — Formes de la requête civile incidente (n° 116).

Art. 8. — Effets de la requête civile et du jugement qui l'admet ou la rejette (n° 116).

Art. 9. — De la requête civile en matière administrative (n° 119).

§ 1. — Quels jugements administratifs sont susceptibles de requête civile (n° 119).

§ 2. — Des cas dans lesquels il y a lieu à requête civile (n° 122).

§ 3. — De l'instruction et du jugement de la requête civile devant le conseil d'État (n° 130).

Art. 1er. — Historique. — Législation. — Droit comparé (Rép. n°s 2 à 5).

1. La législation générale concernant la requête civile n'a subi depuis la publication du *Répertoire* que des modifications de détail. La loi du 3 mai 1862, qui a réglé à nouveau la matière des délais de procédure, devait mettre en harmonie avec ceux établis pour le cas d'appel, les délais fixés par le code de procédure civile pour l'exercice de la voie de recours qui nous occupe. Tel a été le but de l'article 3 (V. l'exposé des motifs D. P. 62. 4. 43) (1).

Le projet de réforme du code de procédure civile, élaboré vers la même époque, contenait sur la matière diverses dispositions modificatives énoncées au rapport présenté par la commission de 1865. Elles seront indiquées au cours de ce travail. La matière de la requête civile ne figure pas parmi celles dont la réforme est proposée par le projet de loi sur la révision du code de procédure.

2. La requête civile n'a fait depuis ce temps l'objet d'aucun ouvrage spécial, mais elle a été étudiée dans les traités généraux de procédure civile (Bioche, *Dictionnaire de procédure civile et commerciale,* 5e édition, v^{o} *Requête civile;* Dutruc, *Supplément aux lois de la procédure,* de Carré et Chauveau, v^{o} *Requête civile;* Boitard, Colmet-Daage et

---

(1) **Loi du 3 mai 1862.** — Art. 3. Les art. 483, 484, 485 et 486 du même code (c. proc. civ.) seront remplacés par les articles suivants :

Art. 483. La requête civile sera signifiée avec assignation, dans les deux mois, à l'égard des majeurs, du jour de la signification à personne ou domicile, du jugement attaqué.

Art. 484. Le délai de deux mois ne courra contre les mineurs que du jour de la signification du jugement faite depuis leur majorité à personne ou domicile.

Art. 485. Lorsque le demandeur sera absent du territoire européen de la France ou du territoire de l'Algérie pour cause de service public, il aura, outre le délai ordinaire de deux mois depuis la signification du jugement, le délai d'ajournement réglé par l'art. 73 ci-dessus.

Il en sera de même en faveur des gens de mer absents pour cause de navigation.

Art. 486. Ceux qui demeurent hors de la France continentale auront, outre le délai de deux mois depuis la signification du jugement, les délais des ajournements réglés par l'art. 73 ci-dessus.

Glasson, *Leçons de procédure civile*, t. 2, nᵒˢ 727 à 755; Rodière, *Cours de compétence et de procédure en matière civile*, 4ᵉ édition, t. 2, p. 113 et suiv.; Bonfils, *Traité élémentaire de procédure civile*, nᵒˢ 1460 à 1481; Garsonnet, *Traité théorique et pratique de procédure*, t. 5, §§ 1076 à 1102, 1116 à 1130; Rousseau et Laisney, *Dictionnaire théorique et pratique de procédure civile*, vᵒ *Requête civile*.

3. — Droit comparé. — 1ᵒ *Allemagne*. Le code de procédure de l'Empire allemand du 30 janvier 1877 établit deux voies de recours assez voisines de la requête civile: l'action en nullité (*Nichtigkeitsklage*) et l'action en restitution (*Restitutionsklage*); toutes deux s'appliquent aux décisions passées en force de chose jugée, et, s'il y a lieu de les exercer l'une et l'autre, c'est la première qui doit être d'abord instruite (art. 541). Outre divers cas dans lesquels notre code autoriserait le pourvoi en cassation, l'art. 542 autorise la demande en nullité lorsque la partie n'a pas été légalement représentée dans la procédure, à moins qu'elle n'ait approuvé cette procédure expressément ou tacitement. — L'action en restitution est ouverte (art. 543): 1ᵒ s'il y a eu faux serment litisdécisoire; 2ᵒ si le juge s'est décidé sur le vu de pièces fausses; 3ᵒ s'il a jugé sur dépositions ou rapports dont les auteurs ont violé leur serment de sincérité; 4ᵒ si la sentence a été obtenue par le fait délictueux, soit du représentant de la partie condamnée, soit de l'adversaire ou de son représentant; 5ᵒ s'il y a eu de la part d'un des juges, à l'occasion du procès, forfaiture passible de poursuites criminelles; 6ᵒ si la décision avait pour base une sentence criminelle ensuite annulée par arrêt définitif; 7ᵒ si la partie découvre: *a*) un jugement antérieur dans la même affaire et passé en force de chose jugée; *b*) ou un autre document décisif en sa faveur, à moins que la décision attaquée n'ait pour base le serment de l'adversaire sur l'existence ou l'inexistence du fait. — Dans les cinq premiers cas, l'action n'est recevable que contre une décision définitive, les faits qui l'autorisent ne peuvent être prouvés par délation de serment (art. 544); elle n'est pas ouverte si la partie pouvait invoquer à justice par voie d'opposition ou d'appel (art. 545). Le délai pour agir est d'un mois du jour où, la décision étant déjà passée en force de chose jugée, la partie acquiert connaissance du fait qui justifie le recours. L'action n'est d'ailleurs recevable que dans les cinq ans du jour où la décision est devenue définitive. Toutefois, s'il s'agit d'une action en nullité pour non valable représentation, le délai ne court que de la signification à partie ou s'il s'agit d'un incapable) à son représentant légal (art. 546). L'action est portée devant le juge qui a rendu en dernier ressort la décision (art. 547 et 548), et instruite suivant la procédure ordinaire (art. 547 et 548). L'assignation spécifie les moyens invoqués avec les preuves à l'appui et les faits justificatifs de l'action et de l'observation du délai de rigueur; elle indique le sens et la mesure dans lesquels l'annulation ou la restitution sont réclamées, et elle est accompagnée des documents invoqués, en originaux ou en copies. Si le demandeur ne les a pas entre les mains, il peut formuler les conclusions à l'aide desquelles il entend en réclamer la production (art. 551). Le tribunal examine d'office la recevabilité de l'action, tant au point de vue des moyens que de la forme et du délai (art. 552). Si l'action est jugée recevable, il est procédé à de nouveaux débats sur le fond, dans la mesure où la décision antérieure est attaquée (art. 553). Enfin le jugement sur ces actions est susceptible des mêmes recours que ceux émanant en matière ordinaire des mêmes juridictions.

4. — 2ᵒ *Autriche*. — La loi du 27 avr. 1873 sur la procédure sommaire des petites affaires (*Bagatelverfahren*) admet contre les jugements des tribunaux de canton diverses voies de recours (paragraphes 78 à 87). Spécialement, la restitution en entier est autorisée dans certains cas exceptionnels: 1ᵒ lorsque la partie découvre de nouvelles preuves, dans ce cas le juge de canton saisi de la demande de restitution instruit en même temps le fond et statue sur le tout par une même décision; 2ᵒ lorsque, le juge ayant statué sans autoriser une preuve qu'il croyait offerte en vue de le tromper, la partie établit plus tard l'erreur du juge; elle est alors admise à faire la preuve offerte et le juge peut, en conséquence, reviser sa sentence (V. *Bulletin de la Société de législation comparée*, 1875, p. 219 et suiv.).

5. — 3ᵒ *Espagne*. — Le code de procédure civile espagnol de 1881 établit, sous le nom de recours en revision, une procédure destinée à obtenir la rétractation des jugements définitifs dans quatre cas seulement: 1ᵒ quand il a été recouvré des pièces décisives détenues auparavant par l'adversaire ou qui n'avaient pu être soumises aux juges par raison de force majeure; 2ᵒ quand la décision a pour base des pièces reconnues ou déclarées fausses depuis (ou même auparavant si cette circonstance était ignorée de la partie à laquelle les pièces faisaient grief); 3ᵒ si le jugement a été rendu sur témoignages et que les témoins aient été plus tard condamnés du chef pour faux témoignage; 4ᵒ si la sentence a été obtenue par dol, violence ou toute autre machination frauduleuse de l'adversaire (art. 1796 et 1797). Le délai de recours est de trois mois et son point de départ établi d'après les principes de la loi française (art. 1798). Il ne peut être exercé qu'après une consignation de 2000 pesetas; si l'intérêt du procès est moindre de 1200 pesetas, la consignation est fixée au sixième. Le recours ne peut jamais être exercé quand cinq ans se sont écoulés depuis la signification de la décision critiquée (art. 1799 et 1800). Il est porté devant la troisième chambre du tribunal suprême, quelle que soit la juridiction qui ait rendu le jugement. Le recours en principe n'est pas suspensif, mais la chambre saisie peut ordonner la suspension de l'exécution du jugement attaqué suivant les circonstances, sous caution et après conclusions du ministère public (art. 1801 et 1802). Si le tribunal suprême juge le recours fondé, il met à néant la décision en tout ou partie, suivant l'étendue des griefs invoqués (art. 1806); ensuite de quoi il renvoie les parties à se pourvoir suivant leurs droits devant la juridiction qui avait statué. La déclaration qu'il y a lieu à rescision servira en tout cas de base au nouveau jugement sans pouvoir être désormais discutée (art. 1807 et 1808). Enfin, si le recours en revision est rejeté, le requérant est condamné à tous les dépens et à la perte de sa consignation. Une nouvelle demande en revision n'est pas admissible contre la décision qui a rejeté le recours (art. 1809).

6. — 4ᵒ *Italie*. — L'action en révocation prévue par le code de procédure civile du 30 juin 1865 équivaut à notre requête civile. Elle est admise contre les arrêts contradictoires des cours d'appel: 1ᵒ quand il y eu dol de l'adversaire; 2ᵒ quand la cour a statué sur pièces déclarées ou reconnues fausses depuis l'arrêt, ou que la partie qui succombe ignorait avoir été déclarées ou reconnues telles auparavant; 3ᵒ lorsqu'il a été découvert des pièces décisives détenues antérieurement par l'adversaire; 4ᵒ lorsque l'arrêt a commis une erreur de fait démontrée par les pièces et documents de la cause, si elle a déterminé le juge et si elle a pour objet soit un fait qui, admis par l'arrêt, est reconnu inexistant par les deux parties, soit l'inexistence d'un fait dont elles reconnaissent d'accord l'existence; 5ᵒ lorsqu'il y a contrariété de jugements dans les termes indiqués par la loi (avant art. 494). Quant aux autres causes de requête civile admises par notre code (violation des formes légales, défaut de communication au ministère public, prononciation sur choses non demandées, omission de statuer sur choses demandées, contrariété entre les diverses dispositions de la même décision) l'art. 517 les érige en causes de pourvoi en cassation. Peuvent encore être révoqués après l'expiration des délais d'opposition ou d'appel dans les trois premiers cas susvisés, les arrêts par défaut, les jugements de première instance contradictoires ou par défaut y compris ceux des conciliateurs; ceux-ci peuvent aussi être révoqués dans le cas prévu sous le nᵒ 5 (art. 495). L'étendue de la révocation, le délai pour la provoquer, la détermination de la juridiction compétente, la procédure, moins la consultation préalable qui n'est pas exigée, sont réglés de la même manière qu'en France (art. 496 à 498, 502, 504, 505). La consignation préalable reprise par l'art. 499 est de 5, 25, 50 et 100 lires, selon qu'il s'agit d'un jugement de conciliateurs, de préteur (juge de paix) de tribunal civil ou consulaire, ou d'un arrêt de cour. Elle ne comprend qu'une amende à laquelle sera condamné le demandeur qui succombe dans son recours et dont l'État et les personnes admises à l'assistance judiciaire sont dispensés (art. 501). En principe, l'action en révocation n'a pas d'effet suspensif, mais la juridiction saisie peut accorder, pour causes graves, des défenses à l'exécution de

la décision attaquée (art. 505). Le rejet de la révocation et son admission produisent les mêmes effets qu'en matière de requête civile (art. 506 et 507). Mais, à l'inverse de ce qui existe en France, le juge qui admet la révocation doit en même temps statuer sur le fond, si la cause est en état d'être tranchée de suite (art. 508). Les décisions statuant sur la révocation ne sont pas susceptibles d'appel, sauf celles qui émanent de tribunaux de première instance. Celles qui sont rendues par les conciliateurs n'admettent aucun recours; celles des cours d'appel peuvent être attaquées devant la cour de cassation (art. 509).

7. — 5° *Pays-Bas.* — Les art. 382 à 397 du code de procédure civile reproduisent les dispositions de la loi française en matière de requête civile. Cependant ils n'admettent comme ouvertures de recours ni le défaut de communication au ministère public ni la violation des formes. Le délai pour agir est de trois mois. La consignation d'amende et de dommages-intérêts a été abolie par la loi du 7 avr. 1869 abrogative des art. 391 et 393. L'art. 397 autorise la requête civile contre les sentences des juges cantonaux dans deux cas seulement : lorsque le juge a été déterminé par le dol de la partie ou par des pièces ensuite reconnues ou déclarées fausses.

8. — 6° *Suisse.* — Les législations des divers cantons offrent en la matière une grande variété. Plusieurs n'admettent pas la revision; du moins ne l'appliquent-elles pas aux hypothèses dans lesquelles le code français autorise la requête civile. D'autres l'appliquent avec de grandes restrictions. Ainsi la loi de procédure du canton d'*Appenzell* du 25 avr. 1880 (section 8) déclare sujets à revision les jugements passés en force de chose jugée lorsque, depuis la décision, des preuves nouvelles ont été acquises ou des faits nouveaux et essentiels découverts. Le pourvoi doit être formé dans les trois mois de la découverte. La loi *vaudoise* du 25 nov. 1869 (art. 459 à 463) admet plus largement la revision des jugements définitifs : 1° quand il a été recouvré des pièces décisives ; 2° quand une des parties a été condamnée pour faux serment dans la cause ; 3° quand un témoin dont la déposition a été indiquée comme motif au jugement est ensuite condamné pour faux témoignage ; 4° si un titre, indiqué comme motif au jugement, a été déclaré faux judiciairement. Le recours est porté dans tous les cas au tribunal cantonal avec preuves à l'appui ; le tribunal fixe un délai à l'adversaire pour fournir un contre-mémoire puis statue après avoir entendu le procureur général. S'il admet la revision, la décision est annulée, et les parties sont replacées dans le même état qu'avant la décision annulée, et elles sont renvoyées devant une juridiction que le tribunal cantonal désigne et qui statue à nouveau tant sur le fond que sur les frais de la procédure annulée. La législation du canton de *Genève* n'ayant subi depuis la publication du *Répertoire* aucune modification en notre matière, nous renverrons aux indications déjà données au *Rép.*, n° 5.

ART. 2. — *Caractères de la requête civile, quels jugements sont susceptibles de cette voie de recours* (*Rép.* n° 6 à 38).

9. La requête civile constituant une sorte de restitution contre la chose jugée ne peut être introduite une fois les voies de recours ordinaires épuisées ; aussi l'art. 480 c. proc. civ. en limite-t-il l'application aux jugements contradictoires en dernier ressort des tribunaux de première instance et d'appel, ainsi qu'aux jugements par défaut aussi en dernier ressort et en état ne sont plus susceptibles d'opposition (*Rép.* n° 7). Pour déterminer à ce point de vue quelles sont les décisions en dernier ressort il faut, pensons-nous, s'attacher aux conclusions de la demande et non aux condamnations prononcées par le jugement. Si, par exemple, il alloue plus de quinze cents francs alors que la demande était inférieure à cette somme, la voie de l'appel n'est pas ouverte et la partie condamnée peut se pourvoir en requête civile, le juge ayant statué *ultra petita*. Il paraît, en effet, inadmissible qu'en décidant au delà de ce qui est réclamé le juge puisse rendre la cause susceptible d'appel (V. en ce sens : Limoges 5 juin 1886, aff. Toueix, D. P. 87. 2. 113 et la note ; Dutruc, v° *Requête civile*, n° 48. — *Contrà* : Chauveau, *Lois de la procédure civile*, question 1747-*bis*). On a également indiqué au *Rép.*, n° 13, que la question de savoir si un jugement est ou non en dernier ressort se tranche, d'après la nature de l'affaire et non d'après la qualification donnée par le juge (V. *suprà*, v° *Degré de juridiction*, n° 169 et suiv.).

10. De ce que la requête civile n'est ouverte qu'à défaut des moyens de recours ordinaires, il n'en faut pas conclure que le même jugement ne puisse être susceptible à la fois de requête civile et de cassation ; certains chefs peuvent motiver l'une, certains justifier l'autre. Tel est le cas où le tribunal aurait omis de statuer sur certains chefs de demande et, sur d'autres, aurait commis une violation de la loi. Comme le fait observer M. Chauveau (quest. 1741), la partie sera en droit alors de se pourvoir par les deux voies, soit successivement, soit, dans certaines hypothèses, concurremment, pour éviter la déchéance qui résulterait de l'expiration des délais (Conf. Dutruc, n° 2, et *Rép.* n° 29).

11. Conformément à la doctrine émise au *Rép.*, n°s 8 et 9, il est admis sans difficulté que les décisions en premier ressort, bien que passées en force de chose jugée par l'expiration des délais d'appel, ne peuvent être attaquées par voie de requête civile (Rousseau et Laisney, n° 7 ; Bonfils, n° 1462 ; Dutruc, n° 3 ; Garsonnet, t. 5, § 1086). A plus forte raison, en serait-il ainsi des jugements sur la compétence non frappés d'appel, quelque minime que soit le taux du litige ; de ceux en premier ressort tant que les délais d'appel courent, et de ceux contre lesquels a été formé un appel encore pendant (Garsonnet, *ibid.*, et notes 7 à 9).

12. La jurisprudence applique cette solution même lorsque le jugement, devenu définitif faute d'appel, est rendu à l'encontre d'incapables ou d'établissements publics qui n'ont pas été défendus ou qui l'ont été insuffisamment. C'est ce que nous avions admis en ce qui touche les mineurs (*Rép.* n° 10) et il y a lieu d'en dire autant pour toutes les autres personnes auxquelles l'art. 481 c. proc. civ. accorde la requête civile pour non valable défense. Sans doute cet article ne reproduit pas la disposition de l'art. 480 qui limite le recours aux jugements en dernier ressort, mais il est manifeste qu'il n'y déroge pas, à cet égard, à la règle générale. Déjà dans l'ordonnance de 1667, à la suite des principes posés par l'art. 34, notamment quant à la restriction de la requête civile aux décisions rendues en dernier ressort, l'art. 35 réservait au profit des incapables le cas de non valable défense dans les termes reproduits depuis par l'art. 481 c. proc. civ., néanmoins, et conformément à la doctrine exprimée par le rédacteur du projet de l'ordonnance, tous les commentateurs avaient admis que l'art. 35 ne dérogeait pas à l'art. 34 au point de vue de la nécessité d'une décision en dernier ressort (Rodier, question 1, p. 694 ; Jousse, t. 2, p. 688). Telle est encore l'interprétation qui se dégage des travaux préparatoires du code de procédure. Si l'art. 496 du projet dérogeait à l'ordonnance en admettant le pourvoi des mineurs pour non valable défense contre « *tous jugements* » (Locré, t. 22, p. 46), cette disposition n'a point passé dans la rédaction définitive. D'autre part, sur l'art. 475 du projet, lequel se référait à l'hypothèse prévue par l'art. 481 actuel, et fut également supprimé, plusieurs conseillers d'État avaient proposé un délai plus long, tant pour provoquer la rétractation d'un arrêt de cour que pour requérir celle d'un jugement de tribunal ; le ministre de la justice ayant alors demandé qu'on spécifiât que cet article ne s'appliquerait qu'aux jugements en dernier ressort, Treilhard répondit que ce point avait été suffisamment établi dans l'art. 470 (art. 480 actuel). V. Locré, t. 22, p. 54, et dans le même sens : Bigot-Préameneu, *Exposé des motifs*, n° 4, *Rép.* n° 4, note ; Albisson, *Rapport au Corps législatif*, n° 13, *Rép.* n° 4, note 2). M. Chauveau, qui seul a examiné la question avec détail (*Supplément aux lois de la procédure*, question 1766 *bis*), démontre que lorsque, après l'art. 480 qui énumère les cas de requête civile, l'art. 481 décide que « l'État, les communes... seront encore reçus à se pourvoir... » ces mots signifient que la loi ajoute, en faveur des personnes privilégiées, deux nouveaux motifs de requête civile, et cela contre les actes judiciaires qui en sont susceptibles dans les termes de l'art. 480. Décider que ces personnes peuvent demander, par voie de requête civile, la rétractation d'une décision en premier ressort, serait d'ailleurs faire échec à ce principe que le recours extraordinaire n'est ouvert que quand

le recours de droit commun n'existe pas. Une anomalie étrange se produirait encore : les personnes morales doivent exercer la requête civile dans un délai qui part de la signification du jugement, quelle qu'en soit la date; seul, le délai accordé au mineur ne court que de la signification faite à celui-ci depuis sa majorité (art. 484). Les premières verraient donc courir concurremment contre elles le délai d'appel et de requête civile, et si elles employaient le premier recours, celui de l'art. 481 leur échapperait en fait. Le mineur, au contraire, bénéficierait le plus souvent des deux délais successivement et pourrait user des deux recours l'un après l'autre.

Contrairement à cette doctrine, Thomine-Desmazures (*Commentaire*, t. 1, p. 733 et suiv.) pense que l'art. 481 introduit une exception à l'art. 480, relativement aux personnes privilégiées qu'il énumère : « on ne peut dire qu'ils (les mineurs) ne soient restituables par cette voie qu'autant que le tuteur ou l'administrateur aura porté l'appel du jugement de première instance devant la cour et qu'il y aura eu jugement en dernier ressort; il doit suffire que le jugement qui lèse le mineur ait acquis contre lui l'autorité de la chose jugée ». Ce système est la reproduction de l'art. 496 du projet de code qui, outre les voies ordinaires de requête civile contre les décisions en dernier ressort, accordait aux mineurs celle résultant de la non valable défense contre *tout jugement*; mais le rejet de cet article est caractéristique à l'encontre de la théorie de M. Thomine-Desmazures. En vain, exciperait-on de l'iniquité qu'il y a à rendre les personnes privilégiées victimes de la négligence mise par leurs représentants à interjeter appel. De cette négligence, et du préjudice qu'elle peut occasionner, la loi ne tient pas compte, et c'est ainsi que les personnes morales doivent subir, comme les particuliers, les prescriptions que la négligence de leurs mandataires légaux a seule rendue possibles (c. civ. art. 2228). Il faut donc maintenir pleinement la doctrine exposée au *Répertoire*, et qui a été depuis sanctionnée par plusieurs arrêts (Toulouse, 30 déc. 1846, *Journal des avoués*, t. 72, p. 46 ; Liège, 1er avr. 1865, *Pasicrisie belge*, 1865. 2. 157 ; Lyon, 3 août 1870, *infrà*, n° 85, et en ce sens, Garsonnet, t. 5, § 1086, note 10).

13. En principe, la partie qui signifie à son adversaire, sans réserves, la décision rendue entre eux, est réputée y avoir acquiescé, et il en est de même de l'intimé qui, sur l'appel, demande purement et simplement la confirmation du jugement entrepris (*Rép.* n° 12). Toutefois, dans le premier cas, l'acquiescement résultant de la signification d'un arrêt, sans réserves, est légalement présumé n'avoir eu lieu qu'en vue et aux fins de l'exécution totale par chacune des parties des dispositions de la sentence ; aussi a-t-il été jugé, à bon droit, que la signification ainsi faite par l'intimé ne le rend pas irrecevable d'attaquer l'arrêt au moyen de la requête civile, lorsque, postérieurement à cette signification, l'adversaire s'est pourvu en cassation (Civ. cass. 26 nov. 1881, aff. Douanes de la Réunion, D. P. 61. 1. 493).

14. Il résulte de l'art. 480 qu'à l'inverse de ce qui a lieu pour les jugements contradictoires en premier ressort, qui sont devenus définitifs par l'expiration du délai d'appel, les jugements par défaut en dernier ressort sont susceptibles de requête civile, bien qu'ils n'aient pas été frappés d'opposition dans le délai légal (V. *Rép.* n° 14). Et il a été décidé que, dans cette dernière hypothèse, les décisions dont il s'agit peuvent être attaquées par requête civile, même pour les causes qui existaient déjà à l'époque où l'opposition était encore recevable (Civ. cass. 14 déc. 1852, aff. Chambert-Lefèvre, D. P. 52. 1. 329; Dutruc, n° 4).

15. Suivant la doctrine générale énoncée au *Rép.*, n° 17, il a été décidé que les jugements et arrêts en matière correctionnelle, même ceux rendus sur la poursuite d'une partie civile, ne peuvent être attaqués par requête civile, notamment pour défaut de statuer ou pour omission de formalités prescrites à peine de nullité, ces griefs étant, d'ailleurs, de ceux qui donnent ouverture à cassation, et que dès lors la partie qui a recours à la requête civile en matière criminelle doit, comme celle qui use hors de propos en matière civile, être condamnée à l'amende et aux dommages-intérêts (Paris, 17 août 1871, aff. Bouffard, D. P. 72. 2. 35). La requête civile, comme le fait justement remarquer cet arrêt, est remplacée en matière criminelle, pour le plus

grand nombre des cas, par le pourvoi en cassation, et pour quelques-uns par la demande en revision (Conf. Rousseau et Laisney, n° 32).

16. Les jugements en dernier ressort des tribunaux de commerce peuvent-ils être réformés par voie de requête civile? La question, discutée autrefois (V. *Rép.* n° 19 et 20), est résolue affirmativement par tous les auteurs récents (Dutruc, n° 6 et 7; Rodière, t. 2, p. 114; Bonfils, n° 1463; Boitard, Colmet-Daâge et Glasson, t. 2, n° 730; Nouguier, *Tribunal de commerce*, t. 3, p. 161; Garsonnet, t. 5, § 1083, p. 534; Dutruc, *Dictionnaire du contentieux commercial*, v° *Tribunal de commerce*, n° 184). Comme le remarque fort justement M. Glasson, *loc. cit.*, la solution contraire, déjà rejetée par l'ancienne jurisprudence, aboutirait à une singulière inconséquence : prononcée par un tribunal civil faisant fonctions de tribunal de commerce, une décision commerciale serait susceptible de requête civile, et la même sentence prononcée par un tribunal de commerce ne la comporterait pas.

Suivant M. Rodière (t. 2, p. 114), on devrait assimiler à cet égard les sentences des conseils de prud'hommes à celles des juges consulaires.

17. En ce qui concerne les décisions des juges de paix, la question est beaucoup plus délicate et la controverse signalée au *Rép.*, n°s 21 et 22, subsiste encore. Pour l'admissibilité de la requête civile contre les jugements lorsqu'ils sont rendus en dernier ressort, on peut citer diverses décisions et un certain nombre d'auteurs (Trib. de paix de Vitry-en-Artois, 8 août 1888, aff. Deballleul, D. P. 89. 2. 20, et implicitement, Req. 10 févr. 1868, aff. Leroy, D. P. 68. 1. 422 ; Garsonnet, t. 5, § 1089 ; Rodière, t. 2, p. 114; Bonfils, n° 1463). D'autres auteurs (Henrion de Pansey, *Compétence des juges de paix*, chap. 58, § 3, p. 500 ; Bénech, *Des justices de paix*, p. 406) exceptent de cette solution les cas prévus par l'art. 480 c. proc. civ. n°s 3, 4, 5, 6. — Mais la majorité des auteurs refusent en toute hypothèse la voie de la requête civile (Aux autorités citées au *Rép.*, n° 21, *Adde* : Berriat Saint-Prix, *Cours de procédure civile*, t. 2, p. 544 ; Curasson, *Compétence des juges de paix*, 4e édit., t. 2, n° 878 ; Bost, *Encyclopédie des justices de paix*, v° *Requête civile*, n° 2 ; Boitard, Colmet-Daâge et Glasson, t. 2, n° 730 ; Carré, *Compétence judiciaire des juges de paix*, n° 97 ; Rousseau et Laisney, n° 27). C'est dans ce dernier sens qu'avait prononcé un jugement du tribunal de paix d'Epinac du 14 avr. 1855 (aff. Guillemard, D. P. 58. 3. 64). — La requête civile, disent les partisans de cette doctrine, est une voie exceptionnelle empruntée au droit ancien et limitée par le code aux décisions des tribunaux de première instance et d'appel. Il est difficile de comprendre parmi les premiers les juges de paix. Il en est autrement sans doute des tribunaux de commerce, mais ceux-ci sont placés par le législateur dans la hiérarchie judiciaire au même rang que les tribunaux d'arrondissement ; dans le code de procédure civile, la procédure devant les tribunaux de commerce figure au livre 2 qui traite également de la procédure devant les tribunaux d'arrondissement, à ce point de vue encore, ils se trouvent mis sur la même ligne ; au contraire, la justice de paix fait l'objet des dispositions tout à fait distinctes du livre 1 du même code, c'est une juridiction d'un caractère spécial qu'on ne saurait qualifier de tribunal de première instance sans froisser le sens vulgaire comme le sens technique de cette dénomination. Dans ces conditions, pour appliquer la requête civile aux sentences des juges de paix, il faudrait trouver, soit dans le code, soit au moins dans les précédents et les travaux préparatoires, la preuve que telle a été l'intention du législateur. Or, il n'en est rien : dans l'ancien droit, la seule requête civile de droit commun était dirigée contre les arrêts de cour; pourtant Pothier nous apprend qu'une procédure analogue était autorisée contre les jugements en premier ressort des présidiaux, mais, comme le fait observer M. Glasson (note sous D. P. 89. 2. 201), « il ne s'agit déjà plus là de la requête proprement dite, et, quant aux décisions des autres juridictions plus inférieures encore, c'est en vain qu'on chercherait cette voie de recours; elle n'existait pas dans l'ancien droit sous l'empire de l'ordonnance de 1667 » (V. Pothier, *Traité de la procédure civile*, 3e part., chap. 3, § 3, t. 1, p. 339, édit. de 1778). Dans les travaux

préparatoires, rien n'indique qu'on ait voulu innover, et il est à remarquer que Pigeau, qui partage notre opinion, était l'un des commissaires chargés de la confection du projet de code. L'application de la requête civile aux jugements en dernier ressort des juges de paix, serait encore, au point de vue de la procédure, difficile et même parfois impossible. Certaines formes prescrites par la loi sont incompatibles avec la modicité des litiges tranchés par la juridiction dont il s'agit : telle est la consultation de trois avocats; quant à la consignation préalable prescrite par l'art. 494 et fixée à 300 fr. pour amende et 150 fr. pour dommages-intérêts, si le pourvoi est dirigé contre un arrêt de cour, consignation que le même texte réduit au quart pour les jugements des tribunaux de première instance, il est vraisemblable que le code aurait réduit encore ce chiffre s'il avait entendu appliquer la voie de recours aux décisions des juges de paix, comme il l'a fait pour l'amende de tel appel. Son silence à cet égard est significatif, et il semble difficile, cela étant, d'assujettir le demandeur en requête civile, dans l'hypothèse discutée, à une consignation totale de 112 fr. 50 cent. là où l'intérêt maximum du litige ne peut dépasser 100 fr. En réalité, le législateur n'a pas voulu admettre contre ces décisions minimes de voies de recours coûteuses, il a expressément refusé le pourvoi en cassation et on est amené à refuser de même la requête civile. Au surplus, si celle-ci existait seule, des résultats bizarres se produiraient : par exemple, tandis que la contrariété de jugements émanant d'un même juge de paix ouvrirait la requête civile, cette même contrariété entre jugements de juges de paix différents serait sans remède, puisque, constituant un simple excès de pouvoir elle ne fournirait pas matière à cassation. Que si le refus de la requête civile peut avoir quelques inconvénients, il n'en reste pas moins certain que d'autres aussi graves et plus fréquents peuvent résulter de ce que les décisions de juges de paix ne sont pas susceptibles de cassation pour violation de la loi. Le code qui n'a pas cru devoir s'arrêter à une telle considération pour la dernière des deux voies de recours, n'a pas dû la juger assez grave pour admettre la première.

18. Les sentences arbitrales peuvent être attaquées par requête civile. C'est la conséquence des règles posées par les art. 1026 et 1027, c. proc. civ. (V. à ce sujet *supra*, v° *Arbitrage* n° 121 et les décisions citées; Boitard, Colmet-Daâge et Glasson, t. 2, n° 730 ; Dutruc, n° 7). Il a été jugé spécialement que cette voie est ouverte contre la décision des arbitres nommés par les parties pour fixer souverainement le chiffre de l'indemnité due à raison de l'abandon amiable d'immeubles compris dans le périmètre de terrains cessibles pour cause d'utilité publique, une telle sentence constituant une véritable décision arbitrale, alors qu'elle est attaquée par l'une des parties comme déterminée par le dol personnel de l'adversaire (Toulouse, 15 févr. 1867, aff. Veuve Durand et Dullard, D. P. 67. 2. 53, et sur pourvoi, Civ. rej. 22 juin 1869, D. P. 69. 1. 472).

19. Bien que ce point ait été autrefois discuté, il est reconnu aujourd'hui (*Rép.* n°⁸ 25 et 26) que les arrêts de la cour de cassation n'admettent pas le recours par requête civile. C'est ce qui a été décidé par arrêt de la chambre des requêtes du 18 mai 1847 (aff. Préfet de la Gironde, D. P. 47. 1. 184). Cette décision est toutefois critiquée par M. Rodière, t. 2, p. 115.

20. Pour savoir si la décision attaquée peut être l'objet d'une procédure de requête civile, c'est sa nature même et non celle des contestations tranchées par elle que l'on doit considérer (*Rép.*, n°⁸ 27 et 28). — C'est ainsi que ce recours est notamment applicable : 1° en matière de séparation de corps (*supra*, v° *Divorce et séparation de corps*, n° 35) et en matière de divorce, la disposition contraire contenue dans le projet primitif de la loi du 18 avr. 1886 ayant été supprimée (V. *supra*, eod. v°, n° 512); 2° en matière d'enregistrement (*supra*, v° *Enregistrement*, n° 3406); Civ. rej. 2 janv. 1884, aff. Theillier, D. P. 84. 1. 347); 3° en matière d'ordre; 4° en matière de saisie immobilière (V. *infra*, v° *Vente publique d'immeubles*. — Toutefois le jugement d'adjudication sur saisie immobilière n'ayant pas à proprement parler un caractère contentieux et constituant un simple procès-verbal, il a été décidé à bon droit qu'il n'est pas susceptible de requête civile et qu'en pareil cas, c'est par action princi-

pale formée devant le tribunal qui l'a prononcée que la réformation en doit être demandée (Req. 18 févr. 1846, aff. Mandron, D. P. 46. 1. 134 ; Trib. civ. Nancy, 9 janv. 1862, aff. De Sobirats, sous Req. 6 août 1863, D. P. 63. 1. 462; Douai, 4 août 1886, aff. Delabarre C. Parsy et Obers, 2° ch. MM. Duhem, pr.; de Savignon, av. gén. ; Garsonnet, t. 5, § 1087). Il en est ainsi spécialement du jugement d'adjudication sur surenchère après aliénation volontaire lorsque la signature du prétendu adjudicataire est fausse et a été apposée à son insu au bas d'une procuration à fin de surenchère (Même arrêt de Douai). — De même, les jugements rendus non sur incident de saisie immobilière mais sur le donné acte de la publication du cahier des charges, n'ont pas un caractère contentieux et, ne comportant pas d'appel, n'admettent pas davantage la requête civile (Garsonnet, *ibid.*, et note 3).

21. Par exception encore, il n'y a pas lieu à requête civile : 1° contre les jugements qui prononcent une expropriation pour cause d'utilité publique (Garsonnet, t. 5, § 1087, p. 541); 2° contre la décision du jury d'expropriation et l'ordonnance du magistrat directeur prononcée en exécution de cette dernière; 3° contre les décisions gracieuses rendues par un tribunal en vertu de son pouvoir discrétionnaire. D'après M. Garsonnet (t. 5, n° 1088), il en serait encore ainsi : 1° des arrêts d'adoption. Cette opinion, qui nous semble trop absolue, a été combattue *supra*, v° *Adoption*, n°⁸ 36 et suiv.; 2° des décisions d'expédient, vrais contrats judiciaires contre lesquels serait seulement ouverte l'action décennale en nullité de l'art. 1304 c. civ.

22. Comme on l'a expliqué au *Rép.*, n°⁸ 31 à 38, l'art. 503 interdit de se pourvoir par requête civile : 1° contre le jugement déjà attaqué par cette voie; 2° contre le jugement qui a rejeté la requête civile, encore que la nouvelle procédure eût pour base une ouverture de requête civile qui ne se serait révélée qu'une fois la première rejetée (Garsonnet, t. 5, § 1124, p. 635; Boitard, Colmet-Daâge et Glasson, t. 2, n° 731); 3° contre le jugement qui, après admission de la requête, statue sur le rescisoire. Toutefois, il y a lieu de noter que cette troisième prohibition ne vise que les parties maintenues en cause par la décision dont il s'agit et non les personnes qui, s'étant jointes à l'action, auraient été mises hors de cour. Ainsi jugé que, lorsqu'un arrêt rendu contre deux parties a été rétracté sur requête civile, mais au profit de l'une d'elles seulement, l'intervention de l'autre partie dans l'instance au rescisoire ne peut être opposée comme fin de non-recevoir au pourvoi en requête civile que cette partie formerait plus tard contre le même arrêt (Orléans, 28 avr. 1853, aff. Commune d'Huismes, D. P. 54. 2. 183).

ART. 3. — *Par qui et contre qui peut être formée la requête civile* (Rép. n°⁸ 39 à 46).

23. La requête civile ne peut être employée que par ceux qui ont un intérêt. Mais, comme le remarque M. Garsonnet, t. 5, § 1090, p. 543, le défaut d'intérêt de la part du demandeur en requête civile n'autorise pas à écarter *de plano* sa requête, c'est une question qui se posera seulement après le rescindant et qui, tranchée contre le demandeur, conduira seulement le juge saisi du rescindant à refuser de rétracter sa première décision. — La requête civile est ouverte non pas à tous les intéressés, mais seulement à ceux qui, par eux-mêmes, par leurs auteurs ou par leurs représentants légaux, ont été parties au jugement attaqué (*Rép.*, n°⁸ 39 à 41; Dutruc, n° 19). Ce mode de recours appartient également à la personne qui a figuré à la décision dont il s'agit, soit par mandataire (*Rép.*, n° 42), soit en qualité de mandataire; mais, dans ce dernier cas, il faut supposer que le recours s'introduit par elle en cette même qualité, et sans violation de la règle que nul, en France, ne plaide par procureur. Spécialement, la partie actionnée, comme représentant et mandataire d'une réunion d'individus (des assureurs maritimes), et condamnée nominativement en cette qualité, est recevable à former, en la même qualité, une requête civile contre la condamnation intervenue : la partie adverse ne peut argumenter, en ce cas, de la maxime que nul en France ne plaide par procureur, ayant elle-même reconnu au demandeur en requête civile le droit de figurer en son nom au jugement contre lequel la

requête est dirigée. Et il en est ainsi, alors même qu'un arrêt aurait déclaré que la condamnation devait être considérée comme se divisant entre les individus représentés au procès par leur mandataire, dans le but, par exemple, d'en conclure que cette condamnation était en dernier ressort (Civ. rej. 12 avr. 1858, aff. Borelly, D. P. 58. 1. 179).

24. La requête civile ne pouvant être exercée que contre ceux qui ont été compris dans la décision critiquée, le juge de ce recours n'a pas qualité pour connaître incidemment d'actions introduites à cette occasion contre des personnes tierces ; ainsi en cas de requête civile fondée sur une détention frauduleuse de pièces par la partie qui a obtenu l'arrêt contre lequel elle est dirigée, le demandeur ne peut, en prévision du rejet de la requête par le motif que les pièces dont il s'agit auraient été remises à un tiers et indûment conservées par lui, actionner ce tiers en garantie devant les juges de la requête civile (Req. 5 févr. 1868, aff. Thierry, D. P. 68. 1. 385).

Art. 4. — *Quelles causes donnent lieu à la requête civile* (*Rép.* nos 47 à 171).

§ 1er. — Dol personnel (*Rép.* nos 48 à 62).

25. — 1° *De quels actes résulte le dol personnel.* — Le seul dol qui autorise en principe la requête civile est celui qui émane de la partie bénéficiaire du jugement, celui d'un tiers, quelles qu'en soient les suites, ne peut donner lieu, contre son auteur, qu'à une action en dommages-intérêts (*Rép.* n° 48 ; Rousseau et Laisney, n° 36). Mais le dol d'un tiers serait considéré comme personnel si la partie s'y était associée en vue d'en profiter (*Rép.* n° 49). Il en serait encore ainsi, dans le cas où le dol aurait été commis par l'une des parties assignées, par collusion avec le poursuivant, en fraude des droits d'une autre partie ayant les mêmes intérêts qu'elle. Il a été jugé, sur ce dernier point, que lorsqu'un mari, en fraude des droits de sa femme alors séparée de corps, a, sur la demande en payement d'une prétendue dette de communauté, produit un registre domestique fabriqué par lui exprès et relatant la fois cette dette et le payement semestriel des intérêts, l'arrêt de condamnation qui intervient tant contre lui que contre la femme peut être, de la part de celle-ci, l'objet d'un pourvoi en requête civile, lorsqu'elle a découvert plus tard la fraude ourdie à son détriment, alors que le bénéficiaire de l'arrêt a connu la production du registre incriminé et sciemment affirmé sa créance dans un interrogatoire sur faits et articles et dans une comparution en chambre du conseil (Paris, 3 janv. 1850, et sur pourvoi, Req. 24 déc. 1851, aff. Bataille *C.* Veuve Maillard, MM. Mestadier, pr.-Jaubert, rap.-Sevin, av. gén.-Nouguier, av.).

26. On doit même admettre qu'il y a dol personnel, dans les termes de l'art. 480, lorsque la fraude concertée entre plusieurs parties a eu pour but de soustraire l'une d'elles aux conséquences d'une prohibition légale. C'est en ce sens qu'il a été décidé (Grenoble, 5 août 1850, *Journal des arrêts de la cour de Grenoble*, 1851, p. 44) que la requête civile peut être dirigée par la femme dotale contre la décision en dernier ressort à laquelle elle était partie, lorsqu'elle excipe d'une fraude concertée entre le mari et la partie adverse et grâce à laquelle a été consacrée une aliénation de sa dot.

27. Le dol du mandataire est également tenu pour personnel au mandant à moins d'un désaveu formel de sa part (*Rép.* n° 50 ; Dutruc, n° 27 ; Rousseau et Laisney, n° 38). Conformément à la jurisprudence antérieure, il a été jugé que la partie est responsable du dol commis par son représentant en justice, par exemple de son avoué ou de son avocat, et que ce dol autorise l'adversaire à se pourvoir en requête civile (Besançon, 9 déc. 1862, aff. Normand, D. P. 62. 2. 216). Mais lorsque les faits dolosifs imputés au mandataire sont étrangers à l'instance, ils ne peuvent servir de base à la requête civile contre le mandant que si celui-ci en a eu connaissance et en a fait usage au cours du procès afin de surprendre la religion du tribunal (Liège, 5 juill. 1862, *Pasicrisie belge*, 1863, 2. 76, et *Rép.* n° 52).

28. Les faits de dol commis par un mandataire avec l'assentiment et le concours de la partie adverse autorisent aussi la requête civile de la part du mandant contre celle-ci. Tel est le cas où la collusion aurait lieu entre l'avoué d'une partie et l'adversaire pour provoquer un jugement favorable à ce dernier. Et il a été décidé que si, en refusant de tenir compte de cette collusion, l'arrêt a réservé à la partie qui l'invoquait le droit de prouver comme elle aviserait le dol dont elle se prétend victime, ce dol bien que résultant des faits de collusion déjà invoqués, peut justifier ultérieurement une requête civile (Orléans, 15 janv. 1852, *infra*, v° *Tierce opposition*).

29. Le dol qui autorise la requête civile est, en principe, celui qui a été découvert depuis la décision viciée. Il serait inutile, en effet, de solliciter du juge la rétractation d'une sentence rendue dans des conditions qui lui ont été déjà révélées, et en présence de faits qu'il a refusé de tenir pour dolosifs, bien que l'intéressé lui en eût donné connaissance, en le sollicitant de les tenir pour tels. Il a donc été décidé que, lorsque certains témoins de l'enquête ont été subornés par la partie qui a ensuite gagné son procès, la requête civile est irrecevable, si elle ne porte que sur des faits connus lors de l'instance et appréciés alors par l'arrêt attaqué (Besançon, 29 juill. 1889, aff. Colisson, D. P. 91. 2. 46). Toutefois, les faits bien que connus du juge ont été, non pas rejetés mais réservés, ils pourraient servir de base à la requête civile, c'est ce qui a été admis par l'arrêt de la cour d'Orléans du 28 avr. 1853, cité *supra*, n° 22).

30. Il faut assimiler au cas où le dol était inconnu avant la décision attaquée, celui où la partie qui en a été victime se trouvait dans l'impossibilité morale de le dénoncer aux juges saisis. Il y a ainsi dol personnel de la part du plaideur qui a mis sciemment son adversaire dans l'impuissance de présenter ses moyens de défense même connus de celui-ci, mais qu'il ne pouvait fournir à raison d'une situation dont la partie gagnante a profité (Req. 23 mars 1868, aff. Lestienne, D. P. 69. 1. 281). Spécialement, le fait par un individu d'avoir formé une demande qu'il savait mal fondée, mais en choisissant frauduleusement l'époque où le défendeur se trouvait dans l'impossibilité morale et absolue de résister à cette demande, sous peine de s'exposer à une condamnation criminelle, peut être considéré comme de nature à servir de base à la requête civile contre l'arrêt intervenu (Même arrêt).

31. Enfin, si la partie victime du dol n'en a eu avant la décision qu'une connaissance incomplète et vague, on ne saurait lui reprocher de n'en avoir point fait part au juge, à une époque où elle était dans l'impossibilité de justifier ses soupçons. Elle pourra donc introduire ultérieurement le recours par requête civile, si elle acquiert la preuve des faits dolosifs (Gand, 12 août, 1868, *Pasicrisie belge*, 1869, 2. 50).

32. La requête civile ayant pour but la rétractation de la décision attaquée, le dol personnel qui lui sert de fondement doit avoir été de nature à déterminer la conviction du juge (*Rép.* n° 53 ; Liège, 5 juill. 1862 ; Besançon, 9 déc. 1862, cités *supra* n° 27 ; Alger, 29 avr. 1874 (1) ; Dijon, 15 mars 1878, *infra* n° 33).

_____

(1) (Bonamici *C.* Garro.) — La cour ; — Attendu que la sentence arbitrale en dernier ressort, en date du 30 oct. 1873, contre laquelle Bonamici s'est pourvu par requête, lui a été notifiée le 8 octobre suivant ; — Que la requête civile n'a été notifiée que le 3 mars 1874, c'est-à-dire un mois environ après l'expiration du délai de deux mois fixé par l'art. 483 c. proc.; — Qu'elle doit, par suite, être déclarée tardive et non recevable, à moins que Bonamici ne prouve qu'il est dans l'exception prévue pour les griefs qu'il invoque, par l'art. 487 c. proc.; — Mais qu'il ne justifie par aucun écrit, comme l'exige l'article précité, ni même en aucune autre manière, du jour où il aurait reconnu soit le dol, soit la rétention de pièces décisives ; — Que sa requête est donc tardive et devrait par cela seul être déclarée irrecevable ; — Mais attendu, pût-il en être autrement, que la requête n'en devrait pas moins être rejetée sans hésitation ; — Que, pour constituer le dol personnel admis comme grief de requête civile, par le numéro 1 de l'art. 480 c. proc., il faut l'emploi de manœuvres dolosives ayant exercé une influence déterminante sur la décision rendue, influence qui, ayant eu pour objet de surprendre la religion du juge, devrait faire prononcer la rétractation du jugement ; — Que Bonamici ne l'allègue même aucune manœuvre de la part de Garro, que le simple fait de non-remise à l'arbitre d'un rapport du sieur Sibély ; — Que rien n'indique que cette pièce, si elle eût été

33. La question de savoir à quels caractères on peut reconnaître l'existence d'un dol dans le sens de l'art. 480 c. proc. civ. est des plus délicates. D'une part, on est d'accord pour déclarer irrecevable la requête civile fondée sur le caractère lésionnaire du jugement attaqué. La lésion entre majeurs n'est en effet assimilable au dol, sauf pour certains contrats ou actes déterminés par la loi et parmi lesquels ne figurent pas les décisions de justice (Boitard, Colmet-Daâge et Glasson, t. 2, n° 731; Garsonnet, t. 5, § 1096 et p. 354). — D'autre part, on a considéré au *Rép.*, n°s 54 et 55, que la fraude pouvait être jugée suffisante, bien qu'elle ne se fût pas manifestée par des manœuvres proprement dites (Alger, 29 avr. 1874, *suprà*, n° 32; Dijon, 15 mars 1878) (1). Dans cet ordre d'idées on devrait déclarer recevable la requête civile fondée sur ce qu'au cours du litige l'adversaire a faussement dénié l'existence d'une pièce décisive. Il y a lieu de faire observer en ce sens que, si les arrêts de cour insistent sur la nécessité de manœuvres dolosives, souvent ils déclarent telles, en vertu de leur droit souverain d'appréciation, des dénégations ou affirmations mensongères par cela seul qu'elles ont faussé la décision intervenue. La difficulté tend donc à se résoudre en une question de fait, et les tribunaux semblent admettre généralement la requête civile pour dol, encore qu'il ait un caractère pour ainsi dire subjectif. Comme le dit M. Bédar-

ride (*Traité du dol et de la fraude*, 4e éd., t. 1, n° 424, p.457): «la confiance forcée que les juges sont obligés d'avoir dans les allégations qui se produisent à leur barre aggrave singulièrement les torts de celui qui emploie le mensonge et la ruse: ce qui ne serait qu'un acte d'indélicatesse blâmable dans un contrat devient, en matière de jugement, un dol punissable». Ainsi jugé que la dissimulation mensongère et la dénégation persistante d'un fait ou d'un acte décisif au procès réunissent tous les caractères légaux du dol en cette matière, lorsque les manœuvres ainsi employées pour tromper le juge sont de telle nature que sans elles, la décision du litige eût été évidemment différente (Besançon, 9 déc. 1862, aff. Normand, D. P. 62. 2. 216; Garsonnet, *eod. loc.*; V. toutefois Grenoble, 21 août 1867, *infrà*, n° 39).

34. D'un autre côté, on ne saurait voir un dol personnel ni dans le fait par une partie de ne pas produire la copie d'un acte dont l'original figure dans un dépôt public où l'adversaire avait le droit d'en prendre communication (Lyon, 28 nov. 1865, *Journal des avoués*, t. 91, p. 292); ni dans la rétention par une partie d'une pièce sans caractère décisif, alors surtout que l'adversaire la connaissait et négligé d'en demander communication (Alger, 29 avr. 1874, *suprà*, n° 32). Ces décisions ne sont que l'application de la règle *Nemo cogitur edere contrà se* (V. *supra*, v° Preuve, n° 28).

35. Il a été décidé également: 1° que la partie ne sau-

---

(1) connue de l'arbitre, eût influé sur la sentence; — Que ce n'était là qu'un document, un simple renseignement dont les données auraient été complètement insuffisantes pour que l'arbitre eût pu remplir sa mission; — Attendu, au point de vue du grief pris de la rétention d'une pièce décisive, le seul qui, à vrai dire, puisse être spécieusement invoqué, que cette pièce était parfaitement connue de Bonamici, sous les yeux duquel elle avait été dressée du moins en partie; — Qu'il la considérait si peu comme décisive, qu'il n'en a pas même demandé la communication à l'arbitre; — Qu'en réalité, le rapport de Sibély, s'il indiquait les travaux qui devraient être exécutés et le prix qu'ils devraient coûter, ne pouvait pas dire quels étaient les travaux exécutés par Bonamici, avec quels matériaux, de quelle façon, tous points à apprécier souverainement par l'arbitre Serpolet; — Que, dans ces circonstances, aucun des griefs de Bonamici ne se trouve justifié; — Par ces motifs; — Déclare la requête civile formée par Bonamici contre la sentence de l'arbitre Serpolet, en date du 30 oct. 1873, tardive et par cela seul irrecevable; — En appréciant toutefois surabondamment le mérite; — Déclare qu'aucun des griefs sur lesquels se fonde ladite requête n'est justifié; — Rejette, etc.

Du 29 avr. 1874.—C. d'Alger, 1re ch.-MM. Cuniac, 1er pr.-Fau, subst.-Sabatery et Huré, av.

(1) (Joigneaux C. Villiard.) — La cour; — Attendu que la requête civile à l'admission de laquelle conclut le sieur Joigneaux est fondée sur trois moyens: — 1° La contrariété de jugements qui existerait entre l'arrêt rendu par la cour de Dijon, chambre civile, le 18 juill. 1873 et l'arrêt rendu par la chambre des mises en accusation de la même cour le 6 juin 1877; — 2° Le dol personnel; — 3° Le jugement sur pièces reconnues ou déclarées fausses;

Sur le premier moyen, la contrariété des jugements: — Attendu que la contrariété de jugement ne peuvent exister qu'autant que les deux sentences porteraient sur une même chose débattue entre les mêmes parties, il ne saurait y avoir contrariété de décision entre un arrêt statuant sur une créance et un arrêt statuant sur la seule question de savoir s'il y a lieu ou non-lieu de suivre sur une plainte, entre un arrêt condamnant à payer une somme déterminée et un arrêt déclarant la prescription d'un délit prétendu et l'action civile qui pourraient résulter de ce délit;

Sur le deuxième moyen, le dol personnel: — Attendu que le dol qui pourrait donner ouverture à requête civile est celui qui aurait eu pour but et pour effet de tromper le juge et d'obtenir de lui une décision qu'il n'aurait pas rendue sans les manœuvres dolosives employées par celui contre lequel la requête est dirigée; — Attendu que l'arrêt du 18 juill. 1873 a été rendu au vu d'un rapport d'expert commis par arrêt d'avant faire droit du 25 nov. 1872; — Que, pour que l'expert pût faire utilement le travail qui lui avait été confié, Villiard frères lui ont remis toute leur comptabilité, toutes leurs écritures, tous les livres sur lesquels pouvait être inscrite quelqu'une des opérations faites avec Bardoux et Joigneaux sans en rien dissimuler ni en rien retenir; — Attendu que, lorsque plus tard une seconde expertise a eu lieu par ordonnance du juge d'instruction saisi de la plainte de Joigneaux, cette expertise a porté exactement sur les mêmes documents. la même comptabilité, les mêmes écritures que la première, le second expert ayant eu à sa disposition ni

plus ni moins que ce qui avait été soumis à l'examen du comptable commis par les juges civils; — Qu'en ces conditions, si le second expert est arrivé à des conclusions différentes de celles formulées par le premier, on ne peut apercevoir qu'une divergence d'appréciations entre deux experts, mais non des manœuvres dolosives nécessaires pour caractériser le dol personnel donnant ouverture à requête civile; — Que ce dol ne pourrait résulter des constatations faites par le second expert qu'autant que ces constatations feraient apparaître une comptabilité artificieusement tenue par Villiard frères, et de telle sorte qu'en trompant l'auxiliaire de la justice, cette comptabilité fût parvenue à tromper la justice elle-même; — Mais qu'on ne saurait trouver ce caractère dolosif dans les énonciations du rapport quand, au contraire, à la suite du relevé des valeurs Bardoux et Canard, d'après l'expert Fournier, auraient été payées par la Société Bardoux et comp.; — En textuellement ces mots: « Au sujet de ces divers payements faits par l'intermédiaire de M. Villiard, nous n'avons rien trouvé sur les livres de Bonamici qui ne soit parfaitement régulier; rien n'a été dissimulé; » — Attendu que devant les livres de la double expertise dont il vient d'être parlé, les seuls documents de la cause dans lesquels le dol personnel doive être recherché sont les interrogatoires subis par Villiard devant le juge d'instruction, ces interrogatoires pouvant contenir la reconnaissance ou l'aveu du dol; — Mais, bien loin que cet aveu résulte des interrogatoires, les déclarations de Villiard, qui ne doivent pas être divisées, mais prises dans leur ensemble, avec la pensée qu'elles ont entendu formuler, sont au contraire, une persistante et énergique affirmation de la bonne foi du banquier, déclarant que c'est sur les démarches de Joigneaux lui-même que crédit a été fait à Bardoux et dans de telles conditions que le banquier n'avait point à rechercher si la signature Bardoux et comp. était employée uniquement pour régler les opérations faites depuis la constitution de la société Bardoux et Joigneaux, tout indiquant que cette dernière avait accepté les charges de celle qui l'avait précédée, et c'était user de la signature sociale pour les besoins de la nouvelle société que d'en user pour le payement des dettes de l'ancienne; — Que, devant ces déclarations de Villiard, on ne saurait oublier que la plupart des effets remis par Bardoux étaient créés sur son coassocié Joigneaux; — Que celui-ci a été avisé par le banquier lui-même des effets créés sur des tiers; — Que, non seulement Joigneaux n'a pas protesté contre l'abus qui aurait été fait de la signature sociale, mais qu'on le voit avant tout préoccupé d'obtenir du banquier la continuation du crédit fait jusque-là à la signature Bardoux et comp., choisissant pour son intermédiaire et son porte-parole Canard, c'est-à-dire le membre de l'ancienne société, celui-là même dont on paye les dettes; — Qu'on ne saurait oublier que, l'assignation en payement donnée par M. Villiard, après avoir fait deux fois défaut devant les premiers juges, Joigneaux, devant les juges d'appel, concluait, tout au moins, subsidiairement, à l'homologation du rapport déposé par le premier expert; — Qu'en ces circonstances, le dol personnel ne résultant d'aucune des constatations judiciaires existant au procès, le second moyen doit être écarté comme le premier; — Sur le troisième moyen, le jugement sur pièces reconnues ou déclarées fausses... (Sans intérêt); — Par ces motifs; — Dit n'y avoir ouverture à requête civile.

Du 15 mars 1878.-C. de Dijon, 1re ch.-MM. Crépon, 1er pr.-Cardot, av. gén.-Kock et Lombart, av.

rait produire; pour établir le dol personnel, une lettre confidentielle écrite par le bénéficiaire du jugement attaqué à un tiers, lequel, depuis la décision, l'a remise à la partie qui a introduit le recours; si cette remise n'a été faite que dans un but autre que de servir à l'appui de la requête civile (Paris, 11 juill. 1859, *Journal des avoués*, t. 88, p. 482); — 2° Que la seule contradiction entre les conclusions d'une expertise suivie de condamnation contre la partie demanderesse en requête civile, et celles d'une expertise ultérieurement ordonnée sur sa plainte au criminel, ne constitue pas la preuve d'un dol personnel, lorsqu'il est démontré que l'adversaire n'avait dissimulé, lors de la première expertise, aucune des pièces dont il a été fait usage dans la seconde (Dijon, 15 mars 1878, *suprà*, n° 33).

36. La fausseté d'un serment prêté en justice ne constitue pas une cause de requête civile lorsqu'il s'agit d'un serment décisoire (*Rép.* n° 59); mais on concevrait qu'il en fût autrement, si le serment avait été déféré à la suite de manœuvres frauduleuses. Ce n'est pas alors une preuve indirecte du parjure qui serait proposée, mais la preuve de l'irrégularité de la délation même du serment, et en ce cas, cette délation, qui constitue une transaction, serait attaquable pour cause de dol et pourrait être rétractée par requête civile. C'est l'opinion professée par M. Garsonnet, t. 5, § 1096, p. 555.

37. On a émis au *Répertoire* l'opinion qu'il peut y avoir lieu à requête civile lorsqu'il s'agit d'un serment déféré d'office. Telle est aussi la doctrine de MM. Bédarride (*op. cit.*, t. 1, n°s 437 et 438; Rousseau et Laisney, n°s 47 à 49; Garsonnet, *loc. cit.*); et il a été jugé, en ce sens, qu'à la différence de ce qui a lieu en matière de serment déféré d'une partie à l'autre, celui dont l'adversaire a prêté un serment déféré d'office est fondé à faire rescinder la décision qui en a été la suite, en prouvant que le serment a été prêté de mauvaise foi et contre la vérité (Bordeaux, 4 févr. 1856, *Journal des avoués*, t. 81, p. 321). Cependant, et même dans ce dernier cas, M. Glasson, contrairement à l'opinion émise au texte par Boitard (Boitard, Colmet-Daâge et Glasson, t. 2, n° 731 et note 1) estime qu'il n'y a pas lieu à requête civile pour dol personnel, que le serment même prêté à faux n'est pas une manœuvre frauduleuse, et que seules, les circonstances dans lesquelles le juge a été conduit à déférer le serment pourraient, comme nous l'avons dit précédemment, être tenues pour constitutives de dol personnel si elles avaient été la suite d'une fraude de la partie qui a prêté ce serment.

38. Lorsqu'une décision ayant force de chose jugée a prononcé sur le litige existant entre deux parties, l'action en dommages-intérêts formée par celle qui a succombé contre l'autre, à raison du dol au moyen duquel cette dernière aurait obtenu gain de cause, suppose nécessairement qu'il a été mal jugé. Si donc cette demande était accueillie, il en résulterait une véritable contradiction entre deux décisions rendues entre les mêmes personnes et sur les mêmes choses; par exemple, que telle chose appartient à Pierre et qu'elle ne lui appartient pas; que telle somme

était due et qu'elle ne l'était pas. Ainsi l'action en dommages-intérêts formée dans de pareilles conditions constitue une véritable atteinte à l'autorité de la chose jugée; elle doit, dès lors, être déclarée non recevable tant que la décision n'a pas été rétractée par la voie légale de la requête civile. Ainsi décidé que le demandeur en requête civile n'est pas admissible, pour échapper à une fin de non-recevoir, à former une action en dommages-intérêts basée sur le dol dont il a souffert, action dans laquelle il comprendrait un tiers complice de ce dol et qui, n'ayant pas figuré au compromis, n'était pas atteint par la sentence arbitrale : qué ce serait, en effet, par une voie indirecte, attaquer la sentence, qui n'était passible que d'un recours unique, celui de la requête civile (Toulouse, 15 févr. 1867, aff. Compagnie des chemins de fer du Midi et d'Orléans, D. P. 67. 2. 53, et sur pourvoi, Civ. rej. 22 juin 1869, D. P. 69. 1, 472).

39. — 2° *Preuve du dol personnel.* — Il avait été originairement admis, par déduction de l'art. 488 c. proc. civ., qui fait courir le délai de requête civile du jour où le dol a été découvert, que pour fournir ouverture à cette voie de recours, le dol personnel doit, avant qu'elle soit introduite, être légalement prouvé (*Rép.* n° 60). C'est ce que soutient aussi M. Bédarride (*op. cit.*, t. 1, n° 430). Mais la jurisprudence paraît à présent fixée en sens contraire ; elle a déclaré recevable, à diverses reprises, la demande en requête civile qui se borne à alléguer les faits dolosifs et à en proposer la preuve. Ainsi jugé : 1° qu'il n'est pas nécessaire que la preuve du dol personnel invoqué par la partie qui se pourvoit en requête civile résulte d'une preuve écrite, mais qu'il peut être puisée par le juge dans une preuve orale ou dans tous autres moyens de nature à constater le dol (Toulouse, 1er févr. 1864, aff. Héritiers de Méritens, D. P. 64. 2. 57); — 2° Qu'en matière de requête civile, le dol personnel peut se prouver par témoins ou par présomptions ; qu'une preuve écrite n'est pas nécessaire (Civ. cass. 27 févr. 1867, aff. Fabre, D. P. 67. 1. 72, et sur renvoi, Grenoble, 24 août 1867 (1); Req. 21 déc. 1868, aff. Mirès, D. P. 69. 1. 190; C. cass. de Belgique, 29 déc. 1870, *Pasicrisie belge*, 1871, 1. 65).

Cette jurisprudence semble d'ailleurs être la conséquence du principe incontesté que le juge du fond apprécie souverainement les faits de dol personnel invoqués à l'appui de la requête civile; un tel pouvoir suppose en effet le droit de statuer sur tous les modes de preuve proposés par le demandeur à l'appui de ses allégations pour en déterminer l'importance et la portée (*Rép.* n° 62, et les arrêts précités). Jugé, spécialement, que la constatation judiciaire de la découverte de pièces fausses, résultant d'un jugement étranger non rendu exécutoire en France, peut être admise par une juridiction française, tout au moins comme élément du dol personnel également comme moyen de requête civile (Civ. rej. 24 avr. 1858, aff. Borelly, D. P. 58. 1. 179).

Toutefois il a été décidé, contrairement à la nouvelle jurisprudence indiquée au numéro qui précède, que le dol

---

(1) (Fabre C. Jourdan.) — LA COUR; — Attendu que l'art. 480 c. proc., qui admet le dol personnel au nombre des ouvertures de requête civile, n'a pas déterminé de quelle manière le dol doit être établi, et s'il doit être justifié par écrit; que c'est donc d'après les règles du droit commun que la preuve du dol doit être faite; qu'en demandant par ses conclusions subsidiaires à faire cette preuve par toute voie, même par l'audition de témoins, Fabre est resté dans les termes du droit commun; que, sous ce point de vue, sa requête civile est recevable en la forme; Mais attendu, quant à l'admissibilité de cette requête, qu'il ne suffit pas que des affirmations erronées, même mensongères, soient produites dans le cours d'un procès, pour qu'il en résulte, à la charge de la partie de laquelle elles émanent, un dol personnel pouvant donner lieu à la requête civile contre le jugement ou l'arrêt rendu en dernier ressort; qu'il faut l'emploi de manœuvres dolosives ayant exercé une influence déterminante sur la décision rendue, influence qui, ayant eu pour effet de surprendre la religion des magistrats, devrait faire prononcer la rétractation de leur jugement; — Que, dans la cause, cette influence n'est point démontrée; qu'en admettant un moment, comme devant être justifiés, les faits et articulations dont la preuve est demandée devant la cour, dans les conclusions subsidiaires de Fabre, il n'en résulterait pas que ces faits aient pu influer sur la décision des premiers juges, puisqu'ils n'étaient pas connus d'eux, ni que cette décision eût été contraire à celle qu'ils

ont rendue, si ces faits leur avaient été soumis, puisqu'ils se sont déterminés par les documents produits de part et d'autre, par l'absence de tout titre donnant à Fabre la propriété de la cave qui fait l'objet de sa demande, et surtout par la situation des lieux, qui, bien connue et appréciée des magistrats, a fait attribuer par le tribunal de Marseille et par la cour d'Aix la propriété de cette cave à Jourdan, propriété attestée, d'ailleurs, par les différents titres produits par ce dernier devant les premiers juges; qu'il suit de ce qui précède que les faits articulés ne sont ni concluants, ni relévatoires au point de vue de l'admissibilité de la requête civile à l'aide du dol personnel imputé à Jourdan; qu'il n'y a lieu, dès lors, de s'arrêter et de faire droit aux conclusions tant principales que subsidiaires de Fabre, et que sa requête civile contre l'arrêt de la cour d'Aix, en date du 3 janv. 1863, doit être rejetée; — Adoptant au besoin, sur le fond, les motifs exprimés par le tribunal de Marseille et la cour d'Aix dans son arrêt du 3 janv. 1863; — Attendu que la persistance de Fabre à soutenir, de juridiction en juridiction, ses prétentions téméraires, ont causé à Jourdan un préjudice et des frais pour réparations desquels des dommages-intérêts lui sont dus; — Par ces motifs, rejette la requête civile dirigée contre l'arrêt de la cour d'Aix du 3 janv. 1863, etc.

Du 24 août 1867.-C. de Grenoble, aud. sol.-MM. Petit, pr.-Roë, 1er av. gén.-C. de Ventavon et Tavernier (du barreau d'Aix), av.

doit nécessairement être reconnu et sa preuve acquise dès avant la présentation de la requête, à peine d'irrecevabilité, (Paris, 30 juin 1882, aff. Fréar). Le pourvoi dirigé contre cet arrêt a été rejeté par la chambre civile le 10 nov. 1885 (D. P. 86. 1. 49), mais seulement comme irrecevable à raison d'un vice de procédure et sans que la question qui nous occupe ait même été abordée. La décision de la cour de Paris, irréprochable en ce qui concerne le faux et la découverte de pièces nouvelles (art. 480, § 9), nous paraît, quant au dol personnel, violer l'art. 480, § 1, en exigeant une preuve préalable que celui-ci n'impose pas.

§ 2. — Violation des formes (Rép. nos 63 à 71).

40. — 1° *Violation des formes considérée comme moyen de requête civile.* — Les seules formes de procédure dont la violation donne ouverture à requête civile sont celles que la loi a prescrites à peine de nullité (Rép. nos 63 et 64; Garsonnet, t. 6, § 1116, p. 605). Aussi a-t-il été à bon droit jugé que la reprise d'une instance interrompue par le décès de l'une des parties n'étant pas assujettie à la nécessité d'une déclaration formelle à cet effet, l'héritier de la partie décédée a suffisamment manifesté son intention en constituant avoué et en procédant d'après les derniers errements; que, dès lors, l'arrêt rendu sur une instance ainsi poursuivie ne peut être attaqué par voie de requête civile pour défaut de reprise d'instance (Req. 18 févr. 1880, aff. Sassoun-ben-Kemoun, D. P. 80. 1. 351).

41. Pour donner lieu à requête civile, il est encore nécessaire : 1° que le vice de forme n'ait pas été couvert; 2° qu'il soit déduit des termes du dispositif ou des qualités de la décision (V. Rép., vo Cassation, nos 13, 27 et suiv.); 3° qu'il se trouve dans la décision attaquée elle-même, de sorte qu'un jugement ou arrêt définitif ne peut être attaqué sur le fondement d'une nullité de forme commise dans une décision préparatoire s'il ne la reproduit pas expressément (V. Rép. vo Cassation, no 1330, et Garsonnet, loc. cit.).

42. — 2° *Violation des formes considérée comme moyen de cassation.* — On a vu Rép., nos 68 à 71, que la violation des formes peut, selon les cas, donner matière à cassation ou à requête civile (V. les distinctions établies à cet égard, suprà, vo Cassation, nos 276 et 277. V. outre les auteurs cités : Rousseau et Laisney, no 60; Bonfils, no 1467). Ajoutons que, d'après M. Garsonnet (t. 5, § 1116 et suiv.), le critérium en pareille matière n'est pas dans la seule distinction des cas où le juge du fond a ou n'a pas été saisi d'une contestation sur le vice de forme litigieuse; pour lui, cette distinction n'est que l'application d'une autre plus générale entre les cas où l'erreur de forme provient de l'ignorance ou de l'inattention du juge et ceux où il a pu être connu du juge et a été commis par lui en connaissance de cause. Dans la première série d'hypothèses, il y a lieu à requête civile, et cela, encore que le vice allégué procède du juge lui-même et ait été commis involontairement dans le jugement, à un moment où les plaideurs ne pouvaient plus par conséquent attirer son attention sur ce point. C'est ce qu'indique M. Garsonnet pour le cas d'un vice de rédaction du jugement ou de la lecture par le président d'un dispositif qui n'aurait pas été admis par la majorité des juges, ou dont la formule ne serait pas celle adoptée en chambre du conseil. Il n'y a lieu à cassation pour vices de forme du fait du juge que dans les cas prévus spécialement par l'art. 7 de la loi du 20 avr. 1810 et qui ont un caractère, à cet égard, exceptionnel. La formule de M. Garsonnet aboutit en fait à des résultats généralement identiques à ceux de la formule proposée suprà, vo Cassation, no 277, mais elle est plus compréhensive et a le mérite de ramener, dans les termes de la distinction qu'elle exprime, des cas spéciaux que l'autre ne saurait embrasser en elle-même et sans des explications complémentaires.

§ 3. — Prononciation sur choses non demandées.
(Rép. nos 72 à 80.)

43. Le grief tiré de ce qu'une décision a statué sur choses non demandées ne donne ouverture à requête civile que si le juge a statué d'office *dans le dispositif* de sa décision sur un point qui ne lui était pas soumis par le libellé de l'assignation et des conclusions respectives des parties (Rép. nos 72 à 76). Par exemple, il y a prononciation sur choses non demandées : 1° lorsqu'un jugement a fait droit à un chef de demande énoncé seulement dans l'original des conclusions signifiées au défendeur, et non dans la copie de ces conclusions ni dans les qualités, bien que le demandeur ait formé opposition aux qualités, si elles ont été maintenues (Poitiers, 23 janv. 1855, aff. Desnoyers D. P. 56. 2. 46); — 2° Lorsqu'un jugement sur la demande d'une commune en reconnaissance d'un droit de pacage que le défendeur prétend n'être qu'un droit de vaine pâture, renferme dans les limites de ce dernier droit l'usage revendiqué, mais à charge, au profit de l'usager, d'une indemnité à fixer par experts, si l'indemnité accordée n'a été ni demandée ni offerte par les parties (Orléans, 26 déc. 1867, aff. Pélerin, D. P. 68. 2. 68); — 3° Lorsqu'un jugement repoussant une demande en payement d'un droit de courtage déterminé, pour la vente d'une maison, accorde au demandeur une rémunération d'après des démarches faites dans l'intérêt d'une succession échue au défendeur, bien que cette rémunération, non comprise dans la demande primitive, n'ait été l'objet ni d'une requête incidente ou ampliative, ni de conclusions d'audience (Aix, 17 févr. 1872, aff. Wilkinson, D. P. 73. 2. 151); — 4° Lorsque le tribunal saisi d'une demande en payement de loyers, après avoir constaté que le retard du locataire n'est pas imputable et lui avoir, par suite, refusé un délai, prononce la résiliation du bail sans qu'elle ait été formellement demandée (Req. 27 mai 1872, aff. André, D. P. 73. 1. 18).

Jugé également qu'il y a ouverture à requête civile dans le cas où le juge a condamné solidairement aux dépens les parties qui succombent en déclarant que les dépens sont adjugés à titre de dommages-intérêts bien qu'il n'eût pas été formé de demande en dommages-intérêts (Civ. rej. 3 mars 1868, aff. Des Guidi, D. P. 68. 1. 155. V. d'ailleurs sur l'allocation des dépens à titre de dommages-intérêts, quand il n'y a pas conclusions à cet égard, suprà, vo Frais et dépens, no 12).

44. Mais il n'y a pas prononciation sur choses non demandées lorsque l'objet attribué à la partie est virtuellement contenu dans ses conclusions. C'est à ce titre qu'il a été jugé : 1° que, dans une instance en restitution de fruits et d'intérêts, entre cohéritiers, si le jugement intervenu a pris, pour point de départ des restitutions à faire, l'ouverture de la succession, et a repoussé des conclusions tendant à ce que, pour l'un des héritiers, ce point de départ fût même reporté à une époque antérieure, la cour peut, sur le seul appel de la partie qui avait pris ces dernières conclusions, faire courir les restitutions dont il s'agit à compter d'une époque autre que celle fixée par le tribunal, et, par exemple, à partir de la demande introductive de l'instance, sans mériter le reproche d'avoir accordé ce qui n'était point demandé (Civ. rej. 12 janv. 1863, aff. Guardia, D. P. 63. 1. 119); — 2° Que lorsqu'un arrêt s'est borné à poser les bases de la liquidation d'une société, dont il a renvoyé le règlement définitif à la discussion des comptes à présenter par le liquidateur, un arrêt postérieur peut, interprétant cette décision, condamner la liquidation à payer, à titre de dommages-intérêts, et à partir du précédent arrêt, les intérêts d'une somme allouée à l'un des associés comme indemnité du préjudice subi par lui dans son apport, encore que le bénéficiaire de cette disposition n'y ait pas été directement conclu (Civ. rej. 26 janv. 1886, aff. Souviron, D. P. 86. 1. 372); — 3° Qu'il n'y a pas lieu à requête civile contre l'arrêt qui, sur la demande d'un propriétaire contre son entrepreneur en réfection totale d'une toiture défectueuse, condamne ce dernier seulement à ajouter à cette toiture des arêtiers en tuiles sur ciment (Req. 16 juill. 1889, aff. Tissier, D. P. 90. 1. 488).

45. Le grief fondé sur ce que les juges ont accordé ce qui n'était point demandé ne peut être invoqué que comme moyen de requête civile, et non comme moyen de cassation, alors que la décision, envisagée en elle-même, ne renferme aucune violation de la loi (Rép. no 80, et suprà, vo Cassation, nos 319 et 320). La jurisprudence est fixée à cet égard (V. outre les arrêts cités, vo Cassation, ubi suprà; Civ. rej. 12 janv. 1863, aff. De Guardia, D. P. 63. 1. 119; 3 mars 1868, aff. Des Guidi, D. P. 68. 1. 155; Req.

27 mai 1872, aff. André, D. P. 73. 1. 14; 8 août 1872, aff. Bouillard, D. P. 73. 1. 240 ; 27 juill. 1875, aff. Peyrache, D. P. 77. 1. 440; 34 mai 1880, aff. Massabuau, D. P. 81. 1. 14; Civ. cass. 23 mai 1882, aff. Consorts Duran, D. P. 83. 1. 409 ; Civ. rej. 26 janv. 1886, aff. Souviron, D. P. 86. 1. 372 ; Req. 16 juill. 1889, aff. Tissier, D. P. 90. 1. 488).

Réciproquement, jugé qu'il y a lieu à cassation : 1° lorsque le jugement, outre qu'il prononce sur choses non réclamées, contient une violation de la loi, par exemple, lorsque le jugement décidant qu'il y a doute sur les causes d'un abordage accorde à l'abordeur, qui n'a pris aucunes conclusions sur ce point, la réparation partielle du préjudice causé à son navire par l'abordage, une telle décision constituant une fausse application de l'art. 407 c. com. (Civ. cass. 5 avr. 1882, aff. Arentzen, D. P. 83. 1. 246); — 2° Lorsque le juge, en statuant sur choses non demandées, ne donne pas de motifs à l'appui de sa décision (Civ. cass. 4 août 1886, aff. Barbadault, D. P. 87. 5. 383).

46. Enfin, si l'on doit se pourvoir par requête civile lorsqu'on reproche au juge d'avoir statué sur des chefs autres que ceux qui lui avaient été soumis, il n'en est plus de même lorsque le juge a simplement mal apprécié le caractère légal des prétentions des parties : dans ce cas, il a commis une violation de la loi qui donne ouverture à cassation. Ainsi, le grief tiré de ce qu'un arrêt aurait à tort considéré le droit prétendu par une partie comme un droit de servitude d'égout de ses toitures et comme une servitude d'évier, tandis qu'elle invoquait soit le droit dérivant de la pente naturelle des lieux, soit le droit d'écoulement des eaux sur la voie publique, ne rentre pas dans les cas de requête civile, et peut donner ouverture à cassation (Civ. cass. 22 mars 1876, aff. Bauche, D. P. 76. 1. 206).

47. Il faut encore considérer comme donnant ouverture à un pourvoi en cassation l'hypothèse où le juge, en statuant sur choses non demandées, affirmerait cependant qu'il ne statue que dans la limite des conclusions prises; il n'y a pas alors une erreur involontaire du juge, mais une erreur voulue et dont il serait vraisemblablement inutile de lui demander la rétractation (V. *suprà*, v° *Cassation*, n° 320; Garsonnet, t. 5, § 1117, p. 608 et 609).

§ 4. — Adjudication de plus qu'il n'a été demandé.
(*Rép.* n°s 81 à 91.)

48. Ce cas de requête civile, auquel s'applique plus spécialement la qualification d'*ultra petita*, a été suffisamment défini au *Rép.*, n° 81 et suiv. (V. encore les explications très complètes fournies par M. Garsonnet, t. 5, § 1117, p. 609 et suiv.). Décidé : 1° que le jugement qui, sur la demande d'une commune en reconnaissance d'un droit de pacage que le défendeur prétend n'être qu'un droit de vaine pâture, confirme dans les limites de ce dernier droit l'usage revendiqué, mais à la charge, au profit de l'usager, d'une indemnité à fixer par experts, est, quant à ce second chef, entaché d'*ultra petita*, si l'indemnité n'a été ni demandée, ni offerte par les parties (Orléans, 28 déc. 1867, aff. Pélerin, D. P. 68. 2. 68) ; — 2° Qu'il y a décision rendue *ultra petita* dans l'arrêt qui adjuge à la fois à l'une des parties ses conclusions principales et ses conclusions subsidiaires (Civ. cass. 29 nov. 1871, aff. Quenesson, D. P. 73. 1. 82); — 3° Que si le demandeur a conclu à une condamnation alternative à des dommages-intérêts dont il a laissé le choix au défendeur, celui-ci ne peut être privé de son droit d'option, et si l'un des deux termes de l'alternative est moins onéreux pour lui, le juge ne peut le condamner à exécuter l'autre terme, qui lui est plus défavorable, sans statuer *ultrà petita*, et commettre en même temps une violation de la loi (Civ. cass. 14 avr. 1886, aff. Chapin, D. P. 86. 1. 466); — 4° Que la requête civile est recevable, lorsqu'il résulte de l'examen des conclusions que la décision attaquée a statué sur une prétendue demande reconventionnelle que la partie n'avait pas formée, le jugement décidant ainsi sur choses non demandées (Trib. civ. Dijon, 20 déc. 1892, *La Loi*, du 7 mars 1893).

49. Il a été décidé, au contraire, que le juge ne statue pas *ultrà petita* en allouant à une partie un objet contenu, implicitement tout au moins, dans ses conclusions, par exemple : 1° lorsqu'il accorde la maintenue possessoire à la partie qui, actionnée au possessoire comme auteur du trouble, a conclu au rejet de la demande et établi sa possession par enquête, cette défense tendant implicitement à la maintenue (Riom, 15 févr. 1853, *Journal des arrêts de la cour de Riom*, 1853, p. 760) ; — 2° Lorsqu'il attribue un objet à une partie qui, sur ce point, s'en était rapporté à justice (Riom, 17 juin 1853, *Journal des arrêts de la cour de Riom*, 1854, p. 298); — 3° Lorsque le créancier éventuel d'une pension viagère ayant demandé la mise en réserve d'un capital nécessaire pour le service des arrérages de cette pension, le juge ordonne la capitalisation, jusqu'à concurrence de la même somme, des intérêts du capital insuffisant qui était resté libre après les allocations obtenues par les créanciers préférables (Civ. cass. 29 août 1870, aff. Lenfant et Bouclier, D. P. 70. 1. 353) ; — 4° Lorsqu'une coupe affouagère, reconnue litigieuse, ayant été vendue par l'Administration forestière dans l'intervalle du jugement et de l'arrêt de la cour, et le prix en ayant été déposé à la Caisse des consignations, le juge d'appel adjuge ce prix aux ayants droits, bien qu'avant la vente ils eussent conclu en première instance à la délivrance des bois en nature (Civ. rej. 24 févr. 1874, aff. Commune de Vadonville, D. P. 74. 1. 233) ; — 5° Lorsque le propriétaire d'une ardoisière, qui conteste l'existence d'un bail emphytéotique, ayant réclamé, à titre de réparation du préjudice par lui souffert, la valeur de la totalité des produits extraits par le prétendu preneur, l'arrêt qui reconnaît l'existence dudit bail alloue en conséquence au propriétaire, à titre de dommages-intérêts, la valeur représentative de la redevance, une telle décision ne dénaturant pas le quasi-contrat judiciaire résultant des conclusions des parties (Civ. rej. 12 avr. 1875, aff. Ardoisières de Truffy, D. P. 75. 1. 314).

50. Jugé encore : 1° que la circonstance que, dans l'exploit introductif d'instance, le demandeur s'était borné, en réclamant la cessation d'un fait abusif (une saisie-arrêt vexatoire), à faire des réserves à fin de dommages-intérêts, n'autorise pas à soutenir, devant la cour de cassation, que les dommages-intérêts alloués en réparation de ce fait par le juge de première instance l'ont été d'office et sans avoir été demandés, si les termes du jugement, ceux des conclusions prises en appel et ceux de l'arrêt intervenu, impliquent nécessairement que les réserves avaient été converties en conclusions avant le prononcé du jugement, et si, par exemple, la partie qui a obtenu les dommages-intérêts a formé un appel incident fondé sur ce qu'à tort le tribunal a fixé le chiffre des dommages-intérêts à la moitié de la somme qu'elle avait demandée (Req. 12 févr. 1868, aff. Borgnis, D. P. 68. 1. 275); — 2° Qu'on contredit par un créancier autorisant tous les créanciers contestés à intervenir, tant pour obtenir toute collocation nouvelle, s'il y a lieu, que pour faire rejeter le contredit des conclusions dans lesquelles le créancier contesté déclare s'en remettre à justice, autorisent le juge à modifier ou même à rejeter sa collocation provisoire, sans qu'il soit, par là, statué *ultrà petita* (Riom, 4 août 1888, aff. Margottat, D. P. 90. 2. 219, et *suprà*, v° *Ordre entre créanciers*, n° 67); — 4° Qu'il n'y a pas *ultrà petita*, dans l'arrêt qui déclare le payement fait au nom d'héritiers bénéficiaires, contrairement à l'art. 808 c. civ., ne donne pas à la partie qui a opéré qu'une créance ordinaire lui permettant de venir en concurrence et au marc le franc avec les autres créanciers de la succession, alors que, devant le tribunal comme devant la cour d'appel, la partie adverse avait conclu au rejet de la demande en subrogation formée par la partie payante (Req. 4 juill. 1892, aff. Veuve Richon, D. P. 92. 1. 481).

51. On a dit au *Rép.*, n° 89, que le juge peut, sans que les parties aient conclu sur les dépens, prononcer la condamnation auxdits dépens contre l'une d'elles, sans statuer *ultrà petita*. La jurisprudence a de nouveau consacré cette solution mais elle reste combattue par la majorité des auteurs (V. sur cette question, *suprà*, v° *Frais et dépens*, n°s 10 et 11, et dans le sens contraire à la jurisprudence, Garsonnet, t. 5, § 1117, p. 611, et t. 3, § 449, p. 171).

52. Le juge peut, sans statuer *ultrà petita*, prendre des mesures d'instruction ou bien de conservation des droits des parties, quoiqu'il n'y ait pas été provoqué par des conclusions formelles (*Rép.* n° 86). Ainsi l'arrêt qui, faisant droit à l'exception tirée de la nullité d'un pacte de retour apposé à une donation, ordonne une opération ayant pour

objet de fixer les droits respectifs des parties sur les biens compris dans la donation, ne mérite pas le reproche d'avoir statué *ultrà petita*, en ordonnant un partage qui ne lui était pas demandé (Civ. rej. 7 janv. 1868, aff. Leca et cons., D. P. 68. 1. 123-124).

53. Cependant certaines mesures, même provisoires, ne peuvent être ordonnées d'office (*Rép.* n° 87 et *ibid.*, v° *Conclusions*, n° 74 et suiv.), sans une demande à cet effet, le tribunal est incompétent pour allouer à l'une des parties une pension alimentaire, par exemple, ou une provision *ad litem*. A l'inverse, comme l'indique M. Dutruc, n° 38, le juge ne statue pas *ultrà petita* lorsque, saisi de la demande en payement, à titre définitif, d'une indemnité, il accorde une provision (V. également sur ce point *Rép.*, n° 89). — Sur les condamnations accessoires qui peuvent être prononcées d'office, pour assurer l'exécution d'une décision, V. *suprà*, v° *Jugement*, n° 105 et suiv., et spécialement en matière de presse, *suprà*, v° *Presse-outrage*, n° 1164 et suiv.

54. Conformément à la distinction précisée au *Rép.*, n° 91, l'*ultrà petita* ne constitue jamais par lui-même qu'un moyen de requête civile, à moins qu'il ne se complique d'une violation de la loi (V. conf. *suprà*, v° *Cassation*, n° 320, et *adde* aux arrêts cités *ibid.* : Req. 12 févr. 1861, aff. Clausel, D. P. 61. 1. 363 ; 6 déc. 1882, aff. Jules Perrier, D. P. 83. 1. 219 ; 28 janv. 1885, aff. Vigneron C. Boul.-MM. Bédarrides, pr.-Chévrier, av. gén. ; 13 avr. 1885, aff. Héritiers Ben-Aïad, D. P. 85. 1. 412). Jugé que, dans le cas où la décision rendue *ultrà petita* viole en outre la loi, il y a lieu à pourvoi en cassation (*suprà*, v° *Cassation*, n° 320 ; Civ. cass. 22 mars 1876, aff. Bauche, D. P. 76. 1. 206 ; 3 juill. 1882, aff. Roumagnac, D. P. 83. 1. 350 ; 14 avr. 1886, aff. Chapin, D. P. 86. 1. 466 ; 8 juin 1891, aff. Sündbye, D. P. 92. 1. 276). Spécialement, lorsque l'arrêt a condamné l'une des parties à des dommages-intérêts spéciaux en réparation des frais et faux frais occasionnés par le procès, sans constater une faute dans l'exercice de l'action judiciaire (Même arrêt du 8 juin 1891) ; ou lorsque, sur une demande alternative avec option au profit du défendeur, le juge condamne celui-ci, sans option, à exécuter le terme de l'alternative le plus onéreux (Arrêt précité du 14 avr. 1886).

55. La requête civile étant une voie extraordinaire par laquelle la partie demande au juge, dont la religion a été surprise ou égarée par de faux éléments d'appréciation, de rétracter sa propre sentence, il serait inutile de lui demander cette rétractation quand il a prononcé après discussion et en pleine connaissance de cause, et par exemple de lui demander la rétractation de son jugement pour *ultrà petita*, quand il a déclaré lui-même qu'il ne statuait pas *ultrà petita*. Aussi a-t-il été décidé : 1° que, lorsque les motifs de la décision attaquée indiquent explicitement cette circonstance, il y a lieu de déclarer la requête civile irrecevable, et qu'en pareil cas le pourvoi en cassation reste seul ouvert (Nancy, 22 févr. 1873, aff. Compagnie des ardoisières de Truffy-Pierka, D. P. 73. 2. 26, et sur pourvoi, Civ. rej. 12 avr. 1875, D. P. 75. 1. 314) ; — 2° Que, bien que le grief tiré, en dehors de toute violation de la loi, de ce que les juges du fond ont statué *ultrà petita*, donne seulement ouverture à la requête civile, ce grief peut néanmoins être invoqué à fin de cassation lorsque, soumis à la cour d'appel, et écarté par elle avec des motifs empruntés au jugement, il ne peut plus lui être proposé de nouveau dans une requête civile pour lui faire rétracter sa décision (Req. 18 oct. 1886, aff. Petit, D. P. 87. 1. 390). Mais ce moyen ne saurait être invoqué devant la cour de cassation par la partie qui, fondant son appel sur ce qu'elle a été condamnée sur première instance au profit d'un adversaire qui n'avait pas conclu contre elle, n'a cependant mis en cause en appel ni cet adversaire, ni ses représentants légaux, la cour d'appel ne pouvant réformer d'office le jugement rendu au profit d'une partie non intimée (Même arrêt). — Pour des raisons analogues, le moyen tiré de ce qu'un arrêt confirmatif aurait statué *ultrà petita* et violé la loi, en allouant à un créancier des intérêts à un taux supérieur et à partir d'une époque antérieure à sa demande, ne peut être proposé devant la cour de cassation, si la partie n'a pas contesté devant les juges d'appel les chefs du jugement confirmé relatifs à ladite allocation (Req. 7 mai 1872, aff. Ponson-Dubois, D, P. 73. 1. 40).

§ 5. — Omission de prononcer sur l'un des chefs de la demande.
(*Rép.* n° 92 à 102.)

56. Il y a lieu à requête civile pour omission de prononcer lorsque le juge a négligé de statuer sur un ou plusieurs des points litigieux qui lui étaient régulièrement soumis par l'assignation ou le dispositif des conclusions des parties (*Rép.* n° 92 à 94). Il a été décidé, notamment, que la requête civile peut être formée : 1° quand un arrêt, après avoir condamné une ville à payer aux frères de la Doctrine chrétienne le traitement d'une année pendant laquelle ils ont exercé leurs fonctions, omet de statuer sur les conclusions de la ville relativement à la validité, pour l'avenir, soit du contrat intervenu entre la ville et l'institut des frères, soit des donations à elles faites sous la condition d'entretenir des frères (Req. 11 mars 1874, aff. Ville de Toulouse, D. P. 74. 1. 213) ; — 2° Quand un arrêt a omis de statuer sur des réserves présentées par les parties (Req. 30 mars 1874, aff. Bellot, D. P. 75. 1. 298) ; — 3° Quand l'omission porte sur des conclusions subsidiaires que le juge n'a ni expressément ni implicitement rejetées (Req. 20 nov. 1889, *Le Droit* du 3 déc. 1890). Il y a encore omission de statuer dans un arrêt dont le dispositif ordonne seulement que le jugement sortira son plein et entier effet, alors que l'appelant avait pris pour la première fois en appel des conclusions subsidiaires fondées sur des offres réelles faites par le fermier au bailleur (Req. 20 avr. 1891, aff. Masse C. Boreill.-MM. Bédarrides, pr.-Chévrier, av. gén.).

Mais il en est autrement si le jugement a gardé le silence sur les conclusions par lesquelles une partie demandait à être admise à fournir une preuve, parce qu'il n'y a là omission que d'un moyen et non d'un chef de conclusions (*Rép.* n° 94, et conf. Chauveau sur Carré, quest. 1749-A ; Dutruc, n° 53).

57. Il n'y a pas omission de statuer, au sens de l'art. 480-3°, lorsque le jugement présente seulement des obscurités ou des erreurs matérielles de calcul, de même encore lorsque la condamnation prononcée entraînait par elle-même une condamnation accessoire que le juge a omis de formuler. En pareille hypothèse, point n'est besoin de requête civile, mais d'une simple demande tendant à l'interprétation ou à la rectification de la décision première (Civ. cass. 8 mai 1854, aff. De la Brousse, D. P. 54. 1. 194 ; Garsonnet, t. 3, § 1100, p. 565 ; Rodière, t. 2, p. 118, note 1).

58. Il ne saurait y avoir ouverture à requête civile pour omission de statuer qu'au cas où le juge s'est entièrement dessaisi sans prononcer sur un chef de demande ; jusqu'à la décision définitive, il n'est pas possible de dire si le chef de demande sera omis, l'omission de prononcer ne deviendra un fait acquis que lorsque le juge aura, en statuant définitivement sur tous les autres points, épuisé sa juridiction de manière à ne pouvoir être ressaisi du litige que par une demande nouvelle (*Rép.* n° 95). Aussi a-t-il été décidé qu'il n'y a pas lieu à requête civile contre le jugement qui, après avoir statué sur la revendication de deux parcelles de terrain, ordonne l'estimation de l'une par experts, pour être statué sur ce qui lui appartiendra, le juge demeurant saisi du litige en ce qui concerne l'une et l'autre parcelles (Civ. rej. 7 déc. 1869, aff. Delmonte et Combi, D. P. 70. 1. 31, et note sous Civ. rej. 29 avr. 1885, aff. Compagnie d'assurances maritimes *Le Lloyd français*, D. P. 86. 1. 17).

59. Il est admis sans difficulté en jurisprudence que les motifs donnés sur l'un des chefs du litige peuvent être considérés comme établissant implicitement d'une façon suffisante soit les autres chefs qui y trouvent leur justification, soit le rejet de ceux des points litigieux dont l'adoption serait en contradiction avec les motifs insérés au jugement. C'est ainsi qu'on l'a observé au *Rép.*, n° 96, qu'il n'y a pas omission de statuer lorsque le juge, prononçant au principal, néglige de s'expliquer sur une demande incidente ainsi devenue sans objet. Il en est de même lorsqu'une partie soutenant que son engagement, s'il existe, est nul comme subordonné à une condition protestative du contrat, le jugement fait résulter l'existence de cette obligation d'une autre clause du même contrat (Req. 11 août 1873, aff. Bougenot et comp., D. P. 74. 1. 255). — Il n'y a pas non plus omission de statuer lorsque, après avoir tranché certains

points litigieux, le juge déclare n'y avoir lieu à prononcer sur le surplus des conclusions et les rejette. Cette doctrine, qui a été admise au *Rép.*, n° 97, malgré controverse, nous paraît devoir être maintenue ; rejeter des conclusions même en bloc c'est bien y statuer, seulement il peut se faire que ce rejet ne soit pas appuyé de motifs suffisants, alors la partie lésée aura le droit de se pourvoir en cassation. La chambre des requêtes a jugé, en ce sens, que la phrase du dispositif ainsi conçue « sans s'arrêter à l'exception d'incompétence » répond suffisamment à l'exception proposée et ne peut donner lieu à requête civile pour omission de statuer (Req. 6 déc. 1871, aff. Dumoulin, D. P. 72. 1. 136; Dutruc, n° 49).

60. A l'inverse de l'omission de statuer, l'absence de motifs à l'appui d'une décision résultant du dispositif même du jugement ouvre la voie à la cassation. Il importe donc de bien distinguer les deux hypothèses : il y a omission de statuer, encore que, sur le chef omis, le juge ait donné des motifs, lorsque ce chef n'est pas tranché par le dispositif, soit explicitement, soit implicitement (Civ. cass. 8 déc. 1868, aff. Salmon, D. P. 69. 1. 77; 5 nov. 1873, aff. Maifredy, D. P. 73. 1. 454). Il y a défaut de motifs lorsque le juge, dans le dispositif de sa décision, statue sur un point, sans avoir motivé la solution qu'il donne.

61. On a examiné et résolu négativement au *Rép.*, n° 99, la question de savoir si, lorsqu'un jugement en dernier ressort a omis de statuer sur un chef, la partie intéressée peut, au lieu de se pourvoir en requête civile, agir par action nouvelle. Sauf une décision contraire (Douai, 23 mai 1850, *Journal des avoués*, t. 78, p. 84) suivant laquelle, sur le chef de conclusions omis, le jugement n'aurait pas force de chose jugée, la jurisprudence s'est généralement prononcée pour l'opinion que nous avions admise (Toulouse, 10 mai 1849, *Journal des avoués*, t. 74, p. 602; Paris, 11 nov. 1876, *ibid.*, t. 102, p. 112; Conf. Garsonnet, t. 5, § 1101, p.568).

62. L'omission de statuer n'est en soi qu'un moyen de requête civile et à ce titre n'autorise pas de pourvoi en cassation. Cette règle, déjà maintes fois affirmée lors de la publication du *Répertoire* (n° 101), a été admise depuis par de nombreux arrêts (V. outre ceux qui sont cités *supra*, v° *Cassation*, n° 319 : Req. 19 févr. 1861, aff. Cécille, D. P. 61. 1. 430; Civ. cass. 8 déc. 1868, aff. Salmon, D. P. 69. 1. 77; Req. 8 juin 1869, aff. Baseri, D.P. 72.1. 135; 1er mai 1876, aff. Lebrun, D. P. 76. 1. 200; 22 janv. 1877, aff. Delestre, D. P. 77. 1. 249; Civ. cass. 25 févr. 1878, aff. Gallais, D. P. 79. 1. 477; Req. 15 juin 1881, aff. Serrier, D. P. 83. 1. 259; 13 févr. 1882, aff. Dreyfus frères, D. P. 82. 1. 129; 27 juill. 1882, aff. Epoux Cocat, D. P. 83. 1. 462; Civ. rej. 2 mai 1887, aff. Geoffroy, D. P. 87. 5. 383; 8 févr. 1888, aff. Bégard, D. P. 88. 1. 158; Req. 23 juill. 1889, aff. Peigné, D. P. 90. 1. 430; 18 déc. 1889, aff. Ripéry, D. P. 90. 1. 373; Civ. rej. 3 janv. 1894, aff. Guillard, D. P. 94. 1. 103). La jurisprudence belge est dans le même sens (C. cass. belge, 28 févr. 1852, *Pasicrisie*, 1853, 1, 122; 28 janv. 1853, *ibid.*, 1853. 1. 188; 4 mai 1854, *ibid.*, 1854. 1. 210). — Il n'en serait autrement que si l'omission était volontaire de la part du juge, elle constituerait alors une véritable violation de la loi et, à ce titre, autoriserait le pourvoi en cassation.

§ 6. — Contrariété de jugements (*Rép.* n°s 103 à 122).

63. La contrariété de jugements ne constitue une ouverture de requête civile que si les cinq conditions suivantes se trouvent réunies (c. proc. civ. art. 480, n° 6; *Rép.* n°s 103 et suiv.). — 1° Les deux décisions doivent être inconciliables, et ne pouvoir s'exécuter que l'une à l'exclusion de l'autre (*Rép.* n°s 104 à 106). Ainsi jugé qu'il y a lieu de déclarer la requête civile irrecevable lorsqu'il résulte d'une simple comparaison entre les deux jugements soi-disant in-

conciliables qu'il est possible d'en réaliser l'exécution simultanée (Civ. cass. 22 avr.1891, *infrà*, n° 67). C'est, d'ailleurs, au dispositif des deux décisions qu'il faut se référer pour examiner si la contrariété existe (*Rép.* n°s 107 à 109); en effet, au dispositif seul s'attache l'autorité de la chose jugée, une simple contrariété de motifs par elle-même serait insuffisante pour autoriser la requête civile (Liège, 2 mars 1864, *Pasicrisie*; 1864. 2. 176; Civ. rej. 10 févr. 1891, aff. Théron, D. P. 91. 1. 206). Il a été décidé, en conséquence, que lorsqu'un arrêt se fondant principalement sur ce qu'un jugement, quoique frappé d'appel, était exécutoire par provision, a déclaré régulière en la forme une saisie-arrêt pratiquée en vertu de ce jugement par des sous-traitants contre un entrepreneur et a sursis à statuer sur la validité de la saisie-arrêt jusqu'après le résultat de l'appel interjeté, il importe peu que cet arrêt ait ajouté dans ses motifs que l'entrepreneur était tenu envers les sous-traitants comme substitué à l'entrepreneur primitif, si le dispositif de la sentence, loin de juger cette question, a réservé le tout par le sursis qu'il a prononcé; et qu'ainsi l'arrêt qui plus tard statue au fond sur l'appel peut, sans violer l'autorité de la chose jugée et donner ouverture à la requête civile pour contrariété de décisions, juger qu'il n'y avait aucun lien de droit entre les sous-traitants et l'entrepreneur substitué (Arrêt précité du 10 févr. 1891).

Cependant si le dispositif pouvait s'appliquer, par sa formule même, à l'une ou l'autre des revendications des parties, il y aurait lieu, pour dire laquelle des deux le tribunal a entendu sanctionner, de se référer aux motifs de la décision, et à ce point de vue la contrariété des motifs, en tant que ceux-ci déterminent la portée du dispositif, pourrait devenir une cause de requête civile (Comp. *supra*, v° *Chose jugée*, n° 11). Par exemple, lorsque la cour, après avoir, par un premier arrêt, posé le principe de dommages-intérêts à fixer par état, en raison d'une cause déterminée de préjudice, alloue, dans un arrêt subséquent, les dommages-intérêts ainsi liquidés sur une cause de préjudice que les motifs démontrent être différente de celle qui avait été accueillie originairement, cette seconde décision est en contradiction formelle avec la première et donne ouverture à la requête civile. C'est ce qu'a justement décidé la cour d'Aix par un arrêt du 5 juin 1872 (V. *infrà*, n° 111), sur la doctrine duquel on reviendra ultérieurement en traitant des effets de cette voie de recours au cas de contrariété de jugements.

64. — 2° Les deux décisions, ou tout au moins la seconde ont dû être rendues en dernier ressort (V. à cet égard *Rép.* n°s 110 et 111).

65. — 3° Elles ont dû être rendues entre les mêmes parties (*Rép.* n°s 112 et 113).

66. — 4° Elles ont dû porter sur les mêmes chefs (*Rép.* n°114). Aussi a-t-il jugé, à bon droit : 1° qu'il n'y a pas contrariété entre l'arrêt civil condamnant une partie à payer une dette et celui de la chambre des mises en accusation qui, sur la plainte en abus de confiance formée contre le créancier par la partie condamnée, a déclaré l'action pénale irrecevable comme prescrite (Dijon, 15 mars 1878, *supra*, n° 33); — 2° Qu'il n'y a pas lieu à requête civile, faute d'identité d'objet, quand les jugements prétendus contradictoires, rendus sur une demande en payement d'effets causés valeurs en semestres d'intérêts d'une dette, ont statué sur des effets se référant à des périodes d'intérêts différentes, encore que dans les deux cas il s'agit des intérêts de la même dette (Civ. cass. 22 avr. 1891) (1).

67. — 5° Elles doivent émaner de la même cour ou du même tribunal (*Rép.* n°s 115 à 117); s'il en était autrement, la contrariété donnerait ouverture à cassation (V. *supra* v° *Cassation*, n°s 324 et 325 et les arrêts cités *ibid.*).

La contrariété entre deux arrêts émanés de la même cour ne donne ouverture à la requête civile qu'autant

---

(1) (Bizet de Lamberville C. Consorts Salmon.) — LA COUR; — Sur le premier moyen : — Attendu qu'aux termes de l'art. 480, § 6, c. proc., la requête civile n'est recevable que s'il y a contrariété de jugements en dernier ressort, entre les mêmes parties et sur les mêmes moyens, dans les mêmes cours et tribunaux; — Attendu que, pour qu'il y ait contrariété de jugements, il faut que l'objet sur lequel ont statué les deux jugements soit identique; qu'en disposant que, « lorsque la requête

civile aura été entérinée pour raison de contrariété de jugements, le jugement qui l'entérinera ordonnera que le premier jugement sera exécuté selon sa forme et teneur », l'art. 501 c. proc. montre clairement que deux jugements ne sont contraires que lorsqu'ils se détruisent réciproquement, en sorte qu'ils ne puissent être exécutés à la fois l'un et l'autre; — Attendu, en fait, que dans l'instance terminée par le jugement du 22 juin 1881, qui a débouté les consorts Salmon de leur action contre

qu'elle est ou paraît être l'effet d'une erreur de fait involontaire de la part des magistrats qui ont rendu ces deux
arrêts: lorsque le second arrêt est intervenu en connaissance du premier, et malgré l'exception de chose jugée qui
y avait été puisée, le second arrêt ne peut être attaqué que
par la voie ordinaire du recours en cassation, pour violation
de l'autorité de la chose jugée. C'est ce qu'ont décidé la
jurisprudence et la doctrine (*Rép.* n⁰ˢ 118 et 119. Conf.
Rousseau et Laisney, n⁰ 100; Civ. cass. 5 juin 1866,
aff. Ounamaléamalle, D. P. 66. 1. 304). M. Garsonnet, t. 5,
§ 1118, p. 612 et suiv., fait, à cette occasion, remarquer
combien est rare la requête civile dans le cas de contrariété
de jugements; puisqu'elle suppose réunies ces trois conditions: réitération d'une précédente action, défaut d'exception de chose jugée par le défendeur, seconde décision
rendue par les mêmes juges en sens contraire de la
première.

68. Pour des motifs du même ordre, la requête civile est
irrecevable pour contrariété de jugements lorsque la seconde
décision est interprétative de la première, encore que l'interprétation donnée semble contredire la teneur de la première sentence (Liège, 4 déc. 1872, *Pasicrisie*, 1873, 2. 97).
Comme l'observe l'arrêt précité, la cour saisie d'une
demande d'interprétation peut d'ailleurs attribuer à son
arrêt un sens autre que celui proposé par les parties dans
leurs conclusions respectives, sans pour cela statuer sur
choses non demandées ou *ultrà petita*. Seulement il pourrait y avoir lieu à cassation, si le juge, sous couleur d'interprétation, avait fait échec à l'autorité de sa première sentence et violé ainsi la chose jugée, malgré les conclusions
prises à cet égard par les parties.

§ 7. — Contrariété de dispositions dans un même jugement ou
arrêt (*Rép.* n⁰ˢ 123 et 124).

69. V. *Rép.*, n⁰ˢ 123 et 124.

§ 8. — Défaut de communication au ministère public (*Rép.*
n⁰ˢ 125 à 131).

70. Dans les causes où la loi exige la communication au
ministère public, l'omission de cette formalité donne lieu à
requête civile au bénéfice de la partie condamnée si la communication était prescrite dans l'intérêt des deux parties, si
cette communication était prescrite dans l'intérêt des deux parties à
laquelle le jugement rendu est contraire (*Rép.* n⁰ˢ 125 à
129). Il en serait de même au cas où la communication serait exigée dans un intérêt d'ordre public, à raison de la
nature de l'affaire et non de la qualité des parties. Ce point,
autrefois contesté en doctrine, paraît actuellement reconnu
par tout le monde (*Rép.* n⁰ 130. Conf. Dutruc, *Supplément
aux lois de la procédure*, v⁰ *Requête civile*, n⁰ 78; Dutruc,
Mémorial du ministère public, v⁰ *Communication au ministère
public*, n⁰ˢ 5 et 6; C. cass. belge, 11 déc. 1856, *Pasicrisie
belge*, 1857, 1. 290; 19 nov. 1857, *ibid.*, 1857. 1. 453; 3 juill.
1879, *ibid.*, 1879. 1. 342; Req. 24 janv. 1876) (1).

71. Sur la distinction des cas où le défaut de conclusions
du ministère public constitue un cas de requête civile ou
de cassation, nous renverrons au *Rép.*, n⁰ˢ 126 et 127.
M. Garsonnet (t. 5, § 1116, p. 607) résume très exactement
les règles à suivre en pareille matière. C'est un vice de

forme qui doit être régi par les mêmes règles que les vices
de forme prévus par l'art. 480, § 2. Aussi ne peut-il donner
lieu, dit M. Garsonnet, « qu'au pourvoi en cassation: 1⁰ lorsqu'il ne constitue pas un oubli mais une violation intentionnelle de la loi, les parties ayant inutilement réclamé que le
ministère public fût entendu dans un cas où la communication était obligatoire, ou les conclusions du procureur de
la République ayant été données irrégulièrement, par exemple en dehors de l'audience ; 2⁰ quand cette irrégularité a
été commise dans un jugement rendu lui-même sur requête
civile ». Dans cette dernière hypothèse, en effet, on ne pourrait, sans violer la loi, introduire une seconde requête civile
et il n'y a qu'à recours en cassation. Cette distinction
est confirmée par les arrêts que nous venons de citer. Jugé
spécialement qu'on peut se pourvoir en cassation pour défaut de communication au ministère public lorsque, l'omission ayant eu lieu en première instance, la cour d'appel a
rejeté les conclusions par lesquelles cette irrégularité lui
était soumise (Req. 21 mai 1860, aff. Cauvet, D. P. 60. 1.
360 ; 17 août 1869, aff. Laforgue, D. P. 74. 5. 427).

72. Il va de soi que l'omission dont il s'agit n'est sanctionnée par l'art. 480, § 8, c. proc. civ., qu'autant que la
communication est imposée soit par l'art. 83 du même code,
soit par une disposition spéciale et impérative (V. *suprà*,
v⁰ *Ministère public*, n⁰ˢ 68 et 69), et non lorsqu'elle est purement facultative (Req. 21 mai 1860, cité *suprà*, n⁰ 71 ; 24
janv. 1876, *suprà*, n⁰ 70).

73. Par exception, l'art. 66 du décret du 28 nov. 1866
(D. P. 67. 4. p. 20 et suiv.), concernant le service judiciaire
à la Nouvelle-Calédonie, et déclaré applicable aux îles de la
Société, par décret du 18 août 1868, art. 36 (D. P. 68. 4.
p. 126 et suiv.), ne vise pas le défaut de communication
au ministère public parmi les cas de requête civile qu'il fixe
limitativement. Ce vice ne donnera donc lieu qu'à pourvoi
en cassation ; telle est la solution donnée sur ce point par
la cour suprême (Civ. cass. 18 août 1874, aff. Vahinehau,
D. P. 76. 1. 265).

§ 9. — Pièces fausses (*Rép.* n⁰ˢ 132 à 144).

74. La requête civile peut être exercée contre une décision rendue sur pièces fausses lorsque la preuve de cette
fausseté résulte de l'aveu formel de celui qui a fait usage
des pièces, ou d'une déclaration judiciaire, postérieurs tous
deux à la décision attaquée. Il faut, en outre, que la pièce
fausse ait eu sur la sentence une influence décisive (*Rép.*
n⁰ˢ 132 à 136 ; Garsonnet, t. 5, § 1097, p. 558). — En ce qui
concerne l'aveu, il peut se produire et la pièce doit être
tenue pour reconnue fausse, lorsque l'une des personnes qui
étaient parties dans l'instance terminée par la décision
frappée de requête civile en a fait la reconnaissance en
qualité de témoin devant le juge d'instruction (Besançon,
24 févr. 1868, aff. Paris, D. P. 68. 2. 79). On objectait que
la déposition d'un témoin au criminel ne peut constituer un
aveu judiciaire qui, au civil, soit opposable à lui et encore
moins à ses cointéressés, qu'en outre, cette partie n'était
même pas intéressée au procès nominativement, qu'il s'agissait d'un mari mis en cause pour autoriser sa femme. La
cour a répondu avec raison que la preuve de la *reconnaissance* n'était pas spécifiée par la loi pour la validité de la
requête civile ; qu'il suffisait qu'elle fût constante, et que

---

Bizet de Lamberville, il s'agissait de la demande en payement
d'un billet de 600 fr., à l'échéance du 1ᵉʳ mars 1884, représentant un semestre d'intérêts d'une dette de 20 000 fr. cautionnée en 1876 par la dame de Lamberville ; que, d'autre part,
le jugement du 14 mars 1883, qui a, au contraire, accueilli
leur demande, a statué sur l'action en payement de deux autres
billets de 600 fr. chacun, à l'échéance du 1ᵉʳ sept. 1879 et
du 1ᵉʳ sept. 1880, qui représentaient deux autres semestres des
intérêts de la même dette ; que, par conséquent, si la cause de
l'obligation était la même, les deux jugements ont néanmoins
statué sur des demandes ayant un objet distinct ; que leurs dispositions n'ont rien d'inconciliable ; que les consorts Salmon
peuvent exécuter le second sans enlever à Bizet de Lamberville
le bénéfice du premier ; — Attendu, dès lors, qu'en déclarant
non recevable la requête civile formée par de Lamberville, le
jugement attaqué n'a pas violé la disposition de loi invoquée par
le pourvoi ; — Rejette ce moyen ;

Mais sur le deuxième moyen... (Sans intérêt).
Du 22 avr. 1891.-Ch. civ.-MM. Mazeau, 1ᵉʳ pr.-Durand, ráp.-
Desjardins, av. gén., c. conf.-Chaufton et Defert, av.

(1) (Calain C. Capet.) — La cour; — Sur le moyen tiré de la
violation des art. 83, 112, 202 c. proc. : — Attendu que le défaut de
conclusions du ministère public dans le cas où la loi exige qu'il
soit entendu, ne donne pas ouverture à cassation, mais seulement à requête civile ; que, d'ailleurs, lorsqu'il ne s'agit pas,
comme dans l'espèce, que d'ordonner une vérification d'écritures,
conformément à l'art. 195, et en dehors de l'hypothèse particulière de l'art. 202 c. proc., l'audition du ministère public n'est
prescrite ni par la disposition générale de l'art. 83, ni par la disposition spéciale de l'art. 195;...
Du 24 janv. 1876.-Ch. req.-MM. de Raynal, pr.-Guillemard,
rap.-Reverchon, av. gén., c. conf.-Costa, av.

dans l'espèce cette déclaration était suffisante vis-à-vis de tous, en vertu de l'indivisibilité du litige, parce qu'elle portait sur des faits *exclusivement personnels* à celui dont elle émanait et qu'il avait seul qualité pour reconnaître puisqu'ils ne pouvaient être à la connaissance de ses cointéressés.

75. Quant à la déclaration judiciaire de fausseté des pièces, déclaration qui doit être nécessairement préalable à l'instance en requête civile et ne saurait être sollicitée du juge saisi de celle-ci (*Rép.* nos 142 et 143), on s'est demandé si elle résulterait suffisamment d'un jugement étranger. La question ne paraît pas faire difficulté lorsque l'exequatur a été donné en France à ce jugement, mais au cas contraire elle prête à une sérieuse controverse. Deux arrêts de la cour d'Aix, cités au *Rép.*, n° 140, avaient statué dans le sens de la négative. Il a été jugé depuis que les tribunaux français peuvent tenir pour judiciairement constatée, au point de vue de la requête civile, la fausseté de pièces déclarée par un jugement étranger même non rendu exécutoire en France (Trib. de comm. d'Aix, 22 mai 1856, sous Civ. rej. 12 avr. 1858, aff. Borelly, D. P. 58. 1. 179). Dans l'espèce dont il s'agit, la fausseté des pièces avait été présentée par le demandeur en requête civile tant comme moyen spécial de recours que comme élément d'un dol commis à son détriment, dol qui autorisait également la requête civile conformément à l'art. 480, § 1, c. proc. civ. Après avoir admis le premier moyen, le tribunal d'Aix avait également admis le dol personnel et ce surabondamment. Sur le pourvoi, la chambre civile n'a pas cru devoir aborder directement la discussion du premier moyen de requête civile, l'admission du moyen tiré du dol étant suffisant pour faire admettre cette voie de recours. « Attendu, dit l'arrêt, que le dol se prouve par tous les moyens qui peuvent en faire reconnaître la réalité, et que si l'autorité juridique de l'arrêt de Lucques ne pouvait suffire seule, le jugement attaqué a pu néanmoins réunir ce document, comme grave présomption, aux autres circonstances de la cause, pour en déduire que, sinon pour le faux, au moins pour le dol, la preuve était acquise à la justice ; attendu, en effet, que c'est dans ce sens qu'il a statué ». Il semble que, d'une façon implicite, la cour suprême ait considéré comme insuffisant pour établir le faux la déclaration judiciaire résultant de l'arrêt de la cour étrangère, et telle nous paraît être l'opinion préférable. Le système admis par le tribunal d'Aix peut se soutenir néanmoins par de très graves considérations, que le jugement avait fait valoir avec beaucoup de force. L'arrêt étranger, disait-il, est produit non comme titre exécutoire, mais seulement comme acte déclaratif d'un fait, comme constatation judiciaire de la fausseté des pièces qui ont servi de base à la décision attaquée ; or, à ce point de vue, l'art. 480, § 9, c. proc. civ. n'a exigé aucune forme spéciale, et au point de vue commercial surtout il serait injuste de rejeter la déclaration de faux par cela seul qu'elle émanerait d'une juridiction étrangère. L'absence de *pareatis* est d'ailleurs sans influence, car il s'agit ici non de procéder à un acte d'exécution, mais de déterminer le caractère probant du jugement produit ; enfin exiger que l'admissibilité de la requête civile que le crime de faux fût préalablement prouvé par une condamnation judiciaire prononcée en France, ce serait placer la partie, mal à propos condamnée par la décision civile ou consulaire contre laquelle elle recourt, dans l'impossibilité de profiter des avantages qui lui sont, dans certains cas, expressément réservés par la loi.

Il faut répondre d'abord que le but évident de l'art. 480, § 9, est d'exiger que la constatation de la fausseté des pièces procède d'une déclaration indiscutable, authentique, ne pouvant autoriser la preuve contraire. Telle est l'interprétation généralement donnée (V. *Rép.* nos 142 et 143). Cela étant, quelle valeur aurait, au point de vue de la déclaration qu'il renferme, le jugement étranger non revêtu du *pareatis* ? Qu'il puisse être invoqué comme écrit ayant force probante lorsqu'il ne s'agit pas de procéder à une exécution forcée, rien de mieux ; mais cette force probante n'est évidemment pas la même que celle d'un acte judiciaire français, et il est reconnu que, si elle existe, elle peut être combattue par la preuve contraire sans qu'on ait à procéder par la voie de l'inscription de faux (V. *suprà*, v° *Droits civils*, n° 425, et les arrêts cités). Peut-on dire que, dans ces con-

ditions, le jugement étranger réponde au désir de l'art. 480, § 9 ? Remarquons au surplus que la solution que nous admettons ne laisse pas désarmé le bénéficiaire de la décision étrangère ; la constatation de la fausseté des pièces peut être utilement puisée dans cette décision à l'effet de prouver que le défendeur à la requête civile s'était rendu coupable d'un dol personnel ; telle est la manière de voir fort exacte du tribunal d'Aix, consacrée par la cour de cassation, la partie intéressée sera donc suffisamment protégée par l'ouverture de requête civile qu'une telle doctrine met à sa disposition.

76. La déclaration judiciaire de fausseté des pièces n'a de valeur, lorsqu'elle émane d'une juridiction criminelle, qu'autant qu'elle aboutit de ce chef à une condamnation contre l'auteur du faux. Il ne suffit pas que le fait matériel du faux ait été reconnu, car ainsi qu'on l'a dit *suprà*, v° *Chose jugée*, n° 438, les jugements et arrêts portant acquittement pour un motif autre que la négation du fait incriminé ne peuvent avoir, quant à l'affirmation de ce fait, aucune valeur authentique au civil. C'est ce qu'avait jugé la cour de Rouen par arrêt du 18 févr. 1846, à propos d'un verdict de jury affirmatif sur la question de fausseté de la pièce incriminée, mais négatif sur la question de culpabilité. « La solution isolée du jury sur le fait matériel, disait l'arrêt, ne laissant pas même à l'accusé acquitté le droit de se pourvoir en cassation ; à aucun titre, une telle déclaration ne peut avoir l'autorité de la chose jugée » (V. *Rép.* n° 141). — Depuis, la même question s'est posée devant la cour de Besançon au sujet d'une ordonnance de non-lieu, qui, elle aussi, relevait le faux matériel mais décidait qu'il n'y avait lieu de suivre, vu la bonne foi de l'inculpé. Comme l'ordonnance de non-lieu non attaquée par les voies légales est définitive quant aux points qu'elle résout, la cour en avait conclu que les constatations de fait insérées à l'ordonnance devaient revêtir ce même caractère et que lorsque le juge d'instruction compétent pour apprécier et constater l'altération de la pièce incriminée l'avait fait en se bornant « à écarter la criminalité indifférente à la requête civile, qui n'exige que la constatation de l'altération matérielle », son ordonnance, si elle ne mettait pas obstacle à de nouvelles poursuites, « n'en constituait pas moins un fait légalement acquis au point de vue de la fausseté de la pièce, et dès lors une base régulière à la requête civile » (Besançon, 24 févr. 1868, aff. Époux Paris, D. P. 68. 2. 79). Cette décision est manifestement en opposition avec la doctrine précitée de l'arrêt de 1846 et avec les principes généralement consacrés quant à l'autorité sur l'action civile des ordonnances de non-lieu. Les auteurs et les arrêts les plus récents s'accordent pour proclamer que ces ordonnances, de quelque manière qu'elles soient motivées, dans quelques termes qu'elles soient conçues, attestent simplement l'insuffisance des charges produites pour autoriser la mise en prévention, et que, dès lors, il ne peut jamais en résulter un jugement définitif et immuable sur le fait envisagé dans sa matérialité. Cela est certain quand le fait a été nié en même temps que la culpabilité, puisque la prévention peut être reprise plus tard sur le fondement de charges nouvelles (V. *suprà*, v° *Chose jugée*, nos 253 et suiv.). Et il en est encore ainsi quand l'ordonnance affirmant le fait se fonde, pour ne renvoyer l'inculpé, sur ce qu'il n'en serait pas l'auteur, aurait agi sans intention, ou serait couvert par une disposition légale. Alors en effet, la constatation du fait ne peut valoir chose jugée : 1° parce que l'ordonnance ne peut être frappée de recours de ce chef par l'inculpé non renvoyé devant un tribunal de répression ; 2° parce que la chose jugée ne réside que dans le dispositif et non dans les motifs. Cette doctrine, à l'appui de laquelle nous avons cité de nombreuses décisions, *suprà*, v° *Chose jugée*, nos 477 et suiv., résulte spécialement en la matière actuelle d'un arrêt suivant lequel l'ordonnance du juge d'instruction qui reconnaît la fausseté d'une pièce, tout en déclarant qu'il n'y a lieu à suivre faute d'intention frauduleuse, ne suffit pas pour autoriser le juge civil, saisi d'une instance où cette pièce a été produite, à la rejeter du débat, sous prétexte qu'elle aurait été déclarée fausse par une décision souveraine (Pau, 26 févr. 1857, aff. De Challemaison, D. P. 57. 2. 189 et la note). Le juge civil ne peut pas davantage, selon nous, prendre la même reconnaissance comme base d'une requête

civile, comme il l'a fait dans l'arrêt de Besançon rappelé ci-dessus.

77. Les juges saisis d'une requête civile fondée sur ce que la décision a été rendue au vu de pièces fausses appré-cient souverainement l'influence que les pièces dont il s'agit ont eue sur cette décision. Et il a été admis qu'ils rejettent à bon droit le recours, quand ils déclarent que les mentions inexactes relatées à la pièce reconnue fausse, bien que reproduite dans les motifs de l'arrêt attaqué, n'en ont pas été le motif déterminant et que, fondée sur un ensemble de circonstances acquises aux débats, la décision eût été la même si les magistrats l'avaient rendue en connaissance de la situation réelle et sur la production d'une pièce sincère et exacte (Req. 29 janv. 1894)(1).

§. 10. — Rétention de pièces décisives (*Rép.* nᵒˢ 145 à 155).

78. Pour que la requête civile puisse être introduite dans les termes de l'art. 480, § 10, c. proc. civ., il faut que, depuis le jugement, la partie condamnée ait découvert des pièces décisives existant déjà lors de la décision qui lui fait grief et jusque-là détenues indûment par l'adversaire (*Rép.* nᵒ 145). — On a indiqué au *Rép.*, nᵒˢ 146 et suiv., un certain nombre de cas dans lesquels les pièces avaient un caractère décisif. Dans un système autrefois très générale-ment admis, si la pièce décisive retrouvée est une quittance, celui à qui elle profite ne serait pas obligé, pour s'en préva-loir, d'introduire le recours par requête civile. De deux cho-ses l'une, en effet, si le jugement qui lui fait grief n'est pas encore exécuté, il peut s'opposer à l'exécution par voie de défense, si, au contraire, l'exécution a eu lieu, il pourra procéder par répétition de l'indu au moyen d'une action principale. — Mais cette doctrine, exposée au *Rép.* vᵒ *Chose jugée,* nᵒˢ 376 et suiv., semble à présent rejetée en tant que règle générale et son application restreinte dans les termes de la distinction suivante, le plus souvent suivie par les auteurs et la jurisprudence : où le jugement s'est prononcé sur l'existence de la dette et a en même temps repoussé l'exception de payement formulée par le défendeur, ou il n'a eu à statuer que sur l'existence et la légitimité de la créance. Dans le premier cas, la partie condamnée ne pourra ultérieurement exciper de quittances, retrouvées que si elle est dans la situation prévue par l'art. 480, § 10, c. proc. civ. et par voie de requête civile ; V. *suprà,* vᵒ *Chose jugée,* nᵒˢ 225 et suiv., et les arrêts cités ; dans le second cas, au contraire, les quittances retrouvées, quelle que soit la cause qui a empêché leur bénéficiaire de les verser au débat, pourront être invoquées conformément à la doctrine que nous avons rappelée plus haut. Nous croyons seule-ment qu'alors le juge pourrait laisser les frais du jugement de condamnation à la charge de celui qui retrouve la quit-

tance, s'il a négligé de la rechercher à temps et que son adversaire ait été de bonne foi (Rodière, t. 2, p. 116).

79. Le juge du fait apprécie souverainement le caractère décisif ou non des pièces retrouvées, et la cour de cassation n'a pas qualité pour réformer sa décision sur ce point (*Rép.* nᵒ 152 et dans ce sens : Lyon, 28 nov. 1865, *Journal des avoués,* t. 91, p. 294 ; Paris, 14 août 1869, aff. Mondot de Lagorce, et, sur pourvoi, Req. 24 mars 1870, D. P. 74. 1. 15 ; Req. 6 juill. 1875, aff. Commune de Port-Saint-Père, D. P. 77. 1. 297). Cette appréciation qui consiste à examiner si la pièce, en elle-même été de nature à modifier l'opi-nion du juge, n'oblige pas le tribunal à exercer nécessaire-ment par là un pouvoir d'interprétation. Aussi a-t-il été jugé : 1ᵒ que l'arrêt qui déclare qu'un document administratif ser-vant de base à un alignement n'était pas un titre de pro-priété, et, en conséquence, n'était pas une pièce décisive pour la solution de la question de propriété, n'interprète pas ce document, et en conséquence ne viole pas le prin-cipe de la séparation des pouvoirs (Req. 24 mars 1870 pré-cité) ; — 2ᵒ Que les états de classement des chemins ruraux d'une commune ne constituant pas, à son profit, un titre de propriété pour les voies qui y sont portées, mais une simple présomption de fait de la publicité de ces voies, les juges du fond sont souverains pour en apprécier la valeur au point de vue de la pertinence qu'ils donnent aux faits de posses-sion invoqués par la commune (Req. 6 juill. 1875 précité).

80. La découverte des pièces décisives n'autorise la requête civile que si elles ont été retenues au cours du premier litige par l'adversaire. Et il faut, d'après la juris-prudence, que cette rétention ait eu de sa part un caractère dolosif (*Rép.* nᵒ 157 ; Toulouse, 1ᵉʳ févr. 1864, aff. Héritiers de Méritens, D. P. 64. 2. 56). Il a même été décidé que la requête civile est irrecevable lorsque la pièce décisive a été détenue, non par la partie gagnante, mais par un tiers, encore que celui-ci n'ait agi de la sorte qu'en raison de l'in-fluence dolosive exercée sur lui par la partie intéressée ; et qu'il n'y aurait alors, à la charge de cette dernière, qu'un dol personnel, lequel ne pourrait être dénoncé que dans les deux mois impartis spécialement pour l'exercice de cette ouverture de requête civile (Paris, 5 avr. 1892, *Journal des avoués,* t. 117, p. 277). Cette jurisprudence est critiquée par M. Garsonnet (t. 5, § 1098, p. 559, note 2) comme enlevant son utilité propre au chef de requête civile dont il s'agit et qui fait ainsi double emploi avec le dol personnel.

81. Enfin, pour que la retenue des pièces puisse être invoquée par le perdant, il est nécessaire que celui-ci ait été dans l'impossibilité d'en faire usage, soit en en prenant connaissance dans les dépôts publics où elles se trouvaient, soit en provoquant leur représentation par voie d'incident dirigé contre l'adversaire. Spécialement, le perdant serait mal venu à se plaindre s'il était établi qu'il connaissait les pièces et qu'il a négligé d'en demander la communication

(1) (Maurot C. Noir.) — LA COUR ; — Sur le premier point pris de la violation de l'art. 480, § 9, c. proc. civ., de l'art. 7 de la loi du 20 avr. 1810 et de l'art. 1351 c. civ. ; — Attendu que Maurot qui, en vue de l'agrandissement de l'église de la commune de Chantelle avait été dépossédé par voie d'expropriation d'une par-celle de terrain, attenant à son habitation, a actionné le maire de cette commune en indemnité à raison de ce que le plan par-cellaire soumis au jury d'expropriation indiquait le tracé en face de sa maison d'un chemin d'une largeur de 5 mètres et que cependant les travaux effectués n'avaient pas laissé à la voie cette largeur sur toute l'étendue de son parcours ; qu'il prétendait de plus que le maire de Chantelle s'était engagé vis-à-vis de lui à faire démolir la maison Faure voisine, afin d'augmenter la largeur des voies de communication ; que par arrêt du 3 août 1887, la cour de Riom a entièrement rejeté cette demande en décla-rant non justifiée l'allégation que le maire de Chantelle se fût engagé à démolir la maison Faure et en se fondant pour le surplus sur ce que le rétrécissement du chemin longeant l'église provenait d'un reculement de l'édifice sur les prévisions du plan primitif et que ce reculement avait permis de créer au-devant du portail du jar-din de Maurot, entre la façade de l'église et la maison Faure, une voie de 8 mètres assurant toute facilité d'accès au jardin dudit Maurot ; qu'un résumé l'ensemble des travaux effectués, loin d'avoir causé préjudice à Maurot lui a, au contraire, procuré de notables avantages dont l'exécution du plan soumis au jury d'expropriation l'aurait privé ; » — Attendu que Maurot a intro-duit contre cette décision une requête civile afin d'en obtenir la rétractation par la raison qu'elle aurait pris pour base un plan

faux, en ce qu'il indiquait une largeur de 8 mètres existant entre la maison Faure et la nouvelle église, alors qu'a-près tous les travaux terminés cette largeur n'était que de 6 mè-tres ; que Maurot imputait au maire de Chantelle la fausseté de cette pièce ; — Attendu que l'arrêt aujourd'hui attaqué n'a pas méconnu le plan sur lequel l'arrêt de 1887 avait raisonné mais contint l'inexactitude signalée dans la requête civile, d'où il suit déjà que le pourvoi ne saurait prétendre que l'arrêt qu'il dénonce ait raisonné sur un plan qui n'était pas celui invoqué, cette allé-gation se trouvant démentie par l'arrêt lui-même et étant d'ailleurs dénuée d'intérêt ; que la requête civile a été rejetée par le motif que les 8 mètres de largeur de la voie publique, dont la décision de 1887 fait mention dans ses motifs, n'ont pas été le motif déterminant de cette décision, parce qu'il est évident qu'elle eût été la même si les juges de 1887, qui s'étaient déter-minés d'après un ensemble de circonstances acquises aux débats, avaient su alors que cette largeur ne serait que de 6 mètres, comme cela est ; — Attendu qu'une telle interprétation, dont la légalité n'est pas contestable, ne dénature pas les termes de l'ar-rêt de 1887 et justifie pleinement le rejet de la demande en ré-tractation de cet arrêt ; qu'ainsi aucune des dispositions de loi invoquées par le moyen du pourvoi n'a été violée ; qu'il a d'ail-leurs été satisfait aux exigences de l'art. 7 de la loi du 20 avr. 1810 ; — Sur le second moyen pris de la violation de l'art. 7 de la loi du 20 avr. 1810... (Sans intérêt) ; — Par ces motifs, rejette le pourvoi formé contre l'arrêt de la cour de Riom du 3 mai 1892. Du 29 janv. 1894.-Ch. req.-MM. Denis, rap.-Meicot, av. gén.-Rambaud de Larocque, av.

(Alger, 20 avr. 1874, *suprà*, n° 32). Il en est de même si, l'existence des pièces étant révélée par la procédure, la partie à l'encontre de laquelle le jugement a été rendu n'a fait aucune diligence pour obtenir une solution précise de la demande en production formée contre la partie adverse (Paris, 2° ch., 7 mars 1893, aff. Reynaud *C.* Breittmayer, MM. Manuel pr.-Puech, av. gén.-Gauly et Delafosse, av.).

§ 11. — Défaut de défense ou non valable défense.
(*Rép.* n°ˢ 156 à 171.)

82. Le droit d'exciper par requête civile de ce qu'elles n'ont pas été défendues ou de ce qu'elles l'ont été de façon « non valable » appartient exclusivement aux personnes légalement incapables et aux personnes morales limitativement désignées par l'art. 481 c. proc. civ. Un tel droit avait paru exorbitant à la commission de réforme du code de procédure, et dans son rapport de 1865 en proposait la suppression et le remplacement par une action en responsabilité contre les représentants fautifs de l'incapable. Ce chef de requête civile s'applique au mineur émancipé et à l'interdit comme au mineur non émancipé, mais non au prodigue ni à la femme mariée (*Rép.* n°ˢ 156 et 157). En l'absence de tout texte prononçant d'une façon générale son assimilation à l'interdit et la plaçant dans un état d'incapacité légale, il nous semble que la personne simplement internée dans un établissement d'aliénés, conformément à la loi du 30 juin 1838, ne saurait bénéficier de la disposition de l'art. 481 c. proc. civ.

83. Plusieurs auteurs rangent, dans le chef de requête civile qui nous occupe, l'hypothèse où la représentation de l'incapable ou de la personne morale a été exercée par une personne sans qualité (V. Garsonnet, t. 5, § 1099, p. 564). — A notre avis, c'est là une erreur. Dire qu'une personne a été représentée par un mandataire sans pouvoir, c'est dire qu'elle n'a pas figuré à la décision et que légalement elle n'y est point partie; aussi cette décision n'a-t-elle pas contre elle force de chose jugée (V. *suprà*, v° *Chose jugée*, n° 140, et Civ. cass. 10 mai 1887, aff. Jehanne, D. P. 87. 1. 412). La requête civile n'étant qu'un moyen extraordinaire de rescision contre un jugement valable en soi, et ayant autorité de chose jugée, il n'y a pas lieu d'en faire usage contre la décision qui ne réunit pas ces caractères, et la partie à qui on prétend opposer un jugement rendu contre un représentant sans mandat n'a pour se défendre qu'à établir que le prétendu représentant n'avait pas qualité pour agir; vis-à-vis d'elle, le jugement sera *ipso jure* absolument inopérant. Tel serait le cas où une personne n'ayant pas la qualité de tuteur, ou dont la nomination à cette fonction serait affectée d'une nullité ultérieurement établie en justice, défendrait à l'action introduite contre un mineur. Telle serait encore l'espèce où un tuteur ou un administrateur légal nommé en remplacement d'un tuteur ou d'un père administrateur judiciairement destitué, représenterait le mineur dans un procès si plus tard le tuteur ou le père administrateur se faisait rétablir dans ses fonctions en provoquant l'annulation du jugement qui les lui avait retirées. A plus forte raison devrait-il en être ainsi si l'on supposait le jugement de destitution provoqué frauduleusement soit

par la personne ensuite appelée à la tutelle, soit par celle contre laquelle cette dernière avait ensuite plaidé au nom du mineur. On a vu (*suprà*, n° 2), rationnellement établie dans la législation allemande, la distinction que nous venons d'indiquer; l'illégalité de la représentation des incapables autorise ceux-ci à agir en nullité contre la décision, sans qu'ils aient à introduire l'action en restitution qui équivaut à notre requête civile.

84. On a dit au *Rép.*, n°ˢ 158 et 159, ce qu'il faut entendre par défaut de défense. Quant à la défense *non valable*, cette expression s'applique lorsque le représentant légal a omis un moyen décisif dans l'intérêt de l'incapable qu'il représentait (*Rép.* n°ˢ 160 à 162). C'est en ce sens qu'il est permis de dire que les mots « non valablement défendus » sont synonymes de « mal défendus » (Garsonnet, t. 5, § 1099, p. 564). Seulement il n'y a pas lieu d'aller au delà, et le défaut de défense ne peut être déduit de ce que le représentant de l'incapable a agi avec négligence et a même omis des moyens, sérieux peut-être, mais non décisifs. La distinction à cet égard a été faite en ce qui concerne les communes par une décision du ministre de l'intérieur rapportée (sans date) au *Journal de droit administratif*, 1857, p. 217; pour introduire en leur faveur un recours en requête civile « il ne suffit pas d'établir que la défense a été mauvaise ou insuffisante, mais bien que la commune n'a pas été valablement défendue ». — Jugé, d'après ce principe : 1° qu'une commune ne peut faire rétracter par voie de requête civile l'arrêt qui a statué sur l'action exercée par un contribuable dans le cas prévu par l'art. 49 de la loi du 18 juill. 1837 (art. 123 de la loi des 5-6 avr. 1884), en se fondant sur ce que son maire, appelé dans l'instance, n'a pris en son nom que des conclusions dérisoires, alors du moins qu'il résulte de toute la procédure que les intérêts de la commune ont été sérieusement défendus par le contribuable (Req. 6 juill. 1875, aff. Commune de Port-Saint-Père, D. P. 77. 1. 297); — 2° Et que le défaut de production, dans une instance intéressant une commune, de pièces découvertes seulement après le jugement qui a statué sur le litige, ne peut faire considérer la commune comme n'ayant pas été valablement défendue, et ne donne ouverture à requête civile que si ces pièces sont de telle nature que leur production au cours du débat, eût nécessairement exercé une influence décisive sur le jugement (Même arrêt).

85. Conformément à la règle exposée *suprà*, n°ˢ 11 et 12, le bénéfice de l'art. 481 n'est accordé à l'incapable que contre les décisions rendues à son préjudice en dernier ressort (*Rép.* n° 171). Il a été décidé, en conséquence, que lorsqu'il s'agit de jugements rendus en premier ressort et devenus inattaquables par l'expiration du délai d'appel, l'incapable, spécialement le mineur, qui prétendrait avoir été représenté irrégulièrement ou non valablement défendu, ne peut que recourir en indemnité contre son représentant légal si, par connivence ou impéritie, ce dernier a compromis les intérêts dont il avait la charge (Lyon, 3 août 1870) (1).

Art. 5. — *Délai du pourvoi en requête civile.*
(*Rép.* n°ˢ 172 à 191.)

86. La loi du 3 mai 1862, sans modifier le point de départ

---

(1) (Kuhné *C.* Kuhné.) — La cour : — En ce qui touche la requête civile : — Considérant que les demoiselles Kuhné attaquent par cette voie le jugement du 11 août 1859, qui les constitue débitrices de leur mère, par le motif que, dans cette circonstance, elles n'auraient pas été défendues ou qu'elles ne l'auraient pas été valablement; — Considérant que la requête civile est une voie extraordinaire pour attaquer les jugements; qu'elle n'est admise que dans les cas spécialement déterminés par la loi, et que la première condition pour qu'on puisse y recourir est que le jugement ait été rendu en dernier ressort; — Qu'en présence des termes formels de l'art. 480 c. proc., il n'est pas permis de l'étendre aux jugements rendus en premier ressort qui n'ont acquis l'autorité de la chose jugée que par l'expiration des délais d'appel; que lorsque les parties ont pu déférer la décision à une juridiction supérieure, leur silence doit être, en général, considéré comme un acquiescement, et les rend non recevables à recourir à une autre voie; — Que, d'après la jurisprudence et la doctrine, cette forclusion s'applique aux mineurs aussi bien qu'aux majeurs, et que, malgré tout l'intérêt qui s'attache aux incapables, il n'y a dans les dispositions légales aucune exception en leur faveur; — Que s'ils n'ont pas été, d'ailleurs,

représentés régulièrement devant la justice, les jugements n'ont pu acquérir à leur égard l'autorité de la chose jugée et ils peuvent toujours les attaquer par appel; et si leurs représentants légitimes ont, par connivence ou impéritie, compromis leurs intérêts, ils ont recours contre eux pour se faire indemniser; — Considérant que le jugement du 11 août 1859 a été rendu en premier ressort; que les mineures Kuhné y ont été représentées par le sieur Philippe Morel, leur tuteur *ad hoc*; que ce jugement a été signifié le 7 sept. 1859, soit audit tuteur *ad hoc*, soit au sieur Claudius Morel, subrogé tuteur; qu'il a dès lors acquis l'autorité de la chose jugée et qu'il n'est susceptible d'être attaqué ni par appel ni par requête civile; — Considérant, au reste, qu'il n'est point démontré que les mineures n'aient pas été suffisamment défendues; qu'il apparaît, au contraire, des documents de la cause, que la décision n'est intervenue qu'à la suite d'un rapport d'experts qui a fait une juste appréciation des dépenses faites par la veuve Kuhné, dans l'intérêt de la succession; — Par ces motifs, confirme, etc.

Du 3 août 1870.-C. de Lyon, 4° ch.-MM. Debrix, pr.-Gayet et Rambaud fils, av.

du délai de pourvoi en matière de requête civile, en a restreint la durée à deux mois (art. 483). Les art. 485 et 486 ont été également modifiés et mis en harmonie avec les nouveaux art. 445 et 446 c. proc. civ. relatifs à la prorogation du délai d'appel en faveur tant des personnes absentes de la France continentale ou de l'Algérie pour cause de service public, que des gens de mer absents pour cause de navigation, il suffira de se référer à ce point de vue aux explications données *supra*, v° *Appel civil*, n° 1 (V. d'ailleurs le texte des articles modifiés, *supra*, n° 1, note 1).

Sauf les exceptions que l'on examinera ci-après, le délai imparti par l'art. 483 court du jour de la signification faite dans les formes légales (*Rép.*, n° 172 et 173). Et il a été décidé qu'en pareille matière il n'y a pas lieu de distinguer selon que l'exploit de signification est ou non parvenu au destinataire (Liège, 1er avr. 1865, *Pasicrisie belge*, 1865, 2. 157).

87. Sur les actes qui équivalent à signification et, à ce titre, font courir le délai de requête civile, V. au *Rép.*, v° *Cassation*, n° 493 et suiv., plusieurs cas applicables en notre matière. On ne devrait pas considérer comme équivalente à la signification d'une décision la simple mention qui est faite de celle-ci dans la signification d'une autre, et cette dernière signification ne servirait pas de point de départ au délai de recours contre l'arrêt y mentionné (Civ. rej. 10 août 1892, aff. *Le Délion*, D. P. 92. 1. 17. V. encore sur cette question *supra*, v° *Appel civil*, n° 178, et *Rép.*, eod. v°, n° 937).

88. Le délai de requête civile doit, comme celui de pourvoi en cassation, ne commencer à courir, s'agissant d'une décision par défaut, que du jour où l'opposition cesse d'être recevable. En dehors de l'argument d'analogie fourni par l'art. 1 de la loi du 2 juin 1862, cette solution se justifie d'elle-même, un recours extraordinaire n'étant ouvert que lorsque les recours ordinaires sont épuisés (V. Garsonnet, t. 5, § 1120 et note 29, p. 620). En matière d'ordre, la signification qui ouvre le délai de requête civile est celle faite à avoué conformément au prescrit de l'art. 762 c. proc. civ.

89. Le délai de deux mois imparti par l'art. 483 est-il franc? Qu'il se comprenne pas le *dies à quo*, jour de la signification du jugement attaqué, chacun l'admet. Il semblerait aussi que le dernier jour pour exercer le recours dût être le lendemain de l'expiration des deux mois calculés de quantième à quantième, exclusion faite du jour de la signification de la décision. Dans cette opinion, la requête civile pourrait être valablement formée le 23 mars contre un jugement signifié le 22 janvier précédent. — La doctrine contraire a cependant été affirmée par les arrêts. Il a été jugé, dans l'hypothèse ci-dessus indiquée, que la requête civile devait, sous peine d'être tardive, être formée au plus tard le 22 mars (Bordeaux, 15 juill. 1864, aff. Mercès, D. P. 65. 2. 118, et sur pourvoi, Req. 4 déc. 1865, D. P. 66. 1. 106). En faveur de ce dernier système, on fait valoir que si, d'après le principe général de l'art. 1033 c. proc. civ., le jour de la signification et celui de l'échéance ne sont pas compris dans le délai fixé pour les ajournements, citations etc., cette règle souffre exception lorsque la loi prescrit de faire un acte *dans* un délai déterminé. Les dispositions de la loi du 3 mai 1862 aussi bien que l'exposé des motifs (D. P. 62. 4. 44) expriment la volonté d'assimiler complètement le délai de requête civile au délai d'appel. « On ne s'est, disait le rapporteur, décidé à proposer le retranchement d'un mois que pour maintenir la parité du délai qui a existé jusqu'à présent entre la requête civile et l'appel », le premier délai doit donc, comme l'est le second, se trouver régi par la règle générale de l'art. 1033 c. proc. civ. *Dies termini non computatur in termino*. C'est également la règle suivie en matière de délai pour se pourvoir en cassation (V. en ce sens Boitard, Colmet-Daâge et Glasson, t. 2, n° 740, et Garsonnet, t. 5, § 1120 et note 4, p. 617).

90. Conformément à l'art. 488, lorsque la requête civile est fondée sur le dol, le faux ou la découverte de pièces

décisives, le délai ne commence à courir que du jour « où soit le dol, soit le faux, auront été reconnus ou les pièces découvertes pourvu que, dans ces deux derniers cas, il y ait preuve par écrit du jour et non autrement ». Relativement à la prorogation de délai au cas de faux, on a dit au *Rép.*, n° 176, que les mots « auront été reconnus » visent l'hypothèse soit d'un aveu soit d'une déclaration judiciaire (V. aussi *supra*, n° 74 et suiv.). — En ce qui touche la découverte de pièces décisives, le délai court du jour de cette découverte (Paris, 30 juin 1882, cité *supra*, n° 39), bien que les pièces soient encore en la possession de l'adversaire. — Dans le cas de dol, la question est plus délicate ; contrairement aux arrêts cités au *Rép.*, n° 176, et à celui de la cour de Paris du 30 juin 1882, la cour de cassation (V. l'arrêt du 27 févr. 1867 et les autres arrêts dans ce sens, cités *supra*, n° 38) estime « qu'en disposant que les décisions en dernier ressort pourront être rétractées s'il y a dol personnel, et que l'art. 488 n'a rien réglé ni sur la manière dont la preuve devrait en être faite, ni sur l'époque à laquelle elle devrait être rapportée; qu'il s'en est référé à cet égard au droit commun; qu'on ne peut appliquer au cas prévu par le n° 1 de l'art. 480 ce qui a lieu pour le cas prévu par le n° 9 du même article ; que si, dans ce dernier cas, la preuve de la fausseté des pièces doit être antérieure à la demande en rétractation, c'est à cause des termes du n° 9 qui déroge en ce point à l'ancien droit ; que, le n° 1 ne prescrivant rien de semblable, la preuve des faits articulés, pour établir l'existence du dol peut être faite par toutes les voies de droit *devant* les juges de la requête civile ».

91. Le délai prévu par l'art. 488 ne court à l'encontre du demandeur en requête civile que du jour où il est prouvé *par écrit et non autrement* que la découverte des pièces ou du dol ou la constatation du faux ont eu lieu (*Rép.* n° 177). Les juges du fond décident souverainement si l'écrit produit devant eux est suffisant pour démontrer que le demandeur en requête a connu ces diverses circonstances (Req. 23 mars 1868, aff. Lestienne, D. P. 69. 1. 281 ; 24 déc. 1868, aff. Mirès, D. P. 69. 1. 190 ; C. cass. belge, 29 déc. 1870, *Pasicrisie belge*, 1871, 1. 65).

Les décisions rendues à cet égard, d'après les faits de la cause, ne présentent pas beaucoup de concordance apparente. Ainsi il a été jugé, d'une part : 1° que la preuve écrite du jour où a été pratiqué le dol personnel, et où le délai de la requête civile a commencé, peut être déclarée ne résulter que de la décision judiciaire qui, à l'occasion d'un autre procès, a constaté l'existence de ce dol, et ne point remonter aux articulations produites dans le cours de ce procès; qu'une telle déclaration ne peut du moins, être revisée par la cour suprême, lorsque ni la décision ainsi qualifiée ni les actes de procédure qui l'ont précédée, ne sont produits devant elle (Rouen, 18 avr. 1866 et sur pourvoi Req. 23 mars 1868 précité) ; — 2° Que le demandeur en requête civile ne pouvant être tenu d'exciper de faits de dol dont il n'a pas connaissance certaine, on ne saurait prendre pour point de départ du délai la date d'une enquête judiciaire sur les faits en question, si cette enquête n'a été ensuite appréciée par justice (Bruxelles, 7 mars 1870, *Pasicrisie belge*, 1870, 2. 249).

Décidé, d'autre part, que les allégations de dol produites dans le cours d'un procès peuvent être considérées comme suffisantes pour faire courir le délai par elles-mêmes, sans qu'on ait à se préoccuper du point de savoir si elles sont dès ce moment justifiées; qu'ainsi de telles allégations émises d'abord en justice à l'appui d'une demande d'interprétation de la décision plus tard frappée, pour la même cause, de requête civile, constituent une reconnaissance de ce dol suffisante pour faire courir le délai de la requête civile, même au cas où la preuve du dol ne résulterait que d'une lettre postérieure, si cette lettre, sans date certaine, ne justifie pas du jour précis où le dol a été découvert (Req. 21 déc. 1868, aff. Mirès, D. P. 69. 1. 190). Jugé aussi que la preuve écrite exigée pour constater la date de la découverte d'une pièce décisive résulte suffisamment de la déclaration au procès-verbal d'un fonctionnaire public (dans l'espèce, un inspecteur forestier) constatant qu'en faisant, en exécution des ordres de l'Administration supérieure, l'inventaire des papiers existant dans les archives, il a trouvé la pièce dont il s'agit, et que c'est à cette date que la partie requérante en

a eu connaissance (Toulouse, 1er févr. 1864, aff. Héritiers de Méritens, D. P. 64. 2. 56).

92. La disposition de l'art. 488 qui proroge le délai d'exercice de la requête civile au delà du terme du droit commun est d'un caractère exceptionnel, c'est donc au demandeur en requête civile, qui agit hors des deux mois impartis par l'art. 483, de prouver qu'il était encore dans le délai voulu pour le faire, et d'apporter la preuve écrite de la date à laquelle il a eu connaissance, dans les termes de l'art. 488, du dol, des pièces décisives ou du faux. Mais, comme on l'a vu au Rép., n° 179, si le demandeur forme son recours dans les deux mois de la signification de la décision attaquée, il n'a pas à fournir la preuve écrite de la date dont il s'agit, encore qu'elle ait pu être antérieure à la signification, et qu'il ait agi ainsi plus de deux mois depuis ce jour. On en doit dire autant lorsque la requête civile aura été formée dans le délai de l'art. 483, si le dol, les pièces décisives ou le faux ont été découverts au cours de ce délai. La date de cette découverte est dans les deux cas tout à fait indifférente, puisqu'elle n'est pas prise comme point de départ du délai de recours. C'est ce qui a été jugé par la cour suprême (Civ. cass. 27 févr. 1867, aff. Fabre, D. P. 67. 1. 72, et, sur renvoi, Grenoble, 21 août 1867, suprà, n° 39).

93. Le demandeur en requête civile pourrait-il satisfaire à l'obligation de prouver par écrit la date qui sert de point de départ au délai, en rapportant des lettres missives émanées de tierces personnes, non enregistrées et antérieures par leur date à la décision attaquée? La négative a été admise avec raison par la jurisprudence (Toulouse, 1er févr. 1864, aff. Héritiers de Méritens, D. P. 64. 2. 56; Req. 21 déc. 1868, aff. Mirès, D. P. 69. 1. 190). Car, outre que les lettres missives ne font pas foi de leur date, rien ne prouve à quelle date ces lettres sont parvenues aux mains du demandeur.

Sur la question, plus générale, de savoir si la pièce écrite requise par l'art. 488 pour la détermination du point initial du délai doit avoir date certaine dans les termes de l'art. 1328 c. civ., V. les distinctions indiquées au Rép. n°s 180 à 182.

94. Dans le cas où un individu a formé une demande qu'il savait mal fondée, mais en choisissant frauduleusement l'époque où le défendeur se trouvait dans l'impossibilité morale de résister à cette demande sans s'exposer à une condamnation criminelle, le délai de la requête civile court à partir du jour où a cessé, pour le défendeur, l'impossibilité de contester la demande, et, par exemple, à partir de la condamnation criminelle dont la crainte avait créé cette impossibilité (V. en ce sens, Req. 23 mars 1868, aff. Lestienne, D. P. 69. 1. 281).

95. Aux termes de l'art. 487 c. proc. civ., si la partie condamnée décède pendant le délai de requête civile, ce délai est suspendu jusqu'à ce que le jugement ait été signifié aux héritiers et que le délai pour faire inventaire et délibérer ait pris fin. C'est l'application, en notre matière, de la règle posée pour le cas d'appel par l'art. 447 du même code (V. Rép. v° Appel civil, n°s 1018 et suiv.). L'art. 484 décide, à l'égard des mineurs contre lesquels ont été rendues les décisions sujettes à requête civile, que le délai ne courra contre eux que du jour de la signification qui leur en aura été faite depuis leur majorité. Cette règle est aussi applicable aux interdits (Rép. n°s 185 à 190). — Mais hors ces deux espèces, aucune disposition analogue n'existe pour le cas où, au cours du délai, surviendrait un changement dans l'état ou la capacité de la partie demanderesse en requête civile. Si donc le recours était exercé au nom d'un failli, et si le délai avait commencé à courir avant la faillite, la survenance de ce fait n'aurait pas pour effet de suspendre le délai en cours, il se poursuivrait à l'égard du syndic. Si, au contraire, lors de la faillite, le délai n'avait pas encore commencé, soit que la décision susceptible de ce recours ne fût pas encore signifiée, soit que la recevabilité de la requête fût subordonnée à une condition non encore survenue, la découverte d'un dol personnel, par exemple, ce délai courrait à partir du jour où la condition se réaliserait non en la personne du failli mais en celle du syndic. C'est là une conséquence remarquable du dessaisissement produit par le jugement déclaratif de faillite. Jugé qu'en cette circonstance, c'est au regard du syndic seul qu'il faut apprécier les conditions de recevabilité de la requête civile, et que, dès lors, le délai dans lequel elle doit être exercée ne court qu'à compter du jour où le syndic a eu personnellement connaissance du dol pratiqué contre le failli (Req. 23 mars 1868, aff. Lestienne, D. P. 69. 1. 281).

96. On comprend facilement que la disposition spéciale de l'art. 484 en ce qui regarde les mineurs ne soit pas applicable à l'Etat, aux communes et aux établissements publics qui ne sortent jamais de tutelle. Il a donc été décidé, conformément à la doctrine indiquée au Rép., n° 191, que le délai de deux mois dans lequel doit être formée la requête civile court contre les personnes morales dont il s'agit, de même que contre les particuliers majeurs, du jour de la signification à personne ou domicile de la décision attaquée (Agen, 13 août 1856, aff. Hospice de l'Isle-en-Jourdain, D. P. 56. 5. 400; Pau, 31 janv. 1872, aff. Héritiers d'Uzès, D. P. 74. 5. 427).

97. Lorsque la requête civile a été formée en temps utile contre une décision, le défendeur, à qui la décision déférée créerait également des griefs autorisant la voie de requête civile, pourrait l'employer même après l'expiration du délai fixé par la loi. Cette question, qui ne s'est point encore présentée, semble, en effet, de nature à être tranchée par les règles admises en matière d'appel incident et par les mêmes raisons (V. Bioche, n° 133 ; Rodière, t. 2, p. 125 et 136; Garsonnet, t. 5, § 1120, p. 626. — Contrà : Chauveau, t. 4, quest. 1780).

ART. 6. — *Devant quels juges la requête civile est-elle portée.* (Rép. n°s 192 à 201.)

98. Aux termes de l'art. 490 c. proc. civ., la requête civile est portée devant le même tribunal qui a rendu le jugement attaqué. Il peut y être statué par les mêmes juges (Rép. n°s 192 et 193). — Au cas où elle est dirigée contre une sentence arbitrale, l'art. 1026 décide qu'elle sera portée devant le tribunal qui serait compétent pour connaître de l'appel. Si la question tranchée par arbitre était de la compétence en dernier ressort soit du juge de paix soit du tribunal de première instance, c'est le tribunal de première instance au premier cas, et la cour, au second, qui connaîtrait de la requête civile (Chauveau sur Carré, quest. 1777, quater ; Dutruc, n° 127). — Par exception, si la décision rejetant la requête civile était cassée et si la juridiction de renvoi admettait la requête, elle serait seule compétente pour juger le rescisoire (Dutruc, n° 168). — L'art. 490 ne laisse aucun doute sur le point de savoir si la présence des magistrats qui ont rendu le jugement attaqué est nécessaire pour que la requête civile soit valablement examinée ; cette présence n'est que facultative, il suffit que le même tribunal soit saisi (Garsonnet, t. 5, § 1121, p. 628 ; Rodière, t. 2, p. 127 ; Civ. rej. 12 avr. 1875, aff. Société de Truffy et Pierka, D. P. 75. 1. 314).

ART. 7. — *Procédure* (Rép. n°s 201 à 244).

§ 1er. — Consultation préalable (Rép. n°s 201 à 207).

99. La consultation préalable à l'exercice de la requête civile doit être signée de trois avocats exerçant depuis dix ans au moins près un des tribunaux du ressort de la cour dans laquelle la décision a été rendue (art. 495, Rép., n°s 201 à 207). Jugé, conformément à l'opinion constante, que la requête est irrecevable si l'un des signataires de la consultation n'a pas les dix ans d'exercice prescrits par l'article précité (Liège, 22 avr. 1872, Pasicrisie, 1872, 2. 213). — Les auteurs sont d'accord pour reconnaître le peu d'utilité de la consultation préalable car, dit M. Garsonnet (t. 5, § 1123, p. 634), « le demandeur trouvera toujours trois avocats favorables à ses prétentions » (Conf. Boitard, Colmet-Daâge et Glasson, t. 2, n° 745). Aussi le projet de la commission de 1865 l'avait-il supprimée.

§ 2. — Consignation de l'amende et des dommages-intérêts. (Rép. n°s 208 à 219.)

100. Sur le *quantum* de l'amende et des dommages-intérêts, dont l'art. 494 exige la consignation préalable à peine d'irrecevabilité de la requête civile, V. Rép., n°s 208 à 213. Ajoutons que, contrairement à la jurisprudence

antérieure à la publication du *Répertoire*, le demandeur indigent est dispensé de consigner l'amende spécifiée par l'art. 494 (*Rép.* n° 214) du moins lorsqu'il est admis au bénéfice de l'assistance judiciaire. Par l'effet de ce bénéfice, il est provisoirement exempté du jugement des sommes dues au Trésor pour droits de timbre, d'enregistrement et de greffe, ainsi que de toute consignation d'amende, mais non des consignations exigées en certains cas par la loi, dans l'intérêt privé de la partie adverse (L. 22 janv. 1851, art. 14); il reste donc astreint à la consignation de la somme déterminée par le même art. 494 pour les dommages-intérêts de la partie au profit de laquelle a été rendue la décision frappée de la requête civile (Req. 6 août 1863, aff. De Sobirats, D. P. 63. 1. 462).

101. L'amende consignée n'est acquise à l'État qu'autant que la requête civile a été rejetée, et on a toujours admis qu'elle est sujette à restitution si le demandeur transige avant la décision sur le rescindant, ou se désiste de son recours, à moins que ce désistement ne soit provoqué par un vice de forme (*Rép.* n° 217). Cette solution a été confirmée, dans le cas où le désistement est intervenu même après les plaidoiries et les conclusions du ministère public, par un arrêt de la cour de Gand du 29 avr. 1865 (*Pasicrisie belge*, 1867, 2. 293).

§ 3. — Requête et assignation (*Rép.* n°ˢ 220 à 227).

102. Malgré la dénomination donnée à cette voie de recours, la requête civile ne suppose pas nécessairement la présentation, préalable à l'ajournement, d'une requête au président de la juridiction saisie. Le prononcé d'une ordonnance après communication au ministère public est le préliminaire normal de l'action, mais conformément à la théorie soutenue au *Rép.*, n°ˢ 220 et 221, il a été jugé que ni l'une ni l'autre de ces formalités n'était prescrite à peine de nullité (C. cass. belge 14. avr. 1887, *Pasicrisie belge*, 1887, 1. 173. Conf. dans ce sens: Garsonnet, t. 5, § 1122, p. 629; Boitard, Colmet-Daâge et Glasson, t. 2, n° 740). — A plus forte raison a-t-on déclaré suffisante l'ordonnance sur requête bien que non précédée d'une ordonnance de soit communiqué (Bruxelles, 14 août 1847, *Belgique judiciaire*, 1849, p. 625; Gand, 13 mai 1853, *Pasicrisie belge*, 1853, 2. 330; Dutruc, n° 131).

103. L'assignation est donnée sans préliminaire de conciliation (*Rép.* n° 222; Dutruc, n° 132; Rousseau et Laisney, n° 154). Elle est signifiée à l'adversaire au domicile de l'avoué qui a occupé pour ce dernier dans l'instance sujette à recours, et elle intervient dans les six mois de la date du jugement entrepris (*Rép.* n°ˢ 223 et 224). Dans le cas contraire, la signification doit être faite à peine de nullité à domicile réel, et non à domicile élu (*Rép.* n°ˢ 225; Civ. rej. 12 avr. 1858, aff. Borelly, D. P. 58. 1. 179). La forme de l'exploit est celle d'une assignation, et non d'un acte d'avoué à avoué. La commission de 1865 avait proposé d'admettre pour équivalentes des conclusions motivées. — A peine est-il nécessaire d'ajouter qu'en matière commerciale la même assignation ne peut être valablement donnée qu'au domicile réel de la partie, même dans les six mois de la date du jugement (Trib. com. Aix, 22 mai 1856, sous Civ. rej. 12 avr. 1858, précité).

104. Comme tout ajournement, la requête civile doit être signifiée à la personne de l'adversaire. Il a été jugé qu'il y a violation de la règle « nul ne plaide par procureur », lorsque, dirigée contre un syndicat particulier de propriétaires arrosants, elle a été signifiée au président de ce syndicat, qui, d'ailleurs, n'a pas reçu de pouvoir spécial pour défendre à une requête civile, et qu'alors, la procédure, vis-à-vis des propriétaires qui n'ont pas reçu la signification, l'est aussi à l'égard de ceux qui l'ont reçue, la question soulevée est commune et indivisible entre toutes les parties (Grenoble, 11 janv. 1864, aff. Arlaud, D. P. 64. 5. 316). Il importe d'observer que cette décision, exacte quant à son principe, serait aujourd'hui sans application possible aux associations syndicales libres, qui sont, de par la loi, représentées en justice par leurs syndics (L. 21-26 juin 1865, D. P. 65. 4. 77 et *suprà*, v° *Associations syndicales*, n°ˢ 29 et 130).

§ 4. — Instruction et jugement sur le rescindant.
(*Rép.* n°ˢ 228 à 237.)

105. La procédure sur le rescindant est celle des affaires ordinaires, la matière fût-elle sommaire par elle-même. Cette solution admise au *Rép.*, n° 228, est contredite par Fons, *Les tarifs en matière civile*, p. 94, mais elle a été adoptée par un arrêt de la cour de Paris du 6 avr. 1867 (*Journal des avoués*, t. 92, p. 266). Elle doit être étendue même aux affaires que la loi astreint, quant au jugement sur le fond, à des formes spéciales (*Rép.* n° 229). C'est ainsi que, pour les affaires d'enregistrement, la requête civile ne comporte pas d'instruction écrite et admet les plaidoiries (Rousseau et Laisney, n° 166; Garsonnet, t. 5, § 1127, p. 640).

106. Il n'y a lieu de noter, à ce propos, qu'une dérogation aux règles de la procédure ordinaire. Tandis qu'en général les parties peuvent, au cours du procès, augmenter leurs demandes et présenter des moyens non spécifiés dans l'ajournement, l'art. 499 décide qu'en notre matière aucun moyen autre que les ouvertures de requête civile énoncées en la consultation préalable ne pourra être présenté ni admis (V. *Rép.* n°ˢ 231 et 232), à moins, ajouterons-nous, que ces autres ouvertures ne fassent l'objet d'une nouvelle consultation suivie d'une procédure distincte, et introduite dans les délais légaux. Il a été décidé, par exemple : 1° que le moyen de requête civile résultant de la non valable défense du mineur doit, comme tous autres, être proposé dans la consultation de trois avocats exigée par l'art. 495, et ne peut être invoqué et proposé à l'audience, s'il n'a été indiqué par elle (Toulouse, 1er févr. 1864, aff. Héritiers de Méritens, D. P. 64. 2. 56); — 2° Que le moyen tiré de ce qu'une instance relative à des droits immobiliers n'aurait pas été valablement reprise par le tuteur, à défaut d'autorisation du conseil de famille, n'est pas admissible devant la cour de cassation, s'il n'a été énoncé comme ouverture de requête civile dans la consultation de trois avocats exigée par l'art. 495 c. proc. civ., alors surtout qu'il ne figurait même pas dans les conclusions des parties (Req. 18 févr. 1880, aff. Sassoun-ben-Kemoun, D. P. 80. 1. 351).

La prohibition de l'art. 499 ne concerne, d'ailleurs, que les *ouvertures* de requête civile, et il est loisible au demandeur d'apporter au cours de l'instance de nouveaux documents ou éléments de preuve propres à justifier les chefs de requête civile régulièrement déférés à justice (*Rép.* n° 233).

107. La communication au ministère public, prescrite par l'art. 498 ne doit pas s'entendre d'une communication de la requête préalable à l'assignation mais de celle qui s'effectue avant les plaidoiries, comme cela a lieu dans les cas prévus par l'art. 83 c. proc. civ. Ainsi qu'on l'a dit au *Rép.*, n° 234, il n'en saurait être autrement, puisque la requête à fin d'assigner n'est pas exigée à peine de nullité. C'est ce qui résulte implicitement des nouvelles décisions citées *suprà*, n° 102.

108. En principe, le juge qui statue sur la requête civile ne peut, par la même décision, statuer sur le fond. Cette règle, que la commission de 1865 avait proposé de supprimer, reste obligatoire sous l'empire du code. Il a été jugé dans ce sens, conformément aux explications fournies au *Rép.*, n° 235, qu'il y a lieu d'annuler l'arrêt qui, tout en constatant l'existence d'une ouverture à requête civile, telle qu'une omission de prononcer, déclare, par la même disposition, qu'il n'y a pas lieu d'admettre cette requête, par le motif que les conclusions sur lesquelles la décision frappée de requête civile avait omis de prononcer sont mal fondées, une telle disposition aboutissant au cumul du rescindant et du rescisoire (Civ. cass. 26 nov. 1861, aff. Douanes de la Réunion, D. P. 61. 1. 493). — Il en serait autrement et les juges pourraient valablement statuer sur la requête civile et sur le fond par un même jugement si les moyens invoqués à l'appui de la requête civile et ceux à reproduire au fond étaient les mêmes. V., sur cette distinction, *Rép. ibid.* Mais il ne suffrait pas pour cela d'une simple analogie, et il a été jugé que le cumul du rescindant et du rescisoire reste interdit même s'il y a connexité entre l'objet de la requête civile et le fond du procès (Bruxelles, 7 mars 1870, *Pasicrisie*, 1870, 2. 249).

109. D'autre part, il arrive fréquemment que l'admission de la requête civile constitue par elle-même, ou par les

motifs donnés, un préjugé en ce qui touche le jugement du fond; ce préjugé n'ayant pas force de chose jugée, tant qu'il ne résulte que des motifs de la décision dont il s'agit, ne doit pas être considéré comme un jugement sur le fond. Spécialement, la décision qui rétracte, sur requête civile, un arrêt obtenu par dol, ne cumule pas le rescindant et le rescisoire, encore que les énonciations relatives au dol préjugent la décision à intervenir au fond, si, d'ailleurs, elle se borne à cette rétractation et laisse entier le fond de la contestation (Req. 23 mars 1868, aff. Lestienne, D. P. 69. 1. 281).

110. L'application de la règle qui interdit le cumul du rescindant avec le rescisoire suppose nécessairement l'admission de la requête : si, en effet, elle est rejetée il ne peut y avoir matière à décision ultérieure sur le fond, la contestation reste définitivement tranchée par la décision attaquée. Aussi a-t-il été jugé que l'arrêt qui, après avoir déclaré une requête civile non admissible, décide, en réponse à des conclusions additionnelles prises par le demandeur en requête et par un tiers qui est intervenu dans l'instance, que ces parties sont mal fondées en leurs dires, moyens et conclusions, ne cumule pas le rescindant avec le rescisoire (Req. 6 juill. 1875, aff, Commune de Port-Saint-Père, D. P. 77. 1. 297). Comme le fait, en effet, remarquer ce dernier arrêt, la cour saisie du rescindant ne statuait pas sur le fond, mais répondait aux conclusions additionnelles et « sa décision, à cet égard, était la conséquence obligée du rejet de la requête civile ».

111. Lorsque la requête civile est admise pour cause de contrariété de jugements, le juge statue nécessairement sur le fond en même temps que sur la requête, car l'art. 501 lui ordonne de dire que le premier jugement sera exécuté selon sa forme et teneur (*Rép.* n° 236; Rousseau et Laisney, n° 184). — Il a cependant été admis que, lorsqu'un arrêt confirmatif se trouvant en contradiction avec un arrêt antérieur est rétracté par voie de requête civile, le jugement sur l'appel duquel a été rendu le second arrêt subsiste néanmoins et que la partie dont il lèse les intérêts n'a que la voie de l'appel pour le faire réformer (Aix, 5 juin 1872 et 25 juin 1872) (1). Une telle solution est manifestement contraire à l'art. 501, § 2 c. proc. civ. Quand ce texte décide que le premier *jugement* sera seul exécuté, il emploie le mot *jugement* comme synonyme, non pas de décision rendue *spécialement* par un tribunal de première instance, mais de décision judiciaire, même émanant d'une cour d'appel. Ordonner l'exécution du premier jugement, c'est vouloir que la première *décision* soit seule maintenue et que toute décision ultérieure contradictoire avec celle-ci disparaisse immédiatement par l'effet de la requête civile. Si le jugement sur l'appel duquel a été rendu l'arrêt ensuite rétracté conservait son efficacité, le premier arrêt, qui seul doit être maintenu aux termes de la loi, ne serait nullement exécutoire, puisque ce jugement en paralyserait les effets.

En dehors de cet argument, on peut faire remarquer, à l'encontre de la décision de la cour d'Aix, les résultats étranges auxquels elle aboutit. Supposons que le jugement maintenu ne soit pas frappé d'appel, et acquière ainsi force de chose jugée, la contrariété subsistera et deviendra insoluble, puisqu'elle s'établira entre deux décisions également définitives qui se neutraliseront l'une l'autre. Si, au contraire, ce jugement est déféré à la cour, ou celle-ci l'infirmera, la contrariété disparaîtra mais au prix d'une procédure dispendieuse et absolument inutile, ou, ce qui est peu vraisemblable, elle le confirmera, et la partie lésée par cette décision serait donc obligée de recourir encore à la requête civile pour faire tomber ce nouvel arrêt; c'est là une solution en contradiction flagrante avec le vœu de la loi qui est de ne pas éterniser les procès. Ajoutons que, lorsque la cour restitue

---

(1) (Sanna *C.* Dussard et Chavarel.) — LA COUR; — Sur le moyen tiré de la contradiction des arrêts de 1863 et de 1866 ; — Attendu qu'à travers une certaine confusion qui n'a cessé de régner dans le débat existant entre Sanna et Dussard et Chavarel, il est possible de distinguer nettement : — 1° Que Dussard et Chavarel demandaient des dommages-intérêts à Sanna pour avoir méconnu les engagements qu'il avait contractés dans le pacte social de 1844, c'est-à-dire pour n'avoir pas apporté dans la société la concession de la mine de Montevecchio qu'il a obtenue plus tard, et pour s'être attribué à lui seul les avantages résultant de cette concession en la versant dans une autre société contractée à Gênes en 1847; — 2° Que Sanna soutenait qu'il ne devait rien, à aucun titre, à Dussard et Chavarel, et en tout cas, qu'il ne pouvait leur devoir d'autres dommages-intérêts que ceux résultant des engagements ultérieurs pris par lui en 1845, et par lesquels il avait promis de réserver à ses anciens associés dans la société nouvelle qu'il se proposait de former un nombre égal d'actions à celui qu'ils avaient dans la société ancienne ; — Attendu que, sur ce débat ainsi formulé, la cour d'Aix, dans son arrêt du 1er mai 1863, a décidé que les dommages-intérêts dus à Dussard et Chavarel ne devaient être que la représentation du préjudice résultant de l'inexécution des engagements de 1845 ; — Que c'est là ce qui résulte nettement de l'ensemble de ses motifs, et spécialement de ceux dans lesquels elle dit, « que le principe générateur de dommages-intérêts découle dans les actes sociaux, tout au moins des conditions consignées dans les actes par lesquels les parties déclarent dissoudre ce pacte ; — Qu'au lieu de transformer la société comme il s'y était personnellement engagé et de réserver aux anciens sociétaires un nombre égal d'actions à celui qu'ils avaient dans la société volontairement dissoute, Sanna n'a pas même remboursé les frais faits par les membres de la société ancienne » ; enfin « que la spéculation conduite par Sanna à son profit exclusif est une violation flagrante de ses propres engagements résultant des actes qui ont révoqué l'ancienne société, et qu'il invoque lui-même pour faire considérer cette société comme légalement éteinte » ; — Attendu que si, dans le dispositif de cet arrêt, la cour se contente de confirmer le jugement et de condamner Sanna à payer les dommages-intérêts à liquider par état, il est de règle que le dispositif d'un arrêt doit être éclairé par les motifs qui le précèdent ; — Que cette règle, toujours vraie, devient d'autant plus applicable dans l'espèce que les dommages-intérêts réclamés pouvaient découler de deux causes différentes ; qu'ils étaient eux-mêmes différents selon qu'ils découlaient de l'une ou de l'autre de ces causes ; que le débat portait sur le point de savoir de quelle cause ils découlaient, et qu'en cet état de choses, il faut, pour que l'arrêt soit complet, trouver nécessairement dans son ensemble l'indication de celle des deux causes qui a été adoptée ; — Attendu cependant que, dans son arrêt de 1866, la cour a méconnu la base

qui avait été posée par celui de 1863 et accordé à Dussard et Chavarel des dommages-intérêts autres que ceux qu'il s'agissait de liquider ; — Qu'elle déclare, en effet, dans les motifs de ce second arrêt que pour Dussard et Chavarel le principe des dommages-intérêts est dans la violation par Sanna des accords contenus dans l'acte de société du 19 nov. 1844, et non dans l'inexécution de la convention du 18 nov. 1845 » ; qu'il faut donc reconnaître qu'il y a contrariété entre l'arrêt de 1863 et de 1866, et qu'aux termes de l'art. 501 c. proc., le second de ces arrêts doit être rétracté et les parties remises au même état où elles étaient auparavant ; — Par ces motifs, admet la requête civile de Sanna au chef qui se rapporte à la contrariété des arrêts de 1863 et 1866; rétracte celui du 14 févr. 1866 ; — Remet les parties au même état où elles étaient auparavant, etc.

Du 5 juin 1872.-C. d'Aix, 1re ch.-MM. Rigaud, 1er pr.-Guillebert, subst.-Arnaud, Ch.-Tournier, Bessat, Paul Rigaud, av.

Le sieur Sanna, soutenant que la rétractation du second arrêt entraînait celle du jugement que cet arrêt avait confirmé par adoption de motifs, s'est pourvu devant la cour par conclusions nouvelles. En conséquence, la cour a statué comme suit :

LA COUR ; — Attendu que, par son arrêt en date du 5 juin dernier, la cour, en admettant la requête civile de Sanna au chef qui se rapporte à la contrariété des jugements, a rétracté l'arrêt du 14 févr. 1866 et remis les parties au même état où elles étaient auparavant ; — Attendu qu'elle n'a pas rétracté le jugement du tribunal de Marseille du 3 juill. 1865, que l'arrêt de 1866 avait confirmé ; qu'elle n'avait pas le droit de rétracter ce jugement, soit parce que le demandeur en requête civile n'y concluait pas, soit parce que la cour ne pouvait pas procéder par voie de rétractation pour une décision qui n'émanait pas d'elle et qui n'était qu'en premier ressort ; — Attendu, dès lors, que ce jugement subsiste et que la partie dont il lèse les intérêts n'a que la voie de l'appel pour le faire réformer ; — Attendu que l'appel qui avait été émis en temps utile contre ce jugement a repris tous ses effets par la force même des choses, puisque l'arrêt qui avait statué sur cet appel a été rétracté et que les parties sont remises dans l'état où elles étaient au moment où cet arrêt a été rendu ; — Attendu que cette manière de procéder était la seule possible dans une instance en requête civile où même sur le chef de la contrariété de décisions le rescindant et le rescisoire ne pouvaient pas être jugés en même temps, où le premier arrêt ne statuait pas définitivement sur le fond et où la rétractation du second arrêt laissait nécessairement subsister un débat au fond entre les parties ; — Par ces motifs, ordonne qu'il sera passé outre au jugement de l'appel émis par Sanna envers le jugement du tribunal de Marseille du 3 juill. 1865.

Du 25 juin 1872.-C. d'Aix. 1re ch.-MM. Rigaud, 1er pr.-Boissard, av. gén.-Arnaud, P. Roux, av.

de plano au défendeur en requête civile son droit d'appel contre le jugement dont il s'agit, c'est à condition de dire que les parties sont remises en l'état où elles se trouvaient avant le prononcé de l'arrêt rétracté. Or telle n'est pas la situation prévue par l'art. 501, § 2 : quand il y a contrariété de jugements, le premier jugement subsiste seul, il avait un caractère définitif et force de chose jugée, il était parfait en soi, l'application de notre texte suppose donc qu'il ne trouvera d'obstacle ni dans l'arrêt contraire qui a été rendu depuis, ni dans le jugement que cet arrêt a confirmé, jugement dont le maintien constituerait par lui-même la violation de la chose jugée. Enfin n'est-il pas d'évidence que la rétractation d'un arrêt emporte nécessairement celle du jugement confirmé par adoption de motifs puisque, par cette confirmation, la cour a fait sienne la décision du juge, et qu'ainsi, comme on l'a dit, celle-ci perd son individualité pour se fondre dans l'arrêt qui se l'approprie ?

112. Lorsque la requête civile est admise contre un jugement dont plusieurs dispositions se contredisent, il ne peut plus être question, pour le juge du rescindant, de dire lesquelles devront disparaître (*Rép.* n° 237) ; sans doute, quand deux décisions différentes se contredisent, il n'en est pas ainsi, mais cela tient à ce que la seconde a cause de chose jugée attachée à la première et doit par ce seul fait disparaître sans qu'il y ait lieu à l'examen du fond. Dans l'espèce présente, au contraire, la question de chose jugée ne peut même pas se poser, et ce n'est que par l'action au rescisoire que le juge, instruisant de nouveau l'affaire au fond, pourra faire disparaître la contradiction relevée, en supprimant certaines dispositions du jugement originaire (Rousseau et Laisney, n° 184).

113. Le jugement rendu sur le rescindant est susceptible de pourvoi en cassation dans les termes du droit commun, mais non de requête civile (art. 503). Contrairement à ce qui a été dit au *Rép.*, n° 240, la jurisprudence n'admet pas l'appel contre cette décision, cela tient à ce que la requête civile n'est elle-même recevable que contre les jugements en dernier ressort ou contre ceux dont l'appel a déjà été interjeté et tranché en juge, que l'admission de cette voie de recours ne change ni la nature de la contestation primitive ni l'ordre des juridictions établi par la loi : admettre l'appel en matière de requête civile, ce serait dépouiller les premiers juges du droit qui leur est privativement attribué de juger la contestation (Nancy, 22 mai 1862, aff. N..., D. P. 63, 3. 325 ; Alger, 9 mars 1892, *Revue d'Alger*, 1892, p. 321 ; Chauveau, quest. 1795 *ter* ; Dutruc, n° 470 ; Garsonnet, t. 5, § 4130, p. 645. Comp. Paris, 24 déc. 1868, *Journal des avoués*, t. 97, p. 145). Lorsque la décision rétractée était un jugement en dernier ressort du tribunal de première instance, on prétendrait en vain pour rendre le jugement sur le rescindant susceptible d'appel ajouter au taux de la première demande les frais faits depuis et les intérêts ultérieurement courus (Paris, 23 févr. 1847, *Journal des avoués*, t. 72, p. 267).

§ 5. — Formes à suivre sur le rescisoire (*Rép.*, n°s 238 à 242).

114. On est généralement d'accord pour décider qu'une fois la requête civile admise par jugement, la procédure qui se poursuit ensuite sur le rescisoire ne forme pas une instance nouvelle, mais est une simple continuation de celle qui est déjà engagée (*Rép.* n° 238 ; Rousseau et Laisney, n° 181). Dès lors les avoués originairement constitués conservent leurs pouvoirs et ont le droit d'occuper dans l'instance sur le rescisoire. De même, l'instance est reprise, non par une assignation à personne ou domicile, mais par un simple acte d'avoué à avoué. Si l'on faisait une assignation, cet acte pourrait être réputé frustratoire et rejeté de la taxe (Conf. Paris, 27 août 1883, *Recueil périodique de procédure civile*, 1884, p. 34 ; Req. 14 déc. 1885, aff. Bonnefoy, D. P. 87. 1.78).— Par une conséquence nécessaire de cette procédure, il est impossible de prendre contre le défendeur au rescisoire un jugement de défaut profit joint (Arrêt précité du 27 août 1883). Enfin, comme le décide le même arrêt, l'obligation incombant à l'avoué précédemment constitué pour l'une des parties sur le rescindant d'occuper sur le rescisoire cesse lorsqu'il s'est écoulé plus d'une année entre le rescindant et la notification de l'acte entre avoués qui ou-

vre la procédure du rescisoire. C'est l'application pure et simple de la disposition de l'art. 1038 c. proc. civ.

L'instruction de l'affaire sur le rescisoire se fait suivant la nature de la cause (*Rép.*, n°s 241 et 242). Et, comme la juridiction compétente devra statuer comme si elle était saisie pour la première fois, elle aura le devoir de tenir compte des circonstances nouvelles qui se seront révélées seulement depuis la décision sur le rescindant (Bruxelles, 20 avr. 1870, *Belgique judiciaire*, 1870, p. 769). — Sur les voies de recours dont le jugement sur le rescisoire est susceptible, V., par identité de motifs, *supra*, n° 113.

§ 6. — Formes de la requête civile incidente (*Rép.* n°s 243 et 244).

115. V. *Rép.*, n°s 243 et 244.

ART. 8. — *Effets de la requête civile et jugement qui l'admet ou la rejette* (*Rép.* n°s 245 à 254).

116. — 1° *Requête civile.* — On a vu au *Rép.*, n° 245, que le pourvoi en requête civile n'a que des effets négatifs et qu'en particulier il ne suspend pas l'exécution de la sentence attaquée. A ce point de vue, il faut toutefois reconnaître à la requête civile un effet suspensif lorsque la nature des choses l'exige (*Rép.* n° 247) ce qui a lieu spécialement dans certains litiges sur l'état des personnes (*Rép.* n° 248). En dehors du cas d'action en nullité de mariage, la requête civile suspendra encore l'exécution de la précédente décision : 1° en matière de divorce, l'art. 248, § 6, c. civ. (modifié par la loi du 18 avr. 1886) qui donne alors au pourvoi en cassation un effet suspensif commande cette solution par voie d'analogie ; 2° en matière de séparation de corps, le pourvoi en cassation étant également déclaré suspensif par l'art. 248, § 6, c. civ. modifié par la loi des 6-8 févr. 1893 (V. sur ces divers points Garsonnet, t. 5, § 1125, p. 637).

117. — 2° *Jugement.* — Nous ne reviendrons pas sur les effets de la décision qui rejette la requête civile (*Rép.* n° 249). Quant à celle qui l'accueille, et hors de l'hypothèse où il y a contrariété de jugements (V. *supra*, n° 111), elle a pour effet la rétractation de la décision attaquée (*Rép.* n° 250). De même, toutes demandes principales ou en garantie ayant pour base la décision rétractée, tous jugements intervenus à la suite de ces demandes sont désormais tenus pour non avenus (Riom, 5 mai 1838, *Journal des arrêts de la cour de Riom*, 1838, n° 1029). Par la même raison, le juge ordonne la restitution, tant des consignations effectuées aux termes de l'art. 494, que des condamnations déjà perçues en vertu du jugement rétracté. — Outre ces restitutions, mentionnées par l'art. 501, le jugement sur le rescindant pourra allouer des dommages-intérêts au demandeur en requête civile qui avait exécuté déjà les dispositions de la décision originaire (Bruxelles, 20 avr. 1870, *Belgique judiciaire*, 1870, p. 769). — Enfin ce même jugement devra mettre les frais de la décision rétractée à la charge de la partie qui l'avait obtenue (Toulouse, 5 janv. 1878, aff. Demoiselle Cabrol, D. P. 78. 2. 37). Il ne peut être question de les réserver pour les joindre au fond : la décision à laquelle ils se réfèrent devant être complètement anéantie, en réserver les dépens serait la rendre, au moins éventuellement, efficace à cet égard contre celui qui en a obtenu la rétractation, tout le résultat ne peut être évité qu'en faisant supporter ces dépens à titre définitif par celui qui avait d'une manière irrégulière obtenu la décision dont il s'agit.

118. L'effet de rescision résultant du jugement rendu sur l'admission de la requête civile, étant absolu, n'est pas limité aux rapports des parties, il se produit à l'égard des tiers, même de bonne foi (Trib. civ. Morlaix, 6 juill. 1893, et sur appel, Rennes, 13 mars 1894, *Rec. des arrêts des cours d'Angers et de Rennes*, 1894, p. 125). C'est ainsi qu'il a été décidé avec raison que celui qui est en possession d'une succession, non comme parent la gérant publiquement dans son propre intérêt à défaut d'intervention d'un héritier plus proche, mais seulement à la suite de décisions de justice qui viennent à être annulées par voie de requête civile à raison de la découverte d'un faux, n'est pas un héritier apparent ; que, par suite de la requête civile, la sentence annulée et les actes qui en ont été la conséquence sont rétroactivement résolus, et qu'il en est ainsi même des aliénations consenties au regard de tiers de bonne foi (Mêmes décisions).

ART. 9. — *De la requête civile en matière administrative.*
(*Rép.* nᵒˢ 255 à 295.)

§ 1ᵉʳ. — Quels jugements administratifs sont susceptibles de
requête civile (*Rép.* nᵒˢ 256 à 261).

119. La requête civile, qualifiée plus généralement en
cette matière de *recours en revision*, présente devant les
tribunaux administratifs un caractère plus exceptionnel encore que devant les juridictions ordinaires. Admise devant
le conseil d'Etat dans trois hypothèses seulement, elle
est d'ailleurs, comme en droit civil, irrecevable contre
les décisions rendues en premier ressort (*Rép.* nᵒˢ 256
à 258). A ce titre, les décisions contentieuses des ministres et des conseils de préfecture n'en sont jamais susceptibles (Serrigny, *Compétence et procédure en matière contentieuse administrative,* 2ᵉ éd., t. 2, nᵒ 1273 ; Aucoc, *Conférences sur le droit administratif,* 3ᵉ éd., t. 1, p. 602, nᵒ 330).
Spécialement, le conseil de préfecture ne peut rétracter une
de ses décisions pour vice de forme (Cons. d'Et. 22 mars
1855, aff. Ginisty, *Rec. Cons. d'Etat,* p. 217 ; 30 janv. 1867,
aff. Commune de Villamblain, *ibid.,* p. 112).

120. Le recours en revision contre les comptes définitivement jugés est admis devant les conseils de préfecture
quant aux comptes de leur compétence ; à plus forte raison
devant la Cour des comptes contre les décisions de cette
dernière. Le décret du 31 mai 1862 (art. 420), reproduisant
à cet égard la législation antérieure, n'admet, d'ailleurs, la
revision que pour faux, omission ou double emploi, et encore
lorsque des pièces décisives ont été recouvrées depuis l'arrêt (V. sur ces diverses questions, *supra,* vᵒ *Cour des comptes,* nᵒ 32).

121. Ainsi qu'on l'a dit *supra,* vᵒ *Conflit,* nᵒ 64, lorsqu'un conflit positif a été annulé pour vice de forme, un
autre conflit peut être élevé tant qu'il n'a pas été statué au
fond. — Sur l'application de la requête civile aux décisions
du tribunal des conflits, V. *supra, eod.* vᵒ, nᵒ 124 et *Rép.
eod.* vᵒ, nᵒ 229.

§ 2. — Des cas dans lesquels il y a lieu à requête civile.
(*Rép.* nᵒˢ 262 à 286.)

122. Le recours en revision ne peut être exercé que
contre les décisions rendues contradictoirement par le conseil d'Etat. Ainsi qu'on l'a expliqué au *Rép.,* nᵒˢ 262 et
suiv., il n'est recevable que dans trois cas. Les deux premiers, visés par le règlement du 22 juill. 1806, art. 32,
supposent que la décision a été rendue sur pièces fausses
ou que la partie a été condamnée faute de pouvoir représenter une pièce décisive retenue par son adversaire. Le
troisième cas est celui de la violation par la décision des
formes légales prescrites à peine de nullité ; il est prévu par
l'art. 23 de la loi du 24 mai 1872 sur l'organisation du conseil d'Etat (D. P. 72. 4. 88) lequel a remplacé l'art. 20 du
décret du 30 janv. 1852 relatif aux mentions que doivent
contenir les procès-verbaux des séances de la section et de
l'assemblée du contentieux. Ces mentions se réfèrent à
l'accomplissement des formalités requises pour la régularité des délibérations ; elles doivent énoncer l'exécution des
dispositions concernant : 1ᵒ les formes de la délibération de
la section du contentieux (art. 13) ; 2ᵒ la composition de
l'assemblée du contentieux (art. 17) ; 3ᵒ les observations
orales des avocats et les conclusions du commissaire du
Gouvernement (art. 18) ; 4ᵒ le renvoi à l'assemblée publique des affaires sans avocat constitué, quand il est prononcé
à la requête d'un des conseillers de la section ou du commissaire du Gouvernement (art. 19) ; 5ᵒ l'abstention de ceux
des conseillers qui avaient pris part dans leur section à la
confection des décisions frappées de recours (art. 20) ; 6ᵒ la
composition de l'assemblée qui délibère en nombre impair
et au nombre de neuf membres au moins (art. 21) ; 7ᵒ la
lecture en séance publique des décisions, leur rédaction au
procès-verbal en minute signée du vice-président, du rapporteur et du secrétaire du contentieux, enfin la mention
des membres qui ont délibéré (art. 22). Les infractions aux

dispositions dont l'accomplissement doit être mentionné conformément à l'art. 23 de la loi de 1872, et l'omission de
ces mentions constituent des vices de forme donnant ouverture à un recours en revision (Laferrière, *Traité de la juridiction administrative,* t. 1, p. 296 et suiv.).

123. En dehors de ces trois hypothèses, aucun recours
en revision ne peut être utilement introduit (*Rép.* nᵒ 267 ;
Laferrière, *Traité de la juridiction administrative,* t. 1,
nᵒ 296 ; Béquet, *Répertoire du droit administratif,* vᵒ *Contentieux administratif,* nᵒ 1691). Il a été jugé que la demande
en revision est irrecevable quand elle ne vise aucun des
moyens limitativement prévus par la loi (Cons. d'Et. 15 nov.
1872, aff. Taupin, *Rec. Cons. d'Etat,* p. 609 ; 20 mars 1880,
aff. Election d'Oran, *ibid.,* p. 295 ; 1ᵉʳ déc. 1882,
aff. Michaud, *ibid.,* p. 958 ; 1ᵉʳ déc. 1882, aff. Election
d'Erches, *ibid.,* p. 973). Spécialement le recours ne peut
être présenté par le motif que le conseil d'Etat aurait statué sur un seul moyen de forme et omis les autres (Cons.
d'Et. 16 juin 1876, aff. Renault-Girault, *Rec. Cons. d'Etat,*
p. 564) ; de même le recours est irrecevable lorsqu'il est
fondé sur ce que la décision attaquée aurait en rejetant une
protestation en matière électorale, commis une erreur matérielle dans le décompte des voix nécessaires pour former la
majorité, et sur ce qu'il y aurait contrariété entre les diverses dispositions de cette décision (Cons. d'Et. 1ᵉʳ avr.
1881, aff. Election de Saint-Amand-Roche-Savine, *Rec.
Cons. d'Etat,* p. 382).

124. La jurisprudence du conseil d'Etat est également
fixée dans le sens du rejet des recours en revision dissi-
mulés sous la forme de recours en interprétation de précédentes décisions (*Rép.* nᵒˢ 268 et 269 ; Cons. d'Et. 11 mars
1881, aff. Hadj-Ahmed-ben-Braham, *Rec. Cons. d'Etat,*
p. 270 ; 1ᵉʳ avr. 1881, cité *supra,* nᵒ 123).

125. Bien que la requête civile soit restreinte en matière administrative dans de fort étroites limites, on a vu au
Rép., nᵒ 271, que, dans le cas d'omission de statuer, la
partie demanderesse peut renouveler sa demande devant le
conseil d'Etat, à condition que le chef omis ait été soumis
à cette juridiction lors de la première instance d'une façon
formelle (Cons. d'Et. 29 juin 1879, aff. Villain-Moisnel, *Rec.
Cons. d'Etat,* p. 650 ; et implicitement, Cons. d'Et. 9 mai
1873, aff. Baussan, *ibid.,* p. 421 ; Comp. Bequet, *op. cit.,*
nᵒ 1692). A cet égard, d'ailleurs, il a été décidé que la décision attaquée avait pu, sans commettre une omission de
statuer, ne pas s'expliquer sur un moyen proposé par le
demandeur pour justifier la recevabilité de sa demande en
la forme (Cons. d'Et. 2 mars 1883, aff. De Retz, D. P. 84. 3.
97).

126. Sur l'effet de la contrariété de décisions rendues en
matière administrative, V. *Rép.,* nᵒˢ 272 à 274.

127. — 1ᵒ *Cas où la décision a été rendue sur pièces
fausses.* — Dans cette hypothèse, il faut, pour que le recours
soit admis, que les pièces fausses aient déterminé la décision attaquée (*Rép.* nᵒˢ 275 à 277 ; Béquet, *op. cit.,* nᵒ 1688).
Jugé, en ce sens, que lorsque l'omission, dans le procès-verbal d'opérations électorales, du nom d'un candidat et des
voix par lui obtenues a été jugée sans influence sur la détermination du résultat du scrutin, le fait que l'indication
omise a été fournie six jours après la clôture des opérations
n'autorise pas à recourir en revision pour fausseté des pièces
sur lesquelles la décision a été rendue (Cons. d'Et. 2 août
1866, Election d'Ainay-le-Château, *Rec. Cons. d'Etat,* p. 918,
et 28 mai 1867, même affaire, *ibid.,* p. 526).

128. — 2ᵒ *Cas où la partie a été condamnée faute de représenter une pièce décisive retenue par son adversaire.* —
V. *Rép.* nᵒˢ 280 à 285. — Dans le sens de la jurisprudence
antérieure, il y a lieu de signaler deux décisions qui ont
rejeté la demande de revision comme fondée sur la découverte de pièces non décisives : 1ᵒ lorsque ces pièces
n'étaient pas afférentes au litige (Cons. d'Et. 7 août 1883, aff.
Berthot, *Rec. Cons. d'Etat,* p. 769) ; — 2ᵒ Lorsque les pièces
étaient postérieures à la décision attaquée et n'avaient pu, en
conséquence, être retenues par l'adversaire (Cons. d'Et.
12 janv. 1883, aff. Caubet, *Rec. Cons. d'Etat,* p. 37).

129. — 3ᵒ *Cas où les formes dont l'observation est substantielle aux termes de l'art. 23 de la loi du 24 mai 1872 ont
été omises.* — V. *supra,* nᵒ 122.

§ 3. — De l'instruction et du jugement de la requête civile devant le conseil d'Etat (*Rép.* nos 287 à 295).

130. La procédure à suivre pour l'instruction de la requête civile est restée régie par le règlement du 22 juill. 1806. Notons cependant que le délai de trois mois, imparti par l'art. 29, est réduit à deux mois, comme il l'a été en matière d'opposition, par le décret du 2 nov. 1864, art. 4.

Ce délai court dans les deux premiers cas de recours de la date de la découverte des pièces ou du faux (Batbie, *Droit public et administratif*, t. 7, no 465; Aucoc, t. 1, p. 685, no 385; Cons. d'Et. 21 janv. 1858, aff. Pramotton, D. P. 58. 3. 58; 4 août 1876, aff. Goguelat, D. P. 76. 3. 99). S'agit-il, au contraire, d'une requête civile fondée sur un vice de forme, le délai court du jour où a été signifiée la décision attaquée (L. 24 mai 1872, art. 23. V., au surplus, *Rép.* nos 287 et 288).

131. Au *Rép.*, nos 289 à 291, on a indiqué la procédure à suivre : c'est celle que prescrit le règlement de 1806 en matière d'opposition à décision par défaut. La décision qui admet ou rejette le recours est rendue sur le rapport de la section par l'Assemblée statuant au contentieux.

132. Ainsi qu'en matière civile, le rescindant et le rescisoire ne peuvent être cumulés (Batbie, t. 7, no 465; Clément, *Procédure devant le conseil d'Etat*, no 216). L'art. 34 du règlement de 1806 déclare, en effet, constitué sans nouveau pouvoir l'avocat auquel est signifiée la décision d'admission, quand cette signification a lieu dans l'année. Une telle prescription suppose donc nécessairement que la décision d'admission ne tranche pas définitivement le litige.

133. L'art. 32 du règlement interdit de se pourvoir à nouveau contre une décision, alors que le recours a été rejeté une première fois; un tel pourvoi rend l'avocat qui l'introduit passible d'une amende de 10 fr. Il en est de même si le recours est exercé après expiration du délai (Cons. d'Et. 21 janv. 1858, *suprà*, no 130), ou s'il est fondé sur un moyen non reconnu par la loi.

134. Le ministère d'un avocat au conseil est-il indispensable en matière de recours, alors même que la matière n'est pas de celles où ce ministère est obligatoire? L'affirmative a été admise au *Rép.*, no 293; elle semble se justifier par cette double considération : 1º que le législateur qui a eu visiblement l'intention de restreindre le nombre des recours, n'a pas dû vouloir en faciliter la procédure, même quand il s'agit d'affaires favorables par elles-mêmes; 2º que c'est surtout lorsqu'il y a recours en révision que le ministère de l'avocat peut être utile pour éclairer la partie. La section du contentieux, après avoir plusieurs fois statué au fond sur des recours formés par les parties elles-mêmes, sans opposer d'office une fin de non-recevoir (Cons. d'Et. 15 nov. 1872, aff. Taupin, *Rec. Cons. d'Etat*, p. 609; 10 nov. 1882, aff. Compagnie des eaux, *ibid.*, p. 856; 1er déc. 1882, aff. Michaud, *ibid.*, p. 958; 1er déc. 1882, aff. Election d'Erches, *ibid.*, p. 973; 12 janv. 1883, aff. Cauhet, *ibid.*, p. 37; 7 août 1883, aff. Bertot, *ibid.*, p. 769; 23 nov. 1883, aff. Taupin, *ibid.*, p. 837) a reconnu depuis, par de nombreuses décisions, l'irrecevabilité du recours en révision présenté sans le ministère d'un avocat (Cons. d'Et. 12 avr. 1889, aff. Decamps, *Rec. Cons. d'Etat*, 1889, p. 552; 27 déc. 1889, aff. Menier et comp., *ibid.*, p. 1223; 28 mars 1890, aff. Commune de Gouttières, *ibid.*, p. 360; 24 avr. 1891, aff. De Biermont, *ibid.*, p. 298; Béquet, nos 1694 et 1695). En vain argumentait-on en sens contraire de l'assimilation établie par les art. 32 et 33 du règlement de 1806, et l'art. 4 du décret du 2 nov. 1864, entre les procédures de révision et d'opposition; sans doute, l'opposition peut être formée par les parties seules dans les matières où l'assistance d'un avocat n'est pas indispensable, mais il n'en est pas ainsi des recours : la preuve en est dans la disposition de l'art. 32 du règlement qui, lorsqu'un recours en révision est formé hors des cas prévus par la loi ou des délais impartis, prononce une sanction contre l'avocat du demandeur et non contre ce dernier. C'est là indiquer d'une façon manifeste que les recours dont il s'agit supposent le ministère des avocats.

135. Les règles relatives à l'instruction et au jugement des recours en révision sont les mêmes que celles qui régissent les affaires contentieuses déférées au conseil d'Etat. Elles sont formulées par les lois des 24 mai 1872 et 13 juill. 1879, ainsi que par le décret du 2 août 1879 (V. sur ce point *suprà*, v° *Conseil d'Etat*, nos 334 et suiv.).

Table sommaire

des matières contenues dans le Supplément et le Répertoire.

(Les chiffres précédés de la lettre *S* renvoient au Supplément; les chiffres précédés de la lettre *R* renvoient au Répertoire.)

— jugement, pourvoi en cassation S. 113.
— procédure (fin de non-recevoir) R. 231; (ordinaire) S. 105; R. 238 s.
— rescisoire; cumul (connexité) S. 106; R. 285 s.; (interdiction) S. 140.

Rescisoire
— compétence R. 197.
— formes S. 114; R. 238.
— ministère public, communication R. 242.
— procédure (acte d'avoué à avoué) S. 114; R. 238; (caractère) S. 114; (circonstances nouvelles) S. 114; (défaut, profit-joint) S. 114; (instruction de l'affaire) R. 241; (jugement, signification) R. 239.
— rescindant, acquiescement R. 240.

Restitution de fruits
— cohéritiers, point de départ, choses non demandées S. 44.
— omission de statuer R. 101.

Rétention de pièces
S. 78 s.; R. 145
— arrêt antérieur analogue R. 149.
— caractère dolosif S.
— créance litigieuse, acte de cession R. 149.
— fait de la partie R. 153.
— pièces décisives (caractère) S. 78; R. 146 s.; (inscription de faux) R. 150 (pouvoir du juge) S. 79; R. 151 s.; (quittance) S. 78; R. 146.
— tiers détenteur, dol personnel S. 80.
— titre original, dépôt

public S. 81; R. 154.
— usage impossible S. 81; R. 154.
— V. Conseil d'État.

Saisie-arrêt
— réserves, dommages-intérêts, allocation d'office S. 50.
— sous-traitant, validité, jugements contraires S. 63.

Saisie immobilière S. 20.

Sentence arbitrale
— compétence R. 194; (compromis) R. 196.
— expropriation publique, cession d'immeubles S. 18; R. 23.
— formalités, nullité couverte R. 67.

Séparation de corps
— effet suspensif S. 116.

Servitude
— appréciation erronée, moyen de cassation S. 46; R. 78.

Société
— liquidation, règlement définitif, dommages-intérêts S. 44.

Surenchère S. 20.

Testament
— substitution prohibée, annulation, appel R. 98.

Travaux
— confection, dommages-intérêts, choses non demandées R. 79.

Tribunal de commerce
— dernier ressort S. 16; R. 19 s.

Ultra petita S. 48 s.; R. 81 s.
— caractère R. 81 s.

— conclusions (implicites) R. 84; (principales et subsidiaires, adjudication) S. 48.
— décision motivée, pourvoi en cassation S. 53.
— demande reconventionnelle, choses non demandées S. 48.
— dommages-intérêts, condamnation alternative S. 48.
— jugement, rétractation R. 90.
— mesures (d'instruction ou de conservation, conclusions formelles) S. 52; R. 86 s.; (provisoires, disposition d'office, incompétence) S. 52; R. 87.
— ministère public, conclusions R. 83.
— propriété, droit d'usage R. 89.

— violation de la loi, pourvoi en cassation S. 54; R. 91.

Violation des formes
S. 40 s.; R. 63 s.
— formes substantielles, nullité R. 64, 71.
— moyen de cassation S. 42; R. 68 s.; (double degré de juridiction) R. 71; (fait du juge) R. 71; (requête civile, cumul) R. 68 s.
— vice couvert S. 41; R. 35.

Voies de recours
— jugement (déjà attaqué) S. 22; R. 32 s.; (de rejet) R. 34; (sur le rescisoire) R. 35.
— pourvoi en cassation S. 37 s.
— prohibition S. 22; R. 31 s.

Table des articles du code de procédure civile.

Art. 63. R. 225.
—68. R. 226.
—83. S. 107.
—445. S. 86.
—447. S. 95.
—448. R. 9.
—480. S. 9, 12, 14, 17, 26, 33, 39.

63, 71 s., 75, 76, 90; R. 5, 7 s.
15 s., 31, 42, 47 s., 63 s., 72 s., 81 s., 84, 92 s., 103 s., 122 s., 132 s., 145 s., 247, 263 s., 484. S. 12, 82;

R. 156 s., 168
—482. R. 29, 90.
—483. S. 86; 89, 92 s.; R. 172, 177.
R. 185 s.

—485. S. 86; R. 173.
—486. S. 86; R. 173.
—487. S. 95; R. 172.
—488. S. 99 s.; R. 60, 142, 175 s., 190.

—489. R. 183 s.
—490. S. 98; R. 192.
—491. R. 200, 243.
—492. R. 20, 225.
—493. R. 223.
—494. S. 47, 100, 117; R. 208 s.
—495. S. 99; 100; 500. R. 249.

R. 201 s.; 237.
—496. R. 20.
—497. R. 245 s.
—498. S. 107; R. 20, 284 s.
—499. S. 106; R. 231 s.

—501: S. 111, 117; R. 235, 250.
—502. R. 71, 93, 108, 235.
—503. S. 22, 113; R. 36.
—504. R. 115 s.
—511. R. 221.

—762. S. 86.
—1010. R. 196.
—1026. S. 18, 93, R. 194.
—1027. S. 18.
—1033. S. 89.
—1036. R. 87.
—1038. S. 114.

Table chronologique des Lois, Arrêts, etc.

1667
Ordonn. 17 c.

1806
22 juin. Regl. 122 c., 130 c., 132 c., 134 c.

1810
20 avr. Loi. 42 c.

1837
18 juill. Loi. 84 c.

1838
30 juin. Loi. 82 c.

1846
18 févr. Req. 20 c.
18 févr. Rouen. 76 c.
30 déc. Toulouse. 43 c.

1847
23 févr. Paris. 113 c.
18 mai. Req. 19 c.
14 août. Bruxelles. 102 c.

1849
10 mai. Toulouse. 61 c.

1850
3 janv. Paris. 25 c.
23 mai. Douai. 81 c.
3 août. Grenoble. 26 c.

1851
22 janv. Loi. 100 c.
24 déc. Req. 35 c.

1852
15 janv. Orléans. 26 c.
30 janv. Décr. 122 c.
28 mai. C. cass. belge. 62 c.

1853
21 mai. Req. 71 c., 72 c.

1861
12 févr. Req. 54 c.
19 févr. Req. 62 c.
26 nov. Civ. 108 c.

1862
9 janv. Trib. civ. Nancy. 20 c.
3 mai. Loi. 1, 80 c., 89 c.
22 mai. Nancy. 118 c.

1867
30 janv. Cons. d'Et. 110 c.
15 févr. Toulouse. 16 c., 38 c.
27 févr. Civ. 39 c., 90 c., 92 c.
27 avr. Paris. 105 c.
28 mai. Cons. d'Et. 127 c.
4 août. Grenoble. 31 c.
21 août. Grenoble. 30 c., 92 c.
26 déc. Orléans. 43 c.
28 déc. Orléans. 48 c.

1853 (2e col.)
15 janv. C. cass. belge. 52 c.
15 févr. Riom. 49 c.
28 avr. Orléans. 22 c., 29 c.
18 mai. Gand. 102 c.
17 juin. Riom. 49 c.

1854
8 mai. Civ. 57 c.

1855
23 janv. Poitiers. 43 c.
2 juin. Loi. 88 c.
5 juill. Liège. 82 c.
9 déc. Besançon. c.

1856
4 févr. Bordeaux. 37 c.
22 mai. Trib. com. Aix. 75 c., 103 c.
13 août. Agen. 95 c.
11 déc. C. cass. belge. 70 c.

1857
26 févr. Pau. 76 c.
19 nov. C. cass. belge. 70 c.

1858
21 janv. Cons. d'Et. 130 c., 133 c.
12 avr. Civ. 23 c., 75 c., 109 c.
27 avr. Civ. 39 c., 46 c.
5 mai. Riom. 117 c.

1859
1er avr. Liège. 124 c., 86 c.
11 juill. Paris. 95 c.

1860
21 mai. Req. 71 c., 72 c.

1863
12 janv. Civ. 44 c., 45 c.
6 août. Req. 20 c., 100 c.

1864
11 janv. Grenoble. 104 c.
1er févr. Toulouse. 39 c., 80 c., 91 c., 106 c.
2 mars. Liège. 63 c.
15 juill. Bordeaux. c.
2 nov. Décr. 130 c., 134 c.

1865
1er avr. Liège. 124 c., 86 c.

1866
18 avr. Rouen. 91 c.
3 juin. Civ. 67 c.
2 août. Cons. d'Et. 127 c.
26 nov. Décr. 73 c.

1868
7 janv. Civ. 52 c.
10 janv. Req. 17 c.
10 févr. Req. 90 c.
24 févr. Besançon. 74 c., 76 c.
23 mars. Req. 30 c.
91 c., 94 c., 95 c., 109 c.
12 août. Gand. 31 c.
18 août. Décr. 73 c.

1869
8 juin. Req. 62 c.
23 juin. Civ. 18 c.

1870
7 mars. Bruxelles. 91 c., 108 c.
24 mars. Req. 79 c.
20 avr. Bruxelles. 114 c., 117 c.
6 août. Lyon. 12 c.
29 août. Civ. 49 c.
30 déc. C. cass. Belgique. 91 c.

1871
17 août. Paris. 15 c.
29 nov. Civ. 46 c.
6 déc. Req. 59 c.

1872
31 janv. Pau. 96 c.
17 févr. Aix. 43 c.
7 mai. Req. 95 c.
24 mai. Loi. 122 c., 130 c., 135 c., 45 c.
5 juin. Aix. 63 c., 111.
25 juin. Aix. 111.
8 août. Req. 45 c.
15 nov. Cons. d'Et. 123 c., 134 c.

1869 (2e col.)
8 juin. Civ. 60 c., 62 c.
21 déc. Req. 39 c., 91 c., 114 c.
79 c.
4 déc. Req. 89 c.

1874
18 avr. Rouen. 91 c.
14 août. Paris. 79 c.
7 déc. Civ. 58 c.

1873
22 févr. Nancy. 55 c.
9 mai. Cons. d'Et. 125 c.
5 nov. Civ. 60 c.

1874 (2e)
24 févr. Civ. 49 c.
11 mars. Req. 56 c.
30 mars. Req. 55 c.
20 avr. Alger. 82., 33 c., 34 c.; 81 c.

1875
12 avr. Civ. 49 c., 55 c., 98 c.
6 juill. Req. 79 c.
27 juill. Req. 45 c.

1876
24 janv. Req. 70, 72 c.
22 mars. Req. 46 c., 54 c.
11 mai. Req. 62 c.
16 juin. Cons. d'Et. 123 c.
4 août. Cons. d'Et. 134 c.
11 nov. Paris. 61 c.

1877
22 janv. Req. 62 c.

1878
5 janv. Toulouse. 111.
25 févr. Civ. 62 c.
15 mars. Dijon. 82

1879
29 juin. Cons. d'Et. 125 c.
3 juill. C. cass. belgique. 70 c.
13 juill. Loi. 135 c.
27 août. Req. 71 c.

1880
18 févr. Req. 40 c., 106 c.
20 mars. Cons. d'Et. 123 c.
31 mai. Req. 45 c.

1881
11 mars. Cons. d'Et. 124 c.
1er avr. Cons. d'Et. 123 c., 124 c.
15 juin. Req. 62 c.
26 nov. Civ. 13 c.

1882
18 févr. Req. 62 c.
16 juin. Cons. d'Et. 123 c.
4 août. Cons. d'Et. 134 c.
5 avr. Civ. 45 c.
30 juin. Paris. 39 c., 90 c.
5 juill. Civ. 54 c.
27 juill. Req. 62 c.
10 nov. Cons. d'Et. 134 c.
1er déc. Cons. d'Et. 123 c., 134 c.
5 déc. Req. 54 c.

1883
12 janv. Cons. d'Et. 123 c., 134 c.

1884
2 janv. Civ. 20 c.
5 avr. Loi. 84 c.

1885
28 janv. Req. 34 c., 45 c.
10 avr. Req. 34 c.
10 nov. Civ. 39 c.
14 déc. Req. 114 c.

1886
26 janv. Civ. 44 c., 45 c.
14 avr. Civ. 48 c., 54 c.
18 avr. Loi. 20 c., 116 c.
5 juin. Limoges. c.
4 août. Douai. 20 c.
18 oct. Req. 55 c.

1887
5 juill. Civ. 54 c.
14 avr. C. cass. Belgique. 102 c.
2 mai. Civ. 62 c.
10 mai. Civ. 33 c.

1888
8 févr. Civ. 62 c.
4 août. Riom. 50 c.
8 août. Trib. paix.

1879 (col. right)
c., 33 c., 35 c., 66 c.
2 mars. Cons. d'Et. 125 c.
7 août. Cons. d'Et. 128 c., 134 c.
23 nov. Cons. d'Et. 134 c.

Vitry-le-Français. 17 c.	16 juill. Req. 44 c., 45 c.	27 déc. Cons. d'Et. 134 c.	1891	24 avr. Cons. d'Et. 134 c.	5 avr. Paris. 80	1893	1894
	23 juill. Req. 62 c.		10 févr. Civ. 68 c.	8 juin. Civ. 54 c.	4 juill. Req. 50 c.	6 févr. Loi. 116 c.	3 janv. Civ. 62 c.
1889	29 juill. Besançon. 29 c.	1890	20 avr. Req. 56 c.	1892	10 août. Civ. 87 c.	7 mars. Paris. 81 c.	29 janv. Req. 77.
12 avr. Cons. d'Et. 134 c.	20 nov. Req. 56 c.	28 mars. Cons. d'Et. 134 c.	22 avr. Civ. 68 c., 66.	9 mars. Alger. 118 c.	20 déc. Trib. civ. Dijon. 48 c.	6 juill. Trib. civ. Morlaix. 117 c.	13 mars. Rennes. 118 c.
	18 déc. Req. 62 c.						

RÉQUISITIONS MILITAIRES.

1. La réquisition militaire est la demande, par l'autorité militaire, aux habitants d'un pays, de fournir, en nature, les objets ou prestations nécessaires à l'armée, faite sous la forme d'une invitation ou, au besoin, d'une injonction qui peut, en cas de refus ou de résistance, être appuyée par la force (Comp. supra, v° Droit naturel et des gens, n° 92).

CHAP. 1er. — Historique et législation, droit comparé.

2. Les réquisitions militaires doivent être envisagées à un double point de vue: suivant qu'elles sont faites en territoire national pour les besoins de l'armée nationale, ou qu'elles sont exercées en pays ennemi par une armée envahissante. A ce double point de vue elles ont une origine assez récente.

3. L'exercice régulier en pays ennemi, par une armée envahissante, du droit de requérir les prestations ou les services qui peuvent lui être nécessaires est une conquête lente et progressive de l'adoucissement des mœurs sur la barbarie ancienne et l'antique conception des droits de la guerre. La vieille maxime, la guerre nourrit la guerre n'est plus admise dans sa rigueur, et si l'on reconnaît à une armée envahissante le droit de s'approvisionner, sur le pays occupé, de tous les objets nécessaires aux troupes, si l'on voit dans ce fait un des usages légitimes de la guerre (V. Bluntschli, Le droit international codifié, trad. par Lardy, art. 653; Heffter, Le droit international de l'Europe, trad. par Bergson, § 131; Pradier-Fodéré sur Vattel, liv. 3, § 166; Ch. Vergé sur Martens, liv. 8, § 280; Klüber, Droit des gens, trad. par Ott, § 251), c'est à la condition que ce droit ne s'exerce que dans les limites des besoins réels de l'armée et ne dégénère pas en un pillage déguisé.

4. Les troupes nationales ont, à plus forte raison, le droit de se procurer sur place les objets qui leur sont nécessaires. Ici encore, le pillage plus ou moins étendu, qui était en usage autrefois, s'est progressivement transformé en un impôt régulier, perçu sur les populations par les voies régulières. L'autorité royale intervint à plusieurs reprises dans le but de réaliser ce progrès. On cite les ordonnances édictées à cet effet par Charles VII en 1439, Louis XI en 1467, les mesures prises par François Ier et Henri IV, pour assurer, par l'entremise de commissaires, la subsistance de leurs troupes (V. J. Guelle, Précis des lois de la guerre, t. 2, p. 176; H. Morgand, Les réquisitions militaires, p. 3). Mais ce n'est qu'à partir du règne de Louis XIV qu'un système de subsistances régulier, organisé par Louvois, atténua les exactions des armées en campagne, et assura, au moyen de procès-verbaux de réception, le payement par le trésor royal des objets fournis aux troupes (J. Guelle, ibid.).

5. Pendant la Révolution et la longue période de guerres qui s'étend de 1792 à 1815, les réquisitions ont été pratiquées tant à l'intérieur que dans les pays envahis. Toutefois l'exercice des réquisitions, dans la période qui précède le Consulat, n'eut guère lieu pour l'alimentation directe des troupes, même en pays ennemi; elles avaient surtout pour objet la constitution des magasins, qui subvenaient ensuite aux besoins de l'armée. Les réquisitions s'appliquaient soit à tout le territoire, soit à une circonscription de grande étendue, et les produits en étaient centralisés dans des magasins territoriaux (V. intendant A. Baratier, Les réquisitions

en temps de guerre, p. 13; Ferrand, Des réquisitions militaires, p. 144, note 1).

6. On avait cependant compris la nécessité de régler, dans une certaine mesure, l'exercice des réquisitions, et c'est à la première période de la Révolution française que se rattachent les quelques mesures législatives qui, jusqu'en 1877, ont servi de règles en la matière, notamment la loi du 8 juill. 1791 et celle du 23 mai 1792, relatives au logement des troupes et à la loi du 19 brum. an 3, relative aux réquisitions de denrées, subsistances et autres objets de nécessité publique (V. tableau de la législation au *Rép.* v° *Organisation militaire*). A la même période se rattache un certain nombre de dispositions législatives qui consacrent le droit à indemnité pour les habitants atteints par les réquisitions, en admettant les bons de réquisition en payement des contributions ou des emprunts forcés que la pénurie du Trésor avait fait ordonner (L. 3 vend. an 5; 16 brum. an 5, art. 6; 19 therm. an 7; 27 vend., 27 brum. an 8; Arrêté consulaire des 29 frim., 4 pluv. et 22 germ. an 8).

7. Sous le premier Empire, les armées françaises firent un usage fréquent des réquisitions dans les pays envahis, et spécialement de la nourriture chez l'habitant, réclamée même dans les stationnements prolongés des armées victorieuses sur les territoires ennemis ou occupés. A l'intérieur, on peut rappeler, à titre d'exemple, les réquisitions de voitures qui permirent le transport de la garde impériale, en poste, de Paris en Italie en 1859 (V. sur ces questions, G. Ferrand, p. 89; général Lewal, *Tactique des ravitaillements*; intendant Baratier, *L'art de ravitailler les grandes armées*, *Journal des sciences militaires*, décembre 1872, 8ᵉ série, t. 3, p. 482; *Essai sur la subsistance des troupes dans le service de première ligne*, ibid., avril 1875, 8ᵉ série, t. 10, p. 557).

le décret du 18 avr. 1806, qui autorise les chefs de corps à requérir directement les équipages nécessaires aux transports à la suite des corps de troupe en marche et le décret du 15 oct. 1813, relatif au mode de réception des fournitures par réquisition. Ce dernier décret resté en vigueur jusqu'à la législation nouvelle.

8. De 1815 à 1870 le recours aux réquisitions est devenu, pour l'armée française, de plus en plus rare. « Depuis la chute de Napoléon 1ᵉʳ, dit M. G. Ferrand (p. 45), une réaction s'était produite chez nous contre le mode de vivre sur le pays : les inconvénients d'un système dont on eut le tort d'abuser en le pratiquant dans les stationnements et qui, pour les troupes en opérations, fut parfois trop exclusivement employé ou mal réglé dans son exercice, firent disparaître le souvenir de ses avantages. La lecture de certains mémoires, l'ère de paix qui suivit sur le continent, l'oubli de la grande guerre, le développement des idées philanthropiques, les usages adoptés nécessairement dans la guerre d'Afrique, où nous ne pouvions compter sur des villes et des villages qui n'existaient pas et où les ressources locales consistaient en quelques rares silos, firent perdre l'habitude de l'exploitation locale ». Les réquisitions ne furent pratiquées ni pendant la guerre de Crimée, ni pendant la campagne d'Italie en 1859 (V. sur ces questions, G. Ferrand, p. 89; général Lewal, *Tactique des ravitaillements*; intendant Baratier, *L'art de ravitailler les grandes armées*, *Journal des sciences militaires*, décembre 1872, 8ᵉ série, t. 3, p. 482; *Essai sur la subsistance des troupes dans le service de première ligne*, ibid., avril 1875, 8ᵉ série, t. 10, p. 557).

9. Cet exemple n'était pas suivi par les armées étrangères. Dans la guerre de Sécession des Etats-Unis d'Amérique, les généraux fédéraux et confédérés surent faire vivre des armées considérables pendant plusieurs mois, en recourant uniquement aux ressources du pays. Le même procédé fut employé par les armées prussiennes, lors de la campagne de 1866 contre l'Autriche, et aussi sur le territoire français, durant la guerre de 1870 (V. intendant Baratier, *L'art de ravitailler les grandes armées*, *Journal des sciences militaires*, décembre 1872, mars et avril 1873, 8ᵉ série, t. 3, p. 500, t. 4, p. 371, 391, 545; G. Ferrand, p. 42, 43, 49).

10. Au cours de cette guerre, le gouvernement français sentit également la nécessité de tirer parti des ressources que le pays pouvait offrir pour assurer la subsistance des armées. Mais l'absence d'une législation précise soulevait à cet égard de sérieuses difficultés. On pouvait invoquer les lois de 1791 et 1792 (supra, n° 6), celle du 19 brum. an 9 et le décret du 15 brum. an 5. Mais les autorités auxquelles la mission de requérir était confiée ne pouvaient plus être désignées que par analogie, celles que les textes en chargeaient n'existant plus. Les pénalités applicables aux refus d'obéissance étaient mal définies et, pour les réprimer, les tribunaux

durent recourir aux dispositions de l'art. 475, § 12, c. pén., relatives à « ceux qui, le pouvant, auront refusé ou négligé de faire les travaux, le service ou de prêter le secours dont ils auront été requis, dans les circonstances d'accidents, tumultes, naufrage, inondation, incendie ou autres calamités, etc. ». Comme l'a très justement dit la cour de cassation (Crim. cass. 24 nov. 1870, aff. Leray, D. P. 71. 1. 79) « le droit accordé aux agents de l'autorité de requérir le service des citoyens en cas de calamités ne pouvait être exercé dans des circonstances plus impérieuses que celles résultant de l'état de guerre où la France se trouvait alors et qui imposait la nécessité de pourvoir sans retard à tous les besoins de la défense nationale ». Ce n'était là, cependant, qu'une assimilation, et si légitime et logique qu'elle fût, il y avait là matière à controverse.

11. Les incertitudes ne portaient pas seulement sur le droit de réquisition lui-même et sur les autorités chargées de l'exercer, mais aussi sur la question de l'indemnité, les moyens de l'évaluer et les autorités compétentes pour en fixer le chiffre. Le principe du droit à une indemnité n'était pas contesté; mais il avait été impossible pendant toute la durée de la guerre d'évaluer celles qui n'avaient pas été payées immédiatement et l'incertitude des appréciations était des plus grandes. Une loi du 15 juin 1871 (D. P. 71. 4. 99) mit en demeure les porteurs de bons de réquisition délivrés depuis le commencement de la guerre par les autorités françaises, civiles ou militaires, de les déposer, à peine de déchéance de tous droits et actions contre le Trésor, dans un délai de deux mois, à la préfecture du département ou à la sous-préfecture de l'arrondissement dans lesquels les réquisitions avaient été exercées, avec un état indicatif des sommes qu'ils en réclamaient et les pièces justificatives, si déjà la remise n'en avait été faite aux autorités compétentes. En outre, tous ceux qui se croyaient fondés à réclamer des indemnités, à raison des prestations ou des objets de toute nature qu'ils auraient été contraints de fournir ou de livrer aux troupes françaises sans avoir reçu de réquisitions régulières, étaient également mis en demeure de faire, dans le même délai, le dépôt d'un état indicatif des sommes auxquelles ils prétendaient avoir droit, avec les pièces justificatives en leur possession. Les administrations intéressées devaient statuer dans les trois mois suivant l'expiration du délai de dépôt. Mais aucune disposition légale ne déterminait l'autorité compétente pour statuer au cas où le règlement de l'indemnité par l'Administration ne serait pas accepté. L'Administration revendiquait le droit exclusif de décision comme s'il s'agissait de marchés de fournitures ; l'autorité compétente eût été alors le ministre sauf appel de sa décision devant le conseil d'Etat. Cette solution ne fut pas admise d'une façon absolue et le tribunal des conflits, par plusieurs arrêts rendus les 11 janv. (aff. Vally et aff. Péju), 25 janv. et 8 févr. 1873 (aff. Planque et aff. Barthélémy, D. P. 73. 3. 22), reconnut la compétence de l'autorité judiciaire pour tous les cas où la réquisition, en la supposant non forcée, constituerait un contrat civil. D'après ces décisions, c'était à l'autorité judiciaire, compétente pour connaître des contestations relatives à l'exécution des baux contractés par l'Administration en vue d'un service public, qu'il appartenait de statuer sur les difficultés auxquelles donnaient lieu l'occupation d'immeubles requis, alors même que la légalité de la réquisition était contestée, de sorte que la décision du ministre de la guerre, réglant l'indemnité à payer au propriétaire d'un immeuble occupé par voie de réquisition, ne faisait pas obstacle à ce que celui-ci portât sa réclamation devant les tribunaux. Mais l'autorité administrative était seule compétente pour statuer sur les demandes en payement d'objets mobiliers réquisitionnés pendant la guerre, par les agents et pour le compte de l'Etat (Trib. confl. 21 déc. 1872, aff. Vally, D. P. 73. 3. 22 ; Trib. Seine, 30 mai 1873, aff. Grante, D. P. 74. 3. 16). C'était donc au ministre de la guerre, sauf recours au conseil d'Etat, qu'il appartenait de régler le prix dû pour les voitures réquisitionnées pour les transports militaires (Cons. d'Et. 8 juin 1873, aff. Montéage, D. P. 74. 3. 19).

12. L'expérience ayant ainsi démontré à quel point les anciens textes étaient insuffisants, il était naturel, au moment où toute organisation militaire subissait une rénovation complète, qu'on songeât à organiser également la perception

de toutes les ressources que le pays pouvait offrir à la défense nationale. Dès la fin de 1872, la question était mise à l'étude par le ministre de la guerre, et la loi de 1873 (D.P. 73. 4. 81), relative à l'organisation générale de l'armée, posait dans son art. 5 le principe de la réquisition des chevaux et des voitures attelées; elle laissait à une loi spéciale (L. 1er août 1874, D. P. 75. 4. 24) le soin d'en organiser les détails. Elle posait également le principe de la réquisition des chemins de fer; mais ce n'était là, en quelque sorte, qu'une indication et un projet d'ensemble sur la matière fut préparé par une commission composée de délégués des ministères de la guerre, de la marine, de l'intérieur et des finances. Après un examen approfondi du conseil d'Etat, ce projet fut soumis à l'Assemblée nationale, qui ne put en aborder la discussion avant l'expiration de ses pouvoirs. Repris par le Gouvernement devant la Chambre des députés de 1876 et successivement voté par cette Chambre et le Sénat, il est devenu la loi du 3 juill. 1877 (D. P. 77. 4. 53).

13. Il importe de rappeler ici qu'une loi du 6 sept. 1871 (D. P. 71. 4. 154), suscitée par un sentiment de solidarité nationale, a accordé un dédommagement à tous ceux qui avaient subi pendant l'invasion des contributions de guerre, des réquisitions soit en argent, soit en nature, des amendes et des dommages matériels. Tout en votant cette loi, l'Assemblée nationale a pris soin de lui maintenir le caractère de loi de bienfaisance et d'écarter toute idée de responsabilité de l'Etat et de dette par lui contractée en raison des réquisitions ou déprédations de l'ennemi.

Tableau de la législation.

26-28 sept. 1870. — Décret portant que les lycées, les écoles, les asiles, ne pourront être mis en réquisition (*Bull.*, n° 91; D. P. 70. 4. 92).

29 sept.-3 oct. 1870. — Décret relatif à la réquisition de tous les blés et farines existant actuellement dans l'enceinte de Paris (*Bull.*, n° 96; D. P. 70. 4. 93).

29 sept.-6 oct. 1870. — Décret sur les attributions de la commission d'armement (*Bull. de Tours*, n° 27; D. P. 70. 4. 111).

1er-4 oct. 1870. — Décret relatif aux réquisitions (*Bull.*, n° 106; D. P. 70. 4. 94).

7-10 oct. 1870. — Décret portant : réquisition de toutes les denrées alimentaires et des fourrages restés en souffrance dans les gares de chemins de fer (*Bull.*, n° 107; D. P. 70. 4. 95).

12-22 oct. 1870. — Décret relatif à la réquisition de toutes les armes et munitions de guerre d'origine étrangère à leur arrivée en France (D. P. 70. 4. 117).

14-26 oct. 1870. — Décret sur l'organisation de la défense dans les départements déclarés en état de guerre (*Bull. de Tours*, n° 95; D. P. 70. 4. 119).

14-29 nov. 1870. — Décret qui attribue au ministre de la guerre les droits de réquisition nécessaires pour accélérer les travaux de la défense du territoire (*Bull. de Tours*, n° 208; *Mon. univ.* du 13 novembre; D. P. 70. 4. 130).

12-19 nov. 1870. — Décret relatif à la réquisition temporaire de tout atelier inoccupé, pour être employé à la fabrication où à la transformation des armes (*Bull.*, n° 185; *Journ. off.* du 13 novembre; D. P. 70. 4. 103).

21 nov.-3 déc. 1870. — Décret relatif à la réquisition de toutes les pommes de terre existant à Paris et dans la banlieue, à l'exception des provisions de ménage (*Bull.*, n° 200; *Journ. off.* du 22 novembre; D. P. 70. 4. 101).

22 nov.-8 déc. 1870. — Décret déterminant les moyens à employer pour réaliser promptement la construction des batteries d'artillerie (*Bull. de Tours*, n° 243; D. P. 70. 4. 133).

25 nov.-8 déc. 1870. — Décret relatif à la réquisition de toutes les huiles de pétrole épurées existant dans les magasins publics et privés de Paris et de la banlieue (*Bull.*, n° 202; *Journ. off.* du 26 novembre; D. P. 70. 4. 105).

25 nov.-3 déc. 1870. — Décret relatif à un recensement général de tous les chevaux, ânes et mulets existant à Paris et dans la banlieue (*Bull.*, n° 203; *Journ. off.* du 26 novembre; D. P. 70. 4. 105).

29 nov.-3 déc. 1870. — Décret relatif à la réquisition des viandes de porc salé et denrées de charcuterie existant chez les charcutiers et marchands de comestibles (*Bull.*, n° 209; *Journ. off.* du 30 novembre; D. P. 70. 4. 106).

10-14 déc. 1870. — Décret relatif à la réquisition de toutes les quantités de houille et de coke approvisionnées dans Paris et dans les communes situées en deçà de la ligne d'investissement (*Bull.*, n° 219; *Journ. off.* du 11 décembre; D. P. 70. 4. 107).

15-20 déc. 1870. — Décret relatif à la réquisition de tous les chevaux, ânes et mulets existant à Paris et dans le territoire en deçà de la ligne d'investissement (*Bull.*, n° 229 ; *Journ. off.* du 16 décembre; D. P. 70. 4. 109).

15-20 déc. 1870. — Décret qui interdit l'abatage des chevaux, ânes et mulets (*Bull.*, n° 230; *Journ. off.* du 16 décembre ; D. P. 70. 4. 109).

21 déc. 1870-23 janv. 1871. — Décret relatif à la réquisition des établissements d'instruction publique (*Bull. de Bordeaux*, n° 377; *Mon. univ.* du 24 décembre; D. P. 71. 4. 12).

22 déc. 1870-23 janv. 1871. — Décret exemptant des réquisitions les chevaux nécessaires au service du transport des dépêches (*Bull. de Bordeaux*, n° 378; *Mon. univ.* du 25 décembre; D. P. 71. 4. 13).

4-10 janv. 1871. — Décret qui confisque au profit de l'Etat tout cheval, mulet ou âne saisi après injonction non suivie d'effet dans un délai de vingt-quatre heures (*Bull.*, n° 258 ; *Journ. off.* du 5 janvier; D. P. 71. 4. 1).

5-10 janv. 1871. — Décret portant interdiction de faire sortir du grain de Paris (*Bull.*, n° 259; *Journ. off.* du 6 janvier; D. P. 71. 4. 2).

6-10 janv. 1871. — Décret relatif à la réquisition des asphaltes, des bitumes et autres matières analogues, etc., approvisionnés à quelque titre que ce soit dans Paris et dans les communes situées en deçà de la ligne d'investissement (*Bull.*, n° 260; *Journ. off.* du 7 janvier; D. P. 71. 4. 2).

12-18 janv. 1871. — Décret relatif à la conservation des chevaux indispensables pour les transports privés (*Bull.*, n° 267; *Journ. off.* du 13 janvier; D. P. 71. 4. 2).

12-18 janv. 1871. — Décret relatif à la réquisition des blés et farines existant dans le département de la Seine et dans les parties des départements voisins dont les habitants sont en communication avec Paris (*Bull.*, n° 266; *Journ. off.* du 13 janvier; D. P. 71. 4. 2).

13-18 janv. 1871. — Décret concernant les détenteurs de farines (*Bull.*, n° 268 ; *Journ. off.* du 14 janvier; D. P. 71. 4. 2).

16-18 janv. 1871. — Décret qui lève la réquisition mise sur les pommes de terre par le décret du 21 nov. 1870 (D. P. 71. 4. 3).

6-8 févr. 1871. — Décret qui rapporte les décrets relatifs à la réquisition de la houille, du coke, des asphaltes, des bitumes et autres matières analogues (*Bull.*, n° 308; *Journ. off.* du 7 février; D. P. 71. 4. 7).

6-8 févr. 1871. — Décret portant que le décret établissant la réquisition des chevaux ne s'appliquera pas aux chevaux introduits dans Paris postérieurement à la promulgation du présent décret (*Bull.*, n° 310; *Journ. off.* du 7 février; D. P. 71. 4. 7).

6-8 févr. 1871. — Décret qui lève la réquisition de la viande de porc et de la charcuterie (*Bull.*, n° 309; *Journ. off.* du 7 février; D. P. 71. 4. 7).

7-11 févr. 1871. — Décret qui lève la réquisition des chevaux, ânes et mulets (*Bull.*, n° 314; *Journ. off.* du 8 février; D. P. 71. 4. 7).

7-11 févr. 1871. — Décret qui lève la réquisition des grains et farines (*Bull.*, n° 312; *Journ. off.* du 8 février; D. P. 71. 4. 7).

7-11 févr. 1871. — Décret qui lève toute réquisition, toute interdiction de vente des animaux de boucherie et des vaches laitières (*Bull.*, n° 313; *Journ. off.* du 8 février; D. P. 71. 4. 7).

15-22 juin 1871. — Loi relative aux réquisitions exercées contre les particuliers, depuis le commencement de la guerre, par les autorités civiles et militaires (*Bull.*, n° 401; D. P. 71. 4. 99).

6-12 sept. 1871. — Loi qui fait supporter par toute la nation française les contributions de guerre, réquisitions et dommages matériels de toute nature causés par l'invasion pendant la guerre de 1870-1871 (*Bull.*, n° 492; D. P. 71. 4. 154).

24 juill.-7 août 1873. — Loi relative à l'organisation générale de l'armée (art. 5 et 25) (D. P. 73. 4. 81).

1er-8 août 1874. — Loi relative à la conscription des chevaux (D. P. 75. 4. 24).

3-6 juill. 1877. — Loi relative aux réquisitions militaires (*Journ. off.* du 6 juillet; D. P. 77. 4. 53).

2-14 août 1877. — Décret portant règlement d'administration publique pour l'exécution de la loi du 3 juill. 1877, relative aux réquisitions militaires (*Bull.*, n° 6161; D. P. 77. 4. 59).

9 avr.-17 juin 1878. — Décret qui désigne les catégories d'exemptions à établir en exécution du tit. 3 de la loi du 3 juill. 1877, relative aux réquisitions militaires (*Bull.*, n° 7005; D. P. 78. 4. 64).

25 févr.-29 mars 1879. — Décret qui modifie celui du 9 avr. 1878 désignant les catégories d'exemption à établir en exécution de la loi du 3 juill. 1877, sur les réquisitions militaires (*Bull.*, n° 7782; D. P. 79. 4. 42).

6 août 1881. — Loi qui autorise le classement des chevaux et des voitures attelées, dans trois départements, en dehors des époques prévues par l'art. 38 de la loi du 3 juill. 1877, relative aux réquisitions militaires (D. P. 82. 4. 62).

8 août 1885. — Décret relatif aux réquisitions militaires en Algérie (*Bull. mil. off.*, part. régl., p. 115).

15 sept.-20 oct. 1885. — Décret relatif au recensement des pigeons voyageurs (D. P. 86. 4. 13).

23 nov. 1886-15 janv. 1887. — Décret relatif aux réquisitions militaires (logement et cantonnement) (*Bull. mil. off.*, part. régl., p. 1012; D. P. 87. 4. 60).

13-15 oct. 1888. — Décret concernant les colombiers mili-

taires (*Journ. off.* du 15 oct. 1884; *Bull. mil. off.*, part. régl., p. 246-247).

23 févr. 1889. — Instruction pour le règlement des dommages causés aux propriétés privées pendant les manœuvres ou exercices exécutés annuellement par les corps de troupe (*Bull. mil. off.*, part. régl., p. 309).

18 nov. 1889. — Règlement sur les transports ordinaires par chemins de fer (*Bull. mil. off.*, part. régl., p. 1133).

19 nov. 1889. — Règlement sur les transports stratégiques (*Bull. mil. off.* 1889, part. régl., p. 1191).

5-6 mars 1890. — Loi portant modification à l'art. 7 de la loi du 3 juill. 1877 sur les réquisitions militaires (*Journ. off.* du 6 mars; *Bull.*, n° 21985; D. P. 91. 4. 4).

12-16 mars 1890. — Décret déterminant les règles générales du ravitaillement de la population civile des places fortes (*Journ. off.* du 16 mars 1890; D. P. 92. 4. 64).

3-6 juin 1890. — Décret portant règlement d'administration publique pour l'exécution de la loi du 5 mars 1890, qui a modifié l'art. 7 de celle du 3 juill. 1877, sur les réquisitions militaires (*Journ. off.* du 6 juin; D. P. 91. 4. 1).

15 oct. 1891. — Décret portant règlement sur le service dans les places de guerre et les villes ouvertes (art. 200 à 204) (D. P. 92. 4. 30).

1er-3 févr. 1892. — Loi ayant pour objet d'assurer l'approvisionnement de la population civile des places fortes en cas de guerre (*Journ. off.* du 3 février; *Bull.*, n° 24690; D. P. 92. 4. 65).

14. Parmi les législations étrangères concernant les réquisitions, celle de l'Empire allemand offre un intérêt particulier. — Deux lois distinctes y règlent les prestations par voie de réquisition en temps de paix et en temps de guerre. D'après la loi du 30 mai-13 juin 1873 (*Revue militaire de l'étranger*, 1er sem. 1874, n° 176, p. 347 et suiv.), l'obligation de fournir toutes les prestations ayant la guerre pour but commence avec le territoire entier du jour où l'armée est mobilisée en totalité ou en partie. L'art. 2 dispose que les prestations ne devront être exigées que dans les cas où il sera impossible de pourvoir aux différents besoins de l'armée par d'autres moyens, tels que l'achat libre, argent comptant ou distributions des magasins. Le même article pose le principe de l'indemnité. Il doit être donné quittance des quantités fournies (art. 4). En général, les réquisitions sont adressées aux communes, responsables devant l'autorité militaire de la fourniture des prestations et de l'accomplissement des services; elles sont tenues d'indemniser les prestataires, dans la limite des indemnités qui leur sont allouées par l'État et lorsqu'elles ont reçu ces indemnités. Les prestations à fournir sont énumérées par l'art. 3 d'une manière non limitative et comprennent tous les services et objets dont la prestation et la fourniture sont exceptionnellement nécessitées par l'intérêt militaire.

15. Outre les prestations à faire directement aux armées par les communes, la loi allemande règle les prestations provinciales, que le conseil fédéral peut ordonner pour la constitution des magasins de guerre. A cet effet, le gouvernement d'État doit établir d'avance des *circonscriptions de prestations*, qui peuvent comprendre l'État entier lorsqu'il s'agit d'États ayant une étendue restreinte. Ces circonscriptions peuvent utiliser l'intermédiaire des communes pour se procurer les prestations qui leur sont demandées.

16. Parmi les prestations fournies soit directement par les communes, soit par les circonscriptions de prestations, les unes sont payées comptant au moyen des ressources toutes prêtes de la caisse de guerre, les autres donnent lieu à des reconnaissances, remises à l'intéressé, qui sont payées, avec intérêt à 4 pour 100 à partir du 1er du mois qui suit le jour de la fourniture, au fur et à mesure que des ressources sont disponibles.

17. La loi allemande de 1873 oblige les propriétaires de chevaux à les livrer à l'autorité militaire contre un prix fixé, sans recours, par une commission d'experts sur la base des prix ordinaires du temps de paix. Le prix est payé comptant. Les États fédéraux sont chargés de préparer le recrutement et la levée des chevaux. La loi prévoit également l'obligation, pour les administrations de chemins de fer, de tenir prêt le matériel nécessaire à l'aménagement des wagons pour le transport des hommes et des chevaux, et de fournir tous les moyens de transport nécessaires.

18. La loi des 29 janv.-13 févr. 1875 prévoit la fourniture à l'armée, en temps de paix, de prestations en nature (*Revue militaire de l'étranger*, 1er sem., 1875, n° 237, p. 169

et suiv.). En temps de paix, les prestations en nature qui peuvent être requises des communes comprennent: 1° les *relais*, c'est-à-dire la fourniture par les propriétaires d'animaux de trait et de voitures, des voitures, attelages et conducteurs qui peuvent être nécessaires aux troupes en marche, cantonnées ou campées, à défaut, par l'intendance, d'avoir pu assurer les transports en temps utile au moyen de marchés; 2° les *vivres* pour les militaires logés chez l'habitant; la nourriture à fournir est en principe celle de l'habitant, mais, en cas de contestation, elle doit être équivalente à celle qui serait fournie par les magasins de l'État; 3° les *fourrages* pour les animaux de selle et de trait de la force armée en route; elle est exigible des propriétaires en tant que le nombre de chevaux n'est pas supérieur à vingt-cinq, lorsque l'intendance n'a pu la fournir en temps utile et qu'il n'existe pas dans la localité de magasins de l'État.

19. Les réquisitions sont, en principe, ordonnées par les autorités civiles, mais les autorités militaires peuvent, en cas d'urgence, s'adresser directement aux municipalités ou même aux habitants en cas d'absence des autorités. La répartition des réquisitions faite entre les communes est ensuite l'objet d'une répartition par l'autorité municipale entre les prestataires, à moins que cette autorité ne préfère prendre à la charge de la commune les fournitures à faire. Les prestations donnent lieu à des indemnités suivant un tarif réglé par le conseil fédéral pour chaque circonscription de livraison, sauf les indemnités de nourriture qui sont réglées par la loi.

20. Un chapitre spécial de la loi est relatif aux obligations particulières des propriétaires de navires et de bateaux, qui sont tenus de les fournir pour le transport des troupes de bord à quai ou réciproquement et pour l'approvisionnement des navires de la marine impériale. Un chapitre est spécial aux obligations des propriétaires de terrains cultivés qui doivent être utilisés pour les manœuvres; aux propriétaires de sources et abreuvoirs tenus de les mettre à la disposition des troupes en marche, au bivouac, en cantonnement ou en manœuvres; il en est de même des propriétaires de forges. Les dégâts causés par les manœuvres sont réglés à l'amiable ou à dire d'experts.

21. Les administrations de chemins de fer sont tenues de transporter les troupes et le matériel de l'armée et de la marine, moyennant les prix dont les tarifs sont déterminés et revisés de temps en temps par le conseil fédéral.

CHAP. 2. — Légitimité des réquisitions.

22. La légitimité des réquisitions est aujourd'hui admise d'une manière générale. Les auteurs qui ont traité du droit des gens reconnaissent aux armées le droit de s'approvisionner sur place des objets nécessaires à l'entretien et au service des troupes qui les composent (V. J. Guelle, *Précis des lois de la guerre*, t. 2, p. 181 et suiv.; Bluntschli, *Le droit international codifié*, traduit par Lardy, art. 653; Heffter, *Le droit international de l'Europe*, traduit par Bergson, § 131; Ch. Vergé sur Martens, liv. 8, § 280; Pradier-Fodéré sur Vattel, liv. 3, § 166; Rouard de Cau, *La guerre continentale dans ses rapports avec la propriété*, p. 169; G. Ferrand, *Des réquisitions militaires*, p. 7-19-24).

23. Si la légitimité du droit de réquisition n'est, aujourd'hui, l'objet d'aucune contestation sérieuse, lorsqu'il s'agit des choses nécessaires à la subsistance des armées, cette légitimité est beaucoup moins certaine lorsqu'il s'agit de la prestation de services personnels qui est parfois requise des habitants. En effet, la plupart des services personnels qui peuvent être réclamés des nationaux des pays envahis, s'ils ne constituent pas des actes directs d'hostilité contre leur propre pays et ses armées, contribuent cependant à faciliter les opérations de l'ennemi et sont, par conséquent, susceptibles de nuire aux armées nationales du citoyen requis. Il est certain, par exemple, que requérir des habitants pour travailler à des travaux de fortifications, aux tranchées d'un siège, excède les droits de l'occupant; il en faut dire autant de la réquisition des habitants pour rétablir des communications coupées ou faire disparaître des obstacles entravant la marche des colonnes (V. toutefois l'art. 148 du règlement sur le service des armées en campagne).

24. La réquisition de citoyens pour servir de guides à

l'ennemi, est également une mesure excessive et qui dépasse les droits de l'envahisseur. « Trop souvent, dit M. J. Guelle, t. 2, p. 44, celui qui guide l'armée d'invasion commet un acte plus préjudiciable à sa patrie que s'il combattait dans les rangs ennemis », et le fait d'avoir volontairement servi de guide à l'ennemi était considéré, par la conférence réunie à Bruxelles en 1874, sur l'initiative du gouvernement russe, comme un crime de haute trahison. Cependant, aucune nation ne voudrait renoncer au droit de se procurer des guides et cette réquisition est admise par un usage général (V. le règlement du 26 oct. 1883 sur le service des armées en campagne, notamment, art. 217, Bluntschli, *Droit international codifié*, art. 634). Le guide agissant contraint et forcé n'est pas considéré comme punissable, puisqu'il ne fait que céder à la force (Bluntschli, art. 635). Bien plus, on admet que le guide qui trompe sciemment la troupe qu'il est chargé de conduire peut être puni de mort. Mais cette rigueur, que les nécessités de la guerre peuvent expliquer jusqu'à un certain point, ne saurait se justifier en droit.

25. Les publicistes admettent que les populations envahies peuvent être légitimement requises d'exécuter les travaux qui peuvent à la rigueur être considérés comme des mesures d'administration civile, telles que les travaux de réparation des routes défoncées, des ponts détruits, etc. (J. Guelle, t. 2, p. 43, Féraud-Giraud, *Occupation militaire*, § 7, G. Ferrand, p. 12). Mais la légitimité des réquisitions n'irait pas, suivant les mêmes auteurs, jusqu'à autoriser l'emploi des habitants pour la construction de routes nouvelles, nécessaires aux communications de l'ennemi.

26. On admet encore la légitimité des réquisitions qui ont pour objet le transport pour l'habitant, au moyen des chevaux et voitures qui lui appartiennent, des fournitures nécessaires à l'armée, des prisonniers, des blessés et malades (J. Guelle, *ibid.*, p. 43). Il y a là sans doute une coopération indirecte aux opérations de la guerre, mais incontestablement moins grave que celles qui ont trait aux guides et aux travaux de fortification ou de défense.

27. À l'égard des réquisitions opérées par l'armée nationale à l'intérieur, aucun doute ne peut s'élever sur la légitimité du droit. « Lorsque les intérêts de la défense nationale sont en jeu, tout ce qui peut lui être nécessaire, disait le rapporteur à la Chambre des députés de la loi du 3 juill. 1877 (D. P. 77. 4. 53), doit devenir l'apanage de l'armée et ceux des citoyens qui ne peuvent concourir autrement à l'œuvre commune doivent trouver dans leur patriotisme une généreuse satisfaction à s'y associer par l'aide qu'ils donnent aux combattants ». D'ailleurs, si les réquisitions à l'intérieur imposent aux citoyens des charges considérables, si elles exigent d'eux quelquefois des services personnels, elles ne sont pour ainsi dire qu'une avance faite par eux à l'État, qui les indemnisera : les charges sociales résultant de la défense de la patrie doivent être également réparties sur la nation entière et la loi, en les imposant matériellement à quelques-uns, a entendu leur garantir tant que possible, qu'ils n'en supporteraient en définitive que leur part.

28. Les réquisitions à l'intérieur ne s'exercent pas seulement aux époques de guerre ; elles peuvent être effectuées pendant la paix, dans le cas de rassemblement de troupe provoqué, non par l'imminence d'une guerre, mais par des circonstances accidentelles, telles qu'un sinistre nécessitant l'aide des troupes, une sédition, une insurrection sur un point du territoire (V. *infra*, nos 30 et suiv.). Même au pareil cas, la nécessité de les exercer peut s'imposer aussi impérieuse que dans le cas de mobilisation. Les communications peuvent être devenues difficiles ou même être coupées et il importe de subvenir au logement et à la subsistance des troupes. Leur intérêt justifie alors suffisamment l'atteinte qui résulte, pour le droit de propriété, du droit de réquisition : d'ailleurs il ne s'agit en temps de paix que de réquisitions restreintes et la réparation du dommage causé est pleinement assuré.

29. On distingue généralement deux sortes de réquisitions : 1° les réquisitions *générales*, c'est-à-dire celles qui s'exercent sur une région d'une étendue plus ou moins grande, en vue de concentrer sur un point donné l'ensemble des ressources nécessaires aux troupes qui y sont réunies ; 2° les réquisitions *locales*, c'est-à-dire celles qui sont exer-

cées dans une localité déterminée pour les besoins de troupes qui s'y trouvent de passage ou en séjour. Ces dernières seules sont prévues par la loi du 3 juill. 1877 : les réquisitions générales ne sont plus prévues que pour l'approvisionnement des places fortes (V. *infra*, nos 89 et suiv.). — On peut encore distinguer les réquisitions d'objets matériels nécessaires aux troupes, des réquisitions de prestations ou services personnels, les réquisitions en nature des réquisitions en argent ou contributions.

CHAP. 3. — Réquisitions à l'intérieur par l'armée nationale.

30. La loi du 3 juill. 1877 n'est applicable qu'aux réquisitions faites à l'intérieur du territoire français par l'armée nationale. Le législateur n'avait pas à régler le mode de procéder qui devrait être suivie en pays étranger, si l'armée française était appelée à franchir la frontière et à opérer en pays ennemi. Toutefois les règles générales qu'il a édictées, sur le droit d'ordonner les réquisitions et de les opérer, seraient évidemment applicables en pays ennemi.

31. Dans la discussion de la loi du 3 juill. 1877, on a présenté les réquisitions de fournitures pour l'armée comme un mode en quelque sorte exceptionnel et destiné à parer aux éventualités qui n'auraient pas été prévues, le mode régulier d'approvisionnement restant celui qui est opéré au moyen des magasins. Toutefois, il ne faudrait pas exagérer la portée de cette interprétation : le règlement sur le service en campagne (Décr. 26 oct. 1883), celui sur l'alimentation des troupes en campagne, du 11 janv. 1893, prévoient au contraire les réquisitions et la subsistance sur le pays comme un des principaux modes d'alimentation des troupes, sinon comme le principal. « On s'efforcera de vivre la plus possible sur le pays, dit le règlement du 11 janv. 1893, sur l'alimentation des troupes en temps de guerre, n° 30, en conservant intacts les vivres portés sur l'homme ou sur le cheval et les réserves roulantes marchant à la suite des troupes. C'est seulement lorsque les ressources locales seront insuffisantes que l'on devra vivre sur les convois ravitaillés sur place ou réapprovisionnés par les envois de l'arrière » et n° 31 « le procédé d'alimentation qui satisfait le plus complètement aux conditions énoncées dans l'article précédent consiste à faire fournir par l'habitant la nourriture en même temps que le cantonnement (V. également les art. 97-105-108 du décret du 26 oct. 1883). On doit donc admettre que les réquisitions, spécialement celle de la nourriture chez l'habitant, constituent le mode principal de ravitaillement de l'armée.

Art. 1er. — *Cas dans lesquels les réquisitions peuvent avoir lieu.*

32. Aux termes de l'art. 1 de la loi du 3 juill. 1877 (D. P. 77. 4. 53), en cas de mobilisation partielle ou totale de l'armée, ou de rassemblement de troupes, le ministre de la guerre détermine l'époque où commence, sur tout ou partie du territoire français, l'obligation de fournir les prestations nécessaires pour suppléer à l'insuffisance des moyens ordinaires d'approvisionnement de l'armée. Les réquisitions peuvent, en premier lieu, être exercées en cas de mobilisation totale de l'armée, c'est-à-dire lorsque, en prévision d'une grande guerre, la totalité de l'armée est appelée à l'activité : l'autorité militaire peut alors user du droit de requérir les prestations nécessaires à l'armée, depuis le jour de la mobilisation jusqu'au moment où l'armée est remise sur le pied de paix (art. 1 du décret du 2 août 1877, D. P. 77. 4. 59). Elles peuvent être également exercées en cas de mobilisation partielle, c'est-à-dire de la mobilisation qui ne s'étend qu'à un certain nombre des corps d'armée ou de corps de troupes appartenant à chaque région, ou bien enfin lorsqu'il n'est appelé sous les drapeaux qu'une fraction des réserves. — Le rassemblement de troupes, qui donne aussi, aux termes de l'art. 1 de la loi du 3 juill. 1877, ouverture au droit de réquisition, doit s'entendre de toute concentration

provoquée, non par l'imminence d'une guerre, mais par des circonstances accidentelles, telles qu'un sinistre nécessitant l'aide des troupes, une sédition, une insurrection sur un point du territoire. Dans ce dernier cas, les troupes concentrées sont généralement sur le pied de paix, mais leur rassemblement inopiné nécessite l'emploi des réquisitions en ce qui concerne le logement, les transports et, dans les premiers jours du moins, la nourriture. Il doit s'entendre encore des grandes manœuvres.

33. Dans tous les cas autres que celui de mobilisation totale, où les réquisitions sont autorisées par la loi du 3 juill. 1877, le droit de réquisition n'est ouvert qu'autant que des arrêtés du ministre de la guerre, publiés dans les communes, ont déterminé l'époque où pourra commencer et celle où devra se terminer l'exercice du droit de réquisition, ainsi que les portions de territoire où ce droit pourra être exercé (Décr. 2 août 1877, art. 2).

Art. 2. — *Formes des réquisitions, droit à indemnité.*

34. L'art. 3 de la loi du 3 juill. 1877 pose en principe que les réquisitions doivent être formulées par écrit et signées : qu'elles doivent mentionner l'espèce et la quantité des prestations imposées et autant que possible leur durée, enfin qu'il doit toujours en être délivré un reçu aux prestataires. Ces diverses prescriptions ont un double but. En premier lieu, elles permettent de constater la qualité, pour l'exercer, de celui qui a fait la réquisition et la régularité des demandes : elles permettent, en outre, d'établir les droits à une indemnité du citoyen requis.

Les règles posées par l'art. 3 de la loi du 3 juill. 1877 sont générales ; nulle réquisition n'est valable si elle n'est signée de celui qui l'exerce, et si elle n'énonce l'espèce et la quantité des prestations imposées. En général, il est satisfait aux prescriptions de la loi au moyen de carnets à souche dont sont détachés les ordres de réquisitions remis entre les mains des officiers chargés de les exécuter ; les reçus des prestations sont aussi détachés d'un carnet à souche confiés également aux officiers appelés à requérir : ceux-ci, une fois leur mission terminée, remettent ces carnets au chef de corps ou de service qui leur a confié la délégation du droit de requérir, et qui devra les transmettre à la commission chargée du règlement des indemnités (Décr. 2 août 1877, art. 5, 6, 7 et 10, D. P. 77. 4. 79). Le commandant de troupe ou de détachement isolé, auquel l'art. 8 du décret 2 août 1877 reconnaît le droit de requérir en temps de guerre, sous sa responsabilité personnelle, les prestations nécessaires aux besoins journaliers des hommes et des chevaux placés sous ses ordres, doit même, lorsqu'il n'est pas muni d'un carnet de réquisition, faire ses demandes par écrit et les signer. En pareil cas, les réquisitions sont faites en double expédition, dont l'une reste entre les mains du maire et l'autre est adressée immédiatement, par la voie hiérarchique, au général commandant le corps d'armée (Décr. 2 août 1877, art. 9).

35. Les instructions ministérielles qui ont complété, dans les détails, les règles qui viennent d'être exposées, ont prescrit les mentions que doivent porter les carnets de réquisitions (V. notamment l'instruction du 12 avr. 1889 sur les officiers d'approvisionnement, modèle 11). Ces mentions rendent possible un contrôle sérieux des réquisitions ; elles permettent de fixer équitablement les indemnités dues et de déterminer les personnes qui ont droit à ces indemnités. La loi proclame, en effet dans son art. 2, que toutes les prestations donnent droit à des indemnités représentatives de leur valeur. Il n'est fait exception, ainsi qu'on le verra *infrà*, n°s 58 et suiv., que pour le logement ou le cantonnement pendant les manœuvres ou pendant la période de mobilisation. « La loi, disait le rapporteur à la Chambre des députés, M. le baron Reille, doit assurer au citoyen la rémunération de ce qu'il a fourni afin que les charges sociales entraînées par la défense de la patrie soient également réparties sur tous ». Les réquisitions, en effet, ne pourront être réparties d'une manière uniforme sur toute la surface du pays : il est des régions qui, par leur situation même, éloignées des frontières et des points où se feront les grandes concentrations de troupes, n'auront à supporter que peu ou point de charges, tandis que d'autres devront acquitter seules tout le poids des prestations nécessaires aux armées. C'est, en somme, l'explication du principe posé par l'art. 545 c. civ., que nul ne peut être contraint de céder sa propriété, si ce n'est pour cause d'utilité publique et moyennant une juste et préalable indemnité. Si cet article semble n'avoir eu en vue que l'expropriation des immeubles, il n'énonce pas moins un principe d'ordre public, et si, au cas particulier, l'indemnité n'est et ne peut être préalable, c'est là une exception que la nécessité commande et qui n'infirme nullement la règle. L'indemnité, d'ailleurs, ne doit pas être restreinte aux prestations de denrées ; la loi s'applique non seulement à la propriété d'objets mobiliers, mais aussi à la jouissance de meubles et d'immeubles, c'est-à-dire qu'elle consacre de réels contrats de vente et de louage forcés, louage d'ouvrage dans certains cas, lorsque la réquisition porte sur des services personnels. Enfin, pour être complète, pour répondre à son but et répartir également sur tous les charges résultant de la défense, la loi devait prévoir la réparation des dommages subis par les populations, les dégâts et les dégradations provenant du fait, de la faute des troupes, en dehors des faits de guerre proprement dits. Elle l'a fait dans son art. 14 (V. également Décr. 2 août 1877, art. 14, 15, 16, 17, 18, 28, 29 et 49).

Art. 3. — *Autorités ayant qualité pour ordonner et exercer les réquisitions.*

36. L'art. 3 de la loi du 3 juill. 1877 pose en principe que le droit de requérir appartient à l'autorité militaire. Cette règle est générale et, on peut le dire, absolue. La loi du 5 mars 1890 (D. P. 91. 4. 1) qui a modifié l'art. 7 de la loi du 3 juill. 1877, relatif à la formation des approvisionnements nécessaires à la subsistance des habitants des places de guerre, n'y a apporté qu'une dérogation apparente en décidant que les réquisitions relatives à ces approvisionnements pourront être faites par les autorités civiles. Cette loi en effet, ne confère pas de pouvoir propre aux autorités administratives, elle n'est qu'en vertu d'une délégation de l'autorité militaire, qu'elles sont en droit d'exercer les réquisitions (*infrà*, n° 90).

37. L'autorité militaire elle-même ne peut ordonner les réquisitions en dehors des cas où la loi en a permis l'exercice ; ces cas sont, comme on l'a vu (*suprà*, n° 32), restreints à celui de mobilisation totale, à celui de mobilisation partielle, enfin à celui de rassemblement de troupes. Les conditions d'ouverture du droit de réquisition sont différentes dans chacun de ces cas, puisque si, en cas de mobilisation totale, l'ouverture au droit de réquisition résulte du décret même de mobilisation. il n'est ouvert, lorsque la mobilisation est partielle ou qu'il y a simple rassemblement de troupes, qu'autant qu'un arrêté ministériel en a déterminé la durée et fixé les localités où il peut s'exercer (*suprà*, n° 33). — Il y a encore lieu de distinguer entre la mobilisation partielle et la mobilisation partielle ou rassemblement de troupes au point de vue des autorités qui exercent de plein droit le droit de réquisition, c'est-à-dire, pour employer une expression plus exacte, qui ont pouvoir d'ordonner les réquisitions.

38. En cas de mobilisation totale. le pouvoir d'exercer les réquisitions appartient, de plein droit, aux généraux commandant les armées, les corps d'armée, les divisions et des troupes ayant une mission spéciale. En cas de mobilisation partielle ou de rassemblement de troupes, au contraire, les généraux commandant les corps d'armée mobilisés ou les rassemblements de troupes ont seuls pouvoir d'exercer de plein droit les réquisitions (Décr. 2 août 1877, art. 3 et 4). Il y a lieu même, au point de vue du pouvoir propre de requérir, de faire une distinction entre le cas de mobilisation totale et le cas de guerre. La mobilisation, même totale, n'implique pas, en effet, d'une manière absolue l'état de guerre, et en point de fait, elle peut précéder d'un temps plus ou moins long l'ouverture des hostilités. Aussi les commandants de troupes ou de détachement opérant isolément qui, en temps de guerre, peuvent requérir sans délégation, sous leur responsabilité personnelle, les prestations nécessaires aux besoins journaliers des hommes ou des chevaux placés sous leurs ordres (Décr. 2 août 1877, art. 8) seraient-ils sans droit pour opérer ces réquisitions en

l'absence de toute délégation, pendant la période de mobilisation antérieure à l'ouverture des opérations de guerre.

39. Les autorités qui viennent d'être énumérées ont seules un pouvoir propre ; mais en fait, les réquisitions ne sont pas directement exercées par ces autorités. Restreindre aux généraux commandant les troupes le pouvoir de signer les ordres de réquisition eût été, pour ainsi dire, annuler le droit qu'on leur conférait. Absorbés par les soins multiples de leur mission, il leur eût été impossible de prévoir dans tous leurs détails les besoins des troupes, et si les fonctionnaires ou officiers chargés de ces détails avaient dû recourir, pour chaque opération, aux généraux commandant les grandes unités, il en fût résulté des pertes de temps souvent préjudiciables aux intérêts qu'on avait entendu servir. Aussi le décret du 2 août 1877 a-t-il conféré aux officiers généraux, auxquels il confiait le droit propre d'exercer les réquisitions, le pouvoir de le déléguer aux fonctionnaires de l'intendance et aux officiers commandant des détachements. A ce dernier titre, les directeurs du service de santé, les médecins chefs d'une formation sanitaire, le directeur du service des étapes, les chefs de corps ou de service (Décr. 2 août 1877, art. 6) reçoivent des délégations des généraux auxquels appartient le droit de réquisition (V. le décret du 25 août 1884, sur le service de santé de l'armée en campagne, le décret du 10 oct. 1889 sur les services de l'arrière, le règlement ministériel du 20 nov. 1889 sur l'organisation et le service des étapes).

40. Il faut même aller plus loin : les officiers ou chefs de service qui reçoivent des généraux la délégation du droit de requérir, par la remise des carnets à souche d'ordres de réquisition (*suprà*, n° 35), peuvent subdéléguer eux-mêmes leur droit de requérir. « Les généraux désignés dans les art. 3 et 4 du présent décret, dit l'art. 6 du décret du 2 août 1877, peuvent remettre aux chefs de corps ou de service des carnets à souche d'ordres de réquisition contenant délégation du droit de requérir, pour être délivrés par ces chefs de corps ou de service, aux officiers sous leurs ordres qui pourraient être éventuellement appelés à exercer des réquisitions ». C'est même la plupart du temps, par les officiers investis d'une telle subdélégation que les réquisitions sont directement exercées, notamment par les commandants d'étapes délégués des directeurs d'étapes (Règl. min. 20 nov. 1889, art. 97 à 102) et les officiers d'approvisionnement des corps de troupe (Instruction du 12 avr. 1889).

41. Dans les grandes manœuvres, les délégations sont faites conformément aux instructions annuelles du ministre sur ces opérations. D'après la plupart de ces instructions, des carnets d'ordres de réquisition doivent être remis, au cours des manœuvres, à tous les commandants de bataillon, d'escadron, de batterie ou de compagnie du génie, à tous les médecins majors chargés du service des évacuations, et même à tout chef de détachement, quel que soit son grade, susceptible d'opérer isolément, mais à titre facultatif et exceptionnel (V. G. Ferrand, p. 172). — Il ne semble pas, toutefois, qu'un carnet de réquisition puisse être remis, en temps de paix, à un chef de détachement qui ne serait pas officier, le décret de 1877 réservant aux officiers seuls le droit de recevoir de telles délégations (G. Ferrand, *ibid.*).

42. Les réquisitions ne peuvent être exercées que par les officiers qui ont été investis limitativement par la loi du droit de requérir ou par ceux qui ont reçu une délégation de ces officiers. Toute réquisition faite par un officier qui ne serait pas muni d'une délégation, hormis le cas prévu par l'art. 8 du décret du 2 août 1877 pour le temps de guerre, serait illégale et les habitants ou les municipalités qui refuseraient d'y obtempérer ne pourraient encourir les pénalités portées par les art. 21 et 22 de la loi du 3 juill. 1877.

Sect. 2. — Prestations qui peuvent faire l'objet de réquisitions.

43. Les réquisitions peuvent, aux termes de l'art. 5 de la loi du 3 juill. 1877, avoir pour objet : 1° le logement chez l'habitant et le cantonnement pour les hommes et pour les chevaux, mulets et bestiaux, dans les locaux disponibles, ainsi que les bâtiments nécessaires pour le personnel et le matériel des services de toute nature qui dépendent de l'ar-

mée ; 2° la nourriture journalière des officiers et soldats logés chez l'habitant, conformément à l'usage du pays ; 3° les vivres et le chauffage pour l'armée, les fourrages pour les chevaux, mulets et bestiaux, la paille de couchage pour les troupes campées ou cantonnées ; 4° les moyens d'attelage et de transport de toute nature, y compris le personnel ; 5° les bateaux ou embarcations qui se trouvent sur les fleuves, rivières, lacs et canaux ; 6° les moulins et les fours ; 7° les matériaux, outils, machines et appareils nécessaires pour la construction ou la réparation des voies de communication, et, en général, pour l'exécution de tous les travaux militaires ; 8° les guides, les messagers, les conducteurs, ainsi que les ouvriers pour tous les travaux que les différents services de l'armée ont à exécuter ; 9° le traitement des malades ou blessés chez l'habitant ; 10° les objets d'habillement, d'équipement, de campement, de harnachement, d'armement et de couchage, les médicaments et moyens de pansement ; 11° tous les autres objets de service dont la fourniture est nécessitée par l'intérêt militaire. « Cette énumération est complète », disait le rapport de M. de Bastard au Sénat. Elle est présentée sous une forme limitative, mais c'est là plutôt une apparence, en raison de l'élasticité des termes du n° 11 de l'énumération. Ce numéro permet à l'autorité militaire de requérir toutes les prestations qui peuvent être nécessaires à l'armée, alors même que la loi ne les aurait pas prévues ; la disposition de ce numéro a évidemment pour but, comme le remarque M. J. Guelle, t. 2, p. 189, note 1, de suppléer d'une manière générale aux lacunes possibles de l'énumération faite par la loi. Toutefois elle ne peut s'appliquer qu'aux demandes en nature et les généraux investis du droit de réquisition ne pourraient s'en prévaloir pour imposer aux nationaux des contributions en argent. Le règlement sur le service des armées en campagne (Décr. 26 oct. 1883, art. 104) est, d'ailleurs, formel sur ce point : « dans aucun cas, une contribution en argent ne peut être imposée à un territoire français, allié ou neutre ».

44. Parmi les prestations énumérées par l'art. 5 de la loi du 3 juill. 1877, les unes ne sont exigibles qu'au cas de mobilisation, les autres peuvent être ordonnées tant en cas de mobilisation que de rassemblement de troupes ou de manœuvres. Suivant la disposition finale du même article : « hors le cas de mobilisation, il ne pourra être fait réquisition que des prestations énumérées aux cinq premiers paragraphes du présent article. Les moyens d'attelage et de transport, bateaux et embarcations, dont il est question aux paragraphes 4 et 5, ne pourront également être requis chaque fois, hors le cas de mobilisation, que pour une durée maximum de vingt-quatre heures ».

Art. 1er. — *Prestations qui peuvent être requises à la fois en temps de mobilisation et en cas de rassemblement de troupes, etc.*

§ 1er. — Logement chez l'habitant et cantonnement pour les hommes et les chevaux.

45. On a introduit dans le texte de la loi du 3 juill. 1877 la substance des règles relatives au logement des troupes, résultant des lois de 1791 et 1792, qui étaient encore en vigueur lors de sa promulgation, avec les modifications nécessitées par l'ordre de choses nouveau résultant des changements apportés à l'organisation et au fonctionnement des institutions militaires. L'ancienne législation ne réglementait que le logement des troupes, et il était indispensable de mentionner parallèlement le cantonnement, dont la nécessité de concentrer les troupes rend l'emploi beaucoup plus fréquent, soit en campagne, soit même dans les lieux de mobilisation. Enfin, il fallait rajeunir une législation que la variation des dénominations avait rendue d'une application difficile et qui, sur beaucoup de points, était tombée en désuétude.

46. L'art. 8 de la loi du 3 juill. 1877 définit les deux modes de logement de troupes chez l'habitant qui sont actuellement en usage et entre lesquels il existe des différences pratiques importantes, c'est-à-dire le logement proprement dit et le cantonnement. D'après cet article, « le *logement* des troupes, en station ou en marche, chez l'habitant, est l'ins-

tallation, faute de casernement spécial, des hommes, des animaux et du matériel dans les parties des maisons, écuries, remises ou abris des particuliers reconnues, à la suite d'un recensement, comme pouvant être affectées à cet usage, et fixées en proportion des ressources de chaque particulier ; les conditions d'installation afférentes aux militaires de chaque grade, aux animaux et au matériel, étant d'ailleurs déterminées par les règlements en vigueur. Le *cantonnement* des troupes, en station ou en marche, est l'installation des hommes, des animaux et du matériel dans les maisons, établissements, écuries, bâtiments ou abris de toute nature appartenant soit aux particuliers, soit aux communes ou aux départements, soit à l'Etat, sans qu'il soit tenu compte des conditions d'installation attribuées, en ce qui concerne le logement défini ci-dessus, aux militaires de chaque grade, aux animaux et au matériel ; mais en utilisant, dans la mesure du nécessaire, la contenance des locaux, sous la réserve, toutefois, que les propriétaires ou détenteurs conservent toujours le logement qui leur est indispensable.

La répartition des troupes dans le cas de logement et dans celui de cantonnement diffère donc par sa base même. Tandis que le logement est imposé en proportion des ressources de chaque particulier, le cantonnement est fondé sur la contenance des locaux. Dans le premier, les conditions d'installation des militaires de tout grade sont déterminées par les règlements militaires ; dans le second, ces conditions ne sont pas observées rigoureusement, et l'installation de chacun est subordonnée aux ressources de la localité. D'une manière générale, le logement est pratiqué lorsque l'effectif des troupes est peu considérable et lorsque les nécessités militaires ne commandent pas de les grouper dans un espace restreint, sous la main de leurs chefs ; le cantonnement, au contraire, s'applique à tous les cas où l'effectif des troupes est un peu considérable, ou encore lorsqu'il est nécessaire de les maintenir groupées. Le cantonnement lui-même est plus ou moins étendu suivant les circonstances ; lorsque les troupes sont éloignées de l'ennemi et couvertes à grande distance, on lui donne toute l'étendue nécessaire pour assurer aux hommes des abris convenables ; au contraire, dans le voisinage de l'ennemi, et lorsqu'il est nécessaire de se concentrer, les cantonnements sont plus *resserrés*, et l'installation des troupes subordonnée avant tout aux nécessités militaires.

47. Il importe au plus haut point, pour la direction des opérations militaires, afin d'éviter aux troupes en marche des fatigues inutiles et des mécomptes fâcheux pour la discipline, que l'autorité militaire fût exactement renseignée sur les ressources que peut offrir chaque localité au point de vue, soit du logement, soit du cantonnement des troupes. L'art. 10 de la loi du 3 juill. 1877 y a pourvu en prescrivant aux municipalités un recensement, soumis à révision périodique, et communiqué aux autorités militaires, de tous les logements, établissements et écuries que les habitants peuvent fournir pour le logement ou le cantonnement des troupes. Le décret du 2 août 1877, art. 23 et suiv., a prescrit aux maires de faire ce recensement tous les trois mois : on doit distinguer, sur les états fournis à l'autorité militaire, l'agglomération principale et les hameaux détachés, et y indiquer approximativement : 1° le nombre de chambres et de lits qui peuvent être affectées au logement des officiers et le nombre d'hommes de troupes qui peuvent être logés chez l'habitant, à raison d'un lit par sous-officier et d'un lit ou au moins d'un matelas et d'une couverture pour deux soldats ; le nombre de chevaux, mulets, bestiaux et voitures qui peuvent être installés dans les écuries, étables ou remises ; 2° le nombre d'hommes qui peuvent être cantonnés dans les maisons, établissements, écuries, bâtiments ou abris de toute nature, appartenant soit aux particuliers, soit aux communes ou aux départements, soit à l'Etat, sous la réserve des locaux indispensables pour le logement des habitants et celui de leurs animaux, denrées et marchandises ; des locaux occupés par des personnes dispensées du logement ou du cantonnement dans la mesure de la dispense qui leur est accordée (*infrà*, n°ˢ 52 et suiv.) (Décr. 2 août 1877, art. 23, modifié par le décret du 23 nov. 1886, D. P. 87. 4. 60).

Les états dressés par les maires sont généralement revisés par l'autorité militaire à laquelle ce droit est réservé par l'art. 24 du décret du 2 août 1877. L'autorité militaire dresse, d'après les états revisés, des tableaux récapitulatifs, dont un extrait est envoyé à chacun des maires des communes intéressées, qui établissent, d'après ces extraits et avec le concours des conseillers municipaux, un état indicatif des ressources de chaque maison pour le logement des troupes, état dont ils suivent l'ordre le plus exactement possible, lorsqu'ils sont requis de loger ou de cantonner des militaires (Décr. 2 août 1877, art. 24, 25 et 26).

48. Les tableaux dressés par l'autorité militaire fixent le nombre d'hommes ou de chevaux que chaque commune peut recevoir ; ces tableaux et les états établis dans chaque commune servent de base aux réquisitions de logements ou de cantonnement, pour lesquels l'art. 11 du décret du 2 août 1877 prescrit de ne réclamer, dans chaque commune, le logement que pour un nombre d'hommes et de chevaux inférieur ou au plus égal à celui qui est indiqué par les tableaux.

49. Le logement, d'ailleurs, aux termes de l'art. 9 de la loi du 3 juill. 1877, n'est réclamé des habitants qu'à défaut ou en cas d'insuffisance des bâtiments militaires destinés au casernement des troupes dans les places de guerre, les villes de garnison, les villes, villages, hameaux et maisons isolées. Il peut y être suppléé au moyen de maisons ou d'établissements loués par les municipalités, reconnus et acceptés par l'autorité militaire. Cette disposition est également applicable à la fourniture des magasins et des écuries. Le logement est dû aux troupes et aux militaires isolés pourvus de feuilles de routes régulières.

50. Pour éviter des retards dans l'installation des troupes dans leur logement ou cantonnement, l'art. 11 de la loi du 3 juill. 1877 prescrit à l'autorité militaire d'informer les municipalités du jour de l'arrivée des troupes qui doivent être logées ou cantonnées chez l'habitant. Ainsi averties, les municipalités préparent les billets de logement en observant de réunir, autant que possible dans le même quartier, les hommes et les chevaux appartenant aux mêmes unités constituées, afin d'en faciliter le rassemblement : elles les remettent à l'officier commandant le détachement et qui précède la troupe. Pour le cantonnement, il n'est pas établi de billets de logement, mais la municipalité, prévenue de l'arrivée des troupes n'en prépare pas moins leur installation en avertissant les habitants d'avoir à disposer les locaux qui ne leur sont pas indispensables et qui doivent être affectés au cantonnement.

51. Aux termes de l'art. 13, § 1, de la loi du 3 juill. 1877, « les municipalités veilleront à ce que la charge du logement et du cantonnement soit répartie avec équité sur tous les habitants (L. 3 juill. 1877, art. 13), etc. La répartition des charges du logement ou du cantonnement doit, en effet, porter d'une manière égale sur tous les habitants, sans qu'aucun puisse se prévaloir de ses fonctions ou de sa qualité pour y échapper (L. 3 juill. 1877, art. 12, § 1). Nul habitant ne peut se soustraire aux charges qui en résultent, et le seul cas qu'on puisse prévoir où un habitant serait fondé à le refuser, est celui où il ne posséderait que le nombre de lits et de pièces strictement nécessaires à son logement et à celui de sa famille, ne devant, dans aucun cas, être délogés de la chambre et du lit où ils ont l'habitude de coucher (Art. 13, § 2, loi du 3 juill. 1877).

52. On a cependant admis quelques exceptions fondées sur des motifs de sécurité personnelle ou de respect des règles de la discipline militaire. La première a lieu en faveur des détenteurs de caisses publiques déposées dans leur domicile, des veuves ou filles vivant seules et des communautés religieuses de femmes ; la seconde, en faveur des officiers et fonctionnaires militaires dans leur garnison ou résidence, pour le logement militaire qui leur est fourni en nature ou, s'ils sont logés en dehors des bâtiments militaires, lorsque leur logement n'excède pas la proportion affectée à leur grade ou à leur emploi (L. 3 juill. 1877, art. 12, §§ 2 et 3). Cette exception n'est pas étendue aux officiers en garnison dans le lieu de leur résidence ordinaire, lesquels sont tenus de fournir le logement dans leur domicile propre comme les autres habitants (L. 3 juill. 1877, art. 12, § final).

53. L'exemption accordée aux officiers et fonctionnaires militaires, pour toute la partie du logement qui n'excède pas

le nombre de pièces qui leur est attribué par les règlements, est plus étendue que celle qui est accordée aux détenteurs de caisses publiques, veuves ou filles vivant seules et communautés religieuses. Aux termes du paragraphe 2 de l'art. 12, les détenteurs de caisses déposées dans leur domicile, les veuves et filles vivant seules et les communautés religieuses de femmes « sont tenus de suppléer au logement en le fournissant en nature chez d'autres habitants, avec lesquels ils prendront des arrangements à cet effet ». Le paragraphe 3 ne reproduit pas cette restriction à l'égard des officiers, et l'art. 23 du décret du 2 août 1877, modifié par celui du 23 nov. 1886 (D. P. 87. 4. 60), prescrit aux maires de ne tenir compte, sur l'état des ressources de logement, que de la partie du logement qui excède le nombre de pièces affecté au grade ou à l'emploi, d'après les règlements militaires.

54. En cas de refus ou de négligence de l'exempté de pourvoir au logement des militaires qui lui sont attribués, l'art. 12, § 2, charge la municipalité de procurer à ces derniers un logement aux frais de la personne exemptée; le maire doit alors prendre un arrêté motivé qui est notifié aussitôt que possible à la personne intéressée et qui fixe la somme à payer. Cette somme est recouvrée comme les contributions directes (Décr. 2 août 1877, art. 27). Il en est de même à l'égard des absents, dont le domicile ne peut être envahi hors le cas de mobilisation (infrà, n° 57).

55. Le dispensé est-il tenu de procurer le logement en nature chez un autre habitant aux militaires qui se présentent chez lui, ou peut-il se borner à refuser le billet de logement qui lui est présenté, laissant ainsi à la municipalité le soin de loger les militaires qu'il refuse? Son refus constitue-t-il une contravention punie par l'art. 21 de la loi du 3 juill. 1877? Ces questions ont donné lieu à deux arrêts contradictoires de la cour de cassation. Suivant le premier (Crim. rej. 3 févr. 1888, aff. Thomas, D. P. 88. 1. 447), les personnes dispensées, dans les termes de l'art. 12 de la loi du 3 juill. 1877, de fournir le logement aux troupes dans leur domicile, ne font qu'user d'un droit en refusant le logement, et ce refus ne constitue de leur part aucune contravention; il ne les soumet qu'à l'obligation ou de fournir le logement en nature chez d'autres habitants, ou de payer la somme fixée dans l'arrêté que le maire doit prendre pour assurer le logement des militaires. D'après le second de ces arrêts, au contraire (Crim. cass. 20 mai 1892, aff. Veuve Dumonteil, D. P. 93. 1. 508), ce n'est pas une faculté que l'art. 12, § 2, de la loi du 3 juill. 1877 accorde à la personne dispensée, mais une obligation qu'elle lui impose; en n'y satisfaisant pas, celle-ci contrevient à cette disposition légale et devient passible de la peine portée par l'art. 21 de la même loi; elle n'est nullement relevée de son obligation par celle qui incombe, d'après le même art. 12, à l'autorité municipale de pourvoir à ses frais au logement des militaires refusés, cette dernière disposition n'ayant été édictée qu'en faveur de l'autorité militaire, à laquelle le logement, dû par la commune, doit toujours être, en définitive, procuré, et ne pouvant être invoquée par aucune des personnes exemptées pour se soustraire à l'exécution de la prescription légale, qui leur est directement imposée, de fournir elles-mêmes chez les autres habitants le logement qu'elles refusent de donner à leur propre domicile. Quelle que soit la rigueur de cette dernière solution, elle nous paraît devoir être préférée. En effet, l'art. 12, après avoir posé en principe que le logement est dû sans distinction de personnes, quelles que soient leurs fonctions ou qualités, dispense certaines personnes de le fournir dans leur domicile en stipulant qu'elles seront tenues d'y suppléer en fournissant le logement en nature chez d'autres habitants. La dispense n'est donc pas complète et absolue; elle ne met pas à la charge de la municipalité le soin de fournir le logement, mais bien à la charge du dispensé. Il ne semble pas, par conséquent, que celui-ci puisse se borner à refuser le logement et se décharger sur la municipalité du soin de l'assurer à ses frais. Ce soin n'est imposé par la loi au maire que dans le cas où l'habitant est absent, « hors le cas de mobilisation, dit le paragraphe 2 de l'art. 13, le maire ne pourra envahir le domicile des absents; il devra loger ailleurs à leurs frais ». Lorsque le maire est tenu de fournir le logement aux frais du dispensé, en cas de refus de celui-ci de le fournir en nature, c'est, comme l'a dit avec raison l'arrêt du 20 mai 1892, au regard de l'autorité militaire,

et cette obligation n'empêche nullement le dispensé d'avoir contrevenu à celle des dispositions de la loi qui l'oblige à suppléer au logement dans son domicile par un logement fourni en nature chez un autre habitant.

56. La loi du 3 juill. 1877 n'a édicté de dispenses qu'au point de vue du logement; elle n'en a pas formulé à l'égard du cantonnement, qui présente, à un degré plus élevé, les mêmes inconvénients que le logement. Il y avait là une lacune que le décret du 23 nov. 1886 (D. P. 87. 4. 60) a comblée en modifiant l'art. 23 du décret du 2 août 1877. D'après cet article modifié, « les détenteurs de caisses publiques déposées dans leur domicile, les veuves et filles vivant seules et les communautés religieuses de femmes, les officiers et fonctionnaires militaires logés, à leurs frais, dans leur garnison ou résidence, ne sont tenus de fournir le cantonnement que dans les dépendances de leur domicile, qui peuvent être complètement séparées des locaux occupés pour l'habitation. Sur l'état des ressources pour le cantonnement, les maires ne tiennent compte que de ces dépendances ».

57. Le logement des absents, on a déjà eu l'occasion de le dire, ne peut, hors le cas de mobilisation, être envahi par le maire; le logement doit être fourni ailleurs à leurs frais. Cette disposition s'applique au cantonnement (Crim. rej. 1er mars 1890, aff. Roumier, D. P. 90. 1. 334). Le maire qui, pour loger des troupes prenant part aux grandes manœuvres, fait ouvrir par un serrurier les portes de l'appartement d'un absent commet le délit de violation de domicile, alors même que l'absent aurait laissé les clefs de son appartement à une tierce personne, si cette tierce personne n'avait qu'une mission de surveillance sur le logement (Bourges, 28 nov. 1889, aff. Roumier, D. P. 90. 2. 181, et arrêt précité du 1er mars 1890). Il y a, d'ailleurs, lieu de remarquer qu'en pareil cas, on se trouve en présence d'une question de fait, le mot absent n'ayant pas été défini par la loi et n'ayant pas une signification juridique déterminée. Nul doute si l'absent n'a laissé ses clefs à personne, mais s'il les a confiées à un tiers, il peut y avoir lieu de rechercher s'il a confié à ce tiers, sur le logement, des droits de surveillance et de disposition tels qu'on puisse le considérer comme représentant l'absent au point de vue de ses obligations et de ses droits quant au logement des troupes.

58. Comme toutes les prestations fournies par voie de réquisition, le logement et le cantonnement donnent droit à une indemnité. L'art. 15 de la loi du 3 juill. 1877 modifie, au bénéfice des habitants, le principe posé par la loi de 1791 et le règlement de 1792 en ce qui concerne la gratuité absolue du logement et du cantonnement des troupes de passage. Il résultait, en effet, de ce principe, que les localités situées sur les lignes d'opérations avaient constamment à subvenir au logement des gens de guerre, et cette charge si lourde ne pesait ainsi que sur une partie de la population. Il est vrai que des nécessités impérieuses ne permettent pas de le répartir également sur la totalité du territoire; mais on peut du moins en alléger le fardeau en accordant l'indemnité aux habitants intéressés (Rapport au Sénat, D. P. 77. 4. 53). Toutefois, en cette matière, le principe de l'indemnité souffre trois exceptions qu'on a cru pouvoir imposer aux habitants sans trop les grever, de manière à sauvegarder les intérêts du Trésor. On a maintenu la gratuité pour: 1° le logement des troupes de passage chez l'habitant ou leur cantonnement pour une durée maximum de trois nuits dans chaque mois, ladite durée s'appliquant indistinctement au séjour d'un seul corps ou de corps différents chez les mêmes habitants; 2° le cantonnement des troupes qui manœuvrent; 3° le logement chez l'habitant ou le cantonnement des troupes rassemblées dans les lieux de mobilisation et leurs dépendances pendant la période de mobilisation. La prestation du cantonnement en cas de manœuvre est, en effet, mieux répartie que l'était autrefois celle du logement puisque les manœuvres s'exécutent tantôt sur un point, tantôt sur un autre, et comprennent dans leur théâtre des localités situées en dehors des lignes ordinaires d'étapes. D'ailleurs, à raison des déplacements toujours fréquents des troupes en manœuvres, cette prestation peut être assimilée à la fourniture gratuite du logement des troupes de passage résidant trois nuits chez les mêmes habitants. L'exception relative à l'indemnité afférente au lo-

gement et ca▮▮▮▮▮t des troupes dans les lieux et pendant la période de ▮▮▮▮tion, qui doit peser sur un très grand nombre de loca▮▮▮ à la fois, par suite de la concentration rapide des élém▮▮▮ destinés à porter les corps de troupes ou services au pi▮▮▮e guerre, est justifiée par l'immense mouvement success▮d'hommes et de chevaux qui résultera de la mobilisation. L'arrivée successive et le séjour inégal de tous les éléments des divers corps de troupes mobilisés se prêteraient difficilement à la tenue de comptes de logements ouverts à chaque habitant (V. *Rapport au Sénat*, D. P. 77. 4. 53). D'ailleurs, la gratuité du logement dans les lieux de mobilisation et leurs annexes cesse dès qu'elle n'est plus indispensable. Un décret rendu sur la proposition du ministre de la guerre, postérieurement à la période de mobilisation et au moment précis où les derniers éléments des troupes mobilisées auront reçu leur complément de guerre, sur tout le territoire en cas de mobilisation totale, dans les limites d'une région déterminée en cas de mobilisation partielle, fixe la durée de cette période; à partir de ce décret, le logement des troupes dans les lieux de mobilisation sera soumis aux conditions ordinaires, c'est-à-dire donnera droit à une indemnité. Enfin l'exception du paragraphe 3 de l'art. 5 ne s'applique qu'aux troupes stationnées à demeure dans les lieux de mobilisation. Le logement des troupes de passage reste soumis aux dispositions du paragraphe 1 de l'art. 15.

59. La gratuité du logement ou du cantonnement pendant trois nuits par mois s'applique uniquement aux troupes de passage; l'exception au principe général de l'indemnité, formulé par le paragraphe 2 de l'art. 15 est en effet limité aux logement ou cantonnement fournis dans ces conditions. L'Administration militaire a voulu en étendre l'effet et l'appliquer aux troupes en station. Cette question présentait un grand intérêt pour les populations de certaines localités où, en raison des variations de l'effectif de la garnison résultant des convocations des réservistes et des territoriaux, les ressources du casernement deviennent insuffisantes et où l'Administration se trouve obligée de recourir au logement chez l'habitant. L'administration de la Guerre a prétendu profiter, pour ménager les intérêts du Trésor, de la modification qu'elle avait fait apporter, par le décret du 23 nov. 1886 (D. P. 87. 4. 60), à l'art. 31 du décret du 2 août 1877. Le nouvel art. 31 est ainsi conçu : « *Dans tous les cas* où il y a lieu à indemnité pour le logement ou le cantonnement des militaires, cette indemnité n'est due qu'autant que le nombre de lits ou places, occupés dans le courant d'un même mois, excède le triple du nombre des lits ou places portés sur l'extrait des tableaux dont il est fait mention à l'art. 25 ci-dessus. L'excédent seul ouvre droit à indemnité ». — Malgré la généralité de ce texte, la prétention du ministre a été écartée à bon droit, et la cour de cassation a jugé que la disposition exceptionnelle de l'art. 15-1° de la loi du 3 juill. 1877 n'est applicable que lorsqu'il s'agit spécialement et uniquement des troupes de passage (Civ. rej. 6 juin 1893, aff. Ville d'Avignon, D. P. 94. 1. 73). En effet, le décret du 23 avr. 1886, pris en vertu de la délégation contenue dans la loi du 3 juill. 1877, pour en assurer l'exécution, n'a pu faire échec à cette loi. Or, le texte des art. 2 et 15-1° est parfaitement clair et pour en étendre l'application aux troupes en station, le ministre de la guerre était contraint de le dénaturer. Il soutenait que le n° 1 de l'art. 15 devait être lu « le logement des troupes *même celles de passage*, chez l'habitant, etc. ». C'était, sous prétexte d'interpréter la loi, en changer la portée après en avoir modifié le texte. D'ailleurs, la loi du 3 juill. 1877 n'a fait que reproduire avec quelques modifications de détail, en restreignant plutôt les droits de l'Administration militaire (V. le rapport, D. P. 77. 4. 53), la législation antérieure, sous laquelle le logement des troupes chez l'habitant donnait lieu, en principe, à une indemnité. On lit dans le règlement adopté par l'Assemblée nationale le 23 mai 1792 (art. 3) : « A défaut ou en cas d'insuffisance des bâtiments militaires ou des maisons qui y suppléeront, les sous-officiers, soldats et autres seront logés chez l'habitant; leur logement sera également établi chez l'habitant *lorsqu'ils seront en détachement ou cantonnement hors des villes, bourgs ou villages*; mais, dans tous les cas, l'habitant recevra une indemnité pour chacun des sous-officiers, soldats et autres qu'il aura logés ». Même principe dans l'art. 4 dudit règlement. Puis l'art. 7 apporte

une exception en ces termes : « Les dispositions ci-dessus ne concernent pas les officiers et soldats de troupes de passage; en conséquence, les habitants continueront à leur fournir, sans indemnité, le logement et les écuries dont ils auront besoin ». Le système du ministre de la guerre était donc contraire à la loi.

60. Comme on vient de le voir, l'art. 31 du décret du 2 août 1877, modifié par le décret du 23 nov. 1886, dispose que « dans tous les cas où il y a lieu à indemnité pour le logement ou le cantonnement des militaires, cette indemnité n'est due qu'autant que le nombre de lits ou places occupés dans le courant d'un même mois excède le triple du nombre des lits ou places portés sur l'extrait des tableaux dont il est fait mention à l'art. 25. (c'est-à-dire des tableaux du recensement dressés par les maires). L'excédent seul ouvre droit à indemnité ». L'ancien art. 31 disposait que la commune qui réclame une indemnité, pour logement ou cantonnement de troupes, devait fournir la preuve, pour chaque habitant qui réclame une indemnité, qu'il a reçu des troupes chez lui pendant plus de trois nuits dans le même mois, et l'art. 32 prévoyait le cas où le maire n'aurait pu suivre dans la répartition du logement aux habitants l'ordre des tableaux de recensement. La nouvelle rédaction de l'art. 31 a pour but d'obliger les municipalités à suivre cet ordre et de ne mettre l'indemnité de logement à la charge de l'Administration militaire qu'autant qu'elle aurait employé, dans un même mois, plus du triple des lits ou places existant dans la commune. Elle est sans doute très favorable aux intérêts du Trésor, mais elle est beaucoup moins conforme, croyons-nous, à l'esprit de la loi du 3 juill. 1877, que la rédaction donnée à l'art. 31 par le décret du 2 août 1877. Il peut arriver en effet, dans des villes importantes et d'une certaine étendue, qu'il soit impossible de répartir également le logement sur toute la surface de la localité sans occasionner aux troupes des fatigues sérieuses : il peut arriver à plus forte raison que le cantonnement, surtout hors du cas de mobilisation, ne puisse être effectué dans certains quartiers qui ne se prêtent pas à cette opération, surtout pour les troupes à cheval. N'en résultera-t-il pas que des lits ou places, en nombre plus ou moins grand, resteront inoccupés, tandis que d'autres le seront pendant plus de trois nuits ? Et dans ce cas, l'Administration militaire refusera toute indemnité ; les habitants seront par suite lésés et la loi du 3 juill. 1877 violée à leur égard. En réalité, l'art. 31 modifié par le décret du 23 nov. 1886 nous paraît, sous prétexte d'appliquer la loi du 3 juill. 1877, en méconnaître à la fois la lettre et l'esprit : la légalité nous en semble donc douteuse.

61. Toutes les fois que la loi n'accorde aucune indemnité pour le logement ou le cantonnement, la loi du 3 juill. 1877 (art. 17) attribue aux habitants, à titre de dédommagement, le fumier des animaux. Dans tous les cas où le logement ou le cantonnement donnent droit à une indemnité, le fumier reste la propriété de l'Etat, et son prix peut être déduit du montant de ladite indemnité, avec le consentement de l'habitant. Ici encore, le règlement d'administration publique (art. 33 du décret du 2 août 1877, modifié par le décret du 23 nov. 1886, D. P. 87. 4. 60) a modifié la loi en faisant entrer le fumier dans la composition des indemnités de logement ou de cantonnement des chevaux et mulets sans se préoccuper du consentement des habitants. Aux termes de cet article, les indemnités de logement et de cantonnement sont fixées : 1° logement, par lit d'officier et par nuit 1 fr.; par lit de sous-officier ou soldat, et par nuit, 0 fr. 30 cent.; par place de cheval ou mulet, et par nuit, 0 fr. 05 cent. (plus le fumier); 2° cantonnement, par homme et par nuit, 0 fr. 05 cent.; par cheval ou mulet, le fumier.

62. Les art. 30 et 32 du décret du 2 août 1877, modifiés par le décret du 23 nov. 1886, déterminent le mode de règlement des indemnités qui peuvent être dues pour le logement ou le cantonnement des troupes. « Art. 30. Toutes les fois qu'une troupe est logée ou cantonnée dans une commune, l'officier qui la commande remet au maire, le dernier jour de chaque mois, ainsi que le jour où la troupe quitte la commune, un état, en double expédition, indiquant l'effectif en officiers, sous-officiers, soldats, chevaux ou mulets, ainsi que la date de l'arrivée et celle du départ. Il n'y

a pas lieu de fournir cet état lorsqu'il s'agit de cantonnement de troupes qui manœuvrent, ou du logement ou cantonnement de militaires pendant la période de mobilisation. — Art. 32. Le maire justifie toute demande d'indemnité au moyen d'un état récapitulatif appuyé des états d'effectif dressés en exécution de l'art. 30. Dans le cas où la somme demandée excéderait celle qui est due d'après le principe posé à l'art. 31, le maire indiquerait les motifs de la différence. L'état récapitulatif est adressé, en double expédition, au sous-intendant militaire de la subdivision de région, qui le vérifie, l'arrête et ordonnance, s'il y a lieu, un mandat de la somme réclamée, au nom du receveur municipal de la commune chargé de payer les intéressés. Les contestations qui pourraient s'élever au sujet du règlement de l'indemnité seront jugées conformément aux dispositions des art. 26 de la loi du 3 juill. 1877 et 56 du décret du 2 août 1877 ».

63. L'art. 14 de la loi du 3 juill. 1877, comme le faisait déjà le règlement du 23 mai 1792, rend les troupes responsables des dégâts et dommages occasionnés par elles dans les logements ou cantonnements. En temps de paix, un officier est laissé en arrière par le commandant de la troupe pour recevoir les réclamations des habitants par l'intermédiaire de la municipalité. Si la réclamation est fondée, un procès-verbal est dressé des dégâts commis, contradictoirement par le maire de la commune et par l'officier chargé de recevoir et d'examiner les réclamations. Ce procès-verbal, en temps de paix et lorsqu'il s'agit de troupes de passage est remis à l'habitant qui adresse sa réclamation à l'autorité militaire (Décr. 2 août 1877, art. 28). En cas de mobilisation, le procès-verbal sert à l'intéressé comme une réquisition ordinaire, et l'indemnité à allouer est réglée comme en matière de réquisition (même article). Les dégâts doivent être signalés et constatés au plus tard dans les trois heures du départ de la troupe, à peine de déchéance (L. 3 juill. 1877, art. 14). En temps de guerre, les dégâts doivent être constatés avant le départ de la troupe, car le chef de corps ne peut, dans ce cas, laisser un officier en arrière, et les réclamations produites ultérieurement ne sauraient avoir aucune suite. Néanmoins, le départ en temps de guerre pouvant être inopiné, lorsque les habitants n'ont pu être prévenus et ont ainsi été empêchés de faire leurs justes réclamations, la forclusion édictée par la loi serait trop rigoureuse pour être appliquée d'une manière absolue. Le règlement d'administration publique a donc confié au juge de paix, ou à son défaut au maire de la commune, le soin de recevoir les plaintes des habitants. Ces plaintes doivent être remises moins de trois heures après le départ de la troupe. Le juge de paix ou le maire se transporte immédiatement sur les lieux, fait une enquête et dresse un procès-verbal qui est remis à la personne intéressée, pour faire valoir ses droits comme en matière de réquisition (Décr. 2 août 1877, art. 29).

64. Le logement et le cantonnement comportent, comme accessoires, l'obligation pour l'habitant de fournir aux hommes la place au feu et à la chandelle (L. 3 juill. 1877) le règlement sur le service intérieur des corps de troupe y ajoute les ustensiles nécessaires pour faire et manger la soupe (art. 427). Ce sont là des prestations passées dans les mœurs, et qui ne peuvent donner lieu à aucune difficulté.

§ 2. — Nourriture chez l'habitant.

65. Les mesures à prendre pour l'alimentation des troupes en campagne doivent tendre, autant que possible, à ne pas entraver la liberté des opérations, à éviter les fatigues aux troupes et aux équipages, à ménager le plus possible les vivres transportés à la suite des colonnes et ceux des magasins destinés à les renouveler, et à réduire au strict minimum le nombre des voitures employées aux ravitaillements. Le procédé d'alimentation qui satisfait le plus à ces conditions consiste à faire fournir par l'habitant la nourriture, en même temps que le cantonnement. — En temps de paix, ce mode d'alimentation est exceptionnel ; on ne l'emploie guère que d'une manière accidentelle lorsque les troupes, après des marches forcées, arrivent au cantonnement à une heure trop avancée pour qu'il soit possible de

faire des distributions régulières et ⬛⬛⬛ ommes puissent préparer leur repas. En temps ⬛⬛⬛, au contraire, il doit être d'une application beaucou⬛ ⬛ fréquente.

Le droit de prescrire ce mode d ⬛⬛sistance pour les grandes unités, en tant que mode n⬛⬛al, est réservé aux généraux commandants d'armée ou d⬛ corps d'armée, avec faculté de le déléguer aux chefs de corps ou de détachement opérant isolément. Les commandants d'un cantonnement sont d'ailleurs autorisés à l'ordonner si le temps leur manque pour provoquer et recevoir utilement les ordres de l'autorité qui a qualité pour le donner. La nourriture est demandée par journée entière ou par demi-journée ; le plus souvent, et surtout pour les détachements, elle ne comprend pas le pain ; il en est tenu compte pour l'établissement du prix de la journée de nourriture. La nourriture est le plus souvent réclamée par voie de réquisition ; quelquefois elle donne lieu à des conventions amiables et est alors assimilée aux achats (V. le règlement sur l'alimentation des troupes en temps de guerre du 11 janv. 1893, art. 30 et 31). Quelquefois, au lieu de s'adresser aux habitants, la réquisition s'adresse aux communes auxquelles on prescrit de préparer dans un local spécial un certain nombre de repas ; en général, ce mode n'est employé que pour les petits détachements, troupes d'exploration et d'avant-garde, prisonniers, malades, blessés, petites garnisons des gîtes d'étape, etc. (Ibid.).

66. La loi n'a pas déterminé la composition des repas qui doivent être fournis par les habitants, la réglementation d'une telle matière a paru impossible ; on s'est borné dans l'art. 5 à décider que la nourriture devrait être « telle qu'elle est en usage dans le pays », et le décret du 2 août 1877 a ajouté, art. 12 : « Lorsque des troupes sont logées chez l'habitant, et que celui-ci est requis de leur fournir la nourriture, il ne peut être exigé une nourriture supérieure à l'ordinaire de l'individu requis ». Le soldat, disait le rapporteur de la Chambre des députés, M. le baron Reille (séance du 6 févr. 1877, Journal officiel, 1877, p. 970), ne peut demander que ce que l'habitant a : il ne peut que demander de le nourrir comme lui-même, en un mot de lui accorder l'hospitalité. Les règlements militaires sont plus rigoureux : celui du 11 janv. 1893 dispose qu'en général l'officier et le soldat doivent se contenter de la table de leur hôte, du moment qu'il leur est offert, en tenant compte des habitudes locales, une nourriture équivalente à la ration réglementaire. Mais il dispose également « que la composition des repas pour la troupe et pour les officiers, ainsi que le prix du remboursement s'il y a lieu, sont fixés par l'autorité militaire ; les municipalités sont chargées d'en donner avis aux populations » (art. 31).

§ 3. — Vivres et chauffage, fourrage paille de couchage.

67. Le paragraphe 3 de l'art. 5 de la loi du 3 juill. 1877 autorise la réquisition des vivres et du chauffage pour l'armée, des fourrages pour les chevaux, mulets et bestiaux, de la paille de couchage pour les troupes campées ou cantonnées. La quotité des rations qui servent de base à ces réquisitions est déterminée par le ministre (Décr. 26 oct. 1883 sur le service de l'armée en campagne, art. 95). Le ministre fixe également le nombre et la composition des rations affectées à chaque grade (Même article) (V. en ce qui concerne la composition des rations le règlement du 11 janv. 1893, annexe 1 ; pour le nombre des rations allouées à chaque grade, la décision ministérielle du 23 janv. 1883 ; pour les rations de chauffage, V. règlement du 11 janv. 1893, annexe 3.

68. Le défaut de ressources locales peut obliger l'autorité à modifier la composition des rations de vivres, fourrages, etc. On utilise alors les denrées de substitution, dont l'emploi est autorisé par le général en chef (Art. 25 du règlement sur le service en campagne, décret du 26 oct. 1883). Pour le tarif des denrées de substitution, V. le règlement du 11 janv. 1893 sur l'alimentation des troupes en temps de guerre, annexes 1 et 2.

§ 4. — Moyens d'attelage et de transport de toute nature, conducteurs.

69. Il ne faudrait pas confondre la réquisition des

moyens d'attelage et de transport de toute nature, exercée en vertu du n° 4 de l'art. 5 de la loi du 3 juill. 1877, avec la réquisition qui s'exerce en exécution du titre 8 de la même loi sur les chevaux, juments, mulets, mules et voitures attelées. Celle-ci constitue une véritable dépossession des propriétaires, elle est destinée à composer les convois qui entrent normalement dans l'organisation des corps d'armée et doivent les suivre dans toutes les opérations de la guerre : le personnel appelé à la conduite des voitures est un personnel militaire soumis aux lois militaires. Enfin la réquisition prévue par le titre 8 ne peut être exercée qu'en cas de mobilisation ; au contraire, la réquisition exercée en vertu de l'art. 5, n° 4, de la loi du 3 juill. 1877, est momentanée, elle a pour objet la constitution de convois de ravitaillement ou d'évacuation, généralement loin de l'ennemi : le personnel de conduite est civil, composé également au moyen des réquisitions ; l'élément militaire n'y intervient que pour assurer l'ordre et la régularité de la marche. Enfin elle s'exerce sans aucune distinction entre les attelages et les voitures classés et ceux qui ne le sont pas, sans suivre l'ordre de tirage qui est prescrit pour les réquisitions du titre 8, et aussi bien en temps de paix qu'en temps de mobilisation (V. G. Ferrand, p. 196-197). — Les détails sur l'emploi de la réquisition des moyens d'attelage et de transport se trouvent dans le décret du 25 août 1884 (Règlement sur le service de santé en campagne) pour tout ce qui a trait au transport des blessés et malades, et dans le règlement ministériel du 20 nov. 1889 sur le service des étapes, notamment pour les formations spéciales destinées aux transports éventuels ou complémentaires de matériel, de troupes et d'évacuation.

70. Bien qu'elle doive être momentanée, la durée de la réquisition des moyens d'attelage ou de transport et des conducteurs n'a été limitée ni par la loi du 3 juill. 1877 ni par le décret du 2 août suivant. Il convient que ces réquisitions ne soient pas exercées pour une période trop longue. Comme toutes les réquisitions prévues par la loi de 1877, elle donne lieu à indemnité ; elle donne également lieu à la réparation des dommages particuliers qui peuvent se produire au cours de la réquisition et des pertes. Aux termes de l'art. 14 du décret du 2 août 1877, quand il y a lieu de requérir des chevaux, voitures ou harnais pour des transports qui doivent amener un déplacement de plus de cinq jours avant le retour des chevaux et voitures, il est procédé, avant la prise de possession, à une estimation contradictoire faite par l'officier requérant et le maire. Si des chevaux ou voitures, requis pour accompagner un détachement ou convoi, sont perdus ou endommagés, le chef du détachement ou convoi doit délivrer au conducteur un certificat constatant le fait, et y joint son appréciation des causes du dommage, et, si l'estimation préalable n'a pas eu lieu, une évaluation de la perte subie (art. 15). En cas de perte de l'officier, chef du détachement ou du convoi, de délivrer les pièces mentionnées à l'art. 15, le conducteur des chevaux et voitures endommagés doit s'adresser immédiatement au juge de paix, ou, à défaut du juge de paix, au maire de la commune où s'est produit le dommage, pour en faire constater les causes et la valeur. Les conducteurs requis et les chevaux ont droit à la nourriture pendant toute la durée de la réquisition. Ce droit semble résulter de l'art. 19 du décret du 2 août 1877, d'après lequel les chefs de détachements qui requièrent des conducteurs pour accompagner les troupes doivent pourvoir à leur nourriture, ainsi qu'à celle des chevaux, pendant toute la durée de la réquisition. Cet article ne doit pas être restreint au cas spécial où la réquisition est exercée par un chef de détachement, mais il s'étend à tous les cas de réquisition de conducteurs et de chevaux. Le règlement du 20 nov. 1889, sur le service des étapes (Annexe, notice n° 5), statuant sur la solde et la nourriture des conducteurs, dispose que les vivres et fourrage sont dus et assurés par l'Administration dans les mêmes circonstances que la solde, et celle-ci est attribuée lorsque la réquisition dure un service de plus de vingt-quatre heures. Le défaut de solde payée par l'Administration n'empêche pas d'ailleurs une indemnité puisse être réclamée pour tout service n'excédant pas vingt-quatre heures, par application de l'art. 4, § 4, de la loi du 3 juill. 1877.

71. Le paragraphe 5 de l'art. 5 autorise l'autorité militaire à requérir les bateaux ou embarcations qui se trouvent sur les fleuves, rivières, lacs et canaux. L'utilité de ces moyens de transport n'est pas douteuse pour le service de l'armée, soit qu'il s'agisse d'autoriser les ressources offertes par les voies de terre pour les transports de matériel, de vivres, de munitions ou même de personnel, lorsque ces voies sont insuffisantes ou endommagées, soit qu'il s'agisse de suppléer à l'absence de ponts ou à leur destruction. Aussi leur emploi est-il prévu dans le règlement du 20 nov. 1889 sur le service des étapes pour la constitution et le ravitaillement des magasins permanents sur les lignes de communication, pour le transport des vivres, des munitions, du matériel lourd destiné aux sièges, etc. Enfin l'usage des voies de navigation sera utilisé par le service de santé dans une large mesure (V. le décret du 25 août 1884, annexe 11, § 2), l'emploi de ces voies étant éminemment favorable au transport des malades et des blessés qui ne pourraient sans fatigue ou sans danger les trépidations des wagons de chemin de fer ou des voitures.

72. La réquisition des bateaux comporte normalement celle du personnel nécessaire à leur conduite et des agrès ; le personnel doit être assimilé aux conducteurs des voitures requises (G. Ferrand, p. 203).

73. Lorsque les bateaux ou embarcations doivent être requis pour une durée de plus de huit jours, ils doivent être l'objet d'une estimation contradictoire faite par l'officier requérant et le maire de la commune. Lorsque les bateaux sont restitués, il est dressé un procès-verbal des détériorations subies, dont il est également fait mention sur le reçu primitivement délivré et qui est annexé à ce reçu.

ART. 2. — *Prestations qui ne peuvent être requises qu'en cas de mobilisation.*

§ 1er. — Moulins et fours.

74. La réquisition des moulins s'étend aux moulins de toute espèce, depuis les simples moulins à eau ou à vent jusqu'aux grandes usines de minoterie. Elle peut s'exercer de deux manières : 1° consister simplement dans la demande de moudre une quantité déterminée de blé, sans interrompre la marche de l'usine ou en ne l'interrompant que momentanément. Dans ce cas, le meunier exploite lui-même ; il s'agit d'un contrat de louage, forcé il est vrai, et donnant simplement lieu, comme indemnité, à la rétribution du travail effectué ; — 2° La réquisition s'étend à l'usine entière et a pour objet d'en attribuer temporairement à l'autorité militaire l'usage exclusif. Il est alors procédé, avant et après la prise de possession, à une constatation sommaire par l'officier requérant et le maire de la commune, constatation qui a pour objet la vérification des dégradations causées par l'exploitation de l'autorité militaire et s'ajoute, à titre de réparation, à l'indemnité due pour l'occupation de l'usine (Décr. 2 août 1877, art. 18).

75. La réquisition des fours peut porter sur les fours des ménages aussi bien que sur ceux des boulangeries locales. Du reste la création des fours mobiles attachés aux corps d'armée et pouvant fournir environ 38 000 rations par journée de station et moitié par journée de route rendra la réquisition des fours beaucoup moins fréquente.

§ 2. — Matériaux, outils, machines, etc.

76. Les réquisitions sont susceptibles de porter sur les matériaux, les outils et les machines et autres appareils qui peuvent être nécessaires pour la construction et la réparation des voies de communication et, en général, pour l'exécution de tous les travaux militaires (L. 3 juill. 1877, art. 5, § 7). La plupart du temps la réquisition de ces objets, des matériaux surtout, entraînera la dépossession complète de leurs propriétaires : il est donc moins, pour les matériaux, d'en faire dans tous les cas une estimation ; cependant le décret du 2 août 1877 (art. 17) ne prévoit cette opération que si la réquisition est faite pour une

durée de plus de huit jours. Dans ce cas, il est procédé, avant l'enlèvement desdits objets, à une estimation faite contradictoirement par l'officier requérant ou le maire de la commune. S'il est, plus tard, restitué tout ou partie des objets requis, procès-verbal est dressé de cette restitution, ainsi que des détériorations subies, et mention en est faite sur le reçu primitivement délivré, auquel ce procès-verbal est annexé.

§ 3. — Guides, messagers, conducteurs, ouvriers.

77. La réquisition des guides, des messagers et des conducteurs est d'une pratique constante pour les armées en campagne; elle est consacrée par l'art. 5, § 8, de la loi du 3 juill. 1877. Les conducteurs peuvent être requis avec leurs attelages (V. *suprà*, n° 70) et dans ce cas ils peuvent être requis en temps de paix comme en temps de mobilisation. En temps de guerre ils peuvent être requis isolément, pour suppléer à des pertes inopinées qui laisseraient des convois en souffrance. Il peut être également requis des ouvriers pour tous les travaux que les différents services de l'armée ont à exécuter. C'est ainsi qu'on peut requérir des bouchers et des boulangers civils, des bourreliers, tailleurs, cordonniers, etc., pour réparer le harnachement, la chaussure des hommes, etc. Les guides et conducteurs requis ont droit à la nourriture pendant tout le temps qu'ils accompagnent les troupes et dans les mêmes conditions que s'ils faisaient partie des détachements (V. *suprà*, n° 70, Décr. 2 août 1877, art. 19). Enfin les personnes requises quelles qu'elles soient, guides, messagers, conducteurs, ouvriers, reçoivent, à l'expiration de leur mission, un certificat qui en constate l'exécution et qui est délivré : pour les guides, par les commandants de détachements ; pour les messagers, par les destinataires ; pour les conducteurs, par les chefs de convois, et pour les ouvriers, par les chefs de service compétents. Ce certificat leur sert de titre pour obtenir l'indemnité à laquelle ils ont droit.

§ 4. — Traitement des malades ou blessés chez l'habitant.

78. Les hôpitaux permanents établis soit par l'Administration militaire, soit par l'Assistance publique civile sur toute la surface du pays, installés pour les besoins normaux de la population auxquels ils répondent à peine, sont insuffisants en temps de guerre. Le service de secours aux malades et blessés de l'armée sera assuré, d'une part, au moyen des ressources constituées par la Société de secours aux blessés; d'autre part, au moyen des formations sanitaires prévues par le règlement sur le service de santé en campagne (Décr. 25 août 1884). Les bâtiments nécessaires à l'installation des hôpitaux permanents et temporaires pourront être obtenus par voie de réquisition ; les locaux couverts et spacieux, tels que halles, couvents, châteaux, fermes, granges, écoles, lycées, etc., fourniront des ressources à cet égard. On pourra également établir, au moyen des ressources locales, des abris provisoires, des baraquements, en réquisitionnant des matériaux et des ouvriers dans les conditions qui ont été exposées au paragraphe précédent (n° 77). La loi du 3 juill. 1877 et le décret du 2 août suivant permettent à l'Administration militaire d'exercer toutes ces réquisitions. — Les maires, aux termes de l'art. 21 du décret du 2 août 1877, fournissent des locaux spéciaux pour le traitement des malades et des blessés. A défaut de locaux spéciaux, ils les répartissent chez les habitants ; mais s'il s'agit de maladies contagieuses, ils doivent pourvoir aux soins à donner dans des bâtiments où les malades puissent être séparés de la population, et qui, au besoin, sont requis à cet effet. En cas d'extrême urgence, et seulement sur les points éloignés du centre de la commune, l'autorité militaire peut requérir directement des habitants le soin des malades ou blessés ; mais cette réquisition, faite directement, ne peut jamais s'appliquer à des malades atteints de maladies contagieuses.

79. Les habitants peuvent ainsi être requis de fournir non seulement les locaux nécessaires, mais aussi les soins nécessaires aux malades et aux blessés en l'absence du personnel de santé; on peut ajouter : en cas d'insuffisance de ce personnel. L'autorité n'aura guère besoin d'exercer le

droit de réquisition pour assurer un tel service. Mais dans le cas où le concours dont elle a besoin lui serait refusé, elle pourrait le requérir en vertu de l'art. 5, § 11, de la loi du 3 juill. 1877, qui prévoit la réquisition de tous les services qui peuvent être nécessités par l'intérêt militaire (V. *infrà*, n° 82).

80. Les médecins civils peuvent, à défaut de médecins militaires, être appelés à soigner les malades et blessés dont le traitement a été requis chez les habitants ou dans les locaux fournis par les communes. Aux termes de l'art. 22 du décret du 2 août 1877, leurs visites peuvent donner droit à une indemnité spéciale. Cette indemnité, porte le même article, est fixée par la commission d'évaluation, sur la note du médecin, certifiée par l'habitant qui a logé le malade ou le blessé, ou, si faire se peut, par ce dernier lui-même, et visée par le maire de la commune.

§ 5. — Objets d'habillement, d'équipement, de campement, de harnachement, d'armement et de couchage; médicaments, moyens de pansement.

81. Les objets d'habillement et d'équipement ne donneront que bien rarement lieu, du moins dans les premiers mois d'une guerre, à réquisition, l'armée entrant en campagne habillée et équipée à neuf. Il sera d'ailleurs pourvu au remplacement de ces objets par les réserves des corps d'armée de longtemps préparées et la réquisition ne peut guère être prévue que pour des vêtements de laine, de flanelle ou de toile, que les intempéries peuvent rendre brusquement nécessaires, et pour les chaussures : elle ne peut, d'ailleurs, porter sur les vêtements d'uniforme qui ne se trouveraient pas dans les magasins civils. Les objets de harnachement peuvent devenir nécessaires pour remplacer des pièces brisées ou avariées et on peut facilement prévoir qu'il y ait lieu de requérir, au moins momentanément, les objets de campement tels que : ustensiles de cuisine, couvertures, etc. Les objets de couchage pourront surtout être requis en vue de la formation des hôpitaux où les besoins subits peuvent se produire sans que les expéditions des magasins puissent y subvenir en temps utile. Pour les médicaments et moyens de pansement, ce n'est qu'exceptionnellement qu'on devra y recourir et dans l'impossibilité de faire des achats sur place (V. Décr. 25 août 1884, art. 121 et 122). Le matériel requis en vue d'un service momentané doit être en général restitué ; il est néanmoins l'objet d'une estimation contradictoire entre le requérant et le représentant de l'autorité locale pour servir à l'appréciation des moins-values, et surtout au payement de la valeur dudit matériel, lorsqu'il aura été employé au traitement des malades atteints de maladies épidémiques ou contagieuses. Dans ce cas, en effet, les abris provisoires, la paille, la literie, les effets, sont toujours détruits par le feu sans que cette prescription puisse être éludée sous aucun prétexte (Décr. 25 août 1884, art. 101).

§ 6. — Objets et services dont la fourniture est nécessitée par l'intérêt militaire.

82. On ne reviendra pas ici sur la portée du paragraphe 11 de l'art. 5 de la loi du 3 juill. 1877 (V. *suprà*, n° 43) qui a pour but de suppléer aux lacunes possibles de la loi et de permettre à l'autorité militaire de pourvoir aux besoins qui n'auraient pas été spécialement prévus. C'est ainsi qu'on a pu organiser la réquisition éventuelle des pigeons voyageurs, qui n'est pas prévue expressément par la loi.

ART. 3. — *Réquisition de navires, bateaux, etc., dans les eaux maritimes.*

83. La réquisition des navires, bateaux et embarcations dans les eaux maritimes par l'autorité militaire, n'est pas rangée au nombre des prestations que l'art. 5 de la loi du 3 juill. 1877 énumère. Elle n'est pas comprise expressément au nombre des prestations qui peuvent être requises en tout temps, ni formellement réservée pour le cas de mobilisation. L'art. 23 de la loi du 3 juill. 1877 se borne à dire que, dans les eaux maritimes, l'autorité militaire peut re-

quérir les navires, bateaux ou embarcations, et à le droit d'en disposer dans l'intérêt de son service : elle peut également requérir le personnel en tout ou en partie. Il semble toutefois que cette réquisition ne puisse avoir lieu qu'en temps de guerre ou pour mieux dire de mobilisation. En premier lieu, n'ayant pas été prévue par l'art. 5 d'une manière expresse, il semble bien qu'elle ne puisse être légalement exécutée qu'en vertu des dispositions générales du paragraphe 11 de cet article qui n'est applicable qu'en cas de mobilisation. En second lieu, l'autorité militaire elle-même semble s'être rangée à cette opinion dans l'art. 1 de l'instruction ministérielle du 15 oct. 1890, relative à l'exécution éventuelle de transports maritimes par les navires de commerce, ainsi conçu : « L'administration de la Guerre a recours éventuellement aux navires du commerce en cas de mobilisation générale ou partielle ainsi que dans les expéditions militaires outre mer ».

84. L'utilité pour l'autorité militaire de recourir à la réquisition dans les eaux maritimes n'a pas besoin d'être démontrée. Il peut être nécessaire de faire franchir aux troupes l'embouchure des fleuves, de les transporter d'un point à un autre du littoral, entre lesquels les communications par terre peuvent être coupées, ou de faire toute autre opération militaire exigeant un embarquement momentané. On a prétendu, à tort, que les transports ainsi prévus ne pourraient être effectués que dans les eaux territoriales ; la loi ne contient aucune restriction de cette nature et l'expression, *dans les eaux maritimes*, ne pourrait avoir une telle portée ; elle semble bien n'être là que pour étendre l'action de l'autorité militaire à une partie du territoire ordinairement réservée à l'action de l'autorité maritime (V. en ce sens, G. Ferrand, p. 204). Aussi l'Administration militaire a-t-elle pu prévoir la réquisition des navires du commerce pour les transports des expéditions d'outre mer lorsqu'elle ne peut traiter à l'amiable avec les capitaines, les patrons ou armateurs (Instr. min. 15 oct. 1890, art. 1, 2 et 11). Elle pourrait, d'ailleurs, invoquer la loi sur la marine marchande, du 29 janv. 1881, art. 9, § 8 (D. P. 82. 4. 14), qui permet au Gouvernement de requérir, en temps de guerre, les navires qui ont bénéficié de la prime de navigation, au moins pour les navires, en admettant qu'elle ne pût se prévaloir de l'art. 5, § 11, de la loi du 3 juill. 1877.

85. A la différence des autres réquisitions opérées sur terre, la réquisition dans les eaux maritimes sur navires, bateaux et embarcations, est faite par l'intermédiaire de l'Administration de la marine (L. 3 juill 1877, art. 23). L'art. 43 du décret du 2 août 1877 dispose en conséquence que, dans les eaux maritimes, toute réquisition de l'autorité militaire relative à l'emploi temporaire de navires, bateaux ou embarcations de commerce, et de tout ou partie de leurs équipages, est adressée au représentant de la marine, s'il y en a un dans la localité ; ce dernier fait, dans ce cas, substitué au maire pour l'exécution de la réquisition. Il est procédé, s'il y a lieu, à l'estimation préalable des objets requis par un expert que désigne le représentant de la marine (Même article, § 4).

86. Le personnel requis reste soumis aux appels pour le service de la flotte (Décr. 2 août 1877, art. 43, § 2). Les indemnités relatives aux réquisitions opérées dans les eaux maritimes sont réglées, suivant les conditions spéciales propres aux réquisitions de l'autorité maritime, par la commission prévue à l'art. 74 du décret du 2 août 1877, à laquelle est adjoint un fonctionnaire de l'intendance (Décr. 2 août 1877, art. 43, § 3 et 72).

Art. 4. — *Réquisition des établissements industriels.*

87. L'art. 5, § 11, donnant le droit à l'autorité militaire de requérir tous les objets et services dont la fourniture est nécessitée par l'intérêt de l'armée, les réquisitions peuvent s'étendre aux établissements industriels, qui seront utilisés, soit pour fournir à l'armée les produits de leur fabrication normale, soit tous autres objets nécessaires à l'armée et qu'il serait possible d'y fabriquer. Dans le premier cas, la réquisition peut avoir lieu dans les conditions ordinaires. Dans le second, l'art. 6 de la loi du 3 juill. 1877 dispose que les réquisitions ne peuvent être exercées que sur un ordre du ministre de la guerre ou d'un commandant d'armée ou de corps d'armée. « Même en temps de guerre, disait le rapport de M. Reille à la Chambre des députés (*Journ. off.*, 1876, p. 6480), il est toujours désirable que les travaux des établissements industriels continuent aussi longtemps que le permettent les circonstances, et, pour éviter les réquisitions hâtives, souvent inutiles, quelquefois préjudiciables, il convient de soustraire l'industrie à l'action des chefs militaires inférieurs qui, n'étant pas au courant des nécessités générales de la conduite des opérations, risqueraient d'employer de telles mesures sans qu'elles fussent suffisamment justifiées ».

88. Dans le cas où la réquisition de l'usine est faite dans les conditions prévues par l'art. 6 de la loi du 3 juill. 1877, et bien que rien ne le prescrive ni dans la loi, ni dans le décret du 2 août 1877, il semble qu'il y ait lieu de procéder, comme il est prescrit dans l'art. 18 du décret, pour le cas où des moulins doivent être mis pour un temps à la disposition de l'autorité militaire, c'est-à-dire des réquisitions : le représentant de l'officier auteur de la réquisition et le maire dresseront contradictoirement un état de lieux sommaire pouvant servir de base à la réparation des dommages causés aux bâtiments et aux machines.

SECT. 3. — APPROVISIONNEMENT DES PLACES FORTES ; RAVITAILLEMENT DE LA POPULATION CIVILE.

89. Les places de guerre ou places fortes, lorsqu'elles sont assiégées, renferment, outre la garnison, une population civile dont la subsistance doit être assurée avec autant de soin que celle de l'armée. Il existe en effet, entre la population civile d'une place assiégée et les troupes chargées de la défense, une solidarité morale et matérielle qui ne saurait être négligée. Aussi le règlement sur le service des places de guerre (Décr. 4 oct. 1891, D. P. 92. 4. 30) prescrit-il avec le plus grand soin les mesures propres à assurer la conservation des approvisionnements renfermés dans la place. Il charge de la surveillance de ces approvisionnements un comité spécial qui visite les magasins, contrôle la réception des denrées et vérifie l'exactitude des états de situation mensuelle qui lui sont adressés par l'intendance et qui sont soumis au gouverneur. Une surveillance analogue est exercée, sous l'autorité du gouverneur, sur les approvisionnements constitués pour les besoins de la population civile, par des agents de l'autorité civile. Cette autorité fait procéder également au recensement des denrées qui peuvent exister chez les particuliers et règle, au moyen du droit de réquisition, l'emploi et la répartition des ressources existant dans la place, en vue des intérêts de la défense (Décr. 4 oct. 1891, art. 200 à 204).

90. Les approvisionnements militaires et les approvisionnements civils doivent donc être constitués de manière à faire face aux besoins éventuels de la défense et à permettre le plus possible la prolongation. La loi du 3 juill. 1877 n'avait pas omis cette nécessité. Son art. 7 disposait qu'en cas d'urgence, sur l'ordre du ministre de la guerre ou de l'autorité militaire supérieure chargée de la défense de la place, il pourrait être pourvu, par voie de réquisition, à la formation des approvisionnements nécessaires à la subsistance des habitants des places de guerre. Les approvisionnements militaires peuvent être également faits par voie de réquisition, et dans ce but, pour permettre de compléter ces approvisionnements, des zones ont été réservées autour des places de guerre, comprenant les communes dont le chef-lieu se trouve dans un rayon de 10 kilomètres en avant des ouvrages les plus avancés. Dans ces zones, aucune réquisition ne peut être exercée par les troupes en campagne.

Mais si la constitution des approvisionnements militaires pouvait être facilement résolue, si, au moyen des ressources mises à sa disposition, l'autorité militaire était en mesure de les assurer largement à l'avance, elle n'avait pas les mêmes facilités pour assurer l'existence, au moment d'un siège, d'approvisionnements destinés à la population civile et suffisants pour assurer sa subsistance pendant longtemps. Préoccupée de cette question, l'administration de la Guerre avait, dans des instructions secrètes, prescrit toutes les mesures qu'il lui avait été possible d'ordonner

pour former et compléter ces approvisionnements. Plus tard, par un décret en date du 12 juin 1888, rendu sur la proposition du ministre de la guerre, une commission composée, sous la présidence du chef-d'état major général, de représentants des diverses administrations publiques et aussi de représentants du commerce, fut chargée de rechercher les voies et moyens à employer pour assurer la nourriture de la population civile des places fortes en cas de guerre. Après une étude approfondie des questions qui lui étaient soumises, la commission, tout en reconnaissant que le droit de requérir, attribué à l'autorité militaire par la loi du 3 juill. 1877, permettrait la formation des approvisionnements nécessaires à la subsistance des habitants des places de guerre, jugeait que l'autorité militaire serait aux prises, dès le premier jour de la mobilisation et pendant toute la durée de la guerre, avec une tâche trop complexe pour qu'il fût possible de lui imposer encore le soin de procéder à la formation des approvisionnements nécessaires à la population civile, et qu'il était indispensable de demander, à cet effet, le concours de l'autorité civile, à laquelle le droit de requérir serait délégué dans les conditions voulues. Une loi du 5 mars 1890 (D. P. 91. 4. 1), modifiant en ce sens l'art. 7 de la loi du 3 juill. 1877, a décidé que les réquisitions à exercer, en vue de la constitution des approvisionnements nécessaires à la subsistance des habitants des places de guerre, pourraient être faites par les autorités administratives en vertu d'une délégation spéciale du gouverneur de la place. Le soin de désigner les autorités civiles auxquelles le droit de requérir pourrait être délégué, et de déterminer les conditions et les formes dans lesquelles ce droit s'exercerait, a été renvoyé à un règlement d'administration publique (V. infrà, n° 112). Mais on ne s'est pas borné à ces mesures.

91. On avait reconnu que, dans bien des cas, les réquisitions et les achats opérés soit dans les zones immédiates de ravitaillement des places fortes, soit dans les centres d'approvisionnement désignés d'avance pour chaque place, seraient insuffisants pour assurer la subsistance des populations civiles pendant la durée des sièges. Les circonstances de la guerre, surtout pour les places de première ou de seconde ligne, pourraient en outre rendre impossible la concentration en temps utile des approvisionnements requis ou achetés. De là, la nécessité de constituer, au moins dans certaines places, des approvisionnements permanents qui seraient simplement complétés au moment de la mobilisation. La constitution de ces deux catégories d'approvisionnement a été prescrite et réglée par un décret du 12 mars 1890 (D. P. 92. 4. 64), et les dépenses de la constitution des approvisionnements permanents a été mise à la charge de l'État par une loi du 1er févr. 1892 (D. P. 92. 4. 65).

Les approvisionnements nécessaires à la subsistance des populations civiles des places fortes se composent donc, pour certaines places désignées par le ministre de la guerre : 1° d'approvisionnements permanents constitués dès le temps de paix; 2° d'approvisionnements éventuels constitués au moment de la mobilisation. Pour les autres places de guerre, d'approvisionnements éventuels.

92. — I. CONSTITUTION DES APPROVISIONNEMENTS PERMANENTS. — Aux termes de l'art. 1 de la loi du 1er févr. 1892 (D. P. 92. 4. 65), « en prévision d'un investissement en temps de guerre, le ministre de la guerre est autorisé à former des approvisionnements permanents en farine ou en blé, en vue des premiers besoins des populations civiles comprises dans les périmètres des camps retranchés des places fortes. L'étendue de ces approvisionnements est déterminée par le ministre de la guerre d'après les crédits législatifs qui seront ouverts à cet effet et sans pouvoir toutefois excéder les besoins évalués à deux mois ». Les approvisionnements permanents sont constitués par les soins directs de l'administration de la Guerre et entretenus par elle ou constitués et entretenus par des compagnies ou entrepreneurs, qui tiennent simplement les denrées à la disposition de l'administration de la Guerre en vertu de conventions spéciales. Il y a des marchés analogues aux marchés dits de concentration qui assurent, sur certains points du territoire, l'existence permanente d'approvisionnements importants, et qui rentrent dans la catégorie des marchés de fournitures.

93. Les municipalités peuvent, de leur côté, prendre dès le temps de paix, concurremment avec celles qui sont prises par l'autorité militaire, les mesures qu'elles jugent à propos pour assurer, la subsistance des populations civiles en cas de guerre (Décr. 12 mars 1890, art. 4, § 2). Lorsqu'elles prennent des mesures de cette nature, elles doivent en donner connaissance à l'autorité militaire (Ibid.).

94. — II. CONSTITUTION DES APPROVISIONNEMENTS ÉVENTUELS. — La constitution des approvisionnements éventuels est préparée dès le temps de paix ; un plan de ravitaillement est dressé dans chaque place et chacun des agents appelés à le réaliser en temps de guerre a ses devoirs tout tracés d'avance, de telle sorte qu'au moment de la mobilisation, il ne puisse y avoir aucun doute ni hésitation pour personne (Rapport du ministre de la guerre annexé au décret du 12 mars 1890, D. P. 92. 4. 64, note 1). Lorsque la place est classée au nombre des places de première urgence, il doit être procédé immédiatement à la constitution de l'approvisionnement éventuel, dès que l'ordre de mobilisation générale est donné, et sans autre avis. Pour les places de deuxième urgence, il y a lieu d'attendre l'ordre du ministre de la guerre, même en cas de mobilisation. Le ministre peut d'ailleurs prescrire le ravitaillement immédiat d'une place de première urgence sans que l'ordre général de mobilisation soit donné (Décr. 12 mars 1890, art. 6,).

95. Dès que le ravitaillement d'une place est prescrit soit par un ordre spécial du ministre, soit comme conséquence de l'ordre général de mobilisation, le gouverneur procède, conformément au journal de mobilisation de la place, aux mesures d'exécution (Décr. 12 mars 1890, art. 7). Ces mesures comportent des achats ou réquisitions dans la partie de la zone immédiate de ravitaillement qui se trouve sur le territoire placé sous le commandement du gouverneur, ou en dehors de ces limites, soit dans la zone immédiate de ravitaillement, soit dans les centres de ravitaillement distincts de cette zone et désignés d'avance, enfin des achats en dehors du territoire national. Dans la zone placée sous son commandement, le gouverneur procède aux marchés ou aux réquisitions dans les conditions prévues par la loi du 3 juill. 1877 ; dans les centres de ravitaillement placés hors de son commandement, les autorités civiles et militaires, désignées d'avance à cet effet, exécutent sur les ordres du gouverneur, et sur sa délégation, les achats ou réquisitions dont elles doivent posséder le détail dès le temps de paix. Quant aux achats à l'étranger, ils ne sont exécutés que sur l'ordre du ministre de la guerre et dans des conditions déterminées dès le temps de paix (Décr. 12 mars 1890, art. 2 et 7).

96. Dans le cas où une place de première urgence doit être approvisionnée sur un ordre du ministre de la guerre précédant l'ordre de mobilisation, on n'emploie que le procédé des achats, à l'exclusion des réquisitions (Décr. 12 mars 1890, art. 6).

97. — III. LIVRAISON DES APPROVISIONNEMENTS A L'AUTORITÉ MUNICIPALE. — Les approvisionnements des places fortes en vivres, fourrages, combustibles ou autres denrées, destinés à la population civile, permanents ou éventuels, restent en la possession de l'autorité militaire jusqu'à ce que le gouverneur donne l'ordre de les distribuer aux habitants par suite de l'épuisement complet des ressources locales. Ils sont alors délivrés directement à l'autorité municipale au fur et à mesure des besoins; l'autorité municipale est seule chargée de la répartition des approvisionnements entre les habitants comme d'en recouvrer le prix ; elle rembourse à l'autorité militaire la valeur des denrées qu'elle en a reçues aux prix fixés par le dernier tarif publié du service des subsistances militaires.

98. — IV. DÉPENSES DES APPROVISIONNEMENTS. — Les frais de constitution et d'entretien des approvisionnements permanents sont à la charge de l'État (L. 1er févr. 1892, D. P. 92. 4. 65, art. 2). Les dépenses de constitution des approvisionnements éventuels font l'objet d'un compte général hors budget, classé parmi les services spéciaux du Trésor, qui se solde progressivement au moyen des recettes provenant : 1° des versements opérés dans les caisses du Trésor, par les villes et communes, de la valeur des denrées livrées aux

municipalités par les administrations militaires ; 2° des ordonnances délivrées sur le budget de la guerre correspondant à la valeur des denrées qui auront été affectées aux besoins de l'armée ; 3° des ordonnancements effectués sur le même budget au profit du Trésor, pour balancer la différence entre le prix de revient des denrées et le prix de remboursement (Décr. 12 mars 1890, art. 3). Pour les approvisionnements permanents, le budget de la guerre est remboursé des livraisons au moyen des payements effectués par les communes d'après les livraisons qui leur sont faites.

99. Sur le mode d'exécution des réquisitions nécessaires au ravitaillement de la population civile des places de guerre, V. *infrà*, n° 107.

Sect. 4. — Réquisitions de l'autorité maritime.

100. Bien que l'autorité maritime ait rarement besoin de recourir aux réquisitions, la loi du 3 juill. 1877 prévoit le cas où elle doit y procéder et son art. 35 rend applicables aux réquisitions, exercées pour les besoins de l'armée de mer, les dispositions qu'elle édicte pour les réquisitions de l'armée de terre. Le paragraphe 2 du même article a confié à un règlement d'administration publique le soin de déterminer les attributions de l'autorité maritime en ce qui concerne le droit de requérir et les conditions d'exécution des réquisitions : ce règlement est contenu dans les art. 65 à 73 du décret du 2 août 1877.

101. Aux termes de l'art. 65 de ce décret, l'autorité maritime peut exercer des réquisitions, en cas de mobilisation totale ou partielle, comme l'autorité militaire. En cas de mobilisation partielle, des arrêtés du ministre de la marine déterminent l'époque où pourra commencer et celle où devra se terminer l'exercice du droit de réquisition. Cet article ne prévoit pas le cas des rassemblements. Sans qu'il soit nécessaire de rechercher si cette omission est ou n'est pas intentionnelle et si elle est due à ce qu'on ne fait généralement pas en territoire national de rassemblements de troupes de la marine, nous croyons avec M. G. Ferrand, p. 293, qu'elle ne saurait enlever à l'autorité maritime le droit de requérir dans le cas où elle se trouverait obligée de faire des rassemblements de marins par suite des événements imprévus qui motivent les rassemblements de troupes de terre. Le règlement d'administration publique n'a pu restreindre sur ce point l'autorité de la loi du 3 juill. 1877 dont l'art. 1 est, au même titre que les autres articles, intégralement applicable aux réquisitions de l'autorité maritime.

102. Quant à la disposition du second paragraphe de l'art. 65 (Décr. 2 août 1877) qui donne au ministre de la marine le droit de déterminer, en cas de mobilisation partielle, l'époque où commence et se termine l'exercice du droit de réquisition, la légalité en est contestée (V. G. Ferrand, p. 294). Il semble en effet résulter de la discussion de la loi du 3 juill. 1877 (V. *Journ. off.* 7 févr. 1877, p. 972) que la Chambre des députés n'ayait pas entendu étendre au ministre de la marine le droit de déclarer ouvert le droit de réquisition. Mais on ne saurait se dissimuler que les termes de l'art. 35 de la loi du 3 juill. 1877 sont très généraux et que, en appliquant aux réquisitions de l'armée de mer les dispositions applicables aux réquisitions de l'armée de terre, elle semble bien conférer à l'administration de la Marine, à tous les degrés de la hiérarchie, les droits et pouvoirs qu'elle confère aux autorités correspondantes de l'armée de terre. D'ailleurs il eût été étrange de subordonner en quelque sorte le ministre de la marine au ministre de la guerre, alors qu'ils sont placés l'un et l'autre à la tête des deux grandes divisions des forces nationales, et de rendre le ministre de la guerre juge des besoins de forces dont il n'a ni le commandement ni l'administration.

103. L'art. 66 du décret du 2 août 1877 confère aux seuls vice-amiraux commandant en chef, préfets maritimes, le pouvoir d'exercer de plein droit des réquisitions, avec le pouvoir de déléguer le droit de requérir aux officiers des corps de la marine investis d'un commandement ou aux officiers du commissariat de la marine. Les ordres de réquisition de l'autorité maritime, comme ceux de l'autorité militaire, sont extraits d'un carnet à souche. Exceptionnellement, tout officier de marine commandant une force navale, un bâtiment isolé ou un détachement à terre, peut,

même sans être porteur d'un carnet de réquisition, requérir, sous sa responsabilité personnelle, les prestations nécessaires aux navires et aux hommes qu'il commande.

104. Les réquisitions de l'autorité maritime peuvent porter, soit sur les mêmes objets que les réquisitions de l'armée de terre, tels qu'ils sont énumérés dans l'art. 5 de la loi du 3 juill. 1877, soit sur des navires et embarcations avec ou sans leurs équipages, soit sur du matériel naval. Dans le premier cas, les réquisitions sont exercées dans la même forme que les réquisitions de l'armée de terre et adressées aux maires des localités (Décr. 2 août 1877, art. 68 et 69). Dans le second cas, c'est-à-dire pour les navires et embarcations, le matériel naval et les équipages de ces bâtiments, les réquisitions sont adressées au représentant de la marine qui, en cette circonstance, a les mêmes droits et les mêmes devoirs que le maire. Lorsqu'il n'y a pas de représentant de la marine, les réquisitions mentionnées au paragraphe précédent sont adressées directement au capitaine du navire.

105. On a dû prévoir le cas assez fréquent où des troupes de l'armée de terre et de l'armée de mer concourent à une même opération. Le droit de requérir appartient alors, pour toutes les troupes, à celle des deux autorités, militaire ou maritime, qui a la direction de l'opération. Aux termes de l'art. 70 du décret du 2 août 1877, « lorsque des troupes de l'armée de terre prennent part à une opération maritime dirigée par un officier de marine, les réquisitions relatives à ces troupes sont ordonnées au nom et pour le compte de l'autorité maritime. Lorsque des marins ou des troupes de mer sont employés à terre à des opérations de l'armée de terre, les réquisitions relatives à ces troupes sont exercées au nom et pour le compte de l'autorité militaire. »

Sect. 5. — Exécution des réquisitions.

106. En règle générale, les réquisitions ne sont pas adressées directement aux habitants qui doivent fournir les prestations (L. 3 juill. 1877, art. 19). Elles sont notifiées au maire et ce n'est qu'autant qu'aucun membre de la municipalité ne se trouve au siège de la commune, ou qu'une réquisition urgente est nécessaire sur un point éloigné de ce siège et qu'il est impossible de la notifier régulièrement, qu'elle peut être adressée directement par l'autorité militaire aux habitants.

Il n'en faudrait pas conclure que les réquisitions soient une charge communale dont la commune soit seule débitrice et pour laquelle elle devienne seule créancière de l'indemnité. La commune constitue simplement une circonscription de réquisition, servant de base aux demandes de l'autorité militaire, et un intermédiaire entre cette autorité et les habitants, l'autorité municipale ayant, pour répartir les prestations réclamées, d'une manière utile et équitable, des lumières et des moyens d'information qui feraient nécessairement défaut à l'autorité militaire. En effet, comme on le verra dans la suite de notre exposé (*infrà*, n°° 134 et suiv.), les prestations sont l'objet d'une indemnité distincte pour chacun des habitants qui fournissent ; ceux-ci, et non pas la commune, ont un délai de quinzaine pour faire connaître s'ils acceptent l'indemnité ou le refusent, et en cas de refus, figurent seuls en face de l'État dans les instances qui en sont la conséquence (G. Ferrand, p. 225). Sans doute la commune est débitrice des prestations en ce sens qu'elle doit fournir, à moins d'impossibilité constatée (Décr. 2 août 1877, art. 37), celles qui lui sont imposées, mais comme simple représentant des particuliers et non de son propre chef.

107. Le principe en vertu duquel les réquisitions doivent être adressées à la commune est général et absolu. En d'autres termes, la réquisition ne peut plus être adressée, comme elle pouvait l'être, sous l'empire de l'art. 4 du décret du 15 déc. 1813, au préfet pour l'ensemble des communes d'une même circonscription. Sans doute, lorsque la réquisition devra être faite à plusieurs communes, l'autorité militaire, qui éprouverait de grandes difficultés si elle opérait seule la répartition, pourra réclamer du préfet les renseignements qu'il doit pouvoir lui fournir, mais elle n'en doit pas moins s'adresser directement elle-même à chaque commune et lui remettre un ordre distinct de réquisition.

Cette règle s'applique même aux fonctionnaires civils qui reçoivent, en vertu de la loi du 5 mars 1890 (D. P. 91. 4. 1), des délégations de l'autorité militaire pour la constitution des approvisionnements éventuels de la population civile des places de guerre (suprà, nos 90 et suiv.). C'est toujours à chaque commune distinctement que la réquisition doit être notifiée et d'après les ressources qu'elle peut procurer.

108. — I. Étendue des réquisitions. — La loi n'a pas entendu absorber la totalité des ressources d'une commune, de façon à exposer les habitants à la famine dans le cas où les difficultés, résultant de l'agglomération des troupes dans les contrées environnantes et quelquefois l'interruption des communications, rendraient le renouvellement des provisions enlevées par l'armée ou trop lent ou même impossible. Elle n'a pas voulu non plus, comme l'a fait la loi allemande, obliger les communes à se procurer au dehors de leur territoire, à leurs frais, les objets requis qui ne se trouveraient pas sur leur territoire. Aussi les réquisitions exercées sur une commune ne doivent-elles comprendre que les ressources qui y existent sans pouvoir les absorber complètement (art. 19, § 2). Le maire auquel une réquisition est adressée, et auquel elle paraît excéder les ressources disponibles de la commune, peut donc, pour ce motif, refuser une partie des prestations demandées, à la condition de livrer d'abord tout ce qu'il lui est possible de fournir (Décr. 2 août 1877, art. 37). Toutefois, il ne faut pas perdre de vue, en ces matières, que le maire pourrait prétendre sans raison que sa commune ne peut suffire à la réquisition et qu'il peut être suspecté de vouloir ménager outre mesure ses administrés. Aussi a-t-on dû se prémunir contre ce danger en donnant à l'autorité militaire le droit de vérifier les allégations du maire et de s'emparer, même par la force, des denrées qui auraient été indûment refusées ; l'autorité militaire doit, en outre, signaler le fait à l'autorité judiciaire qui requerra contre les délinquants les peines portées par l'art. 21 de la loi du 3 juill. 1877 (Décr. 2 août 1877, art. 37).

109. La disposition nécessairement vague de l'art. 19, § 2, de la loi du 3 juill. 1877, pouvait donner lieu à des difficultés d'interprétation. Il serait souvent difficile de déterminer où cessent les ressources disponibles d'une commune et quand la réquisition devra s'arrêter pour ne pas les absorber tout entières. L'art. 38 du décret du 2 août 1877 a posé à cet égard des règles très sages qui paraissent restreindre autant qu'il est possible les denrées qui doivent être laissées aux habitants, au moins en ce qui concerne celles qui sont destinées à l'alimentation des personnes. Ne sont pas considérés, dit cet article, comme prestations disponibles ou comme fournitures susceptibles d'être réquisitionnées : 1° les vivres destinés à l'alimentation d'une famille et ne dépassant pas sa consommation pendant trois jours ; 2° les grains ou autres denrées alimentaires qui se trouvent dans un établissement agricole, industriel ou autre, et ne dépassant pas la consommation de huit jours ; 3° les fourrages qui se trouvent chez un cultivateur et ne dépassant pas la consommation de ses bestiaux pendant quinze jours. Toutefois on peut admettre, avec quelques auteurs, qu'au cas d'une impérieuse nécessité, un chef militaire pourrait ne pas se conformer à l'interprétation donnée par ce texte, de l'art. 19 de la loi de 1877 (V. notamment G. Ferrand, p. 229-230). Mais nous ne croyons pas qu'il soit possible d'y déroger sans que cette nécessité soit bien évidente et le chef militaire qui ne la respecterait pas, sans y être absolument contraint, engagerait gravement sa responsabilité.

110. Les commandants d'armée, munis des renseignements qui sont réunis dès le temps de paix sur les ressources approximatives que chaque région peut fournir, assignent à chaque commandant de corps d'armée, et ceux-ci aux généraux des divisions et corps non endivisionnés placés sous leurs ordres, la zone dans laquelle ils peuvent opérer des réquisitions (Décr. 26 oct. 1883, sur le service des armées en campagne, art. 105). Cette répartition est donnée dans les ordres journaliers par les généraux de corps d'armée, de divisions ou de brigades. La zone d'action est, en principe, limitée aux cantonnements de chacune des unités, si ces cantonnements sont suffisamment espacés et offrent les ressources nécessaires, sinon la zone d'action s'étend en arrière et sur les flancs (V. le règlement sur l'ali-

mentation des troupes en temps de guerre du 11 janv. 1893).

111. — II. Par qui sont exercées les réquisitions. — Comme on l'a déjà exposé (suprà, nos 38 et suiv.), les réquisitions sont opérées par les officiers qui ont reçu, à cet effet, des carnets d'ordres de réquisition équivalant à la délégation des officiers généraux, auxquels le pouvoir propre de requérir a été conféré, et aussi par ceux auxquels des subdélégations ont été faites. Nous nous référerons à cet égard à nos précédentes explications, que nous compléterons ici en ce qui concerne l'exercice des réquisitions par les autorités civiles déléguées par l'autorité militaire, pour procéder aux opérations du ravitaillement de la population civile des places de guerre.

112. Aux termes de l'art. 34 du décret du 2 août 1877, modifié par celui du 3 juin 1890 (D. P. 91. 4. 1), lorsqu'il y a lieu de pourvoir, par voie de réquisition, à la formation des approvisionnements nécessaires à la subsistance des habitants d'une place de guerre, le gouverneur peut déléguer le droit de requérir les prestations destinées à la constitution de ces approvisionnements aux préfets, sous-préfets et maires, appelés à participer aux opérations du ravitaillement. « La même délégation peut être donnée pour le même objet aux ingénieurs des corps des ponts et chaussées et des mines. Il est délivré, par l'intermédiaire des préfets, aux autorités civiles investies du droit de requérir, des carnets à souche d'ordres de réquisition et de reçus » (V. suprà, n° 36).

113. — III. A qui sont adressées les réquisitions. — Comme on l'a exposé (suprà, n° 106), les réquisitions doivent être notifiées au maire ou à son suppléant légal (Décr. 2 août 1877, modifié par celui du 3 juin 1890, art. 35). Exception n'est faite à cette règle que dans le cas où aucun membre de la municipalité ne se trouve au chef-lieu de la commune et lorsqu'il s'agit d'une réquisition urgente sur un point éloigné de la commune et qu'il est impossible de notifier régulièrement, en temps utile, au chef de la municipalité. Les retards qui seraient alors inévitables, si l'officier chargé de requérir devait attendre l'arrivée du maire, pourraient porter un grave préjudice aux intérêts de l'armée, et quelquefois compromettre le résultat de petites expéditions qui importent au plus haut point au succès des opérations générales et doivent être exécutées avec rapidité et secret. Mais en pareil cas, l'officier qui requiert doit autant que possible s'adresser à un conseiller municipal ou à un habitant notable pour se faire aider dans la répartition des prestations à fournir (Décr. 2 août 1877, art. 36, et décr. 26 oct. 1883, sur le service des armées en campagne, art. 105 sur le service des armées en campagne). Il est à remarquer que les habitants dont le concours est réclamé en pareil cas ne sont à aucun titre les représentants du maire ; ils sont eux-mêmes l'objet d'une véritable réquisition de service personnel, pour laquelle l'autorité militaire est fondée à se prévaloir de l'art. 5, § 11, de la loi du 3 juill. 1877. Ils ne peuvent donc refuser ce service, sans avoir toutefois, sur leurs concitoyens, la même autorité que le maire.

114. Les réquisitions doivent également être adressées au maire par les fonctionnaires civils qui ont reçu une délégation de l'autorité militaire, en vertu de l'art. 10 du décret du 2 août 1877, modifié par celui du 3 juin 1890. Dans le cas où cette délégation a été donnée au maire, celui-ci adresse les réquisitions, dans la commune dont il est maire, à son suppléant légal (Décr. 2 août 1877 et 3 juin 1890, art. 35).

115. L'art. 35 des décrets des 2 août 1877 et 3 juin 1890 n'admet comme exception à la règle que la réquisition doit être notifiée au maire, que le cas où il s'agit d'une réquisition urgente dans un hameau éloigné du centre de la commune et celui où il ne se trouve au chef-lieu aucun membre de la municipalité (suprà, n° 113). Une réquisition qui ne s'adresserait qu'à un seul habitant, par exemple à un meunier pour son moulin, ne devrait pas moins être adressée au maire (G. Ferrand, p. 222-223).

116. C'est encore au maire que doivent être adressées les réquisitions d'objets énumérés dans l'art. 5 de la loi du 3 juill. 1877, faites par l'autorité maritime (Décr. 2 août 1877, art. 68). Il n'en est autrement que pour les réquisitions des navires, des embarcations, du matériel naval et des équipa-

ges des bâtiments, réquisitions qui doivent être adressées au représentant de la marine (Même décret, art. 68).

117. — IV. Répartition des réquisitions. — Les réquisitions notifiées au maire sont, en principe, réparties entre les habitants qui ont en leur possession les objets requis. Toutefois, la commune peut faire, directement et pour son compte, la fourniture et la livraison de ces objets. Dans ce dernier cas, les dépenses d'acquisition et de livraison des objets requis sont imputées sur les ressources générales du budget municipal, sans qu'il soit besoin d'autorisation spéciale (L. 3 juill. 1877, art. 20, § 5). La décision qui substitue la commune aux habitants est prise par le maire assisté de la commission instituée par le même art. 20 de la loi de 1877. Le maire, en effet, pour procéder à la répartition des réquisitions, doit être assisté, sauf le cas de force majeure, de deux conseillers municipaux (L. 3 juill. 1877, art. 20, § 1), pris dans l'ordre du tableau parmi ceux qui habitent le centre de la commune, en laissant de côté ceux qui habitent loin de ce centre (Décr. 2 août 1877, art. 39). La réunion de cette commission ne doit pas apporter à la livraison des prestations un retard préjudiciable aux intérêts de l'armée; aussi le maire, quand il ne peut réunir promptement les deux conseillers municipaux, ou s'il n'est rejoint que par un seul, peut-il procéder seul. « Quel que soit le nombre des personnes qui répondent à la convocation du maire, dit l'art. 39 du décret du 2 août 1877, celui-ci procède seul ou avec les membres présents à la répartition des réquisitions, et ses décisions sont exécutoires sans appel ».

118. D'après les art. 20 de la loi du 3 juill. et 39 du décret du 2 août 1877, le maire devait convoquer pour composer la commission, outre les deux conseillers municipaux, les deux habitants les plus imposés de la commune. Or, depuis la promulgation de la loi de 1877, une loi du 5 avr. 1882 (D. P. 82. 4. 101) a abrogé les dispositions législatives et réglementaires qui exigeaient l'adjonction des plus imposés, soit en matière d'impositions extraordinaires à emprunts à voter par le conseil municipal, *soit en toutes autres matières* (*suprà*, v° *Commune*, n° 12). On ne saurait donc aujourd'hui appeler les deux habitants les plus imposés à entrer dans la commission chargée d'assister le maire dans la répartition des réquisitions.

119. La nature du rôle confié à la commission donne lieu à controverse. Suivant une opinion, le maire pouvant, en vertu de la disposition finale de l'art. 39 du décret du 2 août 1877, procéder seul à la répartition des prestations, lorsqu'il ne parvient pas à réunir la commission en temps utile, et rendant alors seul une décision exécutoire et sans appel, la commission est simplement appelée à lui donner un avis. Telle aurait donc un rôle purement consultatif (H. Morgand, *Les réquisitions militaires*, 2° éd., p. 212). — Suivant une autre opinion qui paraît plus fondée, la commission est une sorte de représentation du conseil municipal et le maire est simple exécuteur des décisions qu'elle prend (G. Ferrand, p. 240). Sans doute, le maire peut agir seul, mais seulement dans le cas exceptionnel où il lui est impossible de réunir la commission. Dans tous les autres cas, elle doit être appelée à discuter et arrêter avec lui la répartition des demandes de l'autorité militaire. Elle a donc un rôle délibératif. Cette opinion peut d'ailleurs s'appuyer sur l'interprétation donnée à l'art. 20 par le rapport présenté par M. Reille à la Chambre des députés (*Journ. off.* 1876, p. 6482 et 6483), qui considérait la répartition comme devant être faite conformément aux décisions de la commission.

120. La répartition faite par le maire, assisté des deux conseillers municipaux, ou seul lorsqu'il n'a pu les réunir, est obligatoire pour tous ceux qui y sont compris (L. 3 juill. 1877, art. 20). Elle doit être faite entre tous ceux qui, sur le territoire de la commune, qu'ils soient habitants ou qu'ils n'y soient que simples contribuables, possèdent les objets réquisitionnés (L. 3 juill. 1877, art. 20). Le fait de l'habitation sur le territoire de la commune n'est donc pas une condition à laquelle soit subordonnée l'imposition. Le maire doit prendre les mesures nécessaires pour que la répartition soit effective à l'égard de tout habitant ou contribuable (L. 3 juill. 1877, art. 20, § 4) et celui qui est absent doit supporter sa part de réquisition alors même qu'il ne serait

pas représenté dans la commune. — Il faut toutefois, au cas d'absence, faire une distinction entre le cas de mobilisation et celui de simple rassemblement de manœuvres. On a vu (*suprà*, n° 57) qu'en ce qui concerne le logement et le cantonnement, le maire ne peut, hors le cas de mobilisation, envahir le domicile d'un absent. Le maire ne peut donc, en temps ordinaire, faire ouvrir la porte d'habitation ou des granges, magasins, etc., d'un absent, soit pour y loger des soldats, soit pour y prendre des denrées emmagasinées. La loi lui confère au contraire ce droit en temps de mobilisation; il peut alors faire ouvrir la porte de vive force et faire procéder d'office à la livraison de fournitures requises. Dans ce cas, il requiert deux témoins d'assister à l'ouverture et à la fermeture des locaux ainsi qu'à l'enlèvement des objets, et dresse un procès-verbal de ces opérations (Décr. 2 août 1877, art. 40). Mais si le contribuable ou l'habitant absent possèdent sur le territoire de la commune des objets de la nature de ceux qui sont requis, récoltes en meules, dépôts de matériaux, etc., non renfermés dans les habitations ou bâtiments clos, le maire peut, en temps de paix comme en temps de mobilisation, les comprendre dans les réquisitions (G. Ferrand, p. 287).

121. On a dit *suprà*, n° 120, que la réquisition doit être répartie sur tous ceux qui sont détenteurs des objets requis; elle ne doit en effet être répartie qu'entre ceux qui possèdent ces objets, et on ne saurait forcer les habitants qui ne les auraient pas à se les procurer auprès de leurs voisins pour les livrer à l'autorité militaire. Les détenteurs requis, devant être indemnisés à bref délai, ne sont pas pour cela lésés. Toutefois, cette règle n'est pas absolue pour certaines réquisitions, pour le logement, le cantonnement, la nourriture chez l'habitant, par exemple, toutes prestations que chacun est réputé posséder chez lui ou qu'il peut se procurer facilement (G. Ferrand, p. 239).

122. On doit comprendre, dans la répartition des prestations autres que le logement et le cantonnement, les établissements qui sont la propriété de l'État ou des départements, les établissements religieux et hospitaliers (Rapport de M. Reille à la Chambre des députés, *Journ. off.* 1876, p. 6483). Pour le logement et le cantonnement, ces établissements n'y sont point assujettis lorsqu'ils ont été préalablement requis par l'autorité militaire et effectivement occupés par elle (L. 3 juill. 1877, art. 13, § 5). Mais les établissements et objets appartenant aux compagnies de chemins de fer, étant l'objet d'une réquisition spéciale, les communes ne doivent les comprendre dans aucune répartition des prestations qu'elles sont requises de fournir (L. 3 juill. 1877, art. 34).

123. Lorsque la répartition, à défaut du maire, est faite par des habitants à ce requis par l'autorité militaire (Décr. 26 oct. 1883 art. 105, sur le service des armées en campagne, *suprà*, n° 113), elle ne peut être faite qu'à l'amiable, sauf, en cas de désaccord, à l'autorité militaire à l'exécuter elle-même, souvent au détriment des habitants récalcitrants. D'ailleurs, dans les cas où l'autorité militaire s'adresse directement aux habitants, qu'elle se serve ou non de l'intermédiaire de certains d'entre eux, c'est elle qui fait la répartition. A ces cas, il faut ajouter celui où les prestations requises ne sont pas fournies dans les délais prescrits (L. 3 juill. 1877, art. 20, *in fine*), c'est-à-dire en cas de refus du maire d'y procéder. La répartition est alors faite d'office par l'autorité militaire.

124. — V. Constatations à faire lors de la délivrance des prestations. — On a déjà vu, pour permettre aux habitants de se faire payer l'indemnité qui leur est due pour les prestations par eux fournies, l'art. 3 de la loi du 3 juill. 1877 dispose qu'il en est toujours donné un reçu. Ce reçu, correspondant à l'ordre de réquisition et extrait comme lui, sauf le cas exceptionnel prévu par l'art. 8 du décret du 2 août 1877 (*suprà*, n° 34), d'un carnet à souche, comprend l'ensemble des fournitures faites par les prestataires. C'est le maire qui donne à chacun d'eux le reçu des fournitures individuelles. La livraison de ces fournitures est faite aux parties prenantes en présence du maire ou d'un délégué désigné par lui dans les formes prévues par l'art. 82 de la loi municipale du 5 avr. 1884; l'autorité militaire lui remet le reçu totalisant les prestations fournies par la commune.

125. La livraison en présence du maire reçoit des exceptions qui tiennent soit au mode de réquisition employé

dans le cas prévu par l'art. 19 de la loi du 3 juill. 1877 et lorsque le maire ou ses suppléants légaux sont absents (*supra*, n° 106) ; soit à la nature des choses. Les réquisitions de nourriture chez l'habitant, de combustible et de paille de couchage, etc., sont, notamment, livrées sur place (G. Ferrand, p. 245-246). Il faut en dire autant des réquisitions de services personnels qui comportent une série d'actes successifs, constituant l'accomplissement du service demandé et pour lesquels l'intervention du maire consistera simplement à transmettre l'ordre de réquisition et à veiller à ce que les habitants requis se mettent à la disposition de l'autorité militaire.

126. Dans les différents cas de réquisition directe, ou après l'accomplissement des services personnels, le reçu, au lieu d'être remis par l'autorité militaire au maire, est remis directement au prestataire. Ces reçus sont délivrés, pour les guides, par les commandants des détachements qui les ont employés, pour les messagers par les destinataires, pour les conducteurs par les chefs de convois, et pour les ouvriers par les chefs des services compétents, sous la forme de certificats constatant l'accomplissement du service (Décr. 2 août 1877, art. 20). Néanmoins, les reçus délivrés par l'autorité militaire doivent être remis à la mairie et échangés contre des reçus de l'autorité municipale (Décr. 2 août 1877, art. 41).

127. La remise des certificats ou reçus émanant de l'autorité militaire, et délivrés directement par elle, a pour but de compléter les mentions du registre que l'art. 41 du décret du 2 août 1877 prescrit au maire de tenir. Ce registre fait mention des prestations fournies par chaque habitant soit en vertu de la répartition faite par le maire, soit en vertu de réquisitions directes ; il porte les quantités fournies et les prix réclamés. Les récépissés rapprochés du registre permettent de fixer le montant des indemnités individuelles, qui devront être payées. D'après ces mentions, le maire doit dresser suivant les objets fournis, et par service administratif, en double expédition, l'état nominatif de tous les habitants qui ont fourni des prestations ; il indique sur cet état la nature et l'importance des prestations fournies, la date des réquisitions et les prix réclamés. Il y joint son avis. L'état nominatif ainsi dressé est envoyé au préfet pour être transmis par lui à la commission d'évaluation (*infrà*, n° 132). Le maire y joint les ordres de réquisition et les reçus de l'autorité militaire, ainsi que les certificats d'exécution de services remis et les procès-verbaux de dégâts ou d'estimation, s'il y a lieu. Les pièces justificatives sont récapitulées dans un bordereau dressé en double expédition, dont une est renvoyée à la commune à titre de récépissé, après avoir été visée par la commission (Décr. 2 août 1877, art. 49 ; L. 3 juill. 1877, art. 25).

128. La tenue du registre prescrite par l'art. 41 du décret du 2 août 1877 présente une grande utilité ; ce registre en effet, constatant, au moment même où les réquisitions sont exercées, les fournitures faites, permet de suppléer à la perte toujours possible des reçus remis à la commune ou aux habitants ; les mentions qu'il porte, rapprochées des souches des carnets d'ordre de réquisition et de reçus, constituera une preuve littérale irrécusable. D'ailleurs, la loi n'apporte ici aucune restriction au droit commun en matière de preuve et on doit en conclure que, le registre et les récépissés venant à faire défaut, on pourrait recourir à la preuve testimoniale pour les prestations dont la valeur sera inférieure à 150 fr. Au-dessus de ce chiffre, on pourrait encore trouver un commencement de preuve dans les états de répartition, les souches des carnets, etc. : « Il faudra d'ailleurs, dit M. G. Ferrand, p. 248, apprécier si l'habitant ne s'est pas trouvé dans une des circonstances où il lui a été impossible de se procurer une preuve écrite, ou si la perte de son titre provient d'un cas fortuit ou de force majeure, etc., toutes choses qui rendent admissibles la preuve testimoniale même au-dessus de 150 fr.

Sect. 6. — Règlement des indemnités.

129. La loi du 3 juill. 1877, après avoir posé, dans son art. 2, le principe que toutes les prestations donnent droit à une indemnité, en détermine le mode de règlement. C'était là une matière particulièrement délicate. L'exercice du droit

de réquisition est, comme nous avons déjà eu l'occasion de le dire, une atteinte au droit de propriété, justifiée, il est vrai, par l'intérêt supérieur de la défense nationale, mais qui ne perd pas pour cela son caractère de gravité. Aussi n'est-ce pas sans une certaine hésitation, et sans veiller avec le plus grand soin aux moyens d'en rendre le poids aussi léger que possible aux populations, que le législateur en a consacré la pratique. Cette hésitation et ce soin se manifestent à chaque instant dans la discussion de la loi et dans le texte définitif qui en est sorti. Le législateur a été surtout préoccupé de deux idées : répartir autant que possible sur toute la surface du territoire et sur tous ses habitants la charge que l'on ne pourrait nécessairement imposer qu'à un nombre relativement restreint d'entre eux, et pour cela, attribuer à ceux qui seraient directement atteints une indemnité aussi complète que possible, qui, mise à la charge de l'État, serait supportée par tous. Mais, en même temps, le législateur devait se préoccuper de limiter cette indemnité au préjudice réellement subi et de sauvegarder dans la limite du possible les intérêts du trésor public. Il fallait que l'indemnité fût suffisante pour réparer le préjudice et qu'elle fût promptement réglée pour permettre aux habitants, dépouillés de leurs denrées, de les renouveler et ne pas les exposer à la misère et à la famine. La loi s'est efforcée de répondre à ces diverses nécessités.

130. La première question à régler était celle de l'évaluation des indemnités. Celles qu'il y a lieu de payer pour les services personnels, pour le logement et le cantonnement, sont faciles à évaluer et peuvent dans une certaine mesure être fixées à l'avance. Mais il n'en est pas de même des indemnités représentatives de la valeur des denrées d'alimentation, qui sont sujettes à des variations importantes et continuelles. Si l'on s'en fût rapporté aux cours de ces denrées dans chaque localité, on eût été exposé à de nombreux mécomptes et le Trésor eût été menacé de payer des prix excessifs. D'ailleurs, la constatation des cours eût été des plus difficiles ; sur le passage des armées, la disproportion qui se produit inévitablement entre l'offre et la demande bouleversent immédiatement toutes les conditions ordinaires des marchés ; un renchérissement considérable se produit, des variations journalières s'accusent, plus ou moins grandes, de commune à commune, de canton à canton. D'un autre côté, il était à peu près impossible d'établir un tarif uniforme, unique et invariable, fixant à tout jamais la valeur des denrées, sans rétablir, en quelque sorte, cette loi du *maximum* qui a laissé dans l'esprit des populations un sinistre souvenir. La loi du 3 juill. 1877 a cherché la solution de ces difficultés dans la constitution de commissions départementales, composées de membres militaires et de membres civils, ceux-ci en majorité, et chargées d'évaluer les indemnités dues aux personnes et aux communes qui auront fourni des prestations (art. 24). Cette commission, dont le rôle est purement consultatif, doit éclairer et renseigner l'autorité militaire en lui faisant parvenir son appréciation sur les indemnités à allouer.

131. L'art. 48 du décret du 2 août 1877 charge les commissions d'évaluation d'établir, pour les différents objets susceptibles d'être réquisitionnés, des tarifs qui sont arrêtés par le ministre de la guerre. Pour l'établissement de ces tarifs, elle peut s'adjoindre, avec voix consultative, des notables commerçants, dont les connaissances spéciales éclaireront sa religion. Les tarifs établis ainsi par les commissions, en raison même de la circonstance qu'ils doivent être arrêtés par le ministre de la guerre, auront un caractère de fixité qui ne répondra évidemment pas à toutes les nécessités que les circonstances pourront faire naître. Ils ne sauraient, dans tous les cas, avoir d'autre valeur qu'une simple indication, permettant à l'Administration militaire de fixer les bases de l'indemnité, et ne sauraient être obligatoires pour les tribunaux lorsque l'élévation des prix les rendra insuffisants et que les prestataires refuseront d'accepter l'indemnité à laquelle ils auront servi de base. La loi du 3 juill. 1877, en effet, n'a pas prévu ces tarifs, et aucune de ses dispositions ne fait un devoir aux tribunaux de s'y conformer ; le décret du 2 août 1877 n'a pu se substituer à la loi et imposer aux tribunaux une limite au delà de laquelle ils ne pussent élever l'indemnité. D'ailleurs, le décret du

2 août lui-même ne semble pas attacher aux tarifs une valeur plus grande que celle d'un simple renseignement. L'art. 50 en effet dispose que la commission d'évaluation donne son avis sur le prix de chaque prestation, ce qui semble bien indiquer qu'il ne considère pas les tarifs établis par la commission départementale comme absolument obligatoires, même pour le fonctionnaire de l'intendance chargé de fixer l'indemnité.

132. La commission départementale d'évaluation, dans la partie de son rôle qui a pour objet l'évaluation des indemnités, examine les états nominatifs des prestataires, dressés par le maire, qui lui sont transmis par le préfet avec l'avis du maire, et les pièces justificatives qui y sont jointes (Décr. 2 août 1877, art. 49). Elle donne son avis sur les prix de chaque prestation et sur les différences qui peuvent se produire entre les quantités réclamées et celles qui résultent des reçus. Elle transmet cet avis au fonctionnaire de l'intendance chargé par le ministre de la guerre de fixer l'indemnité (Décr. 2 août 1877, art. 50).

133. — I. Diverses commissions d'évaluation, leur composition. — La loi du 3 juill. 1877 n'avait prévu dans son art. 24 que la création de commissions départementales dans chaque département où peuvent être exercées des réquisitions. Le décret du 2 août 1877, art. 44, a en outre institué, pour le cas de mobilisation totale, une commission centrale nommée par le ministre de la guerre et dont la composition est laissée à ses soins ; cette commission est chargée de correspondre avec les commissions départementales d'évaluation, d'assurer l'uniformité et la régularité des liquidations et d'émettre son avis sur toutes les difficultés auxquelles peut donner lieu le règlement des indemnités. Quant aux commissions départementales d'évaluation, elles sont composées de trois, cinq ou sept membres, selon l'importance des réquisitions à exercer. Le ministre de la guerre fixe ce nombre et peut déléguer au général commandant la région le soin de nommer les membres de ces commissions. Elles se composent de membres militaires et civils, ceux-ci étant en majorité (L. 3 juill. 1877, art. 24). Le nombre des membres civils est de deux dans les commissions composées de trois personnes, de trois dans celles qui sont composées de cinq personnes, et de quatre dans celles de sept membres. Les membres civils sont nommés sur la désignation du préfet. L'arrêté qui nomme les commissions départementales désigne en même temps le président et le secrétaire, qui peuvent être choisis parmi les membres militaires ou parmi les membres civils. Les commissions ne peuvent délibérer que s'il y a au moins trois membres présents dans les commissions composées de trois ou cinq membres, et cinq dans celles qui sont composées de sept membres (Décr. 2 août 1877, art. 46 et 47).

134. — II. Fixation de l'indemnité par l'autorité militaire. — Dans les trois jours qui suivent la transmission de l'avis de la commission d'évaluation, l'autorité militaire doit statuer sur les indemnités réclamées et notifier ses décisions au maire (L. 3 juill. 1877, art. 25 et 26 ; Décr. 2 août 1877, art. 51). Celui-ci les notifie immédiatement aux intéressés et leur fait connaître en même temps qu'ils doivent adresser, dans un délai de quinze jours, leur acceptation ou leur refus (Décr. 2 août 1877, art. 51). Si les intéressés laissent passer ce délai de quinze jours sans faire connaître leur refus, ils sont considérés comme acceptant les allocations qui leur sont faites et ces allocations deviennent définitives (L. 3 juill. 1877, art. 26). En cas de refus, les prestataires doivent faire connaître les motifs sur lesquels ils fondent leur refus d'acceptation et indiquer la somme qu'ils réclament (L. 3 juill. 1877, art. 26).

135. Le fonctionnaire de l'intendance joint à la notification les états qui ont été dressés par le maire au moyen d'un registre des réquisitions, revêtus de son visa. Le maire inscrit sur ces états la date de la notification faite aux divers intéressés, y mentionne les réponses qu'il reçoit, et, à l'expiration du délai de quinze jours, arrête les états et en certifie l'exactitude. Un de ces états reste à la mairie (Décr. 2 août 1877, art. 56). Puis le maire dresse en triple expédition, et par service administratif, un nouvel état des allocations acceptées et de celle pour lesquelles les intéressés n'ont pas fait de réponse. Ces trois expéditions sont envoyées, avec l'original de l'état indiqué ci-dessus, au fonctionnaire de l'intendance

chargé du règlement des indemnités (Décr. 2 août 1877, art. 52).

136. Lorsque le fonctionnaire de l'intendance a reçu l'état des allocations acceptées dans une commune, il doit, après vérification et dans un délai maximum de huit jours, délivrer le mandat de payement (Décr. 2 août 1877, art 53). Ce mandat est établi au nom de la commune, c'est-à-dire du receveur municipal auquel il est adressé avec une expédition de l'état nominatif des allocations acceptées, visée par l'ordonnateur. Le mandat de payement comprend l'ensemble des sommes dues à chaque prestataire, sans division ni répartition entre eux (L. 3 juill. 1877, art 27; Décr. 2 août 1877, art. 53). C'est l'autorité municipale qui est chargée de cette répartition à laquelle l'autorité militaire ne prend aucune part.

137. En principe, le montant du mandat doit être payé comptant. Dans ce cas, le receveur municipal, aussitôt après avoir touché le mandat, effectue le payement à chaque intéressé, qui émarge l'état nominatif (L. 3 juill. 1877, art. 27 à 28 ; Décr. 2 août 1877, art. 54). Le décret comme la loi n'admettent pour le payement aucun délai, et le maire et le receveur municipal sont tenus de l'effectuer immédiatement. La loi a donc pris toutes les précautions possibles pour que le payement suive de très près la réquisition, et que ce payement soit effectué au comptant. Le payement au comptant n'offre aucune difficulté en temps de paix, mais en temps de guerre les disponibilités du Trésor peuvent être insuffisantes pour faire face aux besoins journaliers. Aussi a-t-on dû, en prévision de cette éventualité, admettre qu'en temps de guerre, le payement peut être fait en bons du trésor, portant intérêt à 5 pour 100 du jour de la livraison (L. 3 juill. 1877, art. 27). Dans ce cas, le receveur municipal encaisse le montant de ces bons à leur échéance, et il fait, de concert avec le maire, la répartition des intérêts au prorata des indemnités ; il porte cette répartition sur l'état nominatif et effectue les payements dans les mêmes formes que les payements au comptant.

138. — III. Refus des allocations. — 1° Compétence. — Lorsque les intéressés refusent les allocations qui leur sont attribuées par l'intendance sur les propositions de la commission d'évaluation, la matière devient contentieuse et le litige doit être tranché par les tribunaux. La loi avait à se préoccuper de déterminer la juridiction compétente et cette question a été l'une des plus discutées. Un premier système, adopté par le projet du ministre de la guerre, conforme au mode de procéder qui, en matière de fournitures militaires, attribue au ministre de la guerre une juridiction spéciale, consistait à soumettre le recours contre une première décision d'indemnité, prise par l'autorité militaire et non acceptée par les particuliers, au ministre, pour être ensuite porté en appel devant le conseil d'État. Consulté sur ce point, le conseil d'État fit, avec raison, remarquer que des citoyens habitant des points éloignés du territoire éprouveraient certaines difficultés à faire valoir auprès de l'administration centrale des réclamations portant souvent sur une valeur minime et que le recours paraîtrait, aux yeux des populations, bien souvent illusoire. Il émit l'avis que le recours devrait être porté en premier ressort, non pas devant le ministre, mais devant le conseil de préfecture. Cet avis fut adopté par le projet définitif du ministre de la guerre. Mais la Chambre des députés et ensuite le Sénat ont adopté un système complètement différent. Dans ce système (L. 3 juill. 1877, art. 26), en cas de non-acceptation de l'indemnité par les intéressés, le différend est porté devant l'autorité judiciaire et tranché par le juge de paix jusqu'à une valeur de 200 fr. en dernier ressort ; pour toute valeur n'excédant pas 1500 fr., la compétence appartient au juge de paix en premier ressort, et en appel au tribunal de première instance ; les réclamations qui portent sur une somme supérieure, l'affaire est soumise en première instance au tribunal civil et en appel, à la cour d'appel. Dans tous les cas, le jugement est rendu comme en matière sommaire. Ce système offre le grand avantage de mettre le tribunal à portée des parties intéressées, de rendre plus facile l'appréciation de l'indemnité, plus prompte la décision définitive. Il est en outre plus conforme aux principes généraux du droit. La réquisition n'est pas, en effet, un marché de fournitures, mais une sorte d'expropriation pour cause d'utilité publique de biens mo-

biliers et, comme telle, doit ressortir à la juridiction civile à l'exclusion des tribunaux administratifs. En effet, suivant l'esprit général de notre législation actuelle, toutes les fois qu'il y a dépossession du droit de propriété, la seule autorité compétente est l'autorité judiciaire et non l'autorité administrative, qui n'est juge que des dommages provenant du fait de l'État, c'est-à-dire des atteintes plus ou moins graves portées à la propriété privée, mais sans dépossession. Or, en cas de réquisition, il y a dépossession. En réalité, on se trouvait en présence d'un fait nouveau, pour lesquels il y avait lieu de déterminer la compétence, et il était naturel de l'attribuer à la seule autorité qui soit juge des questions de propriété.

139.—*2° Procédure.*—Le refus d'acceptation est transmis par le maire au juge de paix du canton, qui en donne connaissance à l'autorité militaire et envoie de simples avertissements, sans frais, pour une date aussi prochaine que possible, à l'autorité militaire, c'est-à-dire au fonctionnaire de l'intendance chargé de régler l'indemnité, et au réclamant (L. 3 juill. 1877, art. 26 ; Décr. 2 août 1877, art. 56). La transmission par le maire a lieu immédiatement après l'expiration du délai de quinzaine. La constitution du maire, en pareil cas, comme agent de transmission entre les particuliers et l'autorité judiciaire, est une dérogation au principe général qui veut que les parties elles-mêmes ou leurs mandataires saisissent les tribunaux des différends qu'elles peuvent avoir. Mais cette disposition, qui peut paraître singulière à première vue, a sa raison d'être. On a voulu donner aux intéressés toute facilité pour le règlement de l'indemnité. C'est le maire qui est chargé de renseigner l'autorité militaire sur les prestations fournies ; c'est lui qui reçoit les propositions d'indemnités et les transmet aux particuliers ; ce sera également le maire qui saisira le tribunal de leurs contestations, en étant, pour ainsi dire, leur mandataire constitué par la loi. Cette disposition est donc tout à l'avantage des particuliers. Aucune pénalité, il est vrai, n'est édictée contre le maire qui ne se conformerait pas aux prescriptions de l'art. 26 sur ce point ; mais une pénalité est ici inutile. Si le maire ne voulait pas exécuter la loi, les particuliers trouveraient, dans cette loi même, la base d'une action en dommages-intérêts (V. le rapport au Sénat, D. P. 77. 4. 54, note 2). L'instance doit donc en quelque sorte être introduite devant le juge de paix par l'intermédiaire du maire. Faut-il en conclure que les prestataires ne pourraient eux-mêmes, à défaut du maire, saisir le juge de paix ? Bien qu'il semble difficile d'admettre que la loi, dont le but manifeste a été de faciliter le règlement de ce qui est dû à ceux qui ont fourni des prestations réquisionnées, ait pu, sans l'exprimer formellement, leur enlever l'action personnelle résultant de leur créance, il n'en paraît pas moins certain qu'elle l'a fait en organisant une procédure spéciale exigeant l'intervention du maire, et qu'une demande introduite conformément au droit commun risquerait d'être, pour ce motif, déclarée non recevable. Mais en dehors de l'action en dommages-intérêts qu'il pourrait intenter au maire, le réclamant pourrait s'adresser au préfet, en exécution de l'art. 85 de la loi municipale du 5 avr. 1884, aux termes duquel «dans le cas où le maire refuserait ou négligerait de faire un des actes qui lui sont prescrits par la loi, le préfet peut, après l'en avoir requis, y procéder d'office par lui-même ou par un délégué spécial » (V. G. Ferrand, p. 280).

140. Au cas où le juge de paix ne peut concilier les parties, il peut prononcer immédiatement ou les ajourner pour être jugées dans le plus bref délai (L. 3 juill. 1877, art. 26). S'il s'agit d'une somme supérieure à 1500 fr., les procès-verbaux de non-conciliation sont remis directement aux intéressés. C'est à ceux-ci à poursuivre l'instance dans les formes ordinaires. En cas d'arrangement, le juge de paix dresse un procès-verbal de conciliation, obligatoire dans le cas où il s'agit d'une somme supérieure à 1500 fr. (c. proc. civ., art. 54), facultatif et seulement sur la demande de l'une au moins des parties, conformément à la loi du 2 mai 1855, lorsque la demande est de la compétence du juge de paix en premier et en dernier ressort. La rédaction du procès-verbal sera d'ailleurs presque toujours réclamée par le prestataire pour lui servir de titre, par le fonctionnaire de l'intendance comme pièce justificative de la liquidation de l'indemnité.

Les frais devront être, en la matière des réquisitions, réglés devant les différentes juridictions qui peuvent être appelées à statuer, d'après les principes posés par le code de procédure civile, art. 130 et 131 (G. Ferrand, p. 286).

141. Devant le juge de paix, les particuliers seront représentés par les mandataires qui leur conviendra, devant les tribunaux de première instance et la cour d'appel, par les avoués et avocats suivant les règles ordinaires de la procédure. L'État, d'autre part, est représenté devant le juge de paix par le fonctionnaire de l'intendance chargé du règlement des indemnités ou par un délégué ayant mandat spécial de ce fonctionnaire. Devant les tribunaux civils et les cours d'appel, la représentation de l'État sera faite suivant les règles généralement suivies pour les instances dirigées contre l'État, c'est-à-dire qu'il pourra, si bon lui semble, constituer un avoué et commettre un avocat, mais qu'il est dispensé de cette constitution, le ministère public étant son représentant naturel. Aux termes de l'art. 55 de la loi du 3 juill. 1877, tous les avertissements et autres actes qu'il sera nécessaire de signifier à l'autorité militaire, pour l'exécution de la loi, le seront à la mairie du chef-lieu de canton.

142. Les règles qui viennent d'être exposées sont applicables aux réquisitions faites par l'autorité militaire ou par l'autorité maritime, de navires, embarcations et de leurs équipages. Le règlement et la liquidation des indemnités s'effectuent suivant les règles établies pour les réquisitions de l'autorité militaire, sans préjudice des conventions conclues entre l'État et les compagnies propriétaires de navires (Décr. 2 août 1877, art. 73). — Toutefois, les commissions d'évaluation ont une composition différente. Aux termes de l'art. 71 du décret du 2 août 1877, dans chaque arrondissement et sous-arrondissement maritime où il est exercé, soit des réquisitions de l'autorité maritime, soit des réquisitions de l'autorité militaire relatives à des navires, embarcations et à leurs équipages, il est créé une commission mixte d'évaluation composée de trois, cinq ou sept membres, selon l'importance des réquisitions Le nombre des membres est fixé par le ministre de la marine qui les nomme ou délègue ce soin au préfet maritime. Lorsque les réquisitions ont été exercées par l'autorité militaire par application de l'art. 23 de la loi du 3 juill. 1877, cette commission est complétée par l'adjonction d'un fonctionnaire de l'intendance nommé par le ministre de la guerre, ou, sur sa délégation, par le commandant de région. Les membres de la commission étant alors en nombre pair, en cas de partage, la voix du président est prépondérante.

Sect. 7. — Réquisition des chemins de fer ; leur emploi
en temps de paix pour les services de l'armée.

143. L'armée, comme les particuliers, utilise dans une proportion considérable, les services des chemins de fer. Lorsqu'on a constitué les grands réseaux et concédé leur exploitation (*infrà*, v° *Voirie par chemin de fer*), l'État s'est assuré, comme une sorte de compensation des avantages qu'il accordait aux compagnies concessionnaires, certaines réductions de tarif, lui permettant de faire exécuter en temps de paix le transport des hommes, des chevaux et du matériel militaire au naval au quart du prix payé par les particuliers (art. 54 du cahier des charges). Il s'est même assuré une réduction, moins importante il est vrai, dans le cas où il aurait besoin de diriger des troupes ou un matériel militaire ou naval sur tous les points desservis par le chemin de fer; dans ce cas, les compagnies sont tenues de mettre immédiatement à la disposition du Gouvernement tous leurs moyens de transport pour la moitié de la taxe du tarif (Même art. 54. V. Aucoc, conf. t. 3, p. 772).

Mais en temps de guerre, en raison de l'importance extrême qu'ont prises les voies ferrées, dans la conduite des opérations, l'État doit avoir à sa disposition complète de tous les moyens de transport et de toutes les ressources que peuvent fournir les voies ferrées. Il est à peine besoin de faire ressortir cette importance des chemins de fer dans la guerre moderne. Dès leur création, elle avait commencé à se faire sentir et l'utilisation qui en avait été d'abord restreinte et timide, est devenue, progressivement, à peu près exclusive pour la concentration des armées et leur ravitail-

lement en hommes et en matériel de toute nature. En 1849, les chemins de fer sont utilisés par les troupes russes appelées à coopérer à la répression de l'insurrection de la Hongrie contre l'Autriche. En 1851, ils sont employés, lors de la première expédition du Sleswig-Holstein. On peut rappeler encore, en 1859, le transport à la frontière d'Italie d'une grande partie de l'armée française destinée à opérer contre l'Autriche; l'emploi qui fut fait des voies ferrées dans la guerre de Sécession aux Etats-Unis, dans la guerre austro-prussienne de 1866. Ce fut surtout la guerre de 1870-71 qui révéla toute l'utilité que pouvait présenter une utilisation judicieuse et longuement préparée des chemins de fer. Les résultats qu'on obtint en France sans préparation préalable, et pour ainsi dire à l'improviste, ont démontré tout ce qu'on pouvait en attendre, non seulement pour la concentration des troupes, mais aussi pour les opérations mêmes de guerre (V. sur les transports militaires à cette époque: J. Jacquemin, *Les chemins de fer pendant la guerre de 1870*; général Derrécagaix, *La guerre moderne*; von der Goltz, *La nation armée*, G. Ferrand, p. 64-65).

144. Instruit par l'expérience, il était naturel qu'en procédant à la réorganisation de l'armée commencée en 1872, le législateur se préoccupât de préparer, dès le temps de paix, l'utilisation, au point de vue de la guerre, de toutes les ressources que les chemins de fer pouvaient procurer à la défense nationale. L'art. 26 de la loi du 24 juill. 1873 sur l'organisation générale de l'armée décida, pour la première fois, qu'en cas de mobilisation ou de guerre, les compagnies de chemins de fer mettraient à la disposition du ministre de la guerre tous les moyens nécessaires pour les mouvements et la concentration des troupes et du matériel de l'armée. La loi du 13 mars 1875, sur la constitution des cadres de l'armée active et de l'armée territoriale, avait donné aux chemins de fer, en temps de mobilisation, une organisation militaire, remaniée depuis par la loi du 28 déc. 1888, modificative des art. 22 à 27 de la loi de 1875, D. P. 90. 4. 28 (V. sur cette organisation *suprà*, v° *Organisation militaire*, n°s 198 et suiv.). Cette organisation comporte, pour l'exécution du service proprement dit, des sections de chemins de fer de campagne recrutées parmi les ingénieurs, employés et ouvriers des grandes compagnies et du réseau de l'Etat, constituées en un régiment appartenant au corps du génie (*suprà*, v° *Organisation militaire*, n°s 200, 201, 202). La loi du 3 juill. 1877 met en outre à la disposition du ministre de la guerre, par une vaste réquisition, toutes les ressources en personnel et en matériel dont disposent les administrations de chemins de fer dans les cas prévus par l'art. 1 de la loi, c'est-à-dire de mobilisation partielle ou totale et de rassemblements de troupes (*infrà*, n°s 152 et suiv.).

Art. 1er. — *Emploi des chemins de fer par l'autorité militaire en temps de paix.*

145. On a vu, *suprà*, n° 143, que l'art. 54 du cahier des charges a imposé aux compagnies concessionnaires des grands réseaux de chemins de fer le transport, au quart ou à moitié de la taxe du tarif, des hommes, du matériel et des chevaux appartenant à l'armée de terre ou à l'armée de mer. Les transports effectués en vertu de cette disposition comprennent: le transport des militaires isolés, voyageant soit à leurs frais, soit aux frais de l'Etat; des troupes et de leur matériel par les trains ordinaires de l'exploitation et les trains facultatifs militaires ou spéciaux; le transport de matériel, de denrées et d'approvisionnement de toute nature pour les services de l'armée et de la marine. Ces transports sont ceux qu'en langage administratif on appelle transports *ordinaires*, et qui s'exécutent sans troubler l'exploitation normale des voies ferrées.

146. Lorsque les militaires voyagent isolément, ils sont munis, soit d'une feuille de route, soit d'un titre de permission, soit de bons de circulation de chemins de fer qui leur donnent droit à l'obtention d'un billet au quart du tarif. Actuellement, la feuille de route ou la permission n'est même plus exigée des officiers de l'armée active, auxquels il suffit de produire une carte spéciale qui leur est délivrée par les soins des corps. En ce qui concerne la question de savoir quelles personnes doivent être considérées comme militaires, V. *infrà*, v° *Voirie par chemins de fer*.

147. Les transports militaires s'effectuent: par les trains ordinaires de l'exploitation pour les isolés et le matériel non accompagné dans tous les cas, et pour les détachements lorsque le transport des hommes et des chevaux, les bagages et des voitures qui les composent, n'exige pas l'emploi de plus de huit véhicules; ces détachements ne sont admis dans les trains express et les trains-poste qu'autant qu'ils ne sont pas supérieurs à vingt hommes sans chevaux ni voitures et que ces trains comportent des voitures de 3e classe. Lorsque le nombre des véhicules nécessaires au transport des détachements est supérieur à huit, l'autorité militaire, qui donne l'ordre de mouvement, requiert un train facultatif militaire; les trains facultatifs militaires sont prévus dans les livrets généraux de marche des trains pour chacune des grandes directions que le chemin de fer dessert. L'autorité militaire peut également réclamer un train spécial militaire dont la composition, la vitesse de marche et les heures de départ sont fixées suivant les circonstances et en observant les règles de sécurité qui régissent l'exploitation des réseaux. Les itinéraires des trains sont déterminés d'accord entre l'autorité militaire et le service des chemins de fer.

148. Le transport des isolés est ordonné par les chefs de corps ou de service, auxquels les règlements militaires confèrent le droit de les prescrire ou de les autoriser. Il n'est besoin, en principe, pour ces transports, d'aucun avis aux compagnies de chemins de fer, les militaires isolés voyageant par les trains ordinaires de l'exploitation dans les mêmes conditions que le public. Toutefois, au moment de l'appel des jeunes soldats et de la libération des classes, du rappel ou du renvoi des réserves et de l'armée territoriale, enfin du départ et du retour simultané d'un nombre de permissionnaires supérieur à cinquante, l'autorité militaire doit prévenir vingt-quatre heures au moins à l'avance les chefs de gare du nombre d'hommes qui doivent s'y présenter et de leurs principales destinations. Pour les appels sous les drapeaux et les renvois des hommes dans leurs foyers, lorsque le matériel ordinaire est insuffisant, les compagnies sont autorisées à employer des wagons à marchandises aménagés; les hommes ne peuvent refuser de s'y embarquer.

149. Les ministres de la guerre et de la marine, et par délégation les généraux commandant les corps d'armée et les préfets maritimes, ont seuls qualité pour ordonner le transport par chemins de fer des corps ou détachements, du matériel et des chevaux qui les accompagnent. Hors le cas d'urgence, la gare où l'embarquement doit avoir lieu est prévenue par l'envoi d'un avis de transport remis vingt-quatre heures à l'avance quand le détachement doit traverser Paris, emprunter un train express ou poste, ou compte un effectif supérieur à cinquante hommes, y compris des chevaux et des voitures; six heures à l'avance dans les autres cas. Ces règles sont applicables aux trains facultatifs militaires qui doivent être nécessairement demandés plus de vingt-quatre heures à l'avance lorsqu'ils exigent le transport de voitures et de chevaux et que les détachements comportent plus de cinquante hommes. Les trains spéciaux militaires exigent au moins le délai suffisant pour l'organisation du service. Les trains facultatifs et spéciaux militaires sont organisés comme les trains des transports stratégiques, au moyen de wagons des différentes classes, de wagons aménagés, de wagons à bestiaux, de trucs, etc.

150. Les transports de matériel sans troupe, qui se font par les trains ordinaires de l'exploitation exclusivement, sont exécutés sur des ordres de transport délivrés directement par les ministres de la guerre et de la marine, ou par les fonctionnaires de l'intendance chargés dans chaque place du service de transport, ou leurs suppléants.

151. Les détachements sont munis d'une feuille de route collective et de bons de chemin de fer portant le détail des officiers, des hommes, des chevaux, voitures, etc., qui composent le détachement et indiquant, ainsi que la feuille de route, l'itinéraire à suivre, la classe attribuée à chaque grade: il comprend enfin un reçu du billet collectif qui est délivré par la compagnie au moment de l'arrivée à la gare de départ, en échange du bon de chemin de fer, et est signé par le chef du détachement. Le bon de chemin de fer doit accom-

pagner le train afin que le chef de détachement puisse y inscrire les mutations survenues en cours de route, qui sont également portées au verso du billet collectif et signées contradictoirement par le commandant de détachement et le chef de la gare où la mutation a lieu. Le billet collectif est transmis après l'arrivée, au ministre de la guerre, par la voie hiérarchique (V. sur toutes ces questions le règlement du 18 nov. 1889, sur les transports ordinaires).

ART. 2. — *Emploi des chemins de fer par l'autorité militaire en temps de mobilisation; réquisition.*

152. En cas de guerre, les transports ordinaires ne peuvent suffire; il est nécessaire de recourir aux *transports stratégiques*, c'est-à-dire aux transports qui ont pour objet les déplacements, par grandes masses, des troupes et du matériel de guerre, ainsi que les divers mouvements préparatoires ou complémentaires de ces déplacements. Ces transports comprennent, suivant l'art. 1 du règlement du 19 nov. 1889, les transports de mobilisation, les transports de concentration, les transports de troupe nécessités par les opérations, les transports de ravitaillement, les transports d'évacuation et les transports de dislocation. Ils se divisent en deux catégories : 1° transports dans la zone de l'intérieur; 2° transports dans la zone des armées (V. pour la distinction entre ces deux zones, *supra*, v° *Organisation militaire*, n°s 199 et suiv.).

153. Pour effectuer les transports stratégiques, le ministre de la guerre peut, dans le cas prévu par l'art. 1 de la loi du 3 juill. 1877, requérir toutes les ressources en matériel et personnel des compagnies de chemins de fer. Ce personnel et ce matériel peuvent être indifféremment employés, sans distinction de réseau, sur toutes les lignes dont il peut être utile de se servir, tant en deçà qu'au delà de la ligne de démarcation établie entre la zone de l'intérieur et celle des armées au delà de la base des opérations (L. 3 juill. 1877, art. 29). L'autorité militaire peut aussi se faire livrer par les compagnies sur réquisition, et au prix de revient, le combustible, les matières grasses et autres objets qui seront nécessaires pour le service des chemins de fer en campagne (art. 30 . Les dépendances des gares et de la voie, y compris les bureaux et fils télégraphiques des compagnies qui peuvent être nécessaires à l'administration de la Guerre, doivent également être mises, sur réquisition, à la disposition de l'autorité militaire (art. 31).

154. La loi du 28 déc. 1888 (D. P. 90. 4. 28) a considérablement étendu la portée de la réquisition des chemins de fer, telle que l'avait envisagée la loi du 3 juill. 1877. Aux termes de l'art. 12 de la loi du 13 mars 1875, modifié par la loi du 28 déc. 1888, le service des chemins de fer relève tout entier de l'autorité militaire. « Le ministre de la guerre dispose des chemins de fer dans toute l'étendue du territoire national non occupé par les armées d'opérations (art. 23). Dans la partie du territoire assignée aux opérations d'une armée, le commandant en chef dispose des chemins de fer (même article). La mobilisation met donc de plein droit, en quelque sorte, tout le personnel, tout le matériel, tous les approvisionnements, toutes les voies et leurs dépendances dans les mains du ministre de la guerre. Il n'y aurait donc plus lieu à la réquisition spéciale des moyens d'action que présentent les chemins de fer, telle que l'avait prévue la loi de 1877. La direction de chacun des grands réseaux et de leurs annexes passe entre les mains des commissions de réseau (*supra*, v° *Organisation militaire*, n°s 199 et 200).

155. Les transports stratégiques sont ordonnés par le ministre et le commandant en chef des armées, respectivement dans les zones placées sous leur autorité. Dans la zone de l'intérieur, le service est placé sous l'autorité du chef d'état-major général de l'armée et exécuté par les soins des commissions de réseau; dans la zone des armées, les transports, ordonnés par le commandant en chef sont réglés par le *directeur des chemins de fer aux armées* placé sous les ordres du *directeur général des chemins de fer et des étapes* et exécutés, soit par les soins des commissions de réseau, à l'aide du personnel ordinaire des chemins de fer, soit par les soins des *commissions de chemins de fer de campagne*, à l'aide des troupes de chemins de fer (Décr. 5 févr. 1889). Les transports stratégiques s'effectuent, d'une manière générale,

dans la zone de l'intérieur et dans la zone des armées, conformément aux règles applicables aux transports ordinaires, sauf les modifications de détail ordonnées par le ministre. Tout ce qui a été dit (*supra*, n° 151), relativement aux bons de chemins de fer et aux billets collectifs, s'applique donc aux transports stratégiques, ces bons et ces billets collectifs servant à régler les indemnités dues aux compagnies de chemins de fer en vertu de l'art. 32 de la loi du 3 juill. 1877.

156. On s'est demandé, lors de la discussion de la loi de 1877, s'il était bien nécessaire que cette loi étendît formellement à la réquisition spéciale des chemins de fer la règle de l'indemnité, alors que les dispositions de l'art. 54 des cahiers des charges des grandes compagnies, permettaient au Gouvernement de disposer de tous les moyens de transport de ces compagnies moyennant le payement de la moitié du tarif. Si les cahiers des charges avaient été uniformes pour toutes les compagnies de chemins de fer, le nouveau texte eût été superflu et sans application. En effet, l'art. 54 des conventions passées entre l'Etat et les compagnies constitue des droits acquis au profit des parties, soit au profit des compagnies, soit au profit de l'Etat. Cet article ne pouvait donc être modifié, soit au détriment de l'Etat, soit au détriment des compagnies, sans une indemnité au profit de celui des contractants dont les droits auraient été méconnus. Mais l'art. 54 du cahier des charges des grandes compagnies n'a pas toujours été inséré dans ceux des divers chemins d'intérêt général ou d'intérêt local successivement concédés, et le tarif fixé pour le transport des troupes et du matériel militaire, en cas de réquisition, varie avec les compagnies. Pour certains de ces chemins, l'augmentation est d'un quart du tarif ordinaire; pour d'autres, elle est de la moitié; pour d'autres enfin, aucune diminution de prix n'a été prévue. Ensuite les cahiers des charges ne prévoyaient pas, et l'art. 54 ne s'appliquait pas aux réquisitions de combustibles, matières grasses et autres objets nécessaires au service des chemins de fer de campagne. Il y avait donc lieu d'établir des règles constituant d'une manière générale à tous les chemins de fer. Aussi la loi de 1877 a-t-elle disposé (art. 32) qu'un règlement d'administration publique fixerait les indemnités éventuellement dues aux compagnies. Tel est l'objet des art. 59 et suiv. du décret du 2 août 1877.

157. Pour les transports qui sont opérés, en cas de réquisition totale, en deçà de la base d'opérations, l'art. 59 du décret fixe le prix à payer conformément aux stipulations du cahier des charges, et s'il n'existe aucune stipulation à ce sujet, le prix est fixé à la moitié du tarif normal. L'utilisation, pour les besoins de l'armée, des dépendances des gares et de la voie et des fils télégraphiques des compagnies, ne donne lieu à aucune indemnité nouvelle.

158. Au delà de la base d'opérations, il n'est dû aux compagnies, pour les transports effectués sur leurs réseaux, que la taxe de péage fixée conformément au cahier des charges qui régit chacune d'elles (art. 61). Quant à l'emploi des machines, voitures et wagons provenant des compagnies et dont la direction militaire des chemins de fer de campagne peut avoir besoin, il donne lieu à une indemnité de location réglée conformément à un tarif établi par un décret rendu en conseil d'Etat (art. 62). Le matériel affecté au service de la direction militaire des chemins de fer de campagne est préalablement inventorié. L'estimation portée à l'inventaire sert de base à l'indemnité à allouer en cas de perte, de destruction ou d'avarie (art. 63). En cas de réquisition de combustibles, matières grasses et autres objets nécessaires au service des chemins de fer de campagne, les prix à percevoir par chaque compagnie appelée à fournir ces objets se composent: 1° du prix d'achat de ces matières; 2° des frais de transport sur des voies étrangères à la compagnie qui les a fournis; 3° des frais de transport sur le réseau exploité par ladite compagnie, calculés sur le pied de 3 centimes par tonne et par kilomètre (art. 64).

159. Du jour de la mobilisation et dès que les compagnies en sont avisées, le service des transports commerciaux est suspendu tant pour les voyageurs que pour les marchandises à grande et petite vitesses, sauf pour les marchandises adressées directement aux corps de troupes, qui continuent jusqu'à destination de manière à ne pas gêner les mouvements de la mobilisation (Décr. 5 févr. 1889; Règlem. min. 19 nov. 1889 sur les transports stratégiques, art. 16

et 17). Sur les lignes ferrées situées au delà des stations de transition, c'est-à-dire dans la zone des armées, les transports commerciaux cessent complètement. Dans l'un et l'autre cas, la suppression du service ne donne lieu à aucune indemnité (L. 3 juill. 1877, art. 33).

Sect. 8. — Conscription des chevaux et juments, mulets et mules et des voitures attelées; réquisition.

160. L'armée en passant du pied de paix au pied de guerre n'a pas seulement, dans l'organisation actuelle, à compléter son personnel par l'appel sous les drapeaux des hommes qui appartiennent par leur âge à la réserve de l'armée active et à l'armée territoriale; il lui faut encore accroître, dans des proportions considérables, son effectif en chevaux de selle pour la cavalerie, en chevaux de trait pour l'artillerie et en voitures attelées pour la constitution des convois de chacun des corps et services qui la composent. En raison de l'énorme accroissement des effectifs et des services qui suivent la mobilisation, on ne pouvait pas, pour les chevaux et voitures nécessaires aux services de l'armée mobilisée, entretenir d'une manière permanente pendant la paix les quantités nécessaires pour la guerre. Mais on avait un moyen facile de compléter à bref délai les effectifs en chevaux et voitures, au moyen des animaux et des voitures existant chez les particuliers, et qu'il suffisait de réquisitionner.—La réquisition ne peut, en pareille matière, être improvisée; pour éviter tout mécompte et des lenteurs préjudiciables à une prompte mobilisation des troupes, il est indispensable que l'autorité militaire soit exactement renseignée, non seulement sur la quantité d'animaux que peut fournir chaque région, mais encore sur le nombre de ceux que leur taille et leur conformation rend aptes à tel ou tel service. De même, pour les voitures, l'autorité militaire doit connaître aussi exactement que possible leur nature, leur contenance et l'emploi qui peut en être le plus utilement fait. C'est dans ce but que la loi du 24 juill. 1873, relative à l'organisation générale de l'armée (D. P. 73. 4. 81, art. 5, § 4 et 5), a prescrit qu'il serait fait chaque année un recensement général des chevaux, mulets et voitures susceptibles d'être utilisés pour les besoins de l'armée en chevaux, mulets et voitures seraient répartis à l'avance dans chaque corps d'armée et inscrits sur un registre spécial. L'art. 25 de la même loi dispose, en outre, qu'en cas de mobilisation, ces animaux et voitures pourront être requis par décret du président de la République. Une loi spéciale devait déterminer le mode d'exécution de cette réquisition et le taux de l'indemnité à allouer aux propriétaires. Une première loi fut promulguée le 1er avril 1874, sous le titre de loi relative à la conscription des chevaux (D. P. 75. 4. 24). Mais l'expérience ayant révélé diverses lacunes et imperfections dans son texte, elle a été remplacée par le titre 8 de la loi du 3 juill. 1877, qui en reproduit les dispositions amendées et revisées.

161. Il convient de rappeler ici que la réquisition des chevaux et voitures, organisée par le titre 8 de la loi du 3 juill. 1877, est absolument distincte de celle qui est prévue par le paragraphe 4 de l'art. 5 (suprà, nos 69 et suiv.) Il ne s'agit plus, dans la réquisition prévue au titre 8, de prestations à utiliser pour des transports accidentels et restreints, mais de l'organisation, préparée de longue main, de toutes les ressources en chevaux de selle et de trait et des voitures attelées propres au service des convois, que le pays peut fournir et qui sont directement acquises par l'État. Pour obtenir un résultat utile, il a fallu organiser à l'avance ces ressources, comme le sont les ressources en personnel; organiser en un mot une sorte de conscription que ne comporte nullement la réquisition prévue par l'art. 5, § 4, de la loi du 3 juill. 1877.

Art. 1er. — Recensement.

§ 1er. — Recensement des chevaux, mulets, etc.

162. Aux termes de l'art. 37, § 1, de la loi du 3 juill. 1877; « Tous les ans, avant le 16 janvier, a lieu dans chaque commune, sur la déclaration obligatoire des propriétaires,

et, au besoin, d'office par les soins du maire, le recensement des chevaux, juments, mules et mulets, susceptibles d'être requis en raison de l'âge qu'ils ont eu au 1er janvier, c'est-à-dire six ans et au-dessus pour les chevaux et juments, quatre ans et au-dessus pour les mulets et mules ». Le décret du 2 août 1877 dispose d'autre part que : « Tous les ans, au commencement de décembre, le maire fait publier un avertissement adressé à tous les propriétaires de chevaux ou mulets, qui se trouvent dans la commune, pour les informer qu'ils doivent se présenter à la mairie avant le 1er janvier, et faire la déclaration de tous les chevaux, juments, mulets ou mules, qui sont en leur possession, en indiquant l'âge de ces animaux ». La liste de recensement est ensuite dressée par le maire, du 1er au 15 janvier (Décr. 2 août 1877, art. 75, infrà, no 167).

On voit, par la comparaison de ces deux textes, que le décret fait expirer au 1er janvier de l'année le délai imparti aux propriétaires pour déclarer à la mairie les animaux en leur possession, alors que la loi n'a fixé qu'une date, celle du 16 janvier, tant pour la déclaration que pour l'établissement de la liste du recensement. Le propriétaire qui fait la déclaration des chevaux ou mulets lui appartenant après le 1er, mais avant le 16 janvier, doit-il être considéré comme passible de l'amende prononcée par l'art. 52 de la loi du 3 juill. 1877 contre ceux « qui ne se conformeront pas aux dispositions de la présente loi? » La négative ne nous paraît pas douteuse. En effet, si l'on rapproche le texte ci-dessus reproduit de l'art. 37 de la loi du 3 juill. 1877, des paroles prononcées par le rapporteur, M. Reille, à la séance du 19 août 1876, on voit bien que l'intention du législateur avait été d'accorder aux propriétaires jusqu'au 16 janvier pour faire leur déclaration : « Dans le but de faciliter encore la déclaration, au lieu de la date du 24 décembre proposée dans le projet rectificatif du Gouvernement, nous vous demandons de maintenir celle du 16 janvier, qui est la limite pour les déclarations concernant l'impôt » (Journ. off. 20 août 1876, p. 6504). Il ne semble donc pas douteux que la date du 16 janvier soit la seule dont l'inobservation puisse constituer les propriétaires des chevaux en contravention. Sans doute, l'art. 74 du décret du 2 août 1877 modifie cette date et divise le délai imparti par la loi en deux périodes, l'une afférente à la déclaration, l'autre à l'établissement de la liste de recensement. Mais, si cette division présente un avantage au point de vue de l'accomplissement du travail imposé aux maires, il ne s'ensuit pas qu'elle soit obligatoire pour les particuliers. Les règlements d'administration publique n'ont en effet de force obligatoire qu'en vertu de la délégation faite par le législateur au chef du pouvoir exécutif et dans les limites de cette délégation. Or, la loi du 3 juill. 1877 délègue à un règlement d'administration publique (art. 4) le soin de déterminer les conditions d'exécution de la loi, mais elle ne lui a pas donné pour cela le pouvoir de modifier les délais impartis par la loi et de changer les dates précises qu'elle a établies. Cela est si vrai que le classement des chevaux et voitures qui doit, aux termes de l'art. 3 de la loi du 3 juillet 1877, avoir lieu du 16 janvier au 1er mars, ou du 15 mai au 15 juin, n'ayant pu avoir lieu en 1881, à l'époque fixée par cette loi, dans certains départements, en raison d'une épidémie typhoïde sur la race chevaline, le ministre crut devoir recourir à une loi spéciale pour être autorisé à faire procéder à cette opération à une autre époque (L. 6 août 1881, D. P. 82. 4. 62). Il semble donc bien que le décret du 2 août 1877 n'ait pu déroger sur ce point à la loi du 3 juillet précédent et que la date du 16 janvier soit la seule dont l'inobservation puisse constituer les propriétaires de chevaux en contravention et les rendre passibles des peines portées par l'art. 52 de la loi du 3 juill. 1877 (Montpellier, 16 mai 1885) (1). C'est donc à tort, à notre avis, que la cour de Bourges (9 mai 1878, aff. Mondain, D. P. 79. 2. 33) a condamné à l'amende un propriétaire de chevaux dont la déclaration n'avait été faite que le 3 janvier, sous le prétexte que la loi du 3 juill. 1877 sur les réquisitions militaires n'ayant pas déterminé le délai dans lequel les propriétaires de chevaux et voitures sont tenus de faire leur déclaration à la mairie, un règlement

_____

(1) (Genieys.) — La cour ; — Attendu que la loi du 3 juill. 1877 fixe au 16 janvier la limite extrême du délai imparti aux propriétaires de chevaux, mules et mulets, pour mettre le maire en mesure de procéder au recensement desdits animaux ; —

d'administration publique avait pu valablement combler cette lacune et décider que cette déclaration doit avoir lieu avant le 1er janvier de chaque année. Il y a là, croyons-nous, une erreur de fait : la loi, comme nous l'avons démontré, ayant déterminé un délai unique pour la déclaration et l'établissement de la liste de recensement, le décret n'a pu combler une lacune qui n'existait pas.

163. La déclaration doit porter sur tous les chevaux, juments, mulets ou mules, qui sont en la possession des propriétaires, et non pas seulement sur ceux qui sont susceptibles d'être requis comme ayant atteint au 1er janvier l'âge de six ans pour les chevaux et juments, et de quatre ans pour les mulets et mules (Décr. 2 août 1877, art. 74). Toutefois, il est à remarquer que l'art. 37 de la loi du 3 juill. 1877 ne parle comme devant être portés sur la liste de recensement que des animaux susceptibles d'être requis, et semble par là même restreindre à ces animaux l'obligation de la déclaration. La question de savoir si le défaut de déclaration d'un animal, n'ayant pas l'âge de la réquisition, serait passible des peines de l'art. 52 de la loi du 3 juill. 1877 nous paraît en conséquence fort douteuse.

164. L'art. 37 prescrit de faire la déclaration à la mairie *tous les ans*. La déclaration doit donc être renouvelée chaque année (Alger, 16 févr. 1893, aff. Hunès Francisca D. P. 93. 2. 261), et celui qui n'a pas fait, pour une année, la déclaration des chevaux, mulets ou mules, dont il est propriétaire, doit être puni d'amende, quoiqu'il ait fait cette déclaration pour l'année précédente.

165. Le renouvellement de la déclaration n'est pas obligatoire à l'égard des animaux réformés l'année précédente par la commission de classement (Trib. corr. Sidi-bel-Abbès, 20 oct. 1892, aff. Hunès Francisca, D. P. 93. 2. 261). La loi du 3 juill. 1877 ne contient à cet égard aucune dispense; cette décision ne peut donc être acceptée qu'avec réserve.

166. Le maire doit délivrer au propriétaire, qui a fait la déclaration des chevaux et mulets en sa possession, un certificat constatant ladite déclaration et mentionnant les chevaux et mulets inscrits. Si le propriétaire a plusieurs résidences, il doit présenter ce certificat au maire des communes où il ne fait pas inscrire ses chevaux ou mulets (Décr. 2 août 1877, art. 77)

167. La liste de recensement est dressée par le maire du 1er au 15 janvier (Décr. 2 août 1877, art. 75), et comprend, d'après l'art. 37 de la loi du 3 juill. 1877, tous les chevaux, juments, mulets et mules qui ont atteint au 1er janvier l'âge de six ans et au-dessus pour les chevaux et juments, quatre ans et au-dessus pour les mulets et mules. L'âge se compte à partir du 1er janvier de l'année de la naissance. La liste mentionne tous les animaux déclarés, avec leur signalement, le nom et le domicile de leurs propriétaires, sauf les exceptions ci-après : 1° les chevaux et juments qui n'ont pas atteint l'âge de cinq ans au 1er janvier; 2° les mulets et mules qui n'ont pas atteint l'âge de trois ans au 1er janvier; 3° les chevaux, juments, mulets ou mules qui sont reconnus être déjà inscrits dans une autre commune; 4° les animaux qui sont reconnus avoir déjà été réformés par une commission de classement, en raison de tares, de mauvaise conformation ou d'autres motifs qui les rendent impropres au service de l'armée; 5° les chevaux, juments, mulets et mules qui sont reconnus avoir été refusés conditionnellement par une commission de classement, pour défaut de taille, à moins que les conditions de taille n'aient été modifiées depuis ce refus; 6° les animaux appartenant aux agents diplomatiques des puissances étrangères.

168. L'inscription sur la liste de recensement est faite soit sur la déclaration des propriétaires, soit d'office par le maire (L. 3 juill. 1877, art. 37), qui doit s'assurer par tous

les moyens en son pouvoir de l'exactitude et de l'existence des déclarations. Le décret du 2 août 1877 (art. 76) lui prescrit à cet effet de faire exécuter, dans les premiers jours de janvier, des tournées par les gardes champêtres et les agents de police, pour s'assurer que tous les chevaux, juments, mulets et mules ont été exactement déclarés. Lorsqu'il est reconnu que des animaux n'ont pas été déclarés, le maire doit les porter d'office sur la liste de recensement, sans rechercher s'ils ont été réformés ou refusés.

169. La déclaration des animaux par les propriétaires ne concerne que ceux qu'ils possèdent à l'époque déterminée par la loi pour cette déclaration : elle ne doit pas être faite pour ceux qui auraient été, au moment où cette période commence ou avant son expiration, l'objet d'une vente, ni pour ceux qui auraient été achetés postérieurement à sa clôture. Spécialement, celui qui a acheté un mulet, au mois de mars d'une année, ne doit pas faire, pour cette année, la déclaration prescrite par l'art. 37 de la loi du 3 juill. 1877. Il en est de même de celui qui n'a acheté un cheval que quelques jours seulement avant les opérations de la commission de classement, après la clôture de la liste de recensement (Trib. corr. Sidi-bel-Abbès, 20 oct. 1892, aff. Hunès Francisca, cité *suprà*, n° 165).

§ 2. — Recensement des voitures attelées.

170. Les voitures auxquelles s'applique la réquisition éventuelle, prévue par le titre 8 de la loi du 3 juill. 1877, sont les voitures attelées, c'est-à-dire pour lesquelles les propriétaires possèdent en même temps un attelage de chevaux ou mulets et qui ne sont pas exclusivement affectées au transport des personnes (L. 3 juill. 1877, art. 37). La déclaration des propriétaires est obligatoire pour ces voitures comme elle l'est pour les animaux et aux mêmes époques; le recensement est fait également fait par le maire avant le 16 janvier. Toutefois cette opération n'a lieu que tous les trois ans. Afin d'éviter toute erreur, le ministre de la guerre avertit les préfets deux mois avant le 1er janvier de l'année où doit se faire le recensement et les préfets avertissent les maires au moins six semaines avant le commencement de cette même année. Ceux-ci font connaître aux propriétaires qu'ils doivent faire leur déclaration à la mairie, au moyen de l'avertissement prévu par l'art. 74 du décret du 2 août 1877. Les règles qui ont été exposées (*suprà*, n°s 163 et suiv.) pour la déclaration des chevaux et mulets, sont, d'ailleurs, applicables à la déclaration des voitures attelées.

171. La liste de recensement dressée par le maire comprend toutes les voitures non suspendues, suspendues, mixtes ou autres, qui ne sont pas exclusivement affectées au transport des personnes, pourvu que le propriétaire de ces voitures puisse les atteler dans les conditions que comporte leur forme ou leur poids, d'un cheval ou mulet, ou de deux chevaux ou mulets classés ou susceptibles d'être classés (Décr. 2 août 1877, art. 79). Lorsqu'un propriétaire, bien qu'il possède plusieurs voitures, ne peut fournir qu'un seul attelage, le maire porte sur la liste de recensement celle de ces voitures qui lui paraît le plus propre au service de l'armée. Mais si le propriétaire peut fournir plusieurs attelages, il est porté sur la liste de recensement autant de voitures qu'il peut en atteler à la fois. Dans ce cas, pour chacune des voitures recensées, il doit être inscrit, suivant sa forme et son poids, un ou plusieurs animaux capables d'un bon service et inscrits sur le recensement (chevaux, juments, mulets ou mules (Même décret, art. 80). L'état de recensement des voitures attelées contient le signalement des voitures et des animaux, ainsi que l'inscription de ces derniers sur l'état de recensement s'ils n'ont pas encore été

Attendu que l'inobservation de cette formalité dans ledit délai entraîne contre le propriétaire des chevaux, mules ou mulets non recensés, une pénalité variant entre 25 et 1000 fr. d'amende; — Attendu que le décret de réglementation, rendu sous la date du 2 août 1877, ne paraît pas avoir pour but de modifier la loi du 3 juillet, dont il n'abroge les dispositions ni tacitement ni expressément; qu'il a simplement pour objet de faciliter les opérations imposées aux maires, en invitant les propriétaires de chevaux, mules et mulets, à faire leur déclaration avant le 1er janvier, mais qu'il ne contient aucune disposition pénale contre les contrevenants à cette injonction; que le législateur

l'a si bien voulu ainsi qu'il prescrit aux maires, à partir du 1er janvier et jusqu'au 16 du même mois, l'obligation d'inscrire d'office les animaux qui n'auront pas été l'objet d'une déclaration antérieurement à cette date; — Attendu que, dans l'espèce, G... n'ayant pas fait la déclaration avant le 1er janvier, il n'était passible d'aucune peine à raison de cette omission jusqu'au 15 du même mois; que le fait d'avoir d'abord déclaré, le 3 janvier, ses chevaux, mules et mulets, et la place d'ailleurs en dehors de toute critique;

Par ces motifs, etc.

Du 16 mai 1885.-C. de Montpellier, ch. corr.

classés, ou leur numéro de classement s'ils figurent sur le dernier état de classement de la commune.

Art. 2. — Classement.

§ 1er. — Classement des chevaux et mulets.

172. Le classement des chevaux, juments, mulets et mules, susceptibles d'être réquisitionnés pour le service de l'armée, et qui ont été portés sur la liste de recensement, doit, en principe, être fait chaque année, soit du 16 janvier au 1er mars, soit du 15 mai au 15 juin (L. 3 juill. 1877, art. 38). Néanmoins le ministre de la guerre peut décider, pour une année déterminée, qu'il ne sera pas procédé au classement (Décr. 2 août 1877, art. 82). A plusieurs reprises depuis la promulgation de la loi du 3 juill. 1877, le ministre de la guerre a prescrit, pour procurer des économies au budget, qu'il ne serait pas procédé au classement des animaux susceptibles d'être requis, sans grand inconvénient pour le service de la mobilisation. Il est difficile, en effet, que dans l'espace de deux ans, le nombre d'animaux de selle ou de trait et leur répartition par catégories, varie dans des proportions suffisantes pour occasionner des mécomptes au moment de la mobilisation; mais il n'en est pas moins vrai que l'art. 82 du décret du 2 août 1877, en conférant au ministre de la guerre le droit d'ajourner le classement, modifie les prescriptions de l'art. 34 de la loi du 3 juill. 1877 et que, comme dans plusieurs des autres dispositions, il est, sur ce point, d'une légalité douteuse.

173. En temps de paix, les opérations d'inspection et de classement des animaux portés sur la liste de recensement ont lieu dans chaque commune, à l'endroit désigné d'avance par l'autorité militaire, en présence du maire ou de son suppléant légal (L. 3 juill. 1877, art. 38, § 3). Au contraire, en cas de mobilisation, lorsque la commission de réquisition dont il sera parlé ci-après fonctionne comme commission de classement, et procède au classement des animaux qui n'avaient pu être compris dans le dernier classement, soit en raison de leur âge au moment où il a été opéré, soit parce qu'ils n'étaient pas encore dans la commune, ou qui, pour tout autre motif, avaient été omis au dernier classement, etc., elle opère par circonscriptions de réquisition (V. infrà, n° 194).

174. L'inspection et le classement des chevaux, juments, mulets et mules est fait par des commissions mixtes, désignées dans chaque région par le général commandant le corps d'armée, et composées chacune d'un officier président et ayant voix prépondérante en cas de partage, d'un membre civil choisi dans la commune, ayant voix délibérative, et d'un vétérinaire militaire ou d'un vétérinaire civil, ou, à défaut, d'une personne compétente désignée par le maire, ayant voix consultative. Il n'est alloué aucune indemnité au membre civil de la commission (L. 3 juill. 1877, art. 38, § 4 et 5).

175. Les commissions de classement statuent souverainement sur l'aptitude des animaux au service de l'armée et doivent inscrire et classer d'office tout cheval ou mulet qui leur paraîtrait avoir été omis à tort sur la liste de recensement. Quant aux animaux qui ne réunissent pas les conditions voulues pour être affectés éventuellement à un des services de l'armée, elles les réforment définitivement; ceux qui, sans remplir actuellement ces conditions, notamment comme n'atteignant pas le minimum de taille fixé par les instructions du ministre de la guerre, paraissent néanmoins susceptibles de les acquérir, sont simplement refusés conditionnellement. Enfin les commissions de classement peuvent seules rayer des listes de recensement les animaux qui sont compris dans les cas d'exemption prévus par les art. 40 et 42 de la loi du 3 juill. 1877 et qui ne doivent pas, à ce titre, être portés sur les listes de classement (Décr. 2 août 1877, art. 83 et 84).

176. Lorsque la commission a réformé définitivement un cheval ou mulet comme impropre au service de l'armée, le propriétaire peut requérir du maire un certificat, constatant la décision de la commission et qui le dispense de présenter de nouveau l'animal à la commission de classement. Il lui suffit chaque année de présenter le certificat à la mai-

rie du lieu où se trouve le cheval, avec une attestation écrite de deux propriétaires ou patentables voisins, ou d'un vétérinaire, constatant que le cheval ou mulet réformé n'a pas été changé (Décr. 2 août 1877, art. 83. V. en ce sens un arrêt rendu sous l'empire de la loi du 1er août 1874. Agen, 5 juill. 1876, aff. Dupuy, D. P. 76. 2. 149). Il semble bien résulter des dispositions de l'art. 83 précité du décret du 2 août 1877 que le certificat de réforme ne peut être utilisé que par le propriétaire auquel il a été délivré, et qu'il ne saurait être invoqué par un acquéreur du cheval ou du mulet, surtout dans une autre commune. Du reste, pour permettre à la commission de contrôler la sincérité du certificat et des attestations qui doivent y être jointes, le certificat doit contenir le signalement exact et détaillé de l'animal réformé, tel qu'il est inscrit sur la liste de recensement (Décr. 2 août 1877, art. 85).

177. Le résultat des opérations de la commission de classement est consigné dans un tableau qu'elle dresse par commune et fournissant par catégories, correspondantes aux catégories fixées par le ministre de la guerre, la liste des chevaux, juments, mules ou mulets, qu'elle a considérés comme aptes au service de l'armée. Le tableau ne doit donc pas comprendre les chevaux réformés, refusés conditionnellement ou exemptés en vertu de l'art. 40 de la loi du 3 juill. 1877 (Décr. 2 août 1877, art. 84). Il fait mention de ceux des animaux qui font partie d'attelages classés de voitures susceptibles d'être requises (Décr. 2 août 1877, art. 89).

178. Les animaux reconnus propres à l'un des services de l'armée sont portés au tableau de classement suivant les catégories établies au budget pour les achats annuels de la remonte, les chevaux d'officiers forment, dans chaque catégorie des chevaux de selle, une classe à part (L. 3 juill. 1877, art. 39). Le tableau de classement est dressé en double expédition; chacune d'elle est signée par la commission de classement et par le maire de la commune ou son suppléant; une des expéditions reste déposée à la mairie de la commune et l'autre est envoyée, par le président, au bureau de recrutement pour servir à la répartition des animaux par l'autorité militaire. Le tableau donne le signalement des animaux classés et fait mention du nom de leurs propriétaires (L. 3 juill. 1877, art. 43 ; Décr. 2 août 1877, art. 84).

179. Bien que, lorsqu'ils ont été reconnus aptes au service de l'armée, ils soient éventuellement affectés à ce service, les animaux classés ne sont cependant pas frappés d'indisponibilité entre les mains de leur propriétaire. Celui-ci est libre de les vendre, de les transférer dans une autre commune où s'éloigne du siège de celle où l'animal a été recensé et classé. Le législateur n'a voulu apporter aucune entrave à la liberté des transactions et n'a entendu frapper, à aucun degré, d'indisponibilité, la propriété des chevaux ou mulets susceptibles d'être requis pour le service de l'armée. Il a même refusé, lors de la discussion de la loi du 1er août 1874, reproduite sauf quelques détails par celle du 3 juill. 1877, d'adopter un article aux termes duquel, depuis le jour de la mobilisation jusqu'à celui où la réquisition est prononcée, les animaux inscrits sur le tableau de classement ne pourraient être l'objet de transactions d'aucune sorte (V. D. P. 75. 4. 25, note 2). Bien plus, le législateur de 1874 a repoussé, comme vexatoire et d'une exécution trop difficile (V. D. P. 75. 4. 24, note 2), une disposition du projet ministériel qui obligeait les propriétaires de chevaux et mulets à faire pendant toute l'année la déclaration des changements qui pourraient survenir dans leurs écuries par suite d'achats, ventes ou pertes d'animaux.

180. Aucune disposition de la loi du 3 juill. 1877 ou du décret du 2 août suivant n'oblige expressément les propriétaires de chevaux portés sur la liste de recensement à les présenter à la commission de classement; mais cette obligation résulte implicitement de l'ensemble des dispositions de la loi du 3 juill. 1877. Elle n'était, d'ailleurs, pas davantage inscrite dans la loi du 1er août 1874, ni dans le décret du 23 oct. 1874, rendu pour l'exécution de cette loi; déjà cependant les tribunaux avaient reconnu que la présentation des animaux recensés aux commissions de classement résultait virtuellement des

dispositions de la loi (Crim. rej. 22 avr. 1875) (1).

181. L'arrêt du 22 avr. 1875 (suprà, n° 180) reconnaît que le propriétaire qui ne présente pas ses animaux à la commission de classement ne contrevient à la loi qu'autant qu'il a été mis en demeure de les présenter. Il est nécessaire que le propriétaire de chevaux ou mulets ait été averti du lieu, du jour et de l'heure de la réunion de la commission, pour qu'on puisse en conclure qu'il a été mis en demeure de les lui présenter. Dans quelle forme doit être donné cet avertissement? Suivant les instructions formulées par le ministre de la guerre, dans une circulaire du 23 oct. 1874, aux généraux commandant les corps d'armée, instructions qui, sauf quelques modifications successivement apportées, sont encore appliquées, les préfets doivent prescrire, dans les communes, les publications nécessaires par affiches ou tout autre mode de publicité, de telle sorte que les propriétaires puissent être prévenus, au moins trois jours à l'avance, qu'ils sont tenus de présenter leurs animaux à la date fixée. Ces difficultés n'ont pas tardé à s'élever sur le point de savoir quelle était la valeur obligatoire des arrêtés préfectoraux, pris conformément à ces instructions pour l'exécution de la loi. On reconnaît assez facilement que la loi n'ayant, quant à la forme de l'avertissement, déterminé aucun mode spécial, il n'est pas nécessaire que la notification soit directe et individuelle, et qu'il suffit qu'elle soit telle que chacun des propriétaires qu'elle met en demeure ait toute facilité de la connaître; elle peut donc être collective, et faite sous forme d'avis affiché et publié par le maire (Toulouse, 16° avr. 1875, aff. Laporte, D. P. 75, 2. 238). — Mais, suivant le même arrêt, la publication d'un acte administratif, s'adressant à une catégorie d'habitants, ne saurait établir contre eux la présomption *juris et de jure* qui s'attache à la promulgation des lois et règlements; il en résulterait simplement une présomption de fait, qui doit céder à la preuve ou à la présomption contraire, et l'infraction prévue par l'art. 2 de la loi du 1er août 1874 ne constituerait un délit proprement dit, et n'existerait, qu'autant que le propriétaire se serait abstenu sciemment de répondre à la convocation. La cour d'Agen, par deux arrêts des 5 et 19 juill. 1876 (aff. Dupuy et aff. Bonneval, D. P. 76. 2. 149), a adopté, sur ce point, la même solution, par ce motif, notamment, que la loi, en ne déterminant, dans le cas dont il s'agit, aucun mode spécial de publicité, s'en est référée aux règles ordinaires concernant la publicité en matière administrative, publication qui ne peut produire qu'une présomption de fait susceptible d'être détruite par la présomption contraire. Cette cour a également reconnu au prévenu le droit d'exciper de son ignorance. Au contraire suivant un arrêt de la cour d'Orléans du 11 juill. 1876 (2), tous les propriétaires d'animaux recensés sont tenus de les présenter à la commission et ne peuvent être excusés de cette obligation ni par leur bonne foi, ni par l'éloignement de leur domicile, ni par leur ignorance de la convocation, ni par le motif que leurs animaux auraient déjà été recensés, attendu qu'il s'agit d'une de ces lois de police édictées dans un but d'intérêt général et supérieur, dont l'infraction constitue, quel que soit le chiffre de l'amende, une contravention matérielle dont le caractère est exclusif de toute intention coupable. Dès lors, il suffit que le jour et l'heure de la convocation aient été régulièrement affichés et publiés dans la commune pour que la non-représentation des animaux par les propriétaires tombe sous le coup de la loi, à moins qu'il ne s'agisse d'un cas de force majeure; les tribunaux ne peuvent, par conséquent, admettre ou suppléer d'office des moyens d'exemption non indiqués par la loi ou

---

(1) (Friteyre.) — LA COUR; — Sur l'unique moyen de cassation pris de la fausse interprétation et, par suite, de la violation des art. 2 et 13 de la loi du 1er août 1874 : — Attendu que l'arrêt attaqué constate, en fait, que le nommé Friteyre, habitant au hameau de la commune d'Ambert (Puy-de-Dôme), n'a pas présenté sa jument devant la commission chargée de l'inspection et du classement des animaux recensés en exécution de l'art. 1 de la loi susvisée, laquelle commission a fonctionné à Ambert les 9 et 10 déc. 1874; et qu'aux termes de l'art. 13, il a été poursuivi pour infraction aux obligations prescrites par ladite loi; — Attendu que l'arrêt attaqué l'a relaxé des poursuites par le double motif : — 1° Que la loi n'imposait pas aux propriétaires l'obligation de déplacer leurs animaux et de les présenter devant la commission; — 2° Que, dans tous les cas, il n'est pas établi que Friteyre ait été mis en demeure de le faire; — Attendu, sur le premier motif, qu'à la vérité l'art. 2 de la loi du 1er août 1874 n'énonce pas en termes formels que les propriétaires d'animaux sont tenus de les conduire ou de les faire conduire devant la commission; mais que cette obligation résulte virtuellement et nécessairement du texte et de l'esprit de la loi; — Attendu, en effet, que la loi du 1er août 1874, relative à la conscription des chevaux, après avoir établi dans l'art. 1 le principe général de recensement applicable à tous les chevaux, juments, mulets et mules, d'un âge déterminé, porte dans son art. 2 : « Chaque année, et à des jours indiqués à l'avance, des commissions mixtes, désignées par le général commandant le corps d'armée, procèdent, autant que possible, dans chaque commune, en présence du maire, à l'inspection et au classement des chevaux, juments, mulets et mules recensés »; — Attendu qu'il résulte de ces termes, qu'en procédant à son opération annuelle d'inspection et de classement, laquelle doit atteindre toutes les têtes d'animaux recensés, à moins d'une exception légale, la commission n'est tenue de se rendre dans chaque commune que si la chose est possible; que l'obligation pour les propriétaires du déplacement de leurs animaux découle nécessairement de cette disposition; que le législateur a voulu, autant qu'il a été en lui, ne pas rendre cette nécessité trop onéreuse aux propriétaires, en fixant, autant que possible, le lieu de la réunion de la commission dans chaque commune; mais qu'il n'a pas voulu et n'a pas pu vouloir imposer à la commission l'obligation, absolument inexécutable, d'inspecter et de classer les animaux en se transportant aux domiciles des divers assujettis; que prêter un tel sens à la loi, ce serait la supprimer, en la dépouillant de tout moyen d'exécution et de toute efficacité; — Attendu que le sens vrai de la loi ressort encore de la disposition qui exige l'indication à l'avance des jours auxquels doit se réunir et fonctionner la commission; que cette indication, portée à la connaissance des citoyens par les voies de publications ordinaires, constitue une mise en demeure légale, et les soumet à l'obligation de conduire ou de faire conduire leurs animaux aux jour et lieu indiqués; que, s'ils s'en dispensent, ils ne se conforment pas aux disposi-

tions de la loi, et sont, en conséquence, passibles des peines portées par l'art. 13 de ladite loi; — Attendu que, de tout ce qui précède, il résulte qu'en prononçant le relaxe par le motif de droit ci-dessus relevé, l'arrêt attaqué a faussement interprété les art. 2 et 13 de la loi du 1er août 1874; — Mais attendu que le second motif suffit à lui seul pour justifier la décision; — Qu'en effet, en adoptant les motifs des premiers juges, l'arrêt attaqué a déclaré : « Qu'il n'est pas prouvé que le prévenu Friteyre ait été mis en demeure de faire conduire sa jument devant la commission »; que c'est là une déclaration de fait, laquelle est souveraine, alors qu'il n'apparaît aucunement au dossier de la justification d'affiches ou autres moyens de publication; — Rejette, etc.

Du 22 avr. 1875.-Ch. crim.-MM. de Carnières, pr.-Barbier, rap.-Bédarrides, av. gén.

(2) (Bouchard.) — LA COUR; — Attendu qu'aux termes de l'art. 2 de la loi du 1er août 1874, chaque année, à des jours indiqués à l'avance, des commissions mixtes procèdent, autant que possible dans chaque commune, en présence du maire, à l'inspection et au classement des chevaux, juments, mulets et mules recensés; — Attendu que, pour l'exécution de cette mesure, tous les propriétaires d'animaux recensés sont tenus de les présenter à la commission, et qu'ils ne peuvent être excusés de cette obligation ni par leur bonne foi, ni par l'éloignement de leur domicile, ni par leur ignorance de la convocation; ni par le motif que leurs animaux auraient déjà été recensés; — Qu'il s'agit, en effet, d'une de ces lois de police édictées dans un but d'intérêt général et supérieur, dont l'infraction constitue, quel que soit le chiffre de l'amende, une contravention matérielle dont le caractère est exclusif de toute intention coupable; — Qu'il suffit, dès lors, que le jour et l'heure de la convocation aient été régulièrement affichés et publiés dans la commune, pour que la non représentation des animaux par les propriétaires tombe sous le coup de l'art. 13 de la loi du 1er août 1874, à moins qu'il ne s'agisse d'un cas de force majeure; que les tribunaux ne peuvent, dès lors, admettre ou suppléer d'office des moyens d'exemption non indiqués par la loi ou acceptés pour l'avenir par l'autorité militaire, seule chargée d'assurer l'exécution pratique de ses dispositions; — Attendu, en fait, que l'affichage et la publication à son de trompe et de caisse de l'arrêté fixant le jour et l'heure de la convocation des propriétaires d'animaux devant la commission de recensement, pour le 20 mai 1876, ont eu lieu à Saint-Paterne d'une manière régulière; — Attendu que Bouchard n'a pas présenté son cheval à la commission et qu'il invoque vainement une déclaration de la commission de l'année dernière, constatant que son cheval était impropre au service militaire, puisqu'aux termes d'une circulaire ministérielle du 29 avr. 1876, cette cause d'exemption ne devient applicable qu'en 1877; — Par ces motifs : — Infirme...

Du 11 juill. 1876.-C. d'Orléans, ch. correctionnelle.

acceptés pour l'avenir par l'autorité militaire, seule chargée d'assurer l'exécution pratique de ses dispositions. Cette dernière doctrine a été adoptée par la cour de cassation (Crim. cass. 1er déc. 1876, aff. Liotard, D. P. 77. 1. 505).

182. Il résulte de ce dernier arrêt que la règle applicable aux décrets du chef de l'Etat, suivant l'avis du conseil d'Etat des 12-25 prair. an 13, et d'après laquelle les décrets, non insérés au *Bulletin des lois* sont obligatoires lorsqu'ils ont été portés à la connaissance des citoyens par la voie des publications ou des affiches, tout aussi bien que lorsqu'ils sont notifiés individuellement aux intéressés (V. *Rép.*, v° *Lois*, n° 164), s'étend aux arrêtés pris, dans la limite de leurs pouvoirs, par les préfets et les maires. Lorsque des arrêtés, prescrivant des mesures d'administration ou de police, ont été légalement publiés, leur ignorance ne peut servir d'excuse aux contrevenants, et ces derniers n'en sont pas moins passibles des peines édictées par la loi (V. *Rép.*, v° *Organisation administrative*, n° 351; *Règlement administratif*, n° 86 et suiv.). Il résulte, en outre, du même arrêt que le rapprochement entre les deux alinéas de l'art. 13 de la loi du 1er août 1874 (reproduit par l'art. 52 de la loi du 3 juill. 1877), met hors de doute l'intention du législateur. Le second alinéa, relatif aux fausses déclarations, ne punit cette infraction qu'autant qu'elle a lieu sciemment. Or, cette condition n'étant pas exprimée dans la disposition du premier alinéa, on doit conclure qu'elle n'est pas nécessaire, lorsqu'il s'agit d'infractions autres que les fausses déclarations (V. en ce sens : Couchard, *De la conscription des chevaux et mulets*, n° 41 et suiv.; Thubé, *De la conscription des chevaux*, article de la *France judiciaire*, 1876, 1re part., p. 234 et suiv.; Nimes, 20 août 1883, aff. Ev. de Viviers, D. P. 85. 2. 132). Il ne suffit donc pas au propriétaire de chevaux, comme l'avait décidé l'arrêt de la cour de Toulouse du 16 avr. 1875, pour échapper à l'amende, de prouver qu'il n'a pas connu l'avis publié dans la commune par suite d'absence ou autrement, il ne serait dispensé de la présentation que par un cas fortuit ou de force majeure (Nimes, 20 août 1883, aff. Evêque de Viviers, et Orléans, 27 nov. 1883, aff. Lecomte, D. P. 85, 2, 132).

183. On avait admis, sous l'empire de la loi du 1er août 1874, que lorsqu'au moment de la réunion de la commission de classement un cheval recensé se trouvait en dehors de la commune, à une distance telle qu'il ne pouvait être conduit devant la commission de classement, on se trouvait en présence d'un cas de force majeure dispensant le propriétaire de la présentation du cheval. Mais l'admission d'une absence momentanée comme un cas de force majeure était discutable. Actuellement, on ne saurait considérer l'absence du cheval comme une excuse valable, l'art. 86 du décret du 2 août 1877 ayant disposé que les chevaux ou mulets qui, au moment des opérations de la commission de classement, se trouvent dans une autre commune que celle où ils sont inscrits, peuvent être présentés à la commission du lieu où ils se trouvent. Il est, en ce cas, délivré au propriétaire un certificat constatant la décision de la commission, que le propriétaire est tenu de faire parvenir, en temps utile, à la commission du lieu de l'inscription de ses chevaux ou mulets. Jugé, en conséquence, qu'il n'y a pas force majeure dans cette circonstance qu'un évêque, propriétaire de chevaux, se trouvait en tournée pastorale le jour du passage de la commission au lieu de sa résidence, puisqu'il avait la faculté de faire présenter ses chevaux dans toute autre commune où devait se rendre la commission (Nimes, 20 août 1883, aff. Evêque de Viviers, D. P. 85. 2. 132.)

Il n'y aurait pas davantage force majeure dans ce fait que le propriétaire, dûment averti d'avoir à présenter son cheval à la commission dans la commune qu'il habitait, a quitté définitivement cette commune avant la réunion de la commission, pour se fixer dans une autre commune où la commission avait déjà opéré (Orléans, 27 nov. 1883, aff. Lecomte, D. P. 85. 2. 132). Toutefois, à notre avis, des réserves doivent être faites pour le cas où la nouvelle résidence du propriétaire du cheval serait trop éloignée de la commune où l'animal a été inscrit et où, dans les communes environnantes de sa nouvelle résidence, les opérations de classement seraient terminées au moment où il l'établit. Il y aurait là, croyons-nous, un cas de force majeure dont il devrait être tenu compte : il est à remarquer, d'ailleurs, que l'arrêt précité de la cour d'Orléans a constaté que le propriétaire aurait pu présenter son cheval postérieurement à son changement de résidence, dans une commune voisine de cette dernière.

184. Le propriétaire désigné par l'art. 52 de la loi du 3 juill. 1877, auquel incombe la présentation de l'animal à la commission de recensement, est celui au nom duquel l'animal est inscrit sur la liste annuelle de recensement dressée par les soins du maire; et comme la disposition de l'art. 52 a un caractère pénal, elle ne peut être étendue à un cas que le législateur n'a pas prévu. Spécialement, lorsqu'un cheval est inscrit à la liste de recensement sous le nom du mari, la femme qui n'est pas propriétaire du cheval ne peut être poursuivie alors que, au cas d'empêchement du mari, elle n'a pas présenté le cheval à la commission (Caen, 28 oct. 1894, aff. Dame Manté, D. P. 93. 2. 203). D'ailleurs, la femme fût-elle propriétaire du cheval, ce serait encore le mari, administrateur des biens de sa femme (art. 1428 c. civ.) qui aurait dû présenter cet animal à la commission et aurait encouru la peine pour ne l'avoir fait (Trib. corr. Mortagne, même affaire, D. P. *ibid.*).

185. Lorsque le cheval, qui n'est d'appartient à un particulier, est la propriété d'une personne morale, d'une société, d'un établissement public, c'est évidemment celui qui est chargé de la gestion des biens de cette personne et qui a fait inscrire le cheval à son nom qui est responsable, vis-à-vis de l'autorité, de l'accomplissement des prescriptions de la loi du 3 juill. 1877. Jugé, notamment, que lorsque le cheval appartenant à un séminaire a été porté sur la liste de recensement sous le nom de l'économe dudit séminaire, cet économe est régulièrement poursuivi au raison du défaut de présentation du cheval à la commission de classement (Trib. corr. de Périgueux, 25 nov. 1894, aff. S..., D. P. 93. 2. 303).

186. Les propriétaires d'animaux susceptibles d'être requis étant libres de les vendre à quelque époque que ce soit, sans avoir, soit au moment de la vente, soit postérieurement, aucune déclaration à faire (*supra*, n° 179), ne sont évidemment pas tenus de les présenter à la commission lorsqu'ils les ont vendus dans l'intervalle entre le recensement et la réunion de la commission, ni même de se présenter eux-mêmes devant la commission et de lui faire connaître qu'ils ne sont plus en possession du cheval. Ils n'encourent donc aucune peine, alors même qu'ils auraient vendu leurs animaux le jour même de la réunion de la commission. A plus forte raison, lorsqu'un propriétaire se présente devant la commission et fait la déclaration de la vente, n'encourt-il aucune peine, cette déclaration n'ayant rien d'obligatoire, et n'étant imposée que par un sentiment de pure convenance (Trib. corr. de Chaumont, 1er juill. 1876 (1)

---

(1) (Fèvre.) — LE TRIBUNAL; — Considérant qu'il est résulté des débats que le prévenu Fèvre avait été convoqué le 24 mai et le 2 juin 1876 pour se présenter avec deux chevaux qui avaient été compris dans le recensement fait par les soins de M. le maire de Chaumont, devant la commission de classement de ces animaux, instituée en vertu de la loi du 1er août 1874, commission qui devait se trouver réunie audit Chaumont les 3 et 7 juin dernier; — Considérant qu'il est résulté également des explications fournies qu'un des chevaux que appartenait audit Fèvre était en voyage pour les besoins du commerce de ce négociant; qu'il ne pouvait être de retour les 3 et 7 juin, et que conséquemment Fèvre n'est nullement en faute s'il ne s'est pas présenté devant la commission avec ce cheval; — Considérant que, sur ce point,

le ministère public a reconnu, à l'audience, que les explications fournies par le prévenu étaient satisfaisantes, et a déclaré qu'il ne prononçait aucune réquisition contre lui à l'occasion de l'absence de ce cheval; — Considérant, quant au deuxième cheval, que le prévenu a fait connaître qu'il n'avait pu également le présenter devant la commission de classement ni le 3 juin, ni le 7 juin, parce que le jour où il s'était rendu à Chaumont à cet effet, c'est-à-dire le 3 juin, comme il le devait attendre son tour pour se présenter devant ladite commission, il avait trouvé à vendre ce cheval et qu'il l'avait réellement vendu; — Considérant que le prévenu a ajouté qu'il s'était présenté personnellement devant la commission le 3 et le 7 juin, et que là il avait expliqué sa situation, en indiquant le nom de son acquéreur et le lieu de

et 15 juill. 1876, Trib. Chaumont, 15 juill. 1876) (1).

187. L'obligation de présenter les animaux à la commission de classement cesse pour ceux de ces animaux qui ont été définitivement réformés, tout au moins tant qu'ils restent entre les mains du même propriétaire (*supra*, n° 176). Celui-ci n'a d'autre obligation que de faire remettre à la commission le certificat qui doit leur être délivré par le maire (*supra*, *ibid.*).

§ 2. — Classement des voitures attelées.

188. Le classement des voitures attelées est opéré par les commissions de classement, dans l'année où elles sont recensées (*supra*, n° 170) et dans les mêmes conditions que le classement des chevaux et mulets. Les règles applicables à ce classement sont donc applicables à celui des voitures, notamment pour tout ce qui concerne les obligations des propriétaires et l'application des pénalités de l'art. 52 de la loi du 3 juill. 1877. Les voitures recensées sont présentées tout attelées aux commissions mixtes qui arrêtent leur classement ainsi que celui des harnais (L. 3 juill. 1877, art. 41). Le classement ne doit comprendre que les voitures propres à un des services de l'armée et attelées, suivant leur forme et leur poids, d'un ou plusieurs chevaux, juments, mules ou mulets capables d'un bon service et portés sur le tableau de classement des chevaux et mulets de la commune (Décr. 2 août 1877, art. 87). Il ne doit donc pas comprendre les voitures qui seraient propres à un des services de l'armée mais pour lesquelles les propriétaires ne pourraient fournir d'attelages (Décr. 2 août 1877, art. 79 et 80).

189. Il est dressé par la commission pour les voitures attelées, sous forme de procès-verbal et par commune, un tableau de classement en double expédition comme le tableau de classement des chevaux et mulets. Comme de ce dernier tableau, un exemplaire du tableau de classement des voitures reste déposé à la mairie, tandis que l'autre est transmis au service du recrutement (*supra*, n° 178; Décr. 2 août 1877, art. 88). Cette opération est précédée d'un tirage au sort, fait en séance publique, avec l'assistance du maire ou de son suppléant, de toutes les voitures classées. Le procès-verbal mentionne, dans l'ordre du tirage, les voitures attelées avec le nom des propriétaires, le signalement des chevaux et voitures et l'état des harnais. Il fait connaître, en outre, la catégorie dans laquelle figurent les chevaux ou mulets faisant partie des attelages classés, ainsi que le numéro d'ordre qui leur est attribué sur le tableau de classement des chevaux et mulets. Il est fait mention sur ce dernier tableau de ceux des animaux qui font partie d'attelages classés (*supra*, n° 177; Décr. 2 août 1877, art. 89).

§ 3. — Exemptions.

190. Les art. 40 et 42 de la loi du 3 juill. 1877 exemptant de la réquisition un certain nombre d'animaux et de voitures qui sont indispensables à l'exécution des services publics, ou dont le maintien entre les mains des propriétaires est imposé par des motifs d'intérêt général, c'est-à-dire : 1° les chevaux appartenant au chef de l'État ; 2° les chevaux dont les fonctionnaires sont tenus d'être pourvus pour leur service ; 3° les chevaux entiers approuvés ou au-

torisés pour la reproduction; 4° les juments en état de gestation constatée, ou suitées d'un poulain, ou notoirement reconnues comme consacrées à la reproduction; 5° les chevaux et juments n'ayant pas atteint l'âge de six ans, les mulets et mules au-dessous de quatre ans; 6° les chevaux de l'administration des Postes, ou ceux qu'elle entretient pour son service par des contrats particuliers ; 7° les chevaux indispensables pour assurer le service des administrations publiques et ceux affectés aux transports de matériel nécessités par l'exploitation des chemins de fer. Ces derniers peuvent toutefois être requis au même titre que les voies ferrées elles-mêmes (*supra*, n° 144). Enfin les voitures indispensables pour assurer le service des administrations publiques et celles affectées aux transports de matériel nécessités par l'exploitation des chemins de fer, ces dernières pouvant, toutefois, être requises au même titre que les voies ferrées elles-mêmes.

191. Un décret du 9 avr. 1878 (D. P. 78. 4. 64), modifié sur certains points par un décret du 25 févr. 1879 (D. P. 79. 4. 42), a désigné les fonctionnaires, les administrations publiques et les établissements publics, appelés à bénéficier des exemptions prévues par les art. 40 et 42 de la loi du 3 juill. 1877 (V. le texte de ces décrets).

§ 4. — Fixation du contingent des animaux et des voitures attelées à fournir en cas de mobilisation.

192. Le ministre de la guerre, au moyen des tableaux de classement, par catégorie, des chevaux et mulets et des procès-verbaux de classement des voitures, arrête pour chaque région de corps d'armée, le contingent des animaux et des voitures qui devront être fournis en cas de mobilisation, pour compléter et entretenir sur le pied de guerre les troupes qui y sont stationnées (L. 3 juill. 1877, art. 44). Le ministre n'est pas tenu de limiter, aux ressources que chaque région peut fournir, le nombre des chevaux et voitures qui seront affectés au corps d'armée qui l'occupe ; il peut compléter ces ressources au moyen de l'excédent de celles que peut fournir une autre région. Les ressources en chevaux et en voitures ne sont en effet pas identiques dans toutes les régions ; il existe au contraire à cet égard des différences considérables. Les régions où les bœufs sont exclusivement employés aux travaux du labour et aux transports agricoles offrent nécessairement un moins grand nombre de chevaux que celles où le cheval est exclusivement employé : dans telle autre région le nombre des mulets sera supérieur à celui des chevaux ; enfin il est des parties du territoire où les races d'animaux employés ne les rendent que dans une majorité utilisables que pour certains services de l'armée. Il était donc indispensable que le ministre de la guerre fût autorisé à employer, au mieux des intérêts de l'armée, les ressources mises à sa disposition, sans être tenu de se renfermer rigoureusement dans les limites mêmes de la région de corps d'armée.

Art. 3. — *Exercice du droit de réquisition des chevaux et mulets et des voitures attelées.*

193. En cas de mobilisation, le droit attribué à l'autorité

---

sa résidence; — Considérant, dès lors, que le second cheval du prévenu étant vendu avant qu'il ait pu le présenter à la commission, et aucune disposition dans la loi n'interdisant aux propriétaires des chevaux recensés de vendre ces animaux, le prévenu était dans son droit en agissant ainsi, et s'est conformé à toutes ses obligations en se présentant lui-même devant la commission et en faisant connaître les motifs qui l'empêchaient de produire les deux chevaux dont il avait été détenteur, et dont un seul, celui qui était absent, demeurait en sa possession; — Considérant que, dans ces circonstances, le prévenu n'a pas contrevenu aux dispositions de la loi du 1er août 1874, de manière à ce que les peines édictées par l'art. 13 de cette loi puissent lui être appliquées; — Par ces motifs; — Renvoie le prévenu des poursuites exercées contre lui, etc.

Du 1er juill. 1876.-Trib. Chaumont, ch. corr.-MM. de Laviguerie, pr.-Thibault, proc. de la Rép.

(1) (Barbier.) — Le tribunal; — Considérant que la commission de classement des chevaux de réquisition, instituée en vertu de la loi du 1er août 1874, s'étant réunie à Châteauvillain le 15 mai dernier, le sieur Barbier, prévenu, avait été convoqué

pour se présenter devant cette commission avec le cheval qu'il possédait; — Considérant que, Barbier ne s'étant pas présenté devant la commission ce dit jour 15 mai, un procès-verbal a été rédigé et adressé au procureur de la République; — Considérant que Barbier, interrogé par la gendarmerie sur les motifs de son absence, a expliqué que, faisant de mauvaises affaires à Châteauvillain, il avait été exproprié et son mobilier vendu le 30 avril ; que ce jour-là son cheval avait été aussi vendu à un nommé Parisel, ancien boucher à Châteauvillain, et qu'enfin, antérieurement audit 15 mai, il avait transféré son domicile à Bar-sur-Aube; — Considérant que ces explications, ayant été fournies avant la poursuite, devaient paraître suffisantes pour faire admettre que le prévenu avait, d'une manière satisfaisante, fait connaître sa fâcheuse position, les motifs qui l'avaient empêché de se présenter devant la commission, la circonstance qu'il faisait qu'il ne possédait plus de cheval; — Mais le sieur Barbier n'ayant pas donné ces explications devant la commission de classement elle-même, a-t-il encouru une peine par le fait seul de ne pas s'être présenté devant cette commission sans y amener un cheval qu'il n'avait plus, et pour ne pas avoir expliqué devant ladite commission une situation qu'il a expliquée avant les pour-

militaire d'acquérir par voie de réquisition les chevaux, juments, mules et mulets nécessaires pour porter et entretenir l'armée au pied de guerre ainsi que les voitures attelées, peut être exercé (L. 3 juill. 1877, art. 36 ; Décr. 2 août 1877, art. 90). L'ouverture de ce droit résulte de la publication même de l'ordre de mobilisation, sans qu'il soit besoin d'un ordre spécial du ministre. Il est à remarquer d'ailleurs que l'autorité militaire n'a pas le droit, en dehors du cas de mobilisation, d'user de la réquisition pour se procurer les ressources en animaux de s elle ou de trait dont elle peut avoir besoin. En temps de paix, elle ne peut se procurer ces ressources qu'au moyen des achats effectués par le service de la remonte, ou dans le cas de rassemblement de troupe, et, pour les moyens d'attelage et de transport seuls, au moyen de la réquisition temporaire prévue par le paragraphe 4 de l'art. 5 de la loi du 3 juill. 1877.

194. Dès le temps de paix, des circonscriptions de réquisition sont établies par l'autorité militaire ; le centre en est déterminé ; il est le siège d'une commission mixte de réquisition dont la composition est fixée par le ministre de la guerre et dont les membres sont nommés par les commandants de région de corps d'armée. Les préfets désignent chaque année, dans les localités où pourrait s'opérer la réquisition, le nombre de membres civils nécessaires pour compléter ces commissions (Décr. 2 août 1877, art. 90 et 91). Les chevaux, mulets et voitures attelées devant être appelés, par canton, aux centres des circonscriptions de réquisition, et l'opération de la réquisition devant être accomplie avec rapidité, l'autorité militaire nomme plusieurs commissions destinées à opérer simultanément, de manière que les opérations relatives à un canton soient, autant que possible, terminées dans une journée.

195. Les maires ont, dans les opérations de la réquisition, un rôle important à remplir. Ils doivent d'abord prendre toutes les mesures qui sont en leur pouvoir pour que tous les propriétaires soient avertis et obéissent en temps utile aux prescriptions de l'autorité militaire, et pour cela, dès la réception de l'ordre de mobilisation, prévenir les propriétaires : 1° tous les animaux classés depuis dans la commune ; 2° tous ceux qui y ont été introduits depuis le dernier classement, et qui ne sont pas compris dans les cas d'exemption prévus par l'art. 40 ; 3° tous ceux qui ont atteint l'âge légal depuis le dernier classement ; 4° tous ceux enfin qui, pour un motif quelconque, n'auraient pas été déclarés au recensement ni présentés au dernier classement, bien qu'ils eussent l'âge légal, doivent être conduits, aux jour et heure fixés pour chaque canton, au point indiqué par l'autorité militaire. Le maire prévient également les propriétaires des voitures, d'après les numéros de tirage portés sur le dernier état de classement, suivant la demande de l'autorité militaire, d'avoir à les conduire tout attelées au même point de rassemblement (L. 3 juill. 1877, art. 45). Ce ne sont pas, en effet, les animaux seuls ayant été l'objet d'un classement antérieur qui doivent être conduits au lieu de rassemblement fixé par l'autorité militaire. Tous les animaux susceptibles d'être requis pour le service de l'armée doivent y être amenés, qu'ils aient été ou non classés dans la commune même ou dans une autre commune, et même lorsqu'ils n'ont été classés dans aucune. Il n'est d'exception que pour ceux qui se trouvent encore, au moment de la mobilisation, dans les cas d'exemption prévus par la loi sur les réquisitions (*supra*, n°s 190 et 191), ceux qui ont été réformés, ou ceux qui ont été refusés conditionnellement pour défaut de taille, si leurs conditions de taille ne se sont pas

modifiées au moment de la mobilisation (Décr. 2 août 1877, art. 92). Les animaux doivent avoir leur ferrure en bon état, un bridon et un licol pourvu d'une longe (L. 3 juill. 1877, art. 45).

196. Le décret du 2 août 1877 (art. 92) prescrit, en outre, à tous les propriétaires qui ont à faire constater des mutations ou à présenter des excuses, de se rendre aux lieux de rassemblement ; ceux-ci doivent en outre, à moins d'impossibilité absolue, faire conduire les animaux pour lesquels ils ont des réclamations à faire. Cette prescription ne pourra évidemment pas être rigoureusement accomplie, car un grand nombre de propriétaires seront eux-mêmes appelés sous les drapeaux au moment de la mobilisation et, par conséquent, dans l'impossibilité de se rendre au lieu de rassemblement. Il appartiendra alors aux administrations municipales de prendre les mesures nécessaires pour suppléer à l'absence d'une partie des habitants.

197. L'art. 45 de la loi du 3 juill. 1877, ainsi qu'on vient de le voir, prescrit aux maires de prévenir les propriétaires des obligations qu'ils ont à remplir pour obtempérer à la réquisition des chevaux et voitures. Mais cet article n'a pas entendu fixer un mode d'appel déterminé et surtout décider qu'un avertissement individuel devrait être donné par le maire à chaque propriétaire, il a entendu au contraire laisser à l'autorité compétente toute latitude quant au mode de mise en demeure des propriétaires. Aussi, l'art. 92 du décret du 2 août 1877 dispose-t-il que l'ordre de rassemblement des voitures attelées et des chevaux, juments, mules et mulets, en cas de mobilisation, est porté à la connaissance des communes et des propriétaires par voie d'affiches indiquant la date, l'heure et le lieu de la réunion. Le maire n'en doit pas moins agir de manière à assurer la prompte exécution de cet ordre, à éviter toute hésitation chez les habitants, et autant que possible, les erreurs qui seraient préjudiciables à l'intérêt militaire que l'opération présente. Ils doivent enfin se rendre auprès de la commission pour lui remettre les doubles des tableaux de classement laissés entre leurs mains, assister à ses opérations et lui fournir tous les renseignements propres à l'éclairer (Décr. 2 août 1877, art. 94).

198. Les commissions de réquisition reçoivent de l'autorité militaire tous les documents qui leur sont nécessaires, notamment les tableaux de classement des animaux et les procès-verbaux de tirage au sort des voitures attelées, adressés après le dernier classement aux bureaux de recrutement. Elles procèdent à la revision de ces tableaux en y ajoutant les animaux qui n'y avaient pas été portés et qui doivent être amenés néanmoins devant elles, et qu'elles reconnaissent propres au service de l'armée (*supra*, n° 195), et en rayant les animaux morts ou disparus et ceux qui, depuis le dernier classement, se trouvent dans un cas d'exemption ainsi que ceux qui, après nouvel examen, sont reconnus impropres au service de l'armée. Les tableaux des voitures attelées sont également l'objet d'une revision (Décr. 2 août 1877, art. 95). Lorsque des animaux classés dans une commune d'une autre circonscription de réquisition sont présentés à une commission mixte de la circonscription où ils se trouvent au moment de la mobilisation, cette dernière commission informe immédiatement de sa décision la commission du lieu de l'inscription primitive.

199. Les commissions de réquisition statuent définitivement sur toutes les réclamations ou excuses qui peuvent être présentées par les propriétaires de chevaux, juments, mulets, mules ou voitures attelées, sur tous les cas de réforme, ou d'ajournement demandé pour cause de ma-

suites, de laquelle il est résulté, ce qui n'est pas contesté, qu'il ne possédait plus le cheval de réquisition ? — Considérant, d'abord, que les propriétaires de ces chevaux sont libres de les vendre à quelque époque que ce soit, et n'ont pas besoin de faire part au maire de la commune de la vente qu'ils ont opérée, cette obligation n'ayant pas été insérée dans la loi de 1874, comme pouvant gêner la liberté des transactions commerciales ; — Considérant que, si la jurisprudence, interprétant cette loi de 1874, a décidé que les propriétaires de chevaux de réquisition sont tenus, lorsqu'ils sont convoqués, de présenter ces animaux devant la commission de classement, sous les peines édictées par l'art. 13 de cette même loi, elle n'a pas imposé l'obligation au propriétaire qui a vendu les animaux qu'il possédait de se présenter devant ladite commission pour expliquer cette situation, sous ces

mêmes peines de l'art. 13 ; — Considérant, cependant, que le propriétaire ne se présentant pas, et la commission ignorant pour quel motif, doit signaler le fait à M. le procureur de la République, pour poursuivre s'il y a lieu ; mais alors si, avant toute poursuite, le propriétaire, qui sans doute aurait mieux fait de se rendre devant la commission, a fait connaître qu'il n'avait plus de cheval pour le jour de la convocation, et que, dès lors, il ne pouvait en présenter, cette explication, lorsqu'elle est conforme à la vérité, doit mettre le propriétaire à l'abri de toutes poursuites, et, si elles sont exercées, une condamnation ne peut intervenir ; — Considérant que, dans l'espèce, Barbier se trouvant dans cette situation doit être relaxé ; — Par ces motifs, etc. Du 15 juill. 1876.-Trib. Chaumont, ch. corr.-MM. Laviguerie, pr.-Vétu, subst.

ladie. Elles prononcent, en présence des maires ou de leurs suppléants légaux, la réquisition des animaux et voitures nécessaires pour la mobilisation. Pour cette opération, elles réunissent par canton les voitures attelées et les mulets de chaque catégorie. Cette réunion opérée, elles procèdent d'abord à la réquisition des voitures attelées, en faisant, s'il y a lieu, un tirage au sort entre les communes et en suivant dans chaque commune l'ordre du tirage au sort effectué lors du dernier classement. Il importe en effet de déterminer exactement le nombre d'attelages nécessaires aux voitures, et de ne pas affecter les animaux qui les composent à d'autres services ou catégories, affectation qui pourrait, au cas d'erreur, produire un surcroît de travail et des retards fâcheux. En outre, les animaux qui attellent les voitures admises doivent être compris dans le contingent assigné au canton et défalqués du contingent d'animaux à fournir. Les voitures non requises sont immédiatement dételées et les chevaux, juments, mulets ou mules qui les attelaient, sont replacés dans la catégorie d'animaux à laquelle ils appartiennent, à moins qu'ils n'aient été reconnus impropres au service de l'armée (Décr. 2 août 1877, art. 97). Après la réquisition des voitures attelées, les commissions de réquisition procèdent à la réquisition des animaux des différentes catégories, jusqu'à concurrence du chiffre du contingent cantonal fixé par l'autorité militaire, en procédant au tirage au sort en présence des maires ou de leurs suppléants lorsque le nombre des animaux à requérir dans une catégorie est inférieur au nombre d'animaux classés sur tout le canton.

200. Les chevaux, juments, mulets et mules, qu'ils soient requis séparément ou comme composant les attelages, sont payés pour chaque catégorie aux prix portés au budget de l'année, augmentés du quart, pour les chevaux de selle et pour les chevaux d'attelage d'artillerie : cette augmentation n'est pas applicable aux chevaux entiers (L. 3 juill. 1877, art. 48 et 49). Il est, en conséquence, remis à chaque propriétaire ou à son représentant, contre la livraison de l'animal requis, un bulletin individuel indiquant le nom du propriétaire, le numéro de classement de l'animal et le prix à payer suivant la catégorie. Il en est ainsi que l'animal fasse ou non partie des attelages des voitures requises. Les voitures et les harnais sont payés d'après les prix du pays et l'estimation qui en est faite par les commissions mixtes. Malgré le silence du décret, il semble bien qu'il doive être remis aux intéressés un bulletin constatant la livraison de la voiture et son estimation.

201. Les commissions de réquisition dressent des procès-verbaux de réquisition séparés pour les voitures attelées et les animaux requis. Pour les voitures attelées, le procès-verbal mentionne les noms des propriétaires et leur domicile, et l'estimation des voitures et harnais d'après les prix courants du pays; pour les animaux requis, le procès-verbal mentionne les noms des propriétaires, leur domicile et le prix attribué aux animaux, selon la catégorie à laquelle ils appartiennent. Les chevaux et mulets composant les attelages des voitures requises sont portés individuellement sur ce procès-verbal, en déduction du contingent à fournir. Avant de se séparer, les commissions doivent établir, par commune, un extrait de ces deux procès-verbaux, qui est adressé, avec la signature du président de la commission, au maire de la commune intéressée.

Les voitures attelées requises sont indiquées sur les procès-verbaux de tirage au sort, et les animaux requis sont également indiqués sur les tableaux de classement, avant que ces pièces soient restituées aux bureaux de recrutement et aux mairies. Les commissions de réquisition statuent ensuite sur les substitutions qui leur sont proposées, dans les conditions prévues à l'art. 47 de la loi sur les réquisitions (*infrà*, n° 204).

202. Après les opérations de réquisition, le maire dresse en double expédition un état de payement pour les animaux requis. Cet état comprend tous les renseignements contenus au procès-verbal de réquisition, et réserve une colonne pour l'émargement des intéressés. Les deux expéditions, ainsi que le procès-verbal de réquisition, sont adressées à l'intendance militaire, qui en donne récépissé aux communes. Il est dressé deux états semblables pour les voitures attelées requises.

203. Le payement des animaux et voitures requis se fait dans des conditions analogues à celles du payement des réquisitions des prestations, prévues par l'art. 5 de la loi du 3 juill. 1877. Aux termes de l'art. 50 de cette loi, les propriétaires des animaux, voitures ou harnais requis reçoivent sans délai des mandats en représentant le prix et payables à la caisse du receveur des finances le plus à proximité. Comme pour les réquisitions prévues par l'art. 5, des mandats des sommes dues pour chaque commune sont dressés, dans un délai qui ne peut dépasser dix jours, par le fonctionnaire de l'intendance, au nom des receveurs municipaux, et leur sont envoyés par l'intermédiaire des trésoriers-payeurs généraux, munis des états nominatifs d'émargement visé par l'intendance ; ils sont payés immédiatement. Aussitôt après avoir perçu le montant du mandat, le receveur municipal fait le payement aux divers intéressés, sur simple émargement de ces derniers et contre remise des bulletins de livraison qui leur ont été délivrés au moment de la réquisition.

204. L'art. 47 de la loi du 3 juill. 1877 autorise le propriétaire d'un animal compris dans le contingent à présenter à la commission de réquisition et à faire inscrire à sa place un autre animal non compris dans le contingent, mais appartenant à la même catégorie et à la même classe dans la catégorie. Cette substitution a été autorisée dans l'intérêt à la fois de l'élevage national et de l'armée : dans l'intérêt de la production chevaline, pour laquelle les pouvoirs publics ont montré une sollicitude que l'intérêt de la défense nationale justifie amplement à défaut de tout autre, car celle-ci eût été gravement compromise si les propriétaires de chevaux de luxe, dont la conservation importe au plus haut point à l'amélioration de la race, avaient été exposés à livrer aux prix de la remonte des animaux dont la valeur est de 3000 à 10 000 fr. et plus : beaucoup auraient abandonné une industrie qui comporte de grands risques. Dans l'intérêt de l'armée, car, il faut reconnaître que le cheval de luxe remplit rarement les conditions requises pour un bon cheval de guerre ; les qualités brillantes qui lui font atteindre des prix très élevés tiennent non seulement à la perfection de ses formes, mais encore à sa vivacité, à son impressionnabilité, qui rendraient son emploi sur un champ de bataille souvent peu utile et quelquefois dangereux.

205. La loi enfin consacre une sorte de droit de préemption, en faveur des propriétaires dont les animaux auront été requis, lorsque les troupes seront remises sur le pied de paix. Les anciens propriétaires des animaux requis pourront alors les réclamer, sauf restitution du prix intégral de payement et sous réserve de les rechercher eux-mêmes dans les rangs de l'armée, et d'aller les prendre à leurs frais, au lieu de garnison des corps ou de l'officier détenteur (art. 53).

SECT. 9. — RÉQUISITION DES PIGEONS VOYAGEURS.

206. Les pigeons voyageurs sont susceptibles de rendre de grands services lorsque les communications sont interrompues entre une place de guerre et le reste du territoire. L'investissement de Paris en 1870-71 en a fourni un exemple concluant. Des pigeons voyageurs, emportés par les ballons qui parvenaient à sortir de la ville assiégée, y rentraient portant cachées, dans un petit tube attaché sous leur aile, les réductions photographiques des correspondances envoyées de l'extérieur. L'autorité militaire de tous les pays a profité de cet exemple et l'entraînement des pigeons voyageurs y a été encouragé. En France on s'est également préoccupé d'assurer à la défense nationale cette précieuse ressource et l'administration de la Guerre a pris des mesures en conséquence. Comme pour les autres moyens d'action qu'elle doit avoir à sa disposition en temps de guerre, elle s'est préoccupée de préparer, dès le temps de paix, l'emploi des pigeons voyageurs (V. sur le service des colombiers militaires, *supra*, v° *Organisation militaire*, n° 196), et d'utiliser, le cas échéant, les ressources que pourrait lui offrir la réquisition. L'art. 5, § 11, de la loi du 3 juill. 1877 lui donnait les moyens de requérir en temps de guerre les pigeons voyageurs appartenant aux particuliers (*supra*, n° 82).

Un décret du 13 sept. 1885 (D. P. 86. 4. 15) a donné à l'autorité militaire les moyens de connaître à l'avance,

d'une manière exacte, les ressources que pourrait lui fournir cette réquisition en prescrivant un recensement des pigeons, fait par les maires à l'époque du recensement des chevaux sur la déclaration obligatoire des propriétaires et, au besoin, d'office (art. 2). Les commandants de corps d'armée arrêtent chaque année, dans le courant du mois de novembre, sur la proposition des préfets, la liste des communes de leur région où ce recensement aura lieu (art. 9). Les maires des communes désignées font publier dès le commencement de décembre un avertissement, informant tous les éleveurs isolés ou sociétés colombophiles qui possèdent des pigeons voyageurs, qu'ils aient à faire à la mairie, avant le 1er janvier, personnellement, ou par l'intermédiaire d'un représentant, la déclaration du nombre de leurs colombiers, du nombre de pigeons voyageurs qui y sont élevés et des directions dans lesquelles ils sont entraînés. Un certificat constatant cette déclaration et les renseignements qu'elle fournit leur est remis (art. 4). Les déclarations doivent d'ailleurs être contrôlées, dans les premiers jours de janvier, par des tournées que le maire fait exécuter par les gardes champêtres et agents de police (art. 5). Le maire dresse ensuite, du 1er au 15 janvier, un état en double expédition, contenant tous les renseignements qui lui ont été fournis par les propriétaires ou qu'il a pu recueillir. L'une des expéditions reste à la mairie, l'autre est adressée par le maire au préfet, qui la fait parvenir au commandant de la région (art. 6).

207. Les maires ne doivent, d'ailleurs, pas se borner aux opérations de recensement lorsqu'elles leur sont prescrites. Ils doivent exercer une surveillance continue qui leur permette d'être, en tout temps, exactement renseignés sur l'ouverture de nouveaux colombiers, affectés à l'élève des pigeons voyageurs : ils recueillent sur ces colombiers tous les renseignements possibles et les transmettent immédiatement à l'autorité militaire par l'intermédiaire des préfets (art. 7).

208. Actuellement (1894), un projet de loi est à l'étude, devant la Chambre des députés, sur le régime applicable aux pigeons voyageurs.

SECT. 10. — DISPOSITIONS SPÉCIALES AUX GRANDES MANŒUVRES.

209. L'emploi des réquisitions, pendant les grandes manœuvres qui terminent annuellement l'instruction des troupes de toutes armes, a été prévu par le législateur de 1877. Les troupes réunies en brigades, divisions, corps d'armée ou même en armées pour l'exécution des grandes manœuvres, sont dans la position de rassemblement qui donne, aux termes de l'art. 1 de la loi du 3 juill. 1877, le droit au ministre de la guerre de recourir aux réquisitions. Bien qu'il soit plus facile, dans ces cas de rassemblement, de réunir et d'acheminer, vers les points où ils devront être consommés, les approvisionnements nécessaires aux troupes, que dans le cas de mobilisation ou même de rassemblement inopinément imposé par un sinistre ou une insurrection, il peut devenir nécessaire de recourir aux ressources du pays. En outre, on a jugé bon de profiter de cette école de la guerre pour familiariser, dès le temps de paix, l'armée et la population avec la pratique des réquisitions : il était utile d'expérimenter cette branche d'opérations comme on expérimente les marches, les concentrations, les déploiements etc. D'ailleurs, les réquisitions, dans les grandes manœuvres, se restreignent aux prestations énumérées dans les cinq premiers numéros de l'art. 5 de la loi du 3 juill. 1877. Elles portent principalement sur le logement et le cantonnement des troupes, qui sont d'une pratique journalière, quelquefois sur les moyens d'attelage et de transport, les vivres et les fourrages, rarement sur la nourriture de l'habitant. Ces réquisitions sont exercées dans les conditions qui ont été exposées (*suprà*, nos 32 et suiv., 43 et suiv.).

210. Mais les grandes manœuvres occasionnent souvent aux propriétés privées des dommages d'une nature particulière. Le passage et le stationnement des troupes à travers les champs ensemencés ou plantés entraîne souvent la destruction partielle ou totale des récoltes ; les terres labourées nécessitent de nouveaux labours, etc. La réparation de ces dommages est assurée par l'art. 54 de la loi du 3 juill. 1877, et par les art. 105 et suiv. du décret du 2 août 1877.

211. Lorsque le ministre de la guerre a déterminé l'époque à laquelle les grandes manœuvres doivent être exécutées et que les régions où elles doivent avoir lieu ont été définitivement fixées, les généraux commandant les régions, trois semaines au moins avant l'exécution des manœuvres, avertissent les préfets des départements intéressés de l'époque et de la durée des manœuvres et leur font connaître les localités qui pourront être occupées ou traversées (Décr. 2 août 1877, art. 105 et 106). Les maires, avertis par le préfet, font immédiatement publier et afficher dans leurs communes l'époque et la durée des manœuvres, invitent les propriétaires de vignes ou de terrains ensemencés ou non récoltés à les indiquer par un signe apparent, et préviennent les habitants que ceux qui subiraient des dommages par suite des manœuvres doivent, sous peine de déchéance, déposer leurs réclamations à la mairie dans les trois jours qui suivent le passage ou le départ des troupes (Décr. 2 août 1877, art. 107). C'est en effet dans les trois jours qui suivent le passage ou le départ des troupes que, aux termes de l'art. 54 de la loi du 3 juill. 1877, « les indemnités qui peuvent être allouées en cas de dommages causés aux propriétés privées, par le passage ou le stationnement des troupes dans les marches, manœuvres et opérations d'ensemble, prévues à l'art. 28 de la loi du 24 juill. 1873, doivent, à peine de déchéance, être réclamées par les ayants droit, à la mairie de la commune ».

212. Une commission, attachée à chaque corps d'armée ou fraction de corps d'armée opérant isolément, procède à l'évaluation des dommages. Cette commission est composée, par chaque corps d'armée opérant isolément, d'un fonctionnaire de l'intendance, président, d'un officier du génie, d'un officier de gendarmerie et d'un membre civil désigné par le préfet de chaque département traversé, dès que le ministre lui a fait connaître l'époque des manœuvres. La commission est nommée quinze jours au moins avant le commencement des manœuvres par les généraux commandant les régions.

213. La commission accompagne les troupes et suit leurs opérations. Elle se rend successivement, au fur et à mesure de l'exécution des manœuvres, dans les localités qui ont été traversées ou occupées, en prévenant à l'avance les maires du moment de son passage. Ceux-ci avertissent les intéressés et remettent à la commission un état individuel mentionnant la date de la réclamation, la nature du dommage et la somme réclamée (Décr. 2 août 1877, art. 109).

214. La commission, après avoir entendu les observations des maires et des réclamants, fixe le chiffre des indemnités à allouer et en dresse l'état. Si les intéressés présents acceptent cette fixation, ils reçoivent immédiatement le montant de l'indemnité sur leur émargement, la commission étant accompagnée d'un adjoint du génie ou d'un officier comptable d'un des services administratifs, muni d'une avance de fonds (Décr. 2 août 1877, art. 110).

215. Si l'allocation n'est pas acceptée séance tenante, la commission insère dans son procès-verbal les renseignements nécessaires pour apprécier la nature et l'étendue du dommage, et un extrait du procès-verbal est remis au juge de paix ou au tribunal chargé de statuer sur les réclamations, qui sont jugées comme les réclamations en matière de réquisitions (*suprà*, nos 138 et suiv. ; Décr. 2 août 1877, art. 111).

216. L'état des indemnités qui n'ont pas été acceptées séance tenante est remis au maire de la commune qui, par une notification administrative, met immédiatement les propriétaires en demeure de les accepter ou de les refuser dans un délai de quinze jours. Le refus, déposé par écrit et motivé, sont annexés au procès-verbal. À l'expiration du délai de quinze jours, le maire consigne, sur l'état qui lui a été remis par la commission, les réponses qu'il a reçues et les transmet ensuite au fonctionnaire de l'intendance militaire, président de la commission, qui assure le payement des indemnités qui n'ont pas été refusées (Décr. 2 août 1877, art. 112 et 113).

SECT. 11. — PÉNALITÉS.

217. À raison de la nécessité qui les autorise et de l'urgence qu'elles présentent, les réquisitions ont un caractère

obligatoire qui ne permet pas la discussion, encore moins le refus ou la résistance. Sans doute l'autorité militaire peut toujours, dans ce dernier cas, recourir à la force, mais c'est là une mesure extrême qu'il convient de n'employer que le moins souvent possible ; c'est, d'ailleurs, une sanction imparfaite et ne répondant pas au but que le législateur devait s'efforcer d'atteindre. Il fallait donc prévenir les refus et les résistances, qu'ils provinssent des municipalités ou des particuliers, il fallait aussi prévenir les excès auxquels les troupes auraient pu se livrer et sauvegarder les intérêts des habitants contre des exigences excessives toujours possibles et que la nécessité ne justifierait pas. De là, l'organisation d'un système de pénalités qui diffère suivant que les infractions ont lieu en temps de paix ou en temps de guerre, et suivant qu'elles sont imputables aux habitants ou à des militaires. Enfin des pénalités spéciales ont été édictées pour les contraventions aux prescriptions particulières de la loi relatives au recensement, au classement et à la réquisition des chevaux, juments, mulets et mules et des voitures attelées.

Art. 1er. — Pénalités encourues par les maires ou les habitants.

218. Aux termes des deux premiers paragraphes de l'art. 21, dans le cas de refus de la municipalité, le maire, ou celui qui en fait fonctions, peut être condamné à une amende de 25 à 500 fr. Si le fait provient du mauvais vouloir des habitants, le recouvrement des prestations est assuré, au besoin, par la force ; en outre, les habitants qui n'obtempèrent pas aux ordres de réquisition sont passibles d'une amende qui peut s'élever au double de la valeur de la prestation requise. L'officier qui rencontre des résistances les constate par un procès-verbal qui est transmis au procureur de la République, lequel exerce les poursuites.

La compétence du tribunal correctionnel n'est pas douteuse à l'égard du maire ; le taux minimum de l'amende excédant celui des amendes de simple police, le maire doit être poursuivi devant le tribunal de police correctionnel. Il semble également que ce soit devant ce tribunal que doivent être poursuivis les poursuites intentées contre les habitants qui n'obtempèrent pas aux ordres de réquisition. L'amende en effet que le juge peut, aux termes de l'art. 21, § 2, porter au double de la valeur de la prestation requise, est nécessairement indéterminée, puisque, sauf pour le logement et le cantonnement, dont la valeur est fixée par un règlement d'administration publique (*supra* n° 64), la valeur même de la prestation n'est pas fixée d'une manière certaine par les tarifs arrêtés par l'Administration. Or toutes les fois que l'amende est indéterminée et que sa fixation dépend d'une évaluation ultérieure, la compétence appartient toujours au tribunal correctionnel (*supra*, v° *Compétence criminelle*, n°s 246, 247, 328 ; G. Ferrand, p. 253. *Contrà*: Couchard, *Des réquisitions militaires*, n° 168).

219. Le refus d'obtempérer aux ordres de réquisition ne peut résulter d'un simple retard dans la livraison des prestations, surtout si ce retard n'est pas volontaire et est la conséquence de difficultés matérielles. Ainsi il a été jugé que l'on ne saurait voir un mauvais vouloir ou refus d'obtempérer aux mesures de l'autorité municipale, chargée de faire exécuter les réquisitions, dans le fait d'un habitant qu'un obstacle matériel empêche momentanément de mettre sa remise à la disposition des troupes, et qui la cède ensuite, sur l'invitation du maire, après la disparition de l'obstacle, sans se plaindre ni proférer une parole (Grenoble, 14 mars 1881, aff. Bret-Morel, D. P. 81. 2. 221).

220. L'amende encourue par le maire ou celui qui en fait fonctions, au cas de refus de prendre les mesures nécessaires à l'exercice de la réquisition, est-elle applicable aux notables habitants dont l'autorité militaire peut requérir le concours pour faire exécuter la réquisition dans le cas d'absence du maire ou d'éloignement du centre de la commune (*supra*, n° 113)? La négative ne paraît pas douteuse : le 1er paragraphe de l'art. 21 n'est applicable qu'au maire ou à celui qui en fait fonctions d'après ses termes mêmes : or, le notable habitant requis par l'autorité militaire n'est pas, par le fait même de la réquisition, investi des fonctions de maire ; c'est, un habitant requis d'un service personnel et

auquel la disposition pénale du 1er paragraphe de l'art. 21 ne peut être étendue par voie d'analogie ; il ne peut être passible que des peines portées par les paragraphes 3 et 4 de l'art. 21, pour refus de service personnel (Conf. G. Ferrand, p. 252).

221. Le refus d'obtempérer à une réquisition de service personnel ne semble pas, au premier abord, avoir été prévu par la loi. Les paragraphes 3 et 4 de l'art. 21, dont la teneur est la suivante : « En temps de paix, quiconque abandonne le service pour lequel il est requis personnellement est passible d'une amende de 16 à 50 fr. En temps de guerre, et par application des dispositions portées à l'art. 62 c. just. milit., il est traduit devant le conseil de guerre et peut être condamné à la peine de l'emprisonnement de six jours à cinq ans, dans les termes de l'art. 194 du même code », ne parlent que de l'abandon de service. Mais nous croyons, avec M. G. Ferrand (p. 250-251), que l'habitant, qu'il le veuille ou non, se trouve, à partir du moment où il est requis, à la disposition de l'autorité militaire, et qu'en ne remplissant pas le service qui lui est assigné, *il abandonne* un service commencé.

222. Les deux derniers paragraphes de l'art. 21 font, comme on vient de le voir, une distinction entre l'abandon de service en temps de paix et l'abandon en temps de guerre. La pénalité dans ce dernier cas est d'une sévérité exceptionnelle, qui se justifie par la gravité que peut avoir, en temps de guerre, l'abandon d'un poste.

223. L'abandon de son poste, par une personne requise d'un service personnel en temps de paix, est déféré au tribunal correctionnel. En temps de paix, l'officier qui le constate prévient immédiatement le procureur de la République du domicile du délinquant en lui faisant connaître le nom de ce dernier et son domicile. En temps de guerre, la plainte est adressée à l'autorité militaire (Décr. 2 août 1877, art. 42).

Art. 2. — Pénalités encourues par les militaires en cas d'abus de pouvoir.

224. Aux termes de l'art. 22 de la loi du 3 juill. 1877, « tout militaire qui, en matière de réquisitions, abuse des pouvoirs qui lui sont conférés, ou qui refuse de donner reçu des quantités fournies, est puni de la peine de l'emprisonnement, dans les termes de l'art. 194 c. just. milit. ; tout militaire qui exerce des réquisitions sans avoir qualité pour le faire est puni, si ces réquisitions sont faites sans violence, conformément au cinquième paragraphe de l'art. 248 c. just. milit. Si ces réquisitions sont exercées avec violence, il est puni conformément à l'art. 250 du même code. Les réquisitions abusives sont constatées par les procès-verbaux de la gendarmerie ainsi que celles qui sont exercées par des militaires sans qualité pour les faire (art. 72 de l'instruction du 4 avr. 1890, sur le service prévôtal de la gendarmerie aux armées).

Art. 3. — Pénalités applicables en cas d'infractions aux dispositions légales sur la réquisition des chevaux et voitures.

225. Les maires qui ne procèdent pas dans les délais légaux au recensement des chevaux, juments, mulets et mules et des voitures attelées quand ces opérations doivent avoir lieu ; les propriétaires de chevaux, juments, mulets ou mules, de voitures ou de harnais, qui ne les déclarent pas, ou ne les présentent pas aux commissions de classement, sont passibles d'une amende de 25 à 1 000 fr. On a vu (*supra*, n°s 180 et suiv.) dans quelles conditions ces peines sont encourues. Ceux qui ont fait sciemment de fausses déclarations seront frappés d'une amende de 50 à 2 000 fr. (L. 3 juill. 1877, art. 52).

226. Aux termes de l'art. 51 de la même loi, les propriétaires qui, en cas de mobilisation, n'ont pas conduit leurs animaux classés ou susceptibles de l'être, leurs voitures attelées désignées par l'autorité militaire, au lieu indiqué pour la réquisition, sans motifs légitimes admis par la commission de réception, sont déférés aux tribunaux et, en cas de condamnation, frappé d'une amende égale à la moitié du prix d'achat fixé pour la catégorie à laquelle appartient les animaux, ou à la moitié du prix moyen d'acquisition des

voitures ou harnais dans la région. Néanmoins, la saisie et la réquisition pourront être exécutées immédiatement, et sans attendre le jugement, à la diligence du président de la commission de réception ou de l'autorité militaire.

227. Pour assurer l'application de ces dispositions pénales, « le président de la commission, après avoir constaté l'absence des animaux et voitures, au moment de l'appel, doit, à la fin de chaque jour ou série d'opérations, requérir la gendarmerie de dresser un procès-verbal collectif de non-comparution de leurs propriétaires ; ce procès-verbal est transmis le jour même par la gendarmerie au procureur de la République ».

CHAP. 4. — Exercice des réquisitions hors du territoire national.

228. L'occupation d'un territoire ennemi par une armée envahissante confère à l'occupant le droit d'y exercer les réquisitions nécessaires à l'entretien des troupes (*suprà*, vº *Droit naturel et des gens*, nᵒˢ 82, 92 et suiv.). La nécessité où se trouve tout chef d'armée de pourvoir aux besoins matériels des troupes placées sous ses ordres, qui légitime l'exercice du droit de réquisition, en territoire national, s'impose avec plus de force en territoire ennemi, où les services administratifs de l'armée éprouvent à opérer son ravitaillement des difficultés d'autant plus grandes que l'armée s'éloigne davantage du territoire national. Il faut donc recourir à des réquisitions dont la légitimité n'est contestée par aucun des auteurs qui ont traité du droit des gens, pourvu qu'elles se renferment dans les limites mêmes des besoins de l'armée requérante et ne dégénèrent pas en un pillage déguisé (J. Guelle, t. 2, p. 199). Celles qui porteraient sur des objets de pur luxe et qui n'auraient pour but que la satisfaction de besoins factices n'auraient aucun caractère de légitimité. Il faut se garder toutefois de poser à cet égard des règles trop rigoureuses, et on ne saurait refuser aux commandants d'armée le droit de procurer à leurs troupes un certain bien-être qui contribue à soutenir leur moral et à assurer leur conservation. Les réquisitions ne doivent être exercées, d'autre part, que dans la limite des besoins d'une occupation effective. Destinées à suppléer à l'insuffisance des moyens de ravitaillement qu'une armée peut tirer de ses magasins, elles ne seraient pas légitimes si elles avaient pour but de subvenir aux besoins de corps éloignés, restés sur le territoire national ou sur les lignes de communication. Elles ne doivent pas non plus excéder les ressources du pays ni avoir pour effet, lorsqu'il s'agit de services personnels, d'obliger les habitants à prendre part aux opérations de guerre contre leur patrie (Conférence de Bruxelles, art. 40 du projet, G. Ferrand, p. 29, rapport de MM. Rollin-Jacquemyns, *Revue de droit international*, 1875, p. 505).

Les réquisitions ne doivent pas être faites au gré de tout militaire ou même de tout chef ; il faut qu'elles soient ordonnées et exécutées par des officiers ayant qualité à cet effet ou porteurs d'un ordre régulier (J. Guelle, t. 2, p. 199-200). « Afin de ne pas réclamer des prestations dépassant les exigences de la nécessité ou les ressources du territoire frappé de réquisition, dit M. G. Ferrand, p. 97, pour ne pas exposer le pays à des vexations ou à des charges écrasantes résultant de l'arbitraire d'une action multiple et non coordonnée, il faut, dans l'exercice de la réquisition, une volonté, une direction unique, sauf à la mettre en mouvement à l'aide d'un nombre suffisant d'agents expressément délégués à cet effet ».

Enfin on admet, à peu près unanimement, que toute réquisition doit donner lieu, soit à un payement immédiat, soit à une indemnité ultérieure ; de là l'obligation pour le requérant de remettre au prestataire un reçu régulier (J. Guelle, t. 2, p. 200 ; G. Ferrand, p. 105 et suiv.). Le droit des gens actuel n'impose, d'ailleurs, pas l'obligation au belligérant de payer immédiatement les prestations qu'il requiert ; toute règle contraire serait la plupart du temps éludée, et la conférence de Bruxelles (art. 42 du projet de déclaration) a cru sage de ne poser en règle que l'alternative du payement ou du reçu (G. Ferrand, p. 111, *Manuel de droit international à l'usage des officiers*, art. 60).

229. Les principes qui viennent d'être rappelés sont, pour la plupart, consacrés par la loi du 3 juill. 1877 ; mais cette loi, rédigée en vue des réquisitions à opérer pour les besoins de l'armée en territoire national, ne pourrait être invoquée par les populations des pays étrangers que l'armée française aurait à occuper. En effet, c'est un principe du droit des gens, aujourd'hui admis, que les populations des territoires envahis restent soumises à leur législation nationale (*suprà*, vº *Droit naturel et des gens*, nº 84). Sans doute l'envahisseur peut leur imposer des mesures réglementaires, nécessitées par l'occupation, et par ce moyen, l'autorité militaire française pourrait rendre les dispositions de la loi du 3 juill. 1877 applicables au pays occupé ; mais il faudrait pour cela un ordre spécial de l'autorité militaire. Les auteurs estiment même que cette loi cesse d'être obligatoire pour l'armée française hors du territoire national (V. G. Ferrand, p. 29-30 ; J. Guelle, t. 2, p. 284-285). — Cette opinion paraît contestable, car l'armée, par cela seul qu'elle a franchi la frontière et envahi un territoire ennemi, ne cesse pas d'être soumise à la loi française. Il nous semble, dès lors, que les dispositions de la loi du 3 juill. 1877 sont applicables pour tout ce qui regarde les réquisitions proprement dites. Celles-ci, qui comprennent, en vertu des divers paragraphes de l'art. 5 et surtout du paragraphe 11, tous les objets et services susceptibles de devenir nécessaires à l'armée, ne pourraient, croyons-nous, être ordonnées et exercées que par les officiers qui auraient qualité pour les faire en territoire français ; elles devraient être adressées aux municipalités et faire l'objet d'ordres écrits et de reçus dans les mêmes conditions que celles qui sont exercées en France, etc. — Du reste, l'observation des règles essentielles de la loi du 3 juill. 1877 est imposée à l'armée par le règlement sur le service des armées en campagne (Décr. 26 oct. 1883, art. 104, 105, 109, etc.). Il faut reconnaître, toutefois, que le règlement apporte en territoire ennemi une plus grande rigueur à l'exercice des réquisitions qu'en territoire français. L'art. 107 prévoit, notamment, que la nourriture des hommes et des chevaux aura lieu gratuitement en pays ennemi. D'ailleurs, quelque opinion que l'on professe sur l'applicabilité de la loi du 3 juill. 1877 aux réquisitions exercées par l'armée française hors du territoire national, et quelques divergences de détail qu'on relève entre cette loi et les prescriptions du règlement sur le service en campagne, il semble qu'on puisse poser en principe que cette loi est applicable, même en territoire ennemi, en ce qui concerne la forme des réquisitions, et que, pour tout le surplus, il y a lieu de se référer aux règles spéciales sur l'application de ces règles aux réquisitions : G. Ferrand, p. 32 à 112 ; J. Guelle, p. 186 et suiv.).

230. On a vu *suprà*, vº *Droit naturel et des gens*, nº 93, qu'il y a lieu de distinguer de la réquisition qui est licite, la contribution de guerre, c'est-à-dire l'imposition en argent, qui ne l'est pas. La plupart des auteurs modernes condamnent absolument ces contributions (V. J. Guelle, t. 2, p. 207 et suiv. ; G. Ferrand, p. 114 ; Bluntschli, règle 654 ; Griolet, *Influence de la dernière guerre sur le droit des gens, Bulletin de la Société de législation comparée*, 1872, p. 26, et 1873, p. 9). Toutefois, l'art. 41 du projet de déclaration de la conférence du Bruxelles et l'art. 58 du *Manuel des lois de la guerre de l'Institut de droit international*, les admettent avec ce tempérament qu'elles ne seront imposées que comme équivalentes d'impôts non payés, ou de contributions en nature qu'il est impossible de fournir, ou d'amendes. Le *Manuel de droit international à l'usage des officiers*, p. 91 et 129, les admet également pour les besoins des troupes comme équivalent des prestations à lever : au lieu des vivres ou des objets qui lui font défaut, l'occupant peut réclamer le versement d'une somme d'argent qui lui permet d'acquérir à l'amiable les fournitures nécessaires ; il les admet enfin comme équivalent des impôts que l'occupant est autorisé à percevoir (*suprà*, vº *Droit naturel et des gens*, nº 90) pour les besoins du pays envahi.

Il faut reconnaître qu'envisagée à ces trois points de vue, la contribution en argent paraît légitime comme équivalent des impôts à la condition qu'elle ne les excède pas, elle n'est autre chose, sous une autre forme, que l'exercice d'un droit reconnu à l'occupant. Comme représentation des prestations en nature, elle peut, dans certains cas, être moins

préjudiciable aux habitants que la réquisition en nature, par exemple si les denrées manquent ou sont près de manquer dans une région à raison de réquisitions antérieures, ou s'il s'agit de réquisitions portant sur quelques détenteurs spéciaux (blés, farines, cuirs, draps, chaussures confectionnées, etc.) (G. Ferrand, p. 117-118). Mais c'est à la condition, qui s'impose également pour les réquisitions, que les contributions en argent soient renfermées dans la stricte limite des besoins que la réquisition eût satisfaits. Il n'en est pas moins à craindre que cette condition ne soit pas respectée et la plupart des auteurs, qui rejettent toute espèce de contribution en argent, se fondent surtout sur ce que, même sous la forme d'équivalent des prestations en nature, les contributions en argent risquent trop d'être exagérées, détournées de leur objet et employées à tout autre usage (V. J. Guelle, t. 2, p. 211-212). Aussi s'accorde-t-on à refuser le droit de lever des contributions en argent aux chefs subalternes, et même aux commandants de détachements importants, pour ne l'accorder qu'aux généraux en chef ou à l'autorité civile supérieure établie par l'occupant (Féraud-Giraud, § 34 ; J. Guelle, t. 2, p. 213, *Manuel des lois de la guerre de l'Institut de droit international*, art. 58 ; *Manuel de droit international à l'usage des officiers*, p. 139 ; *Projet de déclaration de la conférence de Bruxelles*, art. 41). L'art. 104 du règlement sur le service en campagne, du 26 oct. 1883, réserve expressément au général en chef le droit exclusif d'ordonner des contributions en argent en pays ennemi. Le décret du 13 août 1884 sur le service de l'intendance, reproduisant les dispositions de l'ordonnance du 3 mai 1832 sur le service des armées en campagne, charge l'intendant de l'armée de remettre au général en chef un rapport où sera étudiée la charge qui peut être imposée au territoire occupé. Les garanties qui résultent de ces mesures pour les populations sont donc considérables et excluent l'hypothèse d'une imposition exagérée.

231. Le recouvrement doit se faire autant que possible suivant les règles de la répartition et de l'assiette des impôts en vigueur dans le pays (J. Guelle, p. 214). Dans tous les cas, s'il ne peut recourir à ce mode de recouvrement, l'occupant doit adresser la réquisition à l'autorité municipale, et à son défaut à de notables habitants (V. sur ces questions, pour de plus amples détails (G. Ferrand, p. 121 et suiv.). Enfin il doit toujours être donné reçu des sommes fournies.

232. La contribution infligée à titre d'amende, c'est-à-dire à titre de punition ou de réparation en cas d'infraction aux lois de la guerre et d'atteinte portée à la sécurité des troupes, peut se justifier par le droit de l'armée occupante de prévenir et de réprimer les actes d'hostilité dirigés contre elle. Mais encore faut-il qu'elle frappe les coupables et n'atteigne pas les innocents, c'est-à-dire ceux qui n'ont ni participé à l'acte incriminé, ni pu ou dû l'empêcher. Dans le cas contraire, elle est inique et barbare. Aussi la disposition de notre règlement sur le service en campagne, qui réserve au seul général en chef le droit d'imposer les contributions en argent, est-elle éminemment sage : de telles mesures ne doivent pas être ordonnées *ab irato;* elles doivent être soigneusement préparées.

CHAP. 5. — Les réquisitions pendant la guerre de 1870-1871.

233. Pendant la guerre de 1870-1871, l'armée française a dû procéder, dans nombre de cas, à des actes qui, commandés par les nécessités de la défense, ont été, pour nombre de particuliers, la source de dommages considérables; dans d'autres cas, elle a dû procéder par voie de réquisition, sans que, à défaut d'une législation préexistante, on ait été bien fixé sur les droits de l'armée et sur ceux des prestataires à être indemnisés des prestations qu'ils avaient fournies ou des pertes qu'ils avaient subies. On a vu (*suprà*, n° 11) qu'une loi du 15 juin 1871 (D. P. 71. 4. 99) a voulu remédier à la confusion qui régnait à cet égard, en mettant les intéressés en mesure de faire valoir leurs réclamations, sans spécifier l'autorité compétente pour statuer sur les contestations auxquelles ces réclamations donnaient lieu. De là des difficultés multiples, tant sur la com-

pétence (*suprà, ibid.*) que sur les droits mêmes des réclamants à être indemnisés des pertes qu'ils alléguaient. Mais ces difficultés n'étaient pas les plus graves : les armées allemandes avaient pratiqué des réquisitions de toute nature. Contributions en argent, services personnels, fournitures de prestations de toute sorte, durant la guerre et même pendant l'armistice et après la conclusion de la paix, avaient été imposées aux territoires envahis. Ces réquisitions donnaient-elles droit à une indemnité, dans quelle mesure et comment serait-elle acquittée?

234. La loi du 6 sept. 1871 (D. P. 71. 4. 154, *suprà*, n° 13) avait bien, dans un esprit de solidarité nationale, stipulé qu'un dédommagement serait accordé à tous ceux qui avaient subi, pendant l'invasion, des contributions de guerre, des réquisitions soit en nature, soit en argent, des amendes et des dommages matériels du fait de l'armée allemande. Mais il ne s'agissait pas moins de savoir dans bien des cas à qui incomberait la responsabilité définitive des pertes que les sommes allouées par l'État ne pouvaient intégralement réparer, comment serait faite la répartition de ces sommes, etc. De là un grand nombre de contestations que les tribunaux ont eu à trancher.

235. Pour les réquisitions exercées en France par l'armée française, la loi du 3 juill. 1877 engage la responsabilité de l'État; elle fixe les juridictions, et les seules difficultés qui soient de nature à se produire ou pour lesquelles ce qui a été jugé à la suite des événements de 1870 puisse servir de précédent, sont celles qui naissent de la distinction des faits de guerre et des réquisitions. Au contraire, en cas d'invasion, la loi du 3 juill. 1877 cesserait d'être applicable. Le législateur n'a pas prévu et ne pouvait prévoir comment et par qui seraient réglées les indemnités auxquelles pourraient donner lieu les réquisitions exercées par l'ennemi. La question de savoir si les communes devraient être considérées ou non comme responsables envers les particuliers des prestations qu'ils auraient dû fournir à l'ennemi et si ces particuliers devraient être considérés comme ayant géré l'affaire de la commune, celle de savoir si les prestataires requis par l'ennemi auraient un recours quelconque, restent donc entières; la jurisprudence que nous aurons à examiner (*infrà*, n°s 241 et suiv.), suivant laquelle l'habitant qui a été victime des réquisitions de l'ennemi est réputé avoir géré l'affaire de la commune, conserve donc toute sa valeur.

Art. 1er. — *Réquisitions ordonnées par les autorités françaises, faits de guerre.*

236. Les réquisitions ordonnées par l'autorité française donnent lieu à une indemnité dont le règlement doit être effectué dans les conditions prévues par la loi du 3 juill. 1877. Au contraire, les faits de guerre ne donnent lieu à aucune indemnité que ces faits résultent de l'action même des troupes en présence de l'ennemi, ou d'ordres donnés par l'autorité militaire (*suprà*, v° *Place de guerre*, n° 86). Ainsi, il n'y a pas lieu à indemnité à l'occasion du campement d'un corps de troupes manœuvrant devant l'ennemi et des dommages qui ont pu en résulter (Cons. d'Et. 8 août 1873, aff. Pataille, D. P. 74. 3. 11; 1er mai 1874, aff. Defresne, D. P. 74. 3. 45); non plus qu'à raison de l'occupation de terrains où sont établies, pendant un siège, les réserves de l'armée assiégeante (Cons. d'Et. 9 mai 1873, aff. Pesty-Remond, D. P. 74. 3. 9); ou encore dans le cas où la destruction par le feu d'un chantier de bois et de meules, pour soustraire cet approvisionnement à l'ennemi, a été ordonnée par l'autorité militaire (Cons. d'Et. 1er mai 1874, aff. Thinet, D. P. 74. 3. 46; 6 juin 1873, aff. Fontaine, D. P. 74. 3. 11). De même, la destruction d'un pont, situé sur le flanc d'une armée manœuvrant à une distance rapprochée de l'ennemi, a le caractère d'un fait de guerre et ne donne pas ouverture à droit à indemnité (Cons. d'Et. 21 déc. 1874, aff. Compagnie du pont de Meung, D. P. 75. 3. 84). Dans ces différentes espèces, il n'y avait aucune difficulté, et aucune confusion n'était possible entre les faits invoqués et les réquisitions.

237. Mais il est des cas où cette hésitation est permise. L'autorité militaire, par exemple, arrête un troupeau qui était dirigé vers un point occupé par l'ennemi et

en opère la saisie; cette mesure peut donner lieu à indemnité si l'autorité militaire emploie le troupeau à la subsistance des troupes françaises; il y aurait là un fait analogue à une réquisition (V. D. P. 74. 3. 20, note 4. Comp. Cons. d'Et. 14 nov. 1873, aff. Darreau-Durand, D. P. 74. 3. 46-47). Mais si l'autorité militaire se borne à saisir le troupeau, à lui faire prendre une autre direction, et, faute de pouvoir en disposer autrement, le fait vendre aux enchères, le propriétaire n'a droit qu'aux prix résultant de la vente, et ne peut réclamer d'indemnité à raison des conditions désavantageuses où elle a eu lieu (Cons. d'Et. 27 juin 1873, aff. Hervaux, D. P. 74. 3. 20). La vente du troupeau, comme la saisie qui l'a précédée, n'est alors que la conséquence d'un fait de guerre; ce sont des mesures dictées par la nésité purement militaire d'empêcher un nombreux bétail de tomber aux mains de l'ennemi. Si, après la saisie, la situation des belligérants ne permet ni de garder les animaux, ni de les consommer, ni de les envoyer en lieu sûr, les dispositions, quelles qu'elles soient, prises pour en tirer le parti le moins désavantageux pour les ayants droit, ne peuvent pas plus engager la responsabilité de l'État que le fait de guerre dont elles sont la conséquence nécessaire.

Dans une autre espèce, la confusion était possible et tenait à la manière d'agir de l'autorité militaire. Au lieu de s'emparer purement et simplement d'objets mobiliers nécessaires à l'établissement d'une barricade un jour de bataille, l'autorité militaire en avait donné reçu, comme s'il s'agissait d'une réquisition ordinaire. Il a été jugé que cette circonstance ne changeait pas la nature de l'acte, et que la prise de possession des objets mobiliers, constituait un fait de guerre ne pouvant donner lieu à indemnité (Cons. d'Et. 8 août 1873, aff. Faglin, D. P. 74. 3. 19).

238. Mais lorsque l'autorité militaire arrête des denrées, et les fait détruire ou consommer, alors qu'il n'y a pas péril imminent de les voir tomber aux mains de l'ennemi, le propriétaire a droit au payement de la valeur de sa marchandise (Cons. d'Et. 14 nov. 1873, aff. Darreau-Durand, D. P. 74. 3. 46).

239. L'autorité administrative est seule compétente pour statuer sur les demandes en payements d'objets mobiliers réquisitionnés pendant la guerre par les agents et pour le compte de l'État (Trib. des confl. 21 déc. 1872, aff. Vally, D. P. 73. 3. 22; Trib. de la Seine, 20 mai 1873, aff. Grante, D. P. 74. 3. 16). Mais c'est à l'autorité judiciaire, compétente pour connaître les contestations relatives à l'exécution de baux contractés par l'Administration, même en vue d'un service public, qu'appartient de statuer sur les difficultés auxquelles donne lieu l'occupation d'immeubles requis par la fabrication de cartouches, alors même que la régularité de la réquisition est contestée (Trib. des confl. 11 janv. 1873, aff. Péjis, 5 avr. 1873, aff. Vettard, *Rec. Cons. d'État*, p. 101; 25 janv. et 8 févr. 1873, aff. Planque et Dugave, D. P. 73. 3. 22).

240. Il résulte de ce qui précède que les personnes ayant eu à subir, de la part de l'autorité militaire française, durant la guerre de 1870-1871, des mesures ayant le caractère de faits de guerre, n'avaient aucune action contre l'État pour obtenir la réparation du préjudice qui leur avait été causé. D'autre part, les lois des 6 sept. 1871 et 7 avr. 1873, qui allouaient des indemnités aux victimes de l'invasion (V. *infra*, nos 254 et suiv.), ne leur étaient pas applicables. La lacune qui existait sur ce point dans la législation a été comblée par une loi du 28 juill. 1874 (D. P. 75. 4. 40). L'art. 1 de cette loi porte que « par dérogation à la législation existante et à titre exceptionnel, il sera alloué un dédommagement à tous ceux qui justifieront avoir, comme propriétaires ou occupants, subi pendant la guerre de 1870-1871, dans les places fortes ou faropat ailleurs, en dedans ou en dehors de toute zone de servitudes militaires, un préjudice matériel et direct résultant des mesures de défense qui ont été prises par l'autorité militaire française ». Étaient exclus du bénéfice de cette loi (art. 2) 1° ceux qui ne renonceraient pas à toute action devant les tribunaux judiciaires ou administratifs; 2° ceux qui n'auraient pas adressé leur demande à l'Administration dans les conditions fixées par l'art. 4; 3° ceux qui auraient souscrit un engagement de démolir à première réquisition, ou dont les immeubles auraient été construits en contravention aux lois. L'art. 3 portait qu'il serait constitué, par un décret rendu

sur la proposition des ministres de la guerre et de l'intérieur, une commission chargée d'examiner toutes les réclamations. Le fonctionnement de cette commission était réglé par l'art. 5.

Art. 2. — *Réquisitions effectuées par l'ennemi. — Responsabilité des communes.*

241. La distinction qui a été faite *supra*, nos 236 et suiv., entre les faits de guerre et les réquisitions a été également appliquée aux dommages résultant de l'invasion allemande. Toutes les violences dont ont souffert les personnes et les propriétés, qui furent les conséquences de l'invasion, et qu'on ne pouvait prévoir ni empêcher, que ces violences fussent le fait des armées ou des individus, les dévastations, incendies, bombardements, vols, pillages, etc., ont été laissées à la charge des particuliers que les hasards de la guerre en avaient rendu victimes, sans recours utile. Les communes ont été exonérées de toute responsabilité à l'occasion des actes de violence ou de pillage que leurs habitants avaient eu à souffrir. Ainsi on a jugé qu'un adjudicataire de la fourniture des fourrages, pour le compte de l'État français, ne pourrait réclamer à la commune, où se trouvaient ses magasins d'approvisionnement, le remboursement de la valeur de denrées saisies par l'ennemi et distribuées à l'armée d'invasion, lorsque l'appréhension de ces denrées avait eu lieu sans réquisition et dans des circonstances telles qu'il n'était pas établi que l'ennemi ait voulu frapper la généralité des habitants de la commune (Civ. rej. 12 nov. 1879, aff. Lallement, D. P. 80. 1. 135. — V. également, à propos de dégâts commis dans une maison occupée pour le logement des troupes ennemies, Trib. civ. de Chartres, 2 août 1872, aff. Dutemple de Rougemont, D. P. 73. 3. 31).

242. En ce qui concerne les réquisitions, la cour de cassation a reconnu d'une manière constante, et sa jurisprudence a été suivie par la plupart des cours et des tribunaux, que le citoyen qui avait dû faire une fourniture réquisitionnée par l'ennemi devait être réputé avoir payé dans l'intérêt de la généralité des habitants de la commune. A la différence des faits de pillage ou de violence, qui sont la conséquence fortuite de l'invasion et restent à la charge de ceux que la fatalité en rend victimes elle a admis que les charges, imposées au pays occupé dans l'intérêt général des armées, doivent être supportées par la communauté des habitants des territoires occupés, et non par les individus privativement. Partant, lorsque des citoyens ont personnellement fait l'avance, ils ont payé une dette commune, et un recours leur est accordé contre leurs communistes. Ce recours, ils l'ont par l'exercice de l'action de mandat ou de gestion d'affaires, aux termes des art. 1375, 1999 et 2000 c. civ. (V. le rapport de M. Féraud-Giraud, D. P. 82. 1. 57). — Mais cette règle a été subordonnée à plusieurs conditions. La première dérive de la distinction même qui vient d'être exprimée, il faut que la réquisition ait été régulière, il faut que l'habitant, au lieu d'être victime d'une perte personnelle, ait acquitté, par suite de mesures en quelque sorte régulières, la contribution qui pesait sur le pays occupé et qui devait être à la charge de la population entière de ce pays. La seconde, c'est que la réquisition n'ait pas porté sur une prestation constituant une charge individuelle susceptible d'être répartie entre tous les habitants de la commune. Lorsque tous les membres de la communauté ont fourni individuellement leur part proportionnelle de ces prestations, on ne saurait reconnaître à chacun d'eux un recours contre tous les autres ou contre la commune collectivement. Telle est la charge résultant du logement et de la nourriture des militaires ennemis (Paris, 8 avr. 1873 et Civ. rej. 12 avr. 1875, aff. Laffrique, D. P. 75. 1. 246; Civ. cass. 2 juin 1874, aff. Ville de Sens, D. P. 74. 1. 353).

243. Les décrets des 7-23 avr. 1790, 8-10 juill. 1791 et 23 mai 1792, qui règlent les mesures à prendre pour le logement des militaires, ne pouvaient être appliqués au logement des troupes ennemies. Ils ne pouvaient que servir, par analogie, de guide aux municipalités. Mais il a été reconnu que les maires, chargés par la loi de 1790 de prendre, dans le cas de fléaux calamiteux, les mesures nécessaires pour assurer la sécurité des habitants, avaient le droit, en présence

d'une invasion étrangère, sous le coup de réquisitions formelles et pour prévenir de plus grands sacrifices, de répartir entre les habitants, dans la mesure de leurs facultés, les charges nécessaires pour le logement et la nourriture des officiers et soldats. Le maire peut donc, en cas d'invasion, imposer aux habitants dans la mesure de leurs facultés, et par une équitable répartition, le logement et la nourriture d'un certain nombre d'officiers ou de soldats appartenant à l'armée ennemie. De plus, à défaut par un habitant de satisfaire, pour une cause quelconque, à l'obligation de loger et nourrir les officiers ou soldats de l'armée d'invasion, le maire peut requérir un hôtelier de fournir, pour le compte de cet habitant, le logement et la nourriture (Civ. cass. 12 août 1874, aff. Adenet, D. P. 75. 1. 164; Civ. rej. 12 avr. 1865, aff. Laffrique, D. P. 75. 1. 246).

244. Il en est de même lorsque des officiers sont logés à l'hôtel sur l'injonction des chefs de l'armée ennemie; l'effet direct de cette mesure étant de diminuer chaque jour le nombre des officiers logés chez les habitants, et par conséquent de dégrever ceux qui auraient été appelés à les loger, il est conforme aux principes de l'équité que la dépense occasionnée par cette mesure soit supportée en définitive par ceux qui en ont tiré directement profit, et dans la limite de l'avantage qu'ils en ont recueilli (Paris, 8 avr. 1873, aff. Laffrique, cité *suprà*, n° 242).

En pareil cas, le maître d'hôtel, comme dans celui où il est requis par le maire de fournir, pour le compte d'un habitant de la commune, le logement et la nourriture à des militaires ennemis, doit être considéré comme un fournisseur pour le compte de la commune (Civ. cass. 2 juin 1874, aff. Ville de Sens, D. P. 74. 1. 353). Il en résulte que l'hôtelier a, pour le remboursement du montant des frais de logement et de nourriture, une action directe contre la commune et aussi une action contre l'habitant pour le compte duquel il a été satisfait aux réquisitions (Même arrêt et Civ. cass. 12 août 1874, aff. Adenet, D. P. 75. 1. 164).

245. Si les logements de militaires ennemis et leur nourriture, fournis dans les conditions ordinaires n'ont pas été considérés comme constituant une charge individuelle ne donnant lieu à aucun recours contre la commune, il n'en est pas de même de l'occupation d'une maison entière réquisitionnée pour le logement de troupes ennemies ou pour l'établissement d'une ambulance. L'occupation faite dans ces conditions ne pouvait en effet être assimilée au logement des militaires ennemis; il s'agissait, au contraire, d'une dépossession accomplie au préjudice du propriétaire et qui profitait à la masse des habitants, lesquels échappaient ainsi au logement des soldats allemands et à la promiscuité des malades (Nancy, 24 févr. 1872, aff. Ville de Neufchâteau, D. P. 72. 2. 32.; Trib. civ. de Gray, 29 août 1871, aff. Busty, D. P. 72. 3. 86, Contrà. — Trib. civ. de Chartres, 2 août 1872, aff. Dutemple de Rougemont, D. P. 73. 3. 31).

246. La responsabilité des communes, à raison des fournitures faites à l'ennemi, par un habitant, de denrées ou d'autres objets pour l'entretien ou le service de ses troupes, est fondée sur ce que l'habitant a acquitté non point une dette personnelle, mais une charge qui incombait à la commune (V. le rapport de M. Rau, D. P. 74. 1. 269 et suiv.; Civ. rej. 25 mars 1874, aff. Ville de Chartres, D. P. 74. 1. 239; Req. 13 mai 1873 et 14 mai 1873, aff. Commune de Vendresse (2e espèce), D. P. *ibid.*). Cette responsabilité a été reconnue lorsque les fournitures ont été faites sur une réquisition régulière du maire (Nancy, 21 déc. 1872, aff. Commune de Saint-Menges; 22 nov. 1873, aff. Bastien, D. P. 75. 5. 220; Req. 20 janv. 1875, aff. Commune d'Auneau, D. P. 75. 1. 299);... au cas encore où le maire, requis par l'autorité ennemie, a été contraint d'assister à la prise de possession des fournitures (Nancy, 22 mars 1873, aff. Oudin-Chappuis, D. P. 73. 2. 141) et dans celui où il y a assisté volontairement (Dijon, 25 févr. 1874, aff. Huot frères, D. P. 74. 2. 151, et sur pourvoi, Req. 5 juill. 1875, D. P. 79. 1. 78). Elle a été, de même, admise dans un cas où la prestation avait été fournie sur un ordre verbal d'un employé de la mairie, alors qu'en raison des circonstances et notamment de l'arrestation du maire par l'ennemi, il n'était pas possible de procéder régulièrement (Orléans, 8 mars 1872, aff. Ville de Gien, D. P. 72. 2. 106). On ne pouvait, en effet, exiger une entière application des lois qui organi-

sent l'administration municipale, faites en vue de l'état régulier et normal du pays, et qui n'ont pas prévu et réglé les situations exceptionnelles et les nécessités qu'entraîne l'invasion ennemie. Mais on est allé plus loin, et on a reconnu qu'il n'était pas indispensable, pour assurer le recours des prestataires contre la commune, que le maire eût servi d'intermédiaire pour la réquisition, car ce n'est point la qualité de celui qui fait la réquisition, mais la nature de la réquisition elle-même, qui sert de base au recours (Angers, 4 mars 1874, aff. Michel, D. P. 74. 2, 132, et sur pourvoi, Req. 23 févr. 1875, D. P. 82. 1. 57; Civ. cass. 1er mai 1876, aff. Masson, D. P. 76, 1.441; Req. 11 déc. 1878, aff. Commune de Chaville, D. P. 79. 1. 117; 12 avr. 1880, aff. Commune de Champigneulles, D. P. 80. 1. 419; Civ. rej. 17 nov. 1880, aff. Ville de Commercy, D. P. 81. 1. 127; Req. 7 févr. 1882, aff. Commune de Noményy, D. P. 82. 1. 57; Civ. cass. 15 mars 1882, aff. Arnould-Drappier, D. P. 83. 1. 374).

247. L'obligation de rapporter soit un bon de réquisition, soit un récépissé des objets réquisitionnés, n'a pas même été considérée comme une condition indispensable à remplir, pour exercer un recours. Le demandeur doit justifier de la réquisition, comme cela a lieu en toute matière, chacun devant justifier sa demande en justice. Mais cette justification peut être faite par tous les moyens de preuve dont disposent les plaideurs, tant en ce qui concerne les réquisitions qu'en ce qui touche la détermination des quantités fournies et de leur valeur (Req. 7 févr. 1882, aff. Commune de Nomeny, D. P. 82. 1. 57; Civ. rej. 17 nov. 1880, aff. Ville de Commercy, D. P. 81. 1. 127). Si l'on est d'accord pour recommander aux belligérants de délivrer des bons de réquisitions, avec reçu des objets réquisitionnés après livraison (Projet du gouvernement russe de 1873, art. 53; Résolutions de la conférence de Bruxelles, art. 42; Instructions américaines, art. 36; *Manuel des lois de la guerre*, art. 60; Proclamation du roi de Prusse, du 12 août 1870; Bluntschli, art. 655; Féraud-Giraud, *Recours à raison des dommages causés par la guerre*, n° 42), c'est là une obligation purement morale à qui a été, en fait, fréquemment éludée. On se trouve d'ailleurs en présence d'un cas de force majeure, la guerre et la réquisition, qui, aux termes de l'art. 1348 c. civ., justifie l'admission de la preuve testimoniale.

248. Les communes ont été déclarées responsables des réquisitions opérées sur leur territoire, alors même que le prestataire n'y habitait pas, s'il possédait sur le territoire de la commune un établissement et si la réquisition a porté sur des objets ou denrées existant dans cet établissement. Dans ce cas, en effet, les réquisitions n'en doivent pas moins être considérées comme imposées, non au particulier, propriétaire de l'établissement, mais à la commune elle-même sur le territoire de laquelle se trouve cet établissement (Nancy, 10 août 1878, aff. Commune de Champigneulles, D. P. 80. 1. 419). Mais le propriétaire réquisitionné par l'autorité ennemie dans la commune qu'il habite ne peut exercer un recours contre une commune voisine, alors qu'il n'établit pas que les denrées qui ont fait l'objet de la réquisition aient été fournies pour le compte de cette commune ou qu'elle ait profité de ces fournitures. Peu importe qu'à l'époque des réquisitions cette commune ait été occupée par l'armée ennemie, et que les denrées y aient été transportées et consommées, s'il n'est pas établi que la réquisition ait été faite dans l'intérêt de la commune sur le territoire de laquelle les denrées ont été transportées ou que celle-ci en ait profité (Civ. rej. 23 mai 1881, aff. Girod, D. P. 81. 1. 408). Il faudrait qu'il fût établi que la réquisition avait eu lieu dans l'intérêt de la commune et pour suppléer, par exemple, à l'insuffisance des denrées existant sur son territoire : c'est ainsi qu'un arrêt a décidé qu'un particulier, directement requis par le maire d'une commune voisine de fournir des vaches destinées à la nourriture des troupes ennemies, a une action en indemnité contre cette commune pour la valeur de ces animaux (Req. 20 avr. 1874, aff. Commune de Pavilly, D. P. 74. 1. 240).

249. La responsabilité des communes s'étend aux objets qui ont été enlevés par les habitants pour satisfaire aux réquisitions de l'ennemi, même sans intervention de la commune. En janvier 1871, les habitants d'une commune où les Prussiens avaient réquisitionné du bois de chauffage,

n'ayant pas de bois pour satisfaire à cette réquisition, enlevèrent dans une forêt voisine les bois d'une coupe adjugée précédemment à un particulier; aucun reçu ne lui fut délivré, malgré ses réclamations au maire. Il a été jugé que la commune aurait pu et dû satisfaire aux réquisitions étrangères, soit au moyen des réquisitions françaises, soit à l'aide d'un achat conclu avec l'adjudicataire; que, dans l'un ou l'autre cas, elle serait devenue régulièrement débitrice du propriétaire de la coupe, mais qu'ayant préféré se mettre d'elle-même en possession du bois, sans formalité d'aucune sorte et par un fait brutal, elle n'avait pu s'acquitter aux dépens du réclamant d'une charge qui pesait sur l'universalité de ses habitants, sans qu'il en soit résulté l'obligation de payer le bois enlevé, de la même manière que si elle l'eût acheté ou réquisitionné (Rouen, 30 janv. 1872, aff. Andrieux, D. P. 72. 2. 108, 1re espèce). Il n'y avait pas là un fait de guerre, comme cela se fût produit si les bois avaient été enlevés directement et sans réquisition par les soldats allemands, ou même par les habitants sous leur contrainte, ainsi qu'il était arrivé dans une autre espèce (V. Civ. rej. 28 avr. 1875, aff. Cossonnet, D. P. 75. 1. 245). Mais l'enlèvement par les habitants d'une commune, ou par la commune elle-même, d'objets mobiliers pour les affecter à une réquisition où encore à un usage communal, n'est pas un fait de guerre par cela seul qu'il s'est produit en temps de guerre, s'il n'est pas une conséquence des hostilités. Ainsi on a jugé qu'une commune ne peut être dispensée de payer les objets mobiliers dont ses administrateurs se sont emparés, au détriment d'un particulier, et qu'ils ont employés dans l'intérêt communal, sous prétexte que l'enlèvement était le résultat d'un fait de guerre et a eu lieu pour cause de salubrité (Civ. cass. 15 mars 1882, aff. Arnould Drappier, D. P. 83. 1. 375).

250. Au point de vue de la responsabilité des communes, l'objet des réquisitions n'en peut changer le caractère. La cour de Paris (1er déc. 1874, aff. Héritiers Masson, D. P. 76. 1. 441) avait jugé que le droit des gens ne donnait pas à l'ennemi le droit de réclamer des habitants du pays envahi un matériel destiné à être employé dans des opérations militaires, et qu'ainsi toute réquisition ayant cet objet ne pouvait être qu'un abus de la force. La chambre civile n'en a pas ainsi jugé (Civ. cass. 1er mai 1876, Même affaire, ibid.). La distinction faite par la cour de Paris entre les objets nécessaires à l'entretien et au service des troupes et les choses destinées à faire la guerre elle-même, lui a paru arbitraire et peu juridique. Il semble, en effet, que la destination ultérieurement donnée aux fournitures lorsqu'elles ont été faites, ne peut, au gré de l'ennemi, et suivant des constatations plus ou moins certaines, modifier après coup le caractère des réquisitions par lui imposées. Dans l'espèce, où il s'agissait de bois réquisitionné régulièrement, l'ennemi avait employé le bois dont il s'était emparé aussi bien au chauffage de ses troupes qu'à la construction d'un pont. Dans beaucoup de cas, les objets requis servent aux opérations de guerre, les chevaux, par exemple, sans que pour cela la commune cesse d'être responsable. — L'arrêt de la cour de Paris se fondait encore sur ce que le dommage éprouvé par le particulier réquisitionné avait sa source dans une faute originairement commise par celui-ci, en négligeant d'obéir aux ordres du gouvernement de la Défense nationale, qui invitait les habitants des localités avoisinant la capitale à éloigner des prises de l'ennemi tout le matériel susceptible d'être utilisé aux opérations de guerre. Cette considération aurait eu une valeur importante s'il y avait eu un décret, un arrêté ministériel ou préfectoral qui lui imposât l'obligation d'enlever ces marchandises et de les transporter au loin. Mais la cour de cassation a constaté qu'aucune mesure de ce genre n'avait été prise. Un simple avis avait été, dans le courant de septembre 1870, inséré au Journal officiel, qui pouvait ne pas s'appliquer à la commune où il résidait, n'y avait pas été publié, et dont, dans tous les cas, l'inexécution ne pouvait le constituer légalement en faute.

251. La question s'est posée, après la conclusion de la paix, de savoir si les particuliers, auxquels des matériaux avaient été enlevés par voie de réquisition, pouvaient les revendiquer lorsque l'ennemi les avait incorporés à un ouvrage public, notamment quand il les avait employés à ré-

parer un pont de chemin de fer. Il a été jugé que ces matériaux, se trouvant incorporés au domaine public, ne pouvaient plus être revendiqués par leur propriétaire, mais que la compagnie concessionnaire du chemin de fer devait payer au propriétaire une indemnité égale, non à la valeur des matériaux au moment de leur emploi, mais à leur valeur au moment où, après la paix, elle s'était mise en possession du pont, sans qu'il lui suffit d'offrir de restituer les matériaux quand ils ne lui seraient plus utiles, à charge d'en payer jusque-là le prix de location (Paris, 10 juill. 1875, aff. Payen, D. P. 76. 2. 157).

252. En ce qui concerne la compétence, aucun texte n'attribue à l'autorité administrative la connaissance des difficultés qui peuvent s'élever au sujet des fournitures faites à l'ennemi, sur réquisition, au nom et pour le compte des communes; c'est donc à l'autorité judiciaire qu'il appartient, en principe, de prononcer sur l'existence et la portée des engagements qui peuvent résulter pour les communes des actes dont il s'agit (Cons. d'Et. 11 mai 1872, aff. Butin, D. P. 72. 3. 73 et concl. de M. le commissaire du Gouvernement David; Civ. cass. 25 mars 1874, aff. Ville de Chaumont, D. P. 74. 1. 201 ; Civ. rej. 25 mars 1874, aff. Ville de Chartres, D. P. 74. 1. 239 ; Req. 20 avr. 1874, aff. Commune de Pavilly, D. P. 74. 1. 240 ; Nancy, 22 nov. 1873, aff. Bastien, D. P. 75. 5. 220).

253. Les troupes allemandes n'ont pas seulement procédé par réquisitions adressées aux communes. Dans nombre de cas, elles ont adressé des réquisitions à des départements entiers, à des cantons, comme elles ont frappé les uns et les autres de contributions de guerre. Ce mode de procéder a fait naître la question de savoir qui devait, en définitive, supporter la charge imposée par l'ennemi; serait-ce le département, ou bien celui-ci aurait-il un recours contre chacune des communes? La solution dépendait des circonstances et de la question de savoir si le département avait été considéré par les Allemands comme personne morale, ayant un budget et une caisse différente de celle des communes, ou s'ils l'avaient considéré simplement comme une unité territoriale formée d'un ensemble de communes. Un jugement du tribunal civil de Rouen, du 25 mars 1873, avait décidé que la ville d'Elbeuf, qui avait livré au département de la Seine-Inférieure des draps requis du département, lequel les avait livrés aux Allemands, était en droit de lui en réclamer le prix. La cour de cassation a déclaré que le tribunal avait régulièrement jugé en décidant, d'après les termes de la réquisition allemande, et d'après les faits d'exécution qui l'ont suivie, que les draps demandés à la ville d'Elbeuf pour le compte du département de la Seine-Inférieure, expédiés par cette ville au département qui les avait reçus, puis livrés à l'armée d'occupation, devaient être en définitive payés par le département, à la décharge duquel la ville d'Elbeuf les avait achetés et expédiés, et, en reconnaissant que cet ordre avait été adressé au département, et qu'en l'exécutant, comme contrainte et forcée, la ville d'Elbeuf n'avait pas payé une dette qui lui fût personnelle, mais uniquement fourni au département le moyen d'acquitter la charge qui lui était imposée (Req. 3 févr. 1874, aff. Département de la Seine-Inférieure, D. P. 14. 1. 247). Mais cette décision ne pourrait être généralisée et dans les cas où il résultait, de l'ordre de l'autorité allemande et des circonstances de la cause, que la contribution avait été mise à la charge, non pas du département, pris comme personne morale, mais de chacune des communes du département, celles-ci ont été reconnues responsables. — Cette solution s'appliquait à fortiori aux communes d'un canton, lequel, n'ayant pas de personnalité morale, ne pouvait avoir été pris que comme une entité administrative, et la ville chef-lieu de canton, qui avait acquitté la part afférente à ce canton dans la contribution, était fondée à demander à chacune des communes le remboursement proportionnel de ses avances (Req. 29 déc. 1875, aff. Commune de Saint-Algis et autres, D. P. 76. 1. 168).

Bien plus, il a été reconnu qu'entre les communes d'un même canton, auquel une contribution avait été imposée sans division faite ou acceptée par l'ennemi, il existait une solidarité qui les obligeait toutes et les rendait responsables envers celle ou celles d'entre elles qui avaient acquitté la contribution (Civ. cass. 22 janv. 1877, aff. Commune de

Solesmes, D. P. 77. 1. 321). Il résulte du même arrêt qu'en pareil cas, les maires des diverses communes qui composent le canton ont qualité pour aviser ensemble aux moyens d'acquitter la dette et d'en répartir le fardeau entre ces communes, et qu'ils puisent ce droit dans la loi des 16-24 août 1790, titre 2, art. 3, qui, dans le cas de fléaux calamiteux, charge les autorités municipales de les prévenir ou de les faire cesser, en se concertant même, s'il y a lieu, avec les autorités de département ou de district. — Cette décision peut paraître à première vue donner une trop grande extension au texte de l'art. 3 du titre 11 de la loi des 16-24 août 1790, aux termes duquel « les objets de police confiés à la vigilance et à l'autorité des corps municipaux sont : ... le soin de prévenir par les précautions convenables, et celui de faire cesser, par la distribution des secours nécessaires, les accidents et fléaux calamiteux, tels que les incendies, les épidémies, les épizooties, en provoquant aussi, dans ces deux derniers cas, l'autorité des administrations de département ou de district ». Il semble, au premier abord, difficile que ces dispositions, exclusivement relatives à la police municipale. aient pu être étendues à des faits de guerre. Il semble, en outre, que la faculté attribuée aux maires de faire distribuer, en cas d'événements calamiteux, les secours nécessaires, n'implique pas le pouvoir d'imposer aux habitants d'une commune qui n'est pas atteinte par le fléau calamiteux (par l'invasion) une charge pécuniaire et une réquisition en nature; enfin, si la loi permet aux municipalités, en cas d'épidémie et d'épizootie, de provoquer l'autorité des administrations de département et de district (aujourd'hui du préfet du département et du sous-préfet de l'arrondissement), en résulte-t-il, pour les maires d'un canton, la faculté de se réunir dans une assemblée générale, constituée en dehors du préfet et du sous-préfet, et d'y prendre, à la majorité des voix, des résolutions obligatoires pour la minorité, alors qu'il ne s'agit ni d'épidémie, ni d'épizootie, ni même d'incendie, ni d'aucun des événements calamiteux, pouvant être considérés comme rentrant dans les objets confiés à la vigilance et à l'autorité des corps municipaux? Mais il ne faut pas oublier que l'invasion, si elle ne constitue pas un des fléaux calamiteux expressément prévus par la loi de 1790, est un fléau autrement grave qu'une épizootie, et que cette loi confie au maire le soin de prendre les *précautions convenables* pour prévenir ou faire cesser le fléau. Les maires, en pareil cas, agissent sous l'empire d'une nécessité que les façons d'agir des ennemis rendaient inéluctable, en se réunissant et en répartissant les charges de la contribution entre les communes, ils faisaient l'affaire de tous et agissaient dans un intérêt commun; l'arrêt de la cour de cassation était donc parfaitement justifié.

254. On a vu *supra*, nos 13 et 233, qu'une loi du 6 sept. 1871 (D.P. 74, 4. 454), complétée par une loi du 7 avr. 1873 (D. P. 73. 4. 58), a accordé un dédommagement aux particuliers ayant souffert un préjudice matériel résultant de l'invasion. L'Assemblée nationale, dans la première loi, commence par reconnaître que, pendant la guerre, un grand nombre de Français ont subi des pertes exceptionnelles; qu'en droit, l'Etat ne leur doit rien; mais qu'il est équitable de les indemniser partiellement dans la mesure du possible; par suite, des commissions cantonales et départementales sont chargées de rechercher l'étendue des pertes générales; lorsque le chiffre en sera connu, l'Assemblée verra qu'elle somme l'Etat veut consacrer à les réparer; cependant, comme les victimes les plus nécessiteuses souffriraient d'une attente trop prolongée, l'Assemblée vote de suite une somme de 100 millions, qui leur sera distribuée par le préfet, assisté d'une commission prise dans le sein du conseil général.

La loi de 1873, conséquence de la première, a été rendue quand le total des pertes a été connu; une somme de 120 millions a été votée pour indemniser les victimes des départements envahis, celui de la Seine, sauf Paris, y compris; elle devait être répartie entre les particuliers par une décision du conseil général, prise sur les propositions de la commission de répartition organisée par la loi précédente, et exécutoire après approbation du ministre de l'intérieur. Ces commissions cantonales ou départementales n'avaient reçu ni pouvoir discrétionnaire, ni juridiction contentieuse : elles ont eu pour mission de classer les réclamants dans la catégorie des victimes les plus nécessiteuses, ou dans celle des victimes ordinaires, et d'assurer, dans ces deux catégories, une répartition proportionnelle aux droits de chacun. Elles étaient sans qualité pour juger, en droit, à qui devait profiter l'indemnité (Paris, 19 avr. 1875, aff. Bellfion du Rousset, D. P. 76. 2. 156). Leurs décisions ne pouvaient donner lieu à aucun recours contentieux ; elles pouvaient seulement être déférées au conseil d'Etat pour violation des formes (Cons. d'Et. 12 juin 1874, aff. Mounié, D. P. 75. 3. 66). Quant aux mesures d'exécution que l'Administration pouvait être amenée à prendre une fois la répartition opérée ou l'indemnité réglée par l'autorité compétente, elles étaient susceptibles d'être attaquées non seulement pour violation des formes, mais encore pour excès de pouvoir, cette répartition ou ce règlement constituant des droits acquis (Cons. d'Et. 28 déc. 1877, aff. Commune de Chantilly, D. P. 78. 3. 37, sol. implic.). Mais il a été reconnu au fond que le ministre de l'intérieur n'avait pas excédé ses pouvoirs en prenant les mesures nécessaires pour assurer l'exécution des décisions, approuvées par lui, par lesquelles le conseil général avait opéré la répartition du crédit (Même arrêt).

255. La répartition une fois opérée créait à chaque intéressé un droit personnel; seul il en pouvait disposer et, par exemple, comme cela est arrivé dans un grand nombre de communes où les particuliers ne devaient toucher chacun que des sommes peu importantes, consentir à en faire l'abandon pour soulager la situation des finances municipales, obérées par la guerre ; mais ces sacrifices ne pouvaient être que volontaires, et le conseil municipal ne pouvait en disposer. Par exemple, une délibération, par laquelle un conseil municipal disposait du montant des indemnités de guerre attribuées aux habitants pour l'achat d'une mairie, n'était obligatoire pour les intéressés qu'autant que ceux-ci y consentaient et ne pouvait faire obstacle à ce qu'ils poursuivissent, devant l'autorité compétente, le payement de la somme qui leur avait été allouée (Cons. d'Et, 17 nov. 1876, aff. De la Croix, D. P. 77. 3. 12).

256. La question de savoir si l'allocation d'un dédommagement accordé par la loi du 6 sept. 1871 mettait obstacle au recours, contre les communes, des citoyens qui avaient été soumis à des réquisitions, a été résolue négativement (Req. 11 déc. 1878, aff. Commune de Chaville, D. P. 79. 1. 117). La cour de cassation a jugé que cette loi et celle de 1873, en accordant un dédommagement aux victimes de la guerre, n'avaient pas entendu enlever à ceux qui en profitaient le recours qui pourrait leur appartenir contre les communes. En effet, les causes qui donnent droit au dédommagement ou au recours sont essentiellement différentes; pour être admis au dédommagement qu'accordent les lois de 1871 et 1873, il suffisait d'avoir souffert un préjudice matériel résultant de l'invasion; au contraire, l'action contre la commune n'existait qu'au cas spécial où celui qui l'actionnait prouvait que les réquisitions qu'il avait subies avaient dû, par leur mise à exécution, profiter à la généralité des habitants; il y avait simplement lieu de défalquer, de la somme due à titre de remboursement, celle qui avait été reçue, à titre de dédommagement (V. J. Guelle, t. 2, p. 235; Féraud-Giraud, p. 67).

Table sommaire

des matières contenues dans le Supplément et le Répertoire.

Table des articles de la loi du 3 juillet 1877 et du décret du 2 août 1877

Table chronologique des lois, arrêts, etc.

v^{ls} *Substitution, Succession, Usufruit*, et *Rép.* eod. v°, n°s 1, 122, 131, 142, 390, 415 et suiv., 527.

RÉSIDENCE. — V. *Rép.* eod. v°. V. aussi *suprà*, v^{ls} *Adultère*, n° 10 ; *Agent diplomatique*, n° 27 ; *Aliéné*, n°s 89 et suiv. ; *Avocat*, n° 74 ; *Avoué*, n° 30 ; *Bourse de commerce*, n° 245 ; *Chasse*, n°s 311 et suiv., 566 ; *Compétence civile des tribunaux d'arrondissement et des cours d'appel*, n° 8 ; *Compétence criminelle*, n°s 47 et suiv. ; *Contumace*, n° 11 ; *Culte*, n°s 226 et 248 ; *Divorce et séparation de corps*, n°s 275 et suiv., 403 et suiv. ; *Domicile*, n°s 1, 18, 24, 38, 41 et suiv., 61 et 76 ; *Droits civils*, n°s 57 et suiv., 120 : *Droit politique*, n°s 85, 123 et suiv. ; *Enregistrement*, n° 412 ; *Exploit*, n° 42 ; *Huissier*, n°s 43 et suiv. ; *Jugement*, n° 110 ; *Mariage*, n° 167 ; *Ministère public*, n° 22 ; *Notaire-notariat*, n°s 13 et suiv. ; *Office*, n°s 20 et suiv. ; *Patente*, n° 478 ; — et *infrà*, v^{ls} *Responsabilité*, et *Rép.* eod. v°, n°s 330 et suiv. ; *Secours publics*, et *Rép.* eod. v°, n° 429 et suiv. ; *Traitement*, et *Rép.* eod. v°, n° 10 ; *Usage-usage forestier*, et *Rép.* eod. v°, n°s 314, 325 et suiv., 454 ; *Vente publique de marchandises neuves*, et *Rép.* eod. v°, n°s 15 et suiv.

RÉSILIATION-RÉSOLUTION. — V. outre les renvois indiqués au *Répertoire*, *suprà*, v^{ls} *Acte de commerce*, n° 35 ; *Assurances terrestres*, n°s 125, 134, 223, 249, 262 et suiv. ; *Cautionnement*, n° 75 ; *Compétence civile des tribunaux de paix*, n°s 36 et suiv. ; *Concession administrative*, n° 46 ; *Degrés de juridiction*, n° 94 ; *Eaux minérales et thermales*, n° 38 ; *Echange*, n°s 21, 23 et 25 ; *Enregistrement*, n°s 32, 139, 332 et suiv., 3173 ; *Force majeure, cas fortuit*, n°s 18 et suiv., 29 et suiv. ; *Lois*, n°s 180 et suiv. ; *Louage*, n°s 92, 100, 111, 178, 242, 259, 270, 281, 300, 302, 312 et suiv., 378 et suiv. ; *Louage à colonage partiaire*, n°s 19 et suiv. ; *Louage d'ouvrage et d'industrie*, n°s 17, 27 et suiv., 41, 51 et suiv., 78 et suiv. ; *Marché de fournitures*, n°s 63 et suiv. ; *Obligations*, n° 456 et suiv. ; *Rentes foncières*, *Rép.*, n°s 89 et suiv. ; *Rente viagère*, n°s 70 et suiv., 94, et *Rép.* eod. v°, n°s 95 et suiv. ; — et *infrà*, v^{ls} *Servitude*, et *Rép.* eod. v°, n°s 1267 et suiv. ; *Société*, et *Rép.* eod. v°, n°s 345, 639, 654 et suiv., 789 et 1586 ; *Substitution*, et *Rép.* eod. v°, n°s 28, 123 et suiv., 150 et suiv. ; *Surenchère*, et *Rép.* eod. v°, n°s 398 et suiv. ; *Théâtre-spectacle*, et *Rép.* eod. v°, n° 205, 226 et suiv., 285 et suiv. ; *Traité international*, et *Rép.* eod. v°, n° 167 ; *Transcription hypothécaire*, et *Rép.* eod. v°, n°s 220 et suiv., 383 et suiv., 437 et suiv., 686 et suiv. ; *Travaux publics*, et *Rép.* eod. v°, n°s 703 et suiv. ; *Usufruit*, et *Rép.* eod. v°, n°s 179, 629, 706, 722 et 780 ; *Vente*, et *Rép.* eod. v°, n°s 1230 et suiv., 1368, 1412 et suiv. ; *Vente publique d'immeubles*, et *Rép.* eod. v°, n°s 805 et suiv., 1001, 1185 et suiv., 1193, 1205 et suiv., 1828 et 2173 ; *Volonté, intention, connaissance*, et *Rép.* eod. v°, n° 31.

RESPONSABILITÉ.

Division.

CHAP. 1er. — Historique et législation. — Droit comparé (*Rép.* n° 6 à 21).

1. — I. HISTORIQUE ET LÉGISLATION. — La législation concernant la responsabilité pour délit ou quasi-délit n'a pas changé depuis la publication du *Répertoire*. Nous signalerons seulement les lois d'indemnité pour faits de guerre survenues en 1870 et 1871, lois qui n'ont pas eu d'ailleurs

pour fondement l'idée de faute et de responsabilité. Il y a lieu de mentionner aussi les projets de loi tendant à la réparation des erreurs judiciaires, qui peuvent suggérer la même remarque. On trouvera ailleurs les dispositions de la loi municipale du 4 avr. 1884, relatives à la responsabilité des communes pour dommages causés par attroupements ou rassemblement sur leur territoire (V. *suprà*, v° *Commune*), la loi du 15 avr. 1889 sur la responsabilité civile des aubergistes et hôteliers (V. *suprà*, v° *Dépôt*), l'abrogation de l'art. 75 de la constitution de l'an 8 sur l'autorisation de poursuivre les fonctionnaires (V. *suprà*, v° *Mise en jugement de fonctionnaire*), les projets de loi sur la responsabilité des accidents industriels (V. *infrà*, v° *Travail*).

2. Mais la question de la responsabilité a fourni à la jurisprudence et à la doctrine une mine de plus en plus abondante, tant sont variés les aspects sous lesquels elle se présente dans toutes les branches de l'activité humaine et dans les divers rapports sociaux. Les transformations survenues dans les conditions de la vie sociale, et en particulier de la vie industrielle, ont fait apparaître des risques nouveaux et chercher dans une analyse plus complète des obligations contractuelles le fondement d'une responsabilité plus rigoureuse. On a vu ainsi se produire un mouvement doctrinal important sur les rapports du contrat et du quasi-délit et sur l'indépendance des deux responsabilités contractuelle et quasi-délictuelle, mouvement dont l'influence s'est fait sentir sur la jurisprudence belge, mais qui n'a pas ébranlé la jurisprudence française.

3. Dans le droit public, la responsabilité de l'Etat a continué quelque temps encore à mettre en conflit la jurisprudence de la cour de cassation et celle du conseil d'Etat, sur l'application à faire en cette matière des articles du code civil. L'accord a fini par se faire entre ces deux jurisprudences, sinon entre les auteurs, contre cette application.

4. Les questions relatives à la responsabilité des notaires ont soulevé de nombreuses difficultés devant les tribunaux. On remarque, dans la jurisprudence relative à cette matière, deux tendances opposées, l'une faisant prédominer l'idée de la fonction publique pour restreindre la responsabilité, l'autre l'étendant par l'idée de mandat salarié.

5. Indépendamment des traités généraux sur le droit civil et les obligations (V. *suprà*, v° *Obligations*), la responsabilité a fait l'objet de nombreux travaux depuis la publication du *Répertoire*. Les uns sont spécialement relatifs à diverses parties de cette vaste matière et seront indiqués dans l'étude que nous aurons à faire de chacune d'elles. D'autres ont pour objet la théorie générale de la responsabilité, ou l'étude de questions fondamentales par rapport à cette théorie. Parmi ces derniers, on peut citer comme ayant le plus de valeur ou d'originalité les ouvrages suivants : Sourdat, *Traité général de la responsabilité ou de l'action en dommages-intérêts en dehors des contrats*, 4e édit., Paris, 1887 ; — Robin, *De la responsabilité* (thèse), Paris, 1887 ; — Fromageot, *De la faute comme source de la responsabilité en droit privé*, Paris, 1891 ; — Lefebvre, *De la responsabilité*, *Revue critique*, 1886 ; — Sainctelette, *De la responsabilité et de la garantie*, Bruxelles-Paris, 1884 ; — Pirmez, *De la responsabilité. Projet de revision des articles 1382 à 1386 du code civil*, Bruxelles, 1888 ; — Chironi, *La colpa nel diritto odierno : Colpa contrattuale*, 1 vol. 1884; *colpa extra contrattuale*, 2 vol. 1887, Torino. — En droit romain : R. von Ihering, *Das Schuldmoment in römisch. priv. Recht* 1877 (*De la faute en droit romain privé*) (*Etudes complémentaires à l'esprit du droit romain*), traduct. franc. par O. de Meulenaere, Paris, 1880 ; — Tarbouriech, *Droit romain : De la responsabilité contractuelle et délictuelle* ; *Droit français : Des assurances contre les accidents du travail*, *Assurance collective*, *Responsabilité civile* (thèse pour le doctorat), Besançon, 1889. — V aussi pour la bibliographie étrangère les nombreuses indications données par M. Fromageot, *op. cit.*

6. — II. DROIT COMPARÉ. — Les indications de droit comparé données au *Répertoire*, n° 21, n'ont rien perdu de leur valeur. Mais nous les compléterons en ce qui concerne : 1° le droit anglais, allemand et belge; 2° les codes suisse, italien espagnol et portugais promulgués depuis la publication du *Répertoire*. On peut se reporter aussi aux indications données

sur certains points spéciaux, tels que la responsabilité de l'Etat en cas d'erreur judiciaire (V. *infrà*, n° 382) et la responsabilité civile des ministres (V. *infrà* n° 425).

7. — 1° *Angleterre*. — Les recherches de M. Ernest Lehr (*Eléments de droit civil anglais*, 1885) nous permettent de donner les indications suivantes sur les règles de la responsabilité dans le droit anglais.

La mort de l'auteur du délit a été pendant longtemps un obstacle à la demande de réparation, sauf dans la mesure de l'enrichissement du délinquant décédé. Cette demande peut maintenant se produire si le décès n'est pas de plus de six mois postérieur au délit et antérieur à la demande (p. 643). Quant au décès de la victime, il a cessé d'être un obstacle à l'action en vertu de divers statuts, soit pour le cas de dommage causé à la fortune mobilière du défunt avant son décès (St. 4, Ed. III, c. 7), soit pour dommage causé à sa fortune immobilière dans les six mois antérieurs au décès (St. 3 et 4, Guill. IV, c. 42, § 2), soit pour faute ou négligence ayant causé la mort mais qui, si elle ne l'eût pas causée, aurait autorisé la victime à demander des dommages-intérêts (St. 9 et 10, Vict., c. 93, amendé par le St. 27 et 28 Vict., c. 95). Actuellement encore, si la mort n'est pas la conséquence directe de la blessure, la succession n'a d'action que si le défunt a été atteint dans son patrimoine et non seulement dans sa personne (p. 642). — Le cas de séduction est réglé d'une façon assez singulière. Il ne donne d'action, quelles que soient les manœuvres qui l'ont préparé, qu'au maître de la fille séduite, pour préjudice résultant de la privation de ses services, ou aux père et mère, mais seulement pour la même cause, s'ils prouvent que leur fille leur rendait des services domestiques, ou enfin au mari s'il s'agit de femme mariée.— La responsabilité du maître pour le fait de son domestique existe en Angleterre comme chez nous, lorsque le domestique a agi dans l'exercice de ses fonctions. Mais s'il s'agit d'un dommage causé à un autre domestique du même maître dans l'accomplissement du service commun, le maître n'est responsable qu'autant qu'il y a eu imprudence à employer ou garder le domestique auteur du dommage (p. 647). — Dans le droit anglais, comme dans le vieux droit germanique, les bestiaux que leur propriétaire a laissés vaguer sur les terres d'autrui et qui y causent des dégâts peuvent être saisis par la partie lésée, jusqu'à ce qu'elle ait obtenu réparation (p. 648). — Le droit anglais n'a aucune disposition spéciale sur la responsabilité des pères ou tuteurs, ou des propriétaires de bâtiments qui s'écroulent ou menacent ruine (p. 646).— Enfin cette législation accorde au propriétaire le droit de se faire justice à lui-même dans une certaine mesure pour supprimer la cause d'un dommage, soit en reprenant où il la trouve la chose dont il a été dépouillé, soit en pénétrant chez le voisin pour démolir le nouvel œuvre qui porte atteinte à ses droits, soit en coupant les branches des arbres qui envahissent sa propriété (p. 645).

8. Quant aux règles de la responsabilité au regard des fonctionnaires et de l'Etat, on en trouve un résumé dans le *Traité de la juridiction administrative*, de M. Laferrière, t. 1, p. 95. « On a souvent cité l'Angleterre, dit cet auteur, comme un des pays où la responsabilité personnelle des fonctionnaires envers les citoyens lésés est le plus largement pratiquée. Cette responsabilité existe, en effet, bien qu'avec des restrictions consacrées par la loi et par la jurisprudence ; mais on ne doit pas perdre de vue qu'elle est tout à fait exclusive de la responsabilité de l'Etat.... La responsabilité des fonctionnaires et l'irresponsabilité de l'Etat sont la double application d'un même principe; on peut même dire que le principe unique est l'irresponsabilité de l'Etat, et que la responsabilité personnelle du fonctionnaire en dérive. ...Cette responsabilité lui incombe, soit que leur acte ait été spontané, soit qu'il ait été accompli en vertu d'ordres supérieurs; dans ce dernier cas, l'Etat est moralement tenu d'indemniser son agent. ...Il ne faut pas croire cependant que les fonctionnaires soient ainsi personnellement responsables de tous les torts qu'ils peuvent causer dans l'exercice de leurs fonctions. Même lorsqu'ils commettent des fautes et des illégalités, la tendance de la jurisprudence est de ne les déclarer responsables que s'il y a faute lourde, excès de pouvoir manifeste assimilable au dol ou à l'acte méchamment fait ».

9. — 2° *Allemagne.* — Les indications données au *Rép.*, n° 21, sur le droit allemand, tel qu'il résultait principalement des codes prussien et autrichien, peuvent être maintenues sans modification. Ajoutons-y seulement une disposition du code civil du royaume de Saxe, du 2 janv. 1863, qui étend singulièrement les résultats de la responsabilité en matière de séduction. « Quiconque a eu des relations avec une femme non mariée et qui, s'il ne veut ou ne peut l'épouser, de lui payer des dommages-intérêts dont le juge arbitre le montant d'après la position sociale de la femme et la fortune de l'homme ; peu importe que les relations aient eu ou non une grossesse pour résultat. La femme n'est pas fondée à réclamer une indemnité lorsqu'elle fait de l'inconduite un métier, lorsqu'avant ou après elle s'est livrée à d'autres hommes, lorsqu'elle a préalablement demandé un salaire, lorsqu'elle a épousé un autre homme ayant que son séducteur ait refusé de l'épouser, lorsqu'elle s'est livrée à un homme qu'elle savait être marié ou qui était avec elle dans des liens de parenté rendant le mariage impossible, ou enfin lorsqu'elle refuse sans bon motif de se marier avec l'homme qui l'a déshonorée » (Ernest Lehr, *Éléments de droit civil germanique*, 1875, p. 295). Ajoutons aussi que, dans le droit germanique, les juges, les fonctionnaires de l'Etat ou des communes, les officiers publics (tels que les notaires), les experts ou commissaires-priseurs désignés par la justice, qui, dans l'accomplissement de leurs devoirs professionnels, commettent des manquements par suite de dol ou de négligence grave, peuvent être poursuivis en dommages-intérêts par les victimes de ces manquements. L'étendue de cette responsabilité varie suivant la législation de chaque Etat (Lehr, *op. cit.*, p. 296).

10. Avant 1871, la législation de plusieurs Etats allemands contenait des dispositions analogues à l'art. 75 de la constitution de l'an 3 ; mais, la constitution du 5 déc. 1848 ayant aboli, en Prusse, le système de l'autorisation préalable, et ayant remis à une loi spéciale le soin de déterminer sous quelles conditions les fonctionnaires pourraient être poursuivis, la loi du 13 févr. 1854 décida qu'ils pourraient l'être devant les tribunaux, mais que l'administration aurait le droit d'élever le conflit pour faire préalablement décider si le fonctionnaire a commis une faute de nature à justifier les poursuites, ce conflit devant être porté devant le *tribunal de compétence*. La législation fédérale allemande, s'inspirant de ce dernier état de la législation prussienne, pose en principe que les tribunaux judiciaires sont compétents pour connaître des poursuites à fins pénales ou civiles dirigées contre les fonctionnaires, interdit toute procédure d'autorisation préalable, mais permet que la législation particulière des Etats subordonne les poursuites à la solution de la question préjudicielle de savoir si le fonctionnaire a commis un excès de pouvoir ou une omission d'un acte nécessaire de ses fonctions. Cette question doit être soumise à la cour de justice administrative dans les Etats où elle est instituée, et au tribunal de l'Empire, haute juridiction fédérale, dans les Etats où il n'existe pas de cour de justice administrative » (Laferrière, *Traité de la juridiction administrative*, t. 1, p. 38).

En *Autriche*, cette matière a été réglementée par des lois du 25 juill. 1867 pour les ministres, du 21 déc. 1867 pour les fonctionnaires publics, et du 12 juill. 1872 pour les magistrats (Lehr, *op. cit.*, p. 296).

11. — 3° *Belgique.* — En attendant sa révision, dont l'étude est confiée depuis plusieurs années à une commission, c'est notre code civil qui fournit en Belgique les principes généraux de la responsabilité. Leur application en ce qui concerne l'Etat, les provinces et les communes, a donné lieu comme chez nous à des controverses. Mais on s'accorde à déclarer l'Etat responsable comme personne civile devant l'autorité judiciaire, pour fautes commises dans la gestion des services soumis aux règles du droit commun, tels que les travaux publics, les usines nationales, les chemins de fer, les messageries et autres services gérés par l'Etat. Pour les actes de puissance publique, soit légaux, soit entachés de simples vices de forme ou d'irrégularités d'ordre administratif, on déclare l'Etat irresponsable des gênes et dommages qu'ils causent ; on reçoit, au contraire, l'action en indemnité si leur illégalité résulte d'une atteinte aux droits individuels, d'un empiétement sur les droits propres du citoyen. Enfin

la doctrine et la jurisprudence semblent admettre que l'art. 1384 ne s'étend pas à l'administration publique en tant que celle-ci se produit comme application de la souveraineté et dans sa personnalité politique (De Footz, *Le droit administratif belge*). Par suite, il a été souvent jugé que l'Etat, la province, la commune ne sont pas civilement responsables des fautes de leurs agents, notamment d'actes illégaux et vexatoires commis par des agents des douanes, de déprédations commises par des troupes, etc., sauf la responsabilité des communes pour dommages causés par troubles et émeutes, en vertu de la loi du 10 vend. an 4, demeurée en vigueur en Belgique. — Quant à la responsabilité personnelle des fonctionnaires, elle n'est plus arrêtée par la nécessité de l'autorisation préalable (art. 24 de la constitution de 1831). Mais elle n'est admise pour les fonctionnaires administratifs, comme pour les magistrats et fonctionnaires judiciaires, que dans le cas de dol, fraude et négligence grave (Laferrière, *Traité de la juridiction administrative*, t. 1, p. 72).

12. — 4° *Espagne.* — Le code civil espagnol du 24 juill. 1889 (traduit et annoté par M. A. Levé, 1890) est conçu dans le même esprit que les codes français et italien sur la question qui nous occupe, mais avec plus de détail et de précision sur certains points, réglés chez nous par les déductions de la jurisprudence. Nous y trouvons pour les tuteurs des dispositions analogues à celles du code italien. Mais à la différence de ce code et du nôtre, il n'exclut pas les maîtres et les commettants de l'excuse résultant des soins employés pour prévenir le dommage (art. 1903). — Pour les dommages causés par un animal, la responsabilité incombe, comme en France, au possesseur de l'animal ou à celui qui s'en sert, mais son excuse est limitée avec précision au cas de force majeure ou de faute de la partie lésée (art. 1905). De plus, les dommages causés par le gibier sont prévus spécialement par l'art. 1906 ainsi conçu : « Le propriétaire d'une chasse répondra du préjudice causé par le gibier aux fonds voisins, lorsqu'il n'aura pas fait le nécessaire pour empêcher sa multiplication, ou lorsqu'il aura empêché les propriétaires de ces fonds de les chasser comme ils voulaient ». — Aux dommages causés par la ruine des édifices résultant du manque de réparations, il ajoute à la charge du propriétaire les dommages causés : 1° par l'explosion au cas de force faute de soin dans leur direction ou par l'inflammation des matières explosibles faute de placement en lieu sûr et approprié ; 2° par les fumées excessives ; 3° par la chute des arbres placés dans des lieux de passage lorsqu'elle n'est pas due à la force majeure ; 4° par les émanations de cloaques ou dépôts de matières insalubres, établis sans les précautions nécessitées par le lieu où ils se trouvent (art. 1907, 1908). Pour tous les dommages, le défaut de construction n'engage pas la responsabilité du propriétaire, comme en droit français, et ne permet aux tiers lésés d'agir que contre l'architecte ou, s'il y a lieu, contre le constructeur dans le délai légal (art. 1909).

13. Sur la responsabilité de l'Etat et des fonctionnaires, le code espagnol contient la formule suivante : « L'Etat est responsable à ce titre (c'est-à-dire comme les propriétaires et directeurs d'établissements ou d'entreprises) le sont des dommages causés par leurs subordonnés dans l'exercice de leurs fonctions) lorsqu'il fait faire quelque chose par l'intermédiaire d'un agent spécial. Mais il ne l'est plus lorsque le dommage a été causé par le fonctionnaire qui doit naturellement effectuer l'acte accompli ; dans ce cas, la disposition de l'article précédent sera applicable, c'est-à-dire l'auteur même de l'acte sera responsable s'il y a de sa part négligence ou faute (art. 1903). Mais il est à remarquer que la nécessité d'une autorisation royale donnée en conseil d'Etat, pour poursuivre les fonctionnaires publics à raison d'actes de leurs fonctions, fait toujours partie du droit public espagnol (Laferrière, *Traité de la juridiction administrative*, t. 1, p. 34).

14. — 5° *Italie.* — Le code civil italien de 1865 (traduction de MM. Huc et Orsier, 1868) reproduit presque textuellement dans ses art. 1151 à 1155 les dispositions des art. 1382 à 1386 de notre code civil. Nous y remarquons seulement la mention explicite des tuteurs comme responsables des dommages occasionnés par leurs administrés habitant avec eux, sauf à prouver qu'ils n'ont pu empêcher le

fait. En outre, l'art. 1156 édicte expressément la solidarité en cas de délit ou quasi-délit imputable à plusieurs personnes. — « En ce qui touche les poursuites contre les fonctionnaires, l'Italie n'a pas suivi le système belge ; elle est même restée en deçà des concessions faites aux principes libéraux par la législation française et par celle de l'Allemagne. Elle a maintenu et consacré à nouveau, en 1865, la nécessité de l'autorisation préalable du conseil d'État » (Laferrière, *Traité de la juridiction administrative*, t. 1, p. 76).

15. — 6° *Portugal.* — Le code civil portugais du 1er juill. 1867, mis en vigueur le 1er janv. 1868 (traduit par M. Fernand Lepelletier, 1894), s'étend longuement sur la responsabilité civile jointe ou non à la responsabilité pénale (art. 2361 à 2403). — Il déclare passible de dommages-intérêts quiconque, étant présent à des agressions avec violences et ne devant courir aucun risque, s'abstient de s'y opposer (art. 2368), et quiconque, étant chargé de veiller à la sûreté publique, laisserait perpétrer de semblables attentats alors qu'ils seraient prévenus (art. 2371). — Il met à l'abri des conséquences du délit les biens de l'époux du délinquant, qu'ils soient ou non communs (art. 2376). — La démence, la minorité n'empêchent pas la responsabilité civile. Mais lorsqu'elles écartent la responsabilité pénale, cette responsabilité civile pèse soit sur les père et mère du mineur, soit sur ceux qui ont la tutelle ou la surveillance légale de l'insensé, à moins qu'ils ne prouvent qu'il n'y a eu de leur part ni faute ni négligence, et l'irresponsabilité des père et mère ou surveillants légaux laisse subsister la responsabilité civile de l'agresseur (art. 2377 et 2379). — Si le dommage a eu lieu dans une auberge ou dans toute autre maison où l'on offre l'hospitalité pour de l'argent, les propriétaires de l'établissement en sont solidairement responsables, s'il a été causé par une personne qu'ils ont reçue et logée dans les règlements de police (art. 2381). — L'homicide volontaire ne donne droit à indemnité pour aucun parent ou héritier de la victime, ce n'est : 1° à une pension alimentaire et viagère pour sa veuve, si elle est dans le besoin, sauf le cas de convol en secondes noces ou de complicité ; 2° à une pension alimentaire pour ses descendants ou ascendants qui étaient à sa charge, sauf le cas de complicité (art. 2384). L'homicide involontaire n'oblige qu'à des aliments envers les enfants mineurs et ascendants infirmes, et encore faut-il pour cela qu'ils soient dans le besoin, et que le délit soit punissable (art. 2385). On distingue aussi les coups et blessures volontaires, des blessures punissables involontaires, non pour les frais de guérison et pertes du profit subis de ce chef, qui sont dus dans les deux cas, mais pour l'indemnité correspondant à la perte d'un membre ou à toute autre infirmité, laquelle, dans le second cas, est fixée à moitié et subordonnée au besoin de la victime (art. 2386 et 2387). — Pour un attentat à la pudeur, l'indemnité consiste à doter la victime, suivant sa condition et son état, si l'on ne l'épouse pas. — Le propriétaire responsable des dommages causés par son animal ou sa chose peut prouver qu'il n'y a eu de sa part ni faute ni négligence (art. 2394). Pour la ruine d'un bâtiment, il faut prouver cette faute ou cette négligence (art. 2395).

16. Enfin, après avoir réglé la responsabilité des entrepreneurs ou constructeurs de bâtiments, des propriétaires d'établissements industriels, commerciaux ou agricoles, des entrepreneurs de travaux publics et de transports à vapeur ou de toute autre nature, à raison des dommages et des accidents causés par leur faute ou celle de leurs préposés (art. 2398), le code portugais s'occupe des fonctionnaires publics. Il les déclare irresponsables des dommages qu'ils causent dans l'accomplissement de leurs fonctions, à moins qu'ils n'excèdent leurs pouvoirs ou qu'ils ne se soustraient d'une manière ou d'une autre aux dispositions de la loi (art. 2399) ; responsables au contraire comme tous les autres citoyens si, en excédant leurs attributions légales, ils font des actes dommageables (art. 2400). Les juges sont irresponsables, sauf dans le cas où leurs sentences, par les voies de recours reconnues par la loi, seraient annulées ou réformées pour cause d'illégalité et où ils viendraient eux-mêmes à être condamnés aux frais, conformément au code de procédure (art. 2401), sans préjudice des actions qui peuvent être intentées contre les juges pour crimes, abus ou erreurs commises dans l'exercice de leurs fonctions (art. 2402). Enfin si, une sentence criminelle ayant reçu son exécution, il est prouvé ensuite par des moyens légaux que cette condamnation est injuste, le condamné ou ses héritiers ont le droit de demander des dommages-intérêts qui sont payés par le trésor public, après un jugement rendu dans les formes ordinaires contradictoirement avec le ministère public (art. 2403).

17. — 7° *Suisse.* — Le code fédéral suisse des obligations, du 1er janv. 1883 (*Annuaire de législation étrangère*, 1882, p. 527), pose des principes analogues à ceux de notre code civil sur la responsabilité personnelle des dommages causés sans droit, soit à dessein, soit par négligence ou par imprudence (art. 50 et suiv.). — Il comprend dans l'indemnité, en cas de mort d'homme, la privation de soutien qui en résulte pour le demandeur (art. 52), et en cas de lésion corporelle, le préjudice résultant pour son avenir de ce qu'il est mutilé ou défiguré (art. 53). — Il admet, dans ces deux cas, outre la réparation du dommage constaté, l'allocation d'une somme équitable pour la victime ou pour sa famille, à raison de circonstances particulières et notamment du dol ou de la faute grave (art. 54). — En cas d'actes illicites portant une grave atteinte à la situation personnelle du demandeur, il admet une indemnité équitable sans qu'un dommage matériel soit établi (art. 55). — Il permet à titre exceptionnel et si l'équité l'exige de condamner une personne même irresponsable à la réparation totale ou partielle du préjudice causé (art. 58), et déclare d'ailleurs responsable celui qui, par sa faute, perd momentanément conscience de ses actes (art. 57). — Dans l'appréciation des cas de légitime défense et d'irresponsabilité, le juge n'est pas lié par les dispositions du droit criminel en matière d'imputabilité, ni par l'acquittement prononcé au pénal (art. 59). — La responsabilité civile du fait d'autrui cède non seulement devant la preuve de la surveillance exercée pour le fait des personnes de sa maison dont la surveillance vous incombe légalement, mais aussi devant la preuve des précautions prises lorsqu'il s'agit du maître ou patron responsable du fait de ses ouvriers ou employés dans leur travail (art. 61 et 62). Cette preuve décharge également la personne responsable du fait d'un animal qu'elle détient (art. 65). — Le possesseur d'un fonds de terre peut s'emparer des animaux qui y causent du dommage et les retenir en garantie de l'indemnité, même les tuer, dans des cas graves, s'il ne peut s'en défendre autrement. — Non seulement les dommages causés par défaut d'entretien ou vice de construction d'un bâtiment ou de tout autre ouvrage engagent la responsabilité du propriétaire, mais la menace de ce dommage permet de lui imposer des mesures préventives (art. 67 et 68). — L'action en dommages-intérêts pour faits illicites se prescrit par un an, à partir du jour où la partie lésée a eu connaissance du dommage et de la personne qui en est l'auteur, et en tout cas, par dix ans, du jour où le fait s'est produit, sauf application à l'action civile de la prescription plus longue admise par la législation pénale pour l'acte punissable dont elle dérive (art. 69). — Quant à la responsabilité encourue par des employés ou fonctionnaires publics à raison des dommages qu'ils causent dans l'exercice de leurs attributions, les lois fédérales ou cantonales peuvent déroger à toutes ces dispositions générales. Cependant les lois cantonales n'ont pas ce pouvoir s'il s'agit d'employés ou de fonctionnaires publics se rattachant à l'exercice d'une industrie (art. 64). La responsabilité des autorités et des fonctionnaires de la confédération a fait l'objet d'une loi fédérale du 9 déc. 1850 (V. pour plus de détails A. Martin, *Étude des lois fédérales sur la responsabilité civile*, Genève, 1890).

CHAP. 2. — Responsabilité d'un fait personnel.
(Rép. n° 22.)

18. Le délit, comme source de responsabilité civile, peut être, ou un fait puni de peines criminelles, correctionnelles ou de simple police (crime, délit, contravention), ou un fait n'entraînant aucune responsabilité pénale. — Dans le premier cas, l'application de la responsabilité civile peut être demandée, soit au tribunal chargé d'appliquer la peine et accessoirement à cette peine, soit au tribunal civil, indépendamment de toute répression. Il y a lieu alors d'appliquer ce qui a été dit *suprà*, v° *Peine*, où il est traité dans une sec-

tion spéciale des restitutions et dommages-intérêts, v° *Procédure criminelle*, où un chapitre entier est consacré à l'exercice de l'action civile et à ses rapports avec l'action publique, v° *Chose jugée* et v° *Prescription criminelle* pour ces deux causes d'extinction de l'action civile. — Dans le second cas, la voie civile seule est ouverte. — Mais dans les deux cas, le délit, bien qu'il diffère du quasi-délit par l'intention de nuire et la mauvaise foi qu'il suppose (Aubry et Rau, t. 4, § 443, 446; Demolombe, *Traité des contrats*, t. 8, nᵒˢ 457, 459; Laurent, *Principes de droit civil*, t. 20, nᵒ 384; Pothier, *Obligations*, nᵒ 116; Sourdat, t. 1, nᵒ 6; Larombière, *Obligations*, t. 5, art. 1382, nᵒ 3; Baudry-Lacantinerie, t. 2, nᵒ 1287), se confond tellement avec lui au point de vue de la responsabilité civile qu'il entraîne (*Rép.* v° *Obligations*, nᵒ 5388) que, pour éviter les redites, il faudra se borner, sur la plupart des points, à lui appliquer par avance ce qui sera dit du quasi-délit. Tous les effets du quasi-délit s'appliquent, à plus forte raison, au délit; et ce dernier en produit bien peu qui ne s'étendent pas au quasi-délit, la loi ne les ayant pas distingués l'un de l'autre dans les textes communs qui obligent leur auteur à les réparer.

Sect. 1ʳᵉ. — Responsabilité de l'auteur d'un délit.
(*Rép.* nᵒ 23 à 85.)

19. — I. Dans quels cas il y a lieu a l'action en responsabilité. — La définition du délit donnant lieu à responsabilité civile (acte illicite commis avec intention de nuire) a été suffisamment expliquée au *Rép.*, nᵒˢ 25 et 26. L'intention de nuire ne fait que différencier le délit du quasi-délit. Son absence peut laisser subsister un quasi-délit. On en verra de nombreux exemples dans l'étude que nous ferons du quasi-délit, et notamment dans le cas de renseignements inexacts donnés sur la solvabilité d'un commerçant ou la probité d'un employé (V. *infrà*, nᵒ 121 et suiv.).

20. L'intention de nuire ne suffirait pas, d'ailleurs, si l'acte n'était pas illicite, pour faire de cet acte un délit civil. Jugé, notamment, que la dénonciation d'une contravention fiscale ne constitue pas, par elle-même, une faute donnant lieu à une action en dommages-intérêts, bien qu'elle ait eu exclusivement pour mobile le désir de nuire à celui qui a commis la contravention (Civ. cass. 15 févr. 1882, aff. Lagardère, D. P. 82. 1. 153). Il s'agissait, dans l'espèce, d'un débiteur dénonçant par malveillance le créancier qui lui avait remis une quittance non timbrée, contravention dont la loi du 23 août 1871, art. 23, rend le créancier seul responsable en le déclarant tenu personnellement et sans recours, nonobstant toute stipulation contraire, du montant des droits, frais et amendes encourus. L'arrêt s'appuie sur cette disposition pour décharger le débiteur des conséquences de la contravention dénoncée par lui. Le créancier étant seul responsable de la contravention, nulle action récursoire n'étant d'ailleurs admise contre un complice ou contre un tiers à l'occasion d'une condamnation pénale (V. *infrà*, nᵒ 47), et celle-ci ayant plutôt sa cause dans la contravention, fait du demandeur, que dans la dénonciation, l'action en dommages-intérêts manquait de base, quel que fût le caractère, licite ou non, de cette dénonciation. Mais, en outre, l'arrêt la déclare licite et on a dans ce sens argumenté, *a contrario*, soit de l'art. 373 c. pén., qui ne punit que la dénonciation calomnieuse, soit de l'art. 358 c. instr. crim., qui ne permet à un accusé d'obtenir des dommages-intérêts contre ses dénonciateurs que pour fait de calomnie, en cas d'acquittement (V. la note sous l'arrêt précité et dans le même sens, Dutruc, *Journal des avoués*, 1876, t. 101, p. 107).

L'opinion contraire avait été soutenue par les rédacteurs de la *Revue du notariat et de l'enregistrement*, t. 18, p. 618, et appliquée par les tribunaux de paix de Tourcoing (25 août 1876, aff. L..., D. P. 77. 3. 54 et de Vignory (8 avr. 1881, aff. Delaborde, D. P. 81. 5. 364), et admise antérieurement, par la cour de Bastia (26 févr. 1855, aff. Patrimonio, D. P. 55. 2. 304) qui, dans le cas de titre sur papier non timbré produit en justice sans nécessité, la dette étant avouée, avait condamné l'auteur de cette production inutile à supporter l'amende que la loi fiscale impose au souscripteur.

Ce dernier système s'appuie sur la répulsion naturelle qu'inspire une dénonciation de ce genre (*malitiis non est*

indulgendum), sur ce que les amendes en matière de timbre ont le caractère de réparation civile et non de peine, enfin sur l'argument *a contrario*, qu'on pourrait tirer soit de textes spéciaux récompensant les indications et révélations en matière de contributions indirectes ou de douanes, soit de l'art. 30 c. instr. crim., qui ne fait de la dénonciation un devoir que pour les témoins d'attentats contre la sûreté publique, ou contre la vie ou la propriété d'un individu. Mais on ne peut, croyons-nous, invoquer, par argument *a contrario*, ni les textes qui répriment certaines dénonciations, ni ceux qui en imposent ou encouragent certaines autres; ils laissent entière la question de savoir si le fait est ou non licite; et la solution affirmative de cette question paraît suffisamment résulter de l'intérêt qu'ont tous les citoyens à ce que les ressources du Trésor et la marche des services publics soient assurées par l'observation exacte des lois fiscales. Le préjudice consiste dans l'obligation de payer l'amende, laquelle, ayant pour cause la contravention, préexiste à la dénonciation. Le contrevenant s'est rendu débiteur par son propre fait (*volenti non fit injuria*), et on ne saurait voir un délit, même civil, dans le fait d'aider l'État à découvrir son débiteur.

21. Une question analogue s'est élevée au sujet de la menace de mise à l'interdit adressée à un patron par un syndicat professionnel ouvrier, en vue d'obtenir de lui le renvoi d'un ouvrier dissident et de déterminer cet ouvrier à se faire réintégrer dans le syndicat auquel il avait cessé d'appartenir. Ce fait peut-il être, comme délit civil, la base d'une action en dommages-intérêts, de la part de l'ouvrier qui en est victime contre le syndicat qui en est l'auteur? La cour de Grenoble (28 oct. 1890, aff. Joost, D. P. 91. 2. 241) s'appuyant, d'une part, sur l'abrogation de l'art. 416 du c. pénal et sur ce que l'acte est licite en lui-même, d'autre part, sur le lien existant entre le recrutement du syndicat et la défense des intérêts professionnels, a cru devoir repousser l'action en dommages-intérêts, fondée sur l'emploi de cet acte dans les circonstances indiquées ci-dessus. Mais la cour de cassation (Civ. cass. 22 juin 1892, D. P. 92. 1. 449) a cassé avec raison cet arrêt sur les conclusions conformes de M. le procureur général Ronjat rapportées D. P. *ibid.* par ce motif que l'abrogation d'une pénalité ne suffit pas pour rendre l'acte licite au point de vue civil; que si les menaces de grève sont licites quand elles ont pour objet la défense des intérêts professionnels, et par exemple l'élévation des salaires, elles ne le sont pas lorsqu'elles ont pour but d'attenter au droit d'un ouvrier en imposant son renvoi au patron parce qu'il s'est retiré de l'association et refuse d'y rentrer. M. Ronjat a montré d'ailleurs une double condamnation de ces agissements dans la loi du 21 mars 1884 : 1ᵒ l'art. 3, limite l'objet des syndicats professionnels exclusivement à « l'étude et à la défense des intérêts économiques, industriels, commerciaux et agricoles », et le syndicat n'avait aucun intérêt de ce genre au renvoi par son patron de l'ouvrier non syndiqué, qui ne leur faisait aucune concurrence au point de vue des conditions du travail; le syndicat usait de son droit « sans intérêt, par pure malice et dessein de nuire, ce qui est une faute » (V. *infra*, nᵒˢ 60 et suiv.); — 2ᵒ L'art. 7 réserve le droit de l'ouvrier de quitter le syndicat malgré toute clause contraire, ce qui exclut évidemment le droit de l'y retenir par la plus dure de toutes les contraintes (V. aussi la note sous cet arrêt, D. P. *ibid.*). La cour de Chambéry, devant laquelle l'affaire a été renvoyée, s'est conformée à la doctrine de la cour de cassation, dans un arrêt du 14 mars 1893 (D. P. 93. 2. 191).

Déjà la cour de Nancy s'était inspirée de ces principes en décidant que les proscriptions, bien qu'elles ne soient plus un délit, peuvent constituer une faute engageant la responsabilité de leurs auteurs lorsqu'elles n'ont pas pour objet un intérêt professionnel légitime, et que, par suite, un syndicat d'ouvriers qui, par un entrefilet inséré dans un journal, a jeté l'interdit sur l'établissement d'un débitant de boissons, est en faute et dès lors passible de dommages-intérêts envers celui-ci, quand l'interdit en question est fondé sur ce que, dans ledit établissement, sont reçus les « renégats », c'est-à-dire les ouvriers sortis de l'association syndicale (Nancy, 14 mai 1892, aff. Syndicat de Nouzon et le journal L'*Émancipateur*, D. P. 92. 2. 433). Par un autre

arrêt, il est vrai, la même cour a rejeté une demande en dommages-intérêts formée contre la même chambre syndicale par un ouvrier qui avait dû quitter son usine à raison de la mise en interdit de cette usine. Mais ce rejet était uniquement fondé sur ce que le syndicat, comme tel, était étranger aux faits articulés par cet ouvrier (Nancy, 14 mai 1892, aff. Maré-Dauphinot, D. P. 92. 2, 434). — Il a encore été jugé : 1° que, dans le cas où des difficultés se sont élevées entre ouvriers syndiqués, le comité directeur du syndicat ne peut intervenir pour imposer sa volonté à l'un de ces ouvriers ; et qu'en pareil cas, si le syndicat obtient du patron, sous la menace d'une grève, le renvoi de l'ouvrier qui a résisté à ses injonctions, il commet un acte illicite qui engage sa responsabilité envers l'ouvrier congédié (Lyon, 2 mars 1894, aff. Oberlé, D. P. 94. 2. 305) ; — 2° Que si les membres d'un syndicat professionnel d'ouvriers peuvent se réunir librement pour la discussion de leurs intérêts économiques et user de propagande pour recruter de nouveaux adhérents, ces réunions et cette propagande constituent un abus quand elles ont lieu dans l'usine ou le chantier et contre la volonté du maître ; et que celui-ci peut alors demander la réparation du préjudice qu'elles lui ont causé (Bourges, 19 juin 1894, aff. Petot, D. P. 94. 2. 441) V. les notes de M. Planiol sur ces arrêts, D. P. ibid. V. aussi infrà, v° Travail).

22. Parmi les faits illicites, non réprimés par la loi pénale, et pouvant, comme délits civils, en raison de l'intention de nuire qui les anime, donner lieu à responsabilité, on a cité le stellionat (Rép. n° 29 ; ibid. v° Contrainte par corps, n°* 114 et suiv.). La complicité de ce fait de la part d'un notaire, dans un intérêt personnel, a été traitée de la même manière et admise comme cause de responsabilité solidaire contre le notaire (Rennes, 21 mars 1870, aff. M° P. et dame Lopez, D. P. 72. 2. 87).

23. La diffamation, lorsqu'elle n'a pas les caractères de publicité exigés par la loi pénale, constitue encore, en cas de mauvaise foi, un délit civil dont le juge civil peut être saisi par une action en dommages-intérêts. Ainsi jugé pour des propos diffamatoires tenus dans une maison particulière (Req. 31 mai 1864, aff. Bernard, D. P. 64. 1. 361), ou contenus dans un libelle adressé sous enveloppe à un tiers (Req. 3 mars, 1879, aff. Arnould-Drappier, D. P. 81. 1. 213), ou contenus dans une pétition ou réclamation adressée au sous-préfet contre les opérations d'une assemblée d'électeurs municipaux (Metz, 19 févr. 1867, aff. d'Attel, D. P. 67. 2. 45), ou dans une protestation contre une élection législative adressée au président de la Chambre des députés et n'ayant reçu, dans le rapport fait sur l'élection, que la publicité qui est de l'essence des débats parlementaires (Bourges, 14 janv. 1879, aff. Champagnac et consorts, D. P. 79. 2. 149, et Civ. rej. 30 janv. 1882, même affaire, D. P. 82. 1. 112).

Dans les deux dernières espèces, la diffamation, outre qu'elle n'avait pas la publicité requise en matière pénale, s'était produite dans des actes constituant par eux-mêmes l'exercice d'un droit garanti par la loi. Mais la malveillance qui avait présidé au mode d'exercice de ce droit en avait fait un abus et un délit civil (Sur les cas où l'usage d'un droit dégénère en faute, V. infrà, n°* 103 et suiv., 106 et suiv.). — Dans la première espèce, la cour de cassation a résolu, outre la question de fond, une question de compétence, en décidant que les propos diffamatoires non publics, s'ils échappent à la pénalité, n'en conservent pas moins la qualification légale de diffamation, exigée par l'art. 3 de la loi du 25 mai 1838, pour que l'action civile soit de la compétence du juge de paix, et que, par suite, ce dernier est dispensé de recourir à un autre chef de compétence en cherchant dans les faits la qualification d'injure. — Sur l'action civile en matière de presse, V. suprà, v° Presse-outrage, n°* 1319, 4327 et suiv., 1628 et suiv.

24. Les caractères légaux de la diffamation pourraient faire défaut à raison de la nature des imputations ; on pourrait néanmoins y relever un délit civil, à raison du préjudice et de la mauvaise foi, et l'action en réparation serait alors à bon droit déclarée recevable devant les tribunaux civils, même dans des cas où l'action civile pour diffamation serait inséparable de l'action publique, et cela malgré le mot de « diffamation » employé improprement

dans l'arrêt, mais rendu sans conséquence juridique par ses constatations mêmes (Req. 3 août 1874, aff. Arrazat et Anterrieu, D. P. 74. 1. 494) ou malgré l'emploi, dans la citation du demandeur, de telles ou telles qualifications incapables de changer la nature et le caractère légal des faits (Rennes, 25 mars 1879, aff. Larère et Peigné, D. P. 80. 2. 166). — Sur les caractères de la diffamation et de l'injure, V. suprà, v° Presse-outrage, n°* 845 et suiv., 1032 et suiv.

25. En dehors de toute infraction à la loi pénale, il y a encore délit civil, par exemple : 1° dans le fait d'abuser de son influence pour détourner la clientèle d'un notaire par un système de dénigrement public ; les réparations dues au notaire lésé peuvent comprendre, en ce cas, la publication du jugement dans une feuille locale (Trib. civ. de Schlestadt, 17 févr. 1859, aff. Chablé, D. P. 59. 3. 78) ; — 2° Dans le recel ou le divertissement de valeurs héréditaires (Req. 14 déc. 1859, aff. Pellegrain, D. P. 60. 1. 191) ; — 3° Dans le fait de retenir une somme d'argent qu'on a reçue d'un débiteur pour la remettre au créancier, ayant figuré dans l'obligation comme prête-nom de ce dernier (Req. 8 févr. 1864, aff. Briot, D. P. 64. 1. 480) ; — 4° Dans les manœuvres, avis mensongers et dénonciations calomnieuses adressées à l'autorité publique, et qui ont empêché que le mandat de reconnaître un enfant naturel reçût son exécution ; leur auteur peut être condamné à des dommages-intérêts envers l'enfant (Bourges, aud. solenn., 6 juin 1860, aff. Consorts Chevrier, D. P. 61. 2. 9) ; — 5° Dans les manœuvres et violences qui ont empêché une personne de faire son testament (Toulouse, 16 mai 1863, aff. Bourjac, D. P. 65. 2. 202) ou de le révoquer (Limoges, 6 févr. 1889, aff. Baju, D. P. 90. 2. 73 ; Agen, 30 juill. 1851, aff. Riberolles, D. P. 52. 2. 99) ; leur auteur est passible de dommages-intérêts envers le tiers que cette personne avait déclaré vouloir pour héritier testamentaire ou légal ; et la preuve testimoniale est admissible à l'effet d'établir les faits constitutifs de l'empêchement (V. infrà, n° 241) ; — 6° Dans la gestion frauduleuse par une veuve des biens laissés par son mari dont elle était légataire à titre universel, gestion pour laquelle les héritiers à réserve peuvent lui réclamer des dommages-intérêts (Req. 5 juin 1877, aff. Clermont, D. P. 78. 1. 107) ; — 7° Dans la création d'une nouvelle lettre de change en remplacement d'une précédente dont le tiers porteur restait régulièrement saisi, lorsqu'elle a été le résultat d'actes dolosifs ayant pour but de soustraire à ce dernier ses droits sur la provision (Req. 20 mars 1883, aff. Chaulan et aff. Benecke, Souchay et comp., D. P. 83. 1. 202).

26. Un délit ne donne lieu à responsabilité civile qu'autant qu'il a causé un préjudice (Rép. n°* 27 à 33). Sur la nécessité de ce préjudice et les conditions qui s'y rattachent, V. infrà, n°* 184 et suiv., ce qui est dit à propos du quasi-délit, et suprà, v° Procédure criminelle, n°* 52 et suiv., ce qui est dit à propos de la partie civile.

27. — II. Personnes qui peuvent former l'action en responsabilité (Rép. n°* 34 à 48). — Cette question, pour l'action civile résultant d'un fait prévu par la loi pénale, a été examinée suprà, v° Procédure criminelle, n° 149 et suiv. A l'égard des délits purement civils, les personnes recevables à agir seront déterminées en même temps et d'après les mêmes principes que les personnes recevables à agir pour quasi-délit, à propos de la règle qui exige le préjudice dans la personne du demandeur (V. infrà, n°* 215 et suiv.).

28. — III. Contre quelles personnes est intentée l'action en responsabilité (Rép. n°* 49 à 59). — Ici encore nous renvoyons, pour les faits prévus par la loi pénale, à ce qui a été dit suprà, v° Procédure criminelle, et pour les délits purement civils, à ce qui sera dit infrà, n°* 167 et suiv., 175 et suiv., 180, 181, à propos de quasi-délits. — V. aussi, en ce qui concerne la responsabilité de la femme dotale sur ses biens dotaux, suprà, v° Contrat de mariage, n°* 1353, 1354 et suiv. ; et en ce qui concerne celle des mineurs pour délits et quasi-délits ; infrà, v° Obligation, n°* 1309 et suiv.

29. — IV. Étendue des réparations civiles (Rép. n°* 60 à 71). — V, ce qui sera dit infrà, n° 258, à propos du quasi-délit.

30. — V. Solidarité. — La solidarité attachée à la res-

ponsabilité d'un délit commis par plusieurs est régie par des principes différents, suivant qu'elle découle d'une condamnation par les tribunaux répressifs, en vertu de l'art. 55 c. pén., ou d'un jugement d'un tribunal civil en vertu de l'art. 1382 c. civ. Ces deux hypothèses ont été étudiées au *Rép.*, nos 72 et suiv. et 81.

31. Dans la première, comme on l'a vu au *Rép.*, n° 77 (V. aussi *Rép.*, v° *Obligations*, n° 1475, et v° *Instruction criminelle*, n° 987), la solidarité se produit de plein droit, non seulement en ce sens que le juge serait obligé de la prononcer, mais même sans qu'il la prononce, car elle est prononcée d'avance par l'art. 55 c. pén. Elle résulte d'une disposition de la loi, comme l'exige, à défaut de convention, l'art. 1202 c. civ. Elle se produit, d'ailleurs, en vertu des termes formels de l'art. 55 c. pén., non seulement pour les dommages-intérêts, mais aussi pour les frais, les restitutions et l'amende elle-même (V. *suprà*, v° *Peine*, nos 743 et suiv.). Et elle se produit avec cette énergie et cette étendue, même pour les délits qui ne sont tels qu'aux yeux de la loi pénale et qui, abstraction faite de cette loi, seraient de purs quasi-délits, faute d'intention de nuire, comme l'homicide ou les blessures par imprudence, l'art. 55 c. pén. ne permettant aucune distinction à cet égard (Req. 1er déc. 1868, aff. Patriarche, D. P. 69. 1. 131 ; Besançon, 19 mai 1882, aff. Demoiselle Boniard, D. P. 82. 2. 245).

32. Mais il est certain, en présence de l'art. 55 c. pén., qu'une condamnation par le juge répressif produit la solidarité de plein droit et sans même qu'il la prononce, tant pour les dommages-intérêts que pour les dépens, il est non moins certain qu'un pareil effet, en ce qu'il est absolu et indépendant de la volonté du juge, constitue une sorte de peine et ne saurait avoir lieu quand c'est le juge civil qui statue sur la responsabilité découlant même d'un crime ou délit punissable (*Rép.*, n° 81 ; Sourdat, n° 163).

Le juge civil trouve seulement dans l'art. 1382 le pouvoir de condamner chaque délinquant à indemniser la partie lésée de tout le préjudice causé par lui, et conséquemment de tout le préjudice causé par le délit commun, si sa coopération était telle qu'elle eût produit le préjudice entier à elle seule, ou si l'on ne peut en mesurer distinctement l'effet préjudiciable ; et, conséquemment encore, il peut étendre cette solidarité aux dépens, s'il prononce cette dernière condamnation à titre de dommages-intérêts et l'établit sur la participation à une faute commune (V. *suprà*, v° *Frais et dépens*, nos 65 à 69) ; alors même que les conclusions réclamant des dommages-intérêts ne viseraient pas spécialement les dépens (*Ibid.*, n° 67) mais qu'il la prononce ; et il la prononce librement, suivant qu'il trouve impossible ou non de restreindre ou de mesurer l'effet préjudiciable du rôle de chacun (Massé et Vergé sur *Zachariæ*, t. 3, § 526, note 5). — Cette réserve doit même logiquement s'étendre au cas où le tribunal civil statue après condamnation à une peine par le tribunal répressif. La cour de cassation, dans un cas de ce genre, a fait intervenir, il est vrai, l'art. 55 c. pén. pour justifier la solidarité prononcée par le juge civil (Req. 1er déc. 1868, aff. Patriarche, D. P. 69. 1. 131) ; mais il n'en faut pas conclure que, dans sa pensée, le jugement civil eût produit la solidarité de plein droit et sans qu'elle fût prononcée expressément.

33. Que faut-il décider à l'égard des tribunaux répressifs statuant sur les réparations civiles sans prononcer de peine, — que ce soit une cour d'assises condamnant aux réparations civiles un accusé déclaré non coupable (comme les art. 358 et 366 c. instr. crim. lui en donnent le droit), — ou que ce soit une cour saisie de l'appel d'un jugement d'acquittement du tribunal correctionnel par la partie civile seule, cas auquel cette cour, liée quant à la peine par l'acquiescement du ministère public, mais reconnaissant le délit, peut faire droit aux conclusions de la partie civile, — ou enfin que ce soit un tribunal répressif quelconque condamnant à de simples réparations civiles la personne civilement responsable assignée comme telle devant lui

avec l'auteur du crime ou du délit? Ces cas admettent la solidarité, mais seulement, croyons-nous, avec les mêmes réserves, c'est-à-dire si elle est prononcée, et à titre facultatif pour le juge ; car dans ces cas, rien de ce qui aurait un caractère pénal ne peut atteindre l'accusé ou le prévenu, ou la personne civilement responsable ; or on a vu que c'est une véritable peine d'encourir la solidarité obligatoirement et de plein droit (V. *suprà*, n° 32, et *Rép.* n° 81). La cour a donc seulement, en cette matière, les pouvoirs qu'aurait un tribunal civil saisi de l'action civile par voie principale. Parmi les arrêts rendus en faveur de la solidarité dans ces hypothèses (Crim. rej. 22 janv. 1830, *Rép.* v° *Obligations*, n° 1471 ; 15 juin 1844, *ibid.*, v° *Instruction criminelle*, n° 1001 ; 3 déc. 1836, *ibid.*, n° 72 ; Rennes, 9 mai 1825, *ibid.*, v° *Obligations*, n° 1471 ; Crim. rej. 10 avr. 1852, aff. Bourgeois et Levadoux, D. P. 52. 5. 483), ceux qui s'appuient sur l'art. 55 c. pén. le font sans nécessité, car ils se bornent à insinuer une solidarité déjà prononcée par le juge du fait, c'est-à-dire à reconnaître à celui-ci le pouvoir de la prononcer, sans dire qu'elle dût être attachée obligatoirement et de plein droit à sa sentence, ou qu'aurait le caractère d'une peine, inapplicable en l'espèce. Peu importe que la juridiction soit répressive, l'action est purement civile ; le défendeur n'est pas condamné pour crime ou délit, au sens de l'art. 55 c. pén. ; si la solidarité est possible, ce n'est pas en vertu de ce texte.

34. On admet généralement (Sourdat, n° 164 ; Carnot, sur l'art. 55, n° 4 ; Le Sellyer, t. 2, n° 707 ; Blanche, t. 1, n° 423) que si l'accusé acquitté, au lieu d'être condamné à des dommages-intérêts, en obtient contre ses dénonciateurs, devant le tribunal de répression lui-même, pour plaintes et poursuites téméraires, mais ne constituant pas le délit caractérisé de dénonciation calomnieuse, la solidarité contre ses dénonciateurs n'est que facultative, l'art. 55 ne pouvant être invoqué. La nature de la juridiction saisie ne suffit pas pour déterminer l'application de cet article.

35. On a vu également (*Rép.* n° 82) que si la solidarité peut être admise en matière de contraventions punies de peines de simple police, ce ne peut être que pour les dommages-intérêts ou ce qui en tient lieu, et non par application de l'art. 55 c. pén. (Sourdat, n° 147 ; Demolombe, *Traité des contrats*, t. 3, n° 265).

36. C'est surtout en matière de quasi-délit (où il n'y a ni intention de nuire ni sanction pénale ni, par suite, possibilité d'invoquer l'art. 55 c. pén.) qu'il importe de trouver une base juridique à la condamnation solidaire. C'est donc à l'occasion des quasi-délits que l'on étudiera (*infrà*, nos 326 et suiv.) le fondement et les effets attribués à cette solidarité, soit dans la doctrine, soit dans la jurisprudence. Ce qui sera dit alors dans le sens de cette solidarité s'appliquera, soit aux personnes responsables civilement du fait d'autrui (responsabilité civile qui repose sur un quasi-délit présumé), soit à plus forte raison aux personnes responsables personnellement d'un délit civil auquel manque la sanction pénale, mais non l'intention de nuire.

On se bornera à citer ici diverses applications, qui ont été faites de la solidarité à ce dernier cas.

Il a été jugé : 1° « qu'en règle générale, et en vertu des principes sur les engagements qui se forment sans convention, la réparation d'un fait dommageable peut être ordonnée pour le tout contre chacun des auteurs de ce fait, surtout lorsque de sa nature il est indivisible, ou qu'il est impossible de déterminer la part qu'y a prise chacun de ses auteurs », et « qu'un arrêt qui a motivé la condamnation solidaire de deux époux aux dommages-intérêts, sur leur mauvaise foi constatée et sur leur complicité dans les manœuvres frauduleuses pratiquées pour consommer la spoliation de leur débiteur (soustraction d'un engagement sous seing privé de ces époux envers lui), n'a violé aucune loi » (Req. rej. 14 août 1867) (1) ; — 2° Qu'un notaire qui se rend complice du stellionat de son client est solidairement responsable des

---

(1) (Sausset C. Guyon.) La cour ; — ... Sur le troisième moyen : — Attendu qu'en règle générale et en vertu des principes sur les engagements qui se forment sans convention, la réparation d'un fait dommageable peut être ordonnée pour le tout contre chacun des auteurs de ce fait, surtout lorsque, de sa nature, il

est indivisible ou qu'il est impossible de déterminer la part qu'y a prise chacun de ses auteurs ; — Attendu que l'arrêt attaqué a motivé la condamnation solidaire des époux Sausset aux dommages-intérêts « sur leur mauvaise foi constatée et sur leur complicité dans les manœuvres frauduleuses pratiquées pour

dommages-intérêts dus à la partie lésée (Rennes, 21 mars 1870, aff. M⁰ P. et dame Lopez, D. P. 72. 2. 87) ; — 3° Que des huissiers ayant pactisé avec des avoués pour signifier des écritures que ceux-ci retenues, mais que les huissiers ont exclusivement le droit de faire, les dépens alloués à titre de dommages-intérêts à la corporation des huissiers peuvent et doivent être mis solidairement à la charge des auteurs de ce pacte (Req. 25 juill. 1870, aff. Cassiat et autres D. P. 72. 1. 25) ; — 4° Que lorsque l'acheteur d'un domaine, dont il a vendu différentes pièces, se concerte avec un tiers qu'il subroge à ses droits et avec un notaire pour détruire la preuve de ces ventes et partager ensemble le bénéfice qui doit résulter d'une revente publique en détail, tous les trois sont solidairement responsables envers chacun des acquéreurs évincés du préjudice résultant pour lui de l'inexécution de la vente (Req. 24 juin 1872, aff. Henri et Lagosse, D. P. 73. 1. 19) ; — 5° Qu'une condamnation solidaire est justement prononcée contre ceux qui commettent, dans un intérêt commun, des faits de concurrence illicite (Req. 29 juill. 1873, aff. Audibert, D. P. 73. 1. 69) ; — 6° Qu'en cas de fraude dans l'exécution d'un marché passé avec l'Etat par une association en participation, les participants doivent être condamnés solidairement aux dommages-intérêts, bien que l'un d'eux n'ait pas figuré au contrat s'il l'a exécuté conjointement et en a partagé les bénéfices avec l'associé gérant (Req. 12 janv. 1881, aff. Mundel, D. P. 81. 1. 248).

37. Jugé, dans le même sens : 1° que le recel ou divertissement de valeurs héréditaires, commis par plusieurs héritiers au préjudice des autres, doit entraîner contre eux une condamnation solidaire pour les dommages-intérêts, et qu'il en doit être de même pour les dépens qui ne sont qu'un accessoire de la condamnation principale et des dommages-intérêts (Req. 14 déc. 1859, aff. Pellegrain, D. P. 60. 1. 191) ; — 2° « Qu'en matière de spoliation de succession ou de communauté, les tiers qui ont participé frauduleusement, comme complices, aux actes de recel ou de divertissement, sont solidairement responsables du dommage auquel ils ont concouru» (Req. 24 avr. 1865, aff. Pitoiset, D. P. 65. 1. 291) ; — 3° Que le tiers qui a participé à la dissimulation de valeurs de communauté par l'époux survivant est solidairement responsable de la restitution de ces valeurs quoiqu'elles ne lui aient pas personnellement profité et que, par exemple, le détournement ait été commis pour faire passer sur la tête de ses enfants les valeurs détournées (Amiens, 2 juin 1869, aff. Brière, D. P. 69. 2. 181) ; — 4° Que les complices des détournements de la femme commune sont solidairement responsables envers les créanciers de la communauté du préjudice que par leur fraude ils leur ont causé (Req. 6 mai 1873, aff. Boutard, D. P. 74. 1. 81).

38. Décidé encore : 1° qu'une action en dommages-intérêts est recevable, par application des art. 1382 et 1202 c. civ., quoique intentée contre un seul de ceux qui ont concouru à la rature des signatures des tireurs de deux lettres de change dont il était porteur et à la rétention des actes de protêts desdites lettres de change (Civ. cass. 23 août 1869, aff. Maillet, D. P. 69. 1. 464) ; — 2° Que l'arrêt qui constate que la création d'une nouvelle lettre de change en remplacement d'une précédente, dont le tiers porteur restait régulièrement saisi, a été le résultat d'actes dolosifs ayant pour but de priver ce dernier de ses droits sur la provision, et qui reconnaît, d'autre part, que le dépositaire de la *première*, de la lettre de change primitive, y a colludé, déclare à juste titre ce tireur et le dépositaire solidairement responsables du délit civil commis et, dès lors, du payement au tiers porteur de la somme dont celui-ci est créancier (Req. 20 mars 1863, deux arrêts, aff. Chaulau et aff. Benecke, Souchay et comp., D. P. 83. 1. 202) ; — 3° Que si plusieurs individus ont commis de connivence des fraudes envers l'administration des Contributions indirectes et motivé ainsi

des contraintes contre le tiers qui s'est porté caution d'un d'entre eux, ils sont à bon droit condamnés solidairement à rembourser à ce tiers le montant des condamnations qu'il a encourues par leur fait (Montpellier, 6 févr. 1893, et sur pourvoi, Req. 26 juin 1894, aff. Farain, *Gazette des tribunaux*, du 27 juin 1894).

39. On a vu au *Rép.*, n° 74, qu'une condition essentielle de la solidarité, même en matière prévue par la loi pénale, est l'identité du fait pour lequel sont condamnées les personnes appelées à la subir. Ce principe, outre les applications qu'il a reçues en matière de frais (V. *suprà*, v° *Frais et dépens*, n°ˢ 644 et suiv.), a reçu encore en matière de dommages-intérêts les applications suivantes : 1° en cas de poursuite pour contrefaçon contre ceux qui ont reproduit un tableau soit par la sculpture, soit en bronze, ou en porcelaine, la solidarité n'existe entre les condamnés qu'autant que le délit a été commis conjointement entre eux, dans l'espèce entre les fabricants et les débitants des mêmes groupes, mais non entre ceux des prévenus qui, sans concert avec les autres, ont isolément reproduit ou débité quelques-uns des ouvrages contrefaits (Paris, 16 févr. 1843, *Rép.*, v° *Propriété littéraire et artistique*, n° 409) ; — 2° Que lorsqu'un tribunal correctionnel a prononcé une condamnation solidaire à des dommages-intérêts contre plusieurs individus reconnus coupables de deux délits différents, et que, sur l'appel, l'un d'eux a été acquitté d'un délit, la cour d'appel ne doit pas maintenir la condamnation solidaire aux dommages-intérêts (Crim. rej. 17 janv. 1873, aff. Dubois, D. P. 74. 1. 501).

40. Mais si l'unité du fait dommageable est une condition essentielle de la solidarité, on ne saurait exiger l'unité de jugement et rien ne s'oppose, par exemple, à ce que le condamné soit solidaire des condamnations antérieures subies par d'autres à raison du même fait (*Rép.* n° 78). Il échappe seulement à la solidarité des condamnations *subséquentes* à subir par d'autres, parce qu'elle aggraverait l'effet de sa condamnation contrairement à la règle *non bis in idem* et sans même qu'il ait pu discuter cette aggravation (*Rép. ibid.*). On a vu également (*Rép.* n° 73) que tous les auteurs du fait peuvent être solidairement condamnés aux dommages-intérêts bien qu'un seul ait été poursuivi par la voie criminelle.

41. On ne saurait exiger non plus le concert frauduleux ou la communauté d'intention ; car l'art. 55 c. pén. s'applique, par ses termes généraux, aux faits même non intentionnels que la loi qualifie délits (V. *suprà*, n° 31), et la solidarité en matière de délit civil et de quasi-délit repose sur des principes indépendants de ce concert frauduleux.

42. On ne doit pas exiger davantage l'unité dans les causes du fait. Ainsi la solidarité est applicable au cas où un seul et même délit, unique cause de l'obligation de tous, est résulté lui-même de deux causes différentes, fortuitement réunies, comme en cas de blessures résultant du choc de deux voitures causé par la rapidité excessive de l'une et l'inobservation des règlements par l'autre (Req. 1ᵉʳ déc. 1868, aff. Patriarche, D. P. 69. 1. 131).

43. Peu importe encore la différence que ferait le juge répressif ou civil entre les condamnés au point de vue du degré de culpabilité et de l'importance de la peine, s'ils ont participé au même crime ou délit (Sourdat, n° 149). La solidarité, destinée à servir de garantie à la partie lésée pour la réparation du délit unique dont elle a été victime (ou au fisc pour le recouvrement des amendes), se trouve d'inconciliable avec ces inégalités dans le tort de chaque délinquant et dans le chiffre de son amende personnelle ou de sa part personnelle dans la réparation, telle que la fera l'exercice par lui ou contre lui du recours après payement solidaire par un seul.

Une cour d'assises peut même, en acquittant l'un des accusés, le condamner aux dommages-intérêts solidairement

---

consommer la spoliation de leur débiteur » ; d'où il suit qu'en prononçant ainsi, la cour de Besançon n'a violé aucune loi ; — Rejette le moyen ;

Sur le deuxième et sur le sixième moyen : — Attendu que la condamnation solidaire des époux Sausset aux dépens et la condamnation par corps de Sausset aux mêmes dépens sont suffisamment justifiées par le caractère d'indivisibilité des faits qui

les ont motivées, et qu'il résulte des termes dans lesquels elles sont conçues qu'elles ont été prononcées à titre de dommages-intérêts accessoires ; — D'où il suit qu'en condamnant solidairement, et par corps, les époux Sausset aux dépens, l'arrêt attaqué n'a violé aucune loi ; — Rejette les deux moyens.

Du 14 août 1867.-Ch. civ.-MM. Pascalis pr.-Eug. Lamy, rap. de Raynal, 1ᵉʳ av. gén., c.-conf.-Brugnon et Mazeau, av.

avec l'autre (Demolombe, *Traité des contrats*, t. 3, n° 267); mais cette condamnation est facultative, comme en matière de délit civil, et n'est pas prononcée en vertu de l'art. 55 c. pén., qui, s'il s'appliquait à cet accusé, le rendrait solidaire de plein droit dans le silence même du jugement.

44. On a établi au *Rép.*, n° 79, le pouvoir du juge, quant à la répartition des dommages-intérêts entre les délinquants condamnés solidairement. Ce pouvoir ne va pas pourtant jusqu'à établir une répartition qui serait en contradiction avec les bases de responsabilité déterminées par l'arrêt ou le jugement, ou qui ne serait pas suffisamment motivée par lui. Devrait être cassé, par exemple, comme manquant de fondement légal, l'arrêt qui, après avoir modifié les bases de responsabilité déterminées par le jugement de première instance, à l'encontre de plusieurs coauteurs d'un même fait dommageable, maintiendrait cependant, sans s'expliquer à cet égard, la répartition entre eux des dommages-intérêts à supporter, telle qu'elle avait été fixée dans la décision partiellement réformée (Civ. cass. 22 juill. 1890, aff. Chemin de fer de Paris-Lyon, D. P. 91. 1. 176).

45. On a établi aussi (*Rép. ibid.*) la recevabilité d'un recours après payement, au profit de l'un des condamnés contre les autres, soit dans les termes de la répartition fixée par le juge, soit même pour arriver à une répartition égale si le juge ne l'a pas fixée autrement. L'adage *nemo ex delicto consequi potest actionem* ne saurait s'opposer à ce recours dont la base, pour celui qui l'exerce, n'est pas son propre délit, mais la gestion en l'acquit des autres d'un fait très licite consistant à réparer leur délit (Demolombe, *Traité des contrats*, n°s 304 et suiv.).

46. Le juge, tout en condamnant solidairement les codélinquants envers la partie lésée, peut non seulement rendre inégale leur part contributoire dans les dommages-intérêts, mais il peut même pousser cette inégalité jusqu'à laisser la dette à la charge unique de l'un d'eux (le receleur, par exemple, ou celui qui seul a profité du délit), en le condamnant seul à payer les dommages-intérêts, sans déclarer solidaire de cette condamnation, et exposer par suite à un recours *pro parte*, l'individu reconnu par lui coupable du vol, ou complice du délit, soit que la partie lésée ne réclame pas cette solidarité édictée dans son seul intérêt, soit qu'elle n'y ait pas intérêt, le juge déclarant les dommages-intérêts coexécutés avec une somme due par elle au délinquant condamné (Crim. rej. 19 nov. 1869, aff. Macheras, D. P. 70. 1. 444; Civ. cass. 22 août 1865, aff. Visade, D. P. 65. 1. 358).

47. Il faut remarquer, d'ailleurs, que le recours, lorsqu'il s'agit d'un délit prévu et puni par la loi répressive, n'est généralement admis que contre les coauteurs ou complices dont la culpabilité a été régulièrement établie sur la poursuite du ministère public ou de la partie lésée. Si l'on considère cette poursuite comme conforme au droit et à la morale, on juge immorale au contraire, et irrecevable de la part d'un prévenu ou d'un condamné (sauf les dispositions spéciales de la loi en matière de contributions indirectes (V. *Rép.* v° *Impôts indirects*, n° 519), soit un appel en garantie tendant à amener devant la juridiction répressive ou civile appelée à le condamner lui-même, ceux qu'il prétend être auteurs ou coauteurs du délit, soit un recours formé contre eux par voie principale devant les tribunaux civils pour leur faire attribuer une part dans la perpétration et la réparation du délit (Req. 23 avr. 1872, aff. Cazelles, D. P. 72. 1. 412; Montpellier, 21 juill. 1877, aff. Gibert, D. P. 79. 2. 71; Civ. cass. 31 juill. 1878, aff. Roustide, D. P. 79. 1. 374; 22 déc. 1880, aff. Turlure, D. P. 81. 1. 63; Req. 20 févr. 1882, aff. Bardèche, D. P. 82. 1. 232; Comp. Civ. cass. 15 févr. 1882, aff. Lagardère, D. P. 82. 1. 153; Paris, 27 déc. 1883, aff. Léoni, Coblenz et autres, D. P. 85. 2. 222; Lyon, 14 août 1884, aff. Tourrès et Berlioz, D. P. 86. 2. 78; Poullet, *Traité des brevets d'invention*, n°s 909 et suiv. V. *supra*, v^is *Brevet d'invention*, n° 316, et *Industrie et commerce*, n° 392-7).

48. Mais il n'en est ainsi que pour les délits prévus par la loi répressive, et on reconnaît au contraire, en cas de délit purement civil, la possibilité d'un recours de la part d'un des auteurs de ce délit, seul poursuivi ou partie lésée et seul condamné, contre ceux dont il prétend établir la coopération à ce délit (Demolombe, *Traité des contrats*,

t. 3, n° 308; Req. 20 juill. 1852, aff. Lazare Cerf, D. P. 52. 1. 248); et *à fortiori* en cas de simple quasi-délit (Orléans, 9 août 1850, aff. Quinard, D. P. 51. 2. 146; Req. 23 avr. 1872, aff. Cazelles, D. P. 72. 1. 411; Civ. rej. 8 nov. 1886, aff. Gavini, D. P. 87. 1. 9 et la note; Nancy, 7 mars 1874, aff. Petit et autres, D. P. 74. 2. 184, et Trib. civ. Rocroi, 16 janv. 1873, même affaire, D. P. 73. 3. 46; Aix, 14 août 1861, aff. Sicard et cons., D. P. 62. 2. 156. — *Contra*, Besançon, 3 août 1859, aff. Cuenot et cons., D. P. 60. 2. 4, mais en écartant la solidarité).

Un autre arrêt déclare inadmissible le recours réciproque entre propriétaire et locataire d'une maison de tolérance préjudiciable au voisin, à raison des dommages-intérêts dus à ce voisin (Aix, 19 nov. 1878, aff. Liotardi et autres, D. P. 79. 2. 219). Mais il n'entend proscrire qu'une garantie fondée sur le bail immoral, et tendant de la part de l'un à relever l'autre de sa part personnelle de responsabilité dans le fait préjudiciable et à le rendre complètement indemne en définitive; car ce même arrêt fixe, au contraire, une répartition entre propriétaire et locataire après les avoir condamnés solidairement envers la partie lésée. La même cour, dans un autre arrêt, était allée dans un cas de ce genre jusqu'à réserver au locataire un recours intégral contre le propriétaire, en déclarant que celui-ci, ayant retiré exclusivement le profit du fait dommageable par le prix du bail, devait supporter en définitive toute la dette (Aix, 14 août 1861, aff. Sicard et cons. D. P. 62. 2. 156).

49. La solidarité peut atteindre non seulement les coauteurs et complices, mais aussi la personne civilement responsable de l'auteur du délit; mais il n'y a de recours en ce cas que pour celle-ci contre le délinquant, et ce recours est intégral (Trib. civ. Seine, 22 juill. 1857, aff. Blanc, D. P. 57. 3. 51); à moins pourtant qu'ayant profité du délit, il ne soit considérée, à raison de ce fait, comme y ayant personnellement concouru. — S'il y avait plusieurs personnes civilement responsables de l'auteur du délit, ces personnes seraient traitées dans leurs rapports entre elles comme le sont les coauteurs d'un quasi-délit; chacune d'elles, responsable solidairement, serait recevable à recourir contre les autres pour leur faire partager le poids de cette responsabilité (Req. 23 avr. 1872, aff. Cazelles, D. P. 72. 1. 411).

50. — VI. Durée de l'action civile en réparation d'un délit (*Rép.* n°s 83 à 85). — Les différentes questions qui s'élèvent au sujet de la durée de l'action civile ont été examinées ailleurs. V. sur l'effet, à ce point de vue, de la prescription criminelle, *supra*, v° *Prescription criminelle*, n°s 50 et suiv. ;... de la chose jugée au criminel, *supra*, v° *Chose jugée*, n°s 391 et suiv. ;... de l'amnistie, *supra*, v° *Amnistie*, n°s 43 et suiv. ;... de la grâce, *supra*, v° *Grâce*, n° 47. — Ce qui concerne les délits purement civils, il y a lieu d'appliquer les principes ordinaires sur les causes d'extinction des obligations; l'action civile est, d'ailleurs, traitée à ce point de vue comme l'action naissant d'un quasi-délit, dont il sera parlé *infra*, n°s 251 et suiv.

SECT. 2. — Responsabilité de l'auteur d'un quasi-délit.

Art. 1er. — *Quand il y a quasi-délit; ce que c'est que la faute* (*Rép.* n°s 86 à 169).

51. On a donné au *Rép.*, n° 86, la définition du quasi-délit. Sans supposer, comme le délit, l'intention de nuire, il suppose, comme lui, une faute dommageable, qu'on peut décomposer en trois éléments essentiels : 1° un fait illicite d'action ou d'omission; 2° l'imputabilité de ce fait au défendeur; 3° un préjudice causé par ce fait au demandeur.

Il a paru utile de rattacher par une sous-division au premier de ces trois éléments (fait illicite), qui sera étudié dans l'art. 2, les trois sortes de faits prévus au *Répertoire* dans les art. 2, 3 et 4 (fait positif, fait d'imprudence, fait de négligence ou d'omission). Les art. 3 et 4 seront ainsi consacrés aux deux autres éléments du quasi-délit (imputabilité et préjudice).

52. La nécessité de la faute, comme base de la responsabilité quasi-délictuelle, ressort de la formule même de l'art. 1382 c. civ. Les nombreuses décisions auxquelles elle a donné lieu trouveront place dans l'étude du caractère illicite que doivent présenter les faits (*Rép.* n°s 99 et suiv.).

V. *infrà*, art. 2), de l'imputabilité qui peut manquer à ces faits par suite de force majeure ou d'incapacité (*Rép.* n°s 138 à 150. V. *infrà*, art. 3), des preuves que doit faire le demandeur (*Rép.* n°s 214 et suiv. V.*infrà*, n° 231), du pouvoir d'appréciation du juge du fond (*Rép.* n° 135. V. *infrà*, n° 243), et des constatations qui doivent motiver les jugements (*Rép.* n° 134. V. *infrà*, n° 249).

53. Mais si la faute est nécessaire, peu importe le degré de faute; et les distinctions proposées en matière de contrats entre les fautes lourdes, légères et très légères, entre les soins d'un bon père de famille *in abstracto* et ceux que le débiteur apporte à ses affaires propres, sont ici sans application (V. *Rép.* n° 98 et *suprà*, v° *Obligations*, n° 199). Cette classification des fautes, et l'exclusion de la faute très légère, ne peuvent être étendues aux quasi-délits qui mettent en présence deux personnes étrangères l'une à l'autre, dont aucune n'a pu faire des prévisions ou des stipulations relativement au dommage causé, et entre lesquelles il n'est pas permis d'hésiter, alors que d'un côté il y a une faute, fût-elle très légère, et que de l'autre il n'y en a aucune. En dehors des contrats, les art. 1382 et 1383 s'appliquent, à l'exclusion de l'art. 1137 (Demolombe, *Contrats*, t. 8, n°s 473 et suiv.; Laurent, t. 20, n° 462; Larombière, t. 5, art. 1382, n° 8; Sourdat, t. 1, n°s 655 et suiv.). Le juge ne peut donc écarter la responsabilité s'il constate une faute, si légère qu'elle soit. — Il ne le peut qu'en substituant le cas fortuit à la faute comme cause du dommage en tout ou en partie, en vertu de son pouvoir souverain d'appréciation (Comp. Sourdat, t. 1, n° 659). C'est en faisant usage de ce pouvoir qu'un arrêt a pu déclarer qu'aucune faute n'était imputable aux agents d'une compagnie de chemin de fer qui avaient jeté au panier, comme des feuilles de papier inutiles et sans danger, des reçus refusés par les expéditeurs, et dont un tiers a ensuite abusé après les avoir dérobés dans les bureaux de la compagnie; et que celle-ci surtout n'est pas responsable si la principale cause du dommage est l'imprudence de la partie lésée (Req. 28 mars 1876, aff. Guillemet et Richard, D. P. 76. 1. 487).

54. On peut se demander inversement si les textes relatifs à l'exécution des contrats ou quasi-contrats en général, ou des divers contrats en particulier, excluent l'application des art. 1382 et 1383 entre personnes liées par un de ces contrats et pour un fait relatif à son exécution. La solution affirmative est généralement admise en principe, et on ne voit pas, en effet, comment le conflit entre les règles du contrat et celles des articles précités pourrait se résoudre autrement (Aubry et Rau, t. 4, § 446, note 7; Demolombe *Contrats*, t. 8, n° 477; Laurent, t. 20, n° 463; Larombière, t. 5, art. 1382-1383, n° 8; Req. 21 janv. 1890, aff. Deygas, D. P. 91. 1. 380, qui applique cette solution au mandat).

55. Mais ce principe a des limites. Et tout en reconnaissant dans l'existence d'un contrat la source d'une responsabilité réglée autrement que celle des délits et quasi-délits, on est forcé d'admettre l'application de cette dernière responsabilité, cumulativement avec la première, dans les rapports des parties contractantes à propos même de l'objet du contrat, lorsqu'il y a de la part du débiteur tous les éléments d'un fait délictueux ou quasi-délictueux tel qu'il engagerait sa responsabilité envers un tiers si un tiers en eût été victime (Aubry et Rau, *loc. cit.*; Demolombe, t. 8, n° 478; Laurent, t. 20, n° 463; Larombière, t. 5, art. 1382, n° 9). « Parfois le contrat n'est que l'occasion d'une faute extra-contractuelle, et on conçoit la nécessité de déterminer alors minutieusement où commencent et finissent le devoir légal et le devoir contractuel » (Henri Fromageot, *De la faute comme source de la responsabilité en droit privé*, 1891).

C'est ainsi que l'art. 1382 viendra suppléer, notamment, la garantie du vendeur, dont les principes sont différents de ceux des délits et quasi-délits à certains points de vue, tels que la durée abrégée de cette garantie pour les vices rédhibitoires. Par exemple, le constructeur de bateaux à vapeur qui a vendu un bateau dont la chaudière fait explosion par suite d'un vice de construction constituant une infraction aux règlements et spécialement à l'ordonnance du 23 mai 1843, est responsable vis-à-vis de l'acheteur, aux termes de l'art. 1382 c. civ., du préjudice occasionné par cette explosion; cette responsabilité ne se confond pas avec la garantie qu'il a contractée comme vendeur pour vice rédhibitoire et peut, par suite être invoquée par l'acheteur après l'expiration des délais de cette dernière garantie (Civ. rej. 16 juin 1879, aff. Felizat, D. P. 80. 1. 36). Jugé, dans le même sens, contre un armurier qui vend une arme de provenance suspecte, laquelle fait ensuite explosion (Aix, 4 janv. 1872, aff. Bounin et Julien, D. P. 73. 2. 55). On appliquerait la même solution à celui qui vend des bestiaux atteints de maladies contagieuses, et qui, même s'il n'était pas, comme vendeur, garant de ce vice, serait responsable du fait même de cette vente considérée comme fait illicite.

Jugé encore : 1° qu'un concessionnaire d'entrepôt réel, alors même qu'il ne serait pas responsable comme dépositaire salarié envers le propriétaire des objets entreposés, est tenu, en vertu des art. 1382 et 1383 c. civ., de réparer le préjudice qu'il lui a causé par sa négligence ou son imprudence (Alger, 24 juin 1878, et sur pourvoi, Req. 21 juill. 1879, aff. Duvallet, D. P. 80. 1. 381); — 2° Qu'un créancier qui comprend dans une saisie immobilière l'immeuble d'un tiers doit réparation de cette faute à l'adjudicataire évincé, par application de l'art. 1382, qui supplée ici à la garantie du vendeur inapplicable aux ventes sur saisie immobilière (Trib. civ. Montpellier, 26 mai 1882, aff. Dame Dellard et Rouanet, D. P. 83. 3. 87. V. *infrà*, v° *Vente*, et *Rép.* eod. v°, n° 839); — 3° Que l'erreur sur la nature de la marchandise transportée, que commet l'expéditeur dans la lettre de voiture, et qui occasionne la saisie de cette marchandise à l'octroi pour fausse déclaration, constitue une faute personnelle qui oblige cet expéditeur à exonérer le destinataire, déclaré responsable des condamnations énoncées contre le voiturier à raison de l'infraction aux règlements de l'octroi; et qu'il importe peu, en ce cas, que la marchandise sortie des magasins de l'expéditeur ait voyagé aux risques et périls du destinataire, la faute du vendeur ne pouvant être considérée comme dérivant du contrat de transport (Req. 27 avr. 1880, aff. Lecourt, D. P. 80. 1. 432).

56. L'art. 1382 peut aussi parfois suppléer à l'action contractuelle qui fait défaut parce que la convention ne s'est pas formée. Lorsqu'un contrat manque d'un de ses éléments essentiels (comme une vente, par exemple, dont le prix a été laissé à l'arbitrage d'un tiers non désigné par les parties), l'inexistence du contrat, qui empêche d'en réclamer l'exécution par une action fondée directement sur le contrat, ne s'oppose pas à ce que des dommages-intérêts soient réclamés, conformément à l'art. 1382 c. civ., si l'une des parties justifie d'un dommage qui est résulté pour elle des agissements de l'autre. Ainsi, l'acheteur d'un fonds de commerce peut, quoique le prix de la vente ait été laissé à l'arbitrage d'un tiers non désigné par les parties, réclamer des dommages-intérêts à son vendeur, alors que, trompé par les assurances et les manœuvres de celui-ci, il s'est cru autorisé à liquider un fonds de commerce qu'il exploitait auparavant, et à annoncer son départ par la voie de la publicité, et a ainsi, par le fait de son cocontractant, souffert un préjudice (Dijon, 15 févr. 1893, aff. Grosjean, D. P. 93. 2. 168). On a fait application du même principe (*infrà*, n° 148) à l'inexécution par une commune d'un contrat auquel manquait l'approbation de l'autorité supérieure, la commune elle-même ayant empêché cette approbation après avoir donné lieu de compter sur elle. — V. aussi sur les promesses de mariage employées comme manœuvres de séduction, *infrà*, n°s 205 et suiv.

57. Des discussions se sont élevées, dans ces derniers temps, sur les différences qui séparent les deux responsabilités délictuelle et contractuelle et sur l'impossibilité d'appliquer la première dans les rapports des personnes liées par un contrat. M. Sainctelette (*De la responsabilité et de la garantie*, Paris et Bruxelles, 1884) s'est attaché à montrer l'indépendance de ces deux responsabilités, en ayant soin, pour mieux l'affirmer, de réserver à la première le nom de *responsabilité* et d'appeler *garantie* la seconde. La première, dit-il, procédant d'une violation de la loi, est au-dessus de toutes les renonciations conventionnelles; la seconde, au contraire, ne subit l'effet qu'elle doit son existence à la convention même qui crée l'obligation violée (sous la réserve toutefois du dol et de la sécurité des personnes). La première est absolue et engage tous les auteurs de la faute; la seconde est relative au contractant comme l'obligation elle-même dont la violation constitue la

faute. La première laisse au créancier la charge de la preuve de la faute et celle des cas douteux; la seconde impose cette charge au débiteur que le contrat désigne spécialement comme auteur de l'inexécution de l'obligation. Enfin l'action du contrat, en supposant que le fait d'inexécution tombe sous le coup de la loi pénale, n'est pas éteinte par la prescription de l'action publique, de même qu'elle ne subit pas l'effet de la chose jugée sur l'action publique et qu'elle reste ouverte après emploi infructueux de l'action fondée sur une responsabilité délictuelle ou quasi-délictuelle.

On ne peut contester, en eux-mêmes, ces principes, notamment celui qui concerne la preuve et, au nom duquel l'auteur précité, et d'autres à sa suite, ont si vivement critiqué la jurisprudence française en matière d'accidents de transport et de travail, qui exige la preuve d'une faute à la charge du débiteur. Il est bien certain que le débiteur, étant prouvée son obligation contractuelle, ne peut attendre la preuve de sa faute quant à l'objet dû; il est débiteur, par l'effet du contrat, jusqu'à ce qu'il invoque et prouve une cause de libération (c. civ. art. 1315). S'il s'agit, au contraire, de devoirs légaux qui pèsent sur tous d'une façon générale, la preuve de cette obligation légale, mais générale, ne suffit pas pour fonder une poursuite particulière; il faut encore prouver l'infraction, c'est-à-dire la faute, chez le défendeur. Mais le contrat ne dispense de prouver la faute que si l'on réclame l'objet même dont le contrat renferme la promesse; l'admission de cette dispense, en ces termes, laisse encore à rechercher, en cas de contrat, quel est précisément l'objet de ce contrat, l'objet qu'on peut réclamer en attendant des preuves de libération. Le voyageur, l'ouvrier, par exemple, a-t-il stipulé du transporteur ou du patron l'absence de tout accident, en sorte que la blessure reçue dans le voyage ou dans le travail puisse être considérée de plein droit comme l'inexécution d'un fait promis par contrat, permettant d'attendre une preuve de libération? N'est-ce pas exagérer l'objet du contrat de transport ou du contrat de louage de services que d'y faire entrer dans ces termes généraux la sécurité de la personne, pour permettre d'attendre plutôt la preuve d'une faute de l'ouvrier ou d'un cas fortuit que la preuve d'une faute du patron? L'insécurité inhérente aux voyages et au travail industriel n'exclut-elle pas, au contraire, une pareille idée et ne ramène-t-elle pas à la nécessité de prouver une faute, base de l'indemnité qu'on réclame? sauf à faire résulter cette preuve de la nature même de l'accident, si elle est exclusive d'un cas fortuit, ou d'une faute du blessé. Enfin la personne du voyageur ou de l'ouvrier, avec l'initiative et le libre arbitre qui lui sont laissés, peut-elle être assimilée comme objet dû à une chose détenue par contrat de louage ou de dépôt? Tels sont les points que ne résout pas l'exposé de principes par M. Sainctelette sur la preuve dans les obligations contractuelles.

Cet auteur, il est vrai, les résout ensuite dans le sens de l'extension du contrat, en disposant de prouver la faute; et plusieurs jurisconsultes français ont admis comme lui cette dispense de preuve, en l'appuyant, les uns sur cette même idée d'une promesse générale de sécurité, les autres sur l'idée d'une simple promesse de vigilance et de mesures préventives (Marc Sauzet, Revue critique, 1883, p. 596 et suiv.; Vavasseur, De la responsabilité des accidents de fabrique; Labbé, cité par M. Glasson, Le code civil et la question ouvrière, 1886; Lyon-Caen, cité par M. Fromageot, De la faute, 1891; Henri Noirot, De la responsabilité des accidents industriels, dans La Loi du 29 oct. 1885). D'autres, au contraire, ont maintenu la nécessité de prouver la faute du patron, même obligé contractuellement, d'après eux, de veiller à la sécurité du travail, parce que l'inexécution de cette obligation est alors précisément en question et que la loi n'attache la présomption de faute qu'au cas d'inexécution de l'obligation, tel que la non-restitution d'une chose reçue en dépôt ou en location (Lefebvre, Revue critique, 1886, p. 485; Glasson, Le code civil et la question ouvrière, 1886; A. Desjardins, Revue des Deux Mondes, 15 mars 1888; Fromageot, De la faute, 1891).

58. Il n'y a pas lieu d'entrer ici dans la discussion de cette question qui, pour les accidents de transport, a été traitée, suprà, v° Commissionnaire, n°s 93 et suiv., et le sera

infrà, v° Travail, pour les accidents industriels. L'analyse qui précède nous paraît, d'ailleurs, justifier la jurisprudence. On peut admettre que l'obligation de veiller à la sécurité des personnes qu'on transporte ou qu'on emploie est contenue dans le contrat; on peut aussi la rattacher à la loi puisqu'on supplée sur ce point au silence du contrat et qu'on l'admet même malgré le contrat (Sainctelette, op. cit., p. 23, 103, 170). Mais le caractère contractuel donné à l'obligation ne dispensera pas de prouver la faute, car il faut bien prouver l'inexécution de l'obligation, laquelle se confond ici avec la faute et ne résulte pas du seul fait d'une blessure, comme elle résulterait pour le locataire ou dépositaire d'une chose du seul fait de ne pas la rendre. Enfin, cette nécessité admise, il restera aux tribunaux à régler sur les circonstances, leurs exigences quant aux faits à admettre en preuve. En matière industrielle, par exemple, l'accident par bris ou explosion d'outillage, ne laissant d'autre alternative que le vice de cet outillage ou son défaut d'entretien, ou sa mauvaise direction, fera présumer facilement la faute du patron; il en sera autrement de la blessure reçue dans le fonctionnement normal de l'outillage, blessure qui permet de supposer la faute de la victime. En matière de transport, la mort ou blessure reçue dans un train en cas de déraillement ou de collision fera apparaître par elle-même la faute du voiturier; la mort ou la blessure d'un voyageur livré à luimême dans une gare et qu'un train a heurté, laissera plus à faire pour prouver cette faute. L'équité trouvera ainsi satisfaction, non dans le renversement de la preuve, mais dans l'appréciation de ses éléments.

59. La faute, qui est, d'après l'art. 1382, la base générale de la responsabilité, peut consister soit en un fait positif, soit aussi, comme l'admet l'art. 1383, en une imprudence ou une négligence. Nous rattacherons ces trois groupes de fautes à l'étude du caractère illicite du fait, étude dont l'intérêt apparaît surtout pour les faits positifs et les négligences ou omissions. On a coutume aussi de grouper sous le titre d'impéritie un certain nombre de fautes provenant de l'ignorance des règles de la fonction, de la profession ou de l'art qu'on exerce (Rép. n°s 123 à 133, 202, 203 et suiv.). Elles trouveront leur place dans les diverses parties de la section 3 consacrées à la responsabilité des fonctionnaires et officiers publics et ministériels (V. aussi pour les médecins, infrà, n° 157, et pour les avocats suprà, v° Avocat, n°s 155, 158 et suiv.). Les fautes souvent, d'ailleurs, elles se rattacheront à l'exécution d'un contrat de louage ou de mandat, et rendront nécessaire un renvoi aux règles de ces contrats; telles sont les fautes des voituriers et commissionnaires de transport étudiées suprà, v° Commissionnaire; celles des locataires en cas d'incendie étudiées suprà, v° Louage, n°s 212 et suiv.; celles des architectes, étudiées suprà, v° Louage d'ouvrage et d'industrie, n°s 106 et suiv., et les fautes des patrons quant à la sécurité de leurs ouvriers, qui seront étudiées infrà, v° Travail.

Art. 2. — *Premier élément du quasi-délit : un fait illicite.*

§ 1er. — Fait positif. — Exercice d'un droit.
(Rép. n°s 101 à 121, 170 à 187.)

60. Le premier caractère que l'acte ou l'omission doit présenter pour être une faute et un quasi-délit, c'est d'être illicite. Ce caractère manque si l'acte ou l'omission n'a été que l'exercice d'un droit : *Nemo damnum facit qui suo jure utitur* (Rép. n°s 101 et suiv., 105, 106, 107), et ce droit, s'il s'agit d'omission, résulte suffisamment de l'absence d'obligation, soit légale, soit conventionnelle, imposant l'acte omis. S'il s'agit d'un fait positif, le droit qui le rend licite et l'empêche d'être une faute peut être de nature et d'origine très diverses. On peut citer, comme ayant donné lieu aux applications et aux questions les plus intéressantes : le droit de propriété; le droit d'exercer une industrie; le droit de recourir aux tribunaux et aux voies d'exécution; le droit de légitime défense; le droit de la presse et le droit électoral; les droits personnels et particuliers puisés dans une convention avec la partie lésée; enfin le droit de la puissance publique de prendre, dans l'intérêt général, des mesures nuisibles à certains intérêts particuliers. La jurisprudence, tout en reconnaissant l'usage de ces divers droits comme exclusifs de

la faute, a maintenu les réserves exprimées au *Rép.*, nᵒˢ 111 et 116, contre toute façon d'en user qui ne serait pas régulière ou qui porterait atteinte au droit d'autrui, ou qui aurait été choisie avec dessein de nuire à autrui, sans intérêt et par pure malice. Cette dernière formule, généralement admise, est cependant repoussée par Demolombe, *Contrats*, t. 8, nᵒˢ 669 et 670; *Servitudes*, nᵒˢ 648-649. V. *suprà*, vᵒ *Propriété*, nᵒ 67.

61. —I. Droit de propriété (*Rép.* nᵒˢ 105, 107, 116). — Les actes qui ne sont que l'exercice pur et simple du droit de propriété, comme le fait de cultiver son terrain, de l'ameublir et d'en changer la consistance, ne sauraient être considérés, en eux-mêmes, comme des fautes, et cela malgré l'abstention antérieure, si prolongée qu'elle ait été, de pareils actes, le non-usage ne pouvant éteindre un droit qui est de pure faculté pour le propriétaire, et ce droit ne pouvant être modifié par les actes du propriétaire voisin et l'usage qu'il tire de son fonds. C'est ainsi, par exemple, que le propriétaire d'un terrain non encore ameubli, voisin d'une sablonnière dont l'exploitation l'a laissé en surélévation avec mur de soutènement suffisant pour soutenir des terres vierges, mais non des terres ameublies, peut ameublir son terrain en vue d'y planter des arbres, sans que la chute du mur provoquée par l'ameublissement des terres puisse engager sa responsabilité, le propriétaire de la sablonnière devant, au contraire, supporter le dommage de cette chute et des éboulements entraînés par elle, pour avoir, dans l'exploitation de sa sablonnière, laissé le terrain sans une défense capable de parer à toutes les éventualités conformes à sa destination (Req. 28 juill. 1874, aff. Barbé, D. P. 75. 1. 317).De même, un propriétaire peut se laisser inonder par l'élévation naturelle des eaux en laissant ouvertes les vannes ménagées par lui dans une digue bordant la rivière, quand même son voisin, insuffisamment protégé de ce côté, s'en trouverait inondé lui-même; la loi du 28 sept. 1791 (art. 15), qui défend d'inonder son voisin et de lui transmettre volontairement des eaux d'une manière nuisible ne concerne, en effet, que les eaux élevées ou amenées artificiellement par des travaux de main d'homme, et non les eaux d'un fleuve qui, par l'effet de leur élévation naturelle, se répandent sur les terrains voisins de son cours (Bordeaux, 12 avr. 1866, aff. De Rolland, D. P. 66. 2. 179).

62. Mais le droit de propriété, quelque étendu qu'il soit, est limité, quand il s'agit d'immeubles, par les droits des voisins et par l'obligation de ne pas leur causer un dommage excédant les inconvénients ordinaires et réciproques du voisinage. Ce principe, indiqué au *Rép.*, nᵒ 116 (V. aussi *suprà*, vᵒ *Propriété*, nᵒˢ 56 et suiv., et *Rép.* eod. vᵒ, nᵒˢ 164 et suiv.), a reçu une application intéressante dans l'arrêt du 28 juill. 1874, cité *suprà*, nᵒ 61, en ce qui touche l'obligation, pour le propriétaire exploitant une sablonnière, de protéger le terrain voisin laissé par lui en surélévation, par un mur capable de le soutenir dans toutes les éventualités conformes à sa destination. On peut encore citer les applications suivantes : 1ᵒ celui qui veut entreprendre des travaux sur son fonds, contigu au fonds du voisin, doit prendre toutes les précautions que les circonstances commandent pour préserver le voisin de tout dommage, et il ne lui suffit pas, pour mettre sa responsabilité à couvert, de se conformer aux règles ordinaires de l'art, si, à raison de la nature particulière du sol dans lequel les travaux doivent être exécutés, il y avait à prendre des mesures spéciales ou des précautions exceptionnelles pour éviter le dommage (Colmar, 25 juill. 1861, aff. Grosheintz, D. P. 61. 2. 212); — 2ᵒ Les affaissements et éboulements produits par des pluies d'orage peuvent engager la responsabilité du propriétaire voisin, si ce dernier, avant l'orage, avait pratiqué des tranchées et des fouilles laissant le terrain sans défense et le rendant susceptible d'être détrempé par les eaux et de céder sous l'influence d'une pluie d'orage (Req. 17 nov. 1868, aff. Ardouin, Ricardo et comp., D. P. 69. 1. 102); — 3ᵒ Le constructeur, copropriétaire d'un mur mitoyen, qui pratique des fouilles sur la limite extrême de son terrain, doit prévenir le voisin et lui laisser le délai nécessaire pour préserver son édifice contre les dangers d'un écroulement, faute de quoi il est responsable du dommage causé par les éboulements et l'écroulement du mur (Bourges, 19 févr. 1872, aff. Begat, D. P. 72. 2. 37); — 4ᵒ Le propriétaire qui, sans prendre les précautions né-

cessaires, pratique dans son fonds des galeries souterraines pour l'extraction de minerais, est responsable des dégâts causés par ces travaux à la maison d'un voisin... alors surtout que ce propriétaire n'est pas pourvu de l'autorisation nécessaire pour une exploitation souterraine (Dijon, 16 mai 1876, aff. Mineur et Vilmot, D. P. 77. 2. 37). — Sur les dommages causés aux propriétés voisines par l'exploitation des mines, V. *suprà*, vᵒ *Mines*, nᵒ 399 et suiv.

63. Jugé encore que le concessionnaire d'un canal qui a établi des digues dans une vallée est responsable des dommages causés aux propriétés voisines par une inondation, lorsque l'inondation a eu pour cause, soit l'insuffisance des débouchés pour assurer l'écoulement des eaux lors des crues qui pouvaient être prévues (Cons. d'Et. 23 févr. 1882, aff. D'Augeros et aff. Bourges, D. P. 83. 3. 62),... soit le retard apporté à la réparation des brèches faites dans les digues par une inondation précédente (Arrêt précité du 23 févr. 1882, aff. D'Augeros), mais qu'il n'est pas responsable des conséquences d'une crue qui, à raison de son importance exceptionnelle, a le caractère d'un cas de force majeure (Arrêt précité du 23 févr. 1882, aff. Bourges); et que si le dommage a eu pour cause, d'une part, une faute du concessionnaire, et, de l'autre, un cas de force majeure, il y a lieu de condamner le concessionnaire à réparer une partie seulement du dommage causé aux propriétés riveraines (Même arrêt).

64. Enfin le propriétaire d'un fonds supérieur, bien qu'il ne réponde pas du dommage causé au fonds inférieur par la disposition naturelle des lieux, notamment par l'écoulement des eaux ou par un éboulement de rocher, alors même qu'il aurait pu les prévenir en exécutant certains travaux, tels qu'un mur de soutènement, que rien ne l'obligeait à faire (V. *Rép.* nᵒ 502, et *infrà*, nᵒ 996), ne pourrait, sans être tenu de dommages-intérêts, aggraver par son propre fait les servitudes naturelles qui pèsent sur le fonds inférieur (V. *Rép.*, nᵒ 119, et *infrà*, vᵒ *Servitude*).

65. Les limites que le droit de propriété rencontre dans le droit d'autrui conduit encore à juger qu'un propriétaire, malgré la faculté qu'il a de se clore et de refuser à des tiers l'accès de sa propriété, engage cependant sa responsabilité :1ᵒ envers un marinier qui, revenant la nuit d'amarrer son bateau au bord d'une rivière navigable et voulant suivre le chemin de halage, malgré la fermeture des barrières par lesquelles le propriétaire a intercepté le passage, est blessé par un chien de garde laissé dans le chemin, l'obligeant les propriétaires riverains à laisser libre le chemin de halage sur le bord des rivières navigables (Lyon, 30 juin 1865, aff. Salmon, D. P. 67. 5. 374); — 2ᵒ Envers un voisin à qui il a refusé l'accès de sa propriété pour ressaisir un essaim qui, échappé de sa ruche, s'était réfugié chez lui, la loi du 28 sept. 1791, sect. 3, tit. 1, art. 5, donnant ce droit au voisin (Req. 24 janv. 1877, aff. Saintin, D. P. 77.1. 164). — Jugé encore qu'un propriétaire, malgré le droit qu'il a de faire du bruit chez lui, et notamment d'organiser une chasse à la traque sur ses terres, excède ses droits et se rend passible de dommages-intérêts lorsque, les jours où son voisin entreprend des parties de chasse avec des invités, il fait faire, même sans sortir de sa propriété, des bruits et tapages destinés à effrayer le gibier et à rendre infructueuse la chasse projetée; et cela alors même que le voisin userait de son côté de procédés blâmables pour attirer le gibier chez lui (Paris, 2 déc. 1871, aff. Prince de Wagram, D. P. 73. 2. 185). Décidé enfin que l'ancien concessionnaire d'un parc à huîtres, qui, après en avoir fait l'abandon à l'Administration de la marine, est autorisé par elle à en retirer les huîtres, commet à l'égard du nouveau concessionnaire un acte illicite et dommageable dont il lui doit réparation si, au lieu de se borner à prendre, avec les précautions nécessaires, les huîtres qui sont de nature à être enlevées, il démolit une partie du parc et enlève ou écrase presque toutes les huîtres grosses ou petites sans distinction (Req. 21 avr. 1885, aff. Mancion, D. P. 86. 1. 54). — Comp. sur l'abus du droit de propriété : Demolombe, *Traité des servitudes*, t. 2, nᵒˢ 646 et suiv.; Laurent, t. 20, nᵒˢ 445 et suiv.

66. — II. Liberté de l'industrie. — La liberté de l'industrie oblige également les voisins à en supporter les inconvénients sans qu'il en résulte une cause de responsabilité pour l'industriel ou le commerçant, alors du moins que ces

inconvénients n'excèdent pas les obligations ordinaires du voisinage, et ne proviennent pas d'abus d'exploitation portant atteinte à un droit du voisin, et à plus forte raison lorsqu'ils proviennent du fait du voisin lui-même, lequel, s'il peut exiger de l'industriel toutes les précautions de nature à rendre son usine moins gênante, doit, de son côté, disposer sa propriété de telle sorte que l'industriel puisse user de la sienne de la manière la plus avantageuse pour lui (Paris, 28 avr. 1860, aff. Lainé, D. P. 60. 2. 117). On a vu diverses applications de ce principe au *Rép.*, n° 118, et *suprà*, v^{is} *Industrie et commerce*, n° 103, et *Manufactures, fabriques et ateliers dangereux*, etc., n° 87.

Jugé encore, dans le même sens : 1° que le stationnement sur la voie publique des voitures servant à des voyageurs descendus dans une auberge n'engage pas la responsabilité de l'aubergiste envers les voisins qui en éprouvent une certaine gêne lorsqu'il est constaté d'une part que ce stationnement, dans la conséquence inévitable de l'affluence considérable de voitures dans la localité les jours de marché, prend ainsi le caractère d'un embarras nécessaire, et d'autre part, que la gêne alléguée ne dépasse pas la mesure des charges que doivent supporter dans les villes les habitants en retour des avantages qu'ils y trouvent (Req. 22 nov. 1864, aff. Richer-Lévesque, D. P. 65. 1. 292) ; — 2° Qu'un propriétaire doit souffrir, sans dommages-intérêts, les inconvénients de l'exploitation d'un théâtre dans son voisinage lorsqu'il est constaté, d'une part, que le dommage n'excède pas les inconvénients et désagréments qu'imposent dans les grandes villes, en beaucoup d'autres cas, les nécessités du voisinage et, d'autre part, que les précautions prescrites par l'autorité administrative ont été observées et n'ont, d'ailleurs, été l'objet d'aucun recours des voisins soit avant soit après l'acceptation de l'établissement (Req. 6 févr. 1865, aff. Hortensius de Saint-Albin, D. P. 66. 1. 267) ; — 2° Que le seul fait d'un fabricant de produits chimiques de transporter et de transvaser du picrate de potasse dans son magasin ne constitue pas une faute de nature à le rendre responsable des dégâts causés aux immeubles voisins par l'explosion de cette substance à l'instant du transvasement, la cause de l'explosion étant demeurée inconnue et rien ne démontrant que le fabricant ait omis les précautions nécessaires dans une opération conforme aux habitudes et aux exigences de son commerce (Paris, 13 août 1872, aff. Fontaine et Compagnies *Le Phénix* et *La Nationale*, D. P. 73. 2. 220).

67. Mais la liberté de l'industrie, l'obtention même d'une autorisation administrative que sa nature rendait nécessaire, et

d'une concession émanée des pouvoirs publics à raison du caractère d'utilité publique que présente cette industrie, enfin l'observation des règlements et coutumes dans l'établissement des constructions et l'exploitation de l'industrie, ne sauraient dispenser l'industriel d'indemniser les voisins du dommage que son industrie leur cause, s'il excède les obligations ordinaires du voisinage, ou s'il résulte de l'omission par lui de mesures qui seraient de nature à le prévenir (*Rép.* n°s 117 à 121). Jugé, notamment : 1° que le propriétaire d'une salle de spectacle et le directeur du théâtre qui y est établi peuvent être condamnés à des dommages-intérêts envers un propriétaire voisin à raison du préjudice résultant pour ce dernier du stationnement prolongé des spectateurs devant sa maison et des dépôts d'immondices qui en sont la conséquence, s'il est constaté que le dommage provient de l'insuffisance du vestibule conduisant à l'entrée principale de la salle, et des urinoirs affectés aux besoins du théâtre, encore bien que les dimensions de ce vestibule et le nombre de ces urinoirs seraient conformes aux prescriptions de l'Administration (Trib. civ. Seine 1er juill. 1863 aff. De Sar-le-Comte et de Plainval, D. P. 65. 3. 63; Req. 24 avr. 1865, aff. Bourgeois et Harel. D. P. 66. 1. 35); — 2° Qu'un boutiquier ne peut placer au-devant de sa boutique un store dépassant le trottoir de la rue sans être responsable de l'accident que cette disposition vicieuse a causé à un individu passant en voiture le long de ce même trottoir (Paris, 13 mars 1869, aff. Mesnard, D. P. 71. 5. 333); — 3° Que l'entrepreneur de nettoiement d'une ville qui, par le séjournement des immondices, leur chargement et déchargement, fait sans précautions suffisantes, laisse l'infection se répandre, d'une manière préjudiciable aux voisins, doit à ceux-ci des dommages-intérêts ; qu'il en est de même d'une compagnie de chemin de fer chargée par l'entrepreneur du transport des immondices, pour le dommage résultant du stationnement prolongé des wagons chargés, sans qu'elle puisse opposer aux propriétaires la clause de son marché avec l'entrepreneur qui l'affranchit de toute condition de délai dans l'opération du transport (Alger, 19 déc. 1871) (1); — 4° Que les entrepreneurs de vidange, ne pouvant, aux termes des règlements procéder à l'extraction et au transport des matières contenues dans les fosses qu'après que celles-ci ont été complètement désinfectées, sont responsables du dommage causé par les émanations de gaz, dues à l'inobservation de ces prescriptions (Paris, 24 mai 1882) (2) ; — 5° Que le propriétaire riverain d'un cours d'eau peut se plaindre du préjudice que lui cause un industriel voisin, soit en faisant refluer les eaux une

---

(1) (Riaz C. Chemin de fer de Lyon et Jaubert.) — La cour ; — En ce qui touche le dommage prétendu par Riaz : — Attendu que Jaubert entrepreneur de nettoiement de la ville d'Alger, et la compagnie du chemin de fer ont établi un appontement destiné à servir, au moyen d'un embranchement se reliant à la voie ferrée, à transporter les immondices de la ville d'Alger (à l'Agha) au dépôt établi à Hussein-Bey; — Attendu qu'il résulte des faits et documents de la cause que, sur l'emplacement dont il s'agit et sur la voie ferrée qui l'avoisine, des immondices ont fréquemment séjourné pendant deux ou trois jours à dater du mois de mars 1870 jusqu'au mois de juin 1871, date du jugement dont est appel; qu'il est résulté de ce fait une telle infection que les populations de l'Agha et des localités voisines ont, à diverses reprises, réclamé contre cet état de choses ; que l'autorité administrative s'en est émue, mais que les mesures qu'elle a tentées pour la faire cesser n'ont pas abouti ; — Attendu que Riaz, dont la maison située à l'Agha est contiguë à l'appontement, a dû souffrir plus que personne de cet état de choses; que, plus rapproché du foyer d'infection, il avait en outre à supporter les débris d'immondices qui, lors du déchargement des tombereaux et du chargement des wagons, arrivaient poussés par le vent jusque dans la maison ; que Riaz justifie de maladies qui lui auraient été causées par l'infection répandue par les immondices, qu'il est établi, en outre, qu'exerçant l'état de charron, il avait souffert dans l'exercice de sa profession, plusieurs de ses ouvriers l'ayant quitté par suite des inconvénients résultant des faits ci-dessus relatés; qu'enfin, il a été par lui allégué et non contesté que plusieurs de ses locataires lui auraient donné congé; que c'est donc à bon droit que les premiers juges avaient reconnu et déclaré que Riaz avait éprouvé un dommage dont il lui était dû réparation; — Attendu que c'est en ce qui concerne la compagnie des chemins de fer; — Attendu que c'est à tort que les premiers juges ont mis hors de cause la compagnie des chemins de fer; qu'ils ont à cet égard motivé leur décision sur ce que la compa-

gnie avait stipulé, en traitant avec Jaubert, que les transports des immondices, de l'Agha au dépôt d'Hussein-Bey, seraient effectués par elle sans aucune condition de délai ; mais que ce motif n'est nullement fondé; que la compagnie, qui pourrait opposer cette stipulation à Jaubert, si c'était lui qui se plaignît du stationnement prolongé des wagons chargés d'immondices, ne saurait opposer Riaz, qui est un fait personnel à la compagnie, lui a causé un dommage, du droit qu'il peut avoir d'en demander réparation à la compagnie ; que le jugement doit donc être réformé sur ce point ; — Attendu, à l'égard des conclusions de Riaz tendant à ce que la solidarité soit prononcée par la cour entre la compagnie des chemins de fer et le sieur Jaubert, qu'il n'y a lieu d'y faire droit, par le motif que c'est à raison de faits personnels à chacun d'eux qu'ils ont été déclarés responsables; — Par ces motifs, etc.
Du 19 déc. 1871.-C, d'Alger.

(2) (Compagnie parisienne des vidanges et engrais C. Béliard.) — Le 17 mai 1881, jugement du tribunal civil de la Seine ainsi conçu : — « Attendu que, le 12 déc. 1879, il a été constaté que la plupart des marchandises garnissant la boutique occupée par Béliard, dans la maison sise rue de Rambuteau, 46, et consistant en galons et tresses d'or et d'argent, ont été avariées; que Béliard s'étant immédiatement pourvu en référé pour faire procéder à la constatation régulière de ces dégâts et en rechercher les causes, dès le 13 décembre, même mois, Boutmy, expert commis par ordonnance, en date du 13 décembre, a procédé auxdites constatations; — Attendu qu'il résulte du rapport par lui dressé le 3 juin 1880 que l'analyse chimique à laquelle il a été procédé démontre que les détériorations subies par les marchandises du demandeur sont le fait d'une sulfuration, et qu'il n'existait pas d'autres causes possibles de cette sulfuration que celle résultant de l'action des gaz sortis de la fosse de la maison n° 46, et dont la vidange a été opérée par la Compagnie

fois saturées de matières corrosives, faute de réparer le canal conducteur (Civ. cass. 20 janv. 1880, aff. Bras et fils, D. P. 80. 1. 382);... soit en y déversant des eaux viciées et des résidus qui en rendent l'emploi impossible pour les usages domestiques, et occasionnent des dépôts malsains le long des rives (Req. 21 juill. 1887, aff. Société bordelaise de vidanges et engrais, D. P. 87. 1. 391); — 6° que les bruits nocturnes provenant de l'exploitation d'une industrie (une boulangerie dans l'espèce) justifient une action en responsabilité de la part d'un propriétaire voisin, lorsqu'ils dépassent la mesure des obligations communes du voisinage... spécialement, quand l'intensité de ces bruits est telle qu'ils empêchent une personne ayant un sommeil ordinaire de reposer la nuit, et cela alors même que les prescriptions de la coutume locale auraient été respectées dans le mode de construction du four (Orléans, 22 nov. 1889, aff. Pillé, D. P. 91. 3. 120). Adde, dans le même sens, pour les bruits et trépidations résultant de l'exploitation d'une imprimerie, Paris, 21 nov. 1887 aff. Compagnie générale d'imprimerie, D. P. 91. 1. 154.

D'autres décisions appliquant les mêmes principes aux établissements dangereux, insalubres ou incommodes pourvus de l'autorisation administrative, et distinguant en cette matière les inconvénients *généraux* des inconvénients *personnels et particuliers* de l'industrie exercée, ont été citées *suprà*, v[is] *Industrie et commerce*, n°s 101 et suiv. et *Manufactures, etc.*, n°s 86, 87, 88. Il a été encore jugé que, lorsqu'une personne a établi sur son terrain, avec l'autorisation de l'Administration, donnée d'ailleurs sous réserve du droit des tiers, une blanchisserie, sans prendre les précautions nécessaires pour éviter que l'emploi de la houille puisse nuire aux voisins, ceux-ci ont le droit de demander la réparation du préjudice souffert et les mesures nécessaires pour en prévenir le retour; qu'à cet égard, les tribunaux peuvent prescrire les mêmes mesures qu'a déjà ordonnées l'Administration, et ajouter à ces mesures d'autres travaux qui ne soient pas en opposition avec elles (Paris, 19 avr. 1893, aff. Héritiers Dupont de Kerne, D. P. 93. 2. 431).

68. Quant aux industries considérées comme d'utilité publique et exercées en vertu d'une concession, il a été décidé, en vertu des mêmes principes, spécialement à l'égard des compagnies de chemins de fer : 1° que ces compagnies répondent des dommages causés par le feu qui s'échappe de leurs locomotives, même dans le cas où elles auraient pris pour prévenir les incendies toutes les précautions prescrites par l'Administration ou recommandées par la science; l'État n'ayant concédé ni pu concéder à ces compagnies le droit d'incendier les propriétés riveraines, et le dommage nécessaire occasionné par une industrie devant être à la charge de celle-ci, lorsqu'il excède la mesure des droits et obligations du voisinage, ce qui est

évidemment le cas dans l'espèce (Bordeaux, 21 juin 1859, aff. N... D. P. 59. 2. 187). Il en est ainsi du moins quand les propriétaires incendiés n'ont de leur côté aucune imprudence à se reprocher. Mais le fait par le propriétaire riverain du chemin de fer d'avoir laissé croître sur son terrain des herbes susceptibles de prendre feu ne constitue ni le dépôt de matières inflammables, prohibé par l'art. 7 de la loi du 15 juill. 1845, ni une industrie mettant à sa charge l'incendie produit par la communication à ces herbes du feu provenant des locomotives du chemin de fer (Même arrêt); — 2° Qu'une compagnie de chemin de fer, sans même qu'elle ait enfreint les règlements spéciaux de son service, répond du préjudice causé à une blanchisserie de cire par la fumée de ses locomotives et d'une usine à gaz exploitée par elle (Orléans, 25 févr. 1885, aff. Desforges et Chalon, D. P. 86. 2. 227, et sur pourvoi, Req. 3 janv. 1887, D. P. 88. 1. 39).

69. Il appartient, d'ailleurs, au juge du fait de déclarer souverainement que le préjudice causé par une industrie excède la mesure des droits et obligations du voisinage (Req. 3 janv. 1887, cité *suprà*, n° 68; Civ. rej. 20 janv. 1891, aff. Compagnie générale d'imprimerie, D. P. 91. 1. 154). — Comp. sur les dommages causés par l'exploitation des mines, *suprà*, v° *Mines*, n°s 449 et suiv., 465 et suiv. — Sur les abus de la concurrence commerciale ou industrielle, *suprà*, v° *Industrie et commerce*, n°s 503 et suiv.).

70. Les mêmes principes ont été appliqués à l'exploitation des établissements de bals publics, le bruit des danses ne pouvant jouir d'une immunité refusée au bruit causé par le travail industriel. Le bruit d'un bal donné chez un particulier n'a point paru, il est vrai, pouvoir constituer la contravention de tapage nocturne (Crim. rej. 28 avr. 1859, aff. Bouquet, D. P. 59. 5. 367). Mais, outre qu'on doit être plus réservé pour la répression pénale que pour la réparation d'un dommage causé, on doit l'être plus aussi pour un fait isolé et privé que pour une exploitation permanente et publique, soumise, à raison de ses inconvénients, à la permission de l'autorité locale. Cette exploitation peut donc être une cause de responsabilité envers le voisin lorsque, par suite d'un vice relatif de construction et de l'insuffisance des précautions prises, elle a pour effet de rendre sa maison inhabitable (Bordeaux, 21 mai 1867, aff. Limousin, D. P. 69. 2. 159; Req. 17 avr. 1872, aff. Taverna, D. P. 72. 1. 352), ou lorsqu'elle est simplement une cause de trouble pour le voisin, notamment par le bruit de l'orchestre, rendu plus sensible par l'habitude de laisser ouvertes les fenêtres de la salle de bal, interrompt le sommeil des voisins pendant toute la durée des danses (Trib. civ. Bruxelles, 27 juill. 1864, aff. Tryest, D. P. 67. 3. 23).

71. Cette responsabilité pèse à la fois sur l'exploitant et sur le propriétaire de la salle (Bordeaux, 21 mai 1867, cité

---

parisienne des vidanges et engrais dans la nuit du 11 au 12 décembre; — Attendu que, par suite de la réglementation à laquelle se trouve soumis le service de la vidange par l'ordonnance de police du 29 nov. 1854, les entrepreneurs de vidange sont tenus de prendre les mesures propres à prévenir les sulfurations pouvant résulter du dégagement des gaz et à assurer la désinfection de la fosse; que la compagnie défenderesse n'établit pas que les précautions par elle prises lors de la vidange de la fosse de la maison sise rue de Rambuteau, 46, aient été suffisantes; qu'il a été reconnu par l'expert que les désordres par lui constatés ne peuvent être attribués à l'action du gaz d'éclairage; que ses affirmations à cet égard empruntent une nouvelle force à la constatation des mêmes effets sur les dorures existant dans la boutique du sieur Million, coiffeur, habitant la même maison où s'opérait la vidange; qu'il importe peu que les matières extraites de la fosse aient été ou non déversées sur la voie publique par suite de l'insuffisance des voitures de transport; qu'il est sans intérêt de vérifier les allégations du demandeur à cet égard; que les constatations faites suffisent pour déterminer la cause des pertes subies par Béliard, à établir la responsabilité de la Compagnie parisienne des vidanges et engrais; — Attendu que le tribunal a les éléments nécessaires pour apprécier le préjudice causé, que l'expert en a évalué l'importance à la somme 5960 fr. 90 cent.; — Par ces motifs, etc. ».

Appel par la Compagnie parisienne des vidanges et engrais, s'appuyant sur ce qu'elle avait préalablement désinfecté la fosse et n'avait vu relever contre elle par les inspecteurs de la salubrité aucune contravention.

LA COUR; — Considérant qu'il ressort du rapport d'expert que la détérioration éprouvée par les marchandises de Béliard n'a pu avoir d'autre cause que la sulfuration produite par les gaz qui se sont dégagés au cours de l'opération de vidange d'une fosse d'aisances pratiquée par la compagnie appelante dans la maison sise rue de Rambuteau, 46, pendant la nuit du 12 déc. 1879; — Considérant qu'aux termes de l'ordonnance de police du 29 nov. 1854, les entrepreneurs de vidanges ne peuvent procéder à l'extraction et au transport des matières contenues dans les fosses qu'après que la désinfection en a été complètement opérée à l'aide de procédés que les entrepreneurs doivent proposer et faire agréer par l'Administration; qu'il résulte de ces dispositions réglementaires que les entrepreneurs de vidanges ont l'obligation, avant de commencer l'extraction des matières, de s'assurer par eux-mêmes ou par leurs agents que les réactifs destinés à neutraliser les gaz volatils ont été employés en quantité suffisante et, dans des conditions qui en assurent l'efficacité; que le résultat qui s'est produit exceptionnellement dans la nuit du 12 déc. 1879 offre la preuve matérielle que l'opération dont il s'agit au procès a été accomplie sans que la désinfection prescrite par les règlements ait été réellement et suffisamment effectuée; que ce fait, ainsi établi à la charge de la compagnie appelante, constitue une faute et engage sa responsabilité; — Adoptant au surplus les motifs des premiers juges, en tant qu'ils ne sont pas contraires à ce qui précède; — Confirme.

Du 24 mai 1882.-C. de Paris, 2e ch.-MM. Rousselle, doyen, pr.-Bouchez, av. gén.-Liouville et Limet, av.

suprà, n° 70). Elle les oblige non seulement à réparer le préjudice causé au voisin par la résiliation de son bail et la vacance de son immeuble, mais encore à exécuter, si le voisin le demande, des travaux destinés à rendre tolérables pour l'avenir les inconvénients de ce voisinage, et cela alors même que l'autorité locale, en donnant son autorisation, aurait considéré les constructions comme offrant de suffisantes garanties, même à l'égard des voisins, les autorisations de ce genre ne pouvant porter atteinte aux droits des tiers (Arrêt précité du 21 mai 1867).

Il faut que ces travaux soient demandés par le propriétaire lésé pour que le juge puisse les prescrire (Rouen, 18 juill. 1870, sous Req. 17 avr. 1872 cité *supra,* n° 70). — Jugé pourtant que, si l'action tend à obtenir cessation ou diminution du trouble en même temps que réparation du préjudice causé, le juge peut rechercher, avant faire droit, si des changements à l'état des lieux pourraient faire cesser les inconvénients du voisinage ou les rendre tolérables (Trib. civ. de Bruxelles, 27 juill. 1864, cité *supra,* n° 70). Mais, en tout cas, il ne pourrait ordonner la suppression de l'établissement, lui fût-elle demandée. (Req. 17 avr. 1872 précité).

72. L'exploitation d'une maison de prostitution, bien qu'elle donne lieu à des autorisations et à des règlements de police (V. *supra,* v° *Prostitution*), ne saurait être reconnue comme un acte de commerce, ni même comme un acte licite. Cet acte immoral, quoique toléré, constitue en lui-même une faute qui engage la responsabilité de son auteur envers les voisins ou tiers quels qu'ils soient, s'ils en éprouvent du dommage dans leur personne ou leur propriété. L'autorisation, qui le couvre à l'égard de la police, n'en fait pas un acte licite au point de vue civil et ne peut, d'ailleurs, empêcher le juge du fait, souverain en cette matière, d'y voir un acte excédant par lui-même, et à raison de ses conséquences, nécessaires la mesure des obligations du voisinage, une faute qui engage la responsabilité (Cons. d'État. 9 juin 1859, aff. Cuenot, D. P. 59. 3. 33; Besançon, 3 août 1859, aff. Cuenot, D. P. 60. 2. 4; Req. 3 déc. 1860, aff. Nelaton, D. P. 61. 1. 331; Chambéry, 25 avr. 1861, aff. Perthuiset, D. P. 61. 2. 428; et sur pourvoi, Civ. rej. 27 août 1861, D. P. 61. 1. 334; Aix, 14 août 1861, aff. Sicard, D. P. 62. 2. 156; Lyon, 16 déc. 1862, aff. Morand de Jouffroy, D. P. 64. 2. 163; Aix, 20 mars 1867, aff. Andraud, D. P. 67. 5. 375; 11 janv. 1873, aff. Dame Rousset, D. P. 74. 2. 68; 19 nov. 1878, aff. Liotardi, D. P. 79. 2. 219; Req. 5 juin 1882, aff. Veuve Linossier, D. P. 83. 1. 291; 8 juill. 1884, aff. Frémont, D. P. 85. 1. 231).

L'action en dommages-intérêts peut être basée soit sur la dépréciation occasionnée à l'immeuble du demandeur (Besançon, 3 août 1859, Req. 3 déc. 1860, Chambéry, 25 avr. 1861, Civ. rej. 27 août 1861, Aix, 14 août 1861, Lyon, 16 déc. 1862 cités *supra,* n° 72), soit sur le tapage et le scandale dont l'établissement est la cause permanente, soit sur l'inconvénient résultant de ce que, de la maison du demandeur, la vue donne sur l'établissement (Aix, 11 janv. 1873 cité *supra,* n° 72).

73. Le propriétaire qui loue sa maison pour une telle destination est responsable, comme le locataire qui exploite l'établissement (Arrêts de Besançon, 3 août 1859; Req. 3 déc. 1860; Aix, 14 août 1861; Civ. rej. 27 août 1861; Lyon 16 déc. 1862; Aix, 20 mars 1867; 11 janv. 1873; 19 nov. 1878 cités *supra,* n° 72). — Sur la solidarité et les recours qui peuvent exister soit entre le propriétaire et le locataire à raison de cette responsabilité, soit entre les exploitants de plusieurs maisons de tolérance dont l'agglomération a causé le préjudice, V. *infrà,* nos 339 et suiv.

74. L'autorisation administrative en vertu de laquelle la maison est tolérée ne fait pas obstacle à la compétence des tribunaux ordinaires pour statuer sur les dommages-intérêts (Besançon, 9 févr. 1859, aff. Cuenot, D. P. 59. 2. 73; Cons. d'État, 9 juin 1859, aff. Cuenot, D. P. 59. 3. 33; Chambéry, 3 août 1858, aff. Pertuiset, sous Civ. rej. 27 août 1861, même affaire, D. P. 61. 1. 334). Elle les empêche seulement d'ordonner la suppression de l'établissement autorisé (Civ. rej. 27 août 1861 cité *supra,* n° 72) ou d'interdire son ouverture si elle n'a pas encore eu lieu (Bourges, 9 déc. 1889, aff. Serin, D. P. 91. 2. 118).

75. Le pouvoir d'allouer des dommages-intérêts en

pareille matière est, d'ailleurs, subordonné à la preuve d'un préjudice actuel ou actuellement certain. Aussi la seule obtention de l'autorisation d'ouvrir une maison de tolérance ne peut servir de base à une condamnation à des dommages-intérêts, même subordonnée à l'ouverture de l'établissement, mais de manière à être encourue de plein droit par le seul fait de cette ouverture (Bourges, 9 déc. 1889 cité *supra,* n° 74), l'ouverture même de l'établissement ne pouvant donner lieu à condamnation tant que le demandeur n'a encore justifié d'aucun préjudice éprouvé et dont le juge ait pu faire l'appréciation (Req. 8 juill. 1884 cité *supra,* n° 72). — D'autre part, les circonstances qui atténuent le préjudice doivent être prises en considération pour atténuer la condamnation. Ainsi en est-il du fait par le demandeur de n'avoir acquis sa propriété que postérieurement à l'établissement de la maison de tolérance, ce fait n'ayant pu le rendre non recevable à se plaindre, mais lui ayant permis d'acquérir à plus bas prix et d'éprouver par suite un préjudice moindre (Aix, 19 nov. 1878, aff. Liotardi, D. P. 79. 2. 219). La même solution est applicable en matière d'établissement industriel (*Rép.* n° 121 *in fine;* Dijon, 10 mars 1850, aff. Gagey-Seguin, D. P. 65. 2. 144. V. *supra,* v° *Industrie et commerce,* n° 105 *in fine*).

76. Le droit d'exercer un commerce ou une industrie entraîne celui de faire les opérations ou contrats qui s'y rattachent sans qu'on puisse, en principe, y trouver le fondement d'une action en dommages-intérêts pour les tiers qui peuvent en souffrir indirectement. Par exemple, il a été jugé qu'un mont-de-piété qui prête à un négociant sur dépôt de marchandises neuves, quelle que soit la multiplicité des prêts, ne commet pas une faute et n'est pas responsable envers les créanciers de ce négociant de la diminution d'actif résultant de ces prêts multipliés, s'il n'y a pas de sa part collusion frauduleuse avec lui, et surtout s'il ignorait que ledit négociant se procurât de l'argent en cédant à vil prix ses reconnaissances (Civ. cass. 12 janv. 1875, aff. Mont-de-piété, D. P. 75. 1. 145, et sur renvoi, Rouen, 29 juill. 1875, D. P. 76. 2. 159).

77. C'est encore un droit pour un créancier d'accorder des délais à son débiteur dont les affaires sont en péril, de le soutenir de son argent, de son crédit et de sa signature, de chercher dans une novation une garantie nouvelle de la créance; s'il est banquier, de faire les fonds de traites purement fictives et de les mettre en circulation avec sa signature, ces effets étant de simples moyens de crédit d'un usage constant dans le commerce et dont nulle disposition ne prohibe la création; enfin de préférer une liquidation à la faillite de son débiteur et d'accepter des autres créanciers le mandat de liquidateur. Mais si ces différents actes ont pour objet de procurer au débiteur un crédit fictif, de tromper les tiers sur sa véritable situation, un tel but leur imprime le caractère d'une faute grave. Ainsi, le créancier d'un commerçant qui a procuré à son débiteur l'acquisition, moyennant un prix imaginaire, d'un fonds de commerce sans valeur, qui l'a crédité pour des sommes importantes, et qui l'a soutenu pendant plusieurs années, en lui facilitant une circulation d'effets ruineuse et dolosive, peut être reconnu coupable d'une faute grave engageant sa responsabilité vis-à-vis d'autres créanciers du même commerçant, dont la confiance a été déterminée par ses agissements et par l'état apparent de prospérité qui en a été la suite; alors surtout que ce créancier, au lieu de laisser prononcer la faillite du commerçant, s'est fait investir du mandat de liquider ses affaires; et bien que, postérieurement à la déclaration de faillite, et sur les poursuites du syndic, les irrégularités de la liquidation aient été réparées par lui au regard de la masse des créanciers (Civ. rej. 2 août 1876, aff. Delambre, Bénilan et comp., D. P. 78. 1. 36, et la note).

78. — III. Droit putatif ou litigieux. — Recours aux tribunaux. — Voies d'exécution. — On a vu au *Rép.,* nos 108 et suiv., que la croyance erronée à un droit dont l'existence rendrait un acte licite peut enlever à cet acte le caractère d'une faute. On pourrait en dire autant de la croyance erronée à l'inexistence du droit lésé, formule qui peut ordinairement se réduire à la précédente. Il faut toutefois que cette croyance soit fondée elle-même sur des motifs plausibles : les dispositions des art. 1382 et 1383 sur la responsabilité du dommage causé, même par imprudence ou par

négligence, ne peuvent être étendues à l'erreur excusable (Req. 7 avr. 1879, aff. Risse et Chautemps, D. P. 80. 1. 8).

— Quant à la distinction entre l'erreur de fait et l'erreur de droit, erreurs dont la première seule pourrait servir d'excuse (*Rép.* n° 109), il faut réserver : 1° les dispositions spéciales qui écartent dans la poursuite de certains délits (la supposant, d'ailleurs, impossible) l'excuse tirée de l'ignorance de certains faits, tels qu'un brevet d'invention, ou le dépôt d'une marque de fabrique (V. *supra*, v° *Brevet d'invention*, n° 272 et suiv., *Industrie et commerce*, n° 349 et suiv. Comp. pour les dessins de fabrique, eod. v°., n° 273) ; — 2° Ce qui sera dit *infrà*, n° 80 et suiv. du fait d'intenter ou de soutenir par erreur un procès mal fondé en fait ou en droit et portant préjudice à l'adversaire.

79. On ne saurait confondre, au point de vue de l'excuse tirée de l'erreur, l'entreprise directe et effective sur le droit d'autrui, l'exécution même d'un acte contraire au droit, avec le recours aux tribunaux, qui subordonne l'exécution à la décision de ceux-ci, et constitue l'exercice d'une faculté légitime, même de la part de celui qui succombe (V. *infrà*, n° 80 et suiv.). Le fait, par exemple, d'abattre des arbres sur le terrain d'autrui dont on prétend être propriétaire, est une voie de fait qui rend passible de dommages-intérêts ; et cela même de la part d'un maire au nom de la commune, surtout quand le conseil municipal s'est borné à l'autoriser à faire acte de propriété sur ce terrain en lui laissant le choix et la responsabilité des moyens (Req. 28 déc. 1875, aff. Gémin, D. P. 77. 1. 82).

80. On a vu au *Rép.*, n° 112 et suiv., qu'un plaideur qui succombe ne peut être réputé en faute et condamné outre les dépens à des dommages-intérêts pour le seul fait d'avoir formé en justice une action ou une résistance mal fondée. Ce principe a été sanctionné encore par de nombreux arrêts de cassation, rendus pour insuffisance de motifs, contre des arrêts qui avaient prononcé des condamnations de ce genre sans constater, même implicitement, que l'action ou la résistance mal fondée ou injustifiée du plaideur constituât de sa part un acte de malice ou de mauvaise foi, ou même une faute, ou sans relever aucun fait propre à justifier cette qualification de faute.

Ainsi jugé soit à l'égard du demandeur qui succombe (Civ. cass. 7 déc. 1885, aff. Epoux de Saint-Pol, D. P. 86. 1. 207 ; 6 mars 1889, aff. Leullier, D. P. 89. 1. 284 ; 2 avr. 1890, aff. Horoy, D. P. 90. 1. 444 ; 22 avr. 1890, aff. Roullier, D. P. 90. 1. 465 ; 11 juin 1890, aff. Bockairy et Chardon, D. P. 90. 1. 324 ; 14 avr. 1891, aff. Dumont, D. P. 91. 1. 355 ; 20 avr. 1891, aff. Fabrique et curé de Saint-Hilaire-du-Harcouët, D. P. 91. 1. 351 ; 16 mars 1892, aff. Morand, D. P. 92. 1. 224. Dans l'espèce jugée par l'arrêt du 2 avr. 1890, il était constaté que le demandeur avait attiré son adversaire devant un juge incompétent et provoqué ensuite l'annulation du jugement par la cour de cassation) ; ... soit à l'égard du défendeur dont la résistance est jugée mal fondée ou non justifiée (Civ. cass. 14 août 1882, aff. Galot et autres, D. P. 83. 1. 255 ; 25 mai 1887, aff. Compagnie d'assurances terrestres *La Mutuelle de Valence*, D. P. 88. 5. 427 ; 22 oct. 1888, aff. Delon, D. P. 89. 1. 136 ; 24 oct. 1888, aff. Chevrier, D. P. 89. 1. 52 ; 20 nov. 1888, aff. Raphael, D. P. 89. 1. 413 ; 28 mai 1889, aff. Candelon, syndic Chavaux et comp., D. P. 90. 1. 385-387 ; 30 oct. 1889, aff. Faillite Peyrot, D. P. 90. 1. 184 ; 8 juin 1891, aff. Sundbye, D. P. 92. 1. 276 ; 16 nov. 1891, aff. Battu-Boyer, D. P. 92. 1. 342 ; 9 juin 1891, aff. Mounet et Neveu, D. P. 91. 1. 462 ; 20 mars 1893, aff. Dalgues, D. P. 93. 1. 327 ; 15 févr. 1893, aff. Padova de Serra, D. P. 93. 1. 378) ; ... soit pour un appel mal à propos interjeté (Civ. cass. 17 déc. 1878, aff. Compagnie générale des voitures à Paris, D. P. 79. 1. 125 ; 28 déc. 1881, aff. Tiphaigne, D. P. 83. 5. 154 ; 14 août 1882, aff. Galot et autres, D. P. 83. 1. 255 ; 29 oct. 1890, aff. Cottarel, D. P. 91. 1. 475 ; 22 avr. 1891, aff. Chemin de fer du Midi, D. P. 92. 1. 277).

81. Le même principe a été directement appliqué par les décisions suivantes, qui ont rejeté l'action en dommages-intérêts dans le cas : 1° d'une résistance mal fondée à un mode de remploi de deniers dotaux dont le placement ainsi retardé s'est trouvé moins avantageux (Req. 23 juin 1857, aff. Delamotte, D. P. 58. 1. 106) ; ... 2° D'une demande rejetée, mais exempte des caractères de la faute

(Metz, 26 juill. 1866, aff. Hér. de Koecker, D. P. 66. 2. 229) ; ... 3° D'un appel sérieux et ne pouvant être considéré comme une faute quoique ayant été rejeté (Civ. rej. 20 mars 1878, aff. Féty, D. P. 78 1. 256) ; ... 4° D'un appel déclaré mal fondé (Bourges, 18 nov. 1890, aff. M..., D. P. 92. 2. 21) ; ... 5° D'une demande mal fondée faute de préjudice sérieux, mais dont le but n'était pas démontré être purement vexatoire (Riom, 27 avr. 1891, aff. Olivier, D. P. 92. 2. 320) ; ... 6° D'un procès intenté avec entière bonne foi et reposant sur des arguments très plausibles (Bruxelles, 3 janv. 1891, aff. Mathieu, D. P. 91. 2. 358) ; ... 7° D'une municipalité qui avait cherché à l'aide des voies légales, sans obéir à une intention vexatoire, à se dégager des obligations contractées par celle qui l'avait précédée et dont elle désapprouvait la conduite (Aix, 22 juin 1892, aff. Ville d'Ajaccio, D. P. 92. 2. 577) ; ... 8° D'une action en responsabilité dirigée sans succès contre un conservateur des hypothèques à raison d'une note sans date ni signature qualifiée *renseignement préalable*, fournie officieusement dans son bureau à un notaire en attendant la délivrance des états et certificats requis par celui-ci, laquelle n'a été faite que par son successeur (Trib. civ. Seine, 16 févr. 1894, aff. Farin et Morel, D. P. 94. 2. 377). — A plus forte raison aucune condamnation ne peut-elle être prononcée contre un intimé qui voit réformer sur appel le jugement obtenu par lui de bonne foi et dont l'adversaire a éprouvé dans l'intervalle un dommage (Guadeloupe, 1er juill. 1872, aff. Banque de la Martinique, D. P. 74. 2. 95 ; Dijon, 22 févr. 1893, aff. Grangier, D. P. 94. 2. 354) ; ... Ou contre un appelant ayant gain de cause, et dont l'appel n'est dû qu'à l'erreur du premier juge (Civ. cass. 3 juin 1890 ; aff. Clerc, D. P. 90. 1. 367). — Jugé aussi que le plus ou moins de temps que le demandeur a mis à saisir la justice ne peut constituer en faute vis-à-vis du défendeur, quel que soit le préjudice que celui-ci éprouve à raison d'un recours qu'il aurait pu exercer et qu'une faillite a rendu illusoire (Civ. cass. 4 févr. 1867, aff. Chemin de fer d'Orléans, D. P. 67. 1. 78).

82. En sens inverse, il est incontestable que des dommages-intérêts sont dus pour le préjudice causé par un plaideur qui succombe dans une action ou une résistance formée par malice ou de mauvaise foi, ou par suite d'une erreur grossière équivalente au dol. Tous les arrêts de la chambre civile, cités *supra*, n° 80, qui ont cassé pour insuffisance de motifs des décisions allouant des dommages-intérêts indiquent au moins ces circonstances de malice, mauvaise foi ou erreur équipollente au dol, comme des motifs qui auraient pu suffire à justifier l'allocation. Et on peut citer, en outre, comme ayant appliqué la responsabilité dans ces circonstances, qui la rendent plus évidente, les arrêts suivants : Req. 11 nov. 1861, aff. Orange, D. P. 62. 1. 463 ; Amiens, 30 avr. 1864, aff. Cavrel et Allelis, D. P. 64. 5. 199, accordant une indemnité de déplacement à une partie injustement attirée devant un tribunal par un plaideur de mauvaise foi ; Besançon, 27 mars, 1867, aff. Bonnaventure, D. P. 67. 2. 54 ; Metz, 18 nov. 1868, aff. Adelving, et époux Bastien, D. P. 69. 2. 51 ; Poitiers, 1er déc. 1869, aff. Motheau, D. P. 71. 2. 17 ; Bordeaux, 27 nov. 1873, aff. Laumonnier et Mau, D. P. 74. 5. 432 ; Req. 14 août, 1877, aff. Marès, D. P. 78. 1. 298 ; Req. 10 nov. 1886, aff. Amiard, D. P. 87. 1. 308 ; Civ. rej. 21 févr. 1887, aff. Compagnie d'assurances, *La Préservatrice*, D. P. 87. 1. 297 ; Alger, 26 juin 1888, aff. Judas Chemoul, D. P. 89. 2. 242, statuant sur un cas où des poursuites en déclaration de faillite exercées de mauvaise foi contre un mineur dont on savait l'émancipation entachée de nullité ; Req. 11 juin 1890, aff. Vialatte, D. P. 91. 1. 193, arrêt rendu il est vrai non au profit des tiers abusivement poursuivis, mais au profit du cessionnaire d'un office ministériel dont ces tiers formaient la clientèle, et que le prédécesseur avait déprécié au mépris d'un traité en poursuivant les tiers ; Civ. rej. 3 févr. 1892, aff. Société Thomassi, D. P. 92. 1. 115 ; Req. 15 mars 1892, aff. Guiotat, D. P. 92. 1. 272 ; Alger, 15 juin 1892, aff. Consorts Aknine, D. P. 93. 2. 239, relatif à une demande en distraction formée au cours d'une saisie immobilière sur des immeubles dont on ne pouvait se croire propriétaire sans une erreur grossière équivalente au dol ; Civ. rej. 14 mars 1894, aff. Logue, D. P. 94. 1. 305, pour le fait d'un débiteur qui, sur présentation d'une traite, l'avait

prise sans la payer et avait ensuite prétendu l'avoir payée à ce moment, faute que le juge du fond avait suffisamment caractérisée par la seule constatation des faits.

83. Mais ne faut-il pas aller plus loin et appliquer l'art. 1383 au plaideur qui succombe lorsqu'il y a eu de sa part, indépendamment de tout dol, esprit de chicane, obstination déraisonnable, procédure abusive ou témérité excessive? Ces éléments ne peuvent-ils pas suffire à constituer la faute au sens de cet article? Et tout en reconnaissant aux particuliers le droit de soumettre aux tribunaux les difficultés qui les divisent, ne faut-il pas considérer comme un abus, c'est-à-dire comme une faute dont on est responsable, les procès injustes ou sans base plausible, formés en dehors de toutes les règles de la prudence, ou bien encore l'accumulation de procédures et de délais inutiles, la négligence à les éviter? La solution affirmative, adoptée par plusieurs auteurs (V. notamment : Sourdat, n° 664; Laurent, t. 20, n°s 412 et 413), nous paraît la plus conforme aux art. 1382 et 1383, qui font résulter la responsabilité non seulement du délit, mais aussi du quasi-délit; non seulement du dol, de la malice ou de la mauvaise foi, mais encore d'une simple imprudence; sauf à se montrer plus circonspect dans la constatation de ce genre de fautes à raison de la difficulté souvent considérable qu'on éprouve à discerner le bon droit; réserve qui réduit ces sortes d'affaires à des questions de fait et les place dans le domaine souverain des juges du fond.

Cette question a donné lieu à de nombreux pourvois devant la cour de cassation contre des arrêts qui avaient admis cette large application de l'art. 1383. Ces pourvois s'appuyaient sur les arrêts cités *suprà*, n° 80, de la chambre civile, exprimant la nécessité de la malice, de la mauvaise foi, ou d'une erreur équipollente au dol. Telle est, en effet, la formule qu'on retrouve dans presque tous ces arrêts, et qui serait aussi, d'après M. Laurent (t. 20, n° 413), celle des cours de Belgique. Mais il est à remarquer que les arrêts invoqués n'en font pas l'application directe, puisqu'ils cassent des décisions qui n'avaient même pas constaté une simple faute, et rien ne prouve qu'ils les eussent cassées pour défaut de constatation de la mauvaise foi, s'il y avait eu au moins constatation de la faute. La plupart même supposent le contraire en s'appuyant sur l'absence de constatation « d'une faute ». Aussi les pourvois ont-ils été rejetés par la chambre des requêtes.

Ainsi jugé: 1° pour un appel d'un caractère vexatoire et d'autres instances dont l'appelant l'a fait suivre dans un esprit de tracasserie, afin de lasser le défendeur et d'arracher à son énergie épuisée l'abandon d'une partie de ses droits, plutôt que dans l'espoir de l'obtenir d'une justice réglée qui plusieurs fois avait condamné ses prétentions (Req. 6 août 1860, aff. Barrafort et Petitpied, D. P. 61. 1. 78); — 2° Pour des difficultés et contestations blâmables, ayant causé au créancier un préjudice distinct de celui résultant du retard apporté à l'exécution de l'obligation (Req. 1er févr. 1864, aff. Compagnie *La Providence*, D. P. 64. 1. 135); —

3° Pour le retard apporté à l'exécution d'un arrêt par un pourvoi en cassation ultérieurement rejeté, encore bien que ce pourvoi ne fût pas suspensif de l'exécution, le retard de la partie condamnée étant une désobéissance à la loi, et l'abstention de l'autre un simple acte de prudence en raison des charges qu'impose la cassation d'un arrêt tant pour les restitutions et intérêts que pour la remise des lieux dans l'état antérieur à l'exécution (V. *suprà*, v° *Cassation*, n° 462; Req. 5 févr. 1868, aff. Frichot. D. P. 68. 1. 343); — 4° Pour une action injuste, mal fondée ou sans intérêt (Req. 18 mai 1868, aff. Houlès, D. P. 68. 1. 334); — 5° Pour des procédures abusives et une résistance opiniâtre (Req. 13 janv. 1873, aff. Caisse générale des assurances agricoles et contre l'incendie, D. P. 73. 1. 157); — 6° Pour une opposition dénuée de fondement qui avait motivé un jugement ensuite réformé et dont l'exécution pendant le délai d'appel a lésé l'adversaire (Req. 28 juin 1873, aff. Lefranc, D. P. 76. 1. 392); — 7° Pour des agissements injustes ayant occasionné à l'adversaire des dépenses considérables et exceptionnelles, (Req. 31 janv. 1876, aff. Blanc et autres, D. P. 77. 1. 230); — 8° Pour une contestation injuste mal à propos par le syndic d'une faillite contre un créancier (Req. 7 déc. 1880, aff. Faillite Vias, D. P. 81. 1. 312); — 9° Pour faute établie par les considérations déduites dans l'arrêt et touchant le fond du procès (Req. 24 juill. 1882, aff. Ville de Chambéry, D. P. 84. 1. 185); — 10° Pour un appel téméraire (Req. 14 août 1882) (1); — 11° Pour la faute d'avoir résisté indûment et fait défaut sciemment en première instance (Req. 27 mai 1884, aff. Bruneteau, D. P. 84. 1. 437 et le rapport de M. le conseiller Lepelletier); — 12° Pour une demande que le juge du fond a rejetée en déclarant qu'il résultait de tous les éléments du procès la preuve entière que cette demande était illégitime à cause du payement de la somme réclamée, déclaration qui impliquait un abus du droit de saisir les tribunaux et une faute commise (Req. 28 mai 1884) (2); — 13° Pour une opposition vexatoire aux poursuites exercées (Req. 9 juill. 1884, aff. Vagniez, D. P. 85. 1. 392); — 14° Pour une série d'actions diverses et téméraires qu'un demandeur n'avait cessé de provoquer pendant une longue période d'années en intentant des demandes naissant les unes des autres et contredites par une expertise antérieure (Req. 1er juill. 1889, aff. Dessimone, D. P. 90. 1. 375); — 15° Pour une action déclarée contraire à l'équité et à la bonne foi, et une procédure qualifiée abusive par le juge du fond (Req. 30 janv. 1893, aff. Bossugue, D. P. 93. 1. 224); — 16° Pour le fait, par le défendeur, d'avoir répondu à la demande par des offres dérisoires, et d'avoir nié déloyalement l'existence d'accords résultant de sa propre correspondance (Req. 5 mars 1894, aff. Fabre, D. P. 94. 1. 168).

84. Ces décisions ne sauraient être considérées comme contraires à la jurisprudence de la chambre civile, rapportée *suprà*, n° 80; elles ne visent pas, en effet, le cas où l'erreur est excusable, et, d'autre part, l'erreur inexcusable se confond, à vrai dire, avec l'erreur grossière équiva-

---

(1) (Fourré C. Dumaine.) — La cour; — Sur le moyen unique du pourvoi, tiré de la violation et de la fausse application des art. 464 c. proc. civ., et 1382 c. civ.; — Attendu qu'il résulte du jugement attaqué que les époux Fourré, condamnés sur une action en complainte dirigée contre eux par le sieur Dumaine devant le juge de paix de Barenton, ont interjeté appel de la sentence de ce magistrat en prétendant que la procédure était nulle et en outre qu'ils n'avaient jamais méconnu à Dumaine la possession du terrain litigieux et qu'ils n'avaient pas coupé des bois sur ce terrain; — Attendu que, contrairement à ces allégations, le jugement attaqué déclare que, si l'enquête, reçue d'abord par le juge de paix de Barenton, pouvait être arguée de nullité et ne pouvait faire foi parce que les dépositions entendues n'avaient point été signées par les témoins en conformité de l'art. 39 c. proc. civ., le juge de paix a procédé à une nouvelle enquête et expertise d'accord avec toutes les parties; que le même jugement constate encore que les époux Fourré avaient méconnu la possession de Dumaine, coupé des bois sur sa propriété, puis ajoute que l'appel a été téméraire; — Attendu que cette dernière déclaration des juges du fond, combinée avec les constatations matérielles ci-dessus rappelées, implique un abus du droit d'appel, une faute commise, et que, rapprochée de la circonstance qu'il y a eu préjudice causé à Dumaine, elle justifie la condamnation aux dommages-intérêts prononcée contre les époux Fourré, appelants, en faveur de Dumaine, intimé; — D'où il suit que le jugement attaqué n'a pas violé les articles susvisés; — Rejette le pourvoi formé contre le jugement rendu, le 9 déc. 1881, par le tribunal civil de Mortain.

Du 14 août 1882.-Ch. req.-MM. le cons. Alméras-Latour, pr.-Talandier, rap.-Chevrier, av. gén., c. conf.-Trezel, av.

(2) (El Hadj C. Carpanetti.) — La cour; — Attendu que la demande, intentée par El Hadj, avait pour objet le payement du prix de marchandises vendues à Carpanetti; que l'arrêt attaqué déclare qu'il résulte, soit des enquête et contre-enquête faites à l'audience, soit des autres documents du procès, la preuve entière que Carpanetti avait payé à El Hadj lui-même la somme réclamée, d'où il suit que l'action était illégitime; — Attendu que cette déclaration des juges du fond, combinée avec les constatations qui précèdent, implique un abus du droit de saisir les tribunaux, une faute commise, qui, rapprochée de la circonstance qu'il y a eu préjudice causé à Carpanetti, justifie la condamnation à dommages-intérêts prononcée contre El Hadj, en faveur de Carpanetti; que l'arrêt dénoncé n'a donc violé, ni l'art. 1382 c. civ., ni l'art. 7 de la loi du 20 avr. 1810; — Rejette, etc.

Du 28 mai 1884.-Ch. req.-MM. Bédarrides, pr.-Delise, rap.-Chevrier, av. gén., c. conf.-Bouchié de Belle, av.

lente au dol visée par cette jurisprudence. La chambre civile elle-même a rejeté le pourvoi formé contre des décisions qui avaient condamné à des dommages-intérêts un demandeur appelant et défaillant en constatant qu'il ressortait de ses agissements qu'il avait eu pour but de lasser le défendeur au moyen d'incidents de procédure, et que ses retards vexatoires dans l'examen d'une affaire, portée par lui-même, causaient nécessairement au défendeur un préjudice, faits dont le but et le caractère avaient pu être constatés souverainement et être considérés comme une faute par le juge du fond (Civ. rej. 3 août 1891, aff. Roullier, D. P. 92. 1. 566);... ou bien en constatant que l'appel avait un caractère exceptionnellement vexatoire et ne pouvait se comprendre que par l'intention d'arrêter le cours de la justice (Civ. rej. 14 avr. 1893, aff. Cabaret, D. P. 93. 1. 413).

La même chambre a décidé encore que, si l'usage des voies ordinaires de recours n'est une cause de dommages-intérêts que lorsqu'il est fait malicieusement, dans des conditions constituant une faute grossière équipollente au dol, il n'en est point de même lorsqu'on procède par la voie extraordinaire de la tierce opposition : dans ce dernier cas, l'art. 479 c. proc. civ. disposant que le rejet entraîne une amende, « sans préjudice des dommages-intérêts de la partie, s'il y a lieu », il suffit, pour justifier l'allocation de dommages-intérêts, que la décision des juges du fond établisse l'existence d'un préjudice causé par la tierce opposition reconnue mal fondée (Civ. rej. 19 juin 1893, aff. Compagnie La Foncière, D. P. 94. 1. 215).

Jugé encore : 1° qu'un défendeur ayant gain de cause, mais qui, par sa négligence à opposer une exception de nature à manifester son droit et à écarter l'action, laisse « ordonner un préparatoire, procéder à des enquêtes et à une expertise et occasionner ainsi des frais inutiles », commet une faute dont il doit la réparation (Limoges, 25 juin 1890, aff. Garrigou, D. P. 92. 2. 571) ; — 2° Que l'agent de change qui, ayant livré à son client, acheteur au comptant, des titres frappés d'opposition, met ce dernier dans la nécessité de se pourvoir en justice pour obtenir de lui le remplacement ou le remboursement de ces titres, et le laisse privé de ses coupons d'intérêts, est, en raison de cette résistance, passible de dommages-intérêts en sus du prix ou de la restitution si le client opte pour la restitution, la résistance étant une faute en présence d'obligations si nettement définies (Trib. com. de la Seine, 12 avr. 1870, aff. Jouault, D. P. 71. 3. 38) ; — 3° Que lorsqu'une partie ne se borne pas à un simple retard dans l'exécution d'une obligation, mais suscite à son adversaire des difficultés et des contestations non justifiées, elle peut être condamnée à des dommages-intérêts, outre le payement des intérêts légaux (Bruxelles, 22 nov. 1892, aff. Compagnie La Gladbach, D. P. 93. 2. 395).

85. Parmi les éléments qui peuvent entrer dans la réparation de la faute du plaideur figure le coût de l'enregistrement des actes dont il a rendu nécessaire la production en justice. Cette dépense n'est pas de plein droit, comme les dépens, à la charge de la partie perdante. Elle ne peut lui être imposée qu'à titre de dommages-intérêts pour la réparation d'une faute (V. à cet égard, infra, n° 312 et suiv., et suprà, v° Frais et dépens, n°s 90 et 91).

86. On doit être particulièrement sévère dans l'application de la responsabilité quand il s'agit de poursuites de nature à porter atteinte à la considération de l'adversaire. Ainsi il y a une cause de responsabilité dans une réclamation contenant un reproche immérité de négligence contre un officier ministériel, et soutenue avec obstination (Req. 23 nov. 1857, aff. Gibert, D. P. 58. 1. 173);... ou poursuivie sans droit ni intérêt par l'infatigable activité d'un plaideur téméraire (Dijon, 22 déc. 1865, aff. Bornier, D. P. 66. 2. 39);... et cela, quand bien même ce plaideur aurait

triomphé sur un autre chef de la même demande (Arrêt précité du 23 nov. 1857). Ainsi encore, le client qui poursuit un notaire en restitution de pièces, sur lesquelles ce dernier a un droit de rétention, intente une action vexatoire, qui engage sa responsabilité, alors qu'elle a causé préjudice au notaire, surtout quand la poursuite a été accompagnée de plaintes jugées sans valeur par le ministère public et par la chambre des notaires (Amiens, 4 janv. 1893, aff. Époux A..., D. P. 93. 2. 375). — Jugé encore qu'un officier ministériel est fondé à réclamer des dommages-intérêts à raison du préjudice moral et matériel que lui ont causé des poursuites exercées contre lui, lorsqu'elles n'ont eu d'autre but et d'autre intérêt que de faire du scandale, de satisfaire une vengeance personnelle et de chercher à porter atteinte à l'honorabilité de cet officier ministériel, et, enfin, qu'elles sont accompagnées d'imputations injustes et malveillantes (Req. 23 mars 1875) (1).

87. Les mêmes principes sont applicables aux plaintes portées à l'autorité judiciaire par la victime, réelle ou prétendue, d'un délit. Toute personne lésée par un délit a le droit de porter plainte, et le dépôt de cette plainte, quelque dommage qu'il cause aux personnes présumées à tort auteurs du délit, ne fait encourir aucune responsabilité s'il n'est entaché ni de mauvaise foi, ni d'imprudence, ni de légèreté condamnable (Civ. cass. 17 avr. 1878, aff. Compagnie des chemins de fer de Paris à Lyon, D. P. 79. 1. 72). Mais il en serait autrement si la plainte constituait une faute, ce qui peut résulter de son défaut de fondement et de l'intention malveillante qui l'a inspirée, circonstances qui seraient suffisamment indiquées par la qualification de calomnieuse appliquée par le juge à cette plainte. Ainsi jugé pour une plainte, portée par un client au parquet, contre un officier ministériel, à qui il reprochait d'avoir falsifié des écritures (Req. 13 avr. 1892, aff. Veuve Gardère, D. P. 92. 1. 303), plainte qui doit, d'ailleurs, être réputée dommageable par ce seul fait qu'elle est qualifiée calomnieuse (Même arrêt. V. suprà, v° Dénonciation calomnieuse, n° 57).

88. On a vu suprà, n° 20, les difficultés que soulève, au point de vue de la responsabilité, le fait de dénoncer méchamment, quoique exactement, un délit dont on n'a pas eu personnellement à souffrir, et plus spécialement une contravention fiscale. — Sur le cas de dénonciation fausse et téméraire, V. Rép., n°s 171 à 173. — Sur l'immunité concernant les faits et les écrits produits devant les tribunaux, V. suprà, v° Presse-outrage, n°s 1371 et suiv.

89. Le recours à des voies d'exécution est traité, on le comprend, avec plus de rigueur au point de vue de la responsabilité que le simple recours aux tribunaux. Ainsi l'exécution d'un jugement au mépris d'un acte suspensif de cette exécution, tel qu'une opposition ou un appel déjà formé, est une faute dont on doit réparation sans pouvoir alléguer sa bonne foi ; il ne peut être question d'y voir l'usage d'un droit, comme dans le fait de soumettre aux tribunaux une action sur le fondement de laquelle on s'est trompé (V. Rép., v° Appel civil, n° 1231, et suprà, v° Jugement par défaut, n° 141). — Et, en dehors de tout acte suspensif, il en est de même d'une exécution à laquelle on n'a droit que sous des conditions auxquelles on ne s'est pas conformé (Req. 23 févr. 1875, aff. Veuve Martin, D. P. 75. 1. 296). Bien plus, il en est de même (Rép. n° 182) de l'exécution permise provisoirement, nonobstant appel, par une clause du jugement, ou de l'exécution faite légalement, avant l'opposition ou l'appel, d'une décision non encore passée en force de chose jugée et qui est ensuite rétractée ou réformée. Le juge ou la loi ont permis toute cette exécution. Mais c'est une faculté que le plaideur exerce à ses risques et périls, sous la réserve de voir l'exécution prendre un caractère illicite, pour le passé comme pour l'a-

(1) (Lepley C. Lumière.) — La cour;... — Sur le second moyen de cassation tiré : 1° de la fausse application de l'art. 1382 c. civ. et des art. 12 et 23 de la loi du 17 mai 1819 : — Attendu qu'il a été reconnu en fait, par le jugement attaqué, qu'un dommage moral et matériel a été causé par les demandeurs au défendeur éventuel; que l'action intentée par lesdits demandeurs n'a pas eu d'autre but et d'autre intérêt que de faire du scandale, de satisfaire une vengeance personnelle et de chercher à porter atteinte à l'honorabilité de l'officier ministériel; qu'enfin

ils ont accompagné leurs critiques d'imputations injustes et malveillantes;

Attendu qu'en prononçant, dans ces circonstances, une condamnation à titre de dommages-intérêts contre les demandeurs, le tribunal, loin de violer les textes visés au pourvoi, en a fait au contraire une juste application;

Rejette, etc.

Du 23 mars 1875.-Ch. req.-MM. de Raynal, pr.-Sallé, rap.-Babinet, av. gén.-Costa, av.

venir, en cas d'infirmation ou de rétractation du jugement, quelle que fût sa bonne foi ou sa confiance dans l'issue du recours dont il était menacé (Req. 3 fév. 1863, aff. Chatillon et Canton, D. P. 63. 1. 163 et la note ; 27 avr. 1864, aff. Leblanc, D. P. 64, 1. 303 ; Civ. rej. 4 nov. 1874, aff. Thomas-Lachambre et comp., D. P. 78. 1. 73 ; Req. 28 juin 1875, aff. Lefranc, D. P. 76. 1. 392 ; Lyon, 16 déc. 1892, aff. Ferrand frères, D. P. 93. 2. 259 ; Laurent, t. 20, n° 414 ; Sourdat, n° 665).

90. Toutefois, on ne saurait confondre avec cette hypothèse celle où la partie lésée se plaint du dommage que lui a causé le seul fait du jugement ultérieurement réformé. On ne peut imputer à faute le fait d'avoir obtenu ce jugement s'il ne l'a pas été par des manœuvres déloyales. Surtout la partie ne peut se plaindre du tort qu'elle s'est causé à elle-même en s'abstenant momentanément de faire une catégorie d'affaires dans la crainte de procès semblables à celui qu'elle avait perdu en première instance. Jugé notamment qu'une banque qui, en présence de décisions défavorables à ses intérêts, a supprimé pendant quatre années tous prêts sur nantissements de marchandises et restreint la négociation des traites sur chargement de marchandises, n'a droit de ce chef à aucuns dommages-intérêts contre celui au profit duquel ces décisions avaient été rendues, lorsque celles-ci sont postérieurement réformées (La Guadeloupe, 1er juill. 1872, aff. Banque de la Martinique, D. P. 74. 2. 95).

91. En outre, on ne saurait, au point de vue de la responsabilité, assimiler à l'exécution d'une décision ultérieurement réformée ou rétractée sur appel ou opposition, celle d'une décision passée en force de chose jugée, mais ultérieurement cassée. La cassation après exécution, dans ce dernier cas, n'impose que la restitution des objets litigieux ou la remise en état s'il s'agit de travaux ; et, s'il s'agit de sommes d'argent, le payement des intérêts à partir de la signification de l'arrêt d'admission (Rép., v° Cassation, n° 2026 et supra, eod. v°, n° 462. V. aussi Sourdat, n° 666 ; Adde, Besançon, 22 juill. 1891, aff. Donnot, D. P. 92. 2. 413). — Cependant, d'après un arrêt, la partie contre laquelle a été poursuivie l'exécution d'un arrêt ultérieurement cassé peut demander la réparation du dommage qui lui a été causé de ce chef et obtenir de ce chef le renvoi une condamnation solidaire contre ceux qui ont fait procéder à cette exécution (Dijon, 18 janv. 1882, supra, v° Appel civil, n° 117).

92. L'usage de l'erreur, de l'excuse de l'erreur ne peut non plus être alléguée par celui qui a pratiqué, même avec toutes les formes légales, une saisie-arrêt mal fondée ou inutile, cette saisie étant aux risques de celui qui la fait sans même qu'elle soit dolosive ou vexatoire. On en a vu des exemples au Rép., n° 112, 2° et 3°, et la jurisprudence continue d'admettre la responsabilité, non seulement pour une saisie-arrêt excédant considérablement la créance à garantir et faite dans un but vexatoire, pour nuire au crédit du débiteur (Trib. civ. Seine, 9 août 1865 et Paris, 3 août 1866, aff. Borghis, D. P. 68. 1. 276), mais encore dans les cas suivants : 1° pour les saisies-arrêts intempestives et frustratoires en ce sens que le remboursement de la créance était assuré avant qu'elles fussent pratiquées, qu'elles ont été multipliées avec si peu de discernement qu'on a dû renoncer à plusieurs d'entre elles et qu'elles ont eu pour effet d'entraver l'administration et de nuire au crédit du débiteur (Civ. rej. 16 févr. 1858, aff. Montchal, D. P. 58. 1. 128) ; — 2° Pour une saisie-arrêt excédant la somme due, par suite de la supposition erronée d'une solidarité entre le débiteur auquel appartenaient les sommes saisies-arrêtées et un autre débiteur (Aix, 24 août 1870, aff. Dévoto, D. P. 71. 2. 220) ; — 3° Pour une saisie-arrêt indûment pratiquée, cette mesure d'exécution étant aux risques et périls de celui qui y recourt (Req. 17 mars 1873, aff. Manceaux, D. P. 74. 1. 33, et la note) ; — 4° Pour une saisie-arrêt pratiquée même avec l'autorisation du président du tribunal, et depuis déclarée nulle à raison de ce que l'existence de la créance n'était pas certaine et dépendait de comptes et vérifications à faire, la nullité n'en étant pas couverte par le jugement ultérieur qui constate l'existence de la créance (Dijon, 12 mars 1874, aff. Pinchon, D. P. 76. 2. 94).

Une condition essentielle toutefois de cette responsabilité est la constatation d'un préjudice ; et, en l'absence de cette constatation par le juge du fond, on ne saurait soutenir, pour justifier sa décision, que toute saisie-arrêt doit être réputée préjudiciable en elle-même (Civ. cass. 27 nov. 1888, aff. Frot, D. P. 89. 1. 406).

93. Les principes appliqués aux saisies-arrêts l'ont été aussi aux autres saisies. Jugé, notamment : 1° qu'en déclarant mal fondée la revendication d'une marque de fabrique, le juge peut allouer des dommages-intérêts au défendeur pour la réparation du préjudice que lui a causé la saisie téméraire d'objets lui appartenant et le trouble apporté à l'exercice de son commerce, cette saisie n'étant pas le préliminaire obligé de l'action que le demandeur pouvait avoir le droit d'intenter (Req. 30 juill. 1884, aff. Lanmann et Kemp, D. P. 85. 1. 448) ; — 2° Que la saisie conservatoire pratiquée sur un navire, à raison d'un abordage dont ce navire aurait été coupable, engage la responsabilité du saisissant et l'oblige à payer des dommages-intérêts au capitaine du navire saisi, pour le préjudice souffert du fait de la saisie, alors qu'il est reconnu que l'abordage avait été purement fortuit et que, par suite, la saisie avait été faite à tort ; qu'en vain le saisissant alléguerait qu'il a offert au capitaine du navire de donner mainlevée de la saisie moyennant un cautionnement, et que le capitaine n'a pas voulu fournir ce cautionnement, l'obligation de donner caution ne pouvant, dans le cas de l'espèce, être imposée au saisi (Civ. rej. 19 juin 1893, aff. Compagnie La Foncière, D. P. 94. 1. 215) ; — 3° Que l'arrêt qui condamne le propriétaire du navire abordé à payer des dommages-intérêts au maître du navire abordeur, justifie suffisamment sa décision, lorsqu'il constate que ledit propriétaire a, avec une précipitation qui a causé préjudice au bâtiment abordeur, pratiqué la saisie conservatoire de ce bâtiment et de son fret : le mot de précipitation, impliquant, dans l'espèce, la témérité et le manque de réflexion (Civ. rej. 19 juin 1893, aff. Dubuisson, D. P. 94. 1. 215).

94. Mais, pour être une cause de dommages-intérêts, il faut que la saisie soit mal fondée ; et il ne suffirait pas que le créancier eût vu rejeter une demande ou un appel formé par lui en vue de faire fixer sa créance à un chiffre encore plus élevé (Civ. rej. 20 mars 1878, aff. Féty, D. P. 78, 1. 256). — Une saisie peut être fondée quant à la créance et contre le débiteur, mal fondée quant à l'objet saisi, cet objet appartenant à un tiers. L'erreur par laquelle on a ainsi compris, dans une saisie immobilière, un immeuble appartenant à un tiers, peut être faute dont on doit réparation soit à ce tiers, soit à l'adjudicataire évincé (Trib. civ. Montpellier, 26 mai 1882, aff. Dellard et Rouanet, D. P. 83. 3. 87) ; sans qu'on puisse opposer au tiers propriétaire, dont l'acte d'acquisition a été transcrit, l'absence de mutation sur la matrice cadastrale, le saisissant devant prendre tous les renseignements nécessaires pour s'assurer de la valeur et de la situation des immeubles de son débiteur (Même arrêt).

Toutefois cette responsabilité du créancier poursuivant pour erreur sur l'immeuble saisi ne s'appliquerait pas en cas d'erreur excusable, par exemple en cas de saisie d'un immeuble indivis entre le débiteur et un tiers, lorsque d'une part la possession exclusive du débiteur saisi, les actes de disposition émanés de lui, enfin les énonciations du cadastre, donnaient lieu de croire que l'immeuble, objet des poursuites, appartenait exclusivement au débiteur, et que, d'autre part, les droits de son copropriétaire étaient ignorés et obscurs (Req. 7 avr. 1879, aff. Risse et Chautemps, D. P. 80. 1. 8).

95. L'existence d'un préjudice ne suffit pas pour faire condamner à des dommages-intérêts l'auteur d'un acte d'exécution utile et fondé en droit, à plus forte raison l'auteur d'un acte purement conservatoire, utile à la sauvegarde de ses droits. Jugé, notamment, que le propriétaire nouvellement entré en possession d'un immeuble peut avoir intérêt à faire aux locataires et sous-locataires un commandement de payer à l'avenir les loyers entre ses mains et que, par suite, il ne commet, en faisant cet acte, aucune faute de nature à engager sa responsabilité ; et que, si ce commandement, en tant qu'il s'adresse au sous-locataire, est mal fondé, il ne s'ensuit pas que le propriétaire engage sa responsabilité en le faisant ou en refusant d'en donner mainlevée, puisque c'est un simple avertissement dont le

sous-locataire peut ne pas tenir compte (Civ. cass. 13 avr. 1886, aff. Epoux Brun, D. P. 86. 1. 424).

Jugé, dans le même ordre d'idées, que le locataire d'une maison incendiée ne fait qu'user régulièrement de son droit si, ayant reçu du propriétaire signification de l'intention où il est d'agir en garantie contre lui et sommation d'assister à une expertise pour l'évaluation des dégâts, il provoque lui-même, pour se défendre contre cette menace, une expertise à l'effet de constater l'état de la maison incendiée et rechercher les causes du sinistre; que, dès lors, il ne doit pas de dommages-intérêts pour les détériorations que ses experts ont pu causer à la maison dans l'accomplissement de leur mission (Riom, 12 mai 1892, aff. Verjus, D. P. 92. 2. 454).

96. — IV. Légitime défense. — On a vu au Rép., nos 101 à 104, que le cas de légitime défense est encore une cause d'irresponsabilité pour les blessures ou l'homicide que cette défense, simple usage d'un droit et conséquence d'une faute de la partie lésée, a rendus nécessaires et licites. La cour de cassation a encore jugé que les actes commandés par les nécessités de la défense de soi-même ou d'autrui ne sauraient constituer une faute pouvant donner lieu à l'allocation de dommages-intérêts, vis-à-vis de celui qui les a motivés par son agression (Req. 24 févr. 1886, aff. Marginier, D. P. 86. 1. 438).

97. L'excuse peut, même en cette matière, être fondée sur l'erreur. Il n'y a, par exemple, ni délit, ni quasi-délit dans le fait d'une personne d'avoir, après plusieurs tentatives de vol constatées par elle dans son habitation, blessé d'un coup de fusil l'individu dont elle ignorait le nom et les intentions, et qui, s'étant introduit dans son jardin avec deux complices pendant la nuit, s'était caché sur le toit et cherchait à s'évader (Besançon, 22 févr. 1875, aff. C..., D. P. 76. 2. 116). Il y a là une erreur de fait excusable, suivant la distinction qui a été faite suprà, n° 78.

98. Mais la responsabilité reparaît quand les nécessités d'une défense actuelle ont été excédées (Rép. nos 103 et 104). Ainsi, la personne qui blesse d'un coup de fusil l'individu qui s'est introduit par escalade dans sa maison est responsable envers cet individu de la blessure qu'elle lui a faite et est tenue de lui payer des dommages-intérêts, lorsqu'au moment où elle a fait feu, son existence, pas plus que celle des siens, ne courait un danger, l'individu, qui d'ailleurs n'était porteur d'aucune arme apparente, cherchant alors à fuir. Toutefois, la responsabilité de l'auteur de la blessure doit être largement atténuée, si celui-ci, à raison des circonstances de la cause, et spécialement à raison d'un vol qualifié dont il avait été la victime peu de temps auparavant, pouvait croire à la présence d'un malfaiteur audacieux et, par suite, se trouvait sous l'influence d'un trouble profond (Besançon, 1er mars 1893, aff. G..., D. P. 93. 2. 287).

99. Enfin on ne saurait considérer comme l'exercice du droit de légitime défense la mort ou les blessures données dans un duel (Rép. n° 102). La question de dommages-intérêts dans cette hypothèse a été traitée suprà, v° Duel, nos 50 et suiv. et 60.

100. — V. Droits de la presse (Rép., n° 174). — C'est encore l'exercice d'un droit et non pas une faute de la part d'un auteur ou d'un journal, de publier des faits publics et patents, ou que le public est intéressé à connaître, quelque préjudice qu'en puissent éprouver certaines personnes. Jugé notamment : 1° que l'insertion dans un journal de l'annonce par laquelle une compagnie prévient le public qu'elle ne reconnaît pas les titres d'obligations portant telle série de numéros, n'engage pas la responsabilité du directeur du journal vis-à-vis du porteur de ces titres, qu'elle frappe ainsi d'indisponibilité ; cette annonce ne renfermant qu'un fait public et patent, émané de la compagnie, sous sa responsabilité, le porteur des titres aurait lui-même le devoir de faire connaître aux acheteurs (Trib. com. Seine, 12 janv. 1869, aff. Falk, D. P. 71. 3. 99 et la note). — Sur la recommandation de valeurs de bourse par les journaux, V. infrà, n° 128 ; — 2° Que la publication d'un ouvrage sérieusement fait, consacré à l'indication et au classement de certains produits, spécialement des vins de Bordeaux, ne peut donner lieu à une action en dommages-intérêts de la part d'un producteur, à raison du classement de ses produits, alors surtout que ce classement, conforme aux précédents et à l'opinion reçue, ne lui a causé ni pu causer aucun préjudice (Req. 13 juin 1870, aff. Roux, D. P. 71. 1. 106) ; — 3° Que la responsabilité d'un critique d'art ne peut être engagée que s'il y a faute de sa part, c'est-à-dire s'il a excédé les limites d'une critique honnête et loyale ; spécialement qu'un peintre, ayant exposé un tableau et invité par suite la presse à s'en occuper, ne saurait poursuivre un critique d'art pour avoir exprimé de bonne foi l'opinion, suggérée par l'examen des tableaux en eux-mêmes, abstraction faite de la personnalité de l'auteur, que la photographie a dû être employée dans l'exécution de ce tableau (Trib. civ. Bruxelles, 31 janv. 1882) (1).

A plus forte raison devait-il être jugé que la critique d'un remède, même faite en termes inconvenants, par un médecin devant un client et dans son cabinet, n'entraîne contre lui aucune responsabilité à l'égard de l'inventeur du remède, si ces propos n'ont pas été inspirés par une intention méchante et dans la pensée de nuire à ce dernier (Bordeaux, 25 févr. 1873, aff. Dutaut, D. P. 73. 5. 407).

101. Des limites plus étroites restreignent le droit de critique de la part d'un concurrent contre les produits d'un industriel ou d'un commerçant (V. suprà, v° Industrie et commerce, nos 507 et suiv.).

102. Il y a encore une raison spéciale d'écarter la faute quand l'auteur de l'annonce a eu besoin d'y recourir pour arriver à l'exercice d'un droit reconnu légitime, par exemple quand le souscripteur d'un ouvrage, de bonne foi et sans avoir pour but de discréditer l'œuvre, fait insérer dans un journal un article annonçant que la plupart des souscripteurs ont été déçus par la livraison de cet ouvrage, qui est loin de tenir les promesses qui ont motivé leur souscription, et invitant à s'unir à lui ceux qui voudraient demander à la justice la résolution de leur marché, résolution qui a été prononcée dans la suite (Paris, 12 nov. 1881 (2). Comp. suprà, v° Presse-outrage, n° 894).

---

(1) (Van Beers C. Solvay.) — Le tribunal ; — Attendu que le demandeur poursuit la réparation du préjudice que lui aurait causé l'article du défendeur inséré dans la Gazette des 24-25 août 1881 ; — Attendu que la responsabilité du défendeur ne peut être engagée que s'il y a faute de sa part, c'est-à-dire s'il a excédé les limites d'une critique honnête et loyale ; — Attendu que le peintre qui produit des tableaux dans une exposition publique invite, par cela même, la presse à s'en occuper et à donner son avis sur les œuvres ainsi exposées ; — Attendu que les critiques, selon leurs vues personnelles et divergentes sur la mission de l'art, sur l'imitation de la nature, sur le rôle de la couleur et du dessin, ont le droit de discuter les tendances de l'artiste, de constater l'effet produit par son œuvre, et d'analyser les procédés techniques employés pour produire cet effet ; — Attendu que le défendeur a analysé l'impossibilité, d'après lui, d'expliquer sans admettre l'emploi de la photographie, certaines particularités du dessin et le fini d'exécution atteint par l'artiste ; qu'il a présenté par suite comme un fait constant pour lui que le peintre avait fait usage de procédés photographiques ; — Attendu que cette opinion, suggérée par l'apparence extérieure des tableaux exposés, et tout particulièrement de la Lily, a été partagée plus ou moins par d'autres organes de la presse ; que la bonne foi du demandeur doit être admise, en ce sens qu'il n'a fait qu'exprimer, dans des termes un peu vifs, une conviction sincère qu'il s'était formée par l'examen des tableaux en eux-mêmes, abstraction faite de la personnalité de leur auteur ; — Attendu que l'emploi de la photographie dans la peinture est sujet à discussion ; que certains critiques le considèrent comme un abaissement de l'art, indigne du véritable artiste ; que d'autres, à tort ou à raison, n'y voient qu'un moyen mécanique de venir en aide à la réalisation des idées du peintre, le talent particulier de l'auteur pouvant toujours se révéler dans son œuvre avec son cachet personnel ; — Attendu que la manière de voir du défendeur peut diminuer la valeur esthétique des œuvres du demandeur, peut lui enlever jusqu'à un certain point le mérite de la difficulté vaincue, mais qu'elle n'est pas de nature à porter atteinte à son honneur, resté intact au milieu du bruit soulevé par la presse autour des tableaux exposés par lui ; — Attendu qu'il résulte de ce qui précède que, en émettant dans son journal une opinion sur les procédés employés par l'artiste pour l'exécution des tableaux soumis à l'appréciation du public, le défendeur n'a fait qu'user du droit incontestable de la critique ; — Par ces motifs, — Déclare le défendeur non fondé en son action.

Du 31 janv. 1882.-Trib. civ. de Bruxelles, 2e ch.-MM. Drugman, vice-pr.-Timmermans, subst.-Janson, Moreau et Jules Lejeune, av.

(2) (De Lamotte C. Violet et consorts.) — Le sieur Violet, un

103. Mais la responsabilité est encourue dès qu'on dépasse les bornes d'une critique honnête et utile. Par exemple, le journal qui, dans le compte rendu d'un procès, tourne un avocat en ridicule, le représente comme grotesque et incapable, nuit à la considération et aux intérêts professionnels de cet avocat et lui doit réparation de ce préjudice matériel et moral (Trib. civ. Reims, aff. Palle, 3 nov. 1892, D. P. 93. 2. 486).

104. Le droit même de discuter les opinions et de défendre les principes ne peut autoriser l'attaque dirigée contre un particulier et destinée à lui nuire (V. notamment, en ce sens : Req. 8 mai 1876, aff. Desquiers, journal *L'Univers*, cité *supra*, v° *Presse-outrage*, n° 896, et les conclusions conformes de M. l'avocat général Reverchon, D. P. 76. 1. 259). Il y avait, dans l'espèce, de la part du journal, des réflexions et une invitation capables de nuire. Mais on peut douter qu'un journaliste excède son droit en annonçant purement et simplement un fait dont la publicité, voulue pas son auteur, n'a pu lui paraître nuisible.

105. Au point de vue des fictions littéraires, il a été jugé que l'écrivain n'excède pas son droit en prenant pour théâtre de ses récits des localités copiées sur nature, pourvu qu'il n'y introduise pas des acteurs choisis dans la vie réelle en les dénonçant au public par les événements et les circonstances morales de leur existence; qu'un romancier, par exemple, ne peut être poursuivi en dommages-intérêts par un individu auquel peuvent se rapporter uniquement le lieu du roman, l'importance de la fortune d'un des personnages et la visite d'un fonctionnaire, alors que tous les autres traits sont inapplicables au demandeur ou à sa famille, et que l'auteur déclare ne les avoir jamais eus en vue (Paris, 10 janv. 1873, aff. Goupil, D. P. 74. 2. 152). Cette question ouvre un large champ à l'appréciation souveraine des juges du fond (Comp. Sourdat, t. 1, n° 71 *bis*; *Rép.* v° *Presse-outrage*, n° 839 et suiv.). — Sur les difficultés que soulèvent, en général, les droits du journaliste ou de l'écrivain au point de vue du délit de diffamation, V. *supra*, v° *Presse-outrage*, n°s 846 et suiv., et *Rép.* eod. v°, n°s 841 et suiv. — Sur l'immunité concernant les comptes rendus des débats parlementaires ou judiciaires au point de vue de la diffamation, V. *supra*, v° *Presse-outrage*, n°s 1353 et 1360.

106. — VI. Droit électoral. — Droit d'association. — L'exercice des droits politiques donne lieu à l'application des mêmes principes et des mêmes réserves. Un électeur, notamment, n'encourt aucune responsabilité pour le préjudice qu'il a causé à un citoyen ou à un candidat par le simple usage du droit de protestation contre son inscription sur la liste électorale ou contre son élection. Mais l'abus de ce droit peut constituer une faute et motiver une allocation de dommages-intérêts (V. notamment : Bordeaux, 16 avr. 1886, aff. Beylot, D. P. 87. 2. 79, cité *supra*, v° *Presse-outrage*, n° 904 ; Paris, 13 janv. 1880, aff. Lanaltre, D. P. 81. 2. 189, cité *supra*, v° *Presse-outrage*, n° 541). Il en est ainsi alors même que les imputations préjudiciables contenues dans la protestation ne constitueraient ni le délit de diffamation, faute de la publicité requise, ni celui de dénonciation calomnieuse, faute d'avoir été déclarées fausses par l'autorité compétente (Bourges, 14 janv. 1879, aff. Champagnac, D. P. 79. 2. 149, cité *supra*, v° *Presse-outrage*, n°s 540 et 541, et sur pourvoi, Req. 30 janv. 1882, D. P. 82. 1. 112. Comp. *supra*, n° 23). — Le juge du fond est d'ailleurs souverain pour déclarer que les circonstances dans lesquelles la protestation a été rédigée et adressée à la Chambre sont exclusives de toute bonne foi

de la part de ses auteurs et décider que ces derniers ont excédé leurs droits d'électeurs, commis une faute et causé un préjudice dont ils doivent réparation (Arrêt précité du 30 janv. 1882). Ajoutons que l'autorité judiciaire est compétente pour statuer sur cette question de faute et de dommages-intérêts, sans que sa décision à cet égard atteigne l'élection dans sa validité et puisse être considérée comme un empiétement sur les pouvoirs de la Chambre des députés. — Sur l'immunité concernant les débats et documents parlementaires au point de vue de la diffamation, et la question de savoir si elle s'étend aux protestations, V. *supra*, v° *Presse-outrage*, n°s 1349 et suiv. — Sur les discours tenus au sein des conseils généraux, d'arrondissement et municipaux, V. *ibid.*, n° 1350. — Sur les discours prononcés et les écrits produits devant les tribunaux, V. *ibid.*, n°s 1371 et suiv. — Sur les polémiques électorales, V. *ibid.*, n°s 899 et suiv.

107. C'est encore abuser du droit électoral que de porter un citoyen sur une liste de candidats sans son autorisation et contre sa volonté. Par suite, celui qui imprime ou fait imprimer, afficher et distribuer une liste électorale ainsi composée, sans l'autorisation ou même contre la volonté de ceux dont les noms y figurent, commet un quasi-délit et doit réparation du préjudice matériel et moral que ce fait a pu leur causer, soit qu'ils n'aient nullement posé leur candidature, soit même qu'ils l'aient posée mais en donnant leur adhésion à une autre liste ou en prenant une attitude politique contraire aux opinions des personnes figurant sur la liste incriminée (Rouen, 27 déc. 1878, aff. Bourdon et autres, D. P. 79. 2. 151, et la note ; Trib. civ. Chinon, 21 juin 1892, aff. Auvinet et autres, D. P. 93. 2. 15; Nancy, 8 mars 1893, aff. Quantin, D. P. 93. 2. 278. V. aussi Cons. d'Et. 14 mars 1879, aff. Elections de Pontscoff, *Rec. Cons. d'Etat*, p. 220 ; 4 avr. 1879, aff. Elections de Laqueuille, *ibid.*, p. 293 ; 8 mai 1885, aff. Elections de Montfort, *ibid.*, p. 497 ; 22 mai 1885, aff. Elections de Pavilly, *ibid.*, p. 539 ; 3 févr. 1888, aff. Elections de Montreuil-sous-Bois, D. P. 89. 3. 50, et la note. Comp. sur la question, Bavelier, *Dictionnaire de droit électoral*, v° *Candidat*, n°s 1 et 2 ; notre *Code des lois politiques et administratives annotées*, t. 1, v° *Elections*, n°s 2762 et suiv., p. 989).

Il en est ainsi surtout lorsque la liste composée de la sorte constituait une manœuvre et n'avait été formée que dans l'intention de nuire (Trib. civ. Chinon, 21 juin 1892 précité). Mais la solution est applicable alors même qu'on a agi avec une entière bonne foi en prétendant surprendre la religion des électeurs (Nancy, 8 mars 1893, précité). — La même responsabilité atteint les distributeurs des listes dont il s'agit (Même arrêt). — Mais chaque électeur, pris individuellement, est libre de composer à sa guise la liste qu'il est appelé à déposer dans l'urne (Même arrêt).

108. Sur l'usage et l'abus par les syndicats professionnels du droit d'association, de coalition et de proscription, V. *supra*, n° 21.

109. — VII. Droit résultant d'une convention avec la partie lésée. — Il est évident qu'on ne peut réputer en faute celui qui a régulièrement usé du droit que lui conférait une convention émanée de la partie qui se prétend lésée ; car celle-ci l'est ainsi par son propre fait. Ainsi, lorsqu'un marché passé entre un entrepreneur de travaux publics et un sous-entrepreneur stipule la résiliation immédiate dudit marché pour le cas où l'Administration mettrait l'entrepreneur en demeure d'exécuter lui-même les travaux,

---

des souscripteurs de l'ouvrage édité par le sieur de Lamotte, sous le titre de *L'Encyclopédie du 19° siècle*, avait fait insérer, dans le numéro du 20 oct. 1876, du journal *L'Union de Sens*, un article ainsi conçu : « La plupart des souscripteurs ont éprouvé une véritable déception lors de la livraison de cet ouvrage, qui est loin de tenir les promesses qui ont motivé leur souscription, et dont la valeur vénale n'atteint pas, à beaucoup près, le prix qui en a été demandé. Plusieurs d'entre eux sont décidés à s'unir pour demander à la justice la résolution d'un marché où leur bonne foi a été évidemment surprise. Les autres souscripteurs qui voudraient se joindre à eux, sont priés d'envoyer leur adhésion au journal. L'union fait la force ». De Lamotte a intenté contre lui une action en dommages-intérêts.

Par jugement du 11 juill. 1879, le tribunal civil de Melun a

statué en ces termes : « En ce qui concerne l'article inséré dans le journal *L'Union de Sens* : — Attendu que cet article n'avait pas pour but de discréditer l'ouvrage édité par de Lamotte, mais bien d'inviter les souscripteurs déçus dans leur attente à se réunir pour obtenir la résolution de leur marché; — Attendu que la bonne foi de l'auteur ne peut être mise en doute, puisqu'il a triomphé dans ses prétentions; — Attendu qu'il n'est pas établi que cet article ait causé un préjudice appréciable à de Lamotte, etc. ». — Appel par le sieur de Lamotte.

La cour; — Adoptant les motifs des premiers juges; — Confirme.

Du 12 nov. 1881.-C. de Paris, 1re ch.-MM. Larombière, 1er pr. Loubers; av. gén.-Salle et Deligand, av.

l'entrepreneur, qui a fait prononcer la résiliation dans le cas prévu par le contrat, ne doit pas être condamné à des dommages-intérêts sous prétexte qu'il aurait réalisé des bénéfices importants sur les travaux par lui exécutés après la résiliation (Civ. cass. 5 févr. 1868, aff. Sarlin et Rabattio, D. P. 68. 1. 128). Mais il faut que l'auteur de l'acte soit au nombre de ceux à qui la convention donnait le droit de l'accomplir. Un tiers dépourvu de qualité engagerait sa responsabilité en accomplissant le fait dommageable, quelle que fût l'utilité de ce fait pour la personne à qui la convention permettait de l'accomplir. Jugé, notamment, que le tiers qui requiert l'inscription de l'hypothèque légale d'une femme mariée, sans avoir reçu mandat à cet effet, engage sa responsabilité et peut être condamné à des dommages-intérêts envers le mari, alors même qu'il serait constaté que l'inscription a pu être utile à la femme et, par suite de son décès, à ses enfants. Si l'utilité de l'inscription peut atténuer la faute de l'auteur de la réquisition, et, dans une certaine mesure, diminuer sa responsabilité, l'action intentée par le mari, en réparation du dommage à lui causé par cette ingérence illégale, ne saurait, en principe, être déclarée non recevable (Civ. cass. 4 août 1874, aff. Guillot, D. P. 75. 1. 163).

110. — VIII. Droits de la puissance publique. — On verra *infrà*, section 3, dans quelle mesure le fait du Gouvernement et des dépositaires de l'autorité publique peut, comme fait illicite, engendrer une responsabilité. Le fait d'entraver l'exercice d'un droit garanti par la loi constitue, de leur part, une faute pouvant donner lieu à une action en responsabilité. Ainsi le maire qui, pendant une période électorale, a lacéré ou fait lacérer par le garde champêtre de la commune un manifeste politique recommandant la candidature d'un citoyen et n'ayant donné lieu à aucune poursuite, doit être condamné à des dommages-intérêts envers ce candidat. Il en est ainsi alors même que le maire prétend avoir été induit en erreur par les ressemblances typographiques des affiches lacérées avec d'autres affiches contenant un manifeste dont il avait reçu l'ordre d'empêcher la publication et l'affichage (Amiens, 16 août 1878, aff. Labitte, D. P. 80. 2. 47).

§ 2. — Imprudence (*Rép.* n°ˢ 188 à 192).

111. Beaucoup d'imprudences ont lieu par omission et trouveront leur place à l'article suivant. On se bornera à citer ici, comme renfermant des applications de la responsabilité résultant du quasi-délit par imprudence, les décisions suivantes :

112. — I. Blessures, homicide, dommages matériels. — Le fait d'occuper le milieu ou le côté gauche de la route contrairement aux règlements, ou de conduire sa voiture avec une trop grande rapidité, est une imprudence dont les suites dommageables engagent la responsabilité du voiturier (Trib. Lyon, 5 mai 1865, aff. Loup, D. P. 66. 3. 63 ; Req. 1ᵉʳ déc. 1868, aff. Patriarche, D. P. 69. 1. 131). Il en est de même d'une lutte de vitesse entre conducteurs ou cavaliers (Bordeaux, 12 août 1859, aff. Barrias, D. P. 59. 2. 216 ; Trib. Lyon, 29 janv. 1870, aff. Berthet et autres, D. P. 71. 3. 23). Et ce fait engage la responsabilité des deux conducteurs, et non seulement de celui dont la voiture a causé le dommage (Arrêt précité de Bordeaux, 12 août 1859). — Jugé encore : 1° que le fait de plusieurs cavaliers de passer au galop sur une route à côté d'une voiture qui vient de les dépasser, peut, suivant l'appréciation du juge du fond, souverain à cet égard, constituer une imprudence de nature à les rendre responsables des suites de l'accident dans lequel l'attelage a été renversé par les chevaux effrayés (Crim. rej. 7 nov. 1873, aff. Turin, D. P. 74. 1. 95) ; — 2° Qu'un conducteur d'omnibus qui fait partir la voiture sans s'assurer au galop que tous les voyageurs sont assis et sans leur donner aucun avertissement préalable, commet une imprudence dont il est responsable, ainsi que la Compagnie générale des omnibus, envers le voyageur qui, monté sur l'impériale et n'étant pas encore assis, a perdu l'équilibre par l'effet de la secousse imprimée à la voiture soudainement remise en marche et a été précipité sur le sol (Paris, 24 mars 1866) (1) ; — 3° Que le maire qui suit et encourage, au lieu de la calmer, une foule rassemblée pour célébrer bruyamment sa nomination, peut être déclaré responsable pour partie des accidents occasionnés sur la voie publique où stationne une diligence sans postillon ni conducteur, par la frayeur qu'ont éprouvée les chevaux (Montpellier, 22 janv. 1873) (2).

113. L'établissement d'une ligne de tramways sur une route nationale n'enlève pas à cette route le caractère de chemin public et ne dispense pas les conducteurs ou chauffeurs d'observer les règles de prudence imposées à ceux qui conduisent des voitures sur un terrain accessible à tous. Par suite, ces agents engagent leur responsabilité et

---

(1) (Compagnie des omnibus C. Desvernois.) — La cour ; — Considérant que, indépendamment de l'inobservation, imputée au conducteur, de l'art. 30 de l'arrêté de police du 1ᵉʳ juill. 1855, encore en vigueur, et applicable au fait du procès, il résulte incontestablement des faits établis que le conducteur a fait partir la voiture sans s'assurer que tous les voyageurs occupant l'impériale étaient assis, et sans leur avoir donné aucun avertissement préalable ; — Que ce fait constitue une imprudence et un défaut de précaution dont les conséquences doivent, aux termes des art. 1383, 1384 c. civ., et 319 c. pén., être supportées par le conducteur et par la partie civilement responsable ; — Qu'il n'est nullement établi que la mort du sieur Desvernois puisse être imputée à aucune imprudence de sa part ; — Considérant que l'appréciation faite par les premiers juges du dommage et de sa réparation est équitable et proportionnée ; — Que les mesures prises pour assurer cette réparation sont justement calculées et doivent être maintenues ; — Adoptant au surplus les motifs des premiers juges ; — Confirme, etc.
Du 24 mars 1866.-C. de Paris, 3ᵉ ch.-MM. Roussel, pr.-Senart, av. gén.-Desportes et Plocque, av.

(2) (Pagès C. Laffitte et autres.) — Le 30 avr. 1872, le tribunal de Limoux a rendu le jugement suivant : — « Considérant, en droit, qu'aux termes de l'art. 1382 c. civ., tout fait quelconque de l'homme qui cause à autrui un dommage oblige celui par la faute duquel il est arrivé à le réparer ; que, d'après l'art. 1383 du même code, chacun est responsable du dommage qu'il cause non seulement par son fait, mais encore par sa négligence ou son imprudence. — En fait, considérant qu'il résulte des débats et des faits et circonstances de la cause, ainsi que des documents soumis au tribunal, que le 7 mai 1871, la voiture qui fait le trajet de Limoux à Quillau, appartenant à la société dite des Messageries de Limoux, arriva à Alet, venant de Limoux, vers 9 heures du soir ; que Marsan fils, qui conduisait cette voiture comme postillon et sans conducteur, l'arrêta devant le café Carbon, descendit de son siège et entra dans le café pour rallumer la lanterne qui s'était éteinte pendant le chemin ; qu'au même moment, une foule considérable composée d'hommes, de femmes et d'enfants, venant d'Alet, as-bouché sur la route nationale qui traverse cette localité, s'est dirigée vers la maison de l'ancien maire, puis est retournée du côté du café Carbon, en chantant, criant, tirant des coups de pistolet, précédée de tambours et éclairée par des chandelles et des torches enflammées ; que par intervalles on entendait l'explosion des boîtes de réjouissance ; qu'une de ces boîtes éclata peu de temps après que Marsan fut entré dans le café, qu'il vint sur la porte pour voir si les chevaux n'étaient pas effrayés, et les voyant tranquilles, il rentra après avoir confié la surveillance desdits chevaux à la femme Carbon ; mais que presque aussitôt les chevaux épouvantés par les lumières des torches, les coups de feu, les roulements des tambours et les chants de la foule, qui n'était plus qu'à quelques mètres, se retournèrent brusquement et s'élancèrent à toute vitesse dans la direction de Limoux ; que le sieur Laffitte qui était monté sur la voiture alors qu'elle était à l'abandon au milieu de la route voulant éviter le danger qui le menaçait, sauta de voiture au moment où elle allait s'engager sur le pont et tomba si malheureusement qu'il resta sur le coup et fut relevé sans connaissance, atteint de blessures et de lésions si graves à l'épaule, à la jambe et au bras droit qu'elles lui ont occasionné une incapacité absolue de travail qui a duré jusqu'au mois d'octobre ; que pendant tout ce temps-là, il a été l'objet de soins et de traitements dispendieux, que ses membres ne sont pas entièrement rétablis, qu'ils ne le seront probablement pas de longtemps, et qu'il n'a pu reprendre ses travaux habituels ; — Considérant qu'il ressort de tout ce dessus, que ledit Laffitte a éprouvé et éprouve un préjudice dont réparation lui est due, que le tribunal a sous les yeux des éléments suffisants pour apprécier le dommage éprouvé, tout en faisant la part de l'imprudence qu'a commise ledit Laffitte lui-même, en montant, comme il vient d'être dit, sur une voiture où il ne voyait ni postillon ni conducteur, et qu'il convient dès lors de rechercher quelles sont les personnes qui doivent répondre de ces faits et de ces dommages, et dans quelles mesures elles doivent en répondre ; — Considérant qu'en descendant de sa voiture

celle de la compagnie, dans le cas, par exemple, où, descendant une pente et trouvant la route encombrée, ils n'ont pas ralenti la marche et n'ont pas serré les freins du tramway qui a tamponné un cheval conduit à la main et marchant à peu de distance de la voie ferrée, en raison de l'encombrement de la route (Rouen, 20 avr. 1880, aff. Leverdier, D. P. 81. 2. 92). Solution analogue pour les chemins de fer établis avec dispense de clôture (Civ. rej. 11 nov. 1891, aff. Chemins de fer départementaux, D. P. 92. 1. 427).

114. On peut également ranger dans les cas de responsabilité par imprudence celui déjà cité (*supra*, n° 67) du boutiquier qui place devant sa boutique un store dépassant le trottoir et cause ainsi un accident à un individu passant en voiture (Paris, 13 mars 1869, aff. Mesnard, D. P. 71. 5. 333).

115. Le fait d'employer, pour retenir son chien, une laisse munie d'un porte-mousqueton insuffisant, est encore une imprudence dont on doit réparer les suites, notamment envers le tiers qui, chargé momentanément de la garde du chien, a été blessé à l'œil par le porte-mousqueton qu'un élan du chien a rompu et projeté en arrière (Civ. cass. 13 déc. 1893, aff. Époux Galler, D. P. 94. 1. 306).

116. Au contraire, il a été jugé : 1° qu'il n'y a pas imprudence engageant la responsabilité d'une compagnie de chemins de fer dans le seul fait de préposer à la surveillance de la voie un de ses agents qui avait fait un service de nuit pendant une semaine, si cet agent avait joui de toute une journée de repos avant de reprendre le service de nuit pendant lequel il a été mortellement atteint par un train (Req. 13 févr. 1882, aff. Veuve Vaurais, D. P. 82. 1. 419); — 2° Que le seul fait par un armurier de vendre à un insensé l'arme dangereuse qui lui a servi ensuite à commettre un meurtre n'est pas un acte d'imprudence capable d'engager sa responsabilité civile, alors que, connaissant le client depuis un an, il ne l'avait pas vu cette fois plus exalté que lors de ses achats précédents, achats non encore suivis d'actes de violence (Caen, 9 nov. 1880, aff. Veuve Marianis, D. P. 82. 2. 23. V. encore sur les cas d'homicide et de blessures par imprudence, *supra*, v° *Crimes et délits contre les personnes*, n°s 254 et suiv., 288 et suiv.).

117. De nombreux cas de faute par imprudence peuvent se produire dans les abordages de navires. On a vu *supra*, v° *Droit maritime*, n° 1266, les éléments dont il faut tenir compte pour apprécier la faute en cette matière, et notamment l'influence que doit avoir dans la solution l'inobservation des prescriptions réglementaires. Comme complément à ce qui a été dit sur ce point, il convient de citer un arrêt de la cour de cassation décidant que l'art. 5, tit. 8, liv. 4, de l'ordonnance sur la marine d'août 1681, suivant lequel « quand un vaisseau en rade voudra faire voile pendant la nuit, le maître sera tenu, dès le jour précédent, de se mettre en lieu propre pour sortir sans aborder ou faire dommage à aucun de ceux qui seront eux-mêmes en rade, à peine de tous dépens, dommages-intérêts et d'amende arbitraire », n'est pas applicable dans le port du Havre, dont le règlement, en date du 18 août 1888, admet, sans conditions,

par son art. 2, les navires à vapeur à entrer et à sortir par les écluses des transatlantiques et Bellot à toutes les marées de nuit; et que, dès lors, le capitaine d'un navire en rade du port du Havre, qui a appareillé à six heures du soir pour entrer, la nuit, dans le port, ne peut pas être réputé avoir contrevenu aux prescriptions réglementaires, et ne doit pas nécessairement être déclaré responsable de l'abordage, survenu dans la nuit, entre son navire et un autre bâtiment (Civ. rej. 19 juin 1893, aff. Dubuisson, D. P. 94. 1. 215).

Jugé aussi qu'un capitaine de navire, quels que fussent ses pouvoirs, ne peut être réputé en faute pour avoir laissé le soir du pilote exécuter une manœuvre jugée irréprochable par l'autorité compétente (Req. 22 nov. 1892, aff. Moinard, D. P. 93. 1. 87).

118. L'incendie n'est pas par lui-même un cas fortuit; il peut provenir d'une faute, et cette faute peut émaner soit d'un tiers, soit du débiteur par contrat de la chose incendiée, distinction qui a un grand intérêt au point de vue de la preuve (V. *infra*, n° 234). Au cas de transport par chemin de fer, notamment, la compagnie peut avoir à se reprocher la réunion dans un même wagon de matières susceptibles de se mettre facilement en combustion par le frottement, le stationnement prolongé des wagons à la chaleur, la proximité des locomotives, etc. Elle peut donc être responsable quand un incendie éclate dans un wagon de marchandises. Mais, d'autre part, un expéditeur qui dissimule la nature inflammable de ses marchandises commet une faute qui le rend responsable, dans une très large mesure, de l'incendie des autres marchandises, car il empêche la compagnie de prendre les mesures de précaution et d'isolement nécessaires et il permet à l'incendie de faire des progrès plus rapides et des ravages plus grands. Il devra même en supporter seul les conséquences, s'il est établi qu'il a eu pour cause la combustion spontanée des matières (Civ. cass. 8 mai 1883, aff. Chemin de fer de l'Est, D. P. 83. 1. 446; Paris, 6 mars 1884, aff. Chemin de l'Est, D. P. 84. 2. 194). Mais la responsabilité doit être seulement partielle s'il n'est pas établi que l'incendie s'est produit par la combustion des matières expédiées clandestinement (Paris, 6 mars 1884, aff. Honoré, D. P. 84. 2. 194).

119. Le propriétaire d'une locomobile à vapeur employée au battage du grain est responsable de l'incendie causé par une étincelle échappée de cette machine, si, en ayant seul la surveillance et la direction, il a négligé les mesures propres à empêcher le sinistre, notamment s'il a négligé de la munir d'appareil de sûreté, s'il n'a tenu aucun compte des observations à lui faites sur le danger de son installation, ou s'il l'a laissé fonctionner par un vent violent et tourbillonnant à une distance trop rapprochée des meules, alors même qu'elle serait munie de tous les appareils prescrits par les règlements administratifs, ces mesures de sécurité n'excluant pas celles que commandent les circonstances particulières de temps et de lieu (Req. 6 févr. 1878, aff. Philippaz, D. P. 79. 1. 125; Lyon, 11 avr. 1883, aff. Compagnie d'assurances *La Confiance*, D. P. 84. 2. 173).

---

et en abandonnant ses chevaux, Marsan fils a manqué aux devoirs qui lui étaient imposés par les lois et les règlements sur les messageries et même par la plus vulgaire, et qu'en agissant ainsi il a commis une négligence et une imprudence qui le rendent responsable, dans une certaine mesure, des suites de l'accident survenu; — Considérant, en ce qui touche le recours en garantie exercé au nom de Marsan, que ce recours étant dirigé contre le sieur Pagès, d'abord comme maire d'Alet, et ensuite en son nom propre, il convient d'examiner et de traiter cette demande à ces deux points de vue; — Considérant, en ce qui est de la commune d'Alet, que les communes ne peuvent encourir ni être tenues de responsabilité que dans les cas particuliers prévus par la loi du 10 vendém. an 4; que les faits qui donnent lieu à l'instance actuelle ne rentrent dans aucun de ces cas, et que, par conséquent, la commune d'Alet doit être relaxée; — Considérant, quant au sieur Pagès personnellement, que si la responsabilité de l'accident donnant lieu au litige ne peut atteindre le corps moral de la commune, il n'en saurait être de même à son égard, car il résulte aussi des débats et des faits et circonstances de la cause, qu'au moment de l'accident, la population d'Alet célébrait la récente nomination du sieur Pagès comme maire; qu'il avait autorisé la manifestation bruyante qui a effrayé les chevaux, qu'il suivait lui-même, et encourageait par

sa présence la foule qui s'était précipitée en désordre sur la route nationale et qui s'approchait du café Carbon; qu'il aurait dû s'empresser de l'arrêter et de faire cesser le bruit qu'elle faisait, alors surtout qu'il avait pu voir que la voiture stationnait sans postillon ni conducteur sur la voie publique; qu'en ne faisant rien de ce qu'il aurait dû faire pour calmer cette foule, il a commis une faute de négligence et d'imprudence personnelle qui justifie pour partie seulement le recours dont il est l'objet;

Par ces motifs, déclare mal fondée la demande en garantie formée par Marsan contre la commune d'Alet et en relaxe celle-ci; condamne Marsan fils à payer audit Lafitte la somme de 1 000 fr. à titre de dommages-intérêts en réparation de tout le préjudice qu'il lui a occasionné le 7 mai 1871, avec les intérêts depuis la demande; condamne ledit Pagès, personnellement à relever et garantir Marsan des condamnations qui viennent d'être prononcées contre lui, mais seulement jusqu'à concurrence de 400 fr. de capital et des intérêts de cette somme.

Appel par le sieur Pagès.

LA COUR; — Adoptant les motifs des premiers juges; — Confirme.

Du 22 janv. 1873. — C. de Montpellier, 1re ch. — MM. Sigaudy, 1er pr. — Petiton, av. gén. — Lisbonne, Ferrier et Gervais, av.

120. Jugé encore : 1° que la convention faite avec un ouvrier pour un écobuage proscrit par l'art. 148 c. for. est une faute personnelle et une imprudence qui rend le propriétaire, auteur de cette convention, responsable de l'incendie d'une forêt voisine causé par cet écobuage, à défaut de la responsabilité civile du fait de l'ouvrier, qui ne peut dans ce cas être considéré comme un préposé (Req. 20 avr. 1866, aff. Isnard, D. P. 69. 1. 364) ; — 2° Que le fait d'avoir laissé circuler son domestique avec une lampe à feu nu dans un escalier exposé à des courants d'air, constitue, à la charge du maître, une faute personnelle, qui engage sa responsabilité au cas d'incendie causé par la chute de la lampe (Paris, 9 mars 1893, aff. Compagnie *Le Monde*, D. P. 93. 1. 296). — V. *infrà*, n° 138, d'autres applications de la responsabilité pour incendie fondée sur la négligence ou l'omission des mesures commandées par la prudence. — L'imprudence de la partie lésée et son influence sur la condamnation seront étudiées *infrà*, n°⁵ 193 et suiv., 271 et suiv.

121. — II. Renseignements inexacts favorables. — Un genre de faute qui peut se présenter souvent est celui qui consiste à recommander par des renseignements inexacts soit un employé infidèle, soit un débiteur insolvable. Sans même être accompli méchamment et avec intention de nuire, ce qui en ferait un délit (V. *suprà*, n° 19), ce fait peut constituer un quasi-délit de la part de celui qui, par complaisance pour la personne recommandée, peut-être aussi à cause de l'intérêt personnel qu'il a à l'accroissement de ressources qui lui servent de gage, donne sur elle des renseignements qu'il sait inexacts, ou bien, par une légèreté ou témérité inexcusable, présente comme positives, alors qu'elles lui laissent des doutes, des assertions favorables et erronées. Jugé, notamment : 1° que le fait par un commerçant de fournir à un autre commerçant, sur sa demande, des renseignements sciemment inexacts, et qui sont de nature à entraîner ce dernier dans des opérations préjudiciables, constitue un quasi-délit donnant ouverture à une action en dommages-intérêts (Paris, 6 août 1889, aff. Racine et fils, D. P. 90. 2. 263 ; Montpellier, 20 déc. 1889, aff. Salvaire et comp. *ibid.*; Caen, 8 juill. 1865, aff. Gilbert, *Recueil des arrêts des cours de Rouen et de Caen*, 1865, p. 166), et que la preuve que les renseignements ont été fournis de mauvaise foi peut être faite par témoins indépendamment de tout commencement de preuve par écrit (Caen, 8 juill. 1865 précité) ; — 2° Que l'individu qui, connaissant l'état d'insolvabilité d'un commerçant (déjà déclaré en faillite), a accepté de se faire adresser des références les personnes désirant des renseignements avant de traiter avec celui-ci, est responsable des pertes occasionnées par l'inexactitude des renseignements fournis (Trib. com. de Marseille, 29 oct. 1869, aff. Syndic Castel et autres, et 15 déc. 1869, aff. Izzi de Falenta et Lamarre, D. P. 71.

3. 21 ; — 3° Que celui qui, en recommandant un employé, fournit sur sa probité des renseignements inexacts, peut être déclaré responsable des soustractions commises par cet employé au préjudice du patron qui, sur la foi de ces renseignements, l'a chargé d'un emploi de confiance, si l'auteur de ces renseignements en connaissait l'inexactitude au moment où il les a donnés (Paris, 26 juill. 1869, aff. Van-Oye van Duerne, D. P. 70. 2. 150), ou si, même après des renseignements donnés de bonne foi, il a gardé le silence sur des actes d'improbité de l'employé qu'il avait ainsi recommandé, bien qu'il les eût découverts avant que cet employé eût pris possession de l'emploi à lui confié par son nouveau patron (Bordeaux, 19 juill. 1869, aff. Racaud, D. P. 70. 2. 150).

122. La même responsabilité a été appliquée à un individu qui, par ses instances auprès d'un propriétaire, avait déterminé celui-ci à prêter à son frère qu'il savait ne plus trouver de crédit chez les banquiers (Bruxelles, 30 mai 1865, *Pasicrisie belge*, 1865, 2. 361) ; ... à un négociant belge qui, par des renseignements qu'il savait être faux, avait déterminé une maison française à expédier en Belgique un individu sans solvabilité ni moralité (Bruxelles, 26 avr. 1864, *Pasicrisie belge*, 1865, 1. 185. — Comp. Bruxelles, 12 août 1869, *Pasicrisie belge*, 1870, 2. 134). — Jugé encore : 1° que celui qui, par des assertions présentées comme positives dans des lettres de recommandation, a imprudemment procuré à un commerçant un crédit que ne justifiait pas sa véritable position, répond à l'égard des tiers qui n'ont contracté avec le commerçant recommandé que sur la foi des renseignements contenus dans ces lettres, de la perte à laquelle leur confiance a pu les entraîner (Rouen, 30 juin 1851, aff. Grillet, D. P. 53. 2. 154) ; — 2° Que celui qui, par de faux renseignements donnés sur la solvabilité d'un individu, a déterminé un tiers à nouer avec cet individu des relations d'affaires à la suite desquelles il est devenu son créancier, est responsable envers ce tiers du préjudice que lui cause l'insolvabilité de ce même individu, existante et notoire dans la localité dès l'époque où les renseignements ont été donnés (Riom, 28 juin 1859, aff. Rolle-Boullet, D. P. 60. 2. 18).

123. La faute peut, d'ailleurs, se rencontrer aussi bien dans une réticence que dans une affirmation (Paris, 26 juill. 1869, et Bordeaux, 19 juill. 1869, cité *suprà*, n° 121 ; Paris, 4 janv. 1878, *Journal des tribunaux de commerce*, 1878, p. 124 ; Liège, 23 déc. 1880, *Pasicrisie belge*, 1881. 2. 127).

124. Il peut y avoir un quasi-délit du même genre dans le fait de faciliter à un insolvable une circulation d'effets ruineuse et dolosive, ou tout autre moyen de tromper la confiance des tiers par un état apparent de prospérité (Civ. rej. 24 janv. 1870, aff. Millaud et comp., D. P. 70. 1. 177 ; 2 août 1876, aff. Delamotte, Bénilan et comp., D. P. 78. 1. 36; Paris, 21 nov. 1881)(1). — Toutefois, il a été jugé que celui

---

(1) 1re *Espèce*. — (Syndic Chauvin *C*. Senaillet.) — 17 déc. 1879, jugement du tribunal de la Seine ainsi conçu : — « Attendu que le sieur Chauvin a été déclaré en état de faillite par jugement de ce tribunal, en date du 31 mars dernier, et que Savalle a été nommé syndic de cette faillite ;—Attendu qu'il résulte des faits de la cause que, du 11 février au 29 mars dernier, il est intervenu entre Senaillet et comp. et le sieur Chauvin, certaines opérations commerciales qui consistaient en la remise par Chauvin et comp. de marchandises neuves en consignation, sur lesquelles il recevait des avances en argent à des conditions d'intérêts, de commission et de remboursement déterminées; qu'il était stipulé qu'en cas de non-remboursement aux époques fixées huit jours après la sommation, Senaillet et comp. pourraient faire vendre par commissaire-priseur les marchandises données en nantissement, pour les couvrir, jusqu'à due concurrence de leurs avances; — Attendu qu'au lendemain de la faillite, le syndic a revendiqué les marchandises de Chauvin restées aux mains de Senaillet et comp.; qu'elles lui ont été remises sous toutes réserves de part et d'autre; que les marchandises vendues par commissaire-priseur ont produit une somme de 433 fr.; — Attendu que le syndic prétend que, par leurs agissements, Senaillet et comp. auraient favorisé le failli et lui auraient ainsi facilité de nombreux achats de marchandises et le moyen de faire de nombreuses dupes; qu'ils auraient commis une faute lourde, et par suite causé un préjudice à la masse créancière, pour réparation duquel il réclame le payement de 20 000 fr. à titre de dommages-intérêts; — Attendu que, de leur côté, Senaillet et comp. repoussent la prétention du syndic et se

portent reconventionnellement demandeurs, concluant au payement de 4423 fr. 05 cent.. solde de leur compte d'avances; — Attendu que, pour faciliter la solution du litige, il convient d'examiner en premier lieu la demande reconventionnelle; — Attendu qu'à l'appui de leur réclamation, Senaillet et comp. soutiennent en substance qu'ils seraient créanciers pour avances sur marchandises; qu'ils auraient ainsi un droit de gage privilégié, et que le prix de leur gage provenant des marchandises vendues devait leur être versé; — Attendu que, pour que les avances faites par Senaillet et comp. à Chauvin pussent constituer le prêt sur gage, tel que le veut la loi, il faudrait que les opérations dont il vient d'être parlé eussent le caractère normal, régulier et licite, dont toute transaction commerciale doit être revêtue; mais qu'il n'en est point ainsi dans le cas soumis au tribunal; qu'en effet, il est démontré que le sieur Chauvin, déjà ancien failli au moment où il est entré en relations avec Senaillet et comp., n'est pas un négociant sérieux; que son installation, d'ailleurs très exiguë, n'a été qu'un simulacre destiné à tromper les tiers; que toutes ses opérations n'ont consisté qu'en une série non interrompue de consignations, tant chez Senaillet et comp. que chez d'autres, de marchandises achetées à crédit, d'emprunts sur nantissement, d'engagements au mont-de-piété; qu'il n'est pas possible d'admettre que Senaillet et comp. aient ignoré et la situation précaire de Chauvin et le but qu'il poursuivait d'obtenir de l'argent par tous les moyens; qu'en tous cas, ils auraient dû être plus vigilants et se renseigner plus exactement sur la situation et la solvabilité de Chauvin avant de s'engager avec lui, ce qu'ils n'ont point fait; qu'ainsi, les avances

qui a présenté et recommandé quelqu'un à un banquier pour la négociation d'un billet, sans donner aucune garantie et sans rien affirmer qui fût de nature à tromper et à inspirer nécessairement confiance, n'est pas personnellement responsable envers le banquier, au cas où le billet escompté était un billet faux dont le payement n'a pu être obtenu (Aix, 17 févr. 1881) (1).

125. Quelques arrêts (Gand, 24 juill. 1873, *Pasicrisie belge*, 1873, 2, 348; Aix, 17 févr. 1881, *suprà*, n° 124 ; Paris, 6 août 1889, cité *suprà*, n° 121 ; Montpellier, 20 déc. 1889 cité *suprà*, n° 121), paraissent exiger la connaissance de la fausseté des renseignements par celui qui les donne. Mais les faits sur lesquels ils ont écarté ou admis la responsabilité les dispensaient de poser un principe aussi absolu (V. Laurent, t. 20, n° 480). Pour que la bonne foi exclue la faute, encore faut-il qu'elle soit excusable, et telle décision qui écarte la responsabilité pose néanmoins le principe contraire, à savoir qu'en droit « on est responsable non seulement des renseignements qu'on donne alors qu'on les sait faux, mais encore des renseignements que l'on donnerait à la légère » (Trib. com. de Verviers, aff. de Bruyn, D. P. 93. 2. 99, sous note *a*. Comp. Rouen, 30 juin 1851, cité *suprà*, n° 122). — La responsabilité admise par cet arrêt est fondée uniquement sur la témérité des assertions qui avaient été la cause du préjudice.

faites dans les conditions où elles l'ont été, répétées, fréquentes, portant sur les marchandises les plus variées, les plus disparates, alors qu'on n'avançait que 25 ou 30 pour 100 de leur valeur, ne saurait constituer le prêt sur gage réglementé par l'art. 92 c. com., dont on voudrait exciper, et conséquemment constituer le privilège réservé seulement aux opérations sérieuses, loyales et régulières; que, dès lors, Senaillet et comp. ne sont, à l'égard de Chauvin, que des créanciers chirographaires ordinaires, et sont mal fondés à réclamer le prix de marchandises réalisées à bon droit par le syndic au profit de la masse créancière; — Sur les 20 000 fr. de dommages-intérêts réclamés par le syndic : — Attendu qu'il est évident que, par leurs agissements, Senaillet et comp. ont facilité à Chauvin un crédit momentané dont il s'est servi pour créer un passif relativement important; que ces agissements, blâmables au premier chef, doivent être considérés comme une faute lourde, qui cause un préjudice à la masse créancière, et qui engage la responsabilité de Senaillet et comp.; qu'en conséquence, il y a lieu de condamner ces derniers au payement de dommages-intérêts, que le tribunal, à l'aide des éléments d'appréciation qu'il possède, fixe à 3000 fr. ; — Par ces motifs; —Déclare Senaillet et comp., mal fondés dans leurs demande, fins et conclusions, les en déboute, et fixe à 3000 fr. le montant des dommages-intérêts alloués, etc. ». — Appel par Senaillet et comp.

La cour; — Considérant qu'aux termes de l'art. 94 c. com. le consignataire est soumis aux devoirs du mandataire; — Considérant que Chauvin s'est présenté à Senaillet en qualité de consignataire; que Senaillet, consignataire, prêteur sur gages et se livrant lui-même à l'occasion au commerce de commission, n'ignorait pas les obligations imposées à Chauvin; que c'était donc pour lui un devoir impérieux de s'assurer de l'accomplissement par Chauvin de ses devoirs envers ses commettants; — Considérant que, si le prêt sur gages fait à un commerçant, propriétaire légitime, sans réserve ni condition, de ses marchandises, est un contrat loyal, justifié par les nécessités du commerce, il en est autrement des opérations dolosives auxquelles se livrait Chauvin; qu'il est constant, en effet, que du 17 mars 1879 au 31 du même mois, date de la déclaration de sa faillite, Chauvin a fait six opérations d'emprunt sur gage à Senaillet à des dates très rapprochées des livraisons obtenues par lui à crédit; qu'une telle manière de pratiquer le commerce de commission ne pouvait laisser de doute à Senaillet sur son irrégularité préjudiciable aux tiers; qu'en se prêtant sciemment aux actes de Chauvin, Senaillet a, tout au moins, commis une faute lourde qui justifie l'action du syndic; — Adoptant, au surplus, les motifs des premiers juges; — Confirme, etc.

Du 24 nov. 1881.-C. de Paris, 2e ch.-MM. Ducreux, pr.-Block, av. gén., c. conf.-Villars et Devin, av.

(1) (Société Marseillaise C. Fabre.) —Le 29 oct. 1880, le tribunal de commerce de Marseille a rendu le jugement suivant : — « Attendu qu'à la date du 21 juillet dernier, le sieur Edmond Fabre a accompagné, au siège de la Société marseillaise, Giaccobe Levi di Elia et l'a présenté au sieur Albert Rey, administrateur délégué, de qui ledit Giaccobe Levi di Elia voulait obtenir la négociation d'un billet de 3000 fr. sur la Banque napolitaine de Naples; que le sieur Edmond Fabre a indiqué au sieur Albert Rey qu'il avait reçu de bonnes recommandations au sujet de la personne susdésignée et qu'on pouvait la considérer comme

126. Mais sous la réserve de circonstances la rendant inexcusable, on peut dire que la bonne foi décharge l'auteur d'une recommandation ou d'un renseignement, surtout lorsque cet acte est de sa part purement gracieux et désintéressé (Paris, 28 janv. 1867, *Journal des tribunaux de commerce* 1868, p. 66 ; Rouen, 29 juill. 1879, *ibid.*, 1880, p. 295; Trib. de com. de la Seine, 15 déc. 1886, *ibid.*, 1888, p. 138; Trib. com. Nantes, 21 août 1886, *Recueil de Nantes*, 1887, p. 66 ; Rennes, 17 févr. 1887, *ibid.*, 1888, p. 58). Il a été jugé, à cet égard, qu'un chef de gare qui recommande de bonne foi à qui il la croit honnête une personne placée sous ses ordres, ne commet aucune faute envers le commerçant qui, sur cette recommandation, lui confie un emploi consistant à tenir les livres et recevoir des fonds; que, par suite, ni sa responsabilité, ni celle de la compagnie ne sont engagées par les détournements que cette personne commet dans sa nouvelle fonction; et qu'il importe peu qu'il y ait dans ce fait infraction à des règlements interdisant aux agents des compagnies de chemins de fer de représenter des maisons de commerce, alors que cette infraction n'a été pour rien dans le préjudice éprouvé, lequel est dû au désordre de l'administration du commerçant, à son défaut de surveillance et à son aveugle confiance (Req. 27 févr. 1878) (2).

127. Le fait de renseigner inexactement doit être apprécié avec plus de sévérité lorsqu'il correspond à un mandat

honorable; qu'en l'état de cet entretien, le sieur Albert Rey a consenti à escompter le billet dont il s'agit, après avoir discuté avec Giaccobe Levi di Elia les conditions de cette négociation, et a fait compter les fonds à ce dernier, dont il s'est borné à prendre l'adresse; — Attendu que le billet sur lequel le sieur Giaccobe Levi di Elia a apposé son endossement n'a pas été payé par la Banque napolitaine, par le motif que les signatures qui y figuraient étaient fausses ; — Attendu que le sieur Giaccobe Levi di Elia a disparu de Marseille et qu'une instance criminelle est commencée contre lui ; mais que la Société marseillaise prétend rendre le sieur Edmond Fabre responsable de la perte de 5200 fr. qu'elle subit, comme ayant été occasionnée par son fait ; — Attendu qu'il ne s'agit point d'une garantie à laquelle le sieur Edmond Fabre se serait soumis vis-à-vis du demandeur; que cette garantie n'a pas été exigée de lui et qu'il est certain qu'il ne l'a pas donnée; que ce n'est qu'en raison d'une faute par lui commise et qui aurait causé un préjudice à la Société marseillaise que celle-ci prétend l'atteindre ; que cette faute consisterait dans la présentation d'un homme qu'il ne connaissait pas et dans la recommandation qu'il serait venu lui donner auprès du sieur Albert Rey ; — Attendu que le fait de présenter et recommander quelqu'un ne saurait être en lui-même une cause de responsabilité quand il n'est pas accompagné de mauvaise foi et n'est pas une manœuvre accomplie en vue d'induire un tiers sciemment en erreur; que, dans l'espèce, aucune mauvaise foi ne peut être sérieusement reprochée au sieur Edmond Fabre; que la personne qu'il a accompagnée et présentée était incontestablement et véritablement le sieur Giaccobe Levi di Elia, et qu'il était certain également que celui-ci était arrivé à Marseille, soit précédé, soit porteur de lettres constatant son identité et attestant son honnêteté et l'intention où il était de se fixer à Marseille pour y faire du commerce; que, bien que ces lettres ne fussent pas à l'adresse du sieur Edmond Fabre, mais de son employé, elles lui ont été communiquées par ce dernier et affirmées quant à leur provenance; que Fabre a donc pu, sans manquer à l'exactitude, indiquer au sieur Rey qu'on avait reçu de bonnes lettres relativement à la personnalité et à la moralité du sieur Giaccobe Levi di Elia ; que le sieur Albert Rey aurait pu connaître le contenu; que, s'il s'est décidé à conclure l'opération avec le sieur Giaccobe Levi di Elia, sans prendre d'autres plus amples renseignements, alors qu'il pouvait invoquer les usages de la Société marseillaise en pareille matière ou télégraphier à Naples; que, s'il n'a pas exigé la garantie personnelle du sieur Edmond Fabre, il ne saurait imputer à ce dernier une faute et une responsabilité quelconque; qu'il peut y avoir de la part du sieur Fabre quelque légèreté à présenter un individu qu'il ne connaissait point personnellement, mais qu'il n'a, en réalité, affirmé au sieur Rey rien qui fût de nature à tromper ce dernier et à lui inspirer nécessairement confiance; — Par ces motifs ; — Déboute la Société marseillaise du crédit industriel et de commercial et de dépôts de sa demande contre Edmond Fabre, etc. »
Appel par la Société marseillaise.

La cour; — Adoptant les motifs des premiers juges; — Met l'appellation au néant.

Du 17 févr. 1881.-C. d'Aix, 1re ch.-MM. Rigaud, 1er pr.-Alphandery, av. gén.-Charles Poilroux et Paul Rigaud, ay.

(2) (Certout et Gordien C. Solacroup et Roussel.) — Le

salarié et notamment lorsqu'il émane d'une agence qui fait profession de renseigner à prix d'argent. L'agence, il est vrai, n'est pas engagée, lorsqu'elle a agi avec une entière bonne foi (Trib. com. de la Seine, 20 juin 1866, *Journal des tribunaux de commerce*, 1866, p. 379 ; Trib. de Bruxelles, 16 nov. 1869, *Jurisprudence des tribunaux de première instance belges*, t. 19, p. 505), et sans imprudence (Trib. com. de la Seine, 27 nov. 1891, aff. Lenglet et comp., D. P. 93. 2. 99, sous-note *b*) ; et on ne saurait par exemple, considérer comme une imprudence d'avoir confondu le tiers, objet du renseignement, avec un homonyme habitant la même rue, lorsque l'adresse exacte n'était pas précisée dans la demande (Même jugement). — Mais, en dehors de ces hypothèses tout à fait favorables, la jurisprudence admet comme source de responsabilité, non seulement la mauvaise foi (Trib. com. de la Seine, 23 sept. 1880, *Journal des tribunaux de commerce*, 1881, p. 22), mais encore la faute lourde (Trib. com. de Marseille, 15 oct. 1886, *Recueil de Marseille*, 1887, p. 8), ou la simple imprudence (Trib. com. de la Seine, 14 mars 1884, *Journal des tribunaux de commerce*, 1884, p. 572 ; 24 juin 1884, *ibid.*, 1885, p. 47 ; Paris, 6 mai 1886, aff. Lampronti, D. P. 93. 2. 101, sous-note *k*) ; Trib. com. de la Seine, 15 juill. 1890, *La Loi*, n° du 1er août 1890 ; 3 nov. 1891, aff. Moricault frères, D. P. 93. 2. 99, sous-note *c*). Et même la clause de non-garantie est alors déclarée inopérante (Trib. com. de la Seine, 14 mars 1884 et 3 nov. 1891, précités), car la faute lourde doit être assimilée au dol.

128. On peut rattacher au même ordre d'idées la publicité qu'un journal aurait prêtée à des valeurs de bourse. A cet égard, il a été jugé : 1° que l'émission des obligations d'une société financière dans les bureaux d'un journal ne peut suffire pour engager, envers les souscripteurs, la responsabilité du propriétaire directeur-rédacteur de ce journal si celui-ci n'a pas recours à des assertions mensongères ou à des manœuvres dolosives pour assurer le succès de l'émission ; et qu'on ne saurait considérer comme une manœuvre dolosive de sa part le fait de s'être rendu l'écho d'énonciations inexactes et erronées, quand il en a indiqué les origines, en mettant les lecteurs à même de s'éclairer eux-mêmes (Paris, 7 juin 1872, aff. Detz, D. P. 77. 5. 388) ; — 2° Qu'un journal financier, qui a recommandé à ses lecteurs l'achat de certaines valeurs de bourse, n'est responsable envers l'acheteur de ces valeurs qu'autant que cet acheteur démontre, d'une part, que les articles du journal ont été la cause déterminante des achats qu'il a effectués et, d'autre part, qu'il a été trompé, soit par des relations de faits mensongers, soit par des publications de pièces altérées, en un

mot, par des manœuvres de nature à surprendre son consentement ; mais non s'il allègue simplement que les conseils du journal ont été la cause de l'achat et si le journal, relativement aux valeurs recommandées, contient seulement l'indication d'espérances plus ou moins certaines, d'appréciations plus ou moins discutables, qu'il était permis de repousser ou d'adopter ; surtout lorsque l'acheteur, s'occupant depuis longtemps d'affaires de bourse, avait une certaine expérience financière, auquel cas on ne peut vraisemblablement supposer qu'il a été amené à réaliser son achat sur les simples indications du journal ni qu'il était l'abonné (Paris, 17 nov. 1892, aff. Demory, D. P. 93. 2. 131).

129. — III. Renseignements inexacts défavorables. — On peut, inversement, être responsable envers les tiers des renseignements *défavorables* que l'on donne sur eux. Ici encore, on considère généralement la bonne foi comme exclusive de faute et de responsabilité, alors surtout que le renseignement est confidentiel, donné à titre gracieux, provoqué par une demande expresse ;... à plus forte raison s'il est donné pour remplir un devoir, par exemple pour répondre à la demande émanée d'un magistrat, ou à une demande qu'on reçoit en cette qualité. Ainsi jugé pour les renseignements erronés qu'un maire a donnés de bonne foi, sur la demande qui lui était faite en sa qualité de maire, et en se bornant à relater la notoriété et l'opinion publique (Orléans, 5 août 1892, aff. Guillot, D. P. 93. 2. 558) ; ... pour ceux qu'il a été amené à fournir de bonne foi sur la demande expresse du ministère public (Bordeaux, 13 févr. 1867, aff. M... en note sous l'arrêt précité, D. P. 93. 2. 558).

130. Cette responsabilité est invoquée, le plus souvent, dans la pratique, contre des agences de renseignements et non contre de simple particuliers : elle doit être réglée par les principes de la faute délictuelle, et non par ceux du mandat, puisque le demandeur est un tiers qui n'a eu aucun rapport contractuel avec l'agence. Il n'y a pas à rechercher ici à quelles conditions de faits, d'intention et de publicité, ce renseignement peut constituer un délit spécial de diffamation (V. D. P. 93. 2. 97, note, § 3, A), ce qui aurait pour effet de rendre applicable à l'action civile, même isolée, la prescription de trois mois et les règles de forme applicables aux assignations en matière de diffamation (V. *ibid.*, note, § 4 ; *Adde*, Trib. civ. de la Seine, 19 févr. 1892, et Paris 23 mars 1893, aff. Wyss Muller, D. P. 93. 2. 411) ; d'où l'intérêt que peut avoir le tiers lésé à reprocher à l'agence un quasi-délit d'imprudence plutôt qu'un délit par intention de nuire.

Au point de vue civil, l'agence est responsable non seule-

---

6 janv. 1877, arrêt de la cour de Limoges ainsi conçu : — « Considérant que c'est par un sentiment de pure obligeance et sans aucun intérêt ni pour lui-même, ni pour la Compagnie d'Orléans, que Roussel a désigné Guillois aux appelantes qui ont, en effet, chargé ce dernier de recevoir les sommes qui leur étaient adressées en remboursement de leurs marchandises ; — Que les dames Certout et Gordien ont toujours loyalement reconnu qu'elles avaient, en effet, donné le mandat à Guillois, dont il a si indignement abusé ; — Que, dans cet état de faits, aucune responsabilité ne peut réagir ni contre le chef de gare, ni contre la Compagnie ; — Considérant, en effet, que Roussel a recommandé Guillois, parce qu'il le croyait honnête ; que sa bonne foi a été hautement proclamée ; que son honorabilité bien connue le met d'ailleurs au-dessus même du soupçon ; — Que la responsabilité de la Compagnie ne saurait à aucun titre être engagée, puisque le mandataire infidèle n'agissait pas dans l'exercice de ses fonctions ; — Qu'on objecterait vainement que, d'après les règlements de la Compagnie, Guillois, son employé, ne devait pas accepter le mandat des appelantes ; qu'en admettant même cette interprétation, pourtant fort contestable, cette prohibition, faite dans l'intérêt de la Compagnie, ne saurait être invoquée par les tiers, alors surtout que la violation de ces règlements intérieurs n'est pour rien dans le préjudice causé aux dames Certout et Gordien ; que ces marchandises, assurément fort malheureuses, ne doivent imputer leurs pertes qu'au désordre de leur administration commerciale, à leur défaut de surveillance, et à leur aveugle confiance dans un indigne mandataire ; — Par ces motifs, etc. ».

Pourvoi en cassation par les dames Certout et Gordien, pour violation des art. 1382, 1383 c. civ., en ce que l'arrêt attaqué n'a pas reconnu la faute qu'un chef de gare a commise, en recommandant à une personne un agent de la Compagnie qui était indigne de sa confiance et en contrevenant à des règlements ad-

ministratifs qui interdisent aux agents des compagnies de chemins de fer de représenter des maisons de commerce, circonstance qui eût pu changer la détermination de cette personne si elle lui eût été révélée.

La cour ; — Sur le moyen pris de la prétendue violation des art. 1382 et 1383 c. civ. : — Attendu qu'appelés à statuer sur l'action en dommages-intérêts intentée par les demanderesses en cassation contre la Compagnie du chemin de fer d'Orléans et Roussel, son chef de gare à Limoges, les juges du fond ont apprécié les différentes circonstances de la cause, et ont déclaré que Roussel n'avait commis aucune faute en recommandant aux demanderesses, alors qu'il le croyait honnête, le sieur Guillois, pour tenir leurs livres et recevoir, pour elles, des fonds qui leur étaient expédiés par le chemin de fer ; — Attendu que les demanderesses en cassation prétendent qu'en procurant ce mandat à Guillois, employé du chemin de fer, placé sous ses ordres, et en lui laissant exercer les actes qu'il comporte, Roussel aurait contrevenu à des règlements interdisant aux agents des compagnies de chemins de fer de représenter des maisons de commerce, et qu'il aurait, par cette infraction, engagé sa responsabilité et celle de la Compagnie d'Orléans : — Attendu que l'arrêt attaqué déclare que, s'il existe une disposition des règlements ou un ordre de service portant une pareille interdiction, l'infraction prétendue n'aurait été pour rien dans le préjudice éprouvé par les demanderesses ; que cette constatation de l'arrêt qui exclut toute relation de cause à effet, entre l'infraction alléguée et le dommage dont la réparation était poursuivie, dispense d'examiner si une prohibition réglementaire a été méconnue par Roussel ; — Qu'en statuant ainsi qu'elle l'a fait, la cour de Limoges est restée dans les limites du pouvoir qui lui appartient d'apprécier les faits, et n'a violé aucune loi ; — Rejette, etc.

Du 27 févr. 1878. Ch. req.-MM. Bédarrides, pr.-Connelly, rap.-Robinet de Cléry, av. gén. c. conf.-Duboy, av.

ment en cas de malveillance et d'intention de nuire (Paris, 6 mai 1886, aff. Lampronti, D. P. 93. 2. 101, note *k*; Paris, 23 mars 1893, aff. Wys Muller, D. P. 93. 2. 411), mais aussi en cas d'imprudence et de légèreté (Paris, 10 mars 1864, aff. Cayasse et comp., D. P. 93. 2. 100, note *f*; Rouen, 18 juin 1881, aff. Lesauvage, D. P. 93. 2. 100, note *g*; Trib. com. de la Seine, 18 avr. 1883, *Journal des tribunaux de commerce*, 1883, p. 488; Liège, 16 nov. 1883, aff. Trott-Lallemand, D. P. 93. 2.101, sous-note *h*; Trib. com. de la Seine, 6 déc. 1883, aff. Moinier, D. P. 93. 2. 101, note *i*; Paris, 11 déc. 1884, aff. Wallaerd-Hubers et Matringhen, *Journal des tribunaux de commerce*, 1885, p. 302; Trib. com. de la Seine, 12 nov. 1885, *la Loi*, n° du 25 nov. 1885; 15 déc. 1885, *Journal des tribunaux de commerce*, 1887, p. 94; 28 juill. 1888, *ibid.*, 1890, p. 55; 4 juin 1889, aff. Laugier et comp. D. P. 93. 2. 101, note *j*; Paris, 23 oct. 1890, aff. Weissmann et Kahn, D. P. 93. 2. 97; Trib. com. de la Seine, 14 déc. 1892, aff. Soury, D. P. 93. 2. 97; Paris, 23 mars 1893, précité; 15 juin 1893, aff. Foriasky, D. P. 94. 2. 143).

131. Ajoutons que l'agence est responsable non seulement quand le renseignement a été donné dans des listes ou circulaires périodiques remises à ses abonnés (Bruxelles 16 févr. 1874, *Pasicrisie belge*, 1874. 2. 98; Trib. com. de la Seine 31 juill. 1876, *Journal des tribunaux de commerce*, 1877, p. 16; 14 déc. 1892, aff. Soury, D. P. 93. 2. 97), mais encore quand il a été donné dans une fiche confidentielle remise à l'abonné sur sa demande (Rouen, 18 juin 1881, aff. Lesauvage, D. P. 93. 2. 100, sous-note *g*; Liège, 16 nov. 1883, aff. Trott-Lallemand, D. P. 93. 2. 101, sous-note *h*; Trib. com. de la Seine, 6 déc. 1883, aff. Moinier, D. P. 93. 2. 101, sous-note *i*; Paris, 6 mai 1886, aff. Lampronti, D. P. 93. 2. 101, sous-note *k*; Trib. com. de la Seine, 4 juin 1889, aff. Laugier, D. P. 93. 2. 101, sous-note *j*; Paris, 23 oct. 1890, aff. Weisman et Kahn, D. P. 93. 2. 97; 15 juin 1893, aff. Foriasky. D. P. 94. 2. 143). Car cette stipulation du secret n'exclut pas le préjudice; et, si elle peut avoir son intérêt dans les rapports de l'agence avec son mandant, elle ne saurait être opposée au tiers, étranger au contrat, qui se prétend lésé. Il y a seulement lieu, d'après un jugement (Trib. com. de la Seine, 18 avr. 1883, *Journal des tribunaux de commerce*, 1883, p. 488) une circonstance atténuante.

De même, le fait que les renseignements n'ont été fournis qu'aux membres participants d'une agence d'informations et de correspondance réciproques, dont le commerçant lésé fait lui-même partie, n'exclut pas la responsabilité civile, mais seulement le délit de diffamation (Paris, 23 mars 1893, aff. Wyss Muller, D. P. 93. 2. 411). — *Contrà* : Cour de justice de Genève, 13 déc. 1886, aff. *L'Union suisse pour la sauvegarde des crédits*, D. P. 93. 2. 101, sous-note *l*; mais ce dernier arrêt, ne constatant pas la fausseté du renseignement, devait chercher des éléments de publicité plus grande pour condamner à une réparation.

132. On s'est demandé si l'agence est responsable quand c'est le tiers désigné lui-même qui s'est fait délivrer par l'agence le renseignement le concernant. Il faut répondre affirmativement, s'il prouve que le renseignement a reçu par ailleurs une publicité (Paris, 6 mai 1886, aff. Lampronti, D. P. 93. 2. 101, note *k*), négativement, s'il ne fait pas cette preuve (Trib. com. Seine, 1er mai 1888, *Journal des tribunaux de commerce*, 1889, p. 293. Comp. dans le même sens, Crim. cass. 23 oct. 1886, aff. Bech et Duvernet, D. P. 93. 2. 97, sous-note *d*).

Jugé enfin que l'agence ne peut être condamnée si le commerçant désigné n'est parvenu que par des moyens illégitimes à connaître le renseignement donné sur lui, et à détenir le document qui en fournirait la preuve (Trib. com. Seine, 16 janv. 1892, aff. Foriasky, D. P. 94. 2. 143).

133. Reste à savoir si la divulgation par l'abonné du renseignement confidentiel permet à l'agence d'exiger de lui une réparation, une garantie contre la poursuite du tiers lésé. Cette prétention a été plusieurs fois repoussée, à raison de ce que la seule faute de l'agence, l'inexactitude et l'imprudence de son renseignement, avait suffi pour la faire condamner (Paris, 10 mars 1864, aff. Cayasse et comp., D. P. 93. 2. 100, note *f*; Trib. com. Seine, 18 avr. 1883, *Journal des tribunaux de commerce*, 1883, p. 488; 4 juin

1889, *La Loi*, n° du 28 juin 1889). Mais le contraire a été jugé par la cour de Paris le 21 juill. 1892 (aff. Whitechurch, D. P. 93. 2. 101); et on peut soutenir, en effet, que la stipulation du secret vaut promesse par l'abonné d'indemniser précisément l'agence des conséquences de la révélation de la faute qu'elle a commise, promesse valable si la faute consiste en imprudence non compliquée de fraude (V. D. P. 93. 2. 97, note, § 7). Mais il faut pour cela que la promesse de l'abonné exprime bien clairement qu'elle ne s'applique pas seulement au préjudice pouvant résulter pour l'agence de la divulgation de renseignements exacts, mais encore à la responsabilité qu'elle pourrait encourir à raison de leur inexactitude.

§ 3. — Négligence ou omission (*Rép.* n°s 92, 99, 193 à 213).

134. On a précisé au *Rép.*, n° 87, le sens du mot *faute* appliqué aux faits d'omission, en exigeant que cette omission soit la violation d'un devoir, et en distinguant, à ce point de vue, le devoir purement moral du devoir légal ou contractuel, qui seul peut servir de base à la responsabilité légale (Aux auteurs cités dans ce sens, *adde* : Demolombe, *Traité des contrats*, t. 8, n° 479; Aubry et Rau, t. 4, § 444, note 1; Marcadé, sur les art. 1382 et 1383, n° 2; Larombière, t. 5, art. 1382 et 1383, n°s 6 et 7; Laurent, t. 20, n° 388).

Il n'y a, dans la jurisprudence, aucune décision en sens contraire. On voit seulement certains faits que ne prescrit ni une loi ni un contrat traités comme légalement obligatoires au point de vue de la responsabilité de leur omission, à raison de faits positifs qui, en se combinant avec cette omission, constituent non pas l'usage mais l'abus d'un droit (V. notamment *infrà*, n° 148).

135. Encore moins est-on responsable pour omission ou cessation d'un acte de pure charité. Ainsi, une personne qui a recueilli par compassion ses deux nièces encore mineures, et qui, ne voulant plus s'en charger davantage, les a remis à la mère, laquelle vivait séparée de son mari, n'encourt aucune responsabilité envers le père, alors toutefois que cette personne a mis ce dernier en demeure de les reprendre (Req. 7 août 1871, aff. Tulin, D. P. 71. 1. 203).

136. De nombreuses applications de la responsabilité pour faits d'omission sont venues s'ajouter à celles qui ont été citées au *Rép.*, n°s 92-8°, 99-2°, 4° et 5°, 193 et suiv. Un grand nombre de ces applications sont fondées sur une obligation contractuelle, à titre de vente ou de louage, de société, de mandat ou de dépôt. Beaucoup se rattachent aux rapports du propriétaire avec son locataire en cas d'incendie; du patron avec ses ouvriers et employés pour accidents industriels; de l'entrepreneur de transport avec les expéditeurs ou voyageurs pour les accidents dont ceux-ci sont victimes; de l'architecte et de l'entrepreneur de construction avec le propriétaire pour les vices de construction; des administrateurs et conseils de surveillance avec les sociétés qui leur ont confié leurs intérêts; des officiers publics ou ministériels, avocats, médecins, ou autres personnes exerçant une profession libérale, avec leur client. Elles ont trouvé ou trouveront leur place, soit dans les traités spéciaux consacrés à ces sortes de contrats, soit dans les paragraphes spéciaux du présent traité où sera étudiée séparément la responsabilité des notaires et autres officiers publics ou ministériels, des aubergistes ou hôteliers, des voituriers et entrepreneurs de voitures publiques (V. *suprà*, v°s *Avocat; Avoué, Banque, Bourse, Change, Commissionnaire de transport, Dépôt, Huissier, Louage, Louage d'ouvrage et d'industrie, Mandat, Médecine* et *infrà*, v°s *Société, Travail, Vente*). Réserve faite de ces situations spéciales, ainsi que de la responsabilité de l'Etat et des communes, des fonctionnaires publics et des maires (V. *infrà*, n°s 339 et suiv.), il y a lieu de présenter ici les principaux cas d'omission ou de négligence donnant lieu à responsabilité, soit à raison d'une obligation purement légale, soit à l'occasion d'un contrat, mais envers des tiers étrangers à ce contrat.

137. Les obligations de voisinage peuvent imprimer le caractère de faute à certaines omissions dommageables pour le voisin, à raison de l'état des lieux ou de la nature de l'industrie qu'on y exerce (V. *suprà*, n°s 61 et suiv., 66 et suiv.). C'est ainsi que, faute de détruire le gibier sur ses terres, le propriétaire répond du dommage qu'il cause aux

voisins (V. *infrà*, ch. 4, sect. 1), et que, faute d'entretenir ses bâtiments, il répond du dommage causé au voisin par leur ruine (V. *infrà*, ch. 4, sect. 2.). Le propriétaire dont la fosse à fumier, insuffisamment étanche, laisse filtrer dans le puits du voisin des matières qui en corrompent les eaux, est coupable de négligence et peut être condamné envers ce voisin à des dommages-intérêts (Civ. rej. 7 févr. 1894, aff. Vandangeon, D. P. 94. 1. 239). Le propriétaire, qui a reçu d'une ville la concession de l'eau pour le service de sa maison, doit être rendu responsable des dommages causés aux immeubles voisins par la rupture de la canalisation desservant sa maison, si, averti par la diminution sensible, sinon par la suppression, du débit des eaux aux différents étages de sa maison, en même temps que par l'inondation de ses caves, il n'a pas avisé la ville de l'accident survenu (Req. 15 janv. 1894, aff. Veuve Lépine, D. P. 94. 1. 207).

138. Un propriétaire peut être déclaré responsable du préjudice causé au voisin par l'incendie de sa maison s'il y a eu de sa part absence de toute précaution contre les dangers multiples d'incendie que présentait une maison très ancienne, construite en charpente et en platras, ou s'il y a eu négligence du concierge, son préposé (Paris, 16 déc. 1889, aff. Dallemagne, D. P. 90. 2. 364); ... encore bien que ce propriétaire ait fait condamner le locataire comme responsable envers lui de l'incendie, en vertu de la présomption édictée par l'art. 1733 c. civ., cette présomption ne s'appliquant pas aux rapports entre propriétaires voisins (Même arrêt). — Le détenteur de matières inflammables (une compagnie de voitures de place, par exemple) peut être déclaré responsable du dommage causé au voisin par l'incendie de ces matières, s'il ne s'est pas mis en demeure de combattre le feu, notamment s'il n'avait ni veilleurs de nuit, ni pompes à incendie; ... alors surtout que l'éloignement du lieu où l'incendie a commencé et le temps notable que l'incendie a mis à atteindre l'héritage voisin auraient permis à une personne vigilante d'éviter la communication (Paris, 5 janv. 1875, aff. Petites Voitures de Paris, D. P. 76. 2. 58, et, sur pourvoi, Civ. rej. 17 déc. 1878, D. P. 79. 1. 125).

139. Toutefois, l'importance de l'établissement, le danger plus ou moins grand des matières amoncelées doivent être pris en considération. Par exemple, l'omission de préposer la nuit un gardien permanent à la surveillance d'un atelier de menuiserie non habité et renfermant des matières combustibles nécessaires à l'industrie du menuisier, ne constitue pas une négligence ou une imprudence à la charge du propriétaire de l'atelier et ne saurait, en cas d'incendie de cet atelier, survenu sans cause connue, rendre ce propriétaire responsable des dommages causés par la communication du feu à un immeuble voisin, une semblable précaution dépassant la mesure des soins et de la prudence qu'un industriel est tenu d'avoir, surtout dans les conditions modestes et, en tout cas, normales et ordinaires, de l'atelier en question (Orléans, 23 nov. 1882, aff. Dupont et Compagnie *La France*, D. P. 84. 2. 104).

On ne saurait considérer non plus comme une faute l'omission de couvrir par une assurance le risque des marchandises reçues pour les façonner et que détruit un incendie communiqué de la maison voisine, alors même que celui auquel cette omission est imputable aurait la qualité de négociant et non de simple ouvrier (Civ. cass. 1er août 1866, aff. Faillite Claverie, D. P. 66. 1. 332).

140. Une application intéressante de la responsabilité pour omission a été faite par un arrêt aux termes duquel la Compagnie qui, pour la conduite du gaz chez un abonné, a installé un embranchement dans un passage existant entre l'immeuble de cet abonné et une maison voisine, est responsable envers le propriétaire et le locataire de cette maison, sans recours possible contre son abonné, de l'explosion de gaz qui a détruit la maison et causé la mort du locataire, explosion due au défaut de solidité du terrain que plusieurs excavations et ruptures successives lui avaient révélé dans l'intervalle, et auquel, en réparant ces accidents, elle n'avait pas remédié par les mesures de précaution nécessaires; vainement prétendrait-elle n'être en faute que vis-à-vis de son abonné et ne pouvoir répondre envers le voisin d'un dommage qu'il n'a pu éprouver que par le vice de construction de sa maison impossible à prévoir pour elle, alors que l'expertise constate que ladite maison, quoique bâtie très légèrement, ne présentait aucun vice de construction dans ses fondations, et alors que déjà, dans la même ville une explosion récente avait été produite par des infiltrations de gaz de la voie publique à travers les fondations d'une maison contiguë (Orléans, 29 janv. 1882) (1).

141. Le fait d'entreprendre des travaux confinant à la voie publique oblige aussi à prendre les mesures pour préserver les passants du danger qui en peut résulter; et l'omis-

---

(1) (Compagnie du gaz d'Orléans *C.* Goguet et autres.) — Le 23 août 1881, le tribunal civil d'Orléans a rendu le jugement suivant : — Le tribunal ; — Attendu que, d'un rapport d'experts dressé le 19 févr. 1881, résultent les faits suivants : A la fin de sept. 1880, un embranchement pour la conduite du gaz dans la maison des frères de Nazareth, fut installé par la Compagnie du gaz, dans un passage existant entre la maison du sieur Ligneau, occupée par les époux Goguet et des dépendances du pensionnat. Le terrain dans lequel les tuyaux furent posés avait dû être fouillé à une époque plus reculée, et était, comme tous les terrains environnants, composé de remblai très peu compact sur une épaisseur de huit à dix mètres. Le 27 oct. 1880, un mois après les travaux de terrassement faits pour cette installation et sous un des tuyaux, le terrain s'effondra, et un domestique du pensionnat tomba dans une excavation profonde de 3 mèt. environ, longue de 3 mèt. 43 et large de 3 mèt. Cette excavation fut immédiatement comblée par les soins des frères. Deux ou trois jours après, avait lieu, à la même place, un nouvel affaissement du sol à 0 mèt. 30; une forte odeur de gaz en cet endroit ayant fait supposer une cassure dans la conduite, les frères avertirent immédiatement la Compagnie du gaz; les employés de cette compagnie trouvèrent la conduite brisée et affaissée en un endroit; ils la relevèrent et placèrent dessous, pour la contenir, des briques et deux traverses en bois longues de 0 mèt. 95 et larges de 0 mèt. 65. Quelques mois plus tard, à la fin de janv. 1881, encore à la même place, se produit un nouvel affaissement et une nouvelle rupture de la conduite suivie de l'explosion qui détruisit la maison Ligneau et causa la mort du sieur Goguet. Après ce dernier accident, les tuyaux furent trouvés cassés en trois endroits; les briques et les traverses posées sous le tuyau brisé en octobre étaient enfoncées à 3 mèt. environ en terre, à plus de 1 mèt. 70 en contre-bas du point où elles avaient été placées et à plus de 1 mèt. 20 en dessous du tuyau. D'après leurs constatations, les experts affirmèrent que l'accident du 28 janvier avait été causé par une explosion de gaz, déclarèrent qu'il aurait pu être évité si les préposés de la Compagnie du gaz qui, au mois d'octobre, connaissaient parfaitement le vice du sol à cet endroit, avaient alors pris les mesures de précaution que l'état des lieux nécessitait, et, enfin, émirent l'avis que la Compagnie du gaz devait être rendue responsable et seule responsable de la catastrophe du 28 janvier; — Attendu que la Compagnie conteste cette conclusion du rapport des experts, et soutient, en résumé que, pût-elle être réputée en faute vis-à-vis des frères, ses commettants, et responsable, à leur égard, des conséquences du vice de la pose des tuyaux à gaz dans leur établissement, parce qu'elle n'aurait pas suffisamment étudié le terrain sur lequel elle travaillait, elle ne saurait être jugée en faute par rapport au propriétaire et au locataire de la maison voisine de la propriété des frères; qu'en droit, pour qu'il y ait un quasi-délit par rapport à un tiers, vis-à-vis lequel on n'est lié par aucune convention, il faut que, par rapport à lui, on ait pu prévoir le danger; que, sinon, il n'y a aucune faute à ne l'avoir pas prévu; qu'en fait, il avait été absolument impossible à la Compagnie de prévoir qu'un vice de construction de la maison Ligneau fournirait l'occasion du dommage causé à cet immeuble, de deviner que le sieur Ligneau aurait bâti sa maison tellement à l'économie et si peu solidement, que les murs de fondation de cette maison, mal garnis de mortier, au lieu de constituer un obstacle à des infiltrations de gaz, serviraient, au contraire, de conduite pour le faire pénétrer dans la maison; — Mais attendu qu'après les accidents qui s'étaient produits en sept., en oct. 1880, à la suite de la première excavation dont la forme et les effets, de l'avis des experts, dénotaient, d'une manière évidente, qu'il existait à la place où avait lieu l'éboulement un de ces vides souterrains, comme il en existe un grand nombre à Orléans, après un nouvel effondrement et la rupture d'un tuyau, postérieur au remblai par les frères, de la première excavation, les préposés de la Compagnie du gaz, avant de placer leur conduite, avaient le devoir, dans l'intérêt du voisin, aussi bien que l'intérêt des frères, pour empêcher de nouveaux accidents, de s'assurer de la solidité du sous-sol; qu'ils n'ont pas pris cette précaution, et se sont contentés de poser au-dessus de la première excavation, d'un diamètre d'environ 3 mèt., des traverses en bois, longues de 0 mèt. 95 et 0 mèt. 65, dont les extrémités, par conséquent, ne reposaient pas sur le terrain solide; qu'en agissant de la sorte, surtout après l'exemple tout

sion de ces mesures est une faute qui rend responsable des accidents qu'elle a causés (*Rép.* n° 196), sauf le point de savoir si, à la responsabilité de l'entrepreneur ou de l'ouvrier, s'ajoute celle du propriétaire, soit comme auteur d'une faute personnelle, soit comme civilement responsable du fait de son préposé (V. *infrà*, chap. 3, sect. 2, art. 3, § 1). Il a été jugé, à cet égard, que le propriétaire qui n'avertit pas les passants par un signe extérieur que les travaux exécutés sur le toit de sa maison peuvent être pour eux une cause de dommage, commet une imprudence qui, en cas d'accident, engage sa responsabilité, alors même qu'il n'existe aucun règlement municipal obligeant le propriétaire de la maison où l'on exécute des travaux pouvant nuire aux passants à les avertir par un signe extérieur ;... et alors même que l'ouvrage exécuté ne devait pas nécessairement occasionner la chute des matériaux (Civ. cass. 27 mai 1868, aff. Duby, D. P. 68. 1. 404, et sur renvoi, Amiens, 24 févr. 1869, D. P. 69. 2. 153. — *Contrà* : Douai, 26 déc. 1865, D. P. 66. 2. 237, cassé par l'arrêt précité du 27 mai 1868). La cour de Douai n'avait pas nié, d'ailleurs, que cette omission fût une faute, mais seulement qu'elle pût engager la responsabilité du propriétaire en l'absence de règlement local, les rapports de commettant à préposé n'existant pas dans l'espèce (V. *infrà*, ch. 3, sect. 2, art. 3, § 1). La cour de cassation et la cour d'Amiens, sans dire que ces rapports existassent, ont reconnu l'existence envers les passants d'une obligation et d'une faute personnelle du propriétaire ; et la cour d'Amiens a déduit cette obligation de l'art. 469-4° c. pén., qui punit ceux qui causent des accidents par des travaux près des voies publiques sans les avertissements ou signaux d'usage, texte applicable suivant elle aussi bien à celui pour qui est fait le travail qu'à celui qui le fait.

142. Le défaut d'éclairage et de clôture des rues, chemins ou passages, constitue encore une faute qui met les accidents dont il est la cause à la charge, soit des communes à qui ces mesures incombent, soit des propriétaires qui ont établi sur leur terrain et ouvert au public les rues ou passages, tant qu'ils n'ont pas été acceptés par l'autorité municipale. Jugé, notamment : 1° que l'accident occasionné par le défaut d'éclairage et de clôture d'une tranchée ouverte pour l'établissement d'un chemin nouveau engage la responsabilité de la commune, à laquelle incombait le soin de prendre les précautions exigées pour la sûreté du public, alors même que l'acquéreur d'un tronçon de chemin déclassé, aboutissant à cette tranchée, serait lui-même déclaré en faute pour avoir négligé ces précautions, sauf la contribution de ce dernier à la réparation du dommage ; et que ladite commune ne peut, à cette occasion, exercer un recours en garantie contre les entrepreneurs du chemin, s'il est reconnu par les juges du fait, dont la déclaration à cet égard est souveraine, que sa responsabilité dérive d'une faute qui lui est personnelle et si, d'ailleurs, les entrepreneurs n'ont commis aucune infraction aux clauses de leur cahier des charges (Req. 17 févr. 1868, aff. Ville de Rennes, D. P. 68. 2. 273) ; — 2° Qu'une compagnie qui néglige de garnir d'une balustrade la partie de la chaussée touchant un escalier qui rejoint deux des rues créées par elle et dépourvues de réverbères, peut être déclarée responsable de

l'accident arrivé à une personne qui a fait une chute grave en cherchant à gagner cet escalier (Req. 1er juin 1881, aff. Chatterin, D. P. 83. 1. 332).

143. Le fait même de tolérer, sur son terrain ou sur son chantier, un sentier livrant passage au public, oblige le propriétaire ou l'entrepreneur à prendre des précautions pour empêcher les travaux qu'il y fait de causer du dommage aux passants. Ainsi l'entrepreneur des travaux de construction d'un chemin de fer, alors même qu'il aurait établi son chantier sur un terrain appartenant à la Compagnie, est responsable des blessures occasionnées à un passant par suite de l'éboulement de déblais élevés en temps de dégel à une grande hauteur, si ce chantier n'était entouré d'aucune clôture, et si, loin que l'accès en fût interdit, il était traversé par un sentier dont le public faisait usage avec la tolérance de l'entrepreneur (Req. 1er juill. 1878, aff. Danchaud, Serailler, etc., D. P. 79. 1. 254).

Mais l'entrepreneur n'est pas tenu d'éclairer et de munir d'une barrière la rue en contre-bas qu'il a construite, alors que cette rue était déblayée et livrée à la circulation publique, bien que les travaux d'établissement de la voie publique n'aient pas encore été officiellement reçus par la commune. Dès lors, dans ces conditions, il ne saurait être déclaré responsable de l'accident survenu à un particulier dans la traverse de la rue ; alors surtout que l'accident est dû uniquement à l'imprudence de ce particulier qui, pour gagner la rue en contre-bas nouvellement construite, s'est écarté d'un chemin commode et a passé par un point où aucun passage n'était ouvert et qui pouvait présenter quelque danger (Req. 8 mai 1893, aff. Delorme, D. P. 93. 1. 349).

144. Enfin le propriétaire d'une maison qui a omis, dans la construction ou l'aménagement de cette maison, les mesures de précautions nécessaires pour la sûreté des personnes, ou les réparations dont elle a besoin pour n'être pas dangereuse, est responsable des accidents causés par ces omissions (Metz, 23 févr. 1870, aff. Renaud, D. P. 70. 2. 154 ; Paris, 5 juill. 1871, aff. Sautriau, D. P. 71. 2. 167). Ces arrêts ont été rendus au profit des locataires eux-mêmes victimes de ces accidents. Mais le propriétaire ne saurait être moins engagé envers les tiers qui, se trouvant dans la maison du consentement du locataire, en auraient été victimes, sans avoir même connu l'aménagement défectueux. Dans ces termes généraux, il a été jugé que le propriétaire d'une maison est responsable de l'accident arrivé à une personne qui, entrant dans ladite maison, est tombée dans l'escalier de la cave, lorsque cet accident a eu pour cause l'insuffisance de l'éclairage et la disposition vicieuse de l'entrée de la cave, surtout si le propriétaire, averti par des accidents antérieurs, n'a pas fait faire les changements nécessaires (Trib. civ. de la Seine, 9 avr. 1870, aff. Guignard, D. P. 71. 5. 338). La responsabilité pénale du propriétaire a même été admise dans des cas de ce genre (chute dans une fosse d'aisance causée par l'omission des précautions spéciales que rendait nécessaires un système insolite de latrines (Colmar, 9 févr. 1859, aff. Klipffel, D. P. 60. 2. 47). On a fait ressortir, dans une note sous cet arrêt, les raisons qui empêchent, en cette matière, d'opposer à l'action du locataire sa connaissance de l'aménagement défectueux, et celles qui ne permettent pas, lorsqu'il y a plusieurs locatai-

---

récent à Orléans d'une explosion déterminée par des infiltrations de gaz de la voie publique, à travers les fondations d'une maison contiguë, ils ont commis une imprudence, dont les conséquences, même par rapport au propriétaire de l'immeuble voisin, situé à 3 mèt. de la conduite, n'auraient pas dû échapper à leur prévoyance ; — Attendu qu'aucune faute n'est imputable, dans la cause, aux frères, qui ne se sont jamais chargés, ni lors de la première pose dans leur établissement, ni lors de la réparation d'octobre, de la canalisation du gaz, de préparer le sol en voie de bonne installation de cette canalisation ; qu'en faisant faire le remblai de la première excavation, ils ont agi seulement dans l'intérêt et pour la sécurité du personnel de leur maison, dans le but d'empêcher le retour d'un accident comme celui qui venait d'arriver à un de leurs gens ; que, lorsque trois jours après, lors d'un nouvel affaissement du sol, un accident à la conduite du gaz se fut révélé, les frères, après en avoir averti de suite l'administration du Gaz, ont laissé ses agents maîtres d'exécuter tous les travaux de réparation et de consolidation jugés par eux nécessaires en raison des accidents antérieurs ;

qu'ils ne sauraient être responsables de la manière dont ces travaux ont été exécutés et de leur insuffisance pour prévenir la nouvelle rupture qui a déterminé l'explosion du 28 janvier ; — Attendu que les experts ont constaté que la maison Ligneau était construite depuis environ quinze ans, et que, quoique bâtie très légèrement, elle n'avait pas bougé ; qu'ils n'ont signalé aucun vice de construction dans ses fondations ; — Attendu que la Compagnie du gaz doit réparer le préjudice causé par sa faute, aux parties demanderesses ; — Par ces motifs ; — Déclare fondées les demandes en responsabilité : 1° de la veuve Goguet contre la Compagnie du gaz d'Orléans ; 2° de Ligneau contre la Compagnie du gaz ; — Condamne la Compagnie du gaz à payer, etc. ».

Appel par la Compagnie du gaz.

LA COUR ; — Adoptant les motifs des premiers juges ; — Confirme,

Du 29 janv. 1882.-C. d'Orléans, 1re ch.-MM. Dumas, 1er pr.-Gaultier, av. gén.-Charroy, Lafontaine, Basseville, Johanet, Desplanches et Fouqueteau, av.

res, de voir dans la connaissance et la tolérance des uns une cause de responsabilité à leur charge envers les autres. On voit apparaître ici la différence entre l'omission d'un devoir moral et celle d'une obligation légale.

145. C'est encore une omission illicite, rendant responsable des accidents ou des dommages qu'elle cause, que de ne point placer d'une manière apparente et commode, dans les établissements qu'on ouvre au public, des lieux d'aisances et des urinoirs, en raison de la durée du séjour ou du stationnement que suppose de la part du public la destination de l'établissement. Jugé, notamment : 1° que le chef d'un établissement, tel qu'un bureau de nourrices, dans les salles duquel les personnes appelées pour leurs affaires peuvent avoir à subir une attente de plusieurs heures, doit mettre des lieux d'aisances à la disposition de celles-ci. avec des indications suffisantes pour qu'elles puissent facilement en trouver l'accès. A défaut de ce soin, il doit être déclaré responsable de l'accident survenu à l'une de ces personnes, qui, croyant trouver des lieux d'aisances dans la cour de la maison, a fait une chute dans une cave un moment ouverte ;... sauf au juge à tenir compte, pour la fixation des dommages-intérêts, soit de l'inattention qui pourrait être reprochée à la victime, soit de la part de responsabilité incombant au propriétaire, pour n'avoir pas veillé à ce que l'entrée de la cave demeurât fermée, conformément aux prescriptions d'un règlement local (Trib. civ. de Lyon, 16 févr. 1866, aff. Thomas, D. P. 66. 3. 46); — 2° Qu'une compagnie de chemin de fer est responsable de l'accident arrivé dans l'une de ses gares à un voyageur qui, se rendant aux lieux d'aisances, a glissé sur des eaux gelées provenant du lavage de ces lieux et que l'employé chargé du nettoyage avait négligé de faire disparaître (Rennes, 13 déc. 1869, aff. Ménager, D. P. 72. 2. 149). — V. une solution analogue pour les dommages causés aux propriétaires voisins d'un théâtre par l'insuffisance d'urinoirs dans cet établissement, supra, n° 67.

146. L'omission, par une société de courses, d'établir des clôtures dans l'intérieur du champ de courses entre la piste et l'emplacement réservé au public, n'est une faute de sa part et ne peut la rendre responsable des accidents qui en résultent que si une clause expresse de son cahier des charges lui imposait ces clôtures (Paris, 14 juin 1883, aff. Kasriel, Pitou et dame Vallaud, D. P. 84. 2. 106).

147. En matière de chemins de fer, il a été jugé : 1° que la dispense accordée, à ses risques et périls, à une compagnie de chemin de fer d'établir des barrières et clôtures, bien qu'elle enlève le caractère de faute à l'omission de cette précaution, ne l'affranchit pas de celles qui peuvent prévenir les conséquences fâcheuses de cette dispense elle-même, notamment de celle qui consiste à ralentir la marche à la vue de bestiaux engagés sur la voie (Civ. rej. 11 nov. 1891, aff. Chemins de fer départementaux, D. P. 92. 1. 427. V. dans le même sens, pour les tramways sur les routes, Rouen, 20 avr. 1880, aff. Leverdier, D. P. 81. 2. 92); — 2° Qu'une compagnie de chemin de fer, autorisée à reconstruire un pont détruit par l'autorité militaire dans l'intérêt de la défense, n'est pas tenue par cela seul, ni en vertu de son cahier des charges, d'enlever les débris de ce pont qui forment écueil dans la rivière et, par suite, n'est pas responsable de l'échouement d'un bateau qui s'est heurté contre lui (Cons. d'Et. 12 mai 1876, aff. Compagnie de Paris à Lyon, D. P. 76. 3. 85). — On a vu supra, v° Commissionnaire, n° 243, la mesure de la responsabilité des compagnies de chemins de fer envers les voyageurs à raison de leurs négligences (V. aussi infra, ch. 3, sect. 2, art. 2, et v° Voirie par chemins de fer).

148. Certaines omissions licites en elles-mêmes (comme le fait de ne pas donner suite à un contrat non encore définitif, ou de ne pas publier un contrat, ou de ne pas renseigner un tiers sur l'employé qu'il va prendre) peuvent devenir une faute en se combinant avec des faits positifs, sans lesquels l'omission n'aurait pas été préjudiciable (par exemple, avec des agissements propres à faire croire, dans le premier cas, au caractère définitif du contrat, dans le second cas à son inexistence, dans le troisième à la probité qu'on croyait alors exister chez l'employé. Jugé, notamment : 1° que lorsque, après l'expiration d'un traité de cinq ans entre une ville

et une société d'enseignement pour l'entretien d'un établissement donnant gratuitement l'instruction secondaire, l'autorité municipale néglige de provoquer l'approbation préfectorale pour une délibération du conseil relative au renouvellement de la subvention habituelle au budget, ou d'autres actes, donnent à la société la conviction erronée que l'approbation a été obtenue et que l'ancienne convention est régulièrement prorogée, ce fait constitue une faute dont la ville est responsable et qui l'oblige à indemniser la société des dépenses auxquelles il l'a entraînée (Req. 12 déc. 1881, aff. Ville de Cannes, D. P. 82. 1. 131); — 2° Que l'acheteur d'un fonds de commerce (dans l'espèce, un café), qui, au lieu d'en prendre possession, l'a laissé en location au vendeur, sans donner à son achat aucune publicité et sans avertir les fournisseurs, peut être condamné, solidairement avec son vendeur, au payement des marchandises que les fournisseurs ont continué de livrer à l'établissement sur la foi d'un gage dont, par le fait même de l'acheteur, ils ont ignoré la disparition (Req. 21 nov. 1881, aff. Peyron, D. P. 82. 1. 165 et la note). L'arrêt présente cette solution comme indépendante, soit des usages établis à Paris pour la publication des ventes de fonds de commerce, soit des actes législatifs qui, en Algérie, à une certaine époque, auraient prescrit cette publication (V. supra, v° Industrie et commerce, n° 497); — 3° Que celui qui a, de bonne foi, recommandé un employé infidèle en donnant des renseignements favorables sur sa probité, commet une faute en négligeant de faire connaître au patron inexactement renseigné le défaut d'improbité qu'il a découvert ensuite à la charge de cet employé, avant que celui-ci ait pris possession de l'emploi à lui confié par le patron (Bordeaux, 19 juill. 1869, aff. Racaud, D. P. 70. 2. 150).

149. On peut citer encore les applications suivantes de la responsabilité à des faits d'omission : 1° l'armurier qui, sachant que la provenance d'une arme doit faire douter de sa bonne fabrication, la vend et la livre sans l'avoir préalablement éprouvée d'une manière rigoureuse et sans avertir l'acheteur, est responsable de l'accident occasionné par suite d'une explosion de cette arme causée par la mauvaise qualité du métal; et cela alors même que son ignorance du vice caché de la chose vendue limiterait sa garantie comme vendeur, aux termes des art. 1150 et 1646 du code civil (Aix, 4 janv. 1872, aff. Bonnin et Julien, D. P. 73. 2. 55). La nature de la chose, faisant de ce dommage un dommage prévu, et la réticence du vendeur au sujet de sa provenance suspecte, rendaient d'ailleurs inapplicable à l'espèce la limitation des articles précités (V. la note sous le même arrêt); — 2° L'artificier est responsable des accidents causés par un vice dans la confection ou dans le tir des pièces d'artifice qu'il a fournies ou tirées (Aix, 6 janv. 1892, aff. Ville d'Aix et autres, D. P. 93. 2. 414); — 3° L'agent international chargé par le transporteur d'accomplir à la frontière les formalités en douane, qui, sur les contestations soulevées par la douane, consigne le montant de la surtaxe et de l'amende, se pourvoit devant les autorités judiciaires étrangères et succombe, le tout sans en référer à l'expéditeur, commet une faute qui engage sa responsabilité (Paris, 13 avr. 1892, aff. Chemin de fer de l'Est, D. P. 93. 2. 79); — 4° L'Assistance publique est responsable et est tenue à des dommages-intérêts envers la nourrice qui a contracté une maladie syphilitique en allaitant l'enfant qui lui a été confié, alors qu'elle ne justifie pas avoir soumis cet enfant, avant de le confier à la nourrice, à un examen sérieux et approfondi, d'autant plus nécessaire qu'à ce moment déjà, l'enfant, dont l'origine était inconnue et par suite suspecte, était d'un aspect chétif et présentait certains symptômes inquiétants (Paris, 24 févr. 1893, aff. Assistance publique, D. P. 93. 2. 189). Il en est autrement dans le cas où il a été procédé à une visite préalable qui n'a révélé aucune trace de la maladie (V. supra, v° Hospices-hôpitaux, n° 253; Adde, Poitiers, 26 déc. 1892, aff. Département des Deux-Sèvres, D. P. 93. 2. 349); — 5° Un directeur de bureau de nourrices est également responsable, s'il néglige de renseigner une nourrice sur la maladie syphilitique dont est atteint le nourrisson qu'il lui procure (Lyon, 14 janv. 1853, aff. Boissieux, D. P. 54. 2. 93; Rép. n° 188-7°). La solution qui précède suppose la possibilité et l'obli-

gation de vérifier préalablement l'état de santé du nourrisson, obligation qui peut, d'ailleurs, se trouver inscrite dans des règlements administratifs. Toutefois, il a été décidé que cette responsabilité n'existe pas si le placement a été conclu dans le lieu de résidence de la nourrice et si celle-ci a eu le tort d'accepter l'enfant sans réclamer une visite médicale, et cela alors même qu'un règlement exigerait la vérification préalable de l'état de santé des nourrissons et des nourrices; la violation d'une telle prescription, qui, d'ailleurs, ne régit que les placements effectués au siège de l'administration du bureau, n'étant pas imputable au directeur, du moment où la visite a été rendue impossible par un refus de déplacement opposé tant pour la nourrice que pour le nourrisson (Lyon, 8 févr. 1867, aff. Mariés G..., D. P. 69. 2. 195). La responsabilité des parents de l'enfant, en tout cas, n'est pas douteuse (Même arrêt). — Sur celle du médecin, à raison de son silence en cas de visite de l'enfant, V. infrà, n° 156); — 6° Le membre délégué par un conseil de famille pour le représenter au contrat de mariage d'une fille mineure est responsable envers celle-ci lorsque, sans y avoir été autorisé par le conseil, il laisse insérer dans le contrat de mariage une clause aux termes de laquelle une somme d'argent appartenant à l'épouse mineure est mobilisée et remise sans garantie aux mains du mari (Rennes, 4 mai 1878, aff. Gobé et autres, D. P. 79. 2. 1); — 7° D'après les usages de l'imprimerie, et en raison de l'habitude où sont généralement les auteurs de ne reviser les épreuves de leur ouvrage qu'au point de vue littéraire ou scientifique, l'omission par un imprimeur de faire faire, après réception du *bon à tirer* donné par l'auteur, une *lecture en seconde* destinée à relever les fautes de grammaire, d'orthographe, de ponctuation et autres fautes typographiques qui ont échappé à l'auteur, est une faute qui rend l'imprimeur responsable des frais de *cartons* (c'est-à-dire de tirages recommencés) commandés par l'auteur et nécessités par des fautes dont le nombre et la gravité excèdent la limite ordinaire, une partie de ces frais pouvant toutefois être mise à la charge de l'auteur, s'ils sont exagérés et si, de son côté, il a à se reprocher des fautes de épreuves envers assez d'attention (Trib. de com. de la Seine, 16 août 1860, aff. Ganot, D. P. 61. 3. 72. Comp. *Rép.*, n° 133, et *infrà*, n° 273).

150. L'omission de la recommandation d'une lettre rend-elle l'expéditeur responsable de la perte des valeurs renfermées dans cette lettre? On a cité *Rép.*, n°s 92-8° et 99-2°, deux arrêts dont l'un, s'appuyant sur l'usage général du commerce, repousse la responsabilité pour des valeurs à ordre (Bordeaux, 28 mai 1856, aff. Camus, D. P. 56. 2. 219), et l'autre l'admet pour des valeurs au porteur (Lyon, 16 mars 1854, aff. Nicolas, D. P. 55. 2. 141). Le premier a été depuis confirmé par le rejet du pourvoi dont il avait été l'objet (Req. 1er juill. 1857, D. P. 57. 1. 433). Mais, depuis lors, il a été jugé que, dans le cas où le montant d'une traite

a été abusivement touché par un tiers, par suite du détournement de la lettre qui la contenait, l'expéditeur de cette lettre doit être déclaré responsable si, mandataire salarié, il a rendu possible ce détournement en négligeant la formalité de la recommandation, en jetant sa lettre dans une boîte placée dans des conditions qui n'offraient pas une suffisante sécurité, et n'adressant pas avant l'échéance un avis nouveau destiné à provoquer, au cas de non-réception de la lettre, une opposition entre les mains du tiré; que vainement il opposerait que ce mode d'envoi de valeurs avait déjà été plusieurs fois employé par lui, sans réclamation de la part du mandant (Aix, 25 nov. 1869, aff. Banque de France et Richter-Linder, D. P. 71. 2. 26, et sur pourvoi, Req. 10 août 1870, D. P. 71. 1. 332). Enfin il a été jugé que le défaut de recommandation d'une dépêche télégraphique n'a pas pour effet, dans le cas où cette dépêche a été inexactement transmise au destinataire, de rendre l'expéditeur responsable des suites de l'erreur commise, alors que l'usage ne lui faisait pas une obligation de cette précaution (Amiens, 4 mai 1854, aff. Aubanel, D. P. 59. 2. 147). On comprend qu'une importance considérable s'attache en cette matière à l'usage et aux circonstances de l'envoi, telle que le dépôt dans une boîte insuffisamment sûre (V. pourtant à cet égard les observations en note sous l'arrêt précité du 10 août 1870), le fait d'un mandat salarié, le défaut d'un avis ultérieur qui aurait provoqué une opposition au payement en cas de non-réception, le fait enfin d'un envoi spontané qui ne permet pas d'arguer d'instructions incomplètes (V. à cet égard les observations en note sous l'arrêt précité du 1er juill. 1857, D. P. 57. 1. 433, note 5) V. aussi *suprà*, v° *Mandat*, n°s 80-4° et 5°.

151. Quant au défaut de déclaration des valeurs renfermées dans une lettre, il a été jugé que le débiteur qui a envoyé à son créancier des billets de banque sous pli chargé, en déclarant à la poste une somme inférieure au montant de ces billets, est responsable envers lui de la perte de la somme non comprise dans la déclaration, bien qu'il lui ait annoncé cet envoi comme fait aux risques et périls du destinataire, si ce dernier, loin d'autoriser l'envoi de billets de banque sans déclaration exacte assurant le recours contre la poste, lui avait indiqué deux autres modes de payement excluant tout risque de perte; et que l'acceptation du risque par le créancier n'avait pu résulter du fait d'envois précédents à lui faits par le même créancier dans ces conditions périlleuses, ni du fait d'avoir pris livraison et donné récépissé de la lettre avant de l'ouvrir, le refus de récépissé ne conservant le recours contre la poste que dans les limites de la déclaration (Bordeaux, 12 mars 1877) (1). — L'erreur commise par un expéditeur dans une lettre de voiture quant à la nature de la marchandise transportée, engage aussi la responsabilité de cet expéditeur

(1) Despéroux-Souchet C. Bonnet. — La cour; — Attendu que Despéroux-Souchet, créancier de Romain Bonnet d'une somme de 5000 fr. environ, lui écrivit le 20 nov. 1875 pour l'inviter à lui envoyer des remises en *alignement de compte*; que n'ayant pas reçu de réponse, il adressa, le 16 décembre suivant, à son débiteur, une lettre dans laquelle, après lui avoir fait observer que les besoins de fin d'année commençaient à se faire sentir, il lui renouvelait sa demande dans les mêmes termes, ajoutant que, s'il ne lui était donné satisfaction par le retour du courrier, il disposerait sur lui de 5000 fr. en un chèque à vue sur sa caisse; — Attendu que, le lendemain, Romain Bonnet, en lui accusant réception des deux lettres ci-dessus indiquées, l'avisa de l'envoi qu'il lui faisait de 5000 fr. en billets de banque qui voyageraient aux périls et risques du destinataire, au débit duquel il portait 1 fr. 25 cent. pour chargement et avis; — Attendu que, par le même courrier, il remit effectivement à la poste un pli chargé, dans lequel il inséra la somme annoncée, à l'adresse de Despéroux-Souchet, avec déclaration d'une somme de 100 fr. seulement pour la valeur qui y était contenue; — Attendu que, le 7 décembre au soir, le pli chargé et la lettre d'avis furent remis par le facteur de la poste au destinataire, qui en délivra récépissé et qui, après avoir ouvert la missive chargée, n'y trouva qu'un billet de banque de 100 fr. et des feuilles de papier substituées par une main criminelle aux billets représentant la somme de 5000 fr., dont la soustraction avait été opérée; que la question du procès est celle de savoir sur qui doit peser la responsabilité de cette perte; — Attendu, à cet égard, que Romain Bonnet, débiteur envers son correspondant d'un capital égal au montant de l'envoi qu'il a

effectué, était garant de l'arrivée de ces fonds à destination, puisque sa libération ne pouvait être consommée qu'à la condition que les valeurs au porteur seraient remises à Despéroux-Souchet et encaissées par lui; que, jusque-là, ce dernier ne pouvait en être réputé propriétaire, et que, dès lors, tous les risques du voyage restaient à la charge de l'expéditeur; que telle est la règle du droit en cette matière et qu'elle ne cesserait d'être applicable qu'autant que les parties l'auraient modifiée par une stipulation spéciale; — Attendu que l'intimé ne justifie d'aucune convention de cette nature; qu'il n'est nullement établi que l'appelant l'ait autorisé à lui adresser en payement de sa créance des billets de banque sous pli cacheté, sans prendre les précautions nécessaires pour s'assurer, au moyen d'une déclaration exacte faite à la poste, un recours contre le transporteur; que, loin de là, il résulte des documents de la cause que Romain Bonnet avait le choix de se libérer, soit en transmettant à son créancier des couvertures, c'est-à-dire des effets à ordre, dont le transport ne présente aucune chance de perte, ces valeurs ne pouvant être négociées que par le bénéficiaire de l'ordre ou de l'endossement, soit en payant à son domicile, sans déplacement et sans frais, le chèque à vue qui serait tiré sur lui; — Attendu que le débiteur, ayant préféré à ces deux modes de payement, taxativement fixés par le créancier et n'offrant pour lui ni danger ni inconvénient d'aucune espèce, l'envoi de billets de banque par la poste, devait supporter les conséquences de la détermination qu'il a prise en dehors de l'alternative qui lui était posée; — Attendu que si, antérieurement, à deux reprises différentes, Romain Bonnet a cru pouvoir faire à l'appelant des envois sem-

envers le destinataire, si celui-ci, après saisie de la marchandise à l'octroi pour fausse déclaration, a eu à répondre des condamnations encourues de ce chef par le voiturier (Req. 27 avr. 1880, aff. Lecourt, D. P. 80. 1. 432).

152. On verra *infrà*, ch. 3, sect. 2, art. 3, § 2, dans quelle mesure l'administration des Postes et des Télégraphes répond des fautes de service de ses employés et quelles sortes de fautes peuvent engager la responsabilité personnelle de ceux-ci.

153. Le fait, par le souscripteur d'une obligation, de ne pas bâtonner les blancs que présente le titre par lui souscrit est-il une faute de nature à engager sa responsabilité envers le tiers porteur de bonne foi de cette obligation, pour les majorations frauduleuses commises à l'aide de ces blancs par le bénéficiaire de l'obligation ? On ne peut assimiler cette hypothèse à celle d'un blanc-seing, dont l'auteur est certainement tenu, envers le tiers porteur de bonne foi, du montant intégral des sommes portées ensuite sur le titre ; ni à celle d'un faux, qui, inversement, ne peut engager celui dont la signature a été contrefaite ou l'écriture altérée (V. notamment : Nîmes, 19 avr. 1875, aff. Rey, et la note, D. P. 76. 2. 210 ; Req. 20 mars 1882, aff. Dubois-Plattier, et les conclusions de M. l'avocat général Petiton ainsi que les précédents qui y sont indiqués, D. P. 82. 1. 244 ; Civ. rej. 17 déc. 1884, aff. Bourgeois, et la note, D. P. 85. 1. 102). En soi, et lorsqu'il n'est accompagné d'aucune circonstance particulière, commandant au souscripteur la défiance, ce fait de ne pas bâtonner les blancs n'est pas une cause de responsabilité envers les tiers. Ainsi l'a jugé la cour de cassation (Civ. cass. 14 mars 1888, aff. Duthoit, Thomassin et comp., D. P. 88. 1. 425) par le motif qu'aucune règle de droit ne prescrit le bâtonnage des blancs, et qu'en supposant que la prudence exige en certains cas cette précaution, le juge du fond doit tout au moins, pour condamner de ce chef, relever des circonstances propres à établir qu'en l'espèce cette précaution s'imposait et que son omission a réellement constitué une faute. Cette réserve indique bien que la solution ne saurait être absolue, et que l'omission du bâtonnage peut devenir fautive, à raison des circonstances du fait et notamment du peu de confiance que méritait sous ce rapport le bénéficiaire du titre.

154. On a refusé également de reconnaître le caractère de faute à l'omission, par une caution, d'aviser le créancier

du chiffre auquel elle limite son cautionnement, lorsque le titre contenant le cautionnement a dû nécessairement lui être remis et lui faire connaître ce chiffre, la caution n'étant pas obligée de prévoir que ce titre serait frauduleusement majoré (Civ. cass. 14 mars 1888, cité *suprà*, n° 153).

On a décidé enfin qu'on ne peut faire un grief à cette caution, qui avait trouvé trop élevé un premier projet, de ne l'avoir pas utilisé en procédant par rature et renvois approuvés, ce qui eût empêché toute majoration ; la caution n'a fait alors qu'user de son droit en substituant un nouvel acte à celui qui n'exprimait pas ses intentions (Même arrêt du 14 mars 1888).

155. Le défaut de précautions contre la fraude d'un tiers peut cependant, dans certaines situations, être une source de responsabilité envers les tiers victimes de cette fraude. Ainsi une banque coloniale peut être condamnée à des dommages-intérêts envers un propriétaire d'actions nominatives de cette banque, lorsqu'elle a opéré sur ses registres le transfert des actions sans se conformer aux prescriptions de la loi (Req. 3 mai 1882) (1).

De même, il a été jugé que le mont-de-piété de Paris, lorsque l'inobservation par ses agents des prescriptions réglementaires concernant la constatation de l'identité des déposants a favorisé l'engagement d'objets détournés, est responsable du préjudice qui en est résulté pour le propriétaire ; ... sauf aux juges, dans le cas où celui-ci a à se reprocher un défaut de surveillance, à faire retomber à sa charge une partie de la responsabilité des ces détournements (Paris, 26 déc. 1871, aff. Mont-de-Piété, D. P. 72. 2. 188).

156. Dans quelle mesure les médecins, officiers de santé, sages-femmes et pharmaciens sont-ils responsables de leur négligence, de leur impéritie, ou de l'inobservation des règlements dans l'exercice de leur profession ? Cette question a été traitée, tant au point de vue pénal qu'au point de vue civil, d'abord au *Rép.*, n°s 128 à 132, puis *suprà*, v° *Crimes et délits contre les personnes*, n°s 246 et suiv., 271 et suiv., et v° *Médecine*, n° 63). Nous nous bornons à y renvoyer, en citant toutefois, à titre complémentaire, les applications suivantes des principes qui s'y trouvent exposés. — La cour de cassation a jugé que toute personne, quelle que soit sa profession, est soumise à la responsabilité du dommage causé par sa négligence ou par son imprudence ; que cette

---

blables, en déclarant à la poste un chiffre de beaucoup inférieur au montant des valeurs enfermées sous le pli, et si ces envois ont eu lieu avec la mention de risques et périls à la charge du correspondant, on ne peut raisonnablement en conclure que Despéroux-Souchet ait entendu déplacer les risques ; qu'en effet, les valeurs ainsi transmises étant parvenues intactes à Angoulême, la destinataire qui les a reçues n'avait pas à soulever à cette occasion une question de responsabilité qui n'était pas née, et dont la solution devait ressortir, le cas échéant, des principes du droit commun auquel les parties sont restées soumises par cela seul qu'elles n'y ont pas dérogé par une convention expresse ; — Attendu, au surplus, que le langage tenu par le créancier, le 6 déc. 1875, prouve suffisamment qu'il ne considérait pas ces précédents comme la règle des rapports existant entre Romain Bonnet et lui, car il a pris le soin de spécifier les deux modes de procéder entre lesquels il laissait à son débiteur la faculté d'opter ; — Attendu que, tout en constatant avec raison la faute commise par l'expéditeur, le jugement dont est appel a cependant condamné le demandeur à supporter la moitié de la perte, par ce motif que celui-ci, au lieu de refuser la lettre chargée du 7 décembre et de conserver, en faveur de qui de droit, un recours contre l'administration des Postes, à l'occasion de la soustraction évidente commise par ses agents, avait eu tort d'en donner récépissé et d'en prendre livraison avant de l'avoir ouverte ; — Attendu que cette considération ne saurait justifier la décision rendue ; qu'il est manifeste que la réception par Despéroux-Souchet de la lettre dont il s'agit n'aurait pu causer un préjudice à l'expéditeur qu'autant que celui-ci eût déclaré à la poste qu'il envoyait 5000 fr., parce que, dans ce cas, en donnant décharge avant d'avoir vérifié le contenu de la dépêche chargée, le destinataire aurait dégagé la responsabilité du transporteur ; mais que telle n'est la situation ; qu'il est avéré que ce pli, à son arrivée à Angoulême, contenait un billet de banque de 100 fr., somme égale à celle accusée par Romain Bonnet à la poste, qui n'était garante que dans cette limite ; qu'ainsi c'est l'insuffisance de cette déclaration, et non le fait du destinataire, qui a mis l'Administration à l'abri de tout recours ; — Attendu, en conséquence, que la responsabilité de la perte doit retomber

entièrement sur Romain Bonnet, et qu'il y a lieu de réformer en ce sens le jugement du tribunal de commerce de Périgueux ; — Par ces motifs, faisant droit à l'appel principal relevé par Despéroux-Souchet, met le jugement à néant, émendant, réformant, condamne Romain Bonnet à payer au demandeur la somme de 4900 fr. pour solde de son compte courant, etc., etc.

Du 12 mars 1877.-C. de Bordeaux, 1re ch.-MM. Vouzellaud, pr.-Thiriot, av. gén.-Brochon et Moulinier, av.

(1) (Banque de la Guadeloupe *C*. Defresnay.) — La cour ; Sur le moyen unique du pourvoi, tiré de la violation et de la fausse application de l'art. 1382 c. civ. et de l'art. 7 des statuts des banques coloniales annexés à la loi du 24 juin 1874 ; — Attendu qu'aux termes de l'art. 7 précité, les transmissions des actions de la banque de la Guadeloupe doivent s'opérer, dans la colonie, au siège de la banque, par une déclaration de transfert signée du propriétaire ou de son fondé de pouvoirs, et visée par un administrateur ou un registre spécial à ce destiné ; — Attendu que l'arrêt attaqué, par une appréciation souveraine des faits de la cause et de l'intention des parties, a déclaré que la banque avait, à la Pointe-à-Pitre, opéré sur ses registres le transfert des actions, cause du litige, appartenant à Defresnay, sans se conformer aux prescriptions de l'art. 7, et sur la simple déclaration de Tandon, qui n'avait pas reçu mandat pour consentir au transfert ; — Attendu que ce même arrêt a constaté que cette infraction de la banque à ses statuts, constitutive d'une faute, avait ouvert la porte à la fraude et à l'infidélité de Tandon et facilité le détournement par celui-ci desdites actions ; — Attendu que, par ces constatations établissant tout à la fois la faute commise par la banque de la Guadeloupe et le préjudice qui en est résulté pour Defresnay, la cour a donné une base juridique à sa décision, et justifié l'allocation des dommages-intérêts par elle prononcés contre ladite banque en faveur de Defresnay ; — D'où il suit que, loin de violer les articles visés au pourvoi, l'arrêt attaqué en a fait une juste application ; — Rejette, etc.

Du 3 mai 1882.-Ch. req.-MM. Bédarrides, pr.-Talandier, rap.-Chevrier, av. gén., c. conf., Mayer, av.

responsabilité s'applique, notamment, aux fautes dommageables commises par les médecins dans la pratique de leur art, lorsque la constatation de ces fautes, indépendantes de l'examen de théories ou de méthodes médicales, a sa base dans les règles générales de bon sens et de prudence auxquelles est assujetti l'exercice de toute profession; qu'ainsi, un médecin peut être déclaré responsable de la perte d'un membre fracturé sur lequel il a opéré, s'il est constaté que l'accident a eu pour cause la gangrène produite dans ce membre par une trop forte constriction, exercée sans méthode et sans discernement et accompagnée d'un traitement contraire à toutes les règles de l'art et de la science (Req. 21 juill. 1862, aff. X..., D. P. 62. 1. 419). Jugé également que le médecin n'est pas responsable par cela seul qu'il n'a pas réussi dans ses opérations ou même qu'il s'est trompé; mais que sa responsabilité est engagée s'il a commis une faute lourde et montré une négligence coupable, ou manifesté une impéritie évidente, ou encore s'il a fait des essais hasardés et a omis de se conformer aux principes rationnels du traitement à suivre (Trib. civ. de Gray, 29 juill. 1873, aff. Th..., D. P. 74. 5. 436). — Encore faut-il toutefois qu'il y ait faute lourde, s'accusant par des faits palpables et évidents et constituant en soi l'oubli de règles générales de bon sens et de prudence qui sont hors de discussion. Ainsi, un médecin ne peut être déclaré responsable de ce qu'il a manqué d'un certain degré de pénétration dans ses diagnostics et laissé, par suite, un malade exposé à des périls qu'un praticien plus expérimenté aurait peut-être conjurés. Spécialement, un médecin n'est pas responsable de la perte d'un membre fracturé sur lequel il a opéré, s'il est constaté qu'il a employé, pour la réduction de ce membre, l'appareil usité, qu'il a consciencieusement veillé à la fabrication et à l'application de cet appareil, et qu'il l'a levé après un délai non contraire aux règles d'une saine pratique, alors même qu'avec une plus grande expérience, il aurait peut-être pu apercevoir et prévenir les accidents qui ont nécessité l'amputation dont la responsabilité est poursuivie contre lui. Peu importe qu'il n'ait pas consenti à accepter le concours d'un confrère qui lui était proposé, le médecin étant toujours libre de diriger seul un traitement qui n'offre, à ses yeux, aucun caractère exceptionnel... ou qu'il ait cessé momentanément ses visites, lors de l'arrivée d'un autre médecin, si son absence s'est produite à un moment où elle ne pouvait plus avoir d'influence sur l'état du membre opéré (Metz, 21 mai 1867, aff. Richert, D. P. 67. 2. 110).

157. Enfin un arrêt a statué sur la responsabilité médicale pour le genre de dommage examiné *suprà*, n° 149-4° et 5°, au point de vue de la responsabilité des directeurs de bureaux de nourrices et des parents des nourrissons. Il a été décidé que le médecin qui, appelé à donner des soins à un enfant nouveau-né sur lequel il constate des symptômes d'une maladie syphilitique, laisse ignorer à la nourrice la nature contagieuse de ce mal, et prescrit un traitement pour celle-ci et pour l'enfant, est responsable envers la nourrice du fait ultérieur de communication du virus syphilitique, que sa réticence a laissé accomplir. Mais, lorsqu'il n'est intervenu pour donner des soins qu'après un certain temps d'allaitement, la possibilité que l'inoculation du mal fût déjà à ce moment un fait accompli ne permet pas de déclarer la responsabilité du médecin, si rien ne démontre qu'à ce moment la cessation de l'allaitement pût encore prévenir la contagion qui s'est révélée plus tard (Dijon, 14 mai 1868, aff. Protat, D. P. 69. 2. 195. — Comp. sur la responsabilité médicale, Hu, *Etude historique et juridique sur la responsabilité du médecin*, Paris, 1880).

158. Sur l'homicide ou les blessures causées par négligence ou par inobservation des règlements, V. *suprà*, v° *Crimes et délits contre les personnes*, n°s 266 et suiv., 269 et suiv., 291 et suiv. — Sur la négligence et l'impéritie des architectes et entrepreneurs au point de vue des vices de construction, V. *Rép.* n°s 95, 96, 203 et suiv., et *suprà*, v° *Louage d'ouvrage et d'industrie*, n°s 106 et suiv. — Sur la négligence des patrons au point de vue de la sécurité de leurs ouvriers (*Rép.* n° 94), V. *infrà*, v° *Travail ; Rép.* v° *Ouvriers*, n°s 93 et suiv. — Sur la négligence et l'impéritie des avocats, avoués, huissiers et notaires, V. *suprà*, v°s *Avoué*, n° 57 et suiv., *Huissier*, n°s 46 et suiv. et *infrà*, chap. 1, sect. 3, art. 8, 9, 10. — Sur la négligence des agents de change, changeurs et banquiers dans la vérification de l'identité des porteurs de titres, V. *suprà*, v°s *Bourse, de commerce*, n°s 160 et suiv., *Change*, n°s 7 et suiv., et *infrà*, chap. 2, sect. 3, art. 11. — Sur la négligence des communes en matière d'entretien de chemins ou d'organisation de police, V. *infrà*, n°s 411 et suiv.

ART. 3. — *Deuxième élément du quasi-délit : l'imputabilité.*
(Rép. n°s 53 à 56, 90 à 92, 143 à 150, 336, 502.)

159. — I. FORCE MAJEURE. — L'imputabilité de l'action ou de l'omission à la personne prétendue responsable est un second caractère essentiel pour constituer la faute et le quasi-délit. Cette imputabilité peut manquer d'abord à raison de la force majeure, lorsque seule elle a causé le dommage ou que par elle le défendeur a été contraint ou empêché d'agir. On a vu au *Rép.*, n°s 143 à 150, et aussi n°s 92, 336 et 502, la manière dont ce principe, évident d'ailleurs, doit être entendu et appliqué. Les cas peuvent varier à l'infini. En voici encore quelques-uns que la jurisprudence a considérés comme exclusifs de faute : 1° l'inondation d'un terrain par suite de l'élévation naturelle des eaux du fleuve qui le borde est un cas de force majeure qui ne peut engager la responsabilité du propriétaire voisin également riverain, malgré le soin qu'avaient pris les deux propriétaires d'établir des digues fermées par des vannes, et le fait par le second d'avoir, par ses vannes ouvertes, laissé les eaux inonder son terrain et celui des demandeurs, s'il n'avait pris à cet égard aucun engagement envers celui-ci, l'interdiction de transmettre au voisin des eaux d'une manière nuisible (L. 28 sept. 1791, art. 15) ne concernant que les eaux élevées ou amenées artificiellement par des travaux de main d'homme, et le défendeur s'étant borné, dans l'espèce, à laisser agir la force majeure par une omission licite (Bordeaux, 12 avr. 1866, aff. De Rolland, D. P. 66. 2. 179) ; — 2° Les personnes blessées par l'écroulement de la tribune d'un hippodrome, causé par l'envahissement subit de la foule au moment d'une pluie d'orage, n'ont aucune action en responsabilité contre les organisateurs des courses, quoique ceux-ci aient commis la faute de ne pas faire préalablement visiter la tribune par l'architecte de la ville, alors que la tribune était construite solidement et conformément aux règles de l'art et n'a cédé qu'à une irruption tumultueuse et extraordinaire que les défendeurs ne pouvaient ni prévoir, ni empêcher (Req. 22 janv. 1872, aff. Hunebelle et Lefèvre, D. P. 72. 1. 302); — 3° Le fait par un boutiquier inondé par des eaux infectes d'avoir, en l'absence du locataire, pénétré dans l'appartement au-dessus pour vérifier si l'inondation n'était pas due à une rupture du tuyau des latrines, est justifié par la force majeure et ne peut, par suite, donner lieu à des dommages-intérêts, alors même qu'il n'aurait pas été accompli avec l'autorisation d'un officier public, si d'ailleurs il l'a été en présence de témoins honorables et avec des précautions qui ont empêché toute investigation inutile, et surtout si, en outre, il n'a été causé aucun préjudice (Req. 8 juill. 1872, aff. Morel, D. P. 73. 1. 279); — 4° L'accident causé par un cheval attelé qui, effrayé par le passage inattendu d'un train sur un pont métallique de chemin de fer dans le voisinage de la route, a emporté avec une force irrésistible, est dû à un événement de force majeure; et le juge du fait a pu, en conséquence, écarter toute responsabilité du propriétaire de l'animal, alors qu'il résulte de constatations souverainement faites que le cheval n'était pas vicieux et qu'il n'était pas conduit à ce moment à une allure trop rapide (Rouen, 6 juill. 1877, aff. Veuve Monfray, D. P. 78. 2. 57, et sur pourvoi, Req. 19 août 1878, D. P. 79. 1. 215); — 5° Celui qui a reçu d'un fabricant des marchandises pour les façonner, ne peut être déclaré responsable de la perte de ces marchandises causée par un incendie communiqué de la maison voisine, sous prétexte que, négociant et non pas simple ouvrier, il aurait eu le tort de ne pas couvrir, au moyen d'une assurance, le risque des objets à lui confiés, l'incendie communiqué du dehors étant un cas de force majeure, et l'omission d'assurer étant un fait licite pour le détenteur (Civ. cass. 1er août 1866, aff. Faillite Claverie, D. P. 66. 1. 331); — 6° Lorsqu'une société industrielle a l'habitude d'exiger plusieurs jours à l'avance la remise des coupons dont le payement lui est demandé à

une date voisine de l'échéance, le fait d'un mandataire d'a-
voir effectué contre récépissé le dépôt des coupons qu'il était
chargé d'encaisser, ne constitue ni une faute ni une imprudence; et si, nonobstant une suspension de payements, les
employés de la compagnie ont indûment frappé les coupons
ainsi présentés d'une estampille attestant le payement
de tout ou partie de leur montant, le mandataire ne peut
être tenu ni de transmettre des fonds qu'il justifie, à l'aide
de ses récépissés, n'avoir pas reçus, ni de répondre d'un
abus qui est, quant à lui, un fait de force majeure, ou un
cas fortuit, sauf la responsabilité de la compagnie pour le
fait de ses employés (Nancy, 24 févr. 1869, aff. Koller,
D. P. 69. 2. 196; 26 févr. 1870, aff. Bérenger, D. P. 72. 2.
46).

160. Le même principe est encore susceptible d'application
en matière d'explosions. Jugé, notamment : 1° que
l'explosion d'une machine à vapeur peut être le résultat
d'un cas fortuit ou de force majeure et n'implique pas nécessairement la faute ou l'incurie de son propriétaire, laquelle doit être prouvée par celui qui demande réparation
du dommage causé par cette explosion (Civ. rej. 19 juill. 1870,
aff. Dame Painvin, D. P. 70. 1. 361). Sur la question de la
preuve, V. infrà, chap. 4, sect. 2; — 2° Que l'explosion causée
par un phénomène encore mal expliqué, et dont aucune précaution indiquée par la science ne pouvait empêcher la
production, doit être considérée comme un cas fortuit n'en-
gendrant par lui-même aucune responsabilité; et par exemple, l'ouvrier blessé par suite de l'inflammation de la poudre
dans un trou de mine, sous l'influence de la compression de
l'air dans l'opération du chargement, n'a point de recours, à
raison de cet accident, contre l'exploitant de la mine, auquel aucune faute ni omission ne peut être reprochée
(Req. 26 nov. 1877, aff. Blot, D. P. 78. 1. 118).

161. Une menace de mort générale et indéterminée qui
pèse sur un certain nombre de personnes permet-elle de
considérer comme un cas de force majeure la désignation de
l'une d'elles par les autres comme victime pour le salut
commun? Cette question, d'une application fort rare, a été
résolue négativement par le tribunal civil de Rocroi (16 janv.
1873, aff. Veuve Georges, D. P. 73. 3. 46) et la cour de
Nancy (7 mars 1874, même affaire, D. P. 74. 2. 184) à propos d'otages mis en demeure par l'ennemi de choisir
trois d'entre eux comme devant être exécutés à titre de
représailles. Les juges ont décidé que de telles circonstances auraient permis sans doute « de s'en remettre aux
chances aveugles du sort pour se donner le mérite de l'obéissance aux yeux de gens dont on devait tout craindre », mais
« n'étaient pas un cas de force majeure de nature à faire
disparaître la culpabilité d'un acte égoïste de conservation
personnelle ».

162. La force majeure ou le cas fortuit n'exclurait pas
d'ailleurs la responsabilité de celui qui, par une faute antérieure ou subséquente, en aurait déterminé ou aggravé les
conséquences dommageables (Rép. nos 150 et 189). Ainsi,
lorsque l'écroulement d'un édifice, tel qu'un pont, tout en
ayant pour cause un événement de force majeure, aurait été
cependant de nature à être évité au moyen de précautions
plus complètes, par exemple d'une plus grande profondeur
donnée aux fondations, il peut y avoir lieu de condamner
l'architecte à supporter une quote-part des dépenses occasionnées par l'événement (Cons. d'Ét. 5 févr. 1857, aff.
Gruel et Leclercq, D. P. 58. 3. 15). De même, lorsque le
propriétaire, qui a commis envers son voisin la faute de consentir à l'établissement par son locataire d'une maison de
tolérance, voit l'expulsion de ce locataire retardée par l'appel que celui-ci a interjeté, il ne peut se prétendre irresponsable de la prolongation du préjudice à raison de la
force majeure qui résulte de cet appel (Lyon, 16 déc. 1862,
aff. Morand de Jouffray et autres, D. P. 44. 2. 163). Jugé
encore que des affaissements et éboulements produits par
des pluies d'orage peuvent engager la responsabilité du
propriétaire voisin, si ce dernier, avant l'orage, avait pratiqué des tranchées et des fouilles laissant le terrain sans défense, le rendant susceptible d'être détrempé par les eaux
et de céder sous l'influence d'une pluie d'orage (Req.
17 nov. 1868, aff. Ardein Ricardo et comp., D. P. 69. 1. 102).
Mais on a vu suprà, n° 159, divers faits d'omission, combinés avec la force majeure et qui n'ont pas permis de mettre

celle-ci à la charge de leur auteur, soit qu'ils fussent licites,
soit qu'ils eussent été étrangers aux conséquences de l'évè-
nement survenu.

163. On peut encore se trouver responsable de la force
majeure par suite d'une convention (Rép. n° 149), ou en vertu
d'une législation spéciale. Pour ce qui concerne, à cet égard,
l'administration des Postes, V. infrà, chap. 3, sect. 2,
art. 5. § 2.

164. — II. Ordre de l'autorité légitime. — On doit assimiler à la force majeure, ainsi qu'on l'a vu au Rép. nos 91,
146 et 147, la contrainte légale résultant d'un ordre de l'autorité légitime. Ainsi le garde champêtre qui, en lacérant
les affiches d'un candidat pendant une période électorale,
n'a été qu'un simple agent d'exécution matérielle d'ordres
qu'il n'était ni en situation ni en mesure de discuter, n'encourt aucune responsabilité vis-à-vis du candidat, encore
bien que ce fait puisse engager la responsabilité du maire
qui lui a donné ces ordres (Amiens, 16 août 1878, aff. Labitte, D. P. 80. 2. 47). — Sur la responsabilité personnelle du
maire en cette matière, et l'autorité compétente pour en
connaître, V. infrà, chap. 2, sect. 3, art. 4 et chap. 5, sect. 3,
V, l'arrêt précité d'Amiens; Rennes, 31 déc. 1878, aff. Pério
et Gouin, D. P. 79. 2. 101; Civ. cass. 10 déc. 1879, aff.
Goullin, D. P. 80. 1. 33 et la note.

165. Mais encore faut-il, pour pouvoir alléguer cette
excuse, justifier d'ordres formels (Rép. n° 144) ayant
enjoint d'accomplir l'acte même d'où est résulté le préjudice. Ces principes sont applicables notamment aux entrepreneurs de travaux publics. Pour les dommages qui ne sont
que la conséquence forcée des travaux ordonnés par l'Administration et dont ils n'ont point à juger la convenance,
leur rôle absolument passif les met à l'abri de toute responsabilité. Au contraire, pour les dommages résultant d'un
mode d'exécution laissé à leur libre initiative, par exemple,
du dépôt sur un terrain de boues qu'ils pouvaient facilement
répandre plus loin, ou de l'omission des précautions nécessaires dans le travail commandé, il y a, de leur part, un fait
personnel et libre qui engage leur responsabilité (Req.
1er mars 1875, aff. Brocard, D. P. 76. 1. 178; Cons. d'Ét.
17 mai 1889, aff. Dupérier, D. P. 90. 3. 94). — Sur l'application
des mêmes principes aux fonctionnaires et la question de
savoir s'ils seraient irresponsables en raison de l'illégalité de
l'ordre supérieur auquel ils ont obéi, V. Rép. n° 254 et
infrà, nos 349 et suiv.

166. On examinera infrà, n° 233, la question de savoir
si c'est au demandeur à prouver la faute, ou au défendeur à
prouver la force majeure ou toute autre circonstance exclusive de faute. Quant au pouvoir du juge, il est souverain
pour constater les faits et circonstances auxquels il attache le caractère de faute ou celui de force majeure, non
pour décider que tel fait constaté par lui a le caractère
légal d'une faute (V. infrà, nos 245 et suiv). En tout cas, le
juge ne motive suffisamment sa décision qu'en déclarant
qu'il y a faute (Sourdat, t. 2, n° 650; Rép. n° 134). Mais
cette constatation peut être implicite. Il n'est pas nécessaire, notamment, qu'il vise en termes spéciaux, pour la déclarer inexistante, la force majeure alléguée devant lui; il
suffit que cette inexistence découle implicitement des
expressions employées par lui; et il en est ainsi, par exemple, s'il motive une condamnation à des dommages-intérêts
sur ce que l'inexécution d'un engagement, vu son exécution
tardive, a engagé la responsabilité de la partie condamnée
(Req. 18 déc. 1866, aff. Chemin de fer de Séville à Cadix,
D. P. 67. 1. 427). — Sur la définition et les effets de la force
majeure et du cas fortuit en général, V. suprà, v° Force
majeure.

167. — III. Incapables. — L'état de minorité ou d'interdiction, d'où résulte une incapacité civile de s'obliger par
contrat, n'est pas par lui-même exclusif de la faute et de la
responsabilité qui en découle. L'art. 1310 c. civ. déclare
expressément le mineur non restituable contre les obligations résultant de son délit ou quasi-délit, et ce principe est
applicable à l'interdit en vertu de l'art. 509. C'est ainsi qu'un
enfant mineur parvenu à l'âge de discernement a été déclaré responsable, pécuniairement, d'une blessure causée à un
de ses camarades par une ardoise qu'il avait jetée en
l'air dans la cour de la pension où il était réuni avec eux
(Nancy, 28 mai 1888, aff. Penriquet, D. P. 90. 1. 445);... et

que des manœuvres séduction ayant eu pour résultat la grossesse de la f⸱⸱⸱ed t⸱⸱⸱nt été considérées comme une cause d'ob⸱⸱⸱ stion⸱⸱ que la minorité de leur auteur (Toulouse, 28 nov. 1864, aff. G..., *infrà*, n° 205).

168. Mais, comme on l'a vu au *Rép.* n°⁸ 49, 50, 138, 139 et 140, l'absence de discernement provenant de l'âge ou de la démence au moment de l'acte est une circonstance exclusive de faute et, par conséquent, de responsabilité même civile pour délit ou quasi-délit. Jugé, notamment, que l'accident arrivé par le fait d'un garçon de onze ans, auquel une arme chargée a été confiée, ne saurait être considéré comme lui étant imputable, s'il n'avait pas le discernement nécessaire pour être responsable de ses actes et si, d'ailleurs, la victime a commis elle-même l'imprudence de lui remettre cette arme sans s'assurer si elle était ou non chargée (Aix, 19 juin 1877, aff. Forest, D. P. 79. 5. 365).

169. Pour l'aliéné, il faut examiner également l'état de ses facultés au moment même de l'acte et par rapport à l'acte. Il ne suffit pas, pour le déclarer irresponsable, d'alléguer son état général de démence, alors même qu'il aurait amené ou pu amener son interdiction. Jugé, notamment, qu'une cour n'est pas tenue d'ordonner un état de faits tendant seulement à établir l'état général de démence au moment de l'acte, et ne démontrant pas d'une manière certaine que c'est un acte purement machinal auquel la volonté libre et consciente de son auteur est restée absolument étrangère (Nancy, 7 févr. 1867, aff. Chompret, D. P. 67. 2. 73). Mais on ne saurait aller jusqu'à dire, comme l'a fait la cour de Montpellier (31 mai 1866, aff. Fourès, D. P. 67. 2. 3), que dans l'application des principes de la responsabilité civile, la loi ne tient compte ni de la volonté ni de l'intention et que l'insensé, par sa démence, est obligé civilement de réparer les faits dommageables dont il est l'auteur. La condamnation prononcée par cet arrêt ne se justifie que par l'existence constatée en fait d'une raison suffisante chez l'auteur de l'acte qui pouvait en apprécier les conséquences et la moralité. La cour de cassation déclare, au contraire, « que par l'emploi de l'expression *faute*, la loi suppose évidemment un fait dépendant de la volonté et qu'un insensé, n'ayant pas de volonté, ne saurait être responsable, même civilement, des faits par lui accomplis dans l'état de démence » (Req. 14 mai 1866, aff. Nadau, D. P. 67. 1. 296 ; 18 janv. 1870, aff. Compagnie d'assurances *Ancienne Mutuelle de Rouen*, D. P. 71. 1. 55 ; Lyon, 22 févr. 1871, aff. De Palis, D. P. 72. 2. 133). La faute oblige sans volonté de nuire ; mais la faute est toujours requise, et elle suppose la conscience de l'acte et la faculté d'en prévoir les suites.

Dans une dissertation sur *La démence au point de vue de la responsabilité et de l'imputabilité en matière civile* (*Revue critique*, 1870, p. 109), M. Labbé a démontré que la démence exclut non seulement l'idée de *faute* essentielle au délit ou au quasi-délit, mais encore l'idée de *fait de l'homme* suffisante en matière contractuelle pour faire survivre l'obligation à la destruction de la chose due ; et il a exposé, en partant de ce principe, les effets de la démence de l'obligé sur les obligations réciproques des parties dans les divers contrats et particulièrement dans les assurances.

170. Le principe, désormais constant en jurisprudence, de l'irresponsabilité civile de l'insensé ne doit pas seulement être restreint aux actes réellement causés par la démence ; il doit, même pour ceux-là, être écarté quand l'état de folie qui les a causés est dû lui-même à une faute caractérisée, telle que la débauche et l'abus des liqueurs alcooliques dont le défendeur devait prévoir les conséquences au point de vue de son état mental (Rouen, 17 mars 1874, aff. Mulot, D. P. 74. 2. 190 ; Caen, 9 nov. 1889, aff. Veuve Marianis, D. P. 82. 2. 23. Comp. *Rép.* n° 142).

171. Qu'il s'agisse, d'ailleurs, de l'âge ou de la démence, et que la responsabilité de l'auteur soit ou non écartée pour cette cause, il faut toujours réserver la responsabilité civile des personnes qui en seraient tenues aux termes de l'art. 1384 (V. *infrà*, chap. 3, sect. 2, art. 3 et 7).

172. Il résulte de ce qui précède que le prodigue pourvu d'un conseil judiciaire, et la femme mariée non autorisée, ou la femme dotale en ce qui concerne ses biens dotaux, ne peuvent tirer de leur incapacité légale aucune cause d'irresponsabilité à raison de leurs délits et quasi-délits (*Rép.* n°⁸ 51 et 141. V. *suprà*, v° *Contrat de mariage*, n°⁸ 1353,

1354 et suiv.). Ainsi, à supposer que des souscriptions d'actions faites par une femme, en vertu d'un mandat général à elle donné par son mari, ne soient pas valables, les agissements de cette femme peuvent donner lieu à des réparations civiles (Bruxelles, 23 juill. 1884, aff. De Wit, D. P. 86. 2. 185).

173. L'incapacité de s'obliger par délit ou quasi-délit est, on le voit, purement naturelle et dérive, dans chaque cas, d'un état de fait exclusif de la faute. Ce caractère la sépare nettement de l'incapacité de contracter, incapacité civile, tirée d'un état juridique et dont on comprend la portée plus étendue, puisque les tiers peuvent s'en préserver en s'abstenant de contracter, ce que ne peut faire la victime d'un délit ou quasi-délit. Mais cette incapacité de contracter rend-elle l'incapable irresponsable des fautes commises à l'occasion d'un contrat, soit dans son exécution, soit dans sa formation ? C'est une idée reçue en doctrine et en jurisprudence que la faute dans les contrats est sans effet contre l'incapable quelles que soient sa réalité et sa gravité, puisque cet incapable ne peut s'obliger par contrat, et que l'art. 1310 ne fait exception que pour les délits et quasi-délits au principe de la restitution des mineurs. Mais cette formule, en ce qu'elle a d'absolu, a été critiquée par un auteur (Deschamps, *Étude sur la responsabilité civile des incapables*), qui propose de la remplacer à ce point de vue par la distinction de la faute active et de la faute négative ; la première résultant d'un fait qui, délictueux ou quasi-délictueux en l'absence même de contrat, aurait obligé l'incapable envers un tiers, et ne peut manquer de l'obliger envers un cocontractant ; la seconde, au contraire, résultant d'une omission qui n'aurait rien de quasi-délictueux envers un tiers et qui ne devient une faute envers un contractant qu'à cause du contrat rendant le fait omis obligatoire, mais seulement pour un contractant capable. On est ainsi ramené à la simple recherche de la faute, car il n'y a pas toujours à omettre un fait auquel on n'a pas pu s'obliger, tandis qu'il y a faute de la part de celui qui commet un fait que la loi lui défend à défaut du contrat entaché d'incapacité. Cette faute est alors délictuelle en réalité. Ainsi il ne saurait être question de faute contractuelle quand il s'agit d'incapables. Ou l'incapable n'est pas en faute, même contractuellement, n'étant pas obligé de faire ce qu'il a omis ; ou il est coupable d'une faute faute délictuelle, ayant fait ce que la loi, à défaut même de contrat, lui défendait de faire.

C'est ainsi qu'un incapable pourvu de discernement sera responsable s'il détruit ou détériore la chose qu'il détient par louage, dépôt ou commodat, quelque annulable que soit ce contrat, aussi bien que s'il détruit ou détériore la chose d'un tiers ; tandis qu'une simple inexécution même par dol, ou un défaut de soins, qui ne sont une faute qu'en cas de contrat obligeant à cette exécution ou à ces soins, ne lui seront reprochés que si le contrat a été fait avec les autorisations nécessaires pour sa validité ; et encore, même en ce dernier cas, le contrat ne sera présumé avoir mis à sa charge que les soins qu'on pouvait raisonnablement attendre de lui, étant donné les limites de sa capacité naturelle, la légèreté de son âge, ou sa prodigalité, et non les soins qu'on pouvait attendre en général d'un bon père de famille. Quant au dol commis dans la formation même du contrat et pour le déterminer, on ne voit pas comment il n'obligerait pas l'incapable à en invoquer les suites. C'est la violation d'une défense de la loi préexistante au contrat, c'est un délit ; et l'incapable ne peut invoquer son incapacité, ni pour faire maintenir le contrat qu'elle ne fait que vicier davantage, ni pour refuser des dommages-intérêts fondés sur des manœuvres antérieures au contrat. Le soin qu'a pris l'art. 1307 de déclarer le mineur restituable malgré la simple déclaration d'incapacité, qui sans cela deviendrait de style comme moyen d'éluder l'incapacité, prouve qu'il ne peut l'être contre tout autre dol, et notamment contre une dissimulation *artificieuse* de son incapacité (Comp. Bruxelles, 23 juill. 1884, aff. *Société de crédit provincial*, D. P. 86. 2. 185).

174. — IV. MANDATAIRES ET PRÉPOSÉS. — L'ordre de l'autorité légitime, comme on l'a vu *supra* n° 164, et *Rép.* n° 91, exclut la faute même, et par suite la responsabilité de l'auteur du fait. Mais l'auteur personnel d'une faute, comme on l'a vu au *Rép.* n° 90, n'échapperait pas à l'obligation per-

sonnelle de la réparer, alors même qu'il aurait agi comme mandataire ou préposé, sur l'ordre ou pour le compte d'une autre personne ou d'une collectivité, par exemple comme chef de gare d'une compagnie de chemin de fer (Req. 17 juill. 1876) (1). — Ce principe a été appliqué également au maire d'une commune qui, après avoir prescrit la démolition d'un mur joignant la voie publique et menaçant ruine, avait, sur le refus du propriétaire, fait procéder lui-même à la démolition de ce mur, et vu ensuite son arrêté annulé par l'autorité compétente (Trib. de Melun, 13 févr. 1873, aff. Bassinot, D. P. 74. 3. 16) ;... ou qui, pour procurer l'élargissement d'un chemin vicinal suivant un plan dressé et approuvé par l'autorité compétente, a fait exécuter des travaux sur une propriété riveraine avant l'autorisation du préfet et la dépossession du propriétaire (Trib. de Périgueux, 28 août 1873, aff. Dardailler, D. P. 74. 5. 271). — A plus forte doit-il être appliqué au maire pour les actes qu'il a faits en dehors de son mandat. Jugé, par suite, qu'un maire et ses assesseurs, présidant à une adjudication des droits communaux, régulièrement autorisée, sont seuls personnellement responsables du préjudice qu'ils ont causé aux adjudicataires en modifiant illégalement les clauses et conditions de l'adjudication, dont l'annulation a été prononcée pour ce motif (Trib. de Gray, 13 mars 1883, aff. Logerais, D. P. 85. 3. 103).

175. Un préposé, un commis, est responsable encore des manœuvres dolosives de son patron, lorsqu'il y a personnellement participé et en a tiré avantage et profit. Ainsi jugé pour le fondé de pouvoirs d'un banquier, à l'égard des manœuvres de ce dernier (Req. 3 mai 1892, aff. H. Donnot, D. P. 94. 1. 202). Mais un simple commis, n'ayant pas à surveiller son patron, ne peut, s'il n'est pas sorti des attributions qu'il a reçues, être rendu responsable des détournements commis par celui-ci, alors surtout qu'il n'est pas certain qu'il les ait connus et sciemment facilités (Rouen, 27 août 1873, aff. Descottes, D. P. 76. 2. 62).

176. D'autre part, le mandataire ou préposé n'est pas responsable s'il n'est pas certain qu'il ait connu le caractère illicite ou imprudent de l'acte qu'on l'a chargé de faire (Rép. n° 90, *in fine*).

Il a été fait application de ce principe en faveur d'ouvriers employés à des actes de contrefaçon industrielle (V. *suprà*, v° *Brevet d'invention*, n° 358, et v° *Industrie et commerce*, n° 278), ou d'agents communaux chargés par un maire d'exécuter un acte abusif comme de lacérer les affiches d'un candidat pendant une période électorale (Amiens, 16 août 1878, aff. Labitte, cité *suprà*, n° 164).

177. Encore moins le préposé pourra-t-il être déclaré responsable si le dommage vient d'une omission ou d'une négligence qui ne peut lui être imputée, à raison de la nature de la mission qui lui est dévolue. Jugé, notamment, que l'accident résultant de la négligence apportée dans la surveillance de travaux exécutés en régie par un tâcheron, n'engage pas la responsabilité de ce tâcheron, mais seulement du directeur et maître des travaux (Paris, 30 nov. 1867, aff. Valette, D. P. 67. 5. 371). — Mais il a été décidé, au contraire, que l'individu qui a traité à forfait avec un entrepreneur de travaux, pour la fourniture des matériaux nécessaires à ces travaux, qui embauche lui-même ses ou-

vriers et les fait travailler sur son chantier pour son propre compte, est tenu de prendre et de prescrire les précautions nécessaires pour prévenir les accidents sur le chantier, accidents qui engageront par suite sa responsabilité, sans engager d'ailleurs celle de l'entrepreneur, dont il n'est pas le préposé dans le sens de l'art. 1384 (Civ. rej. 9 août 1892, aff. Bartholussi, D. P. 92. 1. 567).

178. De même que celle du mineur ou de l'individu en état de démence (V. *supra*, n° 171), la responsabilité personnelle du préposé n'est point exclusive, d'ailleurs, de la responsabilité du maître ou commettant. A l'inverse, ces personnes peuvent être poursuivies alors même que l'auteur personnel de la faute ne le serait pas, et sauf leur recours contre lui (V. *infrà*, chap. 3, sect. 1, art. 2).

179. V. Coauteurs. — S'il y a plusieurs coauteurs de la faute, on peut réclamer à l'un quelconque d'entre eux la réparation intégrale du dommage, sans mettre en cause les autres (Civ. cass. 23 août 1869, aff. Seban, D. P. 69. 1. 464; Trib. civ. Rocroi, 16 janv. 1873, aff. Veuve Georges, D. P. 73. 3. 46, et Nancy, 7 mars 1874, même affaire, D. P. 74. 2. 184)... sauf le droit qu'a la partie lésée de les comprendre dans ses poursuites par la voie de l'appel en cause, si l'enquête démontre leur participation, et en leur offrant d'ailleurs toute latitude pour faire valoir leurs moyens personnels et pour réclamer au besoin un supplément d'instruction (Bourges, 23 janv. 1867, aff. Fontaine, D. P. 67. 2. 197);... sauf aussi le recours de l'auteur poursuivi contre les autres, s'il s'agit d'un délit purement civil. — Sur cet effet de la solidarité entre coauteurs d'un délit ou quasi-délit, V. *supra*, n°* 45 et suiv., *infrà*, n° 326 et suiv.

180. VI. Héritiers et successeurs. — C'est un principe incontestable, ainsi qu'on l'a vu au *Rép.*, n°* 53 et 54, que la responsabilité civile suit l'héritier ou le successeur à titre universel de l'auteur du délit ou du quasi-délit. Mais l'héritier échappe aux conséquences pénales des délits commis par son auteur, même aux peines pécuniaires qui n'auraient pas déjà été prononcées contre ce dernier (V. *Rép.* n°* 54 et 57). En est-il autrement de certaines amendes ayant en partie le caractère de réparations civiles, particulièrement en matière forestière, de douanes et de contributions indirectes ? V. *Rép.* n°* 55, 56, v° *Forêts*, n° 340, et *supra*, v^{is} *Douanes*, n° 688 ; *Peine*, n° 106. — La confiscation ne peut pas non plus être prononcée contre l'héritier (*Rép.* n° 58 et *supra*, v° *Peine*, n° 107), sauf en matière de propriété industrielle et en quelques autres matières spéciales (*Rép.* n° 58) (V. *supra*, v^{is} *Peine*, n° 798 et suiv. ; *Industrie et commerce*, n°* 281 et 404 ; *Douanes*, n° 696 ; *Matières d'or et d'argent*, n° 140).

181. La responsabilité, même civile, à raison d'un délit ou d'un quasi-délit, ne saurait atteindre le successeur à titre particulier de l'auteur du fait personnellement obligé à le réparer. Ainsi l'acquéreur du droit d'exploiter une carrière souterraine ne peut être condamné à réparer le dommage causé par son vendeur au fonds sous lequel la carrière est exploitée, alors du moins que son titre d'acquisition ne lui impose pas cette obligation (Civ. cass. 5 avr. 1870, aff. Trié, D. P. 71. 1. 234). — Mais ce principe ne saurait affranchir le successeur particulier de la responsabilité qu'il encourt personnellement en maintenant, contrairement aux devoirs

---

(1) (Sebire C. Horgues et Bazillac.) — La cour ; — Sur le moyen unique, pris de la violation de l'art. 1384 c. civ., et des règles du mandat, et de la fausse application de l'art. 1382 du même code : — Attendu que Bazillac et Horgues, voituriers à Pau, ayant intenté contre Sebire, chef de la gare de la même ville, une action en réparation du préjudice qu'ils prétendaient leur avoir été causé par des infractions commises dans ladite gare, à un arrêté pris le 22 juill. 1867 par le préfet du département des Basses-Pyrénées pour en réglementer l'exploitation et assurer la libre concurrence de l'industrie des transports, les juges du fond ont déclaré que ces infractions étaient les faits personnels de Sebire et ont pu en conclure que l'action en dommages-intérêts avait été valablement dirigée contre ce dernier, en quelque qualité qu'il ait commis ces faits dommageables ; — Attendu que Sebire, alléguant pour sa défense qu'il s'était conformé aux ordres de la Compagnie du chemin de fer du Midi dont il était l'agent, et voulant reporter sur elle la responsabilité des faits qui lui étaient imputés, c'était à lui à appeler la Compagnie au procès et à faire ordonner, s'il y avait lieu, qu'il serait mis hors de cause ; mais que cette obligation de mettre la Compagnie

dans l'instance ne pouvait peser sur les demandeurs en dommages-intérêts, qui n'étaient pas tenus de s'enquérir des instructions données par la Compagnie à ses agents, et avaient le droit d'agir contre l'auteur direct de la faute qui leur occasionnait un préjudice ; — Que Sebire n'ayant point appelé la Compagnie au procès et les faits ayant été établis à sa charge, la cour de Pau, en le condamnant à des dommages-intérêts, a sainement appliqué l'art. 1382 c. civ.; — Que la cour de Pau n'a pas violé l'art. 1384 du même code, la responsabilité encourue par le commettant à raison du fait de son préposé n'ayant point pour effet de faire disparaître la responsabilité de l'auteur même de la faute ; — Que la cour n'a pas violé les règles du mandat, relatives aux obligations contractées par le mandataire au nom des mandants, ces règles étant sans aucune application dans la cause où il s'agissait, non de l'effet de conventions passées au nom d'autrui, mais d'infractions commises à des règlements relatifs à la police et à l'exploitation d'une gare ;

Rejette, etc.

Du 17 juill. 1876.-Ch. req.-MM. de Raynal, pr.-Connelly, rap.-Godelle, av. gén. c.-conf., Devin, av.

généraux du voisinage ou aux prescriptions d'une législation spéciale, l'état de choses créé par son vendeur et dont les suites préjudiciables se sont produites ultérieurement. Ainsi, tandis que l'arrêt précité du 5 avr. 1870 met hors de cause l'acquéreur particulier pour un fait dont les conséquences dommageables étaient déjà épuisées lors de son acquisition (une extraction abusive de pierres hors du périmètre concédé), un arrêt du conseil d'État du 18 août 1857 (aff. Maillet, D. P. 58. 3. 30) a pu déclarer que le propriétaire riverain d'un canal, sur le terrain duquel des fouilles ont été pratiquées à la distance prohibée, est responsable, même dans le cas où ces fouilles sont le fait du précédent propriétaire, des dégradations au marchepied du canal, qui ont pu en être la conséquence.

182. Que le successeur particulier soit ou non responsable personnellement du maintien de l'état de choses préjudiciable créé par le vendeur, celui-ci peut être poursuivi directement par le voisin en réparation du préjudice causé par sa faute, et même pour être contraint à faire des ouvrages propres à le faire cesser, alors que l'acheteur s'est joint au voisin dans cette demande (Req. 12 févr. 1845, aff. Nay, D. P. 45. 1. 159; *Rép.* n° 760).

Art. 4. — *Troisième élément du quasi-délit : le préjudice.* (*Rép.* n°s 27, 28, 30, 33, 151 à 169.)

183. On traitera successivement : 1° de la nécessité du préjudice; 2° de sa relation nécessaire avec la faute du défendeur; 3° de sa relation nécessaire avec le demandeur pour déterminer à qui appartient l'action.

184. — I. Nécessité du préjudice. — La nécessité du préjudice, comme base de la responsabilité, a été indiquée au *Rép.*, n°s 27, 28, 30, 33; en matière de délits; 151 et suiv., 161 et suiv., en matière de quasi-délits. V. aussi pour l'action civile devant les tribunaux répressifs, *suprà*, v° *Procédure criminelle*, n°s 52 et suiv., et *Rép.*, v° *Instruction criminelle*, n° 84. — Ce principe n'a pas cessé d'être appliqué, soit par le juge correctionnel (Crim. cass. 15 nov. 1861, aff. Savignac, D. P. 64. 1. 46; Crim. cass. 13 mai 1893, aff. Lhote, D. P. 93. 1. 582; Lyon, 13 mars 1867, aff. Poyet, D. P. 69. 2. 138); ... soit par le juge civil après condamnation à une peine par le juge répressif : cette peine a pu être considérée comme une satisfaction suffisante à la susceptibilité du demandeur atteinte par des violences légères, sans qu'une telle décision, rendue sur le fond même de l'action civile, puisse encourir le reproche de subordonner cette action à l'action publique (Req. 15 janv. 1862, aff. Kent-Pecron, D. P. 62. 1. 144); ... soit enfin par le juge civil seul appelé à statuer.

Jugé notamment qu'il n'est pas dû de dommages-intérêts : 1° pour un article de journal rédigé en termes inoffensifs, et dans les bornes des discussions permises entre journalistes, malgré la contravention commise à la loi du 16 juill. 1850, qui exigeait la véritable signature de l'auteur (Req. 25 mars 1862, aff. Judlin, D. P. 62. 1. 336); — 2° Pour la lacération d'un acte privé par un notaire qui en a reçu le dépôt, cet acte n'étant plus d'aucune utilité et cette lacération n'ayant causé aucun préjudice (Req. 13 juin 1864, aff. Amouroux, D. P. 64. 1. 333); — 3° Pour l'emploi par l'acquéreur d'un fonds de commerce d'énonciations de nature à le faire confondre avec son cédant, emploi qu'il est condamné à cesser comme illicite, mais qui n'a causé aucun préjudice dans le passé (Civ. rej. 10 avr. 1866, aff. Dorvault, D. P. 66. 1. 342); — 4° Pour une diffamation qui n'a causé aucun préjudice (Req. 19 janv. 1881, aff. Coldiffi, D. P. 81. 1. 245); — 5° Pour le mouillage par un marchand, de vins provenant d'un vignoble que le propriétaire de ce vignoble prétend avoir été ainsi discrédité, si ce mouillage, d'ailleurs autorisé par lui, ne lui a pas nui (Req. 27 juill. 1885, aff. Estrade, D. P. 85. 1. 363); — 6° Pour l'omission par un maire d'aviser le destinataire d'un exploit dont il a reçu la copie et visé l'original, s'il n'est pas prouvé qu'il en soit résulté un préjudice certain et appréciable (Nancy, 12 mars 1885, aff. Renard, D. P. 86. 2. 37); — 7° Pour l'établissement d'une maison de débauche, lorsqu'il est constaté que le demandeur n'a jusqu'à présent justifié d'aucun préjudice éprouvé (Req. 8 juill. 1884, aff. Frémont et comp., D. P. 85. 1. 231); — 8° Pour la publi-

cation d'un fait faux concernant le demandeur, si elle ne lui a pas causé préjudice (Riom, 27 avr. 1891, aff. Olivier D. P. 92. 2. 520).

185. Il est permis toutefois au juge, lorsqu'il constate que le fait non préjudiciable constitue une atteinte illégale au droit de la partie demanderesse, de considérer celle-ci comme n'ayant pas succombé dans l'instance engagée par elle et de condamner le défendeur aux dépens (Crim. cass. 15 nov. 1861, cité *suprà*, n° 184; Lyon, 13 mars 1867, cité *suprà* n° 184; Chambéry, 1er mai 1868, aff. Cons. Périnet, D. P. 68. 2. 111. V. *infrà*, n° 311).

186. Enfin, comme on l'a vu au *Rép.*, n°s 33 et 161, il ne suffit pas, pour obtenir des dommages-intérêts, d'éprouver un préjudice quelconque par le fait de l'autre partie, ni que ce fait soit une simple violation d'une obligation imposée dans un intérêt général ou dans l'intérêt de tiers étrangers à l'instance; il faut encore que le fait préjudiciable soit la violation d'un droit acquis et personnel au demandeur. Jugé, dans ce sens, que l'altération ou la corruption des eaux d'une source par le propriétaire de cette source, fait qui l'obligerait à des dommages-intérêts envers les propriétaires des fonds inférieurs qui ont un droit légitime à l'usage de ces eaux, ne l'oblige pas envers ceux qui en ont usé en les détournant sans droit et sans titre, et encore moins envers ceux qui, par cet usage abusif, ont violé son propre droit, l'action en dommages-intérêts manquant alors de sa base légale qui est la violation du droit du demandeur (Civ. rej. 27 avr. 1857, aff. Pline-Faurie et cons., D. P. 57. 1. 173).

Il a été décidé, toutefois, que la recevabilité d'une action en dommages-intérêts fondée sur la destruction, par le défendeur, de cultures et de constructions qui sont l'œuvre du demandeur et dont il a la possession de fait, n'est pas subordonnée à la condition que ce demandeur justifiera de la propriété ou de la possession légale du terrain qu'il occupe (Req. 1er mars 1875, aff. Brocard, D. P. 76. 1. 178).

187. On a vu au *Rép.*, n° 162, que la nécessité du préjudice implique la nécessité de sa constatation sur le vu ou de son aveu par la partie (*Adde* dans ce sens : Civ. cass. 19 août 1874, aff. Menesson, D. P. 76. 5. 388). — Mais il a été jugé que le jugement correctionnel qui déclare le prévenu coupable des faits (d'escroquerie, par exemple) qui lui sont reprochés est réputé constater par là le préjudice causé à la partie civile (Crim. rej. 6 déc. 1855, aff. Manning, D. P. 56. 1. 143), et que cette constatation est acquise malgré la disposition du jugement qui subordonne l'évaluation des dommages à une mesure d'instruction (Même arrêt), le juge n'étant pas obligé de faire cette évaluation par le même jugement qui condamne le prévenu et qui reconnaît l'existence du dommage souffert par la partie civile (Même arrêt). Jugé encore : 1° que l'existence d'un préjudice est suffisamment constatée par l'arrêt qui déclare que les manœuvres de l'auteur du délit ou du quasi-délit ont fait perdre à la partie lésée plusieurs des garanties qui la protégeaient (Req. 24 déc. 1879, aff. Faulcon, D. P. 80. 1. 204); — 2° Que les juges du fond, souverains appréciateurs des éléments constitutifs du dommage dont on demande réparation à un journal, peuvent prendre en considération l'aggravation de préjudice résultant d'une polémique entretenue par ce journal au cours du procès, sans être tenus de rappeler ni la cause ni la date précise de cette polémique (Req. 8 mai 1876, aff. Desquiers, D. P. 76. 1. 289); — 3° Que l'arrêt qui ne se borne pas à établir l'existence et la disparition d'un testament, mais prend soin d'ajouter que, par le fait et la faute de l'accusé acquitté, les parties civiles, bénéficiaires du testament, ont été mises dans l'impossibilité de faire valoir leurs droits à la succession qui leur était attribuée, et qu'il leur a été ainsi causé un préjudice dont la réparation leur est due, motive suffisamment la condamnation aux dommages-intérêts qu'il prononce (Crim. rej. 12 mai 1892, aff. Marie Ravault, D. P. 93. 1. 271). — Sur le pouvoir souverain du juge du fait pour reconnaître l'existence du préjudice, V. *infrà*, n° 245.

188. Quant à la preuve du préjudice, elle peut se faire, comme celle de la faute elle-même, par tous les moyens légaux, notamment par de simples présomptions, ou par des documents officiels, alors surtout que ceux-ci ont pu être

contrôlés par la partie contre laquelle ils étaient invoqués (Req. 15 nov. 1887, aff. Akermann, D. P. 89. 1. 74. *Adde*, sur ce point, Req. 11 mai 1891, aff. Meunier et héritiers Robbe, D. P. 92. 1. 215).

189. On étudiera *infrà*, nᵒˢ 278 et 283, à propos de la fixation des dommages-intérêts, les questions que soulèvent le préjudice *moral* et le préjudice *éventuel*.

190. — II. Relation entre le préjudice et la faute. — 1° *Applications diverses*. — Outre le préjudice, il faut une relation nécessaire de cause à effet entre ce préjudice et la faute, et le jugement qui condamne à des dommages-intérêts, sans constater cette relation, manque de base légale et doit être cassé (Civ. cass. 14 mars 1892, aff. Chemin de fer d'Or-léans, D. P. 92. 1. 343; Civ. rej. 6 févr. 1894, aff. Hémery, D. P. 94. 1. 192). Mais il n'y a pas contradiction dans l'arrêt qui condamne une personne à réparer un préjudice après avoir dit qu'il en était seulement l'*occasion*, s'il devient évident, par le rapprochement de ce mot avec les mots *cause définitive*, qu'il a été pris dans le même sens (Req. 20 nov. 1871, aff. David, D. P. 72. 1. 181). — Le jugement est suffisamment motivé lorsqu'il ne se borne pas à faire ressortir le préjudice éprouvé par le demandeur, mais relève et précise que le fait matériel imputable au défendeur constitue une faute de sa part, et qu'il établit, en outre, la relation de cause à effet entre la faute et le préjudice constaté (Civ. rej. 7 févr. 1894, aff. Vandangeon, D. P. 94. 1. 239).

191. Par application de ces principes, il a été jugé: 1° que le propriétaire d'un immeuble endommagé par un incendie survenu dans l'usine d'un voisin, doit, pour réclamer à celui-ci des dommages-intérêts, prouver non seulement qu'il a contrevenu aux règlements sur les chaudières à vapeur, mais encore que cette contravention a un lien direct et nécessaire avec l'incendie de l'usine (Req. 7 mars 1892, aff. Dampenon, D. P. 92. 1. 502; Rouen, 24 déc. 1878, aff. Leclercq-Lefèbre et comp., D. P. 79. 2. 175); — 2° Qu'un banquier ayant participé à la rédaction d'un prospectus mensonger, pour le placement d'obligations d'une société industrielle plus tard dépréciées, peut, tout en étant déclaré responsable envers les acheteurs de ces titres qu'a déterminés le succès de l'emprunt et le cours d'abord soutenu de la valeur, circonstances dues à l'influence du prospectus inexact, être affranchi de toute responsabilité envers ceux qui n'ont acquis les titres qu'à une époque ultérieure, alors que la situation vraie de la société emprunteuse n'était plus ignorée (Civ. rej. 18 mars 1891, aff. Crédit du Nord, D. P. 91. 1. 401); — 3° Qu'on ne peut condamner un notaire à indemniser l'adjudicataire d'un immeuble de la perte d'un privilège dans lequel il eût été subrogé, perte causée par le défaut de production du créancier à l'ordre, alors que le notaire avait omis de transmettre à ce créancier, qui avait élu domicile en son étude, la sommation de produire signifiée en cette étude, mais qu'il n'était pas prouvé que le créancier eût produit à l'ordre si le notaire lui avait transmis la sommation;... alors surtout que l'adjudicataire lésé aurait pu sauvegarder lui-même ses droits, en produisant pour son compte comme subrogé à ceux du créancier (Req. 5 févr. 1884; aff. Roncin, D. P. 84. 1. 367; Angers, 19 mars 1879, aff. Roncin, D. P. 82. 1. 100).

192. Jugé encore: 1° que l'huissier qui commet une nullité d'exploit entraînant la péremption d'un jugement par défaut qui portait condamnation au profit du demandeur, ne peut être condamné à lui payer des dommages-intérêts équivalents au montant de cette condamnation, alors qu'il est constant que le droit du demandeur était éteint antérieurement à la demande et que la faute de l'huissier, en même temps qu'elle a amené la péremption du jugement par défaut, est légalement présumée avoir seule empêché une opposition victorieuse de la part du prétendu débiteur (Colmar, 15 juin 1857, aff. Braun, D. P. 58. 2. 473);

— 2° Que l'huissier dont la faute a rendu un appel irrecevable ne doit pas de dommages-intérêts s'il résulte de l'examen de l'affaire que l'appel eût dû être rejeté au fond (Angers, 25 janv. 1862, aff. Billod, D. P. 62. 2. 36. Conf. Chambéry, 1er mai 1868, aff. Périnet, D. P. 68. 2. 244); — 3° Qu'en cas d'explosion de wagons chargés de poudre de guerre, le fait, par la compagnie de chemin de fer, de n'avoir pas séparé, par les trois wagons réglementaires, les wagons de voyageurs des wagons de poudre, ne la rend pas responsable de la mort d'un voyageur causée par l'explosion, s'il n'existe entre ce fait et l'accident aucune relation appréciable (Aix, 6 mai 1872, aff. Ollivier, D. P. 73. 2. 57); — 4° Que la mort d'un ouvrier qui, n'étant plus employé dans une usine, s'est noyé en tombant dans une mare d'eau, ne se rattache pas par un lien nécessaire à l'accident dont il avait été victime dans cette usine et qui l'avait aveuglé; et que, par suite, cette mort ne rend pas exigible l'indemnité promise par le règlement de l'usine aux veuves d'ouvriers blessés dans l'exécution de leurs travaux et morts des suites de l'accident (Req. 26 nov. 1877, aff. Blot, D. P. 78. 1. 118); — 5° Qu'un avoué qui, chargé de produire dans un ordre, a négligé de le faire, ne doit être condamné à des dommages-intérêts vis-à-vis de son client que si le juge reconnaît qu'il y aurait eu collocation utile dans l'ordre en cas de production (Civ. cass. 26 nov. 1890, aff. Gayda, D. P. 94. 1. 18); — 6° Que l'arrêt qui impute à un navire la responsabilité d'un abordage par ce motif qu'il allait à une trop grande vitesse, sans constater que cette vitesse excessive a été la cause de l'abordage, manque de base légale (Civ. cass. 19 mars 1888, aff. Compagnie française maritime du Tonkin, D. P. 88. 1. 394); — 7° Que la délivrance, par une compagnie de chemin de fer, de récépissés constatant faussement un dépôt en gare de marchandises à destination d'une personne désignée, n'engage pas la responsabilité de la compagnie à l'égard du tiers qui a escompté des traites auxquelles ces marchandises devaient servir de provision, si elle a eu lieu sans fraude de la part de la compagnie et si, d'ailleurs, elle n'a été ni pu être la cause déterminante de l'escompte, en l'absence d'un transport régulier de la lettre de voiture représentative des valeurs dont l'expédition a été déclarée mensongèrement; qu'en conséquence, l'escompteur de ces traites ne peut en réclamer le montant contre la compagnie à titre de dommages-intérêts, ni jusqu'à concurrence de la provision faussement annoncée, ni pour le dividende qui lui eût appartenu sur la même provision à défaut de droit privatif par suite de la faillite du tireur (Civ. rej. 25 mai 1864, aff. Duboscq, D. P. 64. 1. 287. V. aussi Dijon, 14 mai 1868, cité *suprà*, nᵒ 157). — Sur le préjudice *indirect*, V. *infrà*, nᵒ 267 et suiv.

193. — 2° *Faute de la victime*. — Le préjudice peut avoir pour cause le fait ou la faute de la victime elle-même. On examinera *infrà*, nᵒ 271, l'influence de ce fait sur la fixation des dommages-intérêts. Mais il convient de rechercher ici quelle est son influence sur la recevabilité même de l'action.

On a vu au *Rép.*, nᵒˢ 137, 165 et suiv., 184, 192, 237, 318, 319, que le dommage provenant du fait personnel du réclamant ne peut donner lieu à aucune réparation à son profit. Ce principe a reçu de nouvelles applications. Jugé, notamment: 1° que les entrepreneurs qui ont fait procéder à l'explosion d'une mine après avoir pris les précautions les plus minutieuses pour faire évacuer les lieux, ne sont pas responsables d'une blessure causée par cette explosion à un individu qui est resté sur les lieux, malgré les plus pressantes invitations de leur agent, l'imprudence de la victime étant la seule cause du dommage par elle souffert (Req. 17 mars 1880) [1]; — 2° Qu'un particulier doit être réputé avoir commis une imprudence qui a été la cause unique de l'ac-

---

[1] (Leruste C. Champenois et comp.) — La cour: — Sur le moyen unique tiré de la violation des art. 1382 et 1383 c. civ.: — Attendu qu'il est reconnu, en fait, par l'arrêt attaqué, que les blessures de Leruste ont, il est vrai, été causées par l'explosion d'une mine à laquelle ont fait procéder Champenois et comp., défendeurs éventuels; — Mais attendu que ledit arrêt déclare qu'il résulte des documents, enquêtes, visés au procès, d'une part, que Champenois et comp. ont avisé, le 17 mai 1870, de l'explosion qui devait avoir lieu le lendemain, le commissaire central,

le directeur du port et l'ingénieur de la province d'Oran; que l'ingénieur leur a accordé l'autorisation sollicitée par eux d'y mettre le feu; qu'en prévision de tout événement, ils ont pris les précautions les plus minutieuses pour faire évacuer l'espace compris entre la porte Lanoüe et la maison Sardy, espace considéré par eux comme dangereux; qu'à l'heure fixée pour l'explosion, ils ont fait sonner la cloche d'alarme; d'autre part, que leurs préposés eux-mêmes, apercevant Leruste dans l'espace sus indiqué, l'ont invité en temps utile à se retirer; que l'agent

cident dont il a été victime si, pour gagner une rue en contre-bas nouvellement construite, il s'est écarté d'un chemin commode et a passé par un point où aucun passage n'était ouvert et qui pouvait présenter quelque danger (Req. 8 mai 1893, aff. Delorme, D. P. 93. 1. 349); — 3° Que l'accident de voiture, qui aurait été évité si le blessé avait tenu compte du cri de gare ! poussé comme avertissement par le cocher, n'engage pas la responsabilité de celui-ci, si, d'ailleurs, il conduisait ses chevaux à une allure modérée; et cela encore bien que le blessé se trouverait être un vieillard (Paris, 16 févr. 1867, aff. Vautier, D. P. 67. 5. 371); — 4° Qu'une compagnie de chemin de fer n'est pas responsable de l'accident survenu à un voyageur qui, arrivé en retard dans une gare, s'engage sur la voie sans s'être assuré qu'elle était complètement libre, et y est mortellement blessé par une locomotive en marche (Amiens, 29 déc. 1884, aff. Veuve Recullet, D. P. 82. 2. 163); — 5° Qu'une compagnie de chemin de fer n'est pas responsable d'un accident survenu sur son réseau, lorsque aucune faute ne peut lui être reprochée non plus qu'à ses agents, et surtout lorsqu'il est démontré que la cause unique de cet accident a été l'imprudence de la victime (Aix, 7 déc. 1891, aff. Gourrier D. P. 92. 2. 299). — L'application de ces principes aux accidents industriels dans les rapports de patron à ouvrier sera étudiée infra, v° Travail. — Quant à leur application à la responsabilité civile du propriétaire pour dommages causés par un animal, V. infra, chap. 4, sect. 1.

494. Il a encore été jugé : 1° que le propriétaire d'un vignoble ne peut rendre un marchand de vin responsable du discrédit jeté sur ce vignoble par le mouillage des vins en provenant, s'il a autorisé ce mouillage (Req. 27 janv. 1883, cité supra, n° 184); — 2° Que l'artiste qui, après une maladie, se met à la disposition de son directeur, n'est pas fondé à rendre ce dernier responsable des suites que la reprise de son rôle a pu avoir pour sa santé (Paris, 2 déc. 1871, aff. Montjauze, D. P. 72. 5. 436); — 3° Que l'État n'est pas responsable du préjudice causé au propriétaire de matières explosibles par la destruction de ces matières exécutée sur l'ordre de ses agents, alors que ceux-ci avaient été obligés, par la faute du propriétaire, de les recevoir dans une poudrerie où elles ne pouvaient être conservées sans danger évident et sans contravention aux règlements (Cons. d'Ét. 30 avr. 1880, aff. Harouel et Morin, D. P. 84. 3. 9); — 4° Que l'État, quoique en faute d'avoir laissé dans un port une pièce de bois formant écueil, n'est pas responsable des avaries causées par cette pièce à un navire, alors qu'on aurait pu les éviter en employant d'autres procédés pour dégager le navire (Cons. d'Ét. 4 août 1882, aff. Compagnie d'assurances maritimes fluviales L'Équateur et L'Atlantique, D. P. 84. 3. 29. V. aussi Lyon, 8 févr. 1887, cité supra, n° 149-5°).

195. Jugé de même : 1° qu'un greffier qui, après la clôture d'un ordre, a délivré un bordereau de collocation à un créancier non colloqué en rang utile, n'est pas responsable envers ce créancier du préjudice que lui ont causé les poursuites frustratoires exercées en vertu de ce bordereau, s'il est établi que le créancier en a requis la délivrance à ses risques et périls et en pleine connaissance de cause (Req. 24 juin 1863, aff. Devèze, D. P. 63. 1. 397); — 2° Que lorsqu'une dissimulation commune à plusieurs personnes donné lieu à la perception d'un double droit contre l'une d'elles, celle-ci, s'en étant rendue personnellement débitrice par son propre fait, ne peut en réclamer aux autres le remboursement à titre de dommages-intérêts (Civ. rej. 20 nov. 1867, aff. Viron, D. P. 67. 1. 448); — 3° Que la partie qui a participé, avec l'intention d'en tirer profit, à une circulation abusive d'effets de complaisance, laquelle aurait été autorisée par les administrateurs d'une société et aurait contribué à la ruine de celle-ci, n'est pas admissible à prétendre que

ces administrateurs ont ainsi commis une faute engageant leur responsabilité (Civ. rej. 24 janv. 1870, aff. Millaud et comp., D. P. 70. 1. 177); — 4° Que le président du conseil d'administration d'une société qui, sans pouvoirs suffisants, a promis une prorogation de bail à un locataire de la société, n'est pas responsable du préjudice résultant, pour ce dernier, de son expulsion à la fin du bail primitif, si ce locataire connaissait le défaut de pouvoirs du promettant et s'il a sollicité de la société une prorogation de bail en dissimulant celle qui lui avait été promise (Civ. rej. 9 juill. 1872, aff. De Chavanon, D. P. 72. 1. 404); — 5° Qu'une personne (spécialement, une société) ne saurait rendre responsable un tiers (spécialement, un administrateur) du préjudice qu'elle aurait subi par suite d'un acte accompli par ce tiers en son nom, si ce préjudice résulte de ce que le mandataire a fait, hors la présence du tiers mandataire, un abandon trop étendu des droits que lui assurait l'acte incriminé, et qui, sagement exercés, auraient évité toute perte (Civ. rej. 16 juin 1891, aff. Société La Clémentine, D. P. 92. 1. 324-325); — 6° Que le défaut de vigilance ou de surveillance de la part d'un maître à l'égard d'un de ses employés, qui s'est annoncé faussement comme son mandataire ou son représentant, ne rend point le maître civilement responsable de l'erreur envers une personne qui a commis la faute de contracter directement avec cet employé, sans s'être éclairée sur les véritables pouvoirs du prétendu mandataire (Metz, 10 janv. 1867, aff. Puricelli frères, D. P. 67. 2. 14. — Sur la responsabilité civile des maîtres et commettants, V. infra, chap. 3, sect. 2, art. 5, § 1); — 7° Que le comptable reconnu innocent de faux et détournements que lui imputait son patron ne peut néanmoins actionner celui-ci en réparation du dommage qu'il a éprouvé, notamment par suite d'une mise en détention préventive, lorsque ce sont les irrégularités de sa comptabilité et l'impossibilité où il s'est trouvé de justifier de l'emploi de certains fonds qui ont induit le patron en erreur et l'ont entraîné à porter plainte (Paris, 11 févr. 1870, aff. Denis, D. P. 70. 2. 104. V. aussi Req. 28 mars 1876, cité supra, n° 53).

196. On trouve de nombreuses applications du même principe aux fautes commises par les notaires. Jugé notamment : 1° qu'un notaire qui a commis dans la rédaction d'un acte de donation une irrégularité, par suite de laquelle la nullité de cet acte a été prononcée, ne saurait être déclaré, alors que toutes les parties qui ont figuré dans cet acte sont encore vivantes, responsable du refus du donateur de refaire une nouvelle donation, si ce refus est fondé sur une cause exclusivement imputable au donataire, telle que l'inexécution des conditions de la première donation ou l'ingratitude des donataires, le notaire, dans ce cas, devant être seulement condamné aux dépens pour tous dommages-intérêts (Colmar, 16 août 1864, aff. Fille Erbland, D. P. 64. 2. 229; cette solution, toutefois, serait trop générale si on l'appliquait à des torts qui n'auraient pas constitué d'une manière certaine un motif légal de révocation (V. la note sous l'arrêt précité); — 2° Que le notaire qui, dressant une quittance, n'en a pas donné lecture au créancier avant la signature, n'est pas responsable de l'abus qu'un tiers a pu faire de cette quittance en touchant du débiteur pour le compte du créancier, une somme que ce dernier ne supposait pas être l'objet de l'acte par lui signé en se l'appropriant, s'il est établi que c'est la confiance excessive du créancier envers ce tiers, et non la faute du notaire rédacteur de la quittance, qui a été la cause du préjudice, et que la partie ne l'aurait pas moins éprouvé alors même que la formalité omise aurait été remplie (Req. 25 juin 1867, aff. Peladan, D. P. 68. 1. 74); — 3° Que lorsqu'une opération unique entre une partie et plusieurs autres, parmi lesquelles figurent deux notaires intéressés à l'affaire, a été l'objet d'actes séparés dont les notaires se sont réservé la rédaction en prenant le soin de rester étrangers aux actes les concernant, l'annula-

---

de police, formellement chargé de faire évacuer le lieu où se trouvait Leruste, lui en a donné la liberté et plusieurs reprises l'ordre formel, mais que celui-ci n'y a pas consenti et s'est arrêté à l'endroit même où il a été frappé, malgré les pressantes invitations de l'agent; — Attendu qu'aucun fait d'imprudence ou de négligence, qu'aucune faute n'ont été ainsi relevés contre Champenois et comp.; — D'où il suit que la cour d'Alger, en déclarant

que l'accident n'avait été amené que par l'obstination de la victime, en repoussant, en conséquence, Laruste comme mal fondé dans ses demandes, fins et conclusions, loin de violer les art. 1382, 1383 c. civ., visés au pourvoi, a fait une saine application des principes de la matière; — Rejette, etc.

Du 17 mars 1880.-Ch. req.-MM. Bédarrides, pr.-Voisin, rap.-Lacointa, av. gén. c. conf.-Passez, av.

tion des divers actes dont il s'agit, prononcée néanmoins pour infraction aux art. 8 et 68 de la loi de ventôse an 11, ne donne lieu à aucune responsabilité respective de l'un de ces notaires à l'égard de l'autre à raison du préjudice qu'a fait éprouver à chacun d'eux la nullité des actes où il stipulait personnellement, cette infraction à la loi de ventôse constituant une faute commune aux deux notaires (Req. 4 août 1864, aff. Rue, D. P. 64. 1. 437; *Adde*, Req. 31 mars 1862, aff. Vanel, D. P. 62. 1. 330; Lyon, 8 févr. 1867, aff. Consorts Robin, D. P. 67. 2. 154), qui réduit la responsabilité du notaire en cas de faute commune au client; V. *infrà*, n° 488; V. aussi *Rép*., n°ˢ 318, 319, et Req. 28 juill. 1856, aff. Labrousse, D. P. 56. 1. 323, qui écarte même complètement l'action du client quand il s'est rendu complice de la faute du notaire consistant en un faux. — Sur la responsabilité des notaires, V. *infrà*, n°ˢ 479 et suiv.

197. On peut rattacher aux mêmes principes les décisions qui refusent à l'auteur d'un délit tel que sophistication de vins, ou détention de vins falsifiés, ou usage d'appareil contrefait, ou transport de vins hors du délai imparti par la Régie, l'action en garantie, même pour les dommages-intérêts, contre ceux pour le compte de qui il a commis le délit ou qui, par un autre délit, en ont fourni la matière, en lui vendant par exemple des vins falsifiés, ou les produits employés à la sophistication, ou l'appareil contrefait (Montpellier, 21 juill. 1877, aff. Gibert, D. P. 79. 2. 71; Nancy, 10 janv. 1877, aff. Vigné-Benoit et Rebstock, D. P. 77. 2. 209; Civ. cass. 22 déc. 1880, aff. Turlure, D. P. 81. 1. 63; Lyon, 25 mai 1859, aff. Grange, D. P. 59. 2. 161; Civ. cass. 31 juill. 1878, aff. Roustide, D. P. 79. 1. 374). — V. sur les recours entre coauteurs d'un délit ou d'un quasi-délit, *suprà*, n°ˢ 45 et suiv., 326 et suiv.

198. Toutefois, le principe énoncé au *Rép*., n° 192, à savoir que l'imprudence ou la faute de celui qui se plaint d'un fait préjudiciable le rend non recevable dans sa demande en dommages-intérêts n'est pas absolu, ou du moins doit s'entendre d'une imprudence qui serait la seule cause du dommage, sans qu'une faute de l'autre partie ait contribué dans une certaine mesure à le produire. Une imprudence commise par la partie lésée ne saurait affranchir de toute responsabilité celui dont la faute a contribué, dans une proportion quelconque, à déterminer le dommage ou à le rendre plus grave, les art. 1382 et suiv. c. civ. ne limitant pas la responsabilité qu'ils prononcent au seul cas où la faute qui a amené le dommage en a été la cause unique et immédiate. Elle a seulement pour effet d'entraîner la réduction du chiffre des dommages-intérêts dans une mesure souverainement appréciée par le juge du fait (Comp. Sourdat, n°ˢ 108 et 461).

On peut citer dans ce sens les décisions suivantes : 1° l'imprudence qu'a eue la victime de s'engager, malgré l'obscurité, dans un passage périlleux ne peut que modérer les dommages-intérêts dus par la Compagnie d'éclairage par le gaz responsable du défaut de l'éclairage qu'elle était tenue de fournir dans ce passage (Nîmes, 26 août 1857, aff. Compagnie d'éclairage au gaz d'Avignon, D. P. 58. 2. 5); — 2° L'imprudence commise et reconnue par la victime d'un accident de voiture n'exonère pas le cocher de la responsabilité qu'il a encourue en ne retenant pas son cheval, alors qu'il l'avait mis à une allure telle que de son propre aveu, il lui eût été facile de l'arrêter à temps (Paris, 6 juill. 1867, aff. Lapostollet, D. P. 71. 5. 334); — 3° La contravention que commet le propriétaire d'un animal, en le laissant pénétrer sur la voie, n'exonère pas la compagnie de chemin de fer de la faute qu'a commise le conducteur du train en ne ralentissant pas sa marche, alors qu'il avait le temps de le faire pour éviter la mort de cet animal (Civ. rej. 11 nov. 1891, aff. Chemins de fer départementaux, D. P. 92. 1. 427); — 4° La veuve d'un individu mort des suites d'une chute faite en descendant d'un tramway établit à faire la preuve de faits tendant à établir la responsabilité de la compagnie de tramways, tels que la demande d'arrêter faite inutilement au conducteur, la surcharge des plates-formes et l'encombrement des marchepieds par les voyageurs, quelle que soit d'ailleurs l'imprudence que celui-ci aurait commise en descendant de la voiture pendant qu'elle était en marche (Civ. cass. 20 août 1879, aff. Veuve Marquant,

D. P. 80. 1. 15); — 5° Il n'y a même pas lieu, en cas d'accident arrivé à un voyageur par la faute du conducteur d'une voiture publique, de tenir compte, dans l'appréciation des dommages-intérêts dus à la victime, de l'imprudence qu'elle a commise en se plaçant sur la voiture en excédent du nombre autorisé de voyageurs; cette imprudence étant le fait direct du conducteur de la voiture, et constituant même une contravention aux règlements qui aggrave sa responsabilité (Lyon, 16 juill. 1862, aff. Boisset, D. P. 63. 5. 329); — 6° L'imprudence commise par un voyageur qui, en descendant du wagon, a voulu traverser la voie pour sortir de la gare, alors que la voie n'était pas libre par l'effet d'une circonstance anormale, ne suffit pas à elle seule pour exonérer la compagnie de toute responsabilité, les employés de la compagnie ayant commis une faute en ne signalant pas le danger et ne prenant pas les dispositions nécessaires pour préserver les voyageurs (Civ. cass. 10 nov. 1884, aff. Veuve Recullet, D. P. 85. 1. 434).

Ce dernier arrêt exige, pour les dommages survenus dans le transport des personnes, la preuve d'une faute de l'entrepreneur de transports ou de ses agents par application des art. 1382 et suiv., sans qu'on puisse lui appliquer la responsabilité de plein droit édictée par l'art. 1784 c. civ.; pour le transport des choses (V., sur cette question controversée, *suprà*, v° *Commissionnaire*, n°ˢ 95 et suiv., et la note sous l'arrêt contraire de la cour de Paris, 27 juill. 1892, aff. Compagnie générale des omnibus, D. P. 92. 2. 557). Mais il reconnaît l'influence de la faute du transporteur malgré l'imprudence du voyageur. Toutefois, même en matière de transport de marchandises, la faute de la partie lésée peut mettre à sa charge une partie du dommage (Civ. cass. 29 mars 1886, aff. Chemin de fer du Nord, D. P. 87. 1. 480), et même le dommage entier (Civ. cass. 4 juill. 1894, aff. Orille, D. P. 94. 1. 48).

199. Il a encore été jugé : 1° que le préposé auteur d'un vol et le commettant responsable civilement du délit ne peuvent alléguer, pour se soustraire à la réparation complète du dommage, que le vol a été facilité par l'imprudence ou la négligence de la personne au préjudice de laquelle il a été commis (Amiens, 21 janv. 1878, *infrà*, n° 795); — 2° Qu'un nu-propriétaire qui, sur des indications inexactes du mandataire chargé du remploi des valeurs soumises à sa nue propriété, a accepté des titres que ce mandataire avait intérêt à placer, peut lui demander compte de la perte résultant de la dépréciation ultérieure de ces titres, malgré la faute qu'il a lui-même commise en ne s'en tenant pas aux catégories de valeurs que lui assignait, pour ce remploi, l'acte constitutif de sa nue propriété, si les indications inexactes du mandataire ont seules déterminé l'acceptation de valeurs proposées par lui (Req. 30 juin 1885, aff. Colin, D. P. 86. 1. 200).

200. La responsabilité encourue par l'auteur d'une faute ne le rend pas non recevable à recourir en garantie contre celui qui, par une autre faute, a seul rendu la première dommageable (Req. 11 juill. 1881, aff. Cordier, D. P. 83. 1. 37). Ainsi le notaire qui, chargé de rédiger une procuration pour la vente d'une rente appartenant à une femme mariée, a omis d'y mentionner la charge de remploi insérée dans le contrat de mariage de la venderesse, et qui, à raison de cette omission, a été condamné à l'indemniser, peut, à son tour, réclamer une indemnité contre le mandataire, créancier du mari de la venderesse qui, contrairement aux clauses du contrat de mariage qu'il connaissait, s'est appliqué le produit de la vente (Même arrêt). Ainsi encore l'agent de change obligé d'indemniser le propriétaire de titres soustraits à la poste, pour les avoir négociés sans vérifier l'identité du porteur ni consulter les oppositions faites au tableau de la Bourse, peut, malgré la faute lourde qu'il a commise, se faire indemniser à son tour par l'auteur même du détournement ou par l'administration des Postes, civilement responsable de son fait (Crim. cass. 12 janv. 1849, aff. Vandermarq, D. P. 49. 1. 39).

201. Il suffit, d'ailleurs, qu'un arrêt constate qu'un accident a été la suite de l'inobservation, par la partie condamnée, d'un règlement prescrivant des mesures de protection spéciales qui ont été méconnues, pour que cet accident ne puisse être attribué soit à une faute de la victime, soit à

un défaut de surveillance des parents (Req. 17 janv. 1894, aff. Chemin de fer de l'Ouest et Theffo, D. P. 94. 1, 182).

202. — 3° *De la séduction.* — On a examiné au *Rép.*, nᵒˢ 158 et 159, la question de savoir si la séduction dont une fille a été l'objet lui permet d'intenter contre son séducteur une action en dommages-intérêts pour le préjudice qu'elle en a éprouvé, préjudice moral autant que matériel et imputable pour partie à son propre fait. Les nombreuses décisions rendues sur cette question délicate ont établi, comme point de jurisprudence constant, l'irrecevabilité de l'action lorsqu'il n'est pas prouvé que le séducteur, pour triompher de la résistance de la demanderesse, ait employé des manœuvres dolosives ou abusé de l'ascendant que lui donnait la supériorité de son âge ou de sa situation (Angers, 2 déc. 1868, aff. Greffier, D. P. 69. 2. 241; Bourges, 6 juin 1881, aff. Charton, D. P. 82. 2. 117; Amiens, 1ᵉʳ déc. 1881, aff. Marie D..., D. P. 82. 2. 118; Gand, 25 nov. 1882, aff. Vandamme, D. P. 84. 2. 136; Paris, 4 juin 1892, aff. P..., D. P. 92. 2. 558). Jugé, par suite, qu'il ne suffit pas d'établir que le prétendu séducteur est beaucoup plus âgé que la demanderesse, qu'il est marié et père de famille (Arrêt précité d'Amiens, 1ᵉʳ déc. 1881), ou qu'il est le fils de la personne au service de laquelle se trouvait la demanderesse (Arrêt précité de Bourges, 6 juin 1881), ces circonstances ne faisant pas nécessairement présumer la fraude.

203. Mais c'est un point de jurisprudence non moins constant que l'action est recevable quand la séduction a été amenée par des manœuvres dolosives ou par une contrainte morale, exclusive d'un consentement intelligent et d'un entraînement volontaire. Et il a même été jugé que la prolongation des relations illicites pendant de longues années avant que l'action soit intentée n'y met pas obstacle, si cette prolongation a été obtenue elle-même par des manœuvres semblables (Caen, 10 juin 1862, aff. L..., D. P. 62. 2. 129; Civ. rej. 26 juill. 1864, même affaire, D. P. 64. 1. 347. V. la note sous l'arrêt précité du 10 juin 1862).

204. La contrainte morale peut consister dans l'abus d'une supériorité d'âge, de forces physiques, d'intelligence, de position sociale et de fortune, de la situation de patron ou de fils du patron, de l'influence que donnent les services rendus à la famille, d'une familiarité résultant de la parenté, de l'habitation commune (Dijon, 16 avr. 1861, aff. Baudoin, D. P. 61. 5. 423; Caen, 10 juin 1862, aff. L..., D. P. 62. 2. 129; Civ. rej. 26 juill. 1864, même affaire, D. P. 64. 1. 347; Dijon, 1ᵉʳ déc. 1868, aff. Leclercq, D. P. 68. 2. 248; Aix, 21 mai 1874, aff. Irma Gras, D. P. 76.

2. 85; Bourges, 28 mars 1879, aff. Guérault, D. P. 80. 2. 111; Paris, 14 févr. 1890, aff. X..., D. P. 91. 2. 309).

La circonstance que la fille séduite était âgée de moins de treize ans a été considérée comme exclusive du consentement aussi bien au point de vue de l'action en dommages-intérêts devant les tribunaux civils qu'au point de vue de la qualification d'attentat à la pudeur sans preuve de violence devant les tribunaux répressifs (Dijon, 1ᵉʳ déc. 1868, aff. Leclercq, D. P. 68. 2. 248). Elle semblerait même devoir exclure la qualification de séduction et la nécessité d'autres faits constitutifs de contrainte morale (V. la note sous l'arrêt précité).

205. Les manœuvres dolosives peuvent consister en une promesse de mariage qui aurait déterminé les relations intimes d'où est résultée une grossesse (Colmar, 31 déc. 1863, aff. Cahn, Grenoble, 18 mars 1864, aff. X..., Paris, 19 janv. 1865, aff. G..., D. P. 65. 2. 21; Trib. civ. Lille, 10 mars 1882, aff. Demoiselle Pierre, D.P. 85. 5. 414; Req. 25 févr. 1890, aff. Baudet, D. P. 90. 1. 412; Toulouse, 28 nov. 1864 (1); Paris, 14 févr. 1877, aff. W..., D. P. 77. 2. 96).

206. Le principe que les promesses de mariage ne créent pas un lien de droit ne saurait s'opposer à cette solution; ce principe, en effet, ne porte que sur la valeur contractuelle de la promesse et le droit d'en exiger soit l'exécution, soit la résolution en dommages-intérêts pour le seul fait de son inexécution; il n'exclut pas son caractère délictuel ou quasi-délictuel, quand les circonstances dans lesquelles elle a été faite et rompue, ainsi que les dommages dont elle a été la cause, permettent d'y voir une faute préjudiciable à la charge de son auteur (Rép. nᵒ 60. V. *supra*, vᵒ *Mariage*, nᵒ 49. *Adde :* Req. 16 janv. 1877, aff. Jangot, D. P. 77. 1. 85; Nîmes, 17 mai 1882, *Gaz. des tribunaux* du 9 juillet) et notamment lorsqu'elle est un des éléments d'une persévérante séduction auprès d'une jeune fille circonvenue par des assiduités, des obsessions et des assurances propres à capter sa confiance et à dissimuler le piège tendu à sa pudeur (Toulouse, 28 nov. 1864, *supra*, nᵒ 205).

207. Mais on ne saurait invoquer la promesse de mariage, même pour donner à la séduction et à la grossesse qui en sont la suite le caractère de délit ou quasi-délit et mettre le dommage à la charge du séducteur, qu'à la condition de prouver son existence par écrit conformément à l'art. 1341 c. civ. On a vainement objecté, en sens contraire, que la promesse est invoquée ici, non comme convention, mais comme élément d'un délit ou d'un quasi-délit, fait susceptible de preuve testimoniale aux termes de l'art. 1348 c. civ. Ce dernier article ne cite le délit et le

---

(1) (G... *C.* S...) — La cour; — Attendu que tout engagement de nature à porter atteinte à la liberté du consentement dans le mariage est, il est vrai, nul de plein droit; que, par une conséquence de ce principe, l'inexécution d'une promesse de mariage isolée de toute autre circonstance ne peut motiver une action en dommages-intérêts : mais qu'il en doit être autrement lorsque cette promesse a été un des éléments d'une persévérante séduction auprès d'une jeune fille circonvenue par des assiduités, des obsessions et des assurances propres à capter sa confiance et à dissimuler le piège tendu à sa pudeur; — Attendu que peu importe que le séducteur n'ait pas encore atteint sa majorité, lorsque sa conduite et ses écrits démontrent en lui la plénitude de l'intelligence et la maturité de la réflexion; quand, d'ailleurs, la personne séduite était elle-même en état de minorité; — Attendu que l'offre en preuve tend à établir que les promesses réitérées de mariage par G... étaient accompagnées de démarches auprès des parents de la jeune fille, pour avoir leur assentiment; que, en outre, il mettait en usage les excitations les plus pressantes pour détourner S..., de toute autre union, et prévenir l'effet des propositions qui avaient été, sous ce rapport, faites à sa famille; — Attendu que S... peut être admise à prouver qu'il est de notoriété publique qu'elle est devenue mère par suite de ses relations avec G..., et que celui-ci en a fait lui-même l'aveu, sans qu'il y ait, au point de vue légal, violation du principe que la recherche de la paternité est interdite; — Qu'il ne faut point confondre, en effet, l'action en recherche de la paternité, dans le sens de l'art. 340 c. civ., et l'action en dommages-intérêts fondée sur le préjudice matériel et moral qui a pu résulter des relations intimes entre le séducteur et la personne séduite, des conséquences de la grossesse et de l'accouchement; que l'une de ces actions a pour résultat d'établir les rap-

ports de paternité et de filiation d'où naissent des droits et des devoirs respectifs fondés sur un lien légal; que l'autre se renferme dans les limites d'un débat judiciaire sur des éléments d'appréciation, pour déterminer la gravité du préjudice causé, et la mesure de la réparation; — Attendu que, dans les cas ordinaires de la séduction, lorsque la faute commune rend également indignes d'intérêt le coupable et la complice, si les tribunaux doivent sévèrement repousser une plainte téméraire offrant le scandale de ces honteuses révélations qui affligent la morale et portent le trouble dans les familles, il y a lieu de faire exception à la juste rigueur de ces règles lorsque le séducteur a mis en œuvre des moyens repoussés par les sentiments de délicatesse et d'honneur; — Attendu que tel serait le caractère des actes que G... aurait à s'imputer si les faits allégués par S..., et qu'un commencement de preuve par écrit rend vraisemblables, étaient établis par l'enquête; — Sur l'appel relevé par G... père : — Attendu que le fait de séduction pratiqué par un mineur, quelque répréhensible qu'il soit, ne saurait engager la responsabilité civile du père, si aucun reproche d'imprudence ou de négligence ne peut lui être adressé; — Mais attendu que S... offre de prouver que G... avait donné un plein assentiment au projet de mariage de son fils; que, loin d'user de son autorité et de ses conseils pour faire cesser des assiduités qu'il n'ignorait pas et dont le caractère devait alarmer sa sollicitude, il aurait, ainsi que son épouse, manifesté hautement la satisfaction que lui faisait éprouver cette alliance et les sympathies que lui inspirait celle qui, déjà, était considérée comme sa belle-fille; — Qu'il y a donc lieu d'admettre l'offre en preuve; — Confirme, etc.

Du 28 nov. 1864.-C. de Toulouse, 1ʳᵉ ch.-MM. Caze, pr.-Galles, 1ᵉʳ av. gén.-Vidal et Albert, av.

quasi-délit que comme application d'une exception limitée par lui aux seules obligations dont il n'a pas été possible au créancier de se procurer une preuve littérale ; il n'est donc applicable qu'aux éléments du délit qui rentrent dans cette formule, mais non à ceux, tel qu'une promesse de mariage, dont le créancier pouvait se procurer la preuve littérale (Grenoble, 18 mars 1864, aff. X..., D. P. 65. 2. 21; Paris, 19 janv. 1865, aff. G..., D. P. *ibid.*; Rennes, 11 avr. 1866, aff. Demoiselle D..., D. P. 66. 2. 184; Gand, 26 nov. 1882, aff. Van Damme, D. P. 84. 2. 136. V. *supra*, v° *Mariage*, n° 51). — Il est évident, d'ailleurs, qu'une promesse de mariage, même prouvée par écrit, ne saurait être invoquée comme manœuvre de séduction, mettant le dommage à la charge du séducteur, si elle n'a point précédé les relations illégitimes et n'a pas été le moyen de les obtenir (Angers, 2 déc. 1868, aff. Greffier, D. P. 69. 2. 241; Bourges, 6 juin 1881, aff. Charton, et Amiens, 1er déc. 1881, aff. Marie D..., D. P. 82. 2. 117; Orléans, 2 mars 1881, aff. Demoiselle D..., D. P. 82. 2. 244; Trib. rég. Aix-la-Chapelle, 4 avr. 1891, aff. J..., D. P. 93. 2. 42).

208. A la différence d'une promesse de mariage, la promesse d'une somme d'argent faite avant les relations illégitimes ne saurait constituer ni un contrat valable, puisqu'elle aurait une cause illicite, *pretium stupri*, ni une manœuvre de séduction donnant droit à une réparation, puisqu'elle ferait apparaître le consentement éclairé de la prétendue victime. Mais l'engagement dans lequel l'auteur d'une séduction déjà consommée par dol ou contrainte morale reconnaît ses torts et en promet la réparation peut valoir comme contrat sans qu'on puisse lui attribuer une cause illicite, puisque cette cause réside dans la réparation d'une faute déjà commise, dans l'acquittement d'une obligation déjà née de cette faute (Caen, 10 juin 1862, aff. L..., D. P. 62. 2. 129; Civ. rej. 26 juill. 1864, même affaire, D. P. 64. 1. 347; Nîmes, 21 déc. 1875, aff. Femme P..., et 22 déc. 1875, aff. Demoiselle F..., D. P. 76. 2. 206; Paris, 14 févr. 1877, aff. W..., D. P. 77. 2. 96; Lyon, 30 déc. 1890, aff. M..., D. P. 91. 2. 310). Les deux arrêts précités de la cour de Nîmes ont même sanctionné l'engagement, soit malgré le long délai (douze ans) écoulé depuis sa date et la rupture des relations et malgré la mort de l'enfant issu de ces relations (1re espèce), soit malgré la circonstance que les relations étaient nées d'un entraînement réciproque entre personnes parentes; un jeune homme dans l'opulence et une jeune fille peu fortunée, circonstance qui n'eût sans doute pas permis à la cour, malgré l'inégalité de fortune, de reconnaître une obligation légale indépendante de toute convention, mais qui ne l'a pas empêchée de valider la promesse ultérieure d'un secours, comme ayant une cause licite, « l'accomplissement d'un devoir de conscience et d'honneur » (2e espèce).

209. Dans le cas le plus ordinaire, où la victime de la séduction demande réparation du dommage qu'elle éprouve à être chargée d'un ou plusieurs enfants issus de ses relations avec le séducteur, ne trouve-t-elle pas une cause d'irrecevabilité dans l'art. 340 c. civ., qui interdit la recherche de la paternité, surtout lorsqu'elle est adultérine ? Quelques arrêts ont statué dans ce sens, l'art. 340 ne distinguant pas entre le cas où la recherche de la paternité fait l'objet principal et celui où elle fait seulement l'objet secondaire d'une action (Rennes, 11 avr. 1866, aff. Demoiselle D..., D. P. 66. 2. 184; Gand, 25 nov. 1882, aff. Van Damme, D. P. 84. 2. 136; Colmar, 1er avr. 1892, aff. X..., D. P. 93. 2. 578; Laurent, t. 10, n° 91). Un autre, tout en condamnant le séducteur à des dommages-intérêts fondés sur des torts personnels reconnus et l'engagement pris de les réparer, décide qu'il ne peut être condamné au payement d'une pension alimentaire subordonnée à la vie de l'enfant, une telle condamnation impliquant une reconnaissance indirecte de paternité (Paris, 14 févr. 1890, aff. X..., D. P. 91. 2. 309). Un autre arrêt admet l'action de la mère pour faits de séduction, en la isolant de la grossesse et de l'accouchement et en s'abstenant d'attribuer cette grossesse au séducteur, mais semble, par ce motif, écarter toute action fondée sur ce dernier fait, et rejeter effectivement l'action formée au nom de l'enfant comme touchant à une question de paternité (Paris, 16 mars 1892, aff. Aché, D. P. 93. 2. 541).

Mais le système contraire a pour lui : 1° un arrêt de la cour de cassation aux termes duquel celui qui, ayant promis le mariage à une fille, la délaisse, après que, de son aveu, donné par écrit, il l'a séduite et rendue mère, peut être condamné envers elle à des dommages-intérêts pour réparation du préjudice que la grossesse lui a causé, par application de l'art. 1382, sans qu'on puisse dire que c'est là décider une question de paternité en dehors des règles expressément déterminées par la loi (Req. 24 mars 1845, aff. Labia, D. P. 45. 1. 177); — 2° un arrêt de la cour de Toulouse jugeant qu'une fille mineure « peut être admise à prouver qu'il est de notoriété publique qu'elle est devenue mère par suite de ses relations avec son séducteur et que celui-ci en a fait lui-même l'aveu, sans qu'il y ait, au point de vue légal, violation du principe que la recherche de la paternité est interdite; qu'il ne faut point confondre, en effet, l'action en recherche de paternité dans le sens de l'art. 340 c. civ., et l'action en dommages-intérêts fondée sur le préjudice matériel et moral qui a pu résulter des relations intimes entre le séducteur et la personne séduite, des conséquences de la grossesse et de l'accouchement ; que l'une de ces actions a pour résultat d'établir des rapports de paternité et de filiation, d'où naissent des droits et des devoirs respectifs fondés sur un lien légal ; que l'autre se renferme dans les limites d'un débat judiciaire sur les éléments d'appréciation pour déterminer la gravité du préjudice causé et la mesure de la réparation » (Toulouse, 28 nov. 1864, *supra*, n° 205).

M. Demolombe avait présenté des observations analogues, sous un arrêt de la cour de Caen, du 24 avr. 1850 (*Recueil des cours de Rouen et de Caen*, t. 14, p. 586 et suiv.), et montré la différence des deux actions « sous le double rapport : 1° des personnes qui y figurent : dans l'une l'enfant seulement sans la femme ; dans l'autre la femme seulement sans l'enfant ; 2° des intérêts qui s'y débattent : la première ne concerne que l'état de l'enfant; la seconde, tout à fait indépendante de l'état de l'enfant, ne concerne que les dommages-intérêts de la femme ». Ce qu'interdit en effet l'art. 340, c'est uniquement la constitution d'un état civil, d'un lien légal entre le prétendu père et l'enfant, mais non la réparation du préjudice causé à la mère, pas plus que celle du préjudice causé à un mari par le complice d'un adultère ou l'auteur du viol dont l'époque prouvée révèle la conception adultérine de l'enfant pour empêcher la paternité légale du mari. L'art. 340 prohibe non l'examen d'un fait, mais la recherche d'un état.

Enfin l'arrêt de Colmar du 1er avr. 1892, cité *supra*, n° 209, tout en admettant l'interprétation extensive de l'art. 340, aboutit néanmoins à la recevabilité de l'action dans les cas qui nous occupent, par l'assimilation qu'il fait au cas d'enlèvement du cas de séduction par promesse frauduleuse de mariage.

210. En tout cas, c'est un point bien établi en jurisprudence, malgré l'analogie de cette hypothèse avec la précédente, que l'art. 340 ne fait pas obstacle à la validité de l'engagement que le séducteur aurait pris envers la fille séduite, de pourvoir aux besoins de ses enfants. La cour de Caen (10 juin 1862, aff. L..., D. P. 62. 2. 129) a jugé que, bien que la recherche de la paternité des enfants adultérins soit interdite par la loi, l'engagement pris par un homme marié, envers une fille qu'il a séduite, de pourvoir aux besoins des enfants dont cette fille est accouchée et qu'elle a reconnus est valable et doit recevoir son exécution; qu'un tel engagement trouvant une cause licite dans un tort et un préjudice reconnus, dans un devoir de conscience qu'on ne doit pas scruter, on ne doit pas aller chercher cette cause dans des suppositions qui le feraient annuler comme contraire aux lois ou aux bonnes mœurs. Et la cour de cassation a rejeté le pourvoi formé contre cet arrêt (Civ. rej. 26 juill. 1864, D. P. 64. 1. 347) parce que, « loin d'autoriser la recherche d'une paternité adultérine, il déclarait formellement, au contraire, que cette recherche serait positivement prohibée, et ne fondait la condamnation que sur le préjudice causé et sur l'engagement pris de le réparer ». — Jugé de même que l'engagement pris envers la fille séduite de pourvoir aux moyens d'existence de son enfant constitue une obligation civilement obligatoire, et que celui qui l'a contracté peut dès lors être condamné à une pension alimentaire, cette obligation ne dérivant pas de sa paternité, sur laquelle il n'y a

pas à se prononcer, mais d'un devoir de conscience formulé par lui (Paris, 14 févr. 1877, aff. W..., D, P. 77, 2. 96). — La cour de Lyon (30 déc. 1890, aff. M.... D. P. 91. 2. 310) a également sanctionné comme valable l'engagement contracté envers une jeune fille séduite, de lui servir une pension pour subvenir aux besoins de l'enfant, alors même qu'il a été stipulé par l'obligé que la pension cesserait d'être due si l'enfant mourait, et dans tous les cas lorsqu'il aurait atteint un certain âge, une telle décision n'ayant pas pour objet et pour effet d'établir, au moyen de la recherche de la paternité, un lien de parenté naturelle avec toutes ses conséquences juridiques entre le défendeur et l'enfant de la demanderesse, mais seulement d'assurer la réparation d'un préjudice causé, et l'exécution d'un engagement librement pris de subvenir aux besoins de la demanderesse et de son enfant; et que la demanderesse de son côté, est recevable dans cette action formée en son nom personnel, alors même qu'elle n'a pas reconnu l'enfant.

211. Il a même été jugé, en dehors de toute manœuvre prouvée de séduction, que l'engagement, pris envers une fille de faire élever son enfant, de lui payer même un capital à une époque déterminée, constitue une obligation civilement obligatoire, cette dette n'impliquant pas une reconnaissance de paternité (Orléans, 2 mars 1881, aff. Demoiselle D..., D. P. 82.2.244; Angers, 30 avr. 1874, aff. Demoiselle Reteaulx, D. P. 73. 2. 139; Limoges, 22 janv. 1864, aff. Poignet, D. P. 64, 2. 197).

212. L'état de minorité chez le séducteur s'oppose à la validité contractuelle de l'engagement pris par lui en cet état, de réparer les suites de la faute commise, engagement valable chez un majeur, comme fondé sur un devoir de conscience, malgré la réciprocité de la faute et l'absence de manœuvres qui excluent le quasi-délit (Bourges, 6 juin 1881, aff. Charton, D. P. 82. 2. 118). Mais il n'exclut pas l'obligation quasi-délictuelle fondée sur les manœuvres de dol ou de pression, lorsque le séducteur, malgré sa minorité, s'est révélé, dans sa conduite et dans ses écrits, comme ayant agi avec un plein discernement (Toulouse, 28 nov. 1864, aff. G..., *supra*, n° 203).—En pareil cas, le père du mineur peut être déclaré civilement responsable s'il a à se reprocher une imprudence ou une négligence, par exemple si, au lieu d'user de son autorité et de ses conseils pour faire cesser des assiduités qu'il n'ignorait pas, et dont le caractère devait alarmer sa sollicitude, il a donné un plein assentiment au prétendu projet de mariage de son fils et en a manifesté hautement sa satisfaction (Même arrêt); mais non s'il n'est pas prouvé qu'il eût pu, au moyen d'une surveillance plus active, empêcher la séduction de se produire (Bourges, 6 juin 1881, aff. Charton, D. P. 82. 2. 117).

213. — **4° Du duel.** — V. *supra*, v° *Duel*, n° 151 et suiv.

214. — **5° Des dommages indirects.** — Les questions que soulèvent les dommages indirects seront étudiées *infra*, n° 267 et suiv., à propos de l'évaluation des dommages-intérêts.

215. — **III. RELATION ENTRE LE PRÉJUDICE ET LE DEMANDEUR.** — **QUI PEUT INTENTER L'ACTION?** (*Rép.*, n° 34 à 48). — Le délit ou quasi-délit étant constitué par la faute et le préjudice, toute personne qui a éprouvé ce préjudice est recevable à en demander réparation. Jugé, notamment, que chacun des usiniers et propriétaires riverains entre lesquels un arrêté administratif a fait un règlement d'eau est recevable à intervenir comme partie civile dans la poursuite dirigée contre l'un d'eux pour infraction à cet arrêté (Crim. rej. 8 janv. 1858, aff. Garest, D. P. 58. 1. 138).

216. — **1° Personnes lésées indirectement.** — Sont recevables, à ce titre à exercer l'action en responsabilité les personnes qui souffrent, même indirectement par contrecoup, d'un délit ou quasi-délit commis envers un tiers auquel elles sont unies par une solidarité d'intérêts. Indirect au point de vue de la personne, le préjudice, même pour elles, est direct au point de vue de sa cause. Pour elles comme pour la victime, directement atteinte, le dommage apparaît clairement dans le délit, sans le secours de déductions vagues et éloignées (Démolombe, *Traité des contrats*, t. 8, n° 673). Ainsi : 1° l'individu qui sciemment, par des renseignements inexacts, amène un commerçant à faire crédit à un insolvable, doit des dommages-intérêts,

non à la masse de la faillite de ce commerçant, mais personnellement aux parties lésées, notamment aux fournisseurs de marchandises demeurées impayées; ou, s'il y a eu payement à l'aide d'un effet non remboursé à l'échéance, au porteur de cet effet bien qu'il soit autre que le créancier originaire qui avait fourni les marchandises (Trib. de com. de Marseille, 15 déc. 1869, aff. Lamarre, D. P. 71. 3. 21); — 2° Le propriétaire est recevable à demander réparation du trouble apporté à la jouissance de son fermier, et dont il est responsable lui-même vis-à-vis de ce dernier (Cons. d'État, 13 juin 1890, aff. De Narbonne, D. P. 92. 3. 13; 24 févr. 1893, aff. Leblanc, D. P. 94. 3. 30); — 3° Le fermier entrant (de droits d'octroi) a une action directe contre le fermier sortant pour les abus de jouissance de ce dernier qui ont diminué ses recettes, et cela sans que, pour cette action, qui est fondée sur le principe de l'art. 1382 c. civ., il soit tenu de mettre en cause la ville bailleresse ou de s'adresser à elle préalablement (Grenoble, 26 mai 1849, aff. Sylve, D. P. 50. 2. 194; V. pourtant les objections formulées dans la note jointe à cet arrêt); — 4° Une compagnie d'assurances, obligée d'indemniser en cas de sinistre le propriétaire de la chose assurée, peut poursuivre l'auteur du sinistre sans le secours d'aucune subrogation, et en vertu des art. 1382 et 1383 (Civ. cass. 12 août 1872, aff. Ryde, D. P. 72. 1. 292); ou se porter partie civile dans le procès correctionnel ou criminel dirigé contre lui (Crim. rej. 23 juin 1859, aff. Brassey, D. P. 59. 1. 329).

217. La veuve, les enfants, les père et mère, même naturels, et même en l'absence d'une reconnaissance régulière de la part de la mère, les frères et sœurs, l'associé de la victime d'un homicide ont droit, non comme héritiers ou subrogés de celle-ci, mais en leur nom personnel, à la réparation du dommage que cette mort leur cause en les privant soit de secours pécuniaires que le défunt leur donnait sans même y être légalement obligé, soit de la communauté de vie qu'ils avaient avec lui, soit de la gestion habile qu'ils trouvaient en lui pour leurs intérêts communs (Orléans, 18 févr. 1858, aff. Flory et Senné, D. P. 58. 2. 114; Crim. rej. 20 févr. 1863, aff. Caderousse-Grammont, D. P. 64. 1. 99; Req. 21 juill. 1869, aff. Dombret, D. P. 72. 5. 386; Paris, 16 nov. 1871, aff. Yung, D. P. 72. 2. 62; Angers, 9 août 1872, aff. Compagnie d'Orléans, D. P. 72. 5. 386; Bourges, 15 déc. 1872, aff. Ragon, D. P. 73. 2. 197; Paris, 15 juill. 1875, aff. Chemin de fer de Lyon, D. P. 77. 2. 120; 27 mai 1876, aff. Matossy, *Le Droit* du 10 oct. 1876; Alger, 23 mai 1892, aff. Veuve Blanc, D. P. 94. 2. 47).

L'arrêt du 20 févr. 1863 décide même qu'à défaut de demande formée par ceux qui recevaient les secours du défunt ou en leur nom, toute personne sur qui retombe ou pour qui se trouve aggravée la charge d'entretenir ces individus peut obtenir des dommages-intérêts sans agir en un autre nom que le sien; que, par exemple, la mère que la mort de son fils, tué par crime ou imprudence, prive non seulement de secours donnés directement à elle-même, mais aussi d'un concours qu'elle recevait pour l'entretien d'enfants majeurs tombés à sa charge par l'effet d'infirmités ou d'un état d'aliénation mentale, est fondée et recevable à demander en son nom seul la réparation de ce double préjudice, et que l'allocation, à ce titre, d'une rente viagère réversible pour partie à son décès sur la tête desdits enfants ne peut être critiquée comme allocation directe faite à ceux-ci sans qu'ils aient été parties au procès, si les juges n'ont entendu par ce moyen que pourvoir, à la décharge de la demanderesse, à l'exécution d'obligations naturelles et légales dont elle se trouve, par la mort de son fils, avoir seule la charge (V. encore *supra*, v° *Procédure criminelle*, n° 157 et suiv., 163 et suiv., 190 et suiv.).

218. Quand la victime directement atteinte par le délit ou quasi-délit, et mise par lui hors d'état de travailler, réclame en son propre nom des dommages-intérêts, les parents qui ont aux-mêmes souffert de ce fait un préjudice personnel sont recevables à en réclamer aussi pour leur propre compte. Ainsi jugé qu'une mère dont la fille est rendue infirme par un accident imputable à la faute d'un tiers, et qui, après avoir eu la charge de la soigner, se trouve pour l'avenir privée de son travail, a droit, comme sa fille, à des dommages-intérêts (Trib. civ. Nevers, 31 août 1866 et Bourges, 23 janv.

1867, aff. Fontaine, D. P. 67. 2. 197). — Mais la cour de Lyon (26 avr. 1871, aff. Celle et Oziol, D. P. 71. 2. 41) a jugé, au contraire, qu'un père dont l'enfant mineur a été blessé dans l'exécution d'un travail industriel ne peut, obtenant des dommages-intérêts au nom et comme administrateur de la personne et des biens de cet enfant, être recevable à en demander personnellement pour lui-même. On doit adhérer à cette dernière solution dans le cas où les parents n'allèguent d'autre préjudice pour eux que la privation du travail de leur enfant, et où le jugement considère les sommes allouées à l'enfant blessé comme l'équivalent de ce travail. Les parents qui auraient profité de son travail pourront être appelés par lui à profiter de ces sommes de la même manière, ce qui dispense de leur en allouer d'autres qui feraient double emploi avec les premières. L'arrêt précité de la cour de Bourges, allouant des dommages-intérêts distincts à l'enfant et à la mère, ne peut se justifier qu'à raison des dépenses personnelles et de la privation de travail personnel imposées à la mère par la maladie de l'enfant.

Tout dépend du rapport, total ou partiel, sous lequel les juges ont apprécié les conséquences du fait dommageable dans la condamnation qu'ils prononcent au profit de l'une des personnes lésées. Cette appréciation, si elle comprend la totalité du préjudice causé à la famille dont les divers membres sont lésés, rend irrecevable la demande des autres. C'est ainsi que la condamnation obtenue par le fils de la victime a pu rendre irrecevable ses père et mère dans un cas signalé au *Rép.*, n° 135. Mais si elle se restreint à un préjudice particulier et distinct de celui qu'invoquent les autres membres de la famille, elle laisse la demande de ceux-ci recevable ; c'est ce qui arrive, notamment, lorsque après condamnation obtenue par la victime elle-même pour les suites d'une blessure, sa mort, due à cette blessure, fait apparaître pour la veuve et ses enfants un préjudice non compris dans l'appréciation du juge et qui les rend recevables à leur tour à demander des dommages-intérêts distincts de l'indemnité allouée au blessé lui-même et trouvée dans sa succession (Aix, 14 juin 1870, aff. Chemin de fer Paris-Lyon-Méditerranée, D. P. 72. 2. 97, et Req. 4 mars 1872, même affaire, D. P. 72. 1. 327 ; Paris 15 juill. 1875, aff. Chemin de fer de Lyon, D. P. 77. 2. 120 ; Alger, 23 mai 1892, aff. Dame veuve Blanc, D. P. 94. 2. 47). — Sur la fixation des dommages-intérêts et les suites nouvelles du même délit ou quasi-délit, V. *infra*, n°s 321 et suiv.

219. Les mêmes principes trouvent leur application en matière d'outrage et de diffamation. Le mari peut poursuivre, même en son nom personnel, les injures ou diffamations adressées à sa femme. Il en est de même à l'égard des parents, pour les injures ou diffamations adressées à leurs enfants (Larombière, t. 5, art. 1382, n° 36). Jugé, notamment, qu'en cas d'imputations diffamatoires dirigées contre une fille, même majeure, le père est recevable à en demander réparation, parce que l'estime et la considération qui s'attachent à la conduite irréprochable des père et mère et de leurs enfants est un patrimoine commun de la famille, dont le père est plus spécialement le gardien (Montpellier, 12 nov. 1855, aff. B..., D. P. 56. 2. 141. Comp. *Rép.* v° *Instruction criminelle*, n° 93) ; — Sur la diffamation envers les morts et le droit de leurs héritiers, et en général sur la diffamation et les personnes recevables à en porter plainte, V. *supra*, v^ls *Presse-outrage*, n°s 1007 et suiv., et *Procédure criminelle* n° 199.

220. L'injure ou la diffamation envers un membre d'un corps, d'un ordre, d'une association, peut, en lésant le corps tout entier, rendre ce corps ou son représentant recevable à agir (V. *supra*, v^ls *Presse-outrage*, n°s 918 et suiv., 1206 et suiv., et *Procédure criminelle*, n°s 212, 214, 219 ; *Rép.* v° *Instruction criminelle*, n° 99 ; Sourdat, n° 40).

Mais le fait d'exercer une profession ne rend pas recevable à agir en réparation d'une diffamation dirigée contre la profession en général (V. *supra*, v^ls *Action*, n° 28, et *Procédure criminelle*, n° 159).

221. Un maître serait-il recevable à réclamer des dommages-intérêts pour outrage adressé à son serviteur? Cette question, d'abord résolue affirmativement à propos de l'action civile formée par un propriétaire contre l'auteur d'outrages et injures publiques adressés à son garde particulier dans l'exercice de ses fonctions (Douai, 19 mai 1845, aff. Duchesse de Montmorency, D. P. 45. 4. 12), a été, plus tard, tranchée négativement par la cour de cassation dans une espèce analogue (Crim. cass. 25 nov. 1882, aff. Godard, D. P. 83. 1. 227). Il faut évidemment réserver le cas où l'injure, adressée en apparence au serviteur, serait en réalité dirigée contre le maître (Sourdat, n° 39. V. *supra*, v° *Procédure criminelle* n° 187 ; *Rép.* v° *Instruction criminelle*, n° 96).

222. Un électeur serait recevable à poursuivre comme partie civile devant la juridiction correctionnelle les délits électoraux commis dans la circonscription où il est inscrit (Bastia, 30 nov. 1876, aff. X..., D. P. 78. 1. 142 ; Crim. cass. 16 mars 1878, aff. Anterrieu, D. P. 78. 1. 142, et sur renvoi. Nîmes, 9 mai 1878, D. P. 79. 2. 104. V. *supra*, v° *Procédure criminelle*, n° 112). — Mais les communes n'ont pas droit à des réparations civiles pour infractions aux arrêtés municipaux qui réglementent certaines industries sous des sanctions purement pénales (V. *supra*, v° *Procédure criminelle*, n° 210).

223. Quand l'exercice d'une profession, subordonnée à certaines conditions d'aptitude et de capacité, constitue l'objet d'un monopole pour ceux qui y ont satisfait, ceux-ci sont recevables à réclamer des dommages-intérêts à ceux qui, par l'exercice illégal de cette profession, leur font une concurrence illicite ; ils le peuvent, soit devant les tribunaux civils, soit comme partie civile devant les tribunaux répressifs appelés à connaître de ce délit (Sourdat, n° 49 ; Larombière, n° 38 ; Rouen, 15 avr. 1861, aff. Lefrançois, D. P. 62. 1. 529 ; Civ. cass. 17 nov. 1862, aff. Godefroy, D. P. 62. 1. 531 ; 11 févr. 1863, aff. Jausions, D. P. 63. 1. 69 ; Lyon, 23 déc. 1862, *Le Droit* du 16 janv. 1863 ; 26 janv. 1859, aff. Demoiselle Bressac, D. P. 59. 2. 4 ; Crim. cass. 31 mars 1859, même affaire, D. P. 59. 1. 190 ; Lyon, 23 juin 1859, aff. Bernet-Joly, D. P. 60. 2. 77 ; Crim. 18 août 1860, aff. Bressac, D. P. 60. 1. 465 ; Angers, 16 févr. 1881, aff. Geslin et autres, D. P. 82. 2. 110. V. *supra*, v^ls *Procédure criminelle*, n°s 169 et 170, et *Médecine*, n° 111).

224. Ceux qui exercent une profession soumise à des règlements et à une discipline peuvent d'ailleurs intenter une action en dommages-intérêts même contre ceux qui ont titre pour l'exercer aussi, mais qui, par des agissements irréguliers, leur font une concurrence illicite et préjudiciable, capable de discréditer ou déprécier leurs charges (Toulouse, 18 janv. 1866, aff. Garès, D. P. 66. 2. 6 ; Lyon, 22 févr. 1877, aff. Montrochet et consorts, D. P. 77. 2. 104 ; et, sur pourvoi, Req. 12 févr. 1878, même affaire, D. P. 78. 1. 417. Comp. *supra*, v° *Procédure criminelle*, n° 175).

Alors même que les individus exerçant cette profession et intéressés dans cette réclamation seraient organisés en communauté, ou corporation, ou chambre syndicale, comme le sont par exemple les huissiers et autres officiers ministériels, chacun d'eux n'en conserve pas moins le droit de poursuivre isolément la réparation du dommage qu'il prétend éprouver par le fait d'un ou plusieurs membres de la communauté (Toulouse, 18 janv. 1866, aff. Garès, D. P. 66. 2. 6 ; Req. 25 juill. 1870, aff. Cassiat et autres, D. P. 72. 1. 25).

225. La jurisprudence reconnaît, d'ailleurs, soit à la corporation agissant par son représentant si elle a une existence légale, soit à ses membres ou quelques-uns d'entre eux réunis dans un intérêt commun, le droit de poursuivre la réparation des actes de concurrence illicite commis par un tiers ou par un membre, sans être astreints à l'obligation de spécifier la quotité du préjudice souffert par chacun des demandeurs ou des membres représentés, et quelle que soit la difficulté de l'apprécier, sauf à eux à faire le partage de l'indemnité collective comme ils l'entendront (Toulouse, 18 janv. 1866, cité *supra*, n° 224 ; Lyon, 22 févr. 1877 ; *ibid.* ; Crim. rej. 18 août 1860, aff. Bressac, D. P. 60. 1. 465 ; Crim. cass. 31 mars 1859, aff. Bressac, D. P. 59. 1. 190). Une corporation, il est vrai, sauf les attributions disciplinaires prévues par sa loi organique, n'est pas recevable à agir contre un de ses membres à raison des délits qu'il commet, malgré l'intérêt moral et indirect que présente pour elle l'honneur de ses membres (V. *supra*, v° *Procédure criminelle*, n° 169 ; *Rép.* v° *Instruction criminelle*, n° 107 et suiv.). Elle ne peut davantage intervenir dans l'intérêt d'un de ses membres pour faire reconnaître à tous, d'une manière générale, un

droit contesté, à raison du caractère réglementaire qu'aurait une pareille décision (V. *suprà*, v° *Intervention*, n° 11). Mais en présence d'actes constituant de la part d'un tiers ou d'un membre une concurrence illicite faite à toute la corporation, celle-ci, lésée d'une façon certaine et actuelle dans les intérêts pécuniaires de ses membres, trouve dans ce préjudice la cause d'une indemnité collective.

A ce point de vue, la jurisprudence a marché dans une voie opposée à celle que semblait tracer la cour de cassation lorsqu'elle refusait à la chambre syndicale des courtiers de commerce de Paris qualité pour intervenir dans la poursuite dirigée contre un membre de cette compagnie qui, en faisant des remises de courtage et s'intéressant aux opérations commerciales, discréditait et dépréciait les charges de ses confrères (Crim. rej. 29 août 1834. V. *Rép.*, v° *Intervention*, n° 37. V. *ibid.* les réserves formulées au sujet de cette décision).

Ces solutions, d'ailleurs, laissent entière la question de savoir si l'action collective peut être formée au nom du corps par un représentant ou syndic (ce qui est le cas, notamment, des collèges d'avocats, des compagnies d'officiers ministériels, d'agents de change ou de courtiers, et des syndicats professionnels régulièrement constitués), ou si elle doit être formée par les membres ou au nom des membres *ut singuli* (ce qui est le cas des autres professions non constituées à l'état de syndicat) (V. *suprà*, v° *Action*, n° 56 à 64, et v° *Procédure criminelle*, n° 209 et suiv., 213 et suiv.).

226. Le principe de l'indemnité collective, sans spécification de préjudice individuel et sauf partage ultérieur par les intéressés eux-mêmes, a été encore appliqué à des frères et sœurs demandant réparation du préjudice à eux causé par la mort de leur frère imputable au défendeur (Bourges, 16 déc. 1872, aff. Ragon, D. P. 73. 2. 197).

227. — 2° *Représentants légaux.* — Si toute personne lésée est recevable à agir, d'autres le sont aussi, soit comme représentants légaux de la personne lésée à l'effet d'intenter ses actions, soit comme ses héritiers ou successeurs à titre universel. Il a été jugé, notamment, qu'un mari, comme maître des actions mobilières de sa femme, peut poursuivre par l'action en dommages-intérêts devant la juridiction correctionnelle la répression des délits commis contre sa femme personnellement, tels que ceux de diffamation et d'injure (Crim. rej. 23 mars 1866, aff. Perrin et Peltier, D. P. 67. 1. 129); malgré la difficulté qui résulte, en ce cas spécial, du caractère plus personnel de l'action, fondée sur un dommage moral, caractère qui peut faire juger nécessaire le concours personnel de la femme dans l'action civile et inutile au contraire celui du mari dans la plainte portée par la femme (V. *suprà*, v° *Presse-outrage*, n° 1235, et *Procédure criminelle*, n° 1235; *Rép.* v° *Presse-outrage*, n° 1088, et *Instruction criminelle*, n° 479). De même, un père serait recevable, en tant qu'administrateur de la personne et des biens de son enfant mineur, à former pour lui une action en dommages-intérêts fondée sur un accident dont celui-ci a été victime par la faute du défendeur (Lyon, 26 avr. 1874, aff. Celle et Oziol, D. P. 74. 2. 41); ou à se porter partie civile pour sa fille mineure contre son coprévenu avec qui elle est poursuivie comme coauteur d'un outrage public à la pudeur (Toulouse, 11 nov. 1862, aff. Viala, D. P. 63. 2. 154. V. *suprà*, v° *Procédure criminelle*, n° 188, 189).

228. — 3° *Héritiers.* — La recevabilité des héritiers en cette seule qualité n'est pas douteuse quand la victime atteinte dans ses biens laisse une succession qui se trouve ainsi diminuée par suite du fait dommageable.

Toutefois, lorsqu'il s'agit d'une atteinte à la personne, la question est plus ou moins délicate suivant que cette atteinte est matérielle ou morale. Dans ce dernier cas, notamment pour injure ou diffamation, on se demande si le droit de l'héritier ne se borne pas à suivre une action qui aurait été introduite avant le décès (V. *suprà*, v° *Presse-outrage*, n° 1235, et *Procédure criminelle*, n° 198). Mais on ne saurait proposer une pareille restriction quand l'atteinte à la personne a été matérielle (Sourdat, t. 1, n° 57; Aubry et Rau, t. 4, § 445, p. 750-751; Faustin Hélie, *Instruction criminelle*, 2° éd., t. 1, n° 556 et suiv.; Massé et Vergé, sur Zachariæ, t. 4, § 626, note 5). Jugé, notamment, que les héritiers de la victime

d'un accident de chemin de fer imputable à la compagnie recueillent dans sa succession le principe d'une action contre cette compagnie (Angers, 12 juill. 1872, aff. Larue-Maire, D. P. 72. 5. 386). Seulement cette action, ainsi présentée comme transmise héréditairement, comme fondée sur le contrat de transport et profitant, d'après la jurisprudence belge, des présomptions de faute que produit ce contrat contre le voiturier, ne peut, comme telle, s'étendre qu'à ce qu'aurait pu réclamer le défunt lui-même, non au préjudice personnellement subi par l'héritier; ce dernier préjudice ne peut faire l'objet que d'une action propre fondée sur l'art. 1382, et subordonnée à une preuve de faute d'après la jurisprudence belge elle-même (C. cass. de Belgique, 29 déc. 1892, aff. Despature, D. P. 93. 2. 299). Et par suite le remboursement des frais funéraires ne peut être considéré comme une créance de la victime transmise héréditairement par elle (Même arrêt).

229. Une difficulté que peut soulever le droit de l'héritier est celle de savoir s'il y a vraiment un droit *héréditaire* quand la mort de la victime est le résultat instantané du quasi-délit et se confond avec lui, par exemple quand un voyageur est tué sur le coup dans un accident de chemin de fer imputable à la compagnie. L'affirmative a été admise par des arrêts de la cour de Bruxelles (31 déc. 1890 et 7 févr. 1891, *Belgique judiciaire*, 1891. 2. 234 et 566). Mais la négative semble prévaloir dans la jurisprudence. Elle a été admise par un arrêt de la cour de Besançon confirmant un jugement du tribunal de Baume-les-Dames, du 1er déc. 1880, aff. Boillon et Feuvrier, D. P. 81. 2. 65, et la note), et rapportée par un arrêt de Paris (15 juin 1868, aff. Godefroy, *Le Droit*, du 20 juin 1868), et par un jugement du tribunal civil de Marseille du 22 févr 1870, aff. Monseret, implicitement aussi par un arrêt de la cour de Paris du 21 août 1872 (aff. Farinaux, D. P. 73. 2. 127) déclarant que l'indemnité accordée aux héritiers de la victime d'un meurtre ne lui a jamais appartenu et ne peut être saisie par ses créanciers (V. dans le même sens : Sourdat, n° 54 et 55).

Cette solution, conforme à celle donnée au *Rép.*, n° 44, et qui a conduit à déclarer (*Ibid.*), non rapportables à la succession de la victime, les indemnités ainsi obtenues, nous paraît la plus juridique. On lui a opposé un argument d'équité en montrant l'auteur de la faute intéressé, d'après cette doctrine, à ce que l'accident soit mortel, et un argument de droit en montrant le principe de l'action, non dans la mort, si prompte qu'elle soit, mais dans l'accident, le choc, ou toute autre atteinte ressentie par la victime et qui a précédé sa mort, ne fût-ce que d'un instant de raison. Mais on peut répondre au premier argument que l'intérêt de l'auteur de la faute à ce qu'elle soit mortelle n'est pas plus révoltant que l'intérêt qu'il a, en cas de blessure ayant amené l'incapacité de travail et l'allocation d'une indemnité viagère, à voir les suites de la blessure hâter la mort du blessé. Au second argument, il faut répondre en rappelant la nécessité du préjudice comme élément de l'action ; la faute ne suffit pas à elle seule. On ne dira pas que la victime a vu s'ouvrir pour elle une action dès que la faute a été commise, par exemple dès qu'un signal ou toute autre manœuvre contraire aux règlements a lancé vers l'obstacle où il se brisera le train où elle se trouve, ni même dès qu'un accident se produit, auquel elle pouvait encore survivre ; il faut être lésé pour pouvoir agir ; et une fois touché par l'accident on ne peut agir qu'à raison et dans la mesure du préjudice qu'on ressent. Quel est ce préjudice pour la personne que l'accident a tué sur le coup ? Il consiste uniquement dans cette mort, laquelle, en même temps, qu'elle supprime la personne, met obstacle pour elle à l'ouverture de l'action. Le préjudice, d'ailleurs, s'il apparaît alors pour ceux qui vivaient du travail de la victime et qui vont continuer à vivre privés de ce soutien, n'existe pas pour la victime elle-même dont les besoins et la personne même disparaissent en même temps que les ressources. Ou s'il faut reconnaître dans la privation de la vie un préjudice, comment pourrait-elle affecter une succession qu'elle ne fait qu'ouvrir sans la diminuer?

Qu'on admette en théorie qu'une action a pris naissance et s'est transmise, cette action ne peut produire pour l'héritier, comme tel, plus qu'elle n'eût produit pour la victime. Or qu'eût obtenu celle-ci personnellement sous le coup de

cette mort que la faute a rendue imminente? Non pas le prix de l'avantage, moral et inappréciable, qui résulterait d'une prolongation d'existence, avantage d'ailleurs viager par essence et qu'on ne saurait rendre héréditaire; non pas davantage un capital considéré comme l'équivalent des épargnes ou de l'assurance qu'elle aurait pu laisser dans sa succession, car cet avantage est trop éventuel et problématique pour former matière à dommages-intérêts; ce sera donc seulement l'équivalent des ressources dont sa personne aura été privée tant qu'aura duré la vie et les besoins de cette personne, en un mot, une indemnité viagère, c'est-à-dire nulle dans le cas dont il s'agit. Tout le reste, tout ce qui correspond à des ressources et à des besoins postérieurs à sa mort, même causée par le délit, ne peut se rattacher par aucun lien à la personne de la victime ni fournir la matière d'une action héréditaire, et ne peut être l'objet que d'une action propre à ceux qui se présenteraient, indépendamment de tout titre héréditaire, comme personnellement lésés par la disparition de la victime. C'est ainsi qu'en admettant, comme l'a fait la cour d'Angers (12 juill. 1872 aff. Larue-Maire, D. P. 72. 5. 386), qu'un individu, mourant quelques heures après l'accident dont il est victime, laisse le principe d'une action dans sa succession, on doit rattacher la réparation obtenue, non à ce droit héréditaire forcément restreint à ce qu'eût obtenu la victime, mais au droit propre du demandeur fondé sur un préjudice personnel, et qui apparaît comme tel dans l'arrêt même de la cour d'Angers. C'est ainsi encore qu'après condamnation obtenue par le blessé lui-même, le préjudice causé par sa mort, suite ultérieure de la même blessure, peut être une cause d'action pour les personnes qui en souffrent, sans qu'on puisse exciper de la chose jugée ce préjudice n'ayant pu entrer en considération pour la personne même du blessé (V. infrà, nos 322 et suiv.; Paris, 15 juill. 1875, aff. Veuve et fille Bastien, D. P. 77. 2. 120).

MM. Aubry et Rau (op. cit., t. 4, § 445, p. 750) reconnaissent en termes absolus la transmissibilité de l'action aux héritiers, pourvu, s'il s'agit de délit contre les personnes, qu'il en résulte un préjudice matériel. Mais ils supposent, chez le défunt, une action déjà ouverte et un préjudice matériel, sans dire si ces conditions se rencontrent chez celui que le délit a tué sur le coup, et si une personne pourrait faire entrer son propre décès, résultat imminent d'un délit, parmi les dommages, dont elle pourrait ellemême demander la réparation; or c'est ce qui ne paraît pas admissible (Comp. suprà, vo Procédure criminelle, nos 194 et suiv.).

230. Dans le cas, d'ailleurs, où l'héritier, irrecevable comme tel, serait recevable comme personnellement lésé, il appartient aux tribunaux d'apprécier souverainement, d'après les termes et les motifs de l'exploit d'ajournement, s'il a entendu agir en la première qualité ou en la seconde (Besançon, 1er déc. 1880, aff. Boillon et Feuvrier, D. P. 81. 2. 65). Il a même été jugé qu'un héritier personnellement lésé par une diffamation dirigée contre son auteur peut obtenir réparation de ce préjudice, alors même qu'il n'aurait pas, dans ses conclusions originaires tendant à en obtenir réparation, articulé en termes formels qu'il se considérait comme personnellement blessé par cette diffamation (Ch. réun. cass., 1er mai 1867, aff. Perrin et Peltier, D. P. 67. 1. 140).

231. D'après ce qui précède, on n'a même pas à se demander si un délit envers une personne déjà décédée ouvre une action à ses héritiers comme tels. Car si c'est une atteinte aux biens, ces biens sont déjà ceux de l'héritier, et c'est contre lui qu'est commis le délit. Si c'est une atteinte à la personne du défunt, elle est purement morale, c'est une injure par exemple, et elle ne peut rendre l'héritier recevable que comme lésé s'il en éprouve lui-même un préjudice personnel (Sur cette question de la diffamation envers les morts, V. suprà, vis Presse-outrage, nos 1014, 1022 et Procédure criminelle, no 199).

232. — 4o Cessionnaires et créanciers. — Tout cessionnaire de la personne lésée ou de son héritier recevable à agir serait recevable lui-même à agir comme l'aurait fait le cédant, étant à ses droits, et comme son procurator in rem suam (Sourdat, t. 1, no 74; V. suprà, vo Procédure criminelle, no 207, et Rép. vo Instruction criminelle, no 114). — Les

créanciers de la personne lésée sont-ils recevables à exercer l'action de son chef? V. suprà, vis Obligation no 306 et Procédure criminelle, no 201.

ART. 5. — Preuve du quasi-délit (Rép. nos 214 à 227). — Appréciation et constatation par le juge (Rép. nos 61, 62, 134, 135, 238). — Durée de l'action (Rép. nos 228, 229).

233. — I. DE LA CHARGE DE LA PREUVE. — On a exposé au Rép., nos 215 et suiv., 219 et suiv., la distinction qu'il convient de faire, quant à l'ordre des présomptions et des preuves, entre la faute qui oblige sans contrat et celle qui empêche l'exécution d'une obligation contractuelle. Cette distinction n'a rien perdu de son exactitude. La faute dont la victime réclame les dommages-intérêts en dehors de tout contrat doit être prouvée par elle. La difficulté consiste seulement à savoir si les faits prouvés forment les éléments complets de la faute et du quasi-délit. A cet égard, il a été jugé que le principe qui met la preuve de la faute à la charge de la victime est suffisamment respecté par l'arrêt qui, pour rendre responsable d'un incendie le propriétaire d'une chaudière qui a fait explosion, s'appuie sur trois faits différents d'imprudence antérieurs au sinistre (Req. 15 janv. 1872, aff. Compagnie La France, D. P. 72. 1. 124). — V. sur les constatations qui doivent motiver les jugements à ce point de vue, infrà, no 249.

Quant à la présomption de faute que subit au contraire le débiteur contractuel, il y a lieu de se référer, d'une part, à ce qui a été dit suprà, no 57, à propos des fautes contractuelles et délictuelles, d'autre part, à l'étude des divers contrats où cette question se place naturellement (V. notamment, pour les dommages survenus dans le transport des choses ou des personnes, suprà, vis Commissionnaire, nos 95 et suiv., et Droit maritime, no 590; pour les dommages subis par les ouvriers dans l'exécution du louage de services, infrà, vo Travail. V. aussi suprà, vo Dépôt, nos 27 et suiv.; Louage, nos 212 et suiv.; et infrà, vo Vente. Comp. Rép. no 222).

234. L'incendie est un cas particulièrement intéressant à étudier au point de vue de la preuve à faire, soit de la faute qui l'aurait causé et rendrait seule possible la condamnation de son auteur (Rép. nos 217, 218), soit de sa cause fortuite, par rapport au débiteur de corps certain qui prétend y trouver sa libération (Rép. no 222), suivant qu'il s'agit de personnes liées ou non par un contrat. Nous n'avons pas à revenir sur la présomption de faute jusqu'à preuve de cas fortuit qui pèse notamment sur le locataire vis-à-vis du bailleur en cas d'incendie de la chose louée, aux termes de l'art. 1733 du c. civ. (V. les développements donnés à cette question suprà, vo Louage, nos 212 et suiv.), ni sur l'application du principe contraire entre personnes que ne lie aucun contrat relatif à la chose incendiée, notamment entre voisins, ou entre colocataires (V. ibid., nos 232 et suiv.; Adde, Bastia, 16 juin 1890, aff. Compagnie La France, D. P. 91. 2. 324).

Jugé en outre, par ce dernier arrêt, que le propriétaire chez qui le feu a pris naissance, mais dont la faute n'est pas prouvée, n'est pas responsable des dégâts occasionnés à ses voisins par l'intervention des pompiers et ses derniers ont porté secours dans un intérêt public et en vue de préserver les maisons voisines. Ces dégâts doivent rester à la charge de celui qui les a subis s'ils ont eu pour but de le préserver du feu (Civ. rej. 1er juin 1886, aff. Ville d'Angers, D. P. 87. 1. 166), et être mis à la charge de la commune s'ils ne tendaient à préserver que les autres maisons (Civ. rej. 15 janv. 1866, aff. Pimor, D. P. 66. 1. 75; Req. 3 janv. 1883, aff. Gillet, D. P. 83. 1. 211).

235. Le bailleur lui-même ne peut invoquer la présomption de l'art. 1733 qu'en sa qualité de bailleur; et si, par exemple, habitant lui-même la maison louée, il a cependant le droit d'invoquer la présomption contre ses locataires, après avoir prouvé que le feu n'a pas commencé dans la partie qu'il occupe (V. suprà, vo Louage, nos 224 et suiv.), il ne peut, dans ces conditions, invoquer la présomption que pour son immeuble, et nullement pour son mobilier endommagé par l'incendie, mais étranger au contrat de bail passé entre les parties; le propriétaire devrait, pour mettre

à la charge du locataire la perte de ce mobilier, prouver positivement que l'incendie est dû à sa faute V. *suprà*, v° *Louage*, n° 243.

236. On a dit au *Rép.*, n° 223, que l'ouvrier ou l'entrepreneur qui a reçu des matières à façonner, étant débiteur d'un corps certain *in specie*, et non d'une chose *in genere*, n'est sans doute tenu que de sa faute si ces matières viennent à périr (c. civ., art. 1789), à la différence de l'ouvrier fournissant la matière, et qui supporte la perte, même fortuite, avant livraison (c. civ., art. 1788); mais il doit prouver le cas fortuit, conformément aux art. 1302 et 1315, c. civ., au lieu d'attendre du maître la preuve de sa faute. Cette interprétation de l'art. 1789, d'après laquelle ce texte est étranger à la question de preuve, a toujours prévalu dans la doctrine; et elle triomphe encore en jurisprudence, bien qu'elle ait paru un instant abandonnée par la chambre des requêtes (22 avr. 1872, aff. Charnaux, D. P. 73. 1. 119), et qu'elle ait été plus expressément écartée par la cour de Bordeaux (8 nov. 1882) (1) V. *suprà*, v° *Louage d'ouvrage et d'industrie*, n°s 69 et 70.

237. Elle est particulièrement intéressante en cas d'incendie et permet alors de se demander jusqu'où doit aller l'ouvrier dans sa preuve. Prouve-t-il le cas fortuit en prouvant l'incendie, le maître étant tenu de prouver une faute, cause de l'incendie? ou doit-il, à la preuve de l'incendie, ajouter la preuve d'une cause qui lui soit étrangère? L'arrêt de Bordeaux précité, ou du moins le jugement dont il adopte les motifs, assimile franchement l'incendie au cas de force majeure. Mais en ce point particulier, comme dans l'interprétation générale de l'art. 1789, il s'écarte de la théorie généralement reçue, laquelle ne voyant rien dans l'incendie qui exclue l'idée de faute, exige de l'ouvrier d'autres justifications relatives à sa cause. Ces justifications sont exigées du locataire par le texte formel de l'art. 1733, qui peut, à cet égard, être considéré comme une simple application des art. 1302 et 1315, susceptible par suite de s'étendre à l'ouvrier à façon. Tout ce qu'on peut admettre en faveur de l'un et de l'autre, c'est qu'il leur suffit de prouver avoir pris toutes les précautions dictées par la prudence pour éloigner le risque, preuve qui oblige à supposer un cas fortuit, sans avoir à démontrer la nature précise, laquelle peut rester inconnue (V. pour l'ouvrier : Req. 22 avr. 1872, aff. Charnaux, D. P. 73. 1. 119; — pour le locataire : les nombreux arrêts cités *suprà*, v° *Louage*, n° 213. Comp. sur cette question, *suprà*, v° *Louage d'ouvrage et d'industrie*, n° 71; le rapport de M. le conseiller Cotelle et les conclusions de M. l'avocat général Chevrier sous l'arrêt de

la chambre des requêtes du 19 mai 1886, aff. Wallier, D. P. 86. 1. 409).

238. Il peut s'élever aussi des questions de preuve au sujet de la responsabilité des ouvriers en matière de malfaçon. Il a été jugé, à cet égard, que la responsabilité légale pour malfaçon édictée par les art. 1792 et 1799 c. civ., n'est pas applicable à l'ouvrier qui exécute un travail sous les ordres et la surveillance du maître ou de ses agents; mais qu'elle est en ce cas subordonnée à la constatation d'une faute contre l'ouvrier, si d'ailleurs le maître, quand il l'a choisi, connaissait l'insuffisance de ses aptitudes pour le genre de travail qu'il lui a confié (Civ. rej. 12 févr. 1868, aff. Colin, D. P. 68. 1. 502; Civ. cass. 4 mai 1892, aff. Pélagaud, D. P. 92. 1. 364).

239. En dehors d'un lien contractuel, on peut, comme on l'a vu au *Rép.*, n° 225, trouver une présomption légale de faute à la charge du défendeur dans la contravention qu'il aurait commise aux mesures de police édictées pour prévenir l'accident dont on le prétend responsable; et cette présomption l'oblige à prouver, pour dégager sa responsabilité, que le dommage est indépendant de cette contravention (Metz, 23 févr. 1870, aff. Sautriau, D. P. 70. 2. 166).

Mais elle ne lui interdit pas cette preuve (*Rép.*, n° 226); et il n'y a même aucune présomption légale de faute, déchargeant le demandeur du fardeau de la preuve, dans une contravention aux règlements qui n'aurait pas un lien direct et nécessaire avec le fait dommageable. C'est ainsi qu'il a été décidé que le fait, par un industriel, de ne pas brûler la fumée de sa chaudière, comme le lui prescrivait le décret du 25 janv. 1865, établissait contre lui une présomption légale de faute pour le préjudice que cette fumée pouvait causer aux propriétés voisines (Caen, 24 août 1875, aff. Heulin, D. P. 76. 2. 240, et sur pourvoi, Civ. rej. 7 nov. 1876, D. P. 76. 1. 491), mais non pour l'incendie déclaré dans l'immeuble voisin, lequel ne pouvait être attribué à l'abondance ou à l'intensité de la fumée, les étincelles s'échappant d'autant moins que la fumée est plus intense (Rouen, 24 déc. 1878, aff. Leclercq, Lefebvre et comp., D. P. 79. 2. 175). Jugé encore que le fait par le défendeur d'avoir contrevenu à certaines dispositions des décrets du 25 janv. 1865 et du 30 avr. 1880 sur l'installation des chaudières à vapeur, ne dispense pas le voisin, victime d'un incendie, de prouver la relation de cause à effet entre cette contravention et le sinistre (Req. 7 mars 1892, aff. Dampenon, D. P. 92. 1. 502).

Inversement, l'exécution des mesures de police n'empêche pas de prouver la faute résultant de l'omission de précautions plus grandes, qui eussent été nécessaires pour préve-

---

(1) (Compagnie d'assurances terrestres *La Métropole* C. Leveau.) — Le tribunal civil de Bordeaux a rendu, le 7 févr. 1862, le jugement suivant : — Attendu que la compagnie d'assurances *La Métropole* demande à Leveau la somme de 5000 fr. par elle payée au sieur Lamothe pour les pertes qu'il a subies dans l'incendie survenu, le 9 mai dernier, dans la scierie qu'exploitait ledit Leveau, rue Peyronnet, n° 40; que la compagnie demande, en outre, la validité de la saisie-arrêt qu'elle a pratiquée au préjudice dudit Leveau; — Attendu qu'il est constant que les bois de Lamothe avaient été confiés à Leveau pour être sciés dans son usine, où l'incendie les a détruits; que c'est donc comme subrogée aux droits de Lamothe que la compagnie agit dans la cause actuelle; qu'il y a donc lieu de déterminer avant tout les droits que Lamothe pouvait avoir contre Leveau par suite de l'incendie de son usine; qu'il est certain que ce dernier n'était, vis-à-vis de Lamothe, qu'un ouvrier à façon fournissant seulement son travail et son industrie; que, sans doute, Leveau était tenu, d'après les principes généraux et comme débiteur de la chose qui lui avait été confiée, de remettre à Lamothe les bois dont il avait la garde, à moins de prouver qu'ils avaient péri par force majeure ou par leur vice propre; que, sans doute encore, il ne le faisait pas, il devait être présumé en faute; mais que, dans la cause, il est constant que les bois de Lamothe ont péri dans un incendie, c'est-à-dire par force majeure; que, par là même, Leveau se trouve avoir satisfait à l'obligation unique dont il était tenu; qu'il ne pourrait, en cet état, avoir encouru une responsabilité que s'il avait commis une faute ou une imprudence, puisque, aux termes exprès de l'art. 1789, l'ouvrier à façon ne répond que de sa faute; que bien évidemment ce n'est pas à lui de prouver qu'il n'a pas commis de faute; que la loi n'a certainement pas voulu lui imposer cette preuve négative; que c'est donc à la compagnie, qui invoque la faute de Leveau, qu'il incombe d'en faire la preuve; — Attendu

que, loin de la faire, elle n'articule à cet égard aucun fait précis; qu'elle n'essaye pas même de prétendre que l'incendie du 9 mai serait imputable à une négligence ou à un défaut de précaution de la part de Leveau; que, néanmoins, elle insinue qu'un incendie n'étant pas exclusif de toute faute, il ne suffirait pas d'exciper de ce sinistre; mais que ce serait évidemment ajouter aux exigences de l'art. 1789 c. civ., lequel applique strictement la maxime : *res perit domino*, qui met expressément à la charge de l'ouvrier que sa faute personnelle; — Attendu, en conséquence, que la compagnie *La Métropole* est sans action contre Leveau; qu'il devrait, par suite, d'annuler la saisie-arrêt qu'elle a sans droit pratiquée au préjudice de ce dernier; — Par ces motifs, etc. ». — Appel par la compagnie *La Métropole*.

LA COUR; — Attendu que l'instance en condamnation et l'instance en validité de saisie-arrêt introduite par la compagnie *La Métropole* contre Leveau sont évidemment connexes, et qu'il y a lieu d'en ordonner la jonction; — Attendu, au fond, que la preuve d'une faute dont dépend la responsabilité de son auteur est à la charge de celui qui allègue l'existence de la faute; que cette règle est de droit général, et que les rares exceptions qui y ont été apportées par le législateur ont fait l'objet de dispositions spéciales et formelles; — Attendu que l'art. 1789 c. civ. le seul qui soit applicable à l'espèce soumise à la cour, résiste par la précision de son texte à toute interprétation imposant à l'ouvrier, qui fournit seulement son travail ou son industrie, l'obligation de prouver qu'il n'a commis aucune faute dans la surveillance de la chose qui a péri; qu'en l'absence de toute preuve rapportée ou offerte par la compagnie *La Métropole*, l'articulation faite par Leveau doit être déclarée non seulement inutile, mais surabondante; — Adoptant, au surplus, les motifs des premiers juges; — Par ces motifs, etc.

Du 8 nov. 1882.-C. de Bordeaux, 1re ch.-MM. Bourgade, pr.-Lefranc, subst.-Levesque et Moulinier, av.

nir l'accident (Arrêt précité Metz, 23 févr. 1870, *Adde*, Req.
6 févr. 1878, aff. Philippart, D. P. 79. 1. 125; Lyon, 11 avr.
1883, aff. Compagnie d'assurances *La Confiance*, D. P. 84.
2. 173). — Sur la présomption légale de faute tirée de ce que
le dommage provient d'une personne, d'un animal ou d'une
chose dont on a la garde et dont on est civilement responsable (V. *infrà*, chap. 3, sect. 2, art. 3, art. 5, § 1,
art. 6 et 7, et chap. 4, sect. 1 et 2).

240. — II. De l'admission de toute preuve. — La règle
qui admet toute espèce de preuve, même la preuve testimoniale ou par présomptions en matière de délit et de quasi-
délit (art. 1348, c. civ. V. *Rép.* n° 227) a soulevé deux questions qui ont été diversement résolues : 1° les huissiers
d'une ville, réclamant des dommages-intérêts à un de leurs
confrères pour le préjudice qu'il leur avait causé en faisant
signifier par ses clercs des actes de son ministère, prétendaient prouver ce fait par témoins ou par présomption, bien
qu'il supposât des constatations fausses dans des actes authentiques qu'il est défendu d'attaquer autrement que par la
voie de l'inscription de faux (c. civ. art. 1319). Ils alléguaient pour s'affranchir de cette procédure qu'ils n'a-
vaient en leur possession aucun des actes incriminés ;
qu'ils proposaient la preuve des notifications faudu-
leuses dans l'intérêt seulement de la demande en dommages-intérêts et en respectant pour le surplus la validité des
actes ; enfin qu'ils ne se plaignaient que d'un fait matériel leur causant un préjudice. Un arrêt a repoussé ces
divers moyens et maintenu la nécessité de l'inscription
de faux, en se fondant sur ce que la prohibition de l'art.
1319 est une règle d'ordre public, devant laquelle tout intérêt privé s'efface ; qu'on ne peut concevoir un acte authentique livré aux résultats d'une preuve ordinaire, privé pour
son maintien des garanties que la loi lui réserve, et
enfin déclaré mensonger et frauduleux dans un intérêt
indirect et privé, alors qu'il conserverait sa force et sa
valeur pour les parties directement intéressées (Toulouse,
18 janv. 1866, aff. Garès et autres, D. P. 66. 2. 6).
Dans une espèce analogue, mais où le défendeur reconnaissait les faits sans invoquer l'art. 1319, la cour de cassation a reconnu l'inutilité de la procédure d'inscription
de faux (Req. 12 févr. 1878, aff. Maxe et Cahen, D. P.
78. 1. 417) ; et M. le conseiller Petit, chargé du rapport,
a même admis (*Ibid.*) que cette procédure eût pu être écartée malgré les dénégations du défendeur, devant l'évidence des faits (quatre à cinq cents protêts n'ayant pu être
signifiés par deux huissiers en une seule journée, et
l'art. 1319 réservant par les mots « s'il y échet » un pouvoir
discrétionnaire fondé sur la conviction déjà acquise de la
fausseté ou de la sincérité de l'acte).

241. — 2° L'admission de tous les modes de preuve en
matière de délit et quasi-délit s'est trouvée aussi en conflit
avec le caractère solennel des testaments et les formes requises pour leur révocation, et ce conflit a été résolu dans le
sens de cette admission. La preuve testimoniale a été déclarée admissible à l'effet d'établir les manœuvres et violences
par lesquelles une personne avait été empêchée de faire son
testament (Toulouse, 16 mai 1815, aff. Bourjac, D. P. 65.
2. 202), ou de le révoquer (Limoges, 6 févr. 1889, aff. Baju,
D. P. 90. 2. 73 ; Agen, 30 juill. 1851, aff. Ribeyrolles, D. P.
52. 2. 99), et pour obtenir réparation de ce fait. L'arrêt précité
du 6 févr. 1889 semble même, par la précision de ses termes,
voir dans cette preuve la preuve même de la révocation du
testament. Mais, comme on l'a fait remarquer en note sous
ces divers arrêts, il faut, pour concilier les règles des délits
et celles des testaments, distinguer à ce point de vue l'action en dommages-intérêts dirigée contre l'auteur de l'empêchement, qui pourrait être un tiers autre que l'héritier
ou le légataire, de l'action en revendication des biens héréditaires ou en pétition d'hérédité contre cet héritier ou ce
légataire. Les formes requises pour la validité du testament
ou de sa révocation s'opposent à la seconde de ces deux
actions, mais non à la première. Inversement, un arrêt de
la cour de Montpellier (22 mai 1850, aff. Espinasse, D. P.
54. 5. 743) semble confondre ces deux actions dans une
même irrecevabilité, mais, en réalité, il ne fait que les repousser à raison des constatations de l'enquête contraires
aux faits allégués. Il est vrai que, quand la fraude émane
de l'intéressé lui-même, la meilleure réparation à lui im-

poser est de régler les rapports des parties comme ils l'auraient été en l'absence de fraude, par exemple de traiter le
testament comme révoqué contre le légataire dont les manœuvres ont empêché cette révocation. Mais, même alors, il
n'est pas exact de poser comme accomplie la révocation et
de traiter l'action comme une pétition d'hérédité. Le fisc,
notamment, devra percevoir les droits d'après le testament,
sauf à indemniser l'héritier de la différence aux frais du légataire (V. la note sous l'arrêt du 6 févr. 1889).

242. Du principe que les obligations naissant de délits
et quasi-délits peuvent se prouver par témoins et par présomption en vertu des art. 1348 et 1383 c. civ. combinés, il
résulte que les procès-verbaux et autres pièces d'une procédure pénale peuvent être invoqués, comme preuve du délit,
devant les juges civils saisis de l'action en réparation du
dommage, et cela même en cas d'acquittement ou d'ordonnance de non-lieu (Req. 31 janv. 1859, aff. Delporte, D. P.
59. 1. 439 ; 2 mai 1864, aff. Veuve Philibert-Saives, D. P.
64. 1. 266), et même contre un défendeur auquel était étrangère la procédure criminelle (Arrêt précité du 2 mai 1864.
V. le rapport de M. le conseiller d'Ubexi, publié avec cet
arrêt). Il a même été jugé que les renseignements officieusement transmis à la justice par l'autorité administrative, sur
la demande du ministère public, au sujet d'un accident arrivé sur la voie publique et qui a donné lieu à une action
en dommages-intérêts, sont des éléments qui appartiennent
aux débats et dont l'appréciation est laissée aux juges, qui
y ont tel égard que de droit ; que nulle disposition de loi
n'autorise à demander le rejet du débat de documents de
cette nature, sous prétexte qu'ils n'offriraient pas les garanties exigées en matière civile pour l'administration de la
preuve testimoniale (Paris, 6 mai 1865, aff. Chabrier et
comp., D. P. 66. 5. 410). — Sur la force probante des procès-
verbaux, V. *suprà*, v° *Procès-verbal*, n°s 31 et suiv. — Dans
quelle mesure la chose jugée au criminel peut-elle être invoquée comme preuve ou comme fin de non-recevoir dans
l'action civile ? V. *suprà*, v° *Chose jugée*, n°s 391 et suiv.

243. A plus forte raison, l'aveu doit-il être admis parmi
les preuves de la faute ; et il peut se trouver implicitement
contenu dans les agissements du défendeur. Mais la circonstance que le défendeur a donné des soins et des secours pécuniaires à la personne blessée par lui ne constitue pas un aveu de ses prétendus torts, ni une reconnaissance de sa responsabilité, et ne l'empêchent pas, par
exemple, d'arguer de la légitime défense (Besançon, 22 févr.
1875, aff. C..., D. P. 76. 2. 116). Il en est de même pour les
soins et secours donnés par un patron à son ouvrier à la
suite d'un accident industriel (Req. 26 nov. 1877, aff. Blot,
D. P. 78. 1. 118; Dijon, 3 avr. 1868, aff. Billebaut, D. P.
69. 2. 223); solution fort utile, ce ne dernier cas, à la victime elle-même, en ce que la charité du patron à son égard
ne sera pas arrêtée par la crainte de voir s'en dégager une
reconnaissance de faute. — Sur les moyens d'instruction que
peut ordonner le juge pour reconnaître le dommage et son
importance, V. aussi ce qui sera dit *infrà*, n°s 320 et
suiv.

244. L'admission de toute preuve en matière de délit et
de quasi-délit appelle une réserve importante quant à la
preuve des contrats dont l'existence préalable est invoquée
comme un des éléments de ce délit ou quasi-délit. L'art. 1348,
en effet, ne la proclame que comme application de la dispense
de la preuve écrite dans les cas où le créancier n'a pu se la
procurer. Cette façon de la présenter réserve tacitement la
preuve écrite des éléments contractuels qui concourent avec
les autres agissements du défendeur à déterminer sa responsabilité. — Ce principe a été appliqué, notamment, aux promesses de mariage qui, sans former un lien de droit et donner lieu à dommages-intérêts par leur seule inexécution,
peuvent être invoquées comme éléments d'une faute préjudiciable à raison des circonstances dans lesquelles
elles ont été faites et rompues, ou de la séduction dont elles
ont été le moyen frauduleux (Grenoble, 18 mars 1864, aff.
X... et Paris, 19 janv. 1865, aff. G..., D. P. 65. 2. 21 ; Rennes,
11 avr. 1866, aff. Demoiselle D..., D. P. 66. 2. 184 ; Gand,
25 nov. 1882, aff. Van Damme, D. P. 84. 2. 136. V. *suprà*,
n° 207 et v° *Mariage*, n° 51). La même réserve de la preuve
écrite doit s'appliquer dans les faits d'abus de blanc-seing,
de violation de dépôt, sauf le cas où les faits contractuels

auraient été eux-mêmes obtenus au moyen de manœuvres frauduleuses, qui sont toujours susceptibles de se prouver par témoins, sauf aussi le cas où ces contrats auraient une nature commerciale qui les rend toujours susceptibles de cette preuve (Sourdat, t. 1, nᵒˢ 345 et 346). — Mais il a été jugé que le fait par un banquier de demander à un autre banquier des renseignements sur la solvabilité d'un commerçant ne constitue pas un accord préalable dont la preuve par écrit soit nécessaire pour arriver à la preuve par témoins du quasi-délit résultant de la mauvaise foi avec laquelle ces renseignements trop favorables ont été donnés (Caen, 8 juill. 1865, aff. Gilbert, *Recueil de Caen*, 1865, p. 166).

245. — III. Appréciations souveraines. — On a vu au *Rép.*, nᵒˢ 61, 62, 135 et 238, dans quelle mesure est souveraine l'appréciation des éléments du délit ou quasi-délit par le juge du fond. Cette matière doit donner lieu à des distinctions qui ont été exposées en note sous un arrêt de la cour de cassation (Civ. rej. 24 janv. 1870, aff. Millaud et comp., D. P. 70. 1. 177). Le juge du fond est incontestablement souverain pour constater l'existence d'un fait d'action ou d'omission et les circonstances qui donnent à ce fait le caractère d'une faute engageant la responsabilité de son auteur (Req. 18 mai 1868, aff. Houlès, D. P. 68. 1. 334; Civ. rej. 21 déc. 1868, aff. Hocquet, D. P. 69. 1. 173; Req. 11 juill. 1870, aff. Noël et Seronde, D. P. 71. 1. 137; 10 août 1870, aff. Delaroche, D. P. 71. 1. 332; 5 févr.1872, aff. Metgé, D. P. 72. 1. 225; Crim. rej. 15 juin 1872, aff. Martin, D. P. 72. 1. 205; Req. 17 juill. 1872,aff. Mᵈ D..., D. P. 73. 1. 87; 30 janv. 1882, aff. Champagnac, D. P. 82. 1. 112; Civ. rej. 27 mars 1889, aff. Société anonyme des chargeurs réunis, D. P. 89. 1. 231), pour constater, par exemple, un trouble abusif de voisinage par bruits et trépidation de machines rendant nécessaire la suppression d'un certain nombre de ces machines (Civ. rej. 20 janv. 1891, aff. Compagnie générale d'imprimerie D. P. 91. 1. 153);... pour apprécier les circonstances d'âge, de démence, de force majeure qui peuvent empêcher d'imputer le fait au défendeur;... pour constater l'existence du dommage (Req. 19. janv. 1881, aff. Coldiffi, D. P. 81. 1. 245; 9 janv. 1882, aff. Maligre, D. P. 82. 1. 117; Civ. rej. 30 mai 1876, aff. Blanck, D. P. 78. 1. 88; Req. 12 déc. 1881, aff. Ville de Cannes, D. P. 82. 1. 131; 7 févr. 1877, aff. Caisse des dépôts et consignations, D. P. 77. 1. 476; Civ. cass. 21 déc. 1868, aff. Hocquet, D. P. 1. 173; Req. 18 mai 1868, aff. Houlès, D. P. 68. 1. 334),... la relation de ce dommage avec la faute du défendeur (Civ. cass. 20 janv. 1880, aff. Bras et fils, D. P. 80. 1. 382; Civ. rej. 6 févr. 1894, aff. Hémery, D. P. 94. 1. 192; Req. 7 mars 1892, aff. Dampenon, D. P. 92. 1. 502; 16 mai 1892, aff. Société des dépôts et comptes courants, D. P. 92. 1. 348; Civ. rej. 21 oct. 1891, aff. Grandjux, D. P. 92. 1. 221; Req. 11 mai 1891, aff. Meunier, D. P. 92. 1. 215; 8 mai 1876,aff. Desquiers, D. P. 76. 1. 259);... pour apprécier enfin l'importance de ce dommage et les circonstances concernant la gravité des fautes respectives des deux parties, ou leur situation sociale et pécuniaire, susceptibles d'influer sur le *quantum* du dommage (Req. 12 déc. 1834, aff. Manoury, D. P. 55. 1. 54; 16 août 1860, aff. Robert de Massy, D. P. 60. 1. 493; Civ. rej. 19 juin 1872, aff. Larrive, D. P. 72. 1. 346; Req. 28 mars 1876, aff. Guillemet, D. P. 76. 1. 487; Civ. rej. 27 juin 1876, aff. Veuve Sautereau, D. P. 76. 1. 375; Req. 20 nov. 1876, aff. Mᵉ B.... D. P. 78. 1. 172; 1ᵉʳ juill. 1878, aff. Danchaud et autres, D. P. 79. 1. 254; Civ. rej. 26 avr. 1887, aff. Koeckert, D. P. 87. 5. 388; Req. 22 janv. 1890, aff. De Lapanouse, D. P. 91. 1. 196; Riom, 23 nov. 1852, aff. Bru, D. P. 53. 2. 137; Paris, 3 janv. 1884, aff. Jennès et 22 janv. 1885, aff. Pavot frères, D. P. 86. 2. 493). Jugé notamment, en ce qui touche le *quantum* du dommage, qu'une condamnation à des dommages-intérêts doit être considérée comme reposant sur une appréciation souveraine du préjudice causé, et échappe dès lors au contrôle de la cour de cassation, quoique les juges aient déclaré le prononcer à titre d'*avertissement*, cette expression, tout irrégulière qu'elle soit, n'impliquant pas que la condamnation n'a pas été égale au dommage (Req. 16 août 1860, précité).

246. — IV. Contrôle réservé a la cour de cassation. — Mais si le juge du fond constate souverainement l'existence des faits, tant matériels qu'intentionnels, qui déterminent sa condamnation et son évaluation, c'est une question de droit, susceptible d'être déférée à la cour de cassation, de savoir si les conséquences tirées de ces constatations sont juridiques, si les faits constatés constituent bien une faute ou un cas de responsabilité (Req. 27 mars 1882, aff. Echalié, D. P. 82. 1. 293; Civ. cass. 22 oct. 1890, aff. Epoux Bouthelas-Desmoulins, D. P. 92. 1. 342), si le rapport reconnu entre la faute et le préjudice est assez direct pour entraîner cette responsabilité, si telle personne, étant donnée la nature constatée de son intérêt, est recevable à agir; si telle base d'évaluation est bien de celles que pouvait prendre le juge; si telle déclaration ou qualification n'est pas en opposition avec les constatations mêmes de la décision attaquée; enfin si telle nature de réparation ordonnée par le juge rentrait dans ses pouvoirs (Comp. Sourdat, nᵒˢ 132, 461, 464 et suiv., 466, 694. Comp. *supra*, vᵒ *Cassation*, nᵒ 403 et 413).

Ainsi la cour de cassation a reconnu qu'il lui appartenait de contrôler et de rectifier l'appréciation des juges du fond qui avaient attribué le caractère d'une faute, tombant sous l'application des art. 1382 et 1383: 1ᵒ au fait par un changeur d'avoir acheté des titres au porteur sans exiger de celui qui les lui présentait la justification de son droit de propriété, en l'absence de toute circonstance de nature à éveiller les soupçons (Civ. cass. 5 janv. 1872, aff. Merkens et Weismann, D. P. 72. 1. 161). La qualification de faute dépendait d'une appréciation juridique des règles de la profession de changeur, et notamment de l'application aux titres au porteur d'actes législatifs faits pour les matières d'or et d'argent; — 2ᵒ Au fait, par une compagnie de chemin de fer, interpellée par l'autorité militaire en vue d'une réquisition sur les quantités existant dans ses wagons de certaines denrées, d'avoir compris dans sa réponse l'indication d'autres denrées qui, par suite, ont été comprises dans la réquisition (Civ. cass. 15 avr. 1873, aff. Petit-Descamps, D. P. 73. 1. 262); — 3ᵒ Au fait, par l'avoué de l'adjudicataire auquel l'huissier a remis par erreur la copie de l'exploit de dénonciation de surenchère destinée à l'avoué du poursuivant, de n'avoir pas s'aperçoit de l'erreur, de n'avoir pas rendu la copie à l'huissier et signalé, soit à cet officier ministériel, soit aux parties intéressées, cette interversion de copies. La solution dépendait ici de l'appréciation des obligations que la loi impose aux avoués, de la question de savoir si la loi leur impose l'obligation d'accomplir de tels faits vis-à-vis d'un autre que leur mandant (Civ. cass. 28 janv. 1879, aff. Desbarreaux-Verger, D. P. 79. 1. 151).

247. La cour de cassation a encore usé en cette matière de son pouvoir de contrôle en décidant: 1ᵒ qu'un arrêt constatant que des travaux exécutés sur le toit d'une maison ont amené la chute de matériaux qui ont blessé un passant, sans que le propriétaire ait averti les passants par un signe extérieur du dommage auquel ces travaux les expose, n'avait pu, sans violer la loi, déclarer ce propriétaire exempt de responsabilité, même en s'appuyant sur l'absence de règlement municipal en cette matière et sur ce que l'ouvrage pouvait se faire sans occasionner la chute des matériaux (Civ. cass. 27 mai 1868, cité *supra*, nᵒ 141); — 2ᵒ Que le juge du fond ayant annulé comme frauduleux des arrangements de créanciers et une constitution d'hypothèque passés devant un notaire, et ayant condamné ce notaire comme responsable avec les parties du préjudice causé par ces actes à l'autre créancier, la cour de cassation peut examiner si ces conventions, d'après les constatations mêmes de l'arrêt attaqué, ne sont pas intervenues pour l'exercice et la conservation d'un droit légitime et ne doivent pas être maintenues, comme exemptes de fraude, à la décharge des parties et du notaire (Civ. cass. 3 mars 1869, aff. Beaurain, D. P. 69. 1. 200; *Adde* pour l'application du même principe, en matière criminelle, Crim. cass. 14 mai 1881, aff. Violle père et fils, D. P. 82. 1. 89); — 3ᵒ Que les juges du fond ayant précisé les faits relevés à la charge d'une chambre syndicale d'agents de change et ayant dû apprécier leur caractère au point de vue de la responsabilité invoquée contre elle, il appartient à la cour de cassation d'examiner si, eu égard aux faits déclarés constants par l'arrêt attaqué, c'est à bon droit que la chambre syndicale a été considérée comme n'ayant commis aucune faute (Req. 27 mars 1882, aff. Echalié, D. P. 82. 1. 293); — 4ᵒ Qu'il

appartient à la cour de cassation de rechercher si les faits constatés souverainement par les juges du fond présentent les caractères juridiques de la faute, et notamment si l'article d'un règlement dont la violation en cas d'abordage est reprochée à l'un des capitaines comme une faute, a été exactement interprété (Civ. cass. 19 mars 1888, aff. *Compagnie française maritime du Tonkin*, D. P. 88. 1. 391) ; — 5° Qu'en présence des faits constatés, la déclaration d'un arrêt portant qu'il n'est pas établi que le préjudice soit la conséquence directe et nécessaire des fautes reprochées à un avoué, n'est une appréciation souveraine de pur fait, mais la conséquence d'une théorie de droit erronée, ce qui rend cet arrêt susceptible de cassation (Civ. cass. 12 janv. 1891, aff. Pilter, D. P. 91. 1. 205).

Jugé encore : 1° que lorsqu'un propriétaire a loué une partie de sa maison pour l'exploitation d'une industrie déterminée, puis une autre partie pour une exploitation similaire, l'arrêt constatant ces faits sans relever ni leur interdiction expresse ou tacite dans les clauses du premier bail, ni l'intention chez le bailleur de favoriser une concurrence déloyale, n'a pu condamner ce bailleur à des dommages-intérêts envers le premier preneur, ce fait n'étant que l'usage d'un droit en l'absence de convention contraire ou de fraude (Civ. rej. 6 nov. 1867, aff. Haquin, D. P. 68. 1. 129. Comp. *suprà*, v° *Industrie et commerce*, n° 502) ; — 2° Que lorsqu'un marché passé entre un entrepreneur et un sous-entrepreneur de travaux publics stipule la résiliation immédiate dudit marché pour le cas où l'Administration mettrait l'entrepreneur en demeure d'exécuter lui-même les travaux, l'arrêt qui constate que l'entrepreneur a fait prononcer la résiliation dans le cas prévu par le contrat ne peut le condamner à des dommages-intérêts sous prétexte qu'il aurait réalisé des bénéfices importants sur les travaux par lui exécutés après la résiliation, laquelle n'a été que l'usage d'un droit que lui conférait son marché (Civ. cass. 5 févr. 1868, aff. Sarlin et Rabattu, D. P. 68. 1. 128).

Un arrêt peut même encourir la cassation s'il résulte de ses énonciations que la cour n'a pas usé du pouvoir d'appréciation que la loi lui donnait et s'est bornée par exemple à constater la faute et le préjudice causé par elle pour mettre ce préjudice à la charge d'un notaire, comme si sa responsabilité pour nullité commise dans un acte était absolue et de plein droit, alors que la loi du 25 vent. an 11 la subordonne à l'appréciation équitable des tribunaux (Civ. cass. 19 mai 1885, aff. Durand et consorts Antoine Bonnefoy, D. P. 85. 1. 345). — Sur la responsabilité notariale et les questions d'appréciation qu'elle soulève, V. *infrà*, n°s 461 et suiv.

248. La cour de cassation a pourtant abdiqué son pouvoir de contrôle dans certains cas, où il semblait lui appartenir (Civ. rej. 24 janv. 1870, aff. Millaud, D. P. 70. 1. 177; Req. 5 févr. 1872, aff. Metgé, D. P. 72. 1. 225 ; 17 juill. 1872, aff. Vial, D. P. 73. 1. 87). Le premier de ces arrêts décide, notamment, que le juge du fond peut écarter souverainement la responsabilité en refusant de voir une faute assez grave dans l'omission d'un acte prescrit par la loi, sous prétexte que cette loi n'attachait pas à sa prescription la sanction absolue de la responsabilité. La note publiée sous cet arrêt a montré l'exagération de cette solution, en faisant remarquer que si, en l'absence d'un ordre précis de la loi, le juge peut souverainement apprécier les faits ou interpréter les conventions de manière à enlever le caractère de faute à telle ou telle omission, il ne peut, au contraire, lorsque l'acte omis était nettement prescrit par une loi, que, par suite, son omission est reconnue illicite, quand d'autre part il y reconnaît la cause du préjudice, apprécier souverainement la gravité de la faute pour en faire dépendre sa décision.

249. — V. Constatations nécessaires. — Comme on l'a vu au *Rép.*, n° 134, le juge du fond doit, pour donner une base légale à sa condamnation, constater la faute au moins implicitement, et, pour rendre possible à la cour de cassation l'exercice de son pouvoir de contrôle dans les cas où il existe et notamment sur la qualification de faute donnée aux faits constatés, il est tenu de spécifier dans ses constatations les faits qu'il considère comme constitutifs d'une faute. Sa décision manquerait de base légale s'il ne disait pas en quoi la faute a consisté, s'il ne relevait pas les circonstances ca-

ractéristiques de la faute, celles par exemple qui, dans l'espèce, transformaient en devoir de prudence une précaution ordinairement indifférente et imprimaient à son omission le caractère de faute (Civ. cass. 22 juin 1891, aff. Worms, Josse et comp., D. P. 92. 1. 535; 28 oct. 1890, aff. Époux Bouthelas-Desmoulins, D. P. 92. 1. 342 ; 14 mars 1888, aff. Duthoit Thomassin et comp., D. P. 88. 1. 425).

De même, un arrêt manque de base légale s'il ne constate pas la relation entre la faute et le préjudice, spécialement si, pour condamner une partie à payer à l'autre la valeur de marchandises à elle annoncées, il constate sa négligence à l'avertir de la non-réception de ces marchandises, sans déclarer que le préjudice éprouvé a été le résultat de ce silence prolongé (Civ. cass. 19 août 1874, aff. Mennesson et comp., D. P. 76. 5. 388);... ou encore s'il constate la vitesse excessive d'un navire dans un abordage sans constater la relation directe entre cette vitesse et le sinistre, et en imputant même l'abordage à d'autres manœuvres à tort par lui qualifiées de faute (Civ. cass. 19 mars 1888, aff. *Compagnie française maritime du Tonkin*, D. P. 88. 1. 391). — V. sur la nécessité du préjudice et de son rapport avec la faute *suprà*, n°s 184 et 190.

250. Toutefois, il n'est pas nécessaire que la faute et les autres éléments du quasi-délit soient constatés par des motifs exprès et formels; il suffit que cette constatation résulte implicitement des déclarations de l'arrêt. Ainsi il a été décidé : 1° qu'un jugement qui constate que le feu a été allumé dans un local incendié, par le fait de telle partie (précédemment acquittée de poursuites criminelles exercées à raison du même fait) constate suffisamment la faute et le quasi-délit de celle-ci, et justifie ainsi la déclaration de responsabilité du dommage rendue à son égard (Req. 22 juill. 1868, aff. Beckes, D. P. 71. 5. 336) ; — 2° Que la condamnation à des dommages-intérêts fondée sur ce que l'inexécution d'un engagement ou son exécution tardive a engagé la responsabilité de la partie condamnée, constate suffisamment la faute de cette partie et l'inexistence de la force majeure qu'elle alléguait (Req. 18 déc. 1866, aff. Chemin de fer de Séville à Cadix, D. P. 67. 1. 427); — 3° Qu'un arrêt décidant, d'après les faits et circonstances de la cause, qu'un locataire a troublé le voisinage d'une manière abusive par les bruits et trépidations de ses machines répond aux conclusions du défendeur, tendant à faire dire que le bruit ne pouvait être gênant pour les autres locataires du même bailleur, lorsqu'il déclare que les constatations des experts ne laissent aucun doute sur le trouble caractérisé causé au voisinage ; qu'il répond également aux conclusions du défendeur tendant à faire refuser une action directe à un propriétaire voisin qui avait intenté une demande distincte de celle du bailleur, lorsqu'il affirme que le défendeur était l'auteur du trouble et qu'il n'y avait pas même à examiner, dans ses relations avec ce propriétaire voisin, s'il excédait ou non les droits de son bail (Civ. rej. 20 janv. 1891, aff. Compagnie générale d'imprimerie, D. P. 91. 1. 153) ; — 4° Que l'existence d'une faute à la charge de l'auteur d'une plainte en falsification d'écritures contre un avoué est suffisamment précisée quand le jugement qui le condamne à des dommages-intérêts déclare que la plainte constitue une articulation calomnieuse, le tribunal reconnaissant à la fois par cette qualification l'existence de la plainte, son défaut de fondement et l'intention malveillante qui l'a inspirée ; et que cette qualification suffit également à constater qu'un préjudice a été causé et a été le résultat de la plainte, une plainte calomnieuse portée contre un officier ministériel à l'occasion de ses fonctions devant nécessairement et virtuellement être pour lui une cause de préjudice (Req. 13 avr. 1892, aff. Veuve Gardère, D. P. 92. 1. 303).

Mais il y a exagération manifeste de ce principe dans un autre arrêt (Civ. rej. 13 janv. 1868, aff. Odiot et noms, D. P. 68. 1. 13) qui admet comme suffisamment motivée la condamnation d'un patron comme responsable d'un accident subi par son ouvrier, alors que l'arrêt attaqué se bornait à énoncer le devoir du patron d'assurer à ses ouvriers secours, protection, sécurité et garantie contre les circonstances même fatales et indépendantes de la partie lésée et capables de compromettre la sécurité de ces ouvriers et que, d'autre part, il déclarait ne pouvoir reprocher à ce patron aucune imprudence

appréciable — (V. la note sous l'arrêt précité). Sur l'étendue des obligations du patron envers l'ouvrier, quant aux risques professionnels auxquels il est exposé, V. *infrà*, v° *Travail*.

251. — VI. Extinction du droit. — L'action en responsabilité pour délit ou quasi-délit s'éteint par la prescription ordinaire de trente ans (*Rép.* n°ˢ 228 et 229). Sur les règles de cette prescription et ses causes d'interruption, V. *suprà*, v° *Prescription civile*. n°ˢ 308 et suiv. Jugé que les secours donnés par le défendeur à la victime de l'accident, ne constituant pas par eux-mêmes une reconnaissance de responsabilité (V. *suprà*, n° 243), ne valent pas interruption de la prescription (Dijon, 3 avr. 1868, aff. Billebaut, D. P. 69. 2. 223). — L'action peut s'éteindre par la prescription de l'action publique lorsqu'elle a pour base un crime, un délit ou une contravention prévu par la loi pénale (V. *suprà*, v° *Prescription criminelle*). — Sur la prescription décennale qui met fin à la responsabilité des architectes, V. *suprà*, v° *Louage d'ouvrage et d'industrie*, n° 126).

252. L'action en responsabilité s'éteint encore par l'effet de la chose jugée, par la transaction ou le désistement. Mais il faut que tous les éléments s'en trouvent réunis et portent bien sur les conséquences de la responsabilité. Ainsi la circonstance que les frais d'une procédure ont été taxés par le juge et payés à l'avoué ne peut, en général, faire obstacle à ce que la partie poursuive ultérieurement cet officier ministériel pour lui demander compte de la faute qu'il a commise en l'engageant dans cette procédure (Civ. cass. 29 mai 1876, aff. Mᵉ Segourgeon, D. P. 76. 1. 377). En effet, la taxe, émanant d'ailleurs d'un seul juge, n'a pu trancher la question d'opportunité de la procédure ou de faute de l'avoué, mais seulement celle du montant des frais exposés. Quant à leur payement par la partie, il peut s'envisager distinctement de l'action en responsabilité et n'implique pas l'abandon à moins de circonstances révélant cette intention. — L'effet de la chose jugée et de la transaction sur l'action en réparation d'un quasi-délit sera l'objet de quelques développements importants *infrà*, n°ˢ 322 et suiv., à propos du montant des dommages-intérêts. Le droit de voir certaines administrations publiques de transiger sur les amendes et confiscations est indiqué, *suprà*, v°ˢ *Douanes*, n°ˢ 741 et suiv., *Postes*, n°ˢ 42 et 52, *Régime forestier*, n°ˢ, et *infrà*, v° *Vins et boissons*.

253. — VII. Clauses d'irresponsabilité. — Il ne faut pas confondre les conventions portant sur la dette née d'une responsabilité encourue et celles qui tendraient à modifier les conditions de responsabilité à encourir. Ces dernières sont reconnues valables en matière de responsabilité contractuelle, sauf s'il s'agit de dol ou de faute lourde (V. *suprà*, v° *Obligations*, n° 200), sauf aussi les questions spéciales que soulèvent les clauses exclusives de responsabilité dans le contrat de transport et dans le louage de services (V. *suprà*, v°ˢ *Commissionnaire*, n°ˢ 147 et suiv., *Droit maritime*, n°ˢ 314 et suiv., 591, 592, et *infrà*, v° *Travail*). Mais elles sont toujours déclarées comme nulles en matière de responsabilité quasi-délictuelle, celle-ci étant d'ordre public comme les devoirs légaux qu'elle sanctionne (Sourdat, n° 662 *sexies*, t. 1, p. 679 ; Saincteletlette, *Responsabilité et garantie*, n° 5, p. 16 et suiv.; Fromageot, *De la faute*, p. 66 et 67).

On a opposé à cette solution la validité reconnue des contrats d'assurance dans leur application aux sinistres et accidents causés par des fautes de l'ouvrier, et c'est l'argument sur lequel s'appuient certains auteurs pour admettre la clause d'exonération dans le contrat de transport (V. *suprà*, v° *Commissionnaire*, n° 148). Parmi les fautes dont on peut se décharger sur un assureur, figurent non seulement celles dont l'assuré est la victime directe et celles qu'il pourrait commettre dans l'exécution d'un contrat, d'un bail par exemple, et qu'on nomme risque locatif, mais encore celles dont l'assuré doit réparation à titre quasi-délictuel en dehors de tout contrat, notamment le recours des voisins pour incendie (V. *suprà*, v° *Assurance terrestre*, n° 66), le recours des ouvriers pour accident, recours quasi-délictuel d'après la jurisprudence (Lyon, 17 févr. 1882, aff. Hubert-Maurice, D. P. 83. 2. 91). Comment, dès lors, jugerait-on illicite de se procurer, par une convention directe avec le voisin, l'ouvrier

ou toute autre victime prévue de ces fautes éventuelles, l'immunité qu'on peut se procurer par voie d'assurance ?

Mais on a répondu à cet argument en faisant remarquer une double différence entre les deux situations. Au point de vue juridique, l'assurance contre les effets de la responsabilité diffère d'une clause d'exonération en ce qu'elle ne supprime pas la responsabilité : elle la suppose au contraire pour en réparer les suites. Ce contrat, étranger à la victime (*res inter alios acta*), n'altère pas sa situation et ne l'empêche pas de compter (comme le veut l'ordre public) sur la réparation des dommages auxquels elle est exposée. Au point de vue pratique, l'assurance par un tiers laisse subsister pour l'assuré un intérêt à être diligent, soit qu'il s'agisse d'assurance mutuelle, soit qu'il veuille par sa prudence se créer un titre pour obtenir du même assureur la modération de la prime dans d'autres assurances ; il n'en est pas ainsi de la clause d'irresponsabilité consentie sous quelque forme que ce soit par la victime éventuelle elle-même ; ce pacte serait presque toujours léonin, et fausserait souvent la véritable intention de la partie lésée en favorisant évidemment l'imprudence et la négligence de l'auteur possible du dommage (Sourdat, t. 1, n° 662 *sexies*, p. 681 ; Fromageot, *De la faute*, p. 70). Ce dernier pacte, d'ailleurs, ne peut guère se produire que dans des cas assez rares, puisque les accidents et autres faits dommageables qui engendrent la responsabilité en dehors des conventions, sont le plus souvent imprévus aussi bien de leur auteur que de la victime. On ne peut guère poser la question que dans des relations de voisinage ou pour une responsabilité quasi-délictuelle née à l'occasion d'un contrat, comme la jurisprudence l'admet en matière de transports et de travail industriel. Mais la jurisprudence a précisément, dans des cas de ce genre, déclaré nulles les clauses tendant à l'exonération de la faute. Un patron ayant contracté des assurances contre les accidents pour ses ouvriers sur les salaires desquels étaient retenues les primes, la cour de cassation a déclaré nulle une clause de la police frappant de déchéance l'ouvrier assuré qui aurait préalablement intenté contre son patron une action en dommages-intérêts, cette clause étant contraire à l'ordre public en ce qu'elle a pour effet de permettre au patron de s'exonérer de la responsabilité de sa propre faute et de contraindre l'ouvrier ou à renoncer à un droit qu'il tient de la loi même, ou à perdre avec les primes acquittées par lui tout le bénéfice de l'assurance (Civ. cass. 1ᵉʳ juill. 1885, aff. *Compagnie d'assurances générales contre les accidents*, D. P. 86. 1. 201).

254. En étudiant la responsabilité civile du fait d'autrui, on verra que la jurisprudence permet de l'exclure dans les contrats qui pourraient y donner lieu, et que le dol lui-même est alors considéré comme objet licite d'une clause de non-garantie qui ne s'applique plus à une responsabilité directe et personnelle et qui réserve, d'ailleurs, tacitement celle de l'auteur du dol et du contractant lui-même pour faute personnelle prouvée et non présumée. Ainsi en est-il du commissionnaire par rapport aux faits du voiturier (V. *suprà*, v° *Commissionnaire*, n° 147) et de l'armateur par rapport aux faits du capitaine et de l'équipage (V. *suprà*, v° *Droit maritime*, n° 314). La logique impose l'application de la même théorie, en dehors des contrats, pour les fautes délictuelles ou quasi-délictuelles des personnes dont on a à répondre.

255. Mais, qu'il s'agisse du fait d'autrui ou de son propre fait, une stipulation qui n'aurait pas été consentie précisément par la partie lésée et ne serait intervenue que dans les rapports de l'auteur du dommage avec une autre personne, par exemple avec la personne chargée par lui d'exécuter les travaux qui ont causé le dommage, ne peut être opposée à la partie lésée. Jugé, notamment, que les stipulations des cahiers de charges relatifs aux travaux à exécuter par des entrepreneurs pour le compte des compagnies de chemins de fer, ne peuvent dégager ces compagnies, vis-à-vis des tiers, de la responsabilité des accidents résultant du fait de leurs propres agents, ceux-ci ayant négligé de prendre les précautions qu'exigeait de leur part les conditions géologiques du sol sur lequel des travaux de terrassement devaient être exécutés (Paris, 4ᵉʳ avr. 1865) (1).

_____

(1) (Bonneu c. Chemin de fer du Midi.) — Le tribunal de la

Seine a rendu, le 21 nov. 1864, un jugement ainsi conçu : —

C'est ainsi encore que le propriétaire d'un navire est responsable envers les tiers des faits du capitaine relatifs au navire et à l'expédition, malgré les restrictions convenues entre l'un et l'autre et auxquelles les tiers sont restés étrangers (V. *suprà*, v° *Droit maritime*).

256. Enfin il est incontestable qu'une clause de non-responsabilité, même acceptée par la partie lésée et reconnue valable contre elle, devrait, puisqu'elle déroge aux principes ordinaires, recevoir une interprétation restrictive. C'est ce qui a été jugé notamment contre l'Etat lui-même par le conseil d'Etat dans un arrêt du 11 août 1861 (aff. Glass Elliot et comp., D. P. 62. 3. 19) décidant qu'encore bien que l'Administration, dans un marché passé avec un entrepreneur, ait déclaré que « le concours d'un bâtiment de la marine impériale, promis pour l'entreprise projetée, n'entraînerait, contre l'Etat, aucune espèce de responsabilité », cette clause ne saurait avoir pour effet d'affranchir l'Etat des conséquences de la faute commise par le commandant de ce bâtiment dans les conditions ordinaires du service, et qui a empêché l'accomplissement de l'opération ; qu'elle n'a pu avoir en vue que de l'affranchir des risques inhérents à cette opération même, l'assistance promise ne pouvant se concilier avec le droit pour l'Etat d'empêcher, par l'incurie de ses agents, l'opération même pour laquelle elle était promise. De même, il a été jugé que la clause par laquelle un propriétaire, en cédant à un entrepreneur de travaux publics le droit d'extraire des déblais sur une parcelle de terre lui appartenant, s'est obligé à le garantir de toutes les réclamations qui pourraient résulter du séjour de l'eau dans la parcelle déblayée, n'exonère pas l'entrepreneur des conséquences et de la responsabilité des fautes par lui commises dans l'exécution des travaux de déblai, telles que l'omission de certaines mesures préventives et sages, indiquées et même prescrites dans son cahier de charges (Civ. cass. 19 août 1878, aff. Trouchon, D. P. 79. 1. 214).

257. On a vu *suprà*, n°s 45 et suiv., ce qu'il faut décider à l'égard des recours résultant de la communauté de délit ou de quasi-délit. Ce recours, dont nous avons reconnu l'existence en matière de quasi-délit, acquiert une base plus certaine encore et peut même devenir un recours intégral lorsque, à la communauté de faute, se joint la promesse d'une garantie par l'un des auteurs à l'autre. Ainsi jugé que lorsqu'un huissier, en se faisant remettre les objets saisis, ne s'est pas borné à donner une décharge aux gardiens, mais s'est expressément engagé à les garantir contre toute responsabilité au sujet de cette remise, le jugement qui, par inter-

prétation du sens et de la portée de cette déclaration, condamne l'huissier à garantir et relever indemnes les gardiens, ne fait qu'user du pouvoir souverain d'appréciation qui appartient aux juges du fond (Req. 6 févr. 1883, aff. Nathan Jacob, D. P. 83. 1. 451).

Art. 6. — *Fixation des dommages-intérêts.*
(*Rép.* n°s 230 à 242.)

258. La fixation des dommages-intérêts est-elle absolument laissée à l'appréciation du juge? Cette appréciation est-elle affranchie notamment des principes posés par la loi dans les art. 1146, 1149, 1150, 1151, 1153 c. civ. à propos de l'inexécution des obligations conventionnelles? La question demande pour chacun de ces textes un examen séparé.

259. — I. APPLICATION DE L'ART. 1149 C. CIV. — L'application de l'art. 1149, qui veut que les dommages-intérêts soient, en général, de la perte faite par le créancier et du gain dont il a été privé, a été présentée au *Rép.*, n°s 60, 230 et 231, comme incontestable et a été encore consacrée par de nombreuses décisions. On ne peut, en effet, être moins large pour la victime d'un délit que pour un contractant qui a pu stipuler à son gré. Jugé, notamment : 1° que les dommages-intérêts dont le vendeur de la chose d'autrui est tenu, en cas de mauvaise foi, envers le propriétaire qui a vainement actionné en revendication l'acquéreur protégé par la prescription décennale, peuvent être calculés non seulement d'après la valeur de cette chose au moment de la vente indûment faite, mais encore d'après la plus-value qu'elle a acquise à l'époque de la revendication, soit parce que ce vendeur en aurait été tenu envers son acquéreur si ce dernier avait été évincé, soit en tout cas parce qu'elle représente, pour le propriétaire, le gain dont il a été privé par suite de la non-restitution de la chose (Req. 20 juill. 1852, aff. Lazare Cerf, D. P. 52. 1. 248) ; — 2° Que la privation des ressources qu'aurait procurées au commerçant victime d'un incendie l'indemnité à laquelle il avait droit depuis la date du jugement de première instance, est une juste cause de dommages-intérêts (Paris, 5 janv. 1875, aff. Petites-Voitures de Paris, D. P. 76. 2. 58); — 3° Que lorsque l'opposition d'une partie a motivé un jugement prescrivant le dépôt à la Caisse des consignations d'une somme attribuée à son adversaire par une sentence arbitrale définitive, cette partie peut être condamnée, en réparation du préjudice causé par l'exécution pendant le délai d'appel du jugement qui a été réformé par la cour, à verser à son adversaire la différence

---

« Attendu que Bonneu a été pris, le 5 mars 1863, sous un éboulement de terre et qu'il a eu la jambe cassée, en travaillant au chemin de fer du Midi pour le compte de Dupuy, et sous la direction et la surveillance des ingénieurs de la Compagnie; — Que Bonneu était alors occupé, avec d'autres ouvriers dont trois ont péri victimes du même accident, à décrocher les wagons au fond d'une tranchée, dans un terrain composé de terre végétale, de sable et d'une couche de glaise savonneuse; qu'il est constant et reconnu par toutes les parties que l'éboulement a eu lieu par suite du glissement de la partie supérieure du talus du côté droit de la tranchée sur les couches savonneuses; — Attendu que l'administration du chemin de fer et l'entrepreneur ne reprochent aucune imprudence à Bonneu, mais qu'ils soutiennent qu'ils avaient pris toutes les précautions ordinaires, le talus ayant deux mètres de base sur cinq mètres de hauteur, et que l'accident est arrivé par l'effet d'un événement de force majeure; — Attendu que l'événement de force majeure est celui qu'on ne peut ni prévoir, ni empêcher et que celui du 5 mars 1863 n'est pas un événement de cette nature ; qu'en effet, il n'est pas douteux qu'on eût trouvé les moyens de l'empêcher si on l'avait prévu, et que, pour le prévoir, il suffisait de se rendre compte de la nature du terrain sur lequel l'entrepreneur et la Compagnie allaient mettre les ouvriers en œuvre ; que les compagnies et les entrepreneurs ne manquent jamais, pour le tracé des lignes, et la fixation du prix des travaux qu'ils mettent en adjudication ou soumissionnent, de se rendre compte de la nature du sol sur lequel ils doivent passer et qu'ils doivent exploiter; que c'est pour eux un devoir aussi impérieux d'étudier le terrain au point de vue de la sécurité des ouvriers qu'ils emploient; — Qu'en manquant, soit de faire les études à cet égard, soit de prendre les précautions que la nature du sol rendaient nécessaires l'entrepreneur et la Compagnie ont commis une faute qui doit les rendre responsables vis-à-vis de Bonneu ; — En ce qui touche la demande en garantie formée

par la Compagnie contre Dupuy... (sans intérêt); — Condamne Dupuy et la Compagnie du chemin de fer du Midi solidairement à payer à Bonneu la somme de 5000 fr.; condamne Dupuy à garantir, etc., etc. ».

Appel par le sieur Bonneu. — Appel incident par la Compagnie.

LA COUR; — En ce qui touche l'appel incident de la Compagnie : — Considérant que, quelles que soient les stipulations des cahiers des charges, relatifs à des travaux à exécuter par des entrepreneurs pour le compte des compagnies de chemins de fer, elles ne peuvent dégager ces compagnies de la responsabilité résultant du fait de leurs propres agents qui ont négligé, soit de faire les études préalables, soit de prendre les précautions propres à prévenir les accidents; que, dans l'espèce, les conditions géologiques du sol sur lequel des travaux de terrassement étaient exécutés exigeaient, de la part des ingénieurs de la Compagnie, des mesures spéciales qui n'ont pas été prises; que, d'ailleurs, l'art. 11 du cahier des charges invoqué par la Compagnie implique et suppose cette action directe contre elle, bien loin de l'exclure, en lui réservant un recours en garantie contre l'entrepreneur, recours qu'elle a exercé; — Adoptant au surplus, sur le principe de la condamnation, les motifs des premiers juges; — En ce qui touche l'appel principal de Bonneu; — Considérant que l'accident dont il a été victime a eu les conséquences les plus graves, en ce que, dans l'impossibilité de travailler; que le préjudice par lui éprouvé n'est pas suffisamment réparé par la somme de 5000 fr. qui lui a été allouée; qu'il importe, d'un autre côté, de lui assurer des moyens d'existence, non par un capital une fois payé, mais par une rente annuelle et viagère;

Infirme en ce que l'indemnité allouée à Bonneu n'a été fixée qu'à 5000 fr., etc.

Du 1er avr. 1865.-C. de Paris, 4e ch.-MM. Tardif, pr.-Descoutures, av. gén.-Lachaud, V. Lefranc et Baze, av.

entre les intérêts payés par la Caisse et les intérêts au taux légal, à partir du jour du dépôt jusqu'au jour du payement (Req. 28 juin 1875, aff. Lefranc, D. P. 76. 1. 392); — 4° Que l'indemnité due pour avaries éprouvées par un bâtiment qui a échoué dans un port, par suite d'une faute imputable à l'État, doit comprendre : 1° les avaries particulières au navire et les frais à la charge de l'armement; 2° la part contributive du navire dans les avaries grosses et communes, en tenant compte de ce que, par l'adoption d'un autre procédé pour le sauvetage, la part du navire dans les avaries communes eût été moindre que celle qui résulte de la dépense réellement effectuée; 3° les surestaries ; 4° les avaries à la cargaison, en opérant une déduction à raison de l'aggravation résultant de la lenteur du déchargement; 5° les frais supplémentaires de déchargement qui ont été la conséquence de l'échouement (Cons. d'Ét. 8 janv. 1886, aff. Turnbill, D. P. 87. 5. 392); — 5° Que l'État doit indemniser le propriétaire d'un terrain voisin d'un polygone, non seulement des dégâts matériels causés par la chute des projectiles, mais aussi du trouble apporté à la jouissance de sa propriété à raison des dangers auxquels elle se trouve exposée et de l'impossibilité d'y accéder pendant la durée des exercices (Cons. d'Ét. 21 mars 1879, aff. Mercier, D. P. 79. 3. 75; 20 janv. 1882, aff. Fournier, D. P. 83. 3. 50) ; que l'indemnité doit représenter la diminution du revenu résultant des difficultés apportées à la culture et à l'élevage des bestiaux et les frais nécessaires pour remettre les terres en état de culture à l'expiration de la période pendant laquelle elles avaient été exposées aux projectiles (Cons. d'Ét. 1er août 1884, aff. Devaux, D. P. 85. 5. 417); et qu'il faut, dans le calcul de l'indemnité, tenir compte de l'emploi auquel le propriétaire destinait le terrain, s'il l'avait acquis en vue de cet emploi spécial, alors même que ce projet n'avait reçu aucun commencement d'exécution avant l'époque où l'établissement du champ de tir en a rendu la réalisation impossible (Cons. d'Ét. 20 janv. 1882, aff. Fournier, D. P. 83. 3. 50), l'emploi pour lequel on a acquis l'immeuble étant autre chose qu'une combinaison purement éventuelle — sur les dommages éventuels, V. infrà, n° 283 et suiv.; — 6° Pour le cas où une mine, par les affaissements qu'elle produit, amène indirectement la dépréciation d'immeubles voisins, V. infrà, n° 267, 4°. — Une autre application de l'art. 1149 a été faite par un arrêt qui, statuant sur la rupture d'un traité que l'approbation de l'autorité supérieure n'avait pas encore rendu obligatoire comme tel, et ne pouvant baser la condamnation que sur l'existence d'un quasi-délit, est allé jusqu'à allouer le bénéfice qu'eût procuré ce traité si l'autre partie n'eût empêché cette approbation que ses agissements avaient fait prévoir comme certaine (Lyon 26 août 1874, aff. Archevêché de Lyon, D. P. 76. 2. 18).

260. L'art. 1149 a d'ailleurs été appliqué aussi bien en faveur du débiteur que du créancier, pour réduire la condamnation au montant de la perte faite et du gain manqué. Jugé notamment : 1° qu'en fixant l'indemnité due à la veuve et aux enfants de la victime d'un accident de chemin de fer imputable à la compagnie, le tribunal doit tenir compte de la prédisposition maladive du défunt et de la situation peu prospère de ses affaires (Aix, 14 juin 1870, aff. Chemin de fer de Paris-Lyon-Méditerranée, D. P. 72. 2. 97); — 2° Que l'indemnité due à un particulier dont la propriété était exposée à recevoir des projectiles provenant d'un polygone de tir doit être calculée seulement à partir du jour où la culture a été réellement entravée bien que quelques projectiles soient tombés antérieurement (Cons. d'Ét. 1er août 1884, aff. Devaux, D. P. 85. 5. 417); — 3° Que les dommages-intérêts dus au propriétaire dont le navire a péri, par un tiers qui, chargé d'assurer ce navire, avait omis de renouveler l'assurance pour l'année où le navire a péri, ne sauraient excéder la valeur du navire pendant cette dernière année ; et que les juges ne peuvent, sans rechercher quelle était cette valeur, prendre pour base de l'indemnité la somme pour laquelle le navire avait été assuré antérieurement (Civ. cass. 30 juill. 1877, aff. Dame Cordon, D. P. 78. 1. 24); — 4° Qu'une compagnie de chemin de fer qui cause préjudice à une blanchisserie de cire par la fumée de ses locomotives et par une usine à gaz qu'elle exploite ne peut être condamnée à une indemnité représentative du déplacement de l'usine, si elle ne rend pas ce déplacement absolument nécessaire,

mais doit seulement alors des dommages-intérêts comprenant les pertes matérielles subies par son fait direct dans la fabrication et la livraison des produits de l'usine, la diminution de la valeur vénale de celle-ci et la dépréciation de l'industrie du demandeur (Orléans, 25 févr. 1885, aff. Desforges, D. P. 86. 2. 227).

261. Mais il a été jugé qu'un arrêt condamnant un usinier au payement d'une somme fixe annuelle jusqu'à ce que des travaux à lui prescrits aient fait complètement cesser le préjudice causé par son usine au voisin, ne peut être critiqué comme pouvant dépasser éventuellement le préjudice souffert sous prétexte que les travaux doivent avoir pour résultat de diminuer ce préjudice au fur et à mesure de leur accomplissement, attendu que cet arrêt laisse entier le droit des parties soit de faire ordonner des travaux plus efficaces en cas d'insuffisance des travaux ordonnés, soit de faire réduire l'indemnité allouée en cas de diminution du préjudice par suite des travaux exécutés (Req. 19 mai 1868, aff. Compagnie des salines de l'Est, D. P. 68. 1. 486).

262. En matière de mines, il a été jugé que, lorsque les terrains compris dans le périmètre d'une concession sont devenus impropres à la construction par la déconsolidation des couches superficielles, le concessionnaire est recevable à offrir au propriétaire de la surface une indemnité représentant le préjudice actuellement subi par la dépréciation du terrain. Et le propriétaire du terrain menacé d'affaissement ne peut pas repousser ces offres, de façon à se réserver la possibilité d'obtenir une indemnité plus forte à raison des dégradations qui surviendraient dans les constructions qu'il se propose d'élever (Douai, 16 nov. 1893, aff. Mines de Lens, D. P. 94. 2. 209 et la note).

263. Enfin il a été jugé que la règle d'après laquelle les dommages dus au créancier sont de la perte qu'il a faite et du gain dont il est privé doit être tempérée par les circonstances, lorsqu'on n'argue ni dol ni fraude, surtout à l'égard des officiers ministériels ; qu'ainsi, pour la réparation du dommage causé par la faute d'un notaire, le juge, souverain appréciateur des faits, doit considérer la perte éprouvée, la position de fortune et de famille de celui qui l'a causée, ou celle des héritiers tenus de la réparer, la gravité du fait préjudiciable, et la participation plus ou moins directe de l'officier public à la perpétration de ce fait ; qu'il doit également avoir égard, pour modérer les dommages-intérêts, soit à cette circonstance que le notaire n'a pas été mis en cause dans l'instance à laquelle a donné lieu sa faute, soit à cette autre circonstance que l'action en responsabilité n'a été intentée que longtemps après le jour où elle était ouverte (Nîmes, 29 avr. 1863, aff. Daudé, D. P. 65. 2. 15).— Sur l'étendue de la responsabilité des notaires, V. infrà, n° 461 et suiv. — Sur la proportionnalité à la gravité de la faute, V. infrà, n° 297;... à la position de fortune des parties, V. infrà, n° 298. — Sur l'influence de la faute de la partie lésée, V. infrà, n° 272. — Sur l'allocation des intérêts de la somme fixée comme indemnité, V. infrà, n° 265.

264. — II. Non-application des art. 1146, 1150 et 1153 du Code civil. — L'art. 1146 sur la nécessité de la mise en demeure ne saurait être applicable ici, et ce qui a été dit dans ce sens au Rép., n° 239, pour le quasi-délit s'applique à plus forte raison au délit. Cet article, visant uniquement le dommage causé par l'inaction ou le retard dans l'exécution de l'obligation, ne tient compte de ce retard qu'après une mise en demeure. Mais quand le dommage provient d'une contravention à une obligation de ne pas faire, les dommages-intérêts sont dus par le seul fait de la contravention (art. 1145). Il en doit être de même quand le dommage résulte d'un acte répréhensible en dehors de tout contrat. La jurisprudence a maintenu fermement cette interprétation (Civ. cass. 30 nov. 1858, aff. De Montenol, D. P. 59. 1. 20; Req. 31 mai 1865, aff. Compagnie des eaux de Paris, D. P. 66. 1. 26 ; 4 févr. 1868, aff. Compagnie des hauts-fourneaux de Franche-Comté, D. P. 68. 1. 271).

265. Par la même raison, on ne saurait appliquer ici la disposition analogue de l'art. 1153 qui, dans les obligations se bornant au payement d'une somme d'argent, ne permet d'allouer les intérêts que du jour de la demande. En matière de délit et de quasi-délit, les juges du fond, appréciateurs souverains des faits de la cause, peuvent déterminer le chif-

fre des dommages-intérêts soit en une somme unique fixée au jour du jugement, soit en un capital augmenté de l'intérêt, non seulement depuis le jour de la demande, mais même depuis le jour du dommage. Cet intérêt n'est pas moratoire, comme celui que vise l'art. 1153 ; il n'est que compensatoire, que le juge le déclare ou non ; le juge n'a pas besoin de faire cette déclaration pour l'accorder depuis le jour du dommage, et il peut l'accorder sans qu'il ait fait l'objet d'une demande spéciale (Aix, 18 juin 1870, aff. Rellin, D. P. 71. 2. 246; Req. 4 mars 1872, aff. Magaud, D. P. 72. 1. 327), demande dont la nécessité fait question en matière d'intérêt moratoire (V. suprà, v^is Obligation, n°s 270 et suiv.; Prêt à intérêt, n° 48, et Rép. eod. v°, n°s 85 et suiv). La cour de cassation n'a pas varié dans l'application de ces principes ; elle a confirmé par de nombreux arrêts ce qui a été dit en ce sens au Rép., n° 239 (Req. 27 déc. 1853, aff. Comptoir de l'Unité de Chaumont, D. P. 54. 1. 143; Req. 14 janv. 1856, aff. Delord, D. P. 56. 1. 82; 19 nov. 1861, aff. Maillard, D. P. 62. 1. 139; 13 août 1863, aff. De Pindray, D. P. 63. 1. 463; 1er févr. 1864, aff. Compagnie La Providence, D. P. 64. 1. 135; 8 févr. 1864, aff. Briot, D. P. 64. 1. 486; Civ. rej. 23 août 1864, aff. Faillite Spinelli, D. P. 64. 1. 367; Req. 18 déc. 1866, aff. Chemin de fer de Séville à Cadix, D. P. 67. 1. 427; 21 janv. 1867, aff. Jullien, D. P. 67. 1. 428; 28 janv. 1868, aff. Mounier, D. P. 68. 1. 483; 24 juin 1872, aff Henry et Lagosse. D. P. 73. 1. 19; 5 juin 1877, aff. Clermont, D. P. 78. 1. 107; 15 mars 1892, aff. Griotat, D. P. 92. 1. 272).

266. L'arrêt du 21 janv. 1867, cité suprà, n° 265, a repoussé une autre thèse formulée dans le pourvoi, qui écartait bien l'art. 1153, mais en sens inverse, c'est-à-dire non pour faire remonter les intérêts à une date antérieure à la demande, mais au contraire pour en retarder le cours jusqu'au jour de la condamnation, sous le prétexte que le retard ne saurait exister en matière de dommages-intérêts, tant qu'ils ne sont pas arbitrés, et que, d'autre part, les dommages accordés devant être la représentation exacte du préjudice causé, tout intérêt alloué en sus excède nécessairement la perte subie. Cette thèse, qui serait exacte pour l'allocation d'un intérêt moratoire, devient fausse si l'on considère l'intérêt alloué avec la somme principale comme un élément nécessaire dans l'esprit du juge pour former la représentation exacte du préjudice, c'est-à-dire comme compensatoire; et c'est ce qu'a fait la cour suprême en abandonnant cette appréciation à la conscience du magistrat (Comp. Demolombe, Traité des contrats, t. 8, n°s 361 et 685). C'est en usant de ce pouvoir que certains arrêts ont pu refuser d'allouer l'intérêt à partir du fait dommageable (Req. 16 août 1865, aff. Lacroix, D. P. 66. 1. 13) et même à partir du jour de la demande (Colmar, 20 déc. 1854, aff. Commune de Marmoutiers et autres, D. P. 54. 2. 287; Nîmes, 29 avr. 1863, aff. Daudé, D. P. 65. 2. 15; Bourges, 23 janv. 1867, aff. Fontaine, D. P. 67. 2. 197), la somme principale ayant paru suffisante pour réparer le dommage en tenant compte de la situation de chaque partie, et l'intérêt ayant paru dans l'espèce ne pouvoir s'y ajouter sans prendre un caractère purement moratoire (Comp. suprà, v° Prêt à intérêt, n° 76 et Rép., eod. v°, n° 87.)

Si l'application de l'art. 1149 qui étend les dommages-intérêts au gain manqué n'est pas contestée (V. suprà, n° 259), c'est parce qu'on ne peut être moins large envers la victime d'un délit qu'envers un créancier qui dans un contrat a pu en prévoir toutes les suites. Mais les art. 1150 et 1153 sont, au contraire, restrictifs des droits du créancier lorsqu'ils excluent du calcul des dommages-intérêts soit les dommages impossibles à prévoir lors du contrat s'il n'y a dol, soit les dommages supérieurs à l'intérêt légal s'il s'agit de somme d'argent. Aussi ces textes sont-ils généralement écartés en matière de délit ou de quasi-délit, pour faire place à l'appréciation souveraine des tribunaux (Rép. n°s 61 et 240; Aubry et Rau, t. 4, § 445, note 11; Demolombe, Traité des contrats, t. 8, n° 685; Laurent, t. 20, n°s 52 et suiv.). Que viendrait faire en l'absence de tout concours de volontés la distinction de l'art. 1150, fondée sur la prévision possible ou non de tel dommage et sur une convention tacite excluant les dommages qu'on ne pouvait prévoir? Comment aussi un délit ou quasi-délit qui n'est pas l'inexécution d'une dette d'argent, mais qui plutôt en fait naître une, don-

nerait-il lieu à une taxation légale écrite dans l'art. 1153 pour le retard dans l'exécution d'une dette d'argent? et qu'importe, dès lors, que le délit ait amené la privation d'une somme d'argent? V. En ce sens, Req. 9 juin 1880, aff. Raymond, D. P. 81. 1. 217.

267. — III. Application de l'art. 1151, du code civil. — Dommages indirects. — Quant à l'art. 1151, qui même en cas de dol ne fait entrer dans les dommages-intérêts que les suites immédiates et directes de l'inexécution de la convention, bien qu'il parle de convention et qu'il limite aussi les droits du créancier, il pose un principe tellement juste et tellement rationnel qu'il semble devoir guider le juge même dans la réparation des délits et quasi-délits. Comment faire peser, même sur l'auteur d'un délit, des dommages qui ne se rattachent à son fait que par une série de causes indéfiniment prolongées, quand la loi épargne un pareil traitement à l'auteur même d'un dol ou d'une fraude souvent plus coupable que tel délit qualifié? (Comp. Sourdat, t. 1, n° 107; Demolombe, Contrats, t. 8, n° 687; Rép. n°s 30 et suiv., 232.) Toutefois le juge du fait, étant souverain pour déclarer que tel préjudice se rattache directement au fait comme le veut l'art. 1151, ou qu'il est causé par le fait comme le veulent les art. 1382 et 1383, usera sans doute de ce pouvoir plus largement en faveur de la victime d'un délit ou d'un quasi-délit. C'est peut-être la pensée des auteurs qui, sans explication, mentionnent l'art. 1151 parmi les textes inapplicables en cette matière (Aubry et Rau, loc. cit.; Laurent, loc. cit.). — On a cité au Rép., n°s 61, 232, 233, 234, diverses applications de ce pouvoir dans cet ordre d'idées: 1° que la partie par la faute de laquelle un acte de cautionnement est annulé peut être déclarée responsable vis-à-vis du créancier, non seulement du montant de la somme cautionnée, mais encore de tout le préjudice qui est résulté pour le créancier de l'acceptation du cautionnement frappé de nullité, notamment de toute la perte que l'Administration a subie par suite de l'inexécution de travaux publics adjugés par elle à la personne cautionnée sur la considération déterminante de ce cautionnement (Req. 11 août 1857, aff. Bénard, D. P. 58. 1. 135); — 2° Que celui qui a été cause de l'introduction d'une épizootie dans une commune est responsable non seulement de la perte des bestiaux atteints de la maladie, soit qu'ils y aient succombés, soit qu'ils aient été abattus par ordre de l'autorité administrative, mais encore de la perte des bestiaux non atteints que l'autorité administrative a dû faire abattre par mesure de précaution sanitaire ; et qu'il doit, en conséquence, à l'Etat le remboursement des indemnités payées par celui-ci aux propriétaires des animaux abattus en vertu de la loi du 30 juin 1866 (Amiens, 4 janv. 1873, aff. Jouy, D. P. 77. 5. 387); — 3° Que lorsqu'un jugement interlocutoire a ordonné une expertise pour vérifier des faits contestés qui servent de base à une demande de dommages-intérêts, l'évaluation des dommages-intérêts à faire après l'instruction peut comprendre non seulement le préjudice antérieur, mais celui qui a pu résulter du maintien de l'état des choses pendant le cours du procès, et de l'expertise qui en a retardé la solution (Req. 19 janv. 1876, aff. Lavergne, D. P. 76. 1. 266); — 4° Que les dommages-intérêts résultant de l'application des art. 1382 et suiv. c. civ. doivent comprendre, à la différence de ceux dus par suite de l'inexécution d'obligations conventionnelles, la réparation des conséquences indirectes du fait dommageable incriminé ; que, notamment, dans le cas d'affaissement provenant d'un charbonnage, détruisant ou détériorant les propriétés limitrophes, et frappant par contre-coup d'une dépréciation actuelle et appréciable d'autres immeubles voisins, le propriétaire de ces derniers immeubles a le droit d'exiger du concessionnaire de la mine, une indemnité représentant cette dépréciation et, en outre, une majoration à titre de frais de remploi pour transformer cette indemnité en valeur immobilière (Liège, 18 juill. 1883, aff. Thonet, D. P. 85. 2. 79); — 5° Qu'il appartient aux juges du fond de déclarer qu'un vol de titres de bourse, dont un établissement financier est responsable, a été le fait générateur d'un faux commis ultérieurement sur ces titres, et que, par suite, la responsabilité du vol entraîne la responsabilité du faux (Civ. rej. 22 nov. 1892, aff. Société du Crédit lyonnais, D. P. 93. 1. 604).

268. Mais la restriction des dommages-intérêts aux suites

immédiates et directes de la faute est un principe certain, quoique susceptible d'applications plus ou moins rigoureuses (Paris, 6 août 1889, aff. Racine et fils, D. P. 90. 2. 263). Jugé, notamment : 1° qu'un intérêt direct peut seul servir de base à une intervention civile devant les tribunaux répressifs; que, par exemple, un marchand d'engrais, s'il n'a pas acheté de l'engrais qu'il prétend fraudé par un de ses concurrents, n'est pas recevable à se porter partie civile à raison du dommage indirect que lui aurait causé la déloyale concurrence du prévenu (Crim. rej. 21 mai 1874, aff. Peter Lawson, Gallet, Lefèbvre et comp., D. P. 75. 1. 138); — 2° Que la responsabilité d'un notaire comme rédacteur d'actes simulés ne comprend que le préjudice qui est la conséquence nécessaire et directe de la simulation, mais ne saurait être étendue aux faits auxquels il est resté étranger et qui ne sont qu'une conséquence indirecte de l'acte simulé (Amiens, 9 janv. 1890, aff. Pauchet, D. P. 91. 2. 7).

269. La perte de clientèle ne peut entrer dans le compte des dommages-intérêts que si l'on peut la rattacher par un lien assez direct au fait du défendeur. Le conseil d'État a eu à statuer sur ce genre de dommage dans différentes hypothèses. Il l'a admis, par exemple, lorsqu'il se manifestait par une faillite due à une perte de force motrice causée par l'État (Cons. d'Ét. 13 juill. 1870, aff. Foulon, D. P. 72. 3. 23). Il l'a écarté, au contraire, lorsqu'on essayait de le rattacher à la résiliation d'un marché par l'État (Cons. d'Ét. 20 juin 1873, aff. Lageste, Rec. Cons. d'État, p. 565), ou à la diminution de la circulation sur une voie publique par suite de l'exécution d'un travail public (Cons. d'Ét. 19 janv. 1883, aff. Néau Bodeau, D. P. 85. 5. 476). Il a même refusé d'en tenir compte alors qu'il était attribué au voisinage d'un champ de tir établi par l'État, non seulement dans le cas où le préjudice pouvait être rattaché à l'établissement d'une industrie concurrente favorisée par l'inaction forcée où la crainte des balles avait pu tenir l'industriel lésé, attendu que l'installation d'une entreprise rivale constitue un des risques inhérents à toute entreprise industrielle et ne peut-être considérée comme un dommage direct imputable à l'Administration (Cons. d'Ét. 8 déc. 1882, aff. Mahut, D. P. 84. 3. 61), mais même quand la perte de clientèle provenait directement de ce que la crainte des balles et la défense de circuler avaient détourné de l'usine une catégorie d'acheteurs qui venait accidentellement y faire des commandes (Cons. d'Ét. 7 août 1886, aff. Michon-Chauvelin, D. P. 88. 3. 18). Les termes absolus où la solution négative est exprimée dans ce cas sont assez difficiles à justifier (V. la note sous ce dernier arrêt). On doit, il est vrai, lorsqu'il s'agit ainsi de dommages causés par l'Administration dans l'accomplissement d'un service public ou l'exécution d'un travail public, c'est-à-dire dans l'exercice de son droit, exiger dans le préjudice un caractère encore plus direct et dans les avantages qu'on se plaint d'avoir perdus un caractère moins précaire et moins éventuel que lorsqu'il s'agit d'un délit ou d'un quasi-délit (V. sur la responsabilité de l'État, infrà, n° 339 et suiv.).

270. En tout cas, les dommages-intérêts ne peuvent comprendre un préjudice qui n'aurait pas une relation nécessaire avec la faute commise, et qu'on aurait éprouvé sans elle (V. suprà, n°* 190 et suiv.).

Cette relation directe qui doit exister nécessairement entre le fait et le préjudice peut se rencontrer pour certains dommages appelés indirects, qu'on subit par contre-coup de faits commis sur d'autres personnes auxquelles on est lié par une solidarité d'intérêts : en ce sens, les dommages indirects peuvent être la base d'une action (Demolombe, Traité des contrats, t. 8, n° 673. V. suprà, n°* 216 et suiv.).

271. — IV. Faute commune. — Parmi les causes du dommage peut figurer le fait ou la faute de la victime elle-même. Cette circonstance, qui fait disparaître l'action en dommages-intérêts quand la faute de la victime ne permet pas de comprendre celle du défendeur parmi les causes du dommage (V. suprà, n° 193), peut aussi, dans le cas contraire, motiver un partage de la responsabilité et une modération de la condamnation. Il a été jugé notamment : 1° que la trop grande rapidité avec laquelle une voiture était conduite la nuit lorsqu'elle a été heurtée

par une autre voiture conduite contrairement aux règlements est un motif pour modérer les dommages-intérêts (Trib. civ. Lyon, 5 mai 1863, aff. Loup, D. P. 66. 3. 63) ; — 2° Que s'il y a faute commune en cas d'abordage fluvial, auquel ne s'appliquent pas les règles spéciales du code de commerce sur les abordages maritimes mais seulement celles des art. 1382 et 1383 c. civ., la responsabilité doit être partagée entre l'abordeur et l'abordé, et il appartient aux juges du fait de déterminer la proportion dans laquelle s'opérera la répartition (Paris, 3 janv. 1884, aff. Jennès, 21 janv. 1885, aff. Pavot, frères (Poitiers, 29 juin 193). — Sur les cas d'abordage maritime, V. suprà, v° Droit maritime, n° 1279 ; — 3° Que la réparation accordée aux parents à raison d'un accident dont leur enfant a été victime doit être réduite, lorsque les parents auraient pu éviter l'accident en exerçant sur l'enfant une surveillance plus active (Chambéry, 23 déc. 1878, infrà, ch. 3, sect. 2, art. 3) — 4° Que le fait de deux enfants mineurs, imputable au défaut de surveillance des deux pères et commis au préjudice de l'un d'eux, ne permet à celui-ci de réclamer à l'autre qu'une indemnité égale à la moitié de ce préjudice (Poitiers, 29 juin 1864, aff. Mandoux, D. P. 64. 2. 181) ; — 5° Que, dans l'appréciation du dommage causé par un animal et dont le propriétaire ou l'aubergiste est responsable, il faut tenir compte du degré de faute imputable à la victime (Paris, 10 août 1867, aff. Rocher, D. P. 67. 5. 369), et notamment de ce que l'accident souffert par un autre animal a en partie pour cause la nature particulière et vicieuse de l'animal blessé, laquelle aurait dû être portée à la connaissance de l'aubergiste responsable (Besançon, 21 mai 1889, aff. Vieille, D. P. 59. 2. 166. V. aussi, Besançon, 20 nov. 1889, et 4 déc. 1889, aff. Thiorry, et aff. Renaud, D. P. 90. 2. 291 ; Civ. rej. et Civ. cass. 28 mars 1888, aff. d'Heudières, D. P. 88. 1. 348, et infrà, ch. 4, sect. 2).

272. Les torts graves imputables à la victime d'une voie de fait, et qui ont amené contre elle cette voie de fait, peuvent même faire considérer comme une réparation suffisante la détention préventive subie par l'auteur de cette voie de fait (Aix, 21 mai 1874, aff. Irma Gras, D. P. 76. 2. 85).

273. Il a encore été jugé : 1° que si un mont-de-piété est responsable d'infractions à ses règlements qui ont favorisé l'engagement d'objets détournés, les juges peuvent faire retomber une partie du dommage sur le propriétaire même de ces objets, à raison d'un défaut de surveillance qu'il a à se reprocher (Paris, 26 déc. 1871, aff. Mont-de-Piété, D. P. 72. 2. 188) ; — 2° Qu'un intermédiaire ayant facilité les opérations de jeu d'un employé sans ressources personnelles, et se trouvant par suite responsable des détournements commis par cet employé au préjudice de son patron, il y a lieu, pour déterminer le chiffre des dommages-intérêts, de tenir compte de la négligence que le patron a pu apporter dans la surveillance et dans la gestion de son employé (Paris, 25 août 1890, aff. Compagnie des entrepôts et magasins généraux, et 10 janv. 1891, aff. D..., D. P. 92. 2. 139) ; — 3° Que le notaire déclaré responsable de la nullité de la vente d'un bien dotal faite sans remploi du prix, faute d'avoir vérifié l'existence, dans le contrat de mariage, de la condition de remploi, bien qu'il ait accepté le mandat de faire cette vérification, peut n'être condamné qu'à la réparation partielle du préjudice causé à l'acquéreur en considération de la possibilité que ce dernier avait aussi de prendre personnellement connaissance du contrat de mariage, et de l'imprudence qu'il a commise en négligeant cette précaution (Req. 31 mars 1862, aff. Vanel, D. P. 62. 1. 330. Adde : Req. 5 août 1879, aff. Diverrès, D. P. 81. 1. 268 ; Lyon, 8 févr. 1867, aff. Consorts Robin, D. P. 67. 2. 154) ; — 4° Qu'un mari et le tiers acquéreur d'un fonds dotal doivent supporter par moitié la perte du prix de ce fonds, alors surtout qu'ils ont commis une faute égale et commune en perpétuant le dépôt de ce prix aux mains du notaire au lieu d'exiger la réalisation du remploi (Riom, 19 mai 1891, aff. Bléton, D. P. 92. 2. 347) ; — 5° Que celui qui pouvait faire personnellement les diligences nécessaires afin d'obtenir la publication d'une société dont il fait partie ne peut rejeter sur son associé la charge exclusive de la nullité résultant du défaut de publication (Civ. rej. 23 mars 1892, aff. Fitan, D. P. 93. 1. 40) ; — 6° Que les frais de cartons rendus nécessaires par le nombre et la gravité des fautes

commises dans l'impression d'un ouvrage peuvent être partagés entre l'imprimeur et l'auteur quand celui-ci a à se reprocher de n'avoir pas relu les épreuves avec assez d'attention (Trib. com. Seine, 16 août 1860, aff. Ganot, D. P. 61. 3. 72. Comp. *supra*, n° 149-7°); — 7° Que le tort qu'a eu la victime de retarder son action contre la personne civilement responsable du dommage et de compromettre ainsi le recours de celle-ci contre la personne directement responsable, peut modérer le chiffre des dommages-intérêts (Trib. civ. Lyon, 23 déc. 1865, aff. Martin, D. P. 66. 3. 40); — 8° Que, le capitaine et l'affréteur devant au même titre connaître la législation douanière du pays où l'un conduit son navire et l'autre expédie sa marchandise, la responsabilité des dépenses occasionnées par la saisie d'un navire important en pays étranger des marchandises prohibées par les lois de ce pays doit être supportée à la fois par le capitaine et l'expéditeur, la saisie ayant eu pour cause une faute commune à l'un et à l'autre (Aix, 22 nov. 1867, aff. Levesque, D. P. 67. 2. 232).

274. Le même principe a servi à modérer la responsabilité de l'État dans les cas où elle est admise. Jugé, à cet égard : 1° que pour l'appréciation de la responsabilité de l'État, à raison d'avaries causées à un navire par un écueil mal signalé dans un port, il y a lieu de tenir compte de la faute commise par le pilote qui avait négligé de se conformer à toutes les indications données par le maître de port (Cons. d'Ét. 11 déc. 1885, aff. New Quai mutual Ship Insurance Society et Leborgne, D. P. 87. 3. 46 ; 21 juill. 1882, aff. Turnbill, D. P. 84. 3. 29); — 2° Que, l'État étant responsable de l'échouement d'un navire dans un port, on doit, en mettant à sa charge la part contributive de ce navire dans les avaries grosses ou communes, tenir compte de ce qu'elle eût été moindre avec un autre procédé de sauvetage, et, en mettant à sa charge les avaries à la cargaison, opérer une déduction à raison de l'aggravation résultant de la lenteur du déchargement (Cons. d'Ét. 8 janv. 1886, aff. Turnbill, D. P. 87. 5. 392); — 3° Que l'indemnité due par l'État pour abordage causé par la faute du capitaine commandant un ponton ne doit pas comprendre le préjudice résultant de ce que le navire abordé est resté dans le port où a eu lieu l'accident au delà du temps nécessaire pour faire constater et réparer les avaries (Cons. d'Ét. 2 mai 1890, D. P. 91. 3. 103). — V. une solution analogue en matière de dommages résultant de travaux publics, pour le cas où le réclamant a à s'imputer de n'avoir pas fait disparaître les causes de dommage après qu'il a été procédé aux constatations nécessaires pour qu'il soit statué sur sa demande (Cons. d'Ét. 1er juill. 1887, aff. Loiselot, et les renvois, D. P. 88. 3. 111); — 4° Que le préjudice causé à une compagnie de chemin de fer par l'explosion de poudres chargées sur des wagons, dans de mauvaises conditions qui ont amené l'accident, par les seuls employés de l'administration de la Guerre, doit être en matière à la charge de la compagnie si elle ne justifie pas avoir pris de son côté toutes les mesures de surveillance et de précaution prescrites par les règlements, dont l'exécution était possible nonobstant les réquisitions faites par l'État pour le transport de ces poudres (Cons. d'Ét. 17 déc. 1875, aff. Compagnie de Paris-Lyon-Méditerranée, D. P. 76. 3. 56. — V. encore : 1° sur les accidents de transport, *supra*, v° Commissionnaire, n°s 95 et suiv., 116 et suiv., 204 et suiv., 236 et suiv.; 2° sur les accidents industriels, *infra*, v° Travail; 3° sur les dommages causés par les animaux, *infra*, chap. 4,

sect. 1 ; 4° sur le cas de duel, *supra*, v° Duel, n° 151 ; 5° sur le cas de séduction, *supra*, n°s 202 et suiv.).

275. La jurisprudence s'est divisée sur une application assez curieuse des principes ci-dessus exposés. Il s'agissait du bris de glaces de luxe placées par un boutiquier à sa devanture donnant sur la voie publique. Cette façon de fermer sa devanture constitue-t-elle de la part du boutiquier une imprudence capable d'influer, sinon sur la recevabilité de l'action en dommages-intérêts, du moins sur le *quantum* de la réparation? On trouve dans ce sens un jugement du tribunal civil d'Amiens du 13 avr. 1864 (aff. David, *Moniteur des tribunaux*, 1864, p. 288) et une décision du tribunal de paix de Béziers du 22 juill. 1866 (aff. Chabert, D. P. 68. 3. 74). Celle-ci s'appuie sur un double motif tiré : 1° d'usages locaux établissant que le bris de vitres de devanture, sans imprudence ou maladresse, ne donne droit qu'à 2 fr. pour tous dommages; 2° de l'imprudence permanente qu'il y a à exposer à des devantures des glaces d'une valeur relativement considérable. Elle réserve, toutefois, le cas de bris volontaire ou produit par un acte illicite ou non indispensable à l'exercice du droit de circulation sur la voie publique, auquel cas ce dommage volontaire ou quasi-volontaire devrait être entièrement réparé (V. dans le même sens : Lalanne, *Moniteur des tribunaux*, 1861, p. 297). — Mais la jurisprudence s'est plutôt fixée dans le sens contraire, en décidant que l'emploi d'un vitrage de luxe ne constitue aucune imprudence, mais l'usage d'un droit, et que l'auteur de l'accident doit réparer la totalité du dommage à moins de prouver qu'il n'y a ni maladresse, ni imprudence de sa part (Trib. civ. Lyon, 12 mars 1856, *Belgique judiciaire*, t. 14, p. 607; Trib. civ. Bruxelles, 6 mars 1858, *ibid.*, t. 18, p. 522; Trib. civ. Anvers, 1er avr. 1865, aff. Potier, D. P. 65. 3. 62; Trib. de paix de Bourbon-l'Archambault, 8 janv. 1867, aff. Battiffier, D. P. 68. 3. 74; Trib. Fontainebleau, 17 mai 1876 (1); Trib. com. Seine, 21 nov. 1870) (2).

Il est difficile d'adopter une autre solution. L'emploi de glaces de luxe, entré dans les habitudes et les exigences du commerce, non prohibé par les règlements locaux, n'est de la part d'un commerçant que l'usage d'un droit. Les usages locaux tarifant ces sortes de dommages ne peuvent prévaloir sur le code civil qui permet d'en exiger la réparation complète. D'autre part, les devantures ne sont pas les seuls objets exposés à être endommagés par la maladresse du public, et si leur valeur réelle devait être écartée du compte des dommages quand elle provient d'un luxe non nécessaire, il faudrait donc réduire aussi la réparation des dommages causés par exemple aux toilettes ou aux équipages de luxe? Où s'arrêter dans cette voie ? Enfin on est forcé d'admettre la réparation intégrale en cas de bris volontaire. Mais les art. 1382 et 1383 n'autorisent aucune distinction entre le délit et le quasi-délit au point de vue de la réparation. La seule chose à prouver est l'existence d'une faute. Tout ce qu'on peut admettre avec plusieurs auteurs (Jay, *Annales des justices de paix*, p. 294; Nœuvéglise, *Correspondance des justices de paix*, 1861, art. 1623), c'est qu'une imprudence très légère et se rapprochant beaucoup du cas fortuit donnera lieu à une appréciation plus modique des dommages-intérêts qu'une maladresse évidente et un défaut d'attention inexcusable. Il est vrai que la faute, même légère, donne lieu à réparation en matière de délit et quasi-délit (V. *Rép.*, n° 105); mais le juge peut abaisser le chiffre des réparations dans la proportion où la faute se rapproche du cas fortuit (*Rép.* n° 237), et il

---

(1) (Bouland C. Herlin.) — La demoiselle Bouland a actionné le sieur Herlin en réparation du dommage qu'il avait causé en brisant la glace formant la devanture de son magasin. Le 8 janv. 1876, jugement du juge de paix de Fontainebleau qui condamne Herlin à payer seulement la valeur d'un vitrage ordinaire. Appel par la demoiselle Bouland.

Le tribunal; — Attendu que c'est par imprudence que Herlin a manœuvré par un temps de verglas un omnibus non attelé qu'il a fait passer sur un tas de neige placé près de la devanture de la boutique de la demoiselle Bouland, en sorte que la glace de la devanture a été brisée par le timon; — Attendu que c'est le préjudice causé qui doit être réparé; — Par ces motifs; — Infirme, etc... — Condamne Herlin à payer, etc.

Du 17 mai 1876.-Trib. de Fontainebleau.

(2) (Foucher C. Lesage et comp.) — Le tribunal; — Attendu que Lesage et comp., responsables du fait de leurs agents, sont tenus de réparer le préjudice causé par leur négligence; — Qu'ils prétendent en vain que l'indemnité à laquelle Foucher a droit doit être limitée au remboursement d'un verre à vitre ordinaire, les glaces constituant une devanture de luxe qu'ils ne sauraient être obligés de payer; — Attendu que leur prétention basée sur un ancien usage, qui n'est point d'ailleurs justifié, est d'autant moins admissible que l'emploi de glaces, pour les devantures de boutique, est aujourd'hui généralement adopté.

Par ces motifs;

Condamne Lesage et comp. à payer, etc.

Du 21 nov. 1870.-Trib. comm. Seine.-M. Moreau, pr.

est à remarquer que le tarif d'usage invoqué à Béziers prévoyait le bris sans imprudence ni maladresse. Telle est sans doute l'explication d'un jugement du tribunal civil de Saint-Brieuc du 5 mars 1883 (1) qui, sans taxer absolument d'imprudence l'emploi de glaces de luxe dans les devantures, déclare que leur emploi dans un endroit où l'étroitesse, la déclivité, et la très grande fréquentation de la rue les exposent à des risques exceptionnels pour lesquels précisément on s'était adressé à une compagnie d'assurances, ne donne droit, en cas de bris, qu'à une indemnité réduite en proportion de l'imprudence commise par le commerçant. — Une autre atténuation qu'il faut dans tous les cas admettre en cette matière, et qui l'a été par le jugement précité du 1er avr. 1863, c'est que du prix de la glace brisée doit être déduite la valeur des fragments qui en subsistent ; et que cette valeur, lorsque le commerçant a eu le tort de ne pas recourir à une estimation par expert, peut être fixée par les juges à une somme plus forte que celle qu'il a retirée de la vente de ces fragments.

276. Si la faute de la partie lésée figurant dans les causes du dommage peut diminuer la réparation à laquelle elle a droit, il va de soi que la réciprocité de délits et de dommages entre les deux parties peut, par une sorte de compensation, les rendre non recevables dans leurs demandes en dommages-intérêts ; c'est ce qui a été jugé pour deux commerçants qui s'étaient fait mutuellement une concurrence déloyale en publiant des imputations de nature à nuire à la réputation de leurs produits (Riom, 23 nov. 1852, aff. Bru, D. P. 53. 2. 137).

277. D'autre part, la faute de la partie lésée ne peut servir, ni à écarter, ni même à atténuer la responsabilité de l'autre partie, alors que la partie lésée n'aurait pu ni prévenir ni atténuer le dommage en évitant cette faute, laquelle n'a ainsi aucun rapport avec le dommage (Cons., d'Et. 27 juin 1890, aff. Chedru et Craquelin, D. P. 92. 3. 12).

278. — V. DOMMAGE MORAL. — On a vu au *Rép.*, n°s 27, 156, 157, 236, que le dommage moral donne lieu à réparation, comme le dommage matériel. Ce principe, admis par la plupart des auteurs (Aubry et Rau, t. 4, § 445, note 2 ; Demolombe, *Traité des contrats*, t. 8, n° 672 ; Larombière, *Obligations*, t. 5, p. 714, n°s 36 et 37 ; Laurent, *Principes de droit civil*, t. 20, n° 525 ; Sourdat, t. 1, n° 33 ; *Contrà* : Chassan, *Traité des délits et contraventions de la parole, de*

l'écriture et de la presse, t. 2, p. 72), a été appliqué non seulement en matière criminelle (Crim. rej. 7 juill. 1847, aff. Perminjat, D. P. 47. 4. 8 ; 18 mars 1853, aff. Roche, D. P. 53. 5. 167. V. *suprà*, v° *Procédure criminelle*, n° 153 et *Rép.* v° *Instruction criminelle*, n° 83), mais aussi en matière civile. Jugé, notamment : 1° que le chiffre des dommages-intérêts dus à la veuve et aux enfants de la victime d'un accident de chemin de fer doit être basé non seulement sur le dommage matériel par eux éprouvé, mais encore sur le préjudice moral résultant de la perte de la direction du père de famille, des affections brisées et de la douleur, sans que néanmoins la somme soit hors de proportion avec la perte réelle et appréciable à prix d'argent (Aix, 6 mai 1872, aff. Ollivier, D. P. 73. 2. 57) ; — 2° Que la sœur de la victime d'un accident de chemin de fer dont la compagnie est responsable, ayant recueilli, dans sa succession, le principe d'une action contre cette compagnie, et ayant éprouvé, indépendamment du préjudice matériel, un sérieux préjudice moral dans ses légitimes affections, peut obtenir une somme d'argent (3500 fr.) représentant équitablement la réparation du préjudice causé (Angers, 12 juill. 1872, aff. Larue Maire, D. P. 72. 5. 386) ; — 3° Que les parents dont l'enfant (âgé de cinq ans) est mort par suite d'un accident causé par l'imprudence d'un tiers ont droit à la réparation du préjudice matériel et du tort moral qu'ils ont subi par suite de cette mort, et qu'étant donné le coup porté à leur affection par la perte d'un enfant en qui ils pouvaient légitimement entrevoir un soutien pour l'avenir, le préjudice qui en résulte, bien qu'irréparable par sa nature, n'en doit pas moins être atténué par une allocation pécuniaire (Bordeaux, 30 nov. 1881) (2) ; — 4° Que si, dans bien des cas, un préjudice moral (tel que celui qui résulte de la mort d'un fils) est plus difficile à réparer qu'un préjudice matériel, il ne s'ensuit pas que l'auteur d'un accident puisse se soustraire aux conséquences de sa responsabilité sous prétexte que le mal qu'il a causé est si grand qu'il est irréparable (Alger, 23 mai 1892, aff. Veuve Blanc, D. P. 94. 2. 47). — Jugé de même, en Belgique, que le mot *dommage* dont se sert le législateur dans les art. 1382 et suiv., est un terme général qui s'applique au dommage moral comme au dommage matériel, et qu'il appartient au juge du fond de vérifier si le dommage moral est appréciable (C. cass. de Belgique, 17 mars 1881) (3).

---

(1) (Compagnie d'assurances terrestres *La Parisienne* C. Le Cornec.) — LE TRIBUNAL ; — Attendu qu'à la suite d'une rupture de glace formant devanture du magasin de Paris, Le Cornec a consenti à payer les dommages causés aux marchandises de Paris, placées derrière les glaces brisées, tout en faisant observer que le fait dommageable ne devait pas être entièrement imputé au domestique préposé à la conduite de sa voiture ; — Attendu que la compagnie d'assurances contre le bris des glaces, dite *La Parisienne*, est en cause, et figure comme étant aux droits de Paris, par elle désintéressé du prix de la devanture de son magasin, et qu'elle prétend que Le Cornec, après avoir comblé le dommage causé aux marchandises de Paris, doit encore solder le prix des glaces brisées ; — Mais attendu qu'il résulte des statuts de la Compagnie que le prix des assurances varie notablement en proportion des risques que les objets fragiles courent par suite du lieu et de la situation où ils se trouvent ; — Attendu qu'en l'espèce, la devanture de la boutique de Paris, garnie de glaces relativement précieuses, occupe provisoirement un alignement condamné en principe, dans la rue Houvenagle, à Saint-Brieuc, et cela, dans l'endroit où cette rue, étroite, déclive et très fréquentée, doit être élargie conformément aux plans de la ville, au fur et à mesure de la disparition ou de l'acquisition des maisons voisines ; que, si Paris ou ses prédécesseurs ont sollicité et obtenu l'autorisation provisoire de garnir de glaces l'ancien alignement, dont ils avaient été obligés de s'écarter en retrait pour reconstruire leur maison, ils doivent s'imputer d'avoir exposé leurs glaces à un péril manifeste et permanent ; — Attendu que cette situation n'avait point échappé à la Compagnie qui faisait couvrir ces risques spéciaux par une prime annuelle proportionnelle aux dangers ; qu'en cet état, le danger quasi-luxueux dont il s'agit formait pour le public un danger spécial, dont Le Cornec ne peut supporter les conséquences qu'en juste et exacte mesure, et que les éléments du procès permettent de le déterminer ; — Par ces motifs, etc.

Du 5 mars 1883.-Trib. civ. de Saint-Brieuc.-M. Gagon, pr.

(2) (Aff. Faure C. Neveu.) — LA COUR ; — Attendu que les époux Faure ont droit à la réparation du préjudice matériel et

du tort moral qu'ils ont subi par la faute de Neveu, et que la condamnation prononcée par les premiers juges est manifestement insuffisante ; que les documents produits permettent d'évaluer à 500 fr. au moins les dépenses nécessitées par la maladie et les frais funéraires de la victime ; que le coup porté à leur affection par la perte d'un enfant en qui ils pouvaient légitimement entrevoir un soutien pour l'avenir leur a causé un préjudice plus grave, qui, s'il est irréparable par sa nature, n'en doit pas moins être atténué par une allocation pécuniaire ; Par ces motifs ; — Condamne Neveu à payer à Faure à titre de dommages-intérêts la somme de 1200 fr.

Du 30 nov. 1881.-C. de Bordeaux, 2e ch.-MM. Bourgade, pr.-Thomas Peyrecave et Brazier, av.

(3) (L'État belge C. Hardy et consorts.) — En 1877, un accident du chemin de fer de l'État belge ayant eu pour conséquence la mort de Mlle Hardy, un jugement du tribunal de Bruxelles du 5 août 1878 a condamné l'État belge et la Société du Grand-Central à payer solidairement : 1° à M. Jules Hardy, père de la victime, pour préjudice matériel, la somme de 3000 fr. et pour préjudice moral, celle de 10 000 fr. ; 2° à Joséphine Hardy, sœur de la victime, pour préjudice moral, 1000 fr., et à Louis Hardy, frère de la victime, aussi pour préjudice moral, 1000 fr. — Appel par l'État ; mais, le 8 janv. 1880, arrêt confirmatif de la cour de Bruxelles, ainsi conçu :

LA COUR ; — Attendu qu'il est constant au litige que l'accident dont se plaignent les intimés a eu lieu le 2 janv. 1877, vers neuf heures et demie du soir, au passage à niveau n° 2, près la station de Berzée, sur la ligne de Berzée à Beaumont, exploitée par l'État belge ; qu'il a été causé par une locomotive appartenant à celui-ci, manœuvrée par ses préposés et circulant sur ladite ligne ; qu'il a été occasionné par le fait que l'accès au passage à niveau précité, qui n'était pas éclairé, était resté libre, l'une des barrières qui le clôturent étant demeurée ouverte, ce qui a permis à la voiture de Jules Hardy, conduite par son domestique Vital Renaux, de s'engager sur la voie ferrée de l'État belge, où elle a été atteinte par la locomotive susmentionnée ; — Attendu que, dans ces circonstances, l'État belge doit être tenu comme civile-

279. Jugé encore qu'un père peut demander judiciairement la réparation du préjudice moral que lui cause une personne en retenant chez elle, malgré sa défense, son enfant mineur; et que les dommages-intérêts alors ayant bien moins pour objet de réparer un préjudice causé que de punir une faute commise, peuvent être nuls pour le passé, eu égard à la bonne foi du défendeur, et prendre pour l'avenir le caractère d'une contrainte chez elle, malgré une peine fixée à une certaine somme par chaque jour de retard (Nancy, 25 janv. 1873, aff. Montfeuillard, D. P. 73.2.11). — Jugé aussi qu'un candidat élu sans concurrent peut réclamer des dommages-intérêts à un maire qui n'a pas ouvert le scrutin dans sa commune, par cela seul qu'il aurait pu recueillir dans cette commune un certain nombre de suffrages qui, ajoutés aux voix obtenues par lui dans les autres communes du département, auraient élevé le chiffre de sa majorité (Trib. civ. Châteaubriant, 13 janv. 1888, aff. De Lareinty, D. P. 90. 3. 23). — Il a été tenu compte encore du préjudice moral et matériel appréciable et certain, causé à des individus portés sans leur consentement et même contre leur volonté sur une liste de candidats pour une élection (V. *suprà*, n° 107). — Les diffamations et outrages donnent lieu journellement à la réparation du dommage moral.

280. Toutefois, les discussions soulevées à propos du dommage moral conduisent à certaines réserves, qu'on ne trouve pas dans tous les auteurs mais qui se dégagent des arrêts précités, et qui en réalité, au point de vue de la réparation, réduisent le dommage moral à un véritable dommage matériel ayant une cause morale. Si l'atteinte portée à des intérêts moraux peut donner lieu à réparation pécuniaire, il faut, même dans ce domaine, distinguer l'intérêt du sentiment, et se garder de présenter une somme d'argent comme le prix de l'affection portée à une personne et de la douleur causée par sa mort. Tout débat sur l'existence ou le degré de ces sentiments, en présence de liens de famille qui les supposent, aurait quelque chose d'immoral et de scandaleux. Il répugnerait aussi aux principes de notre droit, qui séparent nettement l'action publique et l'action civile, de faire de cette somme d'argent un complément de satisfaction exigé du coupable, plutôt qu'une réparation pour la partie lésée, explication d'ailleurs qui ne saurait s'étendre aux quasi-délits. Le malheur d'une famille ne saurait devenir une source de vengeance ou de gain. Aussi le juge doit-il constater qu'en atteignant le demandeur dans ses affections légitimes, en troublant son existence ou son avenir, la faute commise lui a causé un dommage appréciable en argent. L'argent, qui ne peut être le prix de la douleur dans les procès d'homicide, pas plus que de l'honneur dans ceux de calomnie, doit correspondre à un préjudice susceptible d'évaluation en argent, c'est-à-dire pécuniaire, mais qui peut être le contre-coup de la douleur comme du déshonneur. C'est dans ce sens seulement qu'on peut dire de la partie civile : *Causam agit doloris.*

Telle est bien l'idée qui se dégage des arrêts lorsque, après avoir admis la réparation du préjudice moral résultant des affections brisées, ils ajoutent « sans que néanmoins la somme soit hors de proportion avec la perte réelle et appréciable à prix d'argent »; ou lorsque, prenant pour

motifs soit les services dont la famille est privée, soit l'espoir légitime d'un soutien dans l'avenir, ils présentent l'allocation pécuniaire comme une simple « atténuation d'un préjudice irréparable par sa nature », et la fixent à un chiffre qui serait dérisoire s'il s'agissait de mesurer la douleur elle-même; ou lorsque, en attribuant au juge du fond le droit de dire si le dommage moral est appréciable, ils exigent implicitement ce caractère, lequel suppose au dommage moral un contre-coup matériel; ou enfin lorsqu'ils voient dans les dommages-intérêts, alloués pour l'avenir seulement, un moyen de contrainte plutôt que la réparation d'un préjudice. C'est ce qui a permis de dire qu'un préjudice pécuniaire peut seul donner lieu à des dommages-intérêts (*Rép.* v° *Obligations*, n° 778), et d'autre part, que la difficulté d'apprécier le préjudice moral ne saurait être un obstacle à l'action, tout préjudice moral étant susceptible de produire un préjudice matériel (*Rép.* n° 156). C'est vraiment le préjudice matériel qu'on apprécie et qu'on répare. Et c'est pour cela aussi qu'en cas de dommage causé à une propriété, il n'est pas dû d'indemnité pour la perte du prix d'affection (*Rép.* n° 235). Certains dommages, causés par le voisinage d'établissements dangereux, insalubres ou incommodes, et qualifiés de dommages moraux, sont aussi, au point de vue de leur effet, de véritables dommages matériels (Comp. *suprà*, v° *Manufactures*, n°s 86 et 87).

281. Un cas qui fait bien ressortir l'intérêt de la question et qui oblige à en préciser la solution est celui d'homicide tombant sur un enfant en bas âge ou sur un père âgé et infirme, dont l'existence était une charge pour le demandeur. M. Sourdat (n° 33), s'inspirant de M. Dupin, déclare l'action recevable. MM. Aubry et Rau, t. 4, § 445, note 5, enseignent aussi que « le fils dont le père a été victime d'un homicide a, de son propre chef, droit à des dommages-intérêts, quoique son entretien fût pour lui une charge dont il se trouve désormais affranchi ». M. Larombière (p. 714, 715) semble du même avis. « Un père, dit-il, est victime d'un homicide : les enfants pourront demander des dommages-intérêts, alors même que par son âge ou ses infirmités son existence était devenue pour eux une charge. Réparation leur est due dans tous les cas, à raison du tort moral qui leur est fait dans leurs affections légitimes ; et, s'ils ne peuvent toujours invoquer l'existence d'un dommage matériel, il suffit qu'ils plaident ce que la loi romaine appelle la cause de la douleur, *causam agant doloris*. Réciproquement, le père peut agir en dommages-intérêts à cause de la mort de son enfant, quand même celui-ci n'aurait été capable d'aucune assistance utile envers ses parents ».

De son côté, la cour de Nancy (9 déc. 1876, aff. Ricœur, D. P. 79. 2. 47) « proteste contre un système qui ne voit pour la famille, dans la perte des siens, que la privation d'une assistance éventuelle et lointaine, sans souci de sa très légitime et profonde douleur, sans souci non plus des inquiétudes, des angoisses, des souffrances que la victime a presque toujours subies avant de mourir »; elle ajoute « que par ce dangereux oubli des sentiments les plus respectables et les plus naturels, on amène fatalement l'auteur d'une imprudence, d'une imprévoyance ou de toute autre faute, touchant la personne, à désirer plutôt la mort que la guérison de la victime, parce qu'en cas de mort,

---

ment responsable des conséquences du susdit accident; qu'il a été le résultat de sa faute ou du moins celui du fait de la négligence ou du défaut de prévoyance de ses agents dont il doit répondre; — Attendu qu'il est constant que la collision susmentionnée a occasionné la mort de Zoé Hardy, fille de l'intimé Jules Hardy et sœur des intimés Louis et Joséphine Hardy; — Attendu que la mort de Zoé Hardy a causé aux intimés, Jules, Joséphine et Louis Hardy, un préjudice moral à raison duquel une réparation leur est due, et que celles qui ont été allouées de ce chef par le premier juge ne sont pas exagérées; — Attendu que le préjudice moral doit, comme le préjudice matériel, donner lieu à une indemnité, alors surtout qu'il est susceptible d'une évaluation en argent, comme dans l'espèce, où Zoé Hardy rendait à sa famille des services dont la privation constitue une perte pour les membres de cette famille, les art. 1382 et suiv. civ. c. étant conçus en termes généraux et ne faisant pas la distinction proposée par l'État belge, etc. — Pourvoi en cassation par l'État, pour violation des art. 1382, 1383 et 1384 c. civ.; violation des art. 252, 253 et 254 c. proc. civ., et 1319 c. civ.

La cour; — Sur l'unique moyen de cassation; — Quant à la

première branche du moyen : — Considérant que le mot *dommage* dont se sert le législateur dans les art. 1382 et suiv. c. civ., est un terme général qui s'applique au dommage moral comme au dommage matériel, et qu'il appartient au juge du fond de vérifier si le dommage moral est appréciable; — Considérant, en fait, que l'arrêt dénoncé déclare que, par la faute ou la négligence des préposés du chemin de fer de l'État belge, celui-ci a causé un dommage moral aux défendeurs, qu'il déclare, en outre, que, dans l'espèce, ce dommage moral est susceptible d'une évaluation pécuniaire et qu'il fixe, par suite, le montant de la réparation due aux défendeurs; que, dès lors, l'arrêt ne contrevient pas aux art. 1382 et suiv. c. civ.; — Quant à la seconde branche : — Considérant que ce n'est que surabondamment que l'arrêt attaqué invoque à l'appui de sa décision les services que Zoé Hardy rendait à sa famille et que, dès lors, il devient sans objet de s'occuper de la critique que soulève la seconde branche du moyen;

Rejette, etc.

Du 17 mars 1881.-C. cass. de Belgique, 2e ch.-MM. De Longé, 1er pr.-Tillier, rap.-Mélot, av. gén., c. conf.-Lejeune et Picard, av

comme il arrive de timidement le prétendre, la victime n'a plus besoin de rien, tandis qu'en cas de guérison, elle peut demander et elle doit obtenir des secours qui l'aident à vivre et réparent le tort que, par la diminution de ses forces ou de ses aptitudes, elle éprouve dans le présent et elle éprouverait dans l'avenir ; que la justice s'honore quand, en présence d'un malheur, afin de combattre de semblables théories, et d'en prévenir les tristes conséquences, elle consulte moins les règles trop absolues du droit strict que la voix ordinairement plus équitable et aussi autorisée de l'humanité ».

Mais des solutions aussi absolues ne sauraient subsister devant la nécessité de l'appréciation du préjudice, et M. Larombière lui-même admet, en définitive, la nécessité du contre-coup matériel qu'il semblait avoir écartée : « Ce n'est pas, dit-il, que certains torts moraux résultant de la douleur, du regret, des affections froissées, puissent recevoir une évaluation exacte. Cependant l'intérêt de la partie lésée à obtenir une réparation n'en existe pas moins. Seulement les juges évaluent, en pareil cas, le préjudice en vue des autres circonstances matérielles qui donnent une base plus certaine et plus fixe à leur appréciation, telles que la privation pour la famille de l'assistance et de l'appui d'un père, d'un fils, d'une mère, d'une épouse » (Ibid., p. 716). On pourra donc, écoutant la voix de l'humanité, qu'invoque la cour de Nancy, être très large dans la constatation du contre-coup matériel, privation d'un appui ou d'une direction utiles, altération de la santé ou diminution des forces, incapacité de travail ou trouble dans les affaires, par suite de la douleur qu'on a ressentie. Mais la nécessité de cet élément matériel est le seul principe certain qui puisse fixer le juge dans la réparation des dommages moraux. Et c'est encore la prédominance de l'élément matériel qui a fait décider qu'en allouant une indemnité à la veuve et aux enfants de la victime d'un accident de chemin de fer, le juge doit tenir compte de la prédisposition maladive de la victime et de la situation peu prospère de ses affaires (Aix, 14 juin 1870, aff. Consorts Magaud, D. P. 72. 2. 97).

Cette recherche dans le dommage moral de ses conséquences matérielles n'a pas d'ailleurs pour effet, comme on pourrait le craindre, d'autoriser le meurtrier d'un père âgé ou infirme à refuser même le payement des frais médicaux et funéraires occasionnés par son fait, comme se compensant avec l'allégement de charges qu'il a procuré à la famille; car s'il est permis d'invoquer un acte illicite contre son auteur pour lui en demander réparation, celui-ci ne saurait l'invoquer lui-même devant la justice comme source d'une créance susceptible d'entrer en compensation ou comme une sorte de gestion d'affaires. —V. sur cette question du dommage moral la dissertation insérée sous l'arrêt précité d'Aix, du 14 juin 1870, D. P. 72. 2. 97. — Sur le préjudice résultant de la séduction ou de l'inexécution d'une promesse de mariage, V. suprà, n° 202 et suiv. — Sur le préjudice résultant des injures et diffamations, V. suprà, v° Presse outrage, n°s 1258 et suiv.

282. S'il est vrai, d'ailleurs, que l'allocation de dommages-intérêts suppose nécessairement l'appréciation du préjudice, la difficulté que peut présenter cette appréciation, alors que le préjudice est constaté, n'est pas un motif suffisant pour en refuser la réparation et déclarer l'action non recevable. C'est ainsi, notamment, que la demande formée collectivement par plusieurs officiers ministériels pour le dommage qu'un fait leur a causé (l'association illicite entre plusieurs autres officiers ministériels de la même ville et le fait par l'un d'eux de faire signifier par ses clercs les actes de son ministère) ne peut être déclarée non recevable à raison des difficultés que peut offrir soit l'appréciation du dommage allégué, soit la fixation de la part revenant à chacun des demandeurs, du moment que le dommage allégué peut exister en fait (Toulouse, 18 janv. 1866, aff. Garès et autres, D. P. 66. 2. 6).

283. — VI. Dommage éventuel. — Ainsi qu'on l'a dit au Rép., n°s 33, 163, 164, il ne peut être dû de réparation que pour un dommage actuel et certain (V. aussi suprà, v° Procédure criminelle et Rép., v° Instruction criminelle, n° 85). Il a été jugé, par application de ce principe, que les créanciers d'une personne, morte dans un accident de chemin de fer imputable à la compagnie, ne peuvent trouver la base

d'une action en dommages-intérêts dans la circonstance que cette mort a surpris leur débiteur en état d'insolvabilité et l'a empêché de revenir à meilleure fortune, ce retour à meilleure fortune étant purement éventuel et hypothétique (Besançon, 1er déc. 1880, aff. Boillon et Feuvrier, D. P. 81. 2. 65). Décidé, de même, que les frères et sœurs de la victime de cet accident ne peuvent non plus exercer de leur propre chef une action fondée sur ce qu'elle les aurait de son vivant assistés quelquefois dans leurs besoins, alors que cette assistance n'aurait été que purement facultative et ne pouvait constituer pour eux un droit acquis, mais un intérêt simplement éventuel (Même arrêt), tandis que sa mère, au contraire, peut invoquer comme préjudice suffisamment certain la privation du droit de lui demander, dans l'avenir, des aliments (Alger, 23 mai 1892, aff. Dame veuve Blanc, D. P. 94. 2. 47, cité suprà, n° 278).

Il serait cependant téméraire de trop généraliser cette dernière solution, et sans voir dans la bienfaisance la source d'un droit, on peut reconnaître un préjudice suffisamment certain dans la perte d'une assistance qui, même bénévole au point de vue de la contrainte légale, reposait sur un devoir naturel et s'exerçait avec régularité. C'est un point acquis en jurisprudence (Crim. rej. 20 févr. 1863, aff. Caderousse-Grammont, D. P. 64. 1. 99).

284. C'est encore faute de dommage certain et actuel que l'acquéreur qui découvre l'existence d'une hypothèque sur l'immeuble vendu, mais qui n'est ni troublé ni menacé par une sommation du créancier hypothécaire, a pu être déclaré non recevable dans son action contre le notaire en restitution du prix à lui payé pour le compte du vendeur conformément à la clause qui stipulait le prix payable en son étude ; et que la simple prévision d'éventualités, d'ailleurs improbables, ne peut soumettre le notaire, dores et déjà présumé en faute, à la représentation d'une somme quittancée par le vendeur en présence et de l'aveu du mandataire de l'acquéreur lui-même (Riom, 3 déc. 1885, aff. Azémard, D. P. 87. 2. 91).

285. Les mêmes principes ont trouvé leur application en matière de voisinage industriel ou agricole. Une compagnie de chemin de fer ayant causé préjudice à une blanchisserie de cire par la fumée de ses locomotives et d'une usine à gaz exploitée par elle, il a été jugé que l'industriel lésé ne pouvait obtenir une indemnité représentative du déplacement de son usine que dans le cas où l'exploitation serait absolument impossible dans son emplacement actuel et où la compagnie ne pouvait prévenir ou diminuer le préjudice par un redoublement de surveillance ; mais que, dans le cas contraire, les dommages-intérêts devaient comprendre, d'une part, les pertes matérielles subies par le fait direct de la compagnie dans la fabrication et dans la livraison des produits de l'usine, d'autre part la diminution de la valeur vénale de celle-ci et la dépréciation de l'industrie du demandeur (Orléans, 25 févr. 1885, aff. Desforges et Chalon, D. P. 86. 2. 227). — Toutefois, si la simple menace d'un dommage éventuel et hypothétique (comme le danger d'éboulement que produit pour une maison l'affaissement d'un dépôt de schistes provenant d'un charbonnage voisin) ne peut servir directement de base à une action, l'action peut, en pareil cas, trouver une base suffisante dans la dépréciation actuelle, appréciable et certaine, dont ces affaissements ont indirectement frappé la propriété (Liège. 18 juill. 1883, aff. Thonet, D. P. 85. 2. 79). — C'est encore parce qu'il s'agit d'une dépréciation dès à présent certaine et forcée et non pas d'un dommage futur et incertain, qu'en cas d'altération des eaux d'une source rendue impropre à l'irrigation par les eaux corrompues, venant d'une mine de pyrites et qui ont altéré la nappe d'eau alimentant la source, le propriétaire de la prairie arrosée par les eaux de cette source peut, si le dommage doit continuer forcément pendant longtemps encore, faire condamner le concessionnaire de la mine à une indemnité représentative, non seulement de la perte qu'il a subie, mais de celle qu'il subira ultérieurement (Req. 7 juin 1869, aff. Daniel et comp., D. P. 71. 1. 117; Comp. Sourdat, n° 462).

286. Jugé encore : 1° qu'on ne saurait écarter comme non recevable, faute de préjudice actuel, l'action civile formée par des obligataires contre les fondateurs et administrateurs d'une société qui les ont amenés, par des ma-

nœuvres frauduleuses constitutives de l'escroquerie, à souscrire des bons trentenaires garantis par un capital social
imaginaire, sous prétexte que la société opère régulièrement le payement des intérêts et l'amortissement du
capital de ces bons, ce fait n'excluant pas la dépréciation
vénale ou autre dès à présent réalisée sur ces valeurs
(Crim. cass. 26 avr. 1884, aff. Delfour et Girard, D. P. 85.
1. 134) ; — 2° Qu'il y a constatation d'un préjudice actuel
et certain quand un arrêt déclare qu'un mandataire aurait
fait rentrer une créance s'il eût agi avec plus de vigilance et
à une époque antérieure, bien que le créancier pût encore
avoir des moyens d'action contre le débiteur (Req. 28 mai
1888, aff. Leroy, D. P. 89. 1. 187).

287. Enfin les dommages futurs qui ne sont que l'effet
successif, mais certain, d'un état de choses actuellement
produit par le délit ou le quasi-délit sont, par là même,
assez actuels pour donner lieu à des dommages-intérêts qui,
à raison de ce caractère successif, peuvent consister en allocations périodiques. Ainsi en est-il en cas de voisinage
préjudiciable (Req. 19 mai 1868, aff. Compagnie des Salines
de l'Est, D. P. 68. 1. 486) ou encore d'accident privant la
victime ou sa famille du produit de son travail (V. *infrà*,
nos 288, 318).

Il a même été jugé, dans ce dernier cas, que l'arrêt qui
condamne une compagnie de chemin de fer à payer une
rente viagère à un ouvrier blessé à son service, d'une
manière qui a eu sur sa santé les plus graves conséquences,
peut décider qu'à sa mort cette rente sera réversible en
partie sur la tête de sa femme et de ses enfants, l'événement futur de cette mort étant mentionné dans l'arrêt, non
comme cause génératrice de l'obligation de la compagnie
envers la femme et les enfants, mais seulement comme point
de départ d'une modification dans les conditions de la pension à laquelle elle est condamnée et qui a pour cause, à
l'égard de la famille comme de l'ouvrier lui-même, l'état de
santé et l'incapacité de travail résultant de l'accident (Req.
10 janv. 1877 (1) *Adde* : Crim. rej. 20 févr. 1863, aff. Caderousse-Grammont, D. P. 64. 1. 99). — Sur le caractère plus
ou moins définitif des allocations prononcées à titre de
dommages-intérêts, V. *infra*, nos 321 et suiv.

288. Des dommages-intérêts fixés à une annuité jusqu'à la cessation des faits dommageables, ou à une certaine
somme par chaque jour de retard ou par chaque infraction
future à une injonction ou à une défense, dommages-intérêts rendus ainsi eux-mêmes, peuvent être alloués
pour le préjudice éventuel qui résulterait de la continuation du fait illicite dont se plaint le demandeur (Req.
27 juin 1869, aff. Daniel, D. P. 71. 1. 117; 17 avr.
1872, aff. Taverna, D. P. 72. 1. 352 ; Nancy, 25 janv. 1873,

aff. Montfeuillard, D. P. 73. 2. 11). Le juge peut même,
appréciant ce préjudice jusqu'à l'époque prévue de sa cessation, fixer la réparation qui se trouvera due le jour où il
aura cessé ; ce n'est pas là accorder une indemnité pour le
temps où le préjudice n'existera plus (Req. 5 juin 1882,
aff. Veuve Linossier, D. P. 83.1.291). — Mais les juges n'ont
ce droit que s'ils possèdent les éléments nécessaires pour
apprécier le préjudice qu'ils prévoient et veulent réparer
d'avance (Aix, 12 août 1876, aff. Rostan, D. P. 77.
2. 175 ; Req. 15 mars 1892, aff. Guiotat, D. P. 92. 1. 303 ;
Comp. Bruxelles, 8 août 1880, aff. De Beauffremont, D.P. 82.
2. 81). Cette condition, il est vrai, n'est pas nécessaire lorsque l'allocation a le caractère d'un simple moyen de contrainte, purement comminatoire, et non de dommages-intérêts fixés d'une manière définitive comme réparation
exacte du préjudice. Mais ce dernier mode de condamnation,
admis en jurisprudence (V. les arrêts cités dans le rapport
de M. le conseiller Féraud-Giraud sous Req. 7 nov. 1888,
aff. Grandpré, D. P. 89. 1. 261, col. 1 ; Comp. Req.
23 juill. 1889, aff. Meunier, D. P. 91. 1. 31), est vivement critiqué par la doctrine (V. Demolombe, *Traité des
contrats*, t. 1, nos 494 et suiv. et *supra*, v° *Obligations*,
n° 253).

289. Les établissements militaires de l'Etat ont donné
lieu quelquefois, de la part de propriétaires voisins, à des réclamations qui ont été rejetées comme fondées sur un préjudice purement éventuel. Ainsi la simple éventualité de
préjudices pouvant être causés aux propriétés voisines
d'une poudrerie de l'Etat, par les explosions qui se produiraient dans cet établissement, est considérée comme insuffisante pour donner lieu à indemnité (Cons. d'Et. 4 janv.
1878, aff. Berninet et autres, D. P. 78. 3. 82 ; 10 févr.
1882, aff. Smith, D. P. 83. 3. 63). Il en est de même de
l'établissement d'un polygone, et de la crainte des projectiles qui peut en résulter pour un immeuble voisin, alors
qu'aucun accident n'est jamais arrivé ou même lorsque la
chute d'un ou quelques-uns de ces projectiles est restée un
fait isolé et que l'Administration a pris ou ne refuse pas
de prendre des mesures propres à l'empêcher à l'avenir
(Cons. d'Etat, 18 févr. 1836, aff. Narbonne-Lara, 22 nov.
1836, aff. Guerlin-Houel, *Rép.* v° *Place de guerre*, nos 129
et 136 ; 6 mars 1874, aff. Dame de Panat, D. P. 75. 3. 24 ;
12 févr. 1870, aff. De Panat, D. P. 70. 3. 108). — Si au
contraire, l'immeuble déjà atteint par les projectiles doit
demeurer exposé à leurs atteintes, faute pour l'Administration de prendre des mesures suffisantes pour le préserver
complètement, la dépréciation causée à cet immeuble par le
voisinage du polygone constitue un préjudice actuellement
certain, dont l'Etat doit la réparation, indépendamment de

---

(1) (Chemin de fer du Midi *C. Paraire*). — Le 16 nov. 1875, le tribunal de Toulouse a rendu le jugement suivant : — « Attendu que
la compagnie du chemin de fer du Midi a reconnu elle-même
qu'elle était responsable de l'accident dont Paraire a été victime
le 9 mai 1875, au service de ladite compagnie, au moment où il
remplissait ses fonctions; que ladite compagnie tente vainement
d'atténuer les conséquences de sa responsabilité, sous prétexte que
l'accident devait être attribué en grande partie à la propre imprudence de Paraire ; — Que ses allégations qui ont été produites
à cet égard n'ont été nullement justifiées ; — Attendu qu'il
résulte du rapport des experts nommés par le jugement interlocutoire du 2 août 1875 que Paraire a été très gravement blessé ;
qu'en supposant qu'il échappe à la mort, qui est, le plus ordinairement la conséquence des lésions constatées sur son corps,
il restera certainement infirme et paralysé pour le reste de sa
vie; que le préjudice subi par Paraire est d'autant plus grand
qu'il a été atteint dans la force de l'âge par l'accident qui lui
rend désormais tout travail impossible et qui l'a ainsi privé du
moyen de pourvoir à son entretien et à celui de sa famille; que,
de plus, le traitement médical et les soins que son état de maladie ont rendus nécessaires lui ont imposé des dépenses assez
élevées et dont il doit être nécessairement indemnisé; que l'obligation de la compagnie à cet égard est d'autant plus rigoureuse
qu'aussitôt après l'accident, elle s'est empressée de priver Paraire
de sa rétribution mensuelle : — Attendu que, prenant en considération ces diverses circonstances, le tribunal croit pouvoir
allouer, en premier lieu, une somme de 500 fr. à Paraire, en
outre de celle qui a déjà été accordée par le premier jugement et, de plus, une pension annuelle et viagère de 1200 fr. à
partir du jour de l'accident, payable par trimestre et d'avance,
laquelle, en cas de prédécès de Paraire, sera réversible, à con-

currence de 400 fr., au profit de la femme Paraire, et de 200 fr.
au profit de chacun de ses deux enfants actuellement existants ;
— Attendu que, s'agissant de sommes accordées à titre de provision ou de pension alimentaire, il y a lieu d'ordonner l'exécution provisoire demandée jusqu'à la somme de 500 fr. ; — Par
ces motifs, etc. — Appel par la compagnie du chemin de fer du
Midi ; mais, le 15 févr. 1876, arrêt de la cour de Toulouse qui
confirme en adoptant les motifs des premiers juges.

Pourvoi en cassation par la compagnie : 1° violation de
l'art. 1382 c. civ., en ce que l'arrêt attaqué, en déclarant dès
à présent réversible sur la tête de la femme et des enfants la
rente viagère accordée à la victime encore vivante, a condamné
la compagnie à raison d'un dommage futur et incertain ; —
2° sans intérêt).

La cour ; — Sur le premier moyen, pris de la violation de
l'art. 1382 c. civ. : — Attendu que le dommage dont l'arrêt
attaqué constate l'existence et ordonne la réparation, soit au
profit de Paraire, soit au profit de sa femme et de ses enfants,
ne consiste pas, d'après les déclarations des juges du fond, dans
la mort de Paraire, encore vivant, mais dans les graves conséquences qu'a eues pour sa santé l'accident dont il a été victime
par la faute de la compagnie ; que si l'événement futur de la
mort de Paraire est mentionné dans l'arrêt, ce n'est que comme
point de départ d'une modification dans les conditions de la
pension à laquelle la compagnie a été condamnée, et non comme
cause génératrice de l'obligation de celle-ci ; — D'où il suit que
le premier moyen manque par le fait qui lui sert de base ; —
Sur le second moyen...

Rejette, etc.

Du 10 janv. 1877.-Ch. req.-MM. de Raynal, pr.-Connelly, rap.-
Godelle, av. gén., c. conf.-Devin, av.

celle des dégâts occasionnés par les projectiles, et de la privation de jouissance précédemment subie (Cons. d'Etat, 21 juin 1859, aff. Pensa, D. P. 60. 3. 11.; 27 févr. 1862, aff. Pensa, D. P. 62. 3. 28; 9 août 1865, aff. Vérel, D. P. 66. 3. 27; 12 févr. 1870 ; 6 mars 1874, précités). Mais encore faut-il que les dommages soient permanents, pour qu'il puisse être alloué une indemnité représentant la dépréciation de la propriété. Si ces dommages pouvaient cesser par suite de mesures prises par l'autorité militaire, il ne pourrait être alloué qu'une indemnité représentant le trouble apporté à la culture et la diminution du prix de fermage à payer annuellement, tant que le dommage n'aura pas pris fin, sauf au propriétaire à réclamer un supplément d'indemnité dans le cas où les inconvénients résultant du tir se trouveraient aggravés (Cons. d'Etat, 8 août 1884, aff. Le Roux, D. P. 85.5. 417; Conf. Cons. d'Etat, 6 juill. 1883, aff.-Duruy, D. P. 84. 5. 436). En pareil cas le juge doit faire préalablement constater par experts le résultat que pourront produire les études et travaux que l'Administration annoncerait avoir prescrits en vue de préserver l'immeuble (Arrêt précité du 12 févr. 1870). — Sur la responsabilité de l'Etat à raison de ses établissements militaires, V. infrà, nᵒˢ 400 et suiv.

290. Par application du même principe, l'indemnité pour dommages résultant de l'exécution de travaux publics doit être calculée d'après l'état de choses existant, sans qu'il y ait à tenir compte des éventualités et des combinaisons de spéculation qui auraient pu ultérieurement augmenter la valeur de la propriété ; et, par exemple, s'il y a diminution de la force motrice d'une usine, elle doit être calculée sur la force actuellement utilisée, et non sur celle que l'usinier aurait pu employer (Cons. d'Etat, 28 juill. 1866, aff. Ulrich, D. P. 68. 3. 26 ; 19 juin 1874, aff. Gatellier, D. P. 75. 3. 64; 27 avr. 1877, aff. Baudry, D. P. 79. 3. 422. V. infrà, vᵒ Travaux publics). Mais une destination en vue de laquelle on a usé de l'immeuble, quoique non encore réalisée, n'a pas ce caractère purement éventuel et peut entrer en compte dans les dommages-intérêts ; ainsi jugé à propos de l'indemnité causée par l'établissement d'un polygone de tir (Cons. d'Etat, 20 janv. 1882, aff. Fournier, D. P. 83. 3. 50; V. supràpre, nᵒ 259-5ᵒ). — Sur les dommages futurs ou éventuels causés par le voisinage d'établissements dangereux, insalubres ou incommodes, V. supràpre, vᵒ Manufactures, nᵒ 88.

291. On a vu au Rép., nᵒˢ 163 et 164, et supràpre, vᵒ Action possessoire, nᵒˢ 37 et suiv., qu'un trouble actuel peut seul motiver l'action possessoire en complainte, notamment pour travaux exécutés sur le fonds du défendeur et troublant le demandeur dans la possession du fonds voisin ; mais que le trouble éventuel résultant de travaux simplement commencés, s'il ne peut encore motiver une condamnation, soit à des dommages-intérêts, soit à la destruction des travaux, permet d'ordonner, sur l'action dite en dénonciation de nouvel œuvre, la discontinuation de ces travaux (V. les conditions de cette action supràpre, loc. cit.). — Sur l'action damni infecti tendant à obtenir caution en vue du dommage éventuel qui peut résulter de la ruine imminente d'un édifice voisin, et sur le droit d'obtenir en ce cas et dans les cas analogues des mesures préventives, V. infrà, chap. 4, sect. 2. — Sur la recevabilité des actions tendant à prévenir un préjudice imminent, V. supràpre, vᵒ Action, nᵒˢ 32 et suiv.

292. — VII. Pouvoirs du juge quant au chiffre de la condamnation. — Les pouvoirs respectifs du juge du fond et de la cour de cassation, en ce qui concerne la fixation des dommages-intérêts, résultent de ce qui a été dit supràpre, nᵒˢ 245 et suiv., sur la constatation même des divers éléments du quasi-délit et supràpre, nᵒˢ 268 et 283, sur les dommages indirects et éventuels. On a vu que le juge du fond est souverain à cet égard, sauf le droit, pour la cour suprême, de rechercher, notamment, si les conséquences tirées de ces constatations sont concordantes et juridiques, de contrôler les bases d'évaluation adoptées par lui et la nature des réparations qu'il a ordonnées. — Nous devons compléter ici les indications données sur ce point en remarquant que le pouvoir souverain des juges du fond pour évaluer la quotité des dommages-intérêts d'après le préjudice causé, cesse dans les cas où la loi fixe elle-même cette quotité ou la fait dépendre d'une base déterminée. Ainsi en est-il

pour l'occupation temporaire ou définitive des terrains de la surface par les concessionnaires ou explorateurs des mines : l'indemnité doit être réglée au double du produit net du terrain endommagé si les travaux sont passagers et si le sol où ils ont eu lieu peut être mis en culture au bout d'un an comme il l'était auparavant, et au double de la valeur qu'avait le terrain avant l'occupation, si celle-ci ayant privé le propriétaire du sol pendant plus d'un an ou ayant rendu ce sol impropre à la culture après l'exécution des travaux, le propriétaire en impose l'acquisition au concessionnaire ou à l'explorateur. Mais ce règlement au double n'est applicable qu'au cas d'occupation ou d'acquisition des terrains, et non aux autres dommages causés à la propriété par les travaux de recherches ou d'exploitation, dommages dont la réparation reste soumise au droit commun. La loi du 27 juill. 1880 a complété dans ce sens, par la disposition finale de son art. 43, le texte des anciens art. 43 et 44 de la loi du 20 avr. 1810, dont l'application aux dommages causés par l'exploitation souterraine, sans occupation de la surface, avait été très controversée en jurisprudence, puis repoussée définitivement par elle à la suite d'un arrêt solennel de la cour de cassation (Ch. réun., rej. 23 juill. 1862, aff. Pras, D. P. 62. 1. 257). — Sur les indemnités dues par les concessionnaires des mines aux propriétaires lésés, V. supràpre, vᵒ Mines, nᵒˢ 430 et suiv., 449 et suiv., 452 et suiv., 465 et suiv., 472 et suiv.; Sourdat, nᵒ 464 ter.

293. On peut citer encore diverses sortes de faits délictueux pour la réparation desquels la loi fixe au juge des règles indépendantes de son appréciation, et dont la cour de cassation devrait assurer l'observation. Ainsi, dans les cas de détention illégale et arbitraire prévus par les art. 114, 117 et 119 c. pén., les dommages-intérêts ne peuvent être inférieurs à 25 fr. par chaque jour de détention illégale et arbitraire et pour chaque individu, quel qu'il soit; c'est seulement au delà de ce minimum qu'on peut avoir égard aux personnes, aux circonstances et au préjudice souffert pour en fixer le chiffre.

294. En cas de délit forestier, toutes les fois qu'il y a lieu d'adjuger des dommages-intérêts, ils ne peuvent être inférieurs à l'amende simple prononcée par le jugement (art. 202 c. for.). — L'art. 29, § 2, c. for. pour le délit qu'il prévoit (abatage d'arbres non compris dans l'adjudication et de meilleure nature ou qualité que ceux de la vente) oblige à payer, outre l'amende, une somme double à titre de dommages-intérêts. — L'art. 40 du même code, pour retard dans la coupe et la vidange des ventes, fixe le minimum des dommages-intérêts à la valeur estimative des bois restés sur pied ou gisant sur les coupes. — Dans les cas prévus par les art. 33 et 34 du même code, si les arbres dont la restitution est due ne peuvent être représentés, leur valeur est estimée au double de la somme égale à l'amende encourue. — En cas d'écorcement ou pelage des arbres sur pied sans autorisation expresse du procès-verbal d'adjudication, les dommages-intérêts ne peuvent être inférieurs à la valeur des arbres indûment pelés ou écorcés (art. 36). — Les amendes et restitutions prévues par les art. 33, 34, 37 et 39 du même code ont lieu, d'après ces textes, « outre les dommages-intérêts » ou « sans préjudice des dommages-intérêts » ; et, dans le cas de l'art. 40, « les bois sont saisis à titre de garantie pour les dommages-intérêts ». Ces formules, bien qu'elles ne semblent pas impératives par elles-mêmes, ont été interprétées comme telles par la jurisprudence, et on a considéré comme sujettes à cassation les décisions qui se borneraient, en pareil cas, à condamner à l'amende et à la restitution, sans allouer en outre des dommages-intérêts, le juge n'étant pas libre d'apprécier alors la réalité du dommage, bien qu'aux termes de l'art. 198 c. for. il n'y ait lieu à dommages-intérêts outre l'amende et la restitution que « selon les circonstances » (V. sur cette question Rép., vᵒ Forêts, nᵒ 1206, et supràpre, vᵒ Régime forestier, nᵒ 434. Comp. sur ces divers cas : Sourdat, nᵒ 431).

295. La loi du 10 vend. an 4 (art. 6, tit. 5) imposait aux communes, en cas de crimes ou délits commis à force ouverte et par attroupements sur leur territoire, outre la restitution des objets pillés ou volés ou du double de leur valeur au cours du pillage, faute de les représenter, et une amende égale au montant de cette restitution, des dommages-intérêts

dont elle fixait le minimum à la valeur entière des objets. Mais, la loi municipale du 5 avr. 1884 ayant prévu ce genre de faits et réglé leurs conséquences sans parler d'amende et sans fixer aucun minimum aux dommages-intérêts, ceux-ci doivent aujourd'hui être évalués d'après les règles du droit commun (Comp. *suprà*, v° *Commune*, n° 1316 ; Sourdat, n° 131).

296. Si le juge n'est pas maître du chiffre des dommages-intérêts en présence d'une fixation précise contenue dans la loi, il cesse de l'être aussi en présence d'une convention des parties ayant le caractère d'une transaction sur ce point. Car on peut toujours transiger sur l'intérêt civil résultant d'un délit et à plus forte raison d'un quasi-délit (Comp. Sourdat, n°s 139 et 370). Mais encore faut-il qu'on reconnaisse dans l'acte intervenu une transaction véritable, que le juge alors devrait respecter quoique réglant le dommage au-dessous de son importance réelle. Mais s'il s'agissait, par exemple, d'un billet ayant pour unique cause la réparation du dommage et devant par suite se trouver sans cause pour ce dont il excède le montant de ce dommage, le juge pourrait en réduire le chiffre en tenant compte d'une appréciation plus exacte du dommage souffert et de la position de fortune de celui qui doit le réparer (Nîmes, 17 déc. 1849, aff. Martin, D. P. 52. 2. 69). — Sur les demandes motivées par les suites nouvelles d'un délit ou quasi-délit après jugement ou transaction, V. *infrà*, n°s 321 et suiv.

297. Il est généralement admis en matière de quasi-délit que le plus ou moins de gravité de la faute commise doit entrer dans les éléments qui déterminent la fixation des dommages-intérêts (Sourdat, n° 689 ; Larombière, n°s 8 et 28 ; Demolombe, *Contrats*, t. 4, n°s 474 et suiv. ; Laurent, *Principes de droit civil*, t. 20, n° 530). Mais cette règle ne s'applique pas lorsqu'il s'agit de déterminer la responsabilité résultant de l'inexécution d'un contrat, notamment celle des entrepreneurs de transports (Bruxelles, 28 nov. 1831, aff. Thibaut, D. P. 85. 2. 128). — V. sur cette dernière responsabilité *suprà*, v° *Commissionnaire*, n° 96, et sur l'appréciation de la faute dans l'exécution des conventions en général *suprà*, v° *Obligations*, n°s 199 et suiv.

298. Si le juge du fond doit tenir compte des fautes respectives des parties, de leur étendue et de celle du préjudice pour fixer le *quantum* des dommages-intérêts, peut-il proportionner ce *quantum* aux ressources connues de celui qui a causé le dommage ? Il semble qu'un élément de ce genre soit tout à fait en dehors des termes de l'art. 1382, qui oblige seulement l'auteur du dommage à le réparer. Mais on trouve dans un arrêt (Nancy, 9 déc. 1876, aff. Ricœur, D. P. 79. 2. 47) une conception beaucoup plus large du pouvoir du juge à cet égard : « Attendu, dit-il, que le tribunal n'a pas tenu un compte suffisant de la situation pécuniaire, notoirement considérable, de Sourier ; qu'il semble aussi rationnel que juridique de proportionner la réparation non seulement à l'importance du préjudice, mais encore aux ressources connues de celui qui l'a causé ; que la condamnation à des dommages-intérêts constitue une sorte de peine, et qu'elle perdrait qui viole caractère si, par son chiffre trop minime, et eu égard à la fortune du condamné, elle devenait illusoire, et passait pour ainsi dire sans l'atteindre sur celui qu'elle doit au moins avertir ; que l'idée de proportionnalité entre l'obligation et la possibilité de payer une dette se trouve écrite dans l'art. 208 c. civ., et que plus d'une fois les tribunaux s'en sont inspirés ; que la cour elle-même l'a appliquée et qu'elle veut y rester fidèle ». La cour de Nancy avait en effet, déjà jugé de sens le 29 nov. 1874, aff. Tosecq, en ajoutant qu'il ne faut pas dans les cas de ce genre « donner l'apparence d'une sorte d'aumône ò ce qui doit conserver le caractère d'une réparation ». La cour de Nîmes avait aussi jugé, le 17 déc. 1849 (aff. Martin, D. P. 52. 2. 59), que le dommage peut être réduit et déterminé suivant le préjudice souffert et eu égard à la fortune de celui qui doit la réparation. Le tribunal civil de Nevers (31 août 1866, aff. Fontaine, D. P. 67. 2. 198) a aussi, dans ses motifs, indiqué la nécessité d'un rapport entre les dommages-intérêts et la fortune de celui qui les doit.

299. Mais s'il faut maintenir aux dommages-intérêts le caractère d'une réparation, il en résulte que la condamnation ne doit pas plus être une peine qu'une aumône, et qu'elle ne peut dépasser l'importance du préjudice causé par la faute. L'importance des ressources et de la position sociale du condamné pourra, dans certains cas, faire trouver plus lourde sa faute et par là faire attribuer à cette faute une plus grosse part dans les causes du dommage. Mais comment l'obligerait-elle au delà du dommage total, librement et largement apprécié par le juge ?

L'assimilation des indemnités soit pour accidents industriels, soit en général pour accidents de personnes, aux dettes alimentaires que l'art. 208 c. civ. proportionne aux ressources du débiteur, est-elle exacte à ce point de vue ? C'est ce dont on peut douter. On comprend qu'une indemnité de ce genre ait un caractère alimentaire qui l'a rendue insaisissable comme telle (Colmar, 29 avr. 1863, aff. Hultrer, D. P. 63. 5. 333). Mais la proportionnalité des aliments à la fortune de celui qui les doit ne paraît justifiée qu'entre parents et enfants, et n'être applicable qu'à une dette alimentaire née du mariage, comme l'indique la rubrique sous laquelle cette règle est placée, non à une dette (même alimentaire) née d'un dommage à réparer entre personnes étrangères l'une à l'autre. — Sur le règlement des indemnités en matière d'accidents industriels, V. *infrà*, v° *Travail*.

300. Les dommages-intérêts à fixer en argent sont liquidés dans les mêmes formes que ceux résultant de l'inexécution des contrats (*Rép.* n° 242. — V. *suprà*, v° *Obligations*, n°s 256 et suiv.). Le jugement qui y condamne en contient la liquidation ou ordonne qu'ils seront donnés par état sur lequel se fera cette liquidation. Ce double pouvoir, inscrit dans l'art. 128 c. proc. civ., appartient au juge correctionnel comme au juge civil (*Rép.* n° 238, *in fine*). Mais le juge ne peut liquider les dommages-intérêts en prenant une base incertaine qui pourrait rendre la réparation supérieure ou inférieure à celle qui est légitimement due, supérieure même peut-être au montant de la demande. — S'ensuit-il qu'un jugement ne peut pas prendre pour base de liquidation le cours d'une denrée d'après la mercuriale d'un marché ultérieur, à cause des variations qui peuvent, en affectant ce cours, modifier le chiffre des dommages-intérêts et l'élever même au-dessus du chiffre demandé ? Cette idée a motivé un pourvoi en cassation dans une affaire où le juge de paix avait procédé de la sorte. Mais comme le jugement rendu en appel de cette décision, et dont on poursuivait la cassation, était lui-même postérieur au marché pris comme base de liquidation, la cour suprême a rejeté le pourvoi contre le jugement d'appel, sans le déclarer inadmissible contre la décision de première instance (Req. 29 oct. 1889, aff. de la Rochefoucault, D. P. 90. 1. 432).

301. Une fois liquidée, la dette des dommages-intérêts est susceptible d'entrer en compensation, comme toute autre dette. Le contraire a été soutenu par Pigeau (*Procédure des tribunaux de France*, t. 1, p. 532), par une interprétation exagérée de l'exception contenue dans l'art. 1293 en ce qui touche « la demande en restitution d'une chose dont le propriétaire a été injustement dépouillé » : cette disposition suppose comme objet de la dette un corps certain et ne peut s'appliquer aux dommages-intérêts en argent (V. Sourdat, t. 1, n° 471). On trouve dans la jurisprudence des applications de cette compensation (Civ. cass. 22 août 1865, aff. Epoux Visade, D. P. 65. 1. 358). — Sur le calcul des dommages-intérêts en cas de contrefaçon de brevets, de dessins industriels, de marques de fabrique ou d'œuvres littéraires, V. *suprà*, v°s *Brevet d'invention*, n°s 364 et suiv. ; *Industrie et commerce*, n°s 286 et 405 et suiv. ; *Propriété littéraire*, n° 136.

302. — VIII. Pouvoir du juge quant à la nature de la condamnation. — Au point de vue de la nature des condamnations, le juge doit se conformer à l'art. 1142 c. civ., qui résout en dommages-intérêts toute obligation de faire ou de ne pas faire ; et ces dommages-intérêts, en principe, doivent consister en argent (Sourdat, n°s 134 et 468 ; Aubry et Rau, t. 4, § 445, note 8 ; Larombière, t. 5, art. 1382-1383, n° 27. V. *suprà*, v° *Obligations*, n° 252). C'est ainsi qu'un arrêt limitant la durée de l'exploitation d'une carrière, à titre de dommages-intérêts pour abus commis dans l'exploitation de cette carrière, a été considéré comme renfermant une fausse application de l'art. 1382, la loi ne permettant que l'allocation de dommages-intérêts en argent ou la résolution du

contrat concédant l'exploitation (Civ. cass. 5 avr. 1870, aff. Trié, D. P. 71. 1. 234). — Mais il a été jugé, en sens contraire : 1° qu'en l'absence d'une loi disposant que les dommages-intérêts ne peuvent consister qu'en réparations pécuniaires, un arrêt peut prononcer le laissé pour compte de la matière à l'ouvrier à titre de dommages-intérêts pour non conformité de l'ouvrage à la commande, et comme étant la seule réparation possible du dommage causé (Req. 28 avr. 1862, aff. Valansot et Lafont, D. P. 63. 1. 250) ; — 2° Que si la réparation du dommage causé à autrui est le plus ordinairement évaluée en argent, les règles de la matière n'empêchent cependant pas, d'une manière absolue, tout autre mode de réparation ; et que, notamment, lorsque les eaux servant à l'irrigation d'un fonds ont été détournées par le propriétaire d'un fonds voisin, qui les a confondues avec les siennes propres au moyen de travaux tels qu'il est impossible de rétablir les lieux dans leur état primitif, le juge a pu décider que la totalité des eaux ainsi réunies serait, à titre de réparation, attribuée pendant certains jours de la semaine au propriétaire lésé (Req. 6 déc. 1869, aff. Guérinon, D. P. 71. 1. 56).

Il n'est pas sans intérêt de remarquer que, dans le second de ces arrêts, l'attribution de la totalité des eaux, pendant certains jours, pouvait être envisagée comme la restitution même des eaux détournées et mêlées à celles de l'auteur du délit; et que, dans le premier, le laissé pour compte s'expliquait comme conséquence de l'inexécution et de la résolution d'un contrat synallagmatique. En revanche, on peut remarquer que l'arrêt précité du 5 avr. 1870 refuse d'admettre comme dommages-intérêts la fixation d'un terme à l'exploitation d'une carrière, bien qu'il eût pu, lui aussi, envisager cette mesure soit comme une résolution partielle de la concession, soit comme une restitution par équivalent d'une masse de pierre indûment prise hors des limites de cette concession. Mais, d'autre part, cette mesure aurait eu pour effet, dans l'espèce, de mettre à la charge d'un acquéreur particulier la réparation d'abus commis, non par lui, mais par le premier concessionnaire; non pas, il est vrai, sans recours contre ce dernier, mais en violation des principes qui régissent la transmission des obligations personnelles et qui formaient la base principale du pourvoi.

303. En tout cas, le principe que l'indemnité due pour délit ou quasi-délit doit consister en argent n'exclut pas le pouvoir reconnu au *Rép.*, n° 238, 2° alinéa, et qui découle des art. 1143 c. civ., et 1036 c. pén., de prononcer, en vue de la cessation du dommage, des injonctions ou défenses dont la sanction se trouverait dans des dommages-intérêts en cas de refus de les observer, ou d'ordonner la remise en état des choses détériorées ou détruites, la confection de travaux supprimant la cause du dommage (Req. 21 mars 1870, aff. Sénac, D. P. 71. 1. 167 ; 19 mai 1868, aff. Compagnie des salines de l'Est, D. P. 68. 1. 486 ; Bordeaux, 21 mai 1867, aff. Limouzin, D. P. 69. 2. 159 ; Req. 24 avr. 1865, aff. Bourgeois et Harel, D. P. 66. 1. 35 ; 11 juin 1877, aff. Decroix, D. P. 78. 1. 409 ; 18 nov. 1884, aff. Demouy, D. P. 85. 1. 71), ou la destruction des ouvrages qui l'ont causé; et cela, soit par l'auteur du dommage personnellement, et sous la menace de dommages-intérêts s'il y manque, soit par le demandeur aux frais de l'auteur du dommage et avec l'aide de la force publique s'il résiste (Sourdat, n° 132 *bis* et suiv., 468 et suiv., 697 et suiv.).

304. Mais, outre que de pareilles mesures ne peuvent être ordonnées que sur la demande de la partie lésée (Req. 17 avr. 1872, aff. Taverna et Bréant, D. P. 72. 1. 352), il faut faire à ce point de vue les réserves commandées par le principe constitutionnel de la séparation des pouvoirs. Les tribunaux, tout d'abord, ne peuvent ordonner à l'État, lorsqu'il est partie au procès, l'exécution d'actes quelconques, même sous l'alternative du payement d'une indemnité en argent. L'autorité judiciaire sera incompétente pour ordonner soit la suppression, la cessation ou la suspension, même provisoire, de travaux prescrits ou d'actes commandés ou d'établissements autorisés par l'autorité administrative, soit la confection de travaux contraires à ceux prescrits par cette autorité (Req. 11 juin 1877, aff. Decroix, D. P. 78. 1. 409 ; 18 nov. 1884, aff. Demouy, D. P. 85. 1. 71; Civ. cass. 26 mars 1873, aff. Sénac, D. P. 73. 1. 353). Les tribunaux de l'ordre administratif eux-mêmes ne peuvent prescrire directement à

l'Administration l'exécution, la destruction ou la suspension de tels ou tels travaux, ce qui serait confondre les attributions contentieuses avec les attributions administratives pures, mais seulement la condamner à des dommages-intérêts en argent. Enfin, lorsqu'il s'agit spécialement de travaux publics, une législation spéciale enlève aux tribunaux de l'ordre judiciaire la connaissance des actions en responsabilité, même pécuniaires, qui peuvent en découler (Req. 27 janv. 1868, aff. Dame Horliac, D. P. 68. 1. 114; 17 avr. 1872, aff. Taverna, D. P. 72. 1. 352; Civ. cass. 21 juill. 1874, aff. Noël et Montperney, D. P. 75. 1. 184; Civ. rej. 10 janv. 1883, aff. Gallo, D. P. 83. 1. 460). — Comp. Sourdat, n° 699 à 701 et 714. — V. sur la question de compétence *infrà*, chap. 5, et sur les dommages résultant de travaux publics, *infrà*, v° *Travaux publics*.

305. Au contraire, le juge civil n'empiète pas sur le domaine de l'autorité administrative lorsqu'il prescrit les mêmes mesures que l'Administration avait déjà ordonnées dans l'intérêt de tiers et comme condition de l'autorisation accordée à l'établissement industriel (Civ. rej. 17 févr. 1873, aff. Sales, D. P. 73. 1. 372; Paris, 19 avr. 1893, aff. Héritiers Dupont de Kerne, D. P. 93. 2. 431). — Sur la compétence des tribunaux civils et les travaux qu'ils peuvent prescrire pour faire cesser les inconvénients d'un établissement dangereux, insalubre ou incommode, V. *suprà*, v° *Manufactures*, n°s 84 et 85.

306. Le juge peut-il ordonner, par analogie de l'action *damni infecti*, ou sur dénonciation de nouvel œuvre, des mesures préventives contre un dommage éventuel, résultant par exemple du voisinage? V. *infrà*, chap. 4, sect. 2, et *suprà*, v° *Action possessoire*, n° 37.

307. Le juge peut ordonner aussi, en cas d'écrits injurieux ou diffamatoires, la suppression de ces écrits, et enfin, quand le préjudice se prête par sa nature à cette sorte de réparation, l'affichage et l'impression du jugement. C'est ainsi, notamment, que, en particulier est condamné à des dommages-intérêts envers un notaire pour avoir détourné sa clientèle par un système de dénigrement public, les réparations peuvent comprendre la publication du jugement dans une feuille locale (Trib. de Schlestadt, 17 févr. 1859, aff. Chablé, D. P. 59. 3. 78). — Il a été jugé : 1° qu'en ordonnant, à titre de dommages-intérêts, l'insertion des motifs et du dispositif de son arrêt dans un certain nombre de journaux, une cour d'appel n'est pas tenue de fixer le chiffre maximum du coût des insertions ; que c'est là une question d'exécution de l'arrêt, dont elle peut être ultérieurement saisie (Crim. rej. 18 août 1882, aff. Genay, Dupouy, veuve Dupeyron, D. P. 83. 1. 46); — 2° Que la partie autorisée à faire, aux frais de son adversaire et à titre de réparation, la publication du jugement dans un journal de la localité, est fondée à comprendre dans cette publication même les qualités, sans qu'on puisse soutenir que par *jugement* il ne faut entendre ici que les motifs et le dispositif (Trib. civ. de Gand 2 déc. 1863, aff. Thompson frères, D. P. 64. 3. 48); — 3° Que le chef de condamnation ordonnant l'insertion et l'affiche de l'arrêt intervenu comprend la totalité de l'arrêt porté sur la feuille d'audience (Paris, 21 janv. 1841; *Rép.* v° *Brevets d'invention*, n° 381), c'est-à-dire la totalité du texte contenu dans l'expédition délivrée par le greffier, conformément à l'art. 141. c. pr. civ. (Trib. civ. de la Seine, 9 avr. 1841, aff. Cauquoin cité par Blanc, *De la contrefaçon*, 5° édit., p. 688). — Sur l'affichage et l'insertion des jugements, V. *suprà*, v° *Peine*, n°s 818 et suiv.

308. Jugé aussi que l'affiche du jugement peut être prononcée non seulement à titre de peine dans le cas où une loi l'édicte comme peine, mais aussi à titre de réparation civile, et même en matière criminelle, pour des faits ne donnant pas lieu à cette pénalité; que, dès lors, il suffit que l'affichage du jugement ait été demandé comme moyen de réparation par la partie civile, pour que, dans le cas où la loi n'en autorise pas la prononciation comme peine, il y ait lieu néanmoins de maintenir le jugement qui l'a ordonné, encore même qu'il le serait fondé par erreur sur l'art. 1036 c. pr. civ. qui est inapplicable aux matières criminelles (Crim. rej. 3 juin 1858, aff. d'Asnière de la Châtaigneray, D. P. 58. 1. 381 ; 25 avr. 1862, aff. Lécluse, D. P. 63. 5. 123; 14 nov. 1864, aff. Gloux, D. P. 65. 5. 127). — V. *suprà*, v° *Affiche*, n° 10.

309. Mais cette publicité du jugement, lorsqu'elle n'est pas édictée comme pénalité, ne peut être envisagée que comme complément de dommages-intérêts, et ne peut, par suite, être prononcée en sus de dommages-intérêts représentant déjà la réparation du préjudice éprouvé, alors que le fait délictueux ou quasi-délictueux n'a été entouré d'aucune publicité et qu'il n'est pas nécessaire, dès lors, de donner à la répression une publicité exceptionnelle. C'est ce qui a été jugé à propos d'un jugement condamnant un expéditeur envers une compagnie de chemin de fer pour fraude commise dans ses déclarations (Aix, 26 nov. 1869, aff. Albanès, D. P. 70. 2. 134). — Sur la publication du jugement en matière de contrefaçon, V. *suprà*, v^{is} *Brevet d'invention*, n° 371; *Industrie et Commerce*, n°s 287 et 408.

310. Les suppressions d'écrits, les affiches et impressions de jugement aux frais du condamné n'étant, en principe, admises que comme réparations civiles, ne peuvent être prononcées que sur la demande de la partie lésée, sauf dans les cas où un texte de loi pénale leur donne, en les prescrivant, le caractère de peines accessoires; et la disposition de l'art. 1036 c. proc., qui autorise les tribunaux à les prononcer même d'office suivant les circonstances, ne doit s'entendre que des cas où l'ordre public réclame des mesures à raison d'un scandale causé par le fait délictueux (Comp. Sourdat, n° 134 *quater*). La partie qui a obtenu le jugement a, d'ailleurs, le droit de le publier à ses propres frais, dans des conditions toutefois qui donnent à cette publicité le caractère d'une simple réparation sans dessein de nuire (Comp. Sourdat, n° 134 *quater*).

311. Indépendamment du principe qui permet de condamner aux dépens la partie qui succombe (art. 130 c. proc. civ.), les dépens peuvent être alloués à titre de dommages-intérêts, s'il en est demandé (V. *suprà*, v° *Frais et dépens*, n°s 11, 14, 15, 21, 63), à moins que le cas ne s'y oppose, comme celui d'acquittement devant le juge correctionnel ou de police (V. *suprà*, v° *Compétence criminelle*, n°s 209 et 297). Ils peuvent être alloués pour *tous* dommages-intérêts, si le juge y voit une réparation suffisante eu égard à l'importance du préjudice ou à la gravité de la faute (Colmar, 16 août 1864, aff. Filles Erbland, D. P. 64. 2. 229; Lyon, 13 mars 1867, aff. Poyet, D. P. 69. 2. 138; Dijon, 16 févr. 1872, aff. Féron, D. P. 72. 2. 213; Amiens, 16 août 1878, aff. Labitte, D. P. 80. 2. 47). — Sur la condamnation aux dépens en matière administrative, V. *suprà*, v° *Frais et dépens*, n°s 745 et suiv.

312. Les juges peuvent également allouer à titre de dommages-intérêts, s'ils sont demandés, mais seulement dans ce cas et à ce titre (Civ. rej. 17 déc. 1872, aff. Veuve Tandon et cons., D. P. 73. 1. 154; Civ. cass. 23 juill. 1879, aff. Gay, D. P. 79. 1. 480; Bourges, 18 nov. 1890, aff. M.... D. P. 92. 2. 21), le montant des droits d'enregistrement des actes produits en justice (Req. 27 janv. 1885, aff. Estrade, D. P. 85. 1. 363; 9 mai 1892, aff. Levavasseur, D. P. 92. 1. 360) et, notamment, d'un acte de vente dont l'exécution a été empêchée par la faute de la partie condamnée (Req. 24 juin 1872, aff. Henry et Lagosse, D. P. 73. 1. 19), ou par une combinaison qu'elle a imaginée et réalisée pour s'y soustraire, cette constatation motivant suffisamment la condamnation (Arrêt précité du 9 mai 1892). Il n'est même pas nécessaire que l'arrêt déclare en termes exprès que cette condamnation est prononcée à titre de dommages-intérêts; il suffit que cela résulte de l'ensemble des constatations qu'il contient (Arrêt précité du 27 janv. 1885). Mais il faut que ces constatations fassent apparaître une faute caractérisée, la seule résistance de la partie condamnée n'étant pas une faute en l'absence de dol ou de mauvaise foi. — Sur la question que soulève la condamnation aux droits d'enregistrement des actes produits au procès, V. D. P. 91. 2. 102, note 1, et *suprà*, v° *Frais et dépens*, n°s 63, 85, 93.

313. Enfin la détention préventive subie par l'auteur d'une voie de fait a pu être considérée comme réparation suffisante, à raison des torts graves de la victime (Aix, 21 mai 1874, aff. Irma Gras, D. P. 76. 2. 85, cité *suprà*, n° 272).

314. Les dommages-intérêts ne peuvent être alloués d'office (*Rép.* n° 67). Mais la restitution de l'objet qui a fait la matière du délit peut toujours être ordonnée en outre des dommages-intérêts, soit comme réparation civile sur la demande de la partie lésée, soit même d'office, par les tribunaux répressifs (V. *Rép.* n° 71, et *suprà*, v° *Peine*, n° 808). Quant à la confiscation, elle peut aussi être prononcée d'office; mais ne peut l'être qu'à titre de peine et dans les cas spéciaux où la loi l'a édictée (V. pourtant sur le caractère de la confiscation, en matière de propriété industrielle, *suprà*, v^{is} *Brevet d'invention*, n° 361; *Industrie et commerce*, n° 404).

315. Il va de soi, comme on l'a vu au *Rép.* n° 241, que la promesse par l'auteur du dommage de ne plus le continuer ou d'en supprimer la cause, la renonciation qu'il ferait par exemple à se servir d'un acte frauduleux, ne peut, pas plus que les défenses ou injonctions, suppressions, nullités prononcées par le juge, dispenser celui-ci d'adjuger des dommages-intérêts pour le préjudice déjà éprouvé. Notre législation n'a même pas admis l'abandon noxal comme libératoire en cas de dommage causé par un animal ou une chose dont on a la garde (*Rép.* n°s 746 et 754. V. *infrà*, chap. 4).

316. La disposition de l'art. 51 c. pén.; dont il a été traité au *Rép.*, n°s 64 et suiv., et qui défend aux tribunaux de prononcer, même du consentement de la partie, l'application à une œuvre quelconque des indemnités qu'ils lui allouent, disposition dont l'application aux tribunaux de police avait déjà été admise (*Rép.* n° 66), a donné lieu à un arrêt de la cour de Limoges du 24 juin 1874 (aff. Raymond, D. P. 76. 1. 161) qui l'applique, en matière purement civile, à une dette n'ayant même pas le caractère de dommages-intérêts (V. *suprà*, v° *Peine*, n° 816). Cet arrêt suppose, à plus forte raison, son application aux dommages-intérêts pour délit civil ou quasi-délit, application dont il n'avait pas été question jusque-là. Il est probable cependant qu'en écrivant l'art. 51 c. pén. le législateur n'a en vue que les tribunaux répressifs. Mais on peut alléguer en faveur de cette extension l'identité de motifs, et le principe général, rappelé au *Rép.*, n° 63, qui ne permet au juge de prononcer sur des intérêts civils qu'entre les parties, et dont l'art. 51 serait lui-même une simple application. — Il est à remarquer, d'ailleurs, que la cour de Limoges n'a pas visé l'art. 51, mais a déclaré seulement que « la disposition du jugement donnant acte à la partie de son intention d'appliquer à une œuvre la somme demandée, disposition dépourvue de toute sanction, dépasse les attributions du juge, et qu'il est aussi convenable que juridique de constater uniquement le droit de cette partie, en laissant à sa résolution personnelle le soin d'en user comme elle l'entendra ». — En outre, il faut remarquer que la cour de Limoges pousse la sévérité plus loin même que ne l'avait fait la jurisprudence en matière criminelle; car elle refuse au juge non seulement le pouvoir de « prononcer l'application », cas prévu par l'art. 51, mais même celui de donner acte à la partie de son intention de la faire, pouvoir qui jusque-là lui avait été reconnu (V. *Rép.* n° 65). — Comp. la dissertation insérée sous l'arrêt précité, D. P. 76. 1. 161.

317. Le principe qui interdit au juge de prononcer des condamnations au profit de personnes non parties dans l'instance ne s'oppose pas, d'ailleurs, à ce qu'une rente viagère allouée par lui soit déclarée réversible pour partie, au décès du demandeur, sur la tête d'autres personnes qui se trouvent à sa charge par l'effet du délit ou du quasi-délit, s'il n'a entendu par ce moyen que pourvoir, à la décharge du demandeur, à l'exécution de ces obligations naturelles et légales (Crim. rej. 20 févr. 1863, aff. Caderousse-Grammont, D. P. 64. 1. 99). — Sur l'admission de ces dommages indirects comme base d'une action propre en dommages-intérêts, V. *suprà*, n°s 267 et suiv.

318. Les dommages-intérêts à fixer en argent peuvent consister en prestations périodiques et temporaires quand le dommage lui-même a ce dernier caractère. Le juge peut ainsi allouer une rente viagère à un individu privé des ressources viagères que lui procurait son travail. Et il peut, en ce cas, ordonner, comme mesure propre à assurer le service de cette rente, qu'il sera fait, aux dépens de la partie condamnée, achat d'une inscription de rente sur l'État, immatriculée pour la nue propriété au nom de cette partie, et pour l'usufruit au nom du bénéficiaire de l'indemnité (Paris, 4 févr. 1870, aff. Frédérick, D. P. 70. 2. 111; Lyon, 26 avr. 1871, aff. Celle et Oziol, D. P. 71. 2. 41), comme il

lui appartient, en général, d'ordonner toutes mesures propres à garantir l'exécution des condamnations qu'il prononce. Il peut ordonner le service d'indemnités annuelles jusqu'à l'exécution par l'auteur du dommage de travaux qui en suppriment la cause (Req. 21 mars 1870, aff. Senac, D. P. 71. 1. 167), ou pour tout le temps que les choses resteront dans le même état et continueront de produire les mêmes inconvénients (Req. 17 avr. 1872, aff. Taverna, D. P. 72. 1. 352). Et quand ces condamnations interviennent entre voisins pour abus de voisinage, on ne saurait les considérer comme constituant des servitudes réelles en dehors des cas prévus par la loi et comme portant atteinte au droit de propriété (Arrêt précité du 21 mars 1870). Le juge peut encore, ayant égard à la bonne foi du défendeur, dont le fait (par exemple, celui de donner asile à un enfant mineur contre le gré de son père) n'a, d'ailleurs, causé qu'un préjudice moral, n'allouer de dommages-intérêts que pour l'avenir, en leur donnant le caractère d'une contrainte et d'une peine fixée à une certaine somme par chaque jour de retard (Nancy, 25 janv. 1873, aff. Montfeuillard, D. P. 73. 2. 11. V. toutefois sur la légalité de ce procédé, *supra*, v° *Obligations*, n° 253).

C'est encore comme souverain appréciateur de l'importance du dommage, de ses causes et de celles qui auraient pour effet de le supprimer, qu'il peut, allouant une pension viagère à la victime d'un accident, la rendre réversible à sa mort sur la tête de sa veuve et de ses enfants (Req. 10 janv. 1877, *supra*, n° 288; Crim. rej. 20 févr. 1863, aff. Caderousse-Grammont, D. P. 64. 1. 99); ou bien, au contraire, allouant une pension à sa veuve, ordonner la restriction ou la suppression de cette pension en cas de nouveau mariage de cette veuve, pareille disposition ne pouvant être assimilée à la condition arbitrairement imposée à un donataire ou légataire de ne pas se marier, ni être annulée comme contraire à l'ordre public, alors que la loi fait cesser l'obligation alimentaire du gendre et de la belle-fille en cas de convol (Dijon, 23 nov. 1866, aff. Veuve Mourot, D. P. 67. 2. 13. — *Contra*, Dijon, 12 mai 1864, aff. Desmerges et Raquin).

Jugé encore : 1° que les dommages-intérêts auxquels donne lieu l'établissement d'une maison de tolérance pour préjudice causé aux voisins peuvent consister dans le payement immédiat d'une somme fixe et, en outre, dans une allocation mensuelle pendant tout le temps que la maison de tolérance continuera d'exister (Aix, 20 mars 1867, aff. Audrand, D. P. 67. 5. 375); — 2° Qu'un tribunal allouant une rente au propriétaire d'un bâtiment voisin d'une maison de tolérance comme dommages-intérêts à raison de l'inconvénient résultant de la vue, peut déclarer que ladite rente cessera lorsqu'une barrière sera établie pour empêcher cette vue (Aix, 11 janv. 1873, aff. Dame Rousset, D. P. 74. 2. 68).

319. Les juges peuvent-ils allouer comme dommages-intérêts une certaine somme fixée par chaque jour de retard ou par chaque infraction future à une injonction ou à une défense? Ces allocations peuvent-elles avoir le caractère d'un simple moyen de contrainte purement comminatoire? V. ce qui a été dit sur cette double question, *supra*, v° *Obligations*, n°s 253 et suiv.

320. — IX. Pouvoirs du juge quant aux moyens d'instruction. — Indemnités provisionnelles. — Chose jugée. — Pour arriver à la fixation des dommages-intérêts, le juge du fond, qui ne peut s'attacher qu'au préjudice prouvé, peut ordonner les moyens d'instruction qui lui paraissent nécessaires pour vérifier les faits contestés sur lesquels s'appuie la demande, et notamment une expertise, quelque retard qui puisse en résulter dans la solution du procès et dans la cessation du dommage; ce mode de procéder n'a rien de contraire à l'art. 1382, car le jugement interlocutoire qui ordonne cette mesure et produit le retard, n'exclut de l'évaluation des dommages-intérêts ni le préjudice antérieur à la demande, ni celui qui a pu continuer pendant le cours du procès (Req. 19 janv. 1864, aff. Lavergne, D. P. 76. 1. 266.—*Adde*, Crim. rej. 6 déc. 1855, aff. Manning, D. P. 56. 1. 143). Le juge du fond ne viole pas non plus les règlements qui régissent une industrie lorsque, en présence d'une infraction dommageable, mais contestée, à ces règlements, il ordonne des mesures d'information tendant

à s'assurer de l'existence de cette infraction (Même arrêt du 19 janv. 1876). Enfin, posant à des experts la question principale du procès, il peut, sans déplacer le terrain du litige, les inviter à donner leur opinion sur des questions accessoires relatives aux progrès de l'industrie, mais qui peuvent influer sur l'appréciation de l'infraction et l'évaluation des dommages-intérêts (Même arrêt). — Sur les cas où il y a lieu à expertise et sur la mission des experts, V. *supra*, v° *Expert-expertise*, n°s 9, 44 et suiv.

Le juge peut, d'ailleurs, subordonner à des mesures d'instruction l'évaluation du dommage, tout en constatant par avance l'existence de ce dommage et en condamnant le prévenu à une peine, constatation qui reste acquise malgré les mesures d'instruction ordonnées et quel qu'en soit le résultat (Crim. rej. 6 déc. 1855, aff. Manning, D. P. 56. 1. 143). Il peut aussi, condamnant le prévenu à une peine, et constatant que le dommage est certain, mais qu'il y a lieu à des mesures d'instruction pour l'évaluer, allouer à la victime une indemnité provisionnelle (Lyon, 13 avr. 1892, aff. Monthélie, D. P. 93. 2. 26).

321. Mais le juge peut-il, en présence d'un accident dont les conséquences dommageables, connues pour le passé et le présent, sont impossibles à déterminer exactement pour l'avenir, ordonner, en allouant une première somme de dommages-intérêts et une pension pendant un certain délai, qu'à l'expiration de ce délai et sur de nouvelles constatations, telles qu'un examen médical nouveau, il sera statué quant au surplus de la demande, et aussi qu'en cas de décès avant ce délai il sera statué sur les droits de la famille à une nouvelle indemnité? La cour d'Aix, le 9 juin 1873 (aff. Durand, et consorts, D. P. 74. 2. 238), a refusé d'accueillir, comme l'avait fait le tribunal de Grasse, « un mode si insolite de règlement d'indemnité » et déclaré qu'elle devait « apprécier la situation de la victime et déterminer définitivement, d'après les éléments de décision qui lui étaient fournis, la réparation due à raison du préjudice causé ». La cour de cassation (Req. 28 nov. 1855, aff. Grimault, D. P. 56. 1. 56) avait, au contraire, reconnu au juge le pouvoir d'allouer à la victime une rente à payer annuellement pendant un temps déterminé après lequel il serait fait droit. C'est dans ces termes qu'a statué un arrêt de Paris du 16 juill. 1870 (aff. Nellinger, D. P. 71. 2. 169). Un autre arrêt (Nancy, 10 juill. 1875, aff. Petitfils, D. P. 76. 2. 63) paraît admettre le même pouvoir (et cela aussi bien en vue d'une diminution que d'une aggravation de dommages), car, en déclarant non recevable une action en décharge d'une rente viagère allouée pour blessure faussement réputée incurable et suivie de guérison, il admet que l'arrêt précédent aurait pu n'allouer la rente jusqu'à guérison « et se réserver ainsi, le cas échéant, un droit de revision ou de rétractation ». Il semble bien, en effet, qu'il n'y a là ni excès de pouvoir, ni déni de justice, le juge ne pouvant comprendre dans sa condamnation que des dommages actuellement certains, mais une simple réserve de droits à exercer, s'il y a lieu, à une époque ultérieure, par la partie lésée.

322. L'expression de cette réserve dans le jugement est d'autant plus naturelle et permise qu'elle semble même opportune d'après la jurisprudence qui voit généralement dans une aggravation ultérieure du dommage, soit après le jugement, soit après transaction, la cause d'une demande nouvelle et recevable. C'est ainsi qu'il a été jugé, notamment : 1° qu'après transaction avec la victime d'un accident qui n'avait encore produit que des contusions, la paralysie et la mort, suite ultérieure du même accident, peuvent être pour la veuve la base d'une demande plus élevée, la transaction ayant été déterminée par une erreur commune sur l'objet de la contestation qu'on voulait prévenir (Paris, 11 août 1868, aff. Veuve Roche, D. P. 68. 2. 186); — 2° Qu'après un jugement allouant à la victime d'un accident une somme représentative du préjudice par elle personnellement éprouvé, l'action de sa veuve et de ses enfants en réparation du dommage que leur cause sa mort, conséquence ultérieure du même accident, est recevable comme n'étant pas fondée sur le même dommage (Aix, 14 juin 1870 et Req. 4 mars 1872, aff. Consorts Magaud, D. P. 72. 2. 97, et *ibid* 1. 327); — 3° Qu'à la suite d'un jugement allouant une rente viagère à la victime, la demande d'une nouvelle indemnité formée par sa veuve et sa fille à raison

du préjudice personnel que leur cause sa mort, suite de ses blessures, est recevable comme n'offrant pas avec la première demande la triple identité de personnes, de cause et d'objet (Paris, 15 juill. 1875, aff. Veuve et fille Bastien, D. P. 77. 2. 120).

323. On pourrait relever dans ces trois espèces, comme ayant pu aider à la solution, cette circonstance du décès de la victime, fait nouveau servant de cause nouvelle à l'action et amenant de nouvelles parties devant le juge. Mais on trouve d'autres arrêts rendus dans le même sens en faveur de la victime elle-même invoquant une aggravation comme de nouveaux dommages imprévus lors de la transaction ou du premier jugement. Jugé, notamment : 1° que la partie qui a obtenu par jugement une pension viagère, à raison des grandes souffrances et de la perte d'un œil causées par un coup de fusil tiré par imprudence, est fondée à réclamer un supplément de pension lorsque la même blessure a eu pour conséquence ultérieure la perte de l'autre œil (Aix, 2 avr. 1870, aff. Teissière, D. P. 71. 2. 241); — 2° Que la transaction, par laquelle la victime d'un accident a renoncé à poursuivre les personnes responsables de cet accident, ne met pas obstacle à la réclamation ultérieure d'un supplément d'indemnité, motivée par une aggravation de maladie survenue depuis la transaction (Paris, 16 juill. 1870, aff. Nellinger, D. P. 71. 2. 169); — 3° Qu'après quittance donnée d'une indemnité à raison d'une blessure, quittance portant renonciation « à tout recours en cas de mauvaises suites », la demande d'un supplément d'indemnité est recevable, lorsque la blessure s'est aggravée, alors d'ailleurs que la quittance était l'œuvre d'un tiers, et que la victime étant illettrée a pu ne pas comprendre la partie de l'acte où était mentionnée la renonciation, et qui, d'ailleurs, paraissait n'avoir pas été écrite en même temps que le surplus de l'acte (Amiens, 10 août 1881, aff. Beaugrand, D. P. 82. 2. 176).

324. La recevabilité d'une demande nouvelle a été reconnue aussi, en dehors des accidents de personnes, pour l'aggravation d'autres dommages de diverses natures. Ainsi, il a été jugé : 1° qu'après jugement allouant une somme fixe annuelle jusqu'à ce que certains travaux prescrits au défendeur aient fait complètement cesser le préjudice résultant du voisinage de son usine, il appartient aux parties de se pourvoir soit pour faire ordonner des travaux plus efficaces en cas d'insuffisance des travaux prescrits, soit pour faire réduire l'indemnité annuelle proportionnellement à la diminution de ce préjudice produite par les travaux exécutés (Req. 19 mai 1868, aff. Compagnie des salines de l'Est, D. P. 68. 1. 486); — 2° Qu'une compagnie de chemin de fer, condamnée par un premier jugement à des dommages-intérêts pour le retard subi par une expédition de marchandises, peut, par un second jugement, être condamnée à de nouveaux dommages-intérêts pour la continuation de ce retard (Req. 15 févr. 1870, aff. Gosselin, D. P. 71. 1. 170); — 3° Qu'une décision, allouant des indemnités annuelles pour le trouble apporté à la culture et la diminution du prix de fermage par suite du voisinage d'un polygone de tir tant que durera le dommage, ne fait pas obstacle à ce qu'un supplément d'indemnité soit réclamé dans le cas où les inconvénients résultant du tir se trouveraient aggravés (Cons. d'Ét. 6 juill. 1883, aff. Duruy, D. P. 84. 5. 496; 8 août 1884, aff. Leroux, D. P. 85. 5. 417, motifs).

Un autre arrêt, tout en admettant que le juge pourrait se réserver de statuer à nouveau en cas de cessation ou diminution, comme en cas d'aggravation du dommage, a refusé, en l'absence d'une pareille réserve, de régler à nouveau les droits des parties pour cause de guérison survenue contrairement aux prévisions d'un arrêt passé en force de chose jugée (Nancy, 10 juill. 1875, aff. Petitfils, D. P. 76. 2. 63).

325. Les diverses décisions qui précèdent pourraient se ramener à la théorie suivante : La chose jugée n'atteint pas, faute d'identité d'objet, ce qui n'a pas été envisagé, par la partie comme objet de la demande, et par le juge comme base de son jugement ; à plus forte raison ce qui en a été exclu par une réserve expresse ou tacite, comme celle qui limite l'allocation à la durée du dommage (Arrêts du 19 mai 1868 et du 8 août 1884, cités suprà, n° 324). Or les dommages-intérêts ne pouvant être demandés et alloués que pour des dommages actuellement certains, les

conséquences nouvelles du délit ou du quasi-délit, qui ne pouvaient avoir alors le caractère de certitude nécessaire, doivent pouvoir être l'objet d'une nouvelle demande, dès qu'il sera prouvé que, ce caractère leur faisant défaut, le juge n'a pas entendu les régler. Mais si, se croyant en possession d'une certitude positive ou négative à leur égard, il a entendu les régler d'avance et définitivement, fût-ce par une erreur que l'événement démontre et qu'un juge d'appel aurait pu redresser, fût-ce même par un excès de pouvoir dont la cour suprême aurait pu connaître, on ne peut invoquer ces suites du fait dommageable pour demander un règlement nouveau (V. Nancy, 10 juill. 1875, cité suprà, n° 324, et l'arrêt de la cour de Paris, du 22 juill. 1837, rapporté au Rép., n° 155, qui n'est qu'une application de cette idée. — Une règle analogue s'impose quand le premier règlement résulte d'une transaction, sauf alors la ressource de la rescision pour erreur dans l'objet. Et, pour interpréter le jugement ou la transaction quant à son objet, il faut tenir compte de la nature, de la gravité des changements survenus et de l'impossibilité de les prévoir.

Les circonstances de fait influeront donc, plus qu'en toute autre matière, sur la solution de la question. Quelquefois, comme en cas de continuation du fait, et notamment d'un retard après le jugement (Arrêt du 15 févr. 1870, cité suprà, n° 324), il y a non seulement nouveau dommage, mais nouveau fait dommageable, ce qui lève toute difficulté. En tout cas, il restera encore nécessaire, et quelquefois difficile, d'établir qu'un dommage assez nouveau pour n'avoir pu entrer dans le premier règlement, provient du fait du délinquant et non de la victime. — V. sur cette question délicate la dissertation insérée sous l'arrêt de la cour d'Aix du 2 avr. 1870, aff. Teissère, D. P. 71. 2. 241. V. aussi ce qui est dit suprà, n° 216 et 228, sur la recevabilité des héritiers comme tels après mort instantanée causée par le délit.

Art. 7. — *Solidarité en matière de quasi-délit.*
(*Rép.* n° 243 à 250.)

326. — I. Examen de la jurisprudence. — On a vu suprà, n° 30, que la solidarité, imposée de plein droit et indistinctement en matière de délit pénal par l'art. 55 c. pén., n'a pas un caractère aussi absolu en matière de délit civil, mais peut, en cette matière, être prononcée par le juge à raison de l'indivisibilité des faits accomplis par les coauteurs et de l'impossibilité de restreindre ou déterminer la part de préjudice causée par chacun. Le juge a le même pouvoir en matière de quasi-délit et la jurisprudence, qui déjà commençait à se former en ce sens lors de la publication du Rép., n° 245 et 246, est maintenant solidement fixée. Ce pouvoir ne lui appartient pas seulement lorsqu'il s'agit de faits dolosifs ou frauduleux, commis avec malignité et dessein de nuire (Rép. n° 247 et suiv.), faits pour lesquels elle se justifie et qui sont des délits civils plutôt que des quasi-délits; mais le quasi-délit proprement dit, dénué d'intention mauvaise et de concert frauduleux, est lui-même admis par la jurisprudence comme une source de solidarité.

327. La cour de cassation a décidé, notamment : 1° que si l'art. 1202 c. civ. dispose que la solidarité ne se présume pas et doit être expressément stipulée, il résulte évidemment des termes de cet article que cette règle ne s'applique qu'aux obligations conventionnelles, et qu'il en doit être autrement quand il s'agit de la réparation d'un dommage causé à autrui dans les cas prévus par l'art. 1382 du même code et de certains engagements qui se forment sans convention; que, spécialement, les membres d'une communauté religieuse non autorisée, condamnés à restituer à l'un d'entre eux qui s'est retiré de la société les sommes par lui versées dans la communauté, peuvent être frappés d'une condamnation solidaire, lorsqu'il est impossible de déterminer la part pour laquelle chacun d'eux a profité des sommes réclamées (Req. 4 mai 1859, aff. Communauté de Picpus, D. P. 59. 1. 314); — 2° Que le propriétaire d'une forêt, qui fait avec un ouvrier une convention illicite, par exemple la convention d'écobuage proscrite par l'art. 148 c. for., est responsable solidairement avec cet ouvrier de l'incendie que ce dernier a causé à une forêt voisine en exécutant la convention dont il s'agit, encore que l'ouvrier qu'il

a ainsi employé ne doive pas être considéré comme son préposé et qu'il n'y ait pas lieu à l'application de la responsabilité civile édictée par l'art. 1384 c. civ.; et que la même solidarité a pu être prononcée pour les dépens, complément et accessoire de la responsabilité civile (Req. 20 avr. 1866, aff. Isnard, D. P. 69. 1. 364 et *suprà*, n° 120); — 3° Qu'en cas de préjudice causé par la faute commune de plusieurs parties, s'il est impossible de déterminer la somme à la charge de chacune dans le dommage, le juge peut condamner chacun au payement du montant intégral du dommage (Civ. rej. 30 juin 1869, aff. Ferret, D. P. 69. 1. 336); — 4° Que la règle de l'art. 1202 c. civ. ne s'applique pas dans le cas où la solidarité a lieu de plein droit en vertu d'une disposition de la loi; qu'ainsi, il y a lieu à solidarité pour les dommages-intérêts et les dépens prononcés contre les auteurs d'un même délit ou d'un même quasi-délit, spécialement contre ceux dont la négligence et l'imprudence communes ont occasionné la mort d'une personne (Req. 15 janv. 1878, aff. Casamian, D. P. 78. 1. 152); — 5° Qu'un jugement peut déclarer plusieurs personnes responsables solidairement du préjudice causé à un voisin par les émanations d'une usine à gaz, lorsqu'il constate que ces personnes sont cointéressées dans l'exploitation de l'usine et que le dommage provient d'une faute commune des exploitants (Civ. rej. 14 mars 1882, aff. Dehaynin et autres, D. P. 83. 1. 403); — 6° Que ceux qui, par leur coopération commune, ont concouru au préjudice résultant d'un quasi-délit sans qu'il soit possible de déterminer la part exacte de chacun d'eux dans ce préjudice, sont justement condamnés solidairement à le réparer; que, par suite, il y a lieu de prononcer une condamnation solidaire, d'une part, contre les gardiens d'objets saisis qui ont laissé ignorer la saisie-exécution faite entre leurs mains, qui ont négligé de prévenir le propriétaire du jour de la vente, et qui volontairement, sans protestation ni réserve, ont remis à l'huissier pour les vendre les objets dont ils avaient accepté la garde, d'autre part, contre l'huissier qui a pratiqué cette saisie-exécution entachée de nullité, a vendu les objets ainsi saisis et en a distribué le prix (Req. 6 févr. 1883, aff. Nathan Jacob, D. P. 83. 1. 431). — 8° Que l'arrêt qui condamne deux personnes à titre de dommages-intérêts à raison de fautes communes a pu, sans violer l'art. 1202 c. civ., les condamner solidairement (Req. 18 nov. 1885, aff. Pothier, de la Berthelière, D. P. 86. 1. 398); — 9° Que la solidarité doit être prononcée entre le concierge personnellement et le propriétaire, civilement responsable du fait de ce dernier, pour la réparation du préjudice causé au locataire par l'extension abusive de la saisie des meubles au delà des causes de la saisie qui en avait été faite, lorsque le commissaire-priseur a été provoqué à étendre ainsi la vente par les réclamations du concierge pour sommes à lui personnellement dues en même temps que pour loyers dûs au propriétaire, et qu'il est impossible de distinguer la part exacte qui doit être attribuée dans ce préjudice à chacune des réclamations qui ont provoqué l'extension illégale de la saisie (Req. 22 juill. 1891, aff. Berteaux, D. P. 92. 1. 335); — 10° Qu'une condamnation solidaire est de bon droit en faveur des porteurs d'actions d'une société tombée en faillite contre les fondateurs et administrateurs de cette société qui ont causé cette faillite en ne faisant pas verser effectivement le premier quart dû sur les actions, et contre le banquier qui, de concert avec eux, a trompé les porteurs en affirmant faussement qu'il avait reçu ce versement; ces diverses personnes étant condamnées pour des fautes communes dont l'effet n'était évidemment pas susceptible d'être apprécié divisément (Req. 16 mai 1892, aff. Société de dépôts et comptes courants, D. P. 92. 1. 348); — 11° Qu'une maison de banque peut être déclarée solidairement avec les administrateurs d'une société industrielle du préjudice causé aux preneurs d'obligations trompés par un prospectus mensonger dont la rédaction est due à la participation commune des administrateurs de la société et de la maison de banque (Civ. rej. 18 mars 1891, aff. Scq. tet en D. P. 91. 1. 401).

328. La jurisprudence des cours d'appel offre de nombreuses décisions dans le même sens: Il a été jugé: 1° que les architectes et entrepreneurs qui, chargés de réparer un monument dans un état de vétusté dangereux pour les proprié-

tés voisines, n'ont pas pris toutes les précautions possibles pour éviter les accidents, doivent être déclarés solidairement responsables vis-à-vis des victimes de ces accidents (Dijon, 21 janv. 1869, aff. Laisné, D. P. 74. 5. 431); — 2° Que des collatéraux qui, par une contestation d'état, ont causé à un enfant un préjudice moral et matériel, encourent une condamnation solidaire à des dommages-intérêts (Poitiers, 1er déc. 1859, aff. Motheau, D. P. 71. 2. 17); — 3° Que lorsqu'un traité passé entre deux compagnies établit une exploitation en commun, les deux compagnies sont solidairement responsables en cas d'accident (Paris, 3 févr. 1872, aff. Pupin, D. P. 74. 5. 74); — 4° Que les habitants d'un village retenus comme otages par l'ennemi avec injonction de désigner trois d'entre eux pour être fusillés à titre de représailles et qui ont fait au moyen d'un vote cette désignation dont le sort aurait dû être laissé à l'ennemi ou à la voie du sort, doivent être condamnés solidairement entre eux au payement des dommages-intérêts dus à la veuve d'une des victimes de cette désignation; et que ceux d'entre eux qu'elle a seuls poursuivis doivent subir cette condamnation, quoique les autres n'aient pas été mis en cause, sauf à eux à les y faire contribuer (Trib. civ. Rocroi, 16 janv. 1873, et Nancy, 7 mars 1874, aff. Veuve Georges, D. P. 73. 3. 46 et 74. 2. 184, V. *suprà*, n° 161); — 5° Que le propriétaire riverain d'une route délaissée peut faire condamner solidairement à des dommages-intérêts, en raison de leur résistance à l'exercice de son droit de préemption, le tiers acquéreur de la portion de route abandonnée et la compagnie de chemin de fer qui, représentant l'État, en a été le vendeur ou le tiers (Riom, 24 juill. 1876, aff. Grenet, D. P. 77. 2. 15); — 6° Que des experts ayant, par une faute grave, causé l'annulation de l'expertise, doivent, la faute étant commune, être condamnés solidairement aux dommages-intérêts (Trib. civ. Le Havre, 7 nov. 1885, aff. Grenet, D. P. 87. 3. 128).

329. Jugé encore: 1° que lorsque, de deux cochers luttant de vitesse, l'un renverse un passant et le blesse, la responsabilité de l'accident ne doit pas être restreinte à ce dernier; elle doit être étendue également à l'autre (Bordeaux, 12 août 1859, aff. Époux Barrias, D. P. 59. 2. 216), et donner lieu à une condamnation solidaire contre lui et contre la personne civilement responsable de son fait (Trib. civ. Lyon, 29 janv. 1870, aff. Berthet et autres, D. P. 71. 3. 23. V. *suprà*, n° 112); — 2° Que les auteurs d'un dommage en sont solidairement responsables lorsqu'il y a, relativement à la part de responsabilité qui incomberait à chacun, une incertitude qui provient de leur fait et de leur faute, l'art. 1202 c. civ. ne s'appliquant qu'à la solidarité conventionnelle, et la solidarité, dans le cas prévu par l'art. 1202, naissant de la force même des choses lorsqu'il n'est pas possible d'assigner à chacun des auteurs de quasi-délits sa part d'action et de responsabilité; qu'ainsi les individus qui se sont livrés en même temps, quoique sans concert préalable, à la pêche du maquereau dans le parc d'un particulier, sont solidairement responsables envers lui de la valeur des jeunes huîtres qu'ils ont écrasées (Caen, 23 mai 1873, aff. Bidault, D. P. 75. 2. 41); — 3° Que lorsque plusieurs personnes ont concouru à un fait quasi-délictueux, chacune d'elles en est responsable comme auteur principal ou pour avoir participé sciemment à la faute; qu'il suffit pour cela que les quasi-délinquants se soient concertés en vue d'une action commune, et se soient associés par provocation ou assistance à des actes manifestement imprudents qui ont amené le fait préjudiciable; qu'il doit en être ainsi lorsque le préjudice occasionné par le fait de l'un des coauteurs (une fusée lancée dans la foule) n'est que le résultat d'une succession et d'une réunion de fautes commises par tous dans le même temps, au même lieu, dans la mise à exécution d'une entreprise périlleuse projetée et réalisée en commun (dans l'espèce, le tir de pièces d'artifices lancées au cours d'une promenade en voiture à travers les rues d'une ville); que ces diverses causes de l'accident doivent être envisagées comme un tout indivisible, sauf à chaque quasi-délinquant, y ayant par le fait contribué autant qu'il était en lui, doit en répondre, d'une manière non moins indivisible, par une condamnation solidaire fondée sur les art. 1382 et 1383 (Riom, 12 janv. 1885, aff. Rabarin, D. P. 86. 2. 133).

330. Enfin il a été jugé: 1° lorsqu'un dommage est causé aux propriétaires voisins par la réunion de plusieurs

maisons de tolérance juxtaposées, chacun de ceux qui exploitent ces maisons soit comme propriétaire, soit à titre de locataires, peuvent être condamnés solidairement à payer la totalité des dommages-intérêts (Aix, 14 août 1861, aff. Sicard, D. P. 62. 2. 156 ; 11 janv. 1873, aff. Dame Rousset, D. P. 74. 2. 68 ; Trib. Nice, 10 avr. 1878, et sur appel, Aix, 19 nov. 1878, aff. Liotardi et autres, D. P. 79. 2. 219. — Contrà : Besançon, 3 août 1859, aff. Cuénot, D. P. 66. 2. 4); sauf le recours de celui qui aura acquitté la dette entière contre ses codébiteurs (Arrêt précité du 19 nov. 1878). — Le locataire a-t-il, en pareil cas, un recours en garantie contre le bailleur pour le montant total de l'indemnité à laquelle il a été condamné envers les propriétaires voisins? V. pour l'affirmative, Aix, 14 août 1861, précité. — Contrà : Besançon, 3 août 1859 et Aix 19 nov. 1878, précités.

331. La solidarité s'applique-t-elle à la responsabilité édictée par l'art. 1386 c. civ., pour le dommage causé par la ruine d'un bâtiment provenant du défaut d'entretien ou du vice de sa construction, lorsque cette responsabilité est encourue par plusieurs copropriétaires du même bâtiment? V. infrà, ch. 4, sect. 2.

332. Tout en admettant que la solidarité entre l'auteur d'un délit civil ou d'un quasi-délit trouve une base solide dans les art. 1382, 1383 et 1200 c. civ., il faut reconnaître qu'elle dépend de l'appréciation par le juge de la participation de chacun d'eux, et qu'il doit l'écarter lorsqu'il rattache leur responsabilité à des faits distincts et personnels, ou lorsqu'il peut déterminer la part d'influence des causes de préjudice provenant de chacun d'eux. En ce sens, il a été jugé : 1° que, dans le concours de diverses causes à un même quasi-délit, l'obligation qu'il engendre cesse d'être indivisible et que chacun de ceux qui l'ont contractée cesse d'en être tenu pour le total lorsque la part d'influence de chacune des causes peut être déterminée; qu'il en est ainsi, spécialement, lorsqu'il résulte de l'expertise que le dommage causé aux arbres et plantations d'un jardin provient pour partie des gaz émanés d'une usine et pour partie du noir de fumée et des gaz qui sortent d'une autre usine, la part à la charge de chaque propriétaire d'usine dans les dommages-intérêts pouvant être fixée à moitié (Trib. civ. Amiens, 24 févr. 1864, rapporté par Sourdat, t. 1, n° 706); — 2° Qu'un avoué ayant commis une négligence préjudiciable envers son client, et le successeur de cet avoué étant venu, lorsqu'il en était encore temps, de réparer cette négligence, sont tous deux responsables envers le client; mais que, la responsabilité de chacun d'eux dérivant d'une faute personnelle et non commune, leur obligation respective n'est ni solidaire, ni indivisible (Bourges, 16 mai 1870, aff. Martin et Lucas, D. P. 71. 2. 98); — 3° Que lorsqu'un ouvrier a été tué par la chute d'une échelle appuyée sur la chaussée et renversée par une voiture, sa veuve a une action en responsabilité contre l'entrepreneur et contre le voiturier dont les fautes successives ont causé l'accident ; mais que la condamnation aux dommages-intérêts ne doit pas être prononcée solidairement contre eux (Paris, 27 août 1872, aff. Chavet et Constantin, D. P. 73. 5. 402); — 4° Qu'en cas de dommage causé à un propriétaire par le séjour prolongé d'immondices près de sa maison, l'entrepreneur de balayage et d'enlèvement de ces immondices et la compagnie de chemin de fer chargée par celui-ci de les transporter, sont tous deux responsables, l'un pour en avoir organisé le transbordement sans prendre les précautions qui auraient préservé les voisins de l'infection, l'autre pour y avoir contribué en les laissant séjourner trop longtemps; mais que leur responsabilité, résultant alors de faits distincts et personnels, à chacun, ne doit pas être solidaire (Alger, 19 déc. 1871, suprà, n° 67).

333. Au reste, alors même que le juge rencontrerait les éléments de la solidarité, comme elle n'est établie que dans l'intérêt de la partie lésée et pour assurer en sa faveur la réparation du préjudice, il peut s'abstenir de la prononcer et ne condamner qu'un des auteurs du quasi-délit sans solidarité contre les autres, s'il déclare en même temps les dommages-intérêts payés par compensation avec une créance de ce quasi-délinquant contre la partie lésée (Civ. cass. 22 août 1865, aff. Epoux Visade, D. P. 65. 1. 358). En

pareil cas, en effet, la solidarité n'a plus d'intérêt, puisque la dette à raison de laquelle elle est demandée se trouve éteinte.

334. Il faut appliquer à la contribution et au recours entre coauteurs d'un quasi-délit ce qui a été dit suprà, n°s 48 et suiv., des coauteurs d'un délit civil.

335. — II. Examen de la doctrine. — Dans la doctrine, l'opinion de Toullier et de Duranton, niant la solidarité en matière de délit civil et de quasi-délit (V. Rép. n° 243), a été reprise par Laurent dans ses Principes de droit civil, t. 17, n°s 318 et suiv. La solidarité, même réduite à une solidarité imparfaite ou obligation in solidum, lui paraît inadmissible, n'étant fondée ni sur une stipulation expresse ni sur une disposition de la loi comme celle de l'art. 55 c. pén. Cet auteur n'admet pas que la nécessité de la stipulation expresse ou de la disposition légale se restreigne dans l'art. 1202 aux obligations conventionnelles; ni qu'il puisse y avoir dans les engagements formés sans convention une solidarité résultant de la force même des choses, une solidarité naturelle ou virtuelle, ni que l'art. 1382 puisse obliger le coauteur d'un fait à en réparer l'effet tout les suites dommageables à raison de son indivisibilité. L'imputabilité du fait entier, qui résulte pour chaque coauteur de ce qu'il a provoqué ou accepté la réunion de ses causes ou de ses agents multiples, l'impossibilité pour lui d'opposer à la victime une division de responsabilité qu'elle n'a pas acceptée et dont il devrait réparer l'effet comme une aggravation de dommage provenant de son fait, ne donneraient pas à l'obligation, dans ce système, le caractère prévu par l'art. 1200 c. civ. (dette d'un même objet, exigible de chacun en sa totalité et cessant d'être dû dès qu'il est payé par un seul). La division de l'obligation serait un principe tellement général que, à défaut d'une stipulation ou d'une disposition de la loi, il s'imposerait en dehors même des contrats, là pourtant où le silence du créancier ne peut impliquer une acceptation tacite de cette division, et où l'obligation doit se mesurer sur l'imputabilité, laquelle peut être totale pour chaque obligé.

Mais ces diverses raisons nous apparaissent, au contraire, comme justifiant pleinement la jurisprudence, soit qu'on admette en cette matière une solidarité naturelle, qui n'aurait pas besoin du secours d'un texte, soit qu'on la rattache, comme un cas de solidarité légale, aux art. 1382 et 1383, rapprochés de l'art. 1200, étant donné que l'art. 1202, § 2, n'exige pas la disposition expresse pour la solidarité légale, comme le paragraphe 1 exige la stipulation expresse pour la solidarité conventionnelle. M. Laurent croit trouver la jurisprudence en défaut, lorsque, après avoir prononcé la solidarité, elle admet le recours entre coauteurs et la division de la dette dans leurs rapports entre eux, soit proportionnellement à certaines bases, soit également, à défaut de base de proportion. Il s'étonne que « la force des choses qui, dit-on, ne permet pas la division de l'action, n'empêche pas la division du recours ». L'objection nous paraît sans valeur. Toute solidarité comporte une division dans les recours. L'obligation et la contribution sont choses tellement distinctes que les obstacles naturels à la division de la première peuvent ne pas empêcher la seconde; on le comprend fort bien que la partie lésée fonde sur l'imputabilité totale ou indivisible pour chaque coauteur sa poursuite solidaire contre l'un d'eux, mais que celui-ci puisse demander compte à l'autre du payement d'une dette qui est aussi la sienne, et ne le puisse que pour partie, sous peine de faire naître un recours semblable contre lui-même.

336. L'absence de concert et de communauté d'intérêt n'a pas arrêté la jurisprudence (V. suprà, n°s 41 et 326 et suiv.); mais là encore elle échappe à la critique ; car, même sans concert et sans communauté d'intérêts, l'auteur d'une imprudence ou d'une faute qui, en se combinant avec l'imprudence ou la faute d'un autre, a amené le fait préjudiciable, a bien causé par son imprudence le préjudice tout entier, et non une partie de ce préjudice, si le résultat de la faute pour l'un et pour l'autre est un même fait, un même accident, un même préjudice comme dans le cas, par exemple, où une vitesse excessive, d'une part, et de l'autre, une direction contraire aux règlements, a amené le choc de deux voitures qui a blessé une personne (Req. 1er déc. 1868, aff. Patriarche, D. P. 69. 1. 131), ou quand

les vapeurs délétères de plusieurs usines dont les propriétaires ne se connaissent pas causent au voisin par leur agglomération un dommage unique et indivisible (*Rép.* n° 250).

337. Une réserve paraît pourtant nécessaire sur une formule qu'emploient certains arrêts en cette matière, et qui avait été admise au *Rép.*, n° 250. L'indivisibilité de la cause du dommage a été indiquée comme donnant lieu à condamnation *in solidum*, *par application des principes sur les effets des obligations indivisibles.* Ainsi s'exprime le tribunal civil de Nice dans le jugement du 10 avr. 1878 (aff. Liotardi et autres, D. P. 79. 2. 221, cité *suprà*, n° 330). Cette référence aux textes ou aux principes qui régissent les obligations indivisibles a donné lieu à des critiques très fondées (Demolombe, *Traité des contrats*, t. 3, n° 293 ; Sourdat, t. 1, n° 481 et suiv.). Sans doute, l'indivisibilité *des causes* du dommage peut être indiquée comme base de la solidarité de l'obligation qui pèse sur chaque coauteur. Mais, si elle rend l'obligation solidaire, elle ne la rend pas indivisible et ne permet pas de la traiter comme telle. L'indivisibilité d'une obligation tient à son objet et non à sa cause, que cet objet soit indivisible par sa nature même ou par le rapport sous lequel il est considéré dans l'obligation. Or l'objet dû par le délinquant est une indemnité, que sa nature rend susceptible de division sans qu'il ait été considéré par les parties sous aucun rapport dans aucun contrat. L'indivisibilité empêche la division entre les héritiers de chaque débiteur ; tel n'est pas l'effet de la solidarité ; or on ne voit pas pourquoi la partie lésée par un délit ne subirait pas la division entre les héritiers de chaque délinquant, comme elle le subirait si le délit provenait de lui seul.

338. La solidarité, en matière de délit civil ou de quasi-délit, a été admise par la majorité des auteurs. A ceux déjà cités au *Rép.*, n° 245, il y a lieu d'ajouter : Merlin, *Questions de droit*, v° *Solidarité*, § 2 ; Delvincourt, t. 3, p. 683 ; Larombière, t. 2, p. 606, art. 1202 ; n° 22 ; Sourdat, t. 1, n°ˢ 473 et suiv., 704 et suiv. ; Boncenne, t. 2, p. 545 ; Rolland de Villargues, *Rép.* v° *Responsabilité*, n°ˢ 42 et 49 ; Rauter, *Droit criminel*, t. 1, p. 181 ; Zachariæ, t. 2, § 298, note 13 ; Aubry et Rau, t. 4, § 298 *ter*, notes 13 et suiv. ; Colmet de Santerre, t. 5, p.218, n° 135 *bis*-II ; Rodière, *Traité de la solidarité et de l'indivisibilité*, n°ˢ 312-313 ; Marcadé, sous l'art. 1202 ; Demolombe, *Traité des contrats*, t. 3, n°ˢ 279 et suiv.

Toutefois, il convient de faire des distinctions parmi les auteurs quant à la manière dont ils conçoivent cette solidarité. Les uns (Merlin, Delvincourt, Larombière, Sourdat, Boncenne, Rolland de Villargues, Rauter) admettent une solidarité parfaite, produisant tous les effets qu'y attachent les art. 1203 et suiv. c. civ., y compris l'effet contre tous les délinquants d'un acte fait contre l'un d'eux pour inter rompre la prescription ou faire courir les intérêts, et d'autre part, l'effet au profit de tous d'un jugement obtenu, d'un serment prêté, d'une transaction, d'une remise, obtenue par un seul et se rapportant à l'obligation commune, et non seulement à son fait personnel. — D'autres (Colmet de Santerre, Rodière, Demolombe) n'admettent qu'une solidarité imparfaite produisant le droit de poursuivre pour le tout chaque débiteur et l'effet libératoire pour tous du payement fait par un seul, mais non l'effet, à l'égard de tous, d'un acte interruptif de prescription, ou faisant courir les intérêts, ou d'un jugement, d'un serment prêté, d'une transaction, d'une remise. — Demolombe refuse même à l'obligation ainsi réglée la qualification de solidarité, de peur qu'elle ne comprenne forcément de pareils effets ; et il l'appelle obligation *in solidum*, lui attachant d'ailleurs tous effets et les seuls effets que d'autres résument sous le nom de solidarité imparfaite. — Marcadé pourrait même être classé plus exactement parmi les adversaires de la solidarité même imparfaite, car après avoir déclaré admettre l'obligation *in solidum*, il en écarte absolument tous les effets, en admettant le bénéfice de division. — Zachariæ, Aubry et Rau, peuvent au contraire être rattachés au système de la solidarité parfaite autant qu'à celui de la solidarité imparfaite, car ils l'acceptent comme parfaite *à partir du jugement de condamnation*. Mais on peut se demander s'ils ne restreignent pas la solidarité au délit civil résultant d'un concert frauduleux, car ils semblent

constater, plutôt qu'approuver, la jurisprudence qui l'étend au quasi-délit, surtout au quasi-délit non concerté.

Au milieu de ces divergences, nous ne pouvons que nous en tenir à ce qui a été dit *suprà*, v° *Obligations*, n°ˢ 588 et suiv., et *Rép.* eod. v°, n° 1467, au sujet des obligations *in solidum*, parmi lesquelles on a placé celles qui résultent des délits et quasi-délits, même des délits prévus par l'art. 55 c. pén., et des quasi-délits prévus par l'art. 1734 c. civ., malgré l'expression de solidarité inscrite dans ces deux textes. On pourrait cependant soutenir, non sans raison, que l'unité du quasi-délit imprime à l'obligation de chaque auteur les caractères indiqués par l'art. 1200 c. civ. (dette d'un même objet exigible de chacun en totalité et cessant d'être due dès qu'elle est payée par un seul) ; que, par suite, elle impose l'application des articles qui s'y rattachent, non seulement les art. 1203 mais des art. 1206, 1207 et de tous les effets de la solidarité. La jurisprudence, qui emploie quelquefois les mots d'obligation *in solidum*, mais plus souvent encore le mot de solidarité, et qui, d'ailleurs, n'a eu à statuer que sur des effets communs aux deux solidarités, ne peut aider à faire un choix entre elles, sauf pourtant lorsqu'elle vise la disposition de l'art. 1200, qui n'est autre chose que la définition de la solidarité proprement dite.

Sᴇᴄᴛ. 3. — RᴇsᴘᴏɴsᴀʙɪʟɪᴛÉ ᴅᴇs ᴀᴅᴍɪɴɪsᴛʀᴀᴛɪᴏɴs ᴘᴜʙʟɪQᴜᴇs, ᴅᴇs ꜰᴏɴᴄᴛɪᴏɴɴᴀɪʀᴇs ᴇᴛ ᴅᴇs ᴏꜰꜰɪᴄɪᴇʀs ᴘᴜʙʟɪᴄs (*Rép.*, n° 254).

339. On a distingué au *Rép.*, n° 251, et v° *Trésor public*, n° 361, la responsabilité directe de l'Etat ou des administrations publiques, de leur responsabilité indirecte ou réfléchie pour le fait de leurs préposés (Comp. Sourdat, n° 1307).

Cette distinction est difficile à concevoir pour les personnes administratives qui ne peuvent agir que par une hiérarchie de fonctionnaires ou d'agents, préposés plus ou moins immédiats. « La responsabilité du commettant est la seule qu'elles puissent encourir », dit M. Maurice Hauriou (*Précis de droit administratif*, 1892, p. 693 et p. 68). Par suite, beaucoup d'auteurs ne parlent de l'Etat qu'à propos de la responsabilité du fait d'autrui (Demolombe, *Traité des contrats*, t. 8, n° 637 ; Aubry et Rau, t. 4, p. 759 ; Baudry-Lacantinerie, *Cours de droit civil*, t. 2, n° 1292 ; Larombière, *Des obligations*, t. 5, art. 1384, n° 15).

Toutefois, au sommet de cette hiérarchie administrative, un chef supérieur personnifie l'être collectif et parle ou agit en son nom ; son fait peut être considéré comme le fait direct de l'être collectif. Tel sera le fait du législateur ou celui du chef de l'Etat, investi d'attributions gouvernementales par la loi constitutionnelle, ou celui du ministre personnifiant l'Etat dans chaque branche d'administration. Si le fait de l'agent inférieur n'est venu atteindre la personne lésée qu'en conformité de cette volonté supérieure, s'il faut remonter jusqu'à elle pour trouver la cause du dommage, on mettra en jeu la responsabilité directe de l'Etat.

On invoque, au contraire, sa responsabilité indirecte ou réfléchie (et le champ en est plus vaste) lorsqu'on se plaint du fait de l'agent inférieur, sans critiquer l'acte même du représentant supérieur de l'Etat. L'application de cette responsabilité dépendra, soit des nécessités et des règles administratives qui permettent ou non de voir une faute dans le fait de l'agent, soit du rôle de cet agent qui permet ou non de voir entre l'Etat et lui les rapports de commettant à préposé.

340. Suivant une autre théorie exposée devant la cour de cassation de Belgique (1ᵉʳ déc. 1881, *infrà*, n° 867) par M. le premier avocat général Mesdach de ter Kiele, il ne pourrait jamais être question, lorsqu'il s'agit d'une administration publique, commune ou Etat, même pour le fait d'un agent inférieur, d'une responsabilité indirecte fondée sur l'art. 1384, mais seulement d'une responsabilité directe fondée sur l'art. 1382. « L'art. 1384, dit-il, suppose l'accomplissement par un tiers d'un fait susceptible d'exécution directe par le commettant ; la responsabilité de ce dernier n'est alors que la conséquence d'une présomption de négligence dans le choix de la personne. Mais il n'en peut être de même d'une administration publique, être de raison, qui, à défaut d'existence propre et personnelle, n'est en état de se mouvoir que par ses organes légaux : on n'aperçoit pas ici ces rapports de subordination entre un préposé et son commettant ; lors donc qu'un agent de la commune contracte pour celle-

ci, dans l'étendue de ses pouvoirs, quelque degré qu'il occupe dans la hiérarchie administrative, depuis le bourgmestre jusqu'au dernier des cantonniers, y compris les échevins, l'ingénieur, l'architecte et le conducteur des travaux, sa personnalité s'efface devant celle de la commune qui l'absorbe et la résume en elle-même ; c'est toujours la municipalité qui agit, poursuite et diligence d'un de ses représentants en titre ayant qualité à cet effet. La responsabilité est directe et procède de l'art. 1383 ». — M. Laferrière traite aussi comme directe la responsabilité de l'État pour les fautes de service de ses agents (V. *infrà*, n° 342).

Cette théorie peut être admise, quand le fait de l'inférieur reflète exactement la volonté supérieure en laquelle s'absorbe celle de l'être collectif. Mais cette absorption, base de la responsabilité directe, s'arrête, suivant nous, à l'agent supérieur qui seul personnifie l'Administration, et au-dessous duquel peuvent trouver place des rapports de subordination, base de la responsabilité indirecte ou réfléchie.

Art. 1er. — *Règles générales* (Rép. n°s 252 à 254).

341. — I. Responsabilité de l'État. — La responsabilité de l'État est difficile à formuler d'une manière précise. Elle est unanimement reconnue. Mais on est fort loin d'être unanime à y voir l'application des art. 1382 et suiv. c. civ. Cette application, admise au *Rép.*, n°s 252, 255, 258 et v° *Trésor public*, n°s 358 et 361, l'a été aussi par : Demolombe, *Traité des contrats*, t. 8, n° 637; Aubry et Rau, t. 4, § 447, note 16, p. 759; Baudry-Lacantinerie, *Précis de droit civil*, t. 2, n° 1292; Laurent, t. 20, n°s 419 et suiv., 590 et suiv.; Sourdat, n°s 1302, 1307; Cotelle, *Cours de droit administratif*, 2e édit., t. 2, p. 495; Maurice Hauriou, *Précis de droit administratif*, 1892, p. 68 et 694. Elle l'a été par les cours d'appel et la cour de cassation tant que ces cours ont admis leur compétence en cette matière. Mais, sauf en ce qui concerne le domaine privé, elle est repoussée par le tribunal des conflits et le conseil d'Etat, dont les arrêts sont seuls appelés à faire jurisprudence en cette matière depuis que la compétence exclusive du conseil d'Etat a été reconnue par le tribunal des conflits et par la cour de cassation elle-même (V. *infrà*, ch. 3, sect. 2, art. 5, § 2). Elle est repoussée aussi par un grand nombre d'auteurs en droit administratif (Laferrière, *Traité de la juridiction administrative*, t. 1, p. 619, 624, 625, et t. 2, p. 176 et suiv.; Ducrocq, *Cours de droit administratif*, 6e éd., n°s 1059, 1060; Dufour, *Droit administratif*, t. 5, n° 130; Dareste, *Justice administrative*, p. 527; Bazille, *Revue générale d'administration*, 1880, t. 3, p. 25 ; Aucoc, *Conférences sur l'administration et le droit administratif*, t. 1, n° 288; Batbie, *Traité théorique et pratique de droit public et administratif*, t. 6, n° 352).

342. Voici comment M. Laferrière (*Traité de la juridiction administrative*, t. 2, 173) résume la jurisprudence administrative sur la responsabilité de l'État. « Cette responsabilité ne peut être régie par les principes établis dans le code civil pour les rapports de particulier à particulier; elle n'est ni générale, ni absolue; elle a ses règles spéciales qui varient suivant les besoins du service et la nécessité de concilier les droits de l'Etat avec les droits privés... Si l'on cherche à se rendre compte des différences que présente la responsabilité de l'État selon les diverses fonctions qu'il est appelé à remplir, on voit que sa responsabilité est d'autant plus restreinte que cette fonction est plus élevée. La responsabilité est nulle quand la fonction de l'Etat confine à la souveraineté ; c'est pourquoi ni les actes législatifs, ni les actes de gouvernement, ni les faits de guerre, ne peuvent donner lieu à une action en responsabilité contre l'État, quelles que soient les fautes imputées à ses représentants. Il en est de même des erreurs judiciaires, car l'administration de la justice est, elle aussi, une manifestation de la souveraineté. Si l'on considère la fonction administrative proprement dite, on trouve place pour certaines réparations pécuniaires en faveur de ceux qui ont été lésés par une faute ; mais là encore la responsabilité est en raison inverse de la puissance dont l'Administration est investie: elle est rarement engagée par les actes de puissance publique, plus souvent par les actes de gestion faits en vue de services publics, plus encore par les actes faits par l'État dans l'intérêt de son do-

maine privé ». M. Laferrière va même en réalité jusqu'à proscrire la responsabilité dans l'acte *de puissance*, quelque illégal qu'il soit (*op. cit.*, t. 2, p. 175), pour ne l'admettre qu'en présence d'un acte *de gestion*. Et dans cette gestion des services publics, il n'admet pas qu'il faille procéder par application des art. 1382 et 1384. « En principe, dit-il, l'Etat ne peut être engagé que par ses représentants légaux, c'est-à-dire par les ministres. La stricte application de cette règle conduirait à décider qu'un ministre seul pourrait engager le Trésor par un quasi-délit ». Mais pour éviter que les fonctionnaires inférieurs soient pris personnellement à partie pour toutes leurs fautes de service, « l'Etat assume, en vertu de lois spéciales *ou de la jurisprudence*, certains risques des fonctions publiques, certains écarts de ceux qui les exercent ». Certains services, comme celui des postes et des télégraphes, ont donné lieu à des lois spéciales sur ce point. Quant aux autres « la jurisprudence du conseil d'Etat, *s'inspirant des principes généraux du droit*, reconnaît que l'Etat peut être pécuniairement responsable des fautes de ses agents, sans toutefois admettre que l'art. 1384 lui soit textuellement applicable. Elle distingue entre les fautes de service et les fautes personnelles; et la responsabilité de l'Etat, réduite aux premières, n'est qu'une responsabilité directe fondée sur la présomption d'une organisation défectueuse du service, d'une insuffisance dans ses moyens d'action ou de surveillance ». Enfin M. Laferrière reconnaît l'analogie de cette responsabilité avec celle du droit commun, lorsqu'il s'agit d'accidents causés dans les ateliers de l'Etat ou par ses machines ou engins employés à des services publics. Il admet même l'application, dans leur intégralité, des art. 1382, 1383, 1384, 1385, 1386 à l'Etat gérant son domaine privé ou exploitant un chemin de fer ; il cesse alors de distinguer parmi les faits relatifs à cette gestion les fautes de service et les fautes personnelles (*op. cit.*, t. 2, p. 179).

343. M. Larombière (*Des obligations*, t. 5, p. 756, art. 1384, n° 15) soumet l'Etat à la même responsabilité qu'un simple particulier sans pourtant lui appliquer indistinctement le principe de droit commun posé dans l'art. 1384. Il distingue à cet égard entre l'acte de puissance qui ne peut engager la responsabilité de l'Etat et l'acte de gestion qui, même concernant les services publics, le soumet à la responsabilité de l'art. 1384 « sauf les modifications que cette responsabilité, qui, par rapport à lui, n'est ni générale ni absolue, peut subir dans son étendue et ses effets, suivant la nature et les besoins de chaque service ». — On trouve l'antithèse entre l'acte de puissance et l'acte de gestion très nettement indiquée, pour l'Etat comme pour la commune, dans les arrêts de la cour de cassation de Belgique (notamment dans celui du 1er déc. 1881, aff. Ville de Mons, *infrà*, n° 867, ainsi que dans les conclusions présentées dans cette affaire par M. l'avocat général Mesdach de ter Kiele. Les textes du code civil y sont absolument écartés pour l'acte de puissance, absolument admis pour les actes de gestion, non seulement du domaine privé mais du domaine public et, par conséquent, des services publics, actes où l'Etat agit comme pourraient agir les particuliers. — M. Laurent, t. 20, n°s 419, 427, 444, n'hésite pas à poser pour l'Etat le principe de la responsabilité du droit commun, sans faire d'autre distinction que celle qui se trouve dans le droit commun et qui est la recherche *d'un droit* lésé, et d'un rapport de *commettant* à préposé entre l'Etat et l'auteur de la faute. Il écarte ainsi la responsabilité de l'Etat pour les actes du pouvoir législatif et pour ceux du pouvoir judiciaire, et il le cantonne dans l'exercice de la fonction administrative sans distinguer entre l'acte de puissance, l'acte de gestion, l'acte de propriétaire et de personne civile. « L'Etat, dit-il, agit toujours comme pouvoir politique alors même qu'il est personne civile ou propriétaire », car « tout est d'intérêt général ». Mais l'Etat est responsable même à titre de pouvoir politique pourvu qu'un droit soit lésé, soit par lui, soit par un agent qui ait agi comme son préposé.

344. — II. Responsabilité personnelle des fonctionnaires. — La responsabilité personnelle des fonctionnaires de l'ordre judiciaire pour délits ou quasi-délits commis dans l'exercice de leurs fonctions a été précisée *suprà*, v° *Prise à partie*, n°s 12 et suiv. et *Rép. eod.* v°, n°s 6 et suiv., à l'aide des textes du code de procédure civile qui en limitant

nettement l'application. — Celle des fonctionnaires ou agents de l'ordre administratif n'est pas réglée d'une façon aussi précise. Elle donne lieu tout d'abord à des règles de forme ou de compétence qui ont été étudiées *suprà*, v° *Mise en jugement de fonctionnaires*, n°s 7 et suiv., 17 et suiv., et v° *Compétence administrative*, n°s 64 et suiv., 341 et suiv., et qu'on peut résumer ainsi : le fonctionnaire n'est plus protégé par la nécessité de l'autorisation préalable du conseil d'État, l'art. 75 de la constitution de l'an 8 étant abrogé ; mais il continue à l'être par le principe de la séparation des pouvoirs, qui empêche les tribunaux ordinaires d'apprécier les actes administratifs (sauf pour refuser d'en appliquer les sanctions pénales), et leur laisse seulement la connaissance des fautes personnelles séparables de la fonction quoique commises à son occasion, ces fautes pouvant s'apprécier par les seuls principes du droit commun.

345. L'illégalité, l'annulation même pour excès de pouvoir, si lourde que soit la faute, à plus forte raison une simple erreur d'appréciation en fait dans l'exercice de l'autorité qu'on possède (V. *suprà*, v° *Compétence administrative*, n° 76), ne transforme pas nécessairement l'acte administratif en faute personnelle (*Ibid.*, n°s 71, 72, 73), à la différence de l'usurpation de pouvoirs, qui, supposant l'acte absolument étranger aux attributions du fonctionnaire, ou interdit par la loi à ce fonctionnaire, l'empêche de constituer un acte administratif (*Ibid.*, n°s 74, 75, 95. — *Adde* : Trib. confl. 15 févr. 1890, aff. Vincent, D. P. 91. 3. 31). Mais, même dans la sphère de ses attributions, le dol du fonctionnaire consistant à user sciemment de son pouvoir en dehors des règles imposées à son exercice, à en abuser ou à le détourner de son objet pour satisfaire ses passions personnelles, peut aussi se séparer de la fonction et donner lieu, comme faute personnelle, à une condamnation à des dommages-intérêts par les tribunaux ordinaires (*Ibid.*, n° 68) ; il faut en dire autant d'un fait qualifié crime ou délit par la loi pénale (*Ibid.*, n°s 82 et 83), et même d'une faute par négligence ou imprudence, tellement lourde qu'on ne peut plus l'attribuer à l'homme mais à l'homme (*Ibid.*, n°s 68 et 84). Mais les tribunaux ordinaires doivent renvoyer à l'autorité administrative la solution des questions préjudicielles de sa compétence, desquelles pourrait dépendre le caractère personnel de la faute ; et en tout cas un conflit élevé par l'administration les oblige à surseoir jusqu'à ce que le tribunal des conflits ait reconnu leur compétence en déclarant personnels les faits qui ont motivé la poursuite (*Ibid.*, n° 67. — *Adde* : Dijon, 30 mars 1892, aff. Bailly, D. P. 92. 2. 423).

346. Cette théorie n'a pas pour le fonctionnaire un simple intérêt de compétence. Elle influe indirectement sur le fond même de sa responsabilité pécuniaire, et arrive à la supprimer tout à fait pour les fautes purement administratives ou de service ; car, tandis que les tribunaux ordinaires se trouvent incompétents pour en connaître, les tribunaux administratifs de leur côté ne sont appelés qu'à juger et annuler l'acte administratif sans pouvoir juger l'administrateur et le condamner à une indemnité, sauf les mesures disciplinaires ou autres que peuvent prendre à son égard les supérieurs hiérarchiques (Cons. d'Et. 4 déc. 1885, aff. Lelevez et Chesnier-Duchêne, D. P. 87. 3. 47 et la note ; 11 févr. 1887, aff. Delamare, D. P. 88. 3. 63 et la note. V. aussi la note insérée D. P. 90. 3. 49). Aussi est-ce toujours l'Etat, jamais le fonctionnaire, qu'on poursuit devant l'autorité administrative quand celle-ci est compétente, et encore la responsabilité de l'Etat est-elle limitée par les distinctions posées *suprà*, n° 342 et *infrà*, n° 383 et suiv. — M. Laferrière, *op. cit.*, t. 2, p. 176, en même temps qu'il réduit aux fautes de service la responsabilité de l'Etat dans la gestion des services publics, présente le fonctionnaire comme personnellement irresponsable de ces mêmes fautes, contrairement au droit commun, et M. Hauriou, *op. cit.*, p. 7, note, résume en ces termes la jurisprudence concernant la responsabilité de l'Etat et des fonctionnaires : « Si la faute a été lourde, l'Etat ne sera plus responsable, mais l'agent le sera. Si la faute a été légère, l'agent ne sera plus responsable, mais l'Etat le sera. Seulement, jamais les deux ne seront responsables à la fois ». Les applications de cette théorie seront exposées *infrà*, n°s 429 et suiv.

347. On a cité au *Rép.*, n° 254, plusieurs décisions qui ont vu dans l'ordre donné au fonctionnaire par son supérieur une cause d'irresponsabilité pour le fonctionnaire, et on a approuvé cette solution, mais seulement à condition que le fonctionnaire ait pu croire que l'acte ordonné était licite, qu'il ait été un simple agent d'exécution matérielle d'ordres qu'il n'était en situation ni en mesure de discuter. Ainsi jugé pour un garde champêtre chargé par un maire de lacérer des affiches électorales qui n'étaient pas incriminées (Amiens, 16 août 1878, aff. Labitte. D. P. 80. 2. 47). Si, d'ailleurs, le fait est frappé par une loi pénale, l'obéissance aux ordres des supérieurs hiérarchiques en dehors des cas limitativement prévus par la loi, notamment par les art. 114 et 190 c. pén., n'est pour les agents ou fonctionnaires civils, ni un fait justificatif, ni une excuse de nature à les soustraire à l'application de cette loi et à la juridiction chargée de l'appliquer, sauf à tenir compte de ces ordres pour apprécier au fond la responsabilité de l'agent ou du fonctionnaire (Trib. corr. Reims, 13 nov. 1889, et Trib. confl. 15 févr. 1890, aff. Vincent, D. P. 91. 3. 32).

348. — III. Division. — Ces règles générales étant posées, il convient tout d'abord d'étudier le principe de l'irresponsabilité de l'Etat pour les actes législatifs, les actes de gouvernement, les faits de guerre, les erreurs judiciaires. On verra ensuite sa responsabilité apparaître dans l'exercice des fonctions administratives, sauf à distinguer alors l'acte de puissance et l'acte de gestion, sauf aussi à voir le plus souvent cette responsabilité devenir indirecte ou réfléchie, et prendre place, par conséquent, au chapitre *de la responsabilité à raison du fait d'autrui*. C'est surtout pour les communes que ce renvoi sera nécessaire. On passera ensuite à la responsabilité personnelle des fonctionnaires et officiers publics.

Art. 2. — *Responsabilité des administrations publiques.* — *Etat, communes, etc.* (Rép. n°s 255 à 268.)

§ 1er. — *Actes législatifs.*

349. Les actes législatifs ne donnent lieu, à moins de disposition contraire, à aucune action en dommages-intérêts contre l'Etat ou contre les fonctionnaires qui les ont régulièrement appliqués, au profit des tiers qui lèsent les intérêts. « La loi est, en effet, dit M. Laferrière (*Traité de la juridiction administrative*, t. 2, p. 12), un acte de souveraineté, et le propre de la souveraineté est de s'imposer à tous sans qu'on puisse réclamer d'elle aucune compensation. Le législateur peut seul apprécier, d'après la nature et la gravité du dommage, d'après les nécessités et les ressources de l'Etat, s'il doit accorder cette compensation : les juridictions ne peuvent pas l'allouer à sa place ; elles ne peuvent qu'en évaluer le montant d'après les bases et dans les formes prévues par la loi » (V. aussi Laurent, t. 20, n° 418). — Par application de ces principes, notamment, le décret du 27 avr.-3 mai 1848 (D. P. 48. 4. 79) abolissant l'esclavage dans les colonies, n'aurait eu pour conséquence aucun droit à indemnité pour les colons propriétaires d'esclaves, si ce décret (art. 5) et les lois des 30 avr.-3 mai 1849 (D. P. 49. 4. 96), et des 24 nov.-8 déc. 1849 (D. P. 49. 4. 169) n'avaient reconnu et réglementé ce droit. On trouve aussi une application des mêmes principes dans les lois qui créent des servitudes d'utilité publique dans le voisinage des routes, chemins de fer ou cours d'eaux navigables, des places de guerre, des cimetières, etc. (V. *suprà*, v°s *Eaux*, n°s 40, 43, 96 et suiv. ; *Place de guerre*, n° 91 ; *Propriété*, n°s 60 ; à 65 et *infrà*, v°s *Servitude, Voirie par terre, Voirie par chemins de fer*. Comp. *Rép.* n°s 256, 257 et 260). De même un département dépossédé d'un hôpital au profit de l'Etat par une loi, ne peut lui réclamer le remboursement de ses impenses (Alger, 5 mars 1894, aff. Département de Constantine, D. P. 94. 2. 280).

350. On peut citer encore les lois qui, dans un intérêt général mais au préjudice d'intérêts particuliers, prohibent une industrie, établissent ou suppriment soit un monopole, soit des droits de douane sur tels produits ou telles matières premières. Ceux qui en perdent le droit de se faire indemniser par l'Etat que l'Etat n'a le droit de faire contribuer ceux qui en bénéficient.

C'est ainsi qu'il n'a pu être réclamé aucune indemnité par les fabricants de tabac factice, dont l'industrie s'est trouvée condamnée, par la loi du 12 févr. 1835, à disparaître, dans un intérêt fiscal, cette loi, ayant gardé le silence sur la question d'indemnité (Cons. d'Ét. 11 janv. 1838, aff. Duchatelier, *Rép.* v° *Impôts indirects*, n° 607 ; 28 mai 1838, aff. Mathon, *Rec. Cons. d'État*, p. 124) ; ni par les exploitants de lignes télégraphiques dont la loi des 2-6 mai 1837 a eu pour effet de supprimer l'industrie sans leur réserver d'indemnité (Cons. d'Ét. 6 août 1852, aff. Ferrier, *Rép.* v° *Télégraphie*, n° 73) ; ni par les négociants qu'un décret ·du 17 oct. 1857, ·rendu en exécution de l'art. 5 de la loi du 5 juill. 1836 sur les douanes, empêchait de profiter des franchises établies par le décret du 17 oct. 1855 sur les fers destinés à la construction des navires, et cela encore bien que le second décret fût survenu avant les délais prévus par le premier (Cons. d'Et. 29 déc. 1859, aff. Rispal, *Rép.* v° *Trésor public*, n° 587).

351. C'est ainsi encore que les distillateurs dont l'industrie a été interdite dans Paris par la loi du 1ᵉʳ mai 1822 et dans les autres villes où cette loi a pu être rendue applicable sur la demande des conseils municipaux (Loi de finances du 24 mai 1834, art. 10) n'ont pu obtenir d'indemnité qu'en vertu d'une concession écrite dans cette loi ; et il n'a pas suffi qu'une loi du 16 juin 1859 étendît les limites de l'octroi de Paris de manière à menacer de suppression les distilleries comprises dans la nouvelle zone, pour qu'une indemnité fût due aux propriétaires de ces distilleries tant qu'un décret n'avait pas fixé l'époque de leur fermeture et déterminé les bases de l'indemnité, conformément à l'art. 10 de la loi du 1ᵉʳ mai 1822 (Cons. d'Et. 15 mai 1874, aff. Legrand, D. P. 75. 3. 41).

352. Les distillateurs de céréales et autres denrées alimentaires ont même vu leur industrie supprimée par un décret du 26 oct. 1854 (D. P. 54. 4. 181) interdisant la distillation des céréales et denrées, sans pouvoir obtenir d'indemnité, faute par ce décret de leur avoir réservé ce droit (Cons. d'Et. 26 févr. 1857, aff. Cohen et cons., D. P. 57. 3. 81) ; il s'agissait là d'une mesure de gouvernement prise dans un intérêt général et de sûreté publique, comme le serait l'interdiction d'exporter les céréales pour prévenir la disette ou simplement l'exagération des prix (V. en ce sens Laferrière *op. cit.*, t. 2, p. 41). Mais on a pu se demander si un simple décret pouvait, comme une loi, interdire sans indemnité une industrie en vue de l'intérêt général et faire autre chose que réglementer cette industrie sur les bases établies par les lois (V. la note sous l'arrêt précité) ; M. Laferrière estime (*loc. cit.*) qu'il n'eût pas pu le faire dans un simple intérêt fiscal.

353. De même, aucune indemnité n'a pu être obtenue : ni par les imprimeurs et libraires que le décret-loi du 10 sept. 1870 a dépossédés du monopole dont un brevet les avait précédemment investis, ce décret ayant réservé à l'autorité législative le soin de statuer ultérieurement sur la question d'indemnité (Cons. d'Et. 4 avr. 1879, aff. Goupy, D. P. 79. 3. 49. V. *suprà* v° *Presse-outrage*, n° 72) ;... ni par les bouchers de Paris, que le décret du 24 févr. 1858 avait dépossédés de leur ancien monopole en abrogeant l'ordonnance royale du 18 oct. 1829 qui limitait leur nombre (V. *suprà*, v° *Boucher*, n° 48 et suiv. ; Cons. d'Et. 30 juin 1859, aff. Bouchers de Paris, D. P. 60. 3. 10, et la note).

354. Au contraire, la loi du 2 août 1872 (D. P. 72. 4. 131 et *suprà*, v° *Impôts indirects* n° 52 et suiv.), qui a attribué à l'Etat le monopole de la fabrication et de la vente des allumettes chimiques, a reconnu (art. 3) aux fabricants d'allumettes dépossédés le droit à une indemnité pour cause d'expropriation. Et il a été décidé que ce droit pouvait être revendiqué au profit de toute fabrique ayant, au moment de la promulgation de la loi de 1872, une existence réelle et effective, sans distinction entre celles qui étaient pourvues d'une autorisation administrative et celles qui n'existaient qu'en fait et par tolérance (Trib. Marseille, 23 mars 1874, aff. Flouest, D. P. 74. 3. 86 ; Dijon, 24 nov. 1875, aff. X... D. P. 76. 2. 38 ; Angers, 13 janv. 1876, aff. Laumonnier-Carriol, D. P. *ibid.* ; Bourges, 11 déc. 1875, aff. Barbarin, D. P. 76. 2. 38. — *Contrà* : Nîmes, 4 déc. 1875, aff. Olegario-Roure, D. P. 76. 2. 39). Mais aucune indemnité n'a pu être réclamée de l'Etat par les propriétaires français de fabriques d'allumettes chimiques établies à l'étranger; notamment en Alsace-Lorraine, à qui la loi du 2 août 1872 a fait perdre la clientèle qu'ils avaient en France et la faculté d'y transporter leur industrie, cette loi s'étant bornée à décider qu'il serait procédé à l'expropriation des fabriques existant alors en France, et l'annexion de l'Alsace-Lorraine à l'Allemagne étant d'ailleurs un fait politique et de force majeure (Comp. Cons. d'Ét. 5 févr. 1875, aff. Morage, D. P. 75. 3. 39).

355. En ce qui concerne les facteurs aux halles de Paris dont les intérêts ont été lésés par le décret du 22 janv. 1878 (D. P. 78. 4. 24.), établissant la liberté du factorat dans ces halles. V. *suprà*, v° *Halles et marchés*, n° 53. Sur les droits des officiers ministériels en cas de suppression de leur office, ou à raison des mesures d'intérêt général prises par le Gouvernement, et de nature à diminuer leurs émoluments, V. *suprà*, v° *Office*, n°ˢ 22 et suiv. — Sur les mesures prises en vue de supprimer l'institution des maîtres de poste, V. *suprà*, v° *Postes et télégraphes*, n°ˢ 174 et 175.

§ 2. — Actes de gouvernement.

356. De même que les actes législatifs, les actes de gouvernement ne donnent lieu de plein droit à aucune indemnité contre l'Etat, lors même qu'ils statuent sur des droits individuels. Mais c'est encore la puissance de la loi qui se manifeste ici, car les actes de gouvernement sont ceux « que la constitution et les lois réservent à la puissance souveraine sans autre contrôle que celui des grands corps politiques et de l'opinion publique (Dareste, *De la justice administrative*, p. 221) et « la théorie de l'acte de gouvernement ne peut s'appliquer, comme a semblé l'admettre M. Vivien à des mesures individuelles qui seraient reconnues contraires aux lois » (Laferrière. *Traité de la juridiction administrative*, t. 2, p. 43);... alors même qu'elles auraient été délibérées en conseil des ministres, ou dictées par un intérêt politique, ou même inspirées ou approuvées par une résolution ou un ordre du jour émané des Chambres mais dépourvu des formes et de l'efficacité législatives (Cons. d'Et. 2 avr. 1886, aff. Fontenaud, D. P. 87. 3. 84 ; Crim. rej. 10 janv. 1885, aff. Cunéo d'Ornano, D. P. 85. 1. 384 ; Trib. confl. 25 mars 1889, deux arrêts, aff. Uzannaz-Jorris et aff. Michau et Lafreney, D. P. 90. 3. 65 ; 15 févr. 1890, aff. Vincent, D. P. 91. 3. 32. — *Contrà* : Laferrière, *loc. cit.*, et Trib. civ. Seine 14 oct. 1886, aff. Peyramont, cité par cet auteur). « Cette qualification d'acte de gouvernement, disait M. David, commissaire du Gouvernement devant le conseil d'Etat, le 19 févr. 1875 (D. P. 75. 3. 19), loin de dépendre de l'arbitraire des gouvernants, est limitée aux objets pour lesquels la loi a jugé nécessaire de confier au Gouvernement les pouvoirs généraux auxquels elle a virtuellement subordonné les droits particuliers des citoyens dans l'intérêt supérieur de l'Etat. Tels sont les pouvoirs discrétionnaires que le Gouvernement tient en France, soit des lois constitutionnelles, pour le règlement et l'exécution des conventions diplomatiques, soit des lois de police et spécialement de la loi sur l'état de siège pour le maintien de la paix publique, soit des lois d'exception pour sa défense contre les entreprises qu'il peut avoir à redouter des princes appartenant aux familles qui ont régné sur la France ».

Toutefois, il faut compléter ces exemples pour avoir la liste généralement admise des actes de gouvernement. Elle comprend : 1° les rapports avec les Chambres ; 2° la proclamation de l'état de siège ; 3° les mesures de police sanitaire ; 4° les mesures concernant les membres des familles ayant régné en France ; 5° les rapports diplomatiques avec les puissances étrangères ; 6° les faits de guerre. Sur les caractères de l'acte de gouvernement et les recours qu'on voudrait exercer contre eux, V. *suprà*, v° *Compétence administrative*, n°ˢ 24 et suiv., 54 et suiv., 106 et suiv. V. encore sur la théorie de l'acte de gouvernement. dans le sens qui vient d'être indiqué, M. Maurice Heuriou, *Précis de droit administratif*, 1892, p. 165.

357. — I. Rapports avec les Chambres. — Comme premier exemple des prérogatives gouvernementales, on pourrait citer l'usage que fait le Gouvernement de sa participa-

tion au pouvoir législatif, notamment dans l'initiative des projets de lois. Le retard ou le refus par le Gouvernement de présenter un projet de loi, encore bien que des particuliers y soient intéressés et qu'ils l'aient sollicité, ne peut faire l'objet d'un débat par la voie contentieuse, et par suite ne peut engager la responsabilité pécuniaire de l'Etat, mais seulement la responsabilité politique des ministres devant le Parlement (Cons. d'Et. 17 mars 1853, aff. Prince de Wagram, *Rec. Cons. d'Etat*, p. 329 et Cons. d'Etat. 17 févr. 1888, aff. Prévost, sur conclusions de M. Levavasseur de Précourt, D. P. 89. 3. 45).

358. — II. État de siège. — La proclamation de l'état de siège, étant un acte de gouvernement lorsqu'elle est faite en vertu de pouvoirs légaux, c'est-à-dire dans les conditions prescrites par la loi du 3 avr. 1878, ses conséquences dommageables n'entraînent pas la responsabilité pécuniaire de l'Etat. Jugé notamment que l'occupation d'une imprimerie par la force armée et les dommages matériels qui en résultent ne peuvent motiver une demande en dommages-intérêts contre l'Etat par la voie contentieuse, quand ce fait a été une mesure de haute police commandée par les circonstances qui avaient fait déclarer la ville en état de siège (Cons. d'Etat, 10 janv. 1856, aff. Simon Dautreville et comp., D. P. 56. 3. 57). Toutefois des demandes en dommages-intérêts pourraient être formées par les particuliers qu'un fonctionnaire aurait lésés dans leurs droits en excédant les pouvoirs que lui donnent les termes de la déclaration et les lois sur l'état de siège (V. *supra*, v° *Place de guerre* n° 33; Laferrière, *op. cit.*, t. 2, p. 34 et 35); demandes contre le fonctionnaire ou contre l'Etat suivant que la faute a le caractère personnel ou administratif (V. *supra*, n°° 342, 347) demandes rentrant dans la compétence des tribunaux judiciaires ou dans celle des tribunaux administratifs suivant que le fonctionnaire s'est immiscé dans un objet laissé hors de ses attributions par la loi sur l'état de siège (Req. 3 juin 1872, aff. Meyère, D. P. 72. 1. 385) ou a simplement excédé ses pouvoirs sur un objet mis par cette loi dans ses attributions, seul cas dans lequel son acte soit de nature administrative (Trib. des confl. 30 juill. 1873, aff. Pelletier, D. P. 74. 3. 5; et 28 nov. 1874, aff. Plassan, D. P. 75. 3. 75. V. note sous Ord. du prés. trib. civ. de Lille du 1er juill. 1880, D. P. 80. 3. 57. V. *supra*, v° *Compétence administrative*, n° 75).

359. — III. Mesures de police sanitaire. — On range encore parmi les actes de gouvernement les mesures de protection contre divers fléaux prises par le Gouvernement en vertu des pouvoirs qu'il tient de la loi et ayant pour objet notamment les quarantaines et cordons sanitaires, la destruction d'objets contaminés, l'abatage d'animaux malades ou suspects, l'interdiction de leur entrée en France ou de leur exportation, la destruction de vignes, de plants atteints du phylloxera ou du doryphora. Ces actes ne permettent pas de réclamer à l'Etat la réparation des dommages causés par leur exécution si ce n'est en vertu de dispositions spéciales insérées dans la loi ou le règlement ou encore si le dommage a pour cause une faute commise par les agents de l'Etat (Cons. d'Etat, 26 févr. 1863, aff. Guilbaud, D. P. 63. 3. 50); ou l'inobservation par eux des conditions et mesures de précaution inscrites dans la loi ou dans le décret (V. *infra*, v° *Salubrité publique*). Car si le décret est un acte de gouvernement, l'acte d'exécution est un acte administratif (Laferrière, *op. cit.*, t. 2, p. 39 et 40). On voit encore un acte de gouvernement ne pouvant engager la responsabilité de l'Etat dans les mesures prohibitives prises pour prévenir la disette ou le renchérissement des denrées, et même dans le décret qui interdit une industrie (la distillation des céréales) dans le même intérêt, non fiscal, mais d'hygiène publique (Cons. d'Etat, 26 févr. 1857, aff. Cohen et consorts, D. P. 57. 3. 81. V. *supra*, n° 352 les objections soulevées par cette dernière décision).

360. C'est encore par application des mêmes principes que le ministre des colonies a pu, dans la limite des pouvoirs qu'il tenait du décret du 27 mars 1852, lequel avait force de loi d'après l'art. 58 de la constitution, interdire les opérations d'immigration des pays hors d'Europe dans les colonies françaises, sans que les particuliers pussent réclamer à l'Etat par voie contentieuse la réparation des dommages que leur aurait causés cette interdiction; et étant donné que

l'interdiction avait été limitée aux opérations non encore autorisées et non en cours d'exécution, les préparatifs faits par un armateur et les déclarations adressées par lui à l'autorité locale, n'étant pas équivalents à une autorisation, n'ont pu empêcher l'application du décret par l'autorité locale (Cons. d'Et. 26 févr. 1863, aff. Victor, D. P. 63. 3. 58).

361. — IV. Mesures concernant les membres de familles ayant régné en France. — La jurisprudence n'a jamais été appelée à se prononcer sur des actions en dommages-intérêts contre l'Etat, à propos de mesures prises par le Gouvernement contre les membres de familles ayant régné sur la France. Elle n'a eu à statuer que sur des recours en annulation de ces actes, ou des actions en dommages-intérêts contre l'auteur de l'acte pris personnellement (V. *supra*, v° *Compétence administrative*, n°° 120 et suiv. — Adde: Trib. des confl. 25 mars 1889, aff. Dufeuille, D. P. 90. 3. 65. V. aussi Laferrière, *Traité de la juridiction administrative*, t. 2, p. 36 et suiv.).

362. — V. Actes diplomatiques. — Les actes diplomatiques, traités de paix, d'alliance ou de protectorat, de cession de territoires, les conventions réglant la délimitation ou le régime des frontières, l'usage des zones limitrophes ou toute autre question de droit international public sont au premier chef des actes de souveraineté et de gouvernement et ne peuvent engager la responsabilité de l'Etat envers ceux dont les intérêts peuvent se trouver atteints. Jugé, notamment, que le traité de Francfort du 10 mai 1871 n'a pu obliger l'Etat à indemniser une société qui, ayant antérieurement entrepris la construction d'une ligne de chemin de fer, a fait, par suite des modifications apportées par ce traité au tracé de la frontière, des dépenses non prévues dans son contrat pour la construction d'une gare douanière; sauf le droit, pour cette société, de demander la résiliation de son marché si ce cas de force majeure en a modifié les conditions; mais sans qu'elle puisse même réclamer une indemnité si elle a exécuté les travaux dans ces conditions nouvelles (Cons. d'Etat, 5 déc. 1884, aff. Société anonyme belge des chemins de fer, D. P. 86. 3. 83). Jugé, de même, que l'Etat n'est pas responsable des dommages résultant de l'occupation d'une maison par des troupes étrangères, qui a eu lieu en vertu des préliminaires de paix signés à Versailles le 26 févr. 1871 et du traité de Francfort du 10 mai suivant, sans la participation d'aucun agent de l'Etat français (Cons. d'Etat, 23 juill. 1875, aff. Villebrun, D. P. 76. 3. 29).

363. Le caractère gouvernemental et souverain du droit qu'a l'Etat d'intervenir diplomatiquement auprès des puissances étrangères s'oppose encore à ce qu'une action soit formée contre l'Etat à raison de son refus d'intervenir de la sorte pour appuyer les griefs de nos nationaux et en obtenir la réparation, ou encore à raison de son insuccès, et même de sa négligence ou de son abandon de certains droits dans des négociations de ce genre, lui seul pouvant apprécier le degré d'insistance qu'il convient d'y mettre et l'utilité de certains abandons pour obtenir d'autres satisfactions (Cons. d'Etat, 26 août 1855, aff. De Penhoat, D. P. 55. 3. 63; 8 févr. 1864, aff. Chevalier, D. P. 64. 3. 27; 12 janv. 1877, aff. Dupuy, D. P. 77. 3. 27; 10 févr. 1893, aff. Thubé-Lourmand, D. P. 94. 3. 34-35).

Le conseil d'Etat a même déclaré à l'abri de tout recours par voie contentieuse et par conséquent aussi en dommages-intérêts, la répartition faite soit par le ministre des affaires étrangères, soit par une commission spéciale déléguée à cet effet, des sommes reçues par le Gouvernement en vertu d'accords diplomatiques prises pour réparer des dommages causés à des nationaux; cette répartition étant de sa part non une opération purement administrative tendant à liquider une dette de l'Etat, mais l'exécution d'un acte diplomatique (Cons. d'Etat, 5 janv. 1847, aff. Courson, *Rec. Cons. d'Etat*, p. 1; 30 avr. et 7 mai 1867, aff. Dubois, D. P. 68. 3. 28; 12 févr. 1870, aff. Casaurane et aff. Limantour, D. P. 70. 3. 73. V. Laferrière *Traité de la juridiction administrative*, t. 2, p. 47).

364. Les actes de l'autorité française tendant à l'exécution des conventions diplomatiques ne peuvent pas plus engager la responsabilité personnelle des fonctionnaires de qui ils émanent (V. *supra*, n°° 344 et suiv.) que celle de l'Etat (V. *supra* n° 341 et suiv.).

365. — VI. Etat de guerre. — V. la théorie des faits de guerre, exposée *infrà*, nᵒˢ 366 et suiv.

§ 3. — Faits de guerre.

366. — I. Irresponsabilité de l'Etat. — La proclamation de l'état de guerre est un des actes les plus importants et les plus graves du pouvoir souverain. Par application du principe posé plus haut, il s'impose à tous, sans que l'Etat puisse être déclaré responsable des dommages qui en résultent directement ou indirectement pour les citoyens. Ces dommages sont par rapport à eux des cas de force majeure, et « la nation seule peut décider, par l'organe de ses représentants, dans quelle mesure elle croit juste et possible d'indemniser ceux que la guerre a le plus cruellement éprouvés » (Laferrière, *op. cit.*, t. 2, p. 52). En le faisant, elle ne paye pas une dette, mais elle accomplit un acte de généreuse assistance dont elle apprécie librement la mesure. C'est ce que proclamait M. Thiers devant l'Assemblée nationale de 1871 à propos du « dédommagement » qu'il s'agissait d'accorder pour dommages causés par la guerre de 1870-1871. « Il ne s'agit pas ici, disait-il, d'une dette, mais d'un acte de bienfaisance et de générosité nationales ». Et l'Assemblée ratifiait ces paroles en accueillant l'idée « d'un dédommagement » fondé sur le sentiment de la solidarité nationale et faisant supporter à toute la nation une part des pertes subies par les populations envahies (D. P. 71. 4. 154). Cette œuvre, ainsi ramenée à son véritable caractère, fut successivement accomplie par divers lois et décrets (V. *suprà*, vᵒ *Réquisitions militaires*, nᵒ 3).

367. Il convient de signaler, en outre des indemnités pour dommages causés par la guerre de 1870 et l'insurrection du 18 mars 1871, les indemnités payées à titre d'avance pour réparation des dommages causés aux particuliers et aux services publics en Algérie pendant l'insurrection de plusieurs tribus en 1871. Il a été pourvu à la régularisation de ces indemnités par un crédit de 19 millions ouvert par la loi des 21 déc. 1872-7 févr. 1873 (Duvergier, *Collection des lois*, 1872, p. 447), et augmenté de 1 183 823 fr. 55 cent. par la loi des 23 déc. 1874-8 janv. 1875 (*Ibid.*, 1874, p. 466). Il a été pourvu, de même, par un crédit de 50 804 fr. (L. 21 déc. 1872-7 févr. 1873, *Ibid.*, 1873, p. 447) à la réparation des dommages causés spécialement dans le sud de la division d'Oran, par les opérations militaires entreprises en 1871 pour s'opposer aux incursions du marabout Si-Kaddour-ben-Hamza. Mais ces diverses allocations ont été faites à titres d'avances imputables sur les contributions de guerre imposées aux tribus qui avaient pris part à ces insurrections ou incursions.

La loi du 23 déc. 1874 a soumis à une déchéance particulière le droit aux indemnités prévues par les lois citées au numéro précédent, en décidant que « celles qui n'auraient pas été payées aux ayants droit au 31 mars 1875 seraient versées à la Caisse des dépôts et consignations, où elles seraient tenues à la disposition des attributaires pendant un nouveau délai de trois ans, et qu'à l'expiration de ce délai, c'est-à-dire au 1ᵉʳ avril 1878, toutes les sommes restées impayées seraient retirées de la Caisse des dépôts et consignations et données aux communes qui les emploieraient en travaux d'utilité publique » (art. 2). Il a été jugé que cette déchéance avait été encourue sans qu'il y eût à examiner quelles circonstances avaient empêché le payement de s'effectuer entre les mains des attributaires, fût-ce la faute du préposé de la Caisse des dépôts et consignations, consistant à soulever des difficultés de forme et à demander tardivement une production de pièces qui n'avait pu se faire en temps utile (Cons. d'Et. 2 juill. 1880, aff. Durrieu et Sider, D. P. 81. 3. 54). Cette rigueur a paru justifiée par les termes absolus de l'art. 2 précité qui s'abstenait de réserver l'obstacle causé par une faute de l'Administration, comme le fait l'art. 10 de la loi du 29 janv. 1831 au sujet de la déchéance quinquennale édictée par l'art. 9 de la même loi (V. *Rép.* vᵒ *Trésor public*, nᵒ 490 et *infrà*, eod. vᵒ).

368. — II. Définition du fait de guerre. — Pour bien comprendre le principe de l'irresponsabilité de l'Etat en matière de guerre et la portée des lois qui ont cependant alloué des dédommagements pour les ravages de la guerre, il faut s'attacher à définir exactement le fait de guerre, et

préciser à quel degré la force majeure y doit dominer. On a vu. (*suprà*, vᵒ *Place de guerre*, nᵒˢ 86 et suiv.) dans quelles conditions les démolitions ordonnées par l'autorité militaire hors des zones militaires pour la défense des places ou postes militaires (L. 10 juill. 1791, art. 30, 31, 32, 33 et 38 ; Décr. 10 août 1853, art. 7 à 16, 35 à 38), et les expropriations ou servitudes imposées à la propriété par des changements et constructions nouvelles dans ces places ou postes (L. 17 juill. 1819, art. 1 et 15 ; Ord. 1ᵉʳ août 1821, art. 45 à 48) donnent droit à indemnité contre l'Etat ; — comment au contraire nulle indemnité n'est due pour occupation, privation de jouissance, démolition, destruction et autre dommage résultant d'un fait de guerre ou d'une mesure de défense prise, soit par l'autorité militaire pendant l'état de siège, soit par un corps d'armée ou un détachement en face de l'ennemi (Décr. 10 août 1853, art. 39) : — le premier groupe de faits se rattache, comme mesure de simple précaution pour l'avenir, à la théorie de l'expropriation pour utilité publique, le second se rattache aux nécessités immédiates de la lutte et par suite à la théorie de la force majeure (Comp. Sourdat, *Traité de la responsabilité*, nᵒ 1331).

369. Mais ce n'est pas seulement à propos des places de guerre qu'il importe de définir le fait de guerre. D'une manière plus générale, on s'accorde à exclure de cette définition bien des faits occasionnés par la guerre, mais qui sont ou des *opérations préparatoires* (approvisionnements, mobilisation, concentration, transports de troupes, marches et manœuvres en vue de se rendre sur le théâtre des hostilités), ou des *mesures préventives de défense*, telles que travaux faits dans les places de guerre ou sur des points stratégiques en vue d'éventualités telles qu'un siège, mais qui peuvent ne pas se réaliser, ou enfin des *réquisitions militaires* faites dans des conditions et donnant lieu à des indemnités que règle une législation spéciale (V. *suprà*,|vᵒ *Réquisitions* nᵒˢ 236 et suiv.).

On s'accorde, au contraire, à appeler faits de guerre et à mettre comme tels en dehors des responsabilités de l'Etat tous les faits émanant de *l'ennemi*, ceux *résultant de la rencontre* de l'ennemi, ceux tendant à la défense des places de guerre non en prévision mais dans l'*état de siège* défini par la loi (V. *suprà*, vᵒ *Place de guerre*, nᵒˢ 184 et suiv.), ceux enfin qui, en dehors du combat ou du siège, se rattachent aux *nécessités immédiates de la lutte*. Et la jurisprudence a donné à ces derniers mots un sens assez large pour comprendre même des actes voulus et réfléchis de l'autorité militaire sans qu'une contrainte immédiate de l'ennemi doive leur donner un caractère en quelque sorte spontané et fatal. Le conseil d'Etat, dans un arrêt du 9 mai 1873 (aff. Pesty-Rémond, D. P. 74. 3. 9), se conformant aux conclusions de M. Laferrière, commissaire du Gouvernement, sur ce point, s'est gardé de réduire le fait de guerre au fait de combat, ou, s'il s'agit de la défense des places fortes, au fait accompli dans l'état de siège effectif. « Le combat, disait le commissaire du Gouvernement, est l'incident le plus saillant de la guerre, mais il n'est pas la guerre tout entière ; laissons de côté les actes purement préparatoires qui ne sont pas encore l'action. Mais retenons l'action pendant toute sa période militaire et stratégique. Cette période d'action qui n'est pas encore le combat, mais qui est certainement la guerre, comprend nécessairement des manœuvres, des campements, des choix de positions sur le front de l'armée assiégeante, des dispositions de prévoyance sur ses derrières, réserves, parcs d'artillerie, ambulances, etc. Ce sont là des parties d'un même tout. La doctrine qui ne voit le fait de guerre que dans l'acte fatal, l'agression brutale, subdivise arbitrairement une opération unique. Elle admet le fait de guerre là où s'établit la batterie, là où porte le boulet de canon, là où passe la colonne d'assaut ; mais elle ne l'admet pas là où campent les hommes prêts à former cette colonne d'assaut, là où sont les réserves de troupes, d'artillerie, de munitions qui permettent d'entretenir le feu et d'utiliser ses effets : comme si l'un était possible sans l'autre, comme si ce n'étaient pas les diverses faces d'un même objet, qui est l'armée assiégeante !... » (D. P. 74. 3. 10). Aussi le conseil d'Etat a-t-il considéré comme ayant le caractère de faits de guerre et ne conférant aucun droit à l'indemnité : l'occupation de terrains où sont établies, pendant un siège, les réserves de l'armée assiégeante (Cons. d'Et. 9 mai 1873, aff. Pesty-Rémond, D. P. 74. 3. 10) ; — ...le campement d'un corps de

troupes manœuvrant devant l'ennemi et les dommages qui ont pu en résulter (Cons. d'Et. 8 août 1873, aff. Pataille, D. P. 74. 3. 11); — ... L'enlèvement de ballots de laine un jour de bataille pour construire une barricade (Cons. d'Et. 8 août 1873, aff. Faglin, D. P. 74. 3. 20); — ... La vente aux enchères et à vil prix, faute de pouvoir en disposer autrement, d'un troupeau arrêté par l'autorité militaire lorsqu'il se dirigeait vers un point occupé par l'ennemi (Cons. d'Et. 27 juin 1873, aff. Hervaux et autres, D. P. 74. 3. 20); — ... La destruction d'un pont situé sur le flanc d'une armée manœuvrant à une distance rapprochée de l'ennemi (Cons. d'Et. 11 déc. 1874, aff. Compagnie du pont de Meung, D. P. 75. 3. 84), destruction qui n'autorise pas même le concessionnaire à réclamer une indemnité pour la suspension du péage qui en est la conséquence (Cons. d'Et. 12 mai 1876, aff. Comp. des ponts de Billancourt et du bas Meudon, D. P. 76. 3. 87).

370. Appliquant aux défenseurs des places fortes avant le siège la même théorie qu'aux armées avant le combat, la jurisprudence a reconnu le caractère de fait de guerre aux mesures de destruction que l'imminence du siège a pu imposer aux défenseurs de la place comme nécessité immédiate de la lutte. C'est ce qu'elle a fait pour Paris non encore investi, mais menacé de l'être, à partir du désastre de Sedan, en refusant tout droit pour destruction de bâtiments (Cons. d'Et. 23 mai 1873, aff. De Lamotte, D. P. 74. 3. 12);... soit pour destruction de récoltes et de bois en chantier pour les soustraire à l'ennemi (Cons. d'Et. 6 juin 1873, aff. Fontaine, et 1er mai 1874, aff. Thinet, D. P. 74. 3. 11 et 46);... soit pour coupe et dévastation de plantations pour le chauffage et le bivouac des troupes campées aux avant-postes (Cons. d'Et. 1er mai 1874, aff. Defresne, D. P. 74. 3. 45);... soit pour l'ordre d'enlever et transporter dans la place des matières inflammables déposées à ses abords (Cons. d'Et. 13 nov. 1874, aff. Société des huiles minérales de Colombes, D. P. 75. 3. 74);... sauf l'action en responsabilité recevable contre l'État pour l'incendie de ces matières survenu ensuite, non par ordre de l'autorité militaire comme moyen de les soustraire à l'ennemi, mais par la négligence de ses agents dans un lieu où elle les a fait déposer (Cons. d'Et. 8 août 1873, aff. Fenaille, D. P. 74. 3. 19). Cette responsabilité, toutefois, n'a pu être engagée par l'imprudence d'un ouvrier de forge auxiliaire, commise en dehors du service, alors que l'Administration, constituée dépositaire en vue des nécessités publiques, avait fourni les soins et la surveillance qu'exigeait le caractère du dépôt et n'avait des objets et qu'elle eût donnés à des objets lui appartenant (Cons. d'Et. 19 mars 1875, aff. Fenaille, D. P. 75. 3. 109; Laferrière, op. cit., t. 2, p. 59 et suiv.).

371. Mais, qu'il s'agisse de places fortes ou d'armées en rase campagne, il faut se garder d'exagérer cette doctrine et de tomber dans une autre définition trop large du fait de guerre, comprenant, soit des travaux de défense exécutés dès la première période de la guerre sur des territoires où n'a été déclaré que l'état de siège purement politique prévu par les lois du 9 août 1849 et du 3 avr. 1878, sans certitude imminente d'un siège militaire et effectif, soit « des actes de pure prévoyance, préparés longtemps à l'avance, en dehors même du théâtre actuel de la lutte, par celle seul qu'ils se relient par un lien logique aux opérations stratégiques en cours » (Laferrière, conclusions citées supra, no 369 et op. cit., t. 2, p. 62). Cette exagération avait prévalu autrefois dans un arrêt du conseil d'État du 26 mars 1823 (aff. Glairet) reproduit par M. Laferrière dans les conclusions précitées, arrêt qui considéra comme fait de guerre la construction de retranchements élevés d'avance par l'ordre du maréchal Soult sur toute la ligne de retraite qu'il comptait suivre en se repliant sur Toulouse après la bataille de Vitoria, par ce motif insuffisant que l'exécution des travaux avait eu lieu tandis que l'armée manœuvrait. Il aurait fallu, en outre, qu'elle eût lieu là où l'armée manœuvrait, pour que les nécessités auxquelles elle répondait fussent vraiment immédiates.

Mais le tribunal des conflits et le conseil d'État eurent occasion, après la dernière guerre, de répudier cette théorie et de marquer un progrès sensible dans le respect de la propriété privée, par des décisions moins extensives du fait de guerre, qui refusèrent notamment ce caractère aux occupations de terrains et travaux faits : soit pour fortifier

les approches du Havre à un moment où le siège de cette place n'était pas même imminent (Trib. des confl. 28 juin 1873, aff. Dumont, D. P. 74. 3. 12);... soit pour défendre la presqu'île du Cotentin par l'organisation des lignes de Carentan conçues et construites dès le mois de septembre 1870 dans la prévision de l'éventualité d'une invasion qui n'était pas imminente et ne s'est jamais produite (Trib. confl. 25 janv. 1873, aff. De Pomereux, D. P. 73. 3. 25);... soit pour relier la défense de la ville de Lyon à un vaste système de travaux de défense exécutés sur les points du territoire qu'on supposait seulement pouvoir être menacés par l'invasion, le département ayant été, il est vrai, déclaré en état de siège, mais sans aucun siège effectif (Trib. confl., 11 janv. 1873, aff. Coignet, D. P. 73. 3. 1; Cons. d'Et. sur conflit, 13 mai 1872, aff. Brac de la Perrière, D. P. 72. 3. 74);... soit pour défendre la place de Belfort deux mois avant l'investissement, à une époque où il était douteux et en tout cas non imminent (Cons. d'Et. 15 mars 1873, aff. Fiereck, D. P. 73. 3. 24);... soit pour la défense de la place de Cherbourg, déclarée en état de siège, mais non encore assiégée effectivement ni menacée d'une attaque ou d'un investissement (Trib. dès confl. 16 mai 1874, aff. De Riencourt, D. P. 75. 3. 39);... soit enfin pour la défense de Paris avant le désastre de Sedan et la marche de l'ennemi sur la capitale (Cons. d'Et. 3 juill. 1874, aff. Maurice, Rec. Cons. d'État, p. 627. Comp. supra, vo Place de guerre, nos 86 et suiv.).

372. On voit que, en dehors du siège ou du combat, il faut, pour qualifier fait de guerre ou pour mettre à la charge de l'État les destructions et dommages résultant d'un ordre de l'autorité militaire, rechercher si les circonstances de temps et de lieu en ont fait des nécessités immédiates de la lutte. Et le conseil d'État a poussé fort loin son pouvoir d'appréciation sur ce point en refusant de qualifier fait de guerre le fait par l'autorité militaire d'arrêter des denrées et de les faire détruire ou consommer, parce qu'il n'y avait pas péril imminent de les voir tomber aux mains de l'ennemi (Cons. d'Et. 14 nov. 1873, aff. Darreau-Durand, D. P. 74. 3. 46).

Mais s'il appartient au conseil d'État d'apprécier si un fait, à raison de sa nature, a le caractère d'un fait de guerre, il ne saurait se substituer à l'autorité militaire pour critiquer les mesures ordonnées par elle et les déclarer inutiles; et lui-même a jugé, notamment, que la destruction d'approvisionnements pour les soustraire à l'ennemi est un fait de guerre dont on ne peut discuter la nécessité devant les tribunaux et pour lequel on ne saurait réclamer une indemnité, à raison de ce que les marchandises détruites étaient de telle nature qu'il n'y avait pas d'intérêt à les soustraire à l'ennemi, et de ce qu'on aurait eu le temps de les évacuer avant l'arrivée de celui-ci (Cons. d'Et. 30 juin 1876, aff. Tollellier, D. P. 76. 3. 95, et la note; V. aussi la note sous Cons. d'Et. 11 déc. 1874, aff. Comp. du pont de Meung, D. P. 75. 3. 84).

373. Il faut encore signaler, comme un fait de guerre non susceptible d'engager la responsabilité de l'État, l'abandon des propriétés par les habitants et l'absence de police aux abords d'une place assiégée, qui ont permis à des maraudeurs militaires ou autres de dévaster ces propriétés (Cons. d'Et. 8 août 1873, aff. Quidor et Quintaine, D. P. 74. 3. 18).

374. On a vu supra, vo Réquisitions militaires, nos 35, 129 et suiv., comment, même dans l'état de guerre, l'État doit indemniser pour les réquisitions exercées par lui, non pour celles qu'a pu faire l'ennemi : celles-ci, lorsqu'elles ont été régulières, peuvent seulement être mises à la charge de la commune, l'habitant qui les a subies devant être considéré comme ayant obtempéré à la réquisition pour le compte de cette dernière. Mais il ne faut pas confondre avec une réquisition proprement dite toute prise de possession d'objets mobiliers par l'autorité militaire. Si elle a lieu pour se mettre à l'abri des coups de l'ennemi, par exemple pour construire une barricade, un jour de bataille, elle devient une nécessité immédiate de la lutte, c'est-à-dire un fait de guerre, alors même que l'officier qui l'a ordonnée a délivré un reçu des objets (Cons. d'Et. 8 août 1873, aff. Faglin, D. P. 74. 3. 20. V. supra eod. vo, no 237).

Il faut remarquer, en outre, que toute réquisition par une troupe française n'est pas nécessairement une réquisition de l'État obligeant celui-ci à indemniser; et que ceux

qui, par erreur, se seraient laissé enlever des objets mobiliers croyant à une réquisition régulière ne sauraient poursuivre l'Etat comme responsable envers eux de cet enlèvement. Ainsi jugé pour des livraisons de chevaux faites pendant le siège de Paris à un corps franc dont l'Etat avait autorisé la formation à la condition expresse que ce corps se fournirait à ses frais des chevaux qui lui seraient nécessaires (Cons. d'Et. 23 nov. 1877, aff. Cézard, D. P. 78. 3. 73).

375. A plus forte raison doit-on nier la responsabilité de l'Etat pour les réquisitions d'un pouvoir insurrectionnel. Les dommages causés par une insurrection et une guerre civile n'engagent pas plus l'Etat que les dommages causés par une guerre étrangère: on l'a reconnu dans la discussion de la loi du 7 avr. 1873 (D. P. 73. 4. 58). De même, les réquisitions et contraintes exercées par un pouvoir insurrectionnel, loin de pouvoir être traitées comme réquisitions de l'Etat ou d'un gouvernement de fait engageant l'Etat (V. en ce sens pour les payements faits et les fournitures livrées, Cons. d'Et. 25 mai 1877, aff. Thisnel, D. P. 77. 3. 72 et les arrêts cités en note), sont assimilées, comme celles de l'ennemi, à des faits de force majeure dont les conséquences sont à la charge de ceux qui les subissent, sauf les dédommagements que le pouvoir législatif seul peut leur accorder. « S'il en est ainsi des réquisitions faites par l'ennemi conformément aux droits de la guerre, disait M. David, commissaire du Gouvernement devant le conseil d'Etat (D. P. 77. 3. 82), comment en serait-il autrement des réquisitions faites par des insurgés qui avaient pour mobile le renversement de toutes les lois et de tous les droits? Comment l'Etat serait-il responsable d'actes de révolte qui s'attaquaient à son existence même? » Le conseil d'Etat, sur ces conclusions, a appliqué ces principes au cas de contrainte directement exercée contre un établissement de crédit (la Banque de France) par les agents de la Commune insurrectionnelle de Paris, et sous le coup de laquelle il avait été obligé de leur remettre des fonds (Cons. d'Et. 18 mai 1877, aff. Banque de France, D. P. 77. 3. 81). Il n'a pas admis comme base d'obligation pour l'Etat le profit que celui-ci avait pu retirer des versements faits par la Banque à la Commune pour éviter au pays le désastre financier et commercial qu'eût entraîné le pillage de ce grand établissement, ces versements ayant eu directement pour but de préserver d'une ruine complète la fortune et le crédit de l'établissement lui-même.

Il n'a pas admis non plus que la loi du 6 sept. 1871, quoique autorisant sans réserve la Ville de Paris à emprunter 350 millions dont 240 étaient destinés à exécuter un traité entre la Ville et la Banque, traité déclarant l'Etat débiteur envers la Banque à raison des versements faits par elle à la Commune, pût être considérée comme sanctionnant un tel engagement; son objet ayant été seulement d'autoriser l'emprunt et son affectation, sans aucune approbation implicite de la clause du traité entre la Ville et la Banque. Enfin il n'a pas admis que le ministre des finances eût le droit d'engager l'Etat pour des faits de cette nature capables d'engendrer une obligation purement naturelle, son pouvoir se bornant à reconnaître ses obligations strictement légales.

§ 4. — Actes du pouvoir judiciaire. — Réparation des erreurs judiciaires. — Projet de loi.

376. Pas plus que les faits de guerre, les erreurs judiciaires qui amènent la condamnation ou la détention préventive d'un innocent ne peuvent dans notre législation être la source d'une action en responsabilité contre l'Etat. Ni les art. 1382 et suiv. c. civ., ni aucun autre texte ne pourraient servir de fondement à une telle action, car ces erreurs sont dues à des éléments ou apparences de preuves qui, imposant à la société le devoir d'agir, leur enlèvent le caractère de faute. Les victimes de ces erreurs ont seulement le droit de poursuivre le faux témoin, le dénonciateur, la partie civile, dont la faute a amené la condamnation ou la poursuite, ou d'agir contre le fonctionnaire lui-même pour acte arbitraire ou attentatoire à la liberté individuelle (c. pén. art. 114 et 117), ce qui n'est plus l'erreur, mais la mauvaise foi ou la ruse, ou de réclamer au juge des dommages-intérêts pour certains dols, négligences ou illégalités dont la réparation lui est spécialement et limitativement imposée par les lois (art. 505

c. proc. civ. V. supra, v° Prise à partie n°ˢ 14 et suiv.; Laurent, t. 20, n° 444.

Il a été jugé : 1° que l'Etat n'est pas responsable des fautes qu'un chancelier d'ambassade a commises dans l'exercice des pouvoirs judiciaires conférés aux consuls dans les Echelles du Levant (Cons. d'Et. 8 janv. 1875, aff. Compagnie russe de navigation à vapeur d'Odessa, D. P. 75. 3. 117); — 2° Que les commissaires experts institués par la loi du 27 juill. 1822 près le ministère de l'intérieur (aujourd'hui, du commerce) pour statuer sur les doutes et difficultés qui peuvent s'élever relativement à l'espèce, à l'origine, ou à la qualité des produits, pour l'application des droits de douane, n'engagent pas la responsabilité de l'Etat par leurs lenteurs et autres fautes dans leurs opérations d'expertise (Req. 8 août 1876, aff. Brun, D. P. 77. 1. 158 et les conclusions de M. l'avocat général Reverchon).

377. Cet état de notre législation a soulevé de nombreuses critiques; et le mouvement d'opinion en faveur des innocents victimes de l'erreur du juge a amené à des dates successives divers projets de loi dont le dernier a été voté par la Chambre des députés le 7 avr. 1892, puis avec modifications par le Sénat le 2 mars 1894. Ce mouvement s'était manifesté à l'étranger dans divers congrès (Congrès international de Gand en 1893, Congrès des jurisconsultes allemands de Nuremberg en 1875, de Saltzbourg en 1876), après avoir pris son origine en Angleterre dans le Traité de législation civile et pénale de Bentham, t. 2, p. 149. — En France, on peut citer dans le sens de cette réforme l'opinion de plusieurs jurisconsultes (Merlin, Rép. vⁱᵉˢ Réparation civile et Dénonciateur; Legraverend, Traité de législation criminelle, introduction; Faustin Hélie, Théorie du code pénal, t. 1, p. 234; Bonneville de Marsangy, De l'amélioration de la loi criminelle; Paul Coulet, Amendement dans le but d'accorder des réparations civiles et morales en cas d'ordonnances de non-lieu et d'acquittement; Gonod d'Artemare, Discours de rentrée, cour d'Orléans, 1883; Oudin, Discours de rentrée, cour de Rennes, 1884; Molines, Discours de rentrée, cour de Chambéry, 1885; Bernard, Revue critique, 1870; Nicolas, Revue critique, 1888, p. 548; Pascaud, Revue critique, 1888, p. 597. — V., en sens contraire, Emile Worms, De l'Etat au regard des erreurs judiciaires). L'Assemblée constituante, en 1791, avait discuté, mais pour le rejeter, une proposition de Duport dans ce sens. En 1867, un amendement de MM. Maurice Richard, Jules Favre et Emile Ollivier, tendait à compléter le projet de loi sur la revision par la publicité obligatoire de l'arrêt de revision, et la possibilité d'une indemnité pécuniaire. Il échoua sur l'opposition du rapporteur et du garde des sceaux. En 1883, une proposition de M. Pieyre, à la Chambre, reprit la même idée, en exagérant ses applications tant contre l'Etat que contre le magistrat instructeur; elle n'eut aucune suite. En 1886, une proposition de M. Boysset, tendant à élargir les cas de revision, fut examinée et rapportée par une commission de la Chambre. Enfin en 1890, quatre propositions déposées le 2 juin par MM. Laguerre et autres (Journ. off., Doc. parl. 1890, p. 907), le 3 juin par MM. Reinach et autres (Ibid., p. 908), le 7 juin par MM. Chiché et autres (Ibid., p. 960), le 12 juin par M. de Lacretelle, furent soumises à une commission dont le projet, sur le rapport de M. Pourquery de Boisserin (26 juin 1890, ibid., p. 1281, et 25 févr. 1892, ibid., 1892, p. 507), fut voté par la Chambre le 7 avr. 1892. Le Sénat saisi à la fois de ce projet (Journ. off. Doc., parl., Sénat 1892, p. 320) et d'un projet du Gouvernement déposé le 28 juin 1892 (Ibid., p. 389) avec un avis du conseil d'Etat, a, sur un rapport de M. Bérenger du 30 mai 1893 (Ibid., 1893, p. 365), voté le 2 mars 1894 un texte beaucoup moins large que celui de la Chambre.

Ce projet a un double objet: 1° élargir les cas de revision, 2° joindre à la revision une réparation pécuniaire.

378. — 1° La revision des condamnations a été étudiée supra, v° Cassation, n° 326 et suiv. Mais il convient, à titre complémentaire, de signaler ici les innovations proposées par le Sénat. Il admet la revision quelle que soit la peine prononcée, fût-ce l'amende en matière correctionnelle. Aux trois cas de revision déjà admis, il ajoute celui-ci : « Lorsque, après une condamnation, un fait viendra à se produire ou à se révéler, ou lorsque des pièces inconnues lors des débats seront représentées, de nature à établir l'innocence du condamné ». Mais, comme garantie spéciale, dans ce qua-

trième cas, le droit de demander la revision n'appartiendrait qu'au ministre de la justice seul, qui statuerait après
avoir pris l'avis d'une commission composée des directeurs
de son ministère et de trois magistrats de la cour de cassation
annuellement désignés par elle et pris en dehors de la
chambre criminelle. Le projet réduit à un an le délai pour
former la demande en revision mais en prenant pour point
de départ, non le fait qui y donne ouverture, mais la connaissance qu'en ont les parties. Il n'attribue à la demande
un effet suspensif de plein droit sur l'exécution que si cette
exécution n'est pas commencée. Au cas contraire, il permet
seulement soit au ministre, soit à la cour de cassation statuant sur la recevabilité de la demande, d'ordonner cette
suspension. Le surplus de la procédure ne serait pas sensiblement modifié. Enfin le Sénat, se conformant au projet du
Gouvernement, a refusé d'étendre la revision comme le proposaient la Chambre des députés et la commission sénatoriale,
aux cas où, par suite de décès, prescription, irresponsabilité
morale ou excusabilité, il serait impossible soit de poursuivre, soit de condamner le véritable coupable ou le faux témoin.

379. — 2° Mais la partie du projet qui peut soulever et
a soulevé, en effet, le plus de discussions est celle qui concerne les réparations pécuniaires. En cas de revision, le
Sénat n'a pas admis, comme la Chambre, le droit absolu
pour la victime de l'erreur à des dommages-intérêts; il a
décidé seulement qu'une indemnité pourrait lui être allouée
par l'arrêt ou le jugement d'où résulterait son innocence, à
raison du préjudice que lui aurait causé la condamnation. Il
a adopté en cela la formule de sa commission, conforme à
celle du projet du Gouvernement, sauf pour la restriction
au préjudice matériel qui se trouvait dans ce dernier. Cette
conformité a donné lieu, dans la deuxième délibération du
Sénat, à une discussion sur le point de savoir si le texte
ainsi formulé consacrait la théorie émise dans l'avis du conseil d'Etat joint au projet du Gouvernement, théorie d'après
laquelle l'allocation de dommages-intérêts ne serait qu'une
mesure de bienveillance et d'humanité entièrement discrétionnaire de la part des juges, et fondée sur un devoir moral
plutôt que sur une responsabilité positive de l'Etat, comme
les indemnités que des lois accordent aux victimes des faits
de guerre; ou s'il consacrait au contraire l'idée d'une faute
sociale et d'une dette de l'Etat, idée admise par la Chambre, et
aussi par la commission sénatoriale, sauf l'excès qui consistait de la part de la Chambre à enlever au juge l'appréciation des faits constitutifs ou exclusifs de cette faute sociale,
tels que la faute de la victime elle-même, ces faits ne pouvant, d'après la Chambre, qu'influer sur le *quantum*, tandis
qu'ils pouvaient, d'après la commission, motiver un refus. Il
semble bien que le Sénat ait consacré cette dernière pensée, et que le garde des sceaux l'ait reconnue; car celui-ci,
en vue de dissiper tous les doutes, et au dernier moment
de cette discussion, a déclaré que le texte « doit être compris et appliqué comme l'art. 1382 du code civil »; c'est sur
ces derniers mots que le Sénat l'a voté (Séance du 2 mars
1894, p. 203). Il en résulte que sans imposer, comme celui
de la Chambre, une allocation de plein droit, il ne permet de
motiver le refus que sur des éléments exclusifs de responsabilité d'après le droit commun. Mais cette référence au
droit commun ne devrait-elle pas, dans la plupart des cas,
exclure la théorie de la faute sociale? Comment accuser la
société d'une faute quand ses représentants n'en ont commis aucune? Comment, par exemple, le faux témoignage
d'un tiers ne serait-il pas considéré comme un cas de
force majeure par rapport à la société qui s'est vue contrainte, en face de cette preuve, de prononcer une condamnation?

380. Après avoir ainsi posé le principe de l'indemnité, le
Sénat en règle l'application de la manière suivante : « Si la
victime de l'erreur judiciaire est décédée, le droit de demander des dommages-intérêts appartiendra dans la même condition à son conjoint, à ses ascendants et descendants. Il
n'appartiendra aux parents d'un degré plus éloigné qu'autant qu'ils justifieront d'un préjudice matériel résultant
pour eux de la condamnation. La demande sera recevable
en tout état de la procédure en revision. Les dommages-
intérêts alloués seront à la charge de l'Etat, sauf son recours
contre la partie civile, le dénonciateur ou le faux témoin,
par la faute desquels la poursuite aurait été ordonnée ou la

condamnation prononcée. Ils seront payés comme frais de
justice criminelle ».

Quant aux frais, il ajoute : « Les frais de l'instance en
revision seront avancés par le demandeur jusqu'à l'arrêt de
recevabilité; pour les frais postérieurs à cet arrêt, l'avance
sera faite par le Trésor. Si l'arrêt ou le jugement définitif
de revision prononce une condamnation, il mettra à la
charge du condamné le remboursement des frais envers
l'Etat et envers les demandeurs en revision s'il y a lieu. Le
demandeur en revision qui succombera dans son instance
sera condamné à tous les frais ».

Enfin le Sénat a voté des dispositions impératives en vue
de la publicité destinée à procurer à l'innocent une réparation en nature du préjudice moral : » L'arrêt ou le jugement de revision d'où résulte l'innocence d'un condamné
sera affiché dans la ville où a été prononcée la condamnation, dans celle où siège la juridiction de revision, dans
la commune du lieu où le crime ou le délit aura été commis, dans celle du domicile des demandeurs en revision et
du dernier domicile de la victime de l'erreur judiciaire si
elle est décédée. Il sera inséré d'office au *Journal officiel*, et sa publication dans cinq journaux au choix du
demandeur sera ordonnée, s'il le requiert. Les
frais de la publicité ci-dessus seront à la charge du Trésor ».

381. Le Sénat, se ralliant au projet du Gouvernement,
a repoussé les propositions que la Chambre avait votées et
celles un peu moins larges de la commission sénatoriale,
qui permettaient d'allouer des dommages-intérêts pour simples poursuites non justifiées en cas d'acquittement ou d'ordonnance de non-lieu. Même restreinte aux cas de détention préventive, même subordonnée à une démonstration
d'innocence résultant soit de la décision qui met fin aux
poursuites, soit d'une condamnation ou de faits ou documents révélés postérieurement, établissant avec certitude
qu'un autre est l'auteur du fait, cette innovation n'a pas
paru admissible. « Il existe, en effet, au point de vue de la
gravité du préjudice, une différence considérable entre une
condamnation injuste et la simple poursuite abandonnée,
ou non suffisamment justifiée. En outre, l'acquittement ou
le non-lieu établit, en faveur de l'inculpé, non une démonstration, mais simplement une présomption d'innocence, et
parfois des décisions de cette nature sont inspirées par des
considérations étrangères à l'idée d'innocence. Il y aurait,
d'ailleurs, les plus sérieux inconvénients à séparer en deux
catégories les individus déchargés des poursuites : les uns
obtiendraient des dommages-intérêts, et deviendraient des
acquittés; les autres échoueraient dans leur demande d'indemnité, ou n'oseraient pas la formuler et deviendraient
des acquittés dont l'opinion publique tiendrait pour coupables... Au surplus, il ne faut pas perdre de vue que déjà,
suivant la législation actuelle, et dans certains cas, les personnes renvoyées des poursuites peuvent recourir à des
responsabilités civiles, soit contre le dénonciateur, soit contre
les parties civiles » (Exposé des motifs du projet du
Gouvernement, *Journ. off.*, Doc. parl. Sénat, 1892, p. 390).
Ce droit, il est vrai, a fourni un argument d'analogie en faveur de la responsabilité civile de l'Etat. Pourquoi auraît-
elle des effets plus fâcheux que celle de la partie civile?
Mais on a répondu que le terrain du débat est essentiellement différent. « Entre la partie civile et l'accusé, ce n'est
pas l'innocence ou la culpabilité de l'acquitté qui est en jeu :
ce point est tranché par la décision qui a mis fin à la poursuite; ce qui est en question, c'est la responsabilité de la
partie civile, c'est le dommage qu'elle a pu causer à la personne poursuivie par sa faute... Mais entre l'Etat et l'acquitté,
la nature du débat serait tout autre : l'accusé devrait prouver son innocence pour obtenir un dédommagement pécuniaire; ce serait donc l'ancien procès jugé de nouveau,
sauf qu'il ne pourrait plus être prononcé de condamnation
pénale; et ce qui se débattrait véritablement dans l'espèce, ce
serait la culpabilité ou l'innocence » (Avis du conseil d'Etat
joint au projet du Gouvernement, *ibid.*, p. 395). Tels sont
les motifs qui ont déterminé le Sénat contre cette partie des
innovations relatives aux erreurs judiciaires.

382. Plusieurs pays étrangers ont déjà admis, dans une
mesure plus ou moins large, le principe de l'indemnité pour
erreur judiciaire. Le *Portugal* (code civil du 1er janv. 1868
et loi du 14 juin 1884), le canton de *Genève* (c. proc

pén. du 1er janv. 1885) l'admettent seulement après revision d'une condamnation. Dans d'autres cantons de la Suisse (*Berne, Fribourg, Neuchâtel*), elle est admise même après acquittement ou abandon de poursuites, mais à titre de faculté et (dans le canton de *Neuchâtel*) seulement après détention. Le canton de *Vaud* l'admet pour la personne arrêtée préventivement et relaxée, non pour la personne déférée au tribunal et acquittée. — En *Suède* (L. 12 mars 1886), une indemnité peut être accordée, après revision, acquittement ou abandon de poursuites si le délit n'a pas été commis, ou s'il l'a été par un autre que l'inculpé, ou s'il n'a pu être commis par lui, et, dans ces deux derniers cas, s'il n'en peut avoir été complice. L'acquitté perd le droit de demander l'indemnité s'il a fui, ou s'il a été cause des poursuites par sa faute ou ses aveux destinés à tromper l'instruction. — En *Danemark*, l'acquittement ou l'abandon des poursuites après détention donne droit à indemnité en cas d'innocence, ou en cas d'inculpation ne justifiant pas cette mesure, à moins que la poursuite n'ait eu lieu par la faute de l'inculpé. L'indemnité est payée par le Trésor, sauf recours contre le juge coupable d'abus d'autorité, de négligence ou de faute inexcusable. Au *Mexique*, l'acquitté après poursuite d'office, qui justifie de son innocence complète et n'a pas été poursuivi par sa faute peut demander des dommages-intérêts qui sont payés par le Trésor si les juges ne sont pas responsables ou s'ils sont insolvables. La plupart de ces législations admettent, en cas de décès, le même droit ou la même faculté pour la famille. — En *Autriche*, en *Belgique*, des projets sont à l'étude, mais n'ont abouti à aucun vote définitif (Rapport de M. Pourquery de Boisserin du 20 juin 1890, *Journ. off.* Doc. parl. Ch., 1890, p. 1283; Rapport du conseil d'Etat joint au projet du Gouvernement du 28 juin 1892, *Journ. off.* Doc. parl. Sénat, 1892, p. 393. *Adde* : Pascaud, *Revue critique*, 1888, p. 624 et suiv.).

§ 5. — Actes du pouvoir administratif.

383. On s'accorde généralement dans la jurisprudence et la doctrine à diviser les actes du pouvoir administratif, au point de vue de la responsabilité de l'Etat, en trois catégories : 1° actes de police; 2° actes de gestion de services publics; 3° actes de personne privée. « Dans leurs fonctions purement administratives, dit M. Maurice Hauriou (*Précis de droit administratif*, 1892, p. 162 à 166), les représentants ou agents de l'Etat font des actes de *puissance publique* et des actes de *personne privée*. Les premiers comprennent non seulement des actes d'*autorité* ou de police sans influence sur le patrimoine de l'Etat, mais encore des actes de *gestion* intéressant les finances de l'Etat, mais en vue d'un *service public*, ce qui les sépare encore des actes des personnes privées ».

384. — 1. Actes de police. — Les actes de police, s'ils sont légaux, n'engagent pas la responsabilité de l'Etat envers ceux auxquels leur exécution porte préjudice, puisque alors les citoyens, ne pouvant avoir de droit contre la loi, n'ont que des intérêts et non des droits à présenter comme lésés par ces actes.

C'est ainsi qu'à l'égard des hommes faisant partie de l'armée, le préjudice causé par l'exécution des règlements ne peut donner lieu à une action en indemnité même devant la juridiction administrative (Cons. d'Et. 19 nov. 1880, aff. Yvert, D. P. 82. 3. 19). De même, un entrepreneur de roulage ne peut réclamer à l'Etat la réparation du préjudice que lui cause l'exécution d'un acte préfectoral ordonnant la suspension de la circulation de certaines voitures de roulage sur une grande route, en vertu des pouvoirs attribués au préfet pour la conservation des voies de cette catégorie (Cons. d'Et. 14 juill. 1859, aff. Longueville, D. P. 60. 3. 46).

385. De même, l'Etat n'est pas responsable du dommage causé à un navire échoué dans un port par des *chasses* exécutées conformément aux règlements du port et commandées par l'intérêt de la sécurité de la navigation (Cons. d'Et. 11 mai 1883, aff. Delap, D. P. 85. 3. 41;... ni du chômage momentané imposé aux usiniers pour l'exécution des mesures prises par l'Administration à l'effet de relever des bateaux qui ont sombré dans une rivière navigable par une cause qui lui est étrangère (Cons. d'Et. 24 janv. 1861, aff.

Douliez, D. P. 61. 3. 31);... ni de l'opposition faite par un consul au désarmement d'un navire vendu à un étranger, opposition qui a empêché le vendeur de faire livraison à son acquéreur, lorsque l'acte de francisation n'a pas été produit au consul pour ce désarmement, quel que soit le motif qui ait empêché cette pièce de se trouver à bord (Cons. d'Et. 8 janv. 1875, aff. Daniel, D. P. 75. 3. 116);... ni des dommages causés à un navire par la submersion qu'a ordonnée l'Administration pour obtenir une désinfection complète, rendue nécessaire par la présence à bord de la fièvre jaune (Cons d'Et. 26 févr. 1863, aff. Guilbaud, D. P. 63. 3. 50);... ni de la perte d'un chaland loué par un tiers pour transporter la dynamite qui était à bord d'un navire échoué, chaland dont l'Administration maritime a dû ordonner la destruction dans l'intérêt de la sécurité publique, pour préserver les localités voisines, menacées par l'état de décomposition de la dynamite (Cons. d'Et. 13 nov. 1891, aff. Letellier, D. P. 93. 3. 23).

386. L'arrêté du gouverneur d'une colonie rapportant un arrêté antérieur sur le régime de la boulangerie, lequel, pris par lui dans la limite de ses attributions, ne contenait que des mesures d'administration et de police, sans prendre aucun engagement envers les boulangers de la colonie, ni leur reconnaître aucune sorte de droit de propriété ou de jouissance, ne peut engager la responsabilité de la colonie envers ces boulangers (C. de la Martinique, 31 août 1889, et Req. 28 nov. 1891, aff. Laborde, D. P. 93. 1. 486). Les mesures de police prises par l'Administration n'engagent même pas la responsabilité de l'Etat envers ceux qu'elles empêchent d'exécuter d'une certaine manière un traité passé par eux avec cette même Administration : elles sont tacitement réservées dans le traité; et la partie contractante est en faute d'avoir adopté un mode d'exécution capable de donner lieu à leur application. Ainsi l'Administration, ayant traité avec un négociant pour l'introduction de travailleurs africains dans une colonie française, a pu sans encourir de responsabilité limiter les territoires où il pourrait opérer des recrutements, refuser d'autoriser son extension au Congo, puis l'interdire absolument à raison de la façon dont il l'opérait (Cons. d'Et, 8 févr. 1864, aff. Chevalier, D.P, 64. 3.27).

387. A plus forte raison l'intervention d'un agent ou d'un représentant de l'Etat, d'un commissaire de police par exemple, qui s'est borné à prendre les mesures nécessaires pour assurer la tranquillité publique, ou à indiquer à titre officieux la meilleure marche à suivre en face d'une situation anormale et périlleuse, telle qu'un conflit entre les propriétaires de chevaux et les hommes d'un corps franc exigeant qu'ils leur fussent livrés, ou entre la Banque de France et un pouvoir insurrectionnel exigeant la remise de sommes d'argent, ne saurait engager la responsabilité pécuniaire de l'Etat envers le propriétaire ou l'établissement que cette intervention officieuse a décidé à livrer sa chose ou son argent et qui n'ont pu en recouvrer la possession ou la valeur (Cons. d'Et. 23 nov. 1877, aff. Cézard, D. P. 78. 3. 73; 18 mai 1877, aff. Banque de France, D. P. 77. 3. 81).

De même l'intervention officieuse des agents de l'Administration dans des opérations de prêt de semences entre négociants et indigènes pendant une famine en Algérie pour constater l'existence et la demeure des emprunteurs, n'a pas pu avoir pour effet d'engager la responsabilité de l'Etat en cas de disparition ou d'insolvabilité de ces derniers (Cons. d'Et. 20 juin 1884, aff. Moutie, D. P. 85. 3. 125). — V. encore sur l'intervention officieuse d'un fonctionnaire (ministre ou ambassadeur) dans l'intérêt d'un particulier, laquelle ne peut engager la responsabilité de l'Etat : *Rép.* n° 650.

388. Si les mesures de police n'engagent pas la responsabilité de l'Etat, il faut en dire autant de l'absence ou de l'insuffisance de ces mesures, d'où serait résulté un dommage pour un particulier. L'autorité investie du pouvoir de prendre ces mesures use de son droit et ne peut être déclarée en faute si elle a jugées inopportunes. Décidé, notamment, que le fait que les agents de l'Administration n'auraient pas pris des mesures de police suffisantes pour prévenir des manifestations populaires qui ont compromis la sécurité d'un particulier et l'ont décidé à quitter la ville où il exerçait sa profession ne peut donner lieu à une action en

indemnité contre l'Etat par la voie contentieuse (Cons. d'Et. 5 mars 1880, aff. Biston, D. P. 80. 3. 118). Encore moins l'Etat serait-il responsable des dégâts causés par des maraudeurs militaires et autres à des propriétés situées aux abords d'une place assiégée, l'abandon de ces propriétés et l'absence de police autour d'elles étant des conséquences directes de la guerre (Cons. d'Et. 8 août 1873, aff. Quidor et Quintaine, D. P. 74. 3. 18, cité *suprà*, n° 373).

389. L'omission par l'autorité militaire d'user de ses pouvoirs de discipline sur ses troupes régulières peut, toutefois, engager la responsabilité de l'Etat, transformer, par exemple, des faits de pillage ou de maraude en une sorte de réquisition. Et, de même, si l'envahissement d'un immeuble par des bandes armées n'a pu engager l'Etat en l'absence d'un ordre de l'autorité, l'occupation temporaire d'un immeuble par des troupes régulières a pu être assimilée à un contrat de droit commun rendant l'Etat débiteur d'une indemnité (Trib. des confl. 25 janv. 1873, aff. Planque et Papelard, D. P. 73. 3. 17). — Sur les faits dommageables commis par les militaires, V. *infrà*, ch. 3, sect. 2, art. 5, § 2.

390. Les dommages causés par des troubles populaires donnent lieu à une responsabilité civile à la charge de la commune (V. *suprà*, v° *Commune*, n°s 1290 et suiv.). Mais ni l'Etat ni la commune ne sont responsables des dégâts causés par les crimes isolés et de droit commun sans emploi de force ouverte ou de violence, sans attroupements ni rassemblements. Il en est ainsi des dommages causés par l'emploi criminel d'engins ou de matières explosibles. A la suite d'attentats de ce genre, commis à Paris les 11, 27 mars et 25 avr. 1892, une loi des 26-27 juill. 1892 (D. P. 93. 4. 67) autorisa le ministre de l'intérieur à accorder des indemnités extraordinaires et des secours à ceux qui en avaient souffert dans leurs personnes ou dans leurs biens. Mais le Gouvernement, en présentant cette loi (V. l'Exposé des motifs, D. P. *ibid.* note), eut soin d'expliquer l'intervention de l'Etat par la situation exceptionnelle des victimes, privées de tout recours contre leurs assureurs, et de tout recours efficace contre les coupables, et aussi, pour quelques-unes d'entre elles, par l'accomplissement courageux de leur devoir civique auquel elles avaient dû s'éprouver ce dommage. Il écarta l'idée d'une responsabilité civile de l'Etat fondée sur la concentration entre ses mains de la police dans la ville de Paris, idée que voulaient faire consacrer d'une manière générale, pour le cas de dommages, MM. Berger et Emile Ferry, dans une proposition du 28 mars 1892.

391. — II. Erreurs commises dans les actes de police. — Si l'Etat n'est pas engagé par l'exercice légal du pouvoir de police, l'est-il quand ce pouvoir est illégalement exercé, ou quand les mesures légalement prises sont appliquées d'une façon erronée ? On admet généralement la négative. Pour rattacher cette solution aux conditions générales de la responsabilité, il faut dire que la responsabilité suppose une faute, et que l'autorité, sans cesse exposée à l'erreur dans l'exercice de la puissance publique, ne peut en général lui voir reprocher comme une faute ; que d'autre part, l'indépendance dont jouissent les fonctionnaires qui l'exercent ne permet guère de voir dans l'Etat le commettant vis-à-vis de l'art. 1384 c. civ. Il en est ainsi en fait d'erreurs judiciaires (V. *suprà*, n° 376) ; les projets qui tendent à en admettre la réparation pécuniaire dans une certaine mesure démontrent l'impossibilité d'appliquer à cet objet les art. 1382 et suiv. c. civ., et on peut, par analogie, étendre cette immunité aux conséquences des erreurs commises par les fonctionnaires de l'ordre administratif. On peut s'appuyer aussi sur ce que l'Etat ne doit même pas être condamné aux dépens lorsque le conseil d'Etat annule pour excès de pouvoir les arrêtés préfectoraux ou les décisions ministérielles confirmatives (V. *suprà*, v° *Conseil d'Etat*, n° 178). « En règle générale, disait M. Le Vavasseur de Précourt, commissaire du Gouvernement (Cons. d'Et., 23 juin 1882, aff. Larbaud, D. P. 84. 3. 2), on peut dire que les décisions entachées d'excès de pouvoir n'ouvrent aux particuliers d'autre recours que le recours en annulation pure et simple, sans action en dommages-intérêts et même sans dépens contre l'Administration, qui n'agit que dans un but d'intérêt public. Ce principe

s'impose surtout en matière de police administrative. Les mesures de police prises dans un intérêt collectif et public n'entraînent pas contre l'Etat de responsabilité pécuniaire : en vertu de ses pouvoirs de police judiciaire, l'Administration peut faire détenir préventivement des non-coupables, sans que ceux-ci lorsqu'ils sont acquittés, puissent réclamer des dommages-intérêts ; de même l'erreur commise dans l'application d'une mesure de police administrative n'entraîne pas la responsabilité de l'Etat ».

392. Le conseil d'Etat a sanctionné cette théorie en décidant, par exemple, que la responsabilité pécuniaire de l'Etat n'est pas engagée lorsque l'Administration, en vue de protéger une source d'eau minérale déclarée d'utilité publique et appartenant à l'Etat, a pris par erreur des mesures autres que celles prévues par la loi du 14 juill. 1856, mesures qui ont été par suite annulées pour excès de pouvoir (Cons. d'Et. 23 juin 1882, aff. Larbaud, D. P. 84. 3. 2 ; 9 févr. 1883, aff. Millet, D. P. 84. 5. 151) ; ou bien encore lorsqu'elle a ajourné le poinçonnage d'un instrument de mesurage ou de pesage présenté à la vérification, jusqu'à ce que le mal fondé de ses injonctions ait été reconnu par l'autorité compétente (Cons. d'Et. 1er août 1884, aff. Sourbé, D. P. 86. 3. 20) ; ou lorsqu'elle a ordonné par erreur la mise en chômage d'une usine en violation des conditions auxquelles ce pouvoir de police est soumis par un règlement en vigueur (Cons. d'Et. 5 févr. 1892, aff. Mérat-Renard, D. P. 93. 3. 66).

D'après un autre arrêt, l'erreur qu'un préfet a commise en mettant à la charge des propriétaires riverains une part dans les dépenses d'un travail d'utilité publique ordonné et exécuté par une commune, erreur qui a eu pour conséquence l'annulation de l'arrêté préfectoral contenant cette mesure, ne peut autoriser la commune, poursuivie pour dommages causés par ce travail, à se faire substituer l'Etat comme responsable de ces dommages, sous prétexte que l'exécution du travail a été irrégulière par la faute de l'Administration et qu'elle a compté, par suite de cette faute, sur des taxes dont le recouvrement n'a pu avoir lieu (Cons. d'Et. 13 avr. 1884, aff. Ville de Caen, D. P. 82. 3. 101).

393. Mais cette *tolérance de l'erreur* ne s'applique qu'au pouvoir de police, à l'acte de puissance et d'autorité, non à l'acte de gestion, soit du domaine, soit des services publics, eût-il pour effet de faciliter indirectement des actes ultérieurs de police. L'Etat doit répondre des quasi-délits commis par ses représentants à propos de pareils actes. Il échappe seulement comme être fictif à la responsabilité pénale que le fait entraîne s'il est qualifié délit par la loi pénale. Ainsi l'Etat répondra civilement de la contrefaçon d'une invention brevetée, quand ce fait, accompli par le ministre représentant l'Etat, se rattache à l'acquisition d'un matériel, même devant servir à faire des actes de police comme la vérification et le poinçonnage des poids et mesures (Civ. rej. 1er févr. 1892, aff. Sourbé, D. P. 92. 1. 417 et la note de M. Trolley de Prévaux).

394. Une mesure de police elle-même, si elle est détournée de son but ordinaire et n'est prise en réalité que dans l'intérêt du service financier de l'Etat, peut, si elle est illégale, engager sa responsabilité envers la personne lésée. C'est qui a été implicitement jugé en faveur d'un fabricant d'allumettes chimiques, non pourvu de l'autorisation nécessaire aux établissements insalubres, et qu'un arrêté préfectoral avait privé de son industrie par la fermeture de son établissement, non par ordre du ministre du commerce et dans l'intérêt de police qui a inspiré la législation des établissements insalubres, mais par ordre du ministre des finances et dans l'intérêt du monopole établi par la loi du 2 août 1872, et cela avant le payement de l'indemnité d'expropriation prévue par cette loi, payement déclaré nécessaire dans l'espèce malgré le défaut d'autorisation de l'établissement (V. *suprà*, n° 354 ; Cons. d'Et., 4 déc. 1879, aff. Laumonier-Carriol, D. P. 80. 3. 41). — La même solution s'applique aux communes (V. *infrà*, n°s 409 et suiv.).

395. Quelquefois aussi, l'application des lois et des règlements de police place l'Administration dans une situation analogue à celle du dépositaire et lui impose à ce titre des obligations dont la violation entraînerait la responsabilité de l'Etat. Tel est le cas de mise en fourrière d'objets laissés sur la voie publique. Les circonstances du dépôt,

les clauses du règlement prescrivant certaines précautions, déclarant le dépôt gratuit ou non, aideront à décider quelles fautes sont de nature à engager la responsabilité de l'État. C'est l'idée qui a amené le conseil d'État à s'appuyer, pour décharger l'État dans un cas de ce genre, sur ce qu'il n'était relevé à la charge des officiers de port aucune faute de nature à engager la responsabilité pécuniaire de l'État (Cons. d'État, 2 mars 1883, aff. Vandercruyce, D. P. 85. 3. 4). Décidé aussi, dans le même ordre d'idées, que l'État ne saurait être responsable du préjudice causé au propriétaire de matières explosibles par la destruction de ces matières exécutée sur l'ordre de ses agents, alors que ceux-ci avaient été obligés, par la faute du propriétaire, de les recevoir dans une poudrerie où elles ne pouvaient être conservées sans danger évident et sans contravention aux règlements (Cons. d'Ét. 30 avr. 1880, aff. Harouel et Morin, D. P. 84. 3. 9. Comp. *infrà*, ch. 3, sect. 2, art. 5, § 2).

A plus forte raison le dépôt fait par un négociant à la préfecture, sur l'invitation du gouverneur général de l'Algérie, d'un dossier relatif à des prêts de semences dans lesquelles des agents de l'Administration étaient intervenus pendant une famine, a pu rendre l'État responsable de la perte de ce dossier qui a eu pour effet de priver le déposant de ses titres de créances (Cons. d'État, 20 janv. 1884, aff. Moutte, D. P. 85. 3. 125). Mais les nécessités publiques qui ont forcé l'État à se constituer dépositaire de certaines marchandises, à concentrer notamment dans une ville assiégée des matières dangereuses, empêchent d'apprécier avec trop de rigueur la responsabilité née de ce dépôt (Cons. d'État, 19 mars 1875, aff. Fenaille, D. P. 75. 3. 109, cité *suprà*, n° 370).

C'est encore une responsabilité contractuelle qu'encourt l'État, lorsque ayant loué à un tiers un lot de pêche dans un fleuve dépendant du domaine public, il autorise des travaux de dragage au détriment de son locataire et en violation de ses obligations de bailleur (Nancy, 7 mai et 31 déc. 1892, aff. Bournique et consorts, et aff. Vosgien, D. P. 94. 2. 300).

396. Mais alors qu'il n'y a ni détournement du pouvoir de police dans un intérêt fiscal ou de gestion, ni acceptation d'une situation contractuelle, comme celle de dépositaire ou de bailleur, ne faut-il pas encore, dans l'exercice même du pouvoir de police, mettre à la charge de l'État les fautes qualifiées de ses représentants ou agents, ce caractère étant seulement refusé aux erreurs d'appréciation excusables chez eux comme chez tous les hommes? M. Laferrière semble ne pas admettre cette distinction. Partout où il reconnaît une mesure de police, il écarte d'une façon absolue la responsabilité de l'État : « Les règlements, dit-il, peuvent être imprévoyants, imprudents, contribuer ainsi à divers accidents, tels que les accidents de chemins de fer, de mines, de machines à vapeur, etc., sans qu'on puisse en faire remonter la responsabilité à l'État. Les mesures individuelles peuvent être entachées d'illégalité, sans qu'on puisse réclamer autre chose que l'annulation de la décision illégale » (*Traité de la juridiction administrative*, t. 2, p. 175 et 176).

On ne saurait pourtant expliquer ainsi toutes les décisions du conseil d'État, à moins d'appeler gestion ce qui est police. Les fautes des officiers de port en sont un exemple. Ces officiers sont chargés de diriger les opérations d'entrée, de séjournement et de sortie des navires, dans un intérêt de police, pour assurer la sécurité de ces navires, au moins autant que dans l'intérêt de la conservation des ouvrages des ports. Et la cour de cassation de Belgique, qui oppose très nettement les attributions de police à la gestion du domaine public ou privé (V. *suprà*, n° 343), a expressément rattaché à cet ordre d'attributions les manœuvres ordonnées par le chef éclusier d'un port, ou par l'agent communal d'exploitation des grues hydrauliques des quais de ce port, pour écarter la responsabilité civile de la commune (C. cass. de Belgique 9 déc. 1880, *infrà*, n° 867 ; 12 janv. 1893, aff. Ville d'Anvers, D. P. 94. 2. 270). Néanmoins on voit, en France, l'État déclaré responsable d'avaries subies par un navire, par suite de fautes commises par les officiers de port, qui, après avoir autorisé l'entrée de ce navire dans une écluse, alors que cette opération était périlleuse, avaient fait exécuter de fausses manœuvres, à la suite desquelles ils avaient dû faire scier l'arrière du navire pour éviter un sinistre qui menaçait tous

les navires renfermés dans l'écluse (Cons. d'État, 6 mai 1881, aff. Tysack et Bramfoot, D. P. 82. 3. 106).

C'est encore une mesure de police que d'interdire la circulation sur un pont en mauvais état et dangereux. Néanmoins, l'État est responsable d'un accident survenu sur un pont faute par ses agents d'interdire cette circulation (Cons. d'État, 28 mars 1885, aff. Vivarès, D. F. 86. 3. 113. Comp. 30 mars 1867, aff. Georges, D. P. 72. 5. 447). Il est vrai qu'en ce dernier cas la mesure de police se rattache à l'entretien d'un travail public. Mais elle n'en est pas moins une mesure de police, puisqu'elle consiste à commander ou défendre, comme le ferait un arrêté préfectoral suspendant la circulation de certaines voitures sur certaines routes.

Ces décisions pourraient donc faire croire à la responsabilité de l'État dans l'acte de police lorsqu'il est entaché, non de simple erreur, mais de faute caractérisée ; et c'est ainsi qu'on a été conduit à dire (note sous l'arrêt du Cons. d'Ét. 1er août 1884, aff. Sourbé, D. P. 86. 3. 20) que, si l'acte d'autorité par lequel le ministre refuse le poinçonnage d'un instrument de mesurage ne peut engager l'État, quoique annulé, pour excès de pouvoir (V. *suprà*, n° 392), la persistance de l'Administration dans un refus ou une prohibition déclarée mal fondée par l'autorité compétente « deviendrait une de ces fautes lourdes qui, même dans les matières de police, peuvent engager la responsabilité de l'État ». Toutefois la jurisprudence paraît incliner à admettre, dans les actes de gestion eux-mêmes, que la faute lourde de l'agent ou du fonctionnaire engage la responsabilité personnelle de celui-ci et non celle de l'État, laquelle ne serait engagée que par la faute de service ordinaire (V. *suprà*, n° 342 et *infrà*, ch. 3, sect. 2, art. 5, § 2, et Sourdat, n° 1307).

397. — III. Actes de gestion des services publics. — Il faut écarter tout d'abord une hypothèse dans laquelle l'État ne peut être actionné en réparation du dommage que des actes de cette nature ont pu causer aux particuliers : c'est celle où ces actes ne lèsent que des *intérêts* sans porter atteinte à des *droits*. C'est ainsi, par exemple, que l'entrepreneur de travaux publics qui n'a passé aucun marché à raison de la fourniture de la poudre nécessaire à ces travaux ne peut réclamer aucune indemnité à raison de ce que l'Administration a laissé un entrepôt de poudre de mine sans approvisionnement (Cons. d'Ét. 5 mars 1875, aff. Blanc, D. P. 75. 3. 117). Ainsi encore, un receveur général ne peut poursuivre l'État en dommages-intérêts pour avoir rendu plus difficile son contrôle sur les receveurs municipaux en laissant sans titulaire pendant un temps prolongé un poste de receveur particulier et en confiant la gestion à un gérant intérimaire. Il ne peut même pas se faire attribuer les sommes dont la vacance de la recette particulière a fait bénéficier le Trésor, pour rentrer dans les débours auxquels l'a obligé envers les communes la faute déclarée par le receveur municipal infidèle (Cons. d'Ét. 16 févr. 1883, aff. De Bonardy, D. P. 84. 3. 98). De même, l'État n'est pas responsable du préjudice résultant, pour un receveur municipal, du retard apporté par les agents du ministère des finances à la conversion en titre de rente d'une partie de son cautionnement, opérée en vertu de l'art. 4 de la loi du 27 févr. 1884, alors que les actes administratifs intervenus pour l'exécution de cette disposition ne fixaient pas de délai pour l'accomplissement de l'opération, et que, à raison des formalités à accomplir, le retard apporté à ladite opération ne constituait pas une faute de nature à motiver une indemnité (Cons. d'Ét. 16 avr. 1886, aff. De Boissac, D. P. 86. 3. 82). De même encore, si le ministre des finances a, dans un intérêt public et eu égard aux nécessités de la situation monétaire, prescrit pour l'échéance des bons de monnaie des délais qui ont facilité les détournements commis par un directeur des monnaies, à une époque d'ailleurs où la fabrication des monnaies n'était pas soumise à la régie de l'État, ce fait, constituant l'usage d'un droit pour l'Administration, n'a pu engager la responsabilité du Trésor (Cons. d'Ét. 8 août 1882, aff. De Rothschild, D. P. 84. 3. 24).

398. Au contraire, lorsqu'il y a lésion d'un droit, la responsabilité de l'État se trouve engagée. Toutefois cette règle n'est pas absolue et ne saurait être admise sans restriction ; elle doit, en effet, être combinée avec cette autre règle qui trouve ici son application, que la simple éventualité d'un dommage, ou même un dommage trop indirect, ne peut donner ouverture à un droit à indemnité (V. *suprà*, n°s 268

et 284). Tels sont les principes qui, en cette matière, ont servi de guide à la jurisprudence. Les principales applications qui en ont été faites sont relatives aux dommages causés par le voisinage soit d'établissements pénitentiaires, soit d'établissements militaires où se fabriquent des matières dangereuses, telles que la poudre ou la dynamite, soit de polygones ou de champs de tir, servant aux exercices militaires.

399. Ainsi, de même que l'affectation d'une place aux exécutions capitales ne permet pas aux propriétaires riverains de réclamer une indemnité à l'Administration (*Rép.* n° 259), il a été jugé que la création d'un établissement pénitentiaire n'oblige pas l'Administration à indemniser les voisins ; que, notamment, le décret impérial qui, en exécution de la loi du 30 mai 1854, a désigné la Guyane française comme le siège d'un établissement dans lequel devrait être subie la peine des travaux forcés, n'a pu donner ouverture à une action en indemnité contre l'Etat, de la part des propriétaires riverains, alors du moins qu'il n'était pas justifié que les condamnés eussent commis des déprédations sur les propriétés des réclamants (Cons. d'Et. 24 mai 1860, aff. Bouché, D. P. 60. 3. 41 et la note). La réserve insérée à la fin de cette décision vise la responsabilité que pourrait encourir l'Etat pour les fautes et défaut de surveillance de ses agents dans l'exercice de leurs fonctions (V. *infrà*, ch. 3, sect. 2, art. 5, § 2).

400. On a déjà cité *suprà*, n° 290, plusieurs décisions d'où il résulte que le seul fait du voisinage d'une poudrerie de l'Etat, et l'éventualité des explosions qui pourraient s'y produire et endommager les propriétés voisines, ne peut suffire pour motiver une action en indemnité contre l'Etat (Cons. d'Et. 10 févr. 1882, aff. Smith, D. P. 83. 3. 63) ; il en est ainsi surtout si les demandeurs n'ont construit leurs habitations qu'après l'établissement de la poudrerie (Cons. d'Et. 4 janv. 1878, aff. Berninet et autres, D. P. 78. 3. 82). Mais ce droit existerait si l'exploitation de l'établissement venait à leur causer un dommage actuel (Cons. d'Et. 17 mai 1878, aff. Bouveret, D. P. 78. 3. 82. V. aussi Cons. d'Et. 10 févr. 1882, précité) ; et alors il y aurait lieu d'allouer au propriétaire une indemnité non seulement pour la réparation du dommage causé, mais aussi pour le trouble apporté à sa jouissance et pour la dépréciation de la propriété qui en a été la conséquence (Cons. d'Et. 13 juill. 1892, aff. Blondel-Laporte, D. P. 93. 3. 102).

401. Une distinction semblable a été faite par la jurisprudence en ce qui concerne les polygones et les champs de tir (V. *suprà*, n° 290).

402. Dans les cas où il y a lieu à indemnité, on doit ajouter, à la réparation des dégâts matériels causés par les projectiles, celle du trouble causé à la jouissance de la propriété, à raison des dangers auxquels elle est exposée et de l'impossibilité d'y accéder pendant la durée des exercices (Cons. d'Et. 21 mars 1879, aff. Mercier, D. P. 79. 3. 75 ; 20 janv. 1882, aff. Fournier, D. P. 83. 3. 50 ; 8 déc. 1882, aff. Mahut, D. P. 84. 3. 61).

Si, d'ailleurs, le trouble est causé à la jouissance d'un fermier, le propriétaire est recevable à en demander pour lui-même la réparation, exposé qu'il est au recours de son fermier (Cons. d'Et. 13 juin 1890, aff. De Narbonne, D. P. 92. 3. 13 ; 24 févr. 1893, aff. Leblanc, D. P. 94. 3. 30).

403. L'indemnité pour trouble à la jouissance ne commence à être due que du jour où la jouissance, s'il s'agit de terres cultivées, a été réellement entravée, bien que quelques projectiles soient tombés antérieurement (Cons. d'Et. 1er août 1884, aff. Devaux, D. P. 85. 5. 417). Elle est due jusqu'au jour où la cessation du tir a été portée officiellement à la connaissance du propriétaire (Cons. d'Et. 8 déc. 1882, aff. Mahut, D. P. 84. 3. 61) ou du fermier si la jouissance est celle d'un fermier. Elle peut alors comprendre la diminution de revenu résultant des difficultés apportées à la culture et à l'élevage des bestiaux, et les frais nécessaires pour remettre les terres en état de culture à l'expiration de la période pendant laquelle elles avaient été exposées aux projectiles (Arrêt précité du 1er août 1884).

404. S'il s'agit d'une exploitation industrielle telle qu'une carrière, une tuilerie, l'indemnité peut comprendre le dommage résultant de l'inaction forcée des ouvriers, des difficultés apportées à l'extraction des matériaux, le bénéfice dont

l'exploitant a été privé, et en outre les dommages accessoires (Cons. d'Et. 8 déc. 1882, cité *suprà*, n° 403, et 7 août 1886, aff. Michon-Chauvelin, D. P. 88. 3. 18) ; mais non la perte résultant pour lui de ce qu'il n'a pu exécuter qu'à des conditions onéreuses un marché de fournitures conclu postérieurement à la suspension des travaux (Arrêt précité du 8 déc. 1882), perte prévue et librement acceptée ; ni le préjudice résultant pour lui de ce qu'une entreprise rivale aurait profité de son inaction forcée pour s'établir et lui enlever une partie de sa clientèle, préjudice trop indirect pour entrer en compte (Même arrêt) ; ni même d'une manière générale la perte de clientèle (Arrêt précité du 7 août 1886. V. *suprà*, n° 270, la critique de cette solution). D'autre part, il faut tenir compte des produits que la propriété a continué à donner malgré l'établissement du champ de tir (Même arrêt).

405. Peu importe, d'ailleurs, pour la responsabilité de l'Etat à raison des dommages causés à un immeuble par le voisinage d'un polygone ou d'un champ de tir, que la cause du dommage soit antérieure ou non à l'acquisition que le demandeur a faite de l'immeuble, si les offres d'acquisition proposées par lui avaient été acceptées avant l'époque où le dommage s'est produit et si la réalisation du contrat par acte authentique est seule postérieure à cette date (Cons. d'Et. 20 janv. 1882. aff. Fournier, D. P. 83. 3. 50).

Il faut aussi tenir compte de l'emploi auquel le propriétaire destinait l'immeuble, dans le cas où il l'avait acquis en vue de cet emploi spécial, alors même que ce projet n'avait reçu aucun commencement d'exécution avant l'époque où l'établissement du champ de tir en a rendu la réalisation impossible (Arrêt précité du 20 janv. 1882).

406. — IV. Actes de gestion du domaine et des chemins de fer. — On admet sans difficulté l'application des art. 1382 et suiv., à l'Etat envisagé comme propriétaire, lorsque, dans la gestion de son domaine, il a, par son fait ou celui de ses préposés, ou encore par le vice de sa chose, causé préjudice aux voisins ou à des tiers. Il en est ainsi, notamment, lorsqu'un dommage est causé aux champs par les sangliers d'une forêt domaniale que l'Etat a laissé se multiplier en s'opposant à leur destruction par les tiers et en ne faisant pratiquer lui-même aucune battue (Trib. d'Espalion, 23 févr. 1882, et Req. 16 avr. 1883, aff. Combes et Sinègre, D. P. 84. 1. 301).

407. L'hypothèse la plus fréquente est celle des dommages causés aux propriétés particulières dans l'exécution de travaux publics. V., sur ce point, *infrà*, v° *Travaux publics*.

408. L'exploitation d'un chemin de fer par l'Etat est aussi un cas où la responsabilité de droit commun ne fait doute pour personne. l'art. 22 de la loi du 14 juill. 1845 ayant pris soin de la proclamer en cette matière. La loi du 18 mai 1878 lui a donné un champ d'application pratique en créant un réseau d'Etat. La nature de l'exploitation eût commandé cette solution en l'absence même de texte spécial (Laferrière, t. 2, p. 179). V. *infrà*, ch. 3, sect. 2, art. 5, § 2.

§ 6. — **Responsabilité des communes.**

409. On a étudié *suprà*, v° *Commune*, n°s 1290 et suiv., la responsabilité civile des communes pour crimes ou délits commis à force ouverte ou par violence sur leur territoire par des attroupements ou rassemblements et l'exception qu'elle subit pour les communes où la municipalité n'a pas la disposition de la police locale ni de la force armée. Nous compléterons seulement ce qui a été dit sur cette exception en remarquant : 1° qu'elle s'applique non seulement aux villes de Paris et de Lyon, mais à toute ville qui se trouverait placée sous le régime de l'état de siège (Morgand, *La loi municipale*, t. 2, p. 165) ; — 2° Qu'elle ne s'applique pas au contraire aux villes dans lesquelles le Gouvernement fixe les cadres du personnel de la police sans enlever aux maires la direction de ce personnel (V. la déclaration faite en ce sens par le rapporteur de la loi du 5 avr. 1884 au Sénat dans la séance du 11 mars 1884) ; — 3° Qu'on pourrait tenté de l'appliquer aux villes du département de la Seine et à certaines villes du département de Seine-et-Oise sur lesquelles l'arrêté du 3 brum. an 9 étend l'autorité du préfet de police et notamment l'exercice de la fonction que

lui confie le décret du 12 mess. an 8, art. 10, de prendre les mesures propres à prévenir ou dissiper les attroupements les réunions tumultueuses ou menaçant la tranquillité publique. On pourrait soutenir que, dans ces communes, le maire est dépossédé de tout pouvoir de police et que par suite, n'ayant pas la disposition de la police locale, ni de la force armée, la municipalité ne peut voir sa responsabilité engagée par les attroupements ou rassemblements. Mais le contraire a été jugé, pour la ville de Saint-Denis, par le tribunal de la Seine (12 déc. 1893, aff. Blanvillain, D. P. 94. 2. 297). D'après ce jugement, en ce qui concerne la répression des attroupements, le maire d'une commune régie par l'arrêté de brumaire an 9 n'est pas, à la vérité, investi d'un pouvoir propre, à lui directement conféré par la loi, mais il est dépositaire d'un pouvoir délégué d'une façon permanente par le préfet de police dont l'autorité s'exerce au-dessus de la sienne, comme l'autorité du ministre de l'intérieur se superpose à celle du préfet de police, sans que cette dépendance hiérarchique détruise les attributions du fonctionnaire subordonné ; le maire étant le délégué du préfet de police, et délégué permanent, il lui appartient à ce titre de prendre les mesures nécessaires pour sauvegarder la sécurité publique violemment menacée et troublée. A l'appui de cette doctrine, on peut faire valoir l'art. 2 de l'arrêté du 3 brum. an 9, aux termes duquel « le préfet de police, qui a sous ses ordres les maires et adjoints des communes, peut requérir, immédiatement ou par ses agents, l'assistance de la garde nationale desdites communes » ; n'est-ce pas dire que les maires, qui sont ainsi les agents du préfet de police, ont le droit de faire appel à la force armée ? Au surplus, la loi du 10 juin 1853, qui est venue réglementer ces questions, après avoir maintenu au préfet de police de Paris l'exercice, dans les communes du département de la Seine, des fonctions à lui déférées par l'arrêté de messidor an 8, déclare que les maires de ces communes auront la charge de tout ce qui concerne « la liberté et la sûreté de la voie publique ». D'autre part, en faveur de la même thèse, on peut encore remarquer que, dans la discussion de l'art 108, § 2, de la loi du 5 avr. 1884, il n'a jamais été question, comme échappant à la règle de la responsabilité, que des villes de Paris et Lyon et des communes où l'état de siège a été proclamé ; c'est donc que toutes les autres devaient demeurer soumises au principe général de la responsabilité civile au cas de dommages causés par des attroupements ou des rassemblements.

410. On étudiera *infrà*, ch. 3, sect 2, art. 5, § 3, la responsabilité des communes à raison du fait de leurs préposés. Mais il convient d'exposer ici les applications qui leur ont été faites du principe de responsabilité directe, écrit dans les art. 1382 et 1383, à raison d'actes ou d'omissions émanées de leurs *représentants* en cette qualité.

La commune a, en effet, dans la personne du maire ou des adjoints qui le remplacent, des représentants légaux dont les actes régulièrement faits l'obligent par l'effet du mandat, et dont les fautes, commises dans l'exercice de ce mandat, ont aussi pour effet de la constituer en faute et directement responsable. — Toutefois, il n'en saurait être ainsi des fautes commises par le maire en qualité d'agent du Gouvernement ou d'officier de police judiciaire (*Rép.*, n° 606) ou même en qualité de chef de la police municipale, indépendamment de toute gestion pécuniaire pour la commune. C'est là la règle identique à celle que l'on a exposée *suprà*, n° 342, en traitant de la responsabilité de l'État. Ainsi la commune n'est pas responsable de la négligence du maire qui a omis de faire démolir une maison menaçant ruine sur la voie publique (Sourdat, t. 2, n° 1369) ou de remédier à l'insalubrité d'une prison (Trib. civ. de Saint-Nazaire, 31 mars 1882, aff. Veuve Guilloux, D. P. 85. 3. 103 ; V. *Rép.*, n° 669), ou de l'arrêté ordonnant la fermeture provisoire d'un théâtre (Cons. d'Et. 13 janv. 1893, aff. Cazeaux, D. P. 94. 3. 24). — Mais le maire oblige la commune qu'il représente, quand il lèse les droits des tiers dans la gestion d'une affaire communale (*Rép.*, n° 670, 671), et cela même au moyen d'une mesure de police détournée de son but légal, par exemple s'il refuse sans motif l'alignement ou l'autorisation de construire le long de la voie publique afin de diminuer l'indemnité que devra la ville dans l'éventualité d'une expropriation qui ne peut encore s'accomplir (Cons.

d'Et. 18 mars 1858 et 26 mai 1869, aff. Labille, D. P. 70. 3. 20 et 69 ; 18 juill. 1873, aff. Lemarié, D. P. 74. 3. 94 ; 11 juill. 1879, aff. Ville d'Alger, D. P. 80. 3. 18 ; 5 avr. 1889, aff. Ville de Pamiers, D. P. 90. 3. 72).

411. La responsabilité des communes peut être engagée en cas de préjudice causé aux voisins par les dégradations qui se produisent sur des propriétés communales par suite d'un défaut d'entretien ou de l'omission des précautions que nécessitait l'état de ces propriétés. Ainsi il a été jugé : 1° qu'une commune est responsable des dommages qu'éprouvent les fonds voisins par suite de l'accumulation des vases et immondices qui ont fait déborder un ruisseau coulant au milieu d'un chemin communal, sans qu'on puisse alléguer ni le défaut de classement du chemin, ni l'absence de règlement administratif concernant le curage de ce chemin (Civ. cass. 30 nov. 1858, aff. De Montenol, D. P. 59. 1. 20). — 2° Qu'une commune est responsable de l'accident occasionné par le défaut d'éclairage et de clôture d'une tranchée ouverte pour l'établissement d'un chemin nouveau. Peu importe que l'acquéreur d'un tronçon de chemin déclassé aboutissant à cette tranchée soit lui-même déclaré en faute pour avoir négligé ces précautions, sauf sa contribution à la réparation du dommage. Et la commune ainsi condamnée ne peut prétendre aucun recours contre les entrepreneurs du chemin, si la faute lui est personnelle et si d'ailleurs les entrepreneurs n'ont commis aucune infraction à leur cahier des charges (Req. 17 févr. 1868, aff. Ville de Rennes, D. P. 68. 1. 273) ; — 3° Qu'une commune est responsable du dommage causé par l'éboulement d'un rocher qui, en roulant, est venu s'abattre sur une maison, alors que cette chute n'aurait pas eu lieu si les représentants de la commune avaient pris, au cours de l'exécution des travaux entrepris par la commune, les précautions nécessaires pour prévenir tout accident (Aix, 4 mai 1874, aff. Ville de Nice, D. P. 75. 2. 52). Mais elle n'est pas responsable des accidents causés par l'écroulement, par suite de vétusté, d'un monument dont elle est propriétaire, s'il était classé comme monument historique, et si, par suite, il appartient à une autorité autre que l'autorité municipale d'ordonner les réparations, de surveiller l'exécution des travaux et de choisir les architectes et entrepreneurs (Dijon, 21 janv. 1869, aff. Laisné, D. P. 74. 5. 430). Sur la responsabilité du propriétaire de rochers qui se sont écroulés sous l'influence naturelle et continue d'agents atmosphériques, V. *infrà*, ch. 4, sect. 5.

412. Sur la responsabilité de la commune pour fautes commises par le maire dans l'organisation d'un feu d'artifice ou par ses préposés dans cette opération elle-même, V. *infrà*, ch. 3, sect. 2, art. 5, § 3. En ce qui concerne la responsabilité des communes à raison des dommages causés par l'exécution des travaux publics communaux, V. *infrà*, v° *Travaux publics*.

413. Une commune est responsable lorsque, par ses agissements, elle porte ou laisse porter atteinte à des droits qu'elle a régulièrement concédés ; par exemple, lorsqu'elle laisse un tiers faire au concessionnaire d'un service d'omnibus une concurrence contraire aux règlements locaux de police (Aix, 17 févr. 1870, aff. Ville de Marseille, D. P. 71. 2. 130).

Une commune peut même, par application de l'art. 1382, être condamnée à des dommages-intérêts à l'occasion d'un traité non encore devenu définitif par l'approbation de l'autorité supérieure, pour avoir rompu brusquement le contrat avant qu'il ait reçu cette approbation, alors qu'il paraissait certain que l'administration supérieure aurait approuvé le traité, ou du moins accordé un délai, conformément à un traité antérieur d'après lequel chacune des parties devait, deux années avant son expiration, faire connaître ses intentions sur la prorogation ou la cessation du contrat (Lyon, 26 août 1874, aff. Archevêché de Lyon, D. P. 76. 2. 18). Le traité signé par une commune forme d'ailleurs, avant même l'approbation de l'autorité supérieure, un lien de droit, en ce sens que l'une des parties ne peut, sans engager sa responsabilité envers l'autre, empêcher par des procédés arbitraires et violents l'approbation exigée ou en provoquer déloyalement le refus (Req. 6 déc. 1875, même affaire, D. P. 76. 1. 131). C'est ainsi encore qu'une ville a pu être déclarée responsable de la faute qu'a commise l'autorité municipale en négligeant de provoquer l'approbation préfectorale pour une délibération du conseil, relative au

renouvellement d'un traité avec une société d'enseignement pour la direction d'un collège, et en faisant croire à celle-ci, par l'inscription au budget de la subvention habituelle ou par d'autres actes, que l'approbation a été obtenue et que l'ancienne convention a été régulièrement prorogée, ce qui l'a entraînée à faire des dépenses en vue de cette prorogation (Req. 12 déc. 1881, aff. Ville de Cannes, D. P. 82. 1. 131).

414. La responsabilité d'une ville est encore engagée lorsque, à l'occasion d'un emprunt à contracter par elle et avant que le mode de réalisation de cet emprunt soit approuvé par l'autorité supérieure, son maire a laissé le banquier appelé à être le bailleur de fonds émettre une souscription dans des termes de nature à persuader au public que l'emprunt émanait directement de la ville elle-même. En pareil cas, le maire ayant agi comme administrateur des biens de la ville, celle-ci doit être tenue d'indemniser les souscripteurs de la perte par eux éprouvée par suite de l'insolvabilité du banquier (Dijon, 22 déc. 1892, aff. Ville de Mâcon, D. P. 93. 2. 196, et sur pourvoi, Req. 16 avr. 1894, D. P. 94. 1. 340). La même solution a été consacrée dans d'autres espèces semblables (V. Trib. civ. Mâcon, 13 mai 1891, aff. Ville de Mâcon, Gaz. trib. 17 juin 1891, et sur appel, Dijon, 16 juill. 1891, Gaz. trib. du 9 août 1891; 12 avr. 1894, aff. Ville de Mâcon, Gaz. trib. du 6 mai 1894). — Jugé, en outre, par ce dernier arrêt que la ville peut alors exercer un recours en garantie contre le maire qui, par sa négligence et sa faute, n'a pas, en temps voulu, mis obstacle aux actes délictueux du banquier, et mis en garde la municipalité contre ces agissements; que le maire est dans ce cas responsable comme mandataire (c. civ. art. 1991, 1992), et qu'il ne lui suffit pas d'être de bonne foi pour être exonéré de cette responsabilité; mais que certaines circonstances peuvent atténuer ou diminuer sa faute.

415. Sur la responsabilité des communes à raison des charges que des particuliers ont eu à supporter, en cas d'invasion, notamment par suite de réquisitions faites par l'ennemi, V. supra, v^is Commune, n°s 1276 et suiv., et Réquisitions militaires, n°s 246 et suiv.

416. Il est de principe que les particuliers auxquels des sacrifices ont été imposés dans l'intérêt commun des habitants d'une commune doivent contre celle-ci un recours dans la mesure de ces intérêts. C'est ainsi que la commune est tenue de réparer les dommages imposés à un habitant, sur l'ordre du maire, en vue d'éteindre un incendie, par exemple l'épuisement d'un réservoir d'eau appartenant à un particulier (Civ. rej. 15 janv. 1866, aff. Ville du Havre, D. P. 66, 1. 75; 3 janv. 1885, aff. Commune de Charenton, D. P. 85. 1. 211). La même obligation existe dans le cas où les mesures destinées à combattre l'incendie, et qui ont causé des dégradations à des propriétés particulières, ont été prises par les pompiers pour éteindre l'incendie; les compagnies de pompiers sont, en effet, des institutions communales qui fonctionnent sous la surveillance de l'autorité municipale et agissent comme représentants ou agents de la commune qui les emploie. Mais la responsabilité de la commune ne peut être engagée en pareil cas que si l'immeuble endommagé se trouvait placé hors de l'atteinte du feu; elle n'est nullement tenue de réparer le dommage résultant des mesures prises pour combattre l'incendie, quand l'immeuble qui a subi ce dommage était déjà atteint par les flammes ou sérieusement menacé de l'être (Civ. rej. 1er juin 1886, aff. Ville d'Angers, D. P. 87. 1. 166. Comp. Sourdat, n° 1370 et supra, v^o Commune, n° 1275).

417. Mais les actes faits par le maire, en dehors du mandat qui lui a été donné par le conseil municipal, n'engagent pas la commune, à moins qu'elle n'y ait acquiescé dans les formes légales. Par suite, une commune n'est pas responsable du quasi-délit commis par le maire et ses assesseurs président à une adjudication de droits communaux régulièrement autorisée. Le maire et ses assesseurs sont seuls responsables du préjudice qu'ils ont causé aux adjudicataires en modifiant illégalement les clauses et conditions de l'adjudication dont l'annulation a été prononcée pour cette raison (Trib. civ. Gray, 13 mars 1883, aff. Logerais et autres, D. P. 85. 3. 103). Le mandataire, en effet, n'oblige le mandant que dans la limite du mandat donné, sauf seulement son obligation personnelle envers les tiers,

s'il ne leur a pas donné une connaissance suffisante de ses pouvoirs (c. civ. art. 1997).

En vertu de la même règle, les dépenses irrégulièrement engagées par un maire n'obligent la commune qu'autant qu'elles sont nécessaires ou utiles. Hors de là, le fournisseur ne peut poursuivre la commune, ni comme obligée par contrat, ni comme responsable de la faute de l'autorité municipale qui l'a induit en erreur, alors que, ne s'étant pas assuré de la régularité de la commande, il était lui-même en faute (Chambéry, 13 août 1891, aff. Ollivier, D. P. 93. 2. 316).

418. Sur la question de savoir si l'employé communal auquel son emploi est retiré a contre la commune une action en responsabilité susceptible d'être portée devant les tribunaux civils, V. supra, v^is Commune, n° 238; Louage d'ouvrage et d'industrie, n° 38. Adde, dans le sens de la négative qui a prévalu en jurisprudence, Cons. d'Ét. 29 avr. 1892, aff. Watling, D. P. 93. 3. 76).

419. Le garde champêtre d'une commune peut-il être considéré comme le mandataire de celle-ci, et dès lors, la commune est-elle responsable envers lui des dommages qu'il éprouve dans l'accomplissement de son devoir professionnel, notamment des blessures qu'il reçoit en arrêtant un délinquant? Cette question a été résolue négativement : les gardes champêtres s'acquittent, à leurs risques et périls, du service dont ils sont chargés, et la commune n'est tenue de réparer le dommage éprouvé par eux dans l'accomplissement de leurs fonctions qu'autant qu'elle aurait commis quelque faute l'obligeant aux termes de l'art. 1382, ou que l'auteur du dommage serait une personne dont elle doit répondre, aux termes de l'art. 1384 (Nancy 29 avr. 1893, aff. Commune de Gondreville, D. P. 93. 2. 527. Comp., en ce qui concerne les gardes champêtres des particuliers, infra, ch. 3, sect. 2, art. 5, § 4 et suiv. 6).

420. Enfin, la responsabilité pécuniaire de la commune ne peut se trouver engagée à raison des articulations formulées dans une délibération du conseil municipal; car les allégations diffamatoires, qui figurent dans un acte administratif sans en être la base nécessaire, ne participent pas du caractère de cet acte; elles restent le fait personnel de ceux de qui l'acte émane, c'est-à-dire des conseillers municipaux, lesquels ne sont pas, d'ailleurs, les préposés de la commune dans le sens de l'art. 1384, n'étant pas employés à son service et placés sous sa surveillance (Cons. d'Ét. 13 déc. 1889, aff. Cadot, D. P. 91. 3. 41).

Sur le recours qui appartient en pareil cas à la partie lésée contre les auteurs de la diffamation, V. supra, v^o Presse-outrage, n° 527.

ART. 3. — Responsabilité des ministres (Rép. n°s 269 à 277).

421. La responsabilité politique des ministres, qui se traduit par un blâme parlementaire, et leur responsabilité criminelle, qui se traduit par une mise en accusation devant le Sénat, ont été étudiées au Rép., n°s 269 à 275, et supra, v^is Compétence criminelle, n° 379, et Droit constitutionnel, n°s 86 et suiv. (V. aussi sur les poursuites à fins pénales contre les ministres : Laferrière, Traité de la juridiction administrative, t. 1, p. 600).

Quant à leur responsabilité civile ou pécuniaire, en tant qu'elle serait distincte et indépendante de toute poursuite à fins pénales, on peut la concevoir et la mettre en question, soit vis-à-vis de l'État pour faute dommageable dans leur gestion, soit vis-à-vis des particuliers pour atteinte à leurs droits dans leur administration.

422. — I. RESPONSABILITÉ CIVILE ENVERS L'ÉTAT. — Cette responsabilité a été prévue dans nos lois, mais sans qu'elles aient pourvu d'une manière bien pratique à son application. Les constitutions de 1791 et de l'an 4 l'ont prévue, mais comme liée accessoirement à une accusation criminelle décrétée par le Corps législatif. Les lois de finances des 25-26 mars 1817, art. 151 et 152, et des 15-22 mai 1830, art. 9, le décret sur la comptabilité publique du 31 mai 1862, art. 41 et 42, prennent soin, il est vrai, d'affirmer en dehors de toute poursuite pénale la responsabilité des ministres pour les dépenses ordonnées ou les payements autorisés en l'absence ou au delà des crédits ouverts par la loi. D'autre part, la constitution de 1848 au-

torise, par son art. 98, l'Assemblée nationale, dans tous les cas de responsabilité des ministres, à renvoyer le ministre inculpé soit devant la haute cour, soit devant les tribunaux ordinaires pour les réparations civiles; et ce texte fut interprété par ses auteurs mêmes comme applicable au cas de responsabilité prévu par la loi du 25 mars 1817. Mais cette constitution n'étant plus en vigueur, et celle de 1875 étant muette sur la responsabilité civile, on en est venu à considérer comme inapplicable, faute de tribunal compétent pour connaître de la poursuite, le principe de responsabilité écrit dans les lois de finances de 1817 et de 1850, et dans le décret de 1862 sur la comptabilité publique. La Cour des comptes, en effet, ne juge que les comptables, non les ordonnateurs; le conseil d'État ne juge que les actes d'administration, non les administrateurs; quant aux tribunaux civils, ils ne peuvent apprécier des actes administratifs, ni en juger la légalité (Laferrière, *Traité de la juridiction administrative*, t. 1, p. 617; Hauriou, *Précis de droit administratif*, p. 246; Merlin de Thionville, *Revue critique*, 1890, p. 480).

423. En tout cas, on chercherait vainement dans nos annales judiciaires des cas de poursuite de ce genre, malgré les efforts qui ont été souvent tentés en vue de rendre effective à ce point de vue la responsabilité des ministres. La Chambre des députés, en 1829, à propos des dépenses engagées sans crédit par M. de Peyronnet, vota, sur la proposition de M. Dupin, une formule qui résolvait la difficulté en chargeant le ministre des finances « d'exercer devant les tribunaux une action en indemnité contre l'ancien ministre », mais qui fut repoussée par la Chambre des pairs sur le rapport de M. de Barante. Ce désaccord, renouvelé en 1833 à propos d'une dépense de M. de Montbel, aboutissait à ne voir dans la loi de 1817 qu'une responsabilité purement morale, à moins de manœuvres criminelles donnant lieu à une mise en accusation. En 1840 et en 1841, deux autres dépenses sont rejetées par les Chambres, sans qu'il en résulte une application de la responsabilité ministérielle que ces rejets avaient eu pour but d'établir. Cette responsabilité ne paraissait pouvoir être mise en œuvre qu'au moyen d'une procédure criminelle. La même idée se manifeste dans plusieurs propositions de lois, comme celles déposées en 1816 par le comte de Lally-Tollendal, en 1817 par M. Pasquier, en 1819 par M. de Serre. Le rapporteur de ce dernier projet faisait rentrer dans le crime de concussion « le cas où les ministres excèdent le crédit ouvert par une loi ». On voit encore, le 16 mars 1835, la responsabilité civile pour dépassement de crédit liée à l'accusation de prévarication, dans la discussion d'un projet du Gouvernement qui, sur ce point et par ce motif, échoua devant la Chambre des pairs (V. Merlin, *loc. cit.*, p. 474-475).

La question reparaît enfin sous la constitution de 1875. A trois reprises, en janvier, juin et juillet 1881, la Chambre invite le Gouvernement à exercer, en vertu de l'art. 6 de cette constitution et des art. 1382, 1383 et 1992 du code civil, une action en indemnité contre M. Caillaux, pour avoir, comme ministre des travaux publics, présenté à la Chambre un crédit qu'il savait insuffisant et qu'il devenait nécessaire de parfaire ultérieurement; cette résolution est privée d'effet par les mêmes obstacles (V. les observations de M. Humbert, garde des sceaux, à la séance du 4 mai 1882). Il en est de même d'une résolution analogue du 1er juin 1886; une autre du 24 mars 1889.

424. Diverses propositions de lois eurent pour objet de lever ces obstacles. Telle fut la proposition de M. Guichard du 26 juin 1882 (annexe n° 1040) demandant qu'un ministre qui, dans la gestion des affaires de l'État, aurait commis une faute lourde, conséquence de l'exécution volontaire des mesures prescrites par les lois, ordonnances ou règlements d'administration publique, pût, à la suite d'une information parlementaire et sur l'initiative de la Chambre des députés, être renvoyé devant les tribunaux ordinaires pour réparations civiles. Le rapport de M. Antonin Dubost sur cette proposition (annexe n° 1991, à la séance du 14 juin 1883) admit la responsabilité, mais repoussa la compétence des tribunaux civils, et n'arriva pas d'ailleurs en discussion. S'inspirant de ce rapport, une proposition analogue de M. Remoiville, dans la session extraordinaire de 1887, instituait

pour connaître de l'action un comité composé des membres de la commission des finances du Sénat, des membres de la commission du budget, du président de la Cour des comptes et du procureur général près cette cour.

Il résulte de ces faits que, dans l'état actuel de notre législation, la responsabilité civile des ministres envers l'État, abstraction faite de l'accusation de prévarication, existe théoriquement, mais n'est pas susceptible d'application pratique. Il faut reconnaître, d'ailleurs, qu'il y aurait inconvénient à considérer indistinctement toute dépense engagée sans crédit et blâmée par la Chambre comme devant être laissée à la charge du ministre. Il faut encore qu'un juge soit appelé à rechercher si les circonstances et la nature de la dépense font ressortir une faute du ministre et un préjudice pour l'État; et encore ne peut-on pas admettre qu'un ministre se voie comptable pécuniairement des fautes les plus légères de son administration. — On peut consulter sur cette question le discours de rentrée prononcé le 3 nov. 1885 par M. Audibert, procureur général près la Cour des comptes (*Journal officiel* du 12 nov. 1885).

425. La *Roumanie* a résolu cette question dans une loi du 2 mai 1879, sur la responsabilité ministérielle, dont l'art. 4 est ainsi conçu : « Le ministre qui, de mauvaise foi, aura causé un dommage à l'État, ou l'aura exposé à payer des dommages-intérêts à des particuliers, sera civilement responsable envers l'État et sera jugé conformément au droit commun, sauf l'autorisation préalable du Corps législatif ». En *Suisse*, l'Assemblée fédérale peut renvoyer un ministre devant le tribunal fédéral à fin de réparations civiles pour dommage causé à l'État par une violation de la constitution, des lois ou des règlements, sauf la question de savoir si le dépassement de crédits comporte cette qualification. En *Hongrie*, il n'y a point de lois spéciales, mais l'absence de toute exception au droit commun qui veut la réparation pécuniaire des dommages causés volontairement ou par négligence grossière, rend ce droit commun applicable aux ministres.

Partout ailleurs la responsabilité civile du ministre envers l'État est ou omise dans la loi ou liée par elle à une procédure criminelle. — En *Prusse*, la responsabilité criminelle du ministre, quoique inscrite dans la constitution est considérée comme lettre morte. Le refus d'approbation d'une dépense par le Parlement ne la met point à la charge d'un ministre. La responsabilité de celui-ci est purement morale. Les fautes de gestion ne donnent lieu à aucun recours efficace contre lui faute de tribunal compétent. — Il en est de même pour l'*Empire allemand*. La responsabilité du chancelier, bien qu'engagée aux termes de l'art. 17 de la constitution par le rejet d'une dépense, ne reçoit aucune sanction. — Même lacune en *Hollande*, où l'introduction du principe de la responsabilité civile des ministres a été plusieurs fois projetée et ajournée à cause des difficultés d'application. — En *Suède*, où la responsabilité criminelle des ministres est admise (L. 10 févr. 1810, § 5), il n'existe aucun texte sur leur responsabilité civile, pas plus que les autres ordonnateurs de dépenses publiques ne soient soumis à une responsabilité civile exercée conjointement à la poursuite criminelle (Code pénal, chap. 6, § 1, et chap. 25). — La *Norvège* admet la responsabilité des ministres envers l'État, mais comme accessoire inséparable de la responsabilité criminelle, tandis que les autres ordonnateurs peuvent être poursuivis civilement, du moins pour faute grave, sans l'être criminellement (L. 7 juill. 1828, § 23, et code pénal, chap. 26, § 1). — En *Autriche* « tout ministre peut être poursuivi devant les tribunaux ordinaires pour la réparation des torts causés à l'État (ou à un particulier) par un acte reconnu illégal par le tribunal de l'État ». Mais cette poursuite « ne peut avoir lieu qu'en tant que l'acte illégal, cause du dommage, a provoqué la mise en accusation du ministre » (L. 25 juill. 1867, art. 6). — En *Espagne*, en *Grèce*, au *Brésil*, la responsabilité civile n'existe qu'accessoirement à une poursuite pénale. — En *Portugal*, aucune loi n'admet la responsabilité civile des ministres envers l'État. Un projet présenté en 1880, l'admettait d'ailleurs à la chambre haute, l'admettait, mais inséparablement liée à l'accusation criminelle de dissipation de deniers publics. — En *Italie* et en *Belgique*, les ordonnancements de dépenses sont soumis à un contrôle préalable de la cour des comptes qui prévient l'abus de la part du ministre ou l'oblige à se

mettre dans une situation plus grave capable d'ouvrir contre lui une accusation criminelle. — Aux *États-Unis* et en *Angleterre*, le président ou le ministre qui excède les crédits ou qui, par sa faute, met l'État en dépense, ne peut être amené à réparation qu'à la suite d'une mise en accusation par la Chambre des représentants ou des communes devant le Sénat ou la Chambre des lords et d'une condamnation pénale prononcée par cette dernière assemblée; mais au-dessous du ministre, les ordonnateurs même les plus élevés seraient atteints par la responsabilité de droit commun devant les tribunaux ordinaires, faute de restriction au principe de la responsabilité des fonctionnaires. — Pour plus de développements sur la législation étrangère en cette matière, V. Merlin de Thionville, *Revue critique*, 1890, p. 482 et suiv.

426. — II. RESPONSABILITÉ CIVILE ENVERS LES PARTICULIERS. — La responsabilité civile des ministres envers les particuliers pour faits relatifs à leurs fonctions est la source de difficultés non moins grandes en présence du silence de la constitution de 1875, qui en règle (art. 12) comme celle de 1852 (art. 13) la mise en accusation au point de vue criminel. Il faut écarter tout d'abord les délits et quasi-délits commis en dehors des fonctions, et pour lesquels il n'est pas douteux que le droit commun s'applique. Il y a désaccord, au contraire, sur ce qui est fait à l'occasion de la fonction. Certains auteurs voient dans le silence de la loi constitutionnelle l'assimilation complète, au point de vue civil, des ministres aux autres fonctionnaires (Batbie, *Traité de droit public et administratif*, t. 3, n° 272 ; Ducrocq, *Cours de droit administratif*, t. 1, n° 593; Lacanal, *Revue générale d'administration*, 1884, t. 1, p. 44; Garraud, *Traité de droit pénal*, t. 2, n° 46; Sorel sur Mangin, *Traité de l'action publique et de l'action civile*, t. 2, n° 243, note). Le ministre, dans ce système, serait exposé ou non à l'action civile devant les tribunaux ordinaires suivant que l'acte dommageable, commis par lui dans l'exercice de ses fonctions, constituerait ou non un fait personnel séparable de sa fonction, sauf au tribunal des conflits à trancher, si elle est douteuse, cette question préjudicielle. Mais d'autres auteurs, allant plus loin, enseignent que l'action civile ne peut atteindre le ministre que devant la juridiction parlementaire, la haute cour, accessoirement à une mise en accusation, ou devant les tribunaux ordinaires, mais seulement sur le renvoi que leur en a fait la Chambre, investie du droit d'accusation (Mangin, *De l'action publique*, t. 2, p. 13; F. Laferrière, *Cours de droit public et administratif*, t. 1, p. 133, 5ᵉ éd.; E. Laferrière, *Traité de la juridiction administrative*, t. 1, p. 609). La responsabilité d'ordre parlementaire exclurait la responsabilité d'ordre judiciaire. En ce sens, il a été jugé, en 1829, que l'absence de lois particulières sur la responsabilité des ministres empêche l'autorité judiciaire de connaître d'aucune action dirigée contre eux pour raison de leurs fonctions (Paris, 2 mars 1829, *Rép.* v° *Compétence administrative*, n° 103-13°). Et le conseil d'État, lorsqu'on lui a demandé d'autoriser des poursuites contre les ministres, a déclaré ces demandes non recevables en s'appuyant sur ce que, aux termes de l'art. 13 de la constitution de 1852, les ministres ne pouvaient être mis en accusation que par le Sénat et en interprétant par suite l'exclusion des ministres dans l'art. 75 de la constitution de l'an 8, non comme une dispense de l'autorisation préalable destinée à faciliter la poursuite, mais comme un obstacle qui ne pouvait être levé que par la mise en accusation dans les formes constitutionnelles (Cons. d'Ét. 28 janv. 1863, aff. Sandon, *Rec. Cons. d'Ét.* p. 1006 ; 26 déc. 18 8, Barbat, *ibid.*, p. 1114). L'arrêt rendu par la Chambre des pairs, le 29 nov. 1830, dans le procès des ministres de Charles X, refusa, il est vrai, de statuer sur les conclusions des parties civiles *en réservant leurs droits pour se pourvoir s'il y a lieu*, et cela sur un rapport signalant l'inconvénient qu'il y aurait *à gêner par un avis la décision future des tribunaux, juges naturels des parties*. Mais la Chambre était saisie d'une accusation qui, d'après la constitution, ouvrait l'action civile, et dont il faut au contraire faire abstraction dans la question qu'il s'agit de résoudre. Enfin on trouve des arrêts plus récents qui dessaisissent les tribunaux ordinaires des poursuites dirigées contre un ministre à l'occasion d'un acte de gouvernement ou d'un acte administratif, comme ils le feraient pour tout autre fonctionnaire (V. *suprà*, v° *Droit constitutionnel*, n° 90). Mais on n'en trouve aucun qui ait as-

similé un ministre aux autres fonctionnaires par l'admission d'une poursuite devant ces tribunaux pour acte commis à l'occasion de la fonction, mais séparable de cette fonction et réductible à une faute personnelle.

427. Si l'on cherche dans les textes abrogés, et dans les divers projets qui se sont succédé, l'interprétation du silence de la constitution de 1875 en matière de responsabilité civile ministérielle, on voit d'abord les constitutions de 1791, de l'an 4 et de 1848, qui seules prévoyaient l'action civile, la faire dépendre d'une mise en accusation ou d'un renvoi aux tribunaux par l'Assemblée nationale. De même, le projet de loi présenté par M. Devaux le 3 déc. 1832 n'admettait de condamnation civile que par la Chambre des pairs saisie d'une accusation, ou sur renvoi aux tribunaux par cette Chambre. Ceux du 12 déc. 1832 et du 1ᵉʳ déc. 1834, présentés au nom du Gouvernement par M. Barthe et M. Persil, n'admettaient que le droit pour la partie civile d'intervenir devant la Chambre des pairs saisie d'une accusation, ou de citer directement devant cette Chambre mais avec autorisation de la Chambre des députés. Malgré cette subordination au pouvoir parlementaire, malgré l'exclusion de tout renvoi aux tribunaux, cette responsabilité civile, même par voie d'intervention, parut encore inadmissible à la Chambre des pairs, Elle fut encore volontairement exclue d'un projet présenté en 1837 par M. Persil, comme devant être réglée par une autre loi qui ne fut jamais faite (Laferrière, *Traité de la juridiction administrative*, t. 1, p. 606. V. le rapport présenté le 20 avr. 1833 par M. Bérenger, sur les deux projets de 1832, et celui présenté le 5 mars 1835 par M. Sauzet sur le projet de M. Persil). Enfin l'art. 17 d'un projet de loi sur la responsabilité ministérielle adopté par le conseil d'État en 1850 portait : « Lorsque la haute cour de justice a été saisie, en vertu d'une accusation admise contre le président de la République ou un ministre, elle connaît aussi des dommages-intérêts envers l'État ou la partie civile ». C'était encore là l'action civile liée à l'accusation criminelle.

428. Reste à savoir si le décret du 19 sept. 1870, qui a abrogé outre l'art. 75 de la constitution de l'an 8, « toutes les autres dispositions des lois générales ou spéciales ayant pour objet d'entraver des poursuites dirigées contre des fonctionnaires publics de tout ordre », n'a pas eu pour effet de placer les ministres, s'il n'y étaient pas encore, dans la situation commune à tous les fonctionnaires, situation où la constitution de 1875, par son silence, les aurait laissés. Mais on estime généralement que cette abrogation n'a visé que des dispositions d'un caractère administratif, conférant au pouvoir administratif le droit de couvrir ses agents ; et, de même qu'on a fait survivre à cette abrogation, soit les règles de la prise à partie, soit le privilège de juridiction écrit dans l'art. 479 C. instr. crim., de même il faut lui faire survivre, s'il existait antérieurement, le principe d'une initiative parlementaire dans la mise en œuvre de la responsabilité ministérielle.

ART. 4. — *Responsabilité des préfets et maires et autres fonctionnaires (Rép. n°ˢ 278 à 280).*

429. — I. PRÉFETS. — Par application de la distinction entre l'acte administratif et le fait personnel susceptible de s'en détacher et de s'apprécier suivant les principes du droit commun (V. *suprà*, n° 344), la jurisprudence a écarté la compétence de l'autorité judiciaire, et par là même toute procédure pratique pour condamner un préfet à des dommages-intérêts, dans les cas suivants : 1° diffamation résultant des motifs mêmes qui servent de base à un arrêté préfectoral et qui sont indissolublement liés au dispositif (C. d'ass. de l'Ariège, 19 avr. 1883, aff. Léotard, D. P. 84. 2. 80; Crim. cass. 4 juill 1884, aff. Mazas, D. P. 85. 1, 130. *Contrà* : Commission faisant fonction de Cons. d'État, 7 mai 1871, et Crim. rej. 25 janv. 1873, aff. Engelhard, D. P. 72. 3. 18, et 73. 1. 289, critiqués en note par M. Cazalens) ; — 2° Actes de spoliation commis par un préfet contre les propriétaires d'un immeuble, à la suite de mesures prises en temps de guerre, mais déclarés par un arrêté ministériel avoir été faits au nom de l'État en vue de la défense nationale (Civ. cass. 23 févr. 1881, aff. Challemel-Lacour, D. P. 81. 1. 325) ; — 3° Interdiction au secrétaire-greffier du conseil

de préfecture, de délivrer une expédition des procès-verbaux d'une enquête administrative à laquelle le conseil de préfecture a fait procéder (Trib. confl. 23 nov. 1878, aff. De Parcevaux, D. P. 79. 3. 38) ; — 4° Arrêté préfectoral ordonnant, d'après les instructions du ministre du commerce, la fermeture provisoire d'une manufacture insalubre et mesures prises par le maire pour l'exécution de cet arrêté, l'annulation éventuelle de cet arrêté pour excès de pouvoir ne pouvant même motiver un sursis de l'autorité judiciaire réservant sa compétence (Trib. confl. 17 déc. 1881, aff. Compagnie parisienne des vidanges et engrais, D. P. 83. 3. 34 ; Trib. confl. 5 mai 1877, aff. Laumonier-Carriol, D. P. 78. 3. 13) ; — 5° Instructions et mesures administratives subordonnant l'autorisation de colportage à la condition de ne pas vendre certains journaux, et violant ainsi l'art. 3 de la loi du 29 déc. 1875, qui défend à l'autorité administrative d'interdire la vente et la distribution sur la voie publique comme mesure particulière contre un journal déterminé, l'illégalité de ces mesures ne pouvant les transformer en faute personnelle (Trib. confl. 24 nov. 1877, aff. Gounouilhou ; 8 déc. 1877, aff. De Douville-Maillefeu et autres espèces semblables ; 15 déc. 1877, aff. Figarède, D. P. 78. 3. 17), ni servir de base même à un sursis de l'autorité judiciaire réservant sa compétence (Trib. confl. 8, 15 et 29 déc. 1877, aff. Praile, et trois autres espèces semblables D. P. 78. 3. 20). Même décision pour la coopération d'un sous-préfet à ces actes en exécution des instructions du préfet (Trib. confl. 15 déc. 1877 et 12 janv. 1878, aff. De Roussen, Edmond About et Hébrard, D. P. 78. 3. 20) ou pour celle d'un secrétaire général et d'un commissaire de police (Trib. confl. 8 déc. 1877, aff. De Douville-Maillefeu, D. P. 78. 3. 18) ou pour celle d'un maire ordonnant aux agents de police de faire constater et poursuivre les contraventions aux interdictions illégales du préfet et provoquant ainsi la saisie des journaux exclus (Trib. confl. 29 déc. 1877, aff. Camoin, D. P. 78. 3. 19) ; — 6° Exécution par un préfet et un commissaire de police du décret du 29 mars 1880, ordonnant à la compagnie de Jésus de se dissoudre et d'évacuer ses établissements (Trib. confl. 13 nov. 1880, aff. De Nolhac ; 20 nov. 1880, aff. Thierry et autres, D. P. 80. 3. 121). — Jugé même que cette demande ne peut se produire sous la forme d'une constitution de partie civile jointe à une plainte pour attentat à la liberté individuelle, crime prévu par l'art. 114 du code pénal et résultant de ces faits, le juge criminel ne pouvant se déclarer compétent pour en connaître même à ce titre (Trib. confl. 22 déc. 1880, aff. Roucanières et autres, aff. Taupin et Thébault, aff. Kervennic, D. P. 81. 3. 17). — Jugé aussi, à cette occasion, qu'en fondant sa demande sur ce que le commissaire de police avait fait forcer les armoires d'une chambre et fait garder à vue le demandeur pendant plusieurs jours, le demandeur n'articulait avec une précision suffisante, soit contre le préfet, soit contre le commissaire de police, aucun fait qui fût étranger à l'exécution des décrets du 29 mars 1880 et des arrêtés pris pour leur exécution, ou qui constituât de la part de ces fonctionnaires des fautes personnelles de nature à engager leur responsabilité dans les termes du droit commun (Trib. confl. 27 nov. 1880, aff. Roi, D. P. 81. 3. 22). — Jugé enfin, par les arrêts précités des 13 et 20 nov. 1880, que c'est contre l'État, devant la juridiction administrative, que devaient être formées les demandes en dommages-intérêts fondées sur ces expulsions, dégâts et attentats.

430. La jurisprudence a admis, au contraire, la compétence de l'autorité judiciaire sur la responsabilité personnelle du préfet et, par suite, le principe même de cette responsabilité dans les cas suivants : 1° prolongation arbitraire et illégale de la détention d'un particulier après l'avoir fait arrêter en vertu de l'art. 10 du code d'instr. crim. (Civ. rej. 3 août 1874, aff. Valentin, D. P. 76. 1. 292 ; Req. 8 févr. 1876, aff. Labadié, D. P. 76. 1. 292) ; — 2° Arrestation d'un particulier en vertu du même article, mais avant d'être investi régulièrement des fonctions préfectorales (Arrêt précité du 8 févr. 1876) ; — 3° Appréciations dommageables sur les actes d'un particulier dans une lettre destinée au président d'une commission municipale (Trib. confl. 11 déc. 1880, aff. De Rubelles, D. P. 82. 3. 57) ; — 4° Explications diffamatoires données à un comité de vigilance contre le phylloxera à l'occasion d'un arrêté déclarant démissionnaire un des membres de ce comité, explications déduites de circonstances étrangères aux motifs de cet arrêté et non relatées au procès-verbal officiel de la séance (Trib. confl. 5 juill. 1884, aff. Vimont, D. P. 86. 3. 14) ; — 5° Diffamation résultant de considérants exprimés dans un arrêté préfectoral mais dépourvus de lien avec le dispositif de cet arrêté, par exemple imputations injurieuses contre le titulaire décédé d'un bureau de tabac dans un arrêté ayant pour objet d'accorder ce bureau de tabac devenu vacant par le fait même de ce décès (Commission faisant fonctions de Cons. d'Ét. 7 mai 1871, aff. Dune, D. P. 72. 3. 18, et Crim. rej. 25 janv. 1873, aff. Engelhard, D. P. 73. 1. 289 ; Conférences sur le droit administratif, t. 1, 2° édit. p. 426) ; — 6° Négligence d'un sous-préfet qui rend nulles les opérations du tirage au sort en ne vérifiant pas si le nombre des numéros mis dans l'urne est égal à celui des conscrits (Trib. confl. 9 nov. 1881, aff. Bouhier, D. P. 83. 3. 23) — 7° Lacération d'affiches électorales, ordonnée et commise par un sous-préfet à des agents de police, cet acte étant interdit aux fonctionnaires par une disposition formelle de la loi pénale et ne pouvant, par suite, revêtir le caractère d'acte administratif ou d'acte de gouvernement, alors même qu'il serait accompli sur les ordres du ministre de l'intérieur (Trib. confl. 15 févr. 1890, aff. Vincent, D. P. 91. 3. 32). V. aussi Lyon, 22 juill. 1875, supra, v° Commune, n° 1296.

431. Remarquons enfin que les préfets et le préfet de police, pour les actes de la police judiciaire, tels que saisie opérée en vertu de l'art. 10, c. instr. crim., voient leur responsabilité soumise à la compétence de l'autorité judiciaire, sauf à être, comme celle des juges, soumise à la procédure de la prise à partie (V. infra, n° 452 et ch. 5, sect. 3).

432. — II. MAIRES. — Les mêmes principes sont applicables aux maires. Il ne peut être exercé de poursuites devant les tribunaux contre un maire : 1° s'il a ordonné la décoration extérieure du presbytère à l'occasion de la fête nationale (Trib. confl. 13 déc. 1883, aff. Fonteny, D. P. 85. 3. 57) ; — 2° Si, par un rapport au préfet, il a signalé les mauvais services d'un préposé de l'octroi et provoqué sa révocation (Bourges, 10 févr. 1879, aff. Colas, D. P. 79. 2. 164) ; — 3° S'il a révoqué un architecte voyer (Limoges, 26 juin 1888, aff. Wottling, D. P. 90. 2. 44) ; — 4° Si, participant aux travaux de la commission chargée de dresser la liste électorale et substituant même son action personnelle à celle de cette commission, il a fait dresser la liste définitive avec omission du nom d'un électeur, dont l'inscription a été ordonnée ensuite par une décision passée en force de chose jugée (Grenoble, 13 févr. 1880, aff. Chauvin, D. P. 81. 2. 167) ; — 5° S'il a refusé à tort d'admettre un électeur au bureau électoral comme assesseur et d'inscrire ou annexer au procès-verbal sa protestation (Trib. confl. 29 nov. 1890, aff. Boyer, D. P. 92. 3. 47) ; — 6° S'il a refusé à un cabaretier l'autorisation de garder son cabaret ouvert le jour de la fête patronale de la commune après l'heure habituelle de fermeture, alors qu'il a accordé cette autorisation à plusieurs autres débitants (Amiens, 8 juill. 1878, aff. Maire de Chigny, D. P. 80. 2. 147) ; — 7° Si, ayant autorisé une société musicale à circuler en corps dans les rues d'un village le soir d'une fête nationale, et étant averti que cette société a lancé des pièces d'artifice dans les rues, il n'a pris, comme chargé de la police municipale, aucune mesure pour prévenir le danger d'incendie (Civ. cass. 15 mars 1884, aff. Marc, D. P. 84. 1. 326) ; — 8° S'il a tardé à donner l'alignement pour construire le long de la voie publique (Req. 9 mai 1893, aff. Gorsse, D. P. 93. 1. 523).

433. Un maire peut, au contraire, être poursuivi en dommages-intérêts devant les tribunaux : 1° s'il a placardé les affiches du candidat officiel, affiches que lui a envoyées le préfet, sur celles du candidat opposé (Civ. cass. 10 déc. 1879, aff. Goullin, D. P. 80. 1. 33 ; 12 mai 1880, aff. Goullin, D. P. 80. 5. 91) ; — 2° S'il a expulsé un conseiller municipal de la salle des séances pour le motif qu'il a manqué à trois convocations successives, alors que le préfet n'a pas déclaré démissionnaire ce conseiller municipal (Trib. confl. 15 déc. 1883, aff. Dezittère D. P. 85. 3. 59) ; ou pour tout autre motif, l'expulsion d'un conseiller municipal ne rentrant pas dans les attributions du maire et ne pouvant constituer un acte administratif (Montpellier, 3 juill. 1886, aff. Fournès, D. P. 87. 2. 21) ; — 3° Si, en n'ouvrant pas le scrutin pour l'élection législative dans sa commune, il a privé un candidat de

suffrages qui auraient grossi la majorité obtenue par lui (Trib. civ. Châteaubriant, 13 janv. 1888, aff. De Lareinty, D. P. 90. 3. 23) ; — 4° Si, même sans malveillance, il a fait afficher, sans qu'aucune loi l'autorisât, le tableau des retranchements opérés sur la liste électorale, tableau contenant indûment la radiation d'un électeur, encore bien que la cause de la radiation n'y fût pas exprimée (Trib. civ. Corbeil, 3 mai 1888, aff. Colombe, D. P. 89. 3. 40); — 5° S'il a refusé de recevoir le vote d'un électeur sur présentation de la grosse d'un jugement passé en force de chose jugée ordonnant son inscription sur la liste électorale (Trib. Cahors, 14 janv. 1890, aff. Siméon, D. P. 92. 2. 339; Grenoble, 27 déc. 1892, aff. Daniel, D. P. 93. 2. 356); — 6° Si, avant toute décision sur un litige engagé entre la commune et les frères chargés de la direction des écoles publiques communales, il a fait enlever les appareils à gaz que les frères prétendaient avoir été placés dans l'école en vertu d'une convention avec la commune (Trib. confl. 3 mai 1879, aff. Ladegrin, D. P. 79. 3. 67); — 7° S'il s'est emparé d'un terrain dépendant d'un presbytère pour faire procéder à des travaux publics sans que ce terrain ait été détaché du presbytère dans les formes exigées par les lois et règlements (Cons. d'Et. 18 mars 1882, aff. Daniel, D. P. 83. 3. 83); — 8° S'il a muré, par voie de fait, une fenêtre du presbytère (Req. 29 mars 1882, aff. Alcime Roch, D. P. 82. 1. 225); — 9° S'il a pénétré de vive force dans un presbytère dont le desservant avait la possession paisible et publique et s'il a fait démolir des constructions élevées par ce desservant (Civ. cass. 17 déc. 1884, aff. Dupont, D. P. 85. 1. 289) ; — 10° Si, sans que l'intérêt de la commune fût engagé, il a fait fracturer la porte d'une sacristie et y a fait poser une nouvelle serrure dont il retient la clef (Trib. confl. 2 avr. 1884, aff. Beaupertuis, D. P. 82. 3. 74) ; — 11° S'il a fait commettre, par des ouvriers travaillant sous sa direction, des faits constituant le délit de violation de sépulture (Trib. confl. 13 nov. 1875, aff. Bertrand-Lacombe, D. P. 76. 3. 51); — 12° Si, dans un rapport au préfet destiné à provoquer la révocation d'un préposé de l'octroi, il a placé des imputations fausses, calomnieuses et de mauvaise foi (Bourges, 10 févr. 1879, aff. Colas, D. P. 79. 2. 164); — 13° Si, dans un arrêté et dans la correspondance adressée par lui au préfet, il a inséré des outrages envers des magistrats à l'occasion de l'exercice de leurs fonctions, les éléments du délit et la responsabilité qui en résulte pouvant être recherchés et appréciés sans apprécier ni interpréter les actes administratifs eux-mêmes, dans lesquels ils se rencontrent (Crim. rej. 19 mars 1885, aff. Picquet, D. P. 85. 1. 426) ; — 14° S'il a fait détruire des poteaux et barrières que le demandeur avait plantés sur un chemin dont la possession légale lui avait été reconnue par décision judiciaire, bien que l'acte incriminé ait été fait en exécution d'un arrêté par lequel le maire, postérieurement à cette décision, avait prescrit l'enlèvement des obstacles sur les chemins publics, y compris les chemins litigieux (Amiens, 18 févr. 1878, aff. Maire, D. P. 80. 2. 145. V. la critique de cette décision en note); — 15° Si, chargé par arrêté préfectoral d'organiser dans des conditions déterminées une battue pour la destruction des animaux nuisibles, il a commis un délit de chasse en s'affranchissant des conditions prescrites (Rouen, 14 août 1886, aff. Foucher, D. P. 87. 5. 56, et sur pourvoi, Crim. rej. 25 mars 1887, D. P. 88. 1. 139); — 16° Si, invité par le préfet à donner un alignement, après condamnation de son refus par la commission départementale et le conseil général, il a persisté dans ce refus, lequel a perdu dès lors le caractère d'acte administratif pour constituer une révolte ouverte contre des pouvoirs hiérarchiques supérieurs (Bordeaux, 10 mars 1874, ainsi résumé par le trib. civ. de Gaillac dans un jugement du 9 févr. 1892, aff. Gorsse, D. P. 93. 1. 324) ; — 17° S'il a fait démolir un édifice pour cause de péril imminent en vertu d'un arrêté annulé depuis par l'autorité administrative, cette démolition constituant une atteinte abusive aux droits de propriété (Aix, 17 déc. 1891, aff. Héritiers Courty, D. P. 92. 2. 526), et alors même que le demandeur aurait été condamné en simple police pour contravention à cet arrêté (Même arrêt).

434. De même, il a été jugé, non seulement par solution implicite découlant d'une décision sur la compétence, mais par décision sur le fond : 1° qu'un maire peut engager sa responsabilité personnelle même en exécutant une délibé-

ration régulière du conseil municipal, s'il fait un acte absolument en dehors de ses droits et de ceux du conseil; par exemple, s'il fait abattre des arbres sur un terrain qu'il sait être la propriété d'un particulier, surtout si la délibération qu'il invoque, non approuvée d'ailleurs par le préfet, l'autorisait simplement à faire acte de propriété sur le terrain litigieux lorsqu'il le jugerait convenable, en lui laissant le choix des moyens à employer (Req. 28 déc. 1875, aff. Gémin, D. P. 77. 1. 82); — 2° Qu'un maire qui, pendant une période électorale, a lacéré ou fait lacérer par le garde champêtre de la commune un manifeste politique recommandant la candidature d'un citoyen et n'ayant donné lieu à aucune poursuite, doit être condamné à des dommages-intérêts envers ce candidat, et cela alors même qu'il prétend avoir été induit en erreur par les ressemblances typographiques des affiches lacérées avec d'autres affiches contenant un manifeste dont il avait reçu l'ordre d'empêcher la publication et l'affichage (Amiens, 16 août 1878, aff. Labitte, D. P. 80. 2. 47); — 3° Qu'un arrêt a pu, sans violer le principe de la séparation des pouvoirs, condamner à des dommages-intérêts un maire pour avoir pris des mesures qui tendaient à interdire l'entrée par la porte du cimetière d'un corps devant être inhumé civilement, et qui avaient rendu nécessaire l'ouverture d'une brèche pour y faire passer le cercueil, sans que ces mesures fussent justifiées par l'ordre public ou par la sécurité des habitants (Req. 4 août 1880, aff. Delcassé, D. P. 81. 1. 454); — 4° Qu'un adjoint au maire, qui a légalisé une fausse signature sur une procuration à l'aide de laquelle un individu a réussi à obtenir le transfert d'un titre de rente nominative volé par lui, est responsable pour sa part des conséquences de ce transfert avec l'agent de change qui, sur l'envoi à lui fait de la procuration, a certifié inexactement l'identité du propriétaire de la rente, sauf à tenir compte, dans la fixation de cette part de responsabilité, de ce que la légalisation des signatures est un acte purement gracieux de la part du maire et de ce que ses fonctions sont gratuites (Trib. civ. Bordeaux, 14 juill. 1875, sous Req. 11 juill. 1876, aff. Moreau, D. P. 77. 1. 25); — 5° Que l'adjoint au maire qui approuve et contresigne, sans en contrôler la sincérité, un certificat délivré par trois pères de famille, conformément à l'art. 28 de la loi du 27 juill. 1872, et grâce auquel un jeune homme, classé par son numéro dans la première partie du contingent, obtient frauduleusement l'exemption du service actif de cinq ans, est responsable du préjudice éprouvé par un autre conscrit que son numéro aurait, sans cette fraude, classé dans la deuxième partie, alors surtout que ce magistrat municipal avait une connaissance personnelle de l'inexactitude du fait certifié et que, de plus, il a négligé de faire connaître la vérité au conseil de revision dont il faisait partie (Limoges, 14 juin 1887, aff. Poulaux, D. P. 88. 2. 110); — 6° Que le maire et les conseillers municipaux, après une adjudication régulièrement autorisée des droits de chasse dans des bois communaux, sont personnellement responsables envers l'adjudicataire de la faute qu'ils ont commise en ajoutant de leur chef d'autres terrains aux bois qu'avait seuls désignés la délibération du conseil municipal et l'homologation préfectorale, et de l'annulation de cette adjudication amenée par cette faute (Civ. Gray, 13 mars 1883, aff. Logerais et autres, D. P. 85. 3. 103), la commune ne pouvant d'ailleurs en être déclarée responsable (V. suprà, n° 417);— 7° Qu'une cour d'appel a pu condamner à des dommages-intérêts le maire et les conseillers municipaux d'une commune à raison d'énonciations diffamatoires contenues dans une délibération du conseil municipal, cette action n'impliquant l'examen d'aucun acte administratif (Req. 7 juill. 1880, aff. Cancalon, D. P. 82. 1. 71, et les autres arrêts cités suprà, v° Compétence administrative, n° 80; Trib. confl. 22 mars 1884, aff. Bérault, D. P. 85. 3. 118. Dans le même sens, Cons. d'Et. 13 déc. 1889, aff. Cadot, D. P. 91. 3. 41). V. aussi Lyon, 22 juill. 1875, suprà, v° Commune, n° 1296.

435. Il a été jugé qu'un maire qui, à la suite d'une élection de domicile faite à son insu en la mairie de sa commune par un créancier saisissant, reçoit une sommation de produire destinée à ce créancier, n'est pas tenu, sous peine de responsabilité, de la faire parvenir ou de la faire connaître à l'intéressé, étant réputé n'avoir accepté qu'un simple dépôt et s'être acquitté de toutes ses obligations en conser-

vant l'acte à la mairie et en le tenant à la disposition du destinataire (Douai, 4 mai 1880, aff. Desloges-Croisette, D. P. 92. 2. 108).

436. Dans la réception des actes de l'état civil, les maires sont responsables des fautes par lesquelles ils auraient causé la nullité de ces actes. Mais il faut que l'erreur par eux commise puisse leur être imputée à faute; et les circonstances peuvent empêcher qu'il en soit ainsi. Jugé, notamment, que lorsqu'un mariage a été annulé comme célébré par un conseiller municipal irrégulièrement délégué, les conjoints ne peuvent réclamer des dommages-intérêts, ni au maire qui a fait cette délégation, ni au conseiller municipal qui l'a acceptée, si ce mode de délégation était conforme à une pratique généralement admise à cette époque, et si sa validité a donné lieu à de vives discussions dans la doctrine et à des décisions contradictoires dans la jurisprudence (Trib. civ. Seine, 27 janv. 1886) (1). On verra *infrà*, nos 589 et suiv., que la responsabilité des notaires pour la nullité des actes reçus par eux peut aussi disparaître quand leur erreur a porté sur un point de droit douteux et controversé.

437. Le maire, comme officier de police judiciaire et comme officier de l'état civil, relève des tribunaux ordinaires (art. 50, 51, 52, 54 c. civ.). Mais il en est autrement lorsqu'il agit en qualité d'agent du pouvoir central. Par application de ce principe, la jurisprudence a décidé qu'un maire ne peut être poursuivi devant les tribunaux pour avoir refusé à tort : 1° soit de recevoir la déclaration d'ouverture d'une école libre (Trib. confl. 11 déc. 1880, aff. Marty, D. P. 82. 3. 56); — 2° Soit de délivrer le récépissé de la déclaration exigée par la loi pour le colportage des journaux (Trib. confl. 21 mai 1881, aff. Cuneo d'Ornano, D. P. 82. 3. 57); cette solution critiquable surtout depuis la loi du 29 juill. 1881, qui n'exige plus aucune justification du déclarant et ne suppose par suite aucune appréciation du maire, est difficile à concilier, sous l'empire de cette loi, avec l'opinion exprimée d'un membre de la commission, M. Franck-Chauveau, d'après laquelle le déclarant peut passer outre, sans craindre une pénalité, après constatation de ce refus illégal, en réservant même la question de dommages-intérêt contre celui qui a violé son droit, le tout par application du droit commun (D. P. 81. 4. 73, note 1) (V. *supra*, v° *Compétence administrative*, n° 85); — 3° Soit de délivrer un certificat de bonne vie et mœurs (Trib. confl. 10 avr. 1880, aff. Gorry, D. P. 81. 3. 91). — Précédemment, au contraire, par une interprétation extensive, mais abandonnée depuis, du décret du 19 sept. 1870 abrogeant l'art. 75 de la constitution de l'an 8 et les lois ayant pour objet d'entraver les poursuites contre les fonctionnaires publics, il avait été jugé que le tribunal civil est compétent pour statuer sur l'action en dommages-intérêts formée contre un maire qui a refusé à un entrepreneur le certificat de solvabilité et de moralité nécessaire pour soumissionner une entreprise de travaux publics; mais que la responsabilité du maire ne serait engagée qu'autant que le refus à lui imputé serait le résultat d'un dol ou tout au moins d'une faute, dont la preuve incombe à l'entrepreneur (Alger, 7 juill. 1874, aff. B..., D. P. 76. 2. 218); — 4° Soit de légaliser une signature (Rennes, 8 déc. 1879, aff. De Rorthays, D. P. 80. 2. 200; Trib. de Versailles et de Sarlat,

25 et 31 juill. 1879, cités en note, D. P. 80. 3. 97, note ; Trib. confl. 29 nov. et 13 déc 1879, aff. De Boislinard et Bernard de la Frégeolière, D. P. 80. 3. 96). On peut objecter contre cette solution que l'acte dont il s'agit, placé concurremment dans les attributions du maire et du président du tribunal, doit avoir pour le second, et en outre un caractère obligatoire lorsqu'il est demandé régulièrement, à cause des intérêts qui en dépendent (V. *supra*, v° *Compétence administrative*, n° 87; et la note 1, D. P. 80. 3. 97); — 5° Soit de délivrer à un particulier les copies certifiées des expéditions de classement des chemins vicinaux et des énonciations du cadastre (Trib. civ. de Mantes-sur-Seine, 12 juin 1891, aff. Vingtier, D. P. 93. 2. 318).

438. Il a été jugé, d'autre part, que l'assistance requise d'un maire par les agents forestiers dans les visites domiciliaires qu'ils veulent opérer comme officiers de police judiciaire est, à son égard, une mesure, non de police judiciaire, mais de police administrative ayant pour objet de protéger la sûreté individuelle et domiciliaire de ses administrés et de prévenir les conflits qui pourraient naître entre eux et les agents forestiers; que, dès lors, les tribunaux saisis d'une poursuite en dommages-intérêts contre le maire à cette occasion, doivent examiner s'il y a à sa charge un fait personnel distinct du fait administratif; et que le maire, ne pouvant être réduit à un rôle purement passif dans cette mission de protéger le domicile de ses administrés, ne peut être poursuivi devant les tribunaux ordinaires par la partie pour laquelle opéraient les agents forestiers, si, sans refuser positivement de les accompagner, il a manifesté l'intention de prendre la direction des perquisitions, de n'y procéder que pendant un temps déterminé et de désigner les maisons où elles devraient être exercées; que l'excès de pouvoir qu'il a pu commettre en agissant ainsi n'a pu lui faire encourir qu'une responsabilité de compétence administrative (Bourges, 7 févr. 1881, aff. Cottin, D. P. 82. 2. 171). Cette décision réserve implicitement la compétence des tribunaux ordinaires pour le cas de refus formel. Quant à la responsabilité de compétence administrative qu'elle réserve dans le cas même du procès, on ne voit pas quel juge et quelle procédure pourraient la rendre effective comme responsabilité pécuniaire, et il faut l'entendre d'une responsabilité purement disciplinaire (V. *supra*, n° 436).

439. La responsabilité du maire peut être envisagée à l'égard de la commune dont il est chargé de gérer les intérêts. La jurisprudence a tenu compte, pour l'application de cette responsabilité spéciale, de la distinction entre l'acte administratif et le fait personnel. Jugé, notamment, que c'est à l'autorité administrative qu'il appartient de statuer sur l'action en dommages-intérêts formée par une commune contre son ancien maire, à raison de ce qu'il n'aurait pas exercé le droit de préemption qu'elle s'était réservé, lors de la vente de certaines parcelles communales, pour le cas où l'acquéreur viendrait à les revendre (Chambéry, 20 janv. 1873, aff. Commune de Pontamafrey, D. P. 74. 2. 47); mais que les tribunaux civils sont compétents pour statuer sur une demande en dommages-intérêts formée par une commune contre un maire, à raison de dépenses que ce fonc-

(1) (Pélissier et Goërtz C. Martin et Girardin). — LE TRIBUNAL;
— Attendu que Pélissier et la demoiselle Goërtz ont contracté mariage, le 5 août 1882, à la mairie de Montrouge, délégué à cet effet par Martin, qui remplissait alors les fonctions de maire; qu'un jugement de ce siège du 23 févr. 1883, rendu sur la poursuite du ministère public et passé en force de chose jugée, a déclaré leur mariage nul et non avenu, comme ayant été célébré par un conseiller municipal dont la délégation était irrégulière, en ce sens qu'il n'était pas le premier dans l'ordre du tableau, et que l'empêchement de ceux qui l'y précédaient, ainsi que des adjoints, n'était aucunement justifié; — Attendu que Pélissier et la demoiselle Goërtz demandent aujourd'hui contre Martin et Girardin l'allocation de dommages-intérêts, à raison du préjudice qu'ils leur auraient causé, le premier en faisant une délégation irrégulière, le second, en l'acceptant et en procédant même à la célébration de leur mariage; qu'il leur incombe d'établir avant tout que les actes qu'ils incriminent constituent de la part des défendeurs une faute dans les termes des art. 1382 et 1383 c. civ.; — Attendu que le point de savoir si le maire d'une com-

mune, agissant comme officier de l'état civil, peut déléguer ses fonctions à un conseiller municipal sans avoir à suivre l'ordre du tableau, et si le mariage célébré en vertu d'une délégation semblable est nul et non avenu, a fait l'objet de vives discussions dans la doctrine, et a donné lieu à des décisions contradictoires dans la jurisprudence, jusqu'à l'arrêt rendu par la chambre civile de la cour de cassation, dans l'intérêt de la loi, le 7 août 1883 (D. P. 84. 1. 5); que, d'ailleurs, la délégation de Girardin, telle qu'elle a été faite par Martin, était conforme à une pratique généralement admise à l'époque où elle est intervenue; — Attendu que, dans ces conditions, la délégation dont il s'agit, non plus que la célébration du mariage des demandeurs, ne sauraient constituer une faute à la charge des défendeurs, et que, dès lors, la demande n'est pas justifiée; — Par ces motifs; — Déclare Pélissier et la demoiselle Goërtz mal fondés dans leur demande, etc.
Du 27 janv. 1886.-Trib. civ. de la Seine, 1re ch.-MM. Aubépin, pr.
Le même jour, le même tribunal a rendu un jugement identique. (Aff. Engel et Frey C. Martin et Girardin.

tionnaire a faites pour le compte de la commune sans y être autorisé régulièrement (Dijon, 28 févr. 1873, aff. Commune de Chaignay, D. P. 75. 5. 90) ; ou par une commune contre son ancien maire pour dommages soufferts par elle dans ses propriétés mobilières par le fait ou la négligence de cet ancien maire, tels que la mutilation d'un buste de la République et la perte des rideaux de la salle de la mairie (Trib. confl. 26 mars 1881, aff. Commune de Pézilla-la-Rivière, D. P. 82. 3. 59).

440. La responsabilité du maire envers la commune peut trouver des applications en matière de travaux publics. Ainsi, le maire qui a donné à un entrepreneur l'ordre d'exécuter certains travaux, sans l'autorisation et nonobstant le refus formel du conseil municipal, peut être condamné à rembourser à la commune les sommes qu'elle a été condamnée à payer à cet entrepreneur (Cons. d'Etat, 21 nov. 1879, aff. Pastré, D. P. 81. 3. 77). Le maire qui a fait exécuter des travaux pour une somme supérieure au montant de la dépense autorisée par le conseil municipal peut être condamné à payer à l'entrepreneur la partie de la dépense qu'il a ainsi effectuée irrégulièrement (Cons. d'Etat, 8 déc. 1882, aff. Poy, D. P. 84. 3. 46). — Cette dernière décision n'a même pas tenu compte de l'utilité des travaux faits irrégulièrement et de la bonne foi du maire, alors que vis-à-vis de l'entrepreneur, malgré l'intérêt qu'il avait à les exécuter, le conseil d'Etat tient compte de l'utilité que lesdits travaux peuvent procurer à la commune (Cons. d'Etat, 8 déc. 1882, aff. Commune de Marnes-la-Coquette, D. P. 84. 3. 45). Il a, d'ailleurs, été décidé, plus récemment, que le maire ne peut être condamné personnellement à payer le prix de travaux non régulièrement autorisés, alors qu'il n'a agi que comme représentant de la commune et dans l'intérêt de celle-ci (Cons. d'Et. 3 juin 1892, aff. Guénébaut, D. P. 93. 3. 95).

441. Dans tous les cas, quand des travaux concertés avec le conseil municipal ont été régulièrement approuvés, leur inutilité par suite d'une erreur relative aux droits de la commune, par exemple, sur les eaux que ces travaux ont eu pour objet de dériver, ne saurait être reprochée au maire et laissée à son compte personnel (Cons. d'Etat, 13 mars 1891, aff. Commune de Moux, D. P. 92. 3. 94). Et si, en autorisant l'exécution des travaux avant l'approbation définitive du projet, le préfet a réservé la responsabilité du maire pour le cas où le projet serait mal conçu ou le travail mal exécuté, cette clause doit s'interpréter comme applicable seulement au cas où l'approbation non encore obtenue serait ultérieurement refusée (V. la note sous cet arrêt).

442. — III. AUTRES FONCTIONNAIRES. — La distinction entre la faute personnelle du fonctionnaire et sa faute administrative, au point de vue de la compétence et par contre-coup au point de vue du fond, a reçu de nombreuses applications pour d'autres fonctionnaires que les préfets et les maires.

Ainsi il a été décidé que l'autorité judiciaire n'est pas compétente pour connaître d'une action en dommages-intérêts : 1° contre un chargé d'affaires, à raison de l'irrégularité de la délégation qu'il a faite d'un secrétaire d'ambassade pour assister à un testament reçu par le chancelier de l'ambassade, ce testament se trouvant nul pour inobservation des formalités prescrites (Trib. confl. 6 avr. 1889, aff. Ville de Châteaubriant, D. P. 90. 3. 76) ; — 2° Contre le commandant d'une colonie, pour avoir exigé d'un armateur des droits de douane supérieurs à ceux dont il était débiteur et avoir ainsi rendu nécessaire la vente de ses marchandises, alors que ce fonctionnaire a agi en vertu des lois et règlements et que le demandeur ne précise aucun fait duquel il résulterait que ce commandant a commis une faute personnelle (Trib. confl. 5 juin 1886, aff. Augé, D. P. 87. 3. 115) ; — 3° Contre le gouverneur d'une colonie qui a pris contre un habitant de cette colonie un arrêté d'expulsion « en exécution des ordres transmis par le ministre de la marine et des colonies », ce qui doit le faire considérer comme la simple exécution d'une décision précédemment prise par le Gouvernement de la métropole ou par le chef hiérarchique dudit gouverneur auquel celui-ci devait obéissance, alors même que l'omission par le gouverneur de certaines formalités préalables aurait pu rendre cet acte

arbitraire et illégal et le transformer en faute personnelle si le gouverneur l'avait accompli de son chef et en vertu de son pouvoir propre; et cela alors même qu'il aurait visé par erreur les décrets et ordonnances réglant ce pouvoir et prescrivant ces formalités (Paris, 7 avr. 1887, aff. Puech, D. P. 88. 2. 196).

443. Jugé encore que les faits d'exécution, par le commandant militaire d'une ville, d'une décision prise par le ministre dans l'exercice de ses pouvoirs administratifs, et à lui transmise à fin d'exécution par le gouverneur de la colonie dont dépend cette ville, ne peuvent donner lieu à une action en dommages-intérêts devant l'autorité judiciaire contre le gouverneur de la colonie qui s'est borné à transmettre à ce commandant la décision ministérielle en lui prescrivant de l'exécuter; qu'il en est de même du fait par le gouverneur de la colonie d'interdire à un médecin de la marine placé sous son autorité et sous son commandement de continuer ses soins à un explorateur dont le ministre a arrêté la mission, jusqu'à la production d'une autorisation subordonnée à l'accomplissement de certaines formalités; et de même du fait par le gouverneur de faire insérer dans le moniteur officiel de la colonie une note rectificative des faits énoncés par cet explorateur dans un journal, alors qu'il n'est relevé dans cette note aucun passage pouvant être détaché pour être apprécié isolément (Trib. confl. 22 avr. 1882, aff. Soleillet, D. P. 83. 3. 94). Cette décision réserve la question de savoir si l'autorité judiciaire aurait pu connaître d'une demande en dommages-intérêts contre l'officier qui aurait commandé personnellement les actes motivant la plainte, et si ces actes, en les supposant irréguliers, auraient pu engager la responsabilité de l'Etat.

444. Les tribunaux ordinaires ne peuvent être saisis non plus d'une action en dommages-intérêts : 1° contre un capitaine de gendarmerie qui, dans l'imminence d'un conflit entre les gendarmes et la foule ameutée, saisit et brise le fusil dont un individu était porteur, cet acte n'étant un acte légitime de ses fonctions et ne pouvant constituer une faute (Civ. cass. 15 déc. 1874, aff. Verlaguet, D. P. 76. 1. 298); — 2° Contre un officier de l'armée par la veuve d'un individu qui aurait été fusillé sur l'ordre de cet officier au cours des opérations militaires exécutées pour la répression d'une insurrection (Trib. civ. Versailles, 6 août 1873, aff. Veuve Millière, D. P. 76. 3. 64); — 3° Contre un officier qui, en prenant part à une revue passée sur une place publique et se portant rapidement à cheval pour le service d'un point à un autre de cette place, a renversé un spectateur (Aix, 27 déc. 1882, aff. Albano, D. P. 84. 1. 220).

445. Il en est de même d'une action en dommages-intérêts : 1° contre l'entrepreneur qui a fait pavoiser et illuminer un palais épiscopal le jour de la fête nationale sur l'ordre du préfet (Trib. confl. 14 avr. 1883, aff. Evêque d'Angers, D. P. 83. 3. 85. — Contrà, Angers, 25 janv. 1883, Même affaire, D. P. 83. 2. 174); — 2° Contre un conducteur des ponts et chaussées à raison des engagements pris par lui au nom de l'Etat devant le jury d'expropriation, alors que dans les actes qui ont précédé et suivi l'expropriation il n'a figuré que comme agent de l'Administration, sous le contrôle et l'autorité de ses chefs hiérarchiques (Trib. confl. 7 juill. 1883, aff. Dalmassy, D. P. 85. 3. 27); — 3° Contre un ingénieur des ponts et chaussées, pour avoir causé l'emprisonnement du chef de service d'un entrepreneur accusé à tort d'agissements frauduleux, en procédant à une manière défectueuse aux vérifications dont il était chargé et en transmettant au ministère public les résultats de l'enquête dont il avait été chargé et les renseignements qui avaient déterminé l'arrestation du demandeur, ces faits ne constituant pas une faute personnelle se détachant nettement de l'exercice des fonctions (Trib. confl. 31 juill. 1886, aff. Coley, D. P. 87. 3. 15); — 4° Contre un ingénieur chargé par décret d'administrer le séquestre d'un canal, à raison de son opposition à l'exécution d'une vente d'arbres consentie par le concessionnaire antérieurement à l'établissement du séquestre (Trib. confl. 23 janv. 1888, aff. Consorts Foureau, D. P. 89. 3. 39. V. en note la critique de cette décision); — 5° Contre l'inspecteur général de la manutention à l'exposition universelle, pour accident imputé à une fausse manœuvre d'une grue, alors qu'il n'est relevé contre cet agent ni faute personnelle se détachant de l'exercice de ses fonctions,

ni infraction aux règlements administratifs (Trib. conil. 8 août 1891, aff. Mourot, D. P. 93. 3. 14).

446. Enfin l'autorité judiciaire a été encore déclarée incompétente pour connaître d'une action en dommages-intérêts : 1° contre l'imprimeur et l'éditeur du *Bulletin des communes* et contre le ministre de l'intérieur, à raison de la publication faite dans ce journal, par ordre du ministre, du compte rendu d'une revue militaire passée par le chef de l'État, compte rendu contenant des appréciations préjudiciables sur des personnes présentes à cette revue, même en supposant la reconnaissance par l'autorité administrative de l'illégalité de cet acte (Trib. confl. 20 déc. 1877, aff. Viette et autres, D. P. 78. 3. 20) ; — 2° Contre un receveur des postes et contre le directeur général des postes comme civilement responsable, pour avoir obéi, en livrant des lettres confiées à la poste, à un mandat délivré dans les termes et avec les pouvoirs que confère l'art. 10 c. instr. crim. (Trib. confl. 25 mars 1889, aff. Usannaz-Joris, D. P. 90. 3. 66) ; — 3° Contre le directeur d'une maison pénitentiaire qui, pour l'exécution d'un arrêté ministériel révoquant un employé de cette maison, a mis les meubles de cet employé en dehors de l'établissement, cette mesure ne constituant pas une faute personnelle caractérisée, alors même que le demandeur prétend qu'elle a été prise avant l'expiration du délai à lui imparti et a eu pour conséquence la détérioration de ses meubles (Trib. confl. 1er juin 1889, aff. Cauvet, D. P. 90. 3. 49. V. toutefois les observations en note ; — 4° Contre les membres d'un conseil de fabrique par certains habitants de la paroisse à raison des concessions de chaises et bancs que ce conseil aurait faites à d'autres habitants, en violation des dispositions du décret du 30 déc. 1809, alors qu'il n'est allégué contre eux aucune faute personnelle distincte de l'application du règlement voté par ce conseil, ledit règlement étant un acte administratif dont l'irrégularité même ne peut motiver une action en dommages-intérêts devant les tribunaux ordinaires (Civ. cass. 18 déc. 1892, aff. Giladès et autres, D. P. 92. 1. 569 et la note).

447. L'autorité judiciaire est, au contraire, compétente pour condamner à des dommages-intérêts : 1° un sous-intendant militaire, à l'occasion d'une réquisition d'objets mobiliers, par lui faite pour le compte de l'État, et qui n'aurait été que le résultat d'une collusion entre lui et le propriétaire des objets réquisitionnés, en vue d'empêcher l'exécution d'un marché précédemment conclu pour les mêmes objets entre le propriétaire et le demandeur (Paris, 29 nov. 1872, aff. Fraisse, D. P. 74. 2. 14) ; — 2° Un commissaire de police, à raison de paroles injurieuses adressées à un particulier à l'occasion de l'exécution, par ledit commissaire de police, d'un arrêté préfectoral prescrivant la dissolution d'une congrégation non autorisée (Trib. confl. 2 avr. 1881, aff. Catta, D. P. 82. 3. 58) ; — 3° Un caïd indigène arabe, pour dénonciation calomnieuse faite par lui à l'autorité judiciaire, cet acte n'ayant pas le caractère administratif, et les caïds n'ayant pas les droits et prérogatives d'officiers de police judiciaire, alors même que dans une commune mixte ils peuvent être auxiliaires des maires ou adjoints (Crim. rej. 10 févr. 1888, aff. Ben-Aouda-bel-Arbi, D. P. 88. 1. 139) ; — 4° Un caïd, pour dévastation des récoltes d'un indigène, et destruction des constructions lui appartenant, même à l'occasion de l'expulsion de cet indigène du territoire d'une tribu, et en supposant que l'expulsion le caractère d'acte administratif (Trib. confl. 11 juill. 1891, aff. Mohamed-ben-Belkassem, D. P. 92. 3. 125) ; — 5° Un ingénieur, un conducteur et un surveillant des ponts et chaussées pour défaut de surveillance dans la construction d'un pont dont la chute a causé la mort ou les blessures de plusieurs personnes, le jugement de l'action pénale et de l'action civile en ce cas n'obligeant à statuer sur l'existence ou la portée d'aucun ordre ou acte administratif déterminé (Trib. confl. 31 juill. 1875, aff. Pradines et cons., D. P. 76. 3. 51) ; — 6° Un agent voyer communal chargé de la surveillance des entrepreneurs employés dans les cimetières, pour avoir arbitrairement refusé à un entrepreneur les autorisations nécessaires à l'exercice de son industrie (Trib. confl. 9 août 1884, aff. Trombent, D. P. 86. 3. 43). Les mesures prises d'office par un agent voyer pour l'exécution d'un arrêté préfectoral, prescrivant la démolition d'une maison menaçant

ruine après que le propriétaire y a déjà pourvu, peuvent aussi être considérées comme constituant une faute personnelle pour laquelle les tribunaux ordinaires pourraient le condamner à des dommages-intérêts, si l'autorité administrative à laquelle doit être renvoyée cette question préjudicielle décide que l'arrêté préfectoral avait été déjà suffisamment exécuté par le propriétaire, et que les mesures prises par l'agent voyer n'étaient pas une conséquence nécessaire de cet arrêté (Trib. confl. 29 juill. 1876, aff. Lecocq, Sol impl., D. P. 77. 3. 17) ; — 7° Un cantonnier, pour avoir élagué des arbres que le demandeur, riverain d'une route nationale, prétend être sa propriété, et pour avoir disposé des produits de l'élagage, sauf au tribunal à surseoir sur la question préjudicielle de savoir si les arbres sont situés sur le sol de la route et de ses dépendances (Trib. confl. 7 juill. 1888, aff. De la Rochefoucauld, D. P. 89. 3. 106) ; — 8° Un cantonnier, pour avoir élagué d'office des arbres plantés sur une propriété voisine d'un chemin vicinal sans s'être conformé aux prescriptions du règlement général sur les chemins vicinaux, sans même qu'il y ait aucune question préjudicielle à renvoyer à l'autorité administrative, si les termes de ce règlement ne présentent aucune ambiguité, et s'il n'est justifié d'aucun acte administratif relevant le cantonnier de l'observation de ce règlement (Trib. confl. 7 juill. 1883, aff. Pougault, D. P. 85. 3. 27) ; — 9° Un maire, un garde champêtre et des ouvriers pour le même genre de faits (Trib. confl. 13 mars 1886, aff. Mathieu et Dazin, D. P. 87. 3. 78 ; Dijon, 15 déc. 1876, aff. Chamoy, D. P. 78. 2. 31) ; — 10° Un employé d'une manufacture de l'État qui, chargé de répandre des boulettes empoisonnées dans l'intérieur de cette manufacture, au lieu de se borner à exécuter cet ordre dans les conditions où il était donné, a attiré un chien et lui a jeté directement la substance vénéneuse (Trib. confl. 13 déc. 1879, aff. Requilé, D. P. 80. 3. 98) ; — 11° Un facteur, à raison de la faute exclusivement personnelle qu'il aurait commise en remettant à un autre facteur, pour la porter à un autre destinataire et à un autre domicile que ceux indiqués sur sa suscription, une lettre qu'il était chargé de distribuer (Trib. confl. 4 juill. 1874, aff. Bertrand, D. P. 75. 3. 68) ; — 12° Des employés de l'Administration des lignes télégraphiques pour défaut de remise d'une dépêche à sa destination, alors que l'action est exclusivement fondée sur le fait, personnel aux défendeurs, d'avoir, à la suite d'une rixe survenue entre eux, abandonné leur bureau sans pourvoir à la distribution des dépêches parvenues (Trib. confl. 7 juin 1873, aff. Godard, D. P. 74. 3. 5), ce fait étant de nature à motiver contre eux une condamnation (Req. 3 janv. 1876, aff. Cliquet et Coignant, D. P. 76. 1. 224).

448. — Jugé aussi qu'un chancelier d'ambassade, lorsqu'il reçoit en forme authentique le testament d'un Français en pays étranger, exerce une fonction notariale et que, en conséquence, l'action intentée contre lui à raison de la faute qu'il aurait commise en n'observant pas les formes prescrites pour la validité du testament est de la compétence judiciaire (Trib. confl. 6 avr. 1889, aff. Ville de Châteaubriant, D. P. 90. 3. 76).

449. L'autorité judiciaire est également compétente sur une demande de dommages-intérêts formée par un électeur contre les membres de la commission électorale pour lui avoir fait notifier, en réponse à sa demande d'inscription sur la liste, une décision que cet électeur prétend être injurieuse à son égard. Mais le tribunal civil serait compétent pour en motiver suffisamment le rejet, si, tout en reconnaissant que la décision est rédigée en termes peu mesurés et de nature à blesser la susceptibilité de l'électeur, il déclare, par une appréciation souveraine des circonstances, qu'elle ne renferme pas une injure pouvant donner lieu à une condamnation à des dommages-intérêts (Civ. rej. 4 juin 1877, aff. Guyot de Villeneuve, D. P. 77. 1. 375).

450. On pourrait se demander si le fonctionnaire qui a fait partie d'une commission mixte, instituée en 1852, peut être poursuivi en dommages-intérêts devant l'autorité judiciaire par l'individu expulsé de France à la suite d'une décision de cette commission, présentée par lui comme illégale. Une poursuite de ce genre a été exercée. Mais aucun déclinatoire n'a été soulevé par le défendeur ni aucun conflit élevé par l'Administration. Quant au fond, la cour de Poitiers saisie de la poursuite (13 janv. 1874, aff. Amy, D. P. 74. 2. 27) et

sur pourvoi la cour de cassation (Req. 19 janv. 1875, D. P. 75. 1. 55) ont jugé l'action mal fondée à raison de la légalité des actes et décrets qui ont institué les commissions mixtes en 1852 et qui ont sanctionné leurs décisions. M. l'avocat général Reverchon, en présentant ses conclusions dans ce sens, a seulement admis que les membres des commissions mixtes auraient encouru une responsabilité civile s'ils s'étaient écartés dans leurs décisions des conditions que ces actes leur traçaient et s'ils avaient désigné, par exemple, un individu non repris de justice pour une mesure que ces actes ne déclaraient applicable qu'aux individus de cette catégorie.

Art. 5. — *Responsabilité des juges et greffiers, experts et syndics de faillite* (*Rép. n⁰ˢ 281 à 289*).

451. — I. Juges. — La responsabilité civile des fonctionnaires de l'ordre judiciaire, à raison des actes par eux commis dans l'exercice de leurs fonctions, ne peut être exercée que par la prise à partie (V. *suprà*, v° *Prise à partie*).

Les règles de la prise à partie s'appliquent non seulement aux juges et aux membres du ministère public, mais aussi aux officiers de police judiciaire, tels que les maires et gardes champêtres. La question a été controversée; mais la solution affirmative a prévalu dans la jurisprudence (V. *suprà*, v° *Prise à partie*, n⁰ˢ 27 et 28).

452. — Faut-il considérer, à ce point de vue, comme officiers de police judiciaire les préfets et le préfet de police agissant en vertu de l'art. 10 du code d'instruction criminelle ? La négative a été jugée (Req. 8 févr. 1876, aff. Labadié, D. P. 76. 1. 292. V. *suprà*, v° *Prise à partie*, n° 29), et on a fait valoir dans ce sens l'impossibilité d'assimiler un préfet, même dans l'exercice des attributions de l'art. 10 du code d'instruction criminelle, aux officiers du parquet et à leurs auxiliaires subordonnés et directs. On a fait remarquer que jamais les préfets n'ont songé à invoquer les règles de la prise à partie lorsqu'ils avaient la garantie de l'art. 75 de la constitution de l'an 8 (V. la note sous l'arrêt précité; Faustin-Hélie, *Traité de l'instruction criminelle*, 2° édit., t. 3, n⁰ˢ 1202 et suiv.). Mais, d'autre part, il a été jugé que ces actes, même accomplis dans un but politique, même ordonnés par le ministère de l'intérieur et approuvés par les Chambres, ne sont pas des actes administratifs ou de gouvernement, et que les actions en dommages-intérêts auxquelles ils donnent lieu sont de la compétence de l'autorité judiciaire, non de l'autorité administrative (Trib. confl. 25 mars 1889, aff. Uzannas-Joris, D. P. 90. 3. 66). Écartant ainsi la qualité d'administrateur pour le préfet qui a accompli ces actes, on peut difficilement lui refuser la qualité d'officier de police judiciaire et le bénéfice des règles de la prise à partie. Le rang élevé de ce fonctionnaire ne peut guère non plus servir d'argument contre cette procédure qui fait intervenir une juridiction plus élevée.

453. Les règles de la prise à partie ne s'appliquent pas aux faits commis hors des fonctions par les magistrats de l'ordre judiciaire. Il est vrai que, même en ce cas, si le fait est un délit emportant une peine correctionnelle, la partie lésée ne peut citer directement le tribunal répressif; ce tribunal, qui doit être alors la cour d'appel, ne peut être saisi que par le procureur général (c. instr. crim. art. 479). Mais cette disposition ne s'applique pas au tribunal civil, lequel peut être saisi directement de l'action civile en dommages-intérêts (Civ. cass. 15 déc. 1874, aff. Verlaguet, D. P. 76. 1. 298; 16 déc. 1867, aff. Sirot, D. P. 68. 1. 5.

454. — II. Greffiers. — La responsabilité des greffiers a été étudiée *suprà*, v° *Greffe*, n⁰ˢ 41 et suiv., et *Rép.*, n⁰ˢ 287 et 288. Il y a lieu seulement d'ajouter ici les applications suivantes des règles qui régissent cette matière : 1° en ce qui concerne la perte des pièces ou valeurs déposées au greffe, il a été jugé qu'un greffier ne peut être rendu responsable s'il prouve n'avoir pu empêcher le fait, notamment, si, en mettant les pièces dans l'endroit d'où elles ont été enlevées, il n'a fait que se conformer à un usage généralement adopté et fondé sur les rapports de bienveillance et de bonne foi qui existent entre le greffier et les officiers ministériels (Dijon, 22 déc. 1865, aff. Bornier, D. P. 66. 2. 39); ou lorsque la soustraction, ayant été effectuée la nuit, a été facilitée par le mauvais état des ferrements des portes et fenêtres fermant le greffe, sur lequel le greffier avait vainement appelé antérieurement l'attention du fonctionnaire chargé de faire dans le palais de justice les réparations et dépenses d'entretien (Cayenne, 18 déc. 1871, aff. Asselin, D. P. 72. 2. 90). Quant au commis greffier, n'étant pas chargé par la loi de la garde des pièces, il ne peut, à raison de sa qualité seule et à moins d'une faute prouvée à sa charge, être déclaré responsable d'une procédure adirée (Arrêt précité de Dijon, 22 déc. 1865). La remise du dossier au greffe sur l'ordre du président décharge d'ailleurs l'avoué (Angers, 6 févr. 1872, aff. Gaudais, D. P. 94. 2. 353. V. *infrà*, n⁰ˢ 656). — 2° En ce qui concerne la délivrance des certificats, il a été décidé que le greffier qui a omis de relever sur le bulletin du casier judiciaire, délivré à un individu se proposant comme remplaçant, une condamnation enlevant à celui-ci l'aptitude à servir dans l'armée en cette qualité, est responsable, dans le cas où cette omission a facilité la conclusion d'un acte de remplacement, de la nullité a été plus tard reconnue et prononcée, du préjudice qui en est résulté pour le remplacé (Montpellier, 6 févr. 1872, aff. Durrieu, D. P. 72. 2. 91); mais qu'il en est autrement si l'omission provient de ce que le bulletin de condamnation, remis au procureur de la République par ce greffier pour être transmis au procureur général, n'était pas encore revenu au parquet du tribunal le jour où l'extrait a été demandé (Bordeaux, 12 févr. 1874, aff. Mesnard, D. P. 75. 5. 381). Ces décisions ont perdu leur intérêt spécial au point de vue du remplacement militaire, mais le conservent pour les autres cas qui nécessitent la production d'un bulletin du casier judiciaire. — Jugé aussi que le greffier qui, après la clôture d'un ordre, a délivré un bordereau de collocation à un créancier non colloqué en rang utile, n'est pas responsable envers le créancier du préjudice que lui ont causé les poursuites frustratoires exercées en vertu de ce bordereau, s'il est établi que le créancier en a requis la délivrance à ses risques et périls, et en pleine connaissance de cause (Req. 24 juin 1863, aff. Devèze, D. P. 63. 1. 397). — Enfin il a été jugé, par application de l'art. 415 c. instr. crim., que dans le cas où la nullité des débats est prononcée par suite de l'omission que le greffier a commise de mentionner au procès-verbal l'interpellation du président sur l'application de la peine, et d'indiquer celui des deux accusés qui s'est expliqué à ce sujet, le greffier peut être condamné aux frais de la procédure à recommencer (Crim. cass. 9 avr. 1891, aff. Mansour-Ould-Cheik et Bel-Hadj-Bekaredj, D. P. 92. 1. 170).

455. — III. Experts (*Rép.* n°. 126). — Les experts sont responsables des fautes lourdes et des erreurs grossières commises dans la rédaction de leur rapport; ils sont encore passibles de dommages-intérêts, lorsqu'ils ont manqué d'une manière essentielle aux devoirs que prescrivaient la prudence et la délicatesse dans l'accomplissement de leur mission, par exemple lorsque, après jugement conforme à leur rapport, l'un d'eux écrit à l'une des parties une lettre dans laquelle ils rétractent leur opinion et qui a fait annuler l'expertise par le juge d'appel (Trib. civ. Le Havre, 7 nov. 1885, aff. Grenet, D. P. 87. 3. 128). Mais la responsabilité des experts ne saurait être engagée par une simple erreur de fait ou une inexactitude, alors surtout que leur bonne foi ne peut être contestée (Pau, 30 déc. 1863, aff. Dubarry, D. P. 64. 2. 63). De même, lorsque leur rapport a été sanctionné par une décision de justice souveraine, la responsabilité des experts ne subsiste que relativement aux faits de dol et de fraude, mais ne cesse en ce qui concerne les fautes grossières (V. *Rép.* v° *Expert*, n⁰ˢ 118 et suiv.). — Un arrêt de la cour de Montpellier, du 10 févr. 1890 (aff. Marty, D. P. 91. 2. 50) semble, en matière d'expertise, avoir voulu écarter l'application des règles de responsabilité établies dans l'art. 1382; s'appuyant sur l'art. 316 c. proc. civ., cet arrêt a décidé qu'un expert ne peut être condamné à des dommages-intérêts qu'autant qu'après avoir prêté serment, il ne remplit pas sa mission, mais non lorsque, après le dépôt de son rapport, il est déclaré par le jugement que ce travail de l'expert est mal fait et que le mandat a été mal rempli. Mais cette décision est fort contestable, en ce qu'elle prête à l'art. 316 un sens restrictif quant aux causes de la responsabilité, alors que son objet est seulement

de fixer son point de départ (V. la note de M. Glasson sous cet arrêt).

456. Il a encore été décidé, au sujet des devoirs et de la responsabilité de l'expert, que l'expert en écritures, commis par la justice en raison de ses connaissances spéciales pour rechercher si un tiers dénommé peut être déclaré l'auteur de lettres anonymes, constitutives du délit de dénonciation calomnieuse, doit se déterminer d'après les seules règles de l'art graphique, à l'aide des procédés que l'expérience relève, et par la comparaison attentive des lettres anonymes et de l'écriture du tiers inculpé ; et qu'en attribuant à ce tiers, sans hésitation ni réserve, ces lettres anonymes, il commet une faute lourde engageant sa responsabilité vis-à-vis de ce tiers, plus tard reconnu innocent, si pour asseoir sa conviction, il a agi sous l'empire d'une idée préconçue fondée sur la rumeur publique ou sur des témoignages recueillis dans l'instruction judiciaire et s'est borné à faire des caractères comparatifs tracés sur les différentes pièces qui lui étaient soumises, un examen superficiel et inattentif, trouvant des ressemblances qui, matériellement, n'existaient point et négligeant les constatations qui pouvaient être favorables à l'inculpé. Vainement alléguerait-il que le juge d'instruction a adopté son opinion et renvoyé le tiers devant le tribunal correctionnel comme étant l'auteur des lettres incriminées ; le juge d'instruction n'ayant pas à apprécier le travail de cet expert. Vainement aussi prétendrait-il être couvert par un jugement ordonnant une seconde expertise, cette expertise, confiée à un expert nouveau, ayant été nécessitée par les inexactitudes constatées dans le rapport du premier expert ainsi que par la production à l'audience par le tiers inculpé des lettres d'une personne dont l'écriture semblait se rapprocher de celles des lettres anonymes et qu'il convenait d'examiner. Toutefois, si le rapport de l'expert, défavorable au tiers, n'a été qu'une des causes qui ont motivé le renvoi du tiers devant le tribunal correctionnel, l'expert ne saurait être condamné à réparer en totalité le préjudice souffert (Grenoble, 21 mars 1893, aff. Perquia, D. P. 93. 2. 292).

457. — IV. Syndics. — V. suprà, v° Faillites et banqueroutes, nos 829, 833, 837. — Jugé, en outre, que le failli concordataire ne saurait rendre le syndic responsable de l'omission des poursuites qui auraient dû être faites à l'effet de recouvrer les fonds nécessaires pour payer les créanciers, non plus que de la résolution du concordat qui en a été la suite, malgré la clause de ce concordat chargeant le syndic de distribuer les fonds aux créanciers, cette clause n'enlevant pas au failli et ne donnant pas aux syndics pouvoir et qualité pour réaliser l'actif et poursuivre le recouvrement des sommes qui en font partie (Bordeaux, 9 nov. 1890, aff. Allemand, D. P. 92. 2. 5).

Art. 6. — *Responsabilité des comptables* (Rép. nos 290 à 297.)

458. Cette matière sera étudiée infrà, v° Trésor public, V. Rép. eod. v°, nos 866 et suiv.

Art. 7. — *Responsabilité des conservateurs des hypothèques.*
(Rép. nos 298 à 301.)

459. Cette responsabilité envers les particuliers a été étudiée suprà, v° Priviléges et hypothèques nos 1779 et suiv. Il a été dit sous ce mot, n° 1781, que les conservateurs ne répondent pas des erreurs ou omissions provenant du fait de la partie requérante elle-même. Comme application intéressante de ce principe, il a été jugé que, si un notaire a déposé au bureau des hypothèques *la grosse* d'un acte contenant subrogation dans l'effet de l'inscription d'une hypothèque légale, avec bordereaux pour une nouvelle inscription à prendre contenant in fine réquisition d'opérer en outre la mention de cette subrogation, mais sans y joindre une expédition ou extrait de l'acte pouvant demeurer dans les archives du bureau comme le prescrit la loi, le conservateur qui se borne à prendre la nouvelle inscription et à renvoyer au notaire le bordereau constatant cette formalité avec la grosse communiquée, n'est pas responsable du préjudice éprouvé par le subrogé qui n'est pas colloqué faute de mention de la subrogation, le notaire ayant été d'ailleurs suffisamment averti du non-accomplissement de la mention de subrogation par le renvoi d'un bordereau énonçant

seulement l'inscription et d'une quittance détaillant les droits perçus (Pau, 23 juill. 1890, aff. Minvielle, D. P. 91. 2. 323). Jugé aussi que la note, sans date ni signature, qualifiée « renseignement préalable », fournie officieusement dans un bureau des hypothèques à un notaire, en attendant la délivrance des états et certificats requis par celui-ci sur un prêt hypothécaire, n'a aucune valeur juridique et n'engage en rien la responsabilité du conservateur ; qu'en conséquence, si une erreur a été commise dans une semblable note et que cette erreur ait été reproduite dans le certificat en forme délivré postérieurement par le conservateur, ce fonctionnaire n'est responsable que du préjudice causé par l'inexactitude de son certificat ; et qu'enfin s'il n'est entré en fonctions qu'après la remise de la note et que la somme prêtée, versée en partie à la date de cette remise et le surplus après la délivrance du certificat, se trouve complètement perdue par suite de l'insolvabilité du débiteur, son offre d'indemniser le prêteur de la somme déboursée par celui-ci au vu de son certificat est suffisante et libératoire (Trib. civ. Seine, 16 févr. 1894, aff. Farin et Morel, D. P. 94. 2. 377, et la note).

460. Sur la responsabilité du conservateur comme comptable envers le Trésor, V. infrà, v° Trésor public.

Art. 8. — *Responsabilité des notaires.*

§ 1er. — Règles générales. — Etendue de la responsabilité.
(Rép. nos 302 à 327.)

461. — I. Nature de la responsabilité notariale. — On a indiqué au Rép., nos 302 et 303, les textes des lois spéciales au notariat concernant la responsabilité des notaires à raison de leurs fonctions, et notamment les art. 6, 16, 18 et 68 de la loi du 25 vent. an 11. On a vu aussi, au n° 304, dans quelle mesure peut se combiner avec ces textes spéciaux la responsabilité de droit commun écrite dans les art. 1382 et 1383 du code civil. M. Vergé (Traité de la responsabilité des notaires, 7e édit., n° 1 et suiv.) repousse cette combinaison. Mais la jurisprudence et la plupart des auteurs ont continué de l'admettre, complétant à l'aide des textes généraux du code civil les cas de responsabilité prévus par la législation notariale (Req. 2 juill. 1878, aff. Lainé, D. P. 79. 1. 60) et tempérant, d'autre part, la sévérité des art. 1382 et 1383 par l'exclusion des fautes très légères et par le droit d'appréciation qu'indiquent les mots « s'il y a lieu » dans l'art. 68 de la loi de ventôse an 11 (Civ. cass. 19 mai 1885, aff. Durand, D. P. 85. 1. 345 ; Demolombe, t. 31, n° 529 ; Aubry et Rau, t. 4, § 446 ; Didio, Encyclopédie du notariat et de l'enregistrement, v° Responsabilité notariale, n° 13 ; Rutgeerts et Amiaud, Commentaire de la loi du 25 ventôse an 11, t. 3, n° 1313 ; Defrénois et Vavasseur, Traité pratique et formulaire général du notariat ; Eloy, Traité de la responsabilité des notaires, 1887. Comp., Stévenart, Principes de la responsabilité civile des notaires, Bruxelles, 1890). M. Laurent (t. 20, nos 507, 508) et M. Sainctelette (De la responsabilité et de la garantie) expliquent autrement la responsabilité des notaires, du moins envers leurs clients. Ils voient dans la fonction notariale l'exécution d'une convention, soit mandat salarié, soit contrat innomé, qui oblige le notaire à répondre de ses fautes dans les termes des art. 1137 ou de l'art. 1992 c. civ. et non dans ceux des art. 1382 et 1383 qui supposent l'absence de convention. Quant aux mots « s'il y a lieu » dans la loi de ventôse an 11, ils ne feraient que se référer au droit commun des contrats, à la nécessité de la faute et du préjudice. Notre jurisprudence leur paraît, d'ailleurs, se conformer, au fond, à cette doctrine, sinon dans la forme, lorsque, tout en visant les art. 1382 et 1383, elle décharge le notaire des fautes très légères.

462. Sur la nature contractuelle ou délictuelle de la responsabilité notariale, deux points sont incontestables : 1° la théorie du contrat doit être écartée pour faire place à celle du délit ou quasi-délit combinée avec les lois spéciales, quand les agissements du notaire ont lésé un tiers sans se rattacher à aucun rapport de clientèle avec lui (V. infrà, nos 490 et suiv.) ; — 2° La théorie du contrat ou du quasi-contrat, c'est-à-dire du mandat ou de la gestion d'affaires, apparaît nécessairement pour régler la responsabilité du notaire quand le client lui reproche l'omission ou la mauvaise exécution d'une gestion non comprise dans son ministère notarial proprement

dit, et qu'il aurait cependant acceptée du client ou entreprise pour lui par une sorte d'addition à sa fonction publique et en qualité d'homme privé (*Rép.* n° 308. V. *infrà*, n°⁸ 513 et suiv., 527 et suiv.).

463. Quant à ce qui est compris dans la fonction notariale proprement dite, bien qu'à cet égard le notaire apparaisse comme dépositaire de la puissance publique, rien n'empêche de voir dans l'application de ce pouvoir légal aux affaires d'un client l'objet d'un contrat (mandat ou promesse de faire) servant de base à la responsabilité du notaire envers ce client. Ainsi qu'on l'a déjà dit au *Rép.*, n°⁸ 345 et 366, « les notaires sont responsables de leur faute comme mandataires, soit qu'ils tiennent leur mission de la loi ou d'un mandat exprès ». Ils sont, pour les devoirs à eux imposés comme conséquence de leur ministère, de véritables mandataires légaux des parties qui les emploient. Ce mandat, tacite ou exprès, peut intervenir (du moins vis-à-vis des clients) pour justifier les solutions de la jurisprudence quant au degré de faute dont répond le notaire, c'est-à-dire pour le décharger des fautes très légères sans exiger une faute absolument lourde comme l'avaient fait quelques arrêts rendus dans les premiers temps qui ont suivi la promulgation du code civil. Mais encore faut-il qu'il y ait faute par inexécution d'un fait compris dans le mandat. Et lorsqu'il n'y a d'autre mandat qu'une référence aux obligations légales du notaire comme tel, on peut, n'envisageant plus qu'un manquement à des devoirs légaux, parler du délit ou quasi-délit commis dans la fonction, sauf à le régler, non pas uniquement par les art. 1382 et suiv. c. civ., mais par le pouvoir discrétionnaire qu'exprime l'art. 68 de la loi de ventôse et que justifient les nécessités mêmes de la fonction.

464. Toutefois, M. Paul Pont, dans une dissertation publiée par la *Revue critique*, t. 7, p. 57 et suiv., et dans une étude publiée par la *Revue du notariat*, n°⁸ 134, 181 et suiv., a combattu comme inapplicable aux actes du ministère notarial aussi bien la théorie du mandat que celle du louage d'ouvrage et celle du délit et du quasi-délit; le notaire, comme tel, n'étant qu'un fonctionnaire public et échappant par suite à ces trois législations de droit commun. Il a montré la qualification de mandataire appliquée pour la première fois aux notaires par un arrêt de la cour de cassation du 27 janv. 1812 (*Rép.*, v° *Notaire*, n° 527-1°), en vue de leur procurer le bénéfice de la solidarité entre leurs clients; puis maintenue par la jurisprudence, non pas dans toutes ses conséquences logiques, car elle n'admet pas, par exemple, de plein droit l'intérêt des avances faites par les notaires, mais au moins au point de vue de la responsabilité qu'elle apprécie de plus en plus sévèrement. Elle aurait dû, selon lui, le notaire n'étant en réalité qu'un fonctionnaire, s'abstenir de chercher dans le code civil le principe de sa responsabilité, et ne le voir que dans l'art. 68 de la loi de ventôse, avec le pouvoir discrétionnaire exprimé par les mots « s'il y a lieu », sans jamais doubler la fonction publique d'un mandat, source d'obligations plus lourdes ou plus étendues, à moins de convention formée et prouvée entre notaire et client. Si l'on accepte la théorie du mandat légal, ajoute-t-il, ce ne peut être que pour ce qui est de l'acte lui-même ; et M. Réal l'entendait ainsi, lorsqu'il disait du notaire rédacteur qu'il est le conseil des parties. Il est certain, en effet, que ce qu'il faut éviter, c'est au moins l'expression de mandat légal que l'extension de ce mandat au delà des limites prévues par la loi.

465. Pour achever de préciser la nature de la fonction notariale et de la responsabilité qui en découle, il faut remarquer encore que le notaire, s'il est fonctionnaire public, n'est jamais un juge, même lorsqu'il agit sur une désignation de la justice. Jugé, notamment, qu'un notaire désigné par justice pour recevoir la vente aux enchères d'immeubles indivis entre cohéritiers ne peut, s'il est recherché pour une faute qu'il aurait commise à cette occasion, opposer qu'ayant fait office de juge, il est inattaquable par toute autre voie que la prise à partie (Nancy, 4 juill. 1885, aff. X..., *Revue du notariat*, n° 7462).

466. — II. ÉTENDUE DE LA RESPONSABILITÉ NOTARIALE. — On a vu au *Rép.*, n°⁸ 305, 306, 307, quel est le degré de faute dont les notaires sont tenus comme tels, et doit servir à déterminer les cas de responsabilité à leur charge. La loi de ventôse an 11, applicable à cette responsabilité

purement notariale, interdit à la fois, par les mots « s'il y a lieu », d'exiger la faute lourde, et de se contenter d'une faute quelconque, surtout pour la réparation intégrale du préjudice (Civ. cass. 19 mai 1885, aff. Durant, D. P. 85. 1. 345). Les applications de ce principe, fort élastique, se placeront ci-après, dans l'un ou l'autre des paragraphes 2 et 3, suivant qu'elles sont étrangères ou non à la validité des actes. Dans le premier figureront, en outre, les diverses applications de la responsabilité contractuelle ou quasi-contractuelle qu'un notaire peut ajouter à la responsabilité notariale proprement dite, ainsi qu'on l'a dit au *Rép.*, n° 308, et à laquelle doit s'appliquer le droit commun du contrat ou du quasi-contrat. On verra aussi, *infrà*, n°⁸ 537 et suiv., quelle responsabilité est attachée aux conseils que donne le notaire, et dans quelle mesure sa fonction notariale l'oblige par elle-même à conseiller, à éclairer ses clients.

467. Le juge du fait, comme on l'a dit au *Rép.*, n° 308, a, dans les questions de responsabilité notariale, comme en toute autre question de responsabilité, un pouvoir souverain pour apprécier la gravité soit des fautes, soit du préjudice, soit des faits imputables à la partie lésée parmi les causes de ce préjudice, et pour arbitrer d'après les circonstances qu'il relève le chiffre des dommages-intérêts (Civ. rej. 28 févr. 1872, aff. Demoiselle S.., D. P. 73. 1. 485; 19 juin 1872, aff. Époux Larrive, D. P. 72. 1. 346; Req. 20 nov. 1876, aff. Delalande, D. P. 78. 1. 172; Civ. cass. 19 mai 1885, aff. Durant, D. P. 85. 1. 345; Civ. rej. 24 janv. 1887, aff. Époux Chavanon, D. P. 87. 1. 409; 26 avr. 1887, aff. Kocckert, *Revue du notariat*, n° 7671; Req. 19 juill. 1892, aff. Druilhet, D. P. 93. 1. 151); ... pour apprécier même la forme de dommages-intérêts la plus convenable et la plus efficace en vue du but à atteindre, et condamner par exemple le notaire à 1 fr. de dommages-intérêts par jour de retard jusqu'à la reddition du compte par lui dû (Civ. cass. 28 déc. 1886, *Journal du notariat*, du 8 janv. 1887). On verra de nombreuses applications de ce pouvoir dans l'étude que nous aurons à faire des divers cas de responsabilité notariale. Il a reçu une consécration remarquable dans l'arrêt précité du 19 mai 1885, lequel a cassé un arrêt par ce seul motif qu'il s'était contenté de constater la faute du notaire pour le condamner à la réparation intégrale du préjudice, sans qu'on pût reconnaître à ses termes s'il avait fait usage du pouvoir d'apprécier la gravité de cette faute et d'y proportionner l'étendue de la réparation. La cour de cassation s'est ainsi appuyée sur le pouvoir même du juge du fait pour casser son arrêt, faute par celui-ci d'en avoir manifesté l'exercice.

468. La cour pourrait, d'ailleurs, quoique impuissante à contrôler la décision qui lui est déférée quant à l'existence des faits qu'elle relève comme constitutifs de la faute ou quant au degré de gravité reconnu par le juge du fait à cette faute, casser cette décision comme ne constatant que des faits non constitutifs par eux-mêmes de la faute requise, par exemple si, pour condamner un notaire à propos d'un placement négocié par lui, le juge s'est borné à constater l'insuffisance des garanties hypothécaires sans dire qu'elle remonte à l'époque même du prêt (Civ. cass. 30 mai 1881, aff. Basquin, D. P. 81. 1. 414). Cet arrêt et celui du 19 mai 1885, cité *suprà*, n° 467, ne restreignent pas le pouvoir d'appréciation du juge, car ils cassent pour insuffisance des motifs et non pour fausse appréciation. Le juge a-t-il un pouvoir souverain pour constater l'existence d'un mandat à la charge du notaire? V. *infrà*, n° 570.

469. Nous ne reproduisons pas ici toutes les applications qui ont été faites du principe posé au *Rép.*, n°⁸ 310 à 319 et 321, à savoir que la faute du notaire ne l'oblige qu'au cas de préjudice actuellement certain causé par cette faute; qu'elle ne l'oblige jamais au delà de ce préjudice, et qu'elle ne l'oblige même pas toujours à la réparation entière de ce préjudice. On les trouvera *infrà*, n°⁸ 506, 537 et suiv., 550, 588 et suiv., 598, 621, 638, à propos des divers cas de responsabilité que les notaires peuvent encourir soit pour mandat mal rempli, soit pour conseil mal donné, soit pour nullité dans leurs actes; il nous a paru préférable de ne pas les séparer des espèces qui y ont donné lieu et qu'il serait trop long de reprendre pour les grouper ici.

470. Une des causes qui justifient le plus souvent la réduction du chiffre des dommages-intérêts, conformément

d'ailleurs au droit commun (V. *suprà*, n°s 193 et 272), réside dans les agissements par lesquels la partie lésée aurait elle-même causé ou aggravé le préjudice. On pourra même tenir compte de sa négligence personnelle dans une vérification confiée par elle au notaire. Jugé, notamment : 1° que le notaire déclaré responsable de la nullité de la vente d'un bien dotal faite sans remploi du prix, faute d'avoir vérifié l'existence, dans le contrat de mariage, de la condition de remploi, bien qu'il ait accepté le mandat de faire cette vérification, peut n'être condamné qu'à la réparation partielle du préjudice causé à l'acquéreur, en considération de la possibilité que ce dernier avait aussi de prendre personnellement connaissance du contrat de mariage, et de l'imprudence qu'il a commise en négligeant cette précaution (Req. 31 mars 1862, aff. Vanel, D. P. 62. 1. 330) ; — 2° Que lorsqu'une opération unique entre une partie et plusieurs autres, parmi lesquelles figurent deux notaires intéressés à l'affaire, a été l'objet d'actes séparés dont ces notaires se sont réservé la rédaction, en prenant le soin de rester étrangers aux actes les concernant, l'annulation des divers actes dont il s'agit, qui a été néanmoins prononcée pour infraction aux art. 8 et 68 de la loi de ventôse, ne donne lieu à aucune responsabilité respective de l'un de ces notaires à l'égard de l'autre, à raison du préjudice qu'a fait éprouver à chacun d'eux la nullité des actes où ils stipulaient personnellement, cette infraction à la loi de ventôse constituant une faute commune aux deux notaires (Req. 4 août 1864, aff. Rue, D. P. 64. 1. 437) ; — 3° Que lorsqu'un notaire a commis la faute de dresser un acte constitutif d'hypothèque sur un immeuble qu'il savait n'être plus la propriété du débiteur, sa responsabilité doit être déterminée d'après le prix d'adjudication de l'immeuble hypothéqué, et non d'après le chiffre supérieur de la créance, si le créancier a pu se rendre compte de la valeur de l'immeuble (Req. 16 août 1865, aff. Hoaran des Ruisseaux, D. P. 66. 1. 11) ; — 4° Qu'un notaire qui, dressant une quittance, n'en a pas donné lecture au créancier avant la signature, n'est pas responsable de l'abus qu'un tiers a pu faire de cette quittance, en touchant du débiteur, pour le compte du créancier, une somme que ce dernier ne supposait pas être l'objet de l'acte par lui signé, et en se l'appropriant, s'il est établi que c'est la confiance excessive du créancier envers ce tiers, et non la faute du notaire rédacteur de la quittance, qui a été la cause du préjudice, et que la partie ne l'aurait pas moins éprouvée, alors même que la formalité omise aurait été remplie (Req. 25 juin 1867, aff. Peladan, D. P. 68. 1. 74) ; — 5° Qu'un notaire qui fait opérer, même précipitamment et sans en référer au créancier, la radiation d'une inscription dont celui-ci avait donné mainlevée pure et simple, ne saurait être rendu responsable de la perte du gage hypothécaire, dont la mainlevée est la cause unique ; il n'en serait autrement que si cette mainlevée elle-même avait été obtenue à l'aide d'un concert frauduleux dont le notaire se serait rendu complice (Orléans, 6 août 1889, aff. Granjux, sous Civ. rej. 21 oct. 1891, D. P. 92. 1. 221).

471. Le degré d'instruction, l'expérience ou l'inexpérience des affaires chez la partie lésée est un élément à considérer pour apprécier la faute du notaire et celle de la partie lésée (V. *infrà*, n°s 540 et suiv., 557, 566 et suiv., 594 et suiv.). On peut citer encore comme susceptibles d'entrer en ligne de compte la position de fortune et de famille du notaire ou des héritiers poursuivis après sa mort, la gravité du fait préjudiciable, et sa participation plus ou moins directe à la perpétration du fait (la circonstance qu'il n'a pas été mis en cause dans l'instance à laquelle a donné lieu sa faute, le long temps écoulé depuis l'ouverture de l'action en responsabilité (Nîmes, 29 avr. 1863, aff. Daudé, D. P. 65. 2. 14). Enfin l'incertitude de la doctrine et de la jurisprudence, en cas d'erreur de droit reprochée au notaire, rend cette erreur excusable et peut même écarter toute idée de faute et de réparation (V. *infrà*, n°s 588 et suiv., 606). Il importe, toutefois, de ne pas confondre avec l'erreur de droit une fausse interprétation d'acte, erreur dans laquelle pourtant les circonstances de la cause peuvent encore excuser le notaire (Paris, 30 nov. 1892, aff. Briquet, D. P. 93. 2. 242; 29 oct. 1890, aff. Carré, D. P. 94. 1. 301. V. *infrà*, n° 542). — V. dans le sens d'une interprétation restrictive de la responsabilité des notaires à propos de leurs fautes professionnelles et de la nullité de leurs actes une étude de M. Bridan dans la *Revue du notariat*, n° 7341.

472. La responsabilité des notaires pour le fait de leurs clercs sera étudiée *infrà*, ch. 3, sect. 2, art. 5, § 4, ainsi que la responsabilité personnelle des clercs eux-mêmes pour le fait de leur charge.

473. — III. COMPÉTENCE. — L'action en responsabilité contre les notaires a soulevé une question de compétence fort délicate, sur laquelle la jurisprudence s'est trouvée en désaccord avec la doctrine. Cette action est-elle soumise aux trois règles suivantes, qui régissent en général les actions personnelles mobilières ? 1° compétence du juge de paix en dernier ressort jusqu'à 200 fr. ; 2° compétence du tribunal civil en dernier ressort jusqu'à 1500 fr. ; 3° compétence du tribunal saisi de la demande originaire, alors même qu'il n'est pas celui du domicile du défendeur, si le notaire est poursuivi par voie de garantie. L'art. 53 de la loi de ventôse, qui déroge à ces trois règles en désignant toujours et à charge d'appel le tribunal civil de la résidence du notaire, a-t-il entendu ne comprendre que l'action disciplinaire et la demande en dommages-intérêts liée à cette action, et laisser sous l'application du droit commun les actions en responsabilité intentées en dehors de toute poursuite disciplinaire ?

C'est bien ainsi que paraît l'entendre la jurisprudence. La cour d'Angers (20 mai 1893, aff. Dame Balavoine, D. P. 94. 2. 77) a déclaré non recevable l'appel formé par un notaire contre un jugement ordonnant une enquête sur une demande en 1200 fr. de dommages-intérêts, en déclarant que l'art. 53 de la loi de ventôse, placé sous la rubrique « Chambre de discipline », ce qui en détermine le sens et en limite la portée, ne déroge pas au droit commun, quant aux actions en responsabilité ou en dommages-intérêts exercées par les parties, lorsque ces actions intentées en dehors de toute poursuite disciplinaire ont pour objet ou pour cause le règlement d'un débat d'intérêt privé ; et on ne peut opposer, comme contraires, divers arrêts de la cour de cassation cités au *Rép.* v° *Degré de juridiction*, n° 49, qui ont déclaré en vertu de l'art. 53 l'appel recevable contre un jugement relatif à l'amende de 20 fr. pour omission du dépôt au greffe de l'extrait du contrat de mariage d'un commerçant, car il s'agissait dans ces arrêts d'une peine requise par le ministère public, et non de dommages-intérêts réclamés par une partie lésée.

La cour de cassation a jugé de son côté, par la même interprétation restrictive de l'art. 53 : 1° que l'action en garantie formée contre un notaire par suite du retard qu'il aurait mis à faire transcrire une donation d'immeubles, peut être portée par le donataire évincé devant le tribunal saisi par ce donataire de la demande en nullité de poursuites d'expropriation forcée dirigées par un créancier du donateur (Req. 2 mars 1846, aff. Thifaine-Desauneaux, D. P. 46. 1. 193. V. la note sous cet arrêt. V. aussi *Rép.* v° *Compétence civile des tribunaux d'arrondissement*, n° 148); — 2° Que l'action récursoire en garantie dirigée par l'acquéreur d'un immeuble contre un notaire pour n'avoir pas veillé à la purge peut être valablement portée devant le tribunal de la situation de l'immeuble, saisi de la demande du créancier hypothécaire contre l'acquéreur, cette action récursoire se rattachant par un lien étroit de dépendance et de connexité à la demande originaire (Req. 11 juill. 1893, aff. Granier, D. P. 93. 1. 563).

474. Il est vrai qu'à ce point de vue de la garantie, la question paraît résolue en sens contraire par d'autres arrêts, qui ont maintenu la compétence exclusive du tribunal du domicile du défendeur en visant l'art. 53 de la loi de ventôse (Bordeaux, 27 juin 1839, aff. Merlin-Lacombe, *Rép.* v° *Compétence civile des tribunaux d'arrondissement*, n° 209; Req. 29 juin 1881, aff. Chêne, D. P. 82. 1. 61). Mais, tout en visant cet article, ils s'appuyaient sur un motif tiré du droit commun, sur ce que l'action formée contre le notaire, action fondée soit sur un mandat, soit sur un délit ou quasi-délit, devait être considérée comme une action directe et principale, et non comme une action en garantie essentiellement liée à l'instance sur la faute du notaire avait fait naître entre le client et les tiers (V. l'arrêt du 29 juin 1881, précité). — Ce motif a même permis à d'autres arrêts de se prononcer dans

le même sens, c'est-à-dire pour la compétence du domicile actuel du notaire, sans aucune référence à la loi de ventôse (Bordeaux, 6 févr. 1865, aff. Hérit. X..., *Revue du notariat*, n° 1429 ; ... ou même en déclarant l'art. 53 inapplicable à l'espèce, cet article n'atteignant que les faits de charge qui intéressent l'ordre public, et le notaire n'étant poursuivi qu'à raison d'un mandat ou d'une gestion d'affaires non comprise dans sa fonction purement notariale (Limoges, 16 déc. 1890, aff. Pandjou, D. P. 92. 2. 515).

On ne saurait davantage invoquer comme fondés sur l'art. 53 de la loi de ventôse les arrêts qui s'opposent à ce qu'un notaire soit distrait du juge de son domicile pour être appelé devant une juridiction commerciale ou autre juridiction d'exception (Civ. cass. 16 mai 1816. aff. Tondureau, *Rép.* v° *Compétence commerciale*, n° 343) ; ces arrêts s'appuient uniquement sur l'incompétence *ratione materiæ*, laquelle fait obstacle, même en droit commun, même pour les demandes en garantie proprement dites, à ce que le tribunal saisi de la demande originaire puisse statuer (V. *supra*, v° *Compétence civile des tribunaux d'arrondissement*, n° 96).

475. On pourrait donc admettre, contrairement aux arrêts du 2 mars 1846 et du 11 juill. 1893, cités *supra*, n° 473, que l'action en responsabilité contre les notaires, même en dehors d'une action disciplinaire, ne peut être portée par voie de garantie hors du tribunal de leur domicile (V. *supra*, v° *Notaire*, n° 379) et que la mise en cause du notaire devant le tribunal saisi de l'instance occasionnée par sa faute, loin d'autre but que de lui enlever, en faveur du juge de son domicile, ultérieurement saisi de l'action en responsabilité, une cause de décharge ou d'atténuation tirée des moyens qu'il aurait pu fournir pour triompher de la demande originaire. On pourrait le soutenir par interprétation des principes en matière de garantie (*supra*, v° *Exceptions*, n° 161), sans étendre l'art. 53 de la loi de ventôse à d'autres cas que ceux de poursuite disciplinaire, extension qui obligerait à admettre aussi l'incompétence du juge de paix pour les demandes inférieures à 100 francs, et l'appel devant la cour pour ces mêmes demandes. Mais les arrêts du 2 mars 1846 et du 11 juill. 1893 n'ont pu admettre, au contraire, la compétence du tribunal saisi de la demande originaire que par une interprétation restrictive de l'art. 53.

L'extension de l'art. 53 hors du cas disciplinaire a cependant été soutenue dans la doctrine (Didio, *Encyclopédie du notariat*, v° *Responsabilité notariale*, n° 475 et suiv. ; Eloy, *De la responsabilité des notaires et de la discipline notariale*, t. 2, n° 952 et suiv. ; Pagès, *De la responsabilité des notaires*, n° 232 et suiv. ; Rutgeerts et Amiaud, t. 3, n° 1395 ; Vergé, n° 237. V. aussi les notes publiées sous les arrêts du 2 mars 1846 et du 29 juin 1881). — On cite encore dans ce sens les auteurs de divers traités sur la procédure civile (Boitard, *Leçons de procédure*, 8e édit., t. 2, p. 96 ; Chauveau sur Carré, *Lois de la procédure*, quest., n° 771 bis, § 1 ; Pigeau, *Commentaire*, t. 1, p. 403 ; Favard et Langlade, 1re édit., t. 2, p. 465 ; Thomine-Desmazures, *Commentaire sur le code de procédure civile*, t. 1, p. 337 ; Boncenne, *Théorie de la procédure*, t. 3, p. 402 et suiv.). Mais ces auteurs, en général, se bornent à résoudre la question de compétence par les règles ordinaires de l'action en garantie sans faire intervenir l'art. 53. — V. dans le sens de l'interprétation restrictive de l'art. 53, une dissertation de M. Perrin, dans la *Revue du notariat*, n° 9022, et la note publiée dans la même revue, n° 9024.

476. — IV. TRANSMISSIBILITÉ. — SOLIDARITÉ. — La responsabilité des notaires passe à leurs héritiers (*Rép.* n° 322, 323 ; Req. 11 mai 1891, aff. Meunier et héritiers Robe, D. P. 92. 1. 215). Mais elle doit leur être appliquée avec moins de rigueur qu'au notaire lui-même (*Rép.* n° 324) et c'est surtout à leur égard que le juge du fait, même en cas de faute lourde du notaire, doit user de son pouvoir d'appréciation en tenant compte notamment de leur position de fortune et de famille, du temps considérable que le demandeur a laissé s'écouler depuis l'ouverture de l'action en responsabilité et même depuis le décès du notaire, enfin de cette circonstance que le notaire n'a pas été mis en cause dans l'instance à laquelle a donné lieu sa faute (Nîmes, 29 avr. 1863, aff. Daudé, D. P. 65. 2. 14).

477. La solidarité peut s'appliquer, conformément au droit commun (V. *supra*, n°s 320 et suiv.), à la condamnation prononcée contre deux notaires ou contre un notaire et des tiers à raison de fautes communes entre eux (*Rép.* n°s 449, 246, 391 ; Req. 18 nov. 1885, aff. Potier de la Berthelière, D. P. 86. 1. 398 ; 17 juill. 1872, aff. Vial, D. P. 73. 1. 87. V. en ce sens Eloy, n°s 316 et suiv. — *Contrà*, Rutgeerts et Amiaud, t. 3, n° 1394). Mais la solidarité ne doit pas être prononcée si le préjudice résulte de fautes particulières et distinctes qui laissent la responsabilité de chacun des défendeurs complètement séparée, notamment contre l'avoué et le notaire qui ont, l'un requis une adjudication au nom d'un héritier incapable sans qu'il fût valablement représenté, et l'autre procédé à cette adjudication dans ces conditions irrégulières (Douai, 4 mai 1891, aff. Duterte-Delmarcq, D. P. 93. 2. 39). Elle ne doit pas être prononcée non plus pour les dépens, à moins qu'ils ne soient adjugés à titre de supplément de dommages-intérêts (Même arrêt. V. *supra*, n° 32).

478. Les héritiers d'un notaire ne sont pas tenus solidairement du payement des dommages-intérêts prononcés contre eux du chef de leur auteur, les dettes de la succession se divisant de plein droit (Douai, 19 janv. 1887, aff. Héritiers Delahodde, *Revue du notariat*, n° 7620). Mais ils peuvent être condamnés solidairement aux dépens si cette condamnation aux dépens est prononcée à titre de dommages-intérêts, car elle s'appuie non sur la faute du *de cujus*, mais sur celle que les héritiers ont commise en commun par leur résistance abusive (Même arrêt).

479. — V. PRESCRIPTION. — L'action en responsabilité se prescrit par trente ans ; et le point de départ de cette prescription est le jour même où l'action a pris naissance.

Faut-il, lorsqu'il s'agit de nullité d'actes, reculer ce point de départ jusqu'au jour du jugement prononçant la nullité? L'affirmative est admise au *Rép.*, n° 326. Il a même été jugé que la nullité ne suffit pas tant qu'il n'est pas certain qu'elle sera préjudiciable, et par exemple, que l'action en responsabilité fondée sur la nullité d'un contrat de mariage n'est pas recevable et ne commence pas à se prescrire tant que la femme demanderesse ne peut établir que son hypothèque légale, en tant que femme dotale, lui aurait assuré pour le payement de sa dot mobilière une collocation utile sur les immeubles du mari, c'est-à-dire tant que n'ont pas eu lieu la vente des immeubles du mari qui doit en fixer le prix et la collocation des divers créanciers dans l'ordre (Pau, 15 mars 1892, aff. Lucats-Bousqué, D. P. 93. 2. 164).

Mais il a été jugé, d'autre part, que, même avant l'exigibilité de la dot, le notaire peut être condamné comme responsable de l'inefficacité de l'inscription hypothécaire destinée à garantir la restitution de cette dot, le dommage étant actuel et certain, quoique subordonné à l'insolvabilité du mari ; sauf à ne déclarer la condamnation exécutoire qu'en cas de non-remboursement de la dot (Req. 22 août 1864, aff. Dusfour, D. P. 65. 1. 63. V., dans le même sens, Civ. rej. 24 juin 1887, aff. Époux Chauvean, D. P. 87. 1. 409). La perte d'une sûreté est déjà un préjudice, et la condamnation, quoique non exécutoire, a pour effet de le réparer en remplaçant la sûreté perdue.

480. On a pu dire, en se plaçant à ce point de vue, que l'action en responsabilité pour nullité d'un acte peut naître et commencer à se prescrire avant l'arrivée de la condition qui rend incertain le droit constitué dans cet acte. Cette condition, il est vrai, empêche de naître et de se prescrire l'action tendant à l'exécution de l'acte (c. civ. art. 2257) ; sa défaillance aura même pour effet de rendre inoffensive la faute du notaire. Mais, en attendant, on a pu considérer comme un préjudice actuel la privation d'un acte valable propre à garantir ce droit conditionnel, et conclure de là que le notaire devait être condamné à fournir soit un nouvel acte valable, soit une caution (Didio, *Encyclopédie du notariat*, v° *Responsabilité notariale*, n° 491). En raisonnant ainsi, on va jusqu'à déclarer ouverte et prescriptible l'action en responsabilité, avant même que la nullité de l'acte ait été prononcée, dès qu'elle a été connue de la partie ; ... même dès que celle-ci a pu et dû la connaître ; ... et même dès que la faute est commise, quelle que soit l'ignorance de la partie au sujet de la nullité, base de son

action, l'ignorance d'un droit n'étant considérée par aucun auteur comme un obstacle à la prescription de ce droit (Rutgeerts, n° 1396; Eloy, n° 970; *Dictionnaire du notariat*, v° *Responsabilité des notaires*, n° 476; *Encyclopédie du notariat*, v° *Responsabilité notariale*, n° 490; Laurent, t. 32, n° 43).

481. La cour de cassation a pourtant tenu compte de l'ignorance excusable de la nullité au sujet d'une hypothèque sur un immeuble dont le débiteur n'était pas propriétaire, pour retarder la prescription jusqu'aux contestations qui l'ont révélée dans l'ordre hypothécaire (Civ. cass. 27 mai 1857, aff. Bouchez, D. P. 57. 1. 291). Ce motif a été critiqué dans la note qui accompagne l'arrêt. Il fallait ou nier jusqu'à ce moment l'existence du dommage nécessaire pour fonder l'action, ou traiter celle-ci comme une action en garantie prescriptible seulement après l'éviction aux termes de l'art. 2257 c. civ. Mais l'assimilation du notaire à un garant (assimilation qui ne laisserait naître et prescrire l'action en responsabilité que lors de l'instance en nullité) est fort contestable (V. *suprà*, n° 474). On ne saurait admettre, d'ailleurs, comme semble le faire l'arrêt précité, qu'en cas de vice de forme la prescription eût couru. C'est là une distinction inadmissible en droit (Laurent, *loc. cit.*).

Quoi qu'il en soit, la solution admise au *Rép.*, n° 326, et qui retarde la prescription, peut se justifier par cette considération que voir dans le simple danger d'une instance en nullité la base d'une action contre le notaire, c'est rendre suffisant un préjudice éventuel, qu'en tout cas on ne saurait réussir dans cette action sans faire déclarer cette nullité par le juge à qui l'on s'adresse; et qu'enfin il est difficile d'imposer au bénéficiaire de l'acte l'obligation, pour empêcher la prescription, de prendre contre lui-même une telle initiative sans être assuré, d'ailleurs, de faire condamner le notaire, dont la faute peut être déclarée excusable.

482. On admet que l'action en responsabilité pour perte ou destruction d'une minute se prescrit du jour de cette perte ou destruction, même ignorée de la partie (Rutgeerts, n° 646; Didio, *Encyclopédie du notariat*, v° *Responsabilité notariale*, n° 494).

483. Si le droit formant l'objet de l'acte perdu était soumis à une prescription abrégée, il suffirait que la partie eût perdu son droit en laissant s'écouler cette prescription pour qu'elle perdît son action en responsabilité, puisqu'elle serait alors victime de sa propre faute et qu'il lui serait inutile de retrouver l'acte. C'est alors la prescription du droit lui-même, avec le point de départ et les causes de suspension à elle propres, qui agit indirectement sur la responsabilité (Rennes, 16 avr. 1836, aff. X..., *Journal des notaires*, n° 9576; Didio, *Encyclopédie du notariat*, v° *Responsabilité notariale*, n° 496).

484. Un notaire notoirement menacé par son client d'une poursuite en responsabilité est recevable à l'actionner en justice pour faire déclarer qu'il n'est soumis à aucune responsabilité (Angers, 3 juill. 1868, aff. Chelle, *Journal des notaires*, n° 19572).

485. — VI. CLAUSES D'EXONÉRATION. — Les clauses dites *préventives* ou *d'exonération* ont donné lieu à des décisions rigoureuses contre les notaires. Le but de ces clauses est de constater que le notaire n'est intervenu que comme officier public et non comme mandataire, qu'il n'a point eu à examiner si l'opération est bonne ou mauvaise, ou à remplir les formalités subséquentes à l'acte, ou que telle clause dangereuse a été voulue par les parties malgré l'exposé qu'a fait le notaire du danger qu'elle présentait. Leur efficacité est admise en doctrine (V. en ce sens, Didio, *op. cit.*, n°s 497 et suiv.; Rutgeerts et Amiaud, n° 295, note 2; Amiaud, *Dissertation dans la Revue du notariat*, n°s 2683 et 4094; Emile Vaultre, *Revue du notariat*, n° 816; Paul Pont, *Revue critique*, t. 7, p. 49; Defrénois et Vavasseur, t. 4, n° 7642; Massé, *Le parfait notaire*, 4e édit., t. 1, liv. 4, chap. 29, p. 654; Becker, *Journal du notariat*, n° du 25 oct. 1862; Vélain, *Cours de notariat français*, n° 282). On comprend, en effet, que les parties, se décidant quelquefois par convenance ou par nécessité, et sans l'avis du notaire, à insérer des clauses dangereuses ou à s'abstenir de formalités protectrices de leurs droits, on ne peut ni exiger du notaire qu'il refuse son ministère dans ces circonstances, ni le rendre responsable d'imprudences contre lesquelles il a été impuissant à prémunir les parties.

486. Certaines décisions judiciaires ont admis, en conséquence, l'efficacité des constatations, insérées dans l'acte lui-même, relativement au rôle respectif du notaire et des parties. La cour de Paris, le 15 mars 1870, *Revue du notariat*, n° 2711, s'appuie, pour décharger le notaire des suites fâcheuses d'un prêt hypothécaire, sur ce que « l'acte incriminé constate que les stipulations qu'il contient ont été négociées directement par les parties entre elles et que le rôle du notaire a donc consisté uniquement à donner l'authenticité à des conventions arrêtées en dehors de lui et sans son concours ». Dans un autre arrêt (20 févr. 1854, aff. Ramatowski, *Revue du notariat*, n° 768), elle décharge le notaire, à l'occasion d'un transport non signifié régulièrement, en considérant que « les parties loin de constituer le notaire mandataire à l'effet de remplir la formalité, ont expressément déclaré s'en charger personnellement, ainsi que cela a été constaté à l'instant même par une mention que le notaire a pris soin d'écrire sur l'enveloppe de la minute et qui ensuite a été reportée par un clerc de l'étude sur le registre des formalités ».

487. On a cité au *Rép.*, n° 361, un arrêt de la même cour (Paris, 27 août 1865, aff. Postanecque) condamnant le notaire pour n'avoir pas vérifié le droit de propriété de l'emprunteur sur l'immeuble hypothéqué, malgré la déclaration « que le prêt a été négocié directement sans la participation du notaire, lequel n'a été que le rédacteur des conventions »; mais si cette déclaration, d'après l'arrêt, ne dispensait pas de vérifier la propriété de l'emprunteur, c'est que le rôle de rédacteur à lui seul impose cette vérification; l'arrêt ne nie pas que la clause eût été utile pour dispenser le notaire d'une vérification de la valeur du gage. Un autre arrêt (Agen 23 déc. 1889, aff. Dozan, D. P. 90. 2. 202) condamne un notaire pour insuffisance du gage dans un prêt dont il avait été l'agent principal, malgré l'exposé qu'il avait fait dans l'acte de prêt de la véritable situation hypothécaire de l'immeuble; mais, outre l'état hypothécaire, le notaire devait, à raison du rôle qu'il avait pris, exposer aussi la valeur de l'immeuble telle qu'il la connaissait; or l'acte ne disait pas qu'il l'eût fait et la cour constate qu'il avait omis de le faire. La cour de cassation (Req. 17 juill. 1872, aff. Vial, D. P. 73. 1. 87), à propos d'actes frauduleux combinés entre l'ancien et le nouveau tuteur d'un mineur, pour priver celui-ci du premier rang attaché à son hypothèque légale sur les biens de l'ancien tuteur, décide que le mineur n'est pas lié par la stipulation de non-responsabilité insérée dans l'acte par le notaire, et que le mineur n'a point renoncé et qu'on n'a pas pu renoncer pour lui à demander compte au notaire de sa faute; mais dans l'espèce, la reconnaissance et la décharge avaient été consenties par un tuteur en fraude des droits du mineur; aussi ne pouvaient-elles l'obliger.

488. Plus grave est la portée d'un autre arrêt de la cour de cassation (Req. 2 avr. 1872, aff. Raynaud, D. P. 72. 1. 362) où il est dit « que les notaires ne pouvant instrumenter pour eux-mêmes, les tribunaux ne sont pas liés d'une manière absolue par les déclarations que fait à son profit et dans son intérêt le notaire rédacteur d'un acte de vente, relativement à la responsabilité qui peut naître contre lui de la conduite qu'il a tenue ou des conseils qu'il a donnés dans les circonstances qui ont précédé ou accompagné la passation de cet acte ». Dans l'espèce, l'arrêt attaqué (Aix, 28 avr. 1870, D. P. 72. 2. 79) s'était seulement appuyé sur ce que l'acte n'indiquait pas, de la part du notaire, des avis et conseils suffisamment précis et circonstanciés. Indépendamment des critiques qu'a soulevées cet arrêt au point de vue de l'appréciation des faits et des devoirs du notaire comme tel (V. *infrà*, n° 550), la formule de la cour suprême semble trop rigoureuse en ce qu'elle voit dans la constatation, faite dans l'acte, du rôle confié au notaire et des avertissements qu'il a donnés le fait d'instrumenter pour soi-même.

Ce système aboutirait à voir dans le fait d'une telle constatation un vice entachant l'acte entier aux termes de l'art. 68 de la loi de ventôse (V. *suprà*, v° *Notaire*, n° 134), conséquence évidemment inadmissible. Il exagère la portée de la prohibition légale, qui suppose chez le notaire un intérêt actuel et l'attribution d'un droit, une « disposition » au lieu d'une simple constatation de faits relative à l'acte lui-même et à la prudence que son ministère lui impose.

l'accomplissement des devoirs que l'acte imposait au notaire. La loi non seulement tolère mais prescrit des mentions de ce genre, notamment celle de la lecture de l'acte donnée aux parties (c. civ. art. 1394). La plupart des législations étrangères qui reproduisent la même prohibition prescrivent ou permettent les clauses préventives dont nous parlons (Prusse, loi notariale du 11 juill. 1845, § 3 et 4; Russie, loi notariale du 14 avr. 1866; Bavière, loi notariale du 10 nov. 1861; Autriche, loi notariale du 25 juill. 1871, § 36; grand-duché de Luxembourg, loi notariale du 3 oct. 1841). Tout au moins doit-on, sous l'empire de la législation française, distinguer la renonciation du client à un droit que lui ouvrirait la faute du notaire dans l'accomplissement de son mandat et la simple constatation de faits, d'agissements, d'avertissements d'après lesquels seront appréciés le mandat et la faute.

489. — VII. Bonne foi en matière disciplinaire. — On n'a point à traiter ici des poursuites disciplinaires qui peuvent être dirigées contre les notaires (V. *suprà*, v° *Notaire*, n° 297). On fera seulement remarquer que, si « l'excuse tirée de la bonne foi et de l'absence d'intention frauduleuse doit, *en général*, entraîner le renvoi de ces poursuites malgré la constatation matérielle d'un manquement à l'un des devoirs imposés aux notaires » (Lefebvre, *Traité de la discipline notariale*, t. 1, n° 100, p. 148), il y a cependant des règles fondamentales dont l'ignorance ne peut être alléguée comme excuse par l'officier public; et il en est ainsi, notamment, de celle qui interdit aux notaires de cumuler cette fonction avec celle de juge de paix, règle qui permet de poursuivre, malgré son inexcusable bonne foi, le notaire qui a levé des scellés comme suppléant du juge de paix et *simultanément* dressé l'inventaire comme notaire (Req. 13 févr. 1893, aff. Matray, D. P. 93. 1. 260). — Un autre arrêt (Civ. rej. 14 mars 1866, aff. Collet, D. P. 66. 1. 213) va même plus loin en déclarant que « l'ignorance d'un officier public, surtout quand elle porte sur les règles et les devoirs de sa profession, est une faute lourde que la bonne foi ne saurait excuser et qui engage sa responsabilité au point de vue disciplinaire ». — Sur l'effet de l'erreur de droit en matière de responsabilité notariale, V. *infrà*, n°s 542, 589 et suiv.

§ 2. — Responsabilité des notaires pour des faits étrangers à la validité des actes passés par eux (*Rép.* n°s 328 à 383).

490. — I. Refus d'instrumenter. — On a vu au *Rép.*, n°s 328 et 329, que l'obligation pour le notaire de prêter son ministère à ceux qui le requièrent est, en cas de refus, une source de responsabilité délictuelle ou quasi-délictuelle; mais que, s'il en est ainsi lorsque le notaire est requis de recevoir un acte licite, il en est tout autrement lorsqu'il s'agit d'un acte illicite; son refus alors constituant, non une faute, mais l'accomplissement d'un devoir; et que c'est, au contraire, en recevant un tel acte qu'il engagerait sa responsabilité, sinon envers les parties qui l'en ont requis et qui, coupables elles-mêmes, ne seraient pas recevables à lui reprocher les conséquences de leur propre faute, au moins envers les tiers lésés par cet acte, notamment par des imputations diffamatoires auxquelles il aurait donné l'authenticité.

Toutefois il importe, dans l'application de cette responsabilité, de rechercher si les déclarations reçues sont par elles-mêmes constitutives d'un délit contre un tiers, s'il en est né se lient pas à un acte légitime que veut faire leur auteur. Il a été jugé, notamment, que le notaire qui rédige un testament authentique peut, sans encourir aucune responsabilité, recevoir les déclarations du testateur défavorables à un tiers au autre notaire, dans l'espèce, alors que, d'une part ces déclarations sont l'œuvre de la volonté personnelle du testateur et que, d'autre part, elles ne sont pas conçues en termes outrageants et n'impliquent pas par elles-mêmes une accusation de faux ou de fraude contre le tiers qu'elles concernent (Req. 7 mars 1876, aff. Pinson, D. P. 77. 1. 253). Ajoutons que, dans l'espèce, ces déclarations constituaient un renseignement d'où pouvait dépendre la consistance de l'avoir du testateur. — Sur l'obligation pour le notaire soit de prêter soit de refuser son ministère, V. *suprà*, v° *Notaire*, n°s 78 et suiv., 84.

491. — La défense que fait la loi aux notaires d'instrumenter dans le lieu de la résidence d'un confrère sans être requis préalablement par les parties ou commis par le tribunal donne lieu, lorsqu'elle est violée, à une responsabilité civile envers les notaires lésés par cette concurrence illicite (V. *suprà*, v° *Notaire*, n° 26).

492. — II. Conservation des minutes. — Délivrance des expéditions. — Les notaires, obligés par l'art. 20 de la loi de ventôse an 11 de garder minute de leurs actes, sont responsables, à moins d'accidents de force majeure, de l'absence, de la perte ou de l'altération de ces minutes, non seulement à l'égard de ceux qui leur ont confié la rédaction de l'acte et la garde de la minute et envers qui ils sont liés par un contrat au moins tacite, mais aussi à l'égard des tiers qui y auraient intérêt sans avoir figuré ni avoir été représentés dans l'acte et envers qui cette responsabilité, purement délictuelle ou quasi-délictuelle, ne peut s'appuyer que sur les art. 1382 et 1383 c. civ. et sur la qualité de dépositaire public qui appartient au notaire. Tels sont les tiers dont l'intervention dans l'acte en qualité de débiteurs a été simulée, et que la perte de la minute empêche de se soustraire à ses effets par l'inscription de faux. Jugé, notamment, que le notaire qui prend possession, sans inventaire ni récépissé, des répertoires et minutes de son prédécesseur, est responsable de la perte ou, de la non-représentation des minutes qui manquent, quoique répertoriées; et que, s'il ne peut représenter la minute, inscrite à son répertoire, d'une obligation dont l'existence est méconnue par les héritiers du prétendu débiteur, qui l'arguent de faux, il doit indemniser ces héritiers du préjudice qu'il leur cause en les mettant dans l'impossibilité de justifier leur inscription de faux, alors qu'il y a à s'imputer d'avoir admis son prédécesseur à travailler pendant assez longtemps dans l'étude et d'avoir laissé à sa disposition ses minutes dont plusieurs ont pu être détruites par ce dernier, intéressé à faire disparaître les traces des faux qu'il avait commis (Angers, 23 juin 1847, aff. Héritiers Police, D. P. 47. 2. 137).

493. La responsabilité des notaires s'étend aussi aux minutes de leurs prédécesseurs, sauf à la faire retomber pourtant sur le prédécesseur lorsqu'il n'y a pas d'état sommaire lors de la transmission de l'office (Douai, 23 nov. 1874, *Revue du notariat*, n° 4935; Rutgeers, Amiaud, *Revue du notariat*, n° 5930; Eloy, *Traité de la responsabilité notariale*, t. 1, n° 483. V. *Rép.* v° *Notaire*, n° 592. — *Contrà :* Didio, *Encyclopédie du notariat*, v° *Responsabilité notariale*, n° 36). — Mais le dépôt des minutes d'un notaire dans une des salles de la chambre des notaires, pour la commodité des notaires qui achètent la charge en commun, ne rend pas ladite chambre responsable de leur perte, laquelle n'engage que la responsabilité individuelle du notaire rédacteur et de ses successeurs (V. *Rép.* n° 233). — V. encore, en ce qui concerne la perte ou la non-représentation des minutes, *suprà*, v° *Obligations*, n°s 1544 et 1547.

494. La responsabilité du notaire en tant que dépositaire des minutes des actes reçus dans son étude s'étend aux titres confiés à sa garde comme annexes d'une minute ou comme devant prendre rang parmi ses minutes (Colmar, 17 déc. 1851, aff. Koehly, D. P. 62. 2. 42).

Toutefois, les obligations et la responsabilité du notaire comme dépositaire de titres diffèrent suivant qu'il a reçu le titre en dépôt en sa qualité de notaire pour être placé au rang de ses minutes, ou seulement comme simple particulier. Ainsi l'obligation imposée par l'art. 43 de la loi du 22 frim. an 7 de dresser acte du dépôt s'applique au premier cas, et non au second (Req. 13 juin 1864, aff. Amouroux, D. P. 64. 1. 333. V. *Rép.* v° *Notaire*, n° 302. — *Adde:* Civ. rej. 14 août 1854, aff. Vanhoutte, D. P. 54. 1. 268; Douai, 29 déc. 1852, même affaire. D. P. 54. 2. 77; Metz, 5 oct. 1853, aff. Dhotel, D. P. 54. 2. 78; Trib. civ. Mâcon, 11 févr. 1862, aff. Gautheron, D. P. 63. 3. 86). — En tout cas, la lacération d'un acte privé par un notaire qui en a reçu le dépôt, ne peut donner lieu à des dommages-intérêts au profit du déposant si l'acte lacéré n'avait plus aucune utilité pour lui (Req. 13 juin 1864, précité).

495. Le refus ou le retard par un notaire de délivrer une expédition, régulièrement demandée, d'un acte dont il a la minute engage aussi sa responsabilité à raison du préjudice qui en serait résulté (V. *Rép.* n° 234). Il

répond aussi de la non-conformité des expéditions aux minutes.

496. — III. Réception d'actes simulés ou frauduleux. — Certificats inexacts. — Omissionspréjudiciables. — Dans la rédaction même de l'acte, le notaire répond de la vérité des faits qu'il déclare personnellement (*Rép.* n° 335). Mais, recevant les déclarations des parties, il garantit le fait de la déclaration, non le fait déclaré, sauf l'obligation que peut lui imposer la loi de s'assurer de l'exactitude du fait déclaré, par exemple, s'il s'agit de l'identité des parties. L'omission des moyens prescrits par l'art. 11 de la loi de ventôse an 11, pour s'assurer de l'identité des parties, est pour le notaire, même de bonne foi, une faute et une source de responsabilité, soit envers le client qui, trompé par une supposition de personnes, souffre de la nullité de l'acte auquel il a comparu, soit envers les tiers qui ont agi sur la foi de cet acte (Req. 18 nov. 1885, aff. Potier de la Bertellière, D. P. 86. 1. 398) ou en fraude desquels il a été fait (Amiens, 9 janv. 1890, aff. X..., D. P. 91. 2. 7) ;... soit envers celui-là même dont la personne a été supposée et qui a dû exposer des frais pour obtenir l'annulation de l'acte (Riom, 11 janv. 1859, aff. Jayant, D. P. 59. 2. 132), ou dont les droits ont été compromis par l'usage qui en a été fait (Trib. civ. Orthez, 18 janv. 1893, *Revue du notariat*, n° 9101. V. *Rép.* n°s 403, 465, 365).

497. L'omission de vérifier, comme le veut la loi, le nom, l'état et la demeure d'une des parties inconnue de lui engage la responsabilité du notaire même en l'absence d'une supposition de personne, si cette vérification était de nature à lui révéler le caractère simulé et frauduleux de l'acte en lui-même (Amiens, 9 janv. 1890, aff. X..., D. P. 91. 2. 7).

498. Le notaire qui prête son concours à des actes simulés ou frauduleux engage, à plus forte raison, sa responsabilité solidairement avec l'auteur de la fraude, s'il le fait sciemment et par dol en vue d'un intérêt personnel, par exemple si, un immeuble étant déjà vendu verbalement par son entremise, il se rend complice du stellionat du vendeur en rédigeant l'acte plus avantageux par lequel celui-ci revend le même immeuble à une autre personne et s'il prend soin de le laisser ignorer au premier acheteur (Rennes, 21 mars 1870, aff. Me P..., D. P. 72. 2. 87). — De même, lorsque l'acheteur d'un domaine qui en a vendu différentes pièces se concerte avec un tiers, qu'il subroge à ses droits, et avec un notaire, pour détruire la preuve de ces ventes et bénéficier avec eux d'une revente publique en détail, ce notaire, qui a reçu en dépôt les titres, dirigé l'affaire et rédigé les conventions dolosives pour s'assurer les bénéfices de la rédaction de plusieurs actes et une remise, est responsable, solidairement avec l'acheteur et le tiers, envers chacun des acquéreurs ainsi évincés, du préjudice résultant pour lui de l'inexécution de la vente (Metz, 4 nov. 1871 et Req. 24 juin 1872, aff. Henry et Lagosse, D. P. 73. 1. 19). — Jugé aussi qu'un notaire qui, dans l'acte de vente d'une forêt dont une coupe a été déjà vendue, mais non abattue, omet sciemment de mentionner la vente de cette coupe, est responsable de l'éviction subie par l'acheteur de la coupe, alors surtout qu'il connaissait l'insolvabilité du vendeur (Dijon, 28 mars 1876, aff. Millot et Dufournel, D. P. 78. 2. 261). — De même encore, si l'acte reçu par le notaire est frauduleux en ce que l'une des parties a abusé de la faiblesse d'esprit de l'autre pour obtenir d'elle un consentement purement apparent, le notaire, connaissant cette faiblesse d'esprit, commet une faute lourde équivalente au dol en ne prenant pas les précautions nécessaires pour éclairer le client de manière à refuser son ministère à défaut de consentement sérieux; et il doit alors dédommager, soit les tiers qui ont fait sur la foi de l'acte ultérieurement annulé (tel qu'une procuration) d'autres actes annulés par voie de conséquence, soit le client lésé par les frais de cette annulation, ou même par l'effet des actes non annulés si le tribunal, en condamnant le notaire, déclare que le client n'aura aucun recours contre les tiers à fin d'annulation de ces actes (Req. 4 mai 1868, aff. Vanel, D. P. 71. 1. 246).

499. Sans même avoir connu la fraude, le notaire engage sa responsabilité s'il a dû lui apparaître par les circonstances dans lesquelles il était requis d'instrumenter; il doit, notamment, indemniser, en pareil cas, les créanciers en fraude desquels un acte a été fait par son ministère, des frais et faux frais nécessaires pour son annulation (Amiens, 9 janv. 1890, aff. X..., D. P. 91. 2. 7 ; Paris, 7 mai 1873, aff. Me G.., D. P. 73. 2. 158, et sur pourvoi, Req. 5 mai 1874, D. P. 75. 1. 20).

500. Mais, en dehors d'une obligation légale à laquelle il aurait manqué, ou d'un fait d'imprudence ou de négligence constituant une faute de sa part, la responsabilité du notaire n'est pas engagée par la fausseté des déclarations des parties et en général par le caractère frauduleux d'un acte passé devant lui (Req. 5 janv. 1886, aff. Joseph Vernandon D. P. 86. 1. 400))

501. En tout cas, la responsabilité du notaire rédacteur d'actes simulés ou frauduleux ne comprend que le préjudice qui est une conséquence nécessaire et directe de la simulation ; elle ne saurait être étendue aux faits auxquels il est resté étranger et qui ne sont qu'une conséquence indirecte de l'acte simulé (Amiens, 9 janv. 1890, aff. X..., D. P. 91. 2. 7). En tout cas, le notaire a son recours contre l'auteur de la simulation (Trib. civ. Orthez, 18 janv. 1893, *Revue du notarial*, n° 9101. Comp. Req. 11 juill. 1882, aff. Cordier, D. P. 83. 1. 37).

502. Bien entendu, le notaire est à l'abri de toute responsabilité lorsque l'acte auquel il a prêté son ministère ne peut être qualifié de frauduleux et n'a pour but que la conservation d'un droit légitime, comme serait le payement fait ou l'hypothèque concédée à un créancier par un débiteur en déconfiture, mais non commerçant, cette situation ne s'opposant pas à de tels actes, comme celle du commerçant en faillite (Civ. cass. 3 mars 1869, aff. Beaurain, D. P. 69. 1. 200). Mais une combinaison d'actes tendant à priver des mineurs de leur hypothèque légale première en rang et à la remplacer par une seconde hypothèque garantissant insuffisamment un prêt, fait par ces mineurs à leur ancien tuteur, du reliquat de son compte de tutelle, engagerait la responsabilité du notaire qui aurait prêté à ces actes le concours de ses conseils et de son ministère, alors même qu'il y aurait inséré une clause de non-responsabilité en ce qui le concerne (Req. 17 juill. 1872, aff. Vial, D. P. 73. 1. 87).

503. Sur la responsabilité des notaires à raison de la délivrance des certificats de vie et des certificats de propriété, V. *Rép.*, n°s 337 et 344. Jugé encore qu'un notaire qui sciemment délivre un certificat constatant un fait inexact peut être déclaré responsable des payements ou restitutions opérées sur la production de ce certificat; que, spécialement, lorsque le tiers dépositaire d'une chose donnée, en nantissement, l'a restituée au débiteur sur la décharge d'une personne qu'un certificat délivré par un notaire constatait être l'unique héritier du créancier, bien qu'il en existât un autre, et a été condamné à des dommages-intérêts envers ce dernier pour s'être dessaisi du nantissement sans son concours, le notaire auteur du certificat inexact peut être déclaré responsable de cette condamnation s'il avait connaissance de l'inexactitude de son renseignement: vainement objecterait-on que le tiers aurait dû exiger une pièce ayant un caractère légal, tel qu'un intitulé d'inventaire, cette faute ne pouvant, lui être opposée par l'auteur même du certificat auquel il a ajouté foi (Req. 14 nov. 1866, aff. Léger, D. P. 67. 1. 35).

504. Les notaires sont encore responsables des omissions préjudiciables commises dans leurs actes. Ainsi lorsqu'une femme dotale a, d'après un contrat de mariage, la faculté d'aliéner ses biens dotaux, mais sous condition de remploi, le notaire, qui, dans une procuration à l'effet de vendre un titre de rente appartenant à cette femme, énonce la faculté d'aliéner les biens dotaux sans y mentionner en même temps la nécessité du remploi, est responsable du défaut de remploi du prix de cette vente, causé par cette omission. Peu importe à cet égard : 1° que la femme ait été déboutée d'une demande en responsabilité contre l'agent de change, par une décision antérieure, rendue en présence du notaire appelé en garantie de l'agent de change ; 2° que le titre, provenant d'un remploi, ne contînt pas certaines énonciations prescrites par le contrat de mariage, celle notamment de l'acceptation de la femme et de la faculté d'aliéner à charge de remploi, si l'omission reprochée au notaire n'est pas due à leur absence, et si la dotalité, énoncée dans le titre, ressort, d'ailleurs, de toutes les circons-

tances de la cause (Dijon, 2 août 1878) (1). — Pour les omissions entraînant la nullité de l'acte, V. *infrà*, nᵒˢ 598 et suiv.; 621 et suiv.

505. On ne peut, d'ailleurs, poursuivre un notaire en vertu de l'art. 1382, si l'acte qu'on lui reproche n'a lésé aucun droit, ce qui l'empêche d'être une faute. Par exemple, un bailleur, ayant fait une saisie-exécution aux mains de son fermier pour fermages à échoir, alors qu'une saisie de ce genre n'est permise que pour loyers échus, ne peut reprocher à un notaire d'avoir, malgré cette saisie, procédé à la vente amiable des objets saisis et disposé du produit de cette vente, alors d'ailleurs, que ledit bailleur a reçu, par les soins du notaire, le montant des loyers échus au moment de la saisie (Amiens, 3 janv. 1893, aff. Ropiquet, D. P. 93. 2. 135).

506. — IV. Prêts hypothécaires. — Mandat et gestion d'affaires. — En matière de prêt hypothécaire, il importe, spécialement, de distinguer le rôle purement instrumentaire du notaire de celui d'homme d'affaires, qu'il a pu prendre par l'acceptation d'un mandat ou par une gestion d'affaires spontanée. Il faut, en cette matière, prévoir deux hypothèses : 1° celle où il n'y a ni mandat ni gestion d'affaires, soit que le notaire ait été simplement requis de donner l'authenticité à des conventions déjà arrêtées entre les parties, soit qu'il ait été chargé en outre, mais seulement, de faciliter ces conventions par les indications qu'il était en mesure de fournir, les parties mises ainsi en rapport ayant d'ailleurs négocié l'affaire elles-mêmes; 2° celle où il y a mandat ou gestion d'affaires, le notaire ayant eu à faire le placement, à choisir l'emprunteur et à veiller aux garanties.

507. — 1° *Du cas où il n'y a ni mandat ni gestion d'affaires.* — Le notaire, pris simplement comme rédacteur d'acte ou comme source d'indications, n'est pas responsable de la solidité du placement, encore bien qu'il l'ait conseillé, s'il a agi de bonne foi. Il n'entre pas dans ses devoirs professionnels de s'assurer de cette solidité, au lieu et place des parties intéressées (V. *Rép.* nᵒ 457). Il a été jugé, par exemple : 1° qu'un notaire ne saurait être déclaré responsable d'un prêt fait en son étude par un de ses clients, lorsqu'il ne s'est point constitué son mandataire pour la négociation de ce prêt, et que d'ailleurs le client, par sa situation et sa propre expérience des affaires, était à même de vérifier et contrôler l'opération qui lui était proposée, alors surtout qu'il n'est point démontré qu'au moment du prêt les biens donnés en hypothèque n'étaient pas de valeur suffisante pour garantir le remboursement de la somme prêtée (Riom, 23 oct. 1888, aff. Tarneau, D. P. 89. 2. 279); — 2° Qu'un notaire ne saurait être responsable d'un prêt fait en son étude lorsqu'il ne s'est point constitué le mandataire ou le *negotiorum gestor* du prêteur pour la négociation dudit prêt, lorsqu'il n'en a pas pris l'initiative et qu'il s'est borné, avant sa réalisation, à transmettre au prêteur l'estimation faite par un expert de la valeur vénale des immeubles offerts en gage par l'emprunteur, et à constater ensuite par acte authentique les conventions des parties (Riom, 30 déc. 1890, aff. Foret, D. P. 92. 2. 227); — 3° Qu'un notaire n'est pas responsable du défaut de solidité d'un placement hypothécaire fait en son étude, quoique ayant proposé ce prêt à l'emprunteur, s'il n'a été ni le mandataire ni le *negotiorum gestor* de celui-ci; notamment si le prêteur, versé en

---

(1) (Blondeau C. Choulet.) — Le 26 déc. 1877, jugement du tribunal civil de Dijon ainsi conçu : — « Considérant que Charles-Louis Choulet et Henriette-Mathilde Streich, veuve Petersen, se sont mariés après avoir réglé les conditions civiles de leur union par un contrat reçu Lavoignat, notaire à Paris, à la date du 14 avr. 1864; que, dans ce contrat, on a adopté le régime dotal de tous les biens meubles et immeubles présents et à venir de la future épouse (sauf quelques exceptions détaillées dans l'acte), et qu'il a été stipulé que la future épouse serait autorisée à *vendre tous biens et droits dotaux*, mais à la condition « que « toute somme dotale, quelle qu'en soit l'origine, serait, lors de « sa perception, employée soit en acquisitions d'immeubles situés « en France, rentes sur l'Etat français, actions de la Banque de « France, placements sur particuliers par privilège ou hypo-« thèque sur des immeubles situés en France, soit enfin en « obligations de chemins de fer français, de la Ville de Paris ou « du Crédit foncier de France »; — Considérant que le 5 août 1871, le sieur Blondeau a reçu pour le compte de la dame Choulet une procuration ainsi conçue : « Par-devant M. | Blon-« deau, etc., a comparu madame Mathilde-Henriette Streich, « épouse... en secondes noces, assistée et autorisée, de Charles-« Louis Choulet, ladite dame mariée sous le régime dotal, sui-« vant contrat passé devant Me Lavoignat et son collègue, « notaires à Paris, le 14 avr. 1864, duquel contrat contenant « pour elle la faculté de vendre et liciter ses biens dotaux, une « expédition a été représentée aux notaires soussignés et dont « à l'instant rendue, laquelle a, par les présentes, constitué pour « son mandataire, aux effets ci-après, M. Neymarck, etc., « demeurant à Paris, auquel elle donne pouvoir de, pour elle et « en son nom, vendre et transférer au cours de la bourse que le « mandataire jugera convenable, 668 fr. de rente, 3 pour 100 « sur l'Etat français, inscrits sur le grand livre de la dette « publique, sous le numéro 128 993, série huitième, portant « l'immatricule suivant : Streich (Mathilde-Henriette), femme de « Charles-Louis Choulet, avec lequel elle est mariée sous le « régime dotal, suivant contrat reçu par Me Lavoignat, notaire à « Paris, le 14 avr. 1864, ladite rente formant le montant de « 47 obligations Paris-Lyon-Méditerranée fusion, vendues le « 29 juill. 1870, par le ministère de Me Eugène Keller, agent de « change à Paris; consentir tous transferts, en toucher le mon-« tant, donner toutes quittances, verser le produit du transfert « à la caisse de MM. Dromard et comp., directeur du Comptoir « des actionnaires à Besançon »; — Considérant que la rente de 668 fr., dont s'agissait dans cette procuration, a été en effet vendue par le ministère de Me Hollard, agent de change à Paris, et que le transfert en est opéré le 11 oct. 1871, mais que la somme, provenant de cette aliénation n'a pas été, paraît-il, employée conformément aux prescriptions du contrat de mariage, et que, d'après la dame Choulet, la faute en est à Me Blondeau, qui a eu le tort d'énoncer, dans la procuration du 5 août 1871, la faculté pour la comparante d'aliéner ses biens dotaux sans y mentionner en même temps la nécessité du remploi; qu'en conséquence, la demanderesse conclut à ce que cet

officier ministériel soit condamné à lui rembourser le montant de la valeur dont elle se trouve évincée; — Considérant que Me Blondeau oppose d'abord une fin de non-recevoir tirée de l'autorité de la chose jugée, mais que ce moyen n'est pas admissible; qu'à la vérité, la dame Choulet ayant, en 1874, poursuivi devant le tribunal civil de la Seine l'agent de change Hollard comme responsable du défaut de remploi dont s'agit, Hollard a appelé en garantie Me Blondeau, et que le tribunal civil de la Seine a rendu, à la date du 11 juill. 1874, un jugement qui a débouté la demanderesse de sa prétention, mais qu'il n'y a point là chose jugée à l'encontre de la demande actuelle; que devant le tribunal de la Seine, en effet, la dame Choulet n'avait pris de conclusions que contre Hollard, et que, cette demande principale ayant été jugée mal fondée, le tribunal, par suite, n'a pas eu à s'occuper de Blondeau, qui ne se trouvait dans l'instance que comme appelé en garantie par Hollard, tandis qu'aujourd'hui il s'agit d'une demande principale de la dame Choulet contre Blondeau, question toute différente de la première; que, bien loin même de constituer une fin de non-recevoir au profit de Blondeau, le jugement du 11 juill. 1874, au contraire, se base sur des considérants tout à fait défavorables au premier rédacteur de la procuration; — Considérant qu'au fond, Blondeau soutient que la demanderesse n'établit pas le caractère dotal de la rente litigieuse, ce qui serait cependant la première preuve à faire dans un procès de cette nature; — Considérant, à cet égard, qu'on pourrait dire d'abord que, la dotalité se trouvant énoncée dans le titre de rente lui-même, il y a, au profit de la femme, une présomption que la preuve contraire à la charge du défendeur; mais qu'au surplus, la dotalité de la rente aliénée est prouvée de la manière la plus indiscutable; qu'en effet, dans le contrat de mariage des époux Choulet, on voit figurer parmi les apports dotaux de la future une rente annuelle et viagère de 5000 fr. à elle due par un sieur Féraudy qui, dans l'acte de constitution, avait donné à titre de gage à la crédi-rentière 2390 fr de rente 3 pour 100, inscrits au grand livre sous le numéro 76 041, série troisième, et qui s'était réservé la faculté de se libérer du service de cette pension viagère en abandonnant à la créancière la toute propriété dudit titre de rente; que, d'autre part, un acte reçu par Mes Mocquard et Duplan, notaires à Paris, les 28 janv. et 4 févr. 1870, constate qu'à cette date, de Féraudy a usé de la faculté de remboursement réservée à son profit; qu'en conséquence, cette rente de 2390 fr. a été réinscrite le 1er mars 1870, numéro 121 882, série huitième, sous le nom de la dame Choulet, avec mention de la dotalité; que le 14 du même mois, cette rente a été vendue par les mariés Choulet et transférée sous la certification de l'agent de change Fessard, et qu'avec le produit de cette aliénation les demandeurs ont acheté, le 13 mai 1870, 147 obligations Paris-Lyon-Méditerranée, dites obligations anciennes de la fusion, qui ont été inscrites au nom de la dame Choulet, avec mention de la dotalité, « et comme ayant été acquises en remploi de fonds provenant d'une partie d'inscription de rente 3 pour 100 de 2390 fr., numéro 76 041; qu'enfin, dans le courant de juillet et août

affaires et déjà en relations personnelles avec l'emprunteur, a accepté librement le placement dont il s'agit après examen et en dehors de toute ingérence de la part du notaire (Req. 20 oct. 1891, aff. Guilestre, D. P. 93. 1. 170), ou s'il a effectué lui-même le prêt en parfaite connaissance tant de la valeur du gage que de la personnalité de l'emprunteur (Req. 20 oct. 1891, aff. Pothier, D. P. 93. 1. 170); — 4° Qu'un notaire ne peut être constitué en faute ni déclaré responsable pour avoir négligé de s'assurer si la maison affectée à la garantie du prêteur, laquelle venait d'être bâtie, n'exigeait pas encore certains travaux complémentaires et si par suite elle ne constituait pas un gage insuffisant, alors d'une part qu'il n'a même pas été allégué qu'il fût le mandataire ou le *negotiorum gestor* du prêteur, et que d'autre part rien dans la cause ne laissait supposer qu'il eût fait croire au prêteur, qui d'ailleurs devait se rendre compte par lui-même de l'état des lieux, qu'il n'existait pas dans la maison certaines défectuosités ou qu'il eût pris envers lui quelque engagement à ce sujet (Req. 13 juin 1893, aff. Allemand, D. P. 93. 1. 447).

508. La cour d'Agen (23 déc. 1889, aff. Doazan, D. P. 90. 2. 202) a jugé qu'un notaire qui a proposé le placement, le prêteur ne connaissant pas l'emprunteur, n'ayant eu affaire à ce dernier qu'au moment du contrat, et ne s'étant décidé que sur les renseignements fournis par le notaire, lequel connaissait parfaitement la situation de l'emprunteur, est responsable de l'infériorité, facile à prévoir pour lui, du prix de vente de l'immeuble par rapport aux créances hypothécaires au jour du prêt, et cela malgré l'exposé qu'il a fait dans le contrat de prêt de la véritable situation hypothécaire de cet immeuble, les notaires étant obligés par profession et sous leur responsabilité d'éclairer leurs clients sur les conséquences de leurs engagements. Cette dernière proposition, dans les termes absolus où elle est formulée, serait peut-être excessive si elle n'était expliquée par la connaissance qu'avait le notaire de l'insuffisance du gage et le rôle qu'il avait pris d'agent principal du rapprochement des contractants. — Mêmes circonstances dans l'espèce sur laquelle a statué un arrêt de la chambre des requêtes du 9 juill. 1872 (aff. Jagoury, D. P. 73. 1. 296) décidant qu'un notaire, chargé de faire un emprunt pour un client dont il connaît l'insolvabilité, est responsable de la perte éprouvée par les prêteurs auxquels il a demandé des fonds et qui ne connaissaient pas l'emprunteur.

509. Si le rôle purement professionnel du notaire ne comprend pas l'obligation de vérifier la valeur du gage, comprend-il l'obligation de se renseigner et de renseigner le client sur l'établissement de propriété et les charges hypothécaires des immeubles affectés au prêt? Le notaire a certainement le devoir de déclarer ce qu'il sait ou ce qu'il doit savoir : sa réticence à cet égard constitue un dol ou une faute

---

1870, 47 de ces obligations ont été vendues par le ministère de l'agent de change Keller, et que leur produit a servi précisément à l'acquisition du titre de 668 fr. de rente, qui fait l'objet du procès actuel; qu'ainsi donc, l'origine dotale des deniers qui ont servi à l'acquisition des 668 fr. de rente ne peut souffrir aucun doute ; que cependant, Me Blondeau insiste et soutient que le titre n'était pas régulier, parce qu'il ne contenait pas toutes les énonciations prescrites par le contrat de mariage, dont une clause dit expressément : « Tous les emplois et remplois qui « pourront indifféremment précéder ou suivre l'aliénation des biens « et deniers dotaux, ne seront valables qu'autant qu'ils seront « acceptés formellement par la future épouse et que les titres qui « devront être inscrits au nom de la future épouse feront mention « de la dotalité, de l'origine des deniers et de la faculté d'aliéner « à charge de remploi » ; que, dans le titre aliéné, on ne voit ni l'acceptation de la femme, ni la faculté d'aliéner à charge de remploi, et que le défendeur trouve là, au point de vue du caractère dotal du titre, un vice dont il croit avoir le droit de se prévaloir à l'encontre de la femme; — Considérant qu'en matière de rentes sur l'État, on ne peut pas trouver la preuve de l'acceptation sur le titre lui-même, et qu'on ne saurait davantage en trouver la trace dans les pièces du transfert, parce que, d'après les usages du trésor public, on n'exige jamais pour cette opération la signature de l'acheteur ; mais que, dans l'espèce, l'acceptation de la femme résulte de toutes les circonstances de la cause, et notamment de la procuration même qu'elle donnait le 5 août 1871 à l'effet de vendre ce titre; que si le titre de rente ne mentionne pas la faculté d'aliéner à charge de remploi, cela encore importe peu; qu'en effet, ces mesures de précaution surabondantes prescrites par le contrat de mariage, l'ont été évidemment dans le seul intérêt de la femme et des tiers acquéreurs, mais que leur omission ne peut être une cause d'excuse pour Blondeau, puisque la faute qu'il a commise n'a pu être en rien déterminée par l'absence de ces mentions; — Considérant que Blondeau essaye bien encore d'échapper à la responsabilité qui lui incombe en faisant observer qu'au mois d'août 1871, il a remis aux mariés Choulet un extrait littéral du contrat de mariage, et que le transfert n'a dû avoir lieu qu'au vu de cette pièce, ne pouvait laisser à l'agent de change aucun doute sur l'obligation du remploi ; mais qu'il n'est d'abord pas démontré que cet extrait remis à Choulet soit parvenu entre les mains de l'agent de change et que, même dans l'instance entre la dame Choulet et Hollard, le tribunal de la Seine a repoussé complètement cette hypothèse; que, du reste, ce fait fût-il établi, la faute grave commise alors par l'agent de change ne ferait pas disparaître celle du Blondeau, car il est certain que, sans cette procuration contenant un extrait incomplet du contrat de mariage, l'agent de change n'aurait pu, sous aucun prétexte, se dessaisir du produit de la vente avant justification d'un remploi régulier ; que, quelque atténuées que puissent être les circonstances dans lesquelles est intervenu l'acte du 5 août 1871, il y a eu faute lourde de la part de Blondeau à rédiger une telle procuration, alors qu'il s'agissait d'une femme dotale, et que non seulement le contrat de mariage, mais encore les énonciations mêmes du titre de rente à vendre le prévenaient des précautions à prendre, et qu'en pareil cas, la femme évincée est bien fondée à se faire indemniser par le notaire (sauf à celui-ci à aviser si quelque autre personne ne doit pas partager avec lui la responsabilité de la perte subie); — Considérant enfin que Blondeau soutient encore que, dans toute cette affaire, la dame Choulet a été de la plus insigne mauvaise foi, et que cette circonstance suffit pour faire écarter sa demande; — Considérant que la jurisprudence admet bien que la règle de l'inaliénabilité du fonds dotal ne protège plus la femme en cas de quasi-délit, comme, par exemple, quand la femme a pratiqué des manœuvres frauduleuses pour faire considérer comme non affectés de dotalité des immeubles dotaux hypothéqués ou vendus à des tiers de bonne foi; mais que cette jurisprudence ne peut à aucun égard trouver son application dans l'espèce; qu'il n'est, en effet, nullement établi que la dame Choulet ait voulu abuser de l'inexpérience de Blondeau, et qu'elle ait, en quelque sorte, surpris à sa signature cette procuration compromettante pour l'intention de s'en prévaloir plus tard contre lui; qu'il est plus probable que, dans cette circonstance, la demanderesse aura cédé simplement aux sollicitations de son mari, sans se rendre un compte exact des suites de cette opération qui avait dû reste été précédée de plusieurs opérations semblables, pour lesquelles elle avait déjà donné devant Me Chaffotte des pouvoirs conçus dans les mêmes termes, et que Blondeau, qui était tenu par ses devoirs professionnels de prémunir la femme dotale contre les dangers d'une telle procuration, ne peut faire écarter la demande par cette simple allégation de mauvaise foi, sans preuve à l'appui ; — Considérant que les demandeurs réclament à Blondeau, tout à la fois le capital de la rente de 668 fr. et ses arrérages depuis 1871; qu'en principe, la femme dotale séparée de biens peut réclamer non seulement le capital des valeurs dotales, mais encore leurs revenus; mais qu'il paraît constant, dans l'espèce, qu'une partie des deniers provenant de la vente a servi à l'entretien du ménage Choulet; que, d'autre part, si Blondeau a commis une imprudence, sa bonne foi, du moins, a été entière, et que dans ces conditions, il n'y a pas lieu d'allouer à la demanderesse les arrérages de sa rente; — Par ces motifs, condamne Blondeau à rendre à la dame Choulet, dans le délai d'un mois à compter de ce jour, un titre de rente 3 pour 100 sur l'État français de 668 fr. ». — Appel.

La cour; — Adoptant les motifs des premiers juges et considérant que, si le notaire est responsable envers la femme Choulet du préjudice causé par sa faute, la réparation doit être mesurée sur l'importance du préjudice; que ce n'est pas le titre de rente 3 pour 100 qui a été perdu par la faute de Blondeau, mais bien le prix provenant de son aliénation volontairement consentie par la femme Choulet, laquelle ne le vendait que pour opérer un autre placement et non pour racheter un titre de même nature; que d'ailleurs, parmi les valeurs de remploi désignées en son contrat de mariage, elle aurait pu choisir une de celles qui ne subissent aucune fluctuation de hausse ou de baisse, tels que les prêts hypothécaires sur particuliers ; que c'est donc à tort que les premiers juges ont condamné Blondeau à rendre à la femme Choulet un titre de rente sur l'État français de 668 fr.; que le préjudice éprouvé par celle-ci n'étant que du prix de vente de sa rente, soit 12 606 fr. 65 cent., l'allocation de cette somme en sera la réparation exacte.

Par ces motifs, infirme et réduit la condamnation au payement de 12 606 fr. 65 cent.

Du 2 août 1878.-C. de Dijon, 1re ch.-MM. Saverot, pr.-Cardot, av. gén.-Fremiet et Koch, av.

lourde équivalente au dol. Ce principe posé au *Rép.*, n° 362, a reçu plusieurs applications. Jugé notamment : 1° que le notaire rédacteur d'un acte constitutif d'hypothèque, qui a omis de donner connaissance au prêteur des inscriptions grevant l'immeuble hypothéqué, alors qu'elles lui eussent été révélées par la seule vérification, qu'il a négligé de faire ou qu'il n'a faite que partiellement, d'actes antérieurs passés dans son étude pour l'emprunteur, a pu, même en l'absence de tout mandat spécial de s'assurer de la solidité du gage hypothécaire, être déclaré responsable envers le prêteur du préjudice que les inscriptions demeurées inconnues lui ont fait subir (Req. 3 août 1858, aff. Lefèvre, D. P. 58. 1. 374); ... et cela alors même que les hypothèques déclarées dans l'acte de prêt seraient de nature à absorber la valeur de l'immeuble, si le prêteur devait espérer que ces hypothèques seraient réparties sur d'autres immeubles, qui en étaient également grevés, ou si l'emprunteur s'était engagé à en obtenir la mainlevée ; — 2° Que le notaire qui reçoit un acte par lequel une hypothèque est constituée au profit de son client sur un immeuble qu'il savait n'être plus la propriété du débiteur, par suite notamment de sa mise en société dans un acte antérieurement passé devant lui, est responsable de l'inefficacité de cette hypothèque, résultant de l'absorption par les créanciers sociaux du prix de l'immeuble hypothéqué; et qu'il en est ainsi encore que la société où l'immeuble a été apporté fût une société civile, l'hypothèque ne pouvant dans ce cas avoir d'existence qu'autant que, par l'effet du partage, l'immeuble hypothéqué serait revenu dans les mains du débiteur, et ce risque devant être à la charge du notaire qui n'en a pas averti son client (Req. 16 août 1865, aff. Hoaran des Ruisseaux, D. P. 66. 1. 11); — 3° Que le notaire qui reçoit un acte contenant ouverture de crédit garantie par une hypothèque sur des immeubles que l'emprunteur déclare avec serment n'être grevés que de deux inscriptions hypothécaires alors qu'il en existait une troisième, commet une négligence grave en ne dénonçant pas au créancier la fausseté de cette déclaration consignée dans l'acte rédigé par lui, alors qu'il ne pouvait ignorer l'existence de ladite inscription qu'il avait lui-même requise en vertu de conventions passées devant lui (Req. 11 mai 1891, aff. Meunier et héritiers Robe, D. P. 92. 1. 215); — 4° Que le notaire qui, sollicitant d'une personne un prêt d'argent au profit d'un de ses clients, ne fait pas connaître au prêteur la véritable situation de l'emprunteur, par exemple n'indique à la charge de l'emprunteur qu'un passif hypothécaire inférieur à celui dont il le sait réellement grevé, commet une faute qui engage sa responsabilité (Req. 19 juill. 1892, aff. Druilhet, D. P. 93. 1. 151).— V. aussi Lyon, 19 janv. 1894, aff. Pichollet, D. P. 94. 2. 517.

510. Si le notaire doit être rendu responsable de la non-révélation d'une situation hypothécaire qu'il connaissait ou devait connaître, l'est-il par le seul fait de ne s'être pas renseigné sur une situation qu'il ignorait et pouvait ignorer ? L'arrêt du 3 août 1858 cité *suprà*, n° 509, rappelle dans ses motifs une jurisprudence très rigoureuse à cet égard, critiquée au *Rép.*, n° 362, et il semble s'y rattacher. Toutefois, lorsqu'il juge le notaire obligé « de vérifier, pour les constater exactement et complètement dans le contrat, l'établissement de la propriété de l'immeuble offert en gage, l'origine et les conditions de cette propriété entre les mains de l'emprunteur, l'importance des charges qui peuvent la grever, tant du chef de celui-ci que du chef des précédents propriétaires », il ajoute, en s'inspirant de l'espèce qu'il avait à résoudre, la proposition suivante qui peut servir à limiter la portée de cette obligation : « et ce d'après les documents propres à cette vérification, soit qu'ils y aient été mis par les parties, soit qu'il les ait trouvés, comme dans l'espèce, au nombre des archives dont le dépôt lui est confié ». On peut admettre cette obligation, mais non celle de procéder à des vérifications hors de son étude, à moins qu'il n'en soit chargé par les parties.

511. Certains arrêts semblent cependant étendre jusque-là le devoir professionnel du notaire. Jugé notamment, que le notaire qui a proposé un placement hypothécaire à un de ses clients, et qui ne l'a point averti que les biens affectés à son hypothèque étaient advenus à l'emprunteur par une donation non transcrite, est responsable envers le client de la disparition de son gage causée par ce défaut de transcription (Paris, 2 mai 1860, aff. Larchevêque, D. P. 61. 2. 65). On avait critiqué au *Rép.*, n° 361, une décision semblable de la même cour (n° 362). Mais dans l'espèce de l'arrêt précité, il faut tenir compte de cette différence que le notaire avait été l'instigateur du placement, circonstance qui, jointe à sa qualité de notaire habituel du client et de rédacteur de la donation qui servait de titre à l'emprunteur, a dû influer sur l'appréciation de son rôle et de sa faute. Le jugement oppose même le prêt dont il s'agit à un autre dans lequel le notaire avait été rédacteur passif de conventions arrêtées entre les parties. Jugé encore, plus récemment (Agen, 28 janv. 1891, aff. Fournier, D. P. 92. 2. 79), que la responsabilité professionnelle du notaire, indépendamment même de tout mandat, se trouve engagée lorsque les garanties hypothécaires ont disparu par suite de l'exercice d'un retrait d'indivision qui attribuait à la femme de l'emprunteur la propriété d'une partie des immeubles hypothéqués et qui grevait l'autre partie, au profit de ladite femme, d'un chiffre de reprises de beaucoup supérieur à sa valeur, surtout lorsque, cette femme ayant fait inscrire son hypothèque légale antérieurement au prêt, cette inscription indiquait de la manière la plus nette la nature et l'étendue de ses prétentions et donnait en même temps à quiconque y avait intérêt les plus grandes facilités pour vérifier la situation. Le jugement auquel cet arrêt se réfère déclare que le notaire « a connu ou dû connaître » cette inscription, « son premier devoir, en matière de placement hypothécaire, étant de vérifier l'état de la propriété des immeubles donnés en gage ». Mais il relève diverses circonstances qui devaient éveiller l'attention du notaire sur les droits et reprises de la femme de l'emprunteur. Et enfin, tout en ayant soin de prévoir dans ses motifs l'absence même de mandat, il constate cependant d'une part que le prêteur, n'ayant pas traité directement de l'emprunt, et n'étant intervenu que pour mettre au bas d'une convention préparée et réalisée par le notaire seul, s'était adressé au notaire pour lui confier ce mandat et non pas uniquement pour réaliser l'acte et, d'autre part, que ce mandat avait été accepté.

Un arrêt de la cour d'Alger du 6 juill. 1866 (aff. Gauthier, *Revue du notariat,* n° 1764) peut suggérer des observations analogues. Cet arrêt, qui rend un notaire responsable d'un placement hypothécaire fait devant lui, déclare les notaires obligés, en dehors d'un mandat ou d'une gestion, d'éclairer et de protéger leurs clients sur les conséquences de leurs conventions, de vérifier avec un soin particulier l'établissement au profit de l'emprunteur de la propriété offerte en garantie, la nature de ses droits et sa situation hypothécaire, leur négligence à cet égard constituant une faute lourde. Mais l'arrêt constate, dans l'espèce, l'existence d'un mandat, et, la facilité qui existait pour le notaire de connaître la restriction du droit de l'emprunteur à la seule inspection de l'acte indiqué par lui-même comme origine de propriété.

Un autre arrêt (Paris 11 déc. 1884, aff. Royat, *Revue du notariat,* n° 7068) déclare les notaires obligés d'examiner avec soin les titres de propriété et de s'assurer de l'état des immeubles des débiteurs avant de réaliser un acte de prêt hypothécaire; mais il relève en fait la connaissance personnelle par le notaire de la situation de l'emprunteur, de la valeur de ses biens, des charges qui les grevaient, sa réticence sur le chiffre de charges connues de lui, et l'absence de toute négociation entre les parties elles-mêmes, qui avaient signé chacune en sa demeure, le notaire ayant seul traité le placement et ayant intérêt à procurer des fonds à l'emprunteur qui lui devait de l'argent.

Enfin un arrêt de la chambre civile du 6 juin 1894, aff. Mariscal, D. P. 94. 1. 359, affirme, en dehors de tout mandat spécial, le devoir professionnel de vérifier les conditions formant la raison d'être de l'acte, la propriété et les droits de l'emprunteur sur les immeubles à hypothéquer, et déclare le notaire responsable si le gage échappe au prêteur, faute par l'emprunteur d'avoir eu le droit d'hypothéquer, alors surtout qu'il devait connaître cette circonstance par des actes de son propre ministère. Mais il importe de remarquer qu'il s'agissait ici de la nullité

de l'acte, révélée par les archives mêmes du notaire rédacteur.

512. En tout cas, il a été jugé : 1° que le notaire qui a simplement constaté un prêt négocié par une personne expérimentée en affaires, qui n'a pu prendre et n'a pris en réalité dans les agissements du prêteur qu'un rôle purement instrumentaire sans complication de mandat, n'est pas responsable des suites de ce prêt pour s'être dessaisi des fonds en sa possession sur le vu du certificat d'inscription d'une cession d'antériorité faite au profit du prêteur en exécution du prêt, mais ultérieurement annulée pour défaut d'autorisation maritale, alors que le prêteur lui-même avait, sur le vu de ce certificat, autorisé la remise des fonds, et alors surtout que, la cession d'antériorité étant consentie par une femme séparée de biens, la nécessité de l'autorisation maritale en ce cas était controversée en jurisprudence, et que par suite la cour d'appel avait déchargé de toute responsabilité le notaire même qui avait rédigé cette cession (Req. 6 juill. 1870, aff. Giraud, D. P. 71. 1. 143) ; — 2° Qu'il n'y a pas faute de la part du notaire qui, pour dresser l'établissement de propriété d'un immeuble sur lequel hypothèque est constituée en son étude, s'est appuyé de bonne foi sur les énonciations d'un acte de notoriété déjà ancien et ayant servi à des contrats antérieurs, cet acte fût-il entaché d'erreur ou de fraude (Bordeaux, 6 févr. 1875, aff. Héritiers X..., *Revue du notariat*, n° 1429).

513. — 2° *Du cas où il y a mandat ou gestion d'affaires.* — Lorsqu'un notaire ajoute à son rôle instrumentaire dans un prêt sur hypothèque la mission de remplacer le prêteur et de pourvoir à ses intérêts dans la gestion de l'affaire, on comprend que cette situation ouvre un plus large champ à sa responsabilité à raison des fautes qu'il peut commettre par inexécution ou mauvaise exécution du fait promis ou de la gestion entreprise, conformément aux principes du contrat intervenu (louage de services ou mandat) ou du quasi-contrat de gestion d'affaires, sauf la difficulté de prouver l'existence ou l'étendue de la promesse. — Sur les conditions de cette preuve, V. *infra*, n°ˢ 568 et suiv.

514. On trouve au *Rép.*, n°ˢ 314, 345, 346, 347, 348, 349, 354, 355 et 356, diverses applications de cette responsabilité en matière de placements hypothécaires. Le grand nombre de celles qui en ont été faites depuis lors témoigne de la difficulté des appréciations qu'elle soulève, et la variété des circonstances relevées empêche de les réduire à une seule formule. La cour de cassation a jugé, notamment : 1° qu'un notaire qui s'est constitué le *negotiorum gestor* du prêteur, en se substituant à lui pour apprécier les conditions du prêt, est responsable de la perte de la somme prêtée résultant de l'insuffisance des garanties hypothécaires, sur lesquelles il a commis la faute grave de ne prendre aucun renseignement (Req. 11 juill. 1866, aff. Jouvaux, *Revue du notariat*, n° 1851 ; Metz, 19 déc. 1855, aff. Leroy, D. P. 57. 5. 287) ; — 2° Qu'un notaire qui, chargé de faire un emprunt, s'adresse spontanément à un prêteur pour lui demander des fonds à placer convenablement, se constitue par là gérant d'affaires ou mandataire du prêteur, et doit l'indemniser s'il remet ces fonds à un emprunteur inconnu du prêteur et dont il connaît lui-même l'insolvabilité (Req. 9 juill. 1872, aff. Jagoury, D. P. 73. 1. 296) ; — 3° Que le notaire auxquels des fonds sont confiés pour être placés hypothécairement doit être considéré comme mandataire ou *negotiorum gestor* et répond de la solidité du placement, alors surtout qu'il a perçu une commission sur la somme prêtée en sus de l'honoraire de l'acte et qu'il s'agit d'un client illettré (Req. 13 août 1874, aff. Floret, D. P. 75. 1. 55 ; Paris, 20 et 27 juill. 1874, aff. Chandelier, *Revue du notariat*, n° 4688) ; — 4° Que le notaire est civilement responsable des suites d'un prêt dont il a suggéré l'idée à une personne sans expérience et sans défense par elle-même, s'il n'a pris aucune précaution pour se rendre compte des garanties offertes par l'emprunteur ni pris aucune mesure dans l'acte pour le rendre efficace, et qu'en pareil cas il peut être condamné à payer non seulement le capital mais les intérêts non payés par l'emprunteur, lesquels, pour le notaire en faute, constituent des dommages-intérêts en principal et non des intérêts moratoires (V. *suprà*, n° 265 et suiv. ; Req. 8 déc. 1874, aff. Lavalon, D. P. 75. 1. 312) ; — 5° Que le notaire chargé d'un placement hypothécaire par une veuve très âgée et peu

versée dans les affaires qui s'en est remise à lui pour apprécier la solvabilité des emprunteurs et la suffisance des immeubles hypothéqués, agit comme mandataire, et non comme notaire, lorsqu'il procure à cette veuve des emprunteurs et débat pour elle les conditions de l'emprunt, et que par suite il commet une faute engageant sa responsabilité si les biens hypothéqués étant reconnus, à l'époque du prêt, insuffisants pour en garantir le montant (Bordeaux, 13 juill. 1874, et sur pourvoi Req. 28 avr. 1875, aff. R..., D. P. 75. 2. 197 et 77. 1. 223. Dans le même sens, Paris, 27 juill. 1874, D. P. 77. 5. 308) ; — 6° Que le notaire qui, pour négocier un prêt hypothécaire, s'est constitué le mandataire d'un emprunteur dont il connaissait la situation précaire et d'un prêteur inexpérimenté en affaires, est responsable envers ce dernier de la perte de sa créance, résultant de l'insuffisance de l'hypothèque fournie par l'emprunteur (Angers, 14 janv. 1875 et sur pourvoi, Req. 2 août 1875, aff. Naffrechon, D. P. 76. 1. 260, Orléans, 22 juill. et 9 déc. 1892, aff. Laprade et aff. Cochet, D. P. 94. 2. 452) ; — 7° Qu'un notaire qui, chargé sur son initiative d'un placement de fonds, dresse acte du prêt hors de la présence du prêteur, commet une faute dont il doit réparation s'il néglige de vérifier l'état hypothécaire avant la signature de l'acte, surtout lorsqu'une des stipulations de cet acte portait que le capital prêté deviendrait exigible si l'immeuble hypothéqué était grevé d'inscriptions antérieures au delà d'une somme déterminée, et qu'après le contrat le notaire a remis l'état constatant ces inscriptions au prêteur incapable de surveiller lui-même le sort de ses placements, sans aucune observation de nature à éveiller sa vigilance (Req. 20 déc. 1882, aff. Jacquiot-Constant, D. P. 83. 1. 311) ; — 8° Que le notaire qui, chargé d'un placement de fonds sur hypothèques, s'est engagé à faire ce placement au mieux des intérêts de son client, en a eu seul l'initiative, et l'a opéré en l'absence du créancier, doit être réputé avoir agi comme mandataire, et est responsable en cette qualité de l'insuffisance des garanties hypothécaires qu'il a stipulées, lorsqu'il ne pouvait ignorer cette insuffisance au moment du prêt (Req. 21 oct. 1885, aff. Mareschal, D. P. 86. 1. 403) ; — 9° Qu'un notaire peut être déclaré responsable des suites d'un prêt hypothécaire négocié par son entremise et dont il devait comme mandataire assurer l'efficacité, lorsqu'il a causé préjudice à son client par défaut de vigilance dans l'accomplissement de son mandat (Req. 9 juill. 1890, aff. Dubédat, D. P. 91. 1. 381) ; — 10° Qu'un notaire est responsable de la perte éprouvée par son client à la suite d'un placement hypothécaire effectué par ses soins, quand le notaire a spontanément proposé au client de prêter sur hypothèque à un emprunteur, et que le client, ne connaissant pas la situation de cet emprunteur, s'en est entièrement rapporté à lui et s'est fait à lui remettre les fonds demandés (Req. 2 mai 1892, aff. Martin, D. P. 93. 1. 316) ; — 11° Que les deux notaires qui se sont ingérés dans la négociation d'un prêt dont ils ont reçu l'acte conjointement, et qui ont partagé non seulement l'émolument afférent à la rédaction de l'acte, mais l'émolument supplémentaire accordé pour la négociation du prêt, commettent une faute lourde dont ils sont solidairement responsables, s'ils omettent de vérifier et faire connaître préalablement au prêteur, leur client, la situation hypothécaire des biens garantissant le prêt (Req. 17 oct. 1893, aff. Hermet, D. P. 94. 1. 159).

515. Il a été jugé encore à la cour suprême : 1° que si un notaire n'a pas été simple rédacteur d'un acte de prêt hypothécaire, chargé par l'emprunteur de lui procurer de l'argent, il a été visiter les lieux, si c'est par son intermédiaire et ses soins que l'opération a été réalisée, si les parties avaient en lui une confiance absolue, si son premier clerc a servi de mandataire à l'emprunteur, s'il y a eu élection de domicile et stipulation du payement des intérêts en son étude, ces circonstances l'obligeaient à examiner scrupuleusement les titres de propriété et à s'assurer de l'état des immeubles hypothéqués en demandant l'état de transcription pour connaître les aliénations antérieures, et en demandant une expédition du testament qui conférait à l'emprunteur un usufruit compris dans le gage, au lieu de se contenter de l'analyse contenue dans l'acte de délivrance du legs ; et que l'omission de ces précautions constitue malgré la bonne foi du notaire une

faute grave dans l'exercice de sa profession, qui le rend responsable envers le prêteur du préjudice provenant de ce qu'une partie des biens hypothéqués avait été aliénée ou grevée d'usufruit par l'emprunteur, et de ce que l'usufruit, hypothéqué par lui avec ces immeubles, ne lui avait été légué qu'incessible et insaisissable (Orléans, 8 janv. 1870, aff. Tiby, D. P. 71. 2. 68, et sur pourvoi, Civ. rej. 4 mars 1873, D. P. 73. 1. 56) ; — 2° Que lorsqu'il résulte des débats, des documents du procès et des lettres du notaire, que celui-ci ne s'est pas renfermé dans l'exercice de son ministère, et qu'il est devenu en outre mandataire de son client en prenant l'initiative de l'emprunt et en agissant seul, soit pour l'examen de ses conditions, soit pour son exécution, tandis que le prêteur n'a jamais été mis en relation avec l'emprunteur, ne l'a jamais vu et a remis ses fonds au notaire, celui-ci commet une faute engageant sa responsabilité si l'hypothèque se trouve nulle comme grevant l'immeuble dotal de la femme de l'emprunteur, malgré le jugement qui autorisait illégalement cette hypothèque, alors qu'il n'a pas suffisamment analysé ce jugement, qu'il n'a remis à son client l'expédition ni de ce jugement, ni de la requête, et qu'il a négligé de l'éclairer sur les risques d'un tel emprunt, ce client étant illettré et ignorant des choses juridiques (Req. 25 janv. 1887, aff. Jullien, D. P. 87. 1. 473).

546. On peut signaler aussi quelques arrêts de cour d'appel intéressants à ce point de vue. Jugé : 1° que le notaire qui fait faire un placement à un de ses clients dont il est l'homme d'affaires habituel, le notaire exclusif, l'agent et le *negotiorum gestor,* sur un immeuble qu'il sait n'être pas payé et être grevé, outre le privilège du vendeur, de plusieurs inscriptions dont l'état lui a été remis, alors que le client ne connaît ni l'emprunteur ni la situation de ses immeubles, est responsable envers ce client du manque de soins ou du défaut d'attention qui, en dehors de toute indélicatesse, l'ont amené à réaliser un tel acte ; et qu'il importe peu que le prêteur ait comparu personnellement dans l'acte pour le signer, cette comparution n'ayant pu lui faire connaître ni l'emprunteur, ni sa situation financière ou hypothécaire, ni la valeur de ses biens, ni leur situation hypothécaire (Toulouse, 8 févr. 1861, aff. Mⁿ X..., D. P. 61. 2. 110) ; — 2° Qu'un notaire qui s'est fait le *negotiorum gestor* de sa cliente pour la négociation d'un prêt, celle-ci, étrangère aux affaires, ayant mis exclusivement en lui sa confiance, et les parties ayant signé hors la présence l'une de l'autre sans avoir été mises en rapport pour débattre leurs conditions, est responsable de la disparition du gage hypothécaire par suite de la révocation de la donation de l'immeuble pour inexécution des conditions, danger qu'il connaissait et sur

lequel il a rassuré la prêteuse par des assertions téméraires (Rouen, 18 mars 1868) (1) ; — 3° Que le notaire chargé par une femme illettrée et ignorante en affaires de faire le placement utile de ses économies peut être condamné, s'il engage imprudemment cette cliente dans un mauvais placement, à lui rembourser, non seulement la somme prêtée et les intérêts, mais encore des dommages-intérêts pour dérangements et frais de toute espèce (Nîmes, 16 août 1870, aff. Charton, D. P. 72. 5. 331) ; — 4° Que les notaires qui, outre leur fonction purement légale, se constituent les mandataires ou les gérants d'affaires de leurs clients, ne peuvent échapper aux conséquences de cette gestion ou de ce mandat en soutenant qu'ils leur sont interdits par les règles de leur profession ; qu'en y manquant au contraire, pour augmenter leurs honoraires, ils rendent plus lourdes les fautes qu'ils peuvent commettre dans l'accomplissement de cette gestion ou de ce mandat et plus rigoureuse la responsabilité qui en découle ; qu'ainsi spécialement, un notaire répond de l'insuffisance des garanties hypothécaires des placements qu'il s'est chargé d'effectuer, sans que l'emploi des sommes qui lui ont été remises pour être placées par ses soins ait été arrêté d'avance entre lui et son client, lequel d'ailleurs, par suite de longues relations, avait mis en lui toute sa confiance (Lyon, 4 mars 1876, aff. Duchamp, D. P. 77. 1. 399) ; — 5° Que le notaire qui se charge de placer des fonds sur simples billets pour le compte de ses clients contracte l'obligation de s'assurer de la solvabilité de l'emprunteur, et répond de la perte des sommes prêtées par l'insuffisance de cette solvabilité (Amiens, 25 juin 1877, aff. Vasset et cons., *Revue du notariat,* n° 5441) ; — 6° Que le notaire qui, en qualité de mandataire, procure à un de ses clients un placement hypothécaire, est responsable envers lui de la solidité de ce placement ; qu'il faut considérer comme mandataire le notaire qui traite seul avec l'emprunteur sur les conditions et garanties de l'emprunt, sans le mettre en relations avec le prêteur ; et qu'en conséquence, si le notaire fait consentir par l'emprunteur un supplément de garantie hypothécaire sur des immeubles indivis qui se trouvent ensuite, en vertu d'une licitation faite devant lui, grevés d'un privilège de copartageant primant cette hypothèque supplémentaire, il commet une faute dont il est responsable (Bordeaux, 12 févr. 1890, aff. Eymery, D. P. 91. 2. 47) ; — 7° Que le notaire instigateur d'un placement de fonds effectué par son client, dont il est le mandataire ou l'agent d'affaires, est responsable de l'insuffisance des garanties hypothécaires stipulées, faute de s'être bien renseigné à cet égard (Orléans, 10 déc. 1875, aff. Delalande, sous Req. 20 nov. 1876, D. P. 78. 1. 172) ; que dans tous les cas il commet une faute lourde dont il

(1) (Cirette C. Garnot.) — LA COUR ; — Attendu qu'il résulte des documents du procès que Mᵉ Garnot, notaire, ne s'est pas borné au rôle de rédacteur du contrat constatant les conventions arrêtées entre la demoiselle Lesigne, aujourd'hui femme Cirette, et le nommé Lubin Taillet, au sujet d'un prêt de 4 000 fr. fait par elle à celui-ci, le 8 déc. 1860 ; qu'en effet, c'est lui qui avait tout d'abord accepté le soin de trouver à la demoiselle Lesigne, sa cliente, un emprunteur pour les fonds dont elle désirait faire le placement, et qu'il lui a ensuite désigné Lubin Taillet; que jamais Lubin Taillet, qui était aussi l'un des clients de l'étude de Mᵉ Garnot, n'a été mis en rapport avec la demoiselle Lesigne, soit pour débattre les conditions du prêt, soit même pour la passation du contrat, que chacune des parties a signé hors la présence de l'autre ; que des circonstances faisaient nécessairement du notaire le *negotiorum gestor* de la prêteuse, tenu d'apporter à la gestion de l'affaire tous les soins d'un bon père de famille, aux termes des art. 1372 et 1373 c. civ.; que cette obligation est d'autant plus étroite que la demoiselle Lesigne avait mis exclusivement en lui une confiance résultant de leurs précédentes relations de cliente à notaire, et commandée en outre par les connaissances qu'impliquait chez lui sa pratique notariale, tandis qu'elle-même était, par son éducation et ses habitudes, entièrement étrangère aux affaires ; — Attendu que si Garnot a indiqué à la demoiselle Lesigne que les immeubles à affecter hypothécairement à la garantie du prêt à faire à Lubin Taillet provenaient à celui-ci d'une donation révocable en cas d'inexécution des conditions sous lesquelles elle avait été faite, et qu'ils étaient grevés d'une rente viagère au profit des donateurs, il a pris soin en même temps de la rassurer contre ces dangers trop réels et bien faits pour la détourner de prêter, en lui disant que le revenu des biens donnés était égal à la rente viagère stipulée

dans la donation, et leur valeur capitale supérieure à la somme empruntée et à toutes les charges imposées par les donateurs, charges parmi lesquelles figurait le payement de 2400 fr. pour deux créances Drevet et Campigny; qu'il montra même à sa cliente une note sur laquelle il avait, trois mois auparavant, rédigé l'acte de donation ; que c'est sur la foi de ces renseignements que la demoiselle Lesigne a consenti à prêter ses fonds, les a versés dans les mains du notaire et a souscrit le contrat ; mais que les événements n'ont pas tardé à faire justice de toutes les assertions téméraires de Mᵉ Garnot; qu'en effet, environ un an après, et lorsque Lubin Taillet avait payé seulement six mois d'intérêts entre les mains du notaire, pour le compte de la demoiselle Lesigne, l'action révocatoire de la donation était intentée et la révocation prononcée le 5 mai 1862, au profit des donateurs, dans les mains desquels les immeubles hypothéqués à la garantie du prêt sont rentrés libres de toutes les charges imposées par le donataire ; qu'il devenait dès lors superflu d'examiner si ces immeubles eussent été ou non suffisants pour garantir les actions hypothécaires dont ils étaient grevés, et notamment la créance Lesigne; que, toutefois, il est acquis au procès que leur vente en justice a produit une valeur bien inférieure à celle de ces mêmes charges, au lieu d'une valeur supérieure, comme Mᵉ Garnot l'avait assuré ; — Attendu enfin, qu'au lieu de prélever 1200 fr. pour le payement de la créance hypothécaire Drevet, comme le contrat en imposait l'obligation à l'emprunteur qui devait faire subroger la prêteuse, Mᵉ Garnot a délivré à Lubin Taillet, sur ses pressantes instances et malgré son insolvabilité, la totalité de la somme prêtée, sauf 1400 fr. environ qu'il a retenus pour se payer de ce qui lui était dû personnellement par ce client; que Mᵉ Garnot convient avoir commis en cela une faute dont il doit la réparation aux époux Cirette, jus-

doit répondre s'il comprend dans les biens hypothéqués deux immeubles qui n'étaient plus la propriété de l'emprunteur (Rouen, 30 nov. 1891, aff. Leheu, D. P. 92. 2. 285). — *Adde :* Paris, 2 mai 1860, cité *suprà*, nᵒ 511 ; 11 déc. 1884, aff. Rafat, *Revue du notariat*, nᵒ 7068 ; Agen, 23 déc. 1889, cité *suprà*, nᵒ 508 ; 28 janv. 1891, cité *suprà*, nᵒ 511 ; Grenoble, 11 juill. 1893, D. P. 94. 2. 543).

517. Il a été aussi très souvent jugé que le notaire qui reçoit de son client des fonds destinés par lui, d'après acte reçu en l'étude, à libérer l'immeuble d'un emprunteur des hypothèques dont il était grevé, accepte par là même le mandat et l'obligation de faire subroger son client dans les droits et actions du créancier hypothécaire, et que sa négligence sur ce point est une faute lourde qui engage sa responsabilité (Paris, 16 nov. 1826, cité au *Rép.* nᵒ 346-3ᵒ ; Req. 19 juill. 1854, cité *ibid.*, nᵒ 99-4ᵒ ; 25 janv. 1876, aff. Lagarrigue, D. P. 76. 1. 381 ; 15 févr. 1876, aff. Noailles, D. P. 76. 1. 246 ; Bordeaux, 17 juill. 1877, aff. Clossmann, *Revue du notariat*, nᵒ 5521 ; Riom, 23 oct. 1888, aff. Tarneau, D. P. 89. 2. 279 ; Civ. rej. 27 oct. 1891, aff. Laffranque, D. P. 92. 1. 93).

518. Mais lorsque, dans un prêt, il a été stipulé que le prêteur serait subrogé dans les prix et soultes privilégiés qui pourraient être dus à l'emprunteur par suite de licitation ou de partage de biens indivis avec un cohéritier, et que ce cohéritier, faute d'avoir reçu notification de cette convention, n'en a pas tenu compte dans le partage desdits biens, le notaire rédacteur du prêt n'en peut être responsable s'il n'est pas établi qu'il ait accepté la mission de faire cette notification et si, l'acte conférant les pouvoirs nécessaires au porteur de l'extrait ou de l'expédition, il n'est point justifié que la vente ou le partage fût consommé avant la remise de l'expédition (Riom, 23 oct. 1888, aff. Tarneau, D. P. 89. 2. 279).

519. Quel que soit, d'ailleurs, le mandat accepté par le notaire dans la négociation d'un emprunt, il faut encore qu'une faute du notaire apparaisse dans son exécution et qu'elle soit la cause d'un préjudice. Il ne répondra pas d'un préjudice indépendant de sa faute, provenant, par exemple, de celle du client lui-même, et il ne répondrait qu'en partie d'un préjudice dû en partie à la faute du client.

Il faut aussi que le préjudice causé par sa faute soit actuellement certain et non purement éventuel ; mais il suffit à cet égard que le prêteur se trouve privé d'une collocation utile sur le prix de l'immeuble hypothéqué, sans qu'il soit nécessaire d'attendre le règlement définitif des contestations relatives à la répartition de ce prix (Orléans, 8 janv. 1870, aff. Tiby, D. P. 71. 2. 68. V. également Orléans, 22 juill. 1892, aff. Laprade, D. P. 94. 2. 452), ou l'exercice dispendieux d'autres moyens d'action contre le débiteur (Req. 28 mai 1888, aff. Leroy, D. P. 89. 1. 187). V. encore, sur cette condition de la responsabilité, *infrà*, nᵒˢ 563 et 564.

520. La cour de Lyon, dans un arrêt du 3 juill. 1868 (aff. Clouet, D. P. 68. 2. 229), a fixé avec une grande précision les conditions essentielles de la responsabilité du notaire en matière de placement de fonds. Il ne suffit pas de prouver que le notaire a indiqué ou même négocié le prêt sans que les parties aient été mises en présence, qu'il l'a dit suffisamment sûr, qu'il a encaissé les fonds, servi d'intermédiaire pour les payements d'intérêts, conformément à la clause habituelle d'élection de domicile des parties en son étude, reçu enfin des honoraires doubles de ceux que l'usage attribue au notaire lorsqu'il est simplement rédacteur de l'acte. Ce rôle de mandataire étant établi, il faut encore prouver, ou qu'il a cautionné l'emprunteur, ou qu'il a commis une

faute dans la négociation. Si la preuve d'un cautionnement n'est pas faite par écrit ou s'il n'en existe au moins un commencement de preuve par écrit (ce qui est d'autant plus nécessaire que ce cautionnement est interdit aux notaires), si d'autre part le notaire a pu croire sans témérité ni impéritie à la suffisance du gage hypothécaire, eu égard à sa valeur apparente au moment du contrat, si le prêteur, mis d'ailleurs à même d'apprécier cette valeur, a prêté en pleine connaissance de cause, stipulant même une prime motivée, dans la pensée des parties par le risque des conséquences du placement, le notaire ne saurait être rendu responsable.

521. Jugé encore : 1ᵒ qu'un notaire n'est pas responsable, quoiqu'il ait pris l'initiative d'un placement hypothécaire, qu'il ait été négociateur de l'emprunt et mandataire des parties, s'il n'a pas commis une faute dans l'accomplissement de ce mandat, notamment si l'insuffisance des garanties hypothécaires ne remonte pas au jour du contrat et provient uniquement, soit de la dépréciation toujours croissante des propriétés immobilières et du résultat de l'adjudication, que l'on ne pouvait alors prévoir, soit des agissements du prêteur lors de cette adjudication ; si par exemple le créancier, d'ailleurs expérimenté en affaires, a laissé cette dépréciation se produire en retardant ses poursuites volontairement sans que le notaire ait pesé sur lui par ses conseils (Bordeaux, 13 juill. 1874 et Req. 28 avr. 1875, aff. R..., D. P. 75. 2. 197 et 77. 1. 223 ; Civ. cass. 30 mai 1881, aff. Basquin, D. P. 81. 1. 414 ; Poitiers, 11 nov. 1889, aff. Majan de la Rousselière, D. P. 90. 2. 198 ; Bordeaux, 12 févr. 1890, aff. Eymery, D. P. 91. 2. 47) ; — 2ᵒ Que le notaire, alors même qu'il agit comme mandataire ou *negotiorum gestor*, n'est pas tenu, avant de réaliser le prêt, de faire procéder à une expertise des immeubles et que sa responsabilité ne doit pas être mesurée à la valeur exacte donnée aux immeubles par une expertise faite postérieurement (Req. 7 janv. 1878, aff. Durandeau, D. P. 78. 1. 158).

522. Mais il a été jugé que la responsabilité du notaire, comme mandataire, peut être étendue à toute la somme non remboursée, puis les immeubles aient subi une dépréciation depuis l'époque du prêt, si leur valeur vénale était insuffisante à l'origine pour garantir la restitution du capital (Req. 13 août 1874, aff. Floret, D. P. 75. 1. 55). — Il ne doit, au contraire, que le prix d'adjudication de l'immeuble hypothéqué et non la somme prêtée tout entière, si la faute imputable au notaire consiste seulement à n'avoir pas averti son client que cet immeuble avait cessé d'appartenir au débiteur, le client ayant pu se rendre compte par lui-même de la valeur du gage (Req. 16 août 1865, aff. Hoaran des Ruisseaux, D. P. 66. 1. 11).

523. S'il est vrai que la responsabilité du notaire pour avoir mal éclairé un prêteur peut être atténuée par la faute du prêteur lui-même, notamment par le retard qu'il a mis à former sa demande en collocation, retard par suite duquel cette demande a été rejetée (Req. 19 juill. 1892, aff. Druilhet, D. P. 93. 1. 151), ou encore par sa négligence à sauvegarder ses intérêts dans le procès auquel donne lieu l'ordre hypothécaire, le notaire ne peut se prévaloir de cette négligence alors que, averti par son client de la responsabilité qu'il entend faire peser sur lui, il n'est pas intervenu pour fournir à ce client les documents et renseignements qui auraient pu faire triompher ses droits (Agen, 28 janv. 1891, aff. Fournier, D. P. 92. 2. 79).

524. Subordonnée à la preuve d'une faute, la responsabilité du notaire, comme mandataire ou *negotiorum*

qu'à concurrence de la créance Drevet, mais que ce consentement est insuffisant ; qu'en effet, la dette de Lubin Taillet envers les époux Cirette étant échue sans qu'il puisse l'acquitter, parce qu'il est insolvable, les faits ci-dessus justifient assez par eux-mêmes l'action en responsabilité dirigée par les époux Cirette contre Mᵉ Garnot ; — Attendu que toute la conduite de l'intimé depuis la révocation de la donation, en révélant tout le sentiment intime de cette responsabilité, ajoute encore à la conviction de la cour (suit l'énoncé de divers faits établissant que Mᵉ Garnot aurait cherché à dissimuler ou atténuer aux yeux de sa cliente le préjudice que l'opération devait lui faire éprouver) ; — Attendu que, indépendamment de la perte du capital et des intérêts qui devaient être servis annuellement au taux de 5 p. 100, Mᵉ Garnot doit tenir compte aux époux

Cirette de l'intérêt des intérêts eux-mêmes qui, aux termes du contrat du 8 déc. 1860, étaient productifs d'intérêts, lorsqu'ils représentaient une année entière, par le seul fait de l'échéance du terme, de plein droit et sans sommation ; que ces condamnations, si rigoureuses qu'elles paraissent, ne sont que l'application exacte de l'art. 1149 c. civ. ; qu'il en est de même de tous les frais exposés jusqu'ici par les époux Cirette tant contre Taillet fils que contre Mᵉ Garnot, frais dont ils doivent être rendus indemnes ; mais qu'au moyen de ces diverses réparations, il n'existe plus de préjudice de nature à motiver une condamnation à des dommages-intérêts ; — Par ces motifs, réformant, etc.

Du 18 mars 1868.-C. de Rouen, 1ʳᵉ ch.-MM. Letendre de Tourville, pr.-Jardin, 1ᵉʳ av. gén.-Revelle et Lemarcis, av.

gestor, dans un placement de fonds est moins rigoureuse que l'obligation résultant d'un cautionnement. Mais, d'autre part, il a été jugé qu'à la différence du cautionnement, elle constitue une obligation directe et principale, non une garantie subsidiaire, et que le notaire qui en est tenu n'est pas fondé à exiger la discussion préalable des biens de l'emprunteur qui ne sont pas affectés à la garantie du prêt, ni même un sursis jusqu'après la clôture de la procédure d'ordre destinée à établir si les sûretés sont ou non suffisantes (Bordeaux, 6 févr. 1865, aff. Héritiers X..., *Revue du notariat,* n° 1429 ; Paris, 5 févr. 1892, aff. Gibez, D. P. 92. 2. 497 ; Req. 5 déc. 1893, aff. Leblanc, D. P. 94. 1. 342). Jugé même que l'obligation personnelle de garantie, que le notaire aurait consentie en ce cas par un acte exprès, n'est que la reconnaissance de cette obligation principale, et non un cautionnement ordinaire donnant droit au bénéfice de discussion (Paris, 5 févr. 1892, précité).

525. Enfin il est à remarquer que si la somme placée faisait partie de la dot d'une femme dotale, les dommages-intérêts alloués judiciairement à la femme contre le notaire, responsable d'un mauvais placement dans lequel cette somme a péri, prennent la place de cette somme par une fiction de subrogation et doivent, par suite, être, comme elle, inaliénables et insaisissables (Req. 5 janv. 1891, aff. Lionnet, D. P. 91. 1. 486) ; et qu'il en est ainsi non seulement pour le capital de la somme ainsi allouée, mais encore pour les revenus de cette somme dans la mesure où ils sont nécessaires aux besoins de la famille (Aix, 6 janv. 1890, même affaire sous l'arrêt précité, D. P. 91. 1. 486. V. le rapport de M. le conseiller Denis, reproduit avec ces arrêts).

526. On peut consulter spécialement sur la responsabilité des notaires en matière de prêts hypothécaires : Bonnet, *De la responsabilité des notaires en matière de prêts hypothécaires* ; Henry, *Dissertation sur le même sujet, Revue du notariat,* 1892, n° 8786 ; Pont, *Revue du notariat ;* n° 387 et suiv. ; Vavasseur, *Revue du notariat,* n° 4984.

527. — V. Autres cas de mandat ou de gestion d'affaires. — En dehors du cas de placement hypothécaire, qui est à lui seul la matière d'une jurisprudence si nombreuse, on a examiné au *Rép.,* n°s 346, 352 et suiv., 363 et 364, la responsabilité qui, à l'occasion d'autres actes, incombe aux notaires par application des règles du mandat ou de la gestion d'affaires, lorsqu'ils ont accepté un mandat ou entrepris une gestion en dehors de leur rôle purement notarial. Aux décisions déjà rapportées dans ce sens, il faut ajouter les suivantes aux termes desquelles : 1° le notaire qui, agissant non point seulement comme officier public, mais en qualité de mandataire salarié d'une partie, à, dans un partage intéressant celle-ci et destiné à remplacer un autre partage antérieur, placé au lot de cette même partie un immeuble qui, attribué par le premier partage à un autre copartageant, avait été par lui grevé d'hypothèques, est responsable du préjudice résultant de l'existence de ces hypothèques (Douai, 24 mai 1855, aff. Tassard, D. P. 57. 5. 288) ; — 2° Le notaire qui, commis par justice pour faire procéder à la conversion de titres de rente au porteur en titres nominatifs, se borne à envoyer les titres à un agent de change sans lui fournir aucune explication précise sur les droits respectifs des parties et s'en remet à un agent d'affaires du soin de donner tous les renseignements nécessaires, est tenu de réparer le préjudice causé à l'une des parties par les manœuvres au moyen desquelles cet agent d'affaires a induit l'agent de change en erreur (Amiens, 11 mai 1877, aff. *Caisse paternelle,* D. P. 78. 2. 248) ; — 3° Quand un légataire universel, obligé d'assurer le service d'une rente viagère par l'achat de valeurs nominatives expressément indiquées par le testament, manifeste l'intention de substituer à ces valeurs d'autres valeurs nominatives, l'ancien notaire autrefois dépositaire du testament, qui accepte la mission d'opérer cette substitution, est en faute si, ayant intérêt à placer certains titres, il les propose à son mandant pour l'emploi dont il s'agit, en lui laissant ignorer qu'ils sont simplement au porteur, et en lui faisant croire faussement que le crédi-rentier est disposé à les agréer. En conséquence, le mandant qui, sur ces indications inexactes, a consenti à l'achat des titres en question, peut faire condamner le mandataire à l'indemniser de la perte subie par suite de la dépréciation

ultérieure de ces titres, nonobstant le tort qu'il a eu lui-même de vouloir sortir des termes limitatifs du testament qu'il avait à exécuter (Req. 30 juin 1885, aff. Cobin, D. P. 86. 1. 200) ; — 4° Un notaire rédacteur d'une police d'assurance flottante, qui s'est chargé envers les assurés des formalités à remplir ultérieurement pour donner effet à cette assurance, doit les indemniser de la déchéance qu'ils ont encourue par suite de son mandat et, notamment, faute par lui de faire aux assureurs la déclaration d'aliment dans le délai prescrit (Req. 20 juill. 1886, aff. Lamotte, *Revue du notariat,* n° 7474). Le notaire, liquidateur d'une succession, entre les mains duquel ont été laissées diverses valeurs souscrites en payement du prix d'un immeuble dépendant de cette succession, est responsable des suites du défaut de recouvrement ou de protêt à l'échéance d'un effet compris dans ce payement, alors surtout qu'il a fait le recouvrement des autres valeurs, et a réparti les sommes en provenant entre tous les héritiers (Trib. civ. Mâcon, 5 avr. 1859, aff. Desblanc, D. P. 59. 3. 69).

528. Mais on ne saurait reprocher à un notaire l'omission de certains actes pour lesquels il n'avait reçu aucun mandat, ou pour lesquels son mandat s'était trouvé révoqué. Jugé, notamment, qu'un notaire, régulièrement chargé des recouvrements d'une succession qu'il avait été appelé à liquider, ne répond de la péremption, postérieurement survenue, d'une créance dont le titre est demeuré entre ses mains, qu'autant qu'il est établi qu'il avait mission d'en poursuivre le payement ou de provoquer du débiteur un titre nouveau (Trib. civ. Montargis, 11 janv. 1858, aff. Charton, D. P. 59. 3. 8. Comp. *Rép.,* n° 354). Et même, ce mandat étant établi, il faudrait encore que la prescription de la créance eût déjà été opposée par le débiteur lui-même et qu'il eût été possible, sans cette prescription, d'obtenir payement de ce débiteur, car la responsabilité suppose un préjudice actuellement certain et dû à la faute elle-même (Même jugement).

529. Le notaire qui a pris l'initiative d'une vente d'immeuble et s'en est fait le négociateur, comme s'il avait reçu mandat des deux parties, doit indemniser le vendeur des frais de cette vente, résolue par suite de l'insolvabilité de l'acheteur qu'il a fait agréer au vendeur en le mettant tardivement en relation avec lui (Besançon, 20 juill. 1883, aff. Guégain, *Revue du notariat,* n° 6720).

530. La distribution d'un prix de vente peut être aussi pour le notaire l'objet d'un mandat et, par suite, la source d'une responsabilité, soit envers l'acquéreur mandant, soit envers les tiers ayants droit lésés dans cette distribution.

Ce principe a reçu notamment les applications suivantes : 1° le notaire qui reçoit de l'acheteur d'un immeuble une somme déterminée, avec mandat exprès de l'employer, d'après l'ordre hypothécaire, à payer les créanciers inscrits et qui, au lieu d'attendre la confection de l'ordre, désintéresse certains créanciers sans se faire délivrer par eux des quittances portant subrogation au profit de son mandant, et sans obtenir mainlevée de la part des autres, ce qui a permis à ceux-ci, quoique d'un rang postérieur, de se faire colloquer utilement dans un ordre judiciaire ouvert ultérieurement sur leurs poursuites, sans que l'acheteur ait pu se prévaloir, faute de subrogation, des payements faits aux créanciers antérieurs, commet en cela des fautes graves à raison desquelles il est tenu d'indemniser le mandant du préjudice qu'elles lui ont causé (Req. 10 févr. 1875, aff. Deschamps, D. P. 75. 1. 450) ; — 2° Lorsqu'il a été stipulé dans un acte de vente que les payements seraient faits en l'étude du notaire qui a reçu l'acte, d'abord entre les mains des créanciers inscrits, auxquels délégation était faite par le vendeur, et ensuite entre les mains dudit vendeur, le notaire se trouve, par suite de cette stipulation, le *negotiorum gestor* des créanciers, alors d'ailleurs qu'il s'est mis en relation et correspondance avec eux ; que, par suite, il est responsable envers les créanciers des payements qu'il aurait faits à leur préjudice entre les mains du vendeur, qu'il est également responsable envers le cessionnaire auquel, suivant acte reçu par son ministère, le vendeur aurait transporté ce qui devait lui revenir sur le prix de vente, du payement par lui fait postérieurement au préjudice dudit cessionnaire entre les mains du vendeur (Paris, 13 janv. 1865, aff. Lamoureux, D. P. 65. 2. 142) ; — 3° Le notaire

qui, chargé de distribuer entre les ayants droit le prix de vente d'un immeuble, le paye aux créanciers primés par l'hypothèque légale de la femme du vendeur sans avoir égard à cette hypothèque, à laquelle la femme n'avait renoncé, par son concours à la vente, que vis-à-vis de l'acquéreur quant au droit de suite, non vis-à-vis des créanciers inscrits quant au droit de préférence, est responsable envers la femme du montant de la somme que lui assurait son rang hypothécaire (Agen, 14 mars 1866, aff. Dame Malaret, D. P. 67. 2. 129) ; — 4° Le notaire qui reçoit l'acte de vente d'un immeuble, et qui est chargé par les parties de procéder à la distribution amiable du prix de vente entre les créanciers hypothécaires du vendeur, est responsable envers l'acquéreur de cet immeuble, s'il a négligé d'appeler le vendeur à la distribution amiable et si, pour ce motif, le conservateur des hypothèques s'est refusé à rayer l'inscription prise d'office au profit du vendeur sur l'immeuble vendu (Paris, 20 févr. 1890, aff. Rochefort, D. P. 94. 2. 183). Mais cette responsabilité ne permet pas de lui réclamer la restitution de ce prix de vente, que le vendeur ne peut réclamer lui-même à l'acquéreur, l'ayant délégué aux créanciers hypothécaires par l'acte de vente ; elle est limitée au préjudice que l'acquéreur peut subir par suite de la nécessité où il se trouve de poursuivre par les voies de droit les radiations que le notaire a négligé de faire opérer (Même arrêt) ; — 5° Lorsqu'un notaire, qui a procédé à une vente d'immeuble, s'est chargé d'en recevoir le prix et de le distribuer aux créanciers hypothécaires, il est bien tenu à employer les sommes qui lui sont versées par les adjudicataires ou leurs sous-acquéreurs, à les libérer valablement envers le vendeur et les créanciers *inscrits du chef de celui-ci ;* mais ce mandat ne va pas plus loin, et la responsabilité du notaire ne saurait être engagée envers un sous-acquéreur par l'existence de charges hypothécaires survenues *du chef de l'adjudicataire* de qui ce sous-acquéreur tient ses droits (Nancy, 26 févr. 1864, aff. Bosson, *Revue du notariat*, n° 963).

531. La règle qui exige un préjudice actuellement certain (V. *suprà*, n° 283) doit d'ailleurs s'appliquer en cette matière. Ainsi l'action intentée contre un notaire en restitution du prix à lui payé pour le compte d'un vendeur, par l'acquéreur qui, à raison de la découverte d'une hypothèque, craint une éviction, est prématurée, et dès lors non recevable, alors que l'acquéreur n'est ni troublé ni menacé par une sommation du créancier hypothécaire (Riom, 3 déc. 1885, aff. Azémar, D. P. 87. 2. 94).

532. Si le notaire se présentait à des tiers comme investi d'un mandat qu'il n'a pas, et les amenait ainsi à faire entre ses mains des payements qu'ils ont dû ensuite recommencer, il commettrait un quasi-délit engageant envers eux sa responsabilité dans les termes des art. 1382 et 1383 c. civ. Jugé, notamment, que lorsque le notaire, chargé de l'adjudication d'un immeuble dont le prix était payable entre ses mains et qui a été ensuite l'objet d'une saisie, ne se borne pas à demander aux nouveaux acquéreurs s'ils entendent payer ce qui reste dû à son client sur le prix de l'ancienne adjudication, mais leur écrit dans des termes propres à faire supposer qu'il a qualité pour régler les suites de l'adjudication dernière, en recevoir le prix et en donner quittance, il est responsable du préjudice que cette erreur a contribué à leur occasionner. Toutefois, si les nouveaux acquéreurs ont dû payer leur prix une seconde fois, à défaut d'avoir produit à l'ordre judiciaire ouvert sur le saisi pour la somme payée par eux au notaire, la responsabilité peut être partagée entre ce notaire et les acquéreurs ou leurs avoués, dont l'impéritie et la négligence ont été la cause définitive du dommage (Req. 20 nov. 1871, aff. X..., D. P. 72. 1. 124 et 181).

533. Le seul fait d'accepter un mandat et de l'exécuter suivant ses termes peut aussi être une faute et une source de responsabilité pour le notaire, si ce mandat émane d'un incapable et tend à sacrifier un de ses droits. Ainsi, un notaire est responsable lorsque, ayant dressé un acte contenant des clauses nulles à raison de l'incapacité du client, il a, comme mandataire du client, exécuté ces clauses. Par exemple, le notaire qui a fait pour une femme mariée mineure régulièrement autorisée à faire le commerce, un emprunt hypothécaire sans que les formalités prescrites par l'art.

483 c. civ. aient été remplies, alors que cette femme ne peut emprunter sans ces formalités que pour faits relatifs à son commerce, engage aussi envers elle sa responsabilité si, resté détenteur d'une partie des fonds, il l'emploie à rembourser un créancier du mari inscrit sur l'immeuble hypothéqué pour garantie de l'emprunt, bien que la femme se soit obligée dans l'acte à ce remboursement exigé par le prêteur, et à plus forte raison s'il a, même du consentement de la femme, remboursé un créancier chirographaire du mari (Douai, 7 mars 1882, aff. Dupont-Wiart, D. P. 83. 2. 14). — Sur le cas de responsabilité touchant la nullité des actes, V. *infrà*, n°s 580 et suiv., 598 et suiv., 624 et suiv.

534. — VI. Responsabilité des notaires comme dépositaires. — Les notaires, en dehors de leurs obligations purement professionnelles, peuvent se trouver obligés non seulement en vertu d'un mandat qui leur est confié, mais aussi en vertu d'un simple dépôt de deniers ou de titres. Jugé par exemple : 1° qu'un notaire dépositaire de fonds destinés à un emploi déterminé, qui remet ces fonds sans ordre exprès du déposant à un tiers se disant son mandataire, commet une faute qui le rend responsable envers le déposant du détournement de ces fonds, alors même que, sur la plainte de celui-ci, le tiers aurait de ce fait été condamné pour abus de confiance (Req. 20 juill. 1875, aff. Lesport, *Revue du notariat*, n° 5045) ; — 2° Qu'un notaire, qui a reçu de l'argent en dépôt avec une destination expresse acceptée par les destinataires, est responsable envers eux des sommes qu'il a restituées au déposant ou prises en payement des frais d'actes à lui dus par ce déposant (Grenoble, 19 déc. 1871, aff. Monet, D. P. 73. 2. 64) ; — 3° Que le notaire rédacteur d'un acte de prêt, entre les mains duquel, en attendant la justification des sûretés promises, les fonds prêtés sont restés déposés pour le compte de l'emprunteur, ne peut, sans engager sa responsabilité personnelle, disposer de ces fonds ni en faveur de l'emprunteur tant qu'il n'a pas fourni les sûretés convenues, ni en faveur du prêteur avant qu'à défaut de ces sûretés il ait obtenu par voie amiable ou judiciaire la résolution du contrat (Civ. rej. 2 mars 1868, aff. Foullon, *Revue du notariat*, n° 2135). — Sur le mandat que peut recevoir un notaire d'employer des fonds déposés en ses mains, V. *suprà*, n° 530, et *infrà* n°s 579, 580.

535. — Il a encore été jugé qu'un notaire qui, chargé de liquider une succession, place chez un banquier, sans autorisation des héritiers, les fonds provenant de la vente des immeubles, en devient personnellement responsable en cas de faillite du banquier ; alors surtout que ces fonds ont été par lui versés sous son nom et portés par son ordre à son compte courant sans aucune indication de leur provenance (Rennes, 28 juin 1860, aff. Thévenard, D. P. 64. 2. 81). Jugé même que le notaire rédacteur d'un acte d'emprunt, dépositaire de la somme prêtée, qui en fait le placement dans une maison de banque jusqu'à l'accomplissement des formalités hypothécaires, est responsable de la faillite du banquier, encore bien que l'emprunteur, consulté sur ce placement, ait dit au notaire « d'agir au mieux de ses intérêts » (Dijon, 18 déc. 1872, aff. B..., *Revue du notariat*, n° 4332).

536. Sur la responsabilité des notaires comme dépositaires, soit des minutes des actes passés en leur étude, soit des titres privés qui leur sont confiés, V. *suprà*, n°s 492 et suiv.).

537. — VII. Responsabilité des notaires comme conseils. — 1° *Pour conseils donnés.* — On a vu au *Rép.*, n° 357, qu'un simple avis ou conseil donné au client ne peut engager la responsabilité du notaire, comme un mandat ou une gestion d'affaires. Il est de principe, dit M. Demolombe, t. 31, n°s 535, 536, que le simple conseil (donné bien entendu de bonne foi) n'engendre pas d'obligation, à moins de circonstances capables de le transformer en une sorte de pression, comme une insistance particulière, des assurances de réussite, circonstances dans l'appréciation desquelles les tribunaux doivent tenir compte de la condition sociale, de l'éducation, de l'instruction ou de l'ignorance du client (V. dans le même sens, Rutgeerts et Amiaud, n° 1326). — M. Pont (*Revue du notariat*, n° 254) admet les mêmes principes. Il distingue le notaire donnant un conseil officieux que sa fonction notariale ne l'obligeait pas à donner, et le notaire conseil légal et officiel des parties *en ce qui concerne la rédaction des actes.* Dans ce dernier cas, sa res-

ponsabilité comme conseil se confond avec celle qui lui incombe comme notaire dans les termes de la loi de ventôse; les conseils portant sur la rédaction même de l'acte sont un objet essentiel de sa fonction notariale. Quant aux conseils portant sur le fond de l'opération, même à l'occasion d'un acte rédigé par le notaire, ils ne constituent pas sa fonction elle-même; ils ne peuvent l'engager que dans les cas où ils engageraient toute autre personne privée, c'est-à-dire non à raison de ce qu'ils sont bon ou mauvais, mais lorsqu'ils constituent une œuvre de dol ou de pression, et empruntent aux circonstances, aux démarches du notaire, à la situation du client, le caractère soit d'un mandat ou d'une gestion, soit d'un délit ou quasi-délit, ce qui suppose un fait répréhensible en même temps que préjudiciable. — Sur la différence entre le rôle de conseil et celui de mandataire ou de gérant d'affaires, V. Clerc, Dalloz et Vergé, *Formulaire du notariat, De la responsabilité des notaires*, 7e édit., nos 115, 116, 117; Pont, *Revue du notariat*, n° 387.

538. On verra *infrà*, nos 588 et suiv., dans quelle mesure la jurisprudence rend les notaires responsables d'avoir mal éclairé les parties sur les vices de leurs conventions, quand ces vices tiennent au fond du droit, non à la forme de l'acte. Pour ce qui est étranger à la validité des actes, on trouvera au *Rép.*, n° 357, plusieurs décisions appliquant en faveur des notaires les principes que nous venons de rappeler, et les déchargeant des suites fâcheuses d'actes qu'ils avaient conseillés simplement et de bonne foi. D'autres sont venues s'y ajouter. Mais en général, la jurisprudence apprécie sévèrement la faute et la responsabilité du notaire comme conseil.

539. D'une part, en effet, il a été jugé : 1° que le notaire qui, devenu volontairement le conseil d'un client, manque des connaissances et de la prudence nécessaires, est responsable du dommage que sa faute a occasionné, et que, si, par exemple, il s'est chargé de soumettre un testament à l'enregistrement et a rédigé la déclaration estimative sur laquelle a été perçu le droit de transcription d'une substitution, il répond des conséquences de l'évaluation démesurément exagérée du revenu des biens, lorsque cette erreur a été causée par la précipitation avec laquelle il s'est cru obligé d'agir, alors même qu'il aurait été entraîné par la pensée qu'en cas d'insuffisance dans l'évaluation des biens, le légataire serait passible d'un double droit sur le supplément de valeur ; sauf à ne pas condamner le notaire à payer intégralement l'excédent de droits perçu, s'il a été de bonne foi, et si le client était inexcusable d'ignorer le revenu des biens à lui légués (Rouen, 16 mars 1870, et son pourvoi, Req. 10 juill. 1871, aff. Veuve Fauquet, D. P. 71. 1. 215) ; — 2° Que les notaires ont pour mission d'éclairer leurs clients sur les conséquences de leurs engagements et de suppléer à leur insuffisance et qu'à ce double titre, lorsqu'il s'agit d'actes qu'ils ont à la fois conseillés et reçus, les notaires sont responsables de leur imprudence et de leur impéritie; que, par exemple, un notaire est responsable des suites d'une renonciation à un usufruit suggérée par lui, en vue d'éviter un droit de mutation, à une femme complètement illettrée, n'ayant aucune habitude des affaires, incapable d'en prévoir les conséquences, et qui s'était entièrement confiée à sa prudence et à ses lumières professionnelles, si cette renonciation, qui eût été inoffensive pourvu que le mari de la renonçante fût décédé avant son fils, se trouve être dommageable à cause d'une erreur concernant la date du décès de ce fils, soldat français, mort en Allemagne, et si cette erreur a eu pour cause l'imprudence du notaire, qui s'est contenté d'une note informe et d'une simple lettre émanées des autorités militaires allemandes au lieu de s'adresser au ministre de la guerre pour en obtenir un acte de décès régulier ; sauf à faire supporter à la cliente, quoique dans une mesure très inégale, les conséquences de cette imprudence qu'elle a jusqu'à un certain point partagée (Bourges, 22 août 1877, et sur pourvoi, Req. 27 juill. 1878,

aff. Lainé, D. P. 78. 2. 163, et 79. 1. 60). L'initiative prise par le notaire, la situation de sa cliente, l'imprudence commise dans une vérification essentielle dont il se trouvait ainsi chargé, concilient cette décision avec le principe de la non-responsabilité pour les conseils donnés de bonne foi.

Jugé encore : 1° que le notaire qui, dans un acte de vente d'un bien de succession et malgré l'intention exprimée par le vendeur de ne pas faire acte d'héritier, lui fait prendre la qualité d'héritier institué, en lui persuadant que cette qualité équivalait à celle d'héritier bénéficiaire, commet une faute lourde de nature à engager sa responsabilité (Amiens, 28 avr. 1869, aff. Lefranc, D. P. 71. 2. 53); — 2° Qu'un notaire est responsable des avis maladroitement donnés à son client sous l'empire d'une grossière erreur de droit, par exemple, si par ses conseils il amène un donateur complètement illettré et qui devait s'en rapporter à son appréciation, à renoncer à son action révocatoire en faveur de l'adjudicataire de l'immeuble donné, par ce motif erroné que le donateur a droit à un privilège pour assurer le service d'une rente imposée comme charge au donataire (Paris, 11 mai 1886, aff. Veuve Peltier, *Revue du notariat*, n° 7374).

540. Les conseils du notaire engagent encore plus sa responsabilité quand l'intéressé est un mineur, dont l'acte conseillé a pour objet de sacrifier les intérêts. Il en est ainsi, par exemple, si le notaire prête son concours à des actes destinés à priver des mineurs du premier rang de leur hypothèque sur les biens de leur ancien tuteur (Req. 17 juill. 1872, aff. Vial, D. P. 73. 1. 87).

541. — Mais, d'autre part, il a été jugé : 1° que si le notaire doit, surtout lorsqu'il a proposé aux parties de passer un acte dont il s'est constitué lui-même le négociateur, les diriger dans la manifestation de leur volonté, il n'encourt cependant de responsabilité qu'autant qu'il s'est rendu coupable d'une faute grave; et que, spécialement, un notaire n'est pas responsable pour avoir fait la proposition et dressé l'acte de cession d'une créance reconnue depuis inexistante, mais dont un acte antérieur constatait l'existence et le caractère privilégié (Besançon, 26 mars 1870, aff. Morel, D. P. 72. 2. 127); — 2° Que les conseils donnés par un notaire agissant, non comme mandataire et comme notaire, mais comme conseil officieux et désintéressé, n'engagent sa responsabilité que lorsqu'il y a de sa part dol ou faute lourde (Angers (ch. réun.), 29 mars 1882, aff. Chauvin, *Revue du notariat*, n° 6550) ; — 3° Qu'un notaire n'est pas responsable pour avoir conseillé à son client de renoncer à la succession de son père à qui il avait acheté des biens à charge de rente viagère, dans la croyance erronée, mais partagée par des auteurs éminents, que cette renonciation aurait pour effet de soustraire cette acquisition au rapport (Angers, 24 juill. 1884, aff. Époux Aubinet, *Revue du notariat*, n° 7048); — 4° Que le notaire, dont la bonne foi et l'honorabilité ne sont pas contestées, n'encourt aucune responsabilité pour l'erreur commise par lui sur la question de savoir si le délai de soixante jours, imparti par l'art. 2109 c. civ. pour l'inscription du privilège du copartageant, court à partir du jour de la prononciation ou seulement de la signification du jugement d'où résulte le privilège, alors d'ailleurs qu'en fait il a, non négocié, mais constaté seulement le prêt pour la garantie duquel le prêteur a été subrogé audit privilège, et que le prêteur lui-même, d'une expérience consommée en affaires, était capable de se rendre compte lui-même de la valeur de cette garantie (Req. 12 févr. 1883, aff. Riquès, D. P. 84. 1. 255) ; — 5° Que le conseil donné à un client de convertir un privilège en hypothèque ne rend pas le notaire responsable de l'insuffisance de collocation, résultant de cette conversion, si le client, homme expérimenté en affaires, n'a suivi ce conseil, donné de bonne foi, qu'après avoir pu l'apprécier (Trib. civ. Lyon, 19 janv. 1866) (1).

542. Le notaire chargé d'une liquidation ou d'un compte

---

(1) (Rapon C. Me X...) — LE TRIBUNAL ; — Attendu que Rapon, vendeur, et Chagny, acquéreur, en 1859, de deux maisons à démolir, et de terrains pour recevoir de nouvelles constructions situés dans les rues Pizay et de l'Arbre-Sec, à Lyon, ont, par actes reçus par Me X..., notaire, le 14 janv. 1860, converti le contrat de vente primitif en une simple obligation hypothécaire

d'une somme de 100 000 fr., reliquat du prix de vente ; — Attendu que Rapon, renonçant par lesdits actes à son privilège de vendeur, a consenti à n'accepter qu'une simple hypothèque au même rang que d'autres créanciers prêteurs de Chagny, sur une seule des nouvelles maisons à construire rue de l'Arbre-Sec ; — Attendu que, par suite de la déconfiture de Chagny, l'immeuble

de tutelle peut, dans cette opération, commettre une erreur qui, sans entraîner sa nullité, cause un préjudice à l'une des parties. Dans quelle mesure en sera-t-il responsable, étant donné que le travail du notaire n'a que la valeur d'un conseil, puisqu'il ne peut engager les parties que par leur signature si elles sont majeures, par l'homologation de la justice si elles sont mineures ou incapables, après tous les contredits qu'ils auront cru devoir soulever par eux-mêmes ou par leurs représentants? Il faut tout d'abord admettre en cette matière l'application de la règle que l'erreur de droit n'engage pas la responsabilité du notaire si la nature controversable du point de droit lui enlève tout caractère répréhensible (V. *infrà*, n° 588), et par exemple, s'il a compris dans la communauté le bénéfice d'une assurance contractée par le mari, au lieu d'attribuer ce bénéfice à la succession de ce dernier, sauf récompense pour le montant des primes (Paris, 29 oct. 1890, aff. Carré, D. P. 94. 1. 301). — Il y a lieu aussi, dans le cas d'une fausse interprétation d'actes de tenir compte des circonstances qui peuvent mettre le notaire à l'abri de tout reproche. C'est ainsi que la responsabilité pour fausse interprétation d'une clause d'un contrat de mariage comme clause d'ameublissement aux termes de l'art. 1497 c. civ. a été écartée alors qu'elle pouvait trouver sa confirmation dans une autre clause du contrat, que les parties avaient adopté elles-mêmes cette interprétation avant le notaire et n'avaient soulevé aucune protestation quand celui-ci la leur a présentée, qu'enfin le notaire ne l'avait admise qu'après avoir sollicité le concours d'un ancien titulaire de sa charge, apte à le renseigner sur les usages du rédacteur de la clause (Paris, 30 nov. 1892, aff. Briquet, D. P. 93. 2. 242). De même, un notaire, dont la bonne foi et l'honorabilité ne sont pas contestées, n'encourt aucune responsabilité pour avoir considéré comme un legs

de tous les biens mobiliers et immobiliers la disposition testamentaire par laquelle un testateur donnait à sa femme « tous les objets dont il était possesseur au moment de son mariage, tous ceux acquis en commun et pouvant encore être acquis, sans qu'il fût fait aucun partage avec sa famille » (Paris, 29 oct. 1890, aff. Carré, D. P. 94. 1. 301).

543. Jugé encore, qu'un notaire ne saurait être déclaré responsable des erreurs d'attributions contenues dans une liquidation dont il a été chargé par des parties majeures et qui a été signée en connaissance de cause par ces parties (Orléans, 31 janv. 1868, aff. Chénot, *Revue du notariat*, n° 2283); ... ou des erreurs de fait et de calcul commises dans le procès-verbal d'une liquidation dont il a été chargé par jugement, alors que ce procès-verbal a été ultérieurement homologué par jugement passé en force de chose jugée, sans que ladite erreur ait été rectifiée, soit par les parties ou leurs avoués, soit par les magistrats (Pau, 30 avr. 1860, aff. Veuve Gaillat, D. P. 61. 2. 14).

544. — 2° *Pour conseil omis ou réticence.* — Si un conseil donné n'engage pas, en principe, la responsabilité du notaire, on ne voit pas comment l'omission d'en donner pourrait l'engager davantage. On a pourtant admis au *Rép.*, n°ˢ 360 et 361, et c'est un principe constant en jurisprudence, qu'en l'absence même de mandat accepté ou de gestion entreprise, les notaires ont, comme tels, le devoir d'éclairer les parties sur les conséquences des actes qu'ils reçoivent (V. la note de M. Cohendy, D. P. 93. 2. 161). Mais on a critiqué au *Rép.* n° 362) comme trop rigoureuses au point de vue de la responsabilité les applications faites par la jurisprudence de ce devoir purement moral. Il faut, comme on l'a dit. (*Ibid.*), restreindre sa sanction pécuniaire aux cas où le silence du notaire emprunterait aux circonstances le caractère de faute grave. Le notaire n'est pas obligé d'être pour ses

hypothéqué au profit de Rapon a été colloqué pour la somme de 105 384 fr., total en capital et intérêts; mais que cette collocation n'a été utile que pour celle de 95 096 fr. à recevoir sur le prix d'adjudication; — Attendu que, dès lors, un déficit de 8 284 fr. 55 cent. est applicable à la créance Rapon; — Attendu que Rapon, imputant à Mᵉ X... la responsabilité de cette perte, demande le remboursement de ce notaire de ladite somme de 8 284 fr. 55 cent.; — Attendu que l'action de Rapon contre Mᵉ X..., pour être fondée, doit avoir pour cause le concours de ce notaire en qualité de mandataire ou de *negotiorum gestor* de Rapon dans les actes qui motivaient la responsabilité; — Attendu que cette double qualité implique, de la part de Rapon, comme tout mandat ou gestion d'affaires, l'abandon ou le défaut de liberté d'agir, de façon à laisser au mandataire ou au *negotiorum gestor* le discernement et le soin des actes dans l'intérêt du mandant, sauf à user du droit de demander compte des fautes commises dans la gestion, conformément à l'art. 1992 c. civ.; — Attendu qu'il est constant, ainsi qu'il résulte des explications des parties qui ont comparu en personne, que Rapon, créancier de Chagny, n'a point laissé à Mᵉ X... le soin et la libre volonté de convertir en une créance éventuelle soumise à la concurrence d'autres créanciers la créance certaine et privilégiée que sa qualité de vendeur lui conférait; — Qu'il n'a point donné à Mᵉ X... mandat de s'assurer de la sûreté du gage, mais seulement qu'il a exprimé le consentement à la conversion de la créance, à la vérité, sur la proposition du notaire; — Que c'est donc comme mandataire de Rapon que Mᵉ X... a agi, servant d'intermédiaire pour transmettre à Rapon la proposition de Chagny; — Attendu que, d'autre part, Mᵉ X... n'a fait aucun acte de gestion, même en engageant Rapon à consentir à la proposition de conversion de créance; que la qualité de *negotiorum gestor* n'entraîne une obligation qu'en cas de gestion de la chose d'autrui sans participation et sans ordre, et même à son insu; — Que soumis aux obligations du mandat conformément à l'art. 1371 c. civ., ce quasi-contrat, ne peut lier le notaire et le client, qui, comme dans la cause, sont seulement été l'un partie au contrat, l'autre notaire instrumentaire, quoique le conseil ait toutefois motivé le consentement de Rapon au contrat, qui seul aurait déterminé Rapon à consentir à la conversion de sa créance et à la renonciation à ses droits; que c'est de conseil que devrait résulter la responsabilité; — Or, attendu qu'en principe si la jurisprudence présente des exemples de notaires déclarés responsables pour avoir donné des conseils en usant de leur ascendant sur l'esprit du client, si elle suppose que l'interposition du notaire, ses promesses et ses recommandations ont donné à croire qu'il voulait répondre de l'affaire, ce n'est point à titre de doctrine fondamentale que la jurisprudence a établi cette thèse, mais que la variété des faits a motivé des décisions en suivant toutes les nuances qui distinguent l'engagement et la faute, soit du con-

seil abandonné au discernement de celui qui reçoit, soit de la négligence de celui qui donne; — Attendu qu'en outre, ainsi qu'il résulte de la doctrine et de la jurisprudence, le conseil qui peut être pesé, qui ne tombe point sur une négligence obscure ou incapable, qui ne s'adresse pas à une personne faible par nature ou inévitablement entraînée par des circonstances irrésistibles, ce conseil ne saurait motiver aucune responsabilité; — Attendu que, d'une part, Rapon a pu agir dans son intérêt en consentant à la conversion de sa créance, afin de n'être pas obligé de reprendre son immeuble mal vendu en exerçant l'action résolutoire, en cas de non-payement par son acquéreur : — Que d'autre part, la détermination du demandeur a été justifiée par l'hypothèque nouvelle assise sur des maisons à construire sur le terrain vendu par Rapon, offrant à ce dernier une. sûreté plus que suffisante au profit de sa créance, par suite de l'augmentation d'un revenu dépassant le taux du capital engagé par les prêteurs; — Que la sûreté de l'hypothèque était incontestable au moment où le conseil était donné et où l'acte de renonciation était consenti; — Que le concours de plusieurs notaires au nouvel emprunt contracté par Chagny, le calcul facile des chances à courir, la possibilité de recueillir des renseignements, la connaissance même que Rapon avait déjà de l'état des choses, par suite de tous les actes antérieurs consentis par lui envers Chagny, et qu'il avait appréciés en divisant volontairement son privilège de vendeur sur les immeubles vendus audit Chagny, sont autant de circonstances qui démontrent que le consentement de Rapon était éclairé et pouvait l'être par sa volonté; — Attendu enfin que Rapon, homme intelligent et expérimenté en affaires suivant la foi et le conseil du notaire X..., n'a pu céder au conseil, même spontané, de celui-ci qu'après l'avoir pu apprécier et n'a pu en attendre une garantie acceptée par le notaire, pour sûreté de la créance convertie; — Que, d'ailleurs, outre une dépréciation générale d'immeubles, l'expropriation de Chagny et surtout des opérations ruineuses, causes imprévues de dépréciation spéciale du gage, ces causes n'étaient probables pour aucun des intéressés au moment de l'engagement de Rapon; — Attendu donc que le notaire, sans fraude ni dol, a de bonne foi conseillé d'accepter la créance nouvelle, alors que plusieurs de ses collègues en lui affirmaient la solidité; que, plus tard ces notaires, comme responsables, ont remboursé leurs clients prêteurs aux mêmes conditions que Chagny, après une réalisation de l'immeuble contraire à leurs prévisions, et qu'ils ont reconnu une erreur involontaire mais après avoir été les véritables mandataires responsables et non les simples conseils de leurs clients; — Attendu qu'ainsi, ni les principes du droit, ni les circonstances de la cause ne motivent la responsabilité du notaire X...; — Dit et prononce que la demande de Rapon contre X... est mal fondée, etc.

Du 19 janv. 1866.-Trib. civ. de Lyon.

clients une sorte de conseil judiciaire ou de tuteur légal chargé, sous sa responsabilité, de les empêcher de compromettre leurs intérêts (V. dans ce sens Clerc, Dalloz et Vergé, *Formulaire du notariat; De la responsabilité des notaires*, nos 22 et suiv.).

Cette idée a inspiré la cour de Liège dans un arrêt du 3 févr. 1887 (aff. Foncin, *Revue du notariat*, n° 7621), déclarant que « si en principe les notaires ont pour devoir d'éclairer leurs clients sur la nature des conventions qu'ils passent à l'intervention de leur ministère, s'ils sont obligés de les renseigner sur les dangers que peuvent présenter ces conventions et les moyens que la loi met à leur disposition pour y obvier, il est aussi certain que ces devoirs et obligations professionnels des notaires diffèrent selon les cas d'espèce soumis à l'appréciation des tribunaux; et que si, par exemple, le notaire, étranger aux négociations, n'apparaît que pour réaliser l'acte sur les suites duquel les parties se montrent absolument rassurées, on ne peut lui imputer à faute de n'avoir pas fait expliquer plus amplement le client sur la nature des documents qui l'ont satisfait, de n'avoir pas demandé à les vérifier lui-même et de n'en avoir pas découvert le défaut ou la fragilité ».

545. En vertu du même principe il a été jugé : 1° que le notaire rédacteur d'un acte de donation entre vifs sous certaines charges dont le donateur a proposé et dicté les conditions, n'est pas responsable envers ce dernier du préjudice et des frais d'actes multipliés résultant de l'insolvabilité des donataires, lorsque le notaire n'avait pas reçu mandat d'éclairer le donateur sur leur situation, mais s'était vu requis de dresser les actes d'après les indications du donateur (Dijon, 10 juill. 1869, et sur pourvoi, Req. 10 mai 1870, aff. Beurdeley, D. P. 71. 1. 59) ; — 2° Que le notaire, qui n'est ni le mandataire ni le *negotiorum gestor* de son client, n'encourt pas de responsabilité à raison de ce qu'il ne lui aurait donné aucune preuve de sollicitude et se serait prêté à la multiplicité des actes qui ont aggravé son passif (Arrêt précité de Dijon, 10 juill. 1869) ; — 3° Qu'un notaire n'est pas responsable de l'inefficacité d'un acte reçu par lui (d'une subrogation à l'hypothèque légale d'une femme mariée), lorsqu'il n'a pas accepté le mandat de prendre les mesures nécessaires pour assurer l'exécution de cet acte, (notamment de vérifier s'il n'existait pas déjà d'autres subrogations à la même hypothèque), et qu'il a été chargé exclusivement de convertir en acte authentique une convention arrêtée entre les parties (Bruxelles, 7 avr. 1857, aff. Vanderlinden et Ser’sté, D. P. 57. 2. 223) ; — 4° Qu'un notaire ne commet pas une faute engageant sa responsabilité, lorsque, à l'occasion de la reddition d'un compte de tutelle par une mère à sa fille, il omet d'avertir celle-ci que l'usufruit, qui jusque-là appartenait à sa mère sur certaines valeurs en vertu de son droit de jouissance légale, lui appartient désormais en vertu d'un testament et que ce testament ne dispense pas l'usufruitière de l'obligation de faire emploi desdites valeurs ou de fournir caution, surtout lorsque la nu-propriétaire est depuis longtemps majeure, qu'elle agit avec le concours et l'assistance de son mari, et qu'il n'est pas démontré que l'un et l'autre des époux fussent dans l'ignorance de leurs droits ou incapables de comprendre la portée des actes qu'ils avaient signés (Civ. cass. 8 mars 1893, aff. Carré, D. P. 94. 1. 301).

546. La jurisprudence française, il est vrai, ne s'est pas départie d'une sévérité dans l'appréciation de la faute que commet le notaire en éclairant mal ses clients. On a vu *suprà*, nos 508 et suiv., en matière de placements hypothécaires, diverses décisions condamnant des notaires pour avoir omis de renseigner leurs clients sur les garanties des prêts dont ils dressaient l'acte (Agen, 23 déc. 1889, aff. Doazan, D. P. 90. 2. 202; Req. 3 août 1858, aff. Lefèvre, D. P. 58. 1. 374 ; 16 août 1865, aff. Hoaran des Ruisseaux, D. P. 66. 1. 11 ; 11 mai 1891, aff. Meunier et héritiers Robbe, D. P. 92. 1. 215 ; 19 juill. 1892, aff. Druilhet, D. P. 93. 1. 151; 6 juin 1894, aff. Mariscal, D. P. 94. 1. 359 et la note; Paris, 2 mai 1860, aff. Larchevêque et consorts, D. P. 61. 2. 65; Agen, 28 janv. 1891, aff. Fournier, D. P. 92. 2. 79). Il s'agissait, il est vrai, de faits que le notaire connaissait ou devait connaître par ses propres archives, ou qui intéressaient la nullité même plutôt que l'insuffisance de l'hypothèque, et au sujet desquels sa

réticence constituait un fait de négligence ou d'inattention inexcusable dans la réception même de l'acte.

De même, on comprend qu'un notaire ait été déclaré responsable : 1° pour n'avoir pas fait connaître l'état hypothécaire qu'il avait entre les mains (Trib. civ. Nantes, 4 févr. 1880, aff. A..., *Revue du notariat*, n° 6078) ; — 2° Pour avoir rédigé et fait signer par un vieillard, que l'affaiblissement de ses facultés et son inexpérience des affaires rendaient inconscient des actes qu'il consentait, plusieurs procurations à l'aide desquelles ont été vendues des valeurs très sûres, sachant que le produit devait en être remis à titre de prêt à un négociant sans surface et sans consistance, dont la ruine était imminente et dont il ne pouvait ignorer la situation (Orléans, 14 mai 1886, aff. Héritiers A..., *Revue du notariat*, n° 7579). — Ces décisions sont suffisamment motivées soit par la réticence de faits connus, calculée dans un intérêt personnel, soit par le concours des circonstances relevées. Mais on peut trouver qu'elles font des déclarations de principes trop absolues en disant, la première « qu'un notaire, sans en avoir reçu spécialement la mission, a l'obligation de vérifier l'importance des charges et d'éclairer les parties sur la réalité ou l'insuffisance du gage », la seconde « que les notaires ont pour de la loi la mission d'éclairer leurs clients sur les conséquences des actes qu'ils consentent et des engagements qu'ils prennent, celle de suppléer à leur inexpérience et de les prémunir contre leurs faiblesses, qu'ils exercent, en un mot, une véritable magistrature pour la protection de leurs intérêts ».

547. Jugé encore, mais en relevant chez le notaire le rôle d'hommes d'affaires : 1° que le notaire dans l'étude duquel a été passé un prêt hypothécaire est responsable de la perte de la créance résultant de l'inefficacité certaine d'avance d'une promesse de mainlevée faite par l'emprunteur (Bordeaux, 17 juill. 1875, aff. Clossmann, *Revue du notariat*, n° 5521) ; — 2° Que les notaires doivent, spécialement en matière de placements hypothécaires, examiner avec soin les titres de propriété et s'assurer de l'état des immeubles du débiteur (Paris, 11 déc. 1884, aff. Rafat, *Revue du notariat*, n° 7078).

548. Comme application du devoir d'éclairer les parties, il a été jugé : 1° que pour éclairer le prêteur, homme illettré et client de l'étude, qui stipule hypothèque sur un immeuble provenant d'une donation grevée d'une rente viagère, il ne suffit pas de lui dire que cette rente est encore due, mais qu'il faut en outre lui expliquer que le non-payement de la rente amènerait la révocation de la donation, et que cette révocation, rétroagissant conformément à la loi, viendrait résoudre l'hypothèque; faute de quoi le notaire est responsable, surtout s'il a poussé l'imprévoyance jusqu'à ne pas vérifier (ce qui eût été facile) le non-payement d'arrérages arriérés qui était déjà une cause de révocation (Rouen, 29 juin 1878, aff. Lecœur, *Revue du notariat*, n° 5785) ; — 2° Qu'un notaire est en faute lorsque ayant dressé, à la demande d'un officier, une déclaration destinée au ministère de la guerre, portant que la dot de la future de cet officier sera garantie hypothécairement sur un immeuble déterminé, il fait ensuite inscrire pour des tiers des hypothèques sur ce même immeuble, sans révéler cette circonstance, aux futurs époux, rédige ultérieurement leur contrat de mariage, en vertu duquel il prend une inscription qui se trouve ainsi être primée et sans effet; et que le notaire ne saurait être exonéré de la responsabilité de cette faute lourde sous le prétexte que, en raison du secret professionnel, il n'avait pas le droit de révéler aux futurs époux l'opération intermédiaire qui concernait d'autres parties, alors au contraire que, la publicité des hypothèques étant organisée par la loi elle-même, l'officier public n'avait à trahir aucun secret en mettant sous les yeux de ses clients, avant de dresser leur contrat de mariage, un état hypothécaire qu'ils avaient un intérêt légitime à connaître (Req. 22 janv. 1890, aff. De Lapanouse, D. P. 91. 2. 196). Il est à remarquer que la réticence condamnée par cet arrêt portait encore sur des faits connus du notaire et accomplis dans son étude.

549. Il a été jugé que le notaire rédacteur d'un acte contenant, par suite de conventions entre parties, affectation hypothécaire générale sur tous les biens que le débiteur possède dans un arrondissement, alors que celui-ci n'y

possède aucun immeuble, et que, d'ailleurs, une hypothèque conventionnelle n'est valable qu'à condition de désigner spécialement chaque immeuble hypothéqué, peut être déclaré responsable du préjudice éprouvé par le créancier s'il est reconnu que lui, notaire, connaissait la position du débiteur et était à même de savoir que la stipulation ne pouvait produire aucun effet (Bourges, 31 mars 1873, aff. Rageaud-Frelon, *Revue du notariat*, n° 4345). Ici encore, la condamnation du notaire s'appuie sur la connaissance qu'il devait avoir des faits non révélés par lui. — Mais la cour de cassation avait jugé, le 22 déc. 1840, qu'un notaire peut n'être pas responsable de la nullité d'une hypothèque, à raison de ce qu'elle est à la fois générale et conventionnelle, l'acte ayant eu pour objet le transport sur les biens d'une caution de l'hypothèque judiciaire grevant les biens du débiteur, et le notaire ayant cru la généralité possible dans ces circonstances (*Rép.* n° 385). D'après ce dernier arrêt, l'obligation morale de donner des conseils aux parties et de les éclairer sur l'efficacité de l'acte ne peut pas aller jusqu'à rendre le notaire responsable d'une erreur qui, tenant au fond du droit et non à la régularité de la forme, paraît avoir été commune au rédacteur de l'acte et aux parties contractantes, lesquelles ont à s'imputer d'avoir ignoré une disposition de la loi que chacun est censé connaître, le notaire étant d'ailleurs de bonne foi, et n'ayant pas agi comme mandataire (V. sur la responsabilité des notaires à raison de la nullité des actes, *infrà*, n°s 588 et suiv., 598 et suiv., 621 et suiv.).

550. En matière de vente d'immeuble il a été jugé, toujours en vertu du rôle de conseil légal reconnu au notaire, qu'il engage sa responsabilité en n'avertissant pas l'acquéreur ignorant et complètement illettré des dangers auxquels l'expose le payement comptant du prix en cas d'hypothèque inscrite (Douai, 12 mars 1886, aff. X..., *Revue du notariat*, n° 7443. Dans le même sens: Poitiers, 31 mai 1886, aff. Thibault-Galletier et Bernard, D. P. 87. 2. 183; Civ. cass. 6 août 1890, aff. Morvan, D. P. 91. 1. 195); à plus forte raison si, en orthographiant inexactement le nom du vendeur, il met le conservateur des hypothèques dans l'impossibilité de délivrer, à la transcription, un état constatant la véritable situation hypothécaire de l'immeuble, encore bien que le payement comptant du prix ait manifesté la volonté des parties de ne pas recourir aux registres hypothécaires (Arrêt précité du 6 août 1890). Il a même été jugé qu'encore bien que l'acte

atteste que le notaire a éclairé les parties d'une façon générale sur les dangers qu'il y a à payer comptant sans les formalités de la purge, il est cependant responsable s'il n'a pas fait connaître explicitement à l'acquéreur ignorant et complètement illettré le chiffre des hypothèques connues de lui et grevant l'immeuble, en ajoutant que le payement au comptant entraînerait l'obligation de payer deux fois (Aix, 28 avr. 1870, aff. Raynaud, D. P. 72. 2. 79, et sur pourvoi, Req. 2 avr. 1872, D. P. 72. 1. 363). Cette décision a été vivement critiquée, à raison du soin qu'avait pris le notaire de refuser une première fois son ministère pour cette clause dangereuse mais licite (V. Amiaud, *Revue du notariat*, n°s 4094 et 2683). On peut citer une décision analogue du tribunal civil de Blaye (4 juin 1873, aff. Bernier, *Revue du notariat*, n° 4438). Jugé encore que le notaire qui, dans la rédaction d'un acte de vente d'immeubles, n'a pas suffisamment éclairé l'acheteur son client sur les conséquences d'une stipulation qui l'oblige à payer des fractions de son prix d'acquisition sans pouvoir exiger des mainlevées d'inscriptions hypothécaires en proportion des payements, doit supporter les frais de l'instance par laquelle ce client a cherché à se défendre contre des poursuites rigoureuses fondées sur cette stipulation (Rouen, 17 déc. 1860) (1). Mais un notaire ne saurait être responsable des conséquences d'une vente passée en son étude, alors qu'il n'a pas lui-même négocié cette vente et qu'il n'a été que le rédacteur d'un acte dont toutes les conditions avaient été arrêtées hors de sa présence par des parties contractantes, surtout si le notaire a averti l'acheteur de la situation hypothécaire de l'immeuble vendu et du danger qu'il courait en payant immédiatement la totalité du prix à son vendeur qui ne s'était pas encore intégralement libéré envers le précédent propriétaire, et si, de plus, ledit acheteur n'était pas un étranger aux affaires et ne pouvait pas ignorer le danger auquel il s'exposait en payant ainsi (Pau, 20 juin 1892, aff. Desbordes, D. P. 93. 2. 161).

551. Dans le même ordre d'idées, il a été jugé: 1° que le notaire, constitué mandataire d'un de ses clients et investi de toute sa confiance, est responsable envers lui si, préparant et rédigeant pour lui l'acte d'acquisition d'un immeuble, il ne s'est pas préoccupé d'une hypothèque légale connue de lui, qui a eu pour conséquence l'éviction de l'acheteur (Nancy, 15 déc. 1874) (2); — 2° Qu'un notaire engage sa responsabilité en, recevant l'acte de vente de divers immeubles, qu'il sait être sous le coup d'une saisie anté-

---

(1) (Caudron C. Marcel.) — Par acte authentique passé devant Me Marcel, notaire, les époux Courtois ont vendu au sieur Caudron un immeuble appartenant à la dame Courtois. Celle-ci était mariée sous le régime dotal, et son contrat de mariage autorisait la vente des immeubles dotaux, à charge de remploi. L'acte de vente stipulait : 1° que tous les payements auraient lieu en l'étude de Me Marcel, notaire, qui en dresserait quittance; 2° que, s'il survenait des inscriptions autres que celles pour raison desquelles il y avait délégation, mainlevée serait rapportée à l'acquéreur, au plus tard lors du payement de la dernière fraction de son prix; 3° enfin que l'acheteur ne pourrait exiger des vendeurs la justification du remploi du prix par lui payé qu'après sa libération intégrale. — Nonobstant ces clauses, le sieur Caudron s'est refusé au payement des termes échus, exigeant à chaque payement une mainlevée et la justification d'un remploi. Sur les poursuites des époux Courtois, il a appelé en garantie Me Marcel. Par jugement du 17 févr. 1860, le tribunal du Havre a accueilli la demande et rejeté comme prématuré le recours en garantie. — Appel par le sieur Caudron.

La cour; — Sur la demande principale, adoptant, etc.; — Sur la demande en responsabilité contre Me Marcel; — Attendu que si, dans les circonstances du procès, et lorsque aucun préjudice actuel et direct ne résulte jusqu'ici des stipulations du contrat reçu par Me Marcel le 4 juill. 1858, et si, par la suite, il n'est pas possible de le déclarer dès aujourd'hui responsable d'un préjudice actuel, il n'en est pas moins vrai que, dans la rédaction de l'acte dont il s'agit, Me Marcel a suffisamment éclairé Caudron sur les conséquences d'une stipulation par suite de laquelle il était tenu de payer les fractions de son prix d'acquisition, sans pouvoir exiger les mainlevées de l'inscription hypothécaire en proportion des payements qu'il ferait; — Attendu que, par une conséquence de cette clause qui compromettait les intérêts légitimes de son client, Caudron a été obligé d'avoir recours à la justice pour s'opposer à l'exécution tentée contre lui, en vertu d'une stipulation qui le laissait sans défense contre de rigoureuses poursuites; — Que les époux Courtois, en offrant

sur la barre les garanties demandées relativement à la mainlevée des inscriptions hypothécaires reconnaissent la réalité des justes inquiétudes de Caudron; — Attendu que, dans de pareilles circonstances, le notaire doit supporter les frais d'un procès dont son défaut de prudence a été la seule cause; — Infirme en ce qui touche l'appel contre Marcel;... — Condamne Caudron aux dépens avec recours contre Marcel, etc.

Du 17 déc. 1860.-C. de Rouen, 1re ch.-MM. Gesbert, pr.-Lebucher, av. gén.-Taillet et Deschamps, av.

(2) (Bourguignon C. Peltier et Baudelot.) — La cour; — ... Sur l'appel incident de Baudelot, tendant à le faire décharger de la condamnation à 2 000 fr. de dommages-intérêts au profit de la veuve Bourguignon; — Attendu que le moyen tiré de l'existence de l'hypothèque légale de la dame Bourguignon-Viefville sur moitié de la maison dite l'Albotine, échue à son mari dans la succession de Bourguignon père, ne saurait dégager la responsabilité de Baudelot; — Qu'investi, en effet, de toute la confiance de sa sœur et constitué son mandataire à l'effet de gérer ses affaires et de sauvegarder ses intérêts, le notaire, Baudelot devait, en préparant et en rédigeant l'acte du 25 avr. 1858, dont il a perçu seul les émoluments, faire tout le nécessaire pour assurer à la veuve Bourguignon, qui se dépouillait à ce prix de ses propres biens, la propriété incommutable de la maison l'Albotine et la mettre à l'abri de toute espèce d'éviction; qu'initié à toutes les affaires de la famille dont il avait en mains les titres et les papiers et n'ignorant pas le mariage de son neveu Hubert Bourguignon avec la demoiselle Viefville, qui s'était constitué une dot importante, il a dû se préoccuper de l'hypothèque légale existant au profit de cette dernière sur les biens de son mari; que son devoir était alors de faire intervenir à l'acte la demoiselle Bourguignon-Viefville pour y renoncer à son hypothèque légale, en tant qu'elle frappait la maison l'Albotine, ou bien, s'il ne pouvait obtenir d'elle cette renonciation, s'abstenir de faire passer un acte qui ne pouvait être pour la veuve Bourguignon qu'un leurre et une déception; qu'en négli-

rieurement transcrite, il n'en avertit pas l'acquéreur (Dijon, 4 déc. 1878) (1); — 3° Que le notaire qui dresse acte d'une vente d'immeubles est responsable de la fausse déclaration faite dans l'acte que les immeubles sont libres d'hypothèques, alors qu'il avait reçu quelques semaines auparavant l'acte constitutif d'une hypothèque sur ces immeubles (Caen, 5 août 1854) (2). — Sur la responsabilité des notaires pour les actes frauduleux qu'ils reçoivent, V. *suprà*, n°s 496 et suiv.).

Mais c'est le vendeur, et non le notaire, qui est responsable du défaut de mention des charges grevant l'immeub.e, si le vendeur n'a pas mis le notaire à même de les connaître. Si, par exemple, l'acquéreur d'un immeuble provenant d'une ancienne acquisition domaniale est évincé en vertu d'une clause de reprise contenue dans cet ancien titre et qui ne lui a pas été déclarée, la responsabilité de cette éviction ne peut retomber sur le notaire à qui le vendeur n'avait ni déclaré cette chance d'éviction, ni remis le titre qui aurait pu la lui révéler (Paris, 26 janv. 1869, aff. Héritiers Horaist, *Revue du notariat*, n° 2304). Le tribunal de la Seine (13 février 1868) avait jugé au contraire que la seule déclaration qui lui était faite que l'immeuble vendu provenait d'une acquisition domaniale de l'an 5 obligeait le notaire, sous peine de commettre une faute lourde, à rechercher l'expédition du titre qui aurait pu lui révéler les chances d'éviction (V. la critique de cette décision, *Revue du notariat*, n° 2160).

552. En tout cas, des griefs plus ou moins contestables, auxquels pourrait prêter un acte de vente, ne peuvent engager la responsabilité du notaire alors que l'acheteur n'a été ni évincé ni troublé dans la possession de l'immeuble (Pau, 20 juin 1892, aff. Desbordes, D.P. 93. 2. 161). — Sur la responsabilité des notaires à raison de la nullité des ventes passées devant eux, faute par le vendeur d'être légitime propriétaire, V. *infrà*, n° 612.

553. Jugé encore que le notaire qui a reçu la quittance d'une indemnité d'expropriation, versée entre les mains du propriétaire actuel de l'immeuble exproprié, doit être déclaré responsable envers l'expropriant dans le cas où des créanciers hypothécaires viendraient à se révéler, s'il résulte des termes de cette quittance que celui sur qui a eu lieu la formalité de la transcription était une autre personne que celui auquel le prix a été payé; sauf atténuation de cette responsabilité si c'est l'expropriant lui-même qui a fait transcrire (Trib. civ. de la Seine, 6 juin 1882, aff. Compagnie du chemin de fer de Grande-Ceinture, *Revue du notariat*, n° 6548).

554. Bien entendu, un notaire n'est pas obligé d'éclairer un tiers qui vient le questionner sur la situation d'un de ses clients. La discrétion professionnelle lui fait même un devoir de refuser de tels renseignements. Mais ses devoirs à cet égard peuvent être bien différents, si le renseignement qu'il s'agit de donner peut décider de la rédaction d'un acte provoqué par lui; et il a été jugé, notamment, qu'un notaire

---

geant cette précaution commandée par la prudence la plus vulgaire, et en laissant sa sœur exposée à une éviction imminente ou tout au moins probable, alors même que l'acte du 25 avril aurait été transcrit en temps utile, le notaire Baudelot a commis une faute lourde et causé à sa sœur un préjudice certain et dont il lui doit la réparation. — Par ces motifs, met les appels au néant.
Du 15 déc. 1874.-C. de Nancy, 2e ch.-MM. Briard, pr.-Angenoux, av. gén.-Remond, Boulangé et Boulangé fils, av.

(1) (T... *C.* Préaud.) — La cour; — Attendu que par acte du 25 sept. 1867, reçu par Me T..., notaire, Préaud aîné a acquis, pour le prix de 18 500 fr., de Jean-Baptiste Revel de Solagny, divers immeubles qui étaient en ce moment sous le coup d'une saisie antérieurement transcrite; — Attendu que T... connaissait l'existence de ces poursuites et qu'il ne justifie pas en avoir averti Préaud avant son acquisition; — Attendu que, si le notaire a pu croire que la saisie était abandonnée parce que le créancier poursuivant avait été désintéressé, il ne devait point ignorer que la saisie une fois transcrite appartenait à tous les créanciers, et que rien ne s'opposait à ce que les poursuites fussent reprises au moyen d'une demande en subrogation, ce qui est effectivement arrivé; que, s'il est permis d'admettre qu'il a été de bonne foi, il faut reconnaître qu'il s'est rendu coupable d'imprudence et qu'il a ainsi engagé sa responsabilité; — Attendu d'ailleurs que le principe et l'étendue de la responsabilité de T... sont reconnus et fixés dans une convention sous seing privé du 12 sept. 1874, invoquée par Préaud; — Attendu que, dans cette convention, antérieure de quelques jours à l'adjudication, T... s'engage à faire valider la vente dont il s'agit par une déclaration de command en faveur de Préaud au prix porté dans son acte d'acquisition du 25 sept. 1867; — Attendu que l'adjudication ayant eu lieu quelques jours après au profit de Me Guillemin, avoué, pour le prix total de 55 000 fr., une déclaration de command a été passée en faveur de Préaud des immeubles compris dans son acte de 1867, mais qu'à raison du chiffre élevé de l'adjudication, la partie du prix mise à la charge a été fixée à 16 475 fr. 40 cent., qu'il a ainsi payé 1975 fr. 40 cent., en sus du prix stipulé en 1867; — Attendu que T... doit tenir compte de cette différence à Préaud aux termes de l'engagement par lui pris le 12 sept. 1874; — Mais attendu qu'au moyen de cette condamnation, l'acte de 1867 produit tous ses effets; que d'ailleurs la convention du 12 sept. 1874, qui est un acte synallagmatique liant à la fois Préaud et T..., limite la responsabilité de ce dernier, d'où il suit qu'en accordant à Préaud la somme de 1975 fr. 40 cent., il est juste de reconnaître T... créancier du montant total de ces frais taxés à 1576 fr. 60 cent.; — Par ces motifs, réforme, etc. — Et statuant par décision nouvelle, condamne T... à payer à Préaud la somme de 398 fr. 50 cent. avec intérêts et dépens.
Du 4 déc. 1878.-C. de Dijon, 1re ch.-MM. Cantel, 1er pr.-Lebon, av. gén.

(2) (H... *C.* Madoz.) — Le tribunal de Falaise a rendu, le 8 mai 1854, le jugement suivant : « Considérant que ce fut par acte passé devant Me H... que Madoz et Chalenge acquièrent de Pitrou les immeubles dont la veuve Buard, tant en son nom personnel qu'en celui de ses enfants mineurs, poursuit l'expro-

priation; — Considérant que, dans le contrat de vente à la date du 25 sept. 1844, ces immeubles furent déclarés libres de toutes charges autres que celles désignées, et que la créance du sieur Buard n'y figure pas; — Considérant qu'il a même déclaré que ces immeubles étaient libres d'hypothèques légales, ce qui prouve la précaution que l'on avait prise d'indiquer les inscriptions qui les grevaient; — Considérant que le notaire H... ne pouvait ignorer l'inexactitude de ces déclarations, puisque, le 21 août, par acte reçu par lui, Pitroux avait affecté à l'hypothèque de Buard les immeubles qu'il vendait ensuite comme libres le 25 septembre suivant; — Considérant que cette réticence, contraire aux devoirs du notaire et à la vigilance qu'il doit exercer, le rend responsable du tort qu'il a causé à Madoz, car il eût dû l'avertir des charges qui pesaient sur la propriété; — Considérant que, pour se soustraire à cette responsabilité, Me H... prétend qu'il avait une confiance illimitée dans Chalenge, son clerc, qui est le beau-frère de Madoz; — Considérant qu'un notaire, qui doit remplir ses fonctions avec une extrême délicatesse, ne doit point signer de complaisance et sans les lire les actes qui lui sont présentés par son clerc; que si telle a été la conduite tenue par Me H..., il doit regretter d'avoir agi avec tant de négligence, et il n'en est pas moins passible des pertes que cette négligence a occasionnées à Madoz, qui, certes, n'eût pas contracté s'il eût connu les dangers auxquels il s'exposait; — Considérant qu'on ne peut alléguer sérieusement que Madoz se soit entendu avec Chalenge, son beau-frère, pour tromper Me H..., qu'il est, au contraire, constant que Madoz a été trompé par Chalenge, mais que ce fait ne peut faire décharger Me H... de la responsabilité qui pèse sur lui comme notaire qui n'a pas donné à Madoz les conseils qu'exigeait sa profession; — Condamne Me H..., solidairement avec Chalenge, à payer, à titre de dommages-intérêts, à Madoz le montant des pertes qu'il va éprouver par suite de l'expropriation forcée des biens par lui acquis de Pitrou, et dont il fournira état ». — Appel.

La cour; — Considérant que Me H..., en consignant ou laissant consigner dans l'acte du 25 sept. 1844 la déclaration que les immeubles vendus par Pitrou à Madoz et Chalenge étaient libres de toutes charges autres que celles désignées, dans lesquelles ne figurait pas l'hypothèque conférée à Buard par un autre acte reçu par ledit Me H... quelques semaines auparavant, a commis une faute lourde qui le rend responsable envers Madoz du préjudice qu'elle lui a occasionné ou lui occasionnera; qu'à cet égard, la cour adopte les motifs des premiers juges; — Considérant que le jugement dont est appel n'a pas déterminé le montant des dommages-intérêts dus à Madoz; qu'il s'est borné, comme il devait le faire, à ordonner qu'il en serait fourni état; que la succession H... est donc par cela même réservée à faire valoir tous les moyens propres à en établir le chiffre, et notamment à soutenir, comme elle l'a fait devant la cour, que le prix de la vente du 25 sept. 1844 était d'avance dans les mains du vendeur, et qu'alors même que Me H..., celui-ci aurait été dans l'impossibilité d'obtenir la restitution de ce prix, tous moyens, bien entendu, tenant au contraire; — Confirme, etc.
Du 5 août 1854.-C. de Caen.

interrogé sur la situation d'un de ses clients par un de ses collègues chargé de dresser une obligation avec affectation hypothécaire, qui n'a point fait connaître à ce dernier l'état véritable et complet des charges grevant l'immeuble qui devait être soumis à l'hypothèque, se rend coupable d'une réticence dolosive et engage sa responsabilité vis-à-vis de la partie à laquelle l'hypothèque a été consentie, bien qu'il ne fût pas le conseil de cette partie, s'il a personnellement concouru à l'acte d'où est résulté le préjudice (Req. 20 nov. 1876, aff. Delalande, D. P. 78. 1. 172).

555. — VIII. Formalités subsequentes aux actes. — Ainsi qu'on l'a vu au *Rép.*, nos 368 et suiv., les notaires ne sont pas mandataires légaux des parties pour donner suite aux actes qu'ils reçoivent et accomplir les formalités extrinsèques, telles que significations, inscriptions, radiations ou renouvellement d'inscriptions, transcription, formalités de purge, nécessaires non pour la validité de ces actes, mais pour la conservation des droits qu'ils confèrent. Ils ne sont responsables de l'omission de ces formalités ou opérations subséquentes que s'ils ont été spécialement chargés d'y pourvoir. Les auteurs sont unanimes sur ce point (Aubry et Rau, t. 3, § 270, note 15; Pont, *Privilèges et hypothèques*, n° 937, et *Revue critique*, 1855, t. 7, p. 35; Laurent, t. 27, p. 364; Eloy, t. 2, nos 806, 812, 854; Rutgeris et Amiaud, t. 3, n° 2, 1317, 1348, 1350, 1358, 1376; Clerc, Dalloz et Vergé, 7e éd., nos 214 et suiv., 224; Didio, *Encyclopédie du notariat*, v° *Responsabilité notariale*, n° 328 et suiv. La jurisprudence a persisté dans la même doctrine : soit pour la signification des cessions de créance (Toulouse, 24 mars 1879, aff. Emma, D. P. 79. 2. 244; Paris, 20 févr. 1864, aff. Ramatowski, *Revue du notariat*, n° 768; Trib. civ. Seine, 24 avr. 1868, aff. Charbonneau, *Revue du notariat*, n° ... soit pour l'inscription des hypothèques et des privilèges (Orléans, 18 janv. 1879, aff. Boutteville, D. P. 79. 2. 243; Montpellier, 30 juin 1890, aff. Privat, D. P. 91. 2. 181; Pau, 26 mars 1890, aff. Epoux Mirande, D. P. 91. 2. 110; Req. 18 janv. 1892, aff. Monnet, D. P. 92. 1. 454; Limoges, 2 déc. 1885, aff. Auroux, sous Req. 23 juin 1887, D. P. 87. 1. 449; Pau, 20 juin 1892, aff. Desbordes, D. P. 93. 2. 161);... soit pour le renouvellement d'une inscription hypothécaire à la suite d'un acte de prêt (Trib. civ. Seine, 24 avr. 1868, aff. Charbonneau, *Revue du notariat*, n° 2159);... soit pour la transcription des ventes et autres actes translatifs de propriété (Aix, 10 août 1870, aff. Roux, D. P. 73. 2. 204; Pau, 20 juin 1892, aff. Desbordes, D. P. 93. 2. 161; Amiens, 28 janv. 1863, aff. N..., *Revue du notariat*, n° 619);... soit pour les formalités de la purge, alors même que le notaire aurait procédé à la transcription de l'acte reçu par lui et qui donne lieu à purge (Besançon, 2 déc. 1879, aff. Tissot, *Revue du notariat*, n° 6495);... soit pour l'inscription au trésor public de la clause d'emploi en valeurs déterminées, stipulée au contrat de mariage reçu par le notaire, d'une rente apportée par la future épouse, et qui, faute de la mention de cette clause dans l'inscription, a été aliénée par le mari sans le remploi prescrit (Paris, 4 août 1873, aff. Foucher, D. P. 74. 2. 85).

556. Mais, comme on l'a vu au *Rép.*, n° 371, le notaire est responsable de l'omission de ces formalités, lorsqu'il s'est constitué le mandataire ou le *negotiorum gestor*, ou le conseil des parties pour y procéder, ou pour assurer l'efficacité de l'acte reçu par lui, ou pour veiller à la conservation des droits du client, ou pour diriger l'affaire pour laquelle il a reçu l'acte. Ainsi jugé : 1° pour l'inscription d'une hypothèque (Req. 22 août 1864, aff. Dusfour, D. P. 65. 1. 64; Dijon, 26 oct. 1892, aff. Ragot, D. P. 93. 2. 205; Limoges, 2 déc. 1885, aff. Auroux, sous Req. 23 juin 1887, D. P. 87. 1. 449; Req. 9 juill. 1890, aff. Dubédat, D. P. 91.1. 381); — 2° Pour l'inscription d'un privilège de copartageant (Pau, 26 mars 1890, aff. Epoux Mirande, D. P. 91. 2. 110; Montpellier, 30 juin 1890, aff. Privat, D. P. 91. 2. 181); — 3° Pour la transcription d'une acquisition (Amiens, 29 janv. 1863, aff. N..., *Revue du notariat*, n° 619; Aix, 10 août 1870, aff. Roux, D. P. 73. 2. 204; Req. 18 août 1873, aff. Champion, D. P. 74. 1. 224); — 4° Pour une radiation d'inscription dans l'intérêt de l'acquéreur d'un immeuble (Paris, 20 févr. 1890, aff. Rochefort, D. P. 91. 2. 183); — 5° Pour la purge après acte de vente passé dans l'étude (Req. 11 juill. 1893, aff. Granier, D. P. 93. 1. 563). Cet arrêt semble même s'appuyer

sur l'existence d'une obligation légale plutôt que conventionnelle, résultant de circonstances telles que l'ignorance du client et le silence du notaire, pris comme conseil, au sujet d'une situation connue de lui qui rendait la purge nécessaire.

557. Le mandat accepté par un notaire relativement à un placement de fonds peut même être considéré comme s'étendant à toute la suite de l'opération jusqu'au remboursement, et comprendre toute la série des actes intermédiaires, notamment le renouvellement des inscriptions hypothécaires (Req. 15 déc. 1874, aff. Barallon, D. P. 75. 1. 453; Trib. civ. de Moulins, 18 mai 1876, aff. Boursat, *Revue du notariat*, n° 5247; Pau, 4 juill. 1892, aff. Nogaro, D. P. 93. 2. 222). Ce mandat peut enfin rendre le notaire responsable du préjudice qu'il cause au prêteur, soit en provoquant de sa part une mainlevée partielle, soit en ne poursuivant pas la mise en vente des immeubles hypothéqués à une époque où cette vente se serait produite dans des conditions beaucoup meilleures (Req. 7 janv. 1878, aff. Durandeau, D. P. 78. 1. 158).

558. Le notaire qui s'est chargé de prendre l'inscription, en vertu d'un acte constitutif d'hypothèque passé en son étude, est responsable non seulement du défaut d'inscription en temps utile, mais des irrégularités que présente cette inscription par sa faute; notamment, si elle est nulle pour défaut de mention de l'acte constitutif d'hypothèque (Nîmes, 5 févr. et 27 juin 1849, D. P. 50. 1. 266-267),... ou pour avoir été prise dans un bureau d'hypothèques autre que celui dans la circonscription duquel l'immeuble est situé (Paris, 26 janv. 1872, aff. Mosler et comp., D. P. 72. 2. 121, et sur pourvoi, Req. 25 nov. 1872,D.P.73. 1. 134);... ou si le bordereau envoyé au conservateur contenait une transposition des noms du créancier et du débiteur (Trib. civ. de Joigny, 17 mars 1859, aff. Fromont, D. P. 59. 3. 46).

Mais il pourra n'être pas responsable de la nullité de l'inscription provenant de la nature de ses énonciations si elles ne sont que la reproduction exacte de celles de l'acte constitutif d'hypothèque (Req. 26 mars 1872, aff. Teissier, Brémont et autres, D. P. 72. 1. 425). Du moins, le juge doit examiner alors si le notaire est excusable d'avoir cru suffisante la clause ainsi reproduite; et cette excuse a été admise notamment lorsqu'un notaire, conformément aux clauses d'un contrat arrêtées sans son intervention, a pris inscription pour une somme « stipulée payable à des époques à fixer ultérieurement », énonciation sur la suffisance de laquelle la doctrine et la jurisprudence étaient incertaines, et a omis dans l'inscription cette autre mention de l'acte, contradictoire avec la première, que la créance « est aujourd'hui exigible » (Alger, 10 mai 1870, même affaire, D. P. *ibid.*). Jugé encore qu'un notaire qui, dans un acte constitutif d'hypothèque, a indiqué d'une manière inexacte l'arrondissement auquel appartient l'immeuble hypothéqué, peut n'être pas déclaré responsable de la nullité de l'inscription prise, conformément à cette indication, sur les bordereaux délivrés par lui-même et reproduisant la même inexactitude, alors qu'il a été trompé par les déclarations erronées faites par le débiteur, acceptées par le créancier, et dont il n'avait aucun motif pour suspecter la sincérité (Toulouse, 24 mars 1879, aff. Emma, D. P. 79. 2. 244).

559. Lorsqu'un créancier hypothécaire a autorisé la cession de son antériorité sur sous certaines conditions, l'inscription de cette cession, prise par les soins d'un notaire, engage sa responsabilité envers le créancier, si elle ne relate pas les conditions imposées par ce dernier et a ainsi permis aux tiers d'opposer au créancier ladite cession, bien que lesdites conditions n'en eussent pas été exécutées (Req. 8 avr. 1872, *supra*, v° *Privilèges et hypothèques*, n° 1015).

560. L'irrégularité commise dans la signification d'un transport engage de la même manière la responsabilité du notaire qui s'en est chargé, si elle vient de la faute du notaire plutôt que de l'huissier, notamment si elle a pour cause une fausse indication de domicile dans l'acte de signification tout préparé par le notaire et qu'a reçu le notaire de l'étude (Req. 4 mai 1874, aff. Pradier, D. P. 74. 1. 489).

561. Le notaire chargé de procéder à la purge des hypothèques légales ne commet pas une faute engageant sa responsabilité en y procédant par le dépôt définitif d'une

expédition du procès-verbal de vente, alors que le dépôt provisoire, avec retrait après les soixante jours, eût été plus économique, ce notaire ayant pu se croire autorisé à choisir entre ces deux modes de procéder également réguliers et admis par l'usage (Trib. civ. de Lyon, 11 déc. 1886, aff. Gayetti, *Revue du notariat*, n° 7577);... ni en faisant transcrire une vente avec licitation au profit d'un cohéritier ou copartageant, bien qu'une telle vente fût affranchie de la transcription, le notaire ayant pu croire que les parties auraient à faire procéder à la purge dont la transcription est le préliminaire obligatoire, même sur un acte de ce genre (Même jugement).

562. La responsabilité du notaire, pour n'avoir pas fait opérer des inscriptions ou des radiations hypothécaires, n'existe qu'autant que cette omission est la cause d'un préjudice et seulement dans la limite de ce préjudice; elle cesse, notamment, si l'hypothèque, étant nulle, ne pouvait, même inscrite, avoir aucun effet (Limoges, 2 déc. 1885, aff. Auroux, et Req. 23 juin 1887, D. P. 87. 1. 449);... à moins pourtant qu'il ne soit constaté en fait que l'inscription, si elle eût été prise, eût révélé au créancier cette nullité et l'eût mis à même de sauvegarder autrement ses intérêts (Req. 21 mars 1855, cité au *Rép.*, n° 154).

Jugé encore que lorsqu'un notaire, chargé de procéder à la distribution amiable d'un prix de vente d'immeuble entre les créanciers hypothécaires du vendeur, a négligé d'appeler le vendeur à cette distribution, et que, par suite, le conservateur des hypothèques a refusé de rayer l'inscription de ce vendeur sur l'immeuble, sa responsabilité envers l'acquéreur est limitée au préjudice que ce dernier peut subir par suite de la nécessité où il se trouve de poursuivre, par les voies de droit, les radiations que le notaire a négligé de faire opérer (Paris, 20 févr. 1890, aff. Rochefort, D. P. 91. 2. 183).

563. Il y a responsabilité si le défaut d'inscription a empêché le créancier d'être intégralement désintéressé sur le prix de vente des immeubles hypothéqués, alors même que ce créancier n'aurait pas encore réalisé toutes les garanties que lui conférait son titre : l'insuffisance du gage hypothécaire sur lequel il avait pu légitimement compter en contractant, constituant à elle seule un préjudice pour lui, surtout s'il est obligé, pour exercer les autres garanties, d'attendre l'issue d'une liquidation contestée et le résultat d'un procès en cours (Dijon, 26 oct. 1892, aff. Ragot, D. P. 93. 2. 205). Il en est de même, s'il est déjà certain que le créancier ne pourra recouvrer le montant intégral de sa créance, étant donné le chiffre des inscriptions hypothécaires antérieures à la sienne et le prix d'adjudication de

l'immeuble hypothéqué, encore bien que ce préjudice, dès à présent certain, ne puisse être exactement évalué qu'après la clôture de l'ordre (Req. 9 juill. 1890, aff. Dubédat, D. P. 91. 1. 381).

564. La responsabilité existe encore dès qu'il y a eu perte du rang hypothécaire, par suite du défaut d'inscription, même avant que la créance soit devenue exigible : la perte du rang constituant un préjudice actuel et certain qui autorise une condamnation contre le notaire (Req. 22 août 1864, aff. Dusfour, D. P. 65. 1. 64). — Mais comme ce préjudice est subordonné à l'insolvabilité future du débiteur, cette condamnation ne peut être exécutoire que pour le cas de non-remboursement de la créance (Même arrêt). De même l'arrêt qui déclare un notaire responsable de la nullité d'une inscription hypothécaire destinée à garantir une créance dotale, peut, alors que le mari n'a figuré dans l'instance que pour assister et autoriser sa femme, différer le payement des dommages-intérêts jusqu'au moment où la dot sera restituée à la femme (Civ. rej. 24 janv. 1887, aff. Epoux Chavanon, D. P. 87. 1. 409).

565. La responsabilité du notaire, faute d'avoir veillé à la conservation des droits conférés par l'acte qu'il a reçu, peut, d'ailleurs, être atténuée par la négligence que la partie elle-même aurait apportée à sauvegarder ses droits lorsqu'il lui était possible de le faire (Montpellier, 30 juin 1890, aff. Privat, D. P. 91. 2. 181 ; Civ. rej. 24 janv. 1887, aff. Epoux Chavanon, D. P. 87. 1. 409).

566. Lors même qu'un notaire, faute de mandat spécial, serait dispensé de pourvoir aux formalités d'inscription ou de transcription faisant suite à un acte reçu par lui, et en général d'agir en vue d'assurer la conservation des droits que cet acte confère, il engage néanmoins sa responsabilité s'il agit de manière à compromettre ces droits ; par exemple, si, avant l'inscription de l'hypothèque constituée devant lui en faveur d'un créancier, il dresse l'acte constitutif d'une seconde hypothèque en faveur d'un autre créancier et lui assure la priorité en requérant son inscription (Paris, 14 janv. 1854)(1);... ou si, avant la transcription d'une donation faite devant lui, il reçoit un acte contenant constitution par le donateur d'une hypothèque sur les biens compris dans cette donation (Douai, 16 févr. 1855) (2); ou si, au cours des opérations de licitation et de liquidation entre héritiers dont il est chargé par justice, il profite de la connaissance qu'il a du défaut d'inscription du privilège résultant pour des cohéritiers mineurs de l'adjudication tranchée au profit de l'autre cohéritier, pour négocier un prêt hypothécaire entre

---

(1) (Maître-Devallon C. Touchard.) — La cour; — Considérant que, contrairement aux stipulations du bail fait au profit de Guérin, le 6 oct. 1833, Touchard, à qui sa qualité de notaire imposait l'obligation de vérifier les garanties réclamées par l'hospice de Pontoise, son client, n'a point exigé la preuve que les biens soumis à l'hypothèque fussent entièrement libres; — Qu'il est constant : 1° que, dans l'intervalle de temps qui s'est écoulé de la signature du bail à la réquisition d'une inscription dans l'intérêt de l'hospice, Touchard a reçu une obligation conférant à une demoiselle Cézerac hypothèque sur les biens de Guérin ; et que, loin de réserver les droits antérieurs de l'hospice, il a assuré la priorité à l'hypothèque de la demoiselle Cézerac, en la faisant inscrire avant celle de l'hospice ; 2° que, dans un ordre clos le 28 déc. 1844, la demoiselle Cézerac a été colloquée pour une somme excédant 3000 fr. ; 3° que la créance de l'hospice, son client, montant à 2034 fr., a été perdue par insuffisance de fonds ; 4° que Maître-Devallon (le receveur de l'hospice) a été déclaré responsable de la même par une décision de la Cour des comptes ; — Considérant que si Maître-Devallon a souffert ce préjudice, c'est par la faute de Touchard ; que si celui-ci, en effet, eût vérifié, comme c'était son devoir, la valeur du cautionnement hypothécaire exigé de Guérin et réclamé la stricte exécution du contrat, il n'y aurait eu pour l'hospice aucune chance de perte ; qu'elle aurait encore été évitée, si le notaire, en recevant l'obligation Cézerac, eût réservé ce qu'il pouvait se dispenser de faire, l'antériorité pour l'hospice ; que, conséquemment, Touchard doit réparation du dommage qu'il a causé par sa faute, et qu'un arrêt souverain a mis à la charge de Maître-Devallon ; — Infirme ; au principal, condamne Touchard à payer 2034 fr. à la veuve Maître-Devallon, etc. Du 14 janv. 1854.-C. de Paris.

(2) (Alloy C. Navarre.) — La cour; — Attendu qu'Alloy, alors notaire à Fauquembergue, a reçu, le 24 déc. 1848, un acte de donation par les époux Navarre-Hallenne à leur fils François,

d'une pièce de terre d'un hectare 41 centiares, sise à Fauquembergue, au chemin de Renty, ayant pour un de ses tenants un champ à lui appartenant ; — Attendu que cet acte de donation ne fut pas transcrit ; — Attendu qu'Alloy n'ignorait pas cette omission, puisqu'il cherche à s'en justifier par la volonté des parties et par l'absence d'un mandat spécial ; — Attendu que, le 8 févr. 1850, Alloy délivrait à François Navarre une expédition de cet acte ; — Attendu que, peu de temps après, le 26 mars 1850, les époux Navarre empruntaient dans l'étude d'Alloy à deux étrangers, représentés par un clerc de ce notaire, une somme de 4000 fr. ; et, soumettant leurs biens à l'hypothèque, les désignaient seulement par les numéros du cadastre, au lieu de les spécifier par aboutissants et tenants ; — Attendu que les parties n'étant pas en présence et les prêteurs s'en étant rapportés au notaire, il était du devoir de celui-ci de vérifier les biens hypothéqués et de s'assurer s'ils étaient vraiment propriétaires ; — Attendu que, s'il eût agi ainsi, Alloy n'eût pas soumis à l'hypothèque les biens objets de la donation non transcrite et reçue par lui ; qu'il n'est pas admissible, ni qu'il eût perdu la mémoire de cet acte relatif à un bien contigu au sien, et dont il venait de délivrer une expédition, ni qu'il ait pu faire confusion, lorsqu'il s'agit de propriétés situées contre les siennes et dans la commune qu'il habite ; — Attendu que, sans qu'il soit besoin de rechercher dans quel intérêt eu lieu les actes étrangers intervenus depuis lors, à savoir, les mainlevées données par les créanciers, le 19 juin 1854, sur les immeubles grevés, sauf sur ceux donnés en 1848, la cession de leurs créances à une femme Boucher, le 25 dudit mois de janvier, enfin les poursuites en expropriation commencées par cette dernière, le 31 mars, il suffit de la faute commise par Alloy pour qu'il réponde envers François Navarre de toutes les suites qu'elle a amenées ;...

Met l'appellation à néant ; ordonne que le jugement dont est appel sortira effet, etc.
Du 16 févr. 1855.-C. de Douai.

un tiers et l'adjudicataire de l'immeuble et prend lui-même une inscription sur cet immeuble en exécution de l'acte de prêt, rendant ainsi inefficace l'inscription postérieure des colicitants mineurs ; quand même la liquidation aurait eu lieu en la présence d'un autre notaire spécialement chargé par la mère tutrice des héritiers mineurs d'en surveiller les opérations (Orléans, 18 janv. 1879, aff. Bouteville, D. P. 79. 2. 243). On a vu *supra*, n° 502, que l'intervention d'un notaire comme conseil dans des actes destinés à nuire à des mineurs engage sa responsabilité envers eux (Req. 17 juill. 1872, aff. Vial, D. P. 73. 1. 87).

567. Les notaires sont obligés, sous leur responsabilité, de veiller à l'enregistrement des actes qu'ils passent (V. *Rép.*, n° 366, et *supra*, v° *Enregistrement*, n° 2921 et suiv.). — Sur la responsabilité des notaires en cas d'omission des formalités requises par l'art. 67 c. com. pour la publicité des contrats de mariage passés entre époux dont l'un est commerçant, V. *supra*, v° *Contrat de mariage*, n° 69 ; *Rép.*, eod. v°, n° 278 et suiv., et v° *Notaire*, n° 310 et suiv.

568. — IX. Preuve du mandat en matière de responsabilité notariale. — La preuve du mandat ou de la gestion d'affaires, invoquée contre un notaire comme base d'une responsabilité extranotariale, soit qu'il s'agisse d'assurer par des vérifications préalables la solidité du placement ou de toute autre affaire, objet de l'acte à intervenir, soit qu'il s'agisse d'assurer par des formalités subséquentes à l'acte la conservation des droits qu'il confère, incombe au demandour en responsabilité (*Rép.* n° 383).

569. Par quels moyens cette preuve peut-elle être faite ? Cette question a été résolue au *Rép.*, n° 373 et suiv.

Elle l'a été et doit l'être dans un sens très large en ce qui concerne la gestion d'affaires, quasi-contrat résultant de faits auxquels le client est étranger et dont il ne peut se procurer une preuve écrite ; ce qui, d'après l'art. 1348 c. civ., rend la preuve testimoniale toujours admissible en cette matière (*Rép.* n° 381 ; Metz, 19 déc. 1855, aff. Leroy, D. P. 57. 5. 287). Il a été jugé qu'un fait isolé, la négociation d'un seul prêt, suffit pour constituer à la charge d'un notaire le quasi-contrat de gestion d'affaires dans les termes de l'art. 1372 c. civ. (Paris, 11 déc. 1884, aff. Rafat, *Revue du notariat*, n° 7068)

Quant au mandat, il faut appliquer ici tout d'abord le principe qui a prévalu après controverse, et d'après lequel le mandat peut être tacite aussi bien de la part du mandant que du mandataire (V. *supra*, v° *Mandat*, n° 69 et suiv. ; Req. 18 août 1873, aff. Champion, D. P. 74. 1. 224 ; 15 déc. 1874, aff. Barallon, D. P. 75. 1. 453 ; 28 avr. 1875, aff. Ardisson, D. P. 77. 1. 223 ; Pau, 26 mars 1890, aff. Epoux Mirande, D. P. 91. 2. 110 ; Montpellier, 30 juin 1890, aff. Privat, D. P. 91. 2. 181 ; Req. 18 janv. 1892, aff. Monnet, D. P. 92. 1. 454 ; Pau, 4 juill. 1892, aff. Nogaro, D. P. 93. 2. 222).

570. Mais l'admission du mandat tacite laisse entière la question de savoir comment ce mandat doit être prouvé. Certains arrêts ont déclaré que cette preuve pouvait résulter d'une manière suffisante des présomptions tirées des circonstances de la cause et des éléments du procès, souverainement appréciés par les juges du fond (Req. 18 août 1873, aff. Champion, D. P. 74. 1. 224 ; 15 déc. 1874, aff. Barallon, D. P. 75. 1. 453 ; 28 avr. 1875, aff. Ardisson, D. P. 77. 1. 223 ; 18 janv. 1892, aff. Monnet, D. P. 92. 1. 454 ; Alger, 6 juill. 1866, aff. Gauthier, *Revue du notariat*, n° 1764 ; Montpellier, 30 juin 1890, aff. Privat, D. P. 91. 2. 181).

Ces arrêts sont conformes aux principes du mandat, en ce que le notaire, ayant tout au moins reçu mandat pour un acte, l'*étendue* seule de ce mandat et non son existence se trouve en litige ; or si l'existence d'un mandat est subordonnée aux preuves légales ordinaires, l'étendue d'un mandat déjà établi peut être prouvée par témoins et par présomptions (V. *supra*, v° *Mandat*, n° 68 ; V. dans le sens de cette distinction : Req. 15 févr. 1876, aff. Noailles, D. P. 76. 1. 246). Mais n'y a-t-il pas là plutôt la jonction de deux mandats d'ordre et d'objet différents ? Nous croyons devoir nous en tenir, sur ce point, au principe posé au *Rép.*, n° 373, et d'après lequel la preuve d'un tel mandat par témoins ou par présomptions n'est admissible au delà de 150 francs que sur commencement de preuve par écrit (Paris, 4 août 1873, aff. Foucher, D. P. 74. 2. 85).

On peut reconnaître au juge du fait un pouvoir souverain pour apprécier la gravité des faits invoqués comme présomptions devant lui, lorsque ces présomptions sont rendues admissibles par la modicité de la demande ou par l'existence d'un commencement de preuve par écrit ; son pouvoir est également souverain pour apprécier si les écrits produits devant lui rendent vraisemblable le mandat allégué et le caractère de commencement de preuve par écrit (Req. 23 avr. 1877, aff. Duchamp, D. P. 77. 1. 399 ; 25 janv. 1877, aff. Jullien, D. P. 87. 1. 473 ; 9 juill. 1890, aff. Dubédat, D. P. 91. 1. 381). Mais si graves que lui semblent les présomptions, il ne peut les déclarer suffisantes en l'absence de commencement de preuve par écrit, condition de leur admission (Civ. cass. 29 déc. 1875, aff. Maljean, D. P. 76. 1. 149), et la plupart des arrêts qui ont admis les présomptions constaté que cette condition se trouvait remplie (Req. 22 août 1864, aff. Dusfour, D. P. 65. 1. 64 ; 4 mai 1874, aff. Pradier, D. P. 74. 1. 489 ; 2 août 1875, aff. Naffrechou, D. P. 76. 1. 260 ; 25 janv. 1887, aff. Jullien, D. P. 87. 1. 473 ; 9 juill. 1890, aff. Dubédat, D. P. 91. 1. 381 ; Douai, 25 août 1855, aff. Pagnez, D. P. 57. 2. 42 ; Toulouse, 22 mai 1876, aff. M° Bet, D. P. 77. 2. 33 ; Pau, 26 mars 1890, aff. Epoux Mirande, D. P. 91. 2. 110 ; 4 juill. 1892, aff. Nogaro, D. P. 93. 2. 222).

571. Il ne peut être suppléé au commencement de preuve par écrit que par les faits d'exécution du mandat pris comme preuve de son acceptation en vertu du texte formel de l'art. 1985, § 2, c. civ. (Paul Pont, *Revue du notariat*, n° 387 et 462). Tel serait l'accomplissement tardif par le notaire des formalités qu'on lui reproche de n'avoir pas accomplies en temps utile (Pau, 26 mars 1890, aff. Epoux Mirande, D. P. 91. 2. 110) ; ... ou bien l'accomplissement, pour la conservation des droits des parties, d'une formalité autre que celle requise, une transcription, par exemple, au lieu d'une inscription (Montpellier, 30 juin 1890, aff. Privat, D. P. 91. 2. 181) ; ou encore, pour le mandat de placer des fonds, le fait par le notaire de procurer l'emprunteur et de débattre avec lui les conditions du prêt (Req. 28 avr. 1875, aff. Ardisson, D. P. 77. 1. 223).

572. Les agissements du notaire peuvent, d'ailleurs, en l'absence même de mandat, constituer un quasi-contrat de gestion d'affaires dont la preuve par présomptions est toujours admissible (Metz, 19 déc. 1855, aff. Leroy, D. P. 57. 5. 287 ; Paris, 11 déc. 1884, aff. Rafat, *Revue du notariat*, n° 7068). Mais des faits positifs d'immixtion sont nécessaires pour donner ouverture à tel moyen, à défaut de la preuve du mandat ; l'idée de gestion d'affaires ne peut s'appliquer au cas d'omission pure et simple, et « il ne saurait dépendre de l'habileté de l'une des parties de transformer selon son intérêt le mandat en simple gestion d'affaires, afin de rendre admissible la preuve testimoniale» (Caen, 27 janv. 1875, *Journal des notaires*, n° 21251 ; Didio, *Encyclopédie du notariat*, v° *Responsabilité notariale*, n° 192).

573. On peut aussi voir la preuve écrite d'un mandat donné au notaire dans la procuration minutée donnée à son premier clerc, lorsqu'elle est en réalité, d'après les constatations du juge du fait, donnée au notaire lui-même (Req. 28 mai 1888, aff. Leroy, D. P. 89. 1. 187).

574. Après avoir ainsi restreint l'admissibilité des présomptions, il faut rechercher quels faits peuvent être admis comme présomptions pour la preuve du mandat tacite. Ces faits pouvant être plus ou moins accentués, soit par euxmêmes, soit par leur réunion en plus ou moins grand nombre dans chaque affaire, on ne peut guère que s'en remettre à l'appréciation du juge, et présenter ici, pour faire suite à ce qui a été dit au *Rép.*, n° 375, un certain nombre de décisions avec l'indication pour chacune d'elles des faits qui les ont déterminées.

En ce qui concerne le mandat de vérifier la solidité d'un placement, on peut se reporter tout d'abord aux nombreuses décisions citées *supra*, n° 513 et suiv., et condamnant des notaires comme responsables de prêts hypothécaires à raison d'un mandat à eux confié pour la négociation de ces prêts. On a rapporté, avec chacune d'elles, les faits caractéristiques de l'affaire jugée. Il y a lieu de citer encore les arrêts suivants, qui ont admis en

preuve : 1° le fait que le prêteur est illettré et ignore complétement les affaires, que le notaire est chargé de percevoir les intérêts du prêt, que la grosse est restée en ses mains, et que lui seul a rempli et dirigé les formalités requises tant pour l'inscription de l'hypothèque que pour les poursuites ultérieures devenues nécessaires (Alger, 6 juill. 1866, aff. Gauthier, *Revue du notariat*, n° 1764); — 2° Le fait par le notaire de recevoir, pour être placés, les fonds d'une personne qui, depuis longtemps, lui confie pour ces sortes de placements une grande partie de sa fortune sans pouvoir s'en occuper elle-même, et d'appliquer pour ses honoraires le double tarif réservé par la chambre des notaires au cas d'entremise (Paris, 20 et 27 juill. 1874, aff. Chandelier, *Revue du notariat*, n° 4688); — 3° L'impossibilité pour le client de s'occuper sérieusement de l'affaire, et sa confiance dans le notaire amenée par d'anciennes relations et manifestée par de nombreuses affaires à lui confiées (Lyon, 4 mars 1876, aff. Duchamp, sous Req. 23 avr. 1877, D. P. 77. 1. 399); — 4° Le fait par le notaire de traiter seul avec l'emprunteur sur les conditions et garanties du placement, sans que le prêteur intervienne autrement que pour mettre sa signature au bas de l'acte d'emprunt (Agen, 28 janv. 1891, aff. Fournier, D. P. 92. 2. 79 ; Paris, 11 déc. 1884, aff. Rafat, *Revue du notariat*, n° 7068).

575. La cour de Lyon (4 mars 1876, aff. Duchamp, D. P. 77. 2. 391) a jugé mais en condamnant le notaire sur d'autres preuves, que le fait d'avoir stipulé des honoraires supérieurs à ceux qui sont fixés par les règlements du notariat dans la ville où exerce le notaire ne peut être invoqué comme preuve du rôle de mandataire ou gérant d'affaires engageant la responsabilité du notaire quant à la solidité du placement, qu'on doit plutôt y voir une rémunération plus ou moins justifiée du rôle d'intermédiaire entre deux parties qui ne se connaissent pas. Mais la jurisprudence admet précisément que le rôle d'intermédiaire, accusé par le doublement de l'honoraire tarifé, engage la responsabilité du notaire pour l'insuffisance actuelle des immeubles hypothéqués et l'omission par le notaire de la vérifier (Paris, 20 et 27 juill. 1874, aff. Chandelier, *Revue du notarial*, n° 4688; Req. 13 août 1874, aff. Floret, D. P. 75. 1. 53 ; 17 oct. 1893, aff. Hermet, D. P. 94. 1. 159).

576. En ce qui concerne le renouvellement d'une inscription hypothécaire, la cour de Pau (4 juill. 1892, aff. Nogaro, D. P. 93. 2. 222) a admis comme présomption de mandat le fait : 1° que le notaire avait conservé la grosse de l'acte obligatoire par lui reçu au lieu de la remettre au créancier ; 2° que lors de l'expropriation du débiteur il avait lui-même chargé un avoué de produire, soit à l'ordre, soit à la distribution par contribution qui ont suivi ; 3° qu'il avait continué à payer au créancier les intérêts de la somme empruntée, même après avoir vu repousser sa demande en collocation dans l'ordre en raison du non-renouvellement de son inscription hypothécaire. Le tribunal civil de Moulins (18 mai 1876, aff. Boursat, *Revue du notariat*, n° 5247) a admis aussi, comme faisant présumer le mandat à fin de renouvellement d'inscription, le peu d'aptitude du client aux affaires, sa confiance dans le notaire, l'habitude de celui-ci de faire les affaires du client et de le prévenir en cas de renouvellement d'inscription à opérer, l'indication du nom du notaire sur le certificat de subrogation et surtout la découverte dans son étude, après sa mort, de toutes les pièces relatives au placement sans que le client eût été vu rapportant ces pièces à l'étude.

577. En ce qui concerne l'inscription d'un privilège de copartageant, la cour de Pau (26 mars 1890, aff. Époux Mirande, D. P. 91. 2. 110), sur commencement de preuve par écrit résultant de lettres du notaire réclamant le coût de cette formalité, a admis comme suffisant la réunion des circonstances suivantes : 1° que le notaire avait constamment dressé les bordereaux et requis les inscriptions des obligations antérieurement souscrites dans son étude en faveur des auteurs de son client; 2° qu'il avait conservé la grosse de l'acte de partage par lui reçu, et n'avait offert la grosse, soit cette grosse, soit le bordereau, qu'au moment où un ordre avait été ouvert pour la distribution du prix de l'immeuble; 3° qu'il avait lui-même tardivement dressé les bordereaux et requis l'inscription. Et la cour de Montpellier (30 juin 1890, aff. Privat, D. P. 91. 2.

181) a admis le mandat sur les faits suivants : l'ignorance des clients et l'impossibilité où ils étaient de veiller à leurs affaires, l'usage constant et reconnu du notaire d'accomplir les formalités nécessaires pour la conservation des droits des parties, la stipulation contenue dans l'acte que tous les payements et formalités relatives à cet acte seraient faits en l'étude du notaire qui l'avait reçu et enfin la circonstance que le notaire était investi de la confiance de toute la famille dont il était le guide et le conseil habituel.

578. Enfin la cour de cassation a admis comme preuve du mandat pour la signification d'un transport, la constatation, dans l'acte de transport, que le payement, soit des intérêts, soit du capital, devait être fait en l'étude du notaire, que celui-ci devait rester dépositaire du titre de créance cédé, qu'il devait faire émarger l'inscription prise en garantie de ladite créance, et le fait reconnu, par écrit, que c'était son clerc qui avait fait procéder à la notification du transport (Req. 4 mai 1874, aff. Pradier, D. P. 74, 1. 489).

579. La double circonstance qu'un notaire a reçu des contrats de vente dont le prix était destiné par son client à éteindre ses dettes et qu'il a reçu les actes de quittance des créanciers ne suffit pas, malgré l'habitude peut-être abusive qu'ont les notaires de se constituer les gérants d'affaires de leurs clients, à prouver qu'il a touché ces sommes en vertu d'un contrat de mandat ou d'un quasi-contrat de gestion d'affaires, et qu'il doit en rendre compte (Bordeaux, 24 mars 1887, aff. Dulau, D. P. 88. 2. 144).

580. La réception par le notaire d'une somme payée comptant sur le prix de vente d'un immeuble fait-elle de ce notaire un simple dépositaire, ou bien en outre un mandataire chargé en cette qualité de pourvoir à la libération de l'immeuble par le payement des créanciers inscrits avec mainlevée de leurs inscriptions ? La cour de cassation a reconnu au juge du fait un pouvoir souverain pour interpréter, à cet égard, la convention des parties d'après leur intention et les circonstances de l'acte et pour n'y voir, comme on l'avait fait dans l'espèce, qu'un simple dépôt obligeant le notaire à remettre la somme au vendeur quand celui-ci lui rapporterait la mainlevée des inscriptions, de façon à garantir de toute surprise le vendeur et l'acquéreur (Req. 16 juin 1884, aff. Bourceret, D. P. 85. 1. 161).

581. Quant au commencement de preuve par écrit d'un mandat conféré au notaire, on peut en trouver les éléments : 1° dans les réponses du notaire à un interrogatoire sur faits et articles dans une comparution des parties (Req. 22 août 1864, aff. Dusfour, D. P. 65. 1. 64); — 2° Dans la stipulation d'un acte de prêt d'après laquelle le payement doit être effectué dans l'étude du notaire (Metz, 23 févr. 1864, aff. Laurent, D. P. 64. 2. 220) ; — 3° Pour les formalités de transcription et d'inscription, dans l'insertion par le notaire, au cahier des charges d'une vente par licitation, d'une clause obligeant l'acquéreur à payer entre ses mains le coût de ces formalités (Douai, 25 août 1855, aff. Pagnez, D. P. 57. 2. 42) ; — 4° Pour la vérification de la solidité d'un placement, dans les quittances du notaire constatant des dépôts de sommes et ne coïncidant ni par leur date, ni par leur importance avec des placements effectifs, et permettant de croire que le notaire se chargeait d'en régler l'emploi en obligations qu'il présentait ensuite, toutes dressées à la signature du client (Lyon, 4 mars 1876, aff. Duchamp, sous Req. 23 avr. 1877, D. P. 77. 1. 399).

582. Jugé encore que l'indication dans un acte de prêt de l'étude du notaire pour le remboursement, jointe aux circonstances qui ont précédé, accompagné ou suivi cet acte, telles que l'ignorance du prêteur ou sa confiance dans le notaire auquel il confiait habituellement le placement de ses capitaux, peuvent être considérées comme preuve du mandat donné au notaire de recevoir le remboursement ou de veiller aux intérêts du prêteur (Douai, 29 nov. 1862, aff. Prévost, D. P. 63. 2. 41 ; Req. 22 avr. 1856, *Rép.* n° 347; 22 nov. 1876, aff. De Lacoste de Laval et autres, D. P. 77. 1. 150). — Mais l'indication de l'étude comme lieu de payement, si elle peut s'ajouter à d'autres présomptions pour les fortifier, n'est pas par elle seule une présomption suffisante du mandat donné au notaire de recevoir le payement et d'en donner quittance (Riom, 31 janv. 1876, aff. DeLacoste, D. P. 77. 1. 150 ; Lyon, 16 févr. 1860, aff. Reydellet, D. P. 60. 2. 78) ou de veiller à l'emploi des fonds versés dans l'étude

(Req. 10 mai 1870, aff. Beurdeley, D. P. 71. 1. 60). Elle ne rend pas de plein droit le notaire responsable de la validité du payement (Riom, 3 déc. 1885, aff. Azémard, D. P. 87. 2. 94 ; Paul Pont, *Revue critique*, t. 7, p. 46).

583. L'élection de domicile en l'étude du notaire pour l'exécution de l'acte entraîne pourtant une certaine responsabilité à la charge du notaire s'il l'a acceptée, par exemple en la laissant figurer dans les clauses de l'acte. Il contracte, en effet, par là l'obligation de transmettre aux parties tous les exploits dont la signification serait faite au domicile élu, s'ils concernent l'exécution de l'acte ; par exemple, si le notaire reçoit la copie d'une sommation de produire à un ordre en vertu d'une élection de domicile faite par le créancier en son étude, il peut être déclaré responsable de la perte de la créance faute de la signification, pour avoir négligé de faire parvenir cette copie au créancier et s'être borné à la transmettre à un avoué qu'il n'avait point qualité pour constituer (Req. 1er mars 1886, aff. Lesné, D. P. 86. 1. 457 et la note ; Angers, 19 mars 1879, aff. Roncin, D. P. 82. 1. 100. Dans le même sens : Paris, 12 févr. 1842 et Montpellier, 12 janv. 1852 cités par Clerc, Dalloz et Vergé, *op. cit.*, n° 231 ; Nancy, 22 déc. 1853, *Rép.*, v° *Ordre entre créanciers*, n° 350 ; Trib. Versailles, 5 août 1864, cité par Besnus, *Du domicile élu envisagé au point de vue de la responsabilité pour les significations qui y sont faites* ; Trib. civ. Compiègne, 12 août 1874, *Journal des notaires*, art. 21061 ; Rutgeerts et Amiaud, *Commentaire de la loi organique du notariat*, t. 3, n° 1336 ; Aubry, et Rau, t. 1, § 146, note 25 ; Demolombe, *Traité du domicile*, n° 372).

584. A plus forte raison, le notaire est-il responsable si son abstention se complique d'agissements tendant à nuire à son client, par exemple s'il excite l'emprunteur, dont la libération aurait pu s'opérer sans frais, à faire des offres réelles au domicile élu dans son étude et n'en avertit le créancier que trop tard pour que celui-ci puisse par son acceptation prévenir la consignation. Jugé, dans ces conditions, que le notaire, condamné envers l'emprunteur à des dommages-intérêts et aux frais de l'action dirigée contre lui, peut en outre être condamné aux frais de l'instance en validité d'offres réelles à laquelle sa cause avait été jointe et qui s'est terminée par un jugement reconnaissant la validité de ces offres entre le débiteur et le créancier (Req. 2 août 1887, aff. Bertrand, D. P. 88. 1. 156).

585. Le notaire qui a accepté l'élection de domicile doit remettre les notifications à la partie, soit de la main à la main contre un récépissé, soit par la poste au moyen d'une lettre chargée ou recommandée (*Rép.*, v° *Ordre entre créanciers*, n° 351 ; Garsonnet, *Traité de la procédure*, t. 4, § 808, p. 385, note 9). Toutefois il a été jugé que l'affirmation par le notaire qu'il a, par la poste, transmis la pièce à la partie, peut être jugée suffisante pour le décharger si elle est rendue vraisemblable par les autres circonstances de la cause, notamment par la transmission reconnue d'autres notifications reçues pour la même partie de la même manière ; la partie pouvant avoir été privée de la pièce ainsi transmise par des causes indépendantes du fait du notaire (Req. 24 janv. 1887, aff. Sarrazin, *Revue du notariat*, n° 7572 ; Paris, 18 juin 1855, *Rép.* v° *Ordre entre créanciers*, n° 352).

586. L'élection de domicile faite chez un notaire sans son aveu et à son insu, notamment dans l'inscription hypothécaire prise par le créancier, ne saurait d'ailleurs être à sa charge le principe d'un mandat. La cour de Paris, dans l'arrêt du 18 juin 1855, cité *suprà*, n° 585, avait eu à statuer sur une espèce de ce genre, dans laquelle le fait par le notaire de recevoir l'acte de procédure était invoqué comme valant acceptation du mandat à l'effet non seulement de conserver l'exploit, mais encore de le transmettre à la partie. La cour « sans préjuger ce point » se borna à déclarer le notaire déchargé en tout cas par son affirmation, rendue vraisemblable, qu'il avait transmis la pièce. Mais, le 6 mai 1872 (aff. Dame Grignon, *Revue du notariat*, n° 4181 ; *Journal des notaires*, art. 20484), elle alla plus loin et déclara que l'acceptation d'un mandat ne peut s'induire ni de la réception de la pièce, ni du fait de l'avoir renvoyée à l'adresse indiquée par elle, ce fait étant un acte de pure complaisance et ne pouvant obliger le notaire à des démarches et à des recherches ultérieures (Comp. *suprà*, v° *Domicile élu*, n°s 31 et 32).

587. Jugé aussi que lorsqu'un notaire a accepté l'élection de domicile faite en son étude par un créancier privilégié ou hypothécaire, l'omission par lui de transmettre au créancier une sommation de produire à l'ordre ne le constitue en faute qu'à l'égard des créanciers, et non à l'égard de l'adjudicataire dont il n'est point le mandataire (Angers, 19 mars 1879, sous Req. 9 août 1881, aff. Roncin, D. P. 82. 1. 100) ; en sorte que si l'adjudicataire, chargé par son contrat du payement de la créance, se plaint de ne pouvoir être subrogé dans le privilège du créancier faute par celui-ci d'avoir conservé ce privilège en produisant à l'ordre, il n'en peut rendre responsable le notaire qui a omis de transmettre au créancier la sommation de produire à l'ordre, étant donné que le créancier, même averti, eût pu s'abstenir ou négliger de produire (Req. 5 févr. 1884, aff. Roncin, D. P. 84. 1. 367). Jugé, d'ailleurs, qu'en acceptant cette élection de domicile, le notaire ne reçoit d'autre mandat ni ne contracte d'autre obligation que de faire parvenir en temps utile au créancier les pièces qui pouvaient être signifiées au domicile élu, sans avoir à s'occuper de la production qu'il s'agit de faire à l'ordre (Douai, 20 févr. 1892, aff. Matlon, D. P. 92. 2. 481).

§ 3. — Responsabilité des notaires quant à la nullité de leurs actes (*Rép.* n° 384 à 442).

A. — Nullités intrinsèques ou de fond. — Erreurs de droit.

588. Les nullités intrinsèques, ou tenant au fond même de l'acte, peuvent provenir tantôt d'une erreur sur un point de droit, de l'oubli ou de l'ignorance d'une disposition légale, d'une fausse interprétation de la loi, tantôt d'une erreur sur un fait tel que la fraude, ou la violence, l'état d'esprit, l'âge, le mariage de l'une des parties, la dotalité de l'objet, la propriété d'un tiers sur cet objet, le pouvoir donné par ce tiers, etc. Dans ces divers cas, il s'agit de savoir jusqu'à quel point le rôle des notaires comme conseils légaux des parties les rend responsables de la nullité de l'acte, jusqu'à quel point au contraire le caractère forcé de leur ministère peut les désintéresser du sort d'une convention voulue par les parties.

589. On a réfuté au *Rép.*, n°s 385, 387, 388, la doctrine trop absolue d'après laquelle un notaire ne serait jamais responsable d'une erreur de droit lorsqu'il s'agit de nullités intrinsèques. Le juge devant toujours constater une faute en apprécier la gravité, on a montré la distinction qu'il convient de faire à cet égard entre les points de droit fixés par un texte clair ou par la jurisprudence, et les points de droit sujets à controverse parmi les tribunaux. De nombreux arrêts l'ont consacrée depuis, en décidant, par interprétation de l'art. 68 de la loi du 25 vent. an 11, « qu'en ce qui concerne le fond, aucune loi n'affranchit les notaires de toute responsabilité en cas d'erreur sur le fond du droit ; mais qu'il faut néanmoins, pour qu'il en soit ainsi, que l'erreur ne porte pas sur un point douteux et susceptible de controverse (Req. 12 févr. 1883, aff. Riquès, D. P. 84 1. 255). Sinon, en effet, il y a faute lourde, erreur grossière, due à l'impéritie ou à l'oubli des devoirs professionnels (V. dans le même sens : Clerc, Dalloz et Vergé, *op. cit.* n°s 47 et suiv., 57 et suiv.).

Demolombe (*Traité des contrats*, t. 8, n° 534) admet, comme règle générale, l'irresponsabilité du notaire pour les nullités tenant au fond du droit, parce que l'œuvre des parties elles-mêmes et que, le rôle du notaire consistant à le recevoir, « on ne peut exiger de lui qu'il décide, sous peine d'une responsabilité redoutable, les questions controversées et litigieuses sur lesquelles la jurisprudence et la doctrine présentent souvent de grandes incertitudes. Sur ces sortes de questions, ajoute-t-il, les parties au point de vue du droit sont dans une situation égale à celle du notaire ; elles doivent savoir si elles veulent faire est conforme à la loi ; en cas d'hésitation ou d'ignorance, qu'elles consultent un avocat, qu'elles se fassent assister d'un conseil. » A cette règle, déjà restreinte par la nature du motif, il apporte exception pour « certaines nullités, même de droit, que le notaire serait impardonnable d'avoir commises, comme s'il les avait commises dans un de ces actes pour ainsi dire *courants* et toujours uniformes du notariat, dont les formulaires indiquent exactement toutes les condi-

tions et toutes les clauses, ou s'il avait omis d'exiger l'accomplissement de certaines conditions de capacité expressément requises dans la personne du contractant ».

Un arrêt de la cour de Nancy du 22 août 1867 (aff. Muller, D..P. 68. 2. 117) semble écarter absolument la responsabilité des notaires pour les nullités procédant du fond même de l'acte; car il décharge un notaire dans le cas d'une hypothèque annulée comme portant sur biens à venir en l'absence de tout bien présent; et il donne pour unique motif que cette hypothèque est annulée pour des raisons étrangères à la rédaction et à la forme de l'acte. Réduit à ce motif, il est en contradiction avec des décisions de la cour suprème (V. infrà, nos 592 et suiv.) qui condamnent des notaires pour nullités provenant de l'oubli d'un point de droit même sur le fond de l'acte. Mais, en fait, l'arrêt devait excuser le notaire parce que, pris comme rédacteur de l'acte et non comme intermédiaire du placement, il n'avait pas à rechercher si le débiteur avait des biens présents (motifs du jugement attaqué) et qu'en tout cas il était permis, sans erreur grossière, de voir dans l'absence de biens présents un cas d'insuffisance tel que l'exige l'art. 2130 c. civ. pour autoriser l'hypothèque des biens à venir.

590. Comme exemples d'erreur excusable sur un point de droit controversé, on citera les arrêts suivants, qui ont jugé : 1° qu'un notaire de l'île de la Réunion ne devait pas répondre de la nullité d'un nantissement d'esclaves constitué sans tradition effective pour garantie d'un prêt, ce notaire ayant pu croire, avec plusieurs jurisconsultes de la colonie, que la remise des certificats de recensement des esclaves était l'équivalent de la tradition réelle (Req. 16 août 1865, aff. Lacroix, Revue du notariat, n° 1477); — 2° Qu'un notaire n'est pas responsable de la nullité résultant de l'omission de la désignation des biens, dans un acte constitutif d'hypothèque portant que l'hypothèque comprenait tous les immeubles du débiteur situés dans une ou plusieurs communes déterminées, alors que la validité de l'hypothèque dans ce cas était encore l'objet de controverses sérieuses tant en doctrine qu'en jurisprudence (Montpellier, 7 avr. 1866, et sur pourvoi, Req. 13 avr. 1869, aff. Sian, D. P. 71. 1. 147); — 3° Qu'un notaire ne répond pas de la nullité d'une hypothèque constituée en vertu d'un mandat sous seing privé à une époque où la doctrine enseignait généralement la validité de cette hypothèque et où la jurisprudence était indécise sur ce point, étant donné surtout que le créancier, averti par l'instance engagée, du danger qui le menaçait, aurait pu alors réparer le vice dont l'hypothèque était entachée et s'assurer un rang utile dans l'ordre ultérieur (Toulouse, 9 juill. 1859, aff. Ansas. D. P. 59. 2. 201); — 4° Qu'un notaire n'est pas responsable de la nullité d'un testament reçu par lui et contenant une substitution prohibée, ce notaire ayant pu penser, en présence des variations de la jurisprudence sur les éléments de la substitution prohibée, que le testateur ne faisait pas une substitution prohibée en chargeant l'institué de remettre les biens sans mentionner l'obligation de les conserver, et ayant pu d'ailleurs s'exagérer le devoir, imposé par l'art. 972 c. civ. au notaire, d'écrire le testament tel qu'il lui est dicté (Bordeaux, 17 nov. 1879, aff. Debord, Revue du notariat, n° 5942).

591. Mais les circonstances particulières de la cause peuvent faire mettre à la charge du notaire la nullité provenant même d'un point controversé; par exemple celle d'une donation que l'un mineur à son époux pendant le mariage, s'il a conseillé ce mode de disposition sujette à critique sans avertir les parties du danger qu'il présentait, alors qu'elles avaient fait choix d'un autre mode de disposition absolument régulier, le testament (Bordeaux, 18 déc. 1866, aff. Cherchouly et Authier, D. P. 67. 2. 124).

592. En tout cas une illégalité manifeste, dont le notaire a négligé d'avertir les parties alors qu'elles l'ignoraient, fait apparaître la faute et la responsabilité de ce notaire, alors du moins que ce fait a causé un préjudice. Ainsi un notaire peut être déclaré responsable : 1° de la nullité d'un acte de vente à raison de ce qu'il y a inséré en faveur du vendeur une stipulation de réméré pour un temps supérieur à cinq ans contrairement à l'art. 1660 c. civ. (Req. 17 août 1869, aff. Laforgue, D. P. 74. 5. 353); — 2° De la

nullité d'une constitution d'hypothèque sur mandat sous seing privé, si l'acte est ainsi dressé longtemps après que la controverse sur l'insuffisance de ce mandat a pris fin (Req. 24 mai 1886, aff. Guitard, D. P. 86. 1. 222); — 3° De la nullité d'une donation à raison de ce qu'il y a inséré, contrairement à l'art. 945 c. civ., et sans avertir les parties de cette nullité, une clause chargeant le donataire de payer les dettes futures du donateur, les parties étant d'ailleurs illettrées ou d'une éducation bornée (Lyon, 8 févr. 1867, aff. Robin, D. P. 67. 2. 154); — 4° De la nullité d'un acte réglant les conditions d'une séparation de corps volontaire, si le notaire a mis ou laissé le client dans l'erreur sur cette nullité, et d'autre part la rédaction de l'acte a été la cause pour lui d'un préjudice, mais seulement à cette double condition (Trib. civ. Toulouse, 26 févr. 1886, aff. Me Emile Revue du notariat, n° 7576). — Sur la nullité d'une inscription hypothécaire causée par l'erreur ou la faute du notaire V. suprà, n° 558; sur la nullité ou l'irrégularité d'une signification de transport V. suprà, n° 560.

593. Jugé aussi, en matière d'adjudication, que lorsque après plusieurs mises successives dans une vente aux enchères d'immeubles à laquelle il est chargé de procéder, le notaire ne croit pas devoir accueillir la dernière parce que son auteur a refusé de fournir la caution exigée de lui aux termes du cahier des charges, si ce notaire commet la faute de déclarer adjudicataire l'avant-dernier enchérisseur dont la mise avait été couverte et qui se trouvait ainsi dégagé aux termes de l'art. 705 c. proc. civ. par cette dernière enchère valable ou non, il doit, l'adjudication étant annulée à la requête de l'adjudicataire, indemniser celui-ci du préjudice qu'elle lui a causé (Nancy, 4 juill. 1885, aff. X... notaire, Revue du notariat, n° 7162).

594. L'absence d'un des futurs époux à un contrat de mariage est, de la part du notaire qui dresse ce contrat, une faute professionnelle et un cas de responsabilité, même en présence d'un usage local se rattachant à l'ancien droit et dont l'illégalité a été controversée entre les tribunaux ; un tel usage ne pouvant être assimilé à un point de droit controversé, alors surtout qu'il s'était écoulé un long temps depuis la promulgation du code et de la loi de ventôse an 11, lorsque le contrat de mariage a été rédigé par le notaire au mépris de leurs prescriptions (Limoges, 25 mai 1887, aff. Dubois, D. P. 88. 2. 98).

595. La cour de Paris (30 mai 1888, D. P. 93. 1 227) a déclaré nulle, comme contraire aux art. 2078 et 2088 c. civ. la clause d'un acte constitutif d'hypothèque par laquelle l'emprunteur vend au préteur une quote-part de l'immeuble sous condition de réméré à exercer avant l'échéance de la dette et avec remboursement de cette dette. Elle a, par suite, déclaré le notaire responsable du préjudice causé par l'insertion de cette clause, déclarant implicitement l'erreur de droit inexcusable en ce point. Mais la cour de cassation a annulé cet arrêt en déclarant la clause valable faute de pouvoir étendre à l'hypothèque des prohibitions visant seulement le gage et l'antichrèse, et a déchargé, par suite, le notaire de toute responsabilité pour les difficultés qu'avait occasionnées la mainlevée de l'inscription de la vente à réméré (Civ. cass. 13 juill. 1891, aff. Époux Lamoureux et autres, D. P. 93. 1. 227).

596. Si incontestable que soit la nullité encourue, les juges peuvent tenir compte des circonstances propres à atténuer l'étendue de la responsabilité, par exemple de ce que la faute a été commune aux parties; de ce que la clause illégale a été insérée dans l'acte par un renvoi marginal au dernier moment, le notaire n'ayant pas eu au moment de la signature le temps de la réflexion ; de ce que le bénéficiaire de l'acte (le donataire par exemple) a repoussé depuis l'offre faite par l'autre partie (le donateur) de refaire cet acte valablement sauf une légère réduction du montant de la libéralité, ou même de ce que le donateur, dont il était l'héritier présomptif, ne l'a déshérité qu'à raison de ses mauvais procédés envers lui (Lyon 8 févr. 1867, aff. Robin, D. P. 67. 2. 154).

En tout cas, la responsabilité du notaire est limitée au préjudice causé par sa faute (Civ. rej. 28 févr. 1872, aff. Demoiselle S..., D. P. 73. 1. 485). Jugé, notamment, que lorsque la nullité d'un contrat de mariage, par lequel les époux avaient stipulé le régime dotal, provient de la faute du no-

taire qui l'avait rédigé, la responsabilité de ce notaire n'est engagée qu'à concurrence du préjudice qui a été réellement causé à la femme par suite de la substitution du régime de la communauté légale au régime dotal (Pau, 15 mars 1892, aff. Lucats-Bousqué, D. P. 93. 2. 165).

597. Les droits et la capacité des parties, la réalité ou la régularité de leurs pouvoirs, sont encore des éléments de fond d'où peut dépendre la nullité de l'acte, et sur lesquels le notaire aura pu errer en droit ou en fait, de même qu'il peut errer en fait sur l'identité même des parties. Sa responsabilité à cet égard sera étudiée *infrà*, n°° 600 et suiv., 612 et suiv., à cause du lien qui rattache aux formes instrumentaires prescrites par la loi de ventôse la vérification du nom, de l'état et de la demeure des parties. — Sur la responsabilité du notaire à raison de la nullité causée par le caractère frauduleux de l'acte, V. *suprà*, n°° 496 et suiv. — Les nullités touchant au fond même de l'acte et dépendant de faits, tels que dol ou violence, qu'aucun texte n'obligeait le notaire à vérifier ne peuvent engager sa responsabilité, à moins de circonstances rendant inexcusable son ignorance au sujet de ces faits (Bordeaux, 8 mai 1860, aff. Héritiers Fieffé de Liévreville, D. P. 60. 2. 129).

B. — Nullités extrinsèques ou de forme.

598. — **I. Actes autres que les testaments.** — **1° *Individualité des parties.*** — La loi du 25 vent. an 11 a mis hors de doute en le rappelant expressément (art. 68) le principe de la responsabilité notariale pour omission ou irrégularités dans la forme des actes (*Rép.* n° 392). Mais, même dans ces cas, le notaire ne peut être condamné que « s'il y a lieu », c'est-à-dire suivant l'appréciation qui sera faite de sa faute (Civ. cass. 19 mai 1885, aff. Durant, D. P. 85. 1. 345; Rouen, 31 mars 1886, même affaire, D. P. 87. 2. 228; Civ. rej. 24 déc. 1888, même affaire, D. P. 89. 1. 165); ce qui permet encore de le renvoyer indemne lorsque l'illégalité de la forme employée fait l'objet d'une controverse en doctrine et en jurisprudence (*Rép.* n° 393), une faute grave étant nécessaire pour mettre la nullité à sa charge, et la simple imprudence d'avoir employé une forme sujette à procès pouvant seulement faire mettre à sa charge les frais de ce procès (*Rép.* n° 395).

599. On a vu au *Rép.*, n° 403, quelle est l'étendue de la responsabilité du notaire pour inobservation de l'art. 11 de la loi de ventôse qui l'oblige, s'il ne connaît pas le nom, l'état et la demeure des parties, « à les faire attester dans l'acte par deux citoyens connus de lui, ayant les qualités requises pour être témoin instrumentaire ». Et on a cité de nombreux arrêts admettant cette responsabilité bien que l'art. 68 de la loi de ventôse ne renvoie pas à cet art. 11 comme il renvoie à d'autres articles (V. aussi *Rép.* n° 365). On peut ajouter à ces décisions celles qui ont été citées *suprà*, n° 496, et qui ont fait application de cette responsabilité, soit en cas de supposition de personne, que l'inobservation de ce dernier article a empêché de découvrir, soit en cas de fraude autre que la supposition de personne et que le notaire eût découverte en se conformant à la loi.

On a vu aussi au *Rép.*, n°° 403, 404, 405, que cette faute du notaire ne saurait engager sa responsabilité envers la partie lésée, si elle-même lui a faussement certifié l'identité de l'autre partie présentée sous un faux nom, ou a déclaré le dispenser de la vérification légale. Mais il paraît nécessaire, même dans ces cas, de réserver l'action des tiers auxquels l'acte a porté préjudice et qui n'auraient pas eu à en souffrir si le notaire eût agi régulièrement.

600. — **2° *Capacité des parties.*** — On a vu au *Rép.*, n°° 406 et suiv., que si le notaire est responsable, faute de s'assurer de l'individualité des parties, comme le lui prescrit l'art. 11 de la loi de ventôse, il ne l'est pas nécessairement pour ne s'être pas assuré des qualités en lesquelles elles contractent et de leur capacité de contracter, la loi précitée n'édictant aucune obligation sur ce point (Comp. *suprà*, v° *Notaire*, n° 83 et *Rép.* eod. v°, n°° 287 et suiv.). Il faudra donc, en cette matière, faire la preuve contre le notaire d'une faute dont la gravité sera livrée à l'appréciation du juge. Ainsi jugé que la nullité d'un acte pour minorité de l'une des parties n'entraîne pas la responsabilité du notaire, au seul titre d'officier public, s'il n'y a pas eu faute lourde de sa part (Metz, 17 juin 1863, aff. X..., *Revue du notariat*, n° 906).

On ne saurait voir l'abandon de ce principe dans un arrêt de la chambre des requêtes du 11 août 1857 (aff. Bénard, D. P. 58. 1. 135) qui met à la charge du notaire la nullité d'un acte fait, sans autorisation maritale, pour une femme mariée qui avait dissimulé son état civil. Cet arrêt s'appuie, en effet, sur ce que le notaire avait été trompé sur la capacité de cette femme par un faux nom (celui du premier mari), nom au sujet duquel il n'avait pas exigé les attestations prescrites par l'art. 11 de la loi de ventôse. Il a même été jugé, contrairement à cet arrêt, que l'art. 11 de la loi de ventôse ne peut être invoqué contre un notaire qui a admis sous son nom de fille et comme capable une femme mariée, cet article n'ayant voulu parler que des désignations propres à établir l'individualité, et non la capacité (Trib. civ. Seine, 27 janv. 1869, aff. Redon, *Revue du notariat*, n° 2309; Montpellier, 12 nov. 1867, aff. Lamouroux, *Revue du notariat*, n° 2135).

601. Jugé pourtant que l'art. 11 de la loi de ventôse, en exigeant que le notaire connaisse ou se fasse attester le nom, l'état et la demeure des parties, entend parler de leur état civil et non de leur profession, et que, par suite, le notaire est responsable pour ne pas s'être assuré de l'état de minorité d'une future épouse dont il dresse le contrat de mariage et ne l'avoir pas fait assister par ses parents dans ce contrat (Montpellier, 16 août 1869, aff. Epoux Larrive, sous Civ. rej. 19 juin 1872, D. P. 72. 1. 346). Mais ces termes sont trop absolus, et il faut reconnaître seulement la possibilité d'une faute et d'une responsabilité en cette matière, les notaires étant d'ailleurs difficilement excusables de ne pas s'assurer de l'âge des futurs époux dont ils dressent les conventions matrimoniales. L'arrêt admet, au surplus (et la cour de cassation reconnaît son pouvoir sur ce point), le partage de la responsabilité entre les parties à raison de ce qu'elles se sont elles-mêmes exposées au préjudice en révélant le vice de l'acte.

602. Il y a encore faute du notaire à ne pas s'enquérir de l'âge d'un donateur que les parties, d'ailleurs illettrées, lui ont laissé ignorer, lorsqu'il a à s'imputer de leur avoir conseillé ce mode de disposition que l'état de minorité du donateur ne permettait pas, au lieu d'un testament qu'elles lui demandaient de recevoir ; et cela bien qu'il s'agît d'une donation entre époux pendant le mariage, ce qui rendait sa nullité discutable, si, conseillant l'acte, il n'avait pas averti du danger (Bordeaux, 18 déc. 1886, aff. Cherchouly et Authier, D. P. 67. 2. 124. Comp. *suprà*, n° 591).

603. Comme on l'a dit au *Rép.*, n° 408, et *suprà*, v° *Notaire*, n° 83, la faute apparaît et l'incapacité de la partie engage la responsabilité du notaire, lorsqu'il y a interdiction rendue publique par le tableau placé dans les études des notaires, ou notoriété au sujet de l'état d'esprit de la partie, ou circonstances de nature à éveiller chez le notaire des doutes sérieux à cet égard. Jugé ainsi : 1° que le notaire qui a procédé à l'adjudication d'un immeuble indivis entre une succession et l'héritier, lequel est interné dans un asile d'aliénés, sans que celui-ci fût valablement représenté, doit être condamné à indemniser l'adjudicataire évincé, avec subrogation toutefois dans les droits de cet adjudicataire contre celui qui a touché le prix et qui a été condamné envers lui à la restitution de ce prix (Douai, 4 mai 1891, aff. Dutertre-Delmarcq, D. P. 93. 2. 39); — 2° Que si, d'ordinaire, les notaires ne peuvent être rendus responsables de la capacité civile des parties aux conventions desquelles ils donnent l'authenticité, cette règle ne saurait être applicable au cas où l'incapacité desdites parties est notoire ou évidente ; qu'en pareil cas, le devoir du notaire est de les éclairer soit sur les conséquences et la portée de la convention qu'elles entendent former, soit sur le peu de solidité des garanties qu'elles cherchent à s'assurer, alors surtout qu'il est le notaire habituel de la partie incapable (Bordeaux, 20 juin 1866) [1].

---

(1) (Michaud et M... C. Comptoir d'escompte de Blaye). — La cour; — Attendu qu'en admettant que, d'ordinaire, les notaires ne puissent être rendus responsables de la capacité civile des parties dont ils authentiquent les conventions, cette

604. Mais si les circonstances autorisent le notaire à croire que le comparant est sain d'esprit, ou l'empêchent de s'enquérir de ce point, il n'encourt aucune responsabilité à raison de l'interdiction survenue quelque temps après (Aix, 19 nov. 1889, aff. Crédit foncier et autres, D. P. 90. 2. 136).

605. Le fait du notaire qui, connaissant l'incapacité du contractant, n'emploie pas les formes nécessaires pour y suppléer, se rattache d'ailleurs à la forme et non au fond de l'acte, et constitue une faute de son ministère légal, sans que l'erreur de droit puisse l'excuser si elle est grossière. Ainsi jugé pour une donation-partage faite à un mineur, et dont l'acceptation, au lieu d'être faite par ses représentants réguliers (c'est-à-dire par un délégué du conseil de famille à défaut du père tuteur, qui était le donateur lui-même), avait été faite pour le mineur par ses codonataires majeurs se portant forts de lui faire ratifier la donation après sa majorité; le notaire étant alors en faute d'avoir laissé ignorer aux parties, puis au mineur devenu majeur, l'insuffisance de cette acceptation et la nécessité d'une acceptation régulière, et il doit indemniser le donataire de la révocation dont la donation a pu être l'objet de la part du donateur par suite de ce défaut d'acceptation (Civ. rej. 27 juill. 1892, aff. Marty, D. P. 92. 1. 458).

606. Si la nécessité d'une autorisation maritale fait l'objet d'une question controversée, pour l'acte dont il s'agit, à raison, par exemple, du régime de séparation de biens, le notaire n'est pas responsable de la nullité de l'acte consenti devant lui par la femme sans cette autorisation, alors surtout que, n'étant mandataire d'aucune des parties, il ne pouvait soumettre à ce sujet aucune observation ni conseil à ceux qui devaient bénéficier de l'acte et pouvait croire, d'ailleurs, à l'existence d'un consentement par écrit donné séparément et régulièrement par le mari (Alger, 22 janv. 1866, aff. G..., *Revue du notariat*, n° 1716).

607. La responsabilité du notaire à raison de l'incapacité des parties ne peut faire de doute lorsqu'il a accepté le mandat de vérifier dans l'intérêt de son client cette capacité, et qu'il l'a ignorée faute d'examiner suffisamment les clauses du contrat de mariage, et d'y reconnaître notamment l'existence d'une condition de remploi, ce qui n'est pas d'ailleurs une erreur de droit (Req. 31 mars 1862, aff. Vanet, D. P. 62. 1. 330);... a plus forte raison s'il a causé l'éviction de l'acquéreur d'un immeuble dotal par sa mauvaise foi et ses agissements criminels (Aix, 19 mars 1891, aff. Époux Seror et syndic Roussel, D. P. 92. 2. 343).

608. — *3° Dotalité des biens.* — Le notaire qui commet une erreur sur la validité de la garantie hypothécaire offerte à son client sur des biens dotaux est excusable lorsque la constitution de l'hypothèque a été autorisée par le tribunal civil dont il n'a fait que partager l'erreur ; surtout

lorsque le client, ayant des connaissances suffisantes, avait lui-même conçu des doutes, et que le notaire s'est borné à lui donner, de bonne foi, le conseil de passer outre (Req. 16 juill. 1890, aff. Asca Motte, D. P. 91. 1. 335). Il en est autrement si, mandataire de son client illettré et ignorant des choses juridiques, il n'a pas suffisamment analysé le jugement d'autorisation, n'a remis au client l'expédition ni de ce jugement ni de la requête, et a négligé de l'avertir que les décisions en cette matière ne sont pas toujours définitives et ne s'opposent pas absolument à l'action en révocation de la part de la femme ou de ses héritiers (Req. 25 janv. 1887, aff. Jullien, D. P. 87. 1. 473).

609. Dans une espèce où une femme séparée de biens avait acquis un immeuble en remploi du prix d'un immeuble dotal, sans l'autorisation du mari ou de justice, le notaire rédacteur de l'acte d'acquisition annulé pour ce défaut d'autorisation avait été déclaré responsable de cette nullité par la cour d'appel (Agen, 9 nov. 1881). Mais la cour de cassation a jugé qu'aucune responsabilité ne pouvait de ce chef incomber au notaire vis-à-vis du vendeur (Civ. cass. 2 déc. 1885, aff. Martin, D. P. 86. 1. 294) par le motif que l'étendue des pouvoirs de la femme séparée de biens, pour acquérir des immeubles, avait été entre les auteurs l'objet d'une controverse qui n'avait pas encore reçu de solution juridique.

610. Dans un cas où des biens dotaux avaient fait l'objet d'une donation-partage, sans que ce fût pour l'établissement de l'enfant donataire qui déjà était établi, puis avaient été hypothéqués à des tiers par le donataire, et où, sur la demande en nullité de la donation-partage, les créanciers du donataire poursuivaient le notaire rédacteur de la donation comme responsable, il a été déchargé par ce motif que le notaire qui a rédigé un acte et qui reste dans les limites de son ministère ne répond pas du sort de la convention dont les parties l'ont chargé d'être le rédacteur ; que le notaire, en recevant la donation, n'avait pas à rechercher si, par suite du régime sous lequel était mariée la donatrice, celle-ci pouvait donner ses biens à ses enfants; qu'il n'était pas tenu de conseiller à l'enfant de ne pas accepter la donation parce que sa mère pouvait plus tard en demander la révocation, et de refuser aux parties son ministère; que si une faute avait été commise, c'était par les prêteurs eux-mêmes qui avaient négligé de s'assurer de l'origine de propriété des immeubles qui leur étaient hypothéqués; que la simple production du contrat de mariage des donateurs, qu'ils auraient dû exiger, les eût éclairés sur l'irrégularité des droits de propriété de leur emprunteur et les eût empêchés de se contenter d'une affectation hypothécaire qui n'était qu'une garantie illusoire (Riom, 17 déc. 1888, aff. Judet et autres, D. P. 90. 2. 327). Il n'est pas indifférent de remarquer que le notaire était ici poursuivi par des tiers

---

règle ne saurait être applicable au cas où l'incapacité desdites parties, notoire ou évidente, éclate forcément aux yeux du notaire rédacteur; qu'alors, en effet, la nature même de son ministère, qui ne peut être réduit à l'état d'instrument aveugle et passif, lui impose l'obligation d'être, pour le fond du droit aussi bien que pour la forme, le conseil des parties; qu'alors son devoir est de les éclairer, soit sur les conséquences et la portée des conventions qu'elles veulent former, soit sur le peu de solidité des garanties qu'elles cherchent à s'assurer ainsi ; — Attendu que ce devoir incombait à double titre au maître M... investi de la confiance du gérant du Comptoir d'escompte, et notaire habituel de la famille Guilbot, où les mauvaises habitudes du mari, l'état maladif de la femme, la minorité des enfants, enfin les obligations antérieures déjà contractées à sa connaissance par la famille Guilbot, lui commandaient tout particulièrement la circonspection et la défiance; — Attendu, en fait, que l'imprudence et la légèreté de cet officier public ont été avec raison constatées au résultat des enquêtes par les premiers juges dont la cour déclare adopter, quant à ce, les motifs ; qu'elles ont été, en effet, poussées au delà de toute mesure, comme si, sur l'état d'insanité de la dame Guilbot, M... avait volontairement fermé les yeux à la lumière; que, sur ce point essentiel, les circonstances et faits relevés au jugement dont est appel subsistent dans toute leur force ; que même en ce qui concerne le sens des observations échangées, en 1862, entre M... et R..., l'argument qui en résulte, s'il ne repose pas sur les souvenirs incertains et incomplets que ce dernier a pu fournir dans l'enquête, est suffisamment autorisé par les termes affirmatifs de la question qu'adressait au témoin l'avoué de M..., au nom et sur les indi-

cations de son client; — Attendu que le contrat hypothécaire vicié par l'insanité d'esprit de la dame Guilbot avait pour objet de garantir la sûreté du contrat de crédit; que le dommage causé au Comptoir d'escompte procède de la nullité de la garantie et non pas de l'usage du crédit; qu'ainsi il n'est pas sérieux, de la part de M..., de vouloir renvoyer au Comptoir d'escompte lui-même, agissant simultanément contre son gérant, la responsabilité du préjudice qu'il a souffert, et ce, sous le prétexte qu'après le contrat passé, il aurait pu encore, en invoquant lui-même ladite nullité, se soustraire à l'exécution du crédit; — Attendu que si Michaud, gérant du Comptoir d'escompte, a accepté des valeurs douteuses qu'il aurait pu refuser, aux termes même du contrat de crédit, cette circonstance n'est pas de nature à décharger M... de la responsabilité encourue par lui, à raison de la nullité du contrat hypothécaire dont il a été le rédacteur, après avoir été l'intermédiaire actif de la convention; qu'en effet, la stipulation de deux garanties au lieu d'une seule avait pour objet d'assurer d'autant mieux, par leur concours, la sûreté des négociations à intervenir, et non pas de subordonner, à l'emploi préalable de l'une, le droit de recourir à l'autre; que, s'il y a eu faute commise par Michaud dans les négociations par lui acceptées de Guilbot, cette faute peut bien contribuer à établir la responsabilité personnelle du gérant vis-à-vis du Comptoir d'escompte, mais ne diminue aucunement celle revenant au notaire pour le fait qui lui est propre...; — Infirme.

Du 20 juin 1866.-C. de Bordeaux, ch. civ.-MM. Raoul Duval, 1er pr.-Fabre de la Renodière, av. gén.-Mouteau et Battar, av,

prêteurs avec lesquels il n'avait eu aucun rapport et qu'il n'avait pas eu à conseiller sur les garanties de leur prêt.

611. Jugé encore qu'un notaire qui interprète un contrat de mariage comme exclusif du régime dotal, sur le vu de l'expédition qui lui en a été représentée, n'engage pas sa responsabilité vis-à-vis de ceux qui ont, sur cette interprétation, accepté l'engagement de la femme, s'il a pu, sans faute grave, être trompé par cette expédition dans laquelle était omise la clause du contrat admettant le régime dotal (Grenoble, 21 janv. 1863, aff. Accario, *Revue du notariat*, n° 680. Comp. *suprà*, n° 542).

612. — 4° *Qualités et pouvoirs des parties.* — La nullité résultant de l'absence, chez les parties contractantes, de la qualité, de la propriété ou du droit quelconque dont le contrat suppose l'usage, ne peut, comme celle résultant de l'incapacité, engager la responsabilité du notaire qu'en présence d'une faute suffisamment grave prouvée à sa charge et appréciée d'après les circonstances de la cause. Mais bien souvent, en cette matière, les éléments de la faute seront réunis, soit à cause d'un mandat exprès ou tacite, chargeant le notaire de vérifier l'origine de la propriété, soit, en dehors de tout mandat spécial, par la possession qu'a le notaire des documents capables de l'éclairer. Ainsi la nullité d'une vente, résultant de ce que l'immeuble vendu n'appartenait pas en totalité au vendeur, a pu être mise à la charge du notaire, alors qu'il avait passé lui-même l'acte de partage réglant les droits de ce vendeur, et qu'il instrumentait pour des gens illettrés qui lui avaient accordé toute leur confiance, soit comme notaire, soit comme mandataire (Nancy, 23 avr. 1864 aff. Bourlitio, D. P. 65. 2.219). De même l'acquéreur évincé à raison de ce que le vendeur n'avait d'autre titre de propriété qu'une donation-partage résolue faute de réalisation du mariage en vue duquel elle était faite, et nulle d'ailleurs faute de notification de l'acceptation d'un des enfants, absent au moment de l'acte, peut poursuivre comme responsable le notaire qui a passé la vente, alors surtout que la donation-partage avait été reçue par lui-même (Rennes, 13 juin 1892, aff. Hervé. D. P. 92. 2 592). Ces arrêts, justifiés en fait, vont peut-être un peu loin lorsqu'ils posent comme principe absolu « le devoir pour l'officier public de vérifier, sous sa responsabilité, les droits respectifs des parties, de suppléer par sa connaissance des prescriptions légales à leur imprévoyance et de les mettre en garde contre toute erreur ». On a rencontré des solutions analogues en matière de placements hypothécaires *suprà*, n° 508 et suiv. — Sur le rôle et la responsabilité du notaire comme conseil légal des parties, v° *suprà*, n° 537 et suiv.

613. La responsabilité qui incombe aux notaires faute d'annexer ou de vérifier les procurations à l'appui des actes qu'ils passent a été étudiée au *Rép.*, n° 413 et 414. On a admis cette responsabilité en principe, mais cité des décisions déchargeant le notaire à raison des circonstances. C'est en effet une question de faute à apprécier d'après le droit commun. Plusieurs arrêts récents ont apprécié cette faute avec une certaine rigueur.

Il a été jugé qu'un notaire qui reçoit le contrat de mariage d'un mineur n'ayant plus d'ascendants, sans s'assurer que le délégué, chargé de représenter le conseil de famille à ce contrat, était investi de pouvoirs suffisants pour consentir spécialement aux stipulations de ce contrat, commet une faute qui engage sa responsabilité à raison des nullités qu'elle entraîne (Rennes, 4 mai 1878, aff. Gobé et autres, D. P. 79. 2. 1).

La cour de cassation (Civ. rej. 6 janv. 1890, aff. Molleveaux et Blanc, D. P. 90. 1. 25) a jugé que les notaires qui reçoivent un acte par lequel le directeur d'une société anonyme, en considération d'une ouverture de crédit à elle accordée par une société civile, concède une hypothèque sur les immeubles sociaux à cette société civile, qui la cède ensuite aux obligataires de la société anonyme, sont en faute et responsables tant vis-à-vis des membres de la société civile que vis-à-vis des obligataires de la société anonyme, lorsqu'ils ne vérifient pas s'il existe réellement un mandat émanant de la société anonyme et autorisant son directeur à hypothéquer lesdits immeubles ; que leur faute est spécialement caractérisée lorsque les énonciations relatives aux pouvoirs en vertu desquels prétendait agir le directeur sont contradictoires entre elles, et s'il suffisait, pour se fixer

sur leur inexactitude, de lire les prétendues procurations auxquelles les notaires se référaient dans l'acte reçu par eux et qui devaient y être annexées. Et cet arrêt a refusé d'admettre comme cause d'exonération même partielle : 1° le fait que la constitution d'hypothèque se trouvait viciée par une autre cause de nullité résultant de ce que les statuts, qui avaient investi le conseil d'administration du droit d'hypothéquer, n'étaient pas revêtus de la forme authentique, alors que les notaires n'avaient point été étrangers à la rédaction de ces statuts, et surtout alors que l'accomplissement de leur obligation professionnelle, relativement à la vérification de l'existence du mandat allégué par le directeur, eût eu pour conséquence d'empêcher la rédaction de l'acte hypothécaire, source du dommage causé ensuite aux obligataires ; 2° le fait que les membres de la société civile, premiers bénéficiaires de l'hypothèque, avaient eux-mêmes négligé de vérifier les pouvoirs du directeur, alors qu'ils avaient procédé de bonne foi, et que cette vérification rentrait essentiellement, par sa nature, dans les attributions des notaires, étant donné surtout cette circonstance que lesdits notaires avaient été mêlés étroitement à la rédaction des statuts de la société anonyme, aux combinaisons par lesquelles elle avait eu recours à l'emprunt, et à l'émission des obligations gagées hypothécairement, dont ils avaient retiré un profit particulier.

614. Le fait de se contenter d'une procuration sous seing privé pour un acte qui exige une procuration authentique engage encore la responsabilité du notaire. Ainsi jugé que la procuration à l'effet d'accepter une donation (Bordeaux, 22 mai 1861, aff. Époux Mercier, D. P. 61. 2. 197), ou de constituer une hypothèque, alors que depuis longtemps il n'existe plus de controverse en cette matière (Req. 24 mai 1881, aff. Guitard, D. P. 86. 1. 222 ; V. *suprà*, n° 590-3° et 592-2°).

615. — 5° *Formes particulières aux donations.* — La nullité des actes de donation a donné lieu à des cas nombreux de responsabilité contre les notaires (V. *Rép.* n° 415 et 416). Plusieurs ont été indiqués *suprà*, n° 602, 603, 610, comme se rattachant au défaut de capacité des parties contractantes ou au défaut de pouvoirs réguliers chez leurs mandataires. Il a encore été jugé : 1° que le notaire rédacteur d'un acte de donation est responsable de la nullité dont cette donation a été frappée, comme acceptée, au nom de donataires qui ne figuraient pas à la donation, par d'autres donataires qui y étaient présents, mais que cette responsabilité ne peut être invoquée que par les donataires à l'égard desquels la donation a été annulée ; sauf l'action en responsabilité réservée aux autres donataires, s'ils venaient à souffrir de l'annulation partielle de la donation, en ce que, par exemple, elle les a replacés, avec les héritiers du donateur, dans un état d'indivision qui peut compromettre les aliénations par eux faites et les exposer à des recours en dommages-intérêts de la part des tiers détenteurs (Bordeaux, 3 août 1858, aff. Goffre, D. P. 59. 2. 119) ; 2° Que le notaire qui n'attire pas l'attention de ses clients sur le défaut d'annexion d'un état estimatif à une donation de meubles commet une faute lourde, et que la preuve de la faute résulte suffisamment de la production de l'acte de donation lui-même, quand cet acte ne contient aucune mention relative à l'état estimatif (Chambéry, 9 janv. 1884, aff. Rulland, D. P. 85. 2. 62).

616. La nullité d'une donation, comme d'un testament, ne peut d'ailleurs engager la responsabilité du notaire que dans la mesure du préjudice éprouvé par le donataire et non imputable à sa propre faute. Ainsi il ne répondra que de la différence entre le montant de la donation et la part revenant au donataire comme héritier réservataire du donateur (Pau, 5 févr. 1866, aff. Gachassin, *Revue du notariat*, n° 1570). Il peut même n'être condamné qu'aux frais de l'acte et de l'instance, si, les parties étant encore vivantes et en état de refaire la donation, le refus du donateur d'y consentir est fondé sur le fait personnel du donataire, comme son ingratitude ou l'inexécution par lui des conditions de la donation annulée (Colmar, 16 août 1864, aff. Erbland, D. P. 64. 2. 229. V. les réserves exprimées en note sous cet arrêt).

617. — 6° *Témoins.* — Aucune difficulté ne peut s'élever sur la responsabilité du notaire, lorsqu'un acte dressé par lui est nul faute de l'assistance d'un second notaire ou de

deux témoins, comme le veut l'art. 9 de la loi de ventôse. On ne voit pas quelle excuse pourrait couvrir l'ignorance ou l'oubli de cette règle de sa profession (*Rép.* n° 399 ; Lyon, 6 août 1857, aff. Allès. V. *infrà*, n° 619).

618. Quant au défaut d'idonéité des témoins, le notaire doit s'en assurer autant que possible. C'est la formule qu'emploie la cour de cassation (Civ. réj. 4 mai 1875, aff. Me Lenain, D. P. 75. 1. 382). Le principe de la responsabilité dans ces termes est incontestable, les témoins étant comme les collaborateurs du notaire, et la loi de ventôse ayant eu soin d'attirer l'attention de ce dernier sur chacune des qualités d'où dépend leur aptitude (*Rép.* n°s 400, 410. Dans le même sens, Rutgeerts et Amiaud, t. 3, n° 1388; Eloy, *op. cit.*, t. 1, n° 336). De là la responsabilité du notaire s'il n'a pas interpellé les témoins sur leurs qualités (*Rép.* n° 411), encore bien qu'ils fussent présentés par les parties (*Rép.* n° 412). Mais on ne peut exiger de lui davantage lorsqu'il a été de bonne foi et que les circonstances ne lui révélaient pas la fausseté des déclarations des témoins (*Rép.* n° 411). C'est surtout à propos des testaments que la jurisprudence a eu à apprécier l'étendue de cette responsabilité (V. *infrà*, n° 626 et suiv.).

619. — 7° *Date.* — L'omission ou l'erreur de date dans les actes, étant une contravention à l'art. 12 de la loi de ventôse, constitue une faute professionnelle et un cas de responsabilité (*Rép.* n°s 418 et 419). Ainsi jugé pour l'énonciation erronée dans un contrat de mariage d'une date postérieure à la célébration du mariage (Lyon, 6 août 1857) (1). Mais ce cas de responsabilité donne lieu, comme les autres, à l'appréciation souveraine des tribunaux tant sur la gravité de la faute que sur la cause et l'étendue du préjudice. — Pour l'application de ces principes aux testaments, V. *infrà*, n°s 622 et 634.

620. — 8° *Signature.* — On a vu au *Rép.*, n°s 415-2° et 420 à 423, diverses applications de la responsabilité des notaires pour défaut de signature ou de mention de la signature soit des parties, soit des témoins instrumentaires, soit du notaire lui-même, en contravention à l'art. 14 de la loi de ventôse. L'étendue de cette responsabilité est encore déterminée par l'appréciation souveraine des tribunaux. Ainsi décidé : 1° que les juges peuvent mettre à la charge du notaire le montant total d'une obligation frappée de nullité pour défaut de signature d'une des parties, en tenant compte à la fois de la gravité de la faute commise et de l'importance du préjudice causé (Req. 16 mars 1886, aff. Larcher, *Revue du notariat*, n° 7322) ; — 2° Que la nullité d'une donation faute de signature de l'un des témoins instrumentaires engage la responsabilité du notaire dans la mesure du préjudice éprouvé par le donataire, et notamment avec déduction de la part réservataire qui lui revient dans la succession du donateur (Pau, 5 févr. 1866, aff. Gachassin, *Revue du notariat*, n° 1370) ; — 3° Que la règle qui permet de modérer la responsabilité des notaires à raison de la nullité de leurs

actes n'est pas méconnue par l'arrêt qui, après avoir constaté l'omission par le notaire de sa propre signature dans un acte, puis discuté et établi le préjudice causé par cette omission, déclare que cette omission est une faute lourde et qu'il n'y a pas lieu d'en atténuer les conséquences en sa faveur (Civ. rej. 14 avr. 1886, aff. Chapin, D. P. 86. 1. 466) ; — 4° Que le défaut de signature, dans un partage d'ascendant, d'un tiers intervenant et signant pour donner mainlevée d'une hypothèque grevant les biens partagés, engage la responsabilité du notaire et l'oblige à garantir les donataires des conséquences du maintien de l'hypothèque; mais que si, par l'effet de cette garantie, le notaire libère l'ascendant donateur d'un cautionnement à la sûreté duquel l'hypothèque était affectée, et que la mainlevée aurait laissé subsister, il doit être subrogé dans les droits du tiers cautionné contre cet ascendant (Montpellier, 19 mars 1868, aff. Sompayrac, *Revue du notariat*). — Sur la responsabilité du notaire pour défaut d'approbation des renvois, ratures et interlignes, V. *Rép.* n° 417. — Sur le cas d'intérêt personnel du notaire dans l'acte, ou de parenté du notaire avec l'une des parties, V. *Rép.* n° 402.

621. — II. Responsabilité a raison des nullités de forme dans les testaments. — Pour la forme des testaments comme pour celle des autres actes authentiques, la jurisprudence a confirmé les principes généraux exposés *suprà*, n°s 595 et suiv. et *Rép.*, n°s 424 et suiv., 438, en combinant le droit commun et la loi de ventôse, en affirmant le pouvoir du juge d'apprécier, selon les circonstances, l'étendue de la faute et celle de la réparation, sans, d'ailleurs, exiger le dol ou la faute lourde.

622. — 1° *Date inexacte.* — Ainsi, le notaire qui ne mentionne pas exactement la date d'un testament reçu par lui, comme le lui prescrit l'art. 12 de la loi de ventôse pour tous les actes authentiques, est responsable de la nullité qui en résulte (*Rép.* n° 429-1°);... mais sous la réserve de l'appréciation souveraine que doit faire le juge du fond quant à la gravité de la faute, à la cause et à l'étendue du préjudice, pour décider si le notaire doit être tenu de réparer la totalité du préjudice ou seulement une partie, ou être entièrement déchargé (*Rép.* n° 427-1°). Ces principes ont reçu leur application dans une espèce qui a donné lieu à deux arrêts de la cour de cassation. La cour de Paris, le 2 janv. 1883 (aff. Durand et Bonnefoy, D. P. 85. 1. 345), avait annulé un testament authentique pour inexactitude dans la date sans que la date vraie pût être reconstituée à l'aide du testament lui-même, et condamné le notaire à la réparation intégrale du préjudice que cette nullité causait aux légataires par le seul motif « qu'une telle inexactitude est imputable au notaire et constitue de sa part une faute qui l'oblige à réparer le dommage qui peut en résulter ». La cour de cassation, le 19 mai 1885 (*Ibid.*), tout en rejetant le pourvoi sur la question de nullité,

---

(1) (Allès C. Allès et Chauchat.)— La cour.; — ... Relativement à la garantie, en ce qui concerne les consorts Chauchat, qu'un recours est dirigé contre eux, comme héritiers du notaire Chauchat, et à raison de la responsabilité encourue par celui-ci ; — Que cette responsabilité, basée sur les dispositions de l'art. 68 de la loi du 25 vent. an 11 et de l'art. 1383 c. civ., dériverait de ce que le contrat de mariage du 2 déc. 1830, reçu par le notaire Chauchat, serait nul par suite de deux contraventions aux prescriptions de la loi et de ce que sa nullité aurait entraîné l'annulation du préciput qui y était constitué au profit de Jean-Baptiste Allès ; — Considérant que les deux nullités arguées dans le contrat de mariage proviennent de la faute du notaire et engagent sa responsabilité ; — Que, quant à la première nullité, résultant du défaut de témoins instrumentaires, il y a une omission d'une formalité essentielle à la validité de l'acte et dont le notaire devrait procurer l'accomplissement ; — Que, quant à la seconde nullité prise de ce que le contrat de mariage était postérieur par sa date à la célébration de l'acte civil, il est évident, par toutes les circonstances de la cause, que le contrat de mariage avait précédé l'acte civil et que le notaire lui a donné une date erronée et fausse ; — Qu'en effet, le notaire Chauchat a été désigné dans l'acte de l'officier de l'état civil au nombre des personnes qui avaient assisté, le 1er déc. 1830, à la célébration du mariage ; — Que le contrat de mariage annonce par toute sa rédaction qu'il se formait entre personnes qui n'étaient pas encore mariées et qui promettaient de s'unir ;

— Qu'il est de tout point inadmissible que le notaire ait pu recevoir ce contrat de mariage le lendemain du jour où il aurait assisté à la célébration civile ; qu'une faute aussi grossière ne saurait être présumée, et que cette circonstance même, à supposer qu'elle eût existé, impliquerait encore la responsabilité du notaire, en ce qu'il y aurait eu de sa part faute lourde, équivalant à dol, à laisser s'engager les parties dans un contrat de mariage qu'il devait savoir être radicalement nul ; — Que, dès lors, il est constant que, par une erreur, suite de sa négligence et qui lui est imputable à faute, le notaire Chauchat a donné au contrat de mariage une date postérieure à sa date véritable, et qui en a entraîné la nullité ; — Considérant que, la responsabilité du notaire Chauchat ainsi établie, celui-ci ou ses héritiers sont tenus de réparer le préjudice qui résulte, pour Jean-Baptiste Allès, de l'anéantissement du préciput constitué au profit de ce dernier ;

Par ces motifs ; ... — Dit que le contrat de mariage de Jean-Baptiste Allès, reçu Chauchat, notaire à Langeac, le 2 déc. 1830, et ensemble la constitution du préciput qui y est contenu, sont annulés ; — Dit également que l'acte de partage reçu Me Ménard, notaire à Saugues, le 7 nov. 1849, demeure rescindé pour cause d'erreur ; — Ordonne qu'il sera procédé à un nouveau partage ; — Condamne les héritiers Chauchat à garantir Allès, etc.

Du 6 août 1857.-C. de Lyon, ch. réun.-MM. Gilardin, p. p., pr.-Fortoul, av. gén.-Perras, Gayet et Humblat, av.

annulé cet arrêt sur la question de responsabilité parce que ses termes ne permettaient pas de reconnaître si la cour avait fait usage de son pouvoir d'apprécier l'étendue de la responsabilité et d'y proportionner la réparation. La cour de Rouen jugeant sur renvoi, le 31 mars 1886 (D. P. 87. 2. 228), prit soin d'affirmer que la responsabilité n'est ni de plein droit ni absolue en cette matière, et qu'elle n'entraîne pas comme conséquence nécessaire la réparation intégrale du préjudice causé. Mais elle admit cette réparation intégrale en déclarant que la faute était exclusivement imputable au notaire ; qu'elle constituait un manquement des plus graves à un devoir rigoureux de sa fonction ; que ce devoir était plus étroit encore pour l'acte reçu, à raison de sa nature et de ses conditions d'existence ; que le testateur était une personne illettrée. âgée, ayant mis dans le notaire toute sa confiance ; qu'aucune autre circonstance de l'affaire ne fournissait une atténuation de nature à justifier une réduction dans la quotité des dommages-intérêts. Et la cour de cassation, le 24 déc. 1888 (D. P.89. 1. 165), en présence de ces motifs, rejeta le pourvoi dans lequel on reprochait à l'arrêt : 1° d'avoir qualifié grave une faute légère consistant en un simple *lapsus calami* ; 2° d'avoir fait supporter tout le préjudice au notaire malgré la participation du testateur et des témoins à une erreur qu'ils avaient laissé passer lors de la lecture du testament. — L'arrêt avait, en effet, usé de son pouvoir souverain en déclarant la faute grave et exclusivement imputable au notaire.

623. — 2° *Défaut de signature.* — Le notaire répond du défaut de signature du testateur ou d'un témoin, ou du défaut de mention de cette signature, ou de la déclaration du testateur qu'il ne sait ou peut signer (*Rép.* n° 429). Mais un notaire est-il en faute de ne pas clore et terminer un testament, lorsque le testateur, ayant essayé plusieurs fois de signer, n'a pu le faire qu'incomplètement et n'a pas voulu déclarer qu'il ne pouvait mieux signer et pour quelle cause? Il a été jugé à cet égard qu'un notaire n'a besoin de la déclaration du testateur sur l'impossibilité de signer qu'en l'absence de toute signature, non en cas de signature incomplète ; mais qu'en se trompant sur cette question de droit délicate (Comp. *Rép.* v° *Dispositions entre vifs*, n° 2037), il ne commet, s'il agit scrupuleusement et de bonne foi, qu'une faute très légère dont la responsabilité par suite devrait être singulièrement atténuée (Trib. Saint-Étienne, 30 nov. 1884, aff. Béraud, *Revue du notariat*, n° 1312). Sur l'appel, la cour de Lyon, par arrêt du 30 nov. 1886, a jugé inutile d'examiner la question de faute et s'est bornée à confirmer le jugement, en ce qu'il écartait l'action à raison des avantages équivalents que le notaire avait fait consentir au légataire par les héritiers naturels, malgré la diminution ultérieure de ces avantages par suite d'événements à lui étrangers.

624. Lorsqu'un notaire a interpellé le testateur sur le point de savoir s'il sait signer et s'il veut apposer sa signature au bas du testament, la déclaration mensongèrement faite par le testateur qu'il ne sait signer engage-t-elle la

responsabilité de ce notaire? Cette question a été résolue négativement (Lyon, 16 août 1861) (1).

625. Jugé encore que le notaire rédacteur de l'acte de suscription d'un testament mystique est responsable de la nullité résultant de ce que ce testament lui a été remis sans être clos et cacheté ; qu'il en est ainsi surtout dans le cas où le notaire avait accepté du testateur le mandat de le guider et de le diriger sur tout ce qu'il avait à faire pour l'accomplissement de ses dernières volontés, et avait lui-même écrit le testament de sa main ; mais que, dans la fixation des dommages-intérêts et en vertu de son pouvoir d'appréciation, le juge doit considérer, la perte éprouvée, la position de fortune et de famille de celui qui l'a causée ou celle des héritiers tenus de la réparer, la gravité du fait préjudiciable à laquelle a donné lieu sa faute, la participation plus ou moins directe de l'officier public à sa perpétration ; enfin cette double circonstance que le notaire n'a pas été mis en cause dans l'instance à laquelle a donné lieu sa faute, et que l'action en responsabilité n'a été intentée que longtemps après le jour où elle était ouverte (Nîmes, 29 avr. 1863, aff. Daudé, D. P. 65. 2. 14). — Sur le défaut d'approbation des surcharges, renvois etc., V. *Rép.* n°s 429, 317.

626. — 3° *Nullité relative aux témoins.* — La responsabilité des notaires pour défaut d'idonéité des témoins dans les testaments doit être admise, comme dans les autres actes, non pas de plein droit et nécessairement, mais seulement s'il y a eu faute ; par exemple, si le notaire a omis de les interpeller sur leurs qualités, ou si, même l'ayant fait, il a connu ou dû connaître, notamment par la notoriété publique, la fausseté de leur déclaration (*Rép.* n°s 431, 433 ; Civ. rej.4 mai 1875, aff. Lenain, D. P. 75. 5. 382); ou si, devant le supposer à certains indices (similitude de noms, insuffisance de réponses), il n'a pas fait ce qu'il pouvait pour éclaircir ce doute (Nancy, 8 juill. 1874, aff. Camus, *Revue du notariat*, n° 4873). Cet arrêt décide qu'il faut, pour décharger le notaire, des interpellations assez directes, assez précises, pour dissiper les doutes que devait faire naître la similitude du nom avec celui d'un légataire, et qu'il ne suffit pas d'une question adressée d'une manière générale et complexe et susceptible de jeter la confusion dans l'esprit des témoins. Jugé encore que le notaire qui s'est borné à demander aux témoins, d'une manière collective, s'ils sont électeurs et de recevoir d'eux une réponse affirmative, est responsable de la nullité résultant de la minorité de l'un d'eux, les témoins ayant pu confondre le droit de vote avec l'absence de condamnation (Trib. Laon, 11 mars 1879, aff. Légataires P... C... C..., *Revue du notariat*, n° 5812).

627. Mais il a été jugé, d'autre part, que le notaire rédacteur d'un testament n'est pas responsable de la nullité provenant de ce que l'un des témoins est étranger, s'il a pris soin de leur faire connaître les dispositions des art. 975 et 980 c. civ., et si tous, sur son interpellation, ont déclaré réunir les conditions d'aptitude exigées par la loi (Colmar, 26 déc. 1860) (2).

628. On a repoussé comme excessive, et d'ailleurs peu

(1) (Charlat C. Dubien et Monteilhet.) — LA COUR ; — ... Sur le défaut de signature ; — Attendu en droit que, d'après les dispositions de l'art. 973 c. civ., le testament authentique doit être signé par le testateur, à peine de nullité ; — Que la déclaration faussement faite par le testateur, qu'il ne sait pas signer, ne peut tenir lieu de la formalité de sa signature, rigoureusement exigée par la loi pour la validité de l'acte, toutes les fois que cette formalité est possible ; — Qu'on doit, au contraire, considérer une pareille déclaration faite par un testateur comme une expression tacite de sa résolution de ne pas vouloir tester et comme un moyen indirect d'échapper à des obsessions qui pourraient gêner sa volonté ; — Attendu, en fait, qu'il est constant qu'Anne Charlat savait signer ; que cela résulte de divers actes au bas desquels elle a apposé sa signature, soit avant, soit depuis celui du 26 août 1843 ; — Que sa déclaration de ne savoir signer lorsqu'elle a été interpellée par le notaire Monteilhet s'explique par sa répugnance à laisser son héritage à son mari, ce qui est établi de la manière la plus évidente par les témoignages recueillis dans les enquêtes auxquelles il a-été procédé ; — Qu'il y a donc lieu d'annuler le testament d'Anne Charlat pour défaut de signature de la part de celle-ci ; — Sur la demande en garantie des héritiers Dubien contre Monteilhet : — Attendu que le notaire a rempli le vœu de la loi en interpellant la testatrice de déclarer si elle savait signer et si sa volonté était d'apposer sa signature au bas du testament qu'elle venait de lui dicter, et

qu'on ne saurait le rendre responsable des conséquences de la déclaration mensongère d'Anne Charlat qu'elle ne savait signer, quand il est certain qu'elle avait revêtu plusieurs actes publics de sa signature ; — Que la demande en garantie des héritiers Dubien contre le notaire Monteilhet doit donc être rejetée ; — Par ces motifs ; — ... Déclare nul le testament d'Anne Charlat pour défaut de signature de la testatrice ; rejette la demande en garantie des héritiers Dubien contre le notaire Monteilhet, etc. Du 16 août 1861.-C. de Lyon, aud. sol.-MM. Loyson, pr.-Merville, av. gén.-Boussaud Bricot et Phélip, av.

(2) (Bropst C. Salathé et Heyder.) — LA COUR ; ... — (La première partie des motifs de l'arrêt est rapportée *suprà*, v° *Dispositions entre vifs et testamentaires*, n° 761). — ... En ce qui touche les demandes en garantie formées par l'intimée principale contre le notaire Salathé et Daniel Heyder, solidairement ; — Quant au notaire Salathé : — Considérant que le notaire constaté par le testament attaqué que le notaire instrumentaire, pour s'assurer de l'idonéité des témoins appelés par le testateur avant l'arrivée du notaire, a pris soin de leur faire connaître les dispositions des art. 975 et 980 c. civ., et que, sur l'interpellation qu'il leur a adressée, ils ont tous déclaré réunir les conditions d'aptitude exigées par la loi; que, dès lors, le notaire ayant pris toutes les précautions en son pouvoir, pour assurer la validité de son acte, et aucune faute ou imprudence ne pouvant lui

pratique, l'obligation, imposée au notaire par un arrêt isolé, de se faire certifier par deux témoins connus de lui l'idonéité des témoins appelés par le testateur et qu'il ne connaît pas (*Rép.* n° 432). L'interpellation aux témoins suffit (Chambéry, 8 févr. 1875, aff. Héritiers Gruz, D. P. 75. 2. 85). On reconnaît au juge du fait le pouvoir d'apprécier souverainement si, eu égard à la condition du testateur et des témoins, à l'urgence plus ou moins grande sous le coup de laquelle il a dû procéder et à l'ensemble des circonstances, le notaire s'est rendu coupable d'une négligence ou d'une imprudence assez grave pour motiver des dommages-intérêts (Req. 5 févr. 1872, aff. Metgé, D. P. 72. 1. 225; Dijon, 1er avr. 1874, aff. Consorts Courtois, D. P. 75. 2. 84); le pouvoir même, en ce cas, de réduire la responsabilité en raison soit des circonstances d'heure, d'urgence et autres qui atténuent sa faute (Req. 31 mars 1885, aff. Veuve Mouly, D. P. 85. 1. 406), soit de la faute qu'aurait commise le légataire lui-même et sans laquelle le préjudice serait nul ou moindre (*Rép.* n° 438 et 440). Mais on admet généralement que la responsabilité n'est pas atténuée par ce seul fait que les témoins n'ont été choisis par le testateur ou le légataire (*Rép.* n° 441 et 442; Dijon, 1er avr. 1874, aff. Consorts Courtois D. P. 75. 2. 84 ; Montpellier, 31 mai 1870, et sur pourvoi, Req. 5 févr. 1872, aff. Metgé, D. P. 72. 2. 225); et que le notaire condamné en ce cas n'a pas de recours contre le légataire qui lui a présenté les témoins (Montpellier, 31 mai 1870 précité). Le fait que le choix émane du testateur peut cependant contribuer, avec d'autres, à atténuer la responsabilité (Req. 31 mars 1885, aff. Veuve Mouly, D. P. 85. 1. 406).

629. La cour de Nîmes (13 nov. 1856, aff. Laulaguet, D. P. 58. 2. 113), en déchargeant un notaire parce qu'il était suffisamment prouvé qu'il avait interpellé le témoin, indique la nécessité d'une faute lourde pour l'application de la responsabilité. Cette formule en exagère quelque peu les conditions. Mais elle était inutile dans l'espèce, et l'arrêt fait ressortir, outre l'état des preuves sur le fait de l'interpellation, cette circonstance dont il avait à tenir compte, que le notaire avait été appelé à recevoir le testament dans une contrée à laquelle il était étranger.

La cour de cassation se contente d'une négligence ou imprudence pour condamner le notaire (Req. 5 févr. 1872, aff. Metgé, D. P. 72. 1. 225; Civ. rej. 4 mai 1875, aff. Lenain, D. P. 75. 1. 382). Le premier de ces deux arrêts laisse au juge du fait l'appréciation souveraine de la faute, et lui reconnaît le pouvoir de condamner le notaire pour avoir accepté les témoins qu'on lui présentait sans s'être au préalable informé de leur capacité et de leur idonéité, encore bien que ces témoins, choisis par le légataire, eussent été substitués sur la demande de ce dernier à d'autres témoins qu'avait choisis le notaire.

630. Tels sont les principes dont s'inspire la jurisprudence et que résume très nettement une dissertation publiée sous l'arrêt de la cour de cassation du 5 févr. 1872 (D. P. 72. 1. 225. V. aussi un article de M. Rau, conseiller à la cour de cassation, dans la *Revue du notariat*, n° 3098; Clerc, Dalloz et Vergé, t, 2, n° 68 et suiv.; Eloy, t, 2, n° 640 et suiv.; Dîdio, *Encyclopédie du notariat*, v° *Responsabilité notariale,* n° 131 et suiv.). Comme on l'a remarqué, dans la dissertation précitée, l'appréciation des tribunaux doit être moins sévère en cette matière pour un testament que pour un autre acte, le notaire ayant moins de liberté pour choisir les témoins testamentaires, même y étant autorisé, à cause du déplacement, ou de l'heure, ou de l'urgence, ou du péril de contagion (12 août 1862, aff. Rolland, *Revue du notariat*, n° 373). On peut aussi considérer le devoir comme plus strict pour les incapacités générales et

absolues que pour les incapacités relatives et accidentelles (Chambéry, 8 févr. 1875, aff. Héritiers Gruz, D. P. 75. 2. 85).

631. On a fait observer encore (Dissertation citée *supra*, n° 630) que si l'interpellation peut ne pas suffire pour décharger le notaire, lorsqu'il connaît ou doit connaître par la notoriété, ou doit supposer, par certaines indices, la fausseté des déclarations provoquées par lui, inversement le défaut d'interpellation peut être excusable en présence de circonstances qui la font paraître superflue et qui l'empêcheraient d'être un moyen efficace de connaître la vérité ; mais qu'il faudrait des circonstances bien exceptionnelles pour dispenser le notaire d'une précaution aussi simple que l'interpellation. Jugé toutefois que, sans questionner chaque témoin individuellement, il peut suffire d'avertir le légataire voulant se charger du choix des témoins, puis les témoins eux-mêmes, des qualités nécessaires pour être témoin (Dijon, 1er avr. 1874, aff. Consorts Courtois, D. P. 75. 2. 84. Comp. *supra*, n° 626).

632. En ce qui concerne la question de preuve, on ne saurait admettre en principe que ce soit au notaire à prouver qu'il est exempt de faute. C'est au demandeur en responsabilité de prouver la faute sur laquelle il s'appuie (Chambéry, 8 févr. 1875, aff. Héritiers Gruz, D. P. 75. 2. 85). Cette règle n'est pas contredite par un arrêt de Dijon du 1er avr. 1874 (aff. Consorts Courtois, D. P. 75. 2. 84) qui admet au notaire, à défaut de mention dans l'acte, à faire preuve par témoins des mesures de précautions qu'il a prises, cet arrêt pouvant s'expliquer soit par l'offre de preuve émanée du notaire, soit par l'utilité de cette preuve pour combattre les présomptions que pouvait invoquer l'adversaire. — Mais, le silence de l'acte sur l'interpellation d'un témoin amènera souvent le juge à présumer plutôt l'oubli de cette précaution chez le notaire qu'un mensonge du témoin. Ainsi peut s'expliquer l'arrêt de la cour de Douai (2 juill. 1851, aff. Beaudoux, D. P. 53. 2. 426) qui semble mettre la preuve à la charge du notaire, et celui de la cour de Nîmes (13 déc. 1856, aff. Laulaguet, D. P. 68. 2. 113) qui ne fait prévaloir l'allégation du notaire qu'en la combinant avec les autres circonstances de la cause.

La présomption fournie par le silence de l'acte peut être combattue par les présomptions qui seraient favorables au notaire ; les tribunaux pourront se montrer larges à cet égard, tenir compte de l'honorabilité et de l'ancienneté du notaire, de l'indication des témoins dans l'acte «comme « réunissant les qualités requises par la loi », du long temps écoulé, qui rendrait une enquête illusoire (Chambéry, 8 févr. 1875, aff. Héritiers Gruz, D. P. 75. 2. 85; Grenoble, 12 août 1862, aff. Rolland, *Revue du notariat*, n° 373). Mais le plus sûr moyen pour le notaire de ne pas rester exposé à des difficultés de la preuve, c'est de mentionner dans l'acte l'interpellation qu'il fait et les réponses qu'il reçoit.

633. Le notaire peut invoquer comme preuve à sa décharge les déclarations par lesquelles le légataire lui-même ou son auteur, dans l'instance en nullité du testament, l'aurait présenté comme s'étant assuré de l'idonéité des témoins (Chambéry, 8 févr. 1875, aff. Héritiers Gruz, D. P. 75. 2. 85). Mais le seul fait de n'avoir pas été appelé dans cette instance par le légataire ne constitue, en faveur du notaire, aucune fin de non-recevoir contre l'action en responsabilité, laquelle n'est pas une action en garantie et pourrait même, si elle l'était, se produire par voie principale (Chambéry, 8 févr. 1875, précité). Ce fait peut seulement constituer un élément pour apprécier l'étendue de la responsabilité (Nîmes, 29 avr. 1863, aff. Daudé, D. P. 65. 2. 14).

634. La nullité d'un testament pour absence, même momentanée, des témoins pendant sa dictée et sa rédaction

être imputée, la demande en garantie, quant à lui, doit être déclarée mal fondée, soit comme dirigée personnellement contre lui, soit comme solidaire avec Daniel Heyder; — Quant à ce dernier; — Considérant que les constatations sus énoncées du testament, par cela même qu'elles absolvent le notaire de toute responsabilité, engagent de la manière la plus grave celle de Daniel Heyder, qui, connaissant sa qualité d'étranger, et son incapacité, ne l'a point déclarée, et qui par son concours à la confection du testament en a entraîné la nullité; que, dès lors, la demande en garantie, quant à lui, doit être adjugée; — Par ces motifs, émendant, déclare nul et de nul effet, pour vice de

forme, le testament de Bropst, reçu par M° Salathé, notaire à Mulhouse, le 15 nov. 1859; — Ce fait, et prononçant sur les demandes en garanties formées par Aline Rissler, sans s'arrêter à celle dirigée, soit personnellement soit par voie de solidarité, contre le notaire Salathé, de laquelle la demanderesse est déboutée avec dépens; et prononçant sur cette même demande en tant que dirigée contre Daniel Heyder personnellement, et y faisant droit, condamne ce dernier à indemniser la demanderesse de la perte qu'elle éprouve par son fait de l'annulation des legs faits à son profit par feu Bropst, etc. ».

Du 26 déc. 1860.-C. de Colmar.-M. Verau, av. gén.

engage la responsabilité du notaire, comme le défaut d'idonéité (Bordeaux, 8 mai 1860, aff. Héritiers Fieffé de Liévreville, D. P. 60. 2. 129). Mais ici encore le juge doit apprécier la gravité de la faute. Ainsi le notaire, et surtout ses héritiers, ne repondront pas nécessairement de tout le préjudice, et les dommages-intérêts pourront être réduits à raison de la bonne foi du notaire, du laps de temps écoulé et des diverses circonstances de la cause (Pau, 24 avr. 1864, aff. Carrère, *Revue du notariat*, n° 1676). Le notaire pourra même être exonéré de toute responsabilité s'il a pu penser que la sortie d'un témoin, consistant seulement à traverser un vestibule, la porte restant ouverte, pour transmettre un ordre du testateur malade, ne constituait pas une absence réelle qui lui imposât l'obligation, soit de recommencer le testament, soit de constater une suspension dans sa rédaction (Dijon, 29 juin 1864, aff. Cothenet, D. P. 65. 2. 117).

635. Les mêmes principes sont applicables au défaut d'énonciation de la demeure d'un témoin. Jugé que cette faute n'est pas suffisamment grave pour engager d'une manière complète la responsabilité du notaire, lorsqu'il a pu croire, à raison des circonstances de la cause, qu'il suffisait de mentionner dans le testament que le témoin était originaire de la commune de... et actuellement à l'hospice de...; qu'il y a lieu, en conséquence, de condamner le notaire à restituer au légataire universel les frais du testament, les dépens mis à la charge de celui-ci dans l'instance en nullité du testament, et les droits de mutation par lui payés, mais non la valeur du legs dont le légataire universel se trouve privé (Angers, 23 mars 1876, aff. Daviau, D. P. 78. 2. 151).

636. — 4° *Autres nullités.* — Les nullités de forme imputables au notaire dans un testament ne sauraient engager sa responsabilité au delà du préjudice causé par cette nullité elle-même. Par exemple, si le testament est en même temps annulé pour un motif touchant au fond et non imputable au notaire, celui-ci ne doit aucune indemnité aux légataires, et peut seulement être condamné à supporter au moins en partie les frais particuliers, notamment ceux d'inscription de faux, qui ont dû être exposés pour faire apparaître les vices de forme (Bordeaux, 8 mai 1860, aff. Héritiers Fieffé de Liévreville, D. P. 60. 2. 129).

637. Le notaire qui a reçu un testament, nul à raison de l'impossibilité où est le testateur d'en dicter les dispositions, est responsable envers les légataires évincés, non pas de la nullité du testament et de la valeur des objets légués, mais du fait même d'avoir reçu ce testament et des frais du procès qu'il aurait dû leur épargner (Dijon, 16 févr. 1872, aff. Féron et Pincemaille, D. P. 72. 2. 213). Encore n'encourt-il cette responsabilité que parce que le vice de l'acte était apparent pour lui ; et on ne saurait mettre à sa charge, par exemple, les suites d'un testament nul pour faits de dol ou de violence qu'il n'a pas connus (Bordeaux, 8 mai 1860, aff. Héritiers Fieffé de Liévreville, D. P. 60. 2. 129).

§ 4. — Du notaire en second. — Des témoins (*Rép.* n°ˢ 443 à 451).

638. Le notaire en second, dont la signature est toujours requise, mais dont la présence à l'acte n'est plus nécessaire depuis la loi du 21 juin 1843, n'encourt plus, par suite, aucune responsabilité à raison des irrégularités et des fautes que sa présence seule pourrait lui rendre imputables (*Rép.* n° 443 à 445). Jugé que le notaire en second n'est responsable que des irrégularités ou des fautes auxquelles il a participé et, notamment, ne répond pas du dépôt imprudent fait entre les mains du notaire principal des sommes dont l'acte portait quittance (Grenoble, 28 juill. 1865, aff. Mariés Chantre, D. P. 65. 2. 205).

639. On a même admis au *Rép.*, n° 447, conformément à l'opinion émise par Rolland de Villargues (n° 180) et adoptée depuis par de nombreux auteurs (V. Didio, *Encyclopédie du notariat*, v° *Responsabilité notariale*, n° 363), que le second notaire n'est pas même responsable (à moins d'y avoir participé par la connaissance personnelle qu'il en aurait eue) des nullités résultant de clauses contraires aux lois ou aux bonnes mœurs. Cette opinion, qui ne laisse à la charge du notaire en second

aucune espèce de nullité, même celles qu'une simple lecture suffit à révéler, implique la dispense de tout examen et de toute lecture, et l'assimilation du notaire en second aux syndics qu'avait créés une déclaration royale du 4 sept. 1706 pour donner aux actes des notaires une sorte de légalisation. Elle est repoussée par M. Vergé (*op. cit.*, n°ˢ 118 et suiv.) et vivement combattue par M. Lespinasse (*Des attributions et de la responsabilité du notaire en second*, *Revue critique*, 1886, p. 421) et par M. Labbé, cité par ce dernier auteur.

Dans cette autre opinion, le second notaire, dispensé seulement de la présence à l'acte, reste obligé de le lire attentivement, de signaler à son confrère les irrégularités et les illégalités que cette lecture révèle, et de refuser son concours jusqu'à ce que l'acte en soit purgé ; et il est responsable, dans ce cercle restreint, comme le notaire principal, *in solidum* envers les parties, sauf à lui à débattre avec le notaire rédacteur la part qui doit en définitive incomber à chacun d'eux d'après les circonstances. Cette théorie trouve un sérieux appui dans les déclarations faites par le garde des sceaux et par le rapporteur, soit à la Chambre des pairs, soit à la Chambre des députés, au cours de la discussion de la loi de 1843 ; et elle repousse l'argument tiré de l'absence d'honoraires et de la non-détention de la minute, par la réciprocité qui existe entre les notaires sur ce point.

640. La théorie qui écarte absolument la responsabilité du notaire en second contresignant après coup un acte ordinaire admet d'ailleurs la responsabilité du second notaire dont la présence continue d'être rigoureusement exigée, au moins à la lecture de l'acte, par l'art. 2 de la loi du 21 juin 1843, lorsqu'il s'agit d'un des actes plus solennels prévus par cet art. 2 (Didio, *op. cit.*, n° 365), ou du notaire en second qui concourt à la réception d'un testament authentique conformément à l'art. 971 c. civ. Ainsi jugé que le cas de testament (Bordeaux, 8 mai 1860, aff. Héritiers Fieffé de Liévreville, D. P. 60. 2. 129). Il n'y a cependant point, même dans ces cas, partage d'honoraires au profit du notaire en second répondant à la seule réquisition de son collègue (V. *suprà*, v° *Notaire*, n° 159-2°).

641. Il est également reconnu que le second notaire qui coopère à la réception de l'acte sur l'invitation de l'une des parties et qui reçoit sa part dans les honoraires afférents à l'acte, comme la jurisprudence lui en donne alors le droit (V. *suprà*, v° *Notaire*, n° 159), est responsable à raison de cet acte, bien que sa présence ne soit pas nécessaire à sa validité.

642. La même solution est applicable, à plus forte raison, si l'acte a été rédigé en double minute pour être conservé chez les deux notaires (Req. 17 oct. 1893, aff. Hermet, D. P. 94. 1. 159), ou si les deux notaires se sont ingérés dans la négociation de l'opération de manière à se trouver obligés, pour un prêt spécialement, de vérifier et faire connaître au prêteur, leur client commun, la situation hypothécaire des biens hypothéqués à la garantie du prêt (Même arrêt).

643. De même, le notaire en second qui accepte de la partie un mandat pour les formalités subséquentes à l'acte, se trouve soumis à une responsabilité de droit commun pour l'exécution de ce mandat (Req. 1er mars 1886, aff. Lesné, D. P. 86. 1. 457). Par exemple il a été jugé que l'élection de domicile dans l'étude du notaire en second pour les formalités hypothécaires à remplir, faite dans l'acte d'obligation par le bailleur de fonds, doit être considérée comme virtuellement acceptée par ce notaire, et implique, par suite, le mandat de recevoir les copies d'exploits destinées à son client et de les lui transmettre ; ce qui l'oblige à indemniser ce client si, faute d'exécuter ce mandat, il l'a empêché de produire en temps utile à l'ordre judiciaire ouvert sur le prix de l'immeuble hypothéqué (Req. 1er mars 1886. aff. Lesné, D. P. 86. 1. 457). — Sur les effets de cette élection de domicile, V. *suprà*, n°ˢ 585 et suiv. — Ce mandat, en raison des avantages qu'il confère au notaire en second, est un mandat salarié dans lequel la faute doit être appréciée avec rigueur (Même arrêt).

644. Lorsque deux notaires sont responsables à raison de l'acte qu'ils ont passé conjointement, la solidarité leur est applicable (*Rép.* n° 449 ; Req. 17 oct. 1893, aff. Hermet, D. P. 94. 1. 159). Mais certaines causes de responsabilité

peuvent peser exclusivement sur un seul, par exemple celles qui se rattachent à l'élection de domicile faite chez l'un des notaires, ou à tout autre mandat dont un seul aurait été investi. — La solidarité ne s'applique aux dépens que s'ils sont adjugés à titre de dommages-intérêts (*Rép.* n° 450).

645. La personne qui a figuré dans un acte comme témoin instrumentaire est-elle responsable de la nullité causée par son défaut d'idonéité? On peut admettre cette responsabilité s'il y a eu de sa part des déclarations de nature à tromper la vigilance du notaire rédacteur de l'acte (Colmar, 26 déc. 1860, aff. Bropst, *suprà*, n° 627). Et encore le bénéficiaire de l'acte serait-il mal venu à se faire indemniser par lui de la nullité de cet acte, s'il a lui-même choisi le témoin et provoqué ses déclarations mensongères. Mais, en tout cas, on ne peut reprocher au témoin instrumentaire, qui a de bonne foi et gratuitement figuré dans un acte, de n'avoir pas vérifié lui-même les conditions de son aptitude. L'ignorance des dispositions de la loi sur ce point ne peut être pour lui une cause de responsabilité. Ce n'est point ici le cas d'appliquer la maxime que *nul n'est censé ignorer la loi* (Req. 31 mars 1885, aff. Veuve Mouly, D. P. 85. 1. 406, et les conclusions de M. Alméras-Latour).

Art. 9. — *Responsabilité des avoués et agréés.* — *Avocats au conseil d'Etat et à la cour de cassation* (*Rép.* n°* 452 à 468.)

646. Les règles de cette matière ont été déjà exposées *suprà*, v° *Avoué*, n°* 56 et suiv. Nous n'avons à signaler ici que les applications nouvelles qu'elles ont reçues depuis lors. — L'avoué est responsable de sa faute lourde dans l'exercice d'un mandat salarié qui lui a été confié, notamment si, chargé par son client de conjurer une perte qui le menace, ayant la direction absolue de l'affaire et la connaissance exclusive de tous les incidents de la procédure, il omet de prendre en son nom des mesures conservatoires, alors surtout que, dans le même moment, il prend, au nom d'autres clients, les mêmes mesures, qui leur ont procuré un résultat utile (Rennes, 29 juin 1891, aff. Hersent, D. P. 93. 2. 174).

647. L'avoué est responsable du défaut de renouvellement d'une inscription hypothécaire, non pour le seul effet du mandat *ad litem*, mais à raison du mandat particulier qu'il a reçu et accepté pour ce renouvellement; mandat qui peut résulter de ce que, sachant que l'hypothèque seule garantissait le payement, il a gardé le dossier « pour le faire valoir quand il serait temps », et de ce qu'il détenait parmi les pièces, avec le titre d'obligation, les bordereaux d'inscription, notamment celui relatif au dernier renouvellement (Req. 30 oct. 1889, aff. Guy, D. P. 89. 1. 475).

648. L'avoué qui a accepté tacitement une élection de domicile faite chez lui par un créancier hypothécaire conformément à l'art. 2148 c. civ. est responsable de sa négligence à lui transmettre les notifications relatives à la procédure d'expropriation et notamment la sommation de produire à l'ordre (Req. 2 mars 1891, aff. Duprat, D. P. 92. 1. 31; Agen, 3 déc. 1889, aff. Marty, D. P. 90. 2. 170).

649. Lorsque l'avoué chargé de produire à un ordre a omis de le faire, il ne peut échapper à la responsabilité résultant de cette omission, sous prétexte que la sommation d'avoir à produire ne lui était pas parvenue, alors qu'il connaissait la clôture de l'ordre amiable déjà tenté et l'ouverture de l'ordre judiciaire (Agen, 3 déc. 1889, aff. Marty, D. P. 90. 2. 170). Cette responsabilité ne saurait être atténuée à raison de ce que le créancier se serait opposé à l'exercice d'une action en résolution du contrat de vente primitif pour défaut de payement du prix, formée par l'avoué sans mandat après la clôture de l'ordre, l'action résolutoire ne pouvant survivre à l'extinction du privilège opérée par la forclusion (Nîmes, 16 janv. 1889, aff. Héritiers Brun, D. P. 89. 2. 260).

650. L'avoué chargé de produire à un ordre est responsable également s'il a négligé de contredire l'état de collocation, alors qu'il pouvait, en consultant les titres fournis, faire obtenir à son client la priorité sur les créanciers admis par erreur à un rang plus avantageux (Pau, 24 janv. 1887, aff. Fons, D. P. 88. 2. 278).

Le mandat de produire à un ordre peut, d'ailleurs, résulter d'un mandat général antérieurement donné à l'avoué, par exemple de libérer les immeubles adjugés à son client et de représenter celui-ci comme débiteur du prix et comme créancier inscrit sur ce même prix (Douai, 20 févr. 1892, aff. Matton, D. P. 92. 2. 481).

651. Mais l'avoué auquel un notaire a transmis la copie d'une sommation de produire, au milieu de diverses autres pièces de procédure, sans aucune lettre d'avis ni recommandation, et sans même y joindre le titre de la créance à produire, peut alléguer qu'il n'a point accepté ni même connu le prétendu mandat à lui donné par le notaire, s'il était étranger au client qu'il n'avait pas représenté à l'ordre amiable et dont il n'était même pas le correspondant ordinaire (Req. 1er mars 1886, aff. Lesné, D. P. 86. 1. 457).

652. En tout cas, la responsabilité supposant une relation de cause à effet entre la faute et le préjudice, l'avoué ne peut être responsable pour défaut de production dans un ordre que si le juge reconnaît qu'il y aurait eu collocation utile en cas de production; et l'arrêt qui condamne l'avoué en déclarant qu'il n'est pas nécessaire d'examiner ce point manque de base légale (Civ. cass. 26 nov. 1890, aff. Gayda, D. P. 91. 1. 18).

653. L'avoué qui a requis au nom d'un héritier incapable (un aliéné dans l'espèce), sans qu'il fût valablement représenté, l'adjudication d'un immeuble indivis entre lui et une succession est responsable envers l'adjudicataire évincé par suite de la nullité de l'adjudication (Douai, 4 mai 1891, aff. Dutertre-Delmarcq, D. P. 93. 2. 39).

654. Le fait d'avoir, dans une adjudication sur surenchère, enchéri pour un adjudicataire notoirement insolvable, fût-il même le prête-nom d'un tiers solvable, oblige l'avoué à réparer le préjudice causé à un créancier inscrit, dont la créance est devenue irrecouvrable par suite du bas prix qu'aura donné la revente sur folle enchère, alors au contraire que cette créance eût été couverte par le prix de l'immeuble tel qu'il résultait de la surenchère validée (Civ. cass. 12 janv. 1891, aff. Pilter, D. P. 91. 1. 205, et sur renvoi, Toulouse, 9 juin 1891, D. P. 92. 2. 508. V. *suprà*, v° *Avoué*, n° 84).

655. Les principes de la chose jugée ont donné lieu à une intéressante application en ce qui concerne les négligences reprochées à l'avoué dans la conduite du procès. L'avoué qui a vu repousser en appel, comme tardif et irrecevable, un moyen présenté par lui pour son client, peut, dans l'action en responsabilité de son client contre lui à raison de ce retard, soutenir que ce moyen n'était pas couvert lorsqu'il l'avait proposé à la cour, bien qu'il y ait sur ce point chose jugée entre les parties au procès principal, et que l'avoué ne puisse pas le faire tomber par la voie de la tierce opposition (Civ. cass. 23 janv. 1888, aff. Veuve Hérenger et Auguste Hérenger, D. P. 88. 1. 125). Cette privation du recours, fondée sur ce que l'avoué a été à même d'épuiser tous les moyens de convaincre le juge, n'empêche pas de le considérer comme un tiers au point de vue de l'effet du jugement.

Un autre arrêt pourtant lui a refusé cette qualité de tiers, comme créancier garanti par un droit de rétention sur les pièces de son client, par rapport à un jugement condamnant le client à remettre les pièces à son adversaire. Il a été décidé que l'avoué détenteur des pièces doit, en ce cas, les livrer purement et simplement et engage sa responsabilité envers l'adversaire, s'il lui offre seulement de s'en dessaisir à condition que celui-ci les lui communiquera à première réquisition (Req. 16 mars 1886, aff. Guégan, D. P. 87. 1. 427, et la note).

656. La responsabilité de l'avoué à raison des pièces qui lui sont confiées (V. *suprà*, v° *Avoué*, n°* 75 et 89) a donné lieu à un arrêt de la cour d'Angers (9 janv. 1894, aff. Gaudais, D. P. 94. 2. 353) décidant: 1° qu'il y a lieu d'appliquer à l'avoué l'art. 1924 c. civ. d'après lequel le dépositaire est cru sur sa déclaration, soit pour le fait même du dépôt, soit pour l'identité et l'état de la chose qui en faisait l'objet, soit pour le fait de la restitution (V. pourtant les observations présentées en note et d'après lesquelles les pièces confiées aux avoués seraient l'objet d'un prêt à usage et non d'un dépôt régi par l'art. 1924); 2° que lorsqu'un avoué dépose, sur l'ordre du président, son dossier

au greffe du tribunal, il ne fait qu'accomplir une partie essentielle de son mandat et se conformer à une obligation de sa charge, et ne peut plus, dès lors, être déclaré responsable de la perte de ce dossier quelle que fût la nature des pièces dont il se composait (V. la note 1 sous l'arrêt précité). -- Sur la responsabilité des greffiers à cet égard, V. *suprà*, n° 454.

657. — I. Acrées. — V. *suprà*, v° *Agréé*, n° 8).

658.—II. Avocats au conseil d'Etat et a la cour de cassation. — V. *suprà*, v° *Avocat*, n° 249. V. aussi *infrà*, chap. 5, sect. 3, sur la compétence en matière de faits relatifs aux fonctions de ces officiers ministériels. — Quant au fond, il a été jugé, par une application évidente du droit commun, que l'avocat à la cour de cassation n'encourt aucune responsabilité à raison du rejet d'un pourvoi qu'il n'a formé que sur les sollicitations de son client, et en ne lui dissimulant pas que les chances de succès étaient douteuses (Ch. réun. rej. 4 août 1874, aff. Epoux Vincent Giroudon, D. P. 75. 1. 478).

Art. 10. — *Responsabilité des huissiers* (Rép. n°s 469 à 487).

659. Cette matière a été étudiée *suprà*, v° *Huissier*, n°s 46 et suiv. et ne réclame que quelques indications complémentaires.— La cour de cassation (Req. 2 mars 1891, aff. Duprat, D. P. 92. 1. 31) déclare que la responsabilité civile des huissiers pour la nullité de leurs exploits repose sur la règle générale des art. 1382 et 1383 c. civ. dont les art. 71 et 1031 c. proc. civ. sont la consécration ; qu'en vertu de ces textes le juge peut apprécier l'existence de la faute, la réalité et la quotité du préjudice, et qu'il ne fait qu'user de ce pouvoir en condamnant dans des circonstances de fait qu'il relève un huissier à la réparation de tout le préjudice causé par la nullité d'un exploit.

660. Il y a faute engageant la responsabilité de l'huissier envers son client, lorsque, chargé par lui de pratiquer une saisie-arrêt pour la conservation d'une créance, il y procède, non point entre les mains du débiteur de la créance, mais entre celles d'un tiers du même nom (Dijon, 9 févr. 1894, aff. Coquegniot, D. P. 94. 2. 223). Et il importe peu qu'il ait agi de la sorte à la suite d'instructions qu'un mandataire de son client lui avait données : avant d'agir, il devait s'entourer de renseignements et se livrer à des vérifications utiles, alors surtout qu'il avait été pris, non seulement en qualité d'huissier, mais aussi en qualité de conseil, que son client était presque illettré et que le mandataire de celui-ci était un agent d'affaires ignorant ou inexpérimenté (Même arrêt). Est responsable envers son client des suites de la nullité de l'acte, l'huissier qui pratique sur un locataire une saisie-exécution sans commandement préalable en vertu d'une ordonnance du président qui ne permettait ainsi qu'une saisie-gagerie, le locataire ayant profité de cet acte sans valeur pour faire disparaître une partie des meubles saisis (Alger, 9 nov. 1874, aff. Mouilleras, D. P. 75. 5. 382).

661. Mais l'huissier n'est pas responsable envers ceux contre qui il a fait des actes indûment requis par son client, et surtout des actes indûment autorisés par le juge (Bordeaux, 29 juill. 1857, aff. Emmanuel, D. P. 58. 2. 81).

662. Jugé aussi que l'huissier qui, par sa négligence, a commis, dans la notification de la liste des jurés de la session, des irrégularités entraînant l'annulation de l'arrêt intervenu, peut être condamné à supporter les frais de la procédure à recommencer (Crim. cass. 10 janv. 1878, aff. Mohamed-ben-Amandoutch, D. P. 79. 5. 363).

663. La responsabilité des huissiers pour nullité d'exploit a aussi pour limite le préjudice réellement causé. Si, par exemple, la nullité d'un exploit entraîne la péremption d'un jugement par défaut rendu au profit du client, ou la non-recevabilité de l'appel d'un jugement rendu contre lui, l'huissier ne peut être condamné à payer les sommes formant l'objet du jugement par défaut ou du jugement de première instance, s'il est constant que le jugement par défaut eût été frappé d'opposition et rapporté sur un moyen de prescription qu'eût invoqué l'opposant (Colmar, 15 juin 1857, aff. Braun, D. P. 58. 2. 173) ; ou que le jugement de première instance eût été, en cas d'appel recevable, être confirmé quant au fond (Angers, 25 janv. 1862, aff. Epoux Billod, D. P. 62. 2. 36) ; ou si le client, après péremption du

jugement par défaut, peut encore obtenir une nouvelle condamnation, la position de fortune du débiteur n'ayant pas changé, sauf à indemniser le client dans ce dernier cas des frais qu'il avait exposés pour son obtention (Trib. de paix de Carpentras, 21 août 1863 aff. Gidon et Boyer, D. P. 64. 3. 45).

Art. 11. — *Responsabilité des agents de changes, courtiers, commissaires-priseurs, changeurs et banquiers* (Rép. n°s 488 à 491).

664. — I. Agents de change. — La responsabilité des agents de change a été étudiée, *suprà*, v° *Bourse de commerce*, n°s 160 à 205. Mais la jurisprudence a fourni depuis lors quelques solutions qui formeront ici un complément utile de cette étude. Ainsi on a vu *suprà*, v° *Bourse*, n°s 175 et suiv., que la loi du 15 juin 1872, art. 12, accorde à l'acheteur d'un titre frappé d'opposition un recours contre son vendeur et contre l'agent de change par l'intermédiaire duquel la négociation a eu lieu. La cour de cassation, voyant dans cette règle une dérogation au principe qui ne rend l'agent de change vendeur responsable des titres qu'envers son confrère et non envers le tiers acheteur qu'il ne connaît pas, restreint son application au cas où les formalités, organisées par cette loi pour protéger le propriétaire, ont été remplies. Elle décide par suite que, sauf le cas de mauvaise foi, et à moins que l'opposition n'ait été signifiée à l'agent de change personnellement ou insérée au *Bulletin officiel* par les soins du syndicat des agents de change de Paris, l'agent de change vendeur est affranchi de tout recours, sans qu'on puisse rechercher dans l'application des principes en matière de vente (spécialement quant à la garantie des vices cachés) une solution différente de celle formulée par la loi qui a réglementé la matière spéciale (Civ. cass. 14 juin 1892, aff. Gantillon, D. P. 93, 1. 500).

665. Trois arrêts de la cour de Paris (19 juill. 1890, aff. Terras, liquidateur Bouvier ; 2 janv. 1890, aff. Lepel-Cointet; 2 juill. 1891, aff. Lion, D. P. 92. 2. 259, 261) ont résolu diverses questions de responsabilité soulevées par la vente de titres sortis à un tirage antérieur et devenus par là impropres à la négociation.

L'agent de change acheteur de ces titres, ayant dû avant livraison vérifier leur négociabilité, est responsable envers son client de la nullité de cette vente. Le client ayant dû compter sur cette vérification préalable, la réception par lui de ces titres ne peut être considérée comme une décharge ou une renonciation à son recours contre son mandataire (Arrêts précités du 19 juill. 1890 et du 2 janv. 1890). L'agent de change ne saurait lui faire grief de n'avoir pas vérifié les listes relatives à des tirages antérieurs à son achat, cette obligation ne lui incombant que pour les tirages postérieurs, surtout si les dernières listes ne font pas corps avec les premières et si l'attention de l'acheteur n'a été attirée à cet égard ni par les bordereaux qu'il a signés, lesquels mentionnent seulement qu'il a pris connaissance des listes de tirages sans spécifier qu'il en existe de deux sortes, ni par toute autre cause (Arrêt précité du 19 juill. 1890). Il ne peut lui opposer non plus le fait d'avoir, en encaissant les coupons échus, signé un bordereau contenant engagement de restituer ceux qui seraient indûment payés, cet engagement ne pouvant être invoqué que pour l'établissement débiteur (Arrêt précité du 2 janv. 1890; Comp. Nancy, 28 oct. 1890, aff. Banque centrale du crédit foncier de Russie, D. P. 91. 2. 363). L'agent de change ne peut invoquer davantage contre son client, pour se dégager de toute responsabilité, une circulaire de la chambre syndicale, d'ailleurs ancienne et tombée en désuétude, et qui est au surplus uniquement relative aux relations des agents de change entre eux (Arrêt précité du 19 juill. 1890).

Quant à l'agent de change vendeur, il est responsable envers son confrère acheteur sans préjudice du recours du client (Arrêt précité du 2 janv. 1890). Mais il est en droit de recourir lui-même contre son propre client, lorsqu'il a reçu de celui-ci le mandat précis de vendre ces titres qui lui ont été individuellement remis, alors d'ailleurs que les faits particuliers de la cause, et notamment le défaut de publication de la liste de tirage à l'époque de la vente, l'exemptent de toute responsabilité pour ses faits

personnels (Arrêt précité du 2 juill. 1891). — La prescription est de trente ans, soit pour le recours du client acheteur contre son agent (Arrêt précité du 2 janv. 1890), soit pour le recours de l'agent vendeur contre son client (Arrêt précité du 2 juill. 1891).

666. L'agent de change qui, après avoir vendu un titre frappé de dotalité ou d'une clause de remploi, s'est dessaisi du produit de la vente sans veiller au remploi, bien que le contrat de mariage lui en fît une obligation, est responsable vis-à-vis de la femme du montant du prix en question (Civ. cass. 3 déc. 1888, aff. Létel, D. P. 90. 1. 72; Toulouse, 10 déc. 1888, aff. Magner, D. P. 90. 2. 211). L'action intentée de ce chef contre l'agent de change n'est pas l'action révocatoire de l'art. 1560 c. civ., mais une action personnelle pour faute, comme celle qu'elle aurait contre son mari pour omission du remploi après encaissement ; et, par suite, l'agent de change condamné au payement de cette dette à laquelle il était tenu avec le mari et pour lui, doit être subrogé dans l'hypothèque légale de la femme sur les biens du mari (Civ. cass. 3 déc. 1888 précité).

667. En ce qui concerne la responsabilité des agents de change à raison des renseignements qu'ils donnent, il a été jugé qu'un propriétaire de valeurs à lots, qui a encouru la déchéance d'un lot gagné par l'une de ses obligations à raison du retard apporté par lui dans la libération de son titre, ne peut pas rendre responsable de cette déchéance l'agent de change qui, en réponse à une demande de renseignements, lui a indiqué la possibilité de retarder sans danger les versements à faire, lorsque, dans la pensée commune des parties, la demande de renseignements avait un objet limité et portait spécialement sur la crainte de voir l'établissement créancier faire vendre à la Bourse, sans sommation, les titres non libérés (Paris, 27 févr. 1894, aff. Hébert. D. P. 94. 2. 293).

668. Il a été jugé aussi qu'un agent de change ne saurait être considéré comme ayant commis une faute engageant sa responsabilité pour avoir soutenu par des crédits un confrère dont il connaissait la situation embarrassée, s'il n'a pas ainsi concouru à augmenter le passif et s'il n'a pas agi dans un but frauduleux (Paris, 17 mars 1891, aff. Syndic de la faillite Hervé, D. P. 91. 2. 295).

669. Enfin la responsabilité de la chambre syndicale (V. *suprà*, v° *Bourse*, n°s 226 et suiv.) a donné lieu aussi à des débats importants devant la cour de Paris, qui a consacré les solutions suivantes : 1° lors de la transmission d'un office d'agent de change, la chambre syndicale doit agréer le candidat ; de là résulte pour elle l'obligation de formuler une approbation formelle exigeant la vérification de toutes les conditions d'aptitude et de probité du candidat requises par les lois, décrets ou ordonnances, ainsi que de la sincérité de toutes les dispositions du traité de cession. A ce point de vue, la chambre syndicale doit être considérée comme légalement investie d'une mission qui lui est propre, distincte de celle qui lui est attribuée comme chambre de discipline, lui conférant les droits et les pouvoirs les plus étendus, mais lui imposant en retour des devoirs et des obligations dont l'inobservation engage sa responsabilité morale envers le ministre sous la surveillance et l'autorité duquel elle est placée et sa responsabilité civile envers les tiers (Ord. 29 mai et 3 juill. 1816 ; Décr. 1er oct. 1862). Mais la chambre syndicale appelée à agréer un candidat lors de la transmission d'un office d'agent de change ne commet pas une faute engageant sa responsabilité : ... soit en n'exigeant pas la communication d'un inventaire, alors d'une part qu'aucune disposition légale ou réglementaire n'impose spécialement l'obligation de requérir cette communication, d'autre part que la réputation du titulaire était excellente, que le candidat était fondé de pouvoir dans sa charge depuis plusieurs années, que la charge était en état apparent de prospérité, et que les faux commis dans la comptabilité n'ont pu être découverts au cours d'une instruction criminelle que par les investigations minutieuses d'un comptable expérimenté ; ... soit en imposant au nouveau titulaire l'obligation de se substituer à son prédécesseur pour le règlement de toutes les affaires au comptant entamées par lui, car cette obligation, conforme d'ailleurs aux usages et aux traditions, est uniquement relative aux affai-

res en cours, n'emporte point pour le cessionnaire la prise en charge du passif, et résulte d'ailleurs de la nature même des opérations auxquelles se livrent les agents de change ; ... soit en ne vérifiant pas la réalité des apports des commanditaires, alors que la plupart d'entre eux demeuraient attachés à ce titre à la charge malgré le changement de titulaire, et étaient réputés dans le monde commercial et industriel par leur expérience en affaires et leur bonne renommée ; ... soit en permettant que le nouveau titulaire ait recours à l'emprunt pour une partie de la somme dont il doit être propriétaire (quart du prix de la charge et du montant du cautionnement) si, d'une part, le nouveau titulaire offrait des garanties par sa fortune immobilière disponible, si, d'autre part, les prêteurs avaient consenti, le prêt étant fait d'ailleurs pour toute la durée de la société, au droit de préférence et de priorité au profit des créanciers éventuels de la charge (Paris, 28 mai 1891, aff. Chambre Syndicale des agents de change de Paris, D. P. 93. 2. 449. V. les conclusions de M. l'avocat général Sarrut, reproduites sous cet arrêt. V. aussi la plaidoirie de M. Bétolaud dans *La Gazette des tribunaux* des 25-26 mai 1891, *Le Droit* du 27 mai, *La Loi* du 27 mai) ; — 2° Considérée comme chambre de discipline et au point de vue de la surveillance qu'elle doit exercer sur chacun de ses membres en cours d'exercice, la chambre syndicale des agents de change n'est responsable envers les tiers qu'au cas de faute d'une gravité particulière ; et on ne saurait relever aucune faute à son encontre lorsque, au cours de l'exercice d'un agent de change et de son prédécesseur, elle n'a reçu ni communication ni plainte pouvant lui faire soupçonner soit la moindre infraction aux règlements ou aux traditions de la compagnie, soit le moindre embarras dans les affaires (Même arrêt).

670. — II. Courtiers. — V. *suprà*, v° *Bourse de commerce*, n°s 288 et suiv. — Sur les facteurs aux halles, V. *suprà*, v° *Halles et marchés*, n°s 49 et suiv.

671. — III. Commissaires-priseurs. — V. *suprà*, v° *Commissaire-priseur*, n°s 19 et suiv. Les commissaires-priseurs sont simplement des officiers ministériels ; ils n'ont à aucun titre la qualité de fonctionnaires, d'officiers publics ou d'agents du Gouvernement ; par suite, ils ne sont pas passibles des peines de l'art. 175 c. pén., pour avoir pris un intérêt dans une entreprise placée sous leur surveillance (Bordeaux, 29 janv. 1892, aff. Mallard, D. P. 92. 2. 165).

672. — IV. Changeurs. — Sur la responsabilité des changeurs, V. *suprà*, v° *Change*, n°s 7 et suiv. — Il a de nouveau été jugé que les dispositions spéciales des lois des 21-27 mai 1791 et du 19 brum. an 9 ne sont applicables qu'aux opérations de change sur les matières d'or et d'argent, mais que, pour les titres perdus ou volés, la responsabilité du changeur s'apprécie d'après les principes du droit commun ; que, par exemple, l'action en responsabilité intentée par un propriétaire qui prétend que des titres au porteur lui ont été frauduleusement soustraits, contre le changeur qui a acheté ces titres, est à bon droit repoussée par les juges du fait, en l'absence de toute faute prouvée à la charge du changeur, lorsqu'il est établi que les valeurs ont été achetées dans des conditions de prix normales d'un tiers qui, à l'époque de la vente, portait réellement le nom sous lequel il s'était présenté et fréquentait la maison qu'il avait indiquée comme domicile (Req. 19 nov. 1890, aff. Weber, D. P. 91. 1. 392). Mais il a été jugé, en vertu même de ces principes et par constatation d'une faute de droit commun, que le changeur qui avance une somme sur des titres au porteur volés, sans s'être assuré de la personnalité et du domicile de l'emprunteur, se rend non recevable à exciper d'une opération faite de bonne foi pour résister à la demande en revendication du propriétaire des titres, quoique l'opposition n'ait été publiée au *Bulletin officiel* que deux jours après le prêt (Paris, 23 janv. 1890, aff. Marcel, D. P. 91. 2. 60).

673. — V. Banquiers. — Les principes sur lesquels repose la responsabilité des banquiers et qui servent à en fixer l'étendue ont été examinés *suprà*, v° *Banquier*, n°s 8 et suiv. Nous ne signalerons seulement que de nouvelles applications.

Le banquier chargé d'émettre ou placer des titres ne s'engage pas plus qu'un mandataire vis-à-vis des souscripteurs de ces titres, s'il s'abstient de tout engagement personnel et de toute manœuvre tendant à leur inspirer une

confiance injustifiée dans ces valeurs (V. *suprá*, v° *Banquier*, n° 9. — *Addé :* Paris, 2 janv. 1872, aff. Beaudemoulin et Noël, D. P. 74. 2. 37; 25 juin 1877, aff. Dreyfus, D. P. 79. 1. 57).

Mais il engage envers eux sa responsabilité à titre délictuel ou quasi-délictuel s'il les trompe par des affirmations mensongères (V. *loc. cit.*), par exemple en affirmant faussement qu'il a reçu le premier quart dû sur les actions souscrites (Req. 16 mai 1892, deux arrêts, aff. Société de dépôts et comptes courants, D. P. 92. 1. 348), ou en prenant une part directe et consciente à la rédaction d'un prospectus inexact et mensonger (Civ. rej. 18 mars 1891, aff. *Le Crédit du Nord*, 1er arrêt, D. P. 91. 1. 401). La preuve de cette participation peut être utilement faite malgré la mention insérée dans le prospectus et portant qu'il est étranger aux prospectus, affiches et annonces concernant la souscription (Même arrêt). La participation du banquier est suffisamment établie par le juge du fond, quand celui-ci affirme : que ce prospectus a été arrêté de concert entre un administrateur de la société industrielle et un administrateur de la maison de banque, qu'il a été alors communiqué à ladite maison, que celle-ci a entretenu une correspondance active avec la société industrielle sur les modifications à opérer, et que c'est à la suite de ces agissements que le prospectus définitif a été adressé à la maison de banque, avec le bon à tirer signé par un administrateur de la société industrielle (Même arrêt), ces circonstances empêchant d'ailleurs d'alléguer utilement le défaut de pouvoir de l'administrateur qui a préparé le prospectus (Même arrêt). Cette participation permet au juge de déclarer le banquier solidairement responsable avec les administrateurs de la société, envers les preneurs d'obligations de cette société, trompés par le prospectus et dont les titres se sont trouvés dépréciés ultérieurement (Même arrêt). Mais le juge peut, en ce qui concerne les acheteurs d'obligations, distinguer ceux qui ont été entraînés à acheter par le succès de l'emprunt et le cours d'abord soutenu de la valeur, circonstances dues à l'influence du prospectus inexact, et ceux qui, au contraire, n'ont acquis de titres qu'à une époque ultérieure, alors que la situation vraie de la société emprunteuse n'était plus ignorée (Même arrêt).

674. Une responsabilité analogue a été appliquée à l'individu qui, chargé de l'émission de titres qu'il savait dépourvus de valeur, a, pour tromper sa clientèle, pris mensongèrement la qualité de banquier, installé chez lui des bureaux somptueux et un nombreux personnel, publié dans un journal, fondé à cet effet, des articles élogieux pour les sociétés dont il émettait les actions, affirmé inexactement et sans preuve qu'elles atteignaient un cours élevé, et a, soit par cette publicité, soit par ses conseils, exclusivement déterminé l'achat de ces titres (Paris, 12 juin 1886, aff. Veuve Rivet, D. P. 87. 2. 38).

675. D'une manière plus générale, les banquiers sont soumis aux principes exposés *suprá*, n° 121 sur la responsabilité résultant de renseignements inexacts et de complaisance par lesquels on aurait engagé quelqu'un à

faire crédit à un insolvable. Mais ils profitent aussi de l'excuse que nous avons admise (*Ibid.*) à l'égard de la bonne foi, lorsqu'il s'agit de renseignements non spontanés donnés gratuitement et à titre de complaisance pour la personne renseignée. Cette solution s'impose particulièrement dans le système usité entre négociants et banquiers et qui consiste, de la part du banquier consulté par son client négociant sur la solvabilité d'un autre négociant, à lui remettre un bulletin ou fiche non signé après l'avoir envoyé à un de ses confrères plus rapproché du négociant en question pour le remplir ou le faire remplir par ses correspondants. L'opération juridique intervenue alors entre le négociant non questionné et le banquier questionné, ou entre les deux banquiers, ne saurait être assimilée à celle qui unirait le négociant à une agence de renseignements payés. Le banquier de bonne foi ne peut être traité ici, ni comme un mandataire ayant mal rempli son mandat, ni comme l'auteur d'une faute quasi-délictuelle; car, répondant à une demande de renseignements, il n'est responsable que de ce qu'il entend promettre, et il n'entend promettre que sa bonne foi dans les renseignements qu'il aura pu avoir et transmettre. Ainsi jugé sur le recours en garantie formé par le banquier questionné contre un second banquier qu'il avait questionné à son tour par envoi d'une fiche à remplir (Nancy, 3 juill. 1878) (1). Cet arrêt n'a eu à statuer que sur la garantie du second banquier, la condamnation du premier étant passée en force de chose jugée; mais il donne à penser qu'il eût sans cela réformé cette condamnation.

676. Les banquiers, pas plus que les changeurs, ne sont soumis à aucune législation spéciale au point de vue de l'acquisition qu'ils peuvent faire de titres n'appartenant pas à leur détenteur. C'est dans la constatation d'une faute d'après les principes du droit commun qu'il faut chercher contre eux une cause de responsabilité vis-à-vis des propriétaires de ces titres. Par suite, il a été jugé que le fait, par un établissement de crédit, de n'avoir pas, en l'absence de toute circonstance de nature à éveiller ses soupçons, exigé la justification du droit du vendeur de titres au porteur, ne constitue pas une faute (Civ. cass. 25 mars 1891, aff. Crédit Lyonnais, D. P. 92. 1. 301).

Il en est de même lorsqu'il s'agit d'effets de commerce. Jugé, par exemple, que l'établissement de crédit qui, avant d'escompter une lettre de change, se renseigne auprès du tiré sur la réalité de la signature de l'endosseur et s'assure de l'identité du porteur en consultant notamment son rôle de contributions et un paquet de lettres au nom de ce porteur, a pris toutes les mesures de précaution que la prudence commande et, par conséquent, ne peut être déclaré en faute si le porteur s'était emparé de la lettre de change par vol (Paris, 25 nov. 1886, aff. Lemonnier, D. P. 87. 2. 110). — Sur les fautes que peuvent commettre les banquiers dans le payement des effets de commerce ou des chèques qui leur sont présentés en fraude des droits du propriétaire, V. *suprá*, v° *Effets de commerce*, et *infrá*, v° *Warrants-chèques.*

---

(1) (*Caisse de crédit de Nice C.* Bourgon et comp.) — En 1874, le sieur Salmon, négociant à Nancy, ayant reçu une commande de M. Guisani Philippo de Milan, chargea son banquier, les sieurs Bourgon et comp. de Nancy, de lui fournir des renseignements sur cet acheteur. Le banquier de Nancy dressa un bulletin qu'il transmit à la *Caisse du crédit de Nice* pour avoir des renseignements. La *Caisse du crédit de Nice* envoya le bulletin à l'un de ses correspondants de Milan pour le faire annoter, et le retourna avec les annotations au banquier de Nancy. Les renseignements étant bons, Salmon expédia des marchandises à Philippo, et fit traite sur lui. Mais la traite se trouva insolvable. — Salmon ayant assigné son banquier, Bourgon et comp. en réparation du préjudice causé par sa faute ou celle de son substitué, Bourgon et comp. appelèrent en garantie la *Caisse du crédit de Nice*, et celle-ci se porta reconventionnellement demanderesse en 3000 fr. de dommages-intérêts pour avoir révélé, contre l'usage, la source des renseignements transmis. — Par jugement du 17 sept. 1877, le tribunal de commerce de Nancy a accueilli la demande principale de Salmon, ainsi que la demande en garantie de Bourgon et comp. et rejeté la demande reconventionnelle de la *Caisse du crédit de Nice*. — Appel par cette dernière.

LA COUR; — Sur la fin de non-recevoir opposée à la recevabilité; — Attendu que si la demande principale n'excède pas le taux du dernier ressort, la *Caisse du crédit de Nice* appelée en

garantie dans l'instance a formé une demande reconventionnelle en 3000 fr. de dommages-intérêts pour la réparation du préjudice que Bourgon et comp. lui ont causé en divulguant, contrairement aux usages de la banque, l'origine des renseignements confidentiels par elle fournis sur la moralité et la solvabilité d'un négociant; — Que cette demande est essentiellement distincte de la demande principale, laquelle, d'après les intimés, aurait pour cause soit un quasi-délit, autre que celui imputé à Bourgon et comp. par la *Caisse du crédit de Nice*, soit une faute par elle commise dans l'exécution d'un mandat et consistant à n'avoir pas contrôlé l'exactitude des renseignements qu'elle était appelée à donner; qu'ainsi il n'y a lieu de décider, ainsi que les intimés l'allèguent, que la demande reconventionnelle repose exclusivement sur la demande principale, ni conséquemment de faire l'application à la cause du dernier paragraphe de l'art. 639 c. com.; — Au fond; — Attendu qu'en juillet 1874, pour satisfaire à la demande d'un négociant de Nancy, Bourgon et comp. se sont adressés à la *Caisse du crédit de Nice* afin de se procurer des renseignements sur la moralité et la solvabilité d'un sieur Guisani Philippo, se disant commissionnaire en confections, fabricant de passementeries et résidant à Milan; que la caisse de Nice n'étant pas en mesure de donner par elle-même ces renseignements, les a demandés à un de ses correspondants; que sur les indications favorables à elle fournies et transmises à Bourgon et comp., le négociant de Nancy a fait à Philippo un envoi de tissus se sol-

CHAP. 3. — Responsabilité à raison du fait d'autrui.

SECT. 1re. — DE LA RESPONSABILITÉ DU FAIT D'AUTRUI EN GÉNÉRAL; CAUSES D'OU ELLE NAÎT; ÉTENDUE ET NATURE DE CETTE RESPONSABILITÉ.

ART. 1er. — *Principes généraux; causes qui donnent naissance à la responsabilité civile* (Rép. nos 493 à 504).

677. Le principe de la personnalité des fautes, posé au Rép., n° 493, s'est déjà présenté à notre étude à propos de l'un des éléments du quasi-délit, l'imputabilité (V. supra, nos 159 et suiv.). Il n'y a à le rappeler ici que pour étudier les exceptions qu'il subit en vertu de l'art. 1384 c. civ., c'est-à-dire la responsabilité encourue dans certains cas à raison du fait d'autrui.

On ne s'occupera pas des personnes dont on doit répondre en vertu d'une convention expresse ou tacite. — Sur le contrat de cautionnement qui oblige la caution envers le créancier pour le fait du débiteur, V. supra, v° *Cautionnement.* — Sur le contrat de louage d'ouvrage, qui oblige l'entrepreneur envers le maître pour le fait des ouvriers, V. supra, v°*Louage d'ouvrage et d'industrie,* — Sur le contrat de mandat, qui oblige le mandataire envers son mandant pour le fait du mandataire qu'il s'est substitué sans en avoir le pouvoir, V. supra, v° *Mandat.* — Sur le contrat de dépôt, qui oblige l'aubergiste ou hôtelier envers le voyageur pour les vols commis dans son auberge, V. supra, v° *Dépôt et séquestre.* — Sur le contrat de transport, qui oblige le voiturier soit envers l'expéditeur ou le destinataire, soit envers le voyageur, pour les fautes de ses agents, V. supra, v° *Commissionnaire.*

Nous nous attacherons surtout ici aux cas de responsabilité purement légale du fait d'autrui, dans lesquels on doit réparer le fait sans l'avoir promis, même tacitement, à celui qui en est victime, responsabilité des père et mère, maîtres et commettants, instituteurs et artisans. — Sur la responsabilité des communes pour crimes ou délits commis à force ouverte, par attroupement ou rassemblement sur leur territoire, V. supra, nos 409 et suiv. et v° *Commune,* nos 1290 et suiv. — Sur la responsabilité civile en matière de chasse, V. supra, v° *Chasse,* nos 1322 et suiv. ; en matière de délits ruraux, V. supra, v° *Droit rural,* nos 227 et suiv.

678. Les divers cas de responsabilité du fait d'autrui ne sont pas, d'ailleurs, la négation du principe de la personnalité des fautes ; car s'il y a une promesse, il y a faute personnelle à ne pas l'exécuter ; s'il n'y en a pas eu, la disposition de la loi qui rend responsable du fait d'autrui n'est, comme on le verra, qu'une présomption légale de faute personnelle dans le choix ou la surveillance de l'auteur du fait, avec ou sans possibilité de preuve contraire. Mais la responsabilité légale du fait d'autrui, de quelque façon qu'on l'explique, soit comme dérogation à la personnalité des fautes, soit comme présomption légale d'une faute personnelle, constitue une exception au droit commun et ne peut s'étendre par voie d'analogie à d'autres cas que ceux expressément et limitativement prévus par la loi (Rép. n° 500). On

verra les critiques qu'ont soulevées à cet égard certaines extensions, admises par la jurisprudence ou par les auteurs, de la responsabilité des père et mère ou des instituteurs (V infra, nos 718 et suiv., 904 et suiv.).

Il suffit, d'autre part, que l'on soit dans un cas de responsabilité civile indiqué par les textes généraux qui règlent cette responsabilité, celle du maître ou du commettant, par exemple, alors même que cette responsabilité ne serait pas indiquée par les lois spéciales (loi sur la police des chemins de fer, par exemple) qui règlent les conséquences pénales du fait commis par l'agent dont on doit répondre (Crim. cass. 14 juin 1861, aff. Marlet, D. P. 61. 1. 453).

ART. 2. — *Nature et étendue de l'action en responsabilité à raison du fait d'autrui* (Rép. nos 505 à 536).

679. — I. RESTRICTION AUX RÉPARATIONS CIVILES. — De même que le principe de la personnalité des fautes s'oppose à ce qu'on soit, hors des cas prévus par la loi, responsable du fait d'autrui, de même le principe de la personnalité des peines s'oppose à ce que la responsabilité du fait d'autrui, quand elle est admise, ait un caractère pénal et s'étende au delà des réparations purement civiles. On a donné au Rép., nos 505 et 506, diverses applications de cette règle fondamentale. Elle a été appliquée de nouveau : 1° en faveur d'un père pour une contravention de tenue de jeu de hasard dans un lieu public commise par sa femme et sa fille (Crim. cass. 7 juill. 1854, aff. Favié, D. P. 71. 5. 340) ; — 2° En faveur d'un maître pour le jet volontaire d'immondices faite par son serviteur sur la propriété d'autrui (Crim. rej. 3 mars 1859, aff. Gierville, D. P. 61. 5. 424) ; — 3° En faveur des propriétaires et locataires d'appartements d'où ont été jetés sur la voie publique des objets de nature à nuire, sans qu'ils soient reconnus comme auteurs du fait (Crim. rej. 28 févr. 1863, aff. Lasgourgues, D. P. 64. 5. 324) ; — 4° En faveur du maître pour le fait de son postillon d'avoir offert ses services sur la voie publique en allant au-devant des voyageurs contrairement à un arrêté de police (Crim. cass. 22 nov. 1860, aff. Anatol, D. P. 61. 5. 426) ; — 5° En faveur de la commission administrative d'un hospice pour le fait d'avoir déversé des eaux sales sur la voie publique contrairement à un arrêté de police (Crim. cass. 28 avr. 1865, aff. Sœur Louise, D. P. 65. 1. 245) ; — 6° En faveur du propriétaire pour l'homicide par imprudence dû à la faute d'un entrepreneur dans la construction d'une maison dont il lui a laissé la direction (Aix, 28 nov. 1867, aff. Ugo, D. P. 68. 2. 223) ; — 7° En faveur d'un maître ou commettant pour une contravention commise par ses ouvriers ou préposés (Crim. cass. 18 nov. 1881, aff. Labougonnière, D. P. 84. 5. 244) ; — 8° En faveur des père et mère pour les contraventions à la police rurale commises par leurs enfants mineurs (Crim. cass. 25 mars 1881, aff. Chiappini, D. P. 81. 1. 391) ; — 9° En faveur du propriétaire pour la contravention d'abandon de volailles sur la propriété d'autrui commise par son gardien (Crim. cass. 10 mai 1872, D. P. 72. 1. 83) ; — 10° En faveur d'un chasseur pour le délit de passage sur le terrain d'autrui sans son consente-

---

dant par une somme de 1.848 fr. 50 c., pour laquelle une traite tirée à trente jours est restée impayée; que bientôt, par suite de nouveaux renseignements recueillis à Milan, on apprit que l'acheteur avec lequel la maison de Nancy avait traité était insolvable et avait sur la place de Milan la plus mauvaise réputation; — Attendu que, assignés à payer une somme de 1.450 fr. à laquelle le négociant de Nancy a restreint le préjudice que lui avaient fait éprouver les renseignements erronés qui lui avaient été fournis, Bourgon et comp. ont exercé un recours contre la *Caisse de Nice;* et que la question à résoudre est de savoir si la condamnation devenue définitive, prononcée par les premiers juges contre Bourgon et comp., doit rejaillir sur la *Caisse de Nice* appelée à la garantir et indemniser ; — Attendu que la bonne foi de la société appelante n'est point suspectée par les intimés qui ne lui imputent ni dol ni fraude, mais seulement une négligence consistant à ne pas avoir contrôlé, ainsi que la prudence le voulait, l'exactitude des renseignements transmis, et sur la foi desquels le négociant de Nancy a traité; que l'action étant ainsi limitée dans son objet, la responsabilité de la *Caisse de Nice* ne saurait aucunement être engagée; qu'en effet, d'après les usages constants du commerce et l'intention commune des parties, la *Caisse de Nice*, en répondant sous la forme ordinaire par une fiche non signée à la demande qui lui était faite, n'exé-

cutait point un mandat; qu'elle s'est contentée de rendre un service purement gratuit, de faire un acte de complaisance pour lequel elle n'a entendu fournir d'autre garantie que sa bonne foi, et supporter aucune responsabilité; qu'elle n'a pas non plus commis un quasi-délit, puisque, loin de prendre l'initiative pour engager le négociant de Nancy à conclure un marché avec le tiers sur la moralité et la solvabilité duquel des renseignements étaient donnés, elle s'est bornée à servir d'intermédiaire entre la maison de banque de Nancy et son correspondant de Milan; que, induite en erreur par ce dernier, elle ne doit à aucun titre répondre d'une faute qui n'est pas la sienne; qu'ainsi et quel que soit le point de vue sous lequel on se place, on ne rencontre pas dans la cause le lien de droit obligeant la *Caisse de Nice* à indemniser Bourgon et comp. de la condamnation contre eux prononcée; — Attendu sur la demande reconventionnelle : — Attendu que, si la communication faite par la *Caisse de Nice* avait un caractère confidentiel, et, dès lors, Bourgon et comp. ont violé le secret en divulguant l'origine des renseignements à eux transmis, ce fait ne paraît pas avoir causé à la société appelante un préjudice appréciable;

Par ces motifs, etc.

Du 3 juill. 1878.-C. de Nancy, 2e ch. civ.-MM. d'Hannoncelles, pr.-Angénoux, av. gén.-Grillon, et Besval, av.

mérit, commis par ses traqueurs (Crim. rej. 30 juin 1870, aff. Veuve Comynet, D. P. 71. 1. 191).

680. — II. Extension a certaines amendes. — Ce principe est applicable aux amendes. Mais il souffre exception en certaines matières et d'abord en matière de douanes (V. *Rép.* n° 508). On a vu *suprà*, v° *Douanes*, n° 687 et suiv., le désaccord existant entre la cour de cassation et certains criminalistes sur le caractère de ces amendes. La cour de cassation les considère comme de nature mixte (réparation civile en même temps que peine), et tout en refusant, à cause de leur caractère mi-partie pénal, de les étendre aux héritiers du contrevenant, elle voit dans leur extension par la loi aux maîtres et commettants, une application ordinaire de la responsabilité civile, non une extension exceptionnelle de la responsabilité pénale. Ce système, quoique appuyé sur des textes de notre législation douanière, qui mentionnent l'amende parmi les *condamnations civiles*, et déclarent les propriétaires des marchandises responsables civilement de ces amendes, a semblé contradictoire et inadmissible à plusieurs auteurs (Toullier, *Droit civil*, t. 2, n° 291; Chauveau et Faustin Hélie, Le Sellyer, *Traité de l'action publique et de l'action privée*, t. 1, p. 473 et suiv.; Garraud, *Traité de droit pénal français*, t. 1, n° 354; Thibault, *Traité du contentieux de l'administration des Douanes*, p. 102 et suiv.; Sourdat, t. 1, n° 79 et t. 2, n° 778 et suiv.). Ceux-ci, trouvant incompatibles les deux caractères de réparation civile et de peine, voient dans les textes qui frappent les maîtres et commettants de l'amende en matière de douane, un cas de responsabilité pénale; et, pour n'y point voir une dérogation au principe de la personnalité des peines, ils considèrent comme une participation personnelle des maîtres et commettants à la contravention le seul fait de ne l'avoir pas empêchée en surveillant leurs agents, participation négative, il est vrai, mais aggravée par le profit qu'ils en retirent. Ils admettent ainsi contre les maîtres ou commettants la contrainte par corps, la poursuite devant les tribunaux répressifs après condamnation passée en force de chose jugée contre l'auteur direct, solutions inapplicables aux réparations civiles et repoussées par la jurisprudence (V. *suprà*, v° *Douanes*, n° 713, 719). Ils repoussent d'autre part l'extension que la jurisprudence fait de cette responsabilité aux père et mère non visées par la législation douanière, l'art. 1384 c. civ. pouvant suffire pour une responsabilité civile, mais non pour une responsabilité pénale (*Ibid.*, n° 739).

On peut, croyons-nous, approuver ce système dans son point de départ sans adopter toutes les conséquences. Il est certain que l'amende est une peine, et nul n'en peut être directement frappé qu'à titre pénal. Mais tout en maintenant le caractère exclusivement pénal de l'amende pour l'empêcher, par exemple, d'atteindre l'héritier quand elle n'a pas atteint le coupable, on ne saurait qualifier peine la garantie du payement de l'amende imposée par la loi à d'autres que l'auteur du délit, pas plus que la même garantie volontairement assumée par une caution, et pas plus que l'obligation de l'héritier pour l'amende déjà prononcée contre le coupable. Il y a alors « cautionnement forcé » (Sourdat, n° 780), cautionnement civil de l'exécution d'une peine, comme peut être civil le cautionnement d'une dette commerciale. Il ne découle pas, il est vrai, de l'art. 1384 qui s'occupe seulement de la réparation des dommages; aussi ne peut-il s'appliquer aux personnes atteintes par cet article si elles ne sont visées à propos de l'amende par une loi spéciale; mais sa nature et ses effets sont les mêmes que la responsabilité pour réparations civiles édictée par l'art. 1384 c. civ. Ainsi seront écartées, comme le veulent les auteurs précités contrairement à la jurisprudence, la responsabilité des père et mère, et comme le veut la jurisprudence contrairement aux auteurs, la contrainte par corps, la poursuite devant les tribunaux répressifs après condamnation passée en force de chose jugée contre le contrevenant (On trouve une solution analogue en matière d'amendes forestières, *suprà* v° *Contrainte par corps*, n° 55).

681. La responsabilité civile des propriétaires, maîtres et commettants s'étend encore, par une exception analogue soumise aux même règles d'interprétation, aux amendes encourues en matière de contributions indirectes (*Rép.* n° 509. V. *suprà*, v° *Impôts indirects*, n° 57 et 59; *Rép.* eod. v°, n° 510 et suiv.; *suprà*, v° *Peine*, n° 736; *infrà*, v° *Vins*

et boissons); à l'amende fiscale édictée par l'art. 8 de la loi du 8 mars 1875, relative à la poudre dynamite (V. *suprà*, v° *Peine*, n° 736); aux amendes en matière d'octroi (V. *suprà*, v° *Octroi*, n° 285 et *Rép.* eod. v°, n° 392); aux amendes en matière de timbre (*Rép.* v° *Timbre*, n° 179; Civ. rej. 12 août 1856, aff. L'Union riveraine, D. P. 56. 1. 362; Trib. Lyon, 11 févr. 1874, aff. Faure, D. P. 74. 5. 490; Trib. Boulogne, 4 mars 1875, aff. Bodart-Halgnère, D. P. 75. 5. 444). Et il y a, pour ces dernières, non seulement extension de la responsabilité civile par son application à une peine, mais extension aux héritiers de la peine elle-même qui se trouve ainsi n'être pas personnelle, par une exception spéciale exprimée dans la loi du 28 avr. 1816, art. 76. — Sur la responsabilité des greffiers à raison des amendes encourues par leurs commis, V. *Rép.* n° 512 et v° *Greffe*, n° 130. — Sur celle des entrepreneurs de voitures publiques pour les amendes encourues par leurs préposés envers les maîtres de poste, V. *Rép.*, n° 513. — Sur celle des propriétaires de bâtiments, bateaux et trains pour amendes encourues par les bateliers et conducteurs à raison des droits de navigation intérieure avant l'abolition de ces droits, V. *Rép.*, n° 510.

682. Diverses lois sur la navigation maritime et la pêche maritime admettent la responsabilité des amendes pour les fautes d'autrui. — Les amendes encourues pour infraction au décret du 19 mars 1852, concernant le rôle d'équipage et les indications des embarcations exerçant une navigation maritime, sont prononcées solidairement tant contre les capitaines maîtres ou patrons que contre les armateurs des bâtiments ou embarcations, lesquels sont ainsi réputés coauteurs des contraventions (art. 14 du décret précité; Crim. rej. 10 août 1855, *Bull. crim.*, n° 284; 8 févr. 1855, aff. Anger et Guibert, D. P. 55. 1. 490). Il en est de même pour la navigation au bornage (Décr. 20 mars 1852, art. 8). — Les armateurs et les exploitants de pêcheries *peuvent* être déclarés responsables des amendes prononcées pour contravention à la loi du 9 janv. 1852 sur la pêche côtière (art. 12). Les pères, maris et maîtres sont responsables de ces mêmes amendes à raison des faits de leurs enfants mineurs, femmes, préposés ou domestiques, mais sous la réserve du dernier paragraphe de l'art. 1384 c. civ., qui permet de prouver qu'on n'a pu empêcher la contravention (Même article). — Les armateurs *peuvent* être déclarés responsables des amendes prononcées pour contravention des patrons et équipages à la loi du 15 janv. 1884 sur la police de la pêche dans la mer du Nord (art. 20). Ils sont dans tous les cas responsables des condamnations civiles. Sont responsables tant des amendes que des condamnations civiles, les pères ou mères, veuves des marins embarqués, à raison des faits de leurs enfants mineurs, sauf la preuve admise par le dernier paragraphe de l'art. 1384 c. civ.

683. A ces divers cas doit être ajouté celui des administrateurs d'un établissement d'enseignement supérieur, qui sont tous déclarés civilement et solidairement responsables des amendes prononcées contre l'un ou plusieurs d'entre eux pour refus de se soumettre à la surveillance des délégués du Gouvernement (L. 12 juill. 1875, art. 19). Ces amendes n'ont point assurément le caractère de réparations civiles; mais les administrateurs autres que l'auteur du refus n'en sont responsables que civilement.

684. Les amendes pour délits ruraux, délits de chasse et de pêche fluviale n'atteignent pas les personnes civilement responsables (V. *suprà*, v° *Droit rural*, n° 227 et suiv.; *Chasse*, n° 1322 et suiv.; *Pêche pluviale*, n° 139).

Il en est de même, en principe, des amendes forestières (c. for., art. 206). C'est ce qui a été décidé, notamment, pour la responsabilité établie par l'art. 72 c. for., à la charge des communes ou sections de commune, à raison des condamnations pécuniaires prononcées contre les pâtres communs pour leurs délits forestiers (Toulouse, 5 janv. 1883, aff. Fachan, D. P. 84. 5. 493).

685. Mais par dérogation à ce principe, le code forestier déclare civilement responsables de l'amende: les gardes pour les délits commis dans leurs triages et non dûment constatés par eux (art. 6); les cautions des adjudicataires de coupes de bois, pour ces adjudicataires (art. 28); les adjudicataires de coupes de bois pour les délits commis dans leurs coupes et à l'ouïe de la cognée et non signalés à l'agent forestier par leurs facteurs ou gardes-ventes (art. 45); les

adjudicataires et leurs cautions pour les délits commis, soit dans la coupe, soit à l'ouïe de la cognée, par les ouvriers et employés des adjudicataires (art. 46).

686. — III. Responsabilité pénale des propriétaires, maîtres, patrons et commettants. — Il ne faut pas confondre avec cette responsabilité indirecte et, par conséquent civile quoique appliquée à l'amende (V. *suprà*, v° *Contrainte par corps*, n° 55. — *Contrà*, Sourdat, n° 808), la responsabilité directe et personnelle (par conséquent pénale) qui atteint les propriétaires de voitures, bestiaux, animaux de charge ou de monture trouvés dans les forêts hors des routes et chemins ordinaires (*suprà*, v° *Régime forestier*, n° 288 et suiv.); les propriétaires d'animaux trouvés de jour en délit dans les bois (*suprà*, *ibid*, n° 292), les habitants des communes usagères qui font conduire leurs bestiaux à garde séparée (*suprà*, *ibid*., n° 546). Ces derniers textes visent personnellement le propriétaire comme obligé d'empêcher la dépaissance illégale de ses animaux et comme seul auteur de la contravention si ce fait a lieu (*Rép.*, n° 515; Rennes, 5 déc. 1883, aff. Consorts Levesque, D. P. 84. 5. 493).

Le délit d'arrachement ou défrichement de bois non autorisé (art. 219) engage la responsabilité du propriétaire; mais le délit n'existe que si le fait est ordonné par lui, non s'il est commis à son insu par un fermier ou par un voleur, sauf nécessité pour lui de détruire par des poursuites pour vol de bois la présomption d'autorisation tacite de sa part (Crim. cass. 11 avr. 1846, aff. Baronnet, D. P. 46. 4. 307). Ici encore on ne répond pénalement que comme auteur du délit (V. *suprà*, v° *Régime forestier*, n° 768).

687. La loi forestière n'est pas la seule qui rende les propriétaires, maîtres ou commettants responsables pénalement de l'inaccomplissement de ses prescriptions, en les adressant directement à eux d'une façon explicite ou implicite et en les constituant auteurs directs de la contravention, sans rechercher si leur volonté y a concouru. La police des eaux, de la voirie et du roulage offrent encore de nombreux exemples en ce sens (V. notamment pour les règlements d'eaux entre riverains, *suprà*, v° *Eaux*, n° 531 et suiv.; pour les constructions élevées le long de la voie publique *Rép.* v° *Voirie par terre*, n° 2338 et suiv., et *infrà*, eod. v°; pour les dégradations aux routes *Rép.* n° 517 et *Voirie par terre*, n° 262 et suiv. et *infrà*, eod. v°; pour le nettoyage des rues devant les habitations *suprà*, v° *Contravention*, n° 66 et suiv., *Commune*, n° 610 et suiv. *Adde*, pour l'entrepreneur substitué, par traité avec la ville, aux obligations des habitants et pour celui qui se serait substitué un cessionnaire sans l'adhésion de l'autorité municipale : Trib. corr. Rennes, 7 mai 1892, aff. Compagnie des eaux, D. P. 92. 2. 501; V. encore pour la fermeture à certaines heures de l'entrée des habitations par mesure de sécurité publique, *suprà*, v° *Commune*, n° 637; pour la police du roulage, *Rép.* n° 515 et v° *Voitures*, n° 58 à 80, *infrà*, eod. v°). — Jugé en matière de roulage : 1° que le propriétaire qui comparaît sur la citation donnée à son domestique à raison d'une voiture rencontrée sans plaque, accepte le débat, doit être condamné personnellement et non comme civilement responsable de son domestique (Civ. rej. 13 janv. 1863, aff. Desblancs-Meylonga, D. P. 69. 5. 416); — 2° Que celui qui use accidentellement d'une voiture sans plaque est pénalement responsable, quoique non propriétaire; qu'il est passible d'une amende comme conducteur et doit être compris dans la condamnation avec le propriétaire (Crim. cass. 18 août 1874, aff. Baléas-Poucy, D. P. 72. 5. 473).

688. En matière sanitaire, il a été jugé que l'herbager qui, dans une localité infectée du typhus contagieux des bêtes à cornes, vend ses vaches à un boucher pour être abattues dans les vingt-quatre heures, comme il est prescrit, est tenu solidairement de l'amende encourue par le boucher pour défaut d'abatage dans le temps prescrit (Rouen, 28 mars 1872, aff. Huline, D. P. 73. 2. 41. V. *infrà*, v° *Salubrité publique*).

689. On peut citer encore comme directe et personnelle la responsabilité pénale des chefs de certaines entreprises dont les conditions et le mode d'exploitation sont réglés par des lois ou arrêtés de police dans un intérêt de salubrité ou de sécurité publique, lorsqu'ils peuvent être considérés comme obligés personnellement à en assurer

l'exécution et comme contrevenant personnellement à raison du fait de leurs ouvriers ou employés, sans même qu'ils l'aient connu et toléré.

Sont responsables notamment de la sorte : 1° les boulangers, pour les contraventions de leurs préposés (V. *suprà*, v° *Boulanger*, n° 63 et 71); — 2° Les entrepreneurs de voitures publiques, pour l'inobservation par leurs cochers et conducteurs des mesures de police auxquelles un règlement oblige l'entreprise à se conformer (Crim. rej. 7 mai 1870, aff. Trénis, D. P. 70. 1. 313, et la note. Conf. Crim. cass. 26 août 1859, aff. Cauvin, D. P. 59. 1. 516. V. aussi *Rép.* n° 513; *Rép.* v° *Voitures*, n° 58 et suiv., 180, 183, 362, 403, et *infrà*, eod. v°). Sur la responsabilité pénale ou civile en matière d'accidents de voitures ou de chemins de fer, V. *Rép.* n° 516; *Rép.* v° *Voitures*, n° 149, 153, et *infrà*, eod. v°; *Rép.* v° *Voirie par chemins de fer*, n° 550 et suiv., 628 et suiv., et *infrà*, eod. v°. Sur la responsabilité des contraventions postales à la charge des entrepreneurs de transport et messageries, des chefs de gare, des capitaines de navire, V. *suprà*, v° *Postes*, n° 161 et suiv.; *Rép.* v° *Voirie par chemins de fer*, n° 618, et *infrà*, eod. v°; — 3° L'industriel dont la profession consiste à fabriquer et poser des appareils pour le gaz, à raison de l'inobservation des mesures de police, provenant du fait d'un ouvrier qu'il a envoyé dans une maison pour y poser un appareil, alors même qu'il n'aurait pas assisté à l'opération, et quoique les règlements déclarent responsable, chez lequel se fait le travail, responsable de l'infraction au règlement (Crim. rej. 28 janv. 1859, aff. Lacarrière, D. P. 61. 5. 425); — 4° Le directeur d'une carrière, pour l'homicide par imprudence dû à l'inobservation du mode d'exploitation réglementaire dans les travaux de découverture d'une carrière confiés par lui à un entrepreneur, les terres n'ayant pas été coupées en retraite par banquettes ou avec talus suffisants pour prévenir tout éboulement, comme le veut l'art. 9 du décret du 10 juill. 1862 (Angers, 27 mai 1867, et Crim. rej. 16 août 1867, aff. Ourlouski, D. P. 67. 2. 220; et 68. 1. 47). V. sur la responsabilité pénale des propriétaires ou directeurs de mines et de carrières : Crim. rej. 31 mars 1865, aff. Bardon, D. P. 65. 1. 399 et la note, *suprà*, v° *Mines*, n° 573 et suiv., 675 et suiv.; — 5° Le propriétaire d'un café, cabaret ou débit de boissons, pour la contravention aux règlements sur la fermeture des établissements publics, commise en son absence par le fils ou le préposé appelé à le remplacer momentanément (Crim. cass. 22 nov. 1860, aff. Duval, D. P. 61. 5. 425; 16 avr. 1863, aff. Barbazan et autres, D. P. 63. 5. 330. V. *suprà*, v° *Commune*, n° 708); — 6° L'entrepreneur de vidanges, pour infraction résultant du fait de ses ouvriers à certaines règles de salubrité imposées à cette industrie (V. *Rép.* v° *Vidanges*, n° 76 et *infrà*, eod. v°; Crim. rej. 7 déc. 1872, aff. Tarrieu, D. P. 72. 1. 427); mais non pour infraction à d'autres obligations imposées personnellement aux ouvriers, et pour lesquelles le patron n'encourt qu'une responsabilité civile (Crim. cass. 18 nov. 1881, aff. Labougonnière, D. P. 84. 5. 438); — 7° Les propriétaires d'établissements industriels, pour infraction par leurs ouvriers ou préposés à un arrêté préfectoral pris en conformité de l'art. 19 du décret du 10 août 1872, leur interdisant de déverser dans un cours d'eau les résidus de leur fabrication (Crim. cass. 27 janv. 1859, aff. Doisy, D. P. 59. 1. 425); — 8° L'entrepreneur de démolitions pour infraction au règlement de la voirie municipale prescrivant de démolir au marteau et non par abatage (Crim. rej. 30 déc. 1892, aff. Ferrand, D. P. 94. 1. 364), en core bien que ce serait substitué un autre entrepreneur pour l'exécution des travaux sans le concours et l'agrément de l'administration municipale avec laquelle il avait traité (Même arrêt. Conf. Crim. cass. 21 juin 1866, aff. Cabanis, D. P. 67. 1. 65).

Si d'ailleurs l'entrepreneur est une société, la qualité d'administrateur délégué de cette société peut permettre au juge de considérer le prévenu comme ayant personnellement la direction des travaux et l'obligation de veiller à l'observation des règlements (Arrêt précité du 30 déc. 1892).

690. Jugé encore : 1° que le règlement qui défend aux filles publiques, sous la responsabilité du maître ou de la maîtresse de l'établissement, de sortir le soir doit être entendu en ce sens que cette responsabilité est une responsabilité pénale (Crim. cass. 12 mai 1871, aff. Fille P..., D. P. 71.

1. 263) ; — 2° Qu'une apposition illégale d'affiche engage la responsabilité pénale de celui dans l'intérêt duquel elle a eu lieu comme de l'afficheur (Paris, 30 déc. 1868, aff. Gallot, D. P. 72. 2. 15; Nimes, 12 mai 1872, aff. Rénier, D. P. 72. 2. 158). — Sur la responsabilité civile et pénale des délits de presse, V. *suprà*, v° *Presse*, n°s 1269 et suiv., 1327 et suiv.).

691. Sous le régime du livret obligatoire, les patrons étaient pénalement responsables des infractions à cette obligation commises par leurs préposés (*Rép.* n° 515). Le même effet semblerait devoir être attaché aux lois et règlements sur le travail des enfants et des femmes dans les manufactures. Mais encore faut-il que le propriétaire de l'usine en ait actuellement la direction. Celui qui délègue cette direction à un associé, directeur ou gérant n'est pas pénalement responsable (Dijon, 11 févr. 1884, aff. Marchet et Pellion, D. P. 86. 2. 13; Trib. corr. des Andelys, 12 janv. 1878, D. P. 80. 3. 23; Trib. corr. Compiègne, 3 juin 1879, *ibid.*). Il encourt seulement la responsabilité civile des condamnations prononcées à cet égard contre le gérant (Trib. des Andelys et Trib. Compiègne précités; art. 26 de la loi du 2 nov. 1892. D. P. 93. 4. 25).

692. Les syndics substitués à un commerçant failli dans l'administration de ses biens et l'exploitation de son entreprise lui sont également substitués dans la responsabilité pénale des contraventions de voirie commises à l'occasion de sa maison (V. *Rép.* v° *Contravention*, n° 118 et les décisions citées). Mais il en est autrement lorsqu'ils l'ont laissé à la tête de l'exploitation, surtout lorsqu'elle est subordonnée à l'obtention d'une autorisation officielle dont le failli est titulaire et dont les syndics ne se sont pas munis personnellement (Crim. cass. 24 juin 1864, aff. Quatremère, D. P. 64. 1. 455).

693. Le patron qui a fait commettre par son préposé un délit (par exemple, une tromperie sur le poids de la marchandise achetée ou vendue, ou une vente de substances falsifiées ou corrompues), ne peut, pour en décliner la responsabilité pénale, se prévaloir de ce que l'opération matérielle est le fait de son préposé (Crim. cass. 19 févr. 1863, aff. Dussance, D. P. 66. 5. 416; Crim. rej. 4 mars 1864, aff. Ringuier, D. P. 64. 5. 324).

694. La responsabilité pénale du patron n'exclut pas, d'ailleurs, celle du préposé auteur direct de la contravention lorsqu'on ne peut le considérer comme l'instrument inconscient d'ordres dont il ne pouvait apprécier la portée (Crim. cass. 27 janv. 1859, aff. Doisy, D. P. 59. 1. 425; 18 nov. 1881, aff. Labougonnière, D. P. 84. 5. 244).

695. Mais lorsqu'il s'agit de contraventions pour lesquelles la bonne foi est indifférente et que la loi, d'autre part, ne met pas indistinctement à la charge du maître ou patron, l'employé qui les commet pour se conformer aux ordres du patron est seul pénalement responsable, sauf la responsabilité purement civile du patron, la complicité au point de vue pénal n'étant pas admise en matière de contravention. Tel est le cas d'une dissimulation commise dans une expédition de valeurs faite par chemin de fer (Caen, 9 mai 1877, aff. Jamot, D. P. 79. 2. 41, et le rapport de M. le conseiller Dupray de la Mahérie; Civ. cass. 9 août 1872, aff. Rondel, D. P. 72. 1. 329. V. *infrà*, v° *Voirie par chemins de fer*). Il en est autrement des contraventions postales résultant de l'insertion des monnaies d'or et d'argent, bijoux etc. dans les boîtes, ou de valeurs au porteur dans les lettres non chargées avec déclaration de valeurs et non recommandées, ou de l'insertion des lettres dans les boîtes contenant des valeurs déclarées. Ces contraventions, consistant dans l'insertion elle-même plutôt que dans la remise à la poste, engagent la responsabilité pénale du maître ou patron auteur de l'insertion, et non celle du commis, employé ou commissionnaire chargé de la remise (V. *suprà*, v° *Postes et télégraphes*, n° 54).

696. La responsabilité civile diffère de la complicité en ce qu'elle peut s'appliquer aux *contraventions* (Pau, 6 août 1874, aff. Horgues, D. P. 75. 2. 53).

697. Les êtres moraux, comme l'État, les communes, les sociétés commerciales, ne peuvent, ainsi qu'on l'a vu au *Rép.* n° 518, encourir une responsabilité pénale (Crim. cass. 8 mars 1883, aff. Compagnie parisienne de vidange, D. P. 84. 1. 428), sauf pour infration à des lois forestières ou autres les visant comme tels. L'État s'est même vu exonéré

de la confiscation et de l'amende encourues par un de ses agents pour contravention d'octroi dont il était civilement responsable, par le motif qu'il ne peut être réputé auteur d'une contravention. Mais cette décision semble s'écarter du système de la jurisprudence consistant à voir dans ces sortes d'amendes et de confiscation de simples réparations civiles. L'État au contraire a pu encourir la confiscation prononcée comme réparation civile en matière de propriété industrielle (Civ. rej. 1er févr. 1892, aff. Ministre du commerce, D. P. 92. 1. 417 et la note de M. Trolley de Prévaux).

698. — IV. Confiscation. — La confiscation est personnelle comme l'amende et reste, comme elle, en dehors de la responsabilité civile ordinaire (V. *Rép.* n° 514). Mais en matière de douane, de contributions indirectes et d'octroi, elle atteint, de même que l'amende et en vertu des mêmes textes, les propriétaires des marchandises pour le fait de leurs facteurs, agents ou domestiques. Son caractère n'a pas été nettement précisé en ces matières par la jurisprudence. On a proposé, sans y voir une peine ni une réparation civile, de lui attribuer les caractères d'une mesure de police et d'ordre public (V. *suprà*, v° *Douanes*, n° 696, et v° *Peine*, n° 797). La confiscation prononcée au profit de la partie lésée en matière de contrefaçon de brevet d'invention, de dessins ou de marques de fabrique peut, en tout cas, être qualifiée de réparation civile (V. *suprà*, v°s *Brevet d'invention*, n° 361 ; *Industrie et commerce* n°s 281 et 404 ; *Peine*, n° 800).

699. — V. Frais. — Condamnation. — A la différence des amendes, les frais sont compris dans la responsabilité civile (V. à cet égard *Rép.*, n°s 519 et suiv. et *suprà*, v° *Frais et dépens* n°s 603 et suiv.). — Sur la quotité de la condamnation contre le civilement responsable, V. *Rép.* n°s 523 et 525. — Sur la solidarité à prononcer contre lui, V. *Rép.* n° 526. — Sur la question de savoir s'il encourt la contrainte par corps, V. *suprà*, v° *Contrainte par corps*, n° 55 et suiv.

700. — VI. Procédure de la responsabilité civile. — La demande contre une personne civilement responsable pour le fait d'autrui ne peut se produire devant les tribunaux répressifs qu'autant qu'ils sont saisis de l'action publique contre l'auteur du délit et accessoirement à cette action, sauf l'obligation qui incombe au tribunal répressif, irrégulièrement saisi de l'action civile isolée, de laisser au ministère public un délai pour introduire l'action publique (*Rép.* n° 790).

A cette règle il n'y a pas, comme on l'a prétendu, d'exception en matière de simple police (V. *Rép.* n° 789 ; Sourdat t. 2, n°s 804 et suiv.), ni en matière de contraventions de douanes et autres pour lesquelles la responsabilité civile s'étend aux amendes et confiscations (Douai, 31 août 1832, D. P. 33. 2. 13; — *Contra* : Sourdat, t. 2, n° 804). — Sur le droit d'intervention de la personne civilement responsable devant le tribunal répressif et le droit du prévenu de l'y appeler pour prendre son fait et cause, V. *suprà*, v° *Intervention*, n° 74 et suiv., et *Rép.* eod. v°, n° 167.

701. Mais devant les tribunaux civils l'action contre la personne civilement responsable peut se produire comme action principale, indépendante de toute action publique ou civile contre l'auteur du fait, et sans même que celui-ci soit mis en cause (Req. 19 févr. 1866, aff. Chemin de fer de Lyon, D. P. 66. 1. 420; Nimes, 17 nov. 1862, aff. Chapuis, D. P. 66. 1. 334 ; Bordeaux, 18 mars 1878, aff. Delbourg, D. P. 80. 2. 37);... sauf le droit de la personne civilement responsable de l'y appeler pour faire statuer sur son recours contre lui par le même jugement, et de réclamer, pour cet appel en garantie, les délais ordinaires de l'art. 175 c. proc. civ. (*Rép.* n° 532).

702. Au criminel même, si l'action en responsabilité civile ne peut être que jointe à l'action publique, la partie civile, du moment que l'action publique est intentée, peut se constituer contre la personne civilement responsable sans se constituer en même temps contre le prévenu (Crim. rej. 2 déc. 1881, aff. Forcioli et Chevalon, D. P. 82. 1. 191). — Sur la procédure de la responsabilité civile devant le juge criminel, V. encore *suprà*, v° *Procédure criminelle*, n° 229.

703. De ces principes il résulte qu'au civil, il n'est même pas nécessaire que l'identité de l'auteur du fait soit établie,

pourvu que ce fait soit reconnu ne pouvoir émaner que d'une des personnes dont le défendeur est civilement responsable, et dans l'exercice de ses fonctions, si c'est un domestique ou préposé (Req. 19 févr. 1866, aff. Chemin de fer de Lyon, D. P. 66. 1. 420 ; Nîmes, 17 nov. 1862, aff. Chapuis, D. P. 66. 1. 334; Paris, 11 janv. 1890, aff. Demoiselle Delacour, D. P. 90. 2. 192). Et peu importerait dans ce cas qu'un préposé, individuellement mis en cause comme auteur de la faute eût été renvoyé de la poursuite, si ce renvoi supposait une faute, imputable à un autre préposé, non déterminé, du même défendeur (Req. 19 févr. 1866, aff. Chemin de fer de Lyon, D. P. 66. 1. 420).

704. Mais cette imputabilité du fait à l'une des personnes (fût-elle indéterminée) dont on doit répondre, est nécessaire au civil comme au criminel ; et, par exemple, le directeur d'un asile d'aliénés n'est pas civilement responsable de l'attentat commis sur une des pensionnaires, alors qu'aucune faute ne lui est imputable et qu'on ne prouve pas que l'auteur de l'attentat soit une des personnes placées sous ses ordres (Grenoble, 11 déc. 1874, aff. Guillot, D. P. 75. 2. 103).

705. Il est surtout nécessaire, au civil comme au criminel, que la personne même qu'il s'agit de condamner comme civilement responsable soit mise en cause (Crim. cass. 8 mars 1883, aff. Comp. parisienne de vidanges, D. P. 84. 1. 428). Mais, par exception à ce principe, la loi du 1ᵉʳ germ. an 13, en matière de contributions indirectes, permet « de poursuivre et de prononcer contre les conducteurs la confiscation des objets saisis, sans que la Régie soit tenue de mettre en cause les propriétaires, quand même ils lui seraient indiqués, sauf, si les propriétaires intervenaient ou étaient appelés par ceux sur lesquels les saisies auraient été faites, à être statué, avec qui de droit, sur toutes interventions ou réclamations » (art. 36). Les propriétaires peuvent ainsi, sans avoir été mis en cause, subir l'effet des confiscations prononcées contre les conducteurs et qui sont en quelque sorte *réelles* (V. Sourdat, n° 90).

706. La chose jugée par les tribunaux civils au profit de la partie lésée, contre l'auteur du fait, sans être en cause de la partie civilement responsable, n'a pas l'autorité de chose jugée contre celui-ci et ne saurait l'empêcher de contester soit l'existence entre lui et le condamné du lien qui entraînerait sa responsabilité civile, soit même la faute ou le préjudice judiciairement reconnu et évalué contre l'auteur, puisqu'il manque alors l'identité de parties dans les deux affaires jugée et à juger (*Rép.* n° 524; Sourdat, t. 2, n° 798).

707. La décision du juge criminel sur l'action publique aurait une autorité plus absolue, opposable même à la personne civilement responsable sans qu'elle eût été mise en cause, mais impuissante pourtant à lui interdire une défense conciliable avec les éléments reconnus par cette décision. Elle ne l'empêche pas, notamment, de contester l'existence, entre lui et le condamné, de rapports juridiques entraînant la responsabilité civile, ou bien encore le chiffre ou le fait même du dommage, si ce chiffre ou ce dommage même ne figuraient pas dans le fait de condamnation, comme élément constitutif du délit au point de vue pénal ou comme motif d'une aggravation de peine ; peu importe alors que le juge criminel ait reconnu ou évalué le dommage au point de vue de l'action civile de la partie lésée (*Rép.* n° 524), car les décisions des juges criminels qui statuent sur l'action civile de la partie lésée contre le coupable, sont de simples décisions civiles n'ayant par elles-mêmes l'autorité de la chose jugée que dans les conditions prescrites par l'art. 1351 c. civ. (V. *suprà*, v° *Chose jugée*, n° 402). Ces diverses solutions sont l'application des principes exposés *suprà*, v° *Chose jugée*, n°ˢ 391 et suiv., en ce qui concerne l'autorité des jugements criminels sur les contestations civiles (*Rép.* eod. v°, n°ˢ 544 et suiv.).

708. Mais la chose jugée, même au civil, en faveur de la personne poursuivie comme auteur, soit qu'elle écarte la faute ou le dommage, soit qu'elle réduise les dommages-intérêts au-dessous du chiffre demandé, doit pouvoir être invoquée par la partie civilement responsable qui n'a pas été mise en cause et qui est ensuite poursuivie séparément. Il faut bien, en effet, que la décision profite à la partie qui l'a obtenue, ce qui n'est possible qu'en en faisant profiter

aussi celui qui est responsable civilement, à moins (ce qui serait à son égard une injustice inadmissible) de le priver d'action récursoire contre celui dont la faute d'abord écartée, aurait été ensuite reconnue dans le procès en responsabilité civile (V. Sourdat, t. 2, n° 798).

C'est par application de cette théorie qu'il a pu être décidé qu'un jugement déboutant le demandeur dans une première instance où il avait mis en cause l'auteur et la partie civilement responsable, et qui, faute d'appel contre l'auteur, a acquis force de chose jugée au profit de ce dernier, peut, malgré l'appel interjeté contre la partie civilement responsable, être opposé par celle-ci contre la recevabilité de cet appel (Dijon, 16 mars 1865, aff. Pasques et comp. D. P. 65. 2. 81).

709. Mais la personne civilement responsable, même mise en cause, ne saurait profiter de la chose jugée en faveur de l'auteur du dommage, si celui-ci n'est renvoyé des fins de la poursuite qu'à raison de circonstances inhérentes à sa personne et non exclusives de la responsabilité civile de l'autre défendeur, par exemple si un père est poursuivi civilement responsable du fait de son enfant mineur renvoyé des fins de la poursuite comme ayant agi sans discernement.

710. La décision du juge répressif rendue sur la réquisition du ministère public et condamnant une personne comme civilement responsable envers l'État des frais du procès criminel, ou la déchargeant au contraire de cette responsabilité civile, constitue-t-elle une décision criminelle au point de vue de la chose jugée, c'est-à-dire une décision ayant une autorité absolue, de façon que cette personne, dans le premier cas, ne puisse contester sa responsabilité civile vis-à-vis de la partie lésée, et dans le second cas, ne puisse être assignée par cette partie lésée? La question a été discutée et résolue négativement, *suprà*, v° *Chose jugée*, n° 403; cette solution a été depuis confirmée par le tribunal civil de la Seine (5 mars 1890, aff. Prunier, D. P. 91. 3. 7 ; 14 janv. 1891, aff. Vaillant, D. P. 93. 2. 57, et les conclusions de M. le substitut Bomboy).

711. Sur le recours de la personne civilement responsable contre l'agent du délit et le droit de l'appeler en garantie, V. *Rép.* n°ˢ 529, 530, 531, 532. Ce recours peut ne pas exister, notamment à raison du défaut de discernement de l'agent, ou n'être que partiel à raison de faits constituant, de la part de la personne civilement responsable, une participation directe et personnelle au quasi-délit (*Rép.* n°ˢ 525 et 531; Req. 24 févr. 1886, aff. Maurel, D. P. 87. 1. 31).

712. Si deux agents ont participé conjointement au délit, et si deux personnes sont civilement responsables respectivement du fait de chacun d'eux, celle de ces deux personnes qui se trouverait avoir supporté toute la responsabilité, soit directement, soit par l'effet de la solidarité invoquée contre elle par le tiers lésé, aurait son recours contre l'autre pour lui en faire supporter sa part. Ainsi jugé au profit d'un père victime du fait de son fils et d'un autre enfant mineur, contre le père de ce dernier (Poitiers, 29 juin 1864, aff. Mandoux, D. P. 64. 2. 181).

Sur la durée et la transmissibilité de l'action en responsabilité civile, V. *Rép.* n°ˢ 533 à 536.

SECT. 2. — DIVERS CAS DE RESPONSABILITÉ DU FAIT D'AUTRUI
PRÉVUS PAR LA LOI (*Rép.* n° 537).

ART. 1ᵉʳ. — *Responsabilité des aubergistes et hôteliers.*
(*Rép.* n°ˢ 538 à 540.)

713. Cette responsabilité a été étudiée *suprà*, v° *Dépôt-séquestre*, n°ˢ 65 et suiv. Mais il y a lieu de signaler ici quelques décisions survenues depuis la publication de ce traité : 1° la loi du 18 avr. 1889, qui limite à 1000 fr. la responsabilité des aubergistes ou hôteliers pour les espèces monnayées ou les valeurs non déposées entre leurs mains, n'a rien changé aux principes consacrés par le code civil lorsqu'une faute a été commise par l'hôtelier lui-même ou par les personnes dont il doit répondre. Mais c'est au voyageur à prouver l'existence de cette faute, et si cette preuve n'est pas fournie, c'est la loi du 18 avr. 1889 qui doit être appliquée avec son maximum (Bordeaux, 20 mai 1892, aff.

Lopez, D. P. 93. 2. 182); — 2° L'art. 1952 qui assimile au dépôt nécessaire l'apport par le voyageur dans l'auberge des objets lui appartenant, déroge au droit commun et dès lors est limitatif; spécialement la Compagnie internationale des wagons-lits ne peut être, à cet égard, assimilée à un hôtelier, bien que les voyageurs qu'elle reçoit dans ses voitures s'y trouvent sous certains rapports dans les conditions où ils seraient dans une hôtellerie (Trib. civ. de Nice, 9 févr. 1892, aff. Lewin, D. P. 93. 2. 179 ; Trib. civ. de la Seine, 14 mai 1892, aff. Compagnie des wagons-lits, D. P. 93. 2. 180). Mais cette compagnie est responsable de la faute lourde de son employé qui, ayant reçu d'un voyageur, à l'intérieur du compartiment, les bagages de celui-ci pour les lui faire passer par la fenêtre sur le quai de la gare, les a remis par erreur à un inconnu qui n'a pu être retrouvé. Toutefois, dans ce cas, les dommages-intérêts doivent être limités à ceux qui pouvaient être prévus, c'est-à-dire proportionnés aux nécessités présumées d'un voyage effectué dans des conditions ordinaires; par suite, s'il s'agit d'un voyageur voyageant seul, les dommages-intérêts ne sauraient comprendre le prix de bijoux de dame ou de valeurs mobilières importantes placées dans le sac de voyage (Nice, 9 févr. 1892, précité).

714. Un arrêt de la cour de cassation (Req. 20 mars 1872, aff. Ripert, D. P. 72. 1. 343) confirme l'opinion, d'ailleurs généralement adoptée (V. *suprà*, v° *Dépôt*, n° 76), qui assimile aux aubergistes ou hôteliers, sous le rapport de la responsabilité, les personnes qui louent des maisons garnies.

715. Enfin il a été jugé que les hôteliers sont obligés personnellement de remettre ou de faire remettre aux voyageurs auxquels ils sont adressés, les lettres, imprimés, circulaires, annonces ou prospectus, mis à la poste avec ou sans affranchissement, et que, s'ils en font le dépôt entre les mains d'un fermier d'annonces qui a pris à loyer la publicité de l'hôtel et avec lequel les destinataires ou les expéditeurs de l'envoi auraient à s'entendre, ils sont responsables envers ces derniers de la suppression ou de la perte desdits imprimés (Trib. civ. de la Seine, 7 mai 1869, aff. Hardy, D. P. 74. 5. 318).

Art. 2. — *Responsabilité des voituriers et entrepreneurs de voitures publiques* (*Rép.* n°s 541 à 558).

716. La responsabilité des voituriers et entrepreneurs de voitures publiques a été déjà traitée *suprà*, v° *Commissionnaire*, n°s 95, 96, 243, tant au point de vue des voyageurs que des marchandises. Nous signalons seulement, en ce qui concerne le principe contractuel ou quasi-délictuel de cette responsabilité, trois arrêts récents de la cour de Paris (30 avr. 1892, aff. Beauchamp, D. P. 93. 2. 125; 21 févr. 1894, aff. Compagnie *L'Abeille*, D. P. 94. 2. 214; 4 avr. 1894, aff. Femme Le Boucher, D. P. 94. 2. 288), confirmant la jurisprudence déjà établie et mentionnée *suprà*, *ibid*, d'après laquelle la responsabilité contractuelle et la présomption de faute du voiturier, édictée par l'art. 1784 c. civ., n'est applicable qu'au transport des choses, mais non au transport des personnes, cas dans lequel la responsabilité du voiturier est exclusivement réglée par les art. 1382 et suiv. On a vu, d'ailleurs, *suprà*, n°s 57, 58, qu'on peut écarter la présomption de faute dans ce genre de contrat sans nier l'existence d'un contrat, d'une promesse de soins et de vigilance, comme base de la responsabilité.

717. Il convient de signaler encore un arrêt de la cour de Paris (16 déc. 1873, aff. Constantin James, D. P. 74. 2. 126),

décidant que la responsabilité des compagnies de chemins de fer ne s'étend pas aux suites des attaques criminelles auxquelles les voyageurs peuvent être exposés de la part des tiers sans qu'aucune faute puisse être imputée à la compagnie ; et, spécialement, que le voyageur victime d'une tentative d'assassinat n'a aucun recours contre la compagnie à raison de ce que la disposition défectueuse des wagons aurait facilité l'attentat, si ces wagons satisfont à toutes les conditions prescrites par l'autorité administrative dans l'intérêt de la sûreté publique; alors surtout que les agents de la compagnie ont donné au blessé les soins et l'assistance que réclamait son état.

Art. 3. — *Responsabilité des père et mère à l'égard des faits de leurs enfants mineurs* (*Rép.* n°s 559 à 591).

718. La responsabilité civile des père et mère pour le fait de leurs enfants mineurs habitant avec eux repose, comme on l'a vu (*Rép.* n° 559) sur un manquement présumé au devoir d'éducation et de surveillance attaché à la puissance paternelle. D'interprétation restrictive, elle peut sans doute résulter non seulement de la filiation légitime, mais aussi de la filiation adoptive, et encore de la filiation naturelle légalement établie (*Rép.* n° 560), soit par reconnaissance, soit par possession d'état si l'on admet qu'elle s'établisse ainsi (Larombière, *Obligations*, t. 5, art. 1384, n° 3 ; Demolombe, *Traité des contrats*, t. 8, n° 571); mais elle ne saurait être étendue à ceux qui n'ont pas la qualité de père ou de mère légalement reconnue à l'un de ces divers titres, par exemple, au mari d'une femme dont la fille a eu un enfant naturel, pour le fait de cet enfant naturel, qui lui est légalement étranger, alors même qu'il se serait chargé de la garde ou de la surveillance de cet enfant, circonstance qui ne pourrait mettre à sa charge qu'une faute prouvée contre lui dans la surveillance dont il s'est chargé (Rouen, 18 nov. 1878, aff. Géziot, D. P. 80. 2. 38. — Comp. sur cette matière : Albert Decourtaix, *De la responsabilité du père de famille*.

719. — I. De la minorité de l'enfant. — La minorité de l'enfant est une condition essentielle de la responsabilité civile de ses père et mère (*Rép.* n° 562). Cette responsabilité ne pourrait s'appliquer, par exemple, au dommage, au meurtre, commis par un fils majeur en état de démence, habitant avec son père. Il est vrai que la responsabilité du père en ce cas a été admise, et devait l'être, lorsque le fait se trouvait rattaché à sa faute personnelle par les circonstances, et notamment par celle-ci, que, connaissant l'état de son fils et son caractère dangereux, il n'a provoqué ni son internement, ni son interdiction, et a négligé, en demeurant son gardien, les précautions nécessaires pour le rendre inoffensif, telles que d'écarter de lui les armes à feu ou d'empêcher qu'il ne divaguât (*Rép.* n° 564 et les arrêts cités. *Adde* : Chambéry, 29 oct. 1889, aff. Héritiers Villard, D. P. 90. 2. 302). Mais cette recherche d'une faute personnelle dans la conduite du père n'aboutit qu'à l'application des art. 1382 et 1383, non de l'art. 1384, qui en dispenserait dans le cas d'enfant mineur, seul visé par lui. Aussi trouve-t-on des arrêts qui déchargent les père et mère de toute responsabilité pour le fait de leur enfant majeur aliéné, habitant avec eux et dont ils n'ont pas provoqué l'interdiction, s'il n'est pas justifié que le père ait connu le caractère dangereux de sa maladie (Agen, 9 nov. 1864 et Req. 14 mai 1866, aff. Nadau, D. P. 67. 1. 296; Chambéry, 6 févr. 1874) (1). Un autre arrêt les a même déchargés sans faire allusion à leur ignorance du caractère de la maladie, par ce seul motif qu'on ne pouvait contre eux aucune faute

---

(1) (*Pouchoy C. Pouchoy*.) — La cour; — Attendu qu'il est constant en fait que le sieur Brunot Pouchoy, fils majeur des intimés, a, dans un accès de folie furieuse, donné la mort à un sieur Buisson et fait des blessures au sieur Philibert Pouchoy et à Marie Millon, femme Pouchoy; — Que les mariés Philibert Pouchoy et Marie Millon ont actionné en réparation les père et mère de Bruno Pouchoy; — En ce qui concerne Marie Berthet, femme François Pouchoy; — Attendu qu'il n'est ni établi ni articulé à sa charge aucun fait impliquant une faute exclusivement personnelle; qu'elle est seulement enveloppée dans une responsabilité solidaire qu'on prétend faire peser à la fois sur les deux époux; — Attendu que Bruno Pouchoy habitait avec ses père et mère, et que, si la garde d'un fils majeur atteint d'aliénation pouvait entraîner une responsabilité, qu'elle fût d'ailleurs fondée sur les art. 1382 et 1383 ou sur l'art. 1384 c. civ., cette responsabilité générale et de principe incomberait exclusivement au mari chargé, comme chef de famille, du gouvernement de la maison; — Que l'action, dès qu'elle ne repose pas sur une faute personnelle de la femme, ne saurait atteindre celle-ci; qu'il y a lieu, dès lors, de prononcer la mise hors de cause et de procès de Marie Berthet, femme François Pouchoy; — En ce qui concerne François Pouchoy : — Attendu que Bruno Pouchoy, bien qu'habitant avec ses père et mère, était majeur et non interdit; que le père de famille n'étant investi ni de l'auto-

personnelle, le fait de ne pas provoquer l'interdiction de leur fils majeur aliéné ne peut constituer une faute pour les parents, lesquels sont recevables mais non astreints à le faire (Grenoble, 15 déc. 1859, aff. Veuve T..., D. P. 60. 2. 30 ; Demolombe, *Traité des contrats*, t. 8, n° 575 ; Sourdat, t. 2, n° 828 ; Laurent, t. 20, n° 559).

720. Il faut remarquer, d'autre part, que si l'enfant est mineur, son état de démence, pas plus que son défaut de discernement résultant de son bas âge, ne peut exclure la responsabilité civile des père et mère sous le prétexte qu'il exclut la faute de l'enfant, base de cette responsabilité. On a vu au *Rép.*, n° 561, que l'opinion de Pothier et de Toullier, subordonnant, malgré les termes absolus de la loi, la responsabilité civile du père à celle de l'enfant, auteur du dommage, n'a point prévalu en jurisprudence. Et on comprend, en effet, que si en général le civilement responsable profite des éléments inhérents au fait et exclusifs de faute qu'invoquerait son auteur, tels que la force majeure, il n'en peut être ainsi des éléments personnels à l'auteur, comme l'état de démence ou le défaut de discernement, qui ne font que fortifier la présomption de faute édictée par l'art. 1384 contre le civilement responsable, en rendant plus strict son devoir de surveillance s'il s'agit du père ou de la mère, de l'instituteur ou de l'artisan, plus répréhensible son choix s'il s'agit du maître ou du commettant. L'erreur est de considérer la responsabilité civile comme un simple cautionnement forcé accessoire à la dette d'autrui, tandis qu'elle est une présomption de faute personnelle dans une surveillance ou un choix qui eût dû empêcher le dommage. La présomption de faute attachée à la puissance paternelle ne saurait être exclue par une incapacité naturelle qui soumet cette puissance à des devoirs plus grands ; et elle n'est pas plus incompatible avec l'irresponsabilité de l'auteur du dommage qu'avec celle des animaux ou des choses inanimées dont on répond comme les ayant sous sa garde. Quels que soient l'âge et l'état mental de l'enfant mineur, le père ne sera protégé que par la preuve, s'il la fait, de l'impossibilité pour lui d'empêcher le fait, ou de la nécessité de prouver contre lui qu'il pouvait l'empêcher et qu'il est en faute (V. Sourdat, t. 2, n°ˢ 824, 825, 826).

721. L'émancipation de l'enfant mineur exclut-elle la responsabilité paternelle ? On a admis au *Rép.*, n° 563, l'affirmative restreinte à l'émancipation par mariage. (V. dans le même sens : Aubry et Rau, t. 5, § 447 ; notes 3 et 4 ; Demolombe, *Obligations*, t. 8, n°ˢ 577, 578 ; Colmet de Santerre, t. 5, n° 365 *bis*-II ; Larombière, *Obligations*, t. 5, art. 1384, n° 4 ; Marcadé, art. 1384, n° 2 ; Sourdat, t. 2, n° 827). Laurent, t. 20, n° 558, au contraire, de même que Toullier, condamne cette distinction et écarte la responsabilité après émancipation même expresse et sans mariage, parce qu'elle aussi fait disparaître la puissance paternelle, son unique motif, et qu'il serait trop rigoureux de reprocher au père comme une faute l'émancipation de son fils pour un simple quasi-délit d'imprudence que celui-ci aura commis depuis.

En tout cas, on ne saurait maintenir la responsabilité si la séparation d'habitation a suivi l'émancipation même expresse, puisqu'on serait alors en dehors, non seulement des motifs, mais du texte de la loi (V. *infrà*, n° 722 ; Sourdat, *loc. cit.*; Aubry et Rau, *loc. cit.*). Et pourtant si l'émancipation peut alors être reprochée au père comme une faute, c'est cette faute qui a rendu la séparation possible, et la séparation mal à propos permise laisse subsister la responsabilité paternelle (*Rép.* n° 571). Aussi Demolombe (*loc. cit.*) maintient-il la responsabilité pour l'enfant qu'on émancipe, malgré la séparation. Et cette conséquence est peut-être l'argument le plus fort pour exclure la responsabilité, quel que soit le mode d'émancipation, sous la seule réserve d'une

preuve positive du caractère intempestif de cette émancipation. Mais il est à remarquer que les lois spéciales se sont attachées exclusivement au mariage pour les délits forestiers et les délits de chasse (art. 206 c. for. ; art. 18, loi du 3 mai 1844).

722. — II. DE LA COMMUNAUTÉ D'HABITATION. — Outre la minorité de l'enfant, une seconde condition, exprimée par l'art. 1384 pour la responsabilité des père et mère, est qu'il *habite avec eux* (*Rép.* n° 565). Cette condition peut manquer lorsque l'enfant est placé, soit comme serviteur à gages chez un maître (*Rép.* n° 568 ; Crim. cass. 30 août 1866, aff. Gelin et Clisson, D. P. 67. 5. 378), soit comme apprenti chez un artisan (*Rép.* n° 567), soit comme élève chez un instituteur (*Rép.* n° 569 ; Aix, 17 déc. 1870, aff. Lieutaud, D. P. 72. 2. 131 ; Besançon, 30 juill. 1884, *suprà*, v° *Obligations*, n° 590 ; Nancy, 26 mai 1888 et Civ. cass. 13 janv. 1890, aff. Perriquet, D. P. 90. 1. 145). Le maître, l'artisan, l'instituteur, sont alors responsables à la place du père, aux termes de l'art. 1384 lui-même (V. *infrà*, n°ˢ 894 et suiv. 904 et suiv.).

723. — Le défaut d'habitation, avec le père équivaut à la preuve qu'il n'a pu empêcher le fait, preuve admise d'une manière plus générale, pour les père et mère comme pour l'instituteur et l'artisan, par le dernier alinéa de l'art. 1384. Il dispense de cette preuve, malgré le soin qu'ont pris certains arrêts de s'appuyer à la fois sur le défaut d'habitation et sur l'impossibilité subie par le père. Il laisse seulement à la victime, à l'instituteur, à l'artisan, le droit de prouver au contraire que le fait est imputable à une faute antérieure du père, à la mauvaise éducation déjà donnée par lui à son fils, au caractère vicieux qui en est résulté pour celui-ci et que l'instituteur ou l'artisan n'a pas encore eu le temps de modifier ou même de connaître pour en prévenir les effets ou pour renvoyer l'élève ou l'apprenti (Agen, 23 juin 1869, aff. Réahou, D. P. 70. 2. 223, dans les motifs). De même, il serait permis de prouver qu'une faute subséquente du père a rendu le fait plus dommageable qu'il n'eût été sans cette faute, afin de mettre à sa charge une partie de ce dommage. Mais on ne saurait reconnaître ce caractère à la simple abstention de la part du père, avisé de l'accident causé par son fils, de fournir des secours pour soigner d'urgence la victime, puisqu'on le suppose non responsable de cet accident lui-même. On ne saurait non plus, s'il n'a pas été avisé, le rendre responsable du silence gardé par son fils revenu chez lui en vacances et du défaut de secours qui en a été la suite et qui a aggravé la maladie, bien que le fils, déjà responsable, ait commis en cela une nouvelle faute, et cette fois pendant qu'il habitait avec son père, car il y avait bien impossibilité pour le père non avisé, d'empêcher, de soupçonner même, ce silence et cette inertie, seconde faute de l'enfant, mais personnelle à l'enfant comme la première (Civ. cass. 13 janv. 1890, aff. Perriquet, D. P. 90. 1. 145).

724. L'immunité du père ou de la mère dont l'enfant est placé dans une maison d'éducation subit une dérogation remarquable aux termes du décret du 15 nov. 1811, art. 79, pour les délits commis au dehors par les élèves dans les sorties ou promenades faites en commun, en ce sens que l'instituteur, sans pouvoir s'affranchir vis-à-vis de la victime de la responsabilité des délits par la preuve qu'il n'a pu dépendu des maîtres de les empêcher, peut, en faisant cette preuve, exercer un recours contre le père ou la mère (V. *Rép.* n°ˢ 570).

725. Le placement de l'enfant chez un instituteur, maître ou patron, produit son effet en faveur du père, même si l'enfant prend ses repas et couche à la maison paternelle, n'étant chez l'instituteur que comme externe surveillé, ou chez le maître ou patron que pour les heures de service ou d'atelier. Du moins la responsabilité se trouve transportée

rité paternelle, ni de l'autorité tutélaire, ne saurait encourir la responsabilité de plein droit, prévue par l'art. 1384 c. civ. ; qu'il ne doit répondre que de sa faute dans les conditions précisées par les art. 1382 et 1383 ; que cette faute pourrait se rencontrer dans l'espèce si le père, connaissant l'état de démence de son fils, avait négligé les précautions nécessaires pour en prévenir les funestes conséquences ; mais attendu qu'il résulte des documents du procès que la vigilance du père de famille n'avait pu être éveillée par les symptômes extérieurs, et que les événements de la nuit du 31 octobre se sont produits inopinément ; — Que la mort du sieur Buisson et les blessures des époux Pouchoy

sont des faits accidentels autant que malheureux et qu'ils n'ont été amenés par aucune faute ou négligence du sieur François Pouchoy ; — Que, par suite, la responsabilité de ce dernier n'est pas engagée ; — Attendu que des faits articulés, les uns manquent de pertinence et les autres sont dès à présent démentis par les faits de la cause ; qu'une procédure criminelle, suivie avec beaucoup de soin, jette une pleine lumière sur cette affaire, et démontre que, dans la nuit du 31 oct. 1872, Bruno Pouchoy a été en proie à un accès de folie furieuse, qui a éclaté sans qu'aucun fait antérieur ait pu le faire prévoir ; — Par ces motifs, etc.
Du 6 févr. 1874.-C. de Chambéry.-M. Bazot, pr.

du père à l'instituteur, maître ou patron pour les faits commis pendant le temps où la surveillance appartient à ce dernier, surtout dans l'exercice du travail confié à l'enfant, de telle sorte que le père n'avait aucun moyen d'exercer une surveillance quelconque sur les actes de son enfant (Agen, 23 juin 1869, aff. Richou, D. P. 70. 2. 213 ; Montpellier, 12 févr. 1887, aff. Cayrol et Roussel, D. P. 88. 2. 19). Mais elle reste à la charge du père hors de ces limites. Elle reste encore à sa charge même pour faits commis par l'enfant pendant qu'il est chez un maître ou patron, si les faits, loin de se rattacher au service du maître ou patron, sont, par exemple, des faits de violence ou de débauche attestant des habitudes vicieuses dues à une mauvaise éducation de la part du père (Aix, 11 juin 1859, aff. M..., D. P. 59. 2. 193).

726. Si la responsabilité du père peut se trouver supprimée avec la communauté d'habitation « par sa transmission d'une manière ou moins continue à l'une des personnes indiquées par l'art. 1384, instituteur, patron ou maître, le fait par le père de confier l'enfant à tout autre individu le laisse responsable du gardien qu'il s'est substitué sans nécessité, et des accidents occasionnés par le défaut de surveillance de celui-ci ». Il faut interpréter dans un sens large les mots *habitant avec eux* et les appliquer au mineur que le père *élève chez lui* et qu'il aurait placé momentanément, pour le distraire, par exemple, pendant les vacances, chez un parent ou un ami (Dijon, 19 févr. 1875, aff. Collet, D. P. 76. 2. 70).

Le père, il est vrai, alléguera alors qu'éloigné du lieu de l'accident, il n'a pu l'empêcher, excuse admise distinctement du défaut d'habitation ; mais cette excuse laisse place à une appréciation de faits ; il ne suffit pas d'établir que, n'étant point présent au moment du fait, il n'a pu l'empêcher, si cette impossibilité elle-même peut vous être imputée à faute, l'accident provenant du caractère vicieux de l'enfant, qui, attribué lui-même à l'insuffisance de la répression paternelle, imposait en tout cas au père l'obligation de conserver l'enfant sous sa garde personnelle, et de ne point le confier à des mains inhabiles à le contenir (Même arrêt).

727. On ne saurait pourtant restreindre absolument l'effet de la séparation d'habitation en faveur du père aux trois cas de placement en pension, en service ou en apprentissage. Et l'esprit de la loi indiqué par ces trois exemples oblige à décharger le père, à raison de l'impossibilité d'empêcher qui résulte de la séparation d'habitation, quand cette séparation a une cause légitime en même temps qu'un caractère plus ou moins continu. Ainsi le père ne saurait être responsable des faits de son enfant mineur incorporé dans l'armée, même comme engagé volontaire (Aubry et Rau, t. 4, § 447, note 8 ; Sourdat, t. 2, n° 824), à moins de circonstance exceptionnelle, telle que continuation de la vie de famille chez le père, colonel du régiment où le fils sert comme sous-officier, alors surtout que l'autorité paternelle n'a point été gênée par les ordres des chefs intermédiaires et qu'il s'agit de faits accomplis en dehors du service militaire (Colmar, 30 avr. 1863, aff. Femme Mounier, D. P. 63. 2. 84).

728. Le père ne saurait répondre non plus des faits dommageables commis par son fils envoyé par lui dans une autre ville pour achever ses études en suivant les cours d'une faculté, bien que les doyen et professeurs de cette faculté ne puissent être assimilés à l'instituteur prévu comme responsable par l'art. 1384 ; à moins de faute de sa part consistant à négliger les mesures de surveillance que rendait

nécessaires le caractère du jeune homme (Sourdat, t. 2, n° 821 : Demolombe, *Traité des contrats*, t. 8, n° 384 ; Aubry et Rau, t. 4, § 447).

De même, nous avons admis que l'émancipation et surtout la séparation subséquente ne s'opposent à la responsabilité civile du père que sous la condition de ne pas constituer elle-même une faute personnelle obligeant à réparer celle de l'enfant par son état la suite, étant données les circonstances dans lesquelles cette mesure a été prise et qui la rendaient intempestive, mais dont il faudrait la preuve (V. *suprà*, n° 721).

729. Toutes ces solutions dérivent d'un même principe : l'acte volontaire par lequel le père se met hors de l'art. 1384 manque son effet s'il peut lui être reproché comme une faute personnelle ayant seule rendu possible la faute de l'enfant, comme serait, par exemple, l'état de vagabondage où il l'a laissé (*Rép.* n° 571).

730. — III. De l'excuse du père qui n'a pu empêcher le fait. — Il faut restreindre de la même manière l'excuse plus générale tirée de ce que le père, même habitant avec l'enfant, n'a pu empêcher le fait qui donne lieu à responsabilité. Ainsi on a vu au *Rép.*, n°s 577 à 580, que l'absence ou la maladie du père, au moment où le fait dommageable a été commis par son fils, est ordinairement une excuse suffisante pour mettre sa responsabilité à couvert ; mais qu'il en est autrement si l'on prouve contre lui une faute antérieure de sa part, sans laquelle l'événement ne serait pas arrivé, par exemple, une arme laissée à la portée de l'enfant, une sortie permise à contretemps, une éducation mauvaise ou négligée, cause d'habitudes vicieuses qui ont amené le délit, enfin un relâchement dans la discipline ou la surveillance que réclamait le caractère de l'enfant. La jurisprudence a continué de l'entendre ainsi. Jugé, notamment : 1° que le père est responsable des faits de son fils mineur habitant avec lui, bien qu'il n'ait pas pu matériellement les empêcher, s'il s'agit de faits de violence ou de débauche ayant leur cause directe dans les mauvaises mœurs qu'il lui a laissé contracter en négligeant son éducation (Aix, 11 juin 1859, aff. M..., D. P. 59. 2. 195) ; — 2° Que lorsqu'une enfant âgée de sept ans, demeurant avec ses père et mère, a trouvé à terre une allumette chimique, l'a allumée dans un hangar plein de matières combustibles, et l'a jetée imprudemment sur du foin qui s'est enflammé et a causé un incendie, le père ne peut alléguer la nécessité où il avait été de s'éloigner pour ses affaires pendant quelques heures au moment du sinistre, cette nécessité ne le dispensant pas du devoir de faire surveiller son enfant à son défaut, et la surveillance incomplète de la mère, qu'il avait laissée seule avec deux petits enfants, pouvant lui être imputée dans une certaine mesure (Rennes, 16 janv. 1862) (1) ; — 3° Que l'enfant qui, cédant à son caractère irascible, blesse une personne par le jet d'une pierre alors que son père le laissait jouer sans surveillance sur la voie publique, engage la responsabilité de son père qui ne peut, à raison de cette faute, alléguer qu'il n'a pu empêcher le fait commis hors sa présence, ni prouver qu'il a donné à son fils une éducation soignée et de bons exemples (Liège, 19 mars 1870, aff. Knops, D. P. 70. 2. 207) ; — 4° Qu'un père n'est pas recevable à alléguer qu'il n'a pu empêcher le crime commis par sa fille mineure vivant dans sa maison, alors qu'il l'y a prédisposée par ses menaces et son animosité sans cesse manifestée contre la famille de la victime (Bourges, 16 déc. 1872, aff. Ragon, D. P. 73. 2. 197) ; — 5° Qu'un père est responsable des blessures faites à un camarade par son fils âgé de neuf ans

---

(1) (Quiniou C. Thomas.) — La cour ; — Considérant qu'il est constant et reconnu en fait que, le 18 juill. 1859, Marie-Josèphe Thomas, âgée de sept ans, demeurée pendant une absence momentanée de son père sous la surveillance de sa mère, dans leur domicile commun au bourg de Saint-Cugdual, a ramassé une allumette chimique accidentellement tombée à terre, l'a emporté dans un hangar voisin, plein de matières combustibles, où elle l'a allumée, et puis, se sentant brûler les doigts, l'a jetée imprudemment sur du foin qui s'est tout à coup enflammé, a occasionné immédiatement un vaste incendie ; — Que cet incendie, favorisé par le vent, s'est rapidement communiqué de proche en proche à plus de trente habitations, et s'est propagé jusqu'à l'extrémité opposée du bourg, où il a entièrement dévoré la maison de Quiniou, fermier de Thomas, avec tout ce qu'il possédait

de récoltes, d'instruments aratoires, d'ustensiles de ménage, de provisions alimentaires et de meubles de toute sorte, les bestiaux seuls ayant pu être sauvés ; — Considérant, en droit sur la question de responsabilité civile, que, pendant le mariage, le père investi tout à la fois de l'autorité maritale et de la puissance paternelle, est toujours légalement et personnellement responsable du dommage causé par ses enfants mineurs demeurant avec lui ; qu'à leur égard, il est, en cas d'accident, présumé par la loi en faute de négligence, soit par lui-même, soit par autrui, à moins qu'il ne prouve qu'il n'a pu empêcher le fait qui donne lieu à sa responsabilité ; — Considérant que, dans l'espèce et dans l'état du procès, Thomas n'a pas fait cette preuve ; que l'absence de quelques heures qu'il invoque, son éloignement à deux lieues de son domicile au moment du sinistre, quoique nécessité par le

alors en vacances dans une autre localité chez un parent ou un ami, sans pouvoir invoquer l'excuse tirée de cet éloignement momentané, alors que le caractère vicieux de l'enfant, cause de son délit, révèle une insuffisance dans la répression paternelle, et obligeait en tout cas le père à conserver l'enfant sous sa garde (Dijon, 19 févr. 1875, aff. Collet, D. P. 76. 2. 70).

731. Toutefois, il a été jugé : 1° que la preuve de l'excuse peut résulter de l'indication d'un ensemble de circonstances attestant que l'acte dommageable commis par l'enfant, hors la présence du père, ne se rattachait à aucune négligence, imprudence ou faute quelconque, imputable à à ce dernier (Douai, 7 nov. 1893, aff. Leclercq, D. P. 94. 2. 159); — 2° Que l'imprudence commise par un enfant mineur dans l'exercice de fonctions qui échappaient à la surveillance du père et dont on ne peut reprocher à celui-ci d'avoir autorisé l'acceptation (celle, par exemple, d'orner l'autel et d'en allumer les cierges pour la cérémonie de la première communion) n'engage pas la responsabilité paternelle (Nancy, 8 août 1874, aff. Gérard, D. P. 75. 2. 208).

732. Le père qui a dû, en chemin de fer, séparer de ses enfants mineurs faute de trouver dans un même compartiment le nombre de places nécessaire pour lui et sa famille, peut-il invoquer comme excuse l'impossibilité où il s'est ainsi trouvé de les surveiller et d'empêcher les délits commis par eux pendant le voyage ? La question a d'autant plus d'intérêt qu'il a été jugé que la compagnie de chemin de fer n'est pas obligée sous prétexte de cette responsabilité, de fournir aux parents, dans un même compartiment, un nombre de places suffisant pour leur permettre de conserver près d'eux leurs enfants et de les surveiller (Trib. de paix d'Amiens, 24 mai 1877, V. infrà, v° Voirie par chemins de fer). Mais cette solution, qui enlève aux parents le moyen d'éviter la séparation, entraîne pour eux le droit de l'invoquer comme excuse, à moins qu'on ne prétende leur reprocher comme une faute, soit de n'avoir pas retardé leur voyage pour attendre un train où il se trouvât assez de places réunies, soit de n'avoir pas loué d'avance, à des conditions plus onéreuses, un compartiment entier, soit de n'avoir pas pris des places d'une classe supérieure et plus chère qui se trouvaient réunies en nombre suffisant. Il nous semble difficile d'admettre ou d'écarter un pareil reproche sans une appréciation des circonstances et des nécessités particulières, conditions de fortune, âge et caractère des enfants, appréciation qui rentre dans le pouvoir souverain des juges du fait.

733. — IV. Responsabilité de la mère. — On a vu au Répertoire que pendant le mariage la responsabilité civile du père couvre et exclut celle de la mère (n° 573); Adde : Chambéry, 6 févr. 1874, aff. Pouchoy, supra, n° 719; Req. 13 août 1877, aff. Achié, D. P. 79. 1. 182); mais qu'elle passe à la mère après le décès du père, et de même après tous les événements qui lui enlèvent l'exercice de la puissance paternelle, comme sa disparition, son interdiction, son bannissement ou emprisonnement, sa condamnation pour avoir fa-

cilité la prostitution ou la corruption de ses enfants, enfin la séparation de corps avec attribution à la mère de la garde de l'enfant (n° 574). Il faut ajouter à ce dernier cas celui de divorce qui figure actuellement dans nos lois.

734. Mais une séparation de corps purement volontaire et non judiciairement prononcée aurait-elle cet effet pour les enfants mineurs habitant avec la mère ? Le texte ne résout guère la question, car il ne désigne le père que pour les enfants mineurs habitant avec lui, la mère qu'après le décès du mari (ou, par analogie, après un fait la substituant légalement au père dans l'exercice de la puissance paternelle). M. Larombière (t. 5, art 1384, n° 3) laisse au juge du fait le soin de décider suivant les circonstances. M. Demolombe précise davantage en désignant le père comme responsable en principe, sauf à l'excuser plus facilement comme n'ayant pu empêcher le fait (Traité des contrats, t. 8, n° 569). La cour de cassation (Req. 16 août 1841, Rép. n° 566) a laissé le père responsable de son fils mineur habitant avec sa mère une maison distincte de la sienne ; mais cette maison, louée par lui et pour son compte, était assez proche pour qu'il pût encore exercer sur lui une surveillance qui eût empêché le fait.

735. Par contre, il a été jugé que lorsque, depuis près de deux ans, un père est tout à fait éloigné de son domicile et a laissé ses enfants mineurs sous la garde de leur mère, pour exercer un emploi dans une localité dont la distance considérable ne lui permet plus de suivre habituellement leur conduite, c'est à la mère que revient, avec la charge de la surveillance, la responsabilité du fait de ses enfants (Nîmes, 20 mai 1858 (1). — Contrà : Demolombe, Traité des contrats, t. 8, n° 570). Mais la difficulté dans ce dernier système est de trouver un point d'arrêt. Car on ne peut l'appliquer d'une manière générale à tout voyage, à toute absence pendant laquelle le père aura laissé ses enfants mineurs à la garde de sa femme (Rennes, 16 janv. 1862, supra, n° 730).

Aussi est-il plus sûr de décider que la séparation volontaire et une délégation volontaire de surveillance, qui laissent la femme et l'enfant légalement domiciliés chez le père et soumis à son autorité maritale et paternelle, laissent aussi au père la responsabilité civile, sauf pour lui la preuve en fait de son excuse personnelle, et sauf contre sa femme la preuve en fait de sa faute personnelle qui permet de condamner celle-ci, non en vertu de l'art. 1384, mais seulement en vertu des art. 1382 et 1383.

736. Cette solution sur le cas de séparation de fait entre les époux, ou d'éloignement du père avec délégation volontaire de son autorité à la mère, n'est pas inconciliable avec la solution donnée au Rép., n° 573, sur la question controversée de savoir si la mère est substituée au père dans la responsabilité civile du fait d'un enfant en bas âge et sans discernement, lorsque le père absent en est déchargé comme n'ayant pu l'empêcher. L'affirmative, admise par Toullier et M. Sourdat, n° 829, s'explique alors par le caractère, non purement volontaire, mais naturel et nécessaire, de cette substitution. Néanmoins, même ainsi restreinte, elle est condamnée,

---

soin de ses affaires, ne le dispensait pas du devoir de faire surveiller d'autant plus exactement son enfant qu'il ne pouvait pas surveiller lui-même et prendre les précautions convenables pour mettre ses voisins à l'abri des imprudences de son âge ; — Qu'il y a eu même faute de sa part de laisser dans un meuble, pêle-mêle avec les effets de gens de sa maison, des allumettes chimiques qui pouvaient s'y attacher et se répandre à terre quand ils voudraient se vêtir, comme il paraît que cela a eu lieu en effet; et qu'on peut aussi lui imputer, dans une certaine mesure, la surveillance incomplète de sa femme, qui lui avait laissée seule avec deux petits enfants ; — Considérant enfin que les incendies dus à la négligence ou à l'imprudence sont si fréquents, et quelquefois si terribles dans leurs résultats, que c'est un impérieux devoir pour les magistrats de se montrer sévères dans l'application des règles de la responsabilité civile, pour en diminuer le nombre et atténuer les désastres qui en sont la suite ;... — Par ces motifs, et sans qu'il soit besoin d'examiner la responsabilité personnelle de la mère, réforme et condamne l'intimé à 2 000 fr. de dommages-intérêts, etc.

Du 16 janv. 1862.-C. de Rennes, 1re ch.-MM. Massabiau, pr.-Massin, 1er av. gén., c. contr.-Jouin et Grivart. av.

(1) (Rafin C Martin et autres.) — La cour ; — Attendu que le second paragraphe de l'art. 1384 c. civ., en réglant, pour les

cas ordinaires, la part de responsabilité du père et de la mère pour le dommage causé par leurs enfants mineurs, habitant avec eux, n'a pas pu vouloir soustraire cette responsabilité à l'application du principe général posé dans le premier paragraphe ; qu'il est aisé de concevoir des cas de plus d'une sorte où, même du vivant du père, c'est par la mère que la responsabilité serait encourue ; — Qu'ainsi, dans l'espèce, alors qu'il est parfaitement établi que, depuis près de deux ans, Vincent Martin était tout à fait éloigné de son domicile et avait laissé ses deux filles sous la garde de leur mère, pour exercer un emploi à Bessège, dont la distance considérable ne lui permettait pas de suivre habituellement leur conduite, c'est à la mère que revenait la charge de la surveillance, et c'est elle par conséquent qui doit répondre du fait de celle de ses deux filles qui est en état de minorité ; — Disant droit, quant à ce, à l'appel des mariés Rafin, condamne Joséphine et Clémentine Martin à leur payer solidairement une somme de 100 francs, à titre de dommages-intérêts ; les condamne, en outre, solidairement aussi aux dépens de l'appel, et déclare Félicité Chaudanson, femme Martin, civilement responsable, au lieu de Vincent Martin, son mari, de toutes les condamnations prononcées contre Clémentine Martin, sa fille mineure, au profit de la partie civile, etc.

Du 20 mai 1858.-C. de Nîmes.-3e ch.-MM. de Clausonne, pr.-Liquier, 1er av. gén.-Baragnon et Bédarés. av.

en doctrine, par plusieurs auteurs (Demolombe, *Traité des contrats*, t. 8, n°° 564, 565; Comp. Bellot des Minières, *Du contrat de mariage*, t. 1, p. 451).

737. — V. Du tuteur et des autres surveillants légaux. — Ainsi qu'on l'a exposé au *Rép.*, n° 591, les dispositions de l'art 1384 à l'égard des père et mère sont limitatives et ne sauraient être étendues par analogie à d'autres personnes, même parentes au degré d'oncle ou tante, qui ne seraient constituées gardiens d'enfants mineurs habitant avec elles, sauf à les déclarer responsables civilement comme instituteurs si elles ont cette qualité (V. *infrà*, n°° 904 et suiv.), ou personnellement comme coupables d'une faute dans la surveillance de l'enfant si cette faute est prouvée en fait.

738. Toutefois on a vu au *Rép.*, n° 588, que la qualité de tuteur était alors unanimement assimilée à celle de père au point de vue de la responsabilité civile, à cause des droits et obligations que la loi y attache (*Rép.* n° 588) et que cette assimilation était consacrée par les lois spéciales en matière de délits ruraux, forestiers, de pêche et de chasse (Aubry et Rau, t. 4, p. 758, note 11; Mourlon, t. 2, n° 1693; Sourdat, n° 843; Larombière, t. 5, art. 1384, n° 6; Marcadé, art. 1384). Mais cette doctrine a été fortement combattue par Colmet de Santerre, t. 5, n° 365 *bis*, n° 4; Demolombe, t. 8, n° 588; Laurent, t. 20, n° 555. L'argument tiré des lois spéciales peut être écarté, en effet, précisément par le caractère spécial de ces lois, qu'on n'ose pas généraliser contre le mari alors qu'elles admettent sa responsabilité civile pour les délits prévus par elles. L'argument tiré de l'analogie de droits et d'obligations, entre le père et le tuteur, peut aussi paraître insuffisant pour atteindre une présomption légale, comme celle de l'art. 1384. D'ailleurs, cette analogie n'est pas complète; on le reconnaît en accueillant avec plus de facilité pour le tuteur, la preuve de l'impossibilité où il a été d'empêcher le fait du mineur; ne serait-il pas plus juridique d'exiger contre lui la preuve positive de sa faute, suivant le droit commun. On peut prévoir le triomphe de cette dernière opinion (V. la note de M. Planiol sous l'arrêt de la chambre des requêtes du 22 juill. 1891, D. P. 92. 1. 5). — On ne voit pas, en tout cas, comment le tuteur d'un majeur interdit pourrait être responsable par assimilation aux père et mère, puisque ceux-ci ne répondent pas civilement des faits dommageables de leur enfant majeur même aliéné (V. *suprà*, n° 719). — Le tuteur pourrait-il au moins être assimilé à l'instituteur ? V. *infrà*, n° 906. — Faut-il assimiler soit aux père et mère, soit à l'instituteur, le directeur d'une maison d'aliénés qui y reçoit un mineur? V. *infrà*, n° 906.

739. — VI. Responsabilité de l'enfant. — Recours. — On a vu au *Rép.*, n° 581 que la responsabilité du père s'étend à tous les délits de l'enfant, de quelque nature qu'ils soient. Aux applications déjà citées de ce principe, on peut joindre celle qui en a été faite au cas de séduction dolosive par promesse de mariage (Toulouse, 28 nov. 1864, *suprà*, n° 205). — D'autre part, la responsabilité s'étend à tout le dommage, même au delà de la part héréditaire de l'enfant (*Rép.* n° 584).

740. On a vu aussi (*Rép.* n°° 582 et 583, 585 et 586) que cette responsabilité n'empêche ni celle de l'enfant personnellement, même au criminel, ni le recours du père ou de sa succession, pour le cas de faute personnelle du père sans laquelle il n'y eût pas eu de dommage, sauf aussi le cas de non imputabilité à l'enfant faute de discernement. — Sur le recours du tuteur, V. *Rép.* n°° 584, 585, 586, 590.

Par application de ces principes, il a été jugé que la partie qui a été lésée par le fait d'un mineur peut actionner le père tout à la fois comme administrateur de la personne et des biens de son fils, et comme personnellement responsable aux termes de l'art. 1384 c. civ.; qu'elle peut aussi s'en tenir à l'une des deux actions; et que, par suite, dans le cas où, en première instance, elle a actionné le père en sa double qualité, elle peut restreindre sa demande, en appel, à la condamnation de celui-ci en tant que personnellement responsable, auquel cas le père n'est pas admis à opposer que, depuis, son fils est arrivé à sa majorité et devrait être seul poursuivi (Bordeaux, 18 mai 1878, aff. Delbourg, D. P. 80. 2. 37).

741. La solidarité peut être appliquée entre pères dont les enfants mineurs ont commis ensemble un même délit (Besançon, 30 nov. 1861) (1). Un recours est admissible de l'un contre l'autre pour lui faire supporter sa part dans le dommage, soit qu'il ait seul indemnisé la partie lésée, soit qu'il ait été lui-même la victime du fait dommageable (Poitiers, 29 juin 1864, aff. Maudoux, D. P. 64. 2. 181).

Art. 4. — *Responsabilité respective du mari et de la femme.*
(*Rép.* n°° 592 à 604.)

742. On a vu au *Rép.*, n°° 592 et suiv., que, dans le silence de l'art. 1384 c. civ. à son égard, et sauf dans les matières réglées autrement par des lois spéciales (L. 28 sept. 6 oct. 1791, sur la police rurale, tit. 2, art. 7; art. 206 c. for.; L. 15 avr. 1829 sur la pêche fluviale, art. 74; Décr. 9 janv. 1852 sur la pêche côtière, art. 12); le mari n'est pas civilement responsable des délits et quasi-délits de sa femme, majeure ou mineure. Aux auteurs déjà cités dans ce sens, il faut ajouter : Aubry et Rau, t. 4, § 447, note 49; Larombière, *Obligations*, t. 5, art. 1384, n° 7; Demolombe, *Traité des contrats*, t. 8, n° 597; Laurent, t. 20, n° 607; Colmet de Santerre, t. 5, n° 365-*bis*. — *Contrà*, Delvincourt, t. 3, p. 454. Par application de ce principe, il a été jugé qu'un mari ne peut être cité devant le tribunal de police comme civilement responsable d'injures verbales à raison desquelles sa femme est poursuivie, alors qu'ailleurs qu'il est resté étranger à la contravention (Trib. de simple police d'Amiens, 23 nov. 1866, aff. Veuve Patoux, D. P. 68. 5. 355).

743. Mais ce principe n'exclut pas la responsabilité du mari pour participation personnelle au fait délictueux (*Rép.* n° 598), en raison de l'autorité qui lui appartient sur sa femme, il y a faute personnelle de sa part à ne pas empêcher ses délits lorsqu'il est à même de le faire, sauf la nécessité de prouver contre lui cette responsabilité actuelle qui donne à son abstention le caractère d'une faute (*Rép.* n° 594). On a vu aussi (*Rép.* n° 595) que l'immunité du mari comme tel n'exclut pas sa responsabilité civile en qualité de commettant, lorsqu'il a pris sa femme pour préposé, sans qu'on puisse pourtant considérer son absence de la maison comme suffisante pour attribuer cette qualité à sa femme. Il a été jugé, à cet égard, qu'un mari n'est pas responsable des imprudences commises par sa femme dans l'exercice d'un commerce séparé et distinct, et par exemple de l'incendie qu'elle a causé en approchant une lumière du pétrole qu'elle débitait pour son compte (Req. 8 juill. 1872, aff. Compagnie d'assurance *L'Abeille*, D. P. 73. 1. 33).

744. On a vu encore (*Rép.* n° 596) que la communauté de biens entre le mari et la femme, laquelle permet de

---

(1) (Guillemin et Thorin C. Bouzenard.) — La cour. — Considérant que, du procès-verbal de la gendarmerie de Bletterans et des enquêtes, il résulte que, le 20 sept. 1859, la maison de l'intimé Bouzenard, située au hameau du Gravier, commune de Ruffey, a été la proie d'un incendie; — Considérant que ce sinistre est du fait commun de deux enfants, Clémence Guillemin et Adolphe Thorin, laissés sans surveillance près du groupe des maisons incendiées et jouant ensemble dans la paille avec des allumettes chimiques; — Considérant qu'aux termes de l'art. 1384 c. civ., les appelants, pères de ces deux enfants, habitant avec eux, doivent être considérés comme responsables du dommage éprouvé par l'intimé; — Considérant que, bien qu'il faille, dans la cause du dommage éprouvé et par conséquent dans la réparation, faire la part du malheur, la

somme de 500 francs, allouée par les premiers juges, ne peut être considérée comme suffisante, et qu'elle doit être relevée à 800 francs; — Considérant, quant à la solidarité réclamée contre les deux pères de famille, que d'après les dispositions de l'art. 1318 l'obligation est indivisible, quoique la chose qui en fait qui en est l'objet soit divisible par sa nature, si le rapport sous lequel elle est considérée ne rend pas susceptible d'exécution partielle »; que, dans l'espèce, le fait qui a donné lieu au dommage n'est pas divisible, et que le fait de l'obligation, qui est la réparation du préjudice causé, ne rend pas cette réparation susceptible d'exécution partielle;

Par ces motifs;
Réforme, etc.
Du 30 nov. 1861. — C. de Besançon.

poursuivre la communauté et le mari pour les dettes contractées par la femme avec son autorisation (c. civ. art. 1419), ne permet pas de poursuivre, ni sur ses biens propres, ni même sur ceux de la communauté, ni même sur l'usufruit des biens propres de la femme dont il a la jouissance, la réparation des délits ou quasi-délits commis par sa femme, indépendamment de tout fait d'autorisation ou de tolérance susceptible sous tous les régimes de lui être imputé à faute personnelle, comme il a été dit *suprà*, n° 743; sauf aussi l'obligation de la communauté pour le profit qu'elle aurait retiré du délit (Sourdat, t. 2, n° 860). On s'accorde à étendre aussi aux réparations civiles (et même aux dépens, si la femme n'a plaidé qu'avec autorisation de justice) la disposition de l'art. 1424 c. civ., qui restreint à la nue propriété des propres de la femme la poursuite pour le payement des amendes encourues par elle.

745. L'autorisation donnée par le mari à sa femme sans aucunes conclusions personnelles de sa part, pour défendre à l'action civile intentée contre elle, en réparation du dommage résultant de son délit, ne peut rien changer à cette solution quant à la condamnation encourue par la femme au principal (Civ. cass. 17 août 1881, aff. Danne, D. P. 81, 1, 471). Mais en ce qui touche les dépens, l'autorisation donnée à la femme par le mari oblige la communauté et le mari, sauf récompense ou indemnité (*Rép.* n° 597; Aubry et Rau, t. 5, § 509, p. 339; argument de l'arrêt précité; V. toutefois *suprà*, v° *Contrat de mariage*, n° 328). Il y a, pour le décider ainsi les mêmes raisons, tirées de l'art. 1419, que pour rendre exécutoire sur les biens de la communauté et ceux du mari, ainsi qu'on s'accorde à le faire (*Rép.* v° *Contrat de mariage*, n° 360), la condamnation aux dépens prononcée contre la femme dans un procès soutenu par elle avec autorisation du mari pour un de ses propres. Le mari commun en biens, à moins d'effacer l'art. 1419, ne peut échapper aux obligations dérivant du fait même du procès, objet de son autorisation; il n'échappe qu'à la dette litigieuse préexistante au procès et non autorisée par lui. — Il est vrai que l'art. 1419 repose sur l'intérêt présumé du mari à l'acte que le mari autorise. Or la communauté et le mari n'ont aucun intérêt direct à ce que la femme subisse ou non une condamnation qui ne peut au principal porter que sur la nue propriété de ses propres. Mais cette objection ne serait pas spéciale au cas de délit ou quasi-délit; elle s'appliquerait aussi aux actions mobilières fondées sur un contrat passé sans autre autorisation que celle de la justice, puisqu'un tel contrat n'est exécutoire que sur la nue propriété des propres (art. 1426); et cependant l'autorisation de soutenir une telle action oblige aux dépens la communauté et le mari, aucune analogie ne permettant d'étendre les deux exceptions faites à l'art. 1419 par les art. 1413 et 1432 (V. *Rép.*, v° *Contrat de mariage*, n° 997). Malgré le caractère personnel, soit du contrat autorisé, soit de la condamnation à intervenir au principal sur le procès autorisé, le mari, par la seule existence d'une communauté, se trouve intéressé au moins indirectement à ce que sa femme ne soit pas personnellement appauvrie, et l'autorisation maritale rattachée à cet intérêt suffit pour obliger la communauté et le mari dans les termes de l'art. 1419 aux conséquences directes de l'acte autorisé sauf récompense ou indemnité entre les époux (V. *Rép.*, v° *Contrat de mariage*, n° 995). L'absence de communauté, exclusive de tout intérêt au procès, peut seule enlever cette portée à l'autorisation maritale (V. *Rép.*, eod. v°, n° 998. V. en ce sens Colmet de Santerre, t. 5, n°s 11-*bis*, 26 et 27. Comp. sur ces divers points *suprà*, v° *Contrat de mariage*, n°s 323, 324, 328; Sourdat, t. 2, n° 861).

746. Sans supposer un délit de la femme préexistant au procès et motivant précisément contre elle le procès qu'il s'agit d'autoriser, on peut se demander si le fait par un mari d'autoriser sa femme à intenter un procès vexatoire, qui peut donner lieu contre elle à des dommages-intérêts, engage la responsabilité du mari lui-même et permet de le faire condamner au payement de ces dommages-intérêts, qui sont la conséquence d'un acte de sa femme dû à son autorisation. M. Sourdat (t. 2, n° 862), ne le pense pas; il estime que l'autorisation de plaider ne peut jamais être reprochée au mari comme une faute. Mais, d'autre part, il considère comme une faute la tolérance par le mari d'actes délictueux de sa femme qu'il peut empêcher (V. *suprà*, n° 743). Si, d'autre part, il suppose délictueux de la part de la femme le fait de plaider, comment peut-il permettre au mari d'autoriser ce fait sans encourir une responsabilité? Peu importe d'ailleurs en cette question le régime matrimonial des époux.

747. L'autorisation par le mari d'un commerce séparé que sa femme exerce, bien qu'elle l'oblige sous le régime de la communauté aux dettes contractées par elle à raison de ce commerce, ne peut l'obliger, même sous ce régime, à la réparation de tous les délits ou quasi-délits commis par sa femme dans l'exercice de ce commerce, et par exemple de l'incendie qu'elle cause en approchant une lumière du pétrole qu'elle débite (Req. 8 juill. 1872, cité *suprà*, n° 743, et le rapport de M. le conseiller d'Oms). L'autorisation générale donnée par le mari pour le commerce de sa femme n'est réputée comprendre que les contrats et autres faits licites nécessaires à son exercice. Les délits et quasi-délits de la femme, n'obligeront la communauté ni le mari que s'ils peuvent se ramener à l'inexécution de ces contrats, ou si la communauté en a tiré profit comme il a été dit *suprà*, n° 744. C'est ainsi que la communauté et le mari peuvent se trouver obligés par les fraudes commerciales, délits de contrefaçon, faits de banqueroute, commis par la femme commerçante (V. la note sous l'arrêt précité du 8 juill. 1872. V. aussi *suprà*, v° *Contrat de mariage*, n° 341).

748. C'est encore ainsi qu'on peut expliquer un arrêt de la cour suprême (Req. 22 juill. 1891, aff. Époux Jeulin, D. P. 92, 1, 5), décidant que l'autorisation par le mari à sa femme d'accepter la garde d'un enfant oblige la communauté et le mari à réparer les quasi-délits commis par cette femme dans la surveillance de cet enfant, notamment l'incendie que l'enfant a allumé grâce à ce défaut de surveillance. La faute de la femme, dans l'espèce, n'était que l'inexécution de l'obligation de surveillance contractée par elle avec l'autorisation (tacite, mais reconnue suffisante) de son mari. Cet arrêt, il est vrai, a été critiqué précisément dans le choix qu'il a fait de son motif. Il ne peut être question, a-t-on dit, d'inexécution du contrat de garde que pour les parents qui ont stipulé cette garde, et pour un dommage que l'enfant éprouve faute d'avoir été gardé, mais non pour des tiers à qui l'enfant mal gardé cause un préjudice en mettant le feu, par exemple, à leur propriété (V. la note sous l'arrêt précité). Mais tout en reconnaissant qu'il ne suffirait pas à ces tiers d'invoquer le contrat de garde où ils n'ont pas été parties sans invoquer en outre l'art. 1382 qui admet les délits, les quasi-délits, les fautes comme sources d'obligations, il faut reconnaître la nécessité où sont ces tiers de s'appuyer sur le contrat, puisqu'ils doivent s'appuyer sur une faute ou une présomption légale de faute impossible à concevoir sans le contrat de garde. Et on ne peut dire que ce contrat n'obligeait qu'à préserver l'enfant; il obligeait aussi à l'empêcher de nuire, car c'est par lui que les parents, jusque-là tenus de cette obligation, s'en sont déchargés sur le gardien. On comprend dès lors que le mari, ayant autorisé ce contrat, soit tenu, sous le régime de la communauté, d'indemniser les tiers dont la demande a pour premier fondement le fait même de ce contrat. Quant au motif tiré du profit procuré à la communauté par la garde de l'enfant, motif invoqué par le jugement objet du pourvoi, on a fait remarquer avec raison son insuffisance, puisqu'il n'aurait pu donner une action que dans les limites de ce profit et seulement à ceux aux dépens de qui la communauté le réalisait.

749. La femme n'est pas civilement responsable des faits préjudiciables commis par son mari, même en état de démence (V. *Rép.* n° 60; Aix, 7 déc. 1866 (1); Aubry et Rau, t. 4, § 447, note 50; Larombière, t. 5, art. 1384, n° 7), sauf l'obligation de la communauté, si elle est

---

(1) (Giretto C. Reynier.) — La cour. — Attendu, en fait, que la folie dont Reynier était atteint ne s'était manifestée, avant l'événement du 6 juin 1865, par aucune violence ou menace contre les personnes; qu'elle semblait restreinte à la pensée fixe du suicide, et que rien ne pouvait faire prévoir la tentative d'homicide qu'il a commise sur Giretto; — Attendu que quoique sa démence fût habituellement tranquille, il était de la part de sa femme et de sa fille l'objet d'une surveillance assidue; que rien n'était épargné par

mariée sous ce régime, aux termes de l'art. 1424 c. civ. — Quant à la responsabilité personnelle qu'elle pourrait encourir pour n'avoir pas provoqué son interdiction et son placement dans une maison d'aliénés, on ne peut l'admettre que sous les réserves indiquées *suprà*, n° 719, à propos du père et de la mère vis-à-vis de leur enfant majeur aliéné. — Sur sa responsabilité civile comme tutrice, en supposant qu'elle ait la tutelle de son mari interdit, il faut appliquer ce qui est dit *suprà*, n° 737 et suiv., de la responsabilité civile des tuteurs en général, responsabilité que nous avons écartée tout au moins pour le tuteur d'un interdit majeur.

Art. 5. — *Responsabilité des commettants quant aux faits de leurs préposés* (*Rép.* n°s 602 à 688).

§ 1er. — De la responsabilité du commettant appliquée aux particuliers.

750. — I. Fondement de cette responsabilité. — En quoi consiste le rapport de commettant a préposé. — Les principes généraux qui déterminent la responsabilité du commettant ont été indiqués au *Rép.* n°s 602, 603, 611, 623 et 624, et peuvent se résumer de la manière suivante. La responsabilité du commettant pour la faute du préposé repose sur la présomption légale d'une faute personnelle du commettant dans le choix du préposé ou dans les instructions qu'il lui a données. Elle suppose, par suite, un double lien entre le préposé et le commettant par le fait de l'avoir choisi et par le droit de lui commander. Par suite encore, elle suppose une faute ou préposé dans la fonction même à laquelle se rapportent ce choix et ce pouvoir. Enfin, suffisamment restreinte par ces conditions, ne reposant ni sur la possibilité présumée d'une surveillance qui rendrait peu utile l'emploi d'un préposé, ni sur l'ordre présumé du commettant d'accomplir l'acte dommageable, elle ne saurait être écartée par la preuve, soit d'instructions contraires données au préposé et violées par lui, soit de l'impossibilité où a été le commettant d'empêcher la faute du préposé, mais seulement par la preuve d'éléments capables d'écarter cette faute et la responsabilité du préposé lui-même.

751. Si la responsabilité civile du commettant a pour fondement, outre le droit de choisir, celui de commander, il ne faut cependant pas la faire découler, comme celle des père et mère, d'un devoir de surveillance qu'on est présumé, jusqu'à preuve contraire, avoir pu remplir. Demolombe, *Traité des contrats*, t. 8, n° 610, voit dans le choix du préposé « le motif principal et prédominant, si ce n'est même unique, de la responsabilité du commettant; et il reproche à M. Sourdat de rattacher en outre cette responsabilité au défaut de surveillance, alors que cette surveillance est presque toujours impossible sur un préposé destiné à vous remplacer. Mais Demolombe lui-même suppose, n° 619, chez le préposé, une subordination ou dépendance, et chez le commettant une autorité, un droit de commandement, de direction et de surveillance dans la fonction à accomplir. Or, c'est ce droit de direction et de surveillance qu'indique M. Sourdat comme second élément essentiel de la responsabilité, sans exiger pour cela qu'il ait été mal exercé, car il n'en refuse pas moins au commettant l'excuse que les père et mère peuvent tirer de ce qu'ils ont bien surveillé l'auteur du fait sans pouvoir l'empêcher.

C'est une grande erreur, dit M. Larombière, t. 20, n° 11,

de confondre en cette matière une impossibilité de fait avec une impossibilité de droit. « Si l'art. 1384 soumet les commettants à l'obligation de répondre du fait de leurs préposés, ce n'est pas seulement parce qu'ils les ont choisis, c'est encore parce qu'ils ont le droit de leur donner des ordres et des instructions sur la manière de remplir les fonctions auxquelles ils les emploient ». Ce droit est nécessaire pour limiter la définition du préposé, et pour expliquer son assimilation légale sous ce rapport au domestique. « Mais il suffit que ce droit, cette autorité, cette subordination existent, que le commettant ait ou n'ait pas la capacité et le moyen d'en user, pour qu'il soit déclaré responsable du fait de son préposé ».

752. Laurent (t. 20, n°s 570 et suiv.) va plus loin que Demolombe. Il soutient que la subordination est indifférente, que sa prétendue nécessité est une invention de la jurisprudence, et qu'il suffit qu'on ait été choisi par quelqu'un en vue d'une fonction pour être son préposé. Aussi a-t-il beaucoup de peine à limiter l'application de cette responsabilité civile. Par exemple, l'entrepreneur à forfait qui se charge d'exécuter un travail avec ses propres ouvriers, sous sa seule direction et à ses risques et périls, lui paraît être un préposé du propriétaire (t. 20, n° 571). Il est vrai que, pour éviter d'étendre la responsabilité du propriétaire aux faits des ouvriers placés sous la seule direction de cet entrepreneur, et pour la restreindre aux faits personnels de celui-ci, il n'admet pas qu'on ait pour préposés les préposés de son préposé (n° 571, *in fine* et 581), parce qu'on n'est pas lié à eux par une convention. Mais presque aussitôt (n° 574), il reconnaît qu'un commettant répond du fait des agents secondaires que le préposé a chargés de l'aider ou de le remplacer; s'il en a reçu le pouvoir du commettant (V. *Rép.* n° 618). Or ce pouvoir existe toujours à l'égard des ouvriers lorsque leur choix et leur direction sont laissés à l'entrepreneur, et ils seraient dans ce cas les préposés du propriétaire si l'entrepreneur l'était lui-même, ce qui démontre que celui-ci ne l'est pas. La jurisprudence n'a donc pas tort de subordonner la qualité et la responsabilité du commettant, non seulement au choix fait par lui de l'auteur du fait, mais au droit de lui commander résultant de la convention (louage ou mandat) intervenue entre eux, sans rechercher d'ailleurs si en fait il a pu exercer ce droit. Mais la recherche du droit lui-même peut soulever déjà des appréciations de faits assez délicates, comme on le verra en parcourant la jurisprudence, et les situations diverses qu'elle a eu à qualifier.

753. La cour de cassation a décidé, par exemple, qu'un arrêt est insuffisamment motivé lorsque pour rendre une congrégation civilement responsable du délit commis par l'un de ses membres dans ses fonctions d'instituteur communal adjoint, auxquelles il a été nommé par le supérieur de cette congrégation, avec l'agrément du préfet, il se borne à s'appuyer sur ce qu'il a été nommé par la congrégation sans rechercher si, postérieurement à son installation, il était resté sous l'autorité de la congrégation, alors que ce point de droit avait fait de la part de la congrégation l'objet d'un chef spécial de conclusions (Civ. cass. 25 oct. 1886, aff. Frères des Ecoles chrétiennes, D. P. 87. 1. 225). Jugé encore : 1° que, lorsqu'une congrégation religieuse s'est engagée, par un traité fait avec l'évêque d'un diocèse, à lui fournir quelques-uns de ses membres pour diriger et administrer un petit séminaire, et que les clauses de ce traité réservent expressément à l'évêque. sur cet établissement, l'autorité spirituelle et temporelle qu'il tient, d'ailleurs, de la loi, c'est de l'évêque et non de la congrégation que les

elles pour lui rendre la santé et la raison; qu'à cet effet, elles avaient réclamé successivement les soins de plusieurs médecins, et que, si l'un d'eux avait récemment émis l'avis qu'il faudrait bientôt songer à placer Reynier dans un asile d'aliénés, cette mesure ne lui avait pas paru devoir être prise immédiatement; — Attendu néanmoins que la femme Reynier a fait faire dans ce but, antérieurement au 6 juin, des démarches pour obtenir le placement de son mari dans l'asile de Saint-Pierre, et que ce placement n'a pas eu lieu alors, c'est qu'il a été répondu à l'intermédiaire qui s'était chargé de cette démarche, que l'état de démence de Reynier n'était pas assez grave pour motiver son admission; — Attendu que le jour où Reynier, voyant passer Giretto devant sa maison, s'est élancé pour le frapper, il n'était pas en état de divagation; mais dans sa maison, sous la surveil-

lance de sa fille, qui n'a pu l'arrêter et s'opposer à cet acte de violence tout à fait imprévu; — Attendu, en conséquence, que la femme Reynier, qui ne pouvait mettre son mari en état de séquestration, et qui, faute de pouvoir le faire entrer dans une maison d'aliénés, a veillé sur lui, autant qu'elle a pu, n'a aucune faute à s'imputer, est de plein droit à l'encouru, par suite, aucune responsabilité civile; — Sans examiner la question de savoir si la femme peut être légalement responsable des actes de son mari en démence, quand il n'est pas interdit, dit qu'en fait, les violences dont Giretto a été l'objet, ne peuvent être imputées à une faute de la veuve Reynier, etc.

Du 16. déc. 1866.-C. d'Aix, 4e ch.-MM. Guérin, pr.-Raybaud, 1er av. gén.-Milanda (du barreau de Marseille) et de Fresquet, av.

religieux, qui sont désignés pour diriger le petit séminaire, doivent être considérés comme les préposés, et qu'en conséquence, ladite congrégation n'est pas responsable des emprunts faits pour les besoins de l'administration de ce petit séminaire par celui de ses membres qui y exerçait les fonctions de supérieur (Toulouse, 10 janv. 1876, aff. Mailly, D. P. 77. 2. 41 et la note); — 2° Qu'une société de courses qui n'a d'autorité sur les jockeys que pour leur imposer l'observation des conditions réglementaires, ne peut être déclarée responsable de leur imprudence ou de leur maladresse (Paris, 14 juin 1883, aff. Kasriel, Pitou et dame Vaillant, D. P. 84. 2. 106); — 3° Que l'administration des hospices n'est pas responsable de la faute du médecin inspecteur des enfants assistés, dans la visite d'un enfant à confier à une nourrice, à qui il a communiqué par suite une maladie contagieuse, ce médecin n'agissant pas sous sa direction, et étant nommé par l'administration départementale et rétribué sur les fonds départementaux (Poitiers, 26 déc. 1892, aff. Département des Deux-Sèvres, D. P. 93. 2. 349, cité *infrà*, n° 866); — 4° Qu'il ne suffit pas pour l'application de l'art. 1384 c. civ. que l'une des parties ait rendu à l'autre un service en exécution d'un mandat; mais qu'il faut de plus l'existence entre le commettant et le préposé d'un rapport de dépendance (C. d'appel de Cologne, 26 av. 1892, aff. Mesz, D. P. 94. 2. 85).

754. D'autre part, il est certain que la qualité de commettant ne saurait être attribuée à celui qui n'a pas choisi les personnes placées sous ses ordres, bien qu'il ait le droit et le devoir de leur commander et de les surveiller. Il n'encourt donc pas, à raison des faits dommageables commis par ces personnes, la responsabilité édictée par l'art. 1384, laquelle repose sur une présomption légale qui dispense de la preuve d'une faute chez le commettant et qui résiste même à la preuve contraire faite par celui-ci ; il ne peut être recherché à l'occasion de ces faits que sur la preuve d'une faute personnelle dans la surveillance qu'il était tenu d'exercer. Ainsi en est-il du proviseur d'un lycée, du principal d'un collège communal, pour les faits des professeurs placés sous ses ordres et sa surveillance, mais choisis par le ministre (Trib. civ. Marseille, 18 mai 1870, sous Aix, 17 déc. 1870, aff. Lieutand, D. P. 72. 2. 131 ; Douai, 13 janv. 1880, aff. Dardenne, D. P. 81. 2. 84). A plus forte raison, la ville à laquelle appartient un collège communal, mais qui n'a ni le choix ni l'autorité sur les professeurs de ce collège échappe-t-elle, pour les faits de ceux-ci, à la responsabilité civile du commettant (V. la note sous l'arrêt précité du 13 janv. 1880, et *infrà*, n° 874). De même, lorsqu'un individu, gérant d'un fonds de commerce pour le compte d'autrui, a recueilli chez lui un de ses parents et l'a employé sous ses ordres au service du fonds, le quasi-délit commis par cet employé dans l'exercice de sa fonction entraîne bien la responsabilité civile du gérant, mais non celle du maître, encore bien que celui-ci ait connu cette situation et l'ait tolérée, s'il n'a pas lui-même choisi l'employé et ne l'a pas imposé au gérant (Paris, 29 nov. 1893, aff. Villocq, D. P. 94. 2. 283).

755. — II. Du propriétaire par rapport à l'entrepreneur. — L'absence de subordination empêche de considérer comme préposé un entrepreneur à qui un propriétaire a confié des travaux à exécuter à forfait, sans s'en réserver la direction ni la surveillance. Le contrat de louage d'ouvrage qui les unit ne suffit pas à faire de l'un le préposé de l'autre, comme dans le cas d'un ouvrier qu'on emploie et qu'on dirige ; et on ne pourrait alors mettre à la charge du propriétaire que les dommages provenant d'une faute personnelle prouvée contre lui, soit dans le choix de l'entrepreneur, soit dans les conditions qu'il lui a imposées par son contrat (V. les arrêts cités au *Rép.* n° 641). La jurisprudence a persévéré constamment dans l'application de ce principe.

Jugé, notamment, qu'en cas de dommage causé à des voisins par le fait d'ouvriers travaillant chez un propriétaire, il ne suffit pas que les travaux, durant le cours desquels est survenu l'accident, cause du dommage, aient été entrepris dans l'intérêt de ce propriétaire et en vertu d'un traité passé avec lui, pour que celui-ci soit réputé en faute et que sa responsabilité soit engagée; il faut encore que les auteurs de l'acte dommageable aient agi sous son autorité et qu'il ait eu le droit de leur donner des ordres sur le mode d'exécution des travaux; que par suite, si le propriétaire s'est déchargé de cette exécution sur un entrepreneur, circonstance qui est constatée souverainement par le juge du fait, il ne peut être actionné par les voisins à raison des dommages causés à leur propriété par celui-ci, à moins que ces dommages ne soient l'effet même des obligations imposées par le traité; et que, spécialement, en matière forestière, où le principe de responsabilité énoncé en l'art. 206 c. for. n'est que la reproduction du principe plus général de l'art. 1384 c. civ., le propriétaire d'un bois qui a été nettoyé par le feu à une distance prohibée d'une forêt communale, est avec raison déclaré non responsable de l'incendie qui en est résulté, s'il avait traité de ce nettoyage avec un bûcheron agissant comme entrepreneur, en lui imposant précisément l'obligation de l'effectuer par le fer et non par le feu (Crim. rej. 10 nov. 1859, aff. Forêts, D. P. 60. 1. 49). — De même encore, la responsabilité du propriétaire n'est pas engagée dans le cas où l'auteur de l'accident, chargé de transformer des bois en charbon, moyennant un prix déterminé par sac, était libre d'allumer ou d'éteindre à son gré, de choisir et payer les ouvriers, et restait maître de l'ouvrage, la surveillance du propriétaire ne portant pas sur les travaux, mais seulement sur la fidèle exécution du contrat de louage d'ouvrage intervenu entre eux (Crim. rej. 30 déc. 1855, aff. Fustier-Delfossés, D. P. 76. 1. 415).

756. Il a été jugé dans le même sens : 1° pour les accidents causés à des tiers dans l'accomplissement de travaux de maçonnerie par un entrepreneur qui en a été chargé *à prix fait*, alors en outre que l'accident ne peut être attribué à aucune faute personnellement imputable au propriétaire (Req. 17 mai 1865, aff. Teston, D. P. 65. 1. 372); — 2° Pour l'accident arrivé à un ouvrier sur les chantiers de l'entrepreneur à qui le propriétaire d'une minière a confié, moyennant un prix fait, le découvert de cette minière, sans conserver ni la direction ni la surveillance des travaux, nulle dérogation n'étant apportée aux principes ordinaires de la responsabilité en matière de minières (Req. 4. févr. 1880, aff. Limelet, D. P. 80. 1. 392) ; — 3° Pour l'accident causé à un ouvrier par la maladresse d'un autre, dans un travail confié à un entrepreneur par la compagnie concessionnaire d'une mine, travail à exécuter par des ouvriers choisis et dirigés exclusivement par cet entrepreneur, alors qu'on ne prouve aucune faute de la compagnie, soit dans l'observation des règlements, soit dans la fourniture des engins, soit dans le choix même de l'entrepreneur, et en supposant aussi que le travail est étranger à l'exploitation proprement dite de la mine; pour laquelle il n'est pas permis au concessionnaire de se substituer un tiers (Dijon, 25 févr. 1867, aff. Bernard, D. P. 68. 2. 109) ; — 4° Pour les accidents survenus à raison, soit d'un vice de construction ou d'une malfaçon, soit de l'emploi de mauvais matériaux, soit d'un défaut de précaution dans la conduite des ouvrages, alors que le propriétaire a confié la construction dont il s'agit au ministère d'un architecte et d'un entrepreneur dont l'habileté et l'expérience ne sont pas contestées et qui, ayant eu seuls compétence et autorité pour donner des ordres, se trouvent seuls chargés par l'effet de ce mandat donné et accepté, de la responsabilité de ces accidents (Lyon, 20 janv. 1863, aff. Veuve Simonnet, D. P. 63. 2. 199); — 5° Pour l'accident arrivé à un ouvrier dans les travaux d'exploitation d'une carrière à plâtre, alors que le propriétaire a traité à forfait avec un entrepreneur pour l'exploitation de cette carrière, sans se réserver aucune surveillance relative aux conditions matérielles du travail (Dijon, 7 août 1868) [1] ; — 6° Pour l'ac-

---

(1) (Page C. Mouillon.) — La cour ; — Considérant en droit qu'aux termes de l'art. 1384 c. civ., la responsabilité à laquelle cet article soumet les commettants ne repose pas seulement sur le choix qu'ils font de leurs préposés, mais encore, et surtout sur le droit qu'ils ont de leur donner des ordres et des instructions pour empêcher le dommage causé par ces préposés dans les fonctions auxquelles ils les emploient ; — Que, sans cette surveillance et cette autorité, il n'existe pas de véritables commettants ; et qu'en créant une exception qui fait remonter à autrui la responsabilité d'un fait qui n'est pas le sien, la loi ne peut s'interpréter que

cident arrivé à un journalier dans un travail de battage de blés par machine à vapeur, travail pour lequel le propriétaire avait fait marché avec un entrepreneur, cet accident étant dû à l'imprudence de l'ouvrier sur lequel l'entrepreneur s'était déchargé du soin de la surveillance (Bourges, 23 janv. 1867, aff. Fontaine, D. P. 67. 2. 197).

757. Mais la solution changerait si le contrat passé avec l'entrepreneur faisait apparaître un droit de direction et de surveillance réservé par le propriétaire sur l'exécution matérielle des travaux, réserve souvent stipulée par les grandes compagnies industrielles, comme les compagnies de chemins de fer. Le propriétaire serait alors responsable selon la mesure de la part qu'il s'est réservée dans la direction des travaux. Ainsi une compagnie de chemin de fer est responsable, à l'égard des tiers, des accidents survenus dans la confection des travaux, même exécutés à prix fait par un entrepreneur, lequel devient son préposé : 1° lorsque ces travaux sont accomplis sous l'autorité de ses ingénieurs (Paris, 30 janv. 1864, et Req. 17 mai 1865, et Chemin de fer du Nord, D. P. 64. 2. 215 et 65. 1. 372) ; — 2° Lorsqu'elle s'est réservé par le cahier des charges la surveillance la plus étendue et de chaque instant sur leur exécution, cette surveillance n'ayant pas pour objet unique l'intérêt direct et propre de la compagnie et d'assurer leur perfection, mais s'étendant à tout ce qui concerne l'intérêt public et celui des tiers, et surtout la sûreté des personnes, que celles-ci soient ou non attachées à l'entreprise (Rouen, 17 févr. 1868 et Req. 10 nov. 1868, aff. Chemin de fer du Nord, D. P. 69. 1. 133) ; — 3° Enfin, lorsque la compagnie a conservé le contrôle des travaux, non seulement au point de vue de leur bonne confection, mais encore au point de vue des responsabilités à encourir, en obligeant l'entrepreneur à se conformer aux mesures de police, à faire tous les frais pour la sûreté du public, à se rendre soit sur le chantier, soit au bureau de l'ingénieur toutes les fois qu'il en serait requis, à subir le changement ou le renvoi des ouvriers au gré de l'ingénieur pour cause d'incapacité, à se conformer aux ordres de service donnés par l'ingénieur, et à subir une retenue d'un centime sur le montant des sommes à lui dues pour assurer des secours aux ouvriers malades ou blessés dans le cours des travaux et le décharger ainsi des conséquences des responsabilités qu'il pourrait lui faire encourir (Orléans, 18 juill. 1867, aff. Veuve Portron, D. P. 67. 2. 136). — Jugé pourtant que la stipulation d'une retenue sur la main-d'œuvre au profit de la caisse des secours et du dépôt aux mains de la compagnie des livrets des ouvriers de l'entrepreneur, stipu-

lation d'ordre purement intérieur, ne change pas la situation respective des parties (Dijon, 25 févr. 1867, aff. Bernard, D. P. 68. 2. 109).

758. Les mêmes principes ont été appliqués aux travaux exécutés par une commune. L'entrepreneur, même à forfait, a été considéré comme préposé de la commune lorsque celle-ci s'est réservé la direction et la surveillance des travaux, qu'elle exerce par ses agents, notamment : 1° si ses pouvoirs vont jusqu'à lui permettre d'imposer à l'entrepreneur le renvoi de ses propres employés (Civ. rej. 15 janv. 1889, aff. Ville de Bône, D. P. 89. 1. 49) ; — 2° Si l'entrepreneur n'a cessé de relever de l'autorité, de la direction, et, par suite, de la surveillance de la ville exercée par l'architecte qu'elle a délégué à cette fin et vis-à-vis duquel il restait attaché par les liens d'une subordination des plus accusées (Douai, 6 mars 1883, aff. Veuve Deflesselle, D. P. 85. 2. 135).

759. La réserve explicite d'un droit de direction pour le propriétaire ne serait même pas nécessaire pour entraîner sa responsabilité, ce droit résultant nécessairement pour lui de la nature et du but de l'entreprise, comme semble le supposer pour les travaux de chemin de fer l'arrêt de Paris du 30 janv. 1864, cité suprà, n° 757 (aff. Chemin de fer du Nord, D. P. 64. 2. 215).

760. Cette réserve ne serait pas nécessaire non plus si le propriétaire, sur l'ordre et dans l'intérêt duquel sont exécutés des travaux exceptionnellement dangereux, n'a point traité à forfait avec l'architecte et l'entrepreneur employés par lui, et ne produit aucune convention qui ait défini leur mandat et l'ait exonéré lui-même de la responsabilité des fautes qui pourraient être commises dans le travail (Riom, 14 janv. 1884, aff. Veuve Quanil, D. P. 85. 2. 116).

761. Mais si la réserve par le propriétaire d'un droit de direction sur l'entrepreneur et ses ouvriers fait de l'entrepreneur un préposé à son égard, il en est autrement de la réserve d'un droit de surveillance générale pouvant s'exercer seulement au point de vue de la loyale exécution des engagements de l'entrepreneur, sans que les ouvriers puissent recevoir d'autres ordres que les siens (Liège, 19 mai 1881) (1). V. aussi les motifs des arrêts de Rouen, 17 févr. 1868, et d'Orléans, 18 juill. 1867, cités suprà, n° 757.

Il ne suffit pas non plus qu'une compagnie minière, en confiant à un entrepreneur les travaux de foncement d'un puits, ait réservé à ses ingénieurs un droit d'intervention et de direction sur un point spécial, étranger d'ailleurs à l'ac-

---

dans un sens restrictif, sous peine de dépasser le but et de blesser l'équité ; — En fait, que, quelles soient les tristes conséquences de l'accident arrivé à Mouillon, le 11 juill. 1866, aucune de la carrière de Saint-Gilles, Page père et fils ne peuvent être responsables de la négligence de [Filiâtre dans l'exploitation ; que Filiâtre est un entrepreneur à forfait, exploitant la carrière à ses risques et périls, et sans que les appelants qui habitent Lyon, se soient réservé aucun droit à la surveillance relativement aux conditions matérielles dans lesquelles l'extraction du plâtre s'exerçait ; — Que, pourvu que la loi du contrat fût respectée, Page père et fils n'avaient aucun autre intérêt ; qu'ils ne devaient et ne pouvaient s'immiscer ni dans le choix des ouvriers, ni dans la direction des opérations, ni dans l'installation de l'outillage ; que complètement étrangers au mode d'exécution des travaux, c'est donc à tort qu'ils ont été considérés par les premiers juges comme les commettants de Filiâtre et celui-ci comme leur préposé ; que Mouillon, engagé et salarié par ce dernier, n'a jamais connu que lui ; que, par conséquent il ne peut étendre au delà une responsabilité de second degré qui ne doit s'appliquer qu'aux cas spécialement prévus et déterminés ; que, d'ailleurs, et en présence des dénégations formelles des appelants, c'est à l'intimé, comme demandeur, à prouver que Filiâtre était leur préposé, ce qu'il ne demande même point à établir, devant la cour ; — Par ces motifs, infirme, etc.
Du 7 août 1868.—C. de Dijon, 1re ch.—MM. Neveu-Lemaire, 1er pr.-Bernard, av. gén.-Lambert et d'Azincourt, av.

(1) (Laforêt C. Société de construction et Mangin et Bolland.) — La cour, — Attendu que l'on ne doit considérer comme préposé, dans le sens de l'art. 1384 c. civ., que la personne choisie par le commettant qui traite avec elle pour l'accomplissement d'une fonction ou l'exécution d'un travail déterminé ; que l'accord qui s'établit entre eux constitue un véritable contrat qui crée des obligations réciproques et donne spécialement au commettant l'autorité sur le préposé et par suite le droit de direc-

tion et de surveillance dans la fonction à laquelle il l'emploie ; que c'est de ce principe d'autorité du commettant et du libre choix qu'il a fait que dérive la responsabilité que la loi lui impose ; — Attendu que, dans l'espèce, aucun lien de droit n'existait entre la Société de construction et le sieur Merscolle, à l'imprudence de qui on attribue l'accident qui a causé la mort du mari de l'appelante ; que Merscolle était l'ouvrier du sous-entrepreneur Mangin, et non celui de la société, qui n'avait aucun droit sur lui ; qu'en vain l'appelante prétend faire résulter la responsabilité de la société de diverses clauses du cahier des charges de l'entreprise ; que les art. 7, 8, 10 et 12, qu'elle invoque à cette fin, ne confèrent en effet, ou plutôt ne réservent à la société qu'un simple droit de surveillance générale des travaux pour assurer l'exécution des engagements de l'entrepreneur ; que, si ces stipulations établissent un lien juridique, des obligations et des droits, entre la société et l'entrepreneur, elles ne donnent évidemment aucune action directe à la société sur les ouvriers de l'entrepreneur, de qui seul ils dépendent et reçoivent des ordres ; que, lors, ces faits, qui se rapporteraient à cette direction générale réservée à la société, à l'entrepreneur seul incombe la responsabilité des accidents causés par l'imprudence ou l'impéritie des ouvriers qu'il emploie ; — Attendu que cette conséquence, qui résulte déjà des principes du droit, est d'ailleurs écrite dans le cahier des charges dont l'art. 11 porte : « L'entrepreneur est civilement responsable de tous accidents qui surviendraient sur ses travaux », et dont l'art. 13, confirmant cette stipulation, dit : « La société, en prenant à sa charge le service médical, n'entend nullement assumer la responsabilité des accidents, laquelle reste entièrement à la charge de l'entrepreneur » ; que ces considérations établissent que l'action n'est pas recevable vis-à-vis de la société intimée ; — Par ces motifs,
Confirme, etc.
Du 19 mai 1881.—C. de Liège, 1re ch.—MM. Parez, 1er pr.-Dehor, av. gén.-Dupont, Neujan et Gouttier, av.

cident, par exemple sur la question de savoir dans quelles circonstances le puits devrait être muraillé. (Dijon, 25 févr. 1867, aff. Bernard, D. P. 68. 2. 109).

762. Enfin l'entrepreneur d'un service d'omnibus entre une gare de chemin de fer et une localité n'est pas le préposé de la compagnie de chemin de fer, s'il exploite ce service à son compte et à ses risques personnels, alors même que la compagnie se serait réservé, moyennant une subvention mensuelle, un certain nombre de places pour les voyageurs provenant du chemin de fer, et lui aurait imposé, en outre, diverses conditions concernant le costume des cochers et conducteurs et la propreté des harnais et des voitures (Caen, 15 mai 1865 (1), réformant un jugement contraire du tribunal civil de Lisieux du 8 janv. 1865).

763. Par dérogation au principe qui met à la charge de l'entrepreneur à forfait, et non du propriétaire, la responsabilité civile ou pénale des infractions aux règlements et des autres fautes commises dans l'exécution des travaux, il y a dans certaines industries ou entreprises dangereuses des obligations de surveillance ou conditions d'exécution imposées personnellement aux propriétaires ou directeurs et dont l'inobservation engagerait, même au point de vue pénal, leur responsabilité personnelle, quelles que soient les conditions du marché par lequel ils auraient chargé un entrepreneur de faire les travaux (V. suprà, n° 768).

De même, en vertu de l'art. 82 c. for., les usagers et communes usagères dans les bois de l'Etat sont garants solidaires des condamnations prononcées contre les entrepreneurs de l'exploitation des coupes délivrées à ces usagers ou communes usagères, V. suprà, v° Régime forestier, n° 577.

764. Il n'est pas douteux, d'autre part, que le fait de l'entrepreneur à forfait engage le propriétaire qui lui a confié les travaux, vis-à-vis des personnes auxquelles ce propriétaire est lié par un contrat contenant la promesse expresse ou tacite d'une garantie contre les dommages dont le travail peut être l'occasion, et par suite l'interdiction de se substituer un tiers dans cette garantie. Cet élément contractuel contribue à expliquer un arrêt de Bordeaux du 11 juill. 1859 (aff. Compagnie d'assurances *L'Aigle*, D. P. 60. 2. 23), rendant l'acquéreur de bois à transformer en charbons sur le parterre de la coupe, responsable envers son vendeur de l'incendie occasionné par le fait du charbonnier auquel il a confié cette opération. On pourrait voir un élément contractuel du même genre dans la responsabilité du propriétaire envers son locataire à raison d'un accident dû à une imprudence dans les travaux qu'il a chargé un entrepreneur de faire à sa maison, responsabilité admise surtout quand l'entrepreneur n'a pas traité à forfait et est resté sous la direction et la surveillance du propriétaire (Chambéry, 23 déc. 1878) (2).

---

(1) (Lequeux C. Chauvin et Compagnie de l'Ouest.) — Le sieur Chauvin est monté, le 20 juin 1864, dans une voiture appartenant au sieur Lequeux, entrepreneur d'un service d'omnibus entre la ville d'Orbec et la gare du chemin de fer de l'Ouest. Cette voiture ayant versé, le sieur Chauvin a reçu des blessures, à raison desquelles il a intenté une action en dommages-intérêts contre le sieur Lequeux, et contre la Compagnie de l'Ouest comme civilement responsable. Par jugement du 8 janv. 1865, le tribunal de Lisieux a fait droit à cette double demande. Appel par le sieur Lequeux et par la Compagnie.

La cour... Sur l'appel de la Compagnie : — Considérant que Lequeux a établi un service d'omnibus destiné à transporter les voyageurs de la gare de Saint-Mards-Orbec à Saint-Germain-la-Campagne, et à Orbec; — Que cette entreprise était à son compte personnel; que seul, il en percevait les bénéfices, ou devait en supporter les pertes; qu'il réglait à son gré le prix du transport des voyageurs qui ne provenaient pas, ou n'étaient pas à la destination du chemin de fer; — Que si la Compagnie des chemins de fer de l'Ouest a, par des conventions particulières avec Lequeux, réservé un certain nombre de places dans sa voiture pour les voyageurs provenant du chemin de fer, et si elle a déterminé le prix de ces places; si, d'un autre côté, elle imposait aux cochers et conducteurs un costume particulier et des soins de propreté pour les harnais et les voitures, ces conventions ne font pas que Lequeux puisse être considéré comme le préposé de la Compagnie, à raison de l'entreprise qu'il exploitait à ses risques et périls, sans que la Compagnie du chemin de fer, qui se bornait à lui accorder une subvention mensuelle pour l'indemniser du tarif à prix réduit des places qu'elle s'était réservées, eût en aucune façon à intervenir dans la gestion et dans les résultats pécuniaires de cette entreprise; — Que c'est donc à tort que les premiers juges ont déclaré la Compagnie de l'Ouest civilement responsable, et que cette partie de leur décision doit être réformée; — Ordonne, en ce qui concerne Lequeux, que dont est appel sortira effet; statuant sur l'appel interjeté par la Compagnie des chemins de fer de l'Ouest, réforme à son égard le jugement dont est appel, etc.

Du 15 mai 1865. C. de Caen, 1re ch. MM. Degallier, 1er pr. Jardin, 1er av. gén. Trébutien et Bertaud, av.

(2) (Tochon C. Blanc.) — Le tribunal; — Attendu qu'il est constant pour le tribunal, sans qu'il soit nécessaire de recourir à la preuve offerte des faits articulés, d'une part, que, le 24 juill. 1877, le fils d'André Blanc est tombé des galeries en construction dans la maison de Tochon, et que cette chute a occasionné sa mort survenue le lendemain; d'autre part, que cette même chute a été le résultat d'une faute commise par Meugnier, chargé des travaux dont il s'agit; que l'endroit où l'enfant a été trouvé ne permet pas de supposer qu'il soit tombé de la fenêtre donnant sur l'escalier, et que d'ailleurs Meugnier, assigné à l'amende par le juge de police pour n'avoir pas placé les barrières prescrites par les règlements, a formellement reconnu, à l'audience du 30 août, que le jeune Blanc était tombé de l'échafaudage par lui dressé, demandant simplement un renvoi pour établir que cette chute ne pouvait être imputée ni à lui ni à ses ouvriers; — Attendu que le dommage causé à Blanc par la mort de son

enfant n'est pas contesté, et qu'il s'agit seulement de rechercher sur qui doit en peser la responsabilité; que Blanc prend des conclusions tant contre Meugnier, auteur direct de la faute par son imprudence, que contre Tochon, qu'il considère comme civilement responsable de la faute de son ouvrier; — En ce qui touche les conclusions prises contre Meugnier : — Attendu que Meugnier avait été chargé par Tochon de remplacer par des balcons en pierre les anciennes galeries en bois qui, aux deuxième et troisième étages, conduisaient aux latrines; qu'ayant occasionné la chute du fils Blanc par son imprudence et l'inobservation des règlements, il est personnellement et directement responsable des funestes conséquences de sa faute; qu'il soutient en vain qu'il n'a fait que se conformer aux ordres de Tochon, car, bien que les travaux se fissent en régie, ils lui avaient été confiés à raison de ses connaissances spéciales, et il résulte de pièces versées au dossier et émanées de lui-même qu'il en avait la surveillance et la direction; — En ce qui touche les conclusions prises contre Tochon : — Attendu qu'aux termes de l'art. 1384 c. civ., invoqué par Blanc, les commettants sont responsables du dommage causé par leurs préposés dans les fonctions auxquelles ils les emploient; que si, en règle générale, le propriétaire de la maison dans laquelle se font les travaux n'est pas responsable lorsqu'il a traité à forfait avec un entrepreneur qui, n'ayant aucun ordre à recevoir, exécute les conventions intervenues avec le propriétaire, qu'il ne peut en être de même lorsque, comme dans l'espèce, les travaux ont été faits en régie, et que ce dernier, tout en confiant l'exécution à un homme du métier, n'a pas moins conservé le droit de lui donner des ordres et des directions; que c'est précisément de cette autorité du commettant, d'une part, et de subordination de l'ouvrier, d'autre part, que la loi fait découler la responsabilité du premier des fautes commises par le second; qu'il en a été ainsi de Tochon vis-à-vis de Meugnier; que les travaux exécutés l'ont été par Meugnier en régie, avec les fournitures de Tochon, et que ce dernier, n'ayant point traité avec un entrepreneur à forfait, est un véritable commettant dans les sens de l'art. 1384 c. civ.; que, dès lors, les conclusions de Blanc sont fondées tant contre Tochon que contre Meugnier, et que tous deux sont solidairement responsables du dommage qui lui a été causé;

Attendu que, néanmoins, l'accident survenu aurait été évité si les parents de l'enfant l'avaient surveillé comme ils le devaient; que cette surveillance était d'autant plus nécessaire qu'un danger sérieux et permanent existait à la porte même de leur appartement, danger dont les enfants, avec la légèreté de leur âge, ne peuvent pas se rendre suffisamment compte; que, dès lors, la responsabilité se trouve partagée par Blanc, dans une certaine mesure; — En ce qui touche les conclusions en garantie prises par Meugnier contre Tochon et par ce dernier contre Meugnier : — Attendu que Meugnier, directement et principalement responsable du dommage, ne saurait avoir aucune action en garantie contre Tochon; qu'il n'en est autrement des conclusions de Tochon contre Meugnier, car le dommage causé, l'ayant été en effectuant les travaux qui avaient été confiés à Meugnier, par son imprudence et par l'inobservation des règlements, ce dernier se trouve, dans ce cas, soumis au principe général d'après lequel toute personne qui cause un dommage à autrui est obligée

765. — III. De l'entrepreneur par rapport a ses ouvriers ou employés. — S'il peut être parfois difficile de définir la situation de l'entrepreneur vis-à-vis du client qui traite avec lui, il n'y a aucune difficulté à dire, comme on l'a vu au *Rép.* (n° 606), qu'un entrepreneur est un commettant responsable pour les ouvriers attachés à son entreprise et travaillant pour lui et sous sa direction, ainsi que pour ses contremaîtres (Paris, 24 août 1877, aff. Gérard, D. P. 78. 2. 97). Il en est de même d'une société industrielle pour ses employés (Nancy, 24 févr. 1869, aff. Koller, D. P. 69. 2. 196) et ses ouvriers (Nîmes, 26 août 1857, aff. Compagnie d'éclairage au gaz d'Avignon, D. P. 58. 2. 5), même à la tâche (Aix 13 mai 1865, aff. Maille et Vaillant, D. P. 66. 2. 238) ; ... D'une compagnie de chemin de fer pour ses employés et ouvriers, pour son mécanicien, par exemple, alors même qu'une part de responsabilité incomberait à un chef de gare étranger que l'administration d'une armée ennemie a substitué à la compagnie et dont celle-ci ne peut répondre (Civ. rej. 27 juin 1876, aff. Compagnie de chemins de fer de l'Ouest, D. P. 76. 1. 375) ; ... D'une compagnie de tramways pour son conducteur qui a causé un accident en ouvrant la barrière d'un passage à niveau d'un chemin de fer et en y faisant entrer sa voiture sans attendre l'intervention du garde-barrière, alors que les règlements de la compagnie placent dans le service de ce conducteur le soin de lever les obstacles matériels qui s'opposent à la marche, et lui permettent la remise en route de la voiture une fois arrêtée que sur son ordre et à son signal (Crim. rej. 9 août 1878, aff. Baduel, *Bull. crim.* n° 183) ; ... D'un entrepreneur de voitures publiques pour son conducteur qui a blessé un passant par le choc de sa voiture en prenant part à une lutte de vitesse (Trib. civ. Lyon, 29 janv. 1870, aff. Berthet, D. P. 71. 3. 23) ; ... De l'entrepreneur de voitures pour le cocher à qui il a confié une voiture de place, surtout en contravention aux règlements de police qui exigent qu'elle porte un numéro, encore bien que la rémunération du cocher consiste en un prélèvement sur la recette, convenu à forfait et payé d'avance, le cocher n'en étant pas moins dans des liens de subordination vis-à-vis de l'entrepreneur (Aix, 6 janv. 1871, aff. Bouqué, D. P. 71. 2. 45 ; Trib. civ. Seine, 28 mai 1872, aff. Compagnie générale des Petites Voitures, D. P. 73. 3. 7) ; ... D'un propriétaire de navire pour le capitaine et l'équipage (*Rép.* n° 609), sauf la faculté d'abandon par laquelle il peut s'affranchir de cette responsabilité (V. *suprà*, v° *Droit maritime*, n° 296) ; sauf aussi l'absence même de responsabilité du propriétaire si le capitaine et l'équipage ont été fournis par un acheteur à l'essai, pour un essai qui devait se faire aux risques et périls de cet acheteur (*Rép.* n° 619) ; ... D'une chambre de commerce chargée d'un service de remorquage pour les avaries causées à un navire par l'abordage résultant d'une faute du capitaine préposé par elle à la direction du remorqueur (Civ. rej. 2 juin 1885, aff. Chambre de commerce de Dunkerque, D. P. 86. 1. 460) ; ... D'une commune pour les ouvriers ou tâcherons qu'elle emploie à des travaux exécutés en régie sous l'autorité de ses

agents (*Rép.* n° 607 ; Paris, 30 nov. 1867, aff. Vallette, D. P. 65. 5. 371).

766. Le fait par un entrepreneur de traiter à forfait avec son ouvrier pour l'exécution d'un travail restreint rentrant dans la généralité de l'exploitation dont l'entrepreneur a néanmoins conservé la direction et la surveillance, n'aurait pas pour effet de soustraire l'entrepreneur à la responsabilité du fait de cet ouvrier (Angers, 16 mars 1868, aff. Sécher et Gabori, D. P. 68. 2. 160).

767. D'autre part, il a été jugé qu'un ouvrier carrier, ayant traité à forfait avec un entrepreneur de travaux pour la fourniture des blocs de pierre dont il a besoin, n'est pas le préposé de cet entrepreneur s'il embauche lui-même ses ouvriers et les fait travailler avec lui sur son chantier pour son propre compte, et que, devenant par là entrepreneur lui-même, il n'engage pas la responsabilité de l'autre entrepreneur pour les accidents survenus par sa faute sur son chantier (Civ. rej. 9 août 1892, aff. Bartholussi, D. P. 92. 1. 567).

768. Mais on a reconnu la qualité de préposé, et non d'entrepreneur à forfait, à un constructeur de navires chargé par un entrepreneur, moyennant un salaire, de recevoir à Saint-Nazaire des vivres achetés de l'étranger pour le ravitaillement de la ville de Paris dont cet entrepreneur s'était chargé envers l'État ; et la faute commise par ce préposé dans l'exercice des fonctions dont il était chargé, par exemple l'établissement défectueux d'un échafaudage pour l'emmagasinage des vivres, bien qu'il ait agi sans instruction ni ordre exprès de l'entrepreneur, a paru devoir engager la responsabilité civile de ce dernier (Req. 26 mai 1875, aff. Ferraud, D. P. 77. 1. 248).

769. — IV. Du propriétaire par rapport a l'ouvrier ou artisan employé accidentellement. — Un particulier qui s'adresse à un ouvrier ou artisan pour exécuter un travail dans son intérêt répondra-t-il toujours de ses fautes dans l'exécution de ce travail ? La solution généralement admise dans la doctrine et la jurisprudence consiste, sans s'attacher au caractère momentané de l'emploi, ni au mode de paiement (soit à la tâche, soit à la journée), à rechercher si l'artisan appartient à l'une profession déterminée et si le travail est étranger à la condition de celui qui l'emploie (Aubry et Rau, t. 4, § 447, note 25 ; Demolombe, t. 8, n° 622 ; Sourdat, n° 890 ; *Rép.* n° 613). D'autres, comme Toullier, t. 11, n° 284 ; Larombière, t. 5, art. 1384, n° 10 ; Laurent, t. 20, n° 578 ; admettent, suivant les circonstances, la responsabilité du propriétaire (V. en ce sens, Bordeaux, 11 juill. 1859, aff. Compagnie d'assurances *L'Aigle*, D. P. 60. 2. 23). Cette dernière opinion est beaucoup trop absolue, et la première doit, en général, être préférée, du moins lorsque les circonstances font apparaître, chez l'ouvrier, vis-à-vis du propriétaire, l'indépendance qu'on rencontre chez un entrepreneur, au lieu de la subordination qui est le propre du préposé. C'est ainsi que la responsabilité civile du propriétaire a été écartée, notamment pour un travail qu'un propriétaire avait chargé un couvreur

---

à le réparer ; — Qu'en l'espèce, Meugnier a causé un dommage réel et sérieux à Tochon, puisque sa faute aura eu pour conséquence la condamnation dudit Tochon comme civilement responsable ; — Sans s'arrêter à toutes conclusions et exceptions contraires des parties, ni aux faits par elles respectivement articulés, condamne solidairement Meugnier et Tochon, le premier comme auteur direct du dommage, le second comme civilement responsable, à payer à Blanc la somme de 1200 fr., à laquelle sont arbitrés par le tribunal les dommages soufferts par ce dernier, et les condamne également solidairement aux dépens... ; — Statuant sur les conclusions en garantie respectivement prises, et déboutant Meugnier de celles prises par lui contre Tochon, le condamne à relever et garantir ce dernier des condamnations prononcées contre lui avec dépens...

Appel par Tochon. — Appel incident par Blanc.

La cour, — Sur la cause de l'accident : — Adoptant les motifs donnés par les premiers juges ; — En ce qui concerne la responsabilité de Tochon : — Attendu qu'il ne résulte pas des pièces produites devant la cour qu'en chargeant Meugnier d'exécuter les travaux au cours desquels l'accident est survenu, Tochon eût renoncé à leur direction ou à leur surveillance ; que la preuve à cet égard, à défaut de stipulation précise, ressort de la nature des travaux ordonnés non moins que des appréciations données aux débats et dans l'intérêt de l'appelant, relativement

à la situation de Meugnier ; qu'en sa qualité de propriétaire, il incombait, en effet, à Tochon de pourvoir à la sécurité de ses locataires et de veiller rigoureusement à l'exécution des mesures indispensables pour garantir ce résultat ; que, s'agissant de reconstruire des galeries extérieures, situées aux deuxième et troisième étages et aboutissant aux lieux d'aisance, les travaux auxquels il faisait procéder présentaient un caractère manifestement dangereux ; qu'il est constant, néanmoins, que jusqu'au jour de l'accident, les galeries dont il s'agit étaient dépourvues de balustrades, et que, même en l'absence des ouvriers, aucune barrière n'en empêchait l'accès ; que cette double omission constituait une imprudence et une faute que Tochon avait la possibilité de prévenir aussi bien que le devoir de ne pas tolérer ; que les premiers juges l'ont à bon droit déclaré civilement responsable, sauf son recours contre Meugnier, d'un état de choses qui lui était en partie imputable et dont la chute et la mort de l'enfant du sieur Blanc ont été la conséquence ; — En ce qui concerne la quotité des dommages alloués : — Attendu que le tribunal a tenu compte, dans une juste mesure, de l'imprudence et de la négligence des parties ; — Par ces motifs ; — Et sans s'arrêter à tous autres moyens, fins ou articulations, non plus qu'à l'appel incident ;

Confirme, etc.

Du 23 déc. 1878. -C. de Chambéry.-M. Genelle, pr.

d'exécuter sur le toit de sa maison au sommet d'une cheminée, et qui, par la faute du couvreur, avait amené la chute de plusieurs briques sur la tête d'un passant (Douai, 26 déc. 1865, aff. Duby, D. P. 66. 2. 237; Civ. cass. 27 mai 1868, même affaire, D. P. 68. 1. 403 ; Amiens, 24 févr. 1869, même affaire, D. P. 69. 2. 153). Ces trois arrêts ont écarté la responsabilité civile en se fondant sur ce qu'elle suppose, outre le droit de choisir, le droit de diriger, et l'arrêt de la cour de Douai n'a été cassé qu'en ce qui touche l'obligation personnelle du propriétaire d'avertir les passants, par un signe extérieur, des travaux dangereux pour eux qu'il fait faire à sa maison, obligation à laquelle il avait manqué dans l'espèce et que n'avait pas reconnue la cour d'appel.

770. On a vu aussi *suprà*, n° 755, que le propriétaire d'un bois n'est pas civilement responsable de l'incendie causé par la faute d'un bûcheron à qui il a confié le nettoyage de sa forêt en le laissant maître et entrepreneur de l'ouvrage, surtout s'il lui a imposé la condition de n'y pas employer le feu (Crim. rej. 10 nov. 1859, aff. Forêts, D. P. 60. 1. 49), et sauf la responsabilité qu'il encourrait pour faute personnelle si, au contraire, il avait fait avec lui la convention illicite d'écobuage proscrite par l'art. 148 c. for., convention dans laquelle il faudrait voir la cause de l'incendie (Req. 20 avr. 1866, aff. Isnard, D. P. 69. 1. 364, Comp. *suprà*, n° 120.).

771. Encore moins une personne peut-elle être responsable d'un travail qui doit s'exécuter hors de chez elle. Jugé, notamment, qu'un charretier qui, avec son cheval et sa voiture, transporte à la tâche et sous sa responsabilité les marchandises d'un manufacturier vendeur chez un négociant acheteur, n'est pas le préposé de l'expéditeur et n'engage pas sa responsabilité par les dégâts qu'il cause par des chocs répétés à une maison voisine de l'acheteur en entrant dans la cour de celui-ci malgré la longueur excessive de la voiture et l'exiguité de la rue (Paris, 13 mars 1873 sous Req. 1ᵉʳ juin 1874, aff. Heidsieck et comp., D. P. 74. 1. 385). Mais il est momentanément le préposé de l'acheteur et l'engage à raison de cette faute, s'il a agi sous ses ordres et avec le concours de ses domestiques et employés (Arrêt précité du 1ᵉʳ juin 1874).

Déjà on avait vu au *Rép.* n° 617, qu'un courtier ne répond pas de ses rouliers.

772. Au contraire, un propriétaire est civilement responsable de l'incendie communiqué à ses propriétés voisines : par les moissonneurs qu'il emploie momentanément à couper ses récoltes (Crim. rej. 13 déc. 1856, aff. Doublet, D. P. 57. 1. 75)... Par les bûcherons qu'il emploie à l'exploitation de sa forêt sous la direction de son garde (Paris, 31 oct. 1893, aff. Boussaingault, D. P. 94. 2. 213)... Par le charbonnier qu'il a chargé de transformer en charbon, sur le parterre de la coupe, des arbres qu'il a achetés pour l'exploitation d'une forge (Bordeaux, 11 juill. 1859, aff. Compagnie d'Assurances *L'Aigle*, D. P. 60. 2. 23)..., avec cette circonstance, il est vrai, que la vente, prévoyant l'opération, contenait, au sujet de l'incendie, une garantie tacite dans laquelle l'acheteur ne pouvait se substituer un tiers.

773. — V. **Déplacement momentané de la responsabilité civile.** — Le caractère accidentel et momentané de l'emploi qu'une personne fait d'une autre n'exclut pas la responsabilité civile, si la subordination requise existe momentanément de la première à la seconde. Il en est ainsi même quand une personne est détachée au service d'une autre par un maître ou patron dont elle est habituellement le préposé.

On a vu au *Rép.*, n° 614, deux cas de ce genre dans lesquels on ne répond pas de personnes ainsi empruntées à leur patron ou à leur supérieur (par exemple, le cocher fourni avec une voiture de louage, et les militaires fournis par l'autorité pour un service d'ordre à l'entrée d'un bal privé). Ces deux solutions s'expliquent par l'idée que le cocher, quoique soumis aux ordres du client pour l'usage à faire de l'attelage, reste soumis aux instructions et à l'autorité du loueur pour la façon de le conduire et d'éviter les accidents, et que, de même, les militaires, quoique recevant un salaire et certaines consignes des organisateurs du bal,

étaient restés agents de la force publique, veillant par ordre de leurs chefs à la tranquillité de la rue.

774. Mais si la convention en vertu de laquelle on se sert du préposé d'un patron peut ainsi ne pas déplacer la responsabilité civile, il doit en être autrement lorsqu'elle déplace l'autorité, en la transportant du patron qui l'abdique en faveur de la personne qui emploie le préposé et qui devient momentanément son patron, l'ayant d'ailleurs suffisamment choisi par le fait de l'accepter. — Il en est surtout ainsi quand la personne qui l'emploie est à la tête d'une entreprise dans laquelle rentre cet emploi.

Ainsi une compagnie de chemins de fer, qui loue à un entrepreneur de roulage des chevaux et des conducteurs suivant ses besoins, pour les employer aux services qu'elle juge convenables sous l'autorité du chef de gare, devient le seul commettant des hommes ainsi employés, et est seule civilement responsable des accidents causés par leur faute pendant leur service, quoique l'entrepreneur les ait choisis et continue à les payer (Douai, 14 mars 1879, aff. Chemin de fer du Nord, D. P. 80. 2. 43 ; Paris, 27 févr. 1892, aff. Chemin de fer de l'Est, D. P. 92. 2. 465). De même, lors d'un accident survenu pendant la manœuvre d'une grue de déchargement dirigée par un mécanicien, la responsabilité édictée par l'art. 1384 c. civ. incombe à l'entrepreneur de déchargement sous les ordres de qui l'ouvrier blessé était placé pendant la manœuvre, et non à la personne qui avait fourni la grue et le mécanicien, sauf seulement la responsabilité de cette personne pour faute personnelle si elle avait fourni un appareil en mauvais état, défectueux, ou un mécanicien incapable ou manquant d'expérience (Poitiers, 19 mars 1888, aff. Richer, D. P. 88. 2. 310).

775. Il peut arriver encore qu'un entrepreneur de travaux publics, fournissant des ouvriers à l'État pour ses travaux de régie, reste chargé du payement de ces ouvriers, dont l'Administration lui tient compte à prix débattu et convenu, de manière à rémunérer le service qu'il rend. Dans cette combinaison, appelée régie intéressée, l'entrepreneur abdique l'autorité du maître sur l'ouvrier, n'ayant ni la direction ni la surveillance des travaux, que l'État s'est réservée; il n'est à son égard qu'un agent de recrutement, ou plus exactement le locateur d'un travail dont il est le locateur au regard des ouvriers. Mais ayant ainsi sous-loué ou cédé à l'État le travail de ces ouvriers, n'étant plus le maître de ce travail, ne pouvant s'immiscer dans son exécution, il ne peut être civilement responsable envers les tiers des délits ou quasi-délits commis par ces ouvriers, qui ne sont plus ses préposés mais ceux de l'Administration. C'est ce qui a été jugé par la cour de Limoges, le 25 juin 1890 (aff. Garrigou, D. P. 92. 2. 570 et la note).

776. De même, un propriétaire de navire peut donner en location, pour quelque temps, ce navire et son équipage à un autre armateur ou à une compagnie de navigation. Si alors il n'a pas conservé le droit de donner des ordres et des instructions de service au capitaine et à ses hommes, il ne les a plus pour préposés pendant ce temps, et il n'est pas responsable de leurs fautes, soit directement, soit par voie de garantie vis-à-vis de la compagnie ou de l'armateur à qui il a fait passer la direction exclusive et la responsabilité du navire et de l'équipage (Civ. cass. 5 janv. 1891, aff. Flornoy, D. P. 91. 1. 7). Si au contraire, des conventions des parties, interprétées souverainement par le juge du fait, il ressort que le capitaine a été maintenu comme son préposé par le propriétaire, qui seul aurait pu lui donner l'ordre de ne pas partir le jour de l'accident, c'est le propriétaire qui sera responsable des fautes du capitaine (Civ. rej. 28 févr. 1894, même affaire, D. P. 94. 1. 264). C'est ce qui arrive, par exemple, si le propriétaire a imposé son capitaine et ses hommes pour la conduite du navire à laquelle ils sont habitués, alors que la compagnie, lui affrétant ce navire, demandait à leur substituer les siens ; cette exigence du propriétaire devant s'interpréter comme une réserve d'autorité sur le navire et sur son capitaine dans la mesure où il s'agissait de la direction en cours de route et de la sécurité de la navigation (Angers, 25 janv. 1892, même affaire, D. P. 92. 2. 465 et la note). Mais cette circonstance n'empêche pas le capitaine d'être le préposé de la compagnie qui affrète, en tant qu'il s'agit des conditions du service offert par elle au public, de ses horaires à observer, de ses escales à desservir, etc.

(Même arrêt et la note). Il y a partage de la responsabilité, et non déplacement de celle-ci; du patron habituel au patron momentané. Mais encore faut-il deux ordres de faits différents pour donner ouverture à ces deux responsabilités, car pour un même fait elles s'excluent (V. la note sous l'arrêt précité de la cour d'Angers).

On avait déjà cité au *Rép.*, n° 619, un cas où le propriétaire du navire n'est pas civilement responsable du capitaine et de l'équipage : si l'acheteur à l'essai d'un navire fournit au capitaine l'équipage pour faire tel essai à ses risques et périls, capitaine et équipage ne sont pas les préposés du propriétaire.

777. On verra *infrà*, n° 878, qu'une commune sur le territoire de laquelle on travaille à éteindre un incendie a pour préposés, quant aux dégâts qu'ils commettent dans cette opération, non seulement les pompiers de la compagnie instituée par la commune, mais momentanément ceux des autres communes qui, sur leur appel, sont venus se joindre à eux.

778. — VI. Du propriétaire par rapport au concierge. — Un concierge de prison, a-t-on dit au *Rép.*, n° 620, n'est pas le préposé du directeur de cette prison. Mais cela tient uniquement à ce qu'il n'est pas choisi par ce directeur. La jurisprudence admet, au contraire, que le propriétaire d'une maison à la garde de laquelle il a préposé ce préposé, par exemple, envers un locataire dont le concierge a troublé la paisible jouissance ou entravé la profession par des procédés vexatoires dans l'exercice de sa fonction, comme de remettre tardivement les lettres, d'écarter les clients ou les visiteurs par des indications inexactes (Bordeaux, 7 févr. 1874, art. Dumas, D. P. 71. 2. 124; Paris, 29 juill. 1881, *suprà*, v° *Louage*, n° 181);... ou par le refus de leur indiquer la nouvelle adresse que le locataire déménagé lui avait laissée (Trib. civ. Seine, 22 juill. 1857, aff. Blanc, D. P. 57. 3. 51 ; Paris, 4 janv. 1864, aff. Loosé, *Gazette des tribunaux*, du 10 janv. 1864. V. en ce sens, Agnel, *Code manuel du propriétaire et des locataires*, 5e édit., n° 938).

779. Jugé encore qu'un propriétaire est civilement responsable de la faute que son concierge a commise en faisant étendre par ses déclarations, au delà des sommes qui la motivaient, une saisie pratiquée à la requête du propriétaire sur les meubles d'un locataire (Req. 11 juill. 1891, aff. Berteaux, D. P. 92. 1. 335);... ou encore du délit d'excitation à la débauche commis par son concierge, dans l'exercice de ses fonctions, au préjudice d'une fille mineure demeurant dans la maison (Paris, 8 oct. 1856, *infrà*, n° 795).

780. Le propriétaire répondrait aussi d'un vol commis au préjudice d'un locataire, par suite d'un manquement du concierge aux devoirs de sa fonction, et notamment de l'abus qu'il a fait de la clef que le propriétaire lui avait confiée en partant pour une longue absence (Paris, 30 juin 1883, aff. Hugot, D. P. 87. 2. 87). Il répondrait même à cet égard de la simple omission par le concierge de son devoir de surveillance. Mais il faut que ce devoir existe. Il faut aussi que l'omission soit la véritable cause du préjudice. On doit donc tenir compte des circonstances et de l'usage des lieux. Ainsi, par exemple, le propriétaire ne répondrait pas d'un vol, par cela seul que le concierge a abandonné momentanément sa loge le jour où il a été commis, si, dans les circonstances de la cause, ce fait ne s'est pas prolongé jusqu'à constituer une faute, et si l'on ne prouve pas que le vol a coïncidé avec l'absence du concierge et que la présence de celui-ci eût pu l'empêcher (Lyon, 21 janv. 1887 aff. Ferrad, D. P. 87. 2. 87).

781. — VII. Du propriétaire par rapport au fermier. — On a vu au *Rép.*, n°s 615, 616, qu'un fermier n'est pas le préposé du propriétaire de l'immeuble, le louage de choses ne suffisant pas à le placer dans sa dépendance, et que, par suite, il n'engage sa responsabilité civile par le mode abusif ou illégal de sa jouissance qu'autant que ce mode est l'effet nécessaire des stipulations du bail. Ce principe n'est plus contesté, et il a été appliqué notamment à l'imprudence commise par un fermier, même faisant des charrois pour le compte du propriétaire en exécution d'une clause du bail (Grenoble, 19 juin 1866, aff. Lanfrey, D. P. 66. 2. 196). Il était, d'ailleurs dans l'espèce, sans intérêt qu'il fût traité

comme fermier ou comme charretier, car, en cette seconde qualité, il avait, dans la direction et l'organisation du charroi demandé, toute l'indépendance d'un entrepreneur de transport.

782. Le même principe a été appliqué aussi à l'exploitation d'une mine confiée par le concessionnaire à un fermier agréé par l'Administration (Dijon, 7 août 1868, *suprà*, v° *Mines*, n° 494).

783. Enfin le propriétaire d'un bien rural a même été affranchi de la responsabilité civile des faits de son métayer (Toulouse, 5 avr. 1865, aff. Gazalbon, D. P. 66. 5. 415);... ou des contraventions commises par le serviteur à gages de son métayer (Cons. d'Et. 9 nov. 1888, aff. Renault, et 21 mars 1890, aff. Mauger et Renault, D. P. 91. 3. 84), malgré la communauté d'intérêts qui existe dans le métayage, à un plus haut degré que dans le fermage.

Mais, d'autre part, il a été jugé que le métayer engage la responsabilité du propriétaire lorsqu'il agit comme son agent ou son préposé, et que, spécialement, le propriétaire d'un taureau est responsable des blessures que l'animal a faites, alors qu'il était ramené par un métayer du concours agricole où il avait été exposé au nom du propriétaire, bien qu'il fit partie du cheptel de la métairie et que la prime allouée eût été abandonnée par le maître au métayer (Bordeaux, 10 mars 1874, aff. Poumeau, D. P. 75. 2. 67).

784. Jugé également que le propriétaire d'une carrière est tenu, à l'égard du propriétaire du fond voisin, des conséquences de l'exploitation imprudente de son locataire, encore bien que le bail mette à la charge de celui-ci toutes réclamations pour dommages causés aux propriétés voisines, s'il établit en même temps, pour l'exploitation de la carrière, une association d'intérêts entre le propriétaire et le locataire en assurant notamment au propriétaire une somme proportionnelle aux quantités qui seraient extraites, et si, intéressé à laisser étendre le périmètre de l'extraction, le propriétaire s'est rendu personnellement responsable de l'exploitation abusive de son locataire, en ne la limitant pas suffisamment par les clauses du bail et en ne surveillant pas l'observation des précautions requises (Paris, 12 mai 1873, aff. Lesage et comp., D. P. 73. 2. 204).

785. Conformément à ces principes, une jurisprudence aujourd'hui bien établie décide que les exploitations qui sont une cause d'incommodité ou de dommage pour les voisins, comme les théâtres, les cafés, les bals publics, les maisons de tolérance, engagent la responsabilité des propriétaires des immeubles dans lesquels elles s'exercent. On voit une faute personnelle du propriétaire dans le fait de louer pour de telles destinations sans exiger par le bail les mesures de précautions susceptibles d'empêcher le dommage (V. la note sous l'arrêt de la cour de Bruxelles du 27 juill. 1864, D. P. 67. 3. 23 ; et *suprà*, n° 73).

786. — VIII. Des sociétés par rapport a leurs gérants. — Une société répond-elle des quasi-délits qu'un de ses membres, chargé de gérer, commet dans cette gestion? L'affirmative doit être admise en principe, et il a été jugé notamment qu'une société composée de deux personnes peut être condamnée à des dommages-intérêts en réparation d'un quasi-délit commis par l'une d'elles, alors que celle-ci a agi dans l'intérêt social et que la société a tiré profit des actes en question (Civ. rej. 14 nov. 1888, aff. Société Beaumont et fils, D. P. 89. 1. 469). Jugé encore qu'une société commerciale peut être citée devant la juridiction correctionnelle comme civilement responsable du délit de contrefaçon de marque commis par un de ses membres et se rattachant aux opérations de la société (Alger, 29 mai 1879, aff. Avice, Marlier et Duvert, D. P. 81. 2. 63).

787. Cette question peut soulever des difficultés particulières lorsqu'il s'agit de sociétés en commandite, le gérant jouissant dans ces sociétés d'une prépondérance incompatible avec la qualité de préposé vis-à-vis des commanditaires. Mais ce n'est pas chaque commanditaire pris personnellement qu'il s'agit de déclarer responsable ; c'est la société, laquelle peut comprendre d'autres commandités, maîtres du choix qu'ils ont fait du gérant ; et, de même que dans sa gestion contractuelle, le gérant représente et oblige la société sans obliger personnellement les commanditaires,

de même, il peut être considéré, pour ses quasi-délits, comme préposé de la société sans être celui des commanditaires. La jurisprudence a admis la représentation directe de la société en commandite par son gérant, même en matière de délits et quasi-délits commis par lui dans sa gestion, sans s'arrêter à l'objection tirée de ce qu'il n'y a pas représentation personnelle du commanditaire. Comme conséquence de cette représentation directe et par application de l'art. 1382, sans viser l'art. 1384, qui logiquement serait tout aussi applicable, elle déclare la société en commandite obligée de réparer le préjudice causé a autrui par les actes ou omissions revêtant le caractère d'une faute dans l'administration du gérant (V. en ce sens : Civ. cass. 15 janv. 1872, aff. Bernard, D. P. 72. 1. 165, et la note; Dijon, 24 juill. 1874 (1). Comp. Laurent, t. 20, n° 575. V. infrà, v° Sociétés).

788. Mais si une société doit répondre de ses préposés, y compris le gérant, celui-ci ne peut personnellement répondre des préposés inférieurs dont le choix ne lui appartient pas en propre, mais est l'œuvre de la société tout entière. Jugé, notamment, que le président du comité d'administration d'une société hippique ne peut être actionné personnellement et solidairement par un tiers en réparation du préjudice éprouvé pendant une course par la faute d'un des commissaires élus par l'assemblée générale sur la présentation du comité (Nancy, 20 déc. 1884, aff. Dame Chollet, D. P. 87. 1. 289).

789. Quant aux faits des employés que le gérant a choisis, ils engagent aussi envers les tiers lésés la responsabilité civile de la société, puisque c'est par délégation et représentation de la société que la société a choisis et dirigés ; ils sont les employés non du gérant pris personnellement, mais de la société. Même si le fait de ces employés portait préjudice directement ou indirectement à la société, le gérant n'en serait pas absolument responsable envers la société. C'est ainsi qu'un mandataire n'est responsable envers son mandant de ceux qu'il a dû se substituer que dans des cas déterminés (c. civ. art. 1998). Ainsi jugé dans les rapports d'un gérant avec les commanditaires pour les vols et détournements commis par un employé qu'il a choisi, en l'absence de faute personnelle de sa part (Aix, 23 juin 1874. Comp. Lyon, 3 déc. 1857, infrà, v° Sociétés).

790. Le caractère illicite ou illégal du contrat qui unit le préposé au commettant s'oppose pas à ce que ces deux qualités soient reconnues par la justice en vue de l'application de la responsabilité civile qui en découle. Et par exemple, un tiers pour le compte duquel un office est exploité par le titulaire, moyennant rétribution ou partage des produits, peut, en sa qualité de commettant, être déclaré solidairement responsable des fautes professionnelles de ce dernier, commises au préjudice d'un client, quoiqu'il n'ait point participé aux actes dommageables qui les constituent; surtout s'il est déclaré qu'il en a bénéficié (Req. 1er août 1866, aff. Pouy, D. P. 67. 1. 26). — Les officiers publics ou ministériels engagent-ils, comme préposés, la partie pour laquelle ils agissent? Sont-ils civilement responsables comme commettants des fautes de leurs clercs. V. infrà, n° 884 et suiv.

791. — IX. De l'impossibilité d'empêcher le fait. — Le principe énoncé sous Rép., n° 623, d'après lequel le commettant ne peut pas, comme les père et mère, se faire décharger de la responsabilité civile en prouvant qu'ils n'ont pu empêcher le fait qui y donne lieu, a continué d'être unanimement accepté par la doctrine et appliqué par la jurisprudence. Aux auteurs déjà cités dans ce sens il faut ajouter : Aubry et Rau, t. 4, § 447, p. 761; Demolombe, Obligations, t. 8, n° 611; Colmet de Santerre, t. 5, n° 365 bis-VII; Laurent, t. 20, n° 588 ; Larombière, Obligations, art. 1384, n° 8; Baudry-Lacantinerie, Précis de droit civil, t. 2, n° 1292. Comme applications, V. notamment : Paris, 8 oct. 1856, infrà, n° 795; Dijon, 23 avr. 1869, aff. Saintoyen, D. P. 69. 2. 194;

24 juill. 1874, suprà, n° 787 ; Amiens, 21 janv. 1878, aff. Chemin de fer du Nord, infrà, n° 795 ; Grenoble, 27 déc. 1877, aff. Faulcon, sous Req. 24 déc. 1879, D. P. 80. 1. 204). La cour de Rouen (17 mars 1874, aff. Mulot, D. P. 74. 2. 190) a même appliqué ce principe à un cas où se manifeste bien l'impossibilité qu'il s'agissait d'admettre, comme excuse, le cas d'un armateur civilement responsable des faits du capitaine.

792. A plus forte raison ne suffirait-il pas, pour décliner la responsabilité civile du fait dommageable, d'alléguer que ce fait était directement contraire à une défense formelle faite par le commettant à son préposé (Dijon, 24 juill. 1874, suprà, n° 787). Jugé même que la responsabilité du maître doit être d'autant plus engagée par le fait du préposé, qu'après lui avoir défendu d'accomplir ce fait, il n'a point veillé à la rigoureuse application de sa défense (Paris, 31 oct. 1893, aff. Boussaingault, D. P. 94. 2. 313).

793. En matière forestière, les maîtres et commettants peuvent invoquer l'impossibilité où ils ont été d'empêcher le fait de leurs domestiques ou préposés (c. for. art. 206 ; Rép., v° Forêts, n°s 453, 456, 466). Mais on ne saurait appliquer ce régime spécial aux infractions, même touchant aux bois et forêts, qui sont prévues par le code pénal et non par le code forestier, notamment à celle prévue par l'art. 458 c. pén. consistant à allumer des feux dans les champs à moins de 100 mètres des forêts, bruyères, bois, vergers..., et à causer ainsi l'incendie des propriétés d'autrui (Paris, 31 oct. 1893, aff. Boussaingault, D. P. 94. 2. 313 et la note).

794. — X. De la relation du fait avec la fonction. — La responsabilité civile du commettant, si elle n'admet pas d'excuse, comporte une limite résultant de la qualité même en vertu de laquelle on l'encourt. Elle se restreint à ce qui est fait par le préposé dans la fonction qui lui est confiée (Rép., n°s 624 à 628), aux faits de charge, suivant l'expression de Demolombe (Traité des contrats, t. 8, n° 615). Ce principe, écrit dans la loi, n'est pas contesté ; mais son application peut présenter des difficultés qui expliquent le grand nombre de décisions auxquelles elle a donné lieu.

795. Il importe de remarquer tout d'abord que si la responsabilité civile du commettant suppose un fait accompli dans la fonction confiée au préposé, on ne saurait exiger la conformité de ce fait au mandat et aux instructions du commettant. Une défense même dont le fait serait la violation ne pourrait être alléguée comme excuse, pas plus que l'impossibilité où l'on aurait été de l'empêcher (V. suprà, n° 792) du moment qu'il se rattache à la fonction comme une façon, quoique maladroite ou abusive, de l'accomplir (Rép. n° 627).

Aussi ne saurait-on alléguer, comme un obstacle à la responsabilité civile, la criminalité du fait ou sa prohibition par une loi spéciale, sous prétexte qu'on n'a pas donné mandat de commettre des crimes ou des illégalités par l'abus de la fonction ; il suffit que la fonction ait été précisément pour le moyen du crime ou du délit (Rép. n° 627). La criminalité du fait, loin d'atténuer la responsabilité civile du commettant, l'aggrave en lui interdisant, comme au délinquant lui-même, d'invoquer la compensation tirée d'une faute, d'une imprudence par laquelle la victime se serait exposée au dommage qu'elle a subi.

Il a été jugé, par application de ces principes : 1° que le cocher engage la responsabilité civile de son patron, entrepreneur de voitures publiques, lorsqu'il commet un viol sur une fille mineure à lui confiée au débarcadère d'un chemin de fer pour être conduite dans une maison d'éducation (Trib. civ. de la Seine, 28 mai 1872, aff. T..., D. P. 73. 3. 7); — 2° Qu'un concierge agit dans sa fonction et engage par suite la responsabilité civile du propriétaire lorsqu'il excite et facilite la débauche d'une fille mineure habi-

<hr/>

(1). (Chagot et comp., C, Degueurse.) — La cour; — Considérant qu'aux termes de l'art. 1384 c. civ., les maîtres et commettants sont responsables du dommage causé par leurs domestiques et préposés dans les fonctions auxquelles ils les ont employés; — Qu'en fait, Mongenot était chargé par la compagnie de Blanzy d'extraire de la houille dans une galerie du puits Sainte-Eugénie, et que c'est ce travail qui a causé le terrible accident du 8 nov. 1872; — Qu'il n'y a lieu de distinguer si Mongenot travaillait à la tâche ou à la journée, puisque, dans l'un ou l'autre cas, il travaillait sous la direction et la surveillance de

la compagnie; — Que vainement J. Chagot et comp. prétendent échapper à la responsabilité édictée par l'art. 1384, par ce motif que Mongenot a désobéi à une défense formelle, et que l'accident est le résultat d'une faute qui lui est personnelle ; — Qu'en effet la loi ne distingue pas et n'exige qu'une condition, c'est que le fait qui engendre la responsabilité ait été accompli dans les fonctions auxquelles l'ouvrier était employé, et sans admettre même le maître à prouver qu'il n'a pu empêcher la faute commise ...
Du 24 juill. 1874.-C. de Dijon, 1re ch.-MM. Neveu-Lemaire, 1er pr.-Legoux, subst.-Massier, Lombart, Gouget, Ally et Kock, av.

tant la maison, en y introduisant des personnes qui y sont étrangères et qu'il met ainsi en rapport avec cette fille, en recevant des individus dans sa loge, en facilitant leur correspondance avec elle, actes qu'il ne peut accomplir que grâce à sa fonction de concierge, et qui constituent de sa part l'exercice abusif de cette fonction (Paris, 8 oct. 1856 (1). — *Contrà* : Demolombe, *Traité des contrats*, t. 8, n° 618 ; Larombière, *Obligations*, t. 5, art. 1384, n° 9 ; Ballot, *Revue pratique*, 1856, t. 2, p. 313) ; — 3° Que le piéton d'une compagnie de chemin de fer, qui profite de l'avis contenu dans une dépêche qu'elle l'a chargé de transmettre, pour voler des valeurs oubliées par un voyageur dans un cabinet d'aisances de la gare, engage la responsabilité civile de la compagnie, sans que celle-ci ait commis aucune faute et l'engage pour le tout, quelle que soit l'imprudence ou la négligence reprochée au voyageur (Amiens, 21 janv. 1878 (2) ; — 4° Que l'employé d'une société financière engage la responsabilité civile de celle-ci par le crime de faux qu'il commet en abusant de ce qu'il est préposé par elle à la garde des feuilles de titres et d'obligations dites de passe ou de rebut, et accrédité auprès de l'imprimeur avec pouvoir de se faire remettre, sur bons à tirer, de nouvelles feuilles de titres et de les faire numéroter et frapper du timbre noir de l'Etat, fonctions sans l'exercice desquelles il n'aurait pu commettre l'acte préjudiciable (Civ. rej. 28 juill. 1886, aff. Compagnie algérienne, D. P. 87. 1. 37) ;... ou par les fausses circulaires grâce auxquelles il a détourné à son profit les versements effectués par les clients de la société, en abusant du dépôt que celle-

ci lui faisait de fortes quantités de titres signés d'avance par le directeur et destinés à ne former contrats que par leur retour avec la signature d'un acheteur (Req. 19 oct. 1892, aff. Caisse générale d'épargne et de crédit, D. P. 93. 1. 604) ; — 5° Qu'un commis chargé de faire des encaissements engage la responsabilité de son commettant, par les faux dont il s'est rendu coupable dans cette mission, quoiqu'il n'eût pas reçu mandat d'aller chercher l'argent sans être porteur de bons vrais (Caen, 26 nov. 1879, aff. Langlois, *Journal des prud'hommes*, 1880, p. 74) ; — 6° Que le maître d'un bureau de placement est civilement responsable de l'escroquerie commise par ses préposés dans l'exercice de leurs fonctions, et à sa mère la fait dommageable qui s'est présentée dans l'établissement (Paris, 3 févr. 1873, aff. Fille Revoy, D. P. 74. 5. 434) ; — 7° Qu'une société commerciale peut être citée devant la juridiction correctionnelle comme civilement responsable du délit de contrefaçon de marque commis par un de ses membres et se rattachant aux opérations de la société (Alger, 29 mai 1879, aff. Avice, Marlier et Duvert, D. P. 81. 2. 63, cité *suprà*, n° 786).

796. Mais si le commettant ne peut exciper de la non-conformité du fait délictueux au mandat donné par lui, quand l'écart porte, non sur la nature des actes employés, mais seulement sur le mode ou l'application vicieuse qui a transformé ces actes en délit (car l'art. 1384 serait sans cela lettre morte), il ne faut pas non plus traiter comme lettre morte l'art. 1998 c. civ. qui affranchit le mandant de ce qui a été fait par son mandataire au delà du pouvoir qu'il lui a donné, à moins de ratification de sa part ; et cet

---

(1) (L... *C.* Soufflot.) — La cour ; — Considérant qu'aux termes de l'art. 1384, c. civ. les maîtres sont responsables du dommage causé par leurs domestiques et préposés, dans les fonctions auxquelles ils sont employés ; — Considérant que, de l'instruction dirigée contre la femme Théodore, il résulte que cette femme, concierge de la maison dont Soufflot est propriétaire, a excité, favorisé et facilité la débauche d'Eugénie L... mineure, notamment en introduisant dans la maison des personnes qui y étaient étrangères, et qu'elle mettait ainsi en rapport avec la fille L..., en recevant dans sa loge, et facilitant leur correspondance avec ladite mineure ; — Qu'ainsi c'est dans l'exercice des fonctions qui lui était confiées par Soufflot que les faits à raison desquels ladite femme Théodore a été condamnée ont été commis ; — Considérant que le paragraphe 4 dudit art. 1384, qui relève les père et mère et autres de la responsabilité, alors qu'ils établissent qu'ils n'ont pu empêcher le fait qui y donne lieu, n'est pas applicable aux maîtres et commettants dont la position est régie par le paragraphe 2 dudit article. — Qu'ainsi Soufflot, en sadite qualité de propriétaire doit être déclaré responsable des faits de sa concierge ; — Infirme le jugement dont est appel : 1° en ce que le propriétaire a été déchargé de toute responsabilité... ; émendant quant à ce, déclare Soufflot civilement responsable des faits de la femme Théodore ; fixe à 1500 les dommages-intérêts dus à la fille L... ; condamne la femme Théodore et Soufflot solidairement et par corps à payer ladite somme, etc.
Du 8 oct. 1856.-C. de Paris, ch. corr.-M. Zangiacomi, pr.-Berriat-Saint-Prix, subst., c. conf.-Celliers et Lassime, av.

(2) (Chemin de fer du Nord *C.* Hirsch.) — La cour ; — Considérant qu'il est acquis au procès que, dans la nuit du 7 août 1870, Doudain, à cette époque employé de la compagnie du chemin de fer du Nord, a soustrait frauduleusement une liasse de valeurs oubliées ou perdues par le sieur Hirsch dans l'un des cabinets d'aisances affectés à l'usage des voyageurs à la gare d'Amiens ; — Que ce vol a été commis par Doudain, alors qu'il était attaché au bureau télégraphique de la gare, comme piéton de la compagnie ; qu'en cette qualité, il a eu mission de porter au chef de gare d'Amiens une dépêche transmise par le chef de la gare d'Abbeville, pour prévenir de la perte faite par Hirsch et prescrire des recherches immédiates ; — Que cet avis, adressé comme dépêche de service, avait été, selon la coutume admise en pareil cas, remis à découvert au piéton qui a pris connaissance du message et a profité des facilités que lui donnait son emploi pour s'approprier la liasse contenant vingt-deux bons de la dette des États-Unis d'Amérique, savoir vingt bons de 1 000 dollars chacun, n°s 77638 à 77644, 3° série ; 108848 à 108853, 4° série, et n°s 11287. 11288, 25068, 14233, 66915, 2421, 54, 487 ; enfin deux bons de 500 dollars, n°s 8639 et 11370 ; — Que Hirsch a justifié de la légitime possession de ces titres au moment du vol, par un ensemble de documents non contestés ; — Considérant qu'à raison de ces faits restés longtemps inconnus, Doudain et sa mère ont été condamnés par arrêt de la cour d'assises de la Somme, du 24 oct. 1876, le premier comme

coupable de soustraction frauduleuse commise à Amiens dans la gare de la compagnie du chemin de fer du Nord dont il était alors homme de service à gages ; la mère, comme complice de ce crime pour avoir sciemment recélé les valeurs volées par son fils ; — Considérant que, dans ces conditions Hirsch est en droit de demander à Doudain et à sa mère la réparation complète du préjudice éprouvé en conséquence directe du délit ; que ce point n'est contesté par personne ; — Que la compagnie du Nord admet même aujourd'hui que Doudain ayant commis l'acte dommageable dans l'exercice ou à l'occasion de l'exercice de ses fonctions, elle est civilement responsable des faits de son préposé ; mais que, pour repousser absolument ou partiellement la demande, la compagnie soutient en droit : 1°... 2° Que s'agissant de la responsabilité créée par l'art. 1384, il y avait lieu de tenir compte de la part qu'a eue dans le fait dommageable une faute étrangère à la partie responsable et à plus forte raison de la part qu'y ont eue les fautes directement imputables à la partie lésée ; — 3° Que surtout il convenait d'admettre en faveur de la partie responsable, aux termes de l'art. 1384, les causes d'atténuation et de compensation observées dans l'application de l'art. 1382 ; — 4° Qu'en fait, Hirsch poursuit la réparation d'un dommage causé par des actes successifs d'imprudence ou de négligence graves qui lui sont directement imputables ; — Sur le premier point... : — Sur les trois derniers griefs : — Considérant qu'il n'est relevé aucune faute directe de Hirsch contre la compagnie, ni de celle-ci contre lui ; qu'il reste donc uniquement à apprécier quelle est la portée et l'étendue de la responsabilité indirecte édictée par le paragraphe 3 de l'art. 1384 c. civ. ; — Que le préposé, dans l'esprit de la loi, représente son commettant ; qu'ainsi la responsabilité de ce dernier est absolue ; qu'elle ne suppose, de sa part, aucune faute directe, mais qu'elle dérive d'une présomption légale contre laquelle la preuve contraire n'est point admise, dès que le préposé a commis dans l'exercice de ses fonctions le fait dommageable dont la réparation est poursuivie ; — Que, dans ce cas, la responsabilité s'étend à l'intégralité du dommage et qu'il n'y a, dès lors, pour le commettant, causes de compensation ou d'atténuation que celles opposables par l'auteur du préjudice ; — Considérant que l'acte criminel, établi à la charge de Doudain, ne laisse évidemment place à aucune compensation ; que jamais, pour éviter de rendre le produit de son vol, il ne sera permis au voleur d'invoquer les facilités que l'imprudence ou la négligence de la victime lui ont offertes à la dépouiller ; — Qu'il est donc inutile de rechercher par suite de quelles circonstances, d'ailleurs toutes fortuites, Hirsch a pu délaisser si malheureusement la liasse qui contenait sa fortune ; — Considérant, néanmoins, que la compagnie civilement responsable a le droit de discuter l'étendue du dommage qui peut être restreint, si la possession des valeurs réclamées n'est pas justifiée ou si les comptes sont mal établis... ; — Par ces motifs ; — Sans s'arrêter ni avoir égard aux conclusions de l'appelante, lesquelles sont rejetées comme mal fondées, etc.
Du 21 janv. 1878.-C. d'Amiens, 1re ch.-MM. Saudbreuil, 1er pr. Marlier, av. gén.-Nicolet et Lenté (du barreau de Paris), av.

article prévaudra en faveur du prétendu commettant, quand par leur nature même les actes employés seront étrangers au mandat de façon à n'être plus l'exercice, même abusif, mais l'usurpation d'un mandat.

Ce principe a été appliqué à l'extension par un courtier d'un mandat limité à certaines opérations déterminées, extension consistant à faire ensuite près du même vendeur des opérations du même genre, sous le nom du même acheteur, comme ordonnées par lui. Le courtier cependant était le commis placier du prétendu acheteur et accrédité sur la place en cette qualité. Mais d'autre part, il ne faisait pas la place exclusivement pour lui, le vendeur ne pouvait l'ignorer, et ce vendeur avait eu le tort de ne pas se renseigner suffisamment et de faire livraison au domicile du courtier quand l'usage était de livrer au domicile de l'acheteur (Paris, 12 juin 1874, aff. Baroz, D. P. 77. 2. 77). On a vu aussi au *Rép.*, n° 604, l'exemple d'un commis-voyageur obtenant des commandes par la promesse de conditions non conformes aux bulletins imprimés de son commettant, promesses qu'on ne saurait lier celui-ci s'il est de bonne foi. On a critiqué, en se plaçant au même point de vue, un arrêt de la cour de Nancy (25 févr. 1890, aff. Société générale, D. P. 90. 2. 347), décidant qu'alors même qu'il y aurait excès de pouvoir par un mandataire, excès entraînant la nullité de l'acceptation faite par lui d'une traite, le mandant serait encore responsable envers le tiers porteur à raison de la faute qu'il a commise en choisissant un représentant incapable ou infidèle.

797. La cour d'Orléans (12 nov. 1860, aff. *La Prudence agricole*, D. P. 61. 2. 21) a jugé que l'agent d'une compagnie d'assurances ayant pour mission de provoquer et recevoir des adhésions, mais non de recevoir les cotisations des assurés, n'engage pas la responsabilité civile de la compagnie par le détournement des cotisations qu'il a reçues frauduleusement de ceux-ci, lesquels, par des avertissements imprimés d'une façon apparente dans l'acte d'adhésion, étaient mis en demeure de ne pas les lui verser. Mais cet arrêt a été critiqué en ce qu'il a déchargé également la compagnie de la faute que l'agent avait commise en ne lui transmettant pas en temps utile l'acte d'adhésion, alors que les statuts admettaient la remise de cet acte au directeur, *ou pour lui à un agent*, et faisaient par là de cette transmission un acte des fonctions de l'agent (V. la note sous cet arrêt et le jugement du tribunal correctionnel d'Orléans, infirmé par la cour, du 17 sept. 1860).

798. Les gardes particuliers, nommés avec l'agrément de l'autorité publique, ont pour mission de surveiller les propriétés et de constater les délits qui y seraient commis, mais non d'opérer le recouvrement des indemnités dues à raison de ces délits. Il a été jugé que la faute qu'ils commettent dans ce recouvrement, en l'opérant sur une personne étrangère à la contravention, n'est pas une faute commise dans la fonction, et n'engage pas la responsabilité civile du propriétaire envers cette personne, à moins d'ordre spécial du propriétaire (Req. 10 mai 1865, aff. Louis, D. P. 65. 1. 334). Mais il nous semble, contrairement à l'arrêt précité, que le fait se rattache à la fonction et engage le propriétaire, si celui-ci a chargé son garde de faire le recouvrement de l'indemnité, bien qu'il l'ait prémuni contre l'erreur commise, en lui désignant le véritable auteur de la contravention auquel il le charge de faire la réclamation ; car, en le chargeant de ce recouvrement, il fait entrer cet acte dans la fonction de son préposé et doit, par suite, répondre de la façon maladroite ou abusive dont il l'accomplit. — Sur les faits des gardes-chasse et des gardes particuliers, V. *infrà*, n° 896.

799. Même quand l'acte dommageable est de la nature de ceux que l'agent est chargé de faire, le patron doit être déchargé si l'agent s'est présenté et a été envisagé par la victime de cet acte comme agissant pour son compte personnel ou pour le compte d'un autre mandant imaginaire.

Ainsi le cocher de louage, même la moyenne, engage par ses maladresses la responsabilité de son patron (V. *suprà*, n° 765); mais il en est autrement, lorsqu'il reçoit une personne dans sa voiture par pure complaisance, contrairement aux règlements, et sans aucune rétribution convenue (Trib. civ. Seine, 14 janv. 1891, aff. Vaillant, D. P. 93. 2. 57).

Ainsi encore, un agent d'affaires est à bon droit déclaré

civilement responsable des détournements commis par son employé dans les fonctions auxquelles il l'avait préposé, lorsqu'il est constaté en fait que l'employé n'a touché les sommes détournées qu'en sa qualité de principal employé de son patron, que celui-ci l'avait investi d'un mandat général pour la gestion des affaires du plaignant, qui devait nécessairement accorder sa confiance à un employé que le patron lui avait présenté comme son parent et son successeur désigné, qu'enfin l'employé n'avait jamais agi, dans la reddition de ses comptes, en son nom personnel, mais toujours comme le représentant et le délégué de son patron (Crim. rej. 6 mars 1890, aff. Travers, D. P. 90. 1. 496). Au contraire, il a été décidé que le commerçant, dont le caissier a falsifié et négocié à son profit des traites devenues sans objet par suite de leur payement, n'encourt de ce chef aucune responsabilité, s'il est reconnu en fait, d'une part, qu'il n'a commis aucune imprudence en laissant ces effets entre les mains de son caissier, d'autre part, que ce dernier a présenté lesdits effets, non en qualité de préposé de son patron, mais comme agent des derniers bénéficiaires (Req. 12 août 1873, aff. Delcroix, D. P. 75. 1. 259).

800. Un trésorier-payeur général (ou un receveur particulier des finances) est en principe, responsable du dommage causé à autrui par ses employés dans l'exercice ou l'abus des fonctions auxquelles ils sont préposés, encore bien qu'il n'ait pas commis personnellement d'imprudence ou de négligence en les surveillant mal ou en tolérant leurs fautes connues de lui, et encore bien que la faute du préposé, du fondé de pouvoirs par exemple, constituât une violation des lois et règlements auxquels il aurait dû se conformer, ou que les actes constitutifs de cette faute eussent commencé sous la gestion du prédécesseur s'ils ont continué sous la sienne (Req. 24 déc. 1879, aff. Faulcon, D. P. 80. 1. 204). Mais il n'encourt aucune responsabilité à raison du préjudice causé à un tiers par un de ses employés, à raison d'opérations de bourse pratiquées par ce dernier en dehors de ses fonctions, s'il est établi que le tiers a traité directement avec cet employé considéré comme simple particulier, qu'il a suivi sa foi et accepté sa solvabilité, qu'il n'ignorait pas enfin qu'en se livrant auxdites opérations, l'intermédiaire choisi par lui s'écartait des usages et des règlements de la trésorerie générale, et lui consentait des remises qu'il n'aurait pu lui accorder s'il eût, dans ce cas, comme préposé dudit trésorier et pour le compte de celui-ci ; la constatation de ces faits exclut toute relation entre la faute imputée au trésorier payeur et le préjudice causé, le tiers étant exclusivement victime de son imprudence volontaire et intéressée (Grenoble, 25 août 1881, et Civ. rej. 16 juin 1884, aff. Ponson, D. P. 85. 1. 213). — Sur la responsabilité des trésoriers-payeurs généraux pour le fait des receveurs particuliers des finances, et de ceux-ci pour le fait des percepteurs des contributions directes, V. *infrà*, v° *Trésor public*. — Sur la responsabilité des agents de change pour le fait de leurs commis, et la distinction à faire à cet égard entre les titres confiés au commis comme tel et ceux confiés au commis personnellement, V. *suprà*, v° *Bourse de commerce*, n°ˢ 190 et 191. — Sur la responsabilité civile des officiers publics et ministériels du fait de leurs clercs, V. *infrà*, n°ˢ 884 et suiv.; ... des receveurs de l'enregistrement du fait de leurs préposés personnels, V. *infrà*, v° *Trésor public*.

801. La distinction entre le fait personnel et le fait de charge a soulevé une question délicate en ce qui concerne les détournements commis par un caissier de caisse d'épargne. Il a été jugé que la caisse d'épargne est civilement responsable du détournement par son caissier de sommes versées en ses mains hors du bureau de la caisse (Trib. civ. Tonnerre, 21 août 1874, aff. Caisse d'épargne de Tonnerre, D. P. 77. 1. 65). La cour de cassation, sur le pourvoi formé contre ce jugement (Civ. cass. 28 nov. 1876, D. P. *ibid.*), a évité de se prononcer sur cette application de l'art. 1384, et n'a rejeté le pourvoi qu'en s'appuyant sur la faute personnelle reconnue en fait à la charge de l'administration de la caisse dans le choix du caissier. Il nous semble que l'art. 1384 n'était pas applicable dans un cas de ce genre. Le caissier d'une caisse d'épargne auquel on confie, hors du lieu et des heures affec-

tées aux versements des fonds destinés à être versés à la caisse, n'est qu'un mandataire ordinaire ; celui qui s'adresse à lui dans de telles conditions s'en rapporte à son exactitude et à sa probité personnelles. Peu importe qu'il se soit adressé à lui de préférence à tout autre à raison de sa qualité de caissier ; le détournement commis par ce dernier n'en constitue pas moins un fait purement personnel distinct de sa fonction. C'est un cas analogue à celui du fondé de pouvoirs du trésorier-payeur, qui reçoit un ordre de bourse (V. *suprà*, n° 800), ou du receveur municipal qui reçoit un dépôt de fonds à placer en obligations de la commune (V. *infrà*, n° 872). Ces considérations fournissent même, contre l'arrêt précité de la cour de cassation, un argument uniquement fondé sur le mauvais choix du caissier : on ne voit pas quel lien de droit cette circonstance peut établir entre la caisse et la victime du fait, si le fait dommageable est étranger à la fonction du caissier et n'est que l'abus d'une confiance personnelle qui aurait pu être accordée aussi bien à tout autre (V. la note sous l'arrêt précité).

802. L'agent d'un individu ou d'une compagnie n'engage pas non plus la responsabilité civile de ce commettant, lorsque, ayant en même temps la qualité d'officier de police judiciaire, il procède en cette qualité. Par exemple, les agents des compagnies de chemins de fer, assermentés et agréés par l'Administration, rentrent dans la catégorie des officiers de police judiciaire ; et, comme la police des cours dépendant des stations de chemin de fer n'appartient pas aux compagnies, les employés assermentés de celles-ci ne sont pas, dans les agissements relatifs à cette police, leurs préposés mais les subordonnés du commissaire de surveillance administrative ou du directeur du contrôle, et ces agissements n'obligent pas la compagnie, dans les termes de l'art. 1384, c. civ. (Civ. cass. 24 juin 1890, aff. Draud, D. P. 91. 1. 439).

803. Les juges du fait constatent souverainement les circonstances qui rattachent le fait dommageable à la fonction du préposé; les faits en apparence les plus étrangers à cette fonction peuvent s'y trouver accidentellement rattachés. Ainsi une chasse faite inopinément par des ouvriers à des rats qui ont envahi le chantier pendant leur travail, peut être considérée comme une conséquence naturelle de ce travail, surtout si les surveillants du chantier l'ont encouragée ; et le patron peut alors être rendu civilement responsable des blessures que les ouvriers, en s'y livrant, ont causées par leur maladresse à d'autres ouvriers qui n'y prenaient point part (Aix, 23 nov. 1875, aff. Taddey, D. P. 77. 2. 135). — Sur la preuve des faits constituant les relations de préposé à commettant, V. *Rép.* n° 629.

804. — XI. DU FAIT D'UN PRÉPOSÉ ENVERS L'AUTRE. — SOLIDARITÉ. — RECOURS. — Le principe posé au *Rép.*, n° 630, et d'après lequel un commettant, lorsqu'il emploie plusieurs préposés, répond civilement du fait de chacun d'eux à l'égard des autres comme à l'égard des tiers, a été, depuis lors, appliqué sans défaillance : Civ. rej. 27 juin 1876, aff. Sautereau, D. P. 76. 1. 375 ; Dijon, 23 avr. 1869, aff. Saintoyen, D. P. 69. 2. 194 ; 24 juill. 1874, *suprà*, n° 787 ; Aix, 23 nov. 1875, aff. Taddey, D. P. 77. 2. 135 ; Paris, 8 juin 1877, aff. Bouvier, D. P. 77. 2. 203 ; 24 août 1877, aff. Gérard, D. P. 78. 2. 97). Jugé, de même, pour le fait d'un ouvrier à la tâche à l'égard d'un apprenti choisi et payé directement par cet ouvrier (Aix, 13 mai 1865, aff. Maille et Vaillant, D. P. 66. 2. 238). — Sur la responsabilité du patron envers ses ouvriers ou employés pour accidents dus à leur propre faute, mais qu'aurait dû prévenir le patron ou son préposé. V. *infrà*, v° *Travail*. — La responsabilité du commettant est purement civile et non pénale (V. *suprà*, n° 679) ; mais elle doit s'étendre à la réparation du préjudice causé, du moins à la totalité de ce qui est dû par l'auteur même du fait dommageable (V. *suprà*, n° 699 et *Rép.* n°s 523 et 636).

805. Indépendamment de la solidarité qui peut être prononcée contre le commettant et l'auteur du fait pour les condamnations tendant à la réparation du dommage (*Rép.* n° 637 ; Crim. rej. 6 mars 1890, aff. Travers, D. P. 90. 1. 496 ; Req. 11 juill. 1891, aff. Berteaux, D. P. 92. 1. 335), la pluralité des commettants, tous civilement responsables du fait d'un même préposé, a pour effet de permettre contre eux une condamnation solidaire (*Rép.*, n° 637). Mais le com-

mettant a évidemment son recours contre le préposé auteur de la faute pour lui en faire supporter seul les suites définitives (Douai, 6 mars 1883, aff. Veuve Deflesselle, D. P. 85. 2. 135). Et, s'il est vrai que l'auteur de la faute, lorsqu'il est seul poursuivi, ne peut appeler en garantie son commettant dont la responsabilité civile n'est pas établie dans son intérêt, mais seulement dans celui de la victime, s'il ne peut même appeler en garantie le coauteur de cette faute lorsqu'elle constitue un crime ou un délit prévu par la loi pénale (V. *suprà*, n° 47 et Req. 23 août 1872, aff. Cazelles, D. P. 72. 1. 411), au contraire, le commettant, civilement responsable de délits et notamment de détournements, commis par son préposé, est recevable à demander que cette responsabilité soit partagée par d'autres commettants auxquels incombait également l'obligation de surveiller l'auteur des détournements (Même arrêt).

§ 2. — De la responsabilité du commettant appliquée aux administrations publiques.

806. — I. L'ART. 1384 C. CIV. PEUT-IL S'APPLIQUER A L'ETAT? — L'application à l'Etat de la responsabilité indirecte ou réfléchie édictée par l'art. 1384 pour les commettants a soulevé soit entre les auteurs, soit entre la cour de cassation et le conseil d'Etat, des dissentiments qu'on a exposés *suprà*, n° 341 et suiv., en abordant la théorie générale de la responsabilité de l'Etat et des autres personnes administratives. Ces dissentiments ont eu pour cause principale des préoccupations relatives à la compétence. C'est sur ce terrain que s'est placé le tribunal des conflits lorsqu'il a déclaré que le juge, devant s'inspirer en ce qui touche la responsabilité de l'Etat pour le fait des personnes qu'il emploie dans le service public, non des principes établis par le code civil, mais de règles spéciales variant suivant les besoins du service et de la nécessité de concilier les droits de l'Etat avec les droits privés, ne peut être, en cette matière, que l'autorité administrative (Trib. conn. 8 févr. 1873, aff. Blanco, D. P. 73. 3. 21, et concl. conf. de M. David, commissaire du Gouvernement; 4 août 1877, aff. Gaillardon, *Rec. Cons. d'Etat*, p. 830; 20 déc. 1884, aff. Maillé, D. P. 86. 3. 85 ; 15 févr. 1890, aff. Veuve Piéri, D. P. 91. 3. 71. *Adde* Cons. d'Et. 5 mars 1880, aff. Biston, *Rec. Cons. d'Et.*, p. 258). La cour de cassation, qui admettait, au contraire, l'application du code civil à l'Etat et la compétence de l'autorité judiciaire s'est ralliée à cette décision du tribunal des conflits (Civ. cass. 4 avr. et 13 juin 1876, aff. Larre-Brusset, D. P. 77. 1. 69; 19 nov. 1883, aff. Flornoy et 17 mars 1884, aff. Gélyot, D. P. 84. 1. 246 et 327; 26 août 1884, aff. Duffau-Lagarosse, D. P. 85. 1. 72). L'art. 1384, d'après cette jurisprudence, ne concerne l'Etat que comme propriétaire ou personne civile pour la gestion de son domaine privé, ou dans la mesure où une loi spéciale, comme celles des 6-22 août 1791 sur les douanes (tit. 18, art. 19), du 1er germ. an 13 sur les contributions indirectes, du 15 juill. 1845 sur les chemins de fer (art. 22), assimile sa responsabilité à celles des particuliers. Mais il lui est étranger dans tout autre service public, quelle que soit sa ressemblance avec une industrie privée, celui des tabacs notamment.

Cette jurisprudence n'en arrive pas moins, sans le secours du code civil et en l'absence même de lois spéciales, à prononcer contre l'Etat, pour le fait de ses préposés dans la gestion des services publics, et parfois même pour des mesures de police entachées de faute de leur part, des condamnations dont le principe n'est pas nettement défini par elle (*suprà*, n° 341 et suiv.). — Au reste, comme les dispositions de l'art. 1384, comme celles des art. 1382 et 1383, ne sont que l'expression d'un principe d'équité naturelle, toutes les fois qu'il s'agit de d'apprécier les conséquences des négligences ou imprudences commises par les agents que l'Etat emploie dans les mêmes conditions qu'un particulier pourrait le faire, la jurisprudence administrative recherche en fait le montant du préjudice causé, et évalue la réparation qui est due, absolument comme pourrait le faire un tribunal civil.

Cette jurisprudence, aujourd'hui constante, est cependant contraire à la doctrine d'un assez grand nombre d'auteurs (Demolombe, *Traité des contrats*, t. 8, n° 637 ; Aubry et Rau, t. 4, p. 759 ; Baudry-Lacantinerie, t. 2, n° 1292 ; Lau-

rent, t. 20, n° 390 et suiv. ; Sourdat, t. 2, n° 1302, 1307 ;
Cotelle, *Cours de droit administratif*, 2° éd., t. 2, p. 495 ;
Maurice Hauriou, *Précis de droit administratif*, 1892, p. 695)
qui admettent l'application de l'art. 1384, sous la réserve
des conditions auxquelles est subordonnée son application (lien de commettant à préposé, faute de ce préposé,
lien entre cette faute et la fonction), conditions dont
l'existence devra ici dépendre de nécessités et de règles
administratives, et qui font défaut par exemple lorsqu'il
s'agit des fonctionnaires de l'ordre judiciaire ou de l'exercice de la puissance publique par les fonctionnaires même
de l'ordre administratif.

807. En Belgique, la cour de cassation a nettement distingué les mesures de police et la gestion du domaine
public ou privé, pour écarter ou admettre l'art. 1384 (9 déc.
1880, 1er déc. 1881, *infrá*, n° 867, 12 janv. 1893, aff.
Ville d'Anvers, D. P. 94. 2. 270).

En Suisse, la jurisprudence du tribunal fédéral est plus radicale et décide qu'à défaut d'une loi spéciale, consacrant le
principe de la responsabilité civile de l'Etat, celui-ci n'est
pas tenu de réparer le dommage causé par le fait de ses employés dans l'exercice de leurs fonctions. Dans un arrêt du
25 mars 1882, notamment (affaire Demeuré et Vanza *C.*
l'Etat d'Uri), le tribunal fédéral a rejeté une demande d'indemnité tendant à la réparation de prétendus dommages
causés aux demandeurs par des agents publics dans l'exercice de leurs fonctions, en se fondant : sur ce qu'on chercherait en vain dans la législation du canton d'Uri une
disposition de loi établissant formellement la responsabilité
civile de l'Etat, à raison des actes illicites de ses employés ;
qu'à défaut de cette disposition, on ne saurait faire découler
la responsabilité civile de l'Etat des principes généraux du
droit commun, rien, en effet, dans l'état actuel de la
doctrine et de la législation, n'étant plus discutable que la
responsabilité civile de l'Etat pour les abus du pouvoir
exercés par ses fonctionnaires ; considérer l'Etat, en l'absence d'un texte de loi précis, comme responsable des faits
illicites commis par ses préposés dans l'exercice de leurs
fonctions, équivaudrait à considérer ces faits comme constituant de véritables actes de l'autorité publique ; or rien ne
serait plus illogique, puisqu'on imputerait ainsi à l'Etat des
actes manifestement contraires à sa volonté exprimée dans
la loi. Il est donc nécessaire que la responsabilité de
l'Etat, pour le fait de ses agents, soit expressément établie
par une loi spéciale comme celle de toute personne pour le
fait d'autrui, et cette loi spéciale n'existant pas dans la législation du canton d'Uri, l'Etat ne peut être déclaré civilement responsable des dommages causés à des particuliers
par des agents publics qui relèvent de son autorité, dans
l'exercice de leurs fonctions.

808. La question de savoir dans quelle mesure la responsabilité de l'Etat peut être engagée du chef de ses agents
doit être examinée successivement en ce qui concerne chacune des diverses administrations chargées des services publics. Il y a lieu de se référer d'ailleurs à ce qui a été dit
supra, n°s 339 et suiv., 383 et suiv., sur les fautes des
fonctionnaires dans l'exercice de leurs fonctions, et *supra*,
n°s 344, 429 et suiv. sur la responsabilité personnelle des
fonctionnaires eux-mêmes.

809. — II. Administrations des Contributions indirectes,
des Douanes, des Forêts. — A l'égard des administrations
publiques et les régies de l'Etat investies du droit de
poursuivre devant les tribunaux la répression des contraventions, comme l'administration des Contributions indirectes, des Douanes, des Forêts, les principes du droit commun sur la responsabilité sont applicables aux dommages
causés par leur faute ou celle de leurs préposés. Cette
règle, développée au *Rép.*, n°s 255, 638 à 643, a été de
nouveau appliquée aux dommages causés par la négligence
de l'administration des Contributions indirectes, ou, de ses
préposés, dans la direction erronée donnée à ses poursuites
(Crim. rej. 15 juin 1872, aff. Martin, D. P. 72. 1. 206).
Et la cour de cassation a déclaré souveraine la décision par
laquelle le tribunal correctionnel, constatant le préjudice et
la faute, a alloué des dommages-intérêts au prévenu.

Dans le même ordre d'idées, il a été jugé que les administrations publiques, quelles qu'elles soient, notamment l'Administration forestière, en cas de rejet de leur pourvoi en

cassation contre une décision d'acquittement ou d'absolution, sont passibles des dépens de l'instance et de l'indemnité de 150 fr. envers la partie défenderesse, même dans le
cas où les poursuites intentées par elles avaient pour objet,
non l'obtention de dommages-intérêts, mais l'exercice
même de l'action publique (Crim. rej. 28 août 1868, aff.
Drouet, D. P. 68. 1. 511).

810. Des dispositions spéciales ont affirmé, et limité en
même temps, à un chiffre précis, en cas de saisie illégalement pratiquée, la responsabilité de l'administration
des Contributions indirectes (art. 29 du décret du 1er germ.
an 13 ; *Rép.* n° 640. V. *supra*, v° *Impôts indirects* et *infrá*,
v° *Vins et boissons*) ou celle de l'administration des Douanes
(art. 16, tit. 4, de la loi du 9 flor. an 7 ; *Rép.* n° 643. V.
supra, v° *Douanes*, n°s 588 et suiv.). Ces limitations ne s'appliquent qu'aux cas prévus par lesdites lois. Ainsi la limitation du décret du 1er germ. an 13 ne s'applique qu'aux
individus saisis, et non au propriétaire de marchandises
indûment saisies sur des tiers ; ce propriétaire a, dès lors,
le droit d'obtenir des dommages-intérêts appréciés d'après
l'importance du préjudice (Req. 14 août 1877, aff. Contributions indirectes, D. P. 78. 1. 420).

811. L'individu illégalement poursuivi par la faute d'un
agent de la Régie peut, d'ailleurs, poursuivre personnellement cet agent en réparation du dommage qu'il a souffert ;
par exemple si les poursuites de la Régie l'ont amené à
transiger avec elle, il peut se faire rembourser par l'agent
auteur de la faute le montant de cette transaction, sans
qu'on puisse lui opposer une fin de non-recevoir tirée de
cette transaction (Req. 30 juill. 1877, aff. Vuillemin, D. P.
78. 1. 421).

812. Pas plus que les particuliers, l'Etat ne saurait
encourir la responsabilité civile du commettant, si l'auteur
du fait n'a pas à son égard la qualité de préposé, et ce principe, qui empêche notamment l'Etat de répondre du fait des
juges, a été appliqué, notamment, en matière de douanes. Il a été jugé que les commissaires-experts institués par la loi du 27 juill. 1822, près le ministre de l'intérieur (aujourd'hui du commerce) pour statuer sur les doutes
et difficultés qui peuvent s'élever relativement à l'espèce, à
l'origine ou à la qualité des produits pour l'application des
droits de douanes, ne sont point des agents de l'Etat,
attendu qu'ils remplissent leur mission dans des conditions
d'indépendance absolue, et que, par suite, les lenteurs
apportées et autres fautes commises par eux dans une opérations d'expertise ne peuvent engager la responsabilité de
l'Etat (Req. 8 août 1876, aff. Brun, D. P. 77. 1. 157 et les
conclusions de M. l'avocat général Reverchon).

813. D'autre part, les administrations publiques comme
les particuliers ne peuvent encourir la responsabilité civile
du commettant, à raison des faits de leurs préposés qui ne
se rapportent pas à leurs fonctions. Ainsi en est-il des délits
de chasse commis par les agents forestiers dans leur triage
et pendant leur service (Crim. rej. 2 mars 1834, aff. Lapeyre,
D. P. 34. 1. 104), des délits de chasse commis par les
agents des douanes (Crim. rej. 16 avr. 1838, aff. Camus,
D. P. 38. 1. 295). Mais si l'usage qu'a fait l'agent de son
arme pour un fait de chasse n'engage pas l'Administration,
il en est autrement de l'usage qu'il en fait pour un acte de
ses fonctions, notamment pour repousser une prétendue
agression de fraudeurs dont le caractère ne légitimait pas ce
recours à la violence (V. la note sous l'arrêt précité et *Rép.*
n° 627).

814. La responsabilité de la régie des Douanes du fait
de ses agents ne s'applique pas aux attributions conférées
aux receveurs par les dispositions de la loi du 10 juill. 1885
en matière d'hypothèque maritime (art. 37 de ladite loi).

815. — III. Administration du Trésor. — On a exposé
au *Rép.*, n°s 644 à 646, et au *Rép.* v° *Trésor public*, n°s 1219 à
1221, à quelles conditions l'Etat est responsable du fait de
ses agents pour les opérations de trésorerie, telles que
payement d'arrérages et transferts de rentes faits au préjudice des droits du propriétaire de ces rentes.

La première condition est la faute du préposé, laquelle
doit s'apprécier d'après les règles administratives qui déterminent les conditions spéciales dans lesquelles ils leur est
prescrit d'opérer. Jugé, notamment, que le refus par la Caisse
des consignations de recevoir des rentes sur l'Etat au porteur,

à titre de nantissement de surenchère, peut donner lieu à des dommages-intérêts dont le chiffre est souverainement fixé par le juge, et non pas soumis à la règle édictée par l'art. 1153 c. civ., à l'égard des obligations de sommes (Req. 4 janv. 1865, aff. Receveur général de la Gironde, D. P. 65. 1. 172).

816. Le rôle du Trésor en cas de transfert se borne à constater l'opération sur la déclaration des parties certifiée par l'agent de change, et il n'est, par suite, responsable du transfert opéré par lui que si les pièces produites pour l'obtenir font apparaître la preuve que le transfert ne peut être fait régulièrement. Ainsi le conseil d'Etat a refusé de déclarer le Trésor responsable du défaut de capacité du vendeur qui ne lui était pas révélé par les pièces produites, par exemple, dans le cas où il lui a été produit un jugement accordant mainlevée du conseil judiciaire donné au propriétaire et mentionné sur le titre de rente, bien que ledit jugement ait été ultérieurement rapporté à la suite d'une tierce opposition, le Trésor n'ayant pas à rechercher si le jugement était exempt de tout défaut de forme ou susceptible d'être mis à néant (Cons. d'Etat, 19 mars 1880, aff. Lenormand, D. P. 81. 3. 49 et la note; V. *supra*, v° *Bourse de commerce*, n°ˢ 192 et suiv., et *infrà*, v° *Trésor public*).

817. C'est encore à l'influence des règles administratives sur l'appréciation de la faute des agents de l'Etat qu'il faut rattacher l'arrêt du conseil d'Etat du 12 juill. 1882 (aff. Cordier et comp., D. P. 84. 3. 9), décidant qu'un particulier qui n'a pas demandé au Trésor dans les formes de droit la vérification des bons falsifiés dont il était détenteur, ne peut poursuivre l'Etat comme responsable de la faute que ses agents auraient commise en admettant ces bons à l'escompte sans une vérification préalable que les règlements n'exigent qu'en cas de demande faite dans les formes prévues par eux (V. la note sous cet arrêt). Mais une demande régulière de vérification rendrait l'Etat responsable des suites de l'erreur où le porteur aurait été induit par une négligence de l'employé chargé de cette vérification.

818. On a vu au *Rép.*, n° 646, que l'Etat n'est pas responsable envers les communes des détournements commis par les percepteurs-receveurs. Mais il serait responsable envers un particulier des détournements commis par un receveur des finances dans l'accomplissement d'une mission spéciale dont il était chargé par suite de ses fonctions (Cons. d'Etat, 27 juin 1867, aff. Syndic Desbordes, D. P. 68. 3. 97). — De même, l'Etat a pu être déclaré responsable pour partie d'un vol commis à la Banque de France, ce vol ayant été facilité par l'inobservation d'une disposition de loi, autorisée par les agents du ministère des finances, malgré la résistance du trésorier général, et par la négligence des employés de la préfecture (Cons. d'Etat, 9 mars 1883, aff. Banque de France et sieur Lepic, D. P. 84. 3. 105, et la note 3).

819. — IV. Administration des Ponts et Chaussées. — L'Etat est responsable, comme on l'a vu au *Rép.*, n° 648, de la négligence de ses agents s'ils ont laissé subsister dans un port ou dans un canal, sans les signaler suffisamment, des épaves ou autres obstacles, provenant par exemple d'anciens ouvrages, et qui ont causé des avaries à un navire (Cons. d'Et. 21 juill. 1882, aff. Turnbull, D. P. 84. 3. 29 ; 4 août 1882, aff. Compagnies d'assurances maritimes fluviales *L'Equateur*, et *L'Atlantique*, D. P. 84. 3. 29 ; 11 déc. 1885, aff. La *Newquay mutual Ship Insurance Society* et Leborgne, D. P. 87. 3. 46);... sauf à tenir compte dans le règlement de l'indemnité de la faute commise par le pilote, s'il a, par exemple, négligé de se conformer à toutes les indications du maître de port (Arrêt précité du 11 déc. 1885) ou des conditions défectueuses dans lesquelles les intéressés ont procédé au sauvetage (Arrêt précité du 21 juill. 1882);... sauf même à décharger entièrement l'Etat si les intéressés pouvaient éviter l'avarie en employant pour dégager le bâtiment des procédés autres que ceux auxquels ils ont eu recours (Arrêt précité du 4 août 1882).

820. L'Etat est responsable encore : 1° de l'insuffisance des précautions prises par l'Administration pour signaler l'écueil que forment dans un port des travaux non apparents commencés par elle et qui ont causé l'avarie d'un navire (Cons. d'Et. 12 juill. 1885, aff. Bourdet, D. P. 56. 3. 5) ; — 2° Du dommage résultant pour une propriété du retard apporté par les agents de la navigation à l'ouverture d'un barrage, alors que ce retard a eu pour effet d'aggraver notablement les effets de la crue de la rivière (Cons. d'Et. 6 janv. 1882, aff. Vauvillé, D. P. 83. 3. 43); — 3° Des dommages causés à des navires amarrés dans un bassin, par suite de la rupture des portes, alors que cet accident a été la conséquence d'un défaut d'entretien, encore bien que le capitaine, contrairement aux règlements du port, n'ait pas laissé un homme préposé à la garde du navire, si la présence d'un gardien à bord ne pouvait ni prévenir, ni atténuer le dommage (Cons. d'Et, 27 juin 1890, aff. Chedru et Craquelin, D. P. 92. 3, 12).— Sur la responsabilité de l'Administration à raison des dommages causés aux particuliers par l'exécution de travaux publics, V. *infrà*, v° *Travaux publics*.

821. — V. Administration de la Marine. — L'Etat est responsable, pour les bâtiments qui lui appartiennent, des dommages causés par l'abordage de ces bâtiments dû à la faute de leur commandant ou de leur équipage; et cette responsabilité doit être appréciée en tenant compte des règles spéciales du droit maritime sur l'abordage (Cons. d'Et. 15 févr. 1872, arr. Valery, 15 avr. 1873, aff. Maurel, D. P. 73. 3. 57). Il en est de même quand l'abordage est dû à la faute du capitaine commandant un ponton (Cons. d'Et. 2 mai 1890, aff. Jonhsen et autres, D. P. 91. 3. 103).

822. — VI. Administration de la Guerre. — Les fautes de l'Administration militaire et de ses agents engagent la responsabilité de l'Etat. C'est ainsi que l'établissement d'un polygone ou d'un champ de tir dans des conditions qui laissent les propriétés voisines exposées aux projectiles et qui en troublent la jouissance, est un cas de responsabilité directe de l'Etat (V. *supra*, n°ˢ 401 et suiv.).

823. Les marches, manœuvres et exercices, rassemblements et stationnements de troupes donnent lieu aussi à la responsabilité de l'Etat pour les dommages de toute nature causés par elles aux propriétaires. Cette responsabilité, lorsqu'il s'agit des grandes manœuvres, est réglée d'une manière spéciale par les lois du 24 juill. 1873, art. 28, et du 3 juill. 1877, art. 14, 26 et 54, qui la restreignent aux dommages directs et matériels, et qui fixent les délais, les formalités, pour la faire valoir en attribuant compétence au juge de paix en dernier ressort jusqu'à 400 fr., et en premier ressort jusqu'à 1500 fr. (V. *supra*, v° *Réquisitions*, n°ˢ 210 et suiv.). Mais ces textes ne visent que les dommages occasionnés dans les logements ou cantonnements (art. 14), et les dommages causés aux propriétés privées par les marches et manœuvres d'ensemble prévues par l'art. 28 de la loi du 24 juill. 1873, et connues sous le nom de grandes manœuvres. Ils sont inapplicables à toute autre hypothèse. Ainsi il a été jugé que l'autorité administrative est compétente à l'exclusion du juge de paix pour statuer sur une action en responsabilité dirigée contre l'Etat à raison de dommages causés par des troupes qui viennent chaque année camper pour se livrer à divers exercices (tels que des écoles à feu), en dehors des conditions auxquelles s'appliquent les art. 14 et 54 de la loi du 3 juill. 1877.

824. Il a été jugé que l'Etat est responsable du trouble apporté à la jouissance du droit de chasse par des troupes manœuvrant sur un terrain malgré l'opposition du propriétaire (Cons. d'Et. 25 juill. 1884, aff. Rabourdin, D. P. 86. 3. 5). M. le commissaire du Gouvernement Le Vavasseur de Précourt a même appuyé cette solution sur le caractère illicite du fait, qui ne pouvait en effet rentrer ni dans les cas de réquisition, ni dans ceux d'occupation temporaire pour travaux publics.

De même l'Etat est responsable de la faute commise par l'Administration militaire qui a laissé stationner le public à proximité de troupes s'exerçant, sous les ordres de leurs chefs, à des manœuvres à feu, faute par suite de laquelle un individu a été blessé par un projectile (Cons. d'Et. 25 févr. 1881, aff. Desvoyes, D. P. 82. 3. 83; 11 mai 1883, aff. Dusart, D. P. 85. 3. 3 ; 29 janv. 1892, aff. Veuve Robert, D. P. 93. 3. 50);... sans qu'il y ait à rechercher s'il y a eu maladresse ou imprudence du soldat dont le projectile a causé la blessure, le devoir de l'Administration militaire étant précisément de prévenir l'effet de ces maladresses par des mesures d'isolement. Et l'Etat ne peut opposer à cette action, pour prétendre qu'elle ne doit pas être dirigée contre lui, une

convention par laquelle une commune, en mettant le champ de tir à sa disposition, s'est engagée à le garantir contre les dommages qui pourraient être causés aux habitants (Arrêt précité du 29 janv. 1892).

825. Il est de jurisprudence que les militaires ne peuvent être assimilés à des préposés de l'Etat et que le Trésor n'est pas responsable des fautes qu'ils commettent, même dans un service commandé, quand l'Administration militaire n'a commis personnellement aucune imprudence ou négligence. On a vu au *Rép.*, n° 649, une application de ce principe au fait d'un soldat qui, après un exercice à feu, ayant reçu l'ordre de décharger son arme dans une direction indiquée, avait blessé un passant parce qu'il avait laissé une baguette de fusil dans le canon de son arme (Trib. civ. Seine, 16 août 1845, aff. Vallet). Il a été appliqué encore à l'imprudence d'un soldat du génie auxiliaire qui, en allumant sa pipe, avait causé l'incendie de pétroles déposés dans le parc des Buttes-Chaumont pendant le siège de Paris, alors que l'Etat n'avait pas négligé les soins et la surveillance commandés par la nature de ce dépôt (Cons. d'Et. 19 mars 1875, aff. Fenaille, D. P. 75. 3. 109). Mais le principe est encore plus certain quand le militaire commet une imprudence en dehors de tout service commandé, par exemple en s'exerçant au tir malgré la défense de ses chefs (Cons. d'Et. 15 mars 1876, aff. Gaucher, D. P. 78. 3. 73). A plus forte raison, s'il n'y a ni service commandé, ni violation des règlements, ni imprudence des militaires, mais seulement imprudence de la victime, par exemple si un particulier, présent sur un bâtiment de la marine militaire, est blessé par l'explosion d'une amorce de torpille à laquelle il a été procédé sur demande de ce particulier et des autres invités, sans qu'il y ait aucune violation des règlements imputables aux officiers du bord (Cons. d'Et. 11 févr. 1887, aff. De Lamare, D. P. 88. 3. 63).

826. Les mêmes principes déchargeraient encore l'Etat des imprudences par lesquelles les militaires auraient causé l'incendie d'un bâtiment occupé par eux, si la responsabilité de l'Etat à cet égard ne résultait, soit de sa qualité de locataire en cas de bail, soit de la législation spéciale relative aux logements militaires (L. 3 juill. 1877, art. 14, V. *supra*, v° *Réquisitions*, n° 63) en cas d'occupation de la troupe à titre de logement militaire, auquel cas il faut encore prouver que l'incendie n'a pu avoir pour cause que la faute ou la négligence de la troupe (Cons. d'Et. 18 févr. 1864, aff. Compagnie *La Paternelle*, D. P. 67. 3. 20).

827. Les faits de maraude commis par les militaires ne peuvent engager la responsabilité de l'Etat, s'il n'est pas justifié que l'Administration ou l'autorité militaire n'a pas fait tout ce qui était en son pouvoir pour les prévenir (Cons. d'Etat, 11 août 1864, aff. Chalard, *Rec. Cons. d'Et.*, p. 757; 6 août 1875, aff. Legrand, *ibid.*, p. 783; 8 août 1873, aff. Quidor et Quintaine, D. P. 74. 3. 18). De même l'envahissement d'un établissement religieux par des bandes d'hommes armés ou usant ou usurpant la qualité de gardes nationaux, ne peut engager la responsabilité de l'Etat qu'autant qu'il aurait été ordonné par l'autorité (Trib. conf. 25 janv. 1873, aff. Planque et Papelard, D. P. 73. 3. 18, dans les motifs). — Mais l'abstention par l'autorité militaire d'user de ses pouvoirs de discipline sur ses troupes régulières pour empêcher des faits de pillage accomplis par elle en sa présence ou à sa connaissance, peut rendre l'Etat responsable de ces faits. Ainsi jugé pour un enlèvement de denrées que les circonstances d'ailleurs pouvaient faire considérer comme une sorte de réquisition irrégulière seulement dans la forme (Cons. d'Et. 3 août 1877, aff. Joré-Beaujeu, D. P. 78. 3. 73).

828. Les blessures reçues par les militaires eux-mêmes dans le service militaire, même par suite d'ordres imprudents de leurs chefs, ne peuvent engager la responsabilité de l'Etat envers eux; elle peut seulement motiver de leur part une demande de pension militaire dans les termes de la loi du 11 avr. 1831, art. 12 (V. *supra*, v° *Pension*, n°s 420 et suiv.). Il faut, à ce point de vue, assimiler au service militaire le service commandé aux militaires pour porter secours sous la direction de leurs officiers en cas d'incendie, inondation, accident de chemin de fer et autres catastrophes publiques (Trib. civ. de la Seine, 17 juin 1870, aff. Frey, D. P. 71. 3. 34. V. en sens contraire les conclusions du ministère public reproduites sous ce jugement). On peut invoquer le refus de l'action en justice en pareil cas, pour dénier, comme on l'a fait, la qualité de préposés aux militaires accomplissant leur service, à moins qu'on ne voie dans le droit à pension, tel que la loi spéciale l'a organisé, l'application et la régularisation d'un droit fondé précisément sur cette qualité.

829. — VII. Consuls. — On a vu au *Rép.*, n° 650, que les fautes des consuls n'engagent l'Etat que s'ils ont agi dans les limites de leurs fonctions administratives et des pouvoirs à eux conférés par les règlements ou par une autorisation ministérielle spéciale; et que, par suite, l'Etat ne répond pas des fonds provenant de la vente d'un navire opérée par un consul dans un port étranger, à moins d'une autorisation ministérielle de procéder à la vente et de recevoir le dépôt à titre obligatoire (Cons. d'Et. 1er juin 1854, aff. Fréret et Vergès, D. P. 54. 3. 83). Plus récemment l'Etat a encore été déchargé de toute responsabilité à raison d'une vente de navire opérée par un consul dans un port étranger pour le compte du propriétaire et sur la demande du syndic de sa faillite, et des erreurs commises par ce consul dans la répartition entre les ayants droit des fonds provenant de cette vente (Cons. d'Et. 2 nov. 1888, aff. Million, D. P. 89. 3. 123). — La même solution a été appliquée pour les fautes commises par un consul dans une affaire dont le ministre l'avait chargé, à titre purement officieux ou de pure obligeance, dans l'intérêt et sur la demande d'un particulier (*Rép.* n° 651).

830. L'acte par lequel un consul, dans l'exercice des pouvoirs qui lui appartiennent pour assurer l'exécution de la loi du 10 juill. 1885 sur l'hypothèque maritime, s'oppose à ce qu'un navire grevé d'hypothèque amène le pavillon français, alors même qu'il a été reconnu par jugement que l'affectation nouvelle dont il s'agit pour le navire ne diminue pas les garanties des créanciers, ne peut donner ouverture à une action en responsabilité contre l'Etat. Il y a là un acte de magistrature confinant à l'autorité judiciaire pour la sauvegarde des droits des tiers.

831. — VIII. Ateliers et manufactures de l'Etat. — Les directeurs, employés et ouvriers chargés de diriger le travail dans les arsenaux, fonderies de canons et autres ateliers et manufactures de l'Etat sont des préposés de l'Etat et la responsabilité de celui-ci se trouve, par suite, engagée à raison des dommages causés par leurs fautes aux ouvriers ou aux tiers dans ce travail, bien que la jurisprudence écarte, comme dans toutes les autres hypothèses, l'application des textes du code civil. Mais, en définitive, le résultat auquel elle aboutit est le même que si l'art. 1384 était appliqué (Cons. d'Et. 8 mai 1874, aff. Blanco, D. P. 75. 3. 54 : accident causé par un wagon-poussé sur la voie publique par des employés de l'administration des Tabacs sans s'assurer qu'il n'y avait personne devant eux; — 4 avr. 1879, aff. Guérin, D. P. 79. 3. 54 : accident survenu à un chef d'équipe dans une fonderie de canons, alors que la surveillance spéciale exigée par la nature du travail n'avait pas été exercée; — 11 mars 1881, aff. Lanciaux, D. P. 82. 3. 83 : accident arrivé à un ouvrier dans un arsenal alors que les chefs sous les ordres desquels il travaillait n'avaient pas exercé la surveillance et pris les précautions commandées par le danger que présentait la nature de l'opération; — 20 juill. 1883, aff. De Suremain, D. P. 85. 3. 28 : accident causé par une locomotive routière conduite par les agents de l'Etat, alors que ceux-ci ont négligé de se conformer aux prescriptions édictées par les règlements pour la sauvegarde de la sécurité de la circulation).

832. — IX. Monnaies. — Lorsque la fabrication des monnaies se faisait par voie d'entreprise et avant la loi du 31 juill. 1879 qui l'a mise en régie, un directeur des monnaies ne pouvait être considéré comme préposé de l'Etat, et était seul responsable des détournements commis par lui sur les matières qui lui avaient été remises par des particuliers pour être converties en espèces (Ord. 26 déc. 1827-8 janv. 1828, art. 17; Cons. d'Et. 8 août 1882, aff. De Rothschild, D. P. 84. 3. 24). Quant aux agents préposés par l'Etat au contrôle et à la surveillance de cette fabrication, l'Etat devait répondre de leurs fautes et négligences, mais non du simple fait par eux de n'avoir pas reconnu les fautes commises, si elles l'avaient été dans des circonstances et avec une habileté qui devaient défier le contrôle de ces agents agis-

sant dans le cercle de leurs attributions (Même arrêt). Le système de la régie, substitué à celui de l'entreprise, doit avoir pour conséquence la pleine responsabilité de l'État en cette matière.

833. — X. TRANSPORTS PAR L'ÉTAT. — La responsabilité de l'État du fait de ses employés dans la gestion de son domaine, dans l'exploitation d'une ligne de chemin de fer, est soumise aux mêmes règles que celle des compagnies concessionnaires (V. *suprà*, n°s 406 et 408). La suppression des malles-postes a fait disparaître les questions traitées au *Rép.*, n°s 659 et suiv., et concernant les accidents causés aux voyageurs ou aux tiers par la trop grande rapidité ou la mauvaise direction donnée aux malles.

834. Il n'y a plus lieu d'étudier, comme on l'a fait au *Rép.*, n°s 662 et 663, la responsabilité de l'État comme entrepreneur de transports maritimes, le service des paquebots de l'État ayant été concédé à une compagnie commerciale (L. 8 juill. 1851 ; 17 juin 1857 ; Sourdat, n° 1322). L'État demeure seulement responsable du dommage causé aux tiers par l'abordage de ses navires, comme l'est un particulier (V. *suprà*, n° 821).

835. — XI. POSTES ET TÉLÉGRAPHES. — Le transport des lettres et des valeurs, monopolisé aux mains de l'administration des Postes, continue de soumettre l'État à une responsabilité civile, d'autant moins contestable qu'elle repose sur un contrat avec les expéditeurs mais, réglée en détail par des lois spéciales qui l'entourent d'une foule de restrictions tout en simplifiant son exercice.

836. — 1° *Responsabilité prévue par la législation spéciale.* — A. *Versements à découvert.* — L'administration des Postes est toujours responsable des sommes qui lui sont versées à découvert, soit en échange de bons ou mandats émis par elle et payables au destinataire (V. *suprà*, v° *Postes et télégraphes*, n°s 89 et suiv.);... soit en payement d'effets de commerce à elle confiés pour recouvrement (V. *suprà*, v° *Postes et télégraphes*, n° 112, *in fine*);... soit à titre de dépôt à la caisse d'épargne (V. *suprà*, v° *Établissements d'épargne*, n°s 76 et suiv.);... soit en échange de colis postaux ou autres objets expédiés contre remboursement (V. *suprà*, v° *Postes et télégraphes*, n°s 135,136 *in fine*, 114 et suiv.). Ces diverses opérations, constituant un service de banque, font apparaître un contrat ayant ses sommes pour objet à titre de choses fongibles, et les mettent aux risques de l'Administration, qui se trouve obligée, même en cas de force majeure, de faire la remise ou la restitution d'une somme égale dans les conditions prévues. C'est ainsi que le défaut de payement d'un mandat au destinataire oblige l'Administration à rembourser à l'envoyeur la totalité de la somme par lui versée. Mais il a été jugé que l'Administration est déchargée si le mandat a été payé par erreur à un tiers inconnu après l'accomplissement des formalités réglementaires (Cons. d'Ét., 24 juin 1868, aff. Lefèvre, D. P. 69. 3. 83).

837. — B. *Déclaration de valeurs.* — Le transport des valeurs au porteur et des bijoux et objets précieux n'engageait autrefois la responsabilité de l'administration des Postes qu'à condition que ces valeurs ou objets lui eussent été remis à découvert (V. *Rép.*, n° 654, et *ibid.*, v° *Postes*, n°s 32 et 38). D'après la loi du 4 juin 1859 et celle du 25 janv. 1873, l'Administration est responsable de ces valeurs ou objets sur simple déclaration accompagnant les enveloppes ou boîtes closes d'avance, qui lui sont présentées dans certaines conditions réglementaires, sans que cette responsabilité puisse excéder 10 000 fr. Cette responsabilité a été étudiée *suprà*, v° *Postes et télégraphes*, n°s 36, 37 et 38, en ce qui concerne soit la force majeure qui la fait excepter, soit la subrogation de l'Administration dans les droits du propriétaire indemnisé.

Sauf la force majeure, qui laisse place à une assurance par les compagnies privées, la responsabilité existe, que les valeurs aient disparu par le fait d'un agent de l'Administration ou par toute autre cause même accidentelle. Mais elle est limitée au montant des valeurs disparues, sans donner lieu à d'autres dommages-intérêts pour privation momentanée de ces valeurs, notamment par suite d'un retard (V. *infrà*, n° 848). Reposant sur une simple déclaration de l'expéditeur, cette responsabilité disparaît nécessairement dès que l'objet reçu, l'enveloppe ou la boîte, a été remis intact au destinataire ou à son fondé de pouvoir contre son reçu (art. 3 de la loi du 4 juin 1859). L'Administration ne répond

pas envers le destinataire de l'inexactitude de la déclaration faite par l'expéditeur et de l'absence, dans une lettre remise intacte, de tout ou partie des valeurs déclarées. Le destinataire a le droit de vérifier en présence du facteur l'état extérieur de la lettre ou de la boîte, mais non son contenu (*Instruction générale sur le service des postes*, art. 669 ; Rapport de M. O'Quin sur la loi de 1859).

838. Le reçu du destinataire fait d'ailleurs présumer l'intégrité de la lettre qui lui est remise. Il a même été jugé que ce reçu est libératoire pour une lettre déclarant contenir 2000 fr. et n'en contenant que 1000, alors qu'à cet écart de valeur correspondait un écart entre le poids de la lettre coté au départ et le poids reconnu à l'arrivée (Trib. civ. de la Seine, 3 juill. 1872, et sur pourvoi, Req. 5 févr. 1873, aff. Lepreux; D. P. 73. 1. 193). Cet écart de poids pouvant être le résultat d'une erreur de l'agent des postes, n'a pas paru une preuve suffisante de spoliation, alors qu'en fait il était constaté que les cachets et les plis n'en portaient aucune trace.

839. Mais le reçu ne serait plus libératoire si l'on parvenait à prouver que l'enveloppe était déchirée, les cachets altérés, et qu'une soustraction avait été commise, soit par un agent des postes, soit par un tiers (Limoges, 3 déc. 1875, aff. Bérhade, D. P. 77. 2. 27).

De même, le reçu du destinataire ne libérerait pas l'Administration, si les agents n'avaient pas observé les formalités réglementaires, et surtout si leurs agissements avaient induit le destinataire en erreur sur l'intégrité apparente du chargement, par exemple, s'il est constaté en fait que la lettre chargée avait, à l'arrivée, un poids inférieur à celui qu'elle avait au départ et que les employés du bureau d'arrivée s'étaient bornés à reproduire, sur le carnet des récépissés, le poids inscrit sur l'enveloppe par le bureau expéditeur, sans vérifier ce poids ainsi que l'ordonnent les règlements, et sans indiquer aucune modification au chargement (Civ. cass. 11 nov. 1878, aff. Vézy, D. P. 78. 1. 465, et la note).

840. A plus forte raison, l'Administration demeure-t-elle responsable si les conditions irrégulières, dans lesquelles la remise est faite, ont causé le détournement des valeurs; par exemple, si le facteur a remis la lettre sur la voie publique à une autre personne que le destinataire (Trib. civ. de la Seine, 12 août 1872, aff. Delol et Zibelin, journal *Le Droit*, du 14 août 1872); ou à la femme du destinataire sans qu'il soit justifié d'un mandat donné à cette femme par son mari (Trib. civ. Melun, 22 juin 1877, aff. Moulin, journal *Le Droit*, des 25 et 26 juin 1877); mais non si, le destinataire étant incapable, la lettre lui a été remise sans intervention du tuteur ou du mari, à moins que l'Administration n'ait été régulièrement avisée de l'incapacité (V. l'avis du conseil d'État du 21 mai 1885, sur la remise des correspondances aux mineurs, Sanlaville, *De la responsabilité civile de l'État en matière de postes*, n° 10).

841. L'Administration peut prouver le caractère frauduleux d'une déclaration de valeur pour échapper, en cas de perte de la lettre, à la responsabilité qui lui incomberait. Mais si la déclaration a, au contraire, inférieure au contenu, quelque preuve que l'on fournisse, elle ne saurait être responsable au delà du montant de la déclaration (V. *suprà*, v° *Postes et télégraphes*, n° 36, Lyon-Caen et Renault, *Traité de droit commercial*, t. 3, n° 817).

842. Les objets expédiés par la poste contre remboursement en vertu de la loi du 20 juill. 1892 donnent lieu à la même responsabilité que les objets de valeur déclarée, sans que cette responsabilité s'applique au cas de détérioration (V. *suprà*, v° *Postes et télégraphes*, n° 114).

843. Les colis postaux peuvent être accompagnés d'une déclaration de valeur ou grevés d'un remboursement qui rend l'Administration responsable intégralement de leur perte ou avarie jusqu'à concurrence de ce chiffre (V. *infrà*, n° 846).

844. — C. *Recommandation.* — L'ancien chargement sans déclaration de valeur, qui donnait lieu autrefois à une responsabilité limitée à 50 fr., est actuellement remplacé par la formalité plus simple de la recommandation, applicable à tous les objets dont le transport peut être confié à la poste (L. 25 janv. 1873, art. 1). Cette formalité donne droit à une indemnité de 25 fr. (50 fr. s'il s'agit du service inter-

national, V. *supra*, v° *Postes et télégraphes*, n° 57), non en cas de détérioration ou spoliation, mais en cas de perte, sauf le cas de force majeure (art. 4), et sauf décharge de l'Administration par la remise contre reçu au destinataire, ou à son fondé de pouvoirs, ou même (s'il s'agit d'autres objets que les lettres) à une personne attachée au service du destinataire ou demeurant avec lui (art. 3). V, *supra*, v° *Postes et télégraphes*, n°s 43 et suiv.

Le chiffre de 25 fr. en cas de perte est dû à forfait sans que l'Administration puisse prouver l'infériorité du dommage.

845. Est encore affirmée avec limitation de chiffre par une loi spéciale, la responsabilité de l'Administration des Postes envers l'expéditeur pour perte soit de la lettre recommandée contenant des valeurs à recouvrer, soit de ces valeurs elles-mêmes en tout ou en partie (L. 5 avr. 1879, art. 7). C'est le régime ordinaire des lettres recommandées, sauf le montant de la responsabilité, fixé à 50 fr. au maximum au lieu de 25 fr. à forfait, et l'extension de cette responsabilité au cas de spoliation comme au cas de perte de la lettre contenant les valeurs.

Il convient de mentionner, à propos des recouvrements de valeurs par la poste, l'irresponsabilité de l'administration des Postes, soit pour retard dans le transport ou le recouvrement des valeurs ou la remise des mandats de payement à l'expéditeur (L. 5 avr. 1879, art. 8), ou dans la présentation à domicile ou la remise à un officier ministériel en vue du protêt lorsqu'il est nécessaire (L. 17 juill. 1880, art. 3), soit pour les faits mêmes de cet officier ministériel (Rapport de M. Barne, au Sénat, 21 juin 1880, *Journ. off.* du 19 juillet, annexe, n° 380) ; enfin son irresponsabilité vis-à-vis de l'officier ministériel pour le payement des frais de protêt (L. 17 juill. 1880, art. 2) (V. sur les recouvrements postaux, *supra*, v° *Postes et télégraphes*, n°s 102 et suiv.).

846. — **D. Colis postaux.** — Un troisième cas de responsabilité fixée à forfait par des lois spéciales est celui de perte ou avarie d'un colis postal (le simple retard ne figure pas dans ces lois comme cause d'indemnité). Le maximum de cette responsabilité est de 15 ou 25 fr. suivant le poids pour le régime international (Conv. 4 juill. 1891, art. 13, D. P. 93. 4. 97) et pour le régime intérieur (Décr. 27-28 juin 1892, D. P. 93. 4. 40) ; 25 fr., indistinctement pour le service à l'intérieur de Paris (Décr. 1er-21 sept. 1892, D. P. 93. 3. 45, V. *supra*, v° *Postes et télégraphes*, n° 136). Mais le maximum est remplacé par le chiffre de la valeur déclarée quand il y a eu déclaration de valeur (*Ibid.*), sauf perte de tout droit à indemnité en cas d'exagération frauduleuse dans cette déclaration (*Ibid.*). De même si le colis est grevé d'un remboursement (*Ibid.*).

Dans tous les cas, nulle réclamation n'est admise, soit après livraison aux destinataires ou à leurs représentants, soit après le délai d'un an à partir du jour du dépôt des colis (Conv. 3 nov. 1880, art. 14, pour le régime international ; Décr. 19 avr. 1881, art. 7 et 8, pour le régime intérieur ; Décr. 11-12 oct. 1881, art. 7 et 8, pour le service à l'intérieur de Paris).

847. L'administration des Postes s'étant complètement déchargée du service des colis postaux sur les compagnies de chemins de fer et les compagnies maritimes subventionnées (V. *supra*, v° *Postes et télégraphes*, n° 120), ces compagnies sont substituées à l'État dans la responsabilité ci-dessus vis-à-vis du public (Sanlaville, *De la responsabilité civile de l'État en matière de postes*, n° 27). Les restrictions apportées à cette responsabilité, soit quant au chiffre, soit quant à la durée, soit quant à l'exclusion du simple retard, sont d'une légalité incontestable pour les colis du service international à cause de l'art. 11 de la convention internationale du 3 nov. 1880 et de l'art. 43 de la convention internationale du 4 juill. 1891 qui, les ayant édictées, ont reçu le 3 mars 1881, puis les 26-27 juin 1892 (D. P. 92. 4. 91) l'approbation législative. Pour ceux du régime intérieur et de l'intérieur de Paris, on ne les trouve ni dans les conventions avec les compagnies ni dans la loi approuvant ces conventions ; elles résultent seulement de décrets ultérieurs (19-22 avr. 1881, 11-12 oct. 1881, 27-28 juin 1892, 1er-21 sept. 1892) dont la légalité sur ces points a été contestée ; la loi du 3 mars 1881, et celle des 12-14 avr. 1892

(D. P. 92. 4. 44), n'ont donné en effet délégation au pouvoir exécutif que pour déterminer les mesures d'exécution des conventions et les taxes à percevoir (Sanlaville, *De la responsabilité civile de l'État en matière de postes*, n° 27). Mais on peut soutenir que ces lois ont tacitement autorisé l'extension au régime intérieur des règles approuvées pour le régime international. D'ailleurs celles de ces restrictions qui concernent la durée de la responsabilité se rapprochent beaucoup du droit commun en matière de transports (c. com., art. 105 et 108). Elles ne se confondent pourtant pas absolument avec lui. Ainsi le délai d'un an court du jour du dépôt du colis postal et non du jour où la remise au destinataire a été ou devait être effectuée. De plus, la réception du colis postal ne laisse que trois jours pour protester, comme le fait la réception d'un colis ordinaire d'après la loi du 11 avr. 1888. Cette dernière loi n'est pas applicable aux colis postaux. Les conventions et décrets de 1892 sur les colis postaux ont reproduit sur ce point le texte des conventions et lois de 1881 qui elles-mêmes, à cause de leur caractère spécial et de leur caractère de convention internationale, ne s'étaient pas trouvées atteintes par la loi générale de 1888 (Lyon-Caen et Renault, *Traité de droit commercial*, t. 3, n° 834).

848. — 2° *La législation spéciale exclut-elle la responsabilité ordinaire ?* Les dispositions spéciales qui déclarent l'administration des Postes responsable dans des cas déterminés ou jusqu'à concurrence d'un chiffre déterminé, ont fait naître la question de savoir si elles excluent l'application de la responsabilité civile ordinaire en dehors de ces cas ou au delà de ce chiffre pour délits ou quasi-délits de droit commun prouvés à la charge d'un agent de cette administration. Par exemple : l'Administration est-elle responsable au delà de 25 fr. si la perte d'une lettre recommandée est prouvée provenir d'un vol commis par son agent ou d'une violation des règlements ? Est-elle responsable, dans le même cas de délit ou de quasi-délit, pour la perte ou le retard d'une lettre ordinaire plus ou moins importante, mais qui n'a fait l'objet ni d'une recommandation, ni d'une déclaration de valeur ?

La question se posait déjà avant la publication du *Répertoire*, à propos de la distinction entre les lettres chargées ou non chargées, et du chiffre de 50 fr. fixé comme indemnité pour perte de lettres chargées. On a exposé (*Rép.* n°s 655 et 656) le dissentiment existant entre le conseil d'État et la cour de cassation, le premier donnant gain de cause à l'Administration et la seconde au public. La cour de cassation des États sardes (24 janv. 1854, aff. Fantini, D. P. 55. 2. 168) et la cour de cassation de Belgique (12 juin 1857, aff. Van Oosterlynck, D. P. 57. 2. 176) se sont prononcées à la même époque en faveur de l'Administration. C'est ce qu'avait fait aussi la cour de Colmar le 6 août 1829, D. P. 30. 2. 73).

Depuis la promulgation des lois du 4 juin 1859 et du 25 janv. 1873, le conseil d'État a persisté dans sa jurisprudence (Cons. d'Ét. 24 juin 1868, aff. Lefèvre, D. P. 69. 3. 83 ; 21 janv. 1876, aff. Bodin, D. P. 76. 3. 54 ; 7 août 1883, aff. Isaac de Elias Nataf, D. P. 85. 3. 53). Cette jurisprudence est aussi celle du tribunal des conflits (4 juill. 1874, aff. Marchioni, D. P. 75. 3. 68 ; 18 mars 1876, aff. Bory, *Rec. Cons. d'Ét.*, p. 296 ; 4 août 1877, aff. Gaillardon, *ibid.*, p. 830). Elle est approuvée par de nombreux auteurs (Dufour, édit., 1868, t. 5, n°s 429, 430 ; Ducrocq, 5e édit., t. 2, n° 1057 ; Batbie, *Traité théorique et pratique de droit public et administratif*, 1885, t. 6, n° 352 ; Rousseau, *Traité de la correspondance par lettres missives*, n° 392 ; Aucoc, *Conférences*, t. 1, 2e édit., n° 288 ; Lyon-Caen et Renault, *Traité de droit commercial*, t. 3, n° 829).

849. C'est à cette solution qu'on est naturellement conduit dans le système qu'a consacré la jurisprudence, et d'après lequel l'art. 1384 est, d'une façon générale, inapplicable à la responsabilité de l'État. Mais dans le système contraire, on a dû se demander si les lois spéciales qui ont appliqué le principe de la responsabilité de l'État au service des postes l'ont en même temps restreint et dans quelle mesure.

La cour de cassation et la cour de Paris en 1849, 1850 et 1851 (V. *Rép.* n° 656) ont jugé que la loi du 5 niv. an 5, lorsqu'elle limitait à 50 fr. l'indemnité pour perte de lettre chargée et refusait toute indemnité pour perte de lettre

non chargée (art. 14) restreignait ou écartait, non la responsabilité civile ordinaire des délits ou quasi-délits prouvés, mais l'espèce d'assurance que le chargement ajoute à cette responsabilité contre des risques indépendants de toute faute prouvée. Telle est aussi la pensée qu'exprimait le 20 avr. 1849, M. David, rapporteur d'un projet de loi soumis à l'Assemblée constituante par M. de Saint-Priest, projet qui devint caduc par la dissolution de cette assemblée. « L'État, disait-il, outre qu'il ne pourrait guère s'en remettre à d'autres du transport de ses propres dépêches, fait le service des particuliers dans les meilleures conditions ; mais il ne faut pas qu'il compromette ou qu'il amoindrisse l'avantage de cette position, en se laissant aller à la prétention de se soustraire à aucune des garanties auxquelles la loi civile soumettrait un entrepreneur ordinaire. C'est mal à propos que, s'appuyant sur les lois d'un autre temps, l'État a prétendu qu'il n'était pas responsable, même quand la soustraction était le fait de ses agents et que la preuve en était accidentellement acquise. La responsabilité existe en droit, même pour de simples lettres ; mais la preuve demeure à peu près impossible... ».

La loi du 4 juin 1859 semblerait devoir s'interpréter comme celle de l'an. 5 ; elle s'exprime à peu près comme elle : « la perte des lettres chargées (sans déclaration de valeur) continuera à n'entraîner pour l'administration des Postes que l'obligation de payer une indemnité de 50 fr. ». Elle n'est, d'autre part, que la reprise du projet de 1849, modifié par l'exclusion de la force majeure. Mais la loi du 25 janv. 1873 précise les effets de la recommandation en des termes qui obligent à interpréter autrement ces dispositions spéciales. « L'Administration, dit l'art. 4, n'est tenue à aucune indemnité, soit pour détérioration, soit pour spoliation des objets recommandés. La perte, sauf le cas de force majeure, donne seule le droit à une indemnité de 25 fr. ». C'est bien à un cas de responsabilité civile ordinaire que s'applique l'indemnité relative à la spoliation des objets recommandés ; il est logique de donner la même portée à la limite de 25 fr. relative au cas de perte, c'est-à-dire d'appliquer cette limite à une perte résultant même d'un délit ou quasi-délit prouvé. C'est ce qu'a jugé le conseil d'État, le 21 janv. 1876 (aff. Bodin, D. P. 76.3.54), et c'est ce qu'admettent les auteurs mêmes qui déclarent l'Administration responsable en cas de soustraction d'une lettre ordinaire (Sourdat, t. 2, n° 1319 ter). Mais une fois admis que l'immunité pour spoliation et la limite à 25 fr. pour perte d'objet recommandé dérogent à la responsabilité civile des délits, il est difficile de croire que cette responsabilité existe pleine et entière sans déclaration de valeur ni recommandation, et qu'on puisse, pour une lettre pure et simple, faire des procès en responsabilité qu'on ne pourrait pas faire pour une lettre recommandée. La limitation ou l'immunité totale écrite dans les lois successives de l'an. 5, de 1859 et de 1873 pour perte d'une lettre expédiée sans déclaration de valeur, chargement ou recommandation, doit donc, pour qu'il y ait harmonie entre ces lois, s'appliquer à toute perte quelle qu'en soit la cause, et mettre obstacle à tout procès en responsabilité quelconque. Cela n'empêche pas, d'ailleurs, de voir dans ces lois, pour les valeurs déclarées et objets recommandés, une sorte d'assurance distincte de la responsabilité civile, en ce qu'on est dispensé de prouver la faute (V. dans ce sens le rapport sur la loi du 5 avr. 1879, concernant le recouvrement des effets de commerce, séance du 17 mars 1879, Journ. off. du 1er avril, annexe 1243).

850. Certains auteurs cependant refusent d'étendre aux cas de faute prouvée et de responsabilité civile ordinaire les immunités contenues dans les lois spéciales sur le service des postes (Sanlaville, De la responsabilité civile de l'État en matière de postes, n° 36). Ils voient une confirmation de leur théorie non seulement dans les arrêts cités au Répertoire mais dans l'arrêt de la cour de cassation du 11 nov. 1878, aff. Vézy, D. P. 78.1.465, cité supra, n° 839, qui déclare l'État responsable de la perte de valeurs déclarées malgré le reçu du destinataire opérant décharge aux termes de la loi, alors que ce destinataire a été induit en erreur par les agissements des employés ; l'immunité attachée au reçu se trouverait écartée devant la faute caractérisée. Cette décision n'a peut être pas toute la portée qu'on veut lui donner ; car elle ne nie pas l'immunité atta-

chée au reçu, elle permet seulement d'annuler ce reçu comme obtenu irrégulièrement. Le reçu, d'ailleurs, prouve plutôt qu'il n'opère la décharge attachée à la remise des lettres dans leur intégrité, et on comprend l'admission de la preuve contraire opposée à un reçu dû à des agissements irréguliers.

On peut remarquer encore que ceux qui ne voient dans les lois spéciales sur la poste aucune restriction à la responsabilité des fautes prouvées, devraient logiquement admettre, dans le silence de ces lois sur le simple retard des valeurs déclarées, une indemnité pour le dommage causé par ce retard, s'il est dû à une faute prouvée. Mais alors il faudrait encore allouer, en cas de perte provenant d'une faute, un supplément d'indemnité outre le montant des valeurs, pour le dommage causé par la privation de ces valeurs en temps utile. Or il est certain, au contraire, qu'en déclarant la poste « responsable des valeurs déclarées » dans les limites et sous les conditions qu'elle indique, la loi vise indistinctement (sauf le cas de force majeure) la perte accidentelle ou délictueuse, la soustraction et la spoliation des boîtes ou enveloppes. De même, en la déclarant déchargée par leur remise, elle n'a pas entendu la laisser obligée, outre cette remise, à une indemnité pour le retard quelle qu'en soit la cause. D'ailleurs, la loi du 5 avr. 1879, art. 8, en étendant aux valeurs à recouvrer la non-responsabilité de l'Administration en cas de retard des objets de correspondance, énonce cette immunité comme absolument générale et indépendante de la cause du retard.

Toutes ces remarques prouvent que la loi spéciale remplace le droit commun, et que les restrictions qu'elle édicte s'appliquent même à la responsabilité ordinaire. Mais la conclusion qui se dégage de cet exposé c'est qu'en dehors des valeurs insérées dont on peut faire la déclaration, nul moyen n'est ouvert au public pour se garantir contre la soustraction ou le retard souvent très préjudiciable d'une lettre importante, puisque la recommandation n'assure que 25 fr. et seulement en cas de perte, et qu'en faisant une déclaration de valeur alors qu'il ne s'agit pas de valeurs insérées, on risque de la voir punie comme frauduleuse (V. Postes et télégraphes, n° 40). On est ainsi privé des garanties qu'on aurait contre un entrepreneur ordinaire, sauf à reconnaître que même, contre ce dernier, elles seraient presque annulées par la difficulté des preuves, et qu'il y avait peut-être intérêt à tarir une telle source de procès.

851. Il faut toutefois remarquer que les soustractions et fautes lourdes commises dans la transmission de la correspondance ordinaire engagent envers les expéditeurs la responsabilité personnelle des employés qui en sont les auteurs, la jurisprudence écartant alors la théorie de la faute de service pour appliquer celle des faits personnels relevant des tribunaux ordinaires (Trib. confl. 7 juin 1873, aff. Godart, D. P. 74.3.5 ; 4 juill. 1874, aff. Bertrand, D. P. 75.3.68). — Comp. sur toutes ces questions, Sanlaville, op. cit.

852. — 3° Prescription. — Est limitée à cinq ans la responsabilité de l'administration des Postes : 1° pour les sommes versées à ses caisses ou déposées à ses guichets pour être remises à destination sous forme de mandats ou autrement ; 2° pour les valeurs quelconques trouvées dans le service insérées ou non dans les boîtes ou dans les lettres et qui n'ont pu être remises au destinataire. — Cette prescription court, pour les sommes versées à partir du jour de leur versement, et pour les autres valeurs à partir du jour où elles ont été déposées ou trouvées dans le service. Elle peut être interrompue par les modes ordinaires et même, d'après un auteur (Sanlaville, op. cit., n° 14) par tout acte ayant pour objet de réclamer (L. 15 juill. 1882, art. 1 ; V. supra, v° Postes et télégraphes, n° 96).

Ces dispositions, dans leur généralité, sont applicables aux lettres et objets recommandés (Sanlaville, op. cit., n° 24, in fine) et aux effets de commerce confiés pour recouvrement (Sanlaville, ibid., n°s 25 in fine, 26 in fine).

La prescription est d'un an pour les déclarations relatives aux bons de poste (L. 29 juin 1882, art. 6. V. supra, v° Postes et télégraphes, n° 96). Elle est d'un an pour celles relatives aux colis postaux (V. supra, n° 846).

853. — 4° Opérations postales internationales. — Dans les opérations postales internationales, l'application de la responsabilité soulève des questions relatives aux rapports

des administrations des divers pays entre elles. Ces questions sont résolues par certains articles de la convention postale universelle et des arrangement internationaux conclus à Vienne le 4 juill. 1891, approuvés par la loi des 13-15 avr. 1892 (D. P. 92. 4. 90) et promulgués par décrets des 26-27 juin 1892.

L'arrangement relatif aux valeurs déclarées (art. 11) contient notamment ce qui suit : « ... 2. Les pays disposés à se charger des risques pouvant dériver du cas de force majeure sont autorisés à percevoir de ce chef une surtaxe dans les limites tracées par le dernier alinéa du paragraphe 1 de l'art. 4 du présent arrangement. — 3. L'obligation de payer l'indemnité incombe à l'administration dont relève le bureau expéditeur. Est réservé à cette administration le recours contre l'administration responsable, c'est-à-dire contre l'administration sur le territoire ou dans le service de laquelle la perte ou la spoliation a eu lieu. Dans le cas où l'office responsable aurait notifié à l'office expéditeur de ne point effectuer le payement, il devrait rembourser à ce dernier office les frais qui seraient la conséquence du non-payement. — 4. Jusqu'à preuve du contraire, la responsabilité incombe à l'administration qui, ayant reçu l'objet sans faire d'observation, ne peut établir ni la délivrance au destinataire, ni, s'il y a lieu, la transmission régulière à l'administration suivante... — 8. Si la perte, la spoliation ou l'avarie a eu lieu en cours de transport entre les bureaux d'échange de deux pays limitrophes, sans qu'il soit possible d'établir sur lequel des deux territoires le fait s'est accompli, les deux Administrations en cause supportent le dommage par moitié. Il en est de même en cas d'échange en dépêches closes si la perte, la spoliation ou l'avarie a eu lieu sur le territoire ou dans le service d'un office intermédiaire non responsable ».

Des dispositions analogues se retrouvent dans la convention postale universelle (art. 8) pour les envois recommandés, et dans la convention internationale relative aux colis postaux (art. 13).

854. — 5° *Entrepreneurs et concessionnaires de l'Administration.* — La responsabilité civile de l'administration des Postes peut-elle se trouver engagée par le fait d'un entrepreneur ou d'un concessionnaire de transport des lettres ou d'un de leurs employés ? La question se pose à propos des compagnies de chemins de fer ou des compagnies maritimes subventionnées auxquelles est concédé le transport des lettres, lorsque, au lieu d'être accompagnées par un agent des postes, les lettres sont confiées, comme les règlements le permettent dans certains cas, aux conducteurs des trains ou aux commandants des bâtiments. Elle se pose encore à propos des entrepreneurs à pied, à cheval ou en voiture qui se chargent de transporter les lettres des bureaux de poste aux gares de chemins de fer et *vice versa*.

On fait intervenir dans cette question, pour écarter la responsabilité de l'Administration, le principe posé *supra*, n° 755, à propos du commettant et d'après lequel l'entrepreneur avec qui l'on traite à forfait, en lui laissant la direction du travail entrepris, ne peut être considéré comme un préposé. Mais il importe de n'appliquer ce principe à la matière qu'en s'inspirant d'une distinction qui seule peut expliquer les solutions en apparence opposées de la jurisprudence. S'agit-il de la responsabilité proprement dite, c'est-à-dire liant l'Administration envers les expéditeurs ou destinataires à raison des lettres ou objets confiés par ceux-ci : elle doit être pleinement admise, même pour le fait de l'entrepreneur ou commissionnaire, à cause de son caractère contractuel et de l'obligation assumée par l'Administration d'effectuer par elle-même ou par d'autres le transport convenu. Elle répondra du fait de l'entrepreneur comme le commissionnaire de transport répond du fait du voiturier. Elle en répondra du moins comme elle répondrait du fait de ses propres agents et sous les mêmes restrictions, admises par les lois spéciales. Aussi faut-il approuver les arrêts qui assimilent l'entrepreneur à un agent des postes en cas de perte ou de soustraction de valeurs ou de dépêches (Comp. Trib. des confl. 4 juill. 1874, aff. Marchioni, D. P. 75. 3. 68; Cons. d'Et., 21 janv. 1876, aff. Bodin, D. P. 76. 3. 54).

— S'il s'agit, au contraire, de la responsabilité envers les tiers autres que les expéditeurs ou destinataires, pour faits dommageables envers ces tiers, mais indifférents aux expéditeurs ou destinataires, et sans influence sur l'exécution des transports promis, par exemple pour blessures faites à un passant par la maladresse du conducteur de la voiture, elle ne doit peser que sur l'entrepreneur ou concessionnaire, si, agissant à son compte et à ses risques, et exempt de toute surveillance de l'Administration, il n'a pas à l'égard de celle-ci la qualité de préposé (Cons. d'Et., 25 avr. 1867, aff. Billotat, *Rec. Cons. d'Et.*, p. 404 ; Comp. Sanlaville, *op. cit.*, n° 39).

855. — 6° *Responsabilité de l'Administration envers ses agents.* — Quant aux dommages subis par les agents eux-mêmes dans le service, ils engagent la responsabilité de l'Administration envers eux, d'après les principes du droit commun, s'ils proviennent d'une faute de cette dernière, par exemple d'un vice dans l'installation des wagons-poste, qu'elle est maîtresse de régler librement. Il peut toutefois y être dérogé par les dispositions spéciales des lois et règlements concernant les rapports des agents et de l'Administration, et auxquels les agents sont soumis par l'acceptation de leurs fonctions. Telles seraient les lois relatives aux pensions de retraite. Si, d'ailleurs, la cause du dommage, et par exemple le déraillement du wagon-poste, est imputable, non à l'Administration, mais aux agents de la compagnie concessionnaire du transport des agents et du matériel des postes, cette dernière est responsable sans pouvoir appeler l'Administration en garantie (Cons. d'Et., 19 nov. 1868, aff. Chemin de fer d'Orléans, *Rec. Cons. d'Et.*, p. 1004 et concl. de M. Aucoc). Les traités de concession et les cahiers des charges doivent guider le juge dans l'application de ces responsabilités (Comp. Trib. confl. 1er févr. 1873, aff. Valéry, D. P. 73. 3. 58 ; Cons. d'Et. 8 mai 1874, aff. Valéry, D. P. 75. 3. 32. V. aussi Paris, 9 juill. 1872, aff. Valéry, D. P. 74. 2. 193).

856. — 7° *Services télégraphique et téléphonique.* — Le service des télégraphes et des téléphones, monopolisé comme celui des postes entre les mains de l'Etat, peut soulever la question de la responsabilité de l'Etat pour deux sortes de dommages : 1° les dommages causés aux personnes ou aux propriétés par l'établissement ou l'entretien des lignes télégraphiques ou téléphoniques. Il suffit à cet égard de se référer à ce qui a été dit *supra*, v° *Postes et télégraphes*, n° 177 et suiv., 191 et suiv.). Jugé, dans cet ordre d'idées, que l'Etat n'est pas responsable d'un accident causé par un poteau télégraphique renversé par la violence du vent, sans qu'aucune faute ou négligence soit établie à la charge de l'Administration (Cons. d'Et. 10 mars 1876, aff. Leborgne, D. P. 76. 3. 75) ; — 2° Les dommages causés par la perte, l'altération ou le retard des télégrammes. L'Etat, à cet égard, est déchargé de toute responsabilité par l'art. 6 de la loi du 29 nov. 1850 (V. *supra*, v° *Postes et télégraphes*, n° 207, et *Rép.*, v° *Télégraphie*, n° 88 ; Sourdat, t. 2, n° 1320). Cette dérogation absolue aux règles ordinaires de la responsabilité et aux effets naturels des contrats a été critiquée comme injuste (Sanlaville, *op. cit.*, n° 54).

857. — Le remboursement de la taxe est dû pour retard ou interdiction de la remise, ou pour altération rendant la dépêche impropre à remplir son objet (Décr. 17 juin 1852, art. 25, et 8 mai 1867, art. 31). Mais le droit à ce remboursement a été restreint par le décret du 16 avr. 1878, art. 3, aux télégrammes *collationnés* ou *recommandés*, tandis qu'il est resté applicable aux télégrammes ordinaires dans la correspondance internationale (Convention internationale de Londres, du 28 juill. 1879, adoptée en France par la loi du 3 mars 1880 ; Sanlaville, *op. cit.*, n° 66).

858. L'irresponsabilité s'étend même à la transmission télégraphique des mandats ou articles d'argent (Décr. 25 mai 1870, art. 6), mais non aux sommes déposées en échange de ces mandats et dont l'Etat est intégralement responsable (Sanlaville, *op. cit.*, n° 56).

859. Enfin elle s'étend au cas de violation du secret de la correspondance (Sanlaville, *op. cit.*, n° 57), et aux pertes, altérations ou retard provenant même d'une faute caractérisée ou d'un délit prouvé à la charge d'un agent. Les termes absolus de la loi en cette matière empêchent même la question d'être douteuse, comme elle l'est en matière postale ainsi qu'on l'a vu *supra*, n° 848, 849.

860. Il faut seulement réserver l'action en responsabi-

lité contre l'agent lui-même, si l'on prouve à sa charge une faute personnelle. Un arrêt semble exiger pour cela que l'agent par un délit de droit commun se soit placé hors de sa fonction. C'est à ce titre que deux employés de l'administration des Télégraphes ont été déclarés responsables pécuniairement et personnellement de la non-distribution d'une dépêche, provenant de ce qu'ils avaient abandonné leur bureau à la suite d'une rixe survenue entre eux (Req. 3 janv. 1876, aff. Cliquet et Coignant, D. P. 76. 1. 221). Sur la qualification de fait personnel, attribuée à certains faits des agents de l'Etat relatifs à leurs fonctions, pour déclarer responsable l'agent et non l'Etat, V. *suprà*, n° 344.

Mais un autre arrêt reconnaît comme personnellement imputable à l'agent la négligence par laquelle il aurait changé le sens d'une dépêche par l'omission d'un mot, ce qui est incontestablement une faute de service (Trib. confl. 1er août 1885, aff. Lalanne, D. P. 86. 5. 96). Il est vrai qu'il s'agissait seulement dans l'espèce de statuer sur la compétence des tribunaux judiciaires saisis de cette action en responsabilité; au fond, il paraît difficile d'admettre que les fautes de service, même légères, puissent engager la responsabilité personnelle de l'agent (Sanlaville, *op. cit.*, n° 58).

861. Sur l'irresponsabilité de l'Etat en matière de correspondance téléphonique, et sur les déductions de taxe auxquelles donne lieu pour les abonnés l'interruption du service, V. *suprà*, v° *Postes et télégraphes*, n° 234.

On peut consulter encore, sur la responsabilité en matière postale et télégraphique, les ouvrages suivants : Rousseau, *Traité de la correspondance par lettres missives et par télégrammes*; Edgar Hepp, *De la correspondance privée postale ou télégraphique*; Cotelle, *Législation française des chemins de fer et de la télégraphie électrique*; Sérafini, *Le télégraphe, dans ses relations avec la jurisprudence civile et commerciale*, trad. de Lavialle de Lameillère (1863), § 54 et suiv.

862. — XII. Autres cas de responsabilité contractuelle. — Le transport par l'Etat n'est pas le seul cas où sa responsabilité du fait de ses agents se rattache à l'inexécution d'obligations contractuelles expresses ou tacites. On peut citer encore, comme engageant la responsabilité de l'Etat, les fautes commises dans un chargement par lequel doit s'exécuter un transport demandé par l'Etat à une compagnie. Ainsi l'Etat a été condamné à indemniser une compagnie de chemin de fer du préjudice que lui a causé l'explosion de poudres chargées sur des wagons par des employés de l'administration de la Guerre, sans aucune intervention des agents de la compagnie, l'accident ayant eu pour cause les mauvaises conditions dans lesquelles le chargement avait été fait (Cons. d'Et. 17 déc. 1875, aff. Chemin de fer de Lyon, D. P. 76. 3, 56; Comp. *suprà*, n° 274.

863. On peut aussi se trouver en présence d'un dépôt. Ainsi le dépôt entre les mains du commissaire général d'une exposition universelle d'un objet destiné à figurer à cette exposition rend l'Etat responsable de la perte de cet objet imputable à des fautes commises dans l'exercice de leurs fonctions par ses agents chargés de le recevoir (Cons. d'Et. 24 avr. 1885, aff. Dame Miramont, D. P. 86. 3. 130).

864. — XIII. Départements. — Etablissements publics. — La responsabilité civile du commettant peut s'appliquer aux départements. Un département, par exemple, est responsable des dommages causés dans l'exécution d'un travail public par les faits et même par la négligence de ses agents (Cons. d'Et. 7 mai 1863, aff. Monnin, D. P. 63. 3. 61).

865. Il en est de même des établissements publics. On a vu, par exemple, au *Rép.*, n° 664, et *suprà*, v° *Mont-de-piété*, n°s 151 et suiv., et 168, quelle responsabilité encourt l'administration d'un mont-de-piété pour les fautes commises par ses préposés, et quelle différence il y avait à faire à cet égard entre ces préposés et les commissionnaires au mont-de-piété de Paris, ceux-ci n'étant que de simples intermédiaires (actuellement supprimés d'ailleurs) entre l'établissement et les particuliers,

866. De même encore l'administration des Hospices est responsable du fait de ses préposés. Mais on ne saurait admettre, faute des deux conditions requises (le choix et l'autorité), la responsabilité de l'administration des Hospices pour l'acte de négligence ou d'impéritie commis par un médecin inspecteur des enfants assistés, dans la visite d'un enfant qu'il s'agissait de confier à une nourrice et qui lui a communiqué une maladie contagieuse. Nommé par l'Administration départementale, rétribué sur les fonds départementaux, et n'agissant pas sous la direction de l'administration des Hospices, ce médecin a été considéré comme n'étant pas le préposé de celle-ci (Poitiers, 26 déc. 1892, aff. Département des Deux-Sèvres, D. P. 93. 2. 349).

§ 3. — De la responsabilité du commettant appliquée aux communes.

867. La responsabilité civile des communes pour le fait de leurs préposés semblerait devoir donner lieu à la même distinction que leur responsabilité directe, distinction entre le pouvoir de police et la gestion de leurs intérêts financiers,

Cette distinction a été nettement posée par la cour de cassation de Belgique. Elle a refusé d'appliquer à une commune l'art. 1384 c. civ., pour faute commise notamment par un chef éclusier dans la surveillance des bassins d'un port qui lui a été confiée par cette commune (C. cass. Belgique, 9 déc. 1880) (1); ... ou même dans la manœuvre des écluses (C. cass. belge, 13 juin et 22 juill. 1892, *Pasicrisie belge*, 1892. 1. 327); ... notamment encore par ses agents et ouvriers dans la manœuvre des grues hydrauliques que la commune a organisée et qu'elle exploite sur les quais d'un port en vertu d'une délégation de l'Etat, en percevant de ce chef un droit de péage (C. cass. de Belgique, 12 janv. 1893, aff. Ville d'Anvers, D. P. 94. 2. 270 et la note). Elle a jugé, d'autre part, que si la police de la voirie urbaine est un acte de pouvoir public, l'entretien de cette voirie est un acte de personne civile, à l'occasion duquel la commune est responsable non seulement de sa propre faute, mais encore de celles que peuvent commettre, dans l'exercice de leurs fonctions, les agents préposés par elle à cet entretien; que, par suite, elle répond notamment de l'accident causé à un cheval par un trou existant sur un boulevard accessible aux cavaliers, et que ses agents avaient négligé de signaler au public (C. cass. de Belgique, 1er déc. 1881) (2).

En France, la cour de cassation ne paraît pas distinguer

---

(1) (Falconet Verbert *C.* Ville d'Anvers.) — La cour; — Sur le moyen unique de cassation : — Considérant que, suivant l'arrêt attaqué, le fait servant de base à l'action en responsabilité intentée par les demandeurs contre la ville d'Anvers est une faute qui aurait été commise dans l'exercice de ses fonctions par un chef éclusier chargé de la surveillance et de la police des bassins d'Anvers; — Considérant que les pouvoirs publics ne sont pas civilement responsables, en vertu de l'art. 1384 c. civ., des fautes commises par les agents qu'ils emploient pour l'exercice de leurs attributions politiques; qu'en effet, cet article rendant les commettants responsables du dommage causé par leurs préposés dans les fonctions auxquelles ils les ont employés, présume que les commettants eux-mêmes ont commis une faute, soit dans le choix de leurs préposés, soit dans la surveillance qu'ils doivent exercer sur eux ; que la présomption légale de faute que cet article fait peser sur le commettant est de stricte interprétation, qu'il établie pour l'ordre civil, ne peut être étendue à l'ordre politique; — Considérant que les pouvoirs publics ne deviennent responsables devant les tribunaux des fautes commises par leurs agents que lorsque, sortant de leur rôle ordinaire, ils les emploient à des opérations comme l'exploitation des chemins de fer, qui ne rentrent pas dans les fonctions essentielles de l'autorité publique, qui pourraient être faites par des personnes privées, et sont, partout, des actes de la vie civile; — Considérant que, dans l'espèce, il n'y a pas lieu d'examiner si la ville d'Anvers a commis dans cette situation à raison des droits que l'Etat lui a concédés sur les bassins, soit par l'arrêté royal du 11 mai 1815, soit par la loi du 17 avr. 1874, l'acte reproché au chef éclusier étant étranger à l'exercice de ces droits, se rapportant au droit de police, qui en est indépendant; — Considérant qu'il suit de tout ce qui précède que l'arrêt attaqué n'a ni faussement appliqué, ni violé aucune des dispositions sur lesquelles s'appuie le pourvoi; — Rejette, etc.

Du 9 déc. 1880.-C. cass. de Belgique, 1re ch.-MM. de Longé, pr.-Faider, proc. gén., c. conf.-De Met, Degrand et Louis Leclercq, av.

(2) (Ville de Mons *C.* Sadée.) — Le 8 août 1878, le tribunal de Mons a rendu le jugement suivant : — « Attendu que si, en décrétant l'établissement de voies de circulation dans

les agents préposés à la police de ceux préposés à la gestion, dans l'application qu'elle fait de l'art. 1384 aux communes, comme on le verra *infrà*, n° 877.

868. On a vu au *Rép.*, n° 607, un exemple de responsa-bilité de la commune du chef des ouvriers qu'elle emploie. Jugé encore qu'une commune répond civilement de l'accident causé par la négligence, l'imprudence ou la maladresse des ouvriers préposés à l'abatage d'un arbre lui appartenant sur

les villes et communes, les administrations locales font acte de pouvoirs publics et n'ont à répondre; à ce sujet, de leurs actes que devant l'autorité administrative, ces administrations, en livrant une rue à la circulation, assument l'obligation de prendre les mesures de précaution nécessaires pour que cette circulation n'y soit pas dangereuse; qu'en ne le faisant pas, et surtout en n'indiquant pas le danger aux personnes qui y circulent, elles omettent un acte de prévoyance qui les oblige à répondre des accidents qui en sont résultés; — Attendu que cette responsa-bilité est purement civile, puisqu'il ne s'agit que de décider si une indemnité du chef du dommage éprouvé est dû par la ville ou par la commune comme civilement responsable du fait ou de la faute de ses agents, à titre de réparation de ce dommage; que, dès lors, les tribunaux sont compétents pour en connaître; — Attendu, en fait, que le dommage dont le demandeur réclame la réparation de la ville de Mons a pour cause un accident qu'il attribue au mauvais état dans lequel se trouvait la partie du boulevard où les cavaliers ont accès, et sans que rien indiquât au public le trou qui y existait, et dans lequel le cheval du demandeur s'est blessé en tombant; — Attendu que cette négli-gence de la part des préposés de l'administration communale, si elle était établie, constituerait une faute dont cette administra-tion devrait répondre; que celle-ci ne s'est pas jusqu'alors expliquée à cet égard, qu'il en résulte que l'action du deman-deur est recevable, et qu'il y a lieu d'ordonner à la ville de Mons de s'expliquer sur les faits articulés et de conclure au fond; — Par ces motifs, se déclare compétent; — Dit que la demande est recevable ». — Appel par la ville de Mons; mais le 27 févr. 1880, arrêt de la cour de Bruxelles ainsi conçu : —

LA COUR; — En ce qui concerne la compétence; (l'arrêt admet la compétence des tribunaux civils); — En ce qui concerne la rece-vabilité de l'action, c'est-à-dire la question de savoir si la ville de Mons peut encourir une responsabilité quelconque à raison d'actes se rattachant, d'après elle, à l'exercice de l'autorité publique : — Attendu que la demande n'excède pas le taux du dernier ressort, la somme réclamée n'étant que de 2000 fr.; — Attendu, dès lors, que le tribunal compétent pour connaître de cette action juge sans appel toutes les questions de droit et de fait qu'elle soulève, à commencer par la question de recevabilité de cette action; qu'il s'ensuit que la partie du jugement relative à cette recevabilité ne peut être soumise à l'examen de la cour; — Par ces motifs; — Déclare la ville de Mons non fondée en son appel en ce qui concerne le déclinatoire pour incompétence; la déclare non recevable en son dit appel pour le surplus du juge-ment ». — Pourvoi en cassation par la ville de Mons. M. le premier avocat général Mesdach de ter Kiele a conclu aux conclusions suivantes tendant au rejet du pourvoi : « Si la question de responsabilité, de la part de l'État, des provinces et des communes, présente au premier aspect quelque con-fusion, ce n'est que faute de ne pas tenir suffisamment compte de la double qualité en laquelle ils agissent tour à tour, soit comme pouvoir politique, et, partant irresponsable, soit comme personnes privées et soumises, dès lors, à toutes les règles du droit commun. Cette distinction, déjà relevée dans un arrêté du 18 juin 1815 (Delebecque, *Bulletin usuel*, p. 62), nous la retrouvons dans un passage du discours tenu, le 31 mai 1816, à la deuxième chambre des États généraux, par un des juris-consultes les plus éminents du barreau de Mons, qui en a tou-jours compté de fort illustres : « Des nuances presque imper-ceptibles, disait M° Gendebien, séparent l'administration propre-ment dite, indépendante essentiellement du pouvoir judiciaire, « d'avec des actes administratifs qui sont placés par les prin-« cipes et même par la législation actuelle des provinces méri-« dionales dans la dépendance des tribunaux ordinaires ». Les administrations municipales présentent un exemple intéressant de ces nuances imperceptibles. Comme régisseurs des biens et des affaires de leur commune, elles sont, à l'instar de tous les citoyens, dans la dépendance des tribunaux et des cours; comme exerçant la portion d'administration publique qui leur est con-fiée par l'autorité administrative supérieure, elles ne peuvent pas dépendre des tribunaux, et les arrêtés et règlements qu'elles font légalement dans le cercle de cette portion d'administration publique ont un caractère d'autorité que les tribunaux eux-mêmes doivent respecter, faire exécuter. Cette jurisprudence est éta-blie sur divers arrêts de la cour de cassation et sur des avis du conseil d'État, approuvés par le chef du Gouvernement (Noord-zick, *Verslag der handelingen*, 1816, p. 110). De nos jours, la même distinction se trouve retracée dans une dissertation aussi méthodique que claire de notre excellent collègue M° Beckers, insérée dans la *Revue de l'administration*, année 1879. Ces observations nous conduisent à ce résultat souvent signalé, à savoir que la puissance publique se manifeste de deux manières, par voie : 1° de délibération; 2° d'exécution. Quand un collège

de bourgmestre ou échevins ordonne un travail d'utilité commu-nale, tel qu'une réparation de voirie, il agit à titre de pouvoir souverain, et n'engage jamais que sa responsabilité morale, dont il n'est comptable qu'envers la nation. L'immunité qui lui est assurée à cet égard n'est pas moins grande que celle dont jouit la législature elle-même, relativement aux lois qu'elle décrète; et les tribunaux sont sans pouvoir à l'effet de censurer la mesure sous forme de dommages-intérêts ou autrement. L'administra-tion est irresponsable, non seulement à raison de sa souverai-neté, mais parce qu'elle se meut dans un cercle où elle est exposée à ne rencontrer que des intérêts privés et jamais des droits individuels. Il en est ainsi de toutes les lois relatives aux charges publiques, telles que les impôts ou les levées de milice. La constitution nous en offre un exemple frappant en matière d'expropriation pour cause d'utilité publique; la mesure, en tant qu'elle est décrétée par une loi ou par un arrêté royal, échappe à toute responsabilité civile, mais elle engage celle-ci, du moment où elle entre dans la phase d'exécution, par le motif qu'elle s'y trouve en contact avec des droits individuels dont elle exige le sacrifice. Il importe, en conséquence, de ne pas confondre, entre les divers actes de l'administration, ceux qu'elle accomplit comme agent du pouvoir en vertu d'une autorité déléguée, et ceux où elle agit comme partie contractante dans l'intérêt de ses administrés; ce qui est de police et ce qui n'est que de simple régie. Ainsi la police est instituée pour maintenir l'ordre public, la liberté, la propriété, la sûreté individuelle; si quelque négligence est apportée dans cette partie du service, chacun pourra s'en plaindre, mais nul ne sera reçu, en justice, à en demander le remède. — Ce ne sont là que des fautes administra-tives, non sujettes à réparation civile. Au contraire, la même administration a charge de diriger et faire exécuter les travaux publics qui incombent à la communauté (décret du 14 déc. 1789, art. 50; loi du 30 mars 1836, art. 90, n° 6); ici, l'immunité cesse, et la commune agit comme une personne privée; ce qu'elle fait, chaque particulier le pourrait faire pour sa propriété. Aussi les travaux de cette espèce peuvent-ils être donnés en entreprise, à la différence des actes de l'autorité publique dont l'exercice n'est pas susceptible de délégation. Juge-t-elle à propos d'en retenir l'exécution devers elle, immédiatement l'intérêt public entre en contact avec l'intérêt privé, elle se met en situation de s'obliger civilement, soit par contrat pour les prestations nécessaires, soit par quasi-délit à raison de ses fautes ou négligences, et, pour lors, le droit commun reprend son empire avec toutes ses conséquences (art. 1382, 1384 et 1386 c. civ.). Si une faute est commise il y a nécessairement imputabilité, et, par suite, ouver-ture à réparation; les choses qui sont dans notre domaine deviennent une source de responsabilité. Dès lors, il importe peu, au procès actuel, que la ville se trouve engagée, soit direc-tement, par son propre fait (art. 1382), soit indirectement par le fait de ses préposés (art. 1383), quoique, dans l'espèce, la première de ces deux espèces de responsabilité nous semble effectivement encourue. L'art. 1384 suppose l'accomplissement par un tiers d'un fait susceptible d'exécution directe par le com-mettant; la responsabilité de ce dernier n'est alors que la con-séquence d'une présomption de négligence dans le choix de la personne. Mais il n'en peut être de même d'une administra-tion publique, être de raison, qui, à défaut d'existence propre ou personnelle, n'est en état de se mouvoir que par ses organes légaux, l'on n'aperçoit pas ici ces rapports de subordination entre un préposé et son commettant; lors donc qu'un agent de la commune contracte pour celle-ci, dans l'étendue de ses pouvoirs, quelque degré qu'il occupe dans la hiérarchie administrative, depuis le bourgmestre jusqu'au dernier des cantonniers, y com-pris les échevins, l'ingénieur, l'architecte et le conducteur des travaux, sa personnalité s'efface devant celle de la commune qui l'absorbe et la résume en elle; c'est toujours la muni-cipalité qui agit, poursuit et diligente d'un de ses représentants en titre, ayant qualité à cet effet. La responsabilité est directe et procède de l'art. 1382. Mais le jugement attaqué n'a pas eu à définir l'espèce de recours dirigé contre la ville demanderesse, s'il était direct ou indirect; cette question viendra plus tard et recevra sa solution avec le jugement du fond; pour le moment, la recevabilité de l'action est seule en contestation, et sur ce point, nous ne pouvons que donner notre adhésion à ce qui a été jugé ».

LA COUR; — Sur le premier moyen de cassation, dirigé exclu-sivement contre l'arrêt de la cour d'appel de Bruxelles du 27 févr. 1880, en ce qui concerne la compétence (l'arrêt rejette ce moyen et déclare compétents les tribunaux civils); — Sur le second moyen de cassation, dirigé exclusivement contre le jugement du tribunal de première instance de Mons du 8 août 1878, fausse application, et, partant, violation des art. 1382, 1383 et 1384 c. civ., en ce que le jugement attaqué décide que

la voie publique, opération ordonnée par le maire dans la limite de ses attributions d'administration des biens de la commune, quand même l'arbre serait planté sur une route nationale ou départementale dont, par suite, la police n'appartient pas à l'autorité municipale (Toulouse, 8 mai 1863) (1).

869. La commune est civilement responsable du délit commis par les artistes qui ont exécuté, sans la permission des auteurs, des airs de musique non tombés dans le domaine public, si ce délit est commis dans un concert ou un bal organisé par elle, notamment dans un concert donné au profit des pauvres dans les salons de la mairie, par voie de souscription publique, et sous le patronage de l'administration municipale (Orléans, 24 févr. 1872, aff. Ville d'Amboise, D. P. 73. 1. 253); ou même dans une salle de théâtre ou sur une place publique, mais sous le patronage de l'administration municipale par les soins d'une commission d'organisation nommée et présidée par le maire (Dijon, 3 mars 1870, aff. Société des auteurs et éditeurs de musique, D. P. 72. 2. 160; Besançon, 13 juin 1894, aff. Amourdedieu et autres, D. P. 94. 2. 370). Il en est autrement de la commune qui prête les salons de la mairie pour un bal donné par une société, si l'administration municipale est restée étrangère à l'organisation du bal, au verse-

---

la ville de Mons est responsable des fautes et des négligences commises par ses préposés dans l'exercice de leurs fonctions administratives : — Considérant que par le jugement attaqué, le tribunal de première instance de Mons, après s'être déclaré compétent, décide que la demande est recevable, en déboutant la défenderesse de toutes conclusions contraires, lui ordonne de conclure au fond; qu'il motive sa décision en ce qui concerne la recevabilité de l'action, en disant que, si la négligence imputée par le demandeur aux préposés de l'administration était établie, cette négligence constituerait une faute dont cette administration devrait répondre; — Considérant que cette décision, rejetant l'exception de non-recevabilité par laquelle la ville de Mons s'opposait à l'examen du fond, est définitive; que le défendeur au pourvoi soutient donc à tort que celui-ci n'est pas recevable; — Considérant au fond que si c'est comme pouvoir public que la commune est chargée de veiller, par des mesures de police, sur toute l'étendue de son territoire, à la sûreté et à la commodité du passage dans toutes les voies publiques, même dans celles qui font partie du domaine de l'Etat, et doivent être entretenues par lui, c'est, au contraire, comme personne civile qu'elle est obligée, en règle générale, d'entretenir les voies publiques communales; que cette obligation dérive de ce que la commune est propriétaire du sol sur lequel ces voies sont établies, ou absorbe, du moins, tant que le sol est affecté à cette destination publique, les droits et les obligations du propriétaire; — Considérant qu'entretenir les voies publiques n'est pas une opération qui rentre dans les fonctions essentielles de l'autorité publique, qui ne puisse être l'œuvre de personnes privées; que, d'après la loi du 10 avr. 1841, l'entretien des chemins vicinaux, généralement à la charge de la commune, peut néanmoins être imposé sous les conditions qu'elle détermine aux propriétaires riverains; — Considérant que, dans le cas où ces chemins doivent être entretenus par les propriétaires riverains, la surveillance de cet entretien, dans l'intérêt de la sûreté et de la commodité du passage, est une fonction du pouvoir communal; qu'il importe donc de ne pas confondre cette surveillance avec l'entretien lui-même, qui ne cesse pas d'être un acte de la vie civile quand la commune en a la charge; — Considérant que si une voie publique, soit urbaine, soit rurale, dont l'entretien lui incombe, est laissée en mauvais état, la commune est responsable, selon les règles du code civil, du dommage que cette négligence cause à autrui; qu'ainsi, dans l'espèce, l'administration communale de la ville de Mons répond non seulement de sa propre faute, mais encore, en vertu de l'art. 1384 c. civ., de celle qu'auraient pu commettre, dans l'exercice de leurs fonctions, les personnes qu'elle a préposées à l'entretien des boulevards; — Considérant qu'il s'ensuit que le jugement attaqué a fait une juste application de la loi en repoussant l'exception de non-recevabilité opposée par la ville de Mons à l'action en dommages-intérêts intentée contre elle; — Rejette, etc.

Du 1er déc. 1881.-C. cass. de Belgique, 1re ch.-MM. de Lougé, 1er pr.-de Paepe, rap.-Mesdach de ter Kiele, av. gén.-Dolez, de Mot et Gilbert, av.

(1) (Joffrès C. Commune de Mirepoix.) — Sur l'ordre donné par le maire de Mirepoix, des ouvriers ont procédé, le 5 févr. 1862, à l'abatage d'un arbre bordant la route impériale no 119, qui en cet endroit faisait partie d'une promenade publique. La chute de cet arbre a causé la mort du sieur Joffrès. La veuve et les enfants de celui-ci ont intenté contre la commune de Mirepoix une action en dommages-intérêts. La commune a soutenu que sa responsabilité ne pouvait être engagée, la voie publique sur laquelle l'accident s'était produit étant placée sous la surveillance du maire en sa qualité de délégué de l'autorité administrative. Le tribunal civil a statué en ces termes par jugement du 17 déc. 1862 : — « Attendu qu'en faisant abattre des arbres qui sont sur la propriété de la commune de Mirepoix, laquelle devait recevoir dans sa caisse municipale le prix de la vente, le maire de Mirepoix a agi comme représentant de ladite commune et de son conseil municipal, en vertu des délibérations de celui-ci ; que l'on ne saurait voir dans cet acte l'exercice d'aucune des fonctions dans lesquelles un maire agit comme délégué du pouvoir exécutif et représentant l'administration publique; qu'ainsi,

dans tout ce qu'il a fait, il n'a été que le mandataire de la commune, et n'a engagé d'autre responsabilité que celle de la commune, au compte de laquelle travaillaient les ouvriers préposés à l'abatage desdits arbres, lesquels ouvriers recevaient leur salaire de la caisse communale; d'où il suit que ladite commune de Mirepoix est responsable des faits de négligence, imprudence ou maladresse de ces ouvriers; — Attendu qu'il ne s'agit pas de savoir si le maire de Mirepoix ou la commune qu'il représente ont commis quelque faute qui puisse leur être imputée; que ni le maire ni la commune ne sont poursuivis pour des faits qui leur soient personnels, mais seulement comme responsables du fait des ouvriers qu'ils employaient; — Attendu que, d'après les pièces lues à l'audience et les explications données dans les plaidoiries, les ouvriers n'ont pris aucune précaution pour éviter le malheur qui est arrivé; qu'ils n'ont pas ébranlé l'arbre avant de l'abattre, ni suffisamment dirigé sa chute, ni donné les avertissements nécessaires; que toute leur conduite a été pleine de maladresse, de négligence et d'imprudence; que c'est par suite de ce défaut de précaution que Joffrès a été atteint et tué; — Attendu, dès lors, que la commune doit répondre du fait des ouvriers et réparer le dommage qu'ils ont occasionné : — Attendu, d'un autre côté, que Joffrès a à s'imputer d'être passé sans prendre aucune précaution sur la route où se faisait l'abatage; qu'il aurait pu l'éviter; que cette circonstance, si elle ne fait pas disparaître la faute des ouvriers, ni la responsabilité de la commune, doit au moins en amoindrir les effets au point de vue des dommages et de l'indemnité à accorder; — Attendu que le tribunal trouve dans les faits de la cause des éléments suffisants pour fixer le dommage et évaluer l'indemnité; — Par ces motifs, sans s'arrêter aux exceptions proposées par la commune de Mirepoix, déclare ladite commune responsable du fait des ouvriers, et la condamne à payer aux héritiers Joffrès la somme de 4000 fr. à titre de dommages-intérêts ». — Appel par les héritiers Joffrès, tendant à ce que le chiffre des dommages-intérêts soit porté à 25 000 fr. — Appel incident de la part de la commune de Mirepoix.

La cour, — Attendu que l'abatage des arbres qui a occasionné le déplorable accident du 5 févr. 1862 avait été prescrit par l'autorité municipale de la ville de Mirepoix; que le maire à qui est confiée la direction des travaux communaux agissait en cette circonstance comme représentant de la commune, dont la responsabilité était par conséquent engagée par les actes émanés de son mandataire légal; — Attendu que l'insuffisance des mesures propres à garantir la sécurité publique ne peut être justifiée sous le prétexte que les arbres étaient excrus sur une route impériale ou départementale dont la police n'appartient pas au pouvoir local; — Attendu, en effet, que, d'une part, les arbres, quoique plantés sur la route, étaient la propriété de la commune; que, d'un autre côté, on pouvait, à l'aide de poteaux placés sur la voie publique, ou de toute autre indication matérielle et permanente, prévenir les passants et les avertir du danger; que dans tous les cas, il eût été opportun d'obtenir du pouvoir compétent l'autorisation d'intercepter provisoirement le passage sur un chemin public où s'effectuait une opération périlleuse; — Attendu que le défaut de ces précautions et de ces mesures, sans accuser la sollicitude de l'autorité municipale, moins encore le zèle actif et dévoué du maire de la ville de Mirepoix, constitue au point de vue légal, une imprudence ou une négligence de nature à faire peser sur la commune la responsabilité relative du malheureux événement qui a motivé l'action en dommages-intérêts; — Attendu que les premiers juges, en faisant sous ce rapport une juste appréciation des faits et circonstances de la cause, n'ont pourtant pas accordé aux appelants une indemnité suffisante du préjudice souffert, quelque impuissant que doivent être d'ailleurs, pour de tels accidents, une réparation pécuniaire quelconque; — Par ces motifs et ceux non contraires au jugement attaqué, statuant sur les appels respectifs, déclare la commune de Mirepoix de son appel incident, et disant au contraire droit à l'appel formé par les héritiers Joffrès, condamne ladite commune à leur payer, à titre de dommages-intérêts la somme de 6 000 fr., etc.

Du 8 mai 1863.-C. de Toulouse, 2e ch.-MM. Caze, pr.-de Vaulx, av. gén.-Piou et Fourtanier, av.

ment des souscriptions et au règlement des dépenses (Nancy, 18 juin 1870, aff. Ville de Nancy, D. P. 72. 2. 73 ; Req. 3 mars 1873, aff. Ville d'Amboise, D. P. 73. 1. 253). — V. *suprà*, v° *Propriété littéraire et artistique*, n° 69.

870. Une ville qui fait tirer un feu d'artifice, à l'occasion de réjouissances publiques, est civilement responsable des accidents causés, soit par la faute de l'artificier, par l'inexpérience ou la maladresse des personnes préposées à l'opération, soit par l'omission des mesures de police et de précaution nécessaires en pareil cas, telles que l'établissement autour des pièces d'artifice d'une zone de protection suffisamment étendue pour mettre le public, et aussi les agents appelés à faire la police, à l'abri des accidents pouvant résulter même du fonctionnement anormal des engins pyrotechniques (Riom, 11 juin 1884, aff. Coston, *Gazette des tribunaux*, n° du 13 juill. 1884 ; Aix, 6 janv. 1892, aff. Ville d'Aix, D. P. 93. 2. 414). Mais elle n'est pas civilement responsable de l'accident causé par le fait d'une personne chargée de tirer un feu d'artifice à l'occasion d'un comice agricole, alors que cette personne a été choisie par le comice agricole et non par le maire, le feu d'artifice ayant été projeté, commandé et payé par le comice agricole et non par le maire, lequel s'est borné à l'autoriser et n'a commis d'ailleurs aucune faute (Angers, 27 mars 1878 (1) V. encore, sur la double responsabilité de l'artificier et de la commune : Trib. civ. Seine, 16 juill. 1881, *La Loi*, n° du 17 juill. 1881 ; 13 mars 1884, *ibid.*, n° du 16 mars 1884 ; Bordeaux, 24 févr. 1886, *Recueil de Bordeaux*, 1886, 1re part., p. 167 ; Trib. civ. Seine, 13 mai 1886, *La Loi*, n° des 31 mai-1er juin 1886 ; Paris, 26 oct. 1886, *ibid.*, n° du 29 oct. 1886 ; Trib. civ. Seine, 8 févr. 1887, *ibid.*, n° du 13 févr. 1887 ; Trib. civ. Lyon, 7 déc. 1887, *ibid.*, n° du 13 avr. 1888 ; Trib. civ. Seine, 14 mai 1888, *Le Droit*, n° du 13 juin 1888 ; 9 juin 1890, *La Loi*, n° du 6 août 1890).

871. Il peut y avoir difficulté, à l'égard de certains emplois, sur le point de savoir si l'auteur de la faute l'a commise comme préposé de la commune. Mais s'il est délégué par le maire pour une fonction dans laquelle celui-ci représente le Gouvernement et non la commune, par exemple pour la notification d'une ordonnance à un particulier en la forme administrative, il n'agit plus alors comme préposé de la commune, et n'engage pas la responsabilité de celle-ci, notamment par un faux commis dans cette notification (Dijon, 30 mars 1892, aff. Bailly, D. P. 92. 2. 423).

872. Un receveur municipal, nommé par l'autorité supérieure sur une liste de trois noms dressée par le conseil municipal, et placé sous le contrôle de l'autorité municipale pour la comptabilité des emprunts communaux (Décr. 23 juin 1879, D. P. 80. 4. 28), est bien le préposé de la commune, laquelle est responsable des faits de charge commis par lui dans l'exercice légal de sa fonction. Mais l'infidélité qu'il a commise envers un particulier peut n'être pas fait de charge et ne pas engager la responsabilité civile de la commune. C'est ce qui arrive, notamment, lorsqu'il détourne des fonds qui lui ont été confiés pour être employés en obligations de la ville, si, dans les quittances qu'il a délivrées, il ne s'est pas prévalu de sa qualité de receveur

municipal, s'il s'est engagé uniquement en son nom personnel à servir des intérêts à la personne qui lui a remis les fonds, s'il lui a promis un taux d'intérêt supérieur à celui des emprunts de la ville, s'il n'a même pas mentionné le placement en obligations de ladite ville, et si, lors du dernier versement, il a stipulé que le dépôt serait remboursable dans le mois de la demande du déposant, circonstances qui indiquent une confiance inexpérimentée, mais volontaire, accordée personnellement au fonctionnaire (Angers, 15 janv. 1890, aff. Veuve Chaillou, D. P. 90. 2. 111).

873. L'entrepreneur qui exécute à forfait des travaux publics pour une commune n'est pas le préposé de cette commune, si elle le laisse souverain dans la direction de ces travaux. Mais il en est autrement si la commune s'en est réservé la direction et la surveillance qu'elle exerce par ses agents, notamment si ses pouvoirs vont jusqu'à lui permettre d'imposer à l'entrepreneur le renvoi des propres employés de celui-ci. Elle peut alors être déclarée responsable des imprudences et négligences de cet entrepreneur et de ses agents, notamment d'un incendie causé par leur faute (Civ. rej. 15 janv. 1889, aff. Ville de Bône, D. P. 89. 1. 49). V. *suprà*, n° 758.

874. Une ville, propriétaire d'un collège communal, mais n'ayant à pourvoir qu'à la gestion matérielle de ce collège, non à l'instruction et à la discipline, lesquelles relèvent exclusivement du ministre de l'instruction publique, ainsi que la nomination du personnel, n'est pas plus responsable à titre de commettant des fautes du principal ou des professeurs vis-à-vis des élèves de ce collège, qu'elle ne l'est comme instituteur (V. *infrà*, n° 905) des dommages causés par les élèves (V. la note sous Paris, 16 févr. 1880, aff. Ville d'Auxerre et Monceaux, D. P. 81. 2. 81. Comp. *suprà*, n° 754).

875. Les fautes, abus et prévarications des employés de l'octroi dans l'exercice de leurs fonctions n'engagent pas toujours la responsabilité civile de la commune. Car dans le système de la régie intéressée, et dans celui de la ferme, ils sont préposés non de la commune, qui ne les nomme pas, mais du régisseur ou du fermier qui les nomme ; et la responsabilité pèse alors sur ce régisseur ou fermier, non sur la commune, sans qu'ailleurs que celle-ci soit responsable du régisseur ou du fermier lui-même, puisqu'un entrepreneur et un fermier ne sont pas légalement les préposés du propriétaire (V. *suprà*, n°s 755 et 781). Dans le système de la régie simple, au contraire, c'est la commune qui répond civilement des faits des employés, car elle les nomme, les surveille et les révoque, sans que l'institution, qu'ils reçoivent de l'autorité supérieure en vertu d'une sorte de haute tutelle motivée par l'intérêt général, puisse altérer leur lien de dépendance vis-à-vis de la municipalité (Req. 19 juill. 1826, aff. Octroi de Marseille, *Rép.* n° 627). Dans le système de l'abonnement avec l'administration des Contributions indirectes, la commune répondra également des employés subalternes qui sont nommés comme dans la régie simple, sauf l'avis du directeur des contributions indirectes, formalité qui ne peut avoir d'influence sur le caractère municipal de l'agent ; mais elle ne répond pas du préposé en chef qui, délégué par la régie des contributions indirectes, ne

<hr>

(1) (Commune d'Ernée C. Rivière.) — LA COUR ; — Considérant que la commune d'Ernée ne devait être déclarée solidairement responsable de l'accident arrivé, le 10 sept. 1876, à Rivière, par la faute de Bailleul, que s'il était établi, soit que Bailleul était, au moment de l'accident, le préposé de la commune (c. civ. art. 1384), soit que le maire d'Ernée, agissant en qualité de représentant de la commune, a eu, à l'occasion du même accident, quelque faute personnelle à se reprocher (même code, art. 1382-1383) ; — Considérant, en premier lieu, qu'il résulte de tous les documents de la cause que la municipalité d'Ernée est restée complètement étrangère à la fête de nuit donnée, le centre ville, le 10 sept. 1876, à l'occasion de la réunion annuelle du comice agricole ; que le feu d'artifice notamment a été projeté, commandé et payé non par le maire d'Ernée, qui s'est borné à l'autoriser, mais par les membres du comice agricole ; que ce sont ceux-ci et non le maire qui ont fait choix de Bailleul pour le tirer ; qu'il suit de là que Bailleul ne peut, à aucun titre, être considéré comme ayant été, le 10 sept. 1876, le préposé de la commune d'Ernée ; — Considérant, en second lieu, qu'il n'est pas justifié que le maire d'Ernée ait commis une faute quelconque à l'occasion de l'accident litigieux ; qu'on ne peut, en

effet, lui faire grief d'avoir, conformément à un usage général et à de nombreux précédents locaux, accordé l'autorisation de tirer un feu d'artifice sur la place publique ; qu'il avait d'autant moins de raison de refuser cette autorisation, qu'elle lui était demandée par des membres du comice agricole, qui devaient lui inspirer confiance ; que c'était d'ailleurs à ces derniers, entrepreneurs et organisateurs de la fête, à surveiller les détails de son exécution, et non au maire qui n'avait que des mesures générales de police à prendre dans l'intérêt de la sécurité publique ; — Considérant qu'étant acquis que le maire d'Ernée n'a commis aucune faute à l'occasion de l'accident du 10 septembre, il devient superflu de rechercher s'il a agi comme représentant de la commune, en accordant l'autorisation de tirer le feu d'artifice, et s'il aurait pu, en cette circonstance, engager la responsabilité de la commune ;

Par ces motifs,

Infirmant le jugement du tribunal civil de Mayenne, du 9 mai 1877 ; — Déboute Rivière de son action contre le maire de la commune d'Ernée ès qualité.

Du 27 mars 1878.-C. d'Angers, ch. civ.-MM. Jaé, 1er pr.-Bathedat, av. gén.-Fairé et Eug. Lelong, av.

dépend que d'elle et n'oblige qu'elle (V. *supra*, v° *Octroi*, n°ˢ 67 et suiv.).

876. On s'est demandé en outre, si, dans les deux systèmes de régie simple et d'abonnement, les agents de l'octroi engagent la responsabilité de la commune, non seulement, lorsqu'ils agissent pour la perception des droits revenant à la ville, mais aussi lorsqu'ils agissent, comme ils en sont chargés dans l'intérêt du trésor public, pour la perception de droits d'entrée dus à l'État (L. 28 avr. 1816, art. 154), pour la vérification des congés, passavants et autres pièces relatives aux droits sur les boissons, tabacs, sels et cartes (Ord. 9 déc. 1814, art. 92). La cour de cassation (Req. 30 janv. 1833, *Rép.*, n° 639) a encore admis en ce cas la responsabilité de la commune, mais concurremment avec celle de la Régie. M. Sourdat (t. 2, n° 1368) maintient au contraire la responsabilité *exclusive* de la commune, l'agent n'étant pas plus le préposé de la Régie dans ces cas que les agents du Trésor, percepteurs des contributions directes, ne sont ceux de la commune lorsqu'ils perçoivent certains droits établis au profit des communes, comme les centimes votés par les conseils municipaux et la taxe sur les chiens (V. *Rép.* n° 641).

877. La responsabilité de la commune du chef du personnel de l'octroi, appliquée malgré l'intervention du pouvoir central dans leur nomination et malgré le cumul par eux de fonctions intéressant la Régie, a déterminé la cour de cassation à reconnaître la même responsabilité pour les délits et quasi-délits commis par les agents de police dans l'exercice de leurs fonctions, sans s'arrêter à la multiplicité de leurs attributions, ni à l'intervention du pouvoir central dans leur nomination et leur révocation pour les villes de plus de 40 000 âmes. Contrairement à la décision du tribunal civil de Marseille, la cour d'Aix (24 févr. 1880, aff. Canassi, D. P. 80. 2. 243) a déclaré la ville de Marseille civilement responsable des blessures qu'un agent de police, dans l'exercice de ses fonctions, avait faites à une personne en tirant dans un quartier de la ville des coups de revolver sur la foule. Quoique nommés et révoqués par le préfet (le maire n'ayant que le droit de les présenter et de les suspendre), quoique rétribués en partie sur les fonds de l'État, quoique appelés à certaines fonctions par l'autorité centrale, ces agents, a-t-elle dit, placés sous la surveillance du maire qui peut les suspendre, sont principalement des préposés de la ville pour le service de la police municipale; et s'ils ont des attributions et des commettants multiples, il faut voir duquel de ces commettants ils font l'affaire et exercent la délégation au moment de l'acte dommageable, pour fixer sur lui seul la responsabilité civile. La doctrine de cet arrêt a été critiquée (V. D. P. 80. 2. 243, note), mais la cour de cassation l'a adoptée en rejetant le pourvoi (Req. 16 mars 1881, D. P. 81. 1. 194; 11 avr. 1881, aff. Ville de Marseille, D. P. 81. 5. 326). Même en rattachant l'agent de police à la commune, au point de vue de la dépendance, on remarquera qu'il ne s'occupe pas de gestion, mais de police, et on sera frappé du contraste qu'offrent les arrêts précités avec l'arrêt de la cour de cassation de Belgique du 9 déc. 1880, *supra*, n° 867, qui, séparant la police de la gestion, décharge la commune des fautes du chef éclusier préposé par elle à la police d'un bassin maritime, et aussi avec la doctrine française qui décharge l'État des fautes de ses fonctionnaires en matière de police. Il est vrai que l'État lui-même est responsable lorsque l'acte d'autorité, au lieu de rester susceptible d'annulation, se confond avec des actes matériels dont la réparation ne peut consister qu'en indemnités, comme les fausses manœuvres commandées par des officiers de port (V. *supra*, n° 819).

878. Les compagnies de pompiers étant des institutions communales qui fonctionnent sous la surveillance de l'autorité municipale, il en résulte que les mesures prises par les pompiers pour l'extinction d'un incendie et dans l'ordre de leur service, engagent la responsabilité de la commune à l'égard des particuliers dont les propriétés, placées hors des atteintes du feu, ont subi un dommage par suite de l'exécution de ces mesures. Il importe peu que les dégradations aient eu lieu en dehors de toute intervention de l'autorité municipale et par le fait d'un pompier étranger à la compagnie de la commune, ce pompier étant devenu momentané-

ment le préposé de la commune par le fait de sa coopération requise ou acceptée par l'autorité municipale (Req. 3 janv. 1883, aff. Commune de Charenton, D. P. 83. 1. 211, et rapport de M. Alméras-Latour. Comp. *supra*, n° 416 et 773).

879. L'architecte d'une ville est le préposé de cette ville. Mais s'il est chargé par le maire de vérifier la solidité d'une construction destinée à un spectacle public, doit-il être considéré dans cette vérification comme préposé de la ville, et engage-t-il la responsabilité de celle-ci par la négligence apportée à cette vérification, quoique le maire ait donné cet ordre dans l'exercice du pouvoir de police et sur l'invitation du préfet appelé à autoriser le spectacle? La cour d'Aix et la cour de cassation, écartant toute objection tirée de ces circonstances, ont admis l'affirmative en déclarant qu'il n'est pas dérogé à l'art. 1384 par les dispositions plus spéciales relatives à l'organisation de la police municipale et qu'il n'y a point à distinguer pour son application la nature des actes et des fautes des préposés municipaux, dès qu'ils agissent en leur qualité, en vertu d'ordres qui leur sont régulièrement donnés par l'autorité municipale (Req. 3 nov. 1885, aff. Ville de Marseille, D. P. 86. 1. 397).

880. La commune, d'ailleurs, comme tout commettant, n'est responsable du fait ou de l'omission de son préposé que si l'on peut y voir une faute, un manquement à son devoir légal. Et, par exemple, si l'effondrement d'une maison a été causé par un vice de construction existant dans les travaux faits à l'intérieur des bâtiments et non de malfaçons dans la partie longeant la voie publique, la ville, n'étant obligée par aucun texte de loi à surveiller et diriger les travaux faits dans l'intérieur, ne peut répondre de l'omission de cette surveillance par ses préposés les architectes de la voirie, à qui le règlement de la voirie de la ville permettait mais n'imposait pas cette surveillance (Alger, 31 janv. 1888, aff. Commune d'Alger, D. P. 89. 2. 94 et sur pourvoi Civ. rej. 4 févr. 1890, D. P. 90. 1. 392).

881. Il ne suffit pas non plus qu'une mesure soit ordonnée dans l'intérêt d'une ville pour qu'elle engage sa responsabilité. Par exemple, si dans une ville assiégée l'autorité militaire a ordonné la concentration de certaines marchandises, l'incendie de ces marchandises attribué à l'imprudence de ces agents ou des ouvriers employés par l'Administration ne saurait donner lieu à aucune action en responsabilité contre la commune, mais seulement contre l'État (Cons. d'Ét. 8 août 1873, aff. Fenaille, D. P. 74. 3. 19, cité *supra*, n° 370).

882. On trouve encore une application de la responsabilité civile des communes dans l'art. 72 c. for., qui les déclare responsables des condamnations pécuniaires qui peuvent être prononcées contre les pâtres ou gardiens d'un troupeau commun, tant pour les délits et contraventions relatifs au droit d'usage et de pâturage que pour tous autres délits forestiers commis par eux pendant le temps de leur service, et dans les limites du parcours (V. *Rép.* v° *Forêts*, n° 1489, *supra*, v° *Régime forestier*, n° 547). Le pâtre est, en effet, le préposé de la commune qui le nomme et non celui des propriétaires de bestiaux qui n'interviennent pas dans son choix et ne sont même pas libres de faire conduire leurs bestiaux individuellement au pâturage. Ceux-ci sont-ils, néanmoins, responsables avec la commune des dégâts causés par leurs animaux sous la direction du pâtre commun? V. *Rép.* v° *Forêts*. n°ˢ 712 et suiv., et *supra*, v° *Régime forestier*, n° 547.

883. Les villes ou les communes, aussi bien que les particuliers, encourent, pour les dommages causés par les choses qui leur appartiennent, la responsabilité édictée par l'art. 1386 (Paris, 20 août 1877, *infrà*, n° 961.

§ 4. — De la responsabilité du commettant appliquée aux officiers publics et ministériels.

884. — I. Du fait des clercs. — On a vu au *Rép.*, n°ˢ 685 et suiv., dans quelle mesure la responsabilité du commettant pour le fait de son préposé s'applique aux notaires pour le fait de leurs clercs. Il en est ainsi pour tout ce qui rentre dans leurs fonctions de clerc. Ainsi un notaire est responsable des inexactitudes commises par ses clercs dans la rédaction des actes de son ministère, tel notamment des bordereaux envoyés au conservateur pour l'inscription des hypothèques. Par son contrôle et sa signature, il s'approprie

la rédaction et la faute, et s'il laisse ce contrôle et cette signature à un clerc comme cela s'est présenté pour les bordereaux d'inscription; il commet une faute non moins grave qui engage sa responsabilité (Trib. civ. Joigny, 17 mars 1859, aff. Fromont, D. P. 59. 3. 46).

885. Mais une condition essentielle de cette responsabilité, c'est que le clerc ait agi dans la fonction à laquelle il est employé. C'est la règle de droit commun pour tout commettant inscrite dans l'art. 1384 c. civ.

La cour de Paris en a fait une remarquable application dans un arrêt du 20 févr. 1864 (aff. Ramatowski, *Revue du notariat*, n° 768), décidant que si, à la suite d'un transport, dont les parties ont pris à leur charge la signification par une déclaration mentionnée immédiatement sur l'enveloppe de la minute et ultérieurement sur le registre des formalités, les parties s'adressent à un clerc de l'étude qui, sur leur demande, rédige et fait signer par le débiteur cédé une acceptation de transport dans la forme sous seing privé, insuffisante pour rendre le transport opposable aux tiers, ce clerc, ayant ainsi à l'insu du notaire fait un acte purement officieux et prêté son ministère pour des fonctions auxquelles il n'était pas employé, n'a pu, par cette faute, engager la responsabilité du notaire. Un notaire, en effet, ne peut être considéré comme préposant ses clercs à la rédaction des actes sous seing privé qu'il peut convenir à ses clients de faire, même en son étude, à son insu (V. la note de M. Paul Pont sous l'arrêt précité, *Revue du notariat*, n° 768).

886. En vertu du même principe, les notaires ne sont pas responsables du détournement des fonds confiés à leurs clercs, les dépôts d'argent ne rentrant pas dans le mandat tacite qui comporte la fonction du clerc (*Rép.* n° 685; Bordeaux, 12 janv. 1881, aff. Constans, *Journal des notaires*, n° 22645; Trib. Chartres, 5 mai 1882, aff. Gaudière, *Revue du notariat*, n° 6508). Le parlement de Paris avait songé, en 1784, à prévenir sur ce point toute erreur du public par un règlement (Didio, *Encyclopédie du notariat*, v° *Responsabilité notariale*, n° 386 et 387).

887. Il en est ainsi non seulement des notaires mais de tous les officiers publics ou ministériels par rapport à leurs clercs. Jugé ainsi qu'en Algérie, le défenseur n'est pas responsable du détournement de la somme remise à son clerc par un autre défenseur pour un client, alors que ce clerc n'avait ni l'autorisation ni l'habitude de toucher les sommes dues à l'étude (Req. 9 avr. 1873, aff. Delangle, D. P. 73. 1. 343).

888. Toutefois, diverses circonstances, notamment la connaissance par le notaire du dépôt fait en son étude et le fait de l'avoir laissé dans les mains du clerc, le manque de surveillance, l'incurie, peuvent le rendre responsable du détournement (Trib. Seine, 14 juill. 1844, aff. Rougier, *Journal des notaires*, n° 11049; *Dictionnaire du notariat*, v° *Clerc*, n° 212; Brillon, *Dictionnaire des arrêts*, v° *Notaire*, n° 37, sous une sentence du Châtelet de Paris du 20 juill. 1705; Rolland de Villargues, v° *Clerc*, n° 69), et, de même, le fait habituel du notaire de se laisser suppléer par son clerc pour recevoir les sommes d'argent (*Rép.* n° 685 *in fine*).

Il faut en effet tenir compte du mandat exprès ou tacite par lequel, en fait, le notaire aurait étendu la fonction de son clerc au delà des limites ordinaires. Ainsi le notaire qui s'est substitué son clerc dans l'exécution du mandat accepté par lui de négocier un placement hypothécaire pour le prêteur, ne peut rejeter sur ce clerc la responsabilité de l'insuffisance des garanties du placement, encore bien que le clerc ait été dans l'acte de prêt le représentant du prêteur absent et que celui-ci ait été attiré à l'étude par ses relations avec le clerc (Trib. civ. Lyon, 3 mai 1873, aff. Dame Guyon, *Revue du notariat*, n° 4469). Jugé encore qu'un notaire qui, en son absence, a chargé ses clercs du travail de l'étude et qui a été suppléé par un de ses collègues pour un acte d'ouverture de crédit rédigé par eux, est responsable de leur négligence à éclairer le créancier comme si elle émanait de lui-même (Req. 11 mai 1891, aff. Meunier et héritiers Robé, D. P. 92. 1. 215).

889. — II. DE LA RESPONSABILITÉ PERSONNELLE DES CLERCS. — Quant à la responsabilité du clerc lui-même sous la forme, soit d'une action du client, soit d'un recours du notaire, on a vu (*Rép.* n° 688) qu'elle doit être écartée quand

le clerc est resté dans les limites de sa fonction (Didio, *Encyclopédie du notariat*, v° *Responsabilité notariale*, n° 381; Eloy, n°s 843 et 846; Rutgeerts et Amiaud, n°s 387 et 1324; Clerc, Dalloz et Vergé, n° 190). Cette solution a été solidement établie dans un jugement du tribunal de Joigny, du 17 mars 1859 (aff. Fromont, D. P. 59. 3. 46), d'après lequel le notaire, ne devant pas s'en rapporter exclusivement à ses clercs pour la rédaction des actes passés dans son étude, répond seul des inexactitudes commises dans les énonciations de ces actes (et notamment d'une transposition des noms du créancier et du débiteur dans le bordereau envoyé au conservateur pour l'inscription d'une hypothèque), et ne peut, par suite, exercer un recours en garantie, ni contre le clerc auteur de ces inexactitudes, ni contre le principal clerc au contrôle duquel elles ont échappé. Le caractère du notaire, dit ce jugement « est exclusivement attaché à sa personne; la confiance des clients, commandée par son caractère public, lui est également personnelle, et il ne peut, sans trahir son devoir, reverser sur des clercs souvent sans expérience et sans maturité, le mandat qu'il tient de la loi ou de ses clients; d'où il suit que les clercs, quelle que soit leur capacité et leur rang hiérarchique, ne peuvent être regardés que comme des auxiliaires choisis pour seconder leur patron dans les travaux et démarches nécessitées par les affaires de l'étude; que spécialement, en ce qui concerne le travail si délicat de la rédaction des bordereaux d'inscription et autres actes, leur rôle se borne légalement à des travaux préparatoires, à des projets qui doivent être nécessairement revisés par le titulaire de l'office et ne peuvent devenir définitifs qu'après avoir reçu sa signature ou son approbation; si les obligations et devoirs du notaire sont tels, ce qui est incontestable, il faut bien en conclure que les clercs ne peuvent avoir l'idée d'usurper les fonctions du patron; qu'ils ne s'engagent qu'à donner leur temps et leur travail, sous sa surveillance et sa direction; qu'ils doivent compter sur un contrôle incessant et sévère, et qu'il ne peut entrer dans leur pensée d'assumer une responsabilité hors de proportion avec leurs ressources, leur salaire, leurs facultés; responsabilité d'autant plus redoutable qu'elle peut compromettre leur existence entière et que leur inexpérience ne leur permet pas toujours de la conjurer ».

890. Le notaire ne peut davantage rejeter sur son clerc la responsabilité de l'exécution d'un mandat non compris dans sa fonction purement notariale, comme celui de négocier un placement, si c'est lui-même, notaire, qui ayant accepté un mandat en a laissé la gestion à son clerc, et cela encore bien que le clerc ait été dans l'acte le représentant du prêteur absent, et que celui-ci ait été attiré à l'étude par ses relations avec le clerc (Trib. civ. Lyon, 3 mai 1873, aff. Dame Guyon, *Revue du notariat*, n° 4469).

891. Jugé même qu'un notaire est seul responsable de l'exécution d'un mandat donné à son clerc, s'il est établi que le clerc n'était qu'un prête-nom employé par le notaire pour pouvoir, quoique mandataire réel, figurer comme notaire dans l'acte à intervenir (Orléans, 7 janv. 1842, aff. Petit-Dumoteux, *Rép.* v° *Mandat*, n° 27; *Adde* : Req. 28 mai 1888, aff. Leroy, D. P. 89. 1. 187; Douai, 2 févr. 1888, aff. Lambin, D. P. 89. 2. 174).

Mais, ainsi qu'on l'a vu au *Rép.*, n° 688, un clerc peut être responsable, s'il agit, non comme préposé mais avec un intérêt personnel, par exemple comme partageant l'exploitation de l'office avant d'en devenir acquéreur.

892. Les motifs mêmes qu'on invoque à l'appui de l'irresponsabilité du clerc, interdisent, d'ailleurs, de l'étendre à d'autres fautes que celles résultant de son inexpérience ou de sa légèreté, et notamment aux détournements, abus de confiance, actes de dol ou de fraude dont il se serait rendu coupable et dont il doit indemniser la partie ou le notaire. Il répondrait de même envers les tiers des actes par lesquels il serait sorti des limites de sa fonction ou du mandat qui lui a été donné. Spécialement, le caissier d'un notaire, qui a reçu de son patron le pouvoir, pendant l'absence de celui-ci, de toucher et d'encaisser les plis chargés ou recommandés adressés à l'étude, commet une faute si, ouvrant une lettre renfermant des fonds, il emploie ces fonds pour ses besoins personnels ou même pour les besoins de l'étude, alors d'ailleurs que les fonds ainsi envoyés représentaient, non pas le payement d'une dette envers le notaire, mais un

dépôt que l'expéditeur chargeait le notaire de transmettre en son nom à un tiers. Et une pareille faute, mettant le destinataire des fonds dans l'impossibilité de les revendiquer en cas de faillite du notaire, engage la responsabilité du caissier vis-à-vis dudit destinataire (Angers, 9 avr. 1892, aff. Jouy, D. P. 93. 2. 50) V. encore, sur la responsabilité des clercs de notaire *suprà*, vo *Mandat*, nos 21 et 22.

893. — III. Du fait du prédécesseur. — En règle générale, un notaire ne peut être rendu responsable des irrégularités commises dans les actes faits par son prédécesseur (*Rép.*). Mais on doit admettre qu'en ce qui concerne les actes incomplets, le seul fait de la transmission de l'office lui impose l'obligation de les compléter. Du jour où il a prêté serment, il est maître de son étude et par suite responsable, de tout ce qui s'y fait. Il doit donc, sous sa responsabilité, vérifier si les actes, en cours au moment de la cession de l'office, sont revêtus de toutes les formalités prescrites par la loi, notamment de la signature du second notaire; de même, il est tenu, sous peine de responsabilité, de faire enregistrer, dans les conditions légales, les actes passés par son prédécesseur, qui n'avaient pas encore été soumis à la formalité de l'enregistrement. Dès lors si, postérieurement à sa prestation de serment, lesdits actes ont été remis à l'Enregistrement par le prédécesseur ou par toute autre personne sans qu'ils aient été revêtus des formalités exigées par la loi, il doit répondre de cette faute dont l'auteur ne peut être considéré que comme son mandataire, son clerc ou son représentant (Paris, 29 nov. 1893, aff. Roumet, D. P. 94. 2. 136).

Art. 6. — *Responsabilité des maîtres quant aux faits de leurs domestiques* (*Rép.* nos 689 à 704).

894. La responsabilité civile des maîtres à raison du fait de leurs domestiques n'est qu'un cas particulier de celle des commettants pour leurs préposés (*Rép.* no 689). Indépendante d'un ordre spécial du maître, qui lui ferait encourir une responsabilité directe et même pénale, cette responsabilité est purement civile, sauf dans les cas autrement réglés par des lois spéciales (*Rép.* nos 690 à 692 et 698). Elle est soumise, sous réserve de cette exception (*Rép.* no 700), aux deux principes corrélatifs qui régissent la responsabilité des commettants : 1o limitation aux faits commis dans la fonction (*Rép.* nos 697 et suiv.); 2o rejet de toute excuse tirée des instructions du maître et de l'impossibilité où il a été d'empêcher le fait dont on lui demande la réparation (*Rép.* no 695). — Le second de ces deux principes a continué de recevoir son application (Crim. cass. 30 août 1860, aff. Degniot et Tirouflet, D. P. 60. 1. 518). Quant au premier, il a donné lieu à des appréciations fort délicates sur la manière d'entendre la relation nécessaire entre le fait dommageable et la fonction ou le service du domestique.

895. Faut-il, par exemple, considérer un domestique comme agissant dans les fonctions auxquelles il est employé, par cela seul qu'il agit dans la maison de son maître? Un tel principe serait beaucoup trop absolu; et, bien qu'on le trouve ainsi exprimé dans un arrêt de la cour de cassation (Crim. cass. 30 août 1860, aff. Degniot et Tirouflet, D. P. 60. 1. 518) et dans un arrêt de la cour de Paris du 9 mars 1893 (aff. Compagnie *Le Monde*, D. P. 93. 2. 296), il faut le limiter en s'inspirant de l'application que ces arrêts en ont faite. Dans le premier, il s'agit d'une contravention de tapage nocturne commise par un domestique en donnant du cor : on peut faire rentrer en effet dans le service des domestiques et dans la responsabilité du maître l'exécution de beaucoup de règlements imposés aux habitants dans l'intérêt des passants, à raison d'habitations bordant la voie publique, notamment pour le balayage : on conçoit, à la rigueur, la même solution pour la tranquillité des voisins en tant qu'elle serait troublée par les bruits de la maison contrairement à la loi. Dans le second, il s'agit d'un incendie que le domestique a causé par mégarde en rentrant le soir dans sa chambre, et l'on peut admettre en effet que le fait de circuler dans la maison pour se rendre à sa chambre se rattache encore au service du domestique.

Il a été jugé qu'en tolérant dans son enclos le placement de ruches appartenant à son domestique à trop grande proximité de la route et en ne veillant pas à ce que pendant la cueillette du miel les passants fussent avertis du danger d'être piqués par les abeilles rendues furieuses, le maître partage la responsabilité de cette imprudence qui a causé sur la route un accident de voiture (Limoges, 5 déc. 1860, aff. Legrand, D. P. 67. 5. 368). Le domestique n'avait pas agi dans sa fonction puisqu'il s'agissait de ses propres abeilles, non de celles de son maître, et celui-ci n'avait pu être condamné qu'en raison de sa faute personnelle consistant à tolérer chez lui un état de choses dangereux sans veiller, comme il s'y obligeait par là, à ce que les précautions nécessaires fussent prises.

896. Le fait d'agir dans la maison du maître n'a pas empêché la jurisprudence, dans d'autres arrêts, d'écarter l'application de l'art. 1384 en classant l'acte hors de la fonction, de même qu'elle a appliqué cet article en rattachant à la fonction des faits commis hors de la maison. On en trouve des exemples intéressants en matière d'homicide volontaire ou involontaire. La tentative de meurtre commise par un domestique sur la servante de son maître n'engage pas la responsabilité civile de celui-ci à raison de ce qu'il n'aurait pas pris de renseignements suffisants avant d'admettre ce domestique, si cette tentative, amenée d'ailleurs par des dissentiments entre la victime et le coupable et inspirée par une pensée de vengeance particulière, a été commise en dehors des fonctions auxquelles le domestique était employé (Paris, 19 mai 1874, 1re espèce, aff. Félicie Fiol, D. P. 74. 2. 214).

Au contraire la garde particulier qui, dans une chasse à laquelle il prend part, tue volontairement d'un coup de feu l'un des chasseurs, engage la responsabilité civile du propriétaire et des locataires du droit de chasse, qui avaient conservé à leur service ce garde, dont ils connaissaient la faiblesse d'esprit et les habitudes d'ivresse (Paris, 19 mai 1874, 2e espèce, aff. Veuve Hain, D. P. 74. 2. 214). — Jugé même que le propriétaire d'un bois doit être déclaré civilement responsable de l'homicide par imprudence, commis par son garde au cours d'une battue organisée dans ledit bois par l'autorité administrative, alors que le garde avait assisté à ladite battue en qualité de garde et pour constater les délits qui pourraient être commis pendant sa durée (Rouen, 1er mars 1893, aff. Schlumberger, D. P. 94. 1. 28). On a vu cependant au *Rép.*, no 699, le maître déchargé de voies de fait qui semblaient bien se rapporter aux fonctions de son domestique.

897. Le domestique qui cause la mort d'une personne même dans la maison du maître et par l'usage de choses appartenant au maître, n'engage pas la responsabilité civile du maître s'il a accompli ce fait en dehors de ses fonctions de domesticité et s'il est constaté, en outre, que le maître n'a pas d'imprudence personnelle à se reprocher et n'aurait pu, par exemple, être poursuivi par son domestique si celui-ci eût fait lui-même usage du liquide (Req. 5 juin 1861, aff. Veuve Daubert, D. P. 61. 1. 439).

Au contraire, le maître est civilement responsable d'une blessure que son domestique a causée à une personne en tirant sur ses oiseaux, pendant qu'il se livrait dans une grange à un travail en commun avec lui, le fait se rattachant alors aux fonctions du domestique par des circonstances de temps, de lieu et de service, sans qu'il soit besoin qu'il ait eu la fonction pour objet, ni pour but; étant donné surtout que le maître, ayant dû voir le fusil apporté par le domestique et en tous cas les préparatifs faits par lui pour attirer les oiseaux, a eu à se reprocher une imprudence personnelle (Nancy, 5 avr. 1873, aff. Augustine Rivière, D. P. 74. 2. 52).

898. La question présente encore de l'intérêt en matière d'incendie. Si ce fait est causé par une imprudence que le domestique a commise dans son service, par une façon maladroite, imprudente de l'accomplir, le maître est civilement responsable envers les tiers, les voisins, par exemple, qui en ont subi du dommage : la constatation d'une imprudence commise par le domestique au moment où il remplit dans l'écurie ses fonctions de palefrenier, suffit, pour motiver la condamnation du maître (Req. 12 déc. 1893, aff. Comp. d'assurances *La Centrale*, D. P. 94. 1. 340); et le fait de circuler dans la maison, de rentrer le soir dans sa

chambre. est encore un fait de service (Paris, 9 mars 1893, aff. Compagnie *Le Monde*, D. P. 93. 2. 296). Le maître, au contraire, n'est pas responsable si le domestique a quitté les travaux auxquels il était employé dans la maison, pour mettre, en son absence, le feu à la toiture, d'où l'incendie s'est communiqué à la maison voisine (Req. 3 mars 1884, aff. Consorts Panet, D. P. 85. 1. 63). Il est vrai que si le maître est un locataire, sa responsabilité à cet égard vis-à-vis du propriétaire sera plus étendue. Tenu alors, aux termes de l'art. 1735 c. civ. « des dégradations et des pertes qui arrivent par le fait des personnes de sa maison ou de ses sous-locataires » et cela sans aucune restriction, il répondra de l'incendie de l'immeuble loué commis volontairement par son domestique (Paris, 7 févr. 1880, aff. *Compagnie d'assurances générales*, D. P. 81. 2. 7; Orléans, 9 août 1881, aff. *L'Orléanaise*, D. P. 82. 2. 168), surtout lorsqu'il a à s'imputer d'avoir reçu à son service et d'avoir conservé dans sa ferme ce domestique signalé comme faible d'intelligence, et dont le caractère malicieux et vindicatif s'était déjà révélé par des propos menaçants adressés à la femme elle-même de son maître (Arrêt précité d'Orléans, 9 août 1881). Un jugement du tribunal civil de la Seine, du 7 juill. 1881 (aff. Demarle, *Le Droit*, du 4 sept. 1881), n'a pas cru pouvoir attribuer une telle portée à l'art. 1735 c. civ., et rendre le maître responsable de l'incendie volontaire commis par son domestique, même dans ses rapports de locataire avec le propriétaire. Mais la cour de cassation, le 24 janv. 1883, a rejeté cette opinion et mis hors de doute le caractère absolu de l'art. 1735 (V. *suprà*, v° *Louage*, n° 218).

899. Le maître répond de l'accident de voiture causé par la faute de son domestique chargé par lui de conduire son attelage. Mais l'accident qu'un domestique a causé par son imprudence en conduisant, pour son propre compte, le cheval et la voiture de son maître, que celui-ci lui a prêtés un dimanche en dehors du temps où il l'occupe les jours fériés, n'est pas réputé causé par le domestique dans sa fonction, et n'engage pas la responsabilité civile du maître (Limoges, 27 nov. 1868, aff. Voisin, D. P. 69. 2. 217).

Il est vrai qu'un délit de pêche commis par un apprenti, même en dehors de ses heures de travail, a été mis néanmoins à la charge du patron (Trib. de paix de Bayon, 19 juill. 1864, aff. Thouvenin, *Rép.* v° *Ouvriers*, n° 36); mais c'est en raison de la délégation que lui avaient faite les père et mère de leur autorité et de leur droit de surveillance générale sur la conduite de l'enfant en le plaçant chez lui. — Sur la responsabilité des artisans pour leurs apprentis, V. *infrà*, n° 904 et suiv.

900. A la différence des délits forestiers qui engagent les maîtres sans distinction (c. for., art. 206), et par suite quoique commis par leurs domestiques hors de leurs fonctions, sauf le droit pour le maître d'établir qu'il n'a pu empêcher le fait (*Rép.* n° 700), les délits de chasse et de pêche fluviale commis par les domestiques n'engagent la responsabilité civile des maîtres que dans les termes de l'art. 1384 auquel renvoient expressément les lois spéciales concernant ces matières (L. 15 août 1829, art. 74; 3 mai 1844, art. 28). Le maître ne répond donc du délit de chasse de son domestique que s'il a été commis dans l'exercice de ses fonctions, soit qu'il s'agisse d'un garde-chasse, soit qu'il s'agisse d'un domestique chassant accidentellement pour le compte de son maître et sur son ordre. Jugé à cet égard qu'un domestique mineur, ayant commis le délit de chasser sans permis et en temps de neige, engage la responsabilité civile de son maître, encore bien qu'il lui eût prescrit de ne chasser que dans l'enclos attenant à son habitation, circonstance indiquant qu'il chassait d'ordre et pour le compte de son maître; la chasse avait constitué ainsi un fait de sa fonction, bien qu'il l'eût accompli d'une manière abusive et en s'écartant des instructions de son maître; la minorité du domestique pouvait en outre faire supposer une délégation par les père et mère de leur devoir général de surveillance (*Rép.* n° 703; Dijon, 6 avr 1870, aff. Godinet. D. P. 72. 2. 103).

Décidé encore que le journalier employé par un cultivateur, qui lui a remis un fusil pour tirer sur les corbeaux qui ravageaient un champ ensemencé, engage la responsabilité civile de ce cultivateur, sinon comme domestique, au moins comme préposé, par le délit de chasse qu'il

commet dans l'exercice de cette surveillance et en se servant du fusil qui lui a été confié (Caen, 23 juin 1875, aff. Lefort, D. P. 78. 5. 407).

901. Les achats à crédit faits par un domestique au nom de son maître obligent celui-ci, s'ils rentrent dans un mandat exprès ou tacite donné par le maître. Mais on a vu *suprà*, v° *Mandat*, n° 69, à quelles conditions on peut reconnaître un mandat tacite; et, faute de ces conditions la jurisprudence a le plus souvent décidé que les domestiques n'ont pas mandat pour acheter à crédit (*Rép.* v° *Mandat*, n°s 170, 171). Mais la faute qu'ils commettent en achetant à crédit, lorsqu'ils n'ont mandat que d'acheter au comptant, et en détournant ainsi les sommes qui leur sont remises, est-elle commise dans leurs fonctions et engage-t-elle le maître en vertu de l'art. 1384 envers le fournisseur trompé? Ici se présente le conflit si embarrassant entre l'art. 1384 et l'art. 1998, la distinction si délicate entre l'exercice abusif du mandat donné et l'usurpation d'un mandat imaginaire (V. *suprà*, n° 796); on pourrait être tenté de soutenir qu'un domestique agit hors de sa fonction quand, chargé de certaines opérations (achats au comptant), il en fait d'autres dont il n'est pas chargé (achats à crédit). Mais comment dire, sans une subtilité excessive, que sa fonction de domestique est étrangère aux détournements qu'il commet lorsque, chargé d'acheter, il achète à crédit pour détourner les sommes qu'il a reçues? Aussi est-il plus sûr de rechercher, comme le fait la jurisprudence, si la faute est au maître de ne pas s'assurer des payements, ou au fournisseur de ne pas s'assurer du mandat, étant donné les circonstances dans lesquelles il a fait crédit et qui devaient éveiller ses doutes, notamment l'accumulation de ces crédits, et le changement apporté, sans avis du maître, dans une ancienne habitude d'acheter au comptant par le même domestique au même fournisseur (V. les exemples cités au *Rép.* v° *Mandat*, n° 170, 171; *Adde* Paris, 8 août 1872, aff. Vesque, D. P. 73. 2. 187; Trib. civ. Seine, 11 avr. 1885 et 17 mars 1886, *Le Droit*, du 30 août 1885 et du 4 avr. 1886).

902. Lorsque au lieu du détournement de sommes reçues pour acheter au comptant, il s'agit du détournement en nature de marchandises que le domestique achète à crédit et sans aucun ordre, il y a, sans le moindre doute, absence de mandat. Mais la fonction du domestique est ou non étrangère à cette fraude, suivant que les marchandises sont ou, non de celles dont on confie ordinairement l'achat à ses domestiques. Les circonstances aideront à rattacher le fait à la fonction du coupable ou à une imprudence du marchand (V. Sourdat, t. 2, n° 928).

903. Les faits commis par le domestique en dehors de ses fonctions n'engagent pas le maître, même si, les connaissant, il les a tolérés, ayant pu les empêcher. Cette solution, défendue par M. Sourdat, n° 924, et adoptée au *Rép.* n° 704, malgré la doctrine contraire de quelques auteurs, a rallié encore d'autres suffrages (V. notamment: Demolombe, *Traité des contrats*, t. 8, n° 625; Larombière, *Obligations*, t. 5, art. 1384 n° 12). Ce n'est pas, d'ailleurs, l'application de l'art. 1384 qui est ici en question, puisque cet article suppose un domestique agissant dans ses fonctions et ne suppose pas nécessairement, chez le maître, le pouvoir d'empêcher le fait: il s'agit d'ériger ou non en faute personnelle, au sens des articles 1382 et 1383, la non-intervention dans le fait d'autrui qu'on pourrait empêcher. Mais on sait que ces articles visent l'omission d'un devoir légal, et non d'un simple devoir de conscience (V. *suprà*, n° 134).

Art. 7. — *Responsabilité des instituteurs et artisans, quant aux faits de leurs élèves et apprentis (Rép. n°s 705 à 712).*

904. On a vu au *Répertoire* que la responsabilité civile des instituteurs et artisans, pour les faits de leurs élèves et apprentis, est analogue à celle des père et mère pour les faits de leurs enfants mineurs; qu'elle suppose leur substitution aux père et mère (n° 706); qu'elle ne peut être étendue aux faits d'élèves ou apprentis majeurs (n° 707). — *Contrà*: Laurent, t. 20, n° 566); qu'elle est générale et non restreinte aux faits commis dans l'exercice d'une fonction (n° 710); mais qu'elle disparaît quand l'instituteur ou artisan prouve n'avoir pu empêcher le dommage (n° 709; *Adde*: Trib. civ.

de la Seine, 23 avr. 1869, aff. Auvillain, D. P. 69. 5. 341; Aix, 17 déc. 1870, aff. Lieutaud, D. P. 72. 2. 131; Paris, 16 févr. 1880, aff. Ville d'Auxerre et Monceaux, D. P. 81. 2. 81; 31 mai 1892, aff. Epoux Rognat, D. P. 93. 2. 490); qu'elle donne lieu à un recours contre l'enfant s'il a agi avec discernement (n° 714), mais jamais contre le père (n° 712).

905. La question qui offre le plus d'intérêt en cette matière et qui a donné lieu à des applications nouvelles est celle de savoir quelles personnes peuvent être qualifiées instituteurs, ou peuvent, sans mériter ce nom, être assimilées aux instituteurs au point de vue de la responsabilité civile. A cet égard, il a été jugé, ce qui ne peut faire doute, que le principal d'un collège communal est civilement responsable comme instituteur du dommage causé par ses élèves pendant qu'ils sont sous sa surveillance, à moins de prouver qu'il n'a pu prévenir ou empêcher le fait dommageable (Paris, 16 févr. 1880, aff. Ville d'Auxerre et Monceaux, D. P. 81. 2. 81; Besançon, 30 juill. 1884, *suprà*, v° *Obligations*, n° 590); mais que la ville propriétaire d'un collège communal, soumis à l'autorité du ministre de l'instruction publique, n'encourt pas la responsabilité qui incombe à l'instituteur à raison de l'accident survenu à un des élèves de ce collège par le fait de l'un de ses camarades (Paris, 16 févr. 1880, aff. Ville d'Auxerre et Monceaux, D. P. 81. 2. 81), ladite ville n'étant investie que de la gérance économique de cet établissement et du droit d'en surveiller les intérêts matériels, mais n'ayant, au point de vue de l'enseignement, de l'éducation, de la discipline, aucune autorité, aucune surveillance à exercer (V. la note sous l'arrêt précité). Est-elle en qualité de commettant responsable civilement des fautes du principal et des professeurs dans la surveillance et la discipline? V. *suprà*, n°s 754, 874.

906. Toute personne qui prend qualité d'instituteur à l'égard d'un mineur est civilement responsable comme tel, et on en a vu un exemple (*Rép.* n° 705), pour des pères de famille de nationalité différente qui se chargeraient mutuellement d'élever les enfants l'un de l'autre dans la connaissance de leur langue. Mais suffit-il qu'on soit chargé de la garde et de la surveillance d'un mineur d'une manière permanente, pour être qualifié instituteur, ou du moins assimilé à l'instituteur et substitué, comme lui, aux père et mère au point de vue de la responsabilité civile? La question s'est posée spécialement : 1° pour le directeur d'une maison d'aliénés où se trouve placé comme tel un mineur; 2° pour la femme à qui a été confiée, moyennant salaire, la garde permanente d'un enfant. Elle a été résolue affirmativement: dans le premier cas, par un arrêt de la cour d'Agen du 16 mars 1872 (aff. Cabriniat, D. P. 72. 2. 153 et la note), lequel n'a déchargé le directeur qu'à cause de la preuve par lui faite de l'impossibilité où il était d'empêcher le fait du mineur aliéné; et dans le second, implicitement, du moins, par un arrêt de la chambre des requêtes du 22 juill. 1891 (aff. Epoux Jeulin, D. P. 92. 1. 5). — Jugé encore qu'un maître peut, par une délégation de l'autorité des père et mère sur son domestique mineur, se trouver civilement responsable des faits de ce domestique, même commis en dehors de ses fonctions (Dijon, 6 août 1870, aff. Godinet, D. P. 72. 2. 103).

Il a été donné au *Rép.*, n° 705, une définition de l'instituteur, dont la généralité concorde avec ces solutions et avec

l'assimilation généralement admise du tuteur, soit aux père et mère, soit à l'instituteur. Mais on a vu *suprà*, n° 737, les objections que soulève l'assimilation du tuteur aux père et mère. On a critiqué aussi son assimilation à l'instituteur qui est salarié et s'annonce comme capable de diriger la jeunesse (Colmet de Santerre, t. 5, n° 365 *bis*-IV; Demolombe, *Traité des contrats*, t. 8, n° 589). Des objections analogues pourraient être faites contre l'extension de la responsabilité du père ou de l'instituteur, à ceux qui se chargent de la garde d'un enfant sans avoir à s'occuper de son éducation, et notamment au directeur d'une maison d'aliénés qui y reçoit un mineur; et l'arrêt précité, du 16 mars 1872, qui l'a admise pour ce dernier, s'appuie sur ce qu'elle est admise sans contestation pour le tuteur. N'est-il pas plus sûr, pour l'un comme pour l'autre, de s'en tenir aux termes de la présomption légale, malgré l'analogie de motifs qui aurait pu porter le législateur à l'étendre?

CHAP. 4. — Responsabilité des choses qu'on a sous sa garde (*Rép.* n° 713).

SECT. 1ᵉ. — RESPONSABILITÉ A RAISON DU DOMMAGE CAUSÉ PAR LES ANIMAUX QU'ON A SOUS SA GARDE (*Rép.* n°s 714 à 748).

907. — I. GÉNÉRALITÉS. — Le propriétaire d'un animal ou celui qui s'en sert répond des dommages causés directement ou indirectement par cet animal, dont il a la garde, fût-il égaré ou échappé (*Rép.* n°s 714, 716), en vertu d'une présomption de faute chez lui ou chez son préposé, qui le dispense de toute preuve à cet égard (Demolombe, *Traité des contrats*, t. 8, n° 639). — Sur la nature des preuves admissibles contre cette présomption, V. *infrà*, n° 920. — A plus forte raison en répond-il s'ils proviennent d'une faute prouvée commise par lui ou son préposé (*Rép.* n°s 717, 718, 724), par exemple, du défaut d'entretien ou de la mauvaise qualité du harnachement de l'animal (Paris, 21 juill. 1866, aff. Compagnie des omnibus, D. P. 68. 2. 71); ... ou d'une contravention aux règlements de voirie (Metz, 29 janv. 1862 et 19 févr. 1863, aff. Thuilleaux et Raulin, D. P. 63. 2. 153). Le préposé auteur de la faute est alors responsable, soit envers la victime, soit envers le propriétaire poursuivi par elle.

Peu importe enfin que l'animal ait causé le dommage en suivant son instinct et ses habitudes, *secundum naturam*, comme les bestiaux qui vont paître sur les terres d'autrui, ou qu'il l'ait causé en s'écartant de son instinct et de ses habitudes naturelles, *contrà naturam*, comme un cheval qui mord ou qui rue (*Rép.* n° 715).

908. De la présomption légale qui sert de fondement à l'art. 1385, il résulte entre autres conséquences que le jugement d'un tribunal correctionnel passé en force de chose jugée, relaxant le prévenu d'une prévention de blessures par imprudence, et rejetant par suite la demande de la partie civile qui ne pouvait aboutir devant ce tribunal sans la reconnaissance d'un délit, ne met pas obstacle à l'exercice devant le tribunal civil de l'action fondée sur l'art. 1385; cette action pouvant réussir, soit en l'absence d'une preuve de faute qui était nécessaire au tribunal correctionnel, soit sur la preuve de faits insuffisamment caractérisés pour motiver une répression pénale (Paris, 21 janv. 1891) (1).

909. Cette action fondée sur l'art. 1385 n'est pas donnée collectivement contre le propriétaire de l'animal et contre celui qui s'en sert, mais alternativement contre l'un et

---

(1) (Dame Savreux C. Gros). — LA COUR; — Considérant que la veuve Savreux, marchande des quatre saisons, a été, le 14 sept. 1887, renversée rue Oberkampf et blessée par un cheval attelé à une voiture de laitier sans conducteur; qu'elle a eu le bras cassé et qu'il est résulté de ses blessures, non seulement une longue incapacité de travail, mais encore une faiblesse fonctionnelle du membre fracturé qui l'a mise dans l'impossibilité de continuer l'exercice de sa profession; — Considérant que le cheval qui a causé l'accident appartenait au sieur Gros, nourrisseur, qui l'avait laissé sur la voie publique pour entrer chez un marchand de vins; — Considérant que Gros a été poursuivi correctionnellement sous la prévention de blessures par imprudence et que la veuve Savreux s'est intervenue dans cette poursuite comme partie civile; — Qu'il a expliqué qu'il avait pris la précaution d'enchaîner une roue de sa voiture et de demander à un inconnu qu'il avait trouvé à la porte du débit de vins de surveiller son attelage; qu'il a fait

entendre des témoins qui ont déclaré que le cheval avait été effrayé par le sifflet d'une locomotive qui était venue à passer sur la voie du chemin de fer de Ceinture, et s'était échappé sans qu'il fût possible de le retenir; — Qu'un jugement en date du 9 févr. 1888, dont appel n'a pas été interjeté, a prononcé son acquittement par le motif qu'il n'apparaissait pas qu'il eût commis un acte d'imprudence, de négligence ou de manque de précaution suffisamment caractérisé pour motiver une répression pénale; — Qu'à la suite de ce jugement de relaxe, la veuve Savreux a saisi le tribunal civil de sa demande en réparation du préjudice qu'elle a subi, en fondant non plus sur les dispositions des art. 317 et 320 c. pén., mais sur celles des art. 1382 et suivants c. civ.; — Considérant, en la forme, que Gros excipe de la chose jugée et soutient qu'ayant été acquitté dans les conditions ci-dessus relatées, il ne peut à nouveau être recherché devant la juridiction civile à raison du même accident; — Considérant que cette exception ne saurait être accueilli-

l'autre, d'où il résulte : 1° que l'insolvabilité même du second ne permettrait pas à la victime de poursuivre le premier; 2° que le second, ayant réparé le dommage, n'a pas de recours en garantie contre le premier.

Toutefois, celui-ci ne pourrait repousser une action fondée sur les art. 1382 et 1383, c'est-à-dire sur la faute prouvée consistant, par exemple, à avoir remis à celui qui s'en servait un animal d'un caractère vicieux, caractère dont il n'a pu empêcher l'effet faute de le connaître (Demolombe, *Traité des contrats*, t. 8, n°s 639 bis, 641; Aubry et Rau, t. 4, § 448, notes 12 et 13; Laromblère, t. 5, art. 1385, n° 2).

910. L'art. 1385 peut amener une condamnation solidaire, par exemple si, les animaux de plusieurs propriétaires étant gardés en commun, il n'est pas possible de discerner lequel de ces animaux a fait le dommage. Cette solidarité a été édictée en termes plus absolus, pour les dégâts causés par les chèvres conduites en commun, par l'art. 3 de la loi du 4 avr. 1889, sur le code rural (V. *supra*, v° *Droit rural*, n° 136).

911. — II. Qui est visé par l'art. 1385. — Celui *qui se sert* d'un animal est responsable au lieu et place du propriétaire (art. 1385). Par ces mots il ne faut pas entendre celui qui emploie, détient ou garde l'animal comme préposé et pour le compte du propriétaire, notamment le conducteur de bestiaux que le propriétaire a chargé de conduire l'animal d'un marché à un endroit désigné (Paris, 10 mars 1892, aff. Consorts Poupard, D. P. 94. 2. 115); — sauf la responsabilité incombant au préposé lui-même pour la faute personnelle dont la preuve serait faite contre lui (Même arrêt).

912. Mais le détenteur d'un animal ne peut être considéré comme simple préposé du propriétaire s'il est constaté en fait qu'il le détenait pour l'employer à son service propre et l'ayant sous sa garde exclusive (Civ. rej. 4 janv. 1893, aff. Veuve Folchet, D. P. 93. 1. 80).

913. On doit considérer comme se servant de l'animal au sens de l'art. 1385, non-seulement, comme certains auteurs paraissent le penser (Aubry et Rau, t. 4, § 448, p. 769), l'usufruitier, l'usager, le locataire et le commodataire, qui profitent de l'animal en le faisant travailler pour eux, mais encore ceux à qui l'animal est remis pour lui donner des soins, ou faire à son occasion un acte lucratif rentrant dans l'exercice de leur profession, l'animal étant alors pour eux un moyen indirect de profit. C'est par application de ce principe qu'a été résolue contre l'aubergiste la question posée au *Rép.*, n° 730, de savoir si le cheval reçu dans une auberge avec son maître engage la responsabilité de celui-ci ou de l'aubergiste par les dommages qu'il cause étant sous la garde du domestique de l'auberge (Besançon, 26 août 1869, aff. Faivre, D. P. 70. 2. 187; Dijon, 13 nov.

1893, aff. Debas, D. P. 94. 2. 71); ...sauf à la résoudre au contraire contre le propriétaire si l'accident a eu pour cause un vice de l'animal qu'il a négligé de faire connaître (Arrêt précité de Besançon, 26 août 1869), sauf aussi à la résoudre contre tous deux par voie de condamnation solidaire, si le propriétaire a averti l'aubergiste des vices de l'animal, mais a commis d'autre part la faute, ayant conduit son cheval dans l'auberge un jour de foire, de se contenter des précautions insuffisantes prises par l'aubergiste (Arrêt précité de Dijon, 13 nov. 1893).

914. C'est aussi par application de ce principe qu'une blessure faite à un passant par un cheval, alors qu'il était ramené de la forge à l'écurie par un ouvrier du maréchal ferrant, a été considérée comme n'engageant pas la responsabilité du propriétaire, mais celle du maréchal (Civ. cass. 3 déc. 1872, aff. Gallien et comp., D. P. 73. 1. 337); et que la même chose a été jugée pour le dommage causé par le cheval au maréchal lui-même, tenu par état de prendre les précautions nécessaires pour rendre inoffensifs les chevaux auxquels il applique son art (Paris, 7 août 1869, aff. Pommier, D. P. 69. 2. 167). M. Sourdat admet (t. 2, n° 1435) qu'il en serait de même des blessures faites par un animal pendant une opération pour laquelle un vétérinaire a été appelé et qu'il a dû diriger à l'exclusion du propriétaire.

915. Enfin le principe a reçu encore une application intéressante dans un arrêt de la cour de Paris (13 janv. 1892, aff. Société d'exploitation et de construction des marchés, D. P. 92. 2. 141), décidant que la société concessionnaire de la garde et de la surveillance des chevaux et voitures en stationnement près d'un marché, et des droits à percevoir des propriétaires desdits chevaux et voitures, doit être assimilée à une personne ayant momentanément l'usage des chevaux confiés à ses soins, et que, par suite, elle est responsable, à l'exclusion des propriétaires, du dommage causé par les animaux tant qu'ils n'ont pas été restitués à ceux à qui ils appartiennent. A cette déclaration, l'arrêt ajoute bien la constatation d'une faute de la société gardienne, mais seulement à titre supplétif.

La même cour, il est vrai, le 10 mars 1892 (aff. Consorts Poupard, D. P. 94. 2. 115) a considéré comme simple préposé du propriétaire, dans la garde d'un cheval, un conducteur de bestiaux, commissionnaire autorisé par l'administration, bien qu'en conduisant l'animal il eût fait un acte de son métier, par ce motif que le propriétaire, qui pouvait choisir pour faire exécuter cette conduite entre les commissionnaires médaillés et les gens à son service personnel, ne devait pas voir sa responsabilité varier selon cette option. L'idée qu'on *se sert* de l'animal en exerçant un métier *sur lui* pourrait en effet, appliquée au métier de gar-

<hr/>

lie; qu'en effet, si le juge correctionnel a décidé que les faits soumis à son appréciation n'offraient pas un caractère délictueux, et s'il a, en conséquence, écarté une demande en dommages-intérêts à laquelle il ne lui appartenait de faire droit qu'autant qu'il aurait au préalable reconnu l'existence d'un délit, il ne s'ensuit pas que la partie lésée soit déchue du droit de réclamer devant le juge civil la réparation pécuniaire qui peut lui être due à raison de circonstances quelconques desquelles dériverait la responsabilité purement civile de l'auteur du préjudice; — Que le devoir qui s'impose au juge civil de ne pas méconnaître ce qui a été compétemment décidé par le juge criminel ne lui interdit pas de rechercher si, en dehors de ce qui a fait l'objet de cette décision, il n'existe pas quelque élément de faute ou quelque circonstance particulière pouvant former la base de l'action réparatrice devant lui; — Que, d'ailleurs l'exception de chose jugée est d'autant plus inadmissible dans l'espèce que la demande introduite devant la juridiction civile par la veuve Savreux se fonde notamment sur la responsabilité que Gros a pu encourir du chef de l'inconnu qu'il a préposé à la garde de son attelage et sur celle dont il peut être tenu comme propriétaire de l'animal qui a causé le dommage, circonstances dont le tribunal correctionnel n'a pu être appelé à connaître, puisqu'elles étaient absolument étrangères à l'application qui lui était demandée de la loi pénale; — Considérant au fond que, sans qu'il soit besoin de rechercher les autres circonstances de l'accident, il y a lieu de reconnaître que Gros est tenu, aux termes des art. 1384 et 1385 c. civ., de la réparation du préjudice causé par son cheval; que l'art. 1385 établit contre le propriétaire de l'animal qui a occasionné un dommage une présomption de faute; — Que, sans doute, cette présomption tombe

s'il vient à être démontré que le dommage est dû, soit à une faute de la victime, soit à un cas fortuit, soit à un cas de force majeure, mais que Gros ne prouve rien de pareil; qu'aucune faute n'est même alléguée à la charge de la veuve Savreux; qu'en ce qui touche le cas fortuit, le passage d'une locomotive sur la voie du chemin de fer de Ceinture et son coup de sifflet étaient choses assurément possibles à prévoir; — Qu'en ce qui touche la force majeure, les premiers juges l'ont à tort admise comme résultant du coup de sifflet qui avait déterminé dans l'animal une impulsion à laquelle il n'avait pu résister; — Qu'il est clair que, quelle qu'ait été cette impulsion, le cheval ne s'est échappé que parce qu'il n'était pas gardé ou qu'il ne l'était pas avec le soin nécessaire; que l'individu préposé à sa garde par Gros a manqué de vigilance; que la responsabilité dudit Gros ne fait donc l'objet d'aucun doute; — Considérant qu'il résulte des éléments d'appréciation fournis à la cour que la demande de la veuve Savreux en 2 000 fr. de dommages-intérêts n'est pas exagérée; qu'il y a lieu de condamner Gros à lui payer cette somme;

Par ces motifs, met l'appellation et ce dont est appel à néant; — Décharge la veuve Savreux des condamnations et dispositions lui faisant grief; — Statuant à nouveau; — Sans s'arrêter à l'exception de chose jugée, qui est écartée comme mal fondée; — Condamne Gros à payer à la veuve Savreux la somme de 2 000 fr. à titre de dommages-intérêts avec les intérêts du jour de la demande; — Et condamne Gros en tous les dépens de première instance et d'appel.

Du 24 janv. 1891.-C. de Paris, 4e ch.-MM. Brisselle, pr.-Eugène Duval, av. gén.-Capelle et Pouget, av.

dien, aboutir à supprimer tout à fait la responsabilité du propriétaire pour son préposé en matière de dommages causés par les animaux. L'application de cette idée pourrait d'ailleurs sembler très rigoureuse pour le détenteur dans beaucoup de circonstances et, par exemple, lorsqu'il a eu affaire à un animal vicieux sans en avoir été prévenu par le propriétaire, si les tribunaux n'avaient, comme l'indiquent l'arrêt précité de Paris, du 13 janv. 1892, et les arrêts des cours de Besançon, du 26 août 1869, et de Dijon, du 13 nov. 1893, cités *suprà*, n°° 913, le pouvoir d'en décider autrement par la constatation souveraine de faits constituant une faute personnelle à la charge du propriétaire et notamment de ce fait d'avoir remis au défendeur un animal vicieux sans le déclarer tel (V. sur cette question la note de M. Giboulot, D. P. 73. 1. 337).

916. Est seul responsable le fermier ou le métayer pour les animaux dont il se sert et qui appartiennent au propriétaire. Mais le fermier ou le métayer qui, en principe, n'est pas un préposé, peut prendre cette qualité dans les actes qu'il accomplit au nom et pour le compte du propriétaire ; et s'il prend cette qualité dans la garde d'un animal dont il se sert ordinairement pour lui-même, cette garde, à titre de pur préposé, engagera la responsabilité du propriétaire. Par exemple, si un métayer ramène d'un concours agricole un taureau faisant partie du cheptel de la métairie, mais qui n'a été exposé à ce concours qu'au nom et par ordre du propriétaire, lequel a été titulaire de la médaille et de la prime obtenue, les blessures faites par le taureau à un tiers pendant le trajet engagent la responsabilité du propriétaire, et cela alors même que le métayer en aurait la copropriété et que le propriétaire aurait eu en réalité l'intention de lui abandonner le cheptel (Bordeaux, 10 mars 1874, aff. Poumeau, D. P. 75. 2. 67). Et le propriétaire ne pourrait se décharger en prouvant qu'il n'y a eu de sa part aucune faute (Même arrêt) ; ce qui ne signifie pas que la responsabilité du fait d'un animal (art. 1385) n'admette pas cette excuse, mais seulement qu'ayant préposé un tiers à la garde de l'animal, on répond de la faute présumée de ce préposé (art. 1384) sans pouvoir prouver qu'on est personnellement exempt de faute, à moins qu'on ne prouve en outre l'absence de toute faute chez le préposé.

917. Il a été jugé qu'une femme séparée de biens et propriétaire d'un cheval n'encourt pas la responsabilité de l'art. 1385, pour les dommages causés par ce cheval pendant que son fils le montait, ce fils n'étant ni son domestique ni son préposé, mais un tiers se servant du cheval qu'on lui a prêté, seul responsable par conséquent s'il était majeur et n'engageant, s'il est mineur, que la responsabilité de son père vivant et non celle de sa mère (Req. 13 août 1877, aff. Achié, D. P. 79. 1. 182).

918. Les accidents causés par les chevaux et équipages militaires engagent la responsabilité de l'Etat, et non des militaires qui les montent ou les dirigent, sauf à relever de la compétence administrative s'ils sont relatifs à un service commandé. Mais les chevaux des officiers généraux, fournis à titre onéreux moyennant un prix payé à l'Etat, sont la propriété de ces officiers, et sont à leurs risques pour les dommages qu'ils causent, du moins hors d'un service réglementaire et commandé (Trib. confl. 18 févr. 1893, aff. Tubœuf, D. P. 94. 3. 34).

919. Lorsqu'un cheval est remis par son propriétaire à un acheteur éventuel, pour être essayé par lui, on doit considérer cet acheteur éventuel comme se servant du cheval dans son intérêt personnel et comme responsable, au lieu et place du propriétaire, des dommages causés par lui pendant cet essai. Il peut en être ainsi malgré la présence du propriétaire ou de son domestique, s'il est reconnu, d'après les circonstances et les conventions des parties souverainement appréciées et interprétées par le juge du fait, que l'acheteur éventuel avait seul la surveillance et la direction de l'animal (Civ. rej. 9 mars 1892, aff. Hennion, D. P. 92. 1. 226), mais non dans le cas contraire.

920. — III. Preuves exclusives de la responsabilité édictée par l'art. 1385. — On est unanime à reconnaître que la responsabilité de l'art. 1385 admet l'excuse tirée, soit de la force majeure, soit de la faute de la victime. On a considéré comme cas de force majeure écartant la respon-

sabilité du propriétaire, le cas d'un cheval attelé qui s'est emporté avec une violence irrésistible au bruit causé par le passage inattendu d'un train sur un pont métallique voisin de la route alors qu'il est souverainement constaté par le juge du fait que le cheval n'était pas vicieux, qu'il n'était pas conduit à une allure trop rapide et qu'aucune autre faute du conducteur n'a contribué à l'accident (Rouen, 6 juill. 1877, et sur pourvoi, Req. 19 août 1878, aff. Veuve Maufray, D. P. 78. 2. 97 et 79. 1. 215).

Mais il a été jugé, au contraire, qu'il n'y a pas force majeure dans le cas d'un cheval attelé qui s'échappe au coup de sifflet d'une locomotive passant sur la voie du chemin de fer de Ceinture, ce passage et ce coup de sifflet étant choses possibles à prévoir, et l'animal n'ayant pu s'échapper que parce qu'il n'était pas gardé avec le soin nécessaire (Paris, 24 janv. 1891, *suprà*, n° 908. Dans le même sens, Paris, 31 oct. 1889, *Gazette des tribunaux* du 18 déc. 1889).

921. On peut rattacher à l'idée de force majeure largement interprétée un arrêt qui écarte la responsabilité du propriétaire d'un cheval surpris et effrayé par la rencontre d'un énorme chariot, alors que le conducteur, qui eût pu réprimer ce mouvement du cheval s'il l'eût tenu à ce moment à la bride, n'avait pu ni prévoir ni empêcher le fait qui l'avait occasionné (Paris, 14 nov. 1863, aff. Veuve et héritiers Poupon, D. P. 63. 5. 329). — Jugé, au contraire, qu'un propriétaire dont le bœuf échappé a blessé une tiers ne saurait, sous le prétexte qu'il avait eu soin de bander les yeux de son bœuf et que celui-ci ne s'est échappé qu'au bruit d'une voiture passant fortuitement, prétendre que les blessures reçues par le tiers sont uniquement le résultat de la force majeure, car le passage d'une voiture sur une route est chose à prévoir ; et, ayant connu le caractère ombrageux de l'animal, comme l'indique la précaution prise, le propriétaire peut être considéré comme en faute de n'avoir pas ajouté des précautions plus efficaces (Req. 16 mai 1887, aff. Plaisance, D. P. 87. 1. 265).

922. Le fait d'un tiers, qui aurait poussé l'animal à faire le dommage, serait assimilé au cas fortuit à l'égard du propriétaire ou de la personne désignée par l'art. 1385 et rendrait ce tiers exclusivement responsable en vertu de l'art. 1382 (*Rép.* n°° 719-720).

D'autre part, le propriétaire n'est pas responsable des dommages dus à l'imprudence de la victime, consistant par exemple : à quitter le côté droit de la route pour venir se placer sur la chaussée derrière le cheval et à le suivre de beaucoup trop près, sans que le cavalier pût voir le danger auquel elle s'exposait (Toulouse, 5 avr. 1865, aff. Cazalbon et Martin Blanconne, D.P. 66.5.411) ; ... ou à ne pas séparer les deux chevaux à la garde desquels elle était préposée d'un autre cheval inconnu d'eux et avec lequel ils venaient d'avoir une lutte, et à être passée ainsi sans précaution derrière eux et à portée de leurs pieds (Bourges, 14 mars 1881, aff. Veuve Moiru, D. P. 81. 2. 111) ; ou encore à se saisir d'un cheval en dehors de toute nécessité, volontairement et sans mandat, pour le ramener de l'écurie où il se trouvait, à la demeure de son propriétaire (Civ. rej. 8 janv. 1894, aff. Demoiselle Amoudruz, D. P. 94. 1. 403).

923. Mais on ne saurait assimiler à une faute de la victime l'acte de dévouement consistant à venir en aide au conducteur pour maintenir et calmer l'animal et éviter ainsi les conséquences d'un accident dont la responsabilité devait atteindre le propriétaire (Paris, 24 juill. 1866, aff. Compagnie des omnibus, D. P. 68. 2. 71) ; ... ou à se placer devant un bœuf échappé en agitant les bras pour arrêter sa course, dans un marché de bestiaux ouvert au public, où la victime avait pénétré comme occupant d'élevage et de vente de bétail (Paris, 10 mars 1892, aff. Consorts Poupard, D P.94.2.115) ; ... ou, en général, à s'efforcer d'arrêter dans sa course un animal échappé (Metz, 29 janv. 1862 et 19 févr. 1863, aff. Thuilleaux et Roulin, D. P. 63. 2. 153 ; Douai, 12 nov. 1864, aff. Rombure, Riom, 18 août 1879, aff. Mournisseaux, reproduits en note, D. P. 94. 2. 115), surtout si elle l'a fait sur l'invitation du maître de l'animal et sans pouvoir supposer qu'elle s'exposait par là à un danger sérieux (Trib. de Chambéry, 15 janv. 1886, aff. Filsnoël, *ibid*).

924. Jugé aussi que s'il y a eu faute, de la part du père d'un enfant blessé par une voiture, à le laisser errer dans la

ville sans être accompagné, cette imprudence n'est pas assez grave pour faire disparaître la responsabilité encourue par le propriétaire de l'animal, alors surtout qu'une faute est relevée contre son domestique (Besançon, 4 déc. 1889, aff. Renaud, D. P. 90. 2. 291). Sur l'influence et l'appréciation de la faute de la victime en cette matière, V. *Rép.* n°s 724, 725.

925. C'est, d'ailleurs, au propriétaire de l'animal ou à celui qui s'en sert à faire la preuve de la force majeure ou de la faute de la victime pour échapper à la responsabilité que la loi fait peser de plein droit sur lui (Req. 1er févr. 1892, aff. Vallet, D. P. 92. 1. 501). Et l'offre faite par le demandeur de prouver la faute du propriétaire de l'animal, son admission même à faire cette preuve, ne peut le priver du bénéfice de la présomption légale édictée contre celui-ci, la renonciation à un droit ne se présumant pas, et l'interlocutoire ne liant pas le juge (Riom, 31 déc. 1884, aff. Frady, D. P. 86. 2. 7).

926. Mais suffirait-il au propriétaire, au lieu de faire la preuve précise et positive d'une force majeure ou d'une faute de la victime, de prouver qu'il est exempt de faute ayant pris toutes les précautions nécessaires usitées dans les circonstances où l'animal s'est trouvé placé, pour éviter tout dommage ? Cela revient à se demander si, en faisant cette preuve, en détruisant ainsi la relation présumée par la loi entre le fait du cheval et une faute de sa part, il n'oblige pas le juge à considérer ce fait comme un cas fortuit ou de force majeure. Telle est l'opinion émise au *Rép.* n° 723, opinion conforme à celle de M. Sourdat, t. 2, n° 1431 ; de Colmet de Santerre, *Cours analytique de code civil*, t. 5, n° 366 *bis*; de Laurent, t. 20, n°s 626,629; de M. Fromageot, *De la faute*, 1891, p. 161, et consacrée par plusieurs arrêts (Paris, 14 nov. 1863, aff. Poupon, D. P. 63. 5. 326 ; Toulouse, 5 avr. 1865, aff. Cazalbon et Martin Blanconne, D. P. 66, 5.411 ; Montpellier, 23 juill. 1866, aff. Riben, D. P. 68. 2. 72 ; Paris, 17 mars 1884, *infra*, n° 930-3°. Mais elle est combattue par Aubry et Rau, t. 4, § 448, note 10 ; Demolombe, *Traité des contrats*, t. 8, n° 654 ; Marcadé, art. 1385, n° 1. On cite encore en ce dernier sens Larombière (*Obligations*, t. 5, art. 1385, n° 9), bien que cet auteur se borne à écarter l'excuse tirée de la férocité, de la fougue, de la frayeur, de l'emportement ou des vices de l'animal, de l'impéritie, de la faiblesse ou de l'impuissance du défendeur, des difficultés du passage. La jurisprudence incline, depuis quelque temps, vers l'interprétation la plus rigoureuse de l'art. 1385 (Civ. cass. 27 oct. 1885, aff. Montagnier, D. P. 1. 207 ; Civ. rej. 9 mars 1886,aff. Desmoretz, D. P. 86. 1. 207 ; Paris, 10 août 1867, aff. Rocher, D. P. 67. 5. 369 ; Trib. de Bergerac, 23 août 1870, aff. Poumeau, D. P. 75. 2. 67 ; Riom, 31 déc. 1884, aff. Prady, D. P. 86. 2. 7; Besançon, 3 déc. 1881, aff. Époux Jacquemin, D. P. 82. 1. 151 ; 20 nov. 1889, aff. Thiéry, D. P. 90. 2. 291 ; 4 déc. 1889, aff. Renaud (*Ibid.*); Paris, 11 févr. 1886, cité *infra*, n° 927; Douai, 5 mars 1890, cité *infra*, n° 927).

927. Nous croyons devoir maintenir la solution posée au *Répertoire*, sauf à exiger la preuve qu'on est exempt de faute, et à reconnaître que cette preuve ne peut être purement négative et doit porter sur un ensemble de faits exclusifs de toute autre cause qu'une force majeure ou une faute de la victime. Les motifs suivants nous paraissent justifier cette solution : 1° l'art. 1385, par cela seul qu'il cède devant la force majeure, n'est pas une disposition absolue, mais simplement une présomption légale de faute, admettant la preuve contraire. Dès lors, il suffit que les preuves apportées soient exclusives de la faute et fassent ressortir indirectement la preuve d'une force majeure ou d'une faute de la victime ; — On ne saurait rendre cette responsabilité plus rigoureuse que celle dont le père est tenu pour le fait de son enfant (art. 1384). Or dans ce cas, il suffit de prouver qu'on n'a pas pu empêcher le dommage de se produire, n'ayant manqué en rien à la surveillance de l'enfant. C'est le droit commun de la responsabilité civile; s'il en est autrement pour celle du commettant à l'égard d'un préposé, c'est qu'au lieu d'être générale elle a sa limite dans celle des fonctions de ce préposé, et que dans ces limites le com-

mettant est représenté. Mais le fait de l'animal doit être réputé fortuit aussi facilement que le fait de l'enfant ; — 3° Enfin le discours du tribun Tarrible, après avoir rappelé le principe de la nécessité d'une faute pour qu'il soit dû réparation, déclare que « c'est à ce principe que se rattache la responsabilité du propriétaire relativement aux dommages causés par les animaux » (n°s 19 et 20, Locré, t. 6, p. 287).

Quant aux décisions opposées à cette doctrine, les faits relevés par elle en atténuent souvent la portée. Car tout en déclarant nécessaire la preuve du cas fortuit ou de la force majeure, la plupart constatent, soit simplement l'absence de toute preuve de la cause du dommage (Besançon, 3 déc. 1881; Civ. cass. 27 oct. 1885 cités *suprà*, n° 926); ... soit même une faute, une imprudence du propriétaire (Besançon, 20 nov. et 4 déc. 1889; Riom, 31 déc. 1884, cités *suprà*, n° 926) ; l'une d'elles admet même le propriétaire à prouver l'absence de sa faute par les causes de l'accident, comme moyen de faire ressortir la faute de la victime (Jugement de Bergerac, du 23 août 1870, cité *suprà*, n° 926). D'autres avaient à statuer entre deux parties que liaient des rapports contractuels de patron à serviteur au sujet de la garde de l'animal (Civ. rej. 9 mars 1886 ; Paris, 11 févr. 1886 précité ; 10 août 1867 ; Riom, 31 déc. 1884; Douai, 5 mars 1890, cité *suprà*, n° 926).

928. — IV. Application de l'art. 1385 en cas de contrat concernant l'animal. — Le propriétaire de l'animal ou celui qui s'en sert verrait-il sa responsabilité modifiée, à l'égard de la victime, par un contrat l'unissant à elle et faisant d'elle son préposé pour la garde de cet animal ? Pour résoudre cette question il faut se prononcer, d'une part, sur le sens et la portée du contrat, d'autre part, sur sa validité et sa légalité.

Le contrat serait impuissant à substituer le préposé au propriétaire vis-à-vis des tiers atteints par l'animal, par la raison qu'il n'émane pas de ces tiers. Mais supposant le contrat émané de la victime elle-même, on ne voit pas quel principe d'ordre public peut empêcher celle-ci de renoncer au bénéfice de l'art. 1385 ou de garantir, vis-à-vis d'elle, son patron, comme pourrait le faire un assureur, sauf pour le dol ou la faute lourde, contre l'effet d'une responsabilité civile éventuelle qu'elle est d'ailleurs chargée de prévenir dans sa fonction nouvelle.

Reste à savoir si, et dans quelle mesure, le contrat de louage par lequel on charge un domestique ou préposé quelconque du soin et de la garde d'un animal doit s'interpréter comme contenant pareille clause et comme dérogeant à l'art. 1385 dans les rapports des parties On a beaucoup disserté sur l'exclusion de l'art. 1385, comme de l'art. 1382, par la législation du contrat de louage de services, pour les accidents survenus à l'une des parties dans l'exécution de ce louage qui l'a mise en contact, tantôt avec un animal tantôt avec un outillage et des machines appartenant au patron (Sainctelette, *De la responsabilité et de la garantie;* Sauzet, *Responsabilité des patrons envers leurs ouvriers*, *Revue critique*, 1883, p. 596 et 677; Labbé, notes sur les arrêts de la cour de Paris des 17 mars 1884 et 11 févr. 1886, cités *suprà*, n°s 926 et 927. V. *infra*, v° *Travail*). Le système de la jurisprudence consiste, en général, non pas à exclure l'application de l'art. 1385, mais à en interpréter les dispositions et à combiner avec celles-ci l'effet des promesses contractuelles.

Il ne faut pas oublier en effet : 1° que le patron doit prendre toutes les mesures possibles pour la sécurité de l'ouvrier ou du préposé dans l'exécution du contrat et doit indemnité si on prouve qu'il y a manqué ; 2° que le préposé, se chargeant moyennant salaire du soin et de la garde d'un animal, promet de veiller à ce qu'il ne cause pas accidents qui rejailliraient sur le maître, et subit le recours de ce dernier si l'on prouve qu'il y a manqué; 3° que l'art. 1385, s'il présume la faute du maître, cède devant la force majeure ou la faute de la victime, prouvée directement ou rendue certaine par l'absence prouvée de toute faute chez le maître.

929. On trouve l'application du premier principe dans certains arrêts, condamnant un patron qui n'avait pas prévenu son garçon d'écurie du caractère dangereux, à certains moments, de son cheval (Dijon, 12 avr. 1881) (1) ;... ou qui,

---

(1) (Gaillard C. Pelletrat). — La cour ; — Attendu que la jument de Pelletrat était à certains moments d'une irritabilité telle qu'il devenait dangereux de l'approcher ; que c'est ainsi que peu de temps après l'événement qui a donné lieu au procès, Pelletrat, l'ayant ramenée dans l'écurie de la veuve Petit Cadot, a failli lui-même en recevoir des coups de pied en voulant lui

ayant installé son écurie dans des conditions de circulation défectueuses, ne prouvait aucune faute de la part d'une servante de ferme blessée par un cheval dans cette écurie où elle allait abreuver les veaux (Riom, 31 déc. 1884. aff. Frady, D. P. 86. 2. 7);... ou qui avait confié à son charretier un cheval ayant l'habitude de mordre et de ruer, le charretier ayant pris d'ailleurs des précautions contre ce vice connu de lui et ne pouvant, d'après le chiffre de son salaire, être considéré comme ayant accepté un risque spécial (Paris, 11 févr. 1886) (1). V. aussi Dijon, 21 juin 1894, D. P. 94. 2.

Deux autres arrêts condamnent le maître sans relever d'autre fait à sa charge que la propriété de l'animal érigée par l'art. 1385 en présomption de faute jusqu'à preuve contraire, mais en ayant soin de constater, le premier, que la victime était exempte de toute faute, le second, que le maître n'établissait pas l'existence de cette faute ou d'un cas fortuit (Civ. rej. 9 mars 1886, aff. Desmorets, D. P. 86. 1. 207 et 5. 364 ; Douai, 5 mars 1890) (2).

930. Mais par application du droit de preuve qu'admet l'art. 1385, et de la garantie due par l'ouvrier ou préposé

---

(1) (Marcheney C. Pachot.) — Le 29 avr. 1884, le tribunal civil de la Seine a rendu le jugement suivant : — Le tribunal ; — Attendu qu'il est établi que, le 21 janv. 1881, le demandeur, qui était au service de Pachot, était occupé à enlever la musette de l'un des chevaux appartenant à Pachot, qu'il était chargé de conduire, lorsque le cheval lui mordit le petit doigt de la main gauche : qu'à la suite de cet accident, l'amputation fut pratiquée ; — Attendu, en droit, qu'après avoir, dans les art. 1382 et 1383, posé le principe général en vertu duquel tout fait quelconque de l'homme qui cause à autrui un dommage oblige celui par la faute duquel il est arrivé à le réparer, qu'il s'agisse de son fait, de sa négligence ou de son imprudence, le code civil, dans les art. 1384 et 1385, règle les conséquences de ce principe ; que l'art. 1385 c. civ., en mettant à la charge du propriétaire d'un animal ou de celui qui s'en sert, la responsabilité du dommage que l'animal a causé, ne fait qu'appliquer aux animaux, c'est-à-dire aux choses animées, cette règle insérée au paragraphe 1er de l'art. 1384, et développée ensuite, en ce qui concerne les personnes, dans les autres articles, que chacun est responsable du dommage causé par le fait des personnes dont il doit répondre ou des choses qu'il a sous sa garde ; que l'identité de réduction des 2e, 3e et 4e paragraphes de l'art. 1384 et de l'art. 1385, qui, dans le projet primitif, ne faisaient qu'un seul article, indique bien que l'art. 1385 ne saurait avoir plus de portée, à l'égard des propriétaires et gardiens, relativement aux animaux, que l'art. 1384, quand il s'occupe des père et mère ou des maîtres, commettants, instituteurs et artisans, relativement à leurs enfants mineurs, domestiques, préposés, élèves et apprentis; qu'il en résulte que la responsabilité qu'édicte l'art. 1385 est basée, non sur le fait de posséder un animal vicieux, qui ne peut constituer à lui seul une faute, mais bien, comme celle de l'art. 1384, sur une présomption de faute résultant, ainsi que le disait le rapport fait au Tribunal, soit du défaut de garde et de vigilance du maître, soit de la témérité, de la maladresse ou du peu d'attention de celui qui s'est servi de l'animal ; mais que cette présomption de faute, mise à la charge du propriétaire ou du gardien de l'animal, étant de celles qui peuvent être combattues par la preuve du contraire ;

Et attendu que, en ce qui concerne le propriétaire du cheval, toute présomption de faute doit nécessairement disparaître par le fait même de la situation respective des parties, du moment où la victime du dommage causé par cet animal est son propre gardien, surtout lorsque celui-ci le conduisait habituellement et connaissait, par suite, les défauts de l'animal et les dangers qu'il présentait ; qu'en effet, du moment où celui qui a souffert du dommage est un charretier de profession, s'il a accepté la conduite du cheval dont il connaissait la nature, il en a, par cela même, assumé la surveillance, et ne saurait dès lors à réclamer une indemnité à raison d'un accident qui rentre dans les risques inhérents à l'exercice de sa profession, et qui ne peut être attribué qu'à une faute personnelle dans la garde ou la conduite de l'animal qui lui est confié ; que le charretier se trouve ainsi exactement dans la situation d'un ouvrier blessé au cours d'un travail dont il est chargé ; que, de même que l'ouvrier ne pourrait élever de réclamation que si le dommage devait être

remettre son collier qu'elle avait retourné, opération à laquelle le nouveau garçon d'écurie avait refusé de se livrer, et qu'il s'est écrié en se retirant : « Après tout, je ne suis pas marié avec elle, et en rentrant à la maison, je la ferai tuer! » que ce propos témoigne suffisamment du peu de confiance que sa jument lui inspirait, et que, devant mieux la connaître que personne, il eût dû tout au moins prévenir le garçon d'écurie, le sieur Gaillard, d'avoir à se prémunir contre les violences probables de l'animal ; que, ne l'ayant pas fait, il a commis une faute qui entraîne sa responsabilité et qu'il est tenu de réparer ; que c'est à tort que le tribunal a décidé le contraire et que sa décision doit être réformée ; — Attendu que, par suite du coup de pied qu'il a reçu de l'animal, Gaillard est mort, laissant une veuve et un enfant mineur, sans qu'aucune faute lui fût imputable ; que la veuve, tant en son nom que comme tutrice de son enfant mineur, réclame réparation du préjudice qui lui a été causé, et que la cour possède des documents suffisants d'appréciation pour fixer le chiffre de l'indemnité à lui allouer ; — Par ces motifs ; — Infirme. — Du 12 avr. 1881.-C. de Dijon, 3e ch.-MM. Klié, pr.-Vèzes, av. gén.-Metman et Toussaint, av.

attribué à une faute imputable à un patron, de même le charretier blessé par son cheval n'aurait droit à une indemnité, et cela en vertu, non plus de l'art. 1385, mais bien des art. 1382 et 1383, que s'il établissait une faute à la charge de celui qui lui a confié le cheval pour le conduire, s'il prouvait par exemple que, conduisant un cheval pour la première fois, on lui a laissé ignorer ses vices, ou que, bien que les lui ayant fait connaître, on n'a pas mis à sa disposition les moyens de parer aux inconvénients que présentait la nature vicieuse de l'animal, ou encore, comme l'articulait Marcheney, que le patron s'était opposé à ce qu'on lui mit une muselière ; et attendu que l'enquête a démontré que, loin d'avoir été dissimulée à Marcheney, la nature vicieuse du cheval était connue de lui ; qu'elle n'a nullement établi, ni que Pachot s'opposait à l'emploi de muselière, ni même qu'il n'en mît pas à la disposition de ses charretiers ; — Par ces motifs ; — Déclare Marcheney mal fondé en ses fins et conclusions, etc. — Appel par Marcheney.

La cour ; — Considérant que, le 21 janv. 1881, Marcheney, au service de Pachot, a été mordu à la main gauche par un des chevaux dont il avait la conduite, au moment où il se disposait à brider cet animal ; que l'accident a entraîné pour le blessé la perte totale du petit doigt et une gêne permanente des mouvements du reste de la main ; qu'il résulte de l'enquête que le cheval de Pachot était d'une approche difficile et avait l'habitude de mordre et de ruer ; qu'à la vérité Marcheney ne l'ignorait pas, mais que, précisément parce qu'il savait le danger auquel il était exposé, il avait pris des précautions particulières au moment de l'accident ; que notamment il avait prié un de ses camarades de tenir le pied de l'animal, afin de lui ôter une partie de ses moyens d'action ; — Considérant que l'obligation pour le maître de réparer le dommage causé aux tiers par l'animal dont il est propriétaire subsiste, encore bien que l'animal ait été confié à un préposé agissant pour le compte du maître ; que le préposé, dans ses rapports avec le maître, doit être assimilé à un tiers, alors qu'il est constant, comme dans l'espèce, que le salaire du préposé constituait la rémunération normale de son travail et n'impliquait la prévision d'aucun risque spécial ; que, sans doute, la connaissance qu'avait Marcheney du vice de l'animal dont il avait la garde l'astreignait à une vigilance particulière ; mais qu'aucun défaut de vigilance ne peut lui être reproché ; que, dès lors, sa situation est celle d'un ouvrier à qui son patron a commis l'imprudence de remettre un instrument de travail défectueux et qu'il a droit à la réparation du préjudice qu'il a éprouvé ; qu'il y a lieu de fixer à 2500 fr. le chiffre de cette réparation ; — Par ces motifs ; — Condamne Pachot, etc. — Du 11 févr. 1886.-C. de Paris, 4e ch.-MM. Faure-Biguet, pr.-Calary, av.-Chaudé et Périn, av.

(2) (Barrin C. Veuve Vilbien.) — Le tribunal de Béthune, le 23 mai 1889, avait jugé en sens contraire que ces conclusions suivants : — « Attendu que cette présomption (de l'art. 1385 c. civ.) n'est évidemment pas absolue, et peut être détruite par toute preuve contraire ; que, toute responsabilité découlant d'une faute ou d'une imprudence, il est constant qu'il ne saurait y avoir de responsabilité là où il est démontré qu'il n'y a eu ni faute ni imprudence;... que... la veuve Vilbien n'a nullement commis l'imprudence qu'on lui reproche; qu'il échet également de remarquer que Barrin avait l'habitude de soigner ce cheval, et aurait bien dû, s'il lui avait reconnu quelques défauts, en prévenir sa patronne, ce qu'il n'a jamais fait... » — Appel de la part de Barrin.

La cour ; — Attendu que Barrin était au service de la dame veuve Vilbien, cultivatrice à Haisnes ; que le 21 juin 1887, il a été frappé par un cheval de la ferme d'un coup de pied à la tête ; que cet accident a occasionné à Barrin une plaie profonde avec rupture de l'os frontal qui l'a obligé à garder un repos absolu pendant assez longtemps ; qu'il résulte du rapport du médecin chargé d'examiner le blessé que celui-ci est incapable de travailler comme par le passé, qu'il n'est plus qu'un demi-ouvrier et que le temps ne peut guère modifier cet état ; — Attendu que Barrin a fait assigner la veuve Vilbien en payement de dommages-intérêts ; — Attendu que l'art. 1385 c. civ. édicte contre le propriétaire de l'animal qui a causé un dommage une présomption de faute qui engage sa responsabilité, que cette présomption juris tantum peut être détruite par la preuve contraire; mais qu'elle oblige le propriétaire à démontrer soit la faute, l'imprudence de la victime, soit le cas fortuit, la force

pour ses fautes professionnelles, il a été jugé : 1° que le maître n'est pas responsable envers son cocher qui, ayant mal attelé et mal conduit le cheval, a causé l'accident par cette faute professionnelle et cela encore bien que le cheval fût vicieux si le cocher l'avait choisi lui-même et fait acheter par son maître, lequel a complètement et légitimement ignoré le caractère vicieux de l'animal par le fait des experts et du cocher lui-même (Req. 23 déc. 1879, aff. Renou, D. P. 80. 1, 134); — 2° Que dès qu'il est constaté que l'animal n'avait aucun vice rendant imminent ou probable l'accident, on doit présumer que celui-ci a pour cause ou un acte d'imprudence ou de négligence du domestique qui en serait responsable lui-même s'il avait blessé un tiers, ou un fait purement accidentel et de force majeure dont le maître n'est pas responsable (Montpellier, 23 juill. 1866, aff. Riben, D. P. 68. 2. 72); — 3° Qu'aucune faute n'étant imputable au maître, le cheval n'étant ni vicieux, ni méchant, le cocher, d'autre part, recevant comme très expérimenté des gages importants, et connaissant le tempérament ardent de l'animal et les moyens de le maîtriser, il n'est pas dû réparation de l'accident dont il a été victime et que tout démontre avoir été uniquement causé par sa faute professionnelle (Paris, 17 mars 1884) (1); — 4° Qu'un domestique, salarié pour garder et conduire un cheval, est tenu à tous les soins et à toutes les précautions que comporte la nature de l'animal et l'exercice de cette profession, et ne peut rendre le propriétaire responsable de l'accident qui lui est arrivé dans cette fonction par le fait du cheval, à moins de prouver que le cheval était méchant ou vicieux et que l'accident doit être imputé à ces vices, en sorte que l'habileté professionnelle du domestique et l'habileté à laquelle il était tenu ont été nécessairement mises en défaut (Bourges, 14 mars 1881, aff. Veuve Mauru, D. P. 81. 2. 111); — 5° Qu'un maréchal-ferrant, employé à une compagnie d'omnibus, ne peut rendre la compagnie responsable du coup de pied qu'il a reçu dans l'exercice de ses fonctions, ayant dû prendre les précautions nécessaires pour prévenir l'accident dont il a été victime (Paris, 7 août 1869, aff. Pommier, D. P. 69. 2. 167).

majeure; — Attendu, sans qu'il soit nécessaire de rechercher si Barrin a prouvé complètement les faits qu'il avait articulés et qu'il n'était nullement obligé de démontrer, qu'il est certain que le propriétaire du cheval n'a pas détruit la présomption de l'art. 1385 et n'a établi ni la faute de la victime, ni le cas fortuit; qu'il reste donc responsable du dommage causé par l'animal, qui lui appartient, à son serviteur, pendant que celui-ci remplissait un travail commandé; — Attendu que la blessure reçue par Barrin est fort grave, qu'il n'est plus capable de se livrer à un travail complet et qu'il est exposé à des accidents sérieux décrits par le médecin-expert; que cet homme, père de nombreux enfants, n'a d'autres ressources que son travail; qu'il est âgé de quarante-neuf ans; que la cour possède les éléments qui lui permettent de fixer le chiffre des dommages-intérêts qui lui sont dus; — Par ces motifs, émendant et réformant, dit qu'il a été mal jugé, bien appelé; faisant ce que les premiers juges auraient dû faire : — Condamne la veuve Vilbien à payer à Barrin-Villette, la somme de 1500 fr. à titre de dommages-intérêts, avec les intérêts à partir du 21 juin 1887; — La condamne, en outre, à tous les dépens de première instance et d'appel.
Du 15 mars 1890.-C. de Douai. 1re ch.-MM. Mazeaud, 1er pr.-Lanio, subst. du proc. gén.-Boissonnet et Kremp (ce dernier du barreau de Béthune), av.

(1) (Arigny C. Tacuet). — Le tribunal civil de la Seine avait rendu le jugement suivant : — Le tribunal; — Attendu qu'en septembre 1880, Arigny était, en qualité de cocher, au service de Tacuet, loueur de voitures; — Attendu que, le 6 dudit mois, vers dix heures du matin, à Paris, la jument attelée à la voiture conduite par Arigny prit une allure très vive sur la place de la Bourse, parcourant au grand trot les rues Vivienne, Feydeau et Richelieu, sans que le cocher pût la maîtriser, et vint s'abattre rue Drouot, après que la voiture, dirigée à gauche, se fut heurtée avec violence à un gros camion, lourdement chargé; — Attendu qu'Arigny, jeté par ce choc à bas de son siège, fut gravement blessé à la tête, éprouva une commotion cérébrale, et depuis cette époque, atteint de paralysie progressive; — Attendu qu'à raison de cet accident et de la maladie qui en est la suite, il demande à Tacuet, propriétaire de la jument, la somme de 15 000 fr., à titre de dommages-intérêts; — Attendu qu'il s'appuie non seulement sur l'art. 1382 c. civ., mais encore et principalement sur l'art. 1385; — Attendu que ce dernier article rend responsable le maître de l'animal qui a causé un dommage, et ne parle pas de la faute imputable à ce maître; — Attendu, néanmoins, que

Ces deux derniers arrêts (Bourges, 1881; et Paris 1869), emploient des formules un peu trop favorables peut-être au propriétaire, en ce qu'ils paraissent lui permettre d'attendre la preuve de l'adversaire au sujet du caractère vicieux de l'animal, faculté incompatible avec l'art. 1385. Mais celui de la cour de Bourges relevait une faute du domestique qui la justifie.

931. — V. DES DOMMAGES CAUSÉS PAR LES CHIENS. — La morsure des chiens a donné lieu à quelques applications intéressantes des principes exposés ci-dessus. La responsabilité du propriétaire en cette matière serait écartée, si le fait avait pour cause une faute de la victime, si celle-ci, par exemple, avait pénétré sans autorisation dans la propriété à l'heure où les chiens de garde peuvent y être lâchés, comme c'est le droit du propriétaire. Mais il en est autrement si c'est le propriétaire et non la victime qui a excédé son droit, si, par exemple, la victime, se présentant en plein jour pour un motif plausible, a pénétré par la porte laissée ouverte et avec l'autorisation des gens de service, alors surtout que les chiens étaient d'un naturel féroce (Alger, 5 juin 1878); ... ou si le propriétaire, ayant lâché avant la nuit un chien d'un naturel dangereux dans le jardin donnant accès à sa maison, n'avait pas fermé à clef la porte de ce jardin dont la sonnette était hors d'état de fonctionner (Paris, 20 avr. 1893, aff. Bourgoin, D. P. 93. 2. 336).

Jugé encore que le propriétaire riverain d'un fleuve qui a établi un chantier sur son terrain et qui, pour le clore pendant la nuit, a fermé à l'aide de barrières le chemin de halage dans la partie qui le traverse, excède son droit (V. suprà, v° Eaux, n° 98) et est responsable, par suite, de la blessure causée par son chien de garde à un marinier qui, revenant d'amarrer son bateau, a voulu suivre le chemin de halage malgré la fermeture des barrières, sauf au juge à tenir compte, dans l'appréciation des dommages-intérêts, de l'imprudence commise par le marinier, qui aurait pu contourner le chantier (Lyon, 30 juin 1865, aff. Salmon, D. P. 67. 5. 374).

932. Le fait de la victime de s'être chargée par contrat

c'est sur une présomption de faute qu'est fondée cette disposition; — Attendu que, cette présomption peut être combattue par la preuve contraire, et qu'elle perd une grande part de sa force lorsqu'elle est invoquée par les personnes préposées par le propriétaire de l'animal à sa surveillance et chargées par profession de sa garde et de sa direction; — Attendu, dans l'espèce, qu'il résulte des documents de la cause et des enquêtes, qu'aucune faute n'a été commise par le sieur Tacuet; — Attendu que la jument dont il s'agit n'était pas vicieuse; qu'il n'est pas même allégué qu'elle se fût emportée avant le 6 sept. 1880; — Attendu qu'en 1880, Arigny était âgé à peu près de quarante-cinq ans, qu'ancien conducteur canonnier au 14e régiment d'artillerie, cocher depuis de longues années à Paris, il présentait toutes les garanties désirables, au point de vue du service dont il était chargé par Tacuet; — Attendu que ce dernier n'a pas été imprudent en lui confiant la jument, cause de l'accident; — Attendu qu'Arigny n'a pas fait connaître par suite de quelles circonstances la jument menée par lui le 6 sept. 1880 a accéléré sa vitesse sur la place de la Bourse et dans les rues qu'elle a suivies, jusqu'au moment de sa chute; — Attendu qu'il est probable que l'inattention et la maladresse d'Arigny ont été la cause de cette accélération et du choc qui s'est produit rue Drouot; — Attendu, en résumé, que le demandeur ne doit imputer qu'à lui-même l'accident dont il a été victime; — Par ces motifs; — Le déclare mal fondé en sa demande, etc.
Appel par Arigny.
La cour; — Considérant que la responsabilité édictée par la loi contre le propriétaire d'animal est fondée sur une présomption générale de faute, qui peut être combattue par la preuve contraire; qu'il ressort des enquêtes et contre-enquêtes qu'aucune faute n'est imputable à Tacuet au sujet de l'accident causé à son domestique, le 6 sept. 1880, par le fait du cheval confié à sa direction et à ses soins; que l'animal n'était ni vicieux, ni méchant, que, s'il était d'un tempérament ardent, Arigny, qui était un cocher expérimenté, et qui recevait à ce titre des gages importants, était habitué à la bête, connaissait ses allures vives, et les moyens à prendre pour la maîtriser; que tout démontre que sa faute professionnelle fut l'unique cause du malheur qui lui est arrivé; qu'aucune circonstance ne permet dès lors d'atteindre, dans l'espèce, la responsabilité du propriétaire, soit au point de vue de l'art. 1385, soit au point de vue de l'art. 1382; — Par ces motifs; — Confirme, etc.
Du 17 mars 1884.-C. Paris, 7e ch.-MM. Fauconneau-Dufresne, pr.-Banaston, av. gén., c. contr-Lacoin et de Jouy, av.

du soin et de la garde d'un chien peut modifier aussi la responsabilité du propriétaire, à cause des obligations et des risques acceptés par la victime. Un chien mordu par un autre, et donnant par suite des inquiétudes à son maître, est placé par lui en observation pour un certain temps chez un spécialiste qui, prévenu du danger, consent à le recevoir : celui-ci ne pourra pas, si le chien se précipite sur lui, et le mord, poursuivre le propriétaire (Arg. Trib. corr. de Bordeaux, 9 juin 1880 (1 et 2), écartant de ce chef le délit de blessures par imprudence). Mais si, informé de ce fait, et invité à reprendre son chien faute de quoi il sera abattu, le propriétaire l'envoie chercher par un individu inexpérimenté pour le conduire dans un autre établissement, la morsure mortelle reçue par ce conducteur engage sa responsabilité (Même jugement et, sur appel, Bordeaux, 19 août 1880 (1 et 2), condamnant de ce chef pour homicide par imprudence).

933. Les hurlements d'un chien de garde qui troublent la tranquillité des voisins sont une cause de dommages suffisante pour engager la responsabilité du propriétaire de ce chien (Crim. rej. 5 avr. 1867, aff. Sempé, D. P. 67. 1. 288).— V. encore sur les dommages causés aux personnes par les animaux : *supra*, v° *Crimes et délits contre les personnes*, n° 283.

934. — VI. Dommages causés par un animal a un autre. — Les dommages causés par un animal à un autre, c'est-à-dire *indirectement* au propriétaire de ce dernier, sont régis par les mêmes principes que les dommages causés directement par un animal à une personne (*Rép.* n°s 726 à 730).

On a reproduit au *Rép.*, n° 727, l'opinion de Toullier et de Sourdat, laissant, comme cas fortuit, à la charge de la victime, la blessure faite par un animal à un autre lorsqu'il y a doute sur le point de savoir lequel a été l'agresseur. Cette solution pourrait être admise si l'art. 1385 n'existait pas. Mais il ne faut pas oublier qu'en cette matière le

(1) (Ferrand.) — Le 9 juin 1880. — Jugement du tribunal correctionnel de Bordeaux, ainsi conçu : — « Attendu que Ferrand est prévenu d'avoir, en décembre dernier, à Bordeaux : 1° par imprudence ou négligence, commis involontairement un homicide sur la personne du nommé Pradel; 2° par la même imprudence, causé involontairement des blessures aux nommés Rodriguez et Rancoule; — Attendu qu'il résulte de l'information et des dépositions des témoins entendus à l'audience que, le 21 novembre dernier, un chien de montagne appartenant au prévenu Ferrand était mordu par un chien terrier qui, trois jours après, était abattu comme enragé; que Ferrand, informé de cet incident, faisait, le 26 novembre, conduire son chien dans l'établissement tenu par Rodriguez pour les soins à donner aux chiens malades; que, le même jour, il faisait connaître à Rodriguez que son chien avait été mordu, et que, quelques jours après, il venait lui-même dire à ce dernier le motif pour lequel il lui avait confié son chien; — Attendu que, le 16 décembre, commencèrent à se manifester chez cet animal des symptômes alarmants; que, le 17, il se jeta sur Rodriguez, le terrassa, et le mordit atrocement aux bras et à la figure; — Attendu que Rodriguez fit aussitôt prévenir Ferrand qui, dans la journée même, envoya le vétérinaire Chassin; que celui-là ne put, à ce moment, examiner l'état du chien que l'on ne pouvait approcher; que Rodriguez, ne partageant pas la confiance relative du vétérinaire, fit le jour même, vers deux heures, prévenir Ferrand qu'il abattrait son chien à quatre heures, si l'on n'était pas venu le prendre; — Attendu que vers trois heures, arrivaient pour le chercher le commis de Ferrand, le témoin Prost, un employé de son gendre, le nommé Pradel, et le témoin Rancoule, associé d'un autre établissement que s'était chargé de conduire le chien de Ferrand dans cet établissement; que ces trois individus se mirent aussitôt à l'œuvre pour accomplir cette dangereuse opération, malgré les vives protestations de Rodriguez; mais qu'au moment où ils ouvrirent la niche du chien, celui-ci se jeta sur Pradel qui tenait la chaîne et le mordit; que, pris de peur, ils ouvrirent une porte par laquelle le chien s'échappa, et qu'il ne fut rattrapé que sur le cours de l'Intendance où Rancoule, en voulant le mettre sur une charrette, fut mordu légèrement à la main; — Attendu que si cette morsure n'a pas eu pour Rancoule de conséquences fâcheuses, celles reçues par Pradel et Rodriguez ont eu les suites les plus déplorables; — Attendu que c'est dans cet état des faits que la prévention relève contre Ferrand une double imprudence; que la première résulterait de ce qu'il n'a pas abattu son chien, dès qu'il a su que le chien qui l'avait mordu était abattu comme enragé; — Attendu que s'il y eût eu alors plus de prudence à abattre un chien qui était désormais suspect et partant dangereux, qu'il s'agit d'apprécier si le prévenu a manqué à la prudence la plus vulgaire, la seule qui puisse tomber sous le coup de la loi répressive; qu'à cet égard, on peut douter qu'il y ait eu faute de la part de Ferrand à essayer d'un temps d'épreuve, d'autant qu'il trouvait dans Rodriguez un spécialiste exercé, qui, bien que prévenu du danger, n'hésitait pas cependant à en assumer les conséquences; que c'était donc à Rodriguez exclusivement de prendre dès lors toutes les mesures que l'expérience lui commandait pour la sauvegarde personnelle et pour celle des tiers; que, par suite, dans cette dernière partie des faits, s'il y a eu, ce qui est douteux, quelque imprudence de la part de Ferrand, elle a été certainement couverte par les agissements de Rodriguez; — Attendu qu'il n'en est pas de même pour la seconde imprudence qui est reprochée à Ferrand, pour n'avoir pas fait abattre son chien aussitôt après l'avis que Rodriguez lui faisait parvenir dans la journée du 18 décembre; — Attendu, en effet, qu'il est certain qu'il n'y avait pas alors un moment à perdre; que l'avertissement donné par Rodriguez était d'autant plus énergique et significatif que ce malheureux avait été la veille cruellement mordu; que

cependant le prévenu ne prend pas encore une mesure qui était commandée par la sécurité de tous; qu'il se décide alors à faire conduire son chien dans un autre établissement, encourant ainsi, de propos délibéré, des responsabilités indéfinies; qu'il essaye vainement aujourd'hui de se couvrir de l'opinion donnée par le vétérinaire Chassin; que ce dernier avait déclaré le chien tout au moins suspect; que cela ne pouvait autoriser à tenter une nouvelle épreuve, en présence des faits qui parlaient plus haut que toutes les opinions techniques; qu'à peine peut-il atténuer sa faute en excipant du concours que lui donnait un autre spécialiste, le nommé Rancoule; que la présence de ce dernier ne l'autorisait pas à lui adjoindre Prost et Pradel pour une opération dont le péril était évident; — Attendu que si l'imprudence de Ferrand est dès lors certaine, du moins à l'égard de ces derniers, il faut bien reconnaître que les suites en ont été singulièrement aggravées par les agissements personnels tant de Rancoule que de Prost et de Pradel; que Prost vient de leur défendre de toucher à ce chien, qu'ils n'en persistent pas moins à préparer son transfert; que c'est Rancoule qui dirige l'opération; qu'on n'a qu'une muselière insuffisante; que cependant, comme ce n'est pas par le défaut de la muselière que les accidents consécutifs se sont produits, c'est surtout à l'absence d'autres mesures qu'il faut s'arrêter, en admettant qu'il y eût d'autres mesures à prendre que celle d'abattre le chien sans retard; que, dans tous les cas, l'imprudence de Rancoule doit couvrir celle du prévenu; — Attendu que de ce qui précède il résulte évidemment que, s'il n'y a pas eu de la part de Ferrand imprudence caractérisée à ne pas faire abattre son chien dès le 24 ou le 26 novembre, son imprudence devient certaine, alors qu'au lieu de le faire abattre le 18 décembre, il l'envoie chercher par Rancoule, Prost et Pradel; que sa conduite dans cette circonstance le rend passible des peines portées par l'art. 319 c. pén.; — Par ces motifs; — Relaxe Ferrand de la prévention d'avoir par son imprudence causé des blessures à Rodriguez et à Rancoule; — Le déclare, au contraire, coupable d'avoir par son imprudence causé la mort du nommé Pradel; — En réparation de quoi le condamne, etc. » — Appel par M. Ferrand.

(2) La cour; — Attendu que le 24 novembre 1879, un grand chien de montagne appartenant à Ferrand fut mordu par un petit chien malade qui fut abattu; que ce fait donna de inquiétudes à Ferrand, qui plaça son chien dans l'établissement du sieur Rodriguez, pour qu'il y fût surveillé pendant un certain temps; — Attendu que le 17 décembre, le chien se précipita sur Rodriguez qu'il mordit cruellement à la main et à la figure; que ce dernier prévint immédiatement Ferrand de ce fait, l'invitant à venir reprendre son chien faute de quoi il le ferait abattre; — Attendu que la plus vulgaire prudence exigeait qu'il en fût ainsi; que cependant Ferrand, au lieu de prendre ce parti, et après avoir consulté un vétérinaire qui examina à peine le chien, se décida à le placer dans un autre établissement; qu'il commit alors une nouvelle imprudence en envoyant chercher son chien par des gens inexpérimentés, parmi lesquels se trouvait Pradel; que le chien se précipita sur ce malheureux et le mordit à la main; qu'alors Ferrand se décida enfin à faire abattre son chien, qui fut reconnu atteint d'hydrophobie; — Attendu que Pradel tomba malade et mourut quelque temps après; que tout indique qu'il est mort enragé, soit que la rage lui ait été inoculée par la morsure du chien de Ferrand, soit que son imagination surexcitée et son extrême inquiétude aient déterminé une maladie nerveuse qu'on a appelée rage spontanée; mais que, dans tous les cas, il est certain que sa mort a été la conséquence de la morsure qui lui avait été faite par le chien de Ferrand; — Attendu que les imprudences dont s'est à plusieurs reprises rendu coupable ce dernier ne sauraient être sérieusement contestées et qu'il est responsable de leurs conséquences; — Adoptant, d'ailleurs, les motifs des premiers juges; — Confirme.

Du 19 août 1880.-C. de Bordeaux, ch. corr.-MM. le cons. Habasque, pr.-Calmon, ay. gén.-Laroze, av.

cas fortuit comme le fait de la victime doit être prouvé, et qu'en l'absence de preuves sur les causes qui ont poussé l'animal à faire le dommage, on reste en face de l'art. 1385 qui rend responsable le propriétaire de l'animal qui l'a fait. Il en sera ainsi du moins en l'absence de tous éléments de preuve permettant de mesurer les responsabilités et de partager le dommage ; car le dommage causé par les animaux de deux maîtres est à leur charge commune en proportion de la participation de chaque animal, et avec solidarité envers la victime si elle est un tiers et qu'on ne puisse diviser l'acte dommageable (Demolombe, t. 8, n° 649 ; Larombière, t. 5, art. 1385, n° 10). Il est à regretter peut-être que le partage, en cas de doute complet, n'ait pas été imposé par un texte comme en matière d'abordage.

935. Une convention par laquelle le propriétaire de l'animal tué ou blessé aurait renoncé au bénéfice de l'art. 1385 vis-à-vis du propriétaire de l'autre animal, aurait pour effet d'appliquer, lorsqu'il y a doute, le même règlement que pour le cas fortuit. On peut voir une convention tacite et réciproque de ce genre dans le fait par plusieurs propriétaires d'animaux de les abandonner dans un même pacage sans aucune garde. Mais cette convention ne les prive pas du droit d'invoquer l'un contre l'autre les art. 1382 et 1383 en prouvant une faute personnelle du défendeur, et notamment le fait par lui d'avoir rompu l'égalité des risques en introduisant dans le pacage un animal qu'il savait ou devait savoir vicieux et dangereux et qui par suite a causé le dommage (Rép. n° 728 ; Pau, 15 nov. 1886, aff. Sarailhé, D. P. 87. 2. 114).

936. Lorsque le dommage s'est produit dans l'exécution d'une convention entre les deux propriétaires relativement à leurs animaux, le fait de cette convention de la part du propriétaire lésé peut avoir pour effet d'écarter l'application de l'art. 1385 et de lui imposer la preuve de la faute, au lieu d'imposer à l'autre la preuve du cas fortuit. Jugé, notamment que la mort d'une jument, résultant d'une erreur de voie commise par l'étalon lors de la saillie, n'engage la responsabilité du propriétaire de l'étalon, ni en vertu des art. 1382, 1383 et 1384 s'il n'est pas démontré que cette erreur ait eu pour cause une faute, soit de lui, soit du domestique préposé à la saillie ; ni en vertu de l'art. 1385, lequel est inapplicable à la cause, le dommage s'étant produit à l'occasion et dans l'exécution d'une opération demandée par le propriétaire même de la jument (Angers, 24 janv. 1878) (1). L'arrêt, il est vrai, fait ressortir de l'enquête l'absence de toute faute et le cas de force majeure. Le jugement de première instance avait déclaré au contraire le propriétaire de l'étalon responsable des conditions anormales dans lesquelles s'était opérée la monte. Il n'a été infirmé que sur renvoi après cassation d'un arrêt qui avait mal à propos rejeté comme irrecevable à raison de la quotité du litige sans tenir compte d'une demande reconventionnelle (Civ. cass. 25 avr. 1876, aff. Gobé, D. P. 76. 1. 327). Il est certain, d'ailleurs, que le propriétaire de l'étalon serait responsable si le dommage provenait d'un défaut de soins de sa part ou de celle de son préposé dans l'exécution de l'opération convenue (Trib. civ. Valenciennes, 7 août 1873, sous l'arrêt précité de la cour de cassation).

937. On a vu au Rép., n° 722, que le propriétaire d'animaux atteints de maladies contagieuses est responsable s'il les a laissé communiquer avec d'autres animaux sains, malgré les défenses de l'autorité. Jugé, à cet égard, que celui qui a été cause de l'introduction d'une épizootie dans une commune est responsable, non seulement de la perte des bestiaux atteints de la maladie, soit qu'ils y aient succombé, soit qu'ils aient été abattus par ordre de l'autorité administrative, mais encore de la perte des bestiaux non atteints que l'autorité administrative a dû faire abattre par mesure de précaution sanitaire, et qu'il doit en conséquence à l'État le remboursement des indemnités payées par celui-ci aux propriétaires des animaux abattus, en vertu de la loi du 30 juin 1866 (Amiens, 4 janv. 1873, aff. Jouy, D. P. 77. 5. 387). La responsabilité civile du propriétaire, détenteur ou gardien, à raison du préjudice causé par l'inobservation des prescriptions de l'autorité en cette matière, est d'ailleurs indépendante de la qualification du fait comme délit prévu par les art. 3 et 31 de la loi du 21 juill. 1881, laquelle peut faire défaut à raison de la bonne foi et de l'absence de tout signe de maladie (Caen, 27 déc. 1874, aff. Anger et autres, D. P. 73. 2. 43 ; Comp. infra, v° Salubrité publique).

938. Sur la responsabilité des pâtres communaux et particuliers, et des propriétaires d'animaux trouvés en délit de pâturage (V. suprà, v^is Droit rural, n°s 92 et 93 ; Régime forestier, n°s 292 et suiv., 522 et suiv. et Rép. v° Forêts, n°s 712 et suiv.).

939. Sur la responsabilité des accidents causés par le taureau d'un troupeau communal, V. Rép. n° 745.

940. Sur le droit de saisie et de mise en fourrière accordée par la loi du 4 avr. 1889 aux propriétaires sur les terres desquelles des animaux sont laissés à l'abandon, V. suprà, v° Droit rural, n°s 137 et suiv.

941. Sur les dommages causés par les volailles aux propriétés d'autrui, sur la responsabilité de leur propriétaire, et le droit de destruction qui appartient à la partie lésée, V. suprà, v° Droit rural, n°s 126 et suiv.

942. Sur la qualification de contravention appliquée à certains faits commis par les animaux, V. suprà, v° Contravention, n°s 152 et suiv., 287 et suiv.

943. — VII. Dommages causés par les animaux sauvages. — Les animaux sauvages devenus l'objet d'une appropriation particulière donnent lieu, pour les dommages qu'ils causent, à l'application de l'art. 1385, comme les animaux domestiques. On appliquera donc cet article au propriétaire d'une ménagerie, d'un colombier, d'un rucher, d'une garenne ouverte ou fermée ou d'un parc pour les dommages causés par ses bêtes féroces, ses pigeons, ses abeilles, ses lapins, ou le gibier quel qu'il soit, renfermé dans son parc (Rép. n°s 733, 734, 736 ; Aubry et Rau, t. 4, § 448, notes 1 à 5). Cette matière a été traitée par plusieurs, v° Chasse, n°s 795 et suiv., et v° Droit rural, n°s 115 à 120 ; pour les abeilles, suprà, v° Droit rural, n° 110 ; pour les lapins de garenne, suprà, v° Chasse, n°s 1346, 1347 et v° Droit rural, n° 121. — Jugé encore en ce qui concerne cette dernière catégorie d'animaux que le propriétaire d'une garenne est responsable des dommages causés par les lapins de cette garenne, sans qu'il soit besoin d'articuler contre lui aucune faute, imprudence ou négligence (Req. 29 oct. 1889, aff. De la Rochefoucault, D. P. 90. 1. 432).

944. Quant au gibier à l'état libre, lapins, sangliers, etc., il peut engager la responsabilité du propriétaire ou fermier des terres et des bois où il séjourne, non par application de l'art. 1385, qui suppose un droit de propriété ou d'usage exercé sur l'animal, lequel ici est res nullius, mais seulement par application des art. 1382 et 1383, c'est-à-dire sur la preuve d'une faute personnelle de ce propriétaire ou fermier ayant causé le dommage. Cette matière, traitée au Rép.

---

(1) (Lesaint C. Gobé). — La cour ; — Considérant que, s'il paraît établi par les documents du procès et notamment par l'enquête à laquelle il a été procédé en exécution de l'arrêt interlocutoire du 27 déc. 1876, que la mort de la jument de Lesaint a été le résultat d'une erreur de lieu commise par l'étalon de Gobé, lors de la saillie du 28 mars 1874, il n'est pas démontré que cette erreur ait eu pour cause une faute quelconque, soit de Gobé, soit du domestique qu'il avait préposé à la saillie ; — Que Lesaint ne peut, dès lors, invoquer contre Gobé les art. 1382, 1383 et 1384 c. civ. ; — Considérant, d'autre part, que l'art. 1385 du même code, qui prévoit le dommage causé par un animal, sans que celui qui le subit ait rien fait pour s'y exposer, est inapplicable dans la cause, où le dommage causé par l'étalon de Gobé s'est produit à l'occasion et au cours de l'exécution d'une opération demandée par Lesaint lui-même ; — Qu'il est d'ailleurs constant, d'après l'enquête et la contre-enquête, que l'issue fâcheuse de cette opération a été due non au fait de Gobé ou de son domestique, mais à l'ardeur extrême de l'étalon qui l'a conduit instantanément à se tromper de voie, sans que le domestique de Gobé ait eu le temps, ni le moyen de l'empêcher, c'est à Lesaint à supporter les conséquences d'un événement de force majeure que Gobé n'a jamais pu avoir l'intention de prendre à sa charge ; — Infirme ; — Déboute Lesaint de sa demande principale contre Gobé, et le condamne aux dépens. — Du 24 janv. 1878.-C. d'Angers, ch. réun.-MM. Jac, 1er pr.-Leury, 1er av. gén. c. conf.-Lechartier (du barreau de Rennes) et Guitton aîné (du barreau d'Angers), av.

n⁰ˢ 737 à 741, a reçu tous les développements qu'elle comporte *suprà*, v⁰ *Chasse*, n⁰ˢ 1348 à 1445.

Des arrêts plus récents ont décidé : 1⁰ que le propriétaire d'un bois est responsable des dommages causés par les lapins qui s'y trouvent, non seulement s'il a favorisé leur multiplication, soit en faisant garder sévèrement sa chasse, soit en faisant établir pour les lapins des abris permanents ou à faible distance des terres ensemencées (Trib. Bernay, 8 déc. 1886, aff. d'Heudières, D. P. 88. 1. 348; Civ. rej. 28 nov. 1891, aff. Aubert, D. P. 92. 1. 188), mais encore s'il n'a pas employé pour leur destruction des moyens suffisants (Req. 19 janv. 1886, aff. Bonnel de Longchamps, D. P. 87. 5. 389; 21 oct. 1889, aff. Durand, D. P. 90. 5. 429; 29 oct. 1889, aff. De la Rochefoucault, D. P. 90. 1. 432; 16 févr. 1891, aff. De Vuillefroy-Cassini, D. P. 91. 5. 462; Civ. cass. 7 janv. 1891, aff. Moncuit, D. P. 91. 1. 452. Comp. *suprà*, v⁰ *Chasse*, n⁰ˢ 1358 et suiv.); — 2⁰ Qu'au contraire, le propriétaire d'un bois où se trouvent des lapins, qui a fait tout ce qui dépendait de lui pour détruire ces animaux et qui, par exemple, indépendamment de chasses et de battues répétées, a fait défoncer les terriers dans les limites du possible et a autorisé le riverain qui se plaint du dommage causé à ses récoltes à se livrer par tous les moyens permis par la loi à la destruction des lapins, n'est pas responsable de ce dommage (Req. 16 janv. 1889, aff. J. Leroy, D. P. 89. 5. 405. Comp. *suprà*, v⁰ *Chasse*, n⁰ˢ 1371 et suiv.); — 3⁰ Que la responsabilité en cette matière peut être atténuée, au point de vue du chiffre des dommages-intérêts, par l'imprudence et la négligence dont le propriétaire lésé a fait preuve, notamment en semant du trèfle rouge dans la partie de ses terres la plus voisine du bois, qu'il savait très giboyeux, et en conservant ce trèfle longtemps après sa maturité (Civ. rej. 28 mars 1888, aff. d'Heudières, D. P. 88. 1. 348. Comp. *suprà*, v⁰ *Chasse*, n⁰ˢ 1393 et suiv.); — 4⁰ Que la clause du bail d'un droit de chasse qui impose au locataire l'obligation d'indemniser le bailleur des dégâts causés par les lapins dans les bois affermés, ne doit pas être entendue en ce sens que tout dommage, si minime qu'il soit, donnera lieu à réparation de la part du locataire; mais qu'une partie du dommage doit équitablement demeurer à la charge du bailleur comme conséquence du contrat dont il tire profit; qu'en tout cas, l'indemnité due en vertu de son contrat par le locataire d'un droit de chasse au propriétaire bailleur pour les dégâts causés par les lapins, doit être diminuée dans une certaine mesure, lorsque le propriétaire, par des coupes anticipées de son bois, a lui-même aidé à l'augmentation du gibier; que la destruction des lapins, pour être suffisante, exigeait de la part du locataire des mesures que son bail ne l'autorisait pas à prendre; enfin que les rigueurs exceptionnelles de la saison ont été la cause principale de l'augmentation des dommages causés par le gibier (Paris, 16 mai 1893, aff. Velay, D. P. 93. 2. 335. Comp. *suprà*, v⁰ *Chasse*, n⁰ 1420. — Sur la responsabilité du propriétaire qui s'est réservé le droit de chasse vis-à-vis de son fermier, V. *Rép.* n⁰ 741 et *suprà*, v⁰ *Chasse*, n⁰ 1405); — 5⁰ Que les juges du fond sont souverains pour décider si les moyens employés par le propriétaire d'une forêt pour la destruction des animaux nuisibles ont ou non un caractère suffisant, et, par suite, si ce propriétaire doit ou non être déclaré responsable des dégâts commis sur les propriétés voisines (Req. 6 mars 1893, aff. Ollivrié, D. P. 93. 1. 416); — 6⁰ Qu'une mise en demeure n'est pas nécessaire pour imposer au propriétaire l'emploi de ces moyens; mais qu'il suffit par exemple qu'il ait été, dans la personne de son garde principal, prévenu en temps opportun des dégâts causés aux récoltes des riverains par des sangliers sortis de sa forêt (Même arrêt. Comp. *suprà*, v⁰ *Chasse*, n⁰ 1356).

945. En ce qui concerne les sangliers, il a été jugé que le propriétaire d'une forêt ou le locataire d'une chasse est responsable des dommages causés aux récoltes voisines par des sangliers qui se trouvent dans la forêt ou dans les bois loués, alors qu'il est constaté par les juges du fond que, loin d'employer tous les moyens en son pouvoir pour empêcher la multiplication de ces animaux, il les a chassés le plus souvent à courre et s'est opposé à la destruction des laies (Req. 20 nov. 1888, aff. De Lareinty, D. P. 89. 5. 404); mais que la chasse à courre est cependant un moyen suffi-

sant pour la destruction des sangliers, alors que dans cette chasse, les laies sont poursuivies comme les mâles, et qu'on tire la bête poursuivie à la carabine plutôt que de la laisser échapper (Trib. civ. Vitré, 25 févr. 1891, aff. Ollivrié, D. P. 93. 1. 416. Comp. *suprà*, v⁰ *Chasse*, n⁰ 1378 et suiv.).

946. Il a été jugé que l'adjudicataire du droit de chasse dans une forêt domaniale est responsable des dégâts causés aux propriétés riveraines par les sangliers qui y sont retraités, lorsqu'il n'a pas employé tous les moyens en son pouvoir pour empêcher leur multiplication, spécialement s'il n'a fait que des chasses insuffisantes et n'a ni obtempéré aux injonctions du conservateur des forêts de détruire un certain nombre de ces animaux, ni concouru aux battues ordonnées par le préfet; et que les propriétaires riverains ont qualité pour se prévaloir des infractions à ces injonctions, parce que les dispositions du cahier des charges pour l'adjudication du droit de chasse dans les forêts de l'État, destinées à assurer la destruction des animaux nuisibles, y sont insérées tant dans l'intérêt de la conservation des forêts qu'en vue de préserver de tout dommage les propriétés particulières (Req. 8 juill. 1890, aff. Richard Wallace, D. P. 91. 1. 452. Comp. *suprà*, v⁰ *Chasse*, n⁰ˢ 1416 et suiv.).

947. Sur la responsabilité des chasseurs pour le fait des animaux sauvages qu'ils poursuivent dans l'exercice légitime du droit de chasse, V. *Rép.* n⁰ 742, et *suprà*, v⁰ *Chasse*, n⁰ 1321.

SECT. 2. — RESPONSABILITÉ A RAISON DES CHOSES INANIMÉES.
(*Rép.* n⁰ˢ 749 à 770.)

948. — I. CAUSES DU DOMMAGE. — QUESTIONS DE PREUVE. — La responsabilité à raison des choses inanimées qu'on a sous sa garde repose sur une disposition générale de l'art. 1384, et sur la disposition plus précise de l'art. 1386. La première, quelle que soit la chose, exige qu'on l'ait sous sa garde. La seconde, visant l'hypothèse d'un bâtiment, exige que sa ruine soit arrivée par une suite du défaut d'entretien ou par le vice de sa construction.

Le demandeur a donc à prouver l'une de ces deux causes d'écroulement, s'il veut voir s'appliquer cette responsabilité de plein droit. En dehors d'elles, il devrait prouver une cause imputable au propriétaire lui-même, ou se voir débouter de sa demande, comme il le serait si la cause intrinsèque de l'écroulement était un cas de force majeure tel qu'ouragan, action de la foudre, inondation, tremblement de terre, ou bombardement, l'édifice étant d'ailleurs construit suivant les règles de l'art et entretenu normalement (Toulouse, 25 mai 1892, aff. Morléra, D. P. 93. 2. 14; Larombière, t. 5, art. 1386, n⁰ 4). L'écroulement par force majeure lui laisserait seulement la ressource de prouver une faute antérieure du propriétaire sans laquelle le cas de force majeure n'aurait pu produire l'écroulement, ou l'aurait produit sans dommage pour les tiers. Jugé notamment que le propriétaire d'une cheminée qui a été renversée par la foudre répond des dommages que cet accident a causés à la propriété d'un voisin située à proximité, alors que la cheminée, haute de plus de trente mètres et entourée de cercles en fer, de nature à attirer la foudre, n'avait pas été surmontée d'un paratonnerre, surtout si le propriétaire pouvait, sans inconvénient pour ses intérêts, construire la cheminée à un endroit où sa chute n'aurait occasionné aux tiers aucun dommage (Civ. rej. 1er févr. 1893, aff. Société des ateliers de Fécamp, D. P. 93. 1. 181).

949. Mais la preuve étant faite du défaut d'entretien ou du vice de construction comme cause du dommage, il y a présomption légale contre le propriétaire, en ce sens qu'il n'est pas nécessaire de prouver que ce défaut ou ce vice est imputable à sa faute, qu'il en est l'auteur, a été connu de lui, ou que ce défaut d'entretien s'est continué depuis son acquisition. Il en est de plein droit responsable. Par application de ce principe, a été cassé (Civ. cass. 19 avr. 1887, aff. Veuve Lejon, D. P. 88. 1. 27) un arrêt de Douai, du 9 juill. 1884 (*Ibid.*), rejetant une demande d'expertise afin de prouver que la chute de débris de pans de murs ou de toiture, qui avait tué un ouvrier, était due à la mauvaise construction du volant de l'usine, par ce motif erroné qu'en-

supposant l'accident dû à cette cause, il faudrait établir en outre que le vice de construction provenait de la faute de la compagnie. L'art. 1386 exige bien la preuve d'une des causes qu'il indique, mais non la preuve que cette cause est due à une faute du propriétaire.

950. Cette disposition produit même, dans les conditions qu'elle indique, plus qu'une présomption légale ; car le vice ou le défaut d'entretien étant prouvé être la cause du dommage, le propriétaire ne peut s'exonérer de la responsabilité en établissant sa bonne foi au sujet de ce vice ou de ce défaut d'entretien antérieur à son acquisition et l'absence de toute négligence ou imprudence personnelle de sa part, enfin, un fait quelconque de force majeure, extrinsèque à l'écroulement, et l'ayant empêché de le prévenir (Civ. cass. 19 avr. 1887, aff. Veuve Lejon, D. P. 88. 1. 27 ; Rouen, 19 juill. 1872, aff. Pineau, D. P. 73. 5. 403 ; Toulouse, 25 mai 1892, aff. Morléra, D. P. 93. 2. 14) ; ... sauf son recours contre son vendeur ou contre le constructeur, s'il découle des principes qui régissent la vente ou le louage d'ouvrage, ou la faute du véritable auteur de la faute qui a causé l'écroulement (Mêmes arrêts).

951. A plus forte raison ne pourrait-il échapper à la responsabilité en alléguant que l'état ruineux ou l'installation dangereuse du bâtiment existait déjà au su du voisin lorsqu'il a acquis, soit d'un tiers, soit de lui-même ou de son auteur, la propriété aujourd'hui endommagée par sa ruine (Civ. rej. 1er févr. 1893, aff. Société des ateliers de Fécamp, D. P. 93. 1. 181). Un tel fait ne peut valoir renonciation aux dommages-intérêts éventuels, si tant est qu'on puisse renoncer à une action de ce genre avant qu'elle soit ouverte ; et l'on peut aussi bien y voir l'engagement tacite du vendeur de prendre les mesures nécessaires pour mettre fin au danger.

952. — II. Personnes responsables. — Le propriétaire du bâtiment qui a causé le dommage n'est responsable que s'il a ce bâtiment sous sa garde, et s'il n'est pas déchargé de son entretien sur une autre personne. C'est ce que l'on doit admettre, pour respecter l'art. 1384 dans sa lettre même, et l'art. 1386 dans son esprit. Par exemple, la commune propriétaire d'un monument qui s'écroule par suite de vétusté et qui cause des accidents doit être mise hors de cause si, ce monument étant classé comme monument historique, il appartenait à une autre autorité que l'autorité municipale d'ordonner les travaux, de surveiller l'exécution des travaux et de choisir les architectes et entrepreneurs (Dijon, 21 janv. 1869, aff. Laisné, D. P. 74. 5. 430).

953. Par application de ce principe, le propriétaire n'est pas responsable de la ruine du bâtiment, lorsqu'il s'agit d'un bâtiment non terminé, encore livré aux ouvriers, encore placé sous la surveillance exclusive de l'architecte et de l'entrepreneur (Lyon, 20 janv. 1863, aff. Veuve Simonnet, D. P. 63. 2. 199). C'est alors à ceux-ci que la responsabilité incombe (Dijon, 21 janv. 1869, aff. Laisné, D. P. 74. 5. 431) ; et on a vu que cette surveillance exclusive qui leur a été remise, empêche leur faute de rejaillir sur le propriétaire comme celle d'un préposé sur le commettant (Arrêt de Lyon, 20 janv. 1863, précité ; Laurent, t. 20, n° 643 ; Demolombe, Traité des contrats, t. 8, n° 660 ; Aubry et Rau, t. 4, § 448, note 16). Mais il en est autrement si le propriétaire a gardé la direction des travaux ou leur surveillance, ou si le dommage a une cause étrangère à l'exécution de ces travaux, ou s'il provient de quelque faute prouvée à la charge soit du propriétaire soit de ses préposés dans le choix d'entrepreneurs incapables ou dans certaines mesures de précaution à sa charge personnelle (Larombière, t. 5, art. 1386, n° 5 ; Sourdat, n° 1453 bis).

Il doit en être de même pendant une reconstruction (Demolombe, loc. cit. ; Aubry et Rau, loc. cit.), ou même, dirons-nous, pendant des réparations, sous les réserves que l'on vient d'exprimer et qui trouveront à s'appliquer plus fréquemment dans ce dernier cas.

954. Mais après l'achèvement de l'édifice, la responsabilité encourue de plein droit par le propriétaire de bonne foi, et son recours contre le constructeur ou vendeur fondé sur un contrat de louage ou de vente, excluraient-ils la responsabilité directe de ce dernier envers les victimes comme auteur prouvé de la ruine de l'édifice ? Cette question, en ce qui concerne le vendeur d'un terrain excavé par lui, a

été discutée au Rép., n° 760. On y a critiqué un arrêt qui avait admis la responsabilité directe de ce vendeur. Si cette solution soulève quelques objections pratiques, il est difficile d'y échapper en droit, et la cour de cassation l'a encore admise pour une explosion de machine due en partie à la faute du propriétaire et du constructeur. Elle a décidé (Req. 17 juill. 1872, aff. Gellerat et comp., D. P. 73. 1. 205), qu'étant prouvé à la fois un vice de conception dans l'invention de la machine par le propriétaire et un vice de construction imputable au constructeur, l'arrêt a pu : 1° condamner l'un et l'autre solidairement envers les victimes de l'explosion ; 2° déterminer les parts contributoires à la charge de l'un et de l'autre ; 3° enfin rejeter la demande de dommages-intérêts formée par le premier contre le second, le premier n'étant pas un acheteur et ne pouvant d'ailleurs, puisqu'il était l'inventeur, considérer à son égard les vices de conception ou de plan de la machine comme des vices cachés dont le second lui devrait garantie.

955. L'art. 1386 peut-il être invoqué contre le nu-propriétaire ? ou doit-il l'être contre l'usufruitier à l'exclusion du nu-propriétaire ? On est d'accord pour admettre la responsabilité du propriétaire, sauf son recours contre l'usufruitier s'il a contribué à la ruine en négligeant d'entretenir le bâtiment ou d'avertir de l'état ruineux où il se trouvait, ou en refusant de laisser faire les réparations nécessaires (Aubry et Rau, t. 4, § 448, note 15 ; Demolombe, t. 8, n° 658 ; Laurent, t. 20, n° 640 ; Rép. n° 756). Mais quelques-uns de ces auteurs (Aubry et Rau, Demolombe) semblent ne voir dans cette faute de l'usufruitier que la source d'un recours du propriétaire responsable. Au contraire, suivant l'opinion émise au Rép., n° 756, il y a lieu de déclarer, dans ces divers cas, l'usufruitier responsable directement envers les tiers lésés ; sans préjudice d'obligations encore plus étendues si ses victimes sont ses locataires.

956. La solution admise au Rép., n°s 244 et 753, et d'après laquelle les copropriétaires de l'édifice écroulé ne sont responsables que divisément et non pas solidairement (V. en ce sens, Sourdat, t. 2, n° 1461 ; Marcadé, art. 1386, n° 2 ; Frémy-Ligneville et Perriquet, Traité de la législation des bâtiments, 3e édit., t. 2, n° 856), a été repoussée par quelques auteurs (Demolombe, t. 8, n° 661 ; Larombière, t. 5, art. 1386, n° 7) et par un arrêt de la cour de Toulouse du 25 mai 1892 (aff. Morléra, D. P. 93. 2. 14).

957. — III. Choses donnant lieu a l'application de l'art. 1386. — Il faut, dans l'application de l'art. 1386, assimiler aux bâtiments les machines et autres choses qui en dépendent par incorporation. Le texte les vise, puisqu'elles font partie intégrante du bâtiment. Ainsi la responsabilité de plein droit qu'impose au propriétaire la ruine de son bâtiment par vice de construction dû ou non à sa faute, s'étend au vice de construction du volant de l'usine, vice par suite duquel ce volant s'est brisé et, dans la projection de ses débris, a renversé des parties de l'édifice (Civ. cass. 19 avr. 1887, aff. Veuve Lejon, D. P. 88. 1. 27).

958. Mais l'incorporation au bâtiment ne nous paraît pas nécessaire pour rendre l'art. 1386 applicable aux bris ou explosions de machines. La disposition de l'art. 1384 s'applique, en général, à toute chose qu'on a sous sa garde ; et on peut considérer l'art. 1386, lorsqu'il parle de la ruine d'un bâtiment, comme prenant l'exemple le plus usuel, pour préciser les conditions de cette responsabilité. Ces conditions d'ailleurs, comprenant la preuve du défaut d'entretien ou du vice de construction, ne s'écartent du droit commun que par la dispense de prouver en outre l'imputabilité de ce défaut au propriétaire, ou d'aller rechercher le constructeur si le propriétaire prouvait sa bonne foi. Mais l'utilité de cette dispense est aussi manifeste en cas de machine qu'en cas de bâtiment.

Un auteur a même prétendu, en isolant ici l'art. 1384 de l'art. 1386, dispenser le demandeur de prouver, soit le défaut d'entretien, soit le vice de construction. « Cette interprétation, ajoute-t-il, est en harmonie avec l'équité et avec les faits. Les accidents causés par les machines sont journaliers, ils ne peuvent guère provenir que de l'imperfection de la machine ou d'une négligence de l'ouvrier... Il est vrai que l'imperfection de la machine peut venir de l'imperfection de la science, laquelle n'est pas imputable au propriétaire ; mais alors... n'est-il pas juste que le propriétaire de

la machine supporte le dommage plutôt que celui qui en est la victime? » (Laurent, t. 20, n° 639). Nous ne saurions nous rallier à cette dernière opinion et traiter le propriétaire plus sévèrement pour une machine que pour un bâtiment. La disposition de l'art. 1384, qui permet de généraliser quant à l'objet, est inséparable de l'art. 1386, qui oblige à préciser quant aux conditions. Et comme la solution doit être générale, et par exemple s'appliquer à la chute des arbres, il faut se dégager des considérations pratiques spéciales aux accidents de machines. On peut admettre seulement qu'il sera loisible au juge d'en tenir compte dans l'appréciation des moyens de preuve apportés par le demandeur; il pourra tirer du fait même de l'explosion des probabilités suffisantes pour le rattacher à un vice dans la construction, l'entretien ou la direction de la machine. Mais l'un de ces points doit être acquis au débat.

959. La cour de cassation (Req. 19 juill. 1870, aff. Dame Painvin, D. P. 70. 1. 361) a consacré la nécessité d'une preuve quant à la cause de l'explosion. Mais elle l'a fait dans les termes du droit commun en visant les art. 1382 et 1383, sans rattacher la solution, comme nous l'avons fait, à l'art. 1386 qui allège, d'une façon peu appréciable, il est vrai, le fardeau de la preuve pour le demandeur. On ne voit pas davantage intervenir l'art. 1386 dans un autre arrêt (Req. 17 juill. 1892, aff. Gellerat et comp., D. P. 73. 1. 205), qui admet la condamnation solidaire du propriétaire et du constructeur sur la preuve d'une faute du premier dans la conception et le plan de la machine dont il était l'inventeur, et d'une faute du second dans sa construction.

960. Le propriétaire d'une machine, d'une locomobile, par exemple, peut en avoir loué l'usage à un tiers. Ce tiers, ayant alors la chose sous sa garde, ayant à l'entretenir, et à vérifier les causes de danger qu'elle présente, devrait encourir la responsabilité en vertu des art. 1384 et 1386, devant la preuve du vice de construction, ou du défaut d'entretien, ou d'une faute dans la direction Mais le vice de construction, ou le défaut d'entretien antérieur à la location, devrait, semble-t-il, engager aussi la responsabilité du propriétaire locateur, non seulement envers le locataire, mais aussi envers les victimes. Il serait même responsable, à l'exclusion du locataire, soit pour vice de construction ou d'installation, soit pour défaut d'entretien, même postérieur à la location, soit pour faute de direction, s'il a conservé la direction et la surveillance de la machine pendant cette location; il en est ainsi, soit d'après les art. 1384 et 1386, le propriétaire ayant seul la chose sous sa garde, soit d'après les art. 1382 et 1383, les circonstances faisant ressortir exclusivement une faute du propriétaire. Jugé notamment que le propriétaire d'une locomobile, qui en a loué l'usage et en a conservé la direction et la surveillance, est responsable de l'incendie causé par sa machine, alors qu'il a négligé de la munir d'appareils de sûreté et qu'il n'a tenu aucun compte des observations à lui faites sur le danger que présentait l'installation de l'appareil (Req. 6 févr. 1878, aff. Philippaz, D. P. 79. 1. 125).

961. Grâce à la disposition de l'art. 1384 visant en général les choses qu'on a sous sa garde. on peut, comme on l'a fait au Rép., n° 758, et comme le fait Larombière (art. 1386, n° 10), appliquer à la chute d'un arbre ce qui est dit par l'art. 1386 de la ruine d'un bâtiment, mais en exigeant *mutatis mutandis* les mêmes conditions, c'est-à-dire la preuve que cette chute est due au défaut d'entretien ou au vice propre, notamment à la pourriture du tronc, que ce vice, d'ailleurs, soit occulte ou apparent, connu ou ignoré du propriétaire (Paris, 20 août 1877) (1). Le fait de l'homme auquel est due la plantation et par suite l'accroissement de l'arbre, la culture et les soins dont il est susceptible, empêchent de l'assimiler sous ce rapport aux rochers et autres parties du sol dont l'éboulement, par suite de causes purement naturelles, est un cas de force majeure non imputable au propriétaire (V. *infrà*, n° 963).

962. Aux bâtiments devraient être assimilés encore les plantations de mâts ou de poteaux. La chute de poteaux télégraphiques obligerait l'Administration qui en est propriétaire à indemniser les tiers lésés, si elle était due au défaut d'entretien ou à un vice d'installation de ces poteaux. C'est à défaut de cette preuve, et parce que la violence du vent avait seule causé l'accident, que l'État a été déchargé dans un cas de ce genre (Cons. d'État, 10 mars 1876, aff. Leborgne, D. P. 76. 3. 75).

963. Quant aux rochers et autres parties du sol s'élevant à pic, d'une façon menaçante pour les propriétés ou les personnes situées ou passant au-dessous, leur chute ne saurait donner lieu à l'application de l'art. 1386, c'est-à-dire à une responsabilité de plein droit fondée sur le défaut d'entretien ou le vice propre. L'idée d'entretien, comme celle de construction, suppose un ouvrage de l'homme. La loi n'a pu imposer sous ce nom aux propriétaires une modification des reliefs naturels du sol, ou une lutte contre leurs conséquences. Elle laisse les fonds supérieurs et inférieurs asservis aux inconvénients et dangers qui en résultent pour les uns ou les autres; et il doit en être de l'éboulement des terres ou des roches comme de l'écoulement des eaux quand le propriétaire d'en haut n'a pas contribué à le provoquer. L'art. 1386 et sa théorie spéciale font place ici à l'art. 1382 et au droit commun. Qu'un fait soit prouvé comme ayant contribué à un éboulement ou à un affaissement du terrain, qu'il consiste en excavations ou en accumulations imprudentes : cette faute de l'homme, cet abus du droit de propriété envers le voisin, l'oblige à réparer le préjudice qui en est résulté (Liège, 18 juill. 1883, aff. Thonet, D. P. 85. 2. 79; V. aussi *suprà*, n° 60). Mais que des rochers se délitent et que leur éboulement se produise par le seul effet de la nature du terrain et des variations atmosphériques, sans qu'il y ait eu de la part du propriétaire aucun travail capable d'aggraver le péril, les tiers qui se sont eux-mêmes exposés à ce péril ne sauraient le rendre res-

<hr/>

(1) (Harty C. Ville de Châlons-sur-Marne.) — La cour; — Considérant que la responsabilité établie par l'art. 1386 c. civ. est attachée à la propriété comme sanction de la négligence et de l'incurie du propriétaire, lorsqu'il en est résulté un dommage pour les tiers; — Que s'il est responsable du dommage causé par la ruine de son bâtiment lorsqu'elle est arrivée par une suite du défaut d'entretien ou par le vice de sa construction, il doit, par application du même principe, être responsable du dommage causé au tiers par la chute d'un arbre qui lui appartient, lorsqu'elle est le résultat de la vétusté et du vice propre du tronc; — Qu'il est, en effet, réputé en faute pour ne pas avoir eu la précaution d'en vérifier le mauvais état et de l'abattre; — Que, dans ce cas, il importe peu que le vice de l'arbre, comme le vice de la construction, soit occulte ou apparent; que son existence constatée suffit pour fonder la responsabilité du propriétaire, qui ne saurait en être exonéré qu'en cas d'accident purement fortuit ou de force majeure dont personne ne répond; — Qu'il serait contraire aux règles du droit et de l'équité que celui qui a éprouvé le dommage, sans aucune faute qui lui soit imputable, ne fût pas indemnisé par le propriétaire qui, en ayant le moyen, avait le devoir de prévenir l'accident; — Considérant que dans la matinée du 29 nov. 1874, Harty travaillait à la construction d'un bâtiment, faubourg Saint-Jean, à Châlons, lorsque l'un des arbres bordant le boulevard de la ville a été renversé, l'a atteint et lui a brisé la cuisse; — Qu'outre un long état de maladie, il en est résulté un raccourcissement de la jambe

qui l'empêche d'exercer dans les mêmes conditions qu'auparavant son métier de maçon; — Considérant qu'à l'endroit où l'arbre s'est rompu, environ à 3 mèt. 50 du sol, le tronc, suivant les déclarations de quelques témoins, était pourri aux trois quarts ou presque entièrement pourri; — Que l'agent voyer de la ville, sans en contester le mauvais état, se borne à déclarer qu'il n'était pas aussi mauvais qu'on avait bien voulu le dire; — Qu'il demeure ainsi constant que l'arbre était atteint de vétusté et d'un vice qui en a déterminé la chute; — Que s'il est vrai qu'au moment où il a été renversé, le vent soufflait avec une grande violence, il est vrai aussi que s'il eût été sain et sans pourriture intérieure, il eût résisté comme les autres arbres de la même rangée; — Qu'il importe peu qu'il ne fût pas encore pourri, qu'il eût même conservé les apparences d'une vigoureuse végétation, que son mauvais état ne se fût point suffisamment révélé par des signes extérieurs, ou n'eût pas été dénoncé par les voisins à l'autorité municipale; — Qu'aucune de ces circonstances n'est de nature à exonérer la ville de la responsabilité qui lui incombe, du moment qu'il est établi que la chute de son arbre doit être attribuée, non à la force majeure, mais au vice dont il était atteint; — Que la faute qui sert de fondement à cette responsabilité est d'autant moins contestable, que la publicité du lieu où l'arbre était planté l'obligeait à veiller avec plus de soin à la sécurité des personnes; — Par ces motifs, infirme, etc.
Du 20 août 1877.-C. de Paris, 1re ch.-MM. Larombière, 1er pr.-Dubois, subst.-Ployer et Lenté, av.

ponsable en vertu de l'art. 1386, sous prétexte que des travaux d'art, tels qu'un mur de soutènement, auraient pu prévenir l'éboulement, et que l'omission de ces travaux constitue de sa part un défaut d'entretien de sa chose (Poitiers, 6 mai 1856, aff. Ribouleau, D. P. 56. 2, 182; Cour supérieure de justice du Luxembourg, 29 avr. 1880) (1). Dans le même sens: Demolombe, *Servitudes*, t. 1, n° 54; Larombière, *Obligations*, t. 5, art. 1386, n° 10.

964. — IV. Des personnes lésées. — L'art. 1386 rend le propriétaire responsable envers tous ceux que la ruine de sa maison a lésés dans l'exercice de leur droit. (*Rép.* n° 755), non pas seulement envers ceux à qui il doit par contrat procurer une jouissance que la chute de sa maison vient troubler, comme les locataires de cette maison ou d'un fonds voisin lui appartenant, mais aussi envers ceux qu'il doit seulement laisser jouir, comme le propriétaire du fonds voisin ou ceux qui ont un droit d'usufruit ou de servitude sur les fonds voisins, lui appartenant ou non. Il y a seulement, en ce qui concerne l'usufruitier du bâtiment lui-même, annulation de cette responsabilité par celle qu'il aurait lui-même à subir envers le propriétaire pour avoir manqué aux charges légales ou contractuelles de son usufruit, soit en négligeant l'entretien, ce qui a causé l'écroulement, soit en négligeant d'avertir le propriétaire de l'état ruineux du bâtiment, soit en refusant de laisser faire les réparations ou reconstructions nécessaires (V. *Rép.*, n° 756, et Demolombe, t. 8, n° 658). C'est à ce titre seulement qu'on peut écarter la responsabilité du propriétaire envers l'usufruitier, au lieu de donner, comme M. Demolombe (t. 8, n° 659), ce motif que le propriétaire est seulement tenu de le laisser jouir, motif insuffisant, puisqu'il en est de même à l'égard des voisins.

965. Celui qui a une servitude de passage sur la partie du fonds qui longe une maison pourrait donc, gêné dans l'exercice de cette servitude par les matériaux de la maison écroulée, obliger le propriétaire à les enlever, si du moins le fait provient du défaut d'entretien ou d'un vice de construction, et non d'un cas de force majeure tel qu'ouragan, tremblement de terre, inondation, etc. Et si la menace de ruine était un trouble actuel à l'exercice de la servitude, il faudrait dans le système admis *infrà*, n° 967, obliger le propriétaire à la faire cesser, sans qu'il puisse objecter qu'une servitude n'oblige à aucun fait le propriétaire du fonds servant; car elle lui interdit tout fait contraire, et le défaut d'entretien ou le vice de construction est un fait de l'homme dont la loi, en présence d'un dommage actuel, fait une source d'obligation pour le propriétaire, même envers d'autres propriétaires qui lui sont absolument étrangers.

Si maintenant la servitude de passage portait sur une chaussée séparée des eaux du bief d'un moulin par un mur de soutènement, la ruine de ce mur par défaut d'entretien ne serait-elle pas logiquement un fait du propriétaire l'obligeant envers le titulaire qu'il empêche d'exercer sa servitude? et de même la menace de cette ruine dans le système admis *infrà*, n° 967? La cour de cassation (Req. 7 déc. 1859, aff. Ville de Clamecy, D. P. 60. 1. 33), a tranché cette question en faveur du propriétaire en considérant que l'action corrosive des eaux du bief, cause de la destruction du mur, était inhérente à la nature de l'héritage assujetti et que l'entretien de ce mur, soit comme partie intégrante de cet héritage, soit comme édifice contigu, ne pouvait être exigé par le maître de la servitude pour la conservation de cette servitude, l'obligation imposée par la loi au propriétaire d'un édifice de réparer le préjudice causé par sa ruine ne pouvant être convertie en obligation de l'entretenir au profit d'autrui. Cet arrêt ne contredit ni la responsabilité envers les tiers lésés dans un simple droit de servitude, ni le système qui accorde l'action pour menace de ruine causant un dommage actuel. (V. la note sous l'arrêt). On peut l'expliquer en le rattachant seulement au système qui refuse l'action pour dommages causés par le seul effet de la disposition des lieux et l'action des éléments naturels (V. *suprà*, n° 963).

966. — V. De la réparation du dommage. — Notre droit ne permet pas au propriétaire, comme le faisait le droit romain d'abandonner les matériaux pour se libérer de la responsabilité (*Rép.* n° 754; Larombière, t. 5, art. 1386, n° 9; Sourdat, n° 1463 et suiv.). Ce dernier auteur relate un arrêt intéressant de la cour d'Amiens du 19 juin 1860, qui refuse d'admettre à la décharge du propriétaire l'abandon depuis plus de trente ans, par les précédents propriétaires, d'une partie de cave dont le défaut d'entretien avait causé l'accident et dont l'existence, dissimulée dès cette époque par un mur, avait été ignorée du propriétaire actuel et de son vendeur.

Sur la fixation des dommages-intérêts, V. *Rép.* n° 752; V. aussi Sourdat, t. 2, n°s 1466 et 1467.

967. Quant à l'action *damni infecti*, par laquelle le droit romain permettait au voisin, menacé par la ruine imminente d'un édifice, de se faire envoyer en possession du bâtiment si le propriétaire ne lui donnait caution de réparer le dommage éventuel, elle n'est admise en ces termes par aucun interprète du droit français (*Rép.* n° 767; 768. *Adde*: Demolombe, *Traité des servitudes*, t. 2, n° 662-2°; Aubry et Rau, t. 4, § 448, note 17; Laurent, t. 20, n° 643; Larombière, *Obligations*, t. 5, art. 1386, n° 8).

---

(1) (Ville de Luxembourg *C.* Grand-duché de Luxembourg.) — La cour; — Attendu que, par l'exploit introductif d'instance devant le tribunal d'arrondissement, en date du 14 mars 1878, l'Etat a demandé aux autres parties en cause la restitution d'une somme de 13 332 fr. 48 cent., que le trésor grand-ducal a dépensée pour des travaux de consolidation des rochers du parc de Mansfeld, travaux jugés nécessaires pour en empêcher l'éboulement, et que l'Etat prétend avoir été à la charge desdites parties défenderesses; — Attendu que cette demande a été accueillie contre la ville de Luxembourg par le jugement du 16 juill. 1879, mais qu'ensuite de l'appel interjeté par cette dernière contre l'Etat, et de la dénonciation de cet appel avec assignation aux autres défendeurs en première instance, les parties se trouvent replacées respectivement dans la position qu'elles ont occupée avant le jugement *a quo*; — Attendu que la demande et les moyens, que les parties ont présentés respectivement à son appui et contre elle à l'audience, soulèvent les questions de savoir: 1° si l'une ou l'autre des parties défenderesses à l'action peut être tenue de la restitution réclamée, à raison de la qualité de propriétaires desdits rochers, 2° si l'une des communes de Luxembourg et d'Eich peut en être tenue comme ayant le pouvoir réglementaire de police au sujet des objets dangereux pour la sécurité publique, ou comme en ayant été dégrevée, ou encore comme ayant profité de la dispense exposée; — Sur le premier point,... Attendu que l'Etat invoque à l'appui de sa demande les dispositions des art. 1384 et 1386 pour en inférer que le propriétaire des rochers de Mansfeld serait responsable des dommages causés par l'éboulement continuel de ces derniers, et aussi tenu de prendre les mesures nécessaires pour en empêcher l'éboulement, et obligé dès lors, à restituer les sommes dépensées dans la vue d'atteindre ce but; — Attendu que ce soutènement n'est pas fondé; que les dispositions citées édictent une responsabilité tout à fait spéciale et qui ne saurait être étendue; que l'art. 1386 ne prévoit que les dommages causés par la ruine des bâtiments

arrivée par des causes déterminées; que l'art. 1384 ne s'occupe que des choses que l'on a sous sa garde; que, dans l'espèce, il ne s'agit pas de bâtiments, ni de constructions à y assimiler, élevés ou faits par la main de l'homme, ni de choses que l'on puisse considérer comme étant sous la garde du propriétaire, c'est-à-dire sur lesquelles on a action et que la volonté de l'homme puisse régir; que dès lors, on ne pourrait pas, sans étendre la loi à des cas qu'elle n'a pas prévus, appliquer à leur propriétaire la responsabilité du propriétaire, à moins que celui-ci n'ait causé ou augmenté le danger des éboulements par son fait, sa faute ou sa négligence, soit par des travaux ayant eu pour conséquence de modifier un état de choses créé par la constitution géologique des terrains, et amené par leur situation et leur nature, soit même par les travaux de culture de sa propriété; — Attendu que le défaut de responsabilité, quant aux éboulements des rochers de Mansfeld, met également le propriétaire de ces derniers à l'abri de toute demande en restitution dirigée contre lui par l'Etat, et basée soit sur le *negotiorum gestio*, soit sur l'action de *in rem verso*, puisque, dans aucun cas, cette partie, en faisant les travaux de la dépense desquels il s'agit, n'aurait géré l'affaire du propriétaire, et qu'il n'est pas établi en cause que ce faisant elle ait apporté un profit à ce dernier; — Attendu que, dans ces circonstances, il serait oiseux de rechercher quel est le propriétaire des rochers de Mansfeld et par conséquent d'examiner l'étendue des actes par lesquels l'auteur des consorts Würth a acquis la propriété au parc de Mansfeld, et de rechercher les effets de la signification contenant la déclaration de l'abandon de la propriété desdits rochers; — Sur le second point; — (sans intérêt).

Par ces motifs; — Reçoit l'appel, et, y statuant, réforme le jugement du 16 juill. 1879, et déclare l'Etat non fondé en son action contre les trois autres parties en cause, etc.

Du 29 avr. 1880.-C. sup. de just. de Luxembourg-MM. Thilger, pr.-Simonis, Demuyser, Simons et Leiffried, av.

Mais la controverse existe encore sur la question de savoir si le voisin, ainsi troublé dans sa sécurité et dans sa jouissance, peut sommer le propriétaire de réparer ou de démolir, et sur son refus se faire autoriser à prendre à ses frais les mesures jugées nécessaires. On a admis au *Rép.*, n°s 768 et 769, l'affirmative, et cité dans ce sens de nombreux auteurs auxquels il faut ajouter : Demolombe, *Servitudes* t. 2, n° 662 ; Laromière, *Obligations*, t. 5, art. 1386, n° 8 ; Berriat-Saint-Prix, *Revue critique*, 1861, p. 210 et suiv. ; Massé et Vergé sur Zachariæ, t. 4, § 629, n° 8. L'opinion contraire de Duranton et de Toullier a été adoptée par Aubry et Rau, t. 4, § 448, note 18, et par Laurent, t. 20, n° 646.

Nous persistons dans l'affirmative, en faisant remarquer que la cause du dommage étant ici dans le fait de l'homme et non dans un état de choses naturel ; il suffit que ce dommage soit considéré par le juge comme certain et actuel pour que son auteur puisse être condamné à le réparer et à le faire cesser, et l'on ne saurait refuser de considérer comme tel le trouble apporté à la jouissance par la contiguïté d'un édifice menaçant ruine. On a vu *suprà*, n°s 61, 67 et suiv., de nombreux abus du droit de propriété ou du droit d'exercer une industrie, qui obligent ainsi à des réparations, par exemple, à cause d'un dommage actuel causé par des menaces d'éboulement (V. notamment Liège, 18 juill. 1883, aff. Thonet, D. P. 85. 2. 79).

968. Sur les dommages causés par des objets jetés ou tombant d'une maison et les contraventions commises à cet égard, V. *Rép.*, n°s 763 à 766, et *suprà*, v° *Contravention*, n°s 102 et suiv. — Sur les dommages causés aux voisins par les établissements industriels fondés avec ou sans autorisation de l'autorité publique, V. *Rép.*, n°s 761 et 762, *suprà*, n°s 66 et suiv. ; et *suprà*, v^ls *Industrie et commerce*, n°s 101 et suiv. ; *Manufactures et ateliers dangereux*, n°s 83 et suiv. — Sur les pouvoirs de police de l'autorité administrative en matière d'édifices menaçant ruine, V. *infrà*, v° *Voirie par terre*, et *Rép.* eod., v°, n°s 1810 et suiv.

CHAP. 5. — De la compétence (*Rép.* n°s 771).

Sect. 1re. — Compétence des tribunaux civils.
(*Rép.* n°s 771 à 776.)

969. L'action en responsabilité fondée sur les art. 1382 et suiv. du code civil est, en principe, de la compétence des tribunaux civils de première instance. Elle peut, à titre exceptionnel, rentrer dans la compétence des juges de paix, quelquefois aussi dans celle des tribunaux de commerce, sans parler ici de la compétence qui peut appartenir aux tribunaux répressifs (V. *infrà*, n°s 978 et suiv.) ou à l'autorité administrative (V. *infrà*, 979 et suiv.).

970. Les actions en dommages-intérêts pour délits ou quasi-délits sont de la compétence du juge de paix en dernier ressort jusqu'à 100 fr., et à charge d'appel jusqu'à 200 fr., suivant le principe qui régit les demandes personnelles mobilières (V. *suprà*, v° *Compétence civile des tribunaux de paix*, n°s 8 et suiv.). — Elles sont encore de sa compétence jusqu'à 100 fr., en dernier ressort, et indéfiniment à charge d'appel lorsqu'elles ont pour cause des dommages aux champs, fruits et récoltes, sans que les droits de propriété ou de servitude soient contestés (V. *suprà*, v° *Compétence civile des tribunaux de paix*, n°s 43 et suiv., et 61, et v° *Chasse*, n° 1428), ou encore des diffamations, injures ou voies de fait (V. *suprà*, v° *Compétence civile des tribunaux de paix*, n°s 75 et suiv.). — Sont aussi de la compétence du juge de paix jusqu'à 100 fr. en dernier ressort, mais jusqu'à 1500 fr. à charge d'appel, les actions des voyageurs ou locataires en garni contre les hôteliers, aubergistes ou logeurs, pour perte ou avarie d'effets déposés dans l'auberge ou dans l'hôtellerie, et contre les voituriers ou bateliers pour retards et pertes ou avaries d'effets accompagnant les voyageurs (V. *suprà*, v° *Compétence civile des tribunaux de paix*, n°s 82 et suiv.), et de même les actions en payement d'indemnités à raison de réquisitions ordonnées par l'autorité militaire ou de dommages causés aux propriétés dans les exercices et manœuvres (V. *suprà*, v° *Compétence civile des tribunaux de paix*, n° 93). — Enfin le juge de paix est compétent, mais toujours à charge d'appel, sur les actions

en dommages-intérêts formées accessoirement à une action possessoire (V. *suprà*, v° *Compétence civile des tribunaux de paix*, n° 94, et v° *Action possessoire*, n°s 157 et suiv.). — Il faut appliquer aux demandes de dommages-intérêts, formées reconventionnellement à une demande principale dont le juge de paix est compétemment saisi, les règles générales exposées *suprà*, v° *Compétence civile des tribunaux de paix*, n°s 130 et suiv.

971. Les tribunaux de commerce ne connaissent d'une action en dommages-intérêts que lorsqu'elle a pour cause un acte de commerce. Autrement ils n'en peuvent connaître, même sous forme de demande en garantie incidente à une demande principale formée devant eux et rentrant dans leur compétence (V. *suprà*, v° *Compétence commerciale*, n° 101, et *Compétence civile des tribunaux d'arrondissement*, n° 96), ou sous forme d'une demande reconventionnelle, à moins qu'un lien indivisible ne la rende inséparable de la demande principale dont ils sont compétemment saisis (V. *suprà*, v° *Compétence commerciale*, n° 100).

La question prévue au *Rép.*, n° 776, de savoir si les tribunaux de commerce sont compétents sur les actions nées de quasi-délits commis par des commerçants à l'occasion de leur commerce a été traitée *suprà*, v^ls *Acte de commerce*, n°s 430 et suiv., et *Compétence commerciale*, n°s 45 et suiv.

972. Le règlement de la compétence au point de vue du lieu, est soumis pour les tribunaux civils aux règles exposées *suprà*, v° *Compétence civile des tribunaux d'arrondissement*, n°s 8 et suiv., et pour les tribunaux de commerce aux règles exposées *suprà*, v° *Compétence commerciale*, n°s 122 et suiv. — On a étudié *suprà*, v° *Compétence civile des tribunaux d'arrondissement*, n°s 93 et suiv., la question de savoir si l'art. 181 c. proc. civ., qui attribue compétence sur la demande incidente en garantie au tribunal saisi de la demande originaire, est applicable à la demande récursoire formée contre l'auteur d'un quasi-délit dont l'effet dommageable a été d'exposer la victime aux poursuites d'un tiers (V. encore sur le cas de demande reconventionnelle incidente ou connexe, *ibid.* n°s 142, 144 et suiv.).

973. Pour la fixation du taux du dernier ressort, il faut appliquer, soit aux tribunaux civils, soit aux tribunaux de commerce, dans les actions en responsabilité, les règles générales exposées *suprà*, v° *Degrés de juridiction*, n°s 11 et suiv., 16 et suiv.

974. Enfin il n'y a rien à ajouter, en ce qui concerne particulièrement les actions en responsabilité, à ce qui a été dit en général sur la prorogation de la compétence des tribunaux, soit de droit commun, soit d'exception, au delà de ses limites légales, soit quant à la matière (V. *suprà*, v° *Compétence civile des tribunaux d'arrondissement*, n°s 137 et suiv., et v° *Compétence civile des tribunaux de paix*, n° 136), soit quant au lieu (V. *suprà*, v° *Compétence civile des tribunaux d'arrondissement*, n° 136), soit quant à la quotité en premier ou en dernier ressort (V. *suprà*, v° *Degrés de juridiction*, n°s 172 et suiv., 175 et suiv., 180 et v° *Compétence civile des tribunaux de paix*, n° 135).

975. La compétence des tribunaux civils de première instance sur les actions en responsabilité contre les conservateurs d'hypothèques, les notaires et les huissiers (*Rép.* n° 775), a été traitée *suprà*, v° *Compétence civile des tribunaux d'arrondissement*, n° 133 et *Rép.* eod. v°, n°s 208, 209, 210. En ce qui touche les notaires, on a examiné *suprà*, n° 473, plusieurs questions délicates que soulève cette compétence et qui mettent en jeu, soit l'interprétation de l'art. 53 de la loi de ventôse, soit les principes généraux de la procédure de la garantie. Jugé aussi que l'action en dommages-intérêts dirigée contre un huissier, à raison d'un fait de son ministère, doit être portée devant le tribunal du lieu de sa résidence, même dans le cas où elle a été formée par voie de garantie et incidemment à une demande principale pendante devant un autre tribunal (Trib. civ. Tours, 21 févr. 1860, aff. Ott, D. P. 61. 3. 63. — *Contrà*, Trib. corr. Melun, 9 janv. 1850, *ibid*, note).

976. Les demandes formées contre les avocats au conseil d'État et à la cour de cassation pour faits de charge ne sont pas de la compétence du tribunal civil, mais de la compétence de la juridiction à laquelle sont attachés ces officiers ministériels (V. *Rép.* v° *Avocat*, n° 530. *Adde*: Trib. civ. Seine, 10 juill. 1866, aff. Dame S..., D. P. 66. 3.

77; Ch. réun. rej., 4 août 1874; aff. Epoux Vincent Giraudon, D. P. 75. 1. 478).

977. Les tribunaux civils sont incompétents pour connaître séparément de l'action civile à raison des délits de diffamation envers les personnes publiques, délits à l'occasion desquels il n'est permis de faire la preuve des faits diffamatoires ; et leur incompétence à cet égard ne peut être levée par le consentement des parties (V. *suprà*, v° *Procédure criminelle*, n° 279).

Sect. 2. — Compétence des tribunaux criminels (*Rép.* n°s 777 à 790).

978. Il n'y a pas lieu de développer ici les divers principes qui régissent les pouvoirs du juge répressif quant à l'action civile née d'une infraction à la loi pénale ; on se bornera, comme on l'a fait au *Répertoire*, à indiquer les autres parties de l'ouvrage où ce développement a été donné.

L'interprétation restrictive à donner à ce pouvoir, l'exception à y apporter soit pour les juridictions exceptionnelles, soit pour la responsabilité civile des ministres dans l'exercice de leurs fonctions, a été étudiée *suprà*, v° *Procédure criminelle*, n°s 277 et suiv. ; v° *Compétence criminelle*, n° 381. V. aussi l'étude faite *suprà*, n°s 421 et suiv. de la responsabilité civile des ministres. — Ce pouvoir, d'ailleurs, pour les tribunaux répressifs ordinaires eux-mêmes, ne saurait dépasser celui des tribunaux civils, et disparaît comme lui quand la réparation civile donne lieu à la compétence de l'autorité administrative (*Rép.* n° 778. V. *infrà*, n°s 979 et suiv. et *suprà*, v° *Compétence administrative*, n°s 172 et suiv.). — Sur l'exception que subit encore ce pouvoir des tribunaux criminels pour les réparations civiles en cas de banqueroute, V. *Rép.* n° 780 et *ibid.* v° *Faillite*, n°s 1332 et suiv. — Sur le caractère facultatif de la voie criminelle pour la partie lésée et le droit qu'elle-a-de-s'en-tenir à la voie civile sans pouvoir être mise en cause devant le juge répressif par le prévenu ou accusé, V. *suprà*, v°s *Procédure criminelle*, n°s 277 et suiv., *Rép.* eod. v°, n° 138, et *Intervention*, n°s 166 et suiv. — Sur la question de savoir si elle peut, ayant opté pour une voie, l'abandonner pour l'autre, V. *supra*, v° *Procédure criminelle*, n°s 282 et suiv. — Sur l'impossibilité pour le juge répressif de statuer sur l'action civile autrement qu'accessoirement à l'action publique, c'est-à-dire après l'extinction de celle-ci, ou sans en être saisi *en même temps*, ou en se déclarant incompétent sur cette action ou en acquittant le prévenu (à moins qu'il ne s'agisse de la cour d'assises acquittant un accusé), ou en s'appuyant sur des faits non compris dans la prévention ou insuffisants pour la constituer (tel qu'un prêt *isolé* lorsqu'il s'agit du délit *d'habitude* d'usure), ou enfin sans statuer par un même jugement, V. *Rép.* n°s 779, 783, 784 et *supra*, v° *Procédure criminelle*, n°s 293 et suiv., v° *Compétence criminelle*, n°s 208, 209 et suiv., 269 et suiv., 340 et suiv., 350, 351. — Sur les cas où l'action publique est et préjudicielle à l'action civile portée devant les tribunaux civils ou réciproquement, V. *Rép.* n°s 785 et 786 et *supra*, v° *Question préjudicielle* et *Rép.* eod. v°, n°s 14 et suiv., 72 et suiv. — La juridiction répressive est compétente pour statuer sur l'action civile contre les personnes civilement responsables des auteurs et complices de l'infraction. On a exposé *supra*, n°s 700 et suiv., les règles de cette compétence en déterminant les conditions d'exercice de cette responsabilité civile, soit devant les tribunaux répressifs, soit devant les tribunaux civils (V. aussi *Rép.*, n°s 787 et suiv., et *supra*, v° *Procédure criminelle*, n°s 229 et suiv.).

Sect. 3. — Compétence administrative (*Rép.* n°s 791 à 800).

979. Les règles concernant la compétence administrative, en tant qu'elles s'appliquent aux actions en responsabilité, ont été déjà étudiées *supra*, v° *Compétence administrative*.

Ainsi on a exposé, *ibid.*, n°s 67 et suiv., 341 et suiv., les règles de compétence relatives aux actions en responsabilité dirigées contre l'Etat et contre les fonctionnaires publics à raison des faits relatifs à leurs fonctions, et les conditions qui permettent à l'autorité judiciaire de les retenir comme fautes personnelles séparables de l'acte administratif. — V. aussi ce qui a été dit *supra*, n°s 344 et 429 et suiv., sur ces conditions de la qualification du fait,

et *supra*, n°s 421 et suiv., sur la responsabilité civile des ministres.

980. Quant aux actions en dommages-intérêts fondées sur la faute d'un agent de l'Etat dans la gestion d'un service public, on a indiqué *supra*, v° *Compétence administrative*, n°s 174 et suiv., le dissentiment qui a séparé la jurisprudence de la cour de cassation de celle du conseil d'Etat jusqu'à ce que le tribunal des conflits l'ait tranché dans le sens de la jurisprudence administrative. D'après cette jurisprudence, l'autorité administrative serait seule compétente toutes les fois que la faute de l'agent dans un service public serait de nature à engager l'Etat, comme civilement responsable, l'autorité judiciaire n'en pouvant connaître que si elle constitue un fait personnel incapable de rejaillir sur l'Etat. Cette jurisprudence s'appuie, non sur le principe, autrefois admis et actuellement abandonné par le tribunal des conflits, que seule l'autorité administrative peut déclarer l'Etat débiteur, mais sur ce que la responsabilité de l'Etat, à l'occasion de ses services publics, doit être appréciée d'après les règles administratives et non d'après les textes du Code civil (V. en ce sens Laferrière, *Traité de la juridiction administrative*, t. 1, p. 176, t. 2, p. 619). M. Sourdat (t. 2, n°s 1336 à 1366) persiste néanmoins à soutenir qu'en principe ces actions appartiennent aux tribunaux, et que l'autorité administrative n'en peut connaître qu'en vertu de dispositions spéciales de la loi, ou quand la décision doit dépendre de l'interprétation et de l'appréciation d'un acte administratif à laquelle s'oppose le principe de la séparation des pouvoirs ; que la simple application à faire de règlements administratifs clairs et précis ne suffit pas pour obliger les tribunaux à se dessaisir (V. *supra*, v° *Compétence administrative*, n° 313. *Adde* : Req. 28 oct. 1891, aff. Laborde, D. P. 93. 1. 486).

Outre les applications déjà citées *supra* (v° *Compétence administrative*, n°s 174 et suiv.), du principe, désormais constant en jurisprudence de l'incompétence de l'autorité judiciaire sur la responsabilité civile de l'Etat, à raison des fautes de service de ses agents, il a été jugé que l'Etat n'est pas justiciable des tribunaux ordinaires : 1° pour la faute d'un agent forestier qui a compris à tort dans une coupe de bois communaux des arbres appartenant à un tiers (Trib. confl. 10 mai 1890, aff. Commune d'Uvernet, D. P. 91. 3. 108), encore bien que la demande se présente sous la forme d'une action en garantie dans une instance introduite contre la commune devant le tribunal civil par l'acquéreur de la coupe (Même arrêt) ; — 2° Pour la faute d'un artilleur qui a causé une blessure pendant un tir au canon à l'occasion d'une fête nationale (Trib. confl. 15 févr. 1890, aff. Veuve Piéri, D. P. 91. 3. 71).

981. Les actions en indemnité formées contre l'Etat à la suite d'accidents causés par des chevaux ou équipages militaires sont aussi réservées par la jurisprudence à l'autorité administrative (Cons. d'Et. 20 août 1847, D. P. 48. 3. 51 ; 1er juin 1861, D. P. 61. 3. 42 ; 7 mai 1862, D. P. 62. 3. 85 ; 22 nov. 1867, D. P. 68. 3. 41 ; Alger, 12 févr. 1877, D. P. 79. 2. 17). Cette jurisprudence est fondée, non sur ce qu'il s'agit d'apprécier la responsabilité de l'Etat du fait de ses préposés, les militaires n'ayant pas à proprement parler, ce caractère, mais sur ce qu'il s'agit de la responsabilité directe que l'Etat encourt à raison des accidents causés par les chevaux et équipages lui appartenant et employés pour lui à un service public (V. sur ce point D. P. 78. 3. 73, note 1). — Mais lorsqu'il s'agit d'une action intentée contre un officier général à raison d'un accident causé par les chevaux qui, aux termes des règlements militaires, sont sa propriété personnelle et dont il a la pleine et entière responsabilité, l'autorité administrative n'est compétente que si la cause du dommage se rattache à l'exécution d'un acte de la fonction, par exemple si, pour obéir à un ordre donné dans une manœuvre militaire, l'officier a dû traverser une propriété privée et y causer des dégâts ; l'autorité administrative est, en ce cas, d'autant plus compétente que la responsabilité ne peut, en définitive, incomber qu'à l'Etat. Si, au contraire, l'accident est survenu en dehors d'un service réglementaire et commandé, l'action en indemnité, qui ne peut atteindre que l'officier, appartient à l'autorité judiciaire. La promenade du cheval par l'ordonnance ou domestique de l'officier ne peut, d'ailleurs, comme celle des chevaux de troupes, être

considérée, à ce point de vue, comme service réglementaire (Trib. confl. 18 févr. 1893, aff. Tubœuf, D. P. 94. 3. 34).— Sur les dommages causés par les troupes dans leurs exercices et manœuvres, et la compétence qui appartient suivant les cas, soit au juge de paix, soit à l'autorité administrative, V. suprà, nᵒˢ 823 et suiv.

982. La compétence de l'autorité judiciaire n'est pas contestée lorsqu'il s'agit de faits se rattachant à la gestion du domaine privé de l'État (V. à cet égard suprà, vᵒ Compétence administrative, nᵒˢ 152, 172, 259) ou de faits attribués à cette autorité par des lois spéciales.

Mais, fidèle aux principes posés par elle, la jurisprudence interprète restrictivement et comme dérogeant au droit commun les lois spéciales qui attribuent compétence à l'autorité judiciaire sur des actions en responsabilité de l'État du fait de ses agents dans un service public. Parmi les lois il faut mentionner : 1º l'art. 22 de la loi du 15 juill. 1845, pour l'exploitation par l'État de ses chemins de fer.

983. 2º Les lois du 4 juin 1859 et du 23 janv. 1873, pour l'action en responsabilité contre l'administration des Postes à raison de valeurs déclarées insérées dans les lettres. Cette attribution en matière de postes a été déclarée applicable aux actions en indemnité pour retard, la loi ne faisant pas de distinction à cet égard (Cons. d'Et. 23 mars 1870, aff. Laurent, D. P. 71. 3. 58).

Mais la loi ne disposant que par rapport aux lettres contenant des valeurs déclarées, le conseil d'Etat et le tribunal des conflits ont jugé que la juridiction administrative est seule compétente sur les contestations relatives à la perte, soit d'une lettre chargée sans déclaration ou recommandée (Cons. d'Et. 6 août 1861, aff. Dekeister, D. P. 62. 3. 4; Trib. confl. 4 juill. 1874, aff. Riuscité, D. P. 75. 3. 68; 18 mars 1876, aff. Bory, Rec. Cons. d'Et. p. 296), soit d'objets d'une nature différente, confiés à la poste, tels qu'une partition de musique (Cons. d'Et. 9 août 1870), aff. Blangini, ibid., p. 1043). — Jugé aussi que, dans le cas où une compagnie de chemin de fer a été condamnée par l'autorité judiciaire à payer une indemnité à un employé des postes, blessé par suite d'un déraillement lors qu'un wagon-poste dans lequel cet employé se trouvait, a entraîné la chute du wagon-poste dans lequel cet employé se trouvait, il appartient à la juridiction administrative de statuer sur le recours en garantie formé par ladite compagnie contre l'administration des Postes, alors que ce recours est fondé sur ce que les dispositions particulières du wagon-poste, réglées exclusivement par ladite Administration, auraient causé ou aggravé les blessures de l'employé dont il s'agit (Cons. d'Et. 13 déc. 1866, aff. Chemin de fer d'Orléans, D. P. 67. 3. 57).

984. 3º La loi des 6-22 août 1791 et la loi du 14 fruct. an 3, art. 10, qui ont attribué à l'autorité judiciaire la connaissance des actions relatives à la perception des droits de douane, et par suite, les actions en dommages-intérêts formées contre l'administration des Douanes accessoirement à une contestation relative à l'impôt. Mais il a été jugé que ces textes ne sont pas applicables aux actions qui ne seraient pas accessoires à une contestation relative à l'impôt, par exemple, à l'action en responsabilité dirigée contre l'État pour un coup de fusil tiré sur un cheval par un préposé des douanes, et qui a causé la mort de ce cheval, et que par suite, une telle action relève de la juridiction administrative (Trib. confl. 31 juill. 1875, aff. Renaux, D. P. 76. 3. 43, et les conclusions de M. le commissaire du Gouvernement David).

985. 4º En matière de contributions indirectes, le décret du 1ᵉʳ germ. an 13, art. 20, qui attribue de même à l'autorité judiciaire, compétence pour condamner une régie en cas de saisie mal fondée. Mais ce texte a reçu aussi une interprétation restrictive; et le tribunal des conflits (29 mai 1875, aff. Ramel, D. P. 76. 3. 43) a attribué à la juridiction administrative le droit de connaître d'une action en responsabilité dirigée contre l'État à l'occasion d'une imprudence reprochée à un préposé de la Régie.

986. Inversement, il faut signaler comme placées par des lois spéciales dans la compétence administrative, les réclamations des particuliers pour torts et dommages causés dans l'exécution des travaux publics (L. des 6, 7 et 11 sept. 1790, du 28 pluv. an 8, et du 16 sept. 1807, qui attribuent compétence en ce cas au conseil de préfecture,

V. suprà, vᵒ Compétence administrative, nᵒ 377). Les limites et les règles de cette compétence seront étudiées infrà, vᵒ Travaux publics.

987. Les règles de compétence sur les actions en responsabilité contre les compagnies de chemins de fer, lorsqu'elles se rattachent à l'exécution de leurs travaux et à la disposition des lieux, seront étudiées infrà, vᵒ Voirie par chemins de fer. V. Rép. eod. vᵒ. V. aussi suprà, vᵒ Compétence administrative, nᵒ 259.

Il a été jugé à cet égard que les tribunaux, pour déterminer la responsabilité des compagnies de chemins de fer, à raison des accidents survenus sur leurs réseaux, peuvent apprécier les fautes commises dans la disposition des lieux, et qu'il n'y a là aucun empiétement de leur part sur les attributions des autorités administratives, s'ils se bornent à condamner la compagnie à payer une indemnité pécuniaire, sans rien défendre ou prescrire qui puisse être considéré comme une immixtion dans la direction ou l'exécution d'un travail public (Req. 10 mai 1870, D. P. 71. 1. 140). Mais un arrêt de la cour d'Aix (7 déc. 1891, aff. Veuve Gourrier, D. P. 92. 2. 299) décide au contraire, en déchargeant, il est vrai, la compagnie par d'autres motifs, que les tribunaux excéderaient leurs pouvoirs s'ils élevaient une critique contre l'état matériel des lieux, par exemple, l'emplacement d'une grue hydraulique placée trop près de la voie, pour trouver dans cette circonstance la cause de la responsabilité de la compagnie, ces travaux étant effectués sur des plans soumis au contrôle de l'État et régulièrement approuvés.

988. Sur les règles de compétence applicables aux actions en responsabilité dirigées contre les départements et les communes à raison des fautes commises par leurs agents, V. suprà, vᵒ Compétence administrative, nᵒ 186.

989. Les actes de gouvernement, ainsi qu'on l'a vu au Rép., nᵒ 800, ne peuvent engager la responsabilité de l'État (V. suprà, nᵒˢ 356 et suiv., et vᵒ Compétence administrative, nᵒˢ 106 et suiv.), et par suite ne soulèvent aucune question de compétence. Mais on ne peut appliquer cette qualification et cette théorie qu'à ceux qui sont faits en conformité des lois ou de la constitution (V. suprà, nᵒ 356; vᵒ Compétence administrative, nᵒˢ 122 et suiv.). Hors du cercle tracé par elles, on reste en présence d'une faute personnelle, ou voie de fait relevant des tribunaux ordinaires (Trib. confl. 5 févr. 1890, aff. Vincent, D. P. 91. 3. 31), soit d'un simple acte administratif sujet aux recours que subissent pareils actes, soit d'un acte de police judiciaire engageant la responsabilité de son auteur devant l'autorité judiciaire.

Jugé aussi qu'un acte de la police judiciaire, tel qu'une saisie opérée par le préfet d'un département ou par le préfet de police, en vertu de l'art. 10 c. instr. crim., ne change pas de nature et ne devient pas un acte administratif ou un acte de gouvernement, par ce fait qu'il a été ordonné par le ministre de l'intérieur dans un but politique et a été approuvé par les Chambres, en vue d'assurer la sécurité de l'État, et de repousser une entreprise tentée contre la République par les membres des familles ayant régné en France, aucune loi ne donnant au Gouvernement le droit d'opérer, même pour cet objet, des saisies discrétionnaires (Trib. confl. 25 mars 1889, trois arrêts, aff. Dufeuille, aff. Uzannas-Joris, et aff. Michau et Lafreney, D. P. 90. 3. 65); et que, par suite, l'autorité judiciaire peut connaître d'une action en dommages-intérêts dirigée contre l'auteur de cette saisie (Trib. confl. 25 mars 1889, aff. Uzannas-Joris, D. P. 90. 3. 65).

990. Sur la compétence respective des diverses juridictions administratives, V. suprà, vᵒ Compétence administrative, nᵒˢ 346 et suiv., 405 et suiv., 428. — On peut considérer maintenant comme reconnu par la doctrine et la jurisprudence, le principe que le conseil d'Etat est le juge de droit commun en matière de contentieux administratif, principe absolument opposé à celui qui avait prévalu pendant longtemps et qui donnait ce rôle au ministre (Cons. d'Et. 13 déc. 1889, aff. Cadot, D. P. 91. 3. 41 et la note).

991. La compétence des conseils de préfecture en matière de travaux publics soulève de nombreuses questions, à raison de la difficulté qu'il peut y avoir à reconnaître si une action en responsabilité dirigée contre l'État se rattache ou non à l'exécution d'un travail public. Elles seront étudiées

infrà, vº *Travaux publics*. A ce point de vue, il a été jugé qu'il appartient, non au conseil de préfecture, mais au ministre et au conseil d'Etat, de statuer sur l'action en indemnité dirigée contre l'Etat à raison de la faute qu'aurait commise l'administration des Ponts et Chaussées, en laissant subsister dans le chenal d'un port d'anciens ouvrages devenus inutiles (Cons. d'Et. 5 juill. 1878, aff. Goodchild, D. P. 79. 3. 9); ... ou à raison de la faute commise par un éclusier qui aurait négligé d'ouvrir un barrage dans un moment de hautes eaux et aurait ainsi causé une inondation (Cons. d'Et. 26 déc. 1879, aff. Min. trav. pub., D. P. 80. 3. 54); ... ou à raison de la faute qu'il aurait commise en n'enlevant pas du chenal d'un canal une pierre qui y était tombée acci-

dentellement, et qui a causé l'échouement d'un navire (Cons. d'Et. 9 août 1880, aff. Min. des trav. publ., D. P. 82. 3. 5). Mais il a été jugé, dans cette dernière espèce, que le conseil de préfecture, saisi d'un procès-verbal de contravention dressé contre le propriétaire du navire, est compétent pour apprécier le moyen de défense tiré de la prétendue faute imputée à l'Administration. — Enfin il y a lieu de signaler encore un arrêt qui déclare le conseil de préfecture incompétent pour connaître de l'action en responsabilité formée par une commune contre l'Etat, à raison des fautes qu'aurait commises un agent de l'administration des Forêts chargé de surveiller la délimitation d'une forêt communale (Cons. d'Et. 15 janv. 1886, aff. Min. de l'agriculture, D. P. 87. 3. 66).

Table sommaire

des matières contenues dans le Supplément et le Répertoire.

(Les chiffres précédés de la lettre *S* renvoient au Supplément; les chiffres précédés de la lettre *R* renvoient au Répertoire.)

Table des articles du code civil, du code de procédure civile, du code d'instruction criminelle et du code pénal.

Table chronologique des Lois, Arrêts, etc.

1826

19 juill. Req. 875 c.
16 nov. Paris. 517 c.

1827

26 déc. Ordonn. 832 c.

1828

8 janv. Ordonn. 832 c.
7 juill. Loi. 425 c.

1829

2 mars. Paris. 426 c.
15 avr. Loi. 742 c.
6 août. Colmar. 848 c.
15 août. Loi. 900 c.
18 oct. Ordonn. 353 c.

1830

22 janv. Crim. 33 c.

1831

29 janv. Loi. 367 c.
11 avr. Loi. 828 c.

1832

31 août Douai. 700 c.

1833

30 janv. Req. 876 c.

1834

24 mai. Loi. 351 c.
29 août. Crim. 225 c.

1835

12 févr. Loi. 350 c.

1836

18 févr. Cons. d'Et. 289 c.
10 avr. Rennes. 483 c.
5 juill. Loi. 350 c.
22 nov. Cons. d'Et. 289 c.
3 déc. Crim. 33 c.

1837

2 mai. Loi. 350 c.
22 juill. Paris. 325 c.

1838

11 janv. Cons. d'Et. 850 c.
25 mai. Loi. 23 c.
28 mai. Cons. d'Et. - 350 c.

1839

27 juin. Bordeaux. 474 c.

1841

21 janv. Paris, 307 c.

9 avr. Trib. civ. Seine. 307 c.
14 juill. Trib. Seine. 888 c.
16 août. Req. 734 c.

1842

7 janv. Orléans. 891 c.
12 févr. Paris. 583 c.

1843

16 févr. Paris. 39 c.
23 mai. Ordonn. 55 c.
21 juin. Loi. 638 c., 640 c.

1844

3 mai. Loi. 721 c., 900 c.
31 mai. Paris. 975 c.
15 juin. Crim. 33 c.

1845

12 févr. Req. 182 c.
24 mars. Req. 209 c.
19 mai. Douai. 221 c.
14 juill. Loi. 408 c.
15 juill. Loi. 68 c., 806 c., 982 c.
16 août. Trib. civ. Seine. 825 c.

1846

2 mars. Req. 473 c., 475 c.
11 avr. Crim. 686 c.

1847

5 janv. Cons. d'Et. 363 c.
23 juin. Angers. 492 c.
7 juill. Crim. 278 c.
20 août. Cons. d'Et. 981 c.

1848

27 avr.-3 mai. Décr. 349 c.

1849

22 janv. Crim. 200 c.
3 févr. Nîmes. 558 c.
30 avr. Loi. 349 c.
26 mai. Grenoble. 216 c.
27 juin. Nîmes. 558 c.
9 août. Loi. 371 c.
24 nov. Loi. 349 c.
17 déc. Nîmes, 296 c., 298 c.

1850

9 janv. Trib. corr. Melun. 975 c.
10 mars. Dijon. 75 c.
24 avr. Caen. 209 c.
15 mai. Loi 422 c.
22 mai. Montpellier. 241 c.
22 mai. Loi 422 c.
16 juill. Loi. 184 c.

9 août. Orléans. 48 c.
29 nov. Loi. 856 c.

1851

30 juin. Rouen. 122 c., 125 c.
2 juill. Douai. 632 c.
8 juill. Loi. 834 c.
30 juill. Agen. 25 c., 241 c.

1852

9 janv. Décr. 682 c. 742 c.
12 janv. Montpellier. 583 c.
19 mars. Décr. 682 c.
20 mars. Décr. 682 c.
27 mars. Décr. 360 c.
10 avr. Crim. 33 c.
17 juin. Décr. 857 c.
20 juill. Req. 48 c., 259 c.
6 août. Cons. d'Et. 350 c.
23 nov. Riom. 245 c., 276 c.
29 déc. Douai. 494 c.

1853

14 janv. Lyon. 140 c.
17 mars Cons. d'Et. 357 c.
18 mars. Crim. 278 c.
10 juin. Loi. 409 c.
10 août. Décr. 367 c.
5 oct. Metz. 494 c.
22 déc. Nancy. 583 c.
27 déc. Req. 265 c.

1854

14 janv. Paris. 566 c.
24 janv. Cour de cass. des États Sardes. 848 c.
20 févr. Paris. 486 c.
2 mars. Crim. 913 c.
16 mars. Lyon. 150 c.
4 mai. Amiens. 150 c.
30 mai. Loi. 399 c.
1er juin. Cons. d'Et. 829 c.
7 juill. Crim. 679 c.
19 juill. Req. 517 c.
5 août. Caen. 551 c.
26 août. Nîmes. 198 c., 765 c.
26 oct. Décr. 352 c.
12 déc. Req. 245 c.
20 déc. Colmar. 266 c.

1855

8 févr. Crim. 682 c.
16 févr. Douai. 566 c.
26 févr. Bastia. 20 c.
21 mars. Req. 562 c.
24 mai. Douai. 527 c.
18 juin. Paris. 585 c., 586 c.

12 juill. Cons. d'Et. 820 c.
16 avr. Crim. 813 c.
25 août. Douai. 570 c., 581 c.
26 août Cons. d'Et. 363 c.
17 oct. Décr. 350 c.
12 nov. Montpellier. 319 c.
28 nov. Req. 321 c.
6 déc. Crim. 187 c., 320 c.
19 déc. Metz. 814 c., 559 c., 572 c.
30 déc. Crim. 755 c.

1856

10 janv. Cons. d'Et. 358 c.
14 janv. Req. 265 c.
12 mars. Trib. civ. Lyon. 275 c.
22 avr. Req. 582 c.
6 mai. Poitiers. 963 c.
26 mai. Bordeaux. 150 c.
14 juill. Loi. 392 c.
26 juill. Req. 196 c.
12 août. Civ. 681 c.
8 oct. Paris. 770 c., 791 c., 795.
18 nov. Nîmes. 629 c.
13 déc. Crim. 772 c.
23 déc. Nîmes. 632 c.

1857

5 févr. Cons. d'Et. 162 c.
26 févr. Cons. d'Et. 352 c., 359 c.
31 mars. Crim. 225 c.
7 avr. Bruxelles. 545 c.
27 avr. Civ. 186 c.
27 mai. Civ. 481 c.
12 juin. C. cass. de Belgique. 848 c.
15 juin. Colmar. 192 c., 663 c.
17 juin. Loi. 834 c.
23 juin. Req. 81 c.
1er juill. Req. 150 c.
22 juill. Trib. civ. Seine. 49 c., 778 c.
29 juill. Bordeaux. 661 c.
11 août. Lyon. 617 c., 619.
11 août. Req. 267 c., 600 c.
18 août. Cons. d'Et. 481 c.
26 août. Nîmes. 198 c., 765 c.
17 oct. Décr. 350 c.
23 nov. Req. 86 c.
3 déc. Lyon. 789 c.

1858

8 janv. Crim. 245 c.
22 janv. Trib. civ. Montargis. 528 c.
16 févr. Civ. 92 c.
18 févr. Crim. 217 c.
24 févr. Décr. 353 c.
6 mars. Trib. civ.

Bruxelles. 275 c.
16 avr. Crim. 813 c.
20 mai. Nîmes. 735 c.
3 juin Crim. 308 c.
2 août. Req. 509 c., 510 c., 546 c.
3 août. Bordeaux. 645 c.
3 août. Chambéry. 74 c.
30 nov. Civ. 264 c., 411 c.

1859

11 janv. Riom. 496 c.
26 janv. Lyon. 223 c.
27 janv. Crim. 689 c., 694 c.
28 janv. Crim. 689 c.
31 janv. Req. 242 c.
9 févr. Besançon. 74 c.
9 févr. Colmar. 144 c.
17 févr. Trib. civ. Schlestadt 25 c.
807 c.
3 mars. Crim. 679 c.
17 mars. Trib. civ. Joigny. 558 c., 884 c., 889 c.
31 mars. Crim. 223 c.
5 avr. Trib. civ. Mâcon. 527 c.
28 avr. Crim. 70 c.
21 mai. Besançon. 271 c.
25 mai. Lyon. 197 c.
4 juin. Loi. 837 c., 848 c., 849 c.
9 juin. Cons. d'Et. 72 c., 74 c.
11 juin. Aix. 725 c., 780 c.
21 juin. Loi. 351 c.
21 juin. Bordeaux. 68 c.
21 juin. Cons. d'Et. 289 c.
23 juin. Crim. 216 c.
23 juin. Lyon. 223 c.
28 juin. Riom. 122 c.
30 juin. Cons. d'Et. 863 c.
1er juill. Toulouse. 599 c.
11 juill. Bordeaux. 764 c., 769 c., 772 c.
14 juill. Crim. 679 c.
3 août. Besançon. 48 c., 72 c., 73 c., 330 c.
12 août. Bordeaux. 112 c., 329 c.
2 nov. Crim. 755 c., 770 c.
1er déc. Poitiers. 325 c.
7 déc. Req. 965 c.
14 déc. Req. 25 c., 37 c.
15 déc. Grenoble. 719 c.
29 déc. Cons. d'Et. 350 c.

1860

16 févr. Lyon. 582 c.

21 févr. Trib. Civ. Tours. 975 c.
28 avr. Paris. 66 c.
30 avr. Pau. 543 c.
2 mai. Paris. 511 c., 516 c., 546 c.
8 mai. Bordeaux. 597 c., 634 c., 636 c., 637 c., 640 c.
24 mai. Cons. d'Et. 399 c.
6 juin. Bourges. 25 c.
19 juin. Amiens. 966 c.
28 juin. Rennes. 535 c.
6 août. Req. 83 c.
16 août. Req. 245 c.
16 août. Trib. com. Seine 149 c., 273 c.
18 août. Crim. 223 c., 225 c.
30 août. Crim. 894 c.
17 sept. Trib. corr. Orléans. 797 c.
12 nov. Orléans. 797 c.
22 nov. Crim. 679 c., 689 c.
3 déc. Req. 72 c., 73 c.
5 déc. Limoges. 895 c.
26 déc. Rouen. 550. 627, 645 c.

1861

4 janv. Paris. 778 c.
24 janv. Cons. d'Et. 385 c.
8 févr. Toulouse. 510 c.
15 avr. Rouen. 223 c.
16 avr. Dijon. 204 c.
25 avr. Chambéry. 72 c.
22 mai. Bordeaux. 614 c.
1er juin. Cons. d'État. 981 c.
5 juin. Req. 897 c.
14 juin. Crim. 678 c.
25 juill. Colmar. 62 c.
6 août. Cons. d'Et. 983 c.
11 août. Cons. d'Et. 256 c.
14 août. Aix. 48 c., 72 c., 330 c.
20 août. Lyon. 624.
27 août. Civ. 72 c., 73 c., 74 c.
15 nov. Crim. 184 c., 185 c.
19 nov. Req. 265 c.
30 nov. Besançon. 741.
17 déc. Colmar. 494 c.

1862

15 janv. Req. 184 c.
16 janv. Rennes. 730, 735 c.
25 janv. Angers. 192 c., 662 c.
29 janv. Metz. 907 c., 923 c.
27 févr. Trib. civ. Mâcon. 494 c.
27 févr. Cons. d'Et. 289 c.
25 mars. Req. 184 c.

31 mars. Req. 196 c.
2 avr. Crim. 308 c.
28 avr. Req. 302 c.
7 mai Cons. d'Et. 981 c.
31 mai. Décr. 422 c.
10 juin. Caen. 203 c., 204., 208 c., 210 c.
10 juill. Décr. 689 c.
16 juill. Lyon. 198 c.
21 juill. Req. 156 c.
23 juill. Ch. réun. 292 c.
4 août. Grenoble. 680 c., 682 c.
14 nov. Toulouse. 227 c.
17 nov. Nîmes. 701 c., 703 c.
17 nov. Civ. 223 c.
29 nov. Douai. 582 c.
16 déc. Lyon. 72 c., 73 c., 162 c.
23 déc. Lyon. 223 c.

1863

20 janv. Lyon. 756 c., 953 c.
21 janv. Grenoble. 611 c.
28 janv. Amiens. 555 c.
28 janv. Cons. d'Et. 426 c.
29 janv. Amiens. 556 c.
3 févr. Req. 89 c.
11 févr. Rouen. 223 c.
19 févr. Crim. 693 c.
19 févr. Metz. 907 c., 923 c.
20 févr. Crim. 217 c., 288 c., 287 c., 317 c., 318 c.
26 févr. Crim. 679 c., 359 c., 360 c., 385 c.
28 févr. Crim. 679 c.
16 avr. Crim. 689 c.
29 avr. Nîmes. 263 c., 266 c., 471 c., 476 c., 625 c., 633 c.
30 avr. Colmar. 717 c.
7 mai. Cons. d'Et. 364 c.
8 mai. Toulouse. 868.
17 juill. Metz. 600 c.
24 juin. Req. 195 c., 454 c.
1er juill. Trib. civ. Seine. 67 c.
13 août. Req. 265 c.
21 août. Trib. de paix de Carpentras. 653 c.
14 nov. Paris. 167 c.
2 déc. Trib. civ. de Gand. 307 c.
30 déc. Pau. 455 c.
31 déc. Colmar. 205 c.

1864

22 janv. Limoges. 211 c.
30 janv. Paris. 757 c.
1er févr. Req. 83 c., 265 c.
3 févr. Cons. d'Et. 363 c.
8 févr. Cons. d'Et. 386 c.

8 févr. Req. 25 c., 265 c.
16 févr. Cons. d'Et. 826 c.
20 févr. Paris. 555 c., 885 c.
21 févr. Metz. 581 c.
24 févr. Trib. civ. Amiens. 332 c.
26 févr. Nancy. 530 c.
4 mars. Paris. 693 c.
10 mars. Paris. 130 c., 133 c.
18 mars. Grenoble. 205 c., 207 c., 244 c.
13 avr. Trib. civ. Amiens. 275 c.
23 avr. Nancy. 612 c.
24 avr. Pau. 636 c.
26 avr. Bruxelles. 122 c.
27 avr. Req. 89 c.
30 avr. Amiens. 82 c.
2 mai. Req. 242 c.
12 mai. Dijon. 318 c.
18 mai. Civ. 192 c.
31 mai. Req. 23 c.
12 juin. Req. 184 c., 494 c.
24 juin. Crim. 692 c.
26 juin. Civ. 208 c., 210 c.
29 juin. Dijon. 634 c.
29 juin. Poitiers. 271 c., 712 c., 741 c.
19 juill. Trib. de paix de Bayon. 899 c.
26 juill. Civ. 203 c., 204., 210 c.
27 juill. Bruxelles. 785 c.
27 juill. Trib. civ. Bruxelles. 70 c., 71 c.
4 août. Req. 196 c., 470 c.
5 août. Trib. Versailles. 583 c.
11 août. Cons. d'Et. 827 c.
16 août. Colmar. 196 c., 311 c., 615 c.
26 août. Req. 479 c., 556 c., 564 c., 570 c., 581 c.
6 oct. Civ. 365 c.
9 nov. Agen. 579 c.
12 nov. Douai. 923 c.
14 nov. Crim. 308 c.
22 nov. Req. 66 c.
28 nov. Toulouse. 167 c., 205, 206 c., 209 c., 212 c., 739 c.

1865

4 janv. Req. 815 c.
8 janv. Trib. civ. Lisieux. 762 c.
13 janv. Civ. 687 c.
13 janv. Paris. 520 c.
19 janv. Paris. 205 c., 207 c., 244 c.
25 janv. Décr. 293 c.
6 févr. Bordeaux. 474 c., 524.

5 févr. Req. 66 c.
1er avr. Paris. 255 c.
1er avr. Trib. civ. Anvers. 275 c.
1er avr. Trib. civ. Anvers. 275 c.
5 avr. Toulouse. 783 c., 922 c., 926 c.
24 avr. Req. 37 c., 67 c., 303 c.
28 avr. Crim. 679 c.
16 mars. Dijon.708 c.
24 mars. Req. 803 c.
31 mars. Crim.689 c.
5 mai.Trib.Lyon. 112 c., 271 c.
10 mai. Req. 798 c.
13 mai.Aix.765 c., 804 c.
15 mai. Caen. 762.
16 mai. Toulouse. 25 c., 241 c.
17 mai. Req. 756 c., 757 c.
30 mai. Bruxelles. 600 c.
31 mai. Req.264 c.
30 juin. Lyon. 85 c., 931 c.
8 juill. Caen. 121 c., 244 c.
23 juill. Grenoble. 635 c.
9 août. Trib. Seine. 02 c.
9 août.Cons.d'Et. 289 c.
16 août. Req. 266 c., 470 c., 509 c., 522 c., 546 c., 590 c.
22 août. Civ.46 c., 301 c., 332 c.
27 août. Paris. 487 c.
22 déc. Dijon. 86 c., 454 c.
23 déc. Trib. civ. Lyon: 273 c.
26 déc. Douai. 141 c., 769 c.

1866
15 janv. Trib. Chambéry. 923 c.
15 janv.Civ.234 c., 416 c.
18 janv. Toulouse. 224 c., 225 c., 240 c., 282 c.
19 janv. Trib. civ. Lyon 341.
22 janv. Alger 606 c.
5 févr.Pau. 616 c., 620 c.
16 févr. Trib. civ. Lyon 145 c., 707 c., 708 c.
14 mars. Civ. 489 c.
14 mars. Agen. 530 c.
23 mars Crim. 227 c.
24 mars. Paris. 112 c.
7 avr. Montpellier 590 c.
30 avr. Civ. 184 c.
11 avr. Rennes. 207 c., 309 c., 244 c.
12 avr. Bordeaux. 61 c., 459 c.
20 avr. Req. 120 c.

c., 327 c., 770 c.
14 mai. Req. 169 c., 719 c.
31 mai. Montpellier. 169 c.
19 juin. Grenoble. 781 c.
20 juin. Bordeaux, 603.
20 juin. Trib. com. Seine. 127 c.
21 juin. Crim. 689 c.
30 juin. Loi. 267 c., 987 c.
6 juill. Alger.511 c., 570. c., 574 c.
10 juill. Trib. civ. Seine. 976 c.
11 juill. Req. 514 c.
21 juill. Paris. 907 c., 928 c.
22 juill. Trib. paix Béziers. 275 c.
23 juill. Montpellier 926 c., 930 c.
26 juill. Metz. 81 c.
28 juill. Cons. d'Et.299 c.
1er août. Req. 790 c.
1er août. Civ. 139 c., 159 c.
3 août. Paris. 93 c.
30 août. Crim. 722 c.
31 août. Trib. civ. Nevers. 218 c.
14 nov. Req. 503 c.
23 nov. Dijon. 316 c.
23 nov. Trib. de simple police d'Amiens. 742 c.
7 déc. Aix. 749 c.
8 déc. Cons. d'Et. 983 c.
18 déc. Req. 166 c., 250 c., 265 c.
18 déc. Bordeaux. 591 c., 602 c.

1867
8 janv. Trib. paix. Bourbon - l'Archambault. 275 c.
10 janv. Metz. 198 c.
21 janv. Req. 265 c., 266 c.
23 janv. Bourges. 179 c., 218 c., 266 c., 756 c.
23 janv.Paris. 126 c.
4 févr. Civ. 81 c.
7 févr. Nancy. 169 c.
13 févr. Lyon. 140 c., 196 c., 278 c., 592 c., 593 c.
13 févr. Bordeaux. 129 c.
19 févr. Paris. 193 c.
25 févr. Dijon. 756 c., 757 c., 761 c.
13 mars.Lyon.184 c., 185 c., 211 c.
20 mars.Aix.72 c., 73 c., 318 c.
27 mars.Besançon. 82 c.
30 mars. Cons. d'Et. 396 c.

5 avr.Crim.938 c.
25 avr. Cons. d'Et. 854 c.
30 avr. Cons. d'Et. 363 c.
1er mai. Ch. réun. 230 c.
7 mai.Cons.d'Et. 363 c.
21 mai. Bordeaux. 70 c., 71 c.
21 mai.Metz.156 c.
27 mai. Angers. 689 c.
25 juin. Req. 196 c., 470 c.
27 juin. Cons. d'Etat. 818 c.
6 juill.Paris.198 c.
18 juill. Orléans. 757 c.
25 juill.Loi.425 c., 928 c.
26 juill.Paris. 121 c.
30 août.Paris. 271 c.
14 août. Civ. 36 c.
16 août.Crim. 689 c.
22 août. Nancy. 589 c.
6 nov. Civ. 247 c.
12 nov. Montpellier. 600 c.
20 nov. Civ. 195 c.
22 nov. Aix. 278 c.
22 nov.Cons. d'Et. 981 c.
30 nov.Aix.679 c.
30 nov. Paris. 177 c.
16 déc. Civ. 433 c.

1868
13 janv. Civ. 250 c.
27 janv. Req. 304 c.
23 janv. Req. 265 c.
31 janv. Orléans. 543 c.
5 févr. Req. 264 c.
5 févr.Civ.109 c., 247 c.
13 févr. Civ. 238 c.
13 févr. Trib. Seine. 551 c.
17 févr.Req.242 c., 411 c.
2 mars. Civ. rej. 534 c.
16 mars. Angers. 766 c.
18 mars. Rouen. 516.
18 mars. Cons. d'Et. 410 c.
19 mars. Montpellier. 620 c.
3 avr. Dijon. 243 c., 251 c.
24 avr. Trib. civ. Seine. 555 c.
4 mai. Trib. civ. Chambéry. 185 c., 193 c.
14 mai. Req. 498 c.
14 mai. Dijon. 187 c., 192 c.
19 mai.Req.83 c., 324 c., 325 c.
27 mai.Civ.141 c., 247 c., 769 c.
15 juin. Paris. 229 c.
24 juin.Cons.d'Et. 836 c., 848 c.

3 juill. Angers. 484 c.
3 juill. Lyon. 520 c.
22 juill. Req. 250 c.
7 août. Dijon. 756, 782 c.
11 août. Paris. 323 c.
26 août. Crim. 809 c.
10 nov. Req. 757 c.
17 nov. Req 62 c., 162 c.
18 nov. Metz. 82 c.
19 nov. Cons.d'Et. 855 c.
27 nov. Limoges. 899 c.
1er déc. Req.31 c., 32 c., 42 c., 112 c., 336 c.
1er déc. Dijon. 204 c.
2 déc. Angers. 202 c., 207 c.
21 déc. Civ. 245 c.
26 déc.Cons. d'Et. 425 c.
30 déc. Paris. 690 c.

1869
12 janv. Trib. com. Seine. 100 c.
21 janv. Dijon. 328 c., 411 c., 952 c.
26 janv.Paris. 551 c.
27 janv. Trib. civ. Seine. 600 c.
24 févr. Amiens. 141 c., 769 c.
24 févr.Nancy.159 c., 765 c.
3 mars. Civ. 247 c., 502 c.
18 mars. Req. 67 c.
13 mars. Paris. 114 c.
13 avr. Req. 590 c.
23 avr. Dijon. 791 c., 804 c.
23 avr. Trib. civ. Seine. 904 c.
28 avr. Amiens. 539 c.
7 mai. Trib. civ. Seine. 715 c.
26 mai.Cons.d'Et. 410 c.
2 juin. Amiens. 37 c.
7 juin. Req. 285 c.
23 juin. Agen. 723 c., 725 c.
27 juin.Req.288 c.
30 juin. Civ. 327 c.
10 juill.Dijon. 545 c.
19 juill. Bordeaux. 121 c., 148 c.
19 juill.Req. 217 c.
23 juill.Paris. 123 c.
7 août.Paris.914 c.
12 août.Bruxelles. 42 c.
16 août. Montpellier. 601 c.
17 août.Req. 592 c.
23 août.Civ.38 c.
26 août.Besançon. 913 c.
29 oct. Trib. com. Marseille. 121 c.

16 nov. Trib. Bruxelles. 127 c.
19 nov. Crim.46 c.
25 nov. Aix. 150 c.
26 nov. Aix. 309 c.
1er déc.Poitiers. 82 c.
8 déc. Req. 302 c.
13. déc. Rennes. 145 c.
15 déc. Trib. com. Marseille. 121 c., 216 c.

1870
8 janv. Orléans. 515 c., 517 c.
24 janv. Civ. 124 c., 195 c., 245 c., 248 c.
29 janv. Trib. Lyon. 112 c.
23 févr. Metz. 144 c., 229 c.
26 févr.Nancy.159 c.
3 mars.Dijon.869 c.
15 mars. Paris. 486 c.
16 mars. Rouen. 539 c.
19 mars.Liège.730 c.
21 mars. Req. 303 c., 318 c.
21 mars. Rennes. 32 c., 36 c., 498 c.
23 mars. Cons. d'Et. 953 c.
26 mars.Besançon. 541 c.
2 avr.Aix.323 c., 325 c.
5 avr. Civ. 181 c.
9 avr. Trib. civ. Seine. 144 c.
10 avr. Dijon. 900 c.
13 avr. Trib. com. Seine. 84 c.
14 avr. Aix. 488 c., 550 c.
7 mai. Crim. 689 c.
10 mai. Req. 345 c., 582 c., 987 c.
10 mai. Alger. 558 c.
16 mai. Bourges. 332 c.
18 mai. Trib. civ. Marseille. 754 c.
25 mai. Décr. 858 c.
61 mai. Montpellier. 628 c.
13 juin. Req. 100 c.
14 juin. Aix. 218 c., 260 c., 281 c., 322 c.
17 juin. Trib. civ. Seine. 826 c.
18 juin. Aix. 265 c.
18 juin. Nancy. 869 c.
18 juin.Rouen. 71 c.

30 juin. Crim. 679 c.
6 juill. Req. 512 c.
11 juill. Req. 243 c.
13 juill.Cons.d'Et. 269 c.
16 juill.Paris. 321 c.
17 juill. Req. 487 c.
19 juill.Req.050 c.
19 juill. Civ. 160 c.
25 juill. Req. 36 c., 224 c.
9 août.Cons.d'Et. 983 c.
10 août. Req. 150 c., 245 c.
10 août.Aix.556 c.
16 août. Nîmes.516 c.
23 août. Trib. Bergerac. 926 c.
24 août. Aix. 92 c.
19 sept. Décr. 428 c., 437 c.
21 nov.Trib. com. Seine. 275 c.
17 déc. Aix. 722 c., 904 c., 754 c.
22 févr. Trib. civ. Marseille. 229 c.

1871
6 janv. Aix. 765 c., 229 c.
7 févr. Bordeaux. 778 c.
22 févr. Lyon. 169 c.
26 avr. Lyon. 218 c., 227 c., 818 c.
12 mai. Crim. 690 c.
7 mai.Cons.d'Et. 429 c., 430 c.
13 juin. Crim. 243 c., 809 c.
15 juin. Loi-6 64 c.
19 juin.Civ.245 c., 457 c.
24 juin. Req. 36 c., 265 c., 498 c.
1er août. Guadeloupe. 81 c., 90 c.
6 sept. Loi. 375 c., 325 c.
4 nov. Metz. 498 c.
16 nov. Paris. 217 c.
20 nov.Req.190 c., 892 c.
2 déc.Paris.55 c., 194 c.
18 déc. Cayenne. 454 c.
19 déc. Alger. 67 c., 332 c.
19 déc. Grenoble. 524 c.
26 déc. Paris. 135 c., 273 c.
27 déc. Caen. 937 c.

1872
2 janv.Paris. 673 c.
4 janv.Aix. 55 c., 149 c.
5 janv. Civ. 246 c.
15 janv. Req. 233 c.
15 janv. Civ. 787 c.
22 janv. Req. 159 c.
26 janv.Paris. 558 c.
3 févr.Paris.326 c.
5 févr. Req. 245 c.

c., 248 c., 628 c., 629 c., 630 c.
6 févr. Montpellier. 454 c.
15 févr.Cons.d'Et. 821 c., 637 c.
16 févr. Dijon. 311 c.
19 févr. Bourges. 52 c.
24 févr. Orléans. 869 c.
28 févr. Civ. 467 c., 596 c.
4 mars. Req.213 c., 265 c., 322 c.
20 mars. Req. 714 c.
28 mars. Req. 858 c.
28 mars. Rouen. 688 c.
2 avr. Req. 488 c., 550 c.
8 avr. Req. 559 c.
17.avr.Req. 70 c., 71 c., 288 c., 304 c., 318 c.
22 avr.Req.236 c., 237 c.
23 avr.Req. 47 c., 48 c., 49 c.
6 mai.Aix.192 c., 278 c.
8 mai. Paris. 586 c.
10 mai. Crim. 679 c.
12 mai.Nîmes.690 c.
13 mai.Cons.d'Et. 371 c.
28 mai. Trib. civ. Seine. 765 c., 795 c.
3 juin. Req. 358 c.
7 juin.Paris. 128 c.
13 juin. Crim. 245 c.
15 juin. Loi. 174 c.
19 juin.Civ.245 c., 457 c.
25 juin. Req. 36 c., 265 c., 498 c.
1er juill. Req. 159 c., 743 c., 747 c.
9 juill.Req.508 c., 514 c.
9 juill. Civ. 193 c.
9 juill. Paris. 355 c.
12 juill. Angers. 228 c., 229 c., 278 c.
17 juill. Req. 245 c., 248 c., 477 c., 540 c., 566 c., 950 c.
juill.Rouen.950 c.
2 août.Loi.354 c., 394 c.
8 août. Paris. 901 c.
9 août. Angers. 217 c.
12 août. Civ. 216 c.
13 août. Trib. civ. de la Seine. 840 c.
13 août. Paris. 66 c.
21 août.Paris.229 c.
23 août. Req. 805 c.
27 août. Paris. 332 c.
25 nov.Civ.358 c.

29 nov. Paris. 447 c.
3 déc. Civ. 914 c.
7 déc.Crim.689 c.
16 déc. Bourges. 217 c., 226 c.
17 déc. Civ. 312 c.
18 déc. Dijon. 535 c.
21 déc.Loi. 367 c.

1873
4 janv. Amiens. 987 c.
10 janv. Paris. 105 c.
11 janv.Aix.72 c., 73 c., 318 c., 330 c.
11 janv.Trib.confl. 371 c.
11 janv.Trib. civ. Rocroi. 48 c., 161 c., 179 c., 328 c.
20 janv. Chambéry. 439 c.
22 janv. Montpellier. 112 c.
25 janv. Crim. 429 c.
25 janv.Nancy.279 c., 288 c.,318 c.
25 janv. Trib. confl. 371 c.
25 janv.Loi.837 c., 844 c., 848 c., 849 c., 988 c.
11 janv.Trib.confl. 855 c.
3 févr.Paris. 795 c.
5 févr. Req. 838 c.
7 févr. Loi. 367 c.
8 févr.Trib.confl. 806 c.
13 févr. Trib. Melun. 174 c.
17 févr. Civ. 305 c.
25 févr. Bordeaux. 100 c.
28 févr. Dijon. 439 c.
3 mars. Req. 869 c.
4 mars. Civ. 315 c.
13 mars. Cons. d'Et. 371 c.
15 mars. Paris.771 c.
17 mars.Req.92 c.
24 mars.Civ.304 c.
31 mars. Bourges. 849 c.
6 avr. Nancy. 897 c.
7 avr. Loi. 375 c.
9 avr. Req.887 c.
15 avr. Civ. 246 c.
16 avr. Cons. d'Et. 921 c.
3 mai. Trib. civ. Lyon. 188 c., 690 c.
9 mai. Paris. 409 c.
9 mai. Cons. d'Et. 869 c.
2 nisi. Paris. 784 c.
23 mai.Caen.229 c.
23 mai. Cons. d'Et. 370 c.
26 mai. Req. 37 c.
4 juin. Trib. civ. Blaye. 550 c.
7 juin.Trib.confl. 370 c.
7 juin.Trib.confl. 447 c., 931 c.
9 juin.Aix. 321 c.
19 juin. Civ. 84 c.

20 juin.Cons.d'Et. 269 c.
27 juin.Cons.d'Et. 369 c.
28 juin.Req. 83 c.
28 juin. Trib. des confl. 371 c.
3 juill. Trib. civ. Seine. 838 c.
16 juill.Cons.d'Et. 410 c.
24 juill. Gand. 125 c.
24 juill. Loi. 823 c.
29 juill. Req. 36 c.
29 juill. Trib. civ. Gray. 156 c.
30 juill.Trib.confl. 358 c.
4 août. Paris. 555 c., 570 c.
6 août. Trib. civ. Versailles. 444 c.
7 août. Trib. civ. Valenciennes. 936 c.
8 août.Cons.d'Et. 369 c., 370 c., 373 c., 374 c., 388 c., 827 c., 63 c.
12 août. Req. 799 c.
18 août. Req. 556 c., 569 c.,570 c.
27 août.Rouen.175 c.
28 août. Trib. Périgueux. 174 c.
7 nov. Crim. 112 c.
14 nov. Cons. d'Et. 372 c.
27 nov. Bordeaux. 82 c.
16 déc. Paris. 717 c.

1874

18 janv. Poitiers. 450 c.
6 févr.Chambéry. 719, 733 c.
11 févr.Trib.Lyon. 681 c.
12 févr. Bordeaux. 454 c.
16 févr. Bruxelles. 131 c.
6 mars. Cons. d'Et. 289 c.
7 mars. Nancy. 161 c., 179 c., 328 c.
10 mars. Bordeaux. 433 c., 783 c., 916 c.
12 mars. Dijon. 92 c.
17 mars. Rouen. 170 c., 791 c.
25 mars. Trib. Marseille. 354 c.
1er avr. Dijon. 628 c., 631 c., 632 c.
4 août. Civ. 109 c., 211 c.
30 avr. Angers. 211 c.
1er mai. Cons.d'Et. 370 c.
4 mai. Req. 560 c., 570 c., 576 c.
4 mai. Aix 411 c.
5 mai. Req. 499 c.
8 mai.Cons.d'Et. 331 c., 835 c.
5 mai.Cons.d'Et. 351 c.
10 mai. Trib. confl. 871 c.
19 mai. Paris. 896 c.
21 mai. Crim. 268 c.

21 mai. Aix. 204 c., 275 c., 313 c.
1er juin. Req. 771 c.
12 juin. Paris. 796 c.
19 juin. Cons d'Et. 290 c.
3 juin. Aix. 789 c.
24 juin. Limoges. 316 c.
4 juill.Trib.confl. 447 c., 848 c.
851 c., 854 c., 983 c.
7 juill. Alger. 437 c.
8 juill. Nancy. 626 c.
8 juill. Bordeaux. 514 c., 521 c.
21 juill. Paris. 514 c., 575 c.
21 juill. Civ. 304 c.
24 juill. Dijon. 787 791 c., 792 c.
804 c.
27 juill. Paris. 514 c., 575 c.
28 juill. Req. 61 c., 259 c.
3 août. Req. 24 c.
3 août. Civ. 369 c., 430 c.
4 août. Cu. réun. 656 c., 976 c.
6 août. Pau. 696 c.
8 août. Nancy. 781 c.
12 août. Trib. civ. Complègne. 583 c.
13 août. Req. 514 c., 522 c., 575 c.
19 août. Civ. 187 c., 249 c.
21 août. Trib. civ. Tonnerre. 801 c.
26 août. Lyon. 259 c., 413 c.
9 nov. Civ. 89 c.
9 nov. Alger. 660 c.
13 nov. Cons.d'Et. 370 c.
23 nov. Douai. 493 c.
28 nov. Trib. confl. 358 c.
29 nov. Nancy. 268 c.
3 déc. Req. 814 c.
704 c.
11 déc. Grenoble. 839 c.
11 déc.Cons.d'Et. 369 c., 372 c.
15 déc. Req. 557 c., 569 c., 570 c.
15 déc. Civ. 444 c., 453 c.
15 déc. Nancy.551 c.
23 déc. Loi. 367 c.

1875

5 janv. Paris. 138 c.
8 janv.Cons.d'Et. 376 c., 385 c.
8 janv. Loi. 367 c.
8 janv. Civ. 76 c.
14 janv. Angers. 514 c.
19 janv. Req. 430 c.
22 janv. Caen. 572 c.
3 févr. Cons. d'Et. 753 c.
8 févr. Angers. 354 c.
19 févr. Req. 267 c.
21 janv. Cons. d'Et.848 c., 849 c., 854 c.
25 janv. Req. 517 c.
31 janv. Req. 83 c.

19 févr.Cons. d'Et. 356 c.
22 févr. Besançon. 97 c., 243 c.
28 févr. Req. 89 c.
1er mars. Req. 165 c., 186 c.
4 mars.Trib.Bou- logne. 681 c.
5 mars.Cons.d'Et. 397 c.
8 mars.Loi. 581 c.
19 mars. Nîmes. 153 c.
19 mars. Cons. d'Et. 370 c.
23 mars. Req. 85 c.
23 avr. Req. 514 c., 521 c., 569 c.
570 c., 571 c.
4 mai. Civ. 618 c., 626 c., 629 c., 575 c.
23 juin. Caen. 900 c.
25 juin.Req.89 c., 259 c.
10 juill.Nancy.321 c., 324 c., 325 c.
12 juill. Loi. 683 c.
14 juill. Trib. civ. Bordeaux.434 c.
15 juill. Paris. 217 c., 218 c., 229 c.
17 juill. Bordeaux. 547 c.
22 juill. Lyon. 430 c.
23 juill.Cons.d'Et. 362 c.
29 juill. Rouen. 76 c.
31 juill.Trib.confl. 447 c., 984 c.
2 août. Req. 514 c., 570 c.
6 août.Cons.d'Et. 827 c.
10 août. Décr. 689 c.
24 août. Caen. 289 c.
13 nov.Trib.confl. 804 c.
20 nov.Aix.303 c., 804 c.
20 nov. Dijon. 354 c.
3 déc. Limoges. Tourcoing. 20 c.
4 déc. Nîmes. 354 c.
10 déc. Req.443 c.
10 déc. Orléans. 516 c.
16 déc. Bourges. 354 c.
17 déc.Cons.d'Et. 274 c., 862 c.
21 déc. Nîmes. 208 c.
22 déc. Nîmes. 208 c.
28 déc. Req.79 c., 145 c.
29 déc. Civ. 570 c.
29 déc. Loi. 429 c.

1876

3 janv. Req. 447 c., 860 c.
3 janv. Toulouse. 753 c.
13 janv. Angers. 354 c.
21 janv. Cons. d'Et.354 c., 854 c.
25 janv. Req. 517 c.
21 janv. Cons. d'Et. 854 c.
3 mars.Cons.d'Et. 210 c.

31 janv. Riom. 582 c.
8 févr. Req. 430 c., 452 c.
15 févr. Req. 517 c., 570 c.
4 mars. Lyon. 316 c., 574 c., 575 c., 581 c.
7 mars. Req. 490 c.
10 mars. Cons. d'Et. 850 c., 952 c.
15 mars. Cons. d'Et. 825 c.
18 mars. Trib. confl. 848 c., 983 c.
23 mars. Angers. 635 c.
23 mars. Req. 53 c., 195 c., 245 c.
28 mars. Dijon.498 c.
4 avr. Civ. 806 c.
25 avr. Civ. 936 c.
8 mai. Req. 104 c., 187 c., 245 c.
12 mai. Cons. d'Et. 147 c., 369 c.
16 mai.Dijon. 62 c.
17 mai. Trib. Fon- tainebleau. 275 c.
18 mai. Trib. civ. Moulins. 557 c.
22 mai. Toulouse. 570 c.
27 mai. Paris. 217 c.
29 mai. Civ. 252 c.
30 mai. Civ. 245 c.
13 juin. Civ. 806 c.
27 juin. Civ. 245 c.
705 c., 804 c.
30 juin. Cons. d'Et. 372 c.
11 juill. Req. 434 c.
14 juill. Req. 174 c.
24 juill. Riom. 328 c.
29 juill. Trib. confl. 447 c.
31 juill. Trib. com. Seine. 131 c.
2 août. Civ. 77 c., 124 c.
8 août. Req. 376 c., 812 c.
12 août. Aix. 288 c.
25 août. Trib. paix. 374 c., 387 c.
7 nov. Civ. 239 c.
20 nov. Req. 245 c., 467 c., 516 c., 554 c.
22 nov. Req. 582 c.
28 nov. Civ. 801 c.
30 nov. Bastia. 222 c.
9 déc. Nancy. 281 c.
15 déc. Dijon. 447 c.

1877

4 janv. Paris. 123 c.
7 janv. Cons. d'Et. 289 c., 400 c.
7 janv. Nancy. 197 c.
12 janv.Cons.d'Et. 363 c.
16 janv. Req. 206 c.
24 janv. Req. 65 c.
25 janv. Req. 570 c.
7 févr. Req. 245 c.
12 févr. Alger. 981 c.
14 févr. Paris. 205 c., 208 c., 210 c.

22 févr. Lyon. 224 c., 225 c.
12 mars.Bordeaux. 151.
27 avr. Cons. d'Et. 290 c.
5 mai.Trib.confl. 429 c.
9 mai. Caen. 695 c.
11 mai. Amiens. 527 c.
18 mai. Cons. d'Et. 222 c.
24 mai. Trib. de paix. Amiens. 732 c.
25 mai. Civ. 80 c.
25 mai Cons. d'Et. 275 c.
4 juin. Civ. 449 c.
5 juin. Req.25 c., 265 c.
5 juin. Paris. 804 c.
11 juin.Req.303 c., 804 c.
19 juin. Aix. 168 c.
22 juin. Trib. civ. Melun. 840 c.
23 juin. Paris. 673 c.
3 juill. Loi. 823 c., 826 c.
6 juill.Rouen.159 c., 920 c.
17 juill. Bordeaux. 517 c.
21 juill. Montpel- lier. 47 c., 197 c.
30 juill. Req. 811 c.
30 juill. Civ. 260 c.
8 août.Cons.d'Et. 827 c.
4 août.Trib.confl. 806 c., 846 c.
13 août. Req. 733 c., 917 c.
14 août. Req.82 c., 810 c.
20 août. Paris. 883 c., 961.
22 août. Bourges. 539 c.
24 août. Paris. 705 c., 804 c.
23 nov. Cons. d'Et. 374 c., 387 c.
24 nov. Trib. confl. 429 c.
26 nov.Req.160 c., 192 c., 243 c.
8 déc. Trib. confl. 429 c.
13 déc. Trib. confl. 429 c.
27 déc. Grenoble. 791 c.
29 déc. Trib. confl. 429 c., 446 c.

1878

4 janv. Paris. 123 c.
7 janv. Cons. d'Et. 289 c., 400.
7 janv. Req. 521 c., 557 c.
10 janv. Crim. 662 c.
12 janv.Trib. corr. Les Andelys. 691 c.
18 janv.Trib. 429 c.
15 janv. Req. 327 c.
21 janv. Amiens. 199 c., 791 c., 795.
22 janv. Décret. 355 c.

24 janv. Angers. 936.
6 févr. Req. 119 c., 239 c., 960 c.
12 févr. Req. 224 c., 240 c.
18 févr. Amiens. 191 c., 583 c.
27 févr. Req. 126 c.
16 mars. Crim. 222 c.
18 mars.Bordeaux 701 c.
20 mars. Civ. 81 c., 94 c.
25 mai. Civ. 80 c. 870.
3 avr. Loi. 358 c., 371 c.
10 avr. Trib. Nice. 330 c., 337 c.
16 avr. Décr. 837 c.
17 avr. Civ. 87 c., 94 c.
4 mai. Rennes. 149 c., 613 c.
9 mai. Nîmes. 222 c.
22 juin. Trib. civ. 400 c.
18 mai. Bordeaux. 516 c.
18 mai. Loi. 408 c.
5 juin Alger. 931 c.
24 juin. Alger. 55 c.
29 juin. Rouen. 548 c.
1er juill. Req. 143 c., 245 c.
2 juill. Req.461 c.
3 juill. Nancy. 675.
5 juill. Cons.d'Et. 991 c.
8 juill. Amiens. 516 c.
31 juill. Civ.47 c., 197 c.
31 juill. Bordeaux. 866.
2 août. Dijon. 504.
8 août. Crim. 765 c.
10 août. Amiens. 110 c., 164 c., 176 c., 811 c.
19 août.Req.159 c., 950 c.
19 août. Civ. 256 c.
26 nov.Req.160 c., 193 c., 243 c.
11 nov. Civ. 889 c., 850 c.
18 nov. Rouen. 748 c.
19 nov. Aix.58 c., 72 c., 73 c.,75 c., 429 c.
23 nov. Trib.confl. 429 c.
4 déc. Dijon. 551 c., 138 c.
23 déc. Chambéry. 271 c., 764.
24 déc. Rouen. 191 c., 289 c.
27 déc. Rouen. 107 c.
31 déc. Rennes. 164 c.

1879

14 janv. Bourges. 23 c., 106 c.
18 janv. Orléans. 555 c., 566 c.
28 janv. Civ. 246 c.
29 janv. Alger. 931 c.
10 févr. Bourges. 432 c., 433 c.

24 janv. Angers. 936.
6 févr. Req. 119 c., 239 c., 960.
14 mars.Douai.774 c.
14 mars. Cons. d'Et. 107 c.
19 mars. Angers. 191 c., 583 c.
21 mars. Cons. d'Et. 259 c.
24 mars. Rennes. 24 c.
24 mars.Toulouse. 555 c., 558 c.
28 mars. Bourges 204 c.
4 avr. Cons. d'Et. 107 c., 853 c.
18 avr. Req. 77 c.
2 mai. Loi. 425 c.
3 mai.Trib. confl. 433 c.
29 mai. Alger. 786 c., 793 c.
3 juin. Compiè- gne 691 c.
10 juin. Civ. 55 c.
23 juin. Décr. 872 c.
5 juin Alger. 931 c.
5 juill. Cons.d'Et. 410 c.
21 juill. Req. 55 c.
23 juill. Civ.312 c.
25 juill. Trib. Ver- sailles. 437 c.
23 juill. Cons. in- tern. de Lon- dres.857 c.
29 juill. Rouen.126 c.
31 juill.Loi. 582 c.
18 août. Riom.923 c.
20 août. Civ.198 c.
17 nov. Bordeaux. 590 c.
21 nov.Cons.d'Et. 440 c.
26 nov. Caen.795 c.
29 nov.Trib. confl. 437 c.
2 déc. Besançon. 555 c.
4 déc.Cons.d'Et. 894 c.
18 déc.Rennes.437 c.
10 déc. Civ. 164 c., 433 c.
13 déc.Trib. confl. 437 c., 447 c.
23 déc. Req.930 c.
26 déc.Cons. d'Et. 991 c.

1880

13 janv.Douai. 754 c.
13 janv. Paris. 106 c.
20 janv. Civ.67 c., 245 c.
21 févr. Req. 755 c.
4 févr. Trib. civ. Nantes. 435 c.
7 févr. Grenoble. 432 c.
16 févr. Paris.874 c.,904 c., 905 c.
24 févr. Aix. 877 c.
3 mars.Cons.d'Et. 388 c., 806 c.

14 mars. Civ. 154 c.
11 mars. Trib. Léon. 626 c.
17 mars.Req. 193.
14 mars.Douai.774 c., 816 c.
29 mars. Décr.429 c.
10 avr Trib. des confl. 437 c.
10 avr. Rouen. 113 c., 147 c.
27 avr. Req. 55 c., 151 c.
29 avr. C. sup. de just. duLuxem- bourg. 963.
30 avr.Décr. 239 c.
30 avr. Cons. d'Et. 194 c., 395 c.
4 mai. Douai.435 c.
12 mai. Civ. 433 c.
9 juill. Req. 266 c.
9 juin. Trib. cor. Bordeaux. 932.
2 juill.Cons.d'Et. 367 c.
7 juill. Req. 434 c.
17 juill. Loi. 845 c.
17 juill. Loi. 292 c.
4 août.Req.434 c.
5 août. Bruxelles. 288 c.
9 août.Cons.d'Et. 991 c.
19 août.Bordeaux. 932.
23 sept.Trib. com. de la Seine.127 c.
3 nov. Conv. 846 c., 847 c.
5 nov. Caen. 116 c., 170 c.
13 nov.Trib. confl. 429 c.
19 nov.Cons.d'Et. 384 c.
20 nov. Trib. confl. 429 c.
27 nov.Trib. confl. 429 c.
1er déc. Besançon. 229 c., 230 c., 283 c.
7 déc. Req. 83 c.
9 déc. C. cass. Belg. 396 c., 807 c., 867, 877 c.
22 déc. Trib. confl. 429 c.
22 déc. Liège. 123 c.

1881

12 janv. Req. 36 c.
13 janv. Bordeaux. 866 c.
19 janv. Req. 184 c., 245 c.
7 févr. Bourges. 438 c.
16 févr. Angers. 233 c.
17 févr. Aix. 124, 125 c.
25 févr.Cons.d'Et. 824 c.
2 mars. Orléans. 207 c., 211 c.
31 mars. Loi. 847 c.
11 mars. Cons. d'Et. 831 c.
13 mars.Trib. civ. Seine. 870 c.
14 mars. Bourges. 922 c., 930 c.

16 mars,Req.877 c.
17 mars, C. cass.
Belgique. 278.
25 mars. Grim. 679
c.
26 mars. Trib.
confl. 439 c.
2 avr. Trib. confl.
433 c., 447 c.
8 avr. Trib. paix.
Vignorey. 20 c.
11 avr. Req. 877 c.
12 avr. Dijon. 929.
13 avr. Cons. d'Et.
392 c.
19 avr. Décr. 246 c.
847 c.
6 mai. Cons. d'Et.
396 c.
14 mai.Crim.247 c.
14 mai. Liège. 761.
21 mai. Trib.confl.
437 c.
30 mai. Civ. 468
c., 521 c.
1er juin. Req. 442 c.
6 juin. Bourges.
202 c., 207 c.,
212 c.
8 juin. Rouen.
130 c., 131 c.
18 juin. Req. 474 c.
29 juin. Req. 475
c.
7 juill. Trib. civ.
Seine. 898 c.
11 juill.Req.200 c.,
501 c.
16 juill. Trib. civ.
Seine. 870 c.
19 juill. Paris. 778
c.
20 juill. Loi. 437 c.
9 août. Orléans.
898 c.
0 août. Amiens.
323 c.
21 août. Civ. 745
c.
25 août. Grenoble.
800 c.
1 oct. Décr. 847
c.
9 nov. Trib. confl.
430 c.
9 nov. Agen. 609
c.
2 nov. Paris. 102.
3 nov. Grim. 579
689 c., 604 c.
17 nov. Req. 148
c.
1 nov. Paris. 124
8 nov. Bruxelles.
397 c.
0 nov. Bordeaux.
278.
0 déc. Amiens.
202 c., 207 c.
0 déc. C. cass, de
Belgique. 340
c., 343 c., 807
c., 857.
2 déc. Crim. 702
c.
3 déc. Besançon.
926 c.
2 déc. Req. 448
c., 245 c., 413
c.
7 déc. Trib. confl.
429 c.
8 déc. Civ. 80
c.
9 déc. Amiens.
193 c.

1882

6 janv.Cons.d'Et.
820 c.
9 janv. Req. 245
c.
8 janv. Dijon. 91
c.
0 janv.Cons.d'Et.
259 c., 390 c.,
402 c., 405 c.
9 janv. Orléans.
140.
0 janv. Req. 106
c.
0 janv. Civ. 235 c.
245 c.

31 janv. Trib. civ.
Bruxelles. 100.
10 févr.Cons.d'Et.
289 c., 400 c.
13 févr. Req. 116
c., 876 c.
15 févr. Civ. 47
c.
17 févr. Lyon. 253
c.
20 févr. Req. 47
c.
28 févr.Cons.d'Et.
63 c.
23 févr. Trib.d'Es-
palion. 405 c.
7 mars. Douai.
533 c.
10 mars. Trib. civ.
Lille. 205 c.
14 mars. Civ. 327
c.
18 mars. Cons.
d'Et. 437 c.
20 mars. Req. 153
c.
25 mars. Trib.
fédér. suisse.
807 c.
27 mars. Req. 246
c., 247 c.
29 mars. Req. 438
c.
29 mars. Angers.
541 c.
31 mars. Trib. civ.
de Saint-Nazai-
re. 413 c.
12 avr. Trib. confl.
443 c.
3 mai. Req. 165.
5 mai. Trib.Char-
tres. 886 c.
17 mai. Nîmes.206
c.
19 mai. Besançon.
81 c.
23 mai. Alger. 283
c.
25 mai. C. cass.
Belgique. 848
c.
26 mai. Trib. civ.
Montpellier. 35
c., 783 c.
5 juin. Req. 72
c.
30 juin. Paris. 780
c.
6 juill.Cons.d'Et.
289 c., 394 c.
7 juill,Trib.confl.
443 c., 447 c.
23 juin.Cons.d'Et.
392 c.
29 juin. Loi. 852
c.
12 juill. Cons.
d'Etat. 817 c.
15 juill. Loi. 852
c.
21 juill,Cons.d'Et.
274 c., 819
c.
24 juill. Req. 85
c.
4 août,Cons.d'Et.
194 c., 819 c.
8 août,Cons.d'Et.
397 c., 832
c.
14 août. Civ. 80
c.
18 août. Grim. 207
c.
8 nov. Bordeaux.
236.
23 nov. Orléans.
189 c.
25 nov. Crim. 23!
c.
25 nov. Gand. 202
c., 209 c., 244
c.
26 nov. Gand. 207
c.
8 déc.Cons.d'Et.
209 c., 402 c.,
403 c., 404 c.,
c.
20 déc. Req. 514.
27 déc. Aix. 414
c.

1883

2 janv. Paris.
622 c.
3 janv. Req. 234
c., 876 c.
8 janv. Civ. 416
c.
8 janv. Toulouse.
684 c.
10 janv.Civ.304 c.
19 janv.Cons.d'Et.
269 c.
24 janv. Req. 898
c.
25 janv. Angers.
445 c.
6 févr. Req. 257
c., 327 c.
7 févr.Cons.d'Et.
892 c.
12 févr. Req. 541
c., 389 c.
16 févr.Cons.d'Et.
397 c.
3 mars.Cons.d'Et.
395 c.
5 mars. Trib. civ.
Saint-Brieuc.
275.
6 mars. Douai.
753 c., 805 c.
8 mars. Crim.697
c., 705 c.
9 mars. Cons.
d'Et. 618 c.
13 mars. Trib.
Gray. 174 c.
20 mars.Req.25 c.,
38 c.
11 avr. Lyon. 149
c., 230 c.
16 avr.Req.406 c.
18 avr. Trib. com.
Seine. 130 c.,
131 c., 133 c.
19 avr. G.d'ass.de
l'Ariège. 429 c.
5 mai. Civ. 118
c.
11 mai.Cons.d'Et.
385 c., 824 c.
14 juin. Paris. 146
c., 733 c.
18 juin. Liège.267
c.
6 juill.Cons.d'Et.
289 c., 394 c.
20 juill.Cons.d'Et.
934 c.
7 août.Cons.d'Et.
848 c.
16 nov. Liège. 186
c., 191 c.
19 nov. Civ. 806
c.
5 déc. Rennes.
666 c.
6 déc. Trib. com.
Seine. 130 c.,
131 c.
13 déc. Trib.confl.
432 c.
15 déc.Trib.confl.
c.
27 déc. Paris. 47
c.

1884

3 janv.Paris.245
c., 271 c.
9 janv.,Chambéry.
615 c.
14 janv. Riom. 780
c.
15 janv. Loi. 682
c.

27 févr. Loi. 397 c.
3 mars. Req. 898
c.
6 mars.Paris. 118
c.
14 mars.Trib.com.
Seine. 127 c.
15 mars. Civ. 432
c.
17 mars. Civ. 806
c.
17 mars. Paris.926
c., 926 c., 980.
22 mars. Trib.
confl. 434 c.
21 mars. Loi. 24 c.
5 avr. Loi. 409 c.
26 avr.Crim. 296 c.
24 mai. Req. 614 c.
27 mai. Req. 83 c.
28 mai. Req. 83.
11 juin. Riom. 870
c.
14 juin. Loi. 382 c.
16 juin. Req. 580
c.
20 juin. Civ. 806 c.
20 juin.Cons.d'Et.
357 c., 395 c.
24 juin. Trib. com.
Seine. 127 c.
4 juill. Crim. 429
c.
5 juill.Trib.confl.
430 c.
8 juill.Req.184 c.,
75 c., 184 c.
9 juill. Req. 83 c.
9 juill. Douai.
949 c.
23 juill. Bruxelles.
172 c., 173 c.
24 juill. Angers.
541 c.
28 juill,Cons.d'Et.
824 c.
30 juill. Req. 83 c.
30 juill. Besançon.
722 c., 905 c.
3 août.Cons.d'Et.
259 c., 260 c.,
392 c., 396 c.,
403 c.
8 août.Cons.d'Et.
289 c., 324 c.,
325 c.
9 août.Trib.confl.
447 c.
11 août. Lyon. 47
c.
26 août. Civ. 806 c.
10 nov. Crim. 680.
28 nov.Req.303 c.,
804 c.
30 nov.Trib.Saint-
Etienne. 628 c.
5 déc. Cons. d'Et.
362 c.
11 déc. Paris. 130
c., 511 c., 516
c., 547 c., 569
572 c., 574 c.
17 déc. Civ. 133 c.
433 c.
30 déc. Nancy. 788
c.
20 déc. Trib.confl.
806 c.
31 déc. Riom. 925
c., 926 c.,929 c.

1885

10 janv. Crim. 356
c.
12 janv. Riom. 329
c.
22 janv. Paris. 245
c., 271 c.
27 janv. Req. 194
c., 312 c.
25 févr. Orléans.
65 c., 260 c.,
285 c.
12 mars. Nancy.
184 c.
19 mars. Crim. 433
c.
28 mars. Cons.
d'Et. 396 c.
31 mars. Req. 628
587 c.
11 avr. Trib. civ.
Seine. 901 c.

21 avr. Req. 65 c.
24 avr. Cons. d'Et.
808 c.
8 mai.Cons.d'Et.
107 c.
19 mai.Civ.247 c.,
461 c., 466 c.
487 c., 468 c.,
598 c., 622 c.
21 mai. Av. Cons.
d'Et. 840 c.
22 mai. Cons. d'Et.
107 c.
30 juin. Req. 199
c., 527 c.
1er juill. Civ. 258 c.
4 juill. Nancy.
463 c., 593 c.
10 juill. Loi. 614
c., 830 c.
27 juill.Req.434 c.
860 c.
21 oct. Req. 514 c.
31 oct. Civ. 468 c.
7 nov. Req. 879 c.
7 nov. Trib. civ.
Le Havre. 238
c., 455 c.
12 nov. Trib. com.
Seine. 136 c.
18 nov. Req. 527
c., 477 c., 996
c.
2 déc. Civ. 609
c.
2 déc. Limoges.
555 c., 556 c.,
c.
3 déc. Riom. 284
c., 531 c., 582
c.
4 déc. Cons. d'Et.
848 c.
7 déc. Civ. 80
c.
11 déc.Cons.d'Et.
274 c., 819 c.
18 déc.Trib.com.
Seine. 130 c.

1886

5 janv. Req. 590
c.
8 janv.Cons.d'Et.
289 c., 274 c.
8 janv. Trib.
Chambéry. 923
c.
19 janv. Req. 944 c.
27 janv. Trib. civ.
Seine. 486.
11 févr. Paris. 926
c., 928 c., 929.
24 févr. Req. 96 c.,
711 c.
24 févr. Bordeaux.
870 c.
26 févr. Toulouse.
592 c.
1er mars. Req. 582
c., 655 c.
9 mars.Civ.926 c.,
920 c.
12 mars.Douai.350
c.
12 mars. Loi. 382
c.
13 mars. Trib.
confl. 247 c.
16 mars.Req. 620
c., 655 c.
17 mars.Trib. civ.
de la Seine 901
c.
20 mars.Civ.108 c.
31 mars. Rouen.
598 c., 622 c.
2 avr. Cons. d'Et.
356 c.
14 avr. Civ. 95 c.
14 avr. Civ. 620 c.
16 avr. Bordeaux.
106 c.
16 avr.Cons.d'Et.
397 c.

6 mai. Paris. 127
c., 130 c., 131
c., 132 c.
11 mai. Paris. 599
c.
13 mai. Trib. civ.
Seine. 870 c.
14 mai. Orléans.
546 c.
19 mai. Req. 272
c.
24 mai.Req.593 c.
31 mai. Poitiers.
550 c.
1er juill. Civ. 234 c.
416 c.
1er juill. Civ. 258 c.
5 juin. Trib.confl.
442 c.
12 juin. Paris. 674
c.
3 juill. Montpel-
lier. 433 c.
20 juill.Req.527 c.
28 juill,Civ. 795 c.
31 juill.Trib.confl.
445 c.
7 août.Trib.com.
269 c., 404 c.
14 août.Rouen.433
c.
2 août.Trib.com.
Nantes. 126 c.
8 oct. Civ. 48 c.
14 oct. Trib. civ.
Seine. 356 c.
15 oct. Trib. com.
Marseille. 127 c.
23 oct. Crim. 132
c.
25 oct. Civ. 753
c.
26 oct. Paris. 870
c.
10 nov. Req. 82 c.
15 nov. Pau. 935 c.
25 nov. Req. 676
c.
30 nov. Lyon. 623
c.
8 déc. Trib. Ber-
nay. 944 c.
11 déc. Trib. civ.
Lyon. 561 c.
13 déc. C. just.
Genève. 131 c.
15 déc. Trib. confl.
Seine. 126 c.
28 déc. Civ. 467
c.

1887

3 janv.Req. 68 c.,
69 c.
10 janv. Douai. 478
c.
21 janv. Lyon. 780
c.
24 janv. Req. 585
c.
24 janv. Civ. 467
c., 564 c., 565
c.
23 oct. Riom. 507
c., 517 c., 516 c.
3 févr. Liège. 544
c.
8 févr.Trib.civ.de
la Seine. 870 c.
11 févr.Cons.d'Et.
931 c., 835 c.
12 févr. Montpel-
lier. 725 c.
17 févr. Rennes.
125 c.
21 févr. Civ. 82
c.
24 mars.Bordeaux.
870 c.
25 mars. Grim. 433
c.
7 avr. Paris. 442
c.
19 avr. Civ. 949
c., 950 c., 957
c.
26 avr. Civ. 245 c.,
467 c.
16 mai. Req. 921
c.
25 mai. Limoges.
594 c.

14 juin. Limoges.
434 c.
23 juin.Req.555 c.,
562 c.
24 juin. Civ. 479
c.
1er juill.Cons.d'Et.
274 c.
11 juill. Req. 67 c.
2 août. Req. 584
c.
10 nov.Req. 188 c.
21 nov.Paris. 67 c.
7 déc. Trib. civ.
Lyon. 870 c.

1888

13 janv. Trib. civ.
Châteaubriant.
379 c., 438 c.
23 janv. Civ. 655
c.
29 janv.Trib.confl.
445 c.
31 janv. Alger. 380
c.
2 févr. Douai.
c.
3 févr. Cons. d'Et.
107 c.
10 févr. Crim. 447
c.
17 févr. Cons.d'Et.
357 c.
14 mars.Civ.158 c.,
154 c.
19 mars. Civ. 192
c. 247 c., 249
c.
19 mars. Poitiers.
774 c.
28 mars. Civ. 271
c., 944 c.
11 avr. Loi. 847 c.
14 nov.Trib.com.
Seine. 132 c.
3 mai. Trib. civ.
Corbeil. 433
c.
14 mai. Trib. civ.
Seine. 870 c.
26 mai. Nancy.167
c., 722 c.
28 mai. Req. 286
c., 519 c., 578
c., 891 c.
20 juin. Alger. 82
c.
26 juin. Limoges.
432 c.
1er juill. Trib. civ.
Lille. 358 c.
8 juill. Trib. com.
Seine. 130 c.
18 août. Règl. 117
c.
22 oct. Civ. 80 c.
4 nov. Cons. d'Et.
829.
7 nov.Req. 288 c.
9 nov. Cons. d'Et.
783 c.
14 nov. Civ. 786
c.
20 nov. Req. 945
c.
20 nov. Civ. 80 c.
27 nov. Civ. 80 c.
8 déc. Civ. 666
c.
10 déc. Toulouse.
566 c.
17 déc. Riom. 649
c.

1889

15 janv.Civ. 758 c.,
873 c.
16 janv. Req. 944
c.
16 janv. Nîmes.649
c.

6 févr. Limoges,
25 c., 241 c.
6 mars. Civ. 80 c.
25 mars. Trib.
confl. 861 c.
446 c., 452 c.,
356 c., 989 c.
27 mars.Civ.245 c.
4 avr. Loi. 910 c..
c.
5 avr. Cons. d'Et.
410 c.
6 avr. Trib.confl.
442 c., 448 c.
18 avr. Loi. 713 c.
17 mai.Cons.d'Et.
165 c.
28 mai. Civ. 80 c.
1er juill.Trib.confl.
446 c.
4 juin. Trib.confl.
Seine. 130 c.,
131 c., 133 c.
1er juill. Req. 83
c.
23 juill.Req.288 c.
6 août. Paris. 121
c., 125 c., 268
c.
8 août. Orléans.
470 c.
31 août. C. de la
Martinique. 386
c.
21 oct. Req. 944 c.
29 oct.Req.800 c.,
943 c., 944 c.
21 oct. Chambéry.
719 c.
30 oct. Req. 647
c.
30 oct. Civ. 80 c.
31 oct. Paris. 920
c.
11 nov. Poitiers.
521 c.
13 nov. Trib. corr.
Reims. 347 c.
19 nov. Aix. 694
c.
20 nov. Besançon.
271 c., 926 c.
22 nov.Orléans.67
c., 722 c.
3 déc. Agen. 648
c., 649 c.
4 déc. Besançon.
271 c., 934 c.
4 déc. Bourges.
74 c., 75 c.
18 déc.Cons.d'Et.
420 c., 434 c.,
989 c.
16 déc. Paris. 138
c.
20 déc. Montpel-
lier. 121 c., 125
c.
28 déc. Agen. 807
c., 508 c., 516
c.

1890

2 janv. Paris. 665.
8 janv. Civ. 613
c.
6 janv. Aix. 525
c.
9 janv. Amiens.
268 c., 496 c.,
497 c., 499 c.,
501 c.
11 janv. Paris. 703
c.
18 janv.Civ.722 c.,
733 c.
13 janv.Trib.Cons.d'Et.
402.
14 janv. Trib. Ca-
hors. 433 c.
15 janv. Angers.
872 c.
24 janv. Req. 54
c.
22 janv. Req. 242
c., 548 c.
22 janv. Paris. 675
c.
4 févr.,Civ. 880 c.
5 févr.Trib.confl.
989 c.

10 févr. Montpellier. 455 c.
12 févr. Bordeaux. 516 c., 521 c.
14 févr. Paris. 204 c., 209 c.
15 févr.Trib.confl. 345 c., 347 c., 356 c., 430 c., 806 c., 980 c.
20 févr. Paris. 530 c., 556 c., 562 c.
25 févr.Req.205 c.
25 févr.Nancy.796 c.
5 mars.Douai.926 c., 929.
5 mars. Civ. de la Seine.710 c.
6 mars. Crim. 799 c., 805 c.
21 mars. Cons. d'Et. 783 c.
26 mars. Pau. 553 c., 556 c., 569 c., 570 c., 571 c., 577 c.
2 avr. Civ. 80 c.
22 avr. Civ. 80 c.
2 mai.Cons.d'Et. 274 c., 924 c.
10 mai.Trib.confl. 980 c.
3 juin.Civ. 81 c.
9 juin. Trib. civ de la Seine.870 c.
11 juin.Req. 82 c.
11 juin. Civ. 80 c.
13 juin.Cons. d'Et. 216 c.
16 juin.Bastia.234 c.
24 juin.Civ. 802 c.
25 juin. Limoges. 84 c., 775 c.
27 juin.Cons.d'Et. 276 c., 820 c.
30 juin. Montpellier. 355 c., 556 c., 568 c., 570 c., 571 c., 577 c.
8 juill.Req. 946 c.
9 juill. Req. 514 c., 556 c., 563 c., 570 c.
15 juill. Trib. de com. de la Seine. 127 c.
16 juill. Req. 608 c.
19 juill. Paris.,065 c.
22 juill. Civ. 44 c.
23 juill. Pau.459 c.
6 août. Civ. 550 c.

25 août.Paris.273 c.; c. 327 c., 673 c.
22 oct.Civ. 246 c., 249 c.
23 oct. Paris. 130 c., 131 c.
28 oct. Grenoble. 21 c.
29 oct. Civ. 80 c., 542 c.
29 oct. Paris. 471 c.
9 nov. Bordeaux. 457 c.
18 nov. Bourges. 81 c., 312 c.
19 nov. Req. 672 c.
26 nov.Civ. 192 c., 652 c.
29 nov.Trib.confl. 432 c.
16 déc. Limoges. 474 c.
30 déc.Lyon.206 c.; 210 c.
30 déc. Riom. 507 c.
31 déc. Bruxelles. 229 c.

1891
3 janv. Bruxelles. 81 c.
5 juin.Req.525 c.
5 janv. Civ. 776 c.
7 janv. Civ. 944 c.
10 janv. Paris. 273 c.
12 janv.Civ. 247 c., 654 c.
14 janv. Trib. civ. Seine. 710 c., 799 c.
20 janv. Civ. 67 c., 69 c., 245 c., 920 c.
21 janv.Paris. 908, 920 c.
28 janv. Agen. 511 c., 516 c., 523 c., 546 c., 574 c.
29 janv. Rennes. 646 c.
7 févr. Bruxelles. 239 c.
16 févr.Req. 944 c.
25 févr. Trib. civ Vitré. 945 c.
2 mars. Req. 648 c., 659 c.
13 mars. Cons. d'Et. 441 c.
17 mars.Trib. 665 c.

18 mars. Civ. 191 c. 327 c., 673 c.
19 mars. Circ. 607 o.
25 mars. Civ. 676 c.
4 avr. Trib. reg. Aix-la-Chapelle. 207 c.
9 avr. Crim. 454 c.
20 avr. Civ. 80 c.
22 avr. Civ. 80 c.
27 avr.Riom.81 c.
28 nov. Civ. 944 c.
4 mai. Douai. 477 c., 603 c., 653 c.
11 mai. Req. 188 c., 245 c., 476 c., 509 c., 546 c., 888 c.
13 mai. Trib. civ. Macon. 414 c.
26 mai. Paris. 669 c.
8 juin. Civ. 80 c.
9 juin. Civ. 80 c.
9 juin. Toulouse. 654 c.
12 juin. Trib. civ. de Mantes-sur-Seine. 437 c.
16 juin. Civ. 195 c.
22 juin. Civ. 249 c.
2 juill. Paris. 665 c.
4 juill. Conv. Intorn. 846 c., 847 c., 853 c.
11 juill. Req. 779 c., 805 c.
11 juill. Trib. confl. 447 c.
13 juill. Civ. cass. 595 c.
16 juill. Dijon. 414 c.
22 juill. Req. 906 c.
22 juill. Besançon. 91 c.
23 juill. Req. 327 c., 748 c.
3 août. Civ. 84 c.
6-22 août. Loi.984 c.
8 août.Trib.confl. 445 c.
12 août. Chambéry. 417 c.

20 oct. Req. 507 c.
21 oct. Civ. 245 c. 470 c., 517 c.
3 nov. Trib. com. Seine. 127 c.
11 nov.Civ.113 c., 147 c., 198 c.
13 nov.Cons. d'Et. 385 c.
16 nov. Civ. 80 c.
27 nov. Trib. com. Seine. 127 c.
28 nov. Req. 386 c.
30 nov. Rouen. 516 c.
7 déc. Aix.193 c., 987 c.
17 déc. Aix. 433 c.

1892
6 janv.Aix.149 c., 870 c.
13 janv. Paris. 915 c.
16 janv. Trib.com. 824 c.
18 janv.Req.555 c., 569 c., 570 c.
25 janv. Angers. 776 c.
29 janv. Bordeaux. 671 c.
29 janv.Cons. d'Et. 824 c.
1er fév. Civ. 893 c., 697 c., 925 c.
3 févr. Civ. 82 c.
5 févr. Paris. 524 c.
8 févr.Cons.d'Et. 392 c.
9 févr. Trib. civ. de Gaillac. 438 c.
9 févr. Trib. civ. Nice. 713 c.
19 févr. Trib. civ. Seine. 130 c.
20 févr. Douai.587 c., 650 c.
26 févr. Poitiers. 149 c.
27 févr. Paris. 774 c.
7 mars. Req. 191 c., 239 c., 245 c.
9 mars. Civ. 919 c.
10 mars.Paris. 911 c., 915 c., 923 c.
14 mars.Civ. 190 c.

15 mars. Req. 82 c., 365 c.
15 mars.Aix.268 c.
15 mars. Pau. 479 c., 596 c.
16 mars.Civ. 80 c.
16 mars.Paris.209 c.
23 mars. Civ. 273 c.
30 mars. Dijon. 345 c., 871 c.
1er avr.Colmar.209 c.
9 avr. Angers 892 c.
12 avr. Loi. 847 c.
13 avr. Loi. 853 c.
13 avr. Req. 87 c.
13 avr.Lyon.320 c.
13 avr. Paris. 149 c.
26 avr. Cologne. 753 c.
30 avr. Paris. 716 c.
2 mai. Req. 514 c.
4 mai.Civ. 238 c.
7 mai.Nancy. 395 c.
7 mai. Trib.corr. Rennes, 687 c.
9 mai. Req. 514 c.
12 mai.Civ. 192 c.
12 mai.Riom. 95 c.
14 mai. Nancy .21 c.
14 mai. Trib. civ. Seine. 713 c.
16 mai. Req. 245 c., 327 c., 673 c.
20 mai. Bordeaux. 713 c.
23 mai. Alger. 217 c., 218 c., 278 c.
25 mai. Toulouse. 948 c., 950 c., 956 c.
31 mai. Paris. 904 c.
3 juin.Cons.d'Et. 440 c.
4 juin.Dijon.203 c.
13 juin. C. cass. belge. 867 c.
13 juin.Civ. 664 c.
14 juin. Alger. 82 c.

15 juin. Rennes. 612 c.
20 juin.Pau.550 c., 552 c., 555 c.
21 juin. Trib. civ. Chinon. 107 c.
22 juin. Civ. 24 c.
22 juin. Aix. 81 c.
27-28 juin. Décr. 846 c., 847 c.
4 juill. Pau. 557 c., 569 c., 570 c.
7 juill. Civ. 576 c.
13 juill.Cons. d'Et. 400 c.
17 juill.Req.959 c.
19 juill. Req. 467 c., 509 c., 523 c.
21 juill. Paris. 133 c.
22 juill. C. cass. 951 c.
22 juill. Orléans. 514 c., 519 c.
26 juill.Loi.390 c.
27 juill. Paris. 198 c.
27 juill. Civ. 605 c.
5 août. Orléans. 129 c.
9 août. Civ. 177 c., 767 c.
1er-21 sept. Décr. 846 c., 847 c.
1er oct. Décr.Req. 795 c.
26 oct. Dijon. 556 c., 563 c.
3 nov. Trib. civ. Reims. 103 c.
17 nov. Paris. 128 c.
22 nov. Req. 117 c.
22 nov.Civ. 267 c.
22 nov. Bruxelles. 84 c.
30 nov. Paris. 471 c., 542 c.
9 déc. Orléans. 514 c., 131 c.
14 déc.Trib. com. Seine. 130 c., 131 c.
16 déc.Lyon. 89 c.
18 déc. Civ. 446 c.
22 déc.Dijon. 414 c., 193 c.
26 déc. Poitiers. 753 c., 866 c.
27 déc. Grenoble. 433 c.
29 déc. C. cass. 473 c.

30 déc. Crim. 689 c.
31 déc. Nancy. 395 c.

1893
3 janv. Amiens. 505 c.
4 janv.Civ. 912 c.
4 janv. Amiens. 86 c.
12 janv. C. cass. 396 c., 867 c., 867 c.
13 janv.Cons. d'Et. 410 c.
18 janv. Trib. civ. Orthez. 496 c., 501 c.
30 janv. Req. 83c.
1er févr.Civ. 948 c.
8 févr. Montpellier. 28 c.
10 févr.Cons. d'Et. 363 c.
14 févr. Req. 489 c.
15 févr. Civ. 80 c.
15 févr. Dijon. 56 c.
18 févr.Trib.confl. 918 c., 981 c.
22 févr. Paris. 149 c.
24 févr. Civ. 149 c.
24 févr.Cons. d'Et. 216 c., 402 c.
1er mars.Besançon. 98 c.
1er mars. Rouen. 896 c.
6 mars. Req. 944 c.
8 mars. Civ. 545 c.
8 mars. Nancy, 107 c.
9 mars.Paris.120 c., 895 c., 898 c.
20 mars.Civ. 80 c.
23 mars.Paris. 130 c.
14 avr. Civ. 84 c.
19 avr. Paris. 67 c., 305 c.
29 avr. Nancy. 419 c.
8 mai.Req.143 c.
9 mai. Req.432 c.
15 mai. Paris, 944 c.
20 mai. Angers. 473 c.

13 juin.Req. 597 c.
15 juin. Paris. 136 c., 131 c.
19 juin.Civ. 93 c.; 117 c.
11 juill. Req. 80 c., 473 c., 475 c.
11 juill. Grenoble. 517 c.
17 oct.Req. 514 c. 575 c., 642 c.
31 oct. Paris. 773 c., 792 c., 793 c.
7 nov. Douai. 731 c.
13 nov. Dijon. 918 c.
16 nov. Douai. 263 c.
29 nov. Paris. 754 c., 893 c.
5 déc. Req. 524 c.
12 déc.Req. 898 c.
12 déc.Trib.com. 409 c.
13 déc. Civ. 115 c.

1894
8 janv.Civ. 922 c.
9 janv. Angers. 434 c., 656 c.
15 janv. Req. 137 c.
7 déc. Civ. 137 c.
9 févr. Dijon. 666 c.
16 févr. Trib. civ. Seine. 81 c., 459 c.
21 févr. Paris. 710 c.
27 févr. Paris. 66 c.
28 févr. Civ. 776 c.
5 mars.Req.83 c.
5 mars. Alger. 349 c.
14 mars. Civ. 82 c.
4 avr.Paris.716 c.
12 avr. Macon. 414 c.
16 avr.Req. 414 c.
7 mai. Nancy. 48 c.
6 juin.Req. 548 c.
13 juin. Besançon. 413 c.
21 juin. Dijon. 929 c.
26 juin. Req. 38 c.
4 juill. Civ. 198 c.

RESTAURANT-RESTAURATEUR. — V. *Rép.* eod. vo. V. aussi *suprá*, vis *Dépôt-séquestre*, nos 159 et suiv.; *Louage*, no 128 ; *Patente*, nos 167, 392 et suiv. ; *Presse-outrage-publication*, no 456.

RESTITUTION. — V. *Rép.* eod. vo. V. aussi *suprá*, vis *Absence-absent*, no 97 ; *Abus de confiance*, nos 20, 23 et 31 ; *Acte de commerce*, no 428 et suiv. ; *Affiche-afficheur*, nos 23, 28 et suiv. ; *Agent d'affaires*, no 5 ; *Arme*, no 15 ; *Cassation, cour de cassation*, no 461 et suiv. ; *Cautionnement*, no 16 ; *Contrat de mariage*, nos 1468 et suiv. ; *Dépôt-séquestre*, nos 27 et suiv. ; *Enregistrement*, nos 3596 et suiv. ; *Faillites et banqueroutes, liquidations judiciaires*, no 609 ; *Honoraires, salaires, émoluments*, no 199 et suiv. ; *Octroi*, nos 246 et 252 ; *Peine*, nos 806 et suiv. ; *Prises maritimes*, nos 12, 14, 18, 267 et suiv. ; — et *infrá*, vis *Substitution, Succession, Vente, Vol et escroquerie.*

RETARD-RETARDEMENT. — V. *Rép.*, eod. vo. V. aussi *suprá*, vis *Assurances terrestres*, nos 204 : *Commissionnaire*, nos 172 et suiv. ; 226, 249, 300, 331 et suiv. ; *Mandat* ; — et *infrá*, vis *Voirie par chemin de fer*, et *Rép.* eod. vo, nos 416 et suiv.

RÉTENTION.

Division.

§ 1. — Historique et législation (no 1).
§ 2. — Fondement et caractère du droit de rétention (no 2).
§ 3. — Pour quelles créances le droit peut être exercé (no 7).
§ 4. — A quels biens peut s'appliquer le droit de rétention (no 23).
§ 5. — Droits et obligations du rétenteur à l'égard du débiteur (no 25).
§ 6. — Effets de la rétention à l'égard des tiers (no 28).

§ 1. — Historique et législation (*Rép.* nos 2 à 16).

1. V. *Rép.* nos 2 à 16.

§ 2. — Fondement et caractère du droit de rétention. (*Rép.* nos 11 à 19.)

2. La théorie de la rétention a donné lieu depuis la publication du *Répertoire* à plusieurs études, dont les auteurs ne s'accordent pas sur le fondement juridique de ce droit. Nous avons admis (*Rép.* nos 11 et suiv., 20 et suiv.), qu'il était né

de ce principe d'équité que la chose appartenant au débiteur, qui se trouve aux mains du créancier, devient pour celui-ci une sorte de gage naturel, et qu'il serait injuste de l'obliger à s'en dessaisir avant le payement de sa créance ; toutefois nous avons reconnu que, conformément à une tradition constante, notre droit positif, moins large que le droit naturel, n'admet le droit de rétention qu'autant que la créance est née de la chose possédée, (*propter debitum cum re junctum*) (V. en ce sens outre les autorités citées au *Rép.* n° 12, Demolombe, *Distinction des biens*, t. 9, n° 682 ; Glasson, *Du droit de rétention*, p. 58 ; Prêt, *Du droit de rétention*, n° 226). On comprend, d'ailleurs, qu'un tel *criterium* laisse place à quelques discussions de détail, telles que celles que nous indiquerons *infrà*, n° 7 et suiv., en analysant la jurisprudence relative à la question de savoir pour quelles créances le droit de rétention peut être exercé. Dans ces limites, nous avons dit que ce droit ne doit pas être restreint aux cas expressément prévus par les textes, mais étendu par analogie à tous ceux où se rencontre le même motif d'équité.

Une autre opinion voit dans le droit de rétention un véritable privilège, de droit étroit par conséquent, et en restreint l'application au cas où la loi l'autorise formellement (Cabrye, *Du droit de rétention* ; Pont, *Petits Contrats*, t. 2, n° 1298 ; Laurent, *Principes de droit civil français*, t. 29, n° 286).

Enfin, suivant MM. Aubry et Rau (t. 3, p. 115, § 256 *bis*), « il suffit, pour justifier l'extension par analogie du droit de rétention, comme aussi, d'un autre côté, il est nécessaire, pour l'autoriser, que la détention se rattache à une convention, ou, tout au moins, à un quasi-contrat, et que la dette, connexe à la chose détenue, ait pris naissance à l'occasion de cette convention ou de ce quasi-contrat. » Et d'après les mêmes auteurs (*ibid.*, note 5) il en est ainsi parce que tous les contrats devant être exécutés de bonne foi (art. 1134, al. 3), celui qui réclame l'exécution d'une convention ne peut le faire qu'à la condition de remplir, de son côté, les obligations qu'il a contractées, et cela à l'occasion de cette convention. V. aussi Larombière, *Théorie et pratique des obligations*, t. 3, art. 1186, n° 138, qui traite du droit de rétention ou « d'instance » en forme « d'appendice à la théorie des obligations à terme ».

3. La question de savoir si le droit de rétention est *réel* ou *personnel* est controversée dans la doctrine (V. dans le sens de la réalité de ce droit : Cabrye, n° 74 ; Glasson, p. 37 ; en sens contraire, Aubry et Rau, n° 256 *bis*, p. 119 ; Laurent, t. 29, n° 292). Toutefois, on est d'accord pour ne pas reconnaître de droit de suite au créancier qui exerce la rétention ; et, d'autre part « un droit n'est pas réel, par cela seul qu'il peut, sous certaines conditions, être opposé à des tiers » (Aubry et Rau, *ibid.*, note 20). En sorte que, « dans l'un et l'autre système, » on arrive à peu près aux mêmes résultats pratiques », que nous indiquerons *infrà*, n°s 28 et suiv., en traitant de l'effet du droit de rétention à l'égard des tiers.

4. On admet en général que le droit de rétention est *indivisible*, c'est-à-dire que le créancier peut l'exercer sur la chose qui en forme l'objet tout entière, et sur chaque partie de cette chose, pour la totalité de la créance (V. en ce

sens, Aubry et Rau, p. 118 ; en sens contraire, Prêt, n° 216 ; Laurent, *ibid.* n° 232).

Conformément à cette théorie, et à la jurisprudence citée au *Rép.*, n° 18, il a été jugé : 1° que l'ouvrier, qui a reçu des matières premières pour être travaillées, peut exercer son droit de rétention sur ces matières et sur les marchandises façonnées qu'il n'a point encore livrées, même pour obtenir le remboursement du prix des façons de celles dont il s'est dessaisi, lorsque l'opération, énoncée dans un seul et même traité, forme un tout non susceptible de division (Req. 13 mai 1861, aff. Bazire, D. P. 61. 1. 328) ; — 2° Que l'ouvrier qui a reçu d'un tiers des matières premières pour être travaillées peut, à défaut de payement du prix de sa main-d'œuvre, exercer son droit de rétention indivisiblement sur toutes les choses fabriquées restées en sa possession, quelles que soient les livraisons partielles qui aient déjà été effectuées, si la convention s'appliquait indivisément à des transformations multiples (Douai, 17 déc. 1877, aff. Mira, D. P. 78. 5. 412).

5. Peu importe, d'ailleurs, que les matières premières ainsi restées aux mains de l'ouvrier, ou de l'entrepreneur chargé de les transformer, soient encore dans l'état où elles lui ont été livrées. Il a été jugé, en ce sens, que l'imprimeur qui a reçu le papier nécessaire pour l'impression de tous les volumes d'un ouvrage peut, en cas de faillite de l'éditeur, retenir en payement de ce qui lui est dû pour son travail, non seulement les volumes imprimés et non encore livrés, mais même le papier blanc non encore employé (Lyon, 25 mars 1871 (1).

6. Le fabricant qui fournit à la fois la matière et le travail, mais qui opère sur des modèles à lui remis peut-il exercer le droit de rétention sur les modèles à titre de garantie de ce qui lui est dû pour les objets fabriqués et livrés ? Nous ne le croyons pas. Les sommes dues au fabricant comme rémunération de la matière des objets fabriqués et du travail consacré à cette fabrication ne se rattachent en aucune façon aux modèles ; dès lors il n'y a pas de lien entre la créance et la chose retenue. Une des conditions essentielles pour l'exercice du droit de rétention ne se trouve donc pas remplie. Un arrêt (Rouen, 23 mai 1873, aff. Lair, D. P. 75. 2. 108) qui pose cette question, ne la résout pas, écartant la prétention du créancier, par ce motif qu'en l'espèce, d'après les conventions intervenues entre les parties, les modèles devaient être renvoyés à la maison qui avait fait la commande, en même temps qu'étaient livrés les objets fabriqués et avant le payement de ces objets.

§ 3. — Pour quelles créances le droit de rétention peut être exercé (*Rép.* n° 20 à 53).

7. On a énuméré au *Rép.*, n°s 14, 21 et suiv., les cas dans lesquels la loi donne expressément au créancier le droit de rétention, et ceux auxquels on doit l'étendre par analogie. Nous ne nous arrêterons ici qu'à ceux qui ont provoqué des décisions nouvelles de jurisprudence.

Les arrêts cités *suprà*, n°s 5 et suiv. sont des applications du droit de rétention accordé par l'art. 570 c. civ. à

_____

(1) (Cavaniol C. Syndic Gauthier.) — LA COUR ; — Considérant que, par un traité verbal du mois de janvier 1864, Gauthier et Cavaniol sont convenus que Cavaniol imprimerait, pour le compte de Gauthier, les *Actes des Saints*, en vingt volumes, à 1800 exemplaires, avec des caractères déterminés, et que Gauthier fournirait le papier nécessaire pour l'impression de l'ouvrage ; — Considérant qu'en 1868, Gauthier ayant été déclaré en faillite, Cavaniol suspendit l'impression ; — Considérant qu'à ce moment dix volumes étaient imprimés, dont huit seulement avaient été livrés, et que Cavaniol restait détenteur de 178 rames de papier blanc à lui remises par Gauthier ; — Considérant que c'est dans ces conditions que Cavaniol assigna Rolland, syndic de la faillite Gauthier, devant le tribunal de commerce de Lyon, en payement de 11 012 fr. qui lui étaient dus pour son travail, et prétendit exercer le droit de rétention tant sur le papier employé que sur les volumes 9 et 10 non livrés ; — Considérant que, dans le cours de l'instance, Gauthier ayant obtenu un concordat de ses créanciers, contesta les prétentions de Cavaniol au droit de rétention des deux volumes non livrés et du papier non employé ; — Considérant que le jugement dont est appel a fait droit à la demande

de Cavaniol, quant au droit de rétention des deux volumes imprimés, et l'a rejetée quant au papier non employé ; — Considérant que Cavaniol a émis appel de cette sentence, et soutenu devant la cour, comme il l'a fait en première instance, qu'il a un droit de rétention aussi bien sur le papier blanc que sur les volumes imprimés ; — Considérant que cette prétention paraît juste et fondée ; — Considérant que tout le papier reçu par Cavaniol, en exécution du traité de 1864, était destiné à une unique opération indivisible dans la pensée commune des parties ; — Or, considérant que ce serait diviser la convention de décider que Cavaniol pourrait retenir le papier déjà imprimé et serait tenu de restituer le papier qui ne l'est pas encore ;

Par ces motifs,

Dit qu'il a été mal jugé au chef du jugement qui ordonne la restitution par Cavaniol des 178 rames de papier non imprimé dont il reste détenteur ; infirme sur ce chef, et autorise Cavaniol à faire vendre les 178 rames de papier et à en retenir le prix jusqu'à concurrence de ce qui lui est dû, etc.

Du 25 mars 1871.-C. de Lyon, 4e ch.-MM. Debrix, pr.-Caresme, ay. gén.-Caillau-Chouard et Rougier, av.

celui qui a transformé une matière première en un produit nouveau pour le remboursement du prix de la main-d'œuvre.

8. L'art. 1948 c. civ. accorde le droit de rétention au dépositaire (*Rép.* n° 44). Nous en avons limité l'application aux dépenses nécessaires. Il y a lieu d'abord d'y comprendre les dépenses d'entretien, mais non les dépenses d'amélioration ou dépenses simplement utiles (V. en ce sens : Prêt, n° 273. — *Contrà :* Cabrye, n° 48).

Dans le sens de cette doctrine, il a été jugé qu'un banquier chargé par une société de centraliser les obligations anciennes destinées à être échangées contre des obligations nouvelles à émettre n'a pas le droit de rétention sur les titres dont il est détenteur pour avoir payement de la commission pouvant lui être due, « les sommes réclamées ne représentent point des dépenses faites pour la conservation des obligations déposées entre ses mains, mais la rémunération de ses services personnels comme banquier intermédiaire » (Paris, 14 avr. 1892, aff. Blondel et Garnier, D. P. 93. 2. 228). Dans l'espèce, le banquier était le mandataire de la société, non des obligataires vis-à-vis desquels il était un simple dépositaire. — Pour le cas où il eût été leur mandataire, V. *infrà*, n°s 11 et suiv.

9. Il a été jugé que le dépositaire a un droit de rétention sur la chose déposée pour le payement de l'indemnité d'occupation des lieux dans lesquels la chose déposée a été conservée (Civ. cass. 8 déc. 1868, aff. Salmon, D. P. 69. 1. 77). C'est bien en effet une dépense faite pour la conservation de la chose. On sait qu'aux termes de l'art. 1944 c. civ. le déposant doit indemniser le dépositaire de toute perte occasionnée par le dépôt. Le droit de rétention garantit certainement cette indemnité (Prêt, n° 273).

10. Quant au mandataire, tous les auteurs qui admettent l'extension du droit de rétention par analogie, le lui reconnaissent conformément à l'opinion émise au *Rép.*, n° 40. Et même l'un des auteurs qui exigent un texte formel le lui accordent néanmoins, « parce que le mandat est une espèce de dépôt renforcé » quand le mandataire a reçu une chose appartenant au mandant, pour l'exécution du mandat (Cabrye, n° 120). Mais ce dernier auteur refuse le droit de rétention au gérant d'affaires (*Ibid.*, n° 121 ; V. en sens contraire sur ce dernier point : Prêt, n° 285 ; Aubry et Rau, t. 3, § 256 *bis*, p. 116).

11. On a dit au *Rép.*, n°s 23 et suiv., que les officiers ministériels (avoués, huissiers, notaires, agents de change) ont, comme mandataires, un droit de rétention sur les *actes par eux faits* pour le payement de ces actes ; mais qu'ils ne peuvent retenir *les titres à eux confiés par les parties* que jusqu'au remboursement des dépenses faites pour conserver ou se procurer les titres dont il s'agit, et non jusqu'au payement de leurs frais et honoraires (V. en ce sens : Aubry et Rau, n° 256 *bis*, p. 116 ; Glasson, p. 150 à 152 ; Prêt, n° 284. V. aussi la jurisprudence citée *suprà*, v°s *Avoué*, n° 20 ; *Huissier*, n° 20 ; *Notaire-notariat*, n°s 236 et suiv.).

12. Il a été jugé également, dans le même sens, que la personne chargée de régler les affaires d'une étude de notaire et de préparer les grosses et expéditions de certains actes, ne peut retenir les minutes et les notes qui lui ont été confiées pour ce travail que jusqu'au payement du coût du papier timbré qu'elle a dû acheter pour ces grosses et expéditions, et non jusqu'au payement des honoraires qui lui sont dus pour l'exécution de son mandat (Bordeaux, 7 févr. 1866) (1).

13. Mais la cour de cassation va plus loin, et admet que le mandataire peut retenir les objets qu'il a reçus en cette qualité, jusqu'au payement de toute créance née du mandat. Elle a jugé en ce sens : 1° qu'un avoué a le droit de retenir les pièces et titres qu'il a reçus de son client pour l'accomplissement de son mandat jusqu'au payement de ses avances (Civ. rej. 10 août 1870, aff. Alazet, D. P. 71. 1. 40) ; — 2° Qu'un employé préposé à la direction et à la surveillance d'une mine peut retenir, jusqu'au payement de ce qui lui est dû pour ses appointements, les registres et papiers formant sa comptabilité, ainsi que tous les meubles et outils de l'établissement, parce qu'il est un mandataire et que tout mandataire peut invoquer les bénéfices de l'art. 1948 c. civ. (Civ. rej. 17 janv. 1866, aff. Silvestre, D. P. 66. 1. 76, *suprà*, v° *Mandat*, n° 127).

14. Toutefois, il a été jugé que le gérant d'une société en commandite par action qui, après son remplacement ou sa révocation, se prétend créancier de la société à raison de sa gestion, ne peut exercer un droit de rétention, jusqu'au parfait payement de sa créance, sur les livres, papiers et documents appartenant à la société (Civ. cass. 29 nov. 1871, aff. Société des eaux de Calais, D. P. 71. 1. 209). Mais, d'après les motifs de l'arrêt, cette décision repose sur ce que le gérant ne peut être à ce point de vue considéré comme un mandataire ordinaire, qu'il ne détient pas les pièces et livres de la société comme mandataire et « qu'il n'a sur ces documents, indépendamment de sa qualité d'associé, aucun titre de possession personnelle qui soit corrélatif à la créance dont il poursuit le recouvrement contre la société ». L'arrêt ajoute justement que le fait que les documents qu'il détient seraient nécessaires au gérant pour établir sa créance contre la société ne suffit pas pour en justifier la rétention, alors surtout que la société offre de donner au gérant toutes les communications dont il aura besoin.

15. Suivant l'opinion émise au *Rép.*, n°s 44 et suiv., le possesseur de bonne foi de la chose d'autrui, obligé de la restituer au véritable propriétaire, a le droit de rétention pour ses impenses nécessaires et même utiles (V. en ce sens : Rouen, 18 déc. 1856, aff. Desmarets, D. P. 57. 2. 109 ; Trib. de Hasselt, 3 janv. 1878, aff. Hospices de Hasselt, D. P. 81. 2. 44 ; Douai, 12 janv. 1891, aff. Barbier-Carton, D. P. 91. 2. 223). Mais c'est à tort que ce dernier arrêt semble donner comme base, au droit de rétention du possesseur de bonne foi, le texte même de l'art. 555 c. civ. : il a son fondement dans une règle traditionnelle d'équité. Aussi a-t-on soutenu qu'il n'y avait aucune raison de distinguer à cet égard entre le possesseur de bonne foi et le possesseur de mauvaise foi et qu'on devait leur reconnaître à tous deux le droit de rétention (V. *Rép.* v° *Propriété*, n°s 435 et suiv. ; Demolombe, *Traité de la distinction des biens*, t. 1, n° 682 ; Prêt, n° 279) ; toutefois ce dernier auteur ne l'accorde au possesseur de mauvaise foi que pour ses impenses nécessaires à l'exclusion des dépenses simplement utiles.

16. Il a été jugé, au contraire, et dans le sens de la distinction adoptée au *Rép.*, n° 35 : 1° que le possesseur de bonne

---

(1) Roux C. Riffaud). — La cour ; — Attendu que, suivant jugement du 7 déc. 1863, Eusèbe Roux est créancier de la succession vacante d'Auguste Raucon, ancien notaire à Vars, d'une somme principale de 2090 fr. 72 cent., savoir : 1900 fr. pour rémunération du mandat qu'il avait reçu à l'effet d'établir l'état des affaires et créances de l'étude et 190 fr. 72 cent. pour avances par lui faites pour achat de papier timbré des grosses et expéditions des actes ; — Attendu qu'il est de principe que le mandataire a, à l'encontre du mandant, un droit de rétention sur les choses qu'il détient, pour le remboursement des avances qu'il a faites pour leur conservation ; que les avances que Roux a faites pour l'achat du papier timbré des grosses et expéditions dont il est détenteur ont ce caractère ; qu'il est donc fondé en droit et en équité à les retenir jusqu'à ce que la somme de 190 fr. 72 cent., qu'il a payée pour le prix du papier timbré, lui ait été remboursée ; qu'aucune offre ne lui ayant été faite, et Riffaud, curateur à la succession vacante, déniant même son droit de rétention, c'est à tort que les premiers juges l'ont condamné à faire la remise de ces pièces purement et simplement, et sans la condition du remboursement préalable ; — Attendu, quant à la somme de 1900 fr.,

qu'ayant pour cause la rémunération de ses peines et soins pour le règlement des affaires de l'étude, et la liquidation des créances, elle ne s'applique pas à un corps certain par lui détenu ; qu'il ne peut donc exercer sur les expéditions, titres et notes qu'il a en sa possession un droit de rétention jusqu'à ce qu'elle lui ait été remboursée ; que, son mandat ayant pris fin par le décès de Raucon, il ne peut opérer lui-même le recouvrement des créances, en sa qualité de curateur ; qu'il doit donc lui remettre les pièces et documents dont il est nanti par suite de son mandat pour que ce dernier puisse remplir sa mission ; — Que la question de savoir s'il a pour sa créance un privilège sur les sommes qui seront recouvrées, s'il doit être payé par préférence aux autres créanciers, n'intéresse pas le débiteur, et doit se débattre entre créanciers ; qu'il n'y a donc lieu d'apprécier, quant à présent, la prétention de Roux à cet égard, et que ces droits, quant à ce, doivent être réservés pour les faire valoir ainsi qu'il avisera.

Infirme, etc.

Du 7 févr. 1866.-C. de Bordeaux, 2e ch.-MM. Gellibert pr.-Jorant, av. gén.-Brochon et Vaucher, av.

foi a seul le droit de retenir, jusqu'au parfait remboursement de ses impenses, l'immeuble qu'il a été condamné à restituer au véritable propriétaire (Req. 25 mai 1852, aff. Epoux Daillier, D. P. 52. 1. 279); — 2° Que, hors le cas où le droit de rétention est expressément autorisé par la loi, la condition essentielle de son exercice consiste dans la bonne foi du possesseur (Bastia, 9 juill. 1856, aff. Murelli, D. P. 58. 2. 262); — 3° Que le possesseur de mauvaise foi a droit à la plus-value de l'immeuble qu'il est tenu de délaisser (ou du moins au prix coûtant de ses améliorations), mais qu'il n'est pas admis à retenir cet immeuble jusqu'au payement de la plus-value, le droit de rétention étant un privilège réservé au possesseur de bonne foi (Grenoble, 10 juill. 1800, aff. Bellon, D. P. 62. 2. 40).

17. Les auteurs qui n'admettent pas le droit de rétention en dehors des cas prévus par la loi, ou du moins en dehors d'un contrat ou d'un quasi-contrat intervenu entre les parties, le refusent au possesseur même de bonne foi (V. suprà, n° 2 et suiv.). Il a été jugé, en ce sens, que le droit de rétention doit être refusé, comme n'étant nulle part écrit dans la loi, à celui qui, ayant élevé des constructions sur le terrain d'autrui, refuse de déguerpir avant le payement de ses impenses (Rennes, 3 juill. 1858, infirmant un jugement du tribunal de Rennes) (1). Toutefois Cabrye (p. 117, note 1) admet que les tribunaux peuvent, en vertu de l'art. 1244 c. civ., accorder, quand ils le jugent convenable, un certain délai au possesseur pour l'exécution de son obligation de restituer. Et MM. Aubry et Rau (t. 3, p. 118) concèdent que s'il s'agissait de bonifications réclamées par un tiers possesseur de bonne foi, ou par les héritiers d'un

usufruitier, et que le propriétaire de l'immeuble à délaisser ne présentât pas de garanties suffisantes de solvabilité, le juge pourrait subordonner l'exécution de la condamnation en délaissement au payement des sommes qui lui seraient dues ».

18. D'autre part, Demolombe, après avoir, comme nous l'avons dit (suprà, n° 15), admis l'opinion contraire, ajoute que, comme le droit de rétention qu'il reconnaît à tout possesseur « n'est pas fondé en principe sur la vraie cause efficiente du droit de rétention, à savoir : la commune origine des deux obligations,... il appartiendra aux magistrats d'ordonner que le possesseur délaissera l'immeuble même avant d'avoir reçu le payement de ses indemnités » (t. 9, n° 682). Enfin, quelques décisions de jurisprudence semblent reconnaître le pouvoir discrétionnaire qu'auraient les tribunaux d'accorder ou refuser le droit de rétention au possesseur, même de bonne foi, selon que cette garantie paraît ou non nécessaire au recouvrement de ses créances (Rennes, 3 juill. 1858, suprà, n° 17; Req. 13 juill. 1874, aff. Marthieu, D. P. 76. 1. 121). On voit que l'intérêt pratique de la question n'est pas aussi considérable qu'on pourrait le croire tout d'abord.

19. Au cas de résiliation de la vente, il a été jugé que l'acheteur peut être autorisé à retenir la chose qu'il doit restituer jusqu'au remboursement du prix qu'il a payé (Req. 13 juill. 1874, cité suprà, n° 18) et aussi jusqu'au remboursement de ses impenses (Trib. Vervins, 14 août 1885) (2). Cette solution se justifie soit dans le système de la jurisprudence accordant le droit de rétention au possesseur de bonne foi évincé, soit même aux yeux de ceux

---

(1) Dauphin C. Bouge et Richard). — Le sieur Richard avait pris à bail un terrain appartenant au sieur Dauphin, et qui se trouvait alors en la possession d'un sieur Bouge. Celui-ci, qui y avait élevé des constructions, du consentement du sieur Dauphin, refusa de s'en dessaisir tant que le prix desdites constructions ne lui serait pas remboursé. Le sieur Richard assigna le sieur Dauphin en délivrance du terrain, et ce dernier appela Bouge en garantie. Le tribunal civil de Rennes a rendu un jugement qui déclarait légitime la résistance du sieur Bouge.

Ce jugement est ainsi motivé : « Considérant que le droit de rétention, quoique non expressément écrit dans notre code actuel, pour le cas que prévoit l'art. 555, est non seulement l'application du principe général écrit dans nos dernières constitutions, et qui domine toutes les dispositions de notre législation actuelle sur la dépossession forcée du légitime propriétaire, à savoir que cette dépossession ne peut avoir lieu sans payement préalable à ce propriétaire de la juste indemnité à laquelle il a droit; — Considérant que si l'État, expropriant dans l'intérêt public, doit souffrir du retard, pour la solvabilité certaine, l'application de cette règle, il en doit être à plus forte raison ainsi du simple particulier, qui peut aliéner, le lendemain de la dépossession du constructeur, les matériaux qu'il l'a forcé de lui vendre, en déclarant qu'il l'entendait les conserver à l'état de bâtiments, et qui peut ainsi se rendre insolvable; — Considérant que ce droit de rétention pour le constructeur édifiant sur le fonds d'autrui était expressément établi par la législation antérieure du code civil; qu'il avait son fondement dans les lois romaines; qu'il était écrit dans diverses ordonnances royales et spécialement dans l'art. 9 du titre 27 de l'ordonnance de 1667; que les auteurs les plus accrédités, notamment Loyseau (Traité du déguerpissement, liv. 6, chap. 8) et Pothier (De la propriété, n°s 344 et suiv.), le déclaraient incontestable et que la jurisprudence en faisait constamment l'application; — Considérant que le principe ainsi appliqué a sa juste valeur dans l'égalité de positions existant entre deux parties réciproquement obligées l'une envers l'autre, à raison d'une même chose, et dans le droit qu'a chacune d'elles de se refuser à l'exécution de son obligation aussi longtemps que l'autre partie n'exécute pas elle-même son obligation corrélative; — Considérant que de ce qui précède il résulte que Dauphin, auquel Bouge ne pouvait point avoir remboursé et n'offrait pas même de rembourser la valeur des matériaux et le prix de la main-d'œuvre employés pour la construction des édifices dans la détention duquel Bouge prétendait pouvoir se maintenir et dont il refusait de lui livrer la jouissance aux époux Richard, était fondé dans sa prétention, et que l'inexécution des obligations contractées par Dauphin envers les époux Richard ne lui est point imputable; — Par ces motifs, etc. ». — Appel.

La Cour; — ... Considérant que Bouge, lié par le compromis parfaitement valable des 22 et 24 juill. 1857, ne peut revenir contre l'engagement qu'il y a pris de quitter le domaine de Beauséjour au 29 septembre de la même année, qu'il ne s'y est réservé aucun droit de rétention, qui n'est écrit au reste nulle part en sa faveur dans la loi, et qu'il s'est borné à demander, au cours de

l'instance, les intérêts de l'indemnité qui pourrait lui être due; que c'est donc à tort que les premiers juges l'ont délié de l'obligation de déguerpir, et l'ont autorisé à rester sur la détention des immeubles litigieux jusqu'au payement de cette indemnité; — Considérant que, dès lors, c'est par la faute de Bouge que Richard n'a pu entrer en possession desdits immeubles, en exécution de son bail du 29 juill. 1857, enregistré, et qu'il doit conséquemment libérer, garantir et indemniser l'appelant des condamnations contre lui prononcées au profit de Richard; — Par ces motifs, dit que Bouge est en faute de n'avoir pas vidé la ferme de Beauséjour, de corps, famille et biens, au 29 septembre dernier; — En conséquence, condamne Bouge à libérer, garantir et indemniser Dauphin des condamnations prononcées contre lui envers Richard, etc.

Du 3 juill. 1858.-C. de Rennes, 2° ch.-MM. Massabiau, pr.-Morcrette, av. gén., c. conf.-Denis et Ducosquer, av.

(2) (Médoux C. Poquet). — Le tribunal; — Attendu que les experts ont reconnu que le lot adjugé à Poquet, le 14 déc. 1883, présente un excédent de plus d'une vingtième, en égard à la valeur de la totalité des objets vendus; qu'il y a lieu d'adopter les conclusions des experts sur lesquelles les parties n'élèvent aucune difficulté; — Attendu que Poquet invoquant les dispositions de l'art. 1620 c. civ. déclare se désister de la vente; qu'il y a lieu de donner acte à Médoux de cette déclaration; — Attendu qu'aux termes de l'art. 1621 c. civ. quand l'acheteur use de la faculté qui lui est ouverte par l'article précédent, le vendeur est tenu de lui restituer, outre le prix, s'il l'a reçu, les frais du contrat; — Attendu que Poquet, en se déclarant prêt à se désister de la vente moyennant le remboursement des frais d'adjudication et de ses impenses, a indiqué, par le libellé de ses conclusions, qu'il prétend, pour assurer le recouvrement de ces sommes, user du droit de rétention de l'immeuble dont il est en possession; — Attendu que Médoux soutient, au contraire, que le remboursement de ces sommes ne peut être poursuivi par l'acquéreur que par la voie d'une action ordinaire contre le saisi, et qu'il n'est pas garanti par le droit de rétention; — Attendu que le droit de rétention est fondé sur un principe d'équité que le code civil consacre en en faisant des applications dans les art. 867, 1612, 1613, 1673, 1498 et 1749, que ces textes, tout en faisant l'application d'un principe général, le bénéfice qu'ils consacrent doit s'étendre à toutes les hypothèses analogues et peut être invoqué par tout détenteur qui se trouve être créancier à l'occasion de la chose dont la restitution lui est effectuée; — Attendu que la situation de Poquet offre une parfaite analogie avec celle prévue par l'art. 1673 c. civ.; qu'il y a connexité entre la chose que Poquet demande à retenir et la dette dont est tenu le vendeur dont Médoux exerce les droits; qu'il est impossible d'admettre que l'acquéreur, qui opte et est souvent forcé d'opter pour le délaissement, puisse être exposé, en remettant l'immeuble détenu par lui, à perdre le prix qu'il a payé, les frais de son acquisition et ses impenses, pendant que le vendeur insolvable s'enrichirait à ses dépens; que le délaissant trouve, dans le droit

qui ne se contentent pas de cette qualité pour accorder le droit de rétention : c'est, en effet, à un contrat que se rattachent et la dette et la chose retenue.

Mais il a été jugé que le droit de rétention n'appartient pas à l'acheteur contre lequel la vente a été résolue à défaut de payement du prix et qui est déclaré de mauvaise foi (Req. 25 mai 1852, aff. Epoux Daillier, D. P. 52. 1. 279).

20. Antérieurement, il avait été jugé, mais dans une hypothèse spéciale et sans engager la question de principe, que le droit de rétention ne pouvait être exercé par d'anciens instituteurs sur la maison d'école dont ils n'avaient joui qu'à raison de leurs fonctions (Trib. confl. 11 janv. 1879, aff. Ville de Montereau, D. P. 79. 3. 65).

21. Il a été jugé que le mari qui a payé la soulte due par sa femme pour l'acquisition d'un immeuble n'a, sur l'immeuble ainsi acquis, aucun droit de privilège, d'hypothèque, ni de suite, ni même de simple rétention, ses avances n'ayant pas eu pour objet la conservation de l'immeuble et ayant été faites par lui non comme possesseur, mais comme mari et pour le compte de sa femme (Civ. cass. 2 août 1870, aff. Jeanjean, D. P. 71. 1. 278).

22. Un jugement a décidé qu'en principe, le droit de rétention est applicable à un concessionnaire évincé d'un domaine de l'État qui a fait des impenses utiles à ce domaine (Trib. Moulins, 7 sept. 1880, aff. Evêque de Moulins, D. P. 82. 3. 25, dans ses motifs). Mais, par ce même jugement, le tribunal déclarait ne pouvoir sanctionner ce droit de rétention, en l'espèce, sans violer les règles de la compétence en suspendant l'exécution d'un acte administratif, le décret de désaffectation.

Sur l'appel de cette décision, le conflit ayant été élevé, on allégua, pour soutenir que le droit de rétention ne s'applique pas aux dettes de l'État, deux motifs : le premier, la solvabilité de l'État, ne fait droit d'aucune valeur ; le second est tiré de ce que les créanciers de l'État étant tenus, pour le payement de ce qui leur est dû, de se conformer aux règles et aux exigences de la comptabilité publique, ne peuvent employer aucune voie d'exécution forcée contre le Trésor. Ce dernier moyen est incontestablement beaucoup plus sérieux ; nous ne croyons pas cependant qu'il soit décisif. Le droit de rétention diffère essentiellement des voies d'exécution proprement dites ; c'est une arme défensive, et non offensive ; si les règles de la comptabilité ne permettent pas à l'État de solder immédiatement sa dette, le débiteur restera simplement en possession de l'immeuble comme par le passé, l'intérêt de l'État pourra stimuler le Gouvernement à mettre fin à cet état de choses ; mais, en droit, aucune coaction ne sera exercée contre le Trésor. Il y a une grande analogie entre cette situation et le cas où un particulier, exproprié pour cause d'utilité publique, tant qu'il n'a pas reçu intégralement l'indemnité d'expropriation, est maintenu en possession de l'immeuble qui ne lui appartient plus, alors même que ce maintien en possession fait obstacle à l'exécution de travaux reconnus d'utilité publique. La question n'a pas été tranchée par le tribunal des conflits (22 déc. 1880, *ibid.*), qui confirma l'arrêté de conflit en s'appuyant sur la séparation des pouvoirs et sur ce qu'il ne saurait appartenir aux tribunaux judiciaires, spécialement au juge des référés, de retenir la connaissance d'une demande tendant à empêcher les effets et à suspendre l'exécution d'actes administratifs. En fait, d'ailleurs, et comme il y aura ordinairement dans les espèces analogues un acte administratif en cause, le droit de rétention des créanciers de l'État paraît, s'il existe, ne pas pouvoir souvent s'exercer, un arrêté de conflit pouvant le paralyser.

§ 4. — A quels biens peut s'appliquer le droit de rétention.
(Rép. n° 54 à 61.)

23. Contrairement à l'opinion émise au *Rép.*, n° 59,

plusieurs auteurs décident que le mari peut exercer le droit de rétention sur des immeubles dotaux. On fait observer à l'appui de cette opinion que l'inaliénabilité dotale n'est pas mise en question par l'exercice du droit de rétention. Mais les uns en limitent le bénéfice aux impenses nécessaires (Aubry et Rau, t. 3, n° 256 *bis*, p. 117 ; Glasson, p. 146), les autres l'accordent même pour les dépenses utiles (Prêt, n° 282, p. 306). — V. *supra*, v° *Contrat de mariage*, n° 1474.

24. Il a été jugé que les art. 458, 471, 475, 484 et 503 c. com., qui exigent, dans un intérêt d'ordre public, que les registres et papiers du failli soient immédiatement placés sous la main de justice et confiés au syndic, font obstacle à l'exercice du droit de rétention sur ces registres et papiers par un créancier à qui ils avaient été confiés avant la faillite ; qu'en conséquence, et à supposer qu'un agent d'affaires pût, dans ses rapports avec son client, les retenir jusqu'au payement de ses déboursés et honoraires, il ne peut, après la faillite de celui-ci, refuser de les remettre au syndic, toutes réserves faites sur le caractère, privilégié ou non, de sa créance (Civ. rej. 12 août 1873, aff. Saulnier, D. P. 74. 1. 18).

§ 5. — Droits et obligations du rétenteur à l'égard du débiteur.
(Rép. n°⁵ 62 à 72.)

25. On a enseigné au *Rép.*, n° 62, que le rétenteur a le droit de percevoir les fruits, sauf à les imputer sur les intérêts et le capital de sa créance. Cette proposition est combattue par M. Prêt, n° 291, qui fait remarquer que le rétenteur n'est pas un possesseur de bonne foi dans le sens de l'art. 550 et que, d'autre part, on ne saurait étendre les dispositions des art. 2081 et 2085, spéciales au créancier gagiste ou à l'antichrésiste, le droit que ces textes leur confèrent n'étant pas la conséquence de leur détention, mais bien plutôt du contrat intervenu entre les parties. D'après cet auteur, les fruits resteront aux mains du créancier, soumis, eux aussi, au droit de rétention ; toutefois, il ajoute que si les fruits sont de ceux qu'on ne peut conserver sans détérioration, le débiteur aura le droit de les prendre en les remplaçant par une garantie équivalente, s'il ne préfère permettre au créancier de les vendre au prix courant et de les imputer sur sa créance.

26. Quant aux actions dont est armé le créancier pour défendre son droit de rétention (*Rép.* n°⁵ 65 et suiv.), MM. Aubry et Rau, n° 256 *bis*, p. 120, admettent que le rétenteur dépossédé, par le fait du propriétaire ou d'un tiers, de la chose soumise au droit de rétention, peut, s'il s'agit d'un meuble, en réclamer la restitution par voie de saisie-revendication. Mais si ce meuble a passé entre les mains d'un tiers possesseur de bonne foi, la restitution n'en peut être demandée hors des cas de perte ou de vol, conformément à l'art. 2279 (*Ibid.*).

Suivant la doctrine émise au *Rép.*, n° 66, les mêmes auteurs reconnaissent au rétenteur l'action en réintégrande.

27. On a dit au *Rép.*, n° 69, que le droit de rétention finit par l'abandon volontaire ou forcé de la chose retenue. Il ne renaît pas si les circonstances remettent cette chose aux mains du créancier (Conf. Aubry et Rau, t. 4, n° 256, p. 120). Jugé, dans ce sens, que s'il est vrai que l'ouvrier ou l'entrepreneur a un droit de rétention sur les objets confectionnés par lui tant qu'il n'est pas payé de son travail, ce principe, que l'on écrit dans l'art. 570 c. civ., ne reçoit d'application qu'autant que l'objet confectionné est resté en la possession du débiteur ; que, du moment où celui-ci s'en est dessaisi pour le remettre au propriétaire, il perd le privilège qui n'était attaché qu'à la possession et ne le recouvre pas parce que les marchandises sont ensuite rentrées dans ses magasins à un autre titre (Caen, 6 nov. 1860) (1).

---

de rétention la seule sauvegarde efficace de ses intérêts ; — Attendu que la saisie a produit tout son effet par suite de l'adjudication, et que, par conséquent, Médoux ne saurait reprendre l'ancienne procédure, qui se trouve aujourd'hui entièrement éteinte ; — Par ces motifs ; — Donne acte à Médoux de ce que Poquet délaisse l'immeuble à lui adjugé le 14 déc. 1883 ; — Dit que Poquet est autorisé à retenir l'immeuble jusqu'au rembour-

sement des frais et loyaux coûts de l'adjudication et de ses impenses, etc.

Du 14 août 1885.-Trib. civ. Vervins.

(1) (Defaucamberge *C.* Synd. Guérard.) — LA COUR ; — Considérant que la contestation dont le tribunal de commerce de Caen était saisi par la demande de Defaucamberge, était de

§ 6. — Effets de la rétention à l'égard des tiers (*Rép.* n°s 73 à 78).

28. L'opinion d'après laquelle le droit de rétention ne serait pas opposable aux tiers, quand il n'est pas accompagné d'un privilège formellement établi par la loi (*Rép.* n°s 73 et suiv.), paraît aujourd'hui tout à fait abandonnée. Et d'abord, on admet en général que, si les créanciers chirographaires peuvent valablement saisir la chose soumise à la rétention de l'un d'eux, ils ne peuvent forcer le rétenteur à délaisser la chose au profit de l'adjudicataire qu'en consentant le prélèvement de sa créance sur le prix d'adjudication (Aubry et Rau, t. 3, n° 256 *bis*, p. 119 ; Cabry, n° 76 ; Glasson, p. 108 ; Prêt, n° 296. V. toutefois Laurent, t. 29, n°s 302).

29. De même, il a été jugé que le droit de rétention est opposable à l'acquéreur de la chose qui y est soumise en faveur du dépositaire, l'acquéreur ne pouvant avoir sur cette chose plus de droits que son auteur (Civ. cass. 3 déc. 1868, aff. Salmon, D. P. 69. 1. 77).

Mais le même arrêt établit justement, dans ces motifs, qu'aucune condamnation personnelle ne peut être prononcée contre ce tiers acquéreur, qui, n'étant pas l'auteur du dépôt, n'est pas personnellement obligé à la dette qui est née de ce contrat.

30. Il a été jugé que le droit de rétention du fabricant sur les objets fabriqués est opposable non seulement à la partie avec laquelle le marché a été fait, mais encore au tiers pour le compte de qui le travail a été opéré, et quoique celui-ci en ait payé le prix à l'auteur de la commande ou maître de l'ouvrage, ce tiers n'ayant vis-à-vis de l'ouvrier que les droits de ce dernier (Req. 13 mai 1861, aff. Bazira, D. P. 61. 1. 318).

31. Le droit de rétention est-il opposable même aux créanciers privilégiés ou hypothécaires ? Il est certain que le rétenteur, faute d'un texte, ne peut prétendre à un droit de préférence proprement dit. Mais, comme l'antichrésiste (*suprà*, v° *Nantissement*, n°s 125 et suiv.), il trouve dans le simple

exercice de son droit un avantage équivalent à l'égard des créanciers hypothécaires ; son droit n'est, d'ailleurs, opposable, bien entendu, qu'aux créanciers postérieurs en date (V. en ce sens Aubry et Rau, *loc. cit.*; Prêt, n° 297).

32. Décidé que la renonciation de la femme du vendeur, au profit de l'acheteur, à son hypothèque légale sur l'immeuble vendu, étant effacée rétroactivement par la résolution de la vente, la femme est fondée à se faire colloquer pour le payement de ses reprises par préférence à l'acheteur créancier de la restitution du prix, alors même que le jugement qui prononce la résolution au profit de l'acheteur lui aurait accordé le droit de rétention jusqu'au payement de sa créance (Req. 13 juill. 1874, aff. Marthieu, D. P. 76. 1. 121).

33. Le droit de rétention est opposable aux créanciers même en cas de déconfiture ou de faillite du débiteur (Aubry et Rau, *loc. cit.*). Il a été jugé, en ce sens, que le fabricant est fondé à retenir les objets fabriqués restés en sa possession jusqu'au payement de ce qui lui reste dû par son débiteur; mais que toutefois, eu égard à l'état de faillite de celui-ci, il convient de nommer un séquestre *ducroire*, lequel sera nanti des marchandises restant en la possession du créancier, et autorisé à les vendre, à la charge par lui d'en verser le prix, savoir : à concurrence du montant intégral de la créance du fabricant entre les mains de ce dernier, et pour le surplus entre les mains du syndic de la faillite (Douai, 17 déc. 1877, aff. Mora, D. P. 78. 5. 412).

On a cité, toutefois, *suprà*, n° 24 un arrêt du 12 août 1873 qui soustrait à ce droit de rétention les registres et papiers du failli; mais cette décision n'a rien de contraire à la proposition qui précède, puisqu'elle est motivée sur la nature spéciale de ces objets et les dispositions d'ordre public du code de commerce.

34. Sur le gage commercial (*Rép.* n° 78), V. *suprà*, v° *Nantissement*, n°s 54 et suiv., le commentaire de la loi du 23 mai 1863.

savoir si Defaucamberge avait un privilège, comme entrepreneur et ayant payé les ouvriers, sur certains objets fabriqués dans les ateliers de la maison centrale de Beaulieu, et qui lui avaient été donnés en gage le 2 avr. 1859, par Guérard, depuis tombé en faillite; que cette reconnaissance était purement civile, ne pouvait être soumise à la juridiction commerciale, que le jugement rendu par le tribunal de commerce de Caen doit être annulé comme incompétemment rendu ; — Considérant qu'au fond l'affaire est en état de recevoir jugement définitif, et qu'aux termes de l'art. 473 c. proc. civ., il y a lieu à évocation ; — Considérant que, l'acte de nantissement du 2 avr. 1860 étant postérieur au jour où l'ouverture de la faillite de Guérard a été reportée par le tribunal de commerce, la nullité doit en être prononcée par application de l'art. 446 c. com. ; — Considérant que Defaucamberge, nonobstant la nullité de l'acte du 2 avr. 1859, prétend avoir un privilège sur les paires de bottes qui lui avaient été données en nantissement par cet acte, en se fondant sur ce que, ces paires de bottes ayant été confectionnées par ses ouvriers pour le compte de Guérard, il a le droit de les retenir jusqu'à ce que dernier lui ait payé la somme dont il lui est redevable pour la main-d'œuvre ; que s'il est vrai que l'ouvrier ou l'entrepreneur a un droit de rétention sur les objets confectionnés, tant qu'il n'est pas payé de son travail, ce principe, qui est certain dans l'art. 570 c. civ., ne reçoit d'application qu'autant que l'objet confectionné est resté dans la possession de l'ouvrier ; que, du moment où celui-ci s'en est dessaisi pour le remettre au propriétaire, il ne peut plus s'en rapporter à la foi et à la solvabilité de son débiteur et il perd le privilège qui n'était attaché qu'à la possession ; — Considérant que, dans les écritures du procès, et notamment dans un écrit du 2 juin 1860, Defaucamberge a formellement reconnu que les trois cent cinquante paires de bottes, sur lesquelles il prétend exercer un privilège, étaient sorties de la maison de Beaulieu et avaient été envoyées

par Guérard à Granville, à Cherbourg, et dans d'autres ports de mer; que cette reconnaissance de Defaucamberge prouve suffisamment qu'il s'était dessaisi des bottes que ses ouvriers avaient confectionnées dans ses ateliers et qu'il les avait livrées à Guérard pour qu'il en disposât suivant sa volonté; — Que rien dans les pièces de la procédure ne fait supposer que cette reconnaissance soit le résultat d'une erreur; qu'au contraire, l'acte du 2 avr. 1859, rend très vraisemblable que Dufaucamberge avait cessé d'avoir en sa possession les bottes qui lui étaient données en gage, et qu'il avait ainsi perdu le privilège qui appartient à l'ouvrier pour prix de sa main-d'œuvre, puisque, s'il en eût été autrement, l'acte de nantissement du 2 avril était inutile; — Qu'il importe peu que les paires de bottes, après avoir été livrées à Guérard, soient rentrées dans les magasins de Beaulieu; que, le privilège ayant été perdu pour la livraison faite à Guérard, il ne pouvait dépendre, ni de Guérard, ni de Defaucamberge, de le reconstituer en dehors des dispositions de la loi ; — Que, quelque favorable que soit la demande de Defaucamberge, elle tend à constituer, au préjudice des autres créanciers de la faillite, qui, comme lui, sont malheureux, un privilège qui doit être rejeté dès lors que les conditions sous lesquelles la loi le reconnaît n'existent pas; — Par ces motifs, infirme le jugement dont est appel comme incompétemment rendu; et, évoquant la cause en état de recevoir une décision définitive, déclare nul l'acte de nantissement du 2 avr. 1859; dit à tort la prétention de Defaucamberge d'exercer un droit de privilège ou de rétention sur les trois cent cinquante paires qui faisaient l'objet de cet acte de nantissement; ordonne que ces trois cent cinquante paires de bottes seront remises au syndic de la faillite Guérard, etc.

Du 6 nov. 1860.-C. de Caen, 4e ch.-MM. Daigremont Saint-Manvieux, pr.-Farjas, av. gén., c. conf.-Georges Simon et Bayeux, av.

<h2 style="text-align:center">Table sommaire</h2>

des matières contenues dans le Supplément et le Répertoire.

(Les chiffres précédés de la lettre S renvoient au Supplément; les chiffres précédés de la lettre R renvoient au Répertoire.)

Table des articles du code civil.

Table chronologique des Lois, Arrêts, etc.

RETENUE. — On s'est occupé sous ce mot, au *Réper-toire*, de la *retenue des contributions*, qui, bien qu'abolie par l'art. 2 de la loi du 3 sept. 1807, avait donné lieu, même depuis lors, à un certain nombre de décisions de juris-prudence. Aujourd'hui, cette matière n'offre plus d'intérêt. — Sur la retenue en matière de pension, V. suprà, v° *Pen-sion*, n°s 33 et suiv., 409 et suiv., 668 et suiv.

RÉTICENCE. — V. *Rép.*, eod. v°. V, aussi suprà, vis *Assu-rances terrestres*, n°s 59 et suiv., 113 et suiv., 117, 258, 352 et suiv. ; — et infrà, vis *Témoignage faux*; et *Rép.* eod. v°, n°s 21 et suiv. ; *Témoin*.

RETOUR CONVENTIONNEL. — V. *Rép.*, eod. v°. V. en outre, suprà, vis *Adoption et tutelle officieuse*, n° 53 ; *Dispositions entre vifs et testamentaires*, n° 479 et suiv. ; *Enregistrement*, n°s 2483, 2493 et 2590 ; — et infrà, vis *Suc-cession*, et *Rép.* eod. v°, n°s 58 et 287 ; *Tierce opposition*, et *Rép.* eod. v°, n° 166 ; *Vente*, et *Rép.* eod. v°, n° 547.

RETOUR LÉGAL. — V. *Rép.*, eod. v°. V. aussi suprà, vis *Adoption et tutelle officieuse*, n°s 53 et suiv. ; *Dispositions entre vifs et testamentaires*, n° 479 ; *Enregistrement*, n° 2184 ; — et infrà, vis *Succession*, n°s 164, 212 et suiv., 249 et suiv. ; *Vente*, et *Rép.* eod. v°, n° 547.

RÉTRACTATION. — V. *Rép.*, eod. v°. V. aussi suprà, vis *Adultère*, n°s 27, 32 et 86 ; *Chose jugée*, n°s 221 et suiv. ; *Enregistrement*, n°s 580 et suiv. ; *Faux incident*, n°s 60 et suiv. ; — et infrà, vis *Saisie-arrêt*, et *Rép.* eod. v°, n°s 118 et suiv. ; *Témoignage faux*, et *Rép.* eod. v°, n°s 28, 36, 40 et suiv. ; *Vente*, et *Rép.* eod. v°, n°s 85 et suiv., 108, 197, 323 et 713.

RETRAIT. — V. *Rép.* eod. v°. V. aussi suprà, vis *Enregistrement*, n°s 1350 et suiv. ; — et infrà, vis *Société*, et *Rép.* eod. v°, n°s 584, 794, 1173 et 1512 ; *Usufruit*, et *Rép.* eod. v°, n° 16.

... D'INDIVISION, V. suprà, v° *Contrat de mariage*, n°s 259 et suiv.

... LITIGIEUX, suprà, vis *Degrés de juridiction*, n° 138 ; *Enregistrement*, n°s 1353 et suiv. ; *Transcription hypothécaire*, et *Rép.* eod. v°, n° 249 ; *Vente*, et *Rép.* eod. v°, n°s 2004, 2012 et suiv. ;

... SUCCESSORAL, V. suprà, vis *Contrat de mariage*, n° 798 ; *Degrés de juridiction*, n° 138 ; *Enregistrement*, n°s 1353 et suiv. ; *Minorité-tutelle-émancipation*, n° 501 ; — et infrà, vis *Société*, et *Rép.* eod. v°, n° 794 ; *Succession*, et *Rép.* eod. v°, n°s 1865 et suiv. ; *Transaction*, et *Rép.* eod. v° n° 106 ; *Transcription hypothécaire*, et *Rép.* eod. v°, n° 208 et suiv. ; *Vente*, et *Rép.* eod. v°, n°s 484, 1927 et 1962 ; *Volonté-intention-connaissance*, et *Rép.* eod. v°, n° 27.

RETRAITE. — V. *Rép.* eod. v°. V. aussi, suprà, vis *Agent diplomatique*, n° 48 ; *Aliéné*, n° 26 ; *Bourse de com-merce*, n° 96 ; *Douanes*, n°s 42 et 58 ; *Gendarme-gendarmerie*,

n°ˢ 1, 8 et suiv. ; *Hospices-hôpitaux*, n°ˢ 187, 192 et 302 ; *Ministère public*, n° 53 ; *Pension*, n°ˢ 149 et suiv., 193 et suiv., 201 et suiv., 212 et suiv., 248 et suiv., 237 et suiv., 257. 263 et suiv., 271, 274 et suiv., 354, 361 et suiv. ; — et *infrà*, v°ˢ *Théâtre-spectacle*, et Rép. eod. v°, n°ˢ 95 et 100 ; *Traitement*, et Rép. eod. v°, n° 71 ; *Trésor public*, et Rép. eod. v°, n° 761.

RÉTROACTIVITÉ. — V. *Rép*. eod. v°. V, aussi, *suprà*, v°ˢ *Compétence criminelle*, n°ˢ 4 et suiv. ; *Contrainte par corps*, n° 15 ; *Contrat de mariage*, n°ˢ 527, 673 et suiv. ; *Contumace*, n°ˢ 85 et 98 ; *Discipline judiciaire*, n°ˢ 13 et suiv., 25 ; *Droits civils*, n°ˢ 48, 50, 118, 123 et 282 ; *Enregistrement*, n°ˢ 19, 99 et suiv., *Jugement*, n°ˢ 354 et 356 ; *Lois*, n°ˢ 117 et suiv. ; *Louage*, n°ˢ 242 ; *Manufactures, fabriques et ateliers dangereux*, n°ˢ 76 et suiv. ; *Preuve*, n° 51 ; *Rentes constituées*, n°ˢ 43, 53 et suiv. ; et Rép. eod. v°, n°ˢ 32 et suiv., 44, 117, 153 et suiv., 237 et suiv. ; *Rente viagère*, n°ˢ 67 et suiv., 94 et *infrà*, v°ˢ ; — *Substitution ; Succession; Usufruit*, et Rép. eod. v°, n°ˢ 76, 125, 170, 176, 364, 420 et 695 ; *Voirie par chemin de fer*, et Rép. eod. v°, n°ˢ 174, 202, 242 et suiv., 228.

RÉTROCESSION. — V. *Rép*. eod. v°. V. aussi *suprà*, v°ˢ *Acte de commerce*, n° 121 ; *Droits civils*, n° 318 ; *Enregistrement*, n°ˢ 866, 918 et suiv., 1140, 1562 et 2440 ; *Expropriation pour cause d'utilité publique*, n°ˢ 220, 853 et suiv. ; — et *infrà*, v°ˢ *Vente*, et Rép. eod. v°, n° 1253 ; *Vente publique d'immeubles*.

RÉUNION (ILE DE LA). — V. *infrà*, v° *Organisation des colonies*, et Rép. eod. v°, n°ˢ 418 et suiv.

RÉUNIONS PUBLIQUES.

1. — I. Historique. — A l'époque de la publication du *Répertoire*, les réunions publiques étaient interdites, en vertu du décret du 25 mars 1852 (*Rép*. n° 4) Ce régime fut modifié par le gouvernement impérial lui-même. Dans le discours qu'il prononçait à l'ouverture de la session de 1866, l'empereur, à propos de la loi sur les sociétés coopératives, annonçait que, pour favoriser le développement de ces associations, l'autorisation de se réunir serait accordée à tous ceux qui, en dehors de la politique, voudraient délibérer sur leurs intérêts industriels et commerciaux, dans la limite des garanties qu'exige l'ordre public. Une circulaire du ministre de l'intérieur (12 févr. 1866, D. P. 66. 3. 37) étendait les termes du discours aux réunions publiques dont l'objet serait une discussion de salaires et pouvant aboutir à des grèves, à défaut d'accord entre les patrons et les ouvriers. Le ministre permettait aux préfets d'autoriser les réunions publiques ayant pour objet de régler, en dehors de la politique, des questions touchant aux rapports économiques entre patrons et ouvriers, toutes les fois qu'il n'apparaissait pas que la tranquillité publique pût être compromise, et sauf, en cas de doute, à en référer préalablement au ministre de l'intérieur.

2. L'année suivante, un projet de loi, ayant pour objet d'assurer l'exercice du droit de réunion, en le soumettant toutefois à des dispositions légales destinées à en prévenir les dangers, fut soumis au Corps législatif. La loi du 6 juin 1868 (D. P. 68. 4. 70), à laquelle aboutit ce projet, ne modifiait ni les prescriptions des art. 291 à 294 c. pén., ni celle de la loi du 10 avr. 1834 qui atteignaient,

et atteignent encore d'ailleurs, les associations illicites (*suprà*, v° *Associations illicites*, n° 3). Il ne s'appliquait qu'aux réunions publiques se produisant à l'état de fait accidentel et temporaire, sans les caractères de permanence et d'organisation qui constituent une association. Les sociétés de toute nature, ainsi que les réunions qui, en se perpétuant ou en s'affiliant à d'autres, se transforment en véritables associations, restaient soumises à la législation en vigueur. Le caractère principal de la loi était de dégager, sous certaines conditions, les réunions publiques de l'obligation de l'autorisation préalable et d'affranchir le droit de réunion des mesures préventives qui en entravaient l'exercice. Tous ceux qui voulaient s'occuper en commun de science, de littérature, d'industrie, d'agriculture, de toutes les questions, en un mot, qui intéressent le travail, la fortune, les besoins, les goûts ou l'intelligence des citoyens, pouvaient le faire librement. Quant aux réunions tenues dans le but de s'occuper de questions religieuses ou politiques, elles restaient soumises au régime de l'autorisation (art. 1 de la loi). Les réunions politiques toutefois cessaient d'être soumises à la nécessité d'une autorisation durant la période s'étendant de la promulgation du décret de convocation d'un collège, pour l'élection d'un député au Corps législatif, jusqu'au cinquième jour avant celui fixé pour l'ouverture du scrutin. Mais le droit de prendre part aux réunions était restreint aux électeurs de la circonscription et aux candidats qui avaient rempli les formalités légales.

3. Le régime inauguré par la loi de 1868 s'est perpétué jusqu'en 1881. Après la chute de l'Empire, au 4 sept. 1870, la loi de 1868, sans avoir été formellement abrogée, fut laissée dans l'oubli. Les réunions de toutes sortes se multiplièrent, les clubs supprimés depuis la loi du 19 juin 1849 (*Rép*. n° 4) se reconstituèrent de toute part et finirent par créer des dangers qui déterminèrent le gouvernement de la Défense nationale à en prononcer de nouveau la suppression (Décr. 22 janv. 1871, D. P. 71. 4. 3). — Après les élections du 8 févr. 1871, le gouvernement issu de l'Assemblée nationale remit en vigueur la loi du 6 juin 1868. Dans les années qui suivirent, cette Assemblée fut saisie de plusieurs projets relatifs, soit au droit d'association (*suprà*, v° *Associations illicites*, n°3), soit au droit de réunion mais ils n'aboutirent pas. — En 1876, deux propositions furent présentées à la Chambre, l'une, par M. Louis Legrand, en vue d'une réglementation nouvelle du droit de réunion ; l'autre, par M. Alfred Naquet et quelques-uns de ses collègues, visant à la fois le droit de *réunion* et d'*association* : elles furent prises en considération. Après la réélection de la Chambre dissoute en 1877, M. Alfred Naquet présenta une nouvelle proposition sur le droit de réunion, tandis que MM. Louis Blanc, Madier de Montjau et plusieurs de leurs collègues reprirent l'ancienne proposition présentée en 1876 par M. Naquet, visant à la fois le droit de *réunion* et d'*association*. Le 24 janv. 1879 une proposition de loi sur les réunions électorales fut présentée par MM. Louis Legrand, Franck Chauveau, etc. Enfin il faut signaler en 1880 un projet sur la liberté du droit de réunion. C'est de l'ensemble de ces projets qu'est sortie la loi du 30 juin 1881. Cette loi, conservant quelques dispositions de la loi du 6 juin 1868, en a modifié d'autres et supprimé celles qui avaient semblé mettre la liberté de réunion trop à la discrétion de l'Administration et de la police (1).

4. — II. Liberté des réunions publiques. — Aux termes de

---

(1) **30 juin-1ᵉʳ juill. 1881.** — Loi sur la liberté de réunion (V. D. P. 81. 4. 101 et les notes).

Art. 1ᵉʳ. — Les réunions publiques sont libres.

Elles peuvent avoir lieu sans autorisation préalable, sous les conditions prescrites par les articles suivants.

2. Toute réunion publique sera précédée d'une déclaration indiquant le lieu, le jour, l'heure de la réunion. Cette déclaration sera signée par deux personnes au moins, dont l'une domiciliée dans la commune où la réunion doit avoir lieu. — Les déclarants devront jouir de leurs droits civils et politiques, et la déclaration indiquera leurs noms, qualités et domiciles. Les déclarations sont faites ; à Paris, au préfet de police ; dans les chefs-lieux de département, au préfet ; dans les chefs-lieux d'arrondissement, au sous-préfet ; et dans les autres communes, au maire. — Il sera donné immédiatement récépissé de la déclaration. — Dans le cas où le déclarant n'aurait pu obtenir de récépissé,

l'empêchement ou le refus pourra être constaté par acte extrajudiciaire ou par attestation signée de deux citoyens domiciliés dans la commune. — Le récépissé, ou l'acte qui en tiendra lieu, constatera l'heure de la déclaration. — La réunion ne peut avoir lieu qu'après un délai d'au moins vingt-quatre heures.

3. Ce délai sera réduit à deux heures pour les réunions publiques électorales prévues à l'art. 5, lorsqu'elles seront tenues dans la période comprise entre le décret ou l'arrêté portant convocation du collège électoral et le jour de l'élection exclusivement. — La réunion pourra avoir lieu le jour même du vote, s'il s'agit d'élections comportant plusieurs tours de scrutin dans la même journée. — La réunion pourra alors suivre immédiatement la déclaration.

4. La déclaration fera connaître si la réunion a pour but une conférence, une discussion publique, ou si elle doit constituer une réunion électorale prévue par l'article suivant.

l'art. 1 de la loi du 30 juin 1881 (D. P. 81. 4. 101), les réunions publiques sont libres. Elles peuvent avoir lieu sans autorisation préalable, sous certaines conditions qui réglementent leur tenue. Ces conditions sont celles imposées par les art. 2 (déclaration préalable) ; 6 (interdiction des réunions sur la voie publique et au delà de certaines heures) ; 8 (constitution d'un bureau) ; 9 (présence d'un fonctionnaire délégué par l'Administration). Aucune distinction n'est faite ; quelle que soit la matière qui doive être traitée dans la réunion, qu'il s'agisse de matières religieuses ou politiques, la loi supprime la nécessité de l'autorisation préalable. L'autorité ne peut même, comme l'y autorisait l'art. 13 de la loi du 6 juin 1868, ajourner ou interdire les réunions, qui lui paraîtraient de nature à troubler l'ordre ou à compromettre la sécurité publique : un article du projet du Gouvernement (art. 10), qui permettrait en cas de troubles imminents aux préfets de police, préfets et sous-préfets, d'ajourner les réunions publiques autres que les réunions électorales, à la charge par eux d'en référer, au ministre de l'intérieur, n'a pas été adopté à la seconde délibération de la loi devant la Chambre des députés.

5. — III. RÉUNIONS ÉLECTORALES. — Les réunions électorales bénéficient de certains privilèges, notamment en ce qui concerne vue des délais de déclaration (*infrà*, n° 23) et sont d'autre part soumises à certaines restrictions au point de vue des personnes admises à y assister. Aux termes de l'art. 5 de la loi du 30 juin 1881, « la réunion électorale est celle qui a pour but le choix ou l'audition de candidats à des fonctions publiques électives, et à laquelle ne peuvent assister que les électeurs de la circonscription, les candidats, les membres des deux Chambres et le mandataire de chacun des candidats ». Déjà sous l'empire de la loi de 1868, les réunions électorales jouissaient d'un régime particulier : elles n'étaient pas soumises, comme les autres réunions ayant pour objet de traiter des matières politiques, à l'autorisation du Gouvernement. Cette faveur ne s'appliquait d'ailleurs qu'aux élections législatives. L'art. 5 de la loi nouvelle est général ; il n'est pas limité aux élections législatives, mais s'applique à toutes les fonctions publiques électives. — Les dispositions de cet article ne sont d'ailleurs pas restrictives du droit commun. En tout temps, c'est-à-dire même en dehors de la période électorale, des réunions dans lesquelles peut être admis le public, sans aucune condition d'âge, de sexe, peuvent avoir pour objet la discussion des actes, des opinions, des titres des citoyens investis de fonctions publiques électives ou aspirant à ces fonctions. Ces réunions, bien que s'occupant d'élection, ne constitueront pas des réunions électorales dans le sens spécial prévu par l'art. 5 et sont, par conséquent, soumises à toutes les règles applicables aux réunions publiques (Rapport de M. Labiche au Sénat, D. P. 81. 4. 101, note 1).

6. L'art. 5, comme le faisait d'ailleurs l'art. 8 de la loi du 6 juin 1868, restreint aux électeurs de la circonscription, aux candidats, aux membres des deux Chambres et au mandataire de chacun des candidats, le droit d'assister aux réunions électorales. En restreignant le droit de prendre part à la réunion aux électeurs de la circonscription, le législateur a eu pour but d'empêcher les désordres voulus et d'assurer, autant qu'il est possible, la sincérité des votes ; mais cette disposition, il faut le reconnaître, est d'une application difficile, les organisateurs de la réunion ou les agents de l'autorité n'ayant pas les moyens de contrôler d'une manière efficace l'identité des citoyens qui se présentent.

7. La faculté donnée aux candidats de se faire représenter dans les réunions par un mandataire est facile à comprendre ; il serait souvent impossible aux candidats d'assister à toutes les réunions qui se tiennent durant la période électorale dans une même circonscription, quelquefois simultanément et à des distances considérables. — Les candidats ne doivent pas, comme les autres citoyens, être nécessairement électeurs dans la circonscription. Toutefois le candidat aux fonctions législatives doit, croyons-nous, depuis la loi du 17 juill. 1889, D. P. 89. 4. 57, sur les candidatures multiples, tout au moins s'il n'est pas électeur dans la circonscription, avoir préalablement fait la déclaration de candidature prescrite par cette loi. Quant au mandataire, il n'est nullement nécessaire qu'il soit électeur dans la circonscription (Ch. Constant, *Code des réunions publiques*, p. 82, n° 106 ; Trib. corr. Lille, 28 déc. 1892, aff. Lepers, D. P. 93. 2. 290-291).

8. Mais quand peut-on dire qu'une personne est constituée le mandataire d'un candidat ? Pour résoudre cette question, il faut évidemment s'en référer au droit commun. Or, d'après l'art. 1985 c. civ., « le mandat peut être donné ou par acte public, ou par écrit sous seing privé, même par lettre ». Une lettre missive donnée par un candidat à un tiers, à l'effet de venir défendre sa candidature dans une réunion électorale, est donc suffisante pour constituer ce tiers mandataire du candidat aux termes de l'art. 5 de la loi de 1881 (Trib. corr. de Lille, 28 déc. 1892, aff. Lepers, D. P. 93. 2. 290-291). Le mandat pourrait même être conféré par télégramme (V. Alger, 7 avr. 1884, aff. Clément, D. P. 85. 2. 189 ; Comp. *Rép.* v° *Mandat*, n° 155 ; et *suprà*, eod. v°, n° 60).

9. Le mandataire peut-il assister à la réunion alors même que le candidat y est présent ? L'affirmative ressort nettement des travaux préparatoires de l'art. 5 de la loi du 30 juin 1881 (D. P. 81. 4. 105, note 2, col. 1). Le projet de l'art. 5 n'autorisait la présence à la réunion du mandataire de chacun des candidats que « si ceux-ci n'assistaient pas en personne à la réunion ». Ces derniers mots de l'article : « si ceux-ci (les candidats) n'assistent pas en personne à la réunion » furent supprimés sur la proposition de M. Gatineau, afin qu'il fût bien entendu que les mandataires des candidats pourraient assister à la réunion en même temps que les candidats eux-mêmes. Comme l'a fait ressortir le jugement du tribunal correctionnel de Lille du 28 déc. 1892, cité *suprà*, n° 8, la présence simultanée des candidats et de leurs mandataires peut, dans certains cas, avoir une réelle utilité. Elle peut assurer la représentation du candidat absent mais aussi fournir à un candidat insuffisamment connu de l'électeur ou peu familier avec les réunions publiques, le concours d'une personne qui mette au service de cette candidature sa situation et son influence personnelles, son expérience politique, ou son habitude de la tribune.

---

5. La réunion électorale est celle qui a pour but le choix ou l'audition de candidats à des fonctions publiques électives, et à laquelle ne peuvent assister que les électeurs de la circonscription, les candidats, les membres des deux Chambres et le mandataire de chacun des candidats.

6. Les réunions ne peuvent être tenues sur la voie publique ; elles ne peuvent se prolonger au delà de onze heures du soir ; cependant, dans les localités où la fermeture des établissements publics a lieu plus tard, elles pourront se prolonger jusqu'à l'heure fixée pour la fermeture de ces établissements.

7. Les clubs demeurent interdits.

8. Chaque réunion doit avoir un bureau composé de trois personnes au moins ; le bureau est chargé de maintenir l'ordre, d'empêcher toute infraction aux lois, de conserver à la réunion le caractère qui lui a été donné par la déclaration ; d'interdire tout discours contraire à l'ordre public et aux bonnes mœurs, ou contenant provocation à un acte qualifié crime ou délit. — A défaut de désignation par les signataires de la déclaration, les membres du bureau seront élus par l'assemblée. — Les membres du bureau et, jusqu'à la formation du bureau, les signataires de la déclaration, sont responsables des infractions aux prescriptions des art. 6, 7 et 8 de la présente loi.

9. Un fonctionnaire de l'ordre administratif ou judiciaire peut être délégué, à Paris, par le préfet de police, et dans les départements, par le préfet, les sous-préfet ou le maire, pour assister à la réunion. — Il choisit sa place. — Il n'est rien innové aux dispositions de l'art. 3 de la loi des 16-24 août 1790, de l'art. 9 de la loi des 19-22 juill. 1791 et des art. 9 et 15 de la loi du 18 juill. 1837. — Toutefois, le droit de dissolution ne devra être exercé que par le représentant de l'autorité que s'il en est requis par le bureau, ou s'il se produit des collisions et voies de fait.

10. Toute infraction aux dispositions de la présente loi sera punie des peines de simple police, sans préjudice des poursuites pour crimes et délits qui pourraient être commis dans les réunions.

11. L'art. 463 c. pén. est applicable aux contraventions prévues par la présente loi. L'action publique et l'action privée se prescrivent par six mois.

12. Le décret du 28 juill. 1848 demeure abrogé, sauf l'art. 13 qui interdit les sociétés secrètes. Sont également abrogés : le décret du 25 mars 1852, la loi du 6-10 juin 1868 et toutes les dispositions contraires à la présente loi.

13. La présente loi est applicable aux colonies représentées au Parlement.

10. Il a été jugé que le mandataire d'un candidat peut être nommé membre ou président du bureau de la réunion électorale à laquelle il assiste, sans sortir des termes de son mandat, ni être dépouillé de sa qualité de mandataire (Trib. corr. de Lille, 28 déc. 1892, aff. Lepers, D. P. 93. 2. 290-294). Comme le dit le jugement précité, ni le texte, ni l'esprit de la loi du 30 juin 1881 n'établissent, pour les membres des deux Chambres, pour les candidats et leurs mandataires, c'est-à-dire pour les personnes qui peuvent prendre part aux réunions électorales sans avoir la qualité d'électeur dans la circonscription, une interdiction formelle ou tacite de remplir les fonctions de membre du bureau ; ... En effet, en exigeant la nomination d'un bureau, la loi n'a pas eu pour but l'institution, dans chaque réunion électorale, d'un président et d'assesseurs, sorte de magistrature élective et temporaire dont la raison d'être et le premier devoir seraient une impartialité absolue à garder et à faire observer vis-à-vis de tous les candidats ; elle a voulu uniquement s'assurer que, dans toutes réunions de ce genre, il y aurait un certain nombre de personnes responsables chargées de maintenir l'ordre, et de conserver à la réunion le caractère qui lui a été donné par la déclaration, d'interdire tout discours contraire à l'ordre public et aux bonnes mœurs, ou contenant provocation à un acte qualifié crime ou délit. En fait, il arrive souvent qu'un membre du bureau prend la parole pour défendre une candidature ou bien encore, dans les réunions organisées pour le choix du candidat, qu'un assistant, porté par une première acclamation aux fonctions de membre du bureau, soit ensuite désigné comme candidat, sans que, pour ce motif et à raison d'une prétendue incompatibilité, l'assemblée procède à son remplacement comme membre du bureau. Rien ne s'oppose donc, ni en droit, ni en fait, à ce qu'un candidat ou son mandataire fasse partie du bureau, sans perdre pour cela la qualité de candidat ou de mandataire qui lui a permis de prendre part régulièrement à la réunion.

11. — IV. DANS QUELS LIEUX ET A QUELLES HEURES PEUVENT AVOIR LIEU LES RÉUNIONS PUBLIQUES. — L'art. 3 de la loi de 1868 disposait qu'une réunion publique ne pouvait être tenue que dans un local clos et couvert. La loi nouvelle se contente d'interdire les réunions publiques sur la voie publique (art. 6). Cet art. 6 ne s'applique qu'aux réunions soumises à la déclaration préalable ; les réunions accidentelles qui se produiraient sur la voie publique, en dehors de toute formalité, demeureraient soumises aux dispositions de la loi sur les attroupements du 7 juin 1848 (V. supra, v° Attroupement). — D'ailleurs la prohibition contenue en l'art. 6 ne s'applique qu'aux voies publiques, rues, places, etc., où les réunions pourraient avoir pour effet d'entraver la circulation ; la loi de 1881 n'interdit nullement les réunions en plein air, puisqu'elle n'exige plus comme la loi de 1868 qu'elles aient lieu dans un local clos et couvert, et même le mot local, qui se trouvait dans le premier projet du Gouvernement, a été remplacé dans le texte définitif par le mot lieu, afin de bien préciser la différence qui existe sur ce point entre la loi nouvelle et celle de 1868. La réunion publique dans un champ, un chantier ou tout autre espace libre se trouvant en dehors des rues, places ou chemins, clos ou non clos, peut donc être légalement tenue (V. Ch. Constant, p. 56, n° 60). On admet même que les maires pourraient autoriser les réunions sur la voie publique, s'ils jugeaient qu'elles sont dépourvues d'inconvénient (Ch. Constant, p. 58, n° 63). Mais cette opinion paraît contraire à l'esprit de la loi. Le projet de la commission portait en effet qu'« une réunion ne peut être tenue sur la voie publique, sauf autorisation de l'autorité municipale ». Cette disposition, disait M. Naquet dans son premier rapport, a été attaquée comme inutile, le droit pour l'autorité municipale d'accorder cette autorisation étant incontestable. Mais il a paru à votre commission qu'une loi n'est jamais assez complète lorsqu'il s'agit d'affirmer un principe libéral. Les autorités des petites communes peuvent ignorer l'étendue de leurs attributions, et il était bon de les leur rappeler explicitement. » Or, ces mots sauf autorisation de l'autorité municipale ont été retranchés : on peut donc se demander si le droit de l'autorité municipale est aussi certain que l'affirmait le rapporteur. Ce n'est pas seulement en raison des entraves qu'elles pourraient apporter à la circulation que

les réunions sur la voie publique ont été interdites, mais surtout en raison des dangers qu'elles pourraient faire courir à l'ordre public, plus grands sur une voie publique que dans un lieu qui en est plus ou moins éloigné. D'ailleurs, la disposition de l'art. 6 est formelle et générale, et il ne semble pas qu'on puisse tirer des travaux préparatoires la preuve qu'une dérogation puisse y être consentie par les maires.

12. L'art. 6 ajoute que les réunions ne peuvent se prolonger au delà de 11 heures du soir. Cependant, dans les localités où la fermeture des établissements publics a lieu plus tard, elles peuvent se prolonger jusqu'à l'heure fixée pour la fermeture de ces établissements ; les travaux préparatoires ne laissent aucun doute à ce sujet. Dans le projet, l'art. 6 portait, comme l'art. 3 de la loi de 1868, que les réunions ne pourraient se prolonger au delà de l'heure fixée pour la fermeture des lieux publics ; on fit observer qu'il y a des villages où les lieux publics ferment à huit ou neuf heures du soir, et que le maintien du texte du projet rendrait illusoire le droit de réunion, dans un grand nombre de localités, surtout pendant la période électorale où l'on n'est pas toujours maître de choisir ses heures, le projet fut, en conséquence, modifié (Séance du 27 janv. 1880).

13. Les maires pourraient-ils, par des arrêtés spéciaux, prescrire la clôture des réunions publiques à une heure moins tardive que celle des établissements publics? M. Ch. Constant affirme l'affirmative (p. 57, n° 62). L'autorité municipale peut toujours, selon lui, en vertu du pouvoir de police qu'elle tient de la loi des 16-24 août 1790 (aujourd'hui de l'art. 97 de la loi du 5 avr. 1884), ordonner la clôture des réunions publiques à une heure moins tardive que celles des autres établissements publics.

14. — V. INTERDICTION DES CLUBS. — Aux termes de l'art. 7 de la loi du 30 juin 1881, les clubs demeurent interdits. Cet article a donné lieu, tant à la Chambre des députés qu'au Sénat, à une longue discussion (V. D. P. 81, 4. 105, note 4). L'insertion de l'article a été surtout critiquée comme inutile, les clubs, disait-on, sont des associations qui tombent sous l'application des art. 291 à 294 c. pén. et de la loi du 10 avr. 1834. Mais l'insertion de l'art. 7 a été maintenue, avec une rédaction un peu différente, pour rendre impossible toute hésitation sur le point de savoir si la liberté de réunion ne comportait pas l'abrogation implicite de l'interdiction des clubs qui résultait du décret du 25 mars 1852 (V. la discussion de l'art. 7 de la loi du 30 juin 1881, D. P. 81. 4. 105, note 4). Les clubs restent donc interdits dans les mêmes conditions que les associations de plus de vingt personnes ayant pour objet de se réunir pour s'occuper d'objets religieux, littéraires, politiques ou autres (V. supra, v° Associations illicites, n°s 6 et suiv.).

15. On a vu supra, v° Associations illicites, n° 8, que les prohibitions portées par la loi contre les associations de plus de vingt personnes non autorisées, supposant l'existence d'un engagement réciproque dans un intérêt commun et dans un but déterminé, sont inapplicables au prêtre qui réunit des ouvriers et des jeunes gens dans le but de les empêcher de fréquenter les cabarets, en leur procurant gratuitement des divertissements et des jeux divers, lorsqu'il n'existe aucun lien entre les personnes assistant aux réunions et qu'il n'y a ni règlement pour l'admission ou la non admission à ces réunions, ni statuts, ni cotisations. On a, depuis lors, décidé dans le même sens, que le caractère d'association illicite ne se rencontre pas dans le cas d'un patronage qui ne réunit que des enfants dont l'âge est exclusif de toute entente et de tout engagement réciproque pour une action commune et collective en vue d'une œuvre déterminée (Montpellier, 27 févr. 1892, aff. Abbé Monjaux, D. P. 93. 2. 302). — Les cercles, au contraire, lorsqu'ils constituent des sociétés privées dont les membres sont juges exclusifs des admissions, doivent être autorisés, dès qu'ils comptent plus de vingt membres et tombent sous le coup des art. 291 et 292 c. pén., faute d'avoir reçu l'autorisation (Cons. d'Ét. 7 janv. 1887, aff. Dourmesteaux et autres, D. P. 88. 3. 13). Ils peuvent d'ailleurs être dissous par mesure de police, par le préfet de police à Paris (Même arrêt), et par les préfets des départements. Ces fonctionnaires peuvent, au même titre, dissoudre les sociétés musicales formées de plus de

vingt personnes et constituées sans autorisation (Cons. d'Ét. 30 janv. 1887, aff. Préfet du Var, D. P. 88. 3. 129, *suprá*, v° *Associations illicites*, n° 18).

16. — VI. DÉCLARATIONS PRÉALABLES AUX RÉUNIONS PUBLIQUES. — Toute réunion publique doit être précédée d'une déclaration indiquant le lieu, le jour et l'heure de la réunion. Cette déclaration doit être signée par deux personnes au moins, dont l'une domiciliée dans la commune où la réunion doit avoir lieu (art. 2), tandis que l'art. 2 de la loi de 1868 exigeait que la déclaration fût signée par sept personnes. Il a paru convenable que, à côté de la personne souvent complètement étrangère à la localité, qui vient faire la déclaration, il y en eût une autre, domiciliée dans la commune et connue du maire. — Il est évident que la déclaration pourrait être signée par plus de deux personnes, puisque les garanties recherchées par le législateur en seraient accrues, et on peut admettre que, dans ce cas, la capacité d'un des déclarants suppléerait au besoin à l'incapacité de l'autre (Charles Constant, *Code des réunions publiques*, n° 38, p. 49).

17. Suivant une opinion, le domicile, dont il est question dans les paragraphes 1, 2 et 5, ne pourrait être remplacé par la simple résidence (Ch. Constant, *ibid.*, n° 39, p. 49).

18. Les déclarants doivent jouir de leurs droits civils et politiques, et la déclaration indiquer leurs noms, qualités et domiciles (art. 2, § 2). Il résulte de cette disposition que ni les femmes, ni les étrangers ne peuvent signer la déclaration préalable à toute réunion publique.

19. Les déclarations sont faites : à Paris, au préfet de police ; dans les chefs-lieux de département, au préfet ; dans les chefs-lieux d'arrondissement, au sous-préfet ; dans les autres communes, au maire (art. 2, § 3). Elles peuvent être remises par toute personne sans qu'un pouvoir soit nécessaire (Charles Constant, p. 51, n° 46).

20. Il doit être donné immédiatement récépissé de la déclaration (art. 2, § 4). Dans le cas où le maire serait absent, le récépissé de la déclaration doit être délivré par l'adjoint, et, à défaut de celui-ci, par le conseiller municipal remplissant les fonctions de maire. En cas d'absence du préfet ou du sous-préfet, la déclaration peut être faite au délégué qui le remplace. Le récépissé, ou l'acte qui en tient lieu, doit constater l'heure de la déclaration.

21. Dans le cas où le déclarant n'aurait pu obtenir de récépissé, l'empêchement ou le refus peut être constaté par acte extrajudiciaire ou par attestation signée de deux citoyens domiciliés dans la commune (art. 2, § 5).

22. Bien que la loi de 1881 ne reproduise pas la disposition du paragraphe 5 de l'art. 2 de la loi de 1868, d'après laquelle le récépissé de la déclaration devait être représenté à toute réquisition des agents de l'autorité, ce récépissé constituant la preuve de la régularité de la réunion, les déclarants doivent obtenir et la réquisition qui leur serait faite de le produire (Constant, *op. cit.*, n° 47, p. 51).

23. La réunion ne peut avoir lieu qu'après un délai d'au moins vingt-quatre heures (art. 2, § 6). La loi de 1868 exigeait au contraire un délai de trois jours entre la déclaration et la tenue de la réunion. Le délai de vingt-quatre heures a paru suffisant pour les instructions à donner et les mesures à prendre. Il se compte d'heure à heure (Déclaration du ministre de l'intérieur, Séance du 26 janv. 1880). Le délai de vingt-quatre heures est réduit à deux heures pour les réunions publiques électorales tenues dans la période comprise entre le décret, ou l'arrêté portant convocation du collège électoral, et le jour de l'élection exclusivement (art. 3). — A la différence de la loi de 1868, qui ne permettait les réunions électorales que jusqu'au cinquième jour avant celui fixé pour l'ouverture du scrutin, l'art. 3 décide que ces réunions peuvent avoir lieu la veille de l'ouverture du scrutin, jusqu'à minuit, et même dans la journée du vote, s'il s'agit d'élections comportant plusieurs tours de scrutin dans cette journée, par exemple, d'élections sénatoriales. Dans ce dernier cas la réunion peut suivre immédiatement la déclaration (art. 3).

24. L'art. 2, § 2, de la loi de 1868 exigeait que la déclaration indiquât l'objet spécial et déterminé de la réunion. Il en était de même de l'art. 4 du projet du Gouvernement, bien qu'il ne fit plus de distinction entre les réunions politiques ou religieuses et les autres réunions. Mais l'obligation de préciser l'objet de la réunion n'a pas été maintenue dans la loi ; on a craint que l'on ne pût induire de cette obligation le droit, pour le représentant de l'autorité, de dresser procès-verbal et, après avertissement, de prononcer la dissolution de la réunion dans le cas où l'on se serait écarté d'une façon quelconque du sujet annoncé. L'art. 4 se borne à dire que « la déclaration fera connaître si la réunion a pour but une conférence, une discussion publique, ou si elle doit constituer une réunion électorale ».

25. La loi du 30 juin 1881, n'étant applicable qu'aux réunions publiques, il s'ensuit que les réunions privées sont affranchies de toute déclaration. Il convient donc de rechercher dans quels cas une réunion est publique et dans quels cas elle conserve un caractère privé.

Il est difficile de donner une définition juridique et rigoureuse de la réunion publique par opposition à la réunion privée. Les éléments d'appréciation diffèrent, pour ainsi dire, dans chaque cas en raison des circonstances spéciales qui s'y rencontrent. Suivant un système, est publique toute réunion tenue dans un lieu public, quel que soit le nombre des assistants, ou la réunion tenue dans un endroit privé, quand on laisse la porte ouverte et quand le premier venu peut entrer dans l'enceinte. La réunion est privée, quand elle a lieu dans un local privé sur convocation personnelle, quel que soit le nombre des assistants.

La jurisprudence, tant sous l'empire de la loi du 6 juin 1868 que de celle du 30 juin 1881, n'a pas été aussi large. D'après elle, la réunion est publique, non seulement quand elle est tenue dans un lieu public, mais aussi quand elle est tenue dans un lieu privé si le public tout entier y est admis ; ou si, dans ce dernier cas, le public y est convoqué par voie d'affiches. Peu importe que les affiches ne convoquent qu'une partie du public, une catégorie de citoyens ; l'invitation n'en est pas moins faite sous une forme collective qui suffit pour que la réunion publique perde son caractère privé. Ainsi jugé qu'il y a réunion publique lorsqu'il s'agit d'une réunion à laquelle sont appelés, par des affiches, et sans lettres spéciales, tous ceux qui sont électeurs prud'hommes de telle et telle catégorie ; et, par suite, l'organisateur d'une réunion de cette nature est en contravention, lorsqu'il n'a pas fait précéder de la déclaration exigée par la loi (Grim. cass. 7 août 1885, aff. Dormoy, D. P. 85. 1. 475). La réunion perd, au contraire, le caractère de publicité lorsque les personnes appelées à y assister ont reçu des invitations nominatives et individuelles. Encore faut-il que la distribution des invitations ait été faite de telle sorte qu'on ne puisse y voir une manœuvre destinée à donner le change sur la nature de la réunion. Ainsi il a été décidé : 1° qu'une réunion est publique lorsqu'elle a été précédée d'une convocation à l'aide de cartes imprimées, lorsque ces cartes ont été distribuées avec une facilité excessive, voire même sur la voie publique, au premier venu et à quiconque en a demandé, et qu'une carte unique suffisait pour donner entrée à plusieurs personnes dans le lieu où se tenait la réunion (Grim. rej. 9 janv. 1869, aff. De Saubert-Hascy, D. P. 69. 1. 113) ; — 2° Que, de même, il y a lieu de considérer comme publique, et partant, comme irrégulière à défaut d'autorisation préalable, la réunion convoquée dans un local loué à cet effet, à laquelle une partie des assistants a pu accéder librement et sans invitation verbale ou écrite, encore même qu'il y aurait eu des convocations par invitations (Grim. rej. 7 janv. 1869, aff. Lacy-Guillon, D. P. 69. 1. 113) ; — 3° Qu'une réunion doit être réputée publique, malgré la précaution qui a été prise d'exiger des assistants la représentation de cartes d'invitation, lorsque ces cartes, tirées à un grand nombre d'exemplaires, ont été signées d'avance en blanc par la personne qui a prêté le local, et qui n'était que l'organisateur apparent de la réunion, puis distribuées en grand nombre, hors du contrôle de celle-ci ; dans le bureau d'un journal, à tous ceux qui se sont présentés pour en demander (Grim. rej. 4 juin 1869, aff. Dubouch, D. P. 69. 1. 391) ; — 4° Qu'une réunion est publique, bien que nul n'y ait été admis sans carte d'invitation, si, en fait, la personne au nom de laquelle ces cartes ont été distribuées s'est bornée à prêter le local et à signer les invitations, sans en diriger ni contrôler la distribution ; si, encore, ces cartes ont été expédiées à nombre d'individus avec lesquels le signataire

n'avait aucune relation personnelle (Agen, 19 mars 1869, aff. Dubouch, D. P. 69. 2. 131. V. également Réq. 12 juin 1877, aff. Coulet, D. P. 79. 5. 369); — 5° Qu'une réunion a les caractères d'une réunion publique, alors même qu'elle est tenue dans un lieu privé, si un certain nombre de personnes y ont été admises sans invitation et ont pu y assister librement. Spécialement, dans le cas d'un banquet donné sur une terrasse close et couverte, si les personnes stationnant dans l'escalier et les appartements contigus, ont vu ce qui se passait dans la réunion, si des individus entrant librement le jardin attenant ont pu entendre les discours prononcés, et si, au moment où l'on a soulevé la toile recouvrant la terrasse, les personnes placées aux fenêtres des maisons voisines ont vu l'intérieur de la salle et échangé avec les convives des acclamations politiques (Bastia, 28 avr. 1876, aff. Calandra et Castelli, D. P. 76. 2. 229); — 6° Qu'il y a réunion publique lorsque le local a été, par la volonté de son propriétaire ou possesseur, ouvert à tout venant, ou que les lettres de convocation ont été distribuées au premier venu, sans choix et sans indication nominative, ou enfin si, en dehors des invités, l'accès de la réunion a été permis aux autres personnes qui s'y sont présentées (Rennes, 16 déc. 1874, aff. Le Pommelec, D. P. 75. 2. 236).

26. Mais la réunion ne devient pas publique à raison de ce qu'on a invité ou reçu dans son domicile, soit par recommandations, soit pour toute autre cause, des personnes que l'on n'a jamais vues; ... ni à raison de ce que quelques lettres de convocation en blanc ont été trouvées dans un cabaret, si la remise de ces lettres n'est pas le fait des organisateurs de la réunion ou de leurs mandataires autorisés à cet effet. Ainsi, a été considérée comme privée la réunion de huit cents électeurs au conseil général, tenue dans un magasin clos et couvert dépendant du domicile de l'organisateur, alors que les lettres d'invitation, adressées aux trois quarts des électeurs du canton, portaient leurs noms et adresses, leur avaient été remises à domicile, que personne n'avait été admis sans présenter sa lettre de convocation, et que le seul individu non invité qui se fût introduit dans la réunion n'y était parvenu qu'en se servant de la lettre destinée à un autre électeur (Rennes, 16 déc. 1874, aff. Le Pommelec, D. P. 75. 2. 236). De même, il n'y a pas réunion publique lorsque aucun individu étranger n'a pu s'introduire dans le local qu'en escaladant les murs d'un jardin (Bastia, 28 avr. 1875, aff. Calandra et Castelli, D. P. 76. 2. 229).

27. — VII. OBLIGATION DE CONSTITUER UN BUREAU. — Chaque réunion doit avoir un bureau composé de trois personnes au moins, chargé de maintenir l'ordre, d'empêcher toute infraction aux lois, de conserver à la réunion le caractère qui lui a été donné par la déclaration, d'interdire tout discours contraire à l'ordre public et aux bonnes mœurs, ou coûtenant provocation à un acte qualifié crime ou délit (art. 8). Le bureau en un mot est chargé de la police de la réunion. Toutefois, il n'a d'autres moyens de coercition que les moyens moraux : le bureau n'a pas le droit de requérir directement la force publique (Ch. Constant, n° 67, p. 60). Et il n'aurait, si son autorité était méconnue, d'autres ressource que de suspendre ou de lever la séance. Responsable pénalement des infractions aux lois, le bureau, en décidant la levée de la séance, dégage sa responsabilité ; la réunion, cesse en effet, dès lors, d'être légale et ne constitue plus qu'une réunion de fait soumise à la surveillance de l'autorité municipale.

A défaut de désignation par les signataires de la déclaration, les membres du bureau sont élus par l'assemblée (art. 8, § 2).

28. Aux termes du troisième paragraphe de l'art. 8, les membres du bureau sont responsables des infractions aux prescriptions légales qui peuvent se produire au cours de la réunion. Il a même été jugé que les membres du bureau d'une réunion publique sont, aussi bien que les organisateurs de la réunion, responsables pénalement des contraventions résultant du défaut de déclaration préalable ou de l'irrégularité de la déclaration (Crim. cass. 9 déc. 1882, aff. Platon. et 9 mars 1883, aff. Calimard, D. P. 84. 1. 263). Peu importe, à cet égard, que les membres du bureau aient pris d'eux-mêmes cette qualité, où qu'ils aient été désignés par

un vote de l'assemblée. Tenus, aux termes de l'art. 8, § 1, de la loi du 30 juin 1881, « de conserver à la réunion le caractère qui lui a été donné par la déclaration », leur premier devoir est de vérifier si cette déclaration a été faite, et, si le titre en vertu duquel se tient la réunion est régulier et légal (Mêmes arrêts). — Cette solution paraît contestable en ce qui touche au moins l'irrégularité de la déclaration. D'une part, elle paraît peu conciliable avec les principes généraux du droit qui, en matière pénale, n'attachent la responsabilité de celui que la pénalité menace qu'à des faits par lui personnellement commis ou accomplis sous son inspiration. D'autre part, elle semble donner à ces mots de l'art. 8 de la loi du 30 juin 1881 (D. P. 81. 4. 104) « conserver à la réunion le caractère qui lui a été donné par la déclaration » une extension qu'ils ne comportent pas. Les devoirs que le législateur a imposés se bornent à ce que le caractère de la réunion ne soit pas modifié, de faire qu'il ne s'écarte pas du but qui a dû être indiqué dans la déclaration, et d'interdire les discours qui dégénéreraient en attaques contre l'ordre public ou les bonnes mœurs. Ce sont là toutes prescriptions relatives à des faits postérieurs à la déclaration. Sans doute, comme de ces obligations mêmes résulte pour le bureau le devoir de vérifier tout d'abord le but assigné à la réunion dans la déclaration qui l'a précédée, on peut rigoureusement dire que, s'il n'y a pas eu de déclaration préalable, les membres du bureau ont accepté la responsabilité de cette infraction. Mais en ce qui concerne les irrégularités qui ont pu être commises dans la déclaration, il semble qu'on ne puisse demander à des membres, qui peuvent être instantanément appelés par le vote de l'assemblée à prendre place au bureau d'une réunion, de vérifier si la déclaration a été régulièrement faite, de s'assurer, par exemple, que les déclarants ont ponctuellement suivi les prescriptions de l'art. 3 quant à l'indication de leurs nom, qualité et domicile, sans ajouter, contrairement à tous les principes, à une loi pénale, des exigences et des responsabilités qui sont restées en dehors de ses prévisions.

29. La responsabilité des infractions à la loi du 30 juin 1881, incombe aux organisateurs d'une réunion publique, signataires de la déclaration, jusqu'à la formation du bureau : spécialement les organisateurs sont responsables pénalement de la contravention résultant de la tenue d'une réunion sans la constitution préalable du bureau (Crim. cass. 29 mars 1889, aff. Morel et Desprez, D. P. 89. 1. 436). Ils objecteraient vainement que les membres du bureau doivent être élus par l'assemblée, à défaut de désignation par les signataires de la déclaration : la faculté laissée par cette disposition aux organisateurs de la réunion ne fait pas disparaître le caractère et la sanction pénale de la contravention (Même arrêt).

30. — VIII. ASSISTANCE A LA RÉUNION D'UN FONCTIONNAIRE DÉLÉGUÉ PAR L'AUTORITÉ ADMINISTRATIVE. — DISSOLUTION DES RÉUNIONS PUBLIQUES. — Aux termes de l'art. 9 de la loi du 30 juin 1881, un fonctionnaire de l'ordre administratif ou judiciaire peut être délégué, à Paris, par le préfet de police, et dans les départements par le préfet, le sous-préfet ou le maire, pour assister à la réunion. Il choisit sa place. Un fonctionnaire, dit l'art. 9, et par cette expression il exclut nettement l'envoi dans les réunions d'agents subalternes : le délégué peut être un préfet, un sous-préfet, un maire, un commissaire de police, un juge de paix. C'est ainsi qu'avait été interprétée la disposition analogue de l'art. 5 de la loi du 1868 (V. D. P. 68. 4. 76, note 3). Le délégué peut, suivant les circonstances et ses convenances, être ou n'être pas revêtu de ses insignes (Rapport de M. Labiche au Sénat, D. P. 81. 4. note 2. V. également Ch. Constant, n° 69-70).

31. L'art. 9 dit que le fonctionnaire de l'ordre administratif ou judiciaire peut être délégué. La présence de ce fonctionnaire n'est donc pas obligatoire et la réunion peut être commencée et continuée en l'absence du délégué (Constant, Code des réunions publiques, n° 74). C'est à l'autorité, qui a la charge de sauvegarder l'ordre et le devoir de protéger la liberté des citoyens qui veulent user du droit de réunion, de juger si elle doit ou non envoyer à la réunion un fonctionnaire délégué.

32. La disposition de l'art. 9 est empruntée, sauf une

légère modification, à l'art. 5 de la loi de 1868. Mais l'art. 6 de cette loi donnait au fonctionnaire qui assistait à la réunion le droit d'en prononcer la dissolution : 1° si le bureau, bien qu'averti, laissait mettre en discussion des questions étrangères à l'objet de la réunion ; 2° si la réunion devenait tumultueuse ; cette disposition n'a pas été reproduite par la loi du 30 juin 1881. Tout en reconnaissant comme nécessaire, pour l'autorité, le droit de se faire représenter dans toutes les réunions où le public est admis, on n'a pas cru indispensable de donner à l'agent de l'autorité un rôle actif dans les discussions, ni de lui attribuer la direction des débats. On a reconnu l'utilité de la présence d'un fonctionnaire partout où une réunion publique donne sujet de craindre des actes dont pourraient avoir à souffrir l'ordre et la liberté, pour constater les faits dont il est témoin, dresser des procès-verbaux, au besoin même, et, par exception, dans certains cas de désordre matériel bien spécifiés par la loi, pour intervenir et prononcer la dissolution d'une réunion qui serait l'occasion d'excès matériels auxquels il serait urgent de mettre fin ; mais lui donner autorité sur le bureau et sur l'assemblée, lui attribuer le droit d'apprécier les discours, de décider quelle thèse est permise et quelle thèse est interdite, de donner des avertissements à défaut desquels il n'y aurait responsabilité ni pour le bureau, ni pour les orateurs, c'est-à-dire le pouvoir de se constituer souverain appréciateur des discours des orateurs et de la conduite du bureau ; enfin lui permettre de prendre des mesures de répression en prononçant la dissolution de la réunion, cela a paru contraire au principe de la loi elle-même (V. le rapport de M. Labiche au Sénat, D. P. 81. 4. 108, col. 1). Le rôle du représentant de l'autorité se borne donc à veiller au maintien de l'ordre matériel, à assurer le respect des droits des citoyens qui demandent à les exercer paisiblement, à constater les infractions aux lois ; mais non à les réprimer lui-même, si ce n'est dans certains cas rigoureusement précisés, et dans lesquels il est exceptionnellement autorisé à prononcer la dissolution de la réunion, c'est-à-dire lorsqu'il en est requis par le bureau, ou qu'il se produit des collisions et voies de fait (art. 9, paragraphe final. V. Ch. Constant, nos 75 à 78, p. 63 et suiv.).

33. L'art. 9 ajoute, dans son avant-dernier paragraphe, qu'il n'est rien innové aux dispositions de l'art. 3 de la loi des 16-24 août 1790 (aujourd'hui, art. 97 de la loi du 5 avr. 1884), de l'art. 9 de la loi des 19-22 juill. 1791 et des art. 9 et 15 de la loi du 18 juill. 1837 (aujourd'hui art. 85 et 92 de la loi du 5 avr. 1884), c'est-à-dire que la loi n'ajoute rien aux pouvoirs des maires vis-à-vis des réunions publiques, tels qu'ils résultent des textes qu'elle rappelle, mais qu'elle ne leur retire aucun de ceux qui leur sont conférés pour le maintien de l'ordre dans les lieux d'assemblée publique. Bien que, les réunions publiques, présentant un intérêt d'ordre général, soient, à ce point de vue, placées sous la surveillance du ministre de l'intérieur et des préfets, le maire conserve, en vertu de ces dispositions de la loi du 30 juin 1881, les pouvoirs de police qu'il a vis-à-vis de toute assemblée qui a lieu dans la commune. Le maire, et à son défaut le préfet, par lui-même ou par un délégué spécial, ont donc, au cas de désordre matériel grave, tous les pouvoirs de police du droit commun. Toutefois ces pouvoirs de dissolution et de réquisition de la force publique sont limités par la disposition exceptionnelle du dernier paragraphe de l'art. 9, qui fixe les cas où le droit de dissolution peut être exercé. Mais lorsque la dissolution de la réunion a été prononcée par le fonctionnaire délégué, ou même, lorsque le bureau jugeant la continuation de la réunion illégale, a levé la séance et s'est retiré, les pouvoirs du

maire reprennent toute leur étendue. La réunion n'ayant plus d'existence légale en tant que réunion publique, le maire ne sera plus soumis aux restrictions que l'art. 9 édicte en faveur de ces réunions légalement constituées et aura le droit de disperser par la force les assistants qui persisteraient à rester réunis et continueraient à causer du tumulte ou des désordres (V. Ch. Constant, p. 67, n° 82).

34. Le délégué dresse procès-verbal des faits délictueux qu'il constate, même dans les cas où il ne sont pas de nature à motiver la dissolution de la réunion ; ce procès-verbal doit être transmis à l'autorité judiciaire (Ch. Constant, nos 85 et 86, p. 89).

35. — IX. PÉNALITÉS. — L'art. 10 de la loi du 30 juin 1881 dispose que « toute infraction aux dispositions de la présente loi sera punie des peines de simple police sans préjudice des poursuites pour crimes et délits qui pourraient être commis dans les réunions ». Ces derniers peuvent être poursuivis devant le tribunal correctionnel ou la cour d'assises suivant leur nature (V. supra, vis Presse-outrage, nos 446 et suiv., Compétence criminelle, nos 251 et suiv., 330 et suiv.).

36. Il y a contravention en matière de déclaration lorsque celle-ci est faite par une seule personne (supra, n° 16), lorsque l'un au moins des signataires n'est pas domicilié dans la commune (supra, n° 16) ... lorsque les deux déclarants ou l'un d'eux ne jouissent pas de leurs droits civils et politiques (supra, n° 18) ... lorsque leurs noms, qualités et domiciles ne sont pas indiqués d'une manière exacte et complète (supra, n° 18).

37. Si le lieu et le jour de la réunion ne sont pas exactement indiqués (supra, n° 16), si le caractère n'en est pas précisé (supra, n° 24), les infractions qui viennent d'être énumérées ne prennent le caractère de contravention qu'autant que la déclaration irrégulièrement faite a été suivie d'une réunion ; elles ne constituent pas par elles-mêmes une contravention (Ch. Constant, p. 87, nos 115 et 116.).

38. La responsabilité pénale des membres du bureau s'applique aux faits antérieurs à la réunion, c'est-à-dire au défaut de déclaration préalable, et, d'après un arrêt, aux irrégularités de la déclaration (supra, n° 28). Elle s'applique aux infractions qui se rattachent à la tenue même de la réunion et à sa direction, ouverture de la réunion avant l'heure annoncée dans la déclaration, prolongation de la séance au delà de l'heure légale, tolérance à l'égard des discussions qui modifieraient l'objet de la réunion tel qu'il a été énoncé dans la déclaration, etc.

39. Les organisateurs de la réunion, qui peuvent être autres que ceux qui ont fait la déclaration, sont susceptibles d'être poursuivis lorsque aucun bureau n'a été formé, à raison du fait même de la réunion qui, par cela seul, devient illégale, et à raison de toutes les infractions relatives à la déclaration et à la tenue de la réunion.

40. Enfin ceux qui s'introduisent dans les réunions électorales sans être ni électeurs dans la circonscription, ni candidats ou mandataires de ces derniers, se rendent coupables de contraventions à la loi du 30 juin 1881.

41. Aux termes de l'art. 11 de la loi du 30 juin 1881, l'art. 463 c. pén. est applicable aux contraventions prévues par la loi. — L'action publique et l'action privée se prescrivent par six mois.

42. Enfin la loi du 30 juin 1881, est applicable aux colonies représentées au Parlement (art. 13).

43. — X. ABROGATION DES LOIS ANTÉRIEURES. — La loi du 30 juin 1881 abroge le décret du 28 juill. 1848, sauf l'art. 13 qui interdit les sociétés secrètes, le décret du 25 mars 1852, la loi des 6-10 juin 1868 et toutes dispositions qui lui sont contraires (art. 12).

Table sommaire
des matières contenues dans le Supplément et le Répertoire.

Les chiffres précédés de la lettre S renvoient au Supplément ; les chiffres précédés de la lettre R renvoient au Répertoire

RÉVÉLATION DE SECRETS.

Division.

§ 1. — Historique et législation (n° 1).
§ 2. — Etat ou profession qui rend dépositaire de secrets (n° 3).
§ 3. — Révélation effective d'un secret (n° 12).
§ 4. — De la volonté de révéler (n° 15).
§ 5. — Intention de nuire (n° 16).

§ 1er. — Historique et législation (Rép. nos 2 à 6).

1. L'art. 378 c. pén., qui punit la révélation du secret professionnel, n'a subi aucune modification depuis la publication du *Répertoire*. La révélation par les personnes, dépositaires, par état ou profession, des secrets qu'on leur confie, constitue donc toujours un délit. Toutefois l'art. 15 de la loi du 30 nov. 1892 sur l'exercice de la médecine (D. P. 93. 4. 14) impose aux médecins l'obligation de porter à la connaissance de l'autorité municipale les maladies épidémiques qu'ils ont constatées. Cet article est ainsi conçu : « Tout docteur, officier de santé ou sage-femme est tenu de faire à l'autorité publique, son diagnostic établi, la déclaration des cas de maladies épidémiques tombées sous son observation et visées dans le paragraphe suivant. La liste des maladies épidémiques dont la divulgation n'engage pas le secret professionnel sera dressée par le ministre de l'intérieur, après avis de l'Académie de médecine et du comité consultatif d'hygiène publique de France. Le même arrêté fixera le mode de déclaration desdites maladies ».

2. Les quatre conditions qui ont été relevées au *Rép.*, n° 6, comme nécessaires à l'existence du délit de révélation de secrets, l'intention de nuire n'est plus considérée par la jurisprudence comme une condition essentielle du délit (*infra*, nos 16 et suiv.).

§ 2. — Etat ou profession qui rend dépositaire de secrets (Rép. nos 7 à 15).

3. L'art. 378 c. pén. ne se borne pas à désigner, comme passibles de l'application de ses dispositions pénales, les médecins, chirurgiens et autres officiers de santé, les pharmaciens, les sages-femmes ; il ajoute : « Et toutes autres personnes dépositaires, par état ou profession, des secrets qu'on leur confie » (*Rép.* n° 7). Si la généralité de ces termes est critiquable (*Rép. ibid.*), il n'en est pas moins vrai que la disposition de l'art. 378 est, par là même, rendue générale et absolue, et qu'elle s'applique sans restriction à tous ceux auxquels leur état ou leur profession impose l'obligation du secret confié, soit que les faits, qu'ils ont appris ainsi sous le sceau du secret, leur aient été confiés par des particuliers, soit que leur connaissance provienne de l'exercice d'une profession aux actes de laquelle la loi, dans un intérêt général et d'ordre public, a imprimé le caractère confidentiel et secret. A ce titre, les dispositions de l'art. 378 sont applicables au greffier assermenté attaché au cabinet d'un juge d'instruction, ce greffier ayant l'impérieux devoir de garder le secret des procédures dirigées par le magistrat auprès duquel il est placé et auxquelles il concourt (Crim. rej. 9 juill. 1886, aff. Mary-Raynaud, D. P. 86. 1. 475).

4. Le prêtre catholique est également au nombre des personnes auxquelles s'applique l'obligation de conserver le secret, non seulement lorsqu'il lui est confié en confession (*Rép.* n° 8), mais encore lorsqu'une révélation lui a été faite, en dehors de la confession, à raison de ses fonctions (Crim.cass. 4 déc. 1891, aff. Fay, D. P. 92. 1. 139). Cette circonstance ne peut, dit l'arrêt, changer la nature du secret dont le prêtre est dépositaire, si les faits lui ont été confiés dans l'exercice exclusif de son ministère sacerdotal, et à raison de ce ministère (V. *infra*, v° *Témoins*). — Il faut même aller plus loin, d'après les termes de l'arrêt du 4 déc. 1891, et étendre cette règle à tous les ministres des cultes reconnus par l'État. C'est d'ailleurs la conséquence logique du principe posé par l'arrêt, que le secret est dû par le prêtre, même en dehors de la confession. Dans les cultes où le dogme de la confession n'existe pas, le ministre du culte n'en est pas moins appelé à recevoir certaines confidences provoquées par son caractère, par sa profession, pour employer les termes de l'art. 378 c. pén. (V. sur cette question, qui a donné lieu à de vives controverses, le rapport de M. le conseiller Sallantin inséré sous l'arrêt du 4 déc. 1891, D. P. 92. 1. 139).

5. L'avocat est également au nombre des personnes tenues au secret à raison des faits qui lui sont révélés, à l'occasion de ses fonctions (*Rép.* n° 9). La jurisprudence est aujourd'hui fixée, depuis un arrêt de la chambre criminelle du 24 mai 1862 (aff. Brion, D. P. 62. 1. 545), d'après lequel l'avocat appelé en témoignage sur des faits dont il déclare n'avoir en connaissance qu'en sa qualité d'avocat, n'a, dans sa déposition, d'autre règle à suivre que sa conscience et doit s'abstenir des réponses qu'elle lui interdit (V. sur ces questions et sur les personnes qui ont la qualité d'avocat, *supra*, v° *Avocat*, nos 145 à 150). — Il en est de même à l'égard des avoués (*Rép.* n° 10) : ils ne peuvent être tenus de déposer sur les faits qui leur auraient été confiés sous le sceau du secret, ou qui seraient de nature à exiger le secret (Crim. rej. 6 janv. 1855, aff. Desouches-Touchard, D. P. 55. 1. 30-31. V. *infra*, v° *Témoin*).

6. Quant aux *notaires*, on a exposé au *Rép.*, nos 11 et suiv., les controverses auxquelles avait donné lieu la question de savoir s'ils étaient ou non compris au nombre des personnes auxquelles l'art. 378 c. pén. est applicable. La solution affirmative qui nous a paru préférable (*Rép.* n° 14) semble avoir définitivement prévalu en jurisprudence. Un arrêt (Crim. rej. 7 avr. 1870, aff. Diehl, D. P. 70. 1. 185) reconnaît formellement qu'ils sont au nombre des personnes, dépositaires par état ou profession des secrets qu'on leur confie, visées par l'art. 378 c. pén. Toutefois, la question de savoir dans quelle mesure les notaires se trouvent soumis à l'obligation de ne pas révéler les secrets dont ils

. sont dépositaires et spécialement dans quelle mesure ils peuvent se retrancher derrière le secret professionnel lorsqu'ils sont appelés comme témoins, reste controversée (V. *infrà*, v° *Témoins*).

7. Les *agents de change* sont au nombre des personnes visées par l'art. 378 c. pén. (*Rép.* n° 15). Sur l'étendue de leurs obligations à cet égard, V. *suprà*, v° *Bourses de commerce*, n°⁵ 154-157.

8. Les médecins, officiers de santé, pharmaciens, sages-femmes, étant expressément désignés par l'art. 378 c. pén. comme astreints au secret professionnel, il ne s'est élevé aucun doute à leur égard quant au devoir même qui leur incombe. On a vu *suprà*, n° 1, que la loi du 30 nov. 1892 sur l'exercice de la médecine leur impose la déclaration des maladies épidémiques dont la liste a été arrêtée par un arrêté ministériel, après avis de l'Académie de médecine et du conseil d'hygiène publique, cette déclaration n'engageant pas, dit la loi, le secret professionnel. La dérogation à l'art. 378 c. pén. est donc formelle. Dans le cas où leur diagnostic leur révèle une maladie épidémique classée par l'arrêté du ministre de l'intérieur, la loi relève formellement les médecins et sages-femmes du secret professionnel. M. le professeur Lefort disait à l'Académie de médecine (février 1891) : « Le secret professionnel a des limites, et, pour ma part, je crois que le médecin manquerait à son devoir, si, par excès de discrétion, il laissait un malade atteint de diphtérie libre de communiquer une maladie, trop souvent mortelle, à ceux qui fuiraient à coup sûr la maison contaminée s'ils savaient qu'elle abrite un diphtéritique. Je n'admets pas que le secret professionnel aille jusqu'à nous rendre complice d'un homicide par imprudence, et surtout à nous faire commettre des homicides par discrétion. L'honneur d'une famille, l'avenir d'un malade, n'est pas mis en question par une variole, une scarlatine ou une angine diphtérique ; ses intérêts pécuniaires peuvent, dans beaucoup de cas, être lésés par la dénonciation du mal ou par l'isolement ; mais ces intérêts ne sauraient être mis en balance avec le respect et la protection de la vie humaine, cette fois directement menacée ». C'est donc au nom de l'intérêt public que la déclaration des maladies épidémiques s'impose ; c'est dans le même but que le médecin doit être dégagé du secret professionnel à propos des maladies épidémiques, dont l'extension menace la santé et la vie des agglomérations d'hommes (D. P. 93. 4. 14, col. 3).

9. L'intérêt de la science autorise-t-il la divulgation du secret médical? Un médecin, soit dans un service d'hôpital, soit dans sa clientèle, est appelé à soigner une maladie imparfaitement connue, est amené à des découvertes qui en caractérisent la nature, à employer un traitement nouveau, différent de ceux qui ont été jusqu'alors préconisés et qui lui donne d'heureux résultats; est-il autorisé à rendre publics, soit par des communications aux sociétés savantes, soit en publiant dans un journal médical ou dans un livre les détails de la maladie, sans que pour cela, il soit réputé avoir violé le secret médical ? La question est de celles qui peuvent être journellement soulevées, surtout à l'occasion des publications scientifiques. Les ouvrages de science médicale renferment le plus souvent, à l'appui des doctrines qu'ils exposent, ce que, dans le langage de la médecine, on appelle des *observations*. Ce sont des notices résumant les principaux symptômes et les circonstances caractéristiques d'une maladie et faisant fréquemment connaître le traitement suivi ainsi que le résultat obtenu. Comme la science contemporaine attache, pour l'étude des maladies, une grande importance à certaines particularités, telles que l'âge du malade, les affections dont il a pu être antérieurement atteint, ses antécédents héréditaires, etc., les observations comprennent tous les renseignements de cette nature qui ont pu être recueillis. En outre, le plus généralement, le malade auquel s'applique l'observation y est désigné par un prénom et l'initiale de son nom. Enfin, pour les maladies qui donnent lieu à des phénomènes pathologiques externes, les observations sont quelquefois accompagnées de la reproduction de photographies du sujet qui, dans certains cas, peuvent être de véritables portraits. Il paraît incontestable que le fait de publier une observation médicale ne peut en lui-même constituer une révélation de secret dès que le malade n'y est pas désigné de façon à être reconnu. Les faits constatés

dans une observation, abstraction faite du malade qui en est l'objet, sont des faits scientifiques, qui, lorsqu'ils ne se rapportent pas à un individu désigné, ne sauraient constituer une révélation de secret. Il importe, au contraire, au plus haut point, à l'intérêt de la science qu'ils soient divulgués, et la société elle-même y est intéressée. Mais ces considérations, si puissantes qu'elles soient, ne sauraient justifier la violation par le médecin du secret professionnel, et on ne saurait admettre que celui-ci, même pour donner une authenticité sérieuse à son observation, puisse impunément faire connaître, par une désignation plus ou moins précise, la personne à laquelle elle s'applique ; cette désignation constituerait une véritable révélation du secret. Il en est ainsi, spécialement, dans le cas où un médecin a publié des observations médicales qui fournissent, avec le prénom, les initiales du nom et la photographie du sujet, certaines particularités intimes sur les antécédents héréditaires et les phénomènes de la maladie (Bordeaux, 5 juill. 1893, aff. P..., D. P. 94. 2. 177). Au contraire on ne saurait voir une révélation du secret professionnel dans la publication des particularités d'une maladie, lorsque le sujet n'y est pas désigné. Si précises que soient les observations, elles ne constitueront pas une violation du secret professionnel, lorsque, en dehors des renseignements scientifiques qu'elles doivent fournir, elles n'en renferment point qui permettent de reconnaître le malade et de lui appliquer l'observation.

10. Il résulte de l'arrêt du 5 juill. 1893, cité *suprà*, n° 9, que le secret professionnel est exigible du médecin, aussi bien lorsqu'il s'agit d'un malade qu'il a été appelé à traiter dans un établissement hospitalier que lorsqu'il s'agit d'un malade appartenant à sa clientèle proprement dite. Le secret est-il également imposé aux directeurs et employés des administrations hospitalières ? Ceux-ci sont-ils obligés de tenir secrètes l'entrée des malades dans leurs établissements et les maladies pour lesquelles ils y ont été traités ? On doit l'admettre, au moins dans une certaine mesure. Les fonctions de directeur ou d'employé d'un hôpital ou d'un hospice, bien que purement administratives dans la plupart des cas et ne comportant par elles-mêmes aucune confidence des malades, peuvent, en raison des rapports nécessaires des fonctionnaires qui les remplissent avec les médecins et pharmaciens, mettre ces fonctionnaires au courant des maladies dont sont atteintes les personnes admises dans leurs établissements ; il suffit même, à cet égard, des mentions inscrites sur le certificat médical qui est exigé le plus souvent des malades admis dans les services hospitaliers, des inscriptions effectuées sur les registres, de la lecture et de l'examen des ordonnances. Ne doit-on pas en conclure que, si tout ce qui a trait à la nature du mal dont un malade est atteint, à son traitement, à ses effets, est confidentiel de sa nature, si le médecin est obligé de garder sur tous ces points un secret absolu, il doit en être de même à cet égard du directeur de l'hôpital ? Sinon le but que s'est proposé le législateur ne serait pas atteint puisque la divulgation interdite au médecin pourrait être faite par un directeur qui est, au moins en partie, son confident nécessaire. S'il est ainsi, il y aura des cas où le directeur sera tenu de garder le secret même sur le simple fait du séjour d'un malade dans l'établissement : il paraît difficile d'admettre, en effet, que le seul fait d'être entré et d'avoir suivi un traitement dans un hospice où l'on ne reçoit que des personnes atteintes de maladies syphilitiques, que des femmes en couches, puisse être révélé sans que chacun soit édifié sur la nature du mal et sans les inconvénients les plus graves pour la sécurité des personnes, l'honneur et la considération des familles ». V. motif, 16 mars 1893, aff. Moinet, D. P. 94. 1. 237, et le rapport de M. le conseiller Vételay. Mais, en dehors de cette dernière hypothèse, le directeur est-il tenu de garder le secret sur le fait de l'entrée ou du séjour d'une personne dans son établissement ? V. *infrà*, n° 12.

11. Sur le secret imposé aux agents des postes, V. *suprà*, v° *Postes et télégraphes*, n° 21.

§ 3. — Révélation effective d'un secret (*Rép.* n°⁵ 16 à 22).

12. — I. SECRET. — Le secret dont l'art. 378 c. pén. a pour but d'assurer la conservation doit s'entendre de celui qui a trait à un fait dont la divulgation peut nuire à la considération de la personne auquel ce fait est imputé

(*Rép.* n° 16). La jurisprudence semble être allée plus loin et avoir considéré comme répressible la révélation du secret professionnel même lorsqu'elle a pour but de sauvegarder cette considération. C'est du moins ce que l'on peut conclure de l'arrêt du 19 déc. 1885 (aff. Watelet, D. P. 86. 4. 347) dans lequel la chambre criminelle de la cour de cassation a considéré comme passible des peines portées par l'art. 378 c. pén. une révélation faite par le docteur Watelet sur la cause de la mort du peintre Bastien Lepage, dans une lettre qui n'avait été publiée que dans l'intérêt de la mémoire de cet éminent artiste. — Il faut toutefois se garder de donner à cet arrêt une portée trop grande et d'ériger en règle absolue que toute révélation d'un fait professionnel constitue une divulgation punissable, alors même qu'elle ne serait pas de nature à porter atteinte à la considération de celui qui a dû en faire confidence au révélateur. En effet la cour de cassation (Crim. rej. 16 mars 1893, aff. Moinet, D. P. 94. 4. 137) a décidé, plus récemment, que le fait d'avoir été admis dans un hospice où sont soignées des maladies de toute nature ne rentre pas dans la classe des faits dont l'art. 378 c. pén. interdit la révélation, et a jugé que le directeur d'un hospice ne pourrait être considéré comme tenu d'observer le secret professionnel que dans les cas qui concernent la sécurité des malades et l'honneur des familles. Cet arrêt restreint évidemment la portée de celui du 19 déc. 1885, puisqu'il ne considère la révélation de l'entrée d'un malade dans un hôpital comme interdite par l'art. 378 c. pén. qu'autant que, cet hôpital étant réservé à certaines maladies, par exemple aux affections vénériennes ou aux accouchements, la révélation de l'admission du malade divulguerait par là même qu'il était atteint d'une maladie honteuse et il porterait atteinte à sa considération (V. *supra*, n° 10). Toutefois nous pensons que la révélation du secret professionnel est punissable non seulement lorsque le fait révélé est de nature à porter atteinte à la considération de l'auteur de ce fait, mais aussi quand il peut en résulter un préjudice matériel. Ce n'est qu'à cette condition que la sécurité aussi bien que l'honneur des familles seront protégées comme le veut l'art. 378 c. pén.

13. On a exposé, au *Rép.*, n° 18, que, pour qu'il y ait secret, il faut qu'il s'agisse d'un *fait* confié aux personnes visées par l'art. 378, dans l'exercice de leur profession. Mais on a ajouté que se s'imposait à l'égard non pas seulement des faits qui auraient été confiés sous le sceau du secret, mais aussi de ceux qui auraient été découverts par une de ces personnes dans l'exercice même de sa profession, et en raison de cet exercice. La jurisprudence a confirmé cette opinion. Elle considère aujourd'hui comme tombant sous le coup de l'art. 378 c. pén. la révélation des faits dont la connaissance provient de l'exercice d'une profession aux actes de laquelle a loi a imprimé le caractère confidentiel et secret. Telle est la révélation d'une procédure criminelle par un greffier attaché au cabinet d'un juge d'instruction (Crim. rej. 9 juill. 1886, aff. Mary-Raynaud, D. P. 86. 4. 475, cité *supra*, n° 3). Il est nécessaire toutefois que le fait ait été connu dans l'exercice de la profession et non dans des circonstances étrangères à cet exercice (*Rép.* n° 19. V. également *infra*, v° *Témoin*).

14. — II. RÉVÉLATION. — *Rép.* n°s 21-22.

§ 4. — De la volonté de révéler (*Rép.* n°s 23 à 32).

15. La révélation du secret professionnel n'est punie par l'art. 378 c. pén. qu'autant que la révélation a été volontaire et qu'elle ne résulte pas d'une circonstance fortuite (*Rép.* n°s 23 et suiv.). — En ce qui concerne le droit pour un médecin accoucheur ou une sage-femme ayant assisté à un accouchement de ne pas révéler le nom de la mère dans le cas où ils sont tenus de déclarer la naissance, V. *supra*, v° *Actes de l'état civil*, n° 63.

§ 5 — Intention de nuire (*Rép.* n°s 33 à 36).

16. L'intention de nuire, en raison de l'affinité que la révélation de secrets présente avec la diffamation et l'injure, a été longtemps considérée comme une condition essentielle de l'application de l'art. 378 c. pén. (*Rép.* n° 33). La révélation du secret constituerait une sorte de diffamation et, de même que la diffamation ne peut exister sans l'intention de diffamer, de même, il n'y aurait point de délit de révélation de secret, sans l'intention de violer la foi due au secret et de nuire à la personne qui l'a confié. Toutefois, d'après certains auteurs, notamment Faustin Hélie, *Théorie du code pénal*, 5e édit., t. 5, n° 1879, si le délit de révélation ne résulte pas d'une indiscrétion volontaire, le seul fait de cette indiscrétion doit faire présumer l'intention de nuire et c'est au prévenu à justifier qu'il n'avait pas cette intention.

Mais la jurisprudence a récemment adopté l'opinion de Rauter (*Rép.* n° 33) et décidé que l'art. 378 c. pén. punit toute révélation du secret professionnel dès qu'elle a été faite avec connaissance, sans qu'il soit nécessaire d'établir, à la charge du révélateur, l'intention de nuire (Crim. rej. 19 déc. 1885, aff. Watelet, D. P. 86. 4. 347). Le but de sécurité et de protection que l'art. 378 a poursuivi ne serait pas atteint, dit cet arrêt, si la loi se bornait à réprimer les révélations dues à la malveillance, en laissant toutes les autres impunies. Bien plus, dans cette même espèce (V. *supra*, n° 12), l'art. 378 c. pén. a été appliqué alors que non seulement l'intention de nuire n'existait pas mais que la révélation avait eu plutôt pour but de détruire des suppositions fâcheuses sur la nature de la maladie dont le client était mort. L'intérêt de celui qui a confié le secret n'est donc même pas, d'après cette doctrine, un motif suffisant pour justifier la révélation du secret; le dépositaire du secret n'est pas juge de cette question. Il peut être relevé, il est vrai, de l'obligation de conserver le secret par celui qui le lui a confié, mais par celui-là seul, c'est là une faculté purement personnelle.

17. Il suit de là que la révélation du secret ne peut être autorisée par les héritiers de la personne qui a confié le secret, ni, s'ils sont mineurs, par leur tuteur. Ainsi il a été jugé qu'un médecin, tenu au secret professionnel, ne peut être contraint de délivrer un certificat constatant les causes de la mort de son client... ni par le tuteur des héritiers mineurs de celui-ci, ni par la compagnie d'assurances sur la vie qui a contracté avec le client décédé (Trib. civ. du Havre, 30 juill. 1886, aff. Truffault, D. P. 87. 3. 24; docteur Brouardel, *Du secret médical*, *Annales d'hygiène publique et de médecine légale*, mai, juin et juillet 1886; Rapport des docteurs Gilbert et Chauvel, au syndicat des médecins du Havre, 1884; Rapport de M. Rocher à la société de médecine légale de Paris, 9 juin et 4 août 1884; Albert Pellerin, *Revue du notariat*, Des assurances sur la vie, 1885, n° 6585, p. 22).

18. A plus forte raison le dépositaire du secret ne pourrait-il le révéler dans son intérêt personnel, en l'absence de toute intention de nuire (Trib. corr. de la Seine, 11 mars 1885, aff. Watelet, D. P. 86. 4. 347).

Table sommaire
des matières contenues dans le Supplément et le Répertoire.

(Les chiffres précédés de la lettre S renvoient au Supplément; les chiffres précédés de la lettre R renvoient au Répertoire.)

Secret *S,* 12 s.; *R.* 16 | — divulgation, exercice | — fait professionnel, di- | Volonté *S* 15; *R.* 23 s. | moignage *R.* 82. | — dénonciation, obliga-
s. | des fonctions *S.* 13; | vulgation *S.* 12 s. | — action publique, té- | — circonstance fortuite | tion légale *R.* 24-
— caractère *S.* 12; *R.* 16. | *R.* 18 s. | — fille enceinte *R.* 16. | | *S.* 15; *R.* 23. | *S.* 15; *R.* 23.

Table chronologique des lois, arrêts, etc.

1855. 6 janv. Crim. 5 c.	1870. 7 avr. Crim. 6 c.	— 19 déc. Crim. 12 c.	1886. 9 juill. Crim. 8 c., 13 c.	1891. 4 déc. Crim. 4 c.	1893. 16 mars. Crim. 10 c., 12 c.
1862. 24 mai. Crim. 5 c.	1885. 11 mars. Trib. civ. Seine. 18 c.	— 19 déc. Crim. 16 c.	— 30 juill. Trib. civ. Le Havre. 17 c.	1892. 30 nov. Loi. 1 c., 5 c.	— 5 juill. Bordeaux. 9 c.

REVENDICATION. — V. outre les renvois et les développements indiqués au *Répertoire, suprà,* vᵗᵉ *Appel civil,* nᵒ 112; *Appel incident,* nᵒ 22 ; *Bornage,* nᵒˢ 5 et suiv. ; *Brevet d'invention,* nᵒˢ 139 et suiv. ; *Cassation, cour de cassation,* nᵒˢ 437 et 445 ; *Change-changeur,* nᵒˢ 13 et suiv. ; *Contrat de mariage,* nᵒˢ 480 et suiv., 1367 et suiv., 1467 ; *Domaine de l'Etat,* nᵒ 20 ; *Domaines engagés et échangés,* nᵒˢ 10 et suiv. ; *Domaine public,* nᵒ 28 ; *Droit maritime,* nᵒ 369 ; *Exceptions et fins de non-recevoir,* nᵒ 28 ; *Faillites et banqueroutes, liquidations judiciaires,* nᵒˢ 1231 et suiv. ; *Louage à cheptel,* nᵒ 4 ; *Prises maritimes,* nᵒ 353 ; *Privilèges et hypothèques,* nᵒˢ 177 et suiv. ; *Propriété,* nᵒˢ 301 et suiv. ; — et *infrà,* vᵗˢ *Saisie-arrêt,* et *Rép.* eod. vᵒ, nᵒ 301 ; *Saisie-brandon,* et *Rép.* eod. vᵒ, nᵒˢ 44 et suiv. ; *Saisie-exécution,* et *Rép.* eod. vᵒ, nᵒˢ 273 et suiv. ; *Saisie-gagerie,* et *Rép.* eod. vᵒ, nᵒˢ 15 et 19 ; *Saisie-revendication,* et *Rép.* eod. vᵒ; *Servitude,* et *Rép.* eod. vᵒ, nᵒˢ 366 et suiv. ; *Tierce opposition,* et *Rép.* eod. vᵒ, nᵒ 242 ; *Tiers, ayant cause,* et *Rép.* eod. vᵒ, nᵒ 78 ; *Transcription hypothécaire,* et *Rép.* eod. vᵒ, nᵒˢ 398, 502 et suiv. ; *Usufruit,* et *Rép.* eod. vᵒ, nᵒˢ 112 et 765 ; *Vente,* et *Rép.* eod. vᵒ, nᵒˢ 512, 1185 et 1236 ; *Vente administrative,* et *Rép.* eod. vᵒ, nᵒˢ 370 et suiv. ; *Vente publique d'immeubles,* et *Rép.* eod. vᵒ, nᵒˢ 321, 1145, 1221 et suiv., 1950 et suiv. ; *Voiture-voiture publique,* et *Rép.* eod. vᵒ, nᵒ 364 ; *Vol et escroquerie,* et *Rép.* eod. vᵒ, nᵒ 938.

REVENTE. — V. *Rép.* eod. vᵒ et *suprà,* vᵗˢ *Demande nouvelle,* nᵒ 97 ; *Enregistrement,* nᵒˢ 1114, 1123 et suiv. ; — et *infrà,* vᵗˢ *Surenchère,* et *Rép.* eod. vᵒ, nᵒ 1226 et suiv., 396 et suiv., 410 ; *Vente administrative,* et *Rép.* eod. vᵒ, nᵒ 383 ; *Vices rédhibitoires,* et *Rép.* eod. vᵒ, nᵒ 161.

REVENUS. — V. *Rép.* eod. vᵒ et *suprà,* vᵗˢ *Culte,* nᵒˢ 497 et suiv. ; *Enregistrement,* nᵒˢ 2647 et suiv. ; *Hospices-hôpitaux,* nᵒ 215 ; — et *infrà,* vᵗˢ *Rentes sur l'Etat, Rentes viagères, Trésor public.*

RÉVERSIBILITÉ-RÉVERSION. — V. *Rép.* eod. vᵒ et *suprà,* vᵗˢ *Contrat de mariage,* nᵒˢ 1367 et suiv., 1465 ; *Enregistrement,* nᵒˢ 233 et suiv. ; *Rente viagère,* nᵒˢ 28 et suiv., et *Rép.* eod. vᵒ, nᵒˢ 30 et suiv. ; *Substitution,* et *Rép.* eod. vᵒ, nᵒˢ 106 et 127 ; *Usufruit,* et *Rép.* eod. vᵒ, nᵒ 417 ; *Vente,* et *Rép.* eod. vᵒ, nᵒ 417.

REVISION. — 1. La revision est, comme on l'a dit au *Rép.,* vᵒ 1, l'action de revoir pour corriger ou réformer. On se contentera de rapporter, sur cette matière, les arrêts récents qui n'ont pas trouvé place, dans le présent ouvrage, sous les mots auxquels ils se rapportent.

2. — 1° *Matière administrative.* — Les parties, ainsi qu'on l'a exposé *suprà,* vᵒ *Conseil d'Etat,* nᵒˢ 439 et suiv., sont recevables à revenir devant le conseil d'Etat par voie de-requête civile ou de revision. Sur la procédure à suivre à cet égard, il a été jugé, outre les arrêts cités *suprà,* eod. vᵒ, nᵒ 441, que la requête en revision est une voie de recours exceptionnelle qui n'est pas ouverte directement aux parties, mais n'est recevable que présentée par le ministère d'un avocat (Cons. d'Et. 28 mars 1890, aff. Golay, *Rec. Cons. d'Etat,* p. 360). Et il en est ainsi alors même que la décision du conseil d'Etat, objet du recours en revision, a été rendue dans une affaire où les parties sont dispensées par la loi de recourir au ministère d'un avocat (Cons. d'Et. 12 avr. 1889, aff. Decamps, *Rec. Cons. d'Etat,* p. 525; 27 déc. 1889, aff. Menier et comp., *ibid.,* p. 1223. V. aussi *suprà,* vᵒ *Cour des comptes,* nᵒ 32).

3. — 2° *Jugements en général.* — La question a été examinée *suprà,* vᵒ *Droits civils,* nᵒˢ 28 et 236 et suiv., pour les jugements rendus à l'étranger, et *suprà,* vᵒ *Jugement,* nᵒˢ 357 et suiv., d'une manière plus générale. En ce qui touche les jugements étrangers, il a été décidé que le tribunal français chargé de rendre exécutoire un jugement étranger doit se borner à vérifier si le juge étranger a fait une saine application des règles de la compétence, des principes d'ordre public reçus en France et de la loi qui devait régir le débat ; mais qu'il ne peut substituer sa propre décision à celle du jugement étranger qui lui est déféré (Aix, 9 févr. 1888, aff. Mac Laren Crum, D. P. 89. 2. 281).

4. — 3° *Matière criminelle.* — La revision, en telle matière, a été étudiée *suprà,* vᵒ *Cassation-cour de cassation,* nᵒˢ 326 et suiv., 413 et suiv. Décidé depuis, à cet égard, qu'il n'y a lieu à revision d'une condamnation prononcée par les tribunaux de répression, aux termes de l'art. 443, § 2, c. instr. crim., que quand, après cette condamnation prononcée pour crime ou délit, un nouvel arrêt ou jugement a condamné pour le même fait un autre accusé ou prévenu, et que, les deux condamnations étant inconciliables, leur contradiction est la preuve de l'innocence de l'un ou de l'autre condamné (Crim. rej. 16 déc. 1887)[1]. Cette disposition légale ne peut donc être invoquée et il n'y a pas lieu à revision, au cas où le jugement qui a prononcé la condamnation dont la revision est demandée est en contradiction avec une autre décision émanant d'une juridiction civile (Même arrêt). C'est ce qui arrive lorsque le jugement qui a condamné le prévenu pour escroquerie n'ayant relevé à sa charge que l'existence d'une société irrégulièrement constituée dont la simulation aurait seule déterminé la remise des fonds escroqués, la régularité de la constitution de cette même société a été reconnue et déclarée par un jugement ultérieur du tribunal de commerce passé en force de chose jugée (Même arrêt). V. aussi *suprà,* vᵒ *Responsabilité,* nᵒ 377 et suiv.

5. — 4° *Compte.* — C'est en matière de revision ou de

---

[1] (Mary-Raynaud.) — LA COUR; — Vu la lettre adressée à M. le procureur général, près la cour de cassation, par M. le garde des sceaux, ministre de la justice, en date du 12 sept. 1887; — Vu le réquisitoire présenté à la cour, en conformité de la lettre susvisée, le 17 nov. 1887 par M. le procureur général ; — Vu l'art. 443 c. instr. crim. ; — Attendu que Mary-Raynaud demande la revision d'une condamnation à trois ans d'emprisonnement et 2000 fr. d'amende prononcée contre lui, par arrêt de la cour de Paris, ch. corr., du 18 févr. 1885; — Attendu qu'il fonde cette demande sur l'inconciliabilité qui existerait entre cet arrêt et un jugement du tribunal de commerce de la Seine, du 12 août 1885, passé en force de chose jugée ; — Attendu que cette inconciliabilité consisterait, d'après lui, en ce que, d'une part, l'arrêt de la cour de Paris aurait relevé comme unique manœuvre des escroqueries relevées à sa charge, l'existence d'une société irrégulièrement constituée, dont la simulation aurait seule déterminé la remise des fonds qu'on lui imputait d'avoir escroqué, et en ce que, d'autre part, le jugement du tribunal de commerce du 12 août 1885 aurait reconnu et déclaré la régularité de la constitution de cette même société, d'où il suivrait que l'arrêt de la cour de Paris devrait être revisé, par application de l'art. 443, § 2, c. instr. crim. ; — Mais attendu que la revision n'a lieu, dans les termes de cette disposition légale, que lorsque, après une condamnation pour crime ou délit, un nouvel arrêt ou jugement a condamné, pour le même fait, un autre accusé ou prévenu, et que, les deux condamnations ne pouvant se concilier, leur contradiction est la preuve de l'innocence de l'un ou de l'autre condamné ; — Attendu que le jugement du tribunal de commerce de la Seine, du 12 août 1885, exclut, par sa nature même, toute possibilité d'application de cet article ; qu'en n'ayant point été rendu en matière criminelle ou correctionnelle, il ne présente et ne saurait présenter, avec l'arrêt de la cour de Paris du 4 févr. 1885, aucune inconciliabilité de nature à donner ouverture à une demande en revision ;

Par ces motifs, — Déclare non recevable la demande en revision formée par Mary-Renaud.

Du 16 déc. 1887.-C. de cass., ch. crim.-MM. Lœw, pr.-Tarson, rap.-Bertrand, av. gén.

rédressement de compte qu'il est intervenu depuis la publication du *Répertoire* (V. *suprà*, v° *Compte*, n°ˢ 37 et suiv.) le plus grand nombre de décisions judiciaires. On relatera ici les principales d'entre elles, en les groupant dans un ordre méthodique.

6. Le principe de la revision ou du redressement des comptes est contenu dans l'art. 541 c. proc. civ., aux termes duquel « il ne sera procédé à la revision d'aucun compte, sauf aux parties, s'il y a erreurs, omissions, faux ou doubles emplois à en former leurs demandes devant les mêmes juges ». Mais ainsi qu'on l'a vu *suprà*, v° *Compte*, n° 37, la distinction entre la revision des comptes, interdite par la loi, et le redressement qu'autorise l'art. 541 c. proc. civ., est parfois assez difficile à établir ; elle dépend d'une appréciation de fait qui rentre dans le pouvoir souverain des tribunaux.

7. L'art. 541 c. proc. civ. est de droit étroit. Aussi a-t-il été jugé qu'un compte définitivement arrêté à la suite d'une transaction entre l'État et un entrepreneur de fournitures ne peut être redressé que dans les conditions prévues par l'art. 541 c. proc. civ. (Cons. d'Et. 17 mars 1893, aff. Ghislain, D. P. 93. 3. 33). En conséquence, le ministre ne peut se fonder, pour opérer un redressement de comptes, sur une prétendue erreur qui aurait été commise dans l'interprétation d'une convention (Même arrêt). C'est à la partie qui demande le redressement d'un compte à faire la preuve qu'il y a eu erreur matérielle, faux ou double emploi et elle ne peut se prévaloir, pour obtenir le redressement du compte, de l'insuffisance des justifications sur le vu desquelles il a été dressé (Même arrêt).

8. A quels comptes s'applique la double disposition de l'art. 541 c. proc. civ ? — Il a été jugé, à cet égard : 1° que la disposition de l'art. 541 c. proc. civ. qui autorise les parties en cas d'erreur, omission, faux ou double emploi, à demander la rectification d'un compte s'applique au compte courant comme à tout autre compte (Req. 11 janv. 1887, aff. Richardière, D. P. 88. 1. 382) ; — 2° Que les règles posées par l'art. 541 c. proc. civ. pour la revision des comptes sont applicables aux décomptes de travaux publics acceptés par l'entrepreneur et approuvés par l'Administration (Cons. d'Et. 8 avr. 1892, aff. Ghislain, D. P. 93. 3. 33). En conséquence, la circonstance que des faits regrettables se seraient produits dans l'établissement des pièces de comptabilité n'est pas de nature à autoriser la revision du décompte en dehors des cas prévus par l'article précité, notamment en ce qui concerne l'interprétation du marché et les quantités d'ouvrages exécutées (Même arrêt). L'inscription au compte d'une entreprise de dépenses afférentes à une entreprise différente et ne devant pas être acquittées sur les mêmes fonds constitue un faux emploi de nature à justifier un redressement de compte (Même arrêt).

9. Pour qu'il y ait lieu à l'application de l'art. 541 c. proc. civ., il faut qu'il y ait compte proprement dit entre les parties. Décidé, en ce sens : 1° que les art. 540 et 541 c. proc. civ. qui, en matière de reddition de comptes, interdisent au juge à faire dans son jugement le calcul de la recette, des dépenses et du reliquat, et lui interdisent de reviser un compte antérieurement réglé entre les parties, supposent qu'il est produit un compte proprement dit et ne s'appliquent pas au cas où il est seulement produit une quittance délivrée à la suite d'un règlement (Civ. cass. 31 juill. 1889, aff. Delamare de Chenevarin, D. P. 90. 1. 108) ; — 2° Qu'en matière de reddition de comptes l'exception de l'art. 541 c. proc. civ. n'est opposable qu'autant qu'il y a un compte réglé ; en conséquence, lorsque l'action tend à des dommages-intérêts pour erreur, faux ou double emploi dans les *écritures* d'un comptable, le demandeur n'est pas tenu de les signaler taxativement dans son exploit introductif d'instance (Limoges, 23 mai 1890, aff. Deneuville, D. P. 91. 2. 350). Jugé également, dans le même ordre d'idées, que la fin de non-recevoir résultant de l'art. 541 c. proc. civ. qui interdit soit à l'oyant soit au rendant compte la revision d'un compte ou qui ne leur permet de demander le redressement que sous les conditions déterminées par ce même article, ne peut pas être opposée par un débiteur dont la dette a été portée au compte remis au syndic par les liquidateurs d'une société déclarée en faillite et approuvé par lui, sous la réserve d'usage, en vertu d'une ordonnance du juge-commissaire (Req. 14 avr. 1886, aff. Guilhou, D. P. 87. 1. 430).

10. Il ne faut pas que, sous prétexte de redressement ou de rectification d'un compte, on arrive à la revision prohibée par la loi. Aussi n'y a-t-il point lieu d'accueillir une demande en redressement de compte qui ne tend, soit directement, soit sous prétexte de discuter la validité d'offres faites par une des parties, qu'à la revision même du compte, et qui a le caractère d'un retour complet sur ce qui avait été arrêté d'accord et définitivement réglé (Req. 3 juill. 1889, aff. Doniau, D. P. 90. 1. 384). De même, la décharge par laquelle un mandataire est tenu quitte sans aucune réserve de toutes choses relatives à l'exécution de son mandat implique l'existence d'un compte et exclut par suite la revision de ce compte, sauf les cas d'erreurs, omissions, faux ou double emploi (Trib. civ. Douai, 31 déc. 1892, aff. Souquet, D. P. 94. 2. 182).

De même encore une partie n'est pas fondée à arguer de faux, à l'effet d'obtenir le redressement du compte, des pièces dans lesquelles sont relevées des erreurs matérielles, alors que ces pièces ne figurent au nombre des éléments du compte, qu'il n'est pas justifié que ces inexactitudes qui trouvent leur explication dans la confusion résultant des événements de la guerre soient l'œuvre de l'entrepreneur, que rien ne permet de les rattacher à une intention frauduleuse et qu'au surplus, elles se rattachent à des services dont l'exécution est constatée par d'autres pièces (Cons. d'Et. 17 mars 1893, aff. Chemin de fer de Lyon, D. P. 93. 3. 33).

11. Pour que la rectification soit admise, il faut que les erreurs ou omissions puissent être relevées à l'aide du compte lui-même (V. *suprà*, v° *Compte*, n° 50). Mais il a été jugé qu'une cour d'appel qui, après avoir réglé un compte de succession entre deux parties, est saisie par l'une de ces parties d'une demande en redressement dudit compte fondée sur des erreurs matérielles et de calcul, ne peut pas valablement se déclarer dans l'impossibilité de constater les erreurs et omissions alléguées et d'écarter *de plano* la demande en redressement par le motif que sa décision ne contenait pas le détail précis des sommes entrées dans le compte et avait été déterminée par une appréciation générale des éléments du compte envisagés dans leur ensemble, alors qu'il ressort au contraire des termes de cette décision rapprochés de ceux du jugement de première instance dont elle rectifiait les chiffres que la fixation définitive du solde débiteur a été le résultat d'un examen précis et minutieux de chacun des articles du compte (Civ. cass. 28 juin 1893, aff. Sabot, D. P. 93. 1. 477).

12. — 5° *Matières diverses.* — Sur la revision : 1° des cantonnements opérés avant la loi des 20-27 sept. 1790, V. *suprà*, v° *Commune*, n°ˢ 1025 et suiv. ; — 2° Des listes électorales, V. *suprà*, v° *Droit politique*, n°ˢ 96 et suiv., 138, 172 et 175 ; — 3° Des opérations cadastrales, V. *suprà*, v° *Impôts directs*, n°ˢ 52 et suiv. ; — 4° Des jugements des tribunaux maritimes et militaires, V. *suprà*, v° *Organisation maritime*, n° 279 et *Organisation militaire*, n° 501 et sui . — V. aussi *suprà*, v° *Requête civile* et *infrà*, vˡˢ *Témoignagne faux*, et *Rép.* eod. v°, n°ˢ 90 et suiv., 179 et suiv. ; *Traité international* et *Travaux publics*.

RÉVOCATION-RÉVOCABILITÉ. — V. *Rép.* eod. v°, et *suprà*, vˡˢ *Aliéné*, n° 35 ; *Arbitrage-arbitre*, n°ˢ 68 et suiv. ; *Associations illicites*, n° 25 ; *Avoué*, n° 42 ; *Commissaire de police*, n° 7 ; *Commune*, n°ˢ 140 et suiv., 185, 237 et suiv. ; *Cour des comptes*, n° 9 ; *Culte*, n°ˢ 461 et suiv., 692 ; *Désistement*, n°ˢ 30 et suiv., 56 ; *Discipline judiciaire*, n°ˢ 136 et 139 ; *Dispositions entre vifs et testamentaires*, n°ˢ 1011 et suiv. ; *Domaine de l'État*, n° 11 ; *Domaines engagés et échanges*, n°ˢ 2 et suiv. ; *Domaine public*, n° 31 ; *Eaux minérales et thermales*, n° 7 ; *Enregistrement*, n°ˢ 560 et suiv., 2787 ; *Fonctionnaire public*, n°ˢ 20 et suiv. ; *Garde champêtre*, n°ˢ 9 et suiv. ; *Greffe-greffier*, n°ˢ 100 et suiv. ; *Hospices-hôpitaux*, n°ˢ 190 et suiv. ; *Interdiction, conseil judiciaire*, n°ˢ 289 et suiv. ; *Lois*, n°ˢ 180 et suiv. ; *Mandat*, n°ˢ 162 et suiv. ; *Office*, n°ˢ 15 et suiv., 70 ; *Pension*, n°ˢ 110 et suiv. ; — et *infrà*, vˡˢ *Substitution*, et *Rép.* eod. v°, n°ˢ 444 et 474 ; *Succession* ; *Théâtre-spectacle*, et *Rép.* eod. v°, n°ˢ 45 et suiv., 242 et suiv., 306

SAISIE-ARRÊT.

Division.

Art. 1er. — Historique et législation. — Droit comparé.

1. — I. Législation. — La législation en matière de saisie-arrêt n'a pas été modifiée depuis la publication du *Répertoire*. Le titre des saisies-arrêts ou oppositions, au code de procédure civile, n'est pas compris dans le projet de révision de ce code déposé à la Chambre des députés le 26 mars 1890 (V. *suprà*, v° *Enquête*, n° 2).

2. — II. Droit comparé. — *Allemagne.* — Les art. 730 et suiv. c. proc. civ. pour l'*Empire d'Allemagne*, du 30 janv. 1877, sont consacrés à l'*exécution forcée, sur les créances et autres droits dépendant du patrimoine*. Ils renferment les dispositions suivantes : « Lorsqu'il y aura lieu de saisir une créance ayant pour objet une somme d'argent, le tribunal fera défense au tiers débiteur de payer au débiteur (saisi). Le tribunal enjoindra en même temps au débiteur de s'abstenir de tout acte de disposition de sa créance, et spécialement de son recouvrement. La saisie du traitement attaché à un emploi public s'étend au traitement que le débiteur a à toucher par suite de sa nomination à un autre emploi, ou à un emploi nouveau, et à l'augmentation de son traitement. Cette disposition n'est pas applicable, en cas de changement de la personne dont relève l'emploi. La créance saisie est déléguée au créancier, qui peut en faire le recouvrement ou la recevoir en payement pour sa valeur nominale, à son choix. Dans ce dernier cas, la créance passe au créancier de telle sorte qu'il est considéré comme désintéressé de ses prétentions envers le débiteur, jusqu'à concurrence du montant de la créance saisie. « À la demande du créancier, le tiers débiteur est tenu de déclarer à celui-ci, dans le délai de deux semaines à compter de la signification du décret qui ordonne la saisie : 1° s'il reconnaît la créance est fondée et pour quelle somme, et s'il est prêt à en effectuer le payement; 2° si d'autres personnes élèvent des prétentions sur la créance, et quelles sont ces prétentions; 3° si la créance est déjà saisie à la requête d'autres créanciers, et en vertu de quelles prétentions. Le créancier qui poursuit le recouvrement de la créance est tenu de dénoncer judiciairement le procès au débiteur, à moins qu'il ne soit nécessaire de faire une signification en pays étranger, ou une signification par avis public. Le créancier qui diffère de poursuivre le recouvrement d'une créance qui lui est déléguée à cet effet est responsable envers le débiteur du préjudice qui en résulte. Le créancier peut, sans préjudice de ses prétentions, renoncer aux droits qui lui sont acquis par la saisie et par la délégation de la créance aux fins de recouvrement. La renonciation se fait par une déclaration signifiée au débiteur. Cette déclaration est pareillement signifiée au tiers débiteur. Si la créance saisie est conditionnelle ou à terme, ou si son recouvrement présente des difficultés à raison de ce qu'elle serait subordonnée à une contre-prestation ou pour d'autres motifs, le tribunal peut, sur les conclusions qui lui sont soumises, prescrire, au lieu de la délégation, un autre mode de réalisation. L'adversaire doit être entendu le décret qui statue sur ces conclusions, à moins qu'il ne soit nécessaire de faire une signification à l'étranger ou une signification par avis public. Le créancier peut, avant la saisie, et en vertu d'un titre exécutoire, faire signifier par huissier au tiers débiteur et au débiteur l'avis que la saisie est imminente, avec sommation au tiers débiteur de ne pas payer au débiteur, et au débiteur de s'abstenir de tout acte de disposition de la créance, et spécialement de son recouvrement. L'avis signifié produit les effets d'une saisie-arrêt, pourvu que la saisie de la créance soit pratiquée dans le délai de trois semaines ».

« Lorsque la saisie est exercée à la requête de plusieurs créanciers, le tiers débiteur est autorisé, et obligé, dans le cas où un créancier délégataire le réclame, de consigner le montant de la créance au tribunal de bailliage, dont le décret lui a été signifié en premier lieu : si la chose saisie est une chose corporelle mobilière, la consignation est faite entre les mains de l'huissier chargé de la recouvrer. Dans les deux cas, le tiers débiteur fait connaître l'état de l'affaire et remet les décrets qui lui ont été signifiés. Dans le second cas, si le créancier n'a pas désigné d'huissier pour recevoir la chose, il est procédé à cette désignation, sur les conclusions du tiers débiteur, par le tribunal de bailliage du lieu où la chose doit être remise. Si le produit de la vente n'est pas suffisant pour couvrir les créances, et si le créancier qui a fait pratiquer une seconde ou subséquente saisie demande, sans le concours des autres créanciers intéressés, une distribution autre que celle indiquée par l'ordre des saisies, l'huissier rend compte de l'état de l'affaire au tribunal de bailliage dont le décret a été signifié en premier lieu au tiers débiteur, et consigne le produit de la vente. Les pièces relatives à la procédure sont jointes au rapport. Tout créancier à qui le droit saisi a été délégué est autorisé à agir contre le tiers débiteur pour exiger de lui l'accomplissement des obligations qui lui incombent d'après les dispositions des paragraphes 750 à 752. Tout créancier dans l'intérêt de qui le droit est saisi peut en tout état de cause se joindre comme consort au demandeur. Le tiers débiteur est chargé de faire citer à l'audience, pour le débat oral, les créanciers qui n'ont pas formé la demande et ne se sont pas joints au demandeur. La décision rendue dans la cause sur le droit qui fait l'objet de la demande produit effet au profit de tous les créanciers ou contre eux. La décision rendue en faveur du débiteur ne peut être invoquée par celui-ci contre un créancier qui n'a pas été cité à l'audience pour le débat oral, alors qu'il aurait dû être cité par les soins du tiers débiteur » (V. Glasson, Lederlin et Dareste, *Code de procédure civile pour l'Empire d'Allemagne*, traduit et annoté, p. 251, note 2).

3. La procédure de la saisie-arrêt a été très simplifiée en *Italie*. Au lieu d'exiger plusieurs exploits pour entamer la procédure (saisie, dénonciation au débiteur et assignation, contre-dénonciation, assignation du tiers saisi), la loi n'exige qu'un seul acte, qui est à la fois l'acte de saisie et l'assignation au débiteur et au tiers saisi. Le tiers fait sa déclaration à l'audience. Quand le tiers est débiteur de sommes exigibles, ou payables au plus tard dans les cent quatre-vingts jours, et qu'il n'y a ni débats, ni concours d'autres créanciers, le préteur, à l'audience du tribunal où se fait la déclaration, les assigne en payement (sauf recouvrement) au créancier poursuivant à concurrence de ses droits. S'il s'agit de sommes à échéance plus éloignée ou de rentes perpétuelles ou temporaires, le créancier peut offrir de les accepter au payement, et les rentes perpétuelles sont rachetables au taux de 5 pour 100. S'il ne fait pas cette déclaration, il est procédé à la vente (art. 619 à 622).

On a indiqué au *Rép.*, n° 6, les différences qui existent, en matière de saisie-arrêt, entre les dispositions de la loi française et celles du code de procédure civile du *canton de Genève*. Ces dernières dispositions se rapprochent de celles du code italien. La procédure y est simplifiée et rendue plus rapide.

4. La loi sur les poursuites pour dettes du 19 nov. 1870 a remplacé, dans le code de procédure civile du *canton du Valais*, du 30 mai 1856, les anciens art. 352 à 405. Le chap. 3, *Du séquestre des biens du débiteur en la possession d'un tiers*, dispose que le séquestre ne peut être accordé que dans les cas suivants : 1° au préjudice du débiteur fugitif ou suspect de fuite, qui ne laisse pas des sûretés suffisantes; 2° au préjudice du débiteur insolvable; 3° au préjudice de celui qui n'a pas son domicile dans le canton; 4° au préjudice du fermier, des fruits provenant de la ferme, pour le payement des fermages; et au préjudice du locataire, des meubles de la maison louée, pour le payement des loyers. On ne peut

séquestrer que pour les fermages et loyers échus, sauf dans les cas prévus aux paragraphes 1 et 2 ; 5° lorsqu'il s'agit de meubles dont on peut craindre la distraction. Dans les cas prévus aux paragraphes 1, 2 et 3, le séquestre peut être accordé des biens meubles et immeubles du débiteur constant, soit entre ses mains, soit entre celles d'un tiers, ou de ce qui pourrait être dû à ce débiteur par des tiers. Dans les cas prévus aux paragraphes 4 et 5, le séquestre ne peut être accordé que des objets qui y sont mentionnés. Celui qui demande à opérer un séquestre doit, à peine de nullité, fournir une caution solidaire, reconnue valable par le juge, ou déposer entre ses mains une somme suffisante pour répondre des dommages et intérêts auxquels le débiteur pourrait prétendre. La garantie mentionnée à cet article doit être fournie avant de procéder au séquestre. Le séquestre peut s'opérer, même en temps des féries profanes, et, s'il y a péril dans le retard, aussi un jour de féries sacrées. Le débiteur peut demander la levée du séquestre en tout ou en partie, en fournissant une caution solidaire reconnue suffisante. Lorsqu'il y a plusieurs saisissants connus, le plus diligent d'entre eux devra appeler les autres en cause, à peine de nullité de jugement qu'il obtiendrait. Dans ce cas, les sommes et objets séquestrés seront adjugés aux créanciers en suivant, quant à la priorité, les principes posés sur la classification des créanciers dans les discussions. Le séquestre entre les mains d'un tiers est opéré par deux exploits, sous l'autorité du juge de la commune dans laquelle le tiers détenteur est domicilié. Outre les conditions générales énoncées en l'art. 74, ces deux exploits contiennent : celui qui est adressé au tiers détenteur, défense de se dessaisir des avoirs du débiteur qu'il a entre les mains sous peine d'en répondre et, à l'exception du cas où le séquestre s'opère entre les mains des receveurs dépositaires ou administrateurs des deniers de l'État, lesquels ne sont tenus qu'à une déclaration par écrit, citation à comparaître pour déclarer ce qu'il doit au débiteur ou ce qu'il possède appartenant à ce dernier. Celui qui est adressé au débiteur renferme l'avis du séquestre et porte citation pour être présent à la déclaration du tiers détenteur et pour procéder à l'essai de conciliation. Soit que le débiteur comparaisse, soit qu'il fasse défaut, le tiers détenteur est tenu de déclarer, même sous serment, si l'instant l'exige, ce qu'il doit ou ce qu'il a entre les mains appartenant au débiteur. En cas de refus de sa part, il est procédé contre lui contumacielllement. — En cas de contestation sur la déclaration du tiers détenteur, il est procédé selon les formes ordinaires. S'il s'élève une contestation sur la validité du séquestre, ou sur la légitimité de la prétention entre le saisissant et celui au préjudice de qui le séquestre est opéré, les parties sont renvoyées devant le juge de ce dernier ».

5. Le code de procédure civile du *canton de Vaud*, du 25 nov. 1869, consacre un paragraphe du titre 3, relatif à la saisie, aux *saisies en mains tierces* (art. 601 et suiv.), et un paragraphe aux saisies des traitements, appointements et salaires des fonctionnaires publics, employés, domestiques. « Le créancier peut saisir tout ce qui est dû à son débiteur par des tiers et tout bien meuble appartenant à ce débiteur, en la possession d'un tiers. Il peut saisir, en outre, les droits du débiteur à une succession échue, même ses droits éventuels résultant de la déclaration d'absence, ses droits à des biens indivis, etc. La saisie en mains tierces est opérée par deux exploits adressés, l'un au débiteur, l'autre au tiers détenteur, avec défense de se dessaisir de l'objet de la saisie, sous peine d'en répondre. L'exploit porte assignation à paraître devant le juge : au tiers pour déclarer ce qu'il a en sa possession appartenant au débiteur, ou ce qu'il lui doit ; au débiteur pour être présent à la déclaration et entendre ce qui sera ordonné. Le saisissant est tenu de déposer, en mains du juge, le montant présumé des frais de journées et autres qui pourront être dus au tiers saisi. Au jour fixé pour la comparution, on procède comme suit : Si le saisissant fait défaut, la saisie tombe et il est condamné aux frais, si le débiteur fait défaut il est procédé même en son absence. Le juge rend son ordonnance sur réquisition écrite déposée par le créancier. Une expédition de cette ordonnance est remise au tiers ; si le débiteur fait défaut, le juge lui donne connaissance de son ordonnance par lettre chargée. Le saisissant peut requérir que la déclaration du tiers ait lieu sous serment si la dette est supérieure à 30 fr. Le serment est prêté séance tenante devant le juge de paix. Si le tiers détenteur déclare ce qu'il a en mains, ou ce qu'il doit au débiteur, le juge de paix procède comme suit : S'il s'agit d'une somme due et disponible ou d'un dépôt d'espèces, le juge en prononce l'adjudication en faveur du saisissant jusqu'à concurrence de sa créance. S'il s'agit d'une somme due, mais non disponible actuellement, ou de créances, le juge en prononce l'adjudication à leur valeur nominale, si le saisissant le demande ; dans le cas contraire, il en ordonne la vente ; s'il s'agit d'actions, d'obligations ou d'autres valeurs industrielles, le juge, sur la demande du saisissant, en prononce l'adjudication au cours du jour, qu'il détermine après avoir entendu des experts ; dans le cas contraire, il en ordonne la vente ; s'il s'agit de pension ou de rentes viagères, le juge rend une ordonnance dans laquelle il fixe la part à payer au saisissant ; s'il s'agit d'objets de toute autre nature, le juge en ordonne l'estimation et la vente. Le tiers saisi peut se libérer lors de la comparution, en déposant les sommes qu'il doit ou les objets qu'il détient en mains du juge de paix. La saisie des traitements et appointements des fonctionnaires publics et employés, ainsi que celle du salaire des ouvriers et domestiques, a lieu dans les mêmes formes. Au jour fixé pour la comparution, le juge entend les parties et procède même en leur absence. Il rend une ordonnance dans laquelle il détermine la somme qui sera payée au créancier eu égard aux besoins du débiteur, et de sa famille ; il fixe les conditions du payement et la durée de l'ordonnance. Il peut y avoir recours au tribunal cantonal. Lorsque la somme réclamée ne dépasse pas 150 fr., la saisie des traitements des fonctionnaires publics et employés, ainsi que celle du salaire des ouvriers et domestiques, peut avoir lieu même sur le vu du carnet d'un fournisseur ou maître de pension. Le juge de paix, sur le vu des pièces, avise par lettre chargée le débiteur, le tiers et le créancier saisissant et les assigne à son audience, en rappelant qu'il sera procédé, même en l'absence du débiteur ou du tiers. Si le débiteur conteste la dette, le juge de paix prononce sur la contestation. Dans tous les cas, les effets de l'ordonnance rendue par le juge cessent dès le jour où le débiteur saisi quitte le service du tiers. Lorsque le juge de paix reconnaît que la saisie ne couvrira que les frais de la poursuite, ou une minime partie de la somme réclamée, il refuse la saisie ».

Art. 2. — *Caractère et objet de la saisie-arrêt.*
(Rép. nos 7 à 11.)

6. Ainsi qu'on l'a exposé au *Rép.*, n° 7, la saisie-arrêt a les caractères à la fois d'un acte conservatoire et d'un acte d'exécution. Cette doctrine a été et est encore très contestée. Parmi les auteurs, les uns ont voulu placer la saisie-arrêt au rang des actes conservatoires, tandis que les autres en ont fait un acte d'exécution. Aux auteurs cités au *Rép.*, *ibid.*, et favorables à ce dernier système, il faut ajouter M. Dodo, qui donne cette définition : « La saisie-arrêt est une mesure d'exécution ou du moins le premier acte d'une procédure d'exécution » (*Théorie et pratique de la saisie-arrêt*, p. 15. *Adde*, M. Griolet, note sous Civ. rej. 23 mars 1868, aff. Potocki, D. P. 68. 1. 369). Il a été jugé, en ce sens : 1° que si les créanciers peuvent exercer tous les droits et actions de leur débiteur sans qu'il soit besoin de subrogation, cette faculté ne s'étend pas aux voies d'exécution forcée qui appartiennent à celui-ci contre ses propres débiteurs, et que spécialement, un créancier ne peut, du chef de son débiteur (aux droits duquel il ne s'est pas fait subrogé), et sans sa participation, pratiquer une saisie-arrêt sur des sommes dues au débiteur de ce dernier (Orléans, 7 juin 1835, aff. Ducloux, D. P. 56. 2. 111) ; — 2° Qu'une saisie-arrêt, surtout quand elle a été suivie de l'attribution des deniers saisis-arrêtés, doit être considérée comme un acte d'exécution qui, si cette saisie a eu lieu à l'étranger, engage la souveraineté de la nation où les faits se sont passés et rentre sous l'empire du statut réel (Limoges, 29 juin 1885, aff. Chemin de fer du nord de l'Espagne, D. P. 85. 2. 265. V. sous cet arrêt les conclusions conformes de M. le procureur général Baudouin).

Mais telle n'est pas la doctrine qui prévaut dans la jurisprudence. Suivant un arrêt, « la saisie-arrêt, mesure conservatoire vis-à-vis du créancier, est une mesure d'exécution à l'égard du débiteur » (Grenoble, 26 mai 1882, aff. Freydier, D. P. 83. 2. 126). La cour de cassation, elle, avait semblé d'abord admettre d'une façon absolue que la saisie-arrêt doit être considérée comme une mesure purement conservatoire (Civ. rej. 23 mars 1868, aff. Potocki, D. P. 68. 1. 369). Elle a depuis affirmé la même doctrine que la cour de Grenoble et déclaré que la saisie-arrêt est un acte conservatoire qui a exclusivement pour but et pour effet d'empêcher le tiers saisi de se libérer au préjudice du saisissant, mais en ajoutant que la saisie-arrêt devient une mesure d'exécution par l'effet d'un jugement de validité, qui attribue au saisissant la propriété des sommes saisies (Civ. rej. 10 août 1881, aff. Liquidation de la Société française d'assurances, D. P. 82. 1. 307 ; 28 déc. 1881, aff. Consorts Pillon, D. P. 82. 1. 377 ; Civ. cass. 1er mai 1889, aff. Compagnie La Paternelle, D. P. 90. 1. 264). Jugé, en conséquence, que la saisie-arrêt pratiquée en vertu d'un jugement exécutoire par provision, portant condamnation du débiteur au payement d'une somme déterminée, reste valable et doit être maintenue à titre de mesure conservatoire nonobstant l'arrêt qui, infirmant ensuite la décision des premiers juges, a ordonné que les poursuites seraient suspendues jusqu'après la liquidation d'un compte d'où dépendent les droits du créancier ; qu'il y a seulement lieu, en pareil cas, de surseoir au jugement de validité, en attendant l'issue de cette liquidation (Arrêt précité du 28 déc. 1881). Il a été décidé, dans le même sens, que la saisie-arrêt, étant un acte conservatoire, peut être formée en vertu d'un jugement non signifié ; qu'elle ne devient un acte d'exécution qu'à partir du jugement de validité (Bordeaux, 12 juill. 1880, aff. Cambarrot, D. P. 80. 2. 232) ; — Les principes consacrés par cette jurisprudence contiennent la solution vraiment exacte relative à la question de savoir quelle est la nature de la saisie-arrêt. Les deux systèmes absolus, la rangeant, l'un parmi les actes conservatoires et l'autre, parmi les actes d'exécution, contiennent l'un et l'autre une part de vérité et une part d'erreur. Au début, la saisie-arrêt est un acte conservatoire ; ce qui le prouve c'est qu'on n'a pas besoin, pour la pratiquer, d'être muni d'un titre exécutoire. Mais au cours de la procédure, cette mesure conservatoire se transforme en une mesure d'exécution par l'effet du jugement de validité qui attribue au saisissant les sommes saisies et lui confère le droit de contraindre le tiers saisi à se libérer entre ses mains (V. conf. Rousseau et Laisney, Dictionnaire de procédure, v° Saisie-arrêt, n° 1 ; Boulet et Dubouloz, Code de la saisie-arrêt, n° 4).

7. Il est évident que la saisie-arrêt n'est plus possible dès que le payement de la dette a été effectué. La question s'est posée de savoir si le dépôt, par le débiteur, d'une somme entre les mains d'un notaire, pour être remise, à un créancier, après liquidation constitue un véritable payement qui enlèverait à ce créancier le droit de pratiquer une saisie-arrêt sur cette somme et de demander condam-

nation. Cette question a été résolue négativement par la cour de Toulouse (12 déc. 1882, aff. Brette, D. P. 83. 2. 143).

ART. 3. — *Par qui, sur qui, et entre les mains de qui la saisie-arrêt peut être faite.*

§ 1er. — *Par qui la saisie-arrêt peut être faite.*
(Rép. n°s 11 à 20).

8. Les auteurs persistent à enseigner la doctrine exposée au *Rép.*, n° 15, d'après laquelle la saisie-arrêt faite à la requête d'un incapable, n'étant qu'un acte conservatoire, l'exploit peut en être signifié à la requête d'un mineur, d'une femme non autorisée par un maire, ou autre personne incapable d'agir seule en justice, sauf à régulariser la procédure quand il s'agira d'assigner en validité de la saisie (V. indépendamment des auteurs cités au *Rép.*, *ibid.* : Rousseau et Laisney, *Dictionnaire de procédure*, v° *Saisie-arrêt*, n° 12 ; Boulet et Dubouloz, *Code de la saisie-arrêt*, n° 25). — On a combattu au *Rép.*, *ibid.*, la distinction faite par M. Chauveau sur Carré, entre les personnes morales qui, bien qu'elles ne puissent ester en justice sans autorisation, sont cependant en droit de faire des actes conservatoires, et les incapables proprement dits (mineurs, interdits, femmes mariées) vis-à-vis desquels, dit-il, l'art. 557, malgré sa généralité, n'a pu vouloir déroger aux règles concernant la capacité des personnes. Cette distinction est également repoussée par MM. Boulet et Dubouloz : « Les art. 557 et 558 c. proc. civ., disent ces auteurs (*loc. cit.*), comprenant tous les créanciers et ne contenant aucune exception, quant aux règles relatives à la capacité, aucune distinction n'est à faire entre les diverses catégories d'incapables ; ils pourront toujours faire une saisie-arrêt, qui, dans son principe, est un acte conservatoire, sauf, pour plus de sécurité, à régulariser leur situation dès qu'il s'agira d'assigner en validité ; le législateur n'a certainement pas entendu, en leur assurant une protection spéciale, en faire une arme contre leurs propres intérêts et aboutir ainsi à un résultat contraire à celui qu'il avait en vue ».

Il a été jugé que si un maire peut, en vertu de l'art. 122 de la loi du 5 avr. 1884, et sans autorisation préalable du conseil de préfecture, faire un acte conservatoire de saisir-arrêter, aucun texte ne le dispense des autorisations nécessaires pour assigner en validité de saisie-arrêt, et qu'à leur défaut, un tribunal n'est pas valablement saisi de la demande et ne saurait ni valider la saisie-arrêt, ni la réduire, ni surseoir à statuer jusqu'à l'autorisation du conseil de préfecture (Trib. civ. Orléansville, 2 févr. 1889)(1). Suivant M. Dodo (*op. cit.*, n° 15), un maire, aux termes de l'art. 122 de la loi du 5 avr. 1884 précité, ne pourrait point pratiquer une saisie-arrêt avant de s'être muni de l'autorisation du conseil de préfecture.

§ 2. — *Sur qui et entre les mains de qui la saisie-arrêt peut être faite (Rép. n°s 20 à 49).*

9. On a dit au *Rép.*, n° 23, que dans le cas où il existe des

---

(1) (Naturel *C.* commune d'Orléansville.) — LE TRIBUNAL ; — Attendu que si le législateur a permis au créancier de saisir-arrêter les sommes dues à son débiteur, il lui a imposé que son droit serait certain, exigible, liquide ou du moins liquidable par le juge ; qu'à ces conditions qui établiront une probabilité que le jugement à intervenir sera rendu en faveur du créancier, le législateur ajoute l'obligation rigoureuse d'assigner en validité de saisie dans la huitaine plus les délais de distance, et de faire ainsi diligence pour obtenir le jugement qui reconnaîtra le bien-fondé de la saisie ; que ces conditions ont été imposées au créancier en faveur du débiteur, qui aura d'autant plus droit à la protection du législateur que la saisie-arrêt aura été faite par permission du juge, puisqu'il pourra n'exister aucun titre contre lui, et qu'il n'aura pas été appelé pour contredire à la requête à fin d'ordonnance autorisant la saisie ; que le créancier ne saurait profiter des mesures édictées en sa faveur, sans se soumettre à celles qui lui sont imposées ; que la loi dans son texte ne porte aucune exception ou dispositions des art. 563 et 565 ; que cette condition d'assigner en validité de saisie-arrêt dans le délai de huitaine est faite à peine de nullité absolue (art. 565) ; que l'assignation en validité de saisie ne saurait donc être une conséquence accessoire de la question de la validité ; que, bien au contraire, elle forme l'action principale en vertu de laquelle vivra la saisie-arrêt, qui n'a été faite que par provision, pour empêcher que le

gage ne disparaisse ; que l'action en validité de saisie-arrêt a pour but de faire juger que le saisissant est réellement le créancier du saisi, et conséquemment que c'est à bon droit que le débiteur a été empêché de disposer des choses saisies-arrêtées ; que c'est une action en justice qui n'a plus rien de conservatoire de la procédure qu'il s'agit de valider ; que c'est une voie d'exécution proprement dite, qui ne diffère pas des actions ordinaires, quoiqu'il ait été pris par le créancier une précaution préalable contre son débiteur, précaution qui doit subir le sort de l'action principale ; que si, par l'art. 90, § 1, de la loi du 5 avr. 1884, le maire d'une commune est chargé, sous le contrôle du conseil municipal et la surveillance de l'Administration supérieure, de conserver et d'administrer la propriété de la commune, et de faire, en conséquence, tous les actes conservatoires de ses droits, si, en vertu de l'art. 122 de ladite loi, il peut, sans autorisation préalable du conseil de préfecture, faire tous les actes conservatoires ou interruptifs des déchéances, s'il peut même faire l'action conservatoire de saisir-arrêter, aucun texte ne le dispense de remplir les conditions prescrites par les art. 563 et 565 c. proc. civ., comme aucun texte ne le dispense des autorisations nécessaires pour les remplir, pour assigner en validité de saisie-arrêt, pour intenter, au nom de la commune, une action à un débiteur ; — Attendu que toute action en justice intentée par le maire, au nom de la commune, doit être autorisée par

saisies-arrêts de la part d'autres créanciers du défunt, l'héritier bénéficiaire, s'il veut toucher ce qui lui est dû personnellement, est obligé de former saisie-arrêt pour avoir payement de sa créance. — En admettant qu'il ne soit pas créancier, quels sont les droits de l'héritier bénéficiaire ? — Il a été jugé qu'en cas de saisie-arrêt, l'héritier bénéficiaire est fondé à demander que les sommes saisies-arrêtées ne soient pas attribuées au créancier saisissant, mais soient distribuées entre les créanciers de la succession ; et qu'il en est être ainsi à plus forte raison lorsqu'il existe des créanciers opposants (Lyon, 6 janv. 1881) (1).

10. En ce qui concerne les créanciers de l'État, on a vu au *Rép.*, n° 24, qu'ils ne peuvent poursuivre par voie de saisie-arrêt, entre les mains des redevables, le recouvrement de leurs créances et qu'ils ne peuvent que se pourvoir par les voies administratives. Les créanciers d'un État étranger ne pourraient davantage saisir-arrêter en France des sommes ou valeurs appartenant à ce gouvernement. Il a été jugé, en ce sens, qu'un Français créancier d'un État étranger ne peut même, pour assurer l'exécution d'une condamnation prononcée par les tribunaux français, faire saisir-arrêter en France, entre les mains d'un tiers, les sommes et valeurs appartenant audit État (Civ. rej. 5 mai 1885, aff. Caratier-Terrasson, D. P. 85. 1. 341). V. conf. Boulet et Dubouloz, *op. cit.*, n°s 65 et 174. « Nous devons, disent ces auteurs, faire bénéficier tout état étranger de la présomption de solvabilité que nous accordons à l'État français et cela pour les mêmes motifs, sans compter ceux puisés dans le droit international » (Rousseau et Laisney, *Dictionnaire de procédure*, v° *Saisie-arrêt*, n° 36).

11. Les communes jouissent comme l'État du privilège de ne pouvoir être poursuivies par voie de saisie-arrêt (*Rép.* n° 27). Une commune ne peut, en effet, valablement payer qu'en vertu d'une décision de l'Administration supérieure. Il résulte de là que le créancier d'une commune peut sans doute obtenir contre elle une condamnation en justice, mais qu'il n'a pas ensuite le droit de la mettre à exécution suivant les formes ordinaires. Il doit s'adresser à l'Administration à qui appartient exclusivement le droit de régler le budget communal. Jugé, en ce sens : 1° que la saisie-arrêt pratiquée par le créancier d'une commune, entre les mains des débiteurs de cette commune, doit être déclarée nulle, sans qu'il y ait à distinguer entre les divers effets ressortant

de la saisie-arrêt et, par exemple, entre les moyens de conservation de la créance et ceux qui ont trait au payement proprement dit (Paris, 11 janv. 1889, aff. Mathelin et comp, D.P. 91. 2. 96) ; — 2° Qu'est nulle la saisie-arrêt pratiquée par le créancier d'une commune entre les mains du receveur municipal sur toutes les sommes, deniers ou valeurs quelconques que ce dernier peut devoir à la commune ; mais que lorsque la vente de biens appartenant à cette commune a produit un prix qui a été administrativement affecté au payement d'un créancier, celui-ci peut, dans cette mesure et sur ce prix, pratiquer une saisie-arrêt; qu'en conséquence, la saisie-arrêt faite par ce créancier sur tous les revenus dus à la commune doit être réduite à cette somme affectée à son payement (Rennes, 21 janv. 1892, aff. Commune de Beignon, D. P. 93. 2. 380). V. en ce sens, outre les auteurs cités au *Rép. ibid.* : Rousseau et Laisney, *Dictionnaire de procédure*, v° *Saisie-arrêt*, n° 29 ; Dodo, *Théorie et pratique de la saisie-arrêt*, n° 253 ; Boulet et Dubouloz, *Code de la saisie-arrêt*, n° 61 ; Ducroq, *Cours de droit administratif*, 6° édit. t. 2, n° 1477, p. 642.

12. Les mêmes principes s'appliquent aux fabriques d'église ; elles sont, quant à leurs biens, assimilées aux communes, et il y a lieu de leur appliquer l'avis du conseil d'État du 12 août 1807 qui défend de faire des saisies-arrêts sur les revenus des communes. C'est à l'autorité administrative seule qu'il appartient de régler le mode de payement des dettes et le mode d'exécution des jugements qui ont condamné les fabriques au payement de sommes dont elles ont été reconnues débitrices. Ainsi il a été jugé que les revenus des fabriques, comme ceux des communes, sont insaisissables (Amiens, 29 avr. 1885, aff. Ville d'Amiens, D. P. 86. 2. 212. V. conf. *Rép.* v° *Culte*, n° 635 ; Roger, *Traité de la saisie-arrêt*, 2° édit., n°s 257 et 258 ; Chauveau et Carré, *Lois de la procédure civile*, t. 4, quest. 1924 ; Rousseau et Laisney, *op. et v° cit.*, n° 32 ; Dodo, *op. cit.*, *ibid.*, et Boulet et Dubouloz, *op. cit.*, n° 62).

Il importe toutefois de remarquer que, si les tribunaux ne peuvent valider une saisie-arrêt pratiquée sur les revenus d'une fabrique ou d'une commune, c'est à eux seuls, et non à l'autorité administrative, qu'il appartient de prononcer l'annulation de cette saisie.

13. Les établissements publics ou d'utilité publique, comme les associations syndicales, bénéficient-ils des mêmes

---

le conseil municipal et par le conseil de préfecture, aux termes des art. 90 et 120 de la loi du 5 avr. 1884 ; que ces autorisations ne sont pas produites à l'instance ; que le tribunal ne saurait surseoir à l'instance jusqu'à l'autorisation du conseil de préfecture et s'arrêter à l'argument tiré du retard apporté par le conseil de préfecture à donner l'autorisation d'assigner en validité de saisie-arrêt, sans violer formellement les dispositions de l'art. 565 et sans enlever au saisi la protection que lui accorde la loi, et sans être conduit à cette conséquence que le saisi ne pourrait jamais obtenir mainlevée en se basant sur ce que la condition de l'art. 565 n'a pas été remplie, puisque le maire saisissant pourrait toujours arguer du retard apporté par le conseil de préfecture ; que, bien plus, cette autorisation pourrait ne pas avoir été demandée, n'être jamais accordée et le sort de la saisie-arrêt être toujours suspendu ; — Attendu que le tribunal ne saurait non plus s'arrêter à cet autre argument que, si le maire saisissant est astreint aux obligations des art. 563 et 565, la procédure de la saisie-arrêt est, en fait, interdite aux communes contre leurs débiteurs ; par là même, la procédure de la saisie-arrêt ; qu'aux motifs précédents on peut ajouter que, s'il se peut faire qu'une commune ne puisse user de ses droits, la situation particulière dans laquelle elle se trouve ne saurait être changée sans un texte de loi ; qu'il faut remarquer au surplus qu'elle se trouverait ainsi en fait vis-à-vis de ses débiteurs dans la même situation que se trouvent en droit ses créanciers vis-à-vis d'elle, personne morale jouissant du même privilège que l'État, dont les deniers ne peuvent valablement être saisis-arrêtés ; que le tribunal ne saurait réduire le *quantum* des sommes saisies-arrêtées sans, par là-même, valider la procédure faite par le maire d'Orléansville, sans prononcer la validité de la saisie-arrêt ; — Attendu que le tribunal n'est pas valablement saisi de la demande formée par le maire de la commune d'Orléansville ; qu'il ne saurait ni valider la saisie-arrêt du 21 décembre pratiquée entre les mains de M. le receveur municipal d'Ammi-Moussa sur les sommes dues au sieur Naturel, ni réduire cette saisie-arrêt, ni surseoir à statuer jusqu'à l'autorisation du conseil de préfecture ; — Et recevant le sieur Naturel dans sa demande reconventionnelle ; dit la saisie-arrêt du

21 décembre nulle, en donne mainlevée autant qu'il en est besoin ; dit que, sur le vu du présent jugement, M. le receveur municipal de la commune d'Ammi-Moussa sera tenu de payer à Naturel les sommes qui lui sont dues. — Du 2 févr. 1889.-Trib. civ. d'Orléansville.-MM. Patrimonio, pr.-Périer-Lagarde, proc. de la Rép.-Fruchier et Deschamps, av.

(1) (Veuve Rochefort C. Boulot et Cicéron) — LA COUR ; — Attendu que si un créancier d'une succession bénéficiaire peut saisir-arrêter, entre les mains d'un débiteur de ladite succession, les sommes qui peuvent être dues à cette dernière, même demander et obtenir la validité de cette saisie-arrêt, l'héritier bénéficiaire est bien fondé à demander que les sommes saisies-arrêtées ne soient pas attribuées au créancier saisissant, mais soient distribuées entre les créanciers de la succession ; — Qu'il doit en être ainsi à plus forte raison lorsqu'il existe des créanciers opposants ; — Attendu que deux oppositions avaient été faites entre les mains du tiers saisi par deux créanciers, Boulot et Boudon, ainsi que le constate la déclaration qu'il a faite au greffe ; — Qu'en présence de ces oppositions et de celle de la veuve Rochefort, représentant des héritiers bénéficiaires, c'est à tort que le tribunal de Saint-Etienne en validant la saisie-arrêt pratiquée par Boulot, a décidé que le tiers saisi payerait entre les mains du saisissant ; — Attendu que les créanciers de la succession sont intervenus en appel, que leur intervention est recevable en la forme et bien fondée au fond ; ... — Par ces motifs, recevant l'intervention, dit qu'il a été bien jugé, en ce qui concerne la validité de la saisie-arrêt, mal jugé pour le surplus ; — Emendant quant à ce, — Dit que le créancier persistant est renvoyé au même titre que les autres créanciers à la distribution à ouvrir sur les sommes saisies-arrêtées ; — Ordonne que ces dernières seront versées par le tiers saisi à la Caisse des dépôts et consignations pour être distribuées conformément à la loi, etc.

Du 6 janv. 1881.-C. de Lyon, 4° ch.-MM. Baudrier, pr.-Tallon, av. gén.-Thévenet et Jacquier, av.

prérogatives d'échapper à la poursuite par voie de saisie-arrêt? La doctrine est, en général, d'accord pour décider « qu'il ne faut pas comprendre dans la classe des *établissements publics* toutes les *institutions d'intérêt public* qui ne sont en réalité que des établissements privés, et comme tels soumis pour le payement de leurs dettes aux principes qui régissent les particuliers (Rousseau et Laisney, *op. et v° cit.*, n° 34. V. conf. Dodo, *op. cit.*, n° 254; Boulet et Dubouloz, *op. cit.*, n°s 62 et suiv.). Il a été jugé, d'après ces principes, que les fonds d'un syndicat ne sont pas insaisissables et ne sauraient être assimilés à ceux des communes et des établissements publics (Agen 14 juin 1888, aff. Baubiac, D. P. 92. 2. 50). « Attendu, dit l'arrêt, qu'aucun texte de loi ne permet de faire l'assimilation, à laquelle résiste la jurisprudence de la cour de cassation; que s'il est vrai que, pour favoriser les opérations des associations syndicales, la loi du 21 juin 1865 leur a concédé des privilèges particuliers, notamment en ce qui concerne leur comptabilité, ces prérogatives ne sont point susceptibles de modifier leur nature, les associations syndicales représentant surtout une réunion d'intérêts privés ». Décidé, toutefois, en sens contraire, que les syndicats volontaires, mais légalement autorisés soit avant, soit depuis la loi du 21 juin 1865, qu'ils soient considérés comme des établissements publics ou d'utilité publique, doivent être assimilés aux communes en ce qui concerne les droits des créanciers, quand le décret ou la loi qui leur reconnaît une existence légale leur interdit de faire aucune dépense en dehors du budget approuvé; que conséquemment, les voies de contrainte judiciaire et de saisie-arrêt ne peuvent être exercées contre eux (Trib. civ. Loudun, 29 déc. 1888) (1).

14. Comme on l'a fait remarquer au *Rép.*, n° 31, il est admis en thèse générale que le débiteur tombé en faillite, étant censé, par le fait du dessaisissement, avoir perdu la propriété de ses biens, ses créanciers ne peuvent former des saisies-arrêts entre les mains de ses débiteurs. Il a été jugé, en ce sens qu'une saisie-arrêt pratiquée avant l'ouverture de la faillite du débiteur mais non validée lors de cette ouverture n'a, à partir de ce moment, en réalité plus d'existence et ne peut produire aucun effet (Civ. rej. 14 nov. 1883) (2). Un précédent arrêt avait décidé par *à contrario* que l'art. 446 c. com., aux termes duquel les payements faits autrement qu'en espèces ou effets de commerce sont nuls lorsqu'ils ont eu lieu depuis l'époque assignée à l'ouverture de la faillite ou dans les dix jours précédents,

n'est pas applicable au payement obtenu en vertu d'une saisie-arrêt validée par un jugement qui est passé en force de chose jugée antérieurement au jugement déclaratif (Civ. cass. 21 déc. 1881, aff. Bassot, D. P. 82. 1. 198. V. conf. Rousseau et Laisney, *op. et v° cit.* n°s 16 et 17; Dodo, *op. cit.*, n° 5; Boulet et Dubouloz, *op. cit.*, n° 71).

15. Le même principe est-il applicable au régime de la liquidation judiciaire établie par la loi du 4 mars 1889? La jurisprudence a résolu diversement la question; d'une part il a été jugé: 1° que le jugement qui déclare ouverte la liquidation judiciaire n'emporte pas, comme le jugement déclaratif de faillite, l'interdiction de commencer ou de continuer des poursuites individuelles sur les meubles du débiteur (Paris, 14 mai 1889, aff. Lutz, D. P. 89. 2. 169-172); — 2° Que dans tous les cas, la liquidation judiciaire laissant aux créanciers le droit d'action individuelle sur les valeurs mobilières, de saisie des marchandises, de saisie-arrêt sur les créances, et pouvant avoir des résultats désastreux pour les intérêts soit du débiteur, soit de la masse de ses créanciers, il y a dans ces considérations un motif suffisant pour déclarer la faillite (Rennes, 11 juin 1889, aff. Révérony, D. P. 89. 2. 93). — Mais il a été jugé d'autre part, et en sens contraire, que le jugement qui déclare ouverte la liquidation judiciaire impose la discontinuation des poursuites (Trib. civ. Seine, 14 avr. 1889, aff. Perret; Ordonn. réf. prés. trib. Marseille du 10 avr. 1889, aff. Laugier, D. P. 89. 2. 169-172, et la note de M. Boistel). V. pour la première opinion, M. Dodo, *op. cit.*, n° 5. « Si le commerçant débiteur est, dit cet auteur, déclaré non pas en faillite, mais en état de liquidation judiciaire, aux termes de la loi du 4 mars 1889, les poursuites individuelles ne sont pas suspendues et suivent leur cours, le jugement qui déclare la déclaration judiciaire ne vaut donc pas saisie-arrêt ». L'opinion contraire, d'après laquelle la liquidation judiciaire doit entraîner, comme la faillite, suspension des poursuites individuelles, nous paraît préférable. La situation des créanciers est la même dans les deux cas. « Si, en cas de liquidation judiciaire, le débiteur reste son propre représentant, disent MM. Boulet et Dubouloz (*op. cit.*, n° 74), eux du moins perdent, comme avant, l'exercice de leurs actions individuelles. Ils sont représentés par le liquidateur, par conséquent ils ne pourraient utilement saisir-arrêter entre ses mains les sommes qu'il leur encaissées et qu'il doit verser à la Caisse des dépôts et consignations. Enfin, aux termes de l'art. 6, si le débiteur peut procéder lui-même aux recouvrements

---

(1) (Kalb *C.* syndicat de la Brive et de la Briande.) — Le Tribunal; — Attendu que Dutemple, en sa qualité de président du syndicat de la Brive et de la Briande, demande la nullité de la saisie-arrêt que Kalb a fait pratiquer entre les mains de Chauvineau percepteur de la commune de Chalais, sur toutes les sommes déposées à la caisse du syndicat, ainsi que la nullité de la dénonciation qui a suivi cette saisie-arrêt; — Attendu qu'il appuie ses prétentions sur ce que le syndicat est légalement constitué; que par suite il doit jouir des mêmes immunités que la commune et autres établissements publics, notamment qu'aucune saisie-arrêt ne peut être faite par un créancier entre les mains du percepteur chargé du recouvrement des revenus et du payement des dettes portées au budget; que, dans tous les cas, la saisie-arrêt ne pouvait être pratiquée entre les mains du receveur du syndicat, lequel en sa qualité d'agent salarié n'est pas un tiers dans le sens de l'art. 557 c. proc. civ.; — Attendu que Kalb soutient au contraire que, le syndicat de la Dive étant volontaire quoique autorisé, il ne constitue pas un établissement public, mais seulement d'utilité publique, il représente uniquement des intérêts collectifs privés; que par suite il ne peut être assimilé aux communes, en ce qui concerne les poursuites à faire contre lui; que Chauvineau entre les mains duquel la saisie a été pratiquée est un tiers dans le sens de l'art. 557 c. proc. civ., parce qu'il est un agent comptable, non pas choisi mais imposé par l'autorité administrative et absolument indépendant du syndicat; — En droit: Attendu que, suivant les avis du conseil d'État des 12 août 1807 et 26 mai 1813, les voies de contrainte judiciaire ne peuvent être exercées contre les communes; que la jurisprudence et la doctrine assimilent aux communes les établissements publics et même d'utilité publique; que les syndicats volontaires, mais légalement autorisés, soit avant, soit depuis la loi du 21 juin 1865, qu'ils soient considérés comme des établissements publics ou d'utilité publique, doivent être assimilés aux communes en ce qui concerne les droits des créanciers, quand le décret ou la loi qui leur reconnaît une existence légale leur interdit de faire aucune dépense en dehors du

budget approuvé; que s'il en était autrement les fonds provenant des recettes prévues au budget ne pourraient pas, en cas de saisie-arrêt, être employés suivant les indications prévues; par suite les travaux des syndicats en vue desquels ils ont été institués seraient interrompus, suivant et même pas exécutés; etc. — Déclare nulle et de nul effet la saisie-arrêt pratiquée par Kalb entre les mains de Chauvineau au préjudice du syndicat de la Brive et de la Briande, etc.
Du 29 déc. 1888.-Trib. civ. de Loudun.-MM. Magnet, pr.-Mauriac, proc. de la Rép.-Richaud et Dubuisson, av.

(2) (Worms *C.* Faillite Phily et Brecy); — Une saisie-arrêt avait été pratiquée par le sieur Grenier entre les mains d'un locataire des sieurs Phily et Brecy, ses débiteurs. Le créancier saisissant n'avait pas encore introduit d'instance en validité, lorsque les débiteurs saisis sont tombés en faillite. Un autre créancier, le sieur Worms, ayant demandé la mainlevée de cette saisie-arrêt, le tribunal a sursis à statuer jusqu'à ce que l'époque de l'ouverture de la faillite, au sujet de laquelle une instance était engagée, eût été définitivement fixée. Appel par Worms. Postérieurement est intervenu un jugement fixant la date de la cessation des payements à une date postérieure à celle de la saisie-arrêt. Le 9 déc. 1880, arrêt de la cour de Paris qui déclare n'y avoir lieu à prononcer la mainlevée par le motif que « la saisie-arrêt de Grenier étant antérieure à la faillite, elle est devenue sans objet depuis cette mise en faillite ». Pourvoi en cassation par le sieur Worms.
La cour; — Attendu qu'il résulte des circonstances relevées par l'arrêt attaqué que la saisie-arrêt pratiquée par Grenier sur les loyers de l'immeuble n'avait plus en réalité d'existence et ne pouvait produire aucun effet; — Qu'en conséquence, la cour d'appel a pu, sans violer aucune disposition de loi, déclarer qu'il n'y avait lieu de prononcer mainlevée de la saisie; — Par ces motifs; — Rejette.
Du 14 nov. 1883.-Civ. rej.-MM. Larombière, pr.-Legendre, rap.-Desjardins, av. gén.-Lehman, av.

des effets et créances exigibles et faire tous actes conservatoires, c'est du moins avec l'assistance du liquidateur, le représentant de tous les créanciers, qui doit encaisser tous les deniers et qui, au refus du liquidé, procédera avec autorisation du juge-commissaire à tous les actes conservatoires et à tous les recouvrements utiles. Par conséquent, les créanciers ne sauraient être admis à pratiquer des saisies-arrêts entre les mains soit du liquidateur, soit des débiteurs du liquidé puisque, en définitive, ils ont un représentant à qui la loi a confié expressément le soin du recouvrement des créances. Au reste, autoriser des créanciers à agir ainsi isolément serait le renversement de toute l'économie de la loi, puisque ce serait encourager chacun d'eux à se créer au plus vite un titre préférable à celui de ses cocréanciers, d'où s'ensuivrait une plus grande multiplicité de frais, et surtout une entrave insurmontable à l'exercice des actions que cette loi a en vue de laisser au liquidé ».

16. Ainsi qu'on l'a expliqué au *Rép.*, n° 34, pour qu'il y ait lieu à saisie-arrêt, il faut que les choses que l'on veut saisir soient détenues par un *tiers*. La difficulté consiste donc à reconnaître si le détenteur des sommes ou effets du débiteur est une *tierce* personne. On convient généralement que la solution dépend des rapports existant entre le détenteur de ces mêmes effets et le débiteur, et que, si ces rapports sont de telle nature qu'on doive les considérer l'un et l'autre comme un seul et même individu, le détenteur ne saurait être considéré comme un tiers (Rousseau et Laisney, *Dictionnaire de procédure*, v° *Saisie-arrêt*, n°s 37, 38, 39). — Indépendamment des arrêts cités au *Rép.*, *ibid.*, il a été jugé que les percepteurs préposés à l'encaissement des sommes appartenant aux syndicats, quand ils sont salariés par eux, ne sont pas des étrangers, des tiers, mais font partie en réalité de l'administration des syndicats; qu'en conséquence, la saisie-arrêt pratiquée entre leurs mains doit être déclarée nulle (Trib. civ. Loudun, 29 déc. 1888) (1). Il a été jugé, au contraire, que le receveur d'une commune qui est en même temps receveur d'une association syndicale doit être considéré plutôt comme un mandataire tenu de rendre compte que comme un simple agent du syndicat, et les créanciers de celui-ci peuvent dès lors valablement faire saisie-arrêt entre ses mains (Agen, 14 juin 1888, aff. Baubiac, D. P. 92. 2. 50). Il n'y a pas, sur le principe, contrariété dans ces deux décisions; la question dépend, en effet, du point de savoir si, en fait, un receveur a la qualité d'un simple agent ou celle d'un mandataire. (Aux auteurs cités *ibid.*, *adde* : Dodo, *op. cit.*, n° 126; Boulet et Dubouloz, *op. cit.*, n°s 75 à 78).

17. S'il s'agit d'un mandataire qui a été chargé de recevoir des valeurs pour le compte d'autrui, on doit, sans aucun doute, le considérer comme un tiers à l'égard de son mandant (*Rép.*, n° 35). Outre les arrêts rapportés *ibid.*, il a été jugé qu'une saisie-arrêt peut être valablement faite par un créancier entre les mains du mandataire de son débiteur sur les sommes que le mandataire a touchées pour le compte de son mandant : « Attendu, dit l'arrêt, que la saisie-arrêt a été réellement pratiquée par un créancier des hoirs Gavaretti aux mains d'un tiers saisi, lequel ayant été le mandataire de ces derniers, n'en était pas moins leur débiteur au moment de la saisie » (Lyon, 22 févr. 1872, aff. Chemin de fer du Nord de l'Espagne, MM. Barafort pr.;-Royer-Belliard, av. gén.;-de Villeneuve, Pine-Desgranges et Rouquier, av.).

18. En ce qui concerne le tuteur, on a vu qu'en sa qualité de représentant du mineur, il ne peut être considéré vis-à-vis de lui comme un tiers (*Rép.* n° 36). On s'est demandé s'il devait en être de même pour le conseil judiciaire. Il a été jugé dans le sens de la négative que le conseil judiciaire, n'étant point le représentant légal du prodigue, mais l'assistant seulement pour habiliter sa personne et ne détenant pas nécessairement sa fortune, est bien le tiers entre les mains duquel tout créancier peut, aux termes de l'art. 557 c. proc. civ., en vertu de titres authentiques ou privés, saisir-arrêter les titres et effets appartenant à son débiteur (Trib. civ. Seine, 4 déc. 1888) (2).

19. Une des questions les plus pratiques, exposée au *Rép.*, n°s 43, 44 et 45, celle de savoir si celui qui est à la fois créancier et débiteur d'une même personne peut, pour sûreté de ce qui lui est dû, pratiquer sur ce qu'il doit lui-même une saisie-arrêt entre ses propres mains, divisait naguère encore la doctrine et la jurisprudence. Dans le système de la négative, et dans le sens des arrêts rapportés au *Rép.*, n° 43, il a été jugé : 1° que la saisie-arrêt qu'un créancier fait pratiquer en ses propres mains en qualité de gérant d'une société est nulle, alors qu'il résulte d'un jugement passé en force de chose jugée que la société n'a à l'égard du saisi aucune existence légale (Alger, 19 janv. 1886, aff. Terraillon, D. P. 87. 2. 169) ; — 2° Que celui qui est en même temps créancier et débiteur d'une même personne ne peut saisir-arrêter entre ses propres mains les sommes et effets dont il est son débiteur (Rennes, 7 févr. 1889) (3). Aux auteurs cités au *Rép.*, *ibid.*, *adde*, MM. Boulet et Dubouloz, *Code de la saisie-arrêt*, n° 82.

L'affirmative qui avait été adoptée par un certain nombre d'arrêts (*Rép.* n° 44) est aujourd'hui consacrée par un arrêt de la chambre des requêtes du 27 juill. 1891, qui décide que celui qui est à la fois créancier et débiteur

---

(1) (Kalb C. Syndicat de la Brive et de la Briande.) — Le tribunal; — Attendu que, pour qu'une saisie-arrêt soit régulière, il faut trois personnes, trois intérêts distincts : un créancier, un débiteur, un tiers; que ce tiers soit une personne ayant une individualité propre en ce qui concerne la détention de la chose saisie et qu'elle ne se confonde pas avec celle du débiteur, car, dans le cas contraire, elle ne pourrait être réputée un tiers et par conséquent la saisie-arrêt faite entre ses mains ne serait pas valable; que les préposés, les commis, en un mot toutes les personnes qui reçoivent un salaire d'un débiteur, ne sont pas des tiers par rapport à lui; que les percepteurs préposés à l'encaissement des sommes appartenant aux syndicats, quand ils sont salariés par eux, ne sont pas des étrangers, des tiers, mais font partie en réalité de l'administration des syndicats; — En fait : — Attendu que le syndicat de la Brive et de la Briande a été régulièrement et légalement autorisé par un décret en date du 24 sept. 1864; que ce décret règle son mode de constitution, les différents travaux pour l'exécution desquels il a été formé, sa police, sa comptabilité; qu'il a donc tous les caractères d'un établissement public ou d'utilité publique; que les taxes recouvrées ou autres sommes entrées dans la caisse de son agent comptable ont des destinations prévues à son budget et ne peuvent être employées que sur mandat délivré par le directeur ou le président; — Attendu que Chauvineau, percepteur de la commune de Chalais, est en cette qualité et conformément à l'art. 33 du décret du 24 sept. 1864, chargé du recouvrement des sommes dues ou appartenant au syndicat et de leur emploi d'après mandats délivrés par le directeur président et ce moyennant salaire stipulé par l'art. 36; qu'il est donc par rapport au syndicat ce qu'il est par rapport aux créanciers; que, par suite, on ne peut le considérer comme un tiers dans le sens de l'art. 557 c. proc. civ.; — Déclare nulle et de nul effet la saisie-arrêt pratiquée par

Kalb entre les mains de Chauvineau au préjudice du syndicat de la Brive et de la Briande, etc.
Du 29 déc. 1888.-Trib. civ. de Loudun.-MM. Magnet, pr.-Mauriac, proc. de la Rép.-Richaud et Dubuisson, av.

(2) Ravaud C. de Belbeuf et Imbert, ès qualité.) — Le tribunal; — En ce qui touche les sommes qui peuvent être saisies-arrêtées : — Attendu que la dame de Belbeuf soutient que la saisie-arrêt pratiquée ne saurait produire d'effet; — ... Attendu, enfin, qu'on ne saurait s'arrêter à la demande de la dame de Belbeuf tendant à la nullité de l'opposition pratiquée entre les mains d'Imbert ès qualité pour le motif d'après elle que le sieur Imbert, son conseil judiciaire, ne constitue pas une personne juridique distincte de la sienne; que, par suite, l'opposition faite sur lui ne peut avoir plus d'effet que celle qui serait pratiquée entre les mains d'un tuteur sur son pupille; — Attendu, en effet, qu'on ne saurait sans méconnaître les principes les plus élémentaires de notre droit, assimiler un prodigue à un mineur; que le premier reste toujours maître de ses droits; que son conseil judiciaire n'est point son représentant légal, mais l'assiste seulement pour habiliter sa personne; qu'il ne détient point nécessairement sa fortune, mais est un simple détenteur accidentel, comme dans l'espèce; que, par suite, il est le tiers entre les mains duquel tout créancier peut aux termes de l'art. 557 c. proc. civ., en vertu de titres authentiques ou privés, saisir-arrêter les titres et effets appartenant à son débiteur...; — Valide les oppositions, etc.
Du 4 déc. 1888.-Trib. civ. de la Seine, 3e ch.-MM. Mangis, pr.-Bonnet, subst.-Viteau et Georges Berryer, av.

(3) (Consorts Geffroy C. Léguen et Jégon.) — La cour; —

d'une même personne peut former une saisie-arrêt entre ses propres mains; « Attendu, dit l'arrêt, que l'on ne saurait, pour le priver d'une garantie qui est de droit commun, tirer argument de ce que l'art. 557 prévoit la compensation sur les tiers ; que c'est le cas le plus fréquent ; mais que si le créancier a la possession de son gage, la réunion en sa personne des qualités de saisissant et de tiers-saisi ne fait pas obstacle à ce que les formes de la saisie soient observées, que cette circonstance, qui ne cause aucun préjudice au débiteur saisi, ne doit pas devenir pour lui la cause d'un avantage injuste; qu'en pareil cas, la saisie aura jusqu'à la fin le caractère de mesure conservatoire, puisque ce ne sera que par l'effet du jugement de validité, et conformément alors aux art. 1289 et suiv., c. civ., que la compensation s'opérera » (Req. 27 juill. 1891, aff. Langlois, D. P. 92. 1. 430. V. conf. Toulouse, 13 nov. 1890 (1). — *Contrà* : Trib. civ.

Limoges, 24 nov. 1885, *infrà*, n° 20) et indépendamment des auteurs cités au *Rép.*, *ibid.*: Rousseau et Laisney, *op. cit.*, v° *Saisie-arrêt*, n° 52; Dodo, *Code de la saisie-arrêt*, n° 130; Garsonnet, *Traité de procédure civile*, t. 3, p. 704).

20. La doctrine exposée au *Rép.*, n° 46, d'après laquelle le dépositaire qui se prétend créancier du déposant ne peut saisir-arrêter sur lui-même la chose déposée entre ses mains, continue à être enseignée par les auteurs (V. conf. Rousseau et Laisney, *op. cit.*, v° *Saisie-arrêt*, n°s 54-55; Boulet et Dubouloz, *op. cit.*, n° 83). Depuis l'arrêt rapporté *ibid.*, il a été jugé que le dépositaire ne peut pratiquer une saisie-arrêt sur la chose déposée entre ses mains pour sûreté d'une créance contre le déposant puisqu'il est tenu en vertu du contrat de dépôt de la remise de la chose déposée et que, dès lors, aucune compensation ne peut s'opérer entre le déposant et le dépositaire (Trib. civ. Limoges, 24 nov. 1885) (2).

(1) (Époux Fabre-Courtade C. Larnaudès.) — La cour ; — Attendu que les considérants dont la solution entreprise est assortie, la justifient; que refuser, dans l'espèce, le droit de saisir-arrêter sur lui-même serait le mettre, sans moyen possible d'y remédier, à la merci des agissements frauduleux de la dame Paga, épouse Fabre-Courtade; qu'en effet, celle-ci, pendant sous le régime de la communauté et séparée de biens, se disposait à faire cession de sa créance et à causer ainsi un préjudice irréparable à Larnaudès; qu'en droit aucune disposition du code de procédure civile n'interdit la saisie-arrêt sur soi-même; — Par ces motifs et ceux des premiers juges; — Confirme.

Du 13 nov. 1890.-C. de Toulouse-M. Fabreguettes, 1er pr.

Attendu que par jugement rendu le 23 nov. 1887, entre Léguen et Jégon demandeurs et les consorts Geffroy défendeurs, toutes parties actuellement en cause, le tribunal civil de Guingamp a, en premier lieu, ordonné la vente du mobilier saisi, suivant exploits de l'huissier Le Bars, pour le prix en être réparti entre Jean Geffroy et les créanciers de quatre autres défendeurs, dans la proportion d'un cinquième pour celui-là et de quatre cinquièmes pour ceux-ci, et qu'en second lieu, il a déclaré Jean Geffroy responsable en principe et comptable de ces objets saisis dont il avait été constitué gardien par l'huissier Le Bars; — Attendu qu'au moment où ce jugement a été rendu, Jégon se trouvait débiteur envers Jean Geffroy d'une somme supérieure à 4000 fr.; — Attendu que le 24 janv. 1888, Jégon et Léguen furent autorisés à former entre les mains de Jégon lui-même opposition sur Jean Geffroy, pour sûreté de la créance devant résulter de la condamnation qu'ils se proposaient de faire prononcer contre celui-ci à raison des manquants constatés le 18 déc. 1887 par l'huissier Le Bars, créance évaluée provisoirement à une somme de 4459 fr. 32 cent. et que le 8 février, la saisie-arrêt a été confirmée; — En ce qui concerne la saisie-arrêt pratiquée sur Jégon lui-même : — Attendu qu'aux termes de l'art. 557 c. proc. civ. « tout créancier peut saisir-arrêter entre les mains d'un tiers les sommes et effets appartenant à son débiteur » ; qu'il apparaît manifestement de cet énoncé que dans la pensée de ses auteurs, le tiers entre les mains duquel la saisie a lieu et le débiteur saisi sont deux personnes physiquement distinctes; qu'il suffit, au surplus, de lire les divers articles qui concernent le titre relatif aux saisies-arrêts pour se convaincre que la plupart des règles édictées supposent nécessairement cette distinction; qu'il faudrait donc reconnaître que si le législateur de 1806 a entendu autoriser la saisie sur soi-même antérieurement permise par le simple usage dans quelques parties de la France, il aurait commis la faute de ne pas réglementer une procédure qui n'était pas uniforme, et dont l'emploi permettrait au débiteur d'une cette exigible de paralyser l'exécution d'un titre authentique et de faire fraude ou moins pendant un certain temps aux prescriptions de l'art. 1291 c. civ.; — Attendu qu'il n'est pas admissible que le législateur, statuant en vue du *plerumque fit*, ait laissé aux citoyens qui voudraient pratiquer une saisie entre leurs propres mains, l'embarras de décider s'ils peuvent s'abstenir de faire des actes en ce sens ridicules et sans objet, ou s'ils doivent au contraire se conformer littéralement aux prescriptions légales; — Attendu qu'on ne saurait non plus admettre que le législateur s'en soit tacitement référé à l'usage puisqu'aux termes de l'art. 1041 c. proc. civ. « toutes les lois, coutumes, usages, règlements antérieurs ont été formellement abrogés »; — Attendu qu'ayant été valablement pratiquée, non dans l'intérêt exclusif de Léguen, mais dans l'intérêt commun de tous les créanciers, la saisie du 8 févr. 1888 doit produire tous ses effets, encore bien qu'elle soit annulée au regard de Jégon; — Par ces motifs; — Faisant droit à l'appel dans une juste mesure : dit nulle au regard de Jégon, comme ayant été pratiquée entre ses propres mains, la saisie-arrêt du 8 févr. 1888.

Du 7 févr. 1889.-C. de Rennes, 2e ch.-MM. Adam, pr.-Frémont, av. gén.-Chatel et Leborgne, av.

(2) (Delonis C. Penaud.) — Le tribunal; — Attendu que Delonis, créancier de Pénaud, en vertu d'un exécutoire de dépens de 125 fr., somme par conséquent liquide et exigible, a fait pratiquer, tant en vertu de cet exécutoire que du jugement qui l'a précédé, une saisie-arrêt entre ses mains, sur la moitié de l'excédent de la récolte en blé, seigle, provenant de la propriété de Lartige, ladite moitié de l'excédent pouvant revenir à Penaud, après le partage opéré; que ce dernier, pour arriver à faire prononcer la nullité de cette procédure, se fonde sur la qualité de dépositaire du saisissant, qualité qui ne lui permet pas de saisir-arrêter sur lui-même la chose déposée entre ses mains, et en second lieu, sur ce qu'il n'est pas permis de saisir-arrêter sur soi, comme sur une personne étrangère, les choses que l'on détient, et qui appartiennent à celui dont on est créancier; — Sur le premier moyen : — Attendu que le dépositaire ne peut pratiquer une saisie-arrêt sur la chose déposée entre ses mains, pour sûreté d'une créance contre le déposant, puisqu'il est tenu en vertu du contrat de dépôt d'opérer sur la remise de la chose déposée, et que dès lors aucune compensation ne peut s'opérer entre le déposant et le dépositaire; qu'il faut donc examiner quelle est la nature du contrat intervenu entre Penaud et Delonis; — Attendu que, du jugement du 26 août dernier, on lit que Penaud a quitté au 1er nov. 1884, le domaine de Delonis; qu'en vertu du contrat de bail et des usages locaux, il devait déposer les gerbes de la récolte dans la grange de son ancien maître, les confiant pour ainsi dire à la garde de sa bonne foi et opérant comme un dépôt nécessaire; que ces termes par leur généralité n'impliquent nullement la reconnaissance par le tribunal, qui n'avait pas à juger la question, de l'existence d'un dépôt nécessaire ou d'un contrat volontaire de dépôt; que c'est donc en vertu du bail et des usages locaux que la récolte devait, après la sortie du colon, être déposée dans la grange du maître; que le bail se continuait donc uniquement pour le partage de cette dernière récolte, sur laquelle chaque partie avait des droits distincts; qu'il suit de là que le moyen de nullité basé sur la qualité de dépositaire de Delonis n'est pas fondé et doit être rejeté; — Sur le second moyen : — Attendu que l'art. 557 c. proc. civ. permet à tout créancier de saisir-arrêter, entre les mains d'un tiers, les sommes et effets appartenant à son débiteur ; que les termes de cet article sont clairs et précis; que trois personnes doivent figurer dans une saisie-arrêt : le créancier saisissant, le débiteur saisi et le tiers entre les mains duquel les sommes et effets sont arrêtés; qu'au regard du créancier, cette procédure n'a qu'un but, empêcher le débiteur de son débiteur de se libérer; que, dès lors, il n'est pas permis de saisir-arrêter sur soi, comme sur une personne étrangère, les sommes ou effets qui appartiennent à celui dont on est créancier; — Attendu qu'on objecte, il est vrai, que le créancier saisissant est un tiers relativement à lui-même; mais qu'il faut entendre par ce mot toute personne étrangère et non le cas où la même personne réunit les deux qualités de saisissant et de tiers saisi; qu'entendre autrement ce mot, ce serait, ainsi que le déclare la cour de Bordeaux, « créer une fiction dont la raison pourrait, jusqu'à un certain point, se trouver blessée, car le mot tiers indique à l'esprit une individualité entièrement séparée et distincte d'une autre individualité »; — Attendu que toutes les formalités imposées au tiers saisi, la dénonciation, l'assignation en déclaration des sommes, la déclaration elle-même, seraient bizarres et ridicules dans une saisie sur soi; qu'il faut donc admettre que si cette procédure était permise dans l'ancien droit, elle se trouve aujourd'hui absolument défendue; que, dès lors, la saisie-arrêt pratiquée par Delonis doit être déclarée nulle;

Par ces motifs; — Annule la saisie-arrêt pratiquée par Delonis, au préjudice de Penaud, donne, en tant que de besoin, mainlevée de ladite saisie, etc.

Du 24 nov. 1885.-Trib. civ. de Limoges.-MM. Bondaud de Machaumont, pr.-Villemand, subst.-Delignat-Lavaud, av.-Chaisemartin, avoué.

21. Une autre question qui a été examinée au *Rép.*, n° 47, est celle de savoir si le créancier d'un héritier peut former une saisie-arrêt sur la portion indivise de cet héritier. Bien que certaines décisions aient dénié aux créanciers d'un cohéritier le droit de saisir-arrêter la part revenant à celui-ci dans les créances dépendant d'une succession indivise (*Rép., ibid.*), ce droit semble être à l'abri de toute contestation sérieuse, parce que le défaut de détermination de la part du cohéritier dans les créances dont il s'agit n'empêche point qu'elle ne lui soit acquise, et qu'elle ne rentre, dès lors, dans les termes de l'art. 557 c. proc. civ., qui permet à tout créancier de frapper de saisie-arrêt les sommes et effets *appartenant* à son débiteur. Conformément à cette opinion, soutenue au *Répertoire*, il a été jugé : 1° qu'une saisie-arrêt peut être formée sur des valeurs faisant partie d'une succession encore indivise (Pau, 24 avr. 1858, aff. Leuger, D. P. 60. 2. 81) ; — 2° Que l'instance en partage introduite par le créancier d'un communiste, comme faisant valoir les droits de son débiteur, ne met pas obstacle à ce que ce créancier fasse saisir-arrêter les sommes par eux dues à son débiteur ou touchées pour lui, une telle saisie ayant pour objet de procurer au saisissant, sur tout ce que les tiers saisis seront finalement reconnus devoir au débiteur saisi, un droit privatif et exclusif que ne pouvait lui conférer ladite instance en partage; que cette instance n'empêche pas non plus que le créancier de l'un des communistes puisse pratiquer des saisies-arrêts entre les mains des débiteurs de l'indivision sur la part revenant à son débiteur dans les créances communes (Civ. cass. 23 mars 1881, aff. Dame Paccard, D. P. 81. 1. 417) ; — 3° Que, pour être l'une et l'autre des mesures conservatoires, la saisie-arrêt et l'opposition au partage n'ont ni le même objet, ni le même effet, et qu'elles peuvent par suite être exercées en même temps ; que l'état d'indivision d'une succession ne met pas obstacle à ce que la saisie-arrêt soit validée pour les sommes qui, par l'événement de la liquidation, seront reconnues appartenir à l'héritier saisi (Trib. civ. Seine, 22 févr. 1882, *La Loi*, n° du 25 mars 1882).

22. Si une saisie-arrêt peut être valablement formée sur des valeurs faisant partie d'une succession indivise, la même décision doit s'appliquer sans difficulté à une société de fait. Il a été jugé, en ce sens, qu'un créancier a le droit de former directement et en son nom personnel opposition entre les mains des tiers sur la part indivise de son débiteur dans la créance d'une société de fait (Civ. cass. 29 mars 1886, aff. Veuve Paccard, 7 avr. 1886, même affaire, D. P. 86. 1. 329). V. en outre des auteurs cités au *Rép., loc. cit.*, Rousseau et Laisney, *op. cit.*, v° *Saisie-arrêt*, n°s 57, 58, 58 *bis*, 174 ; Dodo, *op. cit.*, n°s 85 et suiv.; Boulet et Dubouloz, *op. cit.*, n°s 84, 85, 113 *in fine*).

23. La procédure de saisie-arrêt se poursuit entre trois personnes : le créancier saisissant, son débiteur et le tiers saisi ; ce dernier doit être débiteur personnel du débiteur saisi; et il semble, au premier abord, que la saisie-arrêt ne puisse être pratiquée entre les mains d'une quatrième personne, débitrice du débiteur du débiteur du créancier saisissant. Toutefois le principe consacré par l'art. 1166 c. civ. a permis de soutenir la validité d'une telle saisie : le débiteur pouvant saisir-arrêter entre les mains du débiteur de son débiteur, exercera le même droit, et la procédure de saisie-arrêt sera suivie comme s'il était créancier direct du créancier du tiers saisi.

Dans une autre opinion plus répandue, on considère que la saisie-arrêt ne peut être exercée que par un créancier personnel sur un débiteur personnel ; on estime que le créancier ne peut avoir le titre personnel qui lui est nécessaire qu'en se faisant subroger judiciairement aux droits de son débiteur ; mais on admet qu'au moyen de cette subrogation, le créancier remplit les conditions voulues pour pratiquer la saisie. Cette opinion compte des partisans non seulement parmi les auteurs d'après lequel le créancier ne peut jamais exercer les droits de son débiteur sans s'y être fait préalablement subroger, mais aussi parmi ceux qui pensent qu'en général cette subrogation n'est pas exigée. Indépendamment des autorités citées dans l'un et l'autre sens, au *Rép.*, v° *Obligations*, n° 943, V. en faveur du troisième système : Dutruc, *Supplément aux lois de la procédure civile*, t. 3, v° *Saisie-arrêt*, n° 57 ; Rousseau et Laisney, *op. cit.*,

v° *Saisie-arrêt*, n° 11 ; Garsonnet, *Traité théorique et pratique de procédure*, t. 3, n° 589 ; Comp. t. 1, n° 120. V. encore, Dodo, *op. cit.*, n° 14 ; Boulet et Dubouloz, *op. cit.*, n°s 58 et suiv. C'est dans le sens de cette dernière opinion que la jurisprudence s'est prononcée (V. les arrêts cités *ibid.* v° *Obligations*, n° 946; Rouen, 23 nov 1838, *Rép.* v° *Saisie-arrêt*, n° 59; Trib. Évreux, 13 mars 1878, *Journal des avoués*, 1878, t. 103, p. 261; Poitiers, 24 janv. 1889, aff. Compagnie d'assurances *La France*, D. P. 90. 2. 100). Aux termes de ce dernier arrêt, un créancier ne peut saisir-arrêter que les sommes dues à son débiteur personnel, et non celles qui ne sont dues qu'au tiers débiteur de son débiteur; ou, du moins, il ne peut saisir-arrêter ces dernières qu'à la condition de s'être fait subroger aux droits de son débiteur.

Art. 4. — *Pour quelles causes on peut saisir-arrêter.* — *Créances pour lesquelles on peut saisir-arrêter* (*Rép.* n°s 49 à 78).

24. On a posé en principe général (*Rép.* n° 49) que les causes de la saisie-arrêt doivent reposer sur une créance certaine, liquide et exigible.

Ainsi 1° *la créance doit être certaine.* « Elle est certaine lorsqu'elle existe véritablement et n'est pas susceptible d'être sérieusement contestée, car un débiteur, pour gagner du temps, contesterait l'évidence même. Il y a là une question d'appréciation laissée au tribunal appelé à statuer sur la validité de la saisie-arrêt; c'est en appliquant cette idée qu'on a pu permettre une saisie immobilière, en vertu d'une créance contestée en fait ; mais une créance sérieusement contestée ne pourra pas légitimer une saisie-arrêt » (Dodo, *Théorie et pratique de la saisie-arrêt*, n° 18. Conf. Rousseau et Laisney, *Dictionnaire de procédure*, v° *Saisie-arrêt*, n° 62 et suiv. ; Boulet et Dubouloz, *Code de la saisie-arrêt*, n°s 27 et suiv.). « Ainsi, toutes les fois qu'il y a un compte à établir, une liquidation à opérer pour parvenir à déterminer une créance, on ne saurait la considérer comme certaine » (Boulet et Dubouloz, *op. it.*, n° 28).

25. Conformément à cette doctrine, et indépendamment des nombreux arrêts rapportés au *Rép.*, n°s 50 et 51, il a été jugé en ce sens : 1° qu'une saisie-arrêt ne peut être pratiquée en vertu d'une créance dont l'existence est subordonnée à une liquidation à intervenir (Limoges, 6 août 1860, aff. Limousin, D. P. 61. 5. 432);... Ou au résultat d'un compte à faire entre les parties (Limoges, 27 nov. 1868, aff. Aubailly, D. P. 69. 2. 48) ; — 2° Qu'une saisie-arrêt ne peut être pratiquée en vertu d'une créance éventuelle, et notamment en vertu du droit que peut avoir une femme, par suite de séparation de corps, à une pension alimentaire contre son mari, tant que cette pension n'a pas été accordée et fixée par le juge (Agen, 7 mars 1870, aff. Cavaignac, D. P. 70. 2. 131. V. Conf. Lyon, 5 févr. 1869, aff. Rave, D. P. 70. 2. 132). « Considérant, dit l'arrêt, qu'à la date des 12 févr. et 24 mars 1868, la dame Rave n'avait point encore obtenu une décision judiciaire qui établit et liquidât sa créance ; que son droit de réclamer des aliments ne constituait point une créance certaine et liquide, mais créait en sa faveur une simple éventualité de créance, subordonnée à des circonstances futures et incertaines » ; — 3° Que la saisie-arrêt pratiquée pour le recouvrement d'une créance dont l'existence ne pouvait être établie que par une vérification de compte doit être déclarée nulle (Req. 22 juin 1870, aff. Maissiat, Guinet et comp., D. P. 71. 1. 159); — 4° Que la saisie-arrêt ne peut avoir lieu quand les parties sont encore en instance pour le règlement de leurs comptes (Req. 22 août 1871, aff. Fleury, D. P. 71. 1. 228); — 5° Que la saisie-arrêt ne peut être pratiquée même avec l'autorisation du président, à raison d'une créance dont l'existence n'est pas certaine et dépend de comptes et vérifications à faire, et que la nullité n'en est pas couverte par un jugement ultérieurement rendu et qui constate l'existence de cette créance (Dijon, 12 mars 1874, aff. Pinchon, D. P. 76. 2. 94); — 6° Qu'une créance dont l'existence est soumise à une éventualité dont la réalisation n'est pas certaine ne peut servir de base à une saisie-arrêt; que spécialement, le vendeur d'un fonds de commerce auquel l'acheteur a promis de lui servir une rente, dans le cas où les revenus de ce fonds de commerce atteindraient un certain chiffre, ne peut pratiquer une saisie-arrêt aux mains des débiteurs de cet acheteur, s'il

n'est pas d'ores et déjà certain que l'acheteur ait servi le chiffre de rentes spécifiées au contrat; et le créancier saisissant n'est pas admis à prouver, par voie d'enquête ou par la communication des livres du débiteur saisi, que l'éventualité d'où dépend son droit s'est réalisée (Poitiers, 12 déc. 1876, aff. Fragnaud, D. P. 77. 2. 231); — 7° Que la saisie-arrêt pratiquée en vertu d'une simple permission du juge pour une créance qui est ni certaine ni liquide, est nulle (Req. 13 déc. 1882) (1); — 8° Que la saisie-arrêt pratiquée en vertu d'une créance dont l'existence, ou tout au moins le montant, ne peut être déterminé qu'à la suite d'un compte à intervenir entre les parties, est nulle (Req. 27 avr. 1885, aff. Desfrançais-Duverdier, D. P. 86. 1. 119; — 9° Que l'ordonnance autorisant une saisie-arrêt est à bon droit rétractée par le juge du référé, lorsque le créancier saisissant ne peut justifier de l'existence de sa créance, ou encore lorsque cette créance résulte d'un compte non encore assuré entre les parties (Alger, 7 nov. 1892, aff. Jérôme, D. P. 92. 2. 529); — 10° Que, s'il suffit, pour qu'une saisie-arrêt soit déclarée régulière et valable, qu'au moment où le saisissant y a procédé, il ait agi en vue de sauvegarder une créance dont l'existence n'était pas douteuse, et si dans ce cas le juge peut surseoir à statuer sur la demande en validité jusqu'à ce que ladite créance soit devenue liquide, il n'en est plus de même et la demande en validité doit être repoussée, sans qu'il puisse être accordé de sursis, lorsque la créance en vertu de laquelle la saisie-arrêt est poursuivie n'est pas certaine et que les constatations pour lesquelles le sursis est sollicité ont pour objet d'établir, non pas seulement son *quantum*, mais son existence même qui est sérieusement contestée; que, spécialement, il doit en être ainsi dans le cas où le débiteur a toujours contesté l'existence de sa dette, et où le juge compétent devant lequel il a été assigné en reconnaissance et en payement de cette dette, a été obligé de recourir à une expertise pour en établir, non pas le *quantum*, mais l'existence elle-même (Dijon 15 mars 1893, aff. Compagnie des chemins de fer du sud de la France, D. P. 94. 2. 363).

26. On admet généralement, suivant l'opinion émise au *Rép.* n°s 53 et 54, qu'une saisie-arrêt pratiquée en vertu d'une créance douteuse devrait être annulée, alors même que depuis la saisie cette créance serait devenue certaine; que les tribunaux peuvent, sans qu'il y ait contradiction de leur part, reconnaître au saisissant la qualité de créancier et cependant annuler la saisie (Conf. Rousseau et Laisney, *op. cit.*, v° *Saisie-arrêt*, n° 63 et suiv.; Dodo, *op. cit.*, n° 22; Boulet et Dubouloz, *op. cit.*, n° 37). Il a été jugé, en ce sens, que la validité d'une saisie-arrêt doit être appréciée à la date même à laquelle elle a été pratiquée; qu'en conséquence, le créancier qui a indûment frappé d'opposition les sommes dues à une fabrique d'église est non recevable à demander un sursis à l'effet d'obtenir de l'autorité administrative l'affectation de ces sommes au payement de sa créance, cette prétention tendant à faire valider rétroactivement une saisie-arrêt illégalement pratiquée (Amiens, 29 avr. 1885, aff. Ville d'Amiens, D. P. 86. 2. 212).

27. Mais, pourvu que la créance ait été certaine au moment de la saisie-arrêt, celle-ci est valable, bien que son existence ne soit reconnue qu'ultérieurement. Jugé, à cet égard, que l'existence de la créance au moment de la saisie-arrêt est suffisamment déterminée par la décision qui intervient sur la validité de la saisie, le jugement ayant un caractère déclaratif, et ne faisant pas naître les droits, mais constatant seulement leur existence (Req. 28 juin 1881, aff. Maisonneuve, D. P. 82. 1. 161).

28. Une créance qui est contestée n'est pas certaine; elle ne peut donc faire l'objet d'une saisie-arrêt valable (Liège, 15 juin 1882, aff. Carlowitz, D. P. 83 2. 138). Jugé, toutefois, qu'une contestation, même sérieuse et de bonne foi, n'empêche pas une créance d'être certaine, et qu'il appartient aux juges d'apprécier, dans chaque espèce, si ce caractère est assez évident pour permettre la saisie-arrêt (Orléans, 16 avr. 1892) (2). Décidé, dans tous les cas, que la saisie-arrêt est une mesure conservatoire qui ne peut être prise que pour sauvegarder une créance actuellement existante et non douteuse, il ne s'ensuit pas qu'une contestation quelconque sur cette créance puisse entraîner la nullité

<hr/>

(1) (Richarme C. Fivel.) — LA COUR; — Sur le premier moyen...; — Sur le deuxième moyen tiré de la violation des art. 557, 558 et 559 c. proc. civ. et de la mauvaise application de l'art. 551 du même code : — Attendu que l'arrêt attaqué déclare qu'au moment de la saisie-arrêt avait été pratiquée par Richarme contre Fivel en vertu d'une simple permission du juge, la créance de Richarme n'était ni certaine ni liquide; que cette constatation de fait souveraine échappe au contrôle de la cour de cassation, et justifie pleinement la nullité de la saisie prononcée par le juge du fond; — Attendu qu'en cet état il n'échet d'examiner les autres griefs du pourvoi; — Rejette, etc.

Du 13 déc. 1882.-Ch. req.-MM. Bédarrides, pr.-Crépon, cons. rap.-Petiton, av. gén.-Doncongnée, av.

(2) (Parin C. Consorts Boncard.) — LA COUR; — En ce qui touche la validité des saisies-arrêts. : — Attendu que Parin demande que les saisies-arrêts des 4 et 8 nov. 1890 soient déclarées nulles comme ne reposant pas sur une créance certaine et liquide au jour où elles ont été pratiquées; — Attendu, relativement à la liquidité, que l'évaluation provisoire de la créance ayant été faite par le juge, les saisissants se sont conformés au prescrit de l'art. 559 c. proc. civ.; que, quant à la certitude de la créance, ce ne saurait résulter de la permission de saisir, donnée par le juge, en vertu de l'art. 558 du même code, dans le cas où il n'existe pas de titre authentique au saisi; que l'autorisation n'a qu'un caractère provisoire, et qu'aux termes de l'art. 809 du même code, elle ne peut préjudicier au principal; que la créance doit donc, indépendamment de cette autorisation, être certaine au moins en principe; — Attendu qu'une contestation même sérieuse et de bonne foi n'empêche pas une créance d'être certaine; qu'une saisie-arrêt valable en elle-même doit, à peine de nullité, être suivie, dans les délais impartis par la loi, d'une demande en validité, ce qui implique que la contestation n'enlève pas à la créance son caractère de certitude; qu'il appartient aux juges de décider dans chaque espèce si ce caractère est assez évident pour permettre la saisie-arrêt; — Attendu que dans la cause les faits générateurs de la responsabilité poursuivie contre Parin étaient accomplis au moment de la saisie-arrêt; que cette responsabilité et le préjudice qui en résultait pour Boncard et consorts étaient constatants et établis en principe à la date des 4 et 8 nov. 1890; que la contestation de Parin en a retardé la proclamation par jugement, mais que ce retard n'a pu réagir sur leur existence anté-

rieure, évidente et certaine, démontrée par les faits visés au jugement; qu'il en serait autrement pour une créance éventuelle, subordonnée à un événement futur ou incertain ou pour une créance conditionnelle, tant que sa condition ne s'est pas réalisée; que la nécessité, par suite d'une contestation de faire décider par justice de l'existence d'une créance ne saurait lui imprimer un caractère éventuel ou conditionnel; que c'est bien à bon droit que le juge a autorisé les saisies-arrêts; — Mais attendu que les consorts Boncard reconnaissent, dans les conclusions qu'ils ont prises devant la cour, que, depuis qu'ils ont formé leurs saisies-arrêts, ils ont touché tant des adjudicataires des biens du sieur Dupuy que des héritiers Carré, diverses sommes qui réduisent leur perte à la somme de 12 623 fr. 93 cent., sauf les intérêts courus depuis le 29 mars 1892; qu'ils ont encore à toucher des héritiers Carré un dividende de 3809 fr. 04 cent.; qu'ainsi il ne leur reste plus dû que 9414 fr. 89 cent.; que cette somme doit être encore diminuée des intérêts de prix d'acquisition et des dividendes payés, dont il n'a pas été tenu compte dans les calculs des conclusions; que l'effet des saisies-arrêts pratiquées par les consorts Boncard doit être restreint à une somme de 8000 fr., sans préjudicier toutefois à leurs droits consacrés par le jugement, de fixer exactement par état les dommages-intérêts qui leur sont dus; — Attendu que les saisies-arrêts ont été formées pour la totalité des créances des cessionnaires; que le droit ouvert à leur profit dérivait de l'art. 1382 c. civ. et non du cautionnement; que le notaire passible de la réparation du préjudice causé n'était pas débiteur *de plano* de la totalité des créances; que c'était aux cessionnaires qu'il incombait de discuter leur gage et d'établir la quotité du déficit existant sur leurs créances; que c'est ainsi, du reste, qu'ils ont procédé; que, si le préjudice dont ils justifient les légitime pas des saisies-arrêts faites pour des sommes supérieures, ils ne sauraient cependant être condamnés à des dommages-intérêts envers Parin; qu'en effet celui-ci ne justifie pas que ces saisies-arrêts lui aient causé préjudice par l'exagération de la créance qui leur a servi de base, à raison des circonstances dans lesquelles elles ont été pratiquées; qu'en outre, au moment où elles l'ont été, le préjudice causé aux consorts Boncard était supérieur de beaucoup à celui qu'ils éprouvent et n'a été diminué que par les sacrifices volontaires des héritiers Carré; — Par ces motifs, réduit à 8000 fr. l'effet des saisies-arrêts formées sur Parin des 4 et 8 nov. 1890; en prononce mainlevée pour tout ce qui excède cette somme et les frais employés en frais de saisies-arrêts; —

de la saisie-arrêt ; qu'autrement il dépendrait du saisi d'empêcher par une contestation, même sans aucun fondement, l'effet d'une poursuite dont la régularité peut être ultérieurement démontrée par la décision à intervenir au fond sur la demande en payement du saisissant (Req. 20 mai 1890, aff. Brossier, D. P. 91. 1. 204). Jugé aussi qu'il échet de prononcer la validité de saisies-arrêts pratiquées pour sûreté d'une créance contestée lors de l'opposition devant le tribunal de commerce, mais qui, depuis, est devenu certaine, par l'effet de la confirmation du jugement sur appel (Paris, 5e ch., 12 déc. 1893, M. Bérard des Glajeux, pr.).

29. Une créance résultant d'une disposition de la loi peut servir de base à une saisie-arrêt. C'est ce qui a été reconnu par la jurisprudence, spécialement au sujet des obligations consacrées en matière de louage par les art. 1733 et 1734, c. civ. Ainsi il a été jugé : 1° que la présomption légale d'après laquelle le locataire est responsable de l'incendie survenu dans la maison louée peut servir de base à une saisie-arrêt formée par le bailleur sur les sommes dues au locataire (Toulouse, 1er févr. 1877, aff. Compagnie d'assurances L'Urbaine, D. P. 81. 2. 201) ; mais que l'un des locataires de la maison incendiée ne peut pratiquer une saisie-arrêt sur les sommes dues à son colocataire, en se fondant sur l'art. 1734 c. civ., qui n'établit pas de présomption légale entre eux (Toulouse,

21 juill. 1880, aff. Gavoy, D. P. 81. 2. 203) ; — 2° Que la présomption légale de l'art. 1733 c. civ. suffit pour servir de base à une saisie-arrêt pratiquée par le bailleur sur les sommes dues à son locataire, à la condition toutefois que l'existence de cette présomption même soit établie (Poitiers, 24 janv. 1889, aff. Compagnie d'assurances La France, D. P. 90. 2. 100) ; — 3° Que le propriétaire (ou la compagnie d'assurances qui lui est substituée), s'il ignore quel est celui des locataires auquel incombe la responsabilité prévue par l'art. 1734 c. civ., peut, par mesure conservatoire, pratiquer sur les sommes dues à l'un d'entre eux par une autre compagnie une opposition pour la totalité de sa créance éventuelle, et qu'il doit être donné mainlevée de l'opposition s'il est plus tard établi que le locataire, au préjudice duquel elle a eu lieu, n'est pas responsable de l'incendie (Trib. Seine, 6 juill. 1893) (1) ; — 4° Que la présomption des art. 1733 et 1734 c. civ., aux termes desquels l'incendie d'une maison est de droit imputable au locataire, dispense de toute preuve le propriétaire au profit duquel elle existe ; que la créance de celui-ci, établie par la loi elle-même comme conséquence de l'incendie, est certaine dans son principe, actuelle et exigible, et que sa présomption légale suffit pour autoriser le bailleur à former une saisie-arrêt (Besançon, 2 déc. 1881, aff. Comp. d'ass. L'Abeille, D. P. 90. 2 99, note a ; Douai, 20 déc. 1888) (2). — Il

---

Dit que les saisies-arrêts des 4 et 8 nov. 1890 ont été faites en vertu d'une créance certaine en principe, et liquidée par l'évaluation provisoire du juge ; — Dit qu'il n'est pas dû de dommages-intérêts à Parin.

Du 16 avr. 1892.-C. d'Orléans.-MM. Dubec, 1er pr.-Cadot de Villemomble, av. gén.-Desplanches, Fouqueteau et Charoy, av.

(1) (Aff. Richon C. la Société La Mutuelle Immobilière.) — LE TRIBUNAL ; — Attendu que, dans la nuit du 9 au 10 oct. 1891, un incendie a éclaté dans un immeuble situé à Paris rue Notre-Dame-des-Champs, 8, appartenant à la dame Alauzet et au sieur Tiquet ; — Attendu que cet immeuble était occupé par divers locataires, notamment par le sieur Richon imprimeur-lithographe, qui était assuré à la compagnie Le Phénix pour une somme de 63 000 fr. comprenant outre son matériel et ses marchandises, les risques locatifs et les recours des voisins — Attendu que la Société d'assurances la Mutuelle Immobilière, substituée aux droits des sinistrés (art. 14) aux droits des propriétaires, a fait pratiquer le 17 oct. 1891, entre les mains du directeur et administrateur du Phénix, une opposition sur toutes sommes que cette Compagnie pourrait devoir à Richon jusqu'à concurrence de 50 000 fr. chiffre auquel avait été évaluée sa créance éventuelle en capital, intérêts et frais ; — Attendu que mainlevée de cette saisie-arrêt a été donnée par la Mutuelle Immobilière le 20 févr. 1892, à la suite du dépôt du rapport des experts commis le 24 octobre précédent, pour rechercher les causes du sinistre ; — Attendu en conséquence qu'il n'y a plus à statuer sur le chef de conclusions relatif à cette saisie-arrêt ; Attendu que Richon assigné en validité de saisie-arrêt, s'est porté reconventionnellement demandeur en 1500 fr. de dommages et intérêts, qui lui seraient dus à raison du préjudice qu'il aurait éprouvé par suite de cette saisie-arrêt d'après lui pratiquée sans droit et abusivement maintenue par la Mutuelle Immobilière ; — Attendu que Richon prétend qu'en vertu de l'art. 1734 c. civ., modifié par la loi du 5 janv. 1883, il n'aurait pu être, dans tous les cas, responsable de l'incendie que proportionnellement à la valeur locative de la portion d'immeuble qu'il occupait ; — Mais attendu que l'art. 1734 n'a eu pour but que de faire disparaître la solidarité que la législation antérieure établissait entre les locataires d'une même maison vis-à-vis du propriétaire lorsqu'ils n'étaient pas en état de s'exonérer de toute responsabilité en faisant la preuve que l'incendie avait commencé chez l'un d'eux ou n'avait pu commencer chez eux ; — Attendu que l'art. 1734 nouveau n'a rien innové en ce qui concerne le droit du bailleur de réclamer au locataire reconnu responsable de l'incendie la réparation totale du dommage causé ; — Attendu que dans l'ignorance du locataire auquel incombera cette responsabilité, le propriétaire ou la Compagnie d'assurances qui lui est substituée peut, par mesure conservatoire, pratiquer une opposition pour la totalité de sa créance éventuelle, et que, de l'opposition il doit être donné mainlevée, s'il est plus tard établi que le locataire au préjudice duquel elle a eu lieu n'est pas responsable de l'incendie ; — Attendu au surplus que la bonne foi de la Mutuelle Immobilière a été absolue, puisqu'elle n'a agi qu'en vertu d'une ordonnance de justice et dans les limites mêmes qui lui étaient imposées ; — Attendu en fait que Richon soutient que la Compagnie, ayant su bientôt d'une manière certaine que l'incendie avait pris naissance chez un autre locataire, aurait dû s'empresser de donner main-

levée de l'opposition qui a eu pour résultat de l'empêcher pendant quatre mois de toucher l'indemnité à laquelle il avait droit et dont le chiffre avait été fixé d'un commun accord avec la Compagnie Le Phénix à 34 741 fr. ; — Mais attendu que, quelle qu'ait été l'opinion personnelle des agents de la Mutuelle immobilière sur les causes du sinistre et les responsabilités encourues, il est vrai de dire qu'une expertise ayant été ordonnée, ils étaient autorisés à en attendre le résultat avant de prendre parti, le fait même de l'expertise indiquant qu'il existait dans le principe des doutes et des contestations sur les circonstances du sinistre ou les lieux où il avait éclaté ; — Attendu que le rapport ayant été déposé au greffe le 17 févr. 1892 et enregistré le 14, la mainlevée a été donnée dès le lendemain ; qu'on ne peut donc reprocher à la Société la Mutuelle Immobilière aucune négligence ni aucun abus de son droit vis-à-vis de Richon ; que si ce dernier n'a pu toucher plutôt, du Phénix, le montant de son indemnité, le retard est dû à la situation de locataire et aux obligations qu'elle lui imposait à l'égard des propriétaires de l'immeuble ; — Attendu, en conséquence, qu'aucune faute n'étant imputable à la Société défenderesse, il n'y a pas lieu de la condamner à payer à Richon les dommages et intérêts qu'il lui réclame ; — Par ces motifs, dit n'y avoir lieu à statuer sur l'opposition du 17 oct. 1891, dont il a été donné mainlevée en cours d'instance ; — Déclare Richon mal fondé en sa demande de dommages-intérêts contre la Mutuelle Immobilière, l'en déboute et le condamne aux dépens.

Du 6 juill. 1893.-Trib. Seine, 5e ch.-MM. Hepp, pr.-Gaston Thonnier et Clément de Royer, av.

(2) (Aff. Mahien C. époux Lescourt.) — LA COUR ; — Attendu que la saisie-arrêt pratiquée le 20 août 1887 par Mahien sur les époux Lescourt aux mains de la compagnie La Nationale s'appuyait sur l'art. 1733 c. civ. ; qu'elle était faite pour assurer le payement des sommes dûs par les époux Lescourt, locataires de la ferme de Mahien, en partie détruite par un incendie ; — Attendu qu'à tort les premiers juges ont pensé que Mahien avait renoncé au profit des époux Lescourt aux droits qu'il tenait de l'art. 1733 ; — Attendu que les époux Lescourt ne justifient d'aucune renonciation expresse de Mahien ; — Attendu que si, dans la police du 10 janv. 1884, timbrée à l'abonnement, la Compagnie la République renonce en faveur des locataires de la ferme à la subrogation de l'art. 24 des conditions générales devait exister de plein droit par le seul fait de l'assurance au profit de la Compagnie, jusqu'à concurrence de la somme par elle payée au propriétaire, Mahien ne renonce pas aux droits que la loi lui accorde contre ses locataires ; — Attendu que, loin de laisser supposer que Mahien ait entendu décharger les époux Lescourt de toute responsabilité à son égard les circonstances dans lesquelles la police a été contractée et les documents de la cause repoussent, au contraire, une semblable interprétation ; — Attendu que Mahien avait assuré son fermier à la Compagnie la République suivant police du 3 déc. 1883 ; — Attendu que par leur bail les locataires étaient tenus du payement de la prime ; — Attendu que c'est sur la proposition à lui faite au nom des époux Lescourt, qui voulaient s'assurer contre le risque locatif et lui expliquant que l'assurance de la propriété ferait bénéficier les locataires d'une réduction de prime, que Mahien a consenti à rompre sa police et à contracter la nouvelle assurance ; qu'ainsi s'expliquent les termes de la police du 10 janv. 1884, « que Mahien voulant que cette assurance profite aux locataires, la Compagnie

a été jugé, toutefois, en sens contraire, qu'une obligation imposée par la loi contient, à la vérité, un principe pouvant constituer un titre, mais qu'elle ne prend corps et ne devient susceptible d'exécution que lorsqu'elle a été reconnue soit par une convention, soit par une décision du juge et transformée en une véritable créance, et que c'est alors seulement qu'elle peut servir de base à une saisie-arrêt (Trib. Angoulême, 29 nov. 1884, D. P. 90. 2. 99, note 1). Jugé aussi que la saisie-arrêt pratiquée en vertu de l'art. 1734 c. civ., en cas d'incendie, contre un locataire par le propriétaire occupant une partie de la maison incendiée, doit être déclarée nulle ; que ce dernier ne saurait se prévaloir de la présomption édictée par ledit article, en vertu de laquelle tous les locataires sont responsables envers le propriétaire des conséquences de l'incendie, proportionnellement à la valeur locative de la partie occupée par chacun d'eux que, dans ce cas, son droit se trouve incertain et que sa créance a un caractère hypothétique (Pau, 11 juill. 1887) (1) ; — 5° Que le juge, s'il a qualité pour apprécier les droits du prétendu créancier qui requiert l'autorisation, ne la doit accorder qu'autant que ses droits sont certains au moment où la requête est présentée ; que notamment, le locataire d'une partie de la maison incendiée, qui prétend que le propriétaire doit être déclaré responsable du préjudice causé par l'incendie qui aurait pris naissance dans la partie de maison habitée par ce dernier, n'établirait ses droits que s'il faisait la preuve par lui offerte et prétendrait en vain les puiser dans l'art. 1733 c. civ., lequel n'établit une présomption de responsabilité qu'au profit du propriétaire ; dans ce cas la créance étant incertaine et éventuelle, il y a lieu, par suite, d'annuler la saisie-arrêt (Agen, 18 févr. 1891) (2).

30. Il a été dit au *Rép.*, n° 55, qu'une condamnation éventuelle ne peut servir de base à une saisie-arrêt. En outre des arrêts cités au *Rép., ibid.*, il a été décidé que la condamnation à 50 fr. par chaque jour de retard pour le cas où la partie condamnée ne remplirait pas une obligation de faire dans un délai déterminé, ne constitue pas une créance certaine et liquide en vertu de laquelle une saisie-arrêt puisse être pratiquée pour avoir payement d'une somme représentant les 50 fr., par chaque jour de retard allouée par le jugement (Orléans, 3 déc. 1859, aff. Pinsard, D. P. 60 . 2. 9) et sur pourvoi, Req. 31 déc. 1860, même affaire, D. P. 61. 1. 462).

Il avait toutefois été décidé précédemment (Bordeaux, le 28 nov. 1854, *Rép.* n° 56) qu'une saisie-arrêt peut valablement être faite pour sûreté d'une condamnation à intervenir sur une action formée au même instant en payement d'une indemnité dont le montant a déjà été fixé par expert. La même cour, persistant dans sa jurisprudence, a jugé que si en général une saisie-arrêt ne peut être formée pour une créance éventuelle, il en est autrement lorsqu'elle

---

renonce au bénéfice de l'art. 24 » ; — Attendu que Mahien a d'autant moins entendu renoncer à aucun des droits qu'il tenait de son bail et de la loi, qu'en lui transmettant les propositions modificatives du premier contrat, il lui était expressément affirmé que ce changement de police, qui constituait un avantage au profit de Lescouot, constituait en même temps vis-à-vis de lui une garantie de plus ; — Attendu qu'en vain les époux L-scourt soutiennent que Mahien demeure entier dans le bénéfice de l'art. 1733, la saisie-arrêt du 20 août serait nulle comme faite sans titre en vertu d'une créance incertaine ; — Attendu que l'incendie a eu lieu le 15 août 1887 ; — Attendu que la saisie-arrêt opérée le 20 août se fondait sur un droit actuel ; — Attendu qu'aux termes de l'art. 1733 c. civ., l'incendie est de plein droit imputable au locataire ; que la responsabilité de celui-ci naît du fait même de l'incendie ; — Attendu que la présomption légale de faute du locataire est la conséquence de l'obligation imposée par la loi au preneur de rendre la chose louée dans l'état où il l'a reçue ; — Attendu que les exceptions dont l'art. 1733 autorise le locataire à rapporter la justification ne sont qu'une application du principe général de l'art. 1315 c. civ., qui met à la charge du débiteur la preuve de sa libération, lorsque la créance est établie ; — Attendu d'ailleurs que ni avant le jour de la saisie-arrêt, ni depuis, les époux Lescourt ne se sont prévalus d'aucun des cas exceptionnels énumérés en l'art. 1733 ; — Attendu que la cause de l'incendie est demeurée complètement inconnue ; — Attendu que la saisie-arrêt avait été autorisée par ordonnance du président du tribunal de Lille évaluant la somme pour laquelle la saisie-arrêt pouvait être pratiquée ; — Attendu que dès le 3 sept. 1887, l'expertise avait définitivement fixé le montant du dommage occasionné aux bâtiments de la ferme ; — Attendu qu'après payement Mahien a donné mainlevée de la saisie ; — Attendu qu'à tous égards la saisie-arrêt du 20 août 1887 était légale et qu'en y procédant, Mahien n'a pu encourir aucune responsabilité ; — Par ces motifs, met l'appellation incidente à néant, et faisant droit sur l'appel principal, met le jugement dont est appel à néant : émendant, décharge Mahien des condamnations en principal et intérêts prononcées contre lui ; réformant et faisant ce que les premiers juges auraient dû faire, déclare les époux Lescourt non recevables, en tous cas mal fondés dans toutes leurs demandes, fins et conclusions principales et subsidiaires, les déboute ; condamne les époux Lescourt aux dépens des deux instances.

Du 20 déc. 1888. C. de Douai, 2° ch.-MM. Duhem, pr,.-Tainturier, av. gén.-de Beaulieu et Allaert, av.

(1) (Compagnie d'assurances Le Soleil C. Tilhet et compagnie d'assurances L'Urbaine.) — LA COUR ; — Attendu que Tilhet et la compagnie L'Urbaine, devant la cour comme devant le tribunal, excipent du caractère hypothétique de la créance sur laquelle la compagnie Le Soleil a basé sa saisie-arrêt ; — Attendu, en effet, qu'il est de principe qu'une telle créance doit être certaine ; — que si, en fait, Fondeville occupait une partie de la maison incendiée, il ne saurait se prévaloir de la présomption édictée par l'art. 1734 c. civ., en vertu de laquelle tous les locataires sont responsables envers le propriétaire des conséquences de l'incendie proportionnelle à la valeur locative de la partie occupée par chacun d'eux ; que si cela est vrai, il n'aurait pas de créance même en germe ; — Attendu que les premiers juges

ont considéré avec raison que les locaux occupés par Fondeville et Tilhet étaient renfermés dans un seul et même immeuble ; que, par conséquent, la compagnie Le Soleil ne pouvait invoquer la présomption édictée par l'art. 1734, et que son droit se trouvant ainsi incertain, la saisie-arrêt pratiquée par elle est nulle.

Du 11 juill. 1887.-C. de Pau.-MM. Piette, 1er pr.-Chaudreau, subst. proc. gén.-Guichenné, Lasserre et Faisant, av.

(2) (Époux Villars C. Goussard.) — LA COUR ; — Attendu que les dispositions de l'art. 551 c. proc. civ. s'appliquent à toute espèce de saisie, et qu'il y est formellement édicté qu'on ne pourra saisir que pour choses liquides et certaines ; que les premiers juges se fondant sur ce que ledit article exige qu'on ne saisisse qu'en vertu d'un titre exécutoire ont décidé que cette règle n'était pas applicable aux saisies ou oppositions visées par l'art. 558, par ce motif que ces dernières peuvent être faites sans titre avec la permission du juge ; que c'est là une erreur manifeste, la permission du juge ayant pour effet de remplacer le titre en vertu duquel il pourra être saisi ; — Mais attendu que le juge, s'il a qualité pour apprécier les droits du prétendu créancier qui requiert l'autorisation, ne la doit accorder qu'autant que ces droits sont certains au moment où la requête lui est représentée ; que c'est la conséquence du principe posé par l'art. 551 ; que le tribunal l'a lui même reconnu en citant un passage de l'orateur du gouvernement dans la discussion préparatoire du code de procédure civile : « Une saisie-arrêt ne pourra être exercée qu'en vertu d'un droit certain, évident » ; que, dans l'espèce, Goussard, locataire d'une partie de la maison incendiée, prétend que les époux Villars doivent être déclarés responsables du préjudice qui lui aurait causé cet incendie, qui aurait pris naissance dans la partie de maison habitée par les époux Villars; que ses droits ne seront établis que s'il fait la preuve qu'il a offerte ; qu'en vain il prétendrait puiser dans l'art. 1733 c. civ., lequel n'établit une présomption de responsabilité qu'au profit du propriétaire ; que la créance est donc incertaine et éventuelle, et que, sur ce point, aucun doute n'était permis au tribunal, puisque dans son jugement même il autorise une enquête aux fins de prouver que les droits du saisissant existent, et sursoit à statuer sur la validité de la saisie-arrêt jusqu'à ce que cette existence soit démontrée ; qu'il y a lieu, par suite, d'annuler ladite saisie; — Attendu que la demande en payement d'une somme de 5500 fr., contenue dans l'assignation en validité, est une demande principale et pouvait être dispensée du préliminaire de conciliation; qu'elle est absolument indépendante de ladite saisie; que les dispositions de l'art. 556 c. proc. civ. visées par le tribunal ne lui étaient donc pas applicables, et que c'est à tort que les premiers juges l'ont accueillie ; — Par ces motifs ; — Rejetant comme mal fondées les conclusions de l'intimé, émendant et réformant le jugement dont est appel ; — Déclare de nul effet la saisie-arrêt pratiquée les 11 et 14 août dernier entre les mains des compagnies L'Union et La Générale ; — Déclare non recevable toute demande autre que celle en validité de ladite saisie; condamne Goussard à tous les dépens de première instance et d'appel.

Du 18 févr. 1891.-C. d'Agen, 1re ch.-MM. Lasserre, 1er pr.-Grellet de Fierrelle, subst. proc. gén.-Gaston Séré et Jouiton, av.

est faite pour sûreté d'une condamnation à intervenir sur une action formée en payement d'une indemnité dont le montant a déjà été fixé par expert (Bordeaux, 11 juill. 1883) (1). Antérieurement à cette dernière décision, il avait même été jugé qu'une saisie-arrêt peut être formée pour sûreté de dommages-intérêts dont la condamnation n'a pas encore été prononcée contre le débiteur saisi, si ces dommages-intérêts ont leur cause dans un contrat passé entre les parties; qu'ainsi, dans le cas où des marchandises ont été détruites par un incendie chez un dépositaire où chez un ouvrier chargé de les façonner, le propriétaire des marchandises ou la compagnie d'assurances subrogée à ses droits, peut pratiquer une saisie-arrêt contre ce dépositaire ou cet ouvrier, pour sûreté des dommages-intérêts qui pourront être prononcés contre lui, la responsabilité résultant du dépôt ou du louage d'ouvrage étant alors présumée jusqu'à preuve contraire » (Orléans, 26 août 1858, aff. Chevauché, D. P. 59. 2. 2). « Il s'agit là, disent MM. Boulet et Dubouloz (op. cit., n° 42) d'un arrêt d'espèce, qui ne viole en rien les principes posés plus haut; en effet, il s'agissait d'un dépositaire chez lequel la chose déposée avait péri par l'incendie, or l'incendie ne constitue pas par lui-même un événement de force majeure, et le dépositaire était tenu de prouver qu'il n'était point en faute. D'autre part, le dépôt était incontesté et certain; dans ces conditions, une saisie-arrêt pouvait être pratiquée utilement tant que le dépositaire n'avait point fait la preuve à sa charge ».

31. Comme on l'a dit au *Rép.*, n° 57, c'est une question controversée que celle de savoir si une créance éventuelle, et dont l'existence est subordonnée à l'événement d'une condition, peut motiver une saisie-arrêt. Le doute tient à ce que la saisie-arrêt, si elle a un caractère conservatoire quant aux formalités dont elle est entourée, constitue quant à son résultat un acte d'exécution. A raison de ce second caractère, la plupart des auteurs résolvent négativement la question. « La saisie-arrêt, dit notamment M. Garsonnet (*Traité de procédure*, t. 3, § 691, p. 681). suppose une créance certaine; or une créance n'est certaine que s'il n'y a pas de doute sur son existence. La saisie-arrêt, même autorisée par le président, n'est pas valable si le saisissant ne possède qu'une créance éventuelle » (V. dans le même sens Rousseau et Laisney, *op. cit.*, v° *Saisie-arrêt*, n° 71 ; Boulet et Dubouloz, *op. cit*, n°s 37 et suiv. ; Dodo, *op. cit.*, n° 19). Plusieurs arrêts se sont prononcés dans le même sens (V. notamment Req. 28 juin 1881, aff. Maisonneuve, D. P. 82. 1. 461 et 27 avr. 1885, aff. Desfrançais-Duverdier, D. P. 86. 1. 191.

Mais il a été décidé, en sens contraire : 1° qu'une créance dont le chiffre, encore inconnu, est subordonné au résultat d'un compte à rendre, mais dont néanmoins l'existence est certaine, peut servir de fondement à une saisie-arrêt, sauf pour les juges à surseoir sur sa validité jusqu'à l'apurement du compte (Pau, 24 avr. 1858, aff. Leuger, D. P. 60. 2. 81) ; — 2° Qu'une créance indéterminée et même éventuelle, dès lors qu'elle est acquise en principe, peut faire l'objet d'une saisie-arrêt à titre conservatoire, sauf au tribunal devant lequel est portée l'instance en validité à surseoir jusqu'à l'avènement de la condition d'où dépend soit la fixation de son chiffre, soit son existence définitive (Civ. cass. 29 oct. 1890, aff. Cottarel, D. P. 91. 1. 475. V. aussi Besançon, 15 févr. 1888, aff. Legat, D. P. 88. 2. 285 ; Req. 27 juill. 1880, aff. Gillet, D. P. 81. 1. 117, arg. impl.).

32. — 2° *La créance doit être liquide.* — Ainsi qu'on l'a vu au *Rép.*, n° 64, à défaut de liquidité de la créance, une liquidation provisoire faite par le juge suffit pour autoriser la saisie-arrêt. Il a été jugé, en conséquence : 1° qu'une saisie-arrêt peut être validée, encore bien que les droits du créancier saisissant, reconnus constants, n'aient été fixés définitivement et exactement, quant au montant de la créance, ni par l'assignation, ni par le jugement de validité ; qu'il suffit que le créancier demande et que le juge accorde la somme provisoirement déterminée par l'ordonnance du juge (Req. 28 juin 1881, aff. Epoux Maisonneuve, D. P. 82 1. 461); — 2° Qu'il n'est pas nécessaire que l'ordonnance par laquelle le président d'un tribunal permet de saisir-arrêter sans titre évalue la somme pour laquelle on veut saisir, lorsque la requête présentée pour obtenir l'autorisation énonce cette somme et que le président s'est, en fait, approprié l'évaluation du créancier (Req. 16 mai 1882, aff. Tortillia et Larondie, D. P. 83. 1. 175) ; — 3° Qu'une saisie-arrêt pratiquée pour sûreté d'une créance certaine, mais non liquide, est faite régulièrement et ne donne pas lieu à des dommages-intérêts lorsqu'elle a été formée en vertu d'une permission du juge évaluant provisoirement la somme due, conformément à l'art. 559 c. proc. civ. (Civ. cass. 2 juin 1893, aff. Amours, D. P. 93. 1. 525) — 4° Que tout créancier peut, en vertu d'un titre ou de la permission du juge, saisir-arrêter les sommes dues à son débiteur, pourvu que sa créance existe réellement au moment où la saisie est pratiquée, et que l'existence de la créance à ce moment soit suffisamment déterminée par la décision qui intervient sur la validité de la saisie, les jugements ayant un effet déclaratif et ne faisant pas naître les droits, mais constatant seulement leur existence (Req. 28 juin 1881, aff. Maisonneuve, D. P. 82. 1. 461) ; — 5° Que si la disposition d'un jugement relative à la reddition d'un compte ne renferme pas par elle-même de condamnation susceptible de motiver une saisie-arrêt, il en est

---

(1) (*La Paternelle C. Malagny.*) — LA COUR; — Adoptant les motifs des premiers juges du tribunal civil de Cognac du 15 févr. 1889 : — Attendu que le sieur Malagny oppose à la demande deux moyens de non-recevabilité ; — Attendu que son premier moyen consiste à dire que la créance de *La Paternelle* n'est ni certaine ni liquide, et qu'une saisie-arrêt pratiquée en vertu d'une pareille créance doit être déclarée nulle; — Attendu qu'aux termes de l'art. 21 de la police d'assurance passée entre *La Paternelle* et le sieur Saunier, la compagnie se réserve en cas de sinistre, et dans le cas prévu dans l'art. 14, ses droits et ceux de l'assuré contre tous garants généralement quelconques, à quelque titre que ce soit, et notamment contre les locataires voisins, auteurs du sinistre, associations d'assurances mutuelles. assurances à prime ou autrement ; à cet effet l'assuré, en ce qui le concerne, la subroge sans garantie, par le seul fait de la présente police, et sans qu'il soit besoin d'aucune autre cession, transport, titre ou mandat, à tous ses droits, recours ou actions; l'assuré est tenu, quand la compagnie l'exige, de réitérer ce transport par acte séparé ou notarié, comme aussi de réitérer la subrogation dans la quittance du dommage; — Attendu que la jurisprudence a eu fréquemment à interpréter cette clause; qu'elle y a vu, non pas une subrogation proprement dite, conventionnelle ou légale, mais une simple cession de chose future, un transport conditionnel; que cela résulte d'un arrêt de la cour d'Orléans du 26 août 1858 et d'un arrêt plus récent de la cour de Paris du 22 août 1873, contre lequel le pourvoi a été vainement tenté ; que de la première de ces deux décisions, on tire cette conséquence que la compagnie peut exercer les droits dans lesquels elle a été subrogée en particulier, le droit de saisie-arrêt ; — Attendu que si, en général, une saisie-arrêt ne peut être formée pour une créance éventuelle, il en est autrement si

elle est faite pour sûreté d'une condamnation à intervenir sur une action formée en payement d'une indemnité dont le montant a déjà été fixé par experts; que cela est implicitement consacré par l'arrêt précité du 26 août 1858, et a été décidé en termes plus exprès encore par la cour de Bordeaux le 28 nov. 1854 dans une affaire analogue à l'espèce actuelle; — Attendu que des principes sont complètement applicables au présent litige; que *La Paternelle* invoque comme cause de sa créance les art. 1733 et 1734 c. civ. ; — Que pour évaluer le montant des dégâts causés par l'incendie du 5 septembre dernier, des experts ont été choisis et ont fixé l'indemnité à 4409 fr. 94 cent., suivant procès-verbal du 18 septembre; que la double assignation du 8 oct. 1880 a pour but d'obtenir contre les sieurs Malagny et Vernon condamnation à payer ladite somme à *La Paternelle*; qu'il y a donc lieu de rejeter ce premier moyen de non-recevabilité ; — Attendu que Malagny invoque, comme second moyen, cette circonstance que la saisie-arrêt faite à son préjudice est antérieure au payement de l'indemnité ; — Attendu que l'arrêt du 26 août 1858, dont *La Paternelle* elle-même argumente, met une condition à l'exercice des droits de la compagnie, à savoir qu'elle ait payé l'indemnité; qu'en effet, tant que le payement n'a pas eu lieu, la créance manque d'un des éléments de sa formation; que suivant les expressions de l'arrêt, au moment où le payement de l'indemnité s'opère, la condition à laquelle était subordonnée l'indemnité se réalisant, la promesse s'accomplit et la cession reçoit sa perfection; que le défaut de ce payement rend donc la saisie-arrêt impossible; — Par ces motifs, déclare *La Paternelle* non recevable en sa demande contre Malagny, l'en déboute, annule la saisie-arrêt. — Du 11 juill. 1883.-C. de Bordeaux, 2e ch.-MM. Beylot, pr.-Bourgeois, av. gén.-Lafon et Archaimbault, av.

autrement de la condamnation à payer des dommages-intérêts à fixer par état; que le principe de la condamnation était posé, le chiffre seul restant à déterminer; que la saisie-arrêt pouvait être pratiquée, alors surtout qu'une liquidation provisoire avait été faite par le juge; que peu importe qu'une condamnation de cette nature n'emporte pas chose jugée en ce qui concerne un *quantum* quelconque de dommages-intérêts, le caractère conditionnel de la condamnation ne faisant pas disparaître sa réalité; qu'il en est ainsi alors surtout que les dommages-intérêts ont été ultérieurement fixés à une somme importante par un arrêt définitif (Trib. civ. Seine, 10 août 1889) (1) V. conf. Rousseau et Laisney, *op. cit.*, v° *Saisie-arrêt*, n°s 80 et suiv.; Dodo,

op. cit., n° 25; Boulet et Dubouloz, *op. cit.*, n°s 28 et suiv.; *Rép.* n°s 66 et suiv. Conf. Dodo, *op. cit.*, n° 25; Rousseau et Laisney, *op. cit.*, v° *Saisie-arrêt*, n° 83; Boulet et Dubouloz, *op. cit.*, n° 38; Garsonnet, t. 3, n° 593, p. 684).

Mais à défaut de liquidation provisoire, la saisie-arrêt ne serait pas valable. Et il a été jugé que, si la créance pour la conservation de laquelle on agit, tout en étant certaine et exigible, n'est pas liquide, l'évaluation provisoire doit être préalablement faite par le juge, à peine de nullité de la saisie-arrêt (Paris, 12 mars 1885 (2); Paris, 1er mars 1892) (3).

33. Il a été décidé que l'administration de l'Enregistrement peut pratiquer une saisie-arrêt pour assurer le recouvrement d'un supplément de droit dû pour insuf-

---

(1) (Aff. de Versepuy et autres *C.* de Duranti.) — LE TRIBUNAL; — Attendu que de Versepuy et consorts demandent la nullité d'un certain nombre de saisies-arrêts pratiquées par de Duranti en vertu d'un jugement du tribunal de la Seine en date du 28 juill. 1888; qu'ils demandent subsidiairement que l'effet des saisies soit transporté sur une somme de 130 000 fr. par eux consignée à la Caisse des dépôts et spécialement affectée au payement de la créance Duranti; — Attendu qu'ils fondent leur demande en nullité: 1° sur ce que les saisies-arrêts auraient pour cause un jugement frappé d'appel; 2° sur ce que ledit jugement ordonnant des mesures préparatoires et en statuant, en ce qui concerne les dommages-intérêts, que par disposition éventuelle, ne prononçait pas de condamnation pouvant justifier les saisies-arrêts; — Sur le premier moyen: — Attendu que la saisie-arrêt est une mesure qui, à l'origine de la procédure, n'est qu'un simple acte conservatoire; qu'elle a pour but et pour effet jusqu'au jugement de validité d'empêcher le tiers saisi de se libérer au préjudice du saisissant; — Attendu que tout créancier porteur d'un titre authentique ou privé peut faire une saisie-arrêt; que, s'agissant d'une mesure conservatoire, il n'est pas nécessaire que le titre soit définitif et ne puisse être attaqué; — Attendu, dès lors, qu'un jugement même frappé d'appel peut servir de base à une saisie-arrêt; — En ce qui concerne le deuxième moyen: — Attendu que le jugement du 28 juill. 1888, entre autres dispositions, condamnait de Versepuy, de Borda et consorts à rendre compte à de Duranti ès qualités, de la gestion du Cercle des Éclaireurs; qu'il condamnait également les mêmes, à raison de leurs agissements et manœuvres combinées préjudiciables à la Société casine représentée par de Duranti, à payer à ladite société des dommages-intérêts à fixer par état; — Attendu que, si la disposition relative à la reddition de compte ne renfermait pas par elle-même une condamnation susceptible de motiver la saisie-arrêt, il en est autrement de la condamnation à payer des dommages-intérêts à fixer par état; que le principe de la condamnation était posé, le chiffre seul restait à déterminer; que la saisie-arrêt pouvait être pratiquée, alors surtout qu'une liquidation provisoire avait été faite par le juge; — que peu importe qu'une condamnation de cette nature n'emporte pas chose jugée en ce qui concerne un *quantum* quelconque de dommages-intérêts, le caractère conditionnel de la condamnation ne faisant pas disparaître sa réalité; qu'il en est ainsi alors surtout que les dommages-intérêts ont été ultérieurement fixés à une somme importante par arrêt définitif; en ce qui concerne les offres subsidiaires de Versepuy et joints; — Attendu que la condamnation définitive à 10 000 fr. de dommages-intérêts intervenue en appel constitue un titre exécutoire; que les parties condamnées ne peuvent se soustraire à l'exécution de l'arrêt, c'est-à-dire dans l'espèce, un jugement de validité de saisies, que par le payement ou par des offres réelles; que les offres réelles subsidiaires contenues dans leurs conclusions ne tendraient qu'à la substitution d'un autre gage au gage saisi-arrêté; que les offres sont dès lors insuffisantes; — Sur la demande en dommages-intérêts: — Attendu que de Duranti a usé de son droit; que les défendeurs pouvaient se dégager du lien de la saisie-arrêt en faisant des offres réelles; — Par ces motifs, déboute de Versepuy et consorts de leur demande en nullité des saisies-arrêts des 20 et 24 nov. 1888, les déboute de leur demande en dommages-intérêts, les déboute également de leurs conclusions subsidiaires, etc. — Du 10 août 1889. — Trib. civ. de la Seine, 1re ch. — MM. Vanier, pr. — Boulloche, subst. — Deloisson, Obermayer et Marcel Lamare, av.

(2) (Peretmère et comp. *C.* Jeannot et Vaucheret.) — LA COUR; — Sur la validité de la saisie-arrêt: — Considérant qu'il ne peut être fait saisie-arrêt que pour créance certaine, liquide et exigible à peine de nullité; que, dans l'espèce Peretmère et comp. ont saisi-arrêté contre Jeannot et Vaucheret, en vertu d'un marché sous seings privés en date à Paris du 23 fév. 1883, lequel a réglé le prix, le mode et les échéances de payement des fournitures faites par Peretmère et comp. et montant de à livrer à Jeannot et Vaucheret, mais que de ce marché ne résulte ni la liquidité ni l'exigibilité de la créance née de l'exécution dudit marché; qu'à la vérité Peretmère et comp. soutiennent que les fournitures livrées en exécution de ce marché auraient été

ensuite l'objet d'un règlement, duquel ressortirait à leur profit une solde créditeur liquide et exigible mais que Jeannot et Vaucheret dénient qu'il y a jamais eu un compte réglé et arrêté entre les parties; qu'il paraît en effet constant que si les mémoires des fournitures de Peretmère et comp. ont été soumis à la vérification de l'architecte proposé par Jeannot et Vaucheret, le résultat de cette vérification n'a pas fait l'objet, entre les parties, d'un arrêté de compte contradictoire et définitif valant titre, quant à ce, au profit de Peretmère et comp.; que dans tous les cas Peretmère et comp. sont dans l'impossibilité de produire ce document et qu'en réalité ils se bornent à demander à la cour d'y suppléer, en liquidant elle-même leur créance, et en statuant sur l'exigibilité de tout ou partie de ladite créance; que dans ces circonstances, Peretmère et comp. auraient dû s'adresser au juge, avant la saisie, à l'effet de faire évaluer provisoirement la quotité de leur créance pour lors liquide et exigible, au lieu de l'évaluer eux-mêmes de leur autorité privée; que ce défaut d'évaluation préalable par le juge vicie radicalement la procédure; qu'il appartient pas à la cour, appelée à statuer après coup sur la validité de ladite saisie de suppléer à son vice original et d'en maintenir provisoirement les effets, jusqu'au moment où les comptes respectifs des parties seront apurés par suite des mesures qui vont être, ci-après ordonnées; que c'est donc à bon droit que les premiers juges ont donné mainlevée de la saisie dont s'agit, etc. — Du 12 mars 1885. — C. de Paris, 4e ch. — MM. Faure-Biguet, pr. — Calony, av. gén. — Boyer et Beurdeley, av.

(3) (Numa Guilhon et Société *Fabrica de Mières* C. Consorts de Becdelièvre.) — LA COUR; — « Considérant, en droit, qu'en conformité des dispositions combinées des art. 557, 558 et 559 c. de proc. civ. il ne peut être valablement pratiqué de saisie-arrêt que pour conservation de créances certaines, exigibles et liquides, soit en vertu de titres authentiques ou privés, soit à défaut de titre, en vertu de l'autorisation du juge; — Qu'en outre, et spécialement si la créance pour conservation de laquelle on agit, tout en ayant le caractère de certitude et d'exigibilité, n'est pas liquide, l'évaluation provisoire doit en être préalablement faite par le juge à peine de nullité de la saisie-arrêt; — En fait; considérant que les saisies-arrêts pratiquées à la requête des consorts de Becdelièvre, telles qu'elles sont énumérées dans le jugement dont est appel, ont été faites en vertu de l'arrêt de cette cour en date du 10 fév. 1887, qui a condamné Numa Guilhon et la société *Fabrica de Mières* à leur payer à titre de provision une somme de 50 000 fr. et a ordonné une expertise à l'effet de déterminer le montant intégral des redevances à eux dues; — Considérant que les saisies-arrêts dont il s'agit ont été pratiquées, non seulement pour conservation et avoir payement des 50 000 fr., montant de la condamnation à titre de provision ci-dessus indiqué, mais encore de celle de 450 000 fr., à laquelle les saisissants ont eux-mêmes évalué les redevances pouvant leur être dues, en dehors de 50 000 fr. à eux déjà provisoirement alloués; — Considérant que, si lesdites saisies-arrêts ont été valablement faites jusqu'à concurrence de 50 000 fr., montant de la condamnation prononcée par l'arrêt du 10 fév. 1887, il n'en saurait être ainsi en ce qui concerne la somme de 450 000 fr., pour conservation de laquelle elles ont été également pratiquées; — Qu'en effet il est juste de dire que l'arrêt précité a reconnu le principe et le germe d'une créance au profit des consorts Becdelièvre en dehors des 50 000 fr. de provision à eux alloués, il n'est non moins certain que cette créance était au moment des saisies, et est actuellement encore, absolument dépourvue du caractère essentiel de liquidité; — Qu'il y avait, dès lors, obligation pour les saisissants de faire préalablement par le juge évaluer provisoirement de cette créance pour toute la partie non liquidée par l'arrêt du 10 fév. 1887; — Qu'il échet, dès lors, non pas de prononcer la nullité absolue des saisies-arrêts, mais d'en réduire les causes à 50 000 fr., montant de la condamnation provisoire; — Pour ces motifs, et adoptant ceux des premiers juges, en ce qu'ils n'ont rien de contraire au présent arrêt; — Rejette, comme mal fondée, la demande en nullité, pour le tout, des saisies-arrêts formées par les intimés; — Confirme en conséquence, le jugement dont

fisance de perception, bien que la liquidation et le recouvrement de ce supplément aient été subordonnés par un jugement passé en force de chose jugée au règlement d'une faillite et qu'ainsi sa créance ne soit ni liquide ni exigible (Req. 15 déc. 1868, aff. Faillite Lecœur, D. P. 69. 1. 293). La contradiction qui semble résulter des termes de ce dernier arrêt avec les principes exposés ci-dessus est plus apparente que réelle. Dans l'espèce soumise à la cour suprême, il n'y avait pas un obstacle à la saisie-arrêt litigieuse, car si la liquidation et le payement de la créance de l'Administration avaient été renvoyés à l'époque du règlement de la faillite, l'existence de cette créance était reconnue. Or, le créancier dont les droits, quoique certains, sont indéterminés quant à leur quotité, peut valablement faire procéder à une saisie-arrêt pour sûreté de sa créance, après avoir fait prononcer par le juge la liquidation provisoire.

34. Il a été jugé aussi que, si une saisie-arrêt ne peut être pratiquée que pour une créance certaine et liquide, ce principe ne saurait recevoir sa rigoureuse application qu'au point de vue de la décision prononçant définitivement sur la validité, qu'alors seulement et par l'effet de cette décision, la saisie a vraiment le caractère d'un acte d'exécution ; mais qu'aucune disposition de la loi ne s'oppose à ce qu'une saisie-arrêt, pratiquée surtout avec la permission du juge, pour sûreté d'une créance dont la certitude est suffisamment

établie et dont l'évaluation provisoire est possible, bien que son chiffre ne puisse être définitivement fixé qu'à la suite d'un compte de liquidation non encore terminée, soit maintenue provisoirement, au moins à titre de mesure conservatoire, sauf à surseoir à prononcer sur la validité jusqu'après l'apurement du compte de liquidation commencé (Chambéry, 3 août 1883) (1).

35. — 3° *La créance doit être exigible.* — Comme on l'a dit au *Rép.*, n° 72, une obligation à terme ne serait pas un titre suffisant pour autoriser le créancier à pratiquer une saisie-arrêt avant l'échéance du terme. Conformément à la jurisprudence rapportée au *Rép.*, *ibid.*, il a été jugé depuis : 1° que la saisie-arrêt ne peut être pratiquée pour une créance à terme qui n'est pas encore exigible (Grenoble, 26 mai 1882, aff. Freydier, D. P. 83. 2. 126) ; — 2° Que le vendeur d'un fonds de commerce ne peut, en cas de revente de ce fonds, saisir-arrêter le prix entre les mains du nouvel acquéreur pour sûreté de son prix, alors qu'il n'y a ni stipulation de déchéance du bénéfice du terme au cas de revente, ni diminution des sûretés données par le contrat (Trib. civ. Seine, 29 nov 1882) (2) ; — 3° Qu'on doit déclarer nulle la saisie-arrêt pratiquée en vertu d'un marché sous seing privé duquel ne résulte ni la liquidation, ni l'exigibilité de la créance née de l'exécution dudit marché (Paris, 12 mars 1885, aff. Peretime

est appel, en ce qu'il a prononcé la validité desdites saisies-arrêts, mais en tant seulement qu'elles ont eu pour effet de conserver la créance de 50 000 fr., montant de la condamnation provisoire ; — Et faisant droit en partie aux conclusions d'appel, dit qu'il a été mal jugé en ce que lesdites saisies-arrêts ont été déclarées bonnes et valables, non seulement en ce qu'elles ont eu pour but d'assurer le payement de 50 000 fr., liquidés dans l'arrêt du 10 févr. 1887, mais encore les 450 000 fr., liquidés par les saisissants eux-mêmes ; — Emendant, réformant de ce dernier chef et statuant à nouveau ; — Réduit ladite somme à la somme de 50 000 fr., prononce en conséquence la nullité desdits arrêts pour le surplus et en donne mainlevée ; fait masse des dépens, qui seront supportés par moitié, etc.
Du 25 févr. 1892.-C. de Paris, 1re ch.-MM. Périvier, 1er pr.-Rau, av. gén., c. conf.-Hémar et Lacaze, av.

(1) (Albertolli C. Pedrino.) — LA COUR ; — Attendu en droit que si une saisie-arrêt ne peut être pratiquée que pour une créance certaine et liquide, ce principe ne saurait recevoir sa rigoureuse application qu'au point de vue de la décision prononçant définitivement sur la validité, qu'alors seulement et par l'effet de cette décision, la saisie a vraiment le caractère d'un acte d'exécution, mais qu'aucune disposition de la loi ne s'oppose à ce qu'une saisie-arrêt, pratiquée surtout avec la permission du juge pour sûreté d'une créance dont la certitude est suffisamment établie et dont l'évaluation provisoire est possible, bien que son chiffre ne puisse être définitivement fixé qu'à la suite d'un compte de liquidation non encore terminée, soit maintenue provisoirement au moins à titre de mesure conservatoire, sauf à surseoir à prononcer sur la validité jusqu'à l'apurement du compte de liquidation commencé ; — Attendu en fait que les saisies-arrêts pratiquées à la requête des frères Albertolli au préjudice de la société Pedrino frères, entre les mains du sieur Collin, des héritiers Blanc et du sieur Souvable, aux dates des 13, 16 et 19 janv. 1882, ont procédé en suite d'une ordonnance rendue par le président du tribunal civil de Moutiers, le 13 du même mois, pour sûreté d'une créance provisoirement évaluée par ce magistrat à la somme de 40 000 fr. et résultant, pour les frères Albertolli, de divers payements effectués par eux pour le compte de la société de commerce Albertolli et Pedrino, paiement dont la partie devrait en fin de compte leur être remboursée par la société Pedrino frères ; — Attendu que si, à raison des prescriptions du jugement rendu en matière commerciale par le tribunal de Moutiers, le 30 oct. 1882, confirmé par arrêt de la cour, l'apurement de cette créance et la fixation de son chiffre définitif ne peuvent résulter que du travail de liquidation confié à l'expert Thouvenin par un précédent arrêt du 12 juin 1882, les éléments de la cause et les documents versés aux débats suffisent pour en démontrer la certitude ; — Attendu, en effet, qu'il est constant que les frères Albertolli ont payé au sieur Gouttier, banquier à Moutiers, en exécution d'un jugement en date du 15 mai 1880, confirmé par arrêt du 16 mars 1881, une somme de 69.013 fr. 03 cent., pour le compte d'une société dans laquelle les sieurs Pedrino frères étaient intéressés pour moitié et que, d'autre part, les seules avances dont ces derniers pouvaient être crédités, pour comptes arrêtés au 20 janv. 1879, ont été fixés à la somme de 11 057 fr. 75 cent. seulement par un jugement du 10 juill. 1879 non frappé d'appel ; — Que, sans préjuger quels seront en définitive

les résultats de la liquidation confiée au sieur Thouvenin et en adoptant même comme base provisoire d'évaluation la somme de 26 400 fr. portée au crédit des frères Albertolli sur le sieur Gerfaux, liquidateur du compte de ces derniers, avec le sieur Gouttier, il est suffisamment démontré que les devront rester en définitive créanciers des consorts Pedrino d'une somme plus ou moins importante dont le chiffre précis sera déterminé par la liquidation du sieur Thouvenin ; — Attendu que dans ces circonstances il y avait lieu, ainsi que l'a décidé le jugement déféré, toutes les choses maintenues en état, de surseoir à statuer sur la validation ou la nullité des saisies-arrêts, objets du litige, non point toutefois, ainsi que l'énonce le dispositif du jugement, jusqu'à décision définitive sur l'existence de la créance, mais bien jusqu'à l'apurement et l'homologation du compte de liquidation qui doit en déterminer le chiffre ; — Attendu que sous le bénéfice de cette observation il y a lieu de confirmer ledit jugement, mais qu'à raison des considérations précédemment énoncées, il convient de réduire au chiffre de 20 000 fr. l'évaluation provisoire de la créance qui a motivé les saisies-arrêts des sommes qu'elles frappent d'indisponibilité entre les mains des tiers saisis ; — Par ces motifs, et sans s'arrêter à toutes autres conclusions prises, soit par voie d'appel principal par la société Pedrino frères, soit par voie d'appel incident par les frères Albertolli, non plus qu'à toutes conclusions en dommages-intérêts, lesquelles sont rejetées comme non recevables quant à présent ; donnant néanmoins et à telles fins que de droit aux frères Albertolli acte de leur offre de consentir à la mainlevée des saisies par eux pratiquées, dans le cas où la société Pedrino frères leur fournirait caution recevable et solvable pour les sommes par eux réclamées ; — Dit qu'il y a lieu, toutes choses en l'état, de surseoir à prononcer sur la validité ou la nullité desdites saisies-arrêts jusqu'à décision ultérieure ayant prononcé définitivement sur la question de la créance des saisi-sants, confirme dans ces conditions le jugement rendu par le tribunal de Moutiers le 8 mars 1883 ; — Réduit toutefois au chiffre de 20 000 fr. l'évaluation provisoire de ladite créance et par suite les sommes atteintes par les saisies-arrêts ; — Ordonne la restitution de l'amende consignée et condamne la société Pedrino frères aux dépens d'appel, outre les coûts et cours du présent arrêt.
Du 3 août 1883.-C. de Chambéry-M. Roë, pr.

(2) (Darcissac C. Biret.) — LE TRIBUNAL : — Attendu que Biret demande que les époux Darcissac soient déchus du bénéfice du terme, et leur condamnation au payement du solde de leur prix d'acquisition ; — Attendu que les époux Darcissac demandent par reconvention la mainlevée des oppositions pratiquées en mains d'Aubert, 5000 fr. de dommages-intérêts et l'exécution provisoire du jugement sollicité ; — Attendu qu'on ne peut saisir-arrêter en vertu de créances non exigibles ; — Attendu que d'après l'art. 1186 du c. civ., ce qui est dû à terme ne peut être exigé avant l'échéance du terme ; — Attendu que la vente consentie par Biret aux époux Darcissac, ne portait point cette condition, stipulation fréquente cependant, que les acquéreurs perdraient le bénéfice du terme, s'ils revendaient leurs fonds de commerce avant de s'être libérés de leur prix d'achat ; — Attendu que Biret enfin n'établit point que les époux Darcissac, demeurés *in bonis*, aient diminué les sûretés qu'ils lui avaient données par le contrat du 17 juill. 1881. — Attendu par conséquent que l'art. 1188 du même code n'est pas applicable dans l'espèce ; —

et comp., *suprà*, n° 32. V. conf. Rousseau et Laisney, *op. et v° cit.*, n° 92 ; Boulet et Dubouloz, *op. cit.*, n°s 45 et suiv.; Dodo, *op. cit.*, n° 28).

36. C'est une question controversée en doctrine et en jurisprudence que celle de savoir si le terme de grâce accordé au débiteur par le juge met obstacle à ce qu'il soit fait des saisies-arrêts sur ce débiteur avant l'expiration du terme. On a soutenu au *Rép.*, n° 77, la négative en faisant remarquer que le système contraire laisserait au débiteur, déjà suspect, les moyens de frauder son créancier. Aux auteurs déjà cités au *Rép.*, *ibid.*, *adde* : Rousseau et Laisney, *op. et v° cit.*, n° 96 ; Boulet et Dubouloz, *op. cit.*, n° 48 ; Garsonnet, t. 3, § 594. La jurisprudence admet, en général, que, si la saisie-arrêt pratiquée avant l'arrivée du terme de droit n'est pas valable, la concession d'un délai de grâce par le juge, au contraire, ne fait pas obstacle à cette mesure. — La même solution a été appliquée au cas où un terme de grâce a été volontairement accordé par le créancier à son débiteur pour lui permettre de vendre ses biens à l'amiable et d'acquitter sa dette sur le prix. Jugé que, lorsque la créance est exigible, le créancier ne s'interdit pas le droit de pratiquer une saisie-arrêt en accordant un simple acte de délai de grâce à son débiteur (Liège, 15 juin 1883, aff. De Carlowitz, D. P. 83. 2. 138).

L'opinion contraire a cependant encore des partisans, « le terme de grâce, dit M. Dodo, a précisément pour objet de suspendre l'exécution. Quel avantage aurait le débiteur à obtenir un terme de grâce si, nonobstant cette faveur, le créancier pouvait, par des saisies-arrêts, empêcher les rentrées sur lesquelles il compte ? » (*Théorie et pratique de la saisie-arrêt*, n° 29). Il a été jugé, en conformité de cette doctrine, que la saisie-arrêt ne peut avoir lieu malgré le délai de grâce, et avant l'expiration de ce délai accordé par jugement ; qu'en immobilisant le fonds entre les mains du tiers saisi et en privant le saisi de la faculté de les toucher, elle modifie l'état de choses qui lui est antérieur et ne peut pas constituer un simple acte conservatoire (Trib. civ. Seine, 23 juin 1883, *Gaz. des trib.* du 13 août 1883).

Art. 5. — *En vertu de quels titres on peut former saisie-arrêt* (*Rép.* n° 78).

37. Comme on l'a fait remarquer au *Rép.*, n° 78, on peut saisir-arrêter en vertu d'un titre, de quelque nature qu'il soit, pourvu qu'il contienne obligation ou condamnation, si ce titre est régulier en sa forme, et si la créance réunit d'ailleurs les conditions énumérées au *Rép.*, n°s 49 et suiv. Il a été jugé en ce sens : 1° que le dépôt d'une somme entre les mains d'un notaire, par un débiteur, pour être remise à un créancier après liquidation, ne saurait faire obstacle au droit qui appartient à ce créancier de pratiquer une saisie-arrêt sur cette somme et de demander condamnation (Toulouse, 12 déc. 1882, aff. Brettes, D. P. 83. 2. 443) ; — 2° Qu'une saisie-arrêt peut être valablement pratiquée en vertu d'un engagement par lequel un débiteur a autorisé son créancier à prélever le montant de ce qui pourrait être dû à celui-ci, après compte à régler entre eux, sur un cautionnement déposé par le débiteur entre les mains d'un tiers ; que dans ces circonstances, la créance du saisissant est certaine, car elle consiste dans le droit de s'opposer au retrait du cautionnement et c'est le

résultat de l'apurement du compte qui est éventuel (Trib. civ. Valence, 11 janv. 1889, aff. Bobichon, D P. 90. 3. 23) ; — 3° Que, si le chèque qui manque d'une provision préalable et disponible doit être déclaré nul en tant que chèque, il constitue néanmoins un engagement pour le souscripteur et un véritable titre de créance pour celui qui en est bénéficiaire ; que, dès lors, il peut servir de base à une saisie-arrêt pratiquée sur celui qui l'a souscrit ; qu'en effet, les termes de l'art. 557 sont généraux et absolus ; qu'en disposant que tout créancier a le droit de faire une saisie-arrêt appuyée sur un titre authentique ou privé, la loi admet qu'on peut pratiquer valablement une saisie-arrêt en vertu d'un titre quelconque constitutif d'une créance (Trib. civ. Charolles, 30 nov. 1893, aff. Demoiselle F..., D. P. 94. 2. 126. V. conf. Rousseau et Laisney, *op. cit.*, v° *cit.*, n° 105 ; Dodo, *op. cit.*, n°s 32 et suiv.; Boulet et Dubouloz, *op. cit.*, n°s 91 et suiv., 113 et suiv.).

§ 1er. — *Actes authentiques ou sous seing privé.* — *Inventaires testaments* (*Rép.* n°s 79 à 84).

38. Les actes en vertu desquels on peut saisir-arrêter sont, indépendamment des actes authentiques proprement dits, ceux émanés de l'autorité administrative ou judiciaire et formant titre contre le débiteur. Au nombre de ces actes, il convient de mentionner le rôle des contributions directes. A ce sujet, il a été décidé que, dans le cas où le propriétaire qui a vendu son immeuble était redevable de certaines sommes à titre de contribution foncière, la saisie-arrêt, à fin d'arriver au recouvrement de ces sommes, faite par le percepteur entre les mains du locataire, pour les sommes que celui-ci peut devoir au nouveau propriétaire, est valable comme reposant sur un titre, le rôle des contributions, dont la formule exécutoire vise non seulement les anciens redevables dénommés, mais de plus *in genere* « les ayants cause » de ceux-ci, ce qui comprend les successeurs à titre particulier, aussi bien que les successeurs à titre universel (Req. 26 mai 1886, aff. d'Aviau de Piolant et consorts, D. P. 87. 1. 296).

39. La jurisprudence est divisée sur le point de savoir si un état de frais doit être ou non assimilé au titre dont parlent les art. 557 et 558 c. civ. L'affirmative a été adoptée par un jugement du tribunal civil de la Seine, du 4 août 1887 (*Le Droit*, 1887, p. 191). V. conf. Dodo, *op. cit.*, n° 35. Il a été jugé, au contraire, qu'une taxe émanant du juge ne constitue un titre suffisant pour servir de base à une saisie-arrêt qu'autant qu'elle est assortie d'un exécutoire ; « qu'en effet, la taxe en elle-même ne contient ni obligation du saisi, ni injonction de la justice au saisi de payer ; qu'elle est un simple règlement de la quotité des dépens ne touchant en rien à la question de savoir par qui ces dépens seront en définitive supportés » (Trib. civ. Guéret 4 déc. 1889) (1).

§ 2. — *Jugements* (*Rép.* n°s 85 à 107).

40. On a discuté au *Rép.*, n° 91, la question de savoir si une saisie-arrêt peut être pratiquée en vertu d'un jugement non signifié, et on a admis que le titre qui sert de base à la saisie-arrêt doit être préalablement signifié. Cette opi-

Attendu qu'en pratiquant sans droit des oppositions sur les époux Darcissac, Biret leur a causé un préjudice dont le tribunal a les éléments nécessaires pour évaluer l'importance ; — Que l'exécution provisoire est demandée hors des cas prévus par la loi ; — Par ces motifs, déclare Biret mal fondé, etc.
Du 29 nov. 1882.-Trib. civ. de la Seine, 3e ch.-MM. Perrot de Chézelles, pr.-Cruppi, subst.-de Chauveron et Lesage, av.

(1) (Guinot C. Taphinaud et Bouleau.) — Le tribunal ; — Considérant qu'en vertu d'un état de frais dûment taxé, Guinot a, suivant exploit du 12 octobre dernier, fait procéder à une saisie-arrêt entre les mains de D..., huissier à Guéret, au préjudice de Taphinaud et de Bouleau, pour obtenir payement de la somme de 208 fr. 80 cent., montant dudit état de frais ; — Considérant que cette saisie-arrêt a été dénoncée le 19 du même mois d'octobre aux parties saisies avec assignation en validité devant le tribunal ; — Considérant que Taphinaud prétend que cette saisie-arrêt est nulle par la raison qu'elle a été faite sans titre et sans autorisation du juge, contrairement aux dispositions

des art. 557 et 558 c. proc. civ., que Guinot soutient, d'autre part, que la taxe régulièrement délivrée par le juge, à la suite de son état de frais, tient lieu de titre ou d'ordonnance et suffit pour faire procéder à une saisie-arrêt ; — Considérant qu'une taxe émanant du juge ne constitue un titre suffisant pour servir de base à une saisie-arrêt qu'autant qu'elle est assortie d'un exécutoire ; qu'en effet la taxe en elle-même ne contient ni obligation du saisi, ni injonction de la justice au saisi de payer, qu'elle est un simple règlement de la quotité des dépens ne touchant en rien à la question de savoir par qui ces dépens seront, en définitive, supportés ; qu'on ne peut donc l'assimiler au titre dont parlent les articles 557 et 558 c. proc. civ.; — Par ces motifs, déclare nulle et de nul effet la saisie-arrêt pratiquée à la requête de Guinot au préjudice de Taphinaud entre les mains de D..., par exploit en date du 12 oct. 1889 ; — En conséquence, prononce la mainlevée de cette saisie-arrêt et condamne Guinot aux dépens.
Du 4 déc. 1889.-Trib. civ. de Guéret.-MM. Bernard, pr.-Arquet, proc. de la Rép.-Bouchardon et Cusinet, av.

nion est généralement admise: « la signification doit être rigoureusement exigée, dit M. Dodo. D'abord elle est une condition de l'existence même du jugement vis-à-vis du défendeur, c'est ce qu'on exprime par la formule bien connue : *Paria sunt non esse et non significari ;* de plus elle est le préliminaire obligé de l'exécution des jugements, qu'il s'agisse de jugements contradictoires ou de jugements par défaut » (*op. cit.*, n° 39). *Adde :* Boitard, Colmet-Daage et Glasson, *Leçons de procédure civile*, 14° éd., t. 2, n°s 815 t 824; Garsonnet, *Traité de procédure*, t. 3, § 635. V. Rousseau et Laisney, *op. cit.*, n° 111; Boulet et Dubouloz, *op. cit.*, n°s 100 et 101. En outre de l'arrêt rapporté au *Rép. ibid.*, il a été jugé, en ce sens, que la saisie-arrêt peut être pratiquée en vertu d'un jugement par défaut non encore signifié à la partie défaillante (Paris, 24 nov. 1887, aff. Pinet, D. P. 88. 2. 294).

41. Cependant la question est très controversée, et la jurisprudence tend de plus en plus à se prononcer pour l'opinion contraire. Jugé, en effet: 1° que la saisie-arrêt, étant un acte conservatoire, peut être formée en vertu d'un jugement non signifié (Rennes, 21 août 1871, aff. Douroux, D. P. 75. 2. 20) ; — 2° Qu'on ne saurait, sans méconnaître l'esprit de l'art. 557 c. proc. civ., refuser la faculté de pratiquer une saisie-arrêt au porteur d'un jugement par défaut, quoiqu'il n'ait point encore été signifié « considérant que si une présomption de droit, en faveur de celui qui se prétend créancier, s'attache à l'existence d'un titre même privé, à plus forte raison, résulte-t-elle d'une décision judiciaire qui, bien que prononcée par défaut, n'en est pas moins rendue après que la demande a été trouvée juste et bien vérifiée par le tribunal compétent ; qu'on ne saurait admettre que la loi eût fait au créancier, même sans titre et pourvu seulement d'une permission émanée de la juridiction gracieuse, une situation plus favorable qu'à celui dont un jugement a consacré le droit » (Paris, 11 mars 1880 (1); Bordeaux, 12 juill. 1880, aff. Combarrot, D. P. 80. 2. 232) ; — 3° Que la saisie-arrêt, étant un acte conserva-

toire et ne devenant une mesure d'exécution que par l'effet du jugement de validité, peut être pratiquée en vertu d'un jugement non encore signifié et frappé d'appel (Civ. rej. 10 août 1881, aff. Liquidation de la *Société française d'assurances*, D. P. 82. 1. 307).

On a rapporté au *Rép.*, n° 93, un jugement aux termes duquel il est indispensable que la signification exigée par l'art. 877 c. civ. soit faite aux héritiers du débiteur. Il a depuis été jugé, en sens contraire, que le créancier qui veut former une saisie-arrêt sur les héritiers de son débiteur n'est pas tenu de leur signifier préalablement son titre : l'art. 877 c. civ. ne prescrit cette signification qu'à l'égard des titres exécutoires, lorsqu'il s'agit de poursuivre l'exécution contre l'héritier du débiteur (Liège, 16 avr. 1859, aff. Toussaint, D. P. 60. 2. 17).

42. On a admis au *Rép.*, n°s 95 et 98, qu'une saisie-arrêt ne peut être formée en vertu d'un jugement frappé d'appel et non exécutoire par provision. Cette doctrine, qui s'appuie sur ce motif qu'un jugement frappé d'appel est un titre sans force; puisque l'appel a précisément pour effet de remettre en question la chose jugée, continue à être enseignée par les auteurs (V. Dodo, *op. cit.*, n° 41 ; Rousseau et Laisney, *op. et v° cit.*, n° 121; Boulet et Dubouloz, *op. cit.*, n° 103).

Mais, sauf de très rares dissidences, l'opinion contraire a prévalu en jurisprudence. C'est ainsi qu'il a été jugé : 1° qu'un créancier peut pratiquer une saisie-arrêt en vertu d'un jugement déjà frappé d'appel; mais que, tant que l'appel n'est pas jugé, il doit être sursis à prononcer sur la demande en validité de la saisie (Trib. civ. Bastia, 20 mars 1858, aff. Rossi, D. P. 59. 3. 7. V. Paris, 17 mars 1874, aff. Léger, D. P. 75. 2. 21) ; — 2° Qu'on ne doit pas prononcer la nullité d'une saisie-arrêt pratiquée en vertu d'un jugement frappé d'appel; qu'elle est, en règle générale, par sa nature, principalement conservatoire et ne prend réellement le caractère d'exécution qu'après le jugement qui en prononce la validité (Bordeaux, 24 mai 1869) ; — 3° Que la saisie-

(1) (Foutau C. Brauger.) — La cour ; — Considérant que la saisie-arrêt pratiquée le 28 octobre à la requête de la dame Foutau sur les sommes dues par la veuve Taride Brauger à la veuve Taride Brauger a, dans la cause, plus spécialement, le caractère d'une mesure conservatoire : — Considérant que, par jugement du tribunal de commerce, du 25 sept. 1879, exécutoire par provision à la charge de donner caution, la veuve Taride Brauger a été condamnée à payer à l'appelante la somme de 46 878 fr. ; — Considérant que c'est en vertu de la grosse du jugement susvisé, non signifié et frappé d'appel, que la veuve Foutau a saisi-arrêté les sommes dont sa débitrice est créancière de la ville de Paris ; — Considérant que la sentence dont est appel, se fondant sur ce que le jugement n'avait pas été signifié et était frappé d'appel, que l'exécution provisoire n'en était pas poursuivie, faute par la dame Foutau d'avoir fourni caution, a autorisé la dame Taride Brauger à toucher de la ville de Paris les sommes à elles dues, nonobstant la saisie-arrêt dont elles étaient frappées, faute par la dame Foutau d'avoir obtenu la permission du juge; — Mais considérant que, si le jugement dont l'appelante est bénéficiaire ne constitue pas un titre paré et exécutoire en l'état, il n'en a pas moins la vertu d'un titre constatant une créance liquide, et équivalant tout au moins à la permission du juge; — Considérant que la saisie-arrêt non validée, et dont la validité n'est pas demandée, ne saurait être assimilée à un acte d'exécution du jugement; qu'il importe donc peu que la dame Foutau n'ait pas fourni caution à l'exécution provisoire ; — Par ces motifs ; — Infirme, dit qu'il n'y avait lieu à référé, etc.
Du 11 mars 1880.-C. de Paris, 2° ch.

(2) (Grassin C. Dame Grassin.) — La cour ; — Attendu qu'un jugement du 15 mars 1869, rendu par le tribunal de Barbezieux, ayant condamné Grassin à payer à la dame Grassin, son épouse, une pension alimentaire de 80 fr. par mois, et une somme de 400 fr. à titre de provision pour plaider contre lui en séparation de corps, Grassin a interjeté appel dudit jugement, par exploit en date du 26 avril suivant ; — Attendu que, quoique l'exécution provisoire de ce jugement, demandée aux premiers juges par la dame Grassin, n'eût pas été ordonnée, ladite dame avait, dès le 22 avril, fait pratiquer, au préjudice de Grassin, une saisie-arrêt entre les mains de Chevron, son débiteur ; que, postérieurement à l'appel interjeté, elle a, sous la date du 27 avril, fait procéder à une saisie mobilière contre son mari à Augeduc, l'a ensuite assigné, le 29, en validité de saisie-arrêt, et a, bénéficiant ses poursuites à fin de saisie mobilière à Barbezieux, a fait dresser et signifier, les 1er et 5 mai, un procès-verbal de carence : — At-

tendu que, par assignation à bref délai autorisée sur requête, Grassin a demandé devant la cour la nullité de tous ces actes avec dommages-intérêts ; — Sur la recevabilité de cette demande : — Attendu qu'il importe peu que les actes attaqués aient eu lieu en l'absence de toute autorisation d'exécution provisoire, et que, par suite, l'incident ne se produise pas à titre de demande en exhibition et défenses dans les termes mêmes de l'art. 459 c. proc. civ., mais à titre de demande en nullité desdits actes; — Attendu, en effet, que l'appel étant dévolutif, les premiers juges se trouvent par cela même dénantis, et la juridiction supérieure saisie au contraire de tous les incidents qui se rattachent au jugement frappé d'appel, et, par conséquent, à son exécution; que, par suite, elle seule a qualité pour en connaître; que Grassin ne pouvait être obligé d'attendre que la cour statuât au fond sur son appel, pour demander la nullité des poursuites exercées contre lui, et dont évidemment préjudiciables à ses intérêts; qu'il se trouvait dans un véritable cas d'urgence, et que si, au lieu de procéder par voie de simple acte d'avoué à avoué, il s'est pourvu par voie d'assignation principale à bref délai autorisée sur requête, la forme employée n'a point fait grief à l'intimée, et ne pourrait tout au plus donner ouverture qu'à une question de taxe; qu'ainsi, la demande de Grassin est recevable, au fond : — Attendu que l'appel est suspensif en dehors des cas d'exécution provisoire autorisés, soit directement par la loi, soit par le jugement en vertu d'une disposition spéciale, que, dans l'espèce, on ne rencontre ni l'une ni l'autre autorisation; qu'à la vérité il est soutenu, dans l'intérêt de l'intimée, que tous les jugements provisoires sont, par leur nature même, exécutoires de plein droit, nonobstant appel, et qu'à ce titre, celui obtenu par la dame Grassin légitimait les poursuites exercées par elle ; — Mais attendu que, lorsque même cette doctrine, soutenue par quelques auteurs, mais non consacrée en jurisprudence, serait susceptible d'être admise pour certains jugements provisoires que l'art. 134 c. proc. n'a ni définis, ni énumérés, elle ne pourrait certainement s'appliquer, contre les termes formels de l'art. 135, à ceux que ce dernier article indique taxativement sous son n° 7, en conférant aux juges du premier degré la simple faculté d'en autoriser l'exécution provisoire, avec ou sans caution; ce qui, de toute évidence, exclut l'idée directement contraire d'une exécution de plein droit ; — Attendu que le jugement obtenu par la dame Grassin rentre précisément dans cette catégorie; qu'à défaut, dès lors, d'une autorisation formelle insérée dans son texte, il ne pouvait être exécuté provisoirement, nonobstant l'appel interjeté; et que, par suite, les actes d'exécution que l'on suivi doivent être annulés ; — Attendu néanmoins que les actes argués par Grassin n'ont

arrêt, étant un acte conservatoire et ne devenant une mesure d'exécution que par l'effet du jugement de validité, peut être pratiquée en vertu d'un jugement non encore signifié et déjà frappé d'appel (Civ. rej. 10 août 1881, aff. Liquidation de la *Société française d'assurances*, D. P. 82. 1. 307); — 4° Qu'il peut être procédé en vertu d'un jugement frappé d'appel, mais que, l'appel étant suspensif et la saisie-arrêt, mesure en soi purement conservatoire, devenant par l'effet du jugement en validité une mesure d'exécution, il doit être sursis à prononcer sur la demande en validité, tant que le jugement frappé d'appel n'a pas été rendu exécutoire par un arrêt confirmatif (Lyon, 2 mars 1886 (1). V. conf. trib. civ. Mantes-sur-Seine, 7 avr. 1894, *infrà*, n° 91); — 5° Qu'un jugement même frappé d'appel forme un titre suffisant au profit de celui qui l'a obtenu pour former une saisie-arrêt : « Attendu, en effet, que l'autorité qui s'attache à ce jugement est tout au moins aussi grave que celle d'un titre sous seing privé en vertu duquel le porteur dudit titre, contesté ou non, peut agir directement sans permission du juge contre son débiteur par voie de saisie-arrêt » (Trib. civ. Seine, 21 avr. 1885, *La Loi*, du 16 sept. 1885); — 6° Que la saisie-arrêt est une mesure qui, à l'origine de la procédure, n'est qu'un simple acte conservatoire, qu'elle a pour but et pour effet, jusqu'au jugement de validité, d'empêcher le tiers saisi de se libérer au préjudice du saisissant; que, s'agissant d'une mesure conservatoire, il n'est pas nécessaire que le titre soit définitif et ne puisse être attaqué, et que, dès lors, un jugement, même frappé d'appel, peut servir de base à une saisie-arrêt (Trib. civ. Seine, 10 août 1889, *suprà*, n° 32).

43. Au *Rép.*, n° 98, on a rapporté un arrêt qui, contrairement à l'opinion exprimée *ibid.*, décide qu'un jugement provisoire du tribunal de commerce est un titre suffisant pour former une saisie-arrêt, sans qu'il soit même besoin de fournir caution, quoique ce jugement soit attaqué par la voie d'appel. Il a été jugé également, qu'il est sens, que la saisie-arrêt, ayant uniquement pour effet immédiat d'empêcher le tiers saisi de se libérer au préjudice du saisissant, est une mesure conservatoire et non un acte d'exécution; qu'en conséquence, elle peut être pratiquée en vertu d'un jugement commercial frappé d'appel et sans que le saisissant soit tenu de fournir caution, bien qu'il n'ait obtenu l'exécution provisoire que sous cette condition (Besançon, 15 févr. 1888, aff. Legat, D. P. 88. 2. 285. V. Paris, 11 mars 1880, *suprà*, n° 41).

44. Un jugement par défaut constitue un titre authentique, qui autorise les créanciers à saisir-arrêter les sommes et effets appartenant à leur débiteur. C'est un point qui ne saurait faire difficulté. Mais en est-il encore ainsi quand le jugement par défaut a été frappé d'opposition? Il semble, ainsi qu'on l'a vu au *Rép.*, n° 103, que les mêmes principes qui régissent les saisies-arrêts en vertu de jugements frappés d'appel doivent ici recevoir la même application. Cependant la doctrine et la jurisprudence qui, au cas d'ap-

pel, ont adopté la solution contraire, sont unanimes pour refuser au créancier muni d'un jugement frappé d'opposition, le droit d'interposer une saisie-arrêt. Il a été jugé : 1° que si un jugement par défaut peut constituer un titre authentique autorisant les créanciers à saisir-arrêter les sommes et effets appartenant à leur débiteur, c'est à la condition que le jugement ne soit pas frappé d'opposition ... sauf si le jugement n'est pas signifié, pour le tribunal, à surseoir à statuer sur la validité de la saisie-arrêt jusqu'à ce que le jugement soit devenu définitif; — 2° Que l'opposition à un jugement par défaut, lorsqu'elle est régulière en la forme, a pour effet de remettre les parties au même état où elles se trouvaient avant ce jugement; que, dès lors, doit être annulée la saisie-arrêt formée en vertu d'un jugement par défaut frappé d'une opposition régulière (Civ. rej. 3 févr. 1892, aff. Société Thomassi, D. P. 92. 1. 115). V. conf. Dodo, *op. cit.*, n° 41. « En approuvant cette jurisprudence, dit cet auteur, nous devons reconnaître qu'elle est peu logique, puisqu'elle donne sans motif aucun la solution contraire lorsqu'il s'agit de l'appel ». V. aussi dans le même sens : Boulet et Dubouloz, *op. cit.*, n° 107; Rousseau et Laisney, *op. et v° cit.*, n° 118, et 119.

45. Le pourvoi en cassation n'a pas, d'effet suspensif en matière civile et, par suite, une saisie-arrêt peut être pratiquée en vertu d'une décision contre laquelle un pourvoi a été formé (*Rép.* n° 104), sans que la cour ou le tribunal saisi de la demande en validité ait à surseoir. Mais que décider si le jugement ou l'arrêt qui a servi de base à la saisie-arrêt vient à être cassé? Les auteurs et la jurisprudence sont d'accord pour décider que la saisie-arrêt doit être annulée (Conf. Dodo, *op. cit.*, n° 41; Boulet et Dubouloz, *op. cit.*, n° 109. V. Rousseau et Laisney, *op. et v°, cit.*, n° 133). Jugé, dans un sens analogue, qu'une saisie-arrêt pratiquée en vertu d'un titre dont un jugement par défaut a prononcé la résolution, ne peut être validée, alors surtout que le jugement qui statue sur la validité de la saisie, statue en même temps sur l'opposition au jugement par défaut et maintient la résolution prononcée (Alger, 19 janv. 1886, aff. Terraillon, D. P. 87. 2. 169).

§ 3. — Des saisies-arrêts formées sans titre, mais avec la permission du juge. — Référés (*Rép.* n°s 108 à 127).

46. Ainsi qu'on l'a vu au *Rép.*, n° 108, le créancier qui n'a pas de titre ne peut pratiquer une saisie-arrêt qu'à la condition de se munir d'une permission du juge. En effet, un créancier peut être investi d'une créance certaine et exigible et n'avoir pas de titre pour la constater. Le débiteur, prévenu par les poursuites, pourrait mettre à profit le temps nécessaire à son créancier pour se procurer un titre, et anéantir, ou tout au moins dénaturer le gage, soit en recouvrant la créance à lui due, soit en aliénant cette créance (Garsonnet, *op. cit.*, p. 691. V. Rousseau et Laisney, *op. et v° cit.*, n° 135; Dodo, *op. cit.*, n° 43; Boulet et Dubou-

---

(1) (Boudin C. Veuve Accarie.) — A la date du 23 avr. 1885 le tribunal civil de Saint-Étienne a rendu un jugement ainsi conçu : « Attendu que la question soumise au tribunal est celle de savoir si une saisie-arrêt trouve une base suffisante dans un jugement frappé d'appel; — Attendu, sur ce point, qu'il y a d'abord lieu de constater que la défenderesse déclare formellement qu'elle ne demandera pas la validité de la procédure suivie et l'attribution de deniers saisis, tant que l'appel n'aura pas été tranché; — Attendu qu'il ne s'agit pas de statuer sur un acte d'exécution, mais sur une simple mesure conservatoire, à savoir le maintien des effets de la saisie jusqu'à une solution

définitive; que cette mesure peut être prise en vertu d'un simple titre privé ou d'une permission du juge; qu'elle a pour but et pour effet d'empêcher le tiers saisi de se libérer aux mains du saisi, mais que tous les droits des parties sont réservés même ceux du saisi à des dommages-intérêts s'il y a lieu; qu'un jugement est évidemment, à l'origine, un titre suffisant pour justifier cette mesure, comme toutes autres ayant le même caractère; que l'appel interjeté ne le fait pas en effet disparaître, mais qu'il est suspensif de son exécution, c'est-à-dire qu'il empêche d'attribuer au saisissant les sommes saisies et de contraindre le tiers saisi à se libérer entre ses mains; — Attendu que cette jurisprudence est consacrée par deux arrêts de la cour de cassation des 10 août et 28 déc. 1881 (D. P. 82. 1. 307, 377); — Attendu que le système tendant à maintenir les retenues faites jusqu'à l'appel, mais à considérer la saisie comme nulle depuis cet appel jusqu'à l'arrêt de la cour, n'est pas admissible; que si l'appel détruit la base de la saisie, celle-ci doit être déclarée comme non existante; que si, au contraire, cette base légale existe, ses effets doivent être maintenus jusqu'à décision de la juridiction définitive; — Par ces motifs, déboute Boudin de sa demande ». — Sur appel de Boudin ; LA COUR : — Adoptant les motifs qui appuient la décision des premiers juges, confirme.

Du 2 mars 1886.-C. de Lyon, 1re ch.-MM. Fourcade, pr.-Tallon, av. gén.-Genton et Gachet, av.

loz, *op. cit.*, n° 116). — Il a été jugé qu'un billet à ordre, revêtu de la signature d'une femme non commerçante qui y a été apposée sans être précédée d'un *bon pour*, ne vaut qu'à titre de commencement de preuve par écrit et ne saurait dès lors servir de base à une saisie-arrêt, à moins d'être complété par une décision de justice, c'est-à-dire par une ordonnance du président autorisant cette saisie-arrêt (Pau, 13 mars 1888, aff. Baratié, D. P. 89. 2. 135).

47. Le juge compétent pour autoriser la saisie-arrêt est celui du domicile saisi ou du tiers saisi. Il a été décidé qu'en l'absence de titre, la permission de pratiquer une saisie-arrêt ne peut être compétemment délivrée que par le président du tribunal du domicile du débiteur ou par celui du tribunal du domicile du tiers-saisi ; que, par suite, est nulle la saisie-arrêt faite en vertu d'une permission émanant du président d'un autre tribunal et que cette nullité n'est point couverte par la défense au fond, l'art. 173 c. proc. civ. étant ici inapplicable (Riom, 13 janv. 1880, aff. Tiveyrat, D. P. 80. 2. 238).

48. L'ancienne jurisprudence reconnaissait aux juges-consuls le pouvoir d'autoriser une saisie-arrêt à raison d'une créance commerciale. Cette solution était conforme à un arrêt de règlement de 1755, rapporté par Jousse, v° *Saisie-arrêt*. Sous l'empire du code de procédure, on admet généralement que ce droit appartient au président du tribunal de commerce (*Rép.* n° 111). Conformément aux arrêts cités *ibid.*, il a été jugé que le président du tribunal de commerce est compétent pour autoriser une saisie-arrêt, lorsqu'elle a pour cause une créance commerciale (Paris, 26 janv. 1861, aff. Bouchon, D. P. 61. 2. 158 ; Aix, 25 janv. 1877, aff. Galtier, D. P. 78. 2. 246. V. conf. Rousseau et Laisney, *op. et v° cit.*, n° 137 ; Boulet et Dubouloz, *op. cit.*, n° 117).

L'opinion contraire toutefois a rencontré quelques partisans. « Le président du tribunal civil, dit M. Dodo, peut seul, semble-t-il autoriser la saisie-arrêt, car c'est une mesure d'exécution et les juges d'exception, comme le juge de paix et le président du tribunal de commerce, ne peuvent connaître de ce qui se rattache à l'exécution. Cette observation nous semble décisive ; il serait étrange que des magistrats incompétents pour prononcer la validité d'une saisie-arrêt fussent compétents pour la permettre. De plus, cette double compétence pourrait produire un conflit entre deux magistrats et une sorte d'appel de l'un à l'autre. Ce sont là des raisons de fait venant corroborer la raison de droit que nous avons indiquée » (*op. cit.*, n° 61).

49. En ce qui concerne le juge de paix, nous avons admis au *Rép.*, n° 112, que l'expression générale de *juge*, mise dans l'art. 558, s'applique même au juge de paix, dans les matières de sa compétence et que, comme le président du tribunal de commerce, il a le droit dans ces mêmes limites d'autoriser une saisie-arrêt. Cependant la question est vivement controversée, et l'opinion qui refuse au juge de paix le droit d'autoriser une saisie-arrêt est la plus généralement admise par les auteurs et la jurisprudence. Il a été jugé, en ce sens : 1° que les juges de paix sont incompétents pour connaître des demandes en validité de saisies-arrêts, lors même que la somme pour laquelle elles ont été formées n'excède pas la compétence de ces magistrats ; qu'une telle

demande doit nécessairement être portée devant le tribunal civil de première instance (Alger, 8 févr. 1860, aff. Levêque, D. P. 61. 2. 159) ; — 2° Que les juges de paix, étant des juges d'exception, n'ont d'autre compétence que celle qui leur est attribuée expressément ou implicitement par la loi ; spécialement, qu'en Algérie, aucune disposition législative ne confère à ceux qui, comme le juge de paix d'Oran, ne sont point investis d'une compétence étendue, le pouvoir d'autoriser des saisies-arrêts en aucune matière (Trib. civ. Oran, 8 avr. 1889 (1). V. conf. Dodo, *op. cit.*, n° 63 ; Boulet et Dubouloz, *op. cit.*, n° 118 ; Rousseau et Laisney, *op. cit.*, n° 138 ; Carou, t. 2, p. 982 ; Boucher d'Argis, *Dictionnaire de la taxe*, p. 291 ; Rodière, t. 3, n° 802 ; Jay, *Annuaire des justices de paix*, 1858, n° 163 ; Dutruc, *Supplément au dictionnaire de procédure civile*, t. 3, v° *Saisie-arrêt*, n° 98).

La même solution avait été adoptée pour les juges de paix à compétence étendue. Il a été jugé, en ce sens, que l'incompétence des juges de paix pour connaître des demandes en validité de saisie-arrêt doit être étendue en Algérie, même aux juges de paix à compétence étendue (Alger, 8 févr. 1860, précité). — Mais depuis, il a été jugé, au contraire, qu'en Algérie les juges de paix à compétence étendue ont qualité pour autoriser la saisie-arrêt d'une manière générale et non pas seulement en matière de référé (Alger, 6 janv. 1872, aff. Lescure, D. P. 73. 2. 80). Cette dernière décision paraît conforme au texte du décret du 19 août 1854, et surtout aux motifs d'intérêt général qui ont déterminé l'extension de la juridiction des juges de paix en Algérie ; ce serait en effet méconnaître l'esprit de cette législation spéciale que de limiter, au lieu d'étendre, la compétence accordée à ces magistrats.

50. Ainsi qu'on l'a vu au *Rép.*, n° 115, l'ordonnance du juge a seulement pour objet de remplacer le titre pour le créancier, et on peut ajouter qu'elle ne préjuge en rien les questions diverses auxquelles donne naissance la validité de la saisie-arrêt. Jugé, en ce sens, que l'ordonnance du président du tribunal civil qui autorise une saisie-arrêt ne préjuge rien sur la forme ni sur le fond de la saisie, ni spécialement sur la compétence relative à la demande en validité (Paris, 8 avr. 1875, aff. Fromann, D. P. 76. 2. 99) V. conf. Rousseau et Laisney, *op. et v° cit.*, n° 147.

51. L'art. 558 est conçu en termes facultatifs ; aussi le juge auquel on demande la permission de saisir-arrêter doit se livrer à un examen sérieux et n'accueillir la demande que lorsque les prétentions du créancier lui semblent appuyées de probabilités suffisantes (*Rép.* n° 116). Aux auteurs cités *ibid.*, adde : Rousseau et Laisney, *op. et v°*, *cit.*, n° 148 ; Garsonnet, p. 696, note 42 ; Dodo, *op. cit.*, n° 43 ; Faye, p. 217. Il a été décidé que le juge auquel un créancier dépourvu de titre demande la permission de pratiquer une saisie-arrêt, a le pouvoir d'apprécier si la créance est suffisamment certaine, quoiqu'elle soit contestée, et d'en fixer le chiffre, lorsqu'elle n'est pas liquide ; mais que son ordonnance essentiellement provisoire ne peut en aucun cas porter préjudice au fond (Paris, 16 avr. 1872, aff. Compagnie des chemins de fer de la haute Italie, D. P. 81. 2. 66).

52. On a examiné au *Rép.*, n° 118, la question de savoir si le président d'un tribunal auquel on présente une requête

(1) (Dobet C. Michel.) — Le tribunal : — Attendu qu'aux termes de l'art. 1 de la loi du 25 mai 1838, les juges de paix connaissent de toutes actions personnelles ou mobilières jusqu'à la valeur de 200 fr. ; — Attendu que la demande de Dobet en condamnation de 33 fr. 40 cent., pour prix de marchandises vendues et livrées au défendeur, constitue incontestablement une action purement personnelle et mobilière ; — Attendu, d'autre part, que les juges de paix, étant des juges d'exception, n'ont d'autre compétence que celle attribuée expressément ou implicitement par la loi ; — Attendu qu'aucune disposition législative ne confère à ceux qui, comme le juge de paix d'Oran, ne sont point investis d'une compétence étendue, le pouvoir d'autoriser des saisies-arrêts en aucune matière ; — Attendu qu'il n'y a pas lieu d'établir à cet égard des distinctions tirées de ce que le montant de la prétendue créance pour sûreté de laquelle la saisie-arrêt est faite, excède, ou n'excède pas 200 fr. ; — Attendu que les textes qui régissent les attributions des juges de paix investis de la compétence ordinaire, non seulement ne confèrent à ces magistrats aucun pouvoir de cette nature, mais le leur refusent virtuellement ; — Attendu, en effet, que si l'art. 10 de la loi pré-

cité invoqué à tort comme argument d'analogie par les partisans de l'opinion contraire, a attribué aux magistrats le droit de permettre une saisie-gagerie toutes les fois que la cause rentre dans leur compétence, c'est que le droit de connaître le fond même du litige n'implique pas par lui seul celui d'autoriser les mesures conservatoires des prétendues créances dont l'existence ou l'inexistence rentre dans leur examen ; — Attendu qu'en admettant que les tribunaux civils de première instance, seuls compétents pour apprécier le mérite de toutes contestations portant sur la validité ou la nullité d'une saisie-arrêt, puisent dans cette compétence le droit de connaître des demandes en validité des saisies-arrêts, cette dérogation au principe de l'art. 1 précité de la loi de 1838 n'aurait pas de raison d'être dans l'espèce, la saisie-arrêt étant nulle pour les causes susénoncées ; — Par ces motifs : — Déclare nulle la saisie-arrêt dont il s'agit. — Du 8 avr. 1889.-Trib. civil d'Oran, 1re ch.-MM. Mennesson pr. Miel, juge ff. min. publ.-Jacques et Bogross, av.

à fin de saisie-arrêt a le droit d'exiger que cette requête contienne la déclaration du créancier qu'il consent « à ce que la partie sur laquelle on veut saisir ait le droit d'en référer devant le président en cas de difficultés ». Nous avons, au *Rép., ibid.*, et v° *Référé*, n°ˢ 135 et suiv., soutenu, contrairement au système inauguré par M. de Belleyme, que le président n'a pas ce droit. Mais la doctrine contraire est aujourd'hui plus généralement adoptée. « Cette réserve, disent MM. Boulet et Dubouloz, *op. cit.*, n° 127, est en effet le complément indispensable d'une ordonnance qui requiert célérité ; car, si le président ne pouvait l'y introduire *proprio motu*, il arriverait, ou bien qu'il refuserait presque toujours d'accorder l'autorisation de saisir, dans la crainte de nuire aux débiteurs, ou, au contraire, qu'il l'accorderait presque toujours dans la crainte de nuire aux créanciers. Bien plus, ces variations se produiraient d'une manière inégale suivant les temps et les lieux ; il est superflu de remarquer que ce serait déplorable au point de vue d'une bonne justice ». M. Dodo (*op. cit.*, n° 56) ajoute de son côté : « Le magistrat pourrait-il d'office insérer la réserve d'en référer ? Nous croyons qu'il le peut. Et en effet, que la condition à laquelle le magistrat subordonne son autorisation soit acceptée ou non, c'est toujours une condition ou plutôt une modalité ; si l'on reconnaît au pouvoir discrétionnaire du magistrat assez d'étendue pour lui permettre de l'insérer dans une, il faut bien aussi lui permettre de l'insérer dans l'autre. On pourrait croire tout au moins que cette acceptation imposera au saisissant le devoir de revenir lui-même devant le magistrat si des difficultés se présentent ; en pratique, il n'en est pas ainsi, et il ne peut pas en être ainsi ; c'est qu'en effet, la saisie-arrêt une fois pratiquée, le but du créancier est atteint, et le saisi ne peut par son inaction et sa résistance entraver la poursuite du créancier. C'est à lui, saisi, de prendre les devants, c'est pour lui qu'est faite cette clause dont le créancier saisissant se gardera bien d'user ». V. conf. Rousseau et Laisney, *op. cit.*, n°ˢ 152 et 153. *Adde :* Boitard, Colmet-Daâge et Glasson, *Leçons de procédure civile*, 15ᵉ édit., t. 2, n° 815 ; Garsonnet, *Traité de procédure*, t. 3, § 595, p. 697.

C'est en ce sens également que s'est fixée la jurisprudence. De nombreux arrêts ont reconnu la validité de la clause par laquelle le juge à qui une autorisation de pratiquer une saisie-arrêt est demandée par un créancier non muni d'un titre, peut réserver dans son ordonnance *qu'il lui en sera référé en cas de difficultés* (V. notamment : Bastia, 12 févr. 1859, aff. Guitton et Andréant. D. P. 59. 2. 151 ; Lyon, 6 mai 1861, aff. Robert et Audra, D. P. 61. 2. 113 ; Paris, 6 août 1866, aff. Dutour ; 23 mars 1867, aff. Mazoyer et Thonet, D. P. 67. 2. 65 ; Paris, 31 juil. 1871, aff. Courboulins et Ruffier, D. P. 71. 2. 244).

53. Mais, ce point admis, la question se pose de savoir si en vertu de cette réserve, le président peut rétracter la permission de saisie-arrêt accordée par lui sur requête, et cela quand bien même la saisie aurait déjà été opérée et qu'une demande en validité aurait été portée devant le tribunal (*Rép.* n° 119). Elle a été examinée en détail *supra*, v° *Référé*, n° 37. On a vu que la jurisprudence l'a diversement résolue, et que si la cour de cassation s'est prononcée pour la solution négative, le système contraire est encore suivi par certaines cours d'appel, et notamment par plusieurs chambres de la cour de Paris.

54. Dans le système qui refuse au juge du référé le pouvoir de mettre l'opposition à néant, une autre difficulté s'élève : ne doit-on pas tout au moins reconnaître à ce juge le droit de *cantonner* la saisie-arrêt, ou en d'autres termes, d'en restreindre les effets? V. sur ce point, *supra*, v° *Référé*, n°ˢ 38 et 39.

55. C'est encore une question controversée que celle de savoir si l'ordonnance du président rendue sur la demande de permission de saisir-arrêter est susceptible de recours (*Rép.*, n°ˢ 121 et 122). La jurisprudence est depuis longtemps fixée dans le sens de l'opinion qui considère cette ordonnance comme un acte émanant de la juridiction gracieuse et décide, conformément à l'opinion de M. Chauveau (*Rép.* 121), que le recours ne peut être exercé ni par le requérant s'il n'a pas obtenu les fins de sa requête, ni par le débiteur contre lequel la permission a été accordée (V. *supra*, v° *Jugement*, n° 585. Aux arrêts cités *ibid.*, *adde :* Paris, ch. des vac., 3 oct. 1891, aff. Pérez, D. P. 92. 2. 167. V. conf. Boulet et Dubouloz, *op. cit.*, n° 124) : « Les ordonnances du président, disent ces auteurs, sont des actes de juridiction gracieuse qui ne jugent rien, donc l'appel n'est pas plus possible que l'opposition, car aucun défendeur n'ayant été appelé devant le président, on ne peut pas dire qu'elles ont été rendues par défaut, et il n'est pas possible de donner la qualité de défaillant à une partie qui n'a pas été sommée de se présenter ».

Mais en est-il de même de la deuxième ordonnance rendue par le président du tribunal à la suite du référé introduit devant lui. Sur ce point, les tribunaux sont restés longtemps divisés. On a indiqué *supra*, v° *Jugement*, n°ˢ 586 et 587, les nombreux arrêts qui ont été rendus dans le sens, soit de l'affirmative, soit de la négative ; et on a vu que la controverse s'est perpétuée jusqu'à l'arrêt de la chambre civile du 10 nov. 1885, qui a déclaré l'appel recevable contre la seconde ordonnance, laquelle a un caractère contentieux (*Adde*, dans le même sens : Paris, 1ʳᵉ ch., 18 juill. 1889, aff. Ponsolle, D. P. 91. 2. 49 ; Alger, 7 nov. 1892, aff. Jérôme, D. P. 93. 2. 529. V. conf. Dodo, *op. cit.*, n° 57 ; Boulet et Dubouloz, *op. cit.*, n° 136 ; Rousseau et Laisney, *op. cit.*, v° *Référé*, n° 244 ; Bertin, *Ordonnances sur requête*, 2ᵉ éd., n°ˢ 106 et suiv. ; Bazot, *Ordonnances sur requêtes et sur référés*, p. 137 à 166).

56. On a exposé au *Rép.*, n° 125, que la permission de saisir-arrêter ne peut produire effet si elle a été accordée par un juge étranger et que, dans ce cas, une nouvelle permission doit être demandée aux juges français. Par application de ces principes, il a été décidé que les jugements d'origine étrangère restant lettre morte tant que l'exequatur n'est pas venu en quelque sorte les *vivifier*, il y a lieu de déclarer une saisie-arrêt irrégulière et nulle comme ayant été pratiquée sans titre ni permission du juge, alors qu'il n'a été formulé de demande d'exequatur ni dans l'assignation en validité, ni antérieurement (Trib. civ. Charolles, 10 avr. 1884 (1). V. conf. Rousseau et Laisney, *op. cit.*, n° 113 ; Boulet et Dubouloz, *op. cit.*, n° 120).

57. Une saisie-arrêt pratiquée sans titre ni permission du juge doit être déclarée nulle (*Rép.* n° 426.V. conf. : Dodo *op. cit.*, n° 31 ; Boulet et Dubouloz, *op. cit.*, n° 137. V. outre l'arrêt cité au *Rép.*, *ibid.*, Trib. civ. Seine, 1ʳᵉ ch., 1ᵉʳ déc. 1881) (2). — Décidé, dans le même sens, que le juge des référés est compétent pour autoriser la partie saisie à toucher des sommes frappées d'opposition sans titre ni per-

---

(1) (Mitsch C. Weil.) — Le tribunal ; — Attendu qu'aux termes des art. 557 et 558 c. proc. civ. la saisie-arrêt ne peut être pratiquée qu'en vertu d'un titre authentique ou privé ou d'une permission du juge ; — Attendu, d'autre part, qu'aux termes des art. 546 c. proc. civ., 2123 et 2128 c. civ., les jugements rendus par les tribunaux étrangers ne sont susceptibles d'exécution, en France, qu'autant qu'ils ont été rendus exécutoires par les tribunaux français ; — Qu'il suit de là que les jugements d'origine étrangère restent lettre morte tant que l'exequatur n'est pas venu en quelque sorte les *vivifier*; qu'il est, dès lors, inutile de rechercher si la saisie-arrêt constitue un acte conservatoire ou un acte d'exécution, la généralité de ces expressions *ne sont susceptibles d'exécution* n'admettant pas d'exception, s'appliquant aux actes conservatoires comme aux actes d'exécution, puisque les uns ou les autres procèdent du jugement étranger ; — Attendu, il est vrai, que, pour justifier sa saisie-arrêt, Weil demande, dans ses conclusions prises à l'audience, l'exequatur nécessaire pour donner au jugement dont il excipe la force qui jusque-là

lui faisait défaut ; mais attendu que semblable demande ne peut être formée par demande incidente ; — Que la demande tendant à faire déclarer exécutoire en France un jugement rendu à l'étranger soulève des questions délicates et controversées, même lorsque les juges français, d'après les termes des traités, n'auraient pas à se préoccuper de la révision du fond du procès ; — Qu'elle constitue dès lors une demande nouvelle et principale qui doit être introduite par la voie ordinaire de l'assignation ; — Que Weil n'a formulé sa demande d'exequatur ni dans l'assignation en validité, ni antérieurement ; — Qu'elle est, par suite, non recevable d'après l'état ; — Par ces motifs, qu'il n'y a lieu de statuer sur la demande d'exequatur formulée dans les conclusions prises à l'audience, comme constituant une demande nouvelle ; — Déclare irrégulière, nulle et de nul effet la saisie-arrêt comme ayant été pratiquée sans titre ni permission du juge.

Du 10 avr. 1884.-Trib. civ. de Charolles.-M. Gondard, pr.

(2) (Maret et Simond C. Girerd ès qualité.) — Le tribunal ; — Au

mission de juge, alors qu'il n'a été formé au principal aucune demande en validité de la saisie-arrêt (Paris, 3e ch., 29 janv. 1892, aff. Bobin, D. P. 92. 2. 420-421).

58. On rencontre fréquemment, dans la pratique, des oppositions (ou, comme on dit plutôt, des défenses), signifiées sans titre ni permission, et qui, dans l'usage, ne sont pas signifiées. Lorsque la défense a été signifiée en dehors des formes légales, c'est-à-dire sans titre ni permission du juge et sans assignation en validité, on admet généralement que le juge des référés a le droit d'autoriser le payement. Telle est, notamment, la jurisprudence constante de la cour de Paris (V. *suprà*, vo *Referé*, no 35).

Art. 6. — *Quelles choses peuvent être saisies-arrêtées.*

§ 1er. — Quelles choses sont saisissables (*Rép.* nos 128 à 152).

59. D'après l'art. 557 c. proc. civ., on peut pratiquer la saisie-arrêt sur toutes les *sommes* et *effets* appartenant au débiteur et détenus par un tiers; par ces expressions il faut entendre la généralité des meubles (*Rép.* no 129). En employant le mot *appartenant*, la loi n'a pas entendu dire que, de toute nécessité, le débiteur doive être propriétaire au moment de la saisie; il suffit qu'il le devienne avant qu'il en ait demandé la mainlevée. La question est quelquefois délicate à apprécier. Il a été jugé : 1o qu'une compagnie de chemin de fer, à qui des marchandises ont été remises pour être expédiées à un destinataire, ne peut point les retenir dans ses magasins et refuser d'en faire l'expédition, sous le prétexte qu'une saisie-arrêt aurait été formée entre ses mains par un créancier du destinataire sur tous les effets mobiliers appartenant à ce dernier; qu'une telle opposition n'autorise le tiers saisi à arrêter que les objets qui lui seraient spécialement signalés comme étant la propriété du saisi, et le fait de la destination n'impliquant par lui-même aucune indication de cette propriété (Paris, 1re ch., 30 déc. 1871, aff. Chemin de fer d'Orléans, D. P. 73. 2. 28.); — 2o Qu'une saisie-arrêt de la part des créanciers du destinataire, sur des marchandises remises à un voiturier pour les transporter, ne peut avoir d'effet lorsque ces marchandises, adressées d'abord à ce destinataire, ont été ensuite, et avant la saisie-arrêt, restituées volontairement à l'expéditeur et adressées par lui à une nouvelle destination, avec un bulletin d'expédition l'indiquant personnellement comme nouveau destinataire (Req. 13 janv. 1875, aff. Chemin de fer de Paris à Orléans, D. P. 75. 1. 356) ; — 3o Que la disposition de l'art. 557 c. proc. civ., aux termes de laquelle tout créancier peut saisir-arrêter, entre les mains d'un tiers, les sommes et effets appartenant à son débiteur, s'applique, dans sa généralité, aux titres de créance ou effets souscrits au profit du saisi, qui peuvent se trouver entre les mains d'un tiers détenteur ou dépositaire; qu'en conséquence, le

tiers saisi est tenu de les comprendre dans sa déclaration affirmative; qu'est ainsi soumis à cette obligation un notaire entre les mains de qui une saisie-arrêt a été formée, et dans l'étude duquel sont déposés des billets ou reconnaissances souscrits au profit du débiteur saisi par des acquéreurs des immeubles de celui-ci, dont les contrats portent quittance (Civ. cass. 18 janv. 1876, aff. Chambon-Lacroisade, D. P. 76. 1. 74. V. Rousseau et Laisney, *op. cit.*, no 162 et suiv.; Dodo, *op. cit.*, nos 78, 79, 80; Boulet et Dubouloz, nos 139 et suiv., Garsonnet, 3, p. 710).

60. Ainsi que le fait remarquer M. Dodo (*op. cit.*, no 81), « la saisie-arrêt frappera les créances de toute nature que peut avoir le débiteur saisi contre les tiers On a appliqué cette idée à la créance spéciale que la société octroie à l'inventeur au moyen du brevet pour assurer artificiellement la rémunération du travail d'inventeur ». C'est le ministre du commerce qui joue le rôle de tiers saisi. Il a été jugé en ce sens que les brevets d'invention sont saisissables; que, quant aux règles d'après lesquelles la saisie doit être pratiquée, ce sont celles des art. 561 et 569 c. proc. civ., relatives aux saisies arrêts dans les mains des dépositaires publics, et non celles des art. 637 et suiv., relatives au cas de saisie de rente sur un particulier; que, par suite, il n'y a pas lieu pour le saisissant d'appeler en cause le ministre du commerce, entre les mains duquel la saisie a été formée (Trib. civ. Lyon, 20 juin 1857, aff. Villard, D. P. 67. 5. 46-48).

61. Il est généralement admis qu'une créance non encore exigible, conditionnelle, éventuelle, peut être l'objet d'une saisie-arrêt (*Rép.*, no 135. V. conf. : Rousseau et Laisney, *op. et vo cit.*, nos 174 et suiv.; Dodo, *op. cit.*, nos 89 et suiv.; Boulet et Dubouloz, nos 143 et suiv.). Indépendamment des arrêts cités au *Rép.*, *ibid.*, il a été jugé en ce sens : 1o qu'en cas de faillite d'un commerçant marié sous le régime dotal combiné avec la société d'acquêts, les créanciers de la faillite peuvent saisir entre les mains de la femme, même avant toute séparation de biens, les récompenses éventuelles que celle-ci peut devoir à la communauté pour améliorations faites à ses biens dotaux ; mais que, si la femme ne demande pas sa séparation de biens, les créanciers sont sans qualité pour poursuivre la liquidation de ces récompenses; qu'il y a lieu, dans ce cas, de surseoir à statuer sur les effets de la saisie-arrêt jusqu'à la dissolution de la communauté (Agen, 11 juill. 1862, aff. Epoux Barrère, D. P. 62. 2. 164) ; — 2o Qu'une créance simplement éventuelle ou conditionnelle peut faire l'objet d'une saisie-arrêt; mais que les effets du jugement qui valide la saisie sont nécessairement suspendus jusqu'à la réalisation de l'éventualité ou de la condition (Riom, 10 déc. 1884)[1]. — Mais pour que la saisie-arrêt soit valable, il faut que la créance du débiteur saisi existe au moins en germe, au moment où elle est pratiquée. Ainsi, il a été jugé : 1o que la validité de la saisie-arrêt est subordonnée à la

fond : — En ce qui concerne Maret : — Attendu que les saisies-arrêts des 29 et 31 oct. 1881 ont été formées en vertu de l'acte du 25 sept. 1880, passé entre Portalis, directeur du journal *La Vérité*, et Maret, aux termes duquel ce dernier, investi des fonctions de rédacteur en chef du journal *La Vérité*, s'oblige à fournir quatre articles par semaine pendant cinq années à partir du 10 sept. 1880, en s'interdisant d'écrire dans aucun autre journal, sauf des articles de critique dramatique ou littéraire; — Que les contractants ont stipulé une rémunération annuelle de 36 000 fr. au profit de Maret et une indemnité de 72 000 fr. à la charge de celle des parties qui n'exécuterait pas le traité; — Attendu que cette convention ne constitue pas un titre privé auquel s'applique l'art. 557 c. proc. civ.; — Que chacune des parties prétend avoir rempli les obligations et réclame la somme de 72 000 fr. ; — Que, d'une part, un jugement du tribunal de commerce de la Seine en date du 28 juill. 1881 enregistré, rendu par défaut sur la demande de Maret et auquel Portalis a formé opposition le 8 nov. 1881, condamne solidairement Portalis et la société du journal *La Vérité*, à payer à Maret 15 800 fr. pour son traitement et 72 000 fr. montant de l'indemnité stipulée; — Que, d'autre part, suivant exploit de Perris, huissier à Paris, du 24 oct. 1881, la société du journal *La Vérité* a introduit contre Maret, devant le tribunal de commerce, une instance en payement de ladite somme et de 50 000 fr. à titre de dommages-intérêts pour inexécution de l'acte susdaté; — Que, dans ces circonstances, la société du journal *La Vérité* ne pouvait procéder qu'en vertu d'une permission du juge, conformément à l'art. 558 c. proc. civ.; — Que les saisies-arrêts dont s'agit doivent donc être déclarées

nulles; — En ce qui concerne Simond : — Attendu que la saisie-arrêt du 29 oct. 1881 n'a été formée que sur les sommes dues à Maret, soit en son nom personnel, soit comme fondateur et propriétaire du journal *Le Radical*; — Qu'il est constant que Maret est rédacteur en chef du journal *Le Radical*, qualité qu'il tient de Simond, propriétaire gérant et directeur d'une société anonyme en voie de formation : — Que la société du journal *La Vérité* ne se prétend pas créancière du journal *Le Radical*; — Que Maret n'ayant aucun droit sur la somme revenant à ce dernier journal, c'est à tort que la saisie-arrêt susdatée a été pratiquée; — Par ces motifs, déclare nulles les saisies-arrêts, etc.

Du 1er déc. 1881.-Trib. civ. de la Seine, 1re ch.-MM. Cazendre, pr.-Banaston, subst.-Trolley de Rocques et Abbadie, av.

(1) (Jauriat C. Labourel.) — La cour; — Sur la fin de non-recevoir : — Attendu que l'objet du litige soumis à la décision des premiers juges dépassait évidemment la valeur de 1500 fr. au principal; qu'en effet, si, à la somme de 967 fr. 60 cent., pour laquelle Jauriat demandait condamnation contre la femme Labourel, on ajoute celle de 1000 fr. réclamée par l'intimé à titre de dommages-intérêts, la valeur du litige arrive, sans même avoir égard aux accessoires de la créance, à une somme de 1 967 fr. 60 cent.; qu'il est admis et consacré par la jurisprudence que la demande en dommages-intérêts ne cesse d'exercer quelque influence sur la compétence que lorsque, présentée incidemment par le défendeur, elle est exclusivement fondée sur la demande principale; que la discussion de la loi du 11 avr. 1838 ne permet aucun doute à cet égard, et que les dommages-intérêts dont

condition de la préexistence d'un droit sur le tiers saisi au profit du saisi, qu'en conséquence, la saisie-arrêt pratiquée entre les mains d'un patron par le créancier d'un ouvrier ne peut comprendre que cet ouvrier gagnerait postérieurement à la saisie en contractant librement avec le tiers saisi; que le saisissant soutiendrait vainement qu'il s'agit de salaires ou appointements à venir courus après la saisie, au profit d'un agent salarié ou gagiste d'un tiers saisi; ou que l'inscription opérée sur les livres du tiers saisi en forme de compte courant, des factures du saisi et des avances à lui faites en marchandises ou en argent, a dû modifier la situation des parties et créer au profit du saisi un droit antérieur, dont le saisissant pourrait se prévaloir (Req. 15 mai 1876, aff. Mourey, D. P. 76. 1. 436); — 2° Que la saisie-arrêt ne saurait s'appliquer aux salaires d'un journalier qui ne s'acquièrent qu'au fur et à mesure de son travail, et par l'effet d'une série de contrats de louage distincts et indépendants les uns des autres, et dont chacun fixe et règle à nouveau l'objet et la durée du louage et le prix des services loués (Trib. civ. Vassy, 6 avr. 1883) (1); — 3° Que la saisie-arrêt ne porte que sur les sommes qu'elle a pu frapper d'indisponibilité au moment où elle a été pratiquée; que ses

effets ne sauraient s'étendre à des sommes dont le tiers saisi est devenu débiteur du saisi par suite de conventions postérieures, encore bien que celles-ci se rattachent à la dette primitive et que l'obligation qui en résulte ait été contractée dans le même but; que spécialement une saisie-arrêt entre les mains de l'acquéreur d'un office de notaire sur le prix de cession ne peut porter que sur les sommes dues par lui à la date de cette saisie, en vertu du traité de cession intervenu antérieurement; qu'elle est sans effet sur le prix du mobilier cédé plus tard par le notaire débiteur du saisissant à son futur successeur (Civ. cass. 19 nov. 1884, aff. Thuillier, D. P. 85. 1. 437); — 4° Que les salaires d'un journaliste ne sauraient être utilement frappés de saisie-arrêt, lorsqu'ils ne sont que le prix d'articles fournis au jour le jour, en dehors de tout contrat obligeant soit l'écrivain à les apporter au journal, soit le journal à les recevoir (Paris, 6 févr. 1890, aff. Risacher, D. P. 93. 2. 289; Trib. civ. Seine, 26 nov. 1892, aff. Chavignot, D. P. 93. 2. 290. Comp. Trib. civ. Seine, 20 août 1879, aff. Duchâteau; 8 févr. 1881, même affaire; 8 nov. 1887, aff. Jamet et Pradour, D. P. 93. 1. 289, en note. V. aussi les observations sur les décisions précitées, D. P. ibid.).

parle le dernier paragraphe de l'art. 2 de ladite loi sont uniquement ceux demandés reconventionnellement par le défendeur comme fondés sur la demande principale; — Attendu qu'il ne peut exister non plus aucun doute sur le point de savoir si cette somme de 1000 fr. a réellement été demandée par Jauriat, puisque les conclusions de Jauriat portent textuellement cette demande; que les qualités du jugement, rédigées par l'avoué de celui-ci, constatent que, dans les conclusions devant le tribunal, cette somme de 1000 fr. a été demandée; que l'appel est donc recevable; — Au fond: — Attendu qu'il est de jurisprudence qu'une créance simplement éventuelle ou conditionnelle peut faire l'objet d'une saisie-arrêt; — Mais attendu que les effets du jugement qui valide la saisie sont nécessairement suspendus jusqu'à la réalisation de l'éventualité ou de la condition; — Attendu que, dans l'espèce, les sommes saisies-arrêtées par Jauriat constituent évidemment des créances éventuelles ou conditionnelles; qu'en effet, ces créances ne sont autres que les sommes que pourra devoir à la femme Labourel à son mari, par le fait de la liquidation de la société conjugale existant entre eux en vertu de leur contrat de mariage; que cette liquidation ne peut, comme la liquidation de toute autre association, avoir lieu que dans les termes des dispositions légales réglant cette liquidation; — Or, attendu que la société conjugale ne prend fin et ne peut être liquidée qu'à la dissolution du mariage, arrivant par la mort de l'un des époux ou par le divorce; que, hors le cas de dissolution du mariage, la liquidation des reprises respectives des époux peut aussi avoir lieu lorsqu'il est intervenu entre eux un jugement de séparation de biens; — Attendu que les époux Labourel ne se trouvent dans aucun des cas où la liquidation actuelle de leurs apports et reprises puisse avoir lieu; — Attendu, en effet, que, jusqu'à la dissolution du mariage ou au jugement de séparation de biens, les reprises de chacun des époux demeurent indéterminées et variables, suivant tel ou tel fait qui peut rendre tour à tour l'un créancier de l'autre; que la balance des comptes respectifs ne peut être faite qu'à l'époque fixée par la loi pour la liquidation; — Attendu qu'il résulte des principes ci-dessus posés que le mari, pendant le mariage ne peut, par tel ou tel acte d'administration qu'il a des biens de sa femme (alors surtout que, comme dans l'espèce, les époux sont mariés sous le régime dotal), devenir son créancier, la poursuivre en justice et la faire exproprier; que Jauriat ne peut pas avoir plus de droit que son débiteur saisi; — Attendu, en outre, que la décision du tribunal, si elle était maintenue, contreviendrait évidemment aux dispositions de l'art. 1595 c. civ. prescrivant d'une manière absolue l'irrévocabilité et l'immutabilité des conventions matrimoniales; qu'en effet, pour arriver à considérer Julienne Bergeron comme débitrice actuelle de son mari, le tribunal a dû faire figurer au passif de celle-ci une somme de 4000 fr., montant de l'apport de son mari, laquelle somme, aux termes de l'art. 6 du contrat de mariage, ne devait être restituée qu'à la dissolution du mariage et aux différentes échéances spécialement stipulées audit contrat; — Attendu qu'à tous ces points de vue, le tribunal a eu tort de déclarer Julienne Bergeron débitrice actuelle de son mari; — Attendu que l'argument tiré par le tribunal du paragraphe 3 de l'art. 1595 c. civ. est sans valeur en l'espèce; — Attendu, en effet, que, dans l'art 1595, il n'est question que des ventes que peuvent réciproquement se faire les époux pendant le mariage et dans les cas taxativement énumérés dans cet article; que la disposition du troisième paragraphe invoqué ne produit aucun changement dans les stipulations du contrat de mariage, mais a au contraire pour but d'en permettre et d'en assurer la stricte exécution; qu'il ne s'y agit nullement de liquidation de reprises,

mais simplement d'un mode de payement de la dot promise dans le contrat; — Par ces motifs, etc.
Du 10 déc. 1884.-C. de Riom.-MM. Jacquier, pr.-Caron, av. gén.-Buisson et Salvy, av.

(1) (Choppin C. Legrand.) — Le tribunal; — Attendu qu'il est constant en fait que Chéry, débiteur saisi, n'est ni le domestique ni l'ouvrier au service habituel de Legrand; qu'il est simple journalier louant son travail à la journée, et que Legrand n'a jamais eu recours à ses services que d'une façon intermittente et chaque fois par l'effet d'un nouveau contrat de louage; que, d'autre part, il résulte des documents produits qu'au moment de la saisie du 5 août 1880, Legrand a employé Chéry pendant plusieurs journées, et qu'il lui doit, pour cette courte période de travail, la somme de 15 fr. qu'il offre de payer au créancier saisissant; qu'il est enfin établi que Legrand a de nouveau eu recours aux services de Chéry, en juillet et août 1884 et 1882; que les salaires de Chéry, pour ces deux intervalles de temps, s'élèvent à la somme de 153 fr.; mais que Legrand refuse de les payer par le motif que, la saisie-arrêt du 5 août 1880 n'ayant pu les atteindre, il était en droit de se libérer desdits salaires en les compensant avec le prix de diverses denrées qu'il avait fournies à son journalier; — Attendu, en droit, que l'art. 557 c. proc., en permettant au créancier de saisir-arrêter les sommes et effets appartenant à son débiteur, entend parler, sinon exclusivement des biens actuels et présents du débiteur, du moins de ceux sur lesquels il a, au moment de la saisie, un droit acquis pur et simple ou conditionnel; — Attendu, il est vrai, que les biens présents et à venir sont, aux termes de l'art. 2092 c. civ., le gage des créanciers, et que la combinaison de ce principe avec la règle édictée par l'art. 557, précité, fait admettre comme valable la saisie-arrêt des arrérages de rente ou de traitement, des fermages, loyers ou intérêts non encore échus, mais qui existent déjà comme un élément appréciable dans le patrimoine du débiteur; que néanmoins on ne saurait assimiler à de pareilles créances les salaires d'un journalier qui ne s'acquièrent qu'au fur et à mesure de son travail et par l'effet d'une série de contrats de louage distincts et indépendants les uns des autres, et dont chacun fixe et règle à nouveau l'objet et la durée du louage, et le prix des services loués; — Attendu qu'on objecterait vainement que les choses futures, et qui n'existent encore qu'en espérance, forment un des éléments du patrimoine de chacun; qu'elles peuvent être aliénées, soit à titre aléatoire, soit en subordonnant l'effet de la cession à la condition que la chose vendue ou cédée existera; et que, dès lors aussi, de pareils biens sont saisissables sous la condition suspensive que la créance saisie prendra naissance; — Mais attendu qu'aux termes de l'art 557 c. proc., on ne peut admettre que la loi ait voulu aller jusqu'au point de permettre la saisie d'une créance pouvant sans doute naître dans un avenir plus ou moins prochain, mais qui n'existerait pas encore, même en germe, au moment de la saisie; que le but évident du législateur a été de subordonner la validité de la saisie-arrêt à la préexistence d'un droit quelconque du débiteur sur ce qui fait l'objet de la saisie-arrêt; qu'il faut, en d'autres termes, qu'il existe un bien présent ou à venir, et le tiers saisi; que si la validité de la saisie-arrêt n'était pas soumise à cette condition, et si cette mesure d'exécution pouvait avoir pour objet des droits n'existant pas encore même en germe, la saisie pourrait s'étendre sans limites, et apporterait aux relations et aux intérêts privés de trop fâcheuses entraves pour ne pas atteindre gravement l'intérêt public;
Par ces motifs, etc.
Du 6 avr. 1883.-Trib. civ. de Vassy.-M. Weber, pr.

62. Les remises de sommes que deux parties se font réciproquement en compte courant sont de simples éléments de ce compte ne présentent les caractères ni d'une créance pour celui de qui elles émanent, ni d'un payement pour celui qui les a reçues. De ces remises, on ne saurait donc faire résulter au profit de leur auteur une créance susceptible de saisie-arrêt, avant que le compte ait été réglé et que le règlement ait constaté, en faveur du débiteur saisi, l'existence d'un solde liquide et exigible, c'est-à-dire d'un solde non destiné à entrer de nouveau dans les opérations du compte courant (*Rép.* n° 137. V. conf. Rousseau et Laisney, *op. et v° cit.*, n° 178 ; Boulet et Dubouloz, *op. cit.*, n° 151 ; Dodo, *op. cit.*, n° 94 ; Boistel, *Cours de droit commercial*, n° 881 ; Ruben de Couder, *Dictionnaire*, v° *Compte courant*, n° 47 ; Bravard et Demangeat, t. 2, p. 113).

63. De même, en cas d'ouverture de crédit, les prêts faits sous forme d'avances n'établissent entre les parties les rapports de débiteur à créancier qu'après qu'il y a eu arrêté de compte ; tant que ce règlement n'a pas été fait, il y a impossibilité, pour les créanciers du créditeur, de former une saisie-arrêt entre les mains du crédité. Il a été décidé que, lorsque le créditeur a été déclaré, par jugement, propriétaire de billets endossés à son profit par le crédité, la saisie-arrêt formée par les créanciers du crédité avant le payement de ces billets ne peut pas porter sur lesdits billets, mais seulement sur le reliquat de compte dû par le créditeur au crédité (Bourges, 29 janv. 1872, aff. Blanvillain, D. P. 72. 2. 167). Jugé aussi que, durant l'ouverture de crédit, les créanciers du crédité ne peuvent pratiquer de saisie-arrêt sur le montant du crédit entre les mains du créditeur (Bourges, 28 nov. 1888) (1). — Mais il a été jugé : 1° que la saisie-arrêt faite entre les mains d'un tiers engagé avec le débiteur saisi dans les opérations commerciales dont le résultat s'est soldé depuis la saisie, mais avant la déclaration affirmative, en une certaine somme due par le tiers saisi, doit produire son effet jusqu'à concurrence de cette somme, s'il est déclaré qu'elle n'était pas destinée à entrer dans un compte courant pour faire face à des opérations ultérieures, et que la dette en était immédiatement liquide et exigible, sans être subordonnée au sort d'un règlement à intervenir (Civ. cass. 3 mai 1865, aff. Ducos, et comp., D. P. 65. 1. 278) ; — 2° Que la règle d'après laquelle, en matière de compte courant commercial, la saisie-arrêt ne peut frapper que les sommes réellement dues au saisi lors du règlement de compte, n'est pas applicable au cas où il s'agit simplement d'avances et recettes échangées entre patrons et employés, dont chaque élément, dette ou créance, conserve sa nature propre ; qu'en conséquence, les sommes que doit verser le patron à son employé peuvent être, suivant les cas, atteintes par la saisie-arrêt (Trib. civ. Seine, 6e ch., 17 nov. 1887) (2).

64. Au *Rép.*, n° 146, on a rapporté un arrêt (Req. 31 juill. 1832) aux termes duquel la saisie-arrêt ne peut être formée au préjudice des droits du créancier gagiste et le créancier, qui veut saisir-arrêter la chose remise en

gage, doit offrir de désintéresser préalablement le tiers qui la détient. Il résulte du même principe que le saisissant ne peut exercer envers le tiers saisi d'autres droits que ceux qui appartiennent au débiteur saisi. Il a été jugé ainsi que l'actionnaire d'une société anonyme peut, nonobstant la saisie-arrêt pratiquée entre ses mains par un créancier de ladite société, payer valablement à celle-ci le montant des actions par lui souscrites, si le défaut de payement devait avoir pour effet, aux termes des statuts sociaux, d'autoriser l'expropriation et la vente des actions ; qu'il en est ainsi surtout lorsque, la société ayant son siège en pays étranger, le tiers saisi ne pourrait exercer contre elle les droits du saisissant auxquels il serait subrogé qu'après avoir fait rendre exécutoires, dans ce pays, les décisions judiciaires en vertu desquelles il avait été procédé à la saisie-arrêt (Civ. cass. 13 nov. 1877, aff. Pinard et autres, D. P. 78. 1. 473).

65. Comme on l'a fait remarquer au *Rép.*, n° 132, les lettres confiées à la poste sont insaisissables ; l'inviolabilité du secret des lettres s'oppose à ce qu'elles soient saisies, alors même qu'elles contiendraient des valeurs déclarées conformément à la loi du 4 juin 1859. Il a été jugé, en ce sens : 1° que le principe de l'inviolabilité des correspondances fait obstacle à ce qu'un créancier puisse faire, entre les mains des agents de la poste, une saisie-arrêt sur les lettres de son débiteur, même chargées (Trib. de la Seine, ord. du prés., 13 sept. 1872, aff. Martin-Lamy, D. P. 73. 3. 80) ; — 2° Qu'il en est ainsi alors même qu'il s'agit de valeurs contenues dans une lettre chargée que le destinataire a rendue à l'Administration après l'avoir ouverte (Cons. d'Et. 13 mars 1874, aff. Talfer, D. P. 75. 3. 34). — Mais les articles d'argent sur lesquels il est possible de mettre la main sans porter atteinte au secret des correspondances peuvent être l'objet d'une saisie-arrêt dans les bureaux de l'administration des Postes (V. conf. Rousseau et Laisney, *op.*, n°s 291 et 292 ; Boulet et Dubouloz, *op. cit.*, n° 175 ; Dodo, *op. cit.*, n° 96).

66. On ne peut saisir, dit M. Dodo, *loc. cit.*, « les titres et papiers de famille, mais ceci ne devrait pas être étendu à une collection d'autographes, c'est là une valeur pécuniaire parfaitement susceptible de saisie-arrêt au même titre par exemple qu'une galerie de tableaux ; on ne saurait saisir-arrêter un manuscrit d'auteur, l'écrivain doit être le maître absolu de sa pensée et de l'expression qu'il lui donne, tout au moins jusqu'à l'édition par lui consentie ; autoriser une saisie-arrêt sur son œuvre, ce serait, en l'empêchant d'en disposer à son gré, porter une grave atteinte à sa liberté individuelle, mais sans aucun doute les créanciers pourraient saisir-arrêter aux mains de l'éditeur les sommes par lui dues à l'auteur en vertu du contrat d'édition ».

§ 2. — Des choses déclarées insaisissables par la loi.

(*Rép.* n°s 153 à 201.)

67. — I. CHOSES DÉCLARÉES INSAISISSABLES PAR DIVERSES LOIS. — 1° *Poste aux lettres.* — Le décret du 24 juill. 1793, qui a réorganisé le service des postes, avait exclusivement attribué

---

(1) (Bourdier C. Romillat.) — LA COUR ; — Considérant que l'ouverture de crédit n'a pas pour effet de rendre le créditeur débiteur de sommes ou d'effets dans le sens de l'art. 557 c. proc. civ. ; que le créditeur ne contracte qu'une obligation, celle de remettre les fonds au crédité jusqu'à concurrence du montant de l'ouverture du crédit, et ce, sur une demande du crédité ; — Considérant que les créanciers du crédité ne peuvent ni exercer ce droit exclusivement attaché à sa personne, ni le paralyser, car il est absolument contraire aux principes qu'un créancier puisse empêcher son débiteur d'emprunter ; — Par ces motifs et ceux des premiers juges : — Confirme le jugement entrepris ; — Condamne l'appelant à l'amende et aux dépens.
Du 28 nov. 1888.-C. de Bourges.-MM. Fau, 1er pr.-Leturc, subst. proc. gén.-Droz et Lucas, av.

(2) (Coyen C. Schomogné et Bichet.) — LE TRIBUNAL ; — Attendu que le tiers saisi invoque la règle qu'en matière de compte courant commercial, la saisie-arrêt ne peut frapper que les sommes réellement dues au saisi lors du règlement du compte courant ; — Attendu que les avances et recettes échangées entre patrons et employés ne supposent pas l'existence d'un véritable compte courant ; que le compte courant entre commerçants est un contrat indivisible entraînant forcément un échange de valeurs à date variable qui servent de provision les unes aux autres, contrat dont un tiers ne peut troubler l'économie et l'exécution,

qu'il s'agit simplement, en ce qui concerne les règlements entre patrons et employés, de versements et envois échangés, dont chaque élément, dette ou créance, conserve sa nature propre ; — Attendu qu'il y a lieu d'examiner si, dans les sommes versées par Schomogné à son employé, figurent des sommes dues atteintes par la saisie-arrêt ; — Attendu que les frais de voyage (voitures et aliments), fixés à 18 fr. 25 cent. par jour, ne sauraient être atteintes par la saisie-arrêt, puisqu'ils constituent les moyens pour l'employé de vivre et d'exercer son industrie ; — Mais attendu qu'il en est autrement des appointements fixés à 100 fr. par mois et des remises à 4 pour 100 sur les affaires faites ; que ces éléments du compte constituent des rémunérations du travail de l'employé non saisissables à concurrence des sommes non indispensables aux besoins de la famille ; que dès lors, chaque mois, le patron devait en faire la retenue pour faire face aux causes de la saisie-arrêt ; — Attendu que les sommes ainsi avancées ou versées sont élevées à 3105 fr. 95 cent. ; que la moitié de cette somme n'était pas indispensable aux besoins de la famille, que cette moitié a donc été touchée par la saisie-arrêt ; que néanmoins Schomogné et Bichet, créanciers de leur employé d'une somme de 342 fr. au moment de la saisie-arrêt, ont le droit de venir pour cette somme en concurrence avec le saisissant sur les sommes saisissables ; — Par ces motifs,
Du 17 nov. 1887-Trib. civ. de la Seine, 6e ch.-MM. Vanier, pr Georges Dubois et Albert Pinet, av.

aux maîtres de poste le service de malles et diligences et notamment celui de la poste aux lettres sous la condition de nombreux privilèges. L'art. 76 du même décret avait notamment décidé que les payements dus aux maîtres de poste par l'État, ainsi que les chevaux, provisions, ustensiles et équipages destinés à leur service public, ne pourraient être saisis sous aucun prétexte (*Rép.* n° 157). Les maîtres de poste ont été officiellement supprimés par deux décisions ministérielles des 4 et 27 mars 1873. On s'est demandé si les entrepreneurs particuliers qui les ont remplacés dans certaines régions, et qui soumissionnent le service du transport des correspondances, pouvaient invoquer le bénéfice de l'art. 76 du décret du 24 juill. 1793. Il a été jugé, dans le sens de la négative, que la disposition de l'art. 76 du décret du 24 juill. 1793, relatif à l'organisation des postes, qui déclare insaisissables les payements à faire par l'État aux maîtres de poste aujourd'hui supprimés, ne saurait être étendue aux entrepreneurs de transports de la poste aux lettres; qu'en conséquence, est valable la saisie-arrêt pratiquée par un créancier d'un entrepreneur de transport de la poste aux lettres sur les sommes qui lui sont dues par l'État (Civ. cass. 27 août 1883, aff. Novella et Champsaur, D. P. 85. 1. 79. V. conf. Orléans, 28 févr. 1890, aff. Gillet, D. P. 90. 2. 306. Civ. cass. 3 août 1891, aff. Admin. de la Marine, D. P. 92. 1. 163. V. conf. Rousseau et Laisney, *op. cit.*, n° 290; Dodo, *op. cit.*, n° 103; Boulet et Dubouloz, *op. cit*, n° 175). Il a été jugé, toutefois, dans le sens de l'affirmative, que le décret du 24 juill. 1793, relatif à l'organisation des postes, s'applique au service postal de mer comme à celui de terre; qu'en conséquence la disposition de l'art. 76 de ce décret, qui déclare insaisissables les payements à faire par l'État aux maîtres de poste, doit être étendue aux subventions accordées par l'État à une compagnie de paquebots chargée d'un service postal (Aix, 27 janv. 1887, aff. Dubor, D. P. 88. 2. 75).

68. — 2° *Fonds destinés aux entrepreneurs et adjudicataires de travaux pour le compte de l'État.* — Ainsi qu'on l'a exposé au *Rép.*, n° 158, le décret du 26 pluv. an 2, art. 2, interdit aux créanciers particuliers des entrepreneurs et adjudicataires de travaux pour le compte de l'État de pratiquer des saisies-arrêts sur les fonds leur sont destinés tant que la réception des travaux n'est pas opérée d'une manière définitive. On a rapporté (*Ibid.*) un arrêt de la chambre des requêtes du 12 déc. 1831, aux termes duquel ce décret ne concerne que les travaux faits pour le compte du Gouvernement et ne peut s'étendre à des travaux faits pour une commune. Il a été jugé de même, que le décret du 26 pluv. an 2, qui défend aux créanciers particuliers de former des oppositions sur les fonds destinés aux entrepreneurs de travaux pour le compte de l'État, avant la réception définitive des travaux, n'est pas applicable aux travaux départementaux; que le décret ne s'applique, même pour le compte de l'État, qu'à des travaux en cours d'exécution et non à des travaux suspendus après résiliation de marché entre l'entrepreneur et l'autorité publique (Rennes, 21 juin 1866) (1).

69. — 3° *Traitements dus par l'État.* — La loi du 21 vent. an 9 constitue la loi fondamentale en ce qui touche la saisie des traitements des fonctionnaires publics; elle fixe la part de ce traitement qui est susceptible de saisie-arrêt (*Rép.* n° 163). La portion insaisissable des appointements indiqués dans cette loi est-elle à l'abri de la saisie-arrêt, sans exception et pour quelque cause que ce soit? En Belgique, où la même loi est toujours en vigueur, la cour de cassation s'est prononcée pour l'affirmative. Elle a jugé

que les traitements des fonctionnaires publics ne sont saisissables qu'à concurrence d'une minime portion déterminée par la loi et que ce principe est applicable aux divers créanciers des fonctionnaires et quelle que soit la cause des créances; que spécialement la femme séparée de corps d'un fonctionnaire ne peut poursuivre, par voie de saisie-arrêt, sur la portion déclarée insaisissable du traitement de son mari, le recouvrement de la pension alimentaire allouée par justice; qu'elle ne peut, comme tous autres créanciers et concurremment avec eux, exercer ses droits que sur la part dont la loi permet la saisie (C. cass. de Belgique, 14 janv. 1892, aff. Ministre des chemins de fer, D. P. 92. 2. 129. Un arrêt de la cour de Paris (4° ch., 10 août 1882, aff. Hope, D. P. *ibid.* note) s'est prononcé dans le même sens: « Attendu que ces lois n'établissent aucune distinction entre les divers créanciers des fonctionnaires publics et les causes de leurs créances; que notamment elles n'autorisent pas la saisie pour dette alimentaire au delà de la portion qui peut être saisie par tous les créanciers; — Attendu que, d'un autre côté, les mêmes lois ont évidemment pour objet de soustraire à toute poursuite des créanciers du fonctionnaire la portion de son traitement déclarée insaisissable; que, par conséquent, elles emportent interdiction d'attribuer par autorité de poursuite et sous saisie préalable, cette portion à ces créanciers quels qu'ils soient ».

Mais, en général, la jurisprudence française paraît incliner vers la solution contraire. Indépendamment de l'arrêt rapporté au *Rép.*, n° 164, il a été jugé: 1° que la saisie-arrêt qui a été pratiquée par une femme sur le traitement de son mari, fonctionnaire public, pour assurer le payement de la pension alimentaire et de la provision *ad litem* qui lui ont été accordées dans une instance en séparation de corps, ne doit pas être restreinte à une partie de ce traitement; qu'elle peut même dépasser le cinquième (Bordeaux, 12 juill. 1880, aff. Cambarrot, D. P. 80. 2. 232); — 2° Que la femme d'un militaire, au profit de laquelle la séparation de corps a été prononcée contre son mari, peut saisir-arrêter, à concurrence du tiers, la pension de retraite de celui-ci, pour avoir payement d'une pension alimentaire à elle attribuée (Trib. civ. Caen, 27 juill. 1891, aff. Dame Saint-Martin, D. P. 93. 2. 217); — 3° Qu'un fonctionnaire poursuivi par sa femme en vertu d'un jugement qui a prononcé contre lui la séparation de corps et alloué à celle-ci une pension alimentaire, est mal fondé à demander la réduction au cinquième d'une saisie-arrêt pratiquée sur ses appointements, et ce par application de la loi du 21 vent. an 9, qui a décrété l'insaisissabilité partielle du traitement des fonctionnaires publics et employés civils (Trib. civ. Seine 28 déc. 1891) : « Attendu, dit ce jugement, que cette disposition bienveillante de la loi a été édictée non pas uniquement dans l'intérêt du fonctionnaire envisagé seul, mais encore dans l'intérêt de sa famille, aux besoins de laquelle il est tenu de subvenir dans l'intérêt du ménage dont la détresse deviendrait la sienne; que dès lors le fonctionnaire est forclos de pouvoir revendiquer le bénéfice de la mesure lorsqu'il cherche à se défendre non plus contre les prétentions de créanciers visant le pain quotidien du ménage, mais contre le ménage même contre lequel il retournerait ainsi l'arme mise en ses mains pour la protection commune ». C'est en ce sens également que se prononcent la majorité des auteurs. V. outre les auteurs cités au *Rép.*, n° 163: Chauveau et Carré, *Lois de la procédure*, t. 4, question 1990 *ter*; Boi-

---

(1) (Payron C. Caro.) — LA COUR; — Considérant que les départements étaient, dès 1791, distincts de l'État, au point de vue administratif et comme personnes civiles susceptibles d'acquérir et de contracter; que les travaux entrepris par eux ne pouvaient dès lors être confondus avec ceux exécutés pour le compte de la nation; — Que cette distinction est devenue plus évidente et plus marquée par l'organisation de 1811 et celle de 1838; — Considérant qu'il n'y a aucune différence à établir entre les dépenses facultatives et les dépenses ordinaires des départements, et qu'il résulte de la loi du 10 mai 1838 que ces dernières dépenses, quoique intéressant l'État, comme le peuvent faire d'ailleurs les dépenses facultatives, et même les dépenses communales, ne perdent pas leur caractère de dépenses départementales; — Considérant que l'exception au droit commun, résultant du décret du 26 pluv. an 2, s'ap-

plique seulement aux travaux entrepris pour le compte de la nation; — Considérant que ce décret ne serait d'ailleurs applicable, même pour le compte de l'État, qu'à des travaux en cours d'exécution, et non à des travaux suspendus après résiliation du marché entre l'entrepreneur et l'autorité publique; — Considérant qu'en ces circonstances, le mandat délivré le 30 déc. 1865 à Caro par le préfet du Morbihan, pour payement partiel des travaux du palais de justice de Vannes, était saisissable par les créanciers de cet entrepreneur, autres que ses ouvriers, et sauf le privilège que ceux-ci pourraient faire valoir dans la distribution par contribution.
Par ces motifs, etc.
Du 21 juin 1866.-C. de Rennes, 1re ch.-MM. Camescasse, 1er pr.-Grivard et Charmoy, av.

tard, Colmet-Daâge et Glasson, *Leçons de procédure civile*, 14e édit., t. 2, p. 231, note; Perriquet, *Les contrats de l'Etat*, n° 508 ; Bioche, *Dictionnaire de procédure*, v° *Saisie-arrêt*, n° 66; Rousseau et Laisney, *op. et v° cit.*, n°s 215 et suiv.; Dodo, *op. cit.*, n° 110; Boulet et Dubouloz, *op. cit.*, n° 200 ; Garsonnet, *Traité théorique et pratique de procédure*, t. 3, § 550, p. 534.

70. — 4° *Parts de prises et salaires des marins.* — Il résulte des dispositions réglementaires de l'ordonnance du 1er nov. 1745, § 2, de l'arrêté du 2 prair. an 2, art. 111, sur les armements en course, de l'arrêté du 24 pluv. an 2, sur la marine marchande, du règlement général du 17 juill. 1816, de l'avis du 21 oct. 1818 et du décret du 4 mars 1852, art. 1, que l'on ne doit avoir aucun égard aux oppositions formées par ceux qui se prétendraient porteurs d'obligations des marins, à moins que les sommes réclamées ne soient dues par eux ou par leurs familles, pour loyers de maisons, substances et vêtements qui leur auront été fournis du consentement du commissaire à l'inscription maritime, et que cette avance n'ait été préalablement apostillée sur les registres et matricules des gens de mer (*Rép.* n° 170). Il a été jugé, conformément à ces principes : 1° que l'insaisissabilité établie pour la solde des matelots engagés sur des bâtiments de commerce s'applique à la solde des matelots engagés sur un bâtiment de pêche ; qu'est comprise dans le mot *solde* et protégée par le principe de l'insaisissabilité toute rémunération promise au matelot comme prix de son travail à bord, sous quelque forme qu'elle soit stipulée, au fret, au profit, ou moyennant une part proportionnelle dans les produits du fret ou de la pêche ; qu'il en est ainsi spécialement de la part de produits attribués au matelot dans les associations en participation entre le patron et les matelots engagés pour la pêche,

associations qui sont en usage notamment au port de Boulogne-sur-Mer (Civ. cass. 16 mai 1873, aff. Loncle-Ringot, D. P. 74. 1. 105) ; — 2° Que la part revenant à un patron de chaloupe de pêche associé à l'armateur doit être assimilée au salaire du marin et est, par suite, insaisissable (Trib. civ. Saint-Nazaire, 25 juill. 1885, aff. Courtin, D. P. 87. 3. 32) ; — 3° Que le salaire du capitaine de navire est insaisissable comme celui des matelots (Rennes, 13 juin 1889, aff. Cadiet, D. P. 91. 2. 11) ; l'assimilation entre ces deux salaires était autrefois l'objet d'une controverse. (V. arrêts rapp. *ibid.*, en sens contraire) ; mais elle ne peut plus faire de doute depuis le décret-loi du 4 mars 1852, art. 1, 3e alinéa, aux termes duquel : « les dispositions de l'ordonnance du 1er nov. 1745 seront appliquées à *tout marin* faisant partie de l'équipage d'un navire de commerce ». V. *supra*, v° *Droit maritime*, n° 605. *Adde* : Rousseau et Laisney, *op. cit.*, n°s 231 à 234 ; Boulet et Dubouloz, *op. cit.*, n° 203 ; Dodo, *op. cit.*, n° 114, *in fine*.

71. — 5° *Traitements des ministres des cultes.* — Quel que soit le culte, catholique ou protestant, les arrêts consulaires des 18 niv. an 11 et 15 germ. an 12 décident que ces traitements sont en totalité insaisissables ; en l'absence de disposition législative, il n'est pas permis d'appliquer la même loi aux ministres du culte israélite qui, depuis 1834, reçoivent un traitement de l'Etat (*Rép.* n° 172). Il a été jugé qu'il y a lieu de déclarer nulle, comme faite pour des choses non saisissables, la saisie-arrêt formée sur le casuel d'un ecclésiastique, qui est une partie de son traitement et qui est insaisissable pour la totalité, au même titre (Trib. civ. Saint-Girons, 19 janv. 1892) (1). V. Rousseau et Laisney, *op. cit.*, n°s 211 à 213 ; Boulet et Dubouloz, *op. cit.*, n° 187 ; Dodo, *op. cit.*, n° 107; Garsonnet, t. 3, p. 535.

Il a toutefois été décidé que les pensions ecclésias-

---

(1) (Béret C. de Hys.) — LE TRIBUNAL ; — Attendu que Béret, créancier de de Hys, en vertu d'un jugement de condamnation, a fait pratiquer une saisie-arrêt entre les mains du trésorier de la fabrique de l'église de Belloc (commune de Betchat), sur toutes les sommes généralement quelconques appartenant à son débiteur et notamment sur la subvention annuelle de 200 fr. que la fabrique lui alloue à raison d'un second service religieux ; — Attendu que de Hys invoque la nullité de la saisie-arrêt pour vices de forme et pour cause d'insaisissabilité ; — Sur la question de forme : — Attendu qu'il est soutenu en son nom, que s'agissant d'une saisie-arrêt faite entre les mains d'une fabrique, l'original de l'exploit eût dû être revêtu de la formalité du visa et la remise de la copie, suivie de la copie ou l'extrait en forme du titre du saisissant (art. 2 et 5 du décret du 18 août 1807) ; — Mais attendu que ce décret ne visant que les saisies-arrêts faites entre les mains des receveurs, dépositaires ou administrateurs de caisses ou deniers publics, ses dispositions sont étrangères au cas d'une opposition formée sur les fonds détenus par un trésorier de fabrique; qu'en effet, destinées à la gestion privative du temporel de la paroisse, de pareilles sommes ne constituent pas des deniers publics; qu'au surplus, il résulte de nombreux arrêts, que les formalités dudit décret étant établies uniquement dans l'intérêt du Trésor seul, et que leur inobservation ne peut être invoquée par le saisi, ni par les tiers; qu'il suit de là que de Hys n'est pas fondé dans ce premier moyen ; — Sur la question d'insaisissabilité : — Attendu que l'allocation d'une somme de 200 fr. par la commune de Betchat à la fabrique de Belloc n'est faite qu'en vue d'une affectation précise et déterminée, celle d'être payée au desservant de la succursale pour le rémunérer de la messe supplémentaire du dimanche ; qu'une telle indemnité ainsi reconnue et liquidée au budget annuel de la fabrique, dont le payement est prescrit et les fonds désignés sur ces revenus, peut incontestablement faire l'objet d'une saisie-arrêt que les tribunaux sont autorisés à valider, le cas échéant, sans porter atteinte au droit d'administration que l'autorité préfectorale a sur les biens d'une fabrique; — Attendu que si cette somme peut être ainsi saisie, au regard de la fabrique, il convient de rechercher si la même solution doit être admise au regard du desservant ; — Attendu que l'arrêté du 18 niv. an 11 porte : que « les traitements des ecclésiastiques seront insaisissables dans leur totalité »; que la question qui se pose est donc celle de savoir si l'indemnité de 200 fr. constitue de plein droit un supplément de traitement pour l'abbé de Hys ou ne fait pas plutôt partie de son casuel ; — Attendu qu'il est inexact de soutenir que cette seconde alternative n'est pas à envisager dans l'espèce, par le motif que la rétribution dont s'agit n'aurait pas été réglementée par l'autorité diocésaine; qu'il suffit de remarquer que la volonté formelle de la commune de Betchat est que l'indemnité soit attribuée au desservant sans concours avec la fabrique ou les autres serviteurs de l'église; qu'en outre, il s'agit d'une dépense purement facultative pour la

commune et, que susceptible d'être réduite ou même supprimée, elle constitue un honoraire absolument libre, échappant par suite à tout règlement ou tarif; — Mais attendu que, quelle que soit sa nature, une telle rémunération, dût-elle être rangée parmi les oblations ordinaires, n'en doit pas moins être déclarée insaisissable (*Rép.*, v° *Culte*, n°s 3287 et suiv.; 3545 et suiv.); — Qu'en effet, l'art. 68 de la loi organique du 18 germ. an 10 dispose « que le montant des pensions allouées en vertu des lois de l'assemblée constituante et le produit des oblations formeront le traitement du desservant »; que l'intention du législateur de ne pas se charger seul du culte et de compter sur le concours des fidèles pour assurer la subsistance du ministre, se manifeste également dans l'article de la même loi, relatif à l'organisation du culte protestant ; qu'on y lit : « il sera pourvu au traitement des pasteurs ; bien entendu qu'on imputera sur ce traitement les biens que ces églises possèdent et le produit des oblations établies par l'usage ou par les règlements »; que l'arrêté du 15 niv. an 13, paru peu de temps après celui de l'an 11, dispose dans son art. 3 : « Que les préfets réglementeront la totalité des traitements des desservants et succursalistes et détermineront les moyens de l'assurer, soit par les revenus communaux,... soit par la voie des inscriptions, abonnements ou prestations volontaires ou de toute autre manière convenable »; que cette manière d'envisager les dons et offrandes des personnes comme un traitement que l'Etat assure aux prêtres, pour le placer au-dessus des nécessités de la vie et le laisser exempt des préoccupations temporelles, tout entier à son ministère sacré est si bien entré dans nos mœurs que lorsqu'il s'est agi, devant le pouvoir législatif saisi par voie de pétitions, de supprimer le casuel, cette suppression devait, dans la pensée de leurs auteurs, correspondre à un supplément de traitement à payer par les communes aux curés ou desservants (V. notamment séance du Sénat du 1er avr. 1865); qu'on peut encore voir cette assimilation entre les deux natures, reflétée dans une décision du ministre des cultes (rapportée au *Bull. du min. int.*, année 1859, p. 108), par laquelle les préfets sont autorisés à homologuer les traités passés entre les communes et les desservants pour la suppression du casuel, moyennant un supplément de traitement; qu'il n'apparaît pas à l'énoncé des diverses lois qui se sont succédé jusqu'à nos jours sur le traitement du clergé, qu'il ait été dérogé aux règles posées par la loi organique de germinal an 10 et les autres actes législatifs de cette époque; qu'à la vérité la cour de cassation, dans un arrêt du 25 févr. 1852, décide que l'oblation est le prix de la fonction spirituelle qui y donne lieu, mais que la cour suprême a moins tranché la question de principe, qui ne lui était pas d'ailleurs soumise, que celle de savoir si la collation du sacrement et la rémunération qui s'y trouve attachée ne sont pas indépendantes de la circonscription paroissiale; que sa décision n'a donc ni l'ampleur, ni la portée qu'on voudrait en déduire;

tiques ayant été créées et organisées par les décrets des 28 juin 1853 et 27 mars 1860, sans que ces textes reproduisent le principe d'insaisissabilité proclamé pour les pensions civiles dans l'art. 26 de la loi du 9 juin 1853, on ne saurait, à raison de ce silence, leur appliquer ce même principe par voie d'analogie; alors surtout qu'il s'agit non de pensions ecclésiastiques servies par l'Etat, mais de pensions allouées conformément au décret du 13 therm. an 13, par l'autorité diocésaine, au moyen des ressources qui lui sont propres et qui sont alimentées par le produit de la location des chaises dans les églises du diocèse (Trib. civ. de la Seine, 1re ch., 15 déc. 1892) (1).

72. — 6° *Pensions dues par l'Etat; pensions de retraite.* — Ainsi qu'on l'a vu au *Rép.*, n° 174, les pensions sur l'Etat, civiles et militaires, sont en principe incessibles et insaisissables (*Rép.* n° 174). Cette règle a été de nouveau étudiée *suprà*, v° *Pension*, n°s 284 et suiv., 635 et suiv., 730, où se trouve exposée la jurisprudence la plus récente sur la matière. Il a encore été jugé que la disposition de l'art. 1.§ 1 de l'ordonnance du 16 sept. 1837, qui ordonne aux payeurs agents ou préposés de l'Etat de déposer d'office à la Caisse des dépôts et consignations la partie saisissable des appointements et traitements civils ou militaires saisis-arrêtés entre leurs mains, n'est pas applicable aux *pensions de retraite militaires*, qui sont déclarées insaisissables par la loi, ainsi qu'aux allocations de la Légion d'honneur qui leur sont assimilées sous le rapport de l'insaisissabilité (Civ. cass. 10 juill. 1883, aff. Trésor public, D. P. 83. 1. 448); — Décidé aussi, conformément au jugement du tribunal de Caen du 27 juill. 1891, cité eod. v°, n° 636, et *suprà*, n° 69, que la femme d'un militaire, même séparée de corps d'avec son mari, peut saisir-arrêter, à concurrence du tiers, la pension de retraite de celui-ci pour avoir payement d'une pension alimentaire à elle attribuée, alors surtout que la majeure partie de cette pension est destinée à subvenir aux charges d'entretien et d'éducation des enfants dont la garde a été remise à la femme (Rennes 26 avr. 1893, aff. Salaün, D. P. 94. 2. 317. V. aussi sur ce point : Boitard, Colmet-Daâge et Glasson, *Leçons de procédure civile*, 15e éd., t. 2, n° 835, p. 303, note 1; Perriquet, *Les contrats de l'Etat*, t. 2, n° 508; Dodo, *op. cit.*, n° 110; Boulet et Dubouloz, *op. cit.*, n° 206 et 207; Rousseau et Laisney, *op. et v° cit.*, n°s 258 et suiv.; Garsonnet, *Traité de procédure*, t. 3, § 550, p. 533 et 534).

En matière d'insaisissabilité, la loi doit être interprétée avec une extrême rigueur. C'est ainsi qu'il a été jugé que les indemnités provisoires accordées par l'empereur Napoléon III, sur ses fonds personnels, à un employé, dont

l'emploi avait été supprimé, et en dehors des cas où une pension de retraite est due conformément aux lois, ne pouvaient être assimilées aux pensions proprement dites; qu'elles restaient, en conséquence, soumises aux règles du droit commun et pouvaient être frappées de saisies-arrêts, alors d'ailleurs que le titre qui allouait ces indemnités ne contenait aucune clause d'insaisissabilité. (Paris, 10 juin 1868, aff. Lacordaire, D. P. 68. 2. 172).

73. En ce qui concerne les produits des bureaux de tabac, la question est délicate : les considérations d'équité que l'on fait valoir pour soutenir l'insaisissabilité du produit d'un bureau de tabac sont, au moins dans certains cas, des plus sérieuses ; mais il ne faut pas oublier que les lois relatives à l'insaisissabilité sont de droit étroit et doivent s'interpréter restrictivement, par cela même qu'elles dérogent au droit commun. Or, aucune loi spéciale ne déclare insaisissable le produit d'un bureau de tabac ; il n'est pas possible non plus de le faire rentrer dans les dispositions de l'art. 581 c. proc. civ. Il a été jugé, dans le sens de l'insaisissabilité : 1° que le prix de la location d'un bureau de tabac est assimilable au traitement de certains fonctionnaires, et notamment à celui des percepteurs; qu'il présente un caractère essentiellement alimentaire; que par suite, le prix de la location ne peut être saisi-arrêté pour la totalité, et que les tribunaux, dans le cas d'une saisie-arrêt a été pratiquée, ont le droit de réduire les effets de cette saisie dans une mesure qui varie suivant les circonstances (Trib. civ. de Villefranche, 27 avr. 1877, aff. Muchielli, D. P. 79. 3. 30) ; — 2° Que le produit d'un bureau de tabac, concédé par l'Etat à la veuve d'un ancien militaire, doit être considéré comme une pension alimentaire et ne peut, dès lors, être saisi que dans la proportion d'un cinquième; qu'il importe peu que le concessionnaire du débit de tabac l'exploite elle-même ou le loue à un gérant; que cette location n'est qu'un mode de jouissance et ne transforme pas le caractère du produit (Douai, 17 févr. 1890, aff. Veuve Gérin, D. P. 90. 2. 308) ; — 3° Que la collation d'un bureau de tabac a le caractère que l'Etat accorde à des personnes qui, par elles-mêmes ou leurs proches, ont rendu des services à la chose publique et dont les moyens d'existence sont insuffisants; que les produits de ces bureaux, qu'ils proviennent, soit de l'exploitation directe par les titulaires, soit de l'exploitation par des gérants soumis à l'agrément de l'Administration, peuvent, s'ils sont reconnus nécessaires à la subsistance de ceux à qui il en a été fait don et dans la mesure de cette nécessité, être envisagés comme des sommes ou pensions pour aliments non susceptibles de saisie aux termes de l'art. 581 n° 4 c. proc. civ. (Paris, 4 mars 1893) (2).

— Attendu qu'il convient, par suite, de faire droit sur ce point aux conclusions de Hys ; — Attendu qu'il ne justifie pas d'un préjudice sérieux et appréciable; qu'il n'échet, en conséquence, d'accueillir sa demande en dommages ; — Par ces motifs, déclare valable, en la forme, la saisie-arrêt du 8 déc. 1890; mais accueillant, au fond, l'opposition de de Hys, déclare ladite saisie-arrêt nulle et de nul effet, comme faite pour choses non saisissables ; dit, en conséquence, que de Hys pourra toucher des mains du trésorier de la fabrique de Belloc les sommes lui appartenant et condamne Béret aux dépens.
Du 19 janv. 1892.-Trib. civ. de Saint-Girons.-MM. Tourraton, pr.-Laboyle, av.

(1) (Fouquier C. Abbé Sisson.) — LE TRIBUNAL ; — Attendu que Fouquier, créancier de l'abbé Sisson d'une somme de 7000 fr., montant en principal des condamnations prononcées à son profit par jugement du tribunal de commerce de la Seine, en date du 18 déc. 1888, a formé opposition, suivant exploit de Dhéret, huissier à Paris, du 5 mai 1891, enregistré, entre les mains de l'archevêque de Paris, sur la pension de 4000 fr., qu'il sert à l'abbé Sisson ; — Attendu que l'abbé Sisson, demande la nullité de cette opposition, tant à raison du caractère d'insaisissabilité que des lois spéciales auraient attaché aux pensions ecclésiastiques, que de la nature même de sa pension qui lui aurait été servie à titre d'aliments; — Attendu que la déclaration du roi du 7 janv. 1779, qui consacre le principe de l'insaisissabilité des pensions servies par l'Etat, ne saurait, ainsi que le prétend à tort l'abbé Sisson, s'appliquer aux pensions ecclésiastiques; qu'à cette époque, en effet, le clergé subvenait lui-même, au moyen de ses biens personnels, aux frais du culte et au traitement de ses ministres, sans aucune participation de l'Etat; — Attendu que les pensions ecclésiastiques ont été créées et organisées par les décrets des 28 juin

1853 et 27 mars 1860; qu'aucun de ces textes ne reproduit le principe d'insaisissabilité proclamé pour les pensions civiles dans l'art. 26 de la loi du 9 juin 1853 ; et qu'on ne saurait, à raison de ce silence, l'étendre par voie d'analogie, aux pouvoirs ecclésiastiques; — Attendu, au surplus, que les décrets précités n'ont trait qu'aux seules pensions ecclésiastiques servies par l'Etat, et ne s'appliquent pas aux pensions allouées, comme dans l'espèce actuelle, conformément au décret du 13 therm. an 13, par l'autorité diocésaine au moyen des ressources qui lui sont propres, et qui sont alimentées par le produit de la location des chaises dans les églises du diocèse ; que la pension servie à l'abbé Sisson est donc, à ce premier point de vue, cessible et saisissable; — Mais attendu que des documents produits il appert que cette somme de 4000 fr. est en partie nécessaire à l'abbé Sisson pour subvenir à ses besoins ; qu'il y a lieu dès lors d'en fixer la portion alimentaire aux trois quarts, soit à la somme de 3000 fr.; que dans ces conditions l'opposition de Fouquier ne saurait valablement frapper que le dernier quart, soit la somme de 1000 fr.; — Par ces motifs : — Dit que l'opposition pratiquée par Fouquier suivant exploit de Dhéret, huissier à Paris, en date du 5 mai 1891, ne conservera son effet que sur le quart de la pension allouée à l'abbé Sisson, soit sur la somme de 1000 fr.; — Fait mainlevée de cette opposition en ce qu'elle frappe le surplus de ladite pension ; — Dit, en conséquence, que l'abbé Sisson pourra toucher, dans ladite proportion, de l'archevêque de Paris, tous termes échus et à échoir, quoi faisant le tiers saisi bien et valablement déchargé ; — Ordonne l'exécution provisoire du présent jugement; — Condamne Fouquier aux dépens.
Du 15 déc. 1892.-Trib. civ. de la Seine, 1re ch., MM. Gillet, pr.-Lombard, subst.-Lebée et Davrillé des Essarts, av.

(2) (Veuve Jouanguy C. Demoiselle Feitu.) — LA COUR ; — Considérant que, d'après les principes qui régissent la ma-

Mais il a été jugé, au contraire : 1° que les sommes dues, même sous forme de rente, au titulaire d'un bureau de tabac par celui auquel il en a loué la gérance, peuvent être l'objet d'une saisie-arrêt ; qu'elles ne représentent ni une pension ni un traitement (Trib. civ. de Die, 23 nov. 1864, aff. Fraud, D. P. 71. 5. 344) ; — 2° Que le produit résultant de la location du droit de gérer ou d'exploiter un bureau de tabac peut être saisi pour la totalité (Amiens, 27 nov. 1877, aff. Rains, D. P. 78. 2. 9 ; Douai, 17 janv. 1872, aff. Rains, *ibid.* note) ; — 3° Que la concession d'un bureau de tabac faite à la veuve d'un officier ne doit pas être assimilée à une pension ou complément de pension et n'a pas le caractère alimentaire exigé par l'art. 581 c. proc. civ.; que, conséquemment, aucune disposition de loi ne permet la réduction des effets d'une opposition pratiquée sur un titulaire de bureau de tabac (Trib. civ. Rambouillet, 22 juill. 1892 (1). V. Boulet et Dubouloz, *op. cit.*, n° 198).

74. On admet que les indemnités allouées aux membres des divers corps électifs sont saisissables toutes les fois que les dispositions qui autorisent ces allocations n'ont pas attribué aux indemnités un caractère insaisissable. Il a été jugé, en ce sens : 1° que l'indemnité touchée par les membres de la représentation nationale, notamment celle qui était allouée aux députés du Corps législatif, ne peut être assimilée aux traitements et pensions dus par l'État, et, par suite, n'est pas insaisissable (Trib. civ. Doullens, 8 juill. 1870, aff. Laignel, D. P. 71. 3. 55) ; — 2° Que l'allocation votée par le conseil municipal à son maire à titre de frais de représentation, mais en réalité pour l'indemniser de la perte de temps qu'il s'impose en abandonnant un emploi salarié, dérive du même principe que l'indemnité allouée aux sénateurs et aux députés et est, comme telle, saisissable en vertu de cette règle que tous les biens d'un débiteur sont le gage de ses créanciers, à moins que la loi n'en ait décidé autrement (Trib civ. Seine, 5e ch., 2 nov. 1893, aff. Walter, D. P. 94. 2. 415. V. Dodo, n° 109 ; Boulet et Dubouloz, *op. cit.*, n° 198. *Adde* : L. 2 août 1875, art. 26, D. P. 75. 4. 117 ; 30 nov. 1875, art. 17, D. P. 76. 4. 4 ; 5 avr. 1884, art. 74, D. P. 84. 4. 47 ; Pierre, *Traité de droit électoral et parlementaire*, n° 1174).

75. Ainsi qu'on l'a vu *supra*, n° 69, la loi du 21 vent. an 9 admet une insaisissabilité partielle pour les traitements des fonctionnaires publics et employés civils. Cette disposition étant exceptionnelle, la jurisprudence a

longtemps décidé qu'à la différence des traitements des fonctionnaires des administrations publiques, les traitements ou salaires des personnes employées par des particuliers peuvent être frappées en totalité de saisie-arrêt (*Rép.* n° 178). Il a été décidé depuis, en ce sens, que la loi du 21 vent. an 9, qui ne déclare saisissable le traitement des fonctionnaires publics et employés civils que pour une fraction déterminée par cette loi, suivant l'importance des traitements, n'est pas applicable aux employés des particuliers ou des établissements privés, et notamment à l'employé d'une compagnie de chemins de fer ; que le traitement de cet employé peut, en conséquence, être saisi pour la totalité (Bordeaux, 17 mars 1858, aff. Laffargues et 24 mars 1858, aff. Cornu, D. P. 59. 2. 6). Et cette solution était même appliquée au salaire des ouvriers, bien qu'à raison de leur modicité, ils aient un caractère alimentaire. — Mais la jurisprudence paraît aujourd'hui se fixer en sens contraire : elle admet, en général, que les traitements des employés des particuliers et les salaires des ouvriers peuvent être déclarés insaisissables, soit pour partie, soit même pour le tout, lorsqu'il est établi qu'ils ont un caractère alimentaire. Il a été jugé notamment : 1° que la saisie-arrêt ne peut frapper que ce qui n'est pas absolument indispensable à la subsistance du saisi et au soutien de sa famille ; que de plus elle n'a d'effet, lorsqu'elle est pratiquée sur les salaires d'un pilote-côtier, que sur ce qui revient à ce pilote, distraction faite des retenues destinées à la Caisse des invalides de la marine, à la Caisse de retraite des pilotes, à l'armement de la barque, et aux hommes de l'équipage (Rouen, 26 mars 1859, aff. Dazier, D. P. 59. 2. 157) ; — 2° Que les traitements des employés des particuliers et les salaires des ouvriers peuvent être déclarés insaisissables, soit pour partie, soit même pour le tout, lorsqu'il est constaté qu'ils ont un caractère alimentaire (Civ. rej. 10 avr. 1860, aff. Beurnier, D. P. 60. 1. 166) ; — 3° Que les tribunaux peuvent déclarer insaisissables une fraction des salaires des ouvriers et des gages domestiques, de manière à assurer l'existence du débiteur et de sa famille (Caen, 21 janv. 1869, aff. Hilbé, D. P. 74. 5. 440) ; — 4° Que les traitements des employés, des particuliers et les salaires des employés peuvent être déclarés insaisissables, soit en partie, soit pour le tout, lorsqu'il est constaté qu'ils ont un caractère alimentaire ; que les juges du fond apprécient souverainement la quotité des sommes saisies qui, à ce titre, doit être réservée au débiteur, que spécialement ils peuvent, en se fondant sur les usages commerciaux

tière, la collation d'un bureau a le caractère d'un secours que l'État accorde à des personnes qui par elles-mêmes ou leurs proches ont rendu des services à la chose publique et dont les moyens d'existence sont insuffisants ; — Que les produits de ces bureaux, qu'ils proviennent soit de l'exploitation directe par les titulaires, soit de l'exploitation par des gérants soumis à l'agrément de l'Administration, peuvent, s'ils sont reconnus nécessaires à la subsistance de ceux à qui il en a été fait don, et suivant la mesure de cette nécessité, être envisagés comme des sommes ou pensions pour aliments non susceptibles de saisie, aux termes de l'art. 581, n° 4, c. proc. civ. ; — Considérant que, dans l'espèce, il est justifié que les produits du bureau accordé à la demoiselle Feitu sont, à raison de l'insuffisance de ses ressources, de son état de santé et de son âge, nécessaires à sa subsistance dans la mesure des quatre cinquièmes ; — Qu'à tort les premiers juges les ont déclarés insaisissables pour la totalité ; — Qu'il convient en conséquence de valider la saisie-arrêt pratiquée aux mains des époux Allain, en en limitant les effets au cinquième des sommes saisies-arrêtées et en laissant à la charge de l'appelante tous les frais faits tant devant le tribunal que devant la cour ; — Par ces motifs : — Reçoit la veuve Jouanguy appelante du jugement rendu par le tribunal civil de la Seine le 27 août 1892 ; — Infirme ledit jugement en ce qu'il a déclaré nulle et de nul effet la saisie-arrêt pratiquée sur la demoiselle Feitu entre les mains des époux Allain, suivant exploit de Roussel, huissier à Pontivy, du 4 mai 1892, et en a fait mainlevée ; — Emendant de ce chef : — Valide ladite saisie-arrêt ; en limite les effets au cinquième des sommes saisies-arrêtées ; — Dit que dans cette mesure, les sommes dont les tiers saisis se reconnaîtront ou seront jugés débiteurs seront par eux versées aux mains de la veuve Jouanguy en déduction ou jusqu'à due concurrence de sa créance en principal, intérêts et frais, sans que la cour ait à statuer, d'ailleurs, sur la composition de cette créance ; — Déclare la veuve Jouanguy mal fondée dans le surplus de ses conclusions ; — Dit que les époux Allain seront tenus de se libérer aux mains de la demoiselle Feitu des quatre cinquièmes des sommes

saisies-arrêtées, nonobstant toute opposition ou défense de la veuve Jouanguy ; — Confirme pour le surplus, le jugement dont est appel ;
Du 4 mars 1893.-C. de Paris, 4e ch.-MM. Bresselle, pr.-Harel, av. gén.-Duval-Arnould et Aujay, av.

(1) (Lamarle C. Jouanny.) — LE TRIBUNAL ; — Attendu que, sur l'opposition formée par Jouanny entre les mains du sieur Totel, sur toutes les sommes que celui-ci pourrait devoir à la dame Lamarle, pour cession de la gérance d'un bureau de tabac à Rambouillet, dont elle est titulaire, la demanderesse a assigné le sieur Jouanny en mainlevée de cette opposition, comme portant sur des valeurs insaisissables ; — Attendu que la dame Lamarle soutient que la concession de son bureau de tabac n'est qu'un complément de sa pension de veuve d'officier, et que, par suite, elle est insaisissable comme cette pension elle-même, conformément à l'art. 582 ; — Attendu que la demanderesse conclut aujourd'hui à ce que l'effet de la saisie-arrêt faite par Jouanny soit réduite au cinquième des redevances que lui doit son concessionnaire ; — Attendu qu'en principe et à moins qu'il n'en ait été décidé autrement par la loi, tous les biens du débiteur étant le gage de ses créanciers, c'est au débiteur à prouver que les sommes qu'il prétend avoir été saisies à tort rentrent dans la catégorie des sommes que la loi déclare insaisissables ; — Attendu que la dame Lamarle ne rapporte pas cette preuve ; — Attendu qu'il n'est point démontré que la concession d'un bureau de tabac doive être assimilée à une pension ou à un complément de pension, ni qu'elle ait le caractère alimentaire exigé par l'art. 581 ; — Attendu qu'aucune disposition de la loi ne permet la réduction des effets de l'opposition pratiquée sur la dame Lamarle, titulaire du bureau de tabac sis à Rambouillet, place de la Foire, aux mains de Totel par le sieur Joanny ; — Par ces motifs ; — Déclare la veuve Lamarle mal fondée en sa demande, l'en déboute et la condamne aux dépens.
Du 22 juill. 1892.-Trib. civ. de Rambouillet, M. Cattive, pr.

(dans l'espèce de ceux de la place de Paris), fixer cette quotité au cinquième du traitement de l'employé contre lequel a été pratiquée la saisie (Req. 29 mai 1878, aff. Paulier, D. P. 79. 1. 21) ; — 5° Que si les traitements et salaires des ouvriers et autres employés ne sont pas expressément déclarés insaisissables par la loi, il appartient néanmoins aux tribunaux d'apprécier si, à raison de leur insuffisance, il en est ainsi lorsque le traitement d'un employé lui procure à peine le moyen de subvenir à ses besoins essentiels et qu'il est exclusivement et entièrement affecté au payement de son logement et de sa pension (Bordeaux, 11 mars 1892, aff. Bourrier et Durand, D. P. 92. 2. 595) ; — 6° Que lorsque le chiffre des appointements d'une artiste a eu, aux différentes époques, constamment, jusqu'à concurrence des quatre cinquièmes, un caractère alimentaire, le directeur, en laissant la partie saisie toucher, malgré les oppositions pratiquées, les quatre cinquièmes de ses appointements, n'a pas plus dans la période qui a précédé l'ordonnance de référé aux termes de laquelle la retenue a été fixée à un cinquième que dans la période ultérieure, commis une faute engageant sa responsabilité au delà du chiffre des sommes par lui retenues (Paris, 14 mars 1894 (1) V. conf. Rousseau et Laisney, op. cit., nos 250 et suiv. ; Boulet et Dubouloz, op. cit., nos 200 et 201, Dodo, op. cit., n° 113, Garsonnet, Traité de procédure, t. 3, n° 550, p. 533). Ce dernier auteur fait valoir, dans le sens de cette jurisprudence, les considérations suivantes : « Aux termes de l'art. 1244 c. civ. les tribunaux ont le droit d'accorder, dans certaines circonstances, un délai de grâce au débiteur ; par analogie, ne doit-on pas leur permettre de restreindre les effets de la saisie-arrêt pratiquée sur lui ; sans doute l'art. 581 c. proc. civ. ne rend insaisissables les sommes dues pour aliments que dans certains cas ; mais d'autre part, l'art. 592 c. proc. civ., nos 2 et 4, interdit de saisir-exécuter

sur le débiteur ce qui est nécessaire à l'exercice de sa profession et à fortiori ce qui lui est nécessaire pour vivre ; cette idée a une portée trop générale pour ne pas être appliquée à toute espèce de saisie. Comme on l'a très bien fait remarquer, le produit du travail du débiteur ne peut servir de gage au créancier de ce dernier que déduction faite de ce qui est la condition même, la charge si l'on veut, du travail accompli, de ce qui est nécessaire au débiteur pour subsister ; c'est ce motif qui nous touche le plus et qui fournit à la jurisprudence une base véritablement solide ; et à ce point de vue, nous pensons que, même pour un créancier alimentaire, la partie insaisissable devrait être respectée ».

76. Un émolument éventuel ne saurait être assimilé à un traitement et est, par cela même, saisissable pour la totalité. Il a été jugé, qu'un émolument éventuel attribué à un employé ne saurait être assimilé à des appointements, ni être susceptible de l'application, même par analogie, de la loi de ventôse an 9 (Ord. référé, Trib. Seine, 28 nov. 1889, aff. Cosson, D. P. 92. 2. 359). On n'en saurait dire autant d'un traitement variable, par exemple proportionnel aux bénéfices du patron, mais d'ailleurs payable à intervalles périodiques, toutes les semaines, tous les mois. Ce qui caractérise l'émolument éventuel, c'est moins son montant que son absence de périodicité.

77. La saisie-arrêt peut valablement porter sur des appointements futurs (Bordeaux, 27 nov. 1871, aff. Deloi et Zibelin, D. P. 72. 5. 395. Comp. infrà, n° 158). Mais des droits de commission ne sauraient être assimilés à des salaires ou appointements, et dès lors, ceux qui pourront être dus sur des affaires non encore conclues ne peuvent faire l'objet d'une saisie-arrêt Trib. civ. Seine, 29 avr. 1882) (2).

78. Il a été jugé aussi : 1° qu'on ne saurait attribuer aux bénéfices relativement importants et essentiellement variables que procure la pratique cumulée d'industries diverses (dans l'espèce la profession de médecin vétérinaire tenant établissement de maréchalerie et infir-

---

(1) (Thierret, Feiss et comp. C. Demoiselle Bernardi.) — Le tribunal de la Seine a, le 3 déc. 1892, rendu un jugement ainsi conçu : — Attendu qu'il résulte des documents de la cause et d'une ordonnance de référé, en date du 8 nov. 1890, que les sommes saisies sur la demoiselle Bernardi aux mains de Ritt, avaient, à raison de leur nature et jusqu'à concurrence des quatre cinquièmes des appointements de la débitrice, un caractère essentiellement alimentaire ; — Qu'ils étaient donc insaisissables dans cette mesure, et que, par suite, Ritt, en ne retenant plus que le cinquième des appointements de la demoiselle Bernardi, a sauvegardé tout à la fois les intérêts du créancier et ceux de son employée et qu'il n'a commis aucune faute qui engage sa responsabilité au delà des sommes par lui retenues à la disposition des créanciers opposants ; — Par ces motifs ; — Déclare Thierret, Feiss et comp. mal fondés en leur demande, les en déboute ; — Et les condamne aux dépens ».

Appel par Thierret, Feiss et comp.

La cour ; — Statuant sur l'appel interjeté par Thierret, Feiss et comp., d'un jugement rendu par le tribunal civil de la Seine, le 3 déc. 1892 ; — Considérant, sans avoir à rechercher si la loi du 21 vent. an 9, qui détermine la portion saisissable sur les traitements des fonctionnaires publics et civils, est applicable en l'espèce, et en admettant que Ritt n'ait pu utilement invoquer dans sa déclaration affirmative du 7 janv. 1891, pour justifier les retenues d'un cinquième seulement par lui opéré ; — Qu'il résulte de tous les documents de la cause qu'étant donnée la situation de la demoiselle Bernardi dès 1885 et le chiffre de ses appointements aux différentes époques, ceux-ci ont, eu constamment, jusqu'à concurrence des quatre cinquièmes, un caractère alimentaire ; que, par conséquent, Ritt, en laissant la demoiselle Bernardi toucher, malgré les oppositions pratiquées, quatre cinquièmes de ses appointements, n'a pas plus, dans la période qui a précédé l'ordonnance du 8 nov. 1890, aux termes de laquelle la retenue a été fixée à un cinquième, que dans la période ultérieure, commis une faute engageant sa responsabilité au delà du chiffre des sommes par lui retenues ; — Adoptant pour le surplus les motifs des premiers juges qui ne sont pas contraires à ceux qui précèdent ; — Par ces motifs ; — Met l'appellation à néant, déclare les appelants mal fondés en leurs demandes, fins et conclusions, les en déboute ; — Ordonne que ce dont est appel sortira son plein et entier effet ; — Condamne les appelants à l'amende et aux dépens d'appel, dans lesquels entreront tous les droits d'enregistrement perçus ou à percevoir.

Du 14 mars 1894.-C. de Paris, 6e ch.-MM. Calary, pr.-Reboul et Carraby, av.

(2) (Ulmer C. Struck.) — Le tribunal ; — En ce qui touche la demande en déclaration affirmative : — Attendu qu'elle est devenue sans objet par suite de la déclaration faite par Grantzer au greffe de ce tribunal à la date du 19 août 1881 ; — En ce qui touche la demande en contestation de la déclaration dont s'agit : — Attendu que Grantzer a affirmé qu'à la date du 21 juill. 1880, date de l'opposition, loin d'être débiteur de Struck, partie saisie, il en était au contraire le créancier ; — Attendu que les parties sont d'accord sur les chiffres ; qu'il résulte des documents produits qu'à la date susvisée Grantzer devait à Struck pour droit de commission 906 fr. 80, mais que d'autre part Struck devait à Grantzer pour avances à lui faites à ce jour 2830 fr. 75, d'où il suit que le compte se soldait par une somme de 1923 fr. 95 au débit de Struck ; — Qu'ainsi la saisie-arrêt n'a pas trouvé d'aliments ès mains de Grantzer lorsqu'elle a été pratiquée par Ulmer, aucune créance n'étant née à cette date ; — Mais attendu que, s'il est constant que postérieurement à cette saisie, de nouvelles avances ont continué à être faites par Grantzer à Struck ; — Que sur ce point, Ulmer soutient qu'en présence de la saisie, Grantzer n'aurait dû faire aucun versement nouveau, ladite saisie frappant d'indisponibilité les sommes à venir ; — Mais attendu qu'il n'y a pas lieu de s'arrêter à sa prétention ; — Qu'en effet ce principe ne serait applicable que s'il s'agissait de salaires ou appointements futurs et courus après la saisie, au profit de l'agent salarié, d'un tiers saisi en vertu d'un contrat préexistant ; — Mais qu'en l'espèce, il ne s'agit de rien de semblable ; — Qu'en effet, Ulmer n'allègue même pas que Struck soit l'employé salarié de Grantzer et qu'il résulte des documents et renseignements fournis au tribunal, que Struck n'est qu'un commissionnaire ; — Qu'il n'a ni salaires, ni appointements, et qu'il est rémunéré uniquement par des droits de commission sur chacune des affaires qu'il peut procurer à Grantzer ; — Mais attendu qu'il n'existe entre eux aucun lien de droit ni aucun contrat antérieur à la saisie, que les inscriptions, figurant aux livres de Grantzer, d'avances faites postérieurement à la saisie de Struck sur ses droits de commission, ne peuvent changer la situation réciproque des parties ; — Que dans ces circonstances, Ulmer, créancier saisissant, n'a pu se prévaloir d'aucun droit antérieur de Struck son débiteur, sur sommes qu'il devait gagner plus tard en contractant librement avec le tiers saisi ;

Par ces motifs, donnant acte en tant que de besoin à Grantzer de ce qu'il a fait une déclaration affirmative et la validant comme sincère et véritable ;

Déclare Ulmer mal fondé en ses contestations, l'en déboute, etc.

Du 29 avr. 1882.-Trib. civ. de la Seine, 8e ch.-MM. Delahaye, pr.-Blanc, subst.-Paul Daniel et Bogelot, av.

merie d'animaux) le caractère alimentaire qui s'attache aux traitements et salaires fixes d'employés ou d'ouvriers n'ayant pas d'autres moyens d'existence pour eux et pour leur famille (Paris, 6° ch., 12 nov. 1888) (1) ; — 2° Qu'une pension de retraite accordée sur une caisse communale peut être déclarée insaisissable lorsqu'il résulte des circonstances qu'elle a un caractère alimentaire (Aix, 24 mai 1865, aff. Torrini, D. P. 66. 5. 348).

79. — II. Choses déclarées insaisissables par des dispositions du code de procédure. — On a vu que les *provisions alimentaires* adjugées par justice sont insaisissables (V. en outre les auteurs cités au *Rép. ibid.* : Rousseau et Laisney, *op. cit.*, n°s 298 et suiv. ; Dodo, *op. cit.*, n°s 121 et suiv., Boulet et Dubouloz, *op. cit.*, n°s 209, 210, 211). Il a été jugé qu'une provision alimentaire adjugée par justice peut être valablement cédée, mais qu'une semblable provision est insaisissable (Bordeaux, 17 mars 1891, aff. Lassoujades, D. P. 91. 2. 179).

80. On doit considérer comme ayant un caractère alimentaire et, par suite, comme insaisissable, la pension viagère allouée à un ouvrier à titre d'indemnité à raison d'un accident (Paris, 5 févr. 1870, *infra*, n° 82). ... La condamnation a des dommages-intérêts prononcée au profit d'un ouvrier qui, n'ayant d'autre ressource que le travail de ses bras, a été privé de cette ressource par un accident grave dont il a été victime dans l'exécution d'un travail commandé (Colmar, 29 avr. 1863, aff. Hultrer, D. P. 63. 5. 333).

Au reste il a été jugé, d'une façon générale que les dispositions des art. 580 et 581 qui déclarent les sommes et pensions insaisissables ne sont pas limitatives; qu'elles ne s'appliquent pas seulement aux sommes et pensions allouées pour aliments, par donation ou par testament, mais à toutes les sommes et pensions ayant un caractère alimentaire, et notamment à l'indemnité due par suite d'un accident qui a occasionné une incapacité partielle de travail (Caen, 19 juin 1893, aff. Missonier, D. P. 94. 2. 318).

81. Il a été décidé : 1° qu'une pension de retraite, accordée par une caisse communale, peut être déclarée insaisissable, lorsqu'il résulte des circonstances qu'elle a un caractère alimentaire (Aix, 24 mai 1865, aff. Torini, D. P. 66. 5. 318. *Adde*, dans le même sens : Trib. civ. Lyon, 25 août 1883, *La Loi* du 18 déc. 1883) ; — 2° Que les prélèvements men-

suels stipulés au profit de la veuve d'un gérant de société a un caractère alimentaire, et, que dès lors, il appartient au juge des référés de réduire les effets d'une saisie-arrêt qui les frappe, à condition de ne pas statuer sur l'opposition elle-même et de se borner à prescrire des mesures provisoires sans porter préjudice au principal (Paris, 30 janv. 1891, aff. Dame Vaisel, D. P. 92. 2. 482). — Mais il a été jugé, au contraire : 1° que la somme allouée à une veuve pour frais de deuil n'est pas insaisissable (Bordeaux, 17 mars 1891, aff. Lassoulade, D. P. 91. 2. 179), dit l'arrêt, que, malgré les considérations de haute convenance qui doivent assurer cette dépense, on ne saurait, en l'absence d'un texte de loi, déclarer insaisissables les sommes accordées pour les réaliser; — 2° Que l'on ne doit pas considérer comme insaisissable la somme allouée par l'État aux victimes d'une inondation, cette somme devant être considérée, non comme un simple secours charitable, mais bien comme une véritable indemnité proportionnelle à la valeur des objets perdus (Trib. civ. Carcassonne, 31 mai 1892) (2).

82. Par exception, les créances ayant un caractère alimentaire peuvent être saisies pour cause d'aliments (c. proc. civ. art. 582). Jugé, par application de cette règle : 1° que la pension viagère allouée à un ouvrier victime d'un accident, laquelle a un caractère alimentaire (V. *supra*, n° 80), peut être saisie en vertu de la créance d'un agent d'affaires qui a été chargé de suivre, à ses risques et périls, l'action en dommages-intérêts intentée par cet ouvrier, moyennant l'abandon d'une somme déterminée sur celle qui serait obtenue (Paris, 5 févr. 1870) (3) ; — 2° Que lorsque la créance en vertu de laquelle une saisie-arrêt est pratiquée revêt un caractère alimentaire, le débiteur saisi ne peut opposer au créancier saisissant l'insaisissabilité de sa propre créance contre le tiers saisi que dans une proportion inférieure à celle dont il pourrait se prévaloir vis-à-vis d'un saisissant agissant en vertu d'une créance ordinaire (Paris, 17 févr. 1892, aff. Dame Pian, D. P. 92. 2. 540).

83. On s'est demandé s'il y avait lieu de distinguer entre les créanciers qui ont fourni des aliments au débiteur antérieurement à l'adjudication de la pension ou de la provision et ceux qui les ont fournis postérieurement. Nous avons répondu par la négative (*Rép.*, n° 185), en nous fondant sur le texte littéral de l'art. 582, mais contrairement

---

(1) (Alexandre C. Bardet.) — La cour ; — Considérant que Bardet exerce à Paris la profession de médecin-vétérinaire, tenant établissement de maréchalerie et infirmerie d'animaux ; qu'on ne saurait, ni en droit ni en fait, attribuer aux bénéfices, relativement importants et essentiellement variables que procure à l'intimé la pratique cumulée de ces industries diverses, le caractère alimentaire qui s'attache aux traitements et salaires fixes d'employés ou d'ouvriers, n'ayant pas d'autres moyens d'existence pour eux et leur famille, et dont, pour ce motif, le juge peut réserver, au saisi et aux siens, une part déterminée; qu'il n'y a donc lieu d'accueillir la demande de Bardet ; — Par ces motifs, etc.

Du 12 nov. 1888.-C. de Paris, 6° ch.-MM. Villetard de Laguérie, pr.-Commoy, subst. proc. gén.-Tissier et David, av.

(2) (Caulet C. Rousset ès qualités.) — Le tribunal ; — Attendu qu'il est constant en fait que Caulet exploitait le moulin de Roy à Carcassonne, lorsque cette usine a été envahie par l'inondation du 25 oct. 1891 ; — Attendu que Caulet a été déclaré en faillite par jugement du 12 nov. 1891 ; — Attendu que postérieurement à cette déclaration de faillite, sur la somme allouée par l'État pour venir en aide aux sinistrés de la commune de Carcassonne, une somme de 2362 fr. a été attribuée audit Caulet ; — Attendu que le syndic a formé opposition à la délivrance à Caulet de cette dernière somme qui est actuellement déposée à la Caisse des dépôts et consignations ; — Attendu que Caulet a assigné devant le tribunal Rousset, syndic de la faillite, pour voir déclarer que la somme en litige n'entrera pas dans la masse active et lui sera personnellement délivrée ; — Attendu qu'en la forme aucune exception n'est soulevée contre la demande de Caulet et qu'il convient, par suite, de statuer sur le mérite de cette prétention ; — Attendu que, pour justifier cette prétention, Caulet soutient que la somme dont s'agit a été allouée non seulement à lui, mais à toute sa famille composée de cinq personnes, à titre charitable et dans un but essentiellement alimentaire ; que, par application de l'art. 581 c. proc. civ., cette somme serait insaisissable et ne pourrait être attribuée aux créanciers ; — Mais attendu que la somme de 2362 fr., fixée par la commission de répartition et attribuée taxativement à Caulet, doit être considérée, à raison même de son importance, non comme un simple secours charitable, mais bien

comme une véritable indemnité proportionnelle à la valeur des objets mobiliers ou des marchandises perdues ; — Attendu que tous les biens d'un débiteur sont le gage commun de ses créanciers, à moins qu'il n'ait été décidé autrement par la loi; — Attendu qu'aux termes de l'art. 443 c. com. la déclaration de faillite emporte contre le failli dessaisissement de l'administration de ses biens; qu'il en est ainsi même pour les biens advenus au failli après la déclaration de faillite; qu'il est d'évidence que si l'indemnité eût été versée à Caulet avant sa déclaration de faillite et eût été retrouvée par le syndic, Caulet n'aurait pû retenir cette indemnité; qu'en droit, la situation est identique; qu'elle appartient au surplus au failli, conformément à l'art. 474 c. com., de réclamer des secours alimentaires pour lui et sa famille sur l'actif de sa faillite; — Attendu que les dépens suivent le sort du principal; — Par ces motifs, déclare Caulet mal fondé dans sa demande, l'en déboute, dit et juge en conséquence que le syndic a seul le droit de retirer de la Caisse des dépôts et consignations la somme de 2362 fr. dont s'agit, laquelle entrera dans la masse active ; — Condamne Caulet aux dépens.

Du 31 mai 1892.-Trib. civ. de Carcassonne.-MM. Loubers, pr.-Lauze, subst.-Escudié et Delsol, av.

(3) (Naegelen C. Monplot.) — La cour ; — Considérant que la rente annuelle et viagère de 300 fr. allouée à Naegelen est essentiellement alimentaire ; — Qu'elle ne pouvait, en conséquence, être frappée d'une saisie-arrêt que pour une créance alimentaire ; — Considérant que, dans l'espèce et à raison des circonstances de la cause, la créance de Monplot a un caractère alimentaire, puisque l'exécution du mandat a eu pour effet de procurer à Naegelen la pension alimentaire qu'il a obtenue ; — Mais considérant que les honoraires dudit mandat, fixés, en cas de réussite, au tiers de toutes les sommes allouées à titre de dommages-intérêts à Naegelen, sont excessifs, et qu'il appartient à la cour de les réduire à de justes proportions ; — Qu'il est équitable d'en assurer le payement en autorisant, jusqu'à concurrence de la somme allouée, la saisie de la pension viagère et alimentaire dont s'agit ; — Par ces motifs,

Du 5 févr. 1870.-C. de Paris, 4° ch.-MM. de Boissieu, pr.-Laborie, av. gén.-Colmet-Daâge et Thiéblin, av.

aux observations présentées par la section du Tribunat, sur le projet du code de procédure (V. les auteurs cités *suprà*, n° 79. Il a été jugé, conformément à cette doctrine : 1° que les créanciers pour cause d'aliments peuvent saisir les sommes dues à titre alimentaire à leur débiteur, encore bien que leurs créances soient antérieures aux droits conférés à ce dernier sur lesdites sommes, et qu'aucune permission ne leur ait été accordée par le juge (Req. 18 janv. 1875, aff. Decamps, D. P. 75. 1. 360) ; — 2°. Qu'il n'y a pas lieu de distinguer, lorsqu'on se trouve en présence d'un créancier alimentaire, entre les créances antérieures et celles postérieures à l'adjudication des sommes frappées d'une telle affectation qui est réputée devoir subvenir aux dettes d'aliments du passé aussi bien qu'aux besoins du présent et de l'avenir (Trib. civ. Seine 28 févr. 1884, *La Loi*, du 26 mars 1884).

84. La loi déclare encore insaisissables les *sommes et objets disponibles déclarés tels par le testateur ou donateur* (*Rép.* n° 186) ainsi que les sommes et pensions pour aliments, encore que le testament ou la donation ne les déclare pas insaisissables (*Rép.* n° 189). En présence de ces expressions « sommes et objets », on s'est demandé si la clause d'insaisissabilité est valable lorsqu'il s'agit d'immeubles. « Nous croyons, dit M. Dodo, *op. cit.*, n° 123, que le législateur, préoccupé de débarrasser de toute entrave la circulation des immeubles, n'a pas voulu leur appliquer notre clause, craignant de créer ainsi une nouvelle espèce de substitution, en ce que, dès lors, les art. 581 et 582 c. proc. sont spéciaux aux meubles et ne sauraient s'appliquer à des donations immobilières, et que la clause d'insaisissabilité apposée à une donation immobilière doit être, tout au moins à l'égard des créanciers postérieurs à la donation, réputée non écrite comme contraire à la loi » (Poitiers, 12 mars 1885) (1). Mais les fruits d'un immeuble dont l'usufruit est donné ou légué sont meubles et peuvent, dès lors, être déclarés insaisissables par le testateur ou le donateur, conformément à l'art. 581 c. proc., et la condition d'insaisissabilité attachée au legs d'usufruit d'un immeuble s'étend aux fruits de cet immeuble, et notamment aux loyers et fermages perçus par l'usufruitier, lesquels par suite ne sont pas susceptibles de saisie-arrêt (Civ. cass. 1er juill. 1863, aff. Veuve Philippon, D. P. 63. 1. 312).

85. Il a encore été jugé : 1° que l'obligation consentie par un héritier, comme prix de la cession par son cohéritier, de tous ses droits dans la succession de leur père, de le loger, nourrir, chauffer, éclairer, etc., pendant sa vie et jusqu'à son décès, constitue, au profit de celui-ci, par sa nature et aussi à raison de la situation respective des parties, un droit exclusivement attaché à la personne du bénéficiaire, et ne peut en conséquence être l'objet d'une saisie-arrêt (Civ. cass. 5 août 1878, aff. Bayle-Saint-Setier, D. P. 79. 1. 75) ; — 2° Que la loi proclame bien l'insaisissabilité des sommes ou pensions données à titre d'aliments par un testateur ou un donateur, mais que s'il s'agit d'un débiteur qui veut s'assurer lui-même des ressources aux dépens de ses créanciers, il serait contraire à toute équité que le débiteur, réduit aux abois et sur le point d'être exproprié, pût vendre sa propriété, moyennant un certain prix et une rente viagère et venir demander que tout ou partie de ladite rente viagère lui fût réservé à titre d'aliments (Trib. civ. de la Seine, 25 mai 1882, *Gaz. des trib.*, n° du 2 juill. 1882) ; — 3° Qu'il y a lieu d'ordonner la mainlevée des oppositions pratiquées sur un supplément de pension constituée à titre de libéralité par une compagnie de chemins de fer au profit de ses employés, lorsque, conformément à l'art. 581 c. proc., un article du règlement l'a déclarée incessible et insaisissable (Trib. civ. Seine, 2e ch., 12 mars 1889) (2).

86. Les rentes sur l'Etat sont insaisissables. Ce principe, énoncé au *Rép.*, n° 199, a été étudié plus en détail, v° *Trésor public*, n°s 1155 et suiv. Dans ces dernières années, la jurisprudence, qui avait longtemps interprété ce principe d'une façon absolue et en ce sens que ces valeurs échappent dans tous les cas aux poursuites des créanciers de leurs propriétaires, s'est départie de cette rigueur : aujourd'hui elle tend à restreindre singulièrement la portée de l'insaisissabilité des rentes sur l'Etat (V. notamment Civ. rej. 2 et Req. 16 juill. 1894, aff. Abadie et aff. Eubryet, D. P. 94. 1. 497 et la note. On reviendra sur cette question, *infrà*, v° *Trésor public*).

ART. 7. — *Formes de la saisie-arrêt. — Procédure.*
(*Rép.* n°s 202 à 237.)

87. « La saisie-arrêt, dit un arrêt (Chambéry, 20 janv. 1874, aff. Guillot, D. P. 76. 5. 399), renferme deux ordres de formalités destinées à garantir deux intérêts bien distincts : les unes sont relatives au saisi, les autres au tiers saisi ; chacune de ces deux parties est appelée à défendre son intérêt propre, mais non celui de l'autre, et n'a par conséquent se prévaloir des nullités qui affecteraient les formalités qui la concernent, mais de celles-là exclusivement. Dès lors le saisi ne peut exciper du défaut des formalités destinées à avertir le tiers saisi lorsque celui-ci se tient pour suffisamment averti ». Jugé, en conséquence, que le receveur de l'enregistrement, dont le traitement a été saisi-arrêté entre les mains du directeur, n'est pas recevable à prétendre que cette saisie aurait dû être formée entre les mains du receveur, soit de lui-même, alors que le directeur, loin de réclamer, a fait

<hr>

(1) (Furgier C. Allard, Lemoyne et autres.) — LA COUR ; — Attendu qu'il suffit de se reporter à ladite clause pour voir que la donatrice a voulu donner dans les conditions prévues par l'art. 534, § 3, c. proc. civ., et que la clause a été insérée dans l'intérêt exclusif des donataires et non de la donatrice, mais que les art. 581 et 582 c. proc. civ. sont spéciaux aux meubles et ne sauraient s'appliquer à des donations immobilières ; — Attendu que la clause d'insaisissabilité apposée à une donation immobilière doit être tout au moins, à l'égard des créanciers postérieurs à la donation, réputée non écrite comme contraire à la loi ; que par suite on ne doit avoir aucun égard à cette clause invoquée par Furgier contre ses créanciers qui, tous postérieurs à la donation, ont, lorsqu'ils lui ont prêté leur argent, pris en grande considération la fortune immobilière, puisqu'ils ont exigé une hypothèque, qui leur a été fournie et immeuble, qui n'auraient pas la clause d'insaisissabilité, qui aurait pu, si elle avait été portée à leur connaissance, les empêcher de fournir les fonds demandés ; que la clause d'insaisissabilité étant nulle, Furgier ne peut, comme il le fait subsidiairement, invoquer subsidiairement les dispositions de l'art. 582 c. proc. civ., qui ne peut s'appliquer que lorsqu'il y a des objets insaisissables, ce qui n'est pas, dans l'espèce, la clause d'insaisissabilité étant nulle. Du 12 mars 1885.-C. de Poitiers, 2e ch.-MM. Salmon, pr.-Broussard, av. gén.-Druet et Barbier, av.

(2) (Boutigny C. X...) — LE TRIBUNAL ; — Attendu que la contribution dont le règlement est attaqué par le sieur Boutigny, partie saisie, porte sur une somme de 2980 fr., montant des arrérages de la pension annuelle de 615 fr., due par la Compagnie des chemins de fer de l'Ouest audit sieur Boutigny, son ancien employé, depuis le 1er mars 1883, date de la mise à la retraite de ce dernier ; — Attendu que cette pension, distincte de celle provenant des retenues opérées sur les appointements de son titulaire pendant qu'il était en activité de service, représente un supplément de pension constituée, à titre de libéralité par la Compagnie des chemins de fer de l'Ouest au profit de ses employés dans un règlement du 15 avr. 1859, et que conformément à l'art. 581 c. proc. civ., l'art. 22 de ce règlement l'a déclaré incessible et insaisissable ; — Attendu que les créanciers qui l'ont frappée de leurs oppositions sont antérieurs au 1er mars 1883, jour où elle a été acquise à leur débiteur par l'effet de sa mise à la retraite, et que, dès lors, la somme à laquelle s'appliquent les oppositions étant, quant à eux, insaisissable pour le tout, en vertu de l'art. 582 c. proc. civ. ; qu'il y a donc lieu d'ordonner la mainlevée des oppositions dont il s'agit et de prononcer la nullité tant de la contribution ouverte au greffe sous le n° 44058 que du règlement provisoire qui en a été la conséquence ; — Par ces motifs, annule le règlement provisoire intervenu le 17 mai 1888 sur la somme de 2980 fr., appartenant au sieur Boutigny, et l'ouverture de contribution en vertu de laquelle il y a été procédé ; — Fait mainlevée pure et simple des oppositions pratiquées par les créanciers produisant sur la même somme et sur les termes échus jusqu'à ce jour de la pension insaisissable du sieur Boutigny ; — Dit que sur le vu du présent jugement, la Caisse des dépôts et consignations et la Compagnie des chemins de fer de l'Ouest seront tenues, nonobstant les oppositions, de verser au sieur Boutigny le montant de ladite pension, jusqu'à concurrence des deniers qui se trouvent dans leurs mains ; — Condamne les créanciers opposants et produisant aux dépens, mais sans solidarité. Du 12 mars 1889.-Trib. civ. de la Seine, 2e ch.-MM. Flandin, pr.-Brésillon, juge-comm.-de Mardigny, subst.-Magnier, av.

verser la somme saisie à la Caisse des consignations (Arrêt précité du 20 janv. 1874, Comp. Boulet et Dubouloz, *op. cit.*, n° 241 ; Rousseau et Laisney, *op. cit.*, n°s 370 et suiv.).

88. Il convient, toutefois, de rappeler que d'après l'art. 561 c. proc. civ. et l'art. 3 du décret du 18 août 1807, la saisie-arrêt entre les mains des receveurs, dépositaires ou administrateurs de caisses ou deniers publics, en cette qualité, n'est pas valable, si l'exploit n'est fait à la personne préposée pour le recevoir (*Rép.* n° 232). On s'était demandé si des oppositions pour sommes dues par l'État, faites à Paris, devaient empêcher les payements de tous mandats délivrés à celui au préjudice duquel ces oppositions étaient faites, quel que fût le lieu de payement désigné dans le mandat du ministre ordonnateur. Il a été jugé que les oppositions pratiquées à la caisse centrale du trésor public à Paris, sur les sommes dues par l'État, n'ont d'effet quant relativement aux payements à faire par cette caisse, qu'elles ne doivent pas être étendues aux payements à faire par les payeurs des départements et que, par suite, ces payeurs payent valablement les mandats délivrés sur eux par le ministre ordonnateur, malgré l'existence d'oppositions à la caisse centrale de Paris, si aucune opposition n'a été formée directement dans leurs mains (Civ. cass. 14 févr. 1867, aff. Trésor public, D. P. 67. 1. 20). La cour de cassation fait dans cet arrêt une application qui nous paraît fort exacte de la disposition de l'art. 13 de la loi de finances du 9 juill. 1836. « Les art. 13, 14 et 15 de cette loi, disait le rapporteur M. Félix Réal, posent une limite pour la garantie du Trésor. A l'avenir, les saisies-arrêts ou oppositions devront être faites, savoir : à Paris, entre les mains du conservateur des oppositions au ministère des finances, pour tous les payements à effectuer à la caisse du payeur central du trésor public, et pour le reste de la France, *entre les mains des payeurs, agents ou préposés, sur la caisse desquels les mandats auront été délivrés* ».

89. On a vu au *Rép.*, n° 233, que les saisies arrêts signifiées au trésor public ou entre les mains des receveurs, comptables ou administrateurs des deniers publics, sont régies quant aux formalités à suivre, par une législation spéciale ayant sa base dans le décret du 18 août 1807. Il a été jugé, en conséquence, que la contre-dénonciation n'est point obligatoire, lorsque les fonds saisis-arrêtés sont déposés dans une caisse publique, et notamment à la Caisse des consignations (Trib. civ. Rennes, 14 août 1891, aff. Fresnois et autres, D. P. 93. 2. 246).

Art. 8. — Dénonciation au saisi. — Demande en validité. — Demande en mainlevée de la saisie-arrêt.

§ 1er. — De la dénonciation au saisi (*Rép.* n°s 238 à 252).

90. C'est une règle constante que lorsque le tiers saisi demeure hors de France, il y a lieu d'appliquer l'art. 73 c. proc. sur les ajournements. Aux auteurs cités au *Rép.* n° 243, *adde* : Boulet et Dubouloz, *op. cit.*, n° 236, Dodo, *op. cit.*, n°s 182 et suiv. ; Rousseau et Laisney, v° *Saisie-*

arrêt, n° 397. Il a été jugé, en ce sens, qu'en cas de saisie-arrêt formée en France, sur un débiteur domicilié à l'étranger, le saisissant doit, à peine de nullité, faire la dénonciation au parquet du procureur de la République dans la huitaine de la saisie-arrêt, sans pouvoir réclamer une augmentation de délai à raison de la distance entre son domicile et celui du saisi, sauf le droit de ce dernier aux délais de comparution fixés par l'art. 73 c. proc. civ. (Paris, 27 janv. 1870, aff. De Montluc, D. P. 71. 2. 100, et sur pourvoi, Civ. rej. 5 nov. 1872, D. P. 73. 1. 64).

91. On a vu au *Rép.*, n° 239, que le délai pendant lequel doit être faite la dénonciation n'est pas franc, et que l'art. 1033 c. proc. n'est pas applicable en la matière. V. conf. aux arrêts rapportés *ibid.*, Trib. civ. de Mantes-sur-Seine, 7 avr. 1894 (1).

92. En vertu du décret du 18 août 1807 (*Rép.* v° *Trésor public*, p. 1123), les lois de 1792 et 1793 concernant la procédure des oppositions signifiées au trésor public sont restées en vigueur sous l'empire du code de procédure civile. Mais cette législation spéciale a eu exclusivement en vue l'intérêt du Trésor, et elle ne déroge aux règles du droit commun qu'au regard du tiers saisi (V. *infrà*, n° 118) ; ces règles demeurent applicables, même lorsqu'il s'agit de saisies-arrêts formées entre les mains des détenteurs de deniers publics, en tant qu'elles se réfèrent aux rapports entre le saisissant et le débiteur saisi. Il en est ainsi, notamment, de celle qui exige la dénonciation de la saisie au débiteur (*Rép.* n° 245). Jugé, en ce sens : 1° que le décret du 18 août 1807, relatif aux formes à suivre pour les saisies-arrêts ou oppositions entre les mains des receveurs ou administrateurs de caisses ou de deniers publics, n'a modifié en rien les dispositions du droit commun qui règlent les rapports du saisissant et du saisi, et laisse en conséquence subsister la nécessité de la dénonciation prescrite par l'art. 563 c. proc. civ. (Paris, 27 janv. 1870, aff. De Montluc, D. P. 71. 2. 100 et sur pourvoi, Civ. rej. 5 nov. 1872, D. P. 73. 1. 64) ; — 2° Que le décret du 18 août 1807 ne visant que les saisies-arrêts faites entre les mains des receveurs dépositaires ou administrateurs de caisses ou deniers publics, ses dispositions sont étrangères, au cas d'une opposition formée sur les fonds détenus par un trésorier de fabrique et que, de pareilles sommes ne constituant pas des deniers publics, et les formalités dudit décret étant établies uniquement dans l'intérêt du Trésor seul, leur inobservation ne peut être invoquée ni par le saisi, ni par les tiers (Trib. civ. de Saint-Girons, 19 janv. 1892, *suprà*, n° 74 ; V. conf. : Rousseau et Laisney, v° *Saisie-arrêt*, n°s 620 et suiv. ; Dodo, *op. cit.*, n° 259 ; Boulet et Dubouloz, *op. cit.*, n°s 282 et 283).

93. Comme on l'a fait remarquer au *Rép.*, n° 247, il paraît être dans le vœu de la loi que la dénonciation contienne la copie intégrale de la saisie-arrêt ; mais on a ajouté que, cette formalité n'étant pas prescrite à peine de nullité, son omission ne devrait pas, en *thèse générale*, faire annuler l'exploit de dénonciation. La question est controversée ; la jurisprudence tend toutefois à décider que cette copie inté-

---

(1) (Jubert C. Époux Groux.) — Le Tribunal ; — Attendu que Jubert assigne les époux Groux pour voir prononcer la nullité de la saisie-arrêt pratiquée, à leur requête et à son préjudice, entre les mains de M. le receveur des finances de l'arrondissement de Mantes, préposé à la Caisse des dépôts et consignations, et comme conséquence la mainlevée de ladite saisie, le tout avec condamnation de 500 fr. de dommages-intérêts ; — Attendu que cette nullité est basée sur deux moyens : 1° que la dénonciation de la saisie n'a pas été faite dans les délais, et 2° que la saisie-arrêt a été pratiquée en vertu d'un jugement frappé d'appel ; — Attendu, d'une part, qu'aux termes de l'art. 563 c. proc., le saisissant est tenu de dénoncer la saisie-arrêt ou opposition au débiteur saisi, dans la huitaine de ladite saisie ; que la doctrine et la jurisprudence sont aujourd'hui unanimes qu'il ne s'agit pas ici d'un délai franc puisque la formalité doit être faite dans la huitaine ; que l'art. 1033 c. proc. est sans application en cette matière ; — Qu'on doit le décider ainsi dans tous les cas où la loi veut qu'on fasse une chose dans ou pendant le délai qu'elle fixe ; que conséquemment, la saisie-arrêt opérée le 16 février et dénoncée le 24 février même mois, doit être déclarée valable ; — Attendu, d'autre part, que le jugement de ce tribunal du 14 janv. 1893, frappé d'appel par Jubert, statue sur des chefs relatifs tout à la fois à l'exécution de l'acte de donation du 30 juill. 1879 et à diverses autres demandes ; que la cour de Paris se trouve actuellement saisie d'un ensemble de décisions qui ne peuvent être

divisées ; — Attendu, en principe, que la saisie-arrêt est une mesure essentiellement provisoire et conservatoire jusqu'au jugement de l'instance en validité ; qu'un jugement, même frappé d'appel, constitue un titre suffisant au profit de celui qui l'a obtenu, pour pratiquer une saisie-arrêt ; que l'autorité qui s'attache à ce jugement est tout au moins aussi grave que celle d'un titre sous seings privés, en vertu duquel le porteur de ce titre, contesté ou non, peut agir directement, sans permission du juge, contre son débiteur par voie de saisie-arrêt ; qu'il est admis, par une jurisprudence constante, qu'un tel jugement possède une valeur suffisante pour autoriser une inscription hypothécaire sur les biens du débiteur et qu'il est invraisemblable de prétendre qu'il ne saurait équivaloir à la simple permission sans titre accordée par le juge pour procéder à une saisie-arrêt ; que, s'il en était autrement, un débiteur aurait la faculté, à l'aide d'un appel, de faire disparaître toutes ses garanties et de mettre en lieu sûr ses biens et valeurs saisissables ; que, dans l'espèce, il est justifié au tribunal que Jubert a mis en vente ses immeubles et que l'adjudication en a été affichée pour le dimanche 11 mars dernier ; — Attendu toutefois que la plupart des décisions favorables à cette interprétation de la doctrine, dans le but de sauvegarder les droits du créancier et ceux du débiteur et de les concilier, s'accordent à décider qu'il doit être sursis à statuer sur la validité jusqu'au prononcé de l'arrêt à intervenir ; qu'il convient d'adopter cette jurisprudence qui a en outre l'avantage d'éviter

grale n'est pas indispensable et qu'une simple énonciation ou mention suffit. Il a été jugé, indépendamment des arrêts cités au *Rép.*, n° 248, que si l'art. 559 c. proc. prescrit, à peine de nullité, de la saisie-arrêt, de donner, en tête de l'exploit de saisie, copie au tiers saisi de l'ordonnance du président énonçant la somme pour laquelle la saisie-arrêt a été faite, l'art. 563 ne dispose pas que l'exploit de dénonciation au débiteur saisi doive contenir la copie de cette ordonnance ; qu'aux termes de l'art. 1030 du même code, aucun exploit ou acte de procédure ne peut être déclaré nul si la nullité n'est formellement prononcée par la loi et qu'au surplus le moyen, tiré de la nullité de l'exploit, aurait dû par application de l'art. 173 c. proc., être proposé devant le tribunal *in limine litis,* avant toute défense au fond (Douai, 28 nov. 1885) (1). V. Boulet et Dubouloz, *op. cit.,* n° 240 ; Rousseau et Laisney, v° *Saisie-arrêt,* n°s 382 et suiv. ; Dodo, *op. cit.,* n° 182. « Connaître exactement, dit ce dernier auteur, les termes de l'ordonnance serait plus utile au saisi qu'au tiers saisi » (*op. cit.,* n° 182).

94. On a adopté au *Rép.,* n° 250, la doctrine consacrée par un arrêt de la cour de Bordeaux, du 7 févr. 1839, rapporté *ibid.,* duquel il résulte que les formalités prescrites pour la validité des saisies-arrêts ne sont pas applicables aux simples oppositions faites par un cohéritier à ce que le débiteur de la succession se libère entre les mains de ses cohéritiers et que pour la validité de ces sortes d'oppositions aucune procédure ultérieure n'est nécessaire, puisqu'en pareil cas l'opposant n'agit pas comme créancier, mais seulement comme héritier. Il a été jugé, en ce sens, que la défense de se dessaisir signifiée à un tiers par les héritiers d'une succession, agissant non comme *créanciers,* mais comme *cohéritiers,* revendiquant des *corps certains* dépendant de la succession et détenus par ce tiers, n'est pas assujettie aux formalités prescrites pour la validité des saisies-arrêts, spécialement à l'existence d'un titre et à une permission du juge (Paris, 20 mai 1892, aff. Claude Lafontaine et comp., D. P. 92. 2. 57. V. Dodo, *op. cit.,* n° 4 ; Boulet et Dubouloz, n° 86).

95. C'est une question très controversée que celle de savoir si les créanciers d'une succession bénéficiaire ont le droit de pratiquer des saisies-arrêts entre les mains des débiteurs de cette succession. L'affirmative que nous avons adoptée au *Rép.* n° 251 est soutenue par M. Dodo, *op. cit.,* n° 69 : « On a dénié ce droit aux créanciers du *de cujus,* sous prétexte que son exercice entraverait la gestion de l'héritier bénéficiaire lequel administre au nom des créanciers et doit, à ce point de vue, être assimilé au syndic d'une faillite ; d'ailleurs, l'héritier bénéficiaire étant tenu de donner caution, les droits des créanciers ne se trouvent-ils pas suffisamment sauvegardés ? Cette solution ne nous paraît pas exacte, le bénéfice d'inventaire est fait dans l'intérêt de l'héritier et non dans celui des créanciers ; c'est celui-là qu'il est destiné à protéger et non ceux-ci ; l'héritier bénéficiaire ne saurait donc être comparé au syndic qui, lui,

représente véritablement les créanciers et a pour mission d'agir dans leur intérêt. Sans doute les créanciers ont le droit d'exiger caution de l'héritier bénéficiaire, mais peu importe, car les sanctions diverses destinées à assurer la satisfaction des droits peuvent se cumuler ». MM. Rousseau et Laisney (*op. cit.,* v° *Saisie-arrêt,* n° 20), se prononcent dans le même sens, et ajoutent : « Nous croyons toujours que la saisie-arrêt est permise au créancier d'une succession bénéficiaire d'après le principe général de l'art. 557 c. proc. civ. qui donne *à tout créancier* le droit de saisir-arrêter les sommes et effets appartenant à son débiteur » (V. conf. : Boulet et Dubouloz, *op. cit.,* n° 66 ; Demolombe, *Succession,* t. 3, p. 228; Massé et Vergé sur Zachariæ, *Droit civil français,* t. 2, § 618). C'est en ce sens que la jurisprudence paraît être fixée. Il a été jugé : 1° que rien ne s'oppose à ce que le créancier d'une succession bénéficiaire pratique une saisie-arrêt entre les mains d'un débiteur de cette succession; que les dispositions des art. 808 et 809 c. civ., relatives aux modes de payement et au recours des créanciers d'une succession bénéficiaire ne s'appliquent que dans les rapports de ces créanciers avec l'héritier bénéficiaire, qu'elles ne sauraient être invoquées par le créancier de la succession vis-à-vis du débiteur de celle-ci; qu'en conséquence, ce créancier ne peut prétendre à une distribution en concurrence avec un autre créancier saisissant, lorsqu'il n'a pratiqué lui-même aucune saisie-arrêt entre les mains du débiteur de la succession (Pau, 21 févr. 1887, aff. Lhéritier et Bernis, D. P. 88. 2. 181; Riom, 4 juill. 1890, aff. Veuve Boyer, D. P. 91. 2. 348). Mais il a été jugé que, lorsqu'un créancier héréditaire a formé une saisie-arrêt entre les mains d'un débiteur de la succession, l'opposition faite aux mains de l'héritier bénéficiaire, aux termes de l'art. 808 c. civ., par d'autres créanciers de cette succession, ne saurait avoir pour résultat de suppléer à l'opposition ou à l'intervention que ces créanciers doivent faire, dans la procédure de saisie-arrêt elle-même, pour empêcher l'attribution au saisissant des deniers par lui saisis (Orléans, 28 févr. 1891, aff. Simonnet, D. P. 93. 2. 36. — *Contra* : Berriat Saint-Prix, p. 721, n° 25; Rolland de Villargues, v° *Bénéfice d'inventaire,* Fouet de Conflans, *Succession,* art. 803, n° 4 ; Aubry et Rau sur Zachariæ, t. 5, § 618, note 53, p. 207).

§ 2. — Demande en validité et demande en mainlevée.

(*Rép.* n°s 253 à 274).

96. — 1° *Demande en validité.* — La doctrine exposée au *Rép.,* n° 254, d'après laquelle la saisie-arrêt est nulle lorsque l'assignation en validité a été donnée après le délai de huitaine, continue à être enseignée par les auteurs (V. Rousseau et Laisney, v° *Saisie-arrêt,* n°s 392 et suiv.; Boulet et Dubouloz, *op. cit.,* n° 242; Dodo, *op. cit.,* n° 187). Il a été jugé que la saisie-arrêt, nulle à défaut de demande en validité dans les délais prescrits par la loi, ne peut avoir

---

(1) une contrariété dans les décisions de justice; — Par ces motifs: — Sans s'arrêter ni avoir égard aux conclusions et moyens des parties, déclare surseoir à statuer sur la validité de la saisie-arrêt du 16 févr. 1894, jusqu'après la solution à intervenir sur l'appel interjeté par Daudet devant la cour de Paris contre le jugement du 14 janv. 1893; — Réserve les dépens.
Du 7 avr. 1894.-Trib. civ. de Mantes-sur-Seine-MM. Poincenet, pr.-Bondy et Picquenard, av.

(1) (Sival *C.* Daudet, Hindré et veuve Noyelle.) — La cour; — Attendu qu'il est inexact que la saisie-arrêt pratiquée sur Sival, le 24 janv. 1885, par Daudet, Hindré et la veuve Noyelle aux mains de Réquillard, Philippe et comp., n'ait pas été dénoncée au débiteur saisi; qu'il est établi qu'en exécution de l'art. 563 c. proc. civ., Daudet, Hindré et la veuve Noyelle ont, par exploit du 24 janv. 1885, dénoncé la saisie à Sival avec assignation dans les délais légaux; — Attendu que si l'exploit du 24 janv. 1885, qui est précédé de la copie de la requête présentée au président du tribunal afin d'obtenir l'autorisation de procéder à la saisie et de la copie de la saisie faite en vertu de cette ordonnance, ne contient pas la copie de l'ordonnance elle-même, cette circonstance ne peut entraîner la nullité de la saisie; — Attendu, en effet, que si l'art. 559 c. proc. civ. prescrit à peine de nullité de la saisie-arrêt de donner, en tête de l'exploit de saisie, copie au tiers saisi de l'ordonnance du président énonçant la somme pour laquelle la saisie-arrêt a été faite, l'art. 563 ne dispose pas que l'exploit

de dénonciation au débiteur saisi doive contenir la copie de cette ordonnance; qu'aux termes de l'art. 1030 du même code aucun exploit ou acte de procédure ne peut être déclaré nul, si la nullité n'est pas formellement prononcée par la loi; — Attendu, d'ailleurs, que l'exploit de dénonciation du 24 janvier 1885 constatait l'existence de l'ordonnance du président, ainsi que la somme pour laquelle le magistrat avait autorisé la saisie-arrêt et mettait ainsi, par ces indications complémentaires des actes dont la copie était signifiée, le débiteur à même de parfaitement connaître les créanciers saisissants, l'existence d'une décision judiciaire permettant la saisie de la somme pour laquelle la saisie avait été autorisée et pratiquée; — Attendu au surplus que le moyen tiré de la nullité de l'exploit du 24 janv. 1885 aurait dû, par application de l'art. 173 c. pr. civ., être proposé devant le tribunal de Lille avant toute défense au fond; — Attendu que Sival n'a pas *in limine litis* excipé de cette prétendue nullité; qu'il l'aurait du reste couverte en concluant par tous moyens tirés du fond même du litige, à l'irrecevabilité et au mal fondé de la demande contre lui intentée par Daudet, Hindré et la veuve Noyelle; — Attendu que, dans ces conditions, Sival ne saurait se prévaloir en cause d'appel du prétendu vice de l'exploit de dénonciation du 24 janv. 1885; — Attendu qu'il appert des documents de la cause et des agissements de Sival lui-même qu'il est débiteur envers Daudet, Hindré et la veuve Noyelle d'une somme liquide supérieure à 50 000 fr.; — Adoptant au surplus les motifs des premiers juges; — Confirme.
Du 28 nov. 1885. C. de Douai, 2e ch.-MM. Duhem, pr.-Dumas, av. gén.-Boissonnet et Allaërt, av.

pour effet d'interrompre la prescription (Besançon, 28 avr. 1875, aff. Miller, D. P. 78. 2. 74).

Lorsque la saisie n'a pas été suivie de demande en validité, cette nullité a-t-elle lieu de plein droit? La question est toujours controversée. Nous avons adopté l'opinion d'après laquelle le code de procédure, ayant évité avec raison de décider cette question et s'étant borné à dire que les payements seront valables, laisse aux juges la faculté de contraindre ou non le tiers à payer selon les circonstances de fraude ou de bonne foi. La majorité des auteurs se prononcent cependant pour l'affirmative. Aux auteurs cités au *Rép.*, n° 255, *adde* : Dodo, *op. cit.*, n° 187; Boulet et Dubouloz, *op. cit.*, n° 242. « Cette nullité touche au fond, disent MM. Rousseau et Laisney, et peut être proposée en tout état de cause et pour la première fois en appel » (*op. cit.*, n° 393). Il a été décidé, conformément à cette dernière opinion, que si la demande en validité d'une saisie-arrêt n'a pas été formée dans les délais, le saisi peut contraindre le tiers saisi à acquitter sa dette, sans être obligé d'apporter mainlevée de la saisie (Trib. civ. Foix, 6 nov. 1873, aff. Lefrançois, D. P. 74. 5. 441).

97. En matière d'enregistrement, les instances en validité introduites pour le recouvrement des droits sont soumises aux dispositions spéciales de l'art. 65 de la loi du 22 frim. an 7, qui prescrit une procédure particulière (*Rép.* n° 257). Conformément à l'arrêt cité au *Rép.*, *ibid.*, il a été jugé que les saisies-arrêts, en cette matière, sont une suite des contraintes et un moyen d'en obtenir l'exécution ; qu'en statuant sur la validité de ces saisies, le tribunal est appelé à ordonner le payement de la somme réclamée et, par conséquent, à statuer sur le fond même du droit de la Régie; que, dès lors, la demande en validité d'une telle saisie doit être déclarée non recevable si le tribunal en a été saisi dans les formes du droit commun, et non conformément à la procédure spéciale prescrite par l'art. 65 précité (Trib. civ. Seine, 1re ch., 9 mai 1887 (1). V. conf. Dodo, *op. cit.*, n° 252; Rousseau et Laisney, *op. cit.*, n° 411, Boulet et Dubouloz, *op. cit.*, n° 300).

98. La règle d'après laquelle le caractère des jugements, au point de vue du premier ou du dernier ressort, est déterminé par les conclusions prises par les parties au dernier état de la procédure, et non par le chiffre des conclusions de l'exploit introductif d'instance, s'applique en matière de saisie-arrêt ; on prétendrait à tort que dans ce cas c'est la somme que le saisissant est tenu d'énoncer dans l'acte de saisie qui, par sa quotité, fixe invariablement l'attribution du premier ou du dernier ressort (Civ. rej. 28 janv. 1891, aff. Bachellerie, D. P. 91. 1. 53). — Le saisissant doit, dans sa demande en validité, rester dans la limite des causes de la saisie, mais, dans cette limite, aucune loi ne lui interdit de rectifier le chiffre de son compte, en cas d'erreur (Même arrêt du 28 janv. 1891).

99. Lorsque la saisie-arrêt est formée en vertu d'un titre privé ou de la permission du juge, la demande en validité entraîne l'examen de la créance et le jugement doit toujours contenir la condamnation du saisi au payement (*Rép.* n° 260). Il a été jugé, en ce sens, que la demande en validité d'une saisie-arrêt contient, implicitement et nécessairement, la demande en payement de la somme pour laquelle cette saisie-arrêt a été formée; qu'en conséquence, le juge, saisi de la demande en validité de saisie-arrêt, peut valablement prononcer condamnation au payement de la créance elle-même, bien qu'il n'y ait pas eu à cet égard de conclusions formelles (Paris, 3 avr. 1873, aff. Coudert, D. P. 73. 2. 199 ; Rousseau et Laisney, *op. cit.*, n° 398; Boulet et Dubouloz, *op. cit.*, n° 309).

100. On a vu sous le n° 261 du *Répertoire* que la demande en validité n'est pas soumise au préliminaire de conciliation. Mais une instance soumise au préliminaire de conciliation peut être jointe à la demande en validité (*Rép.* n° 262. V. Boulet et Dubouloz, *op. cit.*, n° 297 ; Rousseau et Laisney, v° *Saisie-arrêt*, n° 396). Il a été jugé, en ce sens, qu'une demande en jugement autre que celle contenue dans l'assignation en validité, est une demande principale qui ne peut être dispensée du préliminaire de conciliation ; qu'elle est absolument indépendante de la saisie-arrêt et que les dispositions de l'art. 566 c. proc. civ. ne lui sont pas applicables (Agen, 18 févr. 1891, *suprà*, n° 29).

101. Ainsi qu'on l'a indiqué au *Rép.*, n° 265, l'instance en validité est, comme toutes les autres instances, sujette à péremption ; mais l'exception ne peut être invoquée par le tiers saisi qu'autant qu'il a été assigné en déclaration affirmative en même temps que le saisi l'a été en validité. Aux auteurs cités au *Rép.*, *ibid.*, *adde* : Boulet et Dubouloz, *op. cit.*, n° 311; Dodo, *op. cit.*, n° 194; Rousseau et Laisney, *op. cit.* v° *Saisie-arrêt*, n°s 431 et suiv.; Garsonnet, *Traité de procédure*, t. 3, p. 780, § 619. —Jugé, toutefois, qu'aucune loi ne rendant le tiers saisi non recevable à agir en nullité de la saisie ou à opposer la péremption de l'instance en validité, rien ne s'oppose à ce qu'un tiers saisi intervienne dans cette instance pour en demander la péremption et se débarrasser ainsi de l'obstacle qui l'empêche de se libérer (Caen, 25 oct. 1892, aff. Louis, D. P. 93. 2. 577).

102. On a exposé au *Rép.*, n° 267, que le jugement qui valide une saisie-arrêt ne saurait nuire aux créanciers qui n'y ont pas été parties et qui peuvent avoir à faire valoir des droits de préférence sur la somme saisie-arrêtée; ce jugement est pour eux *res inter alios acta* (*Rép.* n° 267). V. conf. Rousseau et Laisney, v° *Saisie-arrêt*, n° 591 ; Boulet et Dubouloz, *op. cit.*, n° 379; Dodo, *op. cit.*, n° 214. Il a été jugé : 1° que le jugement de validité d'une saisie-arrêt, même passé en force de chose jugée, ne peut avoir pour

---

(1) (Contributions indirectes C. Beaugé ès qualité.) — Le tribunal; — Attendu qu'aux dates des 27 déc. 1877 et 18 janv. 1878 l'administration des Contributions indirectes a décerné deux contraintes contre la veuve Varroquier, débitante de vins, pour le payement de droits divers, s'élevant à la somme totale de 856 fr. 40; que la veuve Varroquier, ayant été déclarée en faillite le 8 févr. 1878, les susdites contraintes ont été notifiées à Beaugé, son syndic, par exploit du 28 oct. 1879 contenant, en même temps, saisie-arrêt aux mains dudit syndic, pour sûreté et avoir payement du montant des droits réclamés; que cette saisie a été renouvelée pour les mêmes causes par exploit du 13 juill. 1886; — Attendu que la Régie demande la validité de ces saisies-arrêts et a assigné devant le tribunal, dans les formes de droit commun, la dame Varroquier et Beaugé son syndic; que celui-ci a été mis en cause comme représentant de la veuve Varroquier, et pour compléter la capacité de celle-ci à raison du dessaisissement opéré par la faillite; que sa présence comme tiers saisi n'aurait pas sa raison d'être dans l'instance, alors qu'il a fait sa déclaration affirmative, et qu'elle n'est pas contestée; qu'il a, d'ailleurs, reconnu lui-même qu'il figurait dans l'instance comme représentant du redevable, puisqu'il invoque par ses dernières conclusions les art. 88 de l'arrêté du 28 pluv. an 12, et 65 de la loi du 22 frim. an 7, qui ne sont applicables que dans les rapports de la Régie avec les redevables; — Attendu qu'aux termes de ces articles, les contestations qui s'élèvent sur le fond des droits réclamés par la Régie, doivent être jugées par simples mémoires, au rapport d'un juge; — Attendu que les saisies-arrêts sont une suite des contraintes et un moyen d'en obtenir l'exécution ; qu'en statuant sur la validité de ces

saisies, le tribunal est appelé à ordonner le payement de la somme réclamée, et par conséquent, à statuer sur le fond même du droit de la Régie ; que Beaugé ès qualité conteste, en effet, expressément que celle-ci soit fondée à exiger la totalité des sommes portées dans la contrainte; que s'il est opposé par la Régie que cette constation n'est recevable que sous forme d'opposition à contrainte, et qu'aucune opposition n'a été formée ni par la veuve Varroquier, ni par le syndic, cette question de recevabilité appartient à la juridiction qui pourrait statuer sur le bien fondé de la contestation, et doit être instruite dans les mêmes formes; — Attendu que Beaugé ne peut se prévaloir de sa double qualité de représentant de la masse et de représentant du failli pour prendre dans la même instance deux rôles contradictoires, et après avoir conclu en une qualité à la non-recevabilité, intervenir en une autre qualité pour faire statuer par le tribunal sur une question intimement liée à celle qu'avait soulevée l'instance principale; qu'il n'a point, d'ailleurs, pris de conclusions comme intervenant, c'est-à-dire en la même qualité en laquelle il avait été assigné, et comme représentant du failli, ainsi qu'il a été spécifié plus haut; — Attendu que la demande introduite par ces conclusions reconventionnelles, et qui tend à faire juger qu'il n'y a pas lieu à saisie-arrêt, se trouve, aussi bien que la question de recevabilité de la contestation sur le fond, soulevée à l'occasion de l'instance principale que Beaugé est lui-même mal introduite; qu'elle lui est connexe et doit être introduite dans les mêmes formes; Par ces motifs, etc.

Du 9 mai 1887-Trib. de la Seine, 1re ch.-MM. Thureau, pr.-Bulot, subst.-Vavasseur et Affr. Duparcq, av.

effet d'annihiler les droits antérieurement acquis par d'autres créanciers (Req. 23 juill. 1871, aff. Bellon, D. P. 74. 1. 302; Pau, 21 févr. 1887, aff. Lhéritier et Bernis, D. P. 88. 2. 181) ; — 2° que toutefois un tiers ne saurait se prévaloir de ces droits dont l'exercice appartient exclusivement à ceux qui les ont acquis (Arrêt précité du 21 févr. 1887); — 3° Que les oppositions antérieures, même non validées, conservent leur effet nonobstant le jugement de validité, et que par suite les sommes qui en sont l'objet continuent à rester indisponibles entre les mains du tiers saisi, tant que celui-ci ne s'est pas définitivement libéré, ou que lesdites oppositions ne sont pas éteintes par la péremption (Rennes, 28 févr. 1879, aff. Oger, D. P. 80. 2. 14).

103. — 2° *Mainlevée de la saisie-arrêt.* — Elle peut être demandée, en général, par le saisi, soit par voie d'action principale, soit incidemment à l'instance en validité (V. *Rép.* n° 268. — *Adde :* Dodo, *op. cit.*, n° 215; Boulet et Dubouloz, *op. cit.*, n°s 313 et suiv.; Rousseau et Laisney, v° *et op. cit.*, n°s 399 et suiv.).—La mainlevée peut être demandée par le débiteur saisi non seulement quand il conteste la dette qui sert de base à la saisie-arrêt, mais aussi lorsque, reconnaissant l'existence de cette dette, il offre de se libérer moyennant payement sur les deniers frappés d'opposition. Ainsi il a été jugé que le débiteur qui se trouve avoir des

fonds dans une caisse publique où ils ont été consignés à la suite d'opposition, a le droit de désintéresser les créanciers qui ont saisi lesdits fonds en déclarant les leur abandonner et est recevable à assigner ces créanciers pour les contraindre à recevoir leur payement et à donner mainlevée de la saisie-arrêt, à la condition toutefois que le *quantum* des fonds ainsi délégués ne soit pas inférieur à celui des sommes qui ont fait l'objet des saisies-arrêts (Bordeaux, 2 mars 1865) (1).

104. — 3° *Responsabilité du saisissant en cas de saisie-arrêt abusivement pratiquée.* — Dans la matière de la saisie-arrêt et des instances en validité qui en sont la suite, on ne voit aucune raison pour apporter un tempérament quelconque à l'application rigoureuse des règles posées par les art. 1382 et 1383 c. civ. D'une part, en effet, on ne peut pas dire que la partie qui a formé une saisie-arrêt, même mal fondée, n'a fait qu'user de son droit, puisque d'après l'art. 557 c. proc. le droit de pratiquer des saisies-arrêts n'appartient qu'à celui qui est créancier du saisi. Et, d'autre part, à la différence du plaideur ordinaire qui, en portant sa prétention devant la justice, a obéi à une sorte de nécessité, puisqu'il n'avait pas d'autre moyen pour faire vérifier et reconnaître le droit qu'il réclamait, la partie qui a eu recours à la voie de la saisie-arrêt a pris une mesure de précaution purement facultative, et, en conséquence, elle l'a prise à ses risques et

(1) (Cazeneuve et autres *C.* Comandré et comp.) — Le 31 août 1864, le tribunal de Bordeaux a rendu un jugement ainsi conçu : — « Attendu que l'instance introduite par Comandré contre Barthélemy Cazeneuve, les héritiers Michel et consorts, a pour but d'arriver à la liquidation de sa situation vis-à-vis de ses créanciers au moyen de la délégation de la somme de 27528 fr. déposée, le 2 juill. 1864, par Pierre Cazeneuve, à la Caisse des dépôts et consignations, et frappée, entre les mains de ce dernier, de plusieurs saisies-arrêts ; — Attendu que, de tous les assignés, Cazeneuve père et fils sont les seuls qui contestent la régularité en elle-même de la procédure engagée par Comandré à cet égard, et qu'il s'agit d'apprécier les critiques auxquelles ils se livrent ; — Attendu qu'il est bien vrai que le payement, ou en cas de refus, les offres réelles et la consignation, sont le mode de libération le plus ordinaire, mais qu'il n'est pas exclusif ; que notamment lorsque, comme dans l'espèce, un débiteur, privé d'autres ressources actuelles, se trouve avoir des fonds dans une caisse publique où ils ont été consignés à la suite d'oppositions, ce débiteur est parfaitement recevable à désintéresser ceux-là même qui ont saisi lesdits fonds, en déclarant les leur abandonner, et à assigner ces derniers à l'effet de les toucher et d'accorder mainlevée de leur opposition, à la condition toutefois que le *quantum* des fonds délégués ne soit pas inférieur à celui des sommes qui sont l'objet des saisies-arrêts ; — Que Cazeneuve ajoute à la vérité, que cette dernière situation ne serait pas celle du procès, mais qu'il n'est pas plus fondé dans ce deuxième moyen, que dans le précédent ; — Qu'il résulte, en effet, des pièces produites, que les créanciers saisissants sont au nombre de huit, savoir : Cazeneuve père, Lachapelle, Estrabaud, les frères Cousins, les héritiers Michel, Langlois, Pierre Cazeneuve et Humbert ; — Qu'Estrabaud, qui avait formé saisie-arrêt pour 2300 fr., est aujourd'hui désintéressé ; qu'il paraît en être de même d'Humbert, qui se portait créancier de 325 fr. ; — Que la créance de Cazeneuve père est fixée par lui à 3500 fr., et celle de Lachapelle à 3000 fr., etc., total 24092 fr. 02 cent. ; — Que la créance de Pierre Cazeneuve, qui a pour cause les frais d'offres et consignation, n'est pas déterminée quant à son chiffre ; — Que la somme déposée étant, comme cela a été dit, de 27528 fr. 15 cent., elle se trouve excéder de 3436 fr. 18 cent. le montant des causes des saisies-arrêts, et qu'il est d'ores et déjà certain que le montant des frais pour lesquels Pierre Cazeneuve a fait opposition sera loin d'atteindre ce chiffre ; — Qu'en réalité donc, l'instance introduite par Comandré l'a été régulièrement et à bon droit, et que c'est à tort qu'il y a été résisté ; — Par ces motifs, etc. — Bien qu'en vertu de ce jugement, Cazeneuve père ait dû se considérer comme désintéressé, il n'en a pas moins assigné Comandré en déclaration de faillite et le 6 sept. 1864 est intervenu un jugement du tribunal de commerce de Bordeaux qui a statué en ces termes : — Attendu qu'assignés en déclaration de faillite par Cazeneuve père, Comandré et comp. ont été renvoyés devant un expert auquel il a été donné pour mission de rechercher quels sont les fonds appartenant à Comandré et comp., dont ils peuvent immédiatement disposer, ainsi que de rechercher la situation réelle de Comandré et comp., et de dire s'ils sont en état de cessation de payements ; — Attendu que l'expert a dû procéder dans le vague, au milieu de l'irrégularité des écritures de Comandré et comp., etc. ; — Attendu, dès lors, que le tribunal se trouvant placé dans les mêmes conditions que lors de l'acte introductif d'instance, il y a lieu d'apprécier, d'après les pièces fournies et les circonstances de la cause, si

Comandré et comp. sont en état de cessation de payements, et s'ils doivent être dès lors déclarés en faillite, conformément aux conclusions de Cazeneuve père ; — Attendu que si l'art. 437, c. com. dispose que tout commerçant qui cesse ses payements est en état de faillite, il résulte de nombreux monuments de jurisprudence et de l'opinion de tous les auteurs qui ont écrit sur la matière, qu'il appartient au juge de décider, d'après les circonstances, si la cessation de payements est réelle et doit motiver la déclaration de faillite ; — Attendu que de nombreux arrêts ont décidé que, par cessation de payements constitutive de l'état de faillite, il faut entendre une cessation absolue et définitive de tous payements, et non pas une simple cessation de payements purement temporaire et partielle ; — Attendu qu'il résulte de la procédure produite et des jugements rendus par le tribunal civil de Bordeaux, qu'une somme de 27000 fr. environ, déposée à la Caisse des dépôts et consignations, suffit pour désintéresser les créanciers et de l'opinion des saisies-arrêts, créanciers parmi lesquels se trouve Cazeneuve père ; — Attendu qu'un jugement récent du tribunal civil condamne Cazeneuve père à consentir la mainlevée de sa saisie-arrêt dans le jour du payement qui lui sera fait, ordonne que, s'il ne s'exécute pas, le jugement précité tiendra lieu de mainlevée, le condamne, en outre, à des dommages-intérêts ; — Attendu qu'en présence de pareils documents, on ne peut comprendre que Cazeneuve père persiste dans ses conclusions, puisqu'il est complètement désintéressé, quant à lui en capital, intérêts et frais, qu'il ne justifie même pas qu'aucune créance de Comandré et comp. soit en souffrance, puisque tous les créanciers ayant pratiqué des saisies-arrêts sur les 27000 fr. déposés à la Caisse des dépôts et consignations sont payés, et au delà, de ce qui leur est dû par les délégations à eux faites ; — Attendu, surabondamment, que Comandré et comp. demandent qu'il leur soit donné acte de l'offre qu'ils font à la barre, à deniers découverts, de payer à Cazeneuve père la somme au moyen de la délégation résultant pour lui du jugement du tribunal civil en date du 31 août ; — Attendu qu'en pareille circonstance, la cessation de payements de Comandré et comp. n'est en rien justifiée, et qu'il y a lieu de déclarer Cazeneuve père mal fondé dans ses conclusions quant à ce ; — Attendu que Cazeneuve père, par un surcroît de prudence, et pour justifier ses appréhensions, demande qu'il lui soit donné acte de la validité du payement à lui fait, afin qu'il ne puisse être recherché dans le cas d'une déclaration de faillite postérieure ; — Attendu que la jurisprudence et les auteurs enseignent que le créancier qui, en vertu d'un jugement déclarant valable une saisie-arrêt par lui formée sur son débiteur, depuis déclaré en faillite, a touché les deniers sur lesquels portait la saisie, n'est pas tenu de rapporter les deniers à la masse, encore que l'ouverture de la faillite soit reportée à une époque antérieure au payement ; — Attendu, dès lors, qu'il n'y a pas lieu de donner acte à Cazeneuve père de ses réserves à cet égard ; — Par ces motifs, etc. ».

Appel par les sieurs Cazeneuve père et fils, et le sieur Estrabaud du jugement du tribunal civil, par le sieur Cazeneuve père seul, du jugement du tribunal de commerce. — La Cour a statué le même jour sur ces deux appels par deux arrêts identiques.

La cour ; — Adoptant les motifs des premiers juges ; — Confirme, etc.

Du 2 mars 1865.-C. de Bordeaux, 4e ch.-MM. Boscheron, pr.-Jorant, av. gén.-Méran et Bronchon, fils, av.

périls. Il suit de là que toute saisie-arrêt reconnue mal fondée peut donner lieu à une condamnation en dommages-intérêts contre le saisissant, si d'ailleurs elle a causé au saisi un préjudice appréciable (*Rép.* n° 274. Comp. Rousseau et Laisney, v° *Saisie-arrêt*, n° 426; Sourdat, *Traité général de la responsabilité*, 2° édit., t. 1, n° 642; Dodo, *op. cit.*, n° 139). « Quant à la question de savoir, dit ce dernier auteur, si une saisie-arrêt est illégale, il faut laisser à cet égard une certaine liberté d'appréciation ». Et MM. Boulet et Dubouloz font remarquer « que la saisie-arrêt est une mesure rigoureuse qui peut entraîner de graves conséquences pour celui qui en est l'objet; qu'on ne doit donc y recourir qu'à bon escient; qu'une saisie-arrêt vexatoire ou mal fondée peut donner lieu à des dommages-intérêts dont l'importance sera proportionnée au préjudice occasionné par l'emploi abusif de cette voie d'exécution » (*op. cit.*, n° 320). — Il a été jugé conformément à ces principes : 1° que le créancier qui, dans le but de nuire au crédit de son débiteur, a pratiqué des saisies-arrêts dont l'importance excède considérablement la créance pour sûreté de laquelle il agissait, peut être condamné envers celui-ci à des dommages-intérêts (Trib. civ. Seine, 9 août 1865, sous Req. 12 févr. 1868, aff. Borgnis, D. P. 68. 1. 274); — 2° Que le créancier qui a formé saisie-arrêt pour une somme plus forte que celle qui lui est due réellement, en supposant à tort qu'il y avait solidarité entre le débiteur auquel appartiennent les sommes saisies-arrêtées et un autre débiteur, peut être condamné à des dommages-intérêts pour réparation du préjudice causé par son erreur (Aix, 24 août 1870, aff. Devoto, D. P. 71. 2. 220; Conf. Req. 17 mars 1873, aff. Manceaux, D. P. 74. 1. 33). Décidé spécialement que les oppositions pratiquées sur les appointements d'un employé de chemin de fer, sans droit et d'une manière abusive et vexatoire, permettent au saisi de réclamer des dommages-intérêts, lorsque ces oppositions ont produit dans l'esprit de ses chefs une impression fâcheuse et susceptible de nuire sérieusement à son avancement (Paris, 3° ch., 17 janv. 1894) (1); — 3° Que le créancier qui a procédé, même avec l'autorisation du président du tribunal, à une saisie-arrêt depuis déclarée nulle, peut être condamné à des dommages-intérêts envers le saisi à raison du préjudice subi par ce dernier (Dijon, 12 mars 1874, aff. Pinchon, D. P. 76. 2. 94). Mais il a été jugé que la partie qui, se disant créancière, a pratiqué une saisie-arrêt contre l'autre et n'a pu ensuite la faire valider en justice parce qu'il a été jugé que rien ne lui était dû, ne peut être valablement condamnée à des dommages-intérêts vis-à-vis du saisi que si le juge du fait constate expressément qu'un préjudice a été causé à ce dernier (Civ. cass. 27 nov. 1888, aff. Frot, D. P. 89. 1. 406); — 4° Que la saisie-arrêt est une mesure d'exécution à laquelle le saisissant ne peut recourir qu'à ses risques et périls et en s'exposant, lorsqu'elle est indûment pratiquée, à la réparation du préjudice qu'elle a causé (Req. 15 mars 1892, aff. De Saint-Didier, D. P. 93. 1. 309).

ART. 9. — *Des tribunaux compétents sur les demandes en validité et en mainlevée de saisie-arrêt* (*Rép.* n° 275 à 304).

105. Suivant l'art. 567 c. proc. civ., « la demande en validité et la demande en mainlevée formée par la partie saisie seront portées devant le tribunal du domicile de la partie saisie ». C'est là une conséquence du principe général posé par l'art. 59 (*Rép.* n° 275). En effet, disent MM. Rousseau et Laisney (v° *Saisie-arrêt*, n° 403), c'est toujours le saisi qui, en vérité, est le défendeur, puisqu'il ne fait que repousser l'attaque dirigée contre lui. V. Boulet et Dubouloz, *op. cit.*, n°ˢ 298 et suiv.; Dodo. *op. cit.*, n° 189. — Il a été jugé que la demande en mainlevée de saisie-arrêt formée contre le saisissant par le saisi doit, dans tous les cas, être portée devant le tribunal du domicile de ce dernier; qu'ainsi le saisi ne peut assigner le saisissant devant le tribunal du domicile du tiers saisi, alors même qu'une élection de domicile aurait été faite par l'exploit de saisie-arrêt, cette élection de domicile, faite uniquement pour obéir aux prescriptions de l'art. 559 c. proc. civ., concernant les rapports du saisissant et du tiers saisi et non ceux du saisissant et du saisi (Rennes, 10 juin 1879, aff. Haime, D. P. 79. 2. 159).

106. Mais quel est le tribunal compétent *ratione materiæ* ? C'est, répond M. Dodo (*op. cit.*, n° 189), le tribunal d'arrondissement; lui seul est compétent à l'exclusion du juge de paix, du tribunal de commerce et des juges administratifs; car ce sont là des juridictions d'exception ne pouvant, par conséquent, sans violer les règles de la compétence *ratione materiæ*, connaître de l'exécution des jugements et actes; le tribunal d'arrondissement a seul qualité pour cela » (V. Rousseau et Laisney, v° *Saisie-arrêt*, n°ˢ 414 et suiv.; Boulet et Dubouloz, *op. cit.*, n° 303; Billequin, *Journ. des avoués*, t. 48, p. 275; Vaudoré, v° *Saisie-arrêt*, n° 1; Curasson, t. 1, p. 377; Allain, *Manuel encyclopédique des juges de paix*, t. 2, n° 246; Bourbeau, *Traité de la justice de paix*, n° 38; Dutruc, n°ˢ 291 et suiv.). Jugé, en ce sens : 1° que les juges de paix sont incompétents pour connaître des demandes en validité de saisies-arrêts, lors même que la somme pour laquelle elles ont été formées n'excède pas la compétence de ces magistrats; qu'une telle demande doit nécessairement être portée devant le tribunal civil de première instance (Alger, 8 févr. 1860, aff. Lévêque, D. P. 61. 2. 159); que cette règle doit recevoir son application en Algérie, même à l'égard des juges de paix à juridiction étendue (Même arrêt); — 2° Que le tribunal de commerce est incompétent pour valider une saisie-arrêt; que si une saisie-arrêt a été annulée, il doit se borner à constater et à enregistrer cette nullité pour la rendre opposable au tiers saisi et lui assurer son efficacité; mais que ce dernier tribunal est compétent pour connaître d'une demande accessoire en dommages-intérêts, à raison du préjudice qui proviendrait de l'emploi de mesures conservatoires ordonnées par son président dans les limites de sa compétence, aux risques et périls et sous la responsabilité

(1) (Loëb C. Tricot.) — Le tribunal civil de la Seine a rendu le 24 févr. 1893 le jugement suivant : — LE TRIBUNAL ; — Sur les dommages-intérêts : — Attendu qu'aux termes du règlement de la Compagnie des chemins de fer de Ceinture, tout agent dont le traitement est frappé d'opposition doit en rapporter mainlevée dans le délai d'un mois, sous peine d'être considéré comme démissionnaire ; que si, à raison de son ancienneté et de sa situation de famille, Tricot a été maintenu dans son emploi, il n'en est pas moins constant que les oppositions qui ont été pratiquées sur ses appointements par Loëb, sans droit et d'une manière abusive et vexatoire, ont produit dans l'esprit de ses chefs une impression fâcheuse et susceptible de nuire sérieusement à son avancement ; — Que, de plus, et en exécution de ces saisies-arrêts formées pour avoir payement d'une somme de 20 fr., il a été retenu à Tricot sur ses appointements, une somme qui s'élevait au 31 janv. 1893, à 185 fr. ; — Que, par ses agissements, Loëb a donc causé audit Tricot un grave préjudice dont il lui doit réparation ; que le tribunal possède les éléments d'appréciation suffisants pour en fixer le montant à la somme de 1000 fr. ; — Par ces motifs, et pour le préjudice causé, condamne Loëb à payer à Tricot la somme de 1000 fr. de dommages-intérêts, etc. ; — Appel de ce jugement a été interjeté par Loëb et en réponse à cet appel, Tricot a porté incidemment appelant en ce que les premiers juges n'avaient fixé qu'à 1000 fr. le chiffre de dommages-intérêts. La cour a rendu l'arrêt suivant :

LA COUR ; — En ce qui touche l'appel principal de Loëb : — Adoptant les motifs des premiers juges tant qu'ils ne sont pas contraires à ceux qui vont suivre ; — En ce qui touche l'appel incident de Tricot ; — Considérant que les premiers juges n'ont pas fait une suffisante appréciation du dommage souffert par Tricot ; que la cour a les éléments nécessaires pour évaluer la réparation due à Tricot à raison du préjudice qui lui a été causé et qu'il y a lieu de fixer à 2000 fr. le chiffre des dommages-intérêts dont Loëb doit être tenu ; — Met les appellations principale et incidente à néant ; dit l'appel principal mal fondé en toutes ses conclusions d'appel ; l'en déboute ; ordonne, en conséquence, que ce dont est appel par Loëb sortira son plein et entier effet ; Émendant, au chef de l'appel incident, et ce que les premiers juges n'ont fixé qu'à la somme de 1000 fr. le chiffre des dommages-intérêts alloués à Tricot, et statuant, à cet égard, par décision nouvelle, fixe à 2000 fr., le chiffre des dommages-intérêts dus à Tricot par Loëb ; — Condamne, en conséquence, ledit Loëb à payer audit Tricot, la somme de 1000 fr., en sus de la condamnation prononcée par les premiers juges, laquelle sortira son plein et entier effet ; ordonne la restitution de l'amende sur l'appel incident ; — Condamne Loëb à l'amende sur son appel principal et en tous les dépens, faits tant sur l'appel incident que sur l'appel principal, etc.

Du 17 janv. 1894.-C. de Paris, 3° ch.-MM. Boucher-Cadart, pr. Mérillon, av. gén.-Eliézer, Lambert et Crouvès, av.

des parties qui les requièrent (Trib. com. Marseille, 28 nov. 1881) (1) ; — 3° Que sur une assignation devant un tribunal de commerce en payement d'honoraires, et alors que les effets de la demande précédemment introduite en validité de saisie-arrêt ont été réservés par le demandeur, le tribunal de commerce ne peut déclarer que l'opposition n'était nullement justifiée et, tout en le reconnaissant d'ailleurs créancier pour une certaine somme, le condamner en tous les frais de la saisie-arrêt ; qu'il importe peu que cette condamnation ait été prononcée à titre de dommages-intérêts puisqu'elle n'est autre que la conséquence nécessaire de l'appréciation faite par le tribunal de commerce sur la question de la validité de la saisie-arrêt, laquelle rentrait dans la compétence exclusive des tribunaux civils (Civ. cass. 13 mai 1884, aff. Cabaret, D. P. 85. 1. 21) ; — 4° Qu'en cas de faillite du locataire, le tribunal civil est compétent à l'exclusion du tribunal de commerce, pour statuer sur la validité de la saisie-arrêt que le propriétaire a pratiquée sur le prix de vente du mobilier du locataire, réalisé à la requête du syndic par le commissaire-priseur (Rouen, 8 mai 1886, aff. Chaudet et aff. Hentzé et Tinel, D. P. 88. 2. 111) ; — 5° Que les tribunaux civils de première instance sont seuls compétents pour statuer sur la validité ou la nullité d'une saisie-arrêt ; qu'aucun texte ne déroge à la règle générale ni ne modifie les dispositions du code de procédure pour attribuer, dans un cas quelconque, au tribunal de commerce, qui est un tribunal d'exception, la connaissance du litige concernant la validité des saisies-arrêts et que le tribunal civil, qui seul a plénitude de juridiction, est également compétent pour connaître de dommages-intérêts réclamés à raison de la nullité d'une saisie-arrêt (Trib. civ. de la Seine, 7e ch., 28 mai 1887) (2) ; — 6° Que la juridiction commerciale étant incompétente pour connaître d'une demande en validité de saisie-arrêt, l'expéditeur de marchandises ayant fait l'objet d'une saisie-arrêt de la part d'un créancier du destinataire, ne peut assigner devant le tribunal de commerce le voiturier en restitution des marchandises dont il prétend être resté propriétaire, quand une instance en validité de la saisie-arrêt est pendante devant un tribunal civil (Poitiers, 26 janv. 1891, aff. Plasse, D. P. 92. 2. 300). — Toutefois il a été jugé qu'à supposer que le tribunal civil puisse seul connaître d'une demande en validité de saisie-arrêt, le tribunal de commerce devant lequel se poursuit la faillite du débiteur saisi, et qui est compétent pour juger toute action née de la faillite, ne l'est pas moins pour statuer sur une demande en nullité de saisie-arrêt, alors que cette action n'aurait pu naître sans l'événement de la faillite (Limoges, 29 juin 1885, aff. Chemin de fer du Nord de l'Espagne, D. P. 85. 2. 265).

107. Mais si le saisi conteste la créance sur laquelle repose la saisie-arrêt et si le tribunal saisi de la demande en validité n'est pas compétent pour en connaître, il devra être sursis à prononcer sur la validité de la saisie-arrêt jusqu'à ce qu'il ait été statué par le juge compétent sur la question du fond, à moins cependant que le défendeur n'ait pas demandé in limine litis son renvoi devant ses juges naturels, auquel cas il serait présumé avoir renoncé à son exception, et le tribunal civil pourrait statuer sur le fond, son incompétence n'étant pas absolue (Rép. n° 279). V. en outre des auteurs cités au Rép. ibid. : Boulet et Dubouloz, n° 304 ; Rousseau et Laisney, v° Saisie-arrêt, nos 417 et 418 ; Dodo, op. cit., n° 191. « La demande formée par le saisissant, dit M. Dodo, peut tendre à deux fins : d'abord à la validité de la saisie-arrêt par lui pratiquée, et, en outre, à la condamnation du débiteur saisi ; mais si le tribunal civil du domicile du saisi est seul compétent pour le second, il peut très bien ne pas l'être sur le premier, et voici de quels principes doit, suivant nous, s'inspirer le tribunal saisi de la demande en validité. Il devra annuler sur-le-champ la saisie-arrêt si les conditions de forme nécessaires à en assurer la validité n'ont pas été remplies et aussi lorsque, à son avis, la contestation soulevée sur le fond enlève à la créance tout caractère de certitude, d'ores et déjà la saisie-arrêt a mal procédé, puisqu'elle ne peut être formée qu'en vertu d'une

---

(1) (Liman C. Gandin.) — LE TRIBUNAL ; — Attendu qu'à la date du 26 octobre dernier, en vertu d'une ordonnance de M. le président du tribunal de céans, Gandin a fait pratiquer une saisie-arrêt en mains de la Compagnie du chemin de fer de P.-L.-M. à l'encontre de son débiteur Liman ; — Attendu qu'à la date du 14 novembre suivant, ladite ordonnance a été rétractée par M. le président du tribunal de céans ; que nonobstant cette rétractation, Gandin n'a point encore soulevé la saisie-arrêt indûment pratiquée ; qu'à raison de ce retard et du préjudice que lui a causé ladite saisie-arrêt, Liman a cité Gandin par devant le tribunal de céans en payement de dommages-intérêts ; — Attendu que sur cette demande Gandin élève une exception d'incompétence fondée sur ce que les tribunaux de commerce ne seraient point compétents pour statuer sur la validité d'une saisie-arrêt ; — Attendu qu'en l'espèce, le tribunal n'a point à apprécier la validité même de la saisie-arrêt ; que la question a été déjà tranchée par l'ordonnance du 14 novembre dernier, par laquelle M. le président du tribunal de céans, usant de la faculté qu'il s'était expressément réservée en autorisant la saisie-arrêt, a retiré son autorisation et rétracté son ordonnance antérieure ; que la nullité de la saisie-arrêt pratiquée en vertu de l'ordonnance dûment rétractée est une conséquence nécessaire de laquelle le tribunal n'a pas à délibérer, mais qu'il doit se borner à constater et à enregistrer, pour la rendre en l'espèce opposable au tiers saisi et lui assurer son efficacité ; — Attendu, sur la demande en dommages-intérêts : que les mesures conservatoires sont ordonnées par le président du tribunal de commerce dans les limites de sa compétence, aux risques et périls des parties qui les requièrent ; que le tribunal de commerce, compétent pour connaître des oppositions faites à l'encontre desdites mesures conservatoires, est également compétent pour connaître de la demande accessoire en dommages-intérêts, à raison du préjudice qui proviendrait de l'emploi intempestif de ces mesures conservatoires ; — Attendu qu'il est établi en fait que Gandin, créancier d'Auguste Liman fils, a fait pratiquer une saisie-arrêt en mains de la compagnie du chemin de fer, à l'encontre d'un sieur Liman, sans indiquer le prénom ; que par cette omission, le sieur Noël Liman père, lequel n'est nullement débiteur de Gandin, a été atteint par la saisie-arrêt ; que cependant Gandin n'ignorait pas, ou tout au moins n'aurait pas dû ignorer, en l'état des circonstances de la cause, que Liman père était seul créancier de la compagnie du chemin de fer ; qu'en un mot, Gandin a par sa faute causé au demandeur un préjudice que le tribunal évalue à la somme de 300 fr. ; — Par ces motifs, se déclare compétent, et statuant au fond, déclare soulevée la saisie-arrêt pratiquée par Gandin le 26 octobre dernier en mains de la Compagnie du chemin de fer P.-L.-M. à l'encontre du sieur Liman, et en réparation du préjudice causé à Noël Liman père par ladite saisie-arrêt faite sans droit, condamne Gandin à payer à Liman père la somme de 800 fr. à titre de dommages-intérêts, avec intérêts de droit et dépens.

Du 28 nov. 1881.-Trib. com. de Marseille.-MM. Lallément, pr.-Ambard et Béranger, av.

(2) (Veuve Verreaux C. Grunebaum.) — LE TRIBUNAL ; — ... Attendu en ce qui touche la demande en 1000 fr. de dommages-intérêts, qu'elle a un tout autre caractère ; qu'elle est fondée sur ce que Grunebaum aurait eu des billets renouvelés et par conséquent annulés et sans valeur, par lui indûment conservés pour pratiquer aux mains du ministre des finances, sur la veuve Verreaux, une opposition ou saisie-arrêt essentiellement nulle comme faite en vertu de titres nuls, et qui aurait causé à la veuve Verreaux un préjudice dont elle demande réparation ; — Attendu que l'appréciation du préjudice causé et la fixation des dommages-intérêts dépend essentiellement de la question de savoir si la saisie-arrêt était ou non nulle et en est absolument inséparable ; que c'est donc nécessairement à la juridiction compétente pour juger de la validité ou de la nullité de la saisie-arrêt qu'il appartient de statuer sur les dommages-intérêts dont s'agit ; — Attendu qu'il est de principe constant que les tribunaux civils de première instance sont seuls compétents pour statuer sur la validité ou la nullité d'une saisie-arrêt ; que ce principe est posé d'une façon nette et absolue dans l'art. 567 c. proc. civ. qui prescrit de porter les demandes en validité ou mainlevée de saisie-arrêt devant le tribunal du domicile de la partie saisie ; que dans cet article, les mots : « tribunal du domicile de la partie saisie »ne peuvent désigner que le tribunal civil de première instance qui seul a plénitude de juridiction ; — Attendu que s'il pouvait exister un doute à cet égard, il serait levé par les termes des articles du même titre qui exigent l'intervention des avoués dont l'existence est propre à ces tribunaux d'exception ; — Attendu qu'aucun texte ne déroge à la règle générale et ne modifie les dispositions du code de procédure pour attribuer dans un cas quelconque au tribunal de commerce, qui est un tribunal d'exception, la connaissance du litige concernant la validité des saisies-arrêts ; — Attendu que les règles de la compétence sont d'ordre public ; — Attendu, dès lors, que le tribunal doit se déclarer du chef de la demande des dommages-intérêts de la veuve Verreaux ;

Par ces motifs, etc.

Du 28 mai 1887.-Trib. civ. de la Seine, 7e ch.-MM. Taillefer, pr.-Flogny et Hanquet, av.

créance certaine. Mais, au contraire, s'agit-il d'une contestation ne reposant sur aucun fondement sérieux de la part du débiteur ou de telle nature tout au moins qu'elle permette de considérer la créance comme néanmoins certaine, le tribunal devra maintenir provisoirement la saisie-arrêt et surseoir à statuer jusqu'à ce que le tribunal saisi du fond même de la contestation ait rendu sa décision ». Il a été jugé, conformément à ces principes : 1° que les tribunaux civils, compétents pour connaître de la demande en validité d'une saisie-arrêt pratiquée en vertu d'engagements entre gens de travail et ceux qui les emploient, ne le sont pas pour statuer sur la demande formée en même temps en payement de la somme qui fait l'objet de la saisie ; que, par suite, ils doivent surseoir à prononcer jusqu'à ce qu'il ait été statué sur cette dernière demande par l'autorité compétente, c'est-à-dire par le juge de paix (Bastia, 3 juill. 1862, aff. Rhil, D. P. 62. 2. 144) ; — 2° Que le tribunal civil ne peut statuer sur la validité d'une saisie-arrêt, formée pour cause de créance commerciale, qu'après que le tribunal de commerce a fixé le chiffre de cette créance (Montpellier, 31 janv. 1874, aff. Claircy, D. P. 76. 2. 94) ; — 3° Que le tribunal saisi de la demande en validité doit statuer non seulement sur le mérite de l'opposition, mais encore sur l'existence et sur la quotité de la créance ; mais que, si la question du fond n'est pas de la compétence de ce tribunal, il doit être sursis à statuer sur la validité de la saisie jusqu'à ce que le fond ait été résolu par le juge compétent ; à moins que la nullité de la saisie ne soit demandée et prononcée pour vice de forme, la question du fond demeurant intacte (Paris, 16 avr. 1880, aff. Compagnie des chemins de fer de la haute Italie, D. P. 81. 2. 66-67) ; — 4° Que lorsqu'une saisie-arrêt a été pratiquée pour une créance qui rentre par son chiffre ou par sa nature, dans la compétence du juge de paix, par exemple pour une créance résultant d'un bail, le litige provoqué par cette saisie-arrêt doit être porté devant le juge de paix et que la connaissance n'en saurait être attribuée aux tribunaux civils de première instance qu'autant qu'il serait lié d'une manière indivisible à l'action qui lui a donné naissance ; et qu'une demande en validité d'offres réelles formée par le débiteur saisi ne peut modifier cette compétence à raison de son indépendance par rapport à la demande en validité de la saisie-arrêt (Pau, 6 janv. 1893, aff. Dame de Malluquer, D. P. 94. 2. 89). — Il résulte de ce dernier arrêt que le tribunal civil serait compétent pour connaître même de la contestation soulevée à l'occasion de la saisie-arrêt si cette contestation se rattachait d'une manière indivisible à la demande en validité : c'est une conséquence de la plénitude de juridiction dont ce tribunal est investi. Il a été décidé, dans le même sens : 1° que, dans le cas où une saisie-arrêt a été pratiquée sur des marchandises en cours de route par les créanciers du destinataire, la demande formée par l'expéditeur, pour faire juger qu'il était resté propriétaire de ces marchandises, doit être considérée comme n'ayant d'autre origine que la saisie et ne peut être portée, en raison du lien de connexité, que devant le tribunal civil de première instance (Paris, 12 févr. 1886, aff. Salarnier, D. P. 87. 2. 7) ; — 2° Que le tribunal saisi si-

multanément de deux demandes connexes en condamnation et en validité de saisie-arrêt est incontestablement compétent et seul compétent pour statuer sur la demande en validité ; que dès lors, en admettant même que la créance eût un caractère commercial, il n'en appartient pas moins à la juridiction ordinaire de statuer sur le tout, le compétent devant, dans ce cas, attirer à lui l'incompétent (Paris, 1er août 1889) (1).

108. Contrairement à la jurisprudence que l'on vient de citer, il a été jugé que le tribunal civil devant lequel la demande en validité d'une saisie-arrêt faite en vertu d'une autorisation du juge est portée en exécution de l'art. 563 c. proc. civ., peut invalider la saisie et en ordonner la mainlevée, par le motif que la créance du saisissant ne lui paraît pas suffisamment établie, encore que l'existence de cette créance soit l'objet d'une contestation pendante devant une autre juridiction, et, par exemple, devant la juridiction commerciale, que les juges de la saisie-arrêt ne sont pas tenus de surseoir jusqu'à la décision à intervenir sur la créance du saisissant (Amiens, 4 janv. 1868, aff. Syndics Grehen, D. P. 69. 2. 144).

109. Au reste, le sursis suppose évidemment que la juridiction d'exception n'a pas statué. Aussi a-t-il été jugé qu'il n'y a pas lieu, pour le tribunal civil saisi de la demande en validité de la saisie-arrêt, de statuer sur la demande de sursis formée par le créancier quand le tribunal de commerce a rendu sa décision, fût-elle même non définitive, avant que le tribunal civil ait pu prononcer son jugement (Req. 20 mai 1890, aff. Brossier, D. P. 91. 1. 204).

110. Les règles qui précèdent s'appliquent sans difficulté au cas où la saisie est pratiquée sans titre exécutoire, par un créancier qui n'est muni que d'un acte sous seing privé, ou même par un créancier sans titre, en vertu de la permission du juge. Mais en est-il de même lorsque, la saisie-arrêt étant pratiquée en vertu d'un titre exécutoire, acte notarié ou jugement, il s'élève des contestations sur l'existence ou le montant de la créance ? Il semble que dans cette hypothèse les tribunaux civils de première instance soient exclusivement compétents » (E. Cohendy, note, D. P. 94. 2. 89). Alors, en effet, « ce qu'on poursuit au moyen de la saisie-arrêt, c'est l'exécution du jugement ou d'un acte notarié. Or, aux termes des art. 442 et 553 c. proc. civ., les tribunaux de commerce et, d'une manière plus générale, les tribunaux d'exception, ne connaissent pas de l'exécution de leurs jugements.

111. Une cour d'appel ne peut connaître de la demande en validité ou en mainlevée d'une saisie-arrêt, même lorsqu'elle rend un arrêt infirmatif ; en effet, l'art. 567 attribuant spécialement compétence au tribunal du domicile du saisi pour statuer sur cette demande, on se trouve dans un des cas exceptionnels prévus par l'art. 472, in fine c. proc. civ., où « la loi attribue juridiction » (V. toutefois Paris, 27 mai 1848, aff. Lombard, D. P. 49. 2. 29). Mais il a été jugé que l'attribution de compétence résultant de l'art. 567 c. proc. civ., n'enlève pas à la cour d'appel qui a rendu l'arrêt en vertu duquel la saisie a été pratiquée, le droit d'interpréter cet arrêt, lorsque les termes en sont ambigus ; que, dès

---

(1) (Couesnon C. Cheval.) — Le tribunal civil de la Seine avait rendu le jugement suivant : — «...Sur l'incompétence : — Attendu que le prétexte allégué par Couesnon que les billets par lui souscrits à Cheval et dont ce dernier lui réclame payement, devaient servir à l'acquisition d'un fonds de commerce, n'est en aucune façon justifié, ne par par suite on doit considérer ces billets comme ayant une cause purement civile ; — Attendu que la créance de Cheval contre Couesnon s'élevant à 8681 fr. 50 cent., forme le montant de billets actuellement échus ; qu'elle est justifiée ; que c'est à bon droit que le demandeur a fait une opposition suivant exploit de Boulanger, huissier à Paris, du 29 nov. 1887, entre les mains de Provins sur ledit sieur Couesnon son débiteur ; que cette opposition est régulière en la forme et juste au fond ; — Par ces motifs ; — Se déclare compétent et statuant au fond ; — Condamne Couesnon à payer à Cheval la somme de 8681 fr. 50 cent., pour les causes susénoncées avec les intérêts tels que de droit ; — Déclare bonne et valable l'opposition susénoncée ». — Sur appel interjeté de ce jugement par Couesnon.

La cour : — En ce qui touche la compétence : — Considérant qu'il appert des documents de la cause et des débats que la créance du sieur Cheval sur le sieur Couesnon résulte d'un prêt fait par un beau-père à son gendre dans un intérêt de famille

et que la véritable cause des billets souscrits pour le remboursement de la dette n'est pas commerciale ; — Considérant que, d'ailleurs, le tribunal était saisi simultanément de la demande en condamnation à payer le montant de la somme prêtée et de la demande en validité de la saisie-arrêt pratiquée pour sûreté de cette créance ; que ces deux demandes étaient connexes ; que le tribunal était incontestablement compétent et seul compétent pour statuer sur la créance en validité ; que, dès lors, en admettant même que la créance eût un caractère commercial, il n'en appartenait pas moins à la juridiction ordinaire de statuer sur le tout, le compétent devant dans ce cas, attirer à lui l'incompétent ; — Au fond : — Adoptant les motifs des premiers juges et considérant en outre que, si le sieur Couesnon a remis au sieur Cheval des valeurs Cottin, il n'apparaît pas que le sieur Cheval les ait acceptées à titre de payement d'une partie de sa créance ; qu'il y a lieu de maintenir intégralement les condamnations prononcées contre le sieur Couesnon par le jugement dont est appel, sauf audit Couesnon à se faire restituer par le sieur Cheval qui offre, du reste, cette restitution, les valeurs qu'il a remises entre ses mains ; — Par ces motifs, confirme.

Du 1er août 1889.-C. de Paris, 4e ch.-MM. Bresselle, pr.-Roulier, av. gén.-Aubert et Petiet, av.

lors, en cas de contestation sur la portée de l'arrêt dont il s'agit, le tribunal saisi de la demande en validité doit surseoir à statuer et renvoyer les parties devant la cour, à l'effet de faire interpréter par elle la décision, et qu'il n'y a pas violation de l'art. 567 précité de la part des juges d'appel qui donnent cette interprétation, alors qu'ils se bornent à expliquer le sens et la portée de leur décision, sans statuer sur la demande en validité de la saisie-arrêt (Req. 16 déc. 1879, aff. Delaunay, D. P. 80, 1. 371).

112. On a dit au *Rép.*, n° 292, que le pouvoir de valider une saisie-arrêt et celui d'en donner mainlevée devant nécessairement être attribués au même juge, il en résulte que le juge des référés, incompétent pour prononcer la validité de la saisie, ne saurait en donner mainlevée sans excéder les limites de sa juridiction. La question, toutefois, comporte des distinctions et elle n'a, d'ailleurs, pas été unanimement résolue par la jurisprudence (V. *suprà*, v° *Référé*, n°s 35 et suiv.).

113. La disposition de l'art. 567 c. proc. a été édictée en faveur du saisi, véritable défendeur à la saisie, alors même qu'il actionne en mainlevée (*suprà*, n° 105) ; mais le saisi peut renoncer au bénéfice de cette disposition ; le saisissant ne saurait se plaindre d'être assigné devant le tribunal de son propre domicile, conformément aux dispositions de l'art. 59 c. proc. (*Rép.* n° 294). Il a été jugé, en ce sens, que le saisi peut renoncer au droit établi en sa faveur et assigner le saisissant devant le tribunal du domicile de ce dernier (Motifs Rennes, 10 juin 1879, aff. Haime, D. P. 79. 2. 159. V. Rousseau et Laisney, v° *Saisie-arrêt*, n° 406 ; Boulet et Dubouloz, *op. cit.*, n° 317). Mais il en serait autrement si le saisissant avait pris l'initiative et assigné en validité devant le tribunal de la partie saisie.

114. On s'est demandé devant quel tribunal doit être portée la demande en validité d'offres tendant à obtenir la mainlevée de la saisie-arrêt et on a admis au *Rép.*, n° 300, que la mainlevée de la saisie étant le but de cette saisie, l'art. 567 doit lui être appliqué. Il a été décidé, dans le même ordre d'idées, qu'en cas de saisie-arrêt, la consignation à laquelle est tenu le tiers saisi doit être faite à la Caisse des dépôts et consignations de l'arrondissement devant le tribunal duquel sont portées les demandes en validité de saisie-arrêt et en homologation de la déclaration de sommes (Bordeaux, 17 févr. 1875, aff. Chem. de fer d'Orléans, D. P. 77. 2. 199-200).

115. Lorsqu'une saisie-arrêt a été pratiquée entre deux parties dont l'une habite en France et l'autre à l'étranger, quel est le tribunal compétent pour statuer sur la demande en validité ? La question est controversée : suivant une opinion rapportée au n° 302 du *Répertoire*, la demande peut être portée devant un autre tribunal que celui de la partie qui

habite la France, mais à la condition que le saisissant ait pu assigner devant ce tribunal la partie habitant l'étranger. Il a été décidé, dans un autre système qui paraît se conformer aux dispositions de l'art. 567 c. proc., que dans le cas d'une saisie-arrêt pratiquée sur plusieurs débiteurs dont un seul est Français et a un domicile connu, la demande en validité doit être formée devant le tribunal du domicile du Français, et non devant celui du domicile du saisissant (Chambéry, 16 mars 1869, aff. De Sonnaz, D. P. 74. 5. 441. V. Civ. rej. 9 mars 1863 ; aff. Formann et comp., D. P. 63. 1. 176 ; Boulet et Dubouloz, *op. cit.*, n° 301 ; Dodo, *op. cit.*, n° 265 ; Rousseau et Laisney, v° *Saisie-arrêt*, n° 412).

116. Ainsi qu'on l'a vu au *Rép.*, n° 304, lorsque le saisissant et le saisi sont tous deux étrangers, les tribunaux français peuvent prononcer si les parties y consentent ; mais ils ne sont pas tenus de juger (V. Rousseau et Laisney, v° *Saisie-arrêt*, n° 413 ; Massé, *Droit comm.*, t. 2, n° 178 ; Nouguier, *Tribunal de commerce*, t. 2, p. 423 ; Dodo, *op. cit.*, n° 265 ; Boulet et Dubouloz, *op. cit.*, n° 302). « La saisie-arrêt, font remarquer ces auteurs, est une mesure conservatoire qui présente généralement un grand caractère d'urgence. Elle manquerait souvent son effet, si l'on obligeait le créancier étranger résidant en France à recourir aux tribunaux de son pays. On reconnaît d'ailleurs, d'une manière générale, que les tribunaux français sont compétents pour ordonner des mesures conservatoires ou provisoires dans les contestations entre étrangers. Ils peuvent donc autoriser une saisie-arrêt, ce qui implique le droit d'en apprécier la régularité ». Il a été jugé que la saisie-arrêt pratiquée sur un étranger, en vertu de jugements rendus contre lui en pays étranger, non encore rendus exécutoires en France au moment de la saisie, est valable pour cette raison que le tribunal saisi peut ordonner l'exécution de ces jugements en même temps qu'il prononce la validité de la saisie-arrêt, et que les tribunaux français doivent exercer un droit d'examen et de revision, en fait et en droit, sur les jugements étrangers dont on leur demande d'ordonner l'exécution en France (Trib. civ. Lille, 4 juin 1885) (1).

ART. 10. — DÉNONCIATION AU TIERS SAISI
(Rép. n°s 305 à 313).

117. Conformément à la doctrine exposée au *Rép.*, n° 312, il a été jugé que le défaut de contre-dénonciation d'une saisie-arrêt n'emporte point nullité de cette saisie, et n'a d'autre conséquence que de faire considérer comme valables les payements faits par le tiers saisi jusqu'à l'accomplissement de cette formalité (Trib. civ. Rennes, 14 août 1891, aff. Fresnais et autres, D. P. 93. 2, 246).

---

(1) (De Brauwère C. de Brauwère.) — LE TRIBUNAL ; — Attendu que Louis de Brauwère se prétendant créancier de Adolphe de Brauwère d'une somme de 27 051 fr. 83 cent. avec intérêts du 25 juill. 1883, en vertu d'un arrêt de la cour de Bruxelles, d'un jugement du tribunal de Malines et d'une quittance faite à Saint-Gilles, le 3 août 1883, a fait pratiquer une saisie-arrêt aux mains de Cussac et de Deledique, détenteurs de fonds revenant à Adolphe de Brauwère ; que s'il agit, par conséquent, non d'une contestation ordinaire entre deux étrangers, mais seulement d'une mesure d'exécution poursuivie en France sur des deniers se trouvant aux mains du Français tiers saisi ; qu'à ce point de vue il appartient aux juges du lieu de la saisie d'en connaître pour la valider ou l'invalider suivant les titres justificatifs ; — Attendu que Louis de Brauwère a fait pratiquer la saisie-arrêt dont il s'agit en vertu des jugement et arrêt précités rendus en Belgique ; — Attendu que s'il est admis en jurisprudence que la saisie-arrêt pratiquée sur un étranger, en vertu de jugements rendus contre lui, en pays étranger, non encore rendus exécutoires en France, au moment de la saisie, est valable pour cette raison que le tribunal saisi peut ordonner l'exécution de ces jugements en même temps qu'il prononce la validité de la saisie-arrêt, s'il est non moins certain que les tribunaux français doivent exercer un droit d'examen et de revision en fait et en droit sur les jugements étrangers dont on leur demande d'ordonner l'exécution en France ; — Attendu que si le tribunal de Malines a, le 14 juin 1882, statuant de côté Adolphe de Brauwère déjà tenu en vertu d'autres jugement et arrêt, condamné Louis et Jules, cette décision frappée d'appel par Jules de Brauwère, l'un des défendeurs, fut réformée par arrêt de la cour de Bruxelles, le 20 mai 1883 ; — Attendu qu'il est de toute évidence que la situation de Louis de Brauwère, le demandeur actuel, était identique à celle de son frère Jules ; que les motifs donnés par la cour de Bruxelles pour

décharger Jules de la condamnation prononcée contre lui s'appliquaient à Louis, et que si ce dernier se trouve encore sous le coup du jugement du tribunal de Malines, c'est vraisemblablement par suite d'un accord avec la dame Gobert, née Emérance Bardiaux, épouse divorcée d'Adolphe de Brauwère, dont il était l'inspirateur et le conseil ; — Attendu que la cour de Bruxelles a très justement décidé que Emérance Bardiaux n'avait rien à reprocher aux frères de Brauwère ; que le recouvrement de sa créance contre Adolphe, son premier mari, n'avait été compromis que par son incurie et son inaction ; mais que, dans ces conditions, il apparaît que si Louis, nonobstant les considérants de l'arrêt de Bruxelles, a payé le montant de la condamnation prononcée par le jugement de Malines, il l'a fait sous l'empire de raisons particulières que l'on trouve la trace dans les conclusions et revendications énoncées devant les tribunaux belges ; mais qu'assurément il n'échet de rendre exécutaire en France le jugement du tribunal de Malines en date du 14 juin 1882, ni l'arrêt de la cour de Bruxelles dans lequel le demandeur ne figure point ; que, dans ces conditions, la saisie-arrêt pratiquée à la requête du demandeur a été formée sans titres ; qu'elle doit donc être déclarée nulle ; — Par ces motifs : — Dit qu'il n'y a lieu de rendre exécutoire en France ni le jugement du tribunal de Malines du 14 juin 1882, ni l'arrêt de la cour de Bruxelles du 21 mars 1883 ; — Déclare nulle et de nul effet la saisie-arrêt pratiquée à la requête de Louis de Brauwère sur Adolphe de Brauwère, entre les mains de Deledique et Cussac, en fait mainlevée pure et simple ; — Dit qu'il n'y a lieu d'ordonner l'exécution provisoire dudit jugement, déclare le demandeur non recevable et mal fondé dans ses demandes, fins et conclusions, l'en déboute, le condamne en tous les dépens à titre de dommages-intérêts.

Du 4 juin 1885.-Trib. civ. de Lille, 1re ch.-M. Paul, pr.

118. Les formalités qui intéressent le tiers saisi ne sont pas applicables au cas où la saisie-arrêt est formée entre les mains des détenteurs de deniers publics (Décr. 18 août 1807. V. *suprà* n° 92). Jugé, en conséquence : 1° que la demande en validité d'une saisie-arrêt entre les mains des représentants du trésor public n'a pas besoin de leur être dénoncée ; que, par suite, sont nuls les payements par eux faits au mépris d'une opposition régulièrement suivie d'une demande en validité qui ne leur a pas été contre-dénoncée (Req. 12 nov. 1877, aff. Fonsalès, D. P. 78. 1. 153) ; — 2° Que la contre-dénonciation n'est point obligatoire lorsque les fonds saisis-arrêtés sont déposés dans une caisse publique (la Caisse des dépôts et consignations, dans l'espèce) (Trib. civ. Rennes, 14 août 1891, aff. Fresnais, D. P. 93. 2. 240).

ART. 11. — ASSIGNATION EN DÉCLARATION AFFIRMATIVE ; DÉCLARATION DU TIERS SAISI.

§ 1er. — Dans quels cas y a-t-il lieu à déclaration affirmative ; délai et formes de la déclaration (*Rép.* n°s 314 à 342).

119. Lorsque la saisie-arrêt est pratiquée en vertu d'un titre authentique, le tiers saisi est immédiatement assigné en déclaration affirmative, sans qu'il y ait à distinguer si le titre est antérieur ou postérieur à la saisie-arrêt ; ainsi le décide l'art. 568 c. proc. civ. (*Rép.* n° 315). Aux auteurs cités au *Rép. ibid.*, adde : Boulet et Dubouloz, *op. cit.*, n° 250 ; Dodo, *op. cit.*, n° 229 ; Rousseau et Laisney, v° *Saisie-arrêt*, n°s 446 et suiv. Dans le cas contraire, l'assignation ne peut être donnée qu'après le jugement qui déclare la saisie-arrêt valable. Il a été jugé en ce sens que l'art. 568 c. proc. civ., qui défend d'assigner le tiers saisi en déclaration s'il n'y a titre authentique ou jugement qui ait déclaré la saisie-arrêt valable, ne distingue pas, suivant que le titre authentique ou le jugement est antérieur ou postérieur à la saisie ; qu'en conséquence, le tiers saisi est valablement assigné en déclaration par le créancier qui a obtenu un titre authentique avant la demande en déclaration, fût-ce même depuis qu'il a formé la saisie : « Attendu, dit l'arrêt, qu'il n'existe point de différence entre le titre authentique dont la date est postérieure à la saisie et celui dont la date est antérieure ; qu'ils ont tous deux le même caractère, la même autorité et les mêmes effets ; qu'ils préviennent l'un comme l'autre les abus auxquels a voulu remédier la loi actuelle, en réformant l'ancienne jurisprudence sous l'empire de laquelle il était permis d'assigner en déclaration le tiers saisi et de s'immiscer, de la sorte, dans ses affaires, même alors que le saisissant n'avait point de titre ou n'avait qu'un titre privé nul ou sans valeur ; que par conséquent, le créancier qui a obtenu, depuis la saisie, un titre authentique, peut assigner en déclaration, sans être tenu d'attendre le jugement de validité » (Req. 14 juin 1876, aff. Lévy Bing et comp. D. P. 76. 1. 484).

120. L'assignation en déclaration affirmative est donc nulle lorsque, donnée à la suite d'une saisie-arrêt faite par un créancier sans titre ou porteur d'un titre privé, elle est antérieure au jugement de validité de la saisie. Mais cette nullité n'est pas d'ordre public ; elle est susceptible d'être couverte et le tiers saisi sera déchu du droit de l'invoquer et de conclure à sa mise hors de cause, s'il ne l'a pas demandée tout d'abord, si, par exemple, il a contesté le mérite de la saisie, et, dès lors, celui de l'assignation à lui faite, par des moyens tirés du fond et qui lui seraient personnels (*Rép.* n° 316). Dans tous les cas, l'art. 568 c. proc. ne défend pas au créancier saisissant, qui craint que le tiers saisi ne critique la saisie-arrêt à l'aide de moyens à lui propres, de le mettre en cause dans l'instance en validité, afin de déclaration de jugement commun sur cette question de validité elle-même. Une semblable assignation ne tombe pas sous l'application

de l'art. 568 c. proc., car elle laisse entière la procédure en déclaration affirmative qui pourra être engagée ultérieurement, selon les exigences de cet article. Le tiers saisi n'est donc pas fondé à exciper d'une nullité spéciale à cette dernière procédure pour faire tomber, quant à lui, une mise en cause ainsi limitée à une instance distincte que le saisissant a d'abord introduite, dans le but, non d'obtenir de ce tiers saisi une déclaration affirmative, mais de faire prononcer contre lui et contre le débiteur saisi la validité de la saisie-arrêt. Il a été jugé : 1° que l'art. 568 c. proc. d'après lequel le tiers saisi ne peut être assigné en déclaration affirmative, s'il n'y a titre authentique ou jugement qui ait déclaré valable la saisie-arrêt, ne peut être invoqué par le tiers saisi qui, mis en cause dans l'instance en validité formée contre le débiteur saisi, s'est borné à contester la saisie par des moyens à lui personnels au lieu de demander sa mise hors de cause (Paris, 1re ch., 19 janv. 1867, aff. Quaratési, D. P. 68. 2. 142) ; — 2° Qu'en tous cas, le tiers saisi est déchu de la faculté de réclamer sa mise hors d'instance, après avoir ainsi accepté le débat, lorsque aucune déclaration affirmative ne lui était même demandée et que l'action formée, cumulativement contre lui et le débiteur saisi, avait simplement pour objet de faire prononcer la validité de la saisie-arrêt (Même arrêt).

121. Le tiers saisi, dont la déclaration affirmative n'est pas contestée, est-il réputé partie dans l'instance en validité de la saisie-arrêt ? En ce cas, il n'y a qu'une seule instance, dans laquelle le tiers saisi ne figure que pour la déclaration qu'il doit y faire, sans qu'aucun débat soit engagé avec lui. Si l'on a conclu que le tiers saisi, assigné en déclaration affirmative, est appelé dans l'instance en validité, et que le débiteur saisi fasse défaut, il n'y a pas lieu à défaut profit joint (*Rép.* n° 322). Mais le contraire a été jugé par un arrêt de la chambre des requêtes du 29 déc. 1834 (*Rép.* v° *Jugement par défaut*, n° 31). — Il a été jugé qu'en matière de saisie-arrêt, quand l'instance en validité engagée contre le débiteur saisi a été jointe à l'instance à fin de déclaration affirmative dirigée contre le tiers saisi, le débiteur saisi est réputé partie au jugement intervenu sur cette double procédure, non seulement quant au chef relatif à la demande en validité de la saisie-arrêt, mais aussi quant au chef concernant la déclaration affirmative et les contestations dont elle a pu être l'objet entre le saisissant et le tiers saisi ; que par suite, si ce jugement, qui a validé, par exemple, la déclaration du tiers saisi qu'il ne doit rien au débiteur saisi, n'a été frappé d'appel que par le saisissant, le débiteur saisi n'est pas recevable à se joindre à l'appelant, par voie d'intervention, pour contester cette déclaration, l'intervention en cause d'appel n'étant permise qu'à ceux qui auraient le droit de tierce opposition (Req. 1er déc. 1863, aff. Dupras, D. P. 64. 1. 133).

122. — 1° *Délai de la déclaration.* — La loi ne prescrit aucun délai au tiers saisi pour faire sa déclaration affirmative (*Rép.* n° 324). V. Rousseau et Laisney, v° *Saisie-arrêt*, n°s 439 et suiv. ; Boulet et Dubouloz, *op. cit.*, n° 255 ; Dodo, *op. cit.*, n° 231). Ce dernier auteur est d'avis que la déclaration doit être faite, en principe, dans le délai ordinaire des ajournements (art. 72 et 73 c. proc.) ; mais que, la loi étant muette sur ce point, ce délai n'est pas de rigueur et que l'inobservation dudit délai n'échappe à un défaut de déclaration. Il a été décidé en ce sens qu'aucun délai fatal n'est imposé au tiers saisi pour produire les pièces justificatives de la sincérité de sa déclaration (Req. 7 juill. 1868) (1).

123. Il a été jugé, d'autre part, que lorsque les créanciers saisissants ont assigné le tiers saisi en déclaration affirmative, en vertu d'un titre authentique, d'un jugement passé en force de chose jugée, la déchéance qu'a pu encourir, comme tardive, l'assignation en validité ne saurait atteindre l'assignation en déclaration affirmative, ladite

---

(1) (Thierry C. Syndics Chambert, Lefebvre et Comp.) — LA COUR : — Attendu, en droit, qu'aucun délai fatal n'est imposé au tiers saisi pour produire les pièces justificatives de la sincérité de sa déclaration ; — Attendu, en fait, que si, dans l'espèce, la déclaration affirmative des défendeurs n'a pas été immédiatement accompagnée du dépôt des pièces justificatives, ces pièces ont été successivement placées sous les yeux du tribunal et de la cour et mises à la disposition du demandeur, qui a pu en prendre communication au greffe et les discuter ; — Attendu que

c'est après les avoir attentivement appréciées et après avoir longuement discuté les éléments divers de preuve qui en ressortaient, que l'arrêt a constaté que la faillite Chambert, au lieu d'être débitrice de la veuve Coupé, était créancière de celle-ci d'une somme de 154 565 fr. ; — D'où il suit que l'arrêt attaqué n'a pas plus violé l'art. 7 de la loi du 20 avr. 1810, que les art. 574 et 575 c. proc. civ. ; — Rejette, etc.

Du 7 juill. 1868.-Ch. req.-MM. Bonjean, pr.-Nachet, rap.-P. Fabre, av. gén., c. conf.-Lehmann, av.

déclaration n'étant pas subordonnée au sort de la validité de la saisie-arrêt (Paris, 28 févr. 1894) (1).

124. — 2° *Forme de la déclaration.* — Celui qui a formé une saisie-arrêt ne peut la faire valider qu'en prouvant tout à la fois qu'au moment de la saisie, il était créancier du saisi et que le saisi, dont il exerce les droits, était créancier du tiers saisi. Cette double preuve par le saisissant, c'est au tiers saisi, contre qui un titre de créance est produit, à prouver à son tour sa libération; il doit en faire connaître la cause et annexer à sa déclaration affirmative les pièces justificatives qui l'établissent (*Rép.* n°s 334, 335). Toute déclaration affirmative doit être nette, précise, circonstanciée. Il ne peut dépendre du tiers saisi de paralyser, par sa mauvaise foi ou sa mauvaise volonté, les droits du créancier saisissant. S'il allègue s'être libéré, il est tenu de justifier d'un acte de libération. S'il prétend qu'il ne doit rien, il est tenu d'expliquer pourquoi il ne doit pas; une réponse vague, une déclaration sans précision est d'autant plus suspecte qu'il y a eu des relations d'intérêt entre lui et le saisi, et que, sommé d'avoir à produire des justifications, il s'est refusé à les donner (V. outre les auteurs cités au *Rép.*, n° 334 : Rousseau et Laisney, v° *Saisie-arrêt*, n°s 485, 487, 512 ; Dodo, *op. cit.*, n°s 231 et suiv.; Boulet et Dubouloz, *op. cit.*, n°s 256, 257 et suiv.). Il a été jugé, en ce sens : 1° qu'en matière de saisie-arrêt, le tiers saisi, qui reconnaît avoir été débiteur du saisi, mais allègue s'être libéré envers lui, est tenu de justifier d'un acte de libération à l'appui de sa déclaration affirmative ; mais qu'il en justifie suffisamment par la production d'une quittance authentique, bien que cette quittance énonce inexactement la date du payement, s'il déclare que le payement a effectivement eu lieu dans un délai très rapproché et antérieurement à la saisie-arrêt ; que c'est, en ce cas, au saisissant à fournir la preuve de la fausseté de la date (Civ. rej. 18 juin 1873, aff. Epoux Guimard, D. P. 73. 1. 406) ; — 2° Que le tiers saisi qui, étant l'associé du saisi et étant chargé de la caisse et de la comptabilité de la société, a fait sa déclaration au greffe sans y joindre les pièces justificatives, et qui, sommé de

produire ses livres de commerce, a refusé d'obtempérer à cette sommation, doit être déclaré débiteur des causes de la saisie (Req. 9 mars, 1880, aff. Veuve Quix, D. P. 81. 1. 263); — 3° Que le tiers saisi dont la déclaration affirmative est vague, insuffisante et n'est pas de savoir s'il est ou non débiteur du saisi, et qui, d'autre part, ne produit aucune pièce justificative, doit être condamné comme débiteur pur et simple des causes de la saisie (Req. 15 juill. 1885, aff. Bonaccorsi, D. P. 86. 1. 248). Mais le tiers saisi ne doit pas être déclaré débiteur des causes de la saisie lorsqu'il a fait des déclarations suffisamment explicites, et en a donné autant qu'il était en son pouvoir la justification (Trib. civ. Lyon, 27 mai 1887, aff. Lucas, D. P. 90. 1. 425).

125. Ainsi que le font observer MM. Rousseau et Laisney, (v° *Saisie-arrêt*, n° 488), il est certains payements que le tiers saisi peut avoir faits sans exiger de quittance, ne prévoyant pas qu'il pourrait être un jour tenu de rendre compte à des tiers, dont il ne pouvait même pas soupçonner l'existence. Dans ce cas, le tribunal juge d'après les circonstances et maintient les payements qui lui paraissent véritables (V. Conf. Dodo, *op. cit.*, n° 234; Boulet et Dubouloz, *op. cit.*, n° 258). Et s'il existe des quittances sous seing privé, elles peuvent être opposées au saisissant (Lyon, 3 juill. 1873 (2); Trib. civ. Lyon 27 mai 1887, cité *supra*, n° 124.)

126. La doctrine exposée au *Rép.*, n° 341, d'après laquelle, si le tiers saisi ne doit ni payer ni se libérer avant le jugement de validité, il peut faire des offres réelles au saisi et en verser le montant à la Caisse des dépôts et consignations, à la charge des oppositions et en les dénonçant aux créanciers, continue à être enseignée par les auteurs (V. Rousseau

---

(1) (Pierret C. Consorts Beauvarlet.) — LA COUR ; — Considérant que Pierret soutient en ses conclusions d'appel, en date du 24 janv. 1894, que par jugement du tribunal civil de la Seine du 11 juill. 1893, rendu entre Lanckmann et les consorts Beauvarlet, la saisie-arrêt du 8 sept. 1887 a été déclarée périmée, et que, par voie de conséquence, la déclaration affirmative devrait être considérée comme nulle et comme ne pouvant emporter aucun effet juridique ; — Mais, considérant que les consorts Beauvarlet ont assigné le tiers saisi en déclaration affirmative, en vertu d'un titre authentique d'un jugement passé en force de chose jugée, en conformité des dispositions de l'art. 568 c. proc. civ. ; que dans ces conditions la déchéance qu'a pu encourir pour cause de tardiveté la déclaration en validité ne saurait atteindre l'assignation en déclaration affirmative ; que ladite déclaration n'était pas subordonnée au sort de la validité de la saisie-arrêt ; que, d'autre part, Pierret a été condamné, aux termes de l'art. 1382 c. civ., à des dommages-intérêts à raison du préjudice qu'il avait causé aux conjoints Beauvarlet par sa déclaration inexacte ; que le jugement dont appel reconnaît que Pierret est directement débiteur de ces derniers ; que, conséquemment, les droits des conjoints Beauvarlet dérivent du fait même de Pierret, fait que ne peut atteindre le jugement de péremption de l'instance de saisie-arrêt, dont il est complètement indépendant ; — Considérant au surplus que les premiers juges avaient le droit de déclarer le tiers saisi responsable des causes de la saisie en se fondant sur le caractère frauduleux et mensonger de sa déclaration ; — Adoptant au surplus les motifs de la sentence frappée d'appel ; — Déclare l'appelant mal fondé en ses moyens, fins et conclusions, l'en déboute ; — Confirme le jugement dont appel ; condamne l'appelant à l'amende et aux dépens ;

Du 28 févr. 1894.-C. de Paris, (7e ch.).-MM. Fauconneau-Dufrène, pr.-Madier, subst., pr. gén.-Salzac et Germain, av.

(2) (Eyriès et Trône C. Chemin de fer du nord de l'Espagne et Garavetti.) — LA COUR ; — Attendu que par exploit, en date du 22 mars 1872, la Compagnie des chemins de fer du nord d'Espagne a fait saisie-arrêt, entre les mains des consorts Garavetti et entre les mains de Trône, au préjudice d'Eyriès ; — Attendu que les tiers saisis, soit les consorts Garavetti et Trône, reconnaissent bien avoir été débiteurs d'Eyriès (qu'en effet, par jugement du tribunal civil de Lyon, du 26 août 1871, confirmé par un arrêt de la cour du 22 févr. 1872, lequel a été suivi d'acquittement, les consorts Garavetti ont été condamnés, sauf leur recours contre la Compagnie nord d'Espagne, à payer à Eyriès

une somme de 10 920 fr., pour les causes y énoncées, avec intérêts et dépens ; que les mêmes décisions judiciaires ont validé la saisie-arrêt que, pour lesdites causes, Eyriès avait faite aux mains de Trône, au préjudice des consorts Garavetti, et qu'ainsi Trône est devenu, pour le montant de ladite saisie-arrêt, débiteur direct d'Eyriès ; — Mais attendu que Trône prétend s'être, depuis ledit arrêt, libéré aux mains d'Eyriès ; que la Compagnie des chemins de fer du nord d'Espagne conteste la réalité de ce payement, et que c'est là le premier point du litige sur lequel il y a à statuer ; — Attendu que Trône produit une lettre datée de Valladolid, lieu du domicile d'Eyriès, 21 mars 1872, accompagnée d'une enveloppe à lui adressée à Barcelone, et portant le timbre de la poste dudit jour, 21 mars, par laquelle lettre Eyriès reconnaît avoir reçu, le 9 dudit mois de mars, de lui, Trône, et par un mandataire, le montant des condamnations prononcées contre les consorts Garavetti, par l'arrêt de la cour de Lyon, précité ; — Attendu qu'au jour indiqué par cette lettre du 9 mars, l'arrêt de la cour du 22 février précédent pouvait certainement être connu de Trône et d'Eyriès, bien qu'ils fussent tous deux alors en Espagne ; qu'il n'est pas surprenant qu'Eyriès, qui était en instance depuis 1868 contre Garavetti et la Compagnie nord d'Espagne, eût pressé Trône de verser, entre ses mains, le montant des condamnations allouées par l'arrêt, et que Trône, débiteur de sommes plus amples envers Garavetti, ait consenti à payer Eyriès ; — Attendu que le reçu produit par Trône n'a rien de contraire en la forme ; qu'il est opposable à la Compagnie nord d'Espagne, laquelle n'a point au procès d'autre qualité que celle d'un simple créancier non privilégié d'Eyriès, et que, tout en alléguant la fraude, elle n'en donne aucun indice qui puisse autoriser de plus amples recherches ; — Par ces motifs, infirme le jugement dont est appel ; — Dit que Trône justifie s'être libéré envers Eyriès des causes de la saisie-arrêt pratiquée par ce dernier entre ses mains, au préjudice des consorts Garavetti, et validée par le jugement du tribunal civil de Lyon, du 26 août 1871, et par arrêt de la cour du 22 févr. 1872; que, par ce payement, les consorts Garavetti sont aussi libérés, vis-à-vis d'Eyriès, des condamnations prononcées par lesdites décisions judiciaires ; — Dit que la saisie-arrêt pratiquée le 22 mars 1872, par la Compagnie nord d'Espagne, au préjudice d'Eyriès, entre les mains des consorts Garavetti et Trône, qui n'étaient plus alors débiteurs d'Eyriès, a été absolument inutile, et qu'il ne doit lui être donné aucune suite, etc.

Du 8 juill. 1873.-C. de Lyon, 2e ch.-MM. Onofrio, pr.-Sauzet, av. gén.-Humblot, Rougier, de Villeneuve et Pine-Desgranges, av.

et Laisney, v° *Saisie-arrêt*, n° 503 ; Boulet et Dubouloz, *op. cit.*, n° 274 ; Dodo, *op. cit.*, n° 148 ; Delaleau, *Traité de l'expropriation publique* ; Troplong, *Vente*, t. 2, n° 611 ; Duvergier, *Vente*, t. 1, n° 422). Il a été jugé, conformément à ces principes, que le tiers saisi peut, sans attendre le jugement de la saisie, faire au saisi des offres réelles à la charge de rapporter la mainlevée de la saisie et, à défaut, par ce dernier, de lui rapporter cette mainlevée, consigner le montant de sa dette (Req. 28 déc. 1880, aff. Comp. *La Paternelle*, D. P. 81. 1. 427).

§. 2. — Du contenu de la déclaration (*Rép.* n°ˢ 343 à 375).

127. Le tiers saisi ne peut, en faisant sa déclaration, opposer la compensation au préjudice du saisissant que si, à l'époque de la saisie, il réunissait les qualités de créancier et de débiteur du saisi, et si les deux dettes étaient exigibles et liquides (*Rép.* n° 350). Indépendamment des arrêts cités au *Rép. ibid.*, il a été jugé : 1° que lorsque le saisi était un agent du saisissant et moyennant un traitement qu'il se payait sur les fonds dont il avait la disposition, le tribunal peut ordonner un compte de liquidation dans le but de déterminer si ce saisi n'est pas redevable envers le tiers saisi, et réserver les droits du saisissant sur ce compte (Req. 18 mars 1873, aff. Gravier, D. P. 73. 1. 432) ; — 2° Que la validité de la saisie-arrêt est subordonnée à la condition de la préexistence d'un droit sur le tiers saisi au profit du saisi ; qu'en conséquence, la saisie-arrêt pratiquée entre les mains d'un patron par le créancier d'un ouvrier ne peut comprendre les sommes que cet ouvrier gagnerait postérieurement à la saisie en contractant librement avec le tiers saisi ; que le saisissant soutiendrait vainement qu'il s'agit de salaires ou appointements à venir courus après la saisie, au profit d'un agent salarié ou gagiste d'un tiers saisi ; ou que l'inscription opérée sur les titres du tiers saisi en forme de compte courant, des factures du saisi et des avances à lui faites en marchandises ou en argent, a dû modifier la situation des parties et créer au profit du saisi un droit antérieur dont le saisissant pourrait se prévaloir (Req. 15 mai 1876, aff. Mourey, D. P. 76. 1. 436 ; Comp. *suprà*, n°ˢ 75 et suiv. V. Dodo, *op. cit.*, n°ˢ 151, 172 ; Boulet et Dubouloz, *op. cit.*, n° 272).

128. — 1° *Effet du défaut ou de l'irrégularité de la déclaration.* — L'art. 577 c. proc. civ., aux termes duquel le tiers saisi ne doit être déclaré débiteur des causes de la saisie que s'il y a eu absence de déclaration affirmative ou absence complète de pièces justificatives, doit être interprété restrictivement, à raison de la pénalité qu'il édicte ; les délais impartis par la loi en cette matière ne sont donc que comminatoires et, par suite, la production des pièces justificatives peut être opérée tant que la contestation n'est pas définitivement jugée (*Rép.*, n°ˢ 357, 358, *suprà*, n° 122. Aux auteurs cités au *Rép.*, n° 358, *adde* : Boulet et Dubouloz, *op. cit.*, n°ˢ 260 à 262 ; Rousseau et Laisney, v° *Saisie-arrêt*, n°ˢ 520 et suiv. ; Dodo, *op. cit.*, 239 et suiv. ; Garsonnet, *Traité de procédure*, t. 3, n° 612). La jurisprudence s'applique les dispositions de l'art. 577 c. proc. civ. que dans les cas strictement prévus par cet article, et même elle en adoucit souvent la rigueur par des tempéraments d'équité. Dans le même sens que les arrêts cités au *Rép.*, *ibid.*, il a été jugé : 1° que le tiers saisi ne peut être déclaré débiteur pur et simple des causes de la saisie que dans le cas où il n'a fait pas la déclaration affirmative ou les justifications prescrites par la loi ; qu'en conséquence, lorsque cette déclaration a été faite avec les justifications exigées, le juge ne peut pas, en la validant, ordonner que le tiers saisi sera tenu de payer au saisissant le montant intégral de l'opposition, faute par lui de consigner, dans un certain délai, la somme saisie-arrêtée entre ses mains

(Civ. cass. 13 déc. 1853, aff. Saunier, D. P. 54. 1. 22) ; — 2° Que le tiers saisi ne doit pas être déclaré débiteur des causes de la saisie, lorsqu'il a fait des déclarations suffisamment explicites et en a donné la justification autant qu'il était en son pouvoir (Req. 18 mars 1873, aff. Gravier, D. P. 73. 1. 432 ; Lyon, 26 nov. 1887, aff. Lucas, D. P. 90. 1. 425) ; — 3° Que l'art. 577 c. proc. civ., qui déclare débiteur pur et simple des causes de la saisie le tiers saisi qui n'a pas fait sa déclaration ou les justifications prescrites par les art. 571 et suiv. du même code, n'est pas applicable en dehors du cas spécial qu'il prévoit ; que, en conséquence, le tiers saisi ne devient pas débiteur pur et simple des causes de la saisie, quand il a fait la déclaration et les justifications prescrites par la loi, quelque responsabilité qu'il encoure, du reste, en cas d'inexactitude reconnue (Req. 15 mai 1876, aff. Mourey, D. P. 76. 1. 436) ; — 4° Que le commerçant tiers saisi, qui a fait la déclaration prescrite par les art. 571 et suiv. c. proc. civ. sans l'appuyer d'une pièce justificative, ne doit pas être pour cela reconnu débiteur des causes de la saisie, s'il est constant qu'il n'avait, pour établir sa situation vis-à-vis de son créancier, d'autres documents que ses livres de commerce, dont la représentation, n'ayant pas été demandée par le saisissant, n'a pas été ordonnée par le juge au cours de l'instance (Req. 29 mai 1878, aff. Paulier, D. P. 79. 1. 21 ; — 5° Qu'il n'est pas nécessaire que le tiers saisi fasse au moment même de sa déclaration au greffe, le dépôt des pièces qui en justifient la sincérité ; qu'il suffit, pour qu'il ne soit pas déclaré débiteur pur et simple des causes de la saisie, que sa production soit opérée avant le jugement définitif de la contestation (Bordeaux, 11 mars 1892, aff. Bourrier et Durand, D. P. 92. 2. 595) ; — 6° Que, le saisissant ne peut faire condamner les tiers saisis comme débiteurs purs et simples des causes de la saisie, pour n'avoir pas indiqué dans leurs déclarations affirmatives l'existence d'objets mobiliers appartenant au saisi et déposés dans un de leurs immeubles, alors qu'il est constaté en fait que les tiers saisis, s'ils n'ont pas indiqué, dans lesdites déclarations, le dépôt dont il s'agit, ne l'ont jamais dissimulé, qu'ils l'ont hautement déclaré et que l'un d'eux l'a même fait consigner dans l'inventaire dressé après le décès de l'autre (Req. 3 mai 1892, aff. Barberon, D. P. 93 1. 163) ; — 7° Que l'art. 577 c. proc. civ., n'autorise à condamner le tiers saisi comme débiteur pur et simple des causes de la saisie-arrêt que dans deux cas : 1° quand il n'a pas fait de déclaration ; 2° quand, l'ayant faite, il ne l'a pas appuyée de pièces justificatives ; que cette disposition, comme toute disposition pénale, doit être restreinte aux cas qu'elle a spécialement prévus ; que, par suite, le tiers saisi, qui, tout en soutenant qu'il ne devait rien *personnellement* au saisi, a néanmoins fait au greffe sa déclaration affirmative et produit des pièces justificatives permettant de déterminer le principe et la quotité de sa dette vis-à-vis du saisi, ne peut pas être condamné comme débiteur pur et simple des causes de la saisie-arrêt en vertu de l'art. 577 c. proc. civ. (Civ. cass. 25 juill. 1893, aff. Grau, D. P. 94. 1. 213) ; — 8° Que l'application de l'art. 577 c. proc. civ. est limitée au seul cas où le texte prévoit formellement, savoir : l'absence de déclaration et l'absence de justifications ; qu'on ne peut déclarer le tiers saisi débiteur des causes de la saisie, s'il n'a pas déposé au greffe de la justice de paix ses livres de commerce, non plus qu'un extrait de ses livres, mais s'il en a remis un extrait au saisissant ; qu'il n'y a pas là absence complète de justification ; que, toutefois, un tribunal a le droit d'enjoindre au tiers saisi de compléter ses justifications (Trib. civ. de Saint-Étienne, 6 déc. 1893) (1).

129. Au *Rép.*, n° 359, on a rapporté des arrêts aux

---

(1) (Dame Renaud-Goût C. Molina.) — Le tribunal ; — Attendu que la femme Renaud-Goût, séparée de corps, agissant en vertu de deux jugements contradictoires du tribunal civil de Saint-Étienne, en date des 11 mars 1874 et 6 déc. 1887, a, le 1er mars 1898, pratiqué une saisie-arrêt aux mains de Molina, au préjudice de son mari, et ce pour avoir payement : 1° de la somme de 5824 fr. pour solde au 23 janv. 1893 de sa créance en principal résultant des jugements précités ; 2° des intérêts à 5 pour 100 de la somme de 1928 fr. 75 cent., solde en principal et intérêts au 2 janv. 1888 des condamnations prononcées par le jugement du 11 mars 1874 ; 3° de la somme de 600 fr., montant des frais

de la saisie-arrêt ; — Qu'elle a, le 7 mars, dénoncé à Renaud-Goût cette saisie et l'a assigné en validité ; que ces actes ont été, le 13 mars, dénoncés au saisi ; que la saisie est donc régulière ; — Attendu que le 25 mars, la femme Renaud-Goût a assigné le tiers saisi Molina devant le tribunal de Saint-Étienne, en déclaration de deniers ; et que sur cette assignation est intervenu, le 27 avril, un jugement par défaut disant que Molina serait tenu, dans la huitaine de la signification du jugement, de faire une déclaration affirmative des sommes ou valeurs qu'il peut devoir à Renaud-Goût, des payements et des causes de libération comme aussi de déposer au greffe les pièces justificatives de la-

termes desquels le tiers saisi est recevable à faire sa déclaration en tout état de cause, même en appel. Là même solution résulte d'un arrêt plus récent (Toulouse, 29 nov. 1861, aff. Bordes, D. P. 62. 2. 15. V. conf. Dodo, *op. cit.*, nᵒˢ 237 *in fine* et 239 ; Rousseau et Laisney, vᵒ *Saisie-arrêt*, nᵒˢ 459 et suiv., 475, 521 ; Boulet et Dubouloz, *op. cit.*, 259, 260 et suiv.).

130. La loi ne met point au nombre des cas où le tiers saisi peut être réputé débiteur pur et simple des causes de la saisie celui où il ferait une fausse déclaration. Ainsi qu'on l'a dit au *Rép.* nᵒ 366, cela tient à ce que la loi, en décidant, dans l'art. 577, que le tiers saisi pourrait être déclaré en certains cas débiteur pur et simple des causes de la saisie, a eu en vue bien moins de le punir de sa négligence que de donner aux tribunaux une arme pour le contraindre à remplir les formalités exigées de lui. Toutefois, le saisissant a le droit, en vertu de l'art. 1382 c. civ., de demander au tiers saisi des dommages-intérêts, toutes les fois qu'une déclaration mensongère et frauduleuse lui a causé un préjudice, et les tribunaux en appréciant ce préjudice, peuvent estimer qu'il équivaut précisément au montant des causes de la saisie-arrêt (*Rép.* nᵒˢ 367, 368 et 369. Conf. Rousseau et Laisney, vᵒ *Saisie-arrêt*, nᵒ 524, Boulet et Dubouloz, *op. cit.*, nᵒ 263, Dodo, *op. cit.*, nᵒ 239). Cette doctrine adoptée par les arrêts cités au *Rép.*, *ibid.*, a été depuis consacrée par de nombreuses décisions. Il a été jugé ainsi : 1ᵒ que les dispositions rigoureuses de l'art. 577 c. civ. ne sont pas applicables au tiers saisi qui, par une déclaration inexacte, ne met pas obstacle à ce que le créancier vérifie son assertion (Grenoble, 27 mars 1865) (1) ; — 2ᵒ Que le tiers saisi ne peut être condamné comme débiteur pur et simple des causes de la saisie, que lorsqu'il n'a pas fait de déclaration affirmative ou que, l'ayant faite, il ne l'a pas appuyée de pièces justificatives ; qu'une telle condamnation ne peut être prononcée contre lui, sur le motif que les pièces qu'il a produites pour établir sa libération seraient dénuées de fondement (Civ. cass. 3 mai 1865, aff. Ducos, Joubert et comp., D. P. 65. 1. 278) ; — 3ᵒ Que la disposition de l'art. 577 c. proc. civ., d'après laquelle le tiers saisi doit être condamné comme débiteur pur et simple des causes de la saisie-arrêt, lorsqu'il ne fait pas sa déclaration ou ne produit pas les pièces justificatives à l'appui, ne s'applique pas au cas où le tiers saisi a fait une déclaration et une production qui sont jugées fausses et collusoires ; qu'en cas pareil, le tiers saisi ne peut être con-

damné qu'à verser entre les mains du saisissant le montant de sa dette réelle ou à lui remettre les objets mobiliers dont il était détenteur, sans préjudice des dommages-intérêts qui pourraient être dus pour réparation du tort causé au saisissant par la collusion du tiers saisi avec le saisi (Civ. cass. 7 déc. 1869, aff. Bironneau, D. P. 70. 1. 40) ; — 4ᵒ Que le tiers saisi ne peut pas être déclaré débiteur pur et simple des causes de la saisie et condamné à payer aux créanciers saisissant une somme supérieure à sa dette, à raison de ce que, en faisant sa déclaration affirmative, appuyée de l'acte de transport qui le constituait débiteur envers le saisi, il n'a pas produit la contre-lettre intervenue entre eux. « Attendu, dit l'arrêt, que le tiers saisi ayant satisfait aux prescriptions de la loi, les juges du fond ne pouvaient plus que vérifier la sincérité de ses déclarations, déterminer le chiffre de la somme due au débiteur saisi, et statuer ce que de droit sur les dommages respectivement réclamés » (Civ. cass. 26 févr. 1872, aff. Lemercier, D. P. 72. 1. 74) ; — 5ᵒ Qu'un arrêt peut valablement déclarer le tiers saisi responsable des causes de la saisie, en se fondant sur le caractère frauduleux et mensonger de la déclaration affirmative qu'il a faite ; et que cet arrêt, en évaluant le dommage causé au saisissant par une pareille déclaration, peut considérer qu'il est au moins égal aux causes de la saisie (Civ. rej. 10 août 1881, aff. Liquidation de la Société française d'assurance, D. P. 82. 1. 307 ; Paris, 28 févr. 1894 *suprà*, nᵒ 120) ; — 6ᵒ Que le tiers saisi peut être condamné solidairement avec le saisissant aux dépens de l'instance à titre de dommages-intérêts, envers le cessionnaire du débiteur saisi, si le juge du fond constate que, loin de rester spectateur dans l'affaire, il y a pris un rôle actif, et s'est associé abusivement à la résistance indue, opposée d'accord avec lui, par le saisissant, à la demande légitime en mainlevée formée par ledit cessionnaire (Req. 20 mai 1885, aff. Waddington, D. P. 86. 1. 82) ; — 7ᵒ Que le texte de l'art. 577 c. proc. civ., qui contient une disposition aux termes de laquelle le tiers saisi est déclaré débiteur pur et simple des causes de la saisie, limite les effets de cette disposition au cas où ce tiers n'a pas fait de déclaration ou n'a pas fait suivre sa déclaration des justifications voulues ; qu'une telle disposition étant de droit étroit ne saurait être étendue par le juge à des cas autres que ceux prévus par la loi et qu'ainsi il n'y a pas lieu de l'appliquer à des déclarations seulement entachées d'inexactitude et même de fausseté (Alger, 13 juin

dite déclaration ; — Que ce jugement a été signifié à Molina le 26 mai 1893 ; — Que le 29 mai (3 jours après) Molina a fait au greffe de la justice de paix du premier arrondissement de Bordeaux, une déclaration dans laquelle, répétant ce qu'il avait déjà écrit le 26 mars précédent à la femme Renaud-Goût, il affirmait que, loin d'être débiteur de Renaud-Goût, c'est ce dernier qui lui devait 687 fr. 30 cent., et offrant de l'établir au besoin par ses livres ; qu'enfin, à partir de la saisie, il a cessé d'avoir Renaud-Goût pour commissionnaire ; — Que le 7 juin 1893, Molina a constitué avoué et notifié la déclaration qui précède ; — Attendu que la femme Renaud-Goût saisissante, a porté l'affaire à l'audience, soutenant que la déclaration de Molina était inexacte, par la raison qu'il était inadmissible qu'il eût payé à Renaud-Goût ses commissions par anticipation et qu'il ne justifiait pas avoir fait les avances dont il parle ; — Qu'enfin elle demande au tribunal, dans les conclusions du 21 oct. 1893, de déclarer incomplète et non sincère la déclaration de Molina, en conséquence de le déclarer responsable des causes de la saisie-arrêt du 1ᵉʳ mars ; — Attendu que les faits ainsi établis et le tiers saisi ne demandant pas le renvoi devant le tribunal de Bordeaux, il y a lieu de rechercher si le tiers saisi doit être déclaré débiteur pur et simple par application de l'art. 577 c. proc. civ. ; — Attendu qu'une jurisprudence constante a restreint l'application de l'art. 577 c. proc. civ., au seul cas que le texte prévoit formellement, savoir, l'absence de déclaration et l'absence de justification ; — Que, dans l'espèce, Molina a fait sa déclaration le 29 mai ; qu'à la vérité il n'a pas déposé au greffe de la justice de paix ses livres de commerce non plus qu'un extrait de ces livres, mais qu'il en a remis un extrait à la saisissante ; qu'il n'y a pas absence complète de justification ; que le tribunal ne peut donc pas d'ores et déjà déclarer Molina débiteur pur et simple des causes de la saisie ; — Mais que le tribunal, ne trouvant pas dans la cause les éléments suffisants pour se faire une conviction, a le droit d'enjoindre au tiers saisi de compléter ses justifications et de produire à la barre : 1ᵒ un extrait de ses livres certifié conforme par un juge du tribunal de commerce ou un autre magis-

trat de Bordeaux ; 2ᵒ son copie de lettres reproduisant la correspondance échangée avec Renaud-Goût ; 3ᵒ enfin les lettres qu'il a reçues de Renaud-Goût ; — Par ces motifs : — Dit que dans le mois qui suivra la signification du présent jugement, Molina devra produire au tribunal : 1ᵒ un extrait de ses livres certifié conforme par un magistrat de Bordeaux ; 2ᵒ son copie de lettres contenant les lettres adressées à Renaud-Goût ; 3ᵒ enfin les lettres qu'il a reçues de Renaud-Goût ; — Réserve les dépens.
Du 6 déc. 1893.-Trib. civ. de Saint-Etienne.-M. Rémond, pr.

(1) (Gresse C. Bovet.) — La cour ; — Attendu que la position du tiers saisi qui fait une déclaration inexacte ne saurait être assimilée au cas où il ne fait aucune déclaration, et où il refuse de produire les pièces justificatives qui sont en sa possession ; que, dans ces dernières hypothèses, il est censé, par son silence, reconnaître qu'il a entre les mains des sommes au moins suffisantes pour répondre des causes de la saisie, et il met le juge et les créanciers dans l'impossibilité de connaître le montant des sommes dues ; qu'il encourt alors par ce fait la responsabilité spécialement prononcée pour ce cas par l'art. 577 précité ; — Mais que les dispositions rigoureuses de cet article ne sont pas applicables au tiers saisi qui, par une déclaration inexacte, ne met pas obstacle à ce que le créancier vérifie son assertion ; que dans la cause, Gustave Gresse ayant allégué qu'il ne devait rien à Alexandre en se fondant sur la teneur de l'acte du 12 sept. 1863, a mis les créanciers en mesure de discuter et de débattre, comme ils l'ont, fait l'exactitude de ses réponses ; qu'il n'y a lieu, dès lors, de le déclarer débiteur pur et simple des causes entières des saisies ; — Attendu que, des divers documents et des justifications faites à l'audience, il résulte que, sur les 11 000 fr. dont Gustave Gresse était débiteur de son frère Alexandre, en vertu de l'acte du 12 sept. 1863, il y a lieu de créditer envers ce dernier des sommes ci-après, etc. ;
Par ces motifs,
Du 27 mars 1865.-C. de Grenoble, 1ʳᵉ ch.

1889) (1); — 8° Que la déclaration affirmative, même reconnue inexacte ou frauduleuse, ne pourrait avoir d'autre conséquence que d'entraîner la condamnation du tiers saisi au payement des sommes dont il serait réellement débiteur envers le saisi, mais non de le rendre débiteur pur et simple des causes de la saisie ; l'art. 577 c. proc. civ., étant exclusivement applicable au cas spécial prévu par cet article ; qu'une justification faite postérieurement à la déclaration, bien que tardive, est suffisante (Trib. civ. Seine,

6° ch., 20 mai 1893, aff. Commassons et Oswald, MM. Moleux, pr., Henri Bertin, Reiss frères, de Bigault du Granrut, Vannois, av.) ; — 9° Que, lorsque la déclaration du tiers saisi est incomplète, mensongère, et qu'en réalité il se trouve encore débiteur du saisi, et si la fausseté de cette déclaration est établie, il doit en supporter les conséquences, c'est-à-dire réparer le préjudice qu'il a causé (Trib. civ. Seine, 5° ch., 13 nov. 1893) (2).

131. On a admis, en principe, sous le n° 371 du *Rép.*

---

(1) (Veuve Guéraud C. Mondéhard.) — LA COUR ; — ... Reçoit comme régulier en la forme l'appel relevé par la dame veuve Guiraud contre un jugement du tribunal civil de Bône du 17 juin 1887, et disant droit au fond sur le mérite de cet appel : — Attendu que, créancier de Rampal d'une somme de 3000 fr. en vertu d'un billet souscrit par ce dernier le 7 nov. 1882, Mondéhard a, par exploit du 10 avr. 1886, fait saisir-arrêter entre les mains du sieur feu Guiraud, patron de Rampal, toutes les sommes pouvant être dues à ce dernier ; — Attendu que, nonobstant cette saisie, Guiraud a continué à payer à Rampal, jusqu'au jour où celui-ci a quitté sa maison, le montant intégral de ses appointements mensuels ; — Attendu que par jugement du tribunal civil de Bône du 8 juin 1886, rendu par défaut faute de conclure, a condamné Rampal à payer à Mondéhard le montant des causes de la saisie et a, de plus, validé cette saisie ; — Attendu que Mondéhard a assigné Guiraud en déclaration affirmative ; — Attendu que le 17 janv. 1887, ce dernier a fait au greffe du tribunal civil de Bône la déclaration requise, qu'il a affirmé « qu'il avait occupé chez lui le sieur Rampal en qualité de comptable, mais qu'il ne lui devait rien, attendu qu'il payait ses appointements d'avance » ; — Attendu qu'une contestation s'est engagée entre Mondéhard et Guiraud sur cette déclaration et sa validité ; — Attendu que par jugement du 15 févr. 1887 le tribunal de Bône, saisi du litige a, partie d'accord, ordonné avant de faire droit la représentation des livres de Guiraud ; — Attendu que ces livres ont été produits, que de leur examen il est résulté que les déclarations de Guiraud étaient, en effet, conformes aux énonciations desdits livres ; — Attendu que, regardant comme insuffisants et même implicitement comme inexactes, lesdites déclarations et s'attachant surtout à cette considération que les payements effectués par Guiraud depuis la saisie étaient dans tous les cas sans valeur, les premiers juges ont, par jugement du 17 juin 1887, condamné celui-ci à payer à Mondéhard les causes entières de la saisie ; — Attendu que la dame Guiraud ès qualités qu'elle agit dans l'instance demande la réformation de ce jugement ; que le sieur Mondéhard en sollicite au contraire la confirmation ; — Attendu qu'il s'agit, en l'état des faits qui précèdent, de statuer sur les prétentions que lesdites parties font respectivement valoir au procès ; — Attendu que le texte de l'art. 577 c. pr. civ., qui contient une disposition aux termes de laquelle le tiers saisi est déclaré débiteur pur et simple des causes de la saisie, limite les effets de cette disposition, au cas où ce tiers n'a pas fait de déclaration, ou n'a pas fait suivre sa déclaration des justifications voulues ; qu'une telle disposition est évidemment de droit étroit et ne saurait être étendue, par suite, à des cas autres que ceux prévus par la loi ; qu'ainsi il n'y a lieu de l'appliquer à des déclarations seulement entachées d'inexactitude et même de fausseté ; que la dissemblance des cas justifie la différence des règles qui les régissent ; que l'absence de toute déclaration rend impossible tout contrôle des dires du tiers saisi ; que la déclaration inexacte ou fausse appelle au contraire cette vérification et en facilite les moyens ; — Attendu dans l'espèce qu'il est constant, d'une part, que Guiraud a fait une déclaration affirmative, et qu'il est également certain, d'autre part, qu'il a appuyé cette déclaration de l'apport de ses livres ; que, sans doute, cet apport n'a pas été concomitant à la déclaration, mais que la loi n'exige nulle part, à peine de nullité, cette concomitance ; qu'elle ne fixe, en réalité, aucun délai pour la production des documents justificatifs ; que jusqu'au jugement définitif sur la contestation, et tant que les choses sont encore entières, cette production demeure utilement possible ; qu'il est établi que Guiraud a communiqué ses livres antérieurement à ce dernier jugement ; — Attendu que de ce qui précède, il suit donc que les premiers juges ont indûment, tout d'abord, déclaré Guiraud débiteur pur et simple des causes de la saisie à raison des prétendues inexactitudes ou faussetés de ses déclarations ; — Attendu que l'on dit premiers effets de la saisie-arrêt est, sans doute, de frapper d'indisponibilité entre les mains du tiers saisi les sommes saisies-arrêtées ; mais que les conséquences de cette indisponibilité ne doivent point aller jusqu'à rendre nuls de plein droit les payements effectués par ce tiers au mépris de la saisie-arrêt et de ses effets ; que ces payements, lorsqu'ils sont querellés, soumettent seulement le tiers saisi à l'obligation de justifier leur opportunité et leur validité ; — Attendu que, si la libération du tiers saisi, après la saisie et nonobstant la saisie, peut être maintenue, lorsqu'à raison des circonstances elle n'a causé, en fait, au créancier, aucun préjudice réel et constant, à plus forte raison doit-elle être validée lors-

qu'en totalité ou en partie, elle a eu lieu dans l'intérêt de ce créancier et que, dans tous les cas, celui-ci en a tiré un profit certain ; — Attendu, dans l'espèce, qu'il s'agit de la saisie des appointements d'un employé ; que ces appointements ont un caractère alimentaire indéniable ; — Attendu qu'en versant à son employé Rampal ses appointements mensuels jusqu'à concurrence de la somme indispensable à l'existence de cet employé et de sa famille, Guiraud a fait l'affaire du saisissant lui-même ; que par ces payements il a fourni au débiteur de ce dernier le moyen de se créer des ressources dont partie constitue actuellement le gage de la créance dont le recouvrement est poursuivi ; qu'il est manifeste, en effet, que Rampal, privé de toute rémunération par l'effet de la saisie, n'aurait pas conservé son emploi chez Guiraud ; qu'ainsi sa créance sur Guiraud ne se serait jamais formée et que par voie de conséquence aussi, Mondéhard ne se serait jamais non plus trouvé, de ce chef, pourvu d'une action contre lui ; — Attendu que la jurisprudence et la pratique fixent habituellement aux quatre cinquièmes des appointements des employés la portion indispensable à leur existence et à celle de leur famille et non susceptible dès lors de saisie efficace et ne laisse ainsi à la disposition des créanciers que le cinquième restant ; — Attendu qu'il y donc lieu de dire que jusqu'à concurrence des quatre cinquièmes des appointements mensuels de Rampal, Guiraud s'est valablement libéré envers son employé, nonobstant la saisie, mais que relativement au surplus, il a, en versant à Rampal, préjudicié aux droits de Mondéhard, et que par suite il demeure passible envers ce dernier de la réparation du préjudice causé ; — Attendu que les sommes qu'à ce titre il a l'obligation de rembourser à Mondéhard doivent comprendre le cinquième de tous les appointements mensuels payés à Rampal à partir de la saisie du 10 avr. 1886 jusqu'au jour où celui-ci a cessé son emploi, jour que les parties ne font pas connaître et que la cour ne peut déterminer par suite ; — Attendu, en effet, que ladite saisie a porté au moment où elle a été faite sur tous les cinquièmes présents et à venir échus ou payés par anticipation ; que, spécialement, dès lors, elle a atteint le cinquième des appointements du mois d'avril ; — Attendu en effet, d'une part, qu'aux termes de l'art. 2092 c. civ., les biens présents et à venir du débiteur forment le gage de ses créanciers ; — Attendu, d'autre part, qu'il est impossible, relativement aux appointements du mois d'avril, d'avoir égard aux allégations de Guiraud au sujet d'accords d'après lesquels les appointements de Rampal avaient été stipulés payables d'avance ; que des conventions de cette nature demeurent suspectes ; que leur existence dans la cause n'est pas d'ailleurs suffisamment établie ; — Attendu que la réduction des condamnations prononcées par les premiers juges au cinquième seulement des appointements mensuels de Rampal n'est, en réalité, que conforme aux prétentions originaires de Mondéhard lui-même ; que dans son exploit de saisie du 10 avr. 1886, il paraissait borner à ce cinquième l'effet de la saisie ; que dans ses conclusions du 1er fév. 1887, au cours de l'instance en contestation de la déclaration affirmative, il ne visait encore que la portion saisissable du traitement de Rampal ; — Par ces motifs, cependant, réduit les condamnations prononcées par jugement attaqué du 17 juin 1887 au montant du cinquième des appointements mensuels versé par Guiraud à Rampal du 10 avr. 1886, jour de la saisie, jusqu'au jour où ledit Rampal a cessé ses fonctions, y compris le cinquième des appointements du mois d'avril ; — En conséquence, dit que ce jugement ne sortira effet que jusqu'à concurrence du montant desdites condamnations ainsi réduites ; — Décharge la veuve Guiraud du surplus des condamnations portées au même jugement ; — La déboute de ses plus amples conclusions, fins et demandes ; — Déboute Mondéhard de toutes ses fins et conclusions contraires aux décisions du présent arrêt ; — Et attendu que les parties succombent dans l'instance sur des chefs respectifs, fait masse des dépens, tant de première instance que d'appel, pour être supportés moitié par Mondéhard et moitié par la veuve Guiraud ; — Ordonne la restitution de l'amende consignée. — Du 13 juin 1889. - C. d'Alger, 3e ch. - MM. Dedreuil-Paulet, pr. - Marsan, av. gén. - Lemaire et Robe, av.

(2) (Bel C. Georges et Camille Oulman et Clerc.) — LE TRIBUNAL ; — Attendu que par jugement de cette chambre en date du 10 août 1892, la Société de Witpoorge, représentée par ses administrateurs, a été condamnée à payer à Bel, à titre de provision, une somme de 15 000 fr., avec exécution provisoire et sans caution : que le même jugement a validé jusqu'à due concurrence

que l'effet du jugement qui déclare le tiers saisi débiteur pur et simple des causes de la saisie est de le substituer vis-à-vis du saisissant à la partie elle-même et, comme conséquence, que le tiers saisi a le droit de faire valoir contre les créances du saisissant toutes les exceptions que le saisi pouvait opposer. Indépendamment de l'arrêt cité au *Rép.*, *ibid.*, il a été jugé, en ce sens, qu'en matière de saisie-arrêt, le tiers saisi peut opposer au créancier saisissant la convention passée entre lui et le débiteur saisi, même postérieurement à la saisie, à l'effet de réduire la dette, si la réduction dérive d'une cause antérieure à cette saisie ; que, spécialement, la réduction ainsi stipulée par le tiers saisi est opposable au créancier saisissant, lorsque la dette de ce tiers saisi consiste dans un prix d'acquisition d'office, et que la réduction dont elle a été l'objet a sa cause dans des vices cachés affectant l'office vendu, et découverts depuis la vente (Civ. cass. 10 janv. 1859, aff. Levilain, D. P. 59, 1. 34. V. conf. Rousseau et Laisney, v° *Saisie-arrêt*, n° 525).

§ 3. — Des contestations et jugement sur la déclaration affirmative (*Rép.* nos 376 à 393).

132. Ainsi qu'on l'a exposé au *Rép.*, n° 376, si la déclaration affirmative est contestée, il y a lieu à renvoi devant le tribunal du domicile du tiers saisi (art. 570 c. proc. civ.); mais ce renvoi doit être demandé avant toute autre exception, *in limine litis*. Indépendamment des auteurs cités au *Rép.*, *ibid.*, V. Rousseau et Laisney, v° *Saisie-arrêt*, nos 531 et suiv.; Dodo, *op. cit.*, n° 245 ; Boulet et Dubouloz, *op. cit.*, nos 322 et 324). Il a été jugé, en ce sens : 1° que le tiers saisi n'est plus recevable à demander son renvoi devant le tribunal de son domicile s'il a conclu au fond dans l'acte d'appel par lui interjeté du jugement qui l'a déclaré débiteur pur et simple des causes de la saisie (Toulouse, 29 nov. 1861, aff. Bordes, D. P. 62. 2. 15); — 2° Que le tiers saisi qui, ayant été appelé dans l'instance en nullité

de saisie-arrêt intentée contre le saisissant, a uniquement conclu à sa mise hors de cause, ne peut se plaindre, devant la cour de cassation, de ce que le renvoi devant un autre juge, autorisé par l'art. 570 c. proc. civ., n'ait pas été prononcé en sa faveur (Req. 20 mai 1885, aff. Waddington, D. P. 86. 1. 82). C'est, en effet, à l'intéressé, au tiers saisi, à demander son renvoi. On ne voit pas en vertu de quel principe le juge serait tenu de le prononcer d'office. Or la partie qui demande simplement à être mise « hors de cause », ne sollicite en aucune façon son renvoi devant un autre juge par elle considéré comme étant le sien ; elle demande, au contraire et expressément, à être renvoyée définitivement du litige, qui prendrait ainsi fin quant à elle.

133. Il a encore été jugé qu'en matière de saisie-arrêt, quand l'instance en validité engagée contre le débiteur saisi a été jointe à l'instance à fin de déclaration affirmative dirigée contre le tiers saisi, le débiteur saisi est réputé partie au jugement intervenu sur cette double procédure, non seulement quant au chef relatif à la demande en validité de la saisie-arrêt, mais aussi quant au chef concernant la déclaration affirmative et les contestations dont elle a pu être l'objet entre le saisissant et le tiers saisi ; que par suite, si le jugement qui a validé, par exemple, la déclaration du tiers saisi, qu'il ne doit rien au débiteur saisi, n'a été frappé d'appel que par le saisissant, le débiteur saisi n'est pas recevable à se joindre à l'appelant, par voie d'intervention pour contester cette déclaration, l'intervention en cause d'appel n'étant permise qu'à ceux qui auraient le droit de tierce opposition (Req. 1er déc. 1863, aff. Dupras, D. P. 64. 1. 133).

134. Le juge naturel du tiers saisi, dont parle l'art. 570, est le juge qui serait compétent, soit à raison du domicile, soit à raison de la matière, pour prononcer entre lui et le saisi, s'il était assigné en payement par ce dernier. V° n° 377. V. conf. Rousseau et Laisney, v° *Saisie-arrêt*, n° 534; Dodo, *op. cit.*, n° 244 ; Boulet et Dubouloz, *op. cit.*, n° 324). Il a été décidé, conformément à cette doctrine mais contrai-

les saisies-arrêts pratiquées à la requête de Bel entre les mains de Manthès, Camille et Georges Oulman, les directeurs et administrateurs de la Société transwaalienne, suivant exploits des 31 déc. 1891, 2 et 5 janv. 1892; — Attendu que Bel a, de plus, en vertu de ce jugement, fait pratiquer une saisie-arrêt sur la Société entre les mains de Clerc et de ses administrateurs, suivant exploit en date du 18 nov. 1892, ladite saisie-arrêt n'en encore validée; — Attendu que Camille et Georges Oulman et Clerc, assignés en déclaration affirmative, ont fait au greffe, le 15 déc. 1892, une déclaration aux termes de laquelle ils affirment ne rien devoir personnellement à la Société la Witpoorge; que Bel conteste la sincérité de cette déclaration et demande la condamnation des défendeurs en payement des 15 000 fr.; — Attendu, en ce qui concerne Georges Oulman, qu'il reconnaît actuellement avoir souscrit 19 800 actions à la Société la Witpoorge, sur lesquelles 2 500 seulement ont été libérées entièrement, mais qu'il ajoute que cette souscription était faite pour le compte de la Compagnie sud-africaine, dont il était administrateur délégué; qu'en conséquence sa déclaration de ne rien devoir personnellement à cette société est exacte; — Mais attendu qu'il ne fait nullement la preuve qui lui incombe; que si, dans certaines lettres écrites par lui, il indique que sa souscription aurait été faite pour la Compagnie sud-africaine, la production des titres de souscription lui donne un démenti formel; — Que ces titres lui sont délivrés à lui personnellement; que son nom seul y figure, et que dans la délibération du 21 déc. 1889, qui avait précédé de 18 mois la délivrance des titres, sa demande de 19 800 actions était accueillie sans qu'il fût question le moins du monde de la Compagnie sud-africaine; — Attendu que Georges Oulman ne produit d'ailleurs aucune pièce établissant, soit que la Société dont il était administrateur l'ait autorisé à souscrire à la Witpoorge, soit qu'il y ait eu un transfert pour elle, soit même qu'elle ait fait, à un moment donné, un versement quelconque pour la libération de ces actions; — Attendu, dans ces conditions, que la déclaration de Georges Oulman était incomplète, mensongère, et qu'en réalité il était et se trouve encore débiteur de la New-Witpoorge, en raison de sa souscription, de sommes considérables; — Attendu, en ce qui touche Camille Oulman et Clerc, que leur déclaration n'était pas plus sincère; que d'après les statuts de la compagnie, art. 13, leur qualité d'administrateurs de la Witpoorge les oblige à être souscripteurs ou acquéreurs d'actions d'une valeur nominale d'au moins 200 livres; — Attendu qu'ils reconnaissent eux-mêmes actuellement que les 200 actions qui leur ont été ainsi attribuées sont libérées seulement d'un schelling par action; — Attendu qu'ils ajoutent, il est vrai, que n'ayant pas touché depuis avril 1890 leurs appointements de 5 000 fr. par an, leur dette se serait éteinte par compensation et

qu'en définitive ils seraient créanciers de ce chef de leur compagnie; — Mais attendu qu'il résulte d'une délibération, en date du 1er févr. 1893, que tous les administrateurs, y compris les défendeurs, avaient renoncé à émarger leurs appointements depuis avril 1890, et ce dans le but de réduire le plus possible les dépenses; qu'aucune compensation n'a donc pu se produire entre une dette envers la société et une créance éventuelle à laquelle ils avaient renoncé dès le premier jour; qu'ils restent débiteurs envers la société du chef de ces 200 actions; — Attendu que la fausseté de ces déclarations, ainsi établie, ils doivent en supporter les conséquences, c'est-à-dire réparer le préjudice qu'ils ont causé; — Qu'il ne s'agit pas de rechercher si un créancier d'une société peut agir directement contre les actionnaires de cette société pour les contraindre à effectuer le versement intégral de leurs actions; que le tribunal a seulement à apprécier l'importance du dommage éprouvé par Bel; — Attendu, à ce point de vue, qu'il y a lieu de constater, d'après les documents produits, que les sociétés minières de Witpoorge, la Sud-Africaine et bien d'autres, ont été fondées en partie par la maison de banque « les Fils Oulman » dirigée par Camille et Georges Oulman; — Que sur les cinq administrateurs de ces compagnies, quatre, et notamment Camille Oulman, sont administrateurs des deux; Clerc et Georges Oulman étant le cinquième administrateur, Clerc de la Witpoorge et Georges de la Sud-Africaine; — Attendu qu'en conséquence les défendeurs étaient au courant de toutes les affaires de la Witpoorge, dont ils étaient les administrateurs les *plus* actifs, comme ils l'ont reconnu dans leur procès contre Bel; qu'ils avaient traité avec lui comme ingénieur et qu'ils étaient ses véritables adversaires dans les procès qui ont donné lieu au jugement de cette chambre du 10 août 1893; — Attendu, dès lors, qu'il y avait une véritable mauvaise foi de leur part à venir faire la déclaration affirmative ci-dessus appréciée; qu'en la faisant, ils ne cherchaient qu'à se soustraire aux conséquences du jugement qui condamnait leur société à payer à Bel une provision de 15 000 fr.; qu'ils voulaient tout au moins retarder le plus possible le payement d'une somme légitimement due; — Attendu que le tribunal a les éléments nécessaires pour apprécier que le préjudice souffert par Bel ne peut être réparé que par l'allocation des 15 000 fr. formant le montant de la provision allouée par le jugement ci-dessus visé, avec tous intérêts et frais; — Par ces motifs, condamne Georges et Camille Oulman et Clerc à payer à Bel, à titre de dommages-intérêts, la somme de 15 000 fr. avec intérêts, frais et accessoires; — Rejette toutes autres demandes, fins et conclusions et condamne les défendeurs aux dépens.

Du 13 nov. 1893.-Trib. civ. de la Seine, 5e Ch.-MM. Conrot pr.-Katz, subst.-Poulain et Mack, av.

rement à l'arrêt de la chambre des requêtes du 12 oct. 1814, rapporté au *Rép. ibid.*, que le tiers saisi dont la déclaration est contestée peut, lorsqu'il s'agit d'une créance commerciale, demander son renvoi devant le tribunal de commerce (Paris, 4e ch., 22 juin 1865) (1).

135. Au cas où plusieurs tiers saisis auraient été assignés par suite de la même saisie-arrêt, chacun d'eux pourrait demander son renvoi devant son propre tribunal (*Rép.* n° 390). Mais il a été jugé que les dispositions de l'art. 570 c. proc. civ., qui autorisent le tiers saisi à demander son renvoi devant son juge, ne doivent pas recevoir leur application, lorsque les contestations soulevées contre plusieurs tiers saisis ont une cause unique formant la matière d'un seul et même litige ; qu'en pareil cas, le demandeur peut assigner tous les tiers saisis devant le tribunal de l'un d'eux, alors surtout que ce dernier n'a pas été assigné dans le seul but de soustraire les autres tiers saisis à leurs juges naturels (Req. 24 févr. 1875, aff. Henrion, D. P. 76. 1. 424. V. conf. Rousseau et Laisney, v° *Saisie-arrêt*, n° 528 ; Boulet et Dubouloz, *op. cit.*, n° 323 ; Dodo, *op. cit.*, n° 244).

136. — 1° *Dernier ressort* (*Rép.* n° 392). — On a enseigné sous les n°s 300 et suiv., *Rép.* v° *Degrés de juridiction*, que, l'objet de la déclaration affirmative étant essentiellement indéterminé, le jugement rendu sur la déclaration affirmative est toujours susceptible d'appel V. aussi *suprà*, eod. v°, n° 700; conf. Boulet et Dubouloz, *op. cit.*, n° 338). MM. Rousseau et Laisney, *op. cit.*, v° *Saisie-arrêt*, n° 547, estiment que, lorsqu'il s'agit de savoir si le jugement rendu sur le fond même de la déclaration est ou non en dernier ressort, ce n'est plus la créance du saisissant qu'il faut envisager, car elle ne fait plus l'objet du litige, mais bien l'importance des sommes dont on prétend que le tiers saisi est débiteur envers le saisi. Une autre opinion a été émise par M. Dodo (*op. cit.*, n° 246). « On a pensé, dit-il, que la demande en déclaration affirmative portant sur le point de savoir si le tiers saisi était débiteur ou non, était une demande indéterminée et à ce titre toujours susceptible d'appel. Cette manière de voir ne nous semble pas exacte, car en définitive une demande en payement quelle qu'elle soit, ne met jamais en cause que la question de savoir si le défendeur est ou n'est pas débiteur, mais un débat sur une qualité désormais d'être indéterminée et cette qualité se résout en un intérêt pécuniairement et numériquement appréciable. On a dit : le jugement sera en premier ou en dernier ressort suivant que la dette du tiers saisi sera supérieure ou inférieure au taux de l'appel. Cette solution est déjà meilleure, nous croyons pourtant qu'elle doit être rejetée ; suivant nous il faut, pour déterminer le taux du ressort en notre matière, examiner quel est le chiffre, non de la dette du saisi, mais de la créance du saisissant, car en définitive l'intérêt engagé est celui de savoir si le saisissant sera payé ou non ; c'est cette créance qui est la cause première et l'élément essentiel du débat ». Il a été jugé dans cette dernière opinion qu'en matière de saisie-arrêt, c'est le montant de la somme pour la conservation de laquelle il est procédé qui fixe le taux du dernier ressort (Poitiers, 25 nov. 1891) (2).

137. — 2° *Frais*. — On a vu au *Rép.*, n° 393, que les *frais* d'une

instance en validité et déclaration affirmative étant, en règle générale, à la charge des parties saisies, le tiers saisi ne peut être condamné à en supporter d'autres que ceux qu'il a occasionnés par des incidents, et que, comme conséquence, le tiers saisi a le droit de retenir, sur les sommes dont il est débiteur, les frais de déclaration, plus les dépens. Il a été jugé que le tiers saisi qui a fait la déclaration affirmative est, à raison des frais de cette déclaration, créancier, non du saisi, mais du saisissant sur la sommation et dans l'intérêt duquel il les a exposés ; qu'en conséquence il peut assigner ce dernier pour en obtenir payement, bien qu'il se trouve débiteur du saisi pour une somme égale ou supérieure et que sa déclaration ne soit pas contestée ; mais que, dans ce dernier cas, le tribunal n'a pas à donner acte de la déclaration (Trib. civ. Seine, 22 févr. 1877, aff. Millet, D. P. 77. 3. 52. V. en outre des auteurs cités au *Rép. ibid.*: Rousseau et Laisney, v° *Saisie-arrêt*, n° 548 ; Boulet et Dubouloz. *op. cit.*, n° 330 ; Dodo, *op. cit.*, n° 245).

ART. 12. — Des effets de la saisie-arrêt.

§ 1er. — Des effets de la saisie-arrêt dès que l'exploit est posé entre les mains du tiers saisi (*Rép.* n°s 394 à 442).

138. Le principal effet de la saisie-arrêt est d'interdire au tiers saisi de disposer de la chose saisie-arrêtée jusqu'à ce que l'opposition ait été levée ou qu'un jugement, passé en force de chose jugée, lui ait ordonné de vider ses mains (*Rép.* n° 394). Aux auteurs cités au *Rép. ibid.*, *adde* : Rousseau et Laisney, v° *Saisie-arrêt*, n°s 549 et suiv.; Boulet et Dubouloz, *op. cit.*, n°s 348 et suiv.; Dodo, *op. cit.*, n°s 141, 144 et suiv. Il a été jugé, conformément à ces principes : 1° que la saisie-arrêt opérant une sorte de mainmise judiciaire sur les valeurs qui en font l'objet, la partie saisie n'a plus la liberté de disposer de ces valeurs au préjudice du saisissant (Orléans, 22 janv. 1864, aff. Guillaume, D. P. 64. 2. 68) ; — 2° Que le tiers saisi, domicilié en France et lié par une déclaration affirmative envers le saisissant français, ne peut invoquer, à l'appui de la validité du payement fait par lui en pays étranger au préjudice de ce créancier saisissant, le cas de force majeure résultant d'un ordre des tribunaux étrangers, ni contraindre le saisissant français à renoncer à poursuivre la saisie-arrêt régulièrement pratiquée devant les tribunaux de son pays, alors même qu'il lui aurait fait connaître, dans sa déclaration, les oppositions faites en pays étranger sur les deniers saisis en France, ou communiqué postérieurement les actes émanés à cet égard de la justice étrangère; qu'il y a faute de la part du tiers saisi qui, lors de la distribution opérée à l'étranger, ne fait pas, près des autorités préposées à cette distribution, les diligences personnelles suffisantes pour y faire admettre le créancier français saisissant (Poitiers, 20 avr. 1880, aff. Grasset, D. P. 80. 2. 229).

139. Il n'appartient pas au tiers saisi d'apprécier le mérite de l'opposition, ni ne pourrait, sans engager sa responsabilité, refuser d'en tenir compte par le motif qu'elle lui paraîtrait pratiquée sans droit. L'application de ce prin-

---

(1) (Oswald C. Gélis et autres.) — LA COUR ; — Considérant que le tiers saisi, dont la déclaration affirmative est contestée est défendeur dans l'instance à laquelle donne lieu cette contestation, et qu'il a, par suite, droit d'être jugé par son juge naturel ; — Que le juge naturel est celui qui serait compétent, soit à raison du domicile, soit à raison de la manière, pour prononcer entre lui et le saisi, s'il était assigné en payement par ce dernier ; d'où il suit que, lorsqu'il s'agit d'une créance commerciale, le tiers saisi peut demander son renvoi devant le tribunal de commerce ;
Confirme, etc.
Du 22 juin 1865.-C. de Paris, 4e ch.-MM. Tardif, pr.-Descoutures, av. gén.-Salvetat et Josseau, av.

(2) (Métayer C. Métayer et consorts.) — LA COUR ; — Attendu que l'opposition dont Métayer demande la mainlevée, quoique faite sur une somme supérieure à 1500 fr. ne l'a été que pour conservation d'une somme de 800 fr. ; — Attendu qu'en matière de saisie-arrêt, c'est le montant de la somme pour la conservation de laquelle il est procédé qui fixe le taux du dernier ressort ; — Attendu que vainement Métayer objecte qu'il est demandeur et que, par son exploit d'ajournement, il a conclu à

10 000 fr. de dommages-intérêts, et à 25 fr. de dommages-intérêts par chaque jour de retard apporté dans la mainlevée de la saisie-arrêt ; — Qu'en effet, dans l'espèce, ce sont les saisissants qui sont, en réalité, les demandeurs, puisque ce sont eux qui ont ouvert les hostilités, et puisque Métayer qui, pour se dérober aux conséquences de la saisie-arrêt par laquelle il est atteint, en demande la nullité ou la mainlevée, n'est, en somme, en allant au fond des choses, qu'un simple défendeur cherchant par là à se dérober à l'agression émanée de ses adversaires ; — Que, par suite, sa demande en dommages-intérêts est une demande reconventionnelle émanée d'un défendeur et basée uniquement sur la demande principale ; — Attendu que vainement encore Métayer excipe de ce que les consorts Cot et Chevreuse ont, devant les premiers juges, soulevé une question de propriété ; — Que les consorts Cot et Chevreuse sont, en effet, d'accord, ainsi que cela résulte de la procédure, pour attribuer à cette propriété une valeur de 800 fr. et un revenu inférieur à 60 fr. ; — Qu'en conséquence, aux termes des art. 1 et 2, § 3, de la loi du 11 avr. 1838, l'appel de Métayer n'est pas recevable ;
— Par ces motifs, etc.
Du 25 nov. 1891.-C. de Poitiers-MM. Poulle, pr.-Clément, av.-gén.-Mérine, Dufour d'Astafort, av.

cipe a soulevé d'assez graves difficultés en ce qui concerne les saisies-arrêts pratiquées entre les mains des commissionnaires de transport, notamment des compagnies de chemins de fer par des créanciers soit de l'expéditeur, soit du destinataire, sur les marchandises transportées. Elles ont été examinées, *suprà*, v° *Commissionnaire*, n°s 119 et suiv., où l'on a exposé la solution qui leur a été donnée par la jurisprudence. Il a encore été jugé, dans le sens des arrêts cités, *ibid.* : 1° qu'une compagnie de chemin de fer n'est pas, en sa qualité de tiers saisi, juge du mérite de l'opposition formée entre ses mains par le créancier d'un expéditeur, cette opposition fût-elle conçue dans les termes les plus généraux; qu'en conséquence la compagnie n'est passible d'aucuns dommages-intérêts vis-à-vis du destinataire lorsqu'elle déclare qu'elle ne délivrera pas les marchandises expédiées, tant que l'expéditeur ne justifiera pas de la mainlevée de la saisie-arrêt (Bordeaux, 30 juill. 1888, aff. Taillebourg, D. P. 89. 2. 215); — 2° Que les compagnies de chemin de fer, n'ayant pas à se faire juges de la validité des saisies-arrêts pratiquées entre leurs mains, ne sont pas tenues de remettre, soit au destinataire, soit à l'expéditeur, soit à un tiers désigné, les marchandises saisies-arrêtées (Civ. cass. 17 avr. 1889, aff. Mathieu-Mathieu, D. P. 91. 1. 408). V. aussi Boulet et Dubouloz, *op. cit.*, n° 350; Sarrut, *Législation des transports*, n° 355; Féraud-Giraud, *Code des transports*, t. 2, n° 1073; Duverdy, *Traité des transports*, n° 23 *bis*; Delamarre et Lepoitevin, *Droit commercial*, t. 4, n° 133).

140. Les principes qui viennent d'être exposés *suprà*, n°s 138 et 139, sont applicables aux comptables de deniers publics. Comme les particuliers, ils ne peuvent payer au préjudice des oppositions formées entre leurs mains, sans se rendre personnellement et même pécuniairement responsables envers les opposants (*Rép.* n° 398). — Contrairement à l'arrêt de la cour de Paris du 2 janv. 1830, rapporté au *Rép.*, *ibid.*, et à deux arrêts rendus dans le même sens par la cour de cassation (V. *Rép.*, v° *Trésor public*, n° 609), il a été jugé : 1° que les oppositions pratiquées à la caisse centrale du trésor public à Paris, sur les sommes dues par l'État, n'ont d'effet que relativement aux payements à faire par cette caisse ; qu'elles ne doivent pas être étendues aux payements à faire par les payeurs des départements, et que, par suite, ces payeurs payent valablement les mandats délivrés sur eux par le ministre ordonnateur, malgré l'existence d'oppositions à la caisse centrale de Paris, si aucune opposition n'a été formée directement dans leurs mains (Civ. cass.

14 janv. 1867, aff. Trésor public, D. P. 67. 1. 20) ; — 2° Que la saisie-arrêt de sommes dues par l'État ne peut être valablement pratiquée entre les mains du ministre des finances, lorsque ces sommes doivent être payées, non par le payeur central du trésor public, mais par un payeur de département (Riom, 13 janv. 1880, aff. Tiveyrat, D. P. 80. 2. 238. V. Boulet et Dubouloz, *op. cit.*, n° 351 ; Dodo, *op. cit.*, n°s 253 et suiv.; Rousseau et Laisney, v° *Saisie-arrêt*, n°s 564 et suiv.).

141. La responsabilité du tiers qui s'est libéré envers le saisi ou envers des créanciers indiqués par lui, malgré l'opposition d'un autre créancier, ne doit l'obliger à payer une seconde fois qu'autant que le payement a causé un réel préjudice aux droits du créancier opposant (*Rép.* n° 399. V. Rousseau et Laisney, v° *Saisie-arrêt*, n°s 549 et suiv.; Boulet et Dubouloz, *op. cit.*, n°s 364 à 366). Conformément à l'arrêt de la chambre des requêtes du 29 déc. 1841, rapporté au *Rép. ibid.*, il a été jugé : 1° que si la libération du tiers saisi, après la saisie et nonobstant la saisie, peut être maintenue, lorsque, à raison des circonstances, elle n'a causé en fait au créancier aucun préjudice réel et constant, à plus forte raison doit-elle être validée lorsque, en totalité ou en partie, elle a eu lieu dans l'intérêt de ce créancier et que, dans tous les cas, celui-ci en a tiré un profit certain (Alger, 13 juin 1889, aff. Veuve Guéraud, *suprà*, n° 130); — 2° Que le tiers saisi qui a payé, au mépris d'une saisie-arrêt, ce qu'il doit au saisi, est tenu d'indemniser le saisissant du préjudice qu'il lui a ainsi causé; mais qu'il en est autrement lorsque la saisie-arrêt ne pouvait produire d'effet légal et qu'aucun dommage n'a été causé au créancier saisissant (Trib. civ. Seine, 16 nov. 1893) (1).

142. Il a été jugé que la saisie-arrêt, mesure essentiellement conservatoire, frappe d'indisponibilité au profit du saisissant, en même temps que la créance du saisi, l'hypothèque qui garantit cette créance ; il suit de là que la cession du rang de cette hypothèque, faite par le saisi postérieurement à la saisie-arrêt, ne peut conférer de droit au cessionnaire au détriment du saisissant, bien que ce cessionnaire ait traité sans que l'acte conservatoire du saisissant se révélât à lui par une inscription au bureau des hypothèques, la loi ne prescrivant pas, pour les saisies-arrêts, de formalité de cette nature (Req. 21 mai 1889, aff. Subercazeaux, D. P. 89. 1. 367). Cette solution est rigoureuse ; mais elle s'impose nécessairement : quand la créance du débiteur saisi sur le tiers saisi est garantie par une hypothèque : comme l'hypothèque n'est que l'accessoire de la créance elle-même, il en résulte forcément que l'indispo-

---

(1) (Viéville C. Angelloz.) — Le Tribunal ; — Attendu que dans leur déclaration affirmative faite au greffe du tribunal le 17 juin 1891, les époux Angelloz ont prétendu qu'ils servaient au sieur Lecreux alimentaire de 250 fr. par mois, payable le 14 de chaque mois et que par acte sous seings privés en date des 9 et 12 avril, enregistré le 13 du même mois, ils avaient pris l'obligation de continuer à servir cette pension qui avait été stipulée désormais incessible et insaisissable; qu'ils en avaient en effet régulièrement payé les arrérages; qu'ils ne devaient donc rien au sieur Lecreux; que ni l'un ni l'autre n'avaient été assignés en payement de 30 000 fr. par un sieur Rossignol, se prétendant créancier de pareille somme pour prêt fait au sieur Lecreux et à sa femme décédée, dont la dame Angelloz est héritière; que l'issue de ce procès dépendait, suivant l'acte des 9-12 avril susvisé, la réduction au minimum de 100 fr. par mois de la pension due au sieur Lecreux; qu'enfin ils étaient eux-mêmes créanciers de celui-ci de 1 200 ou 1 500 fr. ; — Attendu que cette déclaration affirmative est régulière et appuyée de pièces qui la justifient, sauf en ce qui concerne la prétendue créance de 1200 ou 1500 fr. que les époux Angelloz disent avoir contre le sieur Lecreux; — Attendu dès lors que les époux Angelloz ne sauraient être déclarés purement et simplement débiteurs des causes de la saisie; — Attendu que le tiers saisi qui paye à tort, au mépris d'une saisie-arrêt, ce qu'il doit au saisi, doit indemniser le saisissant du préjudice qu'il lui a ainsi causé; — Attendu qu'il ne commet aucune faute lorsque la saisie-arrêt qu'il méconnaît ne pouvait produire d'effet légal et que, d'ailleurs, il ne cause, en pareil cas, aucun dommage au créancier saisissant; — Attendu que la pension mensuelle, promise au sieur Lecreux par la convention des 12 avr. 1891, n'est pas insaisissable en vertu de cette convention puisque les époux Angelloz doivent des aliments au sieur Lecreux, leur père et beau-père, et que dès lors cette pension n'a pas été constituée à titre gratuit; — Mais attendu que les sommes et pensions promises pour acquit de l'obligation consacrée par les art. 205 et 207 c. civ. peuvent être déclarées alimentaires dans

la limite des besoins du créancier; qu'il est constant que le sieur Lecreux est complètement insolvable et sans ressources; qu'une pension de 3 000 fr. par an n'est pas excessive en égard à sa position sociale et à son âge; — Attendu en conséquence que les époux Angelloz n'ont commis aucune faute ni causé aucun préjudice à Viéville, en payant les arrérages de la pension stipulée par l'acte de 1891 susvisé; — Attendu que Viéville prétend que la pension constitue au profit du sieur Lecreux n'est que la représentation d'ailleurs insuffisante des droits de celui-ci dans la succession de sa femme et dans la communauté d'entre elle et lui, succession et communauté qui ne seraient pas encore liquidées et dont la dame Angelloz aurait conservé tout l'actif; — Mais attendu que cette allégation n'est pas justifiée; qu'il résulte, au contraire, d'un jugement de ce tribunal en date du 21 déc. 1890, rendu entre un sieur Delaruelle et la dame Angelloz, que celle-ci n'a accepté la succession de sa mère sous bénéfice d'inventaire, et renoncé à la société d'acquêts qui avait existé entre ses père et mère, mariés sous le régime dotal, tous les biens présents et à venir de la femme étant stipulés dotaux; que par conséquent le sieur Lecreux n'est pas créancier de sa fille à raison de la société d'acquêts dont il s'agit; que rien n'établit qu'il soit créancier de la succession bénéficiaire de la dame Lecreux, que l'actif de cette succession soit aux mains de la dame Angelloz et qu'il y a lieu de surseoir jusqu'à la reddition du compte de bénéfice d'inventaire, qu'il appartenait à Viéville de poursuivre, en vertu de l'art. 996, c. proc. civ.; — Attendu, en conséquence, qu'il n'y a lieu de surseoir à statuer dans les termes des conclusions du demandeur; — Par ces motifs, donne acte aux époux Angelloz de leur déclaration affirmative, dit cette déclaration bonne et valable; — Déclare Viéville mal fondé en ses demandes et conclusions, l'en déboute, lui donne acte des toutes réserves en ce qui concerne les droits qui peuvent compéter au sieur Lecreux contre les époux Angelloz du chef de la feue dame Lecreux et le condamne aux dépens. Du 16 nov. 1893.-Trib. civ. de la Seine, 6e ch.-MM. Laneyrie, pr.-Ignace et Ferrand Labori, av.

nibilité de la créance se communique à l'hypothèque, en vertu de la règle que l'accessoire suit le sort du principal (V. les observations sur l'arrêt précité, D. P. *ibid.* Comp. : Boulet et Dubouloz, *op. cit.*, n° 368 ; Rousseau et Laisney, *op. cit.*, v° *Saisie-arrêt*, n° 563).

143. Ainsi qu'on l'a vu au *Rép.*, n° 411, la saisie-arrêt met obstacle à toute aliénation des valeurs qui en sont l'objet, et le transport qui en aurait été consenti, même antérieurement, par le saisi, serait non avenu s'il n'était signifié que postérieurement à l'exploit de saisie (Orléans, 22 janv. 1864, aff. Guillaume, D. P. 64. 8. 68). Toutefois, le droit du créancier saisissant n'exclut pas d'une manière absolue ceux du cessionnaire : la signification du transport équivaut, en effet, à une saisie-arrêt, et autorise le cessionnaire à se faire payer concurremment avec le créancier saisissant (Toulouse, 26 août 1863, aff. Authier-Bellerose, D. P. 64. 2. 5 ; Arrêt précité du 22 janv. 1864 ; Bourges, 24 nov. 1865, aff. Ledet, D. P. 66. 2. 117 ; Trib. civ. Rennes, 14 août 1891, aff. Fresnais, D. P. 93. 2. 246. V. aussi *infrà*, v° *Vente* ; *Rép.* eod. v°, n° 1739).

144. Lorsque la saisie-arrêt et la notification du transport ont eu lieu le même jour, on a vu au *Rép.*, n°s 412, et 413, qu'il y avait controverse sur le point de savoir si la preuve de l'antériorité peut se faire par témoins ou si les opposants et le cessionnaire doivent venir simultanément au franc de la créance, sans distinction de la priorité de l'heure de la signification. Dans une première opinion que nous avons adoptée comme conforme à l'équité et au droit, il a été jugé que, dans le cas où la notification d'une cession de créance et la saisie-arrêt faite par les créanciers du cédant portent la même date, l'antériorité de l'un ou l'autre de ces deux actes peut être établie dans les termes du droit commun, c'est-à-dire à l'aide de présomptions ou par témoins (Pau, 27 févr. 1888, aff. Rumeau, D. P. 89. 2. 159. V. conf. Dodo, *op. cit.*, n° 168). — Mais, dans une seconde opinion, on décide, conformément à l'arrêt cité au *Rép.*, n° 413, que, dans ce cas, le cessionnaire et créancier saisissant doivent venir simultanément au marc le franc de leur créance.

145. Si le débiteur saisi n'est pas, par l'opposition, dépouillé de la propriété des objets saisis-arrêtés, il demeure, par suite, intéressé à veiller à la sûreté de la créance (*Rép.* n° 418). Sa responsabilité serait, d'ailleurs, engagée si, par son fait, ces objets avaient été soustraits au gage du créancier saisissant. Jugé, à cet égard, que le débiteur saisi qui a détourné des objets mobiliers frappés d'une saisie-arrêt régulièrement dénoncée et contre-dénoncée, doit être poursuivi et condamné comme si l'on avait procédé en vertu d'une saisie-exécution (Trib. civ. Loudun, 10 févr. 1882, *La Loi*, n° du 19 févr. 1882).

146. Ainsi qu'on l'a vu au *Rép.*, n° 419, l'existence d'une saisie-arrêt ne saurait dispenser le tiers saisi de satisfaire à ses engagements, et celui-ci ne peut se soustraire à des poursuites qu'en consignant le montant de sa dette (*Rép* n° 419). « Le saisi et le saisissant, dit M. Dodo (n° 147), peuvent avoir intérêt à le poursuivre, le premier pour déjouer le calcul qui consisterait pour le débiteur tiers saisi à se mettre à l'abri du payement en alléguant une saisie-arrêt de complaisance, le second pour parer aux risques de l'insolvabilité future du tiers-saisi » (V. Rousseau et Laisney, v° *Saisie-arrêt*, n°s 553 et suiv. ; Boulet et Dubouloz, *op. cit.*, n° 356). Il a été jugé que le cessionnaire d'un transport a le droit, aussi bien que le cédant lui-même, de forcer le débiteur à consigner, encore bien qu'au moment de la signification du transport, des saisies-arrêts aient été pratiquées sur la créance cédée, entre les mains du débiteur (Req. 9 déc. 1867) (1).

147. On a exposé au *Rép.*, n°s 425 et suiv., les difficultés qui se sont élevées sur le point de savoir si la saisie-arrêt est limitée, dans ses effets, par le chiffre énoncé en l'exploit d'opposition, ou si elle doit, au contraire, affecter, entre les mains du tiers saisi, l'intégralité de sa dette. Contrairement à l'ancienne jurisprudence, avons-nous dit, la cour et tribunaux inclinent aujourd'hui à décider que l'excédent des causes de la saisie peut être valablement transporté à un tiers. La controverse continue néanmoins, parmi les partisans de cette opinion, sur le sort respectif des saisissants antérieurs ou postérieurs à la signification du transport. Nous exposerons succinctement les divers systèmes qui ont cours, soit dans la doctrine, soit dans la jurisprudence, en citant les auteurs qui ont soutenu, et les décisions qui ont consacré chacun d'eux, depuis la publication du *Répertoire*.

148. — *Premier système.* — Au *Rép.*, n° 426, on a développé l'opinion qui soutient que la saisie-arrêt frappe d'indisponibilité toute la chose qui en est l'objet envers la partie saisie. Aux auteurs cités au *Rép.*, *ibid.*, *adde* : Boulet et Dubouloz, *op. cit.*, n° 373 ; Rousseau et Laisney, v° *Saisie-arrêt*, n° 574 ; Bourdon, *Dissertation*, *Journal des avoués*, t. 50, p. 72 ; Billequin, t. 50, p. 186 ; Dodo, *op. cit.*, n°s 159 et suiv., 162 et suiv. ; Demolombe, *Traité des contrats*, t. 4, n°s 207 et suiv.). Indépendamment des arrêts rapportés *ibid.*, il a été jugé : 1° que la saisie-arrêt opérant une sorte de mainmise judiciaire sur les valeurs qui en font l'objet, la partie saisie n'a plus la liberté de disposer de ces valeurs au préjudice du saisissant ; que toutefois il n'est pas interdit à la partie saisie de contracter de nouvelles dettes, ni surtout d'en reconnaître d'anciennes ; que, dans cette double hypothèse, le créancier pourrait pratiquer une saisie-arrêt sur les sommes déjà saisies-arrêtées et concourir avec le premier saisissant (Orléans, 22 janv. 1864, aff. Guillaume, D. P. 64. 2. 68) ; — 2° Que la saisie-arrêt a pour effet de frapper l'indisponibilité absolue et de mettre sous la main de justice la totalité des sommes saisies et que des cessions postérieures ne peuvent valoir comme opposition au regard des saisissants (Trib. Annecy, 6 juill. 1892) (2).

---

(1) (Duval C. Bourgeois et autres.) — Le 1er mars 1865, le tribunal des Andelys a rendu le jugement suivant : — « Considérant que par suite de la dénonciation des transports des 10 janv. 1863, fait au profit de Comavillle, et 18 avril de la même année, au profit de Bourgeois et Grenier, Duval, fermier du cédant, est devenu débiteur envers les cessionnaires de toutes les sommes par lui dues à son propriétaire, à raison des fermages de la propriété qu'il exploite ; qu'il l'a si bien compris qu'il reconnaît avoir payé une somme de 1000 fr. aux mains du cessionnaire de Comanville lui-même, intervenant ; ayant demandé le dépôt à la Caisse des consignations des sommes dont il pouvait être débiteur au jour de la demande, Duval a résisté ; que cette résistance est inexplicable ; que la prétention de Duval d'exiger un supplément de procédure pour arriver à un résultat identique à celui dans lequel se trouvent les parties, ne saurait être favorablement accueillie ; que la voie de la saisie-arrêt, de la demande en validité et de la déclaration affirmative n'est employée qu'en l'absence de cession volontaire de la part du débiteur ; que, dans les circonstances du procès, cette procédure ferait double emploi avec celle suivie ; — Considérant que s'il existait entre ses mains des obstacles au payement, c'est une raison de plus de consigner les fonds, sauf aux ayants droit à se les faire attribuer ; — Par ces motifs, ordonne que, dans la huitaine du jugement, Duval sera tenu de verser à la Caisse des consignations, etc. ».

Le 15 janv. 1866, arrêt de la cour de Rouen qui confirme le jugement en adoptant les motifs des premiers juges.

Pourvoi en cassation par le sieur Duval.

La cour ; — Sur le moyen unique tiré de la violation en fausse application des art. 1242 et 1690. c. civ., 563 et suiv., 579, 656 et 657, c. proc. civ., et des art. 2 et 8 de l'ordonnance du 3 juill. 1816 ; — Attendu que si l'on peut dire avec vérité que la signification d'un transport ne vaut que comme opposition, lorsqu'au moment où elle est faite il existe des saisies-arrêts antérieures dans les mains du débiteur de la créance transportée, c'est seulement en ce sens que le droit de cessionnaire de cette créance se trouve limité par les droits acquis aux saisissants ; mais qu'il n'en résulte aucunement que le cessionnaire puisse être tenu de suivre, soit contre son cédant, soit contre le débiteur cédé, la procédure prescrite par les art. 563 et suiv., c. proc. civ., pour le cas où il s'agit de faire prononcer contradictoirement la validité d'une saisie-arrêt ; — Attendu que le demandeur en cassation n'a été condamné qu'à verser à la Caisse des dépôts et consignations le montant de ce dont il se reconnaissait lui-même débiteur ; qu'il ne conteste pas que son créancier aurait eu le droit d'exiger ce dépôt ; qu'en attribuant le même droit aux porteurs de transport réguliers dûment notifiés, l'arrêt attaqué ne lui a fait aucun grief et n'a violé aucun des textes précités, ni aucune autre loi ; — Rejette, etc.

Du 9 déc. 1867.-Ch. req.-MM. Bonjean, pr.-Boucli, rap.-Savary, av. gén., c. conf.-Christophe, av.

(2) Veuve Bourdier C. Veuve Savod.) — Le tribunal ; — Attendu que la veuve Bourdier demande à être colloquée par préférence

149. — *Deuxième système.* — D'après ce système, exposé au *Rép.*, n° 427, la saisie-arrêt ne frappe d'indisponibilité la somme due par le tiers saisi que jusqu'à concurrence des causes de l'opposition, l'excédent peut être cédé par le saisi à des tiers; et les créanciers saisissants, soit avant, soit après la signification du transport, doivent venir par contribution seulement sur la somme arrêtée avant la signification (V. outre les auteurs cités au *Rép. ibid.* : Rousseau et Laisney, v° *Saisie-arrêt*, n° 375; Boulet et Dubouloz, *op. cit.*, n° 374; Dodo, *op. cit.*, n°s 158 et suiv., 162 et suiv. Patron, *Code de la distribution*, t. 1, p. 415; Marcadé, *Explication du code civil*, sur l'art. 1691, n° 3; Boitard et Colmet-Daâge, *Procédure civile*, t. 2, n° 833; Aubry et Rau, *Droit civil français*, 4° édit., t. 4, p. 436; Mourlon, *Revue de droit français et étranger*, t. 5, p. 161; Vielle, *Revue critique*, t. 3, p. 113; Flandin, *Revue critique*, t. 4, p. 337; Barillet, *Revue pratique*, t. 13, p. 49; Mersier, *Revue pratique*, t. 26, p. 334). C'est le système qui a prévalu dans la jurisprudence; il a été consacré, depuis la publication du *Répertoire*, par de nombreux arrêts (Orléans, 11 mai 1859, aff. Loyer-Duverger, D. P. 59. 2. 172; Bourges, 24 nov. 1865, aff. Ledet, D. P. 66. 2. 117; Civ. cass. 25 août 1869, aff. Ader, D. P. 69. 1. 456; Caen, 15 mai 1871, aff. Vigier, D. P. 72. 2. 59; Trib. civ. Blois, 28 juill. 1886, aff. Métais, D. P. 87. 2. 193; Trib. civ. Rennes, 14 août 1891, aff. Fresnais, D. P. 93. 2. 246). Tous ces arrêts ou jugements décident que le débiteur saisi peut valablement transporter l'excédent des causes de la saisie. — Dans ce système, le transport, alors qu'il a été valablement signifié, investit le cessionnaire du montant de la cession, tant à l'égard du saisissant antérieur que des saisissants postérieurs (Arrêts précités des 11 mai 1859, 25 août 1869 et 15 mai 1871). Il en est ainsi alors même que le créancier saisissant, antérieur à la signification du transport, aurait formé sa saisie-arrêt pour une somme supérieure à celle saisie-arrêtée, et frappé momentanément cette somme d'indisponibilité; si la créance est ultérieurement

au deuxième rang, en vertu d'une cession, en date du 12 août 1891, signifiée le 20 du même mois; — Attendu que le cédant ne pouvait plus disposer librement des sommes mises en distribution, par suite de la saisie-arrêt pratiquée par la veuve Savod le 8 avril 1891, laquelle avait eu pour effet de frapper d'indisponibilité absolue et de mettre sous main de justice la totalité des sommes saisies; — Attendu, en effet, que l'art. 557 c. proc. civ. ne comporte ni limitation ni restriction et permet d'atteindre tous les biens du débiteur, par application des dispositions générales de l'art. 2093 c. civ.; que la combinaison de ces deux articles ne permet pas de réduire les effets de la saisie-arrêt au montant des causes pour lesquelles elle a été faite; que si telle avait été l'intention du législateur, il s'en serait expliqué expressément, comme il l'a fait pour l'espèce prévue par le décret du 18 août 1807, postérieur à la promulgation du code de procédure civile; — Attendu que refuser cet effet à la saisie-arrêt serait compromettre gravement les intérêts du saisissant, en permettant au débiteur de diminuer une des sûretés procurées par ses diligences; que les sommes saisies-arrêtées constituant le gage de tous les créanciers, il se trouverait exposé à ne toucher qu'un dividende au cas où il surviendrait de nouvelles oppositions postérieurement à la cession; — Attendu, il est vrai, que certaines décisions ont, tout en reconnu le droit, dans cette hypothèse, d'exercer un recours contre le cessionnaire à concurrence des sommes dont il a été privé par le concours des saisissants postérieurs; mais que ce système de pure équité ne repose sur aucune base légale et conduit à des conséquences peu logiques; qu'en effet, si l'on admet que le débiteur conserve la libre disposition de tout l'excédent des causes de la saisie, il n'a disposé que de ce qui lui appartenait, et le cessionnaire doit être à l'abri de tout recours; — Attendu enfin que, dans le conflit d'intérêt qui s'élève entre les créanciers et le débiteur, le législateur n'a pu vouloir consacrer un système dont le résultat le plus certain est de sacrifier le premier au profit du dernier; que celui-ci, d'ailleurs, peut facilement mettre fin aux effets préjudiciables de la saisie-arrêt et recouvrer la libre disposition de l'excédent des causes de la saisie, soit en désintéressant le créancier saisissant, soit en lui consentant un transport conditionnel; — Attendu qu'il suit de ce qui précède que la cession de la veuve Bourdier ne peut avoir que l'effet d'une opposition au regard des saisissants, et qu'il y a lieu de maintenir, sur ce point, le règlement provisoire qui l'a colloquée en marc le franc.

Du 6 juill. 1892.-Trib. d'Annecy, 2° ch.-M. Boulet, pr.

(1) (Chausson C. Létard.) — La cour; — Attendu que le juge-

réduite à un chiffre moindre, le transport vaut pour l'excédent (Orléans, 11 mai 1859 précité, aff. Loyer-Duverger et Pelletier, D. P. 59. 2. 172). Et les opposants antérieurs au transport doivent subir le concours des opposants postérieurs sans pouvoir exercer aucun recours contre le cessionnaire à raison du préjudice que leur cause ledit transport (Bourges, 24 nov. 1865, précité et cité *suprà*, n° 143).

150. — *Troisième système.* — On a vu au *Rép.*, n° 428, que, suivant les partisans de ce système, la saisie ne vaut que jusqu'à concurrence des causes de l'opposition, que l'excédent peut être valablement transporté par le saisi, que les opposants postérieurs doivent venir à contribution sur la somme saisie; mais que (et c'est en quoi il diffère du second système) la contribution une fois opérée, les saisissants antérieurs à la signification du transport ont recours contre le cessionnaire pour être indemnisés de ce dont ils ont été privés sur le montant de leurs créances par suite du concours des oppositions postérieures à cette signification. Aux auteurs cités au *Rép. ibid.* adde : Patron, *Code de la distribution*, t. 1, p. 416; Boulet et Dubouloz, *op. cit.*, n° 375; Rousseau et Laisney, v° *Saisie-arrêt*, n° 576; Dodo, *op. cit.*, n°s 159 et suiv., 162 et suiv. Indépendamment des arrêts cités au *Rép.*, *ibid.*, il a été jugé en ce sens : 1° que la saisie-arrêt ne frappe d'indisponibilité la créance saisie que jusqu'à concurrence des causes de la saisie; que par suite l'excédent peut être valablement transporté par le débiteur; que les créanciers postérieurs au transport peuvent venir par contribution avec ceux antérieurs à la somme arrêtée par ceux-ci, mais qu'ils n'ont aucun droit à l'excédent transporté et que, la contribution opérée, les saisissants antérieurs à la signification du transport ont recours contre le cessionnaire à l'effet d'être indemnisés de ce dont ils ont été privés sur le montant de la créance par suite de cette contribution (Riom, 23 janv. 1862 (1). Conf. Trib. civ. Limoges;

ment dont est appel à maintenu le règlement provisoire qui avait colloqué au marc le franc tous les créanciers ainsi que les cessionnaires, sans distinction de date des oppositions et des cessions signifiées; — Attendu que le tribunal a fondé sa décision sur ce qu'une saisie-arrêt, régulièrement faite et dénoncée, frappe d'indisponibilité toute la somme due par le tiers saisi au saisi; — Attendu que, devant la cour, les intimés demandent la confirmation du jugement par ce premier motif, mais qu'ils en présentent un second pris de ce que la cession du 14 avr. 1859 aurait été faite en fraude des droits des créanciers du saisi; — Sur le premier motif, celui relatif à l'indisponibilité de l'intégralité de la dette du tiers saisi; — Attendu que le système de l'indisponibilité absolue, a, il est vrai, le mérite de la simplicité, puisque le cessionnaire n'est considéré que comme un créancier saisissant venant à contribution avec les saisissants antérieurs et postérieurs, mais qu'il s'agit de savoir s'il ne donne pas à la saisie des effets qui dépassent son but; — Attendu que la libre disposition des biens, attribut essentiel de la propriété, forme le droit commun, et que l'indisponibilité n'est que l'exception qui, pour exister, doit être formellement exprimée par la loi; — Attendu que, pour le cas d'une saisie-arrêt, loin de rencontrer des textes précis qui admettent l'indisponibilité des sommes excédant les causes de la saisie, on trouve, au contraire des dispositions législatives qui l'excluent; — Attendu, en effet, que, sous l'empire de l'ordonnance de 1667, le saisissant n'était pas tenu de faire connaître les causes et le montant de la saisie-arrêt; que cet état de choses avait pour inconvénient de frapper d'indisponibilité pour les moindres sommes, toutes les ressources d'un débiteur aux mains du tiers saisi; que l'art. 559 c. proc. civ. a eu pour objet y remédier, en exigeant que l'exploit de la saisie contienne, à peine de nullité, l'énonciation de la somme pour laquelle elle est faite et autorité par le juge; que, par là, le législateur ne laisse aucun doute sur la pensée de substituer au principe de l'indisponibilité absolue celui de la possibilité de l'excédent des causes de la saisie; — Attendu que l'art. 4 du décret du 18 août 1807, en maintenant, dans le cas qu'il prévoit, les payeurs ne doivent garder par devers eux que juste la somme saisie, n'est que l'application du principe général posé par l'art. 559; — Attendu que les art. 1242 et 1298 c. civ. défendent au débiteur de payer au préjudice de la saisie-arrêt, ou même de compenser avec sa propre dette, lorsqu'il est devenu lui-même créancier depuis la saisie; que, par cette disposition introduite seulement en faveur des créanciers saisissants et dans leur intérêt privé, tout payement ou compensation des

24 avr. 1884) (1); — 3° Que la signification du transport par le cessionnaire vaut opposition de sa part, et lui confère le droit de venir en concours avec les autres créanciers, sur la somme saisie-arrêtée, mais jusqu'à concurrence seulement de la différence entre le montant intégral de sa créance et la somme qu'il aura touché par l'effet du transport ; que l'attribution au cessionnaire de la somme cédée n'ayant lieu que sous réserve des droits antérieurement acquis aux tiers, le saisissant doit toucher, dans la somme à distribuer, tout ce qu'il aurait reçu sans l'événement ultérieur de la cession, qui a empêché la répartition de s'étendre à la généralité de la créance saisie-arrêtée ; que par suite, il a droit de recourir contre le cessionnaire pour la différence entre la somme qu'il a reçue en définitive, et celle qu'il aurait reçue si la totalité de la somme à distribuer avait été répartie au marc le franc, entre le saisissant originaire, le cessionnaire et les saisissants postérieurs (Trib. civ. Rennes, 14 août 1891, aff. Frésnais, D. P. 93. 2. 246).

151. — *Quatrième système.* — On a vu au *Rép.*, n° 429, que dans ce système comme dans les deux précédents, la saisie-arrêt n'a d'effet que jusqu'à concurrence des sommes pour sûreté desquelles elle a été pratiquée ; le débiteur peut librement disposer de toute la partie de sa créance qui excède les causes de la saisie. Mais, s'il survient de nouvelles oppositions, le saisissant dont l'opposition est antérieure au transport profite seul de la somme pour laquelle il a saisi, sans que les saisissants postérieurs y puissent rien prétendre (V. Rousseau et Laisney, v° *Saisie-arrêt*,

n° 578; Boulet et Dubouloz, *op. cit.*, n° 376; Dodo, *op. cit.*, n°s 159 et suiv., 162 et suiv.). Jugé, depuis, en ce sens : 1° que la saisie-arrêt rend indisponible la somme saisie tout entière et non pas seulement une somme égale à la créance du saisissant ; mais que cette indisponibilité n'est pas absolue ; qu'elle n'est que relative à l'égard du créancier saisissant seulement (Caen, 13 févr. 1882, aff. Barbé, D. P. 83. 2. 63) ; — 2° Que la saisie-arrêt frappe d'indisponibilité, *dans l'intérêt du créancier saisissant*, la totalité de la somme saisie et non pas seulement une somme égale au chiffre de la créance pour laquelle la saisie a été pratiquée (Bordeaux, 15 mai 1891, aff. Coffre, D. P. 92. 2. 197).

On peut citer enfin un *cinquième système* soutenu par M. Mourlon (*Revue du droit français*, t. de 1848, p. 161), d'après lequel les saisissants postérieurs doivent concourir avec les premiers saisissants et le cessionnaire ; mais ensuite, et quant à celui-ci, leur dividende doit être diminué à son profit, de manière qu'il touche intégralement la somme qu'il aurait obtenue si les secondes saisies n'étaient pas survenues ; à l'égard du cessionnaire, elles doivent être considérées comme non existantes.

152. Chacun des systèmes qui ont été ci-dessus rappelés présente des inconvénients (*Rép.* n° 430). MM. Rousseau et Laisney (v° *Saisie-arrêt*, n° 580) pensent que c'est le troisième système qui doit être accepté comme étant le plus équitable et le plus conforme aux principes. La jurisprudence, comme on l'a vu *suprà*, n° 149, semble incliner vers le deuxième. MM. Boulet et Dubouloz estiment avec nous (*Rép.* n° 430) que le plus conforme à la loi et même

---

sommes laissées libres par l'état définitif des saisies est permis au débiteur ; — Attendu, il est vrai, que la saisie-arrêt frappe, dans l'intérêt des créanciers opposants, toutes les sommes dues par le tiers saisi au saisi, et que ces créanciers viennent en concours avec le premier saisissant qui n'a pas obtenu la cession judiciaire ; — Mais attendu que cette admission, au marc le franc, des créanciers opposants postérieurs ne présuppose pas l'indisponibilité intégrale des sommes saisies ; qu'elle n'est que la conséquence et le simple de la nature même de la saisie-arrêt, qui n'est qu'une mesure conservatoire et qui n'a conféré au premier saisissant aucun droit de préférence à l'égard des saisissants ultérieurs, avec lesquels il n'a qu'un seul en commun ; — Attendu que l'analogie que l'on veut prendre dans les effets de la saisie-exécution et de la saisie immobilière ne peut être acceptée, puisque ces voies d'exécution ont pour but de faire vendre les effets mobiliers ou les immeubles, et que dès lors, que l'indisponibilité des objets saisis en soit la conséquence nécessaire ; — En ce qui touche le motif puisé dans l'art. 1167 c. civ. ... (sans intérêt) — En ce qui touche les conclusions subsidiaires prises par les frères Létard ; — Attendu que le débiteur saisi n'avait que la faculté de disposer de la partie de la somme qui excédait le montant de la première opposition ; qu'il devait laisser intacte la somme nécessaire pour représenter les causes de cette saisie ; qu'il n'a pu, dès lors, transporter l'excédent que sous la condition que la créance déjà manifestée serait satisfaite et garantie par le cessionnaire contre le préjudice que devait leur causer la cession ; que le cessionnaire, en acceptant le transport, s'est soumis à cette obligation éventuelle dont il a dû prévoir les conséquences légales ; — Attendu d'ailleurs, que dans ses conclusions subsidiaires, l'appelant offre l'indemnité dont il s'agit aux frères Létard ; — Attendu que, par cette solution, nul n'a le droit de se plaindre, ni le premier saisissant, car il prend tout ce qui devait lui revenir si le cessionnaire n'avait été qu'un simple saisissant, ni les saisissants postérieurs à la cession, qui n'ont de droit que sur la somme encore comprise dans le patrimoine du débiteur lors de leur opposition, ni enfin le cessionnaire, qui ne subit de réduction qu'au profit du premier créancier saisissant ; qu'il est vrai pourtant que le cessionnaire devient, par l'action récursoire à laquelle il est soumis envers le premier saisissant, indirectement responsable des oppositions qui surviennent après la signification du transport, mais que l'on peut dire qu'en devenant acquéreur d'une portion de créance, disponible, il est vrai, mais placée pourtant sous la main de la justice par mesure conservatoire, il s'est volontairement exposé aux éventualités qui devaient être la conséquence de cet état de choses ; — Par ces motifs, ordonné que la cession du 14 avr. 1859, consentie à Auguste Chausson, recevra effet pour le montant des sommes cédées ; condamné toutefois Auguste Chausson, cessionnaire, à indemniser au moyen d'une réduction suffisante sur le montant de la cession, lesdits frères Létard, premiers saisissants, du préjudice que leur fait éprouver la cession ; dit par conséquent que, vis-à-vis des frères Létard, la cession ne vaudra que comme saisie et que le marc le franc revenant aux frères Létard portera sur toute la somme due par Mazaire, etc.

Du 23 janv. 1862.-C. de Riom, 2e ch.-MM. Cassagne, pr.-Aucelot, 1er av. gén.-Goûtay et Allary, av.

(1) (Chazelle *C.* Dupré et la Compagnie *L'Abeille*.) — Le tribunal ; — Attendu que l'art. 1242 c. civ., en déclarant nuls les payements faits au préjudice des créanciers saisissants ou opposants, n'entend évidemment parler que de ceux qui ont pratiqué leurs saisies ou oppositions avant le payement et non des créanciers négligents qui n'avaient pas conservé leurs droits au moment de la libération, ou bien encore des créanciers dont les droits n'étaient pas encore nés ; — Attendu qu'il résulte comme conséquence dudit article, ainsi que des art. 557, 559 et 576 c. proc. civ., qu'une saisie-arrêt ne rend indisponible la somme, objet de ladite saisie, entre les mains du tiers saisi, que jusqu'à concurrence des causes expressément énoncées dans l'exploit d'opposition, et que le saisi peut disposer de tout ce qui excède le montant de la saisie, comme aussi transporter le surplus de ladite cession, et que le cessionnaire est saisi du montant du transport du jour de la signification par lui faite au débiteur ; — Attendu d'ailleurs, qu'il n'est nullement établi, ni même allégué, que le transport dont s'agit eût été consenti frauduleusement et dans l'intention de porter préjudice aux créanciers du sieur Glangeaud ; — Attendu toutefois que la saisie-arrêt n'opérant pas saisie au profit de ceux qui l'ont pratiquée, il y a lieu à contribution au profit des créanciers qui n'avaient formée opposition que postérieurement à la signification du transport ; que, par ce concours, le premier saisissant voit sa créance ébréchée, et que, d'autre part, le cessionnaire ne pouvant être valablement payé, qu'autant que ledit premier saisissant aurait été intégralement désintéressé ; il doit en conséquence indemniser ce dernier de ce que tous les opposants, postérieurs en date au transport, obtiendront à son préjudice ; qu'en effet, le transport venant après une première saisie ne se comprend que parce que les sommes arrêtées suffisent à répondre des causes de ladite saisie et le saisi n'est pas censé avoir pu consentir le transport, que sous la condition que les créances déjà manifestées recevraient satisfaction entière ; qu'ainsi le sieur Chazelle, cessionnaire, bien que devant recevoir collocation pour le montant de la somme transportée, puisque le montant réuni de la première saisie et du transport n'absorberait pas intégralement la somme à distribuer sur le sieur Glangeaud, devra subir une réduction suffisante pour indemniser le sieur Dupré, premier saisissant, du préjudice que celui-ci éprouvera par suite du concours de la Compagnie *L'Abeille*, saisissante postérieure ; — Par ces motifs ; — Maintient la collocation du sieur Chazelle à titre de délégataire ; — Dit toutefois que le montant de ladite collocation, il devra subir une réduction suffisante pour indemniser Dupré du préjudice que celui-ci éprouvera par suite du concours de la Compagnie *L'Abeille*, ou soit pour parfaire la créance dudit Dupré, en principal et accessoires.

Du 24 avr. 1884.-Trib. civ. de Limoges, 1re ch.-M. Gilbert, pr.

le plus simple est encore le système de l'indisponibilité absolue. « Dans ce premier système, disent ces auteurs, sans doute une somme importante pourra être frappée d'indisponibilité pour garantie d'une somme minime, mais autoriser le saisi à céder le surplus, c'est lui permettre de frauder trop facilement ses créanciers. Si réellement il est au-dessus de ses affaires, il pourra toujours trouver facilement le moyen de désintéresser le saisissant, ou tout au moins il obtiendra une mainlevée partielle. A quoi lui servirait d'ailleurs la faculté qu'on lui laisserait si le cessionnaire pouvait être soumis à un recours de la part des saisissants antérieurs ; cette menace suffirait à éloigner tous les cessionnaires ».

152. Aux termes d'un arrêt de la cour de cassation du 8 juin 1852, cité au *Rép.* n° 432, le créancier dont la saisie-arrêt est postérieure à la cession conserve le droit de profiter de la somme qui avait été frappée d'opposition à une date antérieure, même en cas de mainlevée de la première saisie-arrêt, si elle n'a été consentie que depuis l'opposition qu'il a lui-même pratiquée (Comp. Paris, 30 mai 1855, *Rép.* n° 428-2°). Il a été jugé, dans le même sens, que lorsque, sur une créance cédée, il existe à la fois des saisies-arrêts antérieurs et des saisies-arrêts postérieurs au transport, s'il vient à être donné mainlevée de l'une des premières, la somme qui avait été frappée d'indisponibilité par cette saisie-arrêt doit entrer dans la répartition à faire au marc le franc entre tous les opposants et le cessionnaire (Bourges, 24 nov. 1865, aff. Ledet, D. P. 66. 1. 116).

154. On a vu au *Rép.* n° 435, quel procédé avait imaginé la pratique, notamment devant le tribunal de la Seine, pour échapper aux inconvénients du premier système, suivant lequel la saisie-arrêt frappe l'intégralité de la somme due par le tiers saisi (V. *suprà*, n° 148). Ce procédé, connu sous le nom d'*affectation spéciale*, a fait l'objet de nouvelles explications, *suprà*, v° *Référé*, n° 39, où l'on a exposé les divergences qui se sont produites dans la doctrine et la jurisprudence, sur le point de savoir si ce mode de procéder pouvait être considéré comme légal. — Aux auteurs cités *ibid.*, *adde*, dans le sens de l'affirmative, Dodo, *op. cit.*, n° 177. — *Contra :* Demolombe, *Traité des contrats*, t. 4, n° 222 ; Colmet de Santerre, *Cours analytique*, t. 5, n° 181 *bis*-XII ; Boulet et Dubouloz, *op. cit.*, n° 316).

§ 2. — Des effets de la saisie-arrêt à partir du jugement de validité (*Rép.* n°s 443 à 468).

155. Ainsi qu'on l'a exposé au *Rép.*, n° 443, jusqu'à ce que le jugement de validité ait été rendu, la saisie n'a eu d'autre effet que de placer sous la main de la justice et de frapper d'indisponibilité les sommes dues par le tiers saisi. Il a été jugé, en ce sens, que la saisie-arrêt qui n'a point été validée par un jugement en force de chose jugée n'opère point, en faveur de celui qui l'a formée, un transport judiciaire et une attribution spéciale de cette saisie, et qu'il ne peut invoquer aucune cause de préférence exclusive et personnelle (Trib. civ. Rennes, 14 août 1891, aff. Fresnais, D. P. 93. 2. 246. V. aussi Trib. civ. Blois, 5 mars 1887, aff. Métais, D. P. 87. 2. 194).

156. Une des questions les plus importantes en matière de saisie-arrêt est celle de savoir si le jugement qui valide la saisie-arrêt, et ordonne que le tiers saisi videra ses mains en celles du saisissant, donne à celui-ci le droit d'être payé jusqu'à concurrence de sa créance sur les sommes déclarées par le tiers saisi, à l'exclusion des autres créanciers qui n'auraient formé des oppositions qu'après ce jugement, ou si les créanciers opposants postérieurs à ce même jugement doivent venir par contribution sur les sommes saisies.

Cette question a donné lieu à deux systèmes qui ont été exposés au *Rép.*, n°s 445 et 446.

On n'insistera pas sur le *second système* suivant lequel un créancier, s'il n'est privilégié, ne peut prétendre en aucun cas, même en vertu d'un jugement de validité passé en force

de chose jugée, à un droit de préférence sur les sommes saisies. Ce système, ainsi qu'on l'a vu au *Rép.*, n° 446, avait rencontré peu d'adhérents, et la jurisprudence semble l'avoir de plus en plus abandonné. Il a été cependant adopté par un jugement du tribunal de la Flèche en date du 8 mars 1864, aff. Michel, D. P. 64. 3. 46, portant « que l'effet de la saisie-arrêt, lorsqu'elle est déclarée valide, n'est autre que de placer sous la main de la justice les deniers arrêtés, et de mettre le débiteur principal dans l'impossibilité d'en disposer au préjudice du saisissant ; qu'il n'existe ni dans le code civil, ni dans le code de procédure civile aucune disposition de laquelle il résulterait que le jugement qui prononce sur la validité d'une saisie-arrêt opère, en faveur du saisissant, la saisine exclusive des deniers arrêtés ; qu'au contraire les art. 575 et 579 ordonnent que, s'il survient de nouvelles oppositions, les deniers devront être distribués par contribution ».

157. Le *premier système*, adopté au *Rép.*, n°s 445, d'après lequel le jugement qui valide la saisie-arrêt et ordonne que le tiers saisi videra ses mains en celles du saisissant donne à celui-ci le droit d'être payé jusqu'à concurrence de sa créance sur les sommes déclarées par le tiers saisi, à l'exclusion des autres créanciers qui n'avaient formé opposition qu'après ce jugement, se fonde sur ce que l'effet du jugement qui prononce la validité est de substituer, vis-à-vis du tiers saisi, un créancier à un autre et d'opérer, à l'égard du saisissant, une sorte de transport au moyen de l'intervention de la justice, dont la volonté remplace celle du saisi, dans le but d'acquitter la dette qu'il a contractée. La majorité des auteurs se prononcent en ce sens. A ceux qui ont été cités au *Rép.*, n° 445, *adde :* Demian-Crouzilhac, sur l'art. 653 ; Rousseau et Laisney, v° *Saisie-arrêt*, n° 606 ; Boulet et Dubouloz, *op. cit.*, n° 380). « Le jugement de validité, disent ces dernier auteurs, équivaut à un véritable transport judiciaire, et toutes les saisies postérieures sont considérées comme tardives, et par suite sont nulles et non avenues de la même manière que si elles avaient été faites après une cession régulièrement notifiée ». V. aussi Patron, n° 133 ; Tessier, *Distribution par contribution*, p. 109 ; Dodo, *op. cit.*, n°s 204 et suiv. ; Boitard, Colmet-Daâge et Glasson, *op. cit.* t. 2, n° 833.

C'est également le système qui prévaut en jurisprudence.

Il a été jugé dans le sens de ce système : 1° que l'effet nécessaire du jugement prononçant la validité d'une saisie-arrêt est de dessaisir le débiteur des sommes arrêtées, pour en faire attribution et transport au saisissant, qui devient ainsi créancier direct du tiers saisi ; qu'en conséquence le tiers saisi domicilié en France et tenu par une déclaration affirmative envers le saisissant français, ne peut, en invoquant un fait étranger à ce saisissant, se libérer valablement au mépris des droits résultant pour celui-ci de la saisie-arrêt qu'il avait fait pratiquer ; que spécialement une société française objecterait vainement que, ayant transféré son siège social dans un pays étranger (dans l'espèce, en Espagne) depuis la saisie-arrêt pratiquée entre ses mains et validée par jugement, elle a dû, pour déférer aux ordres des autorités étrangères, consigner dans ce pays les sommes par elle dues au débiteur saisi (Req. 23 mars 1881, aff. Chemins de fer du nord de l'Espagne, D. P. 82. 1. 420) ; — 2° Que si la saisie-arrêt dûment validée n'accorde ni privilège ni droit de préférence en dehors des cas spécialement prévus par la loi, elle a du moins pour effet de transférer au saisissant, à l'encontre de tous, la propriété de la somme saisie-arrêtée qui est censée n'avoir jamais fait partie du patrimoine du saisi, de lui donner pour débiteur direct le tiers saisi et par conséquent de soustraire à l'action des créanciers postérieurs à l'opposition qui a été validée, des sommes ou effets mobiliers qui ont cessé d'être le gage commun de tous pour devenir la chose d'un seul ; que par suite les saisies-arrêts qui suivent la validation de la première opposition sont nulles et sans valeur (Chambéry, 26 mars 1884) (1) ; — 3° Que le jugement passé en force de chose jugée qui déclare une saisie-arrêt bonne et vala-

---

(1) (Bœx, Laperrière C. Veuve Cot, Rulland Bœx et autres.) — LA COUR ; — Sur le deuxième moyen : — Attendu que Laperrière oncle prétend que la saisie-arrêt par lui pratiquée sur Joachim Bœx et validée en 1869, dont les effets ont rendu indispo-

nibles les sommes représentant la valeur de l'office, laquelle indisponibilité par voie de conséquence est venue frapper la créance dudit Bœx sur Orsat, a eu pour résultat de lui attribuer un droit de préférence sur la créance Bœx à l'encontre des

ble, et qui ordonne que le tiers saisi videra ses mains en celles du saisissant, équivaut, au profit de ce dernier, à un transport judiciaire de la somme saisie, de telle sorte que cette somme ne peut plus être saisie à son préjudice ; qu'en conséquence le débiteur saisi n'est pas recevable à critiquer ce jugement rendu contradictoirement, signifié à partie et non frappé d'appel par lui (Pau, 21 févr. 1887, aff. Lhéritier et Bernis, D. P. 88. 2. 181) ; — 4° Qu'une décision judiciaire qui valide une opposition fait sortir du patrimoine des débiteurs saisis les sommes qui en étaient l'objet et en investit irrévocablement les créanciers validés, malgré l'aggravation du passif née postérieurement de nouveaux opposants et de productions à une distribution par contribution (Trib. civ. Seine, 2e ch., 15 mai 1888 (1). V. encore Req. 2 juill. 1890, aff. Bertrand, D. P. 91. 1. 196 ; Riom, 4 juill. 1890, aff. Boyer, D. P. 91. 2. 348).

158. La jurisprudence s'est divisée sur le point de savoir si le jugement de validité de la saisie-arrêt a ou non pour effet de rendre le saisissant propriétaire des deniers arrêtés, de préférence à tous autre créanciers, alors que la créance saisie née et certaine n'est pas encore exigible (Rép. n° 448). Dans le sens de l'affirmative, adopté par la cour de cassation (Rép. n° 449), il a été jugé : 1° que le créancier saisissant acquiert, par le jugement de validité passé en force de chose jugée, un droit de préférence sur les deniers arrêtés, dès que la créance saisie est née et certaine à l'époque du jugement, encore bien qu'elle ne soit pas alors exigible (Pau, 21 févr. 1887, aff. Léritier et Bernis, D. P. 88. 2. 181) ; — 2° Que lorsque le créancier a saisi-arrêté entre les mains de l'usufruitier la somme qu'il devra rendre à l'héritier lors de l'extinction de son droit, l'usufruitier ne peut, au mépris de la saisie-arrêt, prendre avec l'héritier saisi des arrangements ou effectuer entre ses mains des payements ayant pour effet de le libérer de l'obligation de restituer à la

fin de l'usufruit la somme qui y était soumise (Civ. cass. 11 janv. 1888, aff. Dame Reynard-Martinet, D. P. 89. 1. 53) ; — 3° Que ces arrangements ne sont pas opposables au créancier saisissant, alors même qu'ils ont été contractés de bonne foi, à la suite d'un jugement obligeant l'usufruitier, qui avait été dispensé par le testateur de donner caution, à fournir des garanties au nu-propriétaire; qu'il en est ainsi, alors même que lesdits arrangements auraient eu pour effet de faire entrer dans le patrimoine de l'héritier saisi un immeuble et une créance dont la nue propriété pouvait être, dès à présent, saisie par le créancier (Même arrêt). V. Rousseau et Laisney, v° Saisie-arrêt, n°s 616 à 618; Boulet et Dubouloz, op. cit., n° 385; — 4° Que les effets d'un transport résultant d'un jugement qui valide une saisie-arrêt sont les mêmes que ceux d'un transport conditionnel et se continuent jusqu'à extinction de la créance en principal et accessoires ; que, spécialement, s'il s'agit de salaires qui s'acquièrent à des échéances successives, le jugement de validité les atteint au fur et à mesure de leur exigibilité; et que, par suite, la propriété en ayant été transmise au saisissant, des saisies-arrêts postérieures à la date où le jugement a acquis l'autorité de la chose jugée ne peuvent atteindre lesdits appointements (Trib. civ. Montdidier, 16 mai 1890) (2). Comp. supra, n° 77.

Cependant il a été jugé, dans le sens de l'arrêt de la cour d'Angers du 3 avr. 1830 (Rép. n° 450), que les effets de la saisie résultant du jugement qui valide une saisie-arrêt ne s'étend pas aux appointements non encore acquis au débiteur saisi et qui, à raison de leur caractère de fruits civils s'acquérant jour par jour, constituent une créance purement éventuelle (Alger, 23 nov. 1867) (3).

159. On a émis au Rép., n° 451, l'opinion que, pour que le jugement qui valide une saisie-arrêt produise les effets d'un transport, il faut qu'il ait été signifié au tiers saisi et ce en

---

autres créanciers de Laperrière neveu ; — Attendu qu'il n'existe pas de privilège et de préférence en dehors des cas spécialement prévus par la loi ; — Qu'ainsi la saisie-arrêt ne peut produire les effets antijuridiques qu'invoque le créancier contesté; mais que dûment validée elle transfère au saisissant, à l'encontre de tous, la propriété de la somme saisie-arrêtée, qui est censée n'avoir jamais fait partie du patrimoine du saisi, qu'elle lui donne pour débiteur direct le tiers saisi et ainsi a pour conséquence de soustraire à l'action des créanciers résultant à l'opposition qui a été validée, des sommes ou effets mobiliers qui ont cessé d'être le gage commun de tous pour devenir le gage d'un seul, d'où il suit que les saisies-arrêts qui suivent la validation de la première opposition sont nulles et sans valeurs et que les prétentions de Laperrière oncle étant fondées, il y a lieu de confirmer le jugement sur ce point, alors que le rang des créanciers de Laperrière neveu par préférence à ceux de Joachim Box n'est pas contesté; — Par ces motifs, etc.

Du 26 mars 1884.-C. de Chambéry, 1re ch.-MM. Auzias-Tureune, pr.-Molines, av. gén.-Bourgeois, de Fernex, Perrier de la Bathie, av.

(1) (Pinier C. Negroo.) — Le tribunal ; — Attendu qu'une saisie-arrêt n'a de valeur juridique que dans les limites de ses causes justifiées et non jusqu'à concurrence de celles qui ont été indûment énoncées; qu'il suit de là que la décision qui a validé l'opposition des époux Pinier a fait sortir du patrimoine des époux Negroo les 25 000 fr. qui en étaient l'objet et a investi irrévocablement les créanciers validés, malgré l'aggravation du passif née postérieurement de l'opposition des demoiselles Angioux, de la production à la présente contribution des époux Decot; que les époux Pinier doivent donc être colloqués par priorité à ces nouveaux créanciers et non pas seulement au marc le franc, etc.

Du 15 mai 1888.-Trib. civ. de la Seine, 2e ch.-MM. Poultier, pr.-Duval, subst.-Lalle, Guiraud, Jullemier, Navré et T. Martin, av.

(2) (Aff. A... C. L... et L... et comp.) — Le tribunal; — Attendu que le jugement du 1er févr. 1888 a validé la saisie-arrêt du 30 juin 1887, et a ordonné que les tiers saisis verseraient les sommes dues par eux ès mains de A..., en déduction et jusqu'à due concurrence de sa créance; que ce jugement a été signifié le 18 févr. 1888 à L..., et le 27 du même mois à L... et comp.; que sur l'appel de L... il a été confirmé le 3 juill. 1888; — Attendu que le jugement qui valide une saisie-arrêt, en l'absence de toute autre opposition, et qui ordonne que le tiers saisi videra ses mains en celles du créancier saisissant, a pour effet de dépouiller le saisi des sommes arrêtées pour en transférer la propriété à ce créancier; que les effets du transport qui résulte

d'un pareil jugement sont les mêmes que ceux du transport conventionnel, et se continuent jusqu'à extinction de la créance en principal et accessoires; que, s'il s'agit, comme dans la cause, de salaires qui s'acquièrent à des échéances successives, le jugement de validité de saisie les atteint au fur et à mesure de leur exigibilité; que, la propriété de ces salaires, ayant été transmise au saisissant, aucune saisie ne peut les atteindre du chef du premier débiteur; que la saisie-arrêt du 19 janv. 1889 ni la créance de L... et comp. ne peuvent faire obstacle au payement des deux cinquièmes des appointements de L... qui sont la propriété de A...; — Par ces motifs : — Sans avoir égard aux déclarations de L... et comp., dit que ceux-ci sont débiteurs des deux cinquièmes des appointements de L... soit 50 fr. par mois à compter du 1er juill. 1887, et qu'en exécution du jugement du 1er févr. 1888, ils seront tenus de les verser ès mains de A... jusqu'à extinction de sa créance, sans avoir égard à tous obstacles qui pourraient survenir du chef de C..., sinon et faute de ce faire, dit qu'ils y seront contraints.

Du 16 mai 1890.-Trib. civ. de Mondidier.-M. Pillon, pr.

(3) (Soyet C, Tourrette.) — Le 29 janv. 1867, jugement du tribunal de Constantine, statuant en ces termes : — « Attendu que Aché a fait sur Rochet ès mains à Tourrette, une opposition du 19 oct. 1863 validée par jugement du 17 mai 1864 de ce tribunal, enregistré; que ce jugement a fait attribution à Aché et valait saisine de toute sommes dues échues et à échoir, à Rochet; que c'est par suite de ce jugement, rendu avant toute autre opposition, que l'opposition de Soyet, du 2 janv. 1865, était postérieure à la signification du jugement de validité de Aché, et que le jugement du 17 juill. 1866, enregistré, qui valide l'opposition de Soyet, ne peut produire effet en présence de la saisie antérieure ; — Attendu que Tourrette, en vertu du jugement du 3 avr. 1866, s'est libéré de toute la portion déclarée saisissable des appointements de Rochet; que, dès lors, il ne peut être déclaré débiteur de Soyet, et qu'il n'a rien à lui payer ; — Déclare Soyet mal fondé dans sa demande contre Tourrette, etc. ».
Appel par le sieur Soyet.

La cour; — Considérant que si c'est à bon droit que les premiers juges déclarent que le jugement du 17 mai 1864, passé en force de chose jugée, qui a validé la saisie-arrêt d'Aché, premier saisissant, a opéré au profit de ce dernier saisine des sommes dues à ce moment à Rochet par Tourrette, ils ont à tort étendu les effets de cette saisine aux appointements non encore acquis à Rochet, et qui, à raison de leur caractère de fruits civils s'acquérant jour par jour, constituent une créance purement éventuelle; que la saisie-arrêt de Soyet, du moment qu'elle est intervenue, exercé, quant à ses appointements non encore acquis, tout son effet légal; que, dès lors, Tourrette ne

vertu de la règle édictée par l'art. 1690, c. civ. (Conf. Boulet et Dubouloz, *op. cit.*, n° 382; Rousseau et Laisney, v° *Saisie-arrêt*, n° 610). Jugé, en ce sens: 1° que le jugement qui a validé, au profit d'un créancier chirographaire, la saisie-arrêt pratiquée par lui des deniers déposés chez un notaire, ne saurait être opposable à ce notaire, alors que le jugement ne lui a pas été notifié et que l'exécution qu'il a donnée à ce jugement proteste contre la pensée d'attribuer ces deniers aux créanciers chirographaires (Req. 20 juin 1887, aff. Époux Bel, D. P. 88. 1. 134. V. dans le même sens: Req. 2 juill. 1890, aff. Bertrand, D. P. 91. 1. 196); — 2° Que le jugement qui valide la saisie-arrêt, bien qu'il ait acquis l'autorité de la chose jugée, n'opère transfert et attribution exclusive de la somme consignée au profit du créancier saisissant, que s'il a été notifié, à la fois, au débiteur saisi et au tiers saisi lui-même (Rennes, 28 déc. 1893, aff. De Londésir, et Dame Boy, D. P. 94. 2. 385).

160. On a fait remarquer au *Rép.*, n° 452, que la plupart des arrêts ne reconnaissent au jugement de validité les effets d'un transport, qu'autant qu'il est passé en force de chose jugée. La jurisprudence s'est maintenue dans ce sens (V. Dijon, 8 févr. 1858, aff. Launay, D. P. 60. 2. 38; Civ. cass. 20 nov. 1860, aff. Syndic Dauvel, D. P. 60. 1. 478; 13 févr. 1865, aff. Payen, D. P. 65. 1. 79; Req. 28 déc. 1880, aff. Compagnie *La Paternelle*, D. P. 81. 1. 427; 2 févr. 1891, aff. Machurat, D. P. 91. 1. 385; Civ. cass. 27 févr. 1892, aff. Boyer, D. P. 93. 1. 25; 17 févr. 1892, aff. Liquidation Joly-Bascoul, D. P. 93. 1. 26). Il a été décidé, en conséquence, que la connaissance du jugement de validité, tant qu'il n'est pas passé en force de chose jugée, ne peut, vis-à-vis du tiers saisi, équivaloir à un transport lui donnant le saisissant pour créancier (Arrêt précité du 28 déc. 1880).

161. Sur la question de savoir à partir de quel moment le jugement sera réputé définitif, deux systèmes se sont produits, en ce qui concerne plus particulièrement les saisies-arrêts survenues depuis l'opposition ou l'appel. Dans une première opinion on soutient, avec M. Chauveau (*Rép.*, n° 452), que si le jugement est confirmé en appel, les saisies-arrêts doivent être déclarées nulles et non avenues, mais que s'il s'agit d'un jugement par défaut maintenu sur opposition, l'effet rétroactif ne doit pas être admis; la seconde opinion qui généralise le principe, sans faire de distinction, a été adoptée au *Rép.*, *ibid.* (V. Rousseau et Laisney, v° *Saisie-arrêt*, n° 611 et suiv.; Boulet et

Dubouloz, *op. cit.*, n°s 390 et 391; Dodo, *op. cit.*, n°s 210 et suiv.; Patron, *op. cit.*, t. 1, p. 422; Boitard, Colmet-Daâge et Glasson, *Leçons de procédure civile*, 13e édit., t. 2, p. 300, n° 833). — En ce qui concerne les effets de l'appel à ce point de vue, il a été jugé que le dessaisissement en faveur d'un créancier ne s'opère que lorsque le jugement par lui obtenu et frappé d'appel a été confirmé par arrêt de la cour, et qu'il a ainsi acquis l'autorité de la chose jugée; que conséquemment peuvent être déclarées valables les saisies-arrêts signifiées dans l'intervalle du jugement à l'arrêt, par d'autres créanciers (Poitiers, 30 janv. 1882) (1); et cette doctrine a été confirmée par la cour de cassation. Aux termes d'un arrêt de la chambre civile, le jugement qui valide une saisie-arrêt a des effets non pas déclaratifs, mais translatifs de droit; il en résulte que l'attribution, qu'il fait au saisissant, des valeurs arrêtées dans la mesure des causes de la saisie, n'a lieu que le jour où ce jugement, étant passé en force de chose jugée, est susceptible d'exécution contre le tiers; celui-ci demeurant le débiteur du saisi, tant qu'il ne peut pas être contraint à vider ses mains dans celles du saisissant; il s'ensuit encore que si le jugement de validation a été frappé d'appel et est confirmé, c'est à la date de l'arrêt confirmatif que s'opère cette attribution, puisque c'est à cette date seulement que le saisissant peut obliger le tiers saisi à lui remettre les deniers arrêtés (Civ. cass. 27 juin 1892, aff. Veuve Boyer et autres, D. P. 93.1. 25. Comp. Dutruc, *Supplément aux lois de la procédure civile*, t. 3, v° *Saisie-arrêt*, n. 263; Garsonnet, *Traité de procédure*, t. 2, § 627, p. 799, note 35).

162. Par application du principe que l'effet attributif du jugement de validité ne se produit, en cas d'appel, que du jour de l'arrêt confirmatif (*suprà*, n° 161); il a été jugé: 1° que, si, durant l'instance d'appel contre le jugement de validité, le débiteur saisi décède et si sa succession est déclarée vacante, les deniers saisis doivent, même en cas de confirmation ultérieure du jugement, être déposés à la Caisse des consignations comme toutes autres sommes dépendant de la succession, pour la conservation des droits de qui il appartiendra et non pas versés directement entre les mains du saisissant; qu'il en est à plus forte raison ainsi, quand la saisie-arrêt n'a été validée en appel que par voie d'évocation, après annulation, pour vice de forme, du jugement de première instance (Civ. cass. 13 févr. 1865, aff. Payen, D. P. 65. 1. 79); — 2° Qu'en pareil cas, le dépôt à la Caisse des consignations et la distribution par

---

pouvait s'en dessaisir soit au profit exclusif du premier saisissant Aché, soit au profit de Rochet lui-même; qu'en agissant ainsi qu'il l'a fait, il a engagé sa responsabilité vis-à-vis du second saisissant, et qu'il ne s'agit plus que de déterminer dans quelle mesure il doit être tenu envers lui; — Considérant, à cet égard, que, s'agissant d'une créance qui, à raison de sa nature et de la position du débiteur Rochet, a, pour sa majeure partie, un caractère alimentaire, il y a lieu, par application d'une jurisprudence qui se justifie par de puissantes considérations, d'arbitrer la portion de ladite créance que la saisie n'a pu atteindre; — Qu'il convient, d'après les circonstances du procès, de fixer cette portion insaisissable aux quatre cinquièmes des appointements du débiteur, soit, sur la somme de 1 600 fr. demandée et embrassant la période du 2 janv. au 31 août 1865, date du congé donné à Rochet, à celle de 1 280 fr., d'où il résulte que la somme payée par le mépris de la saisie-arrêt de Soyet, s'élèverait à celle de 320 fr.; — Mais considérant que, n'étant pas sérieusement contesté que Tourrette a désintéressé complètement Aché des causes de la saisie-arrêt dont l'effet conservatoire a continué de subsister postérieurement au jugement de validité du 11 mai 1864, le payement par lui ainsi fait a profité audit Tourrette comme subrogé aux droits de créancier qu'il a payés, qu'il suit qu'il convient de déduire, de la somme de 320 fr. ci-dessus, la part afférente aux droits résultant au profit de Tourrette du payement par lui fait à Aché à la décharge de Rochet; que la cour possédant les éléments pour arbitrer cette part à 170 fr. c'est donc à 150 fr. que se réduit la somme que, pour les causes ci-dessus, Tourrette doit être condamné à payer à Soyet; — Par ces motifs, etc.

Du 23 nov. 1867.-C. d'Alger, 2e ch.-MM. Brown, pr.-Robinet de Cléry, av. gén.-Huré et Robe, av.

(1) (Planchon *C.* demoiselles de Lestang). — La cour; — Attendu que c'est à la date du 16 juin 1880 que la demoiselle de Lestang a obtenu un jugement du tribunal civil de Poitiers, condamnant les époux Renoux à lui payer une certaine somme et validant une saisie-arrêt faite sur lesdits époux par la demoi-

selle de Lestang; — Que ce n'est que plus tard et le 18 déc. 1880, qu'elle a obtenu un arrêt confirmant sur l'appel interjeté par lesdits Renoux la décision des premiers juges; — Qu'entre ces deux dates du 16 juin et 18 déc. 1880, Me Planchon, avoué, a fait pratiquer une saisie-arrêt, le 24 juill. 1880, sur la somme déjà saisie par la demoiselle de Lestang, ladite saisie dénoncée et contre-dénoncée valablement; — Qu'il prétend devoir venir au marc le franc avec la demoiselle de Lestang; — Que, pour savoir si cette prétention doit être accueillie, il faut se reporter à ce principe que les biens du débiteur, tant que celui-ci n'est pas dessaisi, sont le gage commun de ses créanciers, à moins qu'il n'y ait une cause de préférence en faveur de l'un d'eux; qu'il faut rechercher à quel moment les époux Renoux ont pu être dessaisis de la somme de 17 000 fr., déposée à la Caisse des dépôts et consignations; — Qu'aucune exception n'existant dans la cause que règles générales du droit, on doit dire que le dessaisissement en faveur de la demoiselle de Lestang ne s'est opéré qu'après la saisie de Planchon; que, lorsque le jugement obtenu par ladite demoiselle a été confirmé par l'arrêt de la cour et qu'il a ainsi acquis l'autorité de la chose jugée; — Que, pour faire décider le contraire, il faudrait établir que l'arrêt a eu un effet rétroactif et que la demoiselle de Lestang ne démontre pas qu'il y ait eu, en sa faveur une exception à cette règle générale; — Qu'on ne saurait dire, comme l'ont fait les premiers juges, que Planchon exerce la contre-saisie; que, loin de là, il la poursuit; que ce n'est pas parce qu'il est avoué qu'il peut se voir privé de droits que pourrait exercer tout individu qui, par exemple, aurait prêté de l'argent aux époux Renoux pour soutenir le procès; — Dit en conséquence; — Dit qu'il a été mal jugé par le jugement dont est appel en ce qu'il a accordé un droit de préférence à la créance de la demoiselle de Lestang; — Dit que la collocation de la demoiselle de Lestang viendra comme la collocation de Me Planchon au marc le franc, aucune cause de préférence n'existant en sa faveur.

Du 30 janv. 1882.-C. de Poitiers.-MM. Salmon, pr.-Broussard, av. gén.-Mérine et Pichet, av.

voie de contribution entre créanciers sont des mesures d'ordre public et font obstacle à ce qu'un créancier puisse, postérieurement à la vacance de la succession, se faire attribuer, au détriment et hors la présence des autres ayants droit, une part quelconque de la succession (Trib. civ. Seine, 2e ch., 30 janv. 1892) (1). V. aussi la note de M. Glasson sur l'arrêt du 27 juin 1892, cité *supra*, n° 161.

163. La faillite du débiteur saisi, lorsqu'elle est survenue antérieurement au jugement de validité, empêche l'attribution au saisissant de la créance saisie-arrêtée; et même, d'après la jurisprudence qui a prévalu, l'attribution ne peut avoir lieu qu'autant que le jugement de validité est passé en force de chose jugée avant la déclaration de faillite (V. sur ce point, *supra*, v° *Faillites*, n° 5. *Adde* : Colmar, 10 févr. 1864, *supra*, v° *Droit civil*, n° 276; Dijon, 8 févr. 1858, aff. Launay, D. P. 60. 2. 38; Req. 9 juin 1869, aff. Syndic de Lamy, D. P. 72. 5. 396).

Les mêmes principes s'appliquent à la liquidation judiciaire. Il a été jugé que si le saisi a été mis en état de liquidation judiciaire avant qu'il ait été statué sur la demande en validité, comme, au moment où la liquidation s'est ouverte, la créance du saisi contre le tiers saisi se trouvait encore dans son patrimoine et formait le gage commun de ses créanciers, le saisissant ne saurait prétendre à un droit exclusif sur la somme saisie-arrêtée (Civ. cass, 17 févr. 1892, aff. Liquidation. Joly-Bascoul, D. P. 93. 1. 26).

164. Il est, d'ailleurs, évident que le jugement de validité ne peut porter aucune atteinte aux droits des créanciers qui avaient formé des saisies-arrêts régulières avant qu'il fût rendu. Jugé en ce sens : 1° que le jugement de validité d'une saisie-arrêt n'emporte pas attribution exclusive des deniers saisis au saisissant, lorsqu'il existe d'autres saisies antérieures, et que, d'ailleurs le jugement, loin de prononcer une telle attribution, ordonne que les sommes saisies seront consignées pour être distribuées entre les ayants droit (Civ. rej. 20 févr. 1865, aff. Roland, D. P. 65. 1. 308); — 2° Que le tiers saisi qui paye l'un des créanciers saisissants, malgré l'existence d'autres saisies, ne peut se prévaloir de ce payement contre les autres saisissants, alors même qu'il ne l'aurait fait qu'en exécution d'un jugement de validité obtenu par le créancier qu'il a payé, si les autres saisissants ont formé leur opposition avant ce jugement, et s'ils n'y ont pas été parties ; et qu'ainsi, en ce cas, aucun action en répétition contre le créancier auquel il a ainsi payé une somme supérieure à sa part dans la distribution de la somme saisie-arrêtée, ce créancier n'ayant reçu que ce qui lui était dû par le tiers saisi, et ne pouvant, dès lors, être soumis à la *conditio indebiti* (Civ. rej. 11 févr. 1867, aff. Comp. *La France*, D. P. 67. 1. 377) ; — 3° Qu'en matière de saisie-arrêt, le jugement de validité emporte attribution des deniers saisis au profit du créancier qui l'a obtenu et à l'exclusion des créanciers qui ne formeraient opposition qu'ultérieurement ; en tout cas les oppositions antérieures, même non validées,

(1) (Bonjour *C.* Evezard et Hubert ès qualités.) — Le tribunal; — Statuant sur les instances relatives aux créances de Bonjour et d'Evezard contre la dame X... ou sa succession : — ... Attendu que Bonjour, agissant en qualité de créancier de la dame X..., a formé opposition par exploit du 29 déc. 1887, entre les mains de Besançon, notaire, liquidateur de la succession d'un sieur Maré sur toutes sommes, deniers ou valeurs quelconques, dont il était détenteur pour le compte de la susdite dame X..., héritière pour partie de *de cujus*; — Attendu que la dame X... a introduit une demande de nullité de cette opposition; que Bonjour, d'autre part, a suivi, sur sa demande en validité; qu'Evezard autre créancier de la dame X..., bénéficiaire d'un autre transport, antérieur en date à l'opposition, est intervenu pour demander l'attribution immédiate des deniers et valeurs saisis-arrêtés, et préférablement à Bonjour; — Attendu qu'en cet état de la procédure, la dame X... est décédée; que son fils et sa fille, assignés en reprise d'instance, ont déclaré renoncer à sa succession; qu'ils doivent donc être mis purement et simplement hors de cause; — Attendu que Hébert, nommé curateur à la succession vacante, a repris l'instance et a conclu tant à l'égard de Bonjour que d'Evezard; — En ce qui concerne Bonjour: — Attendu qu'aux termes de l'art. 813 c. civ., le curateur à la succession vacante, qui n'est point le continuateur de la personne du défunt, a pour mission, dans l'intérêt des créanciers et de l'État, de liquider la situation active et passive; que tous les deniers et valeurs provenant de la réalisation de l'actif doivent être déposés à la Caisse des dépôts et consignations pour

conservent leur effet nonobstant ce jugement, et, par suite, les sommes qui en sont l'objet continuent à rester indisponibles entre les mains du tiers saisi, tant que celui-ci ne s'est pas définitivement libéré ou que lesdites oppositions ne sont pas éteintes par la péremption (Rennes, 28 févr. 1879, aff. Oger, D. P. 80. 2. 14; V. aussi Req. 2 févr. 1891, aff. Machurat, D. P. 91. 1. 383).

165. Il a été décidé que lorsqu'un jugement passé en force de chose jugée et contradictoire entre le saisissant et le saisi a donné mainlevée d'une saisie-arrêt et nommé un séquestre des valeurs saisies, en réservant les droits des parties sur la nue propriété des valeurs, on doit considérer comme frappant dans le vide et devant, dès lors, rester sans effet, le jugement postérieur d'un autre tribunal qui prononce la validité de la saisie, et ordonne au tiers saisi de se libérer entre les mains du saisissant, bien que ce second jugement soit, comme le premier, passé en force de chose jugée ; qu'en conséquence ce second jugement ne fait pas obstacle à ce que la question d'insaisissabilité des valeurs saisies soit postérieurement soulevée, ni à ce que ces valeurs soient attribuées au débiteur saisi, alors surtout que le second jugement a été rendu en l'absence du tiers saisi et que le tribunal avait ignoré la nature des valeurs sur lesquelles la saisie avait été pratiquée (Rouen, 18 mars 1892, aff. Forget, D. P. 94. 2. 169). Ainsi qu'on l'a fait remarquer dans la note sur l'arrêt précité, ces solutions dérogent au principe général suivant lequel, de deux jugements successifs rendus en sens contraire, le second, une fois qu'il est passé en force de chose jugée, doit recevoir son exécution à l'exclusion du premier jugement; cette dérogation est une conséquence du caractère exceptionnel des jugements de validité en matière de saisie-arrêt, lesquels sont translatifs, et non déclaratifs de droits.

166. Au *Rép.*, n° 453, on a examiné la question de savoir si le jugement de validité qui attribue au saisissant les sommes saisies et lui donne le tiers saisi pour débiteur, libère le débiteur primitif, et on a décidé, conformément aux principes du code civil et de l'ancien droit, que, la novation ne se présumant pas, le saisi reste toujours, même après le jugement de validité, débiteur du saisissant.

167. Il a été jugé, dans une espèce analogue à celle de l'arrêt de la cour de Bourges, du 16 nov. 1821, et dans le même sens que cet arrêt (*Rép.*, n° 456), que le jugement de validité d'une saisie-arrêt, portant sur le prix de vente d'une coupe d'arbres non encore abattus, ne peut être opposé, même lorsqu'il n'est pas susceptible d'opposition ou d'appel, par les créanciers chirographaires qui l'ont obtenu aux créanciers inscrits sur l'immeuble, alors d'ailleurs que ces créanciers n'ont pas été parties à la procédure de saisie-arrêt, le jugement de validité de saisie-arrêt ne pouvant nuire aux droits préexistants des créanciers hypothécaires (Lyon 27 déc. 1891) (2).

168. Comme on l'a exposé au *Rép.*, n° 462, il n'est

la conservation des droits de chacun et, notamment, pour être distribués, par voie de contribution, entre les créanciers ; — Attendu que ces mesures sont d'ordre public et font obstacle à ce qu'un créancier puisse, postérieurement à la vacance de la succession, se faire attribuer, au détriment et hors la présence des autres ayants droit, une part quelconque de la succession; que Bonjour qui, avant la déclaration de vacance de la succession de la dame X..., avait seulement pratiqué une saisie-arrêt et introduit une demande en validité, est donc non recevable à suivre sur cette demande contre le curateur et à réclamer un jugement qui, en validant son opposition, lui donnerait un droit privatif sur les deniers et valeurs saisis; qu'il doit donc être renvoyé à produire à la contribution conformément aux conclusions du curateur; — En ce qui concerne Evezard : — Par ces motifs; — Met X... fils et la demoiselle X... hors de cause sur la demande formée contre eux comme héritiers de leur mère; — Donne acte à Hébert ès qualités de sa reprise d'instance; — Déclare Bonjour non recevable en sa demande en validité de saisie-arrêt contre Hébert ès qualités; le renvoie à produire dans les termes et délais prescrits par les art. 656 et suiv. c. proc. civ., sur les sommes qui sont ou seront déposées à la Caisse comme dépendant de la succession vacante de la dame X..., etc.
Du 30 janv. 1892.-Trib. civ. de la Seine, 2e ch.-MM. Thureau, pr.-Chérot, subst.-Michon et Duporcq, av.

(2) (Lhomme *C.* Humbert et consorts.) — Le tribunal civil de Nantua a rendu, à la date du 27 déc. 1889, le jugement suivant :

statué sur la demande en validité qu'à charge d'appel, si la somme pour laquelle elle est faite excède le taux du dernier ressort (V. conf. : Rousseau et Laisney, v° *Saisie-arrêt*, n° 434 ; Dodo, *op. cit.*, n°s 197 et 198 ; Boulet et Dubouloz, *op. cit.*, n°s 331, 335, 336, 339 ; Boitard, Colmet-Daâge et Glasson, t. 2, p. 11, note). Aux termes d'une jurispru-

dence constante, c'est par le montant des causes de la saisie, et non par celui des sommes arrêtées que doit être déterminé le taux du dernier ressort (V. les arrêts cités *suprà*, v° *Degré de juridiction*, n° 96). Jugé, dans le même sens : 1° que le jugement statuant sur la validité d'une saisie-arrêt pratiquée pour sûreté du recouvrement d'une somme supé-

---

— « Attendu que le 12 août 1887, le sieur Comte-Bailly, négociant à Morez (Jura), vendait par acte authentique reçu par Me Cochet, notaire à Morez, au sieur Humbert, propriétaire et négociant, demeurant au Burlandier, commune de Lalleyriat (Ain), une propriété en grande partie boisée, moyennant le prix de 50 000 fr., sur laquelle somme 3 000 fr. ont été payés ; que dans le courant de l'année suivante, Humbert, l'acquéreur, vendit verbalement à un sieur Pernet, marchand de bois à Salins, une coupe d'arbres à effectuer dans cette propriété, et que pendant le cours de cette même année de 1888, Pernet a exécuté en partie son marché et a coupé une certaine quantité d'arbres pour une somme de 7 010 fr. payable fin décembre 1888 ; — Attendu qu'à l'époque où Dionis Comte-Bailly vendait à Humbert la susdite propriété, elle était déjà hypothéquée à divers créanciers de Comte-Bailly et de ses consorts ; qu'au nombre des créanciers hypothécaires figurait Lhomme, banquier à Morez ; — Attendu que le sieur Pernet, par suite de circonstances qui seront ci-après rappelées, n'ayant pas encore payé en avril 1889 le prix des arbres abattus, le sieur Lhomme pratiqua le 19 avril entre les mains dudit Pernet une saisie-arrêt pour assurer le payement de sa créance s'élevant à 35 000 fr. ; que Lhomme suivit sa procédure en saisie-arrêt et assigna Pernet, tiers saisi, en déclaration ; — Attendu que c'est ainsi que l'instance actuelle a pris naissance ; il n'y avait primitivement en cause que trois parties, Lhomme saisissant, Humbert saisi et Pernet, tiers saisi ; — Mais attendu que, depuis ce moment, cette instance s'est singulièrement développée et modifiée ; que Pernet, connaissant, d'une part, les droits hypothécaires qui grevaient l'immeuble sur lequel la coupe avait lieu, et se trouvant, d'autre part, en présence de plusieurs saisies-arrêts pratiquées par des créanciers, soit des Bailly-Comte, soit d'Humbert, saisies-arrêts pratiquées antérieurement à celle de Lhomme, Pernet craignait d'être obligé de payer deux fois si la justice ne décidait pas en présence de tous les intéressés à qui serait versé la somme par lui due ; il demanda qu'on mit en cause toutes les personnes qui prétendaient des droits sur le prix de la coupe. Lhomme, déférant à la demande de Pernet, a appelé en cause toutes les personnes qui figurent aujourd'hui dans l'instance. Les consorts Delacour, créanciers hypothécaires des Bailly-Comte et les syndics des Bailly-Comte, dont la faillite avait été prononcée, ne s'étant pas présentés ; le tribunal ordonna d'office leur réassignation ; les syndics n'ont pas constitué avoué, mais par suite du jugement de réassignation, le jugement à rendre à la suite des débats actuels n'en sera pas moins contradictoire à l'égard de toutes les parties ; — Attendu que des évolutions de procédure qui viennent d'être signalées il résulte que l'instance soumise au tribunal est devenue une véritable instance d'attribution ou de distribution des sommes dues par Pernet pour le prix des arbres abattus par lui. Ce prix sera-t-il attribué par préférence aux créanciers hypothécaires de la propriété Bailly-Comte, ainsi qu'ils y concluent ? ou sera-t-il distribué aux créanciers chirographaires et saisissants de Xavier Humbert ou encore aux syndics de la faillite Bailly-Comte ? — Attendu que, pour résoudre cette question équitablement et suivant les principes du droit, il paraît indispensable de résumer les faits qui ont précédé la saisie-arrêt Lhomme ; — Attendu qu'il faut tout d'abord constater que les créanciers hypothécaires des consorts Bailly-Comte prétendant au prix de la coupe de bois sont au nombre de deux : 1° les consorts Delacour ; 2° le sieur Lhomme, ce dernier ne venant qu'au second rang hypothécaire ; — Attendu qu'il faut aussi retenir une clause essentielle de l'obligation hypothécaire consentie aux consorts Delacour, par les sieurs Bailly-Comte, en 1882, devant Me Cochet, notaire, acte sur lequel ils appuient leur réclamation actuelle ; les consorts Bailly-Comte, empruntant une somme de 80 000 fr., hypothéquaient tous leurs immeubles avec stipulation formelle que « pendant tout le temps que durerait la présente obligation, les propriétaires ne pourraient couper dans la forêt et sur les propriétés boisées faisant partie des immeubles hypothéqués que les bois nécessaires à leur chauffage, à celui de leur fermier et aux réparations de leurs bâtiments ; que toutes autres coupes, de même que toutes ventes ou exploitation de bois leur étaient formellement interdites et que toutes celles qui seraient faites au mépris de cette clause rendraient immédiatement exigible le remboursement des capitaux prêtés et donneraient aux créanciers le droit de former entre les mains de tous acquéreurs opposition au payement de leur prix, dont les présentes vaudraient cession et transport auxdits créanciers » ; que, néanmoins, étaient permises toutes ventes de bois faites aux enchères publiques ou de gré à gré avec le consentement des créanciers, dont le prix serait expressément délégué à ceux-ci ; — « Attendu qu'il faut en outre ne pas oublier que cette clause était

textuellement écrite dans l'acte de vente par Dionis Bailly-Comte à Xavier Humbert en 1887, dont il a été déjà question et dans lequel acte le vendeur chargeait l'acquéreur de l'exécution de la susdite clause textuellement copiée dans l'acte et que l'acquéreur se soumettait, en promettant de s'y conformer de manière à ce que ledit vendeur ne fût jamais inquiété ni recherché à ce sujet ; — Attendu que les prescriptions formelles qui viennent d'être rappelées sembleraient ne laisser aucun doute sur les droits des créanciers hypothécaires ; aussi lorsque les Delacour, qui avaient eu indirectement connaissance de la coupe opérée par Pernet, écrivirent à ce dernier pour lui rappeler leur privilège, Pernet, le lendemain, c'est-à-dire le 16 sept. 1888, leur répondit-il conformément à ce qui avait été convenu avec le notaire Cochet, le montant des sommes à payer serait remis entre les mains des créanciers hypothécaires ; mais pendant que, pleins de confiance dans la réponse catégorique de Pernet, les créanciers hypothécaires s'endormaient dans une fausse sécurité, divers incidents venaient compliquer la situation et menacer leurs droits ; — Attendu, en effet, qu'aux dates du 27 déc. 1888 et 23 janv. 1889, deux créanciers chirographaires du sieur Xavier Humbert pratiquaient saisie-arrêt entre les mains de Pernet sur le prix des arbres abattus par ce dernier et la validité en fut prononcée les 31 janvier et 7 févr. 1889, par des jugements aujourd'hui passés en force de chose jugée en ce sens qu'ils ne sont plus susceptibles d'opposition ou d'appel ; — Attendu que dans leurs conclusions, les sieurs Barbier et Guinet prétendent aujourd'hui que la réclamation des créanciers hypothécaires ne saurait être accueillie ; que les jugements de validité obtenus par les concluants leur ont transféré la propriété de la créance, la validité valant transport judiciaire ; — Mais attendu que les créanciers hypothécaires répondent avec raison qu'ils n'ont pas été parties aux jugements dont il s'agit ; qu'ils ne sont pas représentés par leur débiteur dans les questions qui se rattachent à la distribution du prix de ses biens ; que ces jugements ne leur sont, en conséquence, pas opposables et ne peuvent leur nuire ; que, sans doute, les bois ayant été coupés, ils ont perdu leur droit de suite ; mais qu'ils conservent leur droit de préférence sur le prix encore dû, le sieur Pernet ne s'étant pas encore libéré ; — Attendu d'ailleurs que Barbier et Guinet seraient mal venus à protester de leur ignorance à l'égard des droits préexistants de ces créanciers, car à l'époque des instances en validité poursuivies par lesdits Barbier et Guinet, le sieur Pernet et d'autres leur avaient déjà signalé ces droits, ainsi qu'il résulte des déclarations de ce tiers saisi, de la teneur des jugements de validité et de la correspondance produite aux débats ; que, s'ils ont persisté à passer outre et s'ils ont fait juger lors de la présence des créanciers hypothécaires qu'il était inutile de vérifier leurs droits, ils n'ont agi qu'à leurs risques et périls et ne peuvent attribuer l'inutilité des frais exposés par eux qu'à leur propre témérité ; qu'enfin, il serait injuste d'affecter au remboursement de leurs créances une somme sur laquelle ils ne devaient pas compter, puisque les bois n'étaient entrés dans le patrimoine de Xavier Humbert que sous la réserve expresse que, s'ils étaient abattus, leur prix serait exclusivement réservé aux créanciers hypothécaires de Bailly-Comte et touché intégralement par eux ; — Attendu qu'il y a, en conséquence, lieu de décider que les susdits créanciers hypothécaires exercent leurs droits de préférence sur le prix encore dû par Pernet ; — Attendu que cette solution, conforme à l'équité, ne serait pas contraire aux principes du droit ; que d'autre part, la jurisprudence admet qu'un jugement de validité de saisie-arrêt obtenu par des créanciers chirographaires ne peut, même lorsqu'il n'est pas susceptible d'opposition ou d'appel, être opposé aux créanciers inscrits de l'immeuble qui représente la somme saisie-arrêtée, alors d'ailleurs que ces créanciers n'ont pas été parties à la procédure de saisie-arrêt ; que le jugement de validité de saisie-arrêt ne peut nuire aux droits préexistants des créanciers hypothécaires ; que l'on cite, il est vrai, des arrêts en sens contraire ; mais ce n'est pas dans des décisions d'espèces dont les circonstances sont inconnues qu'il faut chercher les bases du jugement à rendre ; que le tribunal doit surtout s'inspirer des faits de la cause, lesquels sont sans contredit favorables aux créanciers hypothécaires ; — Attendu que le droit de préférence étant accordé aux créanciers hypothécaires et ces derniers absorbant la totalité de la somme disponible c'est-à-dire la somme actuellement due par Pernet pour le prix des arbres abattus, il devient inutile d'examiner si, comme le prétend le sieur Lhomme, les créanciers hypothécaires doivent recevoir le prix des arbres dont il s'agit en vertu d'une délégation qui lui aurait été faite à leur profit ; Lhomme, en effet, bénéficiera de la solution admise ci-dessus dans le cas où il arriverait en rang

rieure à 1500 fr. de principal est susceptible d'appel (Besançon, 15 févr. 1888, aff. Legat, D. P. 88. 2. 285); — 2° Qu'en matière de référé, le taux du dernier ressort est, comme en matière ordinaire, déterminé par le montant des sommes qui donnent lieu aux poursuites; qu'en conséquence, est non recevable l'appel dirigé par un débiteur saisi-arrêté contre l'ordonnance de référé qui refuse de limiter l'étendue de la saisie-arrêt lorsque celle-ci a été faite pour recouvrement d'une somme de 800 fr. (Paris, 11 déc. 1890, aff. Cosson, D. P. 92, 1. 359).

---

utile et la délégation réclamée ne pourrait pas lui créer une situation plus avantageuse; — Attendu que les conclusions du saisi Xavier Humbert sont tellement contraires à la bonne foi et aux engagements par lui pris envers les créanciers hypothécaires, que l'on ne saurait s'y arrêter et qu'il convient de les rejeter purement et simplement comme non justifiées; — Attendu, d'autre part, que la déclaration de Pernet, tiers saisi, en date du 1er juin 1889, à la suite de la saisie-arrêt Lhomme, est suffisamment libellée, et qu'il n'y a pas lieu de la compléter, suivant les prétentions du sieur Lhomme; — Attendu, enfin, que toutes les autres conclusions des parties adverses des créanciers hypothécaires sont mises à néant par les solutions ci-dessus adoptées; — En ce qui concerne le dépens : — Attendu que les frais avancés par le sieur Lhomme, ayant eu pour effet de mettre en lumière et de faire valoir les droits des créanciers hypothécaires, doivent être déclarés privilégiés sur la somme saisie-arrêtée, sauf les frais de réassignation qui incomberont à ceux qui les ont nécessités; — Attendu que les sieurs Barbier, Guinet et les syndics de la faillite Bailly-Comte, doivent être condamnés aux dépens de l'instance sous déduction des frais de réassignation Delacour et syndic Bailly-Comte, qui resteront à la charge de ces deux dernières parties qui les ont rendus nécessaires; que les consorts Delacour expliquent, il est vrai, qu'au moment de la première assignation donnée par Lhomme, ils avaient chargé Me Mallet, avoué à Saint-Claude, de faire le nécessaire dans leur intérêt; mais qu'ils auraient dû surveiller eux-mêmes la procédure, et que les autres parties en cause ne peuvent être responsable de la négligence du mandataire des consorts Delacour, si négligence il y a; — Par ces motifs: — Statuant contradictoirement en matière ordinaire et en premier ressort : — Dit que les jugements de validité obtenus par Barbier et Guinet, en date des 31 janvier et 7 févr. 1889, ne sont pas opposables ni aux consorts Delacour, ni au sieur Lhomme; — Valide la saisie-arrêt pratiquée par Lhomme; — Ordonne que le prix entier de la vente de bois de sapins abattus et provenant du domaine de « Verschez-le-Bon », commune de Morbier (Jura), prix encore dû par Pernet, est attribué aux créanciers hypothécaires par préférence à tous autres et suivant leur rang hypothécaire; — Dit que, moyennant ce payement et le versement de la somme totale entre les mains des consorts Delacour, créanciers hypothécaires au premier rang, dont la créance absorbe la totalité du prix dont il s'agit, Pernet sera valablement libéré envers toutes les parties en cause du prix par lui dû pour les arbres abattus; autorise Pernet à déduire ses frais de déclaration de la somme à verser; — Condamne Barbier, Guinet, les syndics de la faillite Bailly-Comte, en leur dite qualité, aux dépens vis-à-vis des consorts Delacour et Lhomme; — Dit, toutefois, que les consorts Delacour et les syndics Bailly-Comte supporteront seuls, et chacun en ce qui les concerne, les frais nécessités par leur réassignation; — Déclare les frais avancés par Lhomme privilégiés sur la somme saisie-arrêtée; — Met au besoin les parties hors de cause pour toutes les fins et conclusions sur lesquelles il n'a pas été expressément statué, etc. ». — Sur l'appel interjeté par les sieurs Barbier et Guinet, la cour a statué en ces termes :

LA COUR; — Attendu qu'après avoir acheté de Humbert la presque totalité des arbres se trouvant dans sa propriété, Pernet, alors que ces arbres étaient encore debout, et dès lors soumis à l'action hypothécaire des créanciers inscrits, s'était engagé personnellement et directement vis-à-vis de ces créanciers, à verser le prix entre leurs mains; — Attendu de plus que, dans l'acte d'emprunt de 1882, les consorts Bailly-Comte avaient, en cas de vente ou d'exploitation du bois, délégué le prix aux consorts Delacour; préteurs, délégation formellement acceptée par Pernet, lors de la vente à lui consentie; que, dès lors, en présence du droit de préférence des créanciers hypothécaires sur le prix et de la délégation de ce prix, Guinet et Barbier, en leur qualité de créanciers chirographaires, ne pouvaient plus utilement saisir-arrêter, au détriment des créanciers inscrits dont ils connaissaient les droits, auxquels ils ont voulu faire fraude, de concert avec Pernet, tout ou partie du prix dû par Pernet; — Attendu que le versement des sommes dues par Pernet devant revenir aux créanciers hypothécaires, suivant leur rang, la demande de sursis d'Humbert n'est pas fondée; — Adoptant au surplus les motifs des premiers juges; — Par ces motifs; — Sans s'arrêter à la demande de sursis d'Humbert, laquelle est rejetée; — Confirme le jugement rendu par le tribunal civil de Nantua, le 27 nov. 1889, etc.
Du 27 déc. 1891.-C. de Lyon.-MM. Bartholomot, pr.-Loubat, av. gén.-Garin et Rive, av.

Table sommaire

des matières contenues dans le Supplément et le Répertoire.

(Les chiffres précédés de la lettre S renvoient au Supplément; les chiffres précédés de la lettre R renvoient au Répertoire.)

Table des articles du code de procédure civile.

Table chronologique des lois, arrêts, etc.

An 12
15 germ. Arr. Cons. 71 c.
An 13
13 therm. Décr. 71 c.
1807
12 août.Cons.d'Et. 12 c.
18 août.Décr.88 c., 89 c.,92c.,118 c.
1814
12 oct. Req.134 c.
1816
17 juill. Régl.gén. 70 c.
1818
21 oct. Av. 70 c.
1821
16 nov. Bourges. 107 c.
1830
2 janv. Paris.140 c.
3 avr. Angers.158 c.
1831
12 déc. Req. 68 c.
1832
31 juill. Req. 64 c.
1834
29 déc. Req. 121 c.
1835
30 mai. Paris. 153 c.
1836
9 juill. Loi. 58 c.
1837
16 sept. Ordonn. 72 c.
1838
23 nov.Rouen.23 c.
1839
7 févr. Bordeaux. 94 c.
1841
29 déc.Req.141 c.
1848
27 mai. Paris. 141 c.
1852
4 mars. Décr.-loi. 70 c.
8 juin. Civ.153 c.
1853
9 juin. Loi. 74 c.
22 juin.Décr.74 c.
13. déc. Civ. 128 c.
1854
19 août.Décr.49 c.
28 nov. Bordeaux. 80 c.
1855
7 juin. Orléans. 6 c.
1857
20 juin. Trib. civ. Lyon. 60 c.

1858
8 févr. Dijon.160 c., 163 c.
17 mars.Bordeaux. 75 c.
1866
21 juin.Rennes.68.
6 août.Paris.52c.
1867
14 janv. Civ.140c.
19 janv. Paris.120 c.
11 févr. Civ. 164 c.
14 févr. Civ. 88 c.
23 mars. Paris. 52 c.
1859
10 janv. Civ.131 c.
12 févr. Bastia, 52 c.
26 mars. Rouen.75. c.
16 avr. Liège.41 c.
11 mai. Orléans. 149 c.
4 juin. Loi. 65 c.
8 déc. Orléans. 30 c.
1860
8 févr. Alger. 49 c., 105 c.
27 mars.Décr.71 c.
10 avr. Civ. 75 c.
6 août. Limoges. 25 c.
20 nov.Civ.160 c.
31 déc. Req. 30 c.
1861
26 janv. Paris. 48 c.
6 mai. Lyon.52 c.
29 nov. Toulouse. 129 c., 132 c.
1862
23 janv.Riom.150.
3 juill.Bastia.107 c.
11 juill.Agen.61 c.
1863
9 mars.Civ.115 c.
29 avr. Colmar. 80 c.
1er juill. Civ. 84 c.
26 août. Toulouse. 143 c.
1er déc.Req.121 c., 133 c.
1864
22 janv. Orléans. 138 c., 143 c., 148 c.
10 févr. Colmar. 163 c.
1865
18 janv. Civ.160 c., 162 c.
20 févr. Civ.164c.
2 mars.Bordeaux. 103.
27 mars.Grenoble. 130.
3 mai. Civ. 65 c., 130 c.
4 mai.Aix.78 c., 81 c.
22 juin. Paris.134.
9 août. Trib.civ. Seine, 104 c.

24 nov. Bourges. 143 c., 149 c., 153 c.
1874
20 janv.Chambéry. 87 c.
31 janv. Montpellier. 107 c.
12 mars. Dijon. 25 c., 104 c.
13 mars. Cons. d'Et. 65 c.
17 mars. Paris. 42 c.
1875
13 janv. Req. 57 c.
18 janv. Req.88 c.
17 févr. Bordeaux. 144 c.
24 févr.Req.135 c.
8 avr. Paris. 30 c.
28 avr. Besançon. 96 c.
2 août. Loi. 74 c.
30 nov. Loi. 74 c.
1876
21 janv.Caen. 75 c.
5 févr.Lyon.25 c.
16 mars. Chambéry. 115 c.
24 mai. Bordeaux. 42.
9 juin.Req.153 c.
25 août. Civ.149 c.
7 déc. Civ. 130 c.
1877
25 janv. Aix. 48 c.
1er févr. Toulouse. 29 c.
22 févr. Trib. civ. Seine. 137 c.
27 avr. Trib. civ. Villefranche. 78
12 nov. Req.118 c.
27 nov.Civ. 64 c.
24 août.Aix.104 c.

18 juin.Civ.124c.
3 juill.Lyon.125. c.
6 nov. Trib. civ. Foix. 96 c.
1871
15 mai.Caen.149 c.
25 juill.Req.102 c.
31 juill.Paris.53 c.
21 août.Rennes.41 c.
22 août. Req. 25 c.
27 nov. Bordeaux. 77 c.
30 déc.Paris. 59 c.
1878
13 mars. Trib. Seine. 36 c.
23 juin. Trib. Evreux. 23 c.
39 mai. Req.75 c.
5 août. Civ. 85 c.
1872
6 janv.Alger.49 c.
17 janv.Douai.73c.
29 janv. Bourges. 63 c.
23 nov. Civ. Die 73 c.
1879
28 févr. Rennes. 102 c., 164 c.
10 juin. Rennes. 105 c., 113 c.
10 déc. Req. 111 c.
1880
13 janv. Riom. 47 c., 140 c.
11 mars. Paris. 41, 43 c.
6 avr. Paris. 51
20 avr. Poitiers. 135 c.
12 juill. Bordeaux. 6 c., 41c.,69c.
21 juill. Toulouse. 29 c.
27 juill. Req. 31 c.
1873
4 mars. Déc. min. 67 c.
17 mars. Req. 104 c., 107 c.
18 mars. Req. 135 c., 128 c.
27 mars. Déc. min. 67 c.
3 avr. Paris. 99 c.
16 mai. Civ. 70 c.

28 déc. Req. 126 c., 160 c.
1881
6 janv. Lyon. 9.
8 févr. Trib. Seine. 61 c.
23 mars.Civ.21 c.
23 mars.Req.157c.
26 juin.Req. 27 c.,
31 c., 32 c.
10 août. Civ. 6 c.,
41 c., 42 c.,
130 c.
28 nov. Trib. com. Marseille. 106
29 nov. Trib. Angoulême. 29 c.
1er déc. Trib. civ. Seine. 57.
2 déc. Besançon. 29 c.
21 déc. Civ. 14 c.
28 déc. Civ. 6 c.
1882
30 janv. Poitiers. 161.
10 févr. Trib. civ. Loudun. 145 c.
13 févr.Caen.151 c.
22 févr. Trib. civ. Seine. 21 c.
29 avr. Trib.Seine. 77.
16 mai. Req. 32 c.
25 mai. Civ. 14 c.
26 mai. Grenoble. 8 c., 85 c.
15 juin. Liège. 28 c., 36 c.
10 juill.Paris.69 c.
29 nov. Trib. civ. Seine. 35.
12 déc. Toulouse. 7 c., 37 c.
18 déc. Req. 35.
1883
6 avr.Trib.Vassy. 61.
23 juin. Trib. Seine. 36 c.
10 juill. Civ. 72 c.
11 juill.Bordeaux. 30.
3 août. Chambéry. 34.
25 août. Trib. civ. Lyon. 81 c.
27 août. Civ. 67 c.
14 nov. Civ. 14.
1884
5 févr. Loi. 8 c.
24 avr. Trib. civ. Limoges. 130.
28 avr. Trib. civ. Seine. 83 c.
26 mars. Chambéry. 137.
5 avr. Loi. 74 c.
18 mai. Civ. 61 c
10 déc. Riom. 61.
1885
20 déc.Douai. 29.
29 déc. Trib.civ. Seine. 69 c.
12 mars. Paris. 32, 35 c.

12 mars. Poitiers. 84.
21 avr. Trib. civ. Seine. 42 c.
27 avr.Req.25 c.,
31 c.
29 avr. Amiens.12 c., 26 c.
5 mai. Civ. 10 c.
20. mai.Req.130 c.,
132 c.
4 juin. Trib. civ. Lille. 116.
29 juin. Limoges. 6c., 106 c.
15 juill.Req.124 c.
25 juill.Trib.civ. Saint-Nazaire. 70 c.
28 juill. Trib. civ. Blois. 149 c.
10 nov. Civ. 55 c.
24 nov. Trib. civ. Limoges. 19 c., 20 c.
28 nov. Douai. 19.
1886
19 janv. Alger. 19 c., 45 c.
12 févr. Paris. 107 c.
2 mars. Lyon.42.
29 mars. Civ. 22 c.
7 avr. Civ. 22 c.
8 mai.Rouen.106 c.
28 juill. Trib. civ. Blois. 149 c.
1887
6 févr.Paris.61 c.
17 févr.Douai.73 c.
24 févr. Orléans. 67 c.
16 mai. Trib civ. Montdidier156 c.
20 mai. Req. 28 c., 109 c.
2 juill. Req. 157 c., 159 c.
4 juill. Riom. 95 c., 157 c.
29 oct. Civ. 67 c.
13 nov. Toulouse. 19.
1 déc.Paris.167 c.
1888
1 janv. Civ. 158 c.
15 févr. Besançon. 31c.,43 c.,105 c.
27 févr.Pau 144 c.
18 mai. Trib. civ. Caen. 69 c.,75 c.
14 juin. Agen. 18
20 juill. Bordeaux. Rennes. 89 c.
12 nov. Paris. 76.
19 nov. Dijon. 104
28 nov.Bourges.63.
4 déc. Trib.civ. Seine. 18.
20 déc. Douai. 29.
29 déc. Trib. civ. Loudun. 13, 16.

1889
11 janv. Paris.11 c.
11 janv. Trib. civ. Valence 37 c.
24 janv. Poitiers. 23 c., 29 c.
2 févr. Trib. civ. Orléansville. 8.
7 févr.Rennes.19.
12 mars. Trib. civ. Seine. 85.
8 avr. Trib. civ. Oran. 49.
10 avr. Trib. civ. Marseille. 15 c.
14 avr. Trib. civ. Seine. 15 c.
17 avr. Civ. 139 c.
1er mai. Civ. 6 c.
14 mai. Paris.15 c.
21 mai. Req. 142 c.
11 juin.Rennes.15
13 juin. Req. 70 c.
6 juin. Alger.130, 141 c.
1890
6 févr.Paris.61 c.
17 févr.Douai.73 c.
28 févr. Orléans. 67 c.
16 mai. Trib civ. 102 c., 157 c., 195 c.
5 mars. Trib. civ. Blois. 155 c.
9 mai. Trib. civ. Seine. 97
21 mai. Civ. 124 c., 125 c.
13 nov. Toulouse. 19.
16 déc.Paris.167 c.
1891
26 janv. Poitiers. 106 c.
17 nov. Trib. civ. Seine. 63.
26 janv.Paris.81 c.
26 nov.Lyon.128 c.
18 févr. Agen. 29, 100 c.
28 févr. Orléans. 95
17 mars.Bordeaux. 70 c., 81 c.
15 mai. 151 c.
27 juill.Req. 19 c.
27 juill. Trib. civ. Caen. 69 c.,75 c.
14 août. Trib. civ. Rennes. 89 c.
12 nov. Paris.76.
117 c., 118 c.,
143 c., 149 c.,
150 c., 155 c.
3 oct.Paris. 55 c.
25 nov. Poitiers. 136.
20 déc. Lyon. 167.
28 déc. Trib. Seine. 69 c.

1892
14 janv. C. cass. Belgique. 69 c.
19 janv. Trib. civ. Saint-Giron.71.
21 janv.Rennes. 11
29 janv.Paris.57c.
30 janv. Trib. civ. Seine. 162.
3 févr. Civ. 44 c.
17 févr.Civ. 160 c., 163 c.
15 févr. Paris. 82.
27 févr. Civ. 160 c.
11 mars.Bordeaux. 75 c., 128 c.
18 mars. Rouen. 165 c.
18 avr.Orléans. 28.
3 mai.Req.128 c.
20 mars.Paris. 94 c.
31 mai. Trib. civ. Carcassonne.81.
27 juin.Civ.161 c., 163 c.
6 juill. Trib. Annecy. 148.
75 c., 128 c.
25 oct. Caen.101 c.
7 nov.Alger.25 c., 55 c.
26 nov. Trib. Seine. 61 c.
15 déc. Civ. 100 c.
Seine. 71.
1893
6 janv. Pau. 107 c.
15 mars. Dijon. 25 c.
14 avr. Trib. civ. Seine. 31 c.
26 avr.Rennes. 72 c.
20.mai. Trib. civ. Seine. 130 c.
2 juin. Civ. 82 c.
9 juin. Caen. 80 c.
6 juill. Trib. Seine. 29.
25 juill.Civ. 128 c.
9 nov. Trib. civ. Seine. 74 c.
13 nov. Trib. civ. Seine. 130.
16 nov. Trib. civ. Seine. 141 c.
30 nov. Trib. civ. Charolles. 37 c.
6 déc. Trib. civ. Saint-Etienne. 128.
12 déc. Paris. 28 c.
28 déc.Rennes.159
1894
16 janv.Paris.104.
28 févr. Paris. 123, 130 c.
14 mars.Paris.75.
7 avr. Trib. civ. Mantes-sur-Seine. 42 c., 91.
2 juill. Civ. 86 c.
16 juill.Req 86 c.

SAISIE-BRANDON.

Division.

ART. 1er. — *Historique et législation.* — *Droit comparé.*
(Rép. nos 1 à 5.)

1. — I. DROIT COMPARÉ. — Le code de procédure civile pour l'*Empire allemand*, du 30 janv. 1877, contient les dispositions suivantes :

Art. 714. — Les fruits peuvent être saisis même avant d'être séparés du fonds. La saisie ne peut avoir lieu plus d'un mois avant l'époque habituelle de leur maturité.

Art. 725. — La vente aux enchères de fruits saisis et non encore séparés du fonds ne peut avoir lieu qu'après leur maturité. Il peut y être procédé soit avant, soit après la séparation des fruits ; dans ce dernier cas, l'huissier a mission de faire enlever la récolte.

2. Le code de procédure civile du *canton de Genève* organise la saisie des fruits avec soin, sous le titre : saisie générale des revenus d'un immeuble (art. 499 et suiv.). Il ordonne la mise en séquestre d'un immeuble et un gérant doit être nommé pour son exploitation. D'ailleurs ce procédé n'excluait pas celui de la saisie-brandon, tel qu'il fonctionne en France, mais il a été supprimé par la loi du 24 mars 1852 (art. 20) sur l'exécution forcée (Bellot, *Loi sur la procédure civile du canton de Genève*, nᵒˢ 460 et 479).

3. Le code italien permet aussi la saisie-brandon, mais il laisse au préteur le soin, après avoir entendu les parties, de décider si la vente des fruits aura lieu avant ou après leur séparation du sol ; dans le second cas, ce magistrat peut, s'il le juge convenable, permettre la vente de gré à gré (art. 606 et 611).

4. Dans le *canton du Valais*, la *loi sur les poursuites pour dettes* du 19 nov. 1870, qui a abrogé et remplace les art. 352 à 405 c. proc. civ., consacre une section à la saisie des récoltes. « La saisie d'un immeuble ne comprend pas la récolte pendante. Cependant la récolte peut faire l'objet d'une saisie spéciale. Le créancier ne peut saisir que la récolte pendante. La récolte des prés et des champs est censée pendante après le 30 avril et celle des vignes après le 31 juillet. Lors de la saisie, le juge nomme et assermente un gardien qu'il charge de soigner la récolte, à moins que les parties n'en conviennent autrement. Le juge fait, à l'instance du créancier, procéder à l'estimation de la récolte, lorsqu'elle est près de sa maturité. La disposition de l'art. 28 est applicable à cette opération. Le débiteur est avisé du jour et de l'heure de l'estimation par un exploit qui laisse au moins un jour d'intervalle entre le jour de la notification et celui où l'estimation doit se faire. Dans les huit jours qui suivent l'estimation, le débiteur peut racheter la récolte en payant la somme avec intérêts et frais. A défaut de rachat, dans ce terme, la propriété de la récolte est dévolue au créancier. Si la valeur de la récolte est diminuée par un cas fortuit avant l'échéance du terme fixé à l'article précédent, le saisissant peut demander une nouvelle estimation qui aura lieu de la manière fixée à l'art. 33. La saisie des récoltes se fera pour la valeur du capital des intérêts et des frais, sous la déduction de 30 pour 100 de la taxe des objets saisis. Le créancier ne pourra profiter de cette déduction qu'autant qu'il ne serait pas payé en numéraire dans le terme fixé à l'art. 34. »

5. Le code de procédure civile du *canton de Vaud*, du 25 nov. 1869, consacre un chapitre à la saisie des récoltes (art. 596 à 600). La saisie des récoltes est annoncée par exploit, conformément à l'art. 573. L'exploit porte de plus la désignation cadastrale de l'immeuble sur lequel la récolte existe et la nomination d'un régisseur choisi par le juge de paix, pour surveiller, taxer, et, s'il y a lieu, recueillir la récolte à sa maturité. Le régisseur est avisé par lettre de sa nomination. La notification de l'exploit équivaut à la saisie réelle. La disposition de l'art. 578 est applicable à la saisie des récoltes. Lorsque la récolte approche de sa maturité, elle est taxée par le régisseur et il est procédé à la vente définitive au plus offrant, conformément aux prescriptions des art. 582 et suiv., sous réserve qu'il n'y a pas lieu à l'adjudication au quart rabais. La récolte doit, autant que possible, être mise sur pied et les acheteurs chargés de la recueillir. Toutefois, elle reste sous la surveillance du régisseur jusqu'à ce qu'elle soit enlevée. Néanmoins, si le juge estime qu'il y ait avantage à recueillir la récolte avant la vente, le régisseur est chargé de la recueillir et de la tenir en séquestre sous sa responsabilité.

Art. 2. — *Quelles choses sont susceptibles de saisie-brandon.* (*Rép.* nᵒˢ 6 à 23.)

6. On a indiqué au *Rép.*, nᵒˢ 6 suiv., ce qu'on doit entendre par ces expressions employées par la loi : *saisie de fruits pendants par racines.* Il s'agit d'une saisie de fruits, c'est-à-dire de produits périodiques et susceptibles de se reproduire, et de fruits naturels ou industriels, par opposition aux fruits civils qui ne peuvent être l'objet de saisie-arrêt. Quant à *pendre par les racines*, c'est une condition qui ne peut être prise au pied de la lettre. Ainsi, et les auteurs sont d'accord sur ce point, on peut saisir-brandonner : 1ᵒ les céréales qui tiennent encore à la terre ; — 2ᵒ La pêche des étangs ; c'est un revenu périodique et qui n'altère pas la substance du fonds (*Rép.* nᵒ 14 ; Garsonnet, *Traité théorique et pratique de procédure*, t. 3, p. 662, nᵒ 585 ; Rousseau et Laisney, *Dictionnaire de procédure*, vᵒ *Saisie-brandon*, nᵒ 10) ; — 3ᵒ Les arbres qui ont le caractère de fruits, c'est-à-dire les arbres des pépinières, lorsqu'ils ont acquis un développement suffisant pour être détachés du sol et livrés au commerce. Ces arbres, étant destinés à être coupés, ne diffèrent des autres fruits que parce qu'ils arrivent plus lentement à maturité (*Rép.* nᵒ 12 ; Garsonnet, *op. cit.*, t. 3, p. 662, note 14 ; Bioche, *Dictionnaire de procédure*, vᵒ *Saisie-brandon*, nᵒ 5). « Suivant M. Garsonnet, *op. et loc. cit.*, on peut argumenter en ce sens de l'art. 590 c. civ., aux termes duquel les arbres qu'on peut tirer d'une pépinière sans la dégrader font partie de l'usufruit, à charge par l'usufruitier de se conformer aux usages des lieux pour le remplacement. Toutefois, cette saisie ne donne aux créanciers ni le droit de déplanter les arbres, ni même le droit de contraindre le débiteur à les déplanter. L'art. 626, aux termes duquel la saisie-brandon ne peut être faite que dans les six semaines qui précèdent l'époque ordinaire de la maturité des fruits, ne peut nécessairement s'appliquer dans cette hypothèse, et les arbres des pépinières peuvent être saisis-brandonnés, dès qu'ils ont acquis le degré de développement que je viens d'indiquer ».

7. L'opinion émise au *Rép.*, nᵒ 11, que les bois taillis et les arbres de haute futaie ne peuvent être saisis-brandonnés, a été adoptée par la commission instituée le 6 nov. 1862, pour la réforme du code de procédure civile (V. vᵒ *Enquête*, nᵒ 1). « On a pensé, dit le rapport, que la saisie-brandon ne peut s'appliquer qu'à des fruits qui se reproduisent et se mobilisent chaque année et à des époques fixes. Les coupes de bois taillis et de hautes futaies se font à des époques qui n'ont aucune fixité naturelle ou légale. Ces époques varient suivant l'usage des lieux ; les aménagements déterminés par le propriétaire sont subordonnés à sa volonté et souvent ils sont dérangés par des circonstances extraordinaires et des questions d'intérêt et d'opportunité dont il doit demeurer le juge ; c'est un des attributs de la propriété que cette liberté d'administration pour le propriétaire. Le créancier peut d'ailleurs, en saisissant l'immeuble, mettre à la fois sous la main de justice le fonds et les bois : les droits des créanciers hypothécaires sont ainsi sauvegardés et le créancier qui n'a pas d'hypothèque doit s'imputer à lui seul de n'avoir point réclamé cette garantie ». M. Garsonnet (*op. cit.*, t. 3, p. 663, note 15) fait une distinction. Il admet la saisie-brandon pour les bois taillis et les futaies mises en coupes réglées. Il la rejette pour les hautes futaies, qui ne seraient pas aménagées ; les créanciers ne pourraient que les saisir immobilièrement avec le fonds, ou saisir-arrêter le produit des coupes déjà faites et non encore enlevées. — Le droit de saisir-brandonner les taillis et les futaies aménagées doit, dans tous les cas, être subordonné à certaines conditions : il ne peut s'exercer qu'avant la coupe et en supposant qu'elle n'ait pas été vendue d'avance et sans fraude ; après la coupe, il n'y a de possible qu'une saisie exécutoire ; après la vente, les créanciers ne peuvent que saisir-arrêter le prix de la coupe entre les mains de l'acheteur qui ne l'a pas encore payé. Quant aux coupes insolites qui diminueraient la valeur du fonds, les créanciers hypothécaires, mais eux seuls, sont protégés contre ce danger par l'art. 2131 c. civ. qui les autorise, en ce cas, à demander leur remboursement ou bien à exiger un supplément d'hypothèque (Comp. : Rousseau et Laisney, *Dictionnaire de procédure*, vᵒ *Saisie-brandon*, nᵒ 2 ; Boitard, Colmet-Daâge et Glasson, *Leçons de procédure civile*, t. 2, p. 299, nᵒ 876). — M. Dutruc (*Supplément aux lois de la procédure* sur Carré et Chauveau) admet que les bois taillis peuvent être frappés de saisie-brandon aux époques où le propriétaire est en usage d'en opérer la coupe, mais alors seulement, et que la saisie ne peut s'étendre aux baliveaux, c'est-à-dire aux arbres

que le propriétaire du taillis a mis en réserve pour les laisser devenir arbres de haute futaie, à moins qu'ils ne soient eux-mêmes parvenus à la période au bout de laquelle le propriétaire a l'habitude de les couper (vº *Saisie-brandon*, nº 9).

8. On ne peut saisir-brandonner les fruits civils produits des mines, des carrières, des tourbières (*Rép.* nº 14; Garsonnet, *op. cit.*, t. 3, p. 661, § 585).

9. Pour que la saisie-brandon puisse être effectuée, il est nécessaire : 1º que les fruits soient nés au moment de la saisie, sans quoi la saisie n'aurait pas d'objet (*Rép.* nº 13; Garsonnet, *op. cit.*, t. 3, p. 662, § 585; Boitard, Colmet-Daâge et Glasson, *op. cit.*, t. 2, p. 299, nº 8761); — 2º Qu'ils ne soient pas coupés; s'ils sont coupés, il n'y a plus lieu qu'à saisie-exécution sauf à établir un gérant à l'exploitation (*Rép.* nᵒˢ 8 et 9; Garsonnet, *op. cit.*, t. 3, p. 662, § 585; Bioche, *op. cit.*, vº *Saisie-brandon*, nº 8); — 3º Que les fruits ne soient pas destinés à devenir immeubles par destination, au moment où ils seront récoltés (tels les produits, pailles, foins, qui doivent être employés à l'exploitation d'un fonds (*Rép.* nº 10; Garsonnet, *op. cit.*, t. 3, p. 663, § 585); — 4º Que le fonds lui-même n'ait pas été saisi immobilièrement, car, dans ce cas, les fruits sont immobilisés par la transcription de la saisie (*Rép.* nº 15; Garsonnet, *op. cit.*, t. 3, p. 662, § 585; Boitard, Colmet-Daâge et Glasson, *op. cit.*, t. 2, p. 299, nº 876; Rousseau et Laisney, *op. cit.*, vº *Saisie-brandon*, nº 5); — 5º Que le saisi soit encore propriétaire; sinon la saisie serait faite *super non domino* et, par conséquent, sauf le cas de vente frauduleuse, non avenue (Garsonnet, *op. cit.*, t. 3, p. 662, § 585).

10. Le droit de faire la saisie-brandon appartient aux créanciers de la personne qui a le droit de faire la récolte; par conséquent :

Aux créanciers du propriétaire, s'il jouit lui-même de l'immeuble (*Rép.* nº 16; Garsonnet, *op. cit.*, t. 3, p. 659, nº 584);

Aux créanciers du fermier, si l'immeuble est affermé (*Rép.* nº 16; Garsonnet, *op. cit.*, t. 3, p. 659, nº 584; Boitard, Colmet-Daâge et Glasson, *op. cit.*, t. 2, p. 304, nº 880; Rousseau et Laisney, *op. cit.*, vº *Saisie-brandon*, nº 13);

Aux créanciers de l'usufruitier, si le fonds est possédé à titre d'usufruit. En pareil cas, ainsi qu'on l'a vu au *Rép.*, nº 17, la saisie ne pourrait étendre ses effets au delà de la durée de l'usufruit. Si donc la récolte d'un fonds était saisie-brandonnée par les créanciers de l'usufruitier et que celui-ci vînt à décéder avant que cette récolte fût coupée, l'extinction de l'usufruit entraînerait l'annulation de la saisie (Boitard, Colmet-Daâge et Glasson, *op. cit.*, t. 2, p. 302, nº 881; Rousseau et Laisney, *op. cit.*, vº *Saisie-brandon*, nº 12). — Toutefois, suivant M. Garsonnet, qui admet la saisie-brandon des bois taillis, si l'usufruitier n'avait pas fait une coupe de bois taillis que l'art. 590 lui permettrait de faire, ses créanciers auraient le droit de la saisir-brandonner après sa mort (*op. cit.*, t. 3, p. 660, note 7).

11. On ne peut saisir pour la dette personnelle du fermier des pailles qui sont sur les terres; elles appartiennent au domaine (*Rép.* nº 18; Dutruc, *op. cit.*, vº *Saisie-brandon*, nº 18). Il a été jugé que, la vente sans réserve d'un domaine affermé comprenant les pailles qui existent dans ce domaine, il s'ensuit que, ces pailles ont été saisies sur le fermier à la requête d'un créancier de celui-ci, l'acquéreur est en droit de les revendiquer (Nancy, 30 déc. 1851, *Journal des avoués*, t. 97, p. 139).

12. Un créancier peut-il faire pratiquer une saisie-brandon sur les récoltes de biens indivis entre son débiteur et un tiers ? En principe, tout créancier a le droit de saisir chaque immeuble de son débiteur compris dans le droit de gage général établi par l'art. 1092 c. civ. Toutefois, par exception, les créanciers personnels d'un cohéritier ou autre successeur universel ne peuvent saisir sa part indivise dans les meubles de l'hérédité, tant que le partage définitif n'a pas eu lieu, sauf d'ailleurs pour eux le droit de provoquer ce partage (c. civ. 2205). La question de savoir jusqu'où s'étend l'application de cette disposition a soulevé des controverses qui sont exposées au *Rép.*, vº *Vente publique d'immeubles*, nᵒˢ 107 et suiv., et *infra*, eod. vº. Mais il est certain que la disposition de l'art. 2205 ne s'applique pas aux meubles. Elle est restrictive des droits du créan-

cier consacrés par le code ; elle constitue donc une exception aux règles générales en cette matière et ne doit pas, dès lors, être étendue à d'autres cas que ceux qui sont formellement prévus ; or, l'art. 2205 ne parle que d'immeubles. Cette solution s'impose d'autant plus que l'examen des travaux préparatoires du code de procédure fait voir clairement qu'elle est conforme à l'intention du législateur. En effet, le Tribunal, au titre des saisies-exécutions, avait proposé une disposition additionnelle portant que les meubles indivis ne pourraient être vendus par les créanciers de l'un des copropriétaires qu'après avoir été préalablement partagés. Pour justifier cette disposition, il invoquait les cas analogues qui se rencontrent dans le code civil et notamment l'art. 2205 qui tranche cette question en ce qui concerne les immeubles; mais le conseil d'État a purement et simplement rejeté la disposition additionnelle proposée dont il n'a plus été question. Cette théorie, enseignée au *Rép.*, nº 19, admise par tous les auteurs (V. Garsonnet, *op. cit.*, t. 3, p. 659, nº 584 ; Rousseau et Laisney, *op. cit.*, vº *Saisie-brandon*, nº 6 ; Bioche, *op. cit.*, eod. vº, nº 11), a été consacrée, de nouveau, par la jurisprudence. Il a été jugé, en effet, qu'une saisie-brandon est valable bien que les fruits pendant par branches et par racines saisis dépendent d'un immeuble indivis, la disposition de l'art. 2205 c. civ. ne pouvant être étendue aux valeurs mobilières ; et il en est ainsi, surtout, lorsque cette indivision ne résulte pas d'une succession, mais est l'effet d'une acquisition en commun ; l'art. 2205 c. civ. ne défendant la mise en vente avant partage de la part indivise qu'autant qu'il s'agit de succession (Pau, 22 mai 1888, aff. Casteran, D. P. 89. 2. 263).

13. Lorsque les récoltes provenant de biens de mineurs dont le père a la jouissance sont saisies pour dettes de ce dernier, les enfants n'ont pas le droit de s'opposer à la vente. Ils peuvent demander la distraction d'une portion des récoltes nécessaires pour que le père soit à même de remplir ses obligations envers eux. Le père, sans que les enfants soient mis en cause, pourrait lui-même demander la distraction : il puise son droit d'action dans la loi même (*Rép.* nº 20 ; Garsonnet, *op. cit.*, t. 3, p. 659, nº 584, note 4 ; Dutruc, *op. cit.*, vº *Saisie-brandon*, nº 62 ; Bioche, *op. cit.*, eod. vº nº 14).

14. Il peut y avoir en matière de saisie-brandon des cas d'insaisissabilité. Tel serait celui où il y aurait lieu de réserver quelques fruits pour la subsistance du saisi et de sa famille, par application des nᵒˢ 7 et 8 de l'art. 592 c. proc. Tel serait encore le cas où un usufruit aurait été donné ou légué à titre d'aliment. Mais ces divers cas d'insaisissabilité sont communs à d'autres modes de poursuite, il n'en est aucun qui soit spécial à la saisie-brandon. Ainsi est nulle la saisie-brandon qui frappe, après la séparation de biens, les fruits d'immeubles dotaux, dans le cas où ces fruits sont nécessaires aux besoins du ménage (*Rép.* nº 23 ; *supra*, vº *Contrat de mariage*, nº 1266 et suiv. ; *Rép.* eod. vº, nº 3518; Dutruc, *op. cit.*, vº *Saisie-brandon*, nº 14 ; Boitard, Colmet-Daâge et Glasson, *op. cit.*, t. 2, p. 304, nº 878).

15. La saisie-brandon pratiquée à la requête d'un créancier du mari sur les fruits des immeubles propres de la femme est-elle valable malgré la demande en séparation de biens formée antérieurement par celle-ci? L'affirmative a été admise, *supra*, vº *Contrat de mariage*, nº 678. Tel est aussi l'avis de M. Dutruc : « La nullité de la saisie-brandon, dit cet auteur, *op. cit.*, vº *Saisie-brandon*, nᵒˢ 15 et 16, ne saurait être douteuse. Jusqu'à la demande en séparation de biens, le mari a conservé la propriété des fruits des immeubles propres de sa femme, et les fruits ont pu dès lors être valablement frappés de saisie-brandon par ses créanciers. Jusque-là aussi les fruits saisis ont pu être vendus, dans les formes de la loi, à la requête de ces derniers et le prix de la vente leur a été irrévocablement acquis. Le jugement de séparation que la femme a ultérieurement obtenu remonte bien quant à ses effets au jour de la demande, mais pas au delà; cette rétroactivité ne saurait donc porter aucune atteinte aux exécutions accomplies avant la demande, sur les revenus propres de la femme par les créanciers du mari. Mais il n'est pas moins incontestable que si la saisie-brandon seule est intervenue avant la demande en séparation de biens de la femme, elle doit, quoique valable dans son principe, rester sans effet à l'égard de celle-ci, parce qu'elle n'a pu avoir par elle seule la vertu

de détacher des immeubles de la femme les fruits qu'elle a frappés et de les mobiliser au profit des créanciers du mari. La rétroactivité du jugement de séparation de biens permet dans ce cas à la femme de revendiquer la propriété des fruits saisis aussi bien que celle des immeubles sur lesquels ils sont pendants. La femme ne peut faire annuler la saisie-brandon qui a bien procédé au moment où elle est intervenue puisque alors les fruits appartenaient encore au mari ; mais elle peut la faire écarter comme dépourvue de toute efficacité vis-à-vis d'elle à raison de la rétroactivité du jugement de séparation de biens qu'elle a obtenue et qui a fait rentrer dans ses mains, à partir du jour de la demande, les fruits objets de cette saisie » (En ce sens : Rousseau et Laisney, *op. cit.*, vᵒ *Saisie-brandon*, nᵒ 11. V. Bordeaux, 14 juill. 1870, aff. Merles, D. P. 71. 1, 229).

16. Il a été jugé que si, sous le régime sans communauté, les fruits des biens de la femme sont censés apportés au mari pour soutenir les charges du mariage, ce droit du mari ne constitue pas un démembrement de la propriété elle-même est constituée sur la tête de la femme ; que, spécialement, le mari ne peut bénéficier de l'acquisition d'un immeuble, faite par la femme, sans contribuer aux charges inhérentes soit à l'immeuble, soit à l'acquisition elle-même, et par exemple, aux droits de mutation qui sont dus à l'administration de l'Enregistrement dès le moment de la vente et qui grèvent les biens acquis lorsqu'ils entrent dans le patrimoine de la femme ; que les droits de mutation s'appliquant à la pleine propriété, le payement peut en être poursuivi contre l'usufruitier, aussi bien que contre le nu-propriétaire ; que, par suite, le mari, qui est tenu, sous le régime sans communauté, des charges affectant les immeubles de sa femme soumis à sa jouissance, ne peut faire annuler la saisie-brandon des récoltes pendant par racines d'un de ces immeubles, pratiquée par l'administration de l'Enregistrement pour avoir payement des droits de mutation dus à raison de l'acquisition de cet immeuble (Agen, 1ᵉʳ juin 1889, aff. Abadie, D. P. 91. 2. 262. V. *supra*, vⁱˢ *Contrat de mariage*, nᵒˢ 1093 et suiv. ; *Rép.* eod. vᵒ, nᵒ 3101 ; *Enregistrement*, nᵒˢ 61 et 114; *Rép.*, eod. vᵒ, nᵒˢ 79 et 202).

17. La saisie-brandon n'est pas nulle parce qu'elle a été pratiquée pour une somme supérieure à celle due au créancier. L'art. 2115 c. civ., qui vise la saisie immobilière, s'applique par identité de motifs à la saisie-brandon (*Rép.*, nᵒ 22; Dutruc, *op. cit.*, vᵒ *Saisie-brandon*, nᵒ 23).

Art. 3. — *Formalités de la saisie, commandement, poursuites, vente* (*Rép.* nᵒˢ 24 à 53).

18. On ne peut saisir-brandonner qu'en vertu d'un titre exécutoire pour créances liquides et certaines (*Rép.* nᵒ 24 ; Garsonnet, *op. cit.*, t. 3, p. 659, nᵒ 584 ; Dutruc, *op. cit.*, vᵒ *Saisie-brandon*, nᵒ 24).

19. La saisie-brandon, aux termes de l'art. 626 c. proc., ne peut être faite que dans les six semaines qui précèdent l'époque ordinaire de la maturité des fruits. Si le domaine à saisir produit plusieurs sortes de fruits, le créancier attend pour chacune d'elles, dût-il s'y reprendre à plusieurs fois, les six semaines qui précèdent l'époque ordinaire de sa maturité (*Rép.* nᵒ 25 ; Garsonnet, *op. cit.*, t. 3, p. 664, nᵒ 586).

20. L'art. 626 c. pr. a eu pour objet de substituer une règle uniforme à la diversité des anciens usages, et c'est aux tribunaux à décider si la saisie a été faite en temps utile suivant les époques ordinaires des récoltes dans chaque localité (*Rép.* nᵒ 25 ; Garsonnet, *op. cit.*, p. 664, nᵒ 586). Il a été jugé qu'on ne doit pas, pour l'époque de la maturité des grains, s'arrêter à l'usage ancien, si depuis plusieurs années, par l'effet des progrès de l'agriculture et en raison particulière des nouveaux engrais découverts et généralement employés, la maturité des récoltes a été avancée (Trib. civ. Châteauroux, 23 juill. 1862, aff. Héritiers de Panthou, D. P. 63.2.155). Mais ce jugement a été réformé par la cour d'appel qui a décidé que dans les localités où l'époque de la maturité des fruits est déterminée par un usage ancien et constant, par exemple dans le Berri, où l'usage n'autorisait autrefois la saisie des céréales qu'à compter du jour de la Saint-Barnabé (11 juin), il n'est pas permis de s'écarter de cet usage sous le prétexte qu'à raison des progrès de l'agri-

culture et de l'emploi des engrais nouvellement découverts la maturité des récoltes a été avancée (Bourges, 24 janv. 1863, aff. Héritiers de Panthou, D. P. 63. 2. 155). L'arrêt s'appuie sur ce motif « que le code de procédure s'est approprié l'usage ancien, l'a généralisé et en a fait une règle de police ». Il nous paraît au contraire qu'en ne se référant pas aux usages locaux, souvent variables et incertains, la loi a entendu laisser tous pouvoirs, au juge, de fixer l'époque de la maturité des fruits, eu égard au climat de la contrée et à la précocité de la saison (En ce sens : Garsonnet. *op. cit.*, p. 664, nᵒ 586; Boitard, Colmet-Daâge et Glasson, *op. cit.*, t. 2, p. 299, nᵒ 876 ; Dutruc, *op. cit.*, vᵒ *Saisie-brandon*, nᵒ 28 ; Rousseau et Laisney, *op. cit.*, eod. vᵒ, nᵒ 16).

21. La saisie-brandon serait-elle nulle pour avoir été faite plus de six semaines avant l'époque de la maturité des fruits ? L'opinion généralement suivie, on l'a exposé au *Rép.*, nᵒ 26, est que la saisie ainsi pratiquée doit être annulée. « Une saisie prématurée, dit M. Garsonnet, *op. cit.*, t. 3, p. 664, nᵒ 586, pourrait ruiner le débiteur par la prolongation des frais de garde ; le propriétaire, mis longtemps à l'avance sous le coup d'une saisie, se désintéresserait d'une récolte dont il sait que le produit doit lui échapper ; enfin il serait impossible de fixer dès maintenant la valeur, même approximative, qu'auront les fruits à l'époque où ils seront vendus. Si l'abus des frais de garde était le seul inconvénient de cette saisie, on pourrait la déclarer valable en mettant les frais excessifs à la charge du saisissant, mais puisqu'elle a d'autres dangers et compromet dans une certaine mesure un intérêt général, il faut la déclarer nulle. On peut ajouter que cette saisie prématurée n'est pas régulière en droit, car si les fruits peuvent être considérés comme meubles et saisis en cette qualité, ce n'est qu'à l'approche de la récolte ; plus tôt, ce ne sont encore que des immeubles et la saisie immobilière peut seule s'y appliquer » (V. conf. : Boitard, Colmet-Daâge et Glasson, *op. cit.*, t. 2, p. 299, nᵒ 876 ; Rousseau et Laisney, *op. cit.*, vᵒ *Saisie-brandon*, nᵒ 17; Bioche, *op. cit.*, eod. vᵒ, nᵒ 21). La jurisprudence a consacré ce système ; elle voit dans l'art. 626 une disposition prohibitive qui détermine le fond même du droit de saisie et qui dès lors ne doit pas être placée sous l'empire de l'art. 1030, relatif seulement aux nullités de forme (*Rép.* nᵒ 26). Il a été jugé qu'est nulle la saisie-brandon pratiquée plus de six semaines avant l'époque ordinaire de la maturité des fruits (Bourges, 24 janv. 1863, aff. Héritiers de Panthou, D. P. 63. 2. 155).

22. On a tiré de ce principe cette conséquence, « que la vente des fruits antérieure à une saisie-brandon doit être, par elle-même, par le fait seul de son existence, déclarée nulle comme entachée de fraude, et qu'il en serait ainsi, lors même qu'elle résulterait d'un acte authentique. S'il en était autrement, l'intervalle de six semaines, donné aux créanciers pour sauver leur droit, serait complètement illusoire ; il y aurait une contradiction manifeste entre le moyen et le but du législateur » (Chauveau sur Carré, t. 4, quest. 777). On a combattu au *Rép.*, nᵒ 26, cette opinion. Quel est donc le moyen légal d'empêcher l'exécution d'une vente authentique de toutes les récoltes, même des blés, qui serait antérieure aux six semaines qui précèdent la maturité ? Jusqu'à la saisie, le propriétaire est entièrement libre de disposer de sa chose, et la loi ne prononçant pas de nullité, l'acte de vente ne pourrait être annulé qu'au cas de fraude, et dans ce cas, c'est aux créanciers à faire cette preuve. Tel est aussi l'avis de M. Garsonnet. « Les créanciers, dit cet auteur, *op. cit.*, t. 3. p. 665, nᵒ 586, n'ont à craindre que le débiteur tente de prévenir la saisie des fruits en les vendant plus de six semaines avant le temps authentique de leur maturité ou en affermant le fonds à la même époque à des fermiers contre lesquels ses propres créanciers n'auraient aucun droit. Les décrets des 6 et 23 messidor an 3 prohibent, en effet, la vente des blés en vert, et, les regarda-t-on comme abrogée — ce n'est pas l'opinion commune — il resterait aux créanciers le droit d'attaquer comme frauduleux les actes visiblement destinés à les frustrer de leur gage. Quant à la vente faite avant la saisie, mais dans les six semaines pendant lesquelles il est permis de la faire, elle ne tombe pas sous le coup des décrets précités des 6 et 23 messidor an 3; mais les créanciers peuvent l'attaquer aussi comme frauduleuse

et en obtenir la révocation ». M. Dutruc n'admet également la nullité de la vente que lorsqu'il y a fraude, et cela lors même que la vente a eu lieu le premier jour des six semaines qui précèdent l'époque de la maturité des fruits, et le jour même de la saisie-brandon (*op. cit.*, t. 2, p. 373, n° 33 et suiv.). Il a été jugé que si la vente des fruits a eu lieu le jour où la saisie-brandon a été pratiquée, et que cette vente a date certaine avant le procès-verbal de saisie, il ne peut être procédé à la saisie-brandon, et que, s'il y a été procédé, cette saisie doit être annulée (Trib. civ. Bar-le-Duc, 6 févr. 1875, *Journal des huissiers*, t. 57, p. 99; Rousseau et Laisney, *op. cit.*, v° *Saisie-brandon*, n° 8).

23. La saisie-brandon doit être précédée d'un commandement avec un jour d'intervalle. On doit se conformer, pour les formalités de ce commandement, à ce qui est prescrit en matière de saisie-exécution. La loi dit : *avec un jour d'intervalle*. De ces dernières expressions, on a conclu avec raison que la loi a voulu accorder un jour franc, plus l'augmentation du délai à raison de la distance. — Le titre en vertu duquel on saisit doit être signifié en tête du commandement (*Rép.* n° 27; Garsonnet, *op. cit.*, t. 3, p. 666, n° 587; Dutruc, *op. cit.*, v° *Saisie-brandon*, n° 40; Rousseau et Laisney, *op. cit.*, eod. v°, n° 28).

24. Le propriétaire de biens ruraux peut, en vertu d'une simple permission du juge et sans commandement préalable, faire pratiquer une saisie-brandon sur son terrain. Dans ce cas, la saisie-brandon prend le titre et le caractère d'une saisie-gagerie (art. 819 c. proc.) *Rép.* n° 27; Garsonnet, *op. cit.*, t. 3, p. 666, n° 587; Dutruc, *op. cit.*, v° *Saisie-brandon*, n° 39; Rousseau et Laisney, *op. cit.*, eod. v°, n° 20).

25. Le commandement doit contenir élection de domicile. Cette élection de domicile produit les mêmes effets qu'en cas de saisie-exécution (*Rép.* n° 29, *infrà*, v° *Saisie-exécution*; *Rép.* eod. v°, n° 38; Rennes, 6 déc. 1884, aff. Legal, D. P. 82. 2. 79; Garsonnet, *op. cit.*, t. 3, p. 666, n° 587).

26. L'huissier doit se transporter sur les lieux pour dresser le procès-verbal et opérer la saisie (*Rép.* n° 32). On a soutenu que ce transport n'est pas nécessaire et que l'huissier peut dresser le procès-verbal en son étude. Mais cette opinion n'est pas admissible; ainsi que le fait remarquer M. Garsonnet, *op. cit.*, t. 3, p. 666, note 7 : 1° une saisie ainsi pratiquée de loin et par la rédaction d'un simple procès-verbal n'est pas une saisie; 2° la saisie immobilière qui ne consiste aussi que dans un procès-verbal exige, à peine de nullité, le transport de l'huissier; 3° les indications requises par l'art. 627 ne peuvent être rédigées que sur place. Tel est aussi l'avis de M. Dutruc, « Pour mettre, dit cet auteur, *op. cit.*, v° *Saisie-brandon*, p. 375, n°s 43 et 44, sous la main de la justice, les objets qu'il saisit, l'huissier doit nécessairement donner, dans son procès-verbal une désignation exacte de ces objets, de manière à éviter toute équivoque et à prévenir tout détournement. Il n'est pas besoin de démontrer que cette désignation est une condition essentielle de la validité de la saisie, à quelque objet qu'elle s'applique. Elle est exigée par les art. 588 et suiv., pour la saisie-exécution, par l'art. 627 pour la saisie-brandon, par l'art. 675 pour la saisie immobilière; et si le code de procédure n'attache pas expressément la peine de nullité à son omission pour les deux premières espèces de saisie, comme pour la troisième, son silence ne peut empêcher qu'une saisie-exécution ou qu'une saisie-brandon ne soit nulle si le procès-verbal qui la constate ne désigne pas les objets saisis de la manière prescrite par les art. 588 et suiv., et 627. Maintenant il suffit de se demander, pour résoudre la question que nous examinons, si l'huissier peut, sans se transporter sur les lieux, indiquer d'une manière certaine chaque pièce, sa contenance et sa situation et deux au moins de ses tenants et aboutissants, ainsi que la nature des fruits, comme le veut l'art. 627. On ne saurait admettre sérieusement l'affirmative. La saisie ne serait plus l'œuvre personnelle de l'huissier; le procès-verbal de cet officier ministériel n'offrirait plus aucune garantie de certitude et tous les abus seraient possibles, si la désignation exigée par la loi pouvait être faite d'après des renseignements fournis par le saisissant, au lieu d'être le résultat des constatations faites par l'huissier lui-même. La

nécessité du transport de l'huissier sur les lieux est la conséquence directe de l'obligation imposée à celui-ci de désigner exactement les pièces de terre et les récoltes. Ce sont là deux formalités corrélatives aussi substantielles l'une que l'autre et qui doivent être, conséquemment toutes les deux observées à peine de nullité » (En ce sens : Rousseau et Laisney, *op. cit.*, v° *Saisie-brandon*, n° 24).

27. Est-il indispensable que le procès-verbal contienne la mention du transport? La négative a été adoptée au *Rép.* n° 32 (V. aussi Dutruc, *op. cit.*, v° *Saisie-brandon*, p. 374, n° 42; Rousseau et Laisney, *op. cit.* eod. v°, n° 24). M. Garsonnet ne partage pas cet avis. « Il est, de principe, dit cet auteur, *op. cit.*, t. 3, p. 667, note 13, que les actes solennels doivent attester eux-mêmes l'accomplissement de toutes les formalités qui y sont requises à peine de nullité, et, si le transport de l'huissier est de ce nombre, le procès-verbal doit le mentionner à peine de nullité ».

28. M. Dutruc, *op. cit.*, v° *Saisie-brandon*, p. 376, n° 46), résout ainsi la question de savoir comment l'huissier doit procéder, quand la saisie porte sur un bois taillis, et que la neige empêche d'y pénétrer. « L'art. 647, dit-il, veut que le procès-verbal fasse connaître la nature des fruits, rien de plus. Il n'y a donc pas lieu de désigner individuellement les diverses sortes d'arbres que comprend la saisie-brandon. Il suffit d'énoncer que l'on saisit tel bois taillis ou la partie qui est parvenue à l'époque de la coupe, telle qu'elle résulte de l'aménagement établi par le propriétaire. Il ne saurait, d'ailleurs, être question d'un récolement ultérieur qui ne saurait avoir pour effet de régulariser une saisie incomplète dans le cas où la désignation, que nous croyons inutile, serait au contraire jugée nécessaire. Ce n'est que par une vérification indépendante de la saisie que peuvent être vidées les difficultés que le débiteur viendrait à élever sur le point de savoir quelle est la partie du bois à laquelle cette saisie est légalement applicable ».

29. L'huissier se transporte seul; l'assistance de témoins n'est pas nécessaire, et leurs frais de déplacement n'entrent pas en taxe; car une saisie qui se réduit à un procès-verbal et à l'établissement d'un gardien, et qui n'est même pas faite au domicile du débiteur, ne peut ni provoquer la résistance de ce dernier, ni comporter les formalités minutieuses dont l'omission doit être constatée séance tenante (*Rép.* n° 30; Garsonnet, *op. cit.*, t. 3, p. 667, n° 587; Boitard, Colmet-Daâge et Glasson, *op. cit.*, t. 2, p. 300, n° 877; Dutruc, *op. cit.*, v° *Saisie-brandon*, n° 41; Rousseau et Laisney, *op. cit.*, eod. v°, n° 25).

30. L'itératif commandement n'est pas non plus nécessaire et ne se comprendrait même pas, cette saisie n'étant pas faite en présence du saisi (Garsonnet, *op. cit.*, t. 3, p. 667, n° 587).

31. Le procès-verbal de saisie-brandon doit indiquer chacune des pièces de terre dont les fruits sont saisis, sa contenance, sa situation, deux au moins des tenants et aboutissants et la nature des fruits. Il suffit, comme en matière de saisie immobilière d'indiquer la contenance approximative; mais, comme une erreur de contenance pourrait, si elle était préjudiciable, engager la responsabilité du saisissant, l'huissier fera bien de l'indiquer d'après l'extrait de la matrice du rôle des contributions directes (*Rép.* n° 31; Garsonnet, *op. cit.*, t. 3, p. 667, note 14; Dutruc, *op. cit.*, v° *Saisie-brandon*, n° 47).

32. Copie de la saisie est signifiée au garde champêtre, constitué gardien, s'il est absent. Bien que la loi ne le dise pas expressément, copie de la saisie doit lui être laissée, s'il est présent; une seconde copie du procès-verbal est laissée au maire qui la vise; une troisième est notifiée à la partie saisie (*Rép.* n°s 34 et 37; Garsonnet, *op. cit.*, t. 3, p. 668 et 669, notes 25 et 26; Rousseau et Laisney, *op. cit.*, v° *Saisie-brandon*, n° 30).

33. Si les fruits sont situés dans plusieurs communes, comme on ne peut en remettre la surveillance à un garde champêtre retenu dans sa commune par les devoirs de sa charge, et qu'il serait dispendieux de confier cette garde à plusieurs préposés, il n'est établi, en ce cas, qu'un seul gardien, autre néanmoins qu'un garde champêtre. Du reste, la loi n'a pas attaché la peine de nullité à l'inobservation de cette formalité (*Rép.* n°s 38 et 39). « La disposition de l'art. 628, dit M. Dutruc, *op. cit.*, v° *Saisie-brandon*, n°s 51 et 52, a un

double objet, d'une part, celui de ne pas multiplier les frais de garde, et d'autre part, celui d'éviter qu'un garde champêtre ne quitte sa commune; ce sont là, sans doute, des prescriptions importantes auxquelles il est très désirable que les huissiers se conforment, mais il faut bien reconnaître qu'elles sont étrangères aux formalités substantielles de la saisie-brandon et qu'elles se rattachent simplement aux formalités accidentelles ou secondaires dont l'omission n'altère pas la substance de l'acte et n'emporte, dès lors, nullité, qu'autant que la loi édicte cette sanction par une disposition formelle. Et comme le code de procédure ne contient aucune disposition semblable relativement aux deux prescriptions rappelées ci-dessus, il faut nécessairement en induire que l'inobservation de ces prescriptions, quelque regrettable qu'elle soit, ne rend point la saisie nulle. Il en serait de même de l'établissement de deux gardiens au lieu d'un seul, mais l'augmentation des frais de garde serait nécessairement à la charge du saisissant ou de l'huissier, suivant qu'elle serait imputable à l'un ou à l'autre ».

34. Le garde champêtre constitué gardien doit signer le procès-verbal sur l'original et sur la copie; mais on a enseigné au *Rép.*, n° 40, que le défaut de signature ou de mention de la cause qui l'a empêché de signer ne suffirait pas pour faire annuler la saisie. V. dans le même sens: Dutruc, *op. cit.*, v° *Saisie-brandon*, n° 56; Rousseau et Laisney, *op. cit.*, eod. v° n° 31. M. Garsonnet, t. 3, p. 668, note 21, se prononce en sens contraire.

35. La saisie n'a pas pour effet de transférer du saisi au saisissant la propriété des objets sur lesquels elle porte. Jusqu'au jour de la vente, la propriété de ces objets repose, en droit, sur la tête du saisi, de même que leur possession reste, en fait, entre ses mains. La mesure conservatoire dont ils sont frappés n'a d'autre conséquence que d'enlever au saisi la faculté de disposer au préjudice de ses créanciers. Il en résulte, d'une part, que les risques demeurent à la charge du saisi par application de la règle : *res perit domino* et, d'autre part, que le saisissant n'est pas chargé de prendre les mesures nécessaires pour la conservation de son gage. Cette dernière obligation ne saurait lui incomber alors que précisément la loi a prescrit l'établissement d'un gardien chargé de veiller à cette conservation ; si une faute a été commise, elle ne peut engager que la responsabilité du gardien; en tous cas, le saisissant ne peut, en matière de saisie-brandon, être rendu responsable des actes du gardien, au choix duquel il n'a aucune part, puisqu'il est désigné par une disposition impérative du code de procédure. Il en est ainsi surtout lorsque la perte des fruits saisis-brandonnés paraît devoir être attribuée à des conditions atmosphériques tout à fait exceptionnelles, ayant rendu inefficaces les précautions ordinairement suffisantes, et constituant ainsi un véritable cas de force majeure (Dijon, 28 déc. 1891, aff. Martin, D. P. 92. 2. 119).

36. Quant aux incidents dont la saisie-brandon peut être l'objet, ce sont les mêmes que ceux qui peuvent s'élever en matière de saisie-exécution, et on doit leur appliquer les mêmes règles, soit sous le rapport de la compétence, soit quant à la forme de procéder. Le tribunal de première instance doit seul en connaître; ... à moins que la saisie-brandon n'ait le caractère de saisie-gagerie, étant pratiquée par le propriétaire pour le payement de ses fermages : auquel cas le juge de paix est compétent pourvu que la location n'excède pas 400 fr. (*Rép.* n° 44; Garsonnet, *op. cit.*, t. 3, p. 671, n° 587; Dutruc, *op. cit.*, v° *Saisie-brandon*, n° 75).

37. En matière de saisie-brandon, comme en matière de saisie-exécution ou de saisie-arrêt, c'est le chiffre de la créance pour laquelle la saisie est provoquée qui sert à déterminer le premier ou le dernier ressort: le jugement, par exemple, n'est pas susceptible d'appel si la créance est inférieure à 1500 fr. Il en est ainsi, alors même qu'il s'agit d'une demande en nullité de saisie-brandon fondée sur la totalité des biens dont les fruits ont été saisis (Montpellier, 20 avr. 1872, *Journal des huissiers*, t 54, p. 101). Mais la solution serait différente si le demandeur en nullité de la saisie concluait, en raison du préjudice par lui éprouvé, à des dommages et intérêts qui, réunis au chiffre de la créance, excéderaient le taux du dernier ressort. — Lorsqu'il s'agit d'une demande en revendication, par un tiers, de fruits saisis-brandonnés, le

taux du ressort doit être calculé d'après la valeur de ces fruits, et non d'après le montant de la créance pour laquelle la saisie a été faite (Bordeaux, 14 juill. 1870, aff. Verlet, D. P. 71. 2. 229; Rousseau et Laisney, *op. cit.*, v° *Saisie-brandon*, n° 14 et 15; Dutruc, *op. cit.*, eod. v°, n° 78 et suiv.).

38. La vente, aux termes de l'art. 629, doit être annoncée par placards, huit jours francs d'avance. Si la vente n'a pas lieu au jour fixé, doit-on, à peine de nullité, renouveler les placards et observer un nouveau délai de huit jours? Deux hypothèses peuvent se présenter :

1° La vente a été commencée au jour fixé; elle est continuée à un jour subséquent. Dans ce cas, il n'est pas nécessaire de renouveler les placards et d'observer un nouveau délai de huitaine. Le renvoi à un jour subséquent a eu lieu en présence du public et de la partie saisie, ou du moins elle appelée, en sorte que ce renvoi est préparé par lui-même d'une publicité très suffisante. Il a été jugé, en ce sens, que l'art. 629 c. proc. civ., qui prescrit les formalités de publicité dont la vente sur saisie-brandon doit être précédée, n'impose pas l'obligation de les renouveler si, après une tentative infructueuse, la vente est portée à un jour suivant; qu'en conséquence, lorsqu'une vente de fruits saisis-brandonnés a été commencée et, pour cause d'enchères non couvertes, renvoyée en continuation à un jour subséquent, il n'est pas nécessaire de faire de nouvelles publications et de notifier au saisi le jour fixé pour la continuation de la vente (Montpellier, 17 juin 1874, aff. Rolland, D. P. 76. 2. 93). L'arrêt s'appuie sur ces motifs : que dans l'espèce, les art. 614 et 617 invoqués sont sans application; l'art. 614 prévoit le cas où la vente se fait un jour autre que celui indiqué par la signification du procès-verbal de saisie qui doit, aux termes de l'art. 595, contenir fixation du jour de la vente; ici il n'y a pas eu changement dans le jour primitivement fixé, mais simplement continuation des opérations à un jour subséquent; le saisi avait été mis en demeure d'assister à la vente, et il a été assez négligent pour ne pas s'y présenter ; il ne saurait se plaindre d'avoir ignoré que, n'ayant pas été réalisée, elle avait été ajournée; l'art. 617 est également inapplicable ; c'est l'art. 629 qui prescrit les formalités de publicité, dont la vente sur saisie-brandon doit être précédée, mais il n'impose nullement l'obligation de les renouveler, si, après une tentative infructueuse, la vente est portée à un jour suivant; que si ces nouvelles publications, qui, d'ailleurs, se concilieraient peu avec l'urgence des ventes après saisie-brandon, étaient obligatoires, le législateur les aurait formellement prescrites, ainsi qu'il l'a fait par les art. 703 et 704 en matière de saisie immobilière.

2° Le jour primitivement fixé pour la vente est changé, sans que la vente ait été commencée. Les auteurs sont d'accord pour reconnaître que les placards doivent être renouvelés, en observant le même délai que pour les premières publications ; ils sont nécessaires pour informer la partie et le public (*Rép.* n° 49; Garsonnet, *op. cit.*, t. 3, p. 669, n° 587; Rousseau et Laisney, *op. cit.*, v° *Saisie-brandon*, n° 35). — Est-ce à dire que l'omission de ces formalités entraînerait la nullité de la vente? Nous ne le croyons pas; elle n'aurait, suivant nous, d'autres conséquences que de rendre l'huissier et le saisissant passibles de dommages-intérêts (V. sur cette question *Rép.* v° *Saisie-exécution*, n° 323, *infrà*, eod. v°. — Comp. *Rép.* n° 30).

39. Dans le cas où les placards n'ont pas été apposés, le saisi fait surseoir à la vente, et si, par hasard, elle est déjà faite, demande des dommages-intérêts au saisissant. D'ailleurs, on attend pour vendre les fruits qu'ils soient mûrs, car la crainte de les voir couler empêcherait d'en trouver un bon prix; le saisissant avance les frais de culture, sauf à s'en rembourser par privilège sur le prix de vente. Si, au contraire, les fruits étaient en état d'être coupés avant que les délais et formalités de la vente aient pu être observés, le saisissant assignerait le saisi en référé pour se faire autoriser à récolter et engranger ces fruits en sa présence, ou le saisi dûment appelé (*Rép.* n° 48; Garsonnet, *op. cit.*, t. 3, p. 669).

40. S'il ne se présente pas d'enchérisseurs, le saisissant peut présenter requête au tribunal pour se faire autoriser, contradictoirement avec le saisi, à faire la récolte lui-même et à

la faire vendre. Il doit compte au saisi et aux opposants de ce qui excède les causes de la saisie (*Rép.*, n° 52; Dutruc, *op. cit.*, v° *Saisie-brandon*, n° 70; Rousseau et Laisney, *op. cit.*, eod. v°, n° 41).

41. La disposition de l'art. 632, qui porte que la vente aura lieu un jour de dimanche, ou de marché, n'est pas prescrite à peine de nullité; mais l'huissier qui aurait choisi, pour vendre, un moment inopportun encourrait des dommages-intérêts (Garsonnet, *op. cit.*, t. 3, p. 670, n° 587).

42. Le choix du lieu est laissé au saisissant; sauf au saisi qui trouve mal choisi le lieu indiqué par les placards à se pourvoir en référé pour en faire désigner un autre (*Rép.* n° 51; Garsonnet, *op. cit.*, t. 3, p. 670, note 37; Dutruc, *op. cit.*, v° *Saisie-brandon*, n° 65; Rousseau et Laisney, *op. cit.*, eod. v°, n° 40).

43. La vente ne peut être faite que par des officiers publics qui ont le droit de vendre des meubles sur saisie (V. *infra*, v° *Saisie-exécution*).

44. Pour le surplus, on procède comme en matière de saisie-exécution ainsi qu'on l'a exposé au *Rép.*, n° 53, l'art. 634 est relatif non seulement aux formalités de la vente, mais encore à toutes les autres formalités de la saisie-exécution, non rappelées ou modifiées au titre de la saisie-brandon (V. conf. Garsonnet, *op. cit.*, t. 3, p. 670, n° 587; Dutruc, *op. cit.*, v° *Saisie-brandon*, n° 69; Rousseau et Laisney, *op. cit.*, eod. v°, n° 38).

45. Dans le cas de saisie-brandon sur un héritage situé dans deux arrondissements limitrophes, toutes les récoltes saisies doivent-elles être vendues dans le canton où se trouve le chef-lieu de l'exploitation, par analogie avec ce que la loi prescrit en matière de saisie immobilière? M. Dutruc estime qu'il n'est pas possible d'étendre à la saisie-brandon la disposition de l'art. 2210 c. civ., relative à la saisie immo-

bilière, non seulement parce que cette disposition, qui modifie les règles de la compétence territoriale, doit, par cela même, être restreinte au cas spécial pour lequel le législateur l'a édictée mais, en outre, parce que les motifs qui la justifient n'existent pas en matière de saisie-brandon. « Si, dans le cas de saisie d'immeubles situés dans différents arrondissements, mais faisant partie d'une seule et même exploitation, dit cet auteur, *op. cit.*, v° *Saisie-brandon*, n° 66, la loi permet de poursuivre la vente simultanée de tous ces immeubles devant le tribunal du chef-lieu d'exploitation, ou, à défaut de chef-lieu, devant le tribunal de l'arrondissement où se trouve la partie des biens qui offre le plus grand revenu, c'est évidemment pour éviter le désavantage qui pourrait résulter du morcellement d'immeubles dépendant en quelque sorte les uns des autres, et dont la vente séparée serait vraisemblablement plus difficile et moins productive. Or, est-il besoin de dire que cet inconvénient ne saurait se présenter à l'égard des ventes distinctes de récoltes saisies sur des immeubles situés dans des arrondissements différents? La considération de l'unité d'exploitation ne perd-elle pas alors toute son importance? Et il faut remarquer que, lorsque cette considération n'existe pas, la loi, même à l'égard des immeubles situés dans plusieurs arrondissements dont elle autorise la vente simultanée, à raison de leur insuffisance pour désintéresser à la fois le saisissant et les autres créanciers inscrits, exige que les procédures relatives tant à l'expropriation forcée qu'à la distribution du prix soient portées devant les tribunaux respectifs de la situation des biens. Nous n'hésitons donc pas à penser que les récoltes saisies sur des immeubles situés dans deux arrondissements limitrophes, et composant une seule exploitation, doivent être vendues séparément dans les arrondissements respectifs ».

Table sommaire

des matières contenues dans le Supplément et le Répertoire.

(Les chiffres précédés de la lettre *S* renvoient au Supplément; les chiffres précédés de la lettre *R* renvoient au Répertoire).

Aliments — caractère, insaisissabilité *S.* 14; *R.* 23.	**Définition** *R.* 1. **Délai** — maturité des fruits (*dies à quo*) *S.* 19 s.; *R.* 25; (pouvoir du juge, usages locaux) *S.* 20; *R.* 25; (saisie prématurée, nullité) *S.* 21; *R.* 26; (vente antérieure, effets) *S.* 23; *R.* 26.	**Gardien** *S.* 32 s.; *R.* 35 s. — communes diverses, gardien unique *S.* 32; *R.* 38 s. — garde champêtre (caractère obligatoire) *R.* 36, 41; (copie, signification) *S.* 32; *R.* 36 s; (droits et devoirs) *R.* 42 s. — procès-verbal, signature *S.* 34; *R.* 40.	**Immeubles** — biens indivis, saisissabilité *S.* 12; *R.* 19. **Incidents** — compétence *S.* 36; *R.* 44. **Législation étrangère** *S.* 1 s.; *R.* 5. — Allemagne *S.* 1. — Belgique *R.* 5. — Italie *S.* 2. — Suisse *S.* 3 s.; *R.* 5; (Genève) *S.* 3; *R.* 5; (Valais) *S.* 4; (Vaud) *S.* 5. **Maire** — procès-verbal, copie, visa *S.* 32; *R.* 34. **Mines et carrières** — produits, insaisissabilité *S.* 8; *R.* 10, 14. **Opposition** — dénonciation, assignation *R.* 45. — titres, énonciations *R.* 46.	**Procès-verbal.** V. Huissier **Récoltes** — arrondissements limitrophes, vente, compétence territoriale *S.* 45. — biens indivis, saisissabilité *S.* 12; *R.* 19. — mineurs, usufruit légal, distraction partielle *S.* 13; *R.* 20. — semences, saisissabilité *R.* 21. **Régime sans communauté** — biens de la femme, récoltes, droits de mutation *S.* 16. **Saisie immobilière** — transcription, fruits immobilisés *R.* 15. **Séparation de biens** — biens dotaux, insaisissabilité *S.* 14; *R.* 23. — propres de la femme,	créanciers du mari, *S.* 15. **Titre exécutoire** — créance liquide et certaine *S.* 18; *R.* 24. **Usufruitier** — créanciers, qualité *S.* 10; *R.* 17. **Vente** — enchères, défaut, pouvoir du juge *S.* 40; *R.* 50, 52. — formalités *S.* 44; *R.* 53. — jour, huissier, dommages-intérêts *S.* 41; *R.* 54. — lieu, désignation *S.* 42; *R.* 51. — officier public compétent *S.* 43. — publicité, placards (délai, renvoi ultérieur) *S.* 39; *R.* 49; (non apposés, sursis) *S.* 39; *R.* 50. — vente prématurée *R.* 48.
Arbres — pépinière, saisissabilité *S.* 6; *R.* 12.					
Bois et futaies — saisissabilité *S.* 7; *R.* 11.					
Céréales — saisissabilité *S.* 6. **Choses saisissables** *S.* 6 s.; *R.* 6 s. — conditions *S.* 9; *R.* 8 s. — créance, somme supérieure *S.* 17; *R.* 22. — créancier, qualité *S.* 10; *R.* 16 s. — fruits (coupés) *R.* 8; (non détachés du sol) *R.* 7; (pendants par racine, caractère *S.* 6; *R.* 6; (présents et à venir) *R.* 13.					
Commandement — domicile élu, effets *S.* 25; *R.* 29. — formalités *S.* 23; *R.* 27.	**Effets** — saisissant, mesures conservatoires *S.* 33. **Etang** — pêche, saisissabilité *S.* 6. **Fermier** — pailles, insaisissabilité *S.* 11; *R.* 18. — propriétaire, permission du juge *S.* 24; *R.* 28. **Formalités** *S.* 18 s.; *R.* 24 s.	**Historique et législation** *R.* 2 s. — étymologie *R.* 2 s. — ordonnance de 1667 *R.* 4. — peuples anciens *R.* 2 s. **Huissier** — bois taillis, neige, transport impossible *S.* 28. — itératif commandement *S.* 30. — procès-verbal, énonciations *S.* 31; *R.* 31, 33. — transport sur lieux, (procès-verbal) *S.* 26 s.; *R.* 32; (témoins) *S.* 29; *R.* 30.	**Dernier ressort** — taux, calcul *S.* 37.		

Table des articles du code de procédure civile.

Art. 588. *S.* 26.	—617. *S.* 26.	—627. *S.* 26; *R.* 38.	—629. *S.* 38; *R.* 52.	—647. *S.* 28.	—704. *S.* 38.
—592. *S.* 14.	38.	31 s.	49.	—633. *R.* 52.	—819. *S.* 24.
—608. *R.* 44 s.	—626. *S.* 6, 19 s.;	—628. *S.* 33; *R.*	—630. *R.* 49.	—634. *S.* 44; *R.* 34, 53.	—1030. *S.* 21.
—614. *S.* 38.	*R.* 25 s.	34 s.	—632. *S.* 41; *R.* 34, 53.	—695. *S.* 38.	
				—703. *S.* 38.		

Table chronologique des Lois, Arrêts, etc.

An 3. 6 mess.	1851. 30 déc. Nancy, 11 c.	teutroux, 20 c.	1870. 14 juill.	Montpellier. 37 c.	1875. 6 févr. Trib. civ. Bar-le-Duc, 22 c.	nes. 25 c.
Décr. 22 c.	1863. 24 janv.	Bordeaux, 15 c., 37 c.	1874. 17 juin.	1888. 22 mai. Pau, 12 c.	Agen. 16 c.
—23 mess. Décr. 22 c.	1862. 28 juill. Trib. civ. Châ-	Bourges, 20 c.; 21 c.	1872. 20 avr.	Montpellier. 38 c.	1881. 6 déc. Ren-	1889. 1er juin.
						1891. 28 déc. Dijon, 35 c.

SAISIE CONSERVATOIRE.

Division.

§ 1er. — Historique, législation, droit comparé (*Rép.* n° 2).

1. V. *Rép.* n° 2.

§ 2. — Des lois qui régissent la saisie conservatoire. — Caractère distinctif de cette saisie. — Procédure (*Rép.* n°s 3 à 25).

2. On a longtemps discuté la question de savoir si le droit d'accorder l'autorisation de former une saisie conservatoire appartient au président du tribunal de commerce ou au président du tribunal civil; certains auteurs soutenaient que le président du tribunal civil est seul compétent, sous prétexte qu'il s'agit d'une saisie, c'est-à-dire d'une mesure civile. Mais cette doctrine paraît abandonnée. Le texte de l'art. 417 c. proc. civ. suppose bien en effet que les deux ordonnances sur requête, celle qui autorise à assigner à bref délai et celle qui permet la saisie conservatoire, émanent du même magistrat, et dès lors, si la première est rendue par le président du tribunal de commerce, il en est nécessairement de même pour la seconde. La compétence exclusive du président du tribunal de commerce est aujourd'hui reconnue par la plupart des auteurs et par la jurisprudence « Cette mesure, en effet, n'est permise, dit M. Camberlin, *Manuel pratique des tribunaux de commerce*, p. 135, que lorsqu'il s'agit d'assurer le payement, soit d'une dette commerciale, soit d'une lettre de change ou d'un billet à ordre, puisque les dispositions en vertu desquelles cette mesure peut être autorisée sont consignées, soit dans le code de commerce sous les art. 172 et 187, soit dans le code de procédure civile sous l'art. 417 qui fait partie du titre 25 intitulé : *Procédure devant les tribunaux de commerce.* Le président du tribunal civil a pendant longtemps répondu ces ordonnances, mais de nombreux arrêts récents ont annulé les ordonnances rendues par le président du tribunal civil comme incomplètement rendues. Il en faut donc conclure que le président du tribunal civil est absolument incompétent pour autoriser une requête à fin de saisie conservatoire » (V. en ce sens : *Rép.* n° 5, Boitard, Colmet-Daâge et Glasson, *Leçons de procédure civile*, t. 1, p. 723, n° 644; Bertin, *Ordonnances sur requêtes*, t. 1, p. 200, n° 422; Rousseau et Laisney, *Dictionnaire de procédure civile*, v° *Saisie conservatoire*, n° 4 ; Bioche, *Dictionnaire de procédure civile*, eod. v°, n° 4 ; Lyon-Caen et Renault, *Traité de droit commercial*, t. 1, p. 418. — *Contra*, Dutruc, *Supplément aux lois de la procédure* de Carré et Chauveau, eod. v°, n° 3, qui admet que le président du tribunal civil peut, dans le cas de l'art. 417, autoriser une saisie-arrêt). Il a été jugé, en ce sens, que c'est au président du tribunal de commerce, et non pas au président du tribunal civil, que doit être demandée la permission de pratiquer la saisie conservatoire autorisée par l'art. 417 c. proc. (Paris, 9 janv. 1866, aff. Torret et David, D. P. 66. 5. 419; 30 juill. 1875, aff. Courtois; 17 août 1875, aff. Kohl; 27 déc. 1875, aff. Bailly, D. P. 76. 2. 40; 3 févr. 1876, *Journal des avoués*, t. 101, p. 137).

3. A Paris, on admet sans difficulté que les deux ordonnances doivent être demandées au président du tribunal de commerce. Mais, sur un autre point, la pratique de Paris s'éloigne de la doctrine de certains auteurs et des usages de différents tribunaux. Suivant cette pratique, le président du tribunal de commerce peut aussi, dans les cas qui requièrent célérité, autoriser une véritable saisie-arrêt. Cette solution nous paraît tout à fait contraire au texte et à l'esprit de la loi. L'art. 417 parle en effet seulement d'une saisie conservatoire sur les effets mobiliers du débiteur et on force complètement le sens naturel des mots en comprenant la saisie-arrêt dans ces expressions. Cela est d'autant plus fâcheux que la saisie-arrêt est par elle-même une mesure d'une nature tout à fait générale et purement civile, qui ne doit appartenir qu'au président du tribunal

civil. De même, si la saisie conservatoire de l'art. 417 soulève plus tard des difficultés relatives à sa validité de la part du saisi, elles doivent être portées, non pas devant le président du tribunal de commerce, car ces contestations n'ont aucun caractère commercial, mais devant le tribunal civil (Glasson, note sur l'arrêt de Douai du 21 janv. 1884, aff. Bourdois, D. P. 87. 2. 17).

4. Il existe une différence, on l'a dit au *Rép.*, n° 6, entre le cas spécial de l'art. 172 c. com. et les cas prévus par l'art. 417 c. proc.; au premier cas, le juge, s'il accorde le droit de saisir, doit l'accorder sans condition, car la loi n'ajoute pas qu'il puisse imposer au saisissant l'obligation de fournir des sûretés, tandis qu'au contraire, dans la saisie qu'il peut autoriser aux termes de l'art. 417, la loi lui donne le droit d'exiger que le saisissant donne caution ou qu'il justifie de solvabilité suffisante (Bioche, *op. cit.*, v° *Saisie conservatoire*, n° 5 ; Rousseau et Laisney, *op. cit.*, eod. v°, n° 3).

5. Le juge apprécie la solvabilité du créancier sur tels éléments de justification qu'il juge convenable; cette solvabilité n'a pas besoin d'être établie par des titres. Une solvabilité notoire est tout ce que la loi exige (Bioche, *op. cit.*, v° *Saisie conservatoire*, n° 5 ; Rousseau et Laisney, *op. cit.*, eod. v°, n° 5 ; Dutruc, *op. cit.*, eod. v°, n° 11).

6. Le créancier assujetti à donner caution doit satisfaire à cette obligation suivant le mode prescrit par l'art. 440 c. proc. civ. Toutefois, comme cette forme pourrait entraîner des lenteurs souvent préjudiciables aux droits du saisissant, on estime qu'en cas d'urgence, le juge peut autoriser la saisie sur la requête qui aurait été signée, en qualité de caution, par une personne notoirement solvable. La caution répond des dommages-intérêts auxquels donnerait lieu une saisie mal fondée, mais non des suites de la demande principale (*Rép.* n° 8 ; Rousseau et Laisney, *op. cit.*, v° *Saisie conservatoire*, n° 6 ; Bioche, *op. cit.*, eod. v°, n° 6).

7. Pour que la saisie conservatoire puisse être autorisée, il suffit que le droit invoqué paraisse vraisemblable au président, et que l'urgence lui soit démontrée. Ainsi, il a été jugé : 1° que la saisie conservatoire autorisée par l'art. 417 c. proc. civ. peut, à la différence de la saisie-exécution, être pratiquée sans titre et sur la simple autorisation du président (Civ. cass. 9 mars 1880, aff. Latour et Lecouret, D. P. 80. 1. 203);— 2° Que le créancier, en vertu d'une lettre de change causée valeur en marchandises, peut, même en dehors du cas prévu par l'art. 172 c. com., être autorisé à saisir conservatoirement les effets mobiliers du débiteur, et que les frais de la saisie sont à la charge de ce dernier (Paris, 24 déc. 1866). Mais aux termes d'un arrêt de la cour de cassation du 20 févr. 1878 (aff. Lecq, D. P. 78. 1. 217), il ressort de l'art. 113 c. com. que « quelle que soit la forme dans laquelle une femme non négociante ou marchande publique s'est engagée, l'exécution des obligations par elle contractées ne peut être poursuivie que par les voies de droit commun; que, par suite, le porteur d'une lettre de change acceptée par une femme non commerçante n'est pas recevable à pratiquer contre celle-ci, en cas de protêt, la saisie-conservatoire autorisée par l'art. 172 c. com. (V. *suprà*, v° *Effets de commerce*, n° 58).

8. Le président peut autoriser la saisie conservatoire d'un navire et de sa cargaison (Rennes, 22 mai 1867, aff. Beddeley, D. P. 70. 2. 77; Bertin, *op. cit.*, t. 1, p. 204, n° 434).

9. La saisie conservatoire ne peut pas avoir lieu en matière civile. Elle ne pourrait donc pas être autorisée, on l'a dit au *Rép.* n° 10, vis-à-vis du souscripteur ou endosseur non commerçant d'un billet à ordre; ... surtout si le billet ne portait la signature d'aucun commerçant, car en pareil cas, non seulement la dette serait purement civile, mais le tribunal de commerce ne pourrait en connaître même exceptionnellement, comme il est autorisé à le faire dans le cas où le billet porte à la fois des signatures de commerçants et de non-commerçants. Telle est aussi l'opinion de la grande majorité des auteurs (Dutruc, *op. cit.*, v° *Saisie conservatoire*, n° 4; Rousseau et Laisney, *op. cit.*, eod. v°, n° 7. V. en sens contraire, Bioche, *op. cit.*, v° *Saisie conservatoire*, n° 3). Il a été jugé que la saisie conservatoire autorisée par l'art. 417 c. proc. est restreinte aux matières de commerce; qu'on ne peut pas l'étendre aux

matières civiles (Toulouse, 26 avr. 1861, aff. Bonnes, D. P. 61. 2. 175). L'arrêt s'appuie sur ces considérations : que la saisie est une faculté extraordinaire accordée au créancier, et une rigueur extrême infligée au débiteur, puisqu'elle investit le premier d'un droit à une propriété qui n'est pas la sienne et prive le second de la disposition de sa chose ; que ce n'est pas arbitrairement qu'elle peut être faite; que le législateur a déterminé les cas où il peut y être procédé; que dans le cercle invariablement tracé par les textes législatifs pour les saisies autorisées en matière civile, ne rentre pas la saisie conservatoire; que le titre sous lequel est écrit l'art. 417 qui la permet, et qui est celui de la procédure devant les tribunaux de commerce, par la spécialité de ses dispositions, prouve suffisamment que les règles du droit commun ne sont pas applicables; que lorsque la célérité est un des éléments de succès des opérations commerciales, il importe que les marchandises et les denrées qui peuvent être les seules garanties du créancier ne soient pas enlevées; que lorsqu'il se peut agir d'un débiteur qui, étranger au lieu où les objets sont momentanément placés, a le moyen de les faire disparaître en s'éloignant lui-même, il est essentiel que, par une mesure exceptionnelle, le gage puisse être gardé pour celui qui ne peut avoir d'autre moyen d'assurer l'exercice de son droit; que, dans cette situation, le président du tribunal de commerce a été avec raison investi de la faculté de permettre la saisie conservatoire des choses dont la propriété sera ultérieurement réglée; qu'elle n'est point donnée au président du tribunal civil; et que la spécialité de l'art. 417 ne permet pas de transporter le droit de faire ces actes de conservation en faveur de ceux qui ne sont pas placés dans la situation qui fait accorder cette faveur aux négociants.

10. Une saisie conservatoire faite sans permission du juge serait absolument nulle (*Rép.* n° 11 ; Rousseau et Laisney, op. cit., v° *Saisie conservatoire*, n° 8).

11. Le président auquel la loi attribue le pouvoir de permettre la saisie conservatoire est celui du lieu de la saisie (*Rép.* n° 12; Rousseau et Laisney, op. cit., v° *Saisie conservatoire*, n° 9).

12. Le président du tribunal de commerce peut-il accorder à un étranger la permission de saisir les effets mobiliers de son débiteur étranger trouvés en France? (*Rép.* n° 13.) L'affirmative est généralement admise (V. *suprà*, v° *Droits civils*, n°s 207 et suiv., et *Rép.*, v° *Compétence commerciale*, n° 523; Bertin, op. cit., t. 1, p. 202, n° 429).

13. L'ordonnance du président du tribunal de commerce portant permission de procéder à la saisie conservatoire des effets mobiliers du débiteur est-elle susceptible d'opposition ou d'appel? D'après la doctrine la plus généralement admise aujourd'hui et à la suite de longues controverses (V. D. P. 83. 2. 97, note. V. aussi Civ. rej. 10 nov. 1885 att. Bourgeois et les conclusions de M. l'avocat général Desjardins, D. P. 86. 1. 209-210; et *suprà*, v° *Jugement*, n°s 270 et suiv.), les ordonnances sur requête ne sont pas en principe susceptibles de voies de recours : ce sont en effet des actes de juridiction gracieuse qui ne jugent rien; de plus, on ne peut pas dire qu'elles soient rendues par défaut, car aucun défendeur n'est appelé devant le président, et il n'est pas possible de donner la qualité de défaillant à une partie qui n'a pas été sommée de se présenter. Tel est le droit commun. Le législateur a-t-il voulu y déroger pour les ordonnances sur requête du président du tribunal de commerce dans les cas de l'art. 417, et de l'art. 172? L'affirmative est adoptée par la plupart des auteurs et par la jurisprudence. L'art. 417 admet, en effet, l'existence de ces deux voies de recours, l'opposition et l'appel, par cela même qu'il déclare « les ordonnances exécutoires « nonobstant opposition ou appel ». L'art. 172 c. com. ne contient pas la même indication. Mais il autorise les mêmes mesures conservatoires dans un cas identique à ceux prévus par l'art. 417; il y a même droit et même raison de décider (*Rép.* n° 14. V. conf. : Rousseau et Laisney, op. cit., v° *Saisie conservatoire*, n° 10; Dutruc, op. cit., eod. v°, n°s 13 et suiv.; Bioche, op. cit., eod. v°, n°s 10 et suiv.). Il a été jugé, en ce sens : 1° qu'est susceptible d'appel l'ordonnance par laquelle le président statuant en vertu de la réserve insérée dans une précédente ordonnance sur requête portant permis de saisie conser-

vatoire, a maintenu cette saisie (Paris, 30 juill. 1875, aff. Courtois, D. P. 76. 2. 40); — 2° Que l'ordonnance sur requête par laquelle le président a autorisé une saisie conservatoire peut être directement attaquée par la voie de l'appel (Paris, 17 août 1875, aff. Kohl, D. P. *ibid.*); — 3° Que l'ordonnance du président du tribunal de commerce qui autorise une saisie conservatoire, en vertu de l'art. 417 c. proc. civ., est susceptible d'être attaquée par la voie de l'opposition et de l'appel (Douai, 21 janv. 1884, aff. Bourdois, D. P. 85. 2. 17. V. aussi Paris, 3 févr. 1876, aff. Blanc, *Journal des avoués*, t. 101, p. 137. Comp. *suprà*, v° *Jugement*, n° 588). Mais il a été décidé que l'ordonnance du président qui permet de former une saisie conservatoire ne peut être l'objet d'un recours de la part du saisi, qu'autant qu'il se propose d'en obtenir la rétractation; autrement, et s'il se plaint seulement de la manière dont la partie qui l'a obtenue l'a exécutée, par exemple, en saisissant des immeubles par destination, et dans la forme usitée pour les saisies-exécutions, il doit demander *de plano* la nullité de la saisie elle-même (Toulouse, 26 avr. 1861, aff. Bonnes, D. P. 61. 2. 175). Contrairement à la doctrine ci-dessus exposée, M. Glasson (note sous l'arrêt précité de la cour de Douai du 21 janv. 1884) n'admet pas que l'ordonnance rendue en cette matière soit susceptible de recours. La faculté de recourir à l'appel ou à l'opposition constituerait ici une dérogation au droit commun; elle ne pourrait donc être admise que si le législateur avait formellement manifesté sa volonté à cet égard. « Or la loi ne dit pas directement que ces ordonnances sont susceptibles d'opposition ou d'appel, elle pose un autre principe, celui de l'exécution provisoire nonobstant opposition ou appel. Peut-être le législateur a-t-il voulu prévenir la partie que l'exécution pourrait être poursuivie, même s'il se présentait une opposition ou un appel, d'ailleurs mal fondé, afin de lui ôter tout scrupule à l'avance; peut-être aussi et plus, probablement, le législateur avait-il oublié à ce moment le caractère propre aux ordonnances sur requête et a-t-il parlé de l'exécution provisoire par inadvertance. ... Il s'agit là tout simplement d'une disposition inutile et superflue. D'ailleurs, le saisi n'est pas abandonné au pouvoir discrétionnaire du président du tribunal de commerce. Il peut agir en référé, en supposant que l'on admette cette procédure en matière commerciale (V. Civ. cass. 1er déc. 1880, aff. Schneider, D. P. 81. 1. 5; Paris, 2 janv. 1883, aff. Gillet, D. P. 83. 2. 41, et la note). Dans tous les cas, il peut demander la mainlevée ou la nullité de la saisie conservatoire au tribunal civil, de même que le saisissant agit devant ce tribunal en validité de la saisie » (V. sur ce dernier point, Civ. cass. 22 août 1882, aff. Acconisto, D. P. 83. 1. 215. V. en ce sens : Bertin, op. cit., t. 1, p. 211, n°s 450 et suiv.; Lyon-Caen et Renault, op. cit., t. 1, p. 421).

14. Deux voies de recours sont donc ouvertes contre l'ordonnance qui autorise la saisie conservatoire, l'opposition et l'appel (*Rép.* n° 17). — En ce qui concerne la première, il y a lieu de remarquer que le défendeur, n'ayant pas été appelé, ne saurait être considéré comme défaillant dans le sens propre du mot. Il ne s'agit donc point ici d'une opposition à une décision par défaut. Le défendeur a seulement la faculté de se pourvoir à l'effet de faire rétracter ou modifier l'ordonnance. — Relativement à l'appel, la jurisprudence applique aux ordonnances rendues par le président du tribunal de commerce la règle suivant laquelle l'appel n'est recevable contre les jugements susceptibles d'opposition qu'après l'expiration du délai accordé pour les attaquer par cette voie. Il a été jugé, en ce sens, que l'appel contre une ordonnance du président du tribunal de commerce, qui autorise une saisie conservatoire en vertu de l'art. 417, est irrecevable pendant la durée des délais de l'opposition (Bastia, 22 déc. 1863, aff. Renon, D. P. 64. 2. 13; Douai, 21 janv. 1884, aff. Bourdois, D. P. 85. 2. 17. V. *suprà*, v° *Appel civil*, n° 71; *Rép.* eod. v°, n° 429; Rousseau et Laisney, op. cit., v° *Saisie conservatoire*, n° 12). Cette doctrine paraît à plusieurs auteurs en contradiction avec la solution la plus généralement adoptée par la jurisprudence, suivant laquelle l'art. 455 c. proc. civ. (V. *suprà*, v° *Appel civil*, n° 195; *Rép.* eod. v°, n° 1082; Glasson, note sur l'arrêt précité du 21 janv. 1884).

15. La question de savoir devant qui doit être portée l'op-

position à l'ordonnance autorisant une saisie conservatoire est controversée. Dans un premier système, l'opposition doit être formée devant le tribunal dont le président a prescrit la mesure. L'exercice du droit conféré par l'art. 417 c. proc. civ., dit-on, à l'appui de cette doctrine, change la nature de la question à décider, puisqu'il met un procès en débat à la place d'une supplique sans contradicteur. La question cesse d'appartenir à la juridiction gracieuse et entre dans le domaine contentieux. Il a été jugé en ce sens que l'opposition à l'ordonnance du président du tribunal de commerce autorisant une saisie conservatoire doit être portée, non devant le président, mais devant le tribunal de commerce dont fait partie le magistrat qui a rendu l'ordonnance ; le tribunal civil serait incompétent (Bordeaux, 7 avr. 1862 (1); Bruxelles, 20 nov. 1866, *Journal des avoués*, t. 92, p.176 ; 16 avr. 1887, aff. *La Société commerciale belge*, D. P. 88. 2. 90. En ce sens : Rousseau et Laisney, *op. cit.*, v° *Saisie conservatoire*, n° 11 ; Bioche, *op. cit.*, eod. v°, n° 11 ; Bruxelles, 20 nov. 1866, précité). — Un second système décide que l'opposition doit être portée devant le président qui a rendu l'ordonnance, et cette solution paraît la plus conforme au droit commun, qui doit être suivi à moins de dispositions contraires. Il a été jugé, en ce sens, que l'ordonnance autorisant une saisie conservatoire est susceptible d'être attaquée par la voie de l'opposition devant le président qui l'a rendue (Rouen, 21 déc. 1861, aff. Potel, D. P. 75. 2. 140 ; Aix, 3 mars 1871, aff. Tomicilli, D. P. 72. 2. 41 ; Douai, 21 janv. 1884, aff. Bourdois, D. P. 85. 2. 17 ; Dutruc, *op. cit.*, v° *Saisie conservatoire*, n° 19 ; Cazalens, note sur l'arrêt de la cour de Paris du 8 août 1871, aff. Gilles, D. P. 72. 2. 105 ; Boitard, Colmet-Daâge et Glasson, *op. cit.*, t. 1, p. 724, note 1). — Le créancier peut aussi se pourvoir contre le refus du président d'autoriser la saisie (*Rép.* n° 16 ; Bioche, *op. cit.*, v° *Saisie conservatoire* n° 13).

16. La saisie conservatoire se fait sans commandement préalable. On suit pour le procès-verbal les formalités prescrites en cas de saisie-exécution. Toutefois, l'appel ne peut être notifié au domicile élu dans le procès-verbal de saisie (*Rép.* n° 19 et 20 ; Bioche. *op. cit.*, v° *Saisie conservatoire*, n° 14 et suiv.; Rousseau et Laisney, *op. cit.*, eod. v°, n° 14).

17. La saisie conservatoire ne doit pas être suivie de demande en validité ; elle n'est, en effet, qu'une mesure provisoire ayant pour but de donner le temps au créancier d'obtenir un titre exécutoire en vertu duquel il pourra frapper de saisie-exécution et faire vendre les effets mobiliers de son débiteur, qu'elle aura placés sous la main de la justice. Le créancier s'adresse au tribunal de commerce, pour qu'il statue sur la demande principale, c'est-à-dire sur le fond du procès. Le jugement rendu, il fait un commandement en vertu de ce jugement, puis procède à la saisie-exécution (*Rép.*, n° 21 et suiv. ; Bertin, *op. cit.*, t. 1, p. 206, n° 43). — Plusieurs auteurs, tout en reconnaissant la régularité de ce mode de procéder, estiment que, pour simplifier et accélérer la procédure, le créancier peut, par une extension

rationnelle de la règle posée à l'égard de la saisie-gagerie et de la saisie foraine (c. proc., art. 824 et 825), faire valider, et convertir en saisie-exécution, la saisie conservatoire ; ils décident, d'ailleurs, que cette validité et cette conversion ne peuvent être prononcées que par le tribunal civil (Dutruc, *op. cit.* v° *Saisie conservatoire*, n° 28 ; Bioche, *op. cit.*, eod. v°, n° 17 et suiv. V. aussi Lyon-Caen et Renault, *op. cit.*, t. 1, p. 418).

18. Si la saisie a été pratiquée au domicile d'un tiers, elle doit être suivie d'une demande en validité, car il s'agit, dans ce cas, d'une saisie-arrêt (Bertin, *op. cit.*, t. 1, p. 206, n° 437).

19. Devant quel tribunal doit être portée la demande en mainlevée de la saisie conservatoire ? La jurisprudence proclame la compétence exclusive des tribunaux civils pour statuer sur les demandes en mainlevée (Civ. cass. 11 nov. 1885, aff. Mayer, D. P. 86. 1. 68. V. *suprà*, v° *Compétence commerciale*, n° 21). Tel est aussi l'avis des auteurs. — MM. Chauveau et Dutruc admettent que le tribunal de commerce doit connaître de la demande de mainlevée de la saisie lorsque cette mainlevée est demandée comme conséquence de la solution à intervenir sur les difficultés commerciales dont le tribunal est saisi en observant que si la mainlevée provenait d'une nullité ou de l'irrégularité de la procédure d'exécution, le tribunal civil serait au contraire seul compétent (*op. cit.*, v° *Saisie conservatoire*, n° 27). — Il a été jugé que si les juges civils, auxquels a été soumise la demande en mainlevée, doivent surseoir à y statuer, jusqu'après la décision du tribunal de commerce sur la créance qui a motivé la saisie, ce n'est qu'autant que la créance paraît certaine et qu'elle peut être liquidée dans un court délai ; mais qu'il y a lieu de donner immédiatement mainlevée de la saisie lorsqu'elle a été pratiquée pour une créance qui dépend du résultat de la liquidation d'une société commerciale et qu'il existe entre les associés des contestations s'opposant à un prompt achèvement de cette liquidation (Trib. civ. Nivelles, Belgique, 22 avr. 1874, *Journal des avoués*, t. 100, p. 117).

20. Le mode d'exécution du jugement a donné aussi lieu à des difficultés. L'huissier qui a pratiqué une saisie conservatoire au domicile du débiteur peut-il, lors de l'exécution du jugement, la convertir en saisie-exécution ? Ce mode de procéder n'est contraire à aucune disposition du code de procédure ; il est, d'ailleurs, en parfaite conformité avec la réalité des faits, puisque la saisie, qui à l'origine a été le prélude de l'exécution, devient acte d'exécution par suite du jugement de condamnation ; mais, pour éviter toute difficulté, l'huissier devra dresser un procès-verbal de saisie-exécution (V. *infrà*, v° *Saisie-exécution*). M. Bertin pense que l'huissier doit se borner à faire un simple procès-verbal de récolement et à déclarer que la saisie conservatoire est convertie en saisie-exécution ; le nouveau procès-verbal ne pourrait être que la répétition du premier ; il constituerait des frais frustatoires qui devraient être mis à la charge de l'huissier (*op. cit.*, t. 4, p. 207, n° 438 et 439).

---

(1) (Drahonnet C. Clouet.) — LA COUR ; — Attendu que les ordonnances autorisant saisie conservatoire rendues sur simple requête, en vertu de l'art. 417 c. proc. civ., sans assignation préalable du débiteur, ne sont par cela même que des actes de juridiction gracieuse, introduits pour répondre à des besoins d'urgence ; — Attendu que de tels actes ne sont généralement pas susceptibles d'opposition, cette voie de recours étant toujours au profit de l'opposant la conséquence du droit d'être préalablement appelé et entendu ; que, si cependant la rédaction de l'art. 417 implique pour le débiteur, quoiqu'il n'ait pas dû être appelé, un droit d'opposition à l'ordonnance rendue, il n'est pas moins certain que l'exercice de ce droit change radicalement la nature de la question à décider, puisqu'il met un procès en débat à la place d'une supplique sans contradicteur ; d'où il faut conclure que la question ainsi transformée cesse d'appartenir à la juridiction gracieuse, pour entrer dans le domaine du contentieux ; qu'elle ne peut, dès lors, être reportée devant le juge qui a fait droit à la requête, puisque celui-ci statuerait successivement en deux qualités différentes ; qu'étant

ainsi de nature exceptionnelle et établie contrairement aux principes de droit commun, cette opposition ne comporte pas davantage, en ce qui touche la compétence des magistrats appelés à la juger, l'application de la règle ordinaire en pareille matière ; — Attendu, en effet, que le droit de prononcer sur les contestations qui s'élèvent entre les citoyens n'est pas délégué à un seul juge, hors des hypothèses prévues par l'art. 806 sur les référés ; — Attendu que l'opposition dont il s'agit crée entre les parties un véritable litige, jusque-là non existant, et dont elle est le premier acte ; que, conformément aux principes dominants de l'organisation judiciaire des tribunaux de première instance ou de commerce, le jugement d'une telle contestation ne peut donc être soumis qu'au tribunal, tandis que le président ne saurait être compétent pour y statuer à lui seul ;

Par ces motifs, dit que l'ordonnance du 10 janv. 1862 a été incompétemment rendue, etc.

Du 7 avr. 1862.-C. de Bordeaux, 1re ch.-MM. Raoul Duval, 1er pr.-Peyrot, 1er av. gén.-Saint-Germain et Brives-Cazes, av.

Table sommaire

des matières contenues dans le Supplément et le Répertoire.

(Les chiffres précédés de la lettre S renvoient au Supplément; les chiffres précédés de la lettre R renvoient au Répertoire.)

Table chronologique des Lois, Arrêts, etc.

SAISIE-EXÉCUTION

Division.

Art. 1. — Historique et législation. — Droit comparé (n° 1).

Art. 2. — En vertu de quels titres, par qui, sur qui et pour quelles causes une saisie-exécution peut être pratiquée (n° 5).

Art. 3. — Du commandement afin de saisie-exécution (n° 14).

Art. 4. — Des règles, formes et effets de la saisie-exécution (n° 39).

§ 1. — Des règles et formalités de la saisie-exécution (n° 39).

§ 2. — Des obstacles à la saisie (n° 47).

§ 3. — Du procès-verbal de la saisie (n° 55).

§ 4. — Des effets de la saisie (n° 68).

Art. 5. — Des choses saisissables ou insaisissables (n° 68).

Art. 6. — Du gardien. — Responsabilité du gardien. — Pénalité. — Frais de garde (n° 95).

Art. 7. — Du gérant à l'exploitation (n° 110).

Art. 8. — Des incidents sur la poursuite de saisie-exécution. — Référés, dernier ressort, compétence (n° 113).

Art. 9. — De la revendication (n° 120).

Art. 10. — De la vente des objets saisis (n° 145).

Art. 11. — Des oppositions sur le prix de vente (n° 158).

Art. 1er. — Historique et législation — Droit comparé (Rép. n°s 1 à 6).

1. Le code de procédure civile pour l'*Empire d'Allemagne*, du 30 janv. 1877, consacre le titre premier de la deuxième section du livre 8, à l'*exécution forcée sur les meubles* — Art. 708. L'exécution forcée sur les biens meubles se fait par la voie de la saisie. Elle ne peut être étendue au delà de ce qui est nécessaire pour désintéresser le créancier et couvrir les frais de l'exécution forcée. Il ne sera pas procédé à la saisie si l'on ne peut attendre, de la vente des objets à saisir, un produit supérieur au montant des frais de l'exécution forcée. — Art. 712. La saisie des choses corporelles qui sont entre les mains du débiteur est opérée au moyen de la prise de possession de ces choses par l'huissier. Ces objets ne sont laissés sous la garde du débiteur qu'autant que le créancier y consent ou qu'une autre manière de procéder entraînerait de graves difficultés. Dans le même cas, l'efficacité de la saisie est subordonnée à l'apposition des scellés ou à toute autre mesure destinée à en manifester l'existence. L'huissier doit notifier au débiteur la saisie qu'il a pratiquée. — Art. 715. Sont insaisissables les objets ci-après désignés : 1° les vêtements, les lits, les ustensiles de

ménage et de cuisine, en particulier les fourneaux et foyers, autant que ces objets sont indispensables au débiteur, à sa famille et à ses domestiques ; 2° les vivres et le combustible nécessaire au débiteur, à sa famille et à ses domestiques pour deux semaines ; 3° une vache laitière ou, à sa place et au choix du débiteur, deux chèvres ou deux brebis avec les fourrages et la paille nécessaires pour leur nourriture et leur litière pendant deux semaines, à condition que les animaux soient indispensables pour l'entretien du débiteur, de sa famille et de ses domestiques ; 4° chez les artistes, artisans, manœuvres et ouvriers de fabrique, ainsi que chez les sages-femmes, les objets indispensables à l'exercice de leur profession ; 5° chez les agriculteurs, les outils, les bestiaux et le matériel de culture indispensables à leur exploitation avec les engrais nécessaires, ainsi que les produits de la culture qui sont indispensables pour continuer l'exploitation jusqu'à la prochaine récolte ; 6° chez les officiers, officiers subalternes de marine, fonctionnaires, ministres du culte, instituteurs dans les établissements d'instruction publique, avocats, avoués, notaires et médecins, les objets nécessaires à l'accomplissement de leur service ou à l'exercice de leur profession, ainsi qu'un habillement convenable ; 7° chez les officiers, médecins militaires, officiers subalternes de marine, fonctionnaires et instituteurs dans les établissements d'instruction publique, une somme d'argent équivalente à la portion insaisissable du traitement ou de la pension de retraite pour le temps à courir depuis la saisie jusqu'au prochain terme du payement du traitement ou de la pension ; 8° les ustensiles, vases et marchandises indispensables à l'exploitation d'une pharmacie ; 9° les ordres et décorations ; 10° les livres destinés à l'usage du débiteur à l'église ou à l'école. — Art. 747. La vente aux enchères des objets saisis ne peut avoir lieu avant l'expiration d'une semaine à compter du jour de la saisie, à moins que le créancier et le débiteur ne s'entendent pour fixer un délai plus rapproché, ou que l'abréviation du délai ne soit nécessaire pour écarter le danger d'une dépréciation considérable de la chose, ou pour éviter des frais de garde qui seraient hors de proportion avec la valeur de la chose. Les enchères ont lieu dans la commune où la saisie a été pratiquée à moins que le créancier et le débiteur ne conviennent d'un autre lieu. L'époque et le lieu des enchères sont portés à la connaissance du public avec la désignation sommaire des objets à vendre. — Art. 727. La saisie (à la requête d'un autre créancier) d'objets déjà saisis s'opère au moyen de la déclaration insérée au procès-verbal de l'huissier qu'il saisit des objets pour la personne

dont il a mandat. Si la première saisie a été faite par un autre huissier, il lui sera signifié copie du procès-verbal. Le débiteur sera informé des saisies ultérieures. — Art. 728. Le mandat du second créancier passe de plein droit à l'huissier qui a pratiqué la première saisie, à moins que le tribunal d'exécution ne prescrive, à la demande d'un des créanciers intéressés ou du débiteur, que la poursuite commencée par cet huissier sera continuée par un autre. L'adjudication est faite à la requête de tous les créanciers intéressés. Si le produit de la vente ne suffit pas pour couvrir les créances et si le créancier qui a fait pratiquer une seconde ou subséquente saisie, demande, le concours des autres créanciers intéressés, une distribution autre que celle indiquée par l'ordre des saisies, l'huissier rend compte au tribunal d'exécution de l'état de l'affaire et consigne le produit de la vente. Les pièces relatives à la procédure sont jointes à cette communication. Il est procédé de même lorsque la saisie a été pratiquée, en même temps à la requête de plusieurs créanciers.

2. Les titres 26 à 30 de la *loi de procédure civile* du canton de Genève, modifiés sur quelques points par la loi du 24 mars 1852 sur l'exécution forcée, sont consacrés aux saisies. On a déjà fait connaître au *Rép.*, n° 6, les traits saillants qui distinguent cette législation. Il paraît utile d'en reproduire ici les principales dispositions : « Art. 417. Ne pourront être saisis pour quelque cause que ce soit : 1° le coucher nécessaire au débiteur et aux membres de sa famille vivant avec lui; 2° les vêtements servant à l'usage habituel du débiteur et de sa famille; 3° le linge de corps de table et de lit, les ustensiles et meubles meublants nécessaires au débiteur et à sa famille; 4° l'armement, l'équipement et l'habillement militaire de tout citoyen suisse; 5° les outils nécessaires aux occupations personnelles des ouvriers et des artisans; 6° les instruments et les livres servant à l'art ou à la profession qu'exerce ou qu'enseigne le débiteur; 7° les farines et menues denrées nécessaires à la consommation du débiteur et de sa famille pendant trois mois. — Art. 4. Ne pourront être saisis qu'à défaut d'autres objets saisissables et seulement pour aliments, loyers, fermages ou autres créances privilégiées sur les objets ci-après : 1° les instruments aratoires; 2° les animaux, semences et engrais destinés à la culture des terres; 3° une vache ou deux chèvres ou trois brebis au choix du débiteur; 4° les pailles, fourrages et graines nécessaires pour la litière et la nourriture, pendant trois mois, des animaux laissés au débiteur; 5° les métiers en activité et les ustensiles indispensables à l'exploitation des manufactures, des fabriques et des usines (art. 412 de la loi sur la procédure civile). — Art. 5. La saisie des meubles qui se trouvent en la possession du débiteur sera faite par un huissier pris entre ceux que le tribunal commettra annuellement pour cet effet. — Art. 418 (Code de procédure civile). La présence d'un auditeur ou celle du maire de la commune sera requise à peine de nullité de la saisie: 1° si les portes extérieures étant fermées, il y a refus de les ouvrir; 2° s'il y a refus d'ouvrir les pièces intérieures ou des meubles fermants; 3° si le débiteur n'est pas présent au lieu de la saisie et s'il n'y a pour le représenter aucun parent domestique ou voisin. — Art. 421. Les procès-verbaux de saisie seront rédigés par les huissiers sans désemparer et d'après les règles prescrites pour les exploits en général. — Art. 422. Lesdits procès-verbaux contiendront en outre : l'énonciation du titre exécutoire en vertu duquel se fait la saisie ; la sommation faite au débiteur de satisfaire aux causes de la saisie ainsi que de la réponse; la description des objets saisis, leur nombre, poids ou mesure, suivant leur nature ; l'établissement d'un gardien ; l'indication du lieu, du jour et de l'heure où se fera la vente. — Art. 423. Cette dernière indication sera remplacée par l'ajournement à la partie pour ouïr ordonner la validité de la saisie si celle-ci se fait en vertu d'une ordonnance provisionnelle. — Art. 427. Les huissiers qui, se présentant pour saisir, trouveraient une saisie déjà faite et un gardien établi procéderont au récolement des meubles sur la copie du procès-verbal que le gardien sera tenu de leur représenter. Ils ne saisiront que les effets omis. — Art. 428. Ne pourront être établis gardiens: 1° le saisissant, son conjoint, ses parents en ligne directe, ses frères et sœurs, ses alliés au même degré, ses domestiques,

sans le consentement du saisi ; 2° le saisi, son conjoint, ses parents ou alliés au degré ci-dessus, ses domestiques, sans le consentement du saisissant. — Art. 437. Si le débiteur saisi persiste dans sa réclamation, il pourra, après la saisie, s'opposer à la vente des objets saisis. Il en sera de même de celui qui se prétendra propriétaire de la totalité ou d'une partie desdits objets. — Art. 439. Les créanciers du débiteur saisi ne pourront former opposition à la saisie ni à la vente des objets saisis. Ils pourront seulement s'opposer à la délivrance des deniers provenant du prix de la vente. L'opposition sera faite en mains du greffier, et insérée à la suite du procès-verbal de saisie. — Art. 452. Le greffier du tribunal civil, assisté de l'un des huissiers saisissants, procédera publiquement à la vente des objets saisis. L'ouverture des enchères sera annoncée au son de la trompe ou du tambour. — Art. 453. L'adjudication sera faite pour comptant au plus fort enchérisseur. Faute de payement comptant les objets seront revendus sur-le-champ. Si le second prix est inférieur au premier, le fol enchérisseur sera tenu de la différence. — Art. 454. Lorsque la valeur des objets saisis excédera le montant des créances du saisissant et des opposants (art. 439), il ne sera procédé à leur vente que jusqu'à concurrence de la somme nécessaire au payement desdites créances et des frais. Le débiteur pourra en ce cas régler l'ordre dans lequel les effets seront mis aux enchères ».

3. La loi *sur les poursuites pour dettes*, du 19 nov. 1870, a remplacé les art. 352 à 405 du code de procédure civile du *canton du Valais* du 30 mai 1856. Il contient de nombreuses dispositions relatives à la saisie, et notamment à la saisie-exécution : « Art. 13. La saisie réelle se fait à la requête du créancier, et en présence du juge ou de son greffier, par l'huissier, qui se rend à cet effet à la demeure du débiteur. Le créancier peut assister à cette opération. — Art. 18. Tout procès-verbal de saisie sera notifié au débiteur à l'instance du saisissant dans les huit jours qui le suivent par remise de la copie, à peine de nullité de la saisie. Cette notification aura lieu dans la quinzaine par la voie du *Bulletin officiel* si la saisie a été pratiquée contre une personne qui n'habite pas le canton. — Art. 22. Ne peuvent être saisis : 1° le coucher nécessaire aux débiteurs et aux membres de sa famille ; 2° les vêtements qui servent à leur usage journalier, et, en outre, deux pièces de chaque partie de linge servant à l'habillement ; 3° l'armement, l'équipement et l'habillement militaires des individus inscrits sur le rôle de la milice; 4° les outils des artisans nécessaires à leurs occupations personnelles ; ces outils peuvent toutefois être réclamés par le vendeur si le prix n'en a pas été payé ; 5° les sommes et objets dont il a été fait donation, ainsi que les fruits qui en proviennent, lorsqu'ils ont été donnés avec la clause qu'il seraient insaisissables. Cependant si les rentes qui en proviennent excèdent ce qui est nécessaire à l'entretien du débiteur et de sa famille, selon leur état et condition, cet excédent peut être saisi. Peuvent aussi être saisis par le créancier les objets donnés, avec la clause qu'ils seraient insaisissables, lorsqu'ils ont été hypothéqués par le donataire; 6° les objets dont il a été fait donation, lors même que le donataire les aurait hypothéqués, si la clause qui les déclare insaisissables s'étend à sa famille; 7° les deniers nécessaires à l'entretien du débiteur et de sa famille, pendant trois mois ; 8° les quatre cinquièmes des salaires et traitements échus des ouvriers ou employés qui n'ont pas d'autres ressources. — Art. 23. Ne peuvent être saisis qu'à défaut d'autres avoirs saisissables : 1° les instruments aratoires; 2° les engrais destinés à la culture des terres du débiteur ; 3° une vache ou deux chèvres ou trois brebis au choix du débiteur ; 4° les fourrages, litière et paille nécessaires pendant trois mois pour les animaux qui lui restent. — Art. 24. Les biens saisis sont estimés par deux des experts attitrés de la commune. — Art. 25. Si les experts sont d'opinion différente, ou si les intéressés demandent une revision de taxe, il y sera procédé par deux nouveaux experts nommés par le président du tribunal de première instance. Le juge de commune assermente ces experts et procède aux opérations ultérieures de la saisie. — Art. 28. Le juge ou le greffier, sous l'autorité duquel la saisie est opérée, dresse à l'instant un procès-verbal de cette opération. Ce procès-verbal est suivi de

l'inventaire exact des biens saisis, avec leur estimation. Le tout est signé par le juge ou le greffier et par les experts. — Art. 37. Il est accordé au débiteur le terme de huit jours, dans les saisies mobilières et le terme de trois mois dans les saisies immobilières pour racheter les objets saisis. Ce rachat s'opère en payant en numéraire ce qui est dû au créancier en capital intérêts et frais. — Art. 39. Pendant le terme accordé pour le rachat, les objets saisis resteront entre les mains du débiteur, qui devra les administrer en bon père de famille. Cependant, le créancier pourra exiger qu'ils soient remis en main tierce, sauf au débiteur le droit de les retenir en fournissant une caution suffisante. — Art. 42. Si les biens saisis ne sont pas rachetés dans les termes fixés à l'art. 37, ils seront mis en vente par enchères publiques dans le mois qui suivra l'échéance de ces termes, dans la forme prescrite pour la vente des biens pupillaires. Il n'y a pas lieu à enchère lorsqu'il s'agit de meubles dont la valeur ne dépasse pas cinquante francs. Dans ce cas, à défaut de rachat dans le terme prescrit, les meubles seront dévolus au créancier au 30 pour 100 de rabais. — Art. 47. A défaut de vente des biens saisis, le créancier a le choix ou de les garder, sous la déduction de 30 pour 100 du prix de leur taxe, ou de les restituer au débiteur. Dans ce dernier cas, l'abandon devra se faire dans le terme de vingt jours et les immeubles saisis et restitués au débiteur demeurent spécialement hypothéqués au créancier pour la somme qui lui est due en capital intérêts et frais. — Art. 48. En cas de restitution des biens saisis, le créancier ne pourra pas intenter une nouvelle action au débiteur avant le terme de six mois depuis cet abandon ».

4. Le code de procédure civile du *canton de Vaud*, du 25 nov. 1869, consacre à la saisie le titre 3 du livre second. Voici ses principales dispositions. « Le créancier peut agir, par voie de saisie, sur les biens de son débiteur, pour une dette liquide, échue et constatée par un titre en forme exécutoire; les titres exécutoires contre le défunt ne le sont contre l'héritier que huit jours après la signification des titres à la personne ou au domicile de l'héritier. Cette signification n'est pas nécessaire si l'héritier a accepté la succession après bénéfice d'inventaire. Le concessionnaire d'un titre exécutoire ne peut poursuivre l'expropriation qu'après que la signification du transport a été faite au débiteur; ces significations peuvent être remplacées par des déclarations équivalentes signées par les personnes auxquelles elles devaient être faites. Le propriétaire du titre ne peut en poursuivre l'exécution que deux jours après la signification du transport ou de la déclaration équivalente; la saisie est annoncée par exploit. Outre les prescriptions générales de l'art. 23, l'exploit énonce : 1° la désignation et la date du titre; 2° la somme réclamée en capital; 3° le taux de l'intérêt et la date d'où on le fait courir; 4° la désignation des objets saisis; 5° la sommation de payer dans le délai de trente jours; 6° l'élection de domicile, si l'instant n'est pas domicilié dans le ressort; à défaut, le domicile est censé élu au greffe de tout; 7° le délai de trente jours accordé pour opposer; 8° l'indication du cumul de saisie, s'il y a lieu; 9° la mention de la lettre d'avis ou des motifs d'urgence; à la réquisition de l'instant, l'huissier exécute la saisie réelle après l'expiration du délai de trente jours accordé au débiteur. Il fait la recherche des objets saisis, et il procède à leur inventaire et à leur taxe. Il peut, au besoin, demander au juge de paix la nomination d'un expert. L'instant peut assister à ces opérations. Dans les dix jours qui suivent, le débiteur et le créancier peuvent recourir contre cette taxe au juge de paix, qui la confirme ou la modifie, en se faisant aider d'experts, s'il y a lieu. Ce recours ne suspend point la publication de l'avis de vente. Si la taxe faite par le juge dépasse 2000 fr., il peut y avoir recours au tribunal cantonal. Le créancier peut demander une nouvelle taxe, si la valeur des objets saisis est diminuée. L'huissier y procède, assisté d'experts et en la présence de l'instant, s'il y a lieu, conformément à l'art. 575. L'art. 576 est applicable à cette nouvelle taxe. Dix jours au moins après celui de l'inventaire et de la taxe définitive, il est procédé, sur réquisitoire de l'instant, aux opérations ultérieures, savoir : 1° si les objets saisis consistent en espèces ayant un cours légal, le juge en prononce l'adjudication en faveur du saisissant; 2° s'il s'agit de billets, créances, papier-monnaie, etc., le juge

en prononce l'adjudication à leur valeur nominale, si le saisissant le demande; dans le cas contraire, il est procédé à la vente; 3° s'il s'agit d'actions, obligations, ou autres valeurs industrielles, le juge de paix en prononce l'adjudication au cours du jour, si le saisissant le demande; dans le cas contraire, il est procédé à la vente; 4° dans tous les autres cas il est procédé à la vente. Le juge, après avoir entendu, s'il y a lieu, le créancier et le débiteur, fixe le lieu et le jour de la vente, en ayant égard à la nature, à la valeur des objets et aux chances les plus favorables pour réaliser leur estimation. S'il existe des objets saisis dans un autre cercle, l'office fait procéder à la vente par délégation, ou réunit les objets pour les faire vendre dans un même lieu. La vente est présidée par le juge de paix ou par un assesseur délégué, si la taxe des objets exposés en vente est supérieure à 300 fr. Dans les autres cas, l'huissier est chargé de la vente des objets saisis, il proclame les enchères.

Art. 2. — *En vertu de quels titres, par qui, sur qui et pour quelles causes une saisie-exécution peut être pratiquée* (Rép. n°s 7 à 27).

5. Aux termes de l'art. 551 c. proc. civ., on ne peut procéder à aucune saisie mobilière qu'en vertu d'un titre exécutoire. Ce principe s'applique à la saisie-exécution (V. sur les titres exécutoires; *supra*, v° Jugement, n°s 402 et suiv.; Rép. eod.v°, n°s 369 et suiv.; Obligations, n°s 1397 et suiv.; Rép. v°, n°s 3157 et suiv.; Garsonnet, *Traité théorique et pratique de procédure*, t. 3, p. 493 et suiv., n° 541; Boitard, Colmet-Daâge et Glasson, *Leçons de procédure civile*, t. 1, p. 195 et 213, n°s 799 et 806).

Il existe des objets saisis sans qu'on ne peut saisir qu'en vertu d'un titre exécutoire; elle est établie en faveur de la Régie des domaines et de l'enregistrement qui poursuit des débiteurs de l'Etat et qui a le droit d'agir par voie de contrainte, sans avoir un titre exécutoire (Rép. n° 12; *supra*, v° Enregistrement, n°s 3285 et suiv.; Rép. eod. v°, n°s 5642 et suiv.).

6. On ne peut saisir-exécuter, on l'a indiqué au Rép., n°s 18 et suiv., que pour une créance certaine, liquide et exigible : « 1° Certaine et liquide, dit M. Garsonnet, *op. cit.*, t. 3, p. 502, pour que le débiteur et le créancier sachent, l'un ce qu'il doit payer ou consigner pour arrêter les poursuites, l'autre à quel moment il doit s'arrêter pour ne pas faire vendre plus qu'il ne faut pour le payer; 2° exigible en vertu de l'art. 1186 c. civ. Ce qui n'est dû qu'à terme ne peut être exigé avant l'échéance du terme ». Ces trois conditions sont requises à peine de nullité et de dommages-intérêts, mais elles sont étrangères aux saisies conservatoires et de précaution qui ne conduisent pas à la vente et ne s'appliquent à la saisie-arrêt que sous certaines modifications ».

7. Quand les créances sont-elles certaines au point de vue de la saisie, liquides, exigibles ? Ces questions ont été étudiées *supra*, v° Saisie-arrêt, n°s 24 et suiv.; Rép., eod. v°, n°s 49 et suiv. (V. aussi Garsonnet, *op. cit.*, t. 3, p. 502 et suiv.; Boitard, Colmet-Daâge et Glasson, *op. cit.*, t. 2, p. 213, n° 806). Il a été jugé : 1° qu'il ne peut être procédé à une saisie-exécution en vertu d'un exécutoire de dépens qui ne contient que l'indication de la part du débiteur dans une masse de frais qu'il a été condamné à supporter, conjointement avec d'autres parties, dans une proportion à déterminer ultérieurement; que, spécialement, dans le cas où un jugement, ordonnant un partage d'immeubles entre divers copropriétaires, a prononcé que les dépens seraient supportés par les parties en raison de l'étendue du terrain qui leur serait attribué, les avoués qui ont obtenu la distraction de ces dépens ne peuvent faire procéder à une saisie-exécution contre les parties condamnées, en vertu d'un exécutoire qui leur a été délivré avant que la répartition des frais ait été régulièrement faite entre celles-ci (Rennes, 6 août 1853, aff. Chesnel, D. P. 55. 2. 314). Tant que la répartition n'a pas été faite, la créance n'est pas liquide; — 2° Que la disposition d'un jugement condamnant une partie à remplir un engagement, et, à défaut de le faire, à payer une somme déterminée par mois, ne constitue pas une créance liquide et exigible autorisant le créancier à poursuivre l'exécution du jugement par voie de la saisie-exécution (Montpellier, 8 mars 1865, *Journal des avoués*, t. 91, p. 294); — 3° Que la saisie-exécution, à la

différence de la saisie-gagerie et de la saisie-revendication, ne peut être pratiquée que pour garantir des créances nées, liquides, et exigibles au jour où elle est faite ; que, dès lors, on ne peut procéder à une saisie-exécution pour avoir payement d'une créance éventuelle et indéterminée, spécialement de loyers non encore échus ; et c'est en vain qu'on objecterait l'extension aux loyers non échus du privilège accordé par l'art. 2102, n° 1, c. civ. au propriétaire d'immeubles sur ce qui garnit la ferme louée (Amiens, 3 janv. 1893, aff. Ropiquet, D. P. 93. 2. 135-136).

8. Peut-on saisir en vertu d'une créance contestée ? « Non, en principe, dit avec raison M. Garsonnet, *op. cit.*, t. 3, p. 505 ; car une créance contestée n'est pas certaine si la contestation porte sur son existence, elle n'est pas liquide si la contestation porte sur la quotité. La loi ne dit pourtant pas qu'on ne pourra saisir que pour des créances reconnues ; elle ne pouvait même pas le dire, car, à ce compte, il n'y aurait de saisies valables que celles auxquelles le débiteur se serait prêté de bonne grâce, et la moindre contestation, la plus futile ou la plus déloyale, suffirait à les faire échouer. Il faut dire ici, comme en matière de compensation, qu'une dette dont le débiteur a la preuve en main, et peut fournir une prompte justification, équivaut à une dette certaine, et qu'une dette promptement et facilement liquidable équivaut à une dette actuellement liquidée. C'est une question de fait et d'appréciation laissée à la prudence du juge, que de savoir à quel moment une contestation devient assez sérieuse ou une liquidation assez difficile pour que la créance ne puisse être considérée comme certaine et comme liquide ; mais ce principe qu'une saisie peut être faite en vertu d'une dette dont l'existence et la quotité sont contestées par le débiteur est conforme à la tradition et aux travaux préparatoires du code civil (V. *suprà*, v° *Saisie-arrêt*, n° 28 ; *Rép.*, eod. v°, n° 49 et suiv.).

9. La saisie-exécution ne peut être pratiquée en vertu d'un jugement frappé d'appel : elle peut l'être, au contraire, en vertu d'un jugement ou arrêt frappé d'un pourvoi en cassation ; en effet, le pourvoi n'est pas suspensif de l'exécution (*Rép.* n° 10 et suiv. ; Rousseau et Laisney, *op. cit.*, v° *Saisie-exécution*, n° 12).

10. « Une saisie, dit M. Chauveau (V. Dutruc, *op.cit.*, v° *Saisie-exécution*, n° 65), peut être faite en vertu d'un jugement rendu en premier ressort dont il n'a pas encore été relevé appel ; mais l'appel interjeté après la saisie suspend les poursuites ; et si le jugement est infirmé, il doit être donné mainlevée de la saisie par l'intimé, qui ne serait passible de dommages-intérêts, à raison de la saisie, qu'autant que les circonstances de la tradition et aux motiveraient l'application. Le fait seul d'avoir fait saisir, en vertu d'un jugement qui n'avait pas acquis force de chose jugée, ne peut donner ouverture à des dommages, puisque le saisissant a agi en vertu d'un titre exécutoire ; en pareil cas, du reste, les dommages consistent uniquement dans le payement des frais de la procédure annulée par suite de l'infirmation du jugement qui lui avait servi de base ».

11. Il faut avoir qualité pour poursuivre. Le créancier qui veut procéder à une saisie-exécution doit remplir les conditions exigées par la loi au début de ses poursuites, et si, étant sans qualité pour pratiquer la saisie, il n'acquiert cette qualité que postérieurement à la saisie pratiquée, cette circonstance postérieure ne met point obstacle à la nullité qui frappe la saisie-exécution (*Rép.* n° 14; Rousseau et Laisney, *Dictionnaire de procédure civile*, v° *Saisie-exécution*, n° 5).

12. Le cessionnaire d'une créance, comme le créancier primitif, le droit de pratiquer une saisie-exécution sur son débiteur, pourvu qu'il ait au préalable signifié l'acte de transport (*Rép.* n° 15 ; Rousseau et Laisney, *op, cit.*, v° *Saisie-exécution*, n° 2; Bioche, *Dictionnaire de procédure civile*, v° *Saisie-exécution*, n° 3).

13. La saisie-exécution peut être pratiquée contre toute personne obligée envers le poursuivant, soit seule, soit conjointement soit solidairement avec d'autres. Elle peut être pratiquée contre les représentants légaux du débiteur ; mais il ne peut y être procédé contre les héritiers du débiteur décédé que huit jours après la signification du titre (Rousseau et Laisney, *op. cit.*, v° *Saisie-exécution*, n° 7 ; Bioche, *op. cit.*, eod. v°, n° 5 et suiv.).

Art. 3. — *Du commandement à fin de saisie-exécution.*
(*Rép.* n° 28 à 69.)

14. Le commandement doit être fait au moins un jour franc avant la saisie, c'est-à-dire l'avant-veille. Telle est l'opinion généralement adoptée par les auteurs. « Le texte, dit M. Garsonnet, *op. cit.*, t. 3, p. 608, n° 569, ne dit pas précisément que ce jour soit franc, et on l'a contesté : 1° en comparant l'art. 513 qui prescrit de signifier le commandement « au moins un jour avant la saisie », avec l'art. 626 aux termes duquel la saisie-brandon doit être précédée d'un commandement avec un jour d'intervalle ; 2° à raison de cette circonstance que la franchise de délai était indiquée dans la rédaction primitive du code de procédure et ne se retrouve plus dans le texte définitif. Cette franchise résulte pourtant de l'art. 1033 qui l'édicte pour tous les actes « faits à personne ou à domicile » ; les rédacteurs du code auront jugé inutile de la stipuler expressément, et la différence de rédaction qu'on relève entre les art. 583 et 626 est d'autant plus insignifiante qu'on ne voit pas pourquoi le délai serait franc dans un cas et ne le serait pas dans l'autre » (V. en ce sens : *Rép.* n° 29 ; Rousseau et Laisney, *op. cit.*, v° *Saisie, exécution*, n° 73 ; Bioche, *op. cit.*, eod. v°, n° 97 ; Boitard, Colmet-Daâge et Glasson, *op. cit.*, t. 2, p. 218, n° 258; Rodière, *Traité de compétence et de procédure*, t. 2, p. 215).

15. L'opinion exprimée au *Rép.*, n° 30, d'après laquelle il ne suffit pas que vingt-quatre heures se soient écoulées entre le commandement et la saisie et qui exige l'intervalle d'un jour entier, est généralement admise (V. notamment Rousseau et Laisney, *op. cit.*, v° *Saisie conservatoire*, n° 73).

16. En ce qui concerne l'augmentation du délai à raison des distances, V. dans le sens de la doctrine enseignée au *Rép.*, n° 31 : Garsonnet, *op. cit.*, t. 3, p. 608, n° 569 ; Bioche, *op. cit.*, v° *Saisie-exécution*, n° 99; Rodière, *op. et loc. cit.*

17. Le commandement préalable aux diverses saisies mobilières doit-il, à peine de nullité, spécifier la voie d'exécution dont le créancier se propose de le faire suivre en cas de non-payement, ou bien le même commandement peut-il suffire pour permettre de procéder successivement aux différentes espèces de saisie mobilière, soit qu'il renferme une énonciation générale qui s'applique à toutes, soit qu'il ne désigne particulièrement que l'une d'elles ? Au *Rép.*, n° 32, on a admis qu'il peut être procédé successivement en vertu de la même créance à toute espèce de saisie mobilière, sans qu'il soit nécessaire de renouveler le commandement à chaque différente poursuite. Tel est aussi l'avis de M. Dutruc. « Le commandement, dit cet auteur, *op. cit.*, v° *Saisie conservatoire*, n° 28 et 30, qui, aux termes de la loi, doit précéder les diverses saisies mobilières, est une mise en demeure destinée à inviter le débiteur à se libérer, s'il ne veut y être contraint par les voies d'exécution que le code de procédure autorise sur son mobilier. Nulle disposition de ce code ne prescrit de spécifier dans le commandement l'espèce de saisie mobilière à laquelle le créancier se propose de recourir en cas de non-payement ; la loi n'exige qu'une chose. c'est que le débiteur soit interpellé de payer et averti par cette interpellation même des poursuites qui le menacent, sans qu'il soit besoin de lui faire connaître d'une manière précise la mode de contrainte qui sera employé contre lui. Par cela seul qu'un commandement a été signifié, il doit s'attendre à toutes les voies d'exécution dont son mobilier est susceptible. Pour la saisie des immeubles seulement, un avertissement spécial est prescrit » (c. proc. civ. art. 673). — A plus forte raison, lorsqu'une saisie entreprise n'a pu être opérée parce que les objets qu'elle devait frapper ont péri ou disparu par une cause quelconque, un nouveau commandement n'est pas nécessaire pour qu'une seconde saisie de la même nature soit pratiquée sur d'autres objets. Un commandement à fin de saisie immobilière peut même servir de base à une saisie-exécution, bien qu'aucune voie d'exécution autre que la saisie réelle n'y soit énoncée ; le commandement qui permet d'employer la voie d'exécution la plus rigoureuse doit mieux encore suffire pour autoriser celles qui le sont moins (*Rép.* n° 33 et 34).

18. Toutefois un seul commandement ne peut être suivi de plusieurs saisies mobilières de diverses natures qu'autant qu'il n'énonce point expressément l'intention d'adopter

un genre unique de saisie : « Inutile d'ajouter, dit M. Dutruc (op. cit., eod. v°, n° 30), que si, après la menace de contraindre le débiteur par toutes les voies de droit, le commandement spécifiait l'une de ces voies de contrainte, il n'en résulterait pas que celle-ci pût seule être employée, et qu'il en serait surtout ainsi dans le cas où les termes dans lesquels cette spécification aurait été faite indiqueraient qu'elle n'a pas un caractère exclusif, comme il par exemple elle avait été précédée des mots : et notamment ».

19. Ainsi qu'on l'a exposé au Rép., n° 34, la loi ne fixe aucun délai passé lequel elle impose au créancier l'obligation de renouveler le commandement avant de faire saisir-exécuter son débiteur. Ce commandement n'est donc pas sujet à déchéance comme en matière de saisie immobilière ou de contrainte par corps, et il doit recevoir son effet quel que soit le laps de temps écoulé depuis l'époque où il a été signifié, jusqu'à la saisie. Cependant il faudrait un nouveau commandement s'il était intervenu des circonstances d'où résulterait nécessairement la preuve de l'abandon de la poursuite, si par exemple le créancier avait reçu un acompte et pris des engagements pour le payement du surplus, etc. (Rép. n° 35). Ces solutions sont admises sans difficulté (V. Rousseau et Laisney, op. cit., v° Saisie-exécution, n° 74 ; Bioche, op. cit., eod. v°, n° 100 ; Dutruc, op. cit., eod. v°, n° 23 ; Boitard, Colmet-Daâge et Glasson, op. cit., t. 2, p. 259, n° 840 ; Garsonnet, op. cit., t. 3, p. 609, n° 569).

20. On a émis au Rép., n° 36, l'opinion qu'il est nécessaire, lorsqu'un débiteur a formé opposition à un jugement par défaut en vertu duquel ses meubles ont été saisis, de lui faire un nouveau commandement en vertu du jugement de débouté d'opposition. Cette doctrine adoptée par la plupart des auteurs (V. Rousseau et Laisney, op. cit., v° Saisie-exécution, n° 69 ; Dutruc, op. cit., eod. v°, n° 24), n'a pas été suivie par la jurisprudence. — Il a été jugé en effet que le créancier, qui a fait procéder à une saisie-exécution en vertu d'un jugement par défaut, peut, après que la partie condamnée a été déboutée de son opposition à ce jugement, reprendre la poursuite d'après les errements de la procédure, et sans que les formalités antérieures à l'opposition aient besoin d'être renouvelées (Paris, 28 juill. 1868, rapporté supra, v° Jugement par défaut, n° 142).

21. Le commandement signifié après qu'il a été interjeté appel du jugement ne peut servir de base à une saisie-exécution : il est nécessaire de signifier un nouveau commandement en vertu de l'arrêt confirmatif ; mais si le commandement avait été signifié avant l'appel, il ne serait pas nécessaire de le renouveler après l'arrêt confirmatif (Rousseau et Laisney, op. cit., v° Saisie-exécution, n° 69 ; Grenoble 11 nov. 2867, Journal des huissiers, t. 49, p. 99).

22. Sur les règles exposées au Rép., n° 38, en ce qui concerne la signification du commandement à personne ou à domicile, et dans le même sens, V. : Garsonnet, op. cit., t. 3, p. 606, n° 568 ; Boitard, Colmet-Daâge et Glasson, op. cit., t. 2, p. 259, n° 840 ; Bioche, op. cit., v° Saisie-exécution, n° 60.

23. Le commandement doit contenir, de la part du créancier, élection de domicile jusqu'à la fin des poursuites dans la commune où la saisie doit être faite, et même dans chacune des communes où ce débiteur a des meubles à saisir ; le créancier qui a son domicile réel dans l'une des communes est naturellement dispensé d'y élire domicile (Rép. n°s 39 et suiv. ; Garsonnet, op. cit. ; t. 3, p. 601, n° 568). La personne chez laquelle le saisissant élit domicile n'a qualité ni pour recevoir le payement ni pour accepter les offres réelles : le payement et les offres ne peuvent être faits (c. civ. art. 1239 et 1258-1°) qu'au créancier ou aux personnes qui ont reçu pouvoir à cet effet, soit de lui, soit de la loi, soit de la justice (Rép. n° 52 ; Garsonnet, op. cit., t. 3, p. 601, note 15 ; Bioche, op. cit., v° Saisie-exécution, n° 87).

24. L'élection de domicile produit deux effets : 1° l'art. 584 porte que le débiteur y pourra faire toutes significations, « même des offres réelles et d'appel ». Il y signifiera donc les demandes qu'il aura à former contre le créancier, à savoir : les demandes en mainlevée et en péremption ; les offres réelles ; la convention que l'indique un autre lieu pour le payement, c'est là qu'il devra consigner, mais les offres faites au domicile élu n'en sont pas moins valables (Garsonnet, op. cit., t. 3, p. 601, n° 568 ;

Bioche, op. cit., v° Saisie-exécution, n° 80 ; Dutruc, op. cit., eod. v°, n° 42. — Contrà : Rousseau et Laisney, qui estiment que c'est au lieu fixé pour le payement que les offres doivent être faites, op. cit., v° Saisie-exécution, n° 81 ; V. Rép. v° Domicile élu, n° 22).

25. Quelle portée faut-il donner au mot appel contenu dans l'art. 584 c. proc. ? S'agit-il seulement de l'appel des jugements en premier ressort rendus sur les contestations que l'exécution aura soulevées, ou faut-il entendre que le débiteur pourra signifier à ce domicile l'appel du jugement même qui est la base aux poursuites ? On a émis au Rép., n° 54 (V. aussi supra, v° Domicile élu, n° 9 ; Rép., eod. v°, n°s 21 et suiv.), l'opinion que la faculté accordée par l'art. 584 c. proc. civ., de signifier l'appel au domicile élu dans le commandement, ne s'entend que de l'appel des jugements qui interviendraient sur ce commandement ; que tout autre appel doit être signifié à personne ou domicile à peine de nullité. Cette théorie est combattue par M. Garsonnet. « Le débiteur, dit cet auteur, op. cit., t. 3, p. 601, n° 568, doit signifier au domicile élu l'appel des jugements qui pourront intervenir sur les incidents de la saisie (opposition au commandement, nullité du procès-verbal de saisie), et même du jugement en vertu duquel elle est faite (quand même cet appel serait interjeté avant le procès-verbal de saisie). L'intérêt qu'a le saisi à ne pas plaider à grands frais devant le tribunal du domicile réel, peut-être fort éloigné, du saisissant, et l'avantage de centraliser autant que possible au lieu de la saisie les diverses actions qui peuvent en résulter, l'emportent ici sur l'art. 436, d'après lequel l'exploit doit être signifié à la personne ou au domicile réel du défendeur, et c'est bien arbitrairement qu'en présence de ces considérations et des termes généraux de l'art. 584, des arrêts ont restreint l'application de cet article à l'appel des jugements intervenus sur les incidents de la saisie, et annulé l'appel du jugement en vertu duquel elle est faite, lorsqu'il est signifié au domicile élu dans le commandement. L'application de l'art. 584 ne cesse et le droit commun ne reprend son empire qu'à l'égard des jugements déjà intervenus sur des questions étrangères à la saisie, sur l'interprétation du titre qui lèse le débiteur, sur l'existence ou l'étendue de ses obligations » (V. en ce sens : Bioche, op. cit., v° Saisie-exécution, n°s 82 et suiv. ; Boitard, Colmet-Daâge et Glasson, op. cit., t. 2, p. 261, n° 842 ; Rousseau et Laisney, op. cit., v° Saisie-exécution, n° 82 ; Dutruc, op. cit., eod. v°, n° 44). Conformément à cette théorie, il a été jugé que lorsque, dans un commandement à fin d'exécution d'un jugement, avec menace de saisie-exécution et de saisie immobilière, élection de domicile a été faite dans plusieurs communes, l'appel de la partie condamnée est régulièrement signifié au domicile élu même dans celle des communes où l'exécution du jugement ne peut être poursuivie que par voie de saisie immobilière, et quoique ce mode de signification ne soit autorisé qu'en matière de saisie-exécution, si l'élection de domicile qui y a été faite n'a pas été restreinte par une déclaration expresse aux seules poursuites de saisie immobilière (Civ. rej. 5 mars 1862, aff. Perière et cons., D. P. 62. 1. 283).

26. La faculté de signifier l'appel au domicile élu prend-elle fin lorsque l'exécution peut être considérée comme accomplie ? V. sur cette question supra, v° Domicile élu, n° 9. — Il a été jugé que cet acte d'appel ne peut plus être signifié au domicile élu dans le commandement ou fin de saisie, dès que la poursuite a été terminée par la libération intégrale du débiteur saisi : à partir de ce moment, l'appel doit être signifié, suivant la règle générale, à personne ou à domicile réel (Montpellier, 23 févr. 1878, aff. Mestre, D. P. 79. 2. 192).

27. La disposition de l'art. 584 étant exceptionnelle, la faculté de signifier l'appel au domicile élu n'existe pour la partie condamnée qu'autant que l'acte qui contient l'élection de domicile a tous les caractères d'un commandement à fin de saisie-exécution. Ainsi, la signification d'un jugement avec sommation d'y obéir et satisfaire n'autorise pas à signifier l'appel au domicile élu dans cet acte (Rép. n° 58 ; Bioche, op. cit., v° Saisie-exécution, n° 86). Mais la cour de Montpellier, dans un arrêt du 21 mars 1849 (Journal des avoués, t. 75, p. 404), a considéré l'appel comme fait valablement au domicile élu dans une espèce où l'exploit de notification portait que la partie serait contrainte par

voies et rigueurs de droit; et c'est ce qu'a aussi décidé un arrêt de la cour de Paris du 28 janv. 1848 (*Journal des avoués*, t. 73, p. 418). Dans cette dernière affaire, ainsi que le remarque M. Dutruc, *op. cit.*, v° *Saisie-exécution*, n° 47, « on objectait à l'appelant que le jugement ne prononçait aucune condamnation, et que, par suite, il ne pouvait servir de base à aucune exécution par la voie de saisie. La cour a répondu, avec raison, qu'il suffisait qu'un acte ayant les formes extrinsèques d'un commandement et portant menace de saisie-exécution, avec élection de domicile, fût signifié, à tort ou à raison, à la partie condamnée pour que celle-ci fût, par cela même, autorisée à prévenir cette saisie en signifiant son appel au domicile élu ».

28. L'acte d'appel, ainsi qu'on l'a dit au *Rép.*, n° 60, pourrait être valablement notifié au domicile élu dans un acte postérieur au commandement, mais qui en serait la continuation (V. conf. Dutruc, *op. cit.*, v° *Saisie-exécution*, n° 50).

29. Si le commandement contient élection de deux domiciles, l'un dans la commune de l'exécution, l'autre ailleurs, les significations dont parle l'art. 584 peuvent-elles être faites indifféremment à l'un ou à l'autre? La question est discutée (V. *Rép.* n°ˢ 61 et 62; *ibid.*, v° *Domicile élu*, n°ˢ 11 et suiv.). L'affirmative est généralement admise par les auteurs (Bioche, *op. cit.*, v° *Saisie-exécution*, n° 77; Rousseau et Laisney, *op. cit.*, eod. v°, n° 83; Civ. cass. 5 mars 1862, aff. Perière, D. P. 62. 1. 283; Dutruc, *op. cit.*, eod. v°, n° 52). Suivant une autre opinion, les significations ne peuvent être valablement faites qu'au domicile élu dans le lieu de l'exécution; on excepte toutefois le cas où le saisissant, en élisant un autre domicile, aurait formellement exprimé l'intention d'y recevoir les significations qui lui seraient faites. Il a été jugé, conformément à cette doctrine, que, dans le cas où le commandement tendant à saisie-exécution contient deux élections de domicile, l'une chez un avoué de première instance, l'autre chez le maire de la commune où la saisie-exécution doit avoir lieu, l'appel du jugement, en vertu duquel le commandement a été fait, est nul, s'il n'a été signifié qu'au domicile élu chez l'avoué (Chambéry, 17 nov. 1866, *Journal des avoués*, t. 92, p. 170. V. Nancy, 28 janv. 1876, aff. Ricard, D. P. 77. 2. 3; Paris, 14 août 1877, aff. Filhon, D. P. 78. 1. 184).

30. — 2° L'élection de domicile faite dans le commandement attribue compétence au tribunal du domicile élu. « Cette compétence, dit M. Garsonnet, *op. cit.*, t. 3, p. 602, se justifie par les précédents, auxquels il est plus que probable que les rédacteurs du code ont voulu se conformer; par l'argument d'analogie que fournit l'art. 584 en autorisant à faire au domicile élu par le saisissant les significations qui l'intéressent; par l'avantage de ne pas disperser les actions relatives à la saisie; enfin, par l'intérêt légitime qu'a le saisi à former devant son propre tribunal des demandes où il est en réalité le défendeur, puisqu'il ne fait que résister aux poursuites intentées contre lui. Le silence que l'art. 548 garde à cet égard ne peut prévaloir contre ces arguments, et le saisi a le droit de porter au tribunal du lieu de la saisie, qui est le plus souvent celui de son domicile, les demandes relatives aux incidents de la saisie, même la demande en validité de ses offres réelles ou en nullité du titre en vertu duquel il est poursuivi, et plus généralement toutes celles qui tendent à faire juger qu'il n'a pas été ou qu'il n'est plus débiteur. Cette élection de domicile ayant surtout en vue l'intérêt du saisi, il peut renoncer au bénéfice qu'elle lui confère, et assigner le saisissant devant les juges de son domicile ou devant ceux qui ont rendu le jugement en vertu duquel la saisie est pratiquée. Par contre, il résulte de l'art. 584 : « Le débiteur pourra faire à ce domicile toutes significations », que cette élection ne profite qu'à lui, et ne peut être invoquée ni par le gardien qui demande sa décharge, ni par les autres créanciers qui veulent s'opposer à la saisie ou former une demande en distraction » (V. *Rép.* n° 38; *suprà*, v° *Domicile élu*, n° 10; *Rép.* eod.v°, n° 21).

31. Le commandement, aux termes de l'art. 583, doit contenir notification du titre en vertu duquel le créancier poursuit, à moins que ce titre n'ait déjà été notifié; bien que la loi ne le dise pas comme pour la saisie immobilière, il doit être donné copie entière du titre. La copie signifiée doit contenir copie de la formule exécutoire comme du reste

du titre : car sans cette formule, il n'y a pas preuve de l'existence d'un titre exécutoire indispensable pour la saisie (*Rép.* n°ˢ 42 et 43; Dutruc, *op. cit.*, v° *Saisie-exécution*, n°ˢ 11 et 15; Rousseau et Laisney, *op. cit.*, eod. v°, n° 75). — M. Dutruc, *op. cit.*, v° *Saisie-exécution*, n° 12, examine la question de savoir si, lorsque le titre est commun à plusieurs débiteurs, il ne doit être signifié, en tête du commandement fait à l'un de ceux-ci, qu'un extrait de ce titre en ce qui le concerne, ou s'il doit être donné copie entière du titre, et il la résout dans ce dernier sens : « Il importe peu, dit-il, que le commandement soit fait à plusieurs débiteurs en vertu d'un titre commun ; la loi ne distingue pas. Outre que son texte est formel, du moins en ce qui concerne la saisie immobilière, on comprendrait difficilement qu'elle eût laissé à l'huissier le soin, qui aurait pu être souvent très délicat, de discerner dans le titre commun les parties à extraire pour chacun des débiteurs; car, elle l'eût exposé à faire des omissions pouvant entraîner la nullité de la procédure; d'un autre côté, elle l'eût placé dans un singulier embarras pour satisfaire à la demande que chacun des débiteurs, en se libérant, aurait pu faire du titre ».

Si le titre a été notifié précédemment, on a enseigné au *Rép.*, n° 44, qu'une seconde notification pourrait être rejetée de la taxe, mais que le commandement doit en contenir l'énonciation (Conf. Rousseau et Laisney, *op. cit.*, v° *Saisie-exécution*, n° 77).

32. Lorsque le titre est un jugement par défaut contre avoué, la signification à avoué qui en a été faite ne dispense pas d'en donner copie avec le commandement (Rousseau et Laisney, *op. cit.*, v° *Saisie-exécution*, n° 76; Dutruc, *op. cit.*, eod. v°, n° 40).

33. Le commandement à fin de saisie-exécution doit, en outre, contenir les formalités essentielles à tout commandement, et notamment l'énonciation de la somme liquide pour laquelle il est fait, et enfin les formalités communes à tous les exploits en général, comme la date, l'immatricule, la désignation des noms et demeures des parties. Il faut encore ajouter l'obligation pour l'huissier d'être porteur du titre exécutoire qui sert de base à cet acte de poursuite. Ce commandement est fait sans assistance de recors. Il n'est pas nécessaire qu'il contienne constitution d'avoué, cette formalité étant spéciale aux ajournements (*Rép.* n°ˢ 45, 46; Garsonnet, *op. cit.*, t. 3, p. 605; Bioche, *op. cit.*, v° *Saisie-exécution*, n°ˢ 67 et 68).

34. La loi ne prononce la peine de nullité pour l'omission d'aucune des formalités prescrites au titre de la saisie-exécution. Mais on a dit au *Rép.*, n° 47, qu'il ne fallait pas conclure de ce silence du législateur, que, quelle que fût la négligence apportée par l'huissier à accomplir ces formalités, la poursuite n'en devrait pas moins être déclarée valable. Les actes de la saisie-exécution sont soumis aux formalités exigées pour tous les autres exploits, et sous ce rapport, s'ils étaient viciés par l'omission d'une formalité substantielle, c'est-à-dire qui altérât l'acte dans son essence, ils devraient être annulés (Garsonnet, *op. cit.*, t. 3, p. 605). A l'égard des formalités spécialement prescrites au titre de la saisie, ou elles sont substantielles, ou elles ne sont qu'accidentelles; dans le premier cas, le défaut de ces formalités emportera la nullité de l'acte; dans le second, au contraire, ce défaut n'entraînera qu'un recours contre l'huissier.

35. On a soutenu au *Rép.*, n° 47, que si le saisissant avait omis d'élire domicile dans le commandement qui précède la saisie, il n'y aurait pas nullité de ce commandement, ni des poursuites qui en auraient été la suite, parce que cette formalité est purement accidentelle, et son omission ne vicie pas le commandement en lui-même, puisqu'il n'en est pas moins régulier et parfait, sauf le défaut d'une énonciation spécialement prescrite, et à laquelle la loi n'a pas attaché la peine de nullité qui ne peut dès lors être suppléée (En ce sens : Rousseau et Laisney, *op. cit.*, v° *Saisie-exécution*, n° 80; Dutruc, *op. cit.*, eod. v°, n°ˢ 35 et 36). Cette doctrine est combattue par plusieurs auteurs. « L'élection de domicile, disent MM. Boitard, Colmet-Daâge et Glasson, *op. cit.*, t. 2, p. 260, constitue-t-elle une formalité substantielle, c'est-à-dire une formalité sans laquelle l'acte ne remplit pas le but auquel il est destiné ? Il nous paraît difficile de refuser le caractère de formalité substantielle à l'élection de domicile, qui a pour but d'at-

tribuer une compétence, de faciliter et d'abréger pour le débiteur les moyens de se soustraire à la saisie et à la vente de ses meubles en faisant des offres ou en signifiant son acte d'appel au lieu de son propre domicile et non au domicile réel du saisissant. En présence d'un commandement qui ne contient pas l'élection de domicile et qui n'est pas suivi immédiatement du procès-verbal de saisie, en présence d'un procès-verbal de saisie qui garde ce même silence à l'égard de l'élection, que devra faire le saisi qui ne veut pas rester sous le coup d'une saisie qu'il croit mal fondée? Il demandera la mainlevée, mais le défaut d'élection de domicile changera-t-il la compétence? Où devra-t-il signifier son exploit d'ajournement? S'il veut se libérer, où devra-t-il faire des offres réelles? Le forcer à les faire au domicile réel du créancier, c'est le priver de la faveur que la loi lui accorde, c'est l'obliger à faire loin de lui, à quatre cents, cinq cents kilomètres peut-être, des offres qu'il lui serait bien plus commode et qu'il a droit de faire au lieu de son domicile. Evidemment on doit regarder comme substantielle une formalité qui attribue juridiction, qui change le lieu où les offres doivent se faire, où l'acte d'appel peut être signifié, et, si cette formalité est substantielle, son omission entraîne la nullité de l'acte qui ne la contient pas. Maintenant nous accordons volontiers que cette nullité peut être couverte, soit par le procès-verbal de saisie, qui répare l'omission et indique un domicile élu dans le lieu de la saisie, soit par la volonté du débiteur qui peut renoncer à un droit créé en sa faveur » (V. dans le même sens : Garsonnet, op. cit., t. 3, p. 606; Bioche, op. cit., v° Saisie-exécution, n° 89).

Dans tous les cas, la notification du titre au débiteur est une formalité substantielle sans laquelle le commandement ne remplirait pas le but auquel il est destiné par la loi. Il en est de même de l'énonciation de la somme que le débiteur reçoit l'injonction de payer; l'absence de cette énonciation entraînerait incontestablement la nullité du commandement et de toute procédure subséquente. Mais le commandement ne serait pas nul par cela seul que le créancier aurait réclamé au delà de ce qui lui est dû, le débiteur pouvant, en ce cas, faire des offres réelles à l'effet d'arrêter les poursuites (Rép. n°s 48 et 49; Rousseau et Laisney, op. cit., v° Saisie-exécution, n° 75; Dutruc, op. cit., eod. v°, n° 18; Garsonnet, op. cit., t. 3, p. 605).

36. Quant au défaut absolu de commandement, il devrait à plus forte raison faire annuler la saisie (Rép. n° 50 ; Rousseau et Laisney, op. cit., v° Saisie-exécution, n° 70; Dutruc, op. cit., eod. v°, n° 1). « On remarquera seulement, dit M. Garsonnet, op. cit., t. 3, p. 599, note 2 : 1° que la nullité de la saisie par défaut de commandement ne doit pas nuire à l'adjudicataire des objets saisis et vendus, et n'a d'autre effet que la mainlevée de la saisie prononcée sur la demande du saisi avec tous dommages-intérêts ; — 2° que le concessionnaire des droits d'un créancier, qui a déjà fait un commandement, n'est pas tenu d'en signifier un autre, et reprend la saisie au point où il se trouve en s'y faisant subroger ; — 3° Que si le créancier pratique en même temps plusieurs saisies, il n'est pas forcé de faire plus d'un commandement ».

37. La jurisprudence a décidé que la saisie est valablement faite en vertu d'un commandement qui ne menace pas le débiteur de contrainte au cas où il ne payerait pas, mais que ce commandement ne produit pas les effets déterminés par l'art. 584, et qu'en conséquence le saisi ne peut faire, au domicile qui y est élu, les significations indiquées par cet article (V. Rép. n° 58 ; ibid., v° Domicile élu, n° 25). « Il en résulte, dit M. Garsonnet, op. cit., t. 3, p. 605, que cet acte où l'huissier a commis une irrégularité certaine profiterait au saisissant dont les poursuites seraient valablement commencées, et ne produirait pas ses effets ordinaires dans l'intérêt du débiteur qui perdrait le bénéfice de l'élection de domicile qui y est contenue. Cette conséquence condamne, selon moi, le principe qui la contient, et on doit déclarer nuls, faute de contenir ce dont il s'agit, le commandement et la saisie qui l'a suivi ».

38. Il a été jugé qu'une saisie-exécution n'est pas nulle à raison de ce que la signification du jugement en vertu duquel il y est procédé ne contient pas la mention de l'exécution ordonnée par ce jugement provisoire, surtout lors-

qu'elle a été suivie d'une nouvelle signification régulière de ce jugement ; et le juge des référés est compétent pour ordonner dans ce cas la continuation des poursuites (Req. 18 mai 1870, aff. Allouard. D. P. 71. 1. 221). Il n'y a pas dans cette omission une irrégularité substantielle pouvant vicier la saisie, en l'absence d'un texte qui prononce formellement la nullité.

ART. 4. — Des règles, formes et effets de la saisie-exécution.

§ 1er. — Des règles et formalités de la saisie-exécution.
(Rép. n°s 70 à 80.)

39. On a indiqué au Rép., n° 73, les conditions que doivent remplir les témoins. L'absence de quelques-unes des conditions de capacité exigées des témoins n'entraîne pas la nullité de la saisie, lorsque ces conditions n'ont rien de substantiel, la loi d'ailleurs n'ayant pas prononcé de nullité à cet égard. C'est ainsi qu'il est admis par quelques auteurs que la saisie-exécution n'est pas entachée de nullité lorsque l'un des témoins se trouvait être le clerc de cet huissier, nourri, logé chez lui et payé par lui (Rép. n° 75 ; Dutruc, op. cit., v° Saisie-exécution, n° 137). M. Garsonnet est d'un avis contraire, en ce qui touche les clercs de l'huissier. « L'incapacité des clercs, dit cet auteur, op. cit., t. 3, p. 610, note 13, résulte, suivant moi : 1° de l'art. 975 du code civil aux termes duquel les clercs de notaire ne peuvent être témoins dans les testaments authentiques reçus par leur patron ; 2° des art. 68 et 285 du code de procédure et de l'art. 386-3° du code pénal pour l'application desquels les clercs ont toujours été compris parmi les serviteurs auxquels la copie d'un exploit peut être remise, qui peuvent être reprochés dans une enquête, ou qui sont passibles, en cas de vol, des peines du vol qualifié » (V. dans le même sens, Bioche, op. cit., v° Saisie-exécution, n° 108).

40. Il n'est pas nécessaire que les témoins soient citoyens (Rép. n° 73, in fine. Conf. Garsonnet, op. cit., t. 3, p. 610; Rodière, op. cit., t. 2, p. 247. Mais ils doivent être français. Un étranger qui a été admis à fixer son domicile en France, bien qu'il jouisse des droits civils tant qu'il y réside, ne pourrait être témoin dans une saisie (V. Rép., n° 74; Dutruc, op. cit., v° Saisie-exécution, n° 136; Garsonnet, op. cit., t. 3, p. 610, note 12).

41. Les témoins doivent être du sexe masculin et savoir signer. La signature doit être apposée sur l'original et les copies (Rép. n° 76; Dutruc, op. cit., v° Saisie-exécution, n° 138; Garsonnet, op. cit., t. 3, p. 610).

42. Aux termes de l'art. 585 c. proc., in fine, la partie poursuivante ne peut être présente à la saisie. On a émis au Rép., n° 77, l'opinion que l'huissier doit être le seul représentant du saisissant et que la défense, pour ce dernier, d'assister à la saisie emporte de même celle d'y envoyer quelqu'un à sa place ; que s'il est utile, dans des cas particuliers, de faire accompagner l'huissier d'une personne qui soit à même de diriger ses recherches et de lui donner des renseignements, cette personne ne peut figurer à la saisie que comme recors (V. en ce sens : Boitard, Colmet-Daage et Glasson, op. cit., t. 1, p. 263, n° 843 ; Dutruc, op. cit., v° Saisie-exécution, n° 143; Rousseau et Laisney, op. cit., eod. v°, n° 105. — Contrà, Bioche, op. cit., eod v°, n° 110).

43. L'huissier qui procéderait à une saisie en présence du saisissant encourrait une grave responsabilité ; mais, on l'a dit au Rép., n° 78, cette circonstance ne ferait pas prononcer la nullité de la saisie, d'abord parce que la loi n'a point attaché cette peine à une telle infraction, et parce que cette circonstance, étant en dehors du procès-verbal, ne peut pas être considérée comme substantielle. Tel est aussi l'avis de M. Dutruc, qui ajoute que, par la même raison, si ce n'est à fortiori, la présence à la saisie d'un mandataire du saisissant, envoyé par ce dernier à l'effet de désigner à l'huissier les objets à saisir, ne serait pas une cause de nullité (op. cit., v° Saisie-exécution, n°s 145 et 146. — Contrà, Bioche, op. cit., v°, n° 110).

44. Quand la saisie se fait dans la demeure du saisi, on doit lui réitérer le commandement, soit à lui-même, soit dans la personne de ceux qu'on rencontre à son domicile (Rép.,

n° 79). Si la saisie est pratiquée hors la demeure du débiteur, la réitération du commandement n'est pas exigée, à moins que le débiteur ne se trouve présent sur le lieu de la saisie (*Rép.* n° 80 ; Boitard, Colmet-Daâge et Glasson, *op. cit.*, t. 2, p. 264, n° 843 ; Dutruc, *op. cit.*, v° *Saisie-exécution*, n° 170 ; Rousseau et Laisney, *op. cit.*, eod. v°, n° 103 ; Garsonnet, *op. cit.*, t. 3, p. 673, § 571).

45. La formalité de l'itératif commandement n'est pas requise à peine de nullité (*Rép.* n° 82). Le saisi peut seulement, comme l'enseigne M. Garsonnet, *op. cit.*, t. 3, p. 613, faire opposition à la vente et demander des dommages-intérêts contre l'huissier, en prouvant que les personnes qui le représentaient en son absence avaient les fonds nécessaires et eussent payé, si un commandement leur eût été fait (Comp. Rousseau et Laisney, *op. cit.*, eod. v°, n° 103 ; Rodière, *Traité de compétence et de procédure*, t. 2, p. 219).

46. Le commandement doit être renfermé dans le procès-verbal. S'il était fait par acte séparé, il serait considéré comme frustratoire et resterait à la charge de l'huissier (*Rép.* n° 82 ; Garsonnet, *op. cit.*, t. 3, p. 614, note 1).

§ 2. — Des obstacles à la saisie (*Rép.* n° 84 à 108).

47. On a indiqué au *Rép.*, n° 83 et suiv., quel est le devoir de l'huissier qui trouve fermées les portes du bâtiment renfermant les meubles à saisir, devoir qui lui est tracé par l'art. 587 c. proc. civ. Forcer une porte close, ainsi que le fait remarquer M. Garsonnet, *op. cit.*, t. 3, p. 611 et note 21, enjamber un mur, entrer par la fenêtre, sont des procédés insolites auxquels l'huissier, qui ne représente qu'un intérêt privé, ne peut recourir de sa propre autorité. Il place un gardien à la porte, pour empêcher le divertissement, et requiert sur-le-champ, valablement et sans autre formalité, le concours d'un officier public dont la présence seule peut légitimer les violences auxquelles il va peut-être falloir se livrer. C'est d'abord au juge de paix qu'il s'adresse ou à son suppléant, à défaut au commissaire de police, à défaut au maire, à son adjoint, ou à l'un des conseillers municipaux dans l'ordre du tableau. L'art. 587 ne fait pas allusion à l'intervention possible des conseillers municipaux, mais c'est le droit commun qui les désigne dans l'ordre du tableau pour remplacer les maires ou adjoints absents et empêchés (V. aussi Boitard, Colmet-Daâge et Glasson, *op. cit.*, t. 2, p. 264, n° 844 ; Rousseau et Laisney, v° *Saisie-exécution*, n° 113 ; Dutruc, *op. cit.*, eod. v°, n° 155).

48. On admet généralement qu'il n'est pas prescrit, à peine de nullité, de suivre l'ordre indiqué par l'art. 587 quant aux personnes dont l'assistance est nécessaire pour que les portes puissent être enfoncées (Dutruc, *op. cit.*, v° *Saisie-exécution*, n° 151 et 152 ; Rousseau et Laisney, *op. cit.*, eod. v°, n° 113). « Toutefois, dit M. Garsonnet, *op. cit.*, t. 3, p. 612, note 23, il est certain que les personnes désignées par l'art. 587 ne sont tenues de se prêter au rôle désagréable qu'il leur impose que lorsque leur tour est venu de marcher et que, par exemple, un conseiller municipal n'est pas passible de dommages-intérêts pour avoir refusé son concours, alors qu'on aurait pu et dû demander celui du maire ou de l'adjoint. Si cependant il était démontré que, le maire ou l'adjoint n'étant pas présents sur les lieux mêmes et le saisi se disposant à enlever ses meubles, un conseiller municipal a refusé son concours et rendu ainsi la saisie impossible, on pourrait, à la rigueur, lui appliquer l'art. 1382 du code civil. En somme, il y a là surtout une question de fait » (Dutruc, *op. cit.*, v° *Saisie-exécution*, n° 156 ; Rousseau et Laisney, *op. cit.*, eod. v°, n° 114 ; Garsonnet, *op. cit.*, t. 3, p. 611, note 21).

49. Le juge de paix n'est pas tenu d'amener son greffier; la présence de cet officier public est requise, en principe, dans toutes les opérations de justice, mais il ne s'agit pas ici précisément d'un acte du ministère du juge, puisque le commissaire de police, le maire, l'adjoint, un conseiller municipal peuvent le faire à sa place. Le greffier présent à la saisie ne pourrait donc réclamer de ce chef aucune vacation. Il en serait autrement s'il y avait lieu à apposition de scellés (*Rép.* n° 86 ; Garsonnet, *op. cit.*, t. 3, p. 612, note 24 ; Bioche, *op. cit.*, v° *Saisie-exécution*, n° 194).

50. La saisie est nulle si l'huissier, trouvant les portes fermées, s'introduit chez le saisi sans l'assistance d'un magis-

trat. La présence d'un magistrat n'est pas nécessaire lorsque, même en l'absence du saisi, l'huissier trouve les portes ouvertes et un représentant du saisi dans son habitation (*Rép.* n° 590). Mais il a été jugé que les prescriptions de l'art. 587 doivent être observées aussi bien lorsque le saisi et les membres de sa famille sont absents que lorsqu'ils refusent d'ouvrir les portes ; qu'ainsi la présence d'un voisin qui remet à l'huissier la clef du domicile du débiteur absent ne dispense pas l'officier ministériel de remplir les formalités prescrites, si ce voisin ne peut être considéré ni comme le mandataire, ni comme le *negotiorum gestor* du débiteur, alors surtout qu'il figure dans le procès-verbal comme témoin assistant l'huissier (Just. de paix de Vouziers, 12 mai 1853, *Journal des avoués*, t. 79, p. 168 ; *Rép.* n° 90 et 91 ; Rousseau et Laisney, *op. cit.*, n° 118 et 119 ; Dutruc, *op. cit.*, n° 160 et suiv.).

51. L'huissier, on l'a dit au *Rép.*, n° 97, peut, dans l'intérêt même du saisissant, arrêter les poursuites, si les réclamations du saisi lui paraissent fondées sur des motifs graves. Il le devrait même si, les poursuites ayant eu lieu en vertu d'un jugement par défaut susceptible d'opposition, ou d'un jugement contradictoire en premier ressort, non exécutoire par provision et attaquable par voie d'appel, le saisi déclarait, au premier cas, former opposition au jugement obtenu contre lui, ou au second cas, justifiait d'un acte d'appel (Garsonnet, *op. cit.*, t. 3, p. 643 ; Rousseau et Laisney, *op. cit.*, v° *Saisie-exécution*, n° 162 ; Dutruc, *op. cit.*, eod. v°, n° 147 et 148). Il a été jugé que l'huissier qui a saisi des effets n'appartenant pas au débiteur n'est tenu de garantir le saisissant des dommages et intérêts auxquels ce dernier est condamné envers le débiteur si cet huissier n'a point pris des renseignements exacts et si, avec un peu de diligence, il eût pu éviter un effet dommageable dont il est l'auteur (Paris, 30 mai 1871, *Journal des huissiers*, t. 55, p. 80).

52. Les réclamations élevées par des tiers, qui prétendent que tels ou tels meubles déterminés leur appartiennent, ne peuvent empêcher l'exécution de suivre son cours. Mais les tiers ont le droit de s'adresser au juge du référé pour obtenir le sursis. Il ne serait pas permis à l'huissier de passer outre à la saisie, si le tiers prétendait que le domicile auquel se présente l'huissier est le sien et non celui du saisi. L'huissier devrait citer l'opposant devant le juge des référés (*Rép.* n° 98 et suiv. ; Boitard, Colmet-Daâge et Glasson, *op. cit.*, t. 2, p. 287, n° 863 ; Dutruc, *op. cit.*, v° *Saisie-exécution*, n° 149 et 150 ; Garsonnet, *op. cit.*, t. 3, p. 634 ; Rodière, *op. cit.*, p. 228 ; Paris, 1er août 1882, aff. Ozanne, D. P. 83. 2. 127. Comp. *supra*, v° *Référé*, n° 47 et suiv.).

53. Aux termes de l'art. 611, l'huissier qui, se présentant pour saisir, trouve une saisie déjà faite et un gardien établi, ne peut pas saisir de nouveau ; mais il peut procéder au récolement des meubles et effets sur le procès-verbal que le gardien est tenu de lui représenter ; il saisit les effets omis et fait sommation au premier saisissant de vendre le tout dans la huitaine ; le procès-verbal de récolement vaut opposition sur les deniers de la vente. On a adopté au *Rép.*, n° 103, l'opinion, généralement admise par les auteurs, que la garde des objets qui n'avaient pas été compris dans la saisie précédente doit être confiée au gardien déjà commis. L'huissier, dit M. Garsonnet, « pourrait à la rigueur en commettre un autre ; mais s'il n'avait pas de raisons péremptoires pour le faire, les frais qui en résulteraient seraient tenus pour frustratoires ». — Le même auteur, *loc. cit.*, fait observer avec raison que le second saisissant « se trouve en meilleure posture qu'un simple opposant, car, le procès-verbal dressé à sa requête équivalant pour lui à une seconde saisie, la nullité de la première lui est, quelle qu'en soit la cause, absolument indifférente ».

54. La prohibition de saisir de nouveau les choses comprises dans une saisie précédente serait sans application dans le cas où la première saisie serait simplement conservatoire, telle qu'une saisie-gagerie, saisie foraine, etc. Une mainmise de cette nature n'empêcherait pas un créancier porteur d'un titre exécutoire de saisir-exécuter et d'en poursuivre la vente (*Rép.* n° 104). « Quand la première saisie, dit M. Dutruc (*op. cit.*, v° *Saisie-exécution*, n° 243), est une saisie-gagerie, cet article cesse d'être applicable, et des

principes différents conduisent à une autre solution. Si l'art. 611 refuse à l'huissier qui trouve une saisie déjà faite le droit de saisir de nouveau, c'est qu'il suppose que la première saisie doit produire les mêmes effets que celle que le second huissier se proposait de faire lui-même. Placé au titre des saisies-exécutions, cet article n'a trait qu'aux saisies de cette nature, il n'a pour objet que d'empêcher que plusieurs saisies-exécutions ne viennent se greffer les unes sur les autres. Mais lorsque c'est une saisie-gagerie qui a tout d'abord frappé les meubles du débiteur, rien ne saurait s'opposer à ce que ces mêmes meubles deviennent encore l'objet d'une saisie-exécution, parce que la première saisie, ne produisant pas les mêmes effets que la seconde, ne rend point celle-ci inutile. Comment admettre que le créancier qui, en vertu de son titre, peut, au moyen d'une saisie-exécution, faire vendre immédiatement le mobilier de son débiteur pour parvenir à se faire payer, se voie désarmé par une simple saisie-gagerie qui ne pourrait aboutir à la vente des objets saisis qu'après avoir été déclarée valable ? En pareil cas, la seconde saisie a sa raison d'être, les frais n'en sont point frustratoires; cela suffit pour qu'il n'y ait pas lieu d'appliquer l'art. 611, dont il ne faut pas seulement envisager la lettre, mais dont il importe d'interroger l'esprit. De ce qui précède, il résulte nécessairement que la saisie-exécution qui intervient à la suite d'une saisie-gagerie, non seulement ne saurait être considérée comme pouvant seulement valoir récolement dans les termes de l'art. 611 du code de procédure, mais produit tous ses effets ordinaires, sans qu'il y ait à rechercher si le saisissant a connu la première saisie ou s'il l'a ignorée, et à qui cette ignorance est imputable. Dans tous les cas possibles, cette saisie-exécution a valablement procédé » (V. en ce sens: Garsonnet, *op. cit.*, t. 3, p. 650, note 7; Boitard, Colmet-Daäge et Glasson, *op. cit.*, t. 2, p. 294, n° 869; Rousseau et Laisney, *op. cit.*, v° *Saisie-exécution*, n° 128).

§ 3. — Du procès-verbal de saisie (*Rép.* n°s 109 à 146).

55. — 1° *Formalités extrinsèques.* — Aux termes de l'art. 599 c. proc. civ., le procès-verbal doit être fait sans déplacer. Ces mots, *sans déplacer*, indiquent seulement, on l'a dit au *Rép.*, n° 116, que l'huissier doit rédiger son procès-verbal sur le lieu même et sans divertir à d'autres actes, ce qui ne l'empêche pas d'interrompre l'opération et de la remettre au lendemain en établissant un gardien (V. en ce sens: Boitard, Colmet-Daäge et Glasson, *op. cit.*, t. 2, p. 266, n° 846; Dutruc, *op. cit.*, v° *Saisie-exécution*, n° 184). M. Garsonnet (*op. cit.*, t. 3, p. 615, note 7) estime que l'expression *sans déplacer* signifie deux choses : 1° que le procès-verbal sera fait séance tenante; 2° que les objets saisis ne seront pas déplacés.

56. Le procès-verbal est signé sur l'original et sur les copies : 1° *Par les témoins.* — On a émis au *Rép.*, n° 118, l'opinion que cette formalité est substantielle et que son inobservation entraînerait nullité. C'est la doctrine généralement suivie (Dutruc, *op. cit.*, v° *Saisie-exécution*, n°s 138 et 139; Rousseau et Laisney, *op. cit.*, eod. v°, n° 108; Bioche, *op. cit.*, eod. v°; Garsonnet, *op. cit.*, t. 3, p. 626, n° 573). Quelques auteurs enseignent cependant que le défaut de signature des témoins n'est pas une cause de nullité lorsque cette omission n'a lieu que dans la copie ou lorsque la saisie a été faite hors du domicile du débiteur (*Rép.* n°s 118 et 119; Bioche, *op. cit.*, n° 134).

2° *Par le gardien*, à moins qu'il ne sache pas signer, auquel cas le procès-verbal en fait mention; mais le défaut de signature du gardien ou le défaut de mention qu'il ne sait pas signer ne serait pas une cause de nullité (*Rép.* n° 121; Bioche, *op. cit.*, v° *Saisie-exécution*, n° 131; Rousseau et Laisney, *op. cit.*, eod. v°, n° 149; Dutruc, *op. cit.*, eod. v°, n° 210). M. Garsonnet soutient, au contraire, que l'omission de la signature du gardien sur l'original et les copies entraîne la nullité du procès-verbal. « On invoque, dit cet auteur, *op. cit.*, t. 3, p. 626, n° 573, l'art. 599, aux termes duquel il doit signer « la copie » c'est-à-dire la copie qui lui est remise et non pas les autres; mais l'art. 601 prescrit de laisser au saisi une copie « signée des personnes qui auront signé l'original », et cette disposition absolue doit l'emporter, suivant moi, sur la rédaction de l'art. 599 qui ne peut être

qu'un accident; la saisie sera donc nulle, si la copie du procès-verbal qui a été remise au saisi ne porte pas la signature du gardien ».

3° Par le *fonctionnaire* dont l'huissier a requis l'assistance dans les cas prévus par les art. 587 et 591 c. proc. et ce à peine de nullité (*Rép.* n° 125; Garsonnet, *op. cit.* t. 3, p. 626).

4° Par l'*huissier*, également à peine de nullité (*Rép.* n° 126; Garsonnet, *op. cit.*, t. 3, p. 626).

57. Aux termes de l'art. 601 c. proc. civ., si la saisie est faite hors de la présence du saisi et à son domicile, la copie du procès-verbal est signifiée au maire ou à l'adjoint ou au magistrat qui a présidé à l'ouverture des portes. Comme le remarque M. Garsonnet, *op. cit.*, t. 3, p. 625, c'est la seule exception que le procès-verbal de saisie fasse au droit commun qui voudrait qu'avant de remettre la copie à ces personnes, on s'enquît d'un parent ou d'un serviteur du saisi. « Cette disposition s'applique au cas où le procès-verbal de saisie contient itératif commandement ». Il est aussi généralement admis qu'elle vise non seulement le cas du maire ou de l'adjoint appelé pour l'ouverture des portes, mais aussi le cas où leur intervention n'est pas trouvée nécessaire (*Rép.* n°s 128 et 129; Garsonnet, *op. cit.*, t. 3, p. 624, note 5; Bioche, *op. cit.*, v° *Saisie-exécution*, n° 135; Dutruc, *op. cit.*, eod. v°, n° 180).

58. Les significations exigées par l'art. 601 sont requises à peine de nullité (Garsonnet, *op. cit.*, t. 3, p. 624; Chauveau et Carré, *op. cit.*, t. 4, quest. 2060; Bioche, *op. cit.*, v° *Saisie-exécution*, n° 135. — *Contrà* : Rousseau et Laisney *op. cit.*, eod. v°, n° 123).

59. La saisie-exécution faite au domicile de la partie absente est nulle, lorsque la copie est remise à une personne de sa famille, au lieu de l'être aux magistrats désignés par l'art. 601, et l'huissier, dans ce cas, doit supporter le coût de l'acte annulé (*Rép.* n° 128; Garsonnet, *op. cit.*, t. 3, p. 624; Bioche, *op. cit.*, v° *Saisie-exécution*, n° 135). — MM. Dutruc (*op. cit.*, eod. v°, n° 186), Rousseau et Laisney (*op. cit.*, eod. v°, n° 124), estiment, au contraire, que si aucun dommage n'était résulté d'une remise faite différemment, il n'y aurait pas nullité, l'art. 601 ne prononçant pas cette peine.

60. Les règles exposées au *Rép.*, n° 133, pour le cas où la saisie est faite hors du domicile et en l'absence du saisi sont admises par tous les auteurs (V. Garsonnet, *op. cit.*, t. 3, p. 624, note 7; Dutruc, *op. cit.*, v° *Saisie-exécution*, n° 191 *bis*; Bioche, *op. cit.*, eod. v°, n° 138; Rousseau et Laisney, *op. cit.*, eod. v°, n° 123).

61. — 2° *Formalités intrinsèques.* — Le procès-verbal qui ne contient pas la désignation des objets saisis est nul (*Rép.* n° 135; Bioche, *op. cit.*, v° *Saisie-exécution*, n° 135). — Que doit-on entendre par une désignation détaillée? C'est forcément, ainsi que le fait remarquer M. Garsonnet (*op. cit.*, t. 3, p. 625, note 11) et qu'il a été dit au *Rép.*, n°s 136 et 137, une question de mesure. « L'huissier ne doit pas se contenter de déclarer qu'il a saisi en bloc tous les meubles trouvés au domicile du débiteur, mais il n'est pas tenu d'énumérer tous les objets saisis : une indication générale suffit pour tous ceux qui sont de même nature, et, quant aux livres, il suffit de désigner nommément les principaux ouvrages et de mentionner en bloc tous les autres » (Dutruc, *op. cit.*, v° *Saisie-exécution*, n° 173; Bioche, *op. cit.*, eod. v°, n° 129).

62. Le procès-verbal doit contenir l'indication du nombre et de la qualité des espèces pour l'argent comptant (*Rép.* n° 140). Si l'huissier négligeait de faire cette indication, la caisse publique ou la personne entre les mains de laquelle les deniers ont été consignés répondrait, en cas de changement de valeur, de celle qu'ils avaient à l'époque de la consignation (Garsonnet, *op. cit.*, t. 3, p. 624, note 12. Conf. Dutruc, *op. cit.*, v° *Saisie-exécution*, n° 177; Rousseau et Laisney, *op. cit.*, eod. v°, n° 111). — L'huissier doit indiquer, dans le procès-verbal de la saisie, le jour où aura lieu la consignation, et on a dit au *Rép.*, n° 144, qu'il n'est pas besoin d'un procès-verbal particulier de consignation, le reçu du dépositaire devant suffire pour la constater. Tel est également l'avis de M. Garsonnet, *op. cit.*, p. 617. M. Rodière, *op. cit.*, t. 2, p. 219, restreint cette solution au cas où la consignation a lieu avant que le procès-verbal de saisie ait été clos. — Suivant l'opinion émise au *Rép.*, n° 141, on admet généralement que la consignation de l'argent comptant, au lieu ordinaire des consignations, c'est-à-dire, à

Paris, à la Caisse des dépôts et consignations et, dans les départements, aux caisses des trésoriers-payeurs généraux, n'est pas exigée à peine de nullité (V. Garsonnet, *op. cit.*, t. 3, p. 616). Mais, à défaut de consignation, l'huissier demeure responsable des deniers saisis (*Rép. ibid.*; Garsonnet, *loc. cit.*).

Ainsi qu'on l'a dit au *Rép.*, *ibid.*, s'il n'y a ni difficultés ni opposants, l'huissier peut remettre ces deniers au saisissant en payement ou à titre d'acompte de sa créance. Mais le consentement du saisi est nécessaire. car, comme le dit M. Garsonnet, *op. cit.*, t. 3, p. 617, note 22 « dans le cas où la saisie se trouverait nulle, le saisissant devrait lui rendre son argent. et il ne faut pas que, malgré lui, cet argent ait été remis à un insolvable » (Conf. Rodière, *op. cit.*, t. 2, p. 219).

63. L'argenterie doit être pesée et spécifiée par pièces et poinçons; les marchandises doivent être pesées. mesurées ou jaugées, suivant leur nature (*Rép.* n°s 138 et 119 Bioche, *op. cit.*, v° *Saisie-exécution*, n°s 126 et 127; Garsonnet, *op. cit.*, t. 3, p. 617). Ces opérations, comme l'indique M. Garsonnet, *op. et loc. cit.*, très utiles pour empêcher la substitution aux objets saisis d'autres objets de moindre valeur, ne sont cependant pas requises à peine de nullité; les art. 588 et 589 n'y attachent pas cette sanction et on a peine à croire qu'elles soient substantielles. Si le pesage de l'argenterie exige la présence d'un orfèvre, l'huissier est autorisé à le mander.

64. Ainsi qu'on l'a exposé au *Rép.*, n°s 143 et 144, les papiers du saisi ne peuvent être mis sous scellés que dans deux cas : 1° si le saisi est absent; 2° s'il est en faillite. M. Garsonnet, *op. cit.*, t. 3, p. 616, fait, d'ailleurs, remarquer avec raison que, même dans les deux cas, l'huissier ne peut pas apposer les scellés de son autorité privée; il doit requérir pour cela, sous peine de nullité, le concours des personnes qui ont qualité pour faire ouvrir de force les portes extérieures et intérieures et les meubles du saisi; il en dresse, aux frais du saisi, un procès-verbal séparé; il se retire, si ces mesures soulèvent quelque difficulté, devant le juge du référé qui peut ordonner le sé...uestre et l'inventaire des papiers.

65. L'huissier, bien que la loi ne le dise pas expressément, doit mentionner les objets insaisissables laissés au débiteur, sous peine de se voir exposé à des poursuites (*Rép.* n° 145; Bioche, *op. cit.*, v° *Saisie-exécution*, n° 130; Dutruc, *op. cit.*, eod. v°, n° 181).

66. Le procès-verbal doit énoncer le jour de la vente des objets saisis. L'omission de cette formalité n'entraînerait pas nullité; il pourrait y être suppléé par un acte subséquent qui porterait cette indication et dont le coût resterait à la charge du créancier. Des dommages-intérêts pourraient être alloués au saisi qui n'aurait pas connu à temps le jour où ses meubles ont été vendus (*Rép.* n° 146; Garsonnet, *op. cit.*, t. 3, p. 625; Boitard, Colmet-Daâge et Glasson, *op. cit.*, t. 2, p. 206, n° 846; Bioche, *op. cit.*, v° *Saisie-exécution*, n° 139).

§ 4. — Des effets de la saisie (*Rép.* n°s 147 à 151).

67. V. *Rép.*, n°s 147 et suiv.; *suprà*, v° *Abus de confiance*, n° 74; *Rép.*, eod. v°, n° 121; *Rép.*, v° *Vol*, n°s 674 et suiv. V. aussi Dijon, 28 déc. 1891, aff. Martin, D. P., 92. 2. 119, cité *suprà*, v° *Saisie-brandon*, n° 35.

M. Garsonnet (*op. cit.*, t. 3, p. 626) définit ainsi les effets de la saisie-exécution : « La saisie-exécution met les meubles saisis sous main de justice, les rend indisponibles, et restreint même, sans toutefois le supprimer, le droit qu'a le saisi d'en jouir et d'en user en sa qualité de propriétaire ». La propriété ne lui est donc pas enlevée par le fait de la saisie, qui ne produit qu'un dessaisissement partiel et relatif au seul saisissant. Il y a mieux : le saisi cesse si peu d'être propriétaire qu'il conserve, non seulement la possession, mais encore la jouissance de la chose. Au surplus, la preuve que le saisi reste propriétaire des objets mis sous la main de justice, c'est que, s'il les détourne, étant établi gardien, il n'est puni que des peines de l'abus de confiance: or, si la propriété avait passé à un tiers, il aurait été coupable de vol, et un texte spécial n'eût

pas été nécessaire. « Les seuls actes qui soient interdits au saisi sont : 1° l'aliénation et la mise en gage qui lui sont défendues en vertu du principe que les objets placés sous la main de justice sont indisponibles ; 2° le prêt qui nuirait à ses créanciers sans lui profiter personnellement, et qui, d'ailleurs, n'est point permis à qui n'a pas la pleine disposition de sa chose ; 3° le détournement, c'est-à-dire la destruction, le déplacement ou la dissimulation des meubles saisis, qui constituent à sa charge un délit plus grave s'il n'est pas gardien que dans le cas contraire : gardien, il a pu croire que sa position n'était pas changée et qu'il avait le droit d'user à son gré des meubles saisis ; non gardien, il s'est forcément rendu compte de la nouvelle situation qui lui était faite, et il est surtout coupable d'avoir enlevé ses meubles au gardien auquel ils étaient confiés. Si l'aliénation, la constitution de gage et le prêt n'ont pas été suivis de tradition. ils sont simplement nuls, et la partie au profit de laquelle ils ont été consentis n'en peut réclamer l'exécution ; si la tradition des meubles saisis est déjà faite, le saisissant peut revendiquer contre les possesseurs de mauvaise foi, les autres étant couverts par la maxime « en fait de meubles, possession vaut titre », et le saisi encourt l'application des peines portées par l'art. 400 c. pén. » (Garsonnet, *op. cit.* t. 3, p. 629).

ART. 5. — Des choses saisissables ou insaisissables.
(*Rép.* n°s 152 à 203.)

68. — 1° Choses saisissables. — Tous les objets mobiliers compris par l'art. 533 c. civ., sous la désignation de biens meubles. peuvent être saisis, sauf les modifications contenues dans l'art. 592 c. proc. (*Rép.* n° 153 ; Dutruc, *op cit.*, v° *Saisie-exécution*, n° 79 ; Garsonnet, *op. cit.*, t. 3, p. 596 ; Rousseau et Laisney, *op. cit.*, v° *Saisie-exécution*, n° 10).

69. Les meubles incorporels sont-ils susceptibles de saisie-exécution ? Cette question a été étudiée au *Rép.*, n°s 154 et suiv., où l'affirmative a été admise en principe malgré les difficultés que cette saisie peut présenter dans la pratique. Suivant M. Chauveau, le caractère d'insaisissabilité s'attache à tous les papiers du débiteur (sauf le cas de faillite) et conséquemment aux titres de créances, billets à ordre, lettres de change. Le même auteur déclare, au contraire, saisissables les billets de banque qui sont considérés comme argent comptant, et les reconnaissances au mont-de-piété (Dutruc, *op. cit.*, v° *Saisie-exécution*, n°s 91 et 92. V. aussi Garsonnet, *op. cit.*, t. 3, p. 596).

70. — 2° Choses insaisissables. — Le coucher du saisi est insaisissable. On a émis au *Rép.*, n° 165, l'opinion qu'on ne peut saisir un lit décoré d'un certain luxe d'ornementation, comme n'étant pas strictement nécessaire au saisi, et sauf à lui fournir un lit de moindre valeur. Le lit du saisi, quel qu'il soit, doit être respecté (En ce sens : Rousseau et Laisney, *op. cit.*, v° *Saisie-exécution*, n° 29; Boitard, Colmet-Daâge et Glasson, *op. cit.*, t. 2, p. 271, n° 850). M. Garsonnet (*op. cit.*, t. 3, p. 546) estime qu'on peut, si le coucher du saisi est trop luxueux, le remplacer par un lit plus simple.

71. On doit laisser à l'appréciation des tribunaux les questions de savoir si l'on doit laisser un coucher pour chacun des époux et des enfants, si le coucher des domestiques peut être saisi. « Ni la loi, ni l'interprète, dit M. Garsonnet, *op. cit.*, t. 3, p. 546, ne peuvent avoir ici la prétention de tout prévoir, et il reste nécessairement une assez grande latitude au juge de l'opposition ou de la demande en nullité formée contre la saisie. Ne faut-il pas aussi réserver un lit pour chacun des ascendants habitant avec le saisi et auquel il doit des aliments ? Ne doit-on même pas exclure de la saisie le lit du domestique du saisi, quand ce dernier est malade, infirme ou trop âgé pour se passer de ses services ? Cela dépend des circonstances, et les tribunaux apprécieront » (*Rép.*, n°s 166 et suiv. ; Rousseau et Laisney, *op. cit.*, v° *Saisie-exécution*, n°s 31 et suiv.; Dutruc, eod. v°, n°s 106 et 107; Boitard, Colmet-Daâge et Glasson, *op. cit.*, t. 2, p. 271, § 850).

72. L'art 592 déclare insaisissables *les habits dont les saisis sont vêtus et couverts*. On admet que l'huissier ne peut saisir les habits dont le saisi est couvert, même sans néces-

sité. « Tant pis pour les créanciers, dit M. Garsonnet, *op. cit.*, t. 3, p. 547, si le débiteur qu'on a saisi, met sur lui, en dépit de la saison, ses vêtements les plus riches, en été ses fourrures, en hiver un chapeau de paille d'un grand prix : le scandale serait pire encore si l'huissier et ses recors se permettaient de le déshabiller ». On peut, au contraire, saisir sur la personne du saisi, alors qu'il les porte ostensiblement, ses bijoux (*Rép.* n° 170 ; Garsonnet, *op. cit.*, t. 3, p. 547 ; Rousseau et Laisney, *op. cit.*, v° *Saisie-exécution*, n°s 36 et 39 ; Boitard, Colmet-Daage et Glasson, *op. cit.*, t. 2, p. 271, n° 830). Il a été jugé que les bijoux ou autres objets précieux (dans l'espèce, une montre en or avec la chaîne) peuvent être valablement saisis sur la personne du débiteur, alors qu'il les porte ostensiblement (Toulouse, 17 avr. 1874, aff. Peyronnard, D. P. 75. 5. 391).

73. Le mot *saisis*, dans l'art. 592, comprend le saisi lui-même, sa femme, ses ascendants et ses enfants demeurant avec lui (*Rép.* n° 170 ; Bioche, *op. cit.*, v° *Saisie-exécution*, n° 26 ; Rousseau et Laisney, *op. cit.*, eod. v°, n° 38).

74. Les vases, ornements et objets nécessaires aux prêtres pour l'exercice de leur ministère ne peuvent être saisis. Il en est de même des croix, décorations, médailles et armes d'honneur conférées à des militaires ou à tous autres. « Il n'y a aucune raison de distinguer, dit M. Garsonnet, *op. cit.*, t. 3, p. 548, texte et note 20, pour les décorations et les médailles, entre les décorés ou médaillés civils ou militaires ; il est généralement admis que les croix données aux civils et les médailles obtenues entre eux en récompense d'actes de courage et de dévouement ne peuvent être saisis par leurs créanciers. Dans le même ordre d'idées, on devrait aussi déclarer insaisissables les costumes et uniformes que certains fonctionnaires civils sont tenus de porter dans quelques circonstances : le projet de 1865 avait en ce sens une disposition formelle ; mais, à l'heure actuelle, ces costumes et uniformes peuvent être saisis. — Les vases et ornements nécessaires au service divin jouissent du même privilège. S'ils appartiennent aux fabriques, ils participent à l'insaisissabilité de tous les biens et revenus de ces établissements. S'ils appartiennent en propre à l'ecclésiastique qui a coutume de s'en servir, leur insaisissabilité se fonde : 1° sur la tradition, car elle remonte à l'ordonnance de 1667 ; 2° sur l'intérêt d'ordre public ; 3° sur le scrupule le plus respectable : il répugne de penser que des créanciers empêcheront un prêtre de dire sa messe, et que les objets seront saisis par un huissier et vendus à l'encan par un commissaire-priseur » (*Rép.* n°s 160 et 161 ; Rousseau et Laisney, *op. cit.*, v° *Saisie-exécution*, n° 41 ; Dutruc, *op. cit.*, eod. v°, n° 123). Mais il a été jugé que la circonstance que certains objets ont pour leurs propriétaires une valeur d'affection qui dépasse de beaucoup leur valeur intrinsèque ne saurait les soustraire à l'exercice du droit de gage qui appartient aux créanciers sur tous les biens de leur débiteur (Angers, 4 févr. 1869, aff. De Chanterenne, D. P. 69. 2. 139).

75. Les objets que la loi déclare immeubles par destination ne peuvent être saisis, sauf pour les créances indiquées par l'art. 593 c. proc. civ. On a soutenu au *Rép.*, n°s 173 et suiv., que les seuls objets attachés à la culture, ou l'exploitation des terres ou usines, qu'on puisse réputer insaisissables à titre d'immeubles par destination suivant l'art. 592, n° 1, sont ceux qui y ont été placés par le propriétaire ; ceux qui ont été apportés par le fermier ne sont pas immeubles par destination et peuvent être saisis. Cette théorie est généralement admise par les auteurs (Bioche, *op. cit.*, v° *Saisie-exécution*, n° 32 ; Dutruc, *op. cit.*, eod. v°, n° 96 ; Boitard, Colmet-Daage et Glasson, *op. cit.*, t. 2, p. 270 ; *Rép.* v° *Biens*, n° 65 ; *supra*, eod. v°, n° 16).

76. On a dit au *Rép.*, n° 177, que la défense de saisir les objets que la loi déclare immeubles par destination cesse toutes les fois qu'ils ne peuvent plus être employés à l'usage auquel ils étaient destinés (Conf. Bioche, *op. cit.*, v° *Saisie-exécution*, n°s 34 et suiv.).

77. Sur la question de savoir si les ruches d'abeilles et les vers à soie qui font partie d'une exploitation rurale peuvent être l'objet d'une saisie-exécution, V. *Rép.*, n° 181 ; *supra*, v° *Droit rural*, n°s 102 et suiv., *Rép.*, n°s 113 et suiv.

78. Les immeubles par nature ne peuvent faire, cela va de soi, l'objet d'une saisie-exécution. Il a été jugé que les moulants, mouvants, virants et autres ustensiles qui com-

posent le mécanisme d'un moulin sont immeubles par nature lorsqu'ils sont incorporés au bâtiment, sans qu'il y ait à rechercher par qui l'incorporation a été faite ni si elle est perpétuelle ou temporaire ; ils ne peuvent donc être compris dans une saisie-exécution qui ne peut porter que sur des meubles (Civ. cass. 19 juill. 1893, aff. Époux Collas, D. P. 93. 1. 603). Le mécanisme d'un moulin peut être placé dans des conditions très différentes suivant lesquelles il est tantôt meuble, tantôt immeuble par nature, tantôt immeuble par destination, d'après les distinctions que la loi elle-même a posées, et cette différence est nettement marquée par les art. 519 et 531 c. civ. dont l'un forme le complément de l'autre. Placés sur un bateau comme usine flottante ou simplement posés sur le sol, les moulants, mouvants et virants sont des meubles (art. 531). Ils sont, au contraire, immeubles, soit par nature, s'ils sont incorporés au bâtiment ou fixés sur piliers (art. 519), soit par destination, s'ils ont été placés par le propriétaire du fonds pour le service ou l'exploitation de ce fonds (art. 524). Dans l'espèce, l'incorporation avait été faite par les locataires et elle ne devait être que momentanée. Mais ces deux circonstances étaient dans ce cas indifférentes. Quand il s'agit de l'application de l'art. 519, peu importe par qui et aux frais de qui le travail a été fait, par le propriétaire lui-même ou par un fermier, locataire ou possesseur : l'incorporation au bâtiment ou au sol une fois établie, le mécanisme est, aussi bien que le bâtiment ou le sol, immeuble par nature d'une manière absolue et indépendamment de la qualité du constructeur (Aubry et Rau, *Cours de droit civil français*, t. 2, § 164, p. 6 ; Demolombe, *Cours de code civil*, t. 9, n°s 104 et 204 ; *Rép.*, v° *Biens*, n° 20 et suiv., et *supra*, eod. v°, n° 4).

79. Les livres relatifs à la profession du saisi sont insaisissables, jusqu'à concurrence de 300 fr. (*Rép.* n° 182). On admet que la valeur de 300 fr. peut être exceptionnellement dépassée, si un ouvrage nécessaire à la profession du saisi a plus de prix (Garsonnet, *op. cit.*, t. 3, p. 549).

80. Le saisi qui exerce une profession exigeant à la fois des livres et des machines ou instruments peut, on l'a dit au *Rép.*, n° 183, retenir en même temps 300 fr. de livres et 300 fr. d'instruments ou machines (V. dans le même sens : Garsonnet, *op. cit.*, t. 3, p. 549 ; Boitard, Colmet-Daage et Glasson, *op. cit.*, t. 2, p. 273, n° 851 ; Rousseau et Laisney, *op. cit.*, v° *Saisie-exécution*, n° 49 ; Dutruc, *op. cit.*, eod. v°, n° 112).

81. Les auteurs professent généralement l'opinion, émise au *Rép.*, n° 185, que la disposition du n° 4 de l'art. 592, sur l'insaisissabilité des machines et instruments, ne s'applique pas au matériel d'un établissement qui ne peut être utilisé que par le concours d'un grand nombre d'ouvriers, tel qu'une imprimerie ; d'une part, parce qu'il sert plutôt à une exploitation commerciale qu'à l'exercice d'un art, d'une science ou d'un métier ; d'autre part, parce qu'il forme la plus grande partie de la fortune, quelquefois même toute la fortune, du débiteur, et qu'en le déclarant insaisissable on annihilerait le droit de ses créanciers. M. Chauveau pense, toutefois, qu'un maître malheureux dans ses spéculations, pouvant travailler comme ouvrier, a le droit de conserver les instruments servant à la pratique ou à l'exercice de son industrie, et qu'ainsi l'imprimeur peut empêcher la saisie, pour une valeur de 300 fr., d'un compositeur, d'une pointe, d'une pince, d'un marteau, et, enfin, de tout le petit mobilier qui est indispensable à l'ouvrier compositeur ou imprimeur (Dutruc, *op. cit.*, v° *Saisie-exécution*, n°s 117 et 118 ; Rousseau et Laisney, *op. cit.*, eod. v°, n° 50 ; Bioche, *op. cit.*, eod. v°, n° 111 ; Garsonnet, *op. cit.*, t. 3, p. 551).

82. On a soutenu au *Rép.*, n° 189, que les objets d'équipement militaire dont le débiteur se trouve vêtu et couvert au moment de la saisie rentrent dans la disposition du n° 2 de l'art. 592, et, qu'à ce titre, ils ne peuvent être saisis pour aucune créance ; mais qu'à l'exception de ces, ils pourraient être saisis pour les créances énumérées en l'art. 593. Cette théorie, adoptée par MM. Boitard, Colmet-Daage et Glasson (*op. cit.*, t. 2, p. 272, n° 850), Chauveau (V. Dutruc, *op. cit.*, v° *Saisie-exécution*, n° 122), Rousseau et Laisney, *op. cit.*, est combattue par M. Garsonnet. L'insaisissabilité des équipements militaires, dit cet auteur (*op. cit.*, t. 3, p. 547), qui touche en un sens à l'ordre public, est plus absolue que le code de procédure ne le ferait croire,

car il résulterait des art. 592-5° et 593 combinés que ces objets sont saisissables en vertu des créances énumérées dans ce dernier article. et dont on trouvera l'indication au même paragraphe ; au lieu que le décret des 8-10 juill. 1791, auquel remonte ce privilège des militaires, défend absolument de comprendre dans la saisie pratiquée contre eux « leurs armes et chevaux d'ordonnance, leurs livres et instruments de service, et les parties de leur équipement dont les ordonnances imposent à tous les militaires la nécessité d'être pourvus. Ce décret doit prévaloir, malgré sa date, sur le code de procédure qui ne l'a pas abrogé, c'est l'application de la règle : *Generalia non derogant specialibus*, et les équipements des militaires ne peuvent être saisis pour aucune créance. On entend ici par équipement, outre les vêtements compris dans l'art. 592-2°, les armes et effets que le militaire doit posséder d'après l'ordonnance et selon son grade. quand même il ne les aurait pas sur lui au moment de la saisie. Il n'y a pas à distinguer, sous ce rapport. entre l'armée active et sa réserve. l'armée territoriale et sa réserve. L'ordonnance du 19 août 1836, qui assigne un uniforme aux officiers généraux en retraite, le met même, par cela seul, à l'abri de la saisie ».

83. La loi déclare insaisissables les outils des artisans nécessaires à leurs occupations personnelles. Elle n'a pas déterminé de maximum de valeur pour ces outils. On peut saisir ceux qui appartiennent au saisi, s'ils ne servent qu'aux ouvriers qu'il emploie (*Rép.* n°s 190 et 191 ; Garso net, *op. cit.*, t. 3, p. 549 ; Bioche, *op. cit.*, v° *Saisie-exécution*, n° 44). Il a. été jugé qu'une machine à coudre, employée par un cordonnier, doit être considérée comme un outil nécessaire à ses occupations personnelles et qu'en conséquence elle est insaisissable (Trib. Colmar, 1er déc. 1869, *Journal des avoués*, t. 95, p. 242). M. Dutruc, *op. cit.*, v° *Saisie-exécution*, estime que cette décision, doit être étendue à toute machine à coudre dont se sert celui qui fait métier de fabriquer ou confectionner certains ouvrages. — Mais il a été décidé que des métiers importants et d'un prix élevé (tels que ceux servant à la confection des bords à côtes pour gilets et caleçons) ne rentrent pas dans la catégorie des outils déclarés insaisissables par l'art. 592, n° 6 (Trib. civ. Pontoise, 13 déc. 1875, *Journal des avoués*, t. 101, p. 61). M. Dutruc critique avec raison cette solution. Dès que l'outil est nécessaire à l'artisan, il ne peut être saisi. Pourquoi cette distinction entre les outils importants et ceux qui le sont moins (Dutruc, *op. cit.*, v° *Saisie-exécution*. n°s 125 et 126 ; Rousseau et Laisney, *op. cit.*, eod. v°. n° 53).

84. Le mot *outils*, on l'a indiqué au *Rép.*, n° 192, doit être entendu dans un sens large et conforme aux idées d'humanité qui ont inspiré les dispositions de l'art. 592. Nous pensons qu'on doit admettre notamment l'insaisissabilité des matières destinées à être travaillées et transformées par l'artisan, car la possession d'une certaine quantité de ces matières est tout aussi indispensable à l'artisan pour l'exercice de son métier que celle d'un outil proprement dit, d'une machine ou d'un instrument. Jugé ce se sens, en Italie, que sous la locution générique de l'art. 586, al 2, c. proc. italien : « et les autres objets nécessaires à l'exercice de la

profession du débiteur », sont comprises les matières destinées à être travaillées et transformées par l'artisan ; qu'en conséquence, ne peuvent être saisies, les farines destinées par un boulanger à être transformées en pain et vendues dans son commerce (C. cass. de Rome, 7 août 1891, aff. Satta-Puletto, D. P. 94. 2. 21).

85. La disposition de l'art. 76 du décret du 24 juill. 1793, relatif à l'organisation des postes et messageries en régie nationale, qui déclare insaisissables « les chevaux, provisions, ustensiles et équipages destinés au service de la poste ». ne s'applique qu'aux maîtres de poste et ne saurait être étendue aux entrepreneurs de transports de dépêches (Civ. cass. 27 août 1884, aff. Novella et Champsaur, D. P. 85. 1. 79). Mais les chevaux et voitures peuvent-ils être considérés comme des outils nécessaires? La négative a été adoptée par la cour d'Orléans qui a décidé que les chevaux, harnais et voitures d'un entrepreneur de transport de dépêches ne rentrent pas dans les outils nécessaires aux artisans pour leurs opérations personnelles et ne sauraient, dès lors. être déclarés insaisissables (Orléans, 28 févr. 1890, aff. Gillet, D. P. 90. 2. 306). Cette solution paraît bien rigoureuse. Elle est repoussée par plusieurs auteurs (V. *Rép.* n°s 193 et 194 ; Rousseau et Laisney, *op. cit.*, v° *Saisie-exécution*, n° 53 ; Dutruc, *op. cit.*, eod. v°, n° 101).

86. Dans le *canton de Genève*, l'art. 3 de la loi du 24 mars 1852, déclare insaisissables les instruments servant à l'art et à la profession (V. *supra*, n° 2). Il a été jugé, par application de cet article, que les créanciers du mari ne peuvent saisir un piano dépendant de la communauté, et qui sert à l'exercice de la profession de la femme, professeur de piano (Trib. civ. Genève, 27 mars 1883) (1). Il est douteux que la loi française autorise une telle solution. L'art. 592 c. proc. civ., dont les dispositions exceptionnelles doivent être interprétées restrictivement, ne parle que des outils nécessaires aux occupations *personnelles* du saisi. Cependant il est vrai de dire, avec le jugement du tribunal de Genève, que « déclarer saisissable l'instrument nécessaire à la profession de la femme commune en biens, c'est la mettre dans l'impossibilité de rendre à sa famille les services qu'il lui doit ».

87. L'art. 592 déclare encore insaisissables : 1° les farines et menues denrées nécessaires à la consommation du failli et de sa famille pendant un mois. Cette expression «menues denrées » s'entend de tout ce qui sert à la nourriture. A défaut de menues denrées, on décide avec raison que l'huissier devra laisser au saisi une somme d'argent suffisante pour sa nourriture et celle de sa famille pendant un mois (*supra*, n° 62). En cas de difficulté on recourra au juge des référés ; — 2° une vache ou trois brebis, ou deux chèvres, au choix du saisi, avec les pailles fourrages et grains nécessaires pour la litière et la nourriture desdits animaux aussi pendant un mois. En cas de difficulté sur la fixation des quantités de fourrage, il faudrait encore recourir au juge des référés. Si les animaux déclarés insaisissables ont été donnés à cheptel par le saisi, ils deviennent saisissables, bien entendu, après partage entre le preneur (*Rép.* n°s 193 et suiv. ; Garsonnet, *op. cit.*, t. 3, p. 550 ; Rousseau et Laisney, *op. cit.*, v° *Saisie-exécution*,

(1) (Garin C. Paisant-L'huillier et Guyonnet.) — LE TRIBUNAL ; — Le demandeur a formé opposition : 1° à une saisie mobilière pratiquée à son préjudice à la requête de dame Guyonnet, suivant procès-verbal du 14 octobre dernier, portant sur divers objets mobiliers, et notamment sur un piano ; 2° à une autre saisie mobilière pratiquée à son préjudice, à la requête de Paisant-L'huillier, suivant procès-verbal du 21 octobre dernier, portant uniquement sur un piano ; — Attendu que le demandeur articule qu'il est marié sous le régime de la communauté légale, qu'il est professeur de violon, que son épouse est également professeur de piano, que c'est grâce à leurs efforts combinés qu'ils leur est possible d'entretenir leur jeune famille ; — Attendu que ces faits ne sont pas méconnus ; — Attendu qu'il est incontestable qu'un piano est un instrument servant à l'art et à la profession qu'exerce ou qu'enseigne un professeur de piano ; — Attendu qu'un tel instrument est déclaré insaisissable, pour quelque classe que ce soit, par l'art. 3, § 6, de la loi du 24 mars 1852 ; — Attendu que ce piano est un meuble qui dépend de la communauté (c. civ., art. 1401) ; — Attendu que le mari administre seul les biens de la communauté (c. civ., art. 1421), et que. seul, il peut exercer les actions en justice relatives à ces biens ; — Attendu que tous les gains que réalise chacun des époux par son industrie, son travail, son économie, profitent à la commu-

nauté ; — Attendu que, sous ce régime, la femme a un grand intérêt à contribuer par son travail à l'enrichissement de la communauté, non seulement pour améliorer le sort actuel de la famille, mais encore par le motif qu'à la dissolution de la communauté, elle ou les siens profiteront de la moitié de tous les biens qui en dépendent ; — Attendu que déclarer saisissable l'instrument nécessaire à la profession de la femme commune en biens, ce serait la mettre dans l'impossibilité de rendre à sa famille, à son mari et à la communauté les services qu'elle leur doit, services qui sont la base de l'union conjugale qui constituent des obligations que la femme a contractées par le seul fait du mariage (art. 61 de la loi du 20 mars 1880 sur le mariage) ; — Attendu que le système d'interprétation de la loi de 1852 aurait pour effet de mettre obstacle à ce que la femme accomplisse l'obligation que la loi lui impose par le susdit article de loi, aussi bien qu'au mari. de nourrir, entretenir et élever ses enfants ; qu'il serait aussi en complète contradiction avec l'intention du législateur, qui a voulu avant tout, par la loi de 1852, assurer le sort de la famille et la mettre à l'abri du dénuement absolu dans lequel elle pourrait tomber sans la protection que cette loi lui accorde ; — Attendu que l'opposition est fondée, etc.

Du 27 mars 1883.-Trib. civ. de Genève.-M. Goudet, pr.

n°s 58 et suiv.; Dutruc, *op. cit.*, eod. v°, n° 27; Boitard, Colmet-Daage et Glasson, *op. cit.*, p. 276, n° 85°).

88. La disposition du n° 8 de l'art. 592 qui défend de comprendre dans la saisie-exécution une vache ou trois brebis, ou deux chèvres, au choix du saisi, s'applique-t-elle au cas où le saisi a conduit ces animaux à une foire pour les vendre? Peut-on, en pareil cas, procéder à une saisie foraine? ou bien y a-t-il lieu de saisir-arrêter le prix de la vente des animaux dont il s'agit? M. Dutruc (*op. cit.*, v° *Saisie-exécution*, n°s 128 et 129) estime, avec raison, que « les animaux qui ne sont frappés de saisie-exécution, aux termes de l'art. 592, n° 8, ne sauraient non plus faire l'objet d'une saisie foraine, puisque, suivant l'art. 825, cette dernière espèce de saisie est aussi assujettie aux règles prescrites pour la saisie-exécution. Mais, ajoute cet auteur, lorsque le débiteur a vendu ces animaux, la disposition de l'art. 592 cesse de recevoir son application, et rien ne s'oppose à ce qu'une saisie-arrêt soit pratiquée sur le produit de la vente. Vainement le débiteur prétendrait-il que ce prix représente les animaux eux-mêmes et doit être insaisissable comme eux. En vendant ces animaux, que la loi défendait de saisir à son préjudice parce qu'elle les considérait comme lui étant indispensables, il a prouvé qu'il n'en avait pas besoin, et on ne voit pas, dès lors, pourquoi le prix n'en pourrait être saisi » (V. en ce sens, Rousseau et Laisney, *op. cit.*, v° *Saisie-exécution*, n° 64).

89. A l'exception des couchers et vêtements, les objets déclarés insaisissables par l'art. 592 peuvent néanmoins être saisis pour certaines créances, notamment pour les fermages et moissons des terres à la culture desquelles ils sont employés. On entend par fermage le prix des fermes en argent ou en denrées, et par moisson non seulement le prix en grains des journées des ouvriers qui ont fait la récolte, mais aussi les créances en argent de ces ouvriers (*Rép.* n° 198; Rousseau et Laisney, *op. cit.*, v° *Saisie-exécution*, n° 64; Dutruc, *op. cit.*, eod. v°, n° 130).

90. Les lettres missives constituent, à raison de ce qu'elles n'ont été écrites et données que pour l'usage exclusif du destinataire, une propriété à part, et sont, en général, considérées comme choses hors du commerce. Cela a été reconnu à l'égard du destinataire lui-même, auquel la jurisprudence refuse le droit de publier les lettres sans le consentement de l'auteur ou des héritiers auxquels il a laissé le soin de veiller sur sa réputation. A plus forte raison les créanciers du destinataire ne sauraient-ils avoir ce droit, car leur débiteur n'est pas un propriétaire ordinaire, mais bien, à certains égards, un dépositaire; et il en est ainsi tant que les descendants de l'auteur des lettres missives et du destinataire ont un intérêt à en empêcher la publication. Il y a plus : la doctrine refuse aux créanciers le droit de saisir et de publier les manuscrits qui sont l'œuvre de leur débiteur, et cela, même après son décès (V. *suprà*, v° *Lettres missives*, n°s 28 et suiv.; *Rép.*, eod. n°s 31 et suiv.). « Les correspondances privées, dit M. Garsonnet, *op. cit.*, t. 3, p. 55, sont inviolables, puisque le destinataire ne peut les produire en justice sans le consentement de l'expéditeur, ni les tiers sans le consentement du destinataire et de l'expéditeur. Elles sont donc insaisissables aussi longtemps que, non livrées à la publicité, elles conservent le caractère intime et personnel qui s'oppose à ce qu'elles puissent, contre le gré de l'auteur ou du destinataire, passer du patrimoine de ces derniers dans celui d'une autre personne. Il en résulte qu'on n'a pas le droit de saisir les lettres confiées à la poste, quand même elles contiendraient des valeurs déclarées dont on voudrait s'emparer; mais ce privilège ne s'étend pas aux articles d'argent (bons de poste, mandats télégraphiques et autres) qui n'ont aucun caractère confidentiel et dont le montant peut être saisi-arrêté entre les mains des receveurs des postes. L'insaisissabilité des correspondances privées ne s'applique aussi aux autographes que s'ils présentent un caractère confidentiel ou s'ils constituent pour le possesseur ou pour ses héritiers un souvenir de famille personnel. Telles sont en général les lettres missives qui ont été écrites à lui-même ou à ses auteurs, ou, qui, écrites par lui ou par ses auteurs, se trouvent en sa possession; au contraire, les mémoires, les leçons manuscrites, et la collection d'autographes sont, comme les autres biens, le gage des créanciers du possesseur ». Il a été

jugé que des écrits, pouvant avoir une valeur vénale comme autographes, ne sauraient cependant être vendus à la requête des créanciers du possesseur ou de la succession de celui-ci, lorsqu'ils ont (comme, en général, les lettres missives) un caractère confidentiel, et qu'ils constituent, pour lui ou pour son héritier, un souvenir de famille tout personnel; mais, lorsque ces écrits (tels que des mémoires et des leçons écrites) présentent un intérêt historique plutôt qu'un intérêt personnel, et qu'ils peuvent sortir de la famille qui les a reçus sans qu'il en résulte aucun inconvénient, soit pour celle-ci, soit pour ceux de qui elle les tient, rien ne s'oppose à ce qu'ils soient vendus pour désintéresser les créanciers... sauf à ne les soumettre aux enchères que dans le cas d'insuffisance du produit de la vente des autres biens du débiteur (Angers, 4 févr. 1869, aff. De Chanterenne, D. P. 09. 2. 139).

91. Sur la question de savoir si et comment la propriété littéraire, artistique et industrielle est saisissable, V. *Rép.*, v° *Propriété littéraire*, n°s 319 et suiv.

92. L'art. 581 c. proc. civ. déclare insaisissables les sommes et objets disponibles, auxquels le testateur ou le donateur a attribué ce caractère par une clause du testament ou de la donation. Ces biens ne peuvent pas être saisis par les créanciers du légataire ou du donataire, et ces créanciers n'ont pas, en effet, le droit de se plaindre, parce qu'ils n'ont jamais dû compter pour leur payement, sur cette libéralité. Les créanciers postérieurs à la donation ou à l'ouverture du legs sont dans une situation différente : au moment où ils ont traité avec le débiteur, celui-ci possédait les biens donnés ou légués; ils ont pu ignorer la clause d'insaisissabilité et croire que ces biens rentraient dans leur gage général. Aussi l'art. 582 permet-il à ces créanciers postérieurs de pratiquer des saisies arrêts, mais seulement avec la permission du juge et pour la portion qu'il détermine (V. *suprà*, v° *Saisie-arrêt*, n° 84). Cette dernière disposition étant écrite au titre de la saisie-arrêt, on conclura de là qu'il faut la limiter à cette saisie, ou est-il permis, par analogie, de l'étendre à la saisie-exécution? L'intention manifeste du législateur a été de ne donner, aux créanciers postérieurs à la donation ou à l'ouverture du legs, un droit de gage sur les biens déclarés insaisissables par le donateur ou par le testateur, que sous d'importantes restrictions : il faut d'abord que le président du tribunal autorise la saisie et ensuite ce magistrat ne peut pas permettre une saisie totale, mais seulement une saisie partielle. Par respect pour la volonté du donateur ou du testateur, le législateur ne veut pas que le donataire ou le légataire puisse être entièrement dépouillé. Ce motif d'humanité et d'équité s'applique aussi bien en cas de saisie-exécution qu'en cas de saisie-arrêt, et il serait tout à fait étrange de donner, dans un cas, un droit de gage pur et simple au créancier, et dans l'autre, de subordonner ce droit de gage à une permission de justice. Il est manifeste que le législateur a entendu limiter le droit de gage des créanciers, et cette limitation doit s'appliquer, quelle que soit la forme de procédure que prennent les créanciers pour saisir ces biens ou droits de leurs débiteurs dont parle l'art. 582. La jurisprudence décide que la clause d'insaisissabilité peut être insérée dans une donation ou dans un testament, même s'il s'agit d'immeubles, et en statuant ainsi, elle étend singulièrement le texte des art. 581 et 582 c. proc. civ., qui parle seulement de meubles ou de droits mobiliers, mais elle s'inspire avec raison de l'esprit de la loi qui est tout à fait général (V. Civ. cass. 20 déc. 1864, aff. De Naucaze, D. P. 65. 1. 24). Bien que relatives à l'insaisissabilité, les dispositions de ces articles ne sont donc pas aussi étroites qu'on pourrait le croire au premier abord. Il a été jugé que, malgré la clause d'insaisissabilité, imposée par le testateur comme condition de son legs, les créanciers postérieurs à l'ouverture de ce legs peuvent faire pratiquer la saisie des objets légués, mais seulement avec la permission du juge, lequel doit déterminer sur quelle partie desdits objets elle pourra s'exercer et cette disposition générale, bien qu'elle soit écrite au titre de la saisie-arrêt, doit, par identité de motifs, s'étendre à la procédure de saisie-exécution (Civ. cass. 12 avr. 1892, aff. Beaubouchez, D. P. 93. 1. 19, et la note de M. Glasson).

93. L'insaisissabilité des objets énumérés dans l'art. 592 c. proc. civ. est-elle absolue? La négative a été adoptée au

Rép., n° 199. Le saisi peut y renoncer, sauf en ce qui concerne les équipements militaires et les objets qui servent au culte, car la saisie de ces objets compromettrait les intérêts les plus élevés en entravant l'exercice du culte ou en empêchant un officier d'exercer son commandement. Cette théorie est admise par la plupart des auteurs (Dutruc, *op. cit.*, v° *Saisie-exécution*, n° 132 ; Rousseau et Laisney, *op. cit.*, eod. v°, n° 65. *Contrà :* Bioche, *op. cit.*, eod. v°, n° 54). « On peut se demander, dit M. Garsonnet, *op. cit.*, t. 3, p. 561, si les divers alinéas de l'art. 592, qui édictent l'insaisissabilité du coucher du saisi, de ses vêtements, des objets nécessaires à l'exercice de son état, etc., sont des dispositions d'ordre public ; mais l'insaisissabilité des fonds destinés à payer des travaux commandés par l'État est certainement d'ordre public ; celle des manuscrits et des œuvres d'art est certainement d'intérêt privé. Il serait difficile et même imprudent de poser ici une règle fixe. Il faut laisser au juge, à propos de chaque objet saisi, l'appréciation des motifs pour lesquels la loi défend aux créanciers de s'en emparer ; on doit, en principe, annuler d'office la saisie des objets présumés indispensables au coucher, à l'habillement ou à la nourriture du saisi. Mais on peut la valider s'il est immédiatement recueilli par des parents qui lui donneront le nécessaire. ou s'il entre au service de personnes qui lui fourniront le vivre et le coucher ».

94. La saisie n'est pas nulle par cela seul qu'elle comprendrait des objets déclarés insaisissables ; il y a lieu seulement à la distraction des objets indûment saisis. Si la vente de ces objets a eu lieu, le saisissant ou l'huissier est passible de dommages-intérêts (*Rép.*, n° 203 ; Dutruc, *op. cit.*, v° *Saisie-exécution*, n°s 133 et 134 ; Rousseau et Laisney, *op. cit.*, eod. v°, n°s 66 et 67 ; Bioche, *op. cit.*, eod. v°, n° 57 ; Garsonnet, *op. cit.*, t. 3, p. 560).

ART. 6. — *Du gardien.* — *Responsabilité du gardien.* — *Pénalité.* — *Frais de garde* (*Rép.*, n°s 204 à 252).

95. Le gardien d'objets saisis est un véritable dépositaire. L'office de gardien, ainsi qu'on l'a exposé au *Rép.*, n° 204, est purement volontaire. Qu'il soit présenté par la partie saisie, ou désigné par l'huissier, le gardien peut toujours refuser la mission qui lui est proposée ; il n'est même pas tenu de la remplir jusqu'à ce que ses excuses aient été agréées par le tribunal ; s'il ne les trouvait pas séance tenante, il y a lieu d'en désigner immédiatement un autre (Garsonnet, *op. cit.*, t. 3, p. 619 ; Bioche, *op.cit.*, v° *Saisie-exécution*, n° 153 ; Dutruc, *op. cit.*, eod. v°, n° 207 ; Boitard, Colmet-Daâge et Glasson, *op. cit.*, t. 2, p. 278, n° 856). Il a été jugé, en ce sens, que le gardien d'objets saisis est un véritable séquestre judiciaire et nul ne peut être forcé de remplir malgré lui les fonctions de séquestre judiciaire ; que le saisi ne saurait donc être censé avoir accepté ces fonctions s'il était absent lors de la saisie, ou si, présent, il n'a pas été interpellé et n'a pas signé le procès-verbal ; que s'il n'appert pas que le saisi, établi gardien, ait accepté cette fonction, il n'est point tenu des obligations propres aux séquestres, et, par suite, s'il fait disparaître les objets saisis qu'il continuait à posséder à titre, non de gardien, mais de propriétaire, il n'encourt pas les peines applicables au détournement d'objets saisis (Paris, 6 mai 1890, aff. Sargent, D. P. 91.1. 395). — La preuve du contrat qui s'est formé entre le gardien et le saisissant ne peut être établie que d'après les règles tracées par les art. 1341, 1347 et 1923 c. civ. ; cette preuve ne peut résulter de la signature du gardien sur le procès-verbal de saisie, ou au moins de la mention de la cause qui l'a empêché de signer (V. Lyon, 5 janv. 1881, aff. Teissier, D. P. 81. 2. 168).

96. L'art. 598 porte : « Ne pourront être établis gardiens le saisissant, son conjoint, ses parents ou alliés jusqu'au degré de cousin issu de germain inclusivement et ses domestiques ; mais le saisi, son conjoint, ses parents et alliés et domestiques, pourront être établis gardiens, de leur consentement et de celui du saisissant ». Ces prohibitions sont restrictives ; l'huissier peut donc établir pour gardien toute personne qui n'est pas exclue par l'art. 598 (*Rép.*, n°s 207 et suiv. ; Dutruc, *op. cit.*, v° *Saisie-exécution*, n° 197 ; Rousseau et Laisney, *op. cit.*, eod. v°, n° 133 ; Garsonnet, *op. cit.*, t. 3, n° 610). — Toutefois il a été jugé que les huissiers ne peuvent

constituer leurs clercs gardiens des saisies qu'ils sont chargés de pratiquer et qu'en cas d'infraction à cette règle, aucuns frais de garde ne peuvent être alloués au clerc constitué gardien (Trib. civ. du Havre, 15 mai 1869, aff. Piednoël, D. 69. 3. 80). Le jugement déclare que « si aucune disposition légale n'interdit d'une manière expresse à l'huissier instrumentaire de choisir son clerc pour gardien de la saisie, ce choix est du moins contraire à l'esprit et à l'intention de la loi ». Cette décision ne nous paraît pas à l'abri de toute critique. S'il est à tous égards convenable qu'un huissier ne nomme pas son clerc gardien, il ne paraît pas en présence des termes de l'art. 598 que ce choix soit défendu par la loi (V. en ce sens, Garsonnet, *op. cit.*, t. 3, p. 619 ; Dutruc, *op. cit.*, v° *Saisie-exécution*, n° 197).

97. L'huissier ne peut être constitué gardien de la saisie qu'il pratique (Dutruc. *op. cit.*, v° *Saisie-exécution*, n° 197 ; Bioche, *op. cit.*, eod. v°, n° 152 ; Garsonnet, *op. cit.*, t. 3, p. 621).

98. Les femmes, la contrainte par corps étant aujourd'hui abolie, peuvent être choisies pour gardiennes des objets saisis. La femme a seulement besoin de l'autorisation de son mari ou de justice dans tous les cas où elle ne peut s'obliger sans l'autorisation de son mari (V. *supra*,v° *Dépôt-séquestre*, n° 95 ; *Rép.*, eod. v°, n° 258 ; Dutruc, *op. cit.*, v° *Saisie-exécution*, n° 194 ; Garsonnet, *op. cit.*, t. 3, p. 619 ; *Rép.*, n°s 208 et 209).

99. Les étrangers peuvent être gardiens. Nous pensons que les ambassadeurs étrangers sont aptes à remplir cette fonction, qu'on ne pouvait autrefois leur confier, parce qu'ils n'étaient pas soumis à la contrainte par corps (V. *Rép.*, n° 208 ; Garsonnet, *op. cit.*, t. 3, p. 619 ; *supra*, v° *Agent diplomatique*, n°s 26 et suiv. ; *Rép.*, eod. v°, n°s 104 et suiv.).

100. L'huissier n'est responsable de la solvabilité du gardien qu'il a choisi que dans certaines limites ; il suffit pour le mettre à l'abri de tout recours qu'on ne puisse lui reprocher ni fraude, ni connivence, ni négligence grave. (*Rép.*, n° 211). La saisie est valable si le saisissant peut même accepter un gardien insolvable. « Le consentement du saisissant, dit M. Garsonnet, *op. cit.*, t. 3, p. 620, note 21, est certainement nécessaire. mais celui du saisi n'est pas moins, le gardien étant responsable envers l'un comme envers l'autre des objets qui lui ont été confiés. Mais leur consentement ne lierait pas un second saisissant, et celui-ci serait en droit d'exiger la nomination d'un gardien solvable (V. aussi Dutruc, *op. cit.*, v° *Saisie-exécution*, n° 202 ; Rousseau et Laisney, *op. cit.*, eod. v°, n° 140).

101. Le saisi qui accepte les fonctions de gardien n'acquiesce en aucune manière au jugement en vertu duquel il est poursuivi (Lyon, 30 juill. 1882, aff. Boyer, D. P. 83. 2. 198). — On admet généralement, ce qu'on a vu au *Rép.*, n° 213, que par ordonnance de référé, et malgré la résistance du saisissant, le saisi peut être constitué gardien, soit des objets de peu de valeur dont les frais de garde pourraient absorber le prix de vente, soit des objets qui exigent des soins spéciaux que le saisi peut seul leur donner, comme les animaux d'une ménagerie (*Rép.*, n° 213 ; Garsonnet, *op. cit.*, t. 3, p. 620, note 18 ; Dutruc, *op. cit.*, v° *Saisie-exécution*, n° 201).

102. On a indiqué au *Rép.*, n°s 218 et suiv., les obligations du gardien et fixé l'étendue de sa responsabilité, qui existe même à l'égard des créanciers opposants (V. sur ces points, Boitard, Colmet-Daâge et Glasson, *op. cit.*, t. 2, p. 282 et suiv., n° 859 ; Rousseau et Laisney, *op. cit.*, v° *Saisie-exécution*, n°s 141 et suiv. ; Dutruc, *op. cit.*, v° *Saisie-exécution*, n°s 127 et suiv.). « La saisie-exécution, dit M. Garsonnet, *op. cit.*, t. 3, p. 627, impose au tiers qui s'est laissé constituer gardien des devoirs qui se résument dans l'obligation d' « apporter pour la conservation des objets saisis les soins d'un bon père de famille ». Il doit : 1° ne pas les détourner ; 2° ne pas les employer à son usage personnel ; 3° ne s'en approprier aucun profit ou revenu ; 4° veiller à ce qu'ils ne soient ni égarés ni détériorés ; 5° empêcher qu'on ne les détourne. Peut-on, comme autrefois, les mettre en sa possession pour lui faciliter l'accomplissement de ses obligations? Le code de procédure est muet sur cette question, mais il semble que la défense d'user des meubles saisis et l'obligation d'en représenter les fruits ne peuvent s'adresser à un gardien qui les possède, et qu'on lui rend impossible, en lui

refusant la possession, l'accomplissement des devoirs d'un « bon père de famille ». En somme il n'y a pas ici de règle fixe, et les tribunaux apprécieront. Le gardien qui détourne les objets confiés.à sa garde commet le délit d'abus de confiance, prévu par l'art. 408 c. pén. et frappé des peines portées par l'art. 406 du même code. S'il manque à ses autres obligations, il perd ses droits de garde et peut être condamné envers le saisi et le saisissant à des dommages-intérêts calculés suivant le préjudice qu'il a pu lui causer : ils ne peuvent, par conséquent, dépasser, quant au saisi, la valeur des objets saisis, et quant au saisissant, le montant des causes de la saisie, c'est-à-dire de la créance en vertu de laquelle elle est pratiquée ».

103. Il a été jugé que le saisissant n'est pas responsable des actes du gardien (Dijon, 28 déc. 1891, aff. Martin, D. P. 92. 2. 119. Comp. Dutruc, *op. cit.*, v° *Saisie-exécution*, n° 226). En matière de saisie-exécution, s'il est vrai que l'établissement d'un gardien judiciaire produise entre le saisissant et le gardien des obligations réciproques, on ne saurait cependant considérer celui-ci comme un mandataire du saisissant (V. *Rép.* n° 216). En effet, d'une part, d'après les art. 596 et 597, le choix du gardien appartient en première ligne au saisi (Boitard, Colmet-Daage et Glasson, *op. cit.*, n° 856, p. 331 ; Garsonnet, *op. cit.*, § 572, p. 619) ; d'autre part, le gardien n'est pas révocable par la seule volonté du saisissant (*Rép., ibid.*). Si un arrêt (*Rép.*, n° 232) a reconnu la responsabilité civile du saisissant, c'est (il faut le remarquer), dans une espèce où l'abus, particulièrement grave, commis par le gardien, l'avait été sur l'ordre exprès que le saisissant lui avait donné dans un moment de colère ; encore la solution de cet arrêt peut-elle paraître exagérée. En réalité, le gardien a, non pas le caractère privé de mandataire des parties, mais le caractère public de séquestre judiciaire (Paris, 6 mai 1890, aff. Sargent, D. P. 91. 1. 393).

104. Pour ce qui concerne l'enlèvement ou le détournement d'objets saisis, V. *suprà*, v° *Abus de confiance*, n° 95 ; *Rép.* eod. v°, n° 122; *Rép.*, v° *Vol.* n°s 674, et suiv. infrà, eod. v°). — Comme le dit avec raison M. Garsonnet, *op. cit.*, t. 3, n° 630, « la participation aux actes illicites du saisi le rend passibles de l'art. 400 c. pén., lorsqu'elle présente les caractères légaux de la complicité ; le détournement d'objets saisis commis par eux sans le concours du saisi constitue un vol. et les rend passibles des peines portées par l'art. 379 et suiv. c. pén., et de la

revendication qu'ils ne peuvent repousser par la maxime « En fait de meubles, possession vaut titre ». Cette maxime ne couvrirait même pas les tiers de bonne foi entre les mains desquels se trouveraient actuellement les meubles volés ». On s'est demandé s'il y auroit délit dans le cas où le conjoint du saisi, un de ses ascendants ou descendants, détournerait à son profit, et sans sa participation, tout ou partie des objets saisis sur lui. La raison de douter est dans l'art. 380 c. pén., aux termes duquel les soustractions par le conjoint, les descendants et les ascendants ne donnent lieu qu'à des réparations civiles. M. Garsonnet, *op. cit.*, t. 3, p. 630, estime que les peines portées par l'art. 400 c. pén. ne peuvent être prononcées dans l'espèce, mais il en est autrement d'après lui, de celles du vol. On raisonne, dit-il, dans l'opinion contraire, comme si la soustraction par le conjoint, les descendants ou les ascendants du saisi avait été commise au préjudice de ce dernier ; mais c'est plutôt le saisissant qui en est victime, car il est plus que probable que des personnes qui touchent le saisi de si près n'ont détourné les objets saisis que pour les lui remettre. C'est donc le saisissant qui est volé, et volé par des personnes qui lui sont étrangères. Dès lors, rien ne s'oppose à l'application des peines ordinaires du vol. et sans cela les saisies risqueraient fort d'être illusoires (V.infrà, v° *Vol.* Comp. Bigard, *Revue pratique de droit français*, t. 4, 1857, p. 568 ; Chauveau et Faustin Hélie, *Théorie du code pénal* t. 5, n° 1278; Boitard, Colmet-Daage et Glasson, *op. cit.*, t. 2, n° 858, p. 335).

Jugé que l'art. 400 c. pén. a pour but d'assurer l'exécution des décisions judiciaires bien plus que de réprimer les atteintes portées au droit de propriété ; que, par suite, on ne saurait appliquer au saisi de détournement d'objets saisis l'immunité établie par l'art. 380 c. pén., à l'égard des soustractions entre descendants et ascendants, qu'ainsi est passible des peines de l'art. 400 c. pén. le détournement commis par un fils constitué gardien de la saisie-exécution pratiquée sur lui par son père (Bordeaux, 8 août 1883) (1).

105. Il a été décidé que l'irrégularité de la saisie, notamment quant à l'établissement du gardien et à la rédaction du procès-verbal, n'empêche pas l'application de l'art. 400 c. pén., au saisi qui a détourné les objets saisis (Alger, 15 oct. 1881) (2).

106. L'art. 400 c. pén. est également applicable au saisi à qui la saisie n'a pas été notifiée, s'il est établi qu'il en connaissait l'existence (Crim. rej. 1er mars 1867) (3).

---

(1) (Virollieau.) — LA COUR ; — Attendu que le prévenu se prévaut vainement de ce que la saisie-exécution, à la suite de laquelle il avait été constitué gardien, avait été pratiquée à la requête de son père ; que l'immunité établie par l'art. 380 c. pén. ne peut recevoir d'application dans l'espèce, l'art. 400 du même code ayant pour but d'assurer l'exécution des décisions judiciaires, bien plus que de réprimer les atteintes portées au droit de propriété ; — Par ces motifs, etc.

Du 8 août 1883.-C. de Bordeaux, ch. corr.-MM. Dulamon, pr.-Bourgeois, av. gén.

(2) (Procureur général d'Alger et Manégat C. Delobbé.) — LA COUR ; — Attendu que par jugement du tribunal d'Oran, en date du 11 juin 1881, Delobbé père et fils ont été condamnés pour détournement d'objets saisis, chacun à trois mois d'emprisonnement et solidairement à 1000 fr. de dommages-intérêts envers Manégat, partie civile ; — Attendu qu'ils ont fait appel de ce jugement; — Attendu, au fond, que le fait matériel de détournement d'objets saisis est clairement établi à leur charge par le rapprochement du procès-verbal de saisie et des procès-verbaux postérieurs de récolement; — Attendu que leur mauvaise foi résulte des divers documents versés au procès, notamment des jugement et arrêt qui déboutent Delobbé père de sa demande en revendication ; — Attendu, il est vrai, que la saisie pratiquée sur les appelants est loin de présenter tous les caractères de régularité désirables, qu'elle pèche surtout quant à la constitution du gardien et la rédaction du procès-verbal; — Mais qu'il a été procédé par un officier ministériel ayant qualité à cet effet, et apportant dans cette opération, au moins la présomption et l'apparence de la légalité; que les appelants ne peuvent se faire juges des irrégularités commises; qu'aux termes de la jurisprudence, la nullité même de la saisie n'excuse pas les détournements prévus par l'art. 400 c. pén. ; que, pour tomber sous le coup de cet article, il a suffi aux appelants de connaître la mise des objets saisis sous main de justice et qu'ils ont eu tous deux cette parfaite connais-

sance; qu'ils ont ainsi encouru, Joseph Delobbé fils, les peines édictées par le troisième paragraphe de l'art. 400; Delobbé père, celles édictées par le paragraphe 6 du même article ; — Attendu que les appelants n'ont pas d'antécédents judiciaires, que le préjudice souffert paraît avoir été peu considérable et qu'il y a lieu de réduire à la fois, dans une large mesure, la peine et les dommages-intérêts; — Par ces motifs; — Emendant le jugement dont est appel; — Déclare Delobbé fils coupable de détournements d'objets confiés à sa garde, Delobbé père complice de ce délit par aide et assistance.

Du 15 oct. 1881.-C. d'Alger, ch. corr.-MM. Boullay, pr.-Wurtz, subst.-Mallarme et Jouyne, av.

(3) (Bonvoisin.) — LA COUR ; — Sur le moyen unique pris d'une fausse application et d'une violation prétendue des art. 59, 60, 400 et 401 c. pén., par inobservation de l'art. 602 c. proc., et d'une violation de l'art. 7 de la loi du 20 avr. 1810 ; — 1° En ce que l'arrêt dénoncé a jugé qu'un détournement antérieur à la notification au débiteur de la saisie opérée sur lui en son absence pouvait constituer le délit prévu par l'art. 400, § 4, c. pén. ; — 2° En ce qu'il a considéré une vente authentique des objets saisis, faite à un tiers par un comme, constituant par elle-même le délit, sans qu'il y ait eu déplacement effectif de ces objets ; — Et 3°, en ce que l'arrêt ne serait pas suffisamment motivé, soit parce qu'il n'aurait pas légalement constaté l'existence de l'intention frauduleuse, soit, parce qu'il n'aurait pas déclaré si c'était comme auteur ou comme complice, qu'il condamnait Bonvoisin ; — Sur la première branche du moyen : — Attendu, en droit, que l'art. 400 ne subordonne pas l'existence du délit de détournement à la condition d'une notification antérieure de la saisie au débiteur; qu'il suffit, pour que les peines de cet article puissent l'atteindre, que le débiteur connaisse la saisie légalement opérée sur lui; que les deux autres branches du moyen ; — Attendu qu'il est reconnu et constaté, en fait, par l'arrêt dénoncé, que le 9 juin dernier, les frères Picard, créanciers, firent signifier à Bonvoisin, leur débiteur, un com-

107. Il a été jugé qu'un saisi qui consent depuis la saisie la vente des objets saisis à un tiers, après entente frauduleuse, et enlève ces objets de concert avec lui, se rend coupable du délit prévu par l'art. 400 c. pén. (Crim. rej. 1er mars 1867, suprà, n° 106).

108. On a indiqué au *Rép.*, n°s 233 et suiv., quand et comment cessent les obligations du gardien. Aux termes de l'art. 606, le gardien doit demander sa décharge par une assignation en référé devant le juge du lieu de la saisie. La jurisprudence décide que le saisissant doit être assigné à son domicile réel, le bénéfice de l'art. 584, relativement au domicile élu n'étant établi que pour le débiteur et ne pouvant être invoqué par le gardien (V. *Rép.* n° 236 ; Bordeaux, 27 août 1863, *Journal des avoués*, t. 89, p. 515. Conf. Rousseau et Laisney, op. cit., v° *Saisie-exécution*, n° 166). Cette solution est combattue par M. Dutruc (op. cit., v° *Saisie-exécution*, n° 231). Suivant M. Garsonnet (op. cit., t. 3, p. 622, note 39), l'assignation doit être faite « au domicile réel du saisissant et non pas au domicile par lui élu dans le commandement ; le gardien n'ayant pas copie de ce commandement ignore légalement cette élection de domicile. Si cependant elle a été renouvelée dans le procès-verbal de saisie, le gardien la connaît et peut en user pour assigner le saisissant à son domicile élu ».

109. Quant aux frais de garde et à leur durée, V. suprà, v° *Frais et dépens*, n°s 340 et suiv.; *Rép.*, eod. v°, n° 624. Si la saisie est annulée, les frais de garde ne peuvent être mis à la charge de la partie saisie (*Rép.* n° 245 ; Garsonnet, op. cit., t. 3, p. 622, note 34 ; Dutruc, op. cit., v° *Saisie-exécution*, n° 233). — Le gardien a aussi son recours contre ceux des opposants qui se sont rendu la saisie commune. Il n'a d'action contre le revendiquant qui a fait annuler la saisie que s'il a fait des dépenses pour l'entretien ou la conservation de la chose, et si ces dépenses ont profité au propriétaire (V. *Rép.* n° 246 ; Garsonnet, op. cit., t. 3, p. 621, note 33 ; Dutruc, op. cit., v° *Saisie-exécution*, n° 233 ; Bioche, op. cit., eod. v°, n° 178).

ART. 7. — Du gérant à l'exploitation (*Rép.* n°s 253 à 259).

110. L'opinion émise au *Rép.*, n° 254, suivant laquelle la disposition de l'art. 594, autorisant la nomination d'un gérant en cas de saisie d'animaux et ustensiles servant à la culture des terres, n'est pas limitative, est adoptée par les auteurs. « Cette mesure, dit M. Garsonnet, op. cit., t. 3, p. 618, qui a pour but d'empêcher les travaux de culture d'être arrêtés, convient également au cas où l'on saisit les appareils et les machines d'un moulin, d'un pressoir ou d'une usine ; mais il est certainement dans le vœu de la loi que ces mesures ne soient prises que dans le cas où le saisi est suspect de négligence ou de mauvaise foi » (Conf. Dutruc, op. cit., v° *Saisie-exécution*, n° 209 ; Rousseau et Laisney, op. cit., eod v°, n° 152 ; Boitard, Colmet-Daage et Glasson, op. cit., t. 2, p. 277, n° 835). Le gérant est nommé par le juge de paix. L'intervention de ce magistrat est nécessaire (*Rép.*, n° 255 ; Garsonnet, op. cit., t. 3, p. 618 ; Rousseau et Laisney, op. cit., v° *Saisie-exécution*, n° 155).

111. La décision du juge de paix est susceptible d'appel (*Rép.*, n° 256 ; Rousseau et Laisney, op. cit., v° *Saisie-exécution*, n° 154).

112. Sur le salaire du gérant, V. *Rép.* n° 258.

113. Ainsi qu'on l'a vu au *Rép.*, n° 259, le gérant est tenu, comme un gardien ordinaire, de veiller à la conservation des choses saisies et d'en empêcher le détournement (V. conf. Rousseau et Laisney op. cit., v° *Saisie-exécution*, n° 157 ; Dutruc, op. cit., eod. v°, n° 235 ; Garsonnet, op. cit., t. 3, p. 618, note 10).

ART. 8. — Des incidents sur la poursuite de saisie-exécution. — Référés, dernier ressort, compétence (*Rép.*, n°s 260 à 272).

114. Le saisi peut s'opposer aux poursuites et en demander la nullité, soit pour cause d'incompétence, soit pour vice de forme, soit en se fondant sur des exceptions résultant de la non-échéance du terme, du défaut de qualité du poursuivant et, soit en ce que la dette n'existerait pas ou serait éteinte, soit en ce que les objets saisis seraient déclarés insaisissables par la loi (*Rép.* n° 261). — Peut-il s'opposer à la saisie sous prétexte qu'il n'est pas ou n'est plus propriétaire des objets saisis ? M. Chauveau répond négativement, attendu qu'il n'a pas d'intérêt et que le droit d'opposition n'appartient qu'au véritable propriétaire, seul intéressé à empêcher cette saisie (Dutruc, op. cit., v° *Saisie-exécution*, n° 294). M. Garsonnet, op. cit., t. 3, p. 642, note 1, est d'un avis contraire. Il pense que le saisi peut faire opposition pour le motif ci-dessus indiqué. « Il se peut, dit-il, qu'il y ait intérêt si, par exemple, ayant vendu ses meubles et ne les ayant pas encore livrés il est responsable envers son acheteur d'une saisie qui l'empêchera de les livrer. Dans tous les cas, l'opposition du saisi ou de son acheteur, fondée sur une vente antérieure à la saisie, ne sera admise que sur le vu d'un acte de vente authentique ou ayant acquis date certaine avant la saisie : d'une part l'affirmation d'une vente dont l'acte n'est pas rapporté est à considérer comme non avenue ; d'autre part, l'acte sous seing privé n'est opposable aux tiers (et les saisissants sont des tiers) que s'il a acquis date certaine conformément à l'art. 1328 c. civ. » (V. Bioche, op. cit., v° *Saisie-exécution*, n° 223).

115. Il a été jugé qu'il n'est pas nécessaire que le jugement qui rejette l'opposition formée par le débiteur à une saisie pratiquée contre lui, soit préalablement signifié à personne ou à avoué, pour que le créancier puisse continuer les poursuites, alors surtout que le débiteur n'a pu obtenir du juge d'inhibitions d'exécuter. Il n'en serait autrement que si les poursuites étaient faites en vertu de ce jugement seul (Bordeaux, 30 juill. 1853, aff. Mancieur et Augier, D. P. 53. 2. 353. V. suprà, v° *Jugement*, n°s 429 et suiv. ; *Rép.*, eod. v°, n°s 473 et suiv., 490 et suiv.).

116. 1° *Référés*. — On a indiqué au *Rép.*, n°s 262 et suiv., quelle est la juridiction du juge des référés en matière de sa sie-exécution. C'est une question assez délicate que celle de savoir si la compétence du juge des référés est limitée aux questions relatives aux nullités de forme, par exemple à l'insaisissabilité d'un meuble ou à la capacité d'un gardien, ou s'il lui appartient de statuer provisoirement sur toutes les difficultés de fond relatives à la saisie, tel es que celles concernant la validité du payement ou des offres réelles, l'existence d'une novation ou d'une cause de compensation. M. Garsonnet estime que l'interprétation restrictive de l'art. 607 n'est pas conforme au texte qui dit, sans distinction, qu' « il sera passé outre, nonobstant toutes réclamations de la partie saisie sur lesquelles il sera statué en référé » (op. cit. t. 3, p. 643).

---

mandement ; que, le 11 juin, ils firent pratiquer sur lui, hors sa présence, une saisie de récoltes sur pied qui furent placées sous la garde d'un tiers ; qu'ils firent notifier cette saisie à Bonvoisin le 14 juin ; mais que, dans l'intervalle, Bonvoisin vendit, par acte authentique en date du 13, à Chopin, les récoltes qu'il savait avoir été saisies ; — Qu'il est en outre déclaré par l'arrêt que l'entente entre Bonvoisin et Chopin était frauduleuse et avait pour but de détourner, au préjudice du saisissant, les récoltes mises sous le séquestre ; que, par suite, Chopin, notamment le 14 juillet suivant, malgré la défense qui lui en avait été faite et la connaissance qu'il avait de la saisie, avait enlevé furtivement, pendant la nuit, ces mêmes récoltes, et que Bonvoisin lui avait fourni un cheval et sa voiture pour effectuer ce détournement ; d'où l'arrêt conclut que c'est par un concert frauduleux et une coopération commune de Bonvoisin et de Chopin que le détournement a été consommé ; — Qu'ainsi la culpabilité de Bonvoisin

comme auteur, ou comme coauteur, se trouve explicitement déclarée ; — Attendu, d'ailleurs, que le délai prévu par l'art. 400, § 3 et 4, est de sa nature personnel au saisi, qui seul peut le commettre comme auteur, soit en agissant par lui-même, soit en recourant à la coopération d'un tiers, lequel devient son complice quand il agit sciemment et avec intention ; — Attendu, en outre, qu'il résulte des faits constatés que la vente des objets saisis a été suivie d'un détournement consommé, qui a même été précédé de la notification de la saisie, et que Bonvoisin a agi avec une intention frauduleuse ; — Qu'ainsi l'arrêt est complètement motivé sous tous les rapports, et que les deuxième et troisième branches du moyen ne sont pas mieux fondées que la première ; — Rejette le pourvoi formé contre l'arrêt de la cour de Rouen du 29 nov. 1866. etc.

Du 1er mars 1867.-Ch. crim.-MM. Vaisse, pr.-Leganeur rap.-Bédarrides, av. gén.-Pinel, av.

En tout cas, il est certain qu'on ne saurait interpréter l'art. 607 en ce sens que toutes les questions, même celles du fond, doivent être portées en référé, avant l'adjudication, et que, celle-ci une fois prononcée, tout est irrévocablement terminé, que nulle attaque dirigée contre la saisie ne saurait être reçue « Cette doctrine, comme l'a dit M. Talandier dans son rapport sur l'affaire Fauveau, jugée par la chambre des requêtes, le 22 juin 1885 (D. P. 86. 1. 59), offrirait de grands dangers avec la procédure exceptionnellement rapide dont il s'agit. La saisie-exécution peut être pratiquée un jour après un commandement signifié au saisi. Le procès-verbal de saisie indique le jour de la vente qui peut être fixé à huit jours de délai. En dix jours, douze jours au plus, tout peut être consommé. Supposez le saisi absent pendant quelques jours seulement, il pourra être irrévocablement dépouillé, sans droit et aussi sans recours possible. Ce résultat... serait en opposition formelle avec l'art. 809 c. proc. civ., qui déclare que les ordonnances sur référé ne font aucun préjudice au principal ». L'art. 607, en disant qu' « il sera passé outre nonobstant toutes réclamations du saisi, sur lesquelles il sera statué en référé » a voulu mettre fin aux lenteurs des saisies-exécutions qui avaient soulevé de nombreuses plaintes et qui se produisaient à l'aide de demandes en nullité, souvent sans aucun fondement, et dont le but unique était de gagner du temps. En principe, les demandes en nullité introduites par le saisi contre la saisie-exécution n'arrêteront pas le cours de la procédure. Le saisi aura seulement le droit d'introduire un référé pour réclamer une suspension des poursuites afin de permettre de faire statuer sur la demande en nullité par les juges du fond. Mais, quand même le juge du référé aurait refusé la suspension, ou quand encore aucune demande de référé n'aurait été introduite, après la saisie menée à terme, le saisi n'aura pas perdu le droit de soumettre au tribunal de première instance la question de nullité de la saisie. Sans doute, si les objets saisis ont été adjugés à des tiers de bonne foi, mis en possession, l'art. 2279 ne permettra pas de remettre le saisi en possession des objets dont il aura été irrégulièrement dépouillé, et le jugement qui déclarera la nullité de la saisie, comme conséquence de cette déclaration, devra se borner à prononcer une condamnation à des dommages-intérêts comme réparation de la faute commise. Mais si c'est le saisissant qui s'est rendu adjudicataire, si les objets saisis sont encore entre les mains du saisi, la réparation la plus naturelle consistera à autoriser ce saisi à conserver des objets qui ont été compris dans une procédure déclarée nulle. Étant admis que le saisi ne peut agir au principal durant la procédure de saisie, il faut bien admettre qu'il pourra le faire après la saisie terminée. Sans cela quelle situation lui serait faite ? Au cours de la saisie, s'il veut établir que la saisie est sans fondement, on lui dirait : il est trop tôt. Et quand il reprendrait sa demande après la saisie, on lui répondrait : il est trop tard. Et il suffirait d'être saisi sans droit pour être irrévocablement dépouillé ». — V. aussi sur les pouvoirs du juge des référés en matière de saisie-exécution, *suprà*, v° *Référé*, n° 42.

117. — 2° Sur le recours contre l'ordonnance du président. V. *Rép.*, n° 267; *suprà*, v° *Degrés de juridiction*, n° 84 et suiv., 102 et suiv.; *Rép.*, eod. v°, n° 240 et suiv., 305 et suiv.; *suprà*, v° *Référé*, n° 12 et suiv.; *Rép.* eod. v°, n° 81 et suiv.

118. — 3° *Compétence.* — Les contestations auxquelles donnent lieu les saisies-exécutions sont de la compétence exclusive du tribunal civil; c'est devant les tribunaux que doit être portée l'opposition du saisi, alors même qu'il s'agirait de l'exécution de jugements rendus par d'autres juridictions et notamment par des juridictions administratives ou consulaires, puisque les tribunaux d'exception ne connaissent pas de l'exécution de leurs jugements. Mais, ainsi que le remarquent MM. Rousseau et Laisney, *op. cit.*, v° *Saisie-exécution*, n° 166, les réclamations auxquelles doivent donner lieu les saisies pratiquées à la requête de l'Administration pour le recouvrement des impôts directs sont soumises à des règles spéciales. V. *Rép.* n° 268 et suiv.; *suprà*, v° *Compétence commerciale*, n° 115 et suiv.; *Rép.*, eod. v°, n° 460 et suiv.; *suprà*, v° *Compétence administrative*, n° 335 et suiv.; *Rép.*, eod. v°, n° 300 et suiv.;

suprà, v° *Impôts directs*, n° 293 et suiv.; *Rép.*, eod. v°, n° 646 et suiv.).

119. Parmi les tribunaux civils, quel est celui auquel appartient la connaissance des difficultés qui naissent de la saisie-exécution? En ce qui touche les demandes en nullité pour vices de forme, c'est le tribunal du lieu de la saisie qui est compétent. Quant aux difficultés concernant le fond, ce tribunal n'est pas compétent pour en connaître, si le fond du débat ne lui a pas été soumis et ce n'est pas de lui qu'émane le jugement en vertu duquel les poursuites sont exercées (V. *Rép.* n° 271; *suprà*, v° *Compétence civile des tribunaux d'arrondissement*, n° 121 et suiv.; *Rép.* eod. v°, n° 188; Dutruc, *op. cit.*, v° *Saisie-exécution*, n° 298 et suiv.; Rousseau et Laisney, *op. cit.*, eod. v°, n° 168).

ART. 9. — *De la revendication* (*Rép.* n° 273 à 303).

120. Aux termes de l'art. 608, ceux qui se prétendent propriétaires des objets saisis peuvent s'opposer à la vente. Les demandes en distraction, qui ne sont autre chose que des revendications, sont utiles dans plusieurs hypothèses; notamment, comme l'indique M. Garsonnet, *op. cit.*, t. 3, p. 652-653 : « 1° si les meubles saisis sur un débiteur appartiennent en tout ou en partie à une tierce personne, et que le saisi les possède indûment ou comme usufruitier, locataire, emprunteur ou dépositaire; 2° si des meubles sont saisis sur une femme mariée alors qu'ils appartiennent à son mari, ou saisis sur le mari quand c'est la femme qui en est propriétaire; 3° si des meubles indivis entre plusieurs personnes sont saisis seulement sur l'une d'elles; 4° si une personne qui n'est pas propriétaire fait valoir un intérêt légitime à empêcher la saisie; si, par exemple, un usufruitier, un bailleur, un locataire, un déposant, un prêteur ou un emprunteur non propriétaire s'opposent respectivement à ce qu'ils soient saisis par les créanciers du nu-propriétaire, du locataire, du bailleur, du dépositaire, de l'emprunteur ou du prêteur (Garsonnet, *op. cit.*, t. 3, p. 652). Les tiers à qui la saisie préjudicie ont deux partis à prendre : 1° prévenir la saisie, s'il en est encore temps en allant en référé, demander au président du tribunal de surseoir; 2° s'opposer à la vente, en intentant une demande en distraction. Ils ne peuvent agir par voie d'action en nullité de la saisie; toutes les conditions de fond et de forme qui y sont prescrites sont requises dans l'intérêt du saisi, et, si quelqu'une a fait, lui seul ou ses ayants cause peuvent s'en prévaloir » (Comp. *Rép.* n° 275 et suiv.; Rousseau et Laisney, *op. cit.*, v° *Saisie-exécution*, n° 167 et 172; Dutruc, *op. cit.*, eod. v°, n° 150 et 261; Boitard, Colmet-Daâge et Glasson, *op. cit.*, t. 2, p. 285 et suiv., n° 862).

121. La demande en distraction se forme sans ordonnance préalable du président du tribunal, par exploit signifié au gardien et dénoncé au saisissant et au saisi avec assignation libellée. La signification au gardien doit être faite à peine de nullité. Mais il a été jugé que le jugement qui prononce la nullité d'une demande en revendication des meubles saisis, pour défaut de signification de cette demande au gardien, ne fait pas obstacle à ce qu'une seconde demande semblable, mais exempte de l'irrégularité qui a donné lieu à l'annulation de la première, soit déclarée valable par un jugement ultérieur (Trib. civ. Béziers, 20 janv. 1875, *Journal des avoués*, t. 100, p. 154). « Le premier jugement, dans ce cas, dit M. Dutruc, *op. cit.*, v° *Saisie-exécution*, n° 269, ne saurait avoir l'autorité de la chose jugée relativement à la demande sur laquelle statue la seconde décision, parce que, si cette demande a le même objet que la première, elle ne renferme pas la cause de nullité que contient celle-ci et qui en a seule déterminé le rejet. Dès l'instant que le premier jugement n'a pas apprécié au fond la seconde revendication sur laquelle il est intervenu, et s'est borné à la repousser comme irrégulière, rien ne saurait s'opposer à ce qu'une nouvelle demande, exempte du vice qui entachait la précédente soit plus tard déclarée recevable et jugée au fond par le même tribunal pourvu qu'elle soit formée en temps utile » (V. *suprà*, v° *Chose jugée*, n° 94, 96 et suiv.; *Rép.*, eod. v°, n° 215 et suiv.).

122. La partie saisie doit, de toute nécessité, être mise en cause sur la demande en revendication, et la demande est non recevable lorsque la partie saisie n'a pas été assi-

gnée ou lorsqu'il n'a pas été donné suite à l'ajournement qui lui a été signifié. D'ailleurs, le saisi, qui n'a pas été mis en cause par le revendiquant a le droit d'intervenir devant la cour. En effet, le saisi est un contradicteur nécessaire à l'action en distraction de meubles saisis-exécutés intentée par celui qui s'en prétend propriétaire, et l'art. 608 c. proc. civ. a pour but de rendre la procédure de revendication commune au saisissant et au saisi, de manière à ce que, à chacune des phases de cette procédure, conformément à l'art. 153 c. proc. civ. (Rép. n° 279 et suiv. ; Rousseau et Laisney, op. cit., v° Saisie-exécution, n°s 181 et 182 ; Dutruc, op. cit., eod. v°, n°s 276 et suiv. ; Boitard, Colmet-Daâge et Glasson, op. cit., t. 2, p. 286, n° 862). Il a été jugé : 1° qu'en cas de revendication d'objets indûment compris dans une saisie-exécution, la partie saisie doit être mise en cause, soit en première instance, soit en appel ; faute de quoi la demande doit être déclarée non recevable (Paris, 31 mai 1862, aff. Vincent ; 9 août 1862, aff. Pincot ; 16 mai 1863, aff. Wattelin, D. P. 63. 3 334) ; — 2° Que le tiers qui revendique des objets mobiliers compris dans une saisie-exécution doit mettre en cause la partie saisie, soit en première instance, soit en appel ; faute de quoi sa demande ou son appel doit être déclaré non recevable (Paris, 20 août 1864, aff. Vildieu, D. P. 66. 5. 420) ; — 3° Qu'en cas de revendication d'objets indûment compris dans une saisie-exécution, si la partie saisie n'a pas été mise en cause, la demande est non recevable ; qu'il en est ainsi alors même que la revendication est formée par la femme du saisi et que le saisi figure dans l'instance pour autoriser sa femme (Chambéry, 29 avr. 1872, aff. Thévenet, D. P. 73. 5. 410) ; — 4° Qu'au cas de revendication d'objets indûment compris dans une saisie-exécution, la partie saisie doit être mise en cause en appel aussi bien qu'en première instance ; qu'en conséquence. l'appel formé par le revendiquant contre le saisissant seul et sans que le saisi ait été mis en cause est non recevable (Req. 13 août 1878, aff. Depoilly, D. P. 79. 1. 359) L'arrêt s'appuie sur ces motifs : « que d'après l'art. 608 en matière de saisie-exécution, la revendication des meubles par un tiers qui s'en prétend propriétaire, malgré la présomption de l'art 2279 c. civ., doit être dirigée, non seulement contre le saisissant, dont la loi reconnaît le droit éventuel à des dommages-intérêts, mais encore et principalement contre le saisi, propriétaire apparent et contradicteur nécessaire ; que le texte de l'art. 608, pas plus que celui l'art. 725, qui règle la même situation en matière immobilière, n'établit aucune exception pour le cas où le revendiquant est demandeur en appel ; que, obligé, dès le début, d'énoncer les preuves de sa propriété et ensuite d'en poursuivre la vérification, le tiers doit pourvoir en première instance et en appel à ce que la procédure soit toujours régularisée par la mise en cause du saisi ; que cette obligation seule peut garantir l'exercice des droits de poursuite autorisés par la loi au profit des créanciers munis de titres exécutoires, contre une collusion entre le saisi et le tiers, et contre les effets de leur inaction calculée ».

123. Il a été jugé, d'autre part : 1° que le propriétaire qui revendique les objets à lui appartenant, qui ont été compris dans une saisie-exécution pratiquée contre un tiers, doit non seulement assigner la partie saisie, mais encore prendre contre elle, si elle n'a pas comparu, un jugement de défaut profit-joint et la réassigner ensuite, conformément à l'art. 153 c. proc. civ. (Paris, 24 août 1871, aff. Labourdette, D. P. 71. 2. 144) ; — 2° Que la demande en revendication de meubles saisis formée contre le saisissant et le saisi n'est pas recevable lorsque. le saisissant ayant seul constitué avoué, et le saisi faisant défaut, le revendiquant n'a pas pris contre ce dernier un jugement par défaut profit-joint, et ne lui a pas signifié une assignation, conformément à l'art. 153 c. proc. civ. (Trib. civ. Seine, 4 déc. 1873, Journal des avoués, t. 99, p. 63) ; — 3° Que le demandeur en revendication étant tenu, à peine de nullité, de suivre sur la procédure engagée par sa demande, c'est à lui de prendre un jugement de défaut profit-joint dans le cas où la partie saisie n'a pas constitué avoué ; et que les diligences qui seraient faites par le saisissant ne sauraient avoir pour effet de relever le revendiquant de la déchéance résultant de son inaction (Paris, 22 janv. 1876, Journal des avoués, t. 101, p. 94) ; — 4° Que dans le cas où il y a plusieurs parties saisies, il ne suffit pas, pour la validité de la demande en revendication, qu'une seule de ces parties soit mise en cause (Paris, 24 déc. 1872, Journal des avoués, t. 100, p. 428). Enfin il a été jugé qu'en matière de revendication d'objets saisis, la disposition de l'art. 608 c. proc. civ., qui exige la mise en cause du débiteur saisi, ayant pour but de réunir dans la même instance les divers intéressés, afin qu'il soit statué par une seule décision sur la propriété des objets revendiqués, il s'ensuit que cette mise en cause est nécessaire à toutes les phases de la procédure, et notamment en appel ; ... et que, lorsque l'appel émane non du revendiquant, mais du saisissant, c'est à celui-ci qu'il appartient d'intimer la partie saisie, car seul il est en mesure de requérir défaut profit-joint contre l'intimé qui ne comparaîtrait pas, et de provoquer une décision définitive à l'égard de tous les intéressés (Paris, 8 déc. 1893, aff. Mollard, D. P. 94. 2. 367).

124. Le saisi qui n'a pas été mis en cause par le demandeur en revendication est recevable à intervenir même en appel. L'intervention est un mode de défense commun à toutes les parties qui sont intéressées dans un litige. L'art. 608 c. proc. civ., en édictant une procédure spéciale aux demandes en revendication pour mettre en cause le saisi, ne peut avoir pour résultat de faire échec à cette règle. Il a été jugé que le saisi peut intervenir dans l'instance en validité au lieu de s'y laisser assigner et, en admettant que cette intervention, faite par voie de conclusion et non sous forme de requête, soit nulle pour vice de forme, cette nullité est couverte par le fait d'avoir plaidé au fond devant les premiers juges et ne peut plus, dès lors, être proposée en cause d'appel (Chambéry, 22 mars 1887, aff. Epoux Barbier, D. P. 88. 2. 190. Conf. Paris, 20 août 1875, Journal des avoués, t. 100, p. 428).

125. La loi attribue la connaissance des demandes en distraction au tribunal du lieu de la saisie (art. 608). On peut soutenir, en termes absolus, que le juge des référés n'est pas compétent pour apprécier le mérite d'une demande en revendication de meubles saisis et ordonner la continuation des poursuites nonobstant la revendication. Ce serait, en effet, statuer d'une manière définitive sur une question de propriété, et telles ne sont pas les attributions ordinaires du juge des référés. L'art. 608 c. proc. civ. veut que ces questions de propriété soient jugées au tribunal du lieu de la saisie (Rousseau et Laisney, op. cit., v° Référé, n° 133). Cependant la cour de Paris, à plusieurs reprises, a admis un tempérament à cette doctrine ; elle reconnaît au juge des référés le droit d'ordonner la continuation des poursuites, malgré la revendication, si cette demande lui paraît être le résultat d'un dol ou est tout au moins manifestement mal fondée. Il a été jugé que c'est aux juges du fond qu'il appartient de statuer sur les moyens de la demande en revendication et sur les nullités de forme qui la concernent ; qu'en conséquence, le juge de référé ne peut pas ordonner la vente d'objets saisis revendiqués ; qu'il doit, au contraire, prescrire la discontinuation des poursuites jusqu'à ce qu'il ait été fait droit par les juges du principal sur l'action en revendication ; à moins cependant que la demande en revendication ne soit le résultat d'un dol manifeste et d'un concert frauduleux entre la partie saisie et le revendiquant (Paris, 19 mars 1885, aff. Veuve Valerie, et 19 avr. 1885, aff. Barberousse, D. P. 86. 2. 95. V. aussi Paris, 19 nov. 1873, Bulletin de la cour de Paris, 1873, p. 39 ; et 1er août 1882, aff. Ozanne, D. P. 83. 2. 127). Décidé, au sens contraire et en termes absolus, que le juge des référés peut ordonner, nonobstant une demande en revendication, la continuation des poursuites commencées (Paris, 19 juill. 1884, aff. Dufeutrelle, D. P. 86. 2. 95. V. aussi supra, v° Référé, n°s 43 et suiv.).

126. C'est une question controversée que celle de savoir si l'élection de domicile prescrite par l'art. 584 c. proc. civ. est établie en faveur du saisi seul, ou si les tiers peuvent

eux-mêmes faire au saisissant des significations au domicile par lui élu dans le commandement préalable à la saisie-exécution, et notamment s'ils peuvent lui signifier à ce domicile leur demande en revendication d'objets saisis. L'affirmative adoptée au *Rép.*, nos 281 et suiv., a été consacrée par la jurisprudence. Il a été jugé : 1° que la disposition de l'art. 584 c. proc. civ. est applicable au tiers qui revendique des objets saisis ; qu'il en est ainsi surtout lorsque ce tiers agit comme représentant du saisi (Dijon, 27 juin 1864) (1) ; — 2° Que la signification, au créancier saisissant, de la demande en revendication d'objets compris dans le procès-verbal de saisie est valablement faite au domicile par lui élu dans la commune où doit se faire l'exécution ; elle ne peut d'ailleurs, en ce qu'elle se rapporte à la saisie, contenir assignation que devant le tribunal du lieu de ce domicile, par respect pour les droits que l'art. 584 c. proc. civ. reconnaît au saisi (Trib. civ. Marseille, 16 févr. 1865, aff. Morel, D. P. 66. 3. 76). Dans tous les cas, il a été décidé : 1° qu'en admettant que l'élection, que doit contenir le commandement préalable à la saisie-exécution, d'un domicile où le débiteur pourra faire toutes significations, ne soit prescrite par l'art. 584 c. proc. civ. qu'en faveur du saisi, l'irrégularité résultant de ce qu'un tiers aurait signifié à ce domicile élu sa demande en revendication de meubles saisis, se trouve couverte, lorsque, sur cette demande, le saisissant a comparu et conclu au fond, et que, postérieurement à ladite demande, le revendiquant a dénoncé au saisissant, à son domicile réel, l'opposition par lui faite à la vente (Civ. cass. 23 mars 1881, aff. Dame Pallard, D. P. 81. 1. 447) ; — 2° Qu'en matière de saisie-exécution, le défaut de dénonciation de l'exploit de revendication au domicile réel du saisissant, ou sa dénonciation irrégulière au domicile élu, sont des moyens de forme qu'on ne peut, dès lors, présenter pour la première fois en appel s'il a été défendu au fond en première instance (Chambéry, 22 mars 1887, aff. Époux Barbier, D. P. 88. 2. 190). La doctrine de ces derniers arrêts est parfaitement juridique. Il est, en effet, de principe que les nullités de procédure se proposent sous forme d'exception, et que les exceptions doivent, d'être proposées avant les moyens de fond, sous peine d'être couvertes. Il n'est pas douteux, d'ailleurs, que le tiers qui a la faculté d'assigner le saisissant en revendication des objets saisis au domicile élu dans le commandement, peut renoncer à cette faculté et donner l'assignation au domicile réel (*Rép.* no 283). — Cette théorie, admise par M. Dutruc (*op. cit.*, vo *Saisie-exécution*, no 254), est combattue par M. Garsonnet. D'après cet auteur, il résulte de l'art. 584 « le débiteur pourra faire à ce domicile toutes significations », que cette élection ne profite qu'à lui, et ne peut être invoquée ni par le gardien qui demande sa décharge, ni par les autres créanciers qui font opposition à la vente, ni par les tiers qui veulent s'opposer à la saisie ou former une demande en distraction (*op. cit.*, t. 3, p. 604. V. en ce sens : Bioche, *op. cit.*, vo *Saisie-exécution*, no 72 ; Rodière, *op. cit.*, 4e édit., t. 2, p. 216 ; Rousseau et Laisney, *op. cit.*, vo *Saisie-exécution*, no 184).

127. Les créanciers opposants ne doivent pas être appelés en cause ; ils ont seulement le droit d'intervenir s'ils le jugent à propos (Rousseau et Laisney, *op. cit.*, vo *Saisie-exécution*, no 183 ; Dutruc, *op. cit.*, eod. vo, no 270).

128. L'art. 608 attribuant juridiction au tribunal du lieu de la saisie, il appartient exclusivement à ce tribunal de statuer sur les questions de revendication. L'assignation donnée au saisissant à son domicile réel, ne pourrait pas enlever au tribunal sa juridiction ; si donc le revendiquant assigne le saisissant à son domicile, ce ne peut être que pour comparaître devant le tribunal du lieu de la saisie (*Rép.* no 284). Tous les auteurs se prononcent dans le même sens (Dutruc, *op. cit.*, vo *Saisie-exécution*, no 298 ; Garsonnet, *op. cit.*, t. 3, p. 655 ; Boitard, Colmet-Daage et Glasson, *op. cit.*, t. 2, p. 287).

129. Ainsi qu'on l'a exposé au *Rép.*, no 287, la demande en distraction est dans les attributions de la juridiction ordinaire, alors même qu'il s'agirait d'une saisie faite administrativement pour le payement des contributions directes ; seulement l'action en distraction ne peut, en pareil cas, être portée devant les tribunaux qu'après avoir été soumise à l'autorité administrative (*Rép.* no 287 ; vo *Impôts directs*, nos 644 et suiv., 300 ; *Rép.* eod. vo, no 647 ; Garsonnet, *op. cit.*, p. 655, note 23).

130. L'opinion émise au *Rép.*, no 286, que le gardien de la saisie qui n'a pas d'intérêt personnel dans la contestation, ne doit pas être assigné conjointement avec le saisissant et le saisi, est professée par tous les auteurs (Garsonnet, *op. cit.*, t. 3, p. 655, note 21 ; Dutruc, *op. cit.*, vo *Saisie-exécution*, no 268).

131. L'opposition permise par l'art. 609 n'est assujettie à aucun délai ; elle peut donc être formée à toute époque avant la vente (*Rép.* no 289 ; Rousseau et Laisney, *op. cit.*, vo *Saisie-exécution*, no 176 ; Dutruc, *op. cit.*, eod. vo, no 266). Il n'existe pas non plus de délai fatal pour la dénonciation au saisissant ou au saisi de l'opposition à la vente d'objets saisis, par un tiers revendiquant et cette dénonciation peut avoir lieu même après la vente (*Rép. loc. cit.*). Il a été jugé que l'art. 608 c. proc. civ. ne fixe pas de délai à celui qui, se prétendant propriétaire des objets saisis, a fait opposition entre les mains du gardien ; qu'en conséquence, la notification de cette opposition au saisissant et au saisi peut être valablement faite après la vente ; qu'en pareil cas, la vente est

<hr>

(1) (Sauthier C. Carrier.) — LA COUR ; — Considérant, sur la première question, que, sous l'ordonnance de 1667, qui imposait au créancier, comme l'art. 584 c. proc. civ., l'obligation d'élire domicile dans la commune où la saisie-exécution était faite, si le saisissant n'y demeurait pas, il était de jurisprudence constante que le saisissant et les opposants pouvaient faire, à ce domicile dans la commune élu, toutes leurs significations ; — Que si ces mots de l'art. 584 : « le débiteur pourra faire à ce domicile élu toutes les significations d'offres réelles et d'appel » ne se trouvaient pas dans l'ordonnance, on ne doit pas en induire qu'on a voulu restreindre au débiteur une faculté que l'ancienne jurisprudence accordait au tiers intéressé ; — Que cette disposition paraît avoir été ajoutée pour lever tous les doutes qui auraient pu s'élever sur le point de savoir si, au nombre des significations permises, on devait comprendre celles d'offres réelles et d'appel, qui sont en dehors de la saisie ; — Qu'on ne voit pas, en effet, de motifs pour traiter moins favorablement le revendiquant que le saisi, en l'obligeant d'adresser ses réclamations au domicile réel, ce qui l'exposerait à un retard qui pourrait les rendre inefficaces ; — Considérant d'ailleurs que le procès-verbal de récolement auquel Sauthier a fait procéder après commandement équivaut à une seconde saisie contre Marmin et sa femme ; — Que Carrier a agi, non de son chef, mais comme représentant la dame Marmin, débitrice saisie, qu'il peut donc se prévaloir de l'exception écrite dans l'art. 584 en faveur du débiteur saisi ; qu'ainsi, sous ce double rapport, son assignation au domicile élu a été valablement donnée. — Considérant, sur la deuxième question, que Chevalier a fait saisir, par procès-verbaux des 30 juin, 18 et 20 juill. 1863, le mobilier qui se trouvait au domicile de Marmin, son débiteur ; que la saisie comprenant des meubles que la femme Marmin s'était réservés propres par son contrat de mariage, elle a formé, le 14 juillet, opposition à leur vente ; qu'ayant obtenu, le 30 du même mois, sa séparation de biens, ils lui ont été relâchés par son mari, suivant acte notarié en date du 12 août dernier, contenant liquidation de ses reprises, et qu'elle les a vendus à Carrier par acte reçu Lassalle, le 23 septembre suivant, moyennant 2400 fr., imputables jusqu'à concurrence sur une plus forte somme qu'elle lui devait, s'obligeant à les livrer dans la quinzaine, délai qui s'explique par la circonstance qu'ils se trouvaient compris dans la saisie faite par Chevalier ; — Considérant que Marmin n'était donc plus propriétaire de ces meubles, lorsque Sauthier, son créancier, a fait dresser, le 23 sept. 1863, un procès-verbal de récolement, équivalant à une saisie sur elle ; — Considérant que Sauthier ne prouve pas que cette vente soit frauduleuse ; qu'il est établi, au contraire, par les pièces produites, notamment par le billet souscrit par les mariés Marmin au profit de Carrier, protesté faute de payement à l'échéance, qu'il est leur créancier, et que les rapports d'affaires qui existent depuis 1861 entre lui et les mariés Marmin, consistant, d'après ses livres et sa correspondance, dans les sommes d'argent qu'il leur a fournies pour leurs besoins, rendent très vraisemblable l'existence de solde du compte pour le payement duquel Carrier s'est fait consentir la vente des objets mobiliers qui font l'objet de sa demande en distraction ; — Considérant que l'art. 1141 c. civ. ne peut recevoir d'application qu'en cas de vente de la même chose à deux personnes successivement, ce qui ne se rencontre pas dans le cas particulier ; — Confirme, etc.

Du 27 juin 1864.-C. de Dijon, 3e ch.-MM. Petiot, pr.-Roignot et Lambert, av.

nulle, sauf la responsabilité du gardien et celle de l'huissier (Nîmes, 22 juin 1883, aff. Brousse et Pezon, D P. 84. 2. 117). L'arrêt s'appuie sur ces motifs : « que le droit d'opposition existe jusqu'au moment de la vente et que, dans un grand nombre de cas, ce serait annihiler ce droit que d'exiger la dénonciation immédiate au saisissant et au saisi, puisque le domicile du saisi peut être fort éloigné ; que le législateur, en conférant le droit d'opposition a nécessairement accordé les délais indispensables pour le faire valoir; qu'il a suffisamment obvié aux abus antérieurs en exigeant soit l'assignation, soit la dénonciation des preuves de propriété ; que l'intérêt de l'opposant est une garantie de sa diligence et que, d'ailleurs, le saisissant pourrait lui-même poursuivre l'instance : que la notification au gardien serait sans objet, si elle n'avait pour résultat d'empêcher la vente; que le gardien n'a point à connaître les titres de propriété des revendiquants ni à comparaître devant le tribunal ; qu'il résulte de l'art. 29 du tarif de 1811 qu'il ne doit point être assigné; que sa seule mission est de conserver les objets confiés à sa garde et d'empêcher leur enlèvement tant qu'il n'a pas obtenu décharge: d'où il suit que, l'opposition qu'il reçoit, en lui fait connaître le nom du saisissant, doit faire obstacle à la vente; qu'en passant outre, ils engagent leur responsabilité : qu'ils ne sont pas juges de la validité de l'opposition; que cette règle est consacrée par une doctrine et une jurisprudence unanimes : qu'elle a été inspirée par le désir de protéger les droits de toutes les parties ; que ce n'est que dans des cas exceptionnels, tels que ceux prévus par les art. 161 et 607 c. proc. civ., qu'il est permis à l'huissier de passer outre et que, dans ce cas, la loi lui a formellement concédé cette faculté; mais qu'il ne saurait lui appartenir d'imposer aux opposants une déchéance que la loi n'a point édictée ; que ce serait ajouter à la loi que de vouloir que la dénonciation au saisissant et au saisi intervienne avant la vente; qu'aucun délai n'a été fixé pour cette dénonciation; que le législateur a dû supposer que l'opposition au gardien serait respectée et permettrait de compléter la procédure ».

132. L'art. 608 c. proc. civ. veut que l'exploit d'opposition contienne l'énonciation des preuves de propriété. « Les abus des anciennes oppositions « pour moyens à déduire en temps et lieu », et la fréquence des demandes en distraction formées sans motifs, de connivence avec le saisi et à seule fin de retarder la vente des meubles saisis, justifient cette prescription » (Garsonnet, op. cit., t. 3, p. 656). L'énonciation des preuves de propriété est exigée dans les significations faites au saisissant et au saisi Le gardien n'ayant ni intérêt à contester les droits du demandeur ni qualité pour le faire, l'exploit qui lui est signifié ne contient pas justification de la propriété (Rép. n° 292 ; Garsonnet, op.cit., t. 3, p. 656, note 30 ; Dutruc, op. cit., v° Saisie-exécution, n° 286 ; Bioche, op. cit., eod. v°, n° 244).—Il a été jugé que l'énonciation des preuves de propriété, exigée en matière de saisie-exécution par l'art. 608 c. proc. civ., n'est point suffisamment fournie par l'exploit de revendication qui se borne à signifier un acte sans portée dans la cause (Agen, 1er juin 1889, aff. Abadie, D. P. 91. 2. 262). V. la note sur cet arrêt.

133. Aux termes d'un arrêt, l'exploit de revendication, en ce qui concerne les preuves de la propriété du revendiquant, peut être complété à l'aide des indications du procès-verbal de saisie (Chambéry, 22 mars 1887, aff. Epoux Barbier, D. P. 88. 2. 190). Aucune disposition légale, dit cet arrêt, n'interdit de compléter l'exploit de revendication à l'aide des indications contenues dans le procès-verbal de saisie ; l'énonciation des preuves de propriété n'été surtout édictée dans l'intérêt du saisissant, pour ne pas l'exposer au péril d'une surprise dans la défense de ses droits. Lorsque le procès-verbal de saisie indique que le tiers a déclaré que les objets saisis étaient sa propriété en qualité d'héritier de telle personne, le saisissant ne peut se méprendre sur les titres invoqués à l'appui de la revendication.

134. L'art. 608 c. proc. civ. n'exige qu'une seule condition pour la recevabilité de la revendication, à savoir que le revendiquant fournisse les *preuves* de sa propriété. Ces expressions sont d'autant plus significatives que le projet primitif exigeait l'énonciation des *titres* de propriété : la substitution du mot *preuves* au mot *titres* démontre péremp-

toirement qu'il n'est pas nécessaire d'avoir un acte écrit pour pouvoir opérer l'action en revendication en matière de saisie-exécution. Il suffit d'indiquer des faits de possession, des qualités ou des droits qui rendent vraisemblable ou justifie la propriété qu'on allègue. Le tribunal a un large pouvoir d'appréciation pour admettre ou repousser les preuves alléguées (Rép. n° 290 ; Bioche, op. cit., v° Saisie-exécution, n° 234 ; Rousseau et Laisney, op. cit., eod. v°, n° 186 ; Thomine-Desmazure, Commentaires sur le code de procédure civile, t. 2, p. 124 ; Dutruc, v° Saisie-exécution, n° 284; Garsonnet, t. 3, § 585, p 656 . Il a été jugé que les objets mobiliers (dans l'espèce, des meubles et des animaux) garnissant un domaine acheté par une femme mariée sont présumés être sa propriété, et cette présomption légale ne doit fléchir qu'en présence de preuves certaines, surtout lorsque le tiers qui revendique ces objets est le propre mari de la propriétaire du domaine, et est représenté comme insolvable : spécialement, il y a lieu de rejeter la revendication d'objets saisis formée par le mari qui invoque pour justifier sa demande le régime exclusif de communauté sous lequel a été contracté son mariage, mais qui a négligé de faire inventaire et qui ne produit aucun titre de propriété, ou ne produit qu'un titre sans portée (dans l'espèce, un acte constatant l'achat de meubles dont l'identité avec les objets revendiqués n'est point établie) (Agen, 1er juin 1889, aff. Abadie, D. P. 91. 2 262).

135. La demande en distraction peut-elle être fondée sur des titres qui n'auraient pas acquis date certaine avant la saisie? L'affirmative nous paraît certaine, en principe. Le législateur par la substitution du mot *preuves* au mot *titres* a indiqué que la justification de la demande en distraction pouvait se faire même en dehors d'une preuve écrite. Ainsi, on admet que le demandeur peut être cru sur sa seule affirmation lorsqu'il déclarera avoir reçu par succession des meubles saisis sur le débiteur, et, couvert par la maxime « en fait de meubles possession vaut titre », il établira suffisamment sa propriété en prouvant qu'il possède ces mêmes meubles dans les conditions déterminées par l'art. 2279 c. civ. (V. Chambéry, 22 mars 1887, aff. Epoux Barbier, D. P. 88. 2. 190, cité supra, n° 133.

136. Si le juge a le droit d'accueillir une demande qui ne reposerait sur aucun titre, à plus forte raison pourra-t-il se contenter d'un titre dont le tort serait de ne pas satisfaire aux exigences de l'art. 1328 c. civ. — Toutefois, comme les demandes en distraction sont souvent, dans la pratique, faites par des prête-noms du saisi et n'ont d'autre base que de soustraire le gage du créancier à des poursuites légitimes, il devra se montrer très sévère sur les preuves produites (Garsonnet, op. cit., t. 3, p. 657 ; Bioche, op. cit., v° Saisie-exécution, n° 254).

137. Il a été jugé que le seul défaut de tradition ne constitue pas une fin de non-recevoir suffisante contre celui qui revendique les objets saisis en vertu d'un acte translatif de propriété ayant acquis date certaine (Alger, 19 mars 1884, aff. Debono, D. P. 85. 2. 434). C'est l'application pure et simple du principe que la propriété se transfère par le seul consentement des parties, sans qu'il soit besoin de tradition (Rép. n° 295).

138. La preuve testimoniale est admise à l'appui d'une demande en revendication. Si les objets revendiqués représentent une valeur supérieure à 150 fr., peut-elle être accueillie alors même qu'il n'y aurait pas de commencement de preuve par écrit ? Oui, en principe, car le revendiquant n'est tenu que de fournir les preuves telles quelles de son droit, en vertu de l'art. 608. La règle de l'art. 1341 c. civ. ne devient applicable que si le demandeur invoque à son profit un contrat translatif de propriété, l'existence de ce contrat ne pouvant être démontrée qu'au moyen de la preuve par écrit, conformément au droit commun. Mais la nécessité d'une preuve par écrit doit être restreinte à cette hypothèse. Dans tous les autres cas, et notamment lorsque le demandeur invoque des faits de possession, ou prétend établir contre en alléguant la fraude, la présomption de propriété résultant au profit du possesseur d'objets mobiliers de l'art. 2279, la preuve testimoniale est admissible. Il a été jugé en ce sens : que l'art. 608 c. proc. civ. n'impose pas à celui qui agit en revendication d'objets saisis l'obligation de

fournir la preuve par écrit de son droit de propriété, alors même que lesdits objets représenteraient une valeur supérieure à 150 fr. (Douai, 30 mai 1892, aff. Lericq. D. P. 93. 2. 338). — Un autre arrêt a décidé, au contraire, que la preuve par témoins, invoquée à l'appui d'une revendication d'objets saisis, est inadmissible, lorsque la valeur des objets revendiqués est supérieure à 150 fr. (Agen, 1er juin 1889, aff. Abadie. D. P. 91. 2. 262). Cette proposition, dont la formule trop absolue nous paraît inexacte, était justifiée dans la cause. Le mari qui revendiquait les objets saisis, dont sa femme avait la possession, et, par suite, la présomption légale de propriété, n'invoquait point une fraude commise à son préjudice, mais un titre translatif de propriété à son profit. La preuve de l'existence de ce titre ne pouvait donc être administrée que conformément au droit commun ; à défaut de commencement de preuve par écrit, la preuve testimoniale était donc inadmissible.

139. Le tribunal a, d'ailleurs, le pouvoir d'admettre ou de rejeter la preuve testimoniale qui est proposée. Ainsi il a été jugé : 1° que la preuve testimoniale invoquée à l'appui d'une revendication d'objets mobiliers saisis doit être rejetée, lorsque les faits articulés sont absolument invraisemblables ; que le demandeur se borne à demander à prouver que les objets saisis sont sa propriété, sans préciser les faits et circonstances desquels cette preuve pourrait résulter, et ne fournit aucune indication de la faire supposer que l'identité des objets pourrait être établie (Agen, 1er juin 1889, aff. Abadie, D. P. 91. 2. 262) ; — 2° Que le juge jouit d'un pouvoir d'appréciation souverain pour admettre ou repousser les preuves alléguées par le revendiquant ; et, de même qu'il peut rejeter une preuve écrite, ayant ou n'ayant pas date certaine avant la saisie et si elle lui paraît être le résultat d'un concert dolosif entre le saisi et le revendiquant, de même il peut accueillir la preuve testimoniale lorsque les faits allégués par le demandeur lui paraissent de nature à démontrer que le demandeur avait la possession légale et par suite la propriété des objets revendiqués (Douai, 30 mai 1892, aff. Lericq, D. P. 93. 2. 338).

140. La disposition de l'art. 2205 c. civ., aux termes de laquelle la part indivise d'un cohéritier dans les immeubles de la succession ne peut être mise en vente par ses créanciers personnels avant le partage ou la licitation, s'applique-t-elle au cas de la saisie mobilière ? La négative a été admise par un arrêt de la cour de cassation du 23 mars 1881, (aff. Paccard, D. P. 81. 1. 417. Conf. Rodière, *Compétence et pro édure civile*, 4e édit., t. 2, p. 362). Mais cet arrêt ne parle que de la mise en vente, et non de la vente elle-même. Il reconnaît seulement que le cohéritier ne peut s'opposer à ce qu'on remplisse les formalités préparatoires de la vente, parce qu'il n'a pas le droit de s'opposer à la saisie. Il ne dit pas qu'il ne saurait s'opposer à la vente elle-même. Or, il faut distinguer entre la saisie et la vente. On peut saisir des meubles indivis avant que le partage en soit effectué ; mais, d'après la plupart des auteurs (V. Carré et Chauveau, vo *Saisie-exécution*, quest. 1993 ; Bioche, *op. cit.*, eod. vo, no 62 ; Rousseau et Laisney, *op. cit.*, eod. vo, no 6), et la jurisprudence (Bordeaux, 29 mars 1870, aff. Hazera, D. P. 81. 1. 418, en note), les copropriétaires non débiteurs du créancier saisissant peuvent s'opposer à la vente, tant que dure l'indivision, en formant une demande en distraction et en provoquant ensuite le partage pour lequel le juge leur accordera un délai (V. *Rép.*, no 37). Il a été jugé que le créancier d'un copropriétaire de meubles peut, pendant l'indivision, faire saisir les meubles afin de prévenir la disparition du gage de sa créance ; mais que, tant que dure l'indivision, il ne peut faire procéder à la vente des objets saisis ; qu'en conséquence, lorsqu'une demande en distraction de ces objets a été régulièrement formée par leur copropriétaire, le juge ne peut passer outre en ordonnant la vente pour le prix être partagé entre les ayants droit (Civ. cass. 29 mars 1887. aff. Vignoli, D. P. 87. 1. 434). L'arrêt s'appuie sur ces motifs : « qu'il résulte de la combinaison de l'art. 608 c. proc. et 2205 c. civ. que si le créancier d'un copropriétaire ne peut, pendant l'indivision, faire saisir les immeubles dans lesquels son débiteur a des droits, et, à plus forte raison, les mettre en vente, il peut, au contraire, faire saisir les meubles ; qu'en effet, cette mainmise de la justice est indispensable, dans ce cas, pour prévenir la disparition du gage de sa créance ; mais que, tant que dure cette indivision, il ne peut continuer les poursuites et faire procéder à la vente ; qu'en effet, la part de son débiteur sur laquelle le créancier a des droits n'est pas déterminée, et que ce créancier n'en a d'aucune sorte sur celle des copropriétaires qui ne lui doivent rien ; que ceux-ci ne sauraient être contraints à abandonner leur part en nature des meubles indivis qui leur est assurée par l'art. 826 c. civ., et à se contenter du partage du prix provenant de leur vente ; que, dans cette situation, le partage préalable doit nécessairement avoir lieu, soit sur la poursuite de l'un des copropriétaires, soit sur celle du créancier saisissant lui-même, exerçant les droits de son débiteur, et ce, dans le délai que le juge doit impartir, en prononçant le sursis à la vente ».

141. La revendication peut être formée jusqu'à la vente. Mais il se peut que le tiers à qui appartiennent des objets compris dans une saisie n'ait connaissance de la saisie qu'après que la vente de ces mêmes objets a été consommée. On a dit au *Rép.*, no 297. qu'il ne pourrait exercer la revendication contre les adjudicataires de bonne foi, qui sont protégés par l'art. 2279 c. civ. — Il a été jugé que, lorsqu'une saisie-exécution est déclarée nulle, les objets adjugés à des tiers de bonne foi ne peuvent pas être revendiqués contre eux ; mais que l'adjudicataire n'est pas de bonne foi et ne saurait dès lors invoquer la règle « en fait de meubles possession vaut titre », lorsqu'il a été à la fois adjudicataire et poursuivant de la saisie déclarée nulle pour avoir été par lui faite sans qualité (Req. 22 juin 1885, aff. Fauveau, D. P. 86. 1. 59). En effet, le poursuivant, devenu adjudicataire, qui, sans qualité, a fait pratiquer une saisie-exécution qui a abouti à l'adjudication à son profit des marchandises revendiquées, ne peut exciper de sa bonne foi, puisqu'il ne pouvait ignorer le vice d'une procédure qu'il a dirigée. Par suite, à défaut de possession de bonne foi, il ne peut invoquer le bénéfice de l'art. 2279 c. civ.

142. On a combattu au *Rép.*, no 297, l'opinion de certains auteurs qui pensent que le propriétaire de l'objet saisi et vendu à droit, qui n'a pas encore été distribué entre les créanciers du saisi, d'intervenir dans la distribution et de se faire attribuer le prix. En cas d'adjudication de l'objet saisi, a-t-on dit, le tiers revendiquant a perdu tout droit à la chose, il est devenu simple créancier du saisi, et évidemment créancier non privilégié. Il a seulement le droit de concourir avec les autres créanciers à la distribution du prix. M. Garsonnet n'est pas de cet avis. « Le droit de demander la distraction, dit cet auteur, *op. cit.*, t. 3, p. 658, n'est pas renfermé dans un délai fixe, et peut s'exercer utilement jusqu'au jour où il s'agit d'empêcher, ou tout au moins d'éloigner ; mais, cette vente une fois faite, la demande perd une grande partie de son intérêt ; le demandeur n'a recours, sa prétention fût-elle fondée, ni contre les créanciers qui n'ont fait que recevoir ce qui leur était dû, ni surtout contre l'adjudicataire que couvre, le cas de vol ou de perte excepté, l'art. 2279 c. civ. Tout ce que le propriétaire peut obtenir par cette action tardive, c'est : 1° la valeur de la chose, si le prix n'en est pas encore distribué, et encore en déduira-t-on les dommages-intérêts qu'il encourt en se présentant à pareille vente et en retardant au dernier moment le payement des créanciers ; 2° un recours contre le saisi, qui s'enrichirait injustement en payant un créancier avec le prix d'objets qui ne lui appartiennent pas » (V. dans le même sens : Boitard, Colmet-Daage et Glasson, *op. cit.*, t. 2, p. 288, no 864).

143. Dans le cas où le propriétaire de la chose saisie sur autrui ne serait averti qu'après la distribution du prix, il ne pourrait recourir contre les créanciers qui auraient reçu ce prix à son préjudice. Après la clôture du procès-verbal de la contribution, les créanciers qui ont reçu leur payement en vertu d'un ordre de la justice doivent être à l'abri de tout recours. La loi accorde des délais pour élever des réclamations et le règlement provisoire de la contribution ; après l'expiration du délai, aucune réclamation ne saurait être admise. Enfin, les créanciers n'ont reçu que ce qui leur était dû, *suum receperunt* (Rép. no 289 ; Boitard, Colmet-Daage et Glasson, *op. cit.*, t. 2, p. 289, no 866 ; *Rép.* vo *Distribution par contribution*, nos 113 et suiv., *supra*, eod. vo, nos 34 et suiv.).

144. Le jugement qui statue sur la demande en revendication est susceptible d'appel quand les objets réclamés ont une valeur supérieure à 1500 fr., ou indéterminée (V. *suprà*, v° *Degrés de juridiction*, n° 104; *Rép.* eod. v°, n° 314).

ART. 10. — *De la vente des objets saisis* (*Rép.* n°s 304 à 353).

145. Un délai minimum de huit jours doit exister entre la signification de la saisie et la vente. Ce délai doit être franc; il est prescrit à peine de nullité et susceptible, d'ailleurs, d'augmentation à raison des distances. Cependant ce délai pourrait être abrégé avec la permission du juge, pour des objets qui seraient sujets à dépérissement (*Rép.* n° 307). Le saisissant peut indiquer un jour plus éloigné; mais il serait obligé de faire procéder à la vente aussitôt après l'expiration du délai de huitaine, s'il survenait un récolement de la part d'un autre créancier. De son côté, le saisi serait fondé à exiger, pour éviter des frais de garde, que la vente eût lieu dans le délai légal (*Rép.* n° 308). — Comp. sur ces divers points: Garsonnet, *op. cit.*, t. 3, p. 631 et suiv.; Rousseau et Laisney, *op. cit.*, v° *Saisie-exécution*, n°s 291 et suiv.; Bioche, *op. cit.*, v°, n°s 271 et suiv.; Dutruc, *op. cit.*, eod. v°, n°s 328 et suiv.

146. Aux termes de l'art. 617 c. proc. civ., la vente est annoncée au moins un jour d'avance, par des placards qui doivent être affichés dans les lieux indiqués par cet article. En prescrivant l'affichage dans quatre endroits déterminés, la loi n'a pas entendu limiter d'une manière absolue le nombre des placards; elle indique seulement un minimum. Si l'importance de la vente exigeait une plus grande publicité, le juge pourrait passer en taxe le nombre des placards qui lui paraîtrait nécessaire, eu égard aux circonstances (*Rép.* n° 310). La vente est, en outre, annoncée par la voie des journaux dans les villes où il en existe (*Rép.* n° 311. Comp. Garsonnet, *op. cit.*, t. 3, p. 632; Bioche, *op. cit.*, v° *Saisie-exécution*, n°s 297 et suiv.; Rousseau et Laisney, *op. cit.*, eod. v°, n°s 196 et suiv.).

147. Sur la vente des bacs, galiotes, bateaux, etc., V. *Rép.* n°s 312 et suiv.

148. Pour ce qui concerne la vente de la vaisselle d'or et d'argent, des bagues et joyaux, V. *Rép.* n°s 314; Garsonnet, *op. cit.*, t. 3, p. 633; Bioche, *op. cit.*, v° *Saisie-exécution*, n°.306.

149. Les formalités exigées par l'art. 621 peuvent-elles être observées pour d'autres choses précieuses? On a admis au *Rép.*, n° 315, qu'elles sont facultatives, sauf à être rejetées de la taxe, si leur utilité ne paraissait pas démontrée. Quelques auteurs pensent qu'elles ne doivent pas être observées pour d'autres objets que ceux qui sont énumérés dans l'art. 621 (Dutruc, *op. cit.*, v° *Saisie-exécution*, n° 367; Rousseau et Laisney, *op. cit.*, eod. v°, n° 205).

150. La vente doit se faire au plus prochain marché public. Cependant on peut obtenir en justice l'autorisation de vendre dans un autre lieu. Cette autorisation, qui devrait émaner du tribunal, est dans la pratique accordée par le président. Et la régularité de ce mode de procéder a même été proclamée par un arrêt de la cour de Caen (8 mai 1873, *Journal des avoués*, t. 29, p. 111. V. aussi Bioche, *op. cit.*, v° *Saisie-exécution*, n° 289; *Rép.* n° 316; Garsonnet, *op. cit.*, t. 3, p. 639, note 21).

151. La vente des meubles peut-elle être faite un jour de dimanche, sur la place publique de la commune même où a été pratiquée la saisie, s'il n'y a pas dans cet endroit de marché public? M. Dutruc admet l'affirmative. «Si l'art. 617, dit cet auteur (*op. cit.*, v° *Saisie-exécution*, n° 360), avait voulu, en effet, que la vente fût toujours et nécessairement faite au marché public, il n'aurait pas ajouté les mots « ou un jour de dimanche » qui auraient été inutiles. En disant simplement que la vente aurait lieu au plus prochain marché public, aux jour et heure ordinaires des marchés, il aurait suffisamment compris dans sa disposition les marchés se tenant le dimanche. Si donc il a fait suivre ces expressions de l'alternative « ou un jour de dimanche » c'est qu'il a eu l'intention d'assimiler à la vente au plus prochain marché public celle qui serait faite le dimanche en dehors de tout marché; et cette assimilation se conçoit parfaitement, eu égard à la facilité que le repos du dimanche donne aux habitants de la commune où les meubles ont été saisis, et même à ceux des communes voisines, de se présenter à la vente. D'ailleurs, la pensée de l'art. 617 serait encore éclairée, s'il en était besoin, par la disposition de l'art. 632 au titre de la saisie-brandon, qui porte expressément que la vente sera faite « un jour de dimanche ou de marché ». On ne saurait supposer un instant que la volonté du législateur n'ait pas été la même dans les deux articles » On admet généralement, au contraire, que la vente des meubles saisis doit être nécessairement faite, même un jour de dimanche, au plus prochain marché public. L'art. 617 c. proc. civ., en prescrivant que la vente faite au plus prochain marché public aux jour et heure ordinaires de marchés, ou un jour de dimanche, n'a pu vouloir autoriser le saisissant à faire vendre les meubles du saisi sur la place d'une commune où il n'y a pas de marché, mais a entendu que la vente ne pourrait jamais être faite, même un dimanche, qu'au marché public le plus voisin. « La disposition de l'art. 617 n'est pas, d'ailleurs, prescrite à peine de nullité de la saisie, (V. *infrà*, n° 154) sauf tous dommages-intérêts s'il y a lieu en faveur de la partie saisie (Garsonnet, *op. cit.*, t. 3, p. 639; Rousseau et Laisney, *op. cit.*, v° *Saisie-exécution*, n°s 194 et 195).

152. Aux termes de l'art. 614, la vente doit se faire au jour indiqué dans la signification de la saisie; si elle se fait à un autre jour, il faut appeler le saisi par une sommation à personne ou domicile, avec un jour d'intervalle, outre les délais de distance (*Rép.* n° 318). Il a été jugé que l'art. 614 c. proc. civ., portant que si la vente se fait à un jour autre que celui indiqué par la signification, la partie saisie sera appelée, s'applique exclusivement au cas où il y a eu changement dans le jour primitivement fixé mais non au cas où il y a eu continuation des opérations à un jour subséquent (Montpellier, 17 juin 1874, aff. Rolland, D. P. 76.2. 93). C'est avec raison que l'arrêt applique les dispositions des art. 614 et 617 c. proc. civ. au cas où le jour primitivement fixé pour la vente est changé sans que la vente ait été commencée, et non au cas où la vente commencée est continuée à un jour subséquent. Le rapprochement avec l'art. 703 et 704 c. proc. civ., qui prescrivent formellement que le jugement par lequel l'adjudication sur saisie immobilière est remis à un autre jour, soit publié conformément aux art. 696 et 699, paraît surtout probant, et d'ailleurs la différence est grande entre les deux hypothèses : dans l'une, un jour nouveau est indiqué pour la vente sans que la partie saisie et le public puissent en être informés autrement que par les publications faites conformément aux articles ci-dessus; dans l'autre, la vente a été commencée et le renvoi à un jour subséquent a eu lieu en présence du public et de la partie saisie, ou du moins elle appelée, en sorte que ce renvoi est entouré par lui-même d'une publicité très suffisante. Ce qui diminue peut-être l'intérêt de la question, c'est que l'observation de l'art. 614, aux termes duquel la partie saisie doit être appelée à nouveau quand la vente se fait à un autre jour que celui indiqué par la signification, n'est pas requise à peine de nullité (Riom, 24 juin 1846, aff. Séguin, D. P. 47. 4. 433).

153. Ainsi qu'on l'a vu au *Rép.* n° 320, la vente est précédée d'un procès-verbal de récolement, à l'effet de vérifier s'il n'y a pas de dégradations, ni détournements des objets saisis. Il n'est pas nécessaire qu'il contienne une énumération détaillée des objets compris dans la saisie; il suffit qu'il mentionne, le cas échéant, les objets en déficit (*Rép.* n° 320). Ce procès-verbal peut être fait un jour de dimanche, nonobstant la disposition de l'art. 1037 (*Rép.* n° 321; Garsonnet, *op. cit.*, t. 3, p. 633). On admet que les témoins qui ont assisté à la saisie doivent également être présents (Garsonnet, *loc. cit.*; Bioche, *op. cit.*, v° *Saisie-exécution*, n° 286). Enfin, comme le dit M. Garsonnet, *loc. cit.*, c'est ce procès-verbal qui libère le gardien s'il représente tout ce qui lui a été confié, et engage sa responsabilité dans le cas contraire (*Rép.* n°s 320 et suiv.; Garsonnet, *op. cit.*, t. 3, p. 634; Bioche, *op. cit.*, v° *Saisie-exécution*, n°s 284 et suiv.; Dutruc, *op. cit.*, eod. v°, n°s 334 et suiv.).

154. On a enseigné au *Rép.*, n° 323, que l'inobservation des formalités prescrites par les art. 617 et suiv. n'entraîne pas la nullité de la vente, car on ne peut dépouiller des adjudicataires de bonne foi, mais qu'elle soumet le saisissant et l'officier ministériel aux dommages-

intérêts du saisi et des autres créanciers, si elle leur a causé un préjudice (Aux auteurs cités en ce sens, au *Répertoire, adde* : Bioche, *op. cit.*, v° *Saisie-exécution*, n°° 302 et 311 ; Dutruc, *op. cit.*, eod. v°, n°° 345 et suiv. ; Rousseau et Laisney, *op. cit.*, eod. v°, n° 195 ; Boitard, Colmet-Daâge et Glasson, *op cit.*, t. 2, p. 296, n° 872 ; Garsonnet, *op. cit.*, t. 3, p. 634).

155. Dans le cas où la valeur des meubles saisis paraîtrait dépasser le montant des causes de la saisie, on n'en devrait vendre que ce qui est nécessaire pour le payement des créances et des frais ; et l'officier chargé de la vente est tenu, en ce cas, sous sa responsabilité personnelle, d'arrêter les enchères (*Rép.* n° 330. Il n'a pas besoin pour cela d'une autorisation du saisissant ; néanmoins il fera bien de se faire autoriser par lui ou, à son défaut, par le juge des référés, afin de se mettre à l'abri de toute action en dommages-intérêts (*Rép.* n° 331. Comp. Garsonnet, *op. cit.*, t. 3, p. 639 ; Rousseau et Laisney, *op. cit.*, v° *Saisie-exécution*, n°° 213 et suiv.). Le tribunal peut ordonner que certains objets auxquels le saisi a des motifs de tenir particulièrement (des écrits, par exemple), ne seront vendus que dans le cas d'insuffisance du produit de la vente des autres biens (Angers, 4 févr 1869, aff. De Chanterenne, D. P. 69. 2. 139).

156. L'huissier n'est pas non plus obligé pour arrêter la vente, d'obtenir le consentement des créanciers. Le défaut de consentement des créanciers intéressés exposerait seulement l'huissier à des dommages-intérêts envers ces derniers, s'il leur avait volontairement porté préjudice (Dutruc, *op. cit.*, v° *Saisie-exécution*, n° 381).

157. Il a été jugé que le produit de la vente doit comprendre la somme nécessaire pour couvrir le montant des oppositions qui peuvent être mises sur le prix (Rennes, 12 mai 1852, *Recueil de Rennes*, 1852, p. 334). « C'est là, observe M. Chauveau, une pure décision d'espèce ; car, s'il fallait toujours faire entrer en ligne de compte les oppositions possibles après la vente, il n'y aurait jamais lieu à l'application de l'art. 622 ; il faut donc, en principe, reconnaître qu'après avoir atteint le chiffre des créances à acquitter en principal et accessoires et les frais de la saisie, l'huissier doit s'arrêter en déclarant que les sommes provenant de la vente sont suffisantes et vont servir, du consentement du saisi, à payer intégralement à l'instant même le saisissant et les opposants. En pareil cas, l'opposition ultérieure serait tardive, puisqu'elle ne trouverait plus rien dans les mains de l'huissier. Si des oppositions imminentes étaient à craindre, l'huissier pourrait aussi constater le résultat atteint, et suspendre la vente en laissant les choses en l'état jusqu'après le versement du produit des meubles vendus, dans les mains des ayants droit. Si des oppositions survenaient avant le payement, la vente serait reprise ; si elles survenaient après, elles n'auraient aucun effet. Personne ne saurait se plaindre de ce mode de procéder, puisque, d'une part, il n'est pas vendu plus de meubles qu'il n'est nécessaire et que, d'autre part, les créanciers qui tardivement formé opposition doivent attribuer à leur défaut d'activité l'inutilité de leurs diligences » (Dutruc, *op. cit.*, v° *Saisie-exécution*, n° 379).

ART. 11. — *Des oppositions sur le prix de vente.*
(*Rép.* n°° 339 à 353.)

158. Les créanciers du saisi, aux termes de l'art. 609 c. proc. civ., pour quelque cause que ce soit, même pour loyers, ne peuvent former opposition que sur le prix de la vente. Le propriétaire est donc compris sous ces expressions les *créanciers du saisi*. Il doit, comme tout autre créancier opposant, se soumettre aux dispositions générales de l'art. 660 et à la première disposition de l'art. 661 c. proc. civ., ou user du droit que lui accorde la seconde disposition de ce dernier article de faire statuer préliminairement sur son privilège (V. *supra*, v° *Distribution par contribution*, n° 19). — Il a été jugé que le bailleur peut, en vertu du privilège qui lui appartient, pour le payement des loyers ou fermages et pour tout ce qui concerne l'exécution du bail, faire défense à l'officier ministériel, chargé de procéder à la vente du mobilier garnissant les lieux loués, de se dessaisir du prix à provenir de cette vente avant qu'il ait été désintéressé, sans avoir besoin de remplir les formalités exigées en

matière de saisie-arrêt (Rouen, 11 févr. 1867, *Journal des avoués*, t. 93, p. 366. V. Dutruc, *op. cit.*, v° *Saisie exécution*, n°° 305 et suiv.; Bioche, *op. cit.*, eod. v°, n° 236 ; Garsonnet, *op. cit.*, t. 3, p. 643, note 3).

159. L'opposant, dit l'art. 609, ne peut faire aucune poursuite, si ce n'est contre le saisi et pour obtenir condamnation ; il n'en est fait aucune contre lui, sauf à discuter les causes de son opposition lors de la distribution. — Il n'est même pas nécessaire d'appeler les opposants à la vente (Chauveau, *op. cit.*, t. 4, quest. 2077 quater). Cependant on leur reconnaît le droit de surveiller la procédure et d'y intervenir, en cas de concert frauduleux, pour être en mesure de se faire subroger aux poursuites du saisissant (*Rép.* n° 341 ; Garsonnet, *op. cit.*, t. 3, p. 645, note 4 ; Bioche, *op. cit.*, v° *Saisie-exécution*, n°° 243 et suiv.).

160. Suivant l'opinion émise au *Rép.*, n° 344, ni un titre, ni la permission du juge, lorsque le créancier n'a pas de titre, ne sont nécessaires pour former l'opposition dont parle l'art. 609 ; par conséquent, le juge taxateur ne peut allouer le coût de la requête pour obtenir cette permission. Cette doctrine est celle de la plupart des auteurs. « L'opposition sur le prix de vente de meubles saisis, dit M. Dutruc, *op. cit.*, v° *Saisie-exécution*, n° 308, n'est soumise à aucune autre condition que celle de l'énonciation des causes, qui pourront d'ailleurs être discutées lors de la distribution des deniers. Cette opposition diffère essentiellement de celle dont s'occupe le titre 6 du livre 5 du code de procédure (1re partie) et qui reçoit aussi le nom de saisie-arrêt. Tandis que, pour procéder à celle-ci, il faut absolument être muni d'un titre ou de la permission du juge, l'opposition sur le prix d'une vente de meubles saisis n'étant, pour celui qui la forme, qu'un moyen de faire connaître sa prétention de participer à la distribution de ce prix, et ne pouvant être suivie d'aucune poursuite, est valable par cela seul qu'elle indique la nature et le montant de la créance de l'opposant. Elle peut donc être formée, non seulement sans titre, mais même sans permission du juge, ainsi que cela est reconnu par tous les jurisconsultes, à l'exception de Pigeau, t. 2, p. 101 » (V. en ce sens : Bioche, *op. cit.*, v° *Saisie-exécution*, n° 238 ; Chauveau et Godofre, *Commentaire du tarif*, t. 2, n° 2842 ; Garsonnet, *op. cit.*, t. 3, p. 645 et 646, note 6 ; Rousseau et Laisney, *op. cit.*, v° *Saisie-exécution*, n° 221).

161. On a indiqué au *Rép.*, n° 345, les indications que l'opposition doit contenir. M. Garsonnet, *op. cit.*, t. 3, p. 646, pense que l'opposition peut se présenter sous deux formes : 1° un exploit contenant les causes de l'opposition, signifié à l'officier chargé de vendre, au saisissant, au saisi, et portant élection de domicile au lieu de la saisie. afin que le saisissant puisse 1° sommer de produire son titre et l'y assigner en mainlevée de son opposition ; 2° une déclaration verbale sur le procès-verbal de saisie ou de recollement, énonçant aussi les causes de l'opposition, et signifiée non point à l'huissier qui la connaît, puisqu'il l'a reçue, mais au saisissant et au saisi. Ce second mode, qui n'est pas prévu par l'art. 609, est tout aussi régulier que le premier, car on l'admettait autrefois sans difficulté, et il n'est pas croyable que l'art. 609 ait voulu exclure une manière de procéder qui offre à moins de frais autant de garanties que l'autre (V. conf. Bioche, *op. cit.*, v° *Saisie-exécution* n° 240). — L'opposition ne doit être ni dénoncée, ni contre-dénoncée, ni suivie d'une demande en validité, ce serait une procédure frustratoire (*Rép.* n° 348 ; Boitard, Colmet-Daâge et Glasson, *op. cit.*, t. 2, p. 291, n° 867 ; Dutruc, *op. cit.*, v° *Saisie-exécution*, n° 309 ; Rousseau et Laisney, *op. cit.*, eod. v°, n° 223). Il a été jugé que l'opposition formée sur le prix de la vente par les créanciers du saisi n'est assujettie qu'aux formes et conditions prescrites par l'art. 609 c. proc. civ.; ni un titre, ni la permission du juge, lorsque le créancier n'a pas de titre, ne sont nécessaires pour la former ; elle n'est pas soumise à la formalité de la dénonciation et de la contre-dénonciation (Paris, 12 mai 1887, aff. Manternach, D. P. 88. 2. 231).

162. L'opposition à l'effet de prendre part à la distribution des deniers peut être formée, suivant la doctrine exposée au *Rép.*, n°° 342 et 343, avant, pendant et même depuis la vente. Tant que le prix de la vente est encore entre les mains de l'officier public, on n'a pas été distri-

bué, les oppositions sur ce prix peuvent être utilement formées ; mais la loi n'ayant fixé aucun délai pendant lequel cet officier doive retenir le prix de la vente, avant de le verser entre les mains du créancier poursuivant, ces oppositions postérieures à la vente seraient tardives et ne produiraient aucun effet, si elles étaient signifiées alors que ce versement aurait été déjà effectué. « La remise qui est faite au saisissant des fonds provenant de la vente, dit M. Chauveau (op. cit., t. 4, quest. 2096, note 2), en opère réellement le transport définitif en sa faveur, et ce n'est que tout autant que ces fonds seraient demeurés entre les mains de l'huissier qu'ils auraient été exposés aux effets d'oppositions nouvelles » (Orléans, 11 juill. 1860, D. P. 63. 1. 473). — Il a été jugé qu'en matière de saisie-exécution, la délivrance que l'officier public chargé de la vente a faite au saisissant et au saisi, sur une décharge définitive et sans réserves, de bordereaux à recouvrer contre les adjudicataires, équivaut au versement en espèces du montant de ces bordereaux, et le saisissant peut, dès lors, en poursuivre le payement, nonobstant toute opposition ultérieurement formée par un autre créancier du saisi (Civ. cass. 11 nov. 1863, aff. Clichy, D. P. 63. 1. 473). La délivrance des bordereaux implique la distribution antérieure du prix de la vente des objets saisis (V. en sens contraire, Orléans, 11 juill. 1860, dont la décision a été cassée par l'arrêt précité du 11 nov. 1863).

Dans un autre système, les oppositions ne sont plus admises lorsque la vente est terminée. Autrement, le saisissant qui s'est arrêté, ayant de justes motifs de croire que le prix des seuls objets vendus serait suffisant pour le désintéresser, se trouverait victime de son obéissance à la loi, ce prix devant dès lors être partagé entre lui et les créanciers. C'est à ceux-ci à s'imputer de ne pas s'être fait connaître plus tôt, car s'ils l'eussent fait, la vente eût été continuée, et elle aurait peut-être produit de quoi satisfaire tous les créanciers. Il a été jugé, en ce sens, que l'art. 622 c. proc. civ., qui prescrit d'arrêter la vente des objets saisis dès qu'elle produit somme suffisante pour le payement des créances et frais du saisissant, opère au profit de ce dernier, en l'absence d'opposition préalable, une véritable attribution du prix de la vente, qui ne saurait être détruite par des oppositions ultérieures ; il en est ainsi quand bien même le produit de la vente n'aurait point encore été versé entre les mains du saisissant (Alger, 4 mai 1878, aff. Pardiès, D. P. 79. 2. 89). L'arrêt s'appuie sur ces motifs : « que l'art. 2093 c. civ. dispose que les biens du débiteur sont le gage commun de ses créanciers, et que le prix s'en distribue entre eux par contribution, à moins qu'il n'y ait des causes légitimes de préférence ; que ce texte suppose un gage réalisé, le prix non attribué, et des créanciers également vigilants faisant valoir simultanément leurs droits sur ce prix ; que l'art. 622 c. proc. civ., en prescrivant d'arrêter la vente dès qu'elle produit somme suffisante pour désintéresser le saisissant et les opposants qui se sont fait connaître avant la clôture de la vente, contient implicitement et nécessairement un principe d'attribution en faveur de ceux-ci ; qu'autrement, cette disposition serait inexplicable, et qu'elle deviendrait un véritable piège pour les créanciers diligents ; qu'en effet, s'il fallait admettre à la contribution les créanciers qui pourraient former des oppositions ultérieures, comment saurait-on jamais que la valeur des objets saisis excède le montant des causes de la saisie et des oppositions, et qu'il y a lieu d'arrêter la vente ? Que si néanmoins, malgré cette éventualité toujours menaçante, on arrêtait la vente, on arriverait à cette conséquence vraiment inique de forcer un créancier à se dessaisir de son gage, sur la promesse qu'il sera intégralement payé et de le réduire plus tard à un simple marc le franc ; que le texte et l'esprit de l'art. 622 sainement entendus doivent conduire à cette interprétation ; que le législateur a voulu consacrer, dans ce cas, une attribution en faveur du saisissant et des opposants ; qu'après l'interruption de la vente imposée au saisissant, s'il n'y a pas d'opposant, les fonds doivent être versés entre les mains du saisissant ; que, dès ce moment, il y a attribution, et qu'on ne saurait faire dépendre ce résultat du payement effectif, subordonné souvent à des retards indépendants de la volonté du saisissant, pour laisser le temps à des oppositions nouvelles de se produire ;

qu'il n'y a pas à s'étonner du principe posé par l'art. 622, car il n'est qu'une application légitime de cette règle de droit et d'équité : *Jura vigilantibus succurrunt* » (V. dans le même sens: Thomine-Desmazures, *Commentaire du code de procédure*, t. 2, p. 119 et 123). — Cette doctrine est en opposition avec ce double principe, d'une part, que le saisi reste propriétaire du prix des objets saisis tant que ce prix n'a pas été versé, de son consentement, entre les mains du saisissant, et, d'autre part, que les biens du débiteur sont le gage commun des créanciers. Il faudrait, pour qu'il y eût attribution exclusive au profit du saisissant, que le prix des objets saisis lui fût remis directement ou qu'une délégation quelconque lui fût consentie par la partie saisie pour toucher ce prix des mains des acquéreurs desdits objets. Or, les termes de l'art. 622 ne sauraient équivaloir à une pareille délégation, et encore moins à un payement effectif, puisque cet article ne parle que de sommes nécessaires pour ledit payement des créances et frais. Il y a bien ouverture du droit au payement, mais non le payement lui-même. De là, on doit conclure que le créancier saisissant, dans le cas où la vente des objets saisis est suspendue, doit se faire remettre immédiatement le prix, avant toutes autres oppositions, et que si l'officier ministériel qui a fait la vente n'a pas encore encaissé ce prix, il peut remettre au saisissant, du consentement de la partie saisie, un bordereau à l'effet de toucher les sommes dues ; dès lors, il y aura attribution (V. en ce sens : Bioche, *op. cit.*, v° *Saisie-exécution*, n° 237 ; Garsonnet. *op. cit.*, t. 3, p. 645, note 5).

163. L'huissier, entre les mains duquel est faite l'opposition, n'a pas à se rendre juge par lui-même du mérite qu'elle peut avoir. Il a été décidé, notamment, que l'huissier remet sans droit au créancier saisissant les deniers de la vente, en prenant pour prétexte que l'opposition à lui faite n'a pas été notifiée à ce créancier au vœu de l'art. 609 c. proc. civ., alors que, les nullités n'existant pas de plein droit, aucun payement ne devait être fait par l'officier ministériel, quelles que fussent les conséquences éventuelles du défaut de notification dont il s'agissait (Req. 20 janv. 1862, aff. Hugonnet et Vincent, D. P. 62. 1. 337). — Jugé également que l'huissier qui a procédé à la vente d'objets mobiliers saisis, et entre les mains duquel opposition est faite sur les deniers par un tiers se disant créancier privilégié, doit consigner à la Caisse des dépôts et consignations le produit de la vente, sans se rendre en aucun cas juge du mérite de l'opposition ; que cette obligation existe pour lui alors même qu'il était chargé, par le créancier saisissant, bailleur de la partie saisie, d'exécuter un jugement portant autorisation, pour ce bailleur, de toucher directement, en acompte des fermages à lui dus, le prix de la vente, des mains de l'officier ministériel et sur sa simple quittance, nonobstant toutes oppositions du fermier, ou des créanciers de celui-ci n'ayant pas un privilège préférable à celui du propriétaire ; que le jugement dont il s'agit, qui est étranger au créancier opposant, ne peut mettre obstacle à son droit de former opposition et d'exiger le versement des fonds à la Caisse des dépôts et consignations, sans qu'il aille, d'ailleurs, tenu, pour exercer ce droit, de faire tierce opposition ni d'invoquer expressément un privilège primant celui du bailleur (Civ. cass. 6 août 1890, aff. Fontaine, D. P. 91. 1. 301). — V. la note sur cet arrêt.

164. Il a été aussi jugé que le commissaire-priseur qui a procédé à la vente de meubles sur saisie-exécution, et entre les mains duquel ont été formées des oppositions, doit déposer à la Caisse des consignations le produit de cette vente, sous la déduction des frais, à la charge des oppositions existantes ; que la survenance de la faillite du saisi ne saurait, à défaut d'une disposition spéciale de la loi, modifier les obligations dudit officier ministériel, lequel ne peut être astreint à se faire juge du mérite d'oppositions, dont les unes peuvent bien disparaître par le fait de la faillite, mais dont les autres peuvent subsister malgré cet événement ; qu'en conséquence, les sommes consignées par le commissaire-priseur, même depuis l'ouverture de la faillite, se trouvant valablement déposées, restent soumises aux oppositions existantes, jusqu'à leur mainlevée amiable ou judiciaire ; et que le syndic ne peut faire condamner le commissaire-priseur personnellement, sans mettre en cause la caisse des consignations, à payer à la faillite une somme

représentant le montant du prix consigné, comme en étant comptable vis-à-vis d'elle (Civ. rej. 4 juin 1888, aff. Barboux, syndic de la faillite Sescau et comp., D. P. 89. 1. 65, et la note).

165. Lorsque c'est contre la Caisse des dépôts et consignations que le syndic intente l'action pour se faire remettre les fonds que l'officier ministériel a consignés à la charge des oppositions, ladite caisse ne peut être contrainte de se dessaisir qu'autant que mainlevée des oppositions aura été donnée, soit volontairement par les opposants, soit, à leur refus, par la justice, lesdits opposants appelés. Le syndic doit, en outre, produire à la Caisse des consignations une ordonnance du juge-commissaire à la faillite, autorisant le retrait des sommes dont il s'agit. Par suite, encourt la cassation l'arrêt qui condamne un préposé de la Caisse des dépôts et consignations à remettre au syndic les sommes en question, nonobstant l'absence des deux conditions susmentionnées (Civ. cass. 5 juin 1888, aff. Caisse des dépôts et consignations, D. P. 89. 1. 67). Pas plus vis-à-vis de la Caisse des consignations que de l'officier ministériel, il n'y a, pour les oppositions existantes, « de nullités de plein droit ». Ce n'est point à cette caisse, en face seulement du syndic, et en dehors des opposants non appelés, à décider que les oppositions qui frappaient et ont suivi la somme consignée sont du nombre de celles que la déclaration de faillite doit faire tomber. Il faut donc se conformer aux règles générales tracées par l'art. 489 c. com. (V. sur cette question : Bédarrides, *Traité des faillites*, n° 348 ; *supra*, v° *Faillites, banqueroutes*, etc., n° 848).

166. On a examiné au *Rép.*, n°s 331 et suiv., la question de savoir quel est, lorsque le saisi fait prononcer contre la saisie que la nullité de la saisie, le sort des oppositions formées par d'autres créanciers du saisi sur le prix de la vente. La théorie adoptée fait une distinction entre le cas où la nullité provient d'un vice de forme, et celui où elle a été annulée comme non fondée. Dans le premier cas, les oppositions tombent avec la saisie elle-même, comme n'ayant pas de base régulière. Dans le second, la saisie n'est nulle qu'à l'égard du poursuivant, et conserve ses effets comme mise

sous la main de la justice : tout opposant pourvu d'un titre exécutoire peut continuer les poursuites, et les autres oppositions conservent leur effet entre les mains de ce nouveau poursuivant (Conf. Dutruc, *op. cit.*, v° *Saisie-exécution*, n° 304 ; Rousseau et Laisney, *op. cit.*, eod. v°, n° 223 bis ; Boitard, Colmet-Daâge et Glasson, *op. cit.*, t. 2, p. 292, n° 868. — V. toutefois Garsonnet, *op. cit.*, t. 3, p. 648). « On a proposé, dit ce dernier auteur d'appliquer à la saisie-exécution l'art. 796, aux termes duquel la nullité de la contrainte par corps n'emporte jamais la nullité des recommandations, et de décider, par suite, que, pour quelque cause que la saisie soit déclarée nulle, les oppositions continueront à produire leur effet. Rigoureusement, Pothier, qui estime qu'on doit recommencer les oppositions, est seul dans le vrai. Il s'agit, dans le cas de l'art. 796, d'une contrainte par corps exercée par des créanciers successifs dans des conditions identiques et sous des noms différents, la première fois à titre d'emprisonnement, les fois suivantes à titre de recommandation ; la nullité d'une première poursuite ne doit pas influer alors sur la validité d'une seconde indépendante de la première et absolument semblable à elle. Tout autre est l'hypothèse où des créanciers viennent faire opposition à la distribution du prix d'objets saisis : cet acte ne se confond pas avec la saisie, mais en suppose l'existence et doit tomber avec elle du moment qu'elle est déclarée non avenue. Quant à distinguer suivant les causes qui entraînent la nullité, rien n'est plus arbitraire, car la nullité est toujours la même, qu'elle ait pour cause un défaut de qualité chez le saisissant ou un vice de forme. Cette opinion est généralement suivie, par raison de simplicité et d'économie pour éviter aux opposants la peine de réitérer leur opposition sur nouveaux frais dans le cas où la saisie est annulée faute de qualité suffisante en la personne du saisissant, mais je ne puis m'y rallier que sous le bénéfice des observations qui précèdent ».

167. Sur la question de savoir si l'huissier seul est responsable envers le saisi de la nullité prononcée par suite d'irrégularités de forme, ou si la responsabilité de cette faute doit s'étendre au saisissant, V. *Rép.*, v° *Responsabilité*, n°s 674 et suiv. ; *supra*, eod. v°, n°s 659 et suiv.

Table sommaire

des matières contenues dans le Supplément et le Répertoire.

(Les chiffres précédés de la lettre S renvoient au Supplément ; les chiffres précédés de la lettre R renvoient au Répertoire.)

Table des articles du code de procédure civile.

Table chronologique des Lois, Arrêts, etc.

SAISIE FORAINE.

1. La jurisprudence et la plupart des auteurs décident, comme on l'a dit au *Rép.*, n°s 2 et 3, que par l'expression de *débiteur forain*, la loi n'entend pas uniquement désigner les marchands ambulants, colporteurs et autres, qui n'ont pas de domicile fixe. Elle considère comme débiteur forain tout débiteur qui n'a ni domicile, ni habitation dans la commune qu'habite son créancier et qui ne se trouve sur le territoire de cette commune qu'accidentellement (Dutruc, *Supplément aux lois de la procédure civile* de Chauveau et Carré, v° *Saisie foraine*, n°s 1 et suiv. ; Bioche, *Dictionnaire de procédure civile*, v° *Saisie foraine*, n° 1 ; Boitard, Colmet-Daage et Glasson, *Leçons de procédure civile*, t. 2, p. 541, n° 1086. Comp. Rousseau et Laisney, *Dictionnaire de procédure civile*, v° *Saisie foraine*, n° 2).

2. A plus forte raison, l'étranger non domicilié en France et qui n'y possède ni immeuble ni établissement, doit-il être regardé comme débiteur forain. Il a été jugé qu'on peut considérer comme débiteur forain l'étranger qui, après avoir eu en France un établissement commercial important, s'est réfugié dans son pays d'origine pour se soustraire aux conséquences d'une condamnation correctionnelle, et dont l'habitation, antérieurement occupée par lui en France, est louée au nom de sa femme séparée de biens en garnie de meubles appartenant à celle-ci (Civ. cass. 7 août 1877, aff. Wilson, D. P. 78. 1. 150) Ce qui, dans l'espèce, faisait difficulté, c'est que l'étranger, avant de disparaître, avait eu en France un domicile de fait et une maison de commerce importante, qui, pour n'être plus, sans doute, de grande valeur, semblait cependant devoir le mettre à l'abri de l'application de l'art. 822 c. proc. civ. ; on alléguait même qu'il n'avait pas cessé d'y payer la contribution mobilière et la patente. Ces circonstances semblent mal s'accommoder avec l'idée de passage accidentel et temporaire qui s'attache nécessairement au mot de débiteur forain. Mais, d'autre part, on peut dire que l'étranger qui quitte la France sans y laisser autre chose que des objets mobiliers, qu'il peut d'un jour à l'autre faire enlever, ne présente pas plus de garanties que l'étranger qui n'y a jamais eu de domicile, et qu'il est devenu débiteur forain par le fait même de sa disparition.

3. La saisie foraine, a-t-on dit au *Rép.*, n° 5, peut être faite sans titre ; mais le créancier doit se munir de la per-

mission du juge du tribunal de première instance ou du juge de paix. Cette permission est accordée par le président ou le juge de paix du lieu où se trouvent les objets qu'on veut saisir. La saisie foraine est dispensée de tout commandement. Si le créancier a un titre exécutoire, il peut choisir entre la voie de la saisie-exécution et celle de la saisie foraine (*Rép.* n° 6. V. conf. Rousseau et Laisney, *op. cit.*, v° *Saisie foraine*, n° 3 ; Dutruc, *op. cit.*, cod. v°, n° 8).

4. Il a été jugé que la loi n'exige pas à peine de nullité que la requête à fin d'autorisation de pratiquer une saisie foraine soit signée par un avoué (Toulouse, 1er juill. 1852, *Journal de procédure*, p. 327). La loi veut que la permission de saisir soit obtenue sans délai et sans déplacement. Comment alors obliger un créancier qui habite, par exemple, une commune où il n'y a pas d'avoué à faire signer sa requête par un officier ministériel du chef-lieu d'arrondissement? V. Dutruc, *op. cit.*, v° *Saisie foraine*, n° 9.

5. L'ordonnance du président peut-elle être attaquée ? Il a été jugé que le président du tribunal use d'un pouvoir discrétionnaire et fait une appréciation souveraine lorsque, suivant les circonstances et les personnes, il autorise une saisie foraine, et qu'ainsi son ordonnance sur ce point n'est pas susceptible d'appel (Paris, 30 mars 1852, *Journal des avoués*, t. 77, p. 677). M. Chauveau critique cette solution : « L'art. 822, dit cet auteur (V. Dutruc, *op. cit.*, v° *Saisie foraine*, n° 10), indique les conditions qui limitent le pouvoir du président. Si ces limites sont dépassées, il y a excès de pouvoir et par suite l'appel est recevable ».

6. Aux termes de l'art. 822 c. proc. civ., la saisie foraine a lieu sur les effets trouvés *en la commune* qu'habite le créancier. Elle est donc nulle si elle est pratiquée sur un débiteur forain dans une commune autre que celle qu'habite le saisissant (Trib. civ. Bruxelles, 2 déc. 1863, *Journal des avoués*, t. 89, p. 518 ; Dutruc, *op. cit.*, v° *Saisie foraine*, n°s 3 et 5).

Il a été jugé que l'autorisation de faire saisir les effets appartenant à un débiteur forain et laissés par lui dans son ancienne résidence comprend l'autorisation de faire saisir lesdits effets dans toute l'étendue de la commune où il résidait (Civ. rej. 7 août 1877, aff. Wilson, D. P. 78. 1. 450). L'arrêt attaqué de la cour de Rennes avait relevé ces circonstances : « que si le créancier avait fait pratiquer des saisies dans les lieux autres que celui qui était spécialement désigné dans l'ordonnance d'autorisation, ces lieux étaient compris dans la circonscription de la même commune; qu'en autorisant à saisir les meubles qui se trouvaient dans le logement de la rue Copernic, à Nantes, le président du tribunal civil n'avait pas entendu exclure de la saisie des objets mobiliers appartenant au débiteur forain et placés dans d'autres lieux de la même ville ; que son ordonnance n'avait point eu d'effet limitatif et que, si dans sa requête le créancier, en spécifiant un lieu, s'était servi d'expressions surabondantes, il n'était pas réputé avoir, par là, renoncé au bénéfice du principe général inscrit dans

l'art. 822 c. proc. civ., et s'être interdit de faire pratiquer des saisies dans les autres lieux de la même commune, où il pouvait mettre la main sur les objets appartenant à son débiteur ».

7. Il a été décidé : 1° que la saisie foraine qui, n'ayant pour objet de sauvegarder qu'une créance minime, s'étend à des meubles et marchandises d'une valeur relativement considérable, peut être considérée comme vexatoire, et que, dans ce cas, le saisissant est passible de dommages-intérêts envers le saisi (Chambéry, 21 mars 1861, *Journal des avoués*, t. 87, p. 529) ; — 2° Que la saisie foraine pratiquée sans droit peut entraîner une condamnation à des dommages-intérêts contre le saisissant (Trib. civ. de Nice, 27 janv. 1877, *Journal des avoués*, t. 102, p. 192. Comp. Dutruc, *op. cit.*, v° *Saisie foraine*, n° 6).

8. Le saisissant est gardien de droit, même malgré lui, des effets qui sont entre ses mains. Il ne peut être nommé gardien des effets qui sont entre les mains d'un tiers ; on peut en confier la garde au tiers détenteur. La garde ne peut jamais être confiée au saisi. Ces solutions, exposées au *Rép.*, n°s 10 et suiv., sont généralement admises par les auteurs (V. Boitard, Colmet-Daâge et Glasson, *op. cit.*, t. 2, p. 542, n° 1087 ; Dutruc, *op. cit.*, v° *Saisie foraine*, n°s 11 et suiv. ; Rousseau et Laisney, *op. cit.*, cod. v°, n°s 5 et 6).

9. Il a été jugé que la saisie foraine est valable quoique le gardien ait omis de signer l'original et la copie du procès-verbal, et que l'huissier ait négligé de remettre au gardien une copie de ce procès-verbal (Chambéry, 21 mars 1861, *Journal des avoués*, t. 87, p. 529). L'arrêt s'appuie sur ce que l'art. 599, auquel se réfère l'art. 825, ne prescrit pas ces formalités à peine de nullité.

10. Le tribunal compétent pour connaître de la validité de la saisie foraine est celui du lieu de la saisie. On a indiqué au *Rép.*, n° 13, les motifs qui justifient cette solution. Toutefois, comme le dit M. Chauveau (V. Dutruc, *op. cit.*, v° *Saisie foraine*, n° 15), cette compétence pourrait être déclinée au fond, dans le cas où un créancier étranger aurait saisi les effets de son débiteur aussi étranger ; c'est-à-dire que le tribunal du lieu devrait alors maintenir provisoirement la saisie et renvoyer les parties devant le juge compétent pour apprécier le mérite de l'obligation qui lui sert de base. C'est ce qui a été enseigné au *Rép.*, n° 14. V. conf. : Boitard, Colmet-Daâge et Glasson, *op. cit.*, t. 2, p. 543, n° 1088 ; Rousseau et Laisney, *op. cit.*, v° *Saisie foraine*, n° 7 ; Bioche, *op. cit.*, eod v° n° 12). M. Dutruc, *op. cit.*, v° *Saisie foraine*, n° 17, cite un jugement du tribunal de Nice, du 27 janv. 1877 (*Journal des avoués*, t. 102, p. 192), qui, sans s'expliquer sur la compétence au fond, a décidé que le tribunal français du lieu où une saisie foraine a été pratiquée à la requête d'un étranger, contre un autre étranger, est compétent pour connaître tant de la demande en validité de la saisie que de la demande en dommages-intérêts formée par le saisi contre le saisissant pour le cas où la saisie serait déclarée nulle.

Table sommaire
des matières contenues dans le Supplément et le Répertoire.

(Les chiffres précédés de la lettre S renvoient au Supplément ; les chiffres précédés de la lettre R renvoient au Répertoire.)

Table chronologique des Lois, Arrêts, etc.

SAISIE-GAGERIE.

Division.

Art. 1. — Historique et législation (n° 1).
Art. 2. — Par qui, sur qui, et sur quelles choses peut-on fournir une saisie-gagerie (n° 2).
Art. 3. — Des formes et des effets de la saisie-gagerie. — Compétence (n° 14).

Art. 1er. — Historique — Législation — Droit comparé (Rép. n°s 1 et 2.)

1. — I. Droit comparé. — Le code de procédure civile du canton du Valais, du 30 mai 1856, autorise le séquestre au préjudice du fermier, des fruits provenant de la ferme. pour le payement des fermages; et au préjudice du locataire, des meubles de la maison louée pour le payement des loyers. On ne peut séquestrer que pour les fermages et loyers échus, sauf si le débiteur est insolvable, fugitif ou suspect de fuite. Le code de procédure civile du canton de Vaud, du 25 nov. 1869, permet la saisie des objets garnissant une maison louée, au profit du propriétaire (art. 569; c. civ., art. 1578, § 1).

Art. 2. — Par qui, sur qui et sur quelles choses peut-on former une saisie-gagerie (Rép. n°s 3 à 34).

2. La saisie-gagerie, on l'a dit au Rép., n° 4, n'est autorisée qu'en faveur du propriétaire, de l'usufruitier et du principal locataire. Elle ne peut être exercée par l'ancien propriétaire, même pour loyers échus antérieurement à la vente qu'il aurait faite de l'immeuble loué. Il a été jugé, dans le sens de cette doctrine, que la saisie-gagerie ne peut être formée que par le propriétaire actuel de l'immeuble; elle ne peut l'être par l'ancien propriétaire, même pour les loyers échus avant son dessaisissement (Grenoble, 30 janv. 1864, aff. Montagne, D. P. 65. 2. 131). Le droit de saisir-gager, dit M. Bioche, Dictionnaire de procédure civile, v° Saisie-gagerie, n° 2, ne peut appartenir simultanément à deux personnes; la préférence est due au nouveau propriétaire, qui a la possession actuelle de l'immeuble. Peu importe que l'ancien propriétaire ait fait réserve de son privilège dans une transaction avec le nouvel acquéreur; cette réserve donne seulement le droit de primer le nouveau propriétaire, mais non celui de saisir-gager » (Conf. Dutruc, Supplément aux lois de la procédure civile de Chauveau et Carré, v° Saisie-gagerie, n° 2; Rousseau et Laisney, Dictionnaire de procédure civile, v° Saisie-gagerie, n° 2). — Il a été jugé que la caution qui a payé en l'acquit du locataire, et qui se trouve subrogée aux droits du propriétaire, peut faire procéder à une saisie contre ce locataire (Paris, 25 mai 1867, Journal des avoués, t. 92, p. 394).

3. La saisie-gagerie ne peut être pratiquée que pour loyers et fermages échus; elle ne peut l'être pour loyers à échoir. Ainsi qu'on l'a indiqué au Rép., n° 14, cette règle doit être entendue en ce sens que la saisie-gagerie n'atteint pas, in distinctement tous les loyers à échoir jusqu'à l'expiration du bail, mais la saisie-gagerie qui a été faite pour loyers échus s'étend bien aux loyers à échoir en ce sens qu'elle frappe les termes qui arrivent à échéance avant le solde des loyers exigibles formant la cause de la saisie. « Cette interprétation, dit M. Dutruc, op cit., v° Saisie-gagerie, n° 3', se fonde uniquement sur le caractère frustratoire des frais qu'entraînerait la nécessité de réitérer à l'échéance de chaque terme la saisie-gagerie pratiquée pour les termes alors échus et non encore soldés au moment

où d'autres termes viennent à échoir. En dehors de cette considération, l'intérêt du bailleur à assurer le payement des loyers non échus ne saurait suffir pour l'autoriser à les saisir par anticipation, contrairement à l'art. 819 c. proc. civ., sauf le cas où le locataire fait frauduleusement disparaître les objets garnissant les lieux loués » (V. en ce sens : Rousseau et Laisney, op. cit., v° Saisie-gagerie, n° 4 et 5 ; Bioche, op. cit., eod. v°, n° 5 ; Boitard, Colmet-Daâge et Glasson, Leçons de procédure civile, t. 2, p. 538, n° 1082). Jugé que la saisie-gagerie ne s'applique qu'aux loyers échus et non à ceux à échoir, lorsque les meubles n'ont pas été déplacés par le locataire (Douai, 26 avr. 1884) (1).

4. Il a été décidé que la saisie faite pour un loyer échu, qui porte aussi sur des termes à échoir, n'est pas nulle pour ce motif; qu'il peut seulement y avoir lieu à réduction de la somme pour laquelle la saisie a procédé (Douai, 7 mai 1856, Recueil des arrêts de la cour de Douai, 1856, p. 201 ; Dutruc, op. cit., v° Saisie-gagerie, n° 32).

5. La saisie-gagerie peut être pratiquée pour les loyers à échoir lorsqu'il y a fraude du locataire, par exemple s'il a déplacé les meubles qui garnissaient la maison (Rép. n° 13). Il a été jugé que la saisie-gagerie que le propriétaire a le droit de pratiquer sur les meubles qui garnissent la maison louée, lorsqu'ils ont été déplacés sans son consentement, peut être formée aussi bien pour loyers à échoir que pour loyers échus (Douai, 8 févr. 1854, aff. Boissière, D. P. 55. 2. 2 ; 26 avr. 1884, supra, n° 3).

On a indiqué au Rép., n° 14, l'opinion des auteurs qui estimaient qu'en cas de déplacement des meubles il faut recourir à la saisie-revendication. Cette doctrine n'a pas prévalu. Il est généralement admis « que la revendication dont parle l'art. 819 s'entend de la revendication opérée par la saisie-gagerie, et non de la saisie-revendication dont les règles sont établies par les art. 826 et suiv.; et que dès lors la saisie-gagerie est autorisée dans le cas de transport des meubles par le locataire dans une autre maison, pourvu qu'elle ait lieu dans les délais prescrits par l'art. 2102. Si le propriétaire est porteur d'un titre exécutoire, il pourra employer la voie de la saisie-exécution au lieu de celle de la saisie-gagerie » (Dutruc, op. cit., v° Saisie-gagerie, n° 33. Conf. Bioche, op. cit., eod. v°, n° 12. V. Douai, 26 avr. 1884, rapporté supra, n° 3 ; Glasson, Boitard et Colmet-Daâge, op. cit., t. 2, p. 519, n° 1083). Il a été jugé que lorsque les meubles garnissant la maison louée ont été déplacés sans le consentement du propriétaire, mais sont demeurés en la possession du locataire, le propriétaire qui veut exercer son privilège sur ces meubles procède à bon droit par la voie de la saisie-gagerie, conformément aux dispositions de l'art. 819 c. proc. civ., et non par la voie de la saisie-revendication ; qu'en conséquence, lorsque le loyer n'excède pas 400 fr., le juge de paix est seul compétent pour autoriser et valider cette saisie (Rennes, 23 févr. 1886, aff. Dugue et Riaux ; Besançon, 1er mai 1891, aff. Rochet ; Riom, 7 août 1890, aff. Solviche-Guignard, D. P. 91. 5. 470). Ce dernier arrêt s'appuie sur ces motifs : « qu'il faut considérer, dans l'interprétation de l'art. 819.c. proc. civ., moins les expressions dont le législateur s'est servi que le but qu'il s'est proposé ; qu'il est manifeste qu'il n'a pas voulu limiter le droit de gage à ce fait que les meubles seront restés dans la maison du saisissant, puisque l'article vise le cas où ils ont été déplacés sans le consentement de ce dernier ; que ce droit de gage subsiste donc, après le déplacement et le transport des meubles dans une autre maison, tant qu'ils restent en la possession du locataire, et que, d'ailleurs, comme dans l'espèce, la saisie est faite dans le délai fixé par ledit article ; qu'il est vrai de dire, en

---

(1) (Richard C. Lajoie-Vizentini.) — La cour; — Attendu que, si le paragraphe 3 de l'art. 819 c. proc. permet au propriétaire de saisir-revendiquer les meubles déplacés par le locataire sans son consentement, alors même que le locataire ne doit aucun terme de loyer, il n'en est pas ainsi pour la saisie-gagerie des meubles qui se trouvent dans les lieux loués ; que, d'après le paragraphe 1 dudit art. 819, ces derniers meubles ne peuvent être saisis-gagés que pour loyers échus ; que la crainte plus ou moins fondée que pourrait avoir le propriétaire de voir disparaître les meubles garnissant les lieux loués ne saurait suffir pour autoriser une saisie-gagerie sur ces meubles, alors que le locataire a d'avance payé son terme ; que cette saisie-gagerie validée, se

convertissant en saisie-exécution, aboutirait ainsi à la vente sur saisie du mobilier d'un locataire ne devant rien à son propriétaire ; — Attendu qu'au 13 nov. 1883, jour de la saisie-gagerie des meubles existant dans les lieux par lui remis en location, Richard ne devait aucun loyer à Lajoie-Vizentini ; qu'il avait payé d'avance le terme du 15 sept. 1883 au 15 janv. 1884 ; que, depuis lors, Richard a exactement rempli les obligations de payement à lui imposées par le bail ; qu'aujourd'hui encore il a payé le trimestre courant ; que c'est donc à bon droit que Richard demande la mainlevée de la saisie-gagerie, opérée à la requête de Lajoie-Vizentini ; — Par ces motifs ; — Infirme, etc. Du 26 avr. 1884.-C. de Douai, 2e ch.-M. Duhem, pr.

ce cas, qu'ils sont revendiqués au moyen de la saisie-gagerie, que cette expression ne peut s'appliquer à l'action en
revendication proprement dite, qui est réglementée par
l'art. 826 c. proc. civ. placé sous le titre 3 du livre 1, lequel
est étranger aux rapports du créancier gagiste avec son débiteur, et qui suppose nécessairement l'exercice d'un droit
prétendu sur une chose mobilière possédée par un tiers ».

6. On a examiné au *Rép.*, vo *Priviléges et hypothèques*,
n° 288, et *suprà*, eod. vo, n°s 129 et suiv., la question de savoir si le droit de saisir-gager les meubles déplacés, accordé
par l'art. 419, § 3, s'applique aux fruits. L'affirmative est
adoptée par M. Bioche, *op. cit.*, vo *Saisie-gagerie*, n° 28, et la
négative par M. Dutruc, *op. cit.*, eod. vo, n° 28. « On discute, dit
M. Glasson, sur Boitard et Colmet-Daâge, *op. cit.*, t. 2, p. 539,
n° 1083, la question de savoir si le locataire d'une ferme
peut faire saisir-gager les fruits revendiqués ? A notre avis
la négative n'est pas douteuse, s'il s'agit de fruits qui ne
sont pas engrangés dans la ferme, car ces fruits ne sont
grevés d'aucun privilège au profit d'un bailleur que dans un
cas, celui où ils forment la récolte de l'année ; mais alors
ce privilège ne repose pas, comme celui qui pèse sur les
meubles garnissants, sur une idée de gage. Ce privilège est
fondé sur une idée de plus-value et ne produit pas le droit
de suite. Or le législateur n'a entendu établir la saisie-revendication que comme sanction du droit de suite attaché
au privilège du bailleur fondé sur le gage. Mais s'il s'agit
de fruits engrangés dans la maison ou dans la ferme, alors
ces fruits deviennent des meubles garnissants et ils sont
grevés du privilège fondé sur le gage, même s'ils ne forment pas la récolte de l'année ; dès lors rien ne s'oppose
plus à la saisie-gagerie, s'ils sont encore entre les mains du
débiteur, et à la saisie-revendication, s'ils sont dans celles
d'un tiers ».

7. Il est généralement admis que, bien que la saisie-
gagerie ne puisse, aux termes de l'art. 819, être exercée
par les propriétaires sur les objets garnissant les lieux
loués que pour les loyers et fermages échus, on doit
cependant étendre cette disposition à tout ce que est dû
en vertu du bail, et qui en peut être considéré comme
l'accessoire immédiat (Dutruc, *op. cit.*, vo *Saisie-gagerie*, n° 12 ; Rousseau et Laisney, *op. cit.*, eod. vo,
n° 7. *Contrà*, *Rép.*, n°s 9 et 26). Il a été jugé : 1° que
la saisie-gagerie peut être formée, non pas seulement pour
loyers et fermages, mais pour toutes créances résultant du
bail et spécialement pour le remboursement des avances
faites par le propriétaire au colon partiaire (Lyon, 9 juill.
1860, aff. Corneloup, D.P.60.5.340) ; — 2° que le propriétaire
a le droit au privilège du bailleur pour toutes obligations
dérivant du bail, spécialement pour les avances faites par
lui au preneur ; que, par suite, la saisie-gagerie, qui a pour
objet d'assurer l'efficacité du privilège concédé au propriétaire, peut être pratiquée pour toutes créances résultant du
bail, notamment pour le remboursement des avances faites
par le propriétaire au colon partiaire (Alger, 25 juin 1878,
aff. Dubos, D. P. 79. 2. 209). « Considérant, dit cet arrêt,
que le législateur, prenant en considération la faveur due
au propriétaire locateur, voulant, d'autre part, faciliter le
contrat de louage, a institué un privilège pour les créances
résultant de l'exécution du bail ; que ce privilège a été établi
à la fois dans l'intérêt du bailleur à qui il assure l'exécution
des conditions du bail, dans l'intérêt du preneur, à qui il assure
ainsi un crédit nécessaire ; qu'il s'étend à toutes les obligations
dérivant du bail sans distinction ; que le code de procédure
civile a eu pour but de sanctionner les principes du code
civil, et qu'en matière de bail spécialement, le législateur,
fidèle à la même pensée, a complété le système de l'art. 2102
en organisant une procédure prompte et facile pour la réalisation du gage du propriétaire ; que tel est l'objet de la
saisie-gagerie ; que l'esprit de la loi est clairement attesté dans
l'exposé des motifs, qui indique la corrélation entre l'art. 2102
c. civ. et l'art. 819 c. proc. civ. ; et que les précédents et les
commentaires officiels permettent de ne s'arrêter à une
interprétation judaïque de l'art. 819 ; que, en se renfermant
étroitement dans la formule de l'art. 819, on se tiendrait à
la surface d'un texte sans en pénétrer le véritable sens ;
qu'on romprait l'harmonie qui doit régner entre le code civil
et le code de procédure, et qu'on fonderait, entre les créances
résultant du bail, une distinction contraire aux intentions

du législateur aussi bien qu'à la raison même de la loi ;
qu'alors que toutes les créances dérivant du bail ont été
déclarées dignes de la même faveur, on arriverait à décider
que les unes néanmoins seraient plus favorables que les
autres, puisqu'elles ne seraient pas toutes susceptibles d'être
poursuivies par voie de saisie gagerie ; que cette solution,
désastreuse pour le bailleur qui verrait souvent lui échapper
un gage qui lui a été assuré par l'art. 2102, serait également préjudiciable au preneur, dont le crédit serait amoin-
dri, ou qui, pour éviter une saisie-gagerie, se trouverait
exposé aux doubles frais d'une saisie-gagerie restreinte et
d'une saisie-exécution ; que la voie de la saisie-gagerie est
ouverte au propriétaire pour toutes les créances résultant
de l'exécution du bail ; que ces principes, applicables au bail
à ferme, le sont également au bail à colonage partiaire,
notamment pour les avances faites par le propriétaire au
colon ; que telle était la loi suivie sous notre ancienne jurisprudence, et que telle doit encore être la solution sous
l'empire du code civil, car si le colonage partiaire a quelques affinités avec la société, le caractère prédominant de
ce contrat est celui du bail ». D'après une autre opinion, le
propriétaire ne peut saisir-gager que pour les loyers et fermages qui lui sont dus. Il ne saurait, par exemple, user de la
saisie-gagerie pour des dommages-intérêts non liquidés résultant d'une mauvaise exploitation des terres (*Rép.* n°s 9 et
26).

8. On admet que le propriétaire peut aussi faire saisir-
gager les meubles du colon partiaire et les fruits de la
récolte garnissant la ferme, pour assurer, soit le partage
des fruits, soit le partage des dégradations commises par le
métayer, en un mot, pour tout ce qui concerne l'exécution
du contrat (Augier, *Encyclopédie des juges de paix*, vo *Saisie-
gagerie*, n° 12 ; Caron. *Juridiction des juges de paix*, n° 201).

9. Aux termes d'un arrêt, sont valables la saisie-arrêt et la
saisie-gagerie qui ont pour cause non seulement le loyer d'un
terrain auquel s'appliquait la réduction prononcée par le
jury des loyers, en vertu de la loi du 21 avr. 1871, mais encore l'indemnité d'occupation d'un terrain qualifiée expressément de loyers par les juges (Civ. rej. 10 avr. 1876, aff.
Berkowiez, D. P. 76. 1. 269).

10. Le droit de saisir-gager, aux termes de l'art. 819, est
accordé sur les effets et fruits qui se trouvent dans les maisons
et les bâtiments ruraux et sur les terres. Il importe peu de les
objets garnissant les lieux loués appartiennent au débiteur. Le
propriétaire peut les saisir-gager, s'il a eu de justes motifs
pour les considérer comme la chose de son débiteur (*Rép.*
n°s 16 et suiv. ; *Rép.*, vo *Priviléges et hypothèques*, n°s 239 et
suiv. ; Bioche, *op. cit.*, vo *Saisie-gagerie*, n° 7 et suiv.). Il a
été jugé : 1° que la saisie-gagerie peut comprendre un bloc de
marbre qui est trouvé chez un locataire sculpteur (Paris,
1er mai 1866, *Journal des avoués*, t. 91, p. 235 ; ... même les
œuvres de celui-ci, par exemple, le modèle en plâtre d'une
statue et la statue en marbre elle-même quoiqu'elle ne soit
pas complètement terminée (Trib. civ. Seine, 30 déc. 1859,
Journal des avoués, t. 87, p 532) ; — 2° Que les meubles mis
en dépôt chez un locataire n'échappent au privilège et au droit
de saisie-gagerie du bailleur qu'autant que ce dernier a pu
savoir, soit par certaines circonstances de fait, soit par une
notification directe, que ces objets appartenaient à un tiers
et n'étaient pas destinés à garnir les lieux loués (Rouen,
17 janv. 1814, *Journal des avoués*, t. 97, p. 237). Mais, comme le
fait remarquer M. Dutruc, *op. cit.*, vo *Saisie-gagerie*, n° 23, un
arrêt reconnaît, dans ses motifs, qu'une telle solution cesse
d'être applicable quand il s'agit d'objets que le propriétaire
doit ou peut supposer appartenir à des tiers en raison de la
profession de son locataire, par exemple, d'objets confiés à
ce dernier pour être réparés, lorsque le locataire se charge
habituellement de ces sortes de réparations.

M. Dutruc, *op. et loc. cit.*, cite, comme ayant consacré
la même restriction, un arrêt de la cour de Paris du
10 janv. 1808 (*Journal des avoués*, t. 93, p. 202). Cet arrêt
déclare, en effet, que le propriétaire ne peut faire
saisir-gager, pour obtenir le payement des loyers qui
lui sont dus les meubles et objets mobiliers déposés par
un tiers chez son locataire, à raison des habitudes du commerce et de la profession de ce dernier, encore bien que
le tiers n'ait fait à ce sujet aucune notification au propriétaire, et qu'il ne se soit point fait remettre par le loca-

taire un reçu du dépôt. Il s'agissait, dans l'espèce, de meubles déposés chez un tapissier pour y être conservés ou vendus. Mais suivant le même auteur (*loc. cit.*) « pour que cette interprétation restrictive soit admise, il faut qu'aucun doute ne puisse s'élever ni sur la destination des objets déposés, ni sur la notoriété de l'habitude où est le locataire, à raison de sa profession, de recevoir de tels dépôts ».

11. Il a été jugé que le propriétaire ne peut, à défaut de payement des loyers, faire saisir les meubles et objets mobiliers du locataire ou sous-locataire qui garnissent les lieux loués, et non les meubles que ce locataire ou sous-locataire possède dans un domicile situé en dehors de ces mêmes lieux (Ordon. de référé du prés. du trib. de la Seine, avril 1870 (*Journal des huissiers*, t. 51, p. 175). Cette solution, ainsi que le remarque M. Dutruc *op. cit.* v° *Saisie-gagerie*, n° 24, ne saurait faire difficulté. — Décidé, d'autre part, que le bailleur ne peut pratiquer une saisie-gagerie sur les meubles qui garnissaient les lieux loués, pour obtenir payement des loyers qui lui restent dus, lorsque le bail a été résilié d'un commun accord entre les parties et que, à la suite de cette résiliation, le preneur a transporté lesdits meubles dans son nouveau domicile, sans que, d'ailleurs, le bailleur s'y soit opposé (Amiens, 30 oct. 1852, *Journal des huissiers*, t. 34, p. 19 ; Dutruc, *op. cit.*, v° *Saisie-gagerie*, n°s 21 et suiv.).

12. La saisie-gagerie peut frapper, aux termes de l'art. 820, les effets des sous-fermiers et sous-locataires garnissant les lieux par eux occupés et les fruits des terres qu'ils sous-louent pour le payement ou la garantie des loyers et fermages dus par les locataires ou fermiers de qui ils tiennent ; mais ces sous-locataires ou sous-fermiers peuvent obtenir mainlevée en justifiant qu'ils ont payé sans fraude et sans qu'ils puissent opposer des payements faits par anticipation (*Rép.* n° 22 ; Rousseau et Laisney, *op. cit.*, v° *Saisie-gagerie*, n° 16).

13. Les effets d'un sous-locataire ou fermier peuvent-ils être saisis-gagés pour les loyers ou fermages qu'il a payés à échéance au locataire ou fermier principal, malgré l'opposition antérieure du propriétaire ? M. Chauveau admet avec raison l'affirmative. « L'art. 820, dit cet auteur (V. Dutruc, *op. cit.*, v° *Saisie-gagerie*, n° 39) embrasse dans son ensemble trois cas différents : 1° celui où l'échéance de la dette du sous-locataire ou sous-fermier est postérieure à celle de la dette du locataire ou fermier principal ; 2° celui où ces échéances coïncident ; 3° celui, enfin, où l'échéance de la dette du sous-locataire ou sous-fermier précède celle de la dette du locataire ou fermier principal. Dans le premier cas, le sous-locataire ou le sous-fermier a désintéressé son bailleur, sans opposition du propriétaire ; il a agi de bonne foi ; aucune fraude ne peut lui être imputée ; il est à l'abri de toute répétition. S'il en est autrement, il subit les conséquences de sa conduite ; il est soumis à la saisie-gagerie. Dans la seconde hypothèse, si le sous-locataire ou sous-fermier est instruit par le propriétaire de l'insolvabilité du preneur principal, il doit, avant de se libérer, s'assurer, dans son intérêt bien entendu, que celui-ci ne dissipera pas le prix du bail, et s'il paye sans prendre de précautions à cet égard, et que le propriétaire ne reçoive pas le prix du bail, il sera réputé coupable de fraude, et dès lors, il pourra obtenir mainlevée de la saisie-gagerie dirigée contre lui. Les mêmes raisons peuvent être invoquées avec non moins de force dans la troisième hypothèse ».

ART. 3. — *Des formes et des effets de la saisie-gagerie.* — *Compétence* (*Rép.* n°s 35 à 50).

14. — *1° Formes.* — Ainsi qu'on l'a exposé au *Rép.*, n° 35, la permission de saisir-gager est accordée par le président du tribunal civil d'arrondissement, ou par le juge de paix

si la cause de la saisie rentre, à raison du chiffre du loyer ou du fermage, dans la compétence de ce magistrat (V. *suprà*, v° *Compétence civile des tribunaux de paix*, n° 36 et suiv. ; *Rép.* eod. v°, n° 72). Il y aurait nullité de la procédure, si l'on s'adressait au président du tribunal civil dans un cas où l'autorisation doit être donnée par le juge de paix (Dutruc, *op. cit.*, v° *Saisie-gagerie*, n°s 43. 50 ; Bioche, *Journal de procédure*, 1858. p. 250 ; Rodier, *Traité de compétence et de procédure*, t. 3, p. 313).

15. On a émis au *Rép.*, n° 32, l'opinion que le commandement préalable (ou pour parler plus exactement la sommation) à la saisie-gagerie n'est pas nécessaire lorsque la saisie est autorisée par le juge, en vertu de la seconde disposition de l'art. 819. Cette doctrine, adoptée par MM. Dutruc (*op. cit.*, v° *Saisie-gagerie*, n° 44) ; Boitard Colmet-Daâge et Glasson (*op. cit.*, t. 2, p. 539, n° 1082) ; Bioche (*op. cit.*, v° *Saisie-gagerie*, n° 21), est combattue par MM. Rousseau et Laisney (*op cit.*, eod. v°, n° 14). Mais il a été jugé que l'huissier qui, ayant obtenu du juge la permission de saisir-gager les meubles d'un locataire sans commandement préalable, pratique le jour même contre ce locataire une saisie-exécution au lieu d'une saisie-gagerie, fait un acte nul, à raison du défaut de commandement et doit être déclaré responsable des suites de cette nullité, lorsque le locataire en a profité pour détourner une partie des objets saisis (Alger, 5 nov. 1874, *Journal des avoués*, t. 100, p. 280).

16. La saisie-gagerie, même autorisée par le juge, expose le propriétaire à des dommages-intérêts lorsqu'elle est vexatoire (*Rép.* n° 36). Il a été jugé : 1° que le locataire principal qui, malgré l'offre que lui fait le sous-locataire de payer les loyers échus, sous la condition de la représentation de la quittance du propriétaire, fait procéder contre lui à une saisie-gagerie, se rend passible de dommages-intérêts (Trib. civ. Marseille, 6 juill. 1866, 6 déc. 1867 et 24 janv. 1868, *Journal des huissiers*, t. 49, p. 307) ; — 2° Que le propriétaire qui, après avoir formé une saisie-gagerie sur son locataire verbal, ne poursuit pas dans un bref délai la vente et l'expulsion de ce dernier en suivant sur la saisie ou en se pourvoyant en référé, peut être condamné à une réduction du loyer dû à titre de dommages-intérêts (Civ. rej. 10 avr. 1876, aff. Berkowicz, D. P 76. 1. 269) ; — 3° Que le privilège qui appartient au propriétaire sur tous les objets qui garnissent la maison louée ne fait pas obstacle à ce que le locataire retire une partie de ces objets, lorsque le reste est suffisant pour garantir le payement des termes à échoir ; et que le propriétaire qui a causé un préjudice au locataire en pratiquant une saisie-gagerie générale, sans que ses droits ne couraient aucun risque, a porté ainsi atteinte au crédit du locataire, peut être condamné à lui payer des dommages-intérêts (Lyon, 28 mai 1891, aff. Berthon, D. P. 93, 2. 210).

17. La saisie doit, en outre, être annulée lorsqu'elle est faite en dehors des conditions prévues par la loi. Ainsi il a été jugé que si la saisie-gagerie a été pratiquée pour le remboursement non encore exigible d'avances faites au colon partiaire, elle doit être annulée comme prématurée, et donne naissance à une action en dommages-intérêts lorsqu'elle est vexatoire (Alger, 25 juin 1878, aff. Dibos, D. P. 79. 2. 209). Il a même été décidé que la saisie-gagerie pratiquée en vertu d'une permission qui a été surprise au président au moyen d'un exposé mensonger, peut être qualifiée de vexatoire, annulée, et que le saisissant peut être condamné à des dommages-intérêts lorsqu'il est établi que le président n'aurait pas autorisé la saisie s'il n'avait pas été induit en erreur (Dijon, 18 mars 1879) (1).

18. Mais la saisie-gagerie pratiquée pour une créance dont le chiffre a été exagérée ne doit pas être annulée ; l'art. 819 ne prononce pas la nullité des poursuites pour le cas où la saisie aurait été faite pour des sommes plus consi-

---

(1) (Coilliard C. Bourdiau.) — La cour ; — Considérant que le propriétaire qui veut pratiquer, sans commandement préalable, une saisie-gagerie pour loyers ou fermages échus, ne peut y procéder qu'en vertu de la permission qu'il aura obtenue, sur requête, du président du tribunal de première instance ; que, si la permission a été surprise au juge au moyen d'un exposé de faits mensongers ou inexacts, il appartient au tribunal, lorsqu'un débat contradictoire a démontré la fausseté ou l'inexactitude de ces faits, de prononcer la nullité de la saisie-gagerie ; — Consi-

dérant que Bourdiau, par bail sous seings privés, enregistré, du 2 mars 1878, a loué aux censorts Coillard, marchands de vin à Autun, un logement et un magasin moyennant le prix de 650 fr. pour la première année et de 600 fr. pour les suivantes, payable par semestre et d'avance ; que les quittances du bailleur constatent que les preneurs ont acquitté le loyer à l'échéance les 10 mars et 10 sept. 1878, deux termes de loyer de 300 fr. chacun ; que les preneurs soutiennent que, d'accord avec le bailleur, les 50 fr. restant dus sur la première année devaient être payés en fourni-

dérables que celles qui étaient réellement dues ; et les nullités ne se suppléent pas (Dutruc, *op. cit.*, vº *Saisie-gagerie*, nº 14). Il a été jugé, en ce sens : 1º que la saisie-gagerie pratiquée pour une créance dont le chiffre a été exagéré n'est pas pour cela entièrement nulle ; il y a seulement lieu d'en restreindre les effets à la somme à laquelle la créance doit être réduite ; et le débiteur n'est pas fondé à demander des dommages-intérêts à raison de la saisie-gagerie ainsi pratiquée contre lui (Rennes, 11 janv. 1871, *Journal des avoués*, t. 98, p. 80) ; — 2º Que la saisie-gagerie n'est pas nulle dans le cas où elle a été faite pour une somme plus considérable que celle qui était réellement due (Req. 27 mai 1872, aff. André, D. P. 73. 1. 13).

19. Le saisi peut être constitué gardien ; mais le consentement du saisissant est nécessaire, comme en matière de saisie-exécution, la disposition de l'art. 830 étant superflue et ne modifiant en rien l'art. 598 Cette doctrine, enseignée au *Rép.*, nº 37, est généralement admise (Dutruc, *op. cit.*, vº *Saisie-gagerie*, nº 59 ; Boitard, Colmet-Daâge et Glasson, *op. cit.*, t. 2, p. 540, nº 1087. Comp. Rousseau et Laisney, *op. cit.*, vº *Saisie-gagerie*, nº 18).

20. L'art. 611 c. proc. veut que l'huissier qui se présente pour pratiquer une saisie-exécution se borne à procéder au récolement des meubles si, à ce moment, il rencontre une première saisie-exécution déjà pratiquée par un autre créancier. Mais on est généralement d'accord pour décider que, dans le cas où la première saisie serait simplement conservatoire, par exemple une saisie foraine ou une saisie-gagerie, rien ne s'oppose à ce que l'huissier procède à la saisie-exécution. La maxime « saisie sur saisie ne vaut » suppose deux saisies-exécutions successives sur les mêmes biens et entre les mains du même débiteur (V. *suprà*, vº *Saisie-exécution*, art. 4, § 2, *Rép.* eod. vº, nº 104). Il a été jugé, en ce sens, que la disposition de l'art. 611 c. proc. civ., aux termes de laquelle l'huissier ne peut pratiquer une nouvelle saisie sur les meubles déjà saisis, est spéciale aux saisies-exécutions et ne doit pas être suivie, lorsque la première saisie est une saisie-gagerie (Trib. civ. des Sables-d'Olonne, 5 déc. 1889, aff. Chopin et autres. D. P. 92. 2. 377).

21. Il a été jugé qu'en cas d'absence du saisi, la copie du procès-verbal de saisie-gagerie doit, à peine de nullité, être remise au maire ou adjoint, ou au magistrat qui a fait ouvrir les portes, alors même que la femme, les enfants ou d'autres parents du saisi sont sur les lieux (Trib. de paix de Vouziers, 12 mai 1853, *Journal des avoués*, t. 79, p. 168 ; cité par Dutruc, *op. cit.*, vº *Saisie-gagerie*, nº 61).

22. — 2º *Effets*. — La saisie-gagerie, disent MM. Rousseau et Laisney, *op. cit.*, vº *Saisie-gagerie*, nº 25, a pour effet de conserver le droit du propriétaire, elle met les objets saisis sous la main de la justice et en enlève la disposition au saisi (c. proc. art. 824) ; le débiteur perd la faculté d'en disposer au préjudice du saisissant et la vente qu'il en consentirait ne

serait pas opposable au propriétaire. En conséquence, la vente de ses meubles, faite par un locataire postérieurement à la saisie-gagerie est sans valeur à l'égard du propriétaire, qui peut les faire vendre et expulser le locataire et son cessionnaire, faute de garnir les lieux de meubles suffisants (Req. 27 mai 1873, aff. Summer, D. P 73. 1. 335. V. *Rép.*, vº *Louage*, nºˢ 443 et suiv. ; *suprà*, eod. vº, nºˢ 259 et suiv.).

23. La saisie-gagerie n'autorise pas le propriétaire à faire procéder à la vente aussitôt qu'elle a été pratiquée ; pour arriver à ce résultat, il faut qu'il obtienne contre son débiteur un jugement de validité de la saisie ; il en est ainsi alors même que le propriétaire aurait un bail exécutoire, dans le cas où, craignant le divertissement des meubles, il aurait procédé sans commandement et en vertu de la permission du juge. Ainsi, dans tous les cas, il faut un jugement de validité (*Rép.* nº 43). Comme dit M. Chauveau (V. Dutruc, *op. cit.*, vº *Saisie-gagerie*, nº 67), ce n'est qu'un moyen de la déclaration de validité que la saisie-gagerie est convertie en saisie-exécution (Dutruc, *op. cit.*, vº *Saisie-gagerie*, nº 67 ; Rousseau et Laisney, *op. cit.*, eod. vº. nº 26). M. Bioche (*op. cit.*, vº *Saisie-gagerie*, nº 29) soutient, au contraire, que le jugement de validité n'est pas nécessaire, lorsque la saisie est faite en vertu d'un titre exécutoire. Le propriétaire a exigé un bail exécutoire, précisément pour n'être pas tenu d'obtenir un jugement de condamnation. Pourquoi serait-on ici plus exigeant qu'en matière de saisie-exécution ou de saisie immobilière ?

24. La vente des objets saisis ne peut avoir lieu qu'après un délai de huit jours à partir de la signification du jugement qui valide la saisie (*Rép.* nº 46 ; Dutruc, *op. cit.*, vº *Saisie-gagerie*, nº 75). Il a été jugé que lorsqu'il s'est écoulé entre la saisie-gagerie et la vente des objets qu'elle a frappés un délai relativement long (plus d'un mois) sans que le saisi ait formé opposition à la vente, celui-ci est non recevable à demander la nullité tant de la vente que de la saisie, alors surtout qu'il a reçu le solde de ce qui lui revenait sur le prix après l'acquittement des dettes (Trib. civ. de la Seine, 30 déc. 1859, *Journal des avoués*, t. 87, p. 532).

25. Il a été décidé qu'au cas où la saisie-gagerie, quoique validée, n'a pas été convertie en saisie-exécution relativement à quelques-uns des objets saisis, le bailleur, qui ne peut faire procéder à la vente de ces mêmes objets, n'est pas recevable à s'opposer à celle qui en est poursuivie par les syndics de la faillite du locataire, pourvu que cette vente se fasse publiquement dans la forme légale, en sa présence ou lui dûment appelé, et que le prix reste affecté à son privilège et soit déposé à cet effet à la Caisse des consignations (Trib. civ. Abbeville, 20 juill. 1863. *Journal des avoués*, t. 89, p. 519, cité par Dutruc, *op. cit.*, vº *Saisie-gagerie*, nº 78).

26. Suivant M. Chauveau (V. Dutruc, *op. cit.*, vº *Saisie-gagerie*, nº 74), le juge de paix qui statue sur la validité d'une

---

tures de vin, déjà effectuées pour partie ; qu'en admettant même que cette prétention, très vraisemblable d'après les faits de la cause, ne soit pas fondée, ils n'étaient plus débiteurs pour loyers échus que d'une somme de 50 fr. ; — Considérant que, dans sa requête du 8 oct. 1878, Bourdiau expose que ses locataires ont enlevé la plus grande partie des meubles et marchandises garnissant les lieux loués et transporté deux foudres à la gare d'Autun et une certaine quantité de linge chez un de leurs voisins ; que les lieux loués n'étant plus garnis de meubles suffisants pour répondre des loyers, il lui importe, pour empêcher le détournement du peu de mobilier restant, de faire procéder à la saisie-gagerie des marchandises et effets qui se trouvent encore dans la maison louée et à la saisie-revendication de ceux qui ont été enlevés ; que le lendemain, en vertu de la permission accordée par le président du tribunal à vue de cet exposé, Bourdiau a fait pratiquer une saisie-gagerie sur les effets et marchandises de ses locataires, comprenant notamment 88 hectolitres de vin saisis ; — Considérant qu'il est constant en fait que le 24 septembre précédent, les bâtiments loués aux consorts Coilliard ont été en partie détruits par un incendie ; que, dès le 1ᵉʳ octobre, une expertise amiable a fixé à 1500 fr. les dommages aux bâtiments dont les locataires étaient responsables ; que, le même jour, Bourdiau, pour sûreté du payement de ces 1500 fr. et des 50 fr. de loyer restant dus, a formé entre les mains de la compagnie d'assurances *La Confiance* une saisie-arrêt portant sur la totalité de l'indemnité à elle due aux consorts Coilliard et s'élevant à 6738 fr. 55 cent. ; que ses droits en ce qui concerne les 50 fr. de loyer échu étaient donc parfaitement garantis ; — Considérant que l'enlèvement du linge des consorts Coilliard au moment de

l'incendie et son dépôt chez un voisin n'étaient qu'un acte de sauvetage que Bourdiau a représenté, de mauvaise foi, comme un détournement furtif ; que le transport de deux foudres vides à la gare d'Autun ne constitue qu'une opération inhérente au commerce de marchand de vin et sur le caractère de laquelle Bourdiau n'a pu se méprendre ; qu'enfin, la valeur des 88 hectolitres de vin saisis, indépendamment de celle des autres objets compris dans la saisie-gagerie, dépasse 2000 fr. ; qu'en cet état des faits, la saisie-gagerie était purement vexatoire, et qu'il est évident que le président du tribunal n'aurait pas autorisé cette regrettable procédure s'il n'avait été induit en erreur par un exposé mensonger ; que c'est donc à bon droit que les premiers juges en ont prononcé la nullité ; — Considérant que, par suite de la saisie des vins, objet de leur commerce, les consorts Coilliard ont éprouvé un préjudice sérieux dont il leur est dû réparation ; que les documents de la cause permettent de leur déterminer l'importance ; — Considérant que la partie qui succombe doit supporter les dépens ;

Par ces motifs : — Statuant sur les appels respectivement interjetés par Renard Curtille et Coilliard et par Bourdiau, du jugement du tribunal civil d'Autun en date du 10 nov. 1878 ; — Met lesdites appellations à néant : — Emendant, sans s'arrêter à l'appel incident, condamne Bourdiau à payer à Renard Curtille et Coilliard, à titre de dommages-intérêts la somme de 600 fr. avec intérêts à partir du jour de la demande ; ordonne que le surplus du jugement dont est appel sortira son plein et entier effet.

Du 18 mars 1879.-C. de Dijon, 3ᵉ ch.-MM. Saverot, pr.-Cardot, av. gén.-Afix et Lombart, av.

saisie-gagerie peut autoriser la vente ailleurs qu'au plus prochain marché. Le pouvoir qui appartient au juge de paix en cette matière, dit cet auteur, comprend naturellement l'exercice de la faculté que consacre l'art. 617, relatif à la vente après saisie-exécution (V. dans le même sens, le *Journal des huissiers*, 1856, p. 145; Bioche, *Journal de procédure*, 1857, p. 257).

27. — 3° *Compétence.* — On a étudié au *Rép.*, n° 48, la question de savoir quel est le tribunal compétent pour connaître de la demande en validité ou en mainlevée de la saisie. Une première opinion soutient que le juge compétent est celui du domicile de la partie saisie. A l'appui de ce système, on fait remarquer que la demande en validité d'une saisie-gagerie est une action mobilière. Or, toutes sont de la compétence du tribunal du domicile du défendeur. On ne saurait dire que la saisie a pour effet d'immobiliser les meubles. Il est certain que le détournement d'objets saisis constitue un délit. Mais aucun texte ne parle d'immobilisation et ne permet d'assimiler les meubles saisis à des immeubles. Pour soutenir que le tribunal compétent est celui du lieu où la saisie a été pratiquée, on invoque les dispositions relatives à la saisie-exécution. Mais la saisie-gagerie, qui est une mesure conservatoire, diffère essentiellement de la saisie-exécution qui est une voie d'exécution forcée. Il est vrai qu'aux termes de l'art. 825 c. proc. civ., on doit, en matière de saisie-gagerie et de saisie foraine, observer les règles ci-devant prescrites pour la saisie-exécution, la vente et la distribution des deniers ; mais on force le sens naturel de cette disposition lorsqu'on veut l'étendre purement et simplement à la saisie-gagerie et à la saisie foraine. La fin même de l'art. 825 montre à partir de quel moment l'extension est permise : elle parle de vente et de distribution de deniers. Le législateur se place donc à partir du moment où la saisie-gagerie a, par l'effet du jugement de validité, été convertie en réalité en une mesure d'exécution. A dater de cette époque, il s'agit de vendre et de se faire payer sur le prix, et il est tout naturel d'observer les dispositions du titre de la saisie-exécution. Mais ces mêmes dispositions ne sauraient s'appliquer également avant le jugement de validité, alors que toute cette procédure antérieure n'existe pas, à proprement parler, pour la saisie-exécution, et est tout à fait propre à la saisie-gagerie. On ne peut donc pas déterminer, par voie d'analogie avec ce qui se passe en matière de saisie-exécution, la compétence relative à l'action en validité de saisie-gagerie, par la raison que cette action n'existe pas dans la première procédure, que les deux mesures sont absolument distinctes et différentes jusqu'au jugement de validité (V. *Rép.* n° 48; Le Gost, *Des tribunaux compétents pour valider les saisies mobilières et des caractères distinctifs de l'action en validité, Revue critique de législation*

et de jurisprudence, année 1882, nouvelle série, t. 11, p. 621 ; Rousseau et Laisney, *op. cit.*, v° *Saisie-gagerie*, n° 27; Trib. civ. Seine, 29 oct. 1875, *Journal des avoués*, t. 101, p. 42).

Un second système attribue compétence au tribunal du lieu de la saisie. Il se fonde principalement sur le rapprochement des textes relatifs à la saisie-gagerie et de ceux concernant la saisie-exécution. La loi, en organisant la procédure de saisie-exécution qui est la plus ordinaire, a établi des règles générales applicables aux autres saisies de même nature. Elle a, dans un but de simplification, et pour éviter des lenteurs et des frais, rattaché à cette procédure tous les incidents contentieux auxquels elle peut donner lieu, en dérogeant aux règles ordinaires de compétence. Ainsi le saisissant est tenu de faire élection de domicile au lieu de l'exécution; à ce lieu peuvent se faire toutes offres réelles et significations d'appel, ainsi que les oppositions à poursuites et les demandes en nullité de la saisie. C'est au même lieu que le gardien doit demander décharge, et que les tiers eux-mêmes doivent former leurs oppositions et intenter leurs demandes en revendication ; le tout sans avoir égard au domicile, soit du saisi, soit du saisissant. Ces règles de la saisie-exécution doivent, et à plus forte raison, être appliquées à la saisie-gagerie, qui a pour but de créer des avantages exceptionnels en faveur du bailleur nanti d'un gage et ayant un privilège de premier ordre : il n'est pas admissible que ce bailleur soit dans une situation plus désavantageuse que le simple créancier ordinaire, qui agit par voie de saisie-exécution, et qu'il puisse, à la différence de ce dernier, être obligé d'aller plaider dans et devant plusieurs tribunaux à la fois. La saisie-gagerie est une exécution provisoire qui produit immédiatement tous les effets de la saisie-exécution, à la seule condition d'être ultérieurement ratifiée par le juge ; le lieu où cette saisie est faite est, dès le principe, le lieu de l'ex cution et celui où, en définitive, l'exécution sera consommée par la vente; ce lieu doit, de même qu'en matière de saisie-exécution, au moins par analogie, entraîner la compétence pour tous les incidents auxquels la saisie peut donner lieu, et surtout pour toutes les demandes nécessaires pour régulariser la procédure et la conduire à fin. Cette doctrine, adoptée par la plupart des auteurs (Bioche, *op. cit.*, v° *Saisie-gagerie*, n° 31 ; Boitard, Colmet-Daage et Glasson, *op. cit.*, t. 2, § 54, n° 1088; Rodière, *Cours de procédure*, t. 1, p. 107; Dutruc, *op. cit.*, v° *Saisie-gagerie*, n° 68), a été consacrée par la jurisprudence. Il a été jugé : 1° que le tribunal compétent pour connaître de la demande en validité et de la demande en payement des loyers introduite en même temps est le tribunal du lieu où la saisie-gagerie a été pratiquée (Caen, 22 nov. 1882) (1); — 2° Que les dispositions relatives à la saisie-exécution étant générales et de droit commun,

---

(1) (Frilley C. de la Mariouze.) — Le 21 déc. 1881, le tribunal civil de Caen a rendu le jugement ci-après : — « Attendu que l'art. 59, qui, en matière personnelle, pose en principe la compétence du tribunal du domicile des défendeurs, pose au contraire, en matière réelle, le principe de la compétence du tribunal de la situation de l'objet litigieux, et laisse en matière mixte l'option entre les deux compétences ; — Attendu que si, par *matière réelle*, on entend communément *matière immobilière*, cependant, ni le sens grammatical du mot *réel*, ni le texte de l'art. 59, qui parle seulement de *la situation de l'objet litigieux*, ne permettent d'exclure les objets mobiliers qui sont l'objet du litige, quand, à raison de leur nature non fongible, ils ont une individualité certaine, et quand la force de la loi leur assigne une assiette, une situation déterminée; que ce n'est donc pas, par une dérogation à l'art. 59, mais par une application spéciale du principe posé par cet article, qu'en matière de saisie-exécution le tribunal de la situation des objets litigieux est le tribunal compétent, la saisie-exécution constituant une mainmise sur les meubles saisis et une immobilisation de ces meubles qui, placés sous la surveillance d'un gardien, ne doivent plus être déplacés; que la saisie, avec son organisation, les responsabilités qu'elle entraîne, les revendications qu'elle provoque, constitue un régime impliquant, s'il s'élève des difficultés, des questions de matière réelle qui ont déterminé la compétence; — Attendu que ce qui est vrai en matière de saisie-gagerie ou de saisie-foraine, ces deux saisies (qui, si elles ne constituent pas immédiatement une saisie-exécution, y tendent nécessairement par la validation), constituent évidemment une mainmise sur les objets qui garnissent les lieux loués et les frappent d'immobilité sous la surveillance

d'un gardien responsable (c. proc., art. 824) que cette vérité est plus saisis encore en matière de saisie-brandon, variété de saisie-gagerie qui s'attaque aux récoltes, qui font encore partie de l'immeuble; que les meubles saisis-gagés, ayant ainsi une individualité propre et une assiette en vertu de la loi, qui leur assigne une situation fixe, entraînent par voie de conséquence, pour toutes les questions relatives à la saisie, et sont de véritables questions réelles, la compétence du tribunal de la situation de l'objet litigieux; qu'il en est ainsi décidé par l'art. 825, qui applique en matière de saisie-gagerie et de saisie foraine, non pas seulement les formes, mais les règles de la saisie-exécution, et par suite la même règle en ce qui concerne la compétence ; — Attendu que le tribunal de Caen, compétent sur la question de validité de la saisie-gagerie exercée par de la Mariouze sur Frilley, le 22 août dernier, doit l'être aussi pour statuer en même temps sur la demande en payement de loyers formée devant le même tribunal, demande à raison de laquelle il a compétence relative, *ratione materiæ*. — Attendu, en effet, que, si cette dernière demande est purement personnelle et immobilière, elle se rattache à la demande en validité de saisie avec une telle connexité que ces deux demandes ne forment véritablement qu'une seule action, qui, ne la considérât-on que comme une action mixte, entraînerait tout au moins une double compétence facultative ; — Par ces motifs, rejette l'exception d'incompétence, etc. ». — Appel par M. Frilley.

La cour. — Attendu que la loi, en organisant la procédure de saisie-exécution, qui est la plus ordinaire, a établi des règles générales applicables aux autres saisies de même nature; qu'elle a, dans un but de simplification, et pour éviter des lenteurs et des frais, rattaché à cette procédure tous les incidents conten-

doivent être étendues aux autres saisies de même nature, notamment à la saisie-gagerie qui produit tous les effets de la saisie-exécution, à la seule condition d'être ultérieurement ratifiée par le juge ; qu'en conséquence, le tribunal compétent en matière de saisie-exécution étant celui du lieu où se poursuit l'exécution, on doit, par analogie, décider que l'action en validité d'une saisie-gagerie est de la compétence du tribunal dans le ressort duquel cette saisie a été pratiquée, et que le tribunal du domicile du débiteur saisi est incompétent ; que le tribunal dans le ressort duquel la saisie a été pratiquée est également compétent pour connaître de l'action en payement de loyers ou fermages, lorsqu'il est nécessaire, pour valider la saisie-gagerie, de fixer la créance du bailleur (Caen, 28 mars 1887, aff. Donon, D. P. 87. 2. 185).

28. La demande en validité ou en main-levée de la saisie-gagerie est portée devant le juge de paix, quand, à raison du chiffre des loyers ou fermages, elle rentre dans ses attributions (*Rép.*, n° 48). Elle ne doit pas être précédée d'un avertissement préalable. « L'art. 17 de la loi de 1855, dit M Dutruc, *op. cit.*, v° *Saisie-gagerie*, n° 71, prouve clairement que la condition de l'avertissement préalable ne s'applique point à des actes de poursuite non introductifs d'une instance devant le juge de paix. D'abord, les mots *dans toutes les causes* indiquent bien qu'il s'agit d'affaires soumises à la décision de ce juge. Mais toute espèce de doute disparaît surtout en présence de l'expression *citation en justice* qui ne peut évidemment désigner ni un commandement ni une saisie. Du reste. le rapport de la commission du Corps législatif sur la loi du 2 mai 1855, s'est prononcé nettement à cet égard. Pour mieux expliquer sa pensée, dit ce rapport, la commission avait proposé, après ces mots :

« Il est interdit aux huissiers, de donner aucune citation », d'ajouter ceux-ci : « introductive d'instance ». Le conseil d'État a considéré que la loi était suffisamment claire sans cette addition, et il a repoussé l'amendement comme inutile ». Ainsi, l'huissier qui, pour le payement de loyers n'excédant pas annuellement 400 fr., signifie un commandement au preneur et pratique contre lui une saisie-gagerie, sans qu'un avertissement ait été préalablement donné à ce dernier, ne peut incontestablement voir mettre à sa charge les frais de poursuites. Mais doit-il au moins supporter les frais de la citation en validité de la saisie-gagerie signifiée aussi sans avertissement préalable ? La négative est encore établie par le rapport de la commission, dans lequel on lit : « L'avertissement préalable a pour but de prévenir les procès ; il est donc inutile de le délivrer lorsque le procès est engagé, il n'est plus alors qu'une formalité dérisoire et un retard inutile. Ainsi, lorsqu'une saisie-gagerie ou un protêt rentre dans la compétence du juge de paix, on ne peut exiger l'avertissement, puisqu'il serait sans but et sans résultat ».

29. M. Chauveau examine la question de savoir si l'appel d'un jugement rendu sur la validité d'une saisie-gagerie peut être valablement notifié au domicile élu, conformément à l'art. 584 c. proc. civ., et il la résout affirmativement (V. Dutruc, *op. cit.*, v° *Saisie-gagerie*, n° 73).

30. Une demande en résiliation de bail ne peut être formée incidemment à une validité de saisie-gagerie (V. *Rép.*, v° *I cident*, n° 29 ; *su,rà.* eod. v°, n°s 3 et suiv.).

31. Il a été jugé que le tribunal de commerce n'est pas compétent pour statuer sur la demande en validité d'une saisie-gagerie pratiquée en vertu d'une ordonnance de son président (Riom, 4 août 1855, *Journal des avoués*, t. 84, p. 354, cité par Dutruc, *op. cit.*, v° *Saisie-gagerie*, n° 70).

tieux auxquels elle peut donner lieu en dérogeant aux règles ordinaires de compétence ; qu'ainsi, le saisissant est tenu de faire élection de domicile au lieu de l'exécution, qu'à ce lieu peuvent se faire toutes offres réelles et significations d'appel, ainsi que les oppositions à poursuites et les demandes en nullité de la saisie (c. proc., art. 584) ; que c'est au même lieu que le gardien doit demander décharge (c. proc., art. 606), et que les tiers eux-mêmes doivent faire leurs oppositions et intenter leurs demandes en revendication (c. proc., art. 608, 609), le tout sans avoir égard aux demandes, soit du saisi, soit du saisissant ; — Attendu que les règles de la saisie-exécution doivent, à plus forte raison, être appliquées à la saisie-gagerie ; que la saisie-gagerie a pour but de créer des avantages exceptionnels en faveur du bailleur nanti d'un gage et ayant un privilège de premier ordre ; qu'il n'est pas admissible, dès lors, que le bailleur soit dans une situation beaucoup plus désavantageuse que le simple créancier ordinaire qui agit par voie de saisie-exécution, et qu'il puisse, à la différence de ce dernier, être obligé d'aller plaider au loin et devant plusieurs tribunaux à la fois ; — Attendu que la saisie-gagerie est une exécution provisoire qui produit immédiatement tous les effets de la saisie-exécution, à la seule condition d'être ultérieurement ratifiée par le juge ; que le lieu où cette saisie est faite est, dès le principe, le lieu de l'exécution et celui où, en définitive, l'exécution sera consommée par la vente ; que ce lieu doit, de même qu'en matière de saisie-exécution, au moins par analogie, entraîner la compétence pour tous les incidents auxquels la saisie peut donner lieu, et surtout pour toutes les demandes nécessaires pour régulariser la procédure et la conduire à fin ; — Attendu que c'est en ce sens que doit être interprété l'art. 825 c. proc., qui dispose qu'en matière de saisie-gagerie seront observées toutes les règles prescrites pour les saisies-exécutions ; que cet article se réfère ainsi aux règles de compétence ; — Attendu, en fait, que le 22 août 1881, de la Mariouze a fait pratiquer une saisie-gagerie sur les bestiaux garnissant des herbages situés à Campandré-Valcongrain, arrondissement de Caen, et par lui affermés à Frilley, domicilié à Rouramps, arrondissement de Vire, et que, le 24 août suivant, il a notifié cette saisie-gagerie au débiteur, en l'assignant en validité devant le tribunal de Caen ; que le tribunal de Caen s'est, avec raison, déclaré compétent pour connaître de cette demande et d'une demande connexe en payement de fermages, inséparable de la demande en validité, cette dernière étant subordonnée à la reconnaissance préalable d'une créance ; — Par ces motifs,

Confirme, etc.

Du 22 nov. 1882.-C. de Caen, 1re ch.-M. Houyvet, 1er pr.-Faguet, proc. gén.-Desruisseaux et Carel, av.

Table sommaire

des matières contenues dans le Supplément et le Répertoire.

(Les chiffres précédés de la lettre S renvoient au Supplément ; les chiffres précédés de la lettre R renvoient au Répertoire.)

Procédure *R*. 28.
Procès-verbal
— copie, remise, formalités *S*. 21.
— garde champêtre, témoin *R*. 40.
— huissier, meubles, récolement *S*. 20.
Propriétaire *S*. 2 s.; *R*. 3 s.
— ancien propriétaire (loyers échus) *S*. 2; *R*. 4; (nouveau saisissant) *R*. 5.
— bail, créances, privilège *S*. 8.

— baux et fermages, accessoires immédiats *S*. 8.
— ferme, dommages-intérêts non liquidés, mauvaise exploitation *S*. 8; *R*. 26.
— juge de paix, compétence *S*. 5.
— locataire principal, réduction, dommages-intérêts *S*. 16.
— loyers à échoir *S*. 12 s.; (fraude du locataire) *S*. 5; *R*. 26.

13; (meubles, déplacement) *S*. 4 s.; *R*. 15; (réduction de la saisie) *S*. 4; (termes exigibles, solde) *S*. 3; *R* 14.
— loyers ou fermages, promesse de vente *S*. 10.
— maison et bâtiments, effets et fruits, étendue du droit *S*. 10; *R*. 16 s.
— meubles déplacés, meubles suffisants *S*. 7.

Revendication
— tiers saisi, formalités *R*. 19.
Sculpteur
— locataire, bloc de marbre, modèle *S*. 10.
Séparation de biens
— effets du mari ou de la communauté *R*. 25.
Sommation. V. Commandement.
Sous-fermier
— bailleur, privilège, étendue *R*. 21 s.

— effets, loyers, payement *S*. 13.
— payement, mainlevée *S*. 12; *R*. 22.
Sous-locataire
— bailleur, privilège, étendue *R*. 21 s.
— effets, loyers, payement *S*. 13.
— locataire principal, quittance, dommages-intérêts *S*. 16.
— meubles garnissants, lieux loués *S*. 11.
— payement, mainlevée *S*. 12; *R*. 22.

Vente
— délai, déchéance *S*. 24; *R*. 46.
— itératif commandement *R* 45.
— juge de paix, marché, pouvoir discrétionnaire *S*. 26.
— jugement de validité (conversion particle, faillite) *S*. 25; (conversion, titre exécutoire *S*. 23; *R*. 43.
— procès-verbal, fixation *R*. 44.

Table des articles du code de procédure civile

Table chronologique des Lois, Arrêts, etc.

SAISIE IMMOBILIÈRE. — V. *infrà*, v° *Vente publique d'immeubles*, et *Rép.* eod. v°, n° 49 et suiv.

SAISIE DES RENTES.

Division.

Art. 1. — Historique et législation. — Droit comparé (n° 1).
Art. 2. — Qu'entend-on par ces mots de la loi : *saisie des rentes constituées aux particuliers*, et d'où vient la réunion des formes de la saisie-arrêt et de la saisie immobilière, pour parvenir à saisir ces rentes (n° 6).
Art. 3. — Quelles rentes sont saisissables (n° 7).
Art. 4. — En vertu de quel titre, pour quelles créances, sur qui et entre les mains de qui la saisie peut être faite (n° 14).
Art. 5. — Formes de la saisie, sa dénonciation, ses effets. — Référés. — Compétence (n° 15).
Art. 6. — Cahier des charges, affiches, publication, enchères, adjudication (n° 22).
Art. 7. — Incidents (n° 25).

Art. 1er. — *Historique et législation. — Droit comparé* (*Rép.*, n° 2 à 7).

1. Le projet de réforme du code de procédure de 1865 (V. *suprà*, v° *Enquête*, n° 1 et suiv.) simplifiait la procédure de la saisie des rentes. La saisie était faite par voie de saisie-arrêt signifiée au débiteur de la rente comme à un tiers saisi. Il faisait sa déclaration affirmative et la vente avait lieu dans les formes prescrites pour la vente des valeurs mobilières en vertu du jugement qui statuait sur la validité de la saisie. Le projet réglementait dans ses détails la procédure actuellement suivie dans la pratique pour la saisie des titres nominatifs et des fonds de commerce. — Quant au projet de réforme dont les Chambres sont actuellement saisies (V. *suprà*, v° *Enquête*, n° 2), il ne s'occupe pas de cette matière.

2. — Droit comparé. — Le code de procédure civile *allemand* du 30 janv. 1877, ne contient aucune disposition spéciale relative à la saisie des rentes, qu'il autorise d'ailleurs. Il faut se reporter aux règles générales sur l'exécution forcée, sur les créances et autres droits dépendant du patrimoine (art. 729 et suiv.).

3. En *Belgique*, la loi du 11 août 1854 règle la saisie des rentes constituées sur particuliers.

4. Le code de procédure civile du *canton du Valais*, du 30 mai 1836, modifié par la loi sur les poursuites pour dettes, du 19 nov. 1870, admet la saisie des rentes (V. art. 22 de la loi), mais il ne contient aucune règle spéciale concernant cette saisie.

5. Le code de procédure civile du *canton de Vaud*, du 25 nov. 1869, autorise également la saisie des rentes. L'usufruit portant sur les rentes viagères peut être saisi à futur pour le terme et dans la proportion fixés par le juge de paix, suivant les charges de l'usufruit, de la pension ou de la rente, et les circonstances personnelles du débiteur et de sa famille. Il ne peut y avoir recours au tribunal cantonal sur le terme et sur la proportion fixés par le juge de paix.

Art. 2. — *Qu'entend-on par ces mots de la loi : saisie des rentes constituées sur particuliers, et d'où vient la réunion des formes de la saisie-arrêt et de la saisie immobilière pour parvenir à saisir ces rentes* (*Rép.*, n° 8 et 9).

6. V. *Rép.* n° 8 et suiv.

Art. 3. — *Quelles rentes sont saisissables* (*Rép.*, n° 10 à 18).

7. Ainsi qu'on l'a exposé au *Rép.*, n° 11, les dispositions du titre de *la saisie des rentes* s'appliquent à toute espèce de rentes constituées sur particuliers. C'est ainsi notamment que, contrairement à l'opinion des auteurs cités au *Rép.*, n° 12, il n'y a pas lieu de distinguer entre les rentes constituées moyennant l'abandon d'un capital et celles qui sont constituées moyennant l'aliénation d'un immeuble (Garsonnet, *Traité de procédure*, t. 4, p. 458 ; Rousseau et Laisney, *Dictionnaire de procédure civile*, v° *Saisie des rentes*, n° 5). Ces dispositions s'appliquent également aux rentes emphythéotiques (*Rép. loc. cit.*: Rousseau et Laisney, *op. et v° cit.*, n° 6).

8. Conformément à la doctrine exposée au *Rép.*, n° 16, M. Chauveau enseigne que le droit appelé *redevance*, dû au propriétaire du sol par le concessionnaire d'une mine ne peut être saisi par voie de saisie immobilière, lorsque le propriétaire du sol a vendu la superficie, en se réservant la redevance; que les règles prescrites pour la saisie des rentes

constituées doivent alors être suivies (V. Dutruc, *Supplément aux lois de la procédure*, v° *Saisie des rentes*, n° 3).

9. Les auteurs ont adopté l'opinion émise au *Rép.*, n°s 13 et suiv., d'après laquelle la saisie et la vente des actions dans les compagnies de finances, d'industrie ou de commerce ne doivent pas être poursuivies suivant les formes tracées en matière de saisie de rentes constituées; qu'il appartient aux tribunaux de prescrire les formalités qui leur paraissent, d'après les circonstances, de nature à sauvegarder le mieux tous les intérêts. En ce qui concerne les actions des compagnies, la marche la plus sûre consiste, disent MM. Rousseau et Laisney, *op. cit.*, v° *Saisie de rente constituée*, n° 9 (Comp. *Rép.*, *loc. cit.*), à former une saisie-arrêt entre les mains des gérants ou des administrateurs sur tout ce qu'ils doivent ou devront au débiteur, à dénoncer la saisie-arrêt au débiteur avec assignation en validité et pouvoir dire que l'action sera vendue en la forme que prescrira le tribunal; on dénonce, d'autre part, cette demande aux gérants et administrateurs en même-temps en déclaration affirmative en vue de faire déterminer la valeur de l'action saisie; le tribunal ordonne alors la vente de la manière qui lui paraît la plus convenable (V. aussi Bioche, *Dictionnaire de procédure civile*, v° *Saisie de rente constituée*, n° 13; Boitard, Colmet-Daâge et Glasson, *Leçons de procédure civile*, 15e éd., t. 2, p. 339, n° 883; Garsonnet, *op. cit.*, t. 4, p. 466, n° 755).

10. On a vu au *Rép.*, n° 17, que la procédure prescrite à l'égard des rentes n'est pas non plus applicable à la saisie et à la vente des baux. MM. Rousseau et Laisney, *op. cit.*, eod. v°, n° 9, estiment que la marche indiquée au numéro précédent peut être appliquée en pareil cas.

11. Pour les fonds de commerce, M. Garsonnet, *op. cit.*, t. 4, p. 466, n° 775, indique le mode de procéder suivant : « les marchandises, le matériel et les meubles meublants qui garnissent les bureaux et magasins du débiteur étant saisis par voie de saisie-exécution, trois cas peuvent se présenter : 1° la saisie se poursuit sans que le saisi s'y oppose. On arrive à la vente, et, si le procès-verbal du commissaire-priseur accuse un prix inférieur au montant des créances en vertu desquelles le débiteur a été saisi, son insolvabilité ou tout au moins la cessation de ses payements est établie, sa faillite est déclarée et son fonds de commerce, c'est-à-dire la clientèle ou « pas de porte », considéré comme une valeur distincte des objets mobiliers qui le composent ou le garnissent, est réalisé par le syndic conformément à l'article 486 du code de commerce ; — 2° Le débiteur sollicite un délai de grâce, ou allègue pour obtenir la discontinuation des poursuites qu'il y a intérêt, pour les créanciers comme pour lui, à ce que le fonds soit vendu avec le matériel et pour un seul et même prix. Le tribunal ou le président statuant en référé lui accorde un délai pour mettre ce fonds en adjudication par-devant notaire, et le prix est payé directement aux créanciers, soit en vertu d'une délégation consentie par le débiteur à leur profit et insérée dans l'acte de vente, soit au moyen d'une saisie-arrêt pratiquée sur l'heure entre les mains de l'adjudicataire. Les créanciers peuvent même requérir du tribunal ou du président la subrogation éventuelle dans les poursuites, en vue du cas où le débiteur ne tiendrait pas l'engagement qu'il a pris de mettre le fonds en adjudication par-devant notaire, et pour pouvoir le faire vendre à leur requête à l'expiration du délai imparti au débiteur. Ils peuvent aussi, en présence d'un débiteur dont la bonne foi est suspecte, demander et obtenir par le même jugement ou par la même ordonnance de référé, que le fonds soit mis sous séquestre en vertu de l'art. 1961-1° et 3° c. civ. qui permet d'agir ainsi à l'égard des meubles saisis sur un débiteur ou des choses qu'il offre pour sa libération ; — 3° Les créanciers reculent ou hésitent devant la déclaration de faillite. Ils peuvent alors se pourvoir directement devant le tribunal et obtenir, comme pour les autres meubles incorporels, un jugement qui ordonnera l'adjudication par-devant notaire. C'est cette dernière procédure que consacrait et réglementait le projet de réforme de 1865 ».

12. Les dispositions relatives à la saisie des rentes sont-elles applicables à la saisie des brevets d'invention? La négative est certaine. On doit suivre, en ce cas, comme le disent MM. Rousseau et Laisney, *op. cit.*, eod. v°, n° 10,

les formes prescrites pour les saisies-arrêts faites dans les mains des dépositaires publics (V. *Rép.*, v° *Brevet d'invention*, n°s 320 et suiv.; *supra*, eod. v°, n°s 340 et suiv.; Trib. Lyon, 20 juin 1857, aff. Villard, D. P. 67. 5. 47).

13. On admet généralement que la part indivise d'un cohéritier dans une rente ne peut être saisie (*Rép.*, n° 18; Bioche, *op. cit.*, eod. v°, n° 14 ; Rousseau et Laisney, *op. cit.*, eod. v°, n° 11). Mais, comme le disent ces derniers auteurs, « quand dans une rente il a été assigné une portion à chaque copropriétaire, on ne peut dire que la rente soit indivise, la part de chacun se trouvant nettement déterminée ».

ART. 4. — *En vertu de quel titre, pour quelles créances, sur qui et entre les mains de qui la saisie peut être faite* (*Rép.* n°s 19 à 22).

14. V. *Rép.* n°s 19 et suiv.

ART. 5. — *Formes de la saisie, sa dénonciation, ses effets. — Référé. — Compétence* (*Rép.* n°s 23 à 45).

15. L'opinion émise au *Rép.* n° 23, que le jour qui doit s'écouler entre le commandement et la saisie est un jour franc, est adoptée par les auteurs (Garsonnet, *op. cit.*, t. 4, p. 458, n° 773 ; Rousseau et Laisney, *op. cit.*, v° *Saisie de rentes*, n° 13).

16. L'exploit, aux termes de l'art. 637, doit contenir l'énonciation du titre constitutif de la rente, et de sa quotité, de son capital, s'il y en a, et du titre de la créance du saisissant. « S'il n'y a pas de capital, dit M. Garsonnet, *op. cit.*, t. 4, p. 459, note 11, comme en cas de rente viagère constituée à titre gratuit, ou établie pour prix de vente d'un immeuble sans clause spéciale qui fixe les conditions du rachat, on indique seulement le chiffre des arrérages. S'il s'agit d'une rente viagère, on joint à l'indication du titre, un certificat de vie constatant l'existence du créancier de la rente ou de la personne sur laquelle la rente est constituée ; ce certificat atteste que la rente existe encore. Enfin, si le saisissant ne connaît que l'existence d'une rente due à son débiteur et ignore à la fois le chiffre du capital, le montant des arrérages et le titre en vertu duquel ils sont payés, il saisit-arrêt aux mains du débiteur de la rente toutes les sommes que celui-ci peut devoir au crédirentier et spécialement les arrérages échus ou à échoir ; le débirentier sera ainsi amené à indiquer, dans la déclaration affirmative, le montant de la rente dont il est débiteur et le titre d'où elle résulte.

17. Des auteurs pensent que l'élection de domicile chez un avoué près le tribunal devant lequel la rente saisie poursuivie vaut constitution d'avoué (*Rép.* n° 30 ; Dutruc, *op. cit.*, v° *Saisie de rentes*, n°s 26 et suiv.). Tel n'est pas l'avis de M. Garsonnet, *op. cit.*, t. 4, p. 459. note 11, qui considère la constitution expresse d'avoué comme indispensable, l'élection de domicile n'entraînant pas une constitution tacite (En ce sens : Boitard, Colmet-Daâge et Glasson, *op. cit.*, t. 2. p. 307, n° 884; Bioche, *op. cit.*, v° *Saisie de rentes*, n° 20; V. aussi Rousseau et Laisney, *op. cit.*, eod. v°, n° 147).

18. Le tribunal dont parle l'art. 637 est celui du domicile réel ou élu du crédirentier (*Rép.* n° 32), à moins que la rente saisie ne fasse partie d'une succession, auquel cas le tribunal compétent pour procéder à la vente est celui du lieu de l'ouverture ou qu'un domicile ait été choisi pour l'exécution de la convention (V. conf. Garsonnet, *op. cit.*, t. 4, p. 459; Rousseau et Laisney, *op. cit.*, v° *Saisie de rentes*, n° 18 ; Dutruc, *op. cit.*, eod. v°, n° 28 ; Bioche, *op. cit.*, eod. v°, n° 21).

19. On a vu au *Rép.*, n° 638, que l'exploit de saisie vaut opposition au payement des arrérages échus ou à échoir jusqu'à la distribution (art. 640). M. Garsonnet, *op. cit.*, p. 459, indique un autre effet produit par cet exploit : « il oblige le débi-rentier à déclarer ce qu'il doit avec justification à l'appui, dans la huitaine avec augmentation de distance et dans les formes établies en matière de saisie-arrêt, à peine d'être condamné à servir la rente s'il ne justifie de sa libéra-

lité, et à payer des dommages-intérêts, si son silence ou son retard ont causé quelque préjudice au saisissant, mais on a cru devoir supprimer ici, par économie, la demande en validité qui est de rigueur en matière de saisie-arrêt ».

20. Ainsi que le remarque M. Garsonnet, *op. cit.*, t. 4, p. 461, « la dénonciation de la saisie des rentes détermine la priorité entre les différents saisissants; en cas de concurrence entre plusieurs créanciers ayant saisi le même jour, la préférence appartient au plus ancien, et à l'avoué le plus ancien si leurs titres ont la même date ».

21. L'opinion émise au *Rép.*, n° 42, suivant laquelle le propriétaire de la rente n'a pas le droit de la céder à un tiers dans l'intervalle de la saisie à la dénonciation, est adoptée par plusieurs auteurs (Rousseau et Laisney, *op. cit.*, eod. v°, n° 24; Dutruc, *op. cit.*, v° *Saisie des rentes*, n°s 35 et 36). « Les rentes, dit ce dernier auteur, sont meubles, et n'ont pas, par conséquent, de suite par hypothèque; l'aliénation qu'en fait leur propriétaire dépouille instantanément les créanciers de celui-ci du gage sur lequel ils comptaient. Le législateur, en réglant les formes de saisie en cette matière sur celles qu'il avait établies à l'égard des immeubles, n'a peut-être pas assez considéré que les lenteurs de ces dernières formes trouvaient un correctif certain dans le droit de suite et dans le système de garantie qu'il a fallu créer en faveur des créanciers; mais que, dans le cas où ce correctif n'existe pas, les garanties les plus naturelles, les plus simples, disparaissent aussi. L'effet de la saisie arrêt, de la saisie-exécution, est approprié à la nature des biens qu'elles frappent; il faut qu'elles paralysent de prime-abord le droit du détenteur, afin de protéger celui des créanciers. Si elles ne produisaient pas ce résultat, elles n'en produiraient aucun; car lorsque le débiteur est maître, au moyen d'une aliénation, d'éviter toute poursuite et tout payements, il n'hésitera pas un instant, et il a trop d'intérêt à trouver un acquéreur, même au prix de quelques sacrifices, pour qu'il n'y soit pas bientôt parvenu. Il serait inexact de soutenir que, de la nécessité de la dénonciation, doit résulter le droit de vendre avant cette dénonciation. Au titre de la saisie immobilière, le législateur a déclaré formellement l'époque de dessaisissement, parce qu'on ne pouvait pas appliquer aux immeubles la doctrine relative aux meubles; dans la loi sur la saisie des rentes, on n'a point renvoyé à ces articles, d'où il est permis de tirer la conséquence que les rentes étant des meubles, les règles relatives aux meubles leur sont applicables, à moins que la loi n'en ait disposé autrement, comme elle l'a fait pour la procédure de vente ». Mais M. Garsonnet se prononce en sens contraire : « La dénonciation, dit-il, rend impossible à l'avenir la rente, qui a pu être cédée jusqu'à ce moment, le cas de fraude toujours réservé, puisque l'exploit de saisie n'a mis opposition qu'au payement des arrérages échus et à échoir et éventuellement au remboursement du capital » (V. dans le même sens : Bioche, *op. cit.*, eod. v°, n° 29; Boitard, Colmet-Daâge et Glasson, *op. cit.*, t. 2, p. 362, n° 385). Dans cette opinion la cession, même postérieure à la saisie, est valable, pourvu qu'elle ait date certaine avant la dénonciation.

ART. 6. — *Cahier des charges, affiches, publications, enchères, adjudication* (*Rép.* n°s 46 à 66).

22. Les formalités prescrites par les art. 642 à 647 ne soulèvent aucune difficulté (V. *Rép.* n°s 46 et suiv. Conf. Garsonnet, *op. cit.*, t. 4, p. 462; Bioche, *op. cit.*, eod. v°, n° 38; Rousseau et Laisney, *op. cit.*, eod. v°, n°s 27 et suiv.).

23. L'adjudication a lieu au jour fixé, dix jours au moins et vingt jours au plus après la publication du cahier des charges, et après déclaration au bureau de l'enregistrement conformément à la loi du 22 pluv. an 7. L'art. 648, dit M. Garsonnet, *op. cit.*, t. 4, p. 463, la soumet, à quatre exceptions près, aux règles prescrites pour la saisie immobilière : 1° elle doit être signifiée au débirentier pour qu'il connaisse officiellement son nouveau créancier; cette signification remplace celle qui peut seule, aux termes de l'art. 1690 c. civ., rendre la cession de créance opposable aux tiers; 2° l'adjudication n'est pas mentionnée en marge de la transcription de la saisie qui n'a pas lieu dans celle des rentes; 3° l'injonction au saisi de délaisser la possession n'y existe pas non plus, et l'adjudication dépossède par elle-même le crédirentier de tous les droits dont elle l'exproprie; 4° la surenchère n'est pas admise dans les saisies des rentes, car les art. 708 et 709 ne figurent pas dans le renvoi que fait l'art. 648 au titre *De la saisie immobilière*; les rentes sont moins précieuses que les immeubles, et le législateur a cru devoir en rendre l'adjudication définitive quand même on ne serait pas certain qu'elles aient atteint leur véritable prix. Cette adjudication transfère à l'adjudicataire le droit d'exiger le payement des arrérages non encore échus, les fruits civils s'acquièrent jour par jour et les arrérages échus avant l'adjudication ne peuvent être payés qu'au saisi. Le jugement d'adjudication est exécutoire contre le débirentier après signification et sans autres formalités préalables ».

24. On a dit au *Rép.*, n° 63, que l'on ne doit pas appliquer à la saisie des rentes les art. 708 et 709, qui, en matière de saisie immobilière, accordent à toute personne la faculté de former une surenchère. Cette doctrine est adoptée par tous les auteurs (V. Dutruc, *op. cit.*; v° *Saisie des rentes*, n°s 69 et suiv.; Garsonnet, *op. cit.*, t. 4, p. 464, § 773 ; Boitard, Colmet-Daâge et Glasson, *op. cit.*, t. 2, p. 310, n° 886; Bioche, *op. cit.*, v° *Saisie des rentes*, n° 66). « Les art. 708 et 709, dit M. Garsonnet, ne figurent pas dans le renvoi que fait l'art. 648 au titre *de la saisie immobilière*; les rentes sont moins précieuses que les immeubles, et le législateur a cru devoir en rendre l'adjudication définitive quand même on ne serait pas certain qu'elles aient atteint leur véritable prix ».

ART. 7. — *Incidents* (*Rép.* n°s 67 à 69).

25. Suivant l'opinion admise au *Rép.*, n° 67, et consacrée par un arrêt cité *ibid.*, le délai de huit jours fixé pour l'appel des jugement rendus sur des moyens de nullité n'est pas applicable au jugement qui statue sur une action en revendication de la rente (V., dans le même sens, Bioche, *op. cit.*, v° *Saisie des rentes*, n° 64).

Table sommaire

des matières contenues dans le Supplément.

Table des articles du code de procédure civile.

Table chronologique des Lois, Arrêts, etc.

SAISIE-REVENDICATION.

Division

§ 1. — Historique et législation. — Droit comparé (n° 1).
§ 2. — Quelles personnes peuvent actionner par voie de revendication (n° 2).
§ 3. — En quel cas on peut saisir-revendiquer (n° 3).
§ 4. — Formes de la saisie-revendication. — Compétence (n° 5).

§ 1er. — Historique et législation. — Droit comparé.
(*Rép.* n°s 1 à 5.)

1. Le code de procédure civile du *canton du Valais*, du 30 mai 1856, n'indique aucune procédure se rapportant à la saisie-revendication. Il admet seulement le séquestre au préjudice du locataire des meubles de la maison louée, qu'ils soient en la possession du débiteur ou en d'autres mains (V. art. 406 et suiv.). Le code de procédure civile du *canton de Vaud*, du 25 nov. 1869, autorise la saisie en mains tierces des meubles appartenant à ce débiteur [art. 601].

§ 2. — Quelles personnes peuvent actionner par voie de saisie-revendication (*Rép.* n°s 6 à 8).

2. V. *Rép.*, n° 6. *Adde* : Rousseau et Laisney, *op. cit.*, v° *Saisie-revendication*, n° 1, Dutruc, *Supplément aux lois de la procédure* de Carré et Chauveau, eod. v°, n° 1 et suiv.).

§ 3. — En quel cas on peut saisir-revendiquer (*Rép.* n°s 9 à 21).

3. On a indiqué au *Rép.*, n°s 9 et suiv., les cas dans lesquels la loi autorise la revendication. L'exercice de ce droit appartient notamment au locataire qui peut revendiquer les meubles qui garnissaient sa maison ou sa ferme, lorsqu'ils ont été déplacés sans son consentement (V. *supra*, v° *Privilèges hypothèques*, n°s 107 et suiv.; *Rép.* eod. v°, n°s 281 et suiv.). Il a été jugé: 1° que, s'il est vrai que le loyer soit quérable, le bailleur n'est cependant tenu d'aller en chercher le payement que dans les lieux loués; qu'en conséquence, dans le cas de déménagement du locataire à l'insu du bailleur, ce dernier peut, sans aller préalablement réclamer le loyer à son locataire en son domicile, faire procéder à la saisie-revendication du mobilier clandestinement déplacé; et, en pareille circonstance, l'offre du loyer par le locataire, sans y joindre les frais de saisie, est insuffisante (Trib. civ. de Marseille, 23 févr. 1868, *Journal des avoués*, t. 94, p. 253); — 2° Que le bailleur, auquel il n'a pas été donné connaissance que les marchandises se trouvant dans les lieux loués n'étaient pas la propriété du locataire, mais constituaient un simple dépôt fait par un tiers, est recevable en cas de déplacement, à les faire saisir-revendiquer (Trib. civ. de Lyon, 6 déc. 1864, *Journal des huissiers*, t. 46, p. 173); — 3° Que le propriétaire, qui a laissé enlever sans réclamation les meubles garnissant les lieux loués, ne peut les faire saisir-revendiquer (Trib. civ. de Marseille, 31 juill. 1863, *Journal des avoués*, t. 89, p. 524; Dutruc, *op. cit.*, v° *Saisie-revendication*, n°s 4 et suiv.).

4. Si la chose volée ou perdue ne se trouve pas en la possession actuelle de celui qui la doit, et qu'on ne sache où elle se trouve, quelle action aura le propriétaire? Il aura, ainsi que le fait remarquer M. Dutruc, *op. cit*, v° *Saisie-revendication*, n° 91. « L'action ou demande en revendication, afin de faire condamner le défendeur aux dommages-intérêts, qui seront appréciés par des experts convenus ou nommés d'office. Le payement de ces dommages-intérêts étant effectué, le propriétaire est alors censé avoir cédé pour cette somme son droit de propriété dans la chose au défendeur, en sorte qu'il ne peut plus la saisir-revendiquer, et que c'est au contraire à celui-ci qu'appartient le droit de faire, à son profit et à ses risques, cette saisie, contre les tiers qui seraient en possession de la chose » (Conf. Rousseau et Laisney, *op. cit.*, v° *Saisie-revendication*, n° 4).

§ 4. — Formes de la saisie-revendication. — Compétence (*Rép.* n°s 22 à 37).

5. 1° *Formes*. — La saisie-revendication ne peut être faite qu'en vertu d'une ordonnance du président du tribunal de première instance (*Rép.* n° 23). Le tribunal dont le président doit donner l'autorisation est celui du lieu de la saisie. « Cette solution, dit M. Carré (V. Dutruc, *op. cit.*, v° *Saisie-revendication*, n° 10), s'applique même au cas où la saisie serait incidente à une instance pendante devant un autre tribunal, non seulement parce que la permission dépend des circonstances, qui ne peuvent être bien appréciées que par le juge du lieu, mais encore parce que le magistrat qui l'accorde doit nécessairement être le même que celui qui doit juger en référé, aux termes de l'art. 829, et que, d'ailleurs, l'art. 834 n'attribue compétence au tribunal saisi de l'instance à laquelle la revendication serait incidente, qu'à l'égard de la demande en validité ». M. Chauveau, *op. cit.*, quest. 2816, adopte cette solution, contrairement à l'avis de Pigeau, *Commentaire*, t. 2, p. 514, d'après lequel, dans le cas où la saisie-revendication est incidente à l'appel, c'est le président de la cour d'appel qui devrait rendre l'ordonnance.

6. On a cité au *Rép.*, n° 24, l'opinion d'un auteur qui estime qu'en cas d'urgence l'autorisation peut être accordée par le président de tout autre tribunal que celui de la saisie. Il a été jugé, en ce sens, que la saisie autorisée par le président du tribunal du domicile du tiers détenteur doit être validée (le saisies-revendications seraient presque impossibles lorsque les effets revendiqués seraient situés dans divers arrondissements, si elles ne pouvaient être autorisées que par le président du tribunal du lieu de la situation (Trib. civ. de Melun, 9 déc. 1852, *Journal des avoués*, t. 83, p. 393). M. Dutruc, répond, avec raison, que la nécessité d'obtenir une autorisation spéciale de chaque président compétent ne saurait nuire à la bonne administration de la justice, et rendre impossibles les saisies-revendications (op. *cit.*, v° *Saisie-revendication*, n° 13).

7. Le juge de paix ne peut accorder la permission de saisir-revendiquer. Comme le fait remarquer M. Dutruc (*op. cit.*, v° *Saisie-revendication*, n° 15), « la crainte de voir disparaître d'un instant à l'autre le débiteur forain a pu

engager le législateur à faire suppléer le président par le juge de paix, attendu l'urgence ; mais ici la nécessité est moins pressante : il n'est pas à craindre que celui qui détient les effets que le propriétaire veut revendiquer disparaisse aussi facilement que celui qui n'a dans la commune ni domicile, ni résidence : en conséquence, on a dû s'en tenir à la règle générale » (V. en ce sens : Bioche, *op. cit.*, v° *Saisie-revendication*, n° 10; Rousseau et Laisney, *op. cit.*, eod. v°, n° 7; Nîmes, 8 janv. 1870, *Journal des huissiers*, t. 52, p. 72 ; Trib. civ. Le Havre, 4 févr. 1869, *Journal des avoués*, t. 91, p. 249).

8. L'ordonnance du président est rendue sur requête contenant la désignation sommaire des objets revendiqués et l'énonciation des causes de la saisie (*Rép.* n° 23). Il a été jugé que la requête à la fin de revendication remplit le vœu de la loi lorsqu'elle désigne d'une manière suffisante, quoique sommaire, les effets à saisir ; et qu'il n'est pas nécessaire que l'ordonnance qui autorise la saisie indique d'une manière spéciale tous les effets qui peut être opérée ; en sorte que l'omission de cette indication ne saurait entraîner la nullité de la saisie (Trib. civ. de Lyon, 6 déc. 1864, *Journal des huissiers*, t. 46, p. 173, cité par Dutruc, *op. cit.*, v° *saisie-revendication*, n° 20).

9. L'opinion émise au *Rép.*, n° 27, que le défaut d'autorisation du président non seulement rend passible l'huissier et la partie de dommages-intérêts, solidairement, mais encore entraîne la nullité de la saisie, est adoptée par les auteurs. « L'acte qu'on qualifie ici de saisie-revendication, dit M. Dutruc, (*op. cit.*, v° *Saisie-revendication*, n° 22), n'est qu'une sommation, qu'une interpellation, car la loi ne reconnaît les caractères d'une saisie-revendication qu'à l'exploit de l'huissier précédé d'une ordonnance du juge. Les art. 545 et 551 défendent de mettre à exécution un jugement ou un acte qui ne sont pas revêtus de la formule exécutoire : y aurait-il exécution, dans le sens de la loi, dans un exploit fait en vertu d'une copie informe ? L'ordonnance du juge remplace, dans une saisie-revendication, le mandement de justice. Une partie ne peut pas qualifier un acte comme il lui plaît pour le placer ensuite sous le régime d'un article qui ne prononcerait pas la peine de nullité. Il faut d'abord que son acte soit complet, il faut qu'il ait une existence réelle. Or, il n'y a de saisie-revendication légale qu'en vertu d'un acte dans lequel se trouve une ordonnance du juge. Il faut donc décider que toute prétendue saisie-revendication, faite sans permission du juge, est annulable sur la demande de celui qui a été illégalement froissé dans ses droits absolus de propriétaire, à la partie adverse et à l'officier ministériel » (V. dans le même sens, Rousseau et Laisney, *op. cit.*, v° *Saisie-revendication*, n° 6).

10. La loi donne au détenteur présumé des effets revendiqués le droit de faire surseoir à la saisie en se pourvoyant en référé devant le président du tribunal : s'il refuse d'ouvrir les portes, ou s'il s'oppose de fait à la saisie, l'huissier ne peut passer outre, même en se faisant assister d'un officier municipal, comme dans la saisie-exécution (*Rép.* n° 31). — Si, en cas de refus d'ouvrir les portes, l'huissier passait outre sans en référer au juge, y aurait-il une cause de nullité ? Il a été jugé que la saisie-revendication ne peut être annulée pour ce motif et que l'inobservation de la dis-

position de l'art. 829 peut seulement donner lieu contre l'officier ministériel à l'amende édictée par l'art. 1030 c. proc. civ. (Caen, 18 mai 1852, *Recueil des arrêts des cours d'appel de Caen et de Rouen*, 1852, p. 78. V. en ce sens : Rousseau et Laisney, *op. cit.*, v° *Saisie-revendication*, n° 10) ; mais M. Chauveau considérait cette décision comme sujette à critique (V. Dutruc, *op. cit.*, v° *Saisie-revendication*, n° 27).

11. Il a été décidé qu'un créancier ne peut être condamné à des dommages-intérêts envers son débiteur pour avoir pratiqué une saisie-revendication d'objets appartenant à ce dernier qui ont été laissés à la garde d'un tiers, si cette saisie-revendication a été rendue nécessaire, soit par l'absence du débiteur, soit par l'existence d'une autre saisie qui allait être suivie de vente (Civ. cass. 20 mars 1878, *Journal des avoués*, t. 104, p. 273). Mais la cour de Douai a jugé, avec raison, par arrêt du 13 mars 1877 (*ibid.*, p. 403), que l'huissier qui comprend dans une saisie-revendication des objets autres que ceux désignés dans l'ordonnance autorisant la saisie, est responsable des conséquences dommageables que cette saisie peut avoir pour son client (Dutruc, *op. cit.*, v° *Saisie-revendication*, n°s 29 et 30).

12. En ce qui concerne les formes de la saisie-revendication (*Rép.* n° 32), il a été jugé que la saisie-revendication n'est pas nulle par cela seul que le procès-verbal n'a point été, dans le jour, outre l'augmentation à raison des distances, notifié au saisi (Trib. civ. Bruxelles, 28 déc. 1863, *Journal des avoués*, t. 89, p. 525). Décidé aussi que l'huissier, qui procède à une saisie-revendication, n'est pas tenu, à peine de nullité, de donner copie du procès-verbal à celui chez lequel les effets mobiliers ont été saisis-revendiqués (Trib. civ. Amiens, 9 déc. 1864, *Journal des huissiers*, t. 46, p. 159).

13. Celui chez qui la saisie est faite peut être constitué gardien ; mais on peut aussi établir pour gardien une autre personne (*Rép.* n° 33 ; Dutruc, *op. cit.*, v° *Saisie-revendication*, n° 31 ; Rousseau et Laisney, *op. cit.*, eod. v°, n° 11 ; Bioche, *op. cit.*, eod. v°, n° 20).

14. — 2° *Référés*. — V. *Rép.*, n° 34.

15. — 3° *Compétence*. — L'art. 831 porte que la demande en validité de la saisie sera portée devant le tribunal du domicile *de celui sur qui elle est faite*. L'opinion émise au *Rép.*, n° 36, que ces mots *de celui sur qui elle est faite* désignent, comme en matière de saisie-arrêt, la partie saisie, et non le tiers saisi, a été consacrée par la jurisprudence (Trib. civ. de Versailles, 14 sept. 1856, *Journal des avoués*, t. 81, p. 653) et est admise par plusieurs auteurs (Rousseau et Laisney, *op. cit.*, v° *Saisie-revendication*, n° 17). M. Chauveau est d'un avis contraire. Les termes de l'art. 831, lui paraissent résister à toute distinction. « C'est devant le tribunal du domicile du tiers saisi, en d'autres termes, du lieu où la saisie est faite, dit-il, que la demande en validité doit être portée, à moins qu'elle ne soit connexe à une instance déjà introduite devant un autre tribunal. Cette disposition ne fait que reproduire celle de l'art. 608, d'après laquelle l'opposition à la vente d'objets saisis, de la part de celui qui se prétend propriétaire, est jugée par le tribunal du lieu de la saisie. C'est, par une raison analogue, aux mêmes magistrats de statuer sur les prétentions respectives de la partie saisissante et de la partie saisie à la propriété des objets revendiqués » (Dutruc, *op. cit.*, v° *Saisie-revendication*, n° 36; Bioche, *op. cit.*, eod. v°, n° 22).

Table sommaire

des matières contenues dans le Supplément.

— action *R.* 6 s.	**Référé**	— huissier, défaut, pour-	*R.* 31.	**Vente**	**Vol**
— copropriétaire indivis	— assignation. ordon-	suites, amende *S.*		— meubles non payés,	— propriétaire, action,
*R.*7.	nance *R.* 34.	10.	**Usufruitier**	reprise de posses-	dommages-intérêts
	— fête légale *R.* 34.	— sursis, huissier *S.* 10;	— action *R.* 6.	sion *R.* 19.	*S.* 4; *R.* 9.

Table chronologique des Lois, Arrêts, etc.

SAISINE. — V. outre les renvois indiqués au *Répertoire, supra,* v^is *Dispositions entre vifs et testamentaires,* nos 904 et suiv., 1003 et suiv. ; *Obligations,* no 23 ; — et *infrà,* v^is *Substitution,* et *Rép.* eod. vo, no 480 ; *Succession,* et *Rép.* eod. vo, nos 13 et suiv., 63 et suiv., 157, 420 et 574 ; *Transcription hypothécaire,* et *Rép.* eod. vo, no 2.

SALAIRE. — V. *Rép.* eod. vo et *supra,* v^is *Abus de confiance,* no 75 ; *Acte de commerce,* no 363 ; *Commissaire-priseur,* no 23; *Dépôt-séquestre,* nos 89, 94 et 97; *Economie politique,* no 29 ; *Industrie et commerce,* no 531 ; *Mandat,* nos 40 et suiv., 124 et suiv. ; *Mines,* no 339 ; *Organisation économique, Saisie-arrêt,* no 75 et suiv., et *Rép.* eod. vo, no 197 ; *Saisie-exécution,* et *Rép.* eod. vo, nos 240 et suiv. ; — et *infrà,* v^is *Secours publics,* et *Rép.* eod. vo, nos 83. 197 et suiv. ; *Société,* et *Rép.* eod. vo, nos 887 et suiv., 1010 et suiv. ; *Succession,* et *Rép.* eod. vo, nos 813 et suiv. ; *Transcription hypothécaire,* et *Rép.* eod. vo, nos 669, 747 et 793; *Travail ; Vétérinaire,* et *Rép.* eod. vo, no 9.

SALINES. — V. *Rép.* eod. vo et *supra,* v^is *Domaine public,* no 30 ; *Patente,* no 609 ; — et *infrà,* vo *Sel,* et *Rép.* eod. vo, nos 18 et suiv., 42 et suiv.

SALLE D'ASILE. — V. *Rép.* eod. vo et *supra,* v^is *Commune,* no 316; *Organisation de l'instruction publique,* nos 37, 205 et suiv. ; — et *infrà,* vo *Secours publics,* et *Rép.* eod. vo, nos 89 et suiv.

SALPÊTRE. — V. *Rép.* eod. vo et *supra,* v^is *Acte de commerce,* no 162; *Poudres et salpêtres,* ; — et *infrà,* vo *Sel,* et *Rép.* eod. vo, no 26.

SALTIMBANQUE. — V. outre les renvois indiqués au *Répertoire, supra,* vo *Commune,* no 661 ; — et *infrà,* v^is *Théâtre-spectacle ; Travail.*

SALUBRITÉ PUBLIQUE.

Division.

CHAP. 1. — Historique et législation (no 1).

CHAP. 2. — Des épidémies (no 8).

SECT. 1. — Des mesures de salubrité et de police sanitaire quant à l'administration intérieure de la France (no 8).

SECT. 2. — De la police sanitaire en ce qui concerne les relations de la France avec les pays étrangers, soit par terre, soit par mer (no 36).

ART. 1. — Règles communes à toutes les provenances (no 36).

ART. 2. — Règles spéciales aux diverses provenances (no 41).

§ 1. — Provenances par mer (no 41).

§ 2. — Provenances par terre (no 47).

ART. 3. — Des quarantaines et des lazarets (no 47).

ART. 4. — Des autorités sanitaires (no 52).

ART. 5. — Des contraventions, délits et peines en matière sanitaire (no 64).

ART. 6. — De la compétence (no 65).

CHAP. 3. — Des épizooties. — Mesures de salubrité et de police sanitaire en ce qui concerne les animaux (no 68).

SECT. 1. — Police sanitaire des animaux à l'intérieur du territoire (no 70).

ART. 1. — Service des épizooties (no 70).

ART. 2. — Obligations des particuliers et des autorités dans les cas de maladies contagieuses des animaux (no 78).

ART. 3. — Indemnités (no 89).

SECT. 2. — Police sanitaire des animaux aux frontières (no 95).

SECT. 3. — Pénalités (no 102).

CHAP. 1er. — Historique et législation (*Rép.* nos 2 à 22).

1. La matière de la salubrité publique a subi une transformation complète depuis la publication du *Répertoire.* Les progrès des sciences médicales, les découvertes qui ont permis de dégager les causes les plus fréquentes de certaines maladies épidémiques et les moyens d'en combattre avec succès la propagation, ont profondément modifié les idées qui avaient cours il y a quarante ans. et les moyens, alors préconisés contre l'invasion des maladies pestilentielles, ont été remplacés, en grande partie, par des mesures fondées sur l'étude scientifique des causes des maladies et sur l'emploi des agents chimiques propres à en détruire les germes. La législation fondamentale protectrice de la santé publique, c'est-à-dire la loi du 3 mars 1822, subsiste cependant, mais l'application que les pouvoirs publics et les autorités sanitaires ont à en faire se transforme chaque jour.

Une impulsion énergique a été donnée à cet égard par l'opinion publique, à la suite de l'apparition inopinée, en 1884, du choléra à Toulon et de l'extension qu'il prit alors dans le sud de la France. Depuis plusieurs années d'ailleurs, une série de mesures, trop nombreuses et de nature trop différentes pour qu'il soit possible d'en donner ici le détail, avaient été prises non seulement en France, mais dans toute l'Europe, pour améliorer les conditions de la santé publique et la mieux protéger contre l'invasion de maladies provenant des pays exotiques. Des conférences internationales ont été réunies successivement à Vienne en 1874, à Bruxelles en 1876, à Berlin en 1883, à Londres en 1884, à Rome en 1885, à Paris en 1889, à Vienne en 1887, à Paris en 1889, à Londres en 1894. Enfin la conférence de Venise a abouti à la convention sanitaire du 30 janv. 1892, promulguée par le décret du 10 déc. 1893, D. P. 94, 4e partie, qui règle le passage du canal de Suez en quarantaine et réorganise le conseil sanitaire international d'Alexandrie en vue d'empêcher l'importation en Europe du choléra originaire de l'Inde par la voie de la mer Rouge et du canal de Suez, etc.

2. Le devoir des pouvoirs publics de prendre les mesures propres à protéger la santé publique n'existe pas seulement à l'égard des maladies pestilentielles, susceptibles de ces invasions rapides qui ont à plusieurs reprises décimé la population de contrées entières, mais aussi à l'égard de certaines maladies ordinairement endémiques et qui prennent quelquefois un caractère épidémique, telles que la variole, la fièvre typhoïde, etc. Depuis dix ans, l'attention des pouvoirs publics, chargés, à divers degrés, de veiller à la salubrité générale, stimulée par l'opinion, s'est portée avec une sollicitude plus grande qu'auparavant sur les moyens les plus propres à préserver les populations. Partout l'assainissement des villes, l'adduction d'eaux saines et exemptes de toute contamination, est devenue une des préoccupations principales des municipalités : de grands travaux d'assainissement ont été entrepris à Toulon (loi du 12 août 1886, *Journ. off.* du 13 août) et Marseille (loi du 24 juill. 1891, D. P. 92. 4. 29) les plus exposées à la contagion en raison de leurs rapports continuels avec les pays de l'Extrême-Orient, et nombre de villes ont cherché à améliorer les conditions sanitaires de leurs habitants.

3. La législation, malheureusement, n'arme pas l'autorité d'une manière suffisamment efficace pour permettre de faire disparaître toutes les causes d'insalubrité auxquelles donnent lieu les grandes agglomérations d'hommes. Pour tout ce qui concerne la salubrité des voies publiques et de leurs dépendances, bien que l'autorité municipale et spécialement le maire, en raison des pouvoirs de police qui lui

sont conférés, puisse prendre toutes les mesures nécessaires il n'en est pas moins vrai que les travaux d'assainissement peuvent être entravés ou même empêchés par la résistance des conseils municipaux, maîtres de refuser les crédits nécessaires, alors qu'en Angleterre et aux États-Unis l'Administration est armée de pouvoirs qui lui ont permis d'obtenir de réels progrès sanitaires. D'autre part la loi de 1850, sur les logements insalubres (*Rép.* n° 15), n'offre à l'autorité municipale que des moyens d'action insuffisants. Cette loi (*infrà*, n°⁵ 10 et suiv.) n'est applicable qu'aux locaux qui sont destinés à être mis en location et son action cesse lorsque le propriétaire habite lui-même la maison quelque insalubre qu'elle soit. Cependant les dangers qui peuvent naître de l'insalubrité de certaines constructions, foyers prédestinés des épidémies, ne sont pas moindres lorsqu'ils sont habités par leurs propriétaires que par des locataires, et les dangers qui en résultent pour la santé publique sont presque aussi considérables. Aussi à plusieurs reprises, dans le parlement et dans la presse, le vœu s'est-il manifesté d'armer le Gouvernement d'une manière plus efficace. Un premier projet, déposé en 1887, n'ayant pas abouti, un second a été déposé, en 1891, par M. Constans, alors ministre de l'intérieur (*Journ. off.* 1891, doc. parl., Chambre, p. 2892 et suiv.), qui étend les pouvoirs de l'administration municipale pour l'assainissement des logements insalubres et ceux du préfet pour l'accomplissement des travaux de salubrité que la commune se refuserait à entreprendre.

4. Comme on l'a déjà dit, la loi du 3 mars 1822 sert aujourd'hui encore de base à la police sanitaire des frontières; bien qu'on ait souvent considéré cette loi comme surannée et comme armant insuffisamment les pouvoirs publics, elle n'a été ni modifiée, ni remplacée. Le Gouvernement n'a pas jugé nécessaire de réclamer des pouvoirs plus étendus que ceux qu'elle lui confère, en permettant au président de la République, de prendre par décret toutes les mesures réglementaires à observer dans les ports et aux frontières.

5. L'action du pouvoir central a été fortifiée par le rattachement des services de l'hygiène publique au ministère de l'intérieur (*Décr.* 5 janv. 1889, D. P. 89. 4. 54), qui, par ses relations continues avec les autorités administratives, possède des moyens d'action plus rapides que le ministère du commerce dont dépendaient autrefois ces services. Le comité de direction des services de l'hygiène, créé par l'art. 9 du décret du 30 sept. 1884, D. P. 85. 4.19, modifié par le décret du 8 janv. 1889, D. P. 89. 4. 72, et par le décret du 23 juin 1893, D. P. 94. 4. 80, est également rattaché au ministère de l'intérieur, de même que le comité consultatif d'hygiène publique créé en 1848 (*Rép.* n° 11), et successivement réorganisé par les décrets du 23 oct. 1856, D. P. 57. 4. 17; 5 nov. 1869, D. P. 70. 4. 9; 7 oct. 1879, D. P. 80. 4. 91; 30 sept. 1884, D. P. 85. 4. 19, le décret précité du 8 janv. 1889, D. P. 89. 4. 72, et un décret du 3 mai 1893, D. P. 94. 4. 80. Un décret du 23 avr. 1888, D. P. 88. 4. 45, rapporté par un décret du 17 déc. 1890, *Recueil des travaux du comité d'hygiène de France*, t. 20, 1890, p. 667, avait créé un service d'inspection régionale des services de l'hygiène.

6. La police sanitaire maritime, dont les règles avaient été modifiées en 1849 (*Rép.* n°⁵ 12 et suiv.), a donné lieu aux décrets du 24 déc. 1850, D. P. 50. 4. 187; du 7 sept. 1863 relatif à la durée des mesures sanitaires applicables aux arrivages en patente brute de fièvre jaune dans l'Océan et la Manche, D. P. 63. 4. 146; à un décret promulguant un arrangement entre la France et l'Italie pour régler les mesures de quarantaine dans les ports français et italiens, dans la Méditerranée (28 juin 1864, D. P. 64. 4. 97), et à un décret réglant les mesures applicables aux arrivages en patente brute de choléra du 23 juin 1866, D. P. 66. 4. 84. Cette matière est aujourd'hui réglée par un décret du 22 févr. 1876, D. P. 76. 4. 103, qui a abrogé tous les règlements généraux et spéciaux de police sanitaire maritime antérieurement promulgués, et qui lui-même doit être remplacé par une nouvelle réglementation actuellement en voie de préparation.

7. Le devoir du législateur en matière de salubrité publique ne se borne pas à l'obligation de veiller à la santé des hommes; il lui incombe également de prendre les mesures propres à prévenir et à combattre l'invasion et la propaga-

tion des maladies contagieuses des animaux. On a exposé au *Rép.*, n°⁵ 17 et suiv., quels désastres les épizooties avaient occasionnés et les mesures qui avaient été prises pour les éviter. En 1865 (*Décr.* 5 sept. 1865, D. P. 65. 4. 136; 5 déc. 1865, D. P. 66. 4. 7), le Gouvernement avait dû, en présence d'une invasion de typhus contagieux ou peste bovine, dans plusieurs États du nord et de l'est de l'Europe, interdire l'importation en France des animaux domestiques autres que le cheval, l'âne, le mulet et le chien; à plusieurs reprises, de semblables mesures durent être prescrites. Une loi du 30 juin 1866 avait fixé aux trois quarts de la valeur des animaux abattus par suite de typhus contagieux, l'indemnité dont le principe se trouvait posé dans les anciens règlements. Enfin un décret du 30 sept. 1871 avait réglé certains détails d'exécution de cette loi dans un esprit favorable aux intérêts des propriétaires des animaux abattus afin d'obtenir plus complètement et plus sûrement la déclaration des maladies.

Mais l'insuffisance des textes législatifs applicables en la matière était manifeste : les prescriptions légales étaient éparses dans les différentes ordonnances, édits et arrêts de la deuxième moitié du 18° siècle, le code pénal, les lois et décrets de 1815, 1866, 1871 (*Rép.* n°⁵ 17 et suiv., 163 et suiv.). Dans ces textes de date et d'origine diverses existaient d'assez nombreuses contradictions, des prescriptions en désaccord avec l'esprit de la société moderne, quelques pénalités excessives, enfin des lacunes importantes résultant des changements survenus dans nos rapports commerciaux. De là une jurisprudence variable et, dans certains cas, une hésitation, de la part de l'Administration, à réclamer l'application de lois dont les tribunaux n'avaient pas le droit d'abaisser les sanctions pénales. Aussi l'état sanitaire de nos animaux domestiques n'était-il pas, en fait, entouré des garanties de surveillance qui existaient chez la plupart des nations voisines, en Suisse, en Belgique, en Allemagne, en Hollande, en Angleterre. Enfin notre commerce d'exportation de bestiaux se trouvait entravé par suite des obstacles motivés par l'état insuffisant de notre police sanitaire. La nécessité d'une législation nouvelle s'imposait. Ce fut l'objet de la loi du 21 juill. 1881, D. P. 82. 4. 32, dont on étudiera *infrà*, n°⁵ 70 et suiv., les dispositions et qui constitue un code complet de la législation sanitaire des animaux. Elle a été complétée par le règlement d'administration publique du 22 juin 1882, D. P. 83. 4. 11, qui règle les détails de son exécution et par un décret du 28 juill. 1888 qui a ajouté de nouvelles maladies à celles que la loi avait prévues.

TABLEAU DE LA LÉGISLATION RELATIVE A LA SALUBRITÉ PUBLIQUE.

23 août-14 sept. 1858. — Décret relatif à la construction des fosses d'aisance dans la ville de Paris (*Bull.*, n° 5882; D. P. 58. 4. 154).

5 janv.-1er févr. 1861. — Décret impérial relatif à la composition du conseil d'hygiène publique et de salubrité du département de la Seine (*Bull.*, n° 8681; D. P. 61. 4. 38).

7-23 sept. 1863. — Décret impérial relatif à la durée des mesures sanitaires aux arrivages en patente brute de fièvre jaune dans l'Océan et la Manche (*Bull.*, n° 11621; D. P. 63. 4. 146).

25-30 mai 1864. — Loi qui modifie l'art. 2 de la loi du 13 avr. 1850, relative à l'assainissement des logements insalubres (*Bull.*, n° 12325; D. P. 64. 4. 74).

28 juin-3 juill. 1864. — Décret impérial qui prescrit la publication de l'arrangement signé, le 24 juin 1864, entre la France et l'Italie, pour régler les mesures de quarantaine dans les ports français et italiens dans la Méditerranée (*Bull.*, n° 12434; D. P. 64. 4. 97).

5-11 sept. 1865. — Décret impérial relatif à l'importation, en France, des animaux domestiques dont l'entrée présenterait des dangers au point de vue du typhus contagieux des bêtes à cornes (*Bull.*, n° 13645; D. P. 65. 4. 136).

5-7 déc. 1865. — Décret impérial qui rend applicable à tous les quadrupèdes autres que le cheval, l'âne, le mulet et le chien, les mesures indiquées dans le décret du 5 sept. 1865, relatives à l'importation, en France, des animaux domestiques dont l'entrée présenterait des dangers au point de vue du typhus contagieux des bêtes à cornes (*Bull.*, n° 13819; D. P. 66. 4. 7).

5 déc. 1865-19 févr. 1866. — Décret impérial concernant les étudiants en médecine qui se sont signalés par leur dévouement à soulagement des malades atteints par le choléra (*Bull.*, n° 13984; D. P. 66. 4. 17).

23 juin-3 juill. 1866. — Décret impérial relatif aux

mesures sanitaires applicables aux arrivages en patente brute du choléra (*Bull.*, n° 14847, D. P. 66. 4. 84).

30 juin-16 juill. 1866. — Loi relative aux indemnités à allouer pour tous les animaux dont l'autorité publique aura ordonné ou ordonnera l'abatage par suite du typhus contagieux des bêtes à cornes (*Bull.*, n° 14351; D. P. 66. 4. 84).

25 janv.-27 févr. 1868. — Décret impérial qui modifie l'art. 26 du décret du 24 déc. 1859, sur la police sanitaire (*Bull.*, n° 15809; D. P. 68. 4. 18).

5-20 nov. 1869. — Décret impérial relatif à l'organisation du conseil consultatif d'hygiène publique (*Bull.*, n° 17297; D. P. 70. 4. 9).

30 sept.-3 oct. 1871. — Décret relatif à l'expertise, à l'abatage et à l'enfouissement des bêtes à cornes abattues sur l'ordre de l'autorité publique, par suite du typhus contagieux, ainsi qu'à la désinfection des viandes et des animaux suspects (*Bull.*, n° 577; D. P. 71. 4. 164).

22 févr.-19 mai 1876. — Décret concernant la police sanitaire maritime (*Bull.*, n° 5123; D. P. 76. 4. 103).

24 mai-17 août 1876. — Décret qui institue un comité consultatif des épizooties près du ministère de l'agriculture et du commerce (*Bull.*, n° 5294; D. P. 76. 4. 116).

9-12 avr. 1878. — Loi qui ouvre à divers ministres, sur les exercices 1876 et 1877, des crédits supplémentaires et extraordinaires et des crédits pour dépenses d'exercices clos (art. 5) (*Bull.*, n° 6848; D. P. 78. 4. 46).

18-19 mars 1879. — Décret qui rapporte celui du 12 déc. 1878, relatif à l'importation et au transit des espèces bovine et ovine provenant de l'empire d'Allemagne (*Bull.*, n° 7975; D. P. 79. 4. 54).

1er-2 avr. 1879. — Décret qui interdit l'importation et le transit des animaux vivants des espèces bovine et ovine et des autres espèces de ruminants, ainsi que de leurs peaux fraîches et autres débris frais, provenant de l'empire d'Autriche-Hongrie (*Bull.*, n° 7977; D. P. 79. 4. 55).

15-20 avr. 1879. — Décret concernant l'importation en France des chiffons et des drilles de provenance maritime (*Bull.*, n° 7982; D. P. 79. 4. 55).

31 juill.-13 oct. 1879. — Décret qui interdit l'importation et le transit en France des animaux vivants de l'espèce bovine, ainsi que de leurs peaux fraîches et débris frais, autres que des viandes abattues, provenant de l'empire d'Autriche-Hongrie (*Bull.*, n° 8488; D. P. 80. 4. 60).

7-8 oct. 1879. — Décret qui fixe les attributions et la composition du comité consultatif d'hygiène publique (*Bull.*, n° 8804; D. P. 80. 4. 91).

7 juill.-24 août 1880. — Décret concernant les commissions d'hygiène publique des arrondissements de Saint-Denis et de Sceaux (*Bull.*, n° 9527; D. P. 81. 4. 63).

21-24 juill. 1881. — Loi sur la police sanitaire des animaux (*Bull.*, n° 10834 ; D. P. 82. 4. 32).

22-25 juin 1882. — Décret portant règlement d'administration publique pour l'exécution de la loi du 21 juill. 1881 sur la police sanitaire des animaux (*Bull.*, n° 12538; D. P. 83. 4. 11).

22-25 juin 1882. — Décret qui ajourne, dans un certain nombre de départements, l'exécution de l'art. 12 de la loi du 21 juill. 1881 sur la police sanitaire des animaux (*Bull.*, n° 12539; D. P. 83. 4. 13).

22-25 juin 1882. — Décret qui ajourne, dans un certain nombre de départements, l'exécution de l'art. 39 de la loi du 21 juill. 1881 sur la police sanitaire des animaux (*Bull.*, n° 12540; D. P. 83. 4. 16).

23 déc. 1882-4er janv. 1883. — Décret rapportant l'ajournement de l'application de l'art. 39 de la loi du 21 juill. 1881 sur la police sanitaire des animaux dans divers départements (*Journ. off.* du 1er janv. 1883; D. P. 83. 4. 19, 20).

23 déc. 1882-1er janv. 1883. — Décret rapportant l'ajournement de l'application de l'art. 12 de la loi du 21 juill. 1881 sur la police sanitaire des animaux, dans divers départements (*Journ. off.* du 1er janv. 1883; D. P. 83. 4. 19).

6 avr.-2 mai 1883. — Décret désignant les bureaux de douane ouverts à l'importation et au transit des animaux des espèces chevaline, asine, bovine, ovine, caprine et porcine (*Journ. off.* du 2 mai 1883; D. P. 84. 4. 6).

6 avr.-2 mai 1883. — Décret portant que l'exportation par mer des animaux des espèces chevaline, asine, bovine, ovine, caprine et porcine, ne peut avoir lieu que par certains ports (*Journ. off.* du 2 mai; D. P. 84. 4. 7).

3-8 juill. 1883. — Décrets qui rapportent, en ce qui concerne le département de la Meuse, ceux du 22 juin 1882, ajournant l'exécution des art. 12 et 39 de la loi du 21 juill. 1881 sur la police sanitaire des animaux (*Bull.*, n° 13792 et 13793 ; D. P. 84. 4. 77).

26 sept.-12 oct. 1883. — Décret qui rapporte, en ce qui concerne le département de l'Orne, celui du 22 juin 1882, ajournant l'exécution de l'art. 39 de la loi du 21 juill. 1881 sur la police sanitaire des animaux (*Bull.*, n° 13798; D. P. 84. 4. 77).

21-22 juill. 1883. — Décret qui interdit l'importation en France des drilles et chiffons par la frontière d'Italie (*Bull.*, n° 13382; D. P. 84. 4. 4).

27-29 sept. 1883. — Décret qui crée, auprès du ministère du commerce, un comité consultatif des laboratoires municipaux et départementaux (*Bull.*, n° 13771; D. P. 84. 4. 76).

27-28 nov. 1883. — Décret qui rapporte celui du 18 févr. 1881 interdisant l'importation en France des viandes de porc salées provenant des Etats-Unis d'Amérique (*Bull.*, n° 13955; D. P. 84. 4. 91).

28-29 déc. 1883. — Décret qui suspend l'exécution de celui du 27 nov. 1883, relatif à l'importation en France des viandes de porc salées provenant des Etats-Unis d'Amérique (*Bull.*, n° 13965; D. P. 84. 4. 91).

19 déc. 1883-20 févr. 1884. — Décret qui ouvre le port de Cette à l'importation des chiffons et drilles de provenance maritime (*Bull.*, n° 13961; D. P. 84. 4. 79).

30 janv.-10 mai 1884. — Décrets qui rapportent en ce qui concerne le département de la Drôme les décrets du 22 juin 1882, ajournant l'application des art. 12 et 39 de la loi du 21 juill. 1881 sur la police sanitaire des animaux, dans un certain nombre de départements, et notamment dans celui de la Drôme (*Bull.*, n°s 14485 et 14486; D. P. 84. 4. 87).

9-22 juin 1884. — Décret qui rapporte celui du 22 juin 1882, sur la police sanitaire des animaux, en ce qui concerne le département d'Eure-et-Loir (*Bull.*, n° 14930 ; D. P. 85. 4. 21).

9-22 juill. 1884. — Décret qui rapporte celui du 22 juin 1882, sur la police sanitaire des animaux, en ce qui concerne le département de Maine-et-Loire (*Bull.*, n° 14931; D. P. 85. 4. 21).

6-16 août 1884. — Décret qui rapporte celui du 22 juin 1882, sur la police sanitaire des animaux, en ce qui concerne le département du Var (*Bull.*, n° 14932; D. P. 85. 4. 21).

30 juill.-1er août 1884. — Décret relatif à l'organisation d'un service de surveillance médicale dans les gares de chemins de fer (*Bull.*, n° 14530 ; D. P. 85. 4. 7).

12-17 sept. 1884. — Décret portant interdiction de l'importation en France par la frontière d'Italie des objets de literie, tels que matelas, couvertures, etc. (*Bull.*, n° 14768; D. P. 85. 4. 19).

24 sept.-8 oct. 1884. — Décret portant interdiction de l'importation en France par la frontière d'Espagne des drilles et chiffons, ainsi que des objets de literie, tels que matelas, couvertures, etc. (*Bull.*, n° 14770; D. P. 85. 4. 19).

30 sept.-1er oct. 1884. — Décret qui fixe les attributions et la composition du comité consultatif d'hygiène publique de France (*Bull.*, n° 14772; D. P. 85. 4. 19).

13-19 déc. 1884. — Décret qui rapporte le décret du 22 juin 1882 en ce qui concerne le département de la Haute-Saône (*Bull.*, n° 15413; D. P. 85. 4. 84).

20 déc. 1884-4 mars 1885. — Décret qui rapporte le décret du 12 sept. 1884, interdisant l'importation en France des objets de literie provenant d'Italie (*Bull.*, n° 15068; D. P. 85. 4. 79).

30 déc. 1884-9 mars 1885. — Décret qui supprime le comité consultatif des laboratoires municipaux et départementaux (*Bull.*, n° 15415; D. P. 85. 4. 72).

21-25 févr. 1885. — Décret qui rapporte le décret du 24 sept. 1884 en ce qui concerne l'importation des objets de literie, par la frontière d'Espagne, et le maintient à l'égard des drilles et chiffons (*Bull.*, n° 15270; D. P. 85. 4. 79).

15-18 juin 1885. — Décret portant interdiction de l'importation en France, par la frontière d'Espagne, des objets de literie tels que matelas, couvertures, etc. (*Journ. off.* du 18 juin; *Bull.*, n° 15950; D. P. 86. 4. 48).

2-4 juill. 1885. — Décret portant interdiction de l'importation d'Espagne en France, par les frontières de terre et de mer, des fruits et légumes poussant dans le sol ou à niveau du sol (*Journ. off.* du 4 juillet ; *Bull.*, n° 15957; D. P. 86. 4. 66).

7-8 juill. 1885. — Décret enjoignant à toute personne logeant des voyageurs venant d'Espagne d'en faire la déclaration à la mairie de la commune (*Journ. off.* du 8 juillet ; *Bull.*, n° 15958; D. P. 86. 4. 56).

31 oct.-1er nov. 1885. — Décret qui autorise l'importation d'Espagne en France des raisins, qui a été interdite par le décret du 2 juill. 1885 (*Journ. off.* du 1er novembre ; *Bull.*, n° 16147; D. P. 86. 4. 72).

2-9 avr. 1886. — Décret portant modification au règlement sur la police sanitaire maritime (*Journ. off.* du 9 avril ; *Bull.*, n° 16764; D. P. 87. 4. 38-39).

12-13 août 1886. — Loi ayant pour objet l'assainissement de la ville de Toulon (*Journ. off.* du 13 août 1886; *Bull.*, n° 17007).

15-25 janv. 1887. — Décret qui rapporte celui du 2 avr. 1886 sur la police sanitaire maritime (*Journ. off.* du 25 janvier; *Bull.*, n° 17874; D. P. 87. 4. 72).

5-9 juill. 1887. — Décret qui rapporte celui du 21 juill. 1883 qui a interdit l'importation en France des drilles et chiffons

par la frontière d'Italie (*Journ. off.* du 9 juillet; *Bull.*, n° 18449; D. P. 88. 4, table. col. 21).

12-13 août 1887. — Loi relative à l'assainissement de la ville de Toulon (*Journ. off.* du 13 août; *Bull.*, n° 17007).

23 nov.-6 déc. 1887. — Décret qui modifie le tarif des droits sanitaires portés au décret du 6 avr., 1883 (*Journ. off.* du 6 décembre; *Bull.*, n° 18708; D. P. 88. 3. 13).

23-24 avr. 1888. — Décret relatif à l'inspection régionale des services de l'hygiène publique (*Journ. off.* du 24 avril; *Bull.*, n° 19382; D. P. 88. 4. 43).

28-29 juill. 1888. — Décret qui ajoute des maladies à la nomenclature de celles qui sont réputées contagieuses et prévues au décret du 22 juin 1882 (D. P. 90. 4. 64).

5-6 janv. 1889. — Décret portant rattachement au ministère de l'intérieur du service de l'hygiène publique (D. P. 89. 4. 54).

8 janv.-18 avr. 1889. — Décret qui modifie l'art. 9 du décret du 30 sept. 1884 fixant les attributions et la composition du comité consultatif d'hygiène publique (*Bull.*, n° 20413; D. P. 89. 4. 72).

21-25 juin 1889. — Décret portant que le service d'inspection sanitaire des viandes fraîches, importées en France cessera d'être fait à la douane de Paris dans plusieurs gares (*Journ. off.* du 25 juin; D. P. 90. 4. 93).

24-25 juin 1889. — Loi portant modification de l'art. 2 de la loi du 5 avr. 1887, relatif à l'inspection sanitaire des viandes fraîches abattues avant leur entrée en France (*Journ. off.* du 25 juin; *Bull.*, n° 21176; D. P. 90. 4. 93).

18-20 juin, 28-29 juin, 2-4 juill. 1890. — Trois décrets relatifs aux voyageurs venant d'Espagne (*Journ. off.* des 20, 29 juin, 4 juill. 1890; *Bull.*, n°s 22330, 22372, 22384, D. P. 91. 4, table, col. 23).

18-20 juin 1890. — Décret interdisant l'importation en France des fruits et légumes venant d'Espagne (*Journ. off.* du 20 juin; *Bull.*, n° 22331; D. P. 91. 4, table, col. 25).

20-22 juin 1890. — Décret interdisant l'importation en France des drilles et chiffons ainsi que des objets de literie venant d'Espagne.(*Journ. off.* du 22 juin; *Bull.*, n° 22338), rapporté par le décret des 18-20 août 1891 (*Journ. off.* du 20 août; *Bull.*, n° 23972; D. P. 91. 4, table, col. 25).

20-21 déc. 1890. — Décret qui rapporte ceux des 18 juin, 28 juin et 2 juill. 1890, concernant diverses mesures sanitaires sur la frontière d'Espagne (*Journ. off.* du 22 décembre; *Bull.*, n° 23152; D. P. 91. 4, table, col. 25).

24-25 juill. 1891. — Loi concernant l'assainissement de la ville de Marseille (*Journ. off.* du 25 juill.; *Bull.*, n° 24023).

29-31 août 1892. — Décret qui prescrit diverses dispositions de police sanitaire concernant les voyageurs entrant en France par les frontières du Nord et de l'Est et interdit l'importation des fruits et légumes venant de Russie, d'Allemagne ou de Belgique (*Journ. off.* du 31 août; *Bull.*, n° 25397; D. P. 93. 4, table, col. 22).

12-14 sept. 1892. — Décret relatif aux interdictions applicables aux personnes et aux objets en provenance de tout port français ou étranger, déclaré suspect ou contaminé de choléra (*Journ. off.* du 14 septembre; *Bull.*, n° 25554; D. P. 93. 4, table, col. 22).

26-27 nov. 1892. — Décret portant abrogation de diverses dispositions des décrets des 29 août et 12 sept. 1892 (ci-dessus n°s 2 et 3), prescrivant l'application de mesures sanitaires exceptionnelles (*Journ. off.* du 29 novembre; *Bull.*, n° 25852; D. P. 93. 4, table, col. 22).

11 févr.-14 avr. 1893. — Décret qui remplace par des taxes le droit de reconnaissance établi par l'art. 79 du décret du 22 févr. 1876 sur les paquebots à vapeur faisant escale sur les côtes de France (D. P. 94. 4. 72).

3 mai-25 août 1893. — Décret modifiant l'art. 9 du décret du 30 sept. 1884, qui a fixé les attributions et la composition du comité consultatif d'hygiène publique de France (*Bull.*, n° 26643; D. P. 94. 4. 80).

23 juin-7 août 1893. — Décret qui porte de quatre à sept le nombre des membres du comité de direction de l'hygiène (*Bull.*, n° 26526; D. P. 94. 4. 80).

CHAP. 2. — Des épidémies (*Rép.* n° 23).

Sect. 1re. — Des mesures de salubrité et de police sanitaire quant à l'administration intérieure de la France (*Rép.* n°s 24 à 63).

8. — I. Généralités. — L'autorité administrative est aujourd'hui, comme à l'époque de la publication du *Rép.*, n° 24, chargée de prendre les mesures de salubrité et d'hygiène qui peuvent être commandées par les circonstances momentanées, telles que la menace ou l'invasion d'une épidémie, et aussi celles qui, d'une manière générale, et en

tout temps, sont propres à assurer la conservation de la santé publique. Comme nous l'avons vu *suprà*, n° 5, on s'est efforcé, dans ces dernières années, de donner, en cette matière, au pouvoir central une action plus directe et plus efficace, en centralisant au ministère de l'intérieur le service de l'hygiène publique qui, auparavant, était du ressort du ministre du commerce (Décr. 5 janv. 1889, D. P. 89. 4. 54). Non seulement le ministre de l'intérieur, grâce aux moyens d'information qu'il possède, et à l'action plus directe qu'il exerce sur les diverses autorités administratives, peut ordonner toutes les mesures propres à prévenir ou à combattre une épidémie plus rapidement et plus efficacement que le ministre du commerce, mais il a une action plus complète sur la police municipale dans les attributions de laquelle rentre l'assainissement des villes et des habitations (V. le rapport au prés. de la Rép., D. P. 89. 4. 54, note 1). Le Gouvernement, armé des pouvoirs qu'il tient de l'art. 1 de la loi du 3 mars 1822, de déterminer par des ordonnances les mesures que l'invasion ou la crainte d'une épidémie rendraient nécessaires sur les frontières de terre ou à l'intérieur, peut, par des décrets, prescrire telles mesures qu'il convient. C'est ainsi notamment que, pendant l'épidémie de choléra qui s'était déclarée en 1884, à Toulon et à Marseille, et s'était étendue à plusieurs départements du sud de la France, il a pu prescrire l'organisation, dans certaines gares de chemin de fer, d'un service de surveillance médicale permettant aux médecins, délégués par le préfet, d'obliger les voyageurs qui seraient reconnus malades, à suspendre leur route, et de les faire transporter, pour leur donner leurs soins, dans des locaux spéciaux, aménagés à cet effet en dehors et à proximité des gares (Décr. 30 juill. 1884, D. P. 85. 4. 7). Les préfets peuvent également, en vertu de la délégation prévue par le même art. 1 de la loi du 3 mars 1822, et comme représentants du pouvoir central, prendre, en cas d'urgence, des mesures provisoires dans leur département; ils peuvent enfin, en vertu des art. 85 et 99 de la loi du 5 avr. 1884, prendre, pour une ou plusieurs communes, les mesures que l'administration municipale négligerait ou refuserait de prendre. Il faut remarquer toutefois que les mesures de salubrité aboutissant à des dépenses que la loi n'a pas rangées au nombre des dépenses obligatoires, le conseil municipal peut, en refusant de les voter, entraver les pouvoirs du maire et du préfet.

Les maires, ainsi qu'on l'a exposé au *Rép.*, n° 25, sont particulièrement chargés des mesures de salubrité à prendre dans les communes autres que Paris; l'art. 97 de la loi du 5 avr. 1884 range, comme les lois précédentes, parmi les objets rentrant dans la police municipale exercée par les maires, les mesures sanitaires et de salubrité. Ils jouissent, à cet égard, de pouvoirs étendus, pour lesquels nous nous référerons aux explications qui ont été données *suprà*, v° *Commune*, n°s 580 et suiv., et qui portent sur un grand nombre de points. L'autorité municipale peut, notamment, prescrire la construction de fosses d'aisances et le système suivant lequel elle devront être établies. Il a été décidé que l'autorité municipale peut, pour l'assainissement d'un cours d'eau traversant une ville et servant de lavoir aux habitants riverains, prescrire la suppression des conduits de latrines établis sur ce cours d'eau et le remplacement des fosses à écoulement extérieur par des fosses mortes (Crim. cass. 28 févr. 1861, aff. Gesille et aff. Cuimenée, D. P. 61. 1. 144). On a jugé même qu'un règlement municipal qui, déterminant les conditions d'enfouissement des animaux de toute espèce morts de maladie ou autrement, crée un emploi d'équarrisseur, est légal et obligatoire (Crim. cass. 17 mars 1865, aff. Faure, D. P. 65. 1 448).

9. On a vu au *Rép.*, n° 34, qu'un arrêté du maire ne peut obliger un propriétaire riverain, même tenant un établissement ouvert au public, à ouvrir sur la voie publique un urinoir affecté à toutes personnes autres que celles qui fréquentent cet établissement. Mais l'autorité municipale est en droit d'établir elle-même des urinoirs publics, sur les voies publiques, sans que les riverains puissent s'y opposer. Les riverains ne peuvent que réclamer une indemnité devant la juridiction administrative (V. *Rép.* v° *Vidanges, fosses et lieux d'aisances*, n°s 43 et suiv.). Il n'appartiendrait pas à la juridiction civile d'en ordonner la suppression (Cons. d'Ét.

6 avr. 1863, aff. Desloges, D. P. 63. 3. 25); et toute destruction, par un propriétaire riverain d'un urinoir que l'Administration a fait établir par mesure de salubrité, constitue le délit de destruction d'un objet d'utilité publique prévu par l'art. 257 c. pén. (Crim. cass. 5 août 1858, aff. Rousselot, D. P. 58. 5. 130).

10. — II. Logements insalubres. — Loi du 13 avr. 1850. — On a exposé au *Rép.*, nos 42 et suiv., les dispositions de l'importante loi du 13-22 avr. 1850, sur l'assainissement des logements insalubres. La jurisprudence a eu fréquemment, depuis lors, à appliquer et à interpréter cette loi, qui, bien qu'elle soit incomplète, comme on avait déjà eu l'occasion de le signaler, et arme l'Administration d'une manière insuffisante, n'a été jusqu'ici remplacée par aucun nouveau texte. Le dernier paragraphe de l'art. 2 de cette loi, qui règle la composition de la commission que le conseil municipal peut, aux termes de l'art. 1, charger de rechercher et indiquer les mesures indispensables à l'assainissement des logements insalubres, a seul été modifié par une loi des 25-30 mai 1864, D. P. 64. 4. 74. Aux termes de l'ancien art. 2 de la loi du 13 avr. 1850, la commission se composait de neuf membres au plus et de cinq au moins dans les départements, de douze à Paris; le nouvel art. 2 autorise, pour Paris, l'élévation jusqu'à trente du nombre des membres de la commission et confère au conseil municipal, dans les communes dont la population dépasse 50 000 âmes, la faculté, soit de nommer plusieurs commissions, soit de porter jusqu'à vingt le nombre des membres de la commission existante.

11. L'art. 10 de la loi du 13 avr. 1850 donne à l'autorité municipale le droit d'interdire provisoirement la location, à titre d'habitation, des logements qui seront reconnus n'être pas susceptibles d'assainissement et pour lesquels les causes d'insalubrité sont dépendantes de l'habitation elle-même; le conseil de préfecture peut, sauf recours au conseil d'État, prononcer l'interdiction absolue. Cette disposition n'est pas applicable au propriétaire (*Rép.* no 43 et 53); aucune disposition de la loi du 13 avr. 1850, ni d'un autre texte législatif n'autorise les conseils de préfecture à interdire l'habitation par les propriétaires des maisons dont l'insalubrité a été constatée, lors même que ces maisons seraient reconnues non susceptibles d'assainissement (Cons. d'Ét. 29 déc. 1858, aff. Courmont, D. P. 59. 3. 40) Au reste, il importe de remarquer, comme on l'a exposé au *Rép.*, no 55, que c'est seulement la location à titre d'habitation qui peut être interdite. Le propriétaire conserve toujours le droit de louer pour l'emmagasinage des marchandises ou tout autre emploi analogue.

12. L'art. 10 de la loi du 13 avr. 1850 ne prévoit que l'interdiction de la *location* et 1 ne parle que de l'assainissement des logements et dépendances insalubres *mis en location* et occupés par d'autres que le propriétaire, l'usufruitier ou l'usager: il ne faudrait cependant pas en conclure que la loi ne soit applicable qu'autant que les locaux insalubres, destinés à l'habitation, seraient occupés par un locataire et qu'elle resterait inefficace s'ils étaient habités, à un titre différent par tout autre que le propriétaire, usufruitier ou usager. — On s'est demandé, notamment, si la loi était applicable aux logements des concierges; on pouvait dire que le concierge n'étant pas un locataire, mais un serviteur préposé par le propriétaire à la garde de sa maison, son logement devait être considéré comme occupé par le propriétaire lui-même, et qu'ainsi la loi de 1850 n'était pas plus applicable à ce logement qu'elle ne le serait à ceux des domestiques qui habitent avec leur maître. Le conseil d'État ne l'a pas admis et a jugé, d'une manière implicite que la loi du 13 avr. 1850 était applicable aux logements des concierges, en décidant que l'habitation de la loge d'un concierge pouvait être tolérée pendant le jour à la suite de l'exécution de travaux indiqués par la commission des logements insalubres, mais qu'elle devait être interdite pendant la nuit (Cons. d'Ét. 3 déc. 1864. aff. Roux-Sallard, D. P. 65. 3. 41). Cette décision est parfaitement fondée à l'égard des concierges des maisons de Paris et des grandes villes, où les maisons sont occupées par un nombre plus ou moins grand de locataires, et où le concierge peut être considéré comme le préposé à la fois du propriétaire et des locataires; elle serait plus discutable si le concierge ne devait être considéré que comme un représentant du maître

et comme étant assez identifié avec ce dernier pour que la loge dût se confondre dans les locaux occupés par lui; si, par exemple, un propriétaire habitait seul sa maison, il ne serait pas impossible que l'on décidât que son concierge est simplement un domestique chargé de la garde de la porte, et qu'il se trouve alors en dehors de la loi de 1850. Nous croyons toutefois que cette dernière opinion serait trop restreinte et que le texte de la loi permettrait même de l'appliquer au logement non seulement du concierge d'une maison habitée par le propriétaire seul, mais aussi aux logements des domestiques habitant avec lui. L'art. 1, en effet, comprend parmi les locaux soumis à la surveillance de la commission des logements insalubres, « les logements et dépendances insalubres mis en location *ou occupés par d'autres* que le propriétaire, l'usufruitier ou l'usager ». Il n'est pas indispensable que le logement soit mis en location; il suffit qu'il soit *occupé* par d'autres que le propriétaire. Si l'action de la loi s'arrête au seuil du domicile privé, si, par suite de son insuffisance regrettable, elle ne protège pas le propriétaire contre sa propre incurie, et si elle ne peut, suivant les expressions du rapporteur, lui défendre que ce qui nuit à autrui, on peut dire que ce n'est pas à lui-même, mais à autrui, que nuit le propriétaire lorsqu'il fournit aux personnes qu'il emploie et qui ne sont reliées à sa famille que par une fiction légale, un logement insalubre. En admettant que la loi, en raison même de la fiction qui fait des domestiques des membres de la famille, ne soit pas applicable aux domestiques attachés à la personne, il semble bien que ce soit à ceux-là seuls exclusivement qu'elle ne puisse être appliquée et qu'elle s'étende au contraire à tous ceux qui sont simplement employés par le propriétaire et occupent des locaux insalubres.

13. La loi (art. 1) limite les mesures à prendre pour arriver à l'assainissement des logements insalubres à celles qui sont *indispensables* (*Rép.* no 45) et le même art. 1 donne la définition de ce qu'il faut entendre par le mot *insalubres*: ce sont « les logements qui se trouvent dans des conditions de nature à porter atteinte à la santé de leurs habitants ». Il s'ensuit que l'action de l'autorité ne peut s'exercer que dans le cas où il y a *insalubrité* du logement; qu'il n'est pas permis de s'écarter de la définition que donne à ce mot l'art. 1 de la loi du 13 avr. 1850, et que de simples causes d'incommodité, de simples inconvénients qui ne seraient pas de nature à porter atteinte à la santé ou à la vie des habitants, ne sauraient justifier l'intervention de la commission des logements insalubres et permettre d'obliger le propriétaire à faire les réparations ou aménagements qui peuvent lui être imposés en cas d'insalubrité. C'est ainsi que la présence des punaises, dans une maison, ne constituant pas une cause d'insalubrité dans le sens de l'art. 1 de la loi du 13 avr 1850, un conseil de préfecture ne peut enjoindre au propriétaire d'arracher les papiers de tenture, de gratter à vif les murs, de boucher avec soin les crevasses, de visiter avec soin les angles rentrants, de peindre les murs à l'huile jusqu'à une hauteur de 1 mètre 50 centimètres, et le surplus à la colle » (Cons. d'Ét. 23 juill. 1886, aff. De Boismonbrun, D. P. 87. 3. 124).

À plus forte raison, les conseils municipaux, ou les conseils de préfecture, ne peuvent-ils enjoindre au propriétaire l'exécution de travaux qui tendraient à faire disparaître une cause de gêne ou d'incommodité qui proviendrait de la jouissance abusive d'un locataire (Cons. de préf. de la Seine, 26 juin 1878, aff. Barrault, D. P. 79. 5. 374). La jurisprudence, en effet, comme on le verra (*infrà*, no 17), décide que la loi du 13 avr. 1850 est inapplicable lorsque la cause d'insalubrité n'est pas inhérente à l'immeuble, lorsqu'elle n'a pas sa cause dans le fait du propriétaire.

14. Lorsqu'il existe une cause d'insalubrité, la jurisprudence tend de plus en plus à reconnaître à l'Administration des pouvoirs très étendus et presque discrétionnaires. C'est ainsi que dans un arrêt du 1er août 1884 (aff. Thuilleux, D. P. 86. 3. 25), le conseil d'État a considéré comme légalement faite à un propriétaire, l'injonction d'établir des appareils d'éclairage dans les escaliers de son immeuble. Une telle mesure cependant, envisagée en elle-même, ne peut rentrer dans les prévisions de la loi du 13 avr. 1850, dont l'objet unique est de faire disparaître les causes d'insalubrité. En principe, les chances d'accidents

pouvant résulter de ce que l'escalier d'une maison n'est pas éclairé, ne sauraient, sans forcer le sens des mots, être considérées comme des causes d'insalubrité; mais dans les circonstances de fait qui ont donné lieu à l'arrêt du conseil d'État, l'éclairage a paru un moyen efficace d'empêcher les habitants de l'immeuble de mettre les escaliers dans un état de malpropreté dangereux pour la salubrité et cette considération lui a paru légitimer suffisamment l'injonction. D'ailleurs la loi du 13 avr. 1850 ne spécifie nullement les mesures qui peuvent être imposées aux propriétaires, et laisse en conséquence une latitude entière à l'Administration.

Le même arrêt du 1er août 1884 a considéré comme indispensable pour l'assainissement du même immeuble (la cité Jeanne-d'Arc, à Paris) l'injonction de remplacer des papiers de tenture dans les logements par une peinture à l'huile, mesure qui, comme la précédente, se justifie dans l'espèce en raison de la circonstance que l'immeuble était destiné, par son aménagement, à recevoir une population des plus pauvres et livrée aux plus mauvaises habitudes de saleté et de désordre.

15. On s'est demandé pourtant si les injonctions de la nature de celles qui viennent d'être exposées, ne dépassaient pas les pouvoirs que la loi a entendu conférer aux commissions des logements insalubres. Leurs attributions ont la plus grande analogie avec celle qui appartient à l'autorité municipale, en ce qui concerne les mesures à prendre pour faire disparaître les causes d'insalubrité ou d'accidents résultant de l'état des propriétés privées. Or, la jurisprudence est constante en ce sens que l'autorité municipale ne peut qu'ordonner au propriétaire de faire cesser l'état de choses actuel; mais qu'elle doit lui laisser le choix des moyens, pourvu que ces moyens aboutissent au résultat exigé (Cons. d'Ét. 12 mai 1882, aff. Calazzi, D. P. 83. 3. 121 et les renvois). La même règle ne devrait-elle pas s'appliquer, à plus forte raison, lorsqu'il s'agit de mesures à prendre dans l'intérieur de propriétés closes? Mais il faut, en cette matière, tenir compte des termes de l'art. 5 de la loi du 13 avr. 1850, qui donne mission au conseil municipal de *déterminer*, sur le vu des rapports de la commission des logements insalubres et des observations que le propriétaire est admis à présenter: 1º les travaux d'assainissement et les lieux où ils devront être entièrement ou partiellement exécutés, etc... ». Il semble que cet article confère au conseil municipal d'abord, au conseil de préfecture et au conseil d'État ensuite, le droit de déterminer la nature des travaux que le propriétaire devra exécuter pour assainir les logements réputés insalubres. Le conseil d'État d'ailleurs a, non seulement dans l'espèce particulière relatée ci-dessus, mais aussi, dans nombre d'autres cas, confirmé les décisions dans lesquelles le conseil de préfecture avait prescrit au propriétaire le mode d'assainissement qu'il devait employer, Ainsi il a maintenu l'injonction, faite par le conseil de préfecture, de remplacer les appareils existant dans les cabinets d'aisance d'une maison par des appareils automatiques; de supprimer une fosse d'aisances située au-dessus d'une cave et d'y substituer une canalisation jusqu'à l'égout (Cons. d'Ét. 5 déc. 1884, aff. Delamarre, D. P. 86. 3. 25).

16. La doctrine et la jurisprudence sont très divisées sur le point de savoir si l'adduction dans un immeuble des eaux distribuées par la canalisation d'une ville peut être imposée au propriétaire en vertu de la loi de 1850. Suivant une opinion qui paraît trop absolue, l'absence totale d'eau doit être considérée comme une cause d'insalubrité justifiant l'intervention de l'autorité administrative (G. Jourdan, *Législation sur les logements insalubres*, p. 101 et suiv. V. également dans les *Annales de l'hygiène publique*, année 1881, un article de M. Dumesnil, vice-président de la commission des logements insalubres de la ville de Paris). Aussi n'est-elle pas suivie en jurisprudence. Le conseil de préfecture de la Seine, qui a eu le plus fréquemment à trancher cette question, établit une distinction d'après laquelle le propriétaire ne peut être tenu de fournir de l'eau que pour remédier à l'insalubrité des lieux loués, tandis que cette obligation ne saurait lui être imposée lorsqu'il s'agit uniquement de maintenir la propreté de l'immeuble. Spécialement, il a été jugé que, dans un immeuble où il existait un puits ayant constamment une hauteur d'eau de deux

mètres, le conseil municipal ne saurait obliger le propriétaire à fournir une autre eau aux locataires, alors même que les eaux du puits seraient de qualité nauséabonde et malsaine (Cons. de préf. de la Seine, 18 févr. 1880, aff. Minorel, D. P. 80. 3. 38);... que le conseil municipal ne saurait non plus enjoindre à un propriétaire de fournir de l'eau, soit pour l'usage des ouvriers du locataire, soit pour l'entretien et le lavage du sol mis en location (Cons. de préf. de la Seine, 9 juill. 1879, aff. Chemin de fer de l'Est, D. P. 80. 3. 38, 2e espèce). Cette distinction paraît justifiée, la loi de 1850 ne s'appliquant qu'autant qu'il s'agit de mesures d'assainissement et non de mesures qui n'auraient d'autre utilité que de procurer aux locataires une jouissance plus confortable de l'immeuble.

Mais, comme le conseil d'État a pris soin de le dire dans les motifs de l'arrêt du (D. P. 83. 3. 20) qui rejette un pourvoi formé dans l'intérêt de la loi par le ministre de l'agriculture et du commerce, alors chargé du service de la salubrité publique, contre l'arrêté précité du 18 févr. 1880 (aff. Minorel), « aucune disposition de la loi du 13 avr. 1850 ne fait obstacle à ce que l'adduction de l'eau dans un immeuble soit considérée, dans certaines conditions déterminées, comme rentrant dans les mesures indispensables d'assainissement prévues par l'art. 1 de ladite loi ». Il est des cas notamment où, en raison de la destination de l'immeuble, affecté à l'habitation d'une nombreuse population, agglomérée dans un espace relativement restreint, et où il est presque impossible d'empêcher l'amoncellement de débris de toute nature, l'adduction de l'eau devient une mesure d'assainissement indispensable. Peu importe qu'il s'agisse seulement d'assurer la propreté de l'immeuble, si cette propreté est une condition de sa salubrité : c'est ce qu'a jugé le conseil d'État dans son arrêt du 1er août 1884 (aff. Thuilleux, D. P. 86. 3. 25) déjà cité (*suprà*, nº 14), en décidant que la commission des logements insalubres peut prescrire au propriétaire d'une cité ouvrière, habitée par un très grand nombre de locataires, d'établir une bouche d'eau à l'entrée de chaque maison pour faire cesser des causes d'insalubrité inhérentes à l'immeuble.

17. Tout autre serait la solution, s'il s'agissait uniquement de satisfaire à des besoins nés d'aménagements faits par les locataires et auxquels le propriétaire serait resté étranger, ou de rendre plus commode l'usage de l'immeuble. En effet, la loi de 1850 ne s'applique pas aux causes d'insalubrité qui proviennent du fait du locataire. « Lorsqu'un propriétaire a loué un logement salubre, dit M. G. Jourdan (*Législation sur les logements insalubres*, nº 47), il ne peut être rendu responsable des aménagements intérieurs apportés par le locataire. Il faut distinguer l'insalubrité, dépendante du logement même, qui subsiste toujours, quel que soit l'occupant, et indépendamment même de toute habitation, de l'insalubrité dans laquelle un locataire se met volontairement soit en faisant des modifications dans l'intérieur de son logement, soit en exerçant certaines industries, et qui disparaîtrait en même temps que les causes qui y ont donné naissance ». Toute cause d'insalubrité qui ne tient pas à la disposition même donnée à l'immeuble par le propriétaire ne tombe donc pas sous le coup de la loi du 13 avr. 1850; il faut, suivant la formule adoptée par le conseil de préfecture de la Seine, dans de nombreux arrêtés (31 oct. 1871, 22 avr. 1874, 23 févr. 1876, 13 mars et 20 juin 1877, 26 juin 1878, aff. Barrault, D. P. 79. 5. 374; 9 juill. 1879, 18 févr. 1880 cités *suprà*, nº 16, et 17 mars 1880, aff. Calmann-Lévy, D. P. 80. 3. 38), formule que le conseil d'État a employée lui-même dans ses arrêts du 1er août et du 5 déc. 1884 (aff. Thuilleux et aff. Delamarre, D. P. 86. 3. 35), que la cause d'insalubrité soit inhérente à l'immeuble. Ainsi, un conseil municipal ne peut prescrire à un propriétaire de mettre un cabinet d'aisances à la disposition du locataire d'une boutique, lorsqu'il existait dans une dépendance de cette boutique un cabinet d'aisances destiné à l'usage du locataire, mais converti par ce dernier depuis un temps indéterminé en un réservoir d'eau approprié à son industrie (Cons. de préf. de la Seine, 17 mars 1880, aff. Calmann-Lévy, D. P. 80. 3. 38).

18. Toutefois, il est des cas où le propriétaire peut être condamné à exécuter des travaux, alors même que l'insalubrité provient des modifications apportées par le locataire à

la destination des lieux loués, sans qu'on puisse voir dans cette condamnation une violation de la loi de 1850, Ainsi il a été jugé qu'un propriétaire peut être obligé à exécuter des travaux d'aération dans des locaux actuellement habités, alors même qu'il soutient que ces locaux n'avaient pas été installés pour servir à l'habitation (Cons. d'Et. 13 avr. 1883, aff. Frichot, D. P. 84. 3. 126; 1ᵉʳ août 1884, aff. Thuilleux, D. P. 86. 3. 25). En effet, lorsqu'un local, donné en location, ne réunit pas les conditions nécessaires à l'habitation et que le locataire l'affecte à cet usage, deux hypothèses peuvent se présenter : ou bien, le propriétaire ayant loué au preneur sans lui interdire d'affecter au logement les pièces reconnues insalubres, cette affectation ne constitue pas un abus de jouissance, et le propriétaire ne peut pas décliner la responsabilité qu'il a encourue; ou bien au contraire, le bail est conçu en termes tels que le propriétaire peut s'opposer à ce que les locaux insalubres servent à l'habitation, et il ne peut s'en prendre qu'à lui-même des conséquences qu'il provoque en tolérant l'inexécution de la stipulation acceptée par le locataire, et dont il peut s'affranchir en usant de ses droits à l'encontre de celui-ci. Le propriétaire n'ayant, pour se soustraire à l'obligation d'exécuter les travaux d'assainissement, qu'à faire cesser l'habitation dans le local déclaré insalubre, ne peut se plaindre de ce que l'arrêté du conseil de préfecture lui a laissé l'alternative de faire les travaux ou de faire cesser l'habitation (Cons. d'Et. 13 avr. 1883, précité). Cette solution, toutefois, a été critiquée (V. la note sur la décision précitée dans le *Recueil des arrêts du conseil d'Etat*, p. 340).

19. Le conseil municipal ne peut, sous prétexte de porter remède à l'insalubrité des immeubles, s'immiscer dans les relations du propriétaire et des locataires ; le législateur de 1850 n'a entendu, en aucune façon, porter atteinte au principe de la propriété, ni substituer, dans les contestations relatives à l'exécution du contrat de louage, l'action administrative à l'action judiciaire. Ainsi le propriétaire peut, sans doute, être obligé, comme on l'a exposé *suprà*, nᵒ 16, de fournir l'eau nécessaire pour remédier à l'insalubrité des lieux loués, mais non, soit gratuitement, soit à un prix déterminé correspondant à celui que le propriétaire serait obligé de payer à la ville, celle qui serait utile aux locataires pour leur permettre d'entretenir plus facilement leurs logements en état de propreté. Indépendamment des motifs sur lesquels cette règle se fonde et qui ont été déduits *suprà, ibid.*, il faut reconnaître que le propriétaire à prendre un abonnement avec le service de distribution des eaux, pour livrer sur place à ses locataires les quantités nécessaires à leur usage, serait s'immiscer indûment dans les relations entre propriétaires et locataires. — C'est pour le même motif que, sur la réclamation d'un locataire soutenant que, par suite d'infiltrations survenues dans les caves de la maison pendant le débordement de la rivière voisine, une certaine humidité persistait dans son appartement d'habitation situé au rez-de-chaussé, il a été jugé, en présence du refus du propriétaire de faire exécuter les travaux réclamés de ce chef par le locataire, que la contestation n'était pas de nature à donner lieu à l'application de la loi du 13 avr. 1850 sur les logements insalubres, et que le conseil municipal excéderait ses pouvoirs en prescrivant l'exécution des travaux réclamés par le locataire (Cons. d'Et. 6 mars 1869, aff. Aucher, D. P. 70. 3. 34). Les contestations de ce genre sont d'ordre purement privé, comme portant sur l'exécution d'un contrat de louage et ne rentrent pas dans la catégorie de celles qui donnent lieu à l'exercice des pouvoirs de police sanitaire confiés aux commissions des logements insalubres.

20. La commission des logements insalubres est également incompétente pour intervenir lorsqu'une contestation fondée sur une cause d'insalubrité se produit en dehors du logement, surtout lorsqu'elle a pour cause un fait étranger au propriétaire. Il s'agit là d'un cas d'insalubrité publique, et c'est alors à la commune de la faire cesser, dans les limites de son pouvoir et de ses ressources; il y a lieu, en ce cas, d'appliquer ou les lois de la voirie ou les règlements de police municipale. C'est ainsi, notamment, que la commission des logements insalubres est sans droit pour intervenir lorsqu'un locataire se plaint de ce qu'un marchand de vin installé au rez-de-chaussée et qui n'a pas établi d'urinoir

pour l'usage des consommateurs, laisse ceux-ci pénétrer dans la cour de la maison et la salir au point de la rendre insalubre. Pour faire cesser un tel abus, le locataire ne peut que s'adresser à la police municipale, afin qu'elle fasse exécuter, s'il y a lieu, les règlements sur les débits de boissons et sur la salubrité publique, ou actionner son propriétaire afin que, par les mesures qu'il lui appartient de prendre pour le maintien de l'ordre dans sa maison, il fasse cesser le trouble apporté à la jouissance des lieux loués (Cons. préf. de la Seine, 11 janv. 1870, aff. Brunot, D. P. 71. 3. 16).

21. Il arrive fréquemment que des propriétaires de terrains les louent par bail à des tiers qui y élèvent des constructions et les habitent eux-mêmes ou les donnent en location. La loi du 13 avr. 1850 ne mentionnant que le propriétaire, l'usufruitier ou l'usager, la question s'est posée de savoir sur qui, du propriétaire ou du locataire édificateur des constructions, devait retomber l'obligation d'exécuter les travaux d'assainissement qui viendraient à être reconnus nécessaires par la commission des logements insalubres. Elle a été résolue contre le propriétaire tout d'abord par le conseil d'Etat, dans une espèce où des constructions avaient été établies par le locataire où celui-ci ne les habitait pas lui-même et les avait données à bail à un sous-locataire, mais où les constructions devaient revenir au propriétaire à l'expiration du bail (Cons. d'Et. 7 avr. 1865, aff. De Madre, D. P. 66. 3. 1). — Cet arrêt a soulevé de nombreuses critiques (V. la note 2, sous l'arrêt), qui s'adressaient plus encore à la loi, qui n'a pas prévu une situation particulièrement fréquente lorsqu'il s'agit de logements insalubres, qu'à l'arrêt lui-même. La solution donnée par le conseil d'Etat se justifie, en effet, par cela même que la loi du 13 avr. 1850 n'a parlé que du propriétaire, de l'usufruitier ou de l'usager, et qu'elle a passé sous silence le locataire, même à long terme, spéculant sur la location des constructions élevées par lui et faisant, par là même, courir à la santé publique et aux intérêts que la loi a voulu sauvegarder, les même dangers que le propriétaire qui loue des logements insalubres. Le conseil d'Etat a également tenu compte de la circonstance que, dans l'espèce, les constructions devaient revenir au propriétaire à la fin du bail, qu'il était par conséquent propriétaire à terme, et l'a relevée expressément dans les motifs de son arrêt.

Un arrêt de la cour de Rouen, rendu sur renvoi après cassation (Crim., cass. 20 nov. 1868, D. P. 69. 1. 263), ensuite de poursuites dirigées contre un propriétaire, a jugé aussi, d'après la même doctrine, que dans le cas où l'habitation construite par un locataire, sur le terrain qu'il a pris à bail, a été reconnue insalubre, le propriétaire, locateur du terrain, est à bon droit mis en demeure, par l'autorité municipale, d'effectuer les réparations jugées nécessaires pour faire disparaître l'insalubrité, alors que, par suite du silence de la convention, ladite habitation doit lui revenir de droit à l'expiration du bail, en vertu des art. 546 et suiv. c. civ., alors même que, pour se soustraire à cette obligation de réparer, il déclarerait renoncer par avance à faire valoir son droit sur les constructions à l'expiration du bail (Rouen, 26 févr. 1869, aff. Moynet et Jeanson, D. P. 69. 2. 141).

22. Lorsque le locataire qui a élevé des constructions sur le terrain pris par lui à bail, les habite lui-même au lieu de les donner en location, la question se pose également de savoir si le bailleur devra être tenu d'exécuter les travaux d'assainissement qui pourraient être jugés nécessaires. Il semble qu'elles doivent être résolues d'après la même distinction que celle qui a été faite dans le cas où les constructions élevées par le locataire sont louées par lui. Le propriétaire du sol ne sera tenu des travaux d'assainissement des constructions que s'il doit en devenir propriétaire en fin de bail. Mais lorsque les constructions devront être enlevées par le locataire qui les habite lui-même, l'autorité municipale ne peut enjoindre au propriétaire d'y exécuter des travaux d'assainissement. En effet, lorsqu'il résulte de la convention que les constructions élevées par le locataire ne doivent pas s'incorporer au sol et devenir la propriété du bailleur, celui-ci y reste complètement étranger et ne peut par conséquent être responsable de leurs vices au point de vue de la salubrité. C'est ce qui a été jugé par un arrêt de la cour de

Rouen, du 26 févr. 1869, aff. Moynet et Jeanson, D. P. 69. 2. 141). D'autre part, lorsque le locataire reste propriétaire des constructions et qu'il les occupe, il se trouve dans la situation du propriétaire qui habite sa propre maison auquel aucune injonction ne peut être faite en vertu de la loi de 1850 (*supra*, n° 11).

Il a été jugé, dans le même sens, que le propriétaire d'un terrain nu sur lequel un locataire a élevé des constructions sous la condition expresse de les enlever à l'expiration du bail n'est pas obligé d'exécuter les travaux d'assainissement prescrits par le conseil municipal (Cons. préf. de la Seine, 5 juill. 1882, aff. Trappe, D. P. 82. 5. 262).

23. L'art. 1 de la loi du 13 avr. 1850 a encore donné lieu à des difficultés d'interprétation en ce qu'il étend aux *dépendances* des logements insalubres les recherches et l'action de la commission. De la discussion à laquelle a donné lieu à l'Assemblée législative le projet de loi sur les logements insalubres, il résulte que dans les « dépendances des logements », il faut comprendre les ruelles, allées, cours, impasses, et, en général, tous les espaces libres situés dans l'intérieur des propriétés, ayant pour but de procurer l'air et le jour, de ménager des accès à la voie publique, etc. (*Rép.* n° 45). Encore faut-il que ces voies ne soient fréquentées que par les habitants et qu'elles n'aient qu'une étendue restreinte : ainsi que le fait observer M. Jourdan, « la question de savoir si les voies privées constituent ou non des dépendances des habitations dépend principalement du plus ou moins d'étendue de la voie et du caractère de la circulation qui s'y effectue » (*Législation sur les logements insalubres*, p. 43). Il a été jugé qu'un passage bordé de maisons, appartenant à différents propriétaires et servant de voie publique sur une longueur de 200 mètres, est une dépendance des maisons riveraines, et, par suite, que ce n'est pas à la commission des logements insalubres de pourvoir à son assainissement (Cons. d'Ét. 25 juill. 1863, aff. Ségot et autres, D. P. 74. 3. 447). Il faut en dire autant d'une ruelle, longue de plus de 200 mètres, mettant deux rues en communication, et bordée de maisons appartenant à des propriétaires différents (Cons. d'Ét. 18 mars 1892, aff. Grégoire, D. P. 93. 3. 58). On ne saurait donc comme l'a fait la cour de Douai, dans un arrêt du 17 févr. 1875, (aff. Lagache, D. P. 81. 2. 63), comprendre dans les dépendances des logements, non seulement les cours, mais encore les rues, au moins pour la partie de la rue placée devant l'habitation; l'entretien et la police des rues publiques incombant à l'autorité municipale qui peut prescrire, en vertu des pouvoirs que lui conférait la loi des 16-24 août 1790 et que lui confère aujourd'hui l'art. 97 de la loi du 5 avr. 1884, les mesures exigées par l'état d'insalubrité de ces voies.

24. Dans le cas où les ruelle, rue ou passage ont un caractère privé, chacun des propriétaires riverains n'est tenu d'effectuer les travaux d'assainissement que pour la partie correspondant à sa propriété, et l'autorité municipale doit adresser à chacun d'eux une injonction spéciale relativement à la portion de la rue qui lui appartient. Jugé que lorsque, d'après le titre de leur acquisition, les divers propriétaires auxquelles un même passage est commun, ne sont tenus de l'entretenir que chacun au droit de son lot, si la réparation du pavage de ce passage est jugée nécessaire pour l'assainissement de logements riverains mis en location, l'autorité municipale ne peut leur enjoindre de refaire ce pavage que pour la part qui leur incombe à chacun, sauf à agir contre les autres propriétaires, si elle estime qu'un nouveau pavage est nécessaire dans toute l'étendue du passage, et qu'elle a le pouvoir de l'exiger (Rouen, 26 févr. 1869, aff. Moynet et Jeanson, D. P. 69. 2. 141).

25. On a également considéré comme une dépendance des logements insalubres la partie d'un canal, établi au pied du château, qui reçoit directement les matières provenant des cabinets d'aisances et qui constitue, en réalité, la fosse d'aisance de l'habitation; c'est là une dépendance essentielle du logement; par suite, le conseil municipal est en droit de prescrire le curage de cette partie du canal (Cons. d'Ét. 18 janv. 1889, aff. De Junquières, D. P. 90. 3. 31). Mais le conseil municipal ne peut, par application de la loi du 13 avr. 1850, faire procéder au curage général de tous les bassins et canaux de la propriété (Même arrêt). Ces ca-

naux, en effet, ne sont plus des dépendances de l'habitation, et en admettant que la communication des eaux avec celles du canal où se déversent les matières pût rendre le curage indispensable au point de vue de la salubrité publique, le maire trouverait, dans l'exercice de ses pouvoirs de police, le droit de prescrire cette mesure sans avoir recours à la loi de 1850, inapplicable dans tous les cas où le maire peut agir en vertu de ses pouvoirs de police (V. un avis du conseil d'État du 9 juin 1870, *Code des lois administratives annoté*, t. 3, p. 19, note 1 et n°s 235 et suiv. V. aussi Crim. rej. 27 juin 1879, aff. Aububert, D. P. 80. 1. 47).

26. Comme on l'a exposé au *Rép.*, n° 47, l'art. 3 de la loi du 13 avr. 1850 impose à la commission des logements insalubres l'obligation de visiter les locaux qui lui sont signalés comme insalubres; mais aucune disposition légale ne lui prescrit d'effectuer ses constatations contradictoirement avec le propriétaire (Cons. d'Ét. 5 déc. 1884, aff. Delamarre, D. P. 86. 3. 25). La loi exige simplement que la communication des rapports de la commission soit faite à la mairie au propriétaire, qu'elle admet à produire ses observations dans le délai d'un mois (art. 4). Aussi est-il de pratique constante, à Paris, que la commission ne prévienne pas le propriétaire de sa visite et ne se mette en rapport avec lui que dans le cas où elle estime qu'il y a lieu de lui demander certains renseignements. Si cette pratique est légale, elle n'en est pas moins regrettable, la commission ne pouvant toujours se procurer des renseignements suffisamment exacts sur les détails de la construction, et exigeant, par suite, fréquemment des travaux qui sont ensuite reconnus inutiles. D'autre part, au point de vue de l'équité et des intérêts d'une bonne administration, une fois la nécessité de travaux reconnue, une conférence avec le propriétaire ou avec son architecte aboutirait souvent à un accord amiable rendant inutile toute procédure ultérieure.

27. L'instruction de l'affaire, soit devant le conseil de préfecture, soit devant le conseil d'État, lorsque le propriétaire défère à ces juridictions la décision du conseil municipal, n'est pas contradictoire, en ce sens que la commune n'a pas qualité pour intervenir dans les contestations élevées par les particuliers relativement aux mesures d'assainissement qui leur ont été prescrites en vertu de la loi du 13 avr. 1850. En effet, le droit conféré au conseil municipal par la loi du 13 avr. 1850, de déterminer les travaux jugés nécessaires pour l'assainissement des logements insalubres est essentiellement un pouvoir de police, d'après le texte même de l'art. 7 de la loi : « S'il a été reconnu que les causes d'insalubrité sont dépendantes du fait du propriétaire ou de l'usufruitier, l'autorité municipale lui enjoindra, *par mesure d'ordre et de police*, d'exécuter les travaux jugés nécessaires ». D'autre part, la commune ne peut se prévaloir de l'art. 6 qui ouvre le recours devant le conseil de préfecture aux seuls *intéressés*, cette expression ne s'appliquant évidemment qu'à ceux auxquels l'injonction a été adressée (Cons. d'Ét. 21 mars 1879, aff. Ville de Roubaix, D. P. 79. 3. 68; 1er août 1884, aff. Du Ples-is-d'Argenté, D. P. 86. 3. 26; 23 juill. 1886, aff. De Boismombrun, D. P. 87. 3. 124). Il en résulte que, n'étant pas partie, la commune ne peut être condamnée ni aux dépens, ni aux frais d'expertise (Mêmes arrêts des 1er août 1884 et 23 juill. 1886).

28. De cette circonstance que la commune n'est pas partie en matière de logements insalubres, il résulte que le conseil d'État prononce en cette matière, plus facilement qu'en toute autre, la condamnation aux dépens du particulier qui a provoqué les mesures d'instruction. Dans une affaire entre parties, les frais ne pourraient être mis en totalité à la charge du demandeur qui a obtenu, sur le point principal du litige, la réformation de la décision rendue en première instance, alors même qu'il succomberait sur quelques-unes de ces prétentions. Le conseil d'État jugea au contraire, que, du moment qu'en fin de compte il est reconnu que le propriétaire s'était refusé à tort à exécuter aucun travail pour faire cesser les causes d'insalubrité, les frais de l'instruction doivent rester à sa charge, bien que l'instruction ait fait connaître qu'il pouvait être donné satisfaction à l'intérêt de la salubrité par des moyens moins onéreux que ceux qui lui avaient été primitivement prescrits (Cons. d'Ét. 4 déc. 1891, aff. Rolin, D. P. 93. 3. 32).

29. La circonstance que la commune ne peut être con-

damnée aux dépens a conduit certains auteurs à soutenir qu'en matière de logements insalubres, le conseil de préfecture ne peut provoquer comme mesures d'instruction que celles qui n'entraînent pas de frais, telles que l'avis du conseil d'hygiène (Des Cilleuls, *Commentaire de la loi du 13 avr.* 1850, p. 48). Le conseil d'Etat n'a pas adopté cette opinion et a jugé qu'aucune disposition de la loi du 13 avr. 1850 ne fait obstacle à ce que le conseil de préfecture, saisi d'un recours contentieux, use de la faculté qui lui appartient de confier à des experts l'examen des lieux litigieux (Cons. d'Et. 11 nov. 1881, aff. Dillais, D. P. 83. 3. 19). On vient de voir (*suprà*, n° 28) que le particulier qui, par une résistance mal fondée, a rendu une expertise nécessaire, peut être condamné à supporter les frais de cette opération : si le réclamant obtient gain de cause, ces frais rentreront dans les dépenses auxquelles donne lieu l'exercice des attributions contentieuses des conseils de préfecture. Cette circonstance peut déterminer ces conseils à ne prescrire des expertises que dans des circonstances exceptionnelles ; mais elle ne peut, en droit, les priver de la faculté de recourir à ce mode particulier de vérification lorsqu'ils en constatent la nécessité. Il est de même, et pour les mêmes motifs, loisible au conseil d'Etat, lorsqu'il le juge à propos, d'ordonner les mesures de vérification nécessaires à l'instruction de l'affaire (Cons. d'Et. 16 janv. 1891, aff. Rolin, 1er août, D. P. 93. 3. 32).

30. Ainsi qu'il a été exposé au *Rép.*, n° 51, l'autorité municipale a seule le droit d'enjoindre au propriétaire d'exécuter les travaux qui sont reconnus indispensables pour l'assainissement des logements insalubres ; et il n'appartient en aucun cas, au locataire, d'exercer une action contre le propriétaire pour l'obliger à exécuter les travaux prescrits par la commission des logements insalubres. Lorsque le propriétaire juge que les injonctions du conseil municipal sont exagérées, que les travaux qui lui sont imposés ne sont pas nécessaires pour faire disparaître l'insalubrité des logements, etc., la loi du 13 avr. 1850 lui ouvre, dans un mois à dater de la notification de l'arrêté municipal, un recours suspensif devant le conseil de préfecture. Celui-ci est, dans une certaine mesure, lié par la décision du conseil municipal : sans doute, il peut, s'il juge que cette décision impose au propriétaire des travaux qui ne pouvaient pas lui être imposés dans les conditions déterminées par le conseil municipal, le décharger en tout ou partie de l'obligation de les exécuter ; il peut aussi restreindre les charges imposées au propriétaire, mais il ne saurait, sans excès de pouvoir, aggraver les mesures d'assainissement prescrites par le conseil municipal (Cons. d'Et. 14 juill. 1859, aff. Belseur, D. P. 60. 3. 44 ; 18 janv. 1889, aff. De Junquière, D. P. 90. 3. 31). Le recours ouvert aux intéressés, notamment, ne peut avoir pour but d'obtenir l'interdiction de la location d'une maison dont le conseil municipal s'est borné à ordonner l'assainissement par l'exécution de travaux spécialement indiqués (Arrêt précité du 14 juill. 1859). De même, le conseil de préfecture, saisi d'un recours contre une décision du conseil municipal, enjoignant au propriétaire d'un château de curer un canal dans lequel se déversent les résidus des cabinets d'aisance, ne peut ordonner de travaux d'aménagement dans l'intérieur du château (Arrêt précité du 18 janv. 1889).

31. L'art. 10 de la loi du 13 avr. 1850, aux termes duquel lorsqu'il est reconnu qu'un logement n'est pas susceptible d'assainissement le conseil de préfecture peut en interdire d'une manière absolue la location à titre d'habitation, dispose que, « dans ce cas, il y aura recours de la décision devant le conseil d'Etat ». De plus, dans la discussion de l'art. 6, qui ne parle pas de ce recours, le rapport de la commission s'était exprimé en ces termes : « Quelques personnes auraient voulu que le recours contre l'injonction des travaux à exécuter remontât jusqu'au conseil d'Etat. La majorité de la commission a pensé que l'intervention du conseil de préfecture suffisait. Il ne faut pas entraver par une trop longue et trop dispendieuse procédure des travaux qui peuvent être urgents et qui seront souvent d'une importance assez minime ». Le ministre du commerce en avait conclu, en présence de recours portés au conseil d'Etat contre des arrêtés du conseil de préfecture ordonnant de simples mesures d'assainissement, que ces recours ne pouvaient être admis et émis un avis contraire à leur recevabilité.

Mais le conseil d'Etat n'a pas suivi cette opinion et a appliqué à la matière le principe général en vertu duquel le recours est ouvert devant lui contre toutes les décisions des conseils de préfecture en matière contentieuse, à moins d'une exception formellement exprimée dans la loi spéciale. Il n'a pas pensé que l'exception que le législateur avait voulu introduire dans la loi de 1850 fût suffisamment exprimée pour qu'on pût déroger à un principe général (Cons. d'Et. 7 avr. 1865, aff. De Madre, D. P. 66. 3. 1 ; 9 janv. 1868, *Rec. Cons. d'Etat*, p. 9 ; 6 mars 1869, aff. Aucher, D. P. 70. 3. 34).

32. Toutefois, en matière de logements insalubres, le recours au conseil d'Etat n'est ouvert qu'aux intéressés et au ministre dans l'intérêt de la loi ; ce dernier recours ne peut être fondé que sur une violation formelle de la loi, c'est ce qui résulte implicitement d'un arrêt du 11 nov. 1881 aff. Minorel, D. P. 83. 3. 20.

33. Il peut arriver qu'un propriétaire, tout en protestant devant le conseil de préfecture contre les injonctions qui lui sont faites par la commission des logements insalubres, fasse exécuter des locaux incriminés des travaux qui, quoique différents de ceux qui avaient été prescrits, fassent cesser l'insalubrité. Il a été jugé, dans une espèce où cette situation s'était présentée, que lorsque, à la suite de travaux exécutés par le propriétaire, postérieurement au pourvoi, la commission des logements insalubres déclare que l'exécution des mesures prescrites par le conseil de préfecture n'est plus nécessaire, il y a lieu non de déclarer le pourvoi sans objet, mais d'annuler l'arrêté attaqué (Cons. d'Et. 1er août 1884, aff. Caubert, D. P. 86. 3. 26). Dans une autre espèce, au contraire, où le ministre du commerce avait transmis au conseil d'Etat la déclaration du préfet de la Seine, par laquelle celui-ci renonçait à l'exécution des mesures prescrites par le conseil de préfecture à un propriétaire, il a été décidé que le pourvoi devenait sans objet, et qu'il y avait lieu de donner acte au propriétaire de la déclaration du ministre (Cons. d'Et. 1er août 1884, aff. Du Plessis d'Argentré, D. P. 86. 3. 26). Cette dernière solution soulève, au point de vue juridique, de sérieuses objections et notamment celle de laisser subsister l'arrêté du conseil de préfecture. En second lieu, il semble que ni le maire, ni le préfet de la Seine à Paris, n'aient qualité pour renoncer à une décision de justice, rendue il est vrai en une matière de police, mais confirmant une décision du conseil municipal, et que celui-ci seul pourrait déclarer que les mesures d'abord réclamées sont devenues inutiles (V. nos observations sous l'arrêt précité, D. P. 86. 3. 26, notes 1 et 2).

34. Au cas d'inexécution des travaux ordonnés par le conseil municipal, le propriétaire ou l'usufruitier sont passibles des amendes fixées par les art. 9 et 10 de la loi (*Rép.*, n° 53). L'individu poursuivi personnellement pour n'avoir pas obéi à un arrêté municipal lui enjoignant de faire certains travaux pour l'assainissement d'un logement reconnu insalubre ne peut, alors qu'il a négligé d'attaquer l'arrêté dans le délai légal devant l'autorité administrative, contester devant l'autorité judiciaire, qui ne peut avoir à s'en expliquer, soit l'état d'insalubrité du logement, soit l'opportunité des travaux prescrits pour y remédier (Crim. cass. 20 nov. 1868, aff. Moynet et Jeanson, D. P. 69. 1. 263, et sur renvoi, Rouen, 26 févr. 1869, D. P. 69. 2. 141 ; Douai, 17 févr. 1875, aff. Lagache, D. P. 81. 2. 163). Mais s'il conteste la qualité de propriétaire ou d'usufruitier à raison de laquelle l'injonction lui a été adressée, et s'il prétend qu'aux termes du droit commun il ne saurait être tenu de la totalité ou de telle partie des travaux mis à sa charge, le tribunal correctionnel ne peut s'abstenir de statuer sur ces questions, que l'arrêté municipal n'a pas eu pour effet légal de trancher, et qui sont de la compétence exclusive de l'autorité judiciaire (Mêmes arrêts du 20 nov. 1868 et 26 févr. 1869).

35. La loi du 13 avr. 1850 sur les logements insalubres ne prescrit pas de formule sacramentelle pour faire parvenir au propriétaire la connaissance des mesures administratives lui ordonnant l'exécution de travaux d'assainissement. La manière dont le propriétaire a connu l'arrêté lui enjoignant ces travaux importe peu. La signification peut lui en être faite aussi bien dans la forme des notifications administratives que dans la forme judiciaire ordinaire. Il suffit que l'arrêt qui le condamne pour inexécution de ces travaux

constate qu'il a eu connaissance de l'arrêté le concernant et qu'il n'a formé aucun recours contre lui dans les délais de la loi (Crim. rej. 5 déc. 1884, *Bull. crim.*, n° 332, p. 556).

Sect. 2. — De la police sanitaire en ce qui concerne les relations de la République avec les pays étrangers, soit par terre, soit par mer.

Art. 1er. — *Règles communes à toutes les provenances.*
(*Rép.* n°s 64 à 85.)

36. La loi du 3 mars 1822 étant toujours en vigueur, et confiant au chef de l'État une délégation générale pour déterminer par décret les mesures à observer sur les côtes, dans les ports, rades, etc., et les mesures extraordinaires que les circonstances peuvent rendre nécessaires (*Rép.* n° 64), permet au président de la République de modifier les règles auxquelles est soumis le service sanitaire et de les conformer aux progrès de la science. Grâce à cette délégation, le Gouvernement a pu, sans recourir à une législation nouvelle, transformer d'une manière à peu près complète le mode de protection des frontières contre l'invasion des maladies pestilentielles tel qu'il était en usage lors de la promulgation de l'ordonnance du 7 août 1822. C'est ainsi qu'aux décrets des 24 déc. 1850, 4 juin 1853 (*Rép.* n°s 65), 7 sept. 1863 (D. P. 63. 4. 146), et 23 juin 1866 (D. P. 66. 4. 81) qui réglaient la police sanitaire maritime, a été substitué le décret du 22 févr. 1876 (D. P. 76. 4. 103) : ce décret lui-même ne paraît plus répondre aujourd'hui aux exigences de la science ; les règlements qui y sont annexés, contenant les mesures à prendre contre le choléra, la fièvre jaune ou la peste, prescrivent des mesures considérées aujourd'hui comme surannées et inefficaces : à la suite des conférences internationales qui se sont tenues successivement, au cours des dix dernières années (V. *supra*, n° 1), tout un système de mesures, basées sur l'emploi des désinfections en cours de route et à l'arrivée dans les ports, se substitue dans la plupart des pays d'Europe au régime des quarantaines. Aussi de nouveaux règlements sont-ils en cours d'élaboration et les autorités compétentes préparent-elles un nouveau décret destiné à remplacer celui du 22 févr. 1876, et à conférer le caractère légal à une pratique qui n'est suivie actuellement qu'en raison des instructions administratives données au service sanitaire par l'autorité centrale.

37. C'est également en se fondant sur l'art. 1 de la loi du 3 mars 1822, et en vertu de la délégation conférée au chef de l'État, que des décrets ont interdit momentanément l'importation des drilles, des chiffons, des objets de literie, des fruits et légumes provenant de pays contaminés par le choléra ; que les voyageurs ont été soumis aux frontières à des visites médicales ; que l'obligation de faire connaître les localités où ils se rendaient et de s'y soumettre, pendant un certain temps, à des visites médicales, a pu leur être imposée, que leurs bagages ont été soumis à la désinfection, etc. (V. le tableau de la législation, *supra*, p. 783).

38. Sous le régime actuellement en vigueur, du décret du 22 févr. 1876, la libre pratique comporte encore deux degrés (V. *Rép.*, n° 67). Mais il faut comprendre dans le premier tous les navires qui font le cabotage d'un port français à un autre, l'Algérie comprise, les bateaux pêcheurs et les bâtiments des douanes ; ces bâtiments sont admis, sans être soumis à la formalité de la reconnaissance, aussi bien dans les ports de la Méditerranée que dans les ports de l'Océan. Cette mesure s'étend même à tous les bateaux, quels qu'ils soient, qui s'écartent peu du rivage et peuvent être reconnus à la simple inspection (Décr. 22 févr. 1876, art. 7 et 9).

39. Quant au second degré de la libre pratique, c'est-à-dire celui qui n'a lieu qu'après la visite et les interrogatoires d'usage (*Rép.* n° 68), il subsiste toujours, lorsque le résultat de la reconnaissance est favorable et que le navire muni d'une patente de santé nette provient d'un pays pour lequel elle reste exigée (V. *infra*, n°s 41 et suiv.) n'a eu, en cours de route, aucun accident, ni aucune communication qui le rende suspect (Décr. 22 févr. 1876, art. 33).

40. En ce qui concerne la reconnaissance, c'est-à-dire la visite du navire à l'arrivée dans un port et l'*arraisonnement* (*Rép.* n° 71), le régime applicable aux provenances par terre

(*Rép.* n° 72), la distinction des patentes nettes et des patentes brutes (*Rép.* n°s 73 et 74), il suffira de se reporter aux explications du *Répertoire*, le décret du 22 févr. 1876 ne renfermant sur ces points aucune innovation importante. — Nous nous référerons également aux explications données au n°s 78 et suiv., sur la situation des provenances qui ne sont pas admises à la libre pratique.

Art. 2. — *Règles spéciales aux diverses provenances.*

§ 1er. — Provenances par mer (*Rép.* n°s 86 à 99).

41. L'obligation imposée, d'une manière générale, à tous les navires par l'art. 13 de l'ordonnance du 7 août 1822, d'être munis d'une patente de santé (*Rép.* n° 86) a été restreinte par le décret du 22 févr. 1876 (D. P. 76. 4. 103). En vertu de l'art. 8 de ce décret, la présentation d'une patente de santé, à l'arrivée dans un port de France, n'est plus obligatoire en tout temps que pour les navires provenant des côtes orientales de la Turquie d'Europe, du littoral de la mer Noire et de tous les pays situés hors d'Europe, l'Algérie exceptée. Pour les autres pays, la dispense de la patente de santé est la règle. Aux termes de l'art. 9 du décret du 22 févr. 1876, quand aucune épidémie pestilentielle n'est signalée dans aucun pays du nord de l'Europe, les navires provenant de la Grande-Bretagne, de la Belgique, de la Hollande, de l'Allemagne, du Danemark, de la Norvège, de la Suède et de la Russie ; quand aucune épidémie pestilentielle n'est signalée dans aucun des pays qui bordent le bassin de la Méditerranée, les navires provenant du littoral de l'Espagne sur cette mer, de l'Italie, de Malte, de tout le littoral de l'Adriatique et de la Grèce ; quand aucune épidémie pestilentielle n'est signalée en Espagne ou en Portugal, ou sur la côte d'Afrique, au delà du trentième degré de latitude nord, les navires provenant des ports de l'Espagne situés sur l'Océan, de Gibraltar et des ports du Portugal, sont dispensés de présenter une patente de santé à leur arrivée dans les ports de France. Le décret de 1876 rend ainsi légale et étend une pratique qui était déjà suivie dans l'Océan, à l'égard des navires provenant des pays réputés habituellement sains (*Rép.* n° 90). Lorsque au contraire l'existence d'une maladie pestilentielle est signalée, la patente de santé devient obligatoire pour les navires provenant de tous les pays, ou d'une partie des pays, situés dans la région contaminée. Dans ce cas, l'obligation de la patente de santé, pour les navires partant de tel ou tel pays, est notifiée sans retard à qui de droit par l'autorité supérieure (Décr. 22 févr. 1876, art. 10). La dispense de la patente de santé n'exempte pas de la reconnaissance à l'arrivée, ni de l'arraisonnement quand celui-ci est jugé nécessaire.

42. Les règles relatives à la patente de santé sont restées sensiblement les mêmes que celles qui étaient appliquées sous le régime des décrets du 24 déc. 1850 (*Rép.* n° 87), sauf que le décret de 1876 admet qu'elle peut être valablement délivrée quarante-huit heures avant le départ du navire. Il nous référera donc aux explications du *Répertoire*, et aux art. 12 et suiv. du décret du 22 févr. 1876, qui déterminent les mentions que doit contenir la patente, les autorités chargées de la délivrer et les obligations relatives au visa dans les ports d'escale (*Rép.* n°s 87 à 92). Il suffira de remarquer que l'art. 19 du décret de 1876 dispose expressément que le capitaine d'un navire dépourvu de patente de santé, alors qu'il aurait dû, à raison de sa provenance il devrait en être muni, ou ayant une patente irrégulière, tombe, à son arrivée dans un port français, sous le coup de l'art. 14 de la loi du 3 mars 1822, sans préjudice de la quarantaine à laquelle le navire peut être assujetti par le fait de sa provenance, ni des poursuites qui pourraient être exercées en cas de fraude. Cet article fait ainsi cesser l'indécision qui pouvait résulter du texte de l'art. 18 de l'ordonnance de 1822 et de l'art. 7 du décret de 1850 (*Rép.* n° 91).

43. Les art. 21 et suiv. du décret de 1876 prescrivent un certain nombre de mesures qui doivent être prises avant le départ d'un navire lorsqu'une maladie pestilentielle vient à éclater dans le port de départ ou ses environs. Ces mesures consistent dans la constatation de l'existence de la

maladie sur la patente de santé, l'inspection du navire au point de vue hygiénique avant tout chargement, l'interdiction de l'embarquement de personnes atteintes de la maladie épidémique et de toute substance qui, par sa nature ou son état de corruption, serait nuisible à la santé du bord. Mais, ces dernières mesures ne pouvant être prescrites que pour les navires français, et le décret de 1876 ne pouvait les imposer aux navires étrangers qu'autant que ceux-ci désireraient se trouver munis d'une patente de santé française, ces navires ne peuvent l'obtenir qu'après que l'autorité sanitaire, si elle le juge nécessaire, s'est assurée de l'exécution des prescriptions dont il vient d'être parlé. Les conventions internationales seules pourront rendre obligatoires pour tous les navires l'observation de ces prescriptions.

44. Le décret de 1876 (art. 23 à 26) prescrit, en outre, des mesures sanitaires pendant la traversée, consistant principalement, en premier lieu, dans l'obligation, pour les navires affectés au transport de nombreux voyageurs et qui font des trajets dont la durée dépasse, en moyenne, quarante-huit heures, d'avoir à bord un médecin pourvu du diplôme de docteur ou d'officier de santé, qui peut être commissionné par le ministre de l'agriculture et du commerce, et prend alors le titre de *médecin commissionné*; en second lieu, dans l'injonction d'isoler autant que possible les malades atteints d'une affection pestilentielle dans une partie bien aérée du navire et de soumettre tout ce qui aura servi à leur usage à une désinfection rigoureuse, ou de le détruire. Des mesures de désinfection doivent en outre être appliquées à toutes les parties suspectes du navire et surtout à celle qui sert ou a servi d'hôpital pour les malades. Les obligations des médecins embarqués, ou à leur défaut du capitaine ou patron, relativement aux renseignements sur l'état sanitaire du bord (*Rép.* n° 94-96) sont maintenues par le décret du 22 févr. 1876, art. 24 et 25.

45. Les obligations que doivent remplir à l'arrivée les capitaines des navires qui se présentent dans un port de France sont sensiblement les mêmes que celles qui étaient antérieurement imposées (*Rép.* n° 97; Décr. 22 févr. 1876, art. 27 à 29). Le médecin du bord, dans le cas où son embarquement est obligatoire, est lui-même soumis à certaines obligations; à l'arrivée, notamment, il doit, qu'il soit commissionné ou non, répondre à l'interrogatoire de l'autorité sanitaire, et, lorsque celle-ci le demande, présenter par écrit un compte rendu de toutes les circonstances du voyage ayant de l'intérêt pour la santé publique (Décr. 22 févr. 1876, art. 29).

§ 2. — Provenances par terre (*Rép.* n°s 100 à 104).

46. Le régime sanitaire n'est, sur les frontières de terre, établi que d'une manière exceptionnelle. Les mesures auxquelles sont soumis les voyageurs et celles qui sont imposées pour l'importation des marchandises sont essentiellement temporaires (*Rép.* n° 100). Ces mesures, comme nous avons eu déjà occasion de le dire, consistaient, lors des épidémies survenues à l'étranger au cours des dernières années, en dehors des prohibitions qui frappent l'importation de certaines marchandises et de certains objets, dans l'obligation, pour les voyageurs se présentant à certaines frontières, de se soumettre à une inspection médicale; de faire connaître la localité où ils se rendent, et d'y subir, pendant un délai plus ou moins long, la visite du médecin délégué par le maire. V. notamment: Décr. 7 juill. 1885, D. P. 86. 3. 56; 18 juin, 28 juin et 2 juill. 1890, D. P. 91. 4, table: col. 23, relatifs aux voyageurs venant d'Espagne, du 29 août 1892, relatif aux voyageurs entrant en France par les frontières de l'Est, *Bull. min. int.* 1892, p. 195. Quant à l'institution des cordons sanitaires (*Rép.* n° 104), elle paraît aujourd'hui définitivement condamnée.

ART. 3. — *Des quarantaines et des lazarets.* (*Rép.* n°s 105 à 124.)

47. L'isolement, au moyen de quarantaines, des provenances d'un pays contaminé d'une maladie pestilentielle, qui était considéré autrefois (V. *Rép.*, n° 105) comme le mode le plus certain de repousser la contagion, est aujourd'hui généralement regardé comme inefficace, s'il n'est

accompagné de la désinfection des marchandises et du navire ainsi que d'une surveillance exercée sur les passagers au point de vue sanitaire. Aussi les quarantaines sont-elles de plus en plus abrégées. D'ailleurs, leur durée est toujours subordonnée aux circonstances et l'art. 35 du décret du 22 févr. 1876, à l'exemple de l'ordonnance de 1822 (*Rép.* n° 106), permet de prolonger le délai qui leur avait été primitivement assigné, lorsque les circonstances l'exigent. Le même décret distingue également, comme l'ordonnance de 1822, la quarantaine d'observation et la quarantaine de rigueur (*Rép.* n° 107).

48. La quarantaine est, d'une manière générale, imposée par le décret de 1876 aux navires arrivant avec patente brute (art. 34); ceux qui ont une patente nette sont admis en libre pratique, dès que la reconnaissance a permis de vérifier si le navire ne se trouve pas dans un des cas prévus par l'art. 33 du décret, c'est-à-dire s'il n'a pas eu des cas suspects à bord pendant la traversée, s'il n'a pas eu en mer des communications compromettantes, s'il ne présente pas à l'arrivée des conditions hygiéniques dangereuses, si l'autorité sanitaire n'a pas des motifs sérieux de contester la sincérité de la teneur de la patente de santé, s'il ne provient pas d'un port qui entretient des relations libres avec une localité voisine où règne soit la peste, soit la fièvre jaune, soit le choléra; si, enfin, provenant d'un port où régnait peu auparavant l'une de ces trois maladies, le navire n'a pas quitté ce port avant un délai suffisant pour que le pays soit déclaré net. Dans ces différents cas, le navire, bien que muni d'une patente nette, peut être assujetti au régime de la patente brute. Ce régime diffère lui-même suivant que le navire arrive avec une déclaration du capitaine ou du médecin qu'aucun accident de maladie pestilentielle n'a eu lieu à bord depuis le départ, ou que des accidents certains ou probables de la maladie pestilentielle ont eu lieu à bord, soit au port de départ, soit en cours de traversée, soit à l'arrivée. Dans le premier cas, si le résultat de l'inspection médicale à l'arrivée confirme la déclaration du capitaine ou du médecin du bord, le navire, considéré simplement comme suspect, est soumis à la quarantaine d'observation définie par l'art. 38 du décret du 22 févr. 1876; dans le second cas, le navire, considéré comme infecté, est soumis à la quarantaine de rigueur, dans les conditions déterminées par l'art. 39 du même décret. Ces mesures sont applicables quelle que soit la provenance du navire et sans aucune des distinctions autrefois appliquées aux provenances de la Turquie d'Europe et d'Asie (*Rép.* n°s 108 et 110). Les quarantaines d'observation peuvent, d'ailleurs, changer de caractère si, pendant leur durée, un cas de la maladie suspectée se manifeste parmi les quarantenaires; l'observation se transforme alors en quarantaine de rigueur (Décr. 22 févr. 1876, art. 41, *Rép.* n° 113).

49. Le décret du 22 févr. 1876 (art. 47 et suiv.) prévoit, outre la mise en quarantaine du navire, l'application de mesures de désinfection aux hardes et effets à usage, à la cargaison et au navire lui-même. Ces mesures peuvent être appliquées en tout temps, alors même que le navire serait arrivé en patente nette et en bon état hygiénique, aux drilles, chiffons, cuirs, crins, et autres débris d'animaux ainsi qu'aux matières organiques en décomposition dont la destruction peut même être ordonnée par l'autorité sanitaire (art. 49). Les mesures de désinfection ne sont d'ailleurs obligatoires qu'autant qu'il y a eu à bord des cas de peste, de fièvre jaune, de choléra, de variole ou de typhus. Dans tout autre cas l'autorité sanitaire est libre de les appliquer si elle le juge à propos (art. 51).

50. Les quarantaines d'observation peuvent toujours (*Rép.* n° 117) être purgées dans tous les ports, puisqu'elles peuvent l'être à bord (Décr. 22 févr. 1876, art. 38) sans distinction suivant la provenance du navire. Quant aux quarantaines de rigueur, elles ne peuvent être purgées que dans un port à lazaret (Décr. 22 févr. 1876, art. 39).

51. L'organisation et le fonctionnement des lazarets sont réglés par les art. 58 à 78 du décret du 22 févr. 1876. Ces dispositions assurent aux passagers, et autres personnes du bord, les soins et les vivres dans des conditions analogues à celles qui ont été exposées au *Rép.* n°s 118 et suiv. V. le texte de ces articles (D. P. 76. 4. 103).

ART. 4. — *Des autorités sanitaires* (*Rép.* n°⁵ 125 à 162).

52. — I. POUVOIRS ET ATTRIBUTIONS ADMINISTRATIVES DES AUTORITÉS SANITAIRES. — NOMINATIONS, TARIF, ÉTAT CIVIL — Comme on l'a exposé *suprà*, le comité consultatif d'hygiène publique de France, qui avait remplacé, depuis l'arrêté du 10 août 1848 (*Rép.* n° 125), le conseil supérieur de santé créé par l'ordonnance de 1822 a été réorganisé, après plusieurs modifications tant dans sa composition que ses attributions (*suprà*, n° 5) par deux décrets des 30 sept. 1884, D. P. 85. 4. 19 et 8 janv. 1889, D. P. 89. 4 72. Il dépend actuellement du ministre de l'intérieur (*suprà*, n° 5). Il se compose de trente-deux membres dont un certain nombre de membres de droit pris parmi les hauts fonctionnaires des ministères de l'intérieur, des affaires étrangères, de la guerre, de la marine, des finances, du commerce, etc. Les autres membres sont désignés par le ministre, sur une liste de trois candidats présentés, pour chaque vacance, par le comité (Décr. 30 sept. 1884, art. 2), huit au moins sont pris parmi les docteurs en médecine (Décr. 30 sept. 1884, art. 2 ; Décr. 8 janv. 1889, art. 2). Ses attributions comprennent l'examen des questions qui lui sont renvoyées par le ministre, spécialement en ce qui concerne : la police sanitaire maritime, les quarantaines et les services qui s'y rattachent ; les mesures à prendre pour prévenir et combattre les épidémies et pour améliorer les conditions sanitaires des populations manufacturières et agricoles ; la propagation de la vaccine ; le régime des établissements d'eaux minérales et le moyen d'en rendre l'usage accessible aux malades pauvres ou peu aisés ; les titres des candidats aux places de médecins-inspecteurs des eaux minérales ; l'institution et l'organisation des conseils et des commissions de salubrité ; la police médicale et pharmaceutique ; la salubrité des logements, manufactures, usines et ateliers ; le régime des eaux au point de vue de la salubrité. Enfin il indique au ministre les questions à soumettre à l'Académie de médecine. Le décret du 8 janv. 1889 (D. P. 89. 4. 72) reproduisant les dispositions des décrets antérieurs des 7 oct. 1879 et 30 sept. 1884, et modifié lui-même par un décret du 3 mai 1893, D. P. 94. 4. 80, a institué près du ministre de l'intérieur un comité de direction des services de l'hygiène, composé du président du comité consultatif d'hygiène publique, du directeur de l'assistance et de l'hygiène publique, de l'inspecteur général des services sanitaires et d'un inspecteur général adjoint. Les services sanitaires sont placés sous la surveillance d'un inspecteur général chargé de régler et contrôler, sous l'autorité du ministre et du directeur de l'assistance et de l'hygiène publiques, la marche et la régularité de tous les services de la salubrité publique. Un décret du 23 av. 1888, D. P. 88. 4. 45, avait constitué un service d'inspection régionale des services de l'hygiène publique confié dans le ressort de chaque faculté de médecine au professeur d'hygiène de cette faculté ; ce décret a été rapporté par un décret du 17 déc. 1890, *Recueil des travaux du comité consultatif d'hygiène de France*, t. 20, 1890, p. 667).

53. L'organisation du service local de la police sanitaire diffère peu de ce qu'elle était depuis le décret du 24 déc. 1850. Il existe dans les départements des *conseils d'hygiène publique et de salubrité* de département, des *conseils d'hygiène publique et de salubrité d'arrondissement* et des *commissions d'hygiène publique* dans certains chefs-lieux de canton. Le département de la Seine comporte un *conseil d'hygiène publique et de salubrité* et des *commissions d'hygiène publique* dans chaque arrondissement de Paris et dans les arrondissements de Sceaux et de Saint-Denis. Enfin chaque arrondissement, dans les départements, a un médecin des épidémies, nommé par le préfet (Décr. 13 avr. 1861, art. 5, § 10) qui a pour mission de suivre la marche des épidémies dans les communes et de se transporter, pour prescrire les mesures nécessaires, dans celles où elles se produisent, à la première invitation du sous-préfet.

Sur les frontières de terre, le service sanitaire est organisé dans le cas où la nécessité en est reconnue, par les soins de l'inspecteur général des services sanitaires et du comité d'hygiène publique de France.

54. La police sanitaire du littoral, organisée au contraire, d'une manière permanente, est exercée par des agents relevant du pouvoir central et par des conseils locaux répartis dans des circonscriptions sanitaires dont le nombre et l'étendue sont fixés par le ministre. Dans chaque circonscription est placé un agent supérieur, pris dans le corps médical, qui prend le titre de directeur de la santé et dont relèvent des agents principaux, des agents ordinaires et des sous-agents répartis dans les différents ports. Chaque direction comporte, en outre, un personnel d'officiers, d'employés et de gardes en nombre proportionné aux besoins du service (Décr. 22 févr. 1876, art. 84, 85, 86 et 88). Les agents principaux et ordinaires du service sanitaire sont pris, autant que possible, parmi les agents du service des douanes ; ils reçoivent, en qualité d'agents sanitaires, une indemnité sur les fonds affectés aux dépenses sanitaires (Décr. 22 févr. 1876, art. 93). Les directeurs de la santé, les agents principaux du service sanitaire, les capitaines de lazaret et les receveurs de droits sanitaires sont nommés par le ministre de l'intérieur, ceux qui appartiennent au service des douanes, sur la désignation du ministre des finances (Décr. 22 févr. 1876, art. 94). Les agents ordinaires sont nommés par le préfet, sur la présentation de la santé ou de l'agent principal et du consentement du directeur des douanes si l'agent désigné appartient à ce service (Même décret, art. 95). Les autres employés, à divers titres, du service sanitaire sont nommés par le préfet, sur la présentation du directeur de la santé (Même décret, art. 96).

55. Le directeur de la santé, qui reçoit directement les ordres du ministre de l'intérieur pour toutes les questions qui intéressent la santé publique (Décr. 22 févr. 1876, art. 89) peut, en cas de circonstance menaçante et imprévue, d'urgence telle mesure qu'il juge propre à garantir la santé publique, sauf à en référer immédiatement au ministre. Il résulte d'un arrêt du conseil d'État du 26 févr. 1863, aff. Guilbaud, D. P. 63. 3. 50, que les dommages qui peuvent être causés aux particuliers par l'exécution de ces mesures ne sauraient donner lieu à aucun recours contre l'État, alors du moins qu'il n'est pas établi que l'autorité sanitaire ait omis de prendre, dans cette exécution, les précautions que comportaient les circonstances. Cette décision a été rendue dans une espèce où la maladie s'était déclarée à bord après l'admission du navire à la libre pratique, pendant que l'on procédait à son déchargement et alors qu'il était prétendu que les dommages causés à l'armateur provenaient de la faute commise par le service de santé qui avait immédiatement admis le navire en libre pratique bien qu'il fût arrivé muni d'une patente brute. Dans l'espèce il a été jugé, sous l'empire du décret du 24 déc. 1850, que de la circonstance que le navire était muni d'une patente brute, il ne s'ensuivait pas qu'il dût nécessairement, à son arrivée en France, dans un port de l'Océan, être soumis à une quarantaine, si aucun cas de décès n'était survenu à bord dans les dix jours qui avaient précédé son entrée en rade et s'il était exclusivement chargé de marchandises non susceptibles de transmettre la contagion.

56. Les attributions des directeurs de la santé et des agents sous leurs ordres (*Rép.* n° 127) sont réglées par les art. 87 à 92 et 112 du décret du 22 févr. 1876. Dans chaque circonscription sanitaire, il y a un conseil sanitaire institué au port le plus important, et, au besoin, un conseil sanitaire dans plusieurs des ports de la circonscription. Ces conseils représentent les intérêts locaux et sont composés, à cet effet, des divers éléments administratifs, scientifiques et commerciaux qui peuvent le mieux concourir à émettre un jugement éclairé dans les questions maritimes concernant la santé publique ; c'est-à-dire : 1° du directeur de la santé ou l'agent principal du service sanitaire ; 2° du maire ; 3° du plus élevé en grade parmi les officiers généraux ou supérieurs attachés à un commandement territorial ; 4° dans les ports de commerce, du commissaire chargé du service maritime, et, dans les ports militaires, du préfet maritime, du major général et du médecin le plus élevé en grade du service de santé de la marine ; 5° du directeur ou inspecteur des employés des douanes, ou, à défaut, du plus élevé en grade des employés dans ledit service ; 6° de l'ingénieur en chef ou ordinaire attaché au service maritime du port ; 7° dans les chefs-lieux de préfecture, de deux conseillers de préfecture, et de trois membres au moins et de six au plus désignés, un tiers par le conseil municipal, un tiers par la

chambre de commerce ou, à son défaut, par le tribunal de commerce du ressort et un tiers par le conseil d'hygiène et de salubrité de la circonscription. Les membres élus sont renouvelés par tiers tous les ans, et doivent être choisis dans le corps qui les désigne (Décr. 22 févr. 1876, art. 100 à 103). Le corps consulaire des ports où siège un conseil sanitaire peut y déléguer un de ses membres avec voix consultative.

57. Les conseils sanitaires, placés sous la présidence des préfets et sous-préfets dans les ports où résident ces fonctionnaires, ont des réunions périodiques et exercent d'une manière générale une surveillance sur le service sanitaire de leur circonscription. Ils fournissent au directeur ou agent local de la santé des avis sur les mesures à prendre en cas d'invasion ou de menace d'une maladie pestilentielle ; ils veillent à l'exécution des règlements généraux et locaux relatifs à la police sanitaire, et, au besoin, signalent au Gouvernement les infractions ou omissions. Ils sont consultés, en cas de difficulté, sur les mesures qu'il convient de prendre, dans les limites tracées par les règlements, à l'égard d'un navire mis en quarantaine ; sur les questions relatives au régime intérieur des lazarets, au choix des emplacements affectés aux navires en quarantaine, aux mesures extraordinaires à prendre ; sur les plans et projets de constructions à faire dans les lazarets ou autres établissements sanitaires. Enfin ils proposent au préfet, pour être soumis au ministre, les changements ou additions à introduire dans les règlements locaux concernant le service sanitaire de leur circonscription.

58. Les prescriptions faites aux agents du Gouvernement à l'extérieur, d'informer le ministre de l'intérieur, par la voie du département dont ils relèvent, de l'état sanitaire des pays où ils résident (*Rép.* n° 131), sont maintenues par le décret de 1876 (art. 124), spécialement en ce qui concerne les médecins sanitaires établis dans le Levant appelés à compléter, par leurs informations, les garanties données par les précautions prises sur le littoral français. Les patentes de santé sont délivrées ou visées par nos consuls, sur leur rapport (art. 99). Le décret prescrit également aux directeurs de la santé, comme le faisaient l'ordonnance de 1822 et le décret du 24 déc. 1850 (*Rép.* n° 131), de se communiquer réciproquement les informations sanitaires qui intéressent leur service. En outre l'art. 125 du même décret invite les chambres de commerce, les capitaines et patrons de navires et toutes personnes ayant des renseignements de nature à intéresser la santé publique, à les communiquer aux autorités sanitaires.

59. Les art. 79 à 83 du décret du 22 févr. 1876 déterminent les droits sanitaires qui sont dus pour la reconnaissance à l'arrivée, pour la station du navire en cas d'envoi en quarantaine, pour les séjours au lazaret, enfin pour la désinfection des marchandises, et déterminent les cas d'exemption de ces divers droits. L'art. 79 a été modifié par un décret du 11 févr. 1893 (D. P. 94. 4. 72), qui a remplacé par des taxes perçues à raison du nombre de passagers embarqués ou débarqués, le droit de reconnaissance à l'arrivée.

60. Le décret du 22 févr. 1876 charge des fonctions de l'état civil énoncées dans l'art. 19 de la loi du 3 mars 1822 (*Rép.* n° 138) le directeur de la santé ou l'agent principal.

61. — II. Pouvoirs et attributions judiciaires délégués aux autorités sanitaires. — La loi du 3 mars 1822 étant toujours en vigueur, les pouvoirs judiciaires attribués par les art. 17 et 18 de cette loi aux autorités sanitaires sont actuellement exercés par ces autorités dans des conditions analogues à celles qui ont été exposées au *Rép.*, n° 140 et suiv. Les fonctions d'officiers de police judiciaire, sont exercées par les directeurs, agents principaux et ordinaires du service sanitaire, et, concurremment avec eux, par les capitaines du lazaret (Décr. 22 févr. 1876, art. 113), dans les conditions prévues par le code d'instruction criminelle (art. 115 et 116 même décret).

62. Les citations aux contrevenants et aux témoins sont faites conformément aux art. 169 et 170 c. instr. crim., et par un simple avertissement écrit du directeur de la santé ou agent principal (art. 118). Le contrevenant doit comparaître par lui-même ou par un fondé de pouvoirs. En cas de non-comparution, si elle n'est point occasionnée par un empêchement résultant des règles sanitaires, il est jugé par défaut. Si le contrevenant est empêché par cette cause, il est sursis au jugement jusqu'à la fin de la quarantaine. Si le contrevenant est un employé du lazaret ou de tout autre lieu réservé, obligé par la nature de ces fonctions à une séquestration habituelle, et qu'il n'ait pas désigné de fondé de pouvoirs, il lui est en donné un d'office (art. 119). Un garde de santé, commissionné à cet effet par le directeur de la santé ou agent principal, est chargé de notifier les citations et les jugements (art. 120).

63. Les agents du service sanitaire, chargés des fonctions d'officiers de police judiciaire, doivent avoir préalablement prêté serment devant le tribunal civil (Décr. 22 févr. 1876, art. 114). Enfin l'art. 92 du décret de 1876 confère, comme l'art. 68 de l'ordonnance de 1822 (*Rép.* n° 142), le droit de requérir la force publique, pour le service qui leur est confié, aux directeurs de la santé, aux agents principaux et ordinaires du service sanitaire. Ces mêmes agents ont le droit de requérir, mais seulement dans les cas d'urgence et pour un service momentané, la coopération des officiers et employés de la marine, des employés des douanes et des contributions indirectes, des officiers des ports de commerce, des commissaires de police, des gardes champêtres et forestiers, et, au besoin, de tous les citoyens, à la condition de ne pas enlever à leurs fonctions habituelles des individus attachés à un service public, à moins d'un danger assez pressant pour exiger le sacrifice de tout autre intérêt.

Art. 5. — Des contraventions, délits et peines en matière sanitaire (Rép. nos 148 à 156).

64. Les dispositions pénales de la loi du 3 mars 1822 sont, comme cette loi elle-même, toujours applicables. Il suffira par conséquent de se référer aux explications du *Rép.*, n°° 148 à 156. On se bornera à signaler une disposition analogue à celle de l'art. 13 de la loi de 1822 qui prononce un emprisonnement de quinze jours à trois mois et une amende de 50 à 500 fr. contre tout individu qui, n'étant ni commandant de la force publique, ni attaché à un service sanitaire, n'aurait pas porté à la connaissance de l'autorité un cas de maladie pestilentielle : c'est celle de l'art. 21 de la loi du 30 nov. 1892, sur l'exercice de la médecine (D. P. 93. 4. 9), qui punit d'une amende de 50 à 200 fr. le docteur en médecine ou l'officier de santé qui n'aurait pas fait la déclaration, prescrite par l'art. 15 de la même loi, des cas de maladies épidémiques tombées sous son observation et comprises dans la liste arrêtée par le ministre de l'intérieur.

Art. 6. — De la compétence (Rép. nos 157 à 162).

65. Les autorités sanitaires auxquelles l'art. 18 de la loi du 3 mars 1822 a donné compétence exclusive pour statuer sur les contraventions de police commises dans l'enceinte et les parloirs des lazarets, sont aujourd'hui, aux termes de l'art. 117 du décret du 22 févr. 1876, le directeur de la santé ou l'agent principal, assisté de deux délégués du conseil sanitaire, les fonctions du ministère public étant remplies par un troisième délégué dudit conseil, et celles de greffier par un agent ou employé du service sanitaire.

66. Conformément à l'art. 14 de la loi du 3 mars 1822, les contraventions en matière sanitaire qui sont de la compétence des autorités sanitaires peuvent être punies d'un emprisonnement de trois à quinze jours et d'une amende de 5 à 50 fr. (art. 121). On doit au surplus observer, en tout ce qui n'est pas contraire au titre 3 de la loi du 3 mars 1822 et aux dispositions du décret de 1876, les art. 146, 147, 148, 149, 150, 151, 152, 153, 154, 155, 156, 157, 158, 159, 160, 161, 162, 163, 164 et 165 c. instr. crim.

67. La cour de cassation a confirmé la jurisprudence de ses arrêts du 27 févr. 1828 et 8 déc. 1831 (*Rép.* n° 159), en décidant d'une part, comme l'avait fait l'arrêt de 1831, que dans les lois répressives, la dénomination d'officiers ordinaires ne s'applique, comme celle de tribunaux ordinaires, qu'à ceux qui ont une compétence territoriale et une juridiction générale conformément au code d'instruction criminelle; et d'autre part, que les militaires et les marins sont justiciables des tribunaux correctionnels pour les délits intéressant la police sanitaire, les codes de justice

pour l'armée de terre et l'armée de mer promulgués en 1857 et en 1858 n'ayant pas dérogé à la compétence établie par la loi du 3 mars 1822 (Crim. cass. 15 nov. 1860, aff. Gautier, D. P. 61. 1. 138). La question s'était, en effet, posée de savoir si, en admettant la doctrine des arrêts de 1828 et 1831, les nouveaux codes de justice militaire, qui ne devaient pas s'exceptaient pas de la compétence des conseils de guerre les délits des militaires et des marins en matière sanitaire, n'avaient pas dérogé implicitement aux dispositions générales de la loi du 3 mars 1822. Une disposition commune aux deux codes de justice soustrait aux conseils de guerre la connaissance des infractions commises par des militaires et des marins « aux lois sur la chasse, la pêche, les douanes, les contributions indirectes, les octrois, les forêts et la grande voirie ». Ces indications avaient-elles un caractère limitatif? La cour de cassation, conformément aux déclarations de l'exposé des motifs des codes de justice militaire et maritime, a pensé que l'indication faite dans l'art. 273 c. just. de l'armée de terre de 1857, et reproduite dans l'art. 372 c. just. de l'armée de mer de 1858, de diverses matières spéciales les plus usuelles, qui ne devant pas être soumises aux juridictions militaires ou maritimes, avait eu pour objet de rendre impossible toute contestation ultérieure relativement à ces matières, et non de restreindre l'application d'une règle de compétence déjà existante et reconnue, le seul silence du législateur ne permettant pas de lui prêter l'intention de soustraire aux principes qu'il proclamait lui-même, une matière qui devait y rester soumise à raison soit de sa nature, soit des dispositions qui la régissaient.

CHAP. 3. — Des épizooties, mesures de salubrité et de police sanitaire en ce qui concerne les animaux.

68. La loi du 21 juill. 1881, D.P. 82. 4. 32 (citée *supra*, n° 7) constitue un code complet en matière d'épizooties. Elle fixe les obligations, les devoirs, les droits créés aux particuliers et aux dépositaires de l'autorité, par l'existence des maladies contagieuses des animaux domestiques ; détermine les prescriptions générales applicables à toutes les maladies et les mesures spéciales exigées par la nature de quelques-unes d'entre elles et les indemnités allouées dans certains cas : elle décide l'établissement d'un service des épizooties dans chaque département près du ministre de l'agriculture ; elle édicte enfin les pénalités, déclarant abrogées toutes dispositions antérieures sur la police des animaux. — Aux mesures qu'elle prescrit pour combattre la propagation des maladies contagieuses des animaux, se joignent des mesures spéciales, applicables aux frontières et ayant pour objet d'empêcher l'introduction en France d'animaux atteints par la contagion ou qui, en raison de ce qu'ils proviennent de régions contaminées, peuvent être suspectés. De même, par un juste sentiment des devoirs internationaux, elle autorise le Gouvernement à mettre obstacle à la sortie de France des animaux malades susceptibles de propager à l'étranger les maladies épizootiques qu'elle combat sur le territoire national. On étudiera, en conséquence, séparément les mesures prophylactiques prescrites par la loi du 21 juill. 1881, complétée par le décret réglementaire du 22 juin 1882 (D. P.83. 4. 11), à l'intérieur, et celles qu'elle prescrit de prendre aux frontières terrestres et maritimes tant à l'importation qu'à l'exportation.

69. L'art. 1 de la loi du 21 juill. 1881 donne une nomenclature des maladies des animaux réputées contagieuses auxquelles elle s'applique. Ces maladies sont : 1° la peste bovine, dans toutes les espèces de ruminants ; 2° la péripneumonie contagieuse, dans l'espèce bovine ; 3° la clavelée et la gale, dans les espèces ovine et caprine ; 4° la fièvre aphteuse, dans les espèces bovine, ovine, caprine et porcine ; 5° la morve, le farcin et la dourine, dans les espèces chevaline et asine ; 6° la rage et le charbon, dans toutes les espèces. Elle prévoit, en outre, l'insuffisance éventuelle de cette nomenclature et pour permettre, au besoin, une action prompte et énergique contre l'invasion d'une maladie contagieuse encore inconnue, l'art. 2 dispose qu'un décret du président de la République, rendu sur le rapport du

ministre de l'agriculture et du commerce, après avis du comité consultatif des épizooties, peut ajouter à la nomenclature des maladies réputées contagieuses, dans chacune des espèces d'animaux énoncées à l'art. 1, toutes autres maladies contagieuses dénommées ou non qui prendraient un caractère dangereux. Le Gouvernement a fait usage de cette faculté en ajoutant à la nomenclature de la loi du 21 juill. 1881 : 1° le charbon symptomatique ou emphysémateux et la tuberculose, dans l'espèce bovine ; 2° le rouget et la pneumo-entérite infectieuse, dans l'espèce porcine (Décr. 28 juill. 1888, D. P. 90. 4. 64). Un décret pris dans les mêmes formes peut étendre les dispositions de la loi aux animaux d'espèces autres que celles qui sont désignées au même article.

SECT. 1re. — POLICE SANITAIRE DES ANIMAUX A L'INTÉRIEUR DU TERRITOIRE.

ART. 1er. — Service des épizooties.

70. Le législateur de 1881 devait non seulement prescrire les moyens les plus efficaces d'empêcher la propagation des épizooties lorsqu'une maladie contagieuse viendrait à se produire dans une localité, mais aussi chercher les moyens d'empêcher l'éclosion des maladies de cette nature par une surveillance constante, exercée sur l'ensemble du territoire, sur l'état sanitaire des pays voisins et de ceux qui fournissent des animaux au commerce d'importation. De là l'institution d'un comité consultatif des épizooties auprès du ministre de l'agriculture, d'un service des épizooties dans chacun des départements, ayant mission d'assurer l'exécution de la loi, et enfin d'un service de surveillance exercé sur les points où se font des réunions plus ou moins nombreuses d'animaux tels que les abattoirs, les foires et marchés.

71. — *1° Comité consultatif des épizooties.* — Le comité consultatif des épizooties avait été institué auprès du ministre de l'agriculture par un décret du 24 mai 1876 D. P. 76. 4. 116). La loi du 21 juill. 1881 n'a donc fait que maintenir une institution dont l'utilité était indiscutable (art. 40) et lui donner un caractère légal. Elle se borne à indiquer sommairement les attributions de ce comité en disposant (art. 40, § 2) que « les renseignements recueillis par le ministre au sujet des épizooties sont communiqués au comité, qui donne son avis sur les mesures que peuvent exiger ces maladies », et laisse au règlement d'administration publique qu'elle prévoit la soin d'en déterminer l'organisation.

Aux termes de ce règlement (Décr. 22 juin 1882, D. P. 83. 4. 11, art. 100), le comité consultatif des épizooties, présidé par le ministre, est chargé de l'étude et de l'examen de toutes les questions qui lui sont renvoyées par le ministre et spécialement en ce qui concerne : l'application de la législation relative aux épizooties et les modifications que l'expérience pourra démontrer nécessaires ; l'organisation et le fonctionnement du service vétérinaire ; les mesures à appliquer pour prévenir et combattre les épizooties, ainsi que les mesures propres à améliorer les conditions hygiéniques des animaux. Il rédige sur ces objets les instructions qu'il peut y avoir lieu de publier. Il reçoit en communication les rapports du service sanitaire des départements, ainsi que les informations sur les maladies épizootiques à l'étranger, et indique ceux de ces renseignements qu'il peut être utile de livrer à la publicité. Enfin, le comité présente, chaque année, au ministre un rapport général sur l'état sanitaire des animaux pendant l'année écoulée. Il est composé de seize membres dont quatre membres de plein droit, savoir : le directeur de l'agriculture ; l'inspecteur général des écoles vétérinaires ; l'inspecteur général des services sanitaires ; le chef du service vétérinaire, qui fait en même temps fonctions de secrétaire : les douze autres membres nommés par le ministre de l'agriculture sont renouvelables par tiers chaque année (art. 101).

72. — *2° Service départemental des épizooties.* — Le service des épizooties, institué dans chaque département, est composé du nombre de vétérinaires sanitaires jugé nécessaire pour assurer l'exécution de la loi et des règlements sur la police sanitaire des animaux (L. 21 juill. 1881, art. 38 ; Décr. 22 juin 1882, art. 96). Un des vétérinaires désignés

portant le titre de *vétérinaire délégué chef du service sanitaire du département*, a pour mission, en cas de peste bovine ou de péripneumonie, de se rendre sur les lieux et de donner un avis motivé sans lequel ne peuvent être ordonnés l'abatage ou l'inoculation des animaux. Le vétérinaire délégué est le chef du service sanitaire ; les vétérinaires sanitaires lui remettent pour chaque épizootie et, dans tous les cas, à la fin de chaque année, des rapports qui servent de base au rapport d'ensemble qu'il doit établir pour être transmis au ministre par le préfet. Les pouvoirs de *vétérinaire délégué* peuvent, d'ailleurs, si la peste bovine ou la péripneumonie se déclarent à la fois sur plusieurs points du département, être délégués à plusieurs vétérinaires.

73. Les frais nécessités par le service vétérinaire départemental sont compris, par la loi du 21 juill. 1881, parmi les dépenses obligatoires à la charge des budgets départementaux et assimilés aux dépenses classées sous les paragraphes 1 à 4 de l'art. 60 de la loi du 10 août 1871. Néanmoins la nomination des vétérinaires sanitaires appartient au préfet, sans que le conseil général puisse faire autre chose que donner des avis relatifs à l'organisation du service, avis qui n'ont rien d'obligatoire pour le préfet, auquel l'art. 96 du décret du 22 juin 1882 confère à cet égard des pouvoirs absolus. Jugé, à ce point de vue, que, dans le département de la Seine, le préfet de police agit dans les limites des pouvoirs qui lui sont conférés par l'art. 96 du décret du 22 juin 1882, en instituant un concours pour les places de vétérinaires sanitaires et en réglant les conditions de ce concours (Cons. d'Et. 13 janv. 1888, aff. Farges et Varoquer, D, P. 89. 3. 25). Mais, s'il se conforme aux vœux du conseil général, il ne s'ensuit pas pour cela que la loi soit violée. Jugé que les vétérinaires actuellement chargés de ce service et auxquels ces conditions portent préjudice, ne sont pas fondés à se prévaloir, pour demander l'annulation de l'arrêté préfectoral, de ce que les dispositions qu'il contient seraient conformes aux délibérations prises par le conseil général (Même arrêt du 13 janv. 1888).

74. — 3° *Service d'inspection des foires et marchés, etc.* — L'art. 39 de la loi du 21 juill. 1881 dispose que « les communes où il existe des foires et marchés aux chevaux ou aux bestiaux seront tenus de préposer, à leurs frais, et sauf à se rembourser par l'établissement d'une taxe sur les animaux amenés, un vétérinaire pour l'inspection sanitaire des animaux conduits à ces foires et marchés. Cette dépense sera obligatoire pour la commune. Le vétérinaire préposé à cette inspection doit signaler à l'autorité locale, qui fait immédiatement mettre les animaux en fourrière et prend toutes les mesures nécessaires, les cas de maladie contagieuse ou de suspicion qu'il constate. Avis est donné de suite au maire de la commune d'où proviennent les animaux atteints de maladie contagieuse, sur cet avis, le maire prend les mesures prescrites pour les cas d'une maladie venant de se produire dans sa commune (Décr. 22 juin 1862, art. 81 et 82). — Les mesures d'isolement et de mise en fourrière diffèrent suivant la maladie diagnostiquée par le vétérinaire ; on en trouvera le détail en se reportant aux art. 83 et suiv. du décret du 22 juin 1882. — Le même décret a étendu la surveillance des vétérinaires délégués aux abattoirs publics et mêmes particuliers et aux ateliers d'équarrissage (art. 90, 91 et 92).

75. — 4° *Désinfection des marchés et des wagons et moyens de transports.* — L'art. 88 du décret du 22 juin 1882 prescrit, comme mesure de précaution contre l'éclosion et la prorogation des maladies contagieuses des animaux, de nettoyer et désinfecter, après chaque tenue du marché, le sol des halles, des étables, des parcs de comptage, de tous autres emplacements où les animaux ont stationné, et les parties en élévation qu'ils ont pu souiller. L'art. 16 de la loi du 21 juill. 1881 a également enjoint aux entrepreneurs de transport, par terre ou par eau, ayant transporté des bestiaux, de désinfecter en tout temps les véhicules qui ont servi à cet usage. Cette opération doit être effectuée dans les vingt-quatre heures et s'étend aux wagons, bateaux et navires, aux hangars servant à recevoir les animaux dans les gares de chemins de fer, quais d'embarquement, ponts mobiles, passerelles, etc. (Décr. 22 juin 1882, art. 93 à 96), le tout à peine d'une amende de 100 à 1000 fr. et, dans le cas où il serait résulté de cette infraction une contagion, d'un empri-

sonnement de six jours à deux mois (L. 21 juill. 1881, art. 33).

76. — 5° *Mesures relatives à l'exercice de la médecine vétérinaire.* — La loi du 21 juill. 1881 (art. 12) tranche d'une manière expresse la question, assez douteuse avant sa promulgation (*Rép.* n° 172), de savoir si les vétérinaires diplômés avaient seuls le droit de traiter les maladies contagieuses des animaux. Cet article dispose que l'exercice de la médecine vétérinaire dans les maladies contagieuses des animaux est interdit à quiconque n'est pas pourvu du diplôme de vétérinaire. Le législateur a pensé que les vétérinaires diplômés pouvaient seuls, par leur instruction et leur honorabilité professionnelle, offrir les garanties suffisantes à l'application régulière des prescriptions de la loi sanitaire, surveiller l'exécution complète des mesures immédiates applicables et reconnaître celles d'entre elles que les progrès de la maladie pourront rendre nécessaires, l'abatage, par exemple, si l'animal atteint du charbon, du farcin ou de la péripneumonie est devenu incurable. Cette mesure, d'ailleurs, ne souleva d'autre objection que l'insuffisance du nombre de vétérinaires dans un assez grand nombre de départements pour y assurer le traitement de tous les animaux atteints de maladies contagieuses. Aussi le paragraphe 2 de l'art. 12 avait-il laissé au Gouvernement le droit d'ajourner, pendant six années, l'exécution de cette mesure dans les départements où les conseils généraux en auraient fait la demande.

77. L'exercice illégal de la médecine vétérinaire dans les maladies contagieuses des animaux est puni, par l'art. 30 de la loi du 21 juill. 1881, d'un emprisonnement de six jours à deux mois et d'une amende de 16 à 400 fr. sans préjudice des peines plus fortes portées par l'art. 32, § 2, s'il est résulté de l'infraction une contagion parmi les autres animaux.

ART. 2. — *Obligations des particuliers et des autorités dans les cas de maladie contagieuse des animaux.*

78. La première mesure que la loi de 1881 impose aux particuliers, lorsqu'une maladie suspecte vient à se déclarer dans leurs écuries, étables, bergeries etc., est d'en faire la déclaration immédiate (*Rép.* n° 169) au maire de la commune. L'art. 3 de la loi du 21 juill. 1881 impose cette obligation d'une manière générale, aussi bien à ceux qui ont, à un titre quelconque, la charge des soins ou la garde d'un animal atteint ou soupçonné d'être atteint d'une maladie contagieuse prévue par les art. 1 et 2 de la loi, qu'au propriétaire lui-même. La même obligation est imposée au vétérinaire qui serait appelé à donner ses soins à l'animal malade, alors même qu'il ne serait pas pourvu du diplôme de vétérinaire. Décidé notamment, avant la loi de 1881, par des raisons encore applicables, que l'obligation de faire la déclaration des maladies contagieuses s'appliquait aux maréchaux-ferrants et autres personnes qui traitent l'animal atteint (Rouen, 18 janv. 1872, aff. Bruyant, D. P. 73. 2. 144). Dans le cas où la déclaration n'est pas faite, toutes les personnes énoncées dans l'art. 3 doivent être impliquées dans la poursuite. Outre la déclaration, le propriétaire doit immédiatement, et avant même que l'autorité administrative y ait répondu, séquestrer l'animal et le maintenir isolé des autres animaux susceptibles de contracter la maladie. — Enfin, il est interdit de transporter l'animal ou d'enfouir son cadavre avant que le vétérinaire délégué de l'Administration l'ait examiné, sauf pour l'enfouissement en cas d'urgence et avec l'autorisation spéciale du maire.

79. Aux termes de l'art. 30 de la loi du 21 juill. 1881, l'inobservation des prescriptions de l'art. 3 qui viennent d'être exposées, est punie d'un emprisonnement de six jours à deux mois et d'une amende de 16 à 400 fr. (Comp. *Rép.* n° 169). Cette pénalité remplace celle qui était portée par l'art. 459 c. pén. abrogé, ainsi que les art. 460 et 461 du même code, par l'art. 41 de la même loi. Elle s'applique donc dans les mêmes conditions que l'art. 459 c. pén. dès qu'il a été contrevenu à une des obligations imposées à l'art. 3, alors même que les autres auraient été remplies. Elle s'appliquerait, notamment, au détenteur d'animaux suspects qui se serait contenté d'enfermer ces animaux et n'aurait averti le maire que plusieurs jours après, ainsi que l'avait jugé la cour de Chambéry sous l'empire de

l'art. 459, c. pén. (2 févr. 1866, aff. Bermond, D. P. 66. 2. 104). Il semble également résulter du texte de l'art. 3 que la pénalité portée par l'art. 30 est encourue pour défaut de déclaration et de séquestration des animaux dès l'instant qu'ils sont devenus suspects de maladie contagieuse, alors même que le caractère de la maladie n'aurait pas encore été absolument déterminé, c'est ce qui avait été jugé sous l'empire de l'art. 459 c. pén. (Amiens, 4 janv. 1873, aff. Jouy, D. P. 77. 5. 213).

80. Le propriétaire ou détenteur d'animaux ayant été atteints d'une des maladies contagieuses prévues par la loi est, en outre, tenu de procéder à la désinfection des écuries, établies, voitures ou autres moyens de transport, à la désinfection ou même à la destruction des objets à l'usage des animaux malades ou qui ont été souillés par eux et de tous les objets qui peuvent servir de véhicules à la contagion (L. 21 juill. 1881, art. 5). Le décret du 22 juin 1882 (art. 5) prescrit à cet effet la désinfection des locaux, cours, enclos, herbages et pâturages où ont séjourné les animaux atteints à l'aide des moyens déterminés par des instructions ministérielles, sur l'avis du comité consultatif des épizooties. Pendant les épizooties, il est également interdit, sous aucun prétexte, de conduire, même pendant la nuit, aux abreuvoirs communs les animaux atteints de maladies contagieuses et ceux qui ont été exposés à la contagion. Cette interdiction s'applique même aux animaux dont la circulation a été permise exceptionnellement (Décr. 22 juin 1882, art. 6, 23, 30, etc.). L'inobservation de ces prescriptions tombe sous le coup de l'art. 30 de la loi de 1881, et est punie de l'emprisonnement de six jours à deux mois et de l'amende de 160 à 400 fr. édictés par cet article.

81. Les propriétaires d'animaux atteints ou soupçonnés d'être atteints d'une maladie contagieuse ne peuvent les mettre en vente (L. 21 juill. 1881, art. 13) et s'en dessaisir que dans les conditions qui ont été déterminées pour certaines des maladies contagieuses visées par la loi, dans le règlement d'administration publique du 22 juin 1882 : la prohibition de vendre s'étend même aux animaux qui ont été exposés à la contagion, pendant un délai, après la cessation de l'épizootie ou la guérison des sujets atteints, fixé par le même règlement. Le fait de vendre ou de mettre en vente des animaux atteints ou soupçonnés d'être atteints de maladie contagieuse tombe, lorsque le vendeur connaissait l'état des animaux, sous le coup de l'art. 31, n° 2, de la loi du 21 juill. 1881 ; il est puni d'un emprisonnement de deux mois à six mois et d'une amende de 100 à 1000 fr.

82. Aux termes de l'art. 14 de la loi du 21 juill. 1881, la chair des animaux morts de maladies contagieuses, quelles qu'elles soient, ou abattus comme atteints de la peste bovine, de la morve, du farcin, du charbon et de la rage, ne peut être livrée à la consommation. Les cadavres ou débris des animaux morts de la peste bovine et du charbon, ou ayant été abattus comme atteints de ces maladies, devront être enfouis sous la peau tailladée, à moins qu'ils ne soient envoyés à un atelier d'équarrissage régulièrement autorisé (V. également le décret du 22 juin 1882, art. 4, 15, 16, 18, etc.). La chair des animaux abattus comme ayant été en contact avec des animaux atteints de la peste bovine peut être livrée à la consommation ; mais leurs peaux, abats et issues ne peuvent être sortis du lieu de l'abatage qu'après avoir été désinfectés. L'infraction aux dispositions qui précèdent, c'est-à-dire la vente ou mise en vente de viandes provenant d'animaux que les vendeurs savaient morts de maladies contagieuses, quelles qu'elles soient, ou abattus comme atteints de la peste bovine, du charbon, de la morve, du farcin et de la rage, est punie par l'art. 32, n° 1, de la loi du 11 juill. 1881 d'un emprisonnement de six mois à trois ans et d'une amende de 100 à 2000 fr. L'achat de cadavres ou de débris d'animaux morts de maladies contagieuses ou abattus comme atteints de la peste bovine, du charbon, de la morve, du farcin ou de la rage, ou le fait d'avoir déterré des cadavres ou débris, sont punis par l'art. 31, n° 3, de l'emprisonnement de deux à six mois et de l'amende de 100 à 1000 fr. édictés par cet article, sauf dans le cas où l'achat et l'extraction incriminés ont été faits avec permission de l'autorité.

83. Les devoirs qui incombent aux autorités administratives dans le cas où une épizootie vient à se déclarer sont

déterminés d'une manière générale par les art. 4 et 5 de la loi du 21 juill. 1881 et précisés par le décret du 22 juin 1882, tant pour toutes les maladies contagieuses, que pour chacune d'elles en particulier. Le maire, dès qu'il est averti de l'existence d'une maladie contagieuse dans la commune, soit par la déclaration imposée aux propriétaires et détenteurs de bestiaux, soit par tout autre moyen (Circ. min. agr. 20 août 1882, Bull. min. agr. 1882, p. 371), doit s'assurer que les mesures d'isolement prescrites par l'art. 1 de la loi du 21 juill. 1881, ont été prises et faire procéder sans retard à la visite des animaux malades ou suspects par le vétérinaire chargé de ce service : il prévient le préfet dans les vingt-quatre heures. Il prend au besoin un arrêté prescrivant les mesures nécessaires, arrêté qui est exécutoire même avant l'approbation du préfet (Décr. 22 juin 1882 art. 1, 2, 3). Le préfet prescrit, de son côté, les mesures qui doivent être observées par un arrêté qui est transmis sans délai au ministre de l'agriculture. Il peut, en effet, être nécessaire de prendre, pour empêcher l'extension de l'épizootie, des mesures applicables à deux ou plusieurs départements, mesures qui excéderaient la compétence du préfet de l'un ou l'autre département. L'arrêté du préfet porte, s'il est nécessaire, déclaration d'infection, déclaration qui peut entraîner dans les localités qu'elle détermine l'application des mesures suivantes : 1° l'isolement, la séquestration, la visite, le recensement et la marque des animaux et troupeaux dans les localités infectées ; 2° l'interdiction de ces localités ; 3° l'interdiction momentanée ou la réglementation des foires et marchés, du transport et de la circulation du bétail ; 4° la désinfection des écuries, établies, voitures ou autres moyens de transport, la désinfection ou même la destruction des objets à l'usage des animaux malades ou qui ont été souillés par eux, et généralement des objets quelconques pouvant servir de véhicules à la contagion. Le règlement d'administration publique du 22 juin 1882 a déterminé « celles de ces mesures qui sont applicables suivant la nature des maladies, on en trouvera le détail au texte du décret (art. 8 à 61. V. aussi Code des lois administratives annoté, L. 21 juill. 1881, art. 6 et 7, t. 3, p. 177).

84. Certaines maladies donnent à l'autorité le droit de faire procéder à l'abatage des animaux malades ou contaminés (L. 21 juill. 1881, art. 6 à 10). En cas de peste bovine (art. 6) constatée par arrêté du préfet, les animaux atteints et ceux de l'espèce bovine qui auraient été contaminés, alors même qu'ils ne présenteraient aucun signe apparent de maladie, sont abattus par ordre du maire, conformément à la proposition du vétérinaire délégué et après évaluation. En pareil cas, il est interdit de suspendre l'exécution de l'abatage pour traiter les animaux malades, sauf les cas et sous les conditions qui seraient spécialement déterminés par le ministre de l'agriculture et du commerce, sur l'avis du comité consultatif des épizooties. Les animaux malades sont abattus sur place, sauf le cas où le transport du cadavre au lieu de l'enfouissement est déclaré par le vétérinaire plus dangereux que celui de l'animal vivant ; le transport en vue de l'abatage peut être autorisé par le maire, conformément à l'avis du vétérinaire délégué, pour les animaux qui ont été seulement contaminés. Les animaux des espèces ovine et caprine qui ont été exposés à la contagion sont isolés et soumis aux mesures sanitaires déterminées par le règlement d'administration publique rendu pour l'exécution de la loi. Dans le cas de morve constatée, et dans le cas de farcin, de charbon, si la maladie est jugée incurable par le vétérinaire délégué, les animaux doivent également être abattus sur ordre du maire. Quand il y a contestation sur la nature ou le caractère incurable de la maladie entre le vétérinaire délégué et le vétérinaire que le propriétaire aurait fait appeler, le préfet désigne un troisième vétérinaire, conformément au rapport duquel il est statué (V. notre Code des lois admin. annoté, L. du 21 juill. 1881, art. 6 à 10, t. 3, p. 177 et suiv.).

85. L'abatage des animaux est également obligatoire en cas de rage constatée chez les animaux de quelque espèce qu'ils soient, et cette mesure ne peut être différée sous aucun prétexte. Les chiens et les chats suspects de rage doivent être immédiatement abattus et le propriétaire de l'animal suspect est tenu, même en l'absence d'un ordre des agents

de l'Administration, de pourvoir à l'accomplissement de cette prescription (L 22 juill. 1881, art. 10). Dans le cas de péripneumonie contagieuse, le préfet doit ordonner l'abatage, dans le délai de deux jours, des animaux reconnus atteints de cette maladie par le vétérinaire délégué, et l'inoculation des animaux de l'espèce bovine, dans les localités déclarées infectées de cette maladie. Le ministre de l'agriculture a même le droit d'ordonner l'abatage des animaux d'espèce bovine ayant été dans le même étable ou dans le même troupeau, ou en contact avec des animaux atteints de péripneumonie contagieuse. Enfin, dans les épizooties de clavelée, le préfet peut, par arrêté pris sur l'avis du comité consultatif des épizooties, ordonner la clavelisation des troupeaux infectés. Mais la clavelisation ne doit pas être exécutée sans autorisation du préfet (L. 21 juill. 1881, art. 11).

86. Les pouvoirs conférés tant par la loi du 21 juill. 1881 que par le décret du 22 juin 1882 aux autorités administratives, préfets et maires, ne s'appliquent pas aux animaux de l'armée. Pour ces animaux, l'autorité militaire reste chargée de toutes les mesures à prendre pour éviter l'introduction et la propagation des maladies contagieuses (Décr. 22 juin 1882, art. 62). Dans l'intérieur des dépôts d'étalons et jumenteries de l'État, les mesures prescrites par la loi sur la police sanitaire des animaux et par le décret de 1882 sont appliquées par les soins des directeurs; ceux-ci sont tenus néanmoins de faire à l'autorité locale la déclaration prévue par l'art. 3 de la loi sur la police sanitaire des animaux (Décr. 22 juin 1882, art. 63). Dans l'intérieur, des écoles vétérinaires, les mesures de police sanitaire sont appliquées par les directeurs, tenus de faire à l'autorité locale la déclaration prévue à l'art. 3 de la loi sur la police sanitaire des animaux, et de donner avis, à l'autorité du lieu d'origine des animaux amenés à leur consultation, de tous les cas de maladies contagieuses constatés sur ces animaux. Ces écoles peuvent, avec l'autorisation du ministre, garder en vie, pour servir à des études scientifiques, des animaux atteints de maladies contagieuses.

87. La loi du 21 juill. 1881 laisse à la charge des propriétaires les frais d'isolement, de quarantaine, d'abatage, d'enfouissement et de désinfection, et donne à l'Administration le droit de les exécuter d'office à leur compte en cas de refus (art. 37). Dans ce dernier cas, les frais de ces opérations sont recouvrés sur un état dressé par le maire et rendu exécutoire par le sous-préfet. Les oppositions sont portées devant le juge de paix (Même article).

88. L'infraction aux dispositions de la loi qui prescrivent l'abatage des animaux atteints ou suspects de maladies contagieuses entraîne un emprisonnement de six jours à deux mois et une amende de 16 à 400 fr et un emprisonnement de six mois à trois ans et une amende de 100 à 2000 fr., s'il est résulté de l'infraction une contagion parmi les autres animaux (L. 21 juill. 1881, art. 30 et 32, § 2).

Art. 3. — Indemnités.

89. L'art. 17 de la loi du 21 juill. 1881 consacre le principe d'une indemnité en faveur des propriétaires d'animaux abattus pour cause de peste bovine ou de péripneumonie contagieuse. L'allocation d'une indemnité aux propriétaires d'animaux abattus pour cause de peste bovine était inscrite depuis les arrêts du conseil des 18 déc. 1774 et 30 janv. 1775, dans notre législation sanitaire. Mais ces arrêts n'accordaient aux propriétaires des animaux abattus qu'une indemnité égale au tiers de la valeur, notablement inférieure au dommage direct, résultant pour les cultivateurs, de l'abatage de leurs animaux. Il s'ensuivait qu'ils croyaient avoir intérêt à ne point révéler à l'Administration les cas de typhus pouvantse produire dans leurs étables. Pour remédier à ce danger et aussi dans un esprit d'équité, une loi du 30 juin 1866 (D. P. 66. 4. 84) avait alloué au propriétaire des animaux abattus une indemnité en argent représentant les trois quarts de leur valeur, sans qu'il y eût à distinguer si l'animal était abattu à l'état sain ou déjà atteint de maladie. Le résultat désiré fut pleinement atteint: l'allocation de l'indemnité des trois quarts de la valeur de l'animal abattu permit d'arrêter le développement d'une épidémie de peste bovine qui ravagea la Hollande et l'Angleterre, et, en 1871, malgré les circonstances les plus désavantageuses, il fut possible de

limiter d'abord et ensuite d'anéantir, dans un temps relativement court, une redoutable invasion. Mais la loi de 1866 ne visait que l'abatage ordonné pour cause de peste bovine, ou comme on disait alors de typhus contagieux des bêtes à cornes. En 1881, on jugea utile d'allouer également une indemnité pour assurer l'exécution de l'abatage et de l'inoculation prescrits par l'art. 9 dans le cas de péripneumonie contagieuse. Cette allocation se justifiait d'ailleurs par ce motif, que le sacrifice imposé au propriétaire est plutôt plus grand que dans la peste bovine, les animaux contaminés, conservant plus de chances d'éviter le développement de la maladie, et les animaux malades, plus de chances de guérison.

L'indemnité prévue par la loi est la même pour la peste bovine et la péripneumonie; moitié de la valeur de l'animal, avant la maladie, s'il est reconnu malade; les trois quarts de sa valeur s'il a été seulement contaminé, tandis que la loi de 1866 allouait l'indemnité des trois quarts dans les deux cas. Il parut utile d'établir une différence dans le chiffre des indemnités, selon que l'animal est reconnu malade ou seulement suspect, de façon que le propriétaire ait intérêt à faire sa déclaration aussitôt l'apparition des premiers symptômes. D'autre part, l'indemnité de la moitié de la valeur de l'animal abattu a paru suffisante, comme étant supérieure à la valeur réelle de l'animal atteint de la peste bovine, presque toujours mortelle, et venant s'ajouter au produit que le propriétaire est autorisé à réaliser par la vente des débris des animaux abattus pour cause de péripneumonie. Dans le cas très exceptionnel où l'animal inoculé de la péripneumonie contagieuse viendrait à mourir des suites de l'opération, l'indemnité allouée au propriétaire est égale à la totalité de sa valeur (L. 21 juill. 1881, art. 17). Le dernier paragraphe de cet article, pour éviter des prétentions exagérées, a fixé à 800 fr. le maximum de la valeur attribuable à l'animal abattu.

Enfin la loi exprime formellement, dans son art. 23, qu'il n'est alloué aucune indemnité aux propriétaires des animaux abattus par suite de maladies contagieuses autres que la peste bovine et la péripneumonie contagieuse. Il faut ajouter; ou morts autrement qu'à la suite de l'inoculation de la péripneumonie contagieuse, dans les conditions spéciales indiquées dans l'art. 9. Il est à remarquer, en effet, que la rédaction de l'art. 23 est vicieuse : « Il n'est alloué, dit-il, aucune indemnité aux propriétaires des animaux abattus par suite de maladies contagieuses autres que la peste bovine, et de la péripneumonie contagieuse dans les conditions spéciales indiquées dans l'art. 9 ». Cette formule semblerait exclure de l'indemnité le propriétaire d'un animal mort à la suite d'inoculation de la péripneumonie contagieuse, alors que l'art. 17 accorde formellement une indemnité dans ce cas. L'erreur de rédaction est manifeste (V. la note 3 sous l'art. 23 de la loi du 21 juill. 1881, D. P. 82. 4. 32).

90. Aux termes de l'art. 19 de la loi du 21 juill. 1881, lorsque l'emploi des débris d'un animal abattu pour cause de peste bovine ou de péripneumonie contagieuse a été autorisé pour la consommation ou un usage industriel, le propriétaire est tenu de déclarer le produit de la vente de ces débris. Ce produit lui appartient, mais s'il est supérieur à la portion de la valeur laissée à sa charge, l'indemnité due par l'État est réduite de l'excédent.

91. L'indemnité est fixée par le ministre, sauf recours au conseil d'État (art. 24). La demande doit être adressée au ministre de l'agriculture dans le délai de trois mois à dater du jour de l'abatage, sous peine de déchéance (art. 24). Cette demande est précédée d'une évaluation des animaux à laquelle il est procédé, avant l'exécution de l'ordre d'abatage, par le vétérinaire délégué et un expert désigné par la partie. À défaut, par la partie, de désigner un expert, le vétérinaire délégué opère seul. Il est dressé procès-verbal de l'expertise: le maire et le juge de paix le contresignent et donnent leur avis (art. 20). Le ministre peut ordonner la revision des évaluations faites en vertu de l'art. 20, par une commission dont il désigne les membres (art. 21).

92. La loi a prévu deux cas où la faute du propriétaire entraîne déchéance du droit à indemnité. Dans le premier, celui où il s'agit d'animaux importés des pays étrangers et abattus pour cause de péripneumonie contagieuse dans les trois mois qui ont suivi leur introduction en France, la

déchéance est de plein droit (art. 18). Dans le second cas, c'est-à-dire celui d'une infraction aux dispositions de la loi du 21 juill. 1881, ou des règlements rendus pour son exécution, la perte d'indemnité est laissée par la loi à la décision du ministre, sauf recours au conseil d'État (art. 22).

Cette dernière disposition constitue une atténuation à celles de l'édit de 1775, que le conseil d'État avait interprété comme entraînant déchéance du droit à indemnité pour les propriétaires d'animaux qui n'avaient pas fait la déclaration de la maladie dans les vingt quatre-heures de son apparition (Cons. d'Et. 9 avr. 1873, aff. Gerbault-Perrier, D. P. 73. 3. 3). L'art. 12 de la loi de 1881, au contraire, n'est point impératif; il laisse au ministre la faculté d'apprécier si les infractions commises doivent entraîner la perte de l'indemnité (Rapport au Sénat, *Imprimés du Sénat*, session de 1879, n° 126). — Dans l'examen d'une pareille question, le ministre peut rechercher quelles ont pu être les conséquences de l'infraction au point de vue de la propagation de la maladie en dehors de l'étable infectée, de l'extension du mal dans l'étable infectée elle-même, et enfin au point de vue de l'exemple, s'il y a utilité ou non à refuser l'indemnité. Mais l'appréciation du ministre est d'ordre purement administratif, et échappe à tout contrôle contentieux. Le propriétaire à qui l'indemnité est refusée a un recours au conseil d'État pour démontrer qu'il ne se trouvait dans aucun des cas qui rendent applicable l'art. 22; mais lorsque l'infraction est constante, l'usage que le ministre fait de son droit échappe à tout contrôle ; c'est ce qui a été jugé par le conseil d'État (16 mai 1884, aff. Lafon, D. P. 85. 3. 113).

93. On a vu *suprà*, n° 91, qu'aux termes de l'art. 21, l'indemnité, lorsqu'on ne se trouve pas dans un des cas où elle peut être refusée, est fixée par le ministre, sauf recours au conseil d'État, après une expertise à laquelle procèdent le vétérinaire délégué et un expert désigné par la partie ; le ministre peut faire reviser l'évaluation des experts par une commission dont il désigne les membres. Le ministre n'est nullement lié par l'évaluation des experts, non plus que par l'évaluation de la commission qu'il a désignée, puisque, dans l'un et l'autre cas, il s'agit d'une expertise et non d'une décision arbitrale que le ministre se bornerait à homologuer. Le ministre peut donc allouer une indemnité inférieure ou supérieure à celle que les divers experts ont évaluée et les parties sont maîtresses de déférer sa décision au conseil d'État si elles jugent l'indemnité insuffisante. Cette juridiction est elle-même libre de fixer l'indemnité en n'attribuant aux évaluations des experts d'autre valeur que celle qui s'attache aux conclusions de toute expertise. V. en ce sens un arrêt antérieur à la loi du 21 juill. 1881 (Cons. d'Et. 16 janv. 1874, aff. Verley, D. P. 74. 3. 100), dont la jurisprudence est entièrement applicable, sauf l'empire de la loi nouvelle, qui n'a fait que compléter, au point de vue de l'attribution et du règlement de l'indemnité, la loi du 30 juin 1866, D. P. 66. 4. 84, et le décret du 30 sept. 1871, D. P. 71. 4. 164.

94. Pour tout ce qui concerne les formes à observer pour parvenir au règlement de l'indemnité, V. les art. 65 et 66 du décret du 22 juin 1882, D. P. 83. 4. 11.

Sect. 2. — Police sanitaire des animaux aux frontières.

95. — 1° *Importations.* — Les mesures destinées à combattre le développement des maladies contagieuses des animaux eussent été inefficaces si le Gouvernement n'avait été mis en mesure d'exercer une surveillance attentive sur les importations d'animaux domestiques. En effet, les animaux importés, surtout ceux qui sont destinés à l'industrie laitière, à l'élevage, à l'engraissement, sont disséminés dans un grand nombre de départements, où ils peuvent répandre la contagion. Aussi l'art. 24 de la loi du 21 juill. 1881, soumet-il en tout temps à une visite sanitaire, au moment de leur entrée en France soit par terre soit par mer, les animaux des espèces chevaline, asine, bovine, ovine, caprine et porcine. La même mesure peut être appliquée aux animaux des autres espèces, lorsqu'il y a lieu de craindre, par suite de leur introduction, l'invasion d'une maladie contagieuse (Même article). — Les conditions dans lesquelles il est procédé à cette visite sont réglées par les art. 67 et suiv., du décret du 22 juin 1882. Ces articles énumèrent en outre les diverses

mesures applicables aux maladies contagieuses autres que la peste bovine, et que l'art. 26 de la loi du 21 juill. 1881 confère au Gouvernement le pouvoir de prescrire. Aux termes de ce dernier article, le Gouvernement peut prohiber l'entrée en France ou ordonner la mise en quarantaine des animaux susceptibles de communiquer une maladie contagieuse, ou de tous les objets pouvant présenter le même danger. Il peut, à la frontière, prescrire l'abatage, sans indemnité, des animaux malades ou ayant été exposés à la contagion, et enfin prendre toutes les mesures que la crainte de l'invasion d'une maladie rendrait nécessaires. La mesure de l'abatage est appliquée par l'art. 69 du décret du 22 juin 1882, aux animaux frappés de la prohibition, qui est prononcée par arrêté ministériel, de l'importation des animaux ruminants de toute espèce provenant d'un pays où la peste bovine est signalée. Elle est appliquée par l'art. 70, n°° 4 et 5, du même décret, aux animaux atteints de morve ou de charbon.

96. L'importation des animaux soumis à la visite ne peut avoir lieu que par les bureaux de douane et ports de mer déterminés par décret (L. 21 juill. 1881, art. 25). Ces ports et bureaux ont été désignés par un décret du 6 avr. 1883, D. P. 84. 4. 6, et quelques décrets spéciaux à des ports ou localités frontières (V. *suprà*, v° *Douanes*, tableau de la législation).

97. Les mesures sanitaires à prendre à la frontière sont ordonnées par les maires dans les communes rurales, par les commissaires de police dans les gares frontières et dans les ports de mer, conformément à l'avis du vétérinaire désigné par l'Administration pour la visite du bétail. En attendant l'intervention des autorités, les agents des douanes peuvent être requis de prêter main-forte (L. 21 juill. 1881, art. 27). Les municipalités des ports de mer ouverts à l'importation du bétail doivent fournir des quais spéciaux de débarquement, munis des agrès nécessaires, ainsi qu'un bâtiment destiné à recevoir, à mesure du débarquement, les animaux mis en quarantaine par mesure sanitaire. Ces locaux doivent être préalablement agréés par le ministre de l'agriculture et du commerce. Pour se rembourser de ces frais, les municipalités peuvent établir des taxes spéciales sur les animaux importés.

98. Pour les droits sanitaires à payer par les importateurs, V. le décret du 23 nov. 1887, D. P. 88. 3. 13.

99. Il est à remarquer que les restrictions d'entrée et de transit résultant de l'art. 25 de la loi du 21 juill. 1881 ne font pas obstacle à la circulation des animaux de travail et de service dans le rayon frontière, ni à la circulation des chevaux et autres bêtes de somme attelés ou montés, servant aux voyageurs et voituriers. Toutefois, les conducteurs d'animaux affectés à un service public doivent toujours être porteurs d'un certificat d'origine et de santé, n'ayant pas plus d'un mois de date, dont la possession ne fait, d'ailleurs, pas obstacle à ce que les animaux soient soumis à l'inspection des vétérinaires préposés à la visite sanitaire. — Les restrictions d'entrée ne s'appliquent pas non plus aux animaux venant au pâturage en France, qui peuvent entrer par tous les bureaux de douane indistinctement, sous réserve de produire le certificat d'origine et de santé, dont la période de validité est de huit jours. — Ce certificat n'est pas exigé si le bureau de douane par lequel passent les animaux introduits en vue du pacage ou ceux revenant de pacage à l'étranger est l'un de ceux qui sont ouverts à l'importation, et possède un service d'inspection vétérinaire, les animaux y sont soumis, sans frais, à la vérification sanitaire. — Sont également exempts des droits sanitaires: 1° les animaux des zones neutralisées du pays de Gex et de la Haute-Savoie; 2° les animaux sortis temporairement, pour être conduits à des foires et marchés en pays étranger (Décr. 6 avr. 1883, art. 5, 6, 7).

100. L'importation en France d'animaux atteints de maladie contagieuse ou ayant été exposés à la contagion, constitue par elle-même un délit, alors même que l'importation n'aurait pas encore été interdite par arrêté du ministre de l'agriculture; ce délit est puni par l'art. 31, n° 4, de la loi du 21 juill. 1881, d'un emprisonnement de deux à six mois et d'une amende de 100 à 1000 fr. Ces peines sont

élevées, l'emprisonnement de six mois à trois ans et l'amende jusqu'à 2000 fr., dans le cas où il serait résulté du délit une contagion parmi les autres animaux (L. 24 juill. 1881, art. 32).

101. — *2° Exportation.* — Aux termes de l'art. 29 de la loi du 21 juill. 1881, le Gouvernement est autorisé à prescrire à la sortie les mesures nécessaires pour empêcher l'exportation des animaux atteints de maladies contagieuses. En exécution de cet article, le décret du 22 juin 1882 dispose (art. 75) qu'un décret du président de la République détermine les ports de mer ouverts à la sortie des animaux (ces ports ont été déterminés par un décret du 6 avr. 1883, D. P. 84. 4. 7). — (Art. 76) que les animaux exportés par mer ne peuvent être embarqués que sur la présentation d'un certificat de santé délivré par un vétérinaire délégué à cet effet par le ministre de l'agriculture; que les frais de la visite sont à la charge de l'expéditeur; qu'ils seront perçus par le vétérinaire, d'après un tarif fixé par le ministre; que la taxe est due pour chaque tête de bétail visité, que l'embarquement ait été autorisé ou non. — (Art. 77) qu'avant l'embarquement, le vétérinaire délégué s'assure que la partie du navire dans laquelle le bétail doit être placé est dans un état de propreté et de salubrité convenables; qu'il peut en requérir le nettoyage et la désinfection. — (Art. 78) que les animaux reconnus malades ou suspects par le vétérinaire délégué sont traités comme les animaux déclarés suspects dans les foires et marchés.

Sect. 3. — Pénalités.

102. Les sanctions pénales de la loi nouvelle correspondent, sauf quelques modifications peu importantes, à celles édictées par les art. 459, 460 et 461 c. pén. Cependant, pour tenir compte des changements survenus depuis 1810 entre la valeur relative de l'argent et celle des animaux, on a porté au double le maximum des amendes maintenues dans la loi. Les art. 30 à 33 prévoient un certain nombre de délits nettement spécifiés, consistant dans l'infraction aux prescriptions de la loi du 21 juill. 1881. On a exposé (*supra*, n°s 77, 80. 81, 82, 88, 100) en même temps que les prescriptions de la loi, les peines encourues pour les infractions qui y sont commises.

—L'art. 34 prévoit, en outre, les infractions aux dispositions de la loi qui n'auraient pas été spécifiées dans les art. 30 et 33 et les punit de 16 fr. à 400 fr. d'amende. Enfin cette loi a pris soin d'exprimer en termes formels que les contraventions aux dispositions du règlement d'administration publique rendu pour son exécution seront, suivant les cas, passibles d'une amende de 1 fr. à 200 fr., qui sera prononcée par le juge du canton.

103. Les pénalités portées par la loi du 24 juillet sont susceptibles d'être augmentées dans trois cas : 1° celui qui a déjà examiné (*supra*, n°s 77, 88 et 100), où l'inobservation de ses prescriptions aura eu pour résultat une contagion parmi les animaux autres que ceux appartenant au délinquant; 2° la récidive; 3° celui où l'infraction a été commise par certains fonctionnaires.

104. La récidive, qui aux termes de l'art. 35 permet de porter au double du maximum la peine encourue, est subordonnée à l'existence d'une condamnation pour infraction à l'une des dispositions de la loi du 21 juill. 1881, remontant à moins d'une année. Il n'y a donc, en la matière, récidive qu'autant qu'il s'agit d'une infraction à la loi du 21 juill. 1881, que la condamnation remonte à moins d'une année et qu'elle a été encourue pour contravention à l'une des dispositions de la même loi.

105. Les infractions aux lois sanitaires commises par certains fonctionnaires étaient déjà, avant la loi de 1881, considérées comme ayant une gravité particulière et comportaient une augmentation d'un tiers de la peine de l'emprisonnement qui ne pouvait être moindre d'un mois (*Rép.* n° 175). L'art. 35 permet de porter au double, non seulement la peine de l'emprisonnement, mais aussi l'amende, si l'infraction a été commise par des vétérinaires délégués, des gardes champêtres, des gardes forestiers, des officiers de police, à quelque titre que ce soit.

106. Par contre, l'art. 36 dispose que l'art. 463 c. pén. est applicable dans tous les cas prévus par les dispositions pénales de la loi. Cette disposition, en conférant aux tribunaux la possibilité d'apprécier toutes les circonstances du délit, modifie profondément la législation antérieure exclusive, en la matière, de l'admission de circonstances atténuantes.

Table sommaire

des matières contenues dans le Supplément.

(Les chiffres précédés de la lettre S renvoient au Supplément; les chiffres précédés de la lettre R renvoient au Répertoire.)

Table chronologique des Lois, Arrêtés, etc.

| 30 sept. Décr. 7 c., 93 c.
31 oct. Cons. préf. Seine. 17 c.

1872
18 janv. Rouen. 78 c.

1873
4 janv. Amiens. 79 c.
9 avr. Cons. d'Et. 92 c.

1874
16 janv.Cons.d'Et. 93 c.
22 avr. Cons. préf. Seine. 17 c. | **1875**
17 févr. Douai. 23 c., 34 c.

1876
2 févr. Chambéry. 79 c.
22 févr. Décr. 6 c., 36 c., 38 c., 36 c., 40 c., 41 c., 42 c., 43 c., 44 c., 45 c., 47 c., 48 c., 49 c., 50 c., 51 c., 54 c., 55 c., 56 c., 58 c., 59 c., 60 c., 61 c., 63 c., 66 c.,
23 févr. Cons. préf. Seine. 17 c. | **1877**
13 mars.Cons.préf. Seine. 17 c.
20 juin Cons. préf. Seine. 17 c.

1878
26 juin. Cons.préf. Seine. 13 c., 17 c.

1879
21 mars.Cons.d'Et. 27 c.
27 juin. Crim. 25 c.
9 juill.Cons. préf. Seine. 16 c., 17 c.
7 oct. Décr. 5 c., 52 c. | **1880**
18 févr.Cons.préf. Seine. 16 c., 17 c.
17 mars.Cons.préf. Seine. 17 c.

1881
21 juill.Loi. 7 c., 68 c., 69 c., 71 c., 72 c., 73 c., 74 c., 75 c., 76 c., 77 c., 78 c., 79 c., 80 c.,81 c., 82 c., 83 c., 84 c., 85 c., 86 c., 87 c., 89 c., 90 c., 92 c., 93 c., 95 c., 96 c., 97 c., 99 c.,100 c., 101 c., 102 c., 103 c., 104 c., 105 c. | 11 nov, Cons. d'Et. 16 c., 29 c., 32 c.

1882
12 mai. Cons.d'Et. 15 c.
12 juin. Décr. 7 c., 68 c.,71 c.,72 c., 73 c., 74 c., 75 c., 80 c.,81 c.,82 c., 94 c., 95 c., 101 c.
5 juill.Cons. préf. Seine. 22 c.
20 août. Circ. min. agr. 83 c.

1883
6 avr. Décr. 96 c., 99 c., 101 c. | 13 avr. Cons. d'Et. 18 c.

1884
5 avr. Loi. 8 c., 23 c.
16 mai. Cons.d'Et. 92 c.
30 juill. Décr. 8 c.
1er août.Cons.d'Et. 14 c., 15 c.,16 c., 17 c.,18 c., 27 c., 33 c., 30 sept.Décr. 5 c., 52 c.
5 déc. Cons.d'Et. 15 c., 17 c., 26 c.

1886
23 juill.Cons.d'Et. 13 c., 27 c.
12 août. Loi. 2 c. | **1887**
7 juill. Décr. 46 c,
28 nov. Décr. 98 c.
5 déc. Crim. 35 c.

1888
13 janv.Cons.d'Et. 73 c.
28 avr. Décr. 5 c., 52 c.
28 juill. Décr. 7 c.

1889
5 janv. Décr. 5 c.
8 janv. Décr. 5 c., 52 c.
18 janv.Cons.d'Et. 25 c., 30 c. | **1890**
18 juin.Décr. 46 c.
28 juin.Décr. 46 c.
2 juill..Décr.46 c.

1891
16 janv.Cons.d'Et. 20 c.
24 juill. Loi. 2 c.
4 déc. Cons. d'Et. 27 c.

1892
18 mars. Cons. d'Et. 28 c.
29 août. Décr. 46 c.
30 nov. Loi. 64 c.

1893
3 mai. Décr. 5 c.
23 juin. Décr. 5 c. |

SAPEURS-POMPIERS.

Division.

§ 1. — Notions préliminaires (n° 1).
§ 2. — Organisation et recrutement (n° 4).
§ 3. — Administration, service et discipline (n° 19).
§ 4. — Armement, dépenses et pensions, distinctions honorifiques (n° 25).
§ 5. — Ville de Paris (n° 30).

§ 1er. — Notions préliminaires.

1. La distinction, faite au *Répertoire*, entre les sapeurs-pompiers soldés et non soldés subsiste; mais celle entre les sapeurs-pompiers faisant partie de la garde nationale et ceux qui n'en faisaient pas partie a disparu depuis la dissolution des gardes nationales prononcée par la loi du 25 août 1871 (D. P. 71. 4. 145) V. *supra*, v° *Garde nationale*, n° 2. Il y a lieu toutefois de faire remarquer que l'art. 1 de la loi de 1871, qui prononçait cette dissolution, ajoutait dans son paragraphe 2 : « Sont exceptées de cette mesure les compagnies de sapeurs-pompiers, à l'organisation et à l'effectif desquelles il ne sera apporté aucun changement par les autorités locales jusqu'à ce qu'un règlement d'administration publique ait pourvu à l'organisation générale de ces corps ». Il a été procédé à cette organisation générale par le décret du 29 déc. 1875, dont les dispositions sont relatées, *infrà*, n°s 4 et suiv.

2. La législation relative aux sapeurs-pompiers a subi, depuis la publication du *Répertoire*, un certain nombre de modifications qui résultent des lois et décrets mentionnés dans le tableau chronologique suivant.

Tableau chronologique de la législation relative aux sapeurs-pompiers.

31 oct.-12 déc. 1856. — Décret impérial qui modifie la composition du bataillon de sapeurs-pompiers de la ville de Paris (D. P. 56. 4. 155).

19 mai-11 juin 1858. — Décret impérial portant que l'emploi d'ingénieur du bataillon de sapeurs-pompiers de la ville de Paris pourra être confié à un officier du grade de capitaine ou de major (D. P. 58. 4. 78).

7-20 déc. 1859. — Décret impérial sur l'organisation du bataillon de sapeurs-pompiers de la ville de Paris (D. P. 59. 4. 13).

5 déc. 1866-16 janv. 1867. — Décret portant réorganisation du corps des sapeurs-pompiers de la ville de Paris (D. P. 67. 4. 25).

26-28 sept. 1870. — Décret ouvrant au budget de la ville de Paris, exercice 1870, chapitre de la préfecture de police, un crédit de 26 000 fr. pour compléter le matériel du régiment des sapeurs-pompiers (D. P. 70. 4. 92).

20-31 oct. 1870. — Décret qui alloue aux sous-officiers, caporaux et soldats des sapeurs-pompiers de la ville de Paris une indemnité journalière de 25 centimes par homme jusqu'à la fin de l'état de siège (D. P. 70. 4. 98).

13-28 mars 1875. — Loi relative à la constitution de cadres et des effectifs de l'armée active et de l'armée territoriale (art. 1-5° et 33) (D. P. 75. 4. 129-135).

29 déc. 1875-10 janv. 1876. — Décret relatif à l'organisation et au service des corps de sapeurs-pompiers (D. P. 76. 4. 81).

19 juin-29 sept. 1890. — Décret rendant applicable à la colonie de la Réunion le décret du 29 sept. 1875 relatif à l'organisation et au service des corps de sapeurs-pompiers en France (D. P. 91. 4. 93).

3. Tout ce qui a trait à l'organisation des sapeurs-pompiers est réglementé aujourd'hui par le décret organique du 29 déc. 1875 (D. P. 76. 4. 81), applicable tant aux villes qu'aux communes rurales. Ce décret est également, en ce qui concerne la partie technique, applicable à la ville de Paris, dont le corps des sapeurs-pompiers est, en outre, régi au point de vue militaire par des dispositions spéciales. Nous l'analyserons brièvement en relatant sous ses principales dispositions les documents de jurisprudence qui s'y rapportent.

§ 2. — Organisation et recrutement.

4. — I. Organisation. — Aux termes de l'art. 1 du décret du 29 déc. 1875, les corps de sapeurs-pompiers sont spécialement chargés du service des secours contre les incendies ; ce n'est qu'exceptionnellement qu'ils peuvent être appelés, en cas de sinistre autre que l'incendie, à concourir à un service d'ordre ou de sauvetage, à fournir, avec l'assentiment de l'autorité militaire supérieure, des escortes dans les cérémonies publiques. Bien qu'ils relèvent du ministre de l'intérieur, ils peuvent néanmoins recevoir des armes de l'Etat; mais ils ne peuvent se réunir en armes qu'avec l'assentiment de l'autorité militaire (art. 2). Ils sont organisés par commune, en vertu d'arrêtés préfectoraux qui fixent leur effectif d'après la population et l'importance du matériel de secours en service dans la commune (art. 3). — Une circulaire ministérielle antérieure à la loi de 1871 qui a dissous les gardes nationales, décidait, conformément aux dispositions de l'art. 3 du décret du 11 janv. 1852 sur les gardes nationales (D. P. 52. 4. 30), que les corps des sapeurs-pompiers municipaux pouvaient, aussi bien que les corps de sapeurs-pompiers gardes nationaux, être établis en vertu de décisions préfectorales; toutefois la nomination des officiers de ces corps continuait d'être soumise à la sanction de l'empereur (Circ. min. int. 28 févr. 1867, D. P. 67. 3. 54).

5. Les corps de sapeurs-pompiers peuvent, dit l'art. 4 du décret de 1875, être suspendus ou dissous. La suspension prononcée par arrêté préfectoral pour une durée qui ne peut excéder une année, cesse d'avoir effet si elle n'est confirmée dans le délai de deux mois par le ministre de l'intérieur. Quant à la dissolution, elle est prononcée par un décret du président de la République (art. 4). Les officiers sont nommés pour cinq ans par le président de la République sur la proposition des préfets ; ils peu-

vent être suspendus pour six mois par le préfet et révoqués par décret. Quant aux sous-officiers et caporaux, ils sont nommés par les chefs de corps (art. 5). Décidé à cet égard que les officiers peuvent être révoqués par le chef de l'État, en dehors des cas prévus par l'art. 26 du décret du 29 déc. 1875, article qui prévoit la révocation par mesure disciplinaire (Cons. d'Et. 31 janv. 1879, aff. Duperray, D. P. 79. 3. 46). Et la mesure ainsi prise à leur égard n'est pas de nature à donner lieu à un recours par la voie contentieuse (Même arrêt).

6. Quel est, en ce qui concerne la nature de leurs fonctions, le caractère des sapeurs-pompiers? Il y a fort peu de décisions sur cette question. Aux termes d'un arrêt de la cour de Bourges, le capitaine d'une compagnie de pompiers organisée par le maire d'une ville doit être considéré comme dépositaire de la force publique, lorsque l'organisation de la compagnie a été sanctionnée par l'autorité supérieure (Bourges, 20 août 1829, aff. Boucheron, *Rép.* v° *Fonctionnaire public*, n° 142). Jugé, d'autre part, en sens contraire, que les sapeurs-pompiers ne doivent pas être considérés comme des fonctionnaires publics (Civ. rej. 2 déc. 1850, aff. De Christol, D. P. 50. 1. 341).

7. En ce qui concerne l'application de l'art. 224 c. pén., relatif aux outrages commis dans l'exercice ou à l'occasion de l'exercice des fonctions, il a été jugé : 1° que les sapeurs-pompiers qui, sur l'ordre de l'autorité municipale, procèdent à la visite des fours et cheminées, doivent être considérés comme des citoyens chargés d'un ministère de service public au sens de l'art. 224 c. pén. (Dijon, 20 mai 1879, aff. Picard, D. P. 93. 2. 41, notes 6 et 7-a) ; — 2° Que le commandant d'une compagnie de sapeurs-pompiers, régulièrement et légalement organisée, a le caractère d'un citoyen chargé d'un ministère de service public, et qu'en conséquence l'outrage qui lui est adressé tombe sous l'application de l'art. 224 c. pén. (Toulouse, 29 juin 1892, aff. Martimor, D. P. 93. 2. 41) ; — 3° Que le fait de dire publiquement « vous n'êtes qu'un drôle ! » à un commandant de sapeurs-pompiers, dans l'exercice de ses fonctions ou à l'occasion de cet exercice, constitue le délit d'outrage par paroles prévu et puni par l'art. 224 c. pén. ... alors d'ailleurs qu'il n'y a eu aucune provocation de la part du chef de sapeurs-pompiers (Même arrêt).

8. Au point de vue de l'action en justice, il a été décidé que les membres d'une compagnie de sapeurs-pompiers peuvent s'engager *ut singuli* les uns envers les autres, et poursuivre en justice, par l'intermédiaire de l'un d'eux auquel ils donnent pouvoir à cet effet, l'exécution de ces engagements ; en conséquence, la demande ainsi formée procède bien, tant que le défendeur n'y oppose pas l'exception tirée de la maxime qu'*on ne plaide pas par procureur* (Civ. cass. 24 nov. 1875, aff. Lété, D. P. 76. 1. 115).

9. — II. RECRUTEMENT. — En ce qui concerne la formation des corps de sapeurs-pompiers, l'art. 6 du décret de 1875 dispose que toute commune qui veut obtenir l'autorisation de former un corps de sapeurs-pompiers doit justifier qu'elle possède un matériel de secours suffisant ou les ressources nécessaires pour l'acquérir. Elle doit, en outre, s'engager à subvenir pendant une période minimum de cinq ans aux dépenses énumérées dans l'art. 29. La délibération qui est transmise au préfet énonce les voies et moyens à l'aide desquels le conseil municipal compte pourvoir à la dépense et indique les avantages et immunités qu'il se propose d'accorder aux sapeurs-pompiers.

10. Il résulte des dispositions de cet article que les compagnies de pompiers étant des institutions communales qui fonctionnent sous la surveillance de l'autorité municipale, les mesures prises par les pompiers pour l'extinction d'un incendie et dans l'ordre de leur service engagent la responsabilité de la commune à l'égard des particuliers dont les propriétés placées hors des atteintes du feu ont subi un dommage par suite de l'exécution de ces mesures (Req. 3 janv. 1883, aff. Commune de Charenton, D. P. 83. 1. 211). Spécialement, lorsque les pompiers ont brisé la porte d'une propriété pour se procurer l'eau nécessaire à l'alimentation de leurs pompes, la commune est tenue d'indemniser le propriétaire des dégradations ainsi commises ; et il importe peu que ces dégradations aient eu lieu en dehors de toute intervention de l'autorité municipale et par

le fait d'un pompier étranger à la compagnie de la commune (Même arrêt).

11. L'engagement pris par une commune de subvenir pendant cinq ans aux dépenses d'un corps de sapeurs-pompiers constitue pour elle, durant ce laps de temps, une dépense obligatoire aux termes de l'art. 136 de la loi du 5 avr. 1884 (D. P. 84. 4. 62. V. *suprà*, v° *Commune*, n° 338), dépense dont la durée ne peut être prolongée toutefois sans l'assentiment du conseil municipal. Décidé à cet égard : 1° que la délibération par laquelle le conseil municipal, après l'expiration de la période de cinq années pendant laquelle la commune avait pris à sa charge l'entretien d'une subdivision de pompiers, vote la suppression de cette subdivision doit être entendue comme contenant un refus de renouveler le précédent engagement et, par suite, ne constitue pas un empiétement sur les pouvoirs du Gouvernement auquel l'art. 4. du décret du 29 déc. 1875 donne le droit de prononcer la dissolution du corps de sapeurs-pompiers (Cons. d'Et. 23 janv. 1891, aff. Commune de Montagnac, 1re espèce, D. P. 92. 3. 76) ; — 2° Que lorsqu'une commune, après l'expiration du délai pendant lequel elle s'était engagée à subvenir aux dépenses d'une subdivision de sapeurs-pompiers, n'a pas renouvelé son engagement, le payement de cette subvention ne constitue pas une dépense obligatoire et que par suite le préfet ne peut, sans excès de pouvoir, inscrire au budget un crédit destiné à y pourvoir (Cons. d'Et. 23 janv. 1891, aff. Commune de Montagnac, 2e espèce, D. P. 92. 3. 76).

12. En ce qui touche l'engagement en lui-même dont parle l'art. 6, il a été jugé que le conseil municipal en contractant, au nom de la commune, l'engagement de subvenir pendant une période de cinq ans aux dépenses d'une compagnie de sapeurs-pompiers, peut limiter à un nombre d'hommes déterminé l'effectif en vue duquel il contracte cet engagement et que, par suite, le préfet en organisant la compagnie ne peut, sans excès de pouvoir, en fixer l'effectif à un chiffre plus élevé que celui qui a été déterminé par le conseil municipal (Cons. d'Et. 19 nov. 1886, aff. Commune de Mesnil-Verclives, D. P. 88. 3. 17, et les conclusions conformes de M. le commissaire du Gouvernement Gauwain). Mais le préfet agit dans la limite de ses pouvoirs lorsque, à la suite d'une délibération par laquelle le conseil municipal, à l'expiration d'une période quinquennale, a pris l'engagement d'entretenir une subdivision de sapeurs-pompiers à un effectif déterminé, inférieur à celui qui avait été fixé pour la période antérieure, il réorganise cette subdivision d'après l'effectif fixé par le conseil municipal (Cons. d'Et. 12 févr. 1892, aff. Rigoutat, D. P. 93. 3. 56).

13. Le recrutement des sapeurs-pompiers se fait, aux termes de l'art. 7 du décret de 1875, au moyen d'engagements volontaires (*Rép.*, n°s 3 et 4) parmi les hommes qui ont satisfait à la loi du recrutement ou qui, bien qu'appartenant à l'armée active, à la réserve ou à l'armée territoriale, sont laissés ou renvoyés dans leur foyers. Ils restent soumis à toutes les obligations que leur impose la loi militaire et sont choisis de préférence parmi les anciens officiers, sous-officiers et soldats du génie et de l'artillerie, les agents des ponts et chaussées, des mines et du service vicinal, les ingénieurs, les architectes et les ouvriers d'art. Le service des sapeurs-pompiers est incompatible avec les fonctions de maire et d'adjoint (art. 8) ; en sont exclus les individus privés, par jugement, de tout ou partie de leurs droits civils (art. 9). Mais il n'y a pas incompatibilité entre les fonctions de sapeur-pompier et celle de conseiller municipal, l'indemnité qu'il reçoivent ou peuvent recevoir de la commune n'étant pas de nature à les faire considérer comme agents salariés communaux (Cons. d'Et. 20 mars 1885, aff. Election de Sainte-Colombe, D. P. 86. 5. 175-176).

14. D'après l'art. 10 du décret du 29 déc. 1875, l'admission dans les corps de sapeurs-pompiers est prononcée : pour les corps déjà constitués par le conseil d'administration des corps ; pour ceux à créer ou à réorganiser, par une commission composée du maire ou de son adjoint, président ; de deux membres du conseil municipal nommés par le conseil et de trois délégués choisis par le préfet. Cet article prévoit ainsi deux hypothèses bien distinctes. Aussi a-t-il été décidé, conformément à cette distinction, qu'il ne doit être procédé à l'admission des membres d'une compagnie

de sapeurs-pompiers par une commission constituée d'après le second paragraphe de l'art. 10 du décret du 29 déc. 1875, que dans le cas où le préfet croit devoir faire procéder à la réorganisation de ce corps, et que, quand il n'estime pas qu'il y ait lieu de procéder ainsi, l'admission des nouveaux membres doit être prononcée par le conseil d'administration, conformément au premier paragraphe de l'article précité, alors même que la très grande majorité des membres de la compagnie se sont retirés (Cons. d'Et. 13 mars 1885, aff. Commune de Crent, D. P. 86. 3. 116).

15. Le maire, dans le second des cas prévus par l'art. 10, n'agit que comme président de la commission ; aussi a-t-il été jugé que c'est à la commission spéciale prévue par l'art. 10 du décret du 29 déc. 1875, et non au maire, qu'il appartient de statuer sur les demandes en renouvellement d'engagement en cas de réorganisation d'un corps de sapeurs-pompiers (Cons. d'Et. 12 févr. 1892, cité *suprà*, n° 12).

16. En ce qui concerne l'autorité qui s'attache aux décisions émanées de la commission de l'art. 10, il a été jugé que celles par lesquelles les commissions chargées de réorganiser les corps de sapeurs-pompiers, conformément au décret du 29 déc. 1875, refusent d'admettre un particulier dans ces corps, sont des actes de pure administration qui échappent à tout recours contentieux (Cons. d'Et. 7 déc. 1877, aff. Lehlouc, D. P. 78, 3. 45).

17. Aux termes de l'art. 11 du décret organique de 1875, tout sapeur-pompier prend, au moment de son admission, l'engagement écrit de servir pendant cinq ans et de se soumettre à toutes les obligations résultant du règlement du service tel qu'il sera arrêté en exécution de l'art. 16. Cet engagement, toujours renouvelable, ne peut être résilié que pour les causes reconnues légitimes par le conseil d'administration ; et tout sapeur-pompier qui se retire avant l'expiration de son engagement, ou qui est rayé des contrôles, perd tous ses droits aux avantages pécuniaires ou autres auxquels il pouvait prétendre ; cette dernière disposition peut même être accompagnée d'une clause pénale. Il a été jugé, à cet égard, que la clause du règlement d'une compagnie de sapeurs-pompiers en vertu de laquelle tout pompier qui quitte sa compagnie sans se faire remplacer est tenu de payer une amende, constitue une convention purement privée dont, par suite, l'exécution rentre dans la compétence des tribunaux civils (Civ. cass. 24 nov. 1851, aff. Lété, D. P. 76. 1. 115).

18. Les sapeurs-pompiers d'une commune forment, suivant l'effectif, une subdivision de compagnie, une compagnie ou un bataillon, la force numérique d'un bataillon, dont la composition de l'état-major est réglée par arrêté ministériel, ne pouvant dépasser cinq cents hommes (art. 12 du décret de 1875). Les cadres des divers corps sont fixés par l'art. 13.

§ 3. — Administration, service et discipline.

19. — I. ADMINISTRATION. — Ainsi qu'on l'a vu *suprà*, n° 14, le conseil d'administration statue sur l'admission des sapeurs-pompiers dans les corps déjà constitués (art. 10). C'est encore à lui qu'il appartient de prononcer sur la légitimité des causes produites par chaque sapeur-pompier pour la résiliation de son engagement quinquennal (art. 11). Il lui appartient enfin, aux termes de l'art. 26, d'infliger certaines peines disciplinaires.

20. Sa composition, tant pour les subdivisions que pour les compagnies, est déterminée par l'art. 15. Il a été décidé, à cet égard : 1° que le conseil d'administration peut délibérer valablement nonobstant la démission de plusieurs de ses membres, alors que la majorité dudit conseil prend part à la délibération (Cons. d'Et. 18 mars 1885, aff. Commune de Crent, D. P. 86. 3. 116) ; 2° Qu'un officier d'une compagnie de sapeurs-pompiers peut siéger au conseil d'administration, bien qu'il n'ait pas été reconnu devant la compagnie assemblée (Même arrêt).

21. — II. SERVICE ET COMMANDEMENT. — Aux termes de l'art. 16, le service est réglé, dans chaque commune, par un arrêté municipal pris sur la proposition du chef de corps et soumis à l'approbation du préfet ; ce règlement doit être combiné de façon à laisser aux sapeurs-pompiers le temps et la liberté nécessaires à l'accomplissement de leurs devoirs religieux les dimanches et jours de fête. Les commandants peuvent, en se conformant aux dispositions de ce règlement, prendre toutes les mesures et donner tous les ordres relatifs au service ordinaire, aux revues, aux manœuvres et exercices ; ils doivent, au préalable, en aviser l'autorité municipale (art. 17). Hors le cas d'incendie et les services d'escorte ou autres prévus au règlement, aucun rassemblement de sapeurs-pompiers, avec ou sans uniforme, ne peut avoir lieu sans l'autorisation préalable du maire de la commune qui doit avertir en temps utile le sous-préfet et le préfet, ceux-ci pouvant toujours les ajourner ou les interdire. Quant aux réunions en dehors de la commune, sauf le cas d'incendie, elles ne peuvent avoir lieu sans l'autorisation expresse du préfet. L'autorisation du ministre de l'intérieur est même nécessaire, lorsque la réunion a lieu en dehors des limites du département (art. 18). Tout homme faisant partie d'un corps de sapeurs-pompiers doit obéissance à ses supérieurs. Les chefs de corps doivent obtempérer aux réquisitions du maire, du sous-préfet, du préfet ou de l'autorité militaire, qu'il s'agisse, soit d'organiser un service d'ordre ou un service d'honneur, soit de porter secours, en cas d'incendie ou autre sinistre, dans les limites ou hors des limites de la commune (art. 19). En cas d'incendie, la direction et l'organisation des secours appartiennent exclusivement à l'officier commandant ou au sapeur-pompier le plus élevé en grade, qui donne seul des ordres aux travailleurs ; mais l'autorité locale conserve ses droits pour le maintien de l'ordre pendant le sinistre (art. 20). Lorsque les corps de plusieurs communes se trouvent réunis sur le lieu d'un sinistre, le commandement appartient à l'officier le plus élevé en grade et, en cas d'égalité de grade, au plus ancien ; à égalité de grade, l'officier qui a dirigé les premières opérations conserve le commandement (art. 21).

22. Aux termes de l'art. 33 du décret de 1875, il pourra être créé, dans les départements où le conseil général aura voté les fonds nécessaires, un emploi d'inspecteur du service des sapeurs-pompiers lequel sera nommé par le préfet ; plusieurs départements pourront même être réunis en une seule inspection par arrêté du ministre de l'intérieur, qui pourvoira, dans ce cas, à la nomination.

23. — III. DISCIPLINE. — Les peines disciplinaires applicables tant aux officiers qu'aux sous-officiers, caporaux et sapeurs-pompiers, sont déterminées par les art. 23 à 26 du décret de 1875 ; elles peuvent aller jusqu'à une amende proportionnelle et à la radiation des contrôles. Aux termes de l'art. 26, si un officier néglige ses devoirs, commet une faute contre la discipline ou tient une conduite qui compromet son caractère et porte atteinte à l'honneur du corps, le maire, ou le chef de corps par l'intermédiaire du maire, en réfère au préfet qui prononce ou provoque l'application des mesures prévues au paragraphe 2 de l'art. 5.

24. Avant la loi du 25 août 1871, qui a dissous les gardes nationales de France, il avait été décidé que, les compagnies de sapeurs-pompiers ne faisant partie de la garde nationale que lorsqu'elles sont formées par des volontaires, en exécution de l'art. 34 de la loi de 1831, et non lorsqu'elles constituent des corps soldés par le Gouvernement ou par les communes, il y avait lieu d'annuler le jugement par lequel un conseil de discipline de la garde nationale se déclarait compétent pour statuer sur la prévention dirigée contre un sapeur-pompier, sans spécifier à quelle catégorie appartenait le corps dont le prévenu faisait partie (Crim. cass. 3 févr. 1871, aff. Dumas, D. P. 71. 1. 31).

§ 4. — Armement, dépenses et pensions, distinctions honorifiques.

25. — I. ARMEMENT. — Ce qui a trait à l'uniforme des sapeurs-pompiers est prévu par l'art. 27. — En ce qui concerne l'armement, l'art. 28 rend les communes responsables, sauf leur recours contre les sapeurs-pompiers, des armes que le Gouvernement peut leur délivrer, ces armes restant, d'ailleurs, la propriété de l'Etat ; l'entretien de l'armement est à la charge du sapeur-pompier ; quant aux réparations, en cas d'accident causé par le service, elles sont à la charge des communes. En cas de suspension ou de dissolution d'un corps de sapeurs-pompiers, les armes qui lui sont confiées doivent être immédiatement réintégrées dans les arsenaux par les soins de l'autorité militaire et aux frais de la com-

mune. En cas de réintégration d'armes dans les magasins de l'Etat, les procès-verbaux constatant le montant des réparations à la charge des communes sont dressés par les soins de l'autorité militaire et transmis au ministre de l'intérieur, qui les notifie aux communes et fait poursuivre le recouvrement des sommes dont elles sont constituées débitrices (Même art. 28).

26. On doit assimiler aux cas de suspension ou de dissolution celui où le conseil municipal n'a pas renouvelé l'engagement quinquennal de l'art. 6. Jugé, à cet égard, que l'arrêté par lequel un maire se borne à inviter les sapeurs-pompiers dont l'engagement n'a pas été renouvelé, à restituer les armes et effets d'équipement qui leur avaient été délivrés, ne constitue pas une décision susceptible d'être déférée au conseil d'Etat (Cons. d'Et. 12 févr. 1892, aff. Rigoutat, D. P. 93. 3. 56).

27. — II. Dépenses. — Les dépenses prévues à l'art. 6, pour les communes qui demandent l'autorisation de créer des corps de sapeurs-pompiers, sont énumérées dans l'art. 29; elles sont réglées par le maire, mandatées par le chef de corps et acquittées de la même manière que les autres dépenses municipales.

28. — III. Pensions. — Jugé que le préfet peut, sur le refus du maire de mandater une dépense régulièrement inscrite au budget communal sous le titre d'indemnité aux sapeurs-pompiers, prescrire au receveur municipal d'en remettre le montant entre les mains du trésorier de la compagnie des sapeurs-pompiers (Cons. d'Et. 13 juill. 1883, aff. Commune de Saint-Michel-en-l'Herin, D. P. 85, 3. 43). Dans les communes possédant un corps de sapeurs-pompiers où il est créé une caisse de secours et de retraites, cette caisse peut être constituée et administrée conformément aux art. 8 et 10 de la loi du 5 avr. 1851, relative aux secours et pensions à accorder aux sapeurs-pompiers ou gardes nationaux victimes de leur dévouement dans les incendies, à leurs veuves et à leurs enfants (D. P. 51. 4. 62). Elle peut être aussi organisée sous forme de société de secours mutuels approuvée, et sera alors régie par les lois et décrets relatifs aux associations de cette nature (art. 30). Les ressources de cette caisse sont établies par l'art. 31.

Il a été jugé : 1° qu'un officier de sapeurs-pompiers de Paris asphyxié dans la chambre à coucher qu'il occupait à la caserne, par suite d'une fuite accidentelle de gaz, ne peut être considéré ni comme ayant été tué dans un service commandé; que, par suite, sa veuve n'a pas droit à pension en vertu de l'art. 19 de la loi de 1831 (Cons. d'Et. 26 déc. 1891, aff. Jacquemart, D. P. 93, 3. 27); — 2° Que les membres retraités d'une société mutuelle de retraite de sapeurs-pompiers, bien que dispensés de tout service actif, peuvent néanmoins, aux termes des règlements du corps, demeurer membres de cette société, et, comme tels, être soumis à ces règlements (Grenoble, 8 janv. 1884, aff. Jolly, D. P. 85. 2. 37). Et lorsqu'il en est ainsi, la pension de retraite qu'ils ont obtenue ne constitue pas pour eux un droit acquis et peut être perdue s'ils encourent l'exclusion (Même arrêt). Notamment, lorsque les règlements portent que celui qui commet une faute contre l'honneur doit être exclu de la société, le membre retraité qui a été condamné pour vol est à bon droit frappé d'exclusion et privé de sa pension de retraite (Même arrêt).

29. — IV. Distinctions honorifiques. — Aux termes de l'art. 32, les sapeurs-pompiers qui compteront trente années de service et auront fait constamment preuve de dévouement pourront recevoir du ministre de l'intérieur un diplô-

me d'honneur. Des médailles seront accordées par décret du président de la République à ceux d'entre eux qui se seront particulièrement signalés. En cas de condamnation criminelle ou correctionnelle, la médaille pourra être retirée par décret. Une circulaire du ministre de l'intérieur interdit aux sapeurs-pompiers de porter ostensiblement les médailles honorifiques autres que celles qui leur auraient été délivrés par le Gouvernement, notamment celles accordées par les villes, les sociétés de sauvetage ou les sociétés d'assurances contre l'incendie (Circ. min. int. 12 mars 1858, D. P. 58. 3. 32).

§ 5. — Ville de Paris.

30. Ainsi qu'on l'a dit *suprà*, n° 3, le corps des sapeurs-pompiers de la ville de Paris est, au point de vue militaire, régi par des dispositions spéciales, et le décret du 29 déc. 1875 ne lui est applicable que dans les limites compatibles avec l'organisation municipale parisienne. On a indiqué au *Rép.*, n° 48, un certain nombre de documents relatifs aux sapeurs-pompiers de la ville de Paris, et fait partie intégrante de l'arme de l'infanterie. L'art. 2 décide que tous les emplois de nouvelle création sont donnés, soit à l'avancement du corps, soit à des officiers déjà pourvus du grade et appartenant à l'arme de l'infanterie. La composition du régiment en hommes et officiers est réglée par un tableau annexé à l'art. 3 dudit décret.

31. Les sapeurs-pompiers de la ville de Paris sont soumis au régime militaire, ainsi que cela résulte des dispositions du décret du 1866 (D. P. 67. 4.) portant réorganisation de ce corps et qui est toujours en vigueur. Aux termes de l'art. 1 de ce décret, le bataillon de sapeurs-pompiers de la ville de Paris forme un régiment de deux bataillons de six compagnies chacun, qui prend la dénomination *de régiment de sapeurs-pompiers de Paris* et fait partie intégrante de l'arme de l'infanterie. L'art. 2 décide que tous les emplois de nouvelle création sont donnés, soit à l'avancement du corps, soit à des officiers déjà pourvus du grade et appartenant à l'arme de l'infanterie. La composition du régiment en hommes et officiers est réglée par un tableau annexé à l'art. 3 dudit décret.

32. Le décret de 1866 est implicitement confirmé par la loi du 12 mars 1875 (D P. 75. 4. 129) relative à la constitution des cadres et des effectifs de l'armée active et de l'armée territoriale. L'art. 1-5° de cette loi dit que l'armée active se compose de : ... 5° du régiment de sapeurs-pompiers de la ville de Paris. L'art. 33 ajoute que les sapeurs-pompiers de la ville de Paris constituent un régiment d'infanterie dont la composition est réglée par le tableau n° 7 de la série A annexée à la présente loi, composition qui peut être modifiée de concert avec la ville de Paris et suivant les besoins du service par décret du président de la République.

33. Aux termes de l'art. 16-1° de la loi du 13 brum. an 7 sur le timbre, sont exempts du droit et de la formalité du timbre : «...Les engagements, enrôlements, congés, certificats, cartouches, passeports, quittances pour prêts et fournitures, billets d'étapes, de subsistances et de logement, et autres pièces ou écritures concernant les gens de guerre, tant pour le service de terre que pour le service de mer ». En exécution de cette disposition, il a été décidé que les sapeurs-pompiers constitués militairement faisant partie intégrante de l'armée (L. 13 mars 1875, art. 1er-5° et 33) et devant, dès lors, être assimilés aux gens de guerre, les quittances qu'ils fournissent pour les gratifications qui leur sont distribuées sont exemptes du timbre (Décis. min. fin. 19 janv. 1881, D. P. 81. 5. 364-365). Mais l'assimilation aux gens de guerre ne pouvant être étendue aux sapeurs-pompiers non organisés militairement et qui dépendent du ministère de l'intérieur, l'exemption du timbre ne s'applique pas aux quittances qu'ils souscrivent (Même décision. Comp. *Code annoté de l'enregistrement*, n°s 14240 et suiv.).

Table sommaire
des matières contenues dans le Supplément et le Répertoire.

(Les chiffres précédés de la lettre S renvoient au Supplément; les chiffres précédés de la lettre R renvoient au Répertoire.)

Conseil d'adminis- tration — attributions S. 19. — composition S. 20. — recrutement S. 14. Corps soldés, non soldés S. 1 ; R. 2. Discipline S. 23 s. — amende, radiation S. 23; R. 12. — conseil de discipline, attributions, com- position R. 12. — garde nationale, com- pétence S. 24. — infractions, compé- tence R. 11.	Dissolution S. 5. — armes, réintégration, procès-verbal S. 25. Distinctions honori- fiques S. 29. Garde nationale — dissolution S. 1. — service ordinaire R. 7. Logement militaire — exemption R. 14. Organisation S. 4 s. — officiers (nomination) S. 4 ; (révoca- tion) S. 5.	— préfet, règlements R. 6. — réunions en armes S. 4. — service spécial S. 4. — sous-officiers et capo- raux, nomination S. 5. Outrages — exercice des fonctions, pénalités S. 7. Pension S. 28. Ports militaires R. 16. Recrutement S. 9 s. — admission, commis-	sion spéciale S.14; (décisions, carac- tère) S. 16; (mai- re, président) S. 15. — admission, conseil d'administration S. 14. — commune, autorisa- tion, justifications préalables S. 9. — engagement (de ser- vice, durée, rési- liation, clause pé- nale S. 17; (volon- taire) S. 13; R. 3 s. — exclusion S. 13. — incompatibilités, in-	demnité commu- nale S. 13. — inscription d'office, recours R. 4. Service et comman- dement S. 21 s.; — inspection, conseil général, subven- tion S. 22. — manœuvres et exerci- ces, caractère R. 9. — réquisition (autorités compétentes) S.21; (solde) R. 8. — réunions, autorisa-	tions préalables S. 21. Suspension — armes, réintégration, procès-verbal S.25 — durée S. 5. Uniforme S. 25. Ville de Paris S. 30 s.; R. 18. — cadres et effectifs, ar- mée active S. 31 s. — régime militaire S. 31; R. 18. — services accessoires R. 18. — timbre, exemption S. 33.

Table chronologique des Lois, Arrêts, etc.

An 7. 13 brum. Loi. 33 c. 1829. 20 août. Bourges. 6 c. 1831. 11 avr. Loi. 18 c. 1850. 2 déc. Civ. 6 c. 1851. 5 avr. Loi.	24 c., 28 c. 1852. 11 janv. Décr. 4 c. 1858. 12 mars. Circ. min. 29 c. 1866. 5 déc.Décr. 31 c., 32 c. 1867. 28 févr. Circ. min. 4 c.	1871.3 févr.Crim. 24 c. —25 août. Loi. 1 c., 4 c., 24 c. 1875. 12 mars. Loi. 32 c. —13 mars. Loi.33 c. —24 nov. Civ.8 c.,	17 c. —29 déc. Décr. 1 c., 13 c., 14 c. 15 c., 16 c., 17 c., 18 c., 22 c. 1877.7 déc.Cons. d'Et. 16 c.	1879. 31 janv. Cons. d'Et. 5 c. —20mai. Dijon.7c. 1881. 19 janv. Décis. min. fin. 33 c. 1882.3 janv. Req. 10 c.	1883. 13 juill. Cons. d'Et. 27 c. 1884. 8 janv.Gre- noble. 28 c. —5 avr. Loi. 11 c. 1885. 13 mars. Cons. d'Et.14 c., 20 c.	—20 mars. Cons. d'Et. 13 c. 1886. 19 nov. Cons. d'Et. 12c. 1891. 23 janv. Cons. d'Et. 1re espèce. 11 c. —23 janv. Cons.	d'Et. 2e espèce. 11 c. —26 déc. Cons. d'Et. 7 c. 1892. 12 févr. Cons. d'Et.12 c., 15 c., 26 c. —29 juin.Toulouse. 7 c.

SAUF-CONDUIT. — V. *Rép.*, eod. v°, et *suprà*, v^is *Appel civil*, n° 39 ; *Contrainte par corps*, n° 113 ; *Faillites et banqueroutes, liquidations judiciaires*, n°s 149, 773 et suiv., 1379 ; *Prises maritimes*, n°s 94 et 297 ; — et *infrà*, v^is *Témoin*, et *Rép.* eod. v°, n° 67.

SAUVETAGE. — V. outre les renvois indiqués au *Répertoire, suprà*, v^is *Acte de commerce*, n° 365 ; *Assurances terrestres*, n°s 196 et suiv. ; *Douanes*, n°s 417 et suiv. ; *Droit maritime*, n°s 660, 689, 1206, 1528 et suiv., 2018 et suiv. ; *Organisation maritime*, n°s 203 et suiv.

SAVOIE-NICE.

1. Le traité du 24 mars 1860 qui a réuni à la France la Savoie et l'ancien comté de Nice, traité promulgué par le décret du 11 juin suivant (D. P. 60. 4. 67), a donné naissance à plusieurs lois et décrets ayant pour but d'introduire dans ces provinces l'ensemble de la législation française. La mise en vigueur du nouveau régime, en causant aux intérêts privés des froissements inévitables en pareil circonstance, a également donné lieu à de nombreuses décisions de jurisprudence dont plusieurs ont été examinées ou le seront ultérieurement sous les mots auxquels elles se rapportent. Aussi nous contenterons-nous, après avoir présenté le tableau de l'ensemble des lois et décrets relatifs à la Savoie et au comté de Nice, de rapporter ici les documents de jurisprudence qui, pour une raison quelconque, n'ont pu trouver place sous la rubrique qui leur convenait, renvoyant pour les autres aux divers traités contenus dans le *Supplément au Répertoire*.

2. On remarquera, en parcourant ce tableau de législation, qu'il n'y figure presque que des décrets. C'est la conséquence des art. 2 et 3 du sénatus-consulte du 12 juin 1860 (D. P. 60. 4. 68) qui, après examen du traité du 24 juin 1860, a, en vertu des pouvoirs que lui conférait la constitution du 14 janv. 1852, décrété dans son art. 1 la réunion à la France de la Savoie et du comté de Nice. Ces articles 2 et 3 sont ainsi conçus : « Art. 2. La répartition des territoires réunis à la France en ressorts de cours impériales et en départements sera établie par une loi. — Art. 3. Les diverses mesures relatives à l'assiette des lignes de douanes et toutes dispositions nécessaires pour l'introduction du régime français dans ces territoires pourront être réglées par décrets impériaux rendus avant le 1er janv. 1861. Ces décrets auront force de loi ».

Cette dernière phrase de l'art. 3 paraît trop générale ; c'est ce qui résulte d'un arrêt du conseil d'État du 22 janv. 1863, rapporté *suprà*, v° *Lois*, n° 24, et qui distingue à cet égard entre ceux de ces décrets qui ont eu pour objet de prendre les mesures prévues par cet article et ceux qui n'édictent que des mesures d'application des premiers.

TABLEAU DE LA LÉGISLATION RELATIVE A LA SAVOIE ET AU COMTÉ DE NICE

11-12 juin 1860. — Décret impérial portant promulgation du traité relatif à la réunion de la Savoie et de l'arrondissement de Nice à la France conclu le 24 mars 1860 entre la France et la Sardaigne (D. P. 60. 4. 67).

12-14 juin 1860. — Sénatus-consulte concernant la réunion à la France de la Savoie et de l'arrondissement de Nice (D. P. 60. 4. 68).

12-18 juin 1860. — Décret impérial relatif au service des douanes en Savoie et dans l'arrondissement de Nice (D. P. 60. 4. 69).

12-18 juin 1860. — Décret impérial relatif au service judiciaire en Savoie et dans l'arrondissement de Nice (D. P. 60. 4. 69).

12-18 juin 1860. — Décret impérial portant que la justice sera rendue au nom de l'empereur en Savoie et dans l'arrondissement de Nice (D. P. 60. 4. 69).

12-18 juin 1860. — Décret impérial relatif à l'application des lois pénales et d'instruction criminelle en Savoie et dans l'arrondissement de Nice (D. P. 60. 4. 70).

13-18 juin 1860. — Décret impérial relatif à la vente du sel, des tabacs, des poudres à feu et du plomb de chasse, à la taxe des lettres, à la perception des contributions directes ou indirectes, des droits d'enregistrement, de timbre, etc., en Savoie et dans l'arrondissement de Nice (D. P. 60. 4. 69).

13 juin-11 août 1860. — Décret impérial portant que les départements de la Savoie et de la Haute-Savoie forment une académie dont le chef-lieu est à Chambéry (*Bull.*, n° 8025; D. P. 60. 4. 132).

13 juin-11 août 1860. — Décret impérial portant que le département des Alpes-Maritimes fait partie de la circonscription de l'académie d'Aix (*Bull.*, n° 8026; D. P. 60. 4. 132).

13 juin-11 août 1860. — Décret impérial portant création d'un lycée impérial dans chacune des villes de Nice et de Chambéry (D. P. 60. 4. 132).

13 juin-11 août 1860. — Décret impérial relatif aux collèges, écoles et autres établissements d'instruction publique existant en Savoie et dans l'arrondissement de Nice (*Bull.*, n° 8024; D. P. 60. 4. 132).

14 juin-11 août 1860. — Décrets impériaux qui créent des écoles normales primaires à Nice et à Chambéry (D. P. 60. 4. 132).

18-22 juin 1860. — Décret impérial relatif aux attributions de plusieurs bureaux de douanes sur les nouvelles frontières de l'empire du côté de la Savoie et du côté de Nice (D. P. 60. 4. 75).

18-29 juin 1860. — Décret impérial qui rend applicable aux territoires de la Savoie et de Nice les droits de navigation, les taxes de plombage et d'estampillage, et, en général, les lois, ordonnances, décrets et règlements concernant le régime des douanes en France (D. P. 60. 4. 77).

18 juin-10 juill. 1860. — Décret impérial sur l'organisation de la gendarmerie dans les départements de la Savoie, de la Haute-Savoie et des Alpes-Maritimes (D. P. 60. 4. 80).

25-29 juin 1860. — Décret impérial qui rend applicables au département de la Savoie, à celui de la Haute-Savoie et à l'arrondissement de Nice, les lois, décrets et ordonnances relatifs à la perception des droits de timbre (D. P. 60. 4. 78).

25-29 juin 1860. — Décret impérial qui : 1° rend applicables aux départements de la Savoie, de la Haute-Savoie et des Alpes-Maritimes les lois, décrets et ordonnances concernant le titre des matières d'or et d'argent et la perception des droits de garantie; 2° crée des bureaux de garantie à Chambéry et à Nice (D. P. 60. 4. 78).

25-29 juin 1860. — Loi portant répartition des territoires de la Savoie et de Nice en ressorts de cours impériales et en départements (D. P. 60. 4. 78).

25 juin-10 juill. 1860. — Décret impérial qui établit la division en arrondissements et cantons des départements de la Savoie et de la Haute-Savoie (D. P. 60. 4. 81).

28 juin-12 juill. 1860. — Décret impérial portant que les lois et décrets relatifs au service des lignes télégraphiques de l'empire français sont applicables aux nouveaux départements de la Savoie, de la Haute-Savoie et des Alpes-Maritimes (D. P. 60. 4. 83).

28 juin-12 juill. 1860. — Décret impérial qui prescrit la publication et l'exécution dans les départements de la Savoie et de la Haute-Savoie des lois sur l'organisation et les attributions des conseils généraux et des conseils d'arrondissement, et sur l'organisation et les attributions municipales (D. P. 60. 4. 83).

28 juin-12 juill. 1860. — Décret impérial relatif à la position des officiers et des fonctionnaires et employés militaires originaires de la Savoie et du département des Alpes-Maritimes, passant du service de Sardaigne au service de France (D. P. 60. 4. 89).

30 juin-12 juill. 1860. — Décret impérial portant que la qualité de Français pourra être réclamée par les sujets sardes majeurs, et dont le domicile est établi en Savoie dans l'arrondissement de Nice, et par les sujets sardes encore mineurs nés dans lesdits pays (D. P. 60. 4. 83).

30 juin-12 juill. 1860. — Décret impérial portant que les lois et dispositions relatives au recrutement de l'armée sont exécutoires en 1860 dans les départements de la Savoie, de la Haute-Savoie et des Alpes-Maritimes (D. P. 60. 4. 83).

2-19 juill. 1860. — Décret impérial qui déclare applicable au département des Alpes-Maritimes (arrondissements de Nice et de Puget-Théniers) le décret du 28 juin 1860 relatif à l'exécution dans les départements de la Savoie et de la Haute-Savoie des lois sur l'organisation départementale et municipale (D. P. 60. 4. 89).

2 juill.-14 sept. 1860. — Décret impérial qui déclare applicables aux départements de la Savoie, de la Haute-Savoie et des Alpes-Maritimes les art. 7, 8 et 9 de la loi du 3 déc. 1849, sur le séjour des étrangers en France (Bull., n° 8202; D. P. 60. 4. 146).

2 juill.-11 sept. 1860. — Décret impérial qui déclare applicables aux départements de la Savoie, de la Haute-Savoie et des Alpes-Maritimes les lois, ordonnances et décrets relatifs à la presse, à l'imprimerie, à la librairie, à la propriété littéraire et au colportage (Bull., n° 8201; D. P. 60. 4. 145).

11-23 juill. 1860. — Décret impérial qui rend applicables aux départements de la Savoie et au département des Alpes-Maritimes les lois et règlements relatifs à l'exercice des poursuites en matière de contributions directes (D. P. 60. 4. 95).

11-23 juill. 1860. — Décret impérial qui fixe les frais d'administration des préfectures des départements des Alpes-Maritimes, de la Savoie et de la Haute-Savoie (D. P. 60. 4. 95).

11-23 juill. 1860. — Décret impérial qui arrête les cadres du personnel affecté aux services de police dont le préfet des Alpes-Maritimes sont investi dans la ville de Nice (D. P. 60. 4. 95).

21 juill.-3 août 1860. — Décret impérial qui déclare les lois de police et de sûreté publique applicables aux départements de la Savoie, de la Haute-Savoie et des Alpes-Maritimes (D. P. 60. 4. 131).

25 juill.-1er août 1860. — Décret impérial portant que les bureaux de douane de Pont-de-la-Caille, Saint-Jean-de-Maurienne, Chambéry et Nice sont ouverts à l'importation et au transit de la librairie en langues française et étrangère (D. P. 60. 4. 131).

28 juill.-14 août 1860. — Décret impérial qui rend applicables aux départements de la Savoie, de la Haute-Savoie et des Alpes-Maritimes les lois et règlements relatifs à l'assiette des contributions directes (Bull., n° 8055; D. P. 60. 4. 133).

1er-11 août 1860. — Décret impérial sur l'organisation judiciaire des départements de la Savoie, de la Haute-Savoie et des Alpes-Maritimes (D. P. 60. 4. 132).

1er-14 août 1860. — Décret impérial qui range dans les attributions du ministère de l'agriculture, du commerce et des travaux publics, l'enseignement industriel et commercial dans les départements de la Savoie, de la Haute-Savoie et des Alpes-Maritimes (Bull., n° 8037; D. P. 60. 4. 133).

1er-14 août 1860. — Décret impérial qui institue une bourse ou place gratuite dans les écoles impériales vétérinaires, pour chacun des départements des Alpes-Maritimes, de la Savoie et de la Haute-Savoie (Bull., n° 8058; D. P. 60. 4. 134).

1er août-7 sept. 1860. — Décret impérial qui déclare d'utilité publique l'établissement de deux chemins de fer dans

les départements de la Savoie et de la Haute-Savoie (Bull., n° 8183; D. P. 60. 4. 144).

2-14 août 1860. — Décret impérial concernant les membres de la Légion d'honneur qui ont recouvré la qualité de Français par suite de l'annexion de la Savoie et de l'arrondissement de Nice à l'empire (Bull., n° 8060; D. P. 60. 4. 134).

10-14 août 1860. — Décret impérial qui fixe le supplément de traitement accordé aux conseillers délégués pour présider les assises ordinaires dans les départements de la Haute-Savoie et des Alpes-Maritimes (Bull., n° 8067; D. P. 60. 4. 135).

11-18 août 1860. — Décret impérial qui déclare exécutoires dans les départements de la Savoie, de la Haute-Savoie et des Alpes-Maritimes les lois des 5 juill. 1844 et 31 mai 1856 sur les brevets d'invention (Bull., n° 8094; D. P. 60. 4. 136).

13 août-4 sept. 1860. — Décret impérial portant que le département des Alpes-Maritimes formera, avec le département du Var, un arrondissement forestier qui prendra le n° 34 (Bull., n° 8169; D. P. 60. 4. 142).

14-28 août 1860. — Décret impérial qui accorde amnistie aux insoumis originaires de la Savoie ou de l'arrondissement de Nice, aux déserteurs de l'armée de terre piémontaise originaires des mêmes pays (Bull., n° 8138; D. P. 60. 4. 140).

18 août-22 sept. 1860. — Décret impérial qui déclare applicables aux départements de la Savoie, de la Haute-Savoie et des Alpes-Maritimes, les dispositions des lois des 15 mars 1850 et 14 juin 1854, et du décret du 9 mars 1852, relatives à l'inspection des écoles primaires, à la nomination et à la révocation des instituteurs, etc. (Bull., n° 8219; D. P. 60. 4. 148).

22-25 août 1860. — Rapport et décret impérial sur l'application en Savoie et dans l'arrondissement de Nice des lois civiles, commerciales et de procédure civile qui régissent la France (Bull., n° 8131; D. P. 60. 4. 139).

22 août-4 sept. 1860. — Décret impérial qui déclare applicables aux départements de la Savoie, de la Haute-Savoie et des Alpes-Maritimes les lois et dispositions relatives aux dépôts de toute nature, aux consignations judiciaires ou administratives, etc. (Bull., n° 8171; D. P. 60. 4. 143).

22 août-7 sept. 1860. — Décret impérial qui prescrit la publication, dans les départements de la Savoie et de la Haute-Savoie des décrets organique et réglementaire du 2 févr. 1852 pour l'élection des députés au Corps législatif (Bull., n° 8188; D. P. 60. 4. 144).

22 août-7 sept. 1860. — Décret impérial qui prescrit la publication dans le département des Alpes-Maritimes des décrets organique et réglementaire du 2 févr. 1852, pour l'élection des députés au corps législatif (Bull., n° 8189; D. P. 60. 4. 145).

31 août-7 sept. 1860. — Décret impérial relatif aux traitements des membres de la magistrature des départements de la Savoie, de la Haute-Savoie et des Alpes-Maritimes (Bull., n° 8192; D. P. 60. 4. 145).

31 août-7 sept. 1860. — Décret impérial relatif aux traitements des membres des tribunaux de première instance de Chambéry et d'Annecy (Bull., n° 8193; D. P. 60. 4. 145).

31 août-14 sept. 1860. — Décret impérial qui : 1° déclare exécutoires dans les départements de la Savoie et de la Haute-Savoie la loi du 30 juin 1838 et l'ordonnance du 18 déc. 1839 relatives aux aliénés; 2° reconnaît comme établissement public l'asile d'aliénés fondé à Bassens, près Chambéry (Bull., n° 8203; D. P. 60. 4. 146).

31 août-14 sept. 1860. — Décret impérial qui affecte une subvention de 400 000 fr. au payement de la dette et aux frais de construction et d'organisation de l'asile public d'aliénés de Bassens (Bull., n° 8204; D. P. 60. 4. 146).

31 août-14 sept. 1860. — Décret impérial qui affecte une subvention de 300 000 fr. pour alléger les charges financières des communes du département de la Savoie dont les budgets sont le plus obérés (Bull., n° 8205; D. P. 60. 4. 146).

31 août-22 sept. 1860. — Décret impérial qui fait remise des amendes prononcées, sous le régime du gouvernement sarde, pour crimes, délits ou contraventions, contre des habitants des départements de la Savoie, de la Haute-Savoie et des Alpes-Maritimes, et qui n'avaient pas été acquittées au moment de l'annexion (Bull., n° 8227; D. P. 60. 4. 149).

8-17 sept. 1860. — Décret impérial qui rend applicables aux départements de la Savoie, de la Haute-Savoie et des Alpes-Maritimes, les lois, décrets et ordonnances concernant les droits perçus au profit du trésor public sur les boissons, les sucres et glucoses, etc. (Bull., n° 8216; D. P. 60. 4. 148).

15-29 sept. 1860. — Décret impérial portant répartition des hommes à fournir en 1860, sur la classe de 1859, par les départements de la Savoie, de la Haute-Savoie et des Alpes-Maritimes (Bull., n° 8261; D. P. 60. 4. 150).

24 sept.-1er oct. 1860. — Décret impérial qui rend applicable à la partie annexée du département des Alpes-Maritimes le tarif des droits sanitaires à percevoir dans les ports et sur le littoral de l'empire (Bull., n° 8267; D. P. 60. 4. 152).

26-29 sept. 1860. — Décret impérial relatif au nombre et à la nomination des avoués près la cour impériale de Chambéry,

près les tribunaux de première instance du ressort de cette cour et près le tribunal de Nice (*Bull.*, n° 8262; D. P. 60. 4. 152).

26 sept.-11 oct. 1860. — Décret impérial portant que les lois françaises sur les attributions des conseils de préfecture, et généralement toutes les dispositions législatives concernant la juridiction administrative, seront publiées dans les départements de la Savoie, de la Haute-Savoie et des Alpes-Maritimes, en même temps que le présent décret, et deviendront immédiatement applicables (*Bull.*, n° 8295; D. P. 60. 4. 152).

13-20 oct. 1860. — Décret impérial portant que la loi du 21 avr. 1810, sur les mines, et tous autres lois, décrets ou règlements relatifs aux mines et usines métallurgiques, sont, à dater du présent décret, exécutoires dans les départements de la Savoie et de la Haute-Savoie, et dans l'arrondissement de Nice (*Bull.*, n° 8327; D. P. 60. 4. 153).

17-20 oct. 1860. — Décret impérial portant : « Art. 1er. A partir du 1er nov. 1860, seront appliqués dans les départements de la Savoie et de la Haute-Savoie, et dans la partie du département des Alpes-Maritimes devenue récemment française, les lois, ordonnances et décrets concernant le domaine de l'État, les droits d'enregistrement, de greffes et d'hypothèques, et, en général, tous autres objets faisant partie des attributions de l'enregistrement et des domaines. — Art. 2. Sont exceptées, en ce qui concerne les hypothèques, les dispositions de la loi du 23 mars 1855 sur la transcription hypothécaire, dont l'exécution a été ajournée au 1er juill. 1861 » (*Bull.*, n° 8328 ; D. P. 60. 4. 153).

17 oct.-1er nov. 1860. — Décret impérial relatif au cautionnement des agents des divers services financiers de l'État ou des communes dans les départements de la Savoie, de la Haute-Savoie et des Alpes-Maritimes (*Bull.*, n° 8352; D. P. 60. 4. 153).

24-26 oct. 1860. — Décret impérial qui rend applicable aux départements de la Savoie, de la Haute-Savoie et des Alpes-Maritimes la loi du 4 juin 1853 sur la composition du jury (*Bull.*, n° 8341; D. P. 60. 4. 153).

24 oct.-8 nov. 1860. — Décret impérial qui établit la division du département des Alpes-Maritimes en arrondissements, cantons et communes (*Bull.*, n° 8364; D. P. 60. 4. 156).

24 oct.-16 nov. 1860. — Décret impérial concernant les étudiants de provinces annexées à la France devenus français par suite de cette annexion, et qui sont en possession d'une bourse du gouvernement sarde au collège royal Charles-Albert (*Bull.*, n° 8378; D. P. 60. 4. 157).

24 oct.-16 nov. 1860. — Décret impérial relatif aux diplômes de pharmaciens obtenus avant le 1er janv. 1861 près des universités des États sardes et près des écoles universitaires de Chambéry et de Nice, par les jeunes gens originaires des provinces annexées à la France (*Bull.*, n° 8377; D. P. 60. 4. 157).

24 oct.-16 nov. 1860. — Décret impérial qui supprime les écoles universitaires de théologie, de droit, de médecine et de pharmacie établies en Savoie et dans l'arrondissement de Nice (*Bull.*, n° 8735; D. P. 60. 4. 157).

24 oct.-16 nov. 1860. — Décret impérial relatif au diplôme de docteur en médecine obtenu avant le 1er janv. 1861 près des universités sardes par les jeunes gens originaires des provinces annexées à la France (*Bull.*, n° 8376; D. P. 60. 4. 157).

14-21 nov. 1860. — Décret impérial relatif au service des poids et mesures dans les départements de la Savoie et des Alpes-Maritimes (*Bull.*, n° 8398; D. P. 60. 4. 157).

14-24 nov. 1860. — Décret impérial portant que les électeurs des arrondissements de Nice et de Puget-Théniers (Alpes-Maritimes) formeront une seule circonscription électorale et nommeront un député au corps législatif (*Bull.*, n° 8415; D. P. 60. 4. 160).

14-24 nov. 1860. — Décret impérial qui détermine les circonscriptions électorales des départements de la Savoie et de la Haute-Savoie (*Bull.*, n° 8414; D. P. 60. 4. 160).

14-24 nov. 1860. — Décret impérial qui fixe le nombre des députés au corps législatif à nommer dans les départements de la Savoie et de la Haute-Savoie (*Bull.*, n° 8443; D. P. 60. 4. 160).

17-22 nov. 1860. — Décret impérial relatif à l'exécution dans les départements de la Savoie, de la Haute-Savoie et des Alpes-Maritimes des règlements sur les établissements classés comme insalubres, dangereux ou incommodes (*Bull.*, n° 8408; D. P. 60. 4. 159).

21 nov.-10 déc. 1860. — Décret impérial qui fixe le nombre des membres des conseils d'arrondissement à élire dans les arrondissements d'Albertville, Moutiers, Saint-Jean-de-Maurienne, Annecy, Bonneville, Saint-Julien, Thonon et Puget-Théniers (*Bull.*, n° 8442; D. P. 61. 4. 6).

21 nov.-10 déc. 1860. — Décret impérial relatif à la rémunération des services rendus au gouvernement sarde, avant l'annexion à la France de la Savoie et de l'arrondissement de Nice, par les fonctionnaires et employés de l'ordre civil qui sont devenus sujets français par le fait de l'annexion (*Bull.*, n° 8443; D. P. 61. 4. 6).

26 nov.-10 déc. 1860. — Décret impérial relatif aux pourvois actuellement formés devant le conseil d'État du royaume de

Sardaigne contre les décisions rendues en matière de contentieux administratif par les conseils de gouvernement de la Savoie et de l'arrondissement de Nice (*Bull.*, n° 8447; D. P. 61. 4. 7).

1er-10 déc. 1860. — Décret impérial qui établit un tribunal de commerce à Chambéry (*Bull.*, n° 8484; D. P. 61. 4. 7).

1er-10 déc. 1860. — Décret impérial qui déclare exécutoires dans les départements de la Savoie et de la Haute-Savoie et dans l'arrondissement de Nice les lois, ordonnances et décrets concernant l'organisation, la police et la discipline de l'ordre des avocats (*Bull.*, n° 8448; D. P. 61. 4. 7).

1er-14 déc. 1860. — Décret impérial sur l'organisation des notaires dans le ressort de la cour impériale de Chambéry (*Bull.*, n° 8479; D. P. 61. 4. 8).

1er-14 déc. 1860. — Décret impérial sur l'organisation des huissiers des tribunaux situés dans les départements de la Savoie et de la Haute-Savoie et dans l'arrondissement de Nice (*Bull.*, n° 8480; D. P. 61. 4. 8).

1er-14 déc. 1860. — Décret impérial portant que les lois, décrets et règlement relatifs au service des huissiers sont déclarés immédiatement exécutoires dans la partie annexée du département des Alpes-Maritimes à celui de la Savoie et de la Haute-Savoie (*Bull.*, n° 8481; D. P. 61. 4. 9).

5-14 déc. 1860. — Décret impérial sur l'organisation des notaires dans le ressort du tribunal de première instance de Nice (*Bull.*, n° 8482; D. P. 61. 4. 9).

5-24 déc. 1860. — Décret impérial qui établit une chambre de commerce à Chambéry (*Bull.*, n° 8519; D. P. 61. 4. 12).

5-24 déc. 1860. — Décret impérial qui établit une chambre de commerce à Nice (*Bull.*, n° 8518; D. P. 61. 4. 12).

8-14 déc. 1860. — Décret impérial portant que, pour cette fois seulement et par exception, les employés des douanes de tout grade, actuellement en fonctions dans les départements de la Savoie et de la Haute-Savoie, prêteront le serment devant le tribunal de première instance de l'arrondissement dans lequel ils sont en exercice le serment prescrit par l'art. 65 de la loi du 21 avr. 1818 (*Bull.*, n° 8483; D. P. 61. 4. 9).

12-24 déc. 1860. — Décret impérial qui maintient, sous les conditions y déterminées, l'exemption de la contribution foncière, accordée pour quinze ans par le gouvernement sarde, au profit des maisons et bâtiments de la ville de Nice construits d'après un plan régulateur (*Bull.*, n° 8526; D. P. 61. 4. 13).

12-24 déc. 1860. — Décret impérial qui proroge le délai d'exécution du poinçonnage spécial prescrit par le décret du 14 nov. 1860 relatif au service des poids et mesures dans les départements de la Savoie, de la Haute-Savoie et des Alpes-Maritimes (*Bull.*, n° 8527; D. P. 61. 4. 13).

15-17 déc. 1860. — Décret impérial qui déclare exécutoires dans les départements de la Savoie, de la Haute-Savoie et des Alpes-Maritimes les lois, décrets, ordonnances et règlements concernant les greffiers et les commis greffiers des cours, tribunaux et justices de paix (*Bull.*, n° 8489; D. P. 61. 4. 9).

15-24 déc. 1860. — Décret impérial relatif à la perception pour 1861 des contributions foncière, personnelle et mobilière, etc., dans les départements des Alpes-Maritimes, de la Savoie et de la Haute-Savoie (*Bull.*, n° 8530; D. P. 61. 4. 14).

15-24 déc. 1860. — Décret impérial relatif à la prestation de serment des avocats exerçant dans les départements de la Savoie et de la Haute-Savoie (*Bull.*, n° 8529; D. P. 61. 4. 14).

19-24 déc. 1860. — Décret impérial portant que les huissiers qui sont actuellement attachés aux tribunaux situés dans les départements de la Savoie et de la Haute-Savoie et dans l'arrondissement de Nice devront, avant de prêter serment, et à peine de déchéance, s'engager à payer, lorsque les offices occupés par des huissiers régulièrement institués seront supprimés dans leurs arrondissements respectifs, les sommes qui seront fixées, sur l'avis des tribunaux compétents, pour indemniser les titulaires des offices supprimés ou bien leurs ayants droit (*Bull.*, n° 8532; D. P. 61. 4. 14).

19-24 déc. 1860. — Décret impérial qui institue le tribunal de commerce de Nice (*Bull.*, n° 8531; D. P. 61. 4. 14).

20 déc. 1860-12 janv. 1861. — Décret impérial qui modifie celui du 25 juin 1860 portant établissement des circonscriptions de canton dans le département de la Haute-Savoie (*Bull.*, n° 8592; D. P. 61. 4. 18).

29 déc. 1860-12 janv. 1861. — Décret impérial qui fixe l'époque à laquelle les monnaies sardes de 25 cent., et les monnaies de billon de 20 et 40 cent., cesseront d'avoir cours légal et forcé dans les départements de la Savoie, de la Haute-Savoie et des Alpes-Maritimes (*Bull.*, n° 8593; D. P. 61. 4. 19).

29 déc. 1860-14 janv. 1861. — Décret impérial qui modifie celui du 21 nov. 1860 portant répartition du nombre de conseillers d'arrondissement à élire dans les arrondissements d'Annecy, Saint-Julien et Thonon (Haute-Savoie) (*Bull.*, n° 8602; D. P. 61. 4. 19).

29 déc. 1860-14 janv. 1861. — Décret impérial portant prorogation des tarifs et règlement des octrois établis dans les départements de la Savoie, de la Haute-Savoie et des Alpes-

Maritimes (ancien arrondissement de Nice) (*Bull.*, n° 8603; D. P. 61. 4. 19).

29 déc. 1860-15 janv. 1861. — Décret impérial relatif à la perception dans les départements récemment annexés à la France du droit dû, en vertu de la loi du 25 vent. an 13, par les entrepreneurs de voitures publiques aux maîtres de poste dont ils n'emploient pas les chevaux (*Bull.*, n° 8619; D. P. 61. 4. 19).

29 déc. 1860-18 janv. 1861. — Décret impérial qui crée à Nice trois places d'agents de change, dix places de courtiers de marchandises et six places de courtiers d'assurances, interprètes et conducteurs de navires (*Bull.*, n° 8632; D. P. 61. 4. 20).

30 déc. 1860-15 janv. 1861. — Décret impérial qui réduit au maximum de 1 fr. 50 cent. par franc les impositions communales qu'il y aura lieu d'établir dans le département de la Savoie, et autorise les communes de ce département à convertir leurs dettes à courte échéance en un emprunt payable à long terme (*Bull.*, n° 8620; D. P. 61. 4. 19).

30 déc. 1860-15 janv. 1861. — Décret impérial qui règle le budget du département de la Savoie pour 1861, et autorise ce département à s'imposer extraordinairement et à contracter un emprunt (*Bull.*, n° 8621; D. P. 61. 4. 20).

31 déc. 1860-16 févr. 1861. — Décret impérial portant que le quartier de Nice est érigé en sous-arrondissement maritime, comprenant les quartiers de Nice et d'Antibes (*Bull.*, part. suppl., n° 10755; D. P. 61. 4. 34).

16-25 janv. 1861. — Décret impérial qui modifie celui du 1er déc. 1860 sur l'organisation du notariat dans le département de la Haute-Savoie (*Bull.*, n° 8665; D. P. 61. 4. 28).

16 févr.-28 mars 1861. — Décret impérial portant que l'école technique fondée par le gouvernement sarde à Chambéry est convertie en une école préparatoire à l'enseignement supérieur des sciences et des lettres (*Bull.*, n° 8846; D. P. 61. 4. 43).

20 mars-6 avr. 1861. — Décret impérial portant prorogation des délais déterminés par les art. 1 et 3 du décret du 17 oct. 1860, relatif aux cautionnements des agents financiers qui étaient en fonctions dans la Savoie et l'arrondissement de Nice au moment de l'annexion (*Bull.*, n° 8879; D. P. 61. 4. 46).

8-13 mai 1861. — Décret impérial qui autorise la vente de tabacs à prix réduits et de qualités intermédiaires dans les arrondissements de Nice et de Puget-Théniers (Alpes-Maritimes) et dans les départements de la Savoie et de la Haute-Savoie (*Bull.*, n° 8998; D. P. 61. 4. 47).

17 nov.-17 déc. 1861. — Décret impérial portant que les départements de la Savoie, de la Haute-Savoie et des Alpes-Maritimes sont compris dans le ressort des juridictions permanentes du cinquième arrondissement maritime (*Bull.*, n° 9730; D. P. 61. 4. 132).

15 mars-15 avr. 1862. — Décret impérial qui comprend dans les limites de la zone frontière les départements de la Savoie, de la Haute-Savoie et des Alpes-Maritimes (*Bull.*, n° 10089; D. P. 62. 4. 38).

28 avr.-30 mai 1862. — Décret impérial portant réception et autorisant la publication des deux décrets pontificaux du 30 déc. 1861 qui appliquent au diocèse de Nice et aux quatre diocèses de la Savoie les dispositions de l'indult du 9 avr. 1802 relatives aux jours de fêtes en France (*Bull.*, n° 10215; D. P. 62. 4. 42).

16 août 1862-5 janv. 1863. — Décret impérial portant: 1° réunion de l'évêché de Nice à la métropole d'Aix; 2° réception de la bulle donnée à Rome le 9 des calendes d'août (24 juill.) (D. P. 63. 4. 4).

25 oct. 1862-27 janv. 1863. — Décret impérial relatif au jugement et à l'apurement des comptes établis pour la période antérieure à l'année 1861 par les receveurs des communes et des établissements de bienfaisance des départements de la Savoie, de la Haute-Savoie et des Alpes maritimes (arrondissements de Nice et de Puget-Théniers) (*Bull.*, n° 10824; D. P. 63. 4. 7).

6 juill.-31 août 1863. — Décret impérial portant réception de la bulle qui détache de la métropole de Chambéry le diocèse d'Aoste et l'incorpore à la métropole de Turin, et qui attribue à la province ecclésiastique de Chambéry les mêmes limites que celles qui ont été fixées entre le gouvernement français et celui du Piémont (D. P. 63. 4. 142).

20 déc. 1863-10 févr. 1864. — Décret impérial portant réception du décret consistorial ayant pour objet de réunir au diocèse de Nice deux paroisses qui avaient été incorporées par erreur au diocèse de Cuneo en Piémont (D. P. 64. 4. 24).

3-9 juin 1865. — Loi relative aux inscriptions d'hypothèques dans les départements de la Savoie, de la Haute-Savoie et dans les arrondissements de Nice et de Puget-Théniers (*Bull.*, n° 13285; D. P. 65. 4. 42).

8-17 juill. 1865. — Loi portant fixation du budget général des dépenses et des recettes ordinaires de l'exercice 1866 : Art. 15 prorogeant, soit pour un an, soit pour cinq ans, suivant les cas, certaines dispositions des deux décrets précités du 30 déc. 1860 (D. P. 65. 4. 101).

19-20 juin 1890. — Décret relatif à la vente des allumettes à prix réduit dans le pays de Gex et dans la Haute-Savoie (*Journ. off.* du 20 juin; *Bull.*; n° 22319).

3. Le traité du 24 mars 1860, relatif à la réunion de la Savoie et du comté de Nice à la France, stipulait le libre consentement des populations et contenait des garanties pour les individus qui ne voudraient pas accepter la nationalité française. De plus, certaines parties de la Savoie, notamment celles qui avoisinent la Suisse, ayant été neutralisées par les traités de 1815, il était expressément convenu (art. 2) qu'elles étaient transférées à la France sous les mêmes conditions. Ces diverses dispositions seront, d'ailleurs, étudiées *infrà*, v° *Traité international*.

4. — **1° *Droits civils et politiques*.** — Toutes les questions relatives aux droits civils des habitants d'un territoire étranger réuni à la France, notamment en ce qui concerne la Savoie et le Comté de Nice, ont été examinées *suprà*, v° *Droits civils*, n°ᵉ 73 et suiv. et 295. Il en est de même de l'autorité et de l'exécution des jugements et des actes étrangers (V. *suprà*, v° *Droits civils*, n°ᵉ 264 et suiv. En ce qui concerne les droits politiques, V. *suprà*, v° *Droits politiques*, n°ᵉ 42, 50 et 239).

5. — **2° *Lois, rétroactivité*.** — Les lois françaises sont, en vertu des divers décrets mentionnés dans le tableau chronologique donné *suprà*, p. 808, devenues applicables en Savoie et dans le Comté de Nice. La jurisprudence s'est surtout occupée de cette application au point de vue de la rétroactivité des lois. V. à cet égard *suprà*, v° *Lois*, les nombreuses décisions intervenues : 1° sur la rétroactivité en général, n° 121 ; 2° sur l'état et la capacité des personnes, n° 141 ; 3° sur les contrats considérés dans leurs effets, n°ᵉ 169, 171, 173 et suiv. ; 4° en matière de validité des actes, n° 191, et de sucessions *ab intestat*, n° 194 ; 5° en ce qui concerne la forme des actes de procédure, n°ᵉ 204 et suiv., et l'organisation judiciaire, n° 212 ; 6° matière pénale, n°ᵉ 225 et 230 ; 7° en ce qui touche la durée de la prescription, n° 235.

Décidé encore que si l'action dite *de jaclance*, admise dans l'ancienne Savoie avant le code civil sarde de 1837 (V. *suprà*, v° *Action*, n° 34), a été commencée sous la législation qui en autorisait l'exercice, elle a conservé ses effets même dans les instances continuées depuis ce code ou depuis l'application des lois françaises à la Savoie (Req. 29 mai 1866, aff. Commune des Barreaux. D. P. 66. 1. 400). Jugé aussi que, quand l'exception de déchéance d'une concession de mines situées en Savoie a été proposée dans une instance régie par la loi française, c'est par cette loi que la compétence doit être réglée, bien que l'exception soit fondée sur des faits accomplis sous l'empire de la législation sarde et qu'il soit nécessaire, pour la juger, de faire application de cette législation (Civ. cass. 17 mars 1873, aff. Compagnie des Asphaltes, D. P. 73. 1. 471). — En ce qui concerne les lois ou statuts réels, V. *suprà*, v° *Lois*, n° 366.

6. — **3° *Privilèges et hypothèques*.** — Les décisions relevées en cette matière n'ont trait qu'aux hypothèques et principalement à l'hypothèque légale de la femme dont le mariage était antérieur à l'annexion ; là encore s'élèvent souvent des questions de rétroactivité. — V. *suprà*, v° *Privilèges et hypothèques* : 1° en ce qui touche l'hypothèque légale de la femme mariée, n°ᵉ 453, 455, 457 ; 2° en ce qui concerne l'hypothèque judiciaire, n° 767 ; 3° relativement à l'inscription de l'hypothèque légale, n° 1108 ; 4° enfin en ce qui concerne la purge des hypothèques légales non inscrites, n° 1376. — Jugé sur cette question de l'hypothèque légale que les lois et usages de l'ancienne Savoie ne sont pas violés par le jugement qui décide qu'un legs (spécialement celui d'une rente en blé) y était garanti par une hypothèque légale portant sur les biens du testateur, et que l'acquittement des annuités de cette rente par les tiers détenteurs desdits biens, alors même que l'hypothèque n'a pas été inscrite, constitue le payement d'une dette hypothécaire (Edit hypothécaire de la Savoie du 16 juill. 1822, art. 23 et 39 ; Req. 13 déc. 1881, aff. Jacquier, D. P. 82. 1. 222).

7. — **4° *Pensions*.** — Aux termes de l'art. 5 du décret du 11 juin 1860 (D. P. 60. 4. 67), promulguant le traité d'annexion du 24 mars précédent, le gouvernement français

tiendra compte aux fonctionnaires de l'ordre civil et aux militaires appartenant par leur naissance à la province de Savoie et à l'arrondissement de Nice et qui deviendront sujets français, des droits qui leur sont acquis par les services rendus au gouvernement sarde; ils jouiront notamment du bénéfice résultant de l'inamovibilité pour la magistrature et des garanties assurées à l'armée. Les fonctionnaires sardes originaires de la Savoie et du comté de Nice ont donc droit aux mêmes pensions de retraites que les fonctionnaires français, s'ils se trouvent pour cela dans les conditions prévues par les lois des deux pays. (V. à cet égard ce qui a été dit *suprà*, v° *Pension*, n°s 150, 229 et suiv., 524 et suiv., 541 et 629). — Décidé sur ce sujet que les pensions des fonctionnaires et employés sardes qui, bien que devenus Français par le fait de l'annexion, ne sont pas passés au service de la France, doivent être liquidées conformément à la législation sarde, et, dès lors, par application du décret sarde du 19 déc. 1852, d'après lequel aucune pension ne peut être liquidée en faveur d'un fonctionnaire qui n'avait pas été préalablement admis à faire valoir ses droits à la retraite (Cons. d'Et. 11 juin 1880, aff. Golliet, D. P. 80. 5. 283).

8. — 5° *Culte.* — V. *suprà*, v° *Culte*, n° 281, ce qui a été dit au sujet de l'existence juridique et de la reconnaissance légale des congrégations religieuses en Savoie, et eod. v°, n°s 365, en ce qui touche la propriété des églises qui en Savoie appartenaient à la fabrique représentant le corps paroissial.

Décidé, en outre, en ce qui concerne la législation ecclésiastique en Savoie : 1° que, sous le code civil sarde, la constitution d'un titre clérical n'était pas en Savoie considéré comme une donation proprement dite, ni par conséquent assujettie à l'homologation et à l'acceptation expresse; que ce titre ne peut pas être perdu à raison de ce que le clerc serait pourvu d'une fonction de professeur dans un séminaire suffisant à sa subsistance (Chambéry, 20 janv. 1872, aff. Romoblet, D. P. 73. 2. 146); — 2° Que, bien qu'aucun acte législatif ou réglementaire n'attribue un traitement aux fonctions des chanoines nommés postérieurement à la loi du 21 mars 1885, le gouvernement français qui a pris à sa charge le payement des traitements du clergé de la Savoie moyennant la cession des rentes sur l'Etat de Piémont, sous le nom de *cartelles*, constituaient la dotation dudit clergé ne peut supprimer le traitement afférent à une fonction ecclésiastique, sans tenir compte au titulaire des droits résultant des cartelles, lorsque celles-ci avaient été remises par le gouvernement piémontais en représentation de biens sécularisés (Cons. d'Et. 8 août 1892, aff. Abbé Truchet et Evêque de Saint-Jean de Maurienne, D. P. 94. 3. 3). Mais, dans le cas où l'attribution d'une cartelle constituait simplement un mode de payement de tout ou partie d'un traitement, cette cartelle ne conférait pas au possesseur des droits d'une autre nature que ceux qui résultent de l'allocation d'un traitement; par suite, lorsque, postérieurement à l'annexion de la Savoie à la France, ce traitement afférent à la fonction a été supprimé, le titulaire n'a aucune réclamation à exercer à raison de la remise qui a été faite de la cartelle au gouvernement français (Même arrêt). Dans le cas où l'état de l'instruction ne permet pas au conseil d'Etat de déterminer le caractère d'une cartelle attribuée à un chapitre, il y a lieu de renvoyer l'évêque, et le chanoine qui réclame la liquidation des droits résultant pour lui de la cartelle, devant le ministre des cultes pour y faire décider si cette cartelle constituait une propriété pour le chapitre (Même arrêt).

9. — 6° *Douanes.* — La neutralité d'une partie de la Haute-Savoie (V. *suprà*, n° 3) a placé ce territoire sous un régime douanier spécial analogue à celui du pays de Gex; les produits étrangers entrent en franchise dans ces deux régions et acquittent les droits lorsqu'ils pénètrent dans le reste de la France. — V. à cet égard ce qui est dit *suprà*, v° *Douanes*, n°s 432 et suiv., et aussi, v° *Impôts indirects*, n°s 64 et 66, en ce qui touche la vente des allumettes dans le pays de Gex et la zone neutralisée de la Haute-Savoie. ... En ce qui concerne les épizooties, V. également ce qui est dit au sujet de ces deux contrées, *suprà*, v° *Salubrité publique*, n° 99, *in fine*.

10. — 7° *Office ministériel.* — Un décret du 5 déc. 1860 a organisé le notariat dans l'ancien comté de Nice (V. à cet égard : Cons. d'Et. 13 juill. 1877, cité *suprà*, v° *Office*, n° 25, et 22 janv. 1863, aff. Milon, cité *suprà*, v° *Notaire*, n° 7).

11. — 8° *Manufactures, fabriques et ateliers dangereux.* — Aux termes de l'art. 2 du décret du 17 avr. 1860 (D. P. 60. 4. 159) relatif à la réglementation, dans la Savoie et le comté de Nice, des établissements classés comme insalubres, dangereux ou incommodes, ceux de ces établissements qui sont en activité continueront à être exploités librement, sauf recours par qui de droit aux tribunaux compétents pour l'indemnité des dommages qu'ils peuvent causer aux propriétés voisines, et sauf l'application, le cas échéant, de l'art. 12 du décret du 15 oct. 1810. — Jugé à cet égard que le décret du 17 nov. 1860, qui a rendu applicables aux territoires de la Savoie annexés à la France les dispositions de la loi du 15 oct. 1810 sur les établissements insalubres, a simplement consacré l'existence de ces établissements en l'état où ils se trouvaient lors de l'annexion, en les dispensant de la nécessité d'obtenir une autorisation nouvelle (Crim. rej. 3 févr. 1877, aff. Déchazal et Salomon, D. P. 79. 1. 46).

12. — 9° *Cours d'eau.* — Dans l'ancienne Savoie, les cours d'eau navigables ou non, à supposer même que la domanialité n'en ait été déclarée que par les constitutions royales de 1729, ont cessé d'être susceptibles d'une possession utile, et, dès lors, sont devenus imprescriptibles, à partir de l'édit du 16 déc. 1678 qui portait déjà défense, sous peine d'amende et de dommages-intérêts, d'y faire aucune dérivation (Edit du 27 avr. 1445 ; Req. 30 janv. 1866, aff. Cahaud, D. P. 66. 1. 374). Et l'imprescriptibilité dont se trouvaient ainsi frappés les cours d'eau, même non navigables, de l'ancienne Savoie peut, au cas de concession régulière d'un cours d'eau de cette nature faite, par exemple, à titre d'albergement, être invoquée par le concessionnaire, la concession étant soumise à une faculté perpétuelle de rachat qui a maintenu aux eaux concédées leur caractère domanial et imprescriptible (Chambéry, 22 févr. 1864, même affaire). L'annexion de la Savoie à la France, en 1860, a laissé subsister, comme constituant un droit acquis, les concessions antérieurement faites par le domaine royal de Savoie des cours d'eau non navigables, quoique la domanialité qui la frappait alors ait cessé d'exister depuis cette annexion (Même arrêt).

13. — 10° *Matières diverses.* — V. *suprà*, v° *Arbitrage*, n° 37 ; *Commune*, n°s 350 et 1083 ; *Contrat de mariage*, n° 157 ; *Contumace*, n° 48 ; *Enregistrement*, n°s 1732 et 2397 ; *Récidive*, n° 41 ; *Régime forestier*, n° 669, et *infrà*, v^{ls} *Serment*, *Société*, *Succession*, *Timbre*, *Traité international*, *Valeurs mobilières* et notamment pour ce qui concerne la saisie immobilière, v° *Vente publique d'immeubles*.

Table chronologique des Lois, Arrêts, etc.

SAVON. — V. outre les renvois indiqués au *Répertoire*, *suprà*, v^{is} *Douanes*, n° 118 ; *Octroi*, n° 170 ; *Patente*, n° 397.

SCÉAU-SCEL. — Le sceau de l'État et des diverses autorités ou administrations publiques est aujourd'hui déterminé par le décret du 25 sept. 1870 (D. P. 70. 4. 92) (1). — En ce qui concerne la contrefaçon des sceaux de l'État et des autorités publiques, V. *suprà*, v° *Faux et fausse monnaie*, n° 70, 77 et 80 ; d'un sceau de banque ou de commerce, V. *suprà*, *ibid.*, n° 106 ; des marteaux ou empreintes de l'Administration forestière, V. *suprà*, v° *Régime forestier*, n° 160 et suiv. — Sur les sceaux, cachets et panonceaux des notaires, V. *suprà*, v° *Notaire-notariat*, n° 93. — On a expliqué *suprà*, v° *Noblesse*, n° 4, 7, 13, 42 et suiv., quelles étaient les attributions du conseil de sceau des titres, aujourd'hui supprimé, et des référendaires au sceau de France supprimés également par extinction, V. *suprà*, *ibid.*, n° 8. — En ce qui touche les additions et changements de nom pour lesquels il était nécessaire d'avoir l'avis du conseil du sceau des titres, remplacé aujourd'hui par un conseil d'administration institué près du garde des sceaux, et d'acquitter certains droits de sceau, V. *suprà*, v° *Nom-prénom*, n° 96 et suiv. et 116. — En ce qui concerne les droits de sceau à acquitter en matière de naturalisation, V. *suprà*, v° *Droits civils*, n° 62 et suiv.

SCELLÉS ET INVENTAIRE.

Division.

SECT. 1. — Historique et législation (n° 1).
SECT. 2. — Des scellés (n° 2).
ART. 1. — De l'apposition des scellés (n° 2).
  § 1. — En quel cas il y a lieu à l'apposition des scellés (n° 2).
  § 2. — Des personnes qui peuvent requérir l'apposition des scellés (n° 14).
  § 3. — En quels lieux et sur quels objets, en quel temps, par qui et dans quelle forme les scellés doivent être apposés (n° 31).
  § 4. — Des incidents qui peuvent se présenter durant l'apposition, et des précautions qui doivent être observées entre l'apposition et la levée des scellés (n° 36).
ART. 2. — Des oppositions à la levée des scellés (n° 41).
ART. 3. — De la levée des scellés (n° 43).
ART. 4. — Du bris des scellés (n° 64).
SECT. 3. — De l'inventaire (n° 66).
ART. 1. — En quel cas il y a lieu de faire inventaire (n° 66).
ART. 2. — Délais dans lesquels il doit être fait. (n° 67).
ART. 3. — Officiers compétents pour y procéder (n° 68).
ART. 4. — Personnes qui peuvent le requérir (n° 71).
ART. 5. — Personnes qui peuvent ou doivent y assister (n° 73).
ART. 6. — Objets qui doivent y être compris (n° 75).
ART. 7. — Formes de l'inventaire (n° 76).
  § 1. — Observations générales (n° 76).
  § 2. — Formalités prescrites par l'art. 943 c. proc. civ. (n° 77).
ART. 8. — Des frais d'inventaire (n° 82).
ART. 9. — Des contestations qui s'élèvent lors d'un inventaire ou à l'occasion d'un inventaire (n° 86).
ART. 10. — De quelques inventaires particuliers (n° 88).

SECT. 1re. — HISTORIQUE ET LÉGISLATION. (*Rép.* n°s 1 à 12).

1. — HISTORIQUE. — Le seul document législatif que nous ayons à signaler, en cette matière, est un décret du 31 déc. 1886, relatif à l'apposition des scellés lors du décès d'un officier de la marine en activité de service (D. P. 87. 4. 62).

SECT. 2. — DES SCELLÉS.

ART. 1er. — *De l'apposition des scellés* (*Rép.* n°s 14 à 84).

§ 1er. — En quels cas il y a lieu d'apposer les scellés (*Rép.* n°s 13 à 27).

2. Les scellés doivent être apposés dans onze cas principaux, à savoir : 1° après le décès d'une personne dont tous les héritiers ne sont pas présents et majeurs. L'art. 911 c. proc. civ. porte : « Le scellé sera apposé, soit à la diligence du ministère public, soit sur la déclaration du maire ou adjoint de la commune et même d'office par le juge de paix : 1° si le mineur est sans tuteur et que le scellé ne soit pas requis par un parent... ». La loi n'impose donc pas cette formalité par cela seul qu'il existe un mineur parmi les héritiers ; si ce mineur est pourvu d'un tuteur, elle le considère comme suffisamment garanti et n'impose plus l'apposition des scellés d'office ; le juge de paix ne doit plus y procéder qu'autant que le tuteur le requiert. C'est ce que rappelait déjà une lettre du ministre de la justice du 5 nov. 1808 (*Rép.* n° 15). — La disposition de l'art. 911 étant rigoureuse, doit s'interpréter strictement. Ainsi le juge de paix cesse d'être tenu d'apposer les scellés dès qu'il existe un tuteur présent, peu importe que le tuteur tienne ses pouvoirs de la loi, d'un testament ou d'une nomination du conseil de famille ; peu importe encore que le tuteur soit lui-même mineur (c. civ. 442). Il n'y a pas davantage lieu à apposition d'office des scellés si le mineur est sans subrogé-tuteur. Mais dès qu'il est privé de tuteur, cette formalité doit être remplie d'office. Il faut donner la même solution en cas d'absence du tuteur. Le juge de paix commettrait une faute s'il ne procédait pas à l'apposition des scellés d'office et s'arrêtait devant l'offre faite par certains parents de provoquer la nomination d'un tuteur dans le plus bref délai (V. *Rép.*, v° *Succession*, n°s 1640 et suiv. ; Dutruc, *Supplément aux Lois de la procédure*, de Carré et Chauveau, v° *Scellés*, n°s 37 et 38 ; Boitard, Colmet-Daâge et Glasson, *Leçons de procédure civile*, 14e édit., t. 2, n° 1131, p. 604). — Dans le cas où le mineur serait émancipé, l'apposition des scellés resterait toujours facultative, sans qu'il y eût lieu de rechercher si ce mineur est ou non pourvu d'un curateur. C'est encore là une conséquence de ce que la disposition de l'art. 911 est de droit étroit et doit s'interpréter restrictivement. — Par application de ces principes, il a été jugé : 1° que l'apposition des scellés d'office sur les effets d'une succession, lorsque, parmi les héritiers, il en est un mineur, n'est pas obligatoire que dans le cas où le mineur est sans tuteur ; que le juge de paix qui a fait cette apposition doit donc, si le tuteur du mineur l'en requiert, lever les scellés sans description ni inventaire, lorsque ceux-ci ne sont réclamés par aucune autre partie intéressée (Riom, 30 nov. 1885, aff. Consorts Franceschini, D. P. 87. 2. 43) ; — 2° Que l'apposition des scellés est purement facultative quand, au nombre des héritiers, se trouve un mineur émancipé (Grenoble, 5 avr. 1863, aff. Demoiselle Gaillard, D. P. 63. 2. 181).

3. — 2° Après le décès d'un officier général ou officier supérieur de toute arme, d'un commissaire-ordonnateur, inspecteur aux revues, officier de santé en chef, retraités ou en activité de service, sur les papiers, cartes, plans et mémoires militaires autres que ceux dont le décédé est l'auteur (*Rép.* n° 16).

4. — 3° Après le décès d'un notaire ou autre possesseur de minutes (*Rép.* n° 17). Il a été jugé que les huissiers ne sont pas des dépositaires publics ou des possesseurs de minutes ; que par suite, dans le cas de décès d'un huissier, il n'y a pas lieu pour le juge de paix d'apposer d'office les scellés sur les papiers se trouvant dans l'étude du défunt (Ord. prés. trib. Havre, 10 juill. 1870, aff. Douyère, D. P. 71. 3. 91). V. toutefois la note qui sera arrêté. — En tout cas, il a été décidé, avec raison, que le gardien établi par un huissier après une saisie-exécution, n'est pas un dépositaire public, parce qu'il n'est institué que dans l'intérêt privé du créancier saisissant (V. à cet égard, *Rép.*, v° *Vol*, n° 352).

5. — 4° En cas de décès d'une curé, d'un évêque ou archevêque (*Rép.*, n° 18 ; *suprà*, v° *Culte*, n°s 413 et suiv. ; *Rép.* eod. v°, n° 503). Il s'agit ici soit de la personne qui est

---

(1) **25-27 sept. 1870.** — *Décret relatif au sceau de l'État, et aux sceaux, timbres et cachets des cours, tribunaux, justices de paix et notaires* (D. P. 70. 4. 92).
Art. 1er. À l'avenir, le sceau de l'État portera d'un côté pour type la figure de la Liberté, et pour légende, *Au nom du peuple français* ; de l'autre côté, une couronne de chêne et d'olivier liée par une gerbe de blé, au milieu de la couronne, *République française, démocratique, une et indivisible*, et pour légende, *Liberté, Égalité, Fraternité*.
Art. 2. Les sceaux, timbres et cachets des cours, tribunaux, justices de paix et notaires porteront pour type la figure de la Liberté, telle qu'elle est déterminée pour le sceau de l'État ; pour exergue, *République française*, et pour légende le titre des autorités ou officiers publics par lesquels ils seront employés.

simplement *non présent*, bien que son existence soit certaine, soit de celui qui est *absent présumé ou déclaré*, suivant les dispositions du code civil, lorsque, dans ce dernier cas, la succession s'est ouverte avant l'absence. — M. Dutruc, *op. cit.*, v° *Scellés*, n° 43, estime que si « à la suite de la déclaration d'absence, *op. cit.*, v° *Scellés*, n° 43, il y avait eu envoi en possession provisoire, les envoyés en possession, auxquels la loi confie le soin d'administrer les biens de l'absent, pourraient eux-mêmes requérir l'apposition des scellés », mais il n'admet pas que dans cette hypothèse, l'apposition ne puisse pas être requise d'office par le ministère public, lorsque les envoyés en possession négligent de la requérir eux-mêmes. Les dispositions, soit du code civil, soit du code de procédure, ne renferment point cette limitation, et c'est en vain que l'on argumente de l'art. 87-7° c. proc., qui ne charge le ministère public de porter la parole que dans les causes des présumés absents, et de l'art. 911 du même code, qui ne veut pas que les scellés soient apposés lorsque les mineurs sont pourvus d'un tuteur. Les prohibitions ne sauraient être créées par analogie, et celle que nous venons de signaler doit d'autant moins être consacrée de cette manière, que l'analogie qui lui servirait de base n'est pas aussi étroite qu'on le suppose. D'un côté, l'apposition des scellés est une mesure bien autrement nécessaire, la plupart du temps, que les conclusions du ministère public dans un procès; et, de l'autre, il ne faut pas perdre de vue que les héritiers présomptifs de l'absent envoyés en possession de ses biens ne sont pas des administrateurs désintéressés, mais qu'ils seront portés à agir plutôt dans leur intérêt que dans celui de l'absent. En pareil cas donc, les précautions de la loi sont parfaitement justifiées ».

7. — 6° Après une demande en interdiction (*Rép.* n° 20).

8. — 7° Lorsque, dans une saisie de meubles pratiquée en l'absence du débiteur, il se trouve des papiers, titres, documents (*Rép.* n° 21).

9. — 8° En cas de faillite (V. *suprà*, v° *Faillites et banqueroutes*, n°s 149, 768, 797 et suiv.; *Rép. eod.* v°, n°s 358 et suiv., 430 et suiv.

10. — 9° En cas de demande en divorce et en séparation de corps (*Rép.* n° 23, *suprà*, v° *Divorce et séparation de corps*, n° 333 et suiv.).

11. — 10° En cas de demande en séparation de biens (*Rép.* n° 24).

12. — 11° En cas de dissolution de société. Il résulte de la combinaison des art. 820 et 1872 c. civ. que les créanciers d'une société, porteurs d'un titre exécutoire ou autorisés par le juge, peuvent, en cas de dissolution de la société, requérir l'apposition des scellés sur son actif. Il a été jugé que les juges du fait apprécient souverainement les circonstances et documents invoqués à l'appui d'une demande à l'effet d'obtenir permission de requérir l'apposition des scellés; que les créanciers d'une société peuvent, lors de sa dissolution, requérir, avec l'autorisation du juge, l'apposition des scellés sur l'actif social; et, qu'en cas de décès de

l'un des associés, ce droit ne saurait leur être contesté, par le motif que les statuts sociaux auraient, en stipulant la continuation de la société entre les associés survivants, prohibé l'apposition des scellés; une telle clause ne pouvant être opposée à des tiers; on ne pourrait pas davantage se prévaloir contre eux de l'état de liquidation de la société, la nature même de l'apposition des scellés ne permettant pas d'attendre la fin de cette liquidation, et le juge pouvant prescrire les mesures nécessaires pour en assurer la continuation (Req. 23 juill. 1872, aff. Ricardo et Briey, D. P. 73. 1. 355).

13. Les cas dans lesquels la loi autorise ou prescrit l'apposition des scellés sont-ils limitatifs? La jurisprudence tend à permettre l'application de cette mesure dans les cas analogues à ceux qu'a prévus le législateur. Le scellé a pour but de prévenir les soustractions et, par conséquent, de protéger les droits qui pourraient être compromis; il doit donc être permis d'y recourir toutes les fois qu'un intérêt sérieux de conservation l'exige. Nous disons « un intérêt sérieux ». Le juge, en effet, ne doit pas, bien qu'il s'agisse d'une mesure conservatoire, l'ordonner s'il n'existe pas des craintes, de graves présomptions de détournement (*Rép.* n° 17). Il a été jugé qu'aucun texte de loi ne déclare que le scellé ne pourra être apposé qu'après décès; que si la loi désigne divers cas dans lesquels elle autorise cette apposition, on ne peut induire de là une interdiction à l'application de cette mesure dans des cas analogues, les art. 907 et suiv., n'étant pas limitatifs; qu'ainsi un évêque dépossédé par un administrateur apostolique qui s'est mis en possession du palais épiscopal en l'absence et à l'insu de l'évêque, sans faire dresser aucun inventaire des effets personnels à l'évêque, restés confondus avec ceux dépendant de l'évêché, peut demander et obtenir l'autorisation de faire apposer les scellés au palais épiscopal (C. cass. de Belgique, 24 mars 1881) (1).

§ 2. — Des personnes qui peuvent requérir l'apposition des scellés (*Rép.* n°s 28 à 52).

14. Aux termes de l'art. 909 c. proc. civ., l'apposition des scellés peut être requise par trois catégories de personnes. La première comprend tous ceux qui prétendent droit dans la succession ou dans la communauté, c'est-à-dire : 1° Les héritiers légitimes. — On a examiné au *Rép.*, n°s 31 et suiv., la question de savoir ce qu'il faut décider en ce qui concerne les héritiers légitimes non réservataires qui ont été exclus de la succession par un testament instituant un légataire universel. Doivent-ils être considérés comme des prétendants droit à ladite succession et, en cette qualité, requérir l'apposition des scellés ou obliger le légataire à faire inventaire lors de la levée de ces scellés? Un premier système accorde, de la manière la plus générale aux héritiers, la qualité de prétendant droit à la succession. Il s'appuie sur ces considérations que les héritiers non réservataires ont intérêt à s'assurer, s'il existe ou non, dans

(1) (Du Rousseau C. Dumont.) — La cour; — Sur le moyen unique du pourvoi, pris de la violation de l'art. 10 de la constitution, de l'art. 544 c. civ., de la fausse application des art. 908, 909 et 914 n° 10, c. proc. civ., en ce que l'arrêt attaqué a autorisé au domicile du demandeur et contre son gré l'apposition de scellés sur les objets que le défendeur revendique comme lui appartenant à titre personnel; — Considérant qu'aucun texte de loi ne déclare que le scellé ne pourra être apposé qu'après décès; que, si la loi désigne divers cas dans lesquels elle prescrit ou autorise cette apposition, on ne peut induire de là une interdiction à l'application de cette mesure dans des cas analogues; — Considérant que les art. 907 et suiv. c. proc. civ., qui règlent les formes à suivre, statuent les cas les plus ordinaires et ne sont pas limitatifs; — Considérant que le scellé a pour but de prévenir les soustractions, et, par conséquent, de protéger les droits qui pourraient être compromis; que, par la nature des choses, il est donc permis d'y recourir, toutes les fois qu'un intérêt sérieux de conservation l'exige; — Considérant qu'il est constaté par l'arrêt attaqué que le demandeur s'est mis en possession du palais épiscopal de Tournai en l'absence et à l'insu du défendeur, et, sans avoir fait dresser, lors ou depuis, un inventaire de ses effets, papiers et valeurs; que la prise de possession des appartements du défendeur, avec le concours d'un serrurier, pour en ouvrir les portes, est venue ajouter un élément de plus à la confusion inévitable, à la suite d'une longue

résidence, entre les effets personnels à l'évêque et ceux dépendant de l'évêché; que, de plus, les documents versés aux débats permettent de supposer qu'il existe encore des biens acquis, soit en totalité, soit en partie, des deniers du défendeur, et qui pourront donner lieu à des opérations de compte, de partage ou de liquidation; — Considérant que, dans un tel état des faits, la mesure conservatoire dont il s'agit, et qui ne porte aucun préjudice au principal, se trouve justifiée par un grave intérêt; qu'elle a, dès lors, été légalement autorisée; — Considérant que l'art. 829 c. proc. civ. permet de s'introduire dans une maison tierce pour y pratiquer une saisie-revendication; que la même raison de décider existe lorsqu'il y a lieu d'apposer le scellé; — Considérant que les art. 10 de la constitution et 544 c. civ. ne forment point obstacle à pareille introduction; qu'il ne peut, en effet, être question de violation de domicile, ni d'atteinte à la propriété dans le sens que ces dispositions comportent, quand on agit, comme dans l'espèce, en exécution de la loi et avec le concours du juge; — Considérant que, de ce qui précède, il suit que l'arrêt attaqué, en décidant comme il le fait, ne contrevient à aucune des dispositions légales qui sont invoquées par la partie demanderesse;

Rejette, etc.

Du 24 mars 1881.-C. cass. de Belgique, 1re ch.-MM. de Longé, pr.-Bonjean, rap.-Melot, av. gén.-Bilaut, de Lantsheere, Vaudievaliet et Paul Janson, av.

les papiers du défunt, un autre testament, révoquant ou modifiant celui qui les a exhérédés, ou des documents de nature à justifier, soit la demande en nullité qu'ils se proposent d'introduire, soit la réclamation qu'ils se croient en droit de formuler en qualité de créanciers, et qui pourraient disparaître s'ils n'étaient constatés et décrits par un inventaire fidèle et régulier ; qu'ils ont donc, à ce double point de vue, intérêt à faire constater régulièrement les forces et charges de la succession. Il a été jugé, en ce sens, que l'apposition des scellés sur les meubles du défunt peut être requise par les héritiers légitimes, même non réservataires ; que l'envoi en possession de légataires universels ne peut paralyser ce droit (Nancy, 6 mars 1885, aff. Héritiers Baudrillart, D. P. 86, 2, 47. V. aussi les arrêts cités au *Rép.* n° 31).

15. Un second système, au contraire, n'accorde la qualité de prétendant droit à la succession aux héritiers qu'autant qu'ils auraient manifesté leur intention formelle de recueillir la succession, soit en attaquant la validité du testament qui les exclut, soit en s'opposant à l'ordonnance d'envoi en possession du légataire (*Rép.* n° 32). Il nous paraît le plus conforme au texte et à l'esprit de la loi. Le texte est tout d'abord formel ; il n'attribue pas, en effet, le droit de requérir l'apposition des scellés et l'inventaire d'une manière générale à tous les héritiers ; il l'attribue seulement, ce qui est tout à fait différent, à ceux qui prétendront droit dans la succession. Or, lorsqu'un héritier légitime est exclu par testament d'une succession, s'il ne demande pas la nullité de ce testament, s'il laisse passer sans protestation l'envoi en possession du légataire, peut-on dire qu'il prétend droit dans cette succession ? Évidemment non. Pour prétendre à un droit, ou plutôt pour pouvoir être considéré comme prétendant à un droit, il est indispensable d'accomplir un acte qui manifeste extérieurement cette prétention ; or, ici, l'héritier a gardé un silence absolu et une réserve complète en ce qui concerne son droit dans la succession, c'est donc bien qu'il ne prétendait pas à ce droit. L'héritier légitime non réservataire placé en face d'un légataire universel n'a point de titre qui milite en faveur de son droit à la succession ; il est, au contraire, exclu de ce droit par le testament qui institue un légataire universel. Il faut donc, de toute nécessité, que cet héritier proteste contre son exclusion ; c'est cette protestation seule qui pourra lui donner la qualité qui lui manque jusqu'alors, de prétendant droit à la succession. Au texte vient s'ajouter l'esprit de la loi. Les art. 909 et 941 c. proc. civ. sont fondés sur un double motif. D'une part, il était nécessaire d'empêcher le possesseur des meubles héréditaires, de les détourner au préjudice des véritables ayants droit ou des créanciers de la succession ; c'est pour cela que le législateur a autorisé dans certains cas les mesures conservatoires des scellés et de l'inventaire. Mais, d'autre part, il ne faut pas que ces mesures de conservation se transforment en mesures de vexation et qu'un tiers quelconque puisse venir s'immiscer dans les affaires des familles et en pénétrer les secrets. De là, l'énumération essentiellement limitative des art. 909 et 941 c. proc. civ., qui ne comprend que deux catégories de personnes admises à recourir auxdites mesures, d'abord, les prétendants droit à la succession, et ensuite, les créanciers fondés en titre exécutoire ou autorisés. Un droit quelconque ne suffit donc même pas pour pouvoir requérir l'apposition des scellés et l'inventaire, puisque les créanciers ne jouissent de cette faculté qu'autant qu'ils ont un titre exécutoire ou qu'ils sont autorisés par qui de droit. A plus forte raison, cette faculté doit-elle être refusée aux héritiers légitimes qui sont exclus de la succession par un testament, alors du moins qu'ils n'ont manifesté par aucun acte sérieux leur prétention d'ayant droit à cette succession. Les intérêts des héritiers légitimes ne sont nullement sacrifiés. Le législateur leur a, en effet, donné un moyen très simple de sauvegarder leurs intérêts dans l'art. 917 c. proc. civ., qui est ainsi conçu : « Sur la réquisition de toute partie intéressée, le juge de paix fera, avant l'apposition du scellé, la perquisition du testament dont l'existence sera annoncée ; et, s'il le trouve, il procédera comme il est dit ci-dessus ». Les héritiers légitimes sont incontestablement et au premier chef, parties intéressées ; ils peuvent donc, s'ils soupçonnent l'existence d'un autre testament, le faire rechercher par le juge de paix,

soit au moment de l'apposition des scellés, soit même, bien que l'art. 917 ne le dise pas, au moment de la levée de ces scellés. Et alors de deux choses, l'une : ou bien ces recherches n'aboutissent pas, et dans ce cas, on ne comprend plus de quel droit les héritiers légitimes pourraient contraindre le légataire à faire inventaire ; ou bien, au contraire, ces recherches amènent la découverte d'un nouveau testament, et dans ce cas, lesdits héritiers puiseront dans ce testament le droit de procéder à un inventaire des biens mobiliers de la succession (V. en ce sens : Boitard, Colmet-Daage et Glasson, *op. cit.*, t. 2, p. 602, n° 1127).

16. Conformément à cette doctrine, il a été jugé : que la demande par laquelle les héritiers légitimes requièrent l'apposition des scellés à l'encontre du légataire universel peut être écartée par le juge, alors même que ce légataire n'a pas été régulièrement envoyé en possession de la succession, s'il résulte des circonstances que lesdits héritiers n'ont aucun intérêt à faire ordonner une pareille mesure (Riom, 29 nov. 1879, aff. Rouger, D. P. 81. 2. 69) ; — Que l'héritier non réservataire qui, exclu de la succession par l'institution d'un légataire universel, n'a introduit en justice aucune demande en nullité du testament olographe contenant cette institution et qui s'est également abstenu de former opposition à l'ordonnance par laquelle ledit légataire a été envoyé en possession de son legs, ne peut être considéré comme un prétendant droit à la succession dans les termes de l'art. 909 c. proc. civ. ; il devient étranger à la succession et est, en conséquence, sans droit pour contraindre le légataire universel à l'appeler à la levée des scellés et à subir l'obligation d'un inventaire que celui-ci se refuse à faire, alors surtout que l'envoi en possession du légataire a déjà été prononcé ; que l'éventualité possible de la découverte d'un nouveau titre anéantissant ou modifiant les droits du légataire universel, autorise cependant le président du tribunal, statuant en référé, à ordonner les mesures propres à sauvegarder les intérêts de l'héritier, telles, par exemple, que la nouvelle recherche d'un autre testament et la description sommaire des papiers se trouvant au domicile du défunt, à la charge par ledit héritier de faire l'avance préalable des frais auxquels pourront donner lieu les mesures ordonnées (Besançon, 23 nov. 1892, aff. Ardiet, D. P. 94. 2. 41).

17. — 2° L'enfant naturel, et ses héritiers lorsqu'il est décédé. L'enfant adultérin n'a pas ce droit, la loi ne lui accordant que des aliments. Il ne pourrait requérir l'apposition des scellés que comme créancier (*Rép.* n° 36 ; Rousseau et Laisney, *op. cit.*, v° *Scellés et inventaire*, n° 3 ; Dutruc, *op. cit.*, eod. v°, n°s 24 et 25).

18. — 3° Le donataire et le légataire universels, le donataire et le légataire à titre universel (*Rép.* n° 37).

19. — 4° Le donataire et le légataire particulier (*Rép.* n° 38). — Il ne suffit pas aux légataires universels ou particuliers, pour avoir le droit de faire apposer des scellés, d'alléguer la possibilité de l'existence d'un testament ; il leur faut en justifier, parce qu'il résulte évidemment de l'art. 909 que l'apposition des scellés ne saurait être requise que par ceux qui peuvent être justement présumés avoir des prétentions dans la succession. Il est certain qu'un tiers qui s'appuierait uniquement sur de simples ouï-dire pour alléguer la possibilité de l'existence d'un testament caché et d'un legs en sa faveur dans ce testament, ne saurait être qualifié de prétendant droit à la succession. C'est ainsi qu'il a été décidé qu'un maire ne pouvait s'opposer à la levée des scellés, ni par suite, réclamer la confection d'un inventaire, sous prétexte que, d'après la rumeur publique, le défunt aurait laissé des dispositions testamentaires pouvant intéresser la commune ou les pauvres de la ville qu'il administre (Montpellier, 29 mai 1890, aff. Nozeran, D. P. 91. 2. 159) ; « Le maire, dit cet arrêt, n'est ni un héritier, ni un créancier du défunt, mais un tiers, et il n'est permis qu'à ceux qui ont un intérêt né et actuel de requérir l'apposition ou de s'opposer à la levée des scellés ; on ne saurait, au prétexte qu'il peut exister un testament caché et en s'appuyant sur de simples ouï-dire, permettre à un tiers de s'immiscer dans les affaires d'une succession et de divulguer des secrets pouvant intéresser l'honneur ou la sécurité des familles ; sans doute, toute partie intéressée peut, aux termes de l'art. 917 c. proc. civ., demander qu'il soit procédé à la perquisition

d'un testament dont l'existence est annoncée, mais les juges ont un pouvoir souverain pour apprécier si la partie qui se présente comme intéressée justifie suffisamment de son droit à intervenir; dans l'espèce, le maire n'apporte aucune justification à l'appui de ses allégations basées uniquement sur des rumeurs dont il se fait l'écho; il convient d'autant plus de rejeter ses prétentions que les présomptions de la cause leur sont contraires, puisque le testament qui institue la légataire est un acte public reçu avec toutes les formalités voulues par la loi peu d'heures avant le décès du *de cujus* et que les héritiers légitimes, après avoir requis l'apposition des scellés et manifesté l'intention de poursuivre la nullité de cet acte, en ont reconnu la validité, déclarant renoncer à tous droits dans la succession ».

20. Mais il a été jugé qu'un testament olographe, déposé chez un notaire et sanctionné par une ordonnance d'envoi en possession, constitue, alors que son existence légale et sa validité extérieure ne sont pas contestées, un titre égal à un acte authentique, et dont l'exécution provisoire, en faveur du légataire universel qu'il institue, ne saurait être arrêtée par les contestations que l'héritier du sang non réservataire élève sur sa valeur intrinsèque; et qu'en conséquence, jusqu'à ce qu'il ait été statué sur ces contestations par un jugement définitif, le légataire universel a qualité pour faire procéder à la levée des scellés apposés au domicile du défunt et à la confection de l'inventaire des biens dépendant de sa succession, sans que l'héritier du sang soit fondé à prétendre que ces opérations ne peuvent être faites qu'à sa propre requête (Trib. civ. de la Seine, 9 déc. 1871, *Journal des avoués*, t. 97, p. 41). «Cette solution, dit M. Dutruc, *op. cit.*, v° *Scellés*, n° 8, nous a paru irréprochable. Lorsque c'est la forme extérieure du testament olographe instituant un légataire universel qui est l'objet des contestations de l'héritier du sang, lorsque notamment celui-ci méconnaît l'écriture et la signature de cet acte, nul doute que, l'existence même du testament se trouvant mise en question, le légataire soit inadmissible à en poursuivre l'exécution provisoire. Mais quand la validité extérieure du testament olographe est incontestable et incontestée, que le dépôt en a été régulièrement effectué chez un notaire, et que le légataire a été envoyé en possession, la règle que *provision est due au titre* ne doit-elle pas s'appliquer à ce testament? »

21. Le légataire universel qui se trouve en présence d'héritiers réservataires, lesquels sont saisis et possèdent les biens de la succession, est appelé à la succession par le testament qui l'institue et, à ce titre, il a le droit de requérir l'apposition des scellés et l'inventaire comme mesures de précaution vis-à-vis des héritiers. Telle est, pour les mêmes motifs, la situation d'un légataire à titre particulier en présence d'un légataire universel, ou encore des légataires quels qu'ils soient, placés en face d'un exécuteur testamentaire auquel le testateur a donné la saisine de tout ou partie du mobilier héréditaire. Enfin, et à plus forte raison, l'apposition des scellés et l'inventaire peuvent-ils être requis par un cohéritier, lorsqu'il y a plusieurs héritiers légitimes ou testamentaires, soit que ces héritiers possèdent ensemble et par indivis les biens de la succession, soit que l'un d'eux

se soit mis seul en possession de ces biens (V. Boitard, Colmet-Daâge et Glasson, 16 édit., t. 2, n° 1127).

22. — 5° L'exécuteur testamentaire (*Rép.* n° 40). M. Dutruc pense qu'il n'a pas à prendre part aux opérations des scellés lorsque les héritiers lui offrent une somme suffisante pour l'acquittement des legs (*op. cit.*, v° *Scellés*, n° 22).

23. — 6° Le conjoint survivant, soit qu'il prétende à la communauté, soit qu'à défaut d'héritiers du sang il prétende à la succession (*Rép.* n° 41).

24. — 7° A défaut d'héritiers du sang et de conjoint survivant, l'Etat, puisque dans ce cas la succession lui est acquise (*Rép.* n° 433).

25. La seconde catégorie des personnes qui peuvent requérir l'apposition des scellés, aux termes de l'art. 909 c. proc., comprend les créanciers fondés en titre exécutoire ou autorisés par une permission soit du président du tribunal de première instance, soit du juge de paix du canton où le scellé doit être apposé (*Rép.* n° 44). Le droit d'intervention des créanciers de la succession n'est pas contestable : d'une part, l'art. 820 c. civ. leur permet expressément de requérir l'apposition des scellés à la seule condition d'être munis d'un titre exécutoire ou d'obtenir la permission du juge ; d'autre part, et aux termes de l'art. 821 du même code, ils peuvent former opposition à la levée des scellés sans titre exécutoire ni permission du juge ; et enfin, par suite et comme conséquence de cette opposition, ils ont le droit, d'après l'art. 932 c. pr. civ., d'assister, soit en personne, soit par mandataire, à la première vacation de la levée des scellés et de l'inventaire, sauf à se faire représenter par un seul mandataire pour tous aux vacations suivantes.

26. Il résulte des termes généraux de la loi et de l'exposé des motifs que, sous le mot de *créanciers* de l'art. 909 c. proc. civ., sont compris ceux qui, à défaut d'un titre exécutoire, en produisent un assez *apparent*, pour que le magistrat trouve convenable de les autoriser à requérir le scellé (*Rép.* n° 44). Il a été jugé que le président du tribunal civil, et en cas d'urgence, le juge de paix, peuvent accorder à tout individu, produisant un titre de créance ayant une apparence suffisamment sérieuse, la permission de requérir l'apposition des scellés ; qu'en conséquence, le président aurait le droit de conférer une permission de cette nature à celui qui, se prétendant créancier par suite d'un quasi-contrat, d'un délit, d'un quasi-délit, invoquerait à l'appui de sa prétention des documents et des circonstances propres à en faire présumer le bien-fondé (Req. 23 juill. 1872, aff. Ricardo et Briey, D. P. 73. 1. 355. En ce sens : Boitard, Colmet-Daâge et Glasson, *op. cit.*, t. 2, p. 603, n° 1127).

27. La question de savoir si l'art. 909 accorde aux créanciers personnels d'un héritier le droit de requérir l'apposition des scellés, est fort discutée. La négative est adoptée par plusieurs auteurs, qui pensent, pour les motifs exposés au *Rép.*, n° 46, que les créanciers personnels ne peuvent que former opposition à la levée des scellés déjà apposés (Bioche, *op. cit.*, v° *Scellés*, n° 20). Il a été jugé, en ce sens, que les créanciers personnels des héritiers n'ont pas qualité pour requérir l'apposition des scellés sur les effets de la succession (Caen, 29 août 1876 (1) ; Paris, 11 avr. 1892, aff. Héritiers Puis, D. P. 93. 2. 9). Ce

---

(1) (Dupont *C.* Golf-Lemarchand et Mangès.) — La cour ; — Attendu que, dans l'ancienne jurisprudence, les créanciers personnels des héritiers n'étaient pas admis à requérir l'apposition des scellés ; que, loin d'y avoir dérogé, les textes nouveaux ont maintenu les principes de l'ancien droit ; qu'en effet, le mot « créanciers », employé sans addition ni explication, tant dans les art. 820 et 821, c. civ., que dans l'art. 909, n° 2, c. proc., ne s'applique qu'aux créanciers de la succession ; que la preuve s'en trouve dans l'art. 934 c. proc., qui se borne à autoriser les opposants pour la conservation des droits de leur débiteur, c'est-à-dire les créanciers personnels des héritiers, à faire opposition aux scellés, et qui même leur refuse le droit accordé par l'art. 933 aux autres opposants, créanciers de la succession, d'assister à la première vacation de l'inventaire et de concourir au choix d'un mandataire commun pour les vacations subséquentes ; — Attendu qu'à défaut de texte, on ne trouve, ni dans les discours des orateurs du gouvernement, ni dans les discussions préparatoires du code civil et du code de procédure, aucune expression d'où l'on puisse induire qu'ils aient voulu introduire, en ce point, un droit nouveau ; — Que vainement objecte-t-on que les créan-

ciers personnels de l'héritier peuvent, en vertu de l'art. 1166 c. civ., exercer tous les droits de leur débiteur et, par conséquent, requérir l'apposition des scellés ; — Que, si une telle extension était donnée à l'art. 1166, tous les textes ci-dessus cités du code civil et de procédure seraient complètement inutiles et auraient dû être supprimés ; que, pour leur faire produire effet, il faut reconnaître que le principe général posé dans l'art. 1166 ne reçoit son application que dans le cas où des textes spéciaux n'ont pas réglé la matière ; mais que, lorsqu'il existe des dispositions particulières, elles doivent prévaloir sur les généralités, selon la maxime : *Specialia generalibus derogant ;* — Que, d'ailleurs, la règle posée dans l'art. 1166 existait aussi dans l'ancienne jurisprudence et que, cependant, les créanciers de l'héritier ne pouvaient pas requérir l'apposition ; — Que vainement objecte-t-on encore les art. 788 et 882 c. civ., qui accordent aux créanciers de l'héritier la faculté d'accepter une succession qu'il a répudiée, et de s'opposer à ce qu'il soit procédé au partage, hors de leur présence ; qu'il s'agit, dans le premier cas, d'une fraude consommée contre laquelle le législateur accorde un moyen de recours commandé par l'équité ; que, dans le second cas, l'inter-

dernier arrêt s'appuie sur les motifs suivants : « le mot « créanciers », employé dans les art. 820 et 821 c. civ., sans autre spécification, et dans l'art. 902, § 2, c. proc. civ., lequel reproduit les termes des art. 820 et 821 précités, ne s'applique qu'aux seuls créanciers de l'hérédité ; l'art. 934 c. proc. civ., au contraire, range dans une catégorie différente, pour leur interdire l'assistance et le choix d'un mandataire, les créanciers personnels de l'héritier, ainsi qu'il apparaît, lorsque, d'un côté, on rapproche les termes de cet art. 934 de ceux de l'art. 932, § 1, applicable à la famille, aux héritiers visés par l'art. 909, et à l'exécuteur testamentaire, et qui autorise l'assistance personnelle ou par représentation de toutes ces personnes, et lorsque, d'un autre côté, on les compare à la disposition du paragraphe 2 du même article, qui vise simplement les créanciers de l'hérédité déjà visés, art. 909, et limite leur droit d'assistance à la première vacation ; pour faire échec à ces dispositions expresses, on invoque vainement les dispositions générales des art. 1166 et 1167 c. civ.; l'art. 1166 n'est pas applicable dans l'espèce, puisque l'héritier exerce lui-même ses droits ; l'art. 1167 n'est pas plus applicable à la demande, puisque les parties ne dénoncent aucun des actes de leur débiteur comme fait en fraude de leurs droits.

28. Dans une autre opinion, qui a été soutenue au *Rép.*, n° 46, aucune disposition légale n'interdit aux créanciers personnels d'un héritier agissant au nom de leur débiteur de requérir l'apposition des scellés. Le droit de requérir l'apposition des scellés sur les effets mobiliers d'une succession ne saurait être considéré comme un droit exclusivement attaché à la personne des héritiers : la preuve en est que ce droit appartient à d'autres qu'aux héritiers, notamment, aux créanciers du défunt et, d'une manière plus générale, à tous ceux qui ont un droit à prétendre dans la succession (c. proc. civ., art. 909). Les créanciers des héritiers peuvent donc exercer ce droit, non pas, il est vrai, en leur propre nom et de leur chef, comme peuvent le faire les créanciers de la succession, mais, du moins, ce qui revient au même, au nom et du chef de l'héritier leur débiteur. Et qu'on n'objecte pas l'esprit de la loi ; qu'on ne dise pas qu'en cette matière, le législateur a voulu, avant tout, écarter les étrangers des affaires de la famille, et que, par suite, le droit de requérir l'apposition des scellés doit être refusé à tous ceux au profit desquels la loi ne l'a pas expressément établi. C'est une objection qu'il est aisé de réfuter. En effet, si l'intérêt des familles est respectable, il en est un autre qui l'est tout autant, pour ne pas dire davantage, c'est celui des créanciers qui ne sont pas encore désintéressés. Fallait-il donc, sous prétexte d'éviter l'immixtion des étrangers dans les secrets de la famille, exposer les créanciers à laisser détourner par les héritiers les biens héréditaires qui constituent leur gage ? Le législateur

ne l'a pas pensé. Un texte formel, l'art. 820 c. civ., accorde aux créanciers de la succession le droit de faire apposer les scellés sur les biens héréditaires ; et, s'il n'existe pas de texte pareil pour les créanciers personnels des héritiers, ce silence de la loi ne saurait se retourner contre eux. Un texte spécial était ici inutile, puisque ces créanciers trouvent, dans le droit commun de l'art. 1166 c. civ., le droit de se mettre au lieu et place de leur débiteur et, par suite, de requérir l'apposition des scellés si ce débiteur ne l'a pas requise de lui-même (V. en ce sens, Carré et Chauveau, *Lois de la procédure civile*, n° 3062 ; Dutruc, *op. cit.*, t. 4, v° *Scellés*, n° 13 ; Jay, *Traité des scellés*, n° 64 ; Michel, *Vade-mecum des juges de paix*, p. 56 et suiv.; Boitard, Colmet-Daâge et Glasson, *Leçons de procédure civile*, 13e édit., t. 2, n° 1128). « La loi, dit M. Dutruc, v° *Scellés*, n° 19, parle de tous créanciers, ce qui n'admet pas d'exclusion ; et, d'autre part, les créanciers personnels des héritiers peuvent, en général, faire valoir tous les droits de ceux-ci ; comment leur serait-il défendu d'exercer celui de faire apposer les scellés, qui évidemment n'est pas attaché à la personne et qui n'a pas moins d'importance pour eux que pour les héritiers ou les créanciers du défunt ? A ces raisons viennent s'ajouter des considérations non moins puissantes. Ne serait-il pas contradictoire, en effet, de permettre aux créanciers des héritiers d'intervenir au partage pour empêcher qu'il ne soit fait en fraude de leurs droits et de ne pas les autoriser à requérir l'apposition des scellés, ce premier moyen de prévenir la fraude à l'égard du mobilier que devra comprendre le partage ? Ne serait-il pas inexplicable que, pouvant même accepter la succession au nom de leur débiteur, en cas de renonciation de la part de celui-ci, ils fussent privés du droit de prendre une mesure qui tend à empêcher le détournement des objets mobiliers que cette succession renferme ? On argumente vainement de la prohibition contenue dans l'art. 934 c. proc. civ., car les exceptions ne sauraient s'étendre par analogie d'un cas à un autre ; et on ne justifie pas mieux l'exclusion dont on voudrait frapper les créanciers personnels des héritiers, en disant que les créanciers du défunt, dont les valeurs héréditaires sont le gage direct et spécial, doivent avoir la faculté de requérir l'apposition des scellés pour empêcher que ce gage ne se confonde avec les autres biens des héritiers et ne soit ainsi soumis à l'action rivale des créanciers personnels de ceux-ci. On ne peut contester l'intérêt des créanciers du défunt, mais, pour être moins immédiat, celui des créanciers des héritiers n'est pas moins valable ». Il a été jugé, en ce sens, que les créanciers personnels de l'un des héritiers ont le droit de requérir l'apposition des scellés sur les effets de la succession ; mais que, alors même qu'ils auraient un titre exécutoire contre leur débiteur, ils doivent obtenir la permission du juge (Paris, 17 juill. 1867) (1).

29. Les prétendants droit et les créanciers mineurs

---

vention dans un partage n'a pas, au point de vue des secrets de famille, les mêmes inconvénients que l'apposition des scellés et l'ingérence dans les papiers intimes du défunt ; — Attendu que la différence établie par la loi, relativement à l'apposition des scellés, entre les créanciers de la succession et les créanciers personnels des héritiers, est justifiée par les motifs les plus puissants ; qu'en effet, lorsqu'une personne décède ayant des dettes, ses héritiers, étant obligés de les acquitter, sont mal fondés à se plaindre de ce que les créanciers de leur auteur prennent toutes les précautions propres à leur assurer la conservation de leur gage, et qu'il est juste qu'ils en subissent toutes les conséquences ; que si, au contraire, il s'agit des créanciers personnels d'un des héritiers, la succession échue à ce dernier, loin d'aggraver la position de ses créanciers, s'améliore ; que les autres héritiers ne sont pas responsables des dettes qu'un d'entre eux a contractées ; que ces dettes sont étrangères à la succession et que ceux appelés à la recueillir ne doivent, en aucune manière, en subir les inconvénients ; qu'ils en souffriraient cependant, si les créanciers personnels d'un de leurs cohéritiers avaient le pouvoir, en requérant l'apposition des scellés, de s'immiscer dans les secrets de la famille, par une mesure qui atteindrait, outre leur débiteur, les autres héritiers, contre lesquels ils n'ont aucun droit ; — Que c'est sans fondement qu'on allègue que, des fraudes étant possibles, on doit accorder aux créanciers personnels de l'héritier les moyens de les prévenir ; que, d'abord, la fraude ne se présume pas et que, si elle vient à être consommée, les créanciers de l'héritier seront admis à en rapporter la preuve ; mais que la possibilité éventuelle de l'exis-

tence future de la fraude n'est pas une raison suffisante pour autoriser l'emploi de précautions pénibles et offrant des inconvénients graves contre des héritiers libres de tout engagement, vis-à-vis de ceux qui prétendent les exercer ; qu'il serait là qu'il y a lieu d'infirmer, de ce chef, les décisions dont est appel ; — Par ces motifs, etc...

Du 29 août 1876.-C. de Caen, 1re ch.-MM. Champin, 1er pr.-Guillemard et Mériel, av.

(1) (Duval C. Châtelain.) — La cour ; — Statuant sur l'appel de l'ordonnance rendue par le président du tribunal civil de Provins, le 15 mars 1867 ; — Considérant que Duval demande, comme créancier de Châtelain fils, la permission de faire apposer les scellés sur les meubles et effets de la succession de Châtelain père, dont son débiteur est héritier, et que cette permission lui a été refusée parce qu'il n'est créancier que d'un héritier et non de la succession ; — Considérant que, soit dans les art. 819 et 820 c. civ., soit dans l'art. 809 c. proc. civ., la loi n'ayant spécialement en vue la désignation des personnes qui peuvent requérir l'apposition des scellés de leur chef, et en leur nom, range ces personnes en deux classes principales ; les prétendants directs dans la succession de la communauté pour la conservation de leur propre chose, et les créanciers fondés en titre exécutoire ou autorisés par une permission du juge, pour la conservation de leur gage, sans déroger au principe général de l'art. 1166 c. civ. ; — Considérant qu'aux termes de ce principe, qui domine toutes les matières et n'a pas besoin d'y être exprimé pour les régir, les créanciers peuvent exercer les droits et actions de leur débiteur

émancipés peuvent requérir l'apposition des scellés sans l'assistance de leur curateur. S'ils sont mineurs non émancipés et s'ils n'ont pas de tuteur, ou s'il est absent, elle peut être requise par un de leurs parents. Un mineur qui est d'ailleurs dans les cas spécifiés par l'art. 909 c. proc. peut-il requérir en son nom personnel l'apposition des scellés? L'affirmative a été admise au *Rép.*, n° 48. « Un mineur âgé de quinze ans au moins, dit M. Dutruc, *op. cit.*, v° *Scellés*, n° 32, peut requérir l'apposition des scellés, en cas d'absence ou d'inaction du tuteur et des parents. L'apposition des scellés étant une mesure conservatoire qui ne peut nuire à personne, et qui, dans certains cas, doit être faite d'office par le juge de paix, on ne voit pas sur quoi le magistrat se fonderait pour repousser d'une manière absolue la demande du mineur, surtout lorsque celui-ci prétend que son tuteur est absent, et que nul de ses parents n'a voulu agir pour lui. L'art. 910 ne parle, il est vrai, que du mineur émancipé, et n'attribue qu'à lui la faculté de requérir cette opposition sans assistance. Aussi le juge de paix devra-t-il vérifier l'opportunité de cette mesure; et s'il est convaincu qu'il est urgent d'y pourvoir, il l'ordonnera, non pas, si l'on veut, à la réquisition du mineur, mais de son propre mouvement, comme la loi l'y autorise » (V. Rousseau et Laisney *op. cit.*, v° *Scellés et inventaire*, n° 6).

De même, M. Dutruc, *op. cit.*, v° *Scellés*, n° 45, estime, avec raison, que l'individu pourvu d'un conseil judiciaire peut requérir l'appréciation des scellés sans l'assistance de ce conseil. Il admet, d'autre part, et cette solution ne paraît pas non plus contestable, que « le conseil judiciaire peut lui-même réclamer cette mesure, par la même raison qui fait reconnaître ce droit au curateur du mineur émancipé, à savoir que l'apposition des scellés est rentrée naturellement dans les devoirs de surveillance et de protection dont le conseil judiciaire comme le curateur, est investi ».

30. La troisième catégorie de personnes qui peuvent, suivant l'art. 909, requérir l'apposition des scellés, comprend celles qui demeuraient avec le défunt, ses serviteurs et domestiques. Il faut remarquer cependant que ces personnes ne peuvent agir qu'en cas d'absence, soit du conjoint, soit des héritiers ou de l'un d'eux; l'*absence* doit, d'ailleurs, s'entendre ici dans le sens de *non-présence* (*Rép.* n° 49; Boitard, Colmet-Daâge et Glasson, *op. cit.*, t. 2, p. 603, n° 1129).

§ 3. — En quels lieux et sur quels objets, en quel temps, par qui et dans quelle forme les scellés doivent être apposés (*Rép.* n°s 53 à 73).

31. — 1° *En quels lieux et sur quels objets.* — Les scellés, on l'a dit au *Rép.*, n° 53, peuvent être apposés, non seulement dans la dernière demeure du défunt ou dans ses diverses habitations, mais encore dans une maison étrangère, lorsqu'il y a de fortes présomptions qu'elle renferme des meubles appartenant à la succession. Il a été jugé, en ce sens : 1° que les scellés peuvent être apposés, lorsque le juge des référés en reconnaît l'opportunité, même dans la demeure d'un tiers qu'on sait être détenteur de valeurs appartenant au défunt, alors surtout que ce tiers est momentanément absent de chez lui; mais qu'il y a lieu, dans ce cas, si le tiers en fait la demande, de procéder sans retard à la levée des scellés, et, au besoin, de commettre un notaire

pour dresser inventaire et recevoir le dépôt des titres, pièces et valeurs appartenant au défunt (Douai, 30 déc. 1857, aff. Bureau, D. P. 59. 2. 23) ; — 2° Que les scellés peuvent être apposés partout où il apparaît que se trouvent des valeurs ou papiers pouvant constituer l'actif de la succession, et spécialement au domicile d'un des cohéritiers qui a eu des associations avec le défunt; en pareil cas, le juge des référés peut procéder lui-même au choix des papiers pour restituer au cohéritier ceux qui lui sont personnels, et livrer à l'examen des parties, pour être au besoin inventoriés, ceux qui dépendent de la succession (Paris, 15 mars 1872, aff. Georges, D. P. 73. 5. 413); — 3° Que les scellés peuvent être apposés avec autorisation de justice dans une maison tierce, sans qu'il y ait là violation de domicile, ou atteinte à la propriété (C. cass. de Belgique, 24 mars 1881, *suprà*, n° 13). M. Dutruc, *op. cit.*, v° *Scellés* n° 34, combat cette théorie. « Quelque légitimes que paraissent, au premier abord, les prétentions du demandeur, dit cet auteur, je ne crois pas qu'il y ait lieu d'ordonner une mesure aussi gênante et aussi contraire aux principes sur lesquels repose l'inviolabilité du domicile. Si les meubles ont effectivement été placés dans une maison tierce, c'est aux réclamants à constater le fait et à en poursuivre la répression par toutes voies de droit; mais ce n'est pas là une raison pour frapper d'une manière absolue et paralyser, sur un simple soupçon, le droit de tout propriétaire d'user, comme il lui plaît, de son propre mobilier ». Le droit de référé devant le président, en cas de difficulté, paraît, au surplus, devoir lever tous les scrupules. Ce magistrat peut, avant de rendre sa décision, s'entourer de tous les renseignements propres à l'éclairer, et s'il acquiert la conviction que des effets mobiliers de quelque importance se trouvent chez un tiers, il ne doit pas hésiter à ordonner que les scellés y seront apposés (*Rép.* n°s 53 et 54; Rousseau et Laisney, *op. cit.*, v° *Scellés et inventaire*, n° 16).

32. Sur la responsabilité encourue par celui qui a causé préjudice à un tiers, en requérant l'apposition des scellés, V. *Rép.* n°s 54 et 55.

33. L'art. 911, § 3, limite l'apposition des scellés chez un dépositaire au dépôt et aux objets qui le composent; mais on admet qu'elle peut avoir lieu sur les meubles, effets, titres et papiers particuliers. Le juge de paix doit seulement rédiger deux actes séparés, l'un concernant le dépôt, l'autre relatif au mobilier de la succession (Dutruc, *op. cit.*, v° *Scellés*, n° 46).

34. — 2° *Par qui les scellés doivent être apposés.* — Le scellé ne peut être apposé que par le juge de paix des lieux ou par ses suppléants. L'opération commencée par le juge de paix peut être continuée par son suppléant. En cas d'empêchement légitime du juge et de ses suppléants, on l'a indiqué au *Rép.*, n° 63, le tribunal de première instance de l'arrondissement renvoie les parties devant le juge de paix le plus voisin. Des auteurs pensent que le président du tribunal peut désigner seul, et hors la présence des parties intéressées, le juge de paix (Rousseau et Laisney, *op. cit.*, v° *Scellés et inventaire*, n° 12; Dutruc, *op. cit.*, eod. v°, n° 54; Bioche, *op. cit.*, v° *Scellés*, n° 42).

35. — 3° *Formes.* — Aux termes de l'art. 925, dans les communes où la population est de vingt mille âmes et au-dessus, il doit être tenu, au greffe du tribunal de première instance, un registre d'ordre pour les scellés (*Rép.* n° 72). MM. Rousseau et Laisney, *op. cit.*, v° *Scellés et inventaire*, n° 19, et

à l'exception de ceux qui sont attachés à la personne; que ce n'est qu'une mesure purement conservatoire, et que l'on ne saurait comprendre comment les mêmes créanciers qui peuvent, lorsqu'une succession échoit à leur débiteur, s'opposer à ce que le partage ait lieu hors de leur présence; y intervenir ou le provoquer, et si leur débiteur renonce au préjudice de leurs droits, se faire autoriser en justice à accepter la succession de son chef, en son lieu et place, ne seraient pas admis à requérir une formalité qui n'a pour but que la conservation des valeurs héréditaires; — Qu'il faut donc reconnaître que les créanciers de l'héritier ont droit à l'apposition des scellés, tout comme les créanciers de la succession, sauf, que ceux-ci, lorsqu'ils ont un titre exécutoire contre le défunt, sont toujours obligés de recourir à cette permission; — Considérant que ce système, loin de rencontrer une objection dans l'art. 934 c. proc. civ., dont la disposition refuse aux opposants, pour la conservation des droits de leur débiteur, la faculté d'assister à la première vacation et de concourir au choix

du mandataire commun pour les vacations suivantes, y trouve au contraire sa pleine et entière confirmation; — Qu'en effet, le droit d'opposition *au scellé* et celui d'apposition ne sont que le même droit dans les formes diverses; que tout *opposant au scellé*, suivant les termes de l'ancienne pratique, est censé apposant; que la loi, en admettant que les créanciers de l'héritier, peuvent comme opposants, assister, soit en personne, soit par un mandataire, à la première vacation de la levée des scellés et de l'inventaire et se faire représenter aux vacations par un mandataire commun, c'est que les uns, agissant en leur nom et de leur chef, sont directement intéressés dans ces opérations, tandis que les autres, ne procédant qu'au nom et du chef de l'héritier dont ils sont les créanciers, y sont légalement représentés par leur débiteur; — Par ces motifs, émendant, autorise Duval à faire apposer les scellés au domicile de Châtelain père, etc.

Du 17 juill. 1867. — C. de Paris, 2e ch.-MM. Guillemard, pr.-Dupré-Lasale, av. gén.-Lefèvre-Pontalis et de Jouy, av.

Dutruc, *op. cit.*, eod. v°, n° 96, estiment que cette disposition s'applique toutes les fois que le chef-lieu d'arrondissement a une population de vingt mille âmes, quelle que soit l'importance de la commune où sont apposés les scellés.

§ 4. — Des incidents qui peuvent se présenter durant l'apposition, et des précautions qui doivent être observées entre l'apposition et la levée des scellés (*Rép.* n°⁸ 74 à 84).

36. S'il se présente quelque obstacle matériel à l'apposition des scellés ou quelques difficultés de droit, le juge de paix doit en référer au président du tribunal, à moins qu'un péril imminent ne l'autorise à statuer immédiatement et provisoirement. Son appréciation à cet égard est souveraine, mais il ne doit user de ce pouvoir discrétionnaire que dans de très rares hypothèses, alors, par exemple, qu'il lui est impossible d'établir la garnison dont parle l'art. 924 (*Rép.* n° 74 et 75 ; Rousseau et Laisney, *op. cit.*, v° *Scellés et inventaire*, n° 20 ; Dutruc, *op. cit.*, v°, n° 88).

37. Suivant l'opinion émise au *Rép.*, n° 76, lorsque le juge de paix renvoie en référé devant le président du tribunal de première instance sur la protestation des parties, il faut, à peine de nullité de l'ordonnance, que les parties soient régulièrement appelées (*Rép.* n° 76). Dans une autre opinion, il suffit que le juge de paix fasse connaître aux parties présentes le jour et l'heure de la comparution ; il n'est pas nécessaire de les appeler régulièrement (Rousseau et Laisney, *op. cit.*, v° *Scellés et inventaire*, n° 24).

38. On a émis au *Rép.*, n° 79, l'opinion que le juge de paix qui trouve un testament dans un lieu qui n'est pas celui de l'ouverture de la succession doit le présenter immédiatement au président du tribunal ; il appartient à ce magistrat d'apprécier ensuite s'il est convenable et conforme aux intérêts des héritiers d'ordonner le dépôt du testament chez un notaire de l'arrondissement où la succession s'est ouverte. M. Dutruc estime, au contraire, que la présentation doit être faite au président du tribunal de l'ouverture de la succession. « De quelle utilité, dit cet auteur, *op. cit.*, v° *Scellés* n° 72, serait le dépôt du testament dans un arrondissement autre que celui de l'ouverture de la succession ? N'est-ce pas seulement devant le tribunal du lieu de cette ouverture que le testament peut être attaqué, qu'il doit être vérifié et mis à exécution ? Est-il explicable dès lors que des auteurs aient soutenu que, dans le cas où le testament a été trouvé par le juge de paix dans un arrondissement autre que celui de l'ouverture de la succession, les légataires sont dispensés de le présenter au président du tribunal de ce dernier arrondissement ? On veut obvier par là à l'inconvénient d'une double présentation et d'un double dépôt, comme si la violation de la disposition de l'art. 1007 c. civ. était un inconvénient moins grave ! Quant au danger que pourrait offrir le transport du testament du lieu où il a été trouvé à celui du tribunal de l'ouverture de la succession, il ne saurait être une considération suffisante pour justifier la doctrine opposée, et il est du reste moins grand qu'on ne paraît le croire : le juge de paix ne peut-il pas prendre les mesures nécessaires pour que le transport s'opère d'une manière sûre ? Au surplus, le législateur n'a-t-il pas été arrêté par un pareil scrupule dans une hypothèse non moins importante ; l'art. 202 c. proc. ne dispose-t-il pas, en matière de vérification d'écriture, que, si les détenteurs des pièces de comparaison sont éloignés, le tribunal pourra ordonner que ces pièces seront envoyées au greffe par la voie qu'il indiquera » (Comp. Bioche, *Dictionnaire de procédure*, v° *Scellés*, n° 64).

Si le juge de paix, au lieu d'un testament olographe ou mystique, trouve une expédition d'un testament par acte public, il peut, suivant M. Dutruc, *op. cit.*, v° *Scellés*, n°⁸ 75, « ordonner que l'expédition sera mise sous le scellé, ou qu'elle restera jusqu'à la levée entre les mains de son greffier, pour être communiquée aux intéressés durant l'intervalle, et rapportée, lors de la levée, afin d'être inscrite sur l'inventaire. Les mesures prescrites par les art. 916 et suiv. ne concernent point les testaments notariés, puisque la minute est entre les mains d'un homme public ».

39. Aux termes de l'art. 917, *toute partie intéressée* a le droit de requérir le juge de paix de procéder, avant l'apposition du scellé, à la perquisition d'un testament (*Rép.*, n° 80). M. Dutruc, *op. cit.*, v° *Scellés*, n° 78, considère, en matière civile, comme ayant droit de requérir perquisition d'un testament aux termes de l'art. 917 c. proc. civ. « toutes les personnes qui croient avoir intérêt à l'existence d'un testament, même un étranger qui alléguerait que le défunt lui aurait fait un legs » (V. conf. Bioche, *op. cit.*, t. 6, v° *Scellés*, n° 61). La jurisprudence n'admet pas qu'il suffise, pour requérir perquisition, d'annoncer la possibilité de l'existence d'un testament ; elle exige que cette allégation ait un certain fondement qui rende probable l'existence du testament. Il a été jugé, en effet, que les juges ont un pouvoir souverain pour apprécier si la partie qui demande qu'il soit procédé à la perquisition d'un testament, en se présentant comme intéressée, justifie suffisamment de son droit à intervenir (Montpellier, 29 mai 1890, aff. Demoiselle Nozeran, D. P. 91. 2. 159).

40. On a indiqué au *Rép.*, n° 80, quels sont les pouvoirs du juge de paix en matière d'apposition de scellés (V. aussi Dutruc, *op. cit.*, v° *Scellés*, n°⁸ 79 et 80).

ART. 2. — *Des oppositions à la levée des scellés.*
(*Rép.* n° 85 à 93.)

41. Les personnes qui peuvent former opposition à la levée des scellés sont celles qui ont intérêt à assister à cette opération et que, cependant, on n'est pas tenu d'y appeler (*Rép.*, n° 86 ; Rousseau et Laisney, *op. cit.*, v° *Scellés et inventaire*, n° 24). — On a émis *suprà*, n° 28, l'opinion contraire à la jurisprudence, que les créanciers personnels des héritiers ont le droit de requérir l'apposition des scellés sur les biens de la succession échue à leur débiteur. Ont-ils également le droit de former opposition à la levée des scellés que les héritiers se proposent de faire opérer ? En principe, l'affirmative n'est pas douteuse ; l'art. 934 c. proc. civ., en effet, parle des créanciers qui ont fait opposition « pour la conservation des droits de leur débiteur », ce qui ne peut s'appliquer qu'aux créanciers personnels des héritiers agissant au nom et du chef de ces héritiers. Les créanciers personnels des héritiers peuvent donc s'opposer à la levée des scellés comme les créanciers de la succession. « Le droit de former opposition à la levée des scellés, dit M. Dutruc, *op. cit.*, v° *Scellés*, n° 101, appartient à tous créanciers, encore qu'ils n'aient ni titre exécutoire, ni permission du juge. C'est qu'évidemment, l'opposition à la levée des scellés déjà existants ne saurait porter autant de préjudice aux héritiers que l'apposition même de ces scellés. Du reste, si, en définitive, il est établi que les opposants n'étaient créanciers ni du défunt, ni des héritiers, ils supporteront les frais que leur opposition aura occasionnés, et ils pourront même être condamnés à des dommages-intérêts suivant les circonstances » (V. aussi Bioche, *op. cit.*, v° *Scellés*, n° 71). — Mais l'opposition faite par les créanciers personnels des héritiers produira-t-elle les mêmes effets que lorsqu'elle émane des créanciers de la succession ? Conférera-t-elle également aux créanciers personnels des héritiers le droit d'assister en personne à la première vacation de la levée des scellés et de se faire représenter par un mandataire aux vacations suivantes ? Cette question est examinée *infrà*, n° 57.

42. On a indiqué au *Rép.*, n°⁸ 92 et 93, les effets que produit l'opposition à la levée des scellés (V. aussi *infrà*, n° 57, et Paris, 4 avr. 1892, aff. Héritiers Puis, D. P. 93. 2. 9), et exposé notamment que l'opposition, formée par un créancier de l'un des héritiers, équivaut à une opposition à partage dans le sens de l'art. 882 c. civ., et dispense le créancier d'en former une spéciale ayant ce partage pour objet. La jurisprudence a confirmé cette théorie (V. *Rép.* v° *Succession*, n° 2026 ; Paris, 10 juin, 1858 (1). En ce sens : Rousseau et Laisney, *op. cit.*, v° *Partage*, n° 144 ; Dutruc, *op. cit.*, eod. v°, n° 108).

(1) (Stiégler C. Verdier.) — LA COUR ; — Considérant qu'il s'agit d'une opposition à scellés opérée, non par le créancier d'une succession, mais par le créancier d'un ayant droit à la succession ; — Considérant que l'opposition à scellés est le meilleur

moyen laissé par la loi aux créanciers d'un ayant droit à une succession qui vient de s'ouvrir, pour manifester tout à la fois l'existence de leurs droits et leur intention de les exercer sur la portion d'hérédité que l'événement du partage attribuera un

Art. 3. — *De la levée des scellés* (*Rép.* n°ˢ 94 à 152).

43. — 1° *Du délai qui doit être observé pour la levée des scellés.* — V. *Rép.*, n°ˢ 95 à 97.

44. — 2° *Quelles personnes peuvent requérir la levée des scellés.* — Tous ceux qui ont le droit de faire apposer les scellés, à l'exception des personnes qui demeuraient avec le défunt et de ses serviteurs et domestiques, peuvent en requérir la levée (c. proc. civ., art. 930; *Rép.* n° 98). Mais il est évident que les personnes qui ont fait apposer les scellés au nom d'un mineur dépourvu de tuteur n'ont pas le droit d'en requérir la levée, puisque le mineur a dû auparavant être pourvu d'un tuteur (Rousseau et Laisney, *op. cit.*, v° *Scellés et inventaire*, n° 32). — Il a été jugé que l'apposition des scellés sur les meubles du défunt peut être requise par les héritiers légitimes, même non réservataires, et par les créanciers de la succession; que tous ceux qui ont le droit de requérir l'apposition des scellés ont également la faculté d'en demander la levée et de requérir inventaire; et que l'envoi en possession de légataires universels ne peut paralyser ce droit (Nancy, 6 mars 1885, aff. Hérit. Baudrillart, D. P. 86. 2. 47).

45. Suivant une opinion, le mineur émancipé peut requérir la levée des scellés. Il a qualité pour requérir l'apposition des scellés; or, ceux qui ont droit de faire apposer les scellés peuvent en requérir la levée. M. Dutruc, s'appuyant sur les termes généraux de l'art. 930, soutient que le mineur émancipé n'a pas besoin, pour cela, de l'assistance de son curateur (*op. cit.*, v° *Scellés*, n° 122). Rolland de Villargues incline à penser, au contraire, que cette assistance lui est nécessaire. Cette dernière opinion nous semble préférable. — Il a été jugé que l'apposition des scellés est purement facultative quand, au nombre des héritiers, se trouve un mineur émancipé; si donc l'héritier mineur a été émancipé depuis cette apposition, la levée des scellés peut être requise par cet héritier, assisté de son curateur (Grenoble, 5 avr. 1863, aff. Gaillard, D. P. 63. 2. 181).

46. On a dit au *Rép.*, n° 100, que celui qui a en sa faveur un *titre apparent* qui l'investit de l'entière hérédité doit, en cas de concours avec des héritiers non réservataires, avoir un droit de préférence sur ceux-ci pour faire lever les scellés. Celui qui est saisi de la totalité des biens peut se dispenser de faire apposer les scellés, parce qu'il peut disposer de la succession comme il l'entend. A plus forte raison doit-il obtenir la préférence pour l'apposition ou la levée des scellés, lorsqu'il la réclame. — M. Dutruc combat cette doctrine. « A quel titre, dit cet auteur, *op. cit.*, v° *Scellés*, n° 124, les légataires universels seraient-ils préférés aux héritiers *ab intestat*, alors qu'on est pas encore fixé sur le mérite de la disposition qui les institue, et qu'on ignore si cette disposition n'a pas été révoquée par un testament postérieur? On fonde cette préférence sur l'unique motif que les légataires universels ont un titre apparent, mais rien de moins plausible. Le titre apparent des légataires universels suffit bien pour leur donner le droit de requérir la levée des scellés, malgré même les contestations dont ce titre serait l'objet, mais nous ne voyons plus pourquoi, dans une position aussi incertaine, ce droit primerait celui des héritiers *ab intestat*. Quoi de plus naturel et de plus juste, au contraire, que de les admettre les uns et les autres concurremment à requérir, tant l'apposition, soit la levée des scellés »? — Il a été jugé que, lorsque la cause de la préférence à accorder à l'un des intéressés pour l'accomplissement des formalités de la levée des scellés et de la confection de l'inventaire n'appa-

rait pas assez clairement, il appartient au juge des référés d'ordonner les mesures conservatoires des intérêts et des droits de toutes les parties (Paris, 23 mai 1873, aff. Dame veuve Bouffard, D. P. 73. 2. 161).

47. — 3° *Des formalités qui doivent précéder la levée des scellés.* — V. *Rép.*, n°ˢ 104 à 108.

48. — 4° *En présence de quelles personnes la levée des scellés doit avoir lieu.* — Doivent être appelés à la levée des scellés, on l'a dit au *Rép.*, n° 109 et suiv :

49. — 1° Le conjoint survivant (*Rép.* n° 109);

50. — 2° Les héritiers présomptifs, ceux du moins qui ont en leur faveur un titre apparent, une possession d'état. Un inconnu ne saurait être admis à la levée des scellés et à l'inventaire, par cela seul qu'il se prétendrait héritier; mais un titre apparent quoique contesté suffit pour donner ce droit. — L'enfant naturel doit également être appelé (Dutruc, *op. cit.*, v° *Scellés*, n° 136).

Il en est autrement des héritiers collatéraux, lorsqu'il y a un légataire universel, car ils n'ont pas d'intérêt. Toutefois ces héritiers doivent être appelés, s'ils demandent l'annulation du testament, sans qu'il y ait d'ailleurs lieu de distinguer si le testament est public ou privé, si, par conséquent, la personne instituée est ou non saisie les héritiers légitimes ayant un droit éventuel et suffisant pour autoriser leur présence aux opérations de la levée des scellés et de l'inventaire (Dutruc, *op. cit.*, v° *Scellés*, n° 131). De même, lorsque le légataire universel est un établissement public, dont les droits ne sont qu'éventuels tant qu'il n'a pas obtenu l'autorisation du Gouvernement exigée par l'art. 910 c. civ., les héritiers qui n'ont point été appelés ce légataire à la levée des scellés et à l'inventaire peuvent faire ordonner en référé qu'il sera procédé à ces opérations en leur présence (Trib. civ. Mayenne, 8 févr. 1876. *Journal des avoués*, t. 101, p. 116). « Dans cette hypothèse, dit M. Dutruc, *op. cit.*, v° *Scellés*, n° 131 *bis*, il n'est point encore certain que les héritiers naturels ne seront pas eux-mêmes appelés à la succession; leur intérêt éventuel doit les autoriser à être présents aux opérations de la levée des scellés et de l'inventaire. L'établissement public peut, sans doute, avant l'autorisation dont il s'agit, demander à titre conservatoire son envoi en possession de la succession; mais cette faculté n'implique nullement le droit d'exclure les héritiers *ab intestat* des mesures qui ont pour objet d'assurer la conservation et de déterminer l'importance de l'hérédité, et un semblable droit manquerait ici complètement de base ».

51. — 3° L'exécuteur testamentaire (*Rép.* n° 113; Bioche, *op. cit.*, v° *Scellés*, n° 96).

52. — 4° Les donataires ou légataires universels, ou à titre universel, soit en propriété, soit en usufruit (*Rép.* n° 115).

53. La question de savoir si les créanciers d'une succession ont le droit d'assister à la levée des scellés et à l'inventaire, et si, par conséquent, ils doivent y être appelés par les héritiers, est controversée (V. *Rép.*, n° 115). Cette question ne peut s'élever qu'à l'égard des créanciers qui ont formé opposition à la levée des scellés, car il est certain que les autres créanciers ne sauraient être admis à se plaindre de n'avoir pas été convoqués à une opération aux opérations préliminaires de laquelle ils sont restés complètement étrangers, et qu'ils ne sont pas, dès lors, fondés à exiger que l'inventaire soit fait en leur présence. Mais le droit, pour les créanciers, d'assister à l'inventaire, et le devoir, pour les héritiers, de les y appeler, ne doivent-ils pas être également niés, même à l'égard des créanciers opposants à la levée des scellés? Chabot,

---

jour à leur débiteur; que, par ce mode de procéder, aussi simple qu'expéditif, toute garantie est donnée aux créanciers de l'héritier, en même temps que la succession se trouve affranchie des entraves qui résulteraient pour elle de saisies-arrêts que, dans l'incertitude du résultat de la liquidation, ces mêmes créanciers pourraient former entre les mains de tous les débiteurs de l'hérédité, sur le motif que leur débiteur a jusqu'au partage un droit indivis dans chacune des valeurs qui la composent; qu'à ce titre, l'opposition à scellés, que les énonciations du procès-verbal d'apposition ont d'ailleurs suffisamment et légalement portée à la connaissance des héritiers, indépendamment de toute notification directe, équivaut, aussi bien qu'une opposition à partage, à une saisie-arrêt formée sur l'héritier débiteur; qu'elle en produit tous les effets et devient par conséquent un obstacle à ce

qu'il cède tout ou partie de ses droits héréditaires au préjudice de ladite opposition ; — Considérant que l'opposition à scellés de Verdier Olive a été formée à la date du 3 août 1855, et que le transport dont Stiégler demande l'exécution n'est que du 10 des mêmes mois et an; qu'il suit de là que, sans qu'il soit besoin d'examiner, quant à présent, le mérite de la créance de Stiégler le transport dont s'agit ne saurait être opposé à Verdier; — Met l'appellation et le jugement dont est appel au néant et statuant au principal par jugement nouveau, déclare nul au regard de Verdier Olive le transport consenti par la femme Zende au profit de Stiégler, etc.

Du 10 juin 1858.-C. de Paris, 2° ch.-MM. Eugène Lamy, pr.-Em. Leroux et Champetier de Ribes, av.

Successions, sur l'art. 794, n° 7; Vazeille, *ibid.*, n° 8; Toullier, t. 4, n°s 363 et 372, pensent que la convocation de ces créanciers à l'inventaire n'est pas nécessaire, la présence des créanciers opposants ne devant être provoquée, aux termes de l'art. 931 c. proc. civ., que pour la levée des scellés (V. aussi Pigeau, *Procédure civile*, t. 2, p. 663). L'opinion contraire, d'après laquelle les créanciers qui ont fait opposition à la levée des scellés ont droit d'être présents à l'inventaire, et doivent, par conséquent, y être appelés, a un plus grand nombre de partisans (V. les auteurs cités au *Rép. ibid. Adde* : Favard de Langlade, *Répertoire*, v° *Inventaire*, § 1, n° 2 ; Bilhard, *Traité du bénéfice d'inventaire*, n° 40 ; Dutruc, *Partage de succession*, n° 166 ; Demolombe, *Succession*, t. 3, n° 141. V: aussi *Rép.*, v° *Succession*, n° 729). — Quoi qu'il en soit, à supposer que les créanciers de la succession aient le droit de s'opposer à la levée des scellés et d'assister à l'inventaire, ces créanciers, lorsqu'ils sont présents à l'inventaire, ne sauraient avoir un droit illimité de se faire communiquer les pièces et papiers inventoriés. Ce droit doit être circonscrit dans les limites rigoureuses de leur intérêt souverainement apprécié par les juges du fait; et, d'autre part, l'exercice doit en être restreint aux seules pièces dépendant de la succession de leur débiteur; il ne saurait être étendu à celles faisant partie de la succession de l'héritier bénéficiaire de ce débiteur, les deux successions étant entièrement distinctes l'une de l'autre. Il a été jugé, en ce sens, que le créancier d'une succession bénéficiaire, en admettant qu'il ait le droit d'assister à l'inventaire de cette succession, ne peut exiger la communication des titres, papiers et documents inventoriés que dans la limite de son intérêt à les connaître, intérêt dont les juges sont appréciateurs souverains; et, dans le cas où la communication est demandée par un créancier, non de la succession bénéficiaire à laquelle s'applique l'inventaire, mais d'une autre succession également bénéficiaire que le défunt avait recueillie de son vivant, cette communication ne doit porter que sur les pièces inventoriées se rattachant à la succession débitrice, dont le défunt n'avait pas encore rendu compte au moment de son décès (Req. 16 nov. 1864, aff. Liquidation Vassal, D. P. 65. 1. 177).

54. Les présumés absents doivent être représentés par un notaire, et il en est de même des parties non présentes, dans le cas d'urgence où il est procédé à l'inventaire avant les trois jours. Mais est-on tenu d'appeler et de faire représenter les héritiers présomptifs qui seraient absents et dont l'existence ne serait pas reconnue? La négative admise au *Rép.*, n° 122, et adoptée par M. Chauveau, *op. cit.*, quest., 3114 *ter*, est combattue par M. Dutruc. « La règle générale tracée par l'art. 931 c. proc., dit cet auteur, *op. cit.*, v° *Scellés*, n°s 133 et suiv., est que les héritiers présomptifs doivent être appelés à la levée des scellés. Pour que cette règle ne fût pas applicable au cas où les héritiers sont absents (présumés ou déclarés), il faudrait évidemment qu'une exception eût été établie quelque part. Où donc est le texte qui consacre cette exception? Est-ce l'art. 136 c. civ., qui enlève tous ses droits au successible dont l'existence n'est pas reconnue pour les transporter aux successibles présents? Mais, ce n'est là qu'une exclusion provisoire, puisque l'art. 137 réserve à l'absent l'action en pétition d'hérédité, et tous ses autres droits, tant que la prescription n'est pas acquise contre lui. Qu'importe que cet article n'ordonne pas aux successibles à qui les droits de l'absent sont provisoirement dévolus d'appeler celui-ci à la levée des scellés et à l'inventaire? Il n'était nul besoin d'une disposition semblable , car cette dévolution ne fait pas perdre à l'appelant sa qualité d'héritier présomptif et cette qualité suffit pour rendre nécessaire la sommation prescrite par l'art. 931 c. proc. N'est-il pas aussi évidemment équitable d'assurer la conservation des droits d'un successible qui ne s'est absenté peut-être que pour chercher des moyens d'existence dans un pays lointain, et qui se hâtera de revenir, s'il apprend qu'une succession lui est échue ? Il y a plus : le système que nous repoussons pourrait avoir pour résultat de compromettre les droits d'héritiers qui seraient simplement non présents et dont les autres successibles voudraient ne pas reconnaître l'existence. Et vainement on répond que les juges ne se montreront point favorables à la mauvaise foi, car la mauvaise foi n'est pas toujours facile à découvrir et à déjouer. Enfin pourquoi les successibles en faveur de qui l'art. 139 c. civ. prononce une dévolution momentanée, seraient-ils dispensés d'observer des précautions que la loi impose, soit à l'enfant naturel, soit au conjoint survivant, soit à l'administration des Domaines, lorsqu'ils recueillent une succession à défaut de successibles présents ! C'est qu'alors, dit-on, l'existence de ces successibles doit facilement se présumer, puisqu'on les admet, jusqu'au douzième degré. Mais s'il est naturel de présumer l'existence de successibles encore inconnus, est-il moins naturel de croire à la possibilité du retour d'un successible que l'on connaît et qui est seulement éloigné depuis un temps plus ou moins long? Tout se justifie dans la solution que nous avons adoptée, car nous ne saurions arrêter à l'objection tirée de ce qu'elle grève la succession de quelques frais de plus ».

55. Il a été jugé que l'impossibilité temporaire (par suite notamment de l'investissement, en temps de guerre, de la ville où la succession s'est ouverte) de faire à des intéressés domiciliés à moins de cinq myriamètres la sommation de se présenter à la levée des scellés, n'autorise pas à passer outre en faisant représenter ceux-ci par un notaire, alors surtout qu'il n'y a pas urgence et qu'il est suffisamment pourvu au nécessaire par la nomination d'un administrateur (Paris, 13 déc. 1870, aff. Collin et Traisnel, D. P. 71. 2. 242). La force majeure n'était pas niée dans l'espèce ; mais elle n'avait pour effet que de retarder temporairement l'accomplissement de formalités qu'il y avait tout intérêt à remplir de la manière offrant le plus de garanties aux intéressés. Ce retard ne pouvait nuire d'ailleurs à aucune des parties, car il est constant que l'héritier, la veuve et la femme séparée de biens peuvent, lorsqu'ils justifient que l'inventaire n'a pu être fait dans les trois mois accordés pour délibérer, obtenir une prorogation de délai, ce qui était réglé exactement (*Rép.* n° 176). « La loi, dit M. Dutruc, *op. cit.*, v° *Scellés*, n° 137 *bis*, n'admet d'exception à l'obligation d'appeler les intéressés à la levée des scellés et à l'inventaire que relativement à ceux qui demeurent à une distance de plus de cinq myriamètres du lieu de l'ouverture de la succession ; et cette exception ne peut être étendue au delà des limites que le législateur lui a assignées. — Toutefois ne devrait-il pas cesser d'en être ainsi dans le cas où les circonstances donneraient un caractère d'urgence à la levée des scellés et à l'inventaire, et où des événements de force majeure rendraient cependant impossible la convocation immédiate des intéressés. Les parties qui voudraient alors faire procéder à ces opérations ne devraient-elles pas être affranchies de la nécessité de faire la sommation prescrite par l'art. 931 c. proc. civ. même aux intéressés demeurant en deçà de la distance de cinq myriamètres et être autorisées à faire nommer par le président du tribunal un notaire pour représenter ces derniers aussi bien que ceux qui demeurent à une plus grande distance ? L'affirmative ne nous paraît pas douteuse. Il est incontestable que la force majeure justifie l'accomplissement des formalités prescrites par la loi. Et on ne peut refuser de voir un cas de force majeure dans l'investissement de la ville où la succession s'est ouverte, qui apporte un obstacle matériel à la convocation des intéressés demeurant hors de cette ville. Sans doute ce n'est là, comme le dit l'arrêt de la cour de Paris, qu'une difficulté temporaire, mais il suffit que, pendant sa durée, cette difficulté soit insurmontable, pour qu'elle constitue un fait de force majeure relativement à des opérations qui auraient un caractère d'urgence.

56. Le conjoint, l'exécuteur testamentaire, les héritiers, les légataires universels ou à titre universel, peuvent assister à toutes les vacations de la levée du scellé et de l'inventaire, en personne ou par un mandataire. Mais les opposants ne peuvent assister, soit en personne, soit par un mandataire, qu'à la première vacation. Ils sont tenus de se faire représenter aux vacations suivantes, par un seul mandataire pour tous, dont ils conviennent ; sinon il est nommé d'office par le juge, c'est-à-dire suivant l'opinion soutenue au *Rép.*, n° 127, par le président du tribunal. M. Dutruc estime, au contraire, que le juge de paix a seule qualité pour faire le choix du mandataire. « Il faut remarquer, dit cet auteur, *op. cit.*, v° *Scellés*, n° 148, que la nomination d'office

prescrite par l'art. 932 doit avoir lieu après la première vacation de la levée des scellés, c'est-à-dire après que le juge de paix a commencé cette opération ; or, n'est-il pas naturel que toutes les opérations qui s'y rattachent soient prises par le juge même qui en est chargé ? Qu'importe la disposition de l'art. 921 qui attribue au président du tribunal la connaissance des difficultés relatives aux scellés? Il n'y a pas ici de difficultés à résoudre, il s'agit simplement d'une nomination. Qu'importe aussi l'art. 935, qui charge ce magistrat de nommer les officiers publics et experts lorsque les parties ne se sont pas accordées sur leur choix? Cette nomination ne se rattache pas à une opération du juge de paix » (V. en ce sens, Bioche op. cit., v° *Scellés*, n° 97).

57. Les créanciers personnels des héritiers du *de cujus* ont-ils le droit d'assister à la levée des scellés? La négative ne nous paraît pas douteuse. Cette opinion s'appuie sur l'art. 934 c. proc. civ., qui est ainsi conçu : « Les opposants pour la conservation des droits de leur débiteur ne pourront assister à la première vacation, ni concourir au choix d'un mandataire commun pour les autres vacations ». Le texte est formel ; il accorde aux créanciers personnels des héritiers le droit de former opposition à la levée des scellés; mais il leur refuse en même temps le droit d'assister aux opérations de la levée des scellés, soit par eux-mêmes, soit par l'intermédiaire d'un mandataire. On a cependant essayé, en se plaçant à divers points de vue, d'écarter l'autorité de cet article. On a soutenu, d'abord, que l'art. 934 c. proc. civ. ne visait pas du tout notre hypothèse; cet article, a-t-on dit. suppose que les créanciers d'un créancier de la succession ont formé opposition à la levée des scellés, en vertu de l'art. 1166 c. civ.; et c'est à ces créanciers, mais à ces créanciers seulement, qu'il refuse le droit d'assister aux opérations de la levée des scellés. Quant aux créanciers personnels des héritiers, l'article ne s'en occupe pas; il ne limite pas les effets de leur opposition, et, par conséquent, ses effets doivent être réglés, non par l'art. 934, mais par l'art. 932 c. proc. civ., qui permet d'une manière générale aux créanciers opposants d'assister à la première vacation de la levée des scellés et de se faire représenter par un mandataire aux vacations suivantes (V. en ce sens Boitard, Colmet-Daâge et Glasson, *op. cit.*, t. 2, n° 1139 *in fine*). Cette interprétation, assurément ingénieuse, paraît inexacte. Tout d'abord, en effet, il paraît bizarre que le législateur se soit tout à coup préoccupé de régler, dans un article spécial, la situation des créanciers d'un créancier de la succession, alors qu'il n'avait jamais parlé de ces créanciers, en notre matière du moins, dans aucun autre article du code civil ou du code de procédure. D'autre part, si le législateur avait voulu viser ici lesdits créanciers, il se serait certainement servi d'une formule plus claire et moins énigmatique que celle qui est employée par l'art. 934. Enfin, en admettant même l'interprétation de l'art. 934 que nous combattons, il n'en résulterait pas que la situation des créanciers personnels des héritiers en dût être modifiée; que cet article vise ou non les créanciers d'un créancier de la succession, cela n'empêche pas qu'il ne vise également les créanciers personnels des héritiers, lesquels ont également formé opposition, en vertu de l'art. 1166 c. civ., au nom et du chef de leur débiteur. Ces créanciers sont donc régis, eux aussi, par l'art. 934 c. proc. civ., et, par suite, leur opposition ne peut non plus leur permettre d'assister personnellement ou par mandataire aux opérations de la levée des scellés.

La doctrine contraire a été admise par le tribunal d'Etampes (9 déc. 1890, aff. Hérit. Puis, D. P. 93. 2. 9). D'après ce jugement, la seule hypothèse prévue par l art. 934 est celle « où d'autres intéressés assistant aux différentes

vacations, soit en personne, soit par mandataire, les droits des créanciers des héritiers sont sauvegardés par leur surveillance et par celle du magistrat présent à l'opération ; alors, mais, alors seulement, on comprend que ces créanciers soient exclus des opérations de la levée des scellés et de l'inventaire. Mais cette même solution ne saurait être admise et la solution de l'art. 934 doit être écartée lorsque les créanciers personnels des héritiers ont formé seuls une opposition à la levée des scellés. S'il en était autrement, en effet, les héritiers majeurs, seuls présents à la levée des scellés, pourraient trop facilement déjouer, au moyen d'une collusion frauduleuse, les précautions prises par les créanciers de l'un d'eux avec l'autorisation de la loi. Or, c'est un résultat que le législateur ne pouvait pas permettre : du moment qu'il a accordé aux créanciers personnels des héritiers le droit de former opposition, il faut bien, sous peine de rendre leur opposition illusoire, que ces créanciers puissent assister à la levée des scellés et se rendre compte de la consistance des effets de la succession, dans le cas, tout au moins, où leurs droits ne seraient pas sauvegardés par la présence d'autres créanciers opposants. De ce fait, la disposition de l'art. 934 n'est pas méconnue: elle est seulement restreinte dans les justes limites que lui assignent la raison et l'esprit de la loi. — Cette argumentation nous paraît contraire au texte de l'art. 934. Ce texte ne distingue pas et ne contient aucune trace de la distinction qu'on voudrait y introduire. Il refuse en termes absolus aux créanciers personnels des héritiers le droit d'assister à la première vacation de la levée des scellés et de concourir au choix d'un mandataire commun pour les vacations suivantes. Et, dès lors, peu importe que ces créanciers soient seuls opposants ou qu'ils se trouvent en présence d'une opposition déjà formée par d'autres intéressés, tels que les créanciers de la succession: aucune considération ne peut leur conférer un droit que la loi leur refuse expressément. La cour de Paris, réformant le jugement précité du tribunal d'Etampes, a adopté cette doctrine et décide que les créanciers personnels des héritiers du *de cujus* n'ont pas qualité pour requérir l'apposition des scellés sur les effets de la succession ; que l'opposition à la levée des scellés, formée par l'un de ces créanciers, ne lui donne pas le droit d'assister, ni par lui-même, ni par l'intermédiaire d'un mandataire, à la levée des scellés; cette opposition ne pourrait avoir pour effet que de contraindre les héritiers à procéder à la levée des scellés avec description et en faisant inventaire (Paris, 4 avr. 1892, aff. Hérit. Puis, D. P. 93. 2. 9).

58. — 5° *Comment il doit être procédé à la levée des scellés.* — La levée des scellés est pure et simple : 1° quand toutes les parties sont majeures et y consentent; 2° quand la cause de leur apposition cesse avant ou pendant la levée, mais le juge des référés ne pourrait le décider ainsi quand la cause de l'apposition n'a pas cessé; 3° dans le cas prévu par l'art. 591 c. proc. civ. Il a été jugé, lorsqu'une partie s'oppose à la levée des scellés sans description ni inventaire et qu'il est démontré que la cause d'apposition n'a pas cessé, le juge des référés n'a pas le droit de décider que les scellés seront levés purement et simplement (Douai, 18 avr. 1878) (1).

59. La levée des scellés doit être faite avec description et inventaire, quand la loi l'exige ou quand l'une des parties le requiert. Il y a divergence sur le point de savoir si, en cas de minorité de l'un des intéressés, l'inventaire est indispensable. Les uns l'exigent (Dutruc, *op. cit.*, v° *Scellés*, n° 185 et 186; Boitard Colmet-Dàage et Glasson, *op. cit.*, t. 2, p. 615, n° 1140; Jay, *Traité des scellés*, p. 147); les autres, et telle a été l'opinion soutenue au *Rép.*, n° 136, ne le jugent nécessaire que s'il est requis.

60. Les papiers et objets étrangers à la succession doi-

(1) (X... C. Turpin.) — La cour; — Attendu que l'intimée ne conteste pas à l'appelante sa qualité d'héritière pour partie de la veuve Turpin; — Qu'elle reconnaît que celle-ci décédée en 1873, dans la ferme de Hillebois, où les scellés ont été apposés le 20 janvier dernier, à la requête de ladite appelante; — Qu'elle demande cependant que les scellés soient levés sans description ni inventaire, en prétendant que l'appelante n'a aucun droit de copropriété ou autre sur tout ou partie des objets mobiliers garnissant la ferme qu'elle occupe et qu'elle exploitait, par baux consentis à son profit, dès avant le décès de la veuve Turpin ; —

Attendu que l'appelante et son mari protestent contre cette prétention; — Qu'en l'état, il n'est pas démontré que la cause de l'apposition des scellés ait cessé, et que par suite c'est à tort que le juge du référé a décidé qu'ils seraient levés purement et simplement ; — Par ces motifs, infirme ; au principal renvoie les parties à se pourvoir au provisoire, tous droits des parties réservés, dit qu'il sera procédé aux descriptions et inventaires requis par l'appelant, etc.

Du 18 avr. 1878.-C. de Douai, 2° ch.-MM. Bottin, pr.-Boutet et Allaërt, av.

vent-ils être dé... dans le procès-verbal des scellés lorsqu'ils ne sont ... éclamés par les tiers ? Contrairement à
l'avis de M. C...veau, qui estime qu'une description est
inutile, parce qu... e imposerait au véritable propriétaire des
frais qu'il serait ... n droit de considérer comme frustratoires,
et qui retomberaient, par conséquent, à la charge de la succession, M. Dutruc (op. cit., v° Scellés, n° 183) soutient avec
raison, suivant nous, qu'il importe avant tout de sauvegarder le droit des tiers et jugé nécessaire la description.

61. On a examiné au *Rép.*, nᵒˢ 148 et 149, la question de
savoir si l'art. 921 est applicable à la levée des scellés, si
en un mot, le juge de paix est tenu de surseoir lorsqu'il
survient des oppositions, et d'en référer au président.
La négative, admise au *Répertoire*, est adoptée par
M. Dutruc. « L'art. 921, dit cet auteur, op. cit., v° Scellés, n° 89, en soumettant au juge des référés les débats qui
s'élèvent lors de l'apposition des scellés, oblige le juge de
paix à surseoir, sauf dans les cas de nécessité absolue ;
l'urgence, dans toutes les contestations de cette nature, est
en quelque sorte de droit, et détermine la juridiction qui
doit en connaître. Ainsi, bien qu'à l'occasion de la levée des
scellés la loi ne dise pas qu'il sera référé devant le président du tribunal, cette marche doit généralement être suivie.
Mais lorsque l'art. 921 oblige le juge de paix à surseoir,
comme c'est là une disposition prohibitive, et contraire,
jusqu'à un certain point, à la nature des débats qui s'élèvent
lors des scellés, la raison de repousser l'analogie devient
plus puissante, et on peut se demander dans toute autre
hypothèse que celle prévue par l'article, où est, pour le
juge de paix, l'obligation de surseoir. Le sursis est donc,
pour lui, plutôt une mesure de prudence qu'une prescription impérieuse de la loi ; du reste, les parties sont toujours
libres d'introduire elles-mêmes le référé devant le président
du tribunal, qui permet, s'il y a lieu, l'assignation à bref
délai, ce qui prévient les fâcheuses conséquences que pourrait entraîner la résistance du juge de paix » (V. dans le
même sens Bioche, op. cit., v° Scellés, n° 122).

62. La compétence du juge des référés pour statuer sur
les difficultés relatives à la levée des scellés est reconnue
par tous les auteurs. Quelques-uns l'admettent d'une façon
générale, estimant que la levée des scellés, aussi bien que
leur apposition, est toujours affectée d'un caractère d'urgence (V. Rép. n° 149 ; Dutruc, op. cit., v° Scellés, n° 88 ;
Bertin, Ordonnance sur requête et référé, t. 2, nᵒˢ 488 et
suiv.). Cette solution, suivant M. Dutruc, op. cit., v° Scellés,
n° 183, « se justifie non seulement par l'analogie qui existe
entre cette hypothèse et celle prévue par l'art. 806 c. proc.

civ., mais encore par les termes mêmes de l'art. 921,
puisque, d'après cet article, le président du tribunal doit
statuer en référé sur les difficultés qui s'élèvent soit
avant, soit pendant le scellé. Il est clair, en effet, que les
obstacles apportés à la levée des scellés rentrent dans
cette dernière catégorie de difficultés ; et il ne faut pas attacher beaucoup d'importance à ce que l'art. 921 appartient
au titre de l'apposition des scellés et ne paraît disposer
qu'en vue de cette opération, car les auteurs du code
n'ont pas toujours observé un ordre parfait dans la place
qu'ils ont donnée à ses dispositions. Il est donc permis de croire que les dispositions générales de l'art. 921 ont
eu pour objet d'étendre la compétence du président du tribunal à toutes les difficultés qui peuvent naître à propos
des scellés, sans distinction entre celles qui se rattachent à
l'apposition et celles qui sont relatives à la levée. L'absence
de toute disposition particulière à l'égard de ces dernières
difficultés est un puissant argument en faveur de notre
interprétation. Ainsi, lorsque le juge de paix rencontrera
des obstacles en procédant à la levée des scellés, lorsque
cette opération donnera lieu à une contestation quelconque,
il devra surseoir, établir garnison intérieure ou extérieure,
s'il le croit nécessaire, et en référer sur-le-champ au président du tribunal. Cependant, s'il y avait urgence et péril
dans le retard, suivant l'expression même de la loi, il pourrait statuer provisoirement, sauf à en référer ensuite au président ». — Dans une autre opinion, on restreint la compétence du juge des référés aux cas d'urgence (art. 806 c. proc.
civ.) et on exige que l'urgence, qui n'a pas été présumée
comme en matière d'apposition, soit établie. Il a été jugé,
en ce sens, que le président des référés n'est compétent pour
statuer sur les difficultés nées à l'occasion de la levée des
scellés que si ces difficultés rentrent dans les cas prévus par
l'art. 806 c. proc. civ., et présentent un caractère d'urgence
(Riom, 30 janv. 1884) (1).

63. — 6° *Devant quel juge doivent être portées les contestations relatives à la levée des scellés.* — V. Rép. nᵒˢ 150
et suiv.

ART. 4. — *Du bris des scellés* (Rép. nᵒˢ 153 à 159).

64. Le bris des scellés, ou fait matériel de la destruction
des scellés régulièrement apposés, est puni, par les art. 249
à 256 c. pén., de peines variant suivant la qualité de personnes qui ont commis le bris, l'importance des objets mis
sous les scellés, etc. Le gardien peut être poursuivi pour
complicité ou simple négligence (Rép. nᵒˢ 153 et suiv.) Rous-

---

(1) (Prunayre et autres C. Mallye et Fabre.) — La cour; —
Considérant que si l'art. 921 c. proc. civ. attribue compétence
au président du tribunal de première instance pour statuer
en référé sur les difficultés qui s'élèvent, soit avant, soit pendant l'apposition des scellés, aucun texte de loi ne lui confère
le même pouvoir au sujet des contestations, qui peuvent naître
à l'occasion de la levée des scellés ; que cette différence tient
sans doute à ce que le législateur a considéré la première comme
toujours affectée d'un caractère d'urgence, caractère que la
seconde ne comporte pas nécessairement; qu'ainsi, le juge des
référés ne peut connaître de ces dernières qu'autant qu'elles
rentrent dans les cas prévus de l'art. 806 c. proc. civ.; — Considérant qu'à la vérité, Mallye et la veuve Fabre, dans leur requête
au président du tribunal de Brioude, et ce magistrat dans son
ordonnance, ont attribué un caractère d'urgence à la demande
en mainlevée formée par ces parties de l'opposition faite par
Jeannette Prunayre et consorts à ce que les scellés fussent levés
hors de leur présence, mais que cette affirmation reste à l'état de
simple allégation ; qu'aucun fait n'a été invoqué à l'appui de
l'urgence prétendue; qu'il était cependant indispensable que l'urgence fût justifiée par une situation particulière qui ne se rencontrait pas dans la cause ; — Considérant, en outre, que la loi
n'attribue compétence au juge des référés que pour rendre une
décision provisoire qui ne puisse faire aucun préjudice au principal ; que, dans la cause, le principal était le droit prétendu par
Jeannette Prunayre, Gustave Crespe et consorts d'assister, en
qualité de créanciers de la succession du baron de Redon, à la
levée des scellés apposés sur les meubles dépendant de cette succession ; qu'en demandant au juge des référés de donner mainlevée pure et simple de ladite opposition, Mallye et la veuve Fabre
lui soumettaient un litige dépassant sa compétence, puisque
l'accueil fait à leurs conclusions devait avoir et a eu pour effet
de priver définitivement leurs parties adverses d'un droit qu'elles
prétendaient leur appartenir ; qu'en statuant sur cette demande,

le président du tribunal a donc excédé ses pouvoirs ; — Considérant, enfin, qu'aux termes de l'art. 821 c. civ., lorsque les
scellés ont été apposés, tous créanciers peuvent y former opposition, encore qu'ils n'aient ni titre exécutoire, ni permission du
juge; que les opposants justifiaient suffisamment de leur qualité;
que, pour être admis à faire des actes conservatoires, un titre
apparent suffit; qu'au surplus, sans être formellement reconnue,
leur qualité de créanciers n'a pas été contestée, et qu'on leur a
objecté seulement le défaut d'intérêt qui serait résulté pour eux
de l'opulence notoire de la succession ; — Mais considérant que,
s'il est de principe général que l'intérêt est la mesure des actions,
ce principe doit fléchir dans les cas où la loi a clairement exprimé sa volonté d'attacher l'action à la seule qualité des personnes,
les laissant uniques juges de l'intérêt qu'elles peuvent avoir à
l'exercer ; que tel est le cas de l'art. 821 c. civ., qui accorde à
tous créanciers indistinctement le droit de former opposition à la
levée des scellés ; que les termes absolus employés par la loi
signifient bien qu'elle a entendu attribuer ce droit à toutes les
personnes, sans exception ni réserve, à la seule condition qu'elles
soient créancières ; que la formule de l'art. 821 est, d'ailleurs,
identique à celle de l'art. 2185 du même code ; qu'une jurisprudence ancienne et constante a reconnu consacrer, au profit d'une
certaine catégorie de créanciers, un droit qui n'est pas susceptible d'être contesté, sous prétexte de l'absence d'intérêt ; que ces
dérogations au principe s'expliquent et se justifient par le but
qu'a voulu atteindre la loi, but supérieur à la protection d'intérêts
individuels, la protection de collectivités ; qu'elle constitue en
quelque sorte chaque créancier représentant des autres à l'effet
de faire certains actes qui peuvent profiter à tous ; qu'ainsi, la
décision attaquée, émanation d'un juge compétent, devrait
encore être réformée comme erronée au fond ; — Met à néant
l'ordonnance dont est appel, etc.
Du 30 janv. 1884.—C. de Riom, 1ʳᵉ ch.-MM. Allary, 1ᵉʳ pr.-Caron,
av. gén.-Salvy et Glausels, av.

seau et Laisney, *op. cit.*, v° *Scellés et inventaire*, n° 23). — Il a été jugé que le propriétaire qui arrache les scellés apposés par ordre du préfet sur une chapelle commet le délit prévu et puni par les art. 249 et 252 c. pén. (Crim. rej. 30 nov. 1882) (1).

65. Il a été jugé que les atteintes portées aux scellés apposés par le consulat de Russie au domicile des sujets russes décédés en France sont réprimées à l'égal de celles exercées sur les scellés apposés par les autorités françaises; mais il n'en est ainsi qu'autant que les scellés ont été apposés conformément aux dispositions des conventions diplomatiques; ainsi les scellés apposés par le chancelier du consulat ne sont protégés par la loi pénale qu'à la condition que le chancelier ait procédé régulièrement à leur apposition, en cas d'empêchement, d'absence ou de décès du consul général, en étant muni d'un document émanant de l'autorité consulaire, revêtu du sceau du consulat et attestant son caractère officiel; des instructions verbales données par le consul au chancelier ne peuvent équivaloir à la délégation exigée par la loi; et, dès lors, le bris de scellés, ainsi irrégulièrement apposés, ne tombe pas sous l'application de la loi pénale (Trib. Seine, 3 juill. 1893, aff. Jullien et Zimmer, D. P. 94. 2. 406. V. la note sur cet arrêt).

Sect. 3. — De l'inventaire.

Art. 1er. — *En quels cas il y a lieu de faire inventaire.* (*Rép.* n°s 161 à 173.)

66. V. *Rép.* n°s 161 et suiv.

Art. 2. — *Délais dans lesquels l'inventaire doit être fait.*

67. V. *Rép.* n°s 174 et suiv.

Art. 3. — *Officiers compétents pour faire l'inventaire.* (*Rép.* n°s 180 à 195.)

68. Les notaires sont seuls chargés d'établir les inventaires. Le choix du notaire appartient aux parties intéressées ainsi que celui des commissaires-priseurs ou experts. En cas de désaccord, c'est le président du tribunal, près duquel on se pourvoit en référé, qui fait la désignation, sans qu'il y ait aucune préférence à accorder au choix de l'un ou de l'autre des intéressés. Le président du tribunal peut, d'ailleurs, désigner les deux notaires proposés. Cependant, suivant une opinion contraire de quelques arrêts, il y aurait lieu de s'en remettre préférablement, suivant les cas, au choix de telle ou telle partie (*Rép.*, n°s 182 et suiv.; Dutruc, *op. cit.*, v° *Inventaire*, n°s 1 et suiv.; Rousseau et Laisney, *op. cit.*, v° *Scellés et inventaire*, n° 50; Bioche, *op. cit.*, v° *Inventaire*, n°s 172 et suiv.). Il a été jugé qu'en cas de dissidence entre l'exécuteur testamentaire et les héritiers ou les légataires universels sur la désignation du notaire qui doit procéder à l'inven... ...nomination de ce dernier appartient d'office au présid... ...ribunal (Rouen, 20 janv. 1879, aff. Lévesque et veuve L... ...des, D. P. 79. 2. 179). L'arrêt pose en principe : que, au... ...rmes de l'art. 935 c. proc. civ., lorsqu'une dissidence se prod... ...entre les parties sur le choix du notaire chargé de dresser ...inventaire, la loi n'attribue aucune préférence en ce qui concerne ce choix, soit à l'exécuteur testamentaire, soit aux légataires universels ou aux héritiers; que la nomination appartient d'office au président du tribunal. — Il a été aussi décidé que le droit, accordé à l'usufruitier de choisir le notaire chargé de dresser l'inventaire préalable à son entrée en jouissance, n'appartient pas à la femme qui, à la qualité d'usufruitière des biens composant la succession de son mari, réunit celle de femme commune, avec un préciput en pleine propriété : ici s'applique, non l'art. 600 c. civ., mais l'art. 935 c. proc. civ., d'après lequel le notaire appelé à faire l'inventaire doit, en cas de dissentiment entre le conjoint commun en biens et les héritiers, être nommé par le président du tribunal (Req. 31 janv. 1870, aff. Veuve Cramonzand du Fermigier, D. P. 70.1.291). Il est manifeste que l'art. 935 c. proc. civ., qui veut qu'en cas de dissentiment entre les parties, le notaire soit nommé d'office par le président du tribunal de première instance, doit recevoir son application quand la dissidence se produit entre héritiers, et qu'il n'y a pas lieu de faire fléchir ce principe au profit de celui des héritiers qui joindrait à sa qualité d'héritier celle d'usufruitier de l'un des biens ou d'une certaine quotité des biens héréditaires. Au cas de liquidation d'une communauté, l'époux survivant, qui est en même temps copropriétaire de la communauté, et usufruitier de tout ou partie de la succession de l'époux prédécédé, est soumis à la même règle (V. *Rép.* n° 182). A la vérité, un arrêt de la cour de Paris, du 19 mars 1830 (V. *Rép.* n° 184), décide que l'époux survivant est fondé à réclamer que le notaire appelé par lui soit admis à dresser l'inventaire de la communauté par préférence au notaire présenté par les héritiers de l'époux décédé, préférence à laquelle son titre d'usufruitier lui donnerait encore plus de droit (V. aussi Ordonn. prés. trib. Versailles, 6 déc. 1865, aff. Veuve Dauvillé, D. P. 66. 3. 22). Mais il est à remarquer que, dans ces espèces, le président n'avait fait qu'exercer un pouvoir discrétionnaire dont l'usage ne pouvait être censuré (V. de Belleyme, *Ord. de référé*, t. 2, p. 301).

Il a été jugé que, lorsqu'un dissentiment sur le choix du notaire existe entre le conjoint survivant commun en biens et le légataire de l'usufruit, le président des référés peut commettre les deux notaires proposés (Dijon, 1er déc. 1874) (2).

69. L'ordonnance de référé portant nomination d'un notaire dans le cas prévu par l'art. 935 est susceptible d'appel devant la cour (Dutruc, *op. cit.*, v° *Inventaire*, n°s 5 et suiv., Caen, 13 févr. 1870, *Journal des avoués*, t. 96, p. 350).

---

(1) (Bayle.) — LA COUR ; — Sur le moyen tiré de la violation des art. 249 et 252 c. proc. civ. : — Attendu qu'il résulte des termes de l'arrêt attaqué qu'à la date du 11 janv. 1882, les scellés ont été apposés, par ordre du préfet de la Gironde, agissant comme représentant du Gouvernement, sur un immeuble considéré par lui comme chapelle, sis à Bordeaux, rue Margaux, n° 18, et que ce même jour, la dame Bayle a volontairement brisé les scellés; — Attendu que le préfet avait agi dans l'exercice de ses attributions légales ; — Qu'en effet, la loi du 18 germ. an 10 et le décret du 22 déc. 1812, qui règlent les conditions de l'existence des chapelles, les soumettent, soit pour leur ouverture, soit pour leur fermeture, à des règles dont l'application est conférée aux préfets ; — Attendu que la mesure prise par le préfet de la Gironde, tant qu'elle n'était pas rapportée ou modifiée par l'autorité compétente, était obligatoire ; — Que la dame Bayle était tenue de s'y soumettre sauf à se pourvoir par les voies légales; mais qu'elle ne pouvait pas se faire justice elle-même par un acte de violence; — Attendu que le fait par elle commis constituait essentiellement le délit prévu et puni par les art. 249 et 252 c. pén.; — Attendu, en conséquence, qu'en la condamnant dans ces circonstances en vertu des articles de la loi, l'arrêt attaqué loin de les violer, en a fait au contraire une exacte application ; — Rejette, etc.
Du 30 nov. 1882.-Ch. crim.-MM. Baudoin, pr.-Bertrand, rapp.-Tappie, av. gén.-Bosviel av.

(2) (Girardot C. Fabrique de Saulles.) — Le 2 oct. 1874, ordonnance de M. le président du tribunal de Langres : — « Considé-

rant qu'en cas de dissentiment entre les parties intéressées sur le choix du notaire qui doit procéder aux opérations d'inventaire, le juge du référé a un pouvoir discrétionnaire pour désigner ce notaire instrumentaire ; — Qu'il doit, toutefois, déterminer sa préférence par les qualités des parties et surtout par l'importance de leurs intérêts ; — Que si, dans l'espèce actuelle, le conjoint survivant a, comme commun en biens, une qualité supérieure à celle de la fabrique de Saulles, certain débitrice, de son côté, a, comme légataire universelle de tous les biens de la dame Girardot, un intérêt beaucoup plus grand que tout conjoint qui n'est qu'un usufruitier de ces mêmes biens ; qu'à ce point de vue, elle devrait donc être préférée ; mais qu'il convient de tenir compte aussi des droits que Girardot peut avoir dans la communauté d'entre lui et son épouse décédée, de telle sorte que chacune des parties paraît fondée, dans la même proportion à proposer le notaire de son choix ; — Que, dans ces circonstances, il y a lieu de commettre les deux notaires proposés, chacun des intéressés ne s'opposant pas, du reste, à ce que le notaire de l'autre partie prenne part aux opérations de l'inventaire ; — En ce qui touche la garde de la minute de l'inventaire: — Que si, en principe, elle doit être confiée au notaire plus ancien, cette règle doit fléchir quand un intérêt sérieux de l'une des parties paraît le commander ; — Qu'ici l'inventaire doit servir de base, non seulement à une liquidation de communauté qui intéresse également les deux parties, mais encore au compte que Girardot ou ses héritiers devront, à la fin de l'usufruit, à la fabrique de Saulles, nue propriétaire ; — Qu'ainsi, pour cette dernière, l'inventaire est un titre qui, pour l'avenir, constate

70. Lorsque par son testament le défunt a désigné les notaires qui doivent procéder à l'inventaire, ses héritiers sont ils tenus de respecter son choix ? Cette question a été examinée au *Rép.*, n° 192. (V. aussi *suprà*, v° *Dispositions entre vifs et testamentaires*, n°s 21 et suiv. ; *Rép.* eod. v°, n°s 88 et suiv.).

ART. 4. — *Personnes qui peuvent requérir la confection d'un inventaire* (*Rép.* n°s 196 à 200).

71. Conformément à la doctrine exposée au *Rép.*, n° 198, il a été jugé que le droit de requérir inventaire appartient à tous ceux qui ont le droit de requérir l'apposition des scellés et que l'envoi en possession des légataires universels ne peut paralyser ce droit (Nancy, 6 mars 1885, aff. Baudrillart, D. P. 86. 2. 47).

72. L'héritier peut faire procéder à l'inventaire lorsque l'usufruit de tous les biens a été légué à un tiers, même dans le cas où le légataire a été dispensé de l'inventaire par le testateur ; mais dans ce cas, suivant M. Chauveau, op. cit., quest. 3141 *bis*, les frais d'inventaire doivent rester à la charge de l'héritier (V. Agen, 22 juin 1853, aff. Degers, D. P. 54. 2. 108; Caen, 30 avr. 1855, aff. Hue, D. P. 56. 2. 273).

ART. 5. — *Des personnes qui doivent ou peuvent assister à l'inventaire* (*Rép.* n°s 201 à 212).

73. L'art. 451 c. civ. veut que, lorsqu'il y a des héritiers mineurs, l'inventaire soit fait en présence du subrogé tuteur ; mais, dans la pratique, la présence du subrogé tuteur à l'inventaire n'est exigée qu'autant que les mineurs ont des intérêts contraires à ceux de leur tuteur, comme par exemple lorsque celui-ci est légataire du défunt ou son conjoint commun en biens, ou son créancier. M. Chauveau, sans considérer l'assistance du tuteur ou du subrogé tuteur comme absolument obligatoire, la considère comme un devoir pour le tuteur et comme une garantie pour les intérêts du pupille en ce qui concerne le subrogé tuteur (op. cit., quest. 3144). M. Dutruc (*Traité du partage*, n° 167) reconnaît aux cointéressés du mineur le droit de faire procéder à l'inventaire, malgré l'absence du tuteur ou du subrogé tuteur, sauf la responsabilité de ces derniers.

74. Les parties sont appelés à l'inventaire par une sommation. Jugé que l'inventaire est valablement dressé, même en l'absence de l'un des intéressés, s'il y a été appelé (Alger 9 juin 1877) (1). M. Dutruc estime que le défaut de sommation aux parties qui ont le droit d'assister à l'inventaire n'entraîne la nullité de cet acte qu'en cas de fraude (op. cit., v° *Inventaire*, n° 26). Tel est aussi l'avis de M. Bioche. « L'inventaire, dit cet auteur, op. cit., v° *Inven-*

taire, n° 119, n'est pas nul par cela seul qu'on n'a pas appelé les parties intéressées ; la loi ne prononce pas cette nullité, qui entraînerait des conséquences souvent trop rigoureuses. Il serait sans doute annulable si l'on prouvait la fraude de la part de celui qui l'a requis. Mais à défaut de cette preuve, les parties non appelées auraient seulement le droit de demander communication des pièces et de les critiquer s'il y a lieu ».

ART. 6. — *Objets qui doivent être compris dans l'inventaire.* (*Rép.* n°s 213 à 221.)

75. V. *Rép.* n°s 220 et suiv.

ART. 7. — *Formes de l'inventaire.*

§ 1er. — Observations générales (*Rép.* n°s 223 à 233).

76. L'omission des formalités prescrites par la loi entraîne-t-elle la nullité de l'inventaire. On a émis l'avis au *Rép.*, n° 230, qu'il n'y a que les formalités qui tiennent à la validité de l'inventaire comme acte public, ou à son essence, qui puissent être regardées comme exigées à peine de nullité. Les irrégularités de forme n'entraînent pas la nullité, quand elles ne sont pas commises dans une intention frauduleuse (Rousseau et Laisney, *op. cit.*, v° *Scellés et inventaire*, n° 67 ; Bioche, *op. cit.*, v° *Inventaire*, n° 283). — M. Dutruc (*op. cit.*, v° *Inventaire*, n° 48) observe que l'inventaire irrégulier ne peut être valable que par les parties capables de contracter, et ne pourrait être opposé aux tiers, s'il manquait de quelque condition essentielle aux actes notariés, et à plus forte raison s'il était fait simplement par acte sous seing privé.

§ 2. — Formalités prescrites par l'art. 943 c. proc. civ. (*Rép.* n°s 234 à 273.)

77. Aux termes de l'art. 943, §6, « les papiers doivent être cotés par première et dernière ; ils doivent être parafés de la main de l'un des notaires ; s'il y a des livres et registres de commerce, l'état en doit être constaté, les feuillets, pareillement cotés et parafés s'ils ne le sont ; s'il y a des blancs dans les pages écrites, ils doivent être bâtonnés ». La question de savoir si l'art. 943, § 6, est applicable aux titres au porteur est controversée. L'opinion d'après laquelle les titres au porteur doivent, comme tous autres papiers de la succession, être cotés et parafés, est adoptée par M. Bioche, *op. cit.*, v° *Inventaire*, n° 228; dans le *Dictionnaire du notariat*, 4e éd., v° *Inventaire*, art. 375, et par M. Rolland de Villargues, *Répertoire du notaire*, 2e éd., v° *Inventaire*, n° 257. Ce dernier auteur, tout en constatant que les effets au porteur, lorsqu'ils sont inventoriés, ne se cotent pas,

---

l'étendue de son droit contre l'usufruitier, et l'importance des réclamations qu'il pourra lui faire ; que, sous ce rapport, elle trouve dans cet acte un intérêt majeur qui doit subsister même après la cessation de l'usufruit, et jusqu'à la restitution des biens et au règlement de compte de l'usufruit ; — Que d'autre part, si sans même avoir égard au point de vue tiré du plus ou moins d'éloignement de la résidence de chacun des deux notaires proposés, considération qui, bien que favorable aux prétentions de la fabrique, est très secondaire, il importe, au plus haut degré, à ladite fabrique que la minute de l'inventaire, à laquelle elle peut avoir besoin de recourir fréquemment pour la surveillance et la conservation de ses droits, et à raison même de l'usufruit qui grève les biens légués, soit déposée à l'étude du notaire de son choix ; — Par ces motifs ; — Ordonnons que l'inventaire sera dressé par Me Pernot, notaire à Bussières, et Me Bottot, à Pays-Billot, qui demeurent tous les deux commis à cet effet ; — Ordonnons, en outre, que Me Pernot, notaire de la fabrique de Saulles, restera dépositaire de la minute.

Appel par le sieur Girardot.

LA COUR ; — Adoptant les motifs de l'ordonnance ; — Confirme, etc.

Du 1er déc. 1874.-C. de Dijon.

(1) (Ben-Chimel C. Cohen Scali.) — LA COUR ; — Considérant qu'un inventaire est un acte essentiellement conservatoire qui ne saurait nuire aux droits des parties au principal, ni rien préjuger sur leur responsabilité ; que si aujourd'hui, les parties sont en discussion sur la question de savoir à la responsabilité de qui seraient les objets qui pourraient être inventoriés, cette question

au principal, ne serait pas engagée dans la confection d'un inventaire ; — Que celui-ci aurait seulement pour objet et en tout cas pour effet de constater la nature, la consistance et la situation des objets inventoriés et qu'ainsi il aurait son utilité ; — Qu'en vain, les époux Ben-Chimel objectent que par leur refus d'y participer, un tel inventaire ne saurait être contradictoire ; — Qu'il n'est pas nécessaire que les intéressés assistent réellement à l'inventaire et qu'il suffit qu'ils soient appelés ; — Que c'est à tort, aussi, que les époux Ben-Chimel argumentent de l'incompétence de la juridiction de référé, faute d'urgence ; — Qu'il y avait urgence pour l'appelant chargé comme tuteur et par le conseil de famille d'occuper les lieux, à faire inventorier les objets qu'il recouvrait ; — Qu'en ne le faisant pas, il aurait engagé sa responsabilité ; — Qu'on peut même dire qu'il y avait urgence envers toutes les parties, pour prévenir entre elles des difficultés plus graves, à faire procéder à un inventaire qui pouvait leur profiter à toutes sans nuire à aucune ; — Que par leurs conclusions de première instance, les époux Ben-Chimel ont reconnu que les meubles des lieux confiés à l'appelant contenaient effectivement des titres et actes dépendant de l'hoirie Cohen Scali ;

Par ces motifs, émendant et statuant en provisoire et en référé ; — Ordonne que le notaire sera requis d'inventorier les meubles et que l'inventaire aura lieu en présence et en l'absence des intéressés qui auront dû être régulièrement appelés et qui pourront présenter devant le notaire leurs dires et déclarations, etc.

Du 9 juin 1877.-C. d'Alger, 3e ch.-MM. Bastien, pr.-de Vaulx, subst.-Cherronnet et Robe, av.

dans l'usage, à raison de leur nature et des difficultés que la cote et le parafe apporteraient à leur négociation, pense toutefois que cette formalité aurait l'avantage de constater d'avance l'identité des valeurs dont il s'agit. « L'expression *papiers*, dit-il, à l'appui de cette doctrine est générale, et, sans méconnaître que l'attention du législateur a bien pu ne pas être attirée sur les valeurs au porteur, la fortune mobilière ayant peu de développement en 1806, on fait remarquer que ces actions étaient loin d'être inconnues, puisque l'art. 529 c. civ. déclare « meubles par la détermination de la loi... *les actions ou intérêts dans la compagnie des finances, de commerce ou d'industrie...* On invoque encore le code de commerce lui-même, qui emploie, dans les art. 33, 72 et 76, des termes de nature à ne laisser aucun doute à cet égard. Enfin, quant à l'objection tirée de l'indisponibilité de fait dont sont frappés les titres cotés et parafés, on dit qu'elle est sans portée depuis que l'art. 8 de la loi du 23 juin 1857 a fourni un moyen bien simple de se tirer d'embarras en permettant de changer le titre au porteur contre un titre nominatif et réciproquement » (V. aussi Dutruc, *op. cit.*, v° *Inventaire*, n° 38). — Le système contraire s'appuie sur ces considérations : « que la cote indiquant l'origine des titres serait un obstacle à leur négociation ; que le législateur n'a pu les assujettir à cette formalité dont l'effet serait d'en dénaturer le caractère, et qui, en signalant leur passage en diverses mains, pourrait donner lieu à des recherches ou à des garanties incompatibles avec les avantages de la libre circulation qui est de leur essence ; que cela était d'autant plus vrai que, cette sorte de valeur n'étant point en usage à l'époque de la publication du code de procédure, le législateur de 1806 n'a pas pu ni voulu soumettre les titres au porteur à l'application de l'art. 943 ; qu'il suffit, d'ailleurs, indépendamment de la description faite conformément à l'ensemble de cet article, des mesures de précaution prescrites par le n° 9, pour constater et assurer la conservation de ces valeurs comme de toutes les autres » (Boitard, Colmet-Daâge et Glasson, *op. cit.*, t. 2, p. 619, n° 1143 ; Massé, *Parfait notaire*, t. 3, p. 335 ; Belleyme, *op. cit.*, t. 2, p. 289 ; Ed. Clerc, *Formulaire du notariat*, t. 1, p. 579). Il a été jugé, en ce sens : 1° que les titres au porteur, et notamment des actions de chemin de fer, trouvés dans une succession dont il est fait inventaire, ne sont pas soumis à la formalité de la cote et du parafe exigée par l'art. 943 c. proc. civ. (Civ. rej. 15 avr. 1861, aff. Mesnager, D. P. 61. 1. 210) ; — 2° Que les titres au porteur ne sont pas soumis à la formalité des cote et parafe exigée par l'art. 943 c. proc. civ. ; que, toutefois, si un notaire, au lieu de se pourvoir en référé devant le président du tribunal conformément à l'art. 944 c. proc. civ., cote et parafe des titres de cette nature, il ne commet pas une faute de nature à motiver une condamnation en dommages-intérêts, alors surtout que les intéressés ont acquiescé à cette mesure (Douai, 17 janv. 1870, aff. Fanier, D. P. 74. 5. 299]. L'arrêt de la cour de cassation du 15 avr. 1861 pose en principe « que les valeurs au porteur, aux termes de l'art. 35 c. com. et des diverses lois et règlements qui les ont autorisées et en ont généralisé l'usage, ont pour caractère substantiel d'être transmissibles librement par la simple tradition, sans aucune formalité et sans qu'il y ait lieu à aucune justification de la possession, sauf le cas de dol ou de perte ; que l'inventaire et les formalités qui y sont prescrites ayant pour objet la constatation exacte et la conservation pour tout ayant droit des valeurs d'une succession dans leur intégrité, on doit en conclure que, si le paragraphe 6 de l'article précité ordonne la cote et le parafe des papiers, le législateur n'a pu y comprendre les titres au porteur, et les soumettre à une formalité dont l'effet serait d'en dénaturer le caractère, et qui, en signalant leur passage en diverses mains, pourrait donner lieu à des recherches ou à des garanties incompatibles avec les avantages de la libre circulation qui est de leur essence ; qu'il suffit d'ailleurs, indépendamment de la description des titres faite conformément à l'ensemble de l'article précité, des mesures de précaution prescrites par le paragraphe 9 pour constater et assurer la conservation de ces valeurs comme de toutes les autres ».

Aux termes d'un arrêt, on ne doit pas comprendre, dans l'inventaire des papiers d'une succession, les papiers trouvés dans un appartement voisin occupé par un des héritiers, s'ils lui sont personnels, quelque influence qu'ils puissent d'ailleurs avoir sur le sort d'un procès à venir (Bordeaux, 11 mars 1857, *Recueil des arrêts de Bordeaux*, 1857, p. 131).

78. Il a été jugé que, bien qu'en général la rédaction des actes appartienne au notaire, cependant le juge n'en a pas moins le droit et le devoir d'en poser les règles générales, afin d'écarter toute superfluité ; que, spécialement, en matière d'inventaire, il peut décider, en ce qui concerne les titres et papiers, que, outre les formalités exigées par l'art. 943, § 6, c. proc. civ., les actes seront seulement désignés d'une manière claire et succincte, par la mention de leur date, de leur objet principal, et des personnes qui y sont parties, sans analyse ni transcription de leurs diverses clauses (Limoges, 25 août 1860, aff. Raymond, D. P. 61. 2. 28).

79. L'art. 943, § 7, porte que l'inventaire doit contenir la déclaration des titres actifs ou passifs. On a indiqué au *Rép.*, n° 258, ce qu'il fallait entendre par « déclaration ». Il a été jugé que la déclaration des titres actifs et passifs, suivant l'art. 943, § 7 c. proc. civ., s'entend seulement des déclarations qui ont pour objet, soit de suppléer les titres et papiers manquant, soit de compléter les indications d'actif et de passif résultant de pièces déjà inventoriées (Limoges, 25 août 1860, aff. Raymond, cité *suprà*, n° 78). Si, aux termes de l'art. 943, § 7, c. proc. civ., dit cet arrêt, l'inventaire doit contenir la déclaration des titres actifs et passifs, cependant il ne faut pas entendre cette disposition dans le sens d'une nouvelle déclaration à faire des actes précédemment inventoriés, puisqu'il y aurait double emploi ; que les déclarations de cette nature ont seulement pour objet de suppléer les titres et papiers manquant, soit de compléter les indications d'actif et de passif résultant de pièces déjà comprises dans l'inventaire, sans qu'il y ait lieu de constater autrement les créances et dettes existantes (V. aussi Dutruc, *op. cit.*, v° *Inventaire*, n° 41 ; Bioche, *op. cit.*, eod. v°, n° 243).

80. La déclaration des titres ne fait preuve ni pour, ni contre les tiers, quoique certains arrêts aient parfois tiré argument de cette déclaration en faveur des tiers (*Rép.*, n° 259 et suiv.; Rousseau et Laisney, *op. cit.*, v° *Scellés et inventaire*, n° 63 ; Bioche, *op. cit.*, v° *Inventaire*, n° 245).

81. L'art. 943, § 8, exige la mention du serment prêté lors de la clôture de l'inventaire. On a soutenu au *Rép.* n° 266, qu'il y aurait nullité si le serment était prêté dès le commencement de l'opération, et n'était pas renouvelé lors de la clôture. Cette doctrine, adoptée par MM. Rousseau et Laisney, *op. cit.*, v° *Scellés et inventaire*, n° 65, est combattue par M. Dutruc, *op. cit.*, v° *Inventaire*, n° 47, et Bioche, *op. cit.*, eod. v°, n° 263.

Art. 8. — *Des frais d'inventaire* (Rép. n°s 274 à 282).

82. Les frais d'inventaire, on l'a dit au *Rép.*, n° 277, sont à la charge de la succession ou de la communauté. Ils sont exposés dans l'intérêt commun ; il est juste qu'ils soient prélevés sur la masse. Il en résulte, notamment, que l'héritier réservataire ne peut rejeter, par ce motif, les frais d'inventaire sur le légataire de la quotité disponible (*Rép.* n° 278). Il a été jugé qu'un héritier ne peut exciper de sa qualité de réservataire pour échapper au payement de sa part proportionnelle dans les frais d'inventaire et de liquidation qui sont faits dans l'intérêt et pour la conservation des droits de tous, et il doit être condamné personnellement aux dépens occasionnés par les contestations injustes qu'il a élevées (dans l'espèce, des contestations élevées, sur une demande en délivrance de legs, contre la validité des testaments et la présence au procès d'un légataire institué sous condition) (Poitiers, 11 juin 1889, aff. Princesse de Beauveau-Craon, D. P. 92. 1. 145).

83. Ceux qui ont requis l'inventaire comme héritiers, a-t-on dit au *Rép.*, n° 279, doivent en supporter les frais s'il est ensuite reconnu qu'ils n'ont pas cette qualité (Chauveau, *op. cit.*, quest. 3146). Plusieurs auteurs n'admettent cette solution que dans le cas où les héritiers n'auraient pas été de bonne foi, et mettent notamment les frais à la charge de la succession lorsque le testament n'a été découvert qu'après l'apposition des scellés (V. Dutruc, *op. cit.*, v° *Scellés*, n° 28). Il a été jugé que les frais de scellés doivent

rester à la charge de la succession, lorsque l'apposition des scellés a été requise par les héritiers naturels à un moment où le testament qui les exhérédait n'était pas connu ; mais qu'il en doit être autrement des frais d'inventaire faits à la requête des héritiers naturels, après l'envoi en possession du légataire universel : ces frais doivent être supportés par les héritiers dont la demande en nullité du testament a été rejetée (Riom, 24 juill. 1893, aff. Préville, D. P. 94. 2. 204. V. Bioche, *op. cit.*, v° *Inventaire*, n° 314).

84. Les frais d'inventaire, a-t-on dit au *Rép.*, n° 282, sont avancés par le requérant qui en est remboursé par privilège sur le prix des biens inventoriés. Il a été jugé, en ce sens, que les héritiers, requérant l'inventaire dans leur intérêt exclusif, doivent faire l'avance des frais, sauf à être ultérieurement statué sur le sort définitif de ces frais selon que, à la suite de l'instance, le testament aura été ou non maintenu (Nancy, 6 mars 1885, aff. Héritiers Baudrillart, D. P. 86. 2. 47).

85. Lorsque parmi les héritiers, qui ont tous pris la qualité d'héritiers purs et simples, les uns se sont présentés eux-mêmes aux opérations de levée de scellés et d'inventaire, et les autres s'y sont fait représenter par des avoués, ceux-ci ne peuvent point employer en frais de partage les frais de présence de leurs avoués. En effet, comme le fait remarquer M. Dutruc, *op. cit.*, v° *Inventaire*, n°s 30 et suiv., l'art. 932 donne au conjoint, à l'exécuteur testamentaire, aux héritiers et légataires universels, la faculté d'assister en personne aux vacations de levée et d'inventaire, ou de se faire représenter par un mandataire. Il résulte de cette disposition que le ministère des avoués n'est pas un ministère nécessaire pour ces sortes d'opérations. Il ne serait pas juste de faire supporter par les héritiers qui ont assisté en personne, ou qui se sont fait représenter par des mandataires ordinaires, les frais et vacations occasionnés par la présence des avoués dont le ministère a été requis par les autres héritiers dans leur intérêt personnel ; et, dans ce cas, les vacations doivent être payées par ceux des héritiers qui ont été représentés par des avoués, ainsi que cela est textuellement prescrit pour l'assistance aux opérations de liquidation et de partage par l'art. 997. — Dans un inventaire, les vacations de l'avoué de l'héritier bénéficiaire doivent être au contraire employées en frais de bénéfice d'inventaire. L'héritier bénéficiaire est censé agir, non pas seulement dans son intérêt personnel, mais encore dans l'intérêt de la succession dont il est constitué l'administrateur ; et en cette qualité il ne doit supporter personnellement que les frais frustratoires (Dutruc, *op. cit.*, v° *Inventaire*, n° 31).

ART. 9. — *Des contestations qui s'élèvent lors d'un inventaire ou à l'occasion d'un inventaire* (*Rép.* n°s 283 à 289).

86. Si lors de l'inventaire il s'élève des difficultés, les notaires, aux termes de l'art. 944, doivent délaisser les parties à se pourvoir en référé ; ils peuvent en référer eux-mêmes s'ils résident dans le canton où siège le tribunal. On a expliqué au *Rép.*, n° 284, que ce n'est que lorsqu'il s'agit d'inventaires faits sans apposition préalable des scellés, que les réquisitions dont parle l'art. 944 doivent être inscrites dans l'inventaire, et que les notaires peuvent introduire eux-mêmes le référé. Quand les scellés ont été apposés, c'est dans le procès-verbal de levée que doivent être mentionnées ces réquisitions, ainsi que l'introduction du juge de paix, et c'est alors le juge de paix seul qui doit introduire le référé (En ce sens, Dutruc, *op. cit.*, v° *Inventaire*, n° 52 ; Rousseau et Laisney, *op. cit.*, v° *Scellés et inventaire*, n° 69 ; Bioche, *op. cit.*, v° *Inventaire*, n° 271).

87. On a dit au *Rép.*, n° 286, que quand les notaires en

réfèrent eux-mêmes, ils se présentent seuls devant le président, lui communiquent la minute de l'inventaire, sur laquelle le président met son ordonnance à la suite de la vacation, sans autre formalité ni procès-verbal. Cette solution, adoptée par M. Bioche, *op. cit.*, v° *Inventaire*, n° 277, est combattue par M. Dutruc qui pense que, dans ce cas, le notaire est tenu d'indiquer aux parties présentes le jour et l'heure de sa comparution en référé, pour qu'elles puissent elles-mêmes se rendre devant le président, si bon leur semble (*op. cit.*, v° *Inventaire*, n° 50).

ART. 10. — *De quelques inventaires particuliers.*
(*Rép.* n°s 290 à 296.)

88. Un décret des 31 déc. 1886-8 janv. 1887 (D. P. 87. 4. 62) a réglé l'apposition des scellés, lors du décès d'un officier de marine en activité de service. En voici les dispositions. « Art. 1er. Lors du décès d'un officier général, supérieur ou assimilé de l'un des corps de la marine, en activité de service, l'autorité maritime peut requérir le juge de paix d'apposer les scellés dans le plus bref délai sur les meubles contenant des papiers, cartes, plans ou mémoires susceptibles d'intéresser le département de la marine et trouvés au domicile du défunt. — Art. 2. La réquisition est adressée directement au juge de paix compétent, suivant les distinctions ci-après. Si le décédé résidait dans un chef-lieu d'arrondissement ou de sous-arrondissement maritime, par le préfet maritime du ressort. S'il résidait dans un établissement de la marine hors des ports, par le directeur de cet établissement ; dans tous les autres cas, par le ministre de la marine et des colonies. — Art. 3. L'autorité maritime peut se faire représenter, à l'apposition et à la levée des scellés, par un officier ou fonctionnaire délégué, à cet effet. Ce délégué est désigné par l'autorité qui a formulé la réquisition. Le juge de paix est tenu d'informer en temps utile le haut fonctionnaire indiqué à l'article précédent de la date et de l'heure de la levée des scellés. — Art. 4. Lors de l'inventaire des objets mentionnés à l'art. 1 ci-dessus, ceux qui sont reconnus appartenir au Gouvernement ou que le délégué de l'autorité maritime juge devoir l'intéresser, sont inventoriés séparément et remis audit délégué sur son reçu. Toutefois les travaux que le défunt serait l'auteur ne peuvent être saisis et sont délivrés de suite aux ayants droit, ainsi que toutes les pièces dont la distraction n'a pas été demandée au nom du ministre. — Art. 5. Copies de l'inventaire spécial et du reçu du délégué sont adressées au ministre de la marine et des colonies, qui veille à ce que les documents appartenant à l'État soient remis sans délai dans les dépôts respectifs qui les concernent. Si le ministre le juge convenable, il peut également conserver les pièces dont le défunt serait propriétaire, mais seulement à charge de les faire estimer, de concert avec les héritiers, et d'en payer la valeur sur les fonds du budget. — Art. 6. Dans le cas où l'apposition des scellés est uniquement faite dans l'intérêt de l'État, les frais en sont supportés par le budget de la marine. — Art. 7. Les mêmes formalités peuvent être accomplies au décès de tout officier, fonctionnaire ou agent de la marine ayant rempli une mission ou supposé détenteur de pièces ou documents quelconques intéressant le département. — Art. 8. A l'égard des officiers décédés à bord des bâtiments ou en campagne, les officiers d'administration exerceront, si le fonctionnaire juge convenable, les fonctions attribuées ci-dessus aux juges de paix par l'art. 1, et le délégué prévu à l'art. 3 sera nommé par le commandant du bâtiment ou du détachement, lequel rendra compte au ministre de la marine et lui fera parvenir les pièces indiquées à l'art. 5 ».

Table sommaire

des matières contenues dans le Supplément et le Répertoire.

ciers) S. 44; (légataire universel) S. 44; (mari, séparation de corps) R. 102; (mineur) S. 44; R. 93; (mineur émancipé, curateur) S. 45; (titre apparent) S. 46; R. 100,
— sursis, juge de paix, référé S. 61; R. 148 s.

Majorat
— inventaire R. 292.

Marin
— officier en activité, décès, inventaire S. 88.

Militaire
— officier supérieur, décès, inventaire R. 16. 294.
— scellés, apposition R. 72.

Ministre du culte
— décès, scellés-apposition S. 5; R. 18.
— palais épiscopal, scellés-apposition S. 13.

Notaire S. 68 s.; R. 180 s.
— ancien droit français R. 180.
— choix, désaccord (nomination d'office) R. 182, 166; (référé) S. 68; R. 182.
— conjoint survivant, scellés, apposition R. 184.
— décès, scellés-apposition S. 4; R. 17.
— désaccord. nomination, procédure R. 191.
— désignation testamentaire, héritiers S. 70; R. 192.
— exécuteur testamentaire, désignation R. 183.
— héritiers, désaccord, choix S. 68; R. 186.
— liquidation de communauté, époux survivant S. 68; R. 182, 185.
— minute (arrondissements différents) R. 190 ; (notaire plus ancien) R. 189.
— nomination (arrondissements différents) R. 187 ; (référé, appel) S. 69.
— succession en déshérence R. 193.
— usufruitier, choix, désaccord S. 68.
— veuve commune, désignation R. 184.

Officier général
— décès, scellés-apposition S. 3; R. 16.

Opposition S. 41 s.; R. 85 s.
— causes, énonciation R. 89.
— effets S. 42; R. 93 s. ; (héritiers, créancier) R. 93.
— formes R. 87 s.; (domicile élu) R. 88; (titre ou permission du juge) R. 90.
— héritier, créanciers personnels S. 41; R. 86.
— juge de paix, compétence R. 91.
— qualité S. 41; R. 86.

Scellés S. 2 s.; R. 13 s.
Scellés-apposition. V. Apposition.
Scellés-incidents. V. incident.
Scellés-levée. V. Levée.
Scellés-levée - opposition. V. Opposition.

Séparation de biens
— demande, scellés-apposition S. 11; R. 24.

Séparation de corps
— demande, scellés-apposition S. 10; R. 23.

Société
— associé, décès, scellés-apposition S. 12.
— dissolution, créanciers, scellés-apposition S. 12.

Testament
— juge de paix (constatation) R. 78; (président du tribunal, présentation) S. 38; R. 79.
— perquisition, juge de paix, réquisition S. 39; R. 80.

Table des articles du code civil, du code de procédure civile et du code pénal.

Code civil

			Code de procédure civile					
—756. R. 36.	—1058. R. 166.	Art. 57. S. 6.	—911. S. 2, 6, 33; R. 50 s.	—926. R. 87.	—937. R. 138, 241.	R. 253 s.		
—767. R. 41.	—1059. R. 200.	—174. R. 176.	—912. R. 63 s.	—927. R. 88 s.	—938. R. 144, 241.	R. 265 s.		
—768. R. 43.	—1060. R. 175, 200.	—202. S. 38.	—913. R. 60.	—928. R. 93 s., 126, 174.	—939. R. 145 s., 221.	—943-8°. S. 81;		
—Art. 81. R. 277 s.	—769. R. 175.	—1061. R. 200.	—357. R. 89.	—914. R. 67 s.	—929. R. 104 s.	—940. R. 138.	—943-9°. R. 270	
—113. R. 122.	—779. R. 176.	—1166. S. 27 s., 57.	—391. S. 58; R. 21, 56.	—915. R. 84.	—930. S. 44 s.; R. 98, 197.	—941. S. 15; R. 196 s.	—944. S. 77, 86; R. 285 s.	
—126. R. 161,176, 203.	—794. R. 163, 230.	—1167. S. 27.	—806. S. 62.	—916. S. 38; R. 78 s.	—931. S. 53 s.; R. 92, 105 s.	—942. R. 201.	—997. S. 85.	
—136. S. 54.	—813. R. 164.	—1401. R. 280.	—866. R. 148 s.	—917. S. 15,39; R. 80.	—932. S. 25, 27, 56 s., 85; R. 109 s., 127 s.	—943. S. 77; R. 234 s.		
—137. S. 54.	—819. R. 15, 19.	—1411. R. 167.	—902. S. 27.	—918. R. 78 s.		**Code pénal**		
—139. S. 54.	—820. S. 12, 25, 27 s.	—1428. R. 200.	—907. S. 18; R. 63.	—919. R. 81.	—933. R. 126, 275.	—943-1°. R. 234 s., 127 s.	Art. 249. S. 64; R. 154 s.	
—236. R. 122.	—821. S. 25, 27.	—1452. S. 168.	—908. R. 67.	—920. R. 75.	—934. S. 27 s., 41, 57; R. 130.	—943-2°. R. 242	—250. R. 154 s.	
—270. R. 23 s.	—840. R. 104.	—1454. R. 176.	—909. S. 14 s., 19, 25 s., 29 s.; R. 36 s.	—921. S. 36, 56, 61 s.; R. 74 s., 148 s.	—935. S. 56, 68 s.; R. 142, 162 s.	—943-3°. R. 242	—251. R. 154 s.	
—442. S. 2.	—882. S. 42.	—1482. R. 277 s.	—910. S. 29, 50; R. 47 s.	—922. R. 74 s.	—249.	—943-4°. R. 251.	—252. S. 64; R. 154 s.	
—451. S. 73. R. 177, 203.	—1000. R. 200.	—1499. R. 169.		—923. R. 25, 58.	—936. R. 134.	—943-5°. R. 251.	—253. S. 159 s.	
—509. R. 177.	—1007. S. 38. R. 79, 257.	—1504. R. 170.		—924. R. 71.		—943-6°. S. 77 s.;	—256. R. 154.	
—529. S. 77.	—1031. R. 40,101, 165.	—1510. R. 171.		—925. S. 35; R. 72.		—943-7°. S. 77,79;		
—600. S. 68. R. 162.		—1532. R. 172.						
		—1872. S. 12.						

Table chronologique des Lois, Arrêts, etc.

1808. 5 nov. Lettre min. just. 2 c.	—30 déc. Douai. 81 c.	1864. 16 nov. Req. 53 c.	—10 juill. Ord. prés. Trib.	1873. 23 mai. Paris. 46 c.	1878. 18 avr. Douai. 58.	1884. 30 janv. Riom. 62.	1890. 29 mai. Montpellier, 19 c., 39 c.
1850. 19 mars. Paris. 68 c.	1858. 10 juin. Paris. 42.	1865. 6 déc. Ord. Paris. 6 c.	—Havre. 4 c.	1874. 1er déc. Dijon. 68.	1879. 20 janv. Rouen. 68 c.	1885. 6 mars. Nancy. 14 c., 44 c., 71 c., 84 c.	—9 déc. Riom. Etampes. 57 c.
1853. 22 juin. Agen. 72 c.	1860. 25 août. Limoges. 78 c., 79 c.	1867. 17 juill. Paris. 23.	—13 déc. Paris. 55 c.	1876. 8 févr. Trib. civ. Mayenne. 50 c.	—29 nov. Riom. 16 c.	—30 nov. Riom. 2 c.	1892. 4 avr.Paris. 27 c., 42 c., 57 c.
1855. 30 avr. Caen. 72 c.	1861. 13 avr. Civ. 77 c.	—17 janv. Donai. 77 c.	1871. 9 déc. Trib. civ. Seine. 20 c.	—29 août. Caen. 27.	1881. 24 mars. C.cass.Belgique. 13, 31 c.	1886. 31 déc. Décr. 68 c.	—23 nov. Besançon. 16 c.
1857. 11 mars. Bordeaux. 77 c.	1863. 5 avr. Grenoble. 2 c., 45 c.	—31 janv.Req.68 c.	1872. 15 mars. Paris. 31 c.	1877. 9 juin. Alger. 74.	1882. 30 nov. Crim. 64.	1887. 8 janv. Decr. 68 c.	1893. 3 juill.Trib. Seine. 65 c.
—28 juin. Loi.77 c.		—15 févr. Caen. 69 c.	—23 juill. Req. 12 c., 20 c.			1889. 11 juin. Poitiers. 82 c.	—24 juill.Riom83c.

SCIE-SCIERIE. — V. Rép. eod. v° et suprà, v^is Acte de commerce, n° 106; Patente, n° 398; Régime forestier, n°s 362 et suiv. : — et infrà, v^is Société, Travaux publics.

SCRUTATEUR-SCRUTIN. — V. outre les renvois indiqués au Répertoire, suprà, v^is Commune, n° 65; Droit constitutionnel, n° 44; — et infrà, v^is Souveraineté, et Rép. eod. v°, n° 40.

SCULPTEUR-SCULPTURE. — V. outre les renvois indiqués au Répertoire, suprà, v^is Acte de commerce, n° 74; Patente, n° 584; Presse-outrage-publication, n° 494; Propriété littéraire et artistique, n°s 77 et suiv., 85, 98, 100, 102, 112, 117 et 126.

SECONDE HERBE. — V. Rép. eod. v° et suprà, v^is Droit rural, n°s 53 et suiv.; — et infrà, v^is Servitude, et Rép. eod. v°, n°s 37, 945 et suiv. Usage-usage forestier, et Rép. eod. v°, n° 598; Vente administrative, et Rép. eod. v°, n°s 148 et suiv.

SECONDES NOCES. — V. outre les renvois indiqués au Répertoire, suprà, v^is Adoption et tutelle officieuse, n° 50; Mariage, n°s 60 et 551; — et infrà, v^is Séparation de corps; Substitution; Succession.

SECOURS. — V. outre les renvois indiqués au Répertoire, suprà, v^is Adoption et tutelle officieuse, n° 59; Aliéné. n° 88; Culte, n°s 351 et suiv.; Évasion, bris, recel, n°s 77; Faillites et banqueroutes, liquidations judiciaires, n°s 443, 778, 940 et 1379; Hospices-hôpitaux, n°s 148 et suiv., 312; Pension; — et infrà, v^is Secours publics; Timbre, et Rép. eod. v°, n° 68 et 78; Travaux publics, et Rép. eod. v°, n° 690; Trésor public, et Rép. eod. v°, n°s 264 et suiv.

SECOURS MUTUELS. — V. outre les renvois indiqués au Répertoire, suprà, v° Enregistrement, n° 2740; — et infrà, v^is Secours publics; Société.

FIN DU QUINZIÈME VOLUME

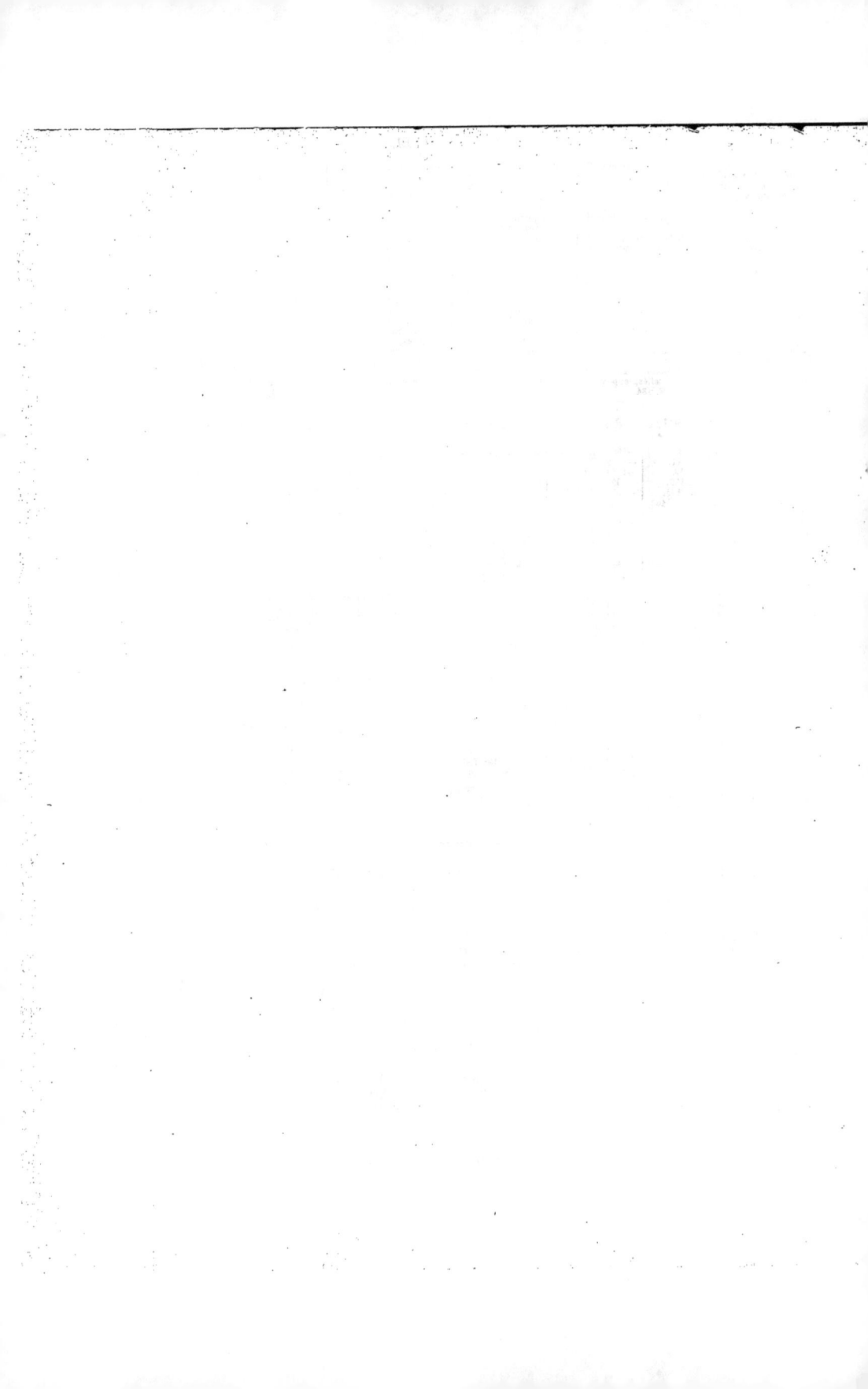

www.ingramcontent.com/pod-product-compliance
Lightning Source LLC
Chambersburg PA
CBHW060413220326
41598CB00021BA/2159